上海古籍出版社
六十年图书总目

1956–2016

上海古籍出版社

图书在版编目(CIP)数据

上海古籍出版社六十年图书总目/上海古籍出版社
编. —上海:上海古籍出版社,2016.10
ISBN 978-7-5325-8258-7

Ⅰ.①上… Ⅱ.①上… Ⅲ.①古籍—出版社—出版发
行目录—上海 Ⅳ.①Z852.7

中国版本图书馆 CIP 数据核字(2016)第 242663 号

ISBN 978-7-5325-8258-7

9 787532 582587 >

上海古籍出版社六十年图书总目

上海古籍出版社 编

上海世纪出版股份有限公司
上 海 古 籍 出 版 社 出版

(上海瑞金二路 272 号 邮政编码 200020)

(1)网址:www.guji.com.cn

(2)E-mail:guji1@guji.com.cn

(3)易文网网址:www.ewen.co

上海世纪出版股份有限公司发行中心发行经销

上海展强印刷有限公司印刷

开本 889×1194 1/16 印张 74 插页 5 字数 2,350,000
2016 年 10 月第 1 版 2016 年 10 月第 1 次印刷
印数 1—1,050
ISBN 978-7-5325-8258-7
Z·441 定价:272.00 元

如有质量问题,请与承印公司联系

在坚守中发展

上海古籍出版社社长　高克勤

　　上海古籍出版社已经走过六十年的历程了。

　　上海古籍出版社的历史可以追溯到 1956 年 11 月成立的古典文学出版社,该社是在新文艺出版社中国古典文学编辑组的基础上成立的,由李俊民同志出任社长兼总编辑。1958 年 6 月,经上海市出版局批准,在国务院古籍整理出版规划小组统一规划下,古典文学出版社与中华书局上海办事处合并成立中华书局上海编辑所,习称"中华上编",受上海市出版局领导。十年创业,从出版人才和出版品牌方面,为上海古籍出版社的发展打下了坚实的基础。"文革"中,出版业务处于停顿时期,上海市出版局及下属的出版社包括中华上编被撤销,重新成立一个综合性的大社上海人民出版社。"文革"后,中共上海市委决定撤销上海人民出版社(大社),恢复上海市出版局和各出版社的建制。1978 年 1 月,上海古籍出版社在原中华上编和大社古籍编辑室的基础上恢复古籍专业出版社的建制,宣告成立,中共上海市委宣传部任命年过七旬的李俊民任社长、总编辑。从此,我社进入了一个蓬勃发展的时期,出版的品种、规模都有超常规的增长,确立了在全国专业古籍出版社中的重要地位。2003 年 12 月,上海古籍出版社加入上海世纪出版集团;2005 年 11 月,加入上海世纪出版股份有限公司,进入了一个新的发展时期。

　　回顾上海古籍出版社的出版历程尤其是改革开放以来的历史,可以发现上海古籍出版社的历代出版人一直以弘扬中华优秀传统为己任,立志高远,立足上海,放眼海内外,始终坚守古籍出版专业,努力将我社打造成为海内外最有影响的古籍专业出版社。在长期的发展进程中,上海古籍出版社形成了积极参与国家重大古籍整理出版工程、重点关注重大性学术研究选题和基础性典籍选题、努力引领和参与学术潮流、高度重视出版物的学术质量的传统。六十年来,出版图书总计 10000 余种。在大型与超大型集成性古代文献资料、古籍整理和学术研究著作、古籍专业类工具书和大专教材、古籍普及类读物和艺术考古类图册等出版方面,形成了自己的特色并进而打造了驰誉海内外的"上古"品牌。

作为一家专业古籍出版社,我社从事古籍整理的重点和方向始终是与国家意志相一致的。高质量的古籍整理、独占性的资料集成与原创性的学术研究著作的出版,一直是我社的重中之重。我社已成为海内外古代文学典籍出版的重镇,其标志性的出版物便是《中国古典文学丛书》。这套由当代学者整理的古代文学典籍丛书编辑出版时间持续半个多世纪,已出版了130余种,是我社出版时间最长、学术含量最高、获奖最多、最能体现专业精品图书特色的大型丛书,也是体现新中国古籍整理出版成就的标志性项目。曾荣获国家图书奖的《华阳国志校补图注》和《肇域志》、《尚书文字合编》等图书,同样凸显了我社在经史典籍整理等方面的成绩。特别值得一提的是,自上世纪80年代以来,我社不仅承接了国家清史纂修工程中规模最大的文献整理项目《清代诗文集汇编》等项目,而且先后策划编辑出版了《古本小说集成》、《敦煌吐鲁番文献集成》、《续修四库全书》等古籍整理重要工程。上世纪80年代末,我社以前瞻性的学术眼光,开始出版《敦煌吐鲁番文献集成》以及《黑水城文献集成》。在学术界的支持下,以一社之力,历时十余年,往来欧亚间,从俄罗斯、法国、英国等国拍摄或取得流落在彼邦近百年的有关文献,经过精心的编辑,用影印复制方式,出版了英藏、法藏、俄藏西域、敦煌文献等百余册,其中《俄藏敦煌文献》所收为举世罕见的秘籍,所有文献均为第一次发表,极大地推进了这一领域的研究。上世纪90年代中期,我社在中国出版工作者协会、深圳市南山区政府等的支持下,编纂出版了《续修四库全书》。这套丛书总结了清代中期《四库全书》编纂至民国成立之前的学术成果,收录古籍共5213种,为我国有史以来规模最大的一套丛书,荣获国家图书奖的最高奖项,同时也取得了不俗的经济效益,堪称出版超大型古籍整理项目的成功范例。在研究著作的出版方面,我社既重视征集学术大家、名家的经典性著作,又注重寻找中青年学者的创新性成果。早在上世纪80年代初,我社解放思想,拨乱反正,在国内出版界最先出版了陈寅恪、胡适、钱锺书等一批学术大家的著作,为学术建设做出了重要贡献。上世纪80年代后期,顺应改革开放后形成的国际学术交流的良好局面,我社又推出了《海外汉学丛书》等,介绍海外学者的研究成果,为学术界提供有益的借鉴。不求一时的喧哗,立足长远的发展,是我社一贯的做法。注重重大项目的长期积累,做到厚积薄发,我社许多古籍出版项目都要做五年十年甚至更长的时间。像上述《续修四库全书》的编纂出版历时八年,《敦煌吐鲁番文献集成》历时二十余年。正因为有了长期坚守形成的众多积累,才会不断产生出传世精品。

作为古籍专业出版人,我们清醒地意识到肩负的文化普及的使命,致力于高品位、系列化、多层次的古籍普及类读物的编辑出版,是我社出版的又一大特色。我社上世纪 60 年代开始出版的《中华活叶文选》、《中国古典文学作品选读》、《中国古典文学基本知识丛书》等,上世纪 90 年代之后推出的《十三经译注》、《二十五史新编》、图文本诗词曲三百首及古典小说系列、《新世纪文史哲经典读本》等,都曾起到引领读者的作用,沾溉了一代又一代的古典文学爱好者。

六十年来,尤其是 1978 年以来,本社共有 500 余种图书分获国家图书奖、中国图书奖、中国出版政府奖、全国古籍整理图书奖等国家以及华东地区、上海市的大奖。在古籍图书获奖数量以及销售码洋、实现利润等方面,均位居全国古籍专业出版社的前列。同时,我社以"团结、敬业、开拓、奉献"为核心的企业文化和精神文明建设也不断深入开展。2003 年以来,我社一直保持上海市文明单位的光荣称号;2006 年,我社荣获国家新闻出版总署先进集体的光荣称号;2013 年,我社荣获第三届中国出版政府奖先进出版单位奖。

六十年来,上海古籍出版社团结、吸引了不少海内外卓有成就的专家,也发现、造就了许多至今在学术界堪称中坚的学者,他们为我社贡献了大批具有很高学术质量的古籍整理、研究著作和文史知识普及读物,赢得了广泛的声誉。六十年来,我社形成了一支高质量的出版人队伍,涌现出不少学有专长、卓有成就的优秀编辑和出版家。值此六十年社庆之际,我们真诚感谢与我社精诚合作的专家、学者和给予本社热情支持的广大读者,还要感谢为我社六十年的发展做出重大贡献的全体员工。

六十年的奋斗业绩,已经成为历史,成为新的征程出发的起点。在未来的岁月中,上海古籍出版社将一如既往,坚守古籍出版专业,承担起传承历史、传承文化、为社会主义先进文化的建设提供借鉴、让中华文化走向世界的重要使命,尽到出版人的责任。为创建有个性、有特色的,与上海国际大都市地位相称的一流专业出版社而稳步前进。

书目：六十年历程的见证

上海古籍出版社总编辑　吕　健

六十年前,1956 年,上海古籍出版社的前身——古典文学出版社成立,次年初版图书 87 种,新出字数 1420 万字,总码洋 302 万元。

三十年前,1986 年,上海古籍出版社建社三十周年,初版图书 125 种,新出字数 2955 万字,总码洋 1162 万元,利润 114 万元。

十年前,2006 年,上海古籍出版社建社五十周年,初版图书 288 种,新出字数 8544 万字,总码洋 11005 万元,利润 330 万元。

一年前,2015 年,上海古籍出版社建社六十周年的前一年,初版图书 412 种,新出字数 21598 万字,总码洋 15960 万元,利润 979 万元。

今年,2016 年,上海古籍出版社建社六十周年。

六十年,上海古籍出版社稳步前行,年初版图书种数是起步时的五倍,新出字数是十五倍,总码洋是五十倍,利润也是数十倍。特别是近十年,发展更可谓日新月异,有书目为证:十年前的《上海古籍出版社五十年图书总目》,著录图书 6000 余种;现今的《上海古籍出版社六十年图书总目》,著录图书 10000 余种——这十年我们出版的图书,达到了六十年的 40%(当然,其中包括前五十年精品图书的重版与新版)。

《上海古籍出版社六十年图书总目》,是我们六十年历史的一种记录,是我们六十年成果的集中展示。六十年中,我们始终致力于对传统文化典籍的整理与出版,始终致力于对传统文化价值的挖掘与阐发。我们出版了《续修四库全书》、《清代诗文集汇编》等超大型文献汇编,我们出版了《敦煌吐鲁番文献集成》、《黑水城文献》、《西夏文献》、《古本小说集成》、《古本戏曲丛刊》等大型集成性资料,我们出版了《中国古典文学丛书》、《中华要籍集释丛书》、《华阳国志校补图注》、《历代会要汇编》、《宋会要辑稿》等古代文史典籍的整理本,我们出版了《朱子全书》、《王阳明全集》、《徐光启全集》、《顾炎武全集》等古代著名人物的全集,我们出版了陈寅恪、吕思勉、钱锺书等现当代重要学者的专著或文集,我们出版了《中国丛书综录》、《中国古籍善本书目》、《中国古籍总目》、《中国家谱总目》等目录类工具书，我们出版了《中国文学批评通史》、《中国青铜器综论》等学术研究著作，我们出版了《海外汉学丛书》、《上海史研究译丛》、《日本中国史研究译丛》等译著，我们出版了《中国历代文学作品选》、《中国古代文学史》等教材，我们出版了《中华活叶文选》、《中国古典文学作品选读》、《中国古典文学基本知识丛书》、《十三经译注》、《中国古代科技名著译注丛书》、《二十五史新编》、图文本诗词曲三百首等传统文化大众读物……

近十年来，我们除了坚持在传世文献整理与传统学术研究方面的图书出版外，尤其加大了在出土文献、文物考古、地方志与地方文献、家谱、少数民族文献、档案等方面的图书出版的拓展力度，《中国社会科学院历史研究所藏甲骨集》、《商周青铜器铭文暨图像集成》、《北京大学藏西汉竹书》、《上海府县旧志丛书》、《中国家谱资料选编》、《盛宣怀档案选编》、《翰墨瑰宝》、《四欧宝笈》等成果，书目中也一一呈现，令人注目。

六十年一路走来，我们留下了万种图书。作为担当文化传承与传播使命的出版者，万种图书成就了我们的辉煌；作为我们前行印迹的书目，则见证了我们的辉煌。

面对书写着我们光荣的书目，我们深感自豪；面对承载着我们历史的书目，我们又倍感沉重。书目凝聚了前辈筚路蓝缕的艰辛，书目又是我们不断前进的基石。我们一方面致敬前辈，另一方面唯有自我鞭策：努力保持出版社的专业品牌与专业个性，努力增强出版社的核心竞争力与社会影响力。

推出图书精品，繁荣文化事业，传承中华文明，弘扬民族精神，是我们的职责、我们的目标，也是我们的信念、我们的坚守，我们将勉力而为。相信在各方面的大力支持下，我们继往开来，一定能再创辉煌，续写未来的书目。

凡 例

一、总目收本社(包括本社前身古典文学出版社、中华书局上海编辑所)1956—2016 年 6 月间出版的所有图书内容提要。另有 20 种图书,为 1951—1955 年期间由新文艺出版社中国古典文学编辑组以中国古典文学出版社名义出版,1956 年在新文艺出版社中国古典文学编辑组的基础上成立古典文学出版社,且这些图书的内容与后来出版的图书或为上下册,或有一定的连贯性,故一并收入。

二、总目正文基本按图书分类法分类,根据本社具体出书情况,按文学、历史、哲学、考古·文博·语言·文字、艺术、文化、科技、教育、综合九大类排列,大类下再细分若干小类。凡能归入文史哲等各类的单种书及丛书归入各类,内容兼有各类的单种书及丛书归入综合类(个别兼有各类内容的研究论著按作者主要研究范畴归类),丛书内的品种即使分属文史哲等各类也不打散,丛书内部按著者年代、学科分类等顺序排列。

三、同一小类中,内容相关的图书相对集中排列;凡图书内容牵涉朝代的,同一小类中相关内容的图书按朝代顺序排列。

四、各类中同一朝代、有关同一内容的图书,或内容无关朝代的同类图书,按出版年月顺序排列。

六、每个条目包括书名、作者(无署名者除外)、出版年月、开本、页数、装帧(不标明装帧者为平装)、定价、内容简介。

七、每个品种只著录初版的出版年月及版次和最后一次重版的出版年月及版次,定价只著录各书最新一个版次的价格。版次以版权页为准,凡重版书另改新名视作初版书,另列条目。因国际书号的使用,使有些品种重版时仍为 1 版 1 次,为示区别,在版次前标明"新版"。

八、凡重版时列入丛书的,单行本不再另列条目;重版时收入两套丛书的,则互见,以保持全套丛书的完整性。

九、为便于区分,目次及正文中的丛书和系列书标题均以仿宋体排出。

十、索引按书名笔画顺序排列,并编有书名首字汉语拼音检索。

目　次

一、文学 ………………………………… 1
　（一）文学典籍 ………………………… 1
　　综合性丛书 ………………………… 1
　　　中国古典文学丛书 ……………… 1
　　　中国近代文学丛书 ……………… 18
　　诗经　楚辞 ………………………… 22
　　　楚辞要籍丛刊 …………………… 22
　　　其他 ……………………………… 22
　　诗文集 ……………………………… 24
　　　总集 ……………………………… 24
　　　别集 ……………………………… 27
　　　　中国古代名家全集 …………… 27
　　　　唐诗小集 ……………………… 29
　　　　宋蜀刻本唐人集丛刊 ………… 32
　　　　冯梦龙全集 …………………… 35
　　　　明清小品丛刊 ………………… 39
　　　　清人别集丛刊 ………………… 40
　　　　其他 …………………………… 43
　　　选集 ……………………………… 54
　　　　中国古典文学名家选集 ……… 54
　　　　唐宋八大家散文选集 ………… 57
　　　　"花非花"名媛诗词系列 ……… 58
　　　　中国名胜古迹诗词丛书 ……… 59
　　　　名家选名篇系列 ……………… 60
　　　　龙榆生选名人尺牍三种 ……… 61
　　　　中日历代名诗选 ……………… 61
　　　　其他 …………………………… 62
　　词集 ………………………………… 73
　　　词总集 …………………………… 73
　　　词别集 …………………………… 74
　　　　宋词别集丛刊 ………………… 74
　　　　词系列丛刊 …………………… 76

　　　　词系列（线装典藏系列）……… 81
　　　　词·婉约系 …………………… 81
　　　　词林集珍 ……………………… 82
　　　　其他 …………………………… 86
　　　词选集 …………………………… 87
　　　　龙榆生词学四种 ……………… 87
　　　　绝妙好词丛书 ………………… 88
　　　　其他 …………………………… 88
　　戏曲 ………………………………… 91
　　　散曲 ……………………………… 91
　　　　元明散曲集刊 ………………… 91
　　　　散曲聚珍 ……………………… 92
　　　　选集 …………………………… 94
　　　戏曲名著 ………………………… 95
　　　明清传奇丛刊 …………………… 99
　　　古代戏曲丛书 …………………… 100
　　　图文评点本四大名剧 …………… 102
　　　戏曲研究资料 …………………… 102
　　民间文学 …………………………… 104
　　　民歌说唱集 ……………………… 104
　　　明清民歌时调丛书 ……………… 105
　　　其他 ……………………………… 105
　　小说 ………………………………… 107
　　　历代小说 ………………………… 107
　　　名家绘图珍藏全本四大古典
　　　　小说 …………………………… 118
　　　名家绘图珍藏全本三言二拍
　　　　　…………………………… 118
　　　长篇小说评点本 ………………… 119
　　　中国古典长篇小说四大名著
　　　　普及本 ………………………… 121
　　　中国古典长篇小说四大名著
　　　　　…………………………… 122

四大名著新读本 …………………… 122
注评本四大名著 …………………… 123
绣像批评本四大名著 ……………… 123
十大古典小说系列 ………………… 124
　十大古典白话长篇小说丛书 …… 124
　十大古典白话小说名著续书 …… 125
　十大古典英雄传奇小说丛书 …… 127
　十大古典公案侠义小说丛书 …… 128
　十大古典社会人情小说丛书 …… 130
　十大古典社会谴责小说丛书 …… 131
　十大古典神怪小说丛书 ………… 133
　十大古典白话短篇小说丛书 …… 134
　十大文言短篇小说今译丛书 …… 136
中国文言小说全译丛书 …………… 137
中国古代文言小说选译丛书
　………………………………… 138
中国古代英雄传奇小说
　四大名著 ……………………… 139
中国古代侠义公案小说
　四大名著 ……………………… 139
中国晚清谴责小说四大名著
　………………………………… 140
中国古代神怪小说四大名著
　………………………………… 140
中国古典小说珍本丛书 ………… 140
中国古典小说名著丛书
　（第一辑） …………………… 141
中国古典小说名著丛书
　（第二辑） …………………… 143
中国古典小说名著丛书
　（第三辑） …………………… 144
中国古典小说名著丛书
　（新版） ……………………… 145
历代宫廷演义丛书 ……………… 148
中国古典小说研究资料丛书
　………………………………… 149
其他小说研究资料 ……………… 153
文论 ………………………… 154
中国古代文学批评要籍丛书

……………………………… 154
纪事 ……………………………… 155
文心雕龙 ………………………… 156
诗话 ……………………………… 157
其他 ……………………………… 160
（二）文学研究 ……………… 162
丛书 …………………………… 162
先秦文学与文化研究丛书 ……… 162
六朝文学研究丛书 ……………… 163
唐诗学书系 ……………………… 163
历代词通论 ……………………… 164
清词研究丛书 …………………… 165
古代维吾尔语诗歌集成 ………… 166
中华戏剧史论丛书 ……………… 167
中国古代文学双城书系 ………… 169
中国传统文学与经济生活研究
　丛书 …………………………… 169
复旦大学中文系先哲遗著丛刊
　………………………………… 170
复旦大学中文系教授荣休纪念
　文丛 …………………………… 171
华东师范大学中文系学术丛书
　………………………………… 171
华中师范大学文学院系列
　论文集 ………………………… 172
浙江师范大学中国语言文学
　论丛 …………………………… 173
学者论集 ……………………… 174
胡小石论文集 …………………… 174
郭绍虞论著集 …………………… 174
朱自清古典文学专集 …………… 175
其他 ……………………………… 175
作品研究 ……………………… 178
诗经楚辞研究 …………………… 178
文心雕龙研究 …………………… 181
红楼梦研究 ……………………… 182
其他 ……………………………… 186
作家研究 ……………………… 190
陶渊明研究 ……………………… 190

杜甫研究 ……………………… 191
其他 …………………………… 192
专题研究 198
文学史　文学批评史 …… 220
中国文学批评通史 …………… 220
教育部人文社会科学重点研究
　基地重大项目成果丛书·语
　言文学类 …………………… 222
文学史 ………………………… 222
文学批评史 …………………… 224
其他 225
学者纪念文集 ………………… 225
科研院所论文集 ……………… 226
会议论文集 …………………… 227
（三）古典文学普及读物 …… 229
古典文学普及读物 …………… 229
中国古典文学作品选读 ……… 230
中国古典文学作品选读丛书
　选汇 ………………………… 240
诗词曲精选系列 ……………… 241
彩图本诗词曲一百首系列 …… 242
诗词曲图文本系列 …………… 243
袖珍诗词曲图文本系列 ……… 245
新世纪古典文学经典读本 …… 246
中华活叶文选 ………………… 250
中国古典文学基本知识丛书
　………………………………… 252
中国古典文学基本知识丛书
　选汇 ………………………… 263
历代名家与名作丛书 ………… 264
古典文学知识入门丛书 ……… 266
文学面面观丛书 ……………… 267
（四）现当代作品 …………… 267
诗词 ………………………… 267
散文 ………………………… 270
民国名刊精选 ………………… 270
白屋丛书 ……………………… 272
其他 …………………………… 273
小说剧作 …………………… 275

虹影丛书·民国女作家小说
　经典 ………………………… 275
卧龙生精品系列 ……………… 278
树菜洋场小说系列 …………… 279
香港陶然新概念小说 ………… 280
新选历史演义丛书 …………… 280
花非花·历史小说系列 ……… 283
历史传奇小说 ………………… 284
传奇新编 ……………………… 285
历史故事新编 ………………… 285
故事新编丛书·醉花阴 ……… 287
故事大观系列 ………………… 287
其他 …………………………… 288
其他 289
电视剧系列 …………………… 289
中国戏曲学院戏文系教师戏曲剧作
　丛书 ………………………… 290
工农通俗文库 ………………… 291
（五）外国文学 ……………… 291
韩国汉文要籍丛刊 …………… 291
　典籍 ………………………… 291
域外汉文小说研究丛书 ……… 293

二、历史 ……………………… 294
（一）历史典籍 ……………… 294
基本史籍 294
中国史学要籍丛刊 …………… 294
历代会要丛书 ………………… 295
《续修四库全书》史部抽印本
　………………………………… 297
晚明史料丛书 ………………… 300
中国近代史学文献丛刊 ……… 301
其他 …………………………… 301
档案　史料 313
上海档案史料丛编 …………… 313
其他 …………………………… 313
年谱　传记 315
于北山年谱著作三种 ………… 315

其他年谱 …………………… 315
传记 ………………………… 319
史籍译注 ………………… 321
新世纪古代历史经典读本 …… 321
二十五史新编 ……………… 323
其他 ………………………… 325
（二）方志　专志　地理 …… 327
天一阁藏明方志选刊 ……… 327
上海府县旧志丛书 ………… 327
江南名镇志 ………………… 329
其他方志 …………………… 330
上海市松江区专业志系列丛书
………………………… 334
江阴市建国后"三亲"史料 …… 337
其他专志 …………………… 339
地理 ………………………… 340
研究 ………………………… 343
（三）地方文献整理及文化研究
………………………… 345
苏州文献丛书 ……………… 345
苏州山塘文化丛书 ………… 347
江阴文史丛书 ……………… 347
嘉兴文献丛书 ……………… 349
台州文献丛书 ……………… 349
台州文化研究丛书 ………… 350
义乌丛书 …………………… 350
永康程氏遗书 ……………… 353
西湖文献丛书 ……………… 353
东明山文化丛书 …………… 354
岭南思想家文献丛书 ……… 355
东莞历代著作丛书 ………… 355
东莞地域历史文化丛书 …… 356
潮汕历史文献丛编 ………… 357
遵义沙滩文化典籍丛书 …… 357
榆阳文库 …………………… 358
地方文献 …………………… 358
江南文化史研究丛书 ……… 361
齐梁文化研究丛书 ………… 361
上海史研究译丛 …………… 362

地方研究 …………………… 364
（四）清史专题 …………… 366
国家清史编纂委员会·文献
丛刊 …………………… 366
国家清史编纂委员会·档案
丛刊 …………………… 367
国家清史编纂委员会·研究
丛刊 …………………… 368
国家清史编纂委员会·编译
丛刊 …………………… 368
（五）历史研究 …………… 369
中古中国知识·信仰·制度
研究书系 ……………… 369
南宋史研究丛书 …………… 371
南宋及南宋都城临安研究系列
丛书 …………………… 372
近代中国研究专刊 ………… 374
目击20世纪丛书 ………… 375
中国典籍与文化研究丛书 …… 376
当代敦煌学者自选集 ……… 377
西夏文献研究丛刊 ………… 378
实录研究丛书 ……………… 380
乐农史料选编与研究 ……… 380
日本中国史研究译丛 ……… 381
日本中青年学者论中国史 …… 382
西域历史语言研究译丛 …… 383
南京大学民族与边疆研究
丛书 …………………… 383
暨南史学丛书 ……………… 383
学者论集 …………………… 385
专题研究 …………………… 388
学者纪念文集 ……………… 405
科研院所论文集 …………… 406
会议论文集 ………………… 407
专题史 …………………… 409
文史中国 …………………… 409
插图本史书系列 …………… 412
中国饮食文化专题史 ……… 413
历史聚焦 …………………… 414

故事本史书系列 …………………… 415
正说古代历史人物丛书 ……… 415
历史上的大事件系列 ………… 417
其他 …………………………… 417

三、哲学 ………………………… 420

（一）哲学典籍 ……………… 420
十三经注疏 …………………… 420
十三经注疏（影印） ………… 421
清人十三经注疏（影印） …… 423
十三经译注 …………………… 423
四书五经（影印） …………… 425
诸子百家丛书（影印） ……… 426
诸子译注丛书 ………………… 434
天地人丛书 …………………… 435
十大古典哲学名著 …………… 436
新世纪古代哲学经典读本 …… 437
经典双向解读丛书 …………… 438
中国经典宝库 ………………… 439
圣贤语录丛书 ………………… 440
画说经典系列 ………………… 441
现代版系列 …………………… 442
插图本现代版系列 …………… 444
阳明后学文献丛书 …………… 445
清代春秋学汇刊 ……………… 445
其他 …………………………… 446

（二）宗教典籍 ……………… 455
佛学名著丛刊 ………………… 455
佛学名著选刊 ………………… 459
佛藏要籍选刊（影印） ……… 461
佛门典要 ……………………… 463
天台宗系列 …………………… 463
云门宗丛书 …………………… 464
日藏佛教典籍丛刊 …………… 465
民国佛学讲记系列 …………… 465
佛典新读 ……………………… 466
寒山书院丛书 ………………… 467
道藏要籍选刊 ………………… 467

其他 …………………………… 468

（三）哲学研究 ……………… 471
当代易学研究丛刊 …………… 471
中国近现代哲学研究丛书 …… 473
中国审美文化史 ……………… 473
国学与现代化研究丛书 ……… 474
专题研究 ……………………… 474

（四）宗教研究 ……………… 484
觉群佛学译丛 ………………… 484
戒幢佛学丛书 ………………… 488
中国佛教百科全书 …………… 488
佛教常识丛书 ………………… 489
基督教与中国研究书系 ……… 490
宗教社会学译丛 ……………… 491
世界宗教入门 ………………… 491
民族宗教研究丛书 …………… 493
佛教研究 ……………………… 493
道教研究 ……………………… 497
其他 …………………………… 499

四、考古·文博·语言文字 ……… 501

（一）出土文献 ……………… 501
甲骨 …………………………… 501
简帛 …………………………… 502
其他 …………………………… 504

（二）考古报告 ……………… 506
北京文物与考古系列丛书 …… 506
北京考古志 …………………… 507
其他 …………………………… 507

（三）文博图录 ……………… 508
中国国家博物馆馆藏文物研究
丛书 ………………………… 508
南京博物院珍藏系列 ………… 510
上海博物馆展览图录 ………… 512
上海市历史博物馆历史文物
丛刊 ………………………… 513
旧城旧影·历史邮品图像集萃
…………………………… 513

文化上海·典藏 …………… 513
德川博物馆藏品录系列 ……… 514
铜镜 ……………………… 514
陶瓷 ……………………… 516
海外遗珍 ………………… 517
其他 ……………………… 518

（四）收藏鉴赏 ………… 520
文物鉴赏丛书 …………… 520
尊古斋金石集拓 ………… 522
民间收藏书系 …………… 522
古玩真赝对比系列 ……… 523
中国钱币文献丛书 ……… 524
钱币丛书 ………………… 525
郭若愚博物品鉴 ………… 526
钱币 ……………………… 527
其他 ……………………… 529

（五）考古文博研究 …… 530
北京大学震旦古代文明研究
中心学术丛书 ………… 530
亚欧丛书 ………………… 532
商周文明探索丛书 ……… 532
震旦博雅书系 …………… 533
名家论集 ………………… 533
专题研究 ………………… 535

**（六）出土文献及古文字研
究** …………………… 542
出土文献与中国古代文明研究
丛书 …………………… 542
出土文献与古文字研究丛书
………………………… 543
专题研究 ………………… 544

（七）语言文字 ………… 546
笺疏选注 ………………… 546
研究论著 ………………… 548
探索丛书·语言文字学 …… 548
语言科技文库—古代汉语学研
究系列 ………………… 548
其他 ……………………… 549

五、艺术 …………………… 555
（一）书法 ……………… 555
翰墨瑰宝·上海图书馆藏珍本
碑帖丛刊（第一辑）………… 555
翰墨瑰宝·上海图书馆藏珍本
碑帖丛刊（第二辑）………… 556
翰墨瑰宝·上海图书馆藏珍本
碑帖丛刊（第三辑）………… 557
翰墨瑰宝·上海图书馆藏珍本
碑帖丛刊·特辑 ………… 558
翰墨瑰宝·上海图书馆藏珍本
碑帖丛刊·鉴赏版 ……… 558
西安碑林名碑精粹 ……… 560
西安碑林名帖·大字本 … 563
走近翰墨·名家书经丛书 … 565
碑帖拓片 ………………… 566
书法手迹 ………………… 568
篆刻 ……………………… 572
书法研究 ………………… 573

（二）绘画 ……………… 576
中国古代版画丛刊（线装）…… 576
中国古代版画丛刊 ……… 578
古代书画著作选刊 ……… 580
刻画雅辑 ………………… 581
岩画系列 ………………… 582
上海图书馆年度大展图录系列
………………………… 582
丰子恺画作集 …………… 584
古代绘画 ………………… 584
传统人物题材绘画 ……… 587
当代人物题材绘画 ……… 589
敦煌题材绘画 …………… 590
连环画系列 ……………… 590
涂色书系列 ……………… 593
绘画研究 ………………… 593
其他 ……………………… 596

（三）图史 画像画传 …… 599
图像 ……………………… 599

中外名人画传系列 …………… 600
其他画像 ………………………… 601
（四）摄影集 ……………………… 603
（五）陶瓷　玉石　工艺 ……… 605
紫砂 ……………………………… 605
其他 ……………………………… 607
（六）建筑 ………………………… 608
（七）艺术研究论集 …………… 609
中国古代民族艺术研究系列
………………………………… 609
中西艺术比较丛书 …………… 609
与大师谈艺丛书 ……………… 610
艺术大家个人词典系列 ……… 610
纪念傅抱石诞辰一百周年系列
………………………………… 611
中国京昆艺术家评传丛书 …… 612
其他 ……………………………… 615
（八）艺术鉴定与欣赏 ………… 617

六、文化 ……………………………… 620
（一）历史文化 …………………… 620
文化春秋丛书 ………………… 620
发现中国 ……………………… 622
中国民俗文化丛书 …………… 623
中国节庆文化丛书 …………… 624
十二生肖系列 ………………… 625
中国人丛书 …………………… 626
历史的启示 …………………… 627
中国古代风云录 ……………… 627
其他 ……………………………… 628
（二）生活娱乐 …………………… 631
气功养生丛书 ………………… 631
严蔚冰养生保健系列 ………… 635
中国古代生活文化丛书 ……… 636
中国生活文化丛书（图文本）
………………………………… 638
生活与博物丛书 ……………… 640
中国通手册 …………………… 640

其他 ……………………………… 641
（三）对联　谜语 ……………… 641
（四）旅游文化 …………………… 642
"文化中国·经典旅程"系列
………………………………… 642
古城文化随笔系列 …………… 643
九万里旅行书系 ……………… 644
其他 ……………………………… 645

七、科技 ……………………………… 647
中国古代科技名著译注丛书 … 647
中国古代科技图录丛编 ……… 650
医学 ……………………………… 650
科技论著 ……………………… 652

八、教育 ……………………………… 654
（一）大专教材 …………………… 654
中国历代文学作品选系列 …… 654
中国古代文学史系列 ………… 655
中国历代文论选系列 ………… 655
中国分体文学史系列 ………… 656
中国历史文选系列 …………… 656
古典名著精读系列教材 ……… 657
其他 ……………………………… 657
（二）文博考古教材 …………… 660
文物博物馆系列教材 ………… 660
其他 ……………………………… 661
（三）远程教育教材 …………… 662
（四）教学辅导读物 …………… 662
（五）中学生学习丛书 ………… 667
（六）教育研究 …………………… 668
（七）教育信息 …………………… 669
（八）古代启蒙读本 …………… 676
传统文化三字经 ……………… 676
图文本三字经系列 …………… 677
其他 ……………………………… 677

（九）学生读物 ……………… 678
　　拼音背诵读本 …………… 678
　　经典拼音背诵本 ………… 679
　　国学自己背 ……………… 680
　　中文经典诵读系列 ……… 680
　　拼音小名著 ……………… 681
　　拼音小演义 ……………… 683
　　拼音好词好句读本 ……… 683
　　动漫版诗词系列 ………… 684
　　咖啡与茶 ………………… 684
　　新潮卡通中国童话系列 … 686
　　中国古代禽鸟寓言丛书 … 686
　　小荷姐姐故事会 ………… 686
　　文科十万个为什么丛书 … 687
　　五十二个星期·文化小博士
　　　丛书 ………………… 688
　　学生乐园 ………………… 689
　　成长之路丛书 …………… 690
　　想象力大花园丛书 ……… 691
　　趣味系列 ………………… 691
　　插图本趣味系列 ………… 692
　　其他 ……………………… 693

九、综合 ……………………… 696
（一）典籍 …………………… 696
　　大型集成性文献 ………… 696
　　敦煌文献合集 …………… 697
　　上海图书馆藏敦煌吐鲁番文献
　　　…………………………… 697
　　上海博物馆藏敦煌吐鲁番文献
　　　…………………………… 698
　　北京大学藏敦煌文献 …… 698
　　天津市艺术博物馆藏敦煌文献
　　　…………………………… 698
　　俄藏敦煌文献 …………… 699
　　法藏敦煌西域文献 ……… 702
　　法国国家图书馆藏敦煌藏文
　　　文献 ………………… 707

　　英国国家图书馆藏敦煌西域藏文
　　　文献 ………………… 709
　　法藏敦煌西夏文文献 …… 710
　　俄藏敦煌艺术品 ………… 711
　　黑水城文献 ……………… 712
　　俄藏黑水城文献 ………… 712
　　英藏黑水城文献 ………… 716
　　俄藏黑水城艺术品 ……… 716
　　中国国家图书馆藏西夏文献
　　　…………………………… 717
　　四库全书选刊 …………… 718
　　四库文学总集选刊 ……… 718
　　四库唐人文集丛刊 ……… 721
　　四库明人文集丛刊 ……… 725
　　四库笔记小说丛书 ……… 734
　　四库艺术丛书 …………… 739
　　山川风情丛书 …………… 742
　　四库易学丛书 …………… 744
　　四库术数类丛书 ………… 747
　　四库兵家类丛书 ………… 748
　　四库类书丛书 …………… 749
　　四库医学丛书 …………… 753
　　中华大典 ………………… 757
　　历史典 …………………… 757
　　教育典 …………………… 758
　　工业典 …………………… 758
　　综合性丛书 ……………… 758
　　中华要籍集释丛书 ……… 758
　　清代学术名著丛刊 ……… 761
　　清代学者文集丛刊 ……… 763
　　中华古籍译注丛书 ……… 764
　　上古版中华名著袖珍本 … 768
　　四美堂诗·书·画·评 … 771
　　评点·英译珍藏本 ……… 771
　　海外珍藏善本丛书 ……… 772
　　柏克莱加州大学东亚图书馆稿
　　　抄校本丛刊 ………… 773
　　书韵楼丛刊 ……………… 773
　　书韵楼新刊 ……………… 779

线装典藏 ……………… 780
类书 ……………… 782
和刻本类书集成 ……………… 782
其他 ……………… 783
笔记小说 ……………… 784
历代笔记小说大观 ……………… 784
宋元笔记丛书 ……………… 796
明清笔记丛书 ……………… 798
瓜蒂庵藏明清掌故丛刊 ……………… 800
历代笔记 ……………… 802
上海滩与上海人丛书（第一辑）
……………… 808
上海滩与上海人丛书（第二辑）
……………… 809
书信　日记　台历 ……………… 811
书信 ……………… 811
日记 ……………… 813
台历 ……………… 815
其他典籍 ……………… 816
（二）研究 ……………… 820
综合性丛书 ……………… 820
蓬莱阁丛书 ……………… 820
名家说——"上古"学术萃编
……………… 829
百年经典学术丛刊 ……………… 832
插图本大师经典 ……………… 839
中华学术丛书 ……………… 840
中国传统文化研究丛书 ……………… 844
晚清民国学术书系 ……………… 844
文史哲研究丛刊 ……………… 845
海外汉学丛书 ……………… 856
域外汉学名著译丛 ……………… 860
日本宋学研究六人集 ……………… 862
唐代研究指南 ……………… 863
中日文化研究文库 ……………… 865
当代西方汉学研究集萃 ……………… 866
早期中国研究丛书 ……………… 867
中国的现代性与人文学术丛书
……………… 870

社会·经济·观念史丛书 ……………… 872
现代城市社会研究丛书 ……………… 873
浙江大学人文学术丛书 ……………… 874
山东大学文史哲研究院专刊
……………… 875
复旦文史丛刊 ……………… 880
光华文史文献研究丛书 ……………… 883
香港浸会大学人文中国学术丛
书 ……………… 883
剑桥中华文史丛刊 ……………… 884
国家哲学社会科学成果文库
……………… 885
国家社科基金后期资助项目
……………… 886
中西文学文化关系研究丛书
……………… 889
传播学丛书 ……………… 890
报刊·辑刊 ……………… 890
报刊 ……………… 890
中华文史论丛 ……………… 890
微型世界 ……………… 899
古籍新书报 ……………… 899
辑刊 ……………… 900
先秦文学与文化 ……………… 900
明清诗文研究资料集 ……………… 900
中国诗学研究 ……………… 900
曲学 ……………… 900
红楼梦研究集刊 ……………… 901
古代文学特色文献研究 ……………… 901
中国文学古今演变研究论集 …… 901
古代文学理论研究 ……………… 901
中国文论 ……………… 902
古籍整理与研究 ……………… 902
中国古籍研究 ……………… 902
传播学研究集刊 ……………… 902
海派文化与传播 ……………… 903
紫砂研究 ……………… 903
中国历史评论 ……………… 903
历史文献 ……………… 904

甲骨文与殷商史 …………… 906
魏晋南北朝隋唐史资料………… 907
隋唐辽宋金元史论丛 ………… 907
元史及民族与边疆研究集刊 …… 908
明清研究论丛 ………………… 909
近代中国研究集刊 …………… 910
敦煌吐鲁番研究 ……………… 910
敦煌学国际联络委员会通讯 …… 911
西夏学 ………………………… 911
楚文化研究论集 ……………… 912
浙东文化 ……………………… 912
贵州世居民族研究动态 ……… 913
上海革命史资料与研究 ……… 913
国家航海 ……………………… 915
国博讲堂 ……………………… 917
文化遗产研究集刊 …………… 917
上海博物馆集刊 ……………… 917
三晋考古 ……………………… 918
云间文博 ……………………… 918
出土文献研究 ………………… 920
出土文献与古文字研究……… 920
简帛 …………………………… 920
汉语言文字研究 ……………… 922
华学 …………………………… 922
诸子学刊……………………… 922
孔子学刊……………………… 923
国际阳明学研究 ……………… 924
中国思潮评论 ………………… 924
中华文化研究集刊 …………… 925
中国美学 ……………………… 926
哲学与宗教 …………………… 927
汉语佛学评论 ………………… 927
唯识研究……………………… 927
寒山寺佛学 …………………… 928
道家文化研究 ………………… 928
基督教学术 …………………… 929
人文中国学报 ………………… 930
岭南学报 ……………………… 932
普陀学刊 ……………………… 932

学灯 …………………………… 932
海外中国学评论 ……………… 933
国际中国文学研究丛刊………… 933
日本中国史研究年刊 ………… 933
其他 …………………………… 934
学者论集 杂著 ……………… 934
会议论文集 …………………… 936
学者纪念文集 ………………… 937
科研院所论文集 ……………… 938
（三）大家文集 ……………… 939
朱子全书 ……………………… 939
徐光启全集 …………………… 939
顾炎武全集 …………………… 940
罗振玉学术论著集 …………… 942
张宗祥文集 …………………… 944
吕思勉文集 …………………… 945
杨树达文集 …………………… 948
钱基博著作集 ………………… 951
冯承钧学术译注集 …………… 953
姚鹓雏文集 …………………… 955
何炳松著作集 ………………… 955
陈寅恪文集 …………………… 956
傅斯年文集 …………………… 957
任半塘文集 …………………… 958
谭正璧学术著作集 …………… 958
詹安泰全集 …………………… 960
陈槃著作集 …………………… 961
蔡尚思著作集 ………………… 962
孙常叙著作集 ………………… 963
牟宗三学术论著集 …………… 963
范祥雍古籍整理汇刊 ………… 964
严耕望史学著作集 …………… 965
王运熙文集 …………………… 966
于豪亮著作二种 ……………… 967
智敏上师著述集 ……………… 968
徐苹芳文集 …………………… 968
施议对论学四种 ……………… 969
冈村繁全集 …………………… 969
余英时英文论著汉译集 ……… 971

（四）普及读物 …………………… 972
　世纪文库 …………………… 972
　　世纪人文 …………………… 972
　　大学经典 …………………… 978
　国学经典读本 …………………… 983
　　国学典藏 …………………… 983
　　中国古代名著全本译注丛书
　　　…………………………… 988
　　大开本国学经典典藏系列 …… 989
　　大开本国学经典普及书系 …… 994
　　国学经典译注 …………… 996
　　中国古代文史经典读本 …… 998
　国学基础教程 …………………… 999
　　经部 …………………… 999
　　子部 …………………… 1001
　综合性丛书 …………………… 1002
　　中华文明宝库 …………… 1002
　　十大系列丛刊 …………… 1009
　　与古圣贤对话丛书 ……… 1015
　　三百题系列新刊 ………… 1015
　　百问百答丛书 …………… 1018
　　传统文化与人生丛书 …… 1018
　　古智今用丛书 …………… 1019
　　走出误区丛书 …………… 1019
　　图说名家格言系列 ……… 1020
　　世界十大名人传记丛书 … 1020
　　二十世纪世界名人丛书 … 1022
　　百一丛书 …………………… 1023
　其他 …………………… 1024
　　千年眼文丛 …………… 1024
　　随笔札记 …………… 1024

（五）工具书 …………………… 1029
　字典辞典 …………………… 1029
　韵书格律 …………………… 1036
　引得　通检　索引 …………… 1038
　目录　版本　书跋 …………… 1045
　　中国古籍总目 …………… 1045
　　中国古籍善本书目 ……… 1046
　　续修四库全书总目提要 …… 1047
　　中国历代书目题跋丛书 …… 1047
　　　第一辑 …………… 1047
　　　第二辑 …………… 1049
　　　第三辑 …………… 1050
　　　第四辑 …………… 1052
　　日藏中国古籍书志 ……… 1054
　　大藏经总目提要 ………… 1054
　　古籍版本基本知识丛书 … 1054
　　纪念顾廷龙诞辰一百周年系列
　　　…………………………… 1055
　　其他书目题跋 …………… 1055
　　年表 …………………… 1063
　　《四库全书》研究 ……… 1065
　　版本目录研究 …………… 1066

（六）其他 …………………… 1070
　实用大全系列 …………… 1070
　其他 …………………… 1071

历年获奖书目 …………………… 1073
书名索引 …………………… 1090
书名首字汉语拼音索引 ………… 1154
丛书名索引 …………………… 1159
上海古籍出版社联系方式 ……… 1164

一 文学

（一）文学典籍

综合性丛书

中国古典文学丛书

诗经今注

高亨注

1980 年 12 月 1 版 1 次

2009 年 5 月 2 版 1 次

平装 37.00 元　2016 年 4 月 2 版 7 次

精装 46.00 元　2015 年 6 月 2 版 6 次

大 32 开　560 页

　　高亨研究先秦文学卓有成就，他在前人研究的基础上更进一步，对《诗经》各篇加以说明注释，有许多地方别具识见。

楚辞今注

汤炳正　李大明　李诚　熊良智注

1996 年 12 月 1 版 1 次

2012 年 9 月 2 版 1 次

平装 38.00 元　2015 年 3 月 2 版 2 次

精装 46.00 元　2016 年 6 月 2 版 3 次

大 32 开　408 页

　　此书以宋代洪兴祖《楚辞补注》为底本重新作注，既取旧说之长，又采新说之精。注释简明扼要，疏解融会贯通。

司马相如集校注

[西汉]司马相如著　金国永校注

1993 年 8 月 1 版 1 次

平装 4.75 元　精装 7.90 元

大 32 开　122 页

　　本书以明末张氏刊本《百三名家集·司马文园集》为底本，收司马相如全部传世之作，按体裁序次，加以解题校注。

扬雄集校注

[汉]扬雄著　张震泽校注

1993 年 11 月 1 版 1 次

2013 年 1 月 1 版 4 次

平装 34.00 元　精装 39.00 元

大 32 开　484 页

　　本书辑集扬雄赋、文、书、颂、诔、箴等五十七篇，为现存扬雄文集中最完备的一种。书末附《扬雄轶事》、《扬雄佚篇目》和《扬雄年表》。

张衡诗文集校注

[东汉]张衡著　张震泽校注

单行本 1986 年 6 月 1 版 1 次

2009 年 8 月 1 版 1 次

2013 年 8 月 1 版 3 次

平装 30.00 元　精装 35.00 元

大 32 开　412 页

　　本书汇集张衡现存的全部诗、赋、文加以校注。

阮籍集

[魏]阮籍著　李志钧等校点

1978 年 5 月 1 版 1 次

0.58 元

大 32 开　76 页

　　本书以明代陈德文、范钦刻《阮嗣宗集》为底本进行校点,是研究阮籍和魏晋时期文学、哲学必备的参考资料。

陶渊明集校笺

[晋]陶潜著　龚斌校笺
1996 年 12 月 1 版 1 次
修订本 2011 年 9 月 2 版 1 次
修订本 2016 年 7 月 2 版 5 次
平装 60.00 元　精装 68.00 元
大 32 开　640 页

　　本书以陶澍注《陶靖节集》为底本,以宋绍熙曾集刻本等多种有价值的本子参校。笺注综合前贤旧说,而又多所匡正补阙。附《陶氏宗谱节录》、《陶渊明年谱简编》、《陶渊明评论选辑》等参考资料。

世说新语笺疏(修订本)

[南朝宋]刘义庆撰　余嘉锡笺疏　周祖谟等整理
1993 年 12 月 1 版 1 次
1996 年 8 月 1 版 3 次
平装二册 27.90 元　精装 37.60 元
大 32 开　1084 页

　　本书由著名学者余嘉锡精心笺疏,周祖谟、余淑宜、周士琦又对原标点疏误处作了全面修订。

世说新语校释(全三册)

[南朝宋]刘义庆撰　[南朝梁]刘孝标注
龚斌校释
2011 年 12 月 1 版 1 次
2015 年 12 月 1 版 3 次
平装 198.00 元　精装 228.00 元
大 32 开　2008 页

　　龚斌先生集前贤精华,补苴罅漏,从政治、文学、美学、宗教、风俗、语言等多角度对文本作出阐释,并对前人的评语择其精者随注迻录。附旧题旧跋旧序、人物事迹编年简表、人名索引。

鲍参军集注

[南朝宋]鲍照著　钱仲联增补集说校
单行本 1958 年 2 月 1 版 1 次
2005 年 5 月 1 版 1 次

平装 36.00 元　2016 年 6 月 1 版 7 次
精装 43.00 元　2016 年 6 月 1 版 6 次
大 32 开　492 页

　　钱仲联先生在钱振伦、黄节校注的基础上对鲍集加以补注集说,并附鲍照年表和诸家评论。

谢宣城集校注

[南朝齐]谢朓著　曹融南校注集说
1991 年 12 月 1 版 1 次
2016 年 3 月 1 版 7 次
平装 33.00 元　精装 42.00 元
大 32 开　500 页

　　本书是迄今最为完备的谢朓作品集,诗以吴骞拜经楼本、文以严可均《全齐文》为底本,并用十多种本子作校勘。附录收辑谢朓作品佚文、序跋、诸家评论、传记及《谢朓事迹诗文系年》。

文心雕龙义证(全三册)

[南朝宋]刘勰著　詹锳义证
1989 年 8 月 1 版 1 次
2012 年 3 月 1 版 5 次
平装 150.00 元　2016 年 3 月 1 版 7 次
精装 180.00 元　2016 年 7 月 1 版 6 次
大 32 开　2008 页

　　本书带有集解的性质,詹锳先生博采国内外对《文心雕龙》的最新研究成果,广泛吸收各家对《文心雕龙》校注、研究的精粹,代表了一定时期内《文心雕龙》学的新水平。

诗品集注(全二册)

[梁]钟嵘著　曹旭集注
1994 年 10 月 1 版 1 次
增订本 2011 年 10 月 1 版 1 次
平装 80.00 元　2016 年 5 月 2 版 3 次
精装 88.00 元　2016 年 5 月 2 版 4 次
大 32 开　796 页

　　本书以时代最早的元延祐庚申圆沙书院刊本为底本,参校五十余种版本及各类资料,充分汲取前人研究成果,集当代《诗品》研究之大成。

文选(全六册)

[梁]萧统编　[唐]李善注

1986 年 9 月 1 版 1 次

平装 198.00 元　2016 年 7 月 1 版 15 次

精装 238.00 元　2015 年 7 月 1 版 9 次

大 32 开　2716 页

《文选》李善注本最为通行的是清嘉庆胡克家覆刻南宋淳熙尤袤刊本，本书据以校点整理，是目前唯一经过精心标校整理的《文选》李善注本。

玉台新咏汇校（全二册）

吴冠文　谈蓓芳　章培恒汇校

2014 年 1 月 1 版 1 次

2016 年 7 月 1 版 3 次

平装 88.00 元　精装 108.00 元

32 开　884 页

本书以明嘉靖十九年郑玄抚刊本为底本，校以明五云溪馆铜活字本，明崇祯冯班抄本、赵均刻本，清翁心存影抄冯知十抄本等，以及《汉书》、《后汉书》、《文选》、《乐府诗集》、《北堂书钞》、《艺文类聚》等史书、总集和类书，是一个既全面精善、又便于阅读的《玉台新咏》版本。

王梵志诗校注（增订本）（全二册）

[唐]王梵志著　项楚校注

单行本 1991 年 12 月 1 版 1 次

增订本平装　2010 年 6 月 1 版 2 次

增订本精装　2010 年 6 月 1 版 1 次

平装 85.00 元　2010 年 6 月 1 版 2 次

精装 95.00 元　2010 年 6 月 1 版 1 次

大 32 开　1080 页

本书汇集所有敦煌写本王梵志诗照片，包括从未公布的列宁格勒藏 1456 号卷子，为迄今最全的王梵志诗辑本。项楚先生精校详注，解说透辟。附相关论文五篇、王梵志诗语辞索引等。

卢照邻集笺注

[唐]卢照邻著　祝尚书笺注

1994 年 12 月 1 版 1 次

增订本 2011 年 10 月 2 版 1 次

平装 60.00 元　精装 68.00 元

大 32 开　640 页

本书所收堪称行世卢氏集之最。祝尚书先生在参照多种版本校勘的基础上，对作品所涉史实、典故、词义等多有翔实的考证注释。附传记资料、著录题跋、诸家评论和卢氏年谱。

骆临海集笺注

[唐]骆宾王著　[清]陈熙晋笺注

单行本 1961 年 10 月 1 版 1 次

1985 年 12 月 1 版 1 次

平装 2.30 元　精装 3.70 元

大 32 开　228 页

清人陈熙晋的这一笺注本是骆集最完善的注释本。其笺释贯串史实，征引精博，夙为学者所重视。

王子安集注

[唐]王勃著　[清]蒋清翊注

1995 年 11 月 1 版 1 次

2010 年 8 月 1 版 2 次

平装 62.00 元　精装 68.00 元

大 32 开　376 页

本书是目前所能见到的最完整的王勃作品集，也是王集的第一个注本。

陈子昂集（修订本）

[唐]陈子昂撰　徐鹏校点

单行本 1960 年 3 月 1 版 1 次

2013 年 12 月 1 版 1 次

2015 年 5 月 1 版 3 次

平装 38.00 元　精装 48.00 元

大 32 开　372 页

徐鹏教授生前以《陈伯玉文集》为底本，历时数年撰成《校勘记》，今取以过录，并重作规范标点，作为 1960 年中华上编版《陈子昂集》的修订本，堪称陈集传世定本。附诗文辑佚、王运熙论文、罗庸《陈子昂年谱》。

孟浩然诗集笺注

[唐]孟浩然著　佟培基笺注

2000 年 5 月 1 版 1 次

增订本 2013 年 10 月 2 版 1 次

平装 58.00 元　2015 年 1 月 2 版 2 次

精装 68.00 元　2016 年 6 月 2 版 3 次

32 开　608 页

本书以目前能见到的最早刻本宋蜀刻本为底本，校以宋刘辰翁评点本、明铜活字本等,并参校近二十种总集、选集、别集。增订篇幅占全书三分之一。

王右丞集笺注

[唐]王维撰　[清]赵殿成笺注
单行本1961年8月1版1次
1998年3月1版1次
平装39.00元　2015年12月1版9次
精装45.00元　2016年5月1版7次
大32开　612页

　　本书据清乾隆刻赵殿成笺注本排印。赵注订正前人之失甚多,颇有参考价值。

李白集校注

[唐]李白著　瞿蜕园　朱金城校注
1980年7月1版1次
平装四册128.00元　2016年3月1版8次
精装二册158.00元　2016年5月1版6次
大32开　2040页

　　本书以清乾隆刊本王琦辑注《李太白文集》为底本,并校以海内外十余种重要刊本和唐宋重要总集和选本。瞿蜕园、朱金城二位先生在前人旧注基础上,搜集唐宋以来诗话、笔记、考据材料,参酌时人研究成果,加以笺释和考订。

高适集校注

[唐]高适著　孙钦善校注
1984年7月1版1次
修订本2014年9月1版1次
修订本2015年8月1版2次
平装48.00元　精装58.00元
大32开　472页

　　本书以明覆宋刻本为底本,以清影宋抄本等参校。收高适现存诗、赋、文,加以编年校注,并附传记资料、年谱及版本考。修订本新增约4万字内容。

杜诗赵次公先后解辑校(修订本)(全三册)

[唐]杜甫著　[宋]赵次公注　林继中辑校
单行本1994年12月1版1次
2012年12月1版1次
平装148.00元　2012年12月1版1次
精装178.00元　2013年9月1版2次

大32开　1628页

　　林继中先生从几十种杜诗中极力搜辑赵次公注文,与现存残本合为全璧。该书1994年初版即引起学界瞩目,后修订再版纳入丛书。

杜诗镜铨

[唐]杜甫著　[清]杨伦笺注
单行本1962年12月1版1次
1998年2月1版1次
平装二册78.00元　2016年2月1版8次
精装85.00元　2016年5月1版7次
大32开　1248页

　　本书为杜甫诗集具有代表性的注本之一,注释简明扼要,平正通达,对诗意疏解详尽,并精选诸家评笺,阐明作品的内涵和艺术性。

钱注杜诗(全二册)

[唐]杜甫著　[清]钱谦益笺注
单行本1958年11月1版1次
单行本新版1979年10月1版1次
2009年4月2版1次
平装55.00元　2016年3月2版6次
精装65.00元　2015年1月2版5次
大32开　804页

　　钱注杜诗着重以史证诗,通过对历史事实的钩稽考核,进一步阐述诗旨。对交游、地理、职官和典章制度等方面的笺注,也大都资料翔实,论证精当。

杜甫集校注

[唐]杜甫著　谢思炜校注
2015年12月1版1次

　　本书以最接近杜甫集祖本二王本的《续古逸丛书》影印《宋本杜工部集》为底本,参校其他重要杜集版本,采用详注的形式,吸收历代以至最近的杜诗研究成果,尤于疑难有争议处用力。

岑参集校注

[唐]岑参著　陈铁民　侯忠义校注
1981年8月1版1次
修订本2004年10月1版1次
修订本2010年7月1版2次
平装48.00元　精装54.00元

大 32 开　628 页

　　本书打破原岑集序次，按时间重加排比，以《四部丛刊》影印明刊本为底本，并选择精善版本进行校勘，是较好的岑诗注本。

戴叔伦诗集校注

[唐]戴叔伦著　蒋寅校注
单行本 1993 年 12 月 1 版 1 次
2010 年 5 月 1 版 1 次
2011 年 12 月 1 版 2 次
平装 30.00 元　精装 38.00 元
大 32 开　352 页

　　戴叔伦诗集至宋元间已散佚，今传最早之本为明人所辑，讹入大量伪作。本书比勘今传各本，广考唐宋元总集、选集，参酌前贤成果，续考出误收及伪作。丛书本在单行本基础上调整了诗篇的次序并增补了资料。

韦应物集校注

[唐]韦应物著　陶敏　王友胜校注
1998 年 12 月 1 版 1 次
增订本 2011 年 9 月 2 版 1 次
增订本 2012 年 7 月 2 版 2 次
平装 68.00 元　精装 76.00 元
大 32 开　770 页

　　本书以南宋书棚本为底本，校以多种其他重要版本，又参校宋人诸总集、类书。充分利用新发现的墓志行状等史料，对韦氏事迹及作品系年加以考证，附集外诗文、传文资料及诸家评论。

权德舆诗文集（全二册）

[唐]权德舆撰　郭广伟校点
2008 年 10 月 1 版 1 次
2012 年 5 月 1 版 3 次
平装 78.00 元　精装 88.00 元
大 32 开　1004 页

　　本书以孙星衍校本为底本，参照多种版本，精心校勘、标点，还附有大量权德舆的研究资料及《权德舆年谱简编》。

韩昌黎诗系年集释（全二册）

[唐]韩愈著　钱仲联集释

单行本 1957 年 11 月 1 版 1 次
新版 1998 年 3 月 1 版 2 次
新版 2007 年 7 月 1 版 3 次
精装 88.00 元
大 32 开　1388 页

　　钱仲联先生采集多家论说，对韩愈诗作重新系年编排，考释详备。

韩昌黎文集校注

[唐]韩愈著　马其昶校注　马茂元整理
单行本 1957 年 12 月 1 版 1 次
2014 年 2 月 1 版 1 次
平装二册 98.00 元　2016 年 5 月 2 版 4 次
精装 118.00 元　2016 年 5 月 2 版 3 次
大 32 开　884 页

　　本书根据近代古文名家桐城马其昶先生的遗稿编辑而成：广集明清两代各家评说，尤其注重收录反映桐城派的文学眼光者；细心校勘旧本字句，订正、补充旧注。复经马茂元先生整理，堪称韩愈文集整理之经典。

刘禹锡集笺证（全三册）

[唐]刘禹锡著　瞿蜕园笺证
1989 年 12 月 1 版 1 次
2014 年 11 月 1 版 4 次
平装 138.00 元　精装 160.00 元
大 32 开　1892 页

　　本书以结一庐本《刘宾客集》为底本，用十多种本子作了校勘。瞿蜕园先生对刘氏诗文作了全面的校、注、笺证，广征博引，颇多发明，使本书成为迄今校勘最精的刘禹锡作品集。

白居易集笺校（全六册）

[唐]白居易著　朱金城笺校
1988 年 12 月 1 版 1 次
2016 年 4 月 1 版 6 次
平装 290.00 元　精装 336.00 元
大 32 开　4368 页

　　本书以明万历三十四年马元调本《白氏长庆集》为底本，校以宋绍兴本《白氏文集》等重要刊本及清人校记、唐宋重要总集及选本，是一部最完备的白氏诗文全集。附碑传、序跋及《白居易年谱简编》。

柳宗元诗笺释

[唐]柳宗元著　王国安笺释
1993年12月1版1次
2013年6月1版4次
平装38.00元
大32开　488页

　　本书以南宋蜀刻本为底本,收录柳宗元的全部诗作,详加校注,并辑集了大量的诗评,是迄今为止最完善的柳宗元诗集。

柳河东集(全二册)

[唐]柳宗元著
单行本1958年11月1版1次
2008年5月1版1次
2016年5月1版7次
平装59.00元　精装69.00元
大32开　904页

　　本书以蟫隐庐影印宋刻世綵堂本《河东先生集》为底本断句排印,并增加了《柳先生年谱》和《宝礼堂宋本书录》两部分,此后又曾稍作修订。

元稹集校注(全三册)

[唐]元稹著　周相录校注
2011年12月1版1次
平装168.00元　精装188.00元
大32开　1776页

　　《元稹集》佚文历代多有辑补,但仍不完备,且有误补、误拟题目者。今据群书再次补遗,辑为三卷。书末另附《误补作品存目》、《佚诗文存目》和《元稹简谱》,并有编年、笔画两个索引供读者检索。

长江集新校

[唐]贾岛著　李嘉言新校
1984年3月1版1次
0.95元
大32开　132页

　　本书为唐诗学者李嘉言先生遗稿,该书采用多种版本加以校勘,颇为精详,附有年谱等六种参考资料。

三家评注李长吉歌诗

[唐]李贺著　[清]王琦等评注
单行本1959年3月1版1次

1998年12月1版1次
2015年9月1版5次
平装25.00元　精装30.00元
大32开　336页

　　清人王琦的《李长吉歌诗汇解》能综合前人各家注释之长,姚文燮的《昌谷集注》、方扶南的《李长吉诗集批注》或因以史证诗见长,或因见解独到而为后人重视。本书用上述三家评注加以断句出版。

樊川文集

[唐]杜牧著　陈允吉校点
1978年9月1版1次
平装27.00元　2012年3月1版2次
精装32.00元　2014年12月1版4次
大32开　400页

　　本书以《四部丛刊》本为底本,参照前人成果,进行必要的校勘。

樊川诗集注

[唐]杜牧著　[清]冯集梧注
单行本1962年9月1版1次
1998年12月1版1次
平装30.00元　2015年1月1版7次
精装36.00元　2013年1月1版3次
大32开　460页

　　清人冯集梧的《樊川诗集注》是杜牧诗集的较好注本,凡是诗中出现的名物、舆地、典故、难解的字与词语,以及有关唐朝的典章制度,全都一一详加注释,间或征引唐朝史事,以便读者寻绎诗歌本事。

温飞卿诗集笺注

[唐]温庭筠著　[清]曾益等笺注
1980年7月1版1次
1998年3月1版1次
平装36.00元　2016年7月1版7次
精装48.00元　2016年7月1版5次
大32开　284页

　　本书据清顾嗣立秀野草堂原刻本进行标点,并辑录温庭筠的词和文作为附录。

玉溪生诗集笺注

[唐]李商隐著　[清]冯浩笺注　蒋凡校点

1979 年 10 月 1 版 1 次

新版 1998 年 2 月 1 版 1 次

平装二册 58.00 元　2016 年 3 月 1 版 8 次

精装 65.00 元　2016 年 3 月 1 版 6 次

大 32 开　916 页

　　李商隐诗注历来版本繁多，以冯浩的注本最为详备。本书以冯浩家刻德聚堂乾隆庚子年重刻本为底本，标点整理出版。

樊南文集（全二册）

[唐]李商隐撰　[清]冯浩详注

[清]钱振伦　钱振常笺注

1988 年 12 月 1 版 1 次

2015 年 4 月 2 版 1 次

平装 108.00 元　精装 128.00 元

大 32 开　976 页

　　《樊南文集》是晚唐著名诗人李商隐的骈体文集。本书分两部分：《樊南文集详注》，由清乾隆时冯浩详注；《樊南文集补编》，由道、咸时钱振伦、钱振常兄弟笺注。

皮子文薮

[唐]皮日休著　萧涤非　郑庆笃整理

单行本 1959 年 6 月 1 版 1 次

1982 年 2 月 1 版 1 次

平装 1.00 元　精装 1.45 元

大 32 开　142 页

　　本书择取善本，如明公文纸本、明许自昌本、《四库全书》本和日本享和二年刊本，对《皮子文薮》作了校勘，还辑录《文薮》以外的皮氏诗文加以标点、校勘，作为附录。

郑谷诗集笺注

[唐]郑谷著　严寿澂　黄明　赵昌平笺注

单行本 1991 年 5 月 1 版 1 次

2009 年 10 月 1 版 1 次

2010 年 6 月 1 版 2 次

平装 42.00 元　精装 48.00 元

大 32 开　568 页

　　本书收录郑谷现存的全部诗作，注释详尽，附录资料丰富。

韦庄集笺注

[五代]韦庄著　聂安福笺注

2002 年 4 月 1 版 1 次

平装 35.00 元　2016 年 7 月 1 版 6 次

精装 42.00 元　2015 年 3 月 1 版 4 次

大 32 开　544 页

　　本书收入韦庄全部存世的诗词文，书后附有"诗文残句"、"伪作考"、"诗词集评总论"、"书录序跋"、"传记资料"、"年谱简编"等资料。全书精校精注，每篇作品后集录前人评语。

李璟李煜词校注

[南唐]李璟　李煜著　詹安泰校注

2015 年 7 月 1 版 1 次

2016 年 3 月 1 版 2 次

平装 28.00 元　精装 36.00 元

大 32 开　196 页

　　本书以《晨风阁丛书》刻王国维校补《南唐二主词》本为底本，博参南宋以来各种版本，兼取有关二主词的专集、选本、词话、笔记等，互相比勘，精审以求，乃二主词难得的一种校注本。另增辑评，内容更为充实。

张先集编年校注

[宋]张先著　吴熊和　沈松勤校注

2012 年 12 月 1 版 1 次

平装 39.00 元　2012 年 12 月 1 版 1 次

精装 48.00 元　2013 年 9 月 1 版 2 次

大 32 开　428 页

　　本书对张先的诗、文、词进行编年、校注，从各种文献中辑出部分佚作，对部分著作权尚有归属疑问的作品进行考辨，并附录张先的各种生平资料。

二晏词笺注

[宋]晏殊　[宋]晏幾道著　张草纫笺注

2008 年 12 月 1 版 1 次

平装 48.00 元　2016 年 3 月 1 版 7 次

精装 55.00 元　2016 年 5 月 1 版 7 次

大 32 开　648 页

　　本书对二晏词的全部作品作了全面整理，除运用多种校本校勘外，还对词中涉及的人物、年代、事件、名物、典章、故实等作了笺释考辨，并讲疏词旨。附评论和二晏简谱。

乐章集校笺（全二册）

[宋]柳永著　陶然 姚逸超校笺

2016 年 6 月 1 版 1 次

平装 108.00 元　精装 138.00 元

大 32 开　976 页

　　本书以《彊村丛书》本为底本，从"校记"、"订律"、"笺注"、"考证"、"辑评"、"附录"六个方面，对柳词进行全面整理。校勘全面，笺注典当，资料丰富。

梅尧臣集编年校注（全三册）

[宋]梅尧臣著　朱东润编年校注

1980 年 11 月 1 版 1 次

2012 年 4 月 1 版 3 次

平装 90.00 元　精装 98.00 元

大 32 开　1348 页

　　本书以残宋本和万历本为底本，参校宋荦本、顺治本、康熙本、正统本等，所收的作品超过以往的《宛陵文集》，是目前最完备的一个本子。每卷包括年谱和作品，注文为夏敬观的遗稿，朱东润先生重新编年作补注，并撰写 4 篇叙论，在正文后附录 16 篇参考资料。

欧阳修诗文集校笺（全三册）

[宋]欧阳修著　洪本健校笺

2009 年 8 月 1 版 1 次

2016 年 5 月 1 版 5 次

平装 168.00 元　精装 188.00 元

大 32 开　2128 页

　　本书以《四部丛刊》周必大刻本为底本，除参校各有价值版本外，最为可贵的是，以日本天理大学图书馆所珍藏的南宋本《欧阳文忠公集》为主要参校本，纠正了不少疏纰漏误。

欧阳修词校注

[宋]欧阳修著　胡可先 徐迈校注

2015 年 7 月 1 版 1 次

2016 年 4 月 1 版 2 次

平装 78.00 元　精装 98.00 元

大 32 开　680 页

　　本书以国家图书馆藏南宋庆元二年周必大刻本《欧阳文忠公集》"乐府"部分为底本，不足者以吴昌绶双照楼影印《景刊宋金元明本词·醉翁琴趣外篇》为底本，参校常见之欧阳修作品集、历代重要词选、新近发现的日

本天理图书馆藏《欧集》及日本宫内厅书陵部藏《欧集》所收之欧词。

苏舜钦集

[宋]苏舜钦著　沈文倬校点

单行本 1961 年 12 月 1 版 1 次

1981 年 2 月 1 版 1 次

平装 2011 年 6 月 2 版 1 次

精装 2011 年 6 月 1 版 1 次

平装 28.00 元　精装 36.00 元

大 32 开　292 页

　　本书共收其诗文十六卷，用清宋荦校定徐惇覆刊本为底本，校以其他各本。附传记、诗话、序跋、题识及年谱。

嘉祐集笺注

[宋]苏洵著　曾枣庄 金成礼笺注

1993 年 5 月 1 版 1 次

2013 年 6 月 1 版 4 次

平装 46.00 元　精装 55.00 元

大 32 开　600 页

　　今存苏洵所著《嘉祐集》多讹误缺失，更无完整注本。本书以清徐钒藏菊庄徐氏原藏明万历刻十六卷本为底本，并收录佚诗佚文为第十七卷，校以今存《嘉祐集》诸善本，多所订正。注释博取经史百家，每有创见。为迄今苏洵诗文最完备精详的一种。

王荆文公诗笺注（全三册）

[宋]王安石著　[宋]李壁笺注　高克勤点校

2010 年 12 月 1 版 1 次

2015 年 7 月 1 版 3 次

平装 145.00 元　精装 165.00 元

大 32 开　1516 页

　　本书收录了王安石现存的全部诗歌，以日本所藏海内孤本朝鲜古活字本《王荆文公诗李壁注》为底本，校以嘉靖本、龙舒本、清琦斋本，最大限度地还原了王集的原貌。书前有王安石年谱，书后附作品索引。

王令集

[宋]王令著　沈文倬校点

单行本 1980 年 4 月 1 版 1 次

平装 2011 年 9 月 2 版 1 次

精装 2011 年 9 月 1 版 1 次
平装 46.00 元　2012 年 6 月 2 版 2 次
精装 54.00 元　2012 年 6 月 1 版 2 次
大 32 开　496 页

　　王令诗文在身后由其外孙吴说编为《广陵先生文集》，仅有抄本传世，1922 年始有吴兴刘氏嘉业堂刻本，本书即以此为底本，校以其他四种本子，凡诗、赋、文 21 卷，另有《拾遗》《附录》《年谱》《序跋提要》等。

苏轼诗集合注

[宋]苏轼著　[清]冯应榴注　黄任轲 朱怀春校点
2001 年 6 月 1 版 1 次
2016 年 3 月 1 版 7 次
平装六册 208.00 元　精装三册 225.00 元
大 32 开　1200 页

　　清人冯应榴辑注的《苏文忠公诗合注》采辑百家，凡宋至清各家注笺，尽萃其中，并下按语，发明补充，是一部集成性的大著。今以踵息斋刊本为底本，校以其他诸种注本及正史、别集、诗话笔记等。

东坡乐府笺

[宋]苏轼著　[清]朱孝臧编年　龙榆生校笺
朱怀春标点
2009 年 7 月 1 版 1 次
平装 40.00 元　2016 年 5 月 1 版 7 次
精装 45.00 元　2016 年 3 月 1 版 6 次
大 32 开　548 页

　　本书由清代著名学者朱孝臧编年，词学大师龙榆生作笺。书首汇集《东坡先生墓志铭》、东坡词评等苏轼研究相关材料。此据商务印书馆 1958 年线装排印本重新标点整理，书末附有篇名索引。

栾城集（全三册）

[宋]苏辙著　曾枣庄 马德富校点
1987 年 3 月 1 版 1 次
2009 年 10 月 2 版 1 次
平装 154.00 元　精装 168.00 元
大 32 开　1964 页

　　本书除精心校勘标点外，还从《永乐大典》等书中搜辑佚文，校以前通行本增加诗文六十余篇，成为迄今为止最完善的本子。

山谷诗集注（全二册）

[宋]黄庭坚著　[宋]任渊 史容 史季温注
黄宝华点校
2003 年 11 月 1 版 1 次
2015 年 5 月 1 版 4 次
平装 98.00 元　精装 108.00 元
大 32 开　1512 页

　　山谷诗向来号称难读，自宋代以来，笺注多出，其中以任渊、史容、史季温所注最佳。本书即以上三家注释（任渊注内集、史容注外集、史季温注别集）的合集为底本，精心点校而成。

山谷诗注续补

[宋]黄庭坚著　陈永正 何泽棠注
2012 年 11 月 1 版 1 次
2013 年 9 月 1 版 2 次
平装 60.00 元　精装 68.00 元
大 32 开　672 页

　　黄庭坚存世诗作尚有四分之一（约六百首）未有古注，主要出于清谢启昆所编《山谷诗外集补》《山谷诗别集补》及各家所辑山谷佚诗。本书一仍任渊、史容、史季温注释体例，将这些无注的山谷诗加以详注。

山谷词校注

[宋]黄庭坚著　马兴荣 祝振玉校注
2011 年 3 月 1 版 1 次
2016 年 6 月 1 版 4 次
平装 32.00 元　精装 38.00 元
大 32 开　340 页

　　本书以明毛晋汲古阁《宋六十家词·山谷词》为底本，校以多种宋元以来重要刊本。又参校了《啸余谱》《词律》《词谱》，旁及《花庵词选》《草堂诗余》《花草粹编》《全宋词》等。

淮海集笺注（全三册）

[宋]秦观撰　徐培均笺注
单行本 1994 年 10 月 1 版 1 次
平装 2000 年 11 月 1 版 2 次
精装 2000 年 11 月 1 版 1 次
平装 148.00 元　2010 年 7 月 1 版 3 次
精装 168.00 元　2010 年 7 月 1 版 2 次
大 32 开　1910 页

本书用日本内阁文库所藏宋乾道高邮军学刻本为底本,以多种宋本和现存各刊本校勘并辑佚,是迄今最为完备的秦观诗文集。每篇均有笺释,并附汇评。附多种相关研究资料。

淮海居士长短句笺注

[宋]秦观著　徐培均笺注

2008 年 8 月 1 版 1 次

平装 28.00 元　2016 年 3 月 1 版 6 次

精装 35.00 元　2016 年 5 月 1 版 6 次

大 32 开　392 页

本书继承前人叶恭绰、唐圭璋、龙榆生的研究成果,考订众本,分长短句、补遗、存疑三部分载录词作,详为校记、笺注,又附汇评。附淮海词版本源流考、秦观年谱及各种版本序跋。

清真集笺注(全二册)

[宋]周邦彦著　罗忼烈笺注

2008 年 11 月 1 版 1 次

2016 年 3 月 1 版 5 次

平装 58.00 元　精装 68.00 元

大 32 开　716 页

本书上编收词,以宋人陈元龙编注的《片玉集》为底本,加以重编笺注,探求写作时地,并收相关词评。中编为诗文,共辑佚诗四十余首,佚文十余篇,一并系年笺注。下编为参考资料,含事迹、著述、序录、版本等。

石林词笺注

[宋]叶梦得著　蒋哲伦笺注

2014 年 11 月 1 版 1 次

2015 年 7 月 1 版 2 次

平装 38.00 元　精装 48.00 元

大 32 开　316 页

蒋哲伦先生以十余年的时间,广泛收集与叶梦得相关的各种材料,比勘众多版本,以毛氏《汲古阁》本为底本,对石林词进行了较为详细的笺注。

樵歌校注

[宋]朱敦儒著　邓子勉校注

2010 年 12 月 1 版 1 次

2012 年 1 月 1 版 2 次

平装 58.00 元　精装 64.00 元

大 32 开　608 页

《樵歌》为朱敦儒的词集。自宋代以来朱词仅以抄本形式流传,直到清末民初方有刻本。本书即以王鹏运四印斋刻本为底本,参校多种版本,花费大量心力,校勘笺注,阐明所收词作的释义、本事、寓意、技巧等。

李清照集笺注

[宋]李清照著　徐培均笺注

2002 年 4 月 1 版 1 次

修订本 2013 年 4 月 1 版 1 次

修订本 2015 年 5 月 1 版 4 次

平装 48.00 元　精装 58.00 元

大 32 开　616 页

徐培均先生重辑李清照诗、词、文,其中词作用罕见的明《汲古阁未刻词》本作底本,校以罕见的清汪玢辑、劳权手校本和清沈瑾钞本等,同时对作品尽可能作了考证编年,辨析原委。附历代评论资料和新撰年谱。

陈与义集校笺

[宋]陈与义著　白敦仁校笺

1990 年 8 月 1 版 1 次

平装二册 16.90 元　精装 19.20 元

大 32 开　564 页

本书为补正胡稚(仲孺)旧注而作,尤于史实、人物、地理、编年等方面的笺释考索,用力甚勤,创获较多。外集向无注本,今全部予以新注。

芦川词笺注

[宋]张元幹著　曹济平笺注

2010 年 6 月 1 版 1 次

平装 29.00 元　精装 35.00 元

大 32 开　312 页

本书用《全宋词》为底本,参校各种版本及选本,并作笺注。附传记序跋、书目提要以及年谱简编、诸家唱酬等。

剑南诗稿校注(全八册)

[宋]陆游著　钱仲联校注

1985 年 11 月 1 版 1 次

新版 2005 年 4 月 1 版 1 次

新版 2015 年 4 月 1 版 5 次

平装 480.00 元　精装 598.00 元

大 32 开　5172 页

陆游诗稿历代未有全注者，钱仲联先生以明毛晋汲古阁刻本为底本，据多种宋、明版本校订，并据各种资料辑补佚诗多首。每首诗有题解，附陆游年表、传记材料、著录题跋、篇目索引等。

放翁词编年笺注

［宋］陆游著　夏承焘　吴熊和笺注　陶然订补

1981 年 6 月 1 版 1 次

增订本 2012 年 6 月 1 版 1 次

增订本 2016 年 7 月 1 版 3 次

平装 36.00 元　精装 48.00 元

大 32 开　260 页

本书辑录陆游现存全部词作，编年笺注，后附各本题跋、传记及年谱简编。增订本在夏承焘、吴熊和二位先生笺注基础上，对正文笺注和附录题跋加以订补，新增辑评、总评两个部分，更趋完备。

范石湖集

［宋］范成大撰　富寿荪标校

单行本 1962 年 8 月 1 版 1 次

2006 年 4 月 1 版 1 次

2015 年 3 月 1 版 5 次

平装 45.00 元　精装 55.00 元

大 32 开　684 页

本书是范成大的诗词集，收《石湖诗》三十四卷，《石湖词》一卷。书后附传记、校记及清人沈钦韩作的《范石湖诗集注》等资料。

于湖居士文集

［宋］张孝祥著　徐鹏校点

单行本 1980 年 6 月 1 版 1 次

2010 年 6 月 1 版 1 次

2013 年 9 月 1 版 3 次

平装 36.00 元　精装 42.00 元

大 32 开　496 页

本书是南宋爱国词人张孝祥的诗文词集，以《四部丛刊》影印宋刊四十卷本为底本，参校其他书籍整理标点。

稼轩词编年笺注

［宋］辛弃疾撰　邓广铭笺注

单行本 1957 年 11 月 1 版 1 次

增订本 1998 年 12 月 1 版 3 次

定本 2007 年 6 月 2 版 1 次

平装 45.00 元　2016 年 5 月 2 版 10 次

精装 55.00 元　2016 年 5 月 2 版 8 次

大 32 开　744 页

本书自问世以来，迭经重版，蜚声海内外。邓广铭先生精益求精，与时俱进，先后对全书的笺注与编年作了大幅度的修改调整，补充了大量颇具价值的文献资料，其定本较初版增幅一倍以上。

姜白石词编年笺校

［宋］姜夔著　夏承焘笺校

单行本 1958 年 7 月 1 版 1 次

1998 年 12 月 1 版 2 次

2007 年 11 月 1 版 3 次

平装 28.00 元

大 32 开　400 页

本书是著名词学家夏承焘先生对姜夔词多年研究成果的结晶。包括作品的编年笺校、辑传、辑评、版本考、各本序跋、行实考、集事、酬赠等内容。附《承教录》，对书中有关资料和论点加以补充。

后村词笺注

［宋］刘克庄著　钱仲联笺注

单行本 1980 年 7 月 1 版 1 次

2012 年 8 月 1 版 1 次

平装 42.00 元　精装 48.00 元

大 32 开　456 页

本书由钱仲联先生笺注，从现存各种刻本中汇集了刘克庄的全部词作 264 首，阐发本事，注释典故，详切精当。

刘辰翁词校注

［宋］刘辰翁著　吴企明校注

2015 年 12 月 1 版 1 次

平装 78.00 元　精装 98.00 元

大 32 开　684 页

长期以来刘辰翁词没有得到全面的整理，吴企明先生积数年之功，精心校注，于 1998 年出版了单行本《须溪词》，十余年后又在此基础上详加修订，增附年谱简编及历代序跋，内容臻于完善充实。今将修订本纳入丛书。

雁门集

[元]萨都拉著　殷孟伦　朱广祁校点
1982 年 6 月 1 版 1 次
平装 1.80 元　精装 2.30 元
大 32 开　246 页

　　元代诗人以萨都拉（天锡）为最知名。本书据其裔孙萨龙光所辑清嘉庆年间编年刊本标点，搜罗完备，并有各种唱和、别集、编体目录等附录，堪称研究萨诗的善本。

揭傒斯全集

[元]揭傒斯著　李梦生标校
1985 年 9 月 1 版 1 次
新版 2012 年 9 月 1 版 1 次
平装 62.00 元　精装 72.00 元
大 32 开　668 页

　　本书以收录揭傒斯诗文最全之胡思敬《豫章丛书》本为底本，以《四部丛刊》本、海山仙馆本作校本。李梦生先生另从方志或他人文集辑出诗文若干。书后附揭傒斯生平、著作及唱和等资料。

高青丘集（全二册）

[明]高启著　[清]金檀注　徐澄宇　沈北宗校点
1986 年 4 月 1 版 1 次
新版 2013 年 3 月 1 版 1 次
平装 108.00 元　精装　138.00 元
大 32 开　1128 页

　　清雍正间金檀辑注的《高青丘诗集注》，是高启诗集最为完备的版本，文集、词集亦附之。本书即以此本为底本，校以墨池馆本、竹素轩本、濂溪书院本和诸家所编总集、选本，并附录相关序跋和传记资料。

唐寅集

[明]唐寅著　周道振　张月尊辑校
2013 年 9 月 1 版 1 次
2015 年 8 月 1 版 3 次
平装 80.00 元　精装 92.00 元
大 32 开　728 页

　　本书汇辑传世《唐伯虎集》七种刻本全部作品七卷，附集制义及画谱四卷，另补辑诗文词曲六卷，并附原集序跋、史传铭赞、轶事、诗文评论、诗文赠答、年表等六卷，是目前最详尽的唐伯虎集。

文徵明集（全三册）

[明]文徵明著　周道振辑校
单行本 1987 年 10 月 1 版 1 次
增订本 2014 年 12 月 1 版 1 次
平装 178.00 元　2016 年 5 月 1 版 2 次
精装 218.00 元　2014 年 12 月 1 版 1 次
大 32 开　1896 页

　　本书汇编《甫田集》等各种传世刊本的全部作品为前三十五卷，补辑诗文词曲三十二卷，并附序跋题记、传记志文、年表、交游酬赠、诗文评论等五卷。增订本在 1987 年初版本的基础上补数百条校记，增辑文徵明集外诗文二卷，并被纳入丛书。

震川先生集（全二册）

[明]归有光著　周本淳校点
1981 年 9 月 1 版 1 次
新版平装 2010 年 3 月 2 版 1 次
新版精装 2010 年 3 月 1 版 1 次
平装 68.00 元　2016 年 5 月 2 版 5 次
精装 78.00 元　2016 年 5 月 1 版 5 次
大 32 开　1040 页

　　归有光是明代著名的文学家，本书以《四部丛刊》影印的康熙常熟刻本为底本，校以嘉庆玉钥堂刻本。

海浮山堂词稿

[明]冯惟敏著　凌景埏　谢伯阳标校
1981 年 3 月 1 版 1 次
平装 0.80 元
大 32 开　108 页

　　本书是明代冯惟敏的散曲集，冯氏散曲题材广泛，内容丰富，语言通俗，气韵生动，有"曲中辛弃疾"之称。本书根据郑振铎旧藏抄本标点整理。

沧溟先生集（全二册）

[明]李攀龙著　包敬第点校
2014 年 2 月 1 版 1 次
平装 108.00 元　精装 138.00 元
大 32 开　940 页

　　李攀龙作品集自明刻本以来二百余年无翻刻者，直至道光年间，始由其裔孙李献方重行校勘刊行。本书系据此本加以点校，是迄今最为完善的李攀龙集的整理本。

梁辰鱼集

[明]梁辰鱼著　吴书荫编集校点
单行本1998年7月1版1次
2010年5月1版1次
平装54.00元　精装60.00元
大32开　692页

吴书荫教授积数十年之功,汇编、校勘了数十种梁辰鱼作品的各种版本,收录包括诗、散曲、套数在内的梁氏现存所有作品及历代评论资料。

沈璟集(全二册)

[明]沈璟著　徐朔方辑校
1992年1月1版1次
新版2012年9月1版1次
平装72.00元　精装88.00元
大32开　832页

本书辑集了沈璟存世的全部文学作品,包括《红蕖》、《埋剑》、《双鱼》、《义侠》、《桃符》、《坠钗》、《博笑》七种戏曲传奇,戏曲残本辑佚,诗、词、文、散曲等,并附录传记、版本序跋、作品评论、研究札记等。

汤显祖诗文集(全二册)

[明]汤显祖著　徐朔方笺校
1982年11月1版1次
平装6.20元　精装7.10元
大32开　844页

本书包括汤显祖《红泉逸草》、《问棘邮草》与《玉茗堂集》的全部诗文作品,并有若干佚文补遗。徐朔方先生对此加以编年笺校,并附研究资料。

汤显祖戏曲集(全二册)

[明]汤显祖著　钱南扬校点
1978年6月1版1次
2010年6月2版1次
2016年5月2版4次
平装80.00元　精装92.00元
大32开　816页

本书收录汤显祖传世的五种戏曲,即《牡丹亭》、《紫钗记》、《南柯记》、《邯郸记》(以上合称“临川四梦”)和早期创作的《紫箫记》,由戏曲研究界大家钱南扬先生花费大量心力点校而成。

白苏斋类集

[明]袁宗道著　钱伯城标点
单行本1989年6月1版1次
平装2007年9月1版2次
精装2007年9月1版1次
平装23.00元　2013年9月1版4次
精装28.00元　2013年9月1版3次
大32开　348页

本书是明代公安派代表作家袁宗道的诗文集,初刻成于明朝万历后期,现据原中央图书馆所藏刘氏嘉业堂藏书(台湾伟文图书公司影印本)标点整理。

袁宏道集笺校(全三册)

[明]袁宏道著　钱伯城笺校
1981年7月1版1次
2008年4月2版1次
2013年9月2版4次
平装145.00元　精装160.00元
大32开　1916页

袁宏道(中郎)是明代重要作家之一,公安派的创始人和代表人物。本书以明崇祯佩兰居刻本为底本,以诸本参校,其全集笺校本系首次刊行。

珂雪斋集(全三册)

[明]袁中道著　钱伯城点校
单行本1989年5月1版1次
2007年9月2版1次
2013年4月1版4次
平装98.00元　精装118.00元
大32开　1572页

《珂雪斋集》包括袁中道生前手编的全部著作,是迄今为止最完备的袁中道诗文集,所用底本均为明代的较早刻本,并以他本作校。

隐秀轩集

[明]钟惺著　李先耕　崔重庆标校
1992年10月1版1次
平装8.95元　精装11.50元
大32开　342页

钟惺诗文集传世甚罕,今搜集各种版本予以标校整理出版。

谭元春集

[明]谭元春著　陈杏珍标校
1998 年 12 月 1 版 1 次
2012 年 5 月 1 版 2 次
平装二册 76.00 元　精装 86.00 元
大 32 开　1056 页

本书汇集多种明刻谭元春诗文集，如《狱归堂合集》、《狱归堂新诗》、《狱归堂未刻诗》、《鹄湾集》、《谭友夏合集》等，并以多种明刻本、清初刻本参校。附序跋、传记及竟陵派史料。

张岱诗文集

[明]张岱著　夏咸淳辑校
单行本 1991 年 6 月 1 版 1 次
增订本 2014 年 11 月 1 版 1 次
平装 68.00 元　2016 年 5 月 1 版 3 次
精装 78.00 元　2016 年 3 月 1 版 3 次
32 开　624 页

本书在 1991 年单行本的基础上重编增订而成，夏咸淳先生于张岱诗、文，各选底本，精加校勘，辑得佚诗七十余首、佚文六篇，拣择补入张岱友人白岳山人王雨谦所作评语，附传记、序跋、书札、年谱等相关资料。

陈子龙诗集

[明]陈子龙著　施蛰存　马祖熙标校
1983 年 10 月 1 版 1 次
2010 年 7 月 1 版 3 次
平装 58.00 元　精装 64.00 元
大 32 开　864 页

陈子龙的诗歌有很高的成就和传世的价值。本诗集据清王昶等辑本标校，考证明季史事甚为翔实，并据南北各家图书馆所藏诸种善本增补阙字，为较完备的本子。

夏完淳集笺校（修订本）（全二册）

[明]夏完淳著　白坚笺校
单行本 1991 年 1 月 1 版 1 次
2016 年 3 月 1 版 1 次
平装 118.00 元　精装 148.00 元
大 32 开　1040 页

本书收入夏完淳所有现存作品，白坚先生多方搜罗遗佚，综考其英雄事迹，作出详尽笺注。书后附评语、序

跋、题赠等相关资料。修订本在 1991 年单行本的基础上又有订补，并增附篇名索引。

牧斋初学集（全三册）

[清]钱谦益著　[清]钱曾笺注　钱仲联标校
1985 年 9 月 1 版 1 次
2009 年 4 月 2 版 1 次
2012 年 9 月 2 版 3 次
平装 165.00 元　精装 175.00 元
大 32 开　2296 页

《初学集》收钱谦益明代所写诗文，因内容触犯禁忌，清代一直列为禁书。到了辛亥革命前夕，才由邃汉斋将明瞿式耜刻本与钱遵王笺注本两相对勘，合一出版。钱仲联先生据邃汉斋本标校整理出版。

牧斋有学集（全三册）

[清]钱谦益著　[清]钱曾笺注　钱仲联标校
1996 年 9 月 1 版 1 次
2013 年 1 月 1 版 4 次
平装 126.00 元　精装 150.00 元
大 32 开　2296 页

本书为钱谦益入清后的作品集。钱的作品，被清高宗列为禁书，因之湮没达二百年之久。辛亥革命前后，始有铅排本问世，然缺点甚多。钱仲联先生以其数十年的研求，标校整理，使之成为最完善的本子。

牧斋杂著（全二册）

[清]钱谦益著　[清]钱曾笺注　钱仲联标校
2007 年 6 月 1 版 1 次
2016 年 5 月 1 版 5 次
平装 75.00 元　精装 85.00 元
大 32 开　1012 页

本书收录钱谦益《投笔集》、《苦海集》、《牧斋晚年家乘文》、《钱牧斋先生尺牍》等九种著作及几种附录文字，有重要的文史价值。由钱仲联先生标校整理。

牧斋初学集诗注汇校（全二册）

[清]钱谦益著　[清]钱曾笺注　卿朝晖辑校
2012 年 11 月 1 版 1 次
平装 118.00 元　精装 138.00 元
大 32 开　1264 页

本书诗以瞿式粗本为底本，笺注以新发现的何焯抄

本为底本,参校凌凤翔刻本、周法高影印本及国内多家图书馆所藏抄本。通行本人病其简率,陈寅恪责钱曾"殊负牧斋",何焯抄本较通行本多出注解四千三百多条,价值不下于施注东坡,可为遵王一洗太简之冤。

李玉戏曲集(全三册)

[清]李玉著　陈古虞　陈多　马圣贵点校

2004年12月1版1次

2010年7月1版2次

平装118.00元　精装138.00元

大32开　1840页

李玉是明末清初最杰出的传奇作家。本书辑集了这位多产作家存世的十七种剧作,其中包括罕见的孤本,并附录了相关的参考资料。

吴梅村全集(全三册)

[清]吴伟业著　李学颖集评标校

1990年12月1版1次

平装118.00元　2016年3月1版5次

精装148.00元　2016年3月1版3次

大32开　1580页

本书以乾隆注家所未寓目的董氏刊本《梅村家藏稿》为底本,校以康熙朝所刊诸本,并广辑各家评语,末附年谱及佚文,允为吴集最完善的版本。

归庄集

[清]归庄著

单行本1962年4月1版1次

单行本新版1984年12月1版1次

2010年1月1版1次

2011年6月1版2次

平装42.00元　精装48.00元

大32开　636页

归庄是明代散文家归有光的曾孙。与顾炎武同里同学,一起参加复社,同享盛名,时人目为"归奇顾怪"。本书1962年初版,重版时又增加一些补辑资料,后纳入丛书。

顾亭林诗集汇注(全二册)

[清]顾炎武著　王蘧常辑注　吴丕绩标校

1984年3月1版1次

新版2006年6月1版1次

新版2007年6月1版2次

平装90.00元　精装98.00元

大32开　1368页

王蘧常先生治顾亭林诗数十年,在徐嘉注本基础上,加以大量补注,堪称顾诗最完善的注本。

安雅堂全集

[清]宋琬著　马祖熙标校

2007年8月1版1次

平装70.00元　精装78.00元

大32开　920页

宋琬集向无完本,本书以乾隆丙戌本为底本,校以各初刻本及己卯本、丙寅本,分诗、文、词、杂剧四部分,堪称完备。

吴嘉纪诗笺校

[清]吴嘉纪著　杨积庆笺校

1980年2月1版1次

2.15元

大32开　308页

吴嘉纪是清初重要诗人之一。本书用各种版本会校,作了比较详明的笺释,并附录吴嘉纪事迹和诸家序跋、评论等。

陈维崧集(全三册)

[清]陈维崧著　陈振鹏标点　李学颖校补

2010年12月1版1次

平装176.00元　精装192.00元

大32开　1864页

陈维崧为清初诗文大家,著作宏富,诸体俱佳。本书由两位资深编审陈振鹏、李学颖传承标点校补,功力深厚,且多历年所,质量上乘,搜罗完备。

秋笳集

[清]吴兆骞撰　麻守中校点

单行本1993年10月1版1次

2009年5月1版1次

2009年5月1版3次

平装30.00元　精装35.00元

大32开　452页

吴兆骞《秋笳集》约七百首诗,其中五百余首即创作于遣戌地。本书校点以衍厚堂刻八卷本为底本,《粤雅堂丛书》本、《风雨楼丛书》本等为校本,又据《续本事诗》、《清诗别裁集》、《吉林通志》等书汇合比勘,校雠正误。附吴兆骞生平事迹相关资料。

渔洋精华录集释(全三册)

[清]王士禛著　李毓芙　牟通　李茂肃整理
1999年12月1版1次
2015年2月1版3次
平装148.00元　精装168.00元
大32开　2132页

本书汇集惠(栋)、金(荣)二家注之长,对王士禛《精华录》进行全面标校整理。"集评"收伊应鼎《精华录会心偶笔》及翁方纲《复初斋精华录评》等。附渔洋诗歌创作的大量材料。

聊斋志异会校会注会评本

[清]蒲松龄著　张友鹤辑校
单行本1962年7月1版1次
2011年1月2版1次
平装四册118.00元　2016年5月2版6次
精装二册128.00元　2016年5月2版5次
大32开　2514页

《聊斋志异》有手稿本、铸雪斋抄本、青柯亭刻本等多种版本,但编次、文字、篇目多寡各异;还有各种评注本流传。本书收集现存十余种重要版本进行校勘,并汇集清代各家注解和评语,是目前最为完备的一个本子。

敬业堂诗集(全三册)

[清]查慎行著　周劭标点
1986年12月1版1次
新版2015年7月1版1次
平装208.00元　精装248.00元
大32开　1920页

查慎行为清初一大诗家,留下诗词四千六百余篇。本书据涵芬楼影印原刊本标点整理,收辑有诸家序跋、《查他山先生年谱》等附录资料。

纳兰词笺注

[清]纳兰性德著　张草纫笺注
1995年10月1版1次
修订本2003年10月1版1次
修订本平装32.00元　2016年7月1版15次

修订本精装38.00元　2016年7月1版11次
大32开　484页

本书以光绪六年许增刊本为底本,另会勘清代多种词集选本,加以校订整理,尽量予以系年。附传记文献、总评、序跋及张草纫先生对纳兰性德早年恋情的探索文章。

方苞集(全二册)

[清]方苞著　刘季高校点
1983年12月1版1次
平装72.00元　2014年12月2版4次
精装82.00元　2014年12月1版3次
大32开　956页

方苞是桐城派的开创者。本书收方苞纪事、论说、书札、铭诔等各类古文近六百篇,方氏传世之文已包罗殆尽。

樊榭山房集(全三册)

[清]厉鹗著　[清]董兆熊注　陈九思标校
1992年8月1版1次
新版2012年12月1版1次
平装168.00元　精装198.00元
大32开　1880页

此为厉鹗众多著述中最重要的一种,内容包括诗、词、文、曲、戏剧。其最重要的诗,更附有清人董兆熊尽毕生之力所作的笺注,旁征博引,备极详赡。

刘大櫆集

[清]刘大櫆著　吴孟复标点
1990年12月1版1次
2012年4月1版3次
平装45.00元　精装50.00元
大32开　680页

本书依徐宗亮编本为底本,校以欧阳霖校本,并用缥碧轩本、日本翻刻本参校。附录收入缥碧轩本多出的《释谤》一文、简谱、传记文献、旧评选辑等。

儒林外史汇校汇评

[清]吴敬梓著　李汉秋辑校
单行本1999年8月1版1次
2010年8月1版1次
平装76.00元　2016年3月1版5次

精装 82.00 元　2014 年 9 月 1 版 4 次

大 32 开　820 页

　　李汉秋先生积数十年之功，汇集十种清末以来对此书的评点，融于一书，加以标点、校勘，既便于读者理解，增添阅读乐趣，又便于学者进行各方面研究。

小仓山房诗文集

[清]袁枚著　周本淳标校

1988 年 3 月 1 版 1 次

2014 年 5 月 1 版 5 次

平装四册 160.00 元　精装二册 180.00 元

大 32 开　2272 页

　　本书包括袁枚诗集、文集、外集(骈文)三种，整理者各选底本，采用多种乾、嘉之际的随园诗文刻本比勘。

忠雅堂集校笺(全四册)

[清]蒋士铨著　邵海清校　李梦生笺

1993 年 12 月 1 版 1 次

2012 年 8 月 1 版 2 次

平装 208.00 元　精装 238.00 元

大 32 开　2652 页

　　蒋士铨系清代著名诗人，与袁枚、赵翼并称"乾隆三大家"。本书以蒋士铨存世最早的嘉庆戊午扬州刻本《忠雅堂诗集》和嘉庆丙子广州刻本《忠雅堂文集》为底本，精校以多种刊本。其诗词部分，还据国家图书馆所藏善本《蒋清容先生手书诗稿》作了辑录校补。这些鲜为人知的材料的首次披露，弥足珍贵，从而使本书成为迄今蒋士铨传世的最为完备的诗文别集。而校笺者旁征博引，所作的考订笺证，则为清诗研究填补了空白。

瓯北集(全二册)

[清]赵翼著　李学颖　曹光甫校点

1997 年 4 月 1 版 1 次

2007 年 6 月 1 版 2 次

平装 118.00 元　精装 128.00 元

大 32 开　1618 页

　　本书以嘉庆十七年壬申湛贻堂原刊本《瓯北集》作为底本，以光绪丁丑滇南唐氏重刊寿考堂本为校本，又参校《瓯北诗钞》，是目前国内有关赵翼的最为完备的诗集。

惜抱轩诗文集(全二册)

[清]姚鼐著　刘季高标校

1992 年 12 月 1 版 1 次

新版 2013 年 12 月 1 版 1 次

平装 80.00 元　2013 年 6 月 1 版 4 次

精装 98.00 元　2010 年 9 月 1 版 2 次

大 32 开　780 页

　　本书以清光绪三十三年丁未校经山房本为底本，以商务印书馆《四部丛刊》本、中华书局《四部备要》本、江宁刘氏家镌本校订。

两当轩集

[清]黄景仁著　李国章校点

1983 年 7 月 1 版 1 次

2015 年 3 月 1 版 5 次

平装 49.00 元　精装 58.00 元

大 32 开　248 页

　　本书以光绪本为底本，并补收光绪本中漏刻的诗八首，增收咸丰本所附酬唱集二卷，补收新发现的黄仲则佚作三篇，是当前最完善的黄景仁诗集。

恽敬集(全二册)

[清]恽敬著　万陆　谢珊珊　林振岳点校　林振岳集评

2013 年 12 月 1 版 1 次

平装 80.00 元　精装 88.00 元

大 32 开　780 页

　　本书以现存最全的《四部丛刊》所收光绪十年重印同治八年刻本为底本，校以几乎所有现存的其他版本，并过录陶文冲、沈达卿、王秉恩三位名家批校，另辑诗文若干首；附录包括传记资料、交游、汇评、序跋等五十余种。

茗柯文编

[清]张惠言著　黄立新校点

1984 年 10 月 1 版 1 次

新版 2015 年 5 月 1 版 1 次

平装 32.00 元　精装 45.00 元

大 32 开　296 页

　　本书收录张惠言经学论著以外的全部古文、辞赋，并附《茗柯词》，为当今收录张惠言赋、文、词最完备的别集，也是目前最详备的版本。

瓶水斋诗集（全二册）

［清］舒位撰　曹光甫点校

单行本 1991 年 3 月 1 版 1 次

2009 年 10 月 1 版 1 次

2011 年 5 月 1 版 2 次

平装 68.00 元　精装 78.00 元

大 32 开　916 页

　　本书以收罗完备、错误较少的光绪本为底本，校以嘉庆本及《畿辅丛书》本。附传记文献、序跋题记、《瓶水斋诗话》、评论资料等。点校者为上海古籍出版社资深编审曹光甫，标点整理等各方面均颇见功力。

龚自珍全集

［清］龚自珍著　王佩诤校点

单行本 1959 年 12 月 1 版 1 次

1999 年 6 月 1 版 1 次

平装 45.00 元　2012 年 8 月 1 版 4 次

精装 52.00 元　2014 年 10 月 1 版 3 次

大 32 开　700 页

　　本书校点者积十年之功，广加搜寻各种稿本、刻本及海内公私诸家旧藏佚文，整理编辑，为国内所能见到的比较完备的龚氏全集。

龚自珍诗集编年校注（全二册）

［清］龚自珍著　刘逸生　周锡馥校注

2013 年 12 月 1 版 1 次

2015 年 5 月 1 版 2 次

平装 98.00 元　精装 118.00 元

大 32 开　1004 页

　　本书按诗歌编年次序加以详注，注释精准，明白晓畅，是龚诗目前最全最好的注本。仅就"己亥杂诗注"而言，不仅完全包括了已出版的《龚自珍己亥杂诗注》的全部内容，而且又有所核校增补。

水云楼诗词笺注

［清］蒋春霖撰　刘勇刚笺注

2011 年 10 月 1 版 1 次

2012 年 4 月 1 版 2 次

平装 42.00 元　精装 50.00 元

大 32 开　436 页

　　蒋春霖为晚清词坛之巨擘。本书汇编蒋春霖诗词，整理者为之笺注，为读者提供了一个全面、精善

之本。

人境庐诗草笺注（全二册）

［清］黄遵宪著　钱仲联笺注

单行本 1957 年 9 月 1 版 1 次

1981 年 11 月 1 版 1 次

2007 年 8 月 1 版 3 次

85.00 元

大 32 开　1360 页

　　黄遵宪（公度）是清末诗学革新派的诗人。本书经钱仲联先生重新审注，增补改正了很多材料，并加新式标点重排出版。

岭云海日楼诗钞

［清］丘逢甲著　丘铸昌标点

1983 年 4 月 1 版 1 次

2009 年 5 月 2 版 1 次

2009 年 10 月 2 版 2 次

平装 32.00 元　精装 38.00 元

大 32 开　480 页

　　丘逢甲为我国清末台湾籍诗人，一生作诗近万首，台湾抗战时大部毁于战火。本书所收是他回大陆后所作，计一千七百余首。

中国近代文学丛书

柏枧山房诗文集

梅曾亮著　彭国忠　胡晓明校点

精装 2005 年 12 月 1 版 1 次

平装 2012 年 12 月 1 版 1 次

平装 60.00 元　2012 年 12 月 1 版 1 次

精装 68.00 元　2012 年 12 月 1 版 2 次

大 32 开　796 页

　　本书是梅曾亮诗文集最称完善的本子，以山东海源阁咸丰六年刻本为底本，参校了梅氏手写稿本等十余种版本。附《梅郎中年谱》及相关传记、序跋和评论、交游诗文等资料。

林昌彝诗文集

林昌彝著　王镇远　林虞生校点

单行本 1989 年 8 月 1 版 1 次

2012 年 5 月 1 版 1 次

精装 58.00 元

大 32 开　500 页

　　林昌彝,林则徐族弟,晚清著名爱国作家,其《射鹰楼诗话》以鸦片战争时期我国诗坛的实录而著称于世。本书辑录了他的诗文,包括《衣谳山房诗集》八卷、集外诗一卷、赋一卷及《小石渠阁文集》六卷。

巢经巢诗文集

郑珍著　黄万机 黄江玲校点

2016 年 4 月 1 版 1 次

平装 68.00 元　精装 78.00 元

大 32 开　632 页

　　郑珍是清代著名学者,更是清诗之大家,有文集六卷,《巢经巢诗钞》九卷和《巢经巢诗钞后集》六卷,存诗近九百首。今汇为一集,整理出版。

思伯子堂诗文集(全三册)

张际亮著　王飚校点

2007 年 7 月 1 版 1 次

精装 150.00 元

大 32 开　1664 页

　　本书为张际亮诗文别集,以其生前编定的《思伯子堂稿》为底本,校以《张亨甫全集》本、《松寥山人诗初集》本等近十种版本,书末附相关传记、序跋、年谱简编及其诗文评隲资料。

东洲草堂诗集(全二册)

何绍基著　曹旭校点

精装 2007 年 7 月 1 版 1 次

平装 2012 年 12 月 1 版 1 次

平装 80.00 元　2012 年 12 月 1 版 1 次

精装 88.00 元　2012 年 12 月 1 版 2 次

大 32 开　1028 页

　　何绍基一生作诗二千余首,是宋诗运动的主要倡导者。本书以同治六年长沙家刻本为底本,校以稿本及其他刻本,并加入相关的资料作为附录,是研究何绍基诗歌及书画艺术和晚清宋诗派运动的必备之书。

曾国藩诗文集

曾国藩著　王澧华校点

精装 2005 年 10 月 1 版 1 次

平装 2013 年 11 月 1 版 1 次

平装 60.00 元　2015 年 1 月 1 版 2 次

精装 72.00 元　2015 年 1 月 1 版 4 次

大 32 开　620 页

　　本书所收诗以传忠书局所编之四卷编年本为底本,以陶斓勤斋本为参校本。文集则以曾氏家藏稿本之抄正本为底本,以苏州本及光绪本为校本,参校他本。还搜辑了曾氏遗诗遗文十二篇(包括词二首)及大量相关的序跋评论和传记资料,附《曾国藩年谱简编》。

伏敔堂诗录

江湜著　左鹏军校点

精装 2008 年 3 月 1 版 1 次

平装 2012 年 12 月 1 版 1 次

平装 48.00 元　2012 年 12 月 1 版 1 次

精装 55.00 元　2012 年 12 月 1 版 2 次

大 32 开　644 页

　　江湜是近代著名的诗人,半生困顿,为稻粱谋,奔走燕、齐、闽、浙之间。本书据原刻本整理,并从大量文献中辑补佚作,精心校点,洵为江诗最完备之本。书后附有年谱及参考资料,可供文史工作者研究参考。

秋蟪吟馆诗钞

金和著　胡露校点

精装 2009 年 12 月 1 版 1 次

平装 2012 年 12 月 1 版 1 次

平装 48.00 元　精装 56.00 元

大 32 开　584 页

　　本书以 1914 年铅印本为底本。录金和诗作八卷,另收录《来云阁词钞》和《秋蟪吟馆文钞》,附诗文补遗、传记及序跋资料、评论资料、交游酬唱诗文、年谱简编等。

张裕钊诗文集

张裕钊著　王达敏校点

精装 2007 年 10 月 1 版 1 次

平装 2012 年 12 月 1 版 1 次

平装 68.00 元　精装 58.00 元

大 32 开　692 页

　　张裕钊诗文被门人及故交结集,传本较多,约有三十余种。学界对此多语焉不详,或真伪莫辨。整理者各择底本,据多种版本参校。另有附录相关参考资料九项。

越缦堂诗文集（全三册）

李慈铭著　刘再华校点

精装2008年12月1版1次

平装2012年12月1版1次

平装128.00元　2012年12月1版1次

精装148.00元　2012年12月1版2次

大32开　1752页

　　本书收录李慈铭《白华绛阁诗集》十卷，《杏花香雪斋诗》十卷、补遗一卷，《霞川花隐词》二卷、补遗一卷，《越缦堂文集》十二卷，《越缦堂骈体文》四卷，《越缦堂文集补》三卷，《萝庵游堂小志》及《越缦堂诗话》各一卷，均以多种版本予以精审细校。

叶衍兰集

叶衍兰著　谢永芳校点

2015年4月1版1次

精装78.00元

大32开　624页

　　本书收叶衍兰《海云阁诗钞》、《秋梦盦词钞》，另辑集外诗词若干为补遗；文收《清代学者象传》和《秦淮八艳图咏》传文在内的传记，另有制义、序跋、书札、杂录等。附传记资料、往来书札、序跋评论、酬唱诗词、年谱简编。

王韬诗集

王韬著　陈玉兰校点

2016年6月1版1次

精装68.00元

大32开　520页

　　王韬经历丰富，足迹遍及海内外，所到之处皆有创作，其诗在晚清诗坛独树一帜，惜生前未加整理，所以作品散佚严重，搜辑相当不容易。诗词是其作品的精华部分，今结集成书以飨读者。

翁同龢诗集

翁同龢著　朱育礼　朱汝稷校点

平装2009年12月1版1次

精装2012年12月1版1次

平装49.00元　精装50.00元

大32开　644页

　　本书汇辑翁同龢迄今所能被搜集到的全部诗词作品，细加标点，精心校以《瓶庐诗秒》、《瓶庐日记》等多

种版本，辑补佚诗一百余首，附传记序跋、诗文详论、哀挽追悼资料及《翁松禅自订年谱》。

张之洞诗文集

张之洞著　庞坚校点

2008年8月1版1次

增订本2015年7月1版1次

平装二册98.00元　精装118.00元

大32开　920页

　　本书以文华斋原刊《张文襄公全集》为底本，精校以多种版本，并附录有关张氏之传记、序跋、诗文评论及年谱简编等材料。增订本又自稀见文献《张香涛诗稿》、《天香阁十二龄课草》辑出大量佚诗，另增补《劝学编》和几篇很有分量的诗文评约五万字。

偶斋诗草（全二册）

宝廷著　聂世美校点

精装2005年12月1版1次

平装2012年12月1版1次

平装96.00元　2012年12月1版1次

精装108.00元　2012年12月1版2次

大32开　1160页

　　爱新觉罗·宝廷，晚年自号偶斋。一生作诗两千余首，各体均工，尤擅长五七言长篇歌行，气势充沛，酣畅淋漓，赢得满族第一诗人之美誉。本社首次全面整理出版宝廷的诗集。

樊樊山诗集（全三册）

樊增祥著　涂晓马　陈宇俊校点

2003年12月1版1次

精装158.00元

大32开　2340页

　　樊增祥一生作诗近两万首。本书正集以《樊山诗集》流传最早的版本光绪刻本为底本，樊山集外八卷另据上海广益书局1926年排印本，同时补入《二家词钞》、《闲乐集》等，校以多种石印、排印本，并附多种序跋、传记及评说资料。

沧趣楼诗文集（全二册）

陈宝琛著　刘永翔　许全胜校点

精装2006年9月1版1次

平装2013年8月1版1次

平装 88.00 元　精装 85.00 元

大 32 开　996 页

　　本书收辑陈宝琛的全部著作,包括《沧趣楼诗集》、《听水词》、《沧趣楼文存》、《沧趣楼律赋》及《沧趣楼制艺》,不仅搜辑遗文佚诗,予以标校整理,而且沙中拣金,收录许多有关的传记、序跋和诗文评论资料。

范伯子诗文集（全二册）

[清]范当世著　马亚中　陈国安校点

精装 2003 年 7 月 1 版 1 次

修订本平装 2015 年 4 月 1 版 1 次

平装 88.00 元　精装 65.00 元

大 32 开　916 页

　　范当世乃近代诗坛成就卓荦巨子。本书以浙江徐氏民国二十二年校刻本为底本,并参校光绪刻本等数种版本,标校整理,附范氏佚诗、《蕴素轩诗稿》、《沧海归来续集》、《年谱简编》及传记和有关序跋评论资料多种。

张謇诗集

张謇著　徐乃为校点

2014 年 12 月 1 版 1 次

平装二册 98.00 元　精装 108.00 元

大 32 开　884 页

　　本书收当前所见张謇全部诗作,比《张季子诗录》、《张季子九录》及前后两次出版的张氏全集都要齐全。整理者精审细校,尽量予以编年。

散原精舍诗文集（全二册）

陈三立著　李开军校点

2003 年 6 月 1 版 1 次

增订版 2012 年 12 月 1 版 1 次

平装 158.00 元　精装 188.00 元

大 32 开　1740 页

　　陈三立,号散原,是清末民国年间著名诗人、古文家。今将其诗文集合为一编。附关于陈三立传状、评论资料等。是迄今为止陈三立最完备的诗文合集。

琴志楼诗集

易顺鼎著　王飚校点

精装 2004 年 4 月 1 版 1 次

平装 2012 年 12 月 1 版 1 次

平装四册 128.00 元　精装二册 120.00 元

大 32 开　1732 页

　　清末民初易顺鼎诗名满天下,生平作诗近万首。本书编校者从国内各大图书馆悉心挖掘汇集易诗达四十种,重加编年排比,为学界首次提供堪称目前最为完备可靠的读本。

觚庵诗存

俞明震著　马亚中校点

精装 2008 年 6 月 1 版 1 次

平装 2012 年 12 月 1 版 1 次

平装 42.00 元　2012 年 12 月 1 版 1 次

精装 48.00 元　2012 年 12 月 1 版 2 次

大 32 开　544 页

　　此书为俞明震诗集。本书除对原诗进行标点出校外,还附录了大量相关的文史资料,其中包括上海图书馆所藏有关俞明震履历的光绪戊子科《顺天分试硃卷》材料及浙江和绍兴图书馆所藏有关著者家世的《俞氏宗谱》等。

海藏楼诗集（全二册）

郑孝胥著　黄坤　杨晓波校点

2003 年 8 月 1 版 1 次

增订本平装 2013 年 12 月 1 版 1 次

增订本精装 2014 年 5 月 1 版 1 次

平装 78.00 元　2014 年 9 月 1 版 2 次

精装 88.00 元　2014 年 5 月 1 版 1 次

大 32 开　744 页

　　郑孝胥与陈三立、沈曾植鼎足而立,为近代诗歌著名流派“同光体”中的领军与代表人物,在中国近代诗歌史上有其不可轻忽的重要地位。作为一种客观历史现象的存在,郑孝胥的文学成就难以抹杀,并有史料价值。

天放楼诗文集（全三册）

金天羽著　周录祥校点

2007 年 11 月 1 版 1 次

精装 128.00 元

大 32 开　1596 页

　　金天羽诗成就巨大,“高据于所处时代古典诗歌之顶峰”(钱仲联语)。本书汇集了金天羽一生创作的诗、词、散文作品,精心点校,是研究金天羽生平和文学成果的第一手资料,同时也可供治近代史工作者参考。

江山万里楼诗词钞

杨圻著　马卫中　潘虹校点

2003年6月1版1次

2007年7月1版2次

精装60.00元

大32开　836页

杨圻亲历目击近代许多重大事件，诗中对此均有反映，复有"诗史"之誉。本书以1926年刊行之《江山万里楼诗钞》为底本，详加校点，另收续作佚诗及全部词作，并附有传记年表等。

苍虬阁诗集

陈曾寿著　张寅彭　王培军校点

精装2009年1月1版1次

平装2012年12月1版1次

平装52.00元　2012年12月1版1次

精装58.00元　2012年12月1版2次

大32开　676页

陈曾寿是中国近代诗坛的一位重要作家。《苍虬阁诗集》为陈曾寿之诗词合集，是研究其思想与文学创作的第一手资料，也是近代文学研究的重要材料。

吕碧城集（全二册）

吕碧城著　李保民校笺

精装2015年10月1版1次

平装2015年8月1版1次

平装98.00元　精装118.00元

大32开　862页

吕碧城是近代史第一位女编辑、女性撰稿人，南社的重要成员，被称为"近三百年来最后一位女词人"。此次整理出版《吕碧城集》，可以让读者更深入地了解这位不平凡的女性。

诗经　楚辞

楚辞要籍丛刊

楚辞集注

[宋]朱熹著　黄灵庚点校

2015年12月1版1次

2016年5月1版2次

48.00元

32开　464页

此次校勘整理，底本用宋嘉定六年章贡郡斋刻本。此本由朱熹儿子朱在所刻，距朱熹谢世仅十一年，为朱熹生前所编定，最为原始。参校本为宋端平刻本、元至治元年虞信亨宅刻本、元至正二十三年高日新刻本等，吸收清杨讷菴手批的校勘成果。

楚辞补注

[宋]洪兴祖撰　黄灵庚点校

2015年8月1版1次

2016年5月1版2次

68.00元

32开　612页

宋洪兴祖《楚辞补注》是继王逸《楚辞章句》之后的又一部重要文献，在楚辞学史上有不可替代的作用，是今人研究楚辞的必读之书。本次整理以汲古阁毛氏校刊《楚辞补注》本为底本，以景宋本、宝翰本、皇都本、惜阴轩本、同治本为校本。

其　他

诗集传

[宋]朱熹集注

1958年9月1版1次

新版1980年2月1版1次

0.85元

大32开　130页

朱熹的《诗集传》是一部在宋以后十分通行的讲解《诗经》的书，它破除了人们对《毛诗序》的迷信，开辟了理解《诗经》的新途径。朱熹的解《诗》，虽流于主观臆断，但对于研读《诗经》，还是很有帮助的。

诗义会通

吴闿生著

1959年6月1版1次

1.20元

32开　275页

此书在解释《诗》义方面，作者能发挥独立思考的精神，不为穿凿附会和繁琐考证的旧说所蔽囿，以探索《诗经》的本来面目。

诗经试译

李长之译

1956年9月1版1次

平装0.50元　精装0.80元

32开　176页

本书选择《诗经》中四十多首思想性、艺术性较为突出的作品,试用多样化的形式译成现代口语。每首译诗之前有说明,译诗之后附有原诗和简明的注解。

国风选译

陈子展选译

1957年2月1版1次

增订本1984年8月1版1次

1.20元

32开　208页

《国风》是《诗经》中最精彩的部分,本书将古奥的原文译成现代语言,同时汇集诸家注释,断以己意,并写了翔实的解题。

雅颂选译

陈子展选译

1957年6月1版1次

新版1986年11月1版1次

3.00元

32开　304页

《诗经》是我国最早的诗歌总集,向来人们只重视《国风》部分,对《雅》、《颂》则较少注意。其实《雅》、《颂》里也有很多好诗,而且作为典实、成语,两千余年来被广泛引用不衰。本书选译其中的佳篇,加以解释,译者对《诗经》的研究功力极深,解题和论释言必有据,阐发详明,对欣赏者和研究者都很有用。

诗经楚辞

孔一标点

1998年11月1版1次

精装16.60元

大32开　204页

《诗经》和《楚辞》是我国最早的两部诗歌总集,创作于西周初年至春秋末叶的《诗经》,和以屈原作品为主体的《楚辞》,集中体现了中华民族的优良传统,并成为后世文学创作的光辉典范。

楚辞集注

[宋]朱熹集注　李庆甲校点

1979年10月1版1次

1987年10月1版2次

1.75元

32开　166页

朱熹撰注的《楚辞集注》刊刻于南宋端平二年(1235),是目前所有流传刊本中最早的一个楚辞刻本。本书包括《楚辞集注》八卷、《楚辞辩证》二卷、《楚辞后语》六卷,收有从屈原到宋朝吕大临的辞赋93篇,并在前人的基础上新加注释,有朱熹对楚辞中许多问题的考证,可供研究者及古典文学爱好者阅读参考。

楚辞通释

[清]王夫之著

1959年2月1版1次

0.60元

32开　188页

本书是王夫之对《楚辞》作品的注释,借楚国的命运表达了对明王朝倾覆的悲痛和自己的志节操守。现据同治湘乡曾氏兄弟刊刻船山遗书本圈点断句排印。

山带阁注楚辞

[清]蒋骥撰

1958年9月1版1次

新版1984年12月1版1次

1.00元

32开　154页

本书以征引广博、考订精辟、资料翔实见长。共有注楚辞六卷,楚辞余论二卷,楚辞说韵一卷。书前首列史记屈原列传、沈亚之屈原外传、楚世家节略。创制楚辞地理五图,以考证屈原经历的先后。其注释即据事迹年月、道里远近考定写作时地。余论二卷,驳正旧注得失,考证典故同异,颇有创见。说韵一卷,引证浩博。本书据山带阁藏版原刻本排印。

楚辞新注

聂石樵注

1980年8月1版1次

1988年4月1版2次

1.55元

大32开　116页

屈原是战国时伟大的爱国诗人,他在民间文学的基础上发展创作了"楚辞"这样一种新体诗,对后世有深远影响。本书收录屈原的作品 23 篇,作者不可考的作品 2 篇。宋玉、贾谊作品各 1 篇。均有比较详细浅显的注释。

楚辞校释

蒋天枢校释
1989 年 11 月 1 版 1 次
5.10 元
32 开 214 页

本书收屈原赋及宋玉为悲悯屈原而作的《九辩》,依古本篇次。全书对屈原生平、屈赋系年,提出与旧说时论不同的新见解。立论新颖,卓然自成一家。

楚辞选

陆侃如 高亨 黄孝纾选注
1956 年 4 月 1 版 1 次
0.34 元
32 开 118 页

本书选录了《九歌》11 篇,屈原的《离骚》1 篇,《九章》9 篇及《天问》的一部分,宋玉的《九辩》的一部分与《招魂》全篇。

楚辞集校(全三册)

黄灵庚集校
2009 年 11 月 1 版 1 次
精装 148.00 元
大 32 开 1844 页

本书充分运用已有的《楚辞章句》的各种版本,包括主校本二十七种、参校本一百多种,校出多种版本的异文六千多条,并考订其是非优劣。同时运用《楚辞》文献内部用语词例及王逸用语词例进行本校,运用出土简帛文献考订《楚辞》文字的是非,为当代学人研究《楚辞》提供众多重要的版本材料和真切的文献依据,具有重要的学术价值。

屈原九歌今译

文怀沙著
1956 年 11 月 1 版 1 次
0.46 元
32 开 119 页

本书介绍《九歌》诗篇,每篇都有简要的题解、注释

和详明的译文。

屈原九章今译

文怀沙著
1956 年 12 月 1 版 1 次
0.55 元
32 开 144 页

本书介绍《九章》诗篇,每篇有简要的题解、注释和详明的译文。

屈原离骚今译

文怀沙著
1956 年 12 月 1 版 1 次
0.40 元
32 开 104 页

《离骚》不仅是诗人屈原最杰出的代表作,而且是中国和世界诗史上最伟大的抒情长诗之一。本书是译者的又一重要译作。

屈原赋证辨

沈祖绵著
1960 年 8 月 1 版 1 次
0.55 元
32 开 121 页

本书是训释屈原赋中的字义,并研究其韵读的著作。作者在清代学者戴震、俞樾、孙诒让等人治屈赋的基础上,对前人训释未妥或尚未涉及之处,提出了自己的见解。

诗 文 集

总 集

古诗类苑(全二册)

[明]张之象编 [日]中岛敏夫整理
2006 年 4 月 1 版 1 次
精装 280.00 元
16 开 1302 页

《古诗类苑》130 卷,是按门类编次的、收录上古至隋代全部诗歌的总集。收诗 9503 首,分 44 部、787 类。既有资料价值,又有类书作用。为研究中国文学史、诗史的学者所重视。日本汲古书院曾于 1996 年以内阁文

库藏本为底本整理影印。此次特将《古诗类苑》与《唐诗类苑》配套影印出版,作为唐代以前诗作分类编选的大型总集,极具资料价值。附《作者篇名索引》。

唐诗类苑(全七册)

[明]张之象编　[日]中岛敏夫整理
2006 年 4 月 1 版 1 次
精装 780.00 元
16 开　3632 页

《唐诗类苑》200 卷,是按门类编次的唐诗总集。收诗 3 万多首,是《全唐诗》编纂的三大来源之一。在编纂时间和收诗规模上具有奠基意义,为研究中国文学史、诗史的学者所重视。日本汲古书院曾于 1996 年以内阁文库藏本为底本影印。此次与《古诗类苑》配套推出,极具资料价值。第七册为索引。

乐府诗集

[宋]郭茂倩编撰　聂世美　仓阳卿校点
1998 年 11 月 1 版 1 次
精装 47.30 元
大 32 开　1124 页

《乐府诗集》是一部上古至唐五代的乐章和歌谣总集,也是现存成书最早、流行最广而搜罗最为完备的乐府诗总集。全书 100 卷,以音乐曲调分为 12 大类,每类有总序,每曲有解题,对各类歌辞、各种曲调的源流、内容,都有详备的考订,《四库全书总目提要》称其"征引浩博,援据精审",对于研究和了解中国古代诗歌、音乐有着不可取代的重要价值。现据《四部丛刊》影印汲古阁本标校整理。

唐音统签(全九册)

[明]胡震亨编
2003 年 4 月 1 版 1 次
精装 800.00 元
16 开　3190 页

《唐音统签》为唐五代诗歌总集,以北京故宫博物院所藏范希仁抄补本 1033 卷最为完全。全书自《甲签》至《壬签》按时代先后辑录唐及五代诗作及词曲、歌谣、谚语、酒令、占辞。《癸签》则包括体裁、法微、评汇、乐通、诂笺、谈丛、集录等部分。《全唐诗》就是以《唐音统签》及季振宜《唐诗》为底本编纂而成。今以故宫博物院本《唐音统签》影印。

全唐诗(全二册)

本社编
1986 年 10 月 1 版 1 次
2016 年 7 月 1 版 21 次
精装 280.00 元
16 开　2220 页

《全唐诗》九百卷是清康熙皇帝组织当时著名学者,在季振宜《唐诗》、胡震亨《唐音统签》两部名著的基础上参考内府所藏唐人诗集与碑碣、杂史等编纂而成的。共收诗 48900 余首,作者 2200 余人,是迄今为止最为完备的唐诗总集。

全唐诗简编(全二册)

高文主编　孙方　佟培基副主编
1992 年 12 月 1 版 1 次
1995 年 1 月 1 版 2 次
精装 59.70 元
大 32 开　1008 页

本书收录唐诗约 5500 首,作者 550 余人,分别占《全唐诗》的十分之一和四分之一强,包括了脍炙人口的名家名篇,并补充了若干新发现的唐诗。入选作品根据多种版本作了校勘,作者的生平事迹,都作出简要介绍。附作者和篇名索引。

唐五十家诗集

本社汇编
平装 1981 年 8 月 1 版 1 次
平装八册
32 开
附索引本 1989 年 4 月 1 版 1 次

精装 1992 年 4 月 1 版 2 次

精装新版 2012 年 11 月 1 版 1 次
精装 180.00 元
16 开　704 页

明铜活字本唐人诗集是现存最早的大型唐人诗集丛书,因所据多为古本,且字体古朴,被称为"下宋一等珍本",藏书家往往误认其为宋本。现共汇集至 50 种,收辑初盛中唐 50 位作家的诗赋作品,据原书缩印出版。1989 年版附四角号码篇名索引。

全上古三代秦汉三国六朝文（全六册）

[清]严可均辑

2009 年 6 月 1 版 1 次

精装 580.00 元

16 开　4156 页

中国上古至隋的文章总集，清嘉道间学者严可均辑。全书 741 卷，收作者 3400 多人。因嘉庆十三年（1808），清朝开馆辑《全唐文》，严氏认为唐以前文章亦应编集，遂发愤独自编纂，毕 27 年之功始成。从别集、总集、史书、类书到金石拓片等，莫不广搜博采。全书以“文”为编选对象，载文而不载诗；按朝代先后排序，分为《全上古三代文》至《全隋文》14 集，朝代不明的文章则别为《先唐文》一集列后，直与清官修的《全唐文》相接。同一朝代的作者，以帝后、宗室、贵族、百官、群雄、士庶、列女、释道、阙名等次序排列。

全唐文 附《唐文拾遗》、《唐文续拾》、《读全唐文札记》（全五册）

[清]董诰等编

1990 年 12 月 1 版 1 次

2015 年 12 月 1 版 5 次

精装 680.00 元

16 开　5588 页

《全唐文》是唐五代作家文章的总汇，共收唐五代 3042 位作家各种文体的文章 18488 篇，不但为研究唐五代文学之必备参考书，亦为研究唐五代历史、社会文化、经济的重要资料。清嘉庆十三年设馆纂修，汇集全国一百多位著名学者，由董诰领衔主编，阮元任总阅官，历时七年编成，清内府刊行。今特以清扬州全唐文馆所刊行的《钦定全唐文》及清末陆心源补辑的《唐文拾遗》和《唐文续拾》为底本影印。末附索引。

西昆酬唱集

[宋]杨亿编　[清]周桢 王图炜注

1985 年 6 月 1 版 1 次

2.20 元

32 开　152 页

《西昆酬唱集》是宋杨亿、刘筠、钱惟演等 17 人的唱和集。真宗景德中，杨亿、刘筠等人在奉旨编纂《册府元龟》期间，与友朋诗歌往还，相互唱和，杨亿将它编集为《西昆酬唱集》。古典诗歌流派中的“西昆体”由此得名。清康熙间，周桢、王图炜曾有注本，颇称精详，但流传甚少，世所罕睹。现据黄永年教授藏最早刊本影印。

中州集（全二册）

[金]元好问编

1959 年 4 月 1 版 1 次

2.20 元

大 32 开　572 页

金代诗歌总集，分为 10 卷，辑录作家 251 人，作品 2062 首。此书体例不录存世者之作，“帝王”、“诸相”、“状元”、“知己”、“南冠”等以类相从，其余各家基本上是以时代先后为序。本书据董氏诵芬室影元刻本断句印行。

河汾诸老诗集

[元]房祺等著

1959 年 2 月 1 版 1 次

0.24 元

32 开　63 页

此书为金末元初生活在金人统治下的北方汾河流域的八位诗人所写诗歌的汇集，共录五、七言古近体诗计 198 首。本书以汲古阁本断句，并用《四部丛刊》本等校勘排印。

全明诗（一）

编委会编

1990 年 12 月 1 版 1 次

1991 年 12 月 1 版 2 次

精装 12.20 元

大 32 开　402 页

明代留下的资料极为丰富，但大部分没有做过整理。明诗的分量很大，它是明代文学的重要组成部分。本书系国家教委古籍整理重点项目，由复旦、北大、南师大、杭大教授专家组成编委会，在广泛搜集资料的基础上，尽可能地选择最好的底本，加以校勘和辑佚，分册出版。第一册包括朱元璋、朱升、王冕、吴志淳、张以宁、钱宰、危素、詹同、魏观、陈谟、胡翰、妙声等 12 家。

全明诗（二）

编委会编

1993 年 2 月 1 版 1 次

精装 16.10 元

大 32 开　388 页

本书选择最好底本，加以校勘和辑佚。第二册包含明初诗人唐桂芳、释圣仁、朱右、袁凯、宋濂、宋讷、刘基、宋元僖等人的全部诗作。

全明诗（三）

编委会编

1994 年 7 月 1 版 1 次

精装 29.50 元

大 32 开　400 页

　　本册包含明初诗人刘三吾、郭奎、涂几、贝琼、乌斯道等人的全部诗作。

全明文（一）

钱伯城　魏同贤　马樟根主编

1992 年 12 月 1 版 1 次

精装 18.30 元

大 32 开　472 页

　　本书搜罗明人已刻未刻的文集达三千多种，其他散见于地志、碑帖、石刻的单篇文字，更不计其数。本书篇幅浩瀚，包含丰盛，可供文史哲及科技界各方面应用。第一册为明太祖朱元璋作品，包括诏诰令敕及罕见的洪武刻本《大诰》等。

全明文（二）

钱伯城　魏同贤　马樟根主编

1993 年 12 月 1 版 1 次

精装 26.70 元

大 32 开　456 页

　　本册所收为自元入明的作者六家，包括朱升、张以宁、钱宰、危素、陈谟、胡翰。他们的文风，还是保持元代的格调，是全明文中承上启下的作品。

天启崇祯两朝遗诗（全三册）

[清]陈济生编

1959 年 1 月 1 版 1 次

精装 13.00 元

32 开　2108 页

　　本书辑天启崇祯两朝遗诗 10 卷，末附诗人小传。本书在清初刊版后，流传绝少，此次影印，以上海市历史文献图书馆所藏陈乃乾手订抄补本为主，部分用上海图书馆藏本抄补。

明遗民诗（全二册）

[清]卓尔堪选辑

1961 年 6 月 1 版 1 次

2.40 元

32 开　336 页

　　本书选辑明代遗民逸士们历经丧乱、追怀故国的诗作约三千首。清乾隆年间两次列入禁毁书目。清末上海有正书局据原刻本影印，现据有正本断句排印。

别　集

中国古代名家全集

陶渊明全集　附谢灵运集

[晋]陶渊明　[南朝宋]谢灵运著　曹明纲标点

1998 年 6 月 1 版 1 次

精装 14.50 元

大 32 开　136 页

　　陶渊明和谢灵运是中古时期两位最有影响的文学家。前者以"外枯而中膏，似淡而实美"的诗风，描写了恬静优美的田园风光，抒发了固守穷节的坎壈情怀；后者则用"芙蓉出水"般的清新笔调，传现出山水景物的自然情韵。他们改变了晋末宋初淡乎寡味的玄言诗风，为开创中国古代田园山水诗派作出了重要贡献。这本合集，即以白文本的形式将他们现存的全部作品介绍给今天的读者。

王维全集　附孟浩然集

[唐]王维　孟浩然著　曹中孚标点

1997 年 10 月 1 版 1 次

精装 17.90 元

大 32 开　240 页

　　王维字摩诘，为盛唐时代的著名诗人，兼擅绘画、音乐，以田园山水诗最负盛名。孟浩然亦以田园山水诗见长，杜甫叹为"清诗句句尽堪传"。其诗以五古五律为胜；五绝清迥含蓄。因与王维齐名，世称"王孟"。

李白全集

[唐]李白著　鲍方校点

1996 年 11 月 1 版 1 次

1997 年 6 月 1 版 3 次

精装 19.00 元

大 32 开　304 页

　　李白是我国唐代的伟大诗人。他的作品，语言豪放，想象丰富，风格清新隽逸，曾被誉为"诗仙"。这部白文本《李白全集》,包括了李白的全部诗和文。所用底本为清乾隆时的王琦辑本,参校了多种刊本整理而成。

杜甫全集

[唐]杜甫著　高仁标点
1996 年 11 月 1 版 1 次
1997 年 6 月 1 版 3 次
精装 21.00 元
大 32 开　364 页

杜甫是我国唐代的伟大诗人,其诗世称"诗史"。艺术上不但苍凉雄浑,沉郁顿挫,形成了独特的风格;且又千锤百炼,胜似精金美玉,达到了完美的境地,对后世的影响极大。这部白文本《杜甫全集》,据康熙静思堂本《钱注杜诗》删去原有校记和注释整理而成,并从《全唐诗补编》、《全唐文》辑录了杜甫佚诗佚文。

韩愈全集

[唐]韩愈著　钱仲联　马茂元校点
1997 年 10 月 1 版 1 次
精装 23.60 元
大 32 开　416 页

韩愈是我国古代继司马迁以后最杰出的散文大家,又是唐代著名诗人和政治家。他和柳宗元领导了唐代古文运动,对中国古代散文乃至整个古典文学的发展,产生了深远的影响,他的散文,具有深刻的现实内容,气势浩大。语言生动准确,创造了许多富有生命力的新词语。他的诗歌创作也取得很高成就,被后人誉为"唐诗之一大变"。

柳宗元全集

[唐]柳宗元著　曹明纲标点
1997 年 10 月 1 版 1 次
精装 25.10 元
大 32 开　456 页

柳宗元是唐代中期政治和文学两大改革的直接参与者和中坚人物。他思想的深刻性超出了一代文人的总体水平,他创作的丰富性也体现了一代文学的精华所在。政论文、寓言小品、山水游记最能反映柳宗元散文的特色。他的诗内容广泛,众体兼备。本书以宋世彩堂本为底本标点。

刘禹锡全集

[唐]刘禹锡著　瞿蜕园校点

1999 年 5 月 1 版 1 次
精装 22.10 元
大 32 开　368 页

刘禹锡是唐代著名政治家、文学家,他的《陋室铭》是脍炙人口的古文典范,《天论》三篇是古代朴素唯物主义哲学的重要篇章;他的诗继承了大历诗风而予以新变,善于用典却文气畅达,词采丰美又笔致流利,尤其是诗中洋溢着的豪健之气,别具一种深长的韵味,在当时赢得了"诗豪"的美誉。本书是刘禹锡诗文合集。

白居易全集

[唐]白居易著　丁如明　聂世美校点
1999 年 5 月 1 版 1 次
精装 46.00 元
大 32 开　1112 页

白居易是唐代继杜甫之后最能直面人生的伟大诗人。他的作品全面深刻地反映了中唐社会现实,无情地揭露了封建统治者的罪恶本质,深切同情人民的苦难。语言浅切生动,声韵流美婉转。他的《长恨歌》、《琵琶行》、《卖炭翁》等许多优秀诗篇被最广泛地传诵着。本书以宋绍兴年间刻《白氏文集》为底本,校以其他诸种善本。附白居易散佚诗文。

杜牧全集

[唐]杜牧著　陈允吉校点
1997 年 10 月 1 版 1 次
精装 18.50 元
大 32 开　252 页

杜牧是晚唐时著名诗人,与李商隐合称"小李杜"。其诗风格俊逸,精练含蓄,七言绝句中更有不少佳作;其文以政论见长,感慨时事,寓意深刻,笔锋犀利,自成一家。本书是杜牧的诗文全集,以《四部丛刊》本为底本,进行了必要的校勘。

李商隐全集　附李贺诗集

[唐]李商隐　李贺著　朱怀春　曹光甫　高克勤标点
1999 年 5 月 1 版 1 次
精装 24.00 元
大 32 开　432 页

李商隐和李贺都是我国唐代具有独特风格的著名诗人。他们都才华横溢,胸怀抱负,却又郁郁不得志,因而借助浪漫主义手法摅写愤懑,抒发心声。李贺诗风凄怨怪诞,人称"鬼才",虽然只活了 27 岁,但对后世影响很大。李商隐即步其诗风,又加以发展,他独创的无题诗,充满迷人的艺术魅力。李商隐的骈体文,用典精妙而又善达情义,被奉为四六文的金科玉律。本书将李商隐诗文合集与李贺诗集合为一编出版。

王安石全集

[宋]王安石著　秦克等标点
1999 年 6 月 1 版 1 次
精装 35.70 元
大 32 开　784 页

王安石是北宋著名的政治家、思想家、文学家,王安石诗题材广泛,体裁多样,艺术上达到了很高的成就;其文结构谨严,析理透辟,语言简洁,被列为唐宋古文八大家之一,对后世产生了很大的影响。本书据《王文公文集》整理,王安石诗文基本上包括在内。

苏轼全集(全三册)

[宋]苏轼著　朱怀春　穆俦校点
2000 年 5 月 1 版 1 次
精装 109.00 元
大 32 开　2412 页

苏轼在诗歌上是"宋诗"的开拓者与代表者,词学上创启"豪放"一派,散文上体现了"唐宋八大家"的最高成就。本书将他的诗、词、文全部作品,汇集成编。

唐 诗 小 集

唐诗小集(第一函)

1986 年 4 月 1 版 1 次
7.50 元
长 36 开　666 页

在繁荣的唐代诗坛上,有许多诗人的诗作卓有可观,但生平湮没不彰,作品大量散失,其诗集单行刻本更不易得,使读者深感遗憾。为此,我们选择了唐代著名诗人数十家的诗集,辑为《唐诗小集》。这些诗集都经过重新整理、校勘和注释,书后并附录历代评述及有关诗人的传记资料。现将王绩、杜审言、贺知章、包融、张旭、张若虚、崔颢、崔国辅、王昌龄、李益、李绅、赵嘏、曹邺、于濆诸人的诗集凡 10 册,采用盒装形式,作为《唐诗小集》第一函出版。

王绩诗注

王国安注
1981 年 1 月 1 版 1 次
0.18 元
长 36 开　36 页

王绩是唐朝初年的重要诗人,本集收其诗作五十余首。王绩的诗具有平淡疏远、质朴无华的风格,后来陈子昂、张九龄的《感遇诗》,王维、孟浩然的山水田园诗,都深受其影响。

李峤诗注　苏味道诗注

徐定祥注
1995 年 6 月 1 版 1 次
8.70 元
长 36 开　140 页

本书为李峤、苏味道诗作的合集。李峤为初唐时期除"四杰"以外一位十分重要的诗人。作为武周重臣,其应制诗气度恢弘,庄严典雅,被金圣叹誉为"一代作者冠冕";而其 120 首咏物诗不仅数量多,题材广,而且对偶精切,描写细微,对五律的最后形成起了决定性的作用。苏味道与李峤为同时代诗人,其诗风格与李峤相近。今存诗 16 首。书后附两人的生平事迹资料、同时代人的交游赠答诗作及历代评论。

杜审言诗注

徐定祥注
1982 年 8 月 1 版 1 次
0.21 元
长 36 开　38 页

杜审言是杜甫的祖父,是初唐一位重要诗人。他促进了律诗的定型,特别对五律的规范化作出了贡献,对七律、七绝也有一定开创之功。本书收集现存杜审言诗共 43 首,以宋刻本为底本,参照多种版本校勘并加注。前言介绍了杜审言的生平和作品的思想、艺术,并附多种传略和历代评论。

刘希夷诗注

陈文华注
1997 年 5 月 1 版 1 次
4.50 元
长 36 开　76 页

刘希夷为盛唐前期著名诗人,善作从军闺情诗歌,风调哀艳。本书辑录刘希夷的全部诗作 37 首,刘希夷的存疑诗、生平、后人评论等资料。

贺知章 包融 张旭 张若虚诗注

王启兴 张虹注

1986 年 1 月 1 版 1 次

0.35 元

长 36 开　50 页

贺知章、包融、张旭、张若虚,合称"吴中四杰",是盛唐时颇负盛名的诗人。他们流传下来的作品虽然不多,但其中不乏佳作,如贺知章的《回乡偶书》、张旭的《桃花溪》、张若虚的《春江花月夜》都是传诵千古的名篇。本书收录了四位诗人现存的全部诗作,并加校注;附录有关他们的生平传记资料及历代评论。

王昌龄诗注

李云逸注

1984 年 10 月 1 版 1 次

0.65 元

长 36 开　110 页

盛唐著名诗人王昌龄,擅长七言绝句,可与大诗人李白媲美。描写边塞军旅生活和刻画宫女与闺妇的幽怨哀思,是他的诗歌比较集中的两类主题。他的诗歌有着独特的艺术风格,边塞诗气象开阔、雄浑悲壮,宫怨及赠别诗流丽婉转、意味深长。他的《从军行》七首、《出塞》二首皆甚有名。本书收录了王昌龄的全部诗作,详加校勘注释,附王昌龄的生平事迹资料、同时人的交游赠答及历代评论。

崔颢诗注　崔国辅诗注

万竟君注

1983 年 1 月 1 版 1 次

0.28 元

长 36 开　52 页

崔颢是盛唐时期的著名诗人,他的作品多反映边塞生活及上层妇女的遭遇,特别是《黄鹤楼》一诗更是千古名作。其作品豪放清新,有时带有浓厚的民歌色彩。今集其现存诗 42 首,并加注释。

崔国辅与王昌龄、王之涣齐名,其诗通俗明白,接近民歌,寓意深远,韵味隽永。今集其现存诗 41 首,并加注释。

张谓诗注

陈文华注

1997 年 3 月 1 版 1 次

5.00 元

长 36 开　80 页

张谓是与李白、杜甫生活于同一时代的著名诗人。他的诗多为抒写高情逸兴、客愁乡思、感怀身世之作。造语深婉灵秀、情韵俱佳。本书收张谓的全部诗作,校勘注释。

顾况诗注

王启兴 张虹注

1994 年 7 月 1 版 1 次

8.20 元

长 36 开　162 页

在盛唐诗歌高峰和中唐诗歌高峰之间,有一位承前启后、继往开来的杰出诗人——顾况。顾况大胆批判现实,抒写性情,诗风狂放奇特而率真自然,对后来元白、韩孟两大诗派的形成、发展有着明显影响。本书第一次对现存顾况诗歌作全面整理(校勘、辑佚、辨伪、注释)。

张继诗注

周义敢注

1987 年 12 月 1 版 1 次

0.65 元

长 36 开　44 页

张继的诗清远自然,不事雕饰,也有少量反映民生疾苦的诗篇,表达了诗人忧国忧民之心。本书收张继全部诗作 37 首,附传记资料、诗评、掌故、历代题咏、版本著录等。

戎昱诗注

臧维熙注

1982 年 6 月 1 版 1 次

0.27 元

长 36 开　50 页

戎昱是中唐现实主义诗人,他的作品对安史叛乱之后战祸不息、民生凋敝的中唐社会有所反映。作品中较多的是抒发怀才不遇、有志难酬的感慨,揭露当时政治的腐败黑暗,有一定认识意义。诗歌风格雄放遒劲,情味隽永。本书收戎昱诗歌 120 余首,加以简明注释。

李益诗注

范之麟注

1984 年 10 月 1 版 1 次

0.58 元

长 36 开　96 页

李益是中唐著名诗人,在当时即自成一家,享有盛名。他的边塞诗内容丰富,气势雄健,意绪苍凉悲壮。抒情小诗清奇秀朗,古近各体均有佳作,而以七言绝句成就最高,有《夜上受降城闻笛》《从军北征》等脍炙人口的名篇。本书收现存李益的全部诗作,并加以校注,附生平传记材料和历代评论。

李绅诗注

王旋伯注

1985 年 12 月 1 版 1 次

0.79 元

长 36 开　98 页

李绅的《悯农二首》是传诵千古的名篇。李绅又是中唐新乐府运动的首倡者,和元、白同为当时诗坛的主将。他的诗散佚很多。本书以明代毛晋汲古阁刻本作底本,校以《全唐诗》等刊本,收现存李绅诗近 130 首,加以注释,附有关传记资料。

雍陶诗注

周啸天　张效民注

1988 年 6 月 1 版 1 次

1.10 元

长 36 开　62 页

雍陶在中晚唐时期颇负诗名。他的五言诗学南朝诗人谢朓,清俊秀逸;写得最出色的是七绝,能于平淡中见深情,富有神韵。雍陶的诗除了抒写自己怀才不遇之情和羁旅行役的景况外,还有一部分作品反映了处于军阀割据、外患频仍之下的百姓的痛苦遭遇。此书收录了雍陶的全部诗作,并校注整理,书后附录有关诗人的生平资料。

曹邺诗注

梁超然　毛水清注

1982 年 8 月 1 版 1 次

0.27 元

长 36 开　50 页

曹邺是晚唐现实主义诗人。他的诗主要抒写自己政治上不得志的感慨,从而触及当时官场的腐败黑暗、藩镇的穷兵黩武给人民带来的苦难。一些咏史诗也具有卓越的识见。他善于向民歌学习,用语通俗,质朴淡雅,五言古诗尤为擅长。

于濆诗注

梁超然　毛水清注

1983 年 8 月 1 版 1 次

0.18 元

长 36 开　30 页

晚唐诗人于濆是现实主义诗派的继承者。他的诗从各个角度揭示社会矛盾,较深刻地反映人民的疾苦,语言质朴无华,锋利尖锐。在晚唐诗坛柔靡风气中,他作诗力求"篇篇无空言",卓然不同流俗。今从《全唐诗》中辑出其诗 45 首,校注出版。

曹唐诗注

陈继明注

1996 年 12 月 1 版 1 次

8.40 元

长 36 开　196 页

晚唐诗人曹唐著名的《游仙诗》冲破传统的游仙诗和神话传说故事的内容和框架,构思新奇,想象丰富,向读者展现了一个神奇有趣而又富有人情味的神仙世界,受到历代诗评家的赞誉和欣赏,被列为"瑰奇美丽"派的"入室三人"之一(见唐张为《诗人主客图》)。本书后附曹唐生平资料、历代评论等。

赵嘏诗注

谭优学注

1985 年 9 月 1 版 1 次

0.64 元

长 36 开　96 页

晚唐著名诗人赵嘏的诗多慨叹个人身世、描写祖国山水之作。以七律、七绝见长,写得清圆熟练、不假雕饰。本书以《全唐诗》为底本,以多种版本参校,共辑录诗作 260 余首,注释简当。

马戴诗注

杨军　戈春源注

1987 年 12 月 1 版 1 次

1.00 元

长 36 开　92 页

马戴是晚唐诗人中的佼佼者,写下不少或深沉幽致,或清丽秀朗,或雄浑壮阔的诗篇,被推为"晚唐之冠"。马戴存世作品 160 余首,大多是五言律诗,这些诗格律严整,前人称他深得五言律之三昧。本书对马戴诗进行注释和校勘,并辑录历代诗评和其他资料。

罗邺诗注

何庆善 杨应芹注
1990 年 8 月 1 版 1 次
1.95 元
长 36 开　76 页

在晚唐诗坛上,罗邺与罗隐、罗虬并称"江东三罗"。他的诗,多表现自己仕途艰难,颠沛漂泊的生活境遇,抒发内心抑郁苦闷的情感,对晚唐社会的黑暗给予一定的揭露和抨击;尤长于七言诗,诗风清致,驰誉当时。本书第一次为罗邺诗集进行校注,附罗邺生平资料和历代评论。

秦韬玉诗注　李远诗注

李之亮注
1989 年 12 月 1 版 1 次
1.55 元
长 36 开　50 页

秦韬玉和李远都是晚唐诗人。秦韬玉的诗恬和浏亮,每作人必传颂,有的诗篇"号为绝唱",在当时较有名。李远所作诗歌,情思飞逸,词采秀丽。本书以《全唐诗》为底本,参校多种唐宋人编选的总集,并加简明的注释,附有关二位诗人生平、诗文评论等多种资料。

宋蜀刻本唐人集丛刊

宋蜀刻本唐人集(全四十八册)

本社编
1994 年 12 月 1 版 1 次
新版 2012 年 12 月 1 版 1 次
3980.00 元
大 16 开　9428 页

宋蜀刻本唐人集为我国宋代四川地区刊刻的唐人别集,经元、明、清官私收藏,辗转至今,成为中华文化之宝。这批珍本校勘精审,板式疏朗,字体遒劲,楮墨精良,纸张莹洁,集中体现了宋代四川成都、眉山地区的雕板印刷情况,在研究中国的雕板印刷史和版本目录学方面都有重要意义。又由于这批书的刊刻年代在现存刻本中最接近于作品年代,因此对于研究作家作品以及当时的社会情况、政治生活等方面亦有重要价值。这次影印的宋蜀刻本唐人集共 23 种,除《杜荀鹤文集》为上海图书馆藏书外,均由国家图书馆收藏。影印本的版框尺寸,悉准原书,印章据原书套红。本丛刊包罗了国内现

存全部宋蜀刻本唐人集。

骆宾王文集

[唐]骆宾王著
精装 1994 年 12 月 1 版 1 次
平装 2013 年 11 月 1 版 1 次
平装 98.00 元　精装 57.00 元
大 16 开　220 页

骆宾王,"初唐四杰"之一。骆宾王文集以此宋蜀刻本为传世最早的刻本,全集 10 卷,卷六至卷十配毛晋汲古阁影宋抄本。字体遒劲,刀法稳重,刻于北宋与南北宋之际。

孟浩然诗集

[唐]孟浩然撰
线装 1982 年 3 月 1 版 1 次
精装 1994 年 12 月 1 版 1 次
平装 2013 年 11 月 1 版 1 次
平装 49.00 元　精装 44.00 元
大 16 开　112 页

《孟浩然诗集》从唐代起,历代都有刻本,此宋蜀刻本是其中现存最早的版本,前人曾以此与元、明本比较,发现"彼此善恶,奚啻霄壤","得宋本正之,如拨云睹青矣"。

王摩诘文集(全二册)

[唐]王维撰
线装 1982 年 7 月 1 版 1 次
精装 1994 年 12 月 1 版 1 次
平装 2013 年 11 月 1 版 1 次
平装 158.00 元　精装 107.00 元
大 16 开　360 页

此宋蜀刻本为现存王维诗文集的最早刻本,刻于北宋和南北宋之际,为现存宋蜀刻本唐人集中仅存的三种北宋本之一。

李太白文集(全三册)

[唐]李白撰
精装 1994 年 12 月 1 版 1 次
平装 2013 年 11 月 1 版 1 次
平装 318.00 元　精装 182.00 元
大 16 开　360 页

此宋蜀刻本为李白诗文集传世最早的刻本,学者称"宋甲本"。共 30 卷。明末清初曾为朱之赤所藏,其中卷十五至卷二十四用与蜀刻本同出一源的康熙五十六年缪曰芭影刻宋苏州本配补(苏州本现已不存)。

新刊权载之文集

[唐]权德舆撰

精装 1994 年 12 月 1 版 1 次

平装 2013 年 11 月 1 版 1 次

平装 175.00 元　精装 112.00 元

大 16 开　400 页

权德舆字载之,唐玄宗时宰相,其诗赋文章,以纯雅宏赡著称。宋本权载之文集在元代就已罕见。现存宋蜀刻残本《新刊权载之文集》为权氏文集的唯一一传世宋本,分藏于海峡两岸,其中卷四十三至卷五十藏于台湾。现据国家图书馆藏卷影印出版,台藏部分暂缺。

刘文房文集

[唐]刘长卿撰

精装 1994 年 12 月 1 版 1 次

平装 2013 年 11 月 1 版 1 次

平装 64.00 元　精装 48.00 元

大 16 开　144 页

刘长卿字文房,擅长近体,尤工五律,以诗驰名于当时,有"五言长城"之称。《刘文房文集》的传世宋本唯此宋蜀刻孤本,对刘集校勘研究的价值重大。此本元时为翰林国史院官书,后由刘体仁、陆西屏、黄丕烈庋藏。存卷五至卷十,第五至第九卷为诗,第十卷包括赋、祭文、序、墓志铭共 11 篇。

孟东野文集

[唐]孟郊撰

精装 1994 年 12 月 1 版 1 次

平装 2013 年 11 月 1 版 1 次

平装 59.00　精装 48.00 元

大 16 开　136 页

孟郊字东野,唐代著名诗人,长于五言古诗,多寒苦之音,与贾岛齐名,有"郊寒岛瘦"之称。此宋蜀刻本存目录和卷一至卷五,末卷有书二篇、赞一篇。元代由翰林国史院官藏,后为著名藏书家黄丕烈、汪士钟、周暹等所得,均拱如珍璧。

张文昌文集

[唐]张籍撰

精装 1994 年 12 月 1 版 1 次

平装 2013 年 11 月 1 版 1 次

平装 56.00 元　精装 46.00 元

大 16 开　128 页

张籍字文昌,唐代诗人,对社会矛盾有较深切的感受,颇得白居易推崇。此宋蜀刻本四卷,历代无明确著录,盖流传至稀之秘籍,元代藏于翰林国史院,明清时由著名藏书家辗转收藏。

昌黎先生文集(全四册)

[唐]韩愈撰

精装 1994 年 12 月 1 版 1 次

平装 2013 年 11 月 1 版 1 次

平装 436.00 元　精装 249.00 元

大 16 开　992 页

此为韩愈诗文集的南宋中叶四川地区刻本,孤本,共正集 40 卷,外集 10 卷。原藏翰林国史院,后又为著名藏书家杨绍和、刘占洪收藏,现藏国家图书馆。此书无复刻本。今传世的昌黎集以注释本居多,而刊刻精善的白文本珍稀,故此白文影印本具有很高的研究和收藏价值。

新刊经进详注昌黎先生文(全十册)

[唐]韩愈撰　[宋]文谠注　王俦补注

精装 1994 年 12 月 1 版 1 次

平装 2013 年 11 月 1 版 1 次

平装 998.00 元　精装 540.00 元

大 16 开　2340 页

此韩愈集的注本为宋代四川地区刻本,孤本,是通行的韩集五百家注外的又一重要注本,且无翻刻本,经著名藏书家徐乾学、汪士钟、杨绍和等庋藏。

新刊增广百家详补注唐柳先生文(全八册)

[唐]柳宗元撰　[宋]童宗说　韩醇等注释

精装 1994 年 12 月 1 版 1 次

平装 2013 年 11 月 1 版 1 次

精装 438.00 元　平装 848.00 元

大 16 开　1936 页

此书为柳集的宋代四川地区刻本,已成孤本。书中所镌刻工姓名是鉴定宋代版本的不可多得的资料。大量的藏书印对研究版本的流传有重要意义。

刘梦得文集

[唐]刘禹锡撰

精装 1994 年 12 月 1 版 1 次

平装 2013 年 11 月 1 版 1 次

平装 108.00 元　精装 46.00 元

大 16 开　108 页

　　刘禹锡字梦得,和柳宗元交谊深厚,人称"刘柳";晚年与白居易唱和,并称"刘白"。其诗通俗清新,善用比兴手法,《竹枝词》、《柳枝词》和《插田歌》等组诗,富有民歌特色,为唐诗中别开生面之作。宋蜀刻本《刘梦得文集》为传世孤本,存一至四卷,收文 26 篇,乃沧海遗珠,弥足珍贵。

新刊元微之文集（全二册）

[唐]元稹撰

精装 1994 年 12 月 1 版 1 次

平装 2013 年 11 月 1 版 1 次

平装 175.00 元　精装 111.00 元

大 16 开　396 页

　　元稹字微之,中唐著名诗人。唐代新乐府运动的倡导者,文学主张和诗歌浅显易懂的风格与白居易相近,世称"元白"。所作长诗《连昌宫词》和传奇《莺莺传》最为著名。此宋蜀刻本存卷一至十四、卷五十一至六十及卷三十第一、二页,与通行各本非同一系统,且未见有翻刻本,故虽断圭零璧,对元集之研究仍有很高的价值。

陆宣公文集（全二册）

[唐]陆贽撰

精装 1994 年 12 月 1 版 1 次

平装 2013 年 11 月 1 版 1 次

平装 168.00 元　精装 109.00 元

大 16 开　380 页

　　陆贽,唐代政论家,德宗朝宰相。陆贽身居要职,勇于指陈利弊,有论谏数十百篇。所作奏议条理精密,文笔流畅,"有足为万世龟鉴者"。此宋蜀刻本 22 卷是现存陆集的最早版本,均为政论文章,共 59 篇,有很高的政治、军事理论价值和史料价值。

张承吉文集

[唐]张祜撰

线装 1979 年 6 月 1 版 1 次

精装 1994 年 12 月 1 版 1 次

平装 2013 年 11 月 1 版 1 次

平装 94.00 元　精装 56.00 元

大 16 开　208 页

　　张祜字承吉,中唐著名诗人。早年以宫词得名,后崇尚建安风骨,诗风转向朴实。此本收诗 468 首,不但在收诗数量上远超他本,文字上也有远胜他本处,而且其刊刻年代也与原作相去最近,是研究张祜作品的最佳版本。

姚少监诗集

[唐]姚合撰

精装 1994 年 12 月 1 版 1 次

平装 2013 年 11 月 1 版 1 次

平装 53.00 元　精装 44.00 元

大 16 开　116 页

　　姚合为玄宗时宰相姚崇曾孙,诗歌风格与贾岛相类,并称"姚贾"。此蜀刻宋本存一至五卷。据书中钤印,元代时藏翰林国史院,明清时由著名藏书家黄丕烈、陈揆、瞿氏铁琴铜剑楼等收藏,此书宋代即已罕见。此本在篇数和文字上均有优于传世浙本处,在版本和校勘学上弥足珍贵。

皇甫持正文集

[唐]皇甫湜撰

精装 1994 年 12 月 1 版 1 次

平装 2013 年 11 月 1 版 1 次

平装 56.00 元　精装 46.00 元

大 16 开　128 页

　　皇甫湜字持正,唐文学家。传世之文仅 38 篇（一说39 篇）。无诗集。此为皇甫湜文集的南宋中叶四川地区刻本,6 卷,38 篇,孤本,现存皇甫湜集的最早和唯一之宋本,元代藏翰林国史院,明清时由著名藏书家收藏。

李长吉文集

[唐]李贺撰

精装 1994 年 12 月 1 版 1 次

平装 2013 年 11 月 1 版 1 次

平装 54.00 元　精装 46.00 元

大 16 开　120 页

　　此宋蜀刻本前有李牧序,共四卷 219 首,直承唐本,与李贺诗集之原貌相去不远。此书元代为翰林国史院官藏,后几经传承,归国家图书馆所有。

许用晦文集

[唐]许浑撰

精装 1994 年 12 月 1 版 1 次

平装 2013 年 11 月 1 版 1 次

平装 88.00 元　精装 55.00 元

大 16 开　196 页

　　许浑字用晦,平生赋诗约五百首,品位和意境均列上乘,对中晚唐诗坛有较大影响。此宋蜀刻本二卷,《总录》一卷,《拾遗》二卷,由宋贺铸辑校并跋,共收诗 454 篇,因流传至稀,元明清三代又为官府和藏书家所秘,学者无由得见,以为亡佚。

孙可之文集

[唐]孙樵撰

线装 1979 年 11 月 1 版 1 次

精装 1994 年 12 月 1 版 1 次

平装 2013 年 11 月 1 版 1 次

平装 56.00 元　精装 44.00 元

大 16 开　112 页

　　孙樵字可之,为韩愈的再传弟子,后人将他的文章比作学习韩文的"巨筏"。此宋蜀刻本 10 卷为现存最早的宋刻孤本,收文 35 篇,与宋陈振孙《直斋书录解题》著录相符。与传世较早和流传较广的明正德刻本、毛晋汲古阁本比较,此本在编次和文字上明显胜于王、毛二本。

司空表圣文集

[唐]司空图撰

精装 1994 年 12 月 1 版 1 次

平装 2013 年 11 月 1 版 1 次

平装 84.00 元　精装 54.00 元

大 16 开　188 页

　　司空图字表圣,晚唐著名诗人,被称为晚唐第一流人物。此宋蜀刻本收杂著八卷,碑文二卷。据考证系宋人编辑。传至今日,已成孤本。

杜荀鹤文集

[唐]杜荀鹤撰

线装 1980 年 12 月 1 版 1 次

精装 1994 年 12 月 1 版 1 次

平装 2013 年 11 月 1 版 1 次

平装 56.00 元　精装 46.00 元

大 16 开　128 页

　　杜荀鹤,晚唐著名诗人。其诗平易浅近,反映了唐末社会的黑暗和人民生活的苦难,一些抒情写景之作清新可诵。此宋蜀刻本未见各家著录,与通行之各本杜荀鹤集相校,有不少可取之处。

郑守愚文集

[唐]郑谷撰

精装 1994 年 12 月 1 版 1 次

平装 2013 年 11 月 1 版 1 次

平装 56.00 元　精装 46.00 元

大 16 开　128 页

　　郑谷字守愚,诗文久负隽声,著述甚丰,而传世仅三卷三百余首。此宋蜀刻本为现存郑谷诗文的最早刻本,与传世之珍本明嘉靖十四年严嵩本相校,除目次各不相同外,又在数量上胜过严本。此本元代由翰林国史院官藏,后辗转流传,由周叔弢先生捐赠国家图书馆。

冯梦龙全集

冯梦龙全集(全四十三册)

魏同贤主编

1993 年 3 月 1 版 1 次

精装 1730.50 元

大 32 开　20000 页

　　冯梦龙是晚明著名的通俗文学家和学者,他不仅在通俗文学方面作出杰出贡献,而且在经学、史学方面,也留下了数量可观的著作,冯梦龙这些有价值的著作不但从未辑成全集,而且逐渐散佚,不少已成孤本、残本,甚至仅见于海外,使学术界难以窥知全貌。现经多年搜集,影印出版。全套共 26 种、43 册,凡流传于海内外而经考订确系冯梦龙撰著、改订、编选和搜集整理的著作,已经包罗无遗。此次影印,均选择最佳版本,配补齐全。凡据他本配补或已为孤本无法配补的,则予说明。

麟经指月(全二册)

[明]冯梦龙撰

1993 年 3 月 1 版 1 次

精装 71.40 元

大 32 开　680 页

　　本书系冯梦龙研习《春秋》二十余年的成果。冯梦龙为帮助士子应举而作,对当时风行的《春秋》应试用书和参考读本提出了不同见解,有不少"明正前非,违俗竖义"处,可为治《春秋》者参考。

春秋衡库(全二册)

[明]冯梦龙辑

1993 年 3 月 1 版 1 次

精装 94.30 元

大 32 开　985 页

儒家经典《春秋》的集注本。其编辑意图,是针对当时以传废经的弊病,为士子应考提供一个较全面的《春秋》注本。《附录》汇集有关《春秋》的事实和文章,备应试所用。

春秋定旨参新

[明]冯梦龙辑

1993 年 3 月 1 版 1 次

精装 38.00 元

大 32 开　390 页

本书是个合刊本,分上下两栏。上栏为《春秋定旨参新》,下栏为冯氏增定胡安国传《春秋》,都是冯梦龙为科举考试编定的《春秋》传注本。当时科举考试,《春秋》定用胡安国传,一般读书人为了应考而只读胡书,冯梦龙认为应主要研读《春秋》原文,而且其他学者的《春秋》注本中也有不少胜过胡氏的评注。因此他编了《春秋定旨参新》,对当时风行的《春秋》应试用书和参考书提出了不同见解,其中有不少改正旧错、标立新义的地方。

四书指月(全二册)

[明]冯梦龙纂著

1992 年 3 月 1 版 1 次

精装 66.60 元

大 32 开　635 页

原为郑振铎所得,现藏国家图书馆,为海内孤本。是一部讲解《四书》的启蒙读物,冯梦龙任寿宁县令时,曾在该县颁行此书,并立月课,亲自讲解,为改变当地文化落后的状况起过一定的作用。文风活泼,与同类书相比,更显得通俗易懂。书中眉批和大段议论,反映了冯梦龙的思想观点。

纲鉴统一(全五册)

[明]冯梦龙辑

1993 年 3 月 1 版 1 次

精装 221.90 元

大 32 开　2315 页

此书是冯梦龙为便利考生参加科举考试而纂辑的一部通史简编。上自三皇五帝,下迄元顺帝。全书主要依据司马光的《资治通鉴》和朱熹的《通鉴纲目》,但经过"删烦去冗,务极简要"(《自序》)的加工,成为一部"约而有体,详而不枝"(《序》)的新编史书。对有异议的历史人物和历史事件,编者都一一辩证。

甲申纪事

[明]冯梦龙编著

1993 年 3 月 1 版 1 次

精装 45.00 元

大 32 开　550 页

朱明王朝于 1644 年(甲申年)被李自成所领导的农民革命军推翻。冯梦龙和王朝的一些"忠臣义士"们纷纷向退守的南明王朝呈疏奏议,并记载了农民军亡明的一系列措施和实况。《甲申纪事》是对这些材料的汇编。

中兴实录　中兴伟略　寿宁待志

[明]冯梦龙编著

1993 年 3 月 1 版 1 次

精装 34.50 元

大 32 开　350 页

公元 1644 年李自成攻破北京,明王朝被推翻。冯梦龙站在维护南明政权和反对农民起义的立场,辑录了当时的重要政事,包括崇祯皇帝遗诏,福王登基实录、诏书、点用大臣姓氏,弘光元年国政条款,大臣奏疏等,刊刻成书,称《中兴实录》。此书现仅南京图书馆有藏,即据以影印出版。《中兴伟略》编于 1645 年,内容与《中兴实录》大体相同,共 11 篇,均系明王朝被推翻,福王等退守南方时的政治文件。《寿宁待志》是冯梦龙任福建寿宁县县令时编纂的该县县志。对当地民风民俗记载详备。

太霞新奏

[明]冯梦龙评选

1993 年 3 月 1 版 1 次

精装 35.00 元

大 32 开　415 页

散曲集。由冯梦龙评选。其中,有冯梦龙自撰的散套 16 套,小令 6 曲,由冯梦龙改订的散套 18 套,小令 4 曲。《太霞新奏》的编选和评论,目的在于供歌者演唱,因此所选都为名家作品,如冯海浮、梁伯龙、沈伯英、王伯良、唐伯虎、卜大荒、沈伯明、袁韫玉、凌初成等。

墨憨斋定本传奇（全四册）

[明]冯梦龙编著

1993 年 3 月 1 版 1 次

精装 167.00 元

大 32 开　1740 页

　　《墨憨斋定本传奇》包括传奇 16 种,除 2 种为冯梦龙自撰外,其余均系冯梦龙对他人剧作的改编纂定。改编工作包括结构、音律、语言、情节等各个方面。书中眉批和序、论等,更是我国古代戏曲理论的一个重要组成部分。

古今小说（全二册）

[明]冯梦龙编纂

单行本 1987 年 12 月 1 版 1 次

1993 年 3 月 1 版 1 次

精装 59.95 元

大 32 开　860 页

　　《古今小说》又名《喻世明言》,是冯梦龙所编的第一部话本小说集。所收为经过冯梦龙整理和加工的宋、元、明历代话本、拟话本和冯梦龙自己的作品。以明天许斋刊本为现存最早和最完整的刻本,藏日本内阁文库,现影印出版。

警世通言（全二册）

[明]冯梦龙编

单行本 1987 年 11 月 1 版 1 次

1993 年 3 月 1 版 1 次

精装 61.35 元

大 32 开　893 页

　　短篇小说集。此书的最早刻本为明兼善堂本,仅存两部,均在日本。此外,尚有衍庆堂本和三桂堂王振华本,但都有残缺。现在通行的排印本亦缺缺疑颇多。兹以兼善堂本为底本影印。此本非但刊刻年代最早,且完整无缺,向为学者重视。

醒世恒言（全二册）

[明]冯梦龙编

单行本 1987 年 11 月 1 版 1 次

1993 年 3 月 1 版 1 次

精装 77.90 元

大 32 开　1245 页

　　《醒世恒言》是“三言”中最晚刻成,也是流传最广的短篇白话小说集。现以日本内阁文库藏明叶敬池本为底本影印,原缺三叶,用衍庆堂本补全,是迄今最完善的本子。

新列国志（全三册）

[明]冯梦龙编

1993 年 3 月 1 版 1 次

精装 116.00 元

大 32 开　1480 页

　　《新列国志》108 回,是冯梦龙据明余邵鱼《列国志传》扩充增补而成的历史演义小说。所述为周宣王至秦统一这一历史时期春秋五霸、战国七雄的兴亡盛衰故事,传世的蔡元放《东周列国志》即在此书基础上稍加改动而成。《新列国志》以明末金阊叶敬池梓本为现存最早版本,现即据以影印出版,缺叶据清康熙覆刻本配补。

新平妖传

[明]罗贯中　冯梦龙著

1993 年 3 月 1 版 1 次

精装 47.25 元

大 32 开　594 页

　　本书是一部以描写妖狐变幻为主的神魔小说。鲁迅先生在《中国小说史略》中提到此书,认为它开明初神魔小说之先,在同类书中有较大影响。《平妖传》原书 20 回,题“东原罗贯中编次”,经冯梦龙增补改编,成为现在的 40 回本,称《新平妖传》。现据明嘉会堂所刻《新平妖传》40 回本影印出版。

三教偶拈

[明]冯梦龙编著

1993 年 3 月 1 版 1 次

精装 26.15 元

大 32 开　276 页

　　共三卷:《皇明大儒王阳明先生出身靖乱录》、《济颠罗汉净慈寺显圣记》、《许真君旌阳宫斩蛟传》,分别为儒、释、道三教著名人物王阳明、济公、许逊的传记故事。其中《王阳明先生出身靖乱录》为冯梦龙自著,其余二种系据无名氏《钱塘湖隐济颠禅师语录》、邓志谟《新镌晋代许旌阳擒蛟铁树记》辑录。冯梦龙认为三教者,"得其意皆可以治世",他推崇释教之"慈想"、道教之"清净"、儒教之"平实",故合三教中三位著名人物的传记于一书。全书风格与《三言》相仿。

太平广记抄(全四册)

[明]冯梦龙评纂

1993年3月1版1次

精装145.00元

大32开 1956页

北宋初年李昉等编纂的《太平广记》是我国古代的一部著名小说总集,《太平广记抄》系冯梦龙据《太平广记》缩编而成,书中大量评语,包含了冯梦龙对历史上和现实生活中各种问题的看法,可以作为研究冯梦龙思想的重要资料。

智囊补(全二册)

[明]冯梦龙辑

1993年3月1版1次

精装73.80元

大32开 900页

本书是冯梦龙以智导人的一部力作。他搜辑古人智术计谋之事,编为《智囊》,后又扩充成《智囊补》,共1218则。部有总序,类有引语,则间有评注,可启迪人的智能,与愚昧人的封建礼教、封建道德是分庭抗礼的。

情史(全二册)

[明]冯梦龙评辑

1993年3月1版1次

精装92.70元

大32开 1225页

《情史》,一名《情史类略》,又名《情天宝鉴》,是冯梦龙选录历代笔记小说和其他著作中有关男女之情事编纂而成的短篇故事集。冯梦龙的情教观,反映了他世界观中的民主性精华,向"存天理,灭人欲"的宋明理学挑战,有明显的进步意义。现以此书明刻本为底本影印出版。

古今谭概(全二册)

[明]冯梦龙编撰

1993年3月1版1次

精装76.10元

大32开 1150页

笑话集。《古今谭概》又称《古今笑》,分迂腐、怪诞、痴绝、专愚等36部。除少数是冯梦龙的创作外,绝大部分是提取史传、杂录中的笑谈、笑料编纂而成。书中以大量篇幅讽刺了封建的官僚和迂腐的儒生,反映了冯梦龙改良政治的主张和愿望。

笑府

[明]冯梦龙编集

1993年3月1版1次

精装25.90元

大32开 400页

笑话集。《笑府》全书共13部,分古艳、腐流、世讳等,是冯梦龙对民间笑话的广泛收集。影响很大,后出的笑话集,有些就直接以此书为蓝本稍加选编或增删而成。

挂枝儿 山歌

[明]冯梦龙编述

1993年3月1版1次

精装25.40元

大32开 300页

《挂枝儿》、《山歌》又名《童痴一弄》、《童痴二弄》,是明代广泛流行的时尚小曲和民歌集。冯梦龙致力于小曲和民歌的搜集、研究、整理、拟作和刊布,目的在于"借男女之真情,发名教之伪药",即针砭封建的礼教和伦理。《挂枝儿》、《山歌》两书主要集自民间,也有少数是妓女赠送和文人的拟作。两书内容,大部分是表达男女情爱的恋歌,保存了大量晚明通俗文学资料。

折梅笺 牌经

[明]冯梦龙汇辑 冯梦龙撰

1993年3月1版1次

精装25.60元

大32开 240页

冯梦龙汇辑书柬,成《折梅笺》八卷,分"通讯"、"起居"、"尺牍"、"劝慰"、"迎送"、"赞扬"、"邀约"、"疾病"、"丧祭"、"馈贺"、"延请"、"送受"、"家书"、"婚书"、"关约"、"契贴"、"称呼"、"请帖"、"寿文"、"祭文"、"丰韵情书"诸类,每类分别门目,交代格式,介绍写作方法。《牌经》是关于纸牌游戏的文字。

明清小品丛刊

呻吟语　菜根谈

[明]吕坤　洪应明著　吴承学　李光摩校注

2000年5月1版1次

2016年5月1版8次

33.00元

大32开　460页

　　《呻吟语》和《菜根谈》的作者，以他们的人生体验，谆谆告诫人们如何处世待人，修身养性，如何居安思危，逆中求生。……给人启迪，令人警省，是人们的处世良言。文字浅明而意味深长，语句精炼而易记易诵。两书风行几百年而不衰，可见其影响之大。

雪涛小说（外四种）

[明]江盈科著　黄仁生校注

2000年5月1版1次

2016年7月1版6次

22.00元

大32开　292页

　　本书收录《雪涛小说》及《谈丛》、《谈言》、《闻纪》、《谐史》。江盈科身为公安派骨干作家，他的小品文不仅"独抒性灵，不拘格套"，而且注重针砭时弊，社会视野广阔，切近国计民生。作者善于运用寓言揭示深刻的哲理；又善于搜罗奇谈，以诙谐戏谑的笔法纵横挥洒，令人解颐，且发人深省。

小窗幽记（外二种）

[明]陈继儒等著　罗立刚校注

2000年12月1版1次

2016年3月1版10次

19.00元

大32开　252页

　　本书收《小窗幽记》、《幽梦影》、《续幽梦影》三书，大都以极简练优美的语句表达人生哲理和理想境界，颇具格言的特点。三位作者追求的是清幽、俊逸、潇洒的境界。爱憎好恶、得意失望往往毫无掩饰地直抒，所附友朋评语则戏谑调侃频出，是当时文士情怀的真切生动写照。

陶庵梦忆　西湖梦寻

[明]张岱著　夏咸淳　程维荣校注

2001年5月1版1次

2016年5月1版10次

25.00元

大32开　328页

　　《陶庵梦忆》从不同侧面反映了当时的社会风貌、世俗人情和自然景观，还保存了不少涉及戏剧、工艺等史料，弥足珍贵。《西湖梦寻》详尽地记述了西湖掌故名胜，间及先贤和时人的诗文。文字清奇流丽，短隽有味。本书对术语、典故、史实注释用力甚勤，极便诵读。

帝京景物略

[明]刘侗　于奕正著　孙小力校注

2001年7月1版1次

2016年3月1版8次

39.00元

大32开　596页

　　《帝京景物略》详细记载了明代北京城的风景名胜、风俗民情，是不可多得的都市资料；对当时北京的园林文化、民俗、外国宗教在中国京城的传播等，都有较为具体的描述；它是竟陵派幽雅隽洁文风在地理游记著作中的具体运用，可把它作为晚明小品文的典范来阅读、欣赏。

板桥杂记（外一种）

[清]余怀著　李金堂校注

2000年12月1版1次

2016年5月1版9次

12.00元

大32开　160页

　　本书收《板桥杂记》和《三吴游览志》。《板桥杂记》是记叙明末清初南京歌女名妓生活的著名小品，记述了因时局动荡而造成的才子佳人悲喜离合的动人故事，写出了歌妓们的声容笑貌、鲜明性格和悲剧命运。

闲情偶寄

[清]李渔著　江巨荣　卢寿荣校注

2000年5月1版1次

2016年5月1版11次

29.00元

大32开　416页

　　这是一部小型的生活百科全书，诸如怎样穿着打扮，怎样布置居室，怎样鉴赏书画古董，怎样烹调，怎样栽种花木、制作盆景,怎样养生等等问题,都可以从此书中找到答案。书的第一、二部分为有关中国古代戏曲的写作、排练、演出的专门论著,向为戏曲研究者珍视。本书以芥子园本作底本,参校翼圣堂本等,并加简明注释。

浮生六记(外三种)

[清]沈复等著　金性尧　金文男注

2000年5月1版1次

2016年7月1版13次

15.00元

大32开　196页

　　本书收清人小品四种:冒襄《影梅庵忆语》、沈复《浮生六记》、陈裴之《香畹楼忆语》、蒋坦《秋灯琐忆》。四本书的主人公,都是富于才情的女子,又都是妻子不幸亡故而由丈夫执笔抒写悼亡之情。文笔优美,感情真挚,读来哀怨悱恻,刻骨铭心。

看山阁闲笔

[清]黄图珌著　袁啸波校注

2013年2月1版1次

2016年5月1版4次

22.00元

大32开　296页

　　黄图珌是清代文学家、剧作家,善词曲,亦工诗文。他一生不求贵显,安于清闲,寄情于山水诗文之间,追求精致闲雅的生活艺术。本书是其《看山阁集》中的《闲笔》部分,风格与《闲情偶寄》颇为相似,为典型的明清小品文。全书分8个部分,包括人品部、文学部(含书画)、仕宦部、技艺部、制作部、清玩部、芳香部(含赏花、闺阁)、游戏部,内容丰赡,分类明晰而自成体系。

清人别集丛刊

鱼山剩稿

[清]熊开元撰

1985年2月1版1次

线装五册21.00元

12开　383页

1986年12月1版1次

平装二册5.30元

32开

熊开元号鱼山,身经明清两代。南明时,得到南明帝朱聿键的重用。南明亡,皈依灵岩以终。熊开元所作《鱼山剩稿》为康熙刻本,大多反映了熊开元做和尚以前的活动,对研究明末清初的历史,有一定价值。此书流传稀少,国内现知仅上海图书馆藏有一部,特影印出版。

愚庵小集

[清]朱鹤龄撰

1979年6月1版1次

线装13.00元　特装绢函26.00元

12开　401页

平装二册2.80元

32开

　　朱鹤龄字长孺,评家认为他"诗近香山,文醇而不肆",撰有著作多种,除经疏以外,并有《杜诗辑注》和《李义山诗注》,为当时艺林所重。全书十五卷,收赋一卷,诸体诗五卷,杂著文九卷,末附传家质言若干则。本书有康熙十年松陵朱氏刻本、金阊童晋之刻本、增补本等。现汇合诸本影印。

海右陈人集

[清]程先贞撰

1980年10月1版1次

线装10.00元

12开　152页

1981年2月1版1次

平装1.10元

32开

　　程先贞著有《还山春事》、《燕山游移》、《窥园百一、百二集》等集。《海右陈人集》是以上各集的选刊,钱谦益为之序。集中数见与顾亭林以及钱谦益、周亮工的唱和之作,颇具资料价值。

沉吟楼诗选　附广阳诗集

[清]金圣叹撰　[清]刘献廷撰

1979年6月1版1次

线装7.00元

12开　177页

平装1.30元

32 开

金圣叹是清代有影响的文学批评家,本书为他的诗集,据北京中国科学院皮藏抄本影印。本书编选者刘献廷和金是同时人,他所著的《广阳诗集》,这次据复旦大学所藏嘉业堂黑格精钞本精印,作为附集。

嵞山集

[清]方文撰

1979 年 11 月 1 版 1 次

线装 22.00 元　特装绢函 44.00 元

12 开　616 页

平装三册 4.20 元

32 开

康熙刻本。其诗格与孙枝蔚、姚佺相近,陈维崧以为"字字精工"。诗中往往写真情实事,资料价值较高,而传本则极少。

赖古堂集

[清]周亮工撰

1979 年 5 月 1 版 1 次

线装 18.00 元　特装绢函 34.00 元

12 开　527 页

平装二册 3.50 元

32 开

周亮工博览群书,工诗文,生平著作甚多。本书收 24 卷,诗文各 12 卷,附录若干篇,据康熙十四年刻本影印。

偶更堂集

[清]徐作肃撰

1982 年 7 月 1 版 1 次

线装 9.00 元

12 开　128 页

平装 1.00 元

32 开

徐作肃年幼就善诗文,后来与侯朝宗、陈维崧、计东极友善。作肃作文学王安石,善议论;诗以五言古诗为第一。本书由其子收集编成,对了解和研究徐作肃及其作品与清初文坛的情况,提供了有用的资料。

溉堂集

[清]孙枝蔚撰

1979 年 10 月 1 版 1 次

线装 26.00 元　特装绢函 50.00 元

12 开　790 页

平装三册 5.30 元

32 开

孙诗奥折可喜,反映人民疾苦之作不少。文不事模拟,境界甚高。传本不多,全书前集九卷,后集六卷,文集五卷,续集六卷,词二卷。现据康熙刻本影印出版。

腾笑集

[清]朱彝尊撰

1979 年 6 月 1 版 1 次

线装 5.80 元

12 开　143 页

平装 1.00 元

32 开

朱彝尊为清初著名诗人,史学家。本书所收皆康熙十八年彝尊入仕以来之作。传本很少,全书八卷,据康熙刻本影印。较其《曝书亭集》刻印在前,足资参证。

东江诗钞

[清]唐孙华撰

1980 年 3 月 1 版 1 次

线装 15.00 元

12 开　275 页

1979 年 12 月 1 版 1 次

平装 1.85 元

32 开

此集所收,均为唐孙华康熙廿七年后诗作。其时刑政之酷,征需之急,贵族、官吏之骄奢横暴,农民之贫困悲惨,诗中均有反映。孙华又与当时士人接触频繁,诗中有可供钩稽的资料不少。

芦中集

[清]王摅撰

1980 年 10 月 1 版 1 次

线装 12.00 元

12 开　212 页

1981 年 2 月 1 版 1 次
平装 1.50 元
32 开

　　王摅诗文有名,本书收诗 690 多首。据复旦大学所藏嘉业堂本并以他本配补影印,版刻精良。

百尺梧桐阁集(附锦瑟词)

[清]汪懋麟撰
1980 年 10 月 1 版 1 次
线装 33.50 元
12 开　680 页

平装三册 4.65 元
32 开

　　汪懋麟曾受业于王士禛,为清初著名诗文家。本书刊于康熙年间,凡文集八卷,139 篇。诗集十六卷,皆诗人奔走南北,触绪写怀之作。附《锦瑟词》三卷。本书流传甚少。现据以影印之底本,曾经清著名学者焦循阅过,有简要评语。

百尺梧桐阁遗稿

[清]汪懋麟撰
1980 年 10 月 1 版 1 次
线装 7.20 元
12 开　128 页

平装 0.90 元
32 开

　　作者之诗收入《百尺梧桐阁集》者,至康熙十八年为止;以后十年之诗,系作者身后辑刻,共十卷,均编入此书。卷前有《比部汪蛟门传》,为清著名诗人王士禛所撰。

凤池园集

[清]顾汧撰
1980 年 1 月 1 版 1 次
线装 24.50 元
12 开　496 页

1980 年 12 月 1 版 1 次

平装 3.50 元
32 开

　　顾汧能诗文,颇有名,诗宗魏晋盛唐,文出入史汉,以气骨自喜。作者一生大多数时间出入官场,诗文广泛涉及当时政事名人以及他本身经历,为研究清史者提供了参考资料。

友鸥堂集

[清]黄鷟来撰
1980 年 3 月 1 版 1 次
线装 10.00 元
12 开　202 页

1979 年 12 月 1 版 1 次
平装 1.40 元
32 开

　　黄鷟来性豪迈不羁,文名藉甚。曾游京师,为当时名流所重。全书诗集八卷。

闲止书堂集钞

[清]陈梦雷著
1979 年 9 月 1 版 1 次
线装 3.80 元
12 开　100 页

平装 0.80 元
32 开

　　陈梦雷少有才名,为著名大部类书《古今图书集成》的编者。因李光地卖友求荣,陈以附逆论罪,谪戍辽东。作者写了《绝交书》等,为自己申冤。陈李之事是清史中有名公案,但当时很少为人所知。杨昭收集了作者在戍所时所作的诗文,编成本书,于康熙卅二年刊行。对了解这一公案及作者本人都有一定价值。本书二卷,诗文各一卷,刊刻很精,流传极少。

通志堂集

[清]纳兰性德撰
1979 年 2 月 1 版 1 次
线装 12.60 元　特装绢函 25.00 元
12 开　456 页

平装二册 3.00 元

32 开

纳兰性德为"武英殿大学士"明珠之子,以词名于清初,诗也清隽可诵。全书包括赋一卷,诗、词、文、渌水亭杂识各四卷,杂文一卷、附录二卷,共二十卷。康熙刻本,现据以影印。

楝亭集

[清]曹寅撰

1978 年 12 月 1 版 1 次

线装 14.50 元

12 开　358 页

平装二册 2.20 元

32 开

曹寅,又号楝亭,为《红楼梦》作者曹雪芹的祖父。工诗能词,精校勘。本集包括楝亭诗钞八卷、诗别集四卷、词钞一卷、词钞别集一卷、文钞一卷。作品多写日常生活,对于研究曹雪芹家世及《红楼梦》有一定资料价值。

冬心先生集

[清]金农撰

1979 年 3 月 1 版 1 次

线装 3.00 元

12 开　97 页

平装 0.75 元

32 开

金农号冬心先生等,嗜奇好古,诗格高简,书画俱有特色。本书诗四卷,砚铭一卷。雍正十年广陵般若庵刻本,为清代有名的精刻本。首页有冬心先生小像和自题诗。每卷都有刻工姓名。

其　他

陶渊明集校笺

[晋]陶潜著　杨勇校笺

2007 年 7 月 1 版 1 次

45.00 元

大 32 开　576 页

原香港中文大学杨勇教授潜心陶集多年,对陶渊明交游、年寿等问题一一为之梳理,并辨明陶集版本,定全

书为十卷,一至七卷以宋绍熙三年曾集本为正,八卷以下依凭元李公焕笺注本。于每一篇题,抉其本旨,辨其年月,复通释全篇,对众家之说择善而从。此书 1971 年在香港出版,现经作者校订并增加了部分附录。

三谢诗

[南朝]谢灵运　谢惠连　谢朓撰

1983 年 8 月 1 版 1 次

线装 2.70 元

6 开　34 页

"三谢"是南北朝时期三位著名诗人,谢灵运的诗开创了山水诗一派,谢朓是最早用平上去入四声韵作诗的代表作家,谢惠连是谢灵运的族弟,作品很受谢灵运赏识。"三谢"的作品对当时和后来的诗歌创作都有很大影响。《三谢诗》系宋唐庚从《文选》中辑出,嘉泰四年谯令宪重修,收"三谢"诗 68 首。宋嘉泰重修本《三谢诗》是宇内孤本,现据以影印。

陶弘景集校注

[南朝梁]陶弘景著　王京州校注

2009 年 11 月 1 版 1 次

32.00 元

大 32 开　348 页

陶弘景(456—536),南朝齐梁时期的道教思想家,茅山派的创立者。陶弘景博学多识,一生著述宏富,惜大多已亡佚。陶弘景虽不以文学家名,然诗文辞采宏丽,意境峻脱,独具特色。其文集失传于北宋,南宋初起有辑佚本出现。王京州在研究、比勘历代各种辑本的基础上,对陶弘景诗文重新作了辑录并加以校注,提供了迄今为止最为完整详备的版本。

刘孝标集校注

[南朝梁]刘峻著　罗国威校注

1988 年 2 月 1 版 1 次

2.20 元

32 开　100 页

南朝梁代的刘孝标,以注《世说新语》详明赅博而著名于后世。他学问渊博,是颇具才华的骈文家,也写过一些五言诗。所写文章,格调清新,文笔泼辣,属六朝骈文中的上乘之作。现搜辑其文 12 篇,诗 4 首,校注出版。附录收其为陆机《演连珠》50 首所作的注,若干残句及有关传记资料。

王无功文集

[唐]王绩著　韩理洲校点

1987 年 12 月 1 版 1 次

2.80 元

大 32 开　162 页

　　王绩，字无功，号东皋子，初唐著名诗人。在淘洗六朝浮靡诗风、开创一代唐音中，王绩起过先驱作用。本书以东武李氏研录山房本为底本，以朱筠家藏本、陈氏晚晴轩本，以及删节本诸善刻、敦煌写卷、有关总集会校成书。

元次山集

[唐]元结著　孙望校点

1960 年 3 月 1 版 1 次

0.70 元

32 开　256 页

　　元结为唐代的诗人、散文家，是"古文运动"的先驱。其作品风格独树一帜。本书分十卷，前三卷为诗，其余为文。

卢纶诗集校注

[唐]卢纶著　刘初棠校注

1989 年 9 月 1 版 1 次

9.30 元

32 开　324 页

　　卢纶是中唐著名诗人，在名震一时的"大历十才子"中成就最高。现用康熙扬州诗局《全唐诗》为底本，校以多种善本。附有传记资料及大量评论。

姚合诗集校注（全二册）

[唐]姚合著　吴河清校注

2012 年 11 月 1 版 1 次

68.00 元

32 开　696 页

　　本书以源自宋代的浙刻本以及收诗最多、文字讹误较少之明抄乙本为底本，参校宋蜀刻残五卷本及明清诸本，再参校唐宋时期有关唐诗的选集、诗话、地志以及敦煌残卷等作校记。校注仍依明抄宋本编次为十卷，宋本集外诗及零章残句，依据其余诸本列入，并注出处于每首诗歌之后。对于重出疑伪之诗，吸纳学界最新成果并加按语甄辨以明其归属。附录依次列传记资料、序跋、著录、评论、简谱，以供参考。

张籍诗集

[唐]张籍著

1959 年 2 月 1 版 1 次

0.42 元

32 开　133 页

　　本书以明嘉、万间刻八卷本为底本，共收张氏作品 450 余首，以四库本、唐诗百名家本、《全唐诗》等加以校勘整理而成。

张王乐府

徐澄宇选注

1957 年 8 月 1 版 1 次

0.38 元

32 开　108 页

　　本书所选为唐诗人张籍、王建的"新乐府"诗。诗风平易通俗，影响很大。

王建诗集

[唐]王建著

1959 年 7 月 1 版 1 次

0.34 元

32 开　119 页

　　王建以擅写乐府诗著称，本诗集以南宋陈解元书籍铺刻本为底本，以汲古阁本、《全唐诗》等加以校勘整理而成。

昌黎先生集考异

[宋]朱熹撰

1981 年 10 月 1 版 1 次

线装 17.00 元　函装 32.00 元

6 开　222 页

1985 年 2 月 1 版 1 次

2.10 元

32 开　220 页

　　本书据近年来新发现的海内宋刻孤本影印。朱熹就方崧卿《韩集举正》重加考订，在晚年写成此书。这个刻本，是朱熹门人张洽所校订，和流传的一些刻本比较，不仅内容更完整，文字也精确，现据以影印出版。

刘禹锡集

[唐]刘禹锡著

1975 年 11 月 1 版 1 次

1.10 元

大 32 开　408 页

　　本书为唐人刘禹锡的诗文集。刘为中唐时著名政治家,参与了当时的政治改革,其诗文题材广泛,并从民歌中吸取营养,颇具特色。本书据《结一庐剩余丛书》标点排印。

白氏讽谏

[唐]白居易著

1959 年 2 月 1 版 1 次

0.20 元

32 开　38 页

　　本书所收为白居易的 50 首"新乐府",内容多为对社会现实的描绘,对民生疾苦的反映,极具现实主义精神。本书据覆宋刻本断句影印。

聂夷中诗　杜荀鹤诗

[唐]聂夷中　杜荀鹤著

1959 年 4 月 1 版 1 次

0.36 元

32 开　105 页

　　本书所收聂夷中的诗辑自《全唐诗》,杜荀鹤的诗以贵池刘氏刻本作底本、用《全唐诗》校勘,加以断句排印,为研究唐代的诗歌和诗人提供参考。

唐女诗人集三种

[唐]李冶　薛涛　鱼玄机著　陈文华校注

1984 年 8 月 1 版 1 次

0.54 元

32 开　88 页

　　唐代女诗人以李冶、薛涛、鱼玄机三人成就最高。她们或为乐妓,或作女道士,过着受人玩弄、践踏的生活,或被罚赴边,或死于非命,遭遇十分凄惨。她们用诗歌反映身世沦落的痛苦,表达对真正爱情的渴望,而在残酷的现实面前,又不得不发出"易求无价宝,难得有心郎"的慨叹。感情真挚,极少矫饰,某些诗篇言浅意深,具有民歌色彩。本书对她们现存的全部诗作校勘、注释,并辑录有关生平事迹及评论资料。

新见欧阳修九十六篇书简笺注

[日]东英寿考校　洪本健笺注

2014 年 6 月 1 版 1 次

20.00 元

32 开　120 页

　　东英寿对日本天理图书馆藏《欧阳文忠公全集》中现今所知欧集其他版本所未收录书简进行了初步标点、整理,洪本健做了笺注。本书较为全面且深入地整理了这些新发现的欧阳修书简,其先期成果已经引起学术界的广泛关注。

蔡襄集

[宋]蔡襄著　　[明]徐熥等编　　吴以宁点校

1997 年 8 月 1 版 1 次

精装 66.00 元

大 32 开　1068 页

　　蔡襄为北宋名儒贤臣。他的书法艺术与苏轼、黄庭坚、米芾并称"宋代四大家";而且在鉴茶、品茶、制茶上颇具造诣。蔡襄传世约五十万字的诗文集,记录了这位一代名臣的德行、才干和文学修养。本书据传世所藏之善本为底本,又参校了校点者先后所获得的美国普林斯顿大学和台北图书馆所藏的旧抄本,搜集轶诗、轶文、集外集、别纪、外纪、补遗等,合集编次。所收篇什均出校记。

王文公文集

[宋]王安石著

1962 年 8 月 1 版 1 次

线装 76.00 元

1974 年 7 月 1 版 1 次

平装二册 2.55 元

大 32 开　1018 页

　　本书为宋代变法革新领导者王安石的作品集,收集了他的大部分诗文。本书以影印南宋龙舒本为底本整理校点。

临川先生文集

[宋]王安石著

1959 年 2 月 1 版 1 次

精装 3.90 元

大 32 开　1086 页

　　本书为宋代变法革新领导者王安石的文集。以明嘉靖刊本为底本,参以各本后断句排印。

王荆文公诗笺注

[宋]王安石著 [宋]李壁笺注

1958年12月1版1次

3.00元

32开 728页

　　本书保存了宋刻李注本的全貌，有注释详备、重视实物资料、辑佚补遗等特点，对研究王安石的诗歌具有重要参考价值。

王荆文公诗李壁注（全二册）

[宋]王安石撰 [宋]李壁注

1993年12月1版1次

精装50.80元

大32开 1138页

　　王安石（封荆国公，谥文）是北宋著名政治家、文学家、思想家。1984年王水照教授在日本名古屋市蓬左文库见到海内孤本朝鲜古活字本《王荆文公诗李壁注》，经与通行本细加对照比勘和研究，发现朝鲜本的李注内容比通行本多出一倍左右，既保留了宋刻本的原貌，又加入了元刻本的内容。对研究王安石诗歌及宋代文学和历史具有重要参考价值。

王荆公诗文沈氏注

[宋]王安石著 [清]沈钦韩注

1959年3月1版1次

平装1.30元　精装1.80元

大32开 406页

　　本书为清代乾嘉学派杰出人物沈钦韩所注的王安石的诗文，其所注注重联系旧闻，证明史实，说明朝章制度的沿革及师友渊源的关系等，对于全面了解王安石其人其诗极有帮助。

后山居士文集

[宋]陈师道撰

1982年8月1版1次

线装45.00元

出国本70.00元

6开 447页

1984年8月1版1次

平装二册3.20元

32开 440页

　　陈师道别号后山居士，是北宋著名诗人，苏门六君子之一，他同陈与义、黄庭坚同被江西诗派尊为"三宗"。国家图书馆所藏之宋刻本可纠正其他版本的许多错误，是传世最早又最佳的本子，现据以影印。

李清照集

[宋]李清照著

1962年9月1版1次

1.10元

大32开 316页

　　本书为宋著名女词人李清照的诗词文集。李清照词风格温婉，语近情遥；其诗跌宕昭彰，气格不凡。李清照作品传世不多，本书尽量搜集其现存诗、词、散文及有关评论、书录、题跋等，整理成集。

王十朋全集（全二册）

[宋]王十朋著　梅溪集重刊委员会编

王十朋纪念馆修订

1998年10月1版1次

修订本2012年11月1版1次

精装188.00元

大32开 1220页

　　王十朋是我国南宋时期的文学家、政治家，被宋高宗亲擢为进士，号称"南宋第一状元"。他的诗文浑厚质直，恳恻条畅，很有特色。其诗文集最早刊行于南宋绍熙三年。这次重刊，在编排上较旧刻作了调整；又对佚诗、佚文作了增补，堪称是历代众多版本中最全的本子。本次修订，在1998年版《王十朋全集》的基础上收入新近发现的佚诗、佚文各三十余篇，并改正了初版的若干错误，是目前最完备而精审的版本，给研究宋代历史及人物提供了珍贵资料。

芦川归来集

[宋]张元幹撰

1978年9月1版1次

0.95元

大32开 130页

　　张元幹是北宋末南宋初的著名词人。本书是他的诗文集，以远碧楼刘氏《四库全书·芦川归来集》抄本为底本，参考了其他抄本整理标点。

朱淑真集

[宋]朱淑真著　张璋　黄畲校注
1986 年 6 月 1 版 1 次
2.00 元
32 开　184 页

朱淑真为宋代著名女作家,宋人曾辑有《断肠集》行世。她的诗词清新婉丽,蓄思含情,由于婚姻和遭遇的不幸,她通过咏物写景抒发了内心的愤懑和哀怨,其中脍炙人口的作品,历来为人们喜爱和传颂。词尤佳,与李清照《漱玉词》并称。本书校注精详,辑有笺评,资料丰富,是迄今最完善的一个本子。

辛稼轩诗文钞存

[宋]辛弃疾撰　邓广铭辑校
1957 年 5 月 1 版 1 次
0.42 元
32 开　106 页

本书为宋代著名词人辛弃疾的诗文辑稿,由邓广铭辑校,对于研究辛本人的思想、生平有重要价值。

辛稼轩诗文笺注

[宋]辛弃疾撰　邓广铭辑校审订　辛更儒笺注
1995 年 12 月 1 版 1 次
16.30 元
大 32 开　154 页

辛弃疾不仅为词家巨匠,诗、文亦斐然不群。本书集中了辛弃疾传世的诗文作品,加以注释笺证,溯源解诂,多有发明。

龙洲集

[宋]刘过著
1978 年 9 月 1 版 1 次
0.64 元
大 32 开　86 页

刘过是南宋爱国词人。本书收集了作者的诗、词、文共十二卷,诗以邵晋涵校本为底本,词以蟫隐庐丛书本《刘龙洲词》为底本,文以萧作梅刊本为底本进行校勘。

姚勉集

[宋]姚勉著　曹诣珍　陈伟文校点
2011 年 12 月 1 版 1 次
64.00 元
32 开　672 页

姚勉有文集五十卷传于世。本书以《宋集珍本丛刊》傅增湘批校本之影印本为底本进行标点整理,校以莫伯骥五十万卷楼藏本、文渊阁《四库全书》本、《豫章丛书》本、丁藏本等,并出校记。

郑思肖集

[宋]郑思肖撰　陈福康标校
1991 年 6 月 1 版 1 次
平装 5.80 元　精装 8.10 元
32 开　232 页

郑思肖生值宋元易代之际,深抱民族国家沦亡之痛。他不承认元朝的统治,画兰不画土根,喻土地被元侵占,匾其室曰“本穴世界”(本字之“十”置穴中即成“大宋”)。元世祖至元二十年(1283),他深感复国无望,便将所作诗文汇为《心史》,重重封固,纳入铁函,沉于苏州承天寺井中。至明末始被发现,纸墨完好。有关时人时事的记载,极富史料价值。本书收录《心史》及郑氏其他诗文,并附录有关资料、考辨及年表,允称详备。

霁山集

[宋]林景熙著
1960 年 3 月 1 版 1 次
0.60 元
32 开　196 页

林景熙是南宋末年著名的爱国诗人,本书收其诗文五卷。其诗寄托深远,音节苍凉,表现了对故国的怀念。本书用《知不足斋丛书》本断句后排印。

缑城正气集

[明]方孝孺等著　张常明编注
2003 年 12 月 1 版 1 次
22.00 元
大 32 开　240 页

方孝孺因拒为明成祖草拟就位诏书惨遭杀戮,并被诛灭十族。一门死难者,多达八百余人。历来被视为文人学士最讲忠孝节义的典型人物。其孤忠劲直、舍身赴义的大无畏精神,千百年来,对国人的影响至深至巨。本书即是以弘扬这一天地正气为主旨的诗集。

逊志斋外集

张常明编注

2009 年 12 月 1 版 1 次

2010 年 5 月 1 版 2 次

28.00 元

大 32 开　244 页

　　方孝孺是明代著名学者，又是著名的爱国志士，本书的编注者多年来一直致力于方孝孺研究资料的收集整理。本书是关于方孝孺生平、著述、行状、故里等方面的文集，收录明清文人学士的约一百五十篇文章，按照体裁分为序、记、碑、传、跋、书、祭、论八卷。此文集涉猎资料较为丰富，应能为研究方孝孺及明代史学提供重要的参考。

吴承恩诗文集

[明]吴承恩著　刘修业辑校

1958 年 7 月 1 版 1 次

0.75 元

32 开　262 页

　　本书收集的明代作家吴承恩诗文，以故宫博物院 1930 年铅印本为底本，末附有关吴承恩生平事迹的资料五篇，对研究西游记作者的学术生活具有参考价值。

吴承恩诗文集笺校

[明]吴承恩著　刘修业辑校　刘怀玉笺校

1991 年 6 月 1 版 1 次

6.25 元

32 开　254 页

　　吴承恩作为《西游记》的作者而家喻户晓，他博学多才，但一生困顿，仅当过一任县令。本书对吴承恩生平、创作的诗文作了内容翔实的考证笺注。

李开先集（全三册）

[明]李开先著　路工辑校

1959 年 12 月 1 版 1 次

3.60 元

大 32 开　1090 页

　　李开先为明代"嘉靖八才子"之一，其作品包括诗、词、文、民歌、传奇等各种体裁，本书使历来流传不广的李氏作品得以完整再现，为研究李氏创作和思想以及明代历史的人提供了可贵资料。

李开先全集（修订本）（全三册）

[明]李开先著　卜键笺校

2013 年 12 月 1 版 1 次

精装 298.00 元

32 开　2440 页

　　明代嘉靖朝"八才子"之一的李开先，著作宏富，擅诗文曲剧等，自谓"文飞风雨，笔扫烟云"，挥洒开合自如，时誉极高。有《闲居集》诗文十二卷，为其罢官后退闲所作，其中流传一时的佳作不少。多撰散曲，自谓马东篱、张小山无以过。所作传奇《宝剑记》"吐论峥嵘"，为有明一代戏曲的代表作。其中《林冲夜奔》一折尤脍炙人口，后世各剧种作为保留曲目，常演不衰。本书由知名学者卜键整理、笺校，值得研读。

张太岳集

[明]张居正撰

1984 年 4 月 1 版 1 次

2.50 元

大 32 开　312 页

　　张居正奏、疏、启、札，纵笔流畅，雄才卓识，多切中时弊。在有明一代辅臣中，殊不多见。本书较多地反映了作者万历初年亲身主持国事之施政要略。现以《千顷堂书目》所录明刊四十七卷本作底本影印。

汤海若问棘邮草

[明]汤显祖著

1958 年 7 月 1 版 1 次

线装 2.20 元

32 开　108 页

　　本书是汤显祖的诗文集。收集了其青年时期从 28 岁至 30 岁的作品，题材较广，风格上较注重辞藻。据徐渭的批注本影印。

红泉逸草　问棘邮草

[明]汤显祖著

1960 年 7 月 1 版 1 次

线装 1.60 元

长 32 开　76 页

　　此两部作品是汤显祖的诗文集。收集了其青年时期的作品，风格上较注重辞藻。具有重要的文史资料价值。

汤显祖集（全四册）

[明]汤显祖著　徐朔方　钱南扬笺校

1962 年 8 月 1 版 1 次

平装 12.00 元　精装 14.00 元

大 32 开　2792 页

　　本书第一、二册为诗文集,包括汤显祖全部诗文作品,由徐朔方先生笺校;第三、四册为戏曲集,包括其《牡丹亭》等剧作,由钱南扬先生校点。

汤显祖集全编(全六册)

[明]汤显祖著　徐朔方笺校

2015 年 12 月 1 版 1 次

精装 528.00 元

32 开　3224 页

　　本书以徐朔方生前对汤显祖的诗文、戏剧作品的编年笺校为基础,充分吸收若干年来汤显祖相关研究的成果,对原有的笺校成果加以全面修订,并新增汤氏佚文数十篇,为学界和广大读者提供一部全面、可靠的汤显祖作品全集。

负苞堂集

[明]臧懋循著

1958 年 7 月 1 版 1 次

0.50 元

32 开　166 页

　　本书为《元曲选》编者臧懋循的诗文集,其人交游很广,治学范围多涉及戏曲与俗文学等。

钱牧斋全集(全八册)

[清]钱谦益著　[清]钱曾笺注　钱仲联标校

2003 年 8 月 1 版 1 次

精装 398.00 元

大 32 开　4994 页

　　钱谦益既是当时政治舞台上的重要角色,又是文坛上的领袖人物,集学者、古文家、诗人于一身。他的诗歌兼具雄伟、奇诡、温婉、秾丽等各种风格,古文内容广泛,文章气魄宏伟,格局恢张。本书收入钱氏著作《初学集》、《有学集》、《牧斋杂著》(包括《投笔集》、《苦海集》、《晚年家乘文》、《尺牍》、《有学集文钞补遗》、《有学集文集补遗》、《牧斋外集》、《牧斋集补》、《牧斋集再补》等九种),其中《有学集文钞补遗》以下五种,属首次付印,以前仅存抄本。附有年谱、序跋、别传、祭文等资料。

瞿式耜集

[明]瞿式耜著

江苏师院历史系苏州地方史研究室整理

1982 年 2 月 1 版 1 次

1.25 元

大 32 开　172 页

　　本书收明末抗清著名人物瞿式耜撰写的奏疏、诗词、家信等,读者可以从中了解明末清初的社会状况,南明政权的更替,农民起义军与官军联合抗清等历史史实。书末附有新编的《瞿式耜年表》。

史可法集

[明]史可法著　[清]张纯修编　罗振常校补

1984 年 10 月 1 版 1 次

0.82 元

大 32 开　102 页

　　史可法是明代著名的抗清将领。《史可法集》搜辑了史可法的奏疏、信札、诗文等百余篇。

祁彪佳集

[明]祁彪佳著

1960 年 2 月 1 版 1 次

1.00 元

32 开　378 页

　　祁彪佳是明末著名的以身殉国的官吏,同时又是戏曲和散文作家,本书据仅有的清朝杜煦、杜春生兄弟编辑的一种祁彪佳的集子,共 10 卷,末附祁氏亲属的作品整理而成。

吴梅村诗集笺注(全二册)

[清]吴伟业著　[清]程穆衡原笺

杨学沆补注

1983 年 12 月 1 版 1 次

3.15 元

32 开　470 页

　　吴梅村为明末清初诗人。此程、杨笺注本胜于他本,向以抄本流传,至民国九年始由太仓俞氏收入《太昆先哲遗书》铅印出版,而流传亦稀。今影印本以保蕴楼旧抄为底本。

归庄手写诗稿

[清]归庄著

1959 年 11 月 1 版 1 次

线装二册 5.00 元

8 开　220 页

　　归庄为明著名诗人归有光曾孙。本书为归庄的手稿,所收诗都为他 40 岁前作,思想性和艺术性较高。

余怀全集(全二册)

[清]余怀著　李金堂编校

2011 年 6 月 1 版 1 次

88.00 元

大 32 开　816 页

　　余怀是明末清初一位优秀的文学家,然而大部分作品流传不广。《全集》分诗集、词集、文集和杂著四部分。诗集部分收有《甲申集》、《枫江酒船诗》、《五湖游稿》等,词集部分收有《玉琴斋词》、《秋雪词》等,文集部分收有序跋、批语、尺牍等,杂著部分收有《三吴游览志》、《板桥杂记》等。

柳如是诗文集

[清]柳如是撰　谷辉之辑

2000 年 10 月 1 版 1 次

精装 55.00 元

16 开　300 页

　　本集是搜辑柳如是诗文及有关资料最完备的本子。柳如是早年为吴中名妓,24 岁时,与江南名士钱谦益结缡。明亡,慷慨有奇节,先劝钱谦益自尽,又助钱谦益潜通复明义师。清康熙三年,钱谦益病故,柳如是因不堪族人无理要挟,自缢身亡,终年 47 岁。此诗文集中的《戊寅集》、《湖上草》与《柳如是尺牍》三书,均为海内孤本,刻于明崇祯年间。“附编”二种,其一为《东山酬和集》,是钱谦益、柳如是唱酬及友朋的奉和之作;其二为辑自他书之柳如是诗文,附有关资料、传记。

张苍水集

[明]张煌言撰

1959 年 4 月 1 版 1 次

1985 年 12 月新 1 版 1 次

1.65 元

32 开　192 页

　　张煌言号苍水,是明末坚持抗清斗争的民族英雄。他的著作在清一代悬为厉禁,散佚不少。本书为他的诗文集,这些诗文充满浩然正气,真实地反映了南明政权覆亡前激烈动荡的历史。附录收辑有年谱、传略、序跋、人物考略等。

夏完淳集

[明]夏完淳著

1959 年 9 月 1 版 1 次

0.65 元

32 开　234 页

　　夏完淳为明末民族英雄。本书以王昶、庄师洛编刻的《夏节愍全集》为祖本,校以《艺海珠尘》本《夏内史集》,《天启崇祯两朝遗诗》、《明三十家诗》中所收的夏完淳诗,《乾坤正气集》中所收的夏完淳文及旧抄本数种整理而成。

陈璧诗文残稿笺证

[清]陈璧著　江村　瞿冕良笺证

1984 年 11 月 1 版 1 次

0.82 元

32 开　120 页

　　陈璧是明朝的遗民,明亡后抗节不屈,奔走西南以图恢复,与顾炎武等声气相求;但身后诗文湮没,姓氏亦稀人知。此残稿系手抄本,于土改时发现,为苏州大学图书馆收藏。所存诗文,斐然可观,尤多明季史事的第一手资料,富于文献价值。现整理、笺证、标点出版。

蒲松龄集

[清]蒲松龄著　路大荒整理

1962 年 10 月 1 版 1 次

新版 1986 年 5 月 1 版 1 次

平装 11.70 元　精装 13.45 元

大 32 开　918 页

　　本书内容包括除《聊斋志异》以外的《聊斋文集》、《聊斋诗集》、《聊斋词集》以及《聊斋俚曲集》等蒲氏著作,并附录《蒲柳泉先生年谱》及其他资料,集蒲松龄遗著之大成。

廖燕全集(全二册)

[清]廖燕著　林子雄点校

2005 年 12 月 1 版 1 次

精装 118.00

大 32 开　1100 页

　　廖燕(1644—1705),是一位孤介特立之士,反对科举八股,对程朱理学攻击尤不遗余力。他的文学创作主张自出机杼,独抒性灵,诗文、书法成就都很可观。由于廖燕僻处南方一隅,集子流传不广,后世几至湮没。但在日本,他的集子经过几次翻刻,他的声名几与朱舜水并驾齐驱。本书收录廖燕的全部作品,以三种康熙原刻、乾隆续修本《二十七松堂集》为底本并互作校补,并以日本文久二年(1862)、广东中山图书馆藏清抄本等校补。书后附有《廖燕研究资料汇编》、《廖燕研究篇目》、《廖燕交游录》。

稗畦集　稗畦续集

[清]洪昇著

1957 年 9 月 1 版 1 次

0.60 元

32 开　202 页

本书为戏曲《长生殿》作者洪昇的诗集。其诗风格疏淡,自成一家。

湖海集

[清]孔尚任著

1957 年 9 月 1 版 1 次

0.85 元

32 开　308 页

本书是戏曲《桃花扇》作者孔尚任的诗文集。其诗文质朴浑厚,言之有物,对于考索孔氏生平与思想有重要价值。本书据南京图书馆藏康熙刻本断句后排印。

郑板桥集

[清]郑燮著　本社编

1962 年 2 月 1 版 1 次

新版 1986 年 6 月 1 版 3 次

1.95 元

大 32 开　148 页

郑板桥是清代中期的书画家和诗人,"扬州八怪"之一,有诗书画"三绝"之称。本集根据郑氏生前手写刻本排印外,又搜辑得郑氏集外诗文题画、书信等一百余条作为补遗,同时又精选郑氏书画若干幅作为插图。

文木山房集

[清]吴敬梓著

1957 年 2 月 1 版 1 次

线装 1.10 元

大 32 开　120 页

本书为《儒林外史》作者吴敬梓的诗词集,有赋一卷、诗二卷、词一卷。并附刻其子吴烺的作品。

全祖望集汇校集注(全三册)

[清]全祖望撰　朱铸禹汇校集注

2000 年 12 月 1 版 1 次

2012 年 3 月 1 版 3 次

精装 240.00 元

大 32 开　2916 页

全祖望是清代著名史学家、思想家,浙东学派代表学者,素以民族气节自励,作品中多反映南明史事,激励民族气节。本书汇集其文集、诗集、《经史问答》等八种,并汇校了现存主要的版本、抄本,以及各家译、注文字,是目前搜罗最齐全的全祖望文集版本。

春柳堂诗稿　高兰墅集

[清]张宜泉等撰

1984 年 7 月 1 版 1 次

0.78 元

32 开　104 页

《春柳堂诗稿》作者张宜泉是除敦敏、敦诚兄弟外,与曹雪芹有过直接交往,至今留有诗稿的唯一一当时人。诗稿提供了有关曹雪芹的一些生平活动,是研究曹雪芹的重要资料之一。

《高兰墅集》为清代高鹗撰。高氏是续补《红楼梦》后 40 回的作者。本集是研究高鹗的重要资料。

懋斋诗钞　四松堂集

[清]爱新觉罗·敦敏等撰

1984 年 7 月 1 版 1 次

1.65 元

32 开　228 页

《懋斋诗钞》为清宗室敦敏所撰。敦敏是曹雪芹好友之一。诗钞虽是残本,但保留了作者与曹雪芹过从倡和的一些珍贵资料,颇具研究价值。

《四松堂集》为敦敏之弟敦诚所撰。作者与曹雪芹交往甚密。本集对曹氏生平有较多反映,历来为学术界所重视。

绿烟琐窗集　枣窗闲笔

[清]富察明义等撰

1984 年 7 月 1 版 1 次

1.10 元

32 开　152 页

《绿烟琐窗集》为清富察明义所撰诗集。集内有《题红楼梦》七绝 20 首,历来为研究红楼梦者所公认具有一定参考价值。

《枣窗闲笔》为清宗室裕瑞撰。本书较多记载了曹雪芹的生平细节,是研究红楼梦作者的重要资料。

延芬室集

[清]爱新觉罗·永忠著

1990 年 7 月 1 版 1 次

精装 49.00 元

32 开　1400 页

本书系清代皇室文人永忠的诗文集,其中编年诗集记载了乾隆时代上层社会生活的各个方面,不仅可纠正《清史稿》的一些失误,还可供稽考许多重要人物的生平活动情况和北京西郊如圆明园等地的山水名胜。有关《红楼梦》的材料以及秀逸的诗风、遒劲的书法,更引起红学、清史学、满族文学艺术史等各界学者的浓厚兴趣。本书汇集了国内仅存的永忠全部著作,保存了作者手迹和同时代抄写本的原始风貌。

顾太清奕绘诗词合集

[清]顾太清　奕绘著　张璋编校

1998 年 12 月 1 版 1 次

精装 53.00 元

大 32 开　884 页

顾太清是清代著名才女,诗词俱佳,在满族词人中,素有"男中成容若(纳兰性德),女中顾太清"的美誉。其丈夫奕绘也能诗善词,二人情投意合,诗词唱酬,是李清照、赵明诚之后,诗坛上又一佳话。张璋先生觅得太清、奕绘诗词的原抄稿本,又从国外搜得太清诗词全卷,使夫妇二人的作品终成合璧。

秋帆集

[清]黄堂著

2005 年 12 月 1 版 1 次

线装 100.00 元

8 开　76 页

黄堂,黄炎培之五世祖。黄堂于乾隆年间两赴南京参加乡试,途中登临山水,赋诗题咏,所作诗汇为《秋帆集》。其诗工稳流丽,风规俊逸。道光时刻印极少,不久遭乱版毁,遂成珍罕之本。此书作为上海地方文献,颇

有参考价值。

复庄诗问（全二册）

[清]姚燮著　周劭标点

1988 年 8 月 1 版 1 次

11.00 元

32 开　700 页

本书收姚燮 44 岁以前诗作 3400 多首,是姚诗精华所在。姚燮中年时,鸦片战争爆发,眼见国土沦陷,他满腔愤懑,写了大量史诗式的诗篇,与林则徐、龚自珍等爱国诗人的作品一起,在我国诗史上闪耀着夺目的光彩。本书据姚燮手自编定的道光二十八年刊本标点整理。

潘树棠文集

[清]潘树棠著　潘美蓉辑校

2010 年 12 月 1 版 1 次

精装 42.00 元

大 32 开　384 页

潘树棠,浙江永康人,勤于著述,有《中庸引悟》、《杜津正蒙》、《三瓢集》、《寻乐轩手稿》、《郡志考》等,修《缙云县志》,撰《艺文志》;又与修《永康县志》、《开化县志》等。所作序跋碑文之类文字散于各种文献,未曾纂集。本书搜罗了潘树棠散见于各种家谱中的作品二百多篇,分"志铭类"、"记类"、"序类"、"启类"、"传类"五类辑为一编。

翁同龢诗词集

[清]翁同龢著　翁同龢纪念馆编　朱育礼校点

1998 年 10 月 1 版 1 次

25.00 元

大 32 开　316 页

翁同龢是晚清名臣,身为同治、光绪两朝帝师,直接参与"维新运动",亲自撰写光绪所下《明定国是诏》,并因此遭贬逐。翁氏以书法名家,又有日记、诗文传世。本集衷汇翁氏诗词,精加校勘而成。

庸盦文别集

[清]薛福成撰　施宣圆　郭志坤标点

1985 年 8 月 1 版 1 次

1.30 元

32 开　132 页

本书是清末思想家、外交家薛福成《庸盦全集》以外

的文稿,主要为代李鸿章所拟的奏疏书札及薛氏外事论文、书后、记事等文,内容涉及晚清外交、经济。

王同愈集

[清]王同愈著　顾廷龙编

1998 年 9 月 1 版 1 次

45.00 元

大 32 开　592 页

本书收入王同愈遗存的诗文、日记和随笔,内容述及时政、科试、风俗、掌故、旅行、文人、官员之间的交往等方方面面,有助于我们了解清末社会和文化状况,其中有关碑版、书画、古籍的收藏、鉴赏、考订与题跋也占了相当篇幅,颇为精审。

郑观应诗集

[清]郑观应著　上海图书馆　澳门博物馆编

2014 年 6 月 1 版 1 次

线装980.00元

6 开　690 页

本书为郑观应的诗集汇编,以《偫鹤山房诗集》为底本,外加《偫鹤山人唱和集》、《偫鹤山人六秩唱和集》、《偫鹤山人七秩唱和集》、《偫鹤山人晚年纪念诗》等,共计诗歌1180余首,是目前为止收罗最全的郑观应诗集。全书以影印为主,附录部分为排印,线装出版,为郑观应诗集首次结集出版。

学贾吟

[清]陈季同著

2005 年 10 月 1 版 1 次

45.00 元

16 开　240 页

《学贾吟》是清末外交家陈季同的诗集。他长驻欧洲达 16 年之久,致力于以法文写作,向欧洲国家介绍中国文化。1896 年,他前往湖南、贵州、四川等地探矿,为国谋利,一路所作诗歌,结集为《学贾吟》。本书即据作者手稿影印。这是迄今为止所发现的陈季同唯一一本中文著作,同时刊载大量珍稀图片。

陈去病全集(全六册)

陈去病著　张夷主编

2009 年 10 月 1 版 1 次

精装 380.00 元

大 32 开　3424 页

南社是清末民初一个重要的革命文学团体,其成员之多、规模之大史无前例,对当时文坛影响极大。陈去病是南社主要创始人之一,对南社的形成和发展有着不可磨灭的贡献。他才华横溢,一生著述甚丰,整理出版他的全集具有重要的学术意义。此书收录了陈去病的全部著作,如《浩歌堂诗钞》、《浩歌堂诗续钞》、《巢南诗话》、《诗学纲要》、《辞赋学纲要》、《病倩词》等。其记史、记传集、序跋集、启笺集等也收录于内;其辑刊的《笠泽词征》、《吴江诗录》等亦全部录入。全书收罗完备,整理系统规范,具有极其重要的文学和史料价值。

秋瑾集

本社编

1960 年 7 月 1 版 1 次

新版 1991 年 9 月 1 版 1 次

3.25 元

大 32 开　108 页

《秋瑾集》收集了已发现的秋瑾的诗、词、杂文、书信以及她为革命党草拟的文稿,和为争取妇女解放而编著的弹词等作品。并附录了有关她的传记和墓表、遗事。

秋瑾史迹

本社编

1959 年 1 月 1 版 1 次

新版 1991 年 8 月 1 版 1 次

精装 26.00 元

16 开　136 页

秋瑾,是近代中国历史上第一个以大无畏精神为革命泼洒满腔热血的巾帼英雄。本书包括秋瑾存世的所有稀见诗文、书信墨迹,秋氏多幅珍贵留影和革命史迹照片;孙中山、周恩来的题词;以及其他著名历史人物的亲笔题词和纪念文章等。

穆藕初文集(增订本)

穆藕初著　穆家修　柳和城　穆伟杰编

2011 年 11 月 1 版 1 次

精装 138.00 元

16 开　524 页

本书收录了中国近代著名的民族实业家穆藕初的著述,是研究中国近代经济史、经济思想史以及近代史的重要历史资料,为研究穆藕初先生的思想,提供了一个完整的文本。

王国维诗词笺注

[清]王国维著　陈永正笺注
精装 2011 年 4 月 1 版 1 次
平装 2013 年 10 月 1 版 1 次
平装 56.00 元　2015 年 3 月 1 版 2 次
精装 66.00 元　2015 年 3 月 1 版 3 次
大 32 开　632 页

　　本书诗部分以 1940 年商务印书馆《海宁王静安先生遗书》为底本，词部分则以王国维手稿为底本。王国维诗词知识繁博，索解非易，笺注者考证诗词本事史实、背景交游，引据翔实，评断公允，参校他本，注释详细。

吕碧城诗文笺注

吕碧城著　李保民笺注
2007 年 8 月 1 版 1 次
45.00 元
大 32 开　584 页

　　吕碧城不仅是近代卓越的女词人，而且于诗文创作亦同样才笔纵横，卓荦不群，造诣甚深。本书笺注者长期从事吕碧城研究工作，继《吕碧城词笺注》问世后，又对吕氏诗文详加注释，细致校勘，相关资料之搜集尤为丰富，与其词集笺注可称珠联璧合，是吕碧城研究及近代文学研究者所必备之参考书籍。

郁达夫诗词笺注

郁达夫著　詹亚园笺注
平装 2006 年 8 月 1 版 1 次
精装 2013 年 6 月 1 版 1 次
平装 45.00 元　2013 年 11 月 1 版 3 次
精装 68.00 元　2015 年 6 月 1 版 2 次
32 开　648 页

　　本书收录郁达夫诗词数百篇，另附断句、联语、新诗和外文诗。按时间先后排列其诗，时间不详者，原则上依《郁达夫诗词集》编次。本书笺注兼顾注诗与注典，因郁达夫用典往往在同一典源而用时各有侧重，笺注者在注典时不避繁复，以期正确反映诗人的真意。

张伯驹集

张伯驹著
精装 2013 年 8 月 1 版 1 次
平装 2014 年 7 月 1 版 1 次
平装二册 68.00 元　2016 年 3 月 1 版 2 次

精装 78.00 元　2015 年 1 月 1 版 3 次
32 开　700 页

　　张伯驹是集收藏鉴赏家、书画家、诗词学家、京剧艺术研究家于一身的文化奇人。本书收录《红毹纪梦诗注》、《续洪宪纪事诗注》，词集《丛碧词》、《春游词》、《秦游词》、《雾中词》、《无名词》、《续断词》、《丛碧词话》以及谈艺之作《素月楼联语》、《春游琐谈》、《丛碧书画录》、《乱弹音韵辑要》等。

选　集

中国古典文学名家选集

王维孟浩然选集

王达津选注
1990 年 12 月 1 版 1 次
新版 2012 年 12 月 1 版 1 次
精装 49.00 元　2015 年 4 月 1 版 3 次
大 32 开　496 页

　　本书选录、注释王维诗 121 首、文 2 篇，孟浩然诗 111 首。所选作品既顾及唐代王孟诗派以山水田园为主的特点，同时也注意到反映作家创作的多样性和阶段性。附录二篇，详细介绍了王维、孟浩然的生平和创作，论述了王孟诗的异同和贡献。

高适岑参选集

高文　王刘纯选注
1988 年 9 月 1 版 1 次
4.90 元
大 32 开　182 页

　　本书选录盛唐边塞诗人的代表作家高适诗 129 首、岑参诗 132 首，详加注释，对以往注本中的注释疏漏颇多匡正。所选作品既较集中地反映出唐代边塞诗的奇异风貌，又从不同侧面体现了高、岑二位诗人的创作概况。前言论述了两位诗人创作的异同和边塞诗兴盛的历史条件。

李白选集

郁贤皓选注
1990 年 10 月 1 版 1 次
新版 2013 年 12 月 1 版 1 次
精装 68.00 元　2015 年 5 月 1 版 3 次
大 32 开　792 页

本书选录唐代大诗人李白的诗三百余首、文十余篇,作了详尽的注释,比较集中和全面反映了李白的创作经历、思想特点和艺术风貌。注解考释充分吸取了当前李白研究的新成果,并有独到的见解。

杜甫选集

邓魁英　聂石樵选注

1984 年 5 月 1 版 1 次

新版 2012 年 12 月 1 版 1 次

精装 42.00 元　2015 年 7 月 1 版 4 次

大 32 开　424 页

本书选录了唐代大诗人杜甫各时期代表作品二百多首,广泛汲取了前人研究杜诗的成果,对所选诗篇作了翔实注释。前言对杜甫的诗艺作了详尽的评价。

韩愈选集

孙昌武选注

1996 年 8 月 1 版

新版 2012 年 12 月 1 版 1 次

精装 46.00 元　2015 年 7 月新 1 版 3 次

大 32 开　492 页

韩愈是唐代古文运动的倡行者,唐宋八大家之首。他的散文气势雄健,表现出特异的个性。他的诗以奇崛险怪的风格,自成蹊径。本书选篇力求兼顾作家思想艺术的各个方面,按诗文赋三类,依年代排列。注释详悉,资料丰富。

柳宗元选集

高文　屈光选注

1992 年 7 月 1 版 1 次

1999 年 5 月 1 版 2 次

15.90 元

大 32 开　350 页

柳宗元是著名的思想家和文学家,唐代古文运动的倡导者之一,被列入"唐宋八大家"。其所作散文峭拔矫健,说理透彻;寓言短小警策,笔锋犀利;山水游记,准确细致,富有生趣,标志着这一文学样式的完全成熟。其诗风格清俊,历来为人们所传诵。本书选录其优秀诗文,注释翔实,考据详确。

白居易选集

王汝弼选注

1980 年 10 月 1 版 1 次

新版 2012 年 11 月 1 版 1 次

精装 46.00 元　2016 年 3 月 1 版 3 次

大 32 开　460 页

白居易为唐代大诗人,在文学史上具有卓越地位。本书选录其诗、词、文代表作品,反映了白居易创作的全貌。注释清晰扼要,阐释诗文本事和艺术风格尤见特色。

杜牧选集

朱碧莲选注

1995 年 5 月 1 版 1 次

10.60 元

大 32 开　177 页

杜牧与李商隐齐名,是中晚唐的杰出诗人。本书共选注其诗 137 首,文 19 篇,所选基本代表了杜牧文学创作的水平,注释者在原冯(集梧)注杜诗的基础上,尤重以史注诗,无论于辞章典故、名物制度的诠释或于诗旨的分析评判上,较前人均多加补苴。

李商隐选集

周振甫选注

1986 年 7 月 1 版 1 次

新版 2012 年 12 月 1 版 1 次

精装 49.00 元　2015 年 6 月 1 版 3 次

大 32 开　496 页

李商隐为晚唐诗坛巨擘。本书选录其诗 200 首,文 27 篇,反映了李商隐诗文的基本面貌。作者对作品的艰深字句和所用典故,作了清晰扼要的注释,阐释诗文本事和艺术特性尤见特色。

欧阳修选集

陈新　杜维沫选注

1986 年 7 月 1 版 1 次

1999 年 5 月 1 版 2 次

19.90 元

大 32 开　480 页

欧阳修是北宋开一代风气的大文学家,诗、词兼擅,尤以倡导古文运动而成为文坛领袖。这本选集选录诗 185 首、词 44 首、文 46 篇,分体编年,详加注释。入选作品顾及作者的生平思想和文学成就等方面,较全面地反映了欧阳修所处的时代和他的创作概况。附《欧阳修简谱》。

苏轼选集

王水照选注

1984 年 8 月 1 版 1 次

新版 2014 年 10 月 1 版 1 次

新版 2016 年 6 月 1 版 4 次

精装 58.00 元

大 32 开　524 页

苏轼为北宋杰出大作家，才赡学富。本书选苏氏诗、词、文各体代表作品，注释翔实，考据详确，颇具学术性，为近年来罕见之优秀选本，对欣赏、研究均极有用。末附《东坡先生年谱》，久已佚失，从日本复制，价值极高。

黄庭坚选集

黄宝华选注

1991 年 2 月 1 版 1 次

新版 2016 年 8 月 1 版 1 次

精装 55.00 元

大 32 开　504 页

黄庭坚是北宋著名的文学家，并于绘画、书法均有很高的造诣。他作诗倡导融汇古今，生新出奇，是宋代江西诗派的开创者和主要作家。本书选注黄庭坚诗 162 首、词 12 首、文 30 篇，较全面地反映了作家的创作经历和思想艺术特色，注释翔实，于黄庭坚诗受儒、佛、道三家影响所形成的独特风格，有较深入的探讨。

杨万里选集

周汝昌选注

1962 年 12 月 1 版 1 次

1979 年 5 月新 1 版 1 次

新版 2012 年 12 月 1 版 1 次

新版 2015 年 10 月 1 版 2 次

精装 45.00 元

大 32 开　440 页

杨万里是南宋时期的著名诗人，他的诗作造诣较深，被称为"诚斋体"。杨万里一生的作品甚多，本书选入了他的主要和代表作品，包括诗、词、赋、文等约 350 篇，详细注释。在引言部分对作者的政治思想和艺术成就作了评价。

陆游选集

朱东润选注

1962 年 12 月 1 版 1 次

新版 2013 年 10 月 1 版 1 次

新版 2016 年 5 月 1 版 3 次

精装 35.00 元

大 32 开　336 页

本书选注了陆游的诗词 268 首，文 46 篇。其诗选自中华书局《四部备要》本《剑南诗稿》，以年代编次；词和文则用涵芬楼影印明华氏活字本《渭南文集》，因其若干作品无法考定年代，则一仍《渭南文集》编次。此外《老学庵笔记》用崇文书局本，部分诗赋选自汲古阁本《放翁逸稿》。在准确简明的注释之后，各篇又附朱东润先生精练的笺评，书后附《陆游简历》，供读者参阅。

辛弃疾选集

吴则虞选注

1993 年 5 月 1 版 1 次

新版 2014 年 6 月 1 版 1 次

精装 36.00 元　2015 年 2 月 1 版 2 次

大 32 开　428 页

本书为已故著名教授吴则虞先生的遗稿，著于 1957 年。是书具以下特点：（1）注释穷本溯源，广征博引，堪补其他注本之遗失缺漏。（2）除注文外，此书列校、笺、评、释、附等项。释文不仅从词作内容、特色、作法上层层剖析，且间有考证，不时发前人之所未发。（3）辑有历代评述辛词之《词话》，并著《辛弃疾年谱》、《稼轩词版本考》（包括《稼轩词版本系统源流表》、《稼轩词主要各本异同简明表》）。

陈维崧选集

周韶九选注

1994 年 10 月 1 版 1 次

13.30 元

大 32 开　220 页

陈维崧为清代著名作家，其词作成就更为突出。本书选录其诗词 200 首，文 20 篇，最大限度地反映了陈维崧创作的全貌。陈维崧的集子，新中国成立前后从未整理出版过，此为第一个选注本。作者对作品的艰深字句和所用典实，作了清晰扼要的注释。

朱彝尊选集

　叶元章 钟夏选注

　1991 年 12 月 1 版 1 次

　7.40 元

　大 32 开　276 页

　　本书选清代著名文学家朱彝尊所作之赋、诗、词、曲、文凡 293 篇，基本上反映了他的创作面貌。注文翔实，其于竹垞之行状、交游、思想及当时史事、名物、制度等，莫不在释词出典的同时，一一予以辨析，是新中国成立以来所出的有关朱彝尊诗文的第一个较具规模和质量的读本。

查慎行选集

　聂世美选注

　1998 年 11 月 1 版 1 次

　32.80 元

　大 32 开　644 页

　　在清代诗坛，查慎行是一位有着重要影响与特殊地位的作家。他行踪半天下，作诗逾万首，诗风逼视苏轼、陆游，才气横溢，时人评谓"犹孤凤独鹤，翔翔于百鸟鸡群中，可谓横绝一时"。本书入选查诗 266 首，词 24 阕，文 10 篇，大致反映了查集的总体风貌和艺术特征。书中对每一篇作品都举证出本事和创作年代，注释详赡，评点精当。

唐宋八大家散文选集

韩愈散文选集

　顾易生　徐粹育编撰

　1997 年 4 月 1 版 1 次

　1998 年 4 月 1 版 2 次

　12.60 元

　32 开　292 页

　　韩愈"文起八代之衰"，名列唐宋八大家之首。韩文体裁风格丰富多彩，创作了大量融抒情、状物、叙事、议论于一炉的文艺散文，词必己出，推陈出新，深蕴说服力和感染力。本书选韩文代表作 39 篇。各篇题解、注译，对"浑浩流转"、"万怪惶惑"的韩文多所发明。

柳宗元散文选集

　汪贤度编撰

　1997 年 4 月 1 版 1 次

　1998 年 4 月 1 版 2 次

　11.60 元

　32 开　260 页

　　柳宗元在中国散文发展史上与韩愈并称而自具特色，为后世楷模。其议论之文，立论坚实，见解精辟；其寓言作品，立意奇警，思想深刻；其传记散文，刻画入微，生动传神；其山水游记气象万千，情景交融。本书精选柳文 40 篇，并分别加以详明题解、注释和今译。

欧阳修散文选集

　陈必祥编撰

　1997 年 4 月 1 版 1 次

　1998 年 4 月 1 版 2 次

　16.00 元

　32 开　396 页

　　欧阳修是宋代散文革新运动的卓越领导者。其散文创作，于唐宋八大家中独树一帜。文备众体，各极其工。无论叙议抒情，皆能从容不迫，委婉自然。言辞晓畅，情韵丰厚。本书选有欧阳修各体散文 55 篇，并加以详明注释、今译和深入浅出评析。

苏轼散文选集

　刘乃昌　高洪奎编撰

　1997 年 4 月 1 版 1 次

　1998 年 4 月 1 版 2 次

　15.70 元

　32 开　388 页

　　苏轼是才情横溢的文豪，登上了宋代散文艺术峰巅。其史论、政论立意新警，精于思辨，纵横捭阖，振聋发聩。纪事抒情散文，敞豁达襟怀，展高尚情操，见独绝品格。语言灵动活脱，略无常套。本书荟集东坡散文精品 61 篇，各篇题解的背景考释、作品意蕴的阐明和审美价值的赏鉴，颇多编注者长期研究的心得。

苏洵苏辙散文选集

　沈惠乐编撰

　1997 年 4 月 1 版 1 次

　1998 年 4 月 1 版 2 次

　12.30 元

　32 开　288 页

　　苏洵，是苏轼（东坡）之父，后世多称其号为老泉。

苏辙是苏轼之弟。苏洵散文,上继韩、欧,下开轼、辙,崇尚自然为文,文笔老到。苏辙散文既受父兄陶冶,复得欧阳"纡徐委备,条达疏畅"作风薰炙,形成汪洋淡泊、深醇温粹的风格。本书收洵、辙散文精品38篇,各篇的题解精炼,注释翔实,语译流畅。

曾巩散文选集

包敬第 陈文华编撰

1997年4月1版1次

1998年4月1版2次

11.00元

32开 232页

曾巩,宋代古文运动骨干作家。20岁时即深得欧阳修器重。曾巩散文,说理本经,论学尽意;善以史家眼光剪裁素材,叙事细密,详略得宜,夹叙夹议,言近旨远;行文纡徐曲折,情文相生。本书收曾文30篇,皆作讲析注译。

王安石散文选集

王水照 高克勤编撰

1997年4月1版1次

1998年4月1版2次

14.80元

32开 364页

王安石是北宋散文大家,散文创作题材宽广,体裁多样,不拘成法,自出机杼。风格既以峭折刚劲为特色,亦有平婉温醇之另面。不少脍炙千古的短章,以小见大,风味邈然。本书遴选各体散文佳作53篇。各篇均附精当题解、详明注释和畅达语译。

"花非花"名媛诗词系列

梦为蝴蝶也寻花

——李冶、薛涛、鱼玄机诗注评

陈文华撰

2007年5月1版1次

13.00元

大32开 128页

唐代闺阁诗人不下百家,其中最有成就、最有影响者,当属李冶、薛涛、鱼玄机三家。本书精选这三位女诗人代表作80首,详加注释,并一一讲评,见解精到,语言优美,同时根据诗意还配有若干精美的绘画。

满堤红艳立春风

——花蕊夫人《宫词》注评

曹明纲撰

2004年8月1版1次

18.00元

大32开 194页

花蕊夫人为前蜀王建的小徐妃,后主王衍的母亲。她的百首《宫词》,作于前蜀被灭前四五年内,揭开了宫廷生活的神秘面纱。在叙述宫苑琐事时,又能深入后妃、宫女、内监的内心世界,以精彩独到的人物描写,超越同类作品。《宋词钞》称之为"内家本色,天然流丽"。本书收录花蕊夫人《宫词》107首,每诗加以注释和赏析,皆在揭示独特的文化、艺术内涵。

自是花中第一流

——李清照诗词注评

吴惠娟撰

2005年10月1版1次

12.00元

大32开 110页

李清照是宋代著名女词人,她的词以感情真挚、描写细腻、风格柔美、语言清新享誉文坛,她的诗不乏豪迈大气之作,在中国女性文学史上占有很高地位。本书精选李清照诗词代表作品,汲取前人和今人的研究成果,结合当代人文意识加以阐释。

月痕休到深深处

——徐灿词注评

黄嫣梨撰

2004年8月1版1次

14.00元

大32开 112页

徐灿是明末清初的名门闺秀,擅诗文,工绘事,尤以填词知名于世。她生逢明清易代之际,遭遇坎坷,大部分词作渗透着亡国之痛,情词抑郁,吐属凄婉,有着深刻的社会内容和很高的艺术欣赏价值。本书从现存徐灿99首词作中精选七十余首,详加评注,有不少精辟独到的见解。

闺中造物有花仙

——顾春诗词注评

奚彤云撰

2004 年 8 月 1 版 1 次

18.00 元

大 32 开　192 页

顾春是清代负有盛名的满族女词人。她的诗词语言通俗,情感真挚,不求一字一句的尖巧,而谋通篇结构的灵气,对形与神、景与情、事与理的关系处理,往往由浅入深,由近及远,小中见大,绝无一毫纤艳涉其笔端。本书精选顾春的一百五十余首诗词,详加注释评说。

梅花如雪悟香禅

——吴藻词注评

邓红梅撰

2004 年 8 月 1 版 1 次

19.00 元

大 32 开　202 页

在清嘉、道年间的文坛上,吴藻是一位享有盛名的闺阁词人。她的词情感丰富,情调伤婉,尤擅抒写不幸婚姻的人生哀痛及渴望超脱的情怀。她的词风不专守一格,而以流丽清圆风格为主,节奏明快,意象优美,常以奇妙变化的想象来增加词境的空灵效果。本书选录词作一百八十多首注释点评,较能完整反映吴藻词的情感内容和风格特色。

一抹春痕梦里收

——吕碧城诗词注评

李保民撰

2004 年 8 月 1 版 1 次

17.00 元

大 32 开　170 页

吕碧城是近代中国著名的女作家。作者精心选取吕碧城诗词一百余首,加以精审的注释和独到的评析,在深入考辨作品创作背景的基础上,对吕碧城心灵和艺术世界深刻解读。

漫云女子不英雄

——秋瑾诗词注评

郭蓁撰

2004 年 8 月 1 版 1 次

16.00 元

大 32 开　160 页

秋瑾别署鉴湖女侠,中国近代史上最杰出的女性革命活动家、诗人和作家。秋瑾为后人留下淋漓悲壮、气壮河山、荡人心魄的诗词共二百余首(阕)。本书精选其诗词代表作品 120 首(阕),附以简评并详加注释。

中国名胜古迹诗词丛书

西湖诗词

吕小薇　孙小昭选注

1983 年 3 月 1 版 1 次

0.98 元

长 36 开　112 页

全书精选古代名家名篇诗词 76 首,加以注释说明,所收西湖胜迹古代诗词精粹和有关风物的掌故,涉及面广,知识性强,趣味性浓。卷首精选、精印 12 幅名画和书法篆刻。

苏州诗词

苏州市文联选注

1985 年 11 月 1 版 1 次

1.70 元

长 36 开　136 页

本书选编了有关苏州园林、虎丘、石湖、横塘、灵岩、天平、太湖、光福、洞庭山、吴江等名胜古迹的七十余篇古典诗词名篇,着重对景物特色与古迹沿革作了注释,并附录十多幅有关苏州的古代名画。

扬州诗词

章石承　夏云璧选注

1985 年 11 月 1 版 1 次

1.50 元

长 36 开　98 页

本书精选唐以来题咏扬州名胜的著名诗词 55 首,按风景点结集。入选诗词与"作者简介"、"注释和说明"三个部分浑然一体,不仅介绍了作者的游踪,题咏诗词的背景,有关名胜古迹的渊源、掌故、特色和民情风物,还征引、选录了一些有关的著名诗词。卷首精选、精印扬州八怪书、画、篆刻十多幅。

无锡诗词

章左声选注

1987 年 12 月 1 版 1 次

2.10 元

长 36 开　110 页

本书选入古代有关无锡名胜古迹和泥塑特产等诗词64首,按惠山、太湖、五里湖、宜兴三大洞等风景区编排,并作了有关景物知识的注释介绍。附有10幅精美古代书画。

桂林诗词

刘英 刘克嘉 余国琨选注

1987年11月1版1次

1.35元

长36开 98页

桂林山水甲天下,一山一水一诗题。古来多少诗人墨客,为桂林的奇山异洞秀水写下了衷心赞美、依恋难去的诗篇。本书精选具有代表性而又短小精粹的62首,按风景点结集,以独特的注释展现了桂林、阳朔、兴安等处胜迹的风物面貌。

南京诗词

徐柏春 李绍成编 吕武进选注

1994年8月1版1次

13.20元

长36开 138页

与西安、北京、洛阳并为我国四大古都的南京,名胜古迹和吟咏的诗篇一样多。这本诗集,介绍名胜、风物、掌故和诗人游踪,精详生动。

西安诗词

武复兴选注

1993年5月1版1次

5.95元

长36开 118页

本书汇集了古代诗人吟诵古都西安的精粹诗作。独特的注释和说明,助你领略诗词的意蕴。历史人物的业绩、悲欢和游踪,连同三百里秦川的风物掌故,一齐奔来眼底;卷首12幅图片,有意境高古的华山图,也有西安碑林的珍藏。

庐山诗词

王文生 罗立乾选注

1993年5月1版1次

5.75元

长36开 86页

庐山居天下名山之首。全书精选古代著名作品49

首,按风景点结集,通过注释和说明,结合诗词全面、生动地介绍了庐山自然景色、历史、掌故和诗人们的游踪、轶事。卷首配有名人字画12幅。

滇云诗词

张文勋选注

1993年5月1版1次

5.50元

长36开 102页

本书通过对精选的55首古人有关诗歌的注释,将你带进诗的境界,云南的每一处胜迹,连同凝聚其中的千年沧桑,都将伴和着诗人们的咏歌感喟,在你面前一一展现。注释、说明侧重介绍有关名胜、掌故,引人入胜。

名家选名篇系列

唐诗一百首

本社编

2010年7月1版1次

2016年3月1版4次

14.00元

大36开 152页

唐代是我国古典诗歌发展的全盛时期,知名的诗人有2000多人,现存的诗歌有48000余首。本书精选了56位著名诗人的130余首诗作,大多是长久以来脍炙人口、最能反映唐诗风貌的作品。每篇都作了浅近的说明和解释,是比《唐诗三百首》更精简的唐诗选本。

唐宋词一百首

胡云翼选注

2010年7月1版1次

2016年4月1版7次

15.00元

大36开 180页

胡云翼,著名词学家,著有《宋词研究》、《宋诗研究》、《唐诗研究》、《中国词史大纲》、《新著中国文学史》、《唐代的战争文学》,编有《宋词选》、《诗学小丛书》等。其所编选的《宋词选》一书是解放以来流通最广、影响最大的宋词选本。本书选录唐宋名家的词作108首,基本囊括了唐宋词中最著名、最优秀的作品,大致反映了唐宋词的概貌,每首均加有说明和注释,可谓是词学名家选注的最精炼的唐宋名家词选。

唐代散文选注

张㧑之选注
2010 年 7 月 1 版 1 次
17.00 元
大 36 开　248 页

本书共收唐代著名作家 23 人近 60 篇散文作品，有游记、笔记、传论、书信、序跋、寓言等多种样式。其中不乏历代传诵的名篇，如《滕王阁序》、《师说》、《阿房宫赋》等等，基本囊括了唐代散文中最著名、最优秀的作品，反映了唐代散文的整体面貌和发展脉络。每篇作品均配有说明和注释，是唐代散文的上佳选本。

宋代散文选注

王水照选注
2010 年 7 月 1 版 1 次
17.00 元
大 36 开　224 页

本书共收宋代著名作家 31 人近 60 篇散文作品，其中很多都是历代传诵的名篇，如《五代史伶官传论》、《醉翁亭记》、《赤壁赋》等等，基本囊括了宋代散文中最著名、最优秀的作品，反映了宋代散文的整体面貌和发展脉络。每篇均配有说明和注释，是宋代散文的上佳选本。

龙榆生选名人尺牍三种

曾国藩家书选

龙榆生选编　毛文鳌整理
2016 年 6 月 1 版 1 次
精装 24.00 元
32 开　164 页

《曾文正公家书》通行本共八卷，有千余封，都是写给自己的祖父、父亲及兄弟的。龙榆生选取了其中五六十封，并对其中典故和所及人物加以注解，编成这本《曾国藩家书选》，由商务印书馆发行，成为商务“中学国文补充读本第一集”中的一种，由王云五等三人主编。所选标准据龙先生导言说，是治学和做人两类，即“修德读书”。

古今名人书牍选

龙榆生选编　毛文鳌整理
2016 年 6 月 1 版 1 次
精装 36.00 元
32 开　248 页

这个选本出版于民国二十六年（1937）七月，同《曾国藩家书选》同时，也是王云五等三人策划主编的“中学国文补充读本第一集”中的一种。龙榆生选了从汉代到近代二十二家几十封书信，编成这本《古今名人书牍选》。龙榆生这个选本也注意到书牍分骈文和古文两大派，也有所平衡。

苏黄尺牍选

龙榆生选编　毛文鳌整理
2016 年 6 月 1 版 1 次
精装 36.00 元
32 开　248 页

龙榆生为商务印书馆编《苏黄尺牍选》有较强烈的时代气息，当时周作人、林语堂等人推举晚明小品，龙氏认为苏黄尺牍才是袁中郎等人小品文的始祖。这个选本推崇那种信手直写、自然从容的美，强调这样的文章有深厚的底蕴，来自作者的博览和人生的历练，指出晚明小品有表面聪明底蕴不够的缺点，应该说这个选本有较为明确的文学史意味。

中日历代名诗选

中日历代名诗选（东瀛篇）

李寅　[日]宇野直人编著
32 开　480 页
2016 年 6 月 1 版 1 次
48.00 元

本书是李寅生教授编撰的一部介绍并注释赏析日本古代汉诗的选本，共收录日本历代优秀诗歌 400 余篇。全书参考历代其他重要注家的成果和当代学人的研究，对这些汉诗进行了现代学术观点的诠释。汉诗是日本人在研究中国诗歌之后又能积极吸收并创造出新的诗歌的，通过这部选集可以了解日本历代文人对中国诗歌的价值取向。

中日历代名诗选（中华篇）

[日]宇野直人　李寅生编著
2016 年 6 月 1 版 1 次
68.00 元
32 开　696 页

本书是由日本著名汉学家、共立女子大学教授宇野直人博士编撰完成的一部介绍、赏析中国诗歌的选本。

全书选编了从《诗经》至现代重要的中国诗歌432篇，由李寅生教授翻译成汉语，以此来了解日本读者对中国诗歌的价值取向，也可以借此让中国读者了解日本学者选编汉诗的情况。

其 他

古诗评选

[明]王夫之著 李中华 李利民校点

2011年7月1版1次

29.00元

小16开 336页

本书收录王夫之所评选的自汉至隋的诸体诗歌作品700余首，每首诗都有其独出机杼的评点，集中体现了王夫之的诗学思想。

唐诗评选

[明]王夫之著 陈书良校点

2011年7月1版1次

25.00元

小16开 256页

本书收录了王夫之所评选的唐代诸体诗歌作品550余首，每首诗都有其独出机杼的评点，集中体现了王夫之的诗学思想。

明诗评选

[明]王夫之著 周柳燕校点

2011年7月1版1次

38.00元

小16开 404页

本书收录了王夫之所评选的明代诸体诗歌作品1000余首，每首诗都有其独出机杼的评点，集中体现了王夫之的诗学思想。

古诗笺（全二册）

[清]王士禛选 闻人倓笺

1980年5月1版1次

2010年2月2版1次

2012年4月2版2次

108.00元

大32开 1312页

本书是清闻人倓据王士禛《古诗选》加以笺注的一

部五、七言古诗读本。这是一个比较精审因而流传较广的本子。全书分五言古诗和七言古诗两大部分，大体上反映了我国五、七言古诗的发展及其重要流派。笺注简明平实，对有关时代背景和本事等，多有阐述，对较难理解的字句作了扼要疏解。

采菽堂古诗选

[清]陈祚明评选 李金松点校

2009年1月1版1次

精装二册128.00元

大32开 1660页

本书为著名的汉魏六朝诗歌选集，又名《采菽堂定本汉魏六朝诗钞》。全书共38卷，附补遗4卷。所选诗歌起自汉代，迄于隋代，杂收汉魏六朝乐府和文人的诗作。书中对入选作家都有简介，诗题后多有解题，每首诗后都有精彩的评语。书中入选的诗歌皆为古诗之精华，在题材、体裁和章法上都具有诗歌源流上的重要诗学意义。诗后的评语注重于对诗旨的阐明和艺术手法的分析，精当透彻，文采清丽，屡为研治古诗者品赏引用。此次整理以清康熙刻本为底本，对全文进行准确的标点和细致的校勘，使此选集更方便于读者阅读和参考。

古诗今选

程千帆 沈祖棻选注

1983年10月1版1次

1987年5月1版2次

3.80元

大32开 340页

本书分八代、唐代、宋代三个部分，选注了汉至宋的著名诗人的各体诗约一千多首，作了详尽通俗的注释与评讲，文字优美。

诗比兴笺

[清]陈沆撰

1959年1月1版1次

新版1982年2月1版1次

0.70元

32开 128页

本书选择了一般公认为"比兴"体的汉魏、六朝以至唐代的乐府、古诗代表作四百多首，结合所选各诗作者的时代背景、生活环境，探索写作的意旨，纠正了前人的某些误解与偏见。

汉诗选笺

郑文笺注
1986 年 2 月 1 版 1 次
1.05 元
32 开　104 页

汉诗主要由乐府歌辞、文人诗作和无名氏古诗三大部类组成。本书所选 200 首，为其中的优秀作品与代表作，基本反映了汉代诗歌的概貌。

文选（白文本）

[梁]萧统编　海荣　秦克标校
1998 年 12 月 1 版 1 次
精装 27.40 元
大 32 开　544 页

《文选》是我国现存编选最早的诗文总集，由南朝梁昭明太子萧统主持编选，也称《昭明文选》。该书收录先秦至六朝的诗赋文章七百余篇，多为历代传诵的名篇佳作。许多作品，都是由于《文选》的选入，才广为流传。由于《文选》真实地反映了汉魏以来创作日益发展、文体日益增多的现象，选文精当，规模宏大，因此成书后便取代了其他一些较早的文学总集，对后世文学产生了重大的影响。

六朝文絜笺注

[清]许槤评选　黎经诰笺注
1962 年 8 月 1 版 1 次
1982 年 3 月新 1 版 1 次
0.74 元
大 32 开　102 页

六朝是骈文发展的全盛时期。本书是一部有名的六朝骈文选本，共选文 72 篇，大多是风格优美的抒情小品。书中有编选者许槤的眉批，对入选文章从艺术上作了要言不烦的评析；注者加以详细的笺释，并作了校核。

汉魏六朝诗选

邬国平选注
2005 年 11 月 1 版 1 次
精装 49.00 元
大 32 开　780 页

本书精选汉魏六朝至隋代诗人 150 家共各类诗歌530 余篇，详加注释评析，尤其注重其在文学史上的新的创新开拓及对后世诗歌创作的重大影响。

汉魏六朝散文选

陈中凡选注
1959 年 11 月 1 版 1 次
0.85 元
32 开　309 页

本书选录汉魏六朝的重要作家的散文约四十余篇，每篇都有较精炼的注解。

汉魏六朝赋选

瞿蜕园选注
新版 1979 年 3 月 1 版 1 次
0.90 元
大 32 开　128 页

赋是我国古代介于诗歌与散文之间的一种独特的文学体裁，创始于战国晚期，大盛于西汉，并以其侈丽宏衍，风靡一时。从东汉以至南北朝，赋的题材、体例以及风格几经演变，作家辈出。本书选取有代表性的各体作品 20 篇，注释详明。

骈体文钞

[清]李兆洛编　殷海国等标点
2001 年 5 月 1 版 1 次
精装 31.00 元
大 32 开　650 页

骈文，又称骈俪文、骈偶文，是中国文学史上特有的文体，成熟于六朝。本书所选上自战国，下至隋代，共620 篇，编者间于篇前下精辟评语。本书以清嘉庆中康绍镛刻本为底本校勘标点。

唐人选唐诗十种（全二册）

[唐]元结　殷璠等选
1958 年 12 月 1 版 1 次
新版 1978 年 9 月 1 版 1 次
2.35 元
32 开　358 页

本书国内旧有传本的，为元结《箧中集》、殷璠《河岳英灵集》、芮挺章《国秀集》、令狐楚《御览诗》、高仲武《中兴间气集》、姚合《极玄集》、韦谷《才调集》、佚名《搜玉小集》八种。韦庄的《又玄集》是据日本内阁藏的原本排印的。佚名《唐写本唐人选唐诗》残卷，用真迹影印。

又玄集

[唐]韦庄选

1958 年 1 月 1 版 1 次

线装 1.10 元

大 32 开　68 页

　　本书为现存最早的编选有唐一代诗的本子。以"清词丽句"为旨,收录唐代诗人杜甫等 142 人的 297 首诗。本书久佚,现据日本江户昌平坂学问所官版本影印。

唐诗品汇(全二册)

[明]高棅编选

1982 年 11 月 1 版 1 次

1988 年 7 月 2 版 1 次

2012 年 11 月新 1 版 1 次

精装 258.00 元

16 开　944 页

　　本书是一部有广泛影响的大型唐诗选本,凡 100 卷,编选唐诗 6723 首。全书按五古、七古、五绝、七绝、五律、七律等诗体编排,每体又按时间先后和作品高下分正始、正宗、大家、名家、羽翼、接武、正变、余响、傍流九格。并辑录各家评论,分别附于姓氏、诗句之后,反映出有唐 300 年诗歌的发展流变和诗人的各种风格。以诗体齐全、数量浩博、作者面广见称,向来备受重视。据明汪宗尼本影印。附人名篇名索引。

夹注名贤十抄诗

[高丽]释子山夹注　查屏球整理

2005 年 9 月 1 版 1 次

28.00 元

大 32 开　300 页

　　本书是高丽朝初(约 1000 年左右)出现的一部唐人七律诗选集,全书抄录了 30 位诗人的作品,每人取 10 首,共 300 首。夹注年代约为公元 1300 年左右。它保存了《全唐诗》以外的 138 首唐人佚诗,对研究晚唐诗风极有价值。夹注引用大量文献,补充了很多唐末诗人的仕履、籍贯、生平出处。注释中引用古文献如最早的《梁山伯祝英台》长诗,具有较高的文学史意义。

瀛奎律髓汇评(全三册)

[元]方回选评　李庆甲集评校点

1986 年 7 月 1 版 1 次

新版 2005 年 6 月 1 版 1 次

新版 2011 年 12 月 1 版 3 次

精装 50.00 元

大 32 开　2144 页

　　《瀛奎律髓》专选唐宋五言七言律诗,共选诗人 385 家,诗 3014 首,以大家为主,兼顾各种流派,比较全面地反映了唐宋七百年间诗歌创作和律诗流变的轮廓,又对所选之诗及唐宋诗歌各种流派作了精要细致的分析评点。此书对后世影响甚大。本书将清代以来品评《瀛奎律髓》的论述汇集,是研究诗史、诗学理论批评史不可或缺的重要书籍。

唐诗别裁集(全二册)

[清]沈德潜选注

平装 1979 年 1 月 1 版 1 次

精装 2013 年 10 月 1 版 1 次

平装 49.00 元　2009 年 2 月 1 版 6 次

精装 86.00 元　2016 年 7 月新 1 版 3 次

大 32 开　756 页

　　本书收入唐代诗歌 1928 首。沈德潜在选诗时,遵循"温柔敦厚"的诗教,主张"一代之诗,取其宏博",既选了一些带封建性糟粕的作品,同时也照顾到不同时期、不同流派、不同作家、不同体裁的作品,在一定程度上反映了唐诗的基本面貌。本书以清乾隆二十八年教忠堂重订本为底本,校勘、标点和整理。

宋诗别裁集

[清]张景星　姚培谦　王永祺编选

平装 1978 年 10 月 1 版 1 次

精装 2013 年 10 月 1 版 1 次

平装 18.00 元　2009 年 2 月 1 版 5 次

精装 28.00 元　2013 年 8 月 1 版 1 次

大 32 开　232 页

　　本书收录宋代 137 名诗人的作品 645 首。编选者注意选取不同流派的作品,题材较广,有利于读者全面了解宋代诗歌的面貌。

元诗别裁集

[清]张景星　姚培谦　王永祺编选

平装 1979 年 4 月 1 版 1 次

精装 2013 年 10 月 1 版 1 次

平装 16.00 元　2008 年 4 月 1 版 1 次

精装 28.00 元　2013 年 8 月新 1 版 1 次

大 32 开　224 页

本书是一部元诗的选集,共收录了 152 名作家的诗 618 首,反映了元朝诗歌的基本面貌。特别是收录了我国古代少数民族一些诗人的作品,这对于了解和研究我国各民族的文化交融,发展我国民族新诗歌,都是有一定价值的。

明诗别裁集

[清]沈德潜　周准编

平装 1979 年 9 月 1 版 1 次

精装 2013 年 8 月 1 版 1 次

平装 16.00 元　2008 年 4 月 1 版 4 次

精装 39.00 元　2013 年 8 月 1 版 1 次

大 32 开　360 页

本书收录了明代三百多个作者各种体裁的诗歌一千余首。沈德潜是清中叶著名选家,其选诗取材比较广泛,不"因人存诗",不收"雷同沿袭、浮艳淫靡"之作,也选入了一些不知名作者的诗歌,大体上反映了明代诗坛概貌,有些作品也能从某个侧面反映当时社会现实。

清诗别裁集(全二册)

[清]沈德潜等编

平装 1984 年 12 月 1 版 1 次

精装 2013 年 8 月 1 版 1 次

平装 95.00 元　2008 年 4 月 1 版 4 次

精装 158.00 元　2013 年 8 月 1 版 1 次

大 32 开　1432 页

本书与《唐诗别裁集》、《宋诗别裁集》、《元诗别裁集》、《明诗别裁集》,合称"五朝诗别裁集",是清代前期诗的选集。自明末入清起迄乾隆中叶止,共收诗人近千,作品四千首,不乏反映社会现实及民间疾苦的作品;也有不少姓名不彰的作者,作品赖本书得以保存。现据乾隆二十五年教忠堂重订本整理排印,并加新式标点。

唐宋诗举要(全二册)

高步瀛选注

1959 年 4 月 1 版 1 次

新版 1999 年 5 月 1 版 4 次

36.00 元

大 32 开　870 页

本书共精选唐诗 619 首,宋诗 197 首。在作家的评传、作品的题解和评注中,都征引了许多资料和各家注

本。高步瀛所加自己的见解,也颇有价值。

唐宋文举要(全三册)

高步瀛选注

1963 年 2 月 1 版 1 次

新版 1999 年 5 月 1 版 3 次

66.00 元

大 32 开　1752 页

唐宋时代,出现了不少出类拔萃的文章家,写出了许多被人传颂的优秀作品。本书共选唐宋 40 家散文 178 篇,各篇注释详博谨严,颇见功力。

王闿运手批唐诗选(附《湘绮楼词选》)

1989 年 11 月 1 版 1 次

精装 39.00 元

32 开　810 页

王闿运是我国近代著名的文学家,曾经担任过光绪皇帝的侍讲官。他在诗词文章方面,有着很深的造诣。他选录的《唐诗选》和其他同类选本有很大不同,表现了独到的眼光。他的批语,提示了这些作品的精到和不足之处,很可以启发读者的理解和想象。本书共收唐诗 2800 多首,附收《湘绮楼词选》词作六十余首,均为精华之作。

唐诗选

马茂元选注

1999 年 10 月 1 版 1 次

2000 年 12 月 1 版 2 次

精装 41.00 元

大 32 开　936 页

本书有以下几个特色:一、较全面地体现了唐诗的概貌,各种流派、题材、风格的代表作尽行收入;二、有意识地演示唐诗发展的脉络,显现诗歌流变演进的内部规律;三、注释详明精当,评解多有发明。

千首唐人绝句

富寿荪选注　刘拜山　富寿荪评解

平装二册 1985 年 9 月 1 版 1 次

精装 1998 年 12 月 1 版 1 次

精装 47.00 元

大 32 开　1124 页

此书是大型唐人绝句选本。共收五言、六言、七言

绝句一千多首,包容各时期、各派、各家的杰作,表现了各种风格特征和重要作家的艺术成就。此书在注释、集评和评介等方面均富特色。注释言简意赅;集评广辑唐以后诗话笔记中对唐人绝句的评语,阐微抉隐;作者评介,论述警辟。

唐人七绝诗浅释

沈祖棻著
1981 年 3 月 1 版 1 次
1997 年 1 月 1 版 8 次
11.00 元
32 开　174 页

本书将唐人七言绝句中脍炙人口的作品,分类排比,从思想内容、题材主题、语言风格、艺术手法、写作技巧等等方面进行分析评讲。

千载佳句

[日]大江维时编纂　宋红校订
2004 年 11 月 1 版 1 次
12.00 元
大 32 开　200 页

《千载佳句》是迄今所见最早的唐诗佳句选(成于当我国五代时),共选唐诗七言佳句 1083 联,涉及有姓氏作者 153 人,按四时、天象、人事等分类编次,句下注明作者及诗题。它有着不可替代的历史价值和文学价值。本书以日本岛原图书馆松平文库本为底本,校以日本帝国图书馆本及《全唐诗》、《全唐诗补编》等。

唐诗三百首新注

金性尧注
繁体本 1980 年 9 月 1 版 1 次
简体本 1992 年 5 月 1 版 1 次
横排简体 1993 年 9 月 1 版 1 次
横排简体 2001 年 1 月 1 版 8 次
平装 15.80 元　精装 19.00 元
大 32 开　416 页

《唐诗三百首》是我国影响最广的唐诗选本,新注本有选择地吸取了前人的注解和当代研究唐诗的成果,参以注者自己的见解,使疏解更为翔实新颖。

宋诗三百首

金性尧选注

平装 1986 年 9 月 1 版 1 次
精装 1993 年 9 月 1 版 1 次
横排简体 1996 年 1 月 1 版 1 次
平装 16.00 元　精装 19.80 元
大 32 开　476 页

宋诗的数量比唐诗多出两倍,艺术成就也很高。该书共选诗 337 首,作者 111 人,除选录了众所公认的名篇外,还酌选了一些不以诗名的历史名人的诗作,范围广,选目精,基本上反映了宋代诗坛的面貌。

明诗三百首

金性尧选注
1995 年 4 月 1 版 1 次
平装 14.10 元　精装 16.60 元
大 32 开　256 页

明诗多以盛唐境界为宗法,而流派纷呈,众体皆备。明诗的数量超过唐诗与宋诗。本书精选了 107 位诗人的 300 多首作品,勾勒出明代诗坛的整体风貌。全书广采博引,注析精当。

情诗三百首

本社编
1990 年 11 月 1 版 1 次
1991 年 11 月 1 版 2 次
平装 3.85 元　精装 6.95 元
大 32 开　146 页

在我国的诗歌园中,情诗的花龄是最悠久的。本书从历代灿若云锦的情诗中,遴选出 300 首杰作,集中反映了情诗 3000 年来的概貌与成就。全书采取以现代诗体逐首对译的形式,阐发主旨。附《情诗三百首名句索引》。

趣味诗三百首

——中国异体诗格备览

徐元选注
1993 年 9 月 1 版 1 次
8.40 元
大 32 开　220 页

我国古典诗歌门类体裁丰富,于"正诗"之外,有鲜为人们注意的名目繁多的异体诗。本书搜集历代 180 多家的趣味诗近 60 类 300 余首,诸如盘中诗、回文诗、数名诗、五行诗、八音诗、建除诗、离合诗、拆字诗、宝塔诗、联珠诗、隐括诗、禁体诗、字谜诗、神智体诗等均备格于此。全书注释精到,每种诗体前有"说明",着重阐明了各诗体创作的特异之处与基本规则。

晚唐小品文选注

廖士杰　樊修章选注
1995 年 5 月 1 版 1 次
7.30 元
32 开　144 页

　　鲁迅先生盛赞的晚唐小品文,以对晚唐社会现实的尖锐揭露和嬉笑怒骂的辛辣嘲讽,形成了自己的思想艺术特色。本书从中精选了作家 23 人、作品 107 篇。注解简明扼要,评价中肯切实。

今体诗抄

[清]姚鼐编选　曹光甫标点
1986 年 6 月 1 版 1 次
2.85 元
32 开　272 页

　　本书为唐宋律诗选集,全书共收诗 962 首,书后附入清人朱宽的《姚选唐人绝句诗抄》,收唐代绝句 220 首。姚氏为补王渔洋《古诗选》只收古体、不录近体之阙而编选此书,入选之诗,多为名家名作,酌量收录了一些代表不同流派、不同风格的作品。姚氏所作评注,时有卓见。本书以同治五年李翰章省心阁重刊《惜抱轩全集》本为底本整理标点。

五代诗选

陈顺烈　许佃玺选注
1988 年 3 月 1 版 1 次
2.40 元
大 32 开　190 页

　　此书选录五代时期 107 位作家,共 298 首诗,分别加以说明和注释。所选诗作大多反映五代时战乱频仍、赋税沉重、豪强骄奢、生灵涂炭的社会现实,同时也兼及一部分宫体诗、应酬诗和山水田园诗。在体裁上,以近体诗为主,古体、联句和回文诗等均聊备一格。

谷音

[元]杜本编
1958 年 12 月 1 版 1 次
0.16 元
32 开　38 页

　　本书共辑录宋朝逸民诗 105 首,计作者 30 人。此版用汲古阁本排印,并以影印《四部丛刊》本和《粤雅堂丛书》本校勘。

宋诗选

程千帆　缪琨选注
1957 年 5 月 1 版 1 次
0.42 元
32 开　125 页

　　此书以选录重要作家的作品及能反映重大主题的作品为主。每首都有注释,部分附有简单解题。

宋代集句诗校注

张福清校注
2013 年 11 月 1 版 1 次
78.00 元
32 开　708 页

　　集句诗系中国古代诗歌的一种特殊形式,在宋代尤为盛行。本书收入两宋 300 余年间留存的集句诗 1500 余首,诗人 100 余人。编者对每首诗中所集诗句一一指明出处,并对诗中词语作了必要的校勘和注释。

辽金元诗选

章荑荪选注
1958 年 6 月 1 版 1 次
0.70 元
32 开　220 页

　　本书选录辽、金、元三代的重要作家的代表作品,并附有简要的注释。

古文辞类纂

[清]姚鼐纂集　胡士明　李祚唐标校
1998 年 7 月 1 版 1 次
精装 37.30 元
大 32 开　832 页

　　本书是我国最著名的大型古文选本,一向为学习、写作古文的典范。715 篇锦绣文章,上自先秦、两汉,下迄明、清,鸿篇巨制、短篇小札,包罗万象。编选者姚鼐是清代文学流派桐城派的集大成者,论文主张义理、考证、辞章相兼,阳刚、阴柔并美,选文也即以此为标准。现以清代李承渊刻本为底本标校整理,该刻本是姚鼐晚年最后的定本,也是诸本中收文最多、最完善的本子。

明人小品选

刘大杰编选　迟赵俄 滕云注

1995 年 12 月 1 版 1 次

10.70 元

大 32 开　138 页

　　明代小品文内容大体为山水游记、友朋短札、人物小传、书籍题跋。篇制短小,文字精炼,生动活泼,反映了一种寄情田园、抒发性灵的高雅闲适的情趣。本书所收一百多篇小品文,在体裁、选题和文章风格上大体反映了明代小品文的全貌。

清代八股文译注

赵基耀 李旭等编著

精装 2011 年 4 月 1 版 1 次

平装 2012 年 6 月 1 版 1 次

平装 45.00 元　2012 年 6 月 1 版 1 次

精装 58.00 元　2012 年 6 月 1 版 2 次

16 开　288 页

　　本书从最新发现的 490 篇八股文本中遴选了 33 篇,并对之详加注释和白话翻译,且根据文章内容的观点和艺术特色予以说明,便于读者由一斑窥全豹,了解八股文的概貌,借鉴八股文写作优点,从而提高自己的文字表达能力。

渔洋山人感旧集（全二册）

[清]王士禛辑

2014 年 3 月 1 版 1 次

精装 198.00 元

32 开　1292 页

　　《感旧集》是清代诗人兼诗论家王士禛秉持神韵理念精心筛选的具有统一审美特色的诗歌选集,所收顺治、康熙两朝诗人共 333 位,诗作 2572 首,涵盖面宽,代表性强,可视作顺康两朝的一部经典诗选。此次据仅有的乾隆年间雅雨堂刻本影印,其价值弥足珍贵。

湖海诗传

[清]王昶辑

2013 年 10 月 1 版 1 次

精装 168.00 元

16 开　636 页

　　本书选辑从康熙五十一年至嘉庆七年的诗人诗作,与沈德潜《国朝诗别裁集》所选诗歌相承接,它是了解乾隆时期诗歌创作和批评景况的重要文献。本书另一价值是资料可贵,王昶采录的诗很多来自交游寄赠,这些诗人有的已经佚失了诗集,而在《湖海诗传》中还有所保存。其收入的作品不少为诗人初作,保存了定稿以前面貌,与后来刊刻或整理的本子颇有字句不同之处,可作校勘之用。

湖海文传

[清]王昶辑

2013 年 10 月 1 版 1 次

精装 188.00 元

16 开　708 页

　　《湖海文传》的编选经过长期酝酿和积累,成书在嘉庆十年,由王昶孙绍基开刻至道光十七年,同治五年刻成。入选文人有王鸣盛、邵齐焘、戴震、纪昀、钱大昕、毕沅、王念孙、段玉裁、章学诚、彭绍升、汪中、阮元、王引之等,多为一代学术翘楚。文体以考证类的论、辨、序、跋、书以及学者的传记文类最为重要,文学性选文少,形成其学者之文、学术之文为主的特色,反映出乾嘉时代的文章风气。《湖海文传》所载大家文章与通行本文字颇有不同,有辑佚和校勘价值。

道咸同光四朝诗史

孙雄辑

2013 年 10 月 1 版 1 次

精装 128.00 元

16 开　452 页

　　本书为清代道光、咸丰、同治、光绪四朝的诗歌选集。遴选的诗家大体囊括道咸以来诗坛名家,录录的诗作反映清代晚期社会现实,以诗存史,故以"诗史"为名。本书对清诗研究,以及晚清社会政治、经济、历史、文化的研究,均有重要的参考价值。本书据宣统二年刻本影印,并收入清诗研究专家蒋寅的评述文章和诗家人名索引。

古文观止新编

钱伯城主编

平装 1988 年 12 月 1 版 1 次

精装 1980 年 1 月 1 版 2 次

平装二册 47.30 元　2006 年 10 月 1 版 17 次

精装 49.30 元　2007 年 5 月 1 版 20 次

大 32 开　1504 页

　　《古文观止》是一部流传了三百多年的影响很大的古代散文选本。《新编》保持原有的规模（222 篇），而对篇目进行了重大调整。新增选的名篇达一半以上（117篇），而且所录作家也从 60 家增加为 117 家；同时对《古文观止》阙漏作品的金元和清代予以增补，因此《新编》可以更全面地反映古代散文两千多年的发展历史。每篇作品都作了注释、翻译和题解。

古文观止译注

［清］吴楚材等编选

李梦生　史良昭等译注

平装 1999 年 6 月 1 版 1 次

精装 1999 年 6 月 1 版 1 次

平装二册 52.00 元　2016 年 5 月 1 版 23 次

精装 58.00 元　2015 年 10 月 1 版 13 次

大 32 开　1112 页

　　由清初吴楚材、吴调侯编选的《古文观止》，是最受广大读者喜爱的古文读本。它选取了从先秦到明代共222 篇思想性和艺术性都比较高的文章，既有儒家经典、历史散文，也有传记、书信、论辩，乃至游记、寓言小说。本书论述分析精辟中肯，注解简明，译文通俗流畅。

古文观止译注（全三册）

［清］吴楚材　吴调侯编选

2016 年 6 月 1 版 1 次

精装典藏版 98.00 元

32 开　976 页

　　本书译注的底本采用文学古籍刊行社 1956 年本，此本即据映雪堂本排印。此次整理，译注者同时用有关史书或别集校勘，择善而从，不出校记。每篇作品均作题解、注释，并附译文，对吴楚材、吴调侯原有的讲评，有选择地加以辑录，保存在题解之中。

古文观止译注（袖珍本）

［清］吴楚材　吴调侯编选　李梦生　史良昭等译注

2003 年 11 月 1 版 1 次

2004 年 4 月 1 版 2 次

精装 28.00 元

64 开　1095 页

　　《古文观止》所收文均为脍炙人口的作品，是古文入门的首选之书。本书对所选文章进行讲解、注释和今

译，以袖珍本印行。

古文观止译注（注音版）

［清］吴楚材　吴调侯编选　李梦生　史良昭等译注

2005 年 1 月 1 版 1 次

2016 年 3 月 1 版 11 次

精装 48.00 元

24 开　668 页

　　本书为注音精编本。附段落注释、译文及出处，正文每字都有读音，可帮助读者正确掌握古文阅读中古汉语特殊读音的意义和方法。

古诗观止

本社编

1993 年 8 月 1 版 1 次

平装二册 30.50 元　1997 年 6 月 1 版 4 次

精装 32.60 元　1997 年 6 月 1 版 5 次

大 32 开　1008 页

　　本书自先秦至近代，共选诗六百多首，主要是采用"讲评"形式解诗。中短篇诗可与讲评对读，长诗则分段复述大意，并就诗的思想艺术诸方面进行扼要评论。

历代抒情小赋选

黄瑞云选注

1986 年 9 月 1 版 1 次

1.30 元

32 开　130 页

　　本书选录先秦至清代诸家抒情小赋 37 篇，较完整地反映了这类作品发展演变的概貌。书中对入选的作家和作品都有简要的介绍和评价，注释深入浅出，通俗易懂。前言概括地叙述了赋的起源、分类和发展历史。

太平天国诗文选

罗尔纲选注

1960 年 3 月 1 版 1 次

0.90 元

32 开　231 页

　　本书选录了太平天国时期的重要诗文，每篇后有作者小传、来源和解题。

近代爱国诗词选

葛杰　冯海荣选注

1988 年 3 月 1 版 1 次

1.60 元

32 开　146 页

　　本书选取了六十多位诗人的爱国思想代表作,其中有晚清的爱国者,也有民主革命家,他们的作品极富感染力和教育性。每首作品之后说明写作背景,并对诗词中用典及难解的句子作了简明扼要的注释。

中国历代妇女作品选

苏者聪选注

1988 年 11 月 1 版 1 次

1988 年 11 月 1 版 2 次

4.75 元

32 开　278 页

　　此书精选了从秦至清末 360 位妇女的 600 多篇作品,作者上有皇后王妃,下有尼姑妓女。涉及的社会生活面广泛。体裁有诗、词、文、赋、疏,入选作品内容丰富多彩,在最大限度上反映了历代妇女创作的面貌。书后附有《璇玑图》、《女诫》、《女儿经》等参考资料。此书中多数可考的作家有生平简介,注释清晰扼要。

历代名篇选读

陈谦豫主编

1983 年 9 月 1 版 1 次

修订版 1997 年 8 月 1 版 1 次

平装二册 2.55 元　1986 年 11 月 1 版 4 次

精装 30.70 元　1997 年 8 月 1 版 1 次

大 32 开　336 页

　　本书选录神话、寓言、诗歌、辞赋、散文、小说、词等共三百余篇(首),凡历代脍炙人口的名篇,都适当入选。并有作家作品评介、注释、串讲语译和段落分析。每篇说明扼要阐明作品思想内容和艺术特色。

古诗选读干部文史读物(全二册)

金性尧等选注

1984 年 8 月 1 版 1 次

1.82 元

32 开　288 页

　　本书选有:《诗经》6 首,汉魏六朝诗 36 首,唐诗 135 首。作品从不同的角度,展现了各个历史时期的社会生活图景,反映了各阶层的精神面貌,并给人以美的享受。有详明注释、题解和诗人介绍。

古文选读干部文史读物(全二册)

何满子等选注

1984 年 9 月 1 版 1 次

1.51 元

32 开　256 页

　　全书选先秦至清末的名作 100 篇,注重选文的内容,有简明扼要的评介。注释除疏解难字疑句外,还介绍了一点古汉语知识。

古文今译

文汇报“学林”编辑组编

1985 年 11 月 1 版 1 次

1.50 元

长 36 开　162 页

　　为了帮助初学古文的读者掌握古汉语知识和了解我国的历史故事,根据《文汇报》“学林”专刊近两年来刊出的《古文今译》,汇编成专集。言文对照,同时选出其中富有特色的 15 篇,请著名画家戴敦邦绘制插图。

神话选译百题

袁珂选译

1980 年 8 月 1 版 1 次

0.76 元

32 开　156 页

　　本书选入自“盘古开天辟地”到先秦的神话共 100 篇,其中包括人们熟知的《后羿射日》、《嫦娥奔月》、《精卫填海》、《鲧禹治水》、《湘妃竹》、《眉间尺》等故事。这些神话故事想象丰富,反映了古代人们向大自然和统治者作斗争的精神。每篇有注释和说明,并附白话译文。

佛经文学粹编

陈允吉　胡中行主编

1999 年 12 月 1 版 1 次

精装 37.30 元

大 32 开　636 页

　　佛教经典并不纯粹是由艰深的哲理构成,而往往借助于文学的形式而予以生动形象的表述。本书即择取佛教经典中富于文学价值与阅读趣味的篇章,按内容、体裁分类,每部前加简明评介,每篇有详尽注释。

佛经文学故事选

常任侠选注　郭淑芬校点
1958 年 2 月 1 版 1 次
1987 年 9 月 2 版 1 次
1.55 元
32 开　140 页

这是一本从大量佛经汉译本中撷选出来的文学故事选,其中有不少故事宣扬和平、反对战争,提倡自我牺牲,赞美慈爱和诚信,充满了智慧和哲理,给人以启迪。

庾信诗赋选

谭正璧等选注
1958 年 2 月 1 版 1 次
0.65 元
32 开　199 页

本书选录南北朝著名文学家庾信赋作 10 篇,诗作八十余首。

谢灵运诗选

叶笑雪选注
1957 年 12 月 1 版 1 次
0.70 元
32 开　220 页

本书选录南朝宋著名山水诗人谢灵运的诗歌作品六十余首,所选以山水诗为主,每首都有较详细的注解。

李杜诗选

苏仲翔选注
1957 年 2 月 1 版 1 次
1.10 元
32 开　388 页

本书选唐代大诗人李白诗 205 首,杜甫诗 305 首,并附有题解和注释。

李白诗选注

《李白诗选注》编选组选注
1978 年 12 月 1 版 1 次
0.74 元
32 开　126 页

唐代大诗人李白的作品流传到现在共有九百余首。本书选注了 180 首。

元白诗选

苏仲翔选注
1957 年 2 月 1 版 1 次
0.80 元
32 开　268 页

本书选注唐代著名诗人元稹、白居易的古诗、乐府及近体诗共 300 首。

皮日休诗文选注

申宝昆选注
1991 年 2 月 1 版 1 次
1.95 元
32 开　80 页

皮日休是晚唐著名诗人兼散文家。他的诗歌,继承了白居易的现实主义诗风,揭露晚唐的黑暗政治,同情人民的苦难;还有不少山水田园诗,清新流畅。他的小品文,尖锐犀利,痛斥时弊,构思奇巧,妙论迭出,鲁迅先生曾予以极高的评价。本书为皮日休诗文的第一个选注本,注释准确,说明简明扼要。

苏轼文选

石声淮　唐玲玲选注
1989 年 12 月 1 版 1 次
5.80 元
大 32 开　184 页

本书所选百篇文章,反映了苏轼各个时期的创作风貌。注释准确通达,阐述作品本事和艺术特色明晰得当。

黄庭坚诗选

潘伯鹰选注
1957 年 11 月 1 版 1 次
0.40 元
32 开　102 页

本书选注宋代诗人黄庭坚诗 150 首。注释多依据任渊、史容等注家的宝贵资料,并搜检了一些史传及宋人笔记中与黄诗有关的资料。

大哀赋注释

[明]夏完淳著　王学曾注释
1997 年 6 月 1 版 1 次
14.30 元

大 32 开　212 页

　　夏完淳为明末"神童"，著名的文学家、抗清志士，17岁即壮烈殉国。其《大哀赋》为中国文学史著名的长篇叙事、抒情大赋，与庾信《哀江南赋》并为赋中"双峰"，在艺术上和思想上都达到了相当的高度。本注本对赋中的典故和疑难词句作了大量注释。

林则徐诗文选注

[清]林则徐著　上海师大历史系中国近代史组选注

1978 年 2 月 1 版 1 次

1.10 元

大 32 开　172 页

　　林则徐是我国近代史上反帝斗争的先驱者之一。本书共选文章 31 篇，诗词 12 首，都是林则徐关于内政改革和禁烟抗英方面的代表作品。

古诗海（全二册）

本社编

1992 年 4 月 1 版 1 次

精装 36.50 元

大 32 开　1112 页

　　与目前一般古诗鉴赏多为断代或分类不同，本书选诗从先秦至清代共二千余首，分先秦、汉魏六朝、唐五代、宋辽金、元明和清六个部分。每部分前有关于这一时期诗歌风貌的概述，中有各个作家的生平简介，作品创作背景、思想内容和艺术特点的评析，疑难字词的诠释，书末还附有诗体及诗学术语的介绍，集古诗选本、注本及诗史探讨、作品鉴赏于一体。

先秦汉魏六朝诗鉴赏

本社编

1998 年 12 月 1 版 1 次

精装 24.70 元

大 32 开　428 页

　　本书选录先秦汉魏六朝时期的名篇佳构三百余篇。全书采用选录、注释、鉴赏及诗史研究相结合的形式，对这一时期的诗歌作了全面深入的介绍。

唐五代诗鉴赏

本社编

1998 年 12 月 1 版 1 次

精装 33.70 元

大 32 开　704 页

　　本书选录唐五代诗歌七百余首，不仅包括传统的名篇佳作，而且也有一些反映当时诗坛面貌和流派特征的代表作品。全书对唐五代诗歌的风貌作了概述，对每位作家的生平、创作特征作了简介，每篇作品则采用鉴赏的方法，对其创作背景、主题思想作了精当的说明和阐释，尤其着重于艺术上的剖析和审美价值的探求。

宋辽金诗鉴赏

本社编

1998 年 12 月 1 版 1 次

精装 26.60 元

大 32 开　496 页

　　本书选录宋、辽、金三代诗歌四百余首，分别由专家学者鉴赏、评析，揭示其主题思想与艺术特色，探求其审美价值；书中还有对宋、辽、金三代诗歌风貌的概述，以及每个作家生平、创作特征的简介等。

元明清诗鉴赏

本社编

1998 年 12 月 1 版 1 次

精装 29.80 元

大 32 开　584 页

　　本书从数量庞大的元、明、清三代诗歌中，精选出近六百首，既有对作品创作背景、主题思想、疑难字句要言不烦的阐释，艺术上的相互比较与深入剖析，又有元、明、清三代诗歌风貌的探索、作家生平及创作特征的说明等。

古典文学作品解析（全二册）

1958 年 9 月 1 版 1 次

1.45 元

32 开　415 页

　　本书配合 1956 年高中文学课本讲析古典文学作品，供教师和大中学生及一般读者使用。

中国古代诗文讲析

翁德森著

1992 年 9 月 1 版 1 次

2000 年 12 月 1 版 3 次

14.00 元

32 开　228 页

　　本书精选古代诗文名作五十余篇（包括"大学语文"

自学考试教材古典文学部分全部精读课文),对诗文思想内容和表现手法作详尽细致的讲析。本书附有古诗文原文、古文今译,韵文既有逐句申释又有综合分析。

古诗赏析

[清]张玉毂著　许逸民点校
2000 年 12 月 1 版 1 次
30.70 元
大 32 开　664 页

本书选录先秦至隋代古诗五百多首。对诗中的用典、出处都作了简要而又具体的注释。每首古诗篇末都有一篇长达百余字的诗篇结构分析,要言不烦,体现了古人评点古诗的风貌,初学作诗者亦可从中学得作诗门径,颇为实用。

古史诗鍼注析

许总 许结 许永璋注析
1994 年 8 月 1 版 1 次
5.30 元
大 32 开　88 页

《古史诗鍼》是清初桐城派重要作家戴名世以诗论史的诗歌结集。共收七言绝句 110 首,上自远古黄帝、蚩尤之战,下迄郑成功抗清,其间重要史实均有论及,阐发了作者强烈的爱国精神,亦显示了作者诗歌创作的杰出成就。本书对该诗集逐一作注释和评论,可视为一部史、诗合一的历史通论。戴氏著作生前受到清王朝严格查禁,本集经几百年秘密流传,现首次面世。

佳作不厌百回读

——古典诗文欣赏
臧克家著　郑苏伊编
2001 年 6 月 1 版 1 次
12.60 元
大 32 开　216 页

著名诗人臧克家根据他 60 年创作的体会,写下了这部欣赏集。从中可以看到,古代诗文中的优秀篇章,作为中华文明千百年积淀的精华,是如何深深打动着诗人的心扉,启迪着诗人的灵感,影响着诗人的创作。

古代军旅诗纵横谈

陈善文著
1988 年 6 月 1 版 1 次
1.60 元
长 32 开　90 页

本书选收古典战争诗歌一百余首,其中有描写古代战争中涌现的爱国英雄,边塞的军旅生活以及征妇对前方战士的思念等等。本书是一种普及读物,所以通俗易懂、讲解细致,并着重介绍历史背景。

古代判词三百篇

陈重业辑注
2009 年 10 月 1 版 1 次
2010 年 9 月 1 版 2 次
58.00 元
16 开　380 页

古代判词是我们了解、研究古代司法制度,研究社会法制变迁史、法律史的极其重要的参考资料。本书精于取舍,从历代文献中辑录了近 300 篇重要的古代判词,其中不仅有实判,也有虚判,并详加整理、注释,内容丰富,资料翔实,读者可以从中对古代判词有个概貌的了解,具有极高的文献参考价值。

词　集
词　总　集

宋六十名家词

[明]毛晋辑
1989 年 12 月 1 版 1 次
1992 年 12 月 1 版 2 次
精装 27.50 元
16 开　380 页

明代毛晋汲古阁所刻《宋六十名家词》原名《宋名家词》,是现存汇刻宋词最早的一部总集。宋词名家,已大体包罗其内。毛氏还在每家词集之后题有跋语,或介绍作者,或考订版本,或评论作品。博古斋影印明汲古阁本制版时易名为《宋六十名家词》,今据以影印,后附有朱居易《宋六十名家词勘误》及词名索引。

宋名家词(全二册)

[明]毛晋辑
2014 年 9 月 1 版 1 次
精装 480.00 元
16 开　1580 页

明毛晋辑刻的《宋名家词》是现存刻印最早的一部宋词总集,原六集,九十一卷,每集刻十家,第六集为十一家,故实际为六十一家。毛晋在汇刻宋人词集上卓有贡献,唐圭璋《宋词版本考》谓"后人网罗散失,汇刻宋词,以明毛晋之功为最伟"。今据上海辞书出版社藏汲古阁原刻本影印。

彊村丛书 附遗书(全十册)

朱孝臧辑校编撰 夏敬观手批评点
1989 年 8 月 1 版 1 次
精装 257.40 元
32 开 4598 页

《彊村丛书》是我国词集丛刻之一。共收唐宋金元词集 173 种,饮誉词林。《彊村遗书》是《彊村丛书》的姐妹篇,既有唐宋词集的补刻补校,还有朱孝臧诗词及清词等内容。这次所用底本上有夏敬观大量手批,内容涉及校勘、音韵、考释、评论、鉴赏等方面,精当博洽,极有参考价值。

四印斋所刻词

[清]王鹏运辑
1989 年 8 月 1 版 1 次
新版 2012 年 11 月 1 版 1 次
精装 298.00 元
16 开 1220 页

本书录有五代、宋、金、元人词总集、别集及有关词学著作 55 种,所据多有金元旧椠和罕传明本,以及诸家抄本,是一部很有影响的大型词集丛书。此书有清光绪中王氏家塾刻本和民国时影印本,均流传稀少,尤其是光绪本更为难得,今据光绪本为底本影印。附词名及首句索引。

景刊宋金元明本词

吴昌绶 陶湘辑
1989 年 9 月 1 版 1 次
新版 2012 年 11 月 1 版 1 次
精装 338.00 元
16 开 1364 页

本书收宋、金、元、明著名词家别集和总集 43 种,其中有不少珍本善本,因其形写留真,一依原本,并由名手雕版,精雅悦目,因此对阅读、校刊、研究都有极高价值。据双照楼和涉园原刊本影印,并编附词名索引。

明词汇刊(全二册)

赵尊岳辑
1992 年 7 月 1 版 1 次
新版 2012 年 11 月 1 版 1 次
精装 580.00 元
16 开 2388 页

《明词汇刊》又称《惜阴堂明词丛书》、《惜阴堂汇刻明词》,收明词 268 种,是至今明词辑刻规模最大的一部丛书。传世仅红印样本,现据影印出版。

全唐五代词

张璋 黄畲编
1986 年 5 月 1 版 1 次
1987 年 11 月 1 版 2 次
精装 8.35 元
大 32 开 592 页

本书收录唐五代词 2400 余首,其中有名可查的作者 170 余家,在收词数量上比《全唐诗》附词部分所收的唐五代词及林大椿所辑的《唐五代词》均超出一倍以上,其中《兵要望江南》500 首还是首次付梓。所收词都作了校勘,写出校记。词后的笺评是从大量著作中摘录而成,并附有"唐五代词互见表"、"本编未收各调备查表"。

全宋词简编

唐圭璋选编
1986 年 11 月 1 版 1 次
1995 年 1 月 1 版 3 次
精装 25.30 元
大 32 开 426 页

《全宋词》作品浩瀚,菁芜杂陈。现由原书编纂者唐圭璋选编成《全宋词简编》,收作者 308 人,选词 1669 首,大多为历代读者喜闻常见的名篇佳作。

词 别 集

宋词别集丛刊

山谷词

[宋]黄庭坚著 马兴荣 祝振玉校注
2001 年 6 月 1 版 1 次
20.00 元
32 开 370 页

在宋代文坛上，黄庭坚的词别具一格，历来受到人们的重视。由于山谷词风直拗，喜用典故、俗语、僻字作词，令人觉得深奥难懂，而长久以来山谷词一直未得到全面的整理。本书第一次对山谷词作了全面的考订、校勘、笺证、注释。

淮海居士长短句

[宋]秦观撰　徐培均校注

1985 年 9 月 1 版 1 次

1992 年 9 月 1 版 2 次

3.55 元

32 开　168 页

宋词历来分为婉约、豪放两派。秦观是两宋词坛上婉约派词人的杰出代表，有很高的艺术成就。前人评秦观词"体制淡雅，气骨不衰，清丽中不断意脉，咀嚼无渣，久而知味"，颇为中肯。淮海词屡经刊刻，颇多异同，且向无注本。校注者广集各种版本，进行了精心校勘和笺注，并收录年谱、传记序跋、历代评论等资料。

晁氏琴趣外篇　晁叔用词

[宋]晁补之　晁冲之著　刘乃昌　杨庆存校注

1991 年 3 月 1 版 1 次

1.50 元

32 开　180 页

晁补之及其族弟晁冲之，是北宋后期的著名词人。晁补之是"苏门四学士"之一，他的词集《晁氏琴趣外篇》，今存 170 余首，风格的主要倾向为放旷磊落。晁冲之的《晁叔用词》，今仅存辑本 16 首。其词多写柔情离意，语言清秀雅亮。以上两种词集向无注本，现搜觅善本，校勘笺注。

东山词

[宋]贺铸著　钟振振校注

1989 年 12 月 1 版 1 次

7.90 元

32 开　300 页

贺铸，北宋著名词人。今存词 280 余首。题材广泛，内容充实，名作迭出。贺词有音乐美，善于化用前人成句，兼有豪放、婉约之长，开辛弃疾、周邦彦词先河，在宋词发展上有重要作用。本书经精心整理，在校勘、笺注、资料收辑等方面均有创获。

樵歌

[宋]朱敦儒著　邓子勉校注

1998 年 7 月 1 版 1 次

27.00 元

32 开　612 页

朱敦儒是生于南北宋之交的一位著名词人，所作《樵歌》现存共 250 首左右。《樵歌》宋代以来仅以抄本形式流传，直到清末民初才出现了王鹏运四印斋等刻本。校注者即以此为底本，参校多种版本，校勘笺注，阐明所收词作的释义、本事、寓意、技巧等。

芦川词

[宋]张元幹著　曹济平校注

1991 年 11 月 1 版 1 次

4.00 元

32 开　154 页

南北宋之际著名词人张元幹的词集，今存词 180 余首，题材比较广泛，风格多样，而以爱国豪放格调为其主旋律。《芦川词》向无注本，这次笺注，对词作的本事背景等都有较翔实的考订，校勘与注释方面也用力甚勤。书后附有《张元幹年谱简编》等。

梅溪词

[宋]史达祖撰　雷履平　罗焕章校注

1988 年 4 月 1 版 1 次

1.50 元

32 开　102 页

史达祖在南宋词坛上占有重要地位。历代词论家大都重视和推许《梅溪词》，特别是其中的咏物词。《梅溪词》向无单刻本行世。本书以《四印斋所刻词》为底本，用各种词集校勘，并首次为之作笺注。附传记资料、序跋题录、词评等。

花外集

[宋]王沂孙撰　吴则虞笺注

1988 年 8 月 1 版 1 次

1.30 元

32 开　90 页

王沂孙是宋末元初大词家，后人评价颇高。他的词集《花外集》也称《碧山乐府》，其中的咏物词，委婉曲折，寄托了故国之思，有较高的思想和艺术价值。此书分校勘、笺注、斠律、汇评诸项，在考证、注释、音律上都属草创,颇具功力。书末有《王沂孙生平事迹考略》等四种附录。

须溪词

[宋]刘辰翁撰　吴企明校注
1998年11月1版1次
27.20元
32开　616页

刘辰翁号须溪,南宋末年著名的爱国词人。入元后拒不出仕,坚持操守。他的词慷慨激昂,沉郁顿挫,字里行间充满了故国之思、爱国之情。刘辰翁的词长期以来没有得到全面的整理。校注者积数年之功,将其精心校勘,详加笺释。

词系列丛刊

温庭筠词集　韦庄词集

[唐]温庭筠　[唐]韦庄著　聂安福导读
2010年8月1版1次
2016年7月1版5次
15.00元
大36开　184页

温庭筠(约812—870),唐代诗人、词人。本名岐,字飞卿,是花间词派的重要作家之一。诗词兼工,诗与李商隐齐名,并称"温李";词与韦庄齐名,并称"温韦"。韦庄(836—910),字端己,唐代花间派词人,词风清丽,有《浣花词》流传。曾任前蜀宰相,谥文靖。温庭筠和韦庄二人齐名,合称为"温韦"。他们是文人词的最早作者,最足以体现"词为艳科"的特色,内容以描写闺情与离别相思等为主。他们的词作艺术技巧很高,温词工于造语,浓艳沉郁,韦词清丽淡朴,情深语秀。

李煜词集(附:李璟词集　冯延巳词集)

[南唐]李煜著　王兆鹏导读
平装2009年8月1版1次
精装2014年1月1版1次
平装15.00元　2016年6月1版11次
精装20.00元　2016年1月1版5次
36开　200页

李煜(937—978),初名从嘉,字重光,号钟隐,南唐中主第六子。宋建隆二年(961年)在金陵即位,在位十五年,世称李后主。李煜前期词作风格绮丽柔靡,难脱"花间"之风。国亡被俘后在"日夕只以眼泪洗面"的软

禁生涯中,以一首首泣尽以血的绝唱,使亡国之君成为千古词坛的"南面王"(清沈雄《古今词话》语)。其后期词作的凄凉悲壮、意境深远,为以后苏、辛的"豪放"派打下了伏笔,并成为词史上承前启后的大家,王国维《人间词话》云:"词至李后主而眼界始大,感慨遂深。"本书备搜李煜全部词作及后人的评论。书后另附有南唐另外两位词人李璟和冯延巳的词集。

晏殊词集　晏幾道词集

[宋]晏殊著　[宋]晏幾道著
张草纫导读
2010年7月1版1次
2016年3月1版6次
18.00元
大36开　288页

晏殊,字同叔,北宋前期婉约派词人之一,有《珠玉词》。晏幾道,字叔原,号小山,晏殊第七子,北宋词人,有《小山词》。晏殊词既吸收"花间词"温(庭筠)、韦(庄)的格调,也深受南唐冯延巳影响,"赡丽"之中又显沉着,在旖旎风光、欢愉情趣之中,孕育着深厚的悲戚之感。晏幾道词风浓挚深婉,工于言情,与乃父齐名,故词坛称其父子为"临川二晏"。晏幾道词既有其父的清丽婉曲,语多浑成,又比之沉挚、悲凉。在言情词上,更优于其父。本书备搜晏殊、晏幾道词作及后人的评论,另外还加以简单的注释和张草纫先生的导读,为读者了解晏殊、晏几道词提供了较多的方便。

柳永词集

[宋]柳永著　谢桃坊导读
平装2009年8月1版1次
精装2014年1月1版1次
平装14.00元　2016年7月1版9次
精装22.00元　2016年2月1版3次
大36开　176页

柳永是北宋初期对宋词进行全面革新的词人。他以毕生精力作词,创制了大量慢词长调,在表现手法、意象组合、题材开拓等方面亦有许多创新之处。柳词多表现市民情调,尤其关注妓女歌姬的生活境遇及内心世界,因此流传极广,故"凡有井水处,即能歌柳词"。柳永有《乐章集》一卷传世,后世苏轼、黄庭坚、秦观、周邦彦等词人无不受其影响。本书备搜柳永全部词作及后人的评论,便于读者了解柳永、欣赏柳词。

欧阳修词集

[宋]欧阳修著　张璟导读
2010 年 7 月 1 版 1 次
2015 年 3 月 1 版 4 次
15.00 元
大 36 开　172 页

　　欧阳修(1007—1073),字永叔,号醉翁,又号六一居士,谥号文忠,世称欧阳文忠公,北宋卓越的文学家、史学家。北宋著名诗文大家欧阳修在词的创作上亦有极高地位,且风格与其诗文大异其趣,他的《六一词》与晚唐五代词风一脉相承,对后世词人有一定影响。本书备搜欧阳修全部词作及后人的精彩评论,另外还加以简单的注释,为读者欣赏和研究《六一词》提供了很大的方便。

苏轼词集

[宋]苏轼著　刘石导读
平装 2009 年 8 月 1 版 1 次
精装 2014 年 1 月 1 版 1 次
平装 18.00 元　2016 年 4 月 1 版 11 次
精装 28.00 元　2016 年 6 月 1 版 4 次
大 36 开　288 页

　　苏轼以卓越的天才、广博的学识、开朗的胸襟,写出了大量辉煌的诗、文、词,表现自己一生的真实经历和丰富的思想情感。苏轼词内容广阔、气魄雄伟、语言朴素,一反过去绮罗香泽及离情别绪的局限,是宋词划时代的革新,促进宋词进一步的发展。本书备搜苏轼全部词作及后人的评论,另外还加以简单的注释和系年,为读者欣赏苏轼词提供了较多的方便。

黄庭坚词集

[宋]黄庭坚著　马兴荣导读
2011 年 7 月 1 版 1 次
18.00 元
大 36 开　188 页

　　在北宋文坛上,黄庭坚的词作别具一格,他喜用典故、俗语、僻字作词,词风直拗,历来受到人们的重视。本书备搜黄庭坚全部词作及后人的精彩评论,并加以简单的注释,此外更有黄庭坚研究专家马兴荣先生的精彩导读,为读者欣赏和研究黄庭坚词提供了很大的方便。

秦观词集

[宋]秦观著　徐培均导读
2010 年 7 月 1 版 1 次
2016 年 7 月 1 版 5 次
17.00 元
大 36 开　200 页

　　秦观(1049—1100),字少游,一字太虚,号淮海居士,北宋词人,"苏门四学士"之一。他是北宋后期著名婉约派词人,其词大多描写男女情爱和仕途失意的哀怨,文字工巧精细,音律谐美,情韵兼胜,历来词誉甚高,然而缘情婉转,语多凄黯。本书备搜秦观词作及后人的评论,另外还加以简单的注释和徐培均先生的导读,为读者欣赏秦观词提供了较多的方便。

贺铸词集

[宋]贺铸著　钟振振导读
2013 年 7 月 1 版 1 次
18.00 元
大 36 开　176 页

　　贺铸是北宋著名词人,今存词 280 余首。贺词有音乐美,艺术造诣颇高,善于化用前人成句,兼有豪放、婉约之长,开周邦彦、辛弃疾词先河,在宋词发展上有重要作用。本书备搜贺铸词及后人的精彩评论,并加以简单的注释,此外更有贺铸研究专家钟振振先生的精彩导读,为读者欣赏和研究贺铸词提供了很大的方便。

周邦彦词集

[宋]周邦彦著　李保民导读
2010 年 7 月 1 版 1 次
2013 年 7 月 1 版 2 次
18.00 元
大 36 开　244 页

　　周邦彦被誉为宋词集大成者,其词音律精整,词法讲究,铺叙赡丽,文辞典雅,具有极高的艺术欣赏价值,对后世词家更是产生了深远的影响。本书备搜周邦彦全部词作及后人的精彩评论,另外还加以简单的注释,为读者欣赏和研究清真词提供了很大的方便。

李清照词集

[宋]李清照著　吴慧娟导读
平装 2009 年 8 月 1 版 1 次
精装 2014 年 1 月 1 版 1 次

平装 14.00 元　2016 年 4 月 1 版 10 次
精装 20.00 元　2016 年 2 月 1 版 4 次
大 36 开　156 页

宋代乃是词之最鼎盛时期，词人灿若星辰。而作为女性词人的代表，李清照在词坛独树一帜，是婉约派的杰出代表。其词以南渡为界，前期作品多描写闲适的闺阁生活，表现女性词人特有的多情和敏感。后期词作则充满了"物是人非"的伤感情绪，表达对故国、往事的眷恋。李清照擅长从日常口语里提炼生动晓畅的词句，清新隽永，构成浑然一体的境界。本书备搜李清照词作及后人的评论，另外还加以简单的注释和徐培均先生的系年，为读者欣赏李清照词提供了较多的方便。

张元幹词集

[宋]张元幹著　曹济平导读
2011 年 9 月 1 版 1 次
15.00 元
大 36 开　128 页

张元幹今存词 180 余首，题材广泛，风格多样，以豪放格调为主，是继苏轼、辛弃疾之后豪放词的代表词人。本书备搜张元幹词作及后人的精彩评论，并加以简单的注释，此外更有张元幹研究专家曹济平先生的精彩导读，为读者欣赏和研究张元幹词提供了很大的方便。

陆游词集

[宋]陆游著　夏承焘导读
2011 年 7 月 1 版 1 次
2015 年 4 月 1 版 3 次
16.00 元
大 36 开　160 页

陆游诗作今存九千多首，蔚为大观，其词作量虽远不如诗作巨大，但成就和影响却也很大。前人谓其词纤丽处似秦观，雄慨处似苏轼，超爽处似辛弃疾。本书备搜陆游词作及后人的精彩评论，并加以简单的注释，此外更有词学泰斗夏承焘先生的导读和编年，为读者欣赏和研究陆游的词作提供了很大的方便。

辛弃疾词集

[宋]辛弃疾著　崔铭导读
平装 2010 年 11 月 1 版 1 次
精装 2014 年 1 月 1 版 1 次
平装 22.00 元　2016 年 7 月 1 版 7 次

精装 32.00 元　2016 年 5 月 1 版 3 次
大 36 开　388 页

辛弃疾（1140—1207），山东历城人，字幼安，自号"稼轩居士"，南宋著名词人。辛弃疾存词 600 多首，稼轩词雄浑豪迈，向与苏东坡并称"苏辛"，为豪放派词作的代表和巅峰。本书备搜辛词及后人的精彩评论，另外还加以简单的注释，为读者欣赏和研究辛弃疾的词作提供了很大的方便。

姜夔词集

[宋]姜夔著　张强导读
2010 年 7 月 1 版 1 次
2015 年 2 月 1 版 3 次
17.00 元
大 36 开　196 页

姜夔（1155—1209），南宋著名词人，字尧章，别号白石道人。鄱阳人。有《白石道人歌曲》存词八十余首，《白石道人诗集》一卷。在南宋词坛上，姜夔"雅词"一脉，风格迥异于易安之婉约、稼轩之豪放，独有"清空"、"骚雅"之韵，表现出别具一格的审美追求。王国维评价其"古今词人，格调之高，无如白石"（《人间词话》）。本书备搜姜夔词作及后人的评论，另外还加以简单的注释和李强先生的导读，为读者了解姜夔词提供了较多的方便。

王沂孙词集

[宋]王沂孙著　吴则虞导读
2011 年 9 月 1 版 1 次
15.00 元
大 36 开　136 页

王沂孙存词六十余首，工于咏物诗，且多故国之思。本书备搜王沂孙词作及后人的精彩评论，并加以简单的注释，此外更有吴则虞先生的精彩导读，为读者欣赏和研究王沂孙词提供了很大的方便。

纳兰词集

[清]纳兰性德著　张草纫导读
平装 2009 年 8 月 1 版 1 次
精装 2014 年 1 月 1 版 1 次
平装 18.00 元　2015 年 12 月 1 版 14 次
精装 26.00 元　2016 年 5 月 1 版 4 次
大 36 开　236 页

清代词坛中兴，名家辈出，其中以纳兰性德最引人注目，王国维赞其"北宋以来，一人而已"。纳兰词以纯真深厚的情感、精致细腻的描写、浅白流畅的语句、哀婉凄艳的风格打动了后世无数读者，数百年来广为流传。本书备搜纳兰词作及后人的评论，另外还加以简单的注释和张草纫先生的系年，为读者欣赏纳兰词提供了较多的方便。

王国维词集

王国维著　陈永正导读注评
2013 年 7 月 1 版 1 次
18.00 元
大 36 开　174 页

王国维词现存仅 115 首，其中绝大多数为小令。其词"大抵意深于欧（阳修），而境次于秦（观）"，真切不隔，颇多"造境"。本书备搜王国维词，加以注释，并另附中山大学陈永正教授的导读。

词品

[明]杨慎著　岳淑珍导读
2009 年 8 月 1 版 1 次
2015 年 1 月 1 版 4 次
14.00 元
大 36 开　188 页

《词品》六卷，明杨慎著。慎字用修，号升庵，四川新都人。明正德六年（1511）殿试第一，官至翰林学士，嘉靖三年（1524）因争大礼廷杖遣戍云南永昌卫。杨慎此著正文共 30 则，可谓宋代以来词论首部巨著。书中所论，多为唐宋词，或理论，或鉴赏，或考证。其论填词，穷本溯源，直至梁陈隋六朝，为前人所未及。升庵博识，颇有佚篇断句，赖此以存。但由于作者远戍西南，落笔多凭强记，故难免讹误。此次出版，则对此多加以校订。

古今词话

[清]沈雄著　孙克强 刘军政校注导读
2009 年 8 月 1 版 1 次
28.00 元
大 36 开　424 页

《古今词话》成书于清康熙年间，汇集上起唐五代、下迄康熙年间的词话，杂引近人之论，亦间有沈雄个人评述。全书分词话、词品、词辨、词评四部分，共八卷。虽《四库提要》称其"征引颇为寒俭"，"又多不著出典"，但从文献资料和文学批评的角度来看，《古今词话》都具

有相当高的参考价值，也是今人学词与论词之必读之书。

蕙风词话

[清]况周颐著　孙克强导读
2009 年 8 月 1 版 1 次
2011 年 4 月 1 版 2 次
18.00 元
大 36 开　288 页

《蕙风词话》五卷，共 325 则，另《续编》二卷，晚清著名词人、词学家况周颐撰。本书是近代词坛上一部有较大影响的词学著作。作者沉浸词学数十年，以词人而兼词论家，从创作的切身体会上，上升到词学理论，本于常州词派而又有所发挥。《词话》内容涉及词心、词径、词笔、词境、词律，以及本事考证等，论词广征博引、细入毫芒，多有前人未能企及的独特而新颖的见解。

白雨斋词话

[清]陈廷焯著　彭玉平导读
2009 年 8 月 1 版 1 次
2013 年 4 月 1 版 3 次
18.00 元
大 36 开　288 页

《白雨斋词话》是近代著名词学著作之一，作者陈廷焯（1853—1892），字亦峰，江苏丹徒人，清末著名词学家。著有《白雨斋词话》、《白雨斋词存》、《白雨斋诗抄》等，并编选有《词则》24 卷。作者在自序中阐明了其撰述宗旨是"本诸风骚，正其情性，温厚以为体，沉郁以为用，引以千端，衷诸一是。非好与古人为难，独成一家言，亦有所大不得已于中，为斯诣绵延一线"。全书通过具体评论历代词人和词论，凸显了重视词的情意忠厚和风格沉郁的思想，主张"诚能本诸忠厚，而出以沉郁，豪放亦可，婉约亦可"。本书原抄本为 10 卷，作者去世后由其门人整理删并成 8 卷梓行问世。本次整理出版，以 10 卷本抄本为底本，可使读者一窥全豹。另为方便广大读者阅读，对原文中的人名和引词出处都作了简要的注释。

人间词话

王国维著　黄霖 周兴陆导读
平装 2009 年 8 月 1 版 1 次
精装 2014 年 1 月 1 版 1 次
平装 14.00 元　2016 年 4 月 1 版 11 次
精装 22.00 元　2016 年 5 月 1 版 4 次

大 36 开　188 页

　　王国维的《人间词话》是中国近代最负盛名的一部词话著作,在中国诗话、词话发展史上堪称划时代的作品。该书观点新颖,特别是书中提出的三重境界说一直受到国内外学者的重视。《人间词话》的版本较为复杂,本书依据 1982 年第 5 期《河南师大学报》发表的陈杏珍、刘烜重订《人间词话》重新排印出版。

佩文诗韵　词林正韵　中原音韵

[清]戈载等著　田松青编校

2011 年 7 月 1 版 1 次

2016 年 4 月 1 版 5 次

18.00 元

大 36 开　206 页

　　《佩文诗韵》,清初编定,为当时士子科考作试帖诗必备的官方韵书,韵部即“平水韵”的 106 部,是金、元以后作诗用韵的根据,至今仍为广大创作近体诗者所惯用。《词林正韵》三卷,清戈载著,根据《广韵》206 部,共 19 个韵部。戈氏的分韵虽是归纳、审定,但其结论却多为后人所接受,奉为圭臬,成为填词者必备之韵书。《中原音韵》,宋末元初由周德清所著,内容分为两部分:一是以韵书形式,把曲词里常用作韵脚的 5800 余字,按读音分类,编成曲韵韵谱。韵谱分为 19 韵,每韵又分阴平、阳平、上、去四部,而入声全部派入平、上、去三声。每一类以“每空是一音”的体例分别列出同音字组,共计 1586 组。第二部分为《正语作词起例》,是关于韵谱编制体例、审音原则的说明,及北曲体制、音律、语言和曲词的创作方法的论述等。

白香词谱

[清]舒梦兰著　丁如明评订

2011 年 7 月 1 版 1 次

2015 年 6 月 1 版 6 次

20.00 元

大 36 开　328 页

　　《白香词谱》是一本浅易、简明的词学入门书。选常见词调 100 种(实为 99 调),每调录词一首。谱以词长短为序编次,字数从少到多。词旁用黑白圈标注平仄,并有表示句逗的符号。每首词调下,加了简明题目。此书最早刊印于乾隆三十一年(1766),一般读者喜其简便,既可当作词谱用,又可当词选读,颇为流行。此版《白香词谱》,增加了“注释”、“评析”、“说明”三部分内容。“注释”与“评析”相辅相成,意在疏解词意,便于读

者理解;“说明”是指对词的格律说明,如词调得名由来,适于写哪一类题材,关于词的平仄、四声、用韵、句式等方面的补充说明。同词调名下,又补充了少量的常用格式。书中正文用上海古籍书店影印的振始堂本《白香词谱》,并用其他总集、别集校勘。书后并附《词林正韵》、《词人简介》。

唐宋词格律

龙榆生著

2010 年 3 月 1 版 1 次

2016 年 3 月 1 版 10 次

18.00 元

大 36 开　270 页

　　龙榆生先生的遗著《唐宋词格律》,是一本专讲唐宋词体制格律的书。本书共收词牌一百五十余调,其中大多数是唐宋词中常见的。每一词牌都说明它的产生来历和演变情况,间或指出适宜表达何种情感及其中某些特定的句法和字声(如某些领句字应用去声)。每一词牌附有“定格”和“变格”等词格,标明句读、平仄和韵位。每一词格附有一首至数首唐宋词人的作品,供参考比较。这些,都能帮助我们全面理解唐宋词的体制格律。同时,书中所列举的作品,虽然只是作为例子来引证,因所选的词多数是历来传诵的名作,所以本书也可作为唐宋词的选本。因此,本书是学习古诗词和创作古诗词的必备工具书。此次重新排印出版,改正了原书中的若干错误。

词史

刘毓盘著　沙先一导读

2011 年 12 月 1 版 1 次

17.00 元

大 36 开　218 页

　　《词史》共 11 章 9 万余字,综述词自唐、五代、两宋、金、元下及明清千余年间萌芽、鼎盛、复兴之演变梗概,颇多独到见解。本书据上海书店 1985 年所影印的上海群众图书公司 1931 年由曹聚仁校定刊行的《词史》排印出版。

词学通论

吴梅著　徐培均导读

2010 年 7 月 1 版 1 次

17.00 元

大 36 开　238 页

吴梅,戏曲理论家、词学家、教育家,诗词曲作家。他一生致力于戏曲及其他声律研究和教学,主要著作有《顾曲麈谈》、《中国戏曲概论》、《元剧研究》、《南北词谱》、《词学通论》等。又作有传奇、杂剧十二种。《词学通论》是吴梅在大学教书时的一本讲义,也是他的代表作之一,从各个方面、各个角度来研究词。归纳起来,主要是论词与音乐的关系、词的作法、词的发展史,以及对著名词人及其代表作的评价。第一章"绪论",谈有关词的几个重要理论问题。第二至四章,分别为"论平仄四声"、"论韵"、"论音律",皆围绕音乐问题而论词;第五章谈词之作法;第六至九章,为历代作家作品论。

词系列(线装典藏系列)

南唐二主词

[南唐]李璟 李煜著　田松青注

2013 年 9 月 1 版 1 次

线装 48.00 元

32 开　44 页

南唐中主李璟和后主李煜(后世合称"南唐二主")是著名的婉约派词人,前期词风格绮丽柔靡,不脱"花间"习气;后期词表现亡国后的沉重哀愁、凄凉悲壮、意境深远。本书分为线装和平装两册。线装《南唐二主词》以上海图书馆藏万历四十八年吕远墨华斋刻本为底本影印。平装本则对李煜词作了详尽的注释,部分词句做了简单的串讲,每首词后附历代评论。

乐章集

[宋]柳永著　查明昊 卢净注

2013 年 9 月 1 版 1 次

线装 88.00 元

32 开　168 页

柳永是北宋初期对宋词进行全面革新的词人。柳词多表现市民情调,尤其关注妓女、歌姬的生活境遇及内心世界,因此流传极广,故有"凡有井水处,即能歌柳词"之说。线装本《乐章集》以明汲古阁刊本《宋六十名家词》中的《乐章集》为底本影印,平装本则对柳永词作了详尽的注释,部分词句做了简单的串讲,每首词后附历代评论。

漱玉词

[宋]李清照著　郭时羽注

2013 年 9 月 1 版 1 次

线装 58.00 元

32 开　92 页

李清照在词坛独树一帜,被后人称为"易安体",是婉约派的杰出代表。她擅长从日常口语里提炼生动晓畅的词句,清新隽永,构成浑然一体的境界。本书分为线装和平装两册。线装本《漱玉词》用光绪七年四印斋重刊本为底本影印,平装本则对李清照词作了详尽的注释,部分词句做了简单的串讲,每首词后附历代评论。

纳兰词

[清]纳兰性德著

2011 年 5 月 1 版 1 次

2016 年 3 月 1 版 6 次

线装 88.00 元

32 开　162 页

纳兰词以纯真深厚的情感、精致细腻的描写、浅白流畅的语句、哀婉凄艳的风格打动了后世无数读者,数百年来广为流传。本书为纳兰词四卷的影印本,古朴、典雅,具有收藏价值;另附赠《纳兰词珍赏别册》,包括导读、注评等内容,兼具阅读性。

词·婉约系

词·婉约系(全四册)

[南唐]李煜等著　王兆鹏等导读　田松青等注

2010 年 8 月 1 版 1 次

80.00 元

16 开　716 页

此为"词·婉约系"丛书套装。选取了婉约派词四位具有代表性的词人:南唐李煜、宋代柳永、宋代李清照和清代纳兰性德。本书对四位词人的全集作了详尽的注释,部分词句做了简单的串讲,每首词后附历代评论,更有专业学者的精彩导读。

恰似一江春水向东流

——李煜词注评

[南唐]李煜著　王兆鹏导读　田松青注

2010 年 8 月 1 版 1 次

2012 年 4 月 1 版 2 次

15.00 元

16 开　112 页

南唐后主李煜是著名的婉约派词人,前期词风格绮丽柔靡,不脱"花间"习气;后期词表现亡国后的沉重哀愁,凄凉悲壮,意境深远。本书对李煜词作了简明扼要的注释,部分词句做了简单的串讲,每首词后附历代评论,另附李璟词,并由著名词学专家王兆鹏做导读。

杨柳岸晓风残月
——柳永词注评

[宋]柳永著　谢桃坊导读　查明昊　卢净注

2012 年 3 月 1 版 1 次

22.00 元

16 开　200 页

　　本书系"词·婉约系"丛书之一种,对柳永词作了详尽的注释,部分词句做了简单的串讲,每首词后附历代评论。

此情无计可消除
——李清照词注评

[宋]李清照著　吴惠娟导读　郭时羽注

2010 年 8 月 1 版 1 次

17.00 元

16 开　144 页

　　李清照,号易安居士,南宋女词人,济南章丘人,婉约派代表词人。李清照在词坛独树一帜,被后人称为"易安体",是婉约派的杰出代表。她擅长从日常口语里提炼生动晓畅的词句,清新隽永,构成浑然一体的境界。本书对李清照词作了详尽的注释,部分词句做了简单的串讲,每首词后附历代评论。另附有李清照的《词论》一文,以及吴惠娟教授的精彩导读。

若问生涯原是梦
——纳兰词注评

[清]纳兰性德著　张草纫导读　钮君怡注

2010 年 8 月 1 版 1 次

26.00 元

16 开　260 页

　　纳兰性德,原名成德,字容若,号楞伽山人,清代最著名的词人。张草纫,词学研究名家。清代词坛中兴,名家辈出,其中纳兰性德最引人注目,王国维赞其"北宋以来,一人而已"。纳兰词以纯真深厚的情感、精致细腻的描写、浅白流畅的语句、哀婉凄艳的风格打动了无数读者,数百年来广为流传,"一人而已"绝非谬赞。本书对纳兰词作了详尽的注释,部分词句做了简单的串讲,每首词后附历代评论,更有张草纫先生的精彩导读。

词 林 集 珍

词林集珍(袖珍丛书)

1989 年 4 月 1 版 1 次

盒装 24.90 元

大 64 开

　　历代词集浩如烟海,为采撷珍珠,本丛书精选了最脍炙人口的词集 30 种,由专家学者精心整理,选择最佳版本作底本,用多种重要和难觅的本子细加比勘,对文字句段进行认真校点,为读者提供一套信实可靠的词集。这套词集为袖珍型,小巧别致。

温韦词

[唐]温庭筠 [五代前蜀]韦庄撰　阮文捷校点

1988 年 12 月 1 版 1 次

0.38 元

大 64 开　32 页

　　唐温庭筠与五代前蜀韦庄是花间词派的鼻祖,二人齐名,称"温韦"。他们是文人词的早期作者,最足以体现"词为艳科"的特色,内容以描写闺情与离别相思等为主。他们的词艺术技巧较高,温词工于造语,浓艳沉郁;韦词清丽淡朴,情深语秀。

南唐二主词

[南唐]李璟 李煜撰　郑学勤校点

1988 年 12 月 1 版 1 次

0.29 元

大 64 开　20 页

　　南唐中主李璟、南唐后主李煜的词向来脍炙人口,李璟词现存仅四首。李煜词现存三十多首,其词超逸绝伦,王国维《人间词话》说"词至李后主而眼界始大,感慨遂深,遂变伶工之词而为士大夫之词",评价很高。

阳春集

[南唐]冯延巳撰　谷玉校点

1988 年 12 月 1 版 1 次

0.43 元

大 64 开　38 页

　　冯延巳是五代重要词家。他的《阳春集》词,虽尚未尽脱《花间》、《尊前》闺情相思的余习,"而堂庑特大,开北宋一代风气"(王国维《人间词话》),对晏殊、欧阳修等有很大影响。

六一词

[宋]欧阳修撰　李伟国校点

1988 年 12 月 1 版 1 次

0.74 元

大 64 开　80 页

北宋著名的散文家欧阳修,在词坛也有较高地位。他的《六一词》与晚唐五代词风一脉相承,题材虽不够广泛,但抒情的真挚、深刻则前进了一步,对后世词人有一定影响。《六一词》又名《欧阳文忠公近体乐府》、《醉翁琴趣外篇》。

张子野词

[宋]张先撰　吴熊和校点

1988 年 12 月 1 版 1 次

0.58 元

大 64 开　58 页

张先是北宋著名词人,以善用“影”字而闻名,人称“张三影”。他的词基本上未脱《花间》余习,但格韵较高。在由令词向慢词过渡的进程中,《张子野词》起到了桥梁作用。

珠玉词

[宋]晏殊撰　胡士明校点

1988 年 12 月 1 版 1 次

0.44 元

大 64 开　42 页

晏殊是北宋初期重要词家。他仕途得意,号称一代贤相。他的《珠玉词》,承袭晚唐五代文人词的余风,题材较为狭窄,但在艺术上颇有造诣。词风雍容闲雅,清新含蓄,为婉约词的早期词作。

小山词

[宋]晏幾道撰　王根林校点

1988 年 12 月 1 版 1 次

0.62 元

大 64 开　66 页

晏幾道,号小山,是晏殊的儿子,北宋著名词人,与其父齐名,并称“二晏”。他仕途偃蹇,在词中抒发了哀怨和惆怅,赢得了“工于言情”的襃扬。小山词词风清丽,在艺术上刻意求新,“措词婉妙,则一时独步”(《白雨斋词话》),后人评价较高。

乐章集

[宋]柳永撰　高建中校点

1988 年 12 月 1 版 1 次

0.68 元

大 64 开　72 页

柳永是北宋著名词人,对慢词(长调)的开拓和发展有着重要的贡献。除了吟花咏柳、离愁别恨外,帝都的壮丽,城市的繁华,中下层市民特别是伶工、乐妓的生活等都成为柳词的内容。他的词善于铺叙,语言通俗,传诵极广,“凡有井水饮处,即能歌柳词”,在词史上占有重要地位。

东坡乐府

[宋]苏轼撰　恒鹤校点

1988 年 12 月 1 版 1 次

1.00 元

大 64 开　116 页

苏轼是北宋最杰出的词家,豪放派的鼻祖。他对词从题材内容到艺术形式,都进行了大胆的革新与创造,为开拓词的疆域,提高词的品格和文学价值,作出了很大的成绩与贡献。

山谷词

[宋]黄庭坚撰　严寿澂校点

1988 年 12 月 1 版 1 次

0.59 元

大 64 开　60 页

黄庭坚,别号山谷,北宋著名词人。《山谷词》存词约 190 首。山谷词受苏轼词风的影响,颇有豪放高旷与劲峭挺拔之作;有些词则精微韶秀,令人赏心悦目。他还好以俚言俗语入词,也别具一格。

淮海居士长短句

[宋]秦观撰　徐培均校点

1988 年 12 月 1 版 1 次

0.44 元

大 64 开　40 页

秦观是北宋的婉约派词家,在词史上享有很高声誉。《四库全书总目提要》认为淮海词“情韵兼胜,在苏、黄之上”。淮海词描写爱情的较多,纪游、怀古之作,也能将身世之感交织进去,具有艺术魅力。

东山词

[宋]贺铸撰　钟振振校点

1988 年 12 月 1 版 1 次

0.74 元

大 64 开　80 页

　　贺铸是北宋著名词人,"一川烟草,满城风絮,梅子黄时雨"是他脍炙人口的名句,人称"贺梅子"。他的《东山词》,题材较为广阔,艺术造诣颇高,兼具婉约、豪放二派之长,为人推崇。

片玉词

[宋]周邦彦撰　冯海荣校点

1988 年 12 月 1 版 1 次

0.68 元

大 64 开　72 页

　　周邦彦字美成,是北宋末年一大词家,词誉很高。他的词下开南宋姜夔、史达祖一派,对后世词坛有巨大影响。《片玉词》的艺术造诣较高,前人评为"模写物态,曲尽其妙"、"长调尤善铺叙,富艳精工",尤以写景咏物为擅长,颇多名句。

漱玉词　断肠词

[宋]李清照　朱淑真撰　澄波校点

1988 年 12 月 1 版 1 次

0.44 元

大 64 开　40 页

　　李清照和朱淑真是宋代两位杰出的女词人。她俩的身世有很多相同点,《漱玉词》和《断肠词》的词风也相近,大都情思婉转。在艺术上,李清照词轻巧尖新,姿态百出,能曲折尽人意,享誉很高。朱淑真词虽稍逊一筹,但清空婉约,真率动人。

芦川词

[宋]张元幹撰　孟斐校点

1988 年 12 月 1 版 1 次

0.59 元

大 64 开　60 页

　　张元幹是南宋初期著名的爱国主义词人。他的《芦川词》现存 187 首,不少作品抒发了抗金爱国的壮志,写得慷慨悲凉;一部分作品绘景言情,清丽婉转。作为豪放派诗人,他上承苏轼,下启辛弃疾,在词史上占有重要一席。

于湖词

[宋]张孝祥撰　聂世美校点

1988 年 12 月 1 版 1 次

0.62 元

大 64 开　66 页

　　张孝祥,号于湖居士,南宋杰出的爱国词人。他的词伤时忧乱,抒发了抗金复国的情怀。词风旷放豪迈,上承苏轼,下启辛弃疾。《于湖词》现存词 220 余首。

放翁词

[宋]陆游撰　陈长明校点

1988 年 12 月 1 版 1 次

0.44 元

大 64 开　46 页

　　陆游,号放翁,南宋著名的爱国词人。词作抒发对收复失地的坚强信念,对沙场杀敌的热烈向往,饱含激情,有很强的感染力。一些言情之作婉转低回,细腻感人。

稼轩长短句

[宋]辛弃疾撰　汪贤度校点

1988 年 12 月 1 版 1 次

1.60 元

大 64 开　202 页

　　辛弃疾是南宋著名大词人,豪放词派的杰出代表。他的《稼轩长短句》,现存六百多首词,抗金爱国是作品的基调。这些词感情深厚,气韵飞动,体现了雄浑豪放的特色。此外,辛词在题材、表现手法上都有不少创新,名篇佳制很多。

龙洲词

[宋]刘过撰　王从仁校点

1988 年 12 月 1 版 1 次

0.41 元

大 64 开　36 页

　　刘过是南宋著名的辛派词人,词风雄豪奔放。他的词表达了下层文人的积极进取精神和对妥协偷安的政治局面的强烈不满,有较强的艺术感染力。另一部分浅斟低唱之词,格调则不高。

龙川词

[宋]陈亮撰　刘德权校点

1988 年 12 月 1 版 1 次

0.35 元

大 64 开　28 页

　　陈亮是南宋著名的词人。他的词气概豪迈,抒发对国事的忧虑,抗金的情怀。以政论入词,是《龙川词》的一个特色。

白石词

[宋]姜夔撰　钟夫校点

1988 年 12 月 1 版 1 次

0.41 元

大 64 开　40 页

　　姜夔是南宋著名词人、音乐家。他的词以感慨时世、流连光景、咏物酬赠和抒写恋情为基本内容。他精通音乐,注重词法,因此词作音调谐婉,词句精美,格律谨严,在艺术上享有盛誉。他为词写的小序往往清新隽永,引人入胜。

梅溪词

[宋]史达祖撰　方智范校点

1988 年 12 月 1 版 1 次

0.44 元

大 64 开　40 页

　　史达祖是南宋重要词家,他的词艺术成就较高,特别是咏物词,如《绮罗香·咏春雨》《双双燕·咏燕》,精雕细琢,极妍尽态,堪称咏物词之杰作。

梦窗词

[宋]吴文英撰　陈邦炎校点

1988 年 12 月 1 版 1 次

1.05 元

大 64 开　124 页

　　吴文英,号梦窗,是南宋重要词家。梦窗词上承周邦彦,多用丽密变幻之笔抒写深微窈冥之思,隶事繁富,工于炼字,作品呈现李贺、李商隐诗的特异色彩。

后村长短句

[宋]刘克庄撰　章谷校点

1988 年 12 月 1 版 1 次

0.86 元

大 64 开　98 页

　　刘克庄是南宋末期的重要词人,是豪放派的后劲,他的词多家国之感,慷慨之音。豪迈雄浑、热烈奔放的词风,感人至深。此外,以文为词,以议论入词,善于化用典故,也是后村词的特色。

蘋洲渔笛谱

[宋]周密撰　邓乔彬校点

1988 年 12 月 1 版 1 次

0.59 元

大 64 开　60 页

　　周密号草窗、蘋洲,为南宋末期词坛一大家,与吴文英(梦窗)齐名,并称"二窗"。早年词作以闲情逸致为主调;晚年遭遇国破家亡之痛,词的感慨遂深,增加了忧时伤乱、怀念故国的内容。周密词的艺术性向为人称道。

花外集

[宋]王沂孙撰　杨海明校点

1988 年 12 月 1 版 1 次

0.35 元

大 64 开　28 页

　　王沂孙是宋末元初的著名词人。《花外集》内容有咏物、赋节序、应酬、感怀等,大都寄托了作者的"故国之思"。词风婉雅,讲比兴,求寄托,善于创造出耐人寻味的意境。

山中白云词

[宋]张炎撰　袁真校点

1988 年 12 月 1 版 1 次

1.00 元

大 64 开　116 页

　　张炎是南宋末期的重要词家。遭遇亡国破家之痛,在词中寄寓了深沉的身世之感。他的词风清空淳雅,对后世,特别在清代,影响很大。清代的浙江词人如朱彝尊等都奉张炎词为圭臬,给予很高评价。

须溪词

[宋]刘辰翁撰　肖逸校点

1988 年 12 月 1 版 1 次

1.05 元

大 64 开　126 页

　　刘辰翁是宋末著名词人。经历坎坷,气节浩然,在许多词中表达了故国之思,志士之悲,感情沉挚,闪射出爱国主义的异彩。他的词风格遒上,是宋代苏辛豪放词派的后劲;一些轻灵婉丽的作品,是元明以后词派的先声。《须溪词》在词史上有相当地位。

竹山词

[宋]蒋捷撰　黄明校点

1988年12月1版1次

0.41元

大64开　36页

蒋捷是南宋末期的著名诗人。他的《竹山词》记录了他的身世之恨与家国之痛,有不少脍炙人口的传世名篇。他的词音节谐畅,婉转可诵,寄寓着深沉的感情。历代评价不一,有的誉为"长短句之长城"(《艺概》),有的毁为"词中左道,虽不论可也"(《白雨斋词话》)。

无弦琴谱

[元]仇远撰　刘初棠校点

1988年12月1版1次

0.43元

大64开　38页

仇远是宋末元初著名词人。他的词或写湖光山色徜徉之趣,或抒伤春悲秋离别相思之情。有一些词寄托着"家国之恨",流露出失节仕元的悔恨怨艾之感。词作大多律吕协洽,腔调圆转,文字畅美。

其　　他

温韦冯词新校

[唐]温庭筠　韦庄　[南唐]冯延巳著　曾昭岷校订

1988年12月1版1次

5.50元

32开　240页

温庭筠、韦庄、冯延巳是晚唐五代时鼎足而立的著名词人,温词秾艳瑰丽,韦词清新直切,冯词委婉深切,分启宋词多种流派,为词史研究者注重。但是温、韦向无专集,冯词虽宋代就有刻本,但也多杂入他人之作。本书在前人基础上广泛收集,对三家词重新作了校正,明辨真伪,同时还辑录有代表性评论、版本史料,以及三位词人的传记资料。

东坡乐府

[宋]苏轼著

1959年4月1版1次

线装18.00元

6开　192页

1979年4月1版1次

平装0.38元　精装0.77元

大32开　48页

本书是北宋文学家苏轼的词集。苏轼的词题材广泛,风格奔放不羁,能突破词的格律束缚,对词的形式和技巧的发展有重大影响。本书以现存最早的苏词刻本元延祐南阜草堂刻本为底本标点,以《宋六十名家词》、《四印斋所刻词》、《彊村丛书》等作校。

东坡乐府　稼轩长短句

[宋]苏轼　辛弃疾著

1957年8月1版1次

线装10.00元

大32开　216页

此为影印元大德刊本,共20卷。此本流行最广,后世许多刻本、刊本皆依此本刊刻。

稼轩长短句

[宋]辛弃疾著

1959年2月1版1次

线装33.00元

6开　193页

1975年1月1版1次

平装0.46元

大32开　180页

此为影印元大德三年刊本,在《稼轩长短句》诸本中流传最广,明代刻本、刊本皆依照此本刊刻。

龙川词校笺

[宋]陈亮著　夏承焘校笺　牟家宽注

线装1961年11月1版1次

1982年8月1版1次

平装0.32元

32开　50页

南宋著名词人陈亮,向被视为"苏、辛词派"的重要作家。他的《龙川词》风格豪放,寓议论于词篇,抒发抗金爱国之情,颇为后世词论家所重视。本书笺文多用

《龙川文集》来阐发词意,独具特色。

吴梅村词笺注

[清]吴伟业著　陈继龙笺注

2008 年 5 月 1 版 1 次

25.00 元

大 32 开　240 页

　　吴伟业,号梅村,以诗歌驰名明末清初文坛。他的词传世仅 110 首,却不乏佳作,唯因诗名所掩,一直没有引起人们足够的重视。本书对梅村词细加诠释,考其身世交友行迹,揭明典实,疏通词意,对阅读和理解梅村词颇有助益。

况周颐词集校注

(粤西词人研究丛书)

[清]况周颐著　秦玮鸿校注

2013 年 3 月 1 版 1 次

68.00 元

32 开　624 页

　　况周颐为晚清重要词人,与王鹏运、文廷式、郑文焯齐名,史称"清季四词人"。本书首次系统校勘整理蕙风词作,填补了晚清、近代词学研究的一项空白。前言全面论述考辨其人其词;校记详细比勘,注释疏通词意,揭明典实,笺证句义;附录辑录佚词,收罗序跋题词,系年词事词作。

吕碧城词笺注

吕碧城著　李保民笺注

2000 年 6 月 1 版 1 次

平装 32.80 元　精装 38.00 元

大 32 开　632 页

　　吕碧城是近代杰出之女词人。她为人旷放,行踪遍及英、美、法、德、意诸国,所作以"新材料入旧格律",在词坛别开生面。本书以最称完备之《晓珠词》为底本,校以英敛之《吕氏三姊妹集》等多种版本,详加笺注。附有关资料及《吕碧城年谱》,填补了晚清民国词苑研究的一个空白。

海绡词笺注

陈洵著　刘斯翰笺注

2002 年 11 月 1 版 1 次

33.80 元

大 32 开　550 页

　　陈洵是近代名震南粤的著名词人,其词在托家国之感于艳情,乃至直抒胸臆上,较之两宋诸家有更深广的寄兴。本书为《海绡词》首次整理,以彊村主编之《沧海遗音集》为底本,又以多种别本参校,辑佚补缺,为目前最为完善之本。书中对词的本事、典故、词意等均有阐释。

词 选 集

龙榆生词学四种

唐五代词选注

龙榆生编注

2014 年 7 月 1 版 1 次

2016 年 5 月 1 版 2 次

精装 28.00 元

32 开　196 页

　　本书选录唐五代词人 37 家,作品 237 首。每首词作配有简明的注释,并用扼要的语言点名题旨,且注明韵脚,为读者更好地赏析词作提供了便利。

唐宋名家词选

龙榆生编选

2014 年 7 月 1 版 1 次

2016 年 5 月 1 版 4 次

精装 46.00 元

32 开　408 页

　　《唐宋名家词选》是龙榆生先生的重要词学著作,体现了龙榆生先生的词学观念,是其词学著作中的代表作之一,被公认为是研读唐宋词的必备书目。

近三百年名家词选

龙榆生编选

2014 年 7 月 1 版 1 次

2016 年 5 月 1 版 4 次

精装 38.00 元

32 开　300 页

　　《近三百年名家词选》收录明末至晚清 67 位文人的 518 首作品,起明末陈子龙,讫晚清著名女词人吕碧城。此书选目精要,繁简适中,辑录相关评论资料并撰有作家小传。这次出版,我们以未删节本为底本,恢复了本书的原有面貌。

唐宋词格律

龙榆生编撰
2014 年 7 月 1 版 1 次
2016 年 4 月 1 版 4 次
精装 28.00 元
32 开 244 页

《唐宋词格律》详细讲解了唐宋词中较为常见的百余个词牌,说明词牌之来历及所属宫调,指出其适宜表达的情感类型,详析其定格、变格之平仄声律。对各个词牌之定格、变格,均列举传世名作,以便使人获得感性认知,乃填词必备之工具书。

绝妙好词丛书

南唐二主冯延巳词选

王兆鹏注评
2002 年 6 月 1 版 1 次
2005 年 2 月 1 版 3 次
10.50 元
大 32 开 160 页

唐五代是词的发轫期,其中李煜(后主)、冯延巳是拓展词境界的先行者。李煜经历了亡国之痛;他前期的词作,生动而坦率地记录了自己的欢乐生活;后期所作则尽是伤心泣血惨痛凄凉之语。冯延巳善以阔大境界写柔美婉约之情,别开生面。本书以最新的观点、最新的视角,汲取学术界最新的研究成果,疏解讲评南唐二主及冯延巳词。

温庭筠韦庄词选

刘尊明注评
2002 年 6 月 1 版 1 次
2003 年 3 月 1 版 2 次
10.00 元
大 32 开 140 页

温庭筠与韦庄是晚唐"花间派"的代表词人,温韦词内容多抒写男女情爱、闺愁绮怨,俱以深情婉丽著称。不同的是温词绵密艳丽,语言雅致,韦词清丽疏朗,寓浓于淡,对后世词坛创作均有深远的影响。本书选收温韦佳作,详加注释,疏讲评析。

苏轼词选

刘石注评

2002 年 6 月 1 版 1 次
2005 年 2 月 1 版 3 次
12.00 元
大 32 开 196 页

苏轼是我国北宋时期的全能作家,诗、文、词、赋乃至书画艺术皆卓有成就。其词一洗绮罗香泽之态,被后世尊为豪放词派的一代宗师。本书精选苏轼词一百余首,兼顾不同的题材、风格、形式和艺术特色,详加注释赏析。

纳兰性德词选

张草纫注评
2002 年 6 月 1 版 1 次
2006 年 10 月 1 版 4 次
11.00 元
大 32 开 164 页

纳兰性德,清初著名词人。他的词,聚凄艳豪宕于一身,以凄艳为主,豪宕为辅。有表达真挚感情,反映个人感情和经历的缠绵婉约的爱情词、悼亡词等,又有表现江南美景、塞外风光等借景抒发理想和抱负的豪放风格的词。王国维称纳兰性德是"北宋以来,一人而已"。本书收纳兰性德词 348 首。

其 他

唐宋人选唐宋词(全二册)

唐圭璋等校点
2004 年 10 月 1 版 1 次
2009 年 7 月 1 版 2 次
精装 88.00 元
大 32 开 1594 页

本书所收词集有:《云谣集杂曲子》、《花间集》、《尊前集》、《金奁集》、《梅苑》、《乐府雅词》、《草堂诗余》、《唐宋诸贤绝妙词选》、《中兴以来绝妙词选》、《阳春白雪》、《绝妙好词》。以上皆唐宋人选唐宋词,一些词作因此得以保存下来,同时还能真实地反映出当时人们的词学审美趣味。即使是一些词坛大家,亦可赖此以补其词集之遗,还可据此以考证辨伪。词人名下多有小传,介绍词人字号、籍贯、仕履简况、词集等,颇具文献价值。

宋四家词选

[清]周济辑
1958 年 7 月 1 版 1 次

0.22 元

32 开　73 页

　　本书选录宋词人 51 家所作词 240 首,而以周邦彦、辛弃疾、吴文英、王沂孙四家标举,余人各配属于四家之下,所谓"问途碧山(王沂孙),历梦窗(吴文英),稼轩(辛弃疾),以返清真(周邦彦)之浑化",反映了清代常州词派的论词宗旨。

花庵词选

[宋]黄升选

1958 年 1 月 1 版 1 次

1.00 元

32 开　285 页

　　本书所选各家均系以字号里贯,每首下间附评语,足资参考。本书用四部丛刊影印明刻本加断句排印。

草堂诗馀

[宋]阙名编

1958 年 7 月 1 版 1 次

0.34 元

32 开　122 页

　　本书相传为南宋人所编集,共辑词 367 阕,分为春景、夏景、秋景、冬景、天文、地理、人物、人事、饮馔器用、花禽诸类;所辑以宋词为主,唐、五代词较少,是研究宋词的重要参考书籍。

阳春白雪

[宋]赵闻礼选编　葛渭君校点

1993 年 5 月 1 版 1 次

平装 12.95 元　精装 15.15 元

大 32 开　402 页

　　本书系南宋后期选编的一部宋词选集,在宋人词选中是比较重要且有特色的一种。全书遴选 671 首词,多为妍丽典雅、深厚蕴藉的作品。作者去取谨严,兼收并蓄,比较完整地反映了当时的时代风貌。不少非著名词人的佳作,均赖于本书而得以留存。

绝妙好词笺

[宋]周密辑　[清]查为仁 厉鹗笺

1984 年 1 月 1 版 1 次

1.55 元

32 开　228 页

　　词始于唐五代,兴于宋,至南宋则空前繁盛;而南宋词作的"凄婉绵丽"的宗风,概由本书的流传而盛行不绝。本书收录南宋 132 人词作近四百篇,其选录精允,历来为论者称道,而置于其他宋词总集之上。是书由南宋三大词家之一周密辑录,清初查为仁、厉鹗笺释。据道光八年钱塘徐氏爱日轩刊本影印。

词综

[清]朱彝尊 汪森编　孟斐标校

1978 年 12 月 1 版 1 次

大 32 开　721 页

　　《词综》是清初的一部大型词选集,共收唐、五代、宋、金、元作者六百余家,词作二千二百余首,一些不知名的作者、作品也借此得以汇集留存。其规模之宏大,搜罗之繁富,考订之精审,超过先前任何一种选本。其编选宗旨,一出于清醇雅正,既不收淫亵浮艳的"俚"词,也排斥粗俗直露的"伉"音,一扫明季纤艳浮靡的词风,形成浙西词派百余年间领袖词坛。

词综

[清]朱彝尊 汪森编　李庆甲校点

2005 年 11 月 1 版 1 次

新版 2013 年 4 月 1 版 3 次

精装 78.00 元

大 32 开　956 页

　　《词综》是清初的一部大型词选集,共收唐、五代、宋、金、元作者六百余家,词作二千二百余首,一些不知名的作者、作品也借此得以汇集留存。其规模之宏大,搜罗之繁富,考订之精审,超过先前任何一种选本。其编选宗旨,一出于清醇雅正,既不收淫亵浮艳的"俚"词,也排斥粗俗直露的"伉"音,一扫明季纤艳浮靡的词风,形成浙西词派百余年间领袖词坛。据康熙三十年裘杼楼刻本标校印行。

词综补遗(全四册)

林葆恒编　张璋整理

2005 年 7 月 1 版 1 次

精装 298.00 元

大 32 开　3830 页

　　自清初词人朱彝尊编选《词综》刊行以来,为之续补之作不断出现,林氏之《词综补遗》网罗光、宣两家,兼及现代,共得作者 4800 余人,词作八千余首。众多词人词作赖是书以存。今首次由著名词学家张璋先生据手稿整理。

词林观止

陈邦炎主编

1994 年 4 月 1 版 1 次

1996 年 1 月 1 版 3 次

平装 42.00 元　精装 47.00 元

大 32 开　1360 页

　　词从唐至清,名家如林,名作似海。本书特从其中精选了七百余首,加以注释和讲析。

唐宋名家词选

龙榆生编选

1956 年 5 月 1 版 1 次

新版 2013 年 1 月 1 版 13 次

25.00 元

32 开　164 页

新版 2012 年 6 月 1 版 1 次

新版 2015 年 5 月 1 版 2 次

39.00 元

16 开　404 页

　　本书选录自唐迄宋 94 位著名作者 707 首词,入选的作家和作品,思想倾向、风格特点和艺术造诣,在文学史上都具有代表性。编选者对所选词的句读、韵脚都标了符号,对读者了解各词的情韵、声律有一定帮助。

唐宋词简释

唐圭璋选释

1981 年 7 月 1 版 1 次

1999 年 5 月 1 版 4 次

0.83 元

大 32 开　136 页

　　本书共选唐五代词 56 首、宋词 176 首。对入选作品着重在艺术上作了精辟的阐述,并裁择古词话各家之长,绎析精当,时见新意。

唐五代两宋词选释(全二册)

俞陛云撰

1985 年 11 月 1 版 1 次

新版 2011 年 4 月 1 版 1 次

2014 年 8 月 1 版 2 次

45.00 元

16 开　504 页

　　本书共选词人 120 家、词 909 首。俞陛云先生为清代经学大师俞樾之孙,当代文学家俞平伯之父,熟谙诗词。集中对所选各词,不但附加笺释,而且剖析层次脉络,指出其关键和精警所在,兼及词人轶事,考证故实,有时还参引前人评介。

唐五代两宋词简析

刘永济选释

1981 年 2 月 1 版 1 次

0.46 元

大 32 开　74 页

　　本书选词 133 首,根据作品的时代、题材、风格、流派,分为九类,对每首词作要言不烦的分析,可以帮助读者领会这些词的要义及其所运用的艺术手法。

唐五代词选

黄进德选注

1993 年 2 月 1 版 1 次

新版 2001 年 12 月 1 版 1 次

精装 30.00 元

大 32 开　452 页

　　唐五代词在词学发展上,正处于产生成长并逐渐形成第一个高潮的时期。本书选录敦煌曲子词和花间集词、南唐词三百余首,广泛吸取前人的研究成果,参以注者自己的见解,较全面系统地反映了这一时期的词学概貌。全书注释翔实,考据详确,集评丰富,对欣赏、研究均有参考价值。

宋词三百首笺注

上彊村民重编　唐圭璋笺注

1958 年 8 月 1 版 1 次

1999 年 10 月 1 版 2 次

15.50 元

大 32 开　344 页

　　本书为清末著名词学家上彊村民(朱祖谋,又名彊村)所选《宋词三百首》的笺注本。共辑录 80 家词人的作品 250 余首。于注释之外,笺录宋以后评论,及与作品有关的遗事珍闻。

宋词选

胡云翼选注
1962 年 2 月 1 版 1 次
新版 1995 年 3 月 2 版 8 次

简体横排本 2002 年 3 月 1 版 4 次
平装 18.40 元　精装 25.00 元
大 32 开　470 页

新版 2007 年 7 月 1 版 1 次
新版 2016 年 3 月 1 版 9 次
25.00 元
20 开　252 页

　　本书选录两宋名家词 290 余首,大多为思想性、艺术性较好的作品。注释浅显通俗,对各个作家和作品均作简要的介绍和说明,引用资料丰富,是一部较好的宋词选本。

宋词赏析

沈祖棻著
1980 年 3 月 1 版 1 次
2000 年 3 月 1 版 6 次
11.00 元
32 开　256 页

　　本书分《北宋名家词浅释》、《姜夔词小札》及《张炎词小札》三部分,附有关苏轼词及比兴问题的专论三篇。对所选作品逐首作了分析,抉隐发微,深入浅出,能帮助读者更好地理解和欣赏一些名家的作品。

近三百年名家词选

龙榆生编选
1956 年 9 月 1 版 1 次
1998 年 12 月新 1 版 4 次

新版 2012 年 8 月 1 版 1 次
平装 32.00 元
16 开　244 页

　　本书萃选自明末词人陈子龙起,历有清一代,迄民国时期著名词人作品,凡 66 家 498 首。各家均有小传,并采词话家评语。

白香词谱

——学词入门第一书
[清]舒梦兰撰　丁如明评订
2001 年 12 月 1 版 1 次
2016 年 4 月 1 版 17 次
20.00 元
大 32 开　268 页

　　《白香词谱》是一部词学入门书,选词 100 首,使用词牌 100 则,是类同《唐诗三百首》的启蒙实用读物。本书以注释、评析、说明形式,分别对这 100 首词及词调格律等进行解说考订。

戏　曲
散　曲
元明散曲集刊

甜斋乐府

[元]徐再思著　俞忠鑫校注
1990 年 12 月 1 版 1 次
1.75 元
32 开　64 页

　　元徐再思好食甘饴,自号"甜斋"。因与酸斋贯云石同时,且并擅乐府,故有"酸甜乐府"之称。元人散曲有豪放、清丽二派,豪放以马致远为坛主,清丽以张可久为领袖。徐再思所撰近于清丽,但兴到之作,却时见兼至。集中小令 103 首,多春景闺情等闲适之作,亦有怀古咏物等游赏作品。其中不乏脍炙人口的佳篇名句。

关汉卿散曲集

[元]关汉卿著　李汉秋　周维培校注
1990 年 7 月 1 版 1 次
1.90 元
32 开　82 页

　　关汉卿是曲坛的领袖。他是一流的杂剧作家,也是一流的散曲作家。关汉卿的散曲,反映了元代都市的生活和社会情状,记录了下层人民特别是艺人和书会才人的日常活动、喜怒哀乐,笔致细腻圆润,语言泼辣生动,充分体现了元代前期散曲"本色"的特点。本书对关汉卿的散曲作了较详尽的注释和校勘,附历代评论资料。

薛昂夫赵善庆散曲集

[元]薛昂夫 赵善庆撰 陆邦枢 林致大校注

1988 年 5 月 1 版 1 次

0.95 元

32 开 60 页

薛昂夫是少数民族出身的曲家,具有高度的汉族文化素养。集中咏史、叹世诸作,意味隽永,别开生面。赵善庆则擅长写景,妙笔如绘,有"词如蓝田美玉"之誉。

散 曲 聚 珍

散曲聚珍(全二十册)

1990 年 5 月 1 版 1 次

盒装 24.95 元

大 64 开 1280 页

《散曲聚珍》辑集了元、明 28 位主要曲家的全部作品,集中了散曲的精粹,反映了元明时期散曲创作的概貌。其中大部分作品为新中国成立以来初次刊行。《散曲聚珍》,一盒 20 册,采用便携式的袖珍开本。

关汉卿白朴郑光祖散曲

[元]关汉卿 白朴 郑光祖著

贺圣遂 林致大点校

1989 年 12 月 1 版 1 次

0.85 元

大 64 开 50 页

本书辑集了"元曲四大家"中三人的散曲作品。同他们所作的杂剧相比,这些散曲更倾向于表现作者本人的内心感受和生活情趣。不仅题材多样,艺术风格也不拘一格。

东篱乐府

[元]马致远撰 邓长风点校

1989 年 12 月 1 版 1 次

0.75 元

大 64 开 40 页

马致远与关汉卿、白朴、郑光祖并称"关马郑白",为元曲(杂剧、散曲)最著名的大家。马致远的散曲,以豪放清丽见称,尤其是小令《天净沙·秋思》、套数《夜行船·秋思》,更是脍炙人口,被誉为元曲的压卷之作。点校者从新发现的残六卷本《乐府新编阳春白雪》中又补

入了过去未收的佚曲。

卢挚姚燧冯子振王恽散曲

[元]卢挚 姚燧 冯子振 王恽著 陈长明点校

1989 年 12 月 1 版 1 次

0.83 元

大 64 开 48 页

卢挚、姚燧、冯子振及王恽四人官居要职,诗文在当代有很大影响。在散曲上同样卓有成就,尤以卢挚为最。他们的散曲以写景、怀古、唱酬为主要内容,风格清新雅正,而又以才力为之,体现了由词向曲递嬗时期的散曲风貌。

云庄乐府

[元]张养浩撰 冯裳点校

1989 年 12 月 1 版 1 次

0.82 元

大 64 开 46 页

《云庄乐府》全名《云庄自适休居小乐府》,收录了作者辞去高官退隐林下后的曲作品。张养浩曲作风格多变,有的清新隽永、本色当行,有的雄豪疏放、奇诡奔逸。他的咏史、怀古诸作,感情诚挚,笔调犀利。

小山乐府

[元]张可久撰 王维堤点校

1989 年 12 月 1 版 1 次

1.85 元

大 64 开 143 页

张可久,字小山(一说号小山),为元代曲坛的巨擘,其传世的散曲作品在数量上居元人之首。本书共收小令、套数 877 支。这些作品,既精于雕琢,又工巧自然,具有词的风韵和意境。尤其是集中大量描绘自然景色的曲作,优美清丽,为历来人们所传诵。

梦符散曲

[元]乔吉撰 申孟点校

1989 年 12 月 1 版 1 次

0.90 元

大 64 开 54 页

乔吉字梦符,一生除创作多种杂剧外,所撰散曲与张可久齐名,为元曲家之翘楚。《梦符散曲》内容以描写闺情相思、歌咏山川形胜、寄托感慨逸兴为主,字锤句

炼,开后代散曲清丽严整之风。

酸甜乐府

[元]贯云石　徐再思撰　陈稼禾点校

1989 年 12 月 1 版 1 次

0.79 元

大 64 开　44 页

　　贯云石号酸斋,徐再思号甜斋,后人将他们的散曲辑为一帙,称为《酸甜乐府》。贯云石的散曲以俊逸爽朗见长,其述怀之作亢壮警拔,写景的作品优美超脱。徐再思的创作风格则倾向于婉约工巧,他描摹闺情春思及江南风光的散曲,能体现出"清丽"的特色。

刘时中薛昂夫散曲

[元]刘时中　薛昂夫撰　周锡山点校

1989 年 12 月 1 版 1 次

0.83 元

大 64 开　48 页

　　刘时中以套数《上高监司》著称于世,这是元散曲中篇幅最长的两支联套,对元代社会的政治和经济情状作了入木三分的描写,在文学史上占有重要的地位。他创作的小令套曲,多具独创性,斐然可观。薛昂夫是少数民族作者,他的咏史、怀古、描绘山河风光的散曲,融激越慷慨与流丽闲婉于一体,前人评称"如雪窗翠竹"。

诚斋乐府

[明]朱有燉撰　翁敏华点校

1989 年 12 月 1 版 1 次

1.25 元

大 64 开　84 页

　　朱有燉是明朝宗室,朱元璋之孙。明初曲坛上杂剧和散曲的代表作家,散曲集《诚斋乐府》反映作者"远人事,亲自然"的思想倾向,如赏花、题情、悯农之作。从风格看,其北曲多豪放,南曲则具阴柔之美。善用口语、叠字,活泼有致。

王西楼乐府

[明]王磐撰　李庆点校

1989 年 12 月 1 版 1 次

0.60 元

大 64 开　26 页

　　王磐,字鸿渐,号西楼。他的散曲以清丽胜,而融轻

俊、新警、老辣、诙谐于一体,写怀咏物、讽刺俳谐俱称能手,时人比为曲中杜牧。

碧山乐府

[明]王九思撰　沈广仁点校

1989 年 12 月 1 版 1 次

1.50 元

大 64 开　110 页

　　王九思为明"前七子"之一,但他最主要的文学成就还是在散曲的创作上,与康海同被誉为明代曲坛中兴的功臣。《碧山乐府》继承了元代散曲遒劲酣畅的本色,而结合以典丽工整,风格独特,韵味隽永。本书收入了王九思的全部散曲作品,点校者还从崇祯补刻本中辑得佚曲多首,俾成完璧。

沜东乐府

[明]康海撰　周永瑞点校

1989 年 12 月 1 版 1 次

1.20 元

大 64 开　84 页

　　康海,明代文坛"前七子"之一,怀才不遇,遂以狂狷抗世,《沜东乐府》的基调是愤世嫉俗,抨击时事。锋芒锐利,具有较高的现实主义成就。其艺术风格雄放豪迈,善用口语;但又有以才学制曲的倾向,而开启了明代散曲文人化和案头化的风气。

陈铎散曲

[明]陈铎撰　杨权长点校

1989 年 12 月 1 版 1 次

1.05 元

大 64 开　68 页

　　陈铎有"乐王"之称。《滑稽余韵》为其代表作,它犹如一幅"百业图",将明代社会士农工商各行各业的面貌特色以及市民阶层生活状况描绘得淋漓尽致,将散曲的表现内容、意境及社会功能突破到新的高度。《滑稽余韵》建国后才被发现,尚未单独出版,今与其他两种合辑一册。

杨升庵夫妇散曲

[明]杨慎　黄峨撰　金毅点校

1989 年 12 月 1 版 1 次

1.10 元

大 64 开　72 页

　　杨慎是明代著述最富的学问大家,半生在流放中度过。他的散曲多作于谪滇之后,感情深挚,而才力又足以济之,故迭有佳作。他的继妻黄峨也富有才情,其散曲以细腻悱恻、情辞并茂见长,是散曲史上第一位知名的妇女作家,后人比为曲中的李清照。这次整理,在以往的杨慎夫妇合辑集的基础上,又增补了杨慎所作小令多首。

江东白苎

　　[明]梁辰鱼撰　彭飞点校
　　1989 年 12 月 1 版 1 次
　　0.98 元
　　大 64 开　62 页

　　《江东白苎》作品可分为两类:一类是充满阳刚之气的弹铗悲歌;另一类是柔婉妩媚的浅斟低唱。作者善于锤炼字句,铸造意境,又注意音韵的谐美,故常能声情并茂,但也造成了散曲诗词化、文人化的消极倾向。梁辰鱼以撰作此集与第一部昆腔传奇《浣纱记》而名重江南。

海浮山堂词稿

　　[明]冯惟敏撰　汪贤度点校
　　1989 年 12 月 1 版 1 次
　　2.05 元
　　大 64 开　162 页

　　冯惟敏的散曲成就,堪许为明代第一人。《海浮山堂词稿》的最大特色,是题材广阔,除了写景抒情遣怀的传统内容外,还有不少慨叹民生疾苦、揭露社会弊端、讽刺官场丑恶的篇章,从而增强了散曲的社会作用。在艺术上,作者发挥了北曲豪爽奔放的特色,语言本色流畅,亦庄亦谐,有"曲中辛弃疾"之誉。

鞠通乐府

　　[明]沈自晋撰　李宗为点校
　　1989 年 12 月 1 版 1 次
　　0.85 元
　　大 64 开　50 页

　　沈自晋为著名曲家沈璟之侄,精于音律,是"吴江派"的中坚人物。《鞠通乐府》为其晚年所作,文字清丽,格律严谨。内容除了反映隐逸、山水的传统主题外,还真实地记录了作者的生活经历和感受,并别具一格地运用散曲形式表述了"吴江派"的曲学主张。

萧爽斋乐府

　　[明]金銮撰　骆玉明点校
　　1989 年 12 月 1 版 1 次
　　0.90 元
　　大 64 开　54 页

　　金銮的散曲将丽词与口语融于一体,婉转而又畅达,诙谐善谑,为当时独步。尤以小令见长。

秋水庵花影集

　　[明]施绍莘撰　来云点校
　　1989 年 12 月 1 版 1 次
　　1.50 元
　　大 64 开　108 页

　　施绍莘尤擅长套,集中今存的套曲数量居明人之冠。他的作品熔清丽、雄逸、典雅于一炉,时人评谓"词太俊,情太痴,胆太大,肠太柔,舌太纤,抓搔痛痒、描写笑啼,太逼真,太曲折",被公认为散曲表现风格之集大成者。

鹤月瑶笙

　　[明]周履靖撰　甘林点校
　　1989 年 12 月 1 版 1 次
　　0.88 元
　　大 64 开　46 页

　　本书用南曲写成,在现存的散曲集中,实不多见。作者襟怀冲淡,甘老林泉,但在避世全身的吟唱中,愤世嫉俗之意仍隐然可见。曲中写景多俊语,赞美了秀丽的河山。

选　集

全元散曲简编

　　隋树森选编
　　1985 年 6 月 1 版 1 次
　　新版 1995 年 9 月 1 版 1 次
　　精装 28.20 元
　　大 32 开　608 页

　　元代散曲是我国古典文学的一种诗歌体,它由一定的曲牌填写而成,既可演唱,又可阅读欣赏。大体分为小令与套数两类。本书精选思想性、艺术性较强和题材体式、风格流派各方面有代表性作品,计小令千余首,套数百余套,体现出元散曲的概貌。

曲苑观止

陈邦炎主编

1997年5月1版1次

平装二册33.20元　精装37.60元

大32开　864页

本书选录元、明、清三代散曲、戏曲中的精品，由专家学者作简要的注释和精到的讲析，以帮助广大读者学习和欣赏。书中的赏析文章，既是我国曲学研究成果的结晶，又是一篇篇分析准确、词采纷呈的散文佳作。

元人小令集

陈乃乾辑

1958年1月1版1次

1.50元

大32开　469页

本书分黄钟、中吕、南吕、双调、商调等6种曲调，每种近百首小令，为元散曲研究者提供了更为丰富的资料。

元人散曲选

刘永济辑录

1981年7月1版1次

0.42元

大32开　66页

本书共选44位曲家的小令近二百首，套数27套。所选作品一般兼具思想性和艺术性，并能兼顾各种风格、流派，反映了元代散曲的基本面貌。

类聚名贤乐府群玉

[元]无名氏选辑　隋树森校订

1983年1月1版1次

0.59元

32开　118页

本书是元代无名氏所选散曲小令集，共收录元曲作家24人所作的小令七百余首。本书所选的作品中约半数是其他元、明曲书中所没有的，因此是研究元代散曲史的重要参考资料。校订者以郑振铎先生所藏"心井庵抄本"为底本，参以著名曲学家吴梅的校记，又用多种元、明散曲选本加以校订整理，使本书更臻完善。

南北宫词纪

[明]陈所闻编　赵景深校订

1959年8月1版1次

线装9.30元

大32开　716页

《南宫词纪》专录明人作品，在所有的南曲、套数、小令的选本中可说是刊行最早的一部。《北宫词纪》兼采元、明人的作品，以元、明间的汤式和明陈铎的作品选得最多。

南北宫词纪校补

[明]陈所闻编　吴晓铃校补

1961年12月1版1次

线装2.50元

大32开　88页

《南北宫词纪》为研究元、明两代散曲的重要选集。此书为吴晓铃根据《南北宫词纪》的原刊本校正的，纠正缺字和误字，增补脱页，并增加了《北宫词纪外集》三卷。

元曲选

赵义山选注

2008年4月1版1次

精装38.00元

大32开　504页

本书选录元代散曲与剧曲中的名作、佳作，包括关汉卿、马致远等九十余位作者，小令、套数等各种体式的三百余篇作品。选目以"趣"字为原则，较为全面、精当，既能体现元曲的艺术成就，又能反映元代社会情况。书中所录每位作者均有小传，简介其生平及作品状况；每曲下有注释、评论，有利于读者对原作的理解与鉴赏。

戏 曲 名 著

古本董解元西厢记

[金]董解元撰

线装1957年12月1版1次

平装1984年5月1版1次

0.87元

32开　128页

《董解元西厢记》简称《董西厢》，明适适子校刻的《古本董解元西厢记》是现存《董西厢》中刊刻年代最早的本子之一。《董西厢》是有说有唱，而以唱为主的诸宫调，现存诸宫调还有《刘知远》和《天宝遗事》两种。《董西厢》是三种诸宫调中首尾最完备和思想艺术性最高的一种。内容源于唐人元稹小说《莺莺传》，而从情节到主题思想都有了新的变化，突出了崔莺莺、张生争取婚姻自主、反抗封建礼教束缚的主题。

明嘉靖本董解元西厢记

1963 年 10 月 1 版 1 次

线装 7.00 元

8 开　62 页

　　此书为明嘉靖中张羽所刻原本，此本首尾完善，前有张序原刻，卷末有杨循吉跋语。全书经张氏详校补遗，为董西厢的一个善本。

西厢记

[元]王实甫著　　王季思校注

1954 年 6 月 1 版 1 次

新版 1995 年 3 月 1 版 12 次

精装 22.20 元

大 32 开　264 页

　　王实甫的《西厢记》演张生与崔莺莺的爱情婚姻故事，是我国最精美、最典雅、最负盛名的戏曲精品。由著名学者王季思对《西厢记》进行校注，书后还附了他两篇关于《西厢记》作者问题的论文。

槃迈硕人增改定本西厢记

1963 年 9 月 1 版 1 次

线装 10.50 元

8 开　184 页

　　此为明人"槃迈硕人"改编的三十折本《西厢记》，比较全面地考查了当时各种刻本和附录的各种注文，在许多重要关目处改动了唱词，增加了曲白，由此发展了人物性格，更加丰富了作品的思想内容，并部分地解决了原著文字校刊方面的问题。

金圣叹批本西厢记

[元]王实甫原著　[清]金圣叹批改　张国光校注

1986 年 5 月 1 版 1 次

1.85 元

32 开　184 页

　　明末清初，对戏曲小说的评点蔚然成风，金圣叹是其中影响最大、成就最高的评点家之一。金圣叹评点的作品，以《水浒》、《西厢》最为著名，是三百年来流传最广的本子。金批《西厢记》原署《第六才子书》，是金圣叹据王实甫原著的批改本。对原著部分情节作了改动，每折前有总评，并将全文详分章节，逐一加评，阐发作品

的大旨妙义。批语词义浩达，隽语迭出，读之解颐。

集评校注西厢记

[元]王实甫著　王季思校注　张人和集评

1987 年 4 月 1 版 1 次

2.60 元

大 32 开　204 页

　　本书以王季思校注本为基础，由张人和选录了元代以后各家对此书的眉批和总评，书末还附录元稹《会真记》等材料，从中可见崔张故事发生、发展及演变的过程。

凌刻套板绘图西厢记

[元]王实甫著　[明]凌濛初评

2005 年 6 月 1 版 1 次

锦函线装 298.00 元

6 开　410 页　图 20 幅

　　明末凌濛初套板印本，是中国古代印刷史上不可多得的艺术珍品。三百年来，凌刻本已寥若晨星，而其中套色绘图的名著印本，尤为罕见。本书为凌刻套色印本之一种，由当时著名的徽派画家精心绘图，眉端集录诸家评语，字体秀逸，是凌刻本中最上乘的代表作。兹以原刻初印本线装影印，行格版框悉保持原貌，堪称阅读与收藏的最佳版本之一。

明闵齐伋绘刻西厢记彩图　明何璧校刻西厢记

[元]王实甫著

2005 年 4 月 1 版 1 次

锦函线装 198.00 元

6 开　120 页

　　《明闵齐伋绘刻西厢记彩图》为德国科隆东方艺术博物馆珍藏的明崇祯十三年闵齐伋刊《西厢记》21 幅插图，均为精美的彩色木刻插图，堪称木刻中的珍品。《明何璧校刻西厢记》收上海图书馆藏明万历四十四年(1616)何璧校《北西厢记》二卷本，其中有摹仇英画莺莺像一幅、插图八幅。现将这两种书合刊，线装锦函出版。

琵琶记

[元]高明著　钱南扬校注

1960 年 7 月 1 版 1 次

0.85 元

大 32 开　256 页

元代南戏的代表作之一。元朝末年高明所作,写汉代书生蔡伯喈与赵五娘悲欢离合的故事,表现了封建制度下妇女的悲惨遭遇,也揭露了封建官场的黑暗;同时也宣扬了封建伦理思想。

元本琵琶记校注

[元]高明著　钱南扬校注

1980 年 12 月 1 版 1 次

平装 0.67 元　精装 0.99 元

32 开　136 页

元末高明所作的以赵五娘和蔡伯喈故事为主要内容的《琵琶记》,是我国古典戏曲中较有影响的一部作品,本书以元刻本为底本进行校注。

赵氏孤儿

[元]纪君祥等撰

2010 年 10 月 1 版 1 次

2011 年 5 月 1 版 2 次

平装 24.00 元

20 开　212 页

此书是围绕"赵氏孤儿"故事母题而汇编的一本主题文集。收录有:汉代司马迁所撰《史记·赵世家》中的"赵氏孤儿"故事,元代纪君祥所撰的著名杂剧《赵氏孤儿大报仇》,明代徐元所撰的《八义记》,18 世纪法国大文豪伏尔泰根据传教士译介的"赵氏孤儿"故事所改编撰写的《中国孤儿》戏剧,近代梨园赫赫有名的"冬皇"孟小冬传本的京剧《搜孤救孤》剧本,以及清代蔡元放所编撰的《东周列国志》一书中的"赵氏孤儿"故事部分。其中,《中国孤儿》的中译本、《八义记》的标点本和孟小冬传本的《搜孤救孤》都是首度公开,具有很高的文本价值。另附有一册《〈赵氏孤儿〉导读手册》,语言通俗诙谐,旨在帮助读者全面了解"赵氏孤儿"故事的来龙去脉,方便理解正册中的各文本。

玉簪记

[明]高濂著　黄裳校注

1956 年 10 月 1 版 1 次

0.40 元

大 32 开　137 页

传奇剧本,述书生潘必正与女尼陈妙常的自由恋爱故事。本事出《古今女史》,话本小说有《张于湖误宿女贞观》,剧本作了改写。该剧词语清丽,颇为后人推重,在中国戏曲史上占有一席之地。

牡丹亭

[明]汤显祖著　徐朔方 杨笑梅校注

1958 年 4 月 1 版 1 次

1.00 元

大 32 开　311 页

明代戏剧家汤显祖的代表作,演述杜丽娘与柳梦梅这对青年男女之间的爱情故事。《牡丹亭》又名《还魂记》,与汤显祖的其他三部作品《紫钗记》、《南柯记》、《邯郸梦记》合称"临川四梦",亦称"玉茗堂四梦"。

邯郸梦记校注

[明]汤显祖著　李晓金 文京校注

2004 年 12 月 1 版 1 次

25.00 元

大 32 开　296 页

《邯郸梦记》是明代著名戏剧家汤显祖晚年所写的最后一部传奇作品,全剧演绎卢生在邯郸旅店中,枕上入梦,历数十年富贵繁华,醒时店主人炊黄粱尚未熟的亦真亦幻的经历,融进了汤显祖对明季社会的冷峻讽刺和抨击。清黄周星推其为"四梦第一"。本书填补了临川四梦唯《邯郸梦记》没有校注本的空白。

蕉帕记评注

[明]单本著　池万兴评注

2013 年 10 月 1 版 1 次

28.00 元

32 开　288 页

《蕉帕记》是明代万历年间产生的一部优秀爱情传奇。本书以中华书局《六十种曲》(汲古阁本)为底本,对原作进行断句、标点、注释并评论。每出之末有简评,全剧之后有总评,并收附录等。

彩楼记

[明]无名氏著　黄裳校注

1956 年 11 月 1 版 1 次

0.26 元

大 32 开　86 页

此为戏曲传奇,叙宋吕蒙正破窑招亲故事。宰相刘懋女刘千金彩楼招婿,绣球为寒儒吕蒙正拾得,刘千金信守誓言,遭相府逐出,夫妇二人居破窑相依为命。后吕蒙正状元及第,衣锦荣归,刘千金父女始和好如初。作品抨击了门阀政治及嫌贫爱富的社会风气。

水浒戏曲集

傅惜华编

1957 年 9 月 1 版 1 次

新版 1985 年 10 月 1 版 1 次

（一）1.75 元 （二）3.05 元

32 开 364 页

本书汇集了现存的有关水浒故事的重要戏曲作品，第一集为元明清三代杂剧 15 种，第二集为明代传奇 6 种。这些戏曲保留了大量有关水浒故事的民间传说，显示了历代作家在发展《水浒》题材方面的艺术创造力，同时亦反映了古典戏曲同小说《水浒传》相互影响的关系。

聊斋志异戏曲集（全二册）

关德栋 车锡伦编

1984 年 1 月 1 版 1 次

2.50 元

32 开 484 页

至清代末年，已知的据《聊斋》改编的戏曲约有 20 种。内容上保持了原著的进步思想倾向，艺术上有所创造。这类剧作过去流传不广，有的甚至未经刊印，本书悉数加以辑录。

古柏堂戏曲集

[清]唐英撰 周育德校点

1987 年 10 月 1 版 1 次

5.80 元

大 32 开 324 页

唐英，人称古柏先生，清中叶著名工艺家、戏曲家。本书收集了唐英现存全部剧作《双钉案》、《梅龙镇》、《梁上眼》等 17 种，以传世的 4 种本子校勘，是继乾、嘉年间刊行的古柏堂刻本后首次整理，较为完备。唐英从演出实践出发，大胆将乱弹剧目改编为昆曲，给昆曲带来了生机。他的剧作中大量宾白提示，涉及清代地方戏的演出情况及舞台艺术等方面，为戏曲工作者、研究者提供了珍贵的史料。

吟风阁杂剧

[清]杨潮观著 胡士莹校注

1963 年 4 月 1 版 1 次

新版 1984 年 1 月 1 版 1 次

0.93 元

大 32 开 130 页

《吟风阁杂剧》包括 32 个短剧。它取材历史、神话故事，题材广泛并富于想象，抒发作者的情怀。部分作品在一定程度上反映人民的疾苦，痛砭贪暴官吏，赞美勤俭廉洁，讽刺世态恶习，具有进步的思想内容。艺术上也很有特色，宾白平易流畅，妙语迭出；曲文清新优美，富有诗意。

宋元戏文辑佚

钱南扬辑录

1956 年 12 月 1 版 1 次

1.00 元

大 32 开 301 页

宋元戏文继承了北宋大曲、诸宫调等，又发展成传奇，在戏曲史上有承前启后的作用。本书参考了《宋元戏文本事》、《宋元南戏百一录》、《南戏拾遗》等众多资料，取材以曲谱为主，曲选次之。

元人杂剧钩沉

赵景深辑

1956 年 2 月 1 版 1 次

0.53 元

32 开 185 页

本书将散见于《太和正音谱》、《北词广正谱》、《盛世新声》、《雍熙乐府》、《九宫大成谱》等书里的元人杂剧的逸文加以搜集，经过校订编成，使现存元人杂剧增加了 45 种。

明代徽调戏曲散辑佚

王古鲁辑录

1956 年 6 月 1 版 1 次

0.70 元

大 32 开 188 页

本书共收辑明代安徽弋阳腔系统变调的青阳调滚调等戏曲散十六。除《琵琶记》外，都是不易见到、久已佚亡的作品。

十大古典戏曲名著

翁敏华 冯裳 范民声标校

1994 年 12 月 1 版 1 次

平装 18.30 元 精装 23.80 元

大 32 开 396 页

本书包括元代关汉卿《窦娥冤》、马致远《汉宫秋》、王实甫《西厢记》、白朴《梧桐雨》、郑光祖《倩女离魂》、高明《琵琶记》,明代汤显祖《牡丹亭》,清代李渔《风筝误》、洪昇《长生殿》、孔尚任《桃花扇》。各剧都择取了最好的版本,标点校勘,尤其是严格审核曲律、精订正字与衬字,使之不仅可为一般文学爱好者作案头欣赏,而且也可为专业剧团提供全剧或片段的演出底本。

中国十大古典名剧(全二册)

翁敏华 冯裳 范民声标校

2012 年 8 月 1 版 1 次

68.00 元

16 开　628 页

本书收录《窦娥冤》、《汉宫秋》、《西厢记》、《梧桐雨》、《倩女离魂》、《琵琶记》、《牡丹亭》、《风筝误》、《长生殿》和《桃花扇》十大古典名剧。每剧均勘核曲律,按南北曲谱和曲牌的内在规律重新精订正衬,并配以简明扼要题解,以便现代读者更好地阅读古代戏曲文本。

明清传奇丛刊

荆钗记

[元]柯丹邱著

1960 年 3 月 1 版 1 次

0.38 元

32 开　126 页

本剧写的是王十朋不弃糟糠之妻钱玉莲的故事。本书以开明书店的《六十种曲》本为底本标点后排印。

白兔记

[明]无名氏著

1959 年 12 月 1 版 1 次

0.26 元

32 开　82 页

本剧根据民间流传已久的刘知远和李三娘的故事改编而成。本书以《六十种曲》本为底本标点后排印。

杀狗记

[明]徐㕦著

1960 年 3 月 1 版 1 次

0.34 元

32 开　108 页

本剧写的是孙华、孙荣兄弟失和与团圆的故事,宣

扬封建伦理道德。本书以《六十种曲》本为底本标点后排印。

幽闺记

[明]施惠著

1959 年 1 月 1 版 1 次

0.32 元

32 开　108 页

本剧写的是蒙古兵入侵金国背景下王瑞兰和蒋世隆的悲欢离合故事。本书以《六十种曲》本为底本标点后排印。

玉簪记

[明]高濂著

1959 年 12 月 1 版 1 次

0.28 元

32 开　85 页

本剧写的是陈妙常和潘必正的恋爱故事,反映了当时人们要求自由解放、摆脱封建观念束缚的精神。本书以《古本戏曲丛刊》本为底本标点后排印。

邯郸记

[明]汤显祖著

1960 年 2 月 1 版 1 次

0.32 元

32 开　102 页

本剧取材于唐人沈既济的传奇小说《枕中记》,写卢生借吕洞宾仙枕梦历富贵、醒后黄粱饭尚未熟的故事。本书以《六十种曲》本为底本标点后排印。

南柯记

[明]汤显祖著

1960 年 9 月 1 版 1 次

0.38 元

32 开　126 页

《南柯记》是汤显祖晚年的作品,取材于唐人李公佐的传奇《南柯太守传》,表现了富贵如梦、人生无常的主题。本书以《六十种曲》本为底本标点后排印。

东郭记

[明]孙仁孺著

1959 年 6 月 1 版 1 次

0.32 元

32 开　106 页

　　本书以《孟子》中"齐人有一妻一妾"一章的故事为主线,扩展变化成对当时官场和社会现实的描绘与批判。本书以《古本戏曲丛刊》本为底本标点后排印。

浣纱记

[明]梁辰鱼著

1959 年 3 月 1 版 1 次

0.40 元

32 开　136 页

　　《浣纱记》又名《吴越春秋》,写的是吴越战争时范蠡和西施的恋爱故事。本书以《六十种曲》为底本标点后排印。

精忠记

[明]姚茂良著

1959 年 1 月 1 版 1 次

0.26 元

32 开　82 页

　　本书为明人沈茂良所作的戏曲,演绎民族英雄岳飞被奸臣秦桧谋害的故事。本书根据《六十种曲》本校点后排印。

鸣凤记

[明]王世贞著

1959 年 3 月 1 版 1 次

0.44 元

32 开　150 页

　　本戏曲写的是明代以夏言、杨继盛为代表的爱国爱民的正义力量和以奸相严嵩为代表的反动势力之间的斗争。本书以《六十种曲》本为底本标点后排印。

彩楼记

[明]无名氏著

1960 年 1 月 1 版 1 次

0.19 元

32 开　58 页

　　本戏曲写的是吕蒙正和刘千金的喜剧故事。本书以《古本戏曲丛刊》本为底本标点后排印。

清忠谱

[清]李玉著

1959 年 11 月 1 版 1 次

0.34 元

32 开　108 页

　　《清忠谱》是以明天启年间东林党人周顺昌和苏州人民反对魏忠贤迫害为主题的戏曲,反映的是真实的历史事件。本书以《古本戏曲丛刊》本为底本标点后排印。

古代戏曲丛书

红梅记

[明]周朝俊著　王星琦校注

1985 年 8 月 1 版 1 次

0.92 元

32 开　96 页

　　《红梅记》写南宋末年书生裴禹与卢昭容由折红梅相识并相爱,受权相贾似道迫害,几经周折,终于结合的故事。其中穿插的贾似道侍妾李慧娘因顾盼裴禹被杀,鬼魂与裴相会并救裴脱险,与贾似道面辩等情节,为昆剧《李慧娘》所本。

四声猿 (附《歌代啸》)

[明]徐渭著　周中明校注

1984 年 4 月 1 版 1 次

0.62 元

32 开　124 页

　　《四声猿》由四个杂剧组成。《狂鼓史渔阳三弄》写祢衡击鼓骂曹操;《玉禅师翠乡一梦》写玉通和尚破戒以及转世后重新皈依佛教;《雌木兰替父从军》写花木兰女扮男装替父出征立功;《女状元辞凰得凤》述黄崇嘏改妆赴试,高中状元,与丞相之子成亲。《四声猿》融合南北曲优点入剧,是明代较杰出的作品。所附《歌代啸》,写"只许州官放火,不准百姓点灯"故事,相传也是徐渭所作。

杀狗记

[明]徐畛著　俞为民校注

1992 年 7 月 1 版 1 次

2.10 元

32 开　80 页

《杀狗记》在中国戏曲史上与《荆钗记》、《白兔记》、《拜月亭》合称四大南戏，具有早期南戏质朴、自然、活泼的艺术风格。本书写孙荣与市井无赖为友，疏远亲兄弟；妻杨氏设计，杀狗扮作人身，在帮助移尸这一事件中，孙荣认清了是非，兄弟重归和睦。反映了当时社会风情和伦理观念的一个侧面。

燕子笺

[明]阮大铖著　刘一禾注　张安全校

1986年5月1版1次

1.20元

32开　120页

本书为明末的一部著名戏剧。剧本以燕子传笺作关目，故名。该剧思想虽然比较平庸，但情节曲折动人，文词优美，在当时颇负盛名。

绿牡丹

[明]吴炳著　罗斯宁校注

1985年8月1版1次

0.89元

32开　92页

本书写翰林沈重为替女儿沈婉娥择配，组织文会，题咏绿牡丹而引出的一番爱情波折。全剧结构缜密，情节曲折，语言优美诙谐，喜剧性强。

娇红记

[明]孟称舜著　欧阳光注

1988年5月1版1次

1.65元

32开　144页

《娇红记》是明末著名剧作家孟称舜的代表作，叙述了一个凄凉委婉、感人肺腑的爱情故事：才子申纯与表妹王娇娘相爱，私订终身却无法结合，终致殉情而死，魂化鸳鸯。全剧情节曲折，语词优雅，为明清传奇的上乘之作。

临川梦

[清]蒋士铨著　邵海清校注

1989年5月1版1次

2.20元

32开　128页

本书采取明代戏曲家汤显祖的逸事传闻，结合有关历史事实，剪裁铺叙而成。全剧塑造了一个疾恶如仇、清正廉洁、多才多艺的汤显祖形象，并大胆想象，让汤显祖剧作《玉茗堂四梦》中人物一一登场，与他周旋于梦中，平添了不少幽默机趣。全剧语言清丽自然，场景富有诗情画意，在清代剧作中享有盛名。

一捧雪

[清]李玉著　欧阳代发校注

1989年9月1版1次

2.50元

32开　96页

明代贵公子莫怀古家传玉杯名"一捧雪"，严嵩父子倚势逼取。围绕着一只玉杯，展开了异常尖锐激烈的矛盾冲突。清代著名剧作家李玉根据史料改写的传奇《一捧雪》，人物形象生动，情节扣人心弦，是久享盛名的佳作。当时与作者其他三个剧本《人兽关》、《永团圆》、《占花魁》联称为"一人永占"，蜚声艺林。

冬青树

[清]蒋士铨著　邵海清校注

1988年6月1版1次

2.50元

32开　140页

《冬青树》是一部著名历史剧。铺演宋末爱国志士文天祥、谢枋得等人奋勇抗敌、坚贞不屈的英雄事迹，真实生动地再现了宋王朝灭亡时的史实。全剧被誉为"事事实录，语语沉痛，足与《桃花扇》抗手"（《花朝生笔记》）。本书以蒋氏红雪楼刊本为底本，校以渔古堂、焕乎堂本，并作了简注。

风筝误

[清]李渔撰　湛伟恩校注

1986年1月1版1次

0.85元

32开　82页

《风筝误》是李渔的代表作，写书生韩琦仲题诗风筝上，风筝线断，飘落詹家，引出了一连串的巧合和误会。全剧关目新奇，针线细密，语言通俗诙谐，喜剧性强。其中"惊丑"、"逼婚"等出，至今昆剧、京剧等剧种仍在搬演。本书除校勘外尚作了简注。

十五贯校注

[清]朱素臣著　张燕瑾　弥松颐校注

1983 年 5 月 1 版 1 次

0.53 元

32 开　104 页

　　传奇《十五贯》又名《双熊梦》。虽系古典戏曲名作,但长期来很少刊印。本书以《古本戏曲丛刊》三集影印本为底本,参校许饮流莲勺庐钞本以及《六也曲谱》本等,对一些词语作了注释,对疑难曲文作了串讲和简析,并把宋代话本小说《错斩崔宁》作为附录。

图文评点本四大名剧

金圣叹评点西厢记

[元]王实甫著　[清]金圣叹评点　李保民点校

2008 年 7 月 1 版 1 次

30.00 元

18 开　184 页

　　元代王实甫创作的《西厢记》自问世以来,不断有人从不同的角度予以评点,其中以清初文学批评家金圣叹的评点本最为著名,也最有影响。此次整理出版金评本《西厢记》,特荟萃数百年来与之相关的珍稀版刻插图,使图文并茂。

吴吴山三妇合评牡丹亭

[明]汤显祖著　[清]陈同　谈则　钱宜合评

李保民点校

2008 年 7 月 1 版 1 次

28.00 元

18 开　160 页

　　本书为明代杰出的戏曲家汤显祖创作的《牡丹亭》评本之一,它由清代著名文人吴舒凫的未婚妻陈同、续娶妻谈则、妻子钱宜先后评点,共同完成。书中评点细致入微,或疏通文义,或阐发名理,或揭示社会现状,均有独到之处。透过这些评点,可以窥见当时闺阁妇女的生活态度和思想感情,堪称清代女性评点文学的力作。这个评本,一般的读者很少见到,此次整理,以康熙刻本为底本,参校同治清芬阁刻本,改正若干刻印错误,并配有大量精美的插图。

吴人评点长生殿

[清]洪升著　[清]吴人评点　李保民校点

2012 年 7 月 1 版 1 次

26.00 元

18 开　156 页

　　《长生殿》根据当时的历史事实和前人纪传,精心描写了李隆基、杨玉环生离死别的爱情悲剧。作者洪升文友徐麟、吴人分别从曲律、剧情、结构、意旨、字句等可圈可点处对此剧着眼评述,其中吴人的评点更是得到作者首肯,被认为"发予意所含蕴者实多",但一直以来少有整理本刊行。本书据暖红室刻本校点出版,并配以大量精美绘画,以满足戏剧和文学爱好者的需求。

云亭山人评点桃花扇

[清]孔尚任著　[清]云亭山人评点　李保民点校

2012 年 7 月 1 版 1 次

26.00 元

18 开　156 页

　　云亭山人,孔尚任号。本书中《小引》、《小识》、《本末》、《凡例》、《纲领》,皆为《桃花扇》作者孔尚任自撰。至于评点,《桃花扇本末》云"借读者"所作,"句批顶,总批在尾,忖度予心,百不失一……已不记出自谁手",则当属多人所为,也不排除孔尚任故作狡狯、自我点评的可能。现据康熙原刻本及清光绪兰雪堂刻本整理出版,以满足戏剧和文学爱好者的需求。

戏曲研究资料

古典戏曲存目汇考(全三册)

庄一拂编著

1983 年 5 月 1 版 1 次

平装 7.60 元　精装 9.00 元

大 32 开　1048 页

　　本书汇集我国古典戏曲剧目,计有戏文 320 余种,杂剧 1830 余种,传奇 2590 余种,是迄今为止较为完整的一部古典戏曲总目。编著者对了解到戏曲原著的剧目,都简要介绍剧情梗概,并考订其来源影响;对所录剧目或存传本,或仅有散折,或已遗佚,均加标明,以便于研究者查考。

元明清三代禁毁小说戏曲史料

王利器辑录

1981 年 2 月 1 版 1 次

1.85 元

大 32 开　258 页

　　本书搜集了从官书到私人笔记的有关文献资料,曾于 1958 年由作家出版社出版。此次,辑录者又增添许多资料,内容更加丰富。

天一阁蓝格本正续录鬼簿

[元]钟嗣成著

1960年3月1版1次

线装二册12.00元

大16开　172页

　　《录鬼簿》是重要曲学著作。本书包括钟氏《录鬼簿》和明初贾仲明《续录鬼簿》,增加了元和明初的剧作家作品80部,并附失载名氏作品78部,对戏剧及戏剧批评史的研究都具有重要价值。

录鬼簿(外四种)

[元]钟嗣成等著

1959年10月1版1次

新版1978年4月1版1次

1.30元

大32开　210页

　　本书包括:一、元代钟嗣成撰的《录鬼簿》;二、明代无名氏撰的《录鬼簿续编》;三、明代朱权撰的《太和正音谱》;四、明代吕天成撰的《曲品》;五、清代高奕撰的《传奇品》。《录鬼簿》记述了一百余位戏曲作家的小传和作品目录,《录鬼簿续编》记叙了元代后期至明初的戏曲作家小传及作品目录,其他三部著作也都是研究我国戏曲史和文学史的重要材料。

远山堂明曲品剧品校录

[明]祁彪佳著　黄裳校录

1957年10月1版1次

1.20元

大32开　350页

　　本书是我国古典剧、曲的最重要的文献之一,不仅品评了明代的各种剧、曲创作,而且著录的677种名目中,有376种是未曾见于其他著录的,大大丰富了明代剧、曲文学史的内容。

清乾隆御览四色抄本戏曲两种(全四册)

上海图书馆编

2012年7月1版1次

线装2000.00元

6开　406页

　　上海图书馆为庆祝建馆六十周年,将馆藏海内孤本《江流记》与《进瓜记》全彩仿真影印。两书皆为清代内府四色抄写,精美绝伦。每册皆钤有"五福五代堂宝"、"八征耄念之宝"、"太上皇帝之宝"三枚乾隆皇帝印章,曾经乾隆御览并收藏于宫内。

俞粟庐书信集(全二册)

俞经农藏本　唐葆祥编注

2012年6月1版1次

线装400.00元

6开　166页

　　本书收录"江南曲圣"、著名昆曲清曲家俞粟庐写给儿子俞振飞、侄儿俞建侯、穆藕初等人的书信41封,每封信都由手稿、排印标点及注释三部分组成。俞粟庐在这些信中,表达了他对昆曲唱念、书法以及为人处世的见解,具有较高的文献价值。其书信手稿亦为不可多得的书法作品,可供书法爱好者欣赏。

俞振飞书信选

唐葆祥　徐希博　陈为瑀编注

2012年7月1版1次

88.00元

18开　498页

　　本书主要收录"文革"后期至20世纪90年代初俞振飞写给亲友、学生、同事的信件140余封,每封信均由书信手稿、排印、注释组成,涉及京昆艺术、社会现状及日常生活,对于京、昆艺术,尤其是昆剧研究、俞振飞研究有着重要意义。

昆曲百折

陈益著

2013年10月1版1次

28.00元

18开　220页

　　本书从昆曲优秀剧目中遴选出一百个折子戏,介绍剧情,赏析唱词,并结合舞台演出和作者自身的人生经历作简要分析,语言流畅,饶有趣味。除常见于舞台的折子戏外,作者还选取了如《祝发记·渡江》《一文钱·罗梦》等现代观众不甚熟悉的剧目,全面地展示鼎盛时期昆曲舞台的演出风貌。

梅韵兰芳:梅兰芳八大经典剧目写真

(京城戏曲与中华文化)

谢柏梁主编

2009年9月1版1次

120.00 元

16 开　304 页

　　本书记录了梅兰芳塑造的杨贵妃、洛神等八个经典舞台艺术形象。1956 年,梅兰芳率团在南京人民会堂举行公演,前后共演出了《贵妃醉酒》、《霸王别姬》、《洛神》、《宇宙锋》、《穆柯寨·穆天王》、《抗金兵》等八个经典剧目。时任上海人民美术出版社摄影编辑的尹福康连续拍摄半个月,留下了两千余幅珍贵照片。本书选取了近三百幅精美照片(其中多为首次公开发表),并按剧目编排,附以唱词等说明。读者翻阅此书,不仅能领略梅兰芳雍容华美的艺术风采,也能了解梅派代表剧目的主要情节,可谓一举两得。

民 间 文 学

民 歌 说 唱 集

孟姜女万里寻夫集

路工编

1957 年 7 月 1 版 1 次

1.30 元

大 32 开　376 页

　　本书收录孟姜女哭倒长城故事的各种民间传唱文学,从敦煌石室发现的唐曲子起到 20 世纪初的宝卷,共 36 种,表现形式有民间歌曲、传奇、鼓词、南词等多种,是民间文学的宝贵资料。

岳飞故事戏曲说唱集

杜颖陶　俞芸编

1957 年 1 月 1 版 1 次

新版 1985 年 8 月 1 版 1 次

1.20 元

32 开　168 页

　　这是一本关于著名的民族英雄岳飞的戏曲说唱选集,包括的方面很广,有山歌、八角鼓、竹琴、子弟书及弋阳腔、秦腔、昆腔等剧本,共 14 种(另附录 2 种),各篇所据版本均在篇末注出或在篇前作简单的说明。特别值得提出的是本书集印了石派书的《风波亭》和明代传奇《如是观》,这些都是根据罕见的刻本、钞本校订而成的,是研究岳飞故事在民间流传、演变情况的重要资料。

西厢记说唱集

傅惜华编

1957 年 12 月 1 版 1 次

新版 1986 年 9 月 1 版 1 次

3.50 元

32 开　244 页

　　自唐元稹《莺莺传》问世以来,有关崔莺莺与张生故事的讲唱文学流传广泛。作者经多年搜集,选录佳作 140 余种,汇编成书。有鼓子词、马头调、子弟书、滩簧、小曲等,健康活泼,清丽流畅,是研究《西厢》故事和通俗文学的宝贵资料。

聊斋志异说唱集

关德栋　李万鹏编

1984 年 4 月 1 版 1 次

1.00 元

32 开　194 页

　　本书收集了清末民初作家的聊斋故事为题材创作的子弟书、单弦牌子曲、鼓词、弹词共 50 种。编者在《前言》中详尽介绍了晚清说唱文学的概况。本书所收作品大部分过去仅有抄本流传,系初次排印,对研究晚清民间文学、《聊斋志异》影响及今人改编聊斋故事颇有参考价值。

梁祝故事说唱集

路工编

1958 年 1 月 1 版 1 次

新版 1985 年 9 月 1 版 1 次

1.30 元

32 开　184 页

　　本书辑录有关梁祝故事的传奇、民歌、鼓词、木鱼书和弹词等 15 种,其中有明代的《同窗记》、《还魂记》,清初的长篇叙事民歌《梁山伯歌》,乾隆年间的弹词《东调大双蝴蝶》等。

白蛇传集

傅惜华编

1957 年 7 月 1 版 1 次

新版 1987 年 6 月 1 版 1 次

3.25 元

32 开　228 页

　　白蛇传故事,在唐代已具雏形,自明代以来,在民间以戏曲、说唱等形式广泛传播。傅惜华先生从各种搬演说唱白蛇的作品中,遴选了部分精华,编纂成书。

三笑新编

[清]吴毓昌著　曹中孚整理

1990 年 4 月 1 版 1 次

6.00 元

32 开　336 页

　　《三笑新编》是一部以明代吴中才子唐寅（伯虎）与婢女秋香的恋爱故事为主线的长篇弹词，成书于清乾隆、嘉庆时期，二百年来在江南地区盛传不衰。全书纯用白话口语写成，并不时穿插当时市井百姓日常活动的小品和笑料，语言生动风趣，具有浓郁的生活气息。

董永沉香合集

杜颖陶编

1957 年 9 月 1 版 1 次

1.30 元

大 32 开　374 页

　　本书收录董永卖身和沉香救母两个故事的各种民间说唱文学，除具有文学价值外，还可以看出各种民间文学形式下这些故事的演变情况。

明清民歌时调丛书

明清民歌时调集（全二册）

[明]冯梦龙等编

1987 年 9 月 1 版 1 次

1999 年 12 月 1 版 2 次

精装 69.50 元

大 32 开　1528 页

　　明代冯梦龙编纂的《挂枝儿》、《山歌》、《夹竹桃》以及清代王廷绍的《霓裳续谱》、华广生的《白雪遗音》，收集了明清两代民间流传的山歌时调和作者的拟作近3000 首，是研究古代文学、语言、声律、民俗等方面的稀见珍贵资料。

挂枝儿（全二册）

[明]冯梦龙编

1962 年 2 月 1 版 1 次

线装 4.00 元

大 32 开　129 页

　　"挂枝儿"是明万历后逐渐流行的一种民间时调小曲，而冯梦龙是明代对整理研究民间文学、通俗文学贡献最大的一位作家。本书以明写刻本九卷残本为底本，

由路工据姚梅伯本补了 40 首，胡士莹据姚本审校而成。

山歌

[明]冯梦龙编

1962 年 12 月 1 版 1 次

线装 3.00 元

大 32 开　112 页

　　本书为传经堂藏版，据明万历刻本抄写，书前由顾颉刚作序，郑振铎、钱南扬作跋，所收全是民间俗歌，对研究俗文学与民俗学颇有价值。

夹竹桃顶针千家诗山歌

[明]浮白主人述

1959 年 12 月 1 版 1 次

线装 0.80 元

大 32 开　24 页

　　本书用路工所藏明刻本排印，是冯梦龙拟民间文学的著作之一，为研究明清山歌时调提供了宝贵资料。

白雪遗音（全四册）

[清]华广生编

1959 年 12 月 1 版 1 次

线装 5.20 元

大 32 开　213 页

　　本书是清嘉庆、道光年间罕见的小曲总集，按调排列，编排合理，易于检阅，书中曲调多在城市中流行，由小市民写作，是研究民间文学的重要资料。

霓裳续谱

[清]王廷绍编

1959 年 12 月 1 版 1 次

线装 5.50 元

大 32 开　256 页

　　本书是乾隆六十年的俗曲总集，收曲调 30 种，共计622 曲，原为天津三和堂曲师颜自德辑曲，清王廷绍编订，可详细了解乾隆年间的小曲流行情况。

其　他

升平署岔曲（外二种）

林虞生标点

1985 年 2 月 1 版 1 次

0.58 元

32 开　86 页

　　升平署系清代掌管宫廷演戏的机构,岔曲为我国北方曲艺八角鼓、单弦的主要曲调,盛行于乾隆年间。1935 年故宫博物院文献馆于升平署剧本箱内捡得岔曲100 首,加以排印,称为《升平署岔曲》。此外,清代两部俗曲集《霓裳续谱》《白雪遗音》中收有各种岔曲 200首。此次标点整理将这三部分内容合成一书。来自民间的岔曲生活气息浓厚,以清新自然的笔调写出当时的民情风俗。

梁祝戏剧辑沉

钱南扬辑录

1956 年 7 月 1 版 1 次

0.32 元

32 开　108 页

　　本书共搜集了梁山伯与祝英台的故事 18 种,最早的有元戏文里的《祝英台》,其余则主要是明清两代的地方剧。

鼓词选

赵景深选

1957 年 11 月 1 版 1 次

0.55 元

32 开　186 页

　　“鼓词”是流行在北方民间的说唱文学,除了文人拟作的几篇鼓词外,绝大多数为说唱艺人的口头创作,内容有关爱情、玩笑、说教以及民间神话等,多战争题材,是研究民间文学的参考资料。

子弟书丛钞（全二册）

关德栋　周中明编

1985 年 3 月 1 版 1 次

3.00 元

32 开　430 页

　　子弟书是我国曲艺的一种,是鼓词的一个支流。清朝曾流行于北京及东北地区。但子弟书无论是刻本或抄本,传世均较少。本书从大量子弟书中选编了有代表性的作品 101 篇,加以简单说明和注释,并以现在仅有的一种子弟书专著《书词绪论》作为附录。

新定十二律昆腔谱

[清]王正祥著

1958 年 8 月 1 版 1 次

线装 3.60 元

32 开　133 页

　　此谱取宋张炎《词源》中按月配调之说,以阴阳十二律分隶诸曲,各律中复分联套,单词兼用诸类,依类排次。后四卷依次为闰月、通用、附录、犯调。

风雅逸篇　古今风谣　古今谚

[明]杨慎编

1958 年 5 月 1 版 1 次

0.50 元

32 开　179 页

　　本书记载了上古至汉代的讴歌、谣谚,以及一部分魏、晋至明代的民谣、农谚,编者扼要地注明其出处及本事,可作研究文学和历史的资料。

明代歌曲选

路工编选

1956 年 10 月 1 版 1 次

0.55 元

大 32 开　152 页

　　本书选录明代作家陈铎等 11 人的歌曲,作品不仅对明代中叶以后的社会面貌有真实的反映,还描绘了当时社会各种人物,对研究明代民间文学有重要价值。

明清民歌选（甲）

蒲泉　群明编

1951 年 11 月 1 版 1 次

0.95 元

32 开　260 页

　　本书选辑明清民歌共 30 种,大部分是根据流传很少的珍本选录的,包括西南少数民族的民歌多种,反映劳动人民争取自由幸福、个性解放的美好愿望,对了解明清文学发展情况有所助益。

明清民歌选（乙）

蒲泉　群明编

1956 年 8 月 1 版 1 次

0.55 元

32 开　152 页

　　本书继甲集之后,采用相同编例,共收清代民歌 22种四百余首,集中反映了劳动人民朴素健康的生活、思想和感情。

天地会诗歌选

窦昌荣选注
1962 年 10 月 1 版 1 次
0.60 元
32 开　205 页

　　"天地会"是清末"反清复明"的民间组织。本书编选的诗歌，反映了清代农民革命的斗争状况，书中对诗歌里有关史实、传说、习俗、隐语及特殊表现手法均加以解说。

江淮神书（全二册）

朱恒夫　黄文虎搜集整理
2011 年 6 月 1 版 1 次
138.00 元
16 开　1480 页

　　古代江淮之间巫风盛行，多以行傩来逐疫去邪、消灾纳吉。巫觋为降神驱邪，要唱歌跳舞，歌则称为傩歌，舞则称为傩舞。傩歌的歌词被当地人称为"神书"。它分为四个部类：各种法事中所唱诵的咒文；叙述神的生平经历和得道成神故事的"小忏"；讲述唐太宗时期故事的"唐忏"以及其他说唱故事。整理者们历时二十多年，艰难搜求到近 230 万字的傩歌资料，多为清末和民初的手抄本，将之整理为卷一开坛念唱与法事的咒文，卷二小忏，卷三唐忏，卷四闲书，并在书后汇编入最新的关于神书的研究成果。

小　说

历 代 小 说

师旷

（古小说辑佚）

卢文晖辑注
1985 年 10 月 1 版 1 次
0.57 元
32 开　68 页

　　师旷是春秋时晋国的著名音乐家，也是一个正直的政治活动家。他的生平事迹富于神话传奇色彩，《汉书·艺文志》著录小说家中有《师旷》6 篇，久已散佚。本书从先秦史籍及多种类书中钩沉辑佚，把有关师旷的

故事或完整、或片断、或仅三言两语均一一搜集起来，共得 33 则，加以注释，并附以师旷传记、遗迹、历代题咏、评论等多方面的资料。

世说新语（全二册）

[南朝宋]刘义庆撰　刘孝标注
1982 年 12 月 1 版 1 次
3.95 元
大 32 开　496 页

　　本书分德行、言语、政事、文学等 36 门。它生动地记录了汉魏以至东晋间人物的轶事和风尚。语言精炼，辞意隽永。书中刘孝标的注不仅丰富了正文的内容，而且注中引用之书多至四百余种，其中不少已现亡佚。

唐前志怪小说辑释

李剑国辑释
1986 年 10 月 1 版 1 次
修订本 2011 年 10 月 1 版 1 次
修订本 2012 年 10 月 1 版 2 次
精装 88.00 元
32 开　772 页

　　唐前志怪小说多为简练精悍的短小故事。本书所收 200 多篇，均为优秀篇什和代表作，最大限度地反映了唐前志怪小说的全貌。本书校勘精审，对名物制度、史实遗闻的注释，翔实有据。对志怪小说的源流演变分别作了考证和解说。

搜神记　唐宋传奇集

[晋]干宝撰　鲁迅编录　曹光甫校点
1998 年 11 月 1 版 1 次
15.70 元
32 开　444 页

　　《搜神记》为魏晋六朝志怪小说的代表作，共有 464 则故事，谈神仙，说鬼怪，记奇异，述侠闻，内容光怪陆离，骇人耳目。从中可窥见俗情，针砭世风，有警世醒俗寓意，对后世志怪小说的发展有深远影响。《唐宋传奇集》收唐宋传奇四十余篇，尤以唐传奇精华荟萃，塑造众多栩栩如生人物形象，文采斐然，结构完整，情节曲折，描写生动，标志着文言小说创作的成熟。

唐人小说

汪辟疆校录

1955 年 12 月 1 版 1 次

1987 年 2 月 1 版 4 次

2.00 元

大 32 开　190 页

　　本书搜集了零星杂记和易见专著外的现存唐人小说的大部分重要作品，并用多种版本进行了校勘订正。每篇后附考证，列述作者经历、故事源流及后代演变等。并附与原作者有关的材料。

游仙窟

[唐]张文成著　方诗铭校注

1955 年 3 月 1 版 1 次

0.18 元

32 开　49 页

　　本书是唐朝早期的传奇文，据日本 1690 年元禄刻本标点整理。以第一人称叙述了投宿神仙窟，与崔十娘、五嫂邂逅交好的故事，对后世爱情小说的创作产生了深刻的影响。

玄怪录　续玄怪录

[唐]牛僧孺 李复言撰　姜云 宋平校注

1985 年 8 月 1 版 1 次

1.05 元

32 开　130 页

　　《玄怪录》、《续玄怪录》是唐人传奇小说代表作。作者有意驰骋想象、纪异炫怪，在当时享有盛名，对后世小说戏曲有较大影响。现在为人们所熟知的月下老人、张老种瓜娶韦女、李靖行雨、橘中老人等故事，都出在这二集中。本书分别取现存最早版本作底本，参校各主要版本及类书；每篇后附有按语，简介源流异同。还对典章制度、人名、地名及个别难词作了简单的注释。

裴铏传奇

[唐]裴铏著　周楞伽辑注

1980 年 10 月 1 版 1 次

0.37 元

32 开　66 页

　　唐裴铏所撰小说集《传奇》，盛述神仙怪谲之事，其中《昆仑奴》、《聂隐娘》、《裴航》、《张无颇》等最为人们所乐道。但原书久已散佚，1934 年燕京学社《太平广记引得》一书列入裴铏作品 24 篇，郑振铎据此从《太平广记》中辑出，刊于《世界文库》第一册。本书辑注者在此基础上重加考订搜集，辑得 31 篇。除作了认真校勘外，

每篇撰有题解，扼要介绍了出处、源流和对后世戏曲、小说的影响。

纂异记　甘泽谣

[唐]李玫 袁郊撰　李宗为校点

1991 年 12 月 1 版 1 次

1.40 元

32 开　48 页

　　《纂异记》、《甘泽谣》均唐人所著传奇小说，构思新颖，文辞雅饬，集中如《聂隐娘》、《红线》、《圆观》诸篇，久享盛誉，影响深远。现合二书为一册，据多种版本重加标校整理，并于《前言》中对二书作者生平及所收篇章作了必要考证和适当评介。

三水小牍

[唐]皇甫枚著

1958 年 9 月 1 版 1 次

0.18 元

32 开　63 页

　　本书是晚唐的传奇小说集，以唐末黄巢起义为背景，内容虽有仙灵鬼异之事，但记述了作者亲历、亲闻之事，对理解唐末社会政治情况，颇有参考价值。

太平广记（全四册）

[宋]李昉等编

1990 年 12 月 1 版 1 次

1995 年 5 月 1 版 5 次

精装 72.00 元

32 开　1500 页

　　《太平广记》500 卷，收录了上起先秦两汉，下逮北宋初年的小说作品约 7000 则，分类编次，是宋以前古代小说总集。宋元话本杂剧，明清小说戏曲，多源出于此；鲁迅《唐宋传奇集》、汪辟疆《唐人小说》亦多取材于此。本书不仅保存了许多亡佚古书，而且还提供了不少史地、文博、医药、卜筮星相等百科资料。现据四库本影印出版，并于书末附篇目及引书引得。

青琐高议

[宋]刘斧著　皇都风月主人编

1958 年 6 月 1 版 1 次

0.75 元

大 32 开　237 页

本书以近代董氏诵芬室的刻本为底本,取清钞本校订,是一部包含有杂事、志怪和传奇小说的总集,题材多有关男女问题及娼妓故事,风格质朴,为研究宋人小说提供了重要资料。

京本通俗小说

1954 年 11 月 1 版 1 次

新版 1988 年 2 月 1 版 1 次

0.67 元

32 开　56 页

宋代城市经济的繁荣,市民阶层的兴起,使话本小说得以产生和发展。本书收七个短篇:《碾玉观音》、《菩萨蛮》、《西山一窟鬼》、《志诚张主管》、《拗相公》、《错斩崔宁》、《冯玉梅团圆》。这些早期话本小说,较真实地反映了时代生活,描写了人物的命运,情节曲折多变,语言流畅朴实。本书最早刊行于 1915 年,据缪荃孙说是根据"影元人写本"。建国后曾标点出版,现修订重版。

语林

[明]何良俊著

1983 年 11 月 1 版 1 次

6.05 元

32 开　904 页

本书汇集了自魏晋到宋元间常为人们津津乐道的文人故事 2700 余条,征引史书小说三百多种,仿《世说新语》体例撰述成书。本书传本甚少,此次印行时作了校勘和圈点断句。

剪灯新话(外二种)

[明]瞿佑等著　周楞伽校注

1957 年 6 月 1 版 1 次

新版 1982 年 4 月 1 版 1 次

0.85 元

32 开　174 页

本书包括瞿佑《剪灯新话》、李昌祺《剪灯余话》、邵景詹《觅灯因话》三种传奇小说,在一定程度上反映了元末明初大动乱时代的社会生活,有几篇还抨击了不合理的封建婚姻制度。在艺术技巧上,它继承了唐宋传奇的特色,对清代《聊斋志异》的创作有所影响。

效颦集

[明]赵弼著　汪原放校

1957 年 11 月 1 版 1 次

0.34 元

32 开　121 页

本书是明代文言短篇小说集。全书 3 卷共收入 25 篇作品,主要都是宋末、元末以及明初之逸事,以元至正年间事最多,对于考稽宋元话本颇有价值。

清平山堂话本

[明]洪楩编　谭正璧校点

1957 年 4 月 1 版 1 次

新版 1987 年 2 月 1 版 1 次

2.15 元

大 32 开　176 页

明代洪楩曾大量刊印话本小说,总名《六十家小说》,今全貌已不可见。1934 年马廉将已发现的 27 篇影印,因原刊本版心有"清平山堂"字,始冠以《清平山堂话本》之名。本书所收作品保留了早期话本小说的原始形态和风格,对于了解和研究我国的小说史有重要参考价值。其中一些优秀作品,如《快嘴李翠莲记》、《简帖和尚》等,在思想和艺术上都属上乘,至今广为传播。

新评警世通言

[明]冯梦龙纂辑　钱伯城评点

1992 年 10 月 1 版 1 次

平装 8.00 元　精装 11.00 元

大 32 开　352 页

这是《警世通言》的新评点本(以兼善堂本为底本)。《警世通言》,是明代作家冯梦龙纂辑的话本小说集,计收宋明白话短篇小说 40 篇。描写爱情、反映市民生活的作品占了极大比例,其中不少优秀之作,极摹人情世态,宛若社会风情画卷。本书每回末所附评语,以文学的眼光、历史的角度来审视各篇小说,自有见地。

初刻拍案惊奇(全二册)

[明]凌濛初著　王古鲁辑校

1957 年 9 月 1 版 1 次

平装 2.60 元　精装 3.80 元

32 开　354 页

这是明代作家凌濛初创作的一部拟话本小说集,王古鲁先生根据北京大学图书馆所藏马隅卿旧藏覆尚友堂本三十六卷和《今古奇观》第三十卷《念亲恩孝女藏儿》,合成三十七卷。并对方言、俗语和典故作了注释。

拍案惊奇（全二册）

[明]凌濛初著　章培恒整理　王古鲁注释

1982 年 12 月 1 版 1 次

1992 年 12 月 1 版 8 次

7.50 元

32 开　390 页

　　这是明代作家凌濛初创作的一部拟话本小说集，章培恒先生据从日本复制来的明尚友堂本和覆尚友堂本整理，纠正了原书的不少错误，是迄今最完善的四十卷足本。为便于了解书中的方言、俗语、典故，古典文学出版社 1957 年排印本中王古鲁所作的注释仍予保留。王氏所撰有关的介绍等三篇资料，作为本书的附录。

拍案惊奇（全二册）

[明]凌濛初著

1985 年 11 月 1 版 1 次

1988 年 11 月 1 版 5 次

精装 40.00 元

大 32 开　894 页

　　明尚友堂本《拍案惊奇》是目前能见到的最早刻本，在我国早已失传。现根据日本广岛图书馆三十九卷明尚友堂本，参照原德川幕府的黑衣宰相慈眼大师天海僧正所藏四十卷本，合成四十卷本影印出版。

二刻拍案惊奇（全二册）

[明]凌濛初著　王古鲁辑校

1957 年 6 月 1 版 1 次

平装 2.80 元　精装 3.80 元

32 开　373 页

　　这是明代作家凌濛初继《拍案惊奇》之后创作的第二部拟话本小说集，共收小说 39 篇（内第二十三卷一篇与《初拍》重复）、杂剧一篇。据王古鲁先生早年从日本搜集到的本子排印出版。

二刻拍案惊奇（全二册）

[明]凌濛初著　章培恒整理　王古鲁注释

1983 年 12 月 1 版 1 次

1992 年 11 月 1 版 9 次

7.60 元

32 开　406 页

　　这是明代作家凌濛初继《拍案惊奇》之后创作的第二部拟话本小说集，收小说 39 篇，杂剧一篇。是由章培

恒先生用从日本内阁文库中摄制的尚友堂本重新整理而成，是迄今最完善的本子。保留了 1957 年排印本王古鲁作的注释和有关本书的若干资料。

二刻拍案惊奇（全二册）

[明]凌濛初著

1985 年 10 月 1 版 1 次

1988 年 11 月 1 版 5 次

精装 40.00 元

大 32 开　964 页

　　明尚友堂本《二刻拍案惊奇》是目前能见到的最早刻本。在我国全书早已失传。现据日本内阁文库本影印出版。因其中有部分诲淫、荒诞的内容，故作内部发行。

新列国志（全二册）

[明]冯梦龙编　陆树仑　竺少华标点

1987 年 2 月 1 版 1 次

6.95 元

32 开　696 页

　　本书是明末著名通俗文学作家冯梦龙根据余邵鱼《列国志传》改编的一部历史演义。全书记叙了从周宣王起到秦始皇统一中国这一段历史中春秋五霸、战国七雄的兴亡盛衰。本书采用最早刊本明末叶敬池梓本为底本，冯梦龙对书中地名、官制、典章等还加了简注。

铸雪斋抄本聊斋志异

[清]蒲松龄著

影印本三册 1975 年 6 月 1 版 1 次

标点本二册 1979 年 4 月 1 版 1 次

平装 2.00 元　精装 2.40 元

32 开　388 页

　　本书是现存最早又最完整的一个《聊斋》手抄本。它是从济南朱氏殿春亭抄本过录的。殿春亭本则直接抄自蒲松龄的原稿本。殿本早已亡佚，作者原稿本目前只发现半部。因此，要了解另半部原稿的情况，只能借助于铸雪斋抄本。

阅微草堂笔记

[清]纪昀著　汪贤度校点

1980 年 11 月 1 版 1 次

新版 1998 年 11 月 1 版 1 次

19.30 元

32 开　584 页

纪昀,号晓岚,是清代乾隆朝著名文士。曾任四库全书馆总纂官,晚年出其余绪,撰写《阅微草堂笔记》,内容丰富,文辞绮丽,其中虽颇多宣传封建道德及因果报应之处,但对于考据名物、辨释文义,则仍有参考价值。其中不少篇假狐鬼之口,抨击欺世盗名的理学家。现据清道光本参校各本标点出版。

阅微草堂笔记

[清]纪昀著　沈鸿生书法

2005 年 4 月 1 版 1 次

2009 年 3 月 1 版 5 次

锦函线装 1680.00 元

6 开　1440 页

《阅微草堂笔记》是清代著名学者纪昀(晓岚)晚年所作的一部文言笔记小说。本书由著名书法家沈鸿生先生手书全文,他的笔法遒劲有力,前后似一气呵成,浑然一体。

夜谈随录

[清]和邦额著　王一工　方正耀点校

1988 年 12 月 1 版 1 次

2.10 元

32 开　186 页

本书是继《聊斋志异》之后的文言笔记小说。作者游历颇广,好收集民间的奇事异闻。故全书题材广泛,既有揭露世态人情的现实题材,又有温馨曲折的爱情故事,更有雄阔粗犷的边塞风光。此次整理以乾隆己亥本为底本。

萤窗异草

[清]长白浩歌子撰　冯裳　肖逸点校

1989 年 4 月 1 版 1 次

6.10 元

32 开　376 页

本书是清代较为著名的笔记小说,内容多叙述明末至清初的异闻奇事。它通过许多妖狐鬼怪等故事,反映了官场的贪酷腐败,民生的颠沛流离,世风的浇薄日下,在一定程度上触及了时弊。特别是一些描写妇女悲惨遭遇的作品,对封建制度的揭露有相当深度。许多作品文笔流畅,结构严谨,情节跌宕,引人入胜。平步青《霞外捃屑》认为“其书大旨酷摹《聊斋》”。现以申报馆丛书本为底本点校。

负曝闲谈

蘧园著

1959 年 8 月 1 版 1 次

新版 1986 年 1 月 1 版 1 次

0.72 元

32 开　82 页

本书是晚清小说中一部较优秀的作品。“负曝闲谈”的意思是冬天晒太阳时的闲谈,但“负曝以献”有向人提出意见的含义,作者盖不满晚清官场的腐败现象,借此以寓谴责之意。书中对当时文武官僚的贪生怕死、维新人物的招摇撞骗,作了淋漓尽致的刻画;对北京、上海、广州、苏州等地的风俗人情,也有真实生动的描写。人物生动形象,文笔爽健灵活。

夜雨秋灯录(全二册)

[清]宣鼎著　恒鹤点校

1987 年 5 月 1 版 1 次

5.00 元

32 开　500 页

本书收传奇志怪故事 230 篇,鲁迅评之为“其笔致纯为《聊斋》者流”,但内容涉及狐鬼故事的远较《聊斋》为少,更多的是现实社会,特别是下层社会的世态人情。作者善于刻画人物形象,组织情节结构,文字清丽畅达,想象奇特丰富,有浪漫主义色彩。宣鼎的作品,最初由申报馆于光绪三年、六年分别刊行正集和续录,本书根据原刊本将正集和续录合并出版,并作校勘。

子不语

[清]袁枚编撰　申孟　甘林点校

1986 年 11 月 1 版 1 次

新版 1998 年 11 月 1 版 1 次

23.70 元

32 开　740 页

《子不语》(又名《新齐谐》)并续集凡 34 卷,为清代著名作家袁枚所编,记录本朝与前代志怪故事一千余则,在当时是与《聊斋志异》和《阅微草堂笔记》并享盛名的一部重要笔记小说。作者为一代诗文名家,叙事洗炼,笔调冷隽,每能使人于解颐一笑中深思获益。本书以乾隆年间的《随园三十种》本为底本,参校他本,加以标点整理。

西湖佳话

[清]古吴墨浪子辑

1956年6月1版1次

新版1980年9月1版1次

0.77元

32开 156页

本书收有以西湖名胜为背景的短篇小说16篇。其中有的取材于史书,如写白居易、苏东坡、岳飞的《白堤政迹》、《六桥才迹》、《岳坟忠迹》等;有的是根据传说和前人笔记改写而成,如写葛洪、苏小小、白娘子的《葛岭仙迹》、《西泠韵迹》、《雷峰怪迹》等。都具有较强的故事性。书中附有光绪十八年时绘制的西湖全景图及插图30余幅。

武王伐纣平话

1955年3月1版1次

0.24元

32开 87页

本书是叙述武王伐纣的故事,为宋元讲史艺人的底本,并为明人小说《封神榜》的蓝本。是现存的日本内阁文库藏《全相平话五种》之一。

七国春秋平话

1955年3月1版1次

0.22元

32开 77页

日本内阁文库藏《全相平话五种》之一。仅存后集,一名《乐毅图齐七国春秋平话后集》。内容以战国时期齐燕战争为主线,而羼入多种神怪情节,对明清神魔小说的创作有一定影响。

秦并六国平话

1955年6月1版1次

0.34元

32开 114页

日本内阁文库藏《全相平话五种》之一。别题《秦始皇传》,述秦王嬴政灭六国至秦朝灭亡事,多取材《史记》纪传。

前汉书平话

1955年4月1版1次

0.26元

32开 74页

日本内阁文库藏《全相平话五种》之一。仅存续集,别题《吕后斩韩信》,述汉高祖得天下后与吕后谋杀功臣事,以诸王奋起灭吕结束。多据信史,而添加了若干民间传说。

三国志平话

1955年4月1版1次

0.49元

32开 83页

日本内阁文库藏《全相平话五种》之一。述魏、蜀、吴三国自建立至灭亡之故事。以《三国志》所载史实为基础,又大量采用相关民间传说,拥刘反曹倾向鲜明,直接影响了《三国演义》的创作。

大唐三藏取经诗话

1954年10月1版1次

0.13元

32开 44页

本书是叙述唐僧取经故事的最早的俗文学作品,与《五代平话》、《宣和遗事》等体例略同。语言质朴,想象丰富。

新编五代史平话

新版1959年8月1版1次

0.58元

32开 249页

宋元的讲史话本,又称"平话"。现存的《五代史平话》是残本,梁史、汉史皆缺下卷,梁史、晋史目录也有缺。本书据近代董氏影刊本排印。

说唐

陈汝衡修订

1959年11月1版1次

新版1978年6月1版1次

0.66元

32开 134页

本书是根据清人所写《说唐全传》修订而成的一部讲史章回小说。它从秦彝托孤、隋文帝平陈、统一南北朝说起,直到隋末农民起义、李世民征服群雄、建立唐王朝为止。其中对以瓦岗寨为主的一些农民起义活动有较集中的描绘。

隋唐演义（全二册）

[清]褚人获著

1956 年 2 月 1 版 1 次

1987 年 2 月新 2 版 1 次

5.00 元

32 开　578 页

　　本书叙述隋、唐二朝故事,起自隋文帝灭陈,到唐玄宗从四川返回长安为止。书中暴露了宫廷生活的荒淫无耻,歌颂了"草泽英雄"的侠义精神。新版整理排印时,对原书重新作了校勘,增补了每回之后的评语,并附有关研究资料。

宣和遗事

1954 年 11 月 1 版 1 次

0.38 元

32 开　147 页

　　本书叙述徽、钦二帝被掳和南宋苟安的故事,可能是宋朝说话人"讲史"的底本,曾经元人的增益,也可能是元初宋朝遗民的作品。其中关于宋江和李师师的故事是当时的民间传说,宋江故事对研究水浒传演变有参考价值。

薛仁贵征辽事略

赵万里辑校

1957 年 12 月 1 版 1 次

0.22 元

32 开　76 页

　　本书是元代话本小说,以薛仁贵为中心,叙述他的征辽事迹。本书大致依据史实,也有不少增饰。全书原本久佚,由近人赵万里先生据英国牛津大学图书馆所藏《永乐大典》中"辽"字韵辑出。

说岳全传（全二册）

钱彩等著

1955 年 11 月 1 版 1 次

新版 1979 年 6 月 1 版 1 次

1.90 元

32 开　340 页

　　宋代民族英雄岳飞,长期以来,为人民所歌颂。本书吸收以前各种"说岳"演义的优点,又加入了许多有关岳飞的民间传说。文字通俗易懂,人物形象颇为生动。

三侠五义

赵景深校订

1959 年 8 月 1 版 1 次

新版 1991 年 2 月 2 版 3 次

5.60 元

32 开　360 页

　　《三侠五义》又名《七侠五义》,是晚清侠义小说中较好的一部。书中前半部主要写宋朝开封府尹包拯不畏权势,依法惩治皇亲国戚等情节;后半部叙述一些侠客义士"除暴安良"的故事。本书语言流畅,情节变化多端,人物刻画生动。

英烈传

赵景深　杜浩铭校注

1959 年 12 月新 1 版 1 次

新版 1981 年 3 月 1 版 1 次

1.10 元

32 开　172 页

　　《英烈传》是讲史小说,明代无名氏作。元朝末期,政治腐败,民不聊生,各地农民纷纷起义。本书就是以此为时代背景,描写朱元璋等率众推翻蒙古贵族统治,建立明王朝、分封诸子的故事。

水浒全传（全三册）

[明]施耐庵　罗贯中著

1961 年 7 月 1 版 1 次

新版 1984 年 9 月 1 版 1 次

4.25 元

32 开　776 页

　　《水浒》是我国古代一部杰出的长篇小说,数百年来流传极广。这部书深刻地揭示了北宋末年梁山泊农民起义军成长、壮大情况至失败的过程,塑造了许多栩栩如生的人物形象。图用杨定见序本的《水浒全传插图》,像用明末大画家陈洪绶(老莲)所绘《水浒叶子》复制。

明容与堂刻水浒传（全四册）

[明]施耐庵　罗贯中著

1975 年 4 月 1 版 1 次

8.85 元

32 开　1328 页

　　容与堂本刊行于明代万历年间,系现存 100 回本

《水浒传》中最好的一个版本。

水浒传（剧照插图本）

[明]施耐庵 罗贯中著　史则标点
1997 年 12 月 1 版 1 次
精装 41.70 元
大 32 开　1087 页

　　中央电视台摄制的电视连续剧《水浒》所依据的是 100 回本《水浒传》，而目前社会上流传较广的是 71 回本《水浒》和 120 回本《水浒全传》。较之后两者，100 回本版本年代较早，更接近小说的原貌。本书以容与堂本为底本。此次出版对原书中某些讹误脱漏之处作了适当的校补。卷首采用的几十幅插图全系电视剧《水浒》中的彩色剧照，精美绝伦。

三国志通俗演义（全二册）

[明]罗贯中著　汪原放标点
1980 年 4 月 1 版 1 次
2.95 元
32 开　604 页

　　《三国志通俗演义》是罗贯中写的一部著名历史小说。自清初以来，由于毛纶、毛宗岗修改过的《三国演义》广泛流传，罗氏这部原本反而较少受到注意，有人甚至把毛氏修改本《三国演义》作为研究罗贯中及其创作的依据，或把《三国演义》中表现毛氏父子观点的部分作为元末明初的社会现象来加以研究。为此，我们重印了明弘治本，以供广大读者阅读和研究。

三国志后传

[明]酉阳野史编次 孔祥义校点
2008 年 1 月 1 版 1 次
精装 78.00 元
大 32 开　1020 页

　　本书是明代的一部历史演义小说，描绘的是西晋司马氏开国后六十年间晋国"八王"、成汉李特、刘汉刘渊、后赵石勒、东晋王敦、苏峻等逐鹿中原、杀伐征战的兴衰史。主题上秉承《三国演义》，尊刘汉为正统，贬司马氏为篡逆。内容大多抄改自《晋书》，稍加虚构充实编排而成，有一定的文学和史鉴意义。本次出版，为此书的首次校点排印。

四游记

[明]余象斗等著
1956 年 3 月 1 版 1 次
新版 1986 年 4 月 1 版 1 次
1.25 元
大 32 开　114 页

　　《四游记》是明代四种神魔小说的合集：《东游记》叙铁拐李、吕洞宾等八仙得道的故事；《南游记》叙华光天王救母的故事；《西游记》实系吴承恩所作《西游记》的节本；《北游记》演北方真武玄天上帝降妖伏魔的故事。这些故事通过神魔斗争，反映了封建社会的生活。情节丰富曲折，颇具吸引力，在民间广泛流传。

西游补

[清]董说著
1957 年 9 月 1 版 1 次
新版 1983 年 8 月 1 版 1 次
0.41 元
32 开　75 页

　　本书是一部神魔小说，全书共 16 回。其情节似补充在《西游记》孙悟空"三调芭蕉扇"之后，实际是作者借孙悟空等形象和冲突，抒发自己的思想感情，批判当时腐败政治和轻浮士风，字里行间充满着讽刺文学的色彩，并不是为补《西游记》而作。

新桃花扇

谷斯范著
1959 年 11 月 1 版 1 次
0.70 元
32 开　283 页

　　本书为长篇历史章回小说，以清初孔尚任的传奇《桃花扇》主人公李香君与侯朝宗的恋爱故事为线索，反映清军入关前后，南明社会动乱面貌和上层知识分子之间的矛盾。

乾隆巡幸江南记

[清]无名氏著　顾鸣塘标点
1989 年 5 月 1 版 1 次
5.50 元
32 开　304 页

　　本书叙乾隆皇帝乔装改扮成平民，化名高天赐离京南游，先后游历了海边关、朱仙镇、临清、南京、苏州、松江、扬州、镇江、杭州、金华等地，重点是江南。书中描绘江南风土民情旖旎繁华，而集侠义与平民于一身的乾隆,疾恶如仇,除暴安良,经历了许多曲折离奇的遭遇,故事波澜迭起,引人入胜。

镜花缘(全二册)

[清]李汝珍著　秦瘦鸥校点

1990年9月1版1次

1991年9月1版2次

7.75元

32开　410页

　　作者以生动幽默的笔调,叙写了海外几十个国家的风土人情,如君子国、女儿国、两面国、无肠国等,故事奇特,暗含批判讽刺寓意,借以表达作者的政治文化理想。作者博识多才,在书中结合故事情节,叙写了许多有关学术考证、文化娱乐方面的知识,诸如历史音韵、琴棋书画、医卜星相等等,被誉为"杂家小说",国外研究者推崇为"熔幻想小说、历史小说、讽刺小说和游记小说于一炉的巨著"。

官场维新记

[清]佚名著

1956年6月1版1次

0.30元

32开　113页

　　本书为清末谴责小说,着重揭发了假冒"维新"以求升官发财的官僚们的丑态,对清末官场腐败进行了抨击。

孽海花(增订本)

[清]曾朴著

1959年11月1版1次

新版1979年8月1版1次

1.00元

32开　194页

　　本书为晚清谴责小说中较好的一部。以金雯青和傅彩云的故事为线索,描述了从清同治初年到甲午战败三十年间的政治、外交及社会各方面的情况,揭露了封建统治集团的腐败和帝国主义的侵略野心,有一定的积极意义。但书中对农民运动和资产阶级民主革命进行了攻击,对封建道德也有所宣扬。

活地狱

[清]李伯元著

1959年11月1版1次

新版1987年8月1版1次

1.05元

32开　124页

　　本书是晚清著名小说作家李伯元的力作。主要描写旧时代衙门内的丑恶情景。书中暴露了官吏的贪婪无耻,衙役的横行霸道,刑罚的残酷,监狱生活的黑暗,形象地告诉读者,旧社会实在是一个暗无天日的人间地狱。文笔犀利辛辣,艺术技巧相当成熟,是晚清谴责小说中的上品。著名的小说研究者阿英曾给予本书以很高的评价,认为"这是一部非常重要的社会史料书,中国监狱史"。

九命奇冤

[清]吴趼人著

1981年10月1版1次

1987年9月1版2次

1.00元

32开　106页

　　本书是晚清小说家吴趼人的著名小说。书中叙述清雍正年间,广东番禺县梁、凌两家亲戚,因"风水"问题,受到了坏人的挑拨,以致渐成仇敌,最后造成九命奇案。这个故事暴露了清朝贪官的腐败、政治的黑暗。再版增补了罗尔纲先生的两篇文章作为附录。

文明小史

[清]李伯元著

1959年11月1版1次

新版1982年3月1版1次

1.00元

32开　200页

　　本书集中反映了清末官场对新政、新学的态度,并在一定程度上表现了新旧思想的冲突,有助于人们了解晚清,特别是戊戌政变(1898)以后的中国。在艺术上,刻画各式各样官吏的性格方面有一定成就。

六月霜

观静子著

1959年8月1版1次

0.24元

32开　86页

　　本书系晚清小说,述清末革命者秋瑾就义事。书中引用的诗篇文字,大都是秋瑾原作。小说一定程度上反映了当时的历史真实,政治性较强。

苦社会

佚名撰

1959 年 8 月 1 版 1 次

0.30 元

32 开　110 页

　　本书是一部描写华侨生活的晚清章回小说,生动地反映了殖民主义者迫害我国侨胞的罪行,对被剥削、被迫害者寄予了深厚同情。

台湾外志

[清]江日昇著　吴德铎标校

1986 年 4 月 1 版 1 次

2.40 元

32 开　236 页

　　郑成功是我国家喻户晓的民族英雄,本书是一部用小说体裁写成的郑氏家世和台湾开辟以迄归附大陆统一的历史故事。因为作者的父亲是郑成功的将佐,故内容翔实可靠,远较其他描写郑氏和台湾的著作为胜。

洪秀全演义

[清]黄小配撰

1981 年 8 月 1 版 1 次

1.20 元

32 开　246 页

　　本书借洪秀全及太平天国起义事迹,以宣传推翻清王朝,复兴中华。全书充满了爱国主义激情和悲壮热烈气氛。本书在辛亥革命前后,传诵一时。此次系根据南京图书馆等所藏民初版本整理出版,有章炳麟所撰序文。

林黛玉笔记

喻血轮著　吴醒亚评

2007 年 8 月 1 版 1 次

32.00 元

18 开　168 页

　　在中国古典文学长廊里,“林黛玉”已成为一个典型形象镌刻在无数读者的心目中。《林黛玉笔记》是一部假托林黛玉口吻的日记体小说,以第一人称的手法,描写和记叙了林黛玉从辞亲别乡到寄身于贾府后的所见

所感,展示了她悲欢离合的人生境遇和缠绵悱恻的爱情历程。此书为清末民初文言爱情小说的代表作之一,在当时颇为畅销。此次出版以民国八年上海世界书局本为底本进行标点,整理,并插配一百余幅相应的情景图片。

新中国

[清]陆士谔著　郭时羽　顾佳标注

2010 年 7 月 1 版 1 次

25.00 元

18 开　196 页

　　陆士谔(1878—1944),上海青浦人,名守先,字云翔,号士谔。陆早年跟从清代大名医唐纯斋学医,后在沪行医谋生。他一边行医,一边以惊人的速度写作小说。陆士谔一生创作了百余部小说,以《新上海》与《新中国》最著名。陆士谔在《新中国》里,以“梦”为载体,描绘自己所憧憬的理想社会。除了百年后上海浦东举办世界博览会的情形,他还“梦”见上海的发展,人民广场建起了上海大剧院,浦东开发,“兴旺得与上海差不多了”等等。陆氏梦中关于浦江大桥、越江地铁、高架隧道等三大工程及方位,与现在的南浦大桥、地铁一号线和延安东路越江隧道出奇的相仿,其巧合程度让人惊叹。可以说他的预言既充满神奇的想像,又依托科学的推测,是中国千年史册上少有的预言家。

清末时新小说集(全十四册)

周欣平主编

2010 年 12 月 1 版 1 次

精装 1680.00 元

32 开　8632 页

　　此书为傅兰雅所举办的“新小说”竞赛后所收集的参赛作品集。傅兰雅是 19 世纪来华的一位传教士、翻译家和学者。1895 年 5 月,傅兰雅举办了一次新小说大众竞赛,并要求征文需对妨碍进步的“三弊”——鸦片、时文和缠足,提出救治良方。有 20 名参赛者获奖,作品中包括了由学生们写的短短几页文章到由乡村塾师写的长达数卷的感人故事,其中不乏颇具水平的小说和诗文作品,比梁启超的《新小说》的出版早了七年。可惜的是参赛的 160 多篇书稿由于种种原因,均未得以发表。原以为已全部遗失,现在加州大学柏克莱分校东亚图书馆内发现了所有手稿,今予以影印出版。为了保存历史文献的完整和真实性,所有被发现的原稿全部收入,不做任何删节,忠实反映作品的原貌。

海上花开

张爱玲注译

1995 年 8 月 1 版 1 次

1996 年 2 月 1 版 3 次

21.80 元

30 开　375 页

　　《海上花列传》是清末一部以妓家风俗为素材的吴语小说,《海上花开》系著名女作家张爱玲对《海上花列传》国语译注的前半部分。张爱玲的翻译不仅贴切流畅,而且还对原著作了大量注释,包括清末的服饰、旧上海地名以及妓院的行规、用语、典故等。

海上花落

张爱玲注译

1995 年 8 月 1 版 1 次

1996 年 2 月 1 版 3 次

20.90 元

30 开　343 页

　　《海上花落》系张爱玲对《海上花列传》国语译注的后半部分。该书与《海上花开》一并皆由本社向台湾皇冠文学出版有限公司以购买版权方式获得,在大陆地区首次出版、发行。

明清平话小说选(第一集)

路工编

1958 年 3 月 1 版 1 次

新版 1986 年 3 月 1 版 1 次

3.10 元

大 32 开　270 页

　　本书上编收录了《鼓掌绝尘》、《清夜钟》以及《人中画》中二篇短篇,下编收录《钱塘渔隐济颠师语录》、《锦香亭》、《暴仙翁全传》三篇中篇。这些平话、小说或暴露统治阶级的腐朽没落及其成员的道德败坏,或宣扬爱国思想,歌颂爱国志士的壮举,或叙述貌似狂颠替人民做好事的"活佛"事迹,或叙述封建社会里青年男女的爱情婚姻,写得情节曲折,人物栩栩如生。

古代白话小说选(全二册)

本社编

1979 年 4 月 1 版 1 次

平装上册 1.20 元　下册 1.40 元

精装上册 1.55 元　下册 1.70 元

32 开　504 页

　　本书选自我国古代白话短篇小说"话本"和"拟话本",如《清平山堂话本》、"三言"、"二拍"、《石点头》、《醉醒石》、《照世杯》等小说集。共收作品 50 篇,反映了我国中世纪城市中以手工业者和小商人为主的中下层市民的生活和意识,具有反封建的色彩和资本主义萌芽的倾向。作品具有描写生动细腻、情节曲折离奇、语言通俗易懂等特点。

古代文言短篇小说选注(初集)

成柏泉选注

1983 年 8 月 1 版 1 次

1.30 元

32 开　258 页

　　本书选录自东汉到唐末的优秀文言短篇小说 140 多篇,每篇有简单扼要的评介,对作者生平、作品内容和艺术特点加以说明;并对小说中的艰深字句作了注释。

古代文言短篇小说选注(二集)

成柏泉选注

1985 年 1 月 1 版 1 次

2.00 元

32 开　352 页

　　本书选录宋朝初年至清朝中叶文言短篇小说 130 余篇。读者可以通过这个选本,了解宋朝以后我国文言短篇小说发展变化的概貌,以及作品所反映的民情世俗。各篇都有精当的题解、注释。

古代白话短篇小说选集

何满子选注

1983 年 10 月 1 版 1 次

1.60 元

32 开　306 页

　　本书所选 20 篇是从《清平山堂话本》、"三言"、"二拍"、《醉醒石》等小说集选出的有代表性的现实主义气息浓厚的小说,每篇前有评解,可提高读者欣赏和鉴别古典小说的能力,注释较通行选本详细。

古代短篇小说名作评注

何满子　李时人撰

2000 年 7 月 1 版 1 次

精装 35.00 元

大 32 开　800 页

本书选录了自唐至清短篇小说的名篇佳作共 43 篇。上编文言部分 25 篇，从唐代传奇至清代的《聊斋志异》；下编白话部分 18 篇，从宋元话本至清初李渔的《十二楼》。全书由何满子先生逐篇评解，李时人校勘注释。

名家绘图珍藏全本四大古典小说

名家绘图珍藏全本四大古典小说

曹雪芹等著

1995 年 12 月 1 版 1 次

2003 年 9 月 1 版 7 次

锦函 300.00 元

大 32 开　5036 页

明清小说是中国古典文学宝库中堪与唐诗、宋词比肩的瑰宝，而《红楼梦》、《水浒传》、《三国演义》和《西游记》则是明清小说最杰出的代表。为满足广大文学爱好者珍藏这四部经典作品的需要，这套"四大古典小说"本着内在质量与外表包装并重的原则，除了选择最优版本，还特约请著名学者和画家为本丛书撰写前言和绘制插图，装帧高雅，印制精良。

水浒全传

[明]施耐庵著　周峰绘图　林峻校点

1995 年 12 月 1 版 1 次

2003 年 9 月 1 版 10 次

精装 74.00 元

大 32 开　700 页

《水浒传》是我国优秀的古代白话长篇小说代表作之一。它故事情节生动，人物性格鲜明，深受广大人民群众喜爱。这次推出的珍藏本《水浒全传》，是该书众多版本中内容最全的一百二十回本。特请古代小说研究专家章培恒先生撰写前言；又约获国际金奖的《水浒》邮票创作者周峰先生为本书插图。

三国演义

[明]罗贯中著　陈全胜绘图　春明校点

1995 年 12 月 1 版 1 次

2005 年 3 月 1 版 12 次

精装 57.70 元

大 32 开　488 页

《三国演义》熔铸剪裁民间传说及讲史话本，结合陈寿《三国志》与裴松之注引录的大量野史笔记，将头绪纷繁的三国故事铺叙得首尾连贯、一气呵成，情节紧张曲折，引人入胜；人物被塑造得栩栩如生、血肉丰满，读来既惊心动魄，又赏心悦目，实为启思益智的不朽巨著。豪华珍藏本装帧精美，内有名家插图，并请著名学者何满子撰写前言。

西游记

[明]吴承恩著　周京新绘图　曹松校点

1995 年 12 月 1 版 1 次

2003 年 9 月 1 版 10 次

精装 64.10 元

大 32 开　580 页

西游故事，以唐代玄奘僧西行取经的历史为依托，自宋迄元在民间以话本、戏曲等形式广泛流传，吴承恩正是在大量民间文艺的基础上，再创作了中国小说史上的这一巨著。小说中的主角已从唐僧让位于孙悟空，在大闹天宫与历经八十一难西行取经的情节中，鲜明地表现了民众对勇敢、机智、坚韧不拔等品质的礼赞；并随机而发，对明代社会的众生相作了幽默的反映。本次推出的豪华珍藏本装帧典雅，内有名家插图，并请著名小说研究者袁世硕撰写导读性前言。

红楼梦

[清]曹雪芹 高鹗著　刘旦宅绘图　古木校点

1995 年 12 月 1 版 1 次

2003 年 9 月 1 版 10 次

精装 71.60 元

大 32 开　670 页

《红楼梦》是中国古典小说举世公认的巅峰，是封建社会的百科全书，也是中华文化的结晶。它的故事情节丰富生动，人物性格鲜明逼真，描写细腻真实，二百多年来，深受广大读者的欢迎，历久而不衰。珍藏本《红楼梦》以版本价值较高的程乙本为底本，并请著名红学家、作家蒋和森先生撰写前言，著名画家刘旦宅先生插图。

名家绘图珍藏全本三言二拍

名家绘图珍藏全本三言二拍

[明]冯梦龙 凌濛初编著

1996 年 12 月 1 版 1 次

锦函 276.00 元

大 32 开

"三言"（《喻世明言》、《警世通言》、《醒世恒言》）

与"二拍"(《拍案惊奇》、《二刻拍案惊奇》)这五本白话短篇小说集共收入作品200篇,是我国古代话本和拟话本小说最杰出的代表。现选择最佳版本,精心标点校勘,约请著名专家撰写前言,并由著名画家戴敦邦、王亦秋精心绘制插图50幅。

喻世明言

[明]冯梦龙编著　傅成校点

1996年12月1版1次

1997年2月1版2次

精装41.00元

大32开　600页

本书共收短篇小说40篇。其中不少篇幅反映了明代的社会世相,从中可以看到当时城市平民的道德观念和人生态度,以及社会习俗和民情风光,历来被视作中国古代白话短篇小说的典范。豪华本装帧精美,名家作序、绘图,具有欣赏、收藏双重价值。

警世通言

[明]冯梦龙编著　秋谷校点

1996年12月1版1次

1997年2月1版2次

精装42.30元

大32开　632页

本书收拟话本小说40篇。人物形象鲜明,故事生动曲折,语言通俗传神。名家绘图珍藏本以明兼善堂本精校印行,特请古典文学专家徐朔方先生作序,国画名家王亦秋先生绘图,相得益彰,更具珍藏价值。

醒世恒言

[明]冯梦龙编著　阳羡生校点

1996年12月1版1次

1997年2月1版2次

精装52.00元

大32开　868页

本书共收小说40篇,广泛、生动地反映了明代社会风貌。本书约请著名学者徐朔方撰写前言,著名画家王亦秋绘图,名书、名家、名画相得益彰,更具风采。

拍案惊奇

[明]凌濛初编著　冷时峻校点

1996年12月1版1次

1997年2月1版2次

精装43.60元

大32开　664页

名家绘画珍藏全本《拍案惊奇》,底本经过优选,文字认真校勘,著名学者撰写前言,著名画家戴敦邦先生绘制精美的彩色插图。

二刻拍案惊奇

[明]凌濛初编著　王根林校点

1996年12月1版1次

1997年2月1版2次

精装45.20元

大32开　704页

此书以日本所藏尚友堂本为底本进行标校整理,并请著名古典人物画家戴敦邦先生绘图,装帧豪华气派,为珍藏或馈赠亲友之精品书籍。

长篇小说评点本

水浒传(容与堂本)(全二册)

[明]施耐庵　罗贯中著　凌赓等校点

1989年3月1版1次

1997年4月1版6次

平装50.00元　精装61.00元

大32开　1512页

《水浒传》数百年来流传极广,版本纷繁。其中明万历间容与堂刻百回《李卓吾先生批评忠义水浒传》,是一个十分重要的本子,它与现在通行的120回本比较,除少了征田虎、王庆的情节外,在细节描写上也有不同之处,并保留了大量韵文,对研究《水浒传》成书过程具有重大价值。署名李卓吾的眉批、夹批和回末总评,颇多精警的见解。此次据以标点整理出版,并参考了明、清其他主要传本,文字择善而从,原有评语及插图均予保留。

水浒传(李卓吾评本)(全二册)

[明]施耐庵　罗贯中著　[明]李贽评

1989年5月1版1次

2015年6月1版10次

精装118.00元

大32开　1512页

《水浒传》数百年来流传极广,版本纷繁。其中明万历间容与堂刻百回《李卓吾先生批评忠义水浒传》,是一个十分重要的本子,对研究《水浒传》成书过程具有重大价值。署名李卓吾的眉批、夹批和回末总评,颇多精辟的见解。此次据以标点整理出版,并参考了明、清其他主要传本,文字择善而从,原有评语及插图均予保留。

三国演义(毛宗岗评本)(全二册)

[明]罗贯中著　[清]毛宗岗评改　穆俦等标点

1989 年 5 月 1 版 1 次

2016 年 7 月 1 版 14 次

精装 90.00 元

大 32 开　1604 页

罗贯中的《三国志通俗演义》成书于明初,清初毛纶、毛宗岗父子对罗本进行评改,使之成为迄今最流行的定本《三国演义》。

西游记(李卓吾评本)

[明]吴承恩著　[明]李贽评　陈先行等校点

1994 年 12 月 1 版 1 次

2015 年 6 月 1 版 8 次

精装 78.00 元

大 32 开　1376 页

本书是《西游记》仅存的 4 种明刊本之一,藏于日本,国内只有后刻本。现存明刻本,仅此一种有评,清代的评本,又多从佛学角度上作评,所以本书又是唯一的从文学角度上作评的评本。评语对小说结构、人物性格、语言作了精辟的论述,妙语如珠,时时令人会心发笑,有很高的参考价值。

西游记(陈评本)

[明]吴承恩著　[清]陈士斌评

沈习康 黄强标点

1991 年 2 月 1 版 1 次

11.40 元

32 开　580 页

本书据陈士斌《西游真诠》整理。陈士斌对原书的思想性、艺术性作了深刻细致的分析。他既阐述儒、释、道三家合一的思想,又借此发挥,批驳当时风行的程朱理学中不合情理的部分,讥刺伪道学,有一定的进步意义。

红楼梦(三家评本)(全二册)

[清]曹雪芹 高鹗著

[清]护花主人 大某山民 太平闲人评

1988 年 9 月 1 版 1 次

2015 年 10 月 1 版 11 次

精装 118.00 元

大 32 开　2100 页

本书是清代《红楼梦》评点派的代表作。它在 120 回的《红楼梦》原著上,附以三十余万字的夹评和回评,力图阐发《红楼梦》主题和写法的微奥。评点尽管带有"道学家看见《易》"的倾向,却反映了清代《红楼梦》研究家的时代心理及观点体会,且不乏独创之见及点睛之笔。问世百年来,具有广泛的社会影响。本书附各家批序、总评、摘误、论赞、题咏、音释、大观园图说等,以及人物绣像和回目插图各 250 余幅。

百家评咏红楼梦(彩图本)(全四册)

[清]曹雪芹 高鹗著　脂砚斋等评咏

2007 年 8 月 1 版 1 次

135.00 元

18 开　1014 页

《红楼梦》堪称中国封建社会的百科全书,其文化含蕴极为丰富,涉及各色人物、园林建筑、衣饰美食、游艺收藏、民俗风情等。本书精心撷取 500 余幅图片,从不同的角度释证所涉及各种器物风情。此外广泛集录诸家精彩的评咏,有助于读者更深入地欣赏理解原文的含义。

封神演义(钟惺评本)

[明]许仲琳编　[明]钟惺评　曹曼民点校

1989 年 9 月 1 版 1 次

1991 年 9 月 1 版 3 次

8.80 元

32 开　514 页

《封神演义》,俗称《封神榜》,是一部与《西游记》齐名的神魔小说,以殷周斗争、武王伐纣为背景,写姜子牙封神的故事。其中有许多家喻户晓的人物,如姜太公、杨戬、哪吒、哼哈二将、四大天王、五路财神等等,几乎把民间传说中所有神仙的来历都作了交代,描写得有声有色,想象奇幻。全书 100 回,每回后有明代竟陵派诗人钟惺的评语。

乾隆甲戌脂砚斋重评石头记(全四册)

[清]曹雪芹著

1962 年 7 月 1 版 1 次

新版 2004 年 4 月 1 版 1 次

新版 2011 年 4 月 1 版 6 次

锦函线装 580.00 元

6 开　438 页

　　本书是曹雪芹《红楼梦》流传最早的本子,在发现的诸多抄本中,也是为时最早的一种,最接近曹雪芹本意,并保存了大量脂砚斋评语,非其他抄本所能及。本书据胡适所藏影印本重印,朱墨两色,原大影印,保存了原书的真实面貌。

脂砚斋甲戌抄阅再评石头记

[清]曹雪芹著

1985 年 11 月 1 版 1 次

4.45 元

大 32 开　260 页

　　本书是《红楼梦》流传最早的一个本子,是历来为海内外红学研究者所公认的重要抄本和极为有用的研究资料。其中保存了大量的脂砚斋评语。今予重印,原书朱墨两色与胡适所写缘起、后跋,及批注、校语、印章等,一仍其旧,保存了原书真实面貌。

乾隆抄本百廿回红楼梦稿

[清]曹雪芹 高鹗著

线装本 1963 年 2 月 1 版 1 次

1984 年 8 月 1 版 1 次

16 开　690 页

新版 2006 年 4 月 1 版 1 次

锦函线装十二册 1680.00 元

4 开　714 页

　　本书是一部颇具特色的《红楼梦》写本,原为清道咸间著名收藏家杨继振所收藏。1959 年被发现,是研究《红楼梦》版本的珍贵资料。

脂砚斋重评石头记(己卯本)

曹雪芹著

1962 年 7 月 1 版 1 次

线装 58.00 元

6 开　514 页

1975 年 5 月 1 版 1 次

5.20 元

大 32 开　516 页

1982 年 1 月 1 版 1 次

精装 5.90 元

大 32 开　516 页

新版 2005 年 4 月 1 版 1 次

新版 2013 年 5 月 1 版 4 次

锦函线装五册 1180.00 元

6 开　1040 页

　　现在国内所藏《脂砚斋重评石头记》的早期抄本共有 10 种,《脂砚斋重评石头记》(己卯冬月定本)是其中重要的一种,抄成于乾隆年间,因有"己卯冬月定本"字样,通称为《己卯本石头记》,简称己卯本,据认为是接近于曹雪芹手稿的抄本,因此有较高的学术价值。此抄本为清怡亲王府的过录本,现存一至二十回,三十一至四十回,五十五下半回至五十九上半回,六十一至七十回。据原北京图书馆和中国历史博物馆藏本影印,锦函线装,提供广大研究者及爱好者参考与收藏。

清乾隆舒元炜序本红楼梦

[清]曹雪芹著

2007 年 7 月 1 版 1 次

锦函线装 980.00 元

6 开　657 页

　　舒元炜序本红楼梦,因其卷首有乾隆五十四年舒元炜写的序而名,简称舒本、舒序本,因正文属早期脂砚斋评系统,也称脂舒本,舒序写于己酉年,又称己酉本。舒本为乾隆年间一个重要的脂评本,和其他脂评本相比较有相当多的异文,许多重要异文可作为校勘其他脂评本之参考,是一个具有重要价值的版本。此书原为吴晓铃先生旧藏,现藏于首都图书馆。本书为首次宣纸双色套印,是《红楼梦》研究者的一个不容忽视的收藏珍本。

中国古典长篇小说
四大名著普及本

中国古典长篇小说四大名著(全四册)

[明]罗贯中等著

1999 年 12 月 1 版 1 次

2003 年 9 月 1 版 9 次

盒装 98.00 元

32 开　3600 页

　　本书为《水浒全传》、《三国演义》、《西游记》、《红楼梦》四部小说名著的盒装本。

水浒全传

[明]施耐庵　罗贯中著

1999 年 12 月 1 版 1 次

2003 年 9 月 1 版 8 次

精装 27.00 元

32 开　1030 页

三国演义

[明]罗贯中著

1999 年 12 月 1 版 1 次

2003 年 9 月 1 版 8 次

精装 21.30 元

32 开　708 页

西游记

[明]吴承恩著

1999 年 12 月 1 版 1 次

2003 年 9 月 1 版 7 次

精装 24.00 元

32 开　848 页

红楼梦

[清]曹雪芹　高鹗著

1999 年 12 月 1 版 1 次

2003 年 9 月 1 版 9 次

精装 25.70 元

32 开　1012 页

中国古典长篇小说四大名著

水浒传

[明]施耐庵著

2004 年 4 月 1 版 1 次

2009 年 4 月 1 版 10 次

精装 24.00 元

大 32 开　840 页

三国演义

[明]罗贯中著

2004 年 4 月 1 版 1 次

2008 年 9 月 1 版 11 次

精装 16.00 元

大 32 开　650 页

西游记

[明]吴承恩著

2004 年 4 月 1 版 1 次

2008 年 7 月 1 版 9 次

精装 18.00 元

大 32 开　860 页

红楼梦

[清]曹雪芹　高鹗著

2004 年 4 月 1 版 1 次

2008 年 9 月 1 版 10 次

精装 22.00 元

大 32 开　984 页

四大名著新读本

水浒传（新读本）

[明]施耐庵著　孙逊编

2004 年 7 月 1 版 1 次

16.00 元

大 32 开　304 页

　　本书是《水浒全传》的简编本，约 20 万字，将原著的精彩内容浓缩其中。

三国演义（新读本）

[明]罗贯中著　孙逊编

2004 年 7 月 1 版 1 次

16.00 元

大 32 开　290 页

　　该书为《三国演义》缩编本，读者可从 20 万文字中，了解汉末历史史实及三国纷争的精彩故事。

西游记（新读本）

[明]吴承恩著　孙逊编

2004 年 7 月 1 版 1 次

16.00 元

大 32 开　318 页

　　本书是《西游记》的简编本,约 20 万字。全书通俗易懂,更有珍藏的历代配图画像穿插文中。

红楼梦(新读本)

　　[清]曹雪芹 高鹗著　孙逊编

2004 年 7 月 1 版 1 次

16.00 元

大 32 开　286 页

　　本书是《红楼梦》的缩写本,全书约 20 万字,保持了原著的整体风貌和语言特色。

注评本四大名著

红楼梦(注评本)(全四册)

　　[清]曹雪芹 高鹗著　[清]护花主人 大某山民 太平闲人评

2014 年 12 月 1 版 1 次

2016 年 3 月 1 版 2 次

64.00 元

32 开　1684 页

　　护花主人、大某山民、太平闲人三家评本《红楼梦》是评点派的代表作,120 回,附以 30 余万字的夹评和回评。评点反映了清代《红楼梦》研究者的时代心理及观点体会,且不乏独创之见及点睛之笔,对后世的红学研究及《红楼梦》阅读鉴赏,多有启迪。全书有简注,并附收各家的读法、批序、总评、摘误、论赞、题词、题咏、问答、音释、大观园图说等。

三国演义(注评本)(全三册)

　　[明]罗贯中著　[清]毛宗岗评

2014 年 12 月 1 版 1 次

2016 年 3 月 1 版 3 次

49.00 元

32 开　1192 页

　　以本社"毛宗岗评本"《三国演义》为基础,繁体改简体,增补简注。毛纶、毛宗岗父子对罗本进行评改的《三国演义》读本,是迄今最流行的定本。简注大大提升了此书的可读性。

西游记(注评本)(全三册)

　　[明]吴承恩著　[清]张书绅评

2014 年 12 月 1 版 1 次

2016 年 3 月 1 版 2 次

52.00 元

32 开　1260 页

　　本次出版以乾隆十三年戊辰(1748)晋省书业公记藏板本为底本,加以校点及注释,是为张书绅评《西游记》整理本之首次问世。特邀著名古代文学研究专家袁世硕教授撰写前言,引领《西游记》之阅读路径,揭橥《西游记》之精义要妙。

水浒传(注评本)(全三册)

　　[明]施耐庵著　[清]金圣叹评

2015 年 1 月 1 版 1 次

2016 年 3 月 1 版 3 次

45.00 元

32 开　1032 页

　　本书以贯华堂本《第五才子书施耐庵水浒传》为底本,并加以较为详细的注释。另特邀专家黄霖先生撰写前言,引领《水浒传》之阅读路径,揭橥《水浒传》之精义要眇。

绣像批评本四大名著

绣像批评本四大名著(全三十四册)

　　[明]罗贯中等著　[明]毛宗岗等评

2013 年 12 月 1 版 1 次

线装 4880.00 元

8 开　6140 页

　　分别采用清毛宗岗评点《三国演义》、明李卓吾评点《水浒传》、明李卓吾评点《西游记》、清三家(护花主人、大某山民、太平闲人)评点《红楼梦》为底本。在四本名著原文的基础上,加以名家的评点,使得读者在欣赏原著的同时,能更进一步第理解作者的精妙的笔法和结构的深意。所有的评语都言简意赅而切中要害,就像一位老师在帮助读者解读名著。传统宣纸印装,采用朱色套红双色印刷。

西游记(绣像批评本)(全八册)

　　[明]吴承恩著　[明]李卓吾评

2012 年 6 月 1 版 1 次

线装 880.00 元

8 开 1292 页

本书所据底本是《西游记》仅存的四种明刊本之一，藏于日本，国内只有后刻本。现存明刻本，仅此一种有评，清代的评本，又多从佛学角度上作评，所以本书又是唯一的从文学角度上作评的评本。评语对小说结构、人物性格、语言作了精辟的论述，妙语如珠，时时令人会心发笑，有很高的参考价值。这次以线装的形式重新出版，竖排繁体，双色印刷。

水浒传（绣像批评本）（全八册）

[明]施耐庵 罗贯中著 [明]李贽评
2012 年 6 月 1 版 1 次
线装 880.00 元
8 开 1382 页

明万历间容与堂刻百回《李卓吾先生批评忠义水浒传》，是一个十分重要的本子，它与现在通行的 120 回本比较，除少了征田虎、王庆的情节外，在细节描写上也有不同之处，并保留了大量韵文，对研究《水浒传》成书过程具有重大价值。署名李卓吾的眉批、夹批和回末总评，颇多精警的见解。此版据以标点整理出版，并参考了明、清其他主要传本，文字择善而从，保留评语及插图。线装，竖版繁体，双色印刷。

三国演义（绣像批评本）（全八册）

[明]罗贯中著 毛宗岗评
2012 年 6 月 1 版 1 次
线装 880.00 元
8 开 1384 页

罗贯中的《三国志通俗演义》成书于明初，清初毛纶、毛宗岗父子对罗本进行了评改，使之成为迄今最流行的定本《三国演义》。

红楼梦（绣像批评本）（全十册）

[清]曹雪芹 高鹗著 [清]护花主人 大某山民 太平闲人评
2012 年 6 月 1 版 1 次
1080.00 元
8 开 2082 页

《红楼梦》是中国古典小说举世公认的巅峰，是封建社会的百科全书，也是中华文化的结晶。它的故事情节丰富生动，人物性格鲜明逼真，描写细腻真实，二百多年来，深受广大读者的欢迎，历久而不衰。这次以线装的形式重新出版，竖版繁体，双色印刷。

十大古典小说系列

十大古典白话长篇小说丛书

水浒传

[明]施耐庵著 丁如明标校
1991 年 12 月 1 版 1 次
1998 年 4 月 1 版 11 次
平装 12.80 元 精装 16.20 元
32 开 604 页

《水浒》描述梁山英雄反贪官，上山聚义，后来受招安，导致最后溃散被杀害的故事。金圣叹批改七十回本《水浒传》，删去梁山英雄排座次以后的情节，保留了原书的精华部分，是三百年来流行最广、影响最大的《水浒》本子。

三国演义

[明]罗贯中著 恒鹤标校
1991 年 12 月 1 版 1 次
1998 年 4 月 1 版 13 次
平装 14.40 元 精装 17.30 元
32 开 708 页

本书将头绪纷繁的三国故事铺叙得首尾连贯，一气呵成。情节紧张曲折，引人入胜；人物栩栩如生，血肉丰满。

西游记

[明]吴承恩著 肖逸标校
1991 年 12 月 1 版 1 次
1998 年 4 月 1 版 11 次
平装 17.00 元 精装 19.30 元
32 开 848 页

全书合幻想性、人性与动物性于一体，以流畅通俗的文学语言营构瑰奇的神话世界，具有永久的魅力。

红楼梦

[清]曹雪芹 高鹗著 穆俦标校
1991 年 1 月 1 版 1 次
1998 年 4 月 1 版 15 次
平装 19.40 元 精装 21.60 元
32 开 1012 页

《红楼梦》通过贾府家族盛衰、宝黛爱情悲剧等生动描写，向读者提供了历史和人生的丰富知识及文学、艺术、美学的全面享受。

封神演义

[明]许仲琳著　王维堤标校

1991 年 12 月 1 版 1 次

1997 年 9 月 1 版 10 次

平装 14.80 元　精装 17.20 元

32 开　736 页

全书生动地刻画了商纣王的荒淫无道与周文王、周武王的众望所归。塑造了姜子牙、哪吒、杨戬、土行孙、哼哈二将等为人民喜闻乐道的艺术形象，并通过武王伐纣、姜子牙封神，铺叙道教诸仙和众神的来历。全书充满了反映人类超越自然、上天入地愿望的奇异想象，是一部具有魅力的神魔小说。

儒林外史

[清]吴敬梓著　洪江标校

1991 年 12 月 1 版 1 次

1998 年 4 月 1 版 11 次

平装 9.10 元　精装 11.30 元

32 开　400 页

全书如同一幅长长的画卷，把清代名士文人、翰苑官吏、市井平民的种种状貌，绘声绘色、栩栩如生地表现出来，真实地重现了作者所处的时代。

镜花缘

[清]李汝珍著　傅成标校

1991 年 12 月 1 版 1 次

1998 年 4 月 1 版 11 次

平装 11.10 元　精装 13.30 元

32 开　246 页

《镜花缘》描写了 100 位聪慧绝伦的女子形象，体现了要求男女平等、反对压迫妇女的进步思想。书中更发挥想象描写了海外各国形形色色的风土人情，借以抨击讽刺社会上的丑恶现象。全书诙谐幽默，妙趣横生，种种异闻趣事脍炙人口，长期流传。

儿女英雄传

[清]文康著　高仁标校

1991 年 12 月 1 版 1 次

1995 年 4 月 1 版 7 次

平装 8.50 元　精装 10.40 元

32 开　596 页

清代满族文学家文康著的《儿女英雄传》，是一部侠义与言情相结合的社会小说。小说具有鲜明的艺术特色：故事性强，情节波澜起伏，引人入胜；人物形象富有个性，栩栩如生；语言生动流畅，有着浓厚的生活气息。

老残游记

[清]刘鹗著　钟夫标校

1991 年 12 月 1 版 1 次

1998 年 4 月 1 版 9 次

精装 8.20 元

32 开　212 页

《老残游记》发表时作者署名"鸿都百炼生"。本书用"老残"这个摇串铃走江湖的医生的化名，记述作者在各地游历时的活动和见闻，向人们展示了晚清社会某些黑暗腐败的内幕。在抨击当时吏治的黑暗上，有其独特的深度。作者语言精炼，富于表达能力。对书中人物的心理描写，也有独到之处。现在出版的除正文二十回外，又增加了《续集》九回及《外编》一卷。

孽海花

[清]曾朴著　冷时峻标校

1991 年 12 月 1 版 1 次

1996 年 6 月 1 版 8 次

精装 9.60 元

32 开　2966 页

本书是晚清四大谴责小说之一，为我们全面展现了一幅晚清社会生活的历史画卷，为中国小说史的人物画廊增添了"斗方名士"的肖像。小说不仅昭示了晚清社会的必然崩溃，同时传达了革命必定成功的信号，在我国近代小说发展史上占有十分突出的历史地位。

十大古典白话小说名著续书

水浒后传

[明]陈忱著　迟恒标点

单行本 1956 年 1 月 1 版 1 次

1993 年 12 月 1 版 1 次

平装 4.25 元　精装 5.70 元

32 开　152 页

本书为《水浒传》的续书,描写梁山泊未死英雄李俊、阮小七等一个个再次被"逼上梁山",重新起义,反对贪官恶霸,抗击金兵,最后到海外创立基业的故事。情节曲折,文字生动,有一定的艺术性。

荡寇志

[清]俞万春著　吴蒙　啸烈标点

1993 年 12 月 1 版 1 次

平装 9.10 元　精装 10.50 元

32 开　426 页

本书系著名古典白话小说《水浒传》的续书,成书于清道光年间。全书以"荡平寇贼"为指导思想,叙述了讨伐梁山起义英雄的故事。该书由于写作技术纯熟,情节曲折生动,是著名古典小说续书的"佼佼者"(鲁迅语);而且它以家喻户晓的《水浒传》为续作对象,在社会上亦有一定影响。此次整理,以现存最早的咸丰刻本为底本,未作任何删节。

续西游记

[明]季跪撰　钟夫　世平标点

1993 年 12 月 1 版 1 次

平装 7.50 元　精装 8.90 元

32 开　344 页

《续西游记》一百回,写唐僧师徒取得真经后离灵山东还,如来要他们不伤生,收缴了孙行者等人的武器。途中历经种种磨难,孙行者由于失去了金箍棒,只能与各种妖魔斗智斗法斗机变,最后抵达东土时,孙行者的机变心也得到了净化。全书想象丰富,模拟《西游记》人物性格逼真,是《西游记》续书中较好的一种。

续金瓶梅

[清]丁耀亢著　孔一标点

1993 年 12 月 1 版 1 次

平装 5.90 元　精装 7.35 元

32 开　238 页

本书继《金瓶梅》末回,写金兵入侵,山东大乱,人民离乡流亡。西门庆遗孀吴月娘及其孤子孝哥随众逃难,中途失散。母子两人先后为僧为尼,历尽种种劫难,终得团聚。凡《金瓶梅》中的主要人物,在续书中均有交代。全书数线并行,写尽了处于变乱时期各阶层人物的众生相。故事情节曲折,刻画市井小民生动形象,是诸种《金瓶梅》续书中最出色的一种。

后红楼梦

卢守助标点

1993 年 12 月 1 版 1 次

平装 4.10 元　精装 5.55 元

32 开　140 页

这是《红楼梦》问世以后的第一部续书,托名曹雪芹撰。叙宝玉重回贾府,黛玉原体还生,晴雯也借五儿之尸还魂。黛玉因和惜春在梦中同赴太虚幻境,阅了《十二钗图册》中新改的判语,遂与宝玉结成良缘。晴雯、紫鹃及莺儿也归宝玉。后来黛玉总理林、贾两府家政。宝玉也中了进士。惜春被选入宫,封为仲妃。并有仲妃省亲,刘老老三进大观园,荣国府重又经历了一番荣华富贵的景象。

续红楼梦

[清]秦子忱撰　乐天标点

1993 年 12 月 1 版 1 次

平装 4.80 元　精装 6.25 元

32 开　174 页

书中将太虚幻境、青埂峰及冥司地府的红楼人物一一串合,安排他们还魂再生,重返大观园,"使吞声饮恨之《红楼》,一变而为快心满志之《红楼》",时有"鬼红楼"之戏评。作者在续作中了结了《红楼梦》中众多未了之情,让贾宝玉同时拥有黛玉、宝钗二妻及袭人、晴雯等六妾,反映了封建文人企羡团圆富贵佚乐的传统心态。全书情节构思奇特,语言生动,酒令、诗词等也颇有可观之处。

绮楼重梦

[清]兰皋居士著　肖逸标点

1993 年 12 月 1 版 1 次

平装 3.80 元　精装 5.25 元

32 开　126 页

本书通过贾府的下一代(贾宝玉托生为自己的儿子,林黛玉托生为史湘云之女)的故事,以戏谑之笔写绮思艳情,变悲剧为喜剧,创造出大观园中的另一番景象。作为续书,虽然与《红楼梦》的主旨内蕴、艺术成就相去甚远,但它反映出当时社会阶层对红楼故事的一种企盼,折射出乾嘉之世文人学士的内心世界。

红楼复梦

[清]小和山樵著　散人标点

1993 年 12 月 1 版 1 次

平装 11.00 元　精装 12.40 元

32 开　460 页

　　本书人物虽多脱胎于原著，而性格面貌颇多戏剧性变化，如贾宝玉的后身祝梦玉，娶由黛玉、湘云、可卿、袭人等转世的"十二金钗"为妻，却又大做扬钗抑黛的翻案文章，让宝钗文武超群，领袖群芳。为构筑封建家族伦理的"乌托邦"，还穿插了光怪陆离的仙境、地狱情景。情节跌宕起伏，描绘细腻，文字流畅，别具风光。

续镜花缘

华琴珊著　王一工标点

1993 年 12 月 1 版 1 次

平装 3.50 元　精装 4.95 元

32 开　120 页

　　全书除交代原书留下悬念的若干人物的下落外，以阴若花回女儿国做国王为主线展开情节，终以群芳同归真境、众仙圆叙昆仑作结。叙事流畅，文笔典雅。

续儿女英雄传

胡悦标点

1993 年 12 月 1 版 1 次

平装 3.30 元　精装 4.70 元

32 开　112 页

　　小说写安骥作为朝廷的观风整俗使被派往山东，在此期间得到师爷顾朗山、夫人十三妹（何玉凤）等人的帮助，先后剿灭沂州天目山宋万超、兖州白象岭伍良霄等盗匪，并巧断民间疑案的故事。

十大古典英雄传奇小说丛书

说唐全传

[清]鸳湖渔叟校订　傅成　吴蒙标点

1995 年 8 月 1 版 1 次

1997 年 4 月 1 版 4 次

平装 9.50 元　精装 14.00 元

32 开　212 页

　　本书是除了《三国演义》、《水浒传》之外，在旧时代流行最广、影响最大的一部英雄传奇，诸如十八路反王、程咬金三斧头、秦琼卖马、尉迟恭救驾、罗成叫关、雄阔海手托千金闸等故事，无不脍炙人口。这次以乾隆癸卯年(1783)观文书屋本为底本标点整理出版。

说唐演义后传

[清]鸳湖渔叟校订　丁山　李驷标点

1995 年 8 月 1 版 1 次

1997 年 4 月 1 版 4 次

平装 10.50 元　精装 15.10 元

32 开　444 页

　　本书包括前后关联的两种小说。《说唐演义后传》叙述唐太宗征讨北番，被困木杨城，赖罗成之子罗通救驾，方得解围，平定北番。接着唐太宗又东征高丽，令人求访应梦贤臣薛仁贵。薛仁贵出身贫寒，投军后脱颖而出，衣锦荣归。《混唐后传》，叙唐太宗至唐玄宗六朝史事。本书文字粗犷朴野，谐谑多趣，情节安排上曲折多姿。

粉妆楼

[清]竹溪山人撰　晓意标点

1995 年 8 月 1 版 1 次

1996 年 1 月 1 版 2 次

平装 7.50 元　精装 11.20 元

32 开　304 页

　　《粉妆楼》书中人物，上继《说唐全传》，属于《说唐后传》一类续作。小说揭露鞭挞了封建上层统治集团的种种罪恶，歌颂了以罗成后代罗增、罗灿为代表的英雄义士剪除社会朽株毒瘤的壮举。故事情节跌宕起伏，悬念迭出。此次标点整理，以日本京都大学所藏宝华楼刊本为底本，以维经堂本、爱日堂本参校。

飞龙全传

[清]吴璿著　唐林标点

1995 年 8 月 1 版 1 次

1996 年 3 月 1 版 2 次

平装 11.50 元　精装 13.70 元

32 开　420 页

　　本书据明代平话《飞龙传》改编而成，叙述宋太祖赵匡胤从混迹民间到开国登基的传奇故事，其重点放在赵匡胤在民间行侠仗义、除暴安良的豪举方面。情节曲折，引人入胜。作者塑造了一群有血有肉的人物群像，使小说更具有欣赏价值。本书以芥子园藏版刊本为底本，以东皋书屋藏版刊本对校标点。

万花楼演义

[清]李雨堂著　冷时峻标点

1995 年 8 月 1 版 1 次
1996 年 1 月 1 版 2 次
平装 8.60 元　精装 12.60 元
32 开　368 页

　　本书演述传说中的英雄传奇人物杨宗保和北宋著名历史人物包拯、狄青抗击外侮、摒佞除奸、忠君报国的精彩动人的历史故事。情节曲折跌宕，人物形象呼之欲出。书中有些情节，如狄青与敌互斗法宝、包公审冥案等，又具有神魔小说的味道。

五虎平西演义

[清]无名氏著　尚成 秦克标点
1995 年 8 月 1 版 1 次
1996 年 3 月 1 版 2 次
平装 10.20 元　精装 14.80 元
32 开　468 页

　　本书演绎的是北宋名将狄青征西的故事。描述了以狄青为首的"五虎将"率军征服西夏国的经历，以包拯和狄青等为一方、宰相庞洪和孙秀等为另一方的忠良与奸佞的尖锐斗争，狄青和单单国八宝公主忠贞不渝的爱情故事。人物性格鲜明，狄青的骁勇善战、包拯的铁面无私、庞洪的阴险狠毒，都给人们留下深刻的印象。

五虎平南演义

[清]佚名著　觉园 愚谷标点
1995 年 8 月 1 版 1 次
1997 年 4 月 1 版 3 次
平装 5.60 元　精装 8.60 元
32 开　168 页

　　全书上接《五虎平西演义》，叙述北宋仁宗嘉祐年间，南蛮王侬智高反叛，朝廷派遣狄青率领五虎将，将兵 15 万南征，经过无数艰难险阻，终于平定叛乱，奏凯班师。小说情节曲折，结构紧凑，人物形象也很生动。

杨家将演义

[明]熊大木著　穆公标点
1995 年 8 月 1 版 1 次
1997 年 9 月 1 版 3 次
平装 6.00 元　精装 9.20 元
32 开　204 页

　　本书记北宋杨家将抗击辽邦入侵的英雄群体及其

传奇故事，它从宋太祖平定北汉写起，演述杨业归宋和以他为首的杨门将士与辽作战中出生入死的事迹。

说呼全传

[清]佚名撰　鲍方标点
1995 年 8 月 1 版 1 次
1997 年 4 月 1 版 3 次
平装 5.30 元　精装 8.20 元
32 开　136 页

　　呼家将故事和杨家将故事一样，在民间广为流传。《说呼全传》叙述呼延必显一家被奸相陷害，遭受诛杀，必显之子守勇、守信出逃，历经险难，终于为国除奸，并报家仇。小说情节生动曲折，悬念迭生，读之欲罢不能。

说岳全传

[清]钱彩编次 金丰增订
1995 年 8 月 1 版 1 次
1997 年 9 月 1 版 3 次
平装 11.10 元　精装 16.00 元
32 开　504 页

　　岳飞是家喻户晓的宋代民族英雄，长期以来为人民所敬仰和歌颂。本书从岳飞出生写起，至岳飞次子岳雷率兵直捣黄龙府、气死金兀术、笑死牛皋为止，集中描述了岳飞及其将士抗击金人入侵的斗争，揭露了以张邦昌、秦桧为代表的汉奸、投降派妥协退让和卖国求荣的罪行。

十大古典公案侠义小说丛书

绿牡丹

[清]无名氏著　文岂几标点
1993 年 12 月 1 版 1 次
1995 年 7 月 1 版 2 次
平装 5.70 元　精装 7.20 元
32 开　248 页

　　《绿牡丹》，以将门公子骆宏勋和江湖侠女花碧莲的婚姻为线索，叙述了武则天时期以旱地响马花振芳和江湖水寇鲍自安为代表的一大批草野英雄仗义行侠，扫除奸佞的故事。

海公大红袍全传

冷时峻标点
1993 年 12 月 1 版 1 次

1995 年 2 月 1 版 2 次

平装 5.80 元　精装 7.30 元

32 开　264 页

海瑞是明代著名清官廉吏，向有"南包公"的美称。他敢于批皇帝逆鳞，冒死抬棺犯颜极谏，品格峻洁。清代中后期成书的《海公大红袍全传》，是可读性很强的一部历史公案小说。传说海瑞清介自守，以"一红袍始，一红袍终"，故书以红袍命名。

海公小红袍全传

冷时峻标点

1993 年 12 月 1 版 1 次

1995 年 2 月 1 版 2 次

平装 4.50 元　精装 6.00 元

32 开　156 页

此书与《海公大红袍全传》为姐妹篇，写海公晚年重新出山与首辅权相张居正展开斗争及微服私访昭雪民间冤狱的故事，其中穿插杨家将后裔兴师助忠除奸，情节波谲云诡。

施公案

[清]佚名著　秋谷标点

1993 年 12 月 1 版 1 次

1996 年 3 月 1 版 3 次

平装 11.30 元　精装 13.50 元

32 开　476 页

小说以康熙年间号称"关节不到，有阎罗施老"的清官施世纶（小说中为施仁纶）为主人公，描写他秉公断案，任用一批武艺绝伦的豪侠义士，除暴安良。案情奇特，案中套案，悬念迭出，加以侠义之士的飞檐走壁，刀光剑影，引人入胜。《施公案》续书很多，今取前传（正集）、后传合为一书。

彭公案

[清]贪梦道人著　秦克　巩军标点

1993 年 12 月 1 版 1 次

1995 年 2 月 1 版 2 次

平装 8.10 元　精装 9.60 元

32 开　440 页

全书以著名清官彭朋锄奸平盗、为民申冤为贯穿线索，生动展现了当时社会的方方面面。小说情节曲折，人物形象鲜明，具有很强的可读性。

永庆升平全传

[清]郭广瑞　贪梦道人著　顾良辰标点

1993 年 12 月 1 版 1 次

1995 年 2 月 1 版 2 次

平装 13.40 元　精装 14.90 元

32 开　856 页

小说以清朝初期镇压天地会八卦教的武装起义为主线，宣扬了清王朝的"圣明"和"强盛"，清王朝对起义者实施的赶尽杀绝的高压政策，使我们能了解到所谓"康乾盛世"的这段历史的真实面貌。本书问世后，风行一时。民国期间出现的大量新派武侠小说，也都仿照本书的布局格调，使本书成为开创流派的代表作。

七侠五义

[清]石玉昆编　穆公标点

1993 年 12 月 1 版 1 次

1996 年 3 月 1 版 4 次

平装 13.90 元　精装 16.10 元

32 开　616 页

《七侠五义》是中国古代公案侠义小说中的代表作。全书以包公总领全纲，先写其历经磨难，断案折狱；刀铡皇亲，平反宫冤。随后以御猫展昭和锦毛鼠白玉堂的"猫鼠"相争为线索，交代卢方、蒋平等"五义"归附包公的过程。最后，由"五义"引出"七侠"。七侠五义大联手，剪除叛贼襄阳王的党羽，最后以众侠智定军山结束。故事情节曲折奇特，扣人心弦。

小五义

陆树仑　竺少华标点

1993 年 12 月 1 版 1 次

1996 年 3 月 1 版 4 次

平装 12.10 元　精装 14.30 元

32 开　520 页

《小五义》，为《三侠五义》续书。本书以北宋襄阳王赵珏阴谋夺位，按院颜查散奉旨查办为主要线索展开。书叙白玉堂命丧铜网阵，群雄追回官印，大破君山，收降钟雄。又写五义士后辈艾虎、卢珍、韩天锦、徐良、白芸生的一系列除暴安良的故事。

续小五义

陆树仑　竺少华标点

1993 年 12 月 1 版 1 次

1996 年 3 月 1 版 4 次

平装 12.40 元　精装 14.60 元

32 开　536 页

　　全书叙述展昭、智化、徐良、艾虎等侠士破了铜网阵之后,奉旨查访、缉捕漏网潜逃的襄阳王及其死党。最后把襄阳王一伙全部消灭。小说情节曲折生动、惊险紧张,人物栩栩如生。

七剑十三侠

[清]唐芸洲撰　曹光甫 王兴康标点

1993 年 12 月 1 版 1 次

1996 年 3 月 1 版 3 次

平装 10.60 元　精装 17.80 元

32 开　708 页

　　全书以明武宗正德年间讨伐江西逆藩宁王朱宸濠为基本情节线索,演述七位剑仙和十三位侠客及其他民间英雄协助杨一清、王守仁平定叛乱故事,其间穿插许多怪异和不平情事,环环相扣,波浪迭起。七剑十三侠口吐宝剑、凭虚御风等超凡绝技及其见义勇为的形象,也都描绘得栩栩如生,令人神往。

十大古典社会人情小说丛书

平山冷燕

[明]天花藏主人著　王根林标点

1994 年 11 月 1 版 1 次

1996 年 6 月 1 版 3 次

平装 4.40 元　精装 9.40 元

32 开　176 页

　　本书为明末清初著名的才子佳人小说,并早在1860 年即被译成法文,在巴黎出版,风行海内外。书叙平如衡、山黛、冷绛雪、燕白颔四位男女青年,才色相慕,迭经周折,终成佳偶的爱情故事。全书文笔典雅净洁,在相当程度上反映了当时的社会面貌及对爱情婚姻问题的社会心理,对同类及后来的小说有很大影响。

玉娇梨

[明]荑秋散人编次　冷时峻标点

1994 年 11 月 1 版 1 次

1996 年 6 月 1 版 3 次

平装 4.40 元　精装 9.40 元

32 开　176 页

　　本书是明清时代才子佳人小说的代表作之一,早在 1826 年就有法文译本问世,其后又出现英文、德文译本,声播海外。学术界认为,《玉娇梨》、《平山冷燕》等小说的出现,是《金瓶梅》与《红楼梦》之间的过渡桥梁。此书叙才子苏友白与官宦小姐白红玉、卢梦梨才色相慕,历尽波折而终成眷属的故事。主人公苏友白蔑视权势,把才德相貌和情投意合作为择偶的标准,反映了封建社会青年男女向往爱情自由和个性解放的心声。

好逑传

[清]名教中人编次　钟夫标点

1994 年 11 月 1 版 1 次

1996 年 6 月 1 版 3 次

平装 4.30 元　精装 9.10 元

32 开　164 页

　　本书又名《义侠好逑传》、《侠义风月传》,内容讲述明代御史铁英之子铁中玉与兵部侍郎水居一之女水冰心的恋爱婚姻故事。此书早在 18 世纪传入欧洲,受到过德国大作家歌德的赞誉。这次整理出版,以清咸丰十年(1860)光华堂本为底本,参校独处轩等通行本。

二度梅

[清]惜阴堂主人编辑　秋谷标点

1994 年 11 月 1 版 1 次

1996 年 6 月 1 版 3 次

平装 4.50 元　精装 9.50 元

32 开　180 页

　　本书在民间流传甚广。小说以中唐时忠奸斗争为背景,以梅、陈两个家庭的悲欢离合及其子女的爱情磨难为主线,通过曲折跌宕的故事情节,展开了较为广阔的社会生活画卷。对朝廷内外的黑暗腐败现象,不乏深刻的揭露鞭挞;对社会人情世态的描摹,也颇多生动形象的笔墨。小说在事件的穿插调度、场景的设置变换以及情节的铺展衔接上,与现代长篇小说的表现手法有相近之处。

蜃楼志

[清]庾岭劳人著　秦克 巩军标点

1994 年 11 月 1 版 1 次

1996 年 6 月 1 版 3 次

平装 4.70 元　精装 9.90 元

32 开　200 页

本书继承了《金瓶梅》《红楼梦》的传统写法，突出刻绘了当时社会的各种人物，如贪得无厌、荒淫无耻的海关关差赫广大，仗义疏财、到处留情的洋商公子苏吉士，英勇刚强、不畏强暴的侠士姚霍武等。汇合了言情、谴责、英雄传奇小说的各种特点，被誉为清代中期最杰出的小说之一。

品花宝鉴

[清]陈森著　洪江标点

1994 年 11 月 1 版 1 次

1996 年 6 月 1 版 3 次

平装 9.60 元　精装 18.40 元

32 开　588 页

古代剧团的演员们，在舞台上扮演了一出出悲欢离合的剧目，在舞台下又过着怎么样的生活？花天酒地的放荡与屈辱饮泣的凄凉共存，何处觅一块净土、寻一线理想？男风盛行的肮脏社会，怎么能出污泥而不染？本书把一些名角可叹可泣的故事，用优美简洁的笔调展现出来。

青楼梦

[清]俞达著　傅成标点

1994 年 11 月 1 版 1 次

1996 年 6 月 1 版 3 次

平装 5.90 元　精装 12.00 元

32 开　296 页

《青楼梦》是仿效《红楼梦》而创作的一部长篇小说。《红楼梦》有十二金钗，此书中则扩展到"三十六美"；《红楼梦》描写大家闺秀，而它则以青楼妓女为表现对象。全书凝聚了封建文人的生活理想，反映出封建社会末期市民追求肉欲和精神享乐的典型心态。书中穿插的江南妓女生活和娱乐酬应，也是认识和研究社会学、民俗学的生动资料。

海上花列传

[清]韩邦庆著　觉园　愚谷标点

1994 年 11 月 1 版 1 次

1996 年 6 月 1 版 3 次

平装 7.30 元　精装 14.50 元

32 开　408 页

这是一部描写清末上海妓院生活的通俗小说，原题"云间花也怜侬著"。作者例言中称"此书为劝诫而作"，劝诫青年男女不要误入歧途，父母对于子女要严加管束。作者描写了堕入烟花的女子的悲惨、在妓院中形形色色人物的遭遇，为世人敲起"上海是陷阱"的警钟。本书以光绪二十年石印本为底本标点整理。

花月痕

[清]魏秀仁著　尚成标点

1994 年 11 月 1 版 1 次

1996 年 6 月 1 版 3 次

平装 6.30 元　精装 12.70 元

32 开　328 页

这是一部描写晚清文士歌妓间悲欢离合的长篇小说。叙东越韦痴珠与富川韩荷生同为幕僚时，分别与雁门名妓刘秋痕和杜采秋坠入情网。后来韦潦倒终身，客死异乡，秋痕为他殉情；韩飞黄腾达，立功封侯，与采秋同享荣华。作者长期流寓在外，充当幕僚。书中韦、韩两人，实际是他有意为自己假设的两种前途。全书笔墨细腻，哀艳凄婉，颇为动人。

九尾龟

[清]张春帆著　唐世明标点

1994 年 10 月 1 版 1 次

1996 年 6 月 1 版 3 次

平装 15.30 元　精装 26.00 元

32 开　936 页

本书作于清末，主要描写妓院情形，也暴露一些官场黑暗，光怪陆离，形形色色，反映了晚清社会的一个侧面。当时号称"醒世小说"，也可称是早期的海派作品。书出以后，坊间竞相翻刻。本书取宣统三年(1911)上海点石斋合刊本为底本，以 1917 年交通图书馆本对校。

十大古典社会谴责小说丛书

官场现形记

[清]李伯元著　冷时峻标点

1997 年 1 月 1 版 1 次

平装 20.80 元　精装 23.10 元

32 开　720 页

本书是清末著名的谴责小说作家李伯元的代表作之一，被列为当时四大谴责小说之首。作者是具有爱国心、正义感的封建文人，面对内忧外患、疮痍满目的现实，认识到官场腐败是造成社会危机四伏的重要根源。在他的笔下，上至朝廷重臣、封疆大吏，下至知府、知县、佐贰小吏，无一不贪赃枉法、平庸昏聩，体现了可贵的批判现实主义精神。

文明小史

[清]李伯元著　秦克　巩军标点
1997 年 7 月 1 版 1 次
平装 12.40 元　精装 16.00 元
32 开　364 页

　　本书反映了晚清特别是戊戌政变以后一段时期中国社会的现实状况，展现了那个大变革时代新旧思想的激烈冲突。作者既猛烈抨击清政府的腐败、列强的横暴，又辛辣地讽刺维新派人士的假文明行径，使作品的思想深度得到更深的开拓。小说从穷乡僻壤写起，一直写到中西文化交汇的上海乃至域外，视野极为广阔。

活地狱

[清]李伯元著　以柔标点
1997 年 7 月 1 版 1 次
平装 6.70 元　精装 8.80 元
32 开　188 页

　　清末吏治腐败至极，官衙暗无天日，书吏胥役卑鄙无耻，种种奇酷刑罚滥施于无辜，监狱牢房犹如人间地狱，百姓每每遭其荼毒。全书通过 15 个相对独立的故事，对此作了无情的揭露和谴责。

二十年目睹之怪现状

[清]吴趼人著　宋世嘉标点
1997 年 7 月 1 版 1 次
平装 21.60 元　精装 27.90 元
32 开　648 页

　　本书和《官场现形记》齐名，是晚清著名的谴责小说。书中以"九死一生"者的经历为线索，历叙其二十年间在官场、商场、洋场中的所见所闻。举凡官场中的钱权交易、商场中的尔虞我诈、洋场中的乌烟瘴气，以及政府的无能、官吏的腐败、人情的浇薄、世风的不振，一一暴露无遗，反映出晚清社会的腐朽黑暗与没落。

糊涂世界

[清]吴趼人著　尚成标校
1997 年 7 月 1 版 1 次

平装 4.30 元　精装 5.80 元
32 开　116 页

　　本书所反映的主要是晚清时期湖南、两广及福建地区社会的黑暗与官场的腐败。其中既有为钻营候补而不惜败坏伦常的诸多欺诈行为，也有买通关节、贪赃枉法的种种丑恶勾当。其笔触所至，上及督抚封疆大吏，下及媒婆堂倌三教九流，事随人生，人由事见，具有强烈的警世作用。

廿载繁华梦

[清]黄小配著　高仁标点
1997 年 7 月 1 版 1 次
平装 7.60 元　精装 10.00 元
32 开　224 页

　　本书以现实主义的笔触，描写一个乡村无赖周庸祐的盛衰史。他恩将仇报，以种种卑劣手段贪污公款，嫖妓养妾，又以重金买官、贿赂权贵，竟然谋得朝廷出使外国的钦差职位。正当他得意忘形、不可一世之时，东窗事发，只得弃家逃亡海外，20 年的繁华梦终于破灭。

梼杌萃编

[清]诞叟著　秋谷标点
1997 年 7 月 1 版 1 次
平装 9.20 元　精装 12.00 元
32 开　260 页

　　本书形象、生动、真实地展现了清末官场内帏和工商界腐朽淫糜、放荡庸俗的生活画面，无情地鞭挞了这些高官富商们卖官鬻爵、荒淫无耻、尔虞我诈、冷酷狠毒的种种丑行。情节繁富而不芜杂，讽刺尖刻而不失真。堪称晚清社会谴责小说的精品。

宦海（外一种）

[清]张春帆著　穆公标点
1997 年 7 月 1 版 1 次
平装 6.60 元　精装 8.60 元
32 开　188 页

　　《宦海》以写实的笔墨，对晚清时的广东官场作了淋漓尽致的描述，种种腐败、黑暗的现象活显出一幅荒唐的百官图，作者痛心疾首的鞭挞之意也随在揭出。另附《黑籍冤魂》一种，专写鸦片盛行的种种危害，对嗜烟导致破产、丧命的人生悲剧作了入木三分的深刻揭露，很有醒时警世的劝诫作用。

九尾狐

梦花馆主著　　觉园　秦克标点
1997 年 7 月 1 版 1 次
平装 13.60 元　　精装 17.70 元
32 开　484 页

　　清王朝末年,世风颓废,本书即以此为背景,描写沪上名妓胡宝玉由盛而衰的经历。胡宝玉身边,围绕着形形色色的人物,似蝇聚血,各呈丑态;而胡宝玉媚客、骗客手段,也施展得淋漓尽致。作者描绘清末颓废世风中这一特有的丑恶侧面,意在对沉溺烟花而难以自拔者作一棒喝。

新上海

[清]陆士谔著　　章全标点
1997 年 7 月 1 版 1 次
平装 10.00 元　　精装 13.20 元
32 开　292 页

　　本书以从青浦乡下到上海的李梅伯、沈一帆两人为线索,向人们讲述了 20 世纪初发生在上海滩种种光怪陆离的社会事件。众多的人物和众多的见闻,组成了一幅幅既有半封建半殖民地的时代烙印、又有上海地方特色的社会风情画。

十大古典神怪小说丛书

平妖传

[明]罗贯中编次　冯梦龙增补
单行本 1956 年 2 月 1 版 1 次
1996 年 12 月 1 版 1 次
平装 10.10 元　　精装 12.40 元
32 开　292 页

　　本书是产生于明代的一部神魔小说。以宋代的"王则贝州起义"为依托,写蛋子和尚虔心摹得天书《如意册》,并与狐母圣姑姑及其子左黜同练成道。后圣姑姑梦会武则天,知其转世后与狐女媚儿为夫妻,二十八年后于贝州发迹。从而引发出王则贝州起义。但王则登位后因荒淫无道,终被朝廷所灭。本书故事虽然神异奇幻,但贯穿在这些故事里的却是一幅真实生动的社会生活图景。作者在利用民间传说和各种杂说加以剪裁方面,表现了高超的艺术手段。

东度记

[明]清溪道人著　　唐华标点

1996 年 12 月 1 版 1 次
1997 年 6 月 1 版 2 次
平装 17.40 元　　精装 19.70 元
32 开　584 页

　　本书描述佛教禅宗西土(天竺,即今印度)第二十八祖达摩在南天竺、东天竺漫游布教,又东游来华至嵩山少林寺,其间扫除妖魔鬼怪,劝善惩恶。全书以丰富想象和大胆虚构,编织出生动故事,并从中折射出明代末期的社会现实和风土人情。小说构思新奇,其深刻的寓意和警世醒人的目的,也能给人以启迪和思考。

禅真逸史

[明]清溪道人编著　　江巨荣　李平校点
1996 年 11 月 1 版 1 次
1997 年 6 月 1 版 2 次
平装 14.00 元　　精装 16.20 元
32 开　444 页

　　本书叙述妙相寺住持钟守净贪鄙好色,副住持林澹然好言相劝,反遭其迫害,死里逃生。后林澹然的三位弟子杜伏威、薛举、张善相结义起事,劫富济贫,最终归降秦王李世民,均成正果。小说情节生动曲折,世态人情、牛鬼蛇神,靡不描写精工,儒、释、道三教合一、互为补充的思想倾向,使它在小说史上占有独特的地位。

禅真后史

[明]清溪道人编次　　肖逸校点
1996 年 12 月 1 版 1 次
1997 年 6 月 1 版 2 次
平装 11.70 元　　精装 14.00 元
32 开　356 页

　　本书是《禅真逸史》的续篇。书中主角瞿琰,即是前书中薛举下界投胎,他自幼聪明,得仙师林澹然指点,学得文武全才,能飞檐走壁,画符念咒。领兵出征,诛杀妖邪,摧败权奸,拯救百姓,敷演出一幕幕有声有色的故事。本书冶神魔小说、英雄小说、世情小说于一炉,描摹世态俗情尤见精彩。

金莲仙史

[清]潘昶著　　孔一标点
1996 年 11 月 1 版 1 次
1997 年 6 月 1 版 2 次
平装 6.20 元　　精装 8.50 元

32 开　136 页

全真教崛起于宋末,在元朝达到其顶峰,成为我国道教中颇具影响的一宗。本书便是全真教这段历史故事的演义。全真教创始人王重阳遇钟离权、吕洞宾二仙点化成道,云游四方,道徒逾千,其中马丹阳、谭长真、孙不二、丘处机、郝太古、刘大德、王玉阳七人成道,世称"全真七子"。并各自著书立派,全真教得以弘扬光大。本书将演义与讲史、阐道融为一体,别具一格。

女仙外史

[清]吕熊著　刘远游 黄蓓薇标点
1996 年 11 月 1 版 1 次
1997 年 6 月 1 版 2 次
平装 19.00 元　精装 21.30 元
32 开　644 页

本书是一部介于神怪与历史演义之间的长篇小说。明太祖朱元璋第四子朱棣(即永乐皇帝)夺取其侄儿建文帝的皇位,一批拥戴建文帝的忠臣义士在月宫嫦娥下凡的唐赛儿的号召下与永乐帝抗争,大起干戈。于是飞刀剑气、雷兵雨师,在中原地区展开了长达二十多年的恶战。小说写得有声有色,文字流畅幽默。

升仙传

[清]倚云氏著　王根林标点
1996 年 11 月 1 版 1 次
1997 年 6 月 1 版 2 次
平装 8.90 元　精装 11.20 元
32 开　244 页

本书写明嘉靖年间,关东秀才济登科赴京赶考,为权相严嵩所阻,屡试不第,遂看破红尘,终得吕洞宾等仙人传授指点,以仙术云游四方,扶危济困,除暴安良,最终法施金殿,严惩严嵩父子。全书情节曲折生动,文笔简朴流畅。

绿野仙踪

[清]李百川著　叶碧适标点
1996 年 12 月 1 版 1 次
1997 年 6 月 1 版 2 次
平装 21.10 元　精装 23.40 元
32 开　732 页

清代有人认为《绿野仙踪》的艺术成就可与《金瓶梅》、《水浒传》相媲美。该书以落第举子冷于冰看破红尘访仙求道终成正果为贯穿线索,在描绘仙术法力

的广大神通的同时,又着力铺写人间社会的种种不平和斗争,以仙界("仙踪")讽喻人世("绿野"),托明代嘉靖之名,实写清代乾隆之世,具有强烈的现实主义倾向。

济公全传

[清]佚名著　恒鹤 傅成 回归标点
1996 年 12 月 1 版 1 次
1997 年 6 月 1 版 2 次
平装 27.50 元　精装 29.50 元
32 开　976 页

自南宋以来,杭州西湖灵隐寺的济公长老的奇闻佚事就一直流传人口,本书在明清有关济公题材小说中是最晚出的一种,具有综合前此众多传说的性质。药到病除、先知断案、伏魔降妖、去暴安良,夸诞离奇中透出明清社会的种种不平,悲欢离合内饱含人间对正义道德的向往与呼唤。

八仙得道传

[清]无垢道人著　郭曼曼 胡宗英等标点
1996 年 12 月 1 版 1 次
1997 年 6 月 1 版 2 次
平装 18.00 元　精装 20.30 元
32 开　608 页

八仙故事是我国民间广为流传的神话传说。本书记叙铁拐李、钟离权、吕洞宾、张果老、蓝采和、何仙姑、韩湘子、曹国舅八位神仙修炼得道的详尽过程,书中天上人间,上下交错;仙、魔、人、物,各具神采。更有法术之争,奇幻之变,真是"八仙过海,各显神通"。本书是迄今所见讲述八仙故事最为宏大完整的神话小说。

十大古典白话短篇小说丛书

清平山堂话本

[明]洪楩编　王一工标校
1992 年 11 月 1 版 1 次
1995 年 1 月 1 版 4 次
平装 3.40 元　精装 5.20 元
32 开　184 页

书中所收作品保留了早期话本的原始形态和风格,其中一些优秀作品,如《快嘴李翠莲记》、《简帖和尚》等,反映了白话短篇小说草创时期质朴的风貌。

喻世明言

[明]冯梦龙编　恒鹤标校
1992 年 11 月 1 版 1 次
1996 年 4 月 1 版 4 次
平装 6.30 元　精装 12.60 元
32 开　428 页

此书为明代冯梦龙所编著的"三言"之一,又名《古今小说》,共收 40 篇作品,体现出我国古代文人创作短篇小说的最高成就。

警世通言

[明]冯梦龙编　曹光甫标校
1992 年 11 月 1 版 1 次
1996 年 3 月 1 版 4 次
平装 6.50 元　精装 12.90 元
32 开　444 页

本书为"三言"的第二部,是明代市民生活的写照,通俗性、趣味性、教化性是这些小说的特色。

醒世恒言

[明]冯梦龙编　丁如明标校
1992 年 11 月 1 版 1 次
1996 年 4 月 1 版 4 次
平装 8.40 元　精装 15.80 元
32 开　600 页

《醒世恒言》在"三言"中最为晚出,其内容广泛反映了明代社会的风貌,此书共收小说 40 篇,其中《卖油郎独占花魁》、《灌园叟晚逢仙女》、《苏小妹三难新郎》、《乔太守乱点鸳鸯谱》等都是历传不衰的名篇佳作。

拍案惊奇

[明]凌濛初著　冷时峻标校
1992 年 11 月 1 版 1 次
1996 年 3 月 1 版 4 次
平装 6.80 元　精装 13.30 元
32 开　468 页

凌濛初编撰的"拟话本"集,共收 40 篇白话短篇小说。和作者其后写的《二刻拍案惊奇》合称"二拍",是我国第一部由个人创作的白话短篇小说集。该书原本在我国久已失传,唯日本日光山轮王寺慈眼堂法库藏有四十卷足本。本书即以此为底本加以整理。

二刻拍案惊奇

[明]凌濛初著　王根林标校
1992 年 11 月 1 版 1 次
1996 年 3 月 1 版 4 次
平装 7.30 元　精装 14.10 元
32 开　512 页

与冯梦龙的"三言"一样,历来流传甚广。此书以日本所藏明尚友堂本为底本,标校整理。

今古奇观

[明]抱瓮老人编　冯裳标校
1992 年 11 月 1 版 1 次
1996 年 3 月 1 版 3 次
平装 7.40 元　精装 14.30 元
32 开　520 页

本书是明末抱瓮老人从"三言"、"二拍"的 200 篇故事中辑选出来的一部拟话本小说集,共 40 篇。广泛地反映了那个时代的社会风尚和市民阶层的生活心态。采择甚精,可读性强,基本上包括了原书中的优秀篇目。此次用明版清印本为底本标点出版。

醉醒石

[清]东鲁古狂生编　秋谷标点
1992 年 11 月 1 版 1 次
1995 年 1 月 1 版 4 次
平装 3.10 元　精装 4.90 元
32 开　148 页

全书包括 15 个独立的短篇,其中除了一篇是根据唐人传奇改编的外,其余是反映明朝社会生活的人情小说。书名"醉醒石",取典于唐代李德裕"平泉园"中有一块能使醉人清醒的石头,寓意于警醒世间迷醉于名欲利欲色欲物欲的人。

十二楼

[清]李渔著　钟夫标校
1992 年 11 月 1 版 1 次
1995 年 1 月 1 版 4 次
平装 3.50 元　精装 5.50 元
32 开　196 页

拟话本小说集。共收 12 个短篇小说,每篇以一座楼为题。作品多以市民生活为题材,表现当时社会风情。此书以英秀堂本为底本,参校消闲居本。

连城璧

[清]李渔著　孟斐标点

1992 年 11 月 1 版 1 次

1996 年 3 月 1 版 5 次

平装 4.40 元　精装 9.40 元

32 开　260 页

　　《连城璧》原名《无声戏》，因一度遭禁而改今名，继"三言"、"二拍"后的拟话本小说集。全书分"本集"、"外编"两部分，各篇故事均以明朝为时代背景。城乡男女，三教九流，以其奇遇异迹，悲欢离合，构成了一幅幅琳琅光怪、匪夷所思的社会风情画。作者李渔是明末清初著名的戏剧大家，结构、布局、情节无不独出心裁。本书流布海外，国内罕见，今据日本所藏抄本重加整理。

十大文言短篇小说今译丛书

白话全本搜神记

[晋]干宝撰　王一工等译

1995 年 10 月 1 版 1 次

1996 年 3 月 1 版 2 次

平装 7.30 元　精装 9.40 元

32 开　208 页

　　三国吴郡人李信纯，养了条狗，叫黑龙。一次李在城外饮酒，醉倒深草丛中。一地方官正在此打猎，嫌草太茂密，命人放火纵烧。李眼看就要葬身火海。这时黑龙狂奔入溪水中，浸湿后奔回，把水洒在主人卧处周围。李免于一死，黑龙则因奔波力竭而毙。此事就出在晋人干宝著《搜神记》中。此书专记"古今怪异非常之事"，是我国志怪小说的代表作。原书文言，今译成白话。

白话全本唐宋传奇集

鲁迅校录　蔡义江　蔡宛若今译

1995 年 10 月 1 版 1 次

1996 年 3 月 1 版 2 次

平装 8.10 元　精装 10.20 元

32 开　244 页

　　唐代小说(古人称为传奇)有意识地运用想象与虚构，有丰满的人物形象和生动活泼的对话，有场景的渲染烘托，达到了很高的水平，宋代文言小说承唐人小说余绪，并有所发展。唐宋小说中的优秀作品往往成为后世戏曲、曲艺的源泉。鲁迅先生校录的《唐宋传奇集》，集两朝文言小说之精华，今译成白话。

白话全本剪灯新话(附剪灯余话)

[明]瞿佑著　颜洽茂今译

1995 年 10 月 1 版 1 次

1996 年 3 月 1 版 2 次

平装 7.50 元　精装 9.60 元

32 开　216 页

　　《剪灯新话》上承唐宋传奇的余绪，下开明清文言短篇小说的先河，并给拟话本小说创作以相当影响。全书取材于烟花粉黛、神仙鬼怪一类故事，具有相当的艺术感染力。现将全书译成白话文。

白话全本阅微草堂笔记

[清]纪昀著　邵海清等译

1995 年 10 月 1 版 1 次

1996 年 3 月 1 版 2 次

平装 20.60 元　精装 22.60 元

32 开　796 页

　　《阅微草堂笔记》是一部文言笔记小说，主要记述狐鬼神怪故事。作者辨析事理精妙入微，每能引人入胜，文字也淡雅明净。现译成白话文。

白话全本子不语

[清]袁枚编著　陆海明等译

1995 年 10 月 1 版 1 次

1996 年 3 月 1 版 2 次

平装 21.10 元　精装 23.20 元

32 开　820 页

　　《子不语》是清代中叶三大志怪小说之一，书名取自《论语》"子不语怪力乱神"，意即本书所述的，皆是孔子所讳言的怪异、强力、变乱、鬼神一类故事。现将全书用白话译出。

白话全本萤窗异草

[清]长白浩歌子著　邬国平　郑利华　刘明今译

1995 年 10 月 1 版 1 次

1996 年 3 月 1 版 2 次

平装 13.40 元　精装 15.50 元

32 开　480 页

　　本书明显受《聊斋志异》的影响，书中大多涉及狐妖鬼神和男女风情，揭示了封建末世种种人情世态，被公认为继《聊斋志异》之后清代最好的文言短篇小说集。现用白话译出。

白话全本夜谭随录

[清]和邦额著　束景南等译
1995 年 10 月 1 版 1 次
1996 年 3 月 1 版 2 次
平装 9.20 元　精装 11.30 元
32 开　292 页

　　清代著名的志怪小说集。它上承蒲松龄的《聊斋志异》，下启纪昀的《阅微草堂笔记》，兼擅二书之长，而又有自己的特点。它取材广泛，除写神怪鬼狐故事，还将笔触伸向凉州沙漠、滇南山水、澎湖惊涛，对南北各地的风俗习尚、世态人情，有生动的描述。对官场腐败的揭露，对正当的情欲的肯定，则体现了其进步的思想倾向。现用白话译出。

白话全本夜雨秋灯录

[清]宣鼎著　曹光甫　丁如明等译
1995 年 10 月 1 版 1 次
1996 年 3 月 1 版 2 次
平装 20.90 元　精装 23.00 元
32 开　812 页

　　此书共收 230 篇志怪、传奇故事，继承了《聊斋》的优良传统，从不同角度反映了晚清时期的社会现实。译文忠于原作，明白晓畅。

白话全本聊斋志异

[清]蒲松龄原著　本社编译
1995 年 10 月 1 版 1 次
1996 年 3 月 1 版 2 次
平装 23.10 元　精装 25.10 元
32 开　908 页

　　本书根据我社《聊斋志异》会校会注会评本原文 12 卷共 491 篇今译。今译力求在"信"、"达"的基础上多一点"雅"。

白话全本后聊斋志异

[清]王韬著　曹庆霖　钱诚一　丁磊译
1995 年 10 月 1 版 1 次
1996 年 3 月 1 版 2 次
平装 14.70 元　精装 16.80 元
32 开　536 页

　　《后聊斋志异》，又名《淞隐漫录》，共收 120 多篇文言短篇小说。写花妖狐魅、神鬼精怪及青楼烟花粉黛故事，间接或直接地反映了当时的社会现实。由于王韬曾在英、法、俄、日诸国游览及工作，异域风情在这本小说集中也有所反映。现译成白话文。

中国文言小说全译丛书

搜神记全译

[晋]干宝著　[明]胡应麟辑　王一工　唐书文译
2012 年 8 月 1 版 1 次
2015 年 12 月 1 版 2 次
22.00 元
16 开　188 页

　　《搜神记》是集我国古代神话传说之大成的著作，搜集古代神异故事共四百一十多篇，开创了我国古代神话小说的先河，大部分故事在一定程度上反映了古代人民的思想感情。本书为该书的白话全文今译本。

聊斋志异全译（全二册）

[清]蒲松龄著　丁如明等译
2012 年 6 月 1 版 1 次
2016 年 6 月 1 版 4 次
78.00 元
16 开　890 页

　　本书根据本社《聊斋志异（会校会注会评）》原文十二卷共四百九十一篇全文今译，比通行本多收六十篇，"三会本"附录作者存疑的九篇不收，消除了今人阅读《聊斋》文言原文的理解障碍。

子不语全译（全二册）

[清]袁枚著　陆海明等译
2012 年 6 月 1 版 1 次
2016 年 2 月 1 版 4 次
72.00 元
16 开　720 页

　　《子不语》是清朝中叶著名文学家袁枚撰写的一部文言短篇小说集，共二十四卷，多记述奇闻异事、奇人鬼怪，全篇行文流畅。本书根据本社 1986 年版申孟、甘林的点校本今译，凡事涉淫秽的四篇及重出者二则已予删去，一从点校本之例。

阅微草堂笔记全译（全二册）

[清]纪昀著　邵海清等译

2012 年 8 月 1 版 1 次
2016 年 4 月 1 版 4 次
68.00 元
16 开 704 页

　　文言笔记小说集《阅微草堂笔记》主要记述狐鬼神怪故事,描摹情节引人入胜,辨析事理精妙入微,今全文译成白话,各篇小标题均为译者所加,消除了今人阅读文言原文的理解障碍。

唐宋传奇集全译

鲁迅校录　杜东嫣译
2014 年 10 月 1 版 1 次
28.00 元
16 开 228 页

　　唐代小说(古人称为传奇)有意识地运用想象与虚构,即有丰满的人物形象和生动活泼的对话,又有场景的渲染烘托,达到了很高的水平,宋代文言小说承唐人小说余绪,并有所发展。鲁迅先生校录的《唐宋传奇集》,集两朝文言小说之精华,今全文译成白话,并添加必要的简注,为读者阅读这些古代精彩小说扫除了障碍。

中国古代文言小说选译丛书

汉魏六朝小说选译(上)

滕云选译
1986 年 5 月 1 版 1 次
1.60 元
32 开 160 页

　　上册共收入 27 种古小说集中的 120 余篇作品。所选篇目,起自《山海经》,迄于《拾遗记》,题材较为宽博,并注意到思想性与艺术性的结合,志怪与轶事的比重。对每篇均有简要说明和全文翻译。

汉魏六朝小说选译(下)

李继芬　韩海明选译
1988 年 1 月 1 版 1 次
1.55 元
32 开 146 页

　　本编共收入《幽明录》、《世说新语》、《述异记》等 15 种古小说集凡百余篇,加以注释今译。

唐代小说选译

傅继馥选译
1987 年 12 月 1 版 1 次
2.25 元
32 开 210 页

　　唐代小说(传奇),是与诗歌、散文并驾齐驱的体裁之一,也是我国文言小说臻于成熟的时期。崔莺莺、霍小玉、李娃等动人心魄的古代妇女形象,就是由唐代传奇作家首先介绍给千百年来的读者的。本书选取了唐代小说中的代表作 40 篇,予以注释翻译。

宋代小说选译

李华年选译
1990 年 8 月 1 版 1 次
3.45 元
32 开 168 页

　　本书收宋代的文言小说传奇和笔记小说两大类。传奇包括《杨太真外传》、《梅妃传》、《李师师外传》等描写妇女命运的著名篇章,艺术技巧相当圆熟。笔记小说部分则精选各家代表作品,并附有注释和译文。

元明小说选译

张虎刚　林骅选译
1990 年 6 月 1 版 1 次
3.75 元
32 开 184 页

　　元明时期的文言小说上承唐宋传奇的余绪,仍不乏佳作,如出现了《娇红传》这样的长篇巨制;明初"三话"(《剪灯新话》、《剪灯余话》、《觅灯因话》)里的一些优秀篇章,曲折地反映了现实生活;至明末,更有《情史类略》等收罗甚广的传奇总集问世。本书撷取较有代表性的作品四十余篇,加以注译。

清代小说选译

姜东赋　许桂亭选译
1990 年 8 月 1 版 1 次
5.35 元
32 开 270 页

　　文言小说发展到明末清初,出现了一个新的高潮。其标志是蒲松龄的名著《聊斋志异》的问世。清中叶又出现了"尚质黜华、追踪晋宋"的《阅微草堂笔记》。本书以这两部小说集为重点,共选录了 26 位作家的 52 篇作品,可以大体反映出清代文言小说的创作风貌。

中国古代英雄传奇小说四大名著

说唐全传

[清]鸳湖渔叟编著

2004 年 4 月 1 版 1 次

2006 年 10 月 1 版 6 次

精装 10.00 元

大 32 开　430 页

　　本书叙述隋唐两朝故事,小说人物塑造得栩栩如生。

说岳全传

[清]钱彩著

2004 年 4 月 1 版 1 次

2006 年 10 月 1 版 5 次

精装 12.00 元

大 32 开　520 页

　　本书吸收了以前"说岳"演义的优点,并加入许多有关岳飞的民间传说编撰而成。为岳飞故事中最有影响的一部小说。

杨家将演义

[明]熊大木著

2004 年 4 月 1 版 1 次

2006 年 3 月 1 版 4 次

精装 7.00 元

大 32 开　184 页

　　本书是一部著名的英雄传奇小说,记北宋杨家将抗击辽邦入侵的英雄群体及传奇故事。

英烈传

[明]佚名著

2004 年 4 月 1 版 1 次

2005 年 6 月 1 版 3 次

精装 9.00 元

大 32 开　280 页

　　本书是记明太祖朱元璋南征北战创建明王朝的历史演义,展现了元末明初群雄逐鹿、风云际会的历史画卷。

中国古代侠义公案小说四大名著

七侠五义

[清]石玉昆著

2005 年 8 月 1 版 1 次

2007 年 9 月 1 版 3 次

精装 24.00 元

大 32 开　600 页

　　《七侠五义》是中国古代公案侠义小说中的代表作。全书人物形象鲜明生动,故事情节曲折奇特,扣人心弦,历来深受广大读者的喜爱。

小五义

[清]佚名著

2005 年 8 月 1 版 1 次

2006 年 12 月 1 版 2 次

精装 15.00 元

大 32 开　480 页

　　《小五义》为《三侠五义》续书。情节跌宕起伏,引人入胜。

施公案

[清]佚名著

2005 年 8 月 1 版 1 次

2007 年 2 月 1 版 2 次

精装 15.00 元

大 32 开　492 页

　　《施公案》故事和包公故事一样,脍炙人口,在民间广为流传。本书融公案、侠义于一体,成为公案侠义小说的先导。

彭公案

[清]贪梦道人著

2005 年 8 月 1 版 1 次

2007 年 2 月 1 版 2 次

精装 13.00 元

大 32 开　412 页

　　《彭公案》是晚清时期极为流行的一部公案侠义小说,其中侠客黄三太、窦尔墩、欧阳德、杨香武等人,都已成为家喻户晓的传奇式人物。本书的不少故事,还被搬上京剧舞台。

中国晚清谴责小说四大名著

老残游记

[清] 刘鹗著

2005 年 8 月 1 版 1 次

2010 年 3 月 1 版 3 次

精装 13.00 元

大 32 开　200 页

　　本书用"老残"这个摇串铃走江湖的医生的化名,记述了作者在各地游历时的活动和见闻,向人们展示了晚清社会某些黑暗腐败的内幕。尤其在揭露官场流弊方面,更有其独特的深度。

官场现形记

[清] 李伯元著

2005 年 8 月 1 版 1 次

2009 年 3 月 1 版 4 次

精装 35.00 元

大 32 开　742 页

　　《官场现形记》被列为清末四大谴责小说之首。小说成功地运用了夸张的手法,使那些贪官污吏纤毫毕现。它是一部晚清社会的教科书,又是一部可读性很强的讽刺小说。

二十年目睹之怪现状

[清] 吴趼人著

2005 年 8 月 1 版 1 次

2007 年 2 月 1 版 2 次

精装 18.00 元

大 32 开　640 页

　　晚清著名的谴责小说,通过对官场、商场、洋场的描写,反映出晚清社会的腐朽黑暗与没落。字里行间具有强烈的讽刺色彩,对社会丑恶现象作了无情的嘲讽鞭挞。

孽海花

[清] 曾朴著

2005 年 8 月 1 版 1 次

2009 年 3 月 1 版 3 次

精装 15.00 元

大 32 开　296 页

　　《孽海花》全面展现了一幅幅晚清社会生活的历史画卷,在我国近代小说发展史上占有十分突出的历史地位。

中国古代神怪小说四大名著

封神演义

[明] 许仲琳著

2005 年 1 月 1 版 1 次

2009 年 3 月 1 版 5 次

精装 35.00 元

大 32 开　732 页

　　《封神演义》是一部把商周斗争神话化的小说,塑造了姜子牙、哪吒、杨戬、土行孙、哼哈二将等为人民喜闻乐道的艺术形象,反映了人类超越自然、上天入地的愿望。

镜花缘

[清] 李汝珍著

2005 年 1 月 1 版 1 次

2007 年 9 月 1 版 4 次

精装 20.00 元

大 32 开　496 页

　　《镜花缘》是"熔幻想小说、历史小说、讽刺小说和游记小说于一炉的巨著"。塑造了 100 位聪慧绝伦的女子形象,描写了海外各国形形色色的风土人情。

阅微草堂笔记

[清] 纪昀著

2005 年 1 月 1 版 1 次

2010 年 3 月 1 版 7 次

精装 20.00 元

大 32 开　428 页

　　《阅微草堂笔记》中不少篇幅假狐鬼之口,抨击欺世盗名的理学家。此书久享盛名,现以清道光本为底本,参校各本标点出版。

中国古典小说珍本丛书

东周列国志

[清] 蔡元放编　陈先行 李梦生标点

1995 年 12 月 1 版 1 次

1997 年 7 月 1 版 2 次

23.70 元

32 开　784 页

《东周列国志》是继《三国演义》之后,我国古代历史演义小说中成就最高、影响极大的一部小说。取材以正史为主,旁参野史百家;刻画人物形象鲜明生动,故事情节扣人心弦;在思想上则有以史为鉴的认识功用。

隋唐演义

[清]褚人获著　韦谷校点

1996 年 12 月 1 版 1 次

1997 年 6 月 1 版 2 次

22.50 元

32 开　836 页

流传极广的隋末草莽英雄和唐初开国功臣事迹,隋炀帝风流奢靡的宫廷生活,唐初玄武门之变,武则天称帝,唐明皇与杨贵妃的恩恩爱爱,安禄山之乱等等,构成了《隋唐演义》这部讲史小说的巨幅画卷。

英烈传

佚名著　尚成标点

1996 年 11 月 1 版 1 次

12.00 元

32 开　316 页

记明太祖朱元璋南征北战创建明王朝的历史演义。本书选取最佳版本,校以他本,在内容的准确性和完整性方面,明显优于目前其他排印本。

游龙戏凤

[清]何梦梅撰　穆公标点

1996 年 11 月 1 版 1 次

8.80 元

32 开　176 页

《游龙戏凤》,又名《大明正德皇游江南传》,是清代一部流传很广的通俗小说。前部叙太监刘瑾以淫乐迷惑少主正德皇帝朱厚照,结党弄权,陷害忠良;后部写正德帝微服私访江南,一路上除暴安良,平反冤狱,在南楼镇遇酒家女李凤而幸之。后正德帝被震濠、刘瑾围困苏州,大臣梁储、王守仁救驾,击败逆贼。

明珠缘

佚名著　晓卫标点

1996 年 10 月 1 版 1 次

14.00 元

32 开　420 页

本书写魏忠贤专权乱政,勾结皇帝的乳母客氏,陷害异己,残杀忠良;及至欲篡夺皇位,罪恶滔天。后崇祯帝即位,贬魏至凤阳,魏于途中畏罪自缢,其党朋也被一网打尽。全书对市井生活描写得真切细腻。作为讲史小说,插入相当的言情成分,体现了讲史、言情小说两者合流的倾向。

乾隆巡幸江南记

[清]无名氏著　时华标点

1996 年 11 月 1 版 1 次

1997 年 6 月 1 版 2 次

14.80 元

32 开　436 页

本书可以说是"戏说乾隆"的最早一种版本,小说叙述乾隆化名高天赐,微服私访,在江南各地扶危济困、平冤决狱、除暴安良。乾隆所为,一如豪爽大侠,且一路上结纳众多侠义之士,因而名噪江南。全书不仅情节曲折,悬念迭生,且主线、辅线并行,手法颇为纯熟。

中国古典小说名著丛书(第一辑)

水浒传(全二册)

[明]施耐庵　罗贯中著　林峻校点

1998 年 7 月 1 版 1 次

2002 年 1 月 1 版 3 次

49.50 元

大 32 开　1288 页

本书是内容最完整的 120 回本,叙述了梁山好汉从起义到受招安直至征方腊、田虎、王庆的全过程,读者可据此得窥水浒故事的全豹。

三国演义(全二册)

[明]罗贯中著　春明校点

1998 年 7 月 1 版 1 次

2003 年 10 月 1 版 5 次

38.00 元

大 32 开　880 页

《三国演义》以七实三虚的手法敷演东汉末年群雄纷争、三国鼎立、三分一统的历史事迹。

西游记（全二册）

[明]吴承恩著　曹松校点

1998 年 7 月 1 版 1 次

2003 年 10 月 1 版 3 次

44.20 元

大 32 开　1068 页

　　吴承恩在大量民间文艺的基础上，创作了这一巨著，鲜明地表现了民众对勇敢、机智、坚韧不拔等品质的礼赞。

红楼梦（全二册）

[清]曹雪芹　高鹗著　古木校点

1998 年 7 月 1 版 1 次

2003 年 10 月 1 版 4 次

48.50 元

大 32 开　1200 页

　　作者以他特有的自然、逼真而又深刻的艺术笔力，把封建社会中的形形色色以及一切隐微曲折之处，多姿多彩地展现在读者面前。

警世通言

[明]冯梦龙编著　秋谷校点

1998 年 7 月 1 版 1 次

2002 年 3 月 1 版 2 次

23.00 元

大 32 开　556 页

　　冯梦龙编撰的小说集“三言”之一。书中所写俞伯牙、玉堂春、杜十娘、白娘子、碾玉观音、张浩遇莺莺、李白醉草吓蛮书、小夫人金钱赠少年等，都是历来为人传诵的人物和名篇。

喻世明言

[明]冯梦龙编著　傅成校点

1998 年 7 月 1 版 1 次

2002 年 3 月 1 版 2 次

21.90 元

大 32 开　524 页

　　本书又名《古今小说》，系冯梦龙编短篇小说集“三言”之一。小说异常生动地描写了封建时代下层社会的众生相，反映了那个时代人们特有的思想感情、民风习俗。其中《蒋兴哥重会珍珠衫》、《金玉奴棒打薄情郎》、《沈小霞相会出师表》等，被改编成戏剧、说唱等多种艺

术形式，广泛流传。

醒世恒言

[明]冯梦龙编著　阳羡生校点

1998 年 7 月 1 版 1 次

2002 年 3 月 1 版 2 次

28.80 元

大 32 开　718 页

　　古代著名的短篇小说集“三言”之一，共收小说 40 篇，其中《卖油郎独占花魁》、《灌园叟晚逢仙女》、《苏小妹三难新郎》、《乔太守乱点鸳鸯谱》等，都是脍炙人口、历传不衰的名篇佳作。

拍案惊奇

[明]凌濛初编著　冷时峻校点

1998 年 7 月 1 版 1 次

2002 年 3 月 1 版 2 次

23.50 元

大 32 开　576 页

　　《拍案惊奇》共收 39 篇短篇小说和一篇杂剧剧本。生动地反映了明代社会生活的方方面面，体现了高扬人性、肯定人的物质欲望的进步思潮。

二刻拍案惊奇

[明]凌濛初编著　王根林校点

1998 年 7 月 1 版 1 次

2002 年 3 月 1 版 2 次

24.70 元

大 32 开　608 页

　　本书为《拍案惊奇》姊妹篇，合称“二拍”，在文学史上占有重要地位。全书多角度、全方位向我们展示了明代的社会生活，共收入小说杂剧 40 篇。

聊斋志异

[清]蒲松龄著　钟夫校点

1998 年 7 月 1 版 1 次

2001 年 11 月 1 版 3 次

27.90 元

大 32 开　712 页

　　这是一部家喻户晓的奇书。全书 12 卷，491 篇，是所收作品最为完备的《聊斋》全本。

中国古典小说名著丛书（第二辑）

儒林外史

[清]吴敬梓著　洪江校点
2000年5月1版1次
2001年12月1版4次
19.30元
大32开　460页
本书是一部极具艺术成就的著名讽刺小说。

官场现形记（全二册）

[清]李伯元著　冷时峻校点
2000年5月1版1次
2002年4月1版4次
37.40元
大32开　884页
本书是清末著名的谴责小说作家李伯元的代表作之一，被列为当时四大谴责小说之首。

老残游记

[清]刘鹗著　钟夫校点
2000年5月1版1次
2002年10月1版5次
12.50元
大32开　252页
本书通过广泛的视角和辐射式的结构，向人们展示了晚清社会的黑暗腐败。其中"明湖居说书"、"黄河上打冰"写得非常精彩，早在20世纪20年代起，就被作为范文选入中学语文课本。

封神演义（全二册）

[明]许仲琳著　王维堤标点
2000年5月1版1次
2004年2月1版5次
38.40元
大32开　912页
《封神演义》把商周斗争神话化，充满了上天入地的奇异想象，是一部具有魅力的神魔小说。

杨家将演义

[明]熊大木编撰　穆公校点
2000年5月1版1次
2002年10月1版5次
12.10元
大32开　312页
本书记北宋杨家将抗辽的传奇故事，杨业遭奸臣陷害壮烈牺牲，杨六郎继承父志的不屈不挠，杨宗保、穆桂英的威震敌胆，焦赞、孟良的忠勇无畏，以及十二寡妇征西等等，向为人们津津乐道。

说唐全传

[清]鸳湖渔叟校订　傅成　吴蒙校点
2000年5月1版1次
2004年2月1版6次
22.40元
大32开　556页
本书是除了《三国演义》、《水浒传》之外，在旧时流传极广、影响极大的历史小说。

说岳全传

[清]钱彩编次　钟平标点
2000年5月1版1次
2002年10月1版5次
25.00元
大32开　636页
本书吸收了以前"说岳"演义的优点，并加入许多有关岳飞的民间传说编撰而成，为岳飞故事中最有影响的一部小说。

七侠五义

[清]石玉昆编　穆公标点
2000年5月1版1次
2004年2月1版5次
28.60元
大32开　748页
中国古代公案侠义小说中的代表作。

小五义

[清]佚名著　陆树仑　竺少华标点
2000年5月1版1次
2002年10月1版5次
23.60元
大32开　596页

《小五义》为《三侠五义》续书。

镜花缘

[清]李汝珍著　傅成校点
2000 年 5 月 1 版 1 次
2004 年 2 月 1 版 5 次
24.70 元
大 32 开　604 页

　　《镜花缘》是我国古典长篇小说中内容最为奇特的一部,描写了 100 位聪慧绝伦的女子形象,体现了要求男女平等、反对压迫妇女的进步思想。

中国古典小说名著丛书(第三辑)

东周列国志(全二册)

[清]蔡元放修订　陈先行　李梦生校点
2001 年 10 月 1 版 1 次
2004 年 2 月 1 版 3 次
40.00 元
大 32 开　970 页

　　由明代著名的通俗小说作家冯梦龙改编加工,又经著名的小说评点家蔡元放润饰点评,是继《三国演义》之后,我国古代历史演义小说中成就最高、影响极大的一部小说。

施公案

[清]佚名著　秋谷校点
2001 年 10 月 1 版 1 次
2002 年 10 月 1 版 2 次
25.00 元
大 32 开　650 页

　　本书融公案、侠义于一体,成为公案侠义小说的先导。和包公故事一样,在民间广为流传。

彭公案

[清]贪梦道人著　秦克　巩军校点
2001 年 10 月 1 版 1 次
2002 年 10 月 1 版 2 次
21.00 元
大 32 开　510 页

　　本书是晚清时期极为流行的一部公案侠义小说,当时民间曾出现"抄写殆遍"、"脍炙人口"的盛况。

英烈传

[明]佚名著　尚成校点
2001 年 10 月 1 版 1 次
2002 年 10 月 1 版 2 次
15.00 元
大 32 开　360 页

　　本书是记明太祖朱元璋南征北战创建明王朝的历史演义。

型世言

[明]陆人龙著　申孟校点
2001 年 10 月 1 版 1 次
2002 年 10 月 1 版 2 次
20.00 元
大 32 开　500 页

　　《型世言》是继"三言"、"二拍"之后又一部著名的明代短篇小说集。它集中反映了明代的风俗民情及社会众生相。此书在国内久已散佚,今以韩国汉城大学奎章阁本影印本为底本,参校《三刻拍案惊奇》、《别本二刻拍案惊奇》整理标点出版。

海上花列传

[清]韩邦庆著　觉园　愚谷校点
2001 年 10 月 1 版 1 次
2002 年 10 月 1 版 2 次
19.00 元
大 32 开　460 页

　　本书是一部用方言(苏州话)撰写的有关清末上海妓院生活的通俗小说,可供了解和研究清末上海社会、民俗之用。

儿女英雄传

[清]文康著　高仁校点
2001 年 10 月 1 版 1 次
2002 年 10 月 1 版 2 次
28.00 元
大 32 开　750 页

　　本书是一部侠义与言情相结合的社会小说。以清光绪四年北京聚珍堂活字本为底本标校。

孽海花

[清]曾朴著　冷时峻校点

2001 年 10 月 1 版 1 次

2002 年 10 月 1 版 2 次

16.00 元

大 32 开　358 页

　　晚清四大谴责小说之一，思想激进，形象生动，结构工巧，文采斐然，在我国近代小说发展史上占有十分突出的历史地位。

二十年目睹之怪现状

[清]吴趼人著　宋世嘉校点

2001 年 10 月 1 版 1 次

2002 年 10 月 1 版 2 次

29.00 元

大 32 开　770 页

　　本书和《官场现形记》齐名，是晚清著名的谴责小说。小说文笔流畅，庄谐皆备，情节奇诡，出人意表，犹如世态人情的万花筒，令人目不暇接，对社会丑恶现象作了无情的嘲讽鞭挞。

阅微草堂笔记

[清]纪昀著　汪贤度校点

2001 年 10 月 1 版 1 次

2004 年 10 月 1 版 3 次

20.00 元

大 32 开　500 页

　　本书虽多宣传封建道德及因果报应的内容，但对于考据名物、辨释文义等，则仍有参考价值。假狐鬼之口，抨击欺世盗名的理学家，则更有思想价值。

中国古典小说名著丛书(新版)

水浒传

[明]施耐庵　罗贯中著　林峻校点

2009 年 10 月 2 版 1 次

2016 年 5 月 2 版 11 次

精装 28.00 元

大 32 开　1052 页

　　本书是内容最完整的 120 回本，叙述了梁山好汉从起义到受招安直至征方腊、田虎、王庆的全过程，读者可据此得窥水浒故事的全豹。

三国演义

[明]罗贯中著　春明校点

2009 年 10 月 2 版 1 次

2016 年 5 月 2 版 12 次

精装 19.00 元

大 32 开　700 页

　　《三国演义》以七实三虚的手法敷演东汉末年群雄纷争、三国鼎立、三分一统的历史事迹。

西游记

[明]吴承恩著　曹松校点

2009 年 10 月 2 版 1 次

2016 年 5 月 2 版 9 次

精装 21.00 元

大 32 开　860 页

　　吴承恩在大量民间文艺的基础上，创作了这一巨著，鲜明地表现了民众对勇敢、机智、坚韧不拔等品质的礼赞。

红楼梦

[清]曹雪芹　高鹗著　古木校点

2009 年 10 月 2 版 1 次

2016 年 5 月 2 版 9 次

精装 28.00 元

大 32 开　984 页

　　作者以他特有的自然、逼真而又深刻的艺术笔力，把封建社会中的形形色色以及一切隐微曲折之处，多姿多彩地展现在读者面前。

警世通言

[明]冯梦龙编著　秋谷校点

2012 年 4 月 1 版 1 次

精装 20.00 元

大 32 开　551 页

　　冯梦龙编撰的小说集"三言"之一。书中所写俞伯牙、玉堂春、杜十娘、白娘子、碾玉观音、张浩遇莺莺、李白醉草吓蛮书、小夫人金钱赠少年等，都是历来为人传诵的人物和名篇。

喻世明言

[明]冯梦龙编著　傅成校点

2012 年 4 月 1 版 1 次

精装 20.00 元

大 32 开　521 页

本书又名《古今小说》，系冯梦龙编短篇小说集"三言"之一。小说异常生动地描写了封建时代下层社会的众生相，反映了那个时代人们特有的思想感情、民风习俗。其中《蒋兴哥重会珍珠衫》、《金玉奴棒打薄情郎》、《沈小霞相会出师表》等，被改编成戏剧、说唱等多种艺术形式，广泛流传。

醒世恒言

[明]冯梦龙编著　阳羡生校点

2012 年 4 月 1 版 1 次

精装 28.00 元

大 32 开　743 页

古代著名的短篇小说集"三言"之一，共收小说 40 篇，其中《卖油郎独占花魁》、《灌园叟晚逢仙女》、《苏小妹三难新郎》、《乔太守乱点鸳鸯谱》等，都是脍炙人口、历传不衰的名篇佳作。

拍案惊奇

[明]凌濛初编著　冷时峻校点

2012 年 4 月 1 版 1 次

精装 22.00 元

大 32 开　566 页

《拍案惊奇》共收 39 篇短篇小说和一篇杂剧剧本。生动地反映了明代社会生活的方方面面，体现了高扬人性、肯定人的物质欲望的进步思潮。

二刻拍案惊奇

[明]凌濛初编著　王根林校点

2012 年 4 月 1 版 1 次

精装 28.20 元

大 32 开　599 页

本书为《拍案惊奇》姊妹篇，合称"二拍"，在文学史上占有重要地位。全书多角度、全方位向我们展示了明代的社会生活，共收入小说杂剧 40 篇。

聊斋志异

[清]蒲松龄著　钟夫校点

2010 年 11 月 1 版 1 次

2016 年 4 月 1 版 6 次

精装 29.00 元

大 32 开　588 页

这是一部家喻户晓的奇书。全书 12 卷，491 篇，是所收作品最为完备的《聊斋》全本。

阅微草堂笔记

[清]纪昀著　汪贤度校点

2010 年 12 月 1 版 1 次

2016 年 7 月 1 版 6 次

精装 22.00 元

大 32 开　428 页

本书虽多宣传封建道德及因果报应的内容，但对于考据名物、辨释文义等，则仍有参考价值。假狐鬼之口，抨击欺世盗名的理学家，则更有思想价值。

儒林外史

[清]吴敬梓著　洪江标校

2012 年 6 月 1 版 1 次

2016 年 3 月 1 版 5 次

精装 16.00 元

大 32 开　372 页

全书如同一幅长长的画卷，把清代名士文人、翰苑官吏、市井平民的种种状貌，绘声绘色、栩栩如生地表现出来，真实地重现了作者所处的时代。

封神演义

[明]许仲琳著　王维堤标点

2011 年 8 月 1 版 1 次

2015 年 7 月 1 版 3 次

精装 24.00 元

大 32 开　725 页

《封神演义》把商周斗争神话化，充满了上天入地的奇异想象，是一部具有魅力的神魔小说。

东周列国志

[清]蔡元放修订　陈先行　李梦生校点

2012 年 6 月 1 版 1 次

2016 年 3 月 1 版 3 次

精装 29.00 元

大 32 开　782 页

由明代著名的通俗小说作家冯梦龙改编加工，又经著名的小说评点家蔡元放润饰点评，是继《三国演义》之后，我国古代历史演义小说中成就最高、影响极大的一部小说。

子不语

[清]袁枚编撰　中孟 甘林点校
2012年6月1版1次
2016年1月1版6次
精装 20.00 元
大32开　464页

　　《子不语》(又名《新齐谐》)并续集凡34卷,为清代著名作家袁枚所编,记录本朝与前代志怪故事一千余则,在当时是与《聊斋志异》和《阅微草堂笔记》并享盛名的一部重要笔记小说。作者为一代诗文名家,叙事洗炼,笔调冷隽,每能使人于解颐一笑中深思获益。本书以乾隆年间的《随园三十种》本为底本,参校他本,加以标点整理。

说岳全传

[清]钱彩编次　钟平标点
2010年12月1版1次
2014年12月1版2次
精装 27.00 元
大32开　512页

　　本书吸收了以前"说岳"演义的优点,并加入许多有关岳飞的民间传说编撰而成,为岳飞故事中最有影响的一部小说。

说唐全传

[清]鸳湖渔叟校订　傅成 吴蒙校点
2010年12月1版1次
2015年4月1版3次
精装 22.00 元
大32开　556页

　　本书是除了《三国演义》、《水浒传》之外,在旧时流传极广、影响极大的历史小说。

英烈传

[明]佚名著
2011年8月1版1次
精装 11.00 元
大32开　273页

　　本书是记明太祖朱元璋南征北战创建明王朝的历史演义,展现了元末明初群雄逐鹿、风云际会的历史

画卷。

杨家将演义

[明]熊大木编撰　穆公校点
2011年8月1版1次
2015年3月1版2次
精装 12.00 元
大32开　312页

　　本书记北宋杨家将抗辽的传奇故事,杨业遭奸臣陷害壮烈牺牲,杨六郎继承父志的不屈不挠,杨宗保、穆桂英的威震敌胆,焦赞、孟良的忠勇无畏,以及十二寡妇征西等等,向为人们津津乐道。

官场现形记

[清]李伯元著
20011年8月1版1次
2015年3月1版4次
精装 24.00 元
大32开　738页

　　《官场现形记》被列为清末四大谴责小说之首。小说成功地运用了夸张的手法,使那些贪官污吏纤毫毕现。它是一部晚清社会的教科书,又是一部可读性很强的讽刺小说。

老残游记

[清]刘鹗著　钟夫标校
2001年8月1版1次
2016年6月1版5次
精装 12.00 元
大32开　195页

　　《老残游记》发表时作者署名"鸿都百炼生"。本书用"老残"这个摇串铃走江湖的医生的化名,记述作者在各地游历时的活动和见闻,向人们展示了晚清社会某些黑暗腐败的内幕。在抨击当时吏治的黑暗上,有其独特的深度。作者语言精炼,富于表达能力。对书中人物的心理描写,也有独到之处。现在出版的除正文二十回外,又增加了《续集》九回及《外编》一卷。

镜花缘

[清]李汝珍著　傅成校点
2011年8月1版1次
2014年11月1版4次

精装 20.00 元

大 32 开　480 页

　　《镜花缘》是我国古典长篇小说中内容最为奇特的一部,描写了 100 位聪慧绝伦的女子形象,体现了要求男女平等、反对压迫妇女的进步思想。

孽海花

[清]曾朴著

2011 年 8 月 1 版 1 次

2015 年 1 月 1 版 3 次

精装 11.00 元

大 32 开　289 页

　　《孽海花》全面展现了一幅幅晚清社会生活的历史画卷,在我国近代小说发展史上占有十分突出的历史地位。

七侠五义

[清]石玉昆编　穆公标点

2011 年 8 月 1 版 1 次

2015 年 7 月 1 版 2 次

精装 20.00 元

大 32 开　587 页

　　《七侠五义》是中国古代公案侠义小说中的代表作。全书以包公总领全纲,先写其历经磨难,断案折狱;刀铡皇亲,平反宫冤。随后以御猫展昭和锦毛鼠白玉堂的"猫鼠"相争为线索,交代卢方、蒋平等"五义"归附包公的过程。最后,由"五义"引出"七侠"。七侠五义大联手,剪除叛贼襄阳王的党羽,最后以众侠智定军山结束。故事情节曲折奇特,扣人心弦。

小五义

陆树仑　竺少华标点

2011 年 8 月 1 版 1 次

精装 16.00 元

大 32 开　464 页

　　《小五义》,为《三侠五义》续书。本书以北宋襄阳王赵珏阴谋夺位,按院颜查散奉旨查办为主要线索展开。书叙白玉堂命丧铜网阵,群雄追回官印,大破君山,收降钟雄。又写五义士后辈艾虎、卢珍、韩天锦、徐良、白芸生的一系列除暴安良的故事。

施公案

[清]佚名著

2011 年 8 月 1 版 1 次

精装 16.00 元

大 32 开　474 页

　　《施公案》故事和包公故事一样,脍炙人口,在民间广为流传。本书融公案、侠义于一体,成为公案侠义小说的先导。

彭公案

[清]贪梦道人著　秦克　巩军校点

2011 年 8 月 1 版 1 次

精装 16.00 元

大 32 开　395 页

　　本书是晚清时期极为流行的一部公案侠义小说,当时民间曾出现"抄写殆遍"、"脍炙人口"的盛况。

七剑十三侠

[清]唐芸洲撰　曹光甫　王兴康标点

2012 年 6 月 1 版 1 次

精装 24.00 元

大 32 开　593 页

　　全书以明武宗正德年间讨伐江西逆藩宁王朱宸濠为基本情节线索,演述七位剑仙和十三位侠客及其他民间英雄协助杨一清、王守仁平定叛乱故事,其间穿插许多怪异和不平情事,环环相扣,波浪迭起。七剑十三侠口吐宝剑、凭虚御风等超凡绝技及其见义勇为的形象,也都描绘得栩栩如生,令人神往。

历代宫廷演义丛书

汉宫二十八朝演义

徐哲身著　鲍方标点

1997 年 10 月 1 版 1 次

23.60 元

32 开　744 页

　　本书以在两汉政治斗争中起决定作用的女性形象贯串重大历史事件,从吕后到貂蝉一一详细描述,在介绍两汉时局巨变中揭发宫闱秘史轶事。其取材本于正史,博采野史笔记方志,文笔细腻,情节曲折。

隋宫两朝演义

张恂子著　萧逸标点

1997 年 11 月 1 版 1 次

15.70 元

32 开　456 页

全书前二十回主述南朝宋代历代君主及宫闱史实,二十一回起述北周大臣隋公杨坚逼北周静帝禅位,自立隋朝,完成统一大业。杨广弑父篡位,是为炀帝。炀帝不理朝政,只知纵情声色,终使天下大乱,李密、窦建德、瓦岗寨直至李渊父子,各路豪杰并起。炀帝也因触怒群臣,为宇文化及所杀。

唐宫二十朝演义

许啸天著　丁一标点

1997 年 11 月 1 版 1 次

23.40 元

32 开　688 页

本书前二十回叙述隋炀帝如何纵情声色,终致隋朝灭亡。后八十回讲述唐朝兴衰历史,包括重大历史事件、皇帝大臣的风流韵事、宫廷宦官的争权夺利及各种传说故事。

宋宫十八朝演义

许慕羲著　曹光甫标点

1997 年 11 月 1 版 1 次

22.10 元

32 开　688 页

全书叙述宋室一代兴亡,南北两宋 320 年之朝廷大事,一十八朝宫闱琐闻,编成演义共百回。书中从赵匡胤陈桥兵变、黄袍加身开始,至陆秀夫负帝昺投海宋亡而止,写了杯酒释兵权、斧声烛影、澶渊之盟、靖康之祸、秦桧擅权、岳飞抗金、元军灭宋等一系列历史过程。

元宫十四朝演义

许慕羲著　回归标点

1997 年 10 月 1 版 1 次

15.60 元

32 开　452 页

本书自元蒙兴起至明太祖入京,元朝灭亡止,记叙元代十四朝历史,包括外交战争、政治倾轧、奸贤斗争,以及内廷秘闻,反映元代的社会历史面貌。除正史外,作者广搜博采,旁及野乘,汇集诸书不下三十余种,甚至融会西洋史籍译本。

明宫十六朝演义

许啸天著　申盂标点

1997 年 10 月 1 版 1 次

26.60 元

32 开　856 页

本书叙述明代十六朝帝王宫闱政事,既有雄才大略的开国之主,又有昏聩无能的亡国之君,既有金戈铁马的战争场面,又有儿女情长的恋爱故事,既有宫闱争斗倾轧,又有阉宦凶险奸诈,从一个侧面生动形象地反映了明代的史实。

清宫十三朝演义

许啸天著　李驹　恒鹤标点

1997 年 11 月 1 版 1 次

22.30 元

32 开　736 页

本书有声有色地展现了有清一代的历史画面,既是茶余饭后的有趣消遣读物,亦可借以增扩对清代历史的了解。

中国古典小说研究资料丛书

殷芸小说

[南朝·梁]殷芸编纂　周楞伽辑注

1984 年 11 月 1 版 1 次

0.64 元

32 开　96 页

本书系记言记事相结合的文言短篇小说集,其内容亦可补正史之遗阙。该书原十卷,久已亡佚。新中国成立前鲁迅和余嘉锡曾经辑录。周楞伽以鲁、余二氏所辑为基础,广加搜罗,细为校勘,并在每则后加以按语考证,对书中典章、人名等作了简要的注释。

绿窗新话

[南宋]皇都风月主人编　周楞伽笺注

1957 年 8 月 1 版 1 次

新版 1991 年 2 月 1 版 1 次

2.90 元

32 开　138 页

本书多节引汉魏六朝小说、唐宋传奇笔记、诗话词话、史传文学,内容多属恋爱故事,间以少数文人才女的轶事诗文和有关音乐方面的传说等。这次出版,对每则故事作了笺证,对人名、地名、文物典章制度作了简注。

宋元平话集（全二册）

丁锡根点校

1990 年 6 月 1 版 1 次

11.50 元

32 开　458 页

　　本书收录宋元平话 8 种：《梁公九谏》、《五代史平话》、《宣和遗事》、《武王伐纣平话》、《七国春秋平话后集》、《秦并六国平话》、《前汉书平话续集》及《三国志平话》，均为当时说书艺人的底本。王国维称之为"后世小说分章回之祖"，是研究《水浒》、《三国演义》、《东周列国志》等成书及其故事来源、演变的珍贵资料。

龙图耳录（全二册）

[清]石玉昆述　傅惜华 汪原放校点

1981 年 2 月 1 版 1 次

1987 年 6 月 1 版 2 次

5.80 元

32 开　612 页

　　本书 120 回，是谢蓝斋的一个抄本。清代说书艺人石玉昆在讲说《龙图公案》时，有人听而录之，故曰《龙图耳录》。本书只有抄本，从未刊行过；后来通行的《三侠五义》、《七侠五义》都是据此改编的，所以它是研究中国古典小说由讲史、话本演变到章回小说的重要资料。

熊龙峰四种小说

[明]熊龙峰刊行　王古鲁搜录校注

1958 年 5 月 1 版 1 次

新版 1987 年 3 月 1 版 1 次

0.51 元

32 开　40 页

　　日本内阁文库藏有平话单行本 4 种，其中《孔淑芳双鱼扇坠传》及《苏长公章台柳传》两篇即中土所佚。20世纪 50 年代王古鲁先生访书日本，曾摄回胶卷，交古典文学出版社印行。现予以重印。

石点头

[明]天然痴叟著

1957 年 12 月 1 版 1 次

新版 1986 年 1 月 1 版 1 次

1.45 元

32 开　172 页

　　"石点头"三字是用东晋和尚生公说法、顽石点头的

故事，作者编此书原以讽世说教为目的，但有不少篇章比较生动具体地反映了当时社会状况，嘲笑和批判了封建社会吏制的腐败及地主阶级的贪婪丑态，有一定进步意义。

十二楼

[清]李渔撰　萧容标校

1986 年 4 月 1 版 1 次

1.95 元

32 开　196 页

　　本书又名《觉世名言》，为清代白话小说上乘之作。全书集小说 12 篇，在一定程度上反映当时的社会现实。此外，本书保留原有评语，并附录有关评论李渔小说创作的资料。

醉醒石

[清]东鲁古狂生编

1956 年 3 月 1 版 1 次

新版 1986 年 1 月 1 版 1 次

1.10 元

32 开　128 页

　　全书文笔刻露，故事情节新巧多趣，具有明显的平话特色，是研究小说史的宝贵资料。

照世杯

[清]酌元亭主人编

1956 年 2 月 1 版 1 次

新版 1986 年 3 月 1 版 1 次

0.52 元

32 开　58 页

　　全书包括四个故事：《七松园弄假成真》、《百和坊将无作有》、《走安南玉马换猩绒》、《掘新坑悭鬼成财主》。这些作品揭露当时社会的黑暗和人情浇薄，可看作近代谴责小说的先声。

娱目醒心编

[清]草亭老人编　汪原放校点

1957 年 10 月 1 版 1 次

新版 1988 年 7 月 1 版 1 次

1.45 元

32 开　124 页

　　全书 16 卷，由 16 个故事组成。本书的宗旨虽为借

因果报应来谈忠说孝,劝人为善,但也暴露了昏官贪赃枉法,鞭挞强梁欺压百姓,痛斥巫医图财害命,赞美了秉公断狱的清官,在一定程度上抨击了黑暗的封建制度。

豆棚闲话

[清]艾衲居士编

1983 年 5 月 1 版 1 次

0.49 元

32 开　80 页

本书由"介子推火焚绵山"、"范蠡水葬西施"、"首阳山叔齐变节"等 12 则故事组成。每则均以在豆棚下说闲话开始,然后归结到豆棚作为结束,是我国话本中较有特色的一种。书中有不少篇幅述及明末吏治腐败、世风堕落、人情浇薄的黑暗状况。

禅真逸史

[明]清溪道人编著　江巨荣　李平标点

1990 年 9 月 1 版 1 次

5.90 元

32 开　346 页

这是一部以南北朝历史为背景的英雄传奇小说。小说情节生动曲折,关合细密,特别是儒释道三教合一、互为补充的思想倾向,使它在小说史上占有独特地位。

东西晋演义（全二册）

[明]无名氏编著　赵兴茂　胡群耘校点

1991 年 5 月 1 版 1 次

6.95 元

32 开　414 页

全书以东西晋兴亡为中心,中间穿插五胡十六国的盛衰,伴以南北朝的纷争,叙述了司马氏代魏至刘宋代晋的历史故事。本书依据正史,参以野史佚闻,也有一部分情节系艺术虚构,使人物形象更为丰满充实。郑振铎先生认为它"在讲史里是较好的一部"。

南史演义

[清]杜纲著　　石继昌标点

1989 年 11 月 1 版 1 次

3.95 元

32 开　190 页

全书以章回体通俗小说形式,记述了我国历史上南朝——宋、齐、梁、陈四个封建王朝的兴亡更迭,最后被

隋统一的历史。这部作品基本上依据正史,同时又参以稗说旧闻,是一部写得较好的历史小说。

北史演义

[清]杜纲著　　石继昌标点

1989 年 6 月 1 版 1 次

4.25 元

32 开　264 页

全书以章回体通俗小说形式,记叙了我国历史上北朝——东西魏、北齐、北周及隋五个封建王朝的盛衰始末。凡正史所载之重大事件无不备录,同时又参以稗说旧闻,使得故事情节和人物形象更为丰满充实,是一部写得较好的历史小说。

杨家府演义

[明]无名氏撰

1980 年 9 月 1 版 1 次

0.31 元

32 开　160 页

本书叙北宋杨业祖孙五代外御异族入侵、内与权奸斗争的忠勇壮烈故事。杨氏一门,不但男儿世代忠勇,连女子也个个是巾帼英雄。现代有许多脍炙人口的剧目,如《四郎探母》、《辕门斩子》、《杨门女将》、《百岁挂帅》等,都从本书中的情节衍化而成。现以清嘉庆己巳刻本为底本,并以国家图书馆所藏万历本校勘。

三宝太监西洋记通俗演义（全二册）

[明]罗懋登著　　陆树仑　竺少华校点

1985 年 2 月 1 版 1 次

4.60 元

32 开　690 页

本书写明代郑和等人出使西洋事。全书情节曲折,构思奇特,想象十分丰富,是研究我国小说发展的宝贵材料。

醒世姻缘传（全三册）

[明]西周生撰　黄肃秋校注

1982 年 9 月 1 版 1 次

4.60 元

32 开　798 页

本书描写一个冤冤相报两世姻缘的故事,是一部晚

明社会的浮世绘。

绿牡丹全传

[清]无名氏著　蔡国梁标校

1986年4月1版1次

1.75元

32开　174页

　　本书一名《四望亭全传》，又称《龙潭鲍骆奇书》，是清代中期的一部侠义小说。以骆宏勋与花碧莲的婚姻为线索，揭露了封建官吏土豪劣绅鱼肉乡民的罪行，赞扬江湖侠客见义勇为、为民除害的精神，对近代的侠义小说曾产生一定的影响。

雪月梅

[清]陈朗著　乔迁标点

1987年10月1版1次

2.40元

32开　240页

　　所谓《雪月梅》，是三个女子的名字，意在模仿《金瓶梅》。三个美貌又有才华的女子，都嫁给了一个不经科第而钦赐高官又荡平了倭寇的文士岑秀。情节曲折离奇，文字流丽明畅，斐然可观。

品花宝鉴（全二册）

[清]陈森著　尚达翔校点

1990年7月1版1次

1991年7月1版2次

8.00元

32开　460页

　　本书是一部梨园痛史。此书以小旦杜琴言等人的遭遇为主线，描绘了清代优伶的辛酸生活及他们对命运的抗争，也嘲讽了梨园中的败类，反映了清代社会的黑暗和腐朽。

儒林外史会校会评本（全二册）

[清]吴敬梓著　李汉秋辑校

1984年12月1版1次

1987年6月1版2次

4.30元

32开　436页

　　本书以卧闲草堂本作底本，以各类有代表性的版本详加校勘，并会集了各本中评语，将各本序跋及齐省堂

本增补的四回作为附录。为研究者提供了迄今为止最完整的有关《儒林外史》版本和评点的第一手材料。

韩湘子全传

[明]杨尔曾编撰　佘德余标点

1990年8月1版1次

3.00元

32开　170页

　　韩湘子是八仙之一，从小由叔叔韩愈抚养，长大后修行得道，屡次变化神通，希望韩愈弃官出世，可是韩愈笃守儒家之道。后来韩愈触怒宪宗，贬官潮州，湘子有意使他陷入困境，再次度化，终于使韩愈醒悟，随他入乡修道。情节曲折生动，诙谐有趣，具有很强的可读性。

天妃娘妈传

[明]吴还初撰　黄永年标点

1990年8月1版1次

1.15元

32开　60页

　　自宋元以来，我国东南沿海一带，一直流传着一个美丽的神话：凡是乘舟航行在浩瀚无际的汪洋大海中，每当你遇到了风浪，迷失了方向，海上总会出现一盏红灯，引导你转危为安，化难为祥。这就是天妃娘娘（闽语娘妈）在显圣度厄。这部小说是详尽记载天妃出身、圣应的唯一传世之作，也已经成为海内孤本，是研究明代神魔小说的珍贵资料。

罗汉传

[明]朱星祚编　叶保民标点

1991年4月1版1次

1.15元

32开　60页

　　本书对每一尊罗汉从其托生因果、披缁出家、虔修得道至普度众生、传授法器、圆寂成仙，都作了翔实而生动的描绘，有的还穿插了历史事件。本书多取材于《景德传灯录》、《五灯会元》、《高僧传》，及《梁书》、《六朝事迹类编》等，在史料的基础上，进行艺术虚构，并掺入了大量的神话传说，使故事内容更为充实，人物形象增添光彩。

女仙外史（全二册）

[清]吕熊著　刘远游　黄蓓薇标点

1992 年 12 月 1 版 1 次

10.20 元

32 开　550 页

　　本书是一部介乎神魔与历史演义之间的长篇小说。一批拥戴建文帝的忠臣义士在月宫嫦娥下凡的唐赛儿的号召下与永乐皇帝抗争,展开长达二十多年的恶战。小说文字流畅幽默,情节曲折生动。每回书后附有清初著名文人、大臣的评语。

其他小说研究资料

中国小说史料

　　孔另境编

　　1957 年 5 月 1 版 1 次

　　新版 1983 年 3 月 1 版 1 次

　　0.94 元

　　32 开　160 页

　　本书从宋、元、明、清笔记及近人著作中收录了有关 95 种古典小说的资料,卷首有"小说考源"。现代学者的研究成果亦有所采录。

中国古典小说美学资料汇粹

　　孙逊　孙菊园编著

　　1991 年 9 月 1 版 1 次

　　5.65 元

　　大 32 开　202 页

　　本书汇辑我国历代文人对我国古典小说所作评点和有关序跋中富于美学价值和具有代表性的资料近两千条,上起先秦,下至清末,分为六编,第一编为总编,第二编论小说与社会生活,第三编论人物形象,第四编论情节结构,第五编论文学语言,第六编论表现手法。涉及的书籍不下百余种,对我国传统古典小说名著如《红楼梦》、《水浒》、《三国演义》、《金瓶梅》、《聊斋志异》、《今古奇观》、"三言"、"二拍"等书,论述特详。

说苑珍闻

　　陈汝衡编

　　1982 年 2 月 1 版 1 次

　　0.50 元

　　32 开　82 页

　　本书辑录《莺莺传》、《水浒传》、《三国演义》、《西游记》、《聊斋志异》、《儒林外史》、《官场现形记》、《老残游记》、《孽海花》、《红楼梦》等近四十种中国古典小说的

作者生平事迹资料,还对世间罕见之小说加以介绍或抄示回目。

小说考证(修订本)(全二册)

　　蒋瑞藻编　江竹虚标校

　　1984 年 12 月 1 版 1 次

　　2.70 元

　　32 开　402 页

　　本书辑录了自金、元以来的 470 余种小说、戏曲的资料,包括作者事迹、作品源流、内容情节及前人的分析评价等方面,对清末翻译小说的资料也有所辑录。本书征引的书籍、文稿不下数百种,资料极为丰富。附四角号码索引。

小说枝谈

　　蒋瑞藻编

　　1958 年 6 月 1 版 1 次

　　0.65 元

　　32 开　222 页

　　本书为蒋瑞藻编《小说考证》一书的续编,辑集了近百种金、元、明、清小说、戏曲的资料,包括作家轶事、故事源流、版本考订及前人评述等,为研究小说、戏剧提供了丰富资料。

三言两拍资料(全二册)

　　谭正璧编

　　1980 年 10 月 1 版 1 次

　　2.85 元

　　大 32 开　476 页

　　我国著名古典白话小说"三言"、"两拍",其题材极大部分取自前代史传、唐宋小说、稗官杂记及民间流传的神话故事等,经过加工改写而成。因此研究这两种小说的创作过程和艺术手法等,就有必要探究其故事的来源出处、影响关联。本书编者穷数十年之力,搜罗参考书数百种,辑录有关"三言"、"两拍"的本事来源及其影响的文字,编成此书。

儒林外史研究资料

　　李汉秋编

　　1984 年 10 月 1 版 1 次

　　1.35 元

　　32 开　192 页

本书汇集了《儒林外史》的研究资料,记述了吴敬梓生活和创作的真切情景,辑录了二百年来各重要版本的序跋题识,并有最早而系统的评点文字,又从笔记旧籍和各家文集中钩稽了许多珍贵史料,还介绍了外文译本和论著的情况。

老残游记资料

魏绍昌编

1962 年 4 月 1 版 1 次

0.75 元

32 开　220 页

《老残游记》是清末刘鹗的谴责小说,本书是第一本较为全面披露有关《老残游记》作者、写作目的、写作过程的资料集。其中刘厚泽的注解提供了许多鲜为人知的材料。

孽海花资料

魏绍昌编

1962 年 4 月 1 版 1 次

增订本 1982 年 12 月 1 版 1 次

1.20 元

32 开　84 页

本书广泛收集《孽海花》创作与刊印情况,以及作者曾朴的生平和创作思想等大量资料。

李伯元研究资料

魏绍昌编

1980 年 12 月 1 版 1 次

1.55 元

32 开　272 页

本书汇集了清末谴责小说家李伯元的传记,其所著长篇小说、弹词、戏曲、笔记、诗歌的选编和评价文字,还介绍了李氏主编《游戏报》、《世界繁华报》和《绣像小说》的事迹等。最后一辑为李伯元助手茂苑惜秋生(欧阳巨源)的传记、作品选。

吴趼人研究资料

魏绍昌编

1980 年 4 月 1 版 1 次

0.98 元

32 开　180 页

本书集中了有关晚清著名小说家吴趼人的研究资

料,上卷为传记部分,下卷为作品部分,收录吴氏长短篇小说资料和笔记、小品、序跋、评介文字以及部分作品举隅等。

文　　论

中国古代文学批评要籍丛书

沧浪诗话校笺(全二册)

[宋]严羽著　张健校笺

2012 年 12 月 1 版 1 次

88.00 元

大 32 开　836 页

本书以现存最早的元刊本《沧浪吟卷》为底本,版本上极具学术价值。鉴于元本所用俗字较多,亦参考明清各本加以校勘,同时引述近数十年来诸家对严羽诗论的研究成果。希望既展开严羽诗论的理论内涵,也呈示后人对其诗论理解与诠释的历史。

曲律注释

[明]王骥德著　陈多　叶长海注释

2012 年 7 月 1 版 1 次

54.00 元

大 32 开　500 页

《曲律》是我国第一部门类详备、论述全面的戏曲理论专著。本书以明天启四年(1624)原刻本为底本,并据他本补入天启五年冯梦龙所作《曲律·叙》,附有《方诸馆乐府辑佚》、《王骥德诗文辑佚》以及相关叙录,注释翔实,博引补阙,对明代戏曲文学的研究具有理论和史料的双重参考价值。

七十二家集题辞笺注

[明]张燮著　王京州笺注

2016 年 3 月 1 版 1 次

58.00 元

大 32 开　532 页

张燮《七十二家集》汇辑七十二位唐前作家的别集,在六朝文集流传史上占据重要地位。其于各家别集所撰之题辞,上起宋玉,下讫薛道衡,纵贯整个汉魏晋南北朝隋,评骘作家,细味作品,颇具文学史家的眼光,真知灼见随处可见。此次出版《七十二家集题辞笺注》,以《续修四库全书》据国家图书馆藏明刻本影印之《七十二家集》为底本,校以多种善本,力图还原张燮题辞的本来面目。正文下分校、笺释、总说、附录四块,笺注词句典故,介绍相关版本流传,对题词作出点评阐述等,并附录张溥《汉魏六朝百三家集题辞》相关篇目,以便比较。

姜斋诗话笺注

[清]王夫之著　戴鸿森笺注
2011 年 12 月 1 版 1 次
32.00 元
大 32 开　272 页

《姜斋诗话》是王夫之的文学理论专著,分为《诗译》、《夕堂永日绪论内编》、《南窗漫记》三卷。书中注释主要诗句、人名出处,于笺文处,搜集王夫之散见于他书的相关文学议论,以及他人诗论。

原诗笺注

[清]叶燮著　蒋寅笺注
2014 年 4 月 1 版 1 次
68.00 元
大 32 开　648 页

《原诗》是清代也是古代诗学史上理论色彩最鲜明、思辨性最突出、最具有思想体系的诗学专著。本书包括文本校勘、语词注释、义理笺证、旨趣评述及作者相关传记评论等参考资料,征引古今著述 200 余种,包含着整理者蒋寅多年来研究清代诗学的成果和心得。书后还附有综合索引,供读者参阅。

纪　　事

唐诗纪事(全二册)

[宋]计有功撰
1959 年 7 月 1 版 1 次
新版 1987 年 7 月 1 版 1 次
平装 2008 年 4 月 2 版 1 次
精装 2013 年 8 月 1 版 1 次
平装 78.00 元　2009 年 5 月 2 版 2 次
精装 129.00 元　2015 年 7 月 1 版 2 次
大 32 开　1200 页

本书搜采有唐 300 年间诗文集、杂说、传记、遗史、碑志、石刻等辑成。共收诗人 1100 余家,保存了众多的唐代作家作品;搜集了大量有关唐代诗人的生平、评论资料。现以明代洪楩本作底本,并参校毛氏汲古阁本及《全唐诗》、《全唐文》和有关唐人诗文别集、总集、笔记、

小说等,排印出版。

全唐文纪事(全三册)

[清]陈鸿墀纂
1959 年 12 月 1 版 1 次
新版 1987 年 10 月 1 版 1 次
精装 14.50 元
32 开　800 页

陈鸿墀在纂辑《全唐文》时,积累了有关唐代文章的资料,除录自正史传记外,旁及野史、笔记、小说、考证文字、金石碑版和书籍题跋,他将这些资料分成体例、典章、抒情、奇诡、训释等 80 门,编纂成 122 卷。这些资料对了解有唐一代的文章风貌,主要作家的思想文采,均有补益。

宋诗纪事(全四册)

[清]厉鹗辑撰
1984 年 3 月 1 版 1 次
平装 2008 年 4 月 2 版 1 次
精装 2013 年 8 月新 1 版 1 次
平装 168.00 元　2008 年 4 月 2 版 1 次
精装 318.00 元　2015 年 8 月新 1 版 2 次
32 开　2496 页

《宋诗纪事》是裒辑宋代诗歌规模最为宏大的一部著作,计 100 卷,作家 3800 余人。本书除辑存宋代诗歌,标明出处外,还附有一些作家的小传,缀以评论,本书根据乾隆十一年厉氏樊榭山房刊本标点整理。附四角号码人名索引和笔画检字。

宋词纪事

唐圭璋编著
1983 年 5 月 1 版 1 次
平装 1.35 元　精装 1.80 元
32 开　220 页

唐圭璋先生为著名词学专家吴梅入室弟子,治词学数十年,负东南词坛重望,出其余绪,辑《宋词纪事》20 万言,凡词人的简历、原词、本事,莫不精审考核,一词一事,均注明出处,对于宋词研究及爱好者,堪称完美的读物。

金诗纪事

陈衍辑撰　王庆生增订

2004 年 1 月 1 版 1 次

新版 2013 年 3 月 1 版 1 次

58.00 元

32 开　596 页

　　《金诗纪事》是完成于 20 世纪前期的学术著作,与作者的《元诗纪事》相比,前者在资料占有的广度和利用的深度上,都不及后者。王庆生教授有感于此,将《金诗纪事》加以整理,增补作家 240 余人,增加作品一倍以上,且纠正了陈衍原书的不少错误。另外,搜罗评论资料也颇费功夫。附录引用书目和作者索引。

元诗纪事（全二册）

陈衍辑撰　李梦生校点

1987 年 3 月 1 版 1 次

平装 9.40 元　精装 10.50 元

大 32 开　498 页

　　本书是近代同光体代表作家和诗论家陈衍所辑,搜罗散见于诗话笔记等书中的元人诗歌及有关本事、评论,引书四百余种,收入的作家达八百余名,录诗数千首。其内容博涉元代史实、典章制度、传说异闻、风俗民情、文人交游。本书以商务 45 卷大字本为底本,加以校勘,写成简要校记。附人名索引。

明诗纪事（全六册）

陈田辑撰

1993 年 12 月 1 版 1 次

平装 91.00 元　精装 104.30 元

大 32 开　1872 页

　　本书搜集有明一代诗集千余家,选其诗并纪其事,复各为撰写小传。有明近三百年中诗人,诗集佚失无传及其人湮灭不彰,可赖是书显隐阐微。附索引。

清诗纪事初编（全二册）

邓之诚撰

1959 年 7 月 1 版 1 次

新版 1984 年 8 月 1 版 1 次

平装 2012 年 6 月新 1 版 1 次

精装 2013 年 8 月 1 版 1 次

平装 90.00 元　精装 116.00 元

32 开　1024 页

　　本书共八卷,以明遗民列为前集,顺治、康熙两朝诗人按地区分编为甲、乙、丙、丁四集,共收作者六百人,录

诗两千余首。主要发明黄宗羲以诗证史之说,从"证史"出发来读诗,所选作品多有"补史之阙文"的功效。作者小传,除博采生平、综述经历外,还就某一作家整个著作或某一专集作了学术的和人品的评论。

词林纪事（全二册）

[清]张宗橚辑

1957 年 8 月 1 版 1 次

1.80 元

32 开　638 页

　　本书网罗唐五代宋金元五朝词之本事及评论,历来为词学爱好者和研究者所推重。

词林纪事　词林纪事补正合编（全二册）

[清]张宗橚编　杨宝霖补正

1998 年 11 月 1 版 1 次

精装 89.40 元

大 32 开　1440 页

　　清人张宗所编《词林纪事》,网罗唐五代宋金元五朝词之本事及评论,历来为词学爱好者和研究者所推重。但谬误缺漏甚多。杨宝霖先生有感于此,对该书做了大量的订误补缺工作。这部百万字巨著共引书达 1000 余种,增词人 232 家,增词 957 首,增词事、词评 1600 多条,并加按语 1000 多条,篇幅增加两倍多。凡乾隆以前有关唐至元代的词事、词评散见群书者搜罗无遗。

文 心 雕 龙

文心雕龙

[南朝·梁]刘勰撰

1984 年 10 月 1 版 1 次

线装 12.00 元

6 开　121 页

　　《文心雕龙》是一部杰出的文艺理论巨著,总结了自《诗经》以来的文艺创作经验,系统地、创造性地阐明了许多重大的文艺理论问题,对后世有着巨大的影响。上海图书馆所藏元至正本为现存《文心雕龙》的最早刻本,现据以影印出版。

元刊本文心雕龙

（中国古籍珍本丛书）

[南朝·梁]刘勰撰

1993 年 8 月 1 版 1 次

精装 21.50 元

16 开　118 页

《文心雕龙》是一部杰出的文艺理论巨著,总结了自《诗经》至魏晋时期的文学创作经验,系统地阐明了许多重大的文艺理论问题。上海图书馆所藏元至正本为现存《文心雕龙》最早的刻本,版本罕见。

文心雕龙校释

刘永济校释

1962 年 5 月 1 版 1 次

0.85 元

大 32 开　202 页

《文心雕龙》是我国最早、最完备、最有系统的文学批评论著。相对于其他的注释作品,本书所据的版本较少,但在释义方面有卓见,是研究《文心雕龙》的重要参考资料。

文心雕龙校注

杨明照校注

1958 年 1 月 1 版 1 次

1.60 元

大 32 开　480 页

本书作者搜集了《文心雕龙》问世以来尚存的敦煌唐人草书残卷本及历代不同版本、校本、注本,详加校对考核,正各本之误,校他本所未备。

文心雕龙校注拾遗

杨明照著

1983 年 5 月 1 版 1 次

平装 3.20 元　精装 3.70 元

大 32 开　440 页

本书是作者廿年前《文心雕龙校注》一书的订补,广泛搜集了《文心雕龙》问世以来尚存的敦煌唐人草书残卷本及历代不同版本、校本、注本共 60 家,详加校对考核,其中正各本之误,补诸本之未注或注而未尽处甚多。前言简介刘勰生平及《文心雕龙》的成就和局限。并附历代品评、考订、版本等有关资料。

文心雕龙校证

王利器校笺

1980 年 8 月 1 版 1 次

1.55 元

大 32 开　208 页

《文心雕龙》是我国第一部有系统的文学批评专著。由于历代多次翻刊,不少版本文字上有差异。校笺者广泛收集了目前国内外所能见到的二十多种版本,包括唐敦煌写本、元至正刊本、明弘治刊本等珍贵善本,补正脱漏,删削增衍,力求恢复原著的本来面目。

诗　　话

本事诗　本事词

[唐]孟棨著　[清]叶申芗著

1957 年 9 月 1 版 1 次

0.34 元

32 开　92 页

本书集唐人孟棨的《本事诗》、清人叶申芗《本事词》为一编,生动地记载了唐代至明清诗词创作遗闻轶事,读来令人兴味无穷。

本事诗　续本事诗　本事词

[唐]孟棨等撰　李学颖标点

1991 年 4 月 1 版 1 次

5.55 元

32 开　242 页

本书集唐人孟棨的《本事诗》、聂奉先《续本事诗》、清人徐釚《续本事诗》、叶申芗《本事词》为一编,生动地记载了唐代至明清诗词创作的遗闻佚事。后世小说戏曲多从中取材,如红叶题诗、人面桃花、钗头凤等。

乐府杂录校注

[唐]段安节撰　亓娟莉校注

2015 年 10 月版 1 次

36.00 元

32 开　280 页

本书以前人未曾采及的北宋《乐书》、明抄《说郛》等对唐段安节所撰《乐府杂录》进行校勘整理。考索段氏生平事迹,梳理《乐府杂录》版本源流,校正了今传文本中多处讹误,从文本文字考订方面厘清了学界争议的一些问题。

石门洪觉范天厨禁脔

[宋]释惠洪著

1958 年 11 月 1 版 1 次

线装 1.50 元

大 32 开　52 页

　　本书据上海文物保管委员会藏正德丁卯刊本影印,以唐、宋名句为式,标论诗格,可供研究中国古典诗歌者参考。

诗人玉屑（全二册）

[宋]魏庆之编

1958 年 3 月 1 版 1 次

新版 1978 年 3 月 1 版 1 次

1.60 元

32 开　330 页

　　本书是宋诗话中较著名和规模较大的一种,和北宋胡仔的《苕溪渔隐丛话》齐名。用辑录体的形式,编录了两宋诸家的诗话,论诗艺、体裁、格律及一些作家和作品。

叶先生诗话

[宋]叶梦得著

1958 年 11 月 1 版 1 次

线装 1.30 元

大 32 开　47 页

　　本书又名《石林诗话》,是宋人诗的评论,作者论诗推重王安石,批评欧阳修和苏轼。对古典文学研究者有一定参考价值。用上海文物保管委员会藏元刊本影印。

韵语阳秋

[南宋]葛立方撰

1979 年 12 月 1 版 1 次

线装 11.00 元

6 开　153 页

1984 年 11 月 1 版 1 次

1.15 元

32 开　148 页

　　《韵语阳秋》是一部评论和记录宋及宋以前诗人流派和得失的专著。全书共 422 则,保存了一些不传于世的宋及宋以前的文学作品。上图藏宋刻本《韵语阳秋》是最早刻本,已为孤本,可正明、清本之误或补其缺漏。现据以影印出版。

修辞鉴衡

[元]王构著

1958 年 10 月 1 版 1 次

线装 1.30 元

大 32 开　47 页

　　本书是一部系统而通俗的批评文学著作,由宋人的诗话、笔记和文集里的杂文组成,上卷论诗,下卷论文。据上海文物保管委员会藏元至顺集庆路学刊本影印。

升庵诗话笺证

[明]杨慎著　王仲镛笺证

1987 年 12 月 1 版 1 次

6.40 元

32 开　330 页

　　杨慎,明代著名文学家。著作之富,为明代之冠。《升庵诗话》评论诗人、品藻作品、溯源寻流、辨误考订,在诗话一类著作中具有相当地位。但杨慎撰此书,往往持其强识,不及检核原著,故精当之见和疏舛之处并存。《升庵诗话笺证》对诗话所涉及的资料作了考辨,同时还就升庵诗学进行了探讨。附杨慎的传记、年谱及题跋等。

诗薮

[明]胡应麟撰　王国安标点

1958 年 11 月 1 版 1 次

新版 1979 年 11 月 1 版 1 次

1.00 元

32 开　190 页

　　本书是一部评论先秦至明代诗歌的诗话,共 20 卷。对研究文学史和文学批评史有一定参考价值。

唐音癸签

[明]胡震亨著　周本淳校点

1957 年 5 月 1 版 1 次

新版 1981 年 5 月 1 版 1 次

0.99 元

32 开　192 页

　　本书是明代学者胡震亨所编《唐音统签》的第十签,独立成书,对有唐一代诗歌的源流体制、作家作品的论述评价及词汇解释、资料订正等方面都有不少精到的见解,为“唐诗学”作出重大贡献。

历代诗话（全二册）

[清]吴景旭著

1958 年 10 月 1 版 1 次

精装 3.70 元

大 32 开　1229 页

　　本书共 80 卷,论诗自《诗经》《楚辞》始,至明末诗歌止,先列出所论诗句,再广引前人论述,最后阐述自己的观点,是中国古代诗歌研究的重要著作。

射鹰楼诗话

[清]林昌彝著　王镇远　林虞生标点

1988 年 12 月 1 版 1 次

7.15 元

32 开　304 页

　　本书是一部详载鸦片战争前后诗歌创作情况,表现爱国热情和民族精神的宝贵文献。所谓"射鹰",即"射英",取抗击英帝国主义侵略之意。书中述及同时诗人约四百名,收诗二千余首,特别有意收录和评论反映鸦片战争及留心时务的诗作。对历代的诗作,书中也多有评论,见解新警。

海天琴思录　海天琴思续录

[清]林昌彝著　王镇远　林虞生标点

1988 年 3 月 1 版 1 次

3.95 元

32 开　256 页

　　此两种诗话收辑和评述咸丰、同治时的诗歌创作,记录了鸦片战争前后动荡时代的脉搏。书中除大量摘录爱国诗人如林则徐、魏源、张际亮、郭嵩焘等的作品外,同时许多不见经传的人和诗赖此书得以保存;对历代诗歌及佳篇时有评论和考辨,诗论则兼宗唐宋,以意、格、趣并重。

稀见明人诗话十六种（全二册）

陈广宏　侯荣川编校

2014 年 12 月 1 版 1 次

精装 168.00 元

32 开　1160 页

　　本书是稀见明人诗话的集萃,共选汇《渚山堂诗话》《汝南诗话》等 16 种明人诗话,皆为目前尚未有专门影印或整理出版全者,多属孤本,不少藏于海外,学界历来罕有关注、研究,具有较高的版本价值与诗学研

究价值,对于进一步推进明诗话乃至明代文学研究,有十分重要的意义。

乾净衕笔谈·清脾录（朝鲜人著作两种）

[朝鲜]洪大容　李德懋著　邝健行点校

2010 年 10 月 1 版 1 次

45.00 元

大 32 开　472 页

　　《乾净衕笔谈》是一册对话录,朝鲜人洪大容在书中记录了自己乾隆年间在北京和中国三名举子见面谈话的情况及来往的诗文,书中有对当时中国士人的民族意识有若干程度的反映,有对当时社会事实和现象有详尽、真实的描绘。《清脾录》中,朝鲜人李德懋以中国传统诗话的形式,谈论朝鲜和中国古今诗歌作品及人物,反映了朝鲜人的诗歌观念、中国诗人诗作在朝鲜的影响。这两本书都跟中朝之间文士交流有关,而且《清脾录》的成书与传播,受到了《乾净衕笔谈》的影响,故整理者将其合并在一起。

清诗话（全二册）

[清]王夫之等撰

1963 年 10 月 1 版 1 次

新版 1999 年 6 月 1 版 1 次

2015 年 7 月新 1 版 1 次

2016 年 5 月新 1 版 2 次

精装 158.00 元

32 开　1112 页

　　本书是近人丁福保汇辑的规模较大的一部诗话丛书,收录有清一代著名诗话 43 种,包括王夫之的《薑斋诗话》、沈德潜的《说诗晬语》、袁枚《续诗品》等,内容涵盖诗歌声律、作法、本事,以及其他清人对历代诗人、作品的评论。并邀请郭绍虞先生撰写万字前言,对清代诗学、诗话作介绍,并为每一种诗话撰写简明提要。

清诗话续编（全四册）

郭绍虞编选　富寿荪校点

1984 年 2 月 1 版 1 次

新版 2016 年 6 月 1 版 1 次

精装 328.00 元

大 32 开　2462 页

　　本书选收诗话 34 种,以评论为主,采择甚精,其中有些诗话很少流传,甚至从未刊行。本书校勘精密,纠正了原著许多错讹。

清诗话三编（全十册）

张寅选辑　吴忱　杨焄点校

2014年12月1版1次

精装1380.00元

32开　7496页

　　本书上承丁福保《清诗话》、郭绍虞《清诗话续编》两部经典之作，精选97种清代诗话，精心标校，根据各诗话成书之年代按时序编排，并为每种诗话撰写提要。其所收范围由论评之著进一步扩大至论评、记事、诗法之作，兼收并蓄，尤详于乾隆以后人之著作。本书于版本尽力求精，收入了一批极为难得的未刊稿本、钞本及罕见刊本。

校辑近代诗话九种

黄侃等著　王培军　庄际虹辑校

2013年10月1版1次

2014年5月1版2次

54.00元

32开　544页

　　本书收近代诗话九种，从报刊中辑出。作者九人，并皆一时作手，故虽小书零篇，多者不过数万字，却论不虚发，精语屡见。今勒为一编，刊以行世，俾学者之参考。多论近代诗人诗作，如陈诗、黄侃、陈曾寿、陈廖士之作；亦有论历代诗人诗作者，如姚大荣、俞陛云之作。

其　他

文赋集释

[晋]陆机撰　张少康集释

1984年7月1版1次

0.67元

32开　112页

　　陆机的《文赋》是我国文学理论批评史上第一篇系统地论述文学创作问题的专著。其中许多重要论点对后世的文学理论和文学创作有深远影响。本书参考和引用了八十余种图书资料，对《文赋》进行校勘、集注、释义。

艺概

[清]刘熙载撰　王国安校点

1978年12月1版1次

0.58元

32开　98页

　　本书是晚清学者刘熙载所撰的一部著名文学评论专著，涉及的范围极广泛，包括《文概》、《诗概》、《赋概》、《词曲概》、《书概》、《经义概》六部分。在评论文、诗、赋、词曲等方面，刘氏对各种文学形式的流变，历史著名作家的创作技巧和艺术特征等，颇有独到的见解。

词苑丛谈

[清]徐釚撰　唐圭璋校注

1981年4月1版1次

0.77元

32开　156页

　　本书收唐五代以来词人轶事遗闻多篇，对词的源流、派别、声韵、格律，都有精到的叙述；文体近笔记，清丽可诵。现经词学名家唐圭璋先生精心整理，并加引用书目，堪称完善之本。

词则

[清]陈廷焯编选

1984年5月1版1次

平装4.55元　精装6.20元

大32开　560页

　　《词则》收辑自唐五代以迄宋金元明清各家的代表作品2360首，和对这些作品的分析和评述，是研究中国词学和陈氏词学思想的重要结集。全书由作者亲笔抄录，字迹端秀工整。今据手稿影印，眉批圈识，一律保留，以存其真。

白雨斋词话

[清]陈廷焯撰

1984年5月1版1次

平装1.85元　精装2.70元

大32开　192页

　　本书是晚清著名词人陈廷焯继《词则》后的重要著作。习见的《白雨斋词话》都是铅排八卷本。这次在南京发现、由陈氏后人保存的，则是十卷本。凡铅排本所不见的陈氏"寄意之作"，悉在十卷本内，所以极为珍贵。全书由陈氏生前用正楷录成，又经门人为之校订，朱墨灿然。影印本用朱墨两色精印，以存其真。

列朝诗集小传（全二册）

[清]钱谦益著

1957年11月1版1次

新版 1984 年 2 月 1 版 1 次

2009 年 4 月 2 版 1 次

2009 年 12 月 2 版 2 次

58.00 元

大 32 开　880 页

　　本书收录明代约两千个诗人的小传,兼评各家各派诗作的工拙得失优劣,评述中肯、深刻,颇具卓见。在这些诗人中,既有名流大家,也有许多未见经传的小人物,其中女诗人就有一百余人。经作者搜撮考订,保存了许多重要文献。

见星庐赋话校证

[清]林联桂撰　　何新文　佘斯大　踪凡校证

2013 年 12 月 1 版 1 次

22.00 元

32 开　188 页

　　全书十卷,以具体赋篇为例论评清代馆阁律赋艺术,内容分三个方面:概述汉至明代"古赋"尤其是"骈赋"的发展、演进;以嘉庆馆阁赋为例论律赋艺术及其作法,并论及赋与诗及八股时文的关系;载录林氏本人及时人作赋故事。此书在通行的赋论史、《历代辞赋研究史料概述》及研究古代诗赋的相关著作中,多所论及,但其流传不广,此为首次标点整理。

历代赋话校证　　附复小斋赋话

[清]浦铣著　　何新文　路成文校证

2007 年 3 月 1 版 1 次

35.00 元

大 32 开　444 页

　　《历代赋话》是清人浦铣辑录并加辩证的历代辞赋评论汇集,共 28 卷。其特点是成书早于李调元的《赋话》,同时取材广博,极具文献史料价值,且编排合理,述而有作,对有关资料有所考辨。另所附《复小斋赋话》是浦铣的赋论结集,内容偏重唐宋律赋。此次标点整理出版,尚属首次。

唐诗传(全二册)

吴寿彭著

2012 年 11 月 1 版 1 次

精装 580.00 元

16 开　1996 页

　　本书为《唐宋诗传》的唐代部分,共六卷。著者从唐人的总集和别集或《全唐诗》中选出一百二十人,各撰写传记一篇,共选诗六百首,详加考证和注释。

宋诗传(全二册)

吴寿彭编著　　吴天行整理

2015 年 10 月 1 版 1 次

精装 580.00 元

16 开　1860 页

　　《宋诗传》共六卷,收录宋代诗人 155 位,诗词 1032 首,以诗为主,兼收部分词。于每位诗人各撰传记一篇,并对每首诗详加诠释。编者本着知人论世的方法,广泛援用正史、稗编、笔记、碑志、序跋、诗话、笺疏等,诗史结合,以诗证史。它既是一部颇具特色的宋诗选本,又是一部颇具学术含量的宋诗研究专著。

冷斋诗话

李圣华著

2007 年 9 月 1 版 1 次

36.00 元

32 开　412 页

　　此书仿古代诗话体,集结十余年来读明清诗之心得,共七百余则,分为八卷。内容涉及辨风格,知人论诗,析篇章,录异事,评闺阁诗等,全面反映了明清诗歌有创作面貌,勾勒出了明清诗歌复杂多元的格局。

兼于阁诗话

陈声聪著

1985 年 12 月 1 版 1 次

2.45 元

大 32 开　192 页

　　本书借用我国传统诗话体裁,记录我国晚清以来各家古典诗歌,大体以人为经,有记事的,有评论作品的,有专言格律的,有为纪念某些人物而写的。中间插入当时诗坛遗闻轶事,历史掌故。全书标目凡 194 条,综录诗人数百家。

幽默诗话

胡山源编

2003 年 7 月 1 版 1 次

30.00 元

大 32 开　518 页

　　本书从大量的中国历代诗话、笔记中辑出令人发笑而有意思的资料,汇录成书。全书按文字、天时、夫妇等类目编排,共 28 类。书后附(幽默)词话、(幽默)曲话、(幽默)联话。书编成出版于 20 世纪 30 年代,此次重印订正了错字,删去了内容重复的条目。

竹轩琐话

梅松著

2015 年 6 月 1 版 1 次

28.00 元

32 开 180 页

本书为艺林掌故随笔集。主要选取了元代的柯九思、吴瓘、吴镇、钱选、高克恭、赵孟頫、黄公望、陈琳、孙君泽、庄蓼塘、吾邱衍,清代的高凤翰、王相、王曰申、吴熙载、吕铨孙,近现代的蒋毂孙、吴湖帆、魏建功、黄裳等,钩稽他们的生平逸事,并涉及与之相关的绘画、篆刻、藏书等艺术实践活。

(二)文 学 研 究
丛　　书

先秦文学与文化研究丛书

《左传》修辞研究

李华著

2010 年 12 月 1 版 1 次

35.00 元

小 16 开 268 页

本书是对《左传》的修辞现象和所表现的修辞理论、修辞思想进行全面研究的第一部著作。全书分为八章,对《左传》中的辞格运用、词语锤炼、句式选择、篇章布局、文体风格,蕴含的修辞意识和体现的修辞理论,以及《左传》修辞在汉语修辞学史上的地位和影响等方面,通过大量例句的归纳分析,体现了该书丰富的修辞运用方式和卓绝的艺术表现力,对古汉语修辞和文体研究具有一定的参考价值和探索意义。

《韩非子》的成书及其文学研究

马世年著

2011 年 3 月 1 版 1 次

38.00 元

小 16 开 280 页

本书通过对韩非生平事迹考辨,《韩非子》的编集与版本、篇目真伪、文学思想、文体分类和寓言诸方面的研究考辨,厘清了历代关于此书及作者的疑问与争执,通过文本分析及与先秦子书等的对比,体现了该书在语言表现方式、思想内涵,尤其是各类文体运用方面的高超卓绝。

《诗经》分类辨体

韩高年著

2011 年 3 月 1 版 1 次

42.00 元

小 16 开 312 页

本书对《诗经》进行了分类分体研究,蠡测《诗经》四言体的成因,阐释《诗经》农事诗的诗体来源、功能与诗学意义,解析《诗经》作为史诗的诗体源流及演述方式,论述《诗经》宴饮诗的起源、演变及诗学意义等诸多方面。

先秦文献与文学考论

伏俊琏著

2011 年 10 月 1 版 1 次

49.00 元

小 16 开 316 页

本书共收论文 30 篇,其中有清华简佚诗和敦煌《诗经》写卷的研究成果,有关于屈原和司马迁的研究心得,有对《老子》、《司马法》、《孝经》、《易传》等先秦典籍的成书过程及相关问题的专门探讨,还有从民俗学、文化人类学角度探索先秦两汉的"看图讲诵"等。

秦史求知录(全二册)

祝中熹著

2012 年 11 月 1 版 1 次

98.00 元

小 16 开 640 页

本书为作者历年来对秦史研究的综合总结,分为四编,第一编《族源 人物》,考察了秦族群起源和图腾崇拜;第二编为《制度 社会》,考察了秦代的婚俗、田制、官制、货币与祭祀等习俗;第三编为《都邑 地域》,就秦人都邑地域进行了考辨;第四编为《墓葬 文物》,考察了秦襄公墓、秦西陵墓、秦先公西垂陵墓、大堡子山墓等墓葬,以及秦鼎、铜虎、青铜器铭文。

楚辞综论

徐志啸著

2015 年 6 月 1 版 1 次

58.00 元

小 16 开　276 页

本书系作者多年研究楚辞之成果汇编。全书从多侧面、多方位、深层次角度，探究楚辞起源，剖析屈原其人，考证屈原作品，辨析屈赋及楚骚，纵论楚辞研究史，比较屈原与西方诗人等，是一部可读性甚高的楚辞研究专著。

六朝文学研究丛书

两晋诗风

王澧华著

2005 年 8 月 1 版 1 次

30.00 元

大 32 开　370 页

本书分别从人物群体与史实细节、审美追求与创作机制、文学规律与特殊现实等方面，阐释两晋诗风的生成机制和诗学意义，突破了以往治两晋诗歌的单一论述、比较优劣的局限。

南朝宫体诗研究

归青著

2006 年 7 月 1 版 1 次

40.00 元

大 32 开　508 页

本书以历来颇有争议和研究价值的南朝宫体诗为研究对象，进行了全面而深入的探讨，并重新考订了萧纲的年谱、佚诗及僚属等重要参考资料。

庾信研究

吉定著

2008 年 7 月 1 版 1 次

28.00 元

大 32 开　324 页

此书在前人已有研究的基础上，着重论述了庾信的生平仕历、文学成就、其作品的多元主题、艺术创新、文学思想、交游考证等八个方面的问题。作者运用新材料，采用新方法，提出新观点，大大拓展了庾信研究的深度和广度。

南朝咏物诗研究

赵红菊著

2009 年 5 月 1 版 1 次

29.00 元

大 32 开　340 页

咏物诗在中国诗歌史上是一个非常重要的诗歌类型，有着极大的研究价值。但长期以来，比之山水诗等诗歌类型，比之唐代的咏物诗，学术界对南朝咏物诗的研究力度显然不够。对这一阶段的咏物诗作一个较为全面而客观的研究是一个很有意义的学术课题。本书对南朝咏物诗进行了全面系统的研究。分七个部分，分别就南朝以前咏物诗的发展概况、南朝咏物诗的发展进程、类型特征、兴盛原因、诗学意义及对唐代咏物诗的影响作出翔实深入的论述。

玄言诗研究

杨合林著

2011 年 4 月 1 版 1 次

40.00 元

大 32 开　464 页

本书是对玄言诗全面系统的研究，共分六章，先后探讨了玄言诗研究的历史与现状、定义与特征、历史流程、产生的文化背景、类型与评价、审美功能与创作方式诸问题。书末附录《玄言诗系年》。

任昉与南朝士风

杨赛著

2011 年 12 月 1 版 1 次

48.00 元

大 32 开　448 页

本书是对任昉全面系统的研究，共分九章，涉及任昉身世考、仕履考、任昉与南朝文士集团、与南朝地记、文献、文章学的研究，对其笔及诗的具体研究，一定程度上拓展了任昉研究的深度和广度。

唐诗学书系

唐诗学引论（增订本）

陈伯海著

2015 年 8 月 1 版 1 次

精装 42.00 元

32 开　240 页

本书就唐诗学演进的过程进行展示和探讨，提出唐诗的研究不能停留在资料的堆砌和作家、作品论的汇编上，必须进一步去探究这些单个、局部的文学因子之间的贯穿线索，以便把握唐诗全局。

意象艺术与唐诗（增订本）

陈伯海著

2015 年 8 月 1 版 1 次

2016 年 5 月 1 版 2 次

精装 48.00 元

32 开　324 页

本书意在从意象艺术的角度来揭示唐诗的性能，按历史的进程来跟踪和梳理唐代诗歌艺术的变化轨迹。这一梳理的工作是上升到逻辑整合的层面上来把握其内在的演进脉络与发展趋势。根据这一思路，本书除初始两章着重厘清"意象"与"意象艺术"的相关概念及其基本原理外，其余八章均按历史线索构撰。

唐诗书目总录（增订本）（全二册）

陈伯海　朱易安编撰

2015 年 11 月 1 版 1 次

精装 248.00 元

32 开　1404 页

本书汇录自古迄今（截至 2000 年）有关唐诗的书目约四千种，按总集、合集、别集、评论及资料四大类分类编次，逐一注明书名、卷数、作者、朝代并加简要提示及各种版本著录（稀见版本加注馆藏），以"备考"形式附历代文献上的相关资料录后。此书价值在于大致理清唐诗学的"家底"，可为唐诗学学科领域的入门向导。

唐诗汇评（增订本）（全六册）

陈伯海主编　孙菊园　刘初棠副主编

2015 年 11 月 1 版 1 次

精装 698.00 元

32 开　4968 页

本书从《全唐诗》里选取较有代表性的诗人五百家及其诗作五千余首（占现存唐诗总量的十分之一），均附以诗人小传，并汇录有关评论资料分列各诗人、诗作名下，既可用作大型唐诗读本，以面向广大唐诗爱好者，亦能为专业教学和研究工作提供丰富的参考资料。

唐诗论评类编（增订本）（全二册）

陈伯海主编　张寅彭　黄刚编撰

2015 年 11 月 1 版 1 次

精装 298.00 元

32 开　1704 页

本书从古代近上千种典籍中，摘选有关唐诗论评的资料，整理汇总，按类分编，借以显示唐诗学的历史积累，为进一步开展唐诗研究工作提供借鉴。今人著述易于查找，且限于篇幅、体例，不予收录。

唐诗学文献集粹（全二册）

陈伯海主编　查清华　胡光波　文师华　刘晓平　傅蓉蓉　许连军编著

2016 年 6 月 1 版 1 次

精装 228.00 元

32 开　1312 页

从历代典籍中择录有代表性的唐诗研究资料千余篇，围绕特定主题，组合成 169 个单元，每单元列正文一篇、附录文献若干篇，另说明文字一则用为提挈。各个单元按照时间顺序排列，计分唐五代、两宋、金元、明、清前中期和晚清民初六个时段，串合起来大体能显示唐诗研究的历史进程及其内在线索。

唐诗学史稿（增订本）

陈伯海著

2016 年 5 月 1 版 1 次

精装 138.00

32 开　872 页

本书在目录学研究与史料学编纂的基础上，对唐诗学进行了理论性概括。从接受学原理出发，就唐宋以迄近代一千多年来的唐诗学术史进行了系统的梳理、总结，横向上涉及选录、编集、注释、考证、圈点等多种接受形态，纵向上具体勾画唐诗学由萌生、成长、盛兴、总结以至蜕变、更新的演化轨迹，并力图发掘其内在动因，属于国内论述较早且较完整的唐诗学术史专著。

历代词通论

唐宋词通论

吴熊和著

2010 年 11 月 1 版 1 次

2016 年 7 月 1 版 4 次

42.00 元

32 开　468 页

词学著作中,词史类(如诸葛忆兵、陶尔夫《北宋词史》)、词学史类(如谢姚枋《中国词学史》)、流派类(如刘扬忠《唐宋词流派史》)等较多,而吴熊和先生的《唐宋词通论》是一部自成体系的词学专著,在理论、方法和具体考证上都有创新与突破,独具识见,被誉为当代词学的新创获。此书从大词学的角度,分词源、词体、词调、词派、词论、词籍和词学等七个部分,全方位梳理唐诗词学的发展脉络,已成为词学研究(尤其是唐宋词研究)和唐宋文学研究的必读书。

金元词通论

陶然著

2010 年 8 月 1 版 1 次

48.00 元

32 开   540 页

本书从金元词的断限、演进轨迹、历史定位、金元少数民族词人、域外交往词、金元全真道教词,乃至于词与诗的文体互动、词人群体、金元词论等诸多角度,涵盖了金元词研究领域的方方面面。既从历史角度勾勒出金元词在 240 余年间的流变与演进过程,又从共时角度将金元词人归并为七大文人群体。既有基于共同文化背景而展开的群体原生态研究,又有因个体生命生存环境的差异而所需的知人论世的个案研究。既能见微知著,由精微、感性的鉴赏上升为深刻、理性的批评,又能由博返约,由认知层面最终归为价值评估层面。在研究方法上,则力求义理、考据、辞章相统一,论由史出,文因情生。

清词研究丛书

清词探微

张宏生著

2008 年 5 月 1 版 1 次

39.00 元

大 32 开   384 页

本书详细论述了清词如何脱离明词窠臼,通过不断构建新的词学理论、词人群体的创作实践和交流,逐渐形成多个特色鲜明的清词流派,从而取得了令人瞩目的成就,并对清词在中国词史中的地位作了客观的评价。

清词的传承与开拓

沙先一   张晖著

2008 年 5 月 1 版 1 次

39.00 元

大 32 开   420 页

本书从传承与开拓的视角出发,从选本批评、校勘之学、声律之学等方面展开,对清词研究中的若干重要环节进行了系统的专题研究。如就词选在清词流派形成、词学观念推衍等方面的重要意义,选取邹祗谟、王世禛《倚声初集》,谭献《箧中词》,朱祖谋《宋词三百首》等进行探讨;以戈载《词林正韵》为例考察清代词韵建构及词坛风会之转化;运用现代理论,探讨常州派词学的解释学思想等。

清初清词选本考论

闵丰著

2008 年 5 月 1 版 1 次

39.00 元

大 32 开   416 页

在文学接受与传播的过程中,选本的介入增加了选家这一环节,将作者与读者之间的直接对话关系改变成多元结构,它既是供人阅读的文本,又是文学批评的特殊形式。本书将目光聚焦于清代顺康两朝凡八十年间编定的清词选本,运用计量统计与文本解读相结合的方式,辨析、梳理了清初多种重要清词选本的本体结构,如《今词苑》《倚声初集》等,考证细致,解析清晰。

明清词谱史

江合友著

2008 年 5 月 1 版 1 次

39.00 元

大 32 开   436 页

明清词谱研究向来薄弱,作者在掌握大量第一手文献资料的基础上,厚积薄发,梳理出明清词谱发展嬗变的轨迹,着重探讨了词谱文本的文献刊刻、撰写体制、谱式分析、词学取向和价值影响。全书材料翔实,视角开阔,论述入理,在明清词谱研究领域别开生面。

清初遗民词人群体研究

周焕卿著

2008 年 5 月 1 版 1 次

46.00 元

大 32 开   492 页

本书将清初遗民词人群体放置在明清易代的特定时代背景下加以考察,采用文献学与文艺批评相结合的方法,一方面对各地遗民词人的分布情况和创作特征进行深入细致的分析,另一方面将清初遗民词与明遗民诗、南宋遗民词及明词加以比较,以揭示清初遗民词在创作上的继承和创新。此外,对清初词选专集进行了比较分析,以彰显清初遗民词的词史地位。

顺康之际广陵词坛研究

李丹著

2009 年 1 月 1 版 1 次

38.00 元

大 32 开　388 页

　　顺康之际的广陵词人群体是开启清词繁荣局面的一个重要的作家群体,其词学活动不仅是清词发展的关键,也是清初社会文化的一个反映。作者站在文学史研究的立场上,对广陵词坛的重要词学活动进行了细致的考索,梳理源流,考辨史实,尤其注意对词人的生平事迹和交游、唱和、评论等涉及文学活动的材料进行细致考订,揭示出这个词人群体在清词史乃至古代文学史上的重要价值和意义。

清代临桂词派研究

巨传友著

2008 年 7 月 1 版 1 次

32.00 元

大 32 开　344 页

　　临桂词派以王鹏运、况周颐等为代表,是继浙西词派、阳羡词派与常州词派之后能够领导词坛风会的重要词派,在晚清词坛具有举足轻重的地位。本书在尽量占有材料的基础上,从临桂词派产生的社会文化因素、成员状况与群体活动、词学渊源、创作成就、词学主张、对词坛的影响等方面,展现这一词派的整体风貌及其在词史上的价值。

广东近世词坛研究

谢永芳著

2008 年 10 月 1 版 1 次

49.00 元

大 32 开　516 页

　　广东近世词坛创作状况在中国词学发展史上具有独特的地位。本书借鉴迄今为止区域文学研究的成果,采取文献与理论并重的研究方法,分别从词体创作和词学研究两个层面对近世广东词坛作出综合性、宏观性的描述,并选定陈澧、叶衍兰、梁启超三位近世广东词坛上的风云人物为中心进行详细探讨。又对广东近世词坛词事予以细致编年,集中展现广东

近世词坛词人生平,创作及重要词学活动,以理清脉络,还原历史。

古代维吾尔语诗歌集成

古代维吾尔语诗体故事、忏悔文及碑铭研究

张铁山著

2015 年 12 月 1 版 1 次

58.00 元

16 开　216 页

　　本书由绪论、韵文的转写与汉译、语文学注释、词汇索引等四个部分组成。绪论主要对各卷所刊布诗歌的内容、结构、韵律特点和语言特点做简要分析。韵文的转写和汉译部分反映学者们对具体韵文的解读和理解,而语文学注释则体现学者们对韵文内疑难问题的解释和对自己的最新解释和研究的具体交代。索引部分除了通用的分析性的音序索引外,力求附语义分类索引。

巴黎藏回鹘文诗体般若文献研究

热孜娅·努日著

2015 年 12 月 1 版 1 次

69.00 元

16 开　256 页

　　现存于法国巴黎国家图书馆的回鹘文抄本 Pelliot Ou gour 4521 包含两个回鹘文佛教文献。其中从第一叶至第二十叶讲述《常啼菩萨求法故事》,从二十一叶至三十叶为另一佛教内容的文献《菩萨修行道》。本书对该写本所包含的两个文献的诗体部分进行语文学研究并探讨相关问题。

回鹘文诗体注疏和新发现敦煌本韵文研究

阿依达尔·米尔卡马力著

2015 年 12 月 1 版 1 次

78.00 元

16 开　276 页

　　本书旨在从崭新的角度对已刊布的元代回鹘文诗歌进行重新评估,对新近出土回鹘文佛教韵文诗进行刊布和语文学研究,其中包括对《入阿毗达磨论》注疏、《金花钞颂疏》、《五更转颂》等佛教注疏和《字母诗》《千字文》等韵文诗歌的重新评估,修订国内外关于上述文献研究的研究成果,推出其较完整的校勘本。

古代维吾尔语赞美诗和描写性韵文的语文学研究

阿不都热西提·亚库甫著

2015 年 12 月 1 版 1 次

48.00 元

16 开　523 页

本书在参照目前为止国内外发表的相关研究成果的基础上,结合作者近年来的相关研究,首先对与古代维吾尔语诗歌和韵文有关的一些重要术语作简要解释,然后对古代维吾尔语诗歌的韵律特点、内部结构和内容范围进行概述和分析,最后谈到一些具有代表性的古代维吾尔诗人的生平和诗作。

中华戏剧史论丛书

戏曲电视研究

费泳著

2012 年 11 月 1 版 1 次

38.00 元

32 开　360 页

本书对戏曲电视编导的创造策划能力、戏曲电视节目主持人的成功秘诀以及观众的审美取向在戏曲电视发展中的作用等问题进行了深入细致的探讨,并附有十余篇对电视台导演、制片人、节目主持人、戏剧专家、戏曲演员、戏迷观众等所作的访谈录。

曲话文体考论

杨剑明著

2013 年 12 月 1 版 1 次

49.00 元

32 开　432 页

本书阐述了曲话自身的演化历史和文体样式,论证了曲话并非类从于诗话、词话而生成发展的历史。从文体考论的视角出发,着力于曲话构建型式的研究,探索曲话的文体性状、特点、价值及优劣等,大致梳理出曲话作为曲论文体的本原性体式元素和功能成分,与传统文体之间的渊源关系。追溯历来对于曲话文体的认识和界域,并于其既互为传承、又互为差异的实际著述之间,大致认识曲话文体的变化发展轨迹。

戏剧人类学

陈世雄著

2013 年 11 月 1 版 1 次

58.00 元

32 开　512 页

本书采取比较的方法,从西方戏剧人类学反观中国戏曲的主体性。着重研究仪式与戏剧的中间形态,并以若干个案作为例证,提出“戏剧是人的自我实验”的论点;通过角色类型的比较,试图建立人物的类型体系,分析了中西方戏剧角色类型之间的差异及其根源;并对比中西方戏剧在表演艺术上的异同及其原因,强调演员身体是剧场空间中的身体;同时与戏剧现状的研究相结合,将视野扩大到戏剧的当代形态。

戏剧的发生与本质

王胜华著

2013 年 10 月 1 版 1 次

52.00 元

32 开　468 页

本书内编为“戏剧的发生与本质”,包括《中国西南地区拟兽型始原戏剧研究》、《戏剧起源的新视点》、《扮演:戏剧的本质存在——对戏剧本质思考的一种发言》等;外编为“戏剧形态研究”,包括《戏剧程式与审美阻隔》、《业余演剧及自娱心理初探》、《关于彝族拟兽古剧的艺术思考》等。

曲学与戏剧学

叶长海著

2013 年 10 月 1 版 1 次

56.00 元

32 开　496 页

本书对“曲学”与“戏剧学”作了初步的理论性界定,分别阐述了中国独特的“曲学”与“戏剧学”的起源和演化史迹。再现了中国戏剧的自身谱系,破除了以往中国戏剧论述过程中的西化迷思,真正做到了中国化与民族化。作者在对中国戏剧的解读中,对戏剧史上的文化现象和学术争论作了深入的开掘、思考和研求。

明清戏曲:剧目、文本与演出研究

江巨荣著

2014 年 6 月 1 版 1 次

56.00 元

32 开　476 页

作者致力于明清戏曲研究,经过长期细致地梳理、考证,所得研究成果集成论文 19 篇,其中《稀见剧目十五种考释》、《清代戏曲存疑剧目辩证》、《南戏在安徽的传播流布》、《清初文士观剧的几种心态》、《二十九种剧目演出诗述说》等,都是戏曲研究领域内的新发现,具有较高的学术价值。

剧史新说

陈多著

2014 年 6 月 1 版 1 次

58.00 元

32 开　512 页

陈多先生对戏剧多方面的理论贡献是环绕着以剧场说为核心而展开的。他的剧场观,旨在指出戏剧作为审美直观的戏剧,而非审美想象的文学。不同于王国维的戏剧史研究主要是从剧本文学着眼,陈多先生认为戏曲剧本的首要任务是为登场,是为戏剧演出服务的。真正为演出服务的戏曲剧本应是能广泛普及,宜俗而不宜雅。

明清才子佳人剧研究

王永恩著

2014 年 6 月 1 版 1 次

48.00 元

32 开　376 页

本书梳理了明清时期才子佳人剧的源流、创作概貌、主要故事模式和重要剧作家的创作,是第一部全面探讨明清才子佳人剧的专著,系统揭示了这一戏剧题材的特点和艺术价值。其中对才子佳人形象的分析和才子佳人故事模式的概况,尤为深刻精彩。

东亚戏剧互动史

翁敏华　回达强著

2014 年 10 月 1 版 1 次

48.00 元

32 开　404 页

本书以原始与早期戏剧互动、各国国剧产生过程中的互动及现当代东亚戏剧互动为线索,以中日韩越四国不同剧种为中心,点面结合,论述清晰,是对儒家文化圈戏剧互动的第一部史的论述,对这一课题的开拓深入有重要意义。

管理与禁令:明清戏剧演出生态论

刘庆著

2014 年 11 月 1 版 1 次

42.00 元

32 开　340 页

本书系统论述了明清戏剧演出中的"管理"与"禁令"问题,从内部和外部两方面揭示了明清戏剧组织的生态环境及其应对措施,对职业戏班的内部管理、商业演剧场所管理、家班管理等的分析尤为精到,书中的某些论述对于今天的戏剧演出亦不无借鉴意义。

元代杂剧艺术

徐扶明著

2014 年 10 月 1 版 1 次

36.00 元

32 开　324 页

本书是研究戏曲杂剧的经典著作,荣获第一届全国戏剧理论著作奖。它从元代杂剧出发,探讨中国传统戏曲文学和演出形式的渊源,概述元杂剧的一般情况,介绍杂剧的兴起和衰落、作家、作品和演员;随后论述元杂剧的体制和特点,包括楔子、折子、戏剧结构等;并且联系舞台演出,研究脚色、唱词、宾白、题目正名等。

中国近代戏剧改良运动研究(1902—1919)

张福海著

2015 年 3 月 1 版 1 次

68.00 元

32 开　620 页

本书以戏剧改良的时间流程为线索,按照对戏剧改良所持态度和参与程度不同而划分的戏剧理论家和戏剧流派为叙述版块,结合特定时代背景和人文生态,围绕戏剧改良这个叙述中心来展开论述。作者对中国戏剧近代化进程的曲折和艰辛做了一次全方位的梳理,指出戏剧的改良是中国戏剧近代化的必由之路,间或的波折属于伴随过程中的阵痛。

昆曲史考论

吴新雷著

2015 年 10 月 1 版 1 次

58.00 元

32 开　492 页

本书从具体议题出发,以实证的方法架构起昆曲史的系统认知;从历史观的角度,对昆曲的发展、兴盛、平淡、再起的过程做出了回顾和探讨。

二十世纪昆曲研究

朱夏君著

2015 年 11 月 1 版 1 次

52.00 元

32 开　452 页

　　本书将文本研究与舞台表演研究相结合,对二十世纪昆曲史研究、昆曲文献、昆曲乐律、昆曲表演等方面内容展开全面介绍和分析研究,梳理了昆曲研究的理论脉络和演出走势,并对存在的问题作了认真剖析。

演剧符号学

胡妙胜著

2015 年 10 月 1 版 1 次

42.00 元

32 开　348 页

　　本书介绍、阐释了大量国外戏剧符号学理论,并将之与国内外演出实例结合分析,具有较高的学术价值,适合作为高校相关专业的教材。

中国古代文学双城书系

长安与洛阳

——汉唐文学中的帝都气象

谢昆芩著

2013 年 10 月 1 版 1 次

64.00 元

16 开　412 页

　　本书以汉唐帝都长安和洛阳为切入点,以汉赋、唐诗、唐代小说和笔记为主要研究对象,系统探讨汉唐两代帝都文化与文学创作之间的关系、汉唐帝都文化影响下的文学活动和文学现象,以及这些文学活动和现象所展示的独特的人文景观和帝都意象。

汴京与临安

——两宋文学中的双城记

刘方著

2013 年 10 月 1 版 1 次

78.00 元

16 开　524 页

　　本书前半部分主要从北宋都市政治事件、宗教建筑空间、皇家园林、市民生活等诸方面,讨论了北宋洛阳城内的都市生活,后半部分则集中介绍了南宋临安(今杭州)宗教会社、故都记忆、士人文化等与文学的相互影响,探索都市文学对于临安文化在想象与构建方面的复杂内涵和价值。通过揭示宋代都市生活所酝酿出来的危险文学,归结出都市文化繁荣之后所带来的负面影响,进而理解宋代士大夫精英们的精神焦虑和深层忧思。

扬州与苏州

——最是红尘中一二等富贵风流之地

蒋朝军著

2014 年 1 月 1 版 1 次

58.00 元

16 开　348 页

　　本书论述了唐至明清笔记小说中所反映的扬州和苏州两大城市的意象,包括两座城市各自的历史沿革、盛衰演变、文化教育、习俗风情、商业模式、经营物产、名胜古迹等。作者注重从各种小说的情节中挖掘资料,由此生发议论;又能以小说内容与现实反映相比较,揭示异同,不仅纠正了诸多旧说,且时有新见。

广州与上海

——近代小说中的商业都会

邓大情著

2014 年 11 月 1 版 1 次

68.00 元

16 开　380 页

　　近代以来,广州、上海成为新型商业都会的代表,其结构和功能打破了中国传统城市的旧模式。本书主要从中国近代小说的视野对这两座城市进行考察和关照,以小说作品中对广州、上海的描写为中心,对二者进行全方位的平行比较研究,找出两座城市发展的异同,并进而探寻造成这种异同背后深层次的文化原因。

中国传统文学与经济
生活研究丛书

文学研究的新经济视角与分析方法

许建平著

2008 年 3 月 1 版 1 次

25.00 元

32 开　324 页

　　本书阐述了人们最易忽略的文学本原,文学形式产生和演变的动因,即文学的双重性——情感式的精神性与物质形态的经济性。它改变了传统的文学观念,生出一种崭新的与旧观念极不相同的颠覆性的文学观,文学作品是人身体欲求的商品。这部论著在开辟从经济生活视角研究传统文学的新途径方面作了有益的尝试。

富贵故都的末世吟唱

马海英著
2008 年 4 月 1 版 1 次
25.00 元
32 开　328 页

　　本书着笔于陈代与南唐两个朝代,它们的共同特色是以金陵为都,物质条件富裕,并且在较短的时间内亡国。全书分上下二编,上编主要介绍金陵的地理、历史、经济形态、诗性文化的基础和文学成就概貌等背景情况;下编介绍陈、南唐二代的文坛主要人物,文学特征,具体生活环境,富贵生活与文学创作的关系等内容,并整理了当时关于部分金陵景物的文学记载。附录则主要收录后世文人回顾金陵故都时的相关作品。

宋代刻书产业与文学

朱迎平著
2008 年 3 月 1 版 1 次
27.00 元
32 开　344 页

　　本书在对宋代刻书产业进行全面考察的基础上,进而深入探讨它与宋代文学发展的关系,将文学放在印刷史、社会史的背景上来看,拓宽了文学研究的视野。刻书的大规模发展使得诗词文集及各类总集数量明显增多,著名文人都非常注意自己文集的编辑,甚至有机会在生前刊刻自己的作品,这使得名家的文集变得齐整可观,也使后人能够更清楚地掌握文集的源流演变。本书书后附有现存宋版集部书录,资料详备,有参考价值。

元明小说叙事形态与物欲世态

李桂奎著
2008 年 4 月 1 版 1 次
25.00 元
32 开　328 页

　　本书主要从形式层面着眼,致力于元明小说叙述形态与社会物欲世态的同构研究,全方位地剖析了"食货"等经济要素对小说文本的叙事意义。全书上编重点探讨了"钱财"观念、"钱财"意象和江南经济文化对话本小说叙事的作用,并进而择取元明经济背景下的"设局诡骗"、"士商互动"、"女资助男"等创作母题以及角色

加以研究。下编重点探讨了社会物欲世态对明代"四大奇书"叙事的影响,以及"钱财"意象和经济修辞话语对各种不同叙述形态的结构作用。

明清之交文人游幕与文学生态
——以徐渭、方文、朱彝尊为个案

朱丽霞著
2008 年 10 月 1 版 1 次
39.00 元
32 开　416 页

　　本书选取了徐渭、方文、朱彝尊三个代表性的人物,讨论明末清初文人游幕生活与清初文学繁荣的关系。徐、方、朱三人作为明清易鼎之际遗民中的精英,其游幕生活极大地丰富了各自的文学创作,反映了那个时代这一类人的心灵轨迹。本书在分析三人诗文创作特色的同时,还着重从经济动因探讨文学史中某一文学现象的成因,较有新意。

复旦大学中文系先哲遗著丛刊

刘季高文存

刘季高著　刘芳荪　陈尚君　高克勤整理
2009 年 5 月 1 版 1 次
精装 38.00 元
国际 32 开　516 页

　　本书是复旦大学中文系著名学者刘季高的纪念文集,收录刘先生历年来的论文、著作和诗词集,并包括众多学生晚辈撰写的纪念文章和刘季高年谱。其中,刘先生关于汉末"谈论"、汉代名将马援的生平等研究,都显示出深厚渊博的兼通文史的学养和强烈的爱国主义热情。

朱东润文存(全二册)

朱东润著
2014 年 12 月 1 版 1 次
精装 148.00 元
国际 32 开　987 页

　　朱东润先生一生勤于著述,生前已出版论著逾二十种,内容涉及中国历代文学、历史、文化等诸多方面。中年后肆力于传叙文学的研究和写作,成就为海内外学界所瞩目。他的个人存稿最早的有宣统年间在上海南洋公学附属小学的一套考卷,今知最早出版的著作有早年在英国留学期间的翻译小说《波兰遗恨录》、《积雪东征

录》等。虽然在抗战初期及"文革"期间有手稿遗失,所幸一生论著大多得以完整保存。

复旦大学中文系教授
荣休纪念文丛

诗书薪火（蒋凡卷）

羊列荣编

2006 年 12 月 1 版 1 次

精装 38.00 元

大 32 开　508 页

　　蒋凡先生是享誉国内外的知名教授,其弟子为了表达对先生的感恩之情,编辑了这本纪念论文集。集中收入了蒋先生近几年的主要学术论文,而大部分则是先生弟子们的文章,涉及文、史、哲,乃至语言、音乐、文体诸领域。这些论文都是在蒋先生的指导下完成的,既有学术性,又有纪念价值。

汉唐文学研赏集（杨明卷）

杨明著

2010 年 1 月 1 版 1 次

精装 48.00 元

大 32 开　440 页

　　本书遴选杨明先生治学中有创见、有价值、对后人有启迪的学术论文和赏析文章,荟萃成集。全书分为"辨思编"和"鉴赏编"两卷,"辨思编"评述历代文论精要,析疑解惑,观点清晰鲜明,论辩严谨细致,其对《文心雕龙》的研究,有较多独到之见解。"鉴赏编"阐释历代名家诗文,发掘深意,精辟透彻;评析赏奇,文采斐然,尤具特色的是,其不少篇章对不同时代的类似作品,能整合为同一专题,互为比较,相互印证,通篇串讲,释意通达,给人以通感通识的鉴赏效果。

楚辞研究与中外比较（徐志啸卷）

徐志啸著

2014 年 4 月 1 版 1 次

精装 48.00 元

大 32 开　380 页

　　本书为复旦大学中文系徐志啸教授多年研究成果的精选汇编,分为三编:楚辞研究编、中外比较编、其他编,另有附录及作者著作目录、国际及台港澳学术活动年表、内地高校学术演讲一览等。

华东师范大学中文系学术丛书

明代章回小说的兴起

李舜华著

2012 年 9 月 1 版 1 次

58.00 元

16 开　289 页

　　本书论述明代章回小说的兴起,涉及《三国演义》、《水浒传》、《西游记》、《金瓶梅》、《大宋中兴演义》、《唐书志传》、《全汉志传》、《南北宋志传》、《英武传》、《列国志传》等。本书从小说释义开篇,启述读者群与章回小说的兴起,解析雅与俗最初的分野,论述市民眼中的历史舞台与英雄传说,阐释男性视野中女性的突围。全书上半部更多地是对 20 世纪以来关于章回小说近代意义之种种争议的反思和辨析,下半部则偏重于文本的解读,对兴起时的章回小说作了精到的诠释和阐述。

王元鹿普通文字学与比较文字学论集

王元鹿著

2012 年 9 月 1 版 1 次

58.00 元

16 开　313 页

　　此书是作者文字学的成果结集,涉及汉文、东巴文、哥巴文、玛丽玛莎文、达巴文、尔苏沙巴文、水文、北美印第安文等民族古文字。第一部分"文字起源与发展",以我国以及世界民族文字为参照,对汉字的发生与起源进行探索。第二部分"文字性质与构造",是对汉字与世界、我们民族的多种文字系统性质的比较研究。第三部分"文字关系与传播",探讨汉字与我国各种少数民族文字以及各种少数民族之间的关系。第四部分"民族文字比较研究",运用比较的方法,对汉字、民族文字进行比较,归结出文字系统的异同,对文字的个性得出新的结论。第五部分"文字研究与文化",利用信息化技术,从文字学以外的视角出发,研究汉字和民族文字。第六部分"书评与序跋"。

中国古典诗文论集

周圣伟著

2012 年 11 月 1 版 1 次

48.00 元

16 开　229 页

　　本书由 40 篇论文组成,内容厘为三大类。一是词学,包括论文 14 篇,涉及词体词乐、词作风格、词学批评、词作赏析等方面,如《从诗与乐的相互关系看词体的起源与形成》《唐人论词乐》《王国维"境界说"内涵撷要》《李煜〈虞美人〉三题——兼论李煜后期词的价值评判和艺术特色》等。二是诗学,包括论文 14 篇,主要集中于唐诗领域,如《撷谈唐诗兴盛的原因》《〈琵琶行〉结构艺术拾趣》等。三是散文,包括论文 12 篇,内容集中于唐前古文,如《先秦历史散文概论》《司马迁〈报任安书〉发微》等。

战国楚简研究

黄人二著

2012 年 11 月 1 版 1 次

88.00 元

16 开　400 页

　　本书共收录论文 32 篇,内容涉及上博简、清华简等近出简牍资料,以及《尚书》《诗经》《论语》《孟子》《庄子》等相关传世文献。论文或对竹简文本进行重新编联和释读,或利用出土文献资料对传世文献进行深入探索和勘验,为作者近年来在战国楚简研究领域的代表性成果。

中国古代文论与文学经典阐释

朱志荣著

2012 年 12 月 1 版 1 次

48.00 元

16 开　216 页

　　本书汇集了作者中国古代文论和文学研究方面的论文,包括古代文论一般问题研究、《沧浪诗话》专题研究、中国文学史论和古代文学的作家作品论。作者研究领域涉及美学、文论和文学,与一般纯粹的文论研究、文学研究不同,书中对中国古代文论和文学问题的阐述往往具有独特视角,如用意象创构论美学观研究《文心雕龙》,对中国古代文论中风格问题的论述等均成一家之言。

英雄谱与英雄母题

竺洪波著

2013 年 4 月 1 版 1 次

58.00 元

16 开　326 页

　　该书从作者、源流、思想、人物形象及小说评点等诸方面对对《三国演义》和《水浒传》这两部经典小说进行

研究,旨在凸显英雄视角和英雄主题的探索。全书分上下两编:上编阐释《三国演义》,下编解析《水浒传》。叙述"英雄谱"的由来,厘清世代累积与《三国》《水浒》作为文学经典的生成,全面系统地论述了经典小说在新的时代条件下的价值评估和文化认同。作者强调要坚持以文本为中心,正确评述了"合理误读"和"过度阐释"的问题。论析历代前人的小说评点,指点精要,析疑解惑,观点清晰鲜明,论辩严谨细致,有较多独到的见解。作者对《三国》《水浒》作了细致的研究和剖析,资料与考释并重,发掘深意,梳理内涵,评判价值,精辟透彻,尤具特色,可资小说研究者参考。

士族审美趣味和中古文坛风尚

归青著

2014 年 12 月 1 版 1 次

78.00 元

16 开　359 页

　　本书分为"文论编""文学编""杂论编",收录文章 31 篇。文论编是对《文心雕龙》等文论的疏解和商榷。文学编是对宫体诗的渊源、审美机制、基本特质等的说辩和研究。杂论编收入了萧纲三首诗歌的赏析等文章 6 篇。

华中师范大学文学院系列论文集

上古文学中君臣事象的研究

韩维志著

2006 年 12 月 1 版 1 次

26.00 元

大 32 开　300 页

　　本书研究上古至汉末君臣之间的关系,分为:"帝王中心观与帝王群像"章、"谏诤艺术与谏臣形象"章、"血缘亲情与政治利益的矛盾"章、"忠君之义与孝亲之情的冲突"章。本书作者把文学与史学结合起来,说理透彻,论据充分,提出了许多有价值的观点。

唐诗论集

马承五著

2006 年 12 月 1 版 1 次

26.00 元

大 32 开　308 页

　　全书按专题分为五编:中唐苦吟诗人专论、以传播

学理论研究唐诗文化传播问题、杜甫诗歌艺术专论、唐诗创作散论和关于中国古代文史中的一些课题的附论。作者的研究既有宏观的学术视角，又有对个别问题的深透分析。

孟郊论稿

戴建业著

2006 年 12 月 1 版 1 次

18.00 元

大 32 开　208 页

　　本书阐明了孟郊对中唐诗坛的贡献，重新评价其诗歌的思想意义和艺术价值，评议历史上关于孟郊有代表性的褒贬意见。作者的论旨在于：孟郊以他成功的诗歌创作，为韩孟诗派的形成奠定了基础，而且由于一生的坎坷经历，他对人生的体验达到了中唐诗人难以企及的地步。作者从文艺理论、创作主体、风格学以及诗歌语言等角度，论述了孟郊的诗艺特色，并从社会学和史学的角度出发，确认孟郊在文学史中的地位。

北宋科举考试与文学

林岩著

2006 年 12 月 1 版 1 次

26.00 元

大 32 开　308 页

　　本书研究北宋时期的科举制度对当时文学的影响：第一章主要论述北宋的发解试；第二章论述北宋前期进士科考试与文学的关系；第三章论述熙宁贡举对于学风、文风的影响；第四章论述哲宗朝元祐年间的科举政策；第五章论述徽宗朝为推行三舍法而制定的科举与学校的政策；第六章论述北宋晚期党争、科举与文学三者之间的相互影响。另有作者对宋代的科举考试与印刷业关系的专题考论。

明清小说史

谭邦和著

2006 年 12 月 1 版 1 次

33.00 元

大 32 开　392 页

　　明清是我国小说史上极为辉煌的时代。本书系统梳理了这一时期文言和白话小说的发展脉络，对作品及其时代背景做了深入细致的分析和归纳。包括《三国演义》、《水浒传》、《西游记》、《金瓶梅》、《红楼梦》等作品和才子佳人小说、武侠小说、谴责小说等。在对具体作品的集中论述中，作者着重说明该作品在整个中国小说史上的地位及其承前启后的作用，对明清小说史的梳理点面结合，融会贯通，周密完整。

浙江师范大学中国语言文学论丛

中国古代文学研究论集

浙江师范大学人文学院编　梅新林主编

2011 年 6 月 1 版 1 次

96.00 元

16 开　440 页

　　本书共分"文学古今演变研究"、"古代诗词研究"、"古代小说研究"、"文学与宗教考论"、"古代文学杂论"五大板块，包括红楼遗产与 21 世纪的中国小说、八股文"技法"与明清小说戏曲艺术、和合神考论、文学世家的历史还原等诸方面。

语言学研究论集

浙江师范大学人文学院编　张涌泉　张先亮主编

2011 年 6 月 1 版 1 次

86.00 元

16 开　412 页

　　本书共分"文献学研究"、"文字研究"和"词汇研究"、"语法与修辞研究"、"方言与音韵研究"五大板块，包括简帛文献与楚辞研究、《说文》"连篆读"发覆、汉魏时期同义并列双音词说文衍生模式、方以智《切韵声源》与桐城方音等诸方面的学术论文。

中国现当代文学研究论集

浙江师范大学人文学院编　高玉主编

2011 年 6 月 1 版 1 次

82.00 元

16 开　372 页

　　本书共分"文学思潮研究"、"两浙文学研究"、"社团流派研究"、"'身体'视界"、"学海纵衡"、"儿童文学研究"六大板块，收入论文 32 篇。

文艺学研究论集

浙江师范大学人文学院编　张法　刘彦顺主编

2011 年 6 月 1 版 1 次

87.00 元

16 开　393 页

本书共分"文艺理论研究"、"文艺美学研究"和"文艺批评"三大板块,包括文艺理论的定位、文学的现代性新质、中国现代美学的历程和模式、时间与新感性、身体快感与生态审美哲学的逻辑起点、60年中国儿童电影的童权问题和现代派批评话语等诸方面的学术论文。

比较文学与世界文学研究论集

浙江师范大学人文学院编　李贵苍主编
2011年6月1版1次
68.00元
16开　316页

本书分"理论与现象研究"、"比较文学与文化研究"、"作家与作品研究"三大板块,收入论文35篇。

学 者 论 集

胡小石论文集

胡小石论文集

胡小石著
1982年9月1版1次
1.10元
大32开　148页

胡小石先生是我国著名学者,生前曾任南京大学文学院院长、图书馆馆长。本书辑有《屈原与古神话》、《〈楚辞辨名〉及郭注义徵》、《张若虚事迹考略》、《李杜诗的比较》、《杜甫诗〈北征〉和〈羌村〉笺释》、《古文变迁论》、《书艺略论》等14篇论文,持论平实可信。其二百余首旧体诗词作为附录一并收入。

胡小石论文集续编

胡小石著
1991年9月1版1次
4.20元
大32开　166页

胡小石先生涉猎广泛,论述精到,向以治学严谨著称。本书收《中国文学史讲稿》、《唐人七绝诗论》、《愿夏庐题跋初辑》和《愿夏庐诗词补钞》。

胡小石论文集三编

胡小石著
1995年10月1版1次

30.00元
大32开　314页

本书收胡小石先生研究中国古代语言文字之力作《甲骨文例》、《读契札记》、《说文部首》、《说文古文考》、《金文释例》、《〈声统表〉及若干卜辞》、《钟鼎文考释》等论文。

郭绍虞论著集

照隅室古典文学论集(全二册)

郭绍虞著
上编1984年2月1版1次
下编1984年7月1版1次
全编2009年7月2版1次
88.00元
大32开　1188页

郭绍虞先生素以研究中国古代文学理论蜚声文坛。上编收1949年前发表的论文26篇。包括《中国文学批评史上"神""气"说》、《神韵和格调》、《朱子之文学批评》、《元遗山论诗绝句》、《明代文学批评特征》、《明代的文人集团》等。下编收郭绍虞教授解放后发表的古代文学批评方面的论文28篇。包括《试论〈文心雕龙〉》、《试测〈沧浪诗话〉的本来面貌》、《中国文学批评理论中"道"的问题》、《文笔说考辨》、《兴观群怨说剖析》、《论吴体》、《关于七言律诗的音节问题兼论杜律的拗体》等。

照隅室语言文字论集

郭绍虞著
1985年4月1版1次
2009年7月2版1次
38.00元
大32开　424页

该书共收作者历年来发表的古今语言文字研究方面的论文30篇,内容涉及文字训诂、语法规律的探索、词性的分析、修辞和音韵研究等方面。

照隅室杂著

郭绍虞著
1986年9月1版1次
2009年7月2版1次
48.00元

大 32 开　568 页

本书内容分为三类:"随笔"、"序、题跋"、"回忆"。其中有的文章具有一定文献价值,有的则是专论艺术和美学,有的记录了作者一个时期的思想和人生观,还有谈自己学习体会与对古典文学研究的看法。

朱自清古典文学专集

朱自清古典文学论文集(全二册)

朱自清著

1981 年 7 月 1 版 1 次

2009 年 4 月 2 版 1 次

58.00 元

大 32 开　792 页

本书收辑朱自清有关古典文学的研究著作,并附录作者的旧体诗。

古诗歌笺释三种

朱自清著

1981 年 8 月 1 版 1 次

0.98 元

大 32 开　136 页

本书包括《古逸歌谣集说》、《诗名著笺》和《古诗十九首释》,大都是汉代以前无主名诗歌的笺注和解释。

十四家诗钞

朱自清著

1981 年 8 月 1 版 1 次

0.70 元

大 32 开　92 页

《十四家诗钞》,是自三国曹植起至晚唐杜牧止各代著名诗人的名篇选录和集注。

宋五家诗钞

朱自清著

1981 年 8 月 1 版 1 次

0.96 元

大 32 开　130 页

《宋五家诗钞》,是北宋梅尧臣、欧阳修、王安石、苏轼、黄庭坚等五个大家的诗选笺注。

其　　他

胡适古典文学研究论集(全二册)

胡适著

1988 年 8 月 1 版 1 次

新版 2013 年 1 月 1 版 1 次

118.00 元

大 32 开　1120 页

本书辑录胡适有关古典文学研究(除《红楼梦》外)的论文、笔记、书信、日记、演讲、谈话等,内容丰富。按总论、诗歌、词曲、戏剧、小说等几个大类编排,除总论中所收各篇按写作时间编排外,每类中均按所论及作家、作品的时代先后排列。所收文章,全面反映了胡适在古典文学研究领域所取得的成绩。

郭沫若古典文学论文集

郭沫若著

1985 年 12 月 1 版 1 次

精装 8.55 元

大 32 开　494 页

本书辑录郭沫若有关古典文学研究方面的论著共 79 篇,其中包括《屈原研究》、《六谈〈胡笳十八拍〉》、《夏完淳》、《读〈随园诗话〉札记》以及论述《兰亭序》、《再生缘》的文章。凡作者研究古典文学的论著,除专著《李白与杜甫》之外,大致已备于此集。

茅盾古典文学论文集

茅盾著

1986 年 12 月 1 版 1 次

精装 11.00 元

大 32 开　272 页

茅盾不仅以大量作品开创并丰富了我国现实主义文学宝库,而且对我国古典文学也进行了深入的探索,既分析、评价了一些作家作品,也系统总结了我国古典文学的创作经验。

顾随文集(全二册)

顾随著

1986 年 2 月 1 版 1 次

5.10 元

大 32 开　416 页

顾随先生(1897—1960)是国内著名的词曲专家,一生论著与创作并称丰硕。这本文集收其论著 17 篇,创作的诗词数百首和杂剧 3 篇。作者论诗评文注重古今中外文学作品特色的鉴赏比较,在总结前人研究成果的基础上,提出许多独到见解。

郑振铎古典文学论文集(全二册)

郑振铎著

1984 年 12 月 1 版 1 次

2009 年 4 月 2 版 1 次

78.00 元

大 32 开 1028 页

郑振铎先生是我国著名文学史家、藏书家,对古典小说、戏曲尤有研究。本集收录有关文学史、小说、戏曲、诗歌、版本目录等方面论文 125 篇,其中有过去未发表的遗稿。

笳吹弦诵传薪录

——闻一多、罗庸论中国古典文学

郑临川记录 徐希平整理

2002 年 12 月 1 版 1 次

25.00 元

大 32 开 194 页

此书系闻、罗二先生当年在西南联大讲课时的笔记实录,它的出版,体现了前辈学者薪火相传的精神,将给后学以丰富的启迪。

罗根泽古典文学论文集

罗根泽著

1986 年 5 月 1 版 1 次

2009 年 11 月 2 版 1 次

55.00 元

大 32 开 652 页

本书搜集了作者关于古典文学的论著 42 篇,比较系统、集中、全面地反映了他在这方面的学术水平及其所取得的成果。

俞平伯散文杂论编

1990 年 4 月 1 版 1 次

平装 7.30 元 精装 9.80 元

大 32 开 280 页

本书汇集作者自"五四"迄今近七十年间的杂文百

数十篇,包括散文、小品、随笔、游记、札记、考据、杂感、序跋、书信、日记等数十类,作者生平文章菁华尽萃于此编。

龙榆生全集(全九册)

龙榆生著 张晖主编

精装 598.00 元

2015 年 11 月 1 版 1 次

32 开 4184 页

《龙榆生全集》共九卷,分别为专著、论文集、诗词集、笺注、词选、杂著等。各卷以时间为序尽可能全地收录了龙榆生的著作、论文、题跋、散文、诗词等,可以比较全面地反映词学大师龙榆生先生的学术研究领域及其成果。

温故集

陈友琴著

1959 年 7 月 1 版 1 次

0.75 元

32 开 222 页

本书为作者论文集,主要研究重点是唐诗。其中有几篇是与俞平伯、缪钺、谭丕模、林庚等人的商榷文章。

陆侃如古典文学论文集(全二册)

陆侃如著

1987 年 1 月 1 版 1 次

平装 8.60 元 精装 9.80 元

大 32 开 504 页

本书收辑了著名学者陆侃如先生论著 72 篇。陆氏研治古典文学 50 年,素以治《楚辞》、中国文学史及《文心雕龙》著称。

李俊民文集

李俊民著

1993 年 8 月 1 版 1 次

精装 19.75 元

大 32 开 348 页

李俊民先生原名李守章,1925 年起从事革命文学活动,1929 年出版小说集《跋涉的人们》,被鲁迅誉为"优秀之作"。他对中国古典文学也有很深的造诣,在 1930 年出版的《李白研究》是我国早期以唯物史观研究古代文学的论著之一。他的诗歌、散文创作颇具特色。本文集收有小说 14 篇、散文 35 篇、论著 8 篇、诗歌百余首,附有作者生平介绍等丰富资料。

旧文四篇

钱钟书著

1979 年 9 月 1 版 1 次

0.31 元

32 开　50 页

　　本书是作者的一个论文集,收文章四篇,即《中国诗和中国画》《读〈拉奥孔〉》《通感》和《林纾的翻译》。这些文章,有的谈文艺创作或文艺欣赏中的某些现象,有的分析莱辛的美学思想,有的评论林纾的译笔。材料丰富,文风洒脱。

七缀集

钱钟书著

1985 年 12 月 1 版 1 次

1996 年 2 月 2 版 4 次

精装 15.20 元

大 32 开　196 页

　　本书收论文七篇,《中国诗与中国画》、《读〈拉奥孔〉》、《通感》、《林纾的翻译》、《诗可以怨》、《汉译第一首英语诗〈人生颂〉及有关二三事》、《一节历史掌故、一个宗教寓言、一篇小说》。

李嘉言古典文学论文集

1987 年 3 月 1 版 1 次

4.95 元

大 32 开　294 页

　　本论文集不仅搜集了李嘉言教授在新中国成立前后发表的学术论文,而且也收入了许多尚未公开发表的手稿,总计 70 篇,基本上汇集了作者毕生对中国古典文学研究的成果。

蜗叟杂稿

孙望著

1982 年 6 月 1 版 1 次

0.74 元

大 32 开　102 页

　　本书收录研究唐代作家作品的论文七篇:《王度考》、《莺莺传事迹考》、《韦应物事迹考述》、《伟大的现实主义诗人杜甫》、《元结评传》、《漫谈李贺及其与韩愈

的关系》等。其中《箧中集作者事辑》从典籍中搜罗了沈千运等七个诗人的生平史实,补正了以往记载中的缺漏和错误。

词曲通解

郑孟津著

2014 年 11 月 1 版 1 次

精装 118.00 元

32 开　924 页

　　本书是郑孟津先生一生研究成果的精华。包括郑孟津生前发表在各大期刊的单篇学术论文,共 24 篇,30余万言;四部专著《词源解笺》(合著)、《宋词音乐研究》、《昆曲音乐与填词》、《中国长短句体戏曲声腔音乐》(合著)的选录,共选 11 节,亦 30 余万言。

晚照楼论文集

马茂元著

1981 年 4 月 1 版 1 次

0.76 元

大 32 开　有 126 页

　　本书共收论文 18 篇。内容有对古代作家作品的评论,古代文学理论的探讨,文献资料的考订等。作者对《离骚》时代的探索,桐城派文论的评述及杜甫、李商隐诗作的主题思想、艺术特色的分析,均富有创见。

徐铭延文存

徐铭延著

1988 年 9 月 1 版 1 次

0.94 元

32 开　64 页

　　收入本书的论文有:《论公安派的思想和文学主张》、《〈天雨花〉试编》、《李玉〈两须眉〉本事考》及《论李玉〈一捧雪〉传奇》、《曹雪芹和〈红楼梦〉》、《〈金瓶梅词话〉谈屑》等。附作者所作古体诗词选。

罗忼烈杂著集

罗忼烈著

2010 年 1 月 1 版 1 次

58.00 元

大 32 开　620 页

　　罗忼烈(1918—2009),广西合浦人,1940 年毕业于中山大学文学院中文系,曾任教培正中学、罗富国师范

学院、香港大学、香港中文大学、澳门东亚大学,对诗、词、曲和文字学、训诂学、古音学深有研究。这个集子中,有涉及唐宋诗甚至近人粤语诗,有涉及两宋名家词作者的是非,有谈元散曲及明传奇的片段。古典文学外,有涉及《周易》的,有涉及文字学的,有涉及音韵的,有涉及历史和掌故的。行文有时用文言,有时用白话,不拘一格。

柿叶楼存稿

刘开扬著

1983 年 8 月 1 版 1 次

0.87 元

大 32 开 120 页

本书为刘开扬先生的古典文学论文集,收论文 19 篇,分别探讨了屈原、司马相如、蔡文姬、庾信、杜甫等人的政治思想和文学造诣。还对《兰亭序》和中古时期的民谣,作了专题研究。

苏兴学术文选

苏兴著 苏铁戈 苏银戈 苏壮歌选编

2011 年 5 月 1 版 1 次

38.00 元

大 32 开 408 页

本书从明清小说研究学者苏兴先生众多学术文集中萃取 17 篇论文,包括了学术争鸣、典籍辨伪、微观考证、宏观论述中国小说发展的历史变迁等,较全面地反映了作者的学术建树。

中国古典文学论集

邵毅平著

2013 年 10 月 1 版 1 次

精装 88.00 元

32 开 644 页

作者专治中国古典文学、东亚文学关系,本书是其三十年来有关中国古典文学的论文汇编,数量虽不多,内容却厚重,基础扎实,学风谨严,不人云亦云,不盲从成说,具有较高的学术价值。

枫野集

涂元渠著

2013 年 12 月 1 版 1 次

35.00 元

32 开 384 页

本书是涂元渠先生的学术论著、散文、旧体诗、新诗、小说、书法、篆刻、日记等多种体裁作品的合集,内容丰富且皆有相当的水准,记录了一位出身于平凡农家的知识分子刻苦勤奋、多才多艺的形象,展现了新中国成立以来知识分子的精神状态和求学历程。

作 品 研 究

诗经楚辞研究

诗三百篇探故

朱东润著

1982 年 2 月 1 版 1 次

0.59 元

大 32 开 80 页

本书收入作者新中国成立前有关《诗经》的论文 5 篇,文中对《诗》三百篇的研究颇有独到的见解,对后人富有启发作用,为研究《诗经》者重要参考资料。

毛诗郑笺平议

黄焯撰

1985 年 9 月 1 版 1 次

1.85 元

32 开 222 页

汉代传《诗经》者有毛、齐、鲁、韩四家,齐、鲁、韩三家为今文诗学,"毛诗"为古文诗学。东汉郑玄兼通今古文学,加以发挥,作《毛诗郑笺》。本书总结前人、特别是清代诸家的研究成果,博采众说,以毛传是正郑笺,力求恢复子夏所传《诗经》之古义。

诗疏平议

黄焯撰

1986 年 1 月 1 版 1 次

3.55 元

32 开 340 页

唐代孔颖达等撰《毛诗正义》,恪守"疏不破注"的原则,承袭了《郑笺》的某些错误,对《毛传》的原意也有误解。本书广采宋、元、明、清治《诗经》之说,对《孔疏》加以匡正平议。于典章之考证、文字之训诂,多有精到的辨析。

阜阳汉简诗经研究

胡平生 韩自强编著

1988 年 8 月 1 版 1 次

5.40 元

16 开　58 页

　　《诗经》流传至今完整的为《毛诗》，其他三家汉代流行的《诗经》在魏晋以后逐渐亡佚。1977 年阜阳双古堆汉墓又出土了一种汉代的《诗经》，它与《毛诗》以及齐、鲁、韩三家《诗》不仅文字有异同，而且次序亦有出入，引起了学术界的密切注意。本书包括阜阳汉简《诗经》全文、摹本以及有关的论文。

诗经要籍解题

蒋见元　朱杰人著

1996 年 9 月 1 版 1 次

13.40 元

大 32 开　224 页

　　本书选介了六十余种古今中外《诗经》研究的代表作，全面展现了《诗经》领域中今（鲁齐韩诗）古（毛诗）文、汉学宋学、经学派文学派论争的内容观点及历史风貌，对于理解具体作品的诗旨、训诂、声韵、"六义"等也颇多启迪。书后附有《历代诗经研究书目》六百余种。

《诗经》的接受与影响

佘正松　周晓琳主编

2006 年 7 月 1 版 1 次

25.00 元

大 32 开　300 页

　　本书是西华师范大学中文系集体研究项目的成果结集，以"《诗经》的接受与影响"为中心，将《诗经》文本置于更广阔的文化背景下，或探根溯源，或古今、中西比较，或文史哲互证，或从文本、文化角度切入，反映了当代《诗经》研究的多元化格局，并多角度、多层次地探讨了《诗经》这一原典在不同视域下呈现的丰富的民族文化内涵。

韩诗外传研究

——汉代经学与文学关系透视

于淑娟著

2011 年 10 月 1 版 1 次

45.00 元

大 32 开　396 页

　　本书将汉代经学著作《韩诗外传》作为汉初文学发展的代表性个案，在共时性研究基础上，对先秦两汉文学的发展作历时性的考察，并对《韩诗外传》与相关典籍作定量分析，揭示了《韩诗外传》的文本性质，多方面论证《韩诗外传》是当时经师口语的记录。

诗骚诗学与艺术

潘啸龙　蒋立甫著

2004 年 8 月 1 版 1 次

20.00 元

大 32 开　309 页

　　本书汇集了作者十多年来研探《诗经》、《楚辞》的主要成果，其中有论述《诗经》、《楚辞》所体现的"诗学思想"；也有探讨《诗经》、《楚辞》的"抒情艺术"。文章的视角独特新颖，在研究内容和方法上不乏开拓意义。

诗人屈原及其作品研究

林庚著

1957 年 5 月 1 版 1 次

新版 1981 年 7 月 1 版 1 次

0.48 元

32 开　92 页

　　本书收录了作者四十余年教学和研究屈原及其作品的论文 20 篇。作者广泛吸取前人旧说而又颇多创见，立论新颖，自成一家之言。

屈原与楚辞

郭加林著

1959 年 2 月 1 版 1 次

0.22 元

32 开　70 页

　　作者通俗化地介绍了伟大诗人屈原和《楚辞》。阐释屈原的生平，评价屈原的作品，论述楚辞产生的时代以及楚辞与南北方文化的关系。

离骚解诂

闻一多著

1986 年 1 月 1 版 1 次

0.51 元

大 32 开　36 页

　　本书是近代著名学者闻一多《楚辞》研究专著之一，征引自汉王逸以下数十家言，对《离骚》全文进行了"诠释词义"的工作。于是非弃取之际，间出新见，自寓倾向，体现其研究功力和成果。今由季镇淮教授据闻一多未刊稿《离骚解诂》整理订正而成。

天问疏证

闻一多著

新版 1986 年 1 月 1 版 1 次

0.85 元

大 32 开　64 页

　　闻一多先生在十余年精研《楚辞》、进行文字校补的基础上,对《天问》作了"诠释词义"的工作。本书原为两份手稿,旧版《闻一多全集》中未收入。现由《闻一多全集》整理编辑组季镇淮、何善周、范宁三位整理订正,并录成书。

九歌解诂　九章解诂

闻一多著

1986 年 2 月 1 版 1 次

0.66 元

大 32 开　48 页

　　闻一多先生对《九歌》11 篇和《九章》9 篇,下过长期研究的功夫。在参考各种版本进行文字校正的基础上,又对王逸以下数十家的注释进行了分析辨正,作此"诠释词义"的工作。本书旧版《闻一多全集》未收入,今据国家图书馆所藏未刊稿(完成于 1940 年)整理校订。

九歌新考

(南京大学古典文献研究所专刊)

周勋初著

1986 年 7 月 1 版 1 次

1.10 元

大 32 开　82 页

　　《九歌》文采的绚丽动人、脍炙人口,在《楚辞》中称得上首屈一指,历来解释纷纭,分歧很大。本书对《九歌》中东皇太一等神祇作了新探讨,对学术界流行的说法提出独到的新见。

屈赋音注详解　附屈赋释词

刘永济著

1983 年 11 月 1 版 1 次

1.65 元

大 32 开　228 页

　　刘永济教授著有"屈赋学"四种,其中《屈赋通笺》和《笺屈余义》已于 1961 年出版。《屈赋音注详解》详细解释了属于屈原所写的《离骚》、《九辩》、《九歌》、《国殇》、《天问》、《九章》等作品,并对各篇的入韵字逐一注了古音。《屈赋释词》对屈赋中的虚词、词汇、句例等,作了详细阐述。

楚辞解故

朱季海撰

1963 年 12 月 1 版 1 次

1980 年 3 月新 1 版 1 次

新版 2011 年 12 月 1 版 1 次

新版 2012 年 7 月 1 版 2 次

40.00 元

大 32 开　436 页

　　本书是作者根据荆楚、淮楚之间的方言、风土、习俗等文献资料和出土文物,对屈原的作品《楚辞》(包括宋玉等人的作品),从校勘、训诂、谣俗、名物、音韵五个方面,作了比较全面的探索。本书正、续编曾于 1963 年出版,1980 年重印,作者又以其近年来的研究成果,增补为第三编。此次重版,在原书基础上新增四编,系据作者《楚辞韵谱》等手稿整理而成。

楚辞论文集

游国恩著

1957 年 1 月 1 版 1 次

1.00 元

32 开　314 页

　　本书共收 18 篇文章,分上下卷,上卷就楚辞文体来源、作者身世、文章内容等多有辨析;下卷论述屈原的历史环境和他的作品的思想性和艺术性。

楚辞学论文集

姜亮夫著

1984 年 12 月 1 版 1 次

平装 2.25 元　精装 3.10 元

大 32 开　276 页

　　本集收楚辞研究论文 25 篇,对楚辞作者及其作品进行了深入广泛的探讨。作者从事楚辞研究五十余年,掌握了丰富的资料,不但从文学角度,而且从史学、文字音韵、民俗学角度作综合研究,治学方法颇具独创。

王逸《楚辞章句》发微

许子滨著

2011 年 10 月 1 版 1 次

36.00 元

大 32 开　332 页

　　本书将《楚辞章句》纳入所处的时代背景来考察。从纵横两方面切入,综考汉儒经说旧注,旁稽经史传记及诸子之说,爰及唐、宋、元、明、清说经之文,以及历代治《楚辞》言,为之疏通辨正,借此探求《章句》的具体内容及其源流演变。

朱熹《楚辞集注》研究

李永明著

2015 年 3 月 1 版 1 次

45.00 元

32 开　360 页

　　本书作者师承《楚辞》研究专家黄灵庚、李浩,探讨了朱熹《楚辞集注》的成书过程,揭示了其撰写的政治原因、个人情感原因以及学术文化原因;研究了《集注》的版刻源流、域外流传情况及训诂体例、内容、方法等。阐明了朱熹的理学思想、宋学思想以及美学思想在《楚辞》注释中的发挥和运用。

还芝斋读楚辞

朱碧莲著

2008 年 6 月 1 版 1 次

88.00 元

大 32 开　744 页

　　本书是作者有关楚辞的四种著作《楚辞讲读》、《宋玉辞赋译解》、《楚辞论稿》、《中国辞赋史话》的汇编。作者长期从事楚辞研究,开设楚辞研究选修课,从屈原和宋玉的作品讲到他们的身世遭遇与思想,并涉及楚辞学界所研究的一些问题,时有心得之见,将学术文章知识化、通俗化,可供一般文学爱好者阅读。

文心雕龙研究

文心雕龙创作论

王元化著

1979 年 11 月 1 版 1 次

1984 年 4 月 2 版 1 次

平装 0.89 元　精装 1.70 元

大 32 开　162 页

　　本书分为上、下篇。上篇属总论,阐述了刘勰的身世、思想变化和他的文学起源论及创作论;下篇属专论,将刘勰在《文心雕龙》中所总结的创作论,分为八点逐点

阐释。同时,对于与此有关的中外文艺理论,也作了相应的对照释义。

文心雕龙讲疏

王元化著

1992 年 8 月 1 版 1 次

1996 年 5 月 1 版 3 次

精装 28.00 元

大 32 开　340 页

　　本书是《文心雕龙创作论》的修订、增补本。作者并不以古论古,而是贯通古今,类比中外,是一个现代学者同古代文论家的心灵对话。同时还探索了文学创作中一系列有普遍意义的问题,对文艺创作和批评史的研究有现实意义。

文心雕龙论丛

蒋祖怡著

1985 年 9 月 1 版 1 次

1.25 元

32 开　152 页

　　作者对原作进行系统介绍,第一部分着重介绍产生《文心雕龙》的历史背景、和魏晋玄学的关系,以及刘勰所自述的著书目的;第二部分以介绍《文心雕龙》的创作论为主。本书采取逐段疏证,详细解释,评介历史人物作品等方式,引导读者独立思考。

文心识隅集

李庆甲著

1989 年 12 月 1 版 1 次

3.80 元

大 32 开　110 页

　　本书为关于《文心雕龙》研究等方面的论文结集,作者长期从事古代文学理论的教学与研究工作,在《文心雕龙》研究方面具有独到见解。

文心雕龙研究

[日]户田浩晓著　曹旭译

1992 年 6 月 1 版 1 次

平装 4.95 元　精装 8.10 元

大 32 开　156 页

　　日本汉学名家户田浩晓教授多年从事《文心雕龙》研究,本书内容涉及《文心雕龙》研究史、文学论、版本及

校勘诸方面,精见纷呈,时有发前人之所未发,于国内学者当极富启示,可收他山攻玉之效。

文心雕龙汇评

黄霖编著

2005 年 8 月 1 版 1 次

2006 年 6 月 1 版 2 次

25.00 元

大 32 开 304 页

　　明清两代,评点《文心雕龙》尤为风行,时至今日,不少已成孤本秘籍。本书编者通过各种途径,将散见于各种版本内的批语搜集起来,排列于所评原文之后,汇成一书。末附章太炎讲授《文心雕龙》记录稿两种、叶瀚《文心雕龙私记》,颇具参考价值。

《文心雕龙》文理研究:以孔子、屈原为枢纽轴心的要义

邓国光著

2012 年 12 月 1 版 1 次

38.00 元

32 开 316 页

　　本书从哲学角度探讨《文心雕龙》背后的道德世界,审视孔子、屈原、刘勰这三位中国文化灵魂人物的精神交汇,以还原刘勰的价值初衷,并展现当时的思想价值风貌。

征圣立言:《文心雕龙》体道思想研究

欧阳艳华著

2015 年 2 月 1 版 1 次

精装 98.00 元

32 开 736 页

　　本书意在显透《文心雕龙》观念的文学理论与当时的学术思想的内在联系,探讨六朝的学术思想发展,其中最重要的论题便是关乎圣人与学圣体道的问题。刘勰强调的是征圣立言的积极书写意义,因此《文心雕龙》有关创作论的全体论述,均直接受征圣体道的精神所支配,如此,枢纽篇与创作篇便构成体用的关系,枢纽为体,创作为用,枢纽的体亦同时引导书写的自觉与层次。

红楼梦研究

阅红楼梦随笔

[清]周春著

1958 年 11 月 1 版 1 次

线装 0.60 元

32 开 25 页

　　本书据拜经楼钞本影印,内容有《红楼梦记》、《红楼梦评例》、《红楼梦约评》3 种,以及题《红楼梦》的七律等,并附徐凤仪的《红楼梦偶得》。

红楼梦的思想与人物

刘大杰著

1956 年 11 月 1 版 1 次

0.26 元

32 开 86 页

　　本书着重研究红楼梦作者的思想、艺术成就和书中人物的典型意义。

脂砚斋红楼梦辑评

俞平伯辑

1957 年 2 月 1 版 1 次

1.80 元

32 开 538 页

　　本书将脂砚斋评点《红楼梦》(五种)的文字汇辑在一起。

红楼梦论丛

陈毓罴 刘世德 邓绍基著

1979 年 7 月 1 版 1 次

1.10 元

大 32 开 150 页

　　这本论文集中有关于《红楼梦》思想内容的分析,有对于具体问题的考证,有关于曹雪芹佚著《废艺斋集稿》和画像的辨析,和曹雪芹卒年问题的考订。

红楼梦探源外编

吴世昌著

1980 年 12 月 1 版 1 次

1.85 元

大 32 开 258 页

　　本书内容有对《红楼梦》思想、艺术的分析,对《红楼梦》后半部情节的推断,对曹雪芹身世和卒年的考辨,对脂评本的阐释,对所传曹雪芹佚诗和曹雪芹小像的辨析,等等。

恭王府考

——红楼梦背景素材探讨

周汝昌著

1980 年 6 月 1 版 1 次

0.67 元

大 32 开　76 页

本书是对《红楼梦》中大观园模型的一次探讨，历来研究者对这问题看法不一，作者对位于北京什刹海（前海）的恭王府旧址作了缜密的历史和沿革的考证，初步确定即小说中大观园所在地，论证较有说服力。

红楼梦脂评初探

孙逊著

1982 年 3 月 1 版 1 次

1.10 元

大 32 开　154 页

脂砚斋是《红楼梦》的第一个评批者，历来受到红学研究者的重视。本书从脂评的概况、价值、糟粕、历史地位四方面进行细致的分析，是目前红学著作中第一次对脂评做这样系统的探讨。

说梦录

舒芜著

1982 年 11 月 1 版 1 次

1.15 元

大 32 开　188 页

《说梦录》是一部谈《红楼梦》的书。本书有两大特色：一、它是为爱读《红楼梦》的普通读者写的；二、它不做考据，不研究版本，完全从文艺鉴赏的角度谈《红楼梦》。

红楼梦问题评论集

郭豫适著

1982 年 3 月 1 版 1 次

0.77 元

大 32 开　128 页

本书选收有关《红楼梦》研究的论文 9 篇，包括《红楼梦》思想倾向问题的评议，红学发展史的综述，对《红楼梦》后四十回的评价，贾宝玉和林黛玉爱情问题的分析，《红楼梦》研究中阶级分析问题的探讨等。

海外红学论集

胡文彬　周雷编

1982 年 7 月 1 版 1 次

1.75 元

大 32 开　244 页

本书文章涉及《红楼梦》三方面问题，一是对于《红楼梦》研究方法的探讨，二是对于曹雪芹所描绘的大观园进行一些新的解释，三是关于版本、作者家世的考证。其中对苏联"亚洲人民研究院列宁格勒分院"藏抄本的介绍，尤有价值。

论石头记庚辰本

应必诚著

1984 年 1 月 1 版 1 次

0.84 元

大 32 开　116 页

《石头记》庚辰本是《红楼梦》抄本中最重要的一种，具有极高的研究价值。本书第一部分介绍《红楼梦》的版本和抄本情况；第二部分论证庚辰本和己卯本的关系。

红楼梦小考

陈诏著

1985 年 11 月 1 版 1 次

2.10 元

32 开　198 页

本书根据历史事实和大量的笔记，对《红楼梦》包含的内容一一加以考索解释，全书分曹家纪事、历史地理、政治经济、岁时风俗、人物、文化艺术、饮食医药、服饰杂物、俗谚方言等大类，收条目五百余条。

列藏本石头记管窥

胡文彬著

1987 年 6 月 1 版 1 次

2.90 元

大 32 开　82 页

本书是一部考证《红楼梦》版本的专著。1962 年在苏联列宁格勒（今俄罗斯圣彼得堡）发现的曹雪芹著《石头记》抄本（简称"列藏本"），是已经发现的脂评本中较为重要的一部早期抄本。本书介绍了这个抄本流入俄国的始末，研究了它的版本特征，论述了这个抄本的正文和批语的价值。

胡适红楼梦研究论述全编

胡适著

1988 年 3 月 1 版 1 次

新版 2013 年 1 月 1 版 1 次

2015 年 5 月 1 版 3 次

38.00 元

大 32 开　326 页

本书除将胡适有关《红楼梦》的专题论著悉数收入外，还从胡适笔记、书信、日记、演讲、谈话中广为辑录，共选录 67 篇文章，另附胡适友人赠答书信等 17 篇。所收篇章，按写作年月先后排列，个别写作时期不详者，列在有关文章之后。起于 1921 年 4 月 2 日《与顾颉刚书》，讫于 1962 年 2 月 20 日《答金作明书》，涵括胡适一生研究《红楼梦》的重要材料。

俞平伯论红楼梦（全二册）

1988 年 3 月 1 版 1 次

平装 8.05 元　精装 13.00 元

大 32 开　576 页

俞平伯先生是公认的新红学派代表人之一。自 1921 年他与顾颉刚通信讨论《红楼梦》以来，出版《红楼梦辨》和《红楼梦研究》专著两本，各种形式的论说鉴赏文字以数十百篇计。本书除收录其两本专著外，将其历年发表的单篇文章也尽量搜集。

论红楼梦及其研究

郭豫适著

1992 年 12 月 1 版 1 次

7.90 元

大 32 开　240 页

本书汇集作者有关《红楼梦》的重要单篇论文，就《红楼梦》研究中的许多重大问题，结合作品实际，从理论的高度作了系统的论述。同时，对红学研究史上的旧红学索隐派和新红学考证派，作了详尽的评述。

红楼梦之谜

上海市红楼梦学会编

1994 年 2 月 1 版 1 次

10.80 元

大 32 开　216 页

《红楼梦》是一部奇书。凡是《红楼梦》研究中的所有问题，几乎都有争议。本书针对红学界长期争论不休

的疑难杂症，逐一进行讲解，有助于读者掌握《红楼梦》的内容，并借此了解二百余年来红学研究的概况。

红楼梦魇

张爱玲著

1995 年 12 月 1 版 1 次

1996 年 3 月 1 版 3 次

19.10 元

32 开　312 页

《红楼梦魇》是现代著名女作家张爱玲研究《红楼梦》的专著。她以小说家的身份对《红楼梦》的作者曹雪芹的创作环境、创作过程及其创作心理作了细致入微的推求，从而提出了别有意趣的见解。

红楼梦新论稿

高淮生著

2003 年 10 月 1 版 1 次

23.00 元

32 开　350 页

本书是任教于中国矿业大学文法学院的高淮生副教授研读《红楼梦》的心得。

红楼梦与戏曲比较研究

徐扶明著

1985 年 5 月 1 版 1 次

1.05 元

32 开　128 页

《红楼梦》中有关家庭戏班、戏曲演出、演员生活的描写，是全书的重要组成部分，也是清代中叶戏曲艺术发展的折光。本书从《红楼梦》与戏曲比较的角度，就《红楼梦》中的戏曲活动、舞台艺术对《红楼梦》手法的影响、《红楼梦》对戏曲创作的影响，进行了广泛的研究。

红楼独步

邱瑞平著

2010 年 8 月 1 版 1 次

29.00 元

大 32 开　424 页

本书由总至细，先由《红楼梦》概说起，从总评，至于灵芬秀异的宝、黛、钗以及大观园里形形色色的主仆之命运、性格分析；兼有心理描写、艺术结构、形象比对、语

言魅力赏析以及曹学、红学知识等,是一部微观而全、细腻而美的红学赏析作品集,字里行间蕴育的情感火花,可激荡起阅者的共鸣,在自然而然中完成《红楼梦》知识的传授。

红楼撷趣

杨森著

2010 年 12 月 1 版 1 次

28.00 元

16 开　188 页

本书虽属红学系列,但因作者反对新老红学家们沉迷于挖掘、揣测《红楼梦》的幕后史料,着眼于《红楼梦》作品自身所展现出来的文学魅力,并对人物塑造等问题加以评说,不仅言之有物,且对读者了解认识《红楼梦》的艺术价值具有一定的帮助。

《红楼梦》与中国古代小说再阐释

詹丹著

2014 年 5 月 1 版 1 次

38.00 元

32 开　320 页

本书揭示了贾雨村、香菱、李十儿、王尔调等非主人公、"新人"及隐性人物的性格命运及角色意义,《红楼梦》中醉酒、送案、元宵、节庆及城乡风物等描写所反映的中国古代传统文化,并从小说创作角度分析了《红楼梦》中照应的冲突与协调,小说中石头、手帕、诗歌这些"物"的内涵及作用,才子佳人小说谱系、情僧传统在《红楼梦》中的继承与超越,并对《金瓶梅》中元宵节庆的描写意义,《平山冷燕》中题壁诗的作用,《崂山道士》中王生的心理和视角作了较为详细的论述。

探秘红楼梦

丁以华著

2015 年 8 月 1 版 1 次

49.00 元

16 开　388 页

《红楼梦》宏篇深奥,背后隐藏着许多"真事"。通过近十年的潜心研究,作者有不少独家发现。作者"联系清初社会背景、皇室宗亲复杂的人际网络、曹家兴衰历史,构建自己的研究体系"。

曹雪芹的故事

吴恩裕著

1962 年 12 月 1 版 1 次

0.40 元

32 开　130 页

全书八篇,叙述了曹雪芹的"几个零星故事"。每篇的主题所指,大都实有其事,但其中的细节,却是由作者利用有关材料,加以想像和渲染而成的。

有关曹雪芹八种

吴恩裕著

1958 年 1 月 1 版 1 次

0.42 元

32 开　122 页

此书首篇《四松堂集外诗辑》第一、二部分是作者所见之乾隆抄本,第三部分是从《懋斋诗钞》和《延芬室集》中抄出来的。《考稗小记》是作者历年来所写杂记,和其余诸篇一样,皆是考《红楼梦》、考曹雪芹的有关文章。

有关曹雪芹十种

吴恩裕著

1963 年 10 月 1 版 1 次

0.65 元

32 开　192 页

此书将原《有关曹雪芹八种》的第一种《四松堂集外诗辑》移作附录,《考稗小记》续写了几十条,在此基础上新增了《红楼梦脂砚斋批语浅探》、《曹雪芹卒年考辨存稿》和《记关于曹雪芹的传说》3 种。

曹雪芹丛考

吴恩裕著

1980 年 2 月 1 版 1 次

1.35 元

大 32 开　196 页

这是一本关于《红楼梦》的版本、曹雪芹的生平事迹以及佚著《废艺斋集稿》和其他文物的考辨论析的著作。附敦诚《四松堂集》集外诗文辑。

曹雪芹家世新考

冯其庸著

1980 年 7 月 1 版 1 次

2.70 元

大 32 开　208 页

本书以《五庆堂重修辽东曹氏宗谱》为主要研究对象,参考了大量故宫满文档案、地方志及私家著述,证实曹雪芹的先世系辽东曹,后随清兵入关,官至江宁、苏州织造、内务府郎中,从而将通行了数十年的丰润说彻底否定了。书内附大量图片、碑拓。

其 他

《左传》赋诗研究

毛振华著

2011 年 5 月 1 版 1 次

32.00 元

大 32 开　312 页

本书结合春秋时代背景,辨明了赋诗中《诗》的篇章形式,赋诗者的身份、赋诗的场合与分布等,并系统探讨了当时赋诗在礼仪性功能方面,与西周时期祭礼、射礼等仪式的密切关系;还通过对各国赋诗情况的量化分析,揭示各国赋诗的异同,以及战国纵横捭阖的政治形势下赋诗的嬗变历程。

史汉研究

汪春泓著

2014 年 4 月 1 版 1 次

58.00 元

32 开　528 页

本书为作者历年研究《史记》、《汉书》及汉代文学思想的论文结集。作者认为《史记》、《汉书》之类经典文本的写成,必然融入编著者进入特定语境的复杂因素,考究这些因素及相互之间关系,对于揭示文本深层蕴涵,意义非凡,可为中国叙述学研究,提供借鉴。

《史记》与小赋论丛

池万兴著

2015 年 3 月 1 版 1 次

48.00 元

32 开　352 页

本书为西藏民族学院池万兴院长所著有关汉魏六朝文史研究的论著,共收录作者近三十年来的有关司马迁《史记》研究和魏晋南北朝赋研究的论文。这些论文均曾公开发表于各类中文核心期刊,个别被转载多次。前有西北师范大学著名学者赵逵夫教授撰"序"。

世说学引论

刘强著

2012 年 7 月 1 版 1 次

42.00 元

大 32 开　432 页

本书是对《世说新语》研究的一次全面观照和深入研究,上篇既是《世说》学的总纲领,也是作者进行具体研究的指导思想。下篇为分论,主要是以《世说》学研究的六个分支为框架,对《世说》进行文献学、文体学、美学、接受学、文化学及语言学的专题研究。

世说新语整体研究

萧虹著

2011 年 5 月 1 版 1 次

38.00 元

大 32 开　332 页

本书以社会历史的批评方法结合考证,用大量的材料对《世说》的作者加以求证,并排列出刘义庆年谱,从文化和历史的角度对《世说》进行探讨,同时揭示出《世说》研究的地位与价值。本书突破了过去研究大抵着眼于世说体的摹仿和流变的研究方法,搜罗了许多新材料。

文选平点

黄侃平点　黄焯编次

1985 年 6 月 1 版 1 次

3.25 元

大 32 开　208 页

黄侃(1886—1935)字季刚,近代著名的文字、音韵、训诂学家及文学家,对我国古代重要文学总集《昭明文选》有特别深湛的研究,被章太炎先生称为近代"知选学者"。《文选平点》一书,原系他手批并圈点在清代胡克家刻本上面的评笺和考证,具有真知灼见,"得古人文之用心处",则赖此书的圈点部分保留下来。

文选颜鲍谢诗评补

黄稚荃著　林孔翼校

2013 年 7 月 1 版 1 次

169.00 元

16 开　392 页

元代方回所编《文选颜鲍谢诗评》四卷,专取《文选》所录颜延之、鲍照、谢灵运、谢瞻、谢惠连、谢朓之诗,各为论次。黄稚荃 1932 年开始针对方回所评加以补充,广收材料、细致排列,偶或评以己见,1945 年手抄成《文选颜鲍谢诗评补》四卷。体例上保持了方回《文选颜鲍谢诗评》的原有编次,在此纲目下扩充之。林孔翼在此手稿本上加以句读,对所引文献重新核对,并出校记。黄氏此稿成编六七十年来,从未公开出版。影印此书,一方面对颜、鲍、谢等南朝诗歌研究也有一定帮助;另一方面可以真实保存黄稚荃的书法真迹,将这位"蜀中才女"的书法造诣展现于世。

诗品研究

曹旭著

1998 年 7 月 1 版 1 次

精装 28.60 元

大 32 开　400 页

本书就钟嵘身世、《诗品》的版本源流、文字异同、序言形式、品语疑问及其所体现的诗学理论、审美情趣、批评方法、流传历史、研究状况及对日本和歌的影响等,进行了多角度、全方位的研究探索。由于作者掌握了元明清 50 种《诗品》版本、二百余种有关著作及国外研究材料,故条分缕析,持论有据,不乏独特见解。

中日韩《诗品》论文选评

曹旭选评

2003 年 2 月 1 版 1 次

精装 39.00 元

大 32 开　624 页

本书以汉文化圈为大背景,遴选汇集了中、日、韩近百年来的著名学者有关《诗品》研究的代表性论文共计 54 篇,每篇附有选评者独具只眼的评语。书末附见诸报刊的所有有关《诗品》研究的论著目录。

《秦妇吟》研究汇录

颜廷亮　赵以武辑

1990 年 7 月 1 版 1 次

6.25 元

大 32 开　186 页

韦庄的《秦妇吟》失传一千余年,直到王国维、罗振玉等人在 20 世纪 20 年代从敦煌遗书中发现。六十多年来,对它又有许多不同的看法和评价。本书不仅可帮助读者了解《秦妇吟》的文学价值,而且反映了几十年来研究古典文学方法的演变。

云谣集研究汇录

陈人之　颜廷亮编

1998 年 4 月 1 版 1 次

18.00 元

大 32 开　332 页

《云谣集》写卷,现分藏于英国伦敦博物馆、法国巴黎国家图书馆,是敦煌文学中于中国文学史研究最有价值的作品之一,已被学术界公认为是现存最早的词集。本书收录 20 世纪 20 年代至 80 年代初包括台湾、香港学者在内的《云谣集》校勘、注释、研究著作与文章 26 篇,反映了取得的进展和存在的分歧。

文苑英华研究

凌朝栋著

2005 年 4 月 1 版 1 次

25.00 元

大 32 开　286 页

本书对《文苑英华》这部文学总集的编纂过程、刊刻经过、版本源流进行了系统全面的梳理和研究,填补了这一领域内专书研究的空白。

《百家公案》研究

杨绪容著

2005 年 6 月 1 版 1 次

38.00 元

大 32 开　490 页

《百家公案》是中国古代公案小说的奠基之作,也是包公形象演变史的关键之作。本书以它为基点,考察了宋代笔记、元杂剧、明清小说、近代戏曲以及当代影视中的包公故事,全面揭示了包公形象演变的轨迹,考证了《百家公案》的故事源流,并对清官文学作了阐释。

《赵氏孤儿》与《中国孤儿》

范希衡著

2010 年 10 月 1 版 1 次

27.00 元

大 32 开　264 页

作者范希衡(1906—1971),著名教授、法国文学翻译家。1915 年秋入北京大学法文系学习,1929 年考取庚款留学,1932 年毕业于比利时鲁汶大学,获得拉丁语系语言学及文学博士学位。回国后任教于上海震旦大学和南京大学等校法文系。译著包括卢梭《忏悔录》、伏尔泰《中国孤儿》等。本书是一本比较文学研究专著。第一部分追溯了赵氏孤儿本事的演变,探讨了纪君祥为影射时事、抒写当时反元复宋的共同意识而作此剧的命意所在,进而对《赵氏孤儿》和《中国孤儿》两剧的背景和艺术特点等进行了深入比较。第二部分是作者精心翻译的伏尔泰《中国孤儿》的中译本。

从莺莺传到西厢记

王季思著

1955 年 9 月 1 版 1 次

0.22 元

32 开　68 页

本书详细讨论了莺莺形象从诗歌进入《西厢记》的具体过程,并且对《西厢记》塑造人物形象和语言运用方面的艺术成就作了独到分析。

西厢记分析

周天著

1956 年 11 月 1 版 1 次

0.19 元

32 开　59 页

作者从"爱情自由与封建礼教之间的矛盾是贯穿全剧的主要冲突"这一认识出发,来分析《西厢记》。

西厢记考证

蒋星煜著

1988 年 8 月 1 版 1 次

3.40 元

大 32 开　124 页

本书研究明清时期刊刻的几种重要的《西厢记》刻本;考证《西厢记》的作者、异文,及明刊本中的插图;探讨《西厢记》对后世文学,如《金瓶梅》、"临川四梦"的影响。

《西厢记》的文献学研究

蒋星煜著

1997 年 11 月 1 版 1 次

2007 年 5 月 1 版 2 次

48.00 元

大 32 开　720 页

本书是有关元杂剧《西厢记》的论文结集。近三

十年来,蒋先生对现存所有的明清善本《西厢记》潜心探索,清理各版本之间的关系和影响,并对明清两代的《西厢记》评点者、校刻者、整理者、改编者的生平事迹,《西厢记》的曲文、插图等方面进行研究、评介、考索。

现存明刊《西厢记》综录

陈旭耀著

2007 年 9 月 1 版 1 次

38.00 元

16 开　376 页

古典名剧《西厢记》是一部堪与曹雪芹的《红楼梦》媲美的经典名著。明代《西厢记》的刊刻极其频繁,所知有 60 多种不同版本,现在还有 40 余种传本存世,这无论在刻书史上,还是在戏曲史上,都称得上是一大奇观。此书对现存的丰厚的版本遗产进行了细致整理,认真比勘,从目录学、版本学、文献学等角度对各版本逐一进行盘点,探究和详述了各版本之间的关系。

牡丹亭研究资料考释

徐扶明编著

1987 年 8 月 1 版 1 次

3.50 元

32 开　202 页

《牡丹亭》是明代戏剧家汤显祖的代表作,本书收录明清有关《牡丹亭》的资料,按"剧本"、"评论"、"演出"、"影响"4 类编排,每类立若干小标题,所引资料均加编者按语。

三国演义试论

董每戡著

1956 年 8 月 1 版 1 次

0.42 元

32 开　145 页

本书全面评价《三国演义》的思想性和艺术性,着重分析了胡适对该书的评论。

三国演义版本考

[美]魏安著

1996 年 6 月 1 版 1 次

精装 20.00 元

大 32 开　204 页

《三国演义》在长期的流传过程中，曾出现了许多良莠不齐的刊印本。为了理清现存各种版本之间的来源流变，作者遍访欧、美、中、日等地图书馆，对现存三十多种重要版本进行了仔细的比较、考辨，理出了现存各类版本之间的传承线索。

《三国演义》的文化解读

郭瑞林著

2006 年 8 月 1 版 1 次

2007 年 2 月 1 版 2 次

25.00 元

大 32 开　376 页

全书分为"观念篇"、"事件篇"、"人物篇"。"观念篇"旨在从宏观的角度去阐释《三国演义》全书所蕴含的、能反映出中国古代文化带有本质性的东西，诸如历史观、政治观、道德观、战争观、人才观、宗教观、妇女观、英雄观之类。"事件篇"、"人物篇"则采用聚集的方式，具体解读、分析小说中最为重要的事件和人物。

水浒研究

何心著

1957 年 8 月 1 版 1 次

新版 1985 年 11 月 1 版 1 次

2.20 元

32 开　204 页

本书对水浒故事的来源、演变、版本、水浒英雄与历史人物等，作了考证和论述；并对书中提到的有关地名、官职、人物阶层、衣食住行、风俗习惯、方言俗语等，作了探讨和解释；对《水浒》中存在的一些疏漏和错误，也提出了自己看法。1985 年根据作者生前增订稿重印。

水浒传：怎样的强盗书

孙述宇著

2011 年 3 月 1 版 1 次

32.00 元

小 16 开　316 页

本书是对《水浒传》的故事来历、创作心态与小说艺术的研究与探讨。第一部分阐释《水浒传》是一本创作与流传在法外强徒之间的小说，并指出这套故事与岳飞及当年的抗金忠义之人有着密切的联系；第二部分讨论了小说中的人物、地点、事件与真实历史的关系；第三部分分析了《水浒传》所反映出的典型的强人心态，并对小

说的艺术特点进行了赏鉴。

西游记研究资料

刘荫柏编

1990 年 5 月 1 版 1 次

9.50 元

32 开　430 页

《西游记》从古流传到今，其取经故事有何发展？孙悟空的形象怎样来源？唐僧、沙僧、猪八戒人物原型如何演变？《西游记》有哪些重要版本、序跋、评点？——读完本书都能给您满意的解答。编者搜集古今中外有关研究文献，在史籍中稽古钩沉，编成此书。

西游记及明清小说研究

苏兴著

1989 年 12 月 1 版 1 次

2.90 元

32 开　120 页

《西游记》的作者是谁？它反映的是怎样的时代背景？它有哪些地方色彩？书中描写的"女儿国"究竟是怎么一回事？对这些饶有兴味的问题，本书展开了广泛深入的论述。书中还涉及一些其他小说的考辨和研究。

金瓶梅西方论文集

徐朔方编选校阅　沈亨寿等翻译

1987 年 7 月 1 版 1 次

2.20 元

大 32 开　172 页

本书选辑海外（美、法、苏）12 位学者研究《金瓶梅》的论文。其中《〈金瓶梅〉探源》，发掘了许多过去从未发现的《金瓶梅》材料。其他多数论文都从新的角度探讨了《金瓶梅》的艺术结构和特征。

《金瓶梅词话》和明代口语词汇语法研究

章一鸣著

1997 年 9 月 1 版 1 次

12.00 元

大 32 开　224 页

全书着重探讨和研究《金瓶梅词话》一书的语言风格，通过对书中的动词重叠、反复问句、定式言语、同音通假等方面的论述，提出了新的论点。本书还对明代的其他小说的语言风格作了考察，为现代汉语形成的研究

提供了新的视角和材料。

《金瓶梅》中的上海方言研究

褚半农著

2005年4月1版1次

18.00元

大32开 200页

研究《金瓶梅》的语言特征,是考证《金瓶梅》作者的重要线索。本书作者作为一个业余爱好者,花大量的时间致力于这方面的研究,具有独到见解。他认为《金瓶梅》中使用了大量的上海方言,并对此作了详尽的、令人信服的论述。

金瓶梅:平凡人的宗教剧

孙述宇著

2011年3月1版1次

18.00元

小16开 136页

本书是对《金瓶梅》的写作艺术与人物的赏析,涉及对小说的写实与讽刺艺术、西门庆及其一众妻妾的个性与人物所代表的意蕴的解读,以及《金瓶梅》作者在这种日常生活的绘写中所表现出的巨大的生命力和小说在活色生香的俗世繁华之上所笼罩的浓重的宗教悲悯与劝世意味等。

论儒林外史

何满子著

1957年5月1版1次

0.28元

32开 94页

全书对《儒林外史》的作者吴敬梓的艺术思想和艺术手法,作了详尽的考察和分析。

儒林外史人物本事考略

何泽翰著

1959年6月1版1次

新版1985年9月1版1次

0.84元

32开 102页

《儒林外史》中所塑造的人物,大都实有其人。本书广搜博求,详列资料,考证了小说中24个主要人物所影射的对象的姓名、事迹、交游、生活遭遇

等,有助于读者理解作家的创作过程和提炼题材的方法。

作 家 研 究

陶 渊 明 研 究

论陶渊明的中和

吴国富著

2007年4月1版1次

28.00元

16开 260页

本书围绕"中和"观念,对陶渊明的生活时空、物质观念、心灵律动和艺术表现,进行了全面而详尽的考察和论证。作者从中和思想论述陶渊明生存理念的独特处,是历来不曾有人关注的,见解新颖,论述精辟,能引发当今人们的思考。

陶渊明的文学世界

孙晓明著

2013年2月1版1次

22.00元

32开 200页

本书从远离现实、回归田园、躬耕田亩、饮酒、道家思想、儒家思想、刑天舞干戚、生死观、艺术风格和文学世界等方面解读陶渊明及其作品,勾勒出陶渊明委运随化、顺应自然的人格魅力,更深刻地阐释了陶渊明"质而实绮,癯而实腴"的鲜明风格及语言特色。

澄明之境

——陶渊明新论(修订本)

戴建业著

2012年12月1版1次

48.00元

32开 404页

本书从存在论的角度阐释陶渊明的生命境界及其与诗歌境界之间的关系。中心主题为:左右陶渊明人生抉择、决定他人生态度、影响他诗文创作的深层动因是诗人对生命的深度体验,对人生目的与价值的深微透悟,也正是这种体验和透悟使他给散文式的日常生活带来诗性,把晦暗的人生引入澄明。

杜 甫 研 究

杜臆

[明]王嗣奭著

线装 1962 年 12 月 1 版 1 次

排印本 1963 年 10 月 1 版 1 次

新版 1983 年 11 月 1 版 1 次

1.50 元

大 32 开　239 页

　　本书是一部研究杜甫诗歌颇有卓见的专著,作者经过对杜诗 37 年的精研写下的这本书,受到《杜诗详注》的作者仇兆鳌的竭力推崇,并在《杜诗详注》中大量征引采录。当然,今天看来,王氏此书尚有疏误、主观臆断、牵强附会之处,但总的说来优点极多。

读杜诗说

[清]施鸿保　张慧剑校

1962 年 12 月 1 版 1 次

新版 1983 年 12 月 1 版 1 次

0.90 元

大 32 开　138 页

　　本书是专对仇兆鳌《杜诗详注》纠误辨正的书。实际上是著者记录自己多年研究杜诗的心得的一部札记。涉及杜诗近五百首。

杜诗解

[清]金圣叹著　钟来因整理

1984 年 8 月 1 版 1 次

1.15 元

大 32 开　160 页

　　金圣叹的文学评论别具手眼,能见人所未见。《杜诗解》对二百多首杜诗的思想、艺术进行精辟独到的分析评论,笔触幽默、犀利,给人以艺术的享受和启迪。本书系新中国成立以来首次出版,增加了标点、校勘和注释。附有关资料。

杜甫诗论

傅庚生著

1956 年 11 月 1 版 1 次

新版 1985 年 10 月 1 版 1 次

1.35 元

大 32 开　136 页

　　本书就杜诗的人民性与爱国精神立论,对杜诗作了比较全面的分析与评论,大量引述杜甫的诗歌作为例证,使得本书在一定程度上兼具杜诗的选本与评论两种功能。

杜甫评传(全三册)

陈贻焮著

1982 年 11 月 1 版 1 次

1988 年 8 月 1 版 2 次

11.65 元

大 32 开　682 页

　　《杜甫评传》通过对诗人的一生及创作的评析,在丰富的史料基础上刻画了伟大诗人杜甫的形象,突现了他的诗歌成就。

读杜札记

郭曾炘著

1984 年 7 月 1 版 1 次

1.80 元

大 32 开　246 页

　　本书对宋、明、清以来常见的各家杜诗评注加以比较异同,评论得失,参以著者自己读杜的独到见解。书中涉及杜诗约三百多首,在史实、句意和字义等方面做了很多辨疑订误工作。

杜甫诗论丛

金启华著

1985 年 3 月 1 版 1 次

1.70 元

大 32 开　166 页

　　这是一部系统地探讨杜甫诗歌的论著,内容包括:关于杜诗的渊源、影响和风格;杜诗的现实意义和它所反映的唐代战争题材;对杜甫各体诗在技巧运用上的探讨;杜诗出处的辑录研究;李白、杜甫诗歌理论的比较。

杜甫《秋兴八首》集说

叶嘉莹撰

1988 年 2 月 1 版 1 次

平装 6.85 元　精装 8.35 元

大 32 开　325 页

　　《秋兴八首》是唐代诗人杜甫的名篇。著名加拿大华裔学者叶嘉莹先生从历代杜诗注本中辑录了大量有关《秋兴八首》的评论资料,对作品的旨意、章法、创作年代提出自己的新见解。

被开拓的诗世界

程千帆等著

1990 年 10 月 1 版 1 次

4.65 元

大 32 开 186 页

"诗圣"杜甫开拓了古典诗歌求新求变之路的奇异世界。本书采取多维视角,对杜诗进行立体的、综合的、多层次的观照剖析,其中渗透了著者半个多世纪诗学研究的独到心得。

杜甫亲眷交游行年考(外一种)

陈冠明 孙愫婷撰

2006 年 12 月 1 版 1 次

48.00 元

大 32 开 548 页

杜甫被后人尊为"诗圣",今存诗 1500 多首,注家极多,但是至今尚有一些疑难问题没有解决。本书作者另辟新径,长年苦心收集、整理、辨析大量唐代文史材料,仔细梳理 1500 多首杜诗和前人诗注,对杜甫之家人、宗族、亲戚、交游作了全面的考证,并且将他们的生平、事迹、行年结合唐代史事制成年表。

杜诗学论薮

林继中著

2015 年 8 月 1 版 1 次

58.00 元

32 开 464 页

唐以后对杜甫的研究蔚然成风,注杜、研杜、评杜、学杜,随之而来的是杜诗学文献大量产生,本书为杜诗学专家杜继中三十年来研究杜诗的论文选集和心得总结。

其 他

潘岳研究

王晓东著

2011 年 6 月 1 版 1 次

30.00 元

大 32 开 272 页

潘岳是西晋著名的文学家,也是颇有争议的文人。本书详尽考辨了潘岳的家世、生平事迹以及陷入党争的来龙去脉,并考订了潘岳诗赋哀诔文等主要作品的作年,论述了其思想内容和艺术特色、流传情况和对后世的影响。

潘尼赋研究

招祥麒著

2011 年 11 月 1 版 1 次

精装 24.00 元

大 32 开 232 页

本书是对西晋辞赋名家潘尼及其作品全面深入的研究。对潘尼现存赋作从内容到修辞条分缕析,并与他人同题作品详加比照,以见潘赋风格特点及其对中国古代辞赋发展所起的重要作用。

玉出昆冈

——陆机、陆云评传

尹军著

2011 年 10 月 1 版 1 次

68.00 元

18 开 280 页

作者以大量的史料为基础,用文学化的表现手法展现了西晋文学家陆机、陆云兄弟的一生,并穿插有对二陆诗文作品的精心解读,是了解二陆生平与文学成就的通俗读本。书后附《晋书》中二陆传记,及《汉语大词典简编》中与二陆相关的词条。

陈子昂研究

韩理洲著

1988 年 12 月 1 版 1 次

4.90 元

大 32 开 208 页

本书对陈子昂生平、思想及其为古文运动先驱、开有唐一代诗风的重大贡献均有详尽论述,对《感遇诗》等主要作品亦有辨析。书后附有历代评论陈子昂的资料。

陈子昂论考

徐文茂著

2002 年 12 月 1 版 1 次

25.00 元

大 32 开　280 页

本书收入《陈子昂年谱》及有关论文 10 篇,对于陈子昂生平、诗歌理论、创作风格、思想内容与艺术特色等,都有精审翔实的考证和论述。

王梵志诗研究汇录

张锡厚辑

1990 年 8 月 1 版 1 次

7.40 元

大 32 开　220 页

王梵志是唐初重要的白话诗人,其诗对唐宋诗坛及佛教僧徒都产生过较大影响。自 20 世纪初在敦煌藏经洞发现其诗的唐人抄本后,立即引起国内外学者的重视。本书共收 1927 至 1984 年国内发表的重要论文 18 篇。书前有王梵志诗敦煌写本真迹 107 幅,附"王梵志诗著录汇编"及"研究论著简目"。

诗人李白

林庚著

1956 年 8 月 1 版 1 次

新版 2000 年 1 月 1 版 1 次

9.80 元

大 32 开　200 页

本书着重论析了两个极富创见的问题——盛唐的时代精神和李白个性的本质内涵,从而将"历史上一个最具有鲜明性格"的"布衣诗人"李白的形象,有血有肉地展现在读者面前。为研究李白及唐诗的代表性著作。书中收录了最能体现李白诗歌特色的一百余首作品和有关李白的重要传记。本书初版于 20 世纪 50 年代,一版再版,影响很大。

李白和他的诗歌

胥树人著

1984 年 8 月 1 版 1 次

1.05 元

大 32 开　144 页

本书从李白的作品分析着手,探究诗人的生活、思想和情操。它有如评传,但又从鉴赏的角度出发,不是史实的铺叙。

李白　唐诗　西域

薛天纬著

2011 年 3 月 1 版 1 次

29.00 元

大 32 开　268 页

本书为作者 20 年来唐诗研究的论文集,大体分为三个部分:一是李白卒年问题的再讨论、李白精神的历史认识、大唐盛世与李白的人性追求等。二是关于歌行诗体、反七律体说略的研究等。三是重点分析岑参诗与盛唐边塞诗的人性内涵以及有关西域诗的考证、鉴赏等。

宋代李白接受史

王红霞著

2010 年 11 月 1 版 1 次

35.00 元

大 32 开　336 页

本书较为完整地勾勒了整个宋代的李白接受情况,并用个案分析的方式对宋代李白的接受情况作了较为具体的论述。宋代诗坛,诗人众多,流派众多。近代学者陈衍在《宋诗精华录》中模仿唐诗的四分法将宋诗分为初宋、盛宋、中宋、晚宋四期。本书在论述时以此为依据,详尽地论述了这四个阶段的李白接受情况。作者较为翔实地论述了此一时期的诗人们对李白诗歌创作方法的模仿,或用相同的诗题,或用相同的韵,或用相同的艺术表现手法,其中以欧阳修、苏轼、郭祥正、陆游等人为代表。

白居易传论

苏仲翔著

1957 年 8 月 1 版 1 次

0.30 元

32 开　90 页

本书对白居易的生平、思想及其诗歌创作的实质、风格,进行比较全面的分析。

李商隐研究

吴调公著

1982 年 5 月 1 版 1 次

0.89 元

大 32 开　124 页

本书论述晚唐著名诗人李商隐的生平、思想和审美观,比较深入地分析了李商隐的政治诗、爱情诗的思想内容和艺术特色,阐明了李商隐诗歌风格的形成和发展,对李诗的渊源和影响,也作了探索与评价。

李商隐的心灵世界

董乃斌著

1992 年 12 月 1 版 1 次

增订本 2012 年 11 月 1 版 1 次

78.00 元

16 开　516 页

　　本书将李商隐的研究与文学史的研究相结合,试图通过李商隐的诗文来探究李商隐幽微的心灵世界。上编以李商隐为例,讨论了以探索心灵世界为核心的研究与文学史学科的关系问题,下编则是对李商隐其人及诗文的论述,附编收入相关研究文章。

李商隐传

董乃斌著

2012 年 11 月 1 版 1 次

48.00 元

16 开　276 页

　　本书从李商隐生平史料和丰富的诗文创作出发,以文学的笔调讲述了诗人在其"人生初程"的初恋与初仕,十年京师的"樊南穷冻",以及晚年幕僚生涯的丧妻之痛和无定漫游,是一本兼顾文学性和学术性的人物传记。

韩偓事迹考略

陈继龙著

2004 年 8 月 1 版 1 次

20.00 元

大 32 开　220 页

　　韩偓是晚唐著名诗人,其生平事迹,史料记载多有阙略。本书考证韩偓之生年、字号、出生地、家世及事迹,成一家之说,填补了韩偓研究方面的某些空白。

欧阳修纪年录

刘德清著

2006 年 7 月 1 版 1 次

42.00 元

16 开　500 页

　　本书是一部编年体欧阳修生平资料汇编。纪年录者,年谱之别称。《纪年录》详考一代文宗欧阳修生平事迹,以时间为经,以人物为纬,注重师承与交游,兼及代表性诗文评介,全方位显现欧阳修为人为政,为学为文之概貌。欧阳修一生行实,出处始末,言必有征,博参文史要籍,资料翔实。

苏轼诗词艺术论

陶文鹏著

2001 年 5 月 1 版 1 次

2006 年 3 月 1 版 2 次

13.50 元

大 32 开　197 页

　　中国文学历数千年之发展,至苏轼时代乃一大变。突出之点即是文学与绘画艺术、文学与传统哲学的彼此交融。本书对这种交融在苏轼诗词艺术中的种种表现有深入独到的阐述。

李清照新传

邓红梅著

2005 年 8 月 1 版 1 次

16.00 元

大 32 开　172 页

　　这是一部全面反映宋代著名女词人李清照生平事迹的新著。对李清照出生地、身世及家庭社会活动等,均有详尽独到的叙述,充分展现出李清照这位旷世才女不同寻常的心路历程和卓越不凡的艺术才华。

爱国诗人陆游

欧小牧著

1957 年 4 月 1 版 1 次

0.28 元

32 开　96 页

　　本书对宋代诗人陆游的生平作品作了简要分析和介绍。

陆游传论

齐治平著

1958 年 3 月 1 版 1 次

0.55 元

32 开　179 页

　　本书上编简述陆游生平,对他的政治生活和文学创作活动作了扼要介绍;下编专述陆游的创作。

陆游传

朱东润著

1960 年 3 月 1 版 1 次

新版 1979 年 3 月 1 版 1 次

0.90 元

大 32 开　132 页

　　本书为南宋大诗人陆游传记，综述陆游的生平、交游、创作，以及他在我国文学史上的重要地位。

陆游研究

朱东润著

1961 年 9 月 1 版 1 次

0.65 元

32 开　188 页

　　本书对陆游的思想、生平有详细考订，特别是陆游与韩侂胄的关系，他的诗歌与梅圣俞、江西诗派的关系，均有深入探讨。

孙觌研究文集

孙觌纪念馆编

2006 年 8 月 1 版 1 次

46.00 元

大 32 开　612 页

　　孙觌，今江苏常州武进人，生活于公元 1081 年到 1169 年（即北宋末、南宋初年）。他当时以诗文著称，是颇负盛名的骈体文作家，在孙觌去世八百三十六年之后，他的后人将近年来有关孙觌的研究文章汇编成册，以示纪念。后附孙觌诗抄七卷及其年谱。

中国抒情传统的转变

　　——姜夔与南宋词

[美]林顺夫著　张宏生译

2005 年 8 月 1 版 1 次

18.00 元

大 32 开　250 页

　　本书是美籍华人学者林顺夫先生的专著。作者在宋代文化和社会风尚的大背景下，对姜夔的词作了结构性研究，特别分析了姜词小序的艺术功能和他的新型咏物词的开拓意义，充分肯定了姜夔引领南宋词风转变的积极作用。

梦窗词研究

钱鸿瑛著

2005 年 4 月 1 版 1 次

35.00 元

大 32 开　425 页

　　吴文英（梦窗）是南宋后期重要的词人，婉约派词的

殿军人物。他的词开创了秾丽、奇思壮采的词风，有人评价这种艺术特色与现代派艺术十分接近。本书对吴文英的生平和词作及词学思想作了全面深入、系统的分析探讨，还对历来梦窗词研究作了综述。

吴梦窗研究

孙虹　谭学纯著

2015 年 11 月 1 版 1 次

68.00 元

32 开　604 页

　　本书集成了传世资料和研究成果，随文考据，论衡成说，别为裁断，深入拓新。在开阔的视域中，突破唐宋词人研究相对自足的格局，呈现出严谨而开放的体系，以实证为基础，摒弃强断臆测，形成具有学术个性的阐释体系。

遗山词研究

赵永源著

2007 年 12 月 1 版 1 次

28.00 元

大 32 开　352 页

　　本书上编着重考证元好问《遗山乐府》版本源流与作年；下编探讨遗山的词学理论、词史地位及其影响。全书"文献"、"考证"、"批评"交相辉映、融为一体，体现了遗山词研究的最新成果。

关汉卿研究论文集

本社编

1958 年 6 月 1 版 1 次

0.95 元

32 开　262 页

　　本书重点收集了有关关汉卿生平考订、杂剧艺术以及对《窦娥冤》的争论。所收文章都写于解放后到出版时止，反映了当时的研究水平。

关汉卿研究资料

李汉秋　袁有芬编

1988 年 10 月 1 版 1 次

6.00 元

32 开　260 页

　　关汉卿居元曲四大家之首，但由于他"沉抑下僚"，以致迄今连他的名字、籍贯、生卒年等都因记载不详而

聚讼纷纭。本书编者特从浩瀚的典籍中爬梳钩沉,发掘出许多珍贵史料,并着力于搜集现存关剧故事来源和对后世影响。

前后七子研究

郑利华著

2015 年 7 月 1 版 1 次

精装 168.00 元

16 开　768 页

　　郑利华教授已出版有关于后七子领军人物王世贞的《王世贞年谱》、《王世贞研究》两部专著,本书即其积十余年苦功撰著,融汇了他多年来对前后七子乃至整个明代文学的研究所得。书后附《前后七子文学年表》为明代文学研究提供了重要参考资料。

论汤显祖及其他

徐朔方著

1983 年 12 月 1 版 1 次

1.40 元

大 32 开　190 页

　　这是一部小说戏曲论集,共收文章 28 篇,其中包括对汤显祖及其作品的探讨,《金瓶梅》的作者和成书年限的考证,《水浒传》成书过程的研究,对《元曲选》、《琵琶记》、《长生殿》、"三言"等作品的评价。

汤显祖研究资料汇编

毛效同编

1986 年 10 月 1 版 1 次

7.60 元

32 开　722 页

　　本书从 500 种史籍、诗文集、诗话、曲话、方志、笔记和报刊中辑录有关汤显祖资料约九百条,分属"散佚诗文"、"生平"、"家人"、"交游"、"诗文述评"、"戏剧"、"其他作品述评"、"遗迹"、"以汤氏生平为题材之戏剧"、"著作版本"10 类。

徐渭散文研究

付琼著

2007 年 12 月 1 版 1 次

28.00 元

大 32 开　344 页

　　晚明文学的先驱——徐渭,是一位诗文、书画、戏曲皆擅的奇人。以往学术界对他的研究,多侧重于书画、戏曲方面。本书将视角聚焦于徐渭的散文创作,从分期、特色、渊源、文学史上的地位四个方面,对徐渭散文做了系统的研究。作者将我们关注的徐渭的情感内涵研究引向深层,又从语体、结构、体制诸方面,对其表现情感的形式进行了开拓性的探讨。

袁中郎研究

任访秋著

1984 年 1 月 1 版 1 次

0.65 元

32 开　108 页

　　本书由论述与年谱两大部分构成,详尽地介绍了袁宏道的家世与生平、交游与师承、思想与作品,全面地考察了袁宏道所创始的"公安派"的影响、功罪和历史地位。

袁宏道诗文系年考订

何宗美著

2007 年 12 月 1 版 1 次

35.00 元

大 32 开　424 页

　　明代著名文学家袁宏道,一生创作诗歌 1600 余首、文章 500 余篇。而今人对其中 400 余篇诗文的创作年份存有不同见解。本书即试图解决这一问题。对于每篇诗文,根据各种相关文史资料作出详细考证,得出有说服力的结论。少数无法考出确切时间的,则作存疑处理。

陈子龙及其时代

朱东润著

1984 年 3 月 1 版 1 次

1.10 元

大 32 开　156 页

　　陈子龙(1608—1647)是南明重要的诗人和著名的爱国者。这部传记以明崇祯末年到南明的动荡时代为背景,颂扬了这位杰出诗人的忠贞不渝的爱国心和他的伟大的人格。

明遗民董说研究

赵红娟著

2006 年 9 月 1 版 1 次

45.00 元

大 32 开　572 页

全书以新发现的数十种董说的诗文著作和一些家族、乡邦文献为基础，考索出董说的生平、交游及著述活动，全面评价了董说的诗文及学术著作在明末清初的地位与价值，探索了董说作为著名复社文人、遗民诗人、灵岩高僧的丰富而复杂的精神世界。

钱谦益文学思想研究

丁功谊著

2006 年 6 月 1 版 1 次

28.00 元

16 开　272 页

本书通过对明清之际著名的文学家钱谦益的学术思想、人生道路、创作心态、文学作品等各方面的分析，探求其文学思想形成的原因与演进的轨迹，进而剖析出明清之际文坛的面貌以及文学发展的趋势，对钱谦益文学思想作了较全面、深入的研究和论述。

冯梦龙散论

陆树仑著

1993 年 5 月 1 版 1 次

5.20 元

大 32 开　146 页

陆树仑长期从事古典戏曲小说的研究。本书内容涉及冯梦龙、《三国演义》、《水浒传》和《红楼梦》、《孽海花》，足以代表作者的学术成就。

吴敬梓研究

陈美林著

1984 年 10 月 1 版 1 次

1.35 元

大 32 开　164 页

本书收辑了对《儒林外史》作者吴敬梓的研究文章21 篇，全面探讨了吴敬梓的生平、家世、思想和治学态度，分析他的文学思想和创作特征，对吴敬梓和《儒林外史》提供了新的材料和理解。

吴敬梓《诗说》研究

周兴陆著

2003 年 7 月 1 版 1 次

20.00 元

大 32 开　286 页

此书不仅比较吴敬梓说《诗》与汉、宋儒师，今古文学者的异同，而且尽量将《诗说》与《儒林外史》结合起来，找出两者内在思想上的联系。

金圣叹的生平及其文学批评

[美] 王靖宇著　谈蓓芳译

2004 年 4 月 1 版 1 次

2006 年 7 月 1 版 2 次

30.00 元

大 32 开　438 页

金圣叹是中国清代一位有很高建树的文学批评家。本书较全面地介绍了金圣叹的生平和理论，并适当引用西方文艺批评的模式，对他在白话小说批评方面的杰出成就作了探讨和评价。本书在海外影响较大。

金圣叹文学批评理论研究

钟锡南著

2006 年 11 月 1 版 1 次

25.00 元

大 32 开　304 页

本书以金圣叹文学批评理论为论题，立足于金圣叹本人的宗教、哲学、美学观念，构建了金圣叹抒情文学理论批评与叙事文学理论批评的多层次、多侧面的理论体系，突出了其评点理论的现代性与创新性，突破以往学界按体裁分类研究的单一思路，连结起金圣叹文学评点的总体模式，展示了其评点学的丰富内涵。

抒情传统与中国思想

——王夫之诗学发微

萧驰著

2003 年 6 月 1 版 1 次

25.00 元

大 32 开　286 页

本书将王夫之诗学放在中国抒情传统的大背景下进行考察，穷究船山诗学与其哲学思想的关系，将有关中国抒情传统的探讨推进到哲学层次。书中反映的海外中国诗学的研究状况，对国内学界具有启发意义。

黄仲则研究资料

黄葆树　陈弨章谷编

1986 年 7 月 1 版 1 次

3.60 元

32 开 326 页

　　黄仲则是清中期著名诗人，他身世凄凉，作品又惊才绝艳，故博得广大读者的同情和爱好。其所著《两当轩集》曾风行一时，著名文学家瞿秋白、郁达夫、郭沫若均极推崇。本书搜集了二百年来书刊中黄仲则的生平传记、年谱、诗歌评论、手迹等，堪称研究黄仲则最完善的资料。

黄仲则年谱考略

　　许隽超著
　　2008 年 1 月 1 版 1 次
　　38.00 元
　　大 32 开 424 页

　　黄景仁，字仲则，是清代乾隆年间著名诗人。在毛庆善、季锡畴《黄仲则先生年谱》及黄逸之《黄仲则年谱》的基础上，本书采用了众多第一手资料，对黄景仁《两当轩集》中大部分作品作了准确的系年，厘清了黄景仁的世系，较清晰地勾勒出黄景仁的一生，对黄景仁的生平事迹有多处重要订正和发现，并且梳理出黄仲则多位师友的生平资料，为坊间某些工具书作了补正。

蒋士铨研究

　　徐国华著
　　2010 年 7 月 1 版 1 次
　　45.00 元
　　16 开 320 页

　　蒋士铨是清中叶享有盛誉的戏曲家、文学家，有"乾隆曲家第一人"之誉。作者通过稽核、翻检各种地方志、清人著述和蒋氏诗文集的相关记载，对蒋士铨的家世和生平作了原原本本的考述。在此基础上，作者对蒋士铨的戏曲作了细致的研究和剖析，在吸收前人研究成果的基础上提出了自己的见解，论著中还有如"蒋士铨诗歌创作透析"、"蒋士铨词探微"、"蒋士铨古文创作论"、"蒋士铨评点文学撷谈"等精彩章节，均可供研究者参考。

曾朴研究

　　时萌著
　　1982 年 11 月 1 版 1 次
　　0.64 元
　　32 开 104 页

　　本书立足于全面探讨晚清著名谴责小说家曾朴的政治观和文学观，分析他文学思想的倾向与本质。作者对曾朴代表作《孽海花》的论述有独到之见，对曾朴翻译

和评介法国文学的卓越功绩充分肯定。

专 题 研 究

神话论文集

　　袁珂著
　　1982 年 9 月 1 版 1 次
　　0.74 元
　　32 开 126 页

　　本书包括对《山海经》写作的时、地及篇目的考证；对神话的起源、发展、演变以及对后世文学影响等问题的论述；还有对舜象斗争、嫦娥奔月等神话及高唐神女故事寓意的探索。书后附关于中西小说比较等论文 3 篇。

先秦寓言研究

　　王焕镳著
　　1957 年 9 月 1 版 1 次
　　0.26 元
　　32 开 82 页

　　本书对于寓言的来源和它产生的社会根源、作用、特征、影响作了具体分析，并从历代史书中挑出七八十篇寓言作为例子。

古巫医与"六诗"考

　　——中国浪漫文学探源
　　周策纵著
　　2009 年 10 月 1 版 1 次
　　28.00 元
　　20 开 192 页

　　本书作者为著名海外华人学者，生前为美国威斯康星大学东亚语言和历史系教授。作者从人的求生意志出发，重新解释古典著作、古文字和新出土材料，深入探讨了古巫对中国医药和诗歌等起源的重大贡献。本书对中国古代医药史、思想史、文学史，尤其是针灸的早期使用，诗体与诗论、歌舞与戏剧的发生与演变，提出了许多新的假设，发前人所未发，是各学科间融会贯通的一项重要研究成果，对学术界相关领域研究有重要参考价值。

社与中国上古神话

　　尹荣方著
　　2012 年 12 月 1 版 1 次

49.00 元

32 开　464 页

本书对上古文献中"社"的形制、功能作了细致考索,论证了中国早期创世神话的存在及其与"社"的关联性,强调神话不是后世史学家所理解的古史,不能用坐实的办法去解释。书中对上古时代的"历史"的神话还原以及从创世神话角度进行的解读颇具创见。

文学与商人
—— 传统中国商人的文学呈现

邵毅平 著

2010 年 9 月 1 版 1 次

35.00 元

大 32 开　324 页

邵毅平,复旦大学中文系教授,博士生导师。专攻中国古代文学、东亚文学关系。著有《诗歌:智慧的水珠》、《小说:洞达人性的智慧》、《传统中国商人的文学呈现》等十余种。译有《中国文学中所表现的自然与自然观》等多种。此书为复旦大学出版社出版的《传统中国商人的文学呈现》一书之修订本。作者趁这次修订重版的机会,又核对了一遍引文,改正了若干错处,润色了一遍文字。另外,作者《伏尔泰"下海"经商—读傅雷译莫罗阿作〈服尔德传〉有感》(原载《书城》2008 年 3 月号)一文,内容与本书有关,故收为附章,以供读者参考。

中国古代歌谣散论

天鹰 著

1959 年 4 月 1 版 1 次

0.30 元

32 开　102 页

本书包括 5 篇论文,对中国历史上各个时期的歌谣,作了全面的探索和概要的介绍。其中,对《诗经》时代、乐府时代、明清时代的民歌概况,作了较有系统的论述。附录一篇"第二次国内战争时期的革命民歌"。

中国早期叙事文研究

[美]王靖宇 著

2003 年 3 月 1 版 1 次

2006 年 7 月 1 版 2 次

18.00 元

大 32 开　236 页

本书关注以下三个问题:① 如何从一般叙事学的角度来分析和阅读早期叙事文;② 中国早期叙事文多为

历史叙事文,那么,如何看待历史叙述与虚构故事之间的区别;③ 如何从叙事学角度重新审视早期叙事文中遇到的考证问题。

日本学者中国文章学论著选

王水照　吴鸿春 编选

1994 年 6 月 1 版 1 次

10.00 元

大 32 开　156 页

中国文章学是日本汉学研究的一个重要分支,本书选入了斋藤正谦《拙堂文话》、海保元备《渔村文话》和吉川幸次郎《中国文章论》三种,是自江户时代(1603—1867)末至今最有代表性的中国文章学论著。可供了解日本学者研究中国古代散文的情况,并提供中日文章交流史的生动资料。

古诗初探

李嘉言 著

1957 年 3 月 1 版 1 次

0.44 元

32 开　148 页

本书是作者论文集,所论述的对象从楚辞到唐诗,有几篇与霍松林、郭沫若、张长弓等人的商榷文章。

古诗考索

程千帆 著

1984 年 12 月 1 版 1 次

1.65 元

大 32 开　204 页

此书主要考索唐诗,兼及曹操、阮籍、左思、陶潜诸人诗作,重点考释源流、训诂笺注、订正讹误、赏奇析疑,兼论作品思想内容、时代背景、艺术构思、表现方法、风格流派等,颇多精辟独到见解,具有较高学术价值。

古诗别解

徐仁甫 著

1984 年 7 月 1 版 1 次

0.95 元

大 32 开　132 页

本书中对我国古典诗歌中的诗经、楚辞、古逸诗和汉诗、汉鼓吹铙歌十八曲、魏诗和晋诗、南北朝诗和隋诗、唐诗和宋诗的一些传统解释,提出了不同的意见。

先秦两汉史传文学史论

郭丹著

2014 年 10 月 1 版 1 次

39.00 元

32 开　368 页

　　本书是对先秦两汉史传文学史的全面论述,上编主要从史学本体特征和文学本体特征论述史传文学的内在机制与生成特质,包括史传文学的界定、生成之文化背景、史学意识、文学叙事、美学特征等论题。下编主要就史传文学的发展演变历史,作纵向的勾勒,并就具体作品包括《左传》《史记》等进行论述。

谶纬与两汉政治及文学之关系研究

(中国古代文学与学术研究丛书)

罗建新著

2015 年 8 月 1 版 1 次

48.00 元

大 32 开　336 页

　　本书将谶纬、两汉政治、两汉文学置于汉代文化生态中进行立体、综合审视,以期能昭显其间的互动关系,修正学界对谶纬问题的不合理认知,为研究两汉政治、经学、文学提供参考。

先秦两汉文学与文化研究

杨玲著

2015 年 8 月 1 版 1 次

38.00 元

32 开　328 页

　　本书主要包括先秦两汉文学与文化研究两部分内容,是作者近年来已发表和未发表论文的汇总。

汉魏六朝文学考论

许云和著

2006 年 11 月 1 版 1 次

25.00 元

大 32 开　292 页

　　本书是研究汉魏六朝文学的论文集,分为三编:诗文文献考论、佛教与六朝文学考论及乐府考论。在研究方法上,每篇论文皆选准切入点,文史互证、点面结合,

发表独到见解,引人入胜。

魏晋南北朝乐府歌辞研究

吴大顺著

2009 年 8 月 1 版 1 次

48.00 元

大 32 开　616 页

　　歌辞在文化属性上既有音乐文化系统的音乐意义,又有语言文化系统的文学意义。本书将魏晋南北朝"歌辞"置于当时音乐文化建构和具体音乐活动之中进行考察,并由此探讨歌辞的音乐意义和文学意义,较好地解决了文学史和音乐史研究中的若干问题。全书由魏晋南北朝音乐文化建构史论和歌辞文化专题论两部分构成,共八章。前部分重点着眼于魏晋南北朝音乐文化背景的动态考察,后部分重点考察魏晋南北朝文人歌辞生成、消费、传播等基本生存状态。视野开阔,资料翔实,立论严谨,史论结合,新见迭出。

六朝乐府与民歌

王运熙著

1957 年 1 月 1 版 1 次

0.60 元

32 开　182 页

　　本书详尽地阐述了六朝乐府与民歌的发展渊源,以及对后世诗歌的影响。论述了这些官署采集于民间、源于民间的淳朴率真诗歌作品在中国文学史上的地位。

乐府诗论丛

王运熙著

1958 年 4 月 1 版 1 次

0.50 元

32 开　176 页

　　本书收录作者研究汉乐府的论文 9 篇,对乐府官署的沿革、汉乐府所用曲调、曲辞的演变,都有详细的考订。

汉魏六朝诗论丛

余冠英著

1956 年 12 月 1 版 1 次

0.50 元

32 开　173 页

　　本书是有关汉魏六朝诗的论文集。重点是乐府诗

的介绍和研究。

建安文学接受史论

（鼓浪学术书系·古典文学新视野）

王玫著

2005 年 8 月 1 版 1 次

28.00 元

大 32 开　348 页

本书引进西方"接受美学"的理论，分别从效果史、阐释史、影响史等不同的角度，对建安文学的传播与接受作了系统的研究。

汉魏六朝文史论衡

刘志伟著

2012 年 11 月 1 版 1 次

52.00 元

大 32 开　468 页

本书收录作者有关汉魏六朝文化与文学的论文二十余篇，分"国家意识形态与文化创造"、"感士不遇与志道风流"、"《文选》与各体文学论考"三编，指出在以政治为主导的中国古代社会，无论个人主观意愿如何，文化的诸多创造行为，都很难脱离国家意识形态的制约与规范。

汉唐文学辨思录

杨明著

2005 年 4 月 1 版 1 次

40.00 元

大 32 开　226 页

本书所收论文无论是对文学思想的宏观论述，还是对涉及文学史的抒写与定位的关键词句的解读与论证，均以翔实的资料引证和缜密的逻辑推理为根基，不袭陈言，不发空论，于平实中颇见作者之深厚功力。

汉唐文学与文献论考

陈尚君著

2008 年 5 月 1 版 1 次

精装 58.00 元

大 32 开　592 页

本书是陈尚君教授近几年研究汉唐文学的成果结集。内容分为：对几部大型文学总集编纂的学术规范的探讨、唐代文学研究、《旧唐书》辑佚、几位学术大家治学

家数的研究、一组重要书评。陈尚君教授是目前古典文学研究界的学术代表性人物之一，其学术特点是：格局宏大，严守学术规范，善于通过对文献的对读、排比、推衍、演绎等手段，求得文本或事理真相。

先唐文学十九讲

李旭著

2012 年 7 月 1 版 1 次

68.00 元

18 开　396 页

本书注重作品内容、作家事迹与文学史知识的叙述，以及重点对象的深入评论、文学发展轨迹的简要概括。结合教学实际，在详略处理和格式安排上极有特色。对引文随文加注，对高校教学和读者阅读具有参考价值。

先唐文学与文学思想考论

徐正英著

2005 年 7 月 1 版 1 次

增订本 2015 年 12 月 1 版 1 次

98.00 元

大 32 开　290 页

初版于 2005 年，收入作者前 20 年的学术论文 18 篇；增补本新收其近 10 年学术论文 13 篇。全书分为"出土文献编"、"佚文献编"、"传世文献编"、"附录"四部分，集中讨论了先秦至六朝时段的文学与文学思想问题，尤其在出土文献和佚文献领域多所原创性贡献。

初唐传奇文钩沉

陈珏著

2005 年 4 月 1 版 1 次

2006 年 4 月 1 版 2 次

25.00 元

大 32 开　337 页

本书为运用跨学科的方法，从历史、宗教、艺术和考古诸方面探讨初唐传奇文的学术专著，详细考订了初唐传奇文的来龙去脉，论述初唐传奇文创作特点，解读《古镜记》《游仙窟》《补江总白猿传》的创作真相等，不乏精辟独到的见解。

隋唐文选学研究

汪习波著

2005 年 4 月 1 版 1 次

25.00 元

大 32 开　330 页

隋唐是《文选》学成立和兴盛的阶段，本书对隋唐《文选》学的发展过程作了较为全面深入的考察。既有对前人研究成果的总结，又充分辨析、考索晚近所出资料如敦煌写卷、日本所存古抄本《文选集注》等。

唐诗学史述论

黄炳辉著

2008 年 4 月 1 版 1 次

32.00 元

大 32 开　376 页

本书收集了大量唐诗编选、评论、研究的资料，叙述和评论了历代唐诗学，并且就唐人的声律说、意境说、创作论、风格论，做了专题的研究，从而构成了一部系统的学术著作。可以说本书的研究既属于学术史的范畴，又可算是文学批评史的范畴，而其中既吸取了已有的大量研究成果，又多有作者个人独到的见解，对研究唐诗和文艺批评的学人和爱好者来说，都具有很好的参考价值。

绿窗唐韵：一个生态文学批评者的英译唐诗

俞宁著

2014 年 8 月 1 版 1 次

38.00 元

32 开　288 页

本书是一部美籍华人学者的译作，他从《全唐诗》中精选出 150 首符合 21 世纪生态文学批评标准的唐诗，反复斟酌，逐句推敲地将它们翻译成英文，并写了详细而又较有特色的译者注。此书为包括唐代文学专业研究人员在内的广大读者提供了一个新的视角。其中详细介绍了西方生态文学批评理论的一些概念、重点，并分析举例。

唐代铜镜与唐诗

王纲怀　孙克让编著

2007 年 4 月 1 版 1 次

2008 年 12 月 1 版 2 次

精装 198.00 元

大 16 开　316 页

这是一本将唐代铜镜收藏与唐代诗歌赏析巧妙融为一体的图书。根据铜镜正面能映像，背面具纹饰、铭

文的特点，有选择地选录对应的唐诗，精心整理和排比，突出了唐镜的时代特征，丰富了唐镜的文化内涵。本书收入唐镜图片资料一百八十余幅，选录唐诗五百余首，分"赏镜读诗"和"吟诗识镜"两部分内容。另附"铭文辑录"、"综合年表"等。

隋唐五代小说研究资料

程国赋编著

2005 年 4 月 1 版 1 次

45.00 元

大 32 开　520 页

本书为隋唐五代的小说资料集，从历代正史笔记、书目文献等典籍中爬梳整理而成。全书分总论、作家作品论，并附录 20 世纪隋唐五代小说研究专著、论文索引。

唐代进士行卷与文学

程千帆著

1980 年 8 月 1 版 1 次

0.26 元

32 开　45 页

所谓行卷，即举子将自己的文学创作，写成卷轴，在考试前送呈有地位的官员或名士，请他们向主司推荐，从而增加及第希望的一种手段。本书对行卷之风的由来、内容，与文学发展的关系、推动唐代古文运动的作用等，均有所论述。

唐代文言小说与科举制度

俞钢著

2004 年 10 月 1 版 1 次

35.00 元

大 32 开　442 页

本书将文学与史学的研究熔为一体，全面而系统地考察了唐代的科举制度和文言小说的各个时期，将小说作者的身份、作品内容，结合科举制度及其社会影响来阐述。

唐诗本事研究

余才林著

2010 年 9 月 1 版 1 次

58.00 元

16 开　472 页

唐代是一个诗歌创作的辉煌时代。《唐诗本事》是后人步入唐诗殿堂的路径,是解开唐诗之谜的钥匙,也是唐人小说的一畦花地。然而,《唐诗本事》此前尚无专门研究,作者沉潜其中八年有余,对《唐诗本事》进行了全面考察,参稽旧籍,时有发现,时有会心。此书最突出有两点:一是在这一研究领域提出了为数可观的具有文献学、小说学及诗学意义的问题。二是对《唐诗本事》的研究体系有所探索,为这一领域的研究搭建了一大致框架。

大历诗风

蒋寅著

1992 年 9 月 1 版 1 次

4.30 元

大 32 开　144 页

作者通过细致周密的分析和论证,阐明了盛、中唐之间诗风的转变和演化,而对大历诗歌的历史渊源及其区别于盛唐诗歌的独特风貌、艺术手段、成就、缺陷等方面,也作了公允的评价。填补了唐诗研究中的一段空白。

元和诗坛研究

宋立英著

2010 年 8 月 1 版 1 次

36.00 元

大 32 开　380 页

元和诗在唐代诗坛乃至中国古代诗歌史上都占有重要地位,它上承盛唐,下开宋调,就诗歌艺术探索及作诗法门而言,元和诗对后世的影响甚至超过盛唐。学界对元和诗人及其作品的研究成果丰富,本书即在此基础上,对元和时期诗歌创作及影响诗歌创作的因素进行全面考察,并进而就元和诗对后世的影响进行细致探讨。

前后蜀文学研究

张海著

2013 年 8 月 1 版 1 次

35.00 元

32 开　280 页

本书将前后蜀文学的研究范围定在晚唐昭宗一代至孟蜀灭亡,深入当时的历史文化环境,对前后蜀作家、作品做了细致地考论和辨析;并从作者的群体性入手,结合一定的个案研究,揭示了前后蜀文学的基本特征及其总体风貌。其研究成果对这一领域的研究具有一定的开拓性,可为文学史研究的深入和细化提供参考。

晚唐士风与诗风

赵荣蔚著

2004 年 12 月 1 版 1 次

36.00 元

大 32 开　516 页

本书视角独特,以晚唐士人的生存方式、凄凉心态以及功名观念为切入点,重点考察了晚唐士风与诗风的关系及其发展衍变历程,探讨各个时期士风对诗风变化的具体影响,揭示晚唐诗歌发展的清晰轨迹及其诗风流变的文化内涵。

唐诗论文集

刘开扬著

1961 年 6 月 1 版 1 次

新版 1979 年 9 月 1 版 1 次

1.10 元

大 32 开　154 页

本书收入作者撰写的论初唐四杰和王昌龄、孟浩然、高适、岑参、杜甫、柳宗元、孟郊、李商隐的论文。

唐诗论文集续集

刘开扬著

1987 年 5 月 1 版 1 次

3.15 元

大 32 开　182 页

作者治唐诗有年,续集选收论文评述的唐代诗人有沈佺期、宋之问、李峤、杜审言、李白、杜甫、李贺、刘禹锡、白居易、贾岛、罗隐等。

唐音质疑录

吴企明著

1985 年 11 月 1 版 1 次

1.75 元

32 开　212 页

这是一本带有考据、辩证性质的唐诗研究论文集。作者对唐诗研究中的一些疑点和尚待解决的问题,以大量第一手资料,进行综合分析,作出新的判断或结论。

唐诗丛考

王达津著

1986 年 4 月 1 版 1 次

1.55 元

大 32 开　126 页

　　本书论文涉及初盛唐的众多诗人,为文学史研究者提供新的资料,填补了研究领域的空白,对唐代诗史上许多需要继续探讨的问题,都作了新的研究。

唐诗百话

施蛰存著

1987 年 9 月 1 版 1 次

1988 年 12 月 1 版 2 次

平装 5.50 元　精装 6.55 元

大 32 开　404 页

　　本书是一本系统介绍唐诗的著作,可作研读唐诗的入门书。重点选讲了七十余位诗人的近三百首作品,全面地反映了唐诗的风貌。精辟独到的见解在在可见,在同类著作中堪称"别树一帜"。

唐音佛教辨思录

陈允吉著

1988 年 9 月 1 版 1 次

5.00 元

大 32 开　144 页

　　印度佛教文化与中国文化相融合,对中国文学的发展影响深远。本书通过丰富的实证材料和细致的分析评论,把时代与社会的因素和诗人的人生观、哲学观以及心理特征、美学思想等加以综合观察,见解深刻新颖。是唐代文学和佛学研究的重要成果。

唐诗史案

陈文华著

2003 年 9 月 1 版 1 次

20.00 元

大 32 开　290 页

　　这其实是一本小型的、读起来很轻松的唐代诗歌史,把那些经常涉及的,但又是聚讼纷纭的唐诗中的问题加以归纳研究。每个案目,即是中心点,关乎研究阅读唐诗的要旨。

传统与个性

——唐宋六大家与儒释道

陈晓芬著

2002 年 9 月 1 版 1 次

18.00 元

大 32 开　130 页

　　韩愈、柳宗元、欧阳修、曾巩、王安石、苏轼作为唐宋八大家中的主要人物,代表着唐宋散文的最高成就。他们的散文之所以备受称扬,还在于记载了他们深沉的思考,展示了他们各具特色的个性风采。本书正是通过对六大家思想的论述,让我们来领略其中的深邃蕴涵。

宋诗散论

张白山著

1985 年 1 月 1 版 1 次

0.59 元

大 32 开　72 页

　　本书中的论文,有的纵论宋诗的特征及其流派,有的是对王安石前后期诗歌分别作出评价,有的是辨析文天祥临刑诗的真伪等,作者力求运用科学观点做入情入理的辩证分析。

宋诗：融通与开拓

张宏生著

2001 年 12 月 1 版 1 次

22.00 元

大 32 开　172 页

　　宋诗与唐诗有着不同的意境和文化内涵,宋诗的"文人气"比唐诗浓郁得多。那么,宋诗迥异于唐诗的独特面貌是如何形成的呢?本书作者在前人基础上,提出了新见解。

宋代诗学通论

周裕锴撰

2007 年 12 月 1 版 1 次

49.00 元

大 32 开　584 页

　　本书是一部在现代诗学语境中阐释宋诗学的力作。全书分"诗道"、"诗法"、"诗格"、"诗思"、"诗艺"五编,深入探讨了宋诗学"句法"、"气格"、"理趣"等重要范畴,涉及宋诗学的本体论、功能论、修养论、风格论、创作论、鉴赏论与技巧论等各个层面。

北宋古文运动的形成

冯志弘著

2009 年 4 月 1 版 1 次

45.00 元

16 开　348 页

北宋古文运动是中国文学史上重要的文学现象。作者在潜心阅读大量原始资料和前人研究成果的基础上,能够敏锐地发现和开掘前人研究的空白和薄弱环节,提出自己的见解,有重要创获。与其他同题的论著相比,这部著作的新意是主要将着眼点放在古文运动的形成过程上。全书通过对文学现象、运动理念、文人思想的考察与时代背景、学术环境、地域文化等多种历史因素的研究,以及在不同程度上参与了这一过程的各种不同派别的人群的错综关系等等,在论述古文运动的系统性、完整性的同时,将古文运动形成的复杂性和曲折性细致地揭示出来,较全面地勾勒出了北宋古文运动发展的整体面貌。

北宋新学与文学

——以王安石为中心

方笑一著

2008 年 6 月 1 版 1 次

28.00 元

16 开　248 页

以王安石为核心的北宋新学,对于整个中国思想文化传统的影响是很大的。王氏藉相位之力,得以建立起一套变私学为官学,以国家意识形态统一士大夫思想的权力机制,使学术制度化,与现实政治运作紧密结合。这在事实上替其后的程朱理学成为统治理论的新形态开辟了道路。北宋蔡京,曾将王安石与新学作为旗号,党同伐异,禁毁元祐学术与文章,制造文字狱。其所作所为当然不能由新学来负责,但王安石的学术一元化倾向和实用文学观,与宋以后的文化专制是存在着千丝万缕的联系的。本书对此进行较为深层的探索。

文学师承与诗歌推演

——南宋中兴诗坛的师门与师法

黄伟豪著

2015 年 6 月 1 版 1 次

42.00 元

32 开　320 页

本书探讨南宋中兴诗坛的师承现象,主要从师门关系与师法模仿两方面来剖析其如何影响中兴诗人的创作过程、创作成果与中兴诗坛的诗歌发展。此前学界对相关问题的研究一般限于诗派内部考察其师承关系,或限于研究某两位诗人之间的师承关系。而本书则从宏观的角度,以整个南宋前期诗坛为考察范围,这不但体现出更为宏阔的学术视野,也为我们深入探索宋诗的演变提供了一个较新的视角。

辽金元文学史案

刘明今著

2004 年 12 月 1 版 1 次

30.00 元

大 32 开　436 页

本书详细分析了辽金元这一特殊历史时期的文坛状况,各文学流派、著名文学家及其作品特色、文体风格、文化发展趋势、高雅与世俗(市井)文学等诸多文学现象。

明代文学复古运动研究

廖可斌著

1994 年 12 月 1 版 1 次

14.70 元

大 32 开　222 页

作者从古典审美理想与古典诗歌审美特征入手,探讨以前后七子和张溥、陈子龙为代表的三次复古高潮起落背景、缘由,评析复古派文学理论、创作得失。

竟陵派与明代文学批评

邬国平著

2004 年 9 月 1 版 1 次

25.00 元

16 开　240 页

竟陵派是晚明时代出现的一个文学流派,他们的文学主张为诗歌的鉴赏、批评提供了一种新的方法,弥补了我国诗歌理论存在的欠缺。

明代唐诗接受史

查清华著

2006 年 7 月 1 版 1 次

35.00 元

16 开　338 页

本书从接受学的角度,对明代唐诗接受史作了系统的考察和论述。书中不仅揭示了明代唐诗的接受环境,勾画了其接受进程,还对各个时期以及各家各派的唐诗接受观念的异同作了细致、深入的辨析,对各种接受形态亦均有具体而详尽的考察。其中若干章节专题讨论明人对唐诗文献的整理与开发工作,也是以往论者罕有涉及的。

明清文法理论研究

陆德海著

2007 年 10 月 1 版 1 次

32.00 元

16 开　316 页

明清文法理论的丰富性、全面性与所达到的理论深度,都是以前时代无法比拟的。文法的本质是规范,即以什么样的作品为规范,应当建立何种写作程式,提倡何种文体风格。本书就师法对象、师法途径、写作程式及文体风格四个密切相关的方面作了全面深刻的论证和阐述。

三山叶氏家族及其文学研究

——以叶观国、叶申芗为核心

阮娟著

2011 年 9 月 1 版 1 次

48.00 元

大 32 开　436 页

作者广集资料,系统论述了三山叶氏家族的兴起繁衍,家族家风和基本人生价值观,文学创作上的成就和建树,以及对闽省文化、社会的影响,较清晰地勾勒出这个家族文学活动的概貌,深刻归纳了一个文化家族得以形成及稳定的特征。

地域·家族·文学

——清代江南诗文研究

罗时进著

2010 年 12 月 1 版 1 次

精装 48.00 元

大 32 开　472 页

本书结集大致分为“江南地域与家族文学研究”、“清代江南地域性文学群体研究”、“清代江南诗文作家作品研究”三个部分。第一部分阐述了作者对地域、家族与文学发展关系的认识。第二、三部分主要论证了虞山派、娄东派、云间派、梁溪文学集群、乾隆三大家和南社等文学群体及清代江南文坛的一些作家。

清代松江府望族与文学研究

朱丽霞著

2006 年 10 月 1 版 1 次

38.00 元

大 32 开　404 页

今上海松江自明代以来,与苏州并称为当时东南巨郡。商贾云集,名宦大族齐聚,文人骚客赋咏其间,夸富斗侈,奢靡之风号称天下之最。本书全面考察了清代松江望族的文化生态状况,对当时松江本地望族如宋氏家族、王氏家族的家族史及本地文学作了深入仔细的研究。

清代西域诗研究

(新疆师范大学“立足新疆面向中亚”研究丛书)

星汉著

2009 年 12 月 1 版 1 次

68.00 元

16 开　480 页

清代西域诗是清代诗苑中的艺术奇葩。西域诗人多是发遣的官员,进入西域均为首次,其新奇的眼光自然赋予诗作以一种陌生化的视角,由此带给读者的是浓郁的异域情调、鲜明的民族特色和壮丽的自然风光,这些遭遣的诗人在流露心灵的伤痛的同时,往往显示了一种昂扬奋发的主体精神和爱国情结,清代诗坛也由此增强了审美趣味的多元化特征,拓展了艺术审美的境界。本书作者研究西域诗垂二十年,颇有心得,兼其素以旧体诗写作擅场,所以本书和西域诗一样独具异彩,值得一读。

诗词散论

缪钺著

1982 年 12 月 1 版 1 次

0.38 元

32 开　62 页

本书论述了《诗经》的纂辑、六朝五言诗、《文选》、《玉台新咏》以及李商隐、李清照、辛弃疾、姜夔等作家的诗词和汪容甫、王国维的学术思想。作者对一些问题剖析精微,有独到见解。

唐宋词论丛

夏承焘著

1956 年 12 月 1 版 1 次

新版 1962 年 1 月 1 版 1 次

1.00 元

大 32 开　302 页

本书论文内容分四部分:一、关于唐宋词声韵的;二、关于词乐、词谱的;三、关于作家和作品的行实和本事的;四、关于词书整理考订的。重印本增辑"承教录"一篇,系本书出版后各家与作者通信讨论的意见。

迦陵论词丛稿

叶嘉莹著

1980 年 11 月 1 版 1 次

1.20 元

大 32 开　192 页

本书包括论温庭筠、韦庄、冯延巳、李煜、晏殊、吴文英、王沂孙,论王国维《浣溪沙》词及其《人间词话》境界说,论常州词派比兴寄托说的论文。本书作者为加拿大大不列颠·哥伦比亚大学教授。学贯中西,本身又是一位词人,论述时有独到之处。

词学论丛

唐圭璋著

1986 年 7 月 1 版 1 次

精装 7.95 元

大 32 开　554 页

作者为我国当代词学界元老,他一生都在研究和整理我国古典词学。所编的《全宋词》、《全金元词》为保存、研究和发扬我国古典词学,作出了杰出的贡献。本书包括辑佚、考证、校勘、论述四大类,收 1926 年至 1984 年作者主要论文。书后附录《梦桐词》一卷,汇集作者词作 105 首。

灵溪词说

缪钺　叶嘉莹合撰

1987 年 11 月 1 版 1 次

1993 年 9 月 1 版 2 次

12.70 元

大 32 开　312 页

本书融会中西,自建体系,汲取中国传统文学理论之灵悟慧解而运用西方思辨之法,注意纵向与横向的联系,看到词人在继承、开拓、发展、流变之间的相互关系及影响,实为将论词绝句、词话、词学论文、词史汇于一体之新颖专著。

词论

刘永济著

1981 年 3 月 1 版 1 次

1987 年 5 月 1 版 2 次

0.91 元

大 32 开　72 页

本书上卷论词的体制,分名谊、缘起、宫调、声韵、风会等章;下卷论方法,分总术、取径、赋情、体物、结构、声采、余论等章。既是一部有学术价值的词学参考书,也是一部词学入门书。

微睇室说词

刘永济著

1987 年 7 月 1 版 1 次

1.30 元

大 32 开　86 页

本书内容主要为解说宋代词人吴文英梦窗词。梦窗词向来被认为晦涩难懂,但却又具有强烈的艺术性。作者在解说中特别注意联系吴文英生平际遇环境,来探索他的思想感情和艺术手法。为了探源溯流,作者还将与吴文英大致同源之作,择要剖析介绍,以示宋代婉约派之概况。

词学概论

宛敏灏著

1987 年 7 月 1 版 1 次

1.85 元

大 32 开　124 页

这是一本介绍我国古典词学一般常识的知识性读物。除对词学专用名词有比较详明的解释外,对有关词学体制、章法、句法、音律、字声、协韵等问题也辟有专章介绍;对词谱、词韵、词话等,亦有专章阐述,既有普及性,又有比较深入的探讨。

词学研究论文集(1911—1949)

华东师范大学中文系古典文学研究室编

1988 年 6 月 1 版 1 次

4.15 元

大 32 开　216 页

本集收词学研究论文 22 篇,有各流派代表作家的评传、论析、词作考释、研究;还有关于词论、词律等的探讨。论文的作者有郑振铎、龙沐勋、顾随、姜亮夫、唐圭璋、夏承焘、宛敏灏、任二北、程千帆等 16 人。书后附录 1911—1949 年词学研究论文索引。

词学研究论文集（1949—1979）

华东师范大学中文系古典文学研究室编

1982 年 11 月 1 版 1 次

2.00 元

大 32 开　276 页

本论文集作者有刘永济、龙榆生、俞平伯、夏承焘、唐圭璋、宛敏灏等 34 人。内容包括关于词的起源、发展及艺术特征的探讨，对前人词论的评说，以及对从五代至清代不同流派的代表作家的分析。附《1949—1979 年词学研究论文索引》。

日本学者中国词学论文集

王水照　[日]保苅佳昭编选

1991 年 7 月 1 版 1 次

6.20 元

大 32 开　232 页

日本学者对于中国词学的研究，广泛而又深入。本书精选的 27 篇论文，既有国内词学界关注的问题，又有《中国诗歌中的落花与伤惜春的关系》《词曲中所表现的女性美》等独特的论题，所论词人从唐五代的温庭筠、韦庄到清末的王国维。

龙榆生词学论文集

龙榆生著

1997 年 7 月 1 版 1 次

新版 2009 年 10 月 1 版 1 次

55.00 元

大 32 开　652 页

龙榆生先生是现代著名词学家，先后出版了《唐宋词格律》《唐宋名家词选》《近三百年名家词选》等著作，在词学界影响很大。本书汇集他自 20 世纪 30 年代起发表的四十余篇词论，附龙先生所作的诗词。

临浦楼论诗词存稿

陈邦炎撰

2009 年 1 月 1 版 1 次

38.00 元

大 32 开　452 页

本书为陈邦炎先生数十年来在诗词方面研究成果的精选汇编，内容涉及古典诗词的诸多方面，从宏观的对诗体、词体的研究，到微观的对一位诗人、一首词的研究等，均有独到的见解和严谨的考述。陈邦炎先生学养

深厚，功底扎实，多年来浸淫于古典诗词方面的研究，在国内外及港台等地都发表过多篇文章，并主编了《词林观止》等多部深受好评的图书，在学界卓有声望。本书所选除陈先生多年来在各处发表的论文、散文、赏析文章外，还有他自己创作的诗词精选，体现出陈先生在古典诗词方面的深厚功力。

说词百篇

陈邦炎著

2010 年 12 月 1 版 1 次

28.00 元

大 32 开　368 页

本书为陈邦炎先生数十年来词学研究成果的精选汇编，所收文章都是先生多年来发表于各类报刊及鉴赏集、鉴赏辞典上的旧作。先生工于填词，深谙创作甘苦，因此能发词人幽微之词心，于词境、词艺之深曲微妙之处，亦能一一详绎细析。文中所引资料范围颇广，上从各种典籍，下至民国间报刊及当代学人论文，可谓旁征博引。作者观点新颖，分析精当，但遇有别解也一并罗列，以便读者参考。此书对进行词学方面的研究或更深层次的解读词作都大有裨益。全书语言优美流畅，读者在阅读过程中将获得灵感之启迪，审美之体验，更是不言而喻的。

岁寒居说词

徐培均著

2008 年 8 月 1 版 1 次

38.00 元

大 32 开　500 页

本书分上下编，上编收婉约词，从五代张曙起，迄清纳兰性德止，共 101 篇，选名家代表作，分析精微，赏鉴入木三分。下编收比较鉴赏文章 16 篇，每篇以同一词牌的两首至三首著名词作为对象，从艺术风格、写作技巧等方面进行擘肌分理、比较综合的评析。上下编结合，有助于读者了解词作背景，深入理解其内容辞藻精到之处，兼赏各家争奇斗胜的不同写作手法。

马兴荣词学论稿（全二册）

马兴荣著

2013 年 6 月 1 版 1 次

精装 150.00 元

32 开　924 页

本书由论文、年谱、札记、作品欣赏四部分组成，是

马兴荣先生一生词学研究的总结。马先生词学研究方法既有传统的资料考证，也大量运用西方现代阐述学理论进行深度阐释；故其词学论稿一洗前人旧说，有诸多令人耳目一新的说法。其文晓畅通俗，是一本可读性极强的学术著作。

唐宋词谱校正

谢桃坊编著

2012 年 12 月 1 版 1 次

68.00 元

大 32 开　730 页

自清初以来，词学界关于词体的起源、声诗与词的关系、诗词的分界、词调的分类、词体的定格和词韵的标准等问题的争议，皆由于缺乏高度学术规范的词谱所致。本书重新对唐宋词调进行增补、考订和辨析，彰显当代学术水平，为词学研究和填词提供了一部格律规范的谱系。书后附录《词韵》，便于翻检。

中国古代俳谐词史论

王毅著

2013 年 9 月 1 版 1 次

42.00 元

32 开　352 页

本书以清代以前的俳谐词为研究对象，对"俳谐"概念加以辨析，澄清了俳谐与浅俗的关系；探讨了古代俳谐词的发展历史和流变；对俳谐词的各种功能进行了阐述，如俳谐词的心理调节功能、批判功能、娱乐功能、审美功能、社交功能等；对其常用的词调、技巧及表现方法亦加以研究。视角较为新颖，论述也颇有条理。

宋词研究

[日]村上哲见著　杨铁婴　金育理　邵毅平译

2012 年 4 月 1 版 1 次

2015 年 1 月 1 版 2 次

精装 68.00 元

32 开　608 页

本书分上下两部，上部《唐五代北宋篇》考察了词从唐五代到北宋的发展过程，下部《南宋篇》借助对辛弃疾、姜夔、吴文英、周密等南宋词人入木三分的剖析，揭示了南宋词在经历北宋这一顶峰后的演变脉络。附论考察了《杨柳枝》词和陶枕词以及万树的《词律》，澄清了词史研究中的一些偏见与疑问。

宋词辨

谢桃坊著

1999 年 9 月 1 版 1 次

新版 2007 年 4 月 1 版 1 次

38.00 元

大 32 开　484 页

本书从作者已发表的数百篇论文中遴选出三十余篇，分为"词学研究"、"宋词评论"和"词林考证"，结集成册。

明代词学之建构

余意著

2009 年 7 月 1 版 1 次

48.00 元

16 开　464 页

唐宋词具有很高的艺术成就，但唐宋词并非是词学发展的终结，元明清词是其历史的延伸，明词具有唐宋词不可替代的特性。作者从纯学理的层面探求明词的特性，总结出引起"词亡于明"的三个观念：一代有一代之文学、浙西词派的醇雅、常州词派的寄托，是未经判断的观念直接进入评判体系，故结果是不公正的。作者提出直接面对明词本体的重建之路，通过文化性格的比较分析，对宋、明各自的特异性进行了剖析，进而明晰明词的独特性所在，对明代词学发展中的基本问题作了重新阐述。

顺康词坛群体步韵唱和研究

（上海市学术著作出版基金）

刘东海著

2013 年 10 月 1 版 1 次

108.00 元

16 开　696 页

本书对顺康词坛群体步韵唱和（多人步韵唱和与多组步韵唱和）的作者、作品资料进行全面数量统计和分析，从创作时间、地点和作品内涵、作者思想等方面立体和动态地展示了顺康词坛群体步韵唱和风貌。

清代词学批评史论

孙克强著

2008 年 11 月 1 版 1 次

49.00 元

大 32 开　532 页

全编凡十章,第一至第三章,从南北宋词之争、雅俗之辨、诗词之辨三个方面,剖析清人词学观念。第四章论清代词学正变观。第五章论清代词学范畴。第六章论清代词学与禅学关系,第七章论清代词学与画论的关系。第九、第十章论清人词选及论词诗词。附录《清代佚失词话辑考》《清代论词绝句组诗》,具有较高的史料价值。

中国近世词学思想研究

朱惠国著

2005 年 6 月 1 版 1 次

32.00 元

大 32 开　419 页

本书重现了 18 世纪中叶至 20 世纪三四十年代中国词学思想的演变发展过程,通过对这一时期词家、词派的研究分析,阐述了中国近世词学思想由传统向现代转变的巨大转折,列举了众多词学家的观点、评论,从而梳理出一条清晰的近世词学的发展轨迹。

词学廿论

邓乔彬著

2005 年 7 月 1 版 1 次

精装 38.00 元

大 32 开　410 页

本书收录作者词学研究论文 20 篇。在词学研究中,以其独特的文化视角和理解路径,给词学研究带来了不少新颖因素,如从文化转型角度谈唐宋词的演变,从伤春的文化原型来谈唐宋词的伤春主题,等等。

山水诗词论稿

高人雄著

2005 年 6 月 1 版 1 次

16.00 元

大 32 开　214 页

本书阐述了中国古代山水诗词作品孕育、形成、发展、演变之过程及其艺术特色,以及相关作家的经历及创作背景,并对其进行了深刻入理的分析讲解。

词曲概论

龙榆生著

1980 年 4 月 1 版 1 次

0.48 元

32 开　94 页

本书为词学家龙榆生先生遗著,上编论词曲的源流,对词曲的起源、发展和演变,作了扼要的论述。下编论词曲的法式,着重探讨声韵对词曲的作用。书中对许多问题的阐发,具有独到的见解。

论诗词曲杂著

俞平伯著

1984 年 6 月 1 版 1 次

平装 3.00 元　精装 3.85 元

大 32 开　406 页

俞平伯先生从五四时代起就蜚声文坛,对诗、词、曲均有深刻研究,自成一家之言。本书汇集作者 1922—1981 年的诗、词、曲论文 46 篇,其中考诗、词、曲源流演变,尤具卓见。

冒鹤亭词曲论文集

冒广生著

1992 年 10 月 1 版 1 次

平装 13.50 元　精装 16.50 元

大 32 开　480 页

本书作者为明末四公子之一冒辟疆之后裔,我国现代著名学者。本书收辑其有关词曲方面的重要著述,都 50 万言。在方法上,他独辟蹊径,对词学上不少问题,提出新的见解、学说,成一家之言。

敦煌变文论文录(全二册)

周绍良　白化文编

1982 年 8 月 1 版 1 次

3.25 元

大 32 开　448 页

本书收录有关敦煌俗文学中说唱故事类作品的研究论文 60 篇。内容分两部分:一部分为通论性的;一部分为对单篇作品的专题研究。书末并附录苏联所藏押座文及说唱佛经故事 5 种。

敦煌曲子词地域文化研究

汤涒著

2004 年 10 月 1 版 1 次

30.00 元

大 32 开　320 页

敦煌曲子词体现了我国词体的早期状态。本书对敦煌曲子词是民间作品的传统说法,提出了自己独特的见解,认为敦煌曲子词已是成熟的词体,与花间词和宋词有着密切的亲缘关系。

诗词赋散论

胡国瑞著

1992 年 7 月 1 版 1 次

5.20 元

大 32 开　184 页

　　本书收论文 25 篇,内容上起汉代,下迄宋朝,对我国有名的文人的诗词赋都有论及,还考证了蔡文姬《胡笳十八拍》的真伪问题;评价了六朝骈文的艺术成就;对李白诗歌、苏东坡的文学特色等,都有精辟的阐述。

赋学概论

曹明纲著

1998 年 11 月 1 版 1 次

2009 年 9 月 1 版 2 次

35.00 元

大 32 开　448 页

　　本书从赋之特征、起源、分类、演变、作用、影响及资料评论等多方面人手,对传统的赋学作了总结和全面系统的论述,探幽抉微,时有创见。

赋学论稿

曹明纲撰

2012 年 4 月 1 版 1 次

42.00 元

大 32 开　368 页

　　本书上辑探源溯流,研究赋的特点及其与各种文学体裁之间的关系和相互影响,探讨赋的内在规律及创作特点;下辑是对历代赋家名作的赏析。书末附有历代辞赋名篇题解以供读者参考。

元散曲通论(修订本)

赵义山著

2004 年 2 月 1 版 1 次

26.00 元

大 32 开　196 页

　　本书作者作为元散曲研究专家,于 1993 年出版的《元散曲通论》受到广泛的关注和好评。经过 10 年的研究和积累,作者又将该书重作修订,增加了许多最新的资料和研究成果,修正了原书的错讹之处。

20 世纪元散曲研究综论

赵义山著

2002 年 7 月 1 版 1 次

24.00 元

大 32 开　365 页

　　本书对 20 世纪元散曲的研究作了全面的总结,向人们展示了广大研究者在这 100 年中的元散曲研究成果。而书后的 4 个附录《近五十年香港、台湾及海外元散曲研究概述》、《20 世纪元散曲研究学人简介》、《20 世纪元散曲研究书目》、《20 世纪元散曲研究论文索引》则为极好的元曲研究参考资料。

牧女与蚕娘

——法国汉学家论中国古诗

钱林森编

1990 年 7 月 1 版 1 次

5.45 元

大 32 开　200 页

　　本书入选的都是当代法国著名汉学家的代表性作品,反映了当代法国汉学界研究中国古典诗歌的概貌,而且可以从中看到文化背景与我们完全不相同的学者所提出的许多有关中国古典诗歌的重要见解。

神女之探寻

——英美学者论中国古典诗歌

莫砺锋编

1994 年 2 月 1 版 1 次

8.30 元

大 32 开　162 页

　　本书选译了英美等国著名汉学家研究中国古典诗歌的论文十余篇,所论从《诗经》、《楚辞》、汉赋、陶渊明诗,一直到南宋姜夔的咏物词、明清诗论等,涵盖面广。由于作者所处的与我国迥异的文化背景,书中所收论文在研究视角和方法上都能给人以启示。

诗法概述

张思绪著

1988 年 12 月 1 版 1 次

2.80 元

大 32 开　116 页

本书为一本介绍中国古典诗歌法则的知识性读物，凡有关中国古典诗歌形式、体裁、格律、声韵、技巧等方面知识，全书均有论述。其中不少内容都为当前同类书中所没有提到的。最后四节在总结前人理论的基础上，专门评议古诗作品的优劣，还对练习写作古典诗，提出了自己的看法。

诗词写作概论

赵仲才著

2002 年 3 月 1 版 1 次

2007 年 2 月 1 版 5 次

18.00 元

大 32 开　360 页

本书分别从古典诗词的分类、格律、语法、修辞及诵读、创作方法等多方面，详细介绍了我国传统诗词艺术的创作理论与创作实践。

诗体类说

潘善祺撰

2011 年 9 月 1 版 1 次

38.00 元

大 32 开　356 页

本书分为古体、近体、乐府、杂体杂名共四编，概述各类诗体，揭示源流，结合名家名作和具代表性的作品阐述规律，不仅便于初学者对中国古代诗歌有大致全面的了解，同时有益于钻研者从中得到启发。

说诗百篇

陈邦炎撰

2012 年 12 月 1 版 1 次

32.00 元

大 32 开　400 页

本书上编说唐人绝句、中编说宋人绝句，选取诸名家五七言绝句代表作进行赏析；下编说诗杂稿，选取历代名篇进行赏析，兼及诗艺、诗法。

中国古代文言小说总集研究

秦川著

2006 年 4 月 1 版 1 次

25.00 元

大 32 开　280 页

本书研究对象为宋代至民国时期二百多种文言小

说总集。在理清古代文言小说总集编纂之演变脉络的基础上，总结了文言小说总集结集过程中出现的女性专题、艳情专题、笑话专题、“世说体”、“虞初体”、资料汇编体等专题总集的编纂目的、时代背景及分类特点，进而探究各总集之序言与所分门类蕴涵的各特定时代的文化思潮和小说观念的演变。

古典小说论集

徐士年著

1956 年 12 月 1 版 1 次

0.72 元

32 开　237 页

作者在本书中试图以马列主义思想的文艺观点，来讨论我国古典小说中的一些重要问题。

古典小说论丛

刘叶秋著

1959 年 6 月 1 版 1 次

0.42 元

32 开　115 页

本书对《世说新语》、《柳毅传》、《碾玉观音》、《杜十娘怒沉百宝箱》、《二十年目睹之怪现状》等进行研究讨论。

中国古典小说论集

聂绀弩著

1981 年 1 月 1 版 1 次

0.89 元

大 32 开　150 页

这是一部有独特见解的古典小说论集。全集收入有关《水浒》、《聊斋》、《红楼梦》论文 11 篇。作者对《聊斋》和《红楼梦》的艺术性和主题思想的探讨，尤其富有创见。

中国小说讲话及其他

吴小如著

1956 年 12 月 1 版 1 次

0.63 元

32 开　180 页

本书分两辑。第一辑“中国小说讲话”凡五篇，概要地从古小说谈到辛亥革命以前的谴责小说；第二辑是作者近几年写的零星篇什，试图尝试用新观点、新方法来分析古典小说。

古典小说漫稿

吴小如著

1982 年 8 月 1 版 1 次

0.62 元

大 32 开　100 页

　　本书是中国古典小说研究论文集。所涉及的小说，上起魏晋，下至明清，历代名著都已包罗，对作者及作品的思想内容和艺术形式进行了各方面的分析。其中有不少独到的见解。

中国古代小说研究

——台湾香港论文选辑

刘世德编

1983 年 11 月 1 版 1 次

平装 1.45 元　精装 2.25 元

大 32 开　196 页

　　本书内容有考证版本的，如《〈西游记〉祖本考的再商榷》、《红楼梦版本的新发现》；有研探作品主题和艺术技巧的，如《短篇话本的常用布局》、《金瓶梅编年说》；也有论述小说源流的，如《中国古典小说导论》等。

小说闲谈四种

阿英著

小说闲谈　小说二谈 1958 年 2 月 1 版 1 次

小说三谈　小说四谈 1986 年 3 月 1 版 2 次

1986 年 1 月 1 版 1 次

精装 5.05 元

32 开　472 页

　　阿英生前编定出版了《小说闲谈》、《小说二谈》，在他逝世后，又由其亲属继续结集其小说研究论文，成《小说三谈》、《小说四谈》，为通俗文学研究者提供了相当可观的参考资料。特合编成一册以精装本出版。

明清小说论稿

孙逊著

1986 年 9 月 1 版 1 次

2007 年 7 月 1 版 2 次

33.00 元

大 32 开　392 页

　　本书以新的论点探讨古典小说的形态、特征和美学价值；对明清的主要小说《三国演义》、《水浒》、《西游记》、《金瓶梅》、《三言二拍》、《聊斋志异》、《儒林外史》、《歧路灯》、《红楼梦》都有所论述，重点侧重这些作品的创作方法、语言艺术和人物形象塑造等。

明清笔记谈丛

谢国桢著

1960 年 7 月 1 版 1 次

1981 年 3 月新 1 版 1 次

0.99 元

32 开　192 页

　　本书研究介绍明清间重要的笔记史料，除指出其价值外，还收有《明清史研究》、《丛书刊刻源流考》、《明清笔记稗乘所里集》等文，对明清笔记史料之源流、大略等情况作了深入介绍。

小说丛考

钱静方著

1957 年 5 月 1 版 1 次

0.70 元

32 开　254 页

　　本书除考证小说外，兼及戏剧、传奇、弹词，每一著作都和正史、野史、私家笔记相比勘，以考证来源，对研究小说、戏剧有参考价值。

小说考信编

徐朔方著

1997 年 10 月 1 版 1 次

31.00 元

大 32 开　608 页

　　本书所收文章，以考证为主，基本围绕明代四大奇书《三国》、《水浒》、《金瓶梅》、《西游记》不是个人创作这一中心论点展开。全书所引资料丰富、扎实，论述精辟，又富有文采，有别于一般枯燥乏味的考证文章。

中国禁毁小说百话

李梦生著

1994 年 12 月 1 版 1 次

1998 年 12 月 1 版 2 次

精装 28.30 元

大 32 开　568 页

　　全书立目 102 种（又附目 20 种），均伴有珍本书影，多半为迄今有关著作未涉及者。各篇大抵分两部分：一为介绍情节、作者、版本、流变及禁毁原因;二是从各书特点生发的文化性专题漫论,内容广及包括性风俗、性文化在内的种种世态人情与思潮。

中国古典小说戏曲论集

赵景深主编

1985 年 6 月 1 版 1 次

1.70 元

大 32 开　212 页

全集共收小说论文 13 篇,戏曲论文 14 篇。在撰写人中有著名学者王季思、周绍良等,还收了已故冯沅君教授的遗作。日本神户大学山田敬三教授应约撰写《汉译〈佳人奇遇〉纵横谈》一文。此外还刊载昆曲方面论文两篇。

中国古典小说戏曲论集(二)

赵景深主编

1987 年 8 月 1 版 1 次

3.80 元

大 32 开　202 页

本书收戏曲小说论文 22 篇,包括对《琵琶记》、《杀狗记》、《灯月闲情》等戏曲作品的研究;对《金瓶梅》、《醒世姻缘传》、《聊斋志异》、《石头记》等小说的作者、内容、版本的分析考证等等,篇末还有首次发表的洪昇诗文辑佚。

中国古代小说书目研究

潘建国著

2005 年 10 月 1 版 1 次

40.00 元

大 32 开　510 页

全书以目录学史的方式、以大量第一手的资料为基础,全面考察了古代通俗小说著录的特殊存在方式及通俗小说专科目录创建到完善的过程,书中附录了大量通俗小说书目的稀见资料,颇具学术参考价值。

中国古典小说的文学叙事

吴士余著

2007 年 8 月 1 版 1 次

28.00 元

大 32 开　352 页

本书是作者上世纪八十年代两本旧著《古典小说艺术琐谈》和《〈水浒〉艺术探微》重新编缀、增补而成。探讨的是中国古典小说研究领域中一直考量较少的一个维度——小说文本的文学叙事,具体来说,是从小说的艺术构思、叙事视角、人物的设置及其审美意义等各个层面勾画出古典小说的叙事传统与特色。

神话、仙话、鬼话

——古典小说论集

刘燕萍著

2012 年 12 月 1 版 1 次

36.00 元

32 开　225 页

本书分为神话、仙话、鬼话三部分,共收录《神婚中的俗虑——论〈聊斋志异〉鸟神》《淫祠、偏财神与淫神——论〈夷坚志〉中的五通神》《角色与行动、霸力和人神战——论唐代华山神的四篇抢婚小说》等从西方的研究方法论出发重新审视中国鬼神文化的论文。

民俗与文学

——古典小说戏曲中的鬼神

刘燕萍著

2015 年 4 月 1 版 1 次

29.00 元

32 开　244 页

本书以古典小说戏曲中的鬼神信仰为焦点,适当运用西方理论和同类资料,深入研究了文学文本中隐含的民俗信仰,揭示了其文化意义,推进了民俗与文学的跨学科研究。

中国戏曲发展史纲要

周贻白著

1979 年 10 月 1 版 1 次

2.05 元

大 32 开　288 页

本书系统地阐述了我国戏曲的源流、演变和发展。书中对戏曲声腔提出了独到的见解,对地方戏作了详细的探讨。

剧说

[清]焦循著

1957 年 7 月 1 版 1 次

0.44 元

32 开　154 页

本书是一部纂辑汉、唐以来 150 余家论曲、论剧的杂录,记载了流传在乐府、梨园、教坊、青楼、乐户中的遗闻轶事,考查了一些故事来源,并综合分析了一些剧曲的思想内容和艺术结构。

戏曲杂记

徐朔方著

1956 年 7 月 1 版 1 次

0.32 元

32 开　112 页

本书所收《元代的包公杂剧》、《论西厢记》、《汤显祖和他的传奇》、《洪昇和他的长生殿》等 8 篇文章,分别对元代及以后的几种戏曲作品及有关作家提出自己的看法。

曲海燃藜

周贻白著

1958 年 9 月 1 版 1 次

0.30 元

32 开　96 页

此书收 33 篇关于明清杂剧和传奇的评论,是作者 1945 年至 1949 年间的个人读书札记。内容偏重于考证,同时也谈了不少的宫调配合和文词评骘。

读曲小记

赵景深著

1959 年 8 月 1 版 1 次

0.70 元

32 开　196 页

此书是一本带有资料性的读书札记,前 16 篇都是"谈曲",内容均与中国戏曲史有关。注重元曲的结构、词语、作者考证,汇辑了一些方志、杂书上的资料,探讨关于戏文、传奇、散曲、剧种、曲目等问题。最后 4 篇谈"度曲"。

戏曲笔谈

赵景深著

1962 年 11 月 1 版 1 次

新版 1980 年 3 月 1 版 1 次

0.64 元

32 开　128 页

这是作者解放后出版的一部戏曲论集。全集包括文章 17 篇,其中有的综论元明戏曲,有的概述中国古典喜剧传统。对元杂剧作家关汉卿和马致远以及明代戏曲家汤显祖的作品都有所论述。还介绍元代南戏和明代青阳腔剧本的新发现等。

宋代歌舞剧曲录要

刘永济辑录

1957 年 9 月 1 版 1 次

0.48 元

32 开　165 页

宋代的歌舞剧曲是继承唐代的大曲而发展的,本书总论宋代歌舞剧的概况,又辑各种重要剧曲数种,加以注释,并参考王国维《宋元戏曲考》,为宋代戏曲研究提供了重要资料。

宋金杂剧考

胡忌著

1957 年 4 月 1 版 1 次

1.10 元

32 开　331 页

本书对宋杂剧和金院本的具体演变过程,作了全面的介绍,并提出自己的新见。

戏文概论

钱南扬著

1981 年 3 月 1 版 1 次

0.84 元

大 32 开　138 页

戏文(即南戏)是中国古典戏曲中极重要的剧种,对于后来的许多戏曲都产生影响,但它本身的材料留传下来的极少。作者从事南戏研究数十年,对南戏作了全面论述,书内附有丰富的材料。

元剧斟疑(全二册)

严敦易著

1960 年 5 月 1 版 1 次

3.00 元

32 开　368 页

本书着重探索元杂剧的真伪和作品的隶属问题,对 86 种元杂剧系统地提出了自己的看法,并从情节内容的渊源、历史地理变迁和社会制度等方面进行仔细的梳理。

明清曲谈

赵景深著

1957 年 8 月 1 版 1 次

0.75 元

32 开　257 页

　　本书内容包括明清戏曲家生平考订、作品辑佚、情节概要、演变、影响等。

民族戏曲散论

唐湜著

1987 年 5 月 1 版 1 次

1.85 元

大 32 开　118 页

　　本书主要内容有就宋元温州地区文化状况论述南戏产生与演变；关于早期南戏剧目的思想倾向与原始面貌的探析；传奇《长生殿》、《桃花扇》的考辨；三国戏及当代舞台现象的评论等。

中国古代戏曲选本研究

朱崇志著

2004 年 12 月 1 版 1 次

28.00 元

大 32 开　278 页

　　本书针对杂剧、戏文、传奇三种戏曲样式在戏曲选本中的文本形态进行论述。文人选本重在阅读清唱，民间坊本重在舞台演出。现存戏曲约有一半以上是通过戏曲选本保存下来的。因此，戏曲选本在辑佚与校勘方面具有十分重要的意义。不同地区的选本还反映出戏曲在不同地区的传播情况。

古剧民俗论

翁敏华著

2012 年 5 月 1 版 1 次

48.00 元

32 开　480 页

　　本书收录翁敏华教授发表于《文学遗产》、《戏剧艺术》、《上海师范大学学报》等刊物的戏剧与民俗研究论文三十篇，多篇论文被转载、摘编、介绍，获得过好评。

元曲家考略

孙楷第著

1981 年 11 月 1 版 1 次

0.59 元

大 32 开　80 页

　　本书在元人钟嗣成《录鬼簿》和明人无名氏《录鬼簿续编》基础上，据《元史》与元人子书、文集，辑录了元曲家王实甫、马致远等 85 人的生平事迹与著作概况。

明清戏曲家考略

邓长风著

1994 年 12 月 1 版 1 次

精装 29.10 元

大 32 开　320 页

　　本书收录论文 39 篇，内容涉及明清两代戏曲作家生平的考证、史料的钩沉以及对一些戏曲书录的辨误与评价等，尤以清代曲家生平和作品的考订辨析为重点，取得了较大的突破；有些则提供了难得一见的新的宝贵史料。

明清戏曲家考略续编

邓长风著

1997 年 1 月 1 版 1 次

20.00 元

大 32 开　194 页

　　本书尤其注重于方志、族谱、丛书、总集中钩沉，全书共考及曲家 80 余人，兼及近代艺术家（如梅兰芳等），对美国国会图书馆所藏清代珍本亦作介绍，另有专文对《明清戏曲家考略》予以补正。

明清戏曲家考略三编

邓长风著

1999 年 2 月 1 版 1 次

精装 28.00 元

大 32 开　256 页

　　本书是作者继《明清戏曲家考略》、《明清戏曲家考略续编》之后的第三部专著。作者在丰富扎实的资料的基础上，对明清两代的曲家和曲目，作了科学的仔细的清理，或辨讹，或正名，或定位，在明清古典戏曲研究方面，多有开拓和突破。

明清戏曲家考略全编（全二册）

邓长风著

2009 年 6 月 1 版 1 次

精装 118.00 元

大 32 开　1740 页

本书是邓长风先生研究明清戏曲家生平、著作的成果结集,分为四编。前三编曾由上海古籍出版社刊于上世纪九十年代,多为作者于美国国会图书馆苦读期间精思而成的读书札记式的考述文章,资料详备,于明清戏曲家生平、著作多所厘清。四编初次付梓,着重梳理了清代与近代的各种戏曲书录,并论述如何为清代戏曲家分期、如何在历史的演进中大致明确杂剧与传奇的界限,以及如何在能搜集到的所有可能资料的基础上做一些索隐辨误工作等重要问题。语言简练明晰,言之有物,堪称戏曲史研究示人门径之书。

明清士人与男旦

程宇昂著

2012 年 8 月 1 版 1 次

48.00 元

16 开　436 页

本书通过对明清士人与男旦交往史的考察,梳理明清男旦的发展史,揭示男旦存在的真实状况。在此基础上阐述士人与男旦交往对戏曲和文学的影响。

宋元明讲唱文学

叶德均著

1957 年 1 月 1 版 1 次

0.28 元

大 32 开　74 页

本书的主旨是说明宋元明讲唱文学的一般情况,论述乐曲、诗赞两大系统的各种讲唱文学的类别、发展历史。以诗赞系的词话等为重点,探讨明清弹词、鼓词的真正来源。

雷峰塔传奇叙录

阿英著

1960 年 3 月 1 版 1 次

0.60 元

32 开　210 页

本书包括《雷峰塔传奇叙录》、《柳毅传书传奇叙录》、《北红拂杂剧叙录》等 9 种,共 23 篇,是作者 1951 年前后读曲的札记,可作戏曲理论研究之参考。

曲艺论集

关德栋著

1958 年 12 月 1 版 1 次

新版 1984 年 1 月 1 版 1 次

0.60 元

32 开　106 页

本书内容包括曲艺文学资料的搜辑和校订,以及对曲艺文学中某些问题的探讨,涉及面较广,包括弹词、宝卷、子弟书、鼓词、聊斋俗曲、缘起、变文、落花、散花、挂枝儿等。其中有些资料,目前已较难得到。

昆曲百问

陈益著

2012 年 4 月 1 版 1 次

28.00 元

18 开　130 页

本书分《曲史钩沉》、《曲人访迹》、《曲坛考戏》、《曲海寻韵》四部分,深入浅出地介绍了昆曲的历史、典故、艺术特色等,将史学的厚重、文学的情味、哲学的思辨融于一体,使读者对百戏之祖"昆曲"有较为全面的了解。

燕乐探微

丘琼荪遗著　隗芾辑补

1989 年 11 月 1 版 1 次

2007 年 12 月 1 版 2 次

28.00 元

大 32 开　400 页

"燕乐"是中国古典音乐的一个乐种,包含音乐、舞蹈等内容。本书对"燕乐"的历史沿革、名物制度、乐理乐器作了全面的考察论证,可以说是迄今功力最深的专门学术著作。原书一部分在"文革"中亡佚,由其学生隗芾依据有关材料辑补,足为完璧。

明清家乐研究

刘水云著

2005 年 8 月 1 版 1 次

49.00 元

大 32 开　740 页

本书在全面而深入的研究基础上,详细阐述了家乐的历史沿革和明清时期家乐艺术的现状,包括家乐主人、家乐演员、家乐演出,声腔与场所,以及家乐的表演艺术和对明清戏曲的影响。

滩簧考论

朱恒夫著

2008 年 11 月 1 版 1 次

38.00 元

16 开　380 页

　　滩簧是长江三角洲地区土生土长的戏曲艺术形式。本书是第一本比较全面地论述滩簧艺术的学术著作,对滩簧的名称、起源、历史沿革作了考辨;回顾经典滩簧剧目、著名艺人和音乐曲调。分析了常锡滩、苏滩、申滩、甬滩、姚滩等滩簧裔系剧种的流变,通过对它们的兴起、沿革、生存现状的研究,思考滩簧作为一个地区戏曲艺术的未来走向、发展途径,并提出建议。

明清堂会演剧史

李静著

大 32 开　448 页

2011 年 8 月 1 版 1 次

48.00 元

　　本书以明清时期极其重要的一种剧场空间形式——堂会为对象,对演出之规模、地域、特点、性质,不同时期的演出形式,观者之人数、性别、身份、地位,演者所属戏班、声腔剧目、唱做艺术、演出时地、酬金赏赐等等,都作了深入的研究。

中国古代文学理论论稿

张文勋著

1984 年 11 月 1 版 1 次

0.89 元

32 开　136 页

　　本集论文主要探讨:① 孔子和老子的文学美学思想,《乐记》中的音乐理论;② 六朝文学理论发达的原因和《文心雕龙》的理论体系;③ 古代文论中的现实主义精神,包括白居易的诗歌主张等;④ 明清两代,包括李渔、叶燮等的诗歌与戏曲理论。附《文心雕龙》理论体系表。

中国古代文论研究论文集(1919—1949)

中国人民大学古代文论资料编选组编

1989 年 3 月 1 版 1 次

11.20 元

大 32 开　390 页

　　本书选编了新中国成立前 30 年中发表的研究中国古代文论的部分论文。由于新中国成立前的论文散见在报章杂志,翻检不易,故本书的编成弥足珍贵。附"中

国古代文论研究论文索引"(新中国成立前部分)。

古典文学作品研究汇刊(第一辑)

古典文学出版社编

1955 年 10 月 1 版 1 次

0.62 元

32 开　179 页

　　本书收入陆侃如、罗根泽、邓广铭、王季思、冯至、袁世硕等人论古典文学的文章。

关于中国古典文学问题

王瑶著

1956 年 9 月 1 版 1 次

0.60 元

32 开　169 页

　　本书共收作者论文 10 篇,分别论述鲁迅和中国古典文学的关系,中国诗的传统及有关中国近代文学的思想内容等问题。

中国古典文学论丛

胡念贻著

1957 年 11 月 1 版 1 次

0.70 元

32 开　211 页

　　本书收入作者研究先秦文学论文 4 篇,明清小说的文章 4 篇,另外还有对古典文学作品中民族思想的论争文章。

中国古典文学研究年鉴(1984 年)

本书编委会编

1987 年 2 月 1 版 1 次

精装 9.80 元

大 32 开　444 页

　　本年鉴内容有:① 述评,对本年度的古典文学研究情况进行客观的介绍和评论。② 论文提要,选择本年度约 300 篇较好的论文和部分港台地区及日本的论文作扼要介绍。③ 论著目录索引。④ 研究纪事。⑤ 人名录。

中国古代文学论稿

胡念贻著

1987 年 10 月 1 版 1 次

4.60 元

大 32 开　244 页

本书内容有考证中国文学史上某些名作真伪的,如《〈左传〉的真伪和写作时代问题考辨》等;有探讨作品的艺术价值的,如《〈尚书〉的散文艺术及其在文学史上的地位和影响》等;有评价古代作家创作成就的,如《陈人杰和他的词》等;也有专论历代学者的研究方法之演变的,如《论汉代和宋代的〈诗经〉研究及其在清代的继承和发展》等等。

世纪之交的对话

——古典文学研究的回顾与展望

《文学遗产》编辑部编

2000 年 12 月 1 版 1 次

18.20 元

大 32 开　340 页

本书一是对百年来古典文学各个领域的研究作一概述和总结,一是对未来作展望和规划。作者都是在古典文学各分科的研究中颇有建树的专家,所论具有前瞻性和权威性。

学境

——二十世纪学术大家名家研究

(《文学遗产》选集第五辑)

中国社会科学院《文学遗产》编辑部编

2006 年 11 月 1 版 1 次

58.00 元

大 32 开　708 页

本书是《文学遗产》1986 年至 2005 年"学者研究"专栏的论文结集。所收论文都为古典文学研究领域的当代名家,对 38 位前辈学问大家如王国维、俞平伯、任中敏等的治学方法与学术生涯的回顾与总结。对于了解 20 世纪古代文学研究的基本面貌以及古代文学研究的方法与门径,都有极大的参考价值。

中国文学古今演变论考

谈蓓芳著

2006 年 6 月 1 版 1 次

35.00 元

大 32 开　444 页

本书第一部分从梁代后期文学的新潮流、《玉台新咏》选录标准所体现的女性特色、明清文学思想的演变,一直论述到五四新文学与古代文学的关系,鲁迅与李金发文学创作的传统渊源,现当代文学的分期

问题等,见解新颖独到。第二部分对《玉台新咏》、《水浒传》郭武定本和李卓吾评本、吴吴山三妇评本《牡丹亭》、脂评本《石头记》等的版本、作者等作了考证和辨疑。

文章体统

——中国文体学的正变与流别(全二册)

邓国光著

2013 年 11 月 1 版 1 次

78.00 元

32 开　732 页

本书是作者多年来文体学研究成果的集合,从经史子集中挖掘文论材料,讨论中国古典文献中的文论思想,不仅整理了古文文论中对于文辞意境之美的赏析,更向读者展示了历代文论中对文学作品中经世思想的高度评价和追求。

激活传统

——寻求中国古代文论的生长点

林继中著

2007 年 7 月 1 版 1 次

24.00 元

大 32 开　256 页

本书收入论文共 17 篇,作者借鉴西方文论的观点,在新视野中,对"情志"、"文气"、"兴象"、"气骨"、"雅俗"、道德文章等传统文论范畴提出新认识;从文化与文学的关系角度,探讨文化选择、文化心理等因素对文学的影响,并阐述"蔓状生长"的文学史模式。

古典与比较

徐志啸著

2003 年 7 月 1 版 1 次

精装 60.00 元

大 32 开　666 页

本书分为三辑:上辑为楚辞研究;中辑为古典文学研究;下辑为比较文学研究。全书既有宏观整体论述,也有微观专题剖析;既有纵向系统阐发,也有横向比较对照,加以开阔的视野与独到的见解,形成了本书的风格特色。

中古文学史论集

王瑶著

1957 年 8 月 1 版 1 次

新版 1983 年 1 月 1 版 1 次

0.70 元

大 32 开　108 页

　　本书较集中地探讨了魏晋南北朝时期发生的一些重要的文学现象,诸如文人与药、酒的关系,隐逸之风的形成,玄言诗、山水诗以及田园诗的发生、发展及其相互关系,小说与方术的关系,隶事、声律对诗歌的影响等。1983 年重版,又增收《读书笔记十则》。

中国文学史讨论集

中国作家协会上海分会编

1959 年 10 月 1 版 1 次

0.90 元

32 开　266 页

　　本书收入讨论复旦大学、北京大学所编的《中国文学史》的文章 44 篇,对编写工作和如何分析阶级斗争、如何继承文学遗产等问题提出了各自看法。

中国文学发展史批判

复旦大学中文系编

1959 年 1 月 1 版 1 次

0.95 元

32 开　299 页

　　本书收入复旦大学中文系学生集体批判刘大杰《中国文学发展史》的所谓"资产阶级学术思想"的文章。

中国文学史研究集

中国社科院文学研究所古代文学研究室编

1986 年 3 月 1 版 1 次

1.95 元

32 开　182 页

　　本书一是论述文学史中诗、词、小说、戏曲发展的若干问题,有对魏晋玄学与山水诗兴起的探索、史记纪传体对我国小说发展的影响的剖析、苏州派戏曲家创作的现实主义倾向的阐述;另一类是作家及作品的评论。

中国近代文学论稿

时萌著

1986 年 10 月 1 版 1 次

4.00 元

大 32 开　216 页

　　本书主要特点有三:一是视野开阔。其中有关于小说、诗词、理论、翻译、社团、流派,以至文学史的分期划界。二是发掘深邃。如评论桐城派、常州词派等,都追本溯源,论辩缜密深邃。三是新见迭出。

东亚视域中的汉文学研究

王宝平主编

2013 年 2 月 1 版 1 次

58.00 元

32 开　488 页

　　本书为研究东亚汉文化圈内的汉文学的论文集,分为四编:东亚汉文学综合研究、东亚汉文学个案研究、东亚汉文学交流研究、东亚汉文学小说研究。共收论文 29 篇,其中以日本汉文学研究为主体,兼及朝鲜和越南。

北美学者中国古代诗学研究

徐志啸著

2011 年 9 月 1 版 1 次

35.00 元

大 32 开　300 页

　　该书着重阐述 20 世纪北美地区学者研究中国古代诗学(专指诗歌研究和诗歌理论研究)的状况、特点、方法及中西诗学比较。全书研究的重点在于北美学者研究中国古代诗歌和诗歌理论、比较中西诗学的概貌及其特点。

中日文学关系论集

邵毅平著

2011 年 12 月 1 版 1 次

32.00 元

大 32 开　464 页

　　本书是作者长期研究中日文学关系和译介日本汉学名著的论文和书评的汇编,分为上下两编,上编是关于中日文学关系的论文,下编是关于日本汉学名著的书评。

文学史　文学批评史

中国文学批评通史

先秦两汉文学批评史

顾易生　蒋凡著

平装 1990 年 4 月 1 版 1 次

精装 1996 年 12 月 1 版 1 次

精装 42.00 元　2007 年 4 月 1 版 2 次

大 32 开　664 页

　　本书发掘出许多弥足珍贵的罕见史料,充分展示了先秦两汉文论的丰富多彩和灿烂成就。由于作者深厚的学养,严谨的治学态度与勇于创新的精神,所作研究多具有拓荒意义。

魏晋南北朝文学批评史

王运熙　杨明著

平装 1989 年 6 月 1 版 1 次

精装 1996 年 12 月 1 版 1 次

精装 38.00 元　2007 年 4 月 1 版 2 次

大 32 开　608 页

　　本书系统全面地阐述了这个历史阶段文学批评的发展过程,对重要批评家与论著,如刘勰与《文心雕龙》、钟嵘与《诗品》等,都运用系统论研究法,作了富于开拓性的剖析,展示出中国文学批评理论的丰富多彩和灿烂成就。

隋唐五代文学批评史

王运熙　杨明著

平装 1994 年 12 月 1 版 1 次

精装 1996 年 12 月 1 版 1 次

精装 52.00 元　2007 年 4 月 1 版 2 次

大 32 开　804 页

　　本书系统全面地阐述了隋、唐及五代时期的文学批评的发展过程,发掘出许多弥足珍贵的罕见史料,对重要的批评家与论著以及这段时期有创新意义的文学批评方法都作了系统的研究和富有开拓性的剖析。

宋金元文学批评史

顾易生　蒋凡　刘明今著

平装 1996 年 6 月 1 版 1 次

精装 1996 年 12 月 1 版 1 次

精装 76.00 元　2007 年 4 月 1 版 2 次

大 32 开　1136 页

　　本书全面系统地阐述了宋、元(包括金)时期的文学批评的发展过程,发掘出许多弥足珍贵的罕见史料,对重要的批评家和重要的论著,以及这段时期有创新意义的诗话、词话、小说评点等都作了系统的研究和富有开拓性的剖析。

明代文学批评史

袁震宇　刘明今著

平装 1991 年 11 月 1 版 1 次

精装 1996 年 12 月 1 版 1 次

精装 58.00 元　2007 年 4 月 1 版 2 次

大 32 开　880 页

　　本书展示出明代诗文批评流派林立、异说纷呈、论著迭涌的新面貌,指出肯定人情物欲观念在明代中后期如狂飙突起,以情感论为准则品评戏曲小说甚为普遍,动摇了鄙视通俗文学的旧观念,大胆触及了千百年来视为禁区的性爱问题。本书开辟了文论研究的新蹊径,并深化了本学科微观研究。

清代文学批评史

邬国平　王镇远著

平装 1995 年 11 月 1 版 1 次

精装 1996 年 12 月 1 版 1 次

精装 56.00 元　2007 年 4 月 1 版 2 次

大 32 开　852 页

　　本书系统地阐述了清代前中期的文学批评发展过程,发掘出许多罕见史料,对重要的批评家及论著分文、诗、词、曲、小说及清前期、中期两段分别作了富有开拓性的剖析和系统的研究。

近代文学批评史

黄霖著

平装 1993 年 2 月 1 版 1 次

精装 1996 年 12 月 1 版 1 次

精装 58.00 元　2007 年 4 月 1 版 2 次

大 32 开　876 页

　　本书论史,以是否推动文学近代化的历史进程为基本评判准则,力求客观公允地评价历史人物的功过是非。能较客观地反映历史的真实面貌。

中国文学批评通史(全七册)

王运熙　顾易生主编

1996 年 12 月 1 版 1 次

新版 2011 年 7 月 1 版 1 次

精装 498.00

大 32 开　588820 页

全书分为七卷,包括《先秦两汉卷》、《魏晋南北朝卷》、《隋唐五代卷》、《宋金元卷》、《明代卷》、《清代卷》和《近代卷》,展示出自先秦迄近代文学批评的发展历程和灿烂成就。全书以中国文学批评的历史发展为基本线路,采用以批评家、批评论著为纲,辅以分类文体理论批评的编写体例。在此统一的要求下,各卷还根据不同历史时期的具体情况,形成自己的特点。

教育部人文社会科学重点研究基地重大项目成果丛书·语言文学类

中国中世文学思想史

——以文学语言观念的发展为中心

徐艳著

2012 年 8 月 1 版 1 次

58.00 元

16 开　524 页

本书以文学语言观念的发展为中心,使创作中体现的语言观念与批评中体现的语言观念互相映衬、阐发,描述语言的文学性质逐步被体认的历史过程。这使以往史著中断续呈现的文学语言观念发展脉络,得到连续而较完整的梳理;在连续的文学语言观念发展之历史脉络梳理中,又使我们能够重新理解一些重要的文学现象。

近现代中国文论的转型

黄霖主编　付建舟 黄念然 刘再华著

2015 年 8 月 1 版 1 次

98.00 元

16 开　508 页

本书以中国文论的近现代转型为研究核心,紧扣从戊戌变法到"五四"新文学运动这一阶段的文论转型来论述,大巧若拙,既突出了中国文论近现代转型的内生性动力,又兼顾了西方哲学、社会科学和文学理论等的外在性动力。

文　学　史

中国文学发展史(全三册)

刘大杰著

平装 1957 年 12 月 1 版 1 次

精装 1997 年 11 月 2 版 1 次

精装 68.00 元　1998 年 4 月 2 版 2 次

大 32 开　1376 页

中国文学史作为一门学科的建立,已有百年历史,出现了大量的研究著作,其中影响最为持久、最富有个人风格色彩的,当推已故著名学者刘大杰先生的《中国文学发展史》三卷本。本书初版于 1941 年,1957 年、1962 年及 1972 年等多次重版,先后作了不同程度的修订。

中国文学史(全二册)

台静农著　何寄澎主编

2012 年 9 月 1 版 1 次

88.00 元

16 开　744 页

台静农先生曾拟撰中国文学史稿,惜仅以稿本与手抄本的形态在少数学生间传阅。其中《中国文学由语文分离形成的两大主流》、《魏晋文学思想发展述论》与《论唐代士风与文学》诸文,可知台先生于文学史的研究融汇多重领域,结合多种人文学科的治学观点及思想。今推出简体中文版,以飨广大读者。

中国文学史(全三册)

复旦大学中文系编著

1959 年 1 月 1 版 1 次

3.70 元

32 开　1193 页

本书是复旦大学中文系学生和青年教师集体编写的中国文学史著作,有明显的时代烙印。

中国文学史

[日] 前野直彬主编　骆玉明等译

1995 年 4 月 1 版 1 次

11.90 元

大 32 开　162 页

这是一本在日本颇负盛名的中国文学史教材,勾勒了自先秦至近现代的中国文学的发展概貌,可以说是一部名副其实的中国文学通史简编。由于所处文化背景和研究视野的不同,因而书中所论通俗简明而又颇具新意。

中国文学简史(上卷)

林庚著

1957 年 1 月 1 版 1 次

1.10 元

32 开　386 页

此书为中国文学史的先秦至唐代部分。阐述了早期文学发展的概况。论述了古典文学在传统文化中的位置,文学所体现的时代特征,以及作家所属"士"阶层的社会地位与历史作用。

中国古代文学史长编

郭预衡主编

2007 年 4 月 1 版 1 次　　大 32 开

(一) 836 页　40.00 元　　(二) 1068 页　54.00 元

(三) 968 页　48.00 元　　(四) 784 页　38.00 元

《中国古代文学史长编》为配合《中国古代文学史》编写,第一卷包括"先秦编"和"秦汉编",第二卷包括"魏晋南北朝编"和"隋唐五代编",第三卷包括"宋辽金编"和"元编",第四卷包括"明代编"和"清代编",内容包含文学史的纲要和纲要引据的材料(包括史实、作品和评述材料),引据材料丰富并注明出处,在必要的地方还加以编者的补充说明。

西汉文学编年史

易小平著

2012 年 6 月 1 版 1 次

52.00 元

32 开　532 页

本书内容上起刘邦起兵为沛公的秦二世元年(前209),下迄刘秀建立东汉的前一年,即更始二年(24),历时 233 年,逐年编排,首列年号,然后是该年作家和相关人物的年龄,之后是该年的具体事实,分条叙述。全书确定的西汉作家有 139 位,相关人物 69 位。

两宋文学史

程千帆　吴新雷著

1991 年 5 月 1 版 1 次

1998 年 1 月 1 版 2 次

17.40 元

大 32 开　700 页

本书探讨各类文体、流派的兴衰,立足于史家主体意识,从深层揭示其内在规律,突破历来单一的作家加作品的机械排列模式,确立了整体观念的构史格局;填补了大片研究空白,发掘出许多珍贵史料,体现了 20 世纪 80 年代研究新潮中的硕果。

中国近代文学史稿

复旦大学中文系编著

1960 年 6 月 1 版 1 次

1.30 元

32 开　400 页

由复旦大学中文系学生和青年教师编写,概要地介绍了中国近代文学史的风貌。

中国散文史 (全三册)

郭预衡著

单行本上 1986 年 8 月 1 版 1 次

单行本中 1993 年 11 月 1 版 1 次

单行本下 1999 年 12 月 1 版 1 次

2000 年 3 月 1 版 1 次

新版 2011 年 12 月 1 版 1 次

198.00 元

大 32 开　2036 页

全书系统地阐述了我国自先秦到清末约三千年中的散文发展的辉煌成就,注重于明源清流,鸟瞰全局,综合考察,总结规律。全书视野开阔,称得上我国散文发展史研究领域中的一块里程碑。

赋史

马积高著

1987 年 7 月 1 版 1 次

1998 年 9 月 1 版 2 次

32.00 元

大 32 开　648 页

本书是我国第一部辞赋发展史专著,介绍了赋这种我国古代特有文体自先秦至清末各个历史时期作家和作品的发展情况。作者力图用历史唯物主义的观点从内容和形式两个方面,来阐明赋的发展及其与其他文学样式的相互影响。

中国悲剧文学史

谢柏梁著

2014 年 11 月 1 版 1 次

精装 138.00 元

16 开　560 页

本书以八编三十章的篇幅,阐述中国悲剧文学的发展,从上古巫优傩戏到当代戏剧影视;从史传诗文的悲剧气韵、变文小说的悲剧氛围,一直延伸到戏曲文学的悲剧本体上。中国悲剧既有以愁苦为表象、以悲怨为特色，从而自成系统的独特个性，又可以与各大民族的悲剧美学追求大体相通，具备世界悲剧文化的普遍性。

中国悲剧美学史

谢柏梁著

2014 年 11 月 1 版 1 次

精装 98.00 元

16 开　349 页

从先秦之悲哀原则到现当代电影的悲剧批评，作者从美学角度叙述、剖析了中国戏剧在不同历史时期的发展和美学特质，并从发生规律、审美特征、美学本质三个层面总结了中国悲剧的发生规律。

世界悲剧通史

谢柏梁著

2013 年 12 月 1 版 1 次

精装 158.00 元

16 开　700 页

本书分为"世界古典悲剧史"、"世界近代悲剧史"两部分。"世界古典悲剧史"记录上古（前 4 世纪）至 17 世纪末，古巴比伦、古埃及、古希伯来，及希腊、印度、中国、日本、英国、西班牙、法国等悲剧艺术的发生发展及特点。"世界近代悲剧史"记录 18 世纪至 20 世纪，欧洲各国、美国、中国等悲剧艺术的发展变化，并对各国代表性的悲剧理论进行介绍和比较。

插图本昆曲史事编年

（香港中文大学昆曲研究推广计划丛书）

华玮主编　吴新雷编著

2015 年 11 月 1 版 1 次

78.00 元

16 开　424 页

本书为元末、明、清、民国及中华人民共和国建立后的昆曲史料编年，全面概要地展示了昆曲发展的历史轨迹。书中配有图片 440 余幅，包括昆曲珍贵资料的书影、版画、书信影印件及演出的剧照、戏单等，直观立体地起到"以图证史、图文互证"的双向效用，极具史料价值和学术意义。

马来亚华人旧体诗演进史

[新]李庆年著

1998 年 6 月 1 版 1 次

精装 50.00 元

大 32 开　576 页

本书是以新加坡、马来亚两地 1881 年至 1941 年之旧体诗演进情况而论述的一本著作，这期间，中国在经历着天翻地覆的变化，清廷腐败、列强入侵、军阀混战、抗日战争等等，在马华旧体诗中均有所反映。反映了不少著名人士流离海外在南洋时的创作活动。

文学批评史

隋唐五代文学思想史

罗宗强著

1986 年 8 月 1 版 1 次

3.15 元

大 32 开　248 页

这部文学思想史包括三方面内容：① 文学史；② 文学理论与文学批评；③ 作品中所反映的作家的创作思想倾向。这部文学思想史可以当文学史、文学批评史读，也可以作为研究作家创作思想的重要材料。

中国文学批评史

罗根泽著

1957 年 12 月 1 版 1 次

1984 年 9 月新 1 版 1 次

（一）148 页　0.95 元

（二）128 页　0.85 元

（三）148 页　0.95 元

大 32 开

本书包括周秦文学批评史、两汉文学批评史、魏晋南北朝文学批评史、隋唐文学批评史、晚唐五代文学批评史及两宋文学批评史。较之国内可数的几部文学批评史，罗著"在筚路蓝缕之中，作披沙拣金之举"的草创之功，郭绍虞先生曾给予很高评价。

中国诗学之现代观

陈伯海著

2006 年 11 月 1 版 1 次

45.00 元

大 32 开　484 页

本书从三个方面概括传统诗学的特点：天人合一、群己互渗的生命本体观，实感与超越相结合的生命活动观，文辞与质性一体同构的生命形态观。这是作者对中国传统诗学精神的定位。书中分"情态"、"境象"、"文辞体式"三部分，以十五个专题，对中国诗学的诸多方面进行具体阐释，通过追源溯流式的考察弄清其本来的含义及演化脉络，并逐步将问题提升到古今转换、中外会通的理论观照点上来辨析其可能蕴有的现实意义。

其　　他

学者纪念文集

朱东润先生诞辰一百一十周年纪念文集

复旦大学中文系编

2006 年 11 月 1 版 1 次

精装 110.00 元

16 开　740 页

朱东润先生是我国著名的传记文学家、文学史家、教育家和书法家，2006 年适逢朱先生诞辰 110 周年，复旦大学中文系特编辑本纪念集，集中收入的文章内容分为四类：一是研究朱东润学术成就的文章，二是回忆文章，三是纪念诗作，四是学术论文。多方面显示朱东润先生的高风亮节与治学特点和学术成就。

庆祝施蛰存教授百岁华诞文集

华东师大中文系编

2003 年 10 月 1 版 1 次

精装 80.00 元

16 开　470 页

华东师范大学教授施蛰存先生是名扬海内外的中国现代小说家、外国文学翻译家、古典文学研究专家和金石碑刻学者。本书收入施先生的朋友、学生、弟子等所写的贺辞和回忆文章，还收入曾受益于施先生的友人、学生、弟子的优秀学术论文，以及《施蛰存先生小传》、《施蛰存先生著译年表》等。

香港大学饶宗颐学术馆十周年馆庆同人论文集

——饶学卷

饶宗颐 李焯芬顾问　郑炜明主编

2015 年 7 月 1 版 1 次

88.00 元

16 开　360 页

本书所收论文皆为学术馆研究人员对于饶宗颐学术、生平、交游及艺术的考察和探寻。其中《选堂字考》、

《选堂先生轶事数则》、《饶宗颐与顾颉刚交谊考述》是有关饶先生个人的有趣小文，而《饶宗颐先生的琴学初探》《饶宗颐教授的敦煌学研究》等，则是为饶先生的相关学术研究梳理了脉络，另外还附有《饶宗颐教授学术艺术年表》，为从事饶学的人提供了便利。

庆祝王运熙教授八十华诞文集

曹旭 吴承学编

2005 年 5 月 1 版 1 次

精装 60.00 元

大 32 开　683 页

著名古典文学专家王运熙教授笔耕近六十年，著述丰硕，垂范学林。本书包括王运熙教授的学术自述；部分学生的论文；王门弟子撰写的杂文、回忆录；对王先生的学术思想，治学方法、特点，著述要义的全面的评述；王先生自撰年谱、小传、著述目录。

仰止集

——王运熙先生逝世周年纪念集

复旦大学中国语言文学系 复旦大学中国语言文学研究所编

2015 年 11 月 1 版 1 次

精装 138.00 元

16 开　736 页

此书为纪念王运熙先生逝世周年所编的文集，收录其弟子悼念王先生的文章、挽联、悼诗及学术研究论文若干篇，共约 60 万字。全书分为三个版块：悼念与追思，挽联和悼诗，学术论文。这本文集是对王先生的珍贵纪念，也是献给学界的一份集成性的学术成果。

末法时代的声与光

——学者张晖别传

张霖编

2014 年 3 月 1 版 1 次

38.00 元

32 开　440 页

学者张晖因患急性白血病去世，在海内外学界引发巨大震动，本书集结了与之相识的师友们的回忆性文字，或者记叙张晖在各个时期的学行、思想和情感，或者对张晖生命之意义进行阐发，或者对张晖所处的当代中国的人文环境进行批判。此书有助于我们对 20 世纪末、21 世纪初中国学界的人文环境和思想风尚的了解。

科研院所论文集

卿云集

——复旦大学中文系七十五周年纪念论文集

复旦大学中文系编

2002 年 8 月 1 版 1 次

精装 98.00 元

大 32 开　680 页

　　半个多世纪以来,复旦中文系学者辈出,在国内教育界、学术界及国际上都享有盛誉。本书是复旦中文系 75 年来学术成果的集中展示,其论文作者有陈望道、郭绍虞、朱东润、陈子展、吴文祺、赵景深、张世禄、蒋天枢、刘大杰、贾植芳、胡裕树、王运熙、蒋孔阳等,都是国内一流学者。

卿云集续编

——复旦大学中文系八十周年纪念论文集

(全二册)

复旦大学中文系编

2005 年 12 月 1 版 1 次

精装 120.00 元

大 32 开　1600 页

　　复旦大学百年校庆,又逢中文系建系八十周年,故新辑了这本《续编》,将《卿云集》未能收录的复旦大学中文系、语文所、古籍所、出土文献与古文字研究中心的教授、副教授的代表性学术论文结集出版。集名取自古歌《卿云歌》,歌中的"日月光华,旦复旦兮"两句,是复旦大学的校名所出。

聚沙集(上海大学文学院古代文学研究论文选)

董乃斌主编

2003 年 3 月 1 版 1 次

43.00 元

大 32 开　480 页

　　上海大学中文系古代文学学科形成三个相互联系而又各具特色的研究方向:文学史与文学史学;中国诗学文献与理论;神话与民间文学。本论文集即按这三个方向归类编选而成。

九华集

——安徽师范大学中国古代文学学科论文集

胡传志主编

2008 年 5 月 1 版 1 次

49.00 元

大 32 开　528 页

　　书是安徽师范大学古典文学与文献学论文的选集。其中有对近些年来古籍整理著作如《文馆词林》、《全辽金诗》、《中国宝卷总目》的补阙辨误;有对唐太宗、唐玄宗以及姚崇、宋璟、李林甫等君臣对唐代诗坛的影响以及其自身文学观的研究;有对唐宋时期著名作家的评析;有对辽金文学艺术成就及与宋代文学关系的探究;也有对清代学术的考论,反映了安徽师范大学古代文学学科近年来的理论成果与学术成就。

亦鸣集

——湖南科技大学中国古代文学学科论文选

王友胜编

2009 年 12 月 1 版 1 次

45.00 元

32 开　408 页

　　湖南科技大学中国古代文学学科,经过长期的建设发展,已取得了较为丰富的学术成果,在学术界享有一定的声誉。唐宋文学与文献学研究方向为该学科的重镇,居于国内同行前沿地位。本书共选录 19 位教师与 1 位研究生的 31 篇论文,所有文章均曾在国内外各报刊公开发表过,文末标注出处,以示对原刊及编辑老师的尊重。该书收录标准主要以能反映作者的研究范围与学术水平为主,同时兼顾中国古代文学各时段、各文体的平衡。

中国古代文学论丛

——湖南科技大学中国古代文学学科论文选

王友胜主编

2004 年 12 月 1 版 1 次

45.00 元

大 32 开　572 页

　　本书所收论文内容涉及以下几个方面:① 对古代旅行日记和笔记小说作出界说。② 对 20 世纪宋玉研究作了全面述评。③ 指出《全汉赋》在辑录、校勘、体例三方面存在的共 20 多种(条)问题。④ 对苏轼诗集注本作了全面考辨。此外,对唐宋文学、苗族神话传说和明清小说、戏曲研究,都有新的独特收获。

国戏文脉

——中国戏曲学院戏文系师生剧作剧论集

（全二册）
谢柏梁主编　郝荫柏　颜全毅副主编
2008 年 5 月 1 版 1 次
98.00 元
大 32 开　912 页

本书分古代戏曲论、戏曲编剧论、域外剧译论、中国戏曲学院戏文系教师和历届毕业生优秀剧作选五章，汇集了戏曲界知名人士和研究专家对中国戏曲历史、特点，中西戏剧比较，历史名剧艺术成就的分析，阮大铖、齐如山、萨特、谢晋等中外戏剧名家的理论及作品贡献等方面的论文集，回顾了中国戏曲的艺术渊源与文化传统，透视了其迥然有别于西方戏剧的美学特征与独特魅力。

会议论文集

李清照研究论文选

济南市社会科学研究所编
1986 年 12 月 1 版 1 次
2.65 元
大 32 开　204 页

本书是纪念宋代著名女词人李清照诞生 900 周年全国学术讨论会的论文选编，收录唐圭璋、郭预衡等专家学者撰写的论文 29 篇。附有迄于 1984 年的李清照研究论文索引。

词学新视野

——李清照辛弃疾暨词学国际学术研讨会论文集
中国李清照辛弃疾学会编
2012 年 8 月 1 版 1 次
58.00 元
32 开　534 页

本书为"2011 年李清照辛弃疾暨词学国际学术研讨会"的论文集，共收入研究李清照、辛弃疾词学论文约 50 篇，全面反映了近年来该领域的研究成果。

古典诗词的现代观照

——李清照辛弃疾暨词学国际学术研讨会论文集
中国李清照辛弃疾学会编
2014 年 9 月 1 版 1 次

68.00 元
32 开　528 页

本书收录了参加"李清照辛弃疾暨词学国际学术研讨会"的学者的论文成果。本次研讨会的主题是：古典诗词的现代观照。着重探讨李清照、辛弃疾的诗词创作、文学理想对后世深远的社会影响及现实意义。

归有光与嘉定四先生研究

黄霖主编
2007 年 12 月 1 版 1 次
35.00 元
大 32 开　472 页

本书是"归有光暨嘉定四先生学术讨论会"的论文集。它共收论文二十余篇，包括对归有光的散文风格、圈点批评方式的考察；《震川文集》的版本考溯；嘉定四先生唐时升、娄坚、程嘉燧、李流芳的生平年表、诗文评述；以及明末嘉定派代表人物的研究。

嘉定文派与明代诗文研究论集

黄霖　郑利华主编
2015 年 11 月 1 版 1 次
58.00 元
32 开　480 页

此为针对嘉定文派，尤其是归有光与嘉定四先生的研究论集，作者包括中国知名学者如左东岭、夏咸淳、孙小力、邬国平、陈书录、何宗美、彭国忠、钱振民、毛文芳、日本学者大木康等。

中国文学：传统与现代的对话

张宏生　钱南秀编
2007 年 12 月 1 版 1 次
58.00 元
大 32 开　812 页

2005 年 6 月，来自世界各地的"中国文学与比较文学国际学会"会员，共集南京大学，围绕传统文学的现代价值、现代文学的传统要素、近代文学的承前启后、女性空间的古今演变、文学翻译与近代民族国家概念的形成，汉文化圈的特色及嬗变等议题展开热烈讨论。本书就是这次研讨会论文的结集，代表着国内外中国文学研究的最新成果。

中国文学评点研究论集

章培恒　王靖宇主编

2003 年 8 月 1 版 1 次

38.00 元

大 32 开　270 页

　　文学评点不仅是一种独特而不可替代的批评方式，而且也是一种在推动读者接受作品方面起过巨大作用的特殊文本，所以在文学史、文学批评史上皆具有重要地位。2002 年上海举办了"中国文学评点研究"国际学术研讨会，本书即是此次会议的论文结集。

中国中世文学研究论集（全二册）

章培恒主编

2006 年 12 月 1 版 1 次

精装 130.00 元

大 32 开　1788 页

　　本书是 2004 年"中国中世文学国际研讨会"的论文汇编。内容涉及中国中世文学的诗、词、曲、散文、小说等文体的研究，以及作家生平事迹的考证、作品分析、版本研究，中国古籍在海外的传承介绍，中国文学在海外的影响，中外诗人的比较等。

《琵琶记》研讨会论文集

温州市文化广电新闻出版局编

2008 年 12 月 1 版 1 次

28.00 元

20 开　340 页

　　本论文集收论文 24 篇，附录 5 篇，集中在以下四个主题：一，对《琵琶记》的版本、文献考证。二，对《琵琶记》思想意义、人物形象的研究。三，《琵琶记》的艺术手法、曲牌声腔音乐研究。四，《琵琶记》创作动机及高明的戏剧观研究。

千古情缘

——《长生殿》国际学术研讨会论文集

谢柏梁　高福民主编

2006 年 12 月 1 版 1 次

58.00 元

大 32 开　716 页

　　本书为上海交通大学为庆祝建校 110 周年，与苏州市文广局联合主办的昆曲《长生殿》国际学术研讨会及大型演出活动的论文集。书中来自各高校和研究单位的著名学者讨论了昆曲作为"人类口头与非物质文化遗产"的历史命运和时代境遇，分析了清代洪昇《长生殿》的创作背景和改编过程，回顾了该剧的艺术渊源与文化传统，透视了苏州昆曲的美学特征与全本《长生殿》演出的审美风范。

昆剧全本《长生殿》创作评论集：钗盒情缘与历史兴亡的深度呈现

刘祯　谷好好主编　　史建　朱锦华　王艺睿副主编

2014 年 5 月 1 版 1 次

68.00 元

16 开　292 页

　　本书主创手记部分收录了台前幕后的工作人员的创作，从导演、编剧艰苦地起步编导，到演员的百折不挠，乃至琴师鼓师的努力，往常在舞台上所看不见的每一个个体都栩栩如生地跃然纸上。专家论评部分，从剧本到表演艺术的各个方面，深刻地揭示了昆曲全本《长生殿》的意义与价值。书后附录昆曲全本《长生殿》的相关资料。

新世纪曲学研究文存两种

赵义山主编

2003 年 12 月 1 版 1 次

28.00 元

大 32 开　280 页

　　本书是"梁廷枏暨第六届中国散曲研讨会"论文集，主要帮助读者重新认识清末曲家梁廷枏和他的《曲话》。论文作者有门岿、赵义山、吕薇芬、李修生等。研究方法和角度各不相同。全书分为"梁廷枏及其《曲话》研究"和"元明清散曲研究"两部分。

昆曲·春三二月天

——面对世界的昆曲与《牡丹亭》

华玮编

2009 年 12 月 1 版 1 次

78.00 元

大 32 开　568 页

　　该书为"面对世界——昆曲与《牡丹亭》"国际学术研讨会之论文与座谈结集。以当代国际视野的昆曲与《牡丹亭》为主题，讨论范围包括：昆曲艺术之当代传承与国际化发展，青春版《牡丹亭》的文化回响，《牡丹亭》作为戏剧文学的跨文化研究，昆曲作为人类非物质文化遗产的意义等。青春版《牡丹亭》其实践成功的意义，不仅是焕发"百戏之师"昆曲的青春，对当代戏曲各剧种的艺术继承和创新，也具有一定的指导和示范作用。从某种意义上说，任何一个剧种的生存和发展，都当借鉴该书所传递出的经验和良方。它为戏曲改革者和理论研究者提供了有价值的思考。

匡山诗海映千秋

——《庐山历代诗词全集》研讨会论文集

江西庐山风景名胜区管理局编

2012 年 1 月 1 版 1 次

36.00 元

大 32 开　320 页

　　本书内容大致涉及三大方面：一是有关庐山诗词的补遗和考辨，二是有关庐山诗词的诗学文化内涵探讨，三是关于《庐山历代诗词全集》的编纂出版价值和意义。

云间文学研究

上海市古典文学学会 上海市松江区文化广播电视管理局主办　黄霖主编

2009 年 12 月 1 版 1 次

38.00 元

32 开　316 页

　　本书为"云间文学研讨会"的论文集，共收录二十多篇论文。论文论述的范围相当广泛，包括对陆机、陆云直至姚鹓雏等松江历代文人的研究。其中有的论文重在考据，对作家生平及其作品作了开拓性的研究；有的论文视野开阔，结合时代文化的背景考察文学流变；有的论文从学术史的角度，回顾松江古典文学研究状况及其在海内外的传播与影响，并作学理反思，展望进一步的研究。这些论文言而有据，翔实可考，具有较高的学术质量。

（三）古典文学普及读物

古典文学普及读物

唐诗一百首

本社选注

1959 年 4 月 1 版 1 次

宋诗一百首

本社选注

1959 年 12 月 1 版 1 次

唐宋词一百首

胡云翼选注

1961 年 12 月 1 版 1 次

历代民歌一百首

商礼群选注

1962 年 8 月 1 版 1 次

唐代散文选注（全二册）

张起文选注

1962 年 10 月 1 版 1 次

宋代散文选注（全二册）

王水照选注

1963 年 3 月 1 版 1 次

古代戏曲选注

胡忌选注

（一）1959 年 9 月 1 版 1 次

（二）1960 年 11 月 1 版 1 次

（三）1962 年 9 月 1 版 1 次

话本选注（全二册）

本社选注

1960 年 3 月 1 版 1 次

先秦寓言故事选译

沈起炜译

1964 年 7 月 1 版 1 次

左传故事选译

施瑛选译

1961 年 7 月 1 版 1 次

国语国策故事选译

杨宏文选译

1961 年 12 月 1 版 1 次

史记故事选译（全二册）

本社选译

1959 年 6 月 1 版 1 次

两汉书故事选译

　　阳舒选译

　　1964 年 8 月 1 版 1 次

通鉴故事选译

　　苗敬一选译

　　1960 年 10 月 1 版 1 次

明清笔记故事选译

　　刘耀林选译

　　1962 年 2 月 1 版 1 次

聊斋故事选译

　　于在春选译

　　1961 年 12 月 1 版 1 次

中国古典文学作品选读

汉魏六朝诗一百首

　　王守华　赵山　吴进仁选注

　　1981 年 3 月 1 版 1 次

　　1987 年 12 月 1 版 4 次

　　0.85 元

　　长 32 开　114 页

　　两汉魏晋南北朝至隋代,是我国诗歌发展的重要阶段,作家辈出,各擅一时之胜。本书选录了这个时期有代表性的作家 55 人,作品 133 首,并加以说明和注释。

唐诗一百首

　　本社编

　　1978 年 5 月 1 版 1 次

　　1999 年 5 月 2 版 13 次

　　4.80 元

　　长 32 开　172 页

　　唐代是我国古典诗歌发展的全盛时期,知名的诗人有 2000 多人,现存的诗有 48000 多首。本书精选了 56 位著名诗人的 130 余首诗作,大多是长久以来脍炙人口、能反映唐诗风貌的作品。每篇都作了浅近的说明和解释。

宋诗一百首

　　本社编

　　1978 年 5 月 1 版 1 次

　　1999 年 5 月新 1 版 14 次

　　4.50 元

　　长 32 开　160 页

　　宋诗在唐诗的基础上发展起来,并有自己鲜明的特色。本书精选宋代著名诗人 59 人的作品 130 多首,每篇都作了浅近的说明和解释。

唐宋词一百首

　　胡云翼选注

　　1978 年 7 月 1 版 1 次

　　1999 年 10 月 1 版 14 次

　　5.40 元

　　长 32 开　172 页

　　本书选录唐宋著名作家的词 108 首,大致反映唐宋词的概貌。每首均加说明和注释。

元散曲一百首

　　萧善因选注

　　1982 年 4 月 1 版 1 次

　　0.38 元

　　长 32 开　84 页

　　本书酌选了关汉卿、王实甫、马致远、白朴、张可久、乔吉等名家名篇 100 多首,分为小令和套数两辑,加以通俗的注释和说明。

元明清诗一百首

　　陈友琴选注

　　1983 年 1 月 1 版 1 次

　　1987 年 10 月 1 版 3 次

　　0.76 元

　　长 32 开　96 页

　　本书选录了从元代至清的作品共 93 家 138 首,选材上注意到风格和题材的多样化,可以帮助读者了解这一时期诗歌创作的概况。

元明清词一百首

　　黄拔荆选注

　　1988 年 2 月 1 版 1 次

　　1.10 元

　　长 32 开　102 页

　　本书选录元明清至近代七百年中著名的词家 84 人

的作品 118 首,加以说明、注释和介绍。四朝精华,百家风味,尽收于一编之中,加上流畅而切中款要的注文,更为相得益彰。

近代诗一百首

钟鼎选注

1980 年 6 月 1 版 1 次

0.41 元

长 32 开　92 页

本书选有我国近代(鸦片战争至五四运动)具有代表性的作家 55 人,作品 130 余首。有作者介绍,说明和注释。

古代山水诗一百首

金启华　臧维熙选注

1980 年 8 月 1 版 1 次

1988 年 8 月 1 版 4 次

1.05 元

长 32 开　102 页

本书选录魏晋南北朝至清代中叶的山水诗作,凡 104 家 138 首,体现了不同时期不同作家山水诗的特色和风格。诗后均附有作者介绍、简要说明和注释。

古代民歌一百首

商礼群选注

1979 年 11 月 1 版 1 次

0.35 元

长 32 开　78 页

本书介绍了从先秦到晚清的具有不同风格和内容的 140 余首民间歌谣,选自《诗经》、《乐府诗集》、《敦煌曲子词集》、《粤风》以及多种民歌集。注释详细通俗,每首附有简单说明。

绝句三百首

葛杰　仓阳卿选注

1980 年 10 月 1 版 1 次

1999 年 10 月 2 版 9 次

8.80 元

长 32 开　272 页

本书选了唐、宋、元、明、清诸代的绝句诗 300 余首。有许多长期以来为人们喜爱的名篇,也有若干篇是人们不太熟悉的佳作。题材广泛,风格多样,每首诗后均有作者介绍、说明和注释。

汉魏六朝赋选注

裴晋南等选注

1983 年 8 月 1 版 1 次

0.42 元

长 32 开　96 页

赋盛行于汉魏六朝时期,以文字铺张、辞藻华丽、音节谐美著称。本书选录了该时期具有代表性的赋作 19 篇,由于赋的奇字僻句较多,本书在注释方面力求做到变艰深为平易。

汉魏六朝散文选注

曹融南选注

1983 年 8 月 1 版 1 次

0.34 元

长 32 开　76 页

本书选文 22 篇,多为各个时期重要作家的代表作品,其中有词旨朴茂、透辟酣畅的政论文,有意味隽永、动人心弦的抒情文,有文字简洁、自然优美的记叙文。入选的各篇都有简练扼要的说明,详尽允当的解释。

唐代散文选注

张㧑之选注

1979 年 4 月 1 版 1 次

0.57 元

长 32 开　132 页

本书收有唐代 23 家、56 篇散文作品,有游记、笔记、传论、书信、序跋、寓言等多种样式。其中有不少历来为人们所传诵的名篇,每篇均有详细的说明、注释。

宋代散文选注

王水照选注

1978 年 11 月 1 版 1 次

0.50 元

长 32 开　116 页

本书共收宋代著名作家 31 人近六十篇散文作品,其中不少是历来所传诵的名篇,如《五代史伶官传论》、《醉翁亭记》、《赤壁赋》等等。每篇有说明和注释。

明代散文选注

刘世德选注

1980 年 1 月 1 版 1 次

0.41 元

长 32 开　92 页

　　本书选入明代著名作家 22 人的散文 40 篇,题材多样,内容丰富,注释详明。

清代散文选注

　　王荣初　蔡一平选注

　　1980 年 8 月 1 版 1 次

　　0.43 元

　　长 32 开　96 页

　　本书选有清代著名作家 29 人所写散文作品 34 篇。其中有议论精辟的短论、杂感,有情思真切的抒情文章,也有描绘祖国锦绣河山的记游散文。附有简要的作者介绍、说明,及通俗易懂的解释。

近代散文选注

　　靳代选注

　　1985 年 10 月 1 版 1 次

　　0.68 元

　　长 32 开　100 页

　　本书共选鸦片战争至五四运动约八十年间的 23 位散文作家的作品 23 篇。这一时期文学领域发生了急剧的变化,近代进步散文逐渐取代了传统古文在文坛上的统治地位。本书所选,都是一些具有代表性的流派和作家的作品。

世说新语选注

　　张㧑之　刘德重选注

　　1987 年 12 月 1 版 1 次

　　0.94 元

　　长 32 开　84 页

　　“记言则玄远冷峻,记行则高简瑰奇”,这是鲁迅先生对《世说新语》艺术特色的概括评价。本书所选的 112 则,文学性和趣味性兼备。注释详明,分析深入浅出。

魏晋南北朝小说选注

　　刘世德选注

　　1984 年 9 月 1 版 1 次

　　0.39 元

　　长 32 开　86 页

　　本书选入魏晋南北朝小说 70 余篇,主要选自《笑林》、《列异传》、《博物志》、《西京杂记》、《神仙传》、《搜神记》、《语林》、《搜神后记》、《幽明录》、《世说新语》、《齐谐记》等书。涉及的有关小说的著作,都有简明介绍;所选作品,分别扼要说明和详明解释。

话本选注

　　本社选注

　　1980 年 6 月 1 版 1 次

　　0.47 元

　　长 32 开　108 页

　　本书共选入话本、拟话本八篇:《碾玉观音》、《错斩崔宁》(又名《十五贯戏言成巧祸》)、《快嘴李翠莲记》、《沈小霞相会出师表》、《王安石三难苏学士》、《杜十娘怒沉百宝箱》、《灌园叟晚逢仙女》、《刘东山夸技顺城门》。每篇都有简要说明和详细注释。

元代戏曲选注

　　胡忌选注

　　1983 年 12 月 1 版 1 次

　　0.38 元

　　长 32 开　90 页

　　元代杂剧是我国古代戏曲首先发展成完整形式的剧种,曲词优美,对后世的戏曲发展有很大的影响。本书精选了关汉卿《窦娥冤》、王实甫《西厢记》、石君宝《秋胡戏妻》、高明《琵琶记》等脍炙人口的作品 10 余种,加以通俗易懂的注释和深入浅出的分析介绍。

明代戏曲选注

　　冯金起选注

　　1983 年 11 月 1 版 1 次

　　0.33 元

　　长 32 开　72 页

　　明代戏曲有两大类:一是继承元杂剧而形成的明杂剧;一是由宋元南戏而新生的传奇。本书精选了朱有燉《黑旋风》、王九思《中山狼》、陈与郊《昭君出塞》、李开先《宝剑记》(林冲夜奔)、汤显祖《牡丹亭》、高濂《玉簪记》等名剧,每出戏都有通俗易懂的注释和深入浅出的分析介绍。

清代戏曲选注

　　萧善因选注

1983 年 10 月 1 版 1 次

0.51 元

长 32 开　88 页

本书选了洪昇《长生殿》、孔尚任《桃花扇》、李玉《清忠谱》、李渔《风筝误》、丘园《醉打山门》、蒋士铨《冬青树》、杨潮观《罢宴》、方成培《雷峰塔》等代表作的主要折子 17 出,从中可以欣赏到清代剧作的精华。对作品作了思想艺术分析,并加以深入浅出的注释。

古代日记选注

陈左高选注

1982 年 8 月 1 版 1 次

0.50 元

长 32 开　112 页

本书共节选宋代以来有代表性的日记 24 篇。作者通过对自己的生活经历和见闻感受的记述,把当时社会面貌和所发生的重大历史事件,更直接地、具体地表达出来。每篇附有作者介绍、内容说明和注释。

古代游记选注

刘操南　平慧善选注

1982 年 9 月 1 版 1 次

0.41 元

长 32 开　88 页

本书选录东晋至清代著名文学家的游记名作 28 篇。这些作品内容生动丰富、文字优美清新,记录了祖国各处名山大川、风景胜地以及边塞绝域的见闻和感受。文后附有说明和注释。

历代书信选注

吴大逵　杨忠选注

1982 年 8 月 1 版 1 次

0.40 元

长 32 开　88 页

本书选录汉代至清代有代表性的名家书信 27 篇。这些书信的作者大多是我国历史上的著名人物,所涉及的内容很广泛,包括政治斗争、家庭教育、论学、论文、旅游、议论时弊、评价人物、临难述志等。

历代楹联选注

赵浩如选注

1985 年 9 月 1 版 1 次

0.43 元

长 32 开　74 页

本书选注了我国历代楹联 150 余副,都是具有较高造诣的传世之作。书中既介绍了楹联的作者,也解说了楹联的内容,对联语中的典故作了简要说明。

诗经选译

赵浩如选译

1980 年 2 月 1 版 1 次

1988 年 2 月 1 版 4 次

0.90 元

长 32 开　86 页

本书从《诗经》中选择了有代表性作品 60 多篇,分别作了说明、注释、白话文翻译。

楚辞选译

陆侃如　龚克昌选译

1981 年 2 月 1 版 1 次

1988 年 2 月 1 版 4 次

0.82 元

长 32 开　80 页

本书选了屈原的主要作品《离骚》、《天问》、《九歌》、《九章》和宋玉的作品《九辩》等,加以通俗浅显的注释、说明,并译成现代汉语。

中国古代神话选译

真如选译

1994 年 12 月 1 版 1 次

4.00 元

长 32 开　84 页

本书采用选注、今译的方式,向读者介绍具有代表意义的中国古代神话,以及部分脍炙人口的民间神话传说故事,如开天辟地、女娲补天、龙伯钓鳌、精卫填海、夸父追日、牛郎织女、嫦娥奔月、鲤鱼跳龙门、姜太公钓鱼、月下老人、八仙过海等 60 则。

先秦寓言选译

沈起炜选译

1982 年 3 月 1 版 1 次

1988 年 2 月 1 版 4 次

0.82 元

长 32 开　76 页

先秦是寓言盛行的时代。本书选录寓言68则，都是历来人们喜闻乐见的故事，每篇均有扼要的说明、通俗的注释，并附白话译文。

先秦诸子散文选译（一）

杨宏选译

1979年9月1版1次

0.32元

长32开　72页

本书从《老子》、《庄子》、《荀子》、《韩非子》、《晏子春秋》等著作中选了19篇散文，加以注释，译成现代汉语。每篇前有简要说明。

先秦诸子散文选译（二）

杨宏选译

1981年1月1版1次

0.38元

长32开　84页

本书选录《管子》、《孙子兵法》、《论语》、《墨子》、《孙膑兵法》、《孟子》和《吕氏春秋》中的27篇文章，加以注释，并译成现代汉语。

左传故事选译

施瑛选译

1978年11月1版1次

0.36元

长32开　80页

《左传》形象而生动地记载了春秋时期的重要史实。本书选编了《曹刿论战》、《唇亡齿寒》、《城濮之战》、《越勾践灭吴》等15篇故事。每篇加说明、注释，并附白话译文。

国语故事选译

马达远选译

1985年11月1版1次

0.43元

长32开　74页

《国语》是我国第一部国别史，记载了上自西周穆王、下至鲁悼公的500年间周王朝及诸侯国大事。它也是历史散文结集，在散文发展史上有着不容忽视的承上启下的作用。本书入选故事26则，连环画家王亦秋还为本书绘了多帧插图。

战国策故事选译

刘耀林选译

1982年7月1版1次

0.44元

长32开　98页

《战国策》是一部记录战国时期纵横家思想和活动的著作。本书译注了其中35则故事，从一些侧面反映了当时政治军事、思想文化、社会生活等方面的情况，展现了许多有血有肉的形象和动人心弦的场景，情文并茂，脍炙人口。

史记故事选译（一）

梁弼选译

1978年7月1版1次

0.27元

长32开　60页

《史记》是西汉杰出历史学家和文学家司马迁所写的一部历史巨著，本书第一册选刊了《孙庞斗智》、《廉颇蔺相如》、《大泽乡起义》、《鸿门宴》等12篇著作。每篇除作简单的说明和注释外，附有白话译文。

史记故事选译（二）

张友鸾选译

1979年10月1版1次

0.36元

长32开　80页

本书从《史记》中选了《陶朱公》、《穰苴执法》、《伍子胥》、《冯弹铗》、《范雎入秦》、《诗人屈原》、《贯高不轻然诺》、《冯唐论将》、《神医扁鹊》、《冒顿单于》、《张骞通西域》、《淳于髡》、《优孟衣冠》、《河伯娶妇》等14个人物故事，加以注释说明，并译成现代汉语。

两汉书故事选译

傅元恺选译

1979年4月1版1次

0.36元

长32开　80页

本书从《汉书》中选了《周勃诛诸吕》、《张释之执法》、《苏武牧羊》、《霍光辅政》、《龚遂治渤海》，从《后汉书》中选了《昆阳之战》、《耿恭守疏勒》、《梁冀专权》、《范滂别母》、《神医华佗》等10篇故事，加以注释，译成现代汉语，每篇前有简要说明。

三国志故事选译

孔镜清选译

1981 年 10 月 1 版 1 次

0.43 元

长 32 开　98 页

本书从《三国志》中选译了三大战役《官渡之战》、《赤壁之战》、《夷陵之战》的记载,以及《六出祁山》、《蜀国三雄》、《建安七子》、《郑浑劝农》、《吕蒙读书》等人物故事共 15 篇。

汉魏六朝小说选

徐震堮选注

1956 年 11 月 1 版 1 次

0.42 元

32 开　158 页

本书选取汉魏六朝小说中故事性比较强、富有人性味的小说,其中《世说新语》选得最多,注释力求明确易懂。

唐代传奇选译

施瑛选译

1980 年 6 月 1 版 1 次

0.38 元

长 32 开　84 页

本书选了唐代传奇小说《柳毅传》、《南柯太守传》、《霍小玉传》、《李娃传》、《东城老父传》、《虬髯客传》,加以通俗的注释,作了白话文翻译。

通鉴故事选译

徐文选译

1981 年 4 月 1 版 1 次

0.56 元

长 32 开　130 页

《资治通鉴》是北宋杰出的史学家司马光主编的一部编年体通史。本书选录其中的《赵武灵王胡服骑射》、《卫青霍去病击匈奴》、《赵广汉治京兆》、《班超出使西域》、《肥水之战》、《玄武门之变》、《黄巢入长安》、《周世宗斩骄将惰卒》等 14 篇文章。每篇有简要说明和注释,后附白话译文。

明清笔记故事选译

刘耀林选译

1978 年 10 月 1 版 1 次

0.33 元

长 32 开　74 页

本书从明清笔记中选录了 18 篇作品,包括《三元里抗英》、《冯婉贞》等爱国反帝的斗争故事,《曹竹虚言》、《鬼避姜三莽》等不怕鬼的故事和《阎典史传》、《江天一传》等人物传记。每篇有简短说明和注释,后附白话译文。

聊斋故事选译

于在春选译

1978 年 7 月 1 版 1 次

0.37 元

长 32 开　84 页

《聊斋志异》是清代蒲松龄所写著名的短篇小说集。本书精选其中思想性、艺术性较好的作品 12 篇,包括《崂山道士》、《青凤》、《画皮》、《胭脂》等。每篇有简单的说明和注释,并附白话译文。

三曹诗文选注

韩泉欣　赵家莹选注

1994 年 12 月 1 版 1 次

3.80 元

长 32 开　76 页

曹操、曹丕、曹植父子,为建安文坛的领袖。他们的优秀作品,足以代表一代文学的成就。本书选三曹诗 43 首、文 16 篇,加以简明的解题和注释。

陶渊明诗文选注

唐满先选注

1982 年 3 月 1 版 1 次

0.31 元

长 32 开　68 页

陶渊明是我国晋代的伟大诗人。诗风冲淡爽朗,语言省净自然。他所开创的田园诗体,为古典诗歌开辟了一个新的境界。本书选诗 55 首,文 5 篇。各篇后均有简要的说明和通俗的注释。

初唐四杰与陈子昂诗文选注

王国安　王幼敏选注

1994 年 12 月 1 版 1 次

4.10 元

长 32 开　82 页

"初唐四杰"（王勃、杨炯、卢照邻、骆宾王）与陈子昂是开大唐一代诗风的先驱者,同时在今体诗格律的完善上也作出了很大的贡献。他们也是写作骈文的高手,像王勃的《滕王阁序》、骆宾王的《代李敬业传檄天下文》等都是中国散文史上的名篇。今从五人的文集中精选诗72首,文7篇,详加说明和解释。

高适岑参诗选注

涂元渠选注

1983年11月1版1次

0.45元

长32开　100页

高适、岑参是盛唐诗坛上卓有成就的诗人,他们的边塞诗写得尤为出色,为唐代诗歌创作开拓了广阔的题材和崭新的思想境界。本书选有高诗53首,岑诗72首,并加以简要分析和详明注释。

王维孟浩然诗选注

葛杰选注

1994年6月1版1次

3.90元

长32开　80页

王维、孟浩然都是盛唐诗坛代表作家,王诗以咏山水田园、隐逸生活居多,孟浩然是唐代第一个大量写山水诗的诗人,本书选王、孟各体代表诗作140首,分别加以简析详注。

李白诗选注

刘开扬　周维扬　陈子健选注

1989年9月1版1次

2.30元

长32开　118页

李白为唐代大诗人,他的作品浪漫奔放,奇丽壮观,为中国古典文学之瑰宝。本书选目精要,注释通俗准确,说明中兼有赏析,有助于读者阅读欣赏李白的作品。

杜甫诗选注

萧涤非选注

1984年4月1版1次

0.47元

长32开　106页

杜甫是我国唐代的大诗人。他的作品以广泛而深刻地反映重大的社会题材而获得"诗史"的美称。他在五言和七言的古体诗和律体诗方面的高度成就,曾把我国的诗歌艺术推到前所未有的高峰。本书选录杜甫诗歌120余首,加以简要的说明和注释。

韩愈诗选注

汤贵仁选注

1985年2月1版1次

0.53元

长32开　104页

韩愈的诗歌能独创一格,用盘空的硬语,铺张的议论,写成许多瑰丽的中篇和长篇诗章,同时他也写了不少清新可喜的短诗。本书精选他有代表性的诗作100余首,加以简明说明和注释。

韩愈散文选注

殷孟伦　杨慧文选注

1986年9月1版1次

0.61元

长32开　82页

韩愈散文具有多方面反映时代和社会生活的内容,具有"障百川而东之,挽狂澜于既倒"的巨大的气势和创新精神,一篇之中具有波澜迭起,意态万千的构思和风格。本书选注他的代表作品23篇,注文简明而能中其款要,流畅而能传其风神。

柳宗元诗文选注

胡士明选注

1988年11月1版1次

1.40元

长32开　86页

柳宗元是我国唐代大文学家,他的作品,无论散文或诗歌,在艺术上都有很高成就。本书选注柳宗元的诗36首、文24篇,可以从中了解这一代伟人的生平、思想和文学上的造诣。

白居易诗文选注

龚克昌　彭重光选注

1984年5月1版1次

0.46元

长32开　104页

本书选录唐代大诗人白居易的著名诗歌80多首、

论文 4 篇,包括《长恨歌》、《琵琶行》、《新丰折臂翁》、《卖炭翁》、《秦中吟》、《与元九书》等作品,并加以深入浅出的注释和说明。

刘禹锡诗文选注

吴汝煜　李颖生选注

1987 年 5 月 1 版 1 次

0.57 元

长 32 开　76 页

　　刘禹锡是唐代著名诗人和散文家,本书选录刘禹锡脍炙人口的诗 80 首、文 6 篇,作了生动简明的注释和介绍。

杜牧诗文选注

朱碧莲　王淑均选注

1982 年 9 月 1 版 1 次

0.29 元

长 32 开　62 页

　　本书选录唐代著名诗人杜牧的诗 60 多首,散文 4 篇,多为脍炙人口的名篇,如长诗《杜秋娘诗》,七言绝句《过华清宫绝句》、《江南春绝句》、《赤壁》、《清明》,散文《阿房宫赋》等。每篇有通俗的注释和简明的说明。

李商隐诗选注

陈伯海选注

1982 年 5 月 1 版 1 次

0.31 元

长 32 开　68 页

　　李商隐是晚唐时期一位才华卓异的诗人。本书选录李商隐各体诗歌代表作 60 余首。各篇"说明"、"解释",不仅为读者扫除词义上的障碍,而且注意疏通脉络,以助读者把握诗的意境。

李贺诗选注

沈惠乐选注

1994 年 6 月 1 版 1 次

3.60 元

长 32 开　72 页

　　在唐代诗坛上,李贺的诗歌以其丰富的想象、奇特的构思、新妙的比喻、浓郁的色彩及瑰诡的艺术境界而占有重要的地位。本书精选李贺的 80 余首代表作,用深入浅出的注释和通俗易懂的说明,将读者带入一个清

新华丽而又诡奇莫测的诗境之中,向读者展示了被喻为"鬼才"的李贺诗歌的奇特风格。

欧阳修诗文选注

宋心昌选注

1994 年 6 月 1 版 1 次

4.40 元

长 32 开　94 页

　　欧阳修的散文风格摇曳多姿,有一唱三叹之妙,与唐代韩愈齐名。诗风清逸,开一代宋诗新风。本书选欧阳修散文 26 篇、诗 39 首、词 15 首,每篇作品有说明和解释。

王安石诗文选注

高克勤选注

1994 年 6 月 1 版 1 次

4.50 元

长 32 开　94 页

　　王安石是宋代著名的政治家、思想家,同时也是杰出的文学家。本书精选王安石诗、词、文中有代表性的作品 100 余篇,加以深入浅出的注释。

苏轼诗词选注

王水照　王宜瑗选注

1990 年 8 月 1 版 1 次

1.80 元

长 32 开　92 页

　　苏轼多方面的文学创作实绩代表了北宋文学的最高成就。苏轼的诗歌气势磅礴,联想丰富、意境深邃。他的词,"新天下耳目",在中国词史上有着重要地位。本书选择苏轼各种风格的诗 80 首,词 50 首。各篇都有简要的题解分析、详明的注释。

苏轼散文选注

王水照　王宜瑗选注

1990 年 6 月 1 版 1 次

2.55 元

长 32 开　134 页

　　苏轼的散文作品,既代表了宋代散文平易自然的主体风格,又显示出雄健奔放、姿态横生、挥洒自如的富有个性的特色。本书选有苏轼各体散文 98 篇,书中的注释文字,详明精当,融会了选注者的许多研究心得。

柳永周邦彦词选注

周子瑜选注

1990 年 4 月 1 版 1 次

2.00 元

长 32 开　74 页

　　柳永、周邦彦是北宋两大词家,对古典词的声调技巧作出了重大贡献。他们又是爱情词的圣手,写了大量优美动人的抒情作品。本书入选两家的代表作 72 篇,每篇作品附有分析说明和词语注释及一些词的常识。

黄庭坚诗选注

陈永正选注

1985 年 10 月 1 版 1 次

0.40 元

长 32 开　68 页

　　黄庭坚出于苏轼门下,而与苏轼齐名,在诗歌史上有着较高的地位,被尊为“江西诗派”的领袖。黄诗有着严密的谋篇法度,讲究修辞造句,具有特殊的音乐美感。本书选注了他的各时期代表作 90 首,较好地反映了他富有个性的艺术风格。

李清照诗词选注

刘忆萱选注

1982 年 1 月 1 版 1 次

1987 年 10 月 2 版 1 次

0.53 元

长 32 开　50 页

　　李清照的词,在艺术上有相当高的成就,在文学史上历来享有崇高地位。她流传下来的少量诗作,颇有爱国思想,艺术上也有其鲜明的个性。本书选有李清照的诗 10 首,词 42 首,文 2 篇。所收的《词论》一文,反映了她对词艺的流变及其艺术方法的看法和主张。《金石录后序》是了解她一生坎坷遭遇和当时动乱社会的重要资料。每篇作品都有简要的说明和详细的注释。

范成大诗选注

高海夫选注

1990 年 1 月 1 版 1 次

1.95 元

长 32 开　72 页

　　范成大是南宋四大诗人之一,和陆游齐名。本书精选了他的代表作 120 首,全部诗篇按时序排列,读完本书可得到范成大诗的一个清晰概貌。

杨万里诗文选注

于北山选注

1988 年 7 月 1 版 1 次

1.45 元

长 32 开　80 页

　　杨万里是南宋四大诗人之一,他的诗灵巧轻快,抒情意味浓厚,世称“诚斋体”。本书选注了杨万里诗 125 首,散文 6 篇,注释精当,深入浅出,在已有杨万里出版物中,具有鲜明特色。

陆游诗文选注

孔镜清选注

1987 年 5 月 1 版 1 次

0.70 元

长 32 开　96 页

　　本书共选陆游诗 90 首,词、文各 10 余篇,都是感人肺腑、沁人心脾的佳作。各篇作品都附有深入浅出的分析介绍,注释详明,有助于读者欣赏和理解。

辛弃疾词选注

马群选注

1984 年 11 月 1 版 1 次

0.42 元

长 32 开　80 页

　　辛弃疾是宋词中豪放派的代表人物,是一个把一生献给南宋抗金复国斗争的爱国词人。他的作品不论思想内容或艺术技巧在同时代人中都达到了很高的境界。本书共选他的代表作品 76 首,附有说明和注释。

姜夔诗词选注

刘乃昌选注

1984 年 4 月 1 版 1 次

0.30 元

长 32 开　66 页

　　姜夔是南宋的著名词人。姜词以工于炼字炼句、格调高旷、音律谐美、具有高度的艺术技巧和形式上的完美著称。他的诗歌真率自然,以抒情见长。本书选录了他的代表作 100 首,加以简明的注释。

元好问诗文选注

钟星选注

1990 年 6 月 1 版 1 次

2.50 元

长 32 开　100 页

　　元好问是金代的最后一位诗人，元代的第一位诗人，也是北方鲜卑族的杰出文学家。不仅诗文创作冠金元两代，而且还提出了不少独到、进步的文学主张。本书入选元好问各时期的各体诗歌代表作 134 首，散文 6 篇，并加详注简析。

归有光散文选注

张家英选注

1985 年 11 月 1 版 1 次

0.41 元

长 32 开　58 页

　　归有光是明代中期的著名散文家，他的散文质朴无华，含蓄精炼，有独到的见地和真实的感情，并善于用生活琐事来表达人物和造成独特的意境，富有生活气息和诗意。归有光的散文对清代散文发展产生了很大影响，著名的桐城派散文家就十分尊崇他，本书共选录他的代表作品 24 篇，附有注释说明。

三袁诗文选注

李茂肃选注

1988 年 7 月 1 版 1 次

1.45 元

长 32 开　80 页

　　袁宗道、袁宏道、袁中道弟兄是明代文学有代表性作家，世称"公安派"，对后世影响较大。他们的诗文讲究"性灵"，具有强烈的抒情性。描写山水风貌的诗和记述旅游的文章最为脍炙人口。本书精选了三袁最有代表性的诗文共 60 多篇，加以精当的说明注释。

陈维崧词选注

梁鉴江选注

1990 年 9 月 1 版 1 次

2.05 元

长 32 开　96 页

　　陈维崧是清初著名的词人，清初三大家之一。他是中国古代作词最多的词人，继承了辛弃疾雄放豪迈的特

点，其作品气势浩大，波澜壮阔，具有极高的艺术价值和欣赏阅读价值。本书选目精当，注释力求明确透彻，说明概括作品艺术成就和内涵的思想感情。

吴伟业诗选注

高章采选注

1986 年 4 月 1 版 1 次

0.51 元

长 32 开　74 页

　　吴伟业是清初著名诗人。他身经明末清初的社会变化，诗歌往往激楚苍凉，凄艳婉转，渗透了兴亡之感，故国之思，具有鲜明的艺术特色。本书选录他的优秀作品 80 余首，加以注释说明。

朱彝尊诗词选注

王镇远选注

1988 年 7 月 1 版 1 次

1.25 元

长 32 开　104 页

　　朱彝尊是清代著名的学者兼诗人，他的词和词论取法南宋，标榜淳雅，更是开有清一代风气，执浙派词之牛耳。本书入选了朱彝尊诗词凡 105 首，注释诠解，简明扼要。

龚自珍诗文选注

唐文英选注

1989 年 6 月 1 版 1 次

1.45 元

长 32 开　88 页

　　龚自珍，清代杰出的文学家、思想家。他那独特的诗风、文风，"三百年来第一流"（柳亚子语），有"近代霸才"之誉。本书选诗近 70 首，文 10 篇，并详加注释、说明。

黄遵宪诗选注

刘世南选注

1986 年 11 月 1 版 1 次

0.50 元

长 32 开　64 页

　　黄遵宪曾长期出使日、美、英等国，是晚清时期鼓吹变法维新的先进人物，也是维新派"诗界革命"的主要代表。他的诗反映了资产阶级要求改革的思想，记录了近

代中国的重大事变,充满了爱国主义精神。写作上颇多创新,表现了纯熟的技巧。本书选黄诗代表作 50 余首,加以详明注释和分析。

中国古典文学作品选读(第一函)

1984 年 4 月 1 版 1 次

5.65 元

长 32 开　944 页

　　《中国古典文学作品选读》,是一套普及性的古典文学选本丛书。第一函为诗词曲选注本,包括:《汉魏六朝诗一百首》、《唐诗一百首》、《宋诗一百首》、《唐宋词一百首》、《元散曲一百首》、《元明清诗一百首》、《近代诗一百首》、《绝句三百首》、《古代民歌一百首》、《古代山水诗一百首》等 10 种。

中国古典文学作品选读(第二函)

1984 年 4 月 1 版 1 次

4.95 元

长 32 开　800 页

　　本函为散文选注本,包括:《汉魏六朝散文选注》、《唐代散文选注》、《宋代散文选注》、《明代散文选注》、《清代散文选注》、《古代日记选注》、《古代游记选注》、《历代书信选注》等 8 种。

中国古典文学作品选读(第三函)

1986 年 3 月 1 版 1 次

6.30 元

长 32 开　636 页

　　《中国古典文学作品选读》第三函包括选译本 8 种:《诗经选译》、《楚辞选译》、《先秦寓言选译》、《先秦诸子散文选译》(一)(二)、《唐代传奇选译》、《明清笔记故事选译》、《聊斋故事选译》。

中国古典文学作品选读(第四函)

1985 年 11 月 1 版 1 次

6.70 元

长 32 开　700 页

　　本函包括历史故事选译本 8 种:《左传故事选译》、《国语故事选译》、《战国策故事选译》、《史记故事选译》(一)(二)、《两汉书故事选译》、《三国志故事选译》、《通鉴故事选译》。

中国古典文学作品
选读丛书选汇

古文荟萃

本社编

1996 年 9 月 1 版 1 次

1997 年 10 月 1 版 2 次

26.00 元

长 32 开　1020 页

　　本书内含:曹融南《汉魏六朝散文选注》,张㧑之《唐代散文选注》,王水照《宋代散文选注》,刘世德《明代散文选注》,王荣初、蔡一平《清代散文选注》,辑自本社“中国古典文学作品选读”丛书。书中所选的 300 余篇散文,皆为历代高手佳作,入选各篇均有详明注释、扼要分析。选注者都是当今该领域的著名教授。

古诗荟萃

本社编

1989 年 9 月 1 版 1 次

1997 年 4 月 1 版 4 次

21.10 元

长 32 开　736 页

　　本书将“中国古典文学作品选读”丛书中的《汉魏六朝诗一百首》、《唐诗一百首》、《宋诗一百首》、《元明清诗一百首》合印成一册,全书计选 260 余家诗近 600 首,诸体皆备,内容丰饶,堪称历代诗歌名篇佳作荟萃。每诗均有简要的注释和说明。

词曲荟萃

本社编

1996 年 9 月 1 版 1 次

1997 年 9 月 1 版 2 次

18.40 元

长 32 开　692 页

　　本书内含:胡云翼《唐宋词一百首》、黄拔荆《元明清词一百首》、萧善因《元散曲一百首》、商礼群《古代民歌一百首》。全书荟萃名篇佳作 500 余首,对入选的每首作品都作了详明注释和简要分析。

古代短篇小说荟萃

本社编

1997 年 8 月 1 版 1 次

25.00 元

长 32 开　864 页

　　本书将"中国古典文学作品选读"丛书中的《魏晋南北朝小说选注》、《唐代传奇选译》、《话本选注》、《明清笔记故事选译》、《聊斋故事选译》合印。从 40 余种中国古代文言、白话小说集中，辑出 100 余篇上乘佳作，或注或译，均作简析，并配有插图 30 幅。

史书故事荟萃（一）

本社编

1997 年 8 月 1 版 1 次

22.20 元

长 32 开　756 页

　　本书系由"中国古典文学作品选读"丛书中的《左传故事选译》、《国语故事选译》、《战国策故事选译》、《通鉴故事选译》汇编而成。全书选有精彩历史故事 90 则，各篇皆有夹注、译文和简析，并配有生动插图 17 幅。

史书故事荟萃（二）

本社编

1997 年 8 月 1 版 1 次

20.80 元

长 32 开　624 页

　　本书含"中国古典文学作品选读"丛书中的《史记故事选译》（一）、（二），《两汉书故事选译》和《三国志故事选译》。全书选有历史故事 50 余则，各篇皆有夹注、译文和简析，并配有插图 8 幅。

诗词曲精选系列

诗词曲精选系列（全十册）

赵昌平　丁如明等注译

2000 年 6 月 1 版 1 次

盒装 100.70 元

32 开　2016 页

　　盒内装有《古诗一百首》、《唐诗一百首》、《宋诗一百首》、《唐宋词一百首》、《元曲一百首》、《元明诗一百首》、《元明词一百首》、《明清曲一百首》、《清诗一百首》、《清词一百首》共 10 册。这套系列读物入选的作品既有时间的跨度、体裁的兼取，又顾及各种流派和风格，代表作家和作品的集聚。采取注释、今译和评点相结合的形式，来帮助阅读理解。

古诗一百首

王运熙　邬国平注译

1997 年 4 月 1 版 1 次

2009 年 9 月 1 版 7 次

15.00 元

32 开　240 页

　　本书选录、注释、今译、评点先秦至隋代古体诗 127 首，很能反映古诗的发展全貌及历代的优秀作品。

唐诗一百首

赵昌平　丁如明注译

1997 年 5 月 1 版 1 次

2009 年 9 月 1 版 13 次

14.00 元

32 开　184 页

　　本书精选唐诗 100 多首，加以注释、今译、评点。译诗能准确而艺术地传达出原作的意蕴和神韵。评点深入浅出，揭示诗作的特色。

唐宋词一百首

吴熊和等注译

1997 年 5 月 1 版 1 次

2009 年 9 月 1 版 11 次

15.00 元

32 开　244 页

　　全书遴选唐宋词精品 100 余首，注释言简意赅，今译言文对照，评点阐微抉隐。

宋诗一百首

王水照　朱刚注译

1997 年 4 月 1 版 1 次

2009 年 9 月 1 版 7 次

13.00 元

32 开　184 页

　　本选集择录了 100 多首最具"宋调"面目的名作，予以简明扼要的注释，追求"信"、"达"、"雅"的今译以及点到即止的评论，形象地展示了宋诗的特有魅力。

元曲一百首

蒋星煜　张漱注译

1997 年 1 月 1 版 1 次

2009 年 9 月 1 版 7 次

12.00 元 32 开 164 页

全书遴选元曲精品 100 余首,并作有注释、今译、评点。

元明诗一百首

李梦生注译

1999 年 7 月 1 版 1 次

2000 年 2 月 1 版 2 次

9.20 元

32 开 192 页

元明诗歌在学习唐人及纠正宋诗弊病方面成就显著,名家辈出,流派纷呈。本书精选了元明两代诗歌 110 首,注释,今译,并评点分析。

元明词一百首

曹明纲注译

1999 年 9 月 1 版 1 次

2000 年 5 月 1 版 2 次

9.30 元

32 开 216 页

元明两代词坛虽比较沉寂,但依然涌现出了许多优秀词人和优秀作品。本书收录元明两代 79 位作家的 102 篇作品,注释、今译、评点。

明清曲一百首

史良昭注译

1999 年 9 月 1 版 1 次

2000 年 5 月 1 版 2 次

9.10 元

32 开 180 页

明清散曲是当时的"流行歌曲",创作数量则大大超过前代。本书选录明清两代 102 篇当时曲坛上流传的佳作,作了白话翻译,加以评点,有比较,有分析。

清诗一百首

王英志注译

1999 年 8 月 1 版 1 次

2000 年 2 月 1 版 2 次

9.50 元

32 开 208 页

清代诗歌是我国古典诗歌的集大成者;其艺术成就与重要历史地位举世公认。本书选录 130 余首名篇,予以注释、今译,并加评点。

清词一百首

王兴康注译

1999 年 12 月 1 版 1 次

2000 年 3 月 1 版 2 次

9.40 元

32 开 256 页

本书就有清一代不下万名作者及不下二十万首词作中,精心遴选近 40 家凡 100 首词作,所选均名家名作,予以简注和今译。

彩图本诗词曲一百首系列

古诗一百首(彩图本)

王运熙 邬国平选译 何许英配图

2002 年 6 月 1 版 1 次

20.00 元

长大 32 开 160 页

本书从唐前古体诗中选录名作 127 首,并加白文今译;又根据诗意,另配本事及示意彩图百余幅,能使人在古诗画的巧妙映合中感受中国传统文化的深厚底蕴。

唐诗一百首(彩图本)

赵昌平 丁如明选译 李保民配图

2002 年 6 月 1 版 1 次

20.00 元

长大 32 开 158 页

本书精选唐诗 100 余首,每首配上准确、生动、流畅的译文、精练的评点、名家所绘诗意图,以及部分书法、篆刻名作。

宋诗一百首(彩图本)

王水照 朱刚选译 何许英配图

2002 年 6 月 1 版 1 次

20.00 元

长大 32 开 168 页

本书选宋诗 100 多首,以雅洁的文笔今译,同时配有本事或示意彩图 100 多幅。

唐宋词一百首(彩图本)

吴熊和 徐枫 陶然选译 盖国梁配图

2002 年 6 月 1 版 1 次

20.00 元

长大 32 开　160 页

本书遴选唐宋词精品,附古评今译,每词皆配以彩色古画插图。

元曲一百首(彩图本)

蒋星煜　张溦选译　盖国梁配图

2002 年 6 月 1 版 1 次

20.00 元

长大 32 开　160 页

全书遴选元曲精品 100 余首,裁择各派、各家、各种题材、体裁、风格的名篇佳作,最大限度地反映了元曲的全貌。今译雅致精当,配以古代名家彩图 100 余幅。

诗词曲图文本系列

图文本三百首系列

蘅塘退士编选　盖国梁等注评

2000 年 1 月 1 版 1 次

盒装三册

2000 年 12 月 1 版 1 次

盒装五册125.00 元

长大 32 开

盒内装有《唐诗三百首》、《唐宋词三百首》、《元曲三百首》、《宋诗三百首》、《古诗三百首》图文本精美图书五种。

古诗三百首(图文本)

曹明纲编选　高克勤　王立翔等注评

2000 年 9 月 1 版 1 次

2002 年 6 月 1 版 4 次

25.00 元

长大 32 开　352 页

本书遴选了唐以前历朝各体诗歌 300 首。古诗直抒胸臆、自然成文,将声文辞采与自然情性统一起来,为唐人完成古今体分流作好了准备。本书古画插图,专家点评,辅以精要的注释。

唐诗三百首(图文本)

蘅塘退士编选　盖国梁等注评

平装1999 年 5 月 1 版 1 次

平装2010 年 8 月 2 版 1 次

平装2015 年 3 月 2 版 6 次

25.00 元

长大 32 开　398 页

线装2001 年 6 月 1 版 1 次

线装2011 年 1 月 2 版 1 次

线装2013 年 8 月 2 版 2 次

线装398.00 元

长 16 开　398 页

《唐诗三百首》是我国传播最广影响最大的唐诗选本。为适应不同层次读者的阅读品位和欣赏趣味,出版双色套印的线装和平装图文本。注释准确,评语隽永。配制数百幅优美图画。

唐宋词三百首(图文本)

盖国梁编选　赵昌平等注评

平装1999 年 9 月 1 版 1 次

平装2004 年 1 月 1 版 10 次

25.00 元

长大 32 开　380 页

线装2001 年 12 月 1 版 1 次

线装2005 年 10 月 1 版 3 次

线装198.00 元

长 16 开　330 页

本书遴选唐宋词 300 首,包容各派、各家、各种风格的杰作,作者面广,体裁完备,精华毕呈,全面、系统反映唐宋词风貌。全书有注释,有点评,插图以视觉形象与词境互映诱导读者的通感。

宋诗三百首(图文本)

高克勤编选　曹明纲等注评

2000 年 4 月 1 版 1 次

2001 年 12 月 1 版 4 次

25.00 元

长大 32 开　348 页

宋诗形成了独具的诗美特征。钱钟书说:"唐诗多以丰神情韵擅长,宋诗多以筋骨思理见胜。"本书有注释,有点评,有古画插图,诗人谱配有诗人绣像。

元曲三百首(图文本)

史良昭编选　李梦生等注评

1999 年 12 月 1 版 1 次

2001 年 12 月 1 版 6 次

25.00 元

长大 32 开　358 页

　　唐诗、宋词、元曲,在中国文学史上鼎足并峙。"诗雅词丽曲俗",元曲以其通俗活泼的风格与贴近生活的表现内容,让人耳目一新。本书展示了元曲的大致风貌与发展脉络。此书古画插图,专家点评,辅以精要的注释。

元明清词三百首(图文本)

庞坚编选　罗立刚等注评

2002 年 4 月 1 版 1 次

25.00 元

长大 32 开　350 页

　　我国宋代是词的巅峰期。至清代,词又出现了第二个高峰。元明清三朝的词作在数量上已远远超过宋词,众多的词作中自然有无数精品。本书力图展示唐宋以后的名篇佳作,每首词有夹注、有点评,配有古画和古评。

元明清诗三百首(图文本)

李梦生编选　史良昭等注评

2001 年 12 月 1 版 1 次

2002 年 6 月 1 版 2 次

25.00 元

长大 32 开　348 页

　　元明清三代,才人辈出,执此一书,大致可窥见唐宋之后中国诗歌轨迹的走向和概貌,其间的诗歌菁华,基本已备于此。全书有今人点评,有夹注、古评,每诗均配图。

近代诗词三百首(图文本)

李保民编选　聂世美等注评

2004 年 8 月 1 版 1 次

25.00 元

长大 32 开　338 页

　　近代诗人、诗歌的数量,都是前所未有的。鸦片战争的硝烟,中西文化的碰撞,决定了近代诗歌开放、多元的特点。本书选录近代诗、词共三百余首,采用夹注的方式,配以图画点评。

律诗三百首(图文本)

李梦生编选　丁如明等注评

2001 年 9 月 1 版 1 次

2003 年 5 月 1 版 3 次

25.00 元

长大 32 开　352 页

　　格律诗是由无数诗人的创作实践经验和成果积聚凝结而成的。唐代是律诗最光辉的时期,宋元诸贤、明清群彦,则皆于遭变中上承其余荫。该书有注释、点评,每诗均有古代绘画配图。

绝句三百首(图文本)

仓阳卿编选　葛杰 仓阳卿注评

2003 年 12 月 1 版 1 次

25.00 元

长大 32 开　350 页

　　绝句是捕捉瞬间灵感、驰骋空间想象、抒发心志最快捷的理想载体。千百年来,无数诗人使绝句这片百花苑硕果累累,异彩缤纷。全书遴选自唐至清名篇佳作三百余首,每首诗歌作了精彩的点评注释,并配以古画、古评。

情诗三百首(图文本)

史良昭编选　盖国梁等注评

2001 年 11 月 1 版 1 次

2002 年 6 月 1 版 3 次

25.00 元

长大 32 开　338 页

　　本书所选是我国有史以来最精彩的情诗,每首诗都足以令人怦然心动。全书有配图、有点评、有注释,诗境画趣,相映生辉。

情词三百首(图文本)

奚彤云编选　盖国梁等注评

2002 年 12 月 1 版 1 次

25.00 元

长大 32 开　336 页

　　词是古时候的歌;情是流不尽的河。三百首勾勒出古典情词千余年来的蜿蜒踪迹。书末附"情歌流韵",遴选近现代流行的爱情歌曲中最美最动人的金言萃句。

趣味诗三百首(图文本)

盖国梁编选　田松青等注评

2001 年 12 月 1 版 1 次

2002 年 6 月 1 版 2 次

25.00 元

长大 32 开　336 页

本书搜集历代数百家的趣味诗近 80 类,诸如神智体诗、连环诗、绕头诗、宝塔诗、十字图诗、拆字诗、字谜诗、圈儿诗、离合诗、顶针诗、回文诗、数名诗、汤头歌、建除诗、风人诗、戏拟诗、打油诗等三百余首,注释精到,点评着重阐明了各诗的创作特异之处,每诗均有配图。

旅游诗三百首(图文本)

田松青编选　曹明纲等注评

2003 年 8 月 1 版 1 次

25.00 元

长大 32 开　350 页

本书从大量有关作品中遴选出最能代表中华美景的诗画,加以注解点评,为您卧游名山大川、追寻奇景胜迹,发挥引导和启示作用。

千家诗(图文本)

［宋］刘克庄　谢枋得编选　杨万里等注评

2002 年 4 月 1 版 1 次

20.00 元

长大 32 开　272 页

《千家诗》在古代曾广泛地被各地的村塾学馆采为课本。最显著的特点是易于成诵,只收七言绝、律和五言绝、律四体。全集选诗 226 首,内容大多单纯易晓,文字浅显通俗。此书每诗都配古画,加以注评。

花间集(图文本)

［后蜀］赵崇祚编著　李保民等注评

2002 年 11 月 1 版 1 次

34.00 元

长大 32 开　250 页

《花间集》是我国第一部词的总集,收入晚唐至五代词共 500 首,在中国词史上占有重要的位置。本书对每首词注释赏析,配上近 500 幅精选的词意图,带你轻轻松松地进入婉约词的美学领域。

袖珍诗词曲图文本系列

古诗三百首(袖珍图文本)

曹明纲编选　高克勤　王立翔等注评

2003 年 12 月 1 版 1 次

2004 年 2 月 1 版 2 次

14.00 元

64 开　350 页

本书遴选了唐以前历朝各体诗歌 300 首,有古画插图、专家点评。

唐诗三百首(袖珍图文本)

蘅塘退士编选　盖国梁等注评

2003 年 12 月 1 版 1 次

2007 年 1 月 1 版 5 次

14.00 元

64 开　350 页

中国自有选本以来,传播最广影响最大的无过于《唐诗三百首》了。本书注解点评,并配以古画。

唐宋词三百首(袖珍图文本)

盖国梁编选　赵昌平　曹明纲等注评

2003 年 12 月 1 版 1 次

2007 年 1 月 1 版 5 次

14.00 元

64 开　350 页

本书为《唐宋词三百首》图文本的袖珍本。有注释点评,古画插图。

宋诗三百首(袖珍图文本)

高克勤编选　曹明纲等注评

2003 年 12 月 1 版 1 次

2004 年 2 月 1 版 3 次

14.00 元

64 开　350 页

宋诗在唐诗之外形成了独具的诗美特征。读者从本书中将会获取更全面、丰富的审美愉悦。

元曲三百首(袖珍图文本)

史良昭编选　李梦生等注评

2003 年 12 月 1 版 1 次

2004 年 2 月 1 版 2 次

14.00 元

64 开　350 页

元曲以其通俗活泼的风格和贴近生活的表现内容,让人耳目一新。本书选了关汉卿、马致远等近百位作家的菁华杰作,古画插图,专家点评,辅以精要的注释。

心之约
——情诗三百首(袖珍图文本)

史良昭编选　盖国梁等注评

2003 年 11 月 1 版 1 次

20.00 元

64 开　350 页

本书充分展示了情诗的古典风韵,又能赋予古诗以现代品质。

灵之舞
——情词三百首(袖珍图文本)

奚彤云编选　盖国梁等注评

2003 年 11 月 1 版 1 次

20.00 元

64 开　350 页

本书勾勒古典情词千余年来的蜿蜒踪迹。袖珍图文本形式,便于携带,合乎时尚。

新世纪古典文学经典读本

诗经楚辞选评

徐志啸撰

2002 年 10 月 1 版 1 次

2008 年 4 月 1 版 3 次

10.00 元

大 32 开　170 页

《诗经》、《楚辞》分别开启了中国文学中的现实主义和浪漫主义两大源头。《诗经》大体是黄河流域的上古歌谣,《楚辞》几乎可以看作长江流域的文人绝唱。前者是清醒的现实主义,后者是积极的浪漫主义。本书精选《诗经》、《楚辞》的代表性篇章,配以精炼恰当的评语,附有数十幅古人插图。

古诗十九首与乐府诗选评

曹旭撰

2002 年 12 月 1 版 1 次

2009 年 11 月 1 版 5 次

12.50 元

大 32 开　228 页

《古诗十九首》及汉魏六朝的乐府诗(包括一些民歌民谣)历来被视为中国古典诗歌的源头之一。本书共遴选汉魏古诗、乐府诗 100 首,注释评析,在发掘汉魏古诗、乐府诗的内涵,描述其概貌,揭示其思想艺术特点、对后世的影响,及其在诗学史上的地位诸方面,作了有价值的探索。

三曹诗选评

陈庆元撰

2002 年 10 月 1 版 1 次

2004 年 7 月 1 版 2 次

12.00 元

大 32 开　220 页

曹操、曹丕、曹植父子是建安文学乃至魏晋文学的并峙三峰。三曹的诗作生动反映了战乱频仍时代的百姓苦难和积极建功立业的理想抱负,胎息乐府,腾踊五言,开创了一个"以情纬文,以文被质"的文学新时代。本书精选三曹代表性的诗作 92 篇,注释简明扼要,评析切中肯綮。

陶渊明谢灵运鲍照诗文选评

曹明纲撰

2002 年 10 月 1 版 1 次

2009 年 11 月 1 版 3 次

11.00 元

大 32 开　196 页

一个是风姿潇洒而又时露峥嵘的隐逸诗人,一个是心高气傲、才情脱俗的山水诗人,在中国诗坛上,陶渊明与谢灵运皆为具有里程碑意义的人物。继起的鲍照诗风格俊逸,与谢诗均有新警秀绝之誉,他写作的辞赋和骈文在六朝亦堪称一流。合三才佳作于一册,浏览品味,其妙无穷。

谢朓庾信等作品选评

杨明　杨焄撰

2002 年 10 月 1 版 1 次

12.00 元

大 32 开　216 页

南朝齐永明(483—493)以后,诗歌创作中开始实践声律论,逐渐产生了咏物和宫体两大题材,作品声音和谐悦耳,风格更趋清丽圆转,为唐代诗史高峰的出现作了极为关键的铺垫。本书重点介绍了谢朓、庾信的生平和创作,并附及齐、梁、陈诗坛的其他名家名作。

王维孟浩然诗选评

刘宁撰

2002 年 12 月 1 版 1 次

2007 年 4 月 1 版 3 次

13.50 元

大 32 开　248 页

　　王维的山水诗多写无我之境，体物精细，状写传神；而孟浩然的山水诗则多有我之境，抒怀壮逸，摹画韵高。他们的诗多反映隐逸生活，艺术上极见功力，具有独特成就。此书选择其各个时期具有代表性的诗作，每首诗后均加以详尽的注释和深入的评析。

高适岑参诗选评

陈铁民撰

2002 年 12 月 1 版 1 次

2004 年 7 月 1 版 2 次

11.50 元

大 32 开　200 页

　　高适和岑参是唐代边塞诗歌的代表作家，本书精选高适、岑参的代表作品，结合二人的生平经历，以史说诗，讲析诗意作法，点评艺术特色，凸显二人同中有异的创作风格。

李白诗选评

赵昌平撰

2002 年 12 月 1 版 1 次

2009 年 11 月 1 版 4 次

15.00 元

大 32 开　266 页

　　狂傲、蔑视权贵的"谪仙"李白形象在人们的心目中存在得太久了。本书著者一反陈说，以新的视角阐释李白及其作品，以令人信服的材料、饱含同情的笔触，去描绘李白的人生历程，令读者自然而然地为李白的悲剧性格与著者的深情精辟评判所扣动心扉，是一本富有创见的通俗读物。

杜甫诗选评

葛晓音撰

2002 年 10 月 1 版 1 次

2008 年 4 月 1 版 3 次

12.00 元

大 32 开　216 页

　　杜甫诗是形式与内容的高度有机统一：重大的社会生活与精工顿挫的诗法完美结合。本书让我们重读杜诗，使美好的生命注入意义，使喧嚣的生活重归冷静。

刘禹锡白居易诗选评

萧瑞峰　彭万隆撰

2002 年 10 月 1 版 1 次

2003 年 6 月 1 版 2 次

11.00 元

大 32 开　196 页

　　刘禹锡以对诗歌题材的拓展、对传统主题的深化及对诗歌体式的革新，为唐诗的发展作出了卓越的贡献。白居易一生留下了近三千诗作，还提出了一套完整的诗歌理论。他是唐代新乐府运动的倡导者，被誉为"堪与杜甫比肩的伟大诗人"。这个选本将诗人生平和作品讲评有机地组合在一起。

柳宗元诗文选评

尚永亮撰

2003 年 12 月 1 版 1 次

15.00 元

大 32 开　240 页

　　因永贞革新运动惨遭失败，作为积极参与者的柳宗元遭受贬谪，被抛弃、被闲置的生涯，伴随着孤独和苦闷，柳宗元的文学创作具有了一种超凡脱俗的深度。其诗歌幽怨峭厉、淡泊古雅兼具；寓言讽刺文笔犀利、寄托深远；而融入了自身遭际和抑郁情怀的山水游记，更是独树一帜。本书选注评点柳宗元 60 余篇诗文，融会前修时贤多方面的成果，较好体现了柳宗元文学特性。

韩愈诗文选评

孙昌武撰

2002 年 12 月 1 版 1 次

2003 年 7 月 1 版 2 次

13.50 元

大 32 开　240 页

　　"韩柳文章李杜诗。"韩愈以"文章"著称。他是历史上第一流的散文家，是"古文运动"的领袖。该书选择其具有代表性的各体诗文，加以详尽的注释和评析，力求反映韩愈思想和创作成就的全貌。

李贺诗选评

陈允吉 吴海勇撰

2004 年 10 月 1 版 1 次

14.50 元

大 32 开 228 页

中唐诗人李贺《昌谷集》内多数作品无法进行确切系年,因此这个选本的编次,即按照入选诗篇所显示的题旨,析为六大类,分别予以注释和介绍。诗歌的述评致力于揭示题意及阐介艺术特色,注意发掘作品寓藏的人生哲理和诗人特定的创作心态。

李商隐诗选评

刘学锴 李翰撰

2003 年 12 月 1 版 1 次

2006 年 10 月 1 版 2 次

15.00 元

大 32 开 248 页

李商隐的《无题》诗,忧伤、执着而美丽,李商隐给人的印象,如春蚕吐丝,缠绵委曲;如红楼隔雨,凄艳迷离。本诗选大致依据李商隐生平履历,将其诗歌创作分为三大阶段,以利读其诗知其人,知其人而悯其情。

杜牧诗文选评

吴在庆撰

2002 年 10 月 1 版 1 次

2004 年 7 月 1 版 2 次

14.00 元

大 32 开 248 页

晚唐诗人杜牧,其诗歌尽显其豪迈与柔情兼具的个性,为他赢得"小杜"之美誉。本书荟萃杜牧各个时期的名篇佳作百多篇,按时间先后编排,配以准确的注释和融会众说的讲评。

柳永词选评

谢桃坊撰

2002 年 10 月 1 版 1 次

2004 年 4 月 1 版 2 次

11.00 元

大 32 开 192 页

本书作者将柳永词放在宋代市民文学勃兴这一大的文化背景中加以观照,对柳永的生平和创作作了全面的介绍和中肯的评析,尤其是作者对柳词与新兴市民阶

层思想情感关系的论述、对羁旅词在思想艺术上的开拓与创新所作的评价,都体现了新的学术观点,具有启发意义。

欧阳修诗词文选评

黄进德撰

2004 年 10 月 1 版 1 次

12.00 元

大 32 开 204 页

欧阳修是宋代大文学家,唐宋八大家之一,他的散文以匡时救弊、刷新吏治为目的,富于现实针对性;他的诗一扫唐五代宋初积习,以理取胜,语言平易自然,音节工整和谐,对后世影响很大。他的词继承了南唐婉约风格,旖旎多情,为一代宗师。本书介绍了他的生平,选评了他的传世名作。

王安石诗文选评

高克勤撰

2002 年 12 月 1 版 1 次

2004 年 4 月 1 版 2 次

13.00 元

大 32 开 228 页

王安石首先是一位政治家,但他的文学创作实绩却让他站到了宋代文学一流作家的行列,所作如《明妃曲》、《桂枝香》、《答司马谏议书》、《题西太一宫壁》等诗词文,历来脍炙人口。本书将王安石作品编年讲评,结合时事和个人遭际,故能深入作家作品的深层底蕴。

苏轼诗词文选评

王水照 朱刚撰

2004 年 10 月 1 版 1 次

2006 年 10 月 1 版 4 次

14.00 元

大 32 开 236 页

本书从士大夫思想和人生态度与政治环境的冲突、交融中把握苏轼的创作,选取分析的作品既有脍炙人口的传统名篇,也有新近获得关注的佳作。除了反映其写作艺术的高超外,更重要的是展现出一个文化人的内在精神空间。

黄庭坚诗词文选评

黄宝华撰

2003 年 12 月 1 版 1 次

13.00 元

大 32 开　216 页

王安石时期的新旧党争，其实就是关于社会发展该走什么样的道路的论争。大批"学而优则仕"的读书人被卷入其中，黄庭坚是其中的一员。本书真实地记录了黄庭坚入仕以后所经历的兴衰荣辱，体现了这一段历史时期内知识分子的普遍命运。对黄庭坚的诗学成就，书中也有详细介绍。

秦观诗词文选评

徐培均　罗立刚撰

2003 年 12 月 1 版 1 次

12.00 元

大 32 开　176 页

秦观在"苏门四学士"中，最为东坡所称道。他作诗为文，专主情致。无论是诗是词是文，处处皆为真情熔铸，绝无虚言浪语掺杂。特别是他的词作，细腻婉美，刻画入微，最能感动人心。本书在讲评其代表词作之外，还特地选了一部分诗、文、辞赋，目的是想还秦观以完整面目——一个诸体兼擅、全面发展的多情文人。

周邦彦词选评

刘扬忠撰

2003 年 12 月 1 版 1 次

13.00 元

大 32 开　200 页

周邦彦是继苏轼之后的词坛新领袖。他有深厚的辞章修养，妙解音律，有"顾曲周郎"之誉。他作词既重篇章辞句，又重音律之美；能清能丽，亦雅亦俗。从风格情调和艺术技巧上来看，他的词的确称得上是当行本色的好词。本书收入周邦彦在各个时期创作的各种风格的词作共 80 首，注释简洁明了，评点短小精悍，尤能发掘清真词的隐微。

李清照诗词文选评

陈祖美撰

2002 年 10 月 1 版 1 次

2006 年 10 月 1 版 4 次

9.00 元

大 32 开　156 页

本书从考察李清照幼年丧母，继母抚育，父亲遭党争迫害，自己屏居乡里，中年丧夫，躲避战乱，再婚失败，

终身不育等身世入手，评述她在各个时期的诗词作品，揭示出隐藏在表层意象之下的深刻内涵和悠悠心曲。

陆游诗词选评

蔡义江撰

2002 年 12 月 1 版 1 次

2008 年 4 月 1 版 3 次

12.50 元

大 32 开　224 页

本书以精练而富有文采的笔触介绍南宋著名爱国诗人陆游的生平和作品，有叙有注有评，资料性、学术性、文学性、可读性融为一体。

辛弃疾词选评

施议对撰

2002 年 10 月 1 版 1 次

2007 年 4 月 1 版 3 次

10.00 元

大 32 开　176 页

辛弃疾一生以气节自负，以功业自许，而终生不被重用，发为歌词，悲壮激越。本书以生平叙述统领名篇注释评析，见解独特。

关汉卿戏曲选评

翁敏华撰

2002 年 12 月 1 版 1 次

2005 年 2 月 1 版 2 次

12.00 元

大 32 开　212 页

中国戏曲史上最多产、最杰出的剧作家关汉卿长期活跃于勾栏瓦舍，沉潜于社会底层，而熟谙生活的本真。他的作品把握了瞬息万变的世态物情，机智风趣，且又能揭示人性的细微差别。本书选取关剧名篇 12 种、散曲十多首，以生动的语言串讲剧情、曲意，注释赏评。

《西厢记》选评

李梦生撰

2002 年 12 月 1 版 1 次

2005 年 2 月 1 版 2 次

7.50 元

大 32 开　138 页

王《西厢》文辞婉丽通脱，情节摇曳多姿，人物出神

入化。本书以剧情串讲与片断释读相穿插的形式,剖析全剧的"文心",凸显原作的精华,使读者能深切感受《西厢》的妙手天成。

《牡丹亭》选评

赵山林撰

2002 年 12 月 1 版 1 次

2005 年 2 月 1 版 2 次

13.00 元

大 32 开　232 页

　　明代传奇《牡丹亭》至今仍成为戏曲舞台上长演不衰的经典剧目。本书选择了其中比较重要的 36 出,加以注释评说,使广大读者对这部名著的全貌有一个比较全面的、具体的了解。配有明人版画 21 幅。

《桃花扇》选评

翁敏华撰

2004 年 10 月 1 版 1 次

12.50 元

大 32 开　212 页

　　《桃花扇》以表现秦淮歌妓李香君与复社名士侯方域的悲欢离合为主要线索,展开了南明兴亡的波澜壮阔的历史画面。一柄由香君鲜血点染的桃花扇成为一种崇高精神的象征。本书精选了原剧的经典出目,作者以独特的视角、深刻的感悟及最新研究成果对之进行了注评。

《长生殿》选评

谭帆 杨坤撰

2004 年 10 月 1 版 1 次

13.00 元

大 32 开　218 页

　　《长生殿》与孔尚任的《桃花扇》齐名,代表了清代传奇创作的最高成就。作者洪昇也因此与孔尚任一起被称为"南洪北孔",成为中国戏曲史上著名的双子星座。本书选取了《长生殿》中的 24 出相关曲词加以注评串讲,既注重选取精华,同时又兼顾所表现故事的完整性。

中华活叶文选

中华活叶文选(1—16 辑)

本社编

1998 年 5 月 1 版 1 次

盒装 180.00 元

大 32 开

　　《中华活叶文选》系从古代文、史、哲著作中选辑优秀篇章,详加解释或附今译,供中等文化水平的读者阅读。1960 年至 1966 年,共出版 100 组散页和 5 辑合订本。1978 年至 1991 年新出 140 组散页和 11 辑合订本。已出版的 16 辑,包涵极其丰富的内容,收录历代名家名作 1255 篇,选注者均为国内享有盛名的专家。经过数代编辑、学者的辛勤努力,三十多年来一直受到广大读者的喜爱,并产生过广泛的影响,成为普及中华传统文化精华的最佳读本。

中华活叶文选(一)

本社编

1962 年 5 月 1 版 1 次

新版 1998 年 4 月 1 版 4 次

11.20 元

大 32 开　268 页

　　本书共收先秦至宋、明各类文章和诗词二十余篇。如《风赋》、《七发》、《廉颇蔺相如列传》、《师说》、《封建论》、《与元九书》、《三吏三别》、《长恨歌》、《辛弃疾词八首》。每篇均详加解释或附今译。

中华活叶文选(二)

本社编

1962 年 6 月 1 版 1 次

新版 1998 年 4 月 1 版 4 次

10.70 元

大 32 开　252 页

　　本书共收先秦至宋、明文章诗词二十余篇,如《古代神话四则》、《古代寓言五则》、《孙子兵法两篇》、《越王勾践世家》、《进学解》等,可供古典文学爱好者阅读参考。

中华活叶文选(三)

本社编

1962 年 11 月 1 版 1 次

新版 1998 年 4 月 1 版 4 次

11.20 元

大 32 开　266 页

　　本书共收先秦至清末著名诗、文二十余篇,均详加注释或附译文。

中华活叶文选（四）

本社编

1962 年 11 月 1 版 1 次

新版 1998 年 4 月 1 版 4 次

13.30 元

大 32 开　324 页

　　本书共收《史记》中的《项羽本纪》、《高祖本纪》、《伯夷列传》、《屈原贾生列传》等 12 篇。

中华活叶文选（五）

本社编

1962 年 12 月 1 版 1 次

新版 1998 年 4 月 1 版 4 次

16.20 元

大 32 开　410 页

　　本书共收先秦至明历代著名文学家、史学家、哲学家、政治家和科学家的各类文章和诗歌三十余篇，并详加解释，或附今译。

中华活叶文选（六）

本社编

1981 年 1 月 1 版 1 次

1998 年 4 月 1 版 3 次

12.80 元

大 32 开　304 页

　　本册辑有《鲁仲连义不帝秦》、《胡笳十八拍》、《兰亭集序》、《唐代中日交往诗选注》、《唐五代词十四首》、《莺莺传》、《与高司谏书》、《醉翁亭记》，以及历代传诵的史传书简、诗文词赋、小说笑话等，计六十余篇（首）。

中华活叶文选（七）

本社编

1983 年 8 月 1 版 1 次

1998 年 4 月 1 版 3 次

12.80 元

大 32 开　306 页

　　本册包括：《论语》、《孟子》、《世说新语》、《颜氏家训》、《洛阳伽蓝记》、《宋史·吕端传》、《明史·周新传》以及史可法《复多尔衮书》等各类文章 39 篇（则），黄庭

坚、辛弃疾、周邦彦、吴伟业等人诗词 30 首，历代题咏山水名篇 19 首和元人小令 14 首。

中华活叶文选（八）

本社编

1984 年 6 月 1 版 1 次

1998 年 4 月 1 版 3 次

12.60 元

大 32 开　294 页

　　本书共收韦庄《秦妇吟》、《明史·选举二》、孙中山《有志竟成》等各类诗文 112 篇，其中既有历代传诵的名篇，又有为一般选注本所不易选入的作品。选注者如马茂元、顾易生、叶笑雪、张㧑之等，均为长期从事古典文学教学和研究工作的著名学者。

中华活叶文选（九）

本社编

1983 年 8 月 1 版 1 次

1998 年 4 月 1 版 3 次

7.20 元

大 32 开　144 页

　　本辑《文选》收有《尚书·无逸》，汉文帝《赐南粤王赵佗书》、《遗诏》，汉宣帝《平法诏》，韩愈《平淮西碑》，苏辙《黄州快哉亭记》，王守仁《答毛宪副》，朱彝尊《韩信论》及左思《咏史诗》，李益《竹窗闻风寄苗发司空曙》、《汴河曲》、《春夜闻笛》等各类诗文 45 篇（首）。所选篇目注意到不同历史时期不同流派和作家的各种不同文体。

中华活叶文选（十）

本社编

1986 年 1 月 1 版 1 次

1998 年 4 月 1 版 3 次

8.90 元

大 32 开　196 页

　　本辑《文选》收有范晔、鲍照、杜牧、李清照、刘基、高启以及黄景仁、洪亮吉等历代著名作家所著各类诗文 55 篇，加以繁简得当的注释。

中华活叶文选（十一）

本社编

1985 年 12 月 1 版 1 次

1998 年 4 月 1 版 2 次

7.80 元

大 32 开　160 页

　　本《文选》共辑入各类诗文传记、书启议状 56 篇。其中有选自《通鉴纪事本末》的著名的《祖逖北伐》,以及《晋书·周处传》、《晋书·吴隐之传》和侯朝宗的《李姬传》、《马伶传》等人物传记;也有陶弘景等所著《六朝小品六篇》及晚清著名作家林纾的《记超山梅花》、《游西溪记》等文笔优美洁净的散文游记;还有唐代重要作家陈子昂、柳宗元、韩愈围绕"礼"与"法"相互关系而作的 3 篇论文等。

中华活叶文选(十二)

本社编

1986 年 8 月 1 版 1 次

1998 年 4 月 1 版 2 次

9.30 元

大 32 开　206 页

　　本辑选诗文 10 组凡 84 篇。所选既有屈原《九章》、司马相如《长门赋》、阮籍《咏怀诗》、李商隐《咏史诗》等传诵不衰之名篇,又入选了诸如归有光诗文、丘逢甲诗等不为一般文学选本注重的作品。而八股文《天下有道则礼乐征伐自天子出》及《西昆体诗六首》的入选,无疑可扩大读者眼界。

中华活叶文选(十三)

本社编

1990 年 12 月 1 版 1 次

1998 年 4 月 1 版 2 次

11.90 元

大 32 开　282 页

　　本辑《文选》共收各类诗文 120 篇(首)。其中既不乏历代传颂的名篇,又入选了一般选注本所不易多收的储光羲、王令、徐渭、汤显祖及纳兰性德的诗词凡 95 首。此外,还选注了敦煌变文《韩朋赋》、《燕子赋》、《三国志·周瑜传》,以及清代著名外交家曾纪泽的诗文日记 6 篇等。

中华活叶文选(十四)

本社编

1990 年 10 月 1 版 1 次

1998 年 4 月 1 版 2 次

11.10 元

大 32 开　258 页

　　本辑就其选目言,内容丰富,不拘一格。诸如所选之陈铎《滑稽余韵》,杨涟《绝笔书》,《明史·魏忠贤传》,王思任的游记,厉鹗的诗歌,及《大力士》等佛经故事,或广罗遗珠,取他本所无;或警世明心,极具教育意义。

中华活叶文选(十五)

本社编

1991 年 5 月 1 版 1 次

1998 年 4 月 1 版 2 次

12.70 元

大 32 开　300 页

　　本辑共收入各家文赋诗词凡 112 篇(首)。书中所收如秦观、柳永、史达祖的词,谢庄、谢惠连的赋,杨维桢、郑珍、姚燮的诗,或为他书所无,或入选作品数量为一般选注本所难企及,充分显示了《文选》"活"、"杂"的选目特色。

中华活叶文选(十六)

本社编

1991 年 9 月 1 版 1 次

1998 年 4 月 1 版 2 次

10.30 元

大 32 开　234 页

　　本辑共选入自先秦至近代之诗词文赋等各类体裁的古典文学作品凡 86 篇,诸如唐人小赋,查慎行和施闰章的诗,汪中的文,陈维崧和近代第一女词人吕碧城的词等,不仅少见于一般选本,而且所收数量也较多。

中国古典文学基本知识丛书

诗经

周满江著

1980 年 5 月 1 版 1 次

2011 年 7 月新 1 版 1 次

15.00 元

长 32 开　148 页

　　本书介绍了《诗经》的思想内容、艺术特色、编订经过、产生的时代和地域,历代学者对《诗经》的研究情况以及《诗经》在我国文学史上的地位。

屈原

郭嘉林著

1962 年 10 月 1 版 1 次

郭维森著

1979 年 2 月 1 版 1 次

0.27 元

长 32 开　52 页

屈原是我国历史上第一个伟大的诗人,他留下的《离骚》等诗篇,是我国古代文学宝库中的瑰宝。本书对他的生平和创作作了简明扼要的介绍。

司马迁和史记

胡佩韦著

1962 年 11 月 1 版 1 次

新版 1979 年 11 月 1 版 1 次

0.24 元

长 32 开　46 页

司马迁是我国历史上一位伟大的史学家、文学家。本书简述了司马迁的一生和他发愤撰著《史记》的经过,以及《史记》在体例、取材、表现手法、语言等方面的特色。

王充的文学理论

蒋祖怡著

1962 年 10 月 1 版 1 次

新版 1980 年 4 月 1 版 1 次

0.19 元

长 32 开　38 页

本书就王充的重要著作《论衡》中所涉及的文学理论问题,提纲挈领地作了通俗的介绍,并结合东汉时期的文坛状况,探讨了王充文学理论形成的原因,肯定了他对后世文学批评发展所起的积极作用。

曹氏父子和建安文学

李宝均著

1962 年 7 月 1 版 1 次

新版 1978 年 10 月 1 版 1 次

0.25 元

长 32 开　52 页

本书详细分析了东汉末年建安时代的文学特征及其产生的原因,并对这一时期的主要作家曹操、曹丕、曹植及孔融、王粲、阮瑀、陈琳、刘桢、应玚、徐幹等建安七子的生平和他们的主要作品作了介绍和分析。

阮籍与嵇康

徐公持著

1986 年 8 月 1 版 1 次

0.45 元

长 32 开　58 页

本书介绍中国文学史上被称为"正始文学"的两位代表作家——阮籍与嵇康。对这两位作家的政治倾向、哲学思想、文学成就以及性格爱好、生平事迹等,作了分别的介绍,并进行了比较。资料丰富,叙述浅显易懂,还讲述了许多有关这两位作家的轶闻逸事,生动有趣。

陶渊明

廖仲安著

1963 年 12 月 1 版 1 次

新版 1979 年 7 月 1 版 1 次

0.22 元

长 32 开　40 页

陶渊明是东晋时期杰出的诗人和散文家。本书结合陶渊明所处的特定的历史环境,详尽地介绍了他的生平和思想发展过程;对其主要作品的思想性、艺术性以及在文学史上的地位,也作了客观分析和评价。

鲍照和庾信

刘文忠著

1986 年 8 月 1 版 1 次

0.59 元

长 32 开　80 页

鲍照和庾信是南北朝杰出的文学家,本书以流畅的文字,通俗地介绍了这两个文学家的生平经历、创作成就,以及所处的时代背景。对作品的艺术分析尤为细腻,并于比较中揭示了两人创作上的异同。对学术界颇有争议的问题,辨析详细,时有新见。

刘勰和文心雕龙

陆侃如 牟世金著

1978 年 8 月 1 版 1 次

新版 2011 年 7 月 1 版 1 次

13.00 元

长 32 开　88 页

本书介绍了南朝时文学理论家刘勰的生平及其文学理论方面的基本观点,并就其主要著作《文心雕龙》中的一些重要篇章,加以论述、分析。

钟嵘和诗品

梅运生著

1983 年 3 月 1 版 1 次

0.32 元

长 32 开　70 页

　　钟嵘是南朝宋、梁间的诗人和文学评论家。他的《诗品》是我国第一部诗歌理论批评专著，对已在诗坛上风行了五百年的五言诗作了比较全面的总结，具体品评了当时 120 位知名诗人及其诗作的高下得失。本书简要介绍了钟嵘的生平，并对《诗品》的丰富内容作了深入浅出的阐释。

初唐四杰和陈子昂

沈惠乐　钱伟康著

1987 年 10 月 1 版 1 次

0.74 元

长 32 开　70 页

　　初唐诗人王勃、杨炯、卢照邻、骆宾王在我国文学史上有"四杰"之称。他们和同时期诗人陈子昂一起，与当时以"上官体"为代表的浮艳诗风斗争，成就卓著。本书详尽介绍了"四杰"和陈子昂各自的生平经历，作品的思想内容、艺术特色，以及对后世的影响。

王维和孟浩然

王从仁著

1984 年 6 月 1 版 1 次

0.35 元

长 32 开　74 页

　　王维和孟浩然同是我国唐代著名诗人，两人不仅友谊深厚，而且共同开创了盛唐诗坛上主要创作流派——山水田园诗派，对后代诗歌发展有着重大影响，世人以"王孟"并称。他们的生活经历和创作成就不一样，诗风有相似之处而又各具特色，本书对此作了深入浅出的介绍。

高适和岑参

周勋初　姚松著

1994 年 2 月 1 版 1 次

2.50 元

长 32 开　68 页

　　高适和岑参是唐代著名的诗人，他们写的一些边塞诗非常有名，有很高的思想和艺术价值。本书以通俗易懂的文笔，深入浅出地介绍高适和岑参的家世生平、交游仕宦、诗歌创作，通过本书，读者可以对这两位著名诗人以及他们的诗歌创作有一个概括和全面的了解。

李白

王运熙　李宝均著

1979 年 9 月 1 版 1 次

0.27 元

长 32 开　54 页

　　李白是众所周知的伟大诗人，在我国文学史上享有很高的地位。此书对他一生的主要活动分阶段作了介绍，并结合当时的历史环境，分析了他的思想以及主要作品的内容和艺术特色。

杜甫

刘开扬著

1961 年 12 月 1 版 1 次

1988 年 8 月 1 版 4 次

0.70 元

长 32 开　52 页

　　杜甫是唐代杰出的现实主义诗人。他的诗歌相当广泛地反映了当时人民的疾苦，暴露了封建统治者的罪恶活动和腐朽生活。本书简明扼要地介绍了杜甫的生平和代表作品，并高度评价了他杰出的艺术成就。

韩愈

吴文治著

1991 年 12 月 1 版 1 次

1.50 元

长 32 开　68 页

　　韩愈是唐代杰出的散文家、诗人，他的作品数量众多，艺术价值很高，在当时和后世都产生过广泛的影响。本书介绍韩愈的家世生平、仕宦交游、政治态度、与中唐古文运动的关系、散文和诗歌创作。读者通过本书，可以对韩愈的一生、他的文学创作和成就，有一个概括和全面的了解。

柳宗元

顾易生著

1961 年 12 月 1 版 1 次

新版 1979 年 9 月 1 版 1 次

0.26 元

长 32 开　52 页

柳宗元是唐代杰出的文学家和进步思想家。本书较详细地介绍了柳宗元一生的政治活动和文学创作，并将其主要作品分门别类，结合当时特定的历史环境，客观地加以分析评论。

刘禹锡

卞孝萱　吴汝煜著

1980 年 1 月 1 版 1 次

0.28 元

长 32 开　56 页

刘禹锡是我国唐代独具风格的优秀诗人，又是杰出的散文作家，在我国文学史上有着重要的地位。本书以隽永畅达的语言，简明扼要地介绍了诗人的生平事迹和诗文创作。

白居易

陈友琴著

1961 年 12 月 1 版 1 次

新版 1978 年 5 月 1 版 1 次

0.22 元

长 32 开　40 页

本书通俗地介绍了唐代著名诗人白居易的生平及其文学创作活动，并对他的主要作品、文学主张及其在文学史上的作用，作了深入浅出的分析和评价。

李贺

吴企明著

1986 年 2 月 1 版 1 次

0.31 元

长 32 开　42 页

李贺是唐代中叶著名的诗人，在他一生短短二十七个春秋中，为后人留下了许多新奇瑰丽的作品，在中唐诗坛上独树一帜。本书通过李贺生平事迹的介绍，具体而生动地勾勒了诗人李贺的形象。同时介绍和分析了他的诗作，对他的文学成就也作了恰当而公允的评价。

杜牧

冯海荣著

1991 年 12 月 1 版 1 次

1.60 元

长 32 开　70 页

杜牧是唐代杰出的诗人、散文家，本书介绍杜牧生平家世、仕宦交游、政治态度、文学主张、诗歌和散文创作等。读者通过本书，可以对杜牧的一生、他的文学创作和成就，有一个概括和全面的了解。

李商隐

郁贤皓　朱易安著

1985 年 9 月 1 版 1 次

0.36 元

长 32 开　58 页

本书对我国晚唐时代的杰出诗人李商隐的生平际遇、坎坷的仕途生活以及无法实现的抱负都给予较详细的介绍；同时还对李商隐的一些优秀作品作了具体的分析，对诗人的艺术成就及影响也给予简略的评述。

司空图的诗歌理论

祖保泉著

1984 年 10 月 1 版 1 次

0.24 元

长 32 开　42 页

司空图是晚唐的一位诗人兼诗论家。他的诗歌理论具有独到之见，给后世诗论以积极的影响。本书对司空图有关诗歌创作和鉴赏的理论作了简要的介绍，其中尤其对深奥难懂的《诗品》作了深入浅出的阐释。

欧阳修

郭正忠著

1982 年 11 月 1 版 1 次

0.25 元

长 32 开　48 页

欧阳修是北宋著名的文学家，北宋古文运动的领袖。他在散文、诗、词、文学理论等方面都有很高成就，在历史学和考据学方面，也有重要贡献。本书深入浅出地介绍了欧阳修一生的事迹、交游、仕宦和文学活动，对他的作品也作了恰当的评价。

柳永

谢桃坊著

1986 年 12 月 1 版 1 次

0.45 元

长 32 开　58 页

柳永是北宋前期最负盛名的词人,他所创作的慢词丰富了宋词的内容,并促进了宋词的发展。他又是婉约词派的杰出代表,在我国文学史上有着重要的地位。他的一些词作至今仍为人们所称颂。本书就柳永的生平及其词作作了扼要的叙述。

王安石

张白山著

1986 年 9 月 1 版 1 次

0.50 元

长 32 开　64 页

王安石不仅是北宋著名的政治家和思想家,而且是杰出的文学家,是中国文学史上"唐宋八大家"之一。本书对王安石一生的创作活动和诗文成就作了扼要的介绍。

苏轼

王水照著

1982 年 3 月 1 版 1 次

0.38 元

长 32 开　80 页

苏轼是唐宋八大家之一,在中国文学史上有着重要的地位和影响。本书介绍了苏轼一生的主要政绩和文学活动,也兼顾他书法绘画的成就。还结合北宋的时代背景和诗人的思想倾向,分析探讨苏轼作品的思想内容和艺术特色。

苏门四学士

周义敢著

1984 年 2 月 1 版 1 次

0.29 元

长 32 开　62 页

北宋文坛上黄庭坚、秦观、晁补之和张耒四人,都是因为得到苏轼的奖掖而知名于世的,时人称之为"苏门四学士"。四学士在政见上和苏轼大体一致,而程度上却有差别;彼此之间始终存在着深厚的情谊;在文学创作上各有所长,成就也有高低。本书对他们的关系、不同经历和创作上的特点,分别作了简明扼要而又具体生动的介绍。

李清照

徐培均著

1982 年 2 月 1 版 1 次

0.25 元

长 32 开　50 页

李清照是宋代著名女词人,她的作品继承和发展了宋词婉约派的艺术风格,并独树一帜,对后代词史发展起过较大的影响。本书对李清照坎坷不平的一生作了全面系统的介绍,对其词作了恰当的评介和深入浅出的分析。

杨万里和诚斋体

周启成著

1990 年 6 月 1 版 1 次

1.85 元

长 32 开　72 页

杨万里是南宋著名的文学家,曾被后人推为南宋"中兴四大诗人"之一。其诗内容广泛,艺术风格多样,尤以他独创的风趣通俗的诚斋体为人所推重。他还擅写散文,精通骈文,涉猎辞赋和词的创作。在文学理论方面,他也有独到的见解。本书生动介绍了杨万里的生平事迹,分析了他作品的艺术特点。

陆游

齐治平著

1961 年 11 月 1 版 1 次

新版 1978 年 9 月 1 版 1 次

0.21 元

长 32 开　38 页

本书侧重介绍了南宋伟大诗人陆游所处的时代背景,一生主要活动,并详细分析了其代表作品的思想内容、艺术特色。

辛弃疾

夏承焘　游止水著

1962 年 12 月 1 版 1 次

新版 1979 年 4 月 1 版 1 次

0.17 元

长 32 开　32 页

辛弃疾是南宋著名的爱国词人。他一生对国家民族的关心和在文学创作上的成就,一直为人们所称道。本书对他的生平及主要作品作了简明扼要的介绍。

严羽和沧浪诗话

陈伯海著

1987 年 8 月 1 版 1 次

0.59 元

长 32 开　76 页

宋代作家严羽的《沧浪诗话》,依据唐诗和宋诗所提供的正反两方面的经验,对诗歌艺术的特点和规律作了深入探讨和系统总结。它是继《典论·论文》、《文心雕龙》、《诗品》及《二十四诗品》之后,我国文学批评史上的一部重要的理论著作,对后代诗歌创作有着深远影响。本书对这部著作的产生、内容及其特点作了深入浅出的介绍。

关汉卿

温凌著

1978 年 11 月 1 版 1 次

0.20 元

长 32 开　36 页

关汉卿是元代杰出的剧作家,有大量创作,对当时封建社会的黑暗作了深刻揭露,对被压迫人民寄予深切的同情。本书对关汉卿的生平、创作思想及其代表作品《窦娥冤》等作了简明的介绍。

董西厢和王西厢

孙逊著

1983 年 11 月 1 版 1 次

0.30 元

长 32 开　68 页

董《西厢》和王《西厢》是我国金、元时期先后出现的两部题材相同的文学杰作,说的是张生和崔莺莺冲破封建婚姻制度的束缚,追求婚姻自主和幸福生活的故事。虽然两者体裁不一样,成就也有高低,但都是承唐代著名传奇《莺莺传》演变来的。本书对于这一演变过程作了简要的介绍,并就两部作品的思想意义和艺术成就作了具体分析和比较。

高则诚和琵琶记

蓝凡著

1989 年 12 月 1 版 1 次

1.70 元

长 32 开　64 页

高则诚是元末明初著名的戏剧作家,作品《琵琶记》在中国戏剧史上占有重要的地位,被前人推崇为“南曲之祖”,与《西厢记》相提并论。本书系统地介绍了高则诚的生平事迹、诗文创作和《琵琶记》的思想艺术特色。

吴承恩和西游记

胡光舟著

1980 年 10 月 1 版 1 次

0.34 元

长 32 开　72 页

吴承恩是明代著名的小说家,他以浪漫主义的手法创作了我国第一部带有神话色彩的长篇小说——《西游记》。本书对《西游记》的成书过程、主题、社会意义以及孙悟空、猪八戒、唐僧等人物形象作了探讨分析,并将吴承恩一生事迹作了概括的介绍。

李贽

敏泽著

1984 年 12 月 1 版 1 次

0.24 元

长 32 开　42 页

李贽是明代著名的思想家和文学家。他的反传统的斗争精神,对明代的思想界和文学界曾经起过重大的影响。他提出了具有进步意义的“童心说”,又是当时被封建士大夫轻视的小说、戏曲的提倡者,并亲自评点过《水浒传》,因而在古代文学理论批评史上占有重要的地位。本书对李贽的生平事迹、文学理论和小说评点等作了系统的简明扼要的介绍。

汤显祖与牡丹亭

徐扶明著

1993 年 12 月 1 版 1 次

2.70 元

长 32 开　72 页

汤显祖代表作《牡丹亭》在国内、国际上广为流传,备受赞誉。本书介绍汤显祖生平、文学创作理论及《牡丹亭》的创作、思想内容、艺术成就与其在中国乃至世界文学史上的地位、影响。

冯梦龙和三言

缪咏禾著

1979 年 9 月 1 版 1 次

0.25 元

长 32 开　52 页

冯梦龙是明代著名的通俗文学家,他搜集、整理的话本集《喻世明言》、《警世通言》、《醒世恒言》(简称“三言”)在我国小说史上占有重要地位。本书对冯梦龙的生平和文学创作活动作了较详细的探讨和介绍,并客观地分析了"三言"以及冯梦龙其他作品的思想内容和艺术特色。

凌濛初和两拍

马美信著
1994 年 2 月 1 版 1 次
2.20 元
长 32 开　58 页

明代凌濛初编纂的初刻、二刻《拍案惊奇》,是我国古代白话小说中影响很大的两种小说集。本书对凌濛初及其"两拍"作了多方面的介绍评述:他所处的时代概况及其生平经历,他的戏曲理论、创作和写实主义的小说观,"两拍"的思想价值和艺术特色及历史地位,使读者对这两部熟悉的小说有更新的感受和认识。

吴伟业

王勉著
1987 年 10 月 1 版 1 次
0.81 元
长 32 开　74 页

吴伟业是明末清初著名的诗人,在我国文学史上占有重要地位。但长期来没有一本专著对他作全面的介绍和评价,本书的出版弥补了学术界的缺罅。本书全面介绍了诗人的生平事迹,诗、词、曲的思想倾向和艺术特色,及其对后世的影响;对一些代表作如《圆圆曲》、《琵琶行》、《临江参军》、《卞玉京》列有专章阐述。

顾炎武

卢兴基著
1985 年 9 月 1 版 1 次
0.37 元
长 32 开　60 页

本书介绍了明末清初的进步思想家、学者、诗人顾炎武的一生及其学术成就,尤其着重地叙述了他的文学创作和文学活动,并指出顾炎武的诗歌,直接继承了杜甫、白居易的现实主义传统,深得后世评论家的推重。在同类介绍顾炎武的书中别具一格。

王士禛

宫晓卫著
1993 年 12 月 1 版 1 次
2.20 元

长 32 开　56 页

王士禛是清初著名诗人、诗歌理论家,诗作颇丰,且首倡"神韵"说,开一代诗风,入主诗坛数十年。本书介绍王士禛生平、创作活动、诗歌理论及其在文学史上的地位和影响,对王氏诗歌理论的形成、特点、作用与得失论述尤详,对他的散文、杂著和为诗名所掩的词作也有集中介绍。

叶燮和原诗

蒋凡著
1985 年 9 月 1 版 1 次
0.45 元
长 32 开　76 页

叶燮是我国清代著名的文学理论家,是南朝刘勰之后建立了系统文学理论的作家,代表作就是以毕生精力写成的专著《原诗》。本书对叶燮及其在《原诗》中提出的有关文学理论问题,作出全面系统、由浅入深的阐述。同时兼及作者的生平事迹、创作成就,以及《原诗》的写作背景和过程。

蒲松龄与聊斋志异

雷群明著
1993 年 12 月 1 版 1 次
2.40 元
长 32 开　64 页

蒲松龄是清代著名的文学家,他创作的《聊斋志异》是中国文学史上的瑰宝。他还写了百余万字的诗词、散文、俚曲等,其中不乏精彩之作。本书从蒲松龄的一生谈起,着力剖析他寄托"孤愤"的《聊斋志异》,继之漫论他的其他著作。读者可从书中全面了解蒲松龄的生平、思想及其创作上的成就。

洪昇和长生殿

王永健著
1982 年 12 月 1 版 1 次
0.28 元
长 32 开　60 页

洪昇是清代杰出的戏曲家,他取材于唐明皇和杨贵妃的故事而创作的昆腔传奇《长生殿》,曾轰动全国。本书简要叙述了洪昇所处时代及其家世、生平和诗词戏曲创作活动,详细介绍了《长生殿》写作经过,并阐述了此剧的主题思想及艺术成就。

孔尚任和桃花扇

胡雪冈著

1985 年 9 月 1 版 1 次

0.33 元

长 32 开　56 页

　　孔尚任所写《桃花扇》一剧,通过明末复社文人侯方域和秦淮歌妓李香君悲欢离合的爱情故事,反映了南明王朝的建立及其覆亡的过程。场面开阔悲壮,情节曲折动人,赢得了时人及后人的好评。本书对孔尚任的一生和他创作《桃花扇》的经过,以及该剧的思想艺术特色等,作了简要的介绍。

吴敬梓和儒林外史

王俊年著

1980 年 2 月 1 版 1 次

0.24 元

长 32 开　46 页

　　吴敬梓是我国清代杰出的小说家,他所写的小说《儒林外史》在文学史上占有很重要的地位。本书介绍了吴敬梓的一生,并结合当时特定的历史背景,全面分析了《儒林外史》的思想内容、艺术特色。

袁枚与随园诗话

王英志著

1990 年 4 月 1 版 1 次

2.50 元

长 32 开　86 页

　　袁枚是清代著名诗人,性灵诗派的创立者。《随园诗话》是他阐述性灵说诗歌理论的重要著作。本书详细介绍了袁枚的生平、思想和诗歌创作;对《随园诗话》,结合其散见在著述中的诗论和诗评,一起加以分析。

龚自珍

孙文光著

1985 年 11 月 1 版 1 次

0.40 元

长 32 开　58 页

　　龚自珍是近代杰出的思想家、文学家和诗人。本书通过对龚自珍生平事迹的全面介绍,具体而生动地勾勒了龚自珍的形象;同时着重介绍和分析了龚自珍的文学作品;对他的文学成就,作了恰当而公允的评价。

黄遵宪

徐永端著

1990 年 1 月 1 版 1 次

2.10 元

长 32 开　72 页

　　黄遵宪是中国近代史上杰出的政治家、外交家、诗人。本书系统介绍了黄遵宪的生平事迹,从各个角度分析、评价了他的历史功绩,尤其对他在诗歌领域里的杰出贡献,作了重点论述。

刘熙载和艺概

王气中著

1987 年 4 月 1 版 1 次

0.73 元

长 32 开　68 页

　　刘熙载是清代著名学者,一生著作甚丰。他的《艺概》是我国文艺理论史上继刘勰的《文心雕龙》之后又一部通论各种文体的著作,具有较高的学术价值。本书介绍了刘熙载的生平,对《艺概》的内容作了深入浅出的阐释。

王国维与人间词话

祖保泉　张晓云著

1990 年 3 月 1 版 1 次

1.50 元

长 32 开　70 页

　　王国维是我国近代在国内外享有极高声誉的学者,《人间词话》是他的一本影响极大的著作。本书对于王国维的生平和思想、《人间词话》的理论和批评作了系统而扼要的介绍,特别是对《词话》中的境界说,更有通俗的阐释。

中国古代神话

陈天水著

1988 年 12 月 1 版 1 次

1989 年 2 月 1 版 2 次

1.10 元

长 32 开　66 页

　　我们的祖先曾创作了大量精美动人的神话,有些神话至今仍在民间流传。这些神话是怎样诞生、发展的,对我国后代的文学有何影响,本书都有简明中肯的叙述,是研究我国神话的入门书。

先秦寓言

刘灿著

1988 年 8 月 1 版 1 次

1.10 元

长 32 开　48 页

我国的寓言不仅数量大,内容丰富,而且形式多样。其中,先秦寓言尤其精彩。作者对先秦寓言的产生和发展及其对我国文学艺术的影响,作了简明扼要的叙述。

汉魏六朝辞赋

曹道衡著

1989 年 8 月 1 版 1 次

新版 2011 年 7 月 1 版 1 次

15.00 元

长 32 开　204 页

辞赋是我国古典文学中一种体裁,它在汉魏六朝时期获得了空前的发展,涌现出一大批著名的作家和作品。本书以通俗的语言,深入浅出地介绍了辞赋的起源、发展和演变、众多的辞赋作家和作品,论述了辞赋与诗文的交互影响。

汉魏六朝乐府诗

王运熙　王国安著

1986 年 9 月 1 版 1 次

新版 2011 年 7 月 1 版 1 次

15.00 元

长 32 开　160 页

乐府诗是一种起源于汉代,盛行于汉魏六朝的诗歌。本书对于乐府诗的基本概念,如乐府和乐府诗、乐府诗的分类和特点、乐府诗的发展和编集等,都作了必要的介绍,并重点阐述了汉魏六朝各代乐府诗内容和艺术特色,介绍了乐府诗代表作家和代表作品。

魏晋南北朝小说

刘叶秋著

1961 年 12 月 1 版 1 次

新版 1978 年 12 月 1 版 1 次

0.20 元

长 32 开　40 页

本书着重介绍了魏晋南北朝时期的“志怪”、“轶事”小说以及主要作者的生平,并结合当时的历史背景,详细分析了小说产生的原因,以及这个时期小说的特点

和艺术成就。

唐诗

詹锳著

1979 年 4 月 1 版 1 次

新版 2011 年 7 月 1 版 1 次

15.00 元

长 32 开　144 页

本书对初唐、盛唐、中唐、晚唐四个时期的诗歌作了简要介绍,对于各个时期的代表作品都作了评价,从中可看出唐诗的大致面貌及其发展演变情况。

唐五代词

黄进德著

1987 年 10 月 1 版 1 次

新版 2011 年 7 月 1 版 1 次

15.00 元

长 32 开　164 页

作者以流利华美的笔致,对我国唐五代词的起源、发展,作了简明扼要的介绍。既肯定了各家作品的思想性和艺术性,同时也指出了其局限性和不足之处。

唐人传奇

吴志达著

1981 年 3 月 1 版 1 次

0.34 元

长 32 开　76 页

本书详细介绍了唐传奇产生的社会背景、发展概况及对后世小说创作的积极影响。并通过对《莺莺传》、《枕中记》、《虬髯客传》、《长恨歌传》等名篇的分析,概括地介绍了唐传奇的思想内容与艺术特色。

唐宋散文

葛晓音著

1990 年 6 月 1 版 1 次

新版 2011 年 7 月 1 版 1 次

15.00 元

长 32 开　164 页

本书以“唐宋八大家”为主要线索,简明扼要地介绍了唐宋这一我国古代散文重要发展时期名家名作迭出的繁荣局面。作者不仅陈述了各个作家的创作情况,而且分析了他们之间的继承关系和独特风格。此书可与

本丛书中的《唐宋古文运动》并读,借此可获得理论和实践的双重收益。

唐宋古文运动

钱冬父著

1962 年 5 月 1 版 1 次

新版 1979 年 1 月 1 版 1 次

0.22 元

长 32 开　46 页

本书概略地叙述了唐、宋古文运动的产生和发展过程,以及这个运动对后代散文发展的影响,并且简明地介绍了古文运动的主要代表者韩愈、柳宗元、欧阳修、苏轼、王安石、曾巩等的文学成就。

敦煌文学

张锡厚著

1980 年 5 月 1 版 1 次

0.33 元

长 32 开　68 页

敦煌莫高窟是我国艺术遗产的宝库,从中发现的大量歌辞、白话诗、变文、话本、俗赋等抄本以及某些专集和选集的残卷,为我们研究中国古典文学提供了极其珍贵的资料。本书将这些文学作品按不同体裁,从思想内容、艺术特色等几方面作了介绍,并指出了敦煌文学在文学史上的地位和作用。

宋诗

房开江著

1991 年 3 月 1 版 1 次

新版 2011 年 7 月 1 版 1 次

15.00 元

长 32 开　156 页

宋代 300 年,涌现出了梅尧臣、欧阳修、王安石、苏轼、黄庭坚、陆游、范成大、杨万里等一大批杰出的诗人。宋诗就其内容论,比唐诗更为广阔,就技巧论,较唐诗更为精细,在唐诗的基础上有所发展、开拓,逐步形成了自己的独特面目,与唐诗互有短长,对后世也产生了广泛深远的影响。

宋词

周笃文著

1980 年 4 月 1 版 1 次

新版 2011 年 12 月 1 版 1 次

15.00 元

长 32 开　164 页

宋词和唐诗、元曲一样,在我国文学史上占有重要地位。本书对宋词的各个发展阶段,作了比较简单明晰的概述,并重点介绍了各个流派和主要作者与作品以及影响和不足之处。持论中允,文字流畅。

元明散曲

宋浩庆著

1987 年 6 月 1 版 1 次

0.65 元

长 32 开　58 页

元、明两朝散曲创作空前繁荣,曲家辈出,佳作如林。本书详细介绍了散曲兴起的原因、时代背景以及有关常识,如体制、声韵、衬字等,并分别阐述了元、明两代主要曲家的生平事迹、作品内容、风格及其对后代的影响。

元明杂剧

顾学颉著

1979 年 9 月 1 版 1 次

新版 2011 年 7 月 1 版 1 次

15.00 元

长 32 开　184 页

杂剧是金末元初新兴的文艺样式,在元代达到了空前的繁荣。元、明两代产生了大量优秀的杂剧作品。本书对杂剧的渊源、产生条件、繁荣原因和思想内容作了深入的分析,对杂剧的体裁和元、明两代的杂剧作家、杂剧作品作了扼要的介绍,书末有明代戏曲理论著作简介和现存元、明杂剧剧目。

桐城派

王镇远著

1990 年 1 月 1 版 1 次

2.50 元

长 32 开　86 页

本书是一部系统介绍桐城派的产生、发展和衰落全过程的著作,填补了学术界的空白。桐城派是清代规模最大、存在时间最长、对文坛影响最深的一个文学流派。本书对桐城派的先驱者戴名世、开创者方苞、拓大者刘大櫆、集大成者姚鼐、传播者"姚门弟子"、中兴者曾国藩和"曾门弟子"、式微时期的代表严复、林纾、马其昶,都作了细致的分析和公允的评价。

水浒概说

何满子著

1993 年 10 月 1 版 1 次

3.00 元

长 32 开　78 页

　　《水浒传》是家喻户晓的古典小说。本书对《水浒传》阅读和研究中的一些重大问题,诸如文体、版本、作者、思想艺术、金圣叹批本等,都有简明扼要的阐述。

三国演义简说

李厚基　林骅著

1984 年 10 月 1 版 1 次

0.34 元

长 32 开　66 页

　　《三国演义》在我国早已家喻户晓,人所共知。但是,《三国演义》的作者是怎么一个人,它是怎样由史书《三国志》演化而来的,书中许多动人的故事和人物又是怎样创作出来的,小说具有什么价值,它的影响又如何,等等,作者逐一作了简要的叙述和介绍。

红楼梦概说

蒋和森著

1979 年 6 月 1 版 1 次

0.29 元

长 32 开　58 页

　　《红楼梦》是我国最著名的古典长篇小说。本书对《红楼梦》的作者、小说产生的时代背景及其深远影响等,作了扼要介绍。此外还着重分析了书中三个主要人物——贾宝玉、林黛玉、薛宝钗的艺术形象。

金瓶梅概说

孙逊　詹丹著

1994 年 2 月 1 版 1 次

3.10 元

长 32 开　88 页

　　《金瓶梅》是我国小说史上具有里程碑意义的作品,由于蒙受"淫书"之名,长期受到不公正的理解。本书对《金瓶梅》的思想意义和艺术成就作了全面的阐述,对究竟如何看待《金瓶梅》中的性描写作了重点分析,还对《金瓶梅》复杂的渊源流变和难解的作者之谜作了介绍。

晚清小说

时萌著

1989 年 6 月 1 版 1 次

1.90 元

长 32 开　72 页

　　晚清小说是中国小说发展史上的一个高峰,其作品之多,影响风俗人心之深,可以说是史无前例。晚清小说的思想和艺术上的成就,为五四新小说的诞生奠定了基础。本书全面、系统地介绍了晚清小说的发展概貌,并对晚清小说的繁荣原因、分类、成就和局限等问题进行了探讨。

读诗常识

吴丈蜀著

1981 年 11 月 1 版 1 次

1988 年 11 月 1 版 4 次

0.86 元

长 32 开　72 页

　　本书对我国古典诗的起源、演变以及各种诗体(包括五、七言古诗,律诗,绝句)的格律形式、平仄声韵等,都作了比较详细的阐述和列举;同时也简单介绍了我国历代诗歌的流派和时代特色。

读词常识

陈振寰著

1983 年 3 月 1 版 1 次

1988 年 11 月 1 版 3 次

0.87 元

长 32 开　70 页

　　本书系统地介绍了有关词的基本知识,如格律、用韵、语法、用典等,并兼顾一些主要的词集、词话与词谱等方面的知识。

读曲常识

刘致中　侯镜昶著

1984 年 4 月 1 版 1 次

0.34 元

长 32 开　64 页

　　曲是我国文学史上继唐诗和宋词之后出现的一种新的文学体裁,它产生于宋金时期,在元明两代有了空前的发展。曲分南曲和北曲,包括散曲和戏曲两大类。本书就曲的起源、类别及各自的特点作了简明扼要的介绍。

怎样阅读古文

鲍善淳著

1982 年 5 月 1 版 1 次

1988 年 11 月 1 版 4 次

0.99 元

长 32 开　84 页

　　本书介绍一些阅读古书所必须具备的基础知识,内容包括:怎样从形、音、义三个方面探索理解词义,文言虚词和实词的用法特点,古汉语语法结构和词义的变化规律,古人的行文习惯等。对如何正确使用旧注阅读古书等常识,也作了介绍。

类书简说

刘叶秋著

1980 年 2 月 1 版 1 次

0.22 元

长 32 开　38 页

　　本书扼要阐述类书的性质、渊源、内容、体例,并通过一些重要类书的介绍,使读者了解这种工具书的用处、用法以及使用时应该注意的问题。

古代诗文总集选介

张涤华著

1985 年 10 月 1 版 1 次

0.47 元

长 32 开　74 页

　　本书选择了文学史上较有影响的 11 本诗文总集:《文选》、《玉台新咏》、《文苑英华》、《唐文粹》、《古文苑》、《古文观止》、《全唐诗》、《唐诗三百首》、《古文辞类纂》、《全上古三代秦汉三国六朝文》、《骈体文钞》,分别介绍了它们的编者生平、成书情况、学术价值、体例选目特点、主要版本以及影响与不足等。又在附录中列举了 73 种总集,提纲挈领地作了介绍。

诗话和词话

张葆全著

1984 年 1 月 1 版 1 次

0.39 元

长 32 开　86 页

　　诗话和词话是我国古代文学批评方面的专门著述。

自宋代欧阳修首创诗话这一体制后,仿效者甚多,至清代达到高峰。本书介绍有关诗话和词话的基本常识,内容包括诗话的特点和价值,以及诗话和词话的汇编和辑佚等等。

中国古典文学基本知识丛书选汇

中国古典文学基本知识丛书(作家函)

1983 年 4 月 1 版 1 次

4.55 元

长 32 开　604 页

　　《中国古典文学基本知识丛书》是一套普及读物,内分作家、作品、文学体裁、文学理论及文学常识等,共八十余种。为便利读者配套,在单行本发行的同时,特分类加函套发行。本函为作家函,包括《屈原》、《陶渊明》、《李白》、《杜甫》、《白居易》、《刘禹锡》、《柳宗元》、《欧阳修》、《苏轼》、《李清照》、《陆游》、《辛弃疾》等 12 种。

中国古典文学基本知识丛书(文学常识函)

1985 年 11 月 1 版 1 次

5.40 元

长 32 开　496 页

　　本丛书中的《读诗常识》、《读词常识》、《读曲常识》、《怎样阅读古文》、《诗话和词话》、《类书简说》及《古代诗文总集选介》等七本书,同属"文学常识"一类,现加函套发行。

唐宋诗词常识

詹锳　房开江　黄进德　周笃文著

1997 年 9 月 1 版 1 次

18.00 元

长 32 开　600 页

　　唐诗、宋词分别为一代之文学,堪称中国诗歌史上的两座高峰。而宋诗为唐诗的继承与发展,唐五代词又为宋词的先导,其互为承启,交相辉映。《中国古典文学基本知识丛书》中《唐诗》、《宋诗》、《唐五代词》、《宋词》四种,分别介绍唐宋诗词创作、作家、流派及其在文学史上的地位与影响,并互为补续,相得益彰,今汇订为一册。

读古诗文常识

吴丈蜀　鲍善淳　陈振寰　刘致中　侯镜昶著

1991 年 3 月 1 版 1 次
2001 年 4 月 1 版 6 次
16.90 元
长 32 开　580 页

　　本社自 1981 年出版吴丈蜀的《读诗常识》以来，先后陆续出版了鲍善淳的《怎样阅读古文》、陈振寰的《读词常识》、刘致中和侯镜昶的《读曲常识》。四书对诗、文、词、曲的特点和专门知识都作了细致的介绍。现特将四书合订成一册。

唐代五大文豪

王运熙　李宝均　刘开扬　吴文治　陈友琴　顾易生著
1996 年 9 月 1 版 1 次
14.70 元
长 32 开　536 页

　　本社《中国古典文学基本知识丛书》中的《李白》、《杜甫》、《韩愈》、《白居易》、《柳宗元》分别介绍他们的生平、思想、创作及文学史上的地位和影响，内容充实，叙述简明，文笔流畅，深受欢迎。现将五种汇订为一册印行。

宋代五大文豪

郭正忠　张白山　王水照　齐治平　夏承焘　游止水著
1996 年 9 月 1 版 1 次
14.50 元
长 32 开　528 页

　　本社《中国古典文学基本知识丛书》中的《欧阳修》、《王安石》、《苏轼》、《陆游》、《辛弃疾》分别介绍他们的生平、思想、创作及文学史上的地位和影响，内容充实，叙述简明，文笔流畅。现将五种汇订为一册印行。

五大小说评述

李厚基　林骅　何满子　胡光舟　孙逊　詹丹　蒋和森著
1997 年 9 月 1 版 1 次
22.00 元
长 32 开　728 页

　　《中国古典文学基本知识丛书》中《三国演义简说》、《水浒概说》、《吴承恩和西游记》、《金瓶梅概说》、《红楼梦概说》五种，分别介绍五部长篇小说名著的创作、流传及其高度的艺术成就与文学史上的地位、影响，引导读者认识其丰富的社会内容和思想蕴涵。现将此五种汇为一册。

五大名剧评述

孙逊　蓝凡　徐扶明　王永健　胡雪冈著
1997 年 9 月 1 版 1 次
19.00 元
长 32 开　632 页

　　中国古典戏剧的兴盛时期出现在元明清三朝，当时北戏（杂剧）、南戏（传奇）交相辉映，蔚为大观。《中国古典文学基本知识丛书》中《董西厢和王西厢》、《高则诚和琵琶记》、《汤显祖与牡丹亭》、《洪昇和长生殿》、《孔尚任和桃花扇》五种，分别介绍五部古典戏剧名作的产生、流传及其艺术成就与影响，《董西厢和王西厢》还介绍了金代诸宫调《董西厢》，使读者能够领略杂剧、传奇、诸宫调等题材代表作的风貌。现将五种汇成一册。

历代名家与名作丛书

陶渊明及其作品选

廖仲安　唐满先撰
1999 年 5 月 1 版 1 次
8.30 元
长 32 开　140 页

　　陶渊明是晋宋时期大文学家，有田园诗始祖之称。本书含廖仲安所著评传《陶渊明》，以及唐满先所撰《陶渊明诗文选注》，深入浅出地论析陶之人生、创作历程、思想发展轨迹、艺术成就、文学史上崇高地位；详注简评其诗文辞赋代表作 60 则。

王维孟浩然及其作品选

王从仁　葛杰撰
1999 年 5 月 1 版 1 次
10.70 元
长 32 开　200 页

　　王维、孟浩然，在盛唐诗坛共树山水田园派旗帜。二人皆为语言大师，诗歌创作成就是多方面的，而山水田园诗，尤能展其艺术精华。本书有王从仁撰写的评传和葛杰所撰的诗选注，全面深入地揭示王、孟精神世界、艺术创造的同异得失，持论公允而不乏自家研究见地。

李白及其作品选

王运熙　刘开扬等撰
1998 年 6 月 1 版 1 次
11.30 元

长 32 开　344 页

本书含评传和作品欣赏两部分，即王运熙、李宝均所著的《李白》，以及刘开扬、周维扬、陈子建合撰的《李白诗选注》。前者论述了李白所处时代、家世生平、创作历程、艺术成就和深远影响，后者评析注释了李白 134 首脍炙人口的诗歌，全书兼具学术价值和知识性、可读性。

杜甫及其作品选

刘开扬　萧涤非撰

1998 年 6 月 1 版 1 次

10.60 元

长 32 开　310 页

杜诗自唐即被称为"诗史"，所反映现实生活的深度和广度，是任何一位古代诗人所无法比拟的。杜诗的表现艺术，集前人之大成，并多创造发展。本书含刘开扬著《杜甫》，萧涤非撰《杜甫诗选注》。论述了杜甫人生道路、创作成就和深远影响，并通过对杜甫各时期代表作的注析，清晰展示了杜诗博大浩瀚的思想内容和艺术风采。

韩愈及其作品选

吴文治　殷孟伦　杨慧文　汤贵仁撰

1998 年 6 月 1 版 1 次

15.90 元

长 32 开　512 页

韩愈是我国古代著名的思想家和文学家。他是唐代古文运动的杰出领袖，对散文的创作和理论，作出了重要贡献，是司马迁以来影响最大的散文家，苏东坡曾以"文起八代之衰"的话来赞美他。韩愈的诗，在中唐诗坛上也独树一帜，开拓了一条与李、杜诗歌不尽相同的创作道路。本书含三部分：吴文治所著评传《韩愈》，殷孟伦、杨慧文撰《韩愈散文选注》，以及汤贵仁的《韩愈诗选注》，全面而具体地评介了韩愈的生平事迹、政治态度，在文学史的重要地位，以及诗文理论和创作风貌等。

柳宗元及其作品选

顾易生　胡士明撰

1998 年 6 月 1 版 1 次

9.60 元

长 32 开　280 页

柳宗元是唐代杰出的散文家、诗人，进步的思想家。他的散文在思想和艺术上都取得了卓越成就，他的诗歌

有着独特风格。本书由两部分组成，即顾易生所著评传《柳宗元》，胡士明所撰《柳宗元诗文选注》。著者全面允当地评述柳宗元一生的曲折遭遇，文学、政治活动，诗文创作成就，对当时和后世不可磨灭的影响，并以详明的评析注释，帮助读者深入理解欣赏柳宗元的传世名作。

白居易及其作品选

陈友琴　龚克昌　彭重光撰

1998 年 6 月 1 版 1 次

9.90 元

长 32 开　288 页

白居易是负有千载盛名的大诗人，其诗作早在他生前就已被传写到国外。本书有资深学者陈友琴所著评传《白居易》，以及龚克昌、彭重光合撰的《白居易诗文选注》。全书介绍了白居易的生平与创作活动，评析其文学主张、代表佳作与在文学史上的地位作用。

李贺及其作品选

吴企明　沈惠乐撰

1999 年 5 月 1 版 1 次

8.50 元

长 32 开　148 页

诗史上有"奇才"、"鬼才"之称的李贺，以奇峭瑰丽的艺术风格，在中唐诗坛卓然独树一帜。本书由吴企明、沈惠乐分别撰写评传《李贺》和《李贺诗选注》。前者评说李贺的生平、思想，及其诗歌的思想意义、艺术成就、诗风形成原因等。后者通过详注简评李贺诗歌代表作 82 首。

李商隐及其作品选

郁贤皓　朱易安　陈伯海撰

1999 年 5 月 1 版 1 次

9.30 元

长 32 开　180 页

李商隐是晚唐诗坛大家，与杜牧并称"小李杜"。突出成就则在于艺术独创性。本书含郁贤皓、朱易安合撰评传《李商隐》，陈伯海所撰《李商隐诗选注》，详论李之生平与创作，赏析其各体代表作 70 首。

欧阳修及其作品选

郭正忠　宋心昌撰

1998 年 6 月 1 版 1 次

9.70 元

长 32 开　284 页

欧阳修是北宋文坛盟主和诗文革新运动的领袖。欧诗清明畅美，开有宋一代新风。其词上承韦、冯，下启苏、秦，建继往开来功绩。欧阳修在中国文学史上有着崇高地位，对宋代曾巩、王安石、三苏，以及后世许多著名作家，都有不可低估的影响。本书含郭正忠所著评传《欧阳修》和宋心昌撰《欧阳修诗文选注》。全面允洽地介绍了欧阳修生平事迹、为人风格、文学成就，以及对史学贡献等，并分析注释了欧文 26 篇、诗 39 首、词 15 首。

王安石及其作品选

张白山　高克勤撰

1998 年 6 月 1 版 1 次

10.60 元

长 32 开　320 页

王安石是宋代著名的政治家、思想家，也是杰出的文学家，在散文和诗词创作上皆有很高造诣和非凡成就。本书由张白山所著评传《王安石》，高克勤所撰《王安石诗文选注》两部分组成。书中展示了王安石的家世生平、所处时代、政治活动、哲学思想、文学思想、诗文创作、与同时代作家交往友谊等，评析注解了王安石各个时期诗、词、散文代表作一百余篇。

苏轼及其作品选

王水照　王宜瑷撰

1998 年 6 月 1 版 1 次

18.60 元

长 32 开　548 页

苏轼是宋代文豪，才赡学富，历来罕与伦比。他多方面的文学创作实绩，代表了北宋文学的最高成就，而又充分体现出他的个性特色。本书融会了著者多年研究心得，并通过对苏轼 98 篇散文、80 首诗、50 首词的评析解释，而将这位才学横溢的大文豪的深邃思想、丰富情感、非凡智慧、真率人品，展现在读者眼前。

李清照及其作品选

徐培均　刘忆萱撰

1999 年 5 月 1 版 1 次

7.90 元

长 32 开　130 页

李清照诗词创作及书画艺术，皆斐然可观，堪称体现中国古代妇女聪明才智的典范人物。而她不幸所处的时代、社会，致成了她那人生悲剧。其词作成就尤为

突出，有"婉约之宗"之称。本书中徐培均撰写的评传，细致深入、客观公允地剖析论述了这位宋代女作家的人生和创作。刘忆萱评析注释了清照诗 12 首、词 41 首、文 2 篇。

辛弃疾及其作品选

夏承焘　游止水　马群撰

1998 年 6 月 1 版 1 次

8.10 元

长 32 开　224 页

辛弃疾是南宋时期著名的爱国词人。他是宋词豪放派的代表人物，与苏轼并称大家。对后世词家有深远影响。本书有夏承焘、游止水合著的评传《辛弃疾》，以及马群的《辛弃疾词选注》。

陆游及其作品选

齐治平　孔镜清撰

1998 年 6 月 1 版 1 次

9.30 元

长 32 开　280 页

陆游是南宋时期著名的爱国诗人。他的许多诗篇，交织着强烈的现实主义和浪漫主义精神。陆游也是有名的文章家，尤长记叙文，表现出敏锐深刻的思想和高强的剪裁结构能力，比之于唐宋八大家，并不逊色。本书含齐治平所著评传《陆游》，孔镜清所撰《陆游诗文选注》，兼具阅读欣赏和研究参考价值。

古典文学知识入门丛书

读古诗入门

吴丈蜀著

四色版 2004 年 5 月 1 版 1 次

四色版 2014 年 11 月 1 版 20 次

17.00 元

小 32 开　136 页

单色版 2010 年 4 月 1 版 1 次

单色版 2016 年 3 月 1 版 6 次

17.00 元

大 36 开　162 页

本书详尽通俗地向初学者介绍了读古诗的有关知识。包括古诗的起源、流派，及其格律、用韵、对仗、平

仄,乃至专用术语。讲析和实例并举,同时附用韵表。不仅是一本读古诗的入门书,也可指导你怎样学写古诗。

读词入门

陈振寰著
四色版 2004 年 5 月 1 版 1 次
四色版 2014 年 11 月 1 版 20 次
17.00 元
小 32 开　135 页

单色版 2010 年 4 月 1 版 1 次
单色版 2015 年 5 月 1 版 6 次
17.00 元
大 36 开　162 页

本书详细介绍了有关词的各方面知识,包括词的格律、平仄、章法,以及押韵方式、语法特点、用典种类等,可为爱读词的人提供一把入门的钥匙,进而提高鉴赏能力,同时对初学填词者也有参考价值。

读古文入门

鲍善淳著
四色版 2004 年 5 月 1 版 1 次
四色版 2014 年 11 月 1 版 16 次
18.00 元
小 32 开　161 页

单色版 2010 年 4 月 1 版 1 次
单色版 2015 年 6 月新 1 版 6 次
18.00 元
大 36 开　194 页

本书从古文用词的特点、词义的理解,古今句法差别和古人的行文习惯,以及旧注的使用等方面,详尽介绍了阅读古文必备的知识,有实例,有分析,通俗易懂。

文学面面观丛书

鸟与文学

贾祖璋著
2001 年 8 月 1 版 1 次
14.70 元

大 32 开　304 页

鸟与文学的结缘可谓历史悠久,书中深入浅出地介绍了杜鹃、画眉、鹤、孔雀、鸳鸯、翡翠、燕子、大雁等数十种鸟类的名称、种类、习性、形体、饲养以及各种文学、历史与神话传说,熔文学、科学与历史知识于一炉。

花与文学

贾祖璋著
2001 年 8 月 1 版 1 次
11.90 元
大 32 开　220 页

本书以生动的独具风格的科学小品体裁,就牡丹、芍药、兰花、菊花、桃花、杜鹃、梅花、荷花、桂花等数十种名花的历史记载、文学内涵、植物分类、药用价值、故事传说等进行了多方面的富有情趣的介绍,做到了知识性、文学性、趣味性与科学性的完美统一。

（四）现当代作品

诗　　词

茅盾诗词集

茅盾著
1985 年 12 月 1 版 1 次
特精装 4.40 元
大 32 开　130 页

本书共收我国现代革命文学的先驱者茅盾的旧体诗词 109 首,是能收集到的现存茅盾该类创作的全部。在这些诗词中,不仅印记了作者革命生涯的脚步,而且表达了作为一位卓越的无产阶级文化战士的革命情怀和高尚情操,既能给人以史的知识,又能予人以思想的鼓舞。

赵朴初韵文集(全二册)

赵朴初撰
2003 年 4 月 1 版 1 次
2007 年 5 月 1 版 2 次
精装 160.00
大 16 开　980 页

赵朴初(1907—2000)是著名的社会活动家、杰出的爱国宗教领袖,又是名重当代的书法家、韵文作家,在海内外享有崇高声望。《赵朴初韵文集》收入各体韵文

1977 首，按年（1927—1999）编次，附《无尽意斋对联存稿》一卷。本书是对赵朴初先生一生文学成就最接近全景的展示。

绘图本王蒙旧体诗集

王蒙诗谢春彦画

2001 年 1 月 1 版 1 次

平装 28.00 元

大 32 开 202 页

2002 年 11 月 1 版 1 次

线装 280.00 元

16 开 202 页

本书收王蒙从 1944 年到 1998 年创作的旧体诗共 145 首，其中包括用文言翻译的德国俳句 12 首、短歌 12 章，以及出访日本时所作俳句 14 首。所作写景、咏物、抒情、说理兼备，风格清新风趣，颇能以旧形式表现新内容。沪上著名画家谢春彦专为诗作配图，笔墨生动流畅，意蕴幽默传神。

和小山词　和珠玉词

赵尊岳 赵文漪编著

2004 年 2 月 1 版 1 次

36.00 元

16 开 220 页

宋晏几道有《小山词》，其父晏殊有《珠玉词》。《和小山词》与《和珠玉词》是赵尊岳、赵文漪父女和晏氏父子原词的作品。赵尊岳（1898—1965），精通词学，曾编《明词汇刊》等。《和小山词》是他印行的第一部词集，已成孤本，其后人 1971 年捐赠香港大学图书馆。长女赵文漪现定居加拿大，撰有《和珠玉词》，今合集出版。

无约的约会

刘信达著

2002 年 7 月 1 版 1 次

18.80 元

大 32 开 336 页

本书作者是企业家兼诗人，擅长写情诗，本书收集了诗人新创作的诗歌。

折翅的天使

刘信达著

2002 年 12 月 1 版 1 次

18.80 元

大 32 开 280 页

本书是企业家兼诗人刘信达的又一部诗集。

莱茵河畔

刘信达著

2003 年 9 月 1 版 1 次

11.80 元

大 32 开 100 页

本书为刘信达继《无约的约会》、《折翅的天使》两部诗集后的又一部新诗集。

冷风景

萧风著

2003 年 12 月 1 版 1 次

21.00 元

20 开 130 页

萧风精书画、擅诗词。他的书画作品曾上百次入选国家级大展及国际交流展，并多次获奖。《冷风景》是萧风新诗集，倾吐了作者对人生的感悟和思考，并在运用旧体诗词格律反映现代意境方面作了探索和尝试，其中有些篇章曾在多种文学杂志上发表并获奖。

青青吟草

陈一凡著

2005 年 10 月 1 版 1 次

18.00 元

大 32 开 180 页

本集辑录著者近半个世纪以来所作古诗词 407 首（阕），并附其相关诗歌鉴赏评论文章 12 篇。由于家学渊源及曲折坎坷的人生经历，集中所选诗词均雅典工整，哀婉凄清，并具时代气息。

公仆的楷模

——纪念周恩来同志百年诞辰诗歌集

上海市文联 上海东方电视台编

1998 年 1 月 1 版 1 次

37.00 元

大 32 开 184 页

为纪念周恩来百年诞辰，上海市文联、上海市作家协会等单位联合发起诗歌征集活动。本诗集在一千余首应征诗作中遴选编辑而成。这些诗作,以不同的风格,多样的艺术手法,抒发了对周恩来同志的爱戴之情。

心中的歌

——纪念中国共产党建党 80 周年诗歌集

上海市文联 上海东方电视台编

2001 年 6 月 1 版 1 次

25.00 元

大 32 开 350 页

本书收集了 160 首优秀诗作。前 80 首是从已发表的名人名篇中挑选出来的;后 80 首是在应征的作品中,经反复评审后精选出来的。这些诗作共同表达着一个颠扑不破的真理——没有共产党,就没有新中国。

上海诗词(1988 年第 1 期)

上海诗词学会编

1988 年 4 月 1 版 1 次

1.00 元

大 32 开 86 页

本编刊载对古典诗词的抢救、继承与发展的讨论,风格多样的诗词作品和论七绝的艺术与形式以及评介女词人的专论,还有对名家诗词的赏析和帮助初学者辨别优劣的评点。

春江新咏

上海诗词学会编

1989 年 9 月 1 版 1 次

1.40 元

大 32 开 70 页

《春江新咏》是上海诗词学会主编的《上海诗词》的第二期,主要发表上海和全国各地诗人、学者和诗词爱好者的诗词创作和论文等。

漱红阁诗词曲稿

傅璧园著

2006 年 12 月 1 版 1 次

25.00 元

大 32 开 268 页

本书作者名保民,字必豫,号璧园。幼承家学,少年能诗,一生吟诵不辍,浸润其中已逾一个甲子。所作典雅工整,清隽婉逸,风神摇曳,尤见情性。

一瓢书两由斋诗词

李桂梓诗词 刘小晴书法

2006 年 12 月 1 版 1 次

25.00 元

大 16 开 64 页

本书诗词作者李桂梓是当代知名的古体诗词作家,主编过多部诗集,并在全国性的诗词大赛中多次获奖。他的诗词作品,内容健康向上,古雅可颂,有很深的功力。本书书法作者刘小晴是著名的书法家,擅长楷书、行草,尤精小楷。其书风取法晋唐,端妍雅逸,颇具文人书法的意蕴。此次他书写的两由斋诗词,是他近年来的精心之作。

张镜人诗集

张镜人著

21.00 元

2006 年 7 月 1 版 1 次

大 32 开 232 页

张镜人先生是国内著名的老中医,60 多年来,他潜心医术之余,还创作了不少诗词。本书选录了他历年(特别是改革开放以来)创作的诗词 100 余首。作品风格独特,耐人寻味。

闽中人民革命史诗

范锦鸿主编

2009 年 12 月 1 版 1 次

精装 120.00 元

大 16 开 320 页

1926 年 2 月,闽中人民在中国共产党的领导下开展了农民运动,成立了苏维埃政权,进行长达十年的土地改革,组建了闽中工农红军。抗战爆发后,这支武装力量改编为新四军,立即投入到了民族自救的洪流之中。随着抗战的胜利和第三次国内革命战争的爆发,闽中革命先驱们又毅然投身于人民解放事业,并成为推翻旧制度、成立新中国不可或缺的一部分。本书以诗歌、书画等艺术形式讴歌闽中革命的英雄事迹,缅怀为民族独立、人民解放牺牲的先烈,是一部极好的革命传统"教材"。

半坡烟雨半坡风

了凡著

2015 年 8 月 1 版 1 次

精装 52.00 元

32 开 216 页

本书系作者原创诗词作品选。

大树山房诗集

吴寿彭著

2008 年 11 月 1 版 1 次

大 32 开　260 页

25.00 元

　　吴寿彭（1906—1987）曾从事古希腊先哲亚里士多德著作的翻译,成就卓著。他自幼习读经史百家,少时即开始作旧体诗词。本书共收入他一生创作的诗词 450 余首,内容丰富,包括其生平游历、时事、交友、感怀以及一些科技题材。

李之柔诗选

2008 年 7 月 1 版 1 次

25.00

32 开　236 页

　　作者李之柔是文怀沙先生的助手,追随文先生研习国学、诗词歌赋多年。本书为他几十年来创作的百余首诗歌,从中可以看出作者学习屈骚、李杜之痕迹。诗中内容涉及文学、禅、景物、友情、亲情等诸多方面。

散　文

民国名刊精选

纸片战争

——《红杂志》《红玫瑰》萃编

柯灵主编　袁进编选

1999 年 9 月 1 版 1 次

14.60 元

大 32 开　272 页

　　1922 年世界书局创办《红杂志》,1924 年易名为《红玫瑰》,1932 年终刊。严独鹤主编,施济群、赵苕狂先后主持日常编务。这是以普通市民为主要读者对象的消闲性文学刊物,本书选编散文短章一百余篇,对于今日读者多视角观察彼时光怪陆离的社会现象、市民心态,以及民国旧派文学状况,颇具认识价值。

午夜高楼

——《宇宙风》萃编

柯灵主编　冯金牛编选

1999 年 9 月 1 版 1 次

20.30 元

大 32 开　448 页

　　《宇宙风》半月刊,是 20 世纪三四十年代一部影响颇大的文艺刊物,创办者为林语堂。其作者队伍,除了"三堂鼎立"（语堂、知堂即周作人、鼎堂即郭沫若）,还有郁达夫、老舍、巴金、胡适、丰子恺、冰心、蔡元培等人,堪称极一时之选。它的体裁,以小品文为主,提倡幽默,很注重文学性。同时,对当时重大的政治事件如日军侵华,也作出了及时而强烈的反应。所以无论从文学欣赏或是了解历史角度而言,本书都很值得我们一读。

钓台的春昼

——《论语》萃编

柯灵主编　白丁编选

1999 年 9 月 1 版 1 次

16.80 元

大 32 开　340 页

　　1932 年于上海创刊,1949 年终刊的《论语》半月刊,是旧中国寿命最长、影响颇大的文艺刊物。该刊以提倡幽默闲适、抒写性灵为宗旨,在断续行世的 17 年中,形成了以老舍、俞平伯、丰子恺、许钦文、李青崖、章克标等众多文坛名人为代表的可观的创作阵营。虽然从总体上看,《论语》有着回避现实斗争的倾向,但对当时黑暗的官场和社会弊端仍能作无情的针砭和揭露。它形成了一种独特的文体——"论语体",对我国现代小品散文创作的繁荣产生了重要影响,现从全部 177 期《论语》中遴选出 84 篇具有代表性的文章结集出版。

玻璃建筑

——《现代》萃编

柯灵主编　完颜绍元编选

1999 年 9 月 1 版 1 次

16.50 元

大 32 开　332 页

　　由施蛰存先生主编、创刊于 1932 年 5 月的《现代》杂志,是一本在当时颇有影响的文艺期刊。杰出的作者群,使它始终保持着作品的高品位、高质量。鲁迅、郭沫若、茅盾、郁达夫、周作人、巴金、沈从文、叶圣陶、丰子恺、季羡林、靳以、李健吾等名家巨擘,都是它的基本作者。选入本书的 76 篇文章,既反映了当时社会的真实面貌,又体现了现代散文的艺术成就。

无花的春天

——《万象》萃编

柯灵主编 赵福生编选

1999 年 9 月 1 版 1 次

19.60 元

大 32 开 424 页

《万象》月刊(1941.7—1945.6),先后由陈蝶衣、柯灵主编。它犹如一叶独木舟,在旧上海敌伪统治的凶涛恶浪中,顽强地苦苦支持,并曾成为不少爱国进步作家的掩体。本书从中遴选李健吾、沈从文、丁玲、赵景深、郑逸梅等数十家所作杂论、散文、小品、诗歌等七十余篇,对于了解彼时社会状况、各阶层精神面貌,有着不容低估的认识意义。

影的告别

——《语丝》萃编

柯灵主编 许道明编选

2000 年 9 月 1 版 1 次

15.70 元

大 32 开 308 页

《语丝》是我国现代著名的文学周刊,1924 年 11 月 17 日创刊于北京,后遭军阀查禁,迁往上海出版。孙伏园、鲁迅、柔石、李小峰先后担任编辑,鲁迅、周作人、钱玄同、林语堂、郁达夫、柳亚子、朱自清等著名作家都是周刊的作者,留下了个性鲜明、风格多样的篇章。本书从 260 期周刊中精选出 70 篇文章,可借此了解 20 世纪 20 年代的中国的社会现状和人文思想。

撒但的工程

——《创造》《洪水》《幻洲》萃编

柯灵主编 许道明编选

2000 年 9 月 1 版 1 次

14.70 元

大 32 开 272 页

创造社是中国现代文学史上著名的文学社团,对现代文学有很大的影响。本书从《创造》季刊、《创造周报》、《洪水》、《幻洲》中精选散文四十多篇,作者有郭沫若、郁达夫、成仿吾、郑伯奇、叶灵凤、王独清、潘汉年等。他们的散文注重表现自我以及对人生意义的探索和人生情味的体验,充满着对旧世界、旧偶像的抨击和对人性、自然的赞美;文字颇多文言笔意和欧化句式,体现了那一时代的特点。

豁蒙楼暮色

——《新月》萃编

柯灵主编 倪平编选

2000 年 9 月 1 版 1 次

15.60 元

大 32 开 300 页

《新月》月刊,是颇有影响的现代文艺刊物,创办于 1928 年 3 月,终刊于 1933 年 6 月。徐志摩、梁实秋、罗隆基、胡适、叶公超等先后负责编辑,撰稿人多为新月派成员。本书选有徐志摩、梁实秋、胡适、陈西滢、何家槐、储安平、叶公超、闻一多、俞平伯、陆小曼、郁达夫、方令孺、吴世昌等所撰散文近五十篇,颇能体现新月派作家的精神世界和创作艺术风格。

窗外的春光

——《人间世》萃编

柯灵主编 冯金牛编选

2000 年 9 月 1 版 1 次

18.10 元

大 32 开 376 页

《人间世》是林语堂于 20 世纪 30 年代创办的三种文学期刊之一。虽然只出了 42 期,但知名度却不小,由它引发的关于"小品文"的论争,曾在当时产生很大影响。该刊秉承林语堂一贯倡导之"闲适幽默"、"清新俊灵"的文风,发表了大量当时名家,如郁达夫、徐志摩、老舍、丰子恺、赵景深、阿英、曹聚仁、臧克家等人的小品短文。本书精选该刊近百篇文章。

路亭

——《太白》萃编

柯灵主编 倪平编选

2000 年 9 月 1 版 1 次

15.70 元

大 32 开 304 页

《太白》半月刊,陈望道主编,是 20 世纪 30 年代中期颇负盛名的文艺杂志。本书选有鲁迅、茅盾、巴金、郑振铎、朱自清、老舍、叶圣陶、夏征农、徐懋庸、曹聚仁、吴组缃、许地山、柯灵、郁达夫、周建人、贾祖璋、艾思奇等数十名家撰写的杂文、漫笔、速写、科学小品、风俗散考近百篇。

未能忘却的忆念

——《宇宙风·自传之一章》《人间世·名人

志》专栏合集

蔡元培等著

1999 年 12 月 1 版 1 次

12.70 元

大 32 开　244 页

本书辑自民国名刊《宇宙风》、《人间世》，书中裒集了近 50 位文化人的生活片断。蔡元培、叶公绰、周作人、老舍、郁达夫、徐志摩……无一不是 20 世纪上半叶的中国名人，领导当年中国文坛的潮流。然而本书并没有记载这些人所共知的辉煌的历程，而只是记录了一些鲜为人知的生活片断，这些片断可能影响着这些名人的人生。

白 屋 丛 书

我与文坛

赵景深著

1999 年 10 月 1 版 1 次

17.10 元

大 32 开　376 页

本书以轻灵随笔，娓娓讲述与他相见相识的鲁迅、郭沫若、郑振铎、茅盾、叶圣陶、胡适、周作人、郁达夫、老舍、巴金、冰心、田汉、孙席珍、徐志摩、戴望舒、施蛰存、杜衡、朱湘、曹聚仁、曹禺、钱钟书等百余作家事迹。所写内容虽往往琐细，却多为人所鲜知，且关涉文坛大事。故本书不仅有很强的可读性，并对于研究中国现代文学有着弥足珍贵的史料价值。

篱槿堂自叙（我的回忆录）

赵俪生著

1999 年 10 月 1 版 1 次

13.70 元

大 32 开　256 页

这是一位饱经风霜的老人，经历了 20 世纪中国历史上许多重要事件：一二九学生运动、抗日战争、解放战争，思想改造、"肃反"、"反右"等运动，"文化大革命"……与之相随，他由一个满怀爱国热情的青年学子、抗日战士，而成为大学教授、"右派分子"、历史学家……其间的历程、心迹，其间的恩怨、是非，耐人寻味。他的回忆是对历史的记述和反思，他的人生是这一代知识分子的缩影。

往事如烟

朱雯　罗洪著

1999 年 10 月 1 版 1 次

14.00 元

大 32 开　316 页

他和她，一对文学老人携手并肩，同舟共济一起走过了 60 多个风风雨雨、坎坎坷坷的岁月，他们就是著名作家、翻译家朱雯先生和著名女作家罗洪先生。如今朱雯先生已离我们而远去，然而他们的回忆录，从 20 世纪 30 年代起就已经活跃在中国文坛的经历，为我们提供了弥足珍贵的资料。他们与许多文化名人——巴金、沈从文、柳亚子、徐迟……交往的情景一幕幕地展现在我们眼前，使我们一睹老一代文人的神韵，领略往日文坛的风貌。

蜉寄留痕

罗继祖著

1999 年 10 月 1 版 1 次

14.70 元

大 32 开　292 页

作为对中国甲骨文、金文研究作出过重大贡献的"四堂"之一、号为雪堂的罗振玉，一生除了搜集、整理、刊行甲骨、铜器、简牍、明器、佚书之外，恐怕就是为复辟清朝而奔走、呼号，参与伪满的活动，俨然以清朝遗老自居。然而那个逊了位的末代皇帝溥仪似乎并不怎么领他的情，溥仪在《我的前半生》中几乎没有说过他什么好话。但皇帝的"金口玉言"公允吗？罗振玉的孙子罗继祖先生在本书中为我们从另一侧面了解罗振玉提供了大量的资料。

桑榆忆往

程千帆著

2000 年 9 月 1 版 1 次

14.40 元

大 32 开　284 页

这是著名古典文学专家程千帆教授的口述回忆录，它真实地道出了这位年近九旬的老知识分子的心声。面对重重磨难，程千帆先生没有沉沦，没有被摧毁，而是凭着对祖国传统文化无比热爱的信念顽强地坚持下来，并且使他那读书、教书、写书的平凡人生，增添了许多辉煌：他写就了《古诗考索》、《唐代进士行卷与文学》、《文论十笺》、《两宋文学史》等一系列传世之著而蜚声学术界；他的学生均已成为学术界、教育界的栋梁之才……

文坛管窥

——和我有过往来的文人

胡山源著

2000 年 9 月 1 版 1 次

16.60 元

大 32 开　350 页

胡山源是一位活跃于 20 世纪 20—40 年代中国文坛并作出贡献的著名人物。他创建了我国较早的文学团体——弥洒社,他创作了许多有影响的文学著作,并受到鲁迅的赞扬;他引导许多青年走上文学之路。本书是胡山源先生耄耋之年的著作,真实地记录了当年文坛的风貌。

化为桃林

端木蕻良著

2000 年 12 月 1 版 1 次

15.20 元

大 32 开　304 页

端木蕻良是中国现代文坛上声誉颇高的满族作家,本书编集其 20 世纪 30 至 90 年代散文代表作品 80 篇,涉及现代革命史、文学史上诸多鲜为人知的重要事件细节,与鲁迅、茅盾、老舍、郑振铎、秦牧、王统照、欧阳予倩等交往情形,以及与前妻、已故著名作家萧红共同生活的趣事佳话等。

其　他

笔花六照

梁羽生著

1999 年 12 月 1 版 1 次

精装 24.50 元

大 32 开　436 页

梁羽生先生是著名的新派武侠小说大师,同时又是一位写作散文的高手。本书是作者精心选编的散文集,包括武侠因缘、师友忆往、诗话书话、读史小识、旅游记趣、棋人棋事共六个专辑。时间跨度从 20 世纪 50 年代至 90 年代,展现了梁先生散文的独特风貌。

黎明的眼睛

端木蕻良著　钟耀群编

2001 年 6 月 1 版 1 次

20.40 元

大 32 开　400 页

端木蕻良是中国现代文坛上声誉颇高的满族作家。所著长篇小说《科尔沁草原》、《大地的海》、《曹雪芹》等,深受文学界重视。其散文创作亦颇有成就。本书收录其 20 世纪 40 至 90 年代散文近一百篇,题材广泛,大多是作者对人生经历的回忆和感悟。

春天在雪里

陈向平著

2001 年 11 月 1 版 1 次

20.00 元

大 32 开　166 页

这是一部饶具个性风采的散文集。作者陈向平,曾任数家报社副刊的主编、主笔。本书收录他 1940 年至 1948 年发表于《东南日报》副刊《笔垒》上的散文百余篇。其中多为反映彼时社会现实之作,林林总总真实细节,乃历史见证。

外国的月亮

柳存仁著

2002 年 5 月 1 版 1 次

19.00 元

大 32 开　292 页

作者柳存仁先生为著名旅澳学者,对中国古代文学、历史、哲学等方面有深入的研究。本书为其散文集,主要分三部分,一是从一个中国文人的角度来看西方世界;二是回忆和评述中国近现代文艺名人;三是从中国古代文化出发,对现代社会现象进行联想或反思。

邙山秋风

叶鹏著

2002 年 4 月 1 版 1 次

25.00 元

大 32 开　228 页

作者 1957 年因被错划为"右派",被送到河南北邙的一个山村,在河南度过了 21 个春秋。本书是近自传体的散文集。作者虽历经磨难,文章中却很少有悲观与怨恨,更多的是对生活的感悟、思索,对真理、对美的探求。

栗褐色的梦

——杨端明散文集

杨端明著

2003 年 6 月 1 版 1 次

15.00 元

大 32 开　200 页

　　作者一直从事城市环卫领导工作,长年坚持写作,并多有发表。本书即是作者近三十年来的散文、小品集,共收录 44 篇,分为枯黄的记忆、栗褐色的梦、原型本色、放飞红蜻蜓和卡逊的春天。

客舟听雨

龙辉著

2004 年 8 月 1 版 1 次

18.00 元

大 32 开　160 页

　　作者是位有着丰富履历的文化人,他的这部散文集题材比较宽泛,反映了其色彩斑斓的人生及四处漂泊的生活。

伊甸园絮语

——当代名作家家庭人生漫笔

林华编

1996 年 4 月 1 版 1 次

12.90 元

大 32 开　240 页

　　爱情、婚姻、家庭是人类生活中永恒的主旋律,本书即是关于这个主旋律的散文专集。所收散文三十余篇,均出自知名作家之手,其中包括像王安忆、叶辛、陆星儿、王晓玉、王小鹰、戴厚英、蒋丽萍、赵丽宏、陈村等目前创作十分旺盛的作家。他们以不同的经历和对事物独特的观察,描述着自身的生活,抒发着对婚姻、家庭问题的感受和思考。

浮生手记

——1886—1954 一个平民知识分子的纪实

骆憬甫著

2004 年 10 月 1 版 1 次

28.00 元

20 开　358 页

　　本书叙述了中国一个平民知识分子的一生。书中对清末科举考试,大家庭遗产纷争的描述,尤其是对抗战八年中普通知识分子家庭颠沛流离生活及所见所闻的记载,让现代人更完整更真实地感受到了近代中国的历史变迁。

走进蒋氏家族

——蒋介石外甥女竺培英谈蒋家

杨尧深著

2004 年 7 月 1 版 1 次

19.00 元

18 开　220 页

　　耄耋老人竺培英是蒋介石的外甥女,她从懂事起就生活在蒋氏家族中,直至全国解放。改革开放以来,又与身居台湾的蒋经国、蒋纬国,以及其他蒋家亲戚时有信件往来。在书中,她以口述的形式,回忆了蒋氏家族鲜为人知的往事,涉及蒋介石的出生、婚姻,其母的为人处世;“西安事变”后蒋介石的表现;蒋经国的私生活,他与宋美龄的关系;蒋纬国的家庭内幕,等等。其中大量资料都是首次披露。还附有不少图片,以及蒋纬国给竺培英的亲笔信。

知青部落

——黄山脚下的 10000 个上海人

朱政惠　金光耀主编

2004 年 9 月 1 版 1 次

39.80 元

20 开　300 页

　　本书选刊的是 1965—1978 年上海黄山茶林场知青的近千幅老照片。知识青年上山下乡,这样一段历史,对知青个人是珍贵的回忆,对于国家和民族,也是一段难忘的历史。本书从广泛征集来的四千余幅当事人照片中精选,配以文字。

题词集

——宝钢建设二十周年纪念

宝钢集团公司编

1998 年 8 月 1 版 1 次

线装布函 100.00 元　线装锦函 120.00 元

16 开　144 页

　　宝钢工程建设始于我国改革开放之初,宝钢在 20 年的历程中,得到了党和国家历任领导人的关怀和支持,得到了各方领导和社会各界人士的关心和鼓励。《题词集》收有一百多位各级领导和各界人士为宝钢所题的一百四十余幅题词。

金秋文集

上海市老干部大学

上海老干部金秋文学社合编

1993 年 8 月 1 版 1 次

5.50 元

大 32 开　196 页

　　本《文集》收有小说、诗歌、散文、杂感、文论、诗词赏析、报告文学、革命回忆录等近百篇作品,都是爱好文学喜爱写作的离休老干部撰写的。这些老同志有着长期革命战争和社会主义建设的经历,许多作品不乏史料价值,有些则生动感人,很值得一读。

金秋文学选集

张玺主编

2003 年 1 月 1 版 1 次

48.00 元

大 32 开　728 页

　　上海市老干部局组建的金秋文学社至今已有 10 年历史,该社社员均系离休干部,已有作品约 270 万字,现特从中精选出 132 篇文章,分文论、回忆录、纪实文选、小说、散文、诗歌六部分。

竹轩琐话

梅松著

2015 年 6 月 1 版 1 次

28.00 元

32 开　180 页

　　本书为艺林掌故随笔集。主要选取了元代的柯九思、吴瓘、吴镇、钱选、高克恭、赵孟頫、黄公望、陈琳、孙君泽、庄蓼塘、吾邱衍,清代的高凤翰、王相、王曰申、吴熙载、吕铨孙,近现代的蒋毂孙、吴湖帆、魏建功、黄裳等,钩稽他们的生平逸事,并涉及与之相关的绘画、篆刻、藏书等艺术实践活动。

茶史漫话

俞鸣著

2015 年 11 月 1 版 1 次

精装 45.00 元

32 开　504 页

　　本书作者以杂文笔法书写中国茶的历史,同时阐述在这一切的背景后,更深藏着的源自政治、经济、军事、宗教、科技乃至意识形态的导火索和催化剂,深入浅出地阐述茶文化与社会生活之间的影响,体现了作者对茶文化及其影响的独特理解和思考。

小 说 剧 作

虹影丛书·民国女作家小说经典

名誉主编：冰心　主编：柯灵

陈衡哲小说·西风

罗岗编选

1997 年 10 月 1 版 1 次

1998 年 6 月 1 版 2 次

11.30 元

长 32 开　152 页

　　在中国新文学史上,陈衡哲是最早用白话文写小说的一位。她以其取材广而内涵深刻,以及日渐丰富的创作技巧,对推动白话语体的运用和小说创作之成熟,作出了很大功绩。本书收集了陈衡哲包括著名的最早小说《一日》在内的 10 篇小说,是 1928 年其小说初版后的首次重排。

冰心小说·相片

卓如编选

1997 年 10 月 1 版 1 次

1998 年 6 月 1 版 2 次

14.00 元

长 32 开　236 页

　　冰心的小说时代气息浓郁、哲理清新深邃,语言则隽逸精巧,情致柔美真挚,具有浓浓的女性韵味和独特的艺术风格。本集精心编集了冰心 1949 年以前的优秀小说二十余篇,以便读者重睹冰心早期的创作历程和风采。

冯沅君小说·春痕

孙晓忠编选

1997 年 10 月 1 版 1 次

1998 年 6 月 1 版 2 次

12.10 元

长 32 开　180 页

　　冯沅君是与冰心、凌叔华等齐名的"五四"以后的第一代新文学女作家。她的小说常常反映着年轻一代对新生活的憧憬和面对新思想与旧传统的艰难选择,许多作品明显地带有作者自身的角色特征,将女性的隐秘世界真切地袒露于读者面前。本集收录了冯沅君 14 篇小说,均为优秀之作。

罗淑小说·生人妻

徐曙蕾编选

1997 年 10 月 1 版 1 次

1998 年 6 月 1 版 2 次

10.80 元

长 32 开　136 页

　　罗淑是"五四"以后又一位被病魔过早夺去生命的女作家，她以一篇描写典买妻子的小说《生人妻》贡献于当时的文坛，受到巴金的好评，奠定了她在现代文学史上的地位，其乡土味浓郁的题材和蕴含的女性温情备受当时瞩目。本书将罗淑三本小说集合为一册，收录了她所有的作品，是解放以来的一次完善整理。

凌叔华小说·花之寺

杨扬　江雁编选

1997 年 10 月 1 版 1 次

1998 年 6 月 1 版 2 次

12.90 元

长 32 开　208 页

　　凌叔华的小说反映了 20 世纪初生长在闺阁中的中国小女子不安于现状，不断好奇地探望外界生活的心理活动。虽然凌叔华被当时的评论家称为闺阁派作家，但她的作品并非只写闺阁生活。这本集子中有凌叔华各个时期的代表作。

丁玲小说·梦珂

周伟鸿编选

1997 年 10 月 1 版 1 次

1998 年 6 月 1 版 2 次

13.40 元

长 32 开　216 页

　　丁玲以小说《莎菲女士的日记》而成为"五四"以后文坛上一颗耀眼的新星，她早期的小说塑造了一批勇敢向旧礼教决裂而又在追求新生活道路上充满苦闷彷徨的新女性形象。随着投身革命，她的小说更多地为革命政治服务，后期的作品则渐趋对所涉及的题材进行冷静的批判剖析。本集选录了 1949 年以前包括丁玲处女作《梦珂》在内的 7 篇作品，堪称丁玲小说作品的精粹。

沉樱小说·爱情的开始

陈宁宁编选

1997 年 10 月 1 版 1 次

1998 年 6 月 1 版 2 次

13.10 元

长 32 开　196 页

　　沉樱的小说多取材于家庭生活和婚恋故事，真实地再现了旧时代知识女性追寻爱情真谛和人生意蕴的生活命运，其对人物内心瞬间的捕捉，女性心理隐秘的揭示，以及故事情节的起伏发展，常使当时读者伤感。本集汇集了沉樱最精彩的爱情小说，是时隔半个世纪后对其作品的一次重要整理。

罗洪小说·薄暮的哀愁

林伟民编选

1997 年 10 月 1 版 1 次

1998 年 6 月 1 版 2 次

13.80 元

长 32 开　260 页

　　罗洪小说常常涉及当时许多女作家难以描述的题材，善以其独具的笔触渲染哀愁伤感的氛围，透出沉郁凝重的风格。她注重细微而精致地描述人的心理活动，给人以竭尽人情世态之感。本书是首次对罗洪各时期小说的编选和整理，并得到了罗洪本人的赞许。

萧红小说·朦胧的期待

尚海思编选

1997 年 10 月 1 版 1 次

1998 年 6 月 1 版 2 次

12.50 元

长 32 开　188 页

　　萧红是 20 世纪 30—40 年代很具才情的女作家，小说中弥散着浓浓的悲郁凄婉气氛，并多有东北的地方色彩。她以现实主义手法直面惨淡凄苦的人生，并以犀利笔触，揭示人性中的愚昧、自私、懒惰和伪善。她的后期作品则更多地散发着沉重的苦闷和怀乡情绪。本集所选入的 10 余篇作品足可管窥萧红小说的全貌。

施济美小说·凤仪园

盛晓峰编选

1997 年 10 月 1 版 1 次

1998 年 6 月 1 版 2 次

13.40 元

长 32 开　222 页

　　施济美的人生遭遇令人扼腕：倾心相爱的恋人在日

机空袭中遇难。这没世难忘的痛苦,使得她终身未婚,也使得她的小说总是那么缠绵悱恻,有一股淡淡的哀愁,而结局又总是那么悲婉凄凉。《凤仪园》就是其典型的代表作。

张爱玲小说·留情

倪文尖编选

1999 年 11 月 1 版 1 次

12.70 元

长 32 开　200 页

本集选录张爱玲最负盛名的 6 篇小说,从中能阅读到作家最擅长的爱情题材代表作,看到她叙写男女关系所达到的炉火纯青的境界,以及其独特的也是最善表现的敏感意象,通过其个人化的语言和犀利的笔触,读者可以审视人世间一颗颗凡俗而难解的心。

石评梅小说·只有梅花知此恨

黄红宇编选

1999 年 11 月 1 版 1 次

11.80 元

长 32 开　172 页

石评梅的创作,主题涉及知识分子歧路彷徨的"时代病"、婚姻自由、妇女解放、青少年教育等方面,尤其表现了在"五四"个性主义思潮的感召下,青年热情而不乏空想地探求人生意义,最终面临现实的抉择而苦痛的心理过程,具有鲜明的时代色彩和艺术魅力。

张兆和小说·湖畔

孙晶编选

1999 年 11 月 1 版 1 次

10.40 元

长 32 开　132 页

张兆和是沈从文的终身伴侣,本书所收的 4 篇小说是她早年的作品。她善于表达少男少女的情感世界,意趣在自然的纯净与童心的纯真中徜徉,传递出一种朦胧的美与淡淡的忧伤,其中《湖畔》一篇尤为感人,曾得到巴金的好评。本书还选录了一些张兆和致沈从文的书信,从中亦可窥见两人的患难人生。

林徽因小说·九十九度中

陈学勇编选

1999 年 11 月 1 版 1 次

12.70 元

长 32 开　200 页

本书是名噪一时的现代女作家林徽因的小说合集,收录了她所有的小说创作。她的小说可谓篇篇玑珠,而《九十九度中》更因李健吾的赞叹与推介被目为京派小说的代表。本书还附录了她的多篇散文名篇,对了解其人其性情,具有相辅相成的作用。

关露小说·仲夏夜之梦

李林荣编选

1999 年 11 月 1 版 1 次

12.60 元

长 32 开　196 页

女作家关露是一位打入日本侵华中枢机构的中共地下党员。她的小说无论是叙写个人的生活体验,还是反映当时的错综复杂的生活矛盾,其细腻逼真的描绘和感伤沉郁的风格都给读者留下了深刻的印象。她自身的生活经历和创作活动曾一度不为外界所知,本书的编选成集可为研究者打开一扇了解关露及其时代的窗口。

庐隐小说·何处是归程

范玉吉编选

1999 年 11 月 1 版 1 次

13.10 元

长 32 开　212 页

庐隐一生颠沛流离,不平凡的经历使她对当时不合理的社会现实有着较为真切的理解,因而反映人生的困苦成了她早期作品的主旋律。而 1923 年发表的《海滨故人》是她的成名作,开始了对女性心路历程的也即"人性的觉醒"这一重大课题的探寻,标志着她的创作视点的改变。与当时的其他女作家相比,庐隐的文字更为凄丽而独具特色。本书选取的 15 篇小说,集中了庐隐各个时期作品的精华。

苏雪林小说·蝉蜕

柳珊编选

1999 年 11 月 1 版 1 次

12.20 元

长 32 开　188 页

早在 20 世纪 30 年代,苏雪林就因批判鲁迅而名声大噪;她在文学方面的成就是多方面的,而她的小说更令人注目,文字秀丽,风格优美淡雅,率真而细腻地表现了"五四"时期知识女性在社会生活急剧变化时的精神风貌以及对自然纯真的向往。此外,由于浸淫于历史研究氛围中,她还写作了不少历史题材的小说。

梅娘小说·黄昏之献
司敬雪编选
1999 年 11 月 1 版 1 次
13.20 元
长 32 开　220 页

梅娘与当时崛起于上海的张爱玲共享"北梅南张"的盛名。她的小说创作主要有两大主题:一是女性主题,她的小说中女性的感官欲望坦然而自足,并表达了对男性以及男权社会适度的揶揄和失望。另一个主题是母性主题,"梅娘"本就隐含"没有亲娘"之义,她因自幼失去母亲而将母爱与人道主义融合于小说创作中。这两个鲜明的特色,使梅娘的作品自成一格。

杨刚小说·桓秀外传
周伟鸿编选
1999 年 11 月 1 版 1 次
13.50 元
长 32 开　228 页

本书收录了杨刚小说中最有代表性的 6 篇中、短篇小说,是时隔近半个世纪来对杨刚小说的首次整理。杨刚的小说兼有细腻与雄浑之美。她善于从矛盾冲突中凸显人物的性格,最后在矛盾冲突的高潮中陡然收束。她对人物心灵瞬间感觉的捕捉,女性恋爱心理的揣摩,都达到了细致入微的地步,从而塑造了许多温婉细腻的人物形象。

沈祖棻小说·马嵬驿
徐曙蕾编选
1999 年 11 月 1 版 1 次
10.10 元
长 32 开　124 页

沈祖棻的小说创作在民国时期的女作家作品中以其独特的历史视角而著名,她善于将女性的细腻感受融入历史题材的小说创作中,以其深沉的同情和理解塑造了众多血肉丰满的历史人物形象。

卧龙生精品系列

铁笛神剑（全三册）
卧龙生著
1996 年 9 月 1 版 1 次

48.70 元
大 32 开　804 页

台湾著名武侠小说作家卧龙生的这部武侠名著,叙述了这样一个故事:女魔头九阴蛇母莫幽香危害武林。黄山一战,莫幽香绝迹江湖。不料,20 年后,莫幽香复出,掀起一场空前的武林浩劫。随着莫幽香的复出,领袖关外的佛心岛主撕下伪装,鸠集群怪,助纣为虐……一场生死搏杀,其中掺杂着血海深仇,绵绵深情。浩劫过后,真相显露,然而莫幽香、佛心岛主竟不知所往。

无名箫（全五册）
卧龙生著
1996 年 9 月 1 版 1 次
90.40 元
大 32 开　1568 页

悠悠箫声,传出古庙无限幽情;闪闪刀光,融入武林多少恩怨。小说入手便写中原 5 位义侠惨遭毒害,首领之徒上官琦侥幸逃出,藏身学艺于古刹经楼,历尽磨难,最后怀着一身绝技闯荡江湖,终于使阴谋仇杀的武林归于平静安和。

素手劫（全四册）
卧龙生著
1996 年 9 月 1 版 1 次
67.00 元
大 32 开　1120 页

一双美丽动人的纤纤素手令人炫目,但素手现处,便有一位武林高手倒下。其中酝酿着一场武林大阴谋。少侠任无心挺身而出,联合武当、少林等各大门派,奋起反击。一场正义与邪恶的较量就此开始。群魔终被扫平,然而,谁也没料到,少侠任无心竟然是"素手"兰姑的……

天马霜衣（全三册）
卧龙生著
1996 年 9 月 1 版 1 次
49.40 元
大 32 开　816 页

达摩易筋经真解、天龙八剑秘笈、天龙甲、鱼肠剑……揭开了武林是非恩怨的序幕。急欲揭开身世之秘的新秀林寒青,闯荡江湖,在恩仇与情爱的漩涡中出生入死……本书为卧龙生的成名之作。是一部故事新颖、紧张刺激的武侠名著。

天涯侠侣（全二册）

卧龙生著

1996 年 9 月 1 版 1 次

37.20 元

大 32 开　640 页

　　本书是《天马霜衣》的续集。书中 3 位女主人公：一是秀逸端庄的女中豪杰，一是身怀绝技、风情万种而又仇恨满腔的女魔，一是娇柔动人、智慧超群的仙子；而侠肝义胆的男主人公却周旋于三美之间。在武林两大势力的决战中，20 年前武林情魔剑王的突然出现，又揭开了一场大劫杀背后的种种神秘往事，使得两代恩怨，在一场惊心动魄的对垒中悲壮地了结。

天剑绝刀（全三册）

卧龙生著

1996 年 9 月 1 版 1 次

59.50 元

大 32 开　1060 页

　　本书叙述了这样一件震骇整个武林的奇案：武林九大门派中的四大掌门人被人暗算身死，白鹤门掌门人左鉴白全家遭杀，仅其幼子左少白和幼女左文娟逃生。姊弟二人历经磨难，九死一生，最后重逢，在支持正义的众多武林高手的帮助下，终于报仇雪恨。

七绝剑（全三册）

卧龙生著

1996 年 9 月 1 版 1 次

49.00 元

大 32 开　812 页

　　"七绝魔剑"以毒辣迅疾而称雄武林，李寒秋凭此绝技，闯荡江湖，寻觅杀害双亲的仇人。正当他的利剑指向杀父之凶、名侠实盗的"江南双侠"之时，却无意间卷入武林的纷争漩涡。目睹武林将遭受莫大的劫难，李寒秋毅然地挑起了挽救武林的重担。历尽艰险，一次次地战胜了敌人。然而，一个更大的阴谋正在等待着他……

还情剑（全三册）

卧龙生著

1996 年 10 月 1 版 1 次

48.80 元

大 32 开　810 页

　　本书是《七绝剑》的续集。李寒秋以剑法毒辣迅疾

称雄武林，同时也身不由己地陷入武林纷争之中，他毅然担起锄奸恶、挽危局的重任。几番身陷巨险，幸频受三奇女相助营救，终于撕开仇人"江南双侠"的虚伪面目。正当李寒秋手刃双仇，排除武林大劫之际，三奇女中忽有一人称也要向李寒秋讨还血债……

树菜洋场小说系列

末路贵族

树菜著

2003 年 8 月 1 版 1 次

19.00 元

大 32 开　306 页

　　苏俄十月革命后，昔日的王公贵族、豪门淑女辗转流亡到十里洋场，成为无国籍的"白俄"。他们从上流社会堕入社会底层，从事乐师、看门人、鸨母、妓女……在异国他乡被人讥为"罗宋瘪三"。本小说以白俄少女与美国军官的恋爱故事为线索，描绘了"白俄"这个群体在 20 世纪 40 年代上海沦陷时期的生活，以缠绵的笔法叙述了他们的生死悲喜，爱恨情仇。

黑道风云

树菜著

2003 年 8 月 1 版 1 次

16.00 元

大 32 开　232 页

　　本书以 20 世纪 30 年代十里洋场上的赌场——世界总会为中心，叙述了黑帮争斗、华洋官商勾结、中日间谍之战，以及娼、赌、毒等各种丑恶的故事。

洋场浪子

树菜著

2003 年 8 月 1 版 1 次

16.00 元

大 32 开　254 页

　　本书作者用文学的手法叙述了 20 世纪 20 年代上海的一件真实故事。富家子弟初涉洋场，吃喝玩乐、醉生梦死，到头来，床头金尽，众叛亲离，餐风宿露，乞食街头。小说把那个时代的众生相，活生生地呈现在读者面前，不仅有可读性，也有一定的警世意义。

乱世风雨

树菜著

2003 年 8 月 1 版 1 次

16.00 元

大 32 开　252 页

　　本书叙述抗日战争时期,沦陷的十里洋场妖雾弥漫,杀机四伏。仰仗日寇势力的暴发奸商与为虎作伥的汉奸特务,逼良为娼,无恶不作,而本性善良的风尘女郎和惨遭蹂躏的农村少女,为求生存,付出沉重的代价。本小说描写大都会的繁华表面,隐藏着人间的不平,使人不得不一掬同情之泪。

香港陶然新概念小说

一笔勾销

陶然著

2004 年 10 月 1 版 1 次

15.00 元

大 32 开　184 页

　　本书收录了作者的历史题材小说的两类探索作品。"颠覆经典",作者让古代文学中的经典人物,如项羽、刘邦、关公、林冲等,穿越漫漫时空,来到当代香港,无论是担任小职员、警察,还是公司的董事长,都会惊觉:现代的商业社会,人性扭曲,再也无法回到从前。"重煮经典",作者对一些著名的历史故事,作了新的阐释。这些作品都有助于历史题材小说的开拓,给人新的启迪。

走出迷墙

陶然著

2004 年 10 月 1 版 1 次

19.50 元

大 32 开　314 页

　　本书收录的作品是作者对现代都市人性的探索。"都市情话",主要是探索现代都市人的各种"爱情":家庭、朋友、初恋、黄昏恋、婚外恋等。"都市传真",主要是探索现代都市人的各种难言之隐。阅读这些作品,读者可以品尝到酸甜苦辣等各种人生滋味。

赤裸接触

陶然著

2004 年 10 月 1 版 1 次

19.50 元

大 32 开　306 页

　　本书收录作者对现代小说的探索作品。"魔幻世界",通过时空的转换,让人物在虚幻中进入非现实的世界,揭示出现代都市人的种种无奈。"梦幻世界",运用弗洛伊德的心理分析,深刻地揭示出现代都市人的内心世界。"大千世界",把现代都市中的芸芸众生相,一一展现在读者眼前。

新选历史演义丛书

新选历史演义丛书(十七种)

本社编

1991 年 9 月 1 版 1 次

盒装 66.70 元

长 32 开　5968 页

　　新选历史演义 17 种,盒装面世,以便庋藏与馈赠。17 种书目为:《开天辟地》、《禹迹汤踪》、《鹿鼎风云》、《大风遗响》、《白水英豪》、《鼎足三分》、《司马盛衰》、《金陵长恨》、《汉月胡风》、《迷楼梦影》、《霓裳羽衣》、《龙战九野》、《东京梦华》、《大漠天骄》、《凄迷日月》、《夕阳残照》、《五族共和》。

开天辟地(上古)

苏荆改编

1990 年 9 月 1 版 1 次

1991 年 7 月 1 版 2 次

1.40 元

长 32 开　46 页

　　本书依据史书及明周游《天辟演义》,适当裁剪并加以发挥而成,基本忠实于史料及有关神话传说,情节发展的轮廓线索清楚,故事性、趣味性较强,有助于读者对上古历史有一个全面而清晰的了解。本书在改编时,为避免与《夏商合传》重复,删去了有关夏商的情节。

禹迹汤踪(夏商)

苏荆改编

1990 年 9 月 1 版 1 次

1991 年 9 月 1 版 2 次

2.35 元

长 32 开　102 页

　　夏、商是我国历史上出现"朝代"和"改朝换代"现象的开始,因时代邈远,史料和传说、神话相混杂。如大禹治水,就根据《山海经》有关记载编排了许多有趣的经过;在太康失国、少康中兴之间,又根据《左传》有关记载和神话传说写了后羿和嫦娥的故事;桀宠妹喜和纣宠妲己前后相衬,描写了末代国君的荒淫奢侈;汤得伊尹和姜太公八十遇文王先后辉映,又描写了开国国君的求贤若渴。其间还有种种奇事轶闻穿插在两代历史之中。

鹿鼎风云(春秋战国)

章谷改编

1990年9月1版1次

1991年9月1版2次

6.35元

长32开　318页

本书取材于明代冯梦龙《新列国志》及《左传》、《史记》等大量先秦典籍,综合提炼,描写了从周宣王起至秦始皇统一中国期间春秋五霸、战国七雄的兴亡盛衰史。现经改编删节,内容更加精粹。

大风遗响(西汉)

鲍方改编

1990年9月1版1次

1991年7月1版2次

3.55元

长32开　182页

本书根据明代甄伟《西汉演义》改编。小说演述自秦始皇长成即位至西汉初年期间的重大历史事件,其中如秦始皇的身世、指鹿为马、鸿门宴、萧何月夜追韩信、暗度陈仓、楚霸王兵败乌江、诛韩信等故事,脍炙人口。书中项羽、刘邦、张良、韩信、樊哙等人物,形象鲜明生动。本书删去了一些无关紧要的奏章等赘语,使全书内容更为突出洗练。

白水英豪(东汉)

海仁改编

1990年9月1版1次

1991年9月1版2次

2.00元

长32开　84页

在历史上,汉光武帝是一位杰出的封建帝王,"光武中兴"历来为史家所称道。本书是依据明代谢诏《东汉演义》及史实和民间传闻敷写而成的历史小说。书中集中描述了这位"恢廓大度"的皇族后裔,在推翻王莽新朝的斗争中,是如何逐渐壮大自己的势力,最终夺取政权、治理天下的。

鼎足三分(三国)

晴帆改编

1990年9月1版1次

1991年9月1版2次

5.45元

长32开　258页

本书系据《三国演义》改编,删除枝蔓,保存精华,展阅可获时半功倍之效。书中高潮迭起,众多三国人物光彩照人,栩栩如生。

司马盛衰(东西晋)

顾烈改编

1990年9月1版1次

1991年9月1版2次

3.50元

长32开　180页

本书据明代杨尔曾《东西晋演义》改编。司马炎篡魏后建立晋朝,灭东吴统一全国。但未能励精图治,朝政渐弛。建兴四年(316)匈奴贵族建立的汉国以武力使西晋沦亡。建武元年(317)司马睿在建康(今南京)重建东晋政权,先后与北方、西方的十六国政权对峙。内乱外患,纷至沓来。东晋诸帝大权旁落,最后"禅让"给位高权重的宋公刘裕,结束了两晋156年的统治。

金陵长恨(南朝)

乔迁改编

1990年9月1版1次

1991年8月1版2次

2.25元

长32开　100页

公元四世纪初到五世纪末,我国长江以南地区继东晋以后相继建立了宋、齐、梁、陈四代政权,史称南朝。本书据清代杜纲《南史演义》改编,以演义形式再现了自东晋末到隋初,南朝宋、齐、梁、陈四代的兴亡更替,着重对历代开国之主的雄才大略和亡国之君的奢侈暴虐荒淫作了具体的描写,读之使人对历史上朝代兴废、政治治乱的原因有较形象的认识。

汉月胡风(北朝)

乔迁改编

1990年9月1版1次

1991年8月1版2次

2.50 元

长 32 开　114 页

　　公元三世纪末到五世纪中后叶,我国长江以北地区先后建立了北魏、北齐、北周等割据政权,在历史上称为北朝。本书据清代杜纲《北史演义》改编,以演义形式再现了北魏末年到隋朝建立这一段头绪纷繁、线索多端的历史,在叙写几个政权兴衰的同时,插入一些宫闱秘事。

迷楼梦影（隋）

肖逸改编

1990 年 9 月 1 版 1 次

1991 年 9 月 1 版 2 次

2.60 元

长 32 开　120 页

　　本书描写隋炀帝杀兄谋位、穷兵黩武、大兴土木、穷奢极欲以及国破身亡的过程,从一个侧面表现了隋朝由盛变衰直至灭亡的历史。本书据齐东野人《隋炀帝艳史》删节而成。保留了原书的全部回目和主要故事情节,删去了原书所引诗词,以及部分重复的语句,剪掉芜枝蔓叶,篇幅约为原书的三分之二。

霓裳羽衣（唐）

林甘改编

1990 年 9 月 1 版 1 次

1991 年 9 月 1 版 2 次

4.75 元

长 32 开　214 页

　　本书根据小说名家许啸天所著《唐宫二十朝演义》改编。原著演述自隋至五代朝政更迭,宫闱秘闻,市井风情,杂谈趣事,道来娓娓动听。其中刻画帝王将相,名士美人音容口吻,历历如画;描绘悲欢离合,朝野风流情事,妙笔生香。改编中,主要是删除叙事细密而枝蔓者,及衍出的隋和五代史迹,保持原著精华梗概。

龙战九野（五代）

冬青改编

1990 年 9 月 1 版 1 次

1991 年 7 月 1 版 2 次

1.80 元

长 32 开　70 页

　　本书根据罗贯中编的《残唐五代史演义》删节而成。用章回小说形式,演述我国后梁、后唐、后晋、后汉、后周

五代更替的历史故事,有较强的故事性和传奇色彩,本书在整理时删去了与内容关系不大的诗词和文字,使全书的情节更为连贯紧凑。

东京梦华（宋）

恒鹤改编

1990 年 9 月 1 版 1 次

1991 年 8 月 1 版 2 次

5.05 元

长 32 开　234 页

　　本书根据李逸侯《宋宫十八朝演义》改编。叙述宋室一代兴亡,自赵匡胤出生起,至南宋陆秀夫负帝昺蹈海而死,凡 320 年朝廷大事,一十八朝宫闱琐闻。此书仅芟夷枝叶而保留精华。

大漠天骄（元）

吴蒙改编

1990 年 9 月 1 版 1 次

1991 年 9 月 1 版 2 次

2.15 元

长 32 开　92 页

　　本书对元太祖帖木真(成吉思汗)崛起漠北,横跨欧亚拓土略地的煊赫武功,元世祖忽必烈荡平宋朝入主中原的雄图大略,末代元顺帝妥欢帖睦尔的昏庸腐朽以致亡国的历史画卷,都有精彩描述。此外,有元一代上层统治集团政治、军事纷争,权力倾轧,宫廷中钩心斗角阴谋以及荒淫无耻丑闻等内容,铺陈淋漓。全书据蔡东藩《元史演义》改编,删繁去芜,详略得当。

凄迷日月（明）

申孟改编

1990 年 9 月 1 版 1 次

1991 年 9 月 1 版 2 次

6.25 元

长 32 开　310 页

　　本书根据许啸天《明宫十六朝演义》改编。演述朱元璋建立明王朝以后的整个明代历史。小说以明宫十六帝递嬗相传的宫闱故事为主线,穿插叙述了明王朝所发生的一些重大事件,写得颇为引人入胜。

夕阳残照（清）

费蒙改编

1990 年 9 月 1 版 1 次

1991 年 7 月 1 版 2 次

5.45 元

长 32 开　260 页

清代是我国历史上最后一个封建王朝,历时 268 年,对近代中国社会的形成,有着最为直接的影响。近人许啸天所著《清宫十三朝演义》,有声有色地展现了有清一代的历史画面。改编时就其枝叶芜蔓的部分作了适当的芟除删削。

五族共和(民国)

邹兆改编

1990 年 9 月 1 版 1 次

1991 年 8 月 1 版 2 次

6.10 元

长 32 开　300 页

本书根据蔡东藩《民国演义》节编。原书自武昌起义,袁世凯乘机窃取政权,取得民国大总统职位,不久帝制自为,事败身死,以后黎元洪·冯国璋·段祺瑞·徐世昌·曹锟等北洋军阀迭起执政,直叙到北伐军兴为止,实际上是一部北洋军阀祸国史。节编删繁就简,去芜存菁。

花非花·历史小说系列

吕后·宫廷玩偶

王小鹰著

2001 年 7 月 1 版 1 次

2002 年 6 月 1 版 4 次

23.40 元

大 32 开　472 页

她是中国历史上第一个事实上的"女皇"。她威慑天下,执掌朝政;她废立皇帝,号令朝臣;她剪除异己,残害情敌……她站在权力的巅峰,却有着满腹的酸楚;她有一个女人的似水柔情,也有一个母亲的博大慈爱。丈夫汉高祖刘邦,儿子汉惠帝刘盈,情人审食其,她一生中最亲爱的三个男人都与她貌合神离。她,最终与她的吕氏女眷一样,成了宫廷政治的玩偶。她就是汉王朝开国皇后——吕雉。

王昭君·出塞曲

庞天舒著

1998 年 12 月 1 版 1 次

2002 年 4 月 1 版 5 次

22.00 元

大 32 开　428 页

在 2000 年前,有一个名叫王昭君的山村少女,闪耀着巫山神女般自然界至美的光芒,毅然担负起汉匈和亲的使命,以自己的一生扑入荒寒苍茫的广阔草原。作者以其女性细腻敏锐的感悟和瑰丽动人的笔触,体察着这个柔弱的汉家女儿由青春少女到白发母后的内心世界,讴歌她顽强的生命抗争意识和善良纯真的品质,再现她超越男儿,同时又富于女性特征的经历与业绩。

武则天·女皇

赵玫著

1998 年 12 月 1 版 1 次

2002 年 9 月 1 版 7 次

26.00 元

大 32 开　568 页

武则天,一个令人敬畏而神秘的女性。中国历史上真正的也是唯一的女皇。她既有治国治民的韬略和睿智,又信奉强权统治,脚下垒满亲人、朝臣冤屈的尸骨;她的左右有名相贤臣,又有佞臣酷吏,更多无耻男宠。武则天的四周闪耀着令人眩晕的光芒和迷雾。作者以其现代观念和激情阐释着武则天对皇权、对爱情、对亲情、对欲望的行为意识和心态,将武则天由少女入宫到老死深宫的完整一生波澜起伏地呈露在读者面前。

高阳公主·长歌

赵玫著

2001 年 7 月 1 版 1 次

2002 年 3 月 1 版 4 次

20.30 元

大 32 开　380 页

高阳公主,一个美丽、任性、骄横的女性。她从帝王之父李世民那里遗传得不可一世的帝王血性,又从大唐盛世的物质生活中获得雍容和才情。然而在她接受父命下嫁一个粗俗庸碌的男子之后,她少女的梦想,被击得粉碎。高阳公主是充满情感、个性和欲望的复合体,不断与封建王朝的伦理道德、政治权术、世俗生活以及男性世界发生冲突。作者以其丰富的想象和犀利的笔触,将二百余字的史料,推演得周密而合情合理。

陈圆圆·红颜恨

石楠著

1998 年 12 月 1 版 1 次

2002 年 4 月 1 版 5 次

25.00 元

大 32 开　530 页

　　名列"秦淮八艳"的明末歌妓陈圆圆,以其色艺双绝而倾倒无数公子王孙,然而内乱外患,社稷将崩,动荡的时代激流改变着她的命运。吴三桂因妒愤而"冲冠一怒为红颜",投清借兵,灭了闯王,竟使陈圆圆成为影响历史进程的一位重要女性……小说成功塑造了身历国破家亡而个性情感强烈变化的陈圆圆形象。

柳如是·柳叶悲风

蒋丽萍著

2001 年 7 月 1 版 1 次

2002 年 6 月 1 版 3 次

30.40 元

大 32 开　676 页

　　柔弱的柳叶,在冷雨寒风中无助翻飞,一如娇小的柳如是,在明末清初的动荡激流中上下沉浮。这位红极一时的江南名妓饱读诗书,书画双绝,她倾慕慷慨赴义之士,深怀天下动乱之忧。在爱情上,她敢恨敢爱。作家以小说笔法描述了柳如是的艰难一生。

赛金花·凡尘

王晓玉著

1998 年 12 月 1 版 1 次

2002 年 6 月 1 版 5 次

26.00 元

大 32 开　540 页

　　一个豆蔻年华的江南少女,在生活的重压下沦为烟花女子。她竭力挣扎以摆脱苦海,竟真的攀住了一个状元出身的朝廷命官之手,并随他出访欧洲,位尊至"公使夫人"。然而这一切很快随着夫君的病亡而幻灭,命运残酷地逼迫她再入青楼,延续那辛酸而龌龊的生涯。她成了清末民初红极一时的名妓,她的名字叫赛金花。小说描述了赛金花坎坷沉浮的一生。

历史传奇小说

建文帝迷踪

滕振国　滕肖澜著

2004 年 4 月 1 版 1 次

18.00 元

大 32 开　356 页

　　公元 1402 年,燕王朱棣率军攻破南京,叔取侄帝位而代之,是为明成祖,史称永乐帝。建文帝在宫廷大火中失去影踪。龙隐江湖,时世大乱。一时间,宫廷新贵纷争激烈,江湖上掀起滔天大浪。本书以新武侠小说形式,演绎了这一历史时期错综复杂的矛盾冲突和争斗,情节曲折,场面壮观。

新血滴子传奇

陈云发著

2004 年 8 月 1 版 1 次

20.00 元

大 32 开　296 页

　　本书以清朝雍正、乾隆年间,江南的武林义侠从反清复明转变为与清廷联手剪除江湖败类为主要线索,穿插了历史上著名的文字狱——"吕留良案",以及民间传说中的"了因和尚作恶"、"血滴子行凶"、"乾隆皇帝的生父之谜"、吕四娘、甘凤池等侠士的故事,勾画出一幅清代中期社会演化的生动画卷。

雁丘泪

方颐家著

2005 年 4 月 1 版 1 次

28.00 元

大 32 开　540 页

　　这是一本新型历史武侠言情小说。南宋开禧年间,赵匡胤九世孙赵从美,奉命赴前线襄阳,破获金人的谍报网。他一路上出生入死,先后邂逅汉族、女真族、契丹族三女。英雄气与儿女情交织,民族仇与人性美碰撞,敷演出了凄迷动人的"一凤三凰"传奇爱情故事,最终殉情而死。书名"雁丘泪",取自失偶孤雁绝食殉情之典故。

六女当铺

杜文和著

2003 年 9 月 1 版 1 次

24.00 元

大 32 开　386 页

　　风流倜傥的江南才子唐伯虎(号六如居士)在桃花庵与六位如花似玉的如夫人构筑了一个世外桃源般的温柔世界。然而,唐伯虎突然病逝,六位小妾被大夫人逐出家门。无家可归的她们开当铺做买卖,发誓从此不再依靠任何人。可是,同行的倾轧与挑衅,男人们的觊觎与诱惑,让向来锦衣玉食的她们经历了种种挫折与考验。经历风雨,柔弱的女子终于用智慧与勇气找到了属于自己的天空。

传 奇 新 编

周穆王传奇

贺松如　董健身著

1987 年 10 月 1 版 1 次

1.30 元

长 32 开　118 页

周穆王姬满,是个充满传奇色彩的历史人物。有关他的种种传说,诸如西巡访诸国、瑶池会王母等等,一直脍炙人口。本书参考古籍中有关周穆王的记载,以及后人论述,采用章回小说体裁,介绍了这个传奇人物的生平活动。书名传奇小说,实系撰来有据,既可作历史读物阅读,也可作文学作品欣赏。

周瑜传奇

梁仁著

1987 年 12 月 1 版 1 次

1.40 元

长 32 开　122 页

三国东吴周瑜,是位雄才大略的杰出人物,他对东吴政权的建立,三国鼎立局面的形成,有着不可磨灭的功勋,但在后来的演义和戏曲中,却被写作气小量浅、嫉贤妒能的典型,与历史事实大相违背。本书根据历史记载,通过传奇体裁,生动形象地描述了周瑜辉煌而短暂的一生。书中既写了他统率大军、驰骋沙场的战斗情景,也写了他与小乔结为夫妻、相亲相敬的爱情生活。

柴世宗传奇

郑波　何东著

1990 年 12 月 1 版 1 次

3.00 元

长 32 开　150 页

后周王朝的第二代皇帝——世宗柴荣,称得上是乱世中的明君。他在位短短的几年中,在政治、经济、军事等各个方面,实行了一系列卓有成效的改革,为后来的北宋王朝实现国家统一,奠定了坚实基础。本书根据历史记载,通过故事形式,生动形象地描绘了柴荣辉煌而短暂的一生。

李师师传奇

周楞伽著

1987 年 12 月 1 版 1 次

1.10 元

长 32 开　100 页

李师师是北宋宣和年间誉满京师的名妓。她姿容出众,才华过人。与当时不少文人学士时有过从,而且还与宋徽宗乃至梁山头领宋江也有往来。相传她还被徽宗纳入宫中,后又出宫为女道士。金兵南侵时,流落江南,最后在岳阳坠楼自杀。本书参考有关史籍,生动形象地描述了这位号称"红妆季布"的一生。

历史故事新编

决胜千里

苏浙生著

1988 年 2 月 1 版 1 次

0.71 元

长 32 开　58 页

《决胜千里》写张良的故事。张良帮助刘邦反秦灭楚,由弱到强,终于统一天下,建立汉王朝。全书突出张良这个"运筹帷幄,决胜千里"的谋士形象,个性鲜明。故事情节曲折离奇,描写战争场面亦极惊险。

赤壁鏖战

沈敖大著

1988 年 2 月 1 版 1 次

0.69 元

长 32 开　56 页

故事写汉末孙权和刘备联合,于赤壁一战彻底打败曹操大军,创造了历史上以少胜多的著名战例。本书根据正史敷衍而成,又能跳出前人窠臼,除把诸葛亮、周瑜写得栩栩如生外,还着意塑造了鲁肃这个"顾大局"的人物形象。全书对三方斗智斗勇的场面写得颇为生动。

虎丘英魂

李安瑜著

1988 年 2 月 1 版 1 次

0.75 元

长 32 开　60 页

书中写苏州市民反对太监魏忠贤的斗争。明天启六年,魏忠贤派缇骑到苏州逮捕东林党人周顺昌。苏州市民愤激,纷纷拥入官衙,当场打死旗尉。市民首领颜佩韦、马杰、沈扬、杨念如、周文元为了保护群众,英勇就义。当地人士把他们合葬于虎丘山旁,称为"五人墓"。全书情节曲折,人物形象鲜明,读来扣人心弦,感人至深。

吴门四家

——唐祝文仇的故事

田遂著

1989 年 9 月 1 版 1 次

2.20 元

长 32 开　70 页

本书塑造了明代著名书画家唐伯虎、祝枝山、文徵明、仇英四个人物形象,记述了他们的趣闻佚事。唐祝文仇各具个性,在生活上都经历了坎坷的道路,在艺术上都有辉煌的成就。故事中有关唐伯虎遇风尘知己,祝枝山戏弄巨富等情节,写得极为生动。

罗成

史果编著

1962 年 9 月 1 版 1 次

新版 1985 年 11 月 1 版 1 次

0.62 元

32 开　73 页

罗成是传说中的古代著名少年英雄。他出身将门,武艺高强,枪法盖世无双,号称隋末唐初的天下第七条好汉。本书描述了罗成从校场比武到瓦岗聚义的战斗故事。故事情节紧张,读来引人入胜。

秦香莲

史果编著

1959 年 9 月 1 版 1 次

新版 1985 年 11 月 1 版 1 次

0.40 元

32 开　45 页

秦香莲是传说中一位善良而勇敢的古代妇女。她家境贫寒,除了上奉公婆,下育子女,还要节衣缩食辅助丈夫陈世美读书应考。但陈世美高中后,贪图富贵,停妻再娶,做了当朝驸马。他拒认妻儿,又要杀妻灭子,从而导致了夫妻间的一场生死搏斗。本书参考有关戏曲,以秦香莲为主线,重新安排了斗争结局。

佘赛花

史果编著

1962 年 9 月 1 版 1 次

新版 1985 年 6 月 1 版 1 次

0.47 元

32 开　66 页

佘赛花就是妇孺皆知的杨家将中的佘太君。杨家将一门忠烈,万世景仰。佘太君佐夫助子,百岁挂帅,统帅杨门女将转战沙场,更是千古传颂。佘太君在历史上实有其人。本书参考有关史料和传说,描述了佘赛花青年时的战斗经历。

女将穆桂英

史果编著

1959 年 6 月 1 版 1 次

新版 1978 年 6 月 1 版 1 次

0.31 元

32 开　70 页

本书是根据有关杨家将的小说、戏剧和历史传说的材料改编的。主要描写穆桂英及杨门男女将领等抗击北辽进犯、前仆后继的英雄气概和爱国主义精神。

太平军痛打洋枪队

史果编著

1962 年 10 月 1 版 1 次

0.40 元

32 开　152 页

本书以章回小说的形式描述了太平军在忠王李秀成的带领下三次进军上海,与英法公使组织的"洋枪队"进行斗争的故事。

大理寺正卿的失踪

——蒋星煜历史小说选

蒋星煜著

1989 年 4 月 1 版 1 次

4.40 元

32 开　192 页

蒋星煜先生为国内外著名的历史小说作家,这本集子所选录的二十多篇作品,体现了作者在这个领域中的创作成就。

故事新编丛书·醉花阴

春风十里

本社编

1999 年 8 月 1 版 1 次

10.10 元

大 32 开　196 页

　　青楼女子是我国古代一个特殊的社会阶层,她们虽然生活在社会的最底层,但凭借其出色的技艺和强烈的自尊,赢得了青年才俊们的青睐,从而上演了一出出悲欢离合、缠绵悱恻的爱情剧。收入《春风十里》中的 10 则故事,记录了她们的甜酸苦辣。

尘封的日子

本社编

1999 年 8 月 1 版 1 次

10.70 元

大 32 开　196 页

　　收入本书的《中山狼》、《狮吼记》、《真傀儡》、《一文钱》、《快活三》、《人兽关》、《聚宝盆》、《锦衣归》、《慎鸾交》、《十探子》、《合同文字》、《鞭歌妓》、《死里逃生》、《赵礼让肥》、《彩毫记》等 15 个故事,从各种身份的人物、不同的生活层面,生动地反映了我国古代的社会人情风貌。

找回蓝天

本社编

1999 年 8 月 1 版 1 次

10.90 元

大 32 开　200 页

　　收入本书的《蝴蝶梦》、《酷寒亭》、《灰阑记》、《还牢末》、《李逵负荆》、《宝剑记》、《昆仑奴》、《埋剑记》、《渔家乐》、《衣袄车》、《盆儿鬼》、《十五贯》等 15 个故事,主要反映古代官府与民间的矛盾冲突,从中读者既可以看到官府的黑暗丑恶,也可以领略世间百姓的友善真情。

女大当嫁

本社编

1999 年 8 月 1 版 1 次

11.30 元

大 32 开　212 页

　　收入本书的《墙头马上》、《娇红记》、《女状元》、《文星现》、《彩楼记》、《风筝误》等 12 个故事,讲述了古代青年男女是如何大胆地追求爱情。

故事大观系列

诗人世界

——中国诗歌故事大观

本社编

1993 年 4 月 1 版 1 次

精装 19.90 元

32 开　726 页

　　本书编选了历代 400 名诗人的近六百篇诗歌故事,题材采自诗话、笔记、传记、诗文集、现代研究著作等,通过诗作所包含或牵涉的轶事趣闻,反映诗人在生活、情感、心态、风格、成就等方面的特色。

花鸟世界

——中国花鸟虫鱼故事大观

本社编

1993 年 11 月 1 版 1 次

精装 17.05 元

32 开　450 页

　　人与花鸟虫鱼,千百年来构成了众多姿态各异、情趣独具的故事。本书广辑众书汇集了这些故事。或语译,或改写,读者既可从那些富于人情味的花鸟虫鱼故事中窥见人世间的种种悲欢离合,又可将它作为一本有关花鸟虫鱼的别具一格的工具书来收藏。

神仙世界

——中国神仙故事大观

本社编

1990 年 6 月 1 版 1 次

1992 年 12 月 1 版 3 次

精装 11.65 元

32 开　438 页

　　本书所写到的近三百名神仙,都有各异其趣、引人入胜的故事。从上古至明清,历代主要神仙的生平传说,收列备尽,相当于一部"神仙辞典"。本书除盎然的趣味性外,还具有丰富的知识性,例如了解道家关于养生的基本学说;从一定侧面认识历史与社会;理解古典文学作品中常用的神仙典故,等等。

鬼怪世界

——中国志怪故事大观

本社编

1995 年 12 月 1 版 1 次

精装 34.10 元

32 开　410 页

　　人们很少留意自己的影子,却对死神的影子——鬼怪感到兴趣,无疑是因为后者的世界是一个陌生、神秘、纯由想象力构筑的世界。志怪故事因而带上了新奇、夸侈、刺激、浪漫的特征。古人述奇志怪,实际上是以鬼世折射人世。本书收了三百多篇鬼怪故事,全面地反映了中国志怪领域的风貌。

其　他

棋魂

曹志林著

2004 年 4 月 1 版 1 次

18.00 元

32 开　348 页

　　作者系沪上围棋名宿,讲述了一个贪玩好动的北京少年,在千年棋魂的引导帮助下成为执着热爱围棋的职业选手的感人故事。书中附有新锐画家徐喆 24 幅插画。

江南公子

张成著

2002 年 4 月 1 版 1 次

25.00 元

大 32 开　290 页

　　这是一部别开生面的武侠小说。江南公子余文君赴京赶考,揭露科场舞弊,锒铛入狱,幸获武林高手拯救,从此由文入武,闯荡江湖。最终报仇雪恨,隐入名山大川。本书情节曲折跌宕,展示了武林及社会人情世态。

谁是大英雄

王威尔著

2002 年 6 月 1 版 1 次

12.80 元

大 32 开　206 页

　　本书通过金庸、古龙、温瑞安、梁羽生为代表的武侠经典作品,分章法、景物、武功、对语、幽默、学识、人性、哲理、人物 9 个篇章,浅显明白地介绍了侠文化的历史渊源、武侠小说的四大流派和独特风格,摘录了小说中的部分精彩片段,深刻剖析了侠文化与中国传统文学、伦理道德观、历史背景等的内在联系,展现了武侠小说的独特魅力。

魏明伦剧作精品集

魏明伦著

1998 年 9 月 1 版 1 次

18.00 元

大 32 开　364 页

　　魏明伦的名字连同他的戏剧作品轰动神州,享誉欧、亚、拉美。《魏明伦剧作精品集》收录了《易胆大》、《巴山秀才》、《潘金莲》、《夕照祁山》、《中国公主杜兰朵》和《变脸》6 部著名代表作,以及其各时期的部分杂文名篇。

零等星

东方电视台《娱乐在线》编

2002 年 9 月 1 版 1 次

22.80 元

32 开　150 页

　　你想了解明星的幕后"星"闻吗?你想知道演艺生涯的甜酸苦辣吗?东视"娱乐在线"节目组独家报道、全力推出《零等星》一书。三十多位当红歌星、影星同"书"登场亮相。

零等星:完全夏日

东方电视台《娱乐在线》编

2003 年 8 月 1 版 1 次

22.00 元

18 开　144 页

　　继第一辑的火爆畅销,《零等星》第二辑如约而至。更多的娱乐资讯,更独家的明星逸事,更靓丽的彩页照片。编者仍坚持真实客观、超越批判的立场,为读者呈现这季精彩缤纷的"完全夏日"。

末路皇孙

朱大路著

2006 年 3 月 1 版 1 次

20.00 元

大 32 开　304 页

本书描写民国初,明朝皇孙朱沛哉在刺客的枪口下救下清朝的王爷,却给自己带来意想不到的灾难,在军阀混战中逃到上海,处处碰壁;同时描写他先后与三位女性的错综复杂的情感纠葛。小说以朱沛哉追溯家谱、困苦颠连、碰撞是非、情感纠葛为主线,也展现了民国年间,在军阀统治下的旧上海的面貌。

鸦片战争(全三册)

[日]陈舜臣著　卞立强译

2008 年 10 月 1 版 1 次

68.00 元

16 开　788 页

华裔作家陈舜臣先生乃当代日本著名文学家,早年以推理小说闻世,继而以历史小说蜚声文坛,四十余年笔耕不辍,作品百余部,几乎囊括日本所有重要文学奖项。陈舜臣的历史小说具有极高的历史价值和艺术成就。而《鸦片战争》是陈舜臣最负盛名,也是他最为重视的作品,全书以史诗的规模和笔法全景式地再现了鸦片战争前后的历史背景、社会风貌和繁复矛盾、悲壮斗争,塑造了近百个鲜活生动的人物形象。

所向无前

——蓝氏三杰传

西月著

2006 年 3 月 1 版 1 次

2016 年 3 月 1 版 3 次

69.00 元

16 开　332 页

本书系历史小说,以康、雍、乾年间发生在台海间的历史大事件为背景,以蓝理、蓝廷珍、蓝鼎元三人一波三折,从平民成为平台、治台、兴台的一代名将、一代名臣的富有传奇色彩的生平故事为主线,全景式地再现了台海两岸密不可分的历史原貌。

韩世忠传

戈春源著

2010 年 4 月 1 版 1 次

精装 25.00 元

大 32 开　168 页

本书全景式地再现了韩世忠的一生,描绘了他怎样从一个普通的士兵成长为一个爱国爱民、智勇兼备、战功赫赫、淡薄名利(韩世忠曾多次捐赠俸禄以资军费)的民族英雄。对韩世忠的晚年,韩世忠的私人生活和家庭情况(如韩世忠与梁红玉的一段传奇姻缘,韩世忠几位夫人和他的子孙的概况)等均有翔实介绍。

湘军之父罗泽南

朱金泰著

2009 年 12 月 1 版 1 次

29.00 元

16 开　276 页

罗泽南被称为"咸同中兴名将之冠首"、"湖湘儒者之魁",向有"无泽南,无湘军"之称。他首先发起组建湘军的前身——湘勇,一手制定了湘军的基本制度,他的弟子构成了湘军的主干,而他因为地位低微以及英年早逝等原因声名不显,以至于曾国藩坐享其成,独得大功与大名。本书作者用优美而又饱含激情的笔调,描述了罗泽南波澜壮阔、丰富多彩的一生。

大变局

徐蛙民著

2011 年 7 月 1 版 1 次

38.00 元

16 开　336 页

本书描写了辛亥革命的时代变迁大背景下,在上海这个历史大舞台上,当时分属立宪派、革命派以及后来的共产主义者的几个小人物之间的爱恨情仇及其命运沉浮。

其　他

电视剧系列

电视连续剧红楼梦

周雷编

1987 年 10 月 1 版 1 次

平装 3.95 元　软精装 7.90 元

横 16 开　32 页

插图 34 页

为了让人们了解大型电视连续剧《红楼梦》制作的幕前幕后情况,本书汇集了顾问、监制、编剧、导演、演员和美工、服装、化妆等工作人员以及红学专家所撰写的文章 20 篇。以及 36 集的各集剧情梗概,并配上二百多幅剧照及解说词。

电视系列剧《聊斋》故事

本社编

1988 年 11 月 1 版 1 次

3.10 元

32 开　198 页

　　本书将电视系列剧《聊斋》的全部选题根据小说原文进行对译，使电视观众掌握故事情节，了解从小说到银屏的演变。

杨乃武与小白菜

——电视小说

方艾编著

1990 年 3 月 1 版 1 次

1991 年 3 月 1 版 2 次

3.00 元

32 开　128 页

　　《杨乃武与小白菜》是清代四大奇案之一，为了满足广大电视观众及戏曲、评弹爱好者希望尽快了解剧情的需要，特请电视剧本原作者将剧本改写为故事。

东周列国大观

靳雨生主编

1996 年 4 月 1 版 1 次

1997 年 4 月 1 版 2 次

精装 29.00 元

大 32 开　图 200 幅　536 页

　　本书为电视连续剧《东周列国志》的同步配套读物，配有二百多幅精美插图，图文并茂，全面展示了东周列国时期风云诡谲的历史画面。全书分"小说扫描"、"历史鸟瞰"、"列国概貌"、"人物剪影"、"谋略集锦"、"百科钩沉"、"成语掇英"等部分。

三国大观

金良年主编

1994 年 12 月 1 版 1 次

1995 年 3 月 1 版 2 次

精装 27.00 元

大 32 开　612 页

　　本书共分六大部分：三国扫描、三国群英、三国胜迹、三国小百科、三国谋略、三国诗文。插入照片和版画近四百幅，是观看《三国》电视剧、阅读《三国演义》的最佳配合。

水浒大观

任大惠主编

1998 年 1 月 1 版 1 次

精装 24.00 元

大 32 开　图 93 幅　388 页

　　本书为解析古典名著《水浒传》的知识性辅助读物，为配合电视连续剧《水浒传》的播出而出版。内容共分八个部分：《水浒传》的成书过程和小说反映的社会历史背景；水浒人物的特点；108 将的诨号；水浒中的各种风俗制度；地名考略；水浒中各种武功点评；谋略集锦；有关水浒内容的种种问题。书中附有近百幅插图，卷首为同名长篇电视剧的精美剧照。

中国戏曲学院戏文系
教师戏曲剧作丛书

　　本丛书为中国戏曲学院教授郝荫柏、谢柏梁等编写整理的戏曲旧作，包括《雾山情歌》、《西门豹》、《晚晴》、《夜曲》、《纪晓岚传奇》、《悲惨世界》、《孔雀西南飞》和《苏武归汉》等。

胡叠戏曲剧作集

胡叠著

2015 年 6 月 1 版 1 次

36.00 元

32 开　248 页

　　本书共收入胡叠所创作的戏曲剧本七部。其中有她创作的六场越剧剧本《锦瑟》和《辛弃疾》，获得第二届老舍青年戏剧文学奖优秀奖和入围奖；六场京剧《念去去千里烟波》获得第六届中国戏剧文学铜奖。

郝荫柏戏曲剧作集

郝荫柏著

2015 年 6 月 1 版 1 次

30.00 元

32 开　255 页

　　中国戏曲学校教授郝荫柏教授编写整理的，其二十多年前手写的戏曲旧作。其中包含曾发表或上演的《雾山情歌》、《西门豹》、《晚晴》、《夜曲》、《纪晓岚传奇》、《悲惨世界》等剧作。

谢柏梁戏曲剧作集

谢柏梁著

2011 年 12 月 1 版 1 次

32.00 元

32 开　248 页

收录谢柏梁《鹊桥会》、《苏武归汉》、《沈园绝唱》、《李渔与三姬》等七个剧本。

李渔传奇创作集

谢柏梁主编

2011 年 6 月 1 版 1 次

28.00 元

大 32 开　曲 208 页

《李渔传奇》是中国戏曲学院艺术硕士整体参与的第一部京剧原创作品,戏文系与导演系、舞美系、音乐系、表演系的师生合作,从剧本提供、导演调度、舞台设计、灯光设计、人物造型与服装设计等方面进行了探索和实践。

工农通俗文库

三国演义（节选本 1—4）

本社编选

1963 年 12 月 1 版 1 次

0.57 元

32 开　63 页

本书节选了《三国演义》中最精彩的 21 个故事:有刘玄德三顾茅庐、博望坡孔明用兵、诸葛亮火烧新野、长坂坡赵云激战、孙仲谋决计破曹、用奇谋草船借箭、借东风火烧赤壁等。

水浒（节选本 1—5）

本社编选

1963 年 4 月 1 版 1 次

0.73 元

32 开　53 页

本书节选了《水浒传》中最精彩的 18 个故事:有拳打镇关西、大闹桃花村、倒拔垂杨柳、误入白虎堂、景阳冈、东溪村、探庄等。

节令风俗故事

本社编

1963 年 1 月 1 版 1 次

0.12 元

32 开　30 页

本书介绍了有关春联、团年饭和元旦敬神、人与六畜、春牛图、元宵观灯、上巳节、清明、浴佛节及盂兰盆会、端午、六月六、鹊桥会、中秋赏月和吃月饼、重阳登高、消寒图与腊八粥等风俗故事,给读者提供中国文化史方面的知识。

（五）外　国　文　学

韩国汉文要籍丛刊

花潭集校注

[朝鲜]徐敬德著　[韩]河承贤校注

2012 年 12 月 1 版 1 次

精装 88.00 元

16 开　336 页

本书卷一、卷二收花潭先生所作诗文杂著等;卷三即附录一,收《年谱》、朴民献《神道碑铭》和《遗事》,其中《遗事》是有关花潭先生事迹的汇编;卷四即附录二,收有与谷书院、崧阳书院相关的祭文、上梁文等杂文,诸前贤追怀花潭的诗文,介绍花潭门人的《门人录》。书后附历代跋文。

南冥集校注

[朝鲜]曹植著　[韩]梁基正校注

2014 年 3 月 1 版 1 次

精装 128.00 元

16 开　488 页

本书以《韩国文集丛刊》第三十一辑影印己酉本《南冥集》为底本,校以其他有代表性的刊本、文集。是集收录曹植诗文及后人所作祭文、挽章等,凡四卷,第四卷为集之补遗。此书的整理出版有助于推动学界对曹植生平、学问及"南冥学派"的研究,对研究韩国历史文化具有重要参考价值。

典　　籍

朝鲜所刊中国珍本小说丛刊（全九册）

孙逊　[韩]朴在渊　潘建国主编

2014 年 10 月 1 版 1 次

精装 6800.00 元

16 开　6488 页

本丛刊从已知朝鲜本中国小说中,精选出《三国志通俗演义》《太平广记详节》《太平通载》《剪灯新话句解》等书,裒为一辑,影印流通。诸书之底本,涵盖了朝鲜刻本、铜活字本及旧钞本等书籍形态,且分藏于韩国公私藏书机构,搜检不易;绝大部分均属中国国内首次出版,若干底本更为近年新发现,即便在韩国也尚未公布,弥足珍贵。

九云梦

[朝鲜]金万重著

2014 年 3 月 1 版 1 次

24.00 元

16 开　160 页

本书是朝鲜李朝肃宗时期小说家金万重的代表作,记述天竺高僧性真与卫夫人座下八位仙女相逢而生思凡之心,转世投胎为唐朝的杨少游,功成名就之时,突遭其师点化,方觉春梦一场,遂看破红尘,重归佛门的故事。本书系将《域外汉文小说大系·朝鲜汉文小说集成》中陈庆浩先生校勘的老尊本《九云梦》析出整理出版,故事情节与汤显祖《邯郸梦记》有相似处,可谓是朝鲜最早的奇幻穿越小说,素有"朝鲜的《红楼梦》"之美誉。

越南汉文小说集成(全二十册)

(域外汉文小说大系)

孙逊　郑克孟　陈庆浩主编

2010 年 12 月 1 版 1 次

精装 1880.00 元

32 开　7780 页

本集成系越南千百年来与中国交往并吸收中华文学,习用汉语汉字,逐渐形成的大量用汉字创作或翻译为汉字的文学作品。其中包括历史(《野史》《野史补遗》等)、传记(《南国伟人传》《大南行义烈女传》等)、演义(《越南开国志传》《安南一统志》等)、笔记小说(《山居杂述》《公暇记闻》等),形式多样,内容丰富,对海内外汉文学者了解、研究越南历史上所受汉文化影响及对汉语的应用极有帮助。全书共 20 卷,620 余万字,是迄今为止海内外有关越南汉文小说方面最为全面的读本。

莎士比亚戏剧(经典读本)

朱生豪译

2002 年 6 月 1 版 1 次

精装十册 160.00 元

单册 16.00 元

32 开　2000 页

威廉·莎士比亚(1564—1616)是英国文艺复兴时期伟大的戏剧家和诗人。他的剧作成为经典,为人传诵。现选出由著名翻译家朱生豪先生精译的 31 种莎士比亚戏剧,分为 10 册,以便于翻阅的小开本形式奉献给读者。

莎剧的古典魅影

[英]莎士比亚原著　　[英]吉尔伯特绘画

年正秋编著

2005 年 7 月 1 版 1 次

39.00 元

24 开　图 200 幅　360 页

该书以 19 世纪英国著名画家吉尔伯特的 200 余幅莎剧插图为基础,配以 20 部经典莎剧中的经典对白场景,采用中、英文对照的形式,使读者既能在二百余幅美轮美奂的古典钢笔插画中品飨莎剧的别样风情,同时还可领略几百年前古英语与现代英语风味迥异的奇特面貌。

插图中的世界名著

余凤高编著

2002 年 4 月 1 版 1 次

25.00 元

18 开图　90 幅　130 页

插图并不仅仅是书籍的附属品或装饰物,而应是对文本的另类诠释。它所抒发的,是文字所难表达的意境。为了让读者一睹世界经典插图,本书收集有关的图片资料,并对名著及作家的种种背景故事与插图的技巧手法作比较。

源氏物语绘本

[日]紫式部原著　　张培华编著

2010 年 2 月 1 版 1 次

2010 年 8 月 1 版 2 次

48.00 元

大 20 开　304 页

《源氏物语》是日本的古典名著,作者是日本平安时代的女作家紫式部(973—1015),此书的诞生距今已有 1000 多年了。《源氏物语》围绕源氏家族纷繁复杂的爱情纠葛展开,共 54 回,故事涉及三代,人物出现四百多名。本书选取 54 回中的插图 238 幅,简述图中情节。读者欣赏插图之余,可对《源氏物语》这部名著有一个大概的了解。

域外汉文小说研究丛书

越南汉文小说研究

任明华著
2010 年 8 月 1 版 1 次
64.00 元
16 开　412 页

本书详尽论述了越南汉文小说的兴起、发展、演变,及其与中国古代小说的因承关系。涉及越南汉文小说 30 余部,介绍注重点面结合,并于对比中开掘小说的主题,艺术特色,不乏新见。资料翔实,搜罗宏富,因此,本书具有学术和资料双重价值。

日本汉文小说研究

孙虎堂著
2010 年 11 月 1 版 1 次
45.00 元
16 开　320 页

日本汉文小说源远流长,并和中国古代小说有着千丝万缕的联系。本书对大量中外有关资料进行整理、分析和研究,从文体上将日本汉文小说分为"笔记体"、"传奇体"、"话本体"、"章回体"四大类,并分别论述了不同文体小说的源流、创作背景、主题、艺术表现手法等;并注重于

对比中揭示中日同类体小说的异同及因承关系。全书资料翔实,论见精辟,堪称日本汉文小说研究之集大成者。

韩国汉文小说研究

汪燕岗著
2010 年 12 月 1 版 1 次
45.00 元
16 开　288 页

此书结合时代背景,对韩国新罗高丽时期与李朝前、中、后期不同体裁的汉文长短篇小说作了全面探讨与研究。既介绍了不同时期主要作家的生平事迹及其创作特点,又能于对比中通篇论述他们作品的产生原因、主题思想、艺术成就及时代局限,新见迭出,有一定的学术质量。其中不少资料来自国外,具有较高的史料价值。

传教士汉文小说研究

宋莉华著
2010 年 8 月 1 版 1 次
60.00 元
16 开　384 页

所谓传教士汉文小说,具体而言,是指西方来华传教士为了宣扬教义或改变中国人的观念,用汉语写作或翻译的小说。本书对明末至晚清的传教士汉文小说分门别类,点面结合地作了详细论述,基本理清了传教士汉文小说之起因、因承和发展线索,并对其文学地位与艺术价值作了客观的评价。本书资料翔实,持论有据,为迄今为止第一部全面研究传教士汉文小说的论著。

历　史

（一）历史典籍

基本史籍

中国史学要籍丛刊

左传（全二册）

　　[战国]左丘明撰　　[西晋]杜预集解

　　2015 年 7 月 1 版 1 次

　　平装 82.00 元　2016 年 7 月 1 版 3 次

　　精装 98.00 元　2016 年 1 月 1 版 2 次

　　32 开　1100 页

　　《春秋左氏传》多以史实解释《春秋》，起自鲁隐公元年（前 722 年），终于鲁悼公十四年（前 454 年），比《春秋》增多 27 年，以记事为主，兼载言论，全面反映了当时的社会历史面貌，既是重要的儒家经典，又是中国第一部叙事完整的编年体史书，在文学上亦有很高的成就。

国语

　　[战国]左丘明撰　　[三国吴]韦昭注

　　2015 年 7 月 1 版 1 次

　　平装 38.00 元　精装 48.00 元

　　32 开　448 页

　　《国语》相传为春秋时期鲁国史官左丘明所作。全书共 21 卷，分别记载了西周末年至春秋时期周、鲁、齐、晋、郑、楚、吴、越八国的史事，是我国最早的国别史。

战国策（全二册）

　　[汉]刘向集录　　[南宋]姚宏 鲍彪等注

　　2015 年 7 月 1 版 1 次

　　平装 62.00 元　2016 年 1 月 1 版 2 次

　　精装 78.00 元　2016 年 6 月 1 版 3 次

　　32 开　900 页

　　《战国策》简称《国策》，相传系战国时期各国史官或策士辑录，有《国策》、《国事》、《事语》、《短长》、《长书》等不同名称。西汉刘向进行了整理，按战国时期秦、齐、楚、赵等十二国次序，删去重复，编订为三十三篇，并定今名。这部书主要记载了当时谋臣、策士游说各国或互相辩论时所提出的政治主张和斗争策略。反映了战国时期各国、各集团之间尖锐复杂的矛盾和斗争，文字生动流畅，是研究战国历史的重要材料。

史记（全四册）

　　[汉]司马迁撰　　[南朝宋]裴骃集解

　　[唐]司马贞索隐　　[唐]张守节正义

　　单行本 1997 年 8 月 1 版 1 次

　　2011 年 11 月 1 版 1 次

　　平装 108.00 元　2016 年 1 月 1 版 7 次

　　精装 128.00 元　2016 年 7 月 1 版 9 次

　　大 32 开　2544 页

　　《史记》是中国历史上第一部纪传体通史，被列为二十四史之首，记载了上自上古传说中的黄帝时代，下至汉武帝元狩元年间 3000 多年的历史。

三国志（全二册）

　　[晋]陈寿撰　　[南朝宋]裴松之注

　　单行本 2002 年 6 月 1 版 1 次

　　2011 年 11 月 1 版 1 次

2016 年 1 月 1 版 6 次

平装 66.00 元　精装 76.00 元

大 32 开　1404 页

典藏版 2016 年 6 月 1 版 1 次

典藏版 118.00 元　2016 年 6 月 1 版 1 次

大 32 开　1404 页

《三国志》是西晋陈寿编写的一部主要记载魏、蜀、吴三国鼎立时期的纪传体国别史,详细记载了从魏文帝黄初元年(220)到晋武帝太康元年(280)60 年的历史。

史通

[唐]刘知幾撰　[清]浦起龙通释

2015 年 7 月 1 版 1 次

平装 48.00 元　精装 58.00 元

32 开　564 页

《史通》共 20 卷,内篇 39 篇,阐述史书的源流、体例和编撰方法;外篇 13 篇,论述史官建置沿革和史书得失。内篇中的体统、纰缪、弛张三篇早已亡佚,流传下来的只有 49 篇,是我国最早的一部史学理论著作。

文史通义

[清]章学诚撰

2015 年 7 月 1 版 1 次

平装 32.00 元　精装 42.00 元

32 开　352 页

章学诚所撰《文史通义》是一部开风气之先的著作,书中主张借古通今,所论涉及史学、文学、校雠学等多个领域,颇多创获,其中"经世致用"、"六经皆史"、"史德"等著名论断,影响尤为深远。《文史通义》与刘知幾的《史通》被视为中国古代史学理论的双璧。

历代会要丛书

战国会要(全二册)

杨宽　吴浩坤主编

2005 年 12 月 1 版 1 次

2012 年 6 月 1 版 2 次

精装 150.00 元

32 开　1536 页

对古代史探索者来说,把握战国时期典章故实,可以上窥春秋以还的传流演变,下启秦汉之际的渊源肇端,至为重要。《战国会要》填补了先秦史籍的一个空白。全书计 160 卷,涉及门类有:世系、礼、乐、舆服、学校、运历、祥异、职官、选举、民族、食货、兵、刑法、方域、民族等。

秦会要

[清]孙楷著　杨善群补校

2004 年 12 月 1 版 1 次

2012 年 6 月 1 版 2 次

精装 70.00 元

32 开　672 页

本书专记有秦一代典章、文物、故事,杨善群对孙氏原著做了订正错讹、补充内容、调整创新,使本书在信息量和研究成果渗合上,比之原著有较大提升。

西汉会要(全二册)

[宋]徐天麟撰

1977 年 8 月 1 版 1 次

2012 年 6 月 1 版 2 次

精装 82.00 元

32 开　624 页

本书是纪述西汉王朝政治、经济制度的汇编书。取材于《汉书》、《史记》等书。共分 15 门,367 事。是研究西汉王朝典章制度的重要参考书。

东汉会要

[宋]徐天麟撰　子予校点

1978 年 6 月 1 版 1 次

2012 年 6 月 1 版 2 次

精装 58.00 元

32 开　624 页

本书记述东汉王朝的典章制度及其沿革,主要取材于南朝宋范晔编撰的《后汉书》、晋司马彪撰的《续汉书》以及晋袁宏的《后汉纪》等书。共分 15 门,384 事。

三国会要

[清]钱仪吉著　刘修明　杨善群　曹莉芳校点

1991 年 8 月 1 版 1 次

2006 年 12 月 2 版 1 次

2012 年 6 月 2 版 2 次

精装 78.00 元

32 开　824 页

　　本书撰写于"乾嘉学派"鼎盛时期,资料丰富、考订详赅是其基本特点。其中天文、历象、舆地等门类,远较目前通行的杨晨《三国会要》更为详备精审。本书在整理中,对钱氏手稿中有所缺文之处,补入杨晨《三国会要》的有关内容。还配有《魏都城图》、《金墉城图》、《吴都城图》等有关历史地图。

南朝宋会要

〔清〕朱铭盘撰　　顾吉辰 沈杉校点

1984 年 11 月 1 版 1 次

2012 年 6 月 1 版 2 次

精装 68.00 元

32 开　756 页

　　《南朝宋会要》按照历代《会要》体例将南朝宋代典章制度及其沿革分门别类,排比组织,其内容博采自《宋书》、《南史》、《南齐书》、《梁书》等正史,便于治史者明了史事源流和典章制度。本书据朱氏未刊手稿整理。

南朝齐会要

〔清〕朱铭盘撰　　顾吉辰 沈杉校点

1985 年 1 月 1 版 1 次

2012 年 6 月 1 版 2 次

精装 55.00 元

32 开　584 页

　　本书将南朝齐代的典章制度及其沿革分门别类,组织成书,内容博采自《南齐书》、《南史》、《梁书》、《陈书》、《隋书》等多种正史,据清代学者朱铭盘未刊手稿整理出版。

南朝梁会要

〔清〕朱铭盘撰　　顾吉辰 张山校点

1984 年 12 月 1 版 1 次

2012 年 6 月 1 版 2 次

精装 58.00 元

32 开　624 页

　　《南朝梁会要》将萧梁一代典章制度及其沿革,分门别类,排比组织,内容采自《梁书》、《南史》、《陈书》、《隋书》等正史。据国家图书馆藏朱铭盘未刊手稿整理点校。

南朝陈会要

〔清〕朱铭盘撰　　顾吉辰 张山校点

1986 年 2 月 1 版 1 次

2012 年 6 月 1 版 2 次

精装 32.00 元

32 开　332 页

　　从《宋书》、《南齐书》、《梁书》、《南史》、《陈书》和《隋书》有关本纪、志书、列传中撷取有关内容,分门别类整理而成《南朝陈会要》,对于研究陈朝政治、经济、军事、法律和文化,颇有参考价值。据国家图书馆藏朱铭盘手稿标点整理。

唐会要（全二册）

〔宋〕王溥撰　　方诗铭等标校

1991 年 1 月 1 版 1 次

2012 年 7 月 1 版 10 次

精装 178.00 元

32 开　2200 页

　　本书是我国最早编撰的一部断代典制体史籍,取材于唐代的实录文案,分门别类地具体记载了唐朝各种典章制度及其沿革。本书以江苏书局本为底本,校以殿本和上海图书馆所藏三种抄本。

五代会要

〔宋〕王溥撰

1978 年 1 月 1 版 1 次

2012 年 6 月 1 版 2 次

精装 48.00 元

32 开　500 页

　　本书记载五代时期梁、唐、晋、汉、周等朝的典章制度及其沿革,凡 279 目。系以清光绪十二年江苏书局本为底本,同时参照其他版本进行整理校点。

辽会要

陈述 朱子方主编

2009 年 8 月 1 版 1 次

精装 98.00 元

32 开　1080 页

　　本书主要采辑辽朝文献,包括辽朝人撰著、近年考古新发现之辽代文物、志册与以耶律俨《实录》、陈大任《辽史》为蓝本之元修《辽史》以及宋、金、高丽等国之有关记述;前代和现代学者研究辽朝史之成果,亦相征引。

历代会要汇编（全十四册）

本社编
2012 年 5 月 1 版 1 次
精装 980.00 元
32 开　10584 页

会要是以某一朝代的国家制度、历史地理、风俗民情等为主要收辑内容的一种史书。由于会要内容涉及典章制度，其所保存的原始资料较为丰富，可以弥补二十四史中志、表之不足。通过本套书，读者可对战国、秦汉、南朝、唐、五代、辽等朝的典章、文物、故事等有一定的了解。

宋会要辑稿考校（附篇目索引）

王云海著
1986 年 8 月 1 版 1 次
2.25 元
32 开　208 页

本书既是研究著作，又是查阅《宋会要辑稿》的工具书。清人徐松所辑《宋会要辑稿》为研究宋史的重要史料，由于此书从《永乐大典》中辑出以后未得到较好的整理，王云海对其校补，并订正了大量错误，编制了索引。

宋会要辑稿（全十六册）

[清]徐松辑　刘琳 刁忠民 舒大刚 尹波等校点
2014 年 6 月 1 版 1 次
精装 3200.00 元
16 开　10120 页

《宋会要辑稿》是清代嘉庆年间由徐松从《永乐大典》中辑出的宋代官修《会要》之文。全书 366 卷，分为帝系、后妃、乐、礼、舆服、仪制、瑞异、运历、崇儒、职官、选举、食货、刑法、兵、方域、蕃夷、道释等 17 门，内容丰富，卷帙浩大，堪称宋代史料之渊薮。但因辑录稿文字错误繁多，向来视为难读。现经四川大学古籍研究所的专家历经数十年点校整理，诚为学者利用之最佳版本。

《续修四库全书》史部抽印本

史记疏证（外一种）

崔适等撰
2007 年 11 月 1 版 1 次
精装 130.00 元
16 开　704 页

《史记》是我国第一部纪传体通史，历代续补、注释之作很多。清代是对《史记》研究的集大成时期，在《史记》考证和评论两方面都取得了巨大成就。今特选佚名撰《史记疏证》六十卷、清末崔适撰《史记探源》八卷合编出版。《史记疏证》无撰人名氏，书前题记云疑为沈钦韩所作，考证名物，辨疑解惑，对旧注之缺漏多有补正。崔适站在今文经学的立场上，撰写《史记探源》，对《史记》进行考证辨伪，就其中的材料来源、引文采摘、文句的起止以及内容的矛盾等，逐一进行考证探究。

汉书补注（外二种）（全三册）

王先谦等撰
2007 年 11 月 1 版 1 次
精装 360.00 元
16 开　1952 页

《汉书》是我国第一部纪传体断代史。《汉书》多用古字古义，艰深难懂，故古来为《汉书》作注者甚夥。清末学者王先谦仿经疏体例注释《汉书》，作《汉书补注》一百卷，为汇集前代史家研究成果而成，对于《汉书》中的字音、字义和史实等均有详细考证。今影印出版，附清徐松撰《汉书西域传补注》二卷、清惠栋撰《后汉书补注》二十四卷于后。

汉书疏证（外二种）（全二册）

[清]沈钦韩等撰
2006 年 4 月 1 版 1 次
精装 290.00 元
16 开　1668 页

清沈钦韩《汉书疏证》36 卷，钱大昭《汉书辨疑》212 卷，周寿昌《汉书注校补》56 卷，均为清人研究《汉书》的重要著作，或训释文字，考证名物，或辨疑祛惑，补充旧注之不足，于研读《汉书》颇有助益。据清刻本影印。

汉书考正　后汉书考正（外一种）

佚名撰
2008 年 1 月 1 版 1 次
精装 145.00 元
16 开　772 页

东汉班固撰《汉书》一百二十卷,为我国第一部纪传体断代史。《后汉书》一百二十卷,其中纪、传九十卷,南朝宋范晔撰,唐李贤注;志三十卷,晋司马彪撰,南朝梁刘昭注。后代注释考证《汉书》、《后汉书》者甚夥,著述很多,今特选两种稀见著作出版,分别是《汉书考正》、《后汉书考正》,另附二十七卷本《汉书疏证》。

后汉书疏证

[清]沈钦韩撰
2006 年 4 月 1 版 1 次
精装 125.00 元
16 开　660 页

清沈钦韩认为《后汉书》唐李贤和南朝刘昭之旧注有疏谬和不足,于是搜集群书有关资料,考订名物,通畅事理,撰成《后汉书疏证》30 卷。据清光绪二十六年浙江官书局刻本影印。

后汉书集解（外三种）（全二册）

王先谦等撰
2006 年 4 月 1 版 1 次
精装 270.00 元
16 开　1548 页

近代王先谦《后汉书集解》120 卷是《后汉书》注的集大成之作;清钱大昭《后汉书辨疑》11 卷、《续汉书辨疑》9 卷,清周寿昌的《后汉书注补正》8 卷均于《后汉书》有考辨补正之功。《后汉书集解》据民国刻本影印,其余三种据清刻本影印。

三国志注补（外四种）

[清]赵一清等撰
2008 年 1 月 1 版 1 次
精装 160.00 元
16 开　864 页

西晋陈寿撰《三国志》,记魏、蜀、吴三国时期的历史。取材严谨,文笔简洁,长于叙事,但记载过于简略。南朝裴松之为《三国志》作注,补充了大量史料,其注文超出原书数倍。清代学者赵一清撰《三国志注补》六十五卷,对裴注再作补充。钱大昭撰《三国志辨疑》三卷、潘眉撰《三国志考证》八卷、梁章钜撰《三国志旁证》三十卷,对裴注亦有所驳正。兹将以上四种和周家禄撰《晋书校勘记》五卷合编出版。

续资治通鉴长编拾补

[清]秦缃业　黄以周等辑
2006 年 4 月 1 版 1 次
精装 120.00 元
16 开　632 页

南宋李焘所撰《续资治通鉴长编》久已散佚不全,清乾隆修《四库全书》时,从《永乐大典》中辑成 520 卷,但仍有缺失。清秦缃业、黄以周等取南宋杨仲良《续资治通鉴长编纪事本末》以补李书之缺。据清光绪九年浙江书局刻本影印。

资治通鉴补（全六册）

[明]严衍撰
2007 年 12 月 1 版 1 次
精装 790.00 元
16 开　4262 页

《资治通鉴补》,又名《资治通鉴补正》,明末清初严衍撰。《资治通鉴》是我国第一部编年体通史,成书之后,为之注释者不胜枚举,其中胡三省之《资治通鉴音注》影响最大。胡三省对《通鉴》进行校勘、考证、解释,对释文作辨误,并对史事进行评论。严衍读《资治通鉴》,因病其史事多有疏漏,故撰《资治通鉴补》二百九十四卷,既对《通鉴》之讹误加以勘正,也对胡注的遗漏和舛误进行补正。该书取材广泛,辨正精审,为胡三省注后所仅见。

元朝秘史（外四种）

佚名撰
2008 年 1 月 1 版 1 次
精装 120.00 元
16 开　664 页

《元朝秘史》原名《蒙古秘史》,是我国蒙古族最早的一部历史和文学著作,记载蒙古族的起源和成吉思汗、窝阔台汗时期的历史。该书成书于十三世纪中叶,现仅存明初的汉字音译本。清代学者李文田撰《元秘史注》十五卷,是《元朝秘史》最早的译注本,高宝铨又撰《元秘史李注补正》十五卷和《元秘史补正续编》一卷,以正李注讹误。除为《元朝秘史》作注外,清代学者还进行了很多考证工作,施世杰的《元秘史山川地名考》就是其中的代表性著作。现将《元朝秘史》及以上四种研究著作影印出版。

昭代典则

[明]黄光升撰
2008 年 1 月 1 版 1 次
精装 160.00 元
16 开　884 页

《昭代典则》为编年体明史，叙述明朝历代帝王功绩、文武大臣与社会贤哲事迹，以及明朝行政建置、人口变动等。记事上起元至正十二年(1352)，下迄隆庆六年(1572)。本书按年月记事，内容简赅，对明太祖一朝事特详。可与《明实录》和其他明史互为参证，对研究明代前期历史有较大的参考价值。

度支奏议（全八册）

[明]毕自严撰
2008 年 1 月 1 版 1 次
精装 998.00 元
16 开　5734 页

《度支奏议》一百十九卷，明毕自严撰。自严，字景曾，淄川(今山东淄博南)人，万历进士，官至右金都御史。崇祯元年(1628)起任户部尚书，掌军国财赋度支之职。因万历以来，宦官乱政，党争纷，又边事日亟，军饷激增，以至财政困窘，自严欲清海内田赋，成《赋役全书》，以全书未成，乃辑成此编。本书综计崇祯时度支出入，极其详备，足以见明末财政收支情况，对明史研究有较高史料价值。

国榷（全六册）

[清]谈迁撰
2008 年 1 月 1 版 1 次
精装 760.00 元
16 开　4094 页

编年体明史。谈迁是明末清初史学家，他鉴于明朝历代实录颇多曲笔聚讼、忌讳失实之处，各家编年体明史又多讹陋肤冗，遂以明代实录为主，并参阅其他有关明代史书一百多种，编成此书。对于《明实录》避而不谈的一些明朝重要史实均能秉笔直书。对一些重要事件，常以个人和诸家的评论并列于后。本书史实考订精审，材料较为可靠，对明史研究有较高的参考价值。

明史（全八册）

[清]万斯同撰
2008 年 1 月 1 版 1 次

精装 990.00 元
16 开　5354 页

《明史》是清代官修纪传体断代史，三百三十六卷。《明史》的修纂，前后历时九十年，由三代史学家精心撰写，而其中居功至伟、用力最多者当数万斯同。万斯同，字季野，浙江鄞县人，明亡后，守节不仕。康熙十八年(1679)第三次开《明史》馆后，为徐元文所荐入局，不署衔，不受俸，然实主撰修之事，成《明史》稿本四百十六卷。后王鸿绪进呈之《明史稿》和张廷玉为总裁于乾隆四年(1739)正式刊行之《明史》，实以万斯同《明史》为蓝本增删而成。

石匮书　石匮书后集（全三册）

[清]张岱撰
2008 年 1 月 1 版 1 次
精装 450.00 元
16 开　2364 页

明末张岱撰《石匮书》二百二十卷，亦名《石匮藏书》。本书为纪传体明史，起自洪武，迄于天启。《石匮书后集》六十三卷，记载崇祯朝及南明史事。《石匮书》及后集，是张岱最重要的史著，历时几三十年始成。成书之日，明朝已经灭亡，因名为《石匮藏书》，以表忠于前朝之意。本书是有关明朝的重要史料之一。

史通评释　史通训故　史通训故补

[明]郭孔延等撰
2006 年 4 月 1 版 1 次
精装 125.00 元
16 开　656 页

《史通评释》20 卷，明郭孔延撰，该书杂引诸书，评释详尽。《史通训故》20 卷，明王惟俭撰，本书注释精简，引书皆写明出处。《史通训故补》20 卷，清黄叔琳撰，旁征博引，补王氏注释之疏略。据清乾隆十二年黄氏养素堂刻本影印。

大清一统志（全十二册）

[清]穆彰阿等纂修
2008 年 1 月 1 版 1 次
精装 1680.00 元
16 开　9514 页

《大清一统志》是清朝官修地理总志。清代编修《一统志》前后凡三次，第三修始于嘉庆十六年(1811)，成于道光二十二年(1842),又名《嘉庆重修一统志》,共560卷,另加凡例、目录2卷。《嘉庆重修一统志》在体例上承袭前两次所修《一统志》,在内容上进行了增补,不仅仅是嘉庆二十五年以前的清代地理总志,而且也包含了以往各代的地理志内容,它不仅为研究清史提供了许多宝贵的资料,也是研究中国历史、地理的重要参考书,其价值超过了以往任何一部地理总志。

东华录　东华续录(全十七册)

[清]王先谦　朱寿朋撰

2008年1月1版1次

精装1980.00元

16开　11848页

《东华录》和《东华录续编》为王先谦所撰编年体清代史料长编。起自努尔哈赤,讫同治朝,合称《十一朝东华录》,凡六百二十四卷。《东华录》及《续编》的编纂基本上是依据清国史馆原始材料,文献研究价值较高。与《清实录》相比,其原始资料保留的较多,可与《清实录》互为补充。后朱寿朋仿其体例,辑成《光绪朝东华续录》二百二十卷,较系统反映了光绪朝的内政、外交、军事、经济等方面的大事。

筹办夷务始末(全八册)

[清]文庆等纂辑

2008年1月1版1次

精装998.00元

16开　5606页

《筹办夷务始末》是清代官修的对外关系档案资料汇编,又称《三朝筹办夷务始末》,收录道光、咸丰、同治时期有关涉外事务的上谕、廷寄、奏折、照会等档案资料九千余件。从其内容看,这三朝中外关系史上的重要事件,如两次鸦片战争、中外勾结镇压太平军情况、沙俄强占中国东北土地,以及教案问题、租界问题等都有记载,对于研究近代中外关系有极高的参考价值。

晚明史料丛书

石匮书后集

[明]张岱著

1959年4月1版1次

1.60元

大32开　409页

本书以纪传体的形式记述了晚明崇祯朝以及南明的历史。作者广泛采用了传世史料以及明末的邸报材料,详加考订。书中特别表彰了抗清斗争中死难殉国的义士,充分表达了作者的爱国思想。

甲申纪事　纪事略　恸余杂记　南忠记

[明]赵士锦　[清]阙名　史惇　钱肃润著

1959年12月1版1次

0.65元

大32开　154页

本书汇辑晚明著作四部:《甲申纪事》记载明末李自成进京事,《纪事略》完整叙述了张献忠起义,《恸余杂记》以笔记体的形式揭露了明末的黑暗和腐败,《南忠纪》记载了抗清殉国人士的事迹。

国寿录

[清]查继佐著

1959年12月1版1次

0.80元

大32开　190页

本书是反映明末抗清斗争的一部重要作品,全书共四卷,分别记载了明末崇祯、弘光、鲁王、永历四朝人物的抗清事迹,生动地反映了晚明抗清队伍中各阶层人物的真实面貌。

南疆逸史(全二册)

[清]温睿临著

1959年12月1版1次

2.10元

大32开　513页

本书是一部纪传体的南明史,主要记述南明军民的抗清事迹,保存了大量的抗清史料。

野史无文

[清]郑达著

1960年4月1版1次

0.75元

大32开　179页

本书是一部关于明末历史的史料汇编,作者广泛搜集散见于各处的明末史料,并在每种史料前后分别加上自己的按语和论赞。

中国近代史学文献丛刊

史学研究法未刊讲义四种

黄人望　柳诒徵　李季谷　姚从吾撰　李孝迁编校
2016 年 2 月 1 版 1 次
78.00 元
16 开　400 页

　　整理者在中国近代史学研究过程中,经多年不懈努力,发现了 20 世纪初年黄人望《史学研究法讲义》、柳诒徵《史学研究法》、李季谷《历史研究法》、1930 年代姚从吾《历史研究法》。将这些稀见讲义整理出版,对研究中国近代史学史具有重要的学术价值。

中国现代史学评论

李孝迁编校
2016 年 2 月 1 版 1 次
108.00 元
16 开　576 页

　　在中国现代史学进行时中,即不断有学人发表对史学研究回顾与展望的文章,不仅有总论,亦有专论,不仅有论中国史,亦有论西洋史,不仅正统派热衷于回顾,左派史家亦然。这部资料集收录 49 篇文章,皆精心筛选,许多为首次整理,根据原文重新点校,学术价值极高。

其　　他

尚书文字合编（全四册）

顾颉刚　顾廷龙合辑
1995 年 12 月 1 版 1 次
精装 560.00 元
16 开　1800 页

　　《尚书》是一部文字最有争议的上古历史文献。本书搜集不同字体的传世《尚书》二十余种,计有汉熹平石经(可观隶书《今文尚书》原貌),魏正始石经(古篆隶三体相次,略存《古文尚书》风貌),敦煌写本多种(保存了唐"隶古定"字体),日本古写本,殿后者为唐开成石经(今体楷书),即今本《尚书》的祖本。本书为《尚书》原始文献最集中最齐全的合编本,其中两种日写本系首次面世。全书依唐石经编次排列,汉魏残石加标释文,写本残卷注明文字起讫。书后附有考订文章及藏本题跋等。

尚书古文疏证（全二册）

[清]阎若璩撰
1987 年 12 月 1 版 1 次
13.70 元
32 开　700 页

　　本书以极其丰富的资料和非常精辟的论断,论证了一度被学术界误认为先秦时代的尚书真本——东晋梅赜所献《古文尚书》系伪书。《尚书古文疏证》开创了清代辨伪疑经之风,在学术界有很深的影响。据上海图书馆乾隆十年刻本影印。

春秋左传集解（全五册）

[晋]杜预集解
1977 年 8 月 1 版 1 次
5.20 元
大 32 开　2060 页

　　《春秋》是鲁国的编年史,简略记录了公元前 722 年到前 481 年的史事,《左传》是解释《春秋》的"三传"之一,对当时一些史事作了较详细的叙述,包含丰富的历史资料。晋代杜预的《春秋经传集解》汇集了前人对《春秋左传》的注释。现据《四部丛刊》影印该书的宋刻本标点出版,并更名为《春秋左传集解》。

春秋经传集解（全五册）

[晋]杜预集解
1988 年 3 月新 1 版 1 次
平装 13.70 元　精装 16.60 元
大 32 开　2060 页

　　《春秋经传集解》为晋代杜预汇集前人对《春秋左传》的解释而撰成。《春秋经》是鲁国官修的历史,《左传》对《春秋经》的史事又作了详细的叙述。杜预的《集解》是《春秋左传》一个较早的注本。

左传（春秋经传集解）（全二册）

[战国]左丘明撰　　[西晋]杜预集解
1997 年 12 月 1 版 1 次
2016 年 3 月 1 版 4 次
精装　128.00 元
大 32 开　2060 页

　　《左传》是儒家的基本经典,杜预集解本则是对《春秋左传》的最权威的解释本。

国语

上海师大古籍整理研究所校点
平装 1978 年 3 月 1 版 1 次
新版 1998 年 3 月新 1 版 1 次
精装 2007 年 4 月新 1 版 2 次
精装 48.00 元
大 32 开 748 页

　　《国语》相传为春秋时左丘明所作。记载西周末年至春秋时期周、鲁、齐、晋、郑、楚、吴、赵八国的史事,是我国最早的国别史。此以《四部备要》排印清代士礼居翻刻明道本为底本,参校了《四部丛刊》影印明代翻刻公序本整理出版。

战国策

[西汉]刘向集录
平装三册 1978 年 5 月 1 版 1 次
1995 年 9 月 2 版 4 次
精装二册 1998 年 3 月 2 版 1 次
2015 年 5 月 2 版 9 次
精装 88.00 元
大 32 开 1412 页

　　简称"国策",主要记载战国时期谋臣、策士游说各国或互相辩论时所提出的政治主张和斗争策略。书后附有宋姚宏注本和鲍彪注本篇目对照表。

越绝书

[东汉]袁康 吴平辑录　乐祖谋点校
1986 年 1 月 1 版 1 次
1992 年 1 月 1 版 2 次
1.85 元
32 开 76 页

　　《越绝书》是我国古代史书中杂史类的一部名著,主要记述春秋时代吴越两国(包括一部分楚国)的史事,其中着重论述了伍子胥、范蠡、文种、计倪、子贡等人物的活动。并记录了大量吴越两地的地理情况,被称为地方志的"鼻祖"。本书还涉及我国古代战争中的权谋、术数和兵法等,有很浓重的兵书色彩。

吴越春秋辑校汇考

周生春撰
1997 年 7 月 1 版 1 次
20.60 元

大 32 开 378 页

　　《吴越春秋》和《越绝书》同是记录我国春秋时代吴、越地区史事的最古老的典籍。本书不仅破解了《吴越春秋》的种种疑团,还根据三种最早的版本,参照七种以上的佳本,校比了大量古书,是一部集大成著作。

古本竹书纪年辑证

方诗铭 王修龄撰
1981 年 2 月 1 版 1 次
修订本 2005 年 10 月 1 版 1 次
修订本 2008 年 3 月 1 版 2 次
28.00 元
大 32 开 300 页

　　《竹书纪年》是战国时魏国的史书,它叙述了夏、商、西周、春秋时的晋国、战国时的魏国的史事。本书是继清代学者朱右曾的《汲冢纪年存真》、近代学者王国维的《古本竹书纪年辑校》和范祥雍的《古本竹书纪年辑校订补》之后的又一个新辑本。

绎史(全四册)

[清]马骕撰
1993 年 12 月 1 版 1 次
精装 71.40 元
32 开 1470 页

　　《绎史》内容上起开天辟地,下迄秦亡。世人钦佩马氏研究上古史卓然成家,称他为"马三代"。全书取材广泛,收录隋以前经史子集 120 余种,有关先秦文献几乎搜罗无遗,还作有史论。全书每事立一标题,以纪事本末体为主,兼有编年、纪传和学案三体,有表有志有图,使天文历数、疆域沿革、器物制作、帝王世系等等系统明了呈现,提纲挈领,极便省览。此外还列有周秦诸子言行专卷,是马骕的特创。本书据《四库全书》文渊阁本影印出版。

七国考订补(全二册)

[明]董说原著　缪文远订补
1987 年 4 月 1 版 1 次
6.55 元
32 开 426 页

　　《西游补》作者董说所撰《七国考》,按职官、食货、都邑等 14 门类,分别汇集了战国秦、楚、齐、赵、魏、韩、燕七国史料中有关典章制度的部分,成为一本研究战国史的专书,在学术界颇有影响,《四库全书》将它收入"史部·政书类"。原书引用不少春秋史料,又引了不少伪书,道家书及小说材料,故瑕瑜互见。缪文远先生的订补,纠正了上述错谬,补充了不少内容,还引用了一些考古成果。

秦史

王蘧常撰
2000 年 12 月 1 版 1 次
2008 年 4 月 1 版 2 次
30.00 元
大 32 开　374 页

作者效前人纪传体例撰《秦史》,以填补十七断代史之缺。自 1926 年起,开始写作本书,前后历时五十余年。本书包括"纪"6 篇、"表"4 篇(仅存 1 篇)、"考"8篇(相当于书、志)、"传"35 篇。

史记会注考证附校补(全二册)

[日]泷川资言考证　[日]水泽利忠校补
1986 年 6 月 1 版 1 次
精装 35.15 元
16 开　1124 页

本书是日本学者泷川资言《史记会注考证》和水泽利忠《史记会注考证校补》两书的影印合编本。《考证》引录裴骃等三家注以来中日典籍一百几十种,辨其是非,详加阐说。还增辑张守节《正义》佚文千余条,全部断句。《校补》以《考证》本为底本,广校众本,补辑《正义》佚文二百多条。

史记会注考证(全八册)

[汉]司马迁撰　[日]泷川资言考证　杨海峥整理
平装 2015 年 4 月 1 版 1 次
精装 2016 年 2 月 1 版 1 次
平装 680.00 元　2016 年 5 月 1 版 3 次
精装 880.00 元　2016 年 5 月 1 版 2 次
32 开　4536 页

《史记会注考证》是日本著名汉学家泷川资言的史学名作,具有世界性影响,是《史记》乃至中国古代史研究的重要参考书。该书参考中国及日本所藏各种写本和刻本,对《史记》进行了全面校勘;究明司马迁撰著《史记》所依据的资料来源;《史记》三家注的订补,《正义》辑佚达 1300 条左右;广泛吸收日本和中国历代的注解和考证。

史记论文　史记评议

[清]吴见思 李景星著　陆永品点校
2008 年 12 月 1 版 1 次
20.00 元
32 开　236 页

《史记论文》采用传统的评点派研究方法,见解颇为独到。《史记评议》承继《史记论文》的研究成果,对《史记》的艺术成就作了进一步的研究和论述。其中每篇评议文章均包括本文文学艺术分析、太史公赞语的评论和史实考辨三部分,既点出《史记》妙处,也指出其疏漏失实之处。

汉书补注(全十二册)

[汉]班固撰　[清]王先谦补注
上海师范大学古籍整理研究所整理
平装 2008 年 12 月 1 版 1 次
精装 2012 年 6 月 1 版 1 次
平装 780.00 元　2016 年 1 月 1 版 3 次
精装 880.00 元　2016 年 1 月 1 版 2 次
32 开　6392 页

清王先谦征引注解百余家,集王念孙父子等训诂大家之大成。中华书局 1962 年出版《汉书》标点本,仅收入颜师古注而未收王先谦补注。今以清光绪二十六年(1900)王氏虚受堂刻本为底本,吸纳商务印书馆 1937年版百衲本、中华书局标点本以来研究成果,将《汉书补注》全本予以整理标点出版。

汉书(全三册)

[汉]班固撰　江建中标点
2003 年 9 月 1 版 1 次
精装 168.00 元
大 32 开　3088 页

《汉书》是我国第一部纪传体断代史,记西汉一朝汉高祖到王莽为止二百余年间的史事。《汉书》体例大致沿袭《史记》,但改"书"为"志",废并"世家"入"列传",又创"刑法"、"五行"、"地理"、"艺文"四志,以后历朝修撰"正史",基本沿用此体例。本书采用唐颜师古注的北宋景祐刊本为底本,参照诸本之长,吸取当代研究成果,加以新式标点,简体横排。

八家后汉书辑注

周天游辑注

1986 年 12 月 1 版 1 次

7.30 元

大 32 开　482 页

　　本书在前人辑佚工作的基础上,对已亡佚的谢承《后汉书》、薛莹《后汉记》、司马彪《续汉书》、毕峤《后汉书》、谢沈《后汉书》、张莹《后汉南记》、袁山松《后汉书》、张璠《后汉记》等八种佚书,进行辑佚简注。

三国志集解(全八册)

[晋]陈寿撰　[南朝宋]裴松之注　卢弼集解
钱剑夫整理

平装 2009 年 6 月 1 版 1 次

精装 2012 年 6 月 1 版 1 次

平装 480.00 元　2016 年 5 月 1 版 4 次

精装 560.00 元　2016 年 5 月 1 版 3 次

大 32 开　3764 页

　　近人卢弼先生博采众书,精加校释,误者正之,缺者补之,核正地理,诠释名物,大有益于本书的研究者。集解除排印错误径加改正外,所引旧说,均不增改。作者评议,亦加注明。原书初版于 1957 年。此次出版,又经著名学者钱剑夫先生作了标点整理,更方便阅读。

白话三国志

[晋]陈寿原著　王根林等译

1996 年 11 月 1 版 1 次

精装 49.50 元

大 32 开　1160 页

　　陈寿撰著的《三国志》,是人们了解三国历史的必读书。现将这部史学名著用白话翻译,并配有疆域、战争示意图和反映三国时代文物、社会风俗和历史人物肖像的插图。

元史二种(全二册)

柯劭忞　屠寄撰

1989 年 12 月 1 版 1 次

新版 2012 年 11 月 1 版 1 次

精装 580.00 元

16 开　2188 页

　　本书收入的《新元史》和《蒙兀儿史记》是可与《二十四史》中的《元史》并立的重要史籍。《新元史》257 卷,柯劭忞撰。旨在修补《元史》,综合明清研究成果,编纂严密。《蒙兀儿史记》旨在订正《元史》。附索引。

明史欧洲四国传注释

张维华著

1982 年 7 月 1 版 1 次

0.81 元

大 32 开　112 页

　　《明史》将欧洲葡萄牙、西班牙、荷兰、意大利四国列入《外国传》。由于当时撰史人对西方情况不明,内容颇多歧误。本书作者详考中西各国当时记载,对这四篇传的事实,加以印证对勘,并断以己见。本书抗战前曾由哈佛燕京社少量刊行,久已绝版,现修订出版。

二十五史(全十二册)

1986 年 12 月 1 版 1 次

1995 年 9 月 1 版 11 次

精装 488.00 元

16 开　5244 页

　　新编《二十五史》,包括《二十四史》和《清史稿》。本书《二十四史》用涵芬楼影印清武英殿本,《清史稿》用关外二次印本,缩印为 12 册。

十七史详节(全八册)

[宋]吕祖谦编纂 黄灵庚主编

2008 年 3 月 1 版 1 次

精装 480.00 元

大 32 开　5188 页

　　吕祖谦(1137—1181),南宋哲学家、史学家。他读正史而节抄选编成《十七史详节》一书,在一定程度上反映了他的学术观点和人格理想。本书共 273 卷,包括《史记详节》、《西汉书详节》、《东汉书详节》、《三国志详节》、《晋书详节》、《南史详节》、《北史详节》、《隋书详节》、《唐书详节》、《五代史详节》十种。以明正德十五年(1520)刘弘毅慎独斋刊本为底本标点整理,并参校以元本、清本、二十四史点校本等,附有校勘记。

宋书校议

丁福林著

2002 年 6 月 1 版 1 次

26.00 元

大 32 开　214 页

本书是一部专门指正《宋书》谬误的著作，对《宋书》中的缺文、衍字、误笔等讹误进行校勘纠谬。

六朝事迹编类

[宋]张敦颐著　张忱石点校

1995 年 1 月 1 版 1 次

8.90 元

大 32 开　196 页

《六朝事迹编类》成书于南宋初年，内含总叙、形势、城阙、楼台、江河、山冈、宅舍、谶记、灵异、神仙、寺院、庙宇、坟陵、碑刻等 14 个门类，是研究六朝史事的重要书籍之一。点校者对书中许多疑点加以充分考证辨析，是为一个较完善版本。

建康实录

[唐]许嵩撰　孟昭庚等点校

1987 年 10 月 1 版 1 次

5.95 元

大 32 开　304 页

《建康实录》专记三国吴、东晋和南朝宋、齐、梁、陈等建都在建康（今南京市）的朝代的历史，并注重建康地区的山川地理、宫室寺观的记载。所记史事，翔实有据，可作正史的补充，素为史学研究者所重视。

大唐创业起居注

[唐]温大雅撰

1983 年 12 月 1 版 1 次

0.23 元

32 开　38 页

本书是记载唐高祖李渊言行的一部编年史。所记录初唐史实较唐朝其他史籍材料更为丰富、内容更为客观。作者曾任李渊的记室参军，专管文翰，从李渊起兵太原开始，即参与机务，是唐初文臣中最了解李唐王朝创建史的人之一。

贞观政要

[唐]吴兢著

1978 年 9 月 1 版 1 次

1999 年 7 月 1 版 5 次

14.60 元

大 32 开　312 页

本书分类编撰唐朝贞观年间唐太宗李世民与大臣的问答，以及魏徵、房玄龄、杜如晦等人的重要奏议，是研究李世民以及唐初政治的重要资料。

贞观政要译注

[唐]吴兢撰　裴汝诚　王义耀　郭子建
顾宏义译注

2006 年 7 月 1 版 1 次

38.00 元

大 32 开　500 页

《贞观政要》10 卷 40 篇，分类编辑唐太宗在位的 23 年中，与魏徵、房玄龄、杜如晦等大臣在治政时的问答、大臣们的议诤、劝谏奏议等，以规范君臣思想道德和治国军政思想。宋、元、明、清各朝对《贞观政要》十分重视，历代帝王都从中借鉴，以期长治久安。

唐大诏令集补编（全二册）

李希泌主编

2003 年 12 月 1 版 1 次

精装 138.00 元

大 32 开　1590 页

编者从《旧唐书》、《文苑英华》、《册府元龟》、《唐会要》、唐人文集、墓志石刻中辑得《唐大诏令集》中未收之唐代诏令 4000 余篇（《唐大诏令集》收 1688 篇），成《唐大诏令集补编》。

唐律疏议

岳纯之校注

2013 年 12 月 1 版 1 次

2015 年 3 月 1 版 2 次

62.00 元

32 开　568 页

《唐律疏议》，又名《故唐律疏议》，共三十卷，是目前我国传世的第一部完整的法典，也是研究唐代历史以及东亚古代法制的必读书。永徽三年（652）由长孙无忌等编纂。本次点校是在前人研究成果的基础上，力求精益求精而成。

唐鉴

[宋]范祖禹撰

1980 年 4 月 1 版 1 次

线装 15.00 元　锦函 30.00 元

6 开 183 页

1984 年 11 月 1 版 1 次

1.35 元

32 开 180 页

范祖禹因助司马光编《资治通鉴》,分掌唐史,以其所得者著成此书。论述唐代自高宗到昭宗 300 年封建统治的得失,献给哲宗,作为施政的鉴戒。此书不仅知名于当时,亦为后世所重。现据上海图书馆所藏孤本宋刻小字十二卷本影印,保持了《唐鉴》原本的全部内容。

律附音义

[宋]孙奭撰

1980 年 4 月 1 版 1 次

线装 10.00 元

6 开 146 页

新版 1984 年 11 月 1 版 1 次

1.10 元

32 开 144 页

我国刑律自战国李悝、汉萧何以来,历朝因革损益。至唐永徽四年,《唐律疏议》书成,后之《宋律》、明之《大明律》,与清初制定之《清律》,历代多仍沿用。今东南亚各国之刑律,亦多参酌此书制订。今影印底本为南宋重刻天圣本,旧藏海宁蒋氏衍芬草堂。此书除二、三传抄外,也不多见。

入唐求法巡礼行记

[日]圆仁撰 顾承甫 何泉达点校

1986 年 8 月 1 版 1 次

1.30 元

32 开 114 页

本书作者是日本佛教天台宗著名高僧圆仁。公元 838 年,圆仁作为学问僧,跟随日本遣唐使到达中国。又经历 9 年 7 个月之久的跋涉,步经相当于今江苏、安徽、山东、河北、山西、陕西和河南等七省的地域。他用日记的形式,记述了求法巡礼过程中的亲身见闻,记载了我国唐代扬州、五台山、长安等地寺院的规模体制、僧侣生活、宗教圣迹,以及佛事仪式等内容。

资治通鉴(全二册)

[宋]司马光编著 [元]胡三省音注

1987 年 5 月 1 版 1 次

1995 年 6 月 1 版 13 次

精装 95.00 元

16 开 1138 页

《资治通鉴》是中国第一部编年体通史。真实地记述了战国至五代 1300 多年间的历史。元代胡三省曾为《资治通鉴》作了《音注》,对《通鉴》的名物、制度、地理,作了详细的解释,对一些史实异同,也作了辨正。本书据世界书局缩印本影印,书后附刘恕《资治通鉴外纪》。

资治通鉴附考异(全二册)

[北宋]司马光编撰 邬国义校点

1997 年 11 月 1 版 1 次

精装 198.00 元

16 开 3032 页

本书对原文分段标点,横排简体,以公认的最佳版本——宋椠百衲本为底本,吸取学术界新成果精心校勘整理而成。

资治通鉴皇家读本(全二册)

[明]张居正讲评 陈生玺等译解

1998 年 3 月 1 版 1 次

1999 年 12 月 1 版 2 次

精装 72.20 元

大 32 开 1608 页

公元 1572 年才 10 岁的明万历皇帝登基时,担任他的启蒙老师的内阁首辅大学士张居正就决定改编一本专门给小皇帝讲课用的历史教材,取名《通鉴直解》。此书采撷吸取了《资治通鉴》等书中尤切于治乱兴亡的关键重大史事,融入张居正作为一代名相的史识与政治经验,按朝代年月编缀成编,上起远古三代,下迄元朝灭亡,时域广于《通鉴》,文字则大大减少,每段史事后,都附有张居正极通俗详到的讲解与精要的评议。明史专家陈生玺重新整理此书,对原书加以标点、注释、翻译、评议。

续资治通鉴

[清]毕沅编著

1987 年 5 月 1 版 1 次

1997 年 4 月 1 版 12 次

精装 60.00 元

16 开 620 页

《续资治通鉴》记述宋、辽、金、元四朝历史,其书为续《资治通鉴》而作,为明、清之际续修《资治通鉴》之最佳者。该书 1935 年国学整理社曾将冯集梧刻本加以断句整理,由世界书局缩印成一册。

续资治通鉴长编附拾补(全五册)

[宋]李焘著　[清]黄以周等辑补
1986 年 4 月 1 版 1 次
精装 87.00 元
16 开　2777 页

《续资治通鉴长编》,是一部叙述北宋九朝史事的巨型编年体史书,堪与司马光的《资治通鉴》媲美。今将比较通行的浙江书局刻本影印出版,并附入清人所作《拾补》。

明通鉴

[清]夏燮撰
1990 年 10 月 1 版 1 次
1995 年 6 月 1 版 4 次
精装 48.00 元
16 开　454 页

《明通鉴》是一部专记明代始末的编年体史书。此书以史料丰富见重于世,对《明史》有补遗纠谬之功;附《考异》。夏氏撰《明通鉴目录》二十卷,是部明代大事记,提纲挈领,便于查检,过去流传甚少。特将夏氏两书据湖北官书处重校本一并影印出版。

历代通鉴辑览(全五册)

[清]傅恒等编
1990 年 7 月 1 版 1 次
精装 59.00 元
32 开　1902 页

据《资治通鉴》等书编写,记述上自传说时代的伏羲氏,下迄明末,在取材、叙述、举要等方面比同类书更胜一筹,是一种提纲挈领的编年纲目体通史。用《四库全书》本影印。

通鉴纪事本末

[南宋]袁枢撰
1994 年 4 月 1 版 1 次
精装 57.80 元
16 开　497 页

本书是我国第一部纪事本末体的历史著作。全书依《资治通鉴》断限,上起战国,下迄五代,将《通鉴》总括为 239 事,每事按照年代顺序编录。本书版本以宋赵为蕙刻大字本最佳,现据以缩小影印,并加以断句。

宋史纪事本末　元史纪事本末

[明]陈邦瞻撰
1994 年 7 月 1 版 1 次
精装 29.20 元
16 开　400 页

《宋史纪事本末》起于宋太祖代周(960 年),终于文天祥之死(1279 年)。本书每事列一标题,取材不局限于《宋史》,记叙也不局限于政治和军事事件,增设了有关典章制度和经济文化方面的篇目,为研究和通晓宋史的入门书。

《元史纪事本末》保持了《宋史纪事本末》的编写风格,留心经济文化方面的资料,尤其对元代推步之法、科举学校及漕运、河渠诸事记载颇详。

辽史纪事本末　金史纪事本末

[清]李有棠撰
1994 年 12 月 1 版 1 次
精装 25.60 元
16 开　340 页

《辽史纪事本末》与《金史纪事本末》每卷述一专题,分正文和考异两部分。纪事本末正文主要取材于正史,考异分量占全书一半以上,博采杂史、笔记、地方志等数百种,其中某些考证能纠正正史记载的错误。卷首编有《帝系考》和《纪年表》,卷末收录《引书目录》。

明史纪事本末

[清]谷应泰撰
1994 年 12 月 1 版 1 次
精装 29.00 元
16 开　408 页

《明史纪事本末》的编成要比《明史》早 80 多年,可与官修《明史》相互考证,对明史研究颇有参考价值。

通志略

[宋]郑樵撰
1990 年 10 月 1 版 1 次
精装 18.20 元

大 32 开　424 页

　　本书是典志体通史名著。分门别类地叙述了上古至五代,包括天文、地理、文学、姓氏、礼法、器物、典籍、艺术及政治、经济、军事、法律等方面的制度和沿革。向以"包举天地人事,贯通古今"的恢弘规模及文化史的性质,为学者所重。现分段断句,且编有详目。

宋朝事实类苑（全二册）

[宋]江少虞撰

1981 年 7 月 1 版 1 次

平装 3.95 元　精装 4.60 元

大 32 开　548 页

　　本书记宋太祖至神宗朝 120 多年间史事,所引著作达 50 多种,其中半数以上现已失传或残缺,赖此书得以保存。此书最早成书于宋绍兴二十三年,由麻沙书坊刻印。日本有木活字翻印本。武进董康于公元 1911 年据日本木活字本刻印。此次即以董刻本为底本,并以明抄本参校纠谬。

三朝北盟会编（全二册）

[宋]徐梦莘撰

1987 年 10 月 1 版 1 次

三朝北盟会编（附索引）（全二册）

2008 年 6 月 2 版 1 次

精装 270.00 元

大 16 开　2084 页

　　《三朝北盟会编》是一部反映北宋末南宋初年宋金交涉史事的历史名著。全书引用诏诰、书疏、奏议、记传、碑志、文集、笔记等官私著述二百余种,以丰富的资料展现了宋代抗金斗争和金人制度风习。清末四川许涵度据抄本刊刻,将四库馆臣删改的情况夹注文间,现据以拼缩影印,并编制《人名索引》、《所见书名篇名索引》、《所见书篇之作者索引》,附于书后。

建炎以来系年要录附索引（全四册）

[宋]李心传撰

1992 年 7 月 1 版 1 次

2008 年 4 月 1 版 2 次

精装 240.00 元

大 32 开　3368 页

　　本书以编年的形式,逐日记述了南宋建炎元年(1127)至绍兴三十二年(1162)高宗一朝 36 年间史事。

该书直接和间接引用的书籍、篇章多达 550 种左右,其中许多书籍、题名记之类资料早已失传,为南宋史尤其是宋金战争史的研究者所必备。书后附有《人名索引》、《所见书篇之作者索引》、《所见书名篇名索引》及《辽金人名异译对照表》等。

精忠录

涂秀虹点校

2014 年 9 月 1 版 1 次

39.00 元

32 开　388 页

　　《精忠录》辑录岳飞事迹史料、历代褒奖封旌、文人赋咏,并配有数十幅反映岳飞生平事迹的图像。是书在明代曾几度增补刊印,还传播至朝鲜,多次翻印。如今国内除安徽省图书馆藏有一部明刻残本《精忠录》外,已无传本,也未有整理本出版。今以日本埼玉大学图书馆藏李朝英宗时期印本为底本,校以安徽省图书馆藏本和相关史籍,为国内首次整理出版,安图藏本亦整理附于书后。

折狱龟鉴译注

[宋]郑克编撰　刘俊文译注点校

1988 年 3 月 1 版 1 次

5.60 元

大 32 开　288 页

　　原书是一本反映历代平反冤狱,惩治奸邪案例故事的书籍。全书共收集自先秦至北宋末决狱故事 280 条、近 400 事,故事性强,各条后附有按语论断。原书由宋代郑克据五代和凝、和父子所著《疑狱集》加以分类增广,现加以译注点校。

宋朝诸臣奏议（全二册）

[宋]赵汝愚编

1999 年 12 月 1 版 1 次

精装 185.00 元

16 开　1876 页

　　本书汇集了北宋时期 241 名臣僚的 1630 篇奏议,成书于南宋理宗时。全书以类编排,分为君道、帝系、天道、百官、儒学、礼乐、赏刑、财赋、兵、方域、边防、总议十二大门,每大门之下再分若干小门。本书包含了大量的有关北宋历史的原始资料,其中有相当一部分为今存典籍中无法找到的。附有索引。

历代名臣奏议（全五册）

[明]黄淮　杨士奇编

1989 年 10 月 1 版 1 次

新版 2012 年 12 月 1 版 1 次

精装 1480.00 元

16 开　4960 页

《历代名臣奏议》三百五十卷，上自商周，下至宋元，是迄今规模最大的奏议彙编。尤其是宋元奏议，对校补现有宋元文史资料颇多裨益。全书分 66 门类，如君德、圣学、郊庙、治道、经国、礼乐、用人、选举、法令等。今以明永乐内府刻本影印，末附按门类编制篇名详目和作者索引。

契丹国志

[宋]叶隆礼撰　贾敬颜　林荣贵点校

1985 年 10 月 1 版 1 次

1.40 元

32 开　164 页

《契丹国志》是一部记载辽代 218 年历史的纪传体史籍，其成书时间比元代官修《辽史》约早百年。本书以清代黄丕烈题跋的元刻本（即现存最早版本）为底本，校以明刻本、承恩堂本和席世臣本，并逐条考索史源。

蒙古纪事本末

（大连民族学院民族研究文库）

[清]韩善徵撰　黑龙　李宝文点校

2012 年 9 月 1 版 1 次

32.00 元

32 开　348 页

《蒙古纪事本末》是一部纪事本末体的蒙古史重要古籍，光绪三十一年（1905）上海春记石印本流传不广，国内仅有孤本藏于中国科学院图书馆。该书分为《前蒙古纪事本末》二卷和《后蒙古纪事本末》二卷，前者记述了从公元八世纪蒙古起源到元朝至元八年五百余年的历史，后者则记述了从明洪武元年元朝灭亡至清朝统一蒙古各部四百余年的历史。本书以《四库未收书辑刊》收录本为底本，进行点校，并勘订修复错别字和模糊不清的文字。

大中国志

[葡]曾德昭著　何高济译　李申校

1998 年 12 月 1 版 1 次

15.80 元

大 32 开　316 页

本书作者系葡萄牙人，明代万历年间来到中国传教，1658 年死于中国，在中国生活了 40 多年。本书上半部记述中国社会情况，下半部记述耶稣会士在华传教事迹。作为一个参与者，作者的记载，尤其关于他亲历的"南京教案"的描述，成为珍贵的第一手历史资料。本书最初于 1643 年以意大利文在欧洲刊行，以后曾译成多种文字出版，对于中国文化之传入欧洲起到了重要作用。本译本系以英文本为底本，同时参照了意大利文本和最新的葡萄牙文本。书前附有图片和当时中国的地图。

国史唯疑

[明]黄景昉著　陈士楷　熊德基点校

2002 年 6 月 1 版 1 次

25.00 元

大 32 开　206 页

本书是一部流传不广的珍贵明代史料，著者黄景昉为明末户部尚书、文渊阁大学士。他凭借自己的所见所闻和博学多才对当时国史和实录中的不实和偏颇之处进行纠正和补充，按朝代顺序，依次评点自洪武至天启年间史实。三百多年来，该书一直未见刊行，只有抄本问世。现以最早的抄本为底本点校整理。

费宏集

[明]费宏撰　吴长庚　费正忠校点

2007 年 12 月 1 版 1 次

78.00 元

大 32 开　852 页

本书以南京图书馆藏嘉靖三十四年（1555）吴遵刻本为底本，以台湾文海出版社 1970 年沈云龙选辑《明人文集丛刊》本为校本，并参校明代徐阶等选录的《费文宪公文集选要》七卷本以及《明史》、《明实录》、《铅山县志》、《鹅湖横林费氏宗谱》等。

永历实录　所知录

[清]王夫之　钱秉镫等撰

余行迈　吴奈夫　何荣昌点校

1987 年 10 月 1 版 1 次

4.25 元

32 开　198 页

本书包括明清之际王夫之的《永历实录》、钱秉镫的《所知录》,又附录瞿昌文的《粤行纪事》以及瞿玄锡的《始安事略》,叙述明清之际南明桂王政权在广西、广东、湖南一带抗击南下清军的历史。

清代碑传全集(附姓名字号室名索引)(全二册)

[清]钱仪吉等著

1987 年 12 月 1 版 1 次

精装 58.00 元

16 开　1108 页

本书系据钱仪吉《碑传集》、缪荃孙《续碑传集》、闵尔昌《碑传集补》和汪兆镛《碑传集三编》编纂而成,共收清代各类人物 5500 余人,按时代先后分类编排,总字数达六百余万。本书取材于传记、碑记、谱牒、图录、文集、方志等资料四百余种,收罗详尽,许多资料今已难求,弥足珍贵。同一人物有传有碑有行状等,具有较高的史学、文学价值。本书实为清代人物传记的总汇,也可称为清代传记文学的荟萃。书末附有全书传主姓名字号室名索引。

绥寇纪略

[清]吴伟业撰　李学颖点校

1992 年 8 月 1 版 1 次

6.30 元

32 开　264 页

本书是记载明末农民战争的重要私家史乘。对明王朝分崩离析的过程,亦有翔实的记载。清代修《明史》,于明末有关纪传,不少取材于《纪略》。现以清嘉庆己巳照旷阁刊本为底本,校以多种史籍。

平寇志

[清]彭孙贻辑　陈协琹 刘益安点校

1984 年 7 月 1 版 1 次

0.87 元

32 开　148 页

《平寇志》一书系据当时邸报辑成,编年记录了明末农民起义的产生、发展和推翻明王朝、抗御清兵直至被镇压的过程,资料丰富详备,多为他书所未载。按语为作者评论和注释。

太平天国史料丛编简辑(全六册)

太平天国历史博物馆编

(一) 1961 年 12 月 1 版 1 次

(二) 1962 年 4 月 1 版 1 次

(三) 1962 年 10 月 1 版 1 次

(四) 1963 年 3 月 1 版 1 次

(五) 1962 年 12 月 1 版 1 次

(六) 1963 年 3 月 1 版 1 次

11.40 元

大 32 开　2903 页

本书从《太平天国史料丛编》中抽取最重要的一部分资料编辑而成,共收入时人关于太平天国的专著、记事、时文 46 部,文书 12 篇,诗歌 19 种,共 140 万字。所收均为珍贵的稿本、钞本、孤本,具有极高的史料价值。

太平天国史料专辑(《中华文史论丛》增刊)

董蔡时等主编

1979 年 10 月 1 版 1 次

1.80 元

大 32 开　290 页

本辑史料价值颇高。其中收集了《避难纪略》、《勾吴癸甲录》、《钱农部请师本末》、《柳兆薰日记》、《彭玉麟曾国荃等致金国琛书札》等 14 种。

太平天国革命亲历记(全二册)

[英]呤唎著　王维周译

1961 年 12 月 1 版 1 次

新版 1985 年 3 月 1 版 1 次

3.80 元

32 开　398 页

本书是投身太平天国革命的英国人呤唎对太平天国历史和本人亲身经历的叙述。书中援引了丰富的资料,并对太平军各方面的实况提供了有价值的第一手资料。

太平天国初期纪事

[法]加勒利 伊凡原著

徐健竹译　[英]约·鄂克森佛译补

1982 年 7 月 1 版 1 次

0.60 元

32 开　100 页

本书原由两个当时驻华使馆的法国官员根据亲身所见所闻著成,1853 年在巴黎出版。同年经英人译成英文在伦敦出版。中文译本据英文版翻译。主要叙述太平天国兴起至攻克南京时的一些情况,对当时海南岛和台湾等地起义的情况也有描述。

戈登在中国

[英]伯纳特·M·艾伦著　孙梁编译

1995 年 3 月 1 版 1 次

10.20 元

32 开　156 页

"洋枪队"曾因参与镇压太平天国运动而名噪一时,它的最后一任指挥官、英国人戈登,也曾显赫当时。本书叙述了戈登在中国的所作所为。其中详尽地描述太平天国最后时期的过程,对研究和了解中国近代史、太平天国运动有一定参考价值。

洪宪纪事诗三种

刘成禺 张伯驹编著

1983 年 10 月 1 版 1 次

1.05 元

32 开　172 页

本书包含三个内容:刘成禺《洪宪纪事诗》207 首;刘成禺《洪宪纪事诗本事簿注》98 首;张伯驹《续洪宪纪事诗补注》103 首。袁世凯洪宪帝制这件史实,刘氏曾目击身历,他用诗歌形式,并加详引博征的注文,对洪宪帝制的前因后果、宫闱朝制、谋臣策士以及袁氏家庭等等,无不加以描述。不但诗作优美,而且保存了许多珍异秘闻为后人所极难获悉者。故本书可以作为诗歌来欣赏,也可作为随笔掌故来阅读,更可作为近代史资料来研究参考。

晚清经济史事编年

上海社会科学院经济研究所编　李允俊主编

2000 年 5 月 1 版 1 次

精装 78.00 元

大 32 开　1276 页

本书逐日记述晚清经济事件,起自 1840 年,迄至 1911 年,大多从《清实录》、《矿务档》、《海防档》等第一手史料中辑出,征引资料近二百种之多。书后附有主要专题索引、主要外国人译名、外商企业译名对照表及主要引用书目。

西藏奏议　川藏奏底

吴彦勤校注

2012 年 4 月 1 版 1 次

28.00 元

32 开　176 页

《西藏奏议》主要内容为自光绪二年(1876)正月到光绪三十四年正月布鲁克巴部落首领、清朝驻藏大臣、驻藏粮员以及清中央政府之间的往来文书;《川藏奏底》则完整收录了光绪二十九年至光绪三十二年驻藏大臣有泰有关藏务的所有奏折。此次出版为标点排印整理本。

崔东壁遗书(全二册)

[清]崔述著　顾颉刚编订

1983 年 6 月 1 版 1 次

新版 2013 年 11 月 1 版 1 次

新版 2014 年 8 月 1 版 2 次

精装 288.00 元

16 开　1292 页

崔述所著《崔东壁遗书》三十余种,以《考信录》最著名。敢于疑古,时出新解,运用司马迁"考信于六艺"的方法,以经书里的记载来驳斥诸子百家里的神话和传说。顾颉刚为之编订遗著,并撰写长序,从辨伪学史的角度对崔述的学术成就加以考量。顾颉刚先生编订本1983 年在我社出版,此次重版增加王煦华先生《重印琐记》及其所辑录的顾颉刚先生对初版长序和细目所作的增订。

訄书

章炳麟著

1958 年 3 月 1 版 1 次

0.60 元

大 32 开　188 页

《訄书》系国学大师章炳麟先生的代表作。书中系统地考察了中国古代各种学说,还探讨了当时中国的现实问题及社会改造方案。

訄书原刻手写底本

章炳麟撰

1985 年 8 月 1 版 1 次

线装 12.00 元

6 开　120 页

《訄书》是章太炎早期名著,以深厚的学术素养,接受西方资产阶级民主主义的观点,用来批判封建主义的旧思想、旧文化、旧制度。此书在当时曾引起很大反响。《訄书》版本很多。本书是现存最早的手写稿本,为太炎先生弟子、版本目录专家潘景郑先生珍藏。

訄书详注

章炳麟著　徐复注
2000 年 12 月 1 版 1 次
2008 年 6 月 1 版 2 次
精装 88.00 元
大 32 开　1024 页

《訄书》系国学大师章太炎研究中国传统文化与近代中国各种问题的系统总结之作,堪称一部汇集章氏著述精华的名著。由于此书文笔深奥,能读懂者屈指可数。徐复先生亲炙章氏之门,20 世纪 70 年代即开始攻读《訄书》,以后 20 多年中从未间断为《訄书》作注的工作。

文史通义新编

[清]章学诚著　仓修良编
1993 年 8 月 1 版 1 次
精装 19.10 元
大 32 开　478 页

《文史通义》是清代史学家章学诚的代表作,对文、史、哲方面的许多问题有非常深刻的见解。编者在流行版本的基础上,新增补了 85 篇章学诚的文章,使《文史通义》首次以比较完整的面目出现在读者面前。

青铜自考

[清]俞益谟著　田富军　杨学娟点校
2012 年 11 月 1 版 1 次
精装 78.00 元
32 开　546 页

本书共十二卷,其中卷一至卷三为"题奏条议",卷四为"咨呈移会",卷五为"檄行文告",卷六至卷七为"启集",卷八为"尺牍统集",卷九为"尺牍",卷十为"传记引集",卷十一为"序祝祭文集",卷十二为"诗词对联"。此次校勘以北京大学图书馆藏康熙四十六年(1707)徐庆堂刻本为底本,以北京大学图书馆藏康熙年间抄本参校,参考台北傅斯年图书馆藏清抄本、《办苗纪略》、(康熙)《朔方广武志》、(乾隆)《宁夏府志》、(乾隆)《中卫县志》、(道光)《续修中卫县志》等文献完成。

《愙斋集古图》笺注

周亚编著

16 开　130 页
2012 年 3 月 1 版 1 次
经折装 150.00 元

《愙斋集古图》是上海博物馆现藏的一幅长卷绘画,它通过绘画、墨拓的形式集中展现了吴大澂当年收藏的金石文物。图中数件青铜器形及铭文从未见于历代著录,另外 102 件器物中有 53 件器形从未曾刊布。周亚先生对《愙斋集古图》中的题释文字标点句读,并对其中的部分内容进行了注释。

革命军

邹容著
1958 年 10 月 1 版 1 次
0.22 元
32 开　44 页

本书是 20 世纪初中国资产阶级革命派宣传革命思想的作品。全书共 7 章,2 万余字,用大量的事实揭露了清朝统治的黑暗,树立起民族革命的旗帜,对当时革命形势的发展起了极大的推动作用。

刘师培史学论著选集

刘师培著　邬国义　吴修艺编校
2006 年 12 月 1 版 1 次
66.00 元
大 32 开　752 页

本书共选编了刘师培的史学论著 67 篇,基本上反映了刘师培的史学研究成果。刘师培以西方进化论为思想武器,并与中国的经学、小学相结合,形成了自己的史学特点。此外,刘师培于《左传》研究,也颇有心得。

回族文献丛刊(全八册)

北方民族大学编
2008 年 8 月 1 版 1 次
精装 580.00 元
大 32 开　3600 页

本丛刊为回族史研究的重要资料,收录五代、宋、元、明、清及民国 29 位作者 38 种回族文献,内容涉及伊斯兰教义、诗文、科技和谱牒等。其中多刻本、稿本,有的为孤本,史料价值很高。其中《清真教考群书汇辑》,犹如回族文献艺文志;元迺贤《河朔访古记》则是历史考古资料,探明历史遗迹;《回回原来》、《西来宗谱》则概述伊斯兰教在中国的传播简史等。

赖世德史

米尔咱·海答儿著　　王治来译

2013 年 4 月 1 版 1 次

68.00 元

32 开　628 页

　　此书第一部分概述从秃黑鲁·帖木儿·汗信奉伊斯兰教,到赖世德·汗这二百年间(即从十四世纪中期到十六世纪中期)蒙兀儿诸汗和蒙兀儿人的历史,第二部分实际上是作者个人的回忆录,记述从羽奴思汗到回历 948(公元 1541)年间作者的经历和同时期中亚、南亚的历史事件。

档案　史料

上海档案史料丛编

清代上海房地契档案汇编

上海市档案馆编

1999 年 10 月 1 版 1 次

精装 32.00 元

大 32 开　316 页

　　本书包括 1778—1914 年上海地区房地产交易契约 269 件,以一宗房地产为一组,组内各契大体按卖契、加契、绝契、叹契,还有房装修契、预支升高起造契、上首契、交换产权契等顺序排列,从中可看到上海地区在这一时期内房地产交易的系统的演变情况,反映了清代至民初上海地区的社会、经济动态。

旧上海的证券交易所

上海市档案馆编

1992 年 12 月 1 版 1 次

精装 8.30 元

大 32 开　184 页

　　在旧上海,最早由国人创设的证券交易所出现于 1882 年。本书收集了"上海证券物品交易所"及"上海证券交易所"的有关资料,其中既有"上海证券物品交易所"的巨头们为应付交易所法修订事而多方设法"走后门"的往来函电,亦有蒋介石、戴季陶等人合资从事经纪人活动的契约,许多材料都是首次披露,弥足珍贵。

上海道契(全三十册)

蔡育天主编

2005 年 1 月 1 版 1 次

精装 80000.00 元

大 8 开　11000 页

　　《上海道契》是一部历史档案资料集。道契是 1847 年至 1930 年间,上海、天津等通商口岸城市,中国地方政府签发给外国租地人的地契。上海的道契由于它最初只有经过上海道台钤印签发才能生效,因此,历史上称之为"上海道契"。本书收集的是 1847—1911 年间由江海关监督上海道台以及北洋政府时期特派江苏通商交涉使、沪海道尹等,中央派驻上海的特任官员签发给在沪租地的外侨的土地契证。辑集了英、美、法、德、日、意、比、荷、葡等 20 个册籍及部分华册道契,并收录相关附件。这些历史档案,对上海乃至中国经济史、城市史、社会史研究提供十分丰富的史料来源。

其　他

清乾隆十全武功档案暨方略汇辑(全十三册)

[清]方略馆编

2010 年 8 月 1 版 1 次

精装 4500.00 元

16　6776 页

　　本书根据台北"故宫博物院"珍藏的清乾隆十全武功档案编汇影印出版。乾隆的十全武功包括两平大小金川、两平准噶尔、平台湾等十次大规模战争。此次出版为与此十次战争相关的档案资料,版本珍贵罕见,具有极高的史料价值。

工部局董事会会议录(全二十八册)

上海市档案馆编

2001 年 11 月 1 版 1 次

精装 13000.00 元

大 16 开　19968 页

　　上海公共租界工部局董事会是公共租界的最高决策与管理机构,成立于 1854 年 7 月,至 1943 年租界移交时寿终正寝,存在了将近 90 年。在此期间,董事会从最初每月一次到后来每周一次的例会,都有会议记录。从中可以看到历届董事会对上海公共租界内有关政治、经济、军事、市政、文教、宗教等事务讨论和决策的全过程。上海市档案馆将保存在馆内的完整的会议记录英文原文全部译成中文出版,每册前为英文原件。

上海总商会组织史资料汇编(全二册)

上海市工商业联合会　复旦大学历史系编

2004 年 12 月 1 版 1 次

精装 248.00 元

大 16 开 1100 页

　　1912 年 2 月成立的上海总商会，是近代上海民族工商业者组建的新型工商团体。本书取材于上海市工商业联合会档案史料室收藏的上海地区工商社团史料，极为完备地提供了其整个组织发展沿革情况。

上海总商会议事录（全五册）

上海市工商业联合会编

2006 年 10 月 1 版 1 次

精装 1680.00 元

大 16 开 2920 页

　　上海总商会成立于 1912 年 2 月，是近代上海民族工商业者组建的新型工商团体。其前身，可以追溯到 1902 年组建的上海商业会议公所，这是中国近代以来第一个民间商人社团。本书为 1912 年至 1928 年上海总商会会议记录及办事报告的汇编，原件由上海市工商业联合会档案史料室收藏。

上海总商会历史图录

上海市工商业联合会编

2011 年 12 月 1 版 1 次

精装 158.00 元

16 开 228 页

　　本书以上海总商会的历史图片资料来反映近代民族工商业者在组建社团、实业自治、关怀社会、壮大经济等方面的奋斗历程。它与此前本社出版的《上海总商会组织史料汇编》、《上海总商会议事录》一起，为研究中国近代工商业史、社团史和上海史提供了第一手资料。

香山明清档案辑录

中山市档案局 中国第一历史档案馆编

2006 年 6 月 1 版 1 次

精装 228.00 元

16 开 1228 页

　　广东香山县（今中山市）是中国民主革命伟大先驱孙中山先生的故乡，明清以来在政治、经济等诸方面具有重要的地位。本书对现存的中山（香山）明清档案进行整理标点，根据内容将全部档案分为政务、军务、政法、外事、宗教、财贸、农务、文教八大类，附精美彩色图片 20 幅。

圆明园（全二册）

中国第一历史档案馆编

1991 年 8 月 1 版 1 次

26.90 元

32 开 918 页

　　本书包括了有关圆明园的建造、扩建、景致分布及景名沿革、管理及管理人员设置，以及最后被英、法侵略军焚毁的丰富的第一手资料，这对于圆明园的研究，以及对清史、近代史、中国古代园林史和建筑史、北京地方史等研究，都提供丰富的史料。

上海文史资料存稿汇编（全十二册）

陶人观主编

2001 年 12 月 1 版 1 次

平装 420.00 元　　精装 500.00 元

大 32 开 5500 页

　　本丛书收入的文史资料都是政协委员及各方面人士亲见亲闻的历史记录，从各个层次、各个角度反映了旧上海政治、经济、军事、市政、工商、教育、科技、出版、社会、法制等多方面的真实情况。

上海地方志物产资料汇辑

上海文物保管委员会编

1961 年 3 月 1 版 1 次

1.60 元

大 32 开 365 页

　　本书将上海下辖 11 县的 20 余种新旧地方志中有关物产的部分，加以整理，汇辑成书。除了记录物产资源外，还保存了关于作物种植和产品加工的一些资料。

中国载籍中南亚史料汇编

北京大学南亚研究所编

1994 年 6 月 1 版 1 次

29.70 元

大 32 开 620 页

　　南亚是指亚洲南部今印度、巴基斯坦、孟加拉、尼泊尔、斯里兰卡、马尔代夫、不丹等国家。本书从中国历史、文学、佛藏乃至各种笔记等文献中将有关资料予以汇编。起汉朝迄清朝，所收资料在其本国久已失传，是研究南亚地区政治、历史、文化、宗教及中国与这一地区文化交流的必备之书。

辛亥黄花岗起义

广州博物馆　黄花岗起义指挥部旧址纪念馆编

2006 年 3 月 1 版 1 次

80.00 元

16 开　200 页

　　1911 年在广州发生的"三·二九"黄花岗起义揭开了中国"辛亥革命"的序幕。不到半年,武昌起义胜利,推翻了中国二千多年来的封建帝制。本书选取广州博物馆和黄花岗起义指挥部旧址纪念馆所收集的大量珍贵文物,用丰富翔实的文字图片资料,真实地再现了这一光辉壮举的经过及其深远影响。

荣德生和他的事业（史料图片集）

陈文源　胡申生主编

2006 年 5 月 1 版 1 次

130.00 元

16 开　176 页

　　荣德生是近代中国著名爱国实业家。荣氏家族被毛泽东称为"中国民族资本家的首户"。本图册分为五章:(1)发展民族工业;(2)创办文教事业;(3)致力地方建设;(4)奉献真知灼见;(5)后辈再创辉煌。全书形象地反映了荣氏企业创建发展的历史进程和历史功绩。

年谱　传记

于北山年谱著作三种

陆游年谱

于北山著

1961 年 12 月 1 版 1 次

增订本 1986 年 1 月 1 版 1 次

新版 2006 年 6 月 1 版 1 次

49.00 元

大 32 开　676 页

　　陆游年谱之作,前有清钱大昕《陆放翁先生年谱》和赵翼的《陆放翁年谱》,钱谱规模过小,赵谱事迹过略。本书在前人基础上,广泛查阅相关资料,特别是内证方面,作者用功颇深,按时事、谱文、附录体例编排。修订本增补材料近十万字,附参考书目及人名索引。

范成大年谱

于北山著

1987 年 11 月 1 版 1 次

新版 2006 年 6 月 1 版 1 次

38.00 元

大 32 开　492 页

　　范成大是南宋著名诗人,本书按时事、谱文、附录体例撰写本书对谱主生平、交游、仕宦、创作、思想演变等详加考订。谱文部分重点叙述谱主的爱国思想、政治作为以及仕履和诗文创作情况,兼及交游。

杨万里年谱

于北山著　于蕴生整理

2006 年 9 月 1 版 1 次

68.00 元

大 32 开　896 页

　　本书首列时事、次谱文,次注文,凡编者有引用、说明、补充、订正之处,皆以按语详加说明,系杨万里第一部详谱。

其他年谱

张华年谱

姜亮夫著

1957 年 8 月 1 版 1 次

0.26 元

32 开　85 页

　　张华是晋代初年以博学闻名的文学家,也是位居政要而又竭力提携后进的热心人,开辟了建安以后的新兴文风。本书详细记载了他一生的事迹。

陆平原年谱

姜亮夫著

1957 年 7 月 1 版 1 次

0.38 元

32 开　129 页

　　陆机是三国时吴晋之间的重要文学批评家。本书将他一生重要的事迹、时代背景、创作情况详为考订。

鲍照年谱

丁福林撰

2004 年 10 月 1 版 1 次

18.00 元

大 32 开　168 页

鲍照是六朝时著名的文学家,年谱除了对鲍照生平事迹作出较为详细的考实以外,还记述了他生活时代的重大历史事件及与鲍照有交往的文人学士活动情况,尽可能地勾勒出鲍照一生的全貌与其生活时代环境。

玄奘年谱

杨廷福著

2011 年 12 月 1 版 1 次

35.00 元

大 32 开　320 页

本书是有关唐僧玄奘生平事迹的代表性著作,按年代编列,首记玄奘生平,征引资料以唐人著作为主;次叙当年有关人物及佛教大事,评述佛教在中国的传播发展及玄奘的佛学思想。

高适年谱

周勋初著

1980 年 9 月 1 版 1 次

0.40 元

32 开　66 页

高适是唐代开元、天宝年间的重要诗人,以边塞诗著名,和岑参并称为"高岑"。晚年位居显要。本书对其一生的事迹和诗文创作,作了考订编排。

元次山年谱

孙望著

1957 年 2 月 1 版 1 次

0.36 元

32 开　126 页

本书将唐代诗人、散文家元结一生的重要事迹和诗文创作情况进行了详细的考订和叙述。

刘禹锡年谱

卞孝萱著

1963 年 11 月 1 版 1 次

1.00 元

32 开　243 页

刘禹锡是唐代杰出的文学家、思想家。本书对他一生事迹和创作情况作了叙述和考订。

白居易年谱

朱金城著

1982 年 11 月 1 版 1 次

1.05 元

32 开　172 页

白居易是我国唐代大诗人。这部年谱详细记载了他的生平,作品写作的年代,他的交游以及有关的史实。

元稹年谱新编

周相录撰

2004 年 10 月 1 版 1 次

28.00 元

大 32 开　314 页

元稹是与白居易齐名的中唐重要诗人。本书在体例与观点上多有创新发明。

玉谿生年谱会笺(外一种)

张采田著

1963 年 8 月 1 版 1 次

新版 1984 年 12 月 1 版 1 次

2010 年 2 月 2 版 1 次

45.00 元

大 32 开　548 页

李商隐年谱晚近流传的有三家:一是朱鹤龄的李义山诗谱,一是冯浩的玉谿生年谱,另一就是这本张采田的玉谿生年谱会笺。三家之中,朱氏是草创,于商隐生平出处,漏略很多。冯谱则钩沉索隐,号称精确;但晚出的樊南文集补编,却不及见,所以仍有不少舛误的地方。张笺是在冯谱的基础上删繁补缺,重行编定的。于前此各家的误笺,纠正颇多;也有不少创获,在上述各谱中,是较为精审的一本,可为研究李义山生平、作品的重要参考。

罗隐年谱

李定广撰

2012 年 12 月 1 版 1 次

32.00 元

大 32 开　276 页

本书搜集罗隐相关史料遗事,结合其诗文创作,界定其生平行事的时限及地点,勾勒出罗隐命运坎坷的一生,是从事罗隐及晚唐五代文学相关研究颇有参考价值的学术资料。

令狐楚年谱　令狐绹年谱

尹楚兵著

2008 年 8 月 1 版 1 次

38.00 元

大 32 开　412 页

　　令狐楚、令狐绹父子在唐代政治和文学方面都是具有很大影响的人物。令狐楚是中唐重要的政治人物，与当时许多重大的政治事件有着密切的联系，而且又是著名的骈文家和诗人；令狐绹则是牛党后期的领袖人物，父子俩与当时文坛名家都交游甚密。本书广征旁搜史料，对令狐楚、令狐绹父子的家世、籍贯、仕宦、交游、政治活动、文学创作（包括诗文编年和辨伪）、生平著述等作了详尽的考证和辨析，可以说是迄今为止对令狐楚父子最为全面深入的研究，填补了学术界的一个空白点。

宋人所撰三苏年谱汇刊

王水照编

1989 年 11 月 1 版 1 次

精装 22.00 元

32 开　286 页

　　宋代著名文学家苏轼，与其父苏洵、弟苏辙，世称"三苏"，宋人所撰"三苏"年谱，因时代相近，可靠性较强，是研究"三苏"事迹的珍贵资料。王水照先生从海内外陆续发现和搜集了传世仅存的宋人编撰"三苏"年谱五种，并辑佚订补二种，汇成专集。

杨亿年谱

李一飞著

2002 年 8 月 1 版 1 次

18.00 元

大 32 开　128 页

　　宋代文学能复贞元、元和之风实自杨亿始。本谱除叙杨亿一生大事外，兼及当时政治、文坛大事。引书近200 种，既是杨亿谱传，又是宋前期文学资料萃编。

王荆公年谱考略

[清] 蔡上翔著

1959 年 4 月 1 版 1 次

1.80 元

大 32 开　470 页

　　本书是清人蔡上翔为北宋政治家王安石的辩诬之作。以年谱的形式，排比史料，详加考订，特别是注意挖掘和采录为王安石洗冤的材料，对于研究以王安石为中心的北宋政治改革，具有很高的参考价值。

辛稼轩年谱

邓广铭著

1957 年 7 月 1 版 1 次

增订本 1997 年 5 月 1 版 1 次

12.00 元

大 32 开　204 页

　　宋史专家邓广铭先生搜罗爬抉，于 1939 年撰成《辛稼轩年谱》，奠树了辛弃疾研究的丰碑。半个多世纪来，邓先生不断积累研究心得，终成此最新的修订本。全书搜集丰富的史料，考证出辛弃疾的一生行谊。

舒岳祥年谱

邱鸣皋编著

2012 年 10 月 1 版 1 次

26.00 元

32 开　224 页

　　本书在充分掌握相关文献的基础上，通过文史互证的方法，系统梳理了舒岳祥的生平、学术活动及文学活动，并评判了其诗文的思想意义和文学价值。

洪迈年谱

凌郁之著

2006 年 12 月 1 版 1 次

45.00 元

大 32 开　572 页

　　洪迈是南宋前期政坛和文坛上非常重要的人物。一生著述丰富，在文学、史学和文献学方面有重要成就。本谱六卷，大抵将谱主生平出处分为六个时期，后附未编年史料和《宋史》本传。每年之末附当时之政治事件、学术动态及与谱主相关之人事，俾相参照，关键处多有考证。

唐宋词人年谱

夏承焘著

1955 年 11 月 1 版 1 次

新版 1979 年 5 月 1 版 1 次

1.75 元

大 32 开　268 页

　　本书系唐宋词人韦庄、冯延巳、李璟、李煜、张先、晏

殊、晏幾道、贺铸、周密、温庭筠、姜夔、吴文英等人的
年谱。

张璁年谱

张宪文等撰

1999 年 6 月 1 版 1 次

18.00 元

大 32 开　240 页

张璁为明嘉靖年间大学士,世称张阁老。本书作者
以详尽的资料,仔细的辨析,对张璁其人其事力图作出
全面的评价。

汤显祖年谱

徐朔方著

1958 年 11 月 1 版 1 次

修订本 1980 年 5 月 1 版 1 次

0.85 元

32 开　138 页

汤显祖是明代著名的戏曲作家,本书就汤显祖的家
世、生平、创作(包括诗文)、交游按年编次排比,考订翔
实,论证有据。

杨慎学谱

王文才著

1988 年 11 月 1 版 1 次

7.70 元

32 开　330 页

杨慎是明代著名文学家。本书内容有纪年录(年
谱)、著述录、评论录(汇辑明清世人对杨氏评述),另有
谱主遗事、遗墨、遗像、交游诗钞诸别录。

湛若水年谱

黎业明撰

2009 年 7 月 1 版 1 次

39.00 元

大 32 开　420 页

湛若水是明代中后期著名的儒者,其“随处体认天
理”之学与王阳明的“致良知”齐名,并称王湛之学,在思
想史和哲学史上都占有相当重要的地位。本书以湛若
水长达 95 年的一生为主线,一方面系统梳理了湛氏思
想的形成和发展,全面记录和整理了谱主相关重要资
料。另一方面借湛氏的交游展现了当时思想界的全幅

图景。对于一般读者来说,也是一部可读性较强的思想
史读物。

洪昇年谱

章培恒著

1979 年 2 月 1 版 1 次

1.40 元

32 开　224 页

洪昇是清代康熙年间的重要戏曲作家,其代表作
《长生殿》曾轰动一时。本书对洪昇家世、生平、交游、思
想及创作加以排比、论述和考订。引用资料甚富,论证
周详有据,且有不少创见。

袁枚年谱新编

(上海市学术著作出版基金)

郑幸著

2011 年 10 月 1 版 1 次

98.00 元

大 32 开　608 页

本书搜辑大量前人未曾利用过的袁枚佚作、交游材
料,全谱涉及清代人物一千余人,不仅较全面地反映了
袁枚个人的社交活动,也为整个清代中叶的文学研究提
供了丰富的文献材料。

屠绅年谱

沈燮元编

1958 年 4 月 1 版 1 次

0.20 元

32 开　58 页

屠绅是清代乾、嘉年间的通俗文学家,其所著的《蟫
史》在古典小说中有一定的地位。本书作者广泛参考
乾、嘉时代的文献史料,钩稽出屠氏一生的经历,又收辑
散见各处的屠氏诗文附录于后,便于读者参考。

陈维崧年谱

马祖熙编著

2007 年 12 月 1 版 1 次

20.00 元

大 32 开　192 页

陈维崧(1625—1682),字其年,江苏宜兴人。其祖
父于廷,是东林党中坚人物,其父贞慧,为晚明四公子之
一。维崧中年饱经离乱,晚年应试博学鸿词,授检讨,修

《明史》。诗文多故国之思、丧乱之痛、抑郁穷困之愁。陈维崧之词风近苏辛,沉郁豪放,气魄壮大,成就尤高,与朱彝尊、纳兰性德等开清代词学中兴之局面。本书对陈维崧之历年行迹、科举事功、生平交游等都作了详细考述,有重要的文史资料价值。

钱载年谱(钱载研究·生平卷)

潘中华著　杨崇和 范景中主编

2014 年 12 月 1 版 1 次

精装 138.00 元

16 开　496 页

　　钱载号称诗书画"三绝",是乾隆年间著名的诗人、画家,又长期担任清政府中枢文化官员,对其所在及之后的时代有显著影响。本书是迄今唯一最完整的钱载年谱,旨在全面展现钱载个人经历,并关注他与时人、时风、时事的接触,凡交游往来之人,均列小传交代生平。书中还提供了大量钱载的书画作品插图,更有助于读者了解其艺术成就,获得美的享受。

况周颐先生年谱

郑炜明著

2009 年 5 月 1 版 1 次

36.00 元

大 32 开　376 页

　　况周颐(1859—1926)是清季入民国期间最著名的词人、词学家之一,别号玉梅词人,玉梅词隐,晚号蕙风词隐。这部年谱搜罗丰富资料,进行严密考据,纠正及补充前人所论惠风生平错漏之处甚夥;一据一按之间,可谓珠玉纷陈,而体例则简明扼要,甚为可取。全书引用之资料,丰富翔实;其考证推论,缜密细微,是词学研究领域的力作。

穆藕初先生年谱(1876—1943)

穆家修 柳和城 穆伟杰编著

2006 年 5 月 1 版 1 次

精装 88.00 元

大 32 开　784 页

　　穆藕初是现代历史上著名的实业家。他不仅创办德大纱厂、厚丰纱厂、豫丰纱厂、中华劝工银行,主持华商纱布交易所等,并曾在工部局、上海总商会以及国民政府中担任要职。本谱忠实地记录了谱主的生平、交游及事迹,按年编排。由于谱主涉及的领域较多,因而本谱也从一个侧面反映了处在 20 世纪初年的中国商人们所共同面临的一些遭遇与困境。

吕思勉先生年谱长编(全二册)

李永圻 张耕华编撰

2012 年 12 月 1 版 1 次

168.00 元

16 开　1252 页

　　编者充分利用日记、书信、著作、论文、时论、诗文、札记、随笔等资料,按照年月编排。对于吕思勉先生的著述,除介绍主要内容、写作经过和学术影响外,还节录部分重要段落或者章节编目,以使读者明白其概要。

施蛰存先生编年事录(全二册)

沈建中编著

2013 年 9 月 1 版 1 次

198.00 元

32 开　1664 页

　　本书是关于现代学者施蛰存(1905—2003)最翔实的个人传记,按年编排,每年内按时间纂辑施先生的主要经历、与施先生有关的社会大事与人物,与施先生没有直接关联的社会大事则列于本年之末。通过本书,不仅可以了解施先生一生的学术经历,还能了解整整一个世纪中国社会的变迁和学术事业的发展脉络,为读者提供了百年中国社会史和文化史的更广阔的内容。

传　记

鸠摩罗什传

龚斌著

2013 年 8 月 1 版 1 次

42.00 元

18 开　324 页

　　本书再现鸠摩罗什传奇人生,以及他的苦难、译经活动、他的佛学对中国佛教的深刻影响,融纪实文学和历史研究于一体,用文学的语言写历史人物和历史场景,重现历史面貌。

法显传校注

章巽校注

1985 年 7 月 1 版 1 次

1.45 元

大 32 开　124 页

《法显传》又名《佛国记》,是东晋高僧法显西游天竺事的自述,是研究佛教史、东西文化交流史、中西交通史、我国西域地区和南亚各国的重要原始资料。本书以国家图书馆所藏思溪圆觉藏本《法显传》为底本,参校其他版本,并首次运用《水经注》中的有关内容进行校勘。

鉴真和尚东渡记

孙蔚民著

1979 年 10 月 1 版 1 次

0.38 元

32 开　54 页

鉴真和尚是中日文化交流和友谊史上的重要人物,他在唐朝天宝年间,东渡六次,到达日本,将发展较高的唐代文化带到日本,给予日本的佛教文化、艺术、医药、建筑的发展以深刻的影响。本书征引史传及佛教典籍,论述了唐代文化和鉴真生平以及他东渡的经过。

唐才子传

[元]辛文房著

1957 年 4 月 1 版 1 次

0.60 元

32 开　224 页

本书是一部唐代诗人的传记,共 278 篇,包括附记共 398 人,不但提供了较为完备的唐代诗人的传记资料,而且讨论了唐代诗歌风格流变;对每个作家的艺术成就作了品评。

安禄山事迹

[唐]姚汝能著　曾贻芬校点

1983 年 11 月 1 版 1 次

0.35 元

32 开　56 页

本书记载了安禄山的生平事迹和安史之乱的始末,间及史思明之事,是研究安史之乱的重要史籍。有关安史之乱的杂史今多已不存,独此书尚为完帙。

秦桧传

韩酉山著

1999 年 9 月 1 版 1 次

16.00 元

大 32 开　280 页

秦桧是一个家喻户晓的大奸贼。本书对秦桧的一生作了详尽的研究,对学术界有争论的问题,作者也都从事实出发,给予实事求是的评价,不少地方有独到的见解。

明代心学开篇者

——陈献章

黄明同著

2013 年 11 月 1 版 1 次

58.00 元

18 开　414 页

陈献章（1428—1500）,字公甫,号石斋,别号白沙子、石翁、江门渔夫等,创立了别具岭南特色的心学——白沙心学,开启了中国文化由宋代理学向明代心学转换的契机,其学影响及于王阳明和王夫之。本书是关于陈献章的思想性的人物传记,突出了陈献章作为明代心学开篇人物的历史地位。

李定国纪年

郭影秋编著

1960 年 5 月 1 版 1 次

1.30 元

大 32 开　315 页

李定国是明末大西军的领袖,南明杰出的抗清英雄。本书以年月为纲,辑入有关李定国的史料,并附有李定国传 13 篇,论 17 则,关于李定国的诗歌 14 首,李定国生平简表一份,是关于李定国的较为完备的资料汇编。

柳敬亭评传

洪式良著

1957 年 9 月 1 版 1 次

0.18 元

32 开　48 页

柳敬亭是明末著名的民间说书艺人。本书分七个部分叙述他的生平事迹,除了介绍其在说书艺术上的突出成就以外,还着重叙述他的爱国活动和其他一些高贵品质。

黄遵宪传

麦若鹏著

1957 年 12 月 1 版 1 次

0.34 元

32 开　112 页

　　黄遵宪是中国近代史上杰出的爱国诗人、资产阶级政治家和卓有建树的外交家、教育家。本书介绍他的一生及诗歌创作成就。

青溪旧屋仪征刘氏五世小记

梅鹤孙著　梅英超整理

2004 年 8 月 1 版 1 次

18.00 元

大 32 开　150 页

　　仪征刘氏系清代著名的学术世家，世居"青溪旧屋"，其中刘文淇、刘毓崧、刘寿曾祖孙三代作为扬州学派的代表人物，精研《左传》；刘师培则作为清末学术界与思想界的重要人物，影响巨大。本书是刘氏后人对前辈事迹的追忆，问世于 60 年代初。此次出版作了订补整理，并附录了从未刊布的刘师培遗文。

李鸿章评传

——中国近代化的起始

[美]刘广京　朱昌峻编　陈绛译校

1995 年 12 月 1 版 1 次

1996 年 3 月 1 版 2 次

23.00 元

大 32 开　424 页

　　本书是海外关于李鸿章研究的最新著作，也是海外学者近 30 年来研究李鸿章的首本专著，全书把李鸿章放在 19 世纪广阔历史背景之下予以观照，对他从政治、外交、军事各方面对中国近代化的推动进行全景式考察，对李鸿章一生作了深刻、独到的剖析。本书英文版1994 年由美国夏普出版公司出版，现由复旦大学陈绛教授精心翻译、校订。

沈葆桢评传

——中国近代化的尝试

[美]庞百腾撰　陈俱译

2000 年 4 月 1 版 1 次

25.10 元

大 32 开　472 页

　　沈葆桢，晚清著名的地方大员，中国第一所现代海军造船厂和海军学校——福州船政局的实际创办者。

本书通过对他的研究，考察晚清官吏中的一部分人，如何在深刻的危机的驱使下，献身于自强事业，并以采用西方技术，来保护国家免受外人的进一步威胁与入侵。本书通过沈葆桢的成功与失败，力图反映儒家学说与现代化之间的复杂关系，还试图回答：为何当时中国在为现代化而奋斗中未能实现其目标。

胡适评传

耿云志编

1999 年 7 月 1 版 1 次

32.60 元

大 32 开　640 页

　　胡适是现代中国最有影响的思想家和学者之一，同时也是争议最多的人物之一，本书正是胡适研究各方面最新、最有代表性成果的反映。同《李鸿章评传》一样，本书采用海外学者常用的集体撰述形式。各撰稿者（包括海外学者）在各自领域中都有精深的专门研究，各自评述胡适生平之某一阶段或思想学术之某一方面。

史　籍　译　注

新世纪古代历史经典读本

《左传》选评

王维堤撰

2005 年 6 月 1 版 1 次

19.00 元

大 32 开　312 页

　　《左传》是我国最早的一部编年史，儒家经典之一。它不仅是历史名著，也是文学名著，对后世有极大影响。本书从中选了最脍炙人口的 35 篇，加以简明的注释，同时，在"题解"中介绍其历史背景，在"讲评"中用今天的眼光对其中的人和事作分析评论。

《战国策》选评

田兆元　孟祥荣撰

2005 年 6 月 1 版 1 次

15.00 元

大 32 开　238 页

　　《战国策》是战国时期策士及其各类人士纵论国事与时势的言论辑录，反映出战国时期特有的社会风貌。本书精选《战国策》中的代表性篇章，加以简要的注释和精当的赏评,展现原著的精华。

《国语》选评

胡果文撰

2004 年 6 月 1 版 1 次

14.00 元

大 32 开　196 页

　　《国语》与《左传》齐名,是我国最早的一部国别史,大量记载了先秦时期政治家的各种活动和言论,透示了古人的政治观、人生观、伦理观等。《国语》又为先秦时期教育贵胄及其子弟的伦理学教科书,故本书按照伦理的框架设计并予以简明的题解、讲评。

《史记》选评

张大可撰

2003 年 12 月 1 版 1 次

2005 年 1 月 1 版 2 次

14.00 元

大 32 开　224 页

　　《史记》是我国第一部纪传体通史。它不仅是一部体大思精的历史著作,而且是一部优秀的文学传记著作。本书精选《史记》中的代表性篇章,以全新的视角进行讲评。还配以提纲挈领的导言和简明扼要的注释。

《汉书》选评

汪受宽撰

2003 年 12 月 1 版 1 次

2005 年 1 月 1 版 2 次

15.00 元

大 32 开　256 页

　　《汉书》是我国古代第一部纪传体断代史,史料价值和文学价值很高,为中国历史上最优秀的史著之一。本书精选《汉书》中的代表性篇章进行讲评,配以提纲挈领的导言和简明扼要的注释。

《后汉书》选评

章义和撰

2003 年 12 月 1 版 1 次

2005 年 1 月 1 版 2 次

16.00 元

大 32 开　260 页

　　《后汉书》为南朝宋范晔综合各家东汉史书之长而撰成,叙事清晰,在体例上较其前史书有所创新,与《史记》、《汉书》、《三国志》一起被称为"前四史"。本书精选其中代表性篇章进行讲评分析,同时配以提纲挈领的导言和简明扼要的注释。

《三国志》选评

庄辉明撰

2005 年 12 月 1 版 1 次

13.50 元

大 32 开　182 页

　　三国是中国历史上颇受关注的时代,其间的许多人物因小说《三国演义》而家喻户晓。本书作者从晋朝人陈寿撰写的《三国志》中精选了人们耳熟能详的 14 个人物的《纪》、《传》,详加注释、评讲,以期还原人物的本来面目。

《资治通鉴》选评

施丁撰

2003 年 12 月 1 版 1 次

2005 年 1 月 1 版 2 次

15.00 元

大 32 开　248 页

　　《资治通鉴》是中国古代著名的编年史著作,本书从中选出反映重大历史事件,具有较高文学和思想价值的篇章 21 篇,加以注解。同时对历史事件和背景加以介绍、讲评。

《水经注》选评

赵永复　赵燕敏撰

2005 年 6 月 1 版 1 次

14.00 元

大 32 开　196 页

　　《水经注》是我国古代一部集北魏以前地理学大成的名著,详细记载了 137 条河流干流及 1252 条支流所经地区的山陵、原隰、城邑、关津的地理情况、建置沿革和有关的历史事件、人物甚至神话传说,在历史、文学等方面都有重要的价值。本书吸取了前人研究成果,并有自己的见解。

《徐霞客游记》选评

黄珅撰

2003 年 12 月 1 版 1 次

18.00 元

大 32 开　308 页

《徐霞客游记》是我国古代一部名著,用日记体裁记述了作者的旅行考察,涉及地貌、水文、地质、植物等,文笔生动旖旎。本书选取其中名篇加以注释,并予以精彩的讲评。

二十五史新编

二十五史新编(全十五册)

李国章　赵昌平主编

1997 年 11 月 1 版 1 次

修订版 2004 年 3 月 1 版 4 次

盒装 258.00 元

大 32 开　5600 页

《二十五史新编》既保持了原书的精华,又汲取了现代史学研究成果,尤其是考古发现新成果。体裁以脱胎于旧史的"纪"、"传"、"世家"的"传记"为主,辅以反映历史梗概的"纪事"、用专史形式表现各朝代政治制度、经济、文化、社会生活面貌的"志"和记载王朝帝系传承的"表",多角度、经纬交织地展现了历史进程。

史记

汪受宽新撰

1997 年 11 月 1 版 1 次

1998 年 4 月 1 版 2 次

17.60 元

大 32 开　382 页

本书上起传说时代的五帝,下迄于秦,保存了司马迁《史记》的精华,又以近百年科学考古发掘的成果充实进去,文字通俗流畅,是一本通俗化的反映祖国早期历史的纪传体通史。

汉书

李孔怀新撰

1997 年 11 月 1 版 1 次

1998 年 4 月 1 版 2 次

17.00 元

大 32 开　332 页

中国的主体民族为什么叫汉族?它起因于西汉皇朝,这段历史,上起刘邦在楚汉相争中取得最后胜利,下

迄王莽篡汉,历时二百余年。它以强盛的帝国、繁荣的经济、灿烂的文化,继往开来,为我们伟大祖国辽阔的疆域、多民族的统一奠定了基础。本书保存了班固《汉书》的精华,充实了新的研究成果。

后汉书

陈勇　庄和新撰

1997 年 11 月 1 版 1 次

1998 年 4 月 1 版 2 次

14.00 元

大 32 开　296 页

本书是《后汉书》的精简,保存了旧史的精华。纪事部分提挈东汉一代历史概貌;传记所选人物,或为重大历史事件中的重要人物,或为某方面具有代表性或取得突出成就者,六十余个人物的活动构成了全书的主干;四种志则从另一层面,即以各种专史反映历史。

三国志

罗开玉新撰

1997 年 11 月 1 版 1 次

1998 年 4 月 1 版 2 次

11.60 元

大 32 开　248 页

三国时代,是战乱频仍的时代,但又是英雄辈出的时代。历史上没有一个时代,有如此众多的人物为大家所熟悉、所喜爱或憎恨;他们所导演的官渡之战、赤壁之战、夷陵之战……都成为我国古代最有名、最优秀的战例流传至今。三国的历史真实,您将在本书中得到。

西晋书　东晋书

庄辉明新撰

1997 年 11 月 1 版 1 次

1998 年 4 月 1 版 2 次

19.20 元

大 32 开　416 页

公元 265 年司马炎(晋武帝)代魏称帝,国号晋,建都洛阳,史称西晋。公元 317 年司马睿在南方重建晋朝,建都建康,史称东晋。两晋共 15 帝,165 年。本书记叙了两晋时期的重要人物的事迹、重大事件、政治制度、经济、文化和社会生活各方面的内容,生动再现了当时风云变幻中的历史情状。

宋书　南齐书　梁书　陈书

章义和新撰

1997 年 11 月 1 版 1 次

1998 年 4 月 1 版 2 次

18.40 元

大 32 开　388 页

　　宋、齐、梁、陈四朝偏安江南,与北方少数民族政权前后相峙达一个半世纪之久。南朝虽被传统史家认定为正统之所在,实际却时时处于风雨飘摇之中,南北战争的烽火、建康政权的嬗替、皇位继承的争夺、同姓诸王的残杀、门阀世族的衰退、寒人势力的崛起、佛教影响的昌炽、江南经济的开发……构成了南朝历史的方方面面。

魏书　北齐书　周书　隋书

芮传明新撰

1997 年 11 月 1 版 1 次

1998 年 4 月 1 版 2 次

21.00 元

大 32 开　460 页

　　北朝与隋朝是中国历史上动荡的时代,崛起于北中国的政权,经过南北对峙,隋代终于重新建立起统一大帝国。作者对这一时期的历史重新梳理,以纪事、传记、志、表四个部分叙述这一段历史。

唐书

牛致功　杨希义新撰

1997 年 11 月 1 版 1 次

1998 年 4 月 1 版 2 次

25.50 元

大 32 开　548 页

　　唐朝是我国封建王朝统治时期中最为强盛辉煌的朝代之一。封建制度高度发展,为后继王朝所袭用和借鉴。唐代的帝王将相、文人庸吏、僧道术士都不拘一格地为帝国的辉煌,贡献出其应有的一分力量。本书为读者展示了这个王朝的 300 年史事。

五代史

赵剑敏新撰

1997 年 11 月 1 版 1 次

1998 年 4 月 1 版 2 次

11.60 元

大 32 开　268 页

　　五代十国向来被视作中国古代社会典型的衰世、乱世。本书作者援用传统的纪传体史书的编纂形式,以现代的观念,对这段历史重新作一番梳理、抉择,揭示了这段历史的全貌和特点,生动地再现出这一时期各类重要人物的历史形象。

北宋史　南宋史

周宝珠　杨倩描　王曾瑜新撰

1997 年 11 月 1 版 1 次

1998 年 4 月 1 版 2 次

19.70 元

大 32 开　416 页

　　宋代是中国历史上一个重要的朝代,虽然没有汉唐那样的赫赫武功和辽阔疆域,但经济文化的繁荣却超越前代。本书精选一些重要的历史人物,通过他们的传记使读者了解宋一代的历史概貌,特别是本书的“志”,广泛反映了宋代的政治军事制度、经济文化、社会生活等各个方面,为旧史所不载或少载。

辽史　金史　西夏史

刘凤翥　李锡厚　白滨新撰

1997 年 11 月 1 版 1 次

1998 年 4 月 1 版 2 次

12.80 元

大 32 开　264 页

　　五代、北宋时期,在北方先后兴起了三个少数民族政权:契丹族的辽、党项族的西夏、女真族的金。本书在旧二十五史中《辽史》、《金史》的基础上吸取现有成果予以新撰,并增补了《西夏史》,全面生动展现了这三个少数民族的历史全貌。

元史

刘迎胜新撰

1997 年 11 月 1 版 1 次

1998 年 4 月 1 版 2 次

16.30 元

大 32 开　344 页

　　元帝国是世界历史上疆域最广大的帝国,几乎整个欧亚大陆皆入其版图。可惜旧二十五史中的《元史》仅记述了蒙古本土及其在东亚境内各被征服国的历史,而著名的四大汗国并未包括于内。新编《元史》弥补了这一缺憾,它从蒙古族遥远的祖先起,一直到元朝和四大汗国的终结,使庞大复杂的蒙元帝国脉络清晰、巨细无遗。

明史

汤纲　朱元寅新撰
1997 年 11 月 1 版 1 次
1998 年 4 月 1 版 2 次
20.00 元
大 32 开　432 页

明朝共历 16 帝,270 多年,是多事的王朝,历史既长,人物众多。作者依援大量史料,对整个明朝的历史重新梳理,凸显了明王朝从兴盛走向衰亡的历史全过程。

清史

冯元魁新撰
1997 年 11 月 1 版 1 次
1998 年 4 月 1 版 2 次
13.30 元
大 32 开　372 页

清朝是中国历史上最后一个封建王朝,中央集权得到进一步加强,多民族共存的版图空前辽阔,政治、经济、文化全面繁荣,优秀人物层出不穷,一个“康乾盛世”永远载入了史册。然而夕阳薄景终难挽江河日下的颓势。由于《清史稿》卷帙浩繁、内容芜杂,一般读者难以卒读。本书生动地向读者勾勒了清朝历史面貌。

晚清史

胡礼忠　戴鞍钢新撰
1997 年 11 月 1 版 1 次
1998 年 4 月 1 版 2 次
20.00 元
大 32 开　444 页

晚清 60 年,在中国几千年历史长河中极其短暂,又极其显要。在时间上,它将中国历史分成了古代和近代两个部分;在空间上,它又将一个独立的、封闭的中国带进了与西方资本主义世界的广泛联系之中。本书作者援用传统的纪传体史书的编纂形式,展现了晚清 60 年的历史图像。每卷之后的“评”,凝结了作者多年来治晚清史的心得。

其　他

古史选译

瞿蜕园选译

1982 年 5 月 1 版 1 次
0.30 元
32 开　56 页

本书的选译者从几千年相传的重要文献中(如《周易》、《尚书》、《礼记》、《孟子》、《诗经》等),选录了我国上古时代关于三皇五帝的传说和夏、商、西周兴衰史的篇段,加以注释,又用现代汉语对原文进行翻译和串述。

左传选

朱东润选注
1956 年 5 月 1 版 1 次
0.70 元
32 开　274 页

《左传》是一部解说和阐述《春秋》的著作。《春秋》记事简略,《左传》则参考当时的史籍,详载其本末,是研究先秦历史的重要文献。本书选取其记载春秋时重大历史事件的文字编成 13 篇,每篇加一标题并加以注释。

左传选

朱东润选注
2007 年 5 月 1 版 1 次
22.00 元
大 20 开　210 页

《左传》是中国古代一部历史名著,又极富文学价值。《左传选》分为 13 个专题,将原著、注释、讲评有机结合,冠以阐发《左传》多重意蕴的长篇导言,不愧是文约义丰的大家手笔。本社并请学者在尊重朱先生注释的前提下对《左传》原文进行了白话语译。

左传选译

瞿蜕园选译
1982 年 6 月 1 版 1 次
0.45 元
32 开　84 页

《左传》生动而真实地记录了春秋时代的政治活动和社会面貌。文字简洁锐利,富于形象。本书译文简明、生动,并对原文难字僻音注解,或对译文中未尽之意补充解说。

战国策选译

朱友华选译

1987 年 6 月 1 版 1 次

1.85 元

32 开　150 页

　　《战国策》是我国战国时期的史料汇编。它记载了当时谋臣策士的言行、政见,从各个不同侧面来反映战国时代的政治、军事、经济、文化和社会生活等方面的情况,又具有很高的艺术欣赏价值。本书从《战国策》中精选出 54 篇,加以详注和翻译,每篇冠以题解,以介绍本篇的历史背景,文义中心和艺术成就。

先秦政论文选译

（历代政论文选译丛书）

熊宪光选译

1987 年 6 月 1 版 1 次

1.55 元

32 开　118 页

　　本书撷取了先秦历史散文和诸子散文中有关政治的论述和反映政治现象的篇章。书中对入选篇章加以扼要的说明和注释,且译成白话。

二十五史人物传记选注

（干部文史读物）

本社编

1988 年 7 月 1 版 1 次

1.90 元

32 开　164 页

　　本书从《二十四史》与《清史稿》中选录了在中国历史上作过一定贡献的,或有一定影响的人物传记,对一些枝蔓之处作了不同程度的删节,同时加有注释和评述性的解题。

史记纪传选译

何满子　汪贤度等译注

上册 1984 年 12 月 1 版 1 次

1.10 元

32 开　192 页

下册 1987 年 3 月 1 版 1 次

2.10 元

32 开　212 页

　　《史记纪传选译》分上下册,按历史线索选编。上册选取本纪、世家等纪传文 14 篇,下册精选著名列传加以

注释和今译,反映了上古至西汉初期重要的历史事件和各方面代表人物的生平及其思想。注释精当,译文通达流畅,颇具原文之韵味。

史记菁华录

司马迁原著　姚苎田节评　王兴康　周旻佳校点

1988 年 12 月 1 版 1 次

3.65 元

大 32 开　178 页

2007 年 5 月 1 版 1 次

28.00 元

大 20 开　266 页

　　编选者从《史记》130 篇中选最精彩的 51 篇,并对入选的各篇,作了剪裁,使其情节更为紧凑,中心更加突出,所以取名为《史记菁华录》。同时又用眉评、夹评、篇末评等形式,就章法结构、遣字造句、微言大义以至总体立意作了评论。今将此书重新加以标点及简要注释,并附录朱自清先生长篇导言。

汉书纪传选译

李孔怀　沈重译注

1994 年 10 月 1 版 1 次

12.00 元

32 开　212 页

　　本书为我国第一部纪传体断代史《汉书》的选译本,注释简洁扼要,对人名、地名、职官典章的注释尤为翔实;并加以今译和解题。

汉书选

顾廷龙　王煦华选注

1956 年 8 月 1 版 1 次

0.48 元

32 开　184 页

　　《汉书》是中国历史上第一部纪传体断代史,由纪、传、表、志四个部分组成,全面而翔实地记载了西汉王朝的历史。《汉书》全书共 100 篇,本书从中选取有代表性的纪 1 篇,传 9 篇,详加注释。

通鉴选

瞿蜕园选注

1957 年 6 月 1 版 1 次

0.85 元

32 开　306 页

《资治通鉴》是北宋历史学家司马光主编的一部编年体通史,全书共 294 卷,贯串了 1362 年的史事。本书选取其中文学艺术性较强的文字,按编年的史实连贯起来,略加删节编成 20 篇,并加以注释。

（二）方志　专志　地理

天一阁藏明方志选刊

弘治易州志

1965 年 11 月 1 版 1 次

线装 11.80 元

32 开　552 页

本志修于明弘治十五年(1503),共 20 卷,分记职方地理、物产生计、学校科举、古迹建筑、辞章人物等内容。

嘉靖淳安县志

1965 年 11 月 1 版 1 次

线装 16.00 元

32 开　758 页

本志修于明嘉靖三年(1524),共 17 卷,以类志事,凡 22 类,分记职方地理、物产生计、古迹建筑、科举职官、文苑人物等内容。

嘉靖龙溪县志

1965 年 12 月 1 版 1 次

线装 9.20 元

32 开　431 页

本志修于明嘉靖十三年(1534),共 8 卷,分记地理、公署、祠祀、田赋、官师、学校、选举、人物等内容。

嘉靖兰阳县志

1965 年 12 月 1 版 1 次

线装 10.20 元

32 开　482 页

本志始修于明嘉靖十五年(1535),共 10 卷,分记地理、田赋、建置、署制、学校、官师、选举、人物、遗迹、文词等内容。

上海府县旧志丛书

奉贤县卷

上海市地方志办公室

上海市奉贤区人民政府地方志办公室编

2009 年 10 月 1 版 1 次

精装 180.00 元

16 开　1024 页

作为《上海府县旧志丛书》的第一种,此卷收录了奉贤自雍正四年(1726)由华亭析出建县至 1949 年的重要旧志四种、附录三种。旧志四种:一、清乾隆间李治颢等修,王应奎、何孟春等纂《奉贤县志》十卷;二、清光绪间韩佩金监修,张文虎总纂《重修奉贤县志》二十卷;三、民国二十一年(1932)旧奉贤县政府编《奉贤县政概况》;四、民国三十七年(1948)旧奉贤县文献委员会编纂《民国奉贤县志稿》。附录三种为:清宣统间裴晃编、朱昂若鉴定《(奉贤)乡土地理》、《(奉贤)乡土历史》以及民国十一年(1922)朱醒华、胡家骥编《奉贤县乡土志》。此为上海府县旧志首次大规模标点整理出版,为各界人士系统了解上海乡土历史提供了最基本的文献。

南汇县卷（全二册）

上海市地方志办公室

上海市南汇区地方志办公室编

2009 年 12 月 1 版 1 次

精装 280.00 元

16 开　1400 页

作为《上海府县旧志丛书》的一种,此卷收录南汇县旧志四种:一清钦琏修,顾天等纂雍正《分建南汇县志》;二清胡志熊主修,吴省钦等纂乾隆《南汇县新志》;三清金福曾、顾思贤修,张文虎总纂《光绪南汇县志》;四严伟、刘芷芬修,秦锡田等纂民国《南汇县续志》。此为上海府县旧志首次大规模标点整理出版,为各界人士系统了解上海乡土历史提供了最基本的文献。

崇明县卷（全三册）

上海市地方志办公室　上海市崇明县档案局编

2011 年 4 月 1 版 1 次

精装 438.00 元

16 开　2252 页

本书收录崇明县旧志七种:《正德崇明县重修志》、

《万历新修崇明县志》、《康熙崇明县志》、《雍正崇明县志》、《乾隆崇明县志》、《光绪崇明县志》、《民国崇明县志》,附录三种:《崇明县志稿(1960年)》、《乡土志略》、《平民常识》。

川沙县卷(全二册)

上海市地方志办公室

上海市浦东新区地方志办公室编

2011年10月1版1次

精装450.00元

16开 1464页

  本书收录川沙县、厅志三种:《川沙抚民厅志》、《川沙厅志》、《民国川沙县志》,附录两种:《浦东县志》、《浦东地方志略》。此为川沙地区旧志首次标点整理出版。

松江府卷(全十一册)

上海市地方志办公室

上海市松江区地方志办公室编

2011年10月1版1次

精装1680.00元

16开 6280页

  本书收录松江府旧志六种:《正德松江府志》、《崇祯松江府志》、《康熙松江府志》、《嘉庆松江府志》、《松江府志抄》、《光绪松江府续志》,附录六种:《云间人物志》、《(天启)云间志略》、《云间第宅志》、《云间杂志》、《(道光)云间志略》、《松江乡土》。

松江县卷(全三册)

上海市地方志办公室

上海市松江区地方志办公室编

2011年10月1版1次

精装480.00元

16开 1756页

  本书收录松江县旧志八种:《(南宋绍熙)云间志》、《正德华亭县志》、《娄志》、《乾隆华亭县志》、《娄县续志》、《光绪重修华亭县志》、《光绪重修华亭县志拾补校讹》、《民国华娄续志残稿》,附录一种:《华亭县乡土志》。此为华亭县、娄县旧志首次标点整理出版。

宝山县卷(全二册)

上海市地方志办公室

上海市宝山区地方志办公室编

2012年12月1版1次

精装80.00元

16开 1780页

  本书包括了《乾隆宝山县志》、《光绪宝山县志》、《民国宝山县续志》、《民国宝山县再续志》、《清光绪重修宝山县志稿》、《民国宝山县新志备稿》等六种。包括了自宝山建制以来纂修的各种方志,切实记录了宝山历史上的人情地貌,为研究宝山的历史文化提供了不可多得的史料。

嘉定县卷(全四册)

上海市地方志办公室

上海市嘉定区地方志办公室编

2012年12月1版1次

精装980.00元

16开 3376页

  本书包括《明正德练川图记》、《明嘉靖嘉定县志》、《明万历嘉定县志》、《清康熙嘉定县志》、《清康熙嘉定县续志》、《清乾隆嘉定县志》、《清嘉庆嘉定县志》、《清光绪嘉定县志》、《民国嘉定县续志》、《嘉定乡土志(下)》、《嘉定清理学租汇牍》、《民国嘉定大事记(第一刊)》、《民国嘉定大事记(第二刊)》、《民国嘉定大事记(1922—1938)》。

青浦县卷(全二册)

上海市地方志办公室

上海市青浦区地方志办公室编

2014年2月1版1次

精装598.00元

16开 2014页

  本书为"上海府县旧志丛书"之一种,由上海市地方志办公室、上海市青浦区地方志办公室共同编纂,包括《万历青浦县志》、《康熙青浦县志》、《乾隆重修青浦县志》、《光绪青浦县志》、《民国青浦县续志》等五种,标点排印出版。

金山县卷

上海市地方志办公室

上海市金山区地方志办公室编

2014年12月1版1次

精装298.00元

16 开　856 页

本书为"上海府县旧志丛书"之一种,包括了《正德金山卫志》、《乾隆金山县志》《咸丰金山县志稿》、《光绪金山县志》、《金山艺文志》、《金山舆地志》等六种,这次对金山历代府县旧志的系统整理,对了解金山地情意义重大。

上海县卷(全四册)

上海市地方志办公室
上海市闵行区地方志办公室编
2015 年 11 月 1 版 1 次
精装 1080.00 元
16 开　2844 页

本书为上海府县旧志丛书之一种,包括了《弘治上海志》、《嘉靖上海县志》、《万历上海县志》、《乾隆上海县志》、《嘉庆上海县志》、《同治上海县志》、《民国上海县续志》、《民国上海县志》、《同治上海县志札记》等十余种,由上海古籍出版社约请有相关古籍整理经验的学者参与完成。

江南名镇志

南翔镇志

[清]张承先编　程攸熙增订　朱瑞熙标点
2003 年 7 月 1 版 1 次
19.00 元
大 32 开　228 页

南翔是中国历史上著名的古镇。本书是一部记述南翔从南朝梁至清中叶近千年历史的沿革变迁、盛衰起伏、人文习俗的较为完备的镇史,是研究上海人文历史的重要文献之一。本书初名《槎溪志》,由杨志达于康熙五十一年编成。乾隆、嘉庆年间,张承先、程攸熙在此稿基础上续编、增订,改为今名。此次出版,采用内容详备、校勘精审的民国十二年重印本为底本,以最初的嘉庆刻本及明万历迄清光绪的各种《嘉庆县志》和有关史籍为参校本。

安亭志

[清]陈树德编纂　朱瑞熙标点
2003 年 7 月 1 版 1 次
28.00 元
大 32 开　362 页

安亭历史悠久,早在六千多年前即已形成陆地,到汉代时,便有"安亭"之称。本书是一部内容完备的乡里志,记述了安亭的历史沿革、发展进程及社会习俗等方面内容。此次采用最早的嘉庆本为底本,校以民国重印本及其他相关文献。

蒲溪小志

[清]顾传金辑　王孝俭 金九牛 陆益明标点
闵行区区志办公室整理
2003 年 7 月 1 版 1 次
14.00 元
大 32 开　150 页

七宝是我国历史悠久的千年古镇,古称蒲溪。本书为七宝镇志,记载了七宝得名由来、历史沿革、盛衰起伏及社会习俗等方面内容,不少方面可补县志之缺。是书仅有抄本传世。此次整理出版,采用上海市文物保管委员会 1961 年内部排印的李氏抄本为底本,校以杨光霖氏抄本,书后附有李氏抄本和杨氏抄本的文字差异表。

珠里小志　圆津禅院小志

[清]周郁滨 释觉铭编撰　戴扬本标点
2000 年 9 月 1 版 1 次
28.00 元
大 32 开　450 页

珠里,即今青浦县朱家角镇。《珠里小志》是一部乡镇地方志,记载了当地的水利、田赋、风俗、物产、里巷、桥梁、寺庙、官署、书院、人物、艺术、列女、艺文等内容,不少方面可补县志之缺。《圆津禅院小志》六卷,清释觉铭辑。圆津禅院为朱家角的一座寺院,因骚人墨客常常聚会于此,故小有名气。该书即辑录禅院的匾额对联、碑铭、塔铭、历代文士游览、唱酬之作等。

紫隄村志

[清]沈葵撰　王孝俭等标点
2008 年 3 月 1 版 1 次
28.00 元
大 32 开　300 页

紫隄是诸翟的别称。《紫隄村志》是清代沈葵(字心卿)在汪永安(字叟否)于康熙年间所撰《紫隄村小志》基础上,于咸丰六年(1856)增补纂成的诸翟地方志。诸翟村有千年以上的历史,是一个东西约一里,南北约半里的中等规模的古村落,清代分属苏州府嘉定县、松江府青浦县、上海县管辖,今为上海市闵行区华漕镇政府所在地。本书内容实际涉及其周边地域约20平方公里，对于研究上海史和方志学具有独特的价值。本书由闵行区区志办公室据民国八年(1919)长滨张友棠(字启南)抄本整理。

其他方志

畿辅通志(全八册)

[清]李鸿章等编
1992年4月1版1次
精装595.00元
32开 5525页

　　清朝首都所在的直隶省(相当于今河北省)别称畿辅，畿辅通志也就是直隶省的通志。《畿辅通志》初修于康熙十一年(1672)，雍正七年(1729)、同治十年(1871)两次重修，全书收辑了清代中叶以前河北省地区包括天文、地理、人文、物产等各方面史料。1934年商务印书馆曾影印出版。本次重印，订正了商务版的拼贴错漏，索引改为横排。

浙江通志(全四册)

[清]李卫等编
1991年9月1版1次
精装286.20元
32开 2930页

　　全书收辑自上古至清初浙江地区包括天文、人文、物产等各方面史料，是了解清初及清以前浙江地区政治、经济、文化等等的重要参考书。1934年商务印书馆曾影印出版，本次重印，订正了商务本的拼贴错漏，索引改为横排。

山东通志(全五册)

[清]杨士骧等编著
1991年4月1版1次
精装352.00元
32开 3614页

　　这是山东省的第四部通志，修成于清朝末年。全书12志，200卷，收辑自上古至清代山东地区政治、经济、天文、地理、人文、物产等有关史事与资料，是研究清代以及清代以前山东地区政治经济、风土人情、名胜古迹、地理沿革等的重要参考书。本书20世纪30年代曾由商务印书馆影印出版。这次重印，改正了商务本的某些错漏，索引改为横排。

湖南通志(全五册)

[清]曾国荃等纂
1990年3月1版1次
精装395.00元
32开 3538页

　　本书于光绪十一年(1885)修成，是湖南地区的第三部通志，共315卷。全书收辑自上古至19世纪末湖南地区包括天文、地理、人文、物产等各方面的史料，是了解与研究19世纪以前湖南地区政治、经济、文化等的重要参考书。附索引。

湖北通志(全三册)

张仲炘等纂
1990年3月1版1次
精装250.00元
32开 2600页

　　本书是湖北地区的第五部通志，全书收辑自上古至清末(1911年)湖北地区包括天文、地理、人文物产等各方面的史料，是了解清朝及清朝以前湖北地区政治、经济、文化等等的重要参考书。1934年商务印书馆曾影印出版。本次重印，订正了商务本的拼贴错漏，索引改为横排。

广东通志(全五册)

[清]阮元等纂
1989年12月1版1次
精装385.00元
32开 3402页

　　全书收辑自上古至19世纪中叶广东地区各方面的史料，是了解19世纪中叶以前广东地区政治、经济、文化等的重要参考书。1934年商务印书馆曾影印出版。本次重印，订正了商务本的拼贴错漏，索引改为横排。

新疆图志

[清]袁大化等编著
1993年4月1版1次
精装58.40元
32开 613页

　　《新疆图志》是有关新疆全地区的第一部地方志书，完成于1912年。全书116卷，200余万字，是迄今为止有关新疆仅有的一部较完备的通志，对于研究新疆地区从古至清末政治、经济、民族、物产、文化、地理等情况，具有很高的参考价值。现据原书初印本影印,新编综合索引。

新疆图志(全三册)

[清]王树枏等纂　朱玉麒等整理

2015 年 12 月 1 版 1 次

精装 680.00 元

16 开　2268 页

宣统元年(1909)正式成立通志局,由王树枏、曾少鲁任《新疆图志》总纂,至宣统三年冬成书。共 116 卷,200 余万字,分建置、国界、天章、藩部、职官、实业、赋税、食货、祀典、学校、民政、礼俗、军制、交涉、山脉、土壤、水道、沟渠、道路、古迹、金石、艺文、奏议、名宦、武功、忠节、人物、兵事等志。此书引古详今,内容丰富,在全国北方志中具有特色(如独有国界一志),对新疆史的研究具有重要参考价值。此为首度标点整理本。

朔方道志

马福祥等编

1992 年 3 月 1 版 1 次

精装 44.00 元

32 开　287 页

宁夏回族自治区历史上曾被称为朔方郡、宁夏郡。民国三年(1914)改宁夏郡为朔方道。朔方道志也就是宁夏的通志。1926 年出版,共 31 卷。全书收辑了清代以前宁夏地区包括天文、地理、人文、物产等各方面史料。是了解清代以前宁夏地区政治、经济、军事、文化等的参考书。本次重印将原书缩拼成一册,并新编索引。

宿州市志

编委会编

1991 年 12 月 1 版 1 次

精装 35.00 元

16 开　346 页

唐朝元和年间设置宿州,一直是州、县治所。1979 年 9 月,经国务院批准,以宿县城关镇为基础设立宿州市,为该地区政治、经济、文化中心。本志由概述、大事记及地理、人口、城建、工业、交通、商业、人物等若干专志组成。

吴县志

编委会编

1994 年 8 月 1 版 1 次

精装 70.00 元

16 开　646 页

《吴县志》上起周秦,下迄当代,介绍东南名邑吴县的悠久历史、人文习俗、秀丽景色,以及发达的工农业经济,资料严谨翔实,是一部百科性质的地方志。

德安县志

编委会编

1991 年 5 月 1 版 1 次

精装 34.00 元

16 开　470 页

德安,是江西九江地区一个人口仅有十五万的小县,但却有着悠久的历史。早在夏代已有先民在那儿生息。一千五百多年以前便有县的建制。本志贯通古今,全面记载了该县的政治、经济、交通、文化各方面的历史变化。按照详今略古的原则,着重叙述德安人民在党的领导下的革命斗争和社会主义建设事业。

大新县志

广西壮族自治区地方志编纂委员会编

主编童健飞　副主编黄忠源

1989 年 4 月 1 版 1 次

25.00 元

16 开　260 页

大新县地处广西边陲,过去长期受土司统治,生活贫困,解放后出现了翻天覆地的变化。《大新县志》分地理、经济、政治、文化、社会、人物等七编,近 70 万字。

清江县志

江西省清江县志编委会编

柳培元主编　刘锡纶　陈光宇副主编

1989 年 12 月 1 版 1 次

精装 30.00 元

16 开　346 页

清江县于五代南唐建县,地处江西。全志分建置、自然地理、人口、农业、林业、水利、工业、交通、邮电、城乡建设等 30 编,上起公元 938 年,下迄 1988 年,特别是解放后 40 年资料尤为翔实,是了解研究该县的一部信史。

富源县志

中共云南省富源县委史志工作委员会编

1993 年 11 月 1 版 1 次

45.00 元

16 开　408 页

　　地处滇黔交界的富源县,历史悠久,资源丰富,风情多彩,本志根据略古详今的原则记载该县的历史和现状。

东张乡志

东张乡志编纂领导小组编

1993 年 5 月 1 版 1 次

14.50 元

大 32 开　237 页

　　东张乡位于江苏常熟市东北地区,与太仓县为邻。元末张士诚兵败后其族人聚居于此。《东张乡志》除概述、大事记外,计分概况、政治军事、经济、文教体育卫生、风土民情、人物、杂记等七编。

漕泾志

漕泾乡志编委会编

1995 年 2 月 1 版 1 次

精装 50.00 元

16 开　350 页

　　本书记载上海金山县漕泾乡的历史、地理及政治、经济、文化、社会诸方面的发展变化。

嘉定乡土历史(修订版)

凤光宇主编

2005 年 8 月 1 版 1 次

修订版 2014 年 4 月 1 版 1 次

7.50 元

16 开　101 页

　　本书是一本初中历史拓展型课程教材,意在通过介绍嘉定地区丰富的乡土历史资源,让学生了解自己家乡的历史。

南汇地情丛书(全五册)

张校平主编

2005 年 1 月 1 版 1 次

135.00 元

大 32 开　832 页

　　《南汇地情丛书》包括《乡土文艺》、《胜迹集锦》、《南汇之最》、《特产佳肴》、《地名掌故》五种,共约六十

万字。这是一套较为系统地介绍南汇地区的风土人情、历史遗存、文化风尚、特产佳肴等的读物,有助于人们了解南汇的乡土历史。

长三角之星

　　——无锡

中国经济体制改革杂志社编著

2004 年 9 月 1 版 1 次

86.00 元

16 开　860 页

　　本书反映了无锡市在改革开放中所取得的成就。以大量翔实的资料和激情昂扬的文字,记述了走在改革开放浪潮最前端的先进人物和单位的光辉历程。

徐州百年大事记

徐州市档案馆编

2004 年 11 月 1 版 1 次

78.00 元

大 32 开　980 页

　　徐州古称彭城,历来为兵家必争之地,东临黄海,西襟中原,北扼齐鲁,南屏江淮,接壤苏鲁豫皖四省,是全国重要交通枢纽,为淮海经济区中心城市。本书以编年体形式,真实记录了徐州市 1880—2000 年的发展轨迹和沧桑巨变。

雪窦寺志二种

[明]释履平　[清]释行正编订

1987 年 9 月 1 版 1 次

线装 120.00 元　锦函特装 180.00 元

6 开　432 页

　　雪窦寺位于浙江奉化溪口,早在宋朝就名列于"天下禅宗五山十刹",对中国佛教禅宗的发展有很大的影响。近代由于蒋氏父子及其家族的活动,更引起中外人士的广泛的注意。寺志不仅记载了自唐以来住持和游历该寺的禅宗各派高僧事迹,还记载了南明的社会变乱以及历代文人题咏和碑铭赞文,对山川地理风景也有详尽的描述。本书流传甚少,以致陈垣著《明末清初僧净记》亦未采录,今影印所据李一氓先生珍藏的南明、清初刻本更属罕见。

普陀洛迦山志

普陀山佛教协会编

1999 年 11 月 1 版 1 次

精装 120.00 元

16 开　1132 页

本书专述我国四大佛教名山普陀山——观音菩萨道场一千多年的变迁兴衰，凡与本山有关的高僧大德、宗派组织、寺院经济、僧伽教育、法务活动，及名胜古迹、诗词联额和文物等，都分别予以详尽的记录和介绍。书末还附有《大事记》可备查阅。

西湖志

施奠东主编

1995 年 12 月 1 版 1 次

精装 225.00 元

16 开　1040 页

本书是在已有各西湖诸志基础上重新编撰的，全面介绍了杭州西湖的历史沿革、名胜古迹、人文胜事，尤其是近七十多年来的变迁。全书照片三百余幅，是了解和认识西湖的百科全书。

万历嘉兴府志

[明]刘应钶修　[明]沈尧中纂

嘉兴市地方志办公室编校

2013 年 12 月 1 版 1 次

精装 178.00 元

16 开　612 页

《万历嘉兴府志》三十二卷，明刘应钶修，沈尧中纂。万历二十八年(1600)刊。《万历嘉兴府志》是明代嘉兴府最后一部府志，基本包含明代及明代前的嘉兴历史。且在当时已有弘治《嘉兴府志》、嘉靖《嘉兴府图记》《名宦》或《官师》卷的基础上，将郡、邑职单列，首创了《官师》、《名宦》卷并存的做法。此次点校，以台湾成文出版有限公司影印明万历二十八年(1600)刻本为底本，部分文字参校上海图书馆藏《万历嘉兴府志》。

至元嘉禾志

[元]单庆修　徐硕纂

嘉兴市地方志办公室编校

2010 年 12 月 1 版 1 次

精装 98.00 元

16 开　408 页

《至元嘉禾志》三十二卷，修订于元至元年间，并于至元二十五年刊行，为今存最早的嘉兴地区的地方志，全面而详细地记述了嘉兴地区的历史沿革、典章制度、风土人情。此次点校，以《宋元地方志丛刊》本(清道光

本)为底本，嘉兴图书馆馆藏精钞本为校本，加以标点精校。

定海厅志

[清]史致训　黄以周等编纂

柳和勇　詹亚园校点

2011 年 6 月 1 版 1 次

精装 168.00 元

大 32 开　924 页

《定海厅志》，光绪十年(1884)刊，凡三十卷，首一卷，地图 38 幅，全方位记载了古代舟山的自然特色和历史文化。本书据 1999 年舟山市博物馆影印浙江图书馆所藏清光绪十年刊《定海厅志》本校点整理，纠正了原书一些讹误。

(嘉庆)直隶太仓州志

[清]于鼇图修　[清]王昶纂

2016 年 5 月 1 版 1 次

5800.00 元

8 开　3946 页

嘉靖太仓州志(全四册)

太仓市史志办公室编

2015 年 8 月 1 版 1 次

2680.00 元

8 开　862 页

《嘉靖太仓州志》是太仓现存的第二部方志，前有重修序、原序、图及图考，正文分十卷，分述太仓州建置沿革、疆域、山水、风俗、城池、坊巷、桥梁、兵防、公署、学校、祀典、乡都、户田、物产、职官、选举、名宦、人物、古迹、冢墓、寺观、杂志、遗文等。

(乾隆)镇洋县志

[清]金鸿修　[清]李鳞纂

2016 年 5 月 1 版 1 次

1380.00 元

8 开　134 页

民国上海市通志稿(第一、二、三编)

民国上海市通志稿整理出版委员会编

2013 年 10 月 1 版 1 次

精装 281.00 元

16 开　1050 页

本书第一编为上海历史（上）沿革，包括总说、上海溯源、上海的兴起、上海的展开、上海的倭寇、上海的蜕变、上海的繁华、上海的开埠、上海在前期太平天国时代、上海在后期太平天国时代、上海的近代化、革命前后的上海、上海在北洋军阀时代、青天白日的上海、大上海核心的完成、结论、重要参考书目等 16 章。第二编上海历史（中）第一特区公共租界，包括总说、英美租界独立时代、英美法三国租界行政统一时代、洋泾浜北首外人租界时代、公共租界的开展、五卅惨案、公共租界的最近期、公共租界与"一二八"战争以及上海"一二八之战"、公共租界治理现状、结论、参考书目等 10 章。第三编上海历史（下）第二特区法租界，包括总说、法租界的诞生、太平军和小刀会、法租界的成长、民国时代的法租界、结论、附录·上海年表·补遗等 7 章。

延绥镇志

[明]郑汝璧等纂修　马少甫　王应宪　吕波校点
2011 年 12 月 1 版 1 次
精装 128.00 元
大 32 开　736 页

本志是明代万历三十五年，由时任巡抚的涂宗濬督修，延安府通判马希龙创修，是延绥镇第一部方志，记载了延绥镇建置沿革与军事、教育、风俗、文艺等多方面的史料。

康熙延绥镇志

[清]谭吉璁纂修
陕西省榆林市地方志办公室编
2012 年 10 月 1 版 1 次
精装 128.00 元
32 开　704 页

二十四卷《康熙延绥镇志》由谭吉璁于康熙十二年（1673）纂修成书。该书在明万历本《延绥镇志》的基础上，对清代延绥镇的管辖范围做了详尽的记录。后于清代康熙三十四年、乾隆二十四年（1759）和光绪九年（1883）有过三次增补，但篇幅不大，其中所记录明末农民起义、清初三藩之乱时榆林叛乱的史实尤为珍贵。今康熙志为全本，其中《艺文志》可补万历志所缺，体例比万历志更加整齐、系统。

榆林府志（全二册）

[清]李熙龄纂修　陕西省榆林市地方志办公室

整理　霍光平　张国华总校注　马少甫校注
2014 年 11 月 1 版 1 次
精装 198.00 元
32 开　992 页

本书是陕西省榆林市的旧志，清道光辛丑年（1841）由兼护延榆绥兵备道、榆林府知府李熙龄纂修，共 50 卷，囊括了榆林府的沿革、地理、建置、纪事、职官、选举、兵制、食货、物产、风俗、名宦、人物、艺文等，是了解榆林历史不可或缺的重要史料。

府谷县志两种

陕西省府谷县史志办公室整理
康文慧总点校　马少甫点校
2014 年 9 月 1 版 1 次
精装 148.00 元
32 开　748 页

本书主要包括清雍正及清乾隆《府谷县志》两种。雍正年间成书的《府谷县志》为 8 卷 1 册；乾隆年间的《府谷县志》为 4 卷 4 册，卷一有圣泽、职官、公署、学校、祠祀、寺观、城池、建置、疆域、里甲、街衢、古迹、市集、户口；卷二有山川、井泉、道路、津梁、田赋、仓廒；卷三有名宦、兵防驿使；卷四有人物、忠节、孝子、义行、乡饮、祥异、风俗、物产。

陕甘地方志中宁夏史料辑校（全二册）

胡玉冰等辑校
2015 年 8 月 1 版 1 次
248.00 元
16 开　992 页

此书以（嘉靖）《陕西通志》、（万历）《陕西通志》、（康熙）《陕西通志》、（嘉靖）《平凉府志》、（乾隆）《甘肃通志》、（宣统）《甘肃新通志》六种方志为整理对象，同时参校陕甘宁三地多种旧志及考古所获与宁夏相关的碑刻文献资料，系统梳理为《陕西地方志编》、《平凉地方志编》、《甘肃地方志编》三部分。

上海市松江区专业志系列丛书

松江粮食志

松江粮食志编纂委员会编
2011 年 9 月 1 版 1 次
精装 228.00 元
16 开　584 页

本志全面记述松江县（区）粮油的历史与现状，上溯新中国成立前后，下限止于 2008 年底（部分内容适当延伸），注重反映时代特点和地方特色。

松江共青团志

松江共青团志编纂委员会编

2011 年 4 月 1 版 1 次

精装 160.00 元

16 开　388 页

本志全面记述松江县（区）进步青年运动和青年团、共青团历史与现状。立足现松江区境范围之内，上溯起源，下限止于 2010 年 6 月（部分内容适当延伸），详今略古，注重反映时代特点和地方特色，并配以图表、照片。

松江交通运输志

松江交通运输志编纂委员会编

2013 年 11 月 1 版 1 次

精装 258.00 元

16 开　524 页

《松江交通运输志》是一本交通运输行业史的专门志书，全面系统地记载了松江从清朝末年到 2010 年期间交通运输事业的发展历史，志书内容涵盖了区域内的水路、公路、铁路、轨道交通运输和公交客运的历史和现状。

松江安全生产监督管理志

松江安全生产监督管理志编纂委员会编

2014 年 7 月 1 版 1 次

精装 180.00 元

16 开　396 页

本书记述了松江安全生产工作的历史和现状，如全区监管体系建设、各项安全监管工作、安全生产宣传教育和培训等方面的内容，是一部全面记载松江安全生产工作的历史资料书和安全监管工作的工具书，也是松江区安监系统全体人员的共同工作成果。

松江档案志

松江档案志编纂委员会编

2014 年 7 月 1 版 1 次

精装 218.00 元

16 开　460 页

本书记录了松江档案的发展历程，记录了松江档案人的艰辛努力，也记录了松江档案管理从无到有、从有到优的历史。它对于研究松江档案工作发展的历史，吸取经验教训，不断提高档案工作水平是有帮助的。

松江对外经济贸易志

松江对外经济贸易志编纂委员会编

2015 年 5 月 1 版 1 次

精装 298.00 元

16 开　708 页

本志主要反映解放后，重点自 20 世纪 70 年代后期国家实行改革开放以来，松江在发展外向型经济过程中对外经济贸易的发展变化情况。时间上限从 20 世纪 50 年代初开始，下限至 2010 年，个别资料适当下延。志体结构分章、节、目、子目四级层次，横排门类，纵写事实。本志为经济类专业志，主要通过数据反映松江对外经济贸易的历史发展轨迹。

松江供销商业志

松江供销商业志编纂委员会编

2015 年 5 月 1 版 1 次

精装 258.00 元

16 开　616 页

本志是一本关于松江供销社的专门志书，志书综合运用述、记、图、表等当代志书体裁，图文并茂地记载了松江区供销社在不同历史时期的发展状况。本志全面系统地记载了新中国成立以来松江供销社商业的发展历程。全书包括序言、凡例、概述、大事记、正文十六章、附录、编后记等章节。

松江环境保护志

松江环境保护志编纂委员会编

2015 年 6 月 1 版 1 次

精装 198.00 元

16 开　420 页

本志是松江区首部环保专业志。志书立足松江区环境保护范围，上溯起源，下限为 2010 年 12 月，部分内容则作适当延伸。志书前设概述、大事记，次列篇章，志末附有"编后记"，其资料来源于松江区环保局历年档案、《松江县志》《松江县续志》等，较为真实地记述了松江区环境保护工作的历史与现状。

松江民防志

　　松江民防志编纂委员会编

　　2014 年 10 月 1 版 1 次

　　精装 228.00 元

　　16 开　484 页

松江残疾人工作志

　　松江残疾人工作志编纂委员会编

　　2014 年 9 月 1 版 1 次

　　精装 168.00 元

　　16 开　348 页

松江气象志

　　松江气象志编纂委员会编

　　2014 年 9 月 1 版 1 次

　　精装 188.00 元

　　16 开　420 页

松江统计志

　　松江统计志编纂委员会编

　　2014 年 11 月 1 版 1 次

　　精装 198.00 元

　　16 开　432 页

松江财政志

　　松江财政志编纂委员会编

　　2014 年 1 月 1 版 1 次

　　精装 278.00 元

　　16 开　596 页

松江红十字志

　　松江红十字志编纂委员会编

　　2015 年 11 月 1 版 1 次

　　精装 168.00 元

　　16 开　356 页

松江劳动志

　　松江劳动志编纂委员会编

　　2015 年 2 月 1 版 1 次

　　精装 198.00 元

　　16 开　512 页

松江审计志

　　松江审计志编纂委员会编

　　2016 年 3 月 1 版 1 次

　　精装 168.00

　　16 开　340 页

松江人事志

　　松江人事志编纂委员会编

　　2016 年 5 月 1 版 1 次

　　精装 228.00 元

　　16 开　508 页

松江绿化市容志

　　松江市容绿化志编纂委员会编

　　2016 年 5 月 1 版 1 次

　　精装 128.00 元

　　16 开　316 页

松江工会志

　　松江工会志编纂委员会编

　　2016 年 4 月 1 版 1 次

　　精装 268.00 元

　　16 开　708 页

松江电信志

　　松江电信志编纂委员会编

　　2013 年 7 月 1 版 1 次

　　精装 160.00 元

　　16 开　320 页

松江妇女工作志

　　松江区妇女工作志编纂委员会编

　　2013 年 8 月 1 版 1 次

　　精装 198.00 元

　　16 开　396 页

松江民营经济志

　　松江民营经济志编纂委员会编

　　2014 年 10 月 1 版 1 次

　　精装 258.00 元

　　16 开　572 页

江阴市建国后"三亲"史料

江阴市政协学习文史委员会编

　　为全面挖掘和抢救地方历史文化,充实和丰富地域文化史料,传承历史文明,特编辑建国后"三亲"史料,为爱国主义和革命传统教育提供具体生动的素材,展现新中国成立以来江阴各条战线、各个领域工作取得的辉煌成就和经验教训,充分发挥政协文史资料工作"存史、资政、团结、育人"的作用。

江阴市建国后"三亲"史料集粹(全三册)
　　江阴市政协学习文史委员会编
　　2013 年 12 月 1 版 1 次
　　380.00 元
　　大 32 开　2648 页

蟠龙春晖
　　江阴市政协学习文史委员会
　　城东街道政协工作委员会编
　　2012 年 6 月 1 版 1 次
　　70.00 元
　　大 32 开　484 页

桃花港畔
　　江阴市政协学习文史委员会
　　璜土镇政协工作委员会编
　　2012 年 6 月 1 版 1 次
　　75.00 元
　　大 32 开　524 页

申浦画卷
　　江阴市政协学习文史委员会
　　申港镇政协工作委员会编
　　2012 年 6 月 1 版 1 次
　　55.00 元
　　大 32 开　388 页

紫金流虹
　　江阴市政协学习文史委员会
　　南闸街道政协工作委员会编
　　2012 年 6 月 1 版 1 次

　　60.00 元
　　大 32 开　420 页

泾水往事
　　江阴市政协学习文史委员会
　　长泾镇政协工作委员会编
　　2012 年 6 月 1 版 1 次
　　80.00 元
　　大 32 开　584 页

旌阳之春
　　江阴市政协学习文史委员会
　　青阳镇政协工作委员会编
　　2012 年 6 月 1 版 1 次
　　60.00 元
　　大 32 开　420 页

云亭史絮
　　江阴市政协学习文史委员会
　　云亭街道政协工作委员会编
　　2012 年 6 月 1 版 1 次
　　68.00 元
　　大 32 开　468 页

红豆故里(全二册)
　　江阴市政协学习文史委员会
　　顾山镇政协工作委员会编
　　2012 年 6 月 1 版 1 次
　　98.00 元
　　大 32 开　692 页

活力利港
　　江阳市政协学习文史委员会
　　利港镇政协工作委员会编
　　2012 年 6 月 1 版 1 次
　　60.00 元
　　大 32 开　416 页

澄江沧桑(全二册)
　　江阴市政协学习文史员会
　　澄江街道政协工委会编

2012 年 6 月 1 版 1 次

90.00 元

大 32 开　636 页

卧龙春秋

江阴市政协学习文史委员会

长泾镇政协工作委员会编

2012 年 6 月 1 版 1 次

60.00 元

大 32 开　424 页

记忆新桥（全二册）

江阴市政协学习文史委员会

新桥镇政协工作委员会编

2012 年 6 月 1 版 1 次

85.00 元

大 32 开　604 页

回眸华士（全二册）

江阴市政协学习文史员会

华士镇政协工作委员会编

2012 年 6 月 1 版 1 次

120.00 元

大 32 开　796 页

周庄新萃

江阴市政协学习文史文员会

周庄镇政协工作委员会编

2012 年 6 月 1 版 1 次

70.00 元

大 32 开　480 页

霞影斑斓（全二册）

江阴市政协学习文史文员会

徐霞客镇政协工作委员会编

2012 年 6 月 1 版 1 次

90.00 元

大 32 开　640 页

夏浦记忆

江阴市政协学习文史委员会

夏港街道政协工作委员会编

2012 年 6 月 1 版 1 次

60.00 元

大 32 开　428 页

祝塘纪事（全二册）

江阴市市政协学习文史委员会

祝塘镇政协工作委员会编

2012 年 6 月 1 版 1 次

88.00 元

大 32 开　628 页

工交城建

江阴市政协学习文史委员会编

2012 年 6 月 1 版 1 次

70.00 元

大 32 开　480 页

社会综合

江阴市政协学习文史委员会编

2012 年 6 月 1 版 1 次

58.00 元

大 32 开　380 页

教科文卫

江阴市政协学习文史委员会编

2012 年 6 月 1 版 1 次

60.00 元

大 32 开　420 页

商贸财经

江阴市政协学习文史委员会编

2012 年 6 月 1 版 1 次

55.00 元

大 32 开　392 页

党政群团

江阴市政协学习文史委员会编

2012 年 6 月 1 版 1 次

55.00 元

大 32 开　376 页

农林水利

　　江阴市政协学习文史委员会编

　　2012 年 6 月 1 版 1 次

　　58.00 元

　　大 32 开　364 页

其他专志

宝钢志

　　宝钢志编委会编

　　第一部 1995 年 10 月 1 版 1 次

　　精装 288.00 元

　　大 16 开　712 页

　　续编本 2000 年 8 月 1 版 1 次

　　精装 188.00 元

　　大 16 开　472 页

　　我国特大型钢铁联合企业宝钢集团公司，是伴随着改革开放而建立起来的现代化大型企业。本书以翔实的史料、生动的笔触，全面、系统地描述了宝钢人从创业至今的历史过程，对中国现代化企业的成功管理经验作了深入的总结。《宝钢志》续编本上限始于 1993 年，下限至 1998 年上海宝钢集团公司成立，其中宝钢三期建设的记述则延伸至 1999 年底。

江阴市金融志

　　中国人民银行江阴支行编

　　1998 年 2 月 1 版 1 次

　　40.00 元

　　大 32 开　249 页

　　江阴为苏南鱼米之乡，沃野百里，盛产粮棉，棉纺业发达。盛唐至明中叶，为重要贸易口岸，明正德年间，典当出现。清末民初，钱庄始设，1932 年银行初建。改革开放以后，工农业生产突飞猛进，现已居全国百强县（市）前列，金融业也欣欣向荣。

江阴市粮食志

　　江阴市粮食志办编

　　1992 年 9 月 1 版 1 次

　　平装 20.00 元　精装 25.00 元

　　大 32 开　192 页

　　江阴市地处江南太湖流域，系著名的鱼米之乡。本书上溯元明清，下迄 1987 年，对江阴历史上特别是新中国成立以来的粮食收购、加工管理、销售、价格沿变，粮食种类、运输、机械化程度，粮油工业及饲料工业的发展作了系统的叙述，并对粮油管理机构设置等情况均作详细介绍。

如东县政协志

　　如东县政协文史资料委员会编纂

　　1993 年 5 月 1 版 1 次

　　7.00 元

　　大 32 开　166 页

　　《如东县政协志》是该县 36 年政协工作的史实总述。有的统战工作还追述到 1941 年前后。全志共分大事记、工作、文选、组织、人物等 6 编。

　　本书记载翔实，辅以图表，为第一本出版的县级政协专志。

上海市南汇县教育志

　　上海市南汇县教育局编著

　　2005 年 4 月 1 版 1 次

　　186.00 元

　　16 开　260 页

　　本书是上海市南汇县第一部教育专志，记录了自清末兴办新学至 1990 年南汇教育发展史。本书采用志、传、记、图表、录等形式，按条目记述，真实地反映了南汇教育的历史。

上海市南汇县教育志·续（1991—2001）

　　上海市南汇县教育局编著

　　2005 年 4 月 1 版 1 次

　　精装 398.00 元

　　16 开　700 页

　　本书上承《南汇县教育志》，真实地记录了上海市南汇县 1991—2001 年教育发展情况，包括教育机构、教育经费、师资队伍、校舍设备，以及中小学教育、职业教育、特殊教育和高等教育等方面。

文成县教育续志（1991—2002）

　　潘亦建主编

　　2003 年 4 月 1 版 1 次

　　精装 70.00 元

　　16 开　380 页

本书为浙江省温州市文成县1991年至2002年的教育志，因1991年以前的已收入《文成县教育志》（由他社出版），故本书为《续志》。

上海人民政协志（1993.2—2003.2）

《上海人民政协志》编纂委员会编
2009年5月1版1次
精装150.00元
16开　956页

本志是《上海人民政协志》的续编，时限为1993年2月至2003年2月，记述上海市政协第八、第九届委员会的主要活动、主要成果及组织机构沿革、组成，人事更迭，各专门委员会和政协其他部门10年间所做的工作、所开展的活动和取得的成果，各区县政协的历史沿革、工作概况及主要事迹，市政协主席、副主席、全国政协在沪副主席简历，市政协主席、副主席、秘书长、常委、委员、各专门委员会主任、副主任及区县政协主席、副主席、秘书长、常委、委员名录等。本志对于了解上海市政协参政议政情况、了解上海10年政治经济的发展都有较大参考价值

金山年鉴（1992）

上海市金山年鉴编纂委员会编
1993年10月1版1次
30.00元
16开　264页

本年鉴全面、系统、翔实地记述了1991年金山县政治、经济、文化、社会生活各方面的情况，是一部具有政府公报性质的综合性资料工具书和史料文献。

崇明年鉴（2011）

《崇明年鉴》编纂委员会编
2011年11月1版1次
精装200.00元
大16开　368页

本书是由上海市崇明县档案局（馆）编纂的综合性地方资料工具书。采用分类编纂法，设特载、大事记、崇明概貌及卷尾的统计资料，系统而全面地反映了2010年崇明政治、经济、文化、社会等各个方面的新情况、新特点、新成就和新问题，并附统计资料和索引。

崇明年鉴（2012）

《崇明年鉴》编纂委员会编

2012年12月1版1次
精装200.00元
大16开　404页

爱国办学的范例

——立达学社与大同大学、大同附中一院史料实录

王仁中　王槐昌　徐志雄编
2002年9月1版1次
30.00元
大32开　520页

20世纪初，11位爱国知识分子怀着教育救国的信念，组织了"立达学社"，并创办辛亥革命后我国第一所私立大学——大同大学。在本书中，你将了解"大同"是如何由学院而发展为大学，又在大学附设了两所中学，这些艰苦踏实的办学经历，通过办学者的生平和办学的会议记录、年度报表等得到反映，是当今办学者难得的珍贵资料。全书以爱国为主线，反映辛亥革命直至1952年解放初期青年知识分子的满腔爱国热忱。

南通市图书馆志（1912—2012）

陈亮主编
2012年12月1版1次
118.00元
32开　576页

《南通市图书馆志》全书共约15万字，150余幅图，内容分九章：第一章《概述》；第二章《馆舍建设》；第三章《图书访购》；第四章介绍馆藏特色文献和图书馆对古籍、地方文献的开发利用及其保护；第五章《读者服务工作》；第六章介绍图书馆的自动化和网络化建；第七章介绍相关研究辅导和协作交流；第八章组织建设与专业队伍建设；第九章《综合管理》。后附有南通图书馆百年大事记及馆藏古籍列入《国家珍贵古籍名录》、《江苏省珍贵古籍名录》目录等。

地　理

山海经校注

袁珂校注
1980年7月1版1次
1991年10月1版4次

5.90 元

大 32 开　332 页

　　《山海经》自古号称奇书,全书三万多字,共 18 卷,分《山经》和《海经》两大类。包含着我国古代地理、历史、神话、民族、动植物、矿产、医药、宗教等方面的内容,是研究上古社会的重要文献。书内有插图 150 幅,附索引。

山海经校译

袁珂校译

精装 1985 年 10 月 1 版 1 次

1995 年 1 月 1 版 2 次

平装 9.50 元

大 32 开　166 页

　　对《山海经》素有研究的袁珂先生,继《山海经校注》后,又将《山海经》全部译成白话文,并对全书文字的脱、误、倒、衍和"经文入注"、"注入经文"等作了尽可能周密的校正,并把编简失次的文字加以调整,成为一个较接近原始面貌的新校本。

足本山海经图赞

[晋]郭璞著

1958 年 5 月 1 版 1 次

0.20 元

32 开　67 页

　　《山海经》是中国古代的一部奇书,晋人郭璞曾据山海经图作《图赞》二卷。近人张宗祥取各刊本互相参证,勘定异同,并附校勘记于书末。

山海经易读（插图本）

韩广峰著

2015 年 8 月 1 版 1 次

40.00 元

20 开　376 页

　　该书把《山海经》解得透彻、明白,可以算是一本人人能够看得懂的《山海经》,包含不少关于中华文明起源的象征性描写。该书的体例为原文、注释、白话翻译、解析。

鲜虞中山国事表疆域图说补释

吕苏生编著

1993 年 10 月 1 版 1 次

精装 5.75 元

32 开　66 页

　　鲜虞中山国是春秋战国之际的一个古国,自从被战国七雄之一的赵国所灭之后,事迹渺茫难寻,成为我国历史上一个众所瞩目的谜。清末大学者王先谦曾编纂《国事表》、《疆域图说》各一卷,开创了对鲜虞中山国的学术研究。本书博引历史文献和新发现的考古资料,对王氏原书进行诠释、补充和订正。书后附有新发掘鲜虞中山国器皿铭文的释文七种。

华阳国志校补图注

[晋]常璩撰　任乃强校注

1987 年 11 月 1 版 1 次

新版 1994 年 7 月 1 版 1 次

新版 2015 年 6 月 1 版 7 次

精装 128.00 元

16 开　820 页

　　本书包含着我国西南地区从远古到东晋咸康五年(339)止丰富的历史和地理的内容。校注者任乃强先生是我国西南史地专家,引用了近百种重要古典文献中的资料,将《华阳国志》扩充为一部学术价值颇高的鸿篇巨制。

校正三辅黄图

[六朝]阙名著　张宗祥校录

1958 年 6 月 1 版 1 次

0.20 元

32 开　67 页

　　《三辅黄图》是一部关于西汉首都长安的历史地理专著,分六卷记述了长安的宫殿、门阙、楼观、池苑等,是研究秦汉历史,特别是研究长安、咸阳历史地理的重要资料。

水经注

[北魏]郦道元撰　陈桥驿点校

1990 年 9 月 1 版 1 次

精装 13.25 元

大 32 开　408 页

　　《水经注》是北魏时郦道元为桑钦所撰《水经》作注的一部古代历史地理名著,以《水经》为纲,详细记录了古河流的源流,对所涉及地域的山川、城邑、关隘的地理情况和有关的历史事件、人物传记都有所记述,难能可贵的是书中还保存了一些今已湮灭不存的汉魏时期的碑刻和文献,所以尤为文史研究者所重视。现对清武英殿本进行标点校勘(有专名线)整理出版。

宋本历代地理指掌图

1989 年 11 月 1 版 1 次

精装 26.00 元

16 开 64 页

　　日本东洋文库所藏海内孤本宋刊《历代地理指掌图》,是我国现存最早的历史地图集,也是现有此书的最早版本。全书 44 幅地图,反映了到宋代为止历代政区沿革的概貌,保存了一些不见于后世同类图集记载的地理资料,图中对古今地名的标识,也远较同书的明代刻本为优胜。

宋本方舆胜览附人名引书地名索引

[宋]祝穆 祝洙编

线装 1986 年 1 月 1 版 1 次

1991 年 4 月 1 版 1 次

精装附索引 25.05 元

大 32 开 496 页

2012 年 11 月 1 版 1 次

精装 280.00 元

16 开 1008 页

　　全书所记地志十七路,以行在所在地临安府(杭州)为首,分述建置沿革、疆域道里、物产风俗、田赋户口以及关塞险要等,尤于名胜古迹多所阐述,而"诗赋序记,所载特备","名为地志,实则类书",历来被广泛引用。全书 70 卷,今据上海图书馆藏宋本并以国图藏本参校,补入祝洙《跋》和《录白》等,附人名、引书、地名索引。

徐霞客游记

[明]徐弘祖著 褚绍唐 吴应寿整理

刘思源绘图

全三册 1980 年 11 月 1 版 1 次

普及本二册 1983 年 9 月 1 版 1 次

增订本二册 1997 年 5 月 2 版 3 次

平装 43.50 元 精装 58.00 元

大 32 开 664 页

　　本书系我国地学史上的重要著作,也是一部富有特色的游记。全书 80 万字,生动地记述了作者三十多年

中对祖国名山大川,特别是西南地区实地考察的心得。作者对石灰岩地貌的研究,比欧洲人要早一二百年。此次以乾隆本与过去从未刊刻过的原始抄本为底本,内容较之新中国成立前出版的通行本丰富翔实得多。增订本增补了近年发现的新资料。

徐霞客游记(附索引)(全二册)

[明]徐弘祖著 褚绍唐 吴应寿 整理

2007 年 10 月 1 版 1 次

平装 96.00 元 2007 年 10 月 1 版 1 次

精装 108.00 元 2014 年 10 月 1 版 4 次

大 32 开 1600 页

　　《徐霞客游记》系我国地学史上的重要著作,也是一部富有特色的游记。本书生动地记述了作者一生对祖国名山大川,特别是西南地区实地考察的心得。作者对石灰岩地貌的研究,比欧洲人要早一二百年。本书以乾隆本与过去从未刊刻过的原始抄本为底本,内容较之新中国成立前出版的通行本丰富翔实得多。增订本增补了近年发现的新资料。此次出版,将增订本与《徐霞客游记人名地名索引》合编成册,成为前所未有的完整本。

王士性地理书三种

[明]王士性著 周振鹤点校

1993 年 5 月 1 版 1 次

精装 14.50 元

大 32 开 230 页

　　本书是与《徐霞客游记》齐名的一部关于旅游和地理学的奇书。作者王士性是浙江临海人,他的活动时期早于徐霞客,游踪广于徐霞客,而且在地理学上的某些见解亦超过徐霞客。本书不仅收入了王士性的全部游记,还包括他的诗文尺牍,以及有关作者的家谱、著述、传记,所以是一部研究王士性其人的最完整的资料汇集。

肇域志(全四册)

[清]顾炎武编纂 谭其骧 王文楚等校点

2004 年 4 月 1 版 1 次

精装 560.00 元

大 16 开 2500 页

　　本书是清代学术大师顾炎武呕心沥血二十余年编纂而成的明代全国地理总志。内容广泛涉及各地物产民风、商贸交通、赋役兵防、自然变迁乃至地震河决、应

变抗灾等情况,许多今已失传的明代、清初方志因本书的转引赖以保存。本书原为顾氏札记初稿,未经厘正删定,错简迭出,现经谭其骧、王文楚等专家精心整理校勘,成为研究明代社会与顾氏学术思想的极为可贵的资料。

读史方舆纪要稿本(全十二册)

[清]顾祖禹撰

1992 年 12 月 1 版 1 次

特精 1920.00 元

16 开　7000 页

《读史方舆纪要》130 卷,达 300 万言。作者经历明亡变故,隐居不仕,专心著述,参考了大量书籍,经过了实地考察,撰写了这部篇幅巨大的地理沿革著作。它与清代另两部著作——《南北史合钞》、《绎史》合称为海内三大奇书。现以上海图书馆一级藏品——《读史方舆纪要》的稿本影印。此稿本曾经作者改订,与通行本有所不同。因此颇具版本及校勘、使用价值。后附地名索引。

世界境域志

佚名著　王治来译注

2010 年 8 月 1 版 1 次

28.00 元

大 32 开　232 页

《世界境域志》属于早期历史地理学著作,作者佚名。作于 1258 年,即宋太宗太平兴国七年,也即王延德出使高昌的同一年。叙述的方式是先交代当时一个国家或地区的边境四至及其总的情况,然后介绍该国家或地区的各个城镇、省、区的地理、民族、物产、景物、风俗习惯等。本书最大的特点是包含了许多有关突厥人的资料,这在 9—10 世纪时的汉文史料和其他相关地理著作中是没有的。译者王治来,湖南师范大学教授,年逾八旬,为著名中亚历史研究专家,著有《中亚通史》、《中亚国际关系史》等,《世界境域志》的翻译为其二十年前旧作,现重加审校,厘为定本。

研　　究

禹贡研究论集

高师第著

2006 年 7 月 1 版 1 次

30.00 元

大 32 开　320 页

《禹贡》是我国最早的记述上古时代区域地理的文献,作为《尚书》中的重要文献,为历代学者所重视。本书对《禹贡》研究中的一些重大问题,作了深入细致的考证诠释,其见解自成体系。书中还附有许多图表。

隋唐两京坊里谱

杨鸿年著

1999 年 6 月 1 版 1 次

2008 年 5 月 1 版 2 次

48.00 元

大 32 开　540 页

作者以《长安志》、《两京城坊考》为主要依据,参考多种有关史料,编撰成这部《隋唐两京坊里谱》。读者可以极为便捷地以坊、里为单位,检索到所要了解的坊里在两京的方位,以及有关的建筑分布、人文活动、历史事件的种种资料。

唐代园林别业考录

李浩著

2005 年 10 月 1 版 1 次

精装 38.00 元

大 32 开　380 页

本书辑录并考订了唐代私家园林及别业的地理位置、园主姓名、造园时间等,对与造园相关的其他资料亦作了搜求考订。全书辑录考订了八百余处,引用了《全唐诗》、《全唐文》、《太平广记》、新旧《唐书》等多种古代文献。

金代行政区划史

李昌宪著

2015 年 6 月 1 版 1 次

58.00 元

32 开　480 页

金代行政区划史是一个具有相当难度的研究课题。本书在前人的基础上,极大地拓宽了这一课题研究的深度和广度。比如对金初疆域和政区的形成,金初特殊政区,即伪齐乃至伪楚的疆界,金初行政区划的形成与辽、宋的关系都作了探讨。

明代驿站考 附一统路程图记　士商类要

杨正泰著

1994 年 6 月 1 版 1 次

增订本 2007 年 9 月 1 版 2 次

精装 98.00 元

16 开　468 页

　　本书在地理学、地图学、气象学、经济学、历史学、社会学等方面皆有研究参考价值。1994 年初版包括研究著作《明代驿站考》，附录整理的二种明代商书《一统路程图记》《士商类要》。增订本增入经整理的明代官修地志《寰宇通衢》。

徐霞客论稿

周宁霞著

2004 年 7 月 1 版 1 次

35.00 元

大 32 开　310 页

　　徐霞客是明代著名旅行家、地理学家，所著《徐霞客游记》对我国地貌、岩溶、洞穴的记述开中国地理学界系统观察、描述自然的新方向，有关石灰岩地貌的记述，早于欧洲学者一个多世纪。本书收录作者所著徐霞客研究论文十多篇，探寻徐霞客生平事迹，考察《徐霞客游记》版本形成，并对徐霞客当年游程作了实地踏勘，为文论据翔实，颇有创见。

中国古代地理考证论文集

童书业著

1962 年 12 月 1 版 1 次

0.50 元

32 开　148 页

　　本书共收入童书业先生关于中国历史地理考证的论文 18 篇。作者广泛使用文献史料和地下考古材料，对古代地理的一些问题进行辨析订正，并提出了自己的见解。

利玛窦世界地图研究

黄时鉴　龚缨晏著

2004 年 7 月 1 版 1 次

精装 258.00 元

8 开　240 页

　　在中西关系史上，利玛窦是最为重要的人物之一。他绘制的汉文世界地图，对中国人传统的"天下"观曾产生极大的冲击。在过去的一个世纪中，国际学术界对利氏地图进行了广泛的研究。本书一方面在此基础上对之系统总结，并根据新发现材料进行新的探讨，介绍了

利氏地图的绘制、刊行、流传和收藏等情况。其中多数地图在中国首次印出，包括《坤舆万国全图》等等。

晚清西方地理学在中国

　　——以 1815 至 1911 年西方地理学译著的传播与影响为中心

邹振环著

2000 年 5 月 1 版 1 次

24.40 元

大 32 开　460 页

　　晚清西方地理学的传播，对中国人知识结构从传统到近代的转换有重要影响。本书以对 1815 至 1911 年间引进的西方地理学译著较为系统的统计分析为基础，发掘和利用各种文献资料，阐明了通过晚清西方地理学在中国的传播，建立起了认识西方的"地理台阶"，初步确立了地理学教育体系，形成了"地理学共同体"的交流网络，使中国地理学发生了从传统到现代的学术转型。

舆地志辑注

[南朝陈]顾野王著　　顾恒一　顾德明　顾久雄辑注

2011 年 12 月 1 版 1 次

精装 48.00 元

大 32 开　452 页

　　《舆地志》原书宋代早佚。清代王谟曾据 11 种古籍辑得佚文 335 条，收于《汉唐地理书钞》。本书从 130 余种古籍中辑出佚文 707 条，除去王谟非误辑重辑的 317 条，实际增辑 390 条，详加注解，并附按语，系《舆地志》问世 1400 多年来首次单独印行。

宋辽金元方志辑佚（全二册）

刘纬毅　王朝华　郑梅玲　赵树婷辑

2011 年 12 月 1 版 1 次

128.00 元

大 32 开　1212 页

　　本书内容为辑录宋、辽、金、元失传方志之佚文，传世方志不收，所收内容多来自《永乐大典》残卷、《方舆胜览》《舆地纪胜》等综合性地方志书，部分条目来自古人对名人的诗词注释文中。

清代方志序跋汇编·通志卷

中国地方志指导小组办公室编

2014 年 9 月 1 版 1 次

精装 148.00 元

16 开　408 页

本书作为《清代方志序跋汇编》的第一部分,汇集清代《盛京通志》、《畿辅通志》、《吉林通志》、《江南通志》、《安徽通志》、《山东通志》、《河南通志》、《陕西通志》、《甘肃通志》、《浙江通志》、《江西通志》、《湖南通志》、《四川通志》等中清人撰写的序跋,按照《清史稿·地理志》的顺序编排成书。

中国古方志考

张国淦编著

1962 年 8 月 1 版 1 次

精装 3.80 元

大 32 开　786 页

本书是中国古代方志的综合书录,对自秦至元的历代方志,凡有名可稽者,不论存佚,一概收入。书中考证多采纳前人意见,编者意见附著于按语之中。书末附有索引。

金元方志考

顾宏义撰

2012 年 12 月 1 版 1 次

32.00 元

32 开　296 页

本书专为考辨金、元二朝境内行省、路、府、州、县方志而作,收录金、元时期方志(包括存佚)达三百十一种,尤对前人研究、考订金元方志论著中之讹误多有考辨。

水乡聚落：太湖以东家园生态史研究

吴俊范著

2016 年 4 月 1 版 1 次

78.00 元

16 开　328 页

本书以太湖东部平原为地域对象,以人类家园所依存的生态环境为中心,聚焦上海区县及周边"水乡聚落"的人居环境类型,是一部系统描述地域性人居环境史的历史地理学著作。

黄河三角洲地方志提要与研究

李沈阳著

2015 年 9 月 1 版 1 次

68.00 元

16 开　232 页

本书通过搜集和研读黄河三角洲地方志,撰写黄河三角洲现存地方志的提要,并对现存的地方志进行综合性的研究,包括古代的修志理论、版本源流、内容考述等,同时根据研究结论,对部分地方志目录书、丛书中涉及黄河三角洲的内容进行订补。

（三）地方文献整理及文化研究

苏州文献丛书

王卫平主编

吴郡文编（全六册）

[清]顾沅辑

2011 年 12 月 1 版 1 次

精装 1980.00 元

16 开　3932 页

该书总约 400 万字,计 246 卷,收录了散见于历代志乘、碑刻及书册中的吴地重要文献,是一部价值连城的苏州史料汇编。此稿自顾沅过世后流失于战乱,后又数易其地,现保存于苏州博物馆,堪称镇馆之宝。此系首度出版。

贝青乔集（外一种）

[清]贝青乔著　马卫中　陈国安点校

2013 年 4 月 1 版 1 次

66.00 元

32 开　584 页

本书为晚清著名诗人贝青乔的诗文合集,并收录其同时代的吴门寒士群体代表诗人沈谨学的《沈四山人诗录》,后附贝青乔、沈谨学相关研究资料。贝青乔的诗文吟咏性情,抒写现实,如其大型七言组《咄咄吟》对太平天国期间一系列历史事件有真切的反映,又如《疬疥漫录》等著述,都具有较高的文学艺术性和历史价值。

至德志（外二种）

[清]吴鼎科辑　吴恩培点校

2013 年 4 月 1 版 1 次

39.00 元

32 开　364 页

《至德志》广泛辑录了泰伯及其后裔在吴地(今苏州地区)的相关文献资料,包括历代的褒崇、后裔的优恤、祠庙的兴建、圣贤的论赞以及宗支的繁衍等,全面反映了三千多年来泰伯在吴地所受到的推崇及其后裔的传承脉络。所附《苏亭小志》,又名《苏祠小志》,辑录了涉及定慧寺的资料并名流歌咏。《韩忠武王祠墓志》主要辑录史志等书,记录韩世忠事迹,祠墓兴修以及古今人凭吊之作。

海虞诗苑　海虞诗苑续编

[清]王应奎　瞿绍基编　罗时进　王文荣点校

2013 年 3 月 1 版 1 次

84.00 元

32 开　772 页

这是一部网罗清代常熟地方诗歌的总集,分正、续二编,总收录清代常熟诗人 230 余人创作的近 3000 首诗。编者以地系诗,以诗存人,保存了大量的作者生平家世、创作活动。尤其注意收集声名不显的作者佳作,有许多没有别集传世的诗作赖此书得以保存,为深入研究清代常熟诗歌发展兴盛提供了难得一见的文献资料。

沈周集(全二册)

[明]沈周著　张修龄　韩星婴点校

2013 年 7 月 1 版 1 次

118.00 元

32 开　1160 页

画家沈周为明代“吴门四家”之一,与文徵明、唐寅、仇英齐名,同时他又是一位杰出的文学家,其诗歌或讴歌自然风光,描写田园生活,或抒发内心感受,瞩目古往今来,或揭露官府黑暗,反映民生疾苦,有着深刻的社会内容,于“平衍中露新警语”(朱彝尊《明诗综》卷三十),在明代能画的诗歌作手中,堪称翘楚。本书首次将沈周诗文杂著汇集一起,详加校勘,便于阅读与研究之用。

王鏊集

[明]王鏊著　吴建华点校

2013 年 9 月 1 版 1 次

88.00 元

32 开　828 页

王鏊(1450—1524),字济之,号守溪,吴县(今江苏苏州)人,明代名臣、文学家。成化十一年进士,官至户部尚书、文渊阁大学士。本书是王鏊著作首次全面整理,汇集了王鏊生平所著所有诗文、笔记,包括《震泽先生集》三十六卷、新增补遗 50 余篇、《震泽长语》二卷、《震泽纪闻》二卷等。《震泽先生集》以明嘉靖初刻本点校,校以嘉靖刊万历鹤来堂印本、万历三槐堂本、文渊阁本等;《震泽长语》以明陶学教刻本点校,校以《丛书集成初编》本;《震泽纪闻》以明末刻本点校,校以明正德本。

顾鼎臣集　杨循吉集

[明]顾鼎臣　杨循吉著　蔡斌点校

2013 年 9 月 1 版 1 次

88.00 元

32 开　768 页

本书为明代重臣顾鼎臣和杨循吉的诗文合集,从不同角度反映了晚明政坛及社会生活状况,记载了个人日常生活,是难得一见的研究明代历史和文学的珍贵资料。《顾鼎臣集》为明崇祯十三年至弘光元年昆山顾氏刊本,内收《顾文康公文草》十卷、《顾文康公诗草》六卷、《顾文康公续稿》六卷、《顾文康公三集》四卷,总计二十六卷。杨循吉《松筹堂集》十二卷以齐鲁书社《四库全书存目丛书》影印国家图书馆藏清金氏文瑞楼钞本为底本,卷次以文体为序。收录现存杨循吉所著全部诗文作品。另有《苏州府纂修识略》六卷,所记地方政务资料甚详,堪补府志;《金小史》八卷记女真一朝兴衰,文采激扬,意气风发,足以窥作者才气之雄,今徐景凤汇刻《南峰逸稿》本一并整理附入。

吴门补乘　苏州织造局志

[清]钱思元　孙珮辑　朱琴点校

2015 年 1 月 1 版 1 次

66.00 元

32 开　564 页

此为《苏州文献丛书》第三辑之一种,为重要的地方史志。《吴门补乘》,专门补录郡城三邑故实,为研究吴地的政治、经济、文化提供了重要的参考资料。《苏州织造局志》,记述苏州织造局的沿革、职员、官署、机张等,亦为重要的志乘资料。点校者朱琴老师为长年致力于古代文献研究的学者,有较强的古籍整理水平。

尤侗集(全三册)

[清]尤侗著　杨旭辉点校

2015 年 5 月 1 版 1 次

248.00 元

32 开　2028 页

　　在清代文坛被誉为"真才子"、"老名士"的尤侗著作,在其生前即随写随刻,名目繁多,后又经不断地汇集编纂,形成诸多不同版本。本书取《续修四库全书》影印康熙二十五年金阊周氏刻本为底本,其中收录《西堂全集》、《西堂余集》、《鹤栖堂稿》,是目前所见较为完备的尤侗诗文戏曲集。同时整理者对各本的不同加以比勘,将底本中缺失的篇章,据别本加以订补,大大方便了研究者搜求翻检。

彭定求诗文集（全二册）

[清] 彭定求撰　黄阿明点校

2016 年 2 月 1 版 1 次

98.00 元

32 开　852 页

　　彭定求是清代著名学者。其诗文不仅有较高的思想艺术成就,反映了清代初期文风、士风的重要侧面,而且蕴含着大量清代前期苏州地方历史文化方面的信息,对研治清代文学史、政治史和文化史等,均具有不容忽视的文献价值。本书为其诗文集进行了首度整理。

苏州山塘文化丛书

山塘钩沉录

徐文高编著

2002 年 12 月 1 版 1 次

20.00 元

大 32 开　212 页

　　山塘是苏州城外、虎丘山下一条长达七里的沿河堤岸,唐代文学家白居易任苏州刺史时所筑,故又称白公堤。七里山塘上店铺林立,桥梁纵横,名胜古迹星罗棋布。本书从历代方志典籍以及故老言谈中钩辑出山塘的古迹、艺文、风俗和侠闻传说,配以诗词、插图。

明清苏州山塘街河

牛示力编著

2003 年 3 月 1 版 1 次

25.00 元

大 32 开　298 页

　　书中不仅将明清时期街河间历史文化的诸多方面予以详细记述,更就其各自的源与流、发展与嬗变等情况作了述介。

山塘古诗词

徐文高　夏冰编著

2007 年 3 月 1 版 1 次

16.00 元

大 32 开　168 页

　　相传山塘为白居易于唐宝历元年（825）任苏州刺史时所筑,自阊门至虎丘,全长七里。此后历代曾有大量的寺庙、会馆、祠堂、牌坊、商铺、码头、园墅等沿山塘街河林立,山塘成为江南苏州一带的经济文化中心。本书汇集上自唐代,下及民国,一百余名家,三百余首歌咏苏州山塘的诗词,分堤塘、溪桥场弄、名迹、时俗四卷,再现山塘风土人情的历史长卷。

七里山塘

徐刚毅等著

2003 年 7 月 1 版 1 次

20.00

大 32 开　232 页

江阴文史丛书

江上词综（全二册）

徐华根编注

2007 年 1 月 1 版 1 次

精装 128.00 元

大 32 开　1168 页

　　历史上的江阴古城人杰地灵。江阴籍的文学家留下了许多不朽的名篇,本书收入宋、元、明、清历代撰写的词作 1300 余首,并加注释。对了解江阴地区历史文化有一定的参考价值。

江上诗钞（全二册）

[清] 顾季慈辑　谢鼎镕补辑

2003 年 12 月 1 版 1 次

精装 200.00 元

16 开　1600 页

　　《江上诗钞》是一部汇集唐代至清咸丰时期江阴籍诗人的作品总集,书中收有 1028 位作者的 19000 多首诗。

明末江阴守城纪事

徐华根编

2007 年 1 月 1 版 1 次

精装 48.00 元

大 32 开　388 页

　　"江阴八十一日"是明清易代之际所发生的惨烈一幕。江阴士民在原典史阎应元的率领下,为抵制清朝的"剃发令",守城抗清,与清军苦战 81 日,几乎全部殉难。本书汇编正史、野史、地方志、笔记中有关江阴士民抗击清军的有价值的史志资料 20 余种,多角度地展示了这一重大的历史事件。

嘉靖江阴县志

[明]赵锦修　[明]张衮纂　刘徐昌点校

2011 年 12 月 1 版 1 次

精装 68.00 元

大 32 开　412 页

　　本书系据《天一阁藏明代方志选刊·江阴县志》整理点校而成,共计 21 卷 26 万字,对嘉靖以前江阴的地方设置、文化风俗、政治科举等均有较详细的纪录,是一份珍贵的历史文化资料。

江阴著姓望族

徐华根编

2008 年 12 月 1 版 1 次

精装 72.00 元

大 32 开　596 页

　　江阴地扼长江入海之要冲,地理位置显要,交通便利,自古以来,社会经济发达,人杰地灵,名士、乡贤、硕彦和达官显贵代不乏人,著姓望族为数不少。本书荟萃江阴著姓望族 52 家,追溯其先祖之根,梳理其繁衍发展之脉,表彰其在家族和地方历史上卓有功绩的历代先贤,从家族史的角度展示江阴历史文化。本书资料来源主要是家乘、族谱、宗谱等谱牒,以及县志、镇志等地方志,叙述内容渊源有自,真实可信。

江阴名人自述(全二册)

沈俊鸿编

2008 年 12 月 1 版 1 次

精装 108.00 元

大 32 开　940 页

　　本书汇集了近现代百余年间 60 位江阴籍知名人士的自述文稿,共 92 篇。既有名闻遐迩的学者求学治学的经历,也有享誉艺坛的艺术家学艺从艺的经历;既有成就卓著的科学家攀登科学高峰的经历,也有赤胆忠心的革命者出生入死的经历;既有事业有成的实业家奋斗创业的经历,也有国内知名的文化人传播先进文化的经历。他们的五彩人生无不闪耀着百折不挠、勇往直前的民族精神。

江阴东兴缪氏家集(全三册)

缪幸龙主编

2014 年 8 月 1 版 1 次

精装 880.00 元

16 开　2316 页

　　本书是对东兴缪氏一族二十余代传人著述的汇集整理。全书按其前人缪楷所创的体例分为制诰、祖训、传记、像赞、祠堂、艺文、杂志七篇,广泛汇辑前人著作,并搜集相关著述,详加校勘,保存大量史料及文献,可供学术研究使用。其中,缪彤《双泉堂文集》、缪国维《缪西垣文集》等文献世所难睹,而今汇为一书,势必有益于学林。

江阴文史资料集粹

江阴市政协学习文史委员会编

2004 年 2 月 1 版 1 次

2012 年 10 月 1 版 3 次

98.00 元

大 32 开　888 页

　　本书分 10 个专题栏目,所收文章较有代表性地反映了江阴地区悠久的历史,深厚的文化底蕴,多姿多彩的风土人情,大量文史掌故,对研究近现代江南城镇发展史以及旅游资源的开发有一定的参考价值。

江阴历史文化丛书(全十册)

江阴市政协学习文史委员会编

2011 年 12 月 1 版 1 次

680.00 元

大 32 开　3536 页

　　本书分史事纵横、历代兵事、历代名人、明清学政、杏林春秋、文物胜迹、民间文艺、民俗物产、翰墨珍赏等十个部分,全面介绍江阴历史、地方文化的各个层面。

江阴历史文化精华录

江阴市政协学习文史委员会编

精装 2014 年 12 月 1 版 1 次

精装 68.00 元

32 开　344 页

平装 2015 年 4 月 1 版 1 次

68.00 元

16 开　296 页

　　本书分《史事纵横》、《历代兵事》、《杏林春秋》、《明清学政》、《历代名贤》、《文化遗存》、《翰墨珍赏》、《历代吟咏》、《民间文艺》、《民俗物产》十个部分,涵盖江阴历史、文化、人物等诸多方面内容。本书为萃取《江阴历史文化丛书》的精华进行改写,原每本书内容浓缩为一章,以最小的篇幅展现江阴的历史发展及其文化的繁荣,以作为雅俗共赏的乡土文化教材。

嘉兴文献丛书

秋锦山房集　秋锦山房外集

[清]李良年撰　朱丽霞整理

2011 年 6 月 1 版 1 次

68.00 元

32 开　712 页

　　李良年,清初诗人,少有隽才,与兄绳远、弟符齐名,时称"三李";又与朱彝尊并称"朱、李"。《秋锦山房集》二十二卷、《秋锦山房外集》三卷,基本囊括了李良年的作品。此次整理出版以清华大学图书馆藏清康熙刻乾隆续刻李氏家集四种本为底本。

箨石斋诗集　箨石斋文集(全二册)

[清]钱载撰　丁小明整理

2012 年 3 月 1 版 1 次

118.00 元

32 开　1192 页

　　钱载为清乾隆嘉庆年间秀水诗派代表人物。本书为钱载的诗文集,以诗的创作年月分卷,起乾隆丁巳(1737),迄雍正癸丑(1733),凡五十卷。文集主要以文体分卷,第一卷为翰林院撰文,其余为奏折、策问、序、记、传、跋、赞、铭、赋、墓志铭等,最后一卷"万松居士词"收入钱载的词作,凡二十六卷。此次整理,以清乾隆刻本为底本,广泛参校他本,择善而从,并加标点。

恬致堂集(全三册)

[明]李日华撰　赵杏根整理

2012 年 12 月 1 版 1 次

148.00 元

32 开　1588 页

　　《恬致堂集》四十卷,收录了李日华简牍铭赞题跋等散文二百余篇、诗作一千一百余首以及若干科场文字、杂记。清朝乾隆年间,本书被列入《四库全书》"禁毁书目"。今所流传者为崇祯末刻本,珍稀可贵。今以该本为底本。

台州文献丛书

台州丛书甲集(全四册)

宋世荦辑　徐三见等点校

2013 年 12 月 1 版 1 次

精装 380.00 元

32 开　1004 页

　　《台州丛书》汇集宋至清代台州人之遗著,为清代全国最早的地方性丛书,丛书只刊刻甲、乙两集,编辑者是清代礼学家、藏书家宋世荦。《台州丛书》的编辑保存了富有学术价值的台州乡邦文献,弥补了有些地方史料的不足,对后来者编辑一郡之丛书产生了深远的影响。甲集包括《广志绎》、《石屏诗集》、《见闻随笔》、《文则》四种。

台州丛书乙集(全五册)

宋世荦辑　徐三见等点校

2013 年 12 月 1 版 1 次

精装 560.00 元

32 开　1496 页

　　《台州丛书》汇集宋至清代台州人之遗著,为清代全国最早的地方性丛书,丛书只刊刻甲、乙两集,编辑者是清代礼学家、藏书家宋世荦。《台州丛书》的编辑保存了富有学术价值的台州乡邦文献,弥补了有些地方史料的不足,对后来者编辑一郡之丛书产生了深远的影响。乙集包括《赤城志》、《赤城集》、《滇考》、《道南书院录》、《台学源流》五种。

台州府志(全十册)

喻长霖编纂

2015 年 1 月 1 版 1 次

精装 2580.00 元

16 开　7244 页

　　《民国台州府志》有以下几点较为突出:一是内容

丰富,考订翔实、谨严。二是范围广泛,文辞精练,体现"方志乃一方全史"之特点;同时,该书收录历代人物之业绩,都能抓住重点,文词简洁。三是体例完备,推陈出新;于篇目、体例方面多所创设,在编纂方志的史章、史法、史意诸方面亦有较大开拓。四是借古鉴今,经世致用。喻氏坚持方志为史之原则,详今略古,详近略远,表现浙东学派经世致用之精神。

台州府志(点校本)

喻长霖等编纂

2015 年 11 月 1 版 1 次

精装 1980.00 元

16 开　6500 页

台州文化研究丛书

台州理学南湖学派史

严振非著

2015 年 11 月 1 版 1 次

精装 78.00

16 开　256 页

戴复古论稿

吴茂云著

2015 年 11 月 1 版 1 次

精装 78.00 元

16 开　240 元

台州节俗概说

郑瑛中　戴相尚著

2015 年 11 月 1 版 1 次

精装 48.00 元

16 开　152 页

义乌丛书

活法机要　怪疴单

[元]朱震亨撰

2011 年 12 月 1 版 1 次

线装函套 240.00 元

6 开　106 页

本书为朱震亨所撰医书《活法机要》、《怪疴单》的

合集,是朱震亨阳常有余、阴常不足之说的体现。

医学发明

[元]朱震亨撰

2011 年 12 月 1 版 1 次

线装函套 360.00 元

6 开　146 页

本书题朱震亨撰,所论以《黄帝内经》为宗,重点论述五脏疾病的证治,除了强调"人以胃气为本"外,对于虚损之用补肾益精、肺虚寒饮之用益气温肺化饮等亦多有阐发。

丹溪先生金匮钩玄

[元]朱震亨撰

2011 年 12 月 1 版 1 次

线装函套 480.00 元

6 开　200 页

本书三卷,卷一卷二以内科杂病为主,兼述喉症及外科一些病证;卷三为妇人、小儿病证。分证论治,条理赅括,词旨简明。

丹溪先生胎产秘书

[元]朱震亨撰

2010 年 12 月 1 版 1 次

线装函套 320.00 元

6 开　64 页

本书为朱震亨所撰妇产科专著,上中下三卷,分别为保胎前、备临盆和治产后三阶段所出现的病症作出治疗方案,全面充分地反映了朱氏在妇科方面的学术经验。

格致余论

[元]朱震亨撰

2010 年 12 月 1 版 1 次

线装函套 340.00 元

6 开　144 页

《格致余论》撰写于 1347 年,是中国最早的一部医话专著。全书 1 卷,共收医论 42 篇,大致有"饮食色欲箴"、"养老论"、"受胎论"、"阳有余阴不足论"、"涩脉论"、"治病先观形色然后察脉问证论"、"脾约丸论"、"石膏论"等篇目。

局方发挥

[元]朱震亨撰

2010 年 12 月 1 版 1 次

线装函套 200.00 元

6 开　86 页

　　《局方》是宋代官修《太平惠民和剂局方》的简称，该书影响很大，但流弊很大。朱氏在《局方发挥》中对《局方》的偏颇进行了贬斥的评价。《局方发挥》不分篇卷，一气呵成，涉及内容相当繁杂，对伤寒及内科、妇科杂病都有论述，生理、病因、病机、辩证、方药均有所及。

武备志略

[清]傅禹撰

2010 年 12 月 1 版 1 次

线装函套 2300.00 元

6 开　467 页

　　傅禹，清初义乌学者，长于兵略、堪舆等，本书为清代重要的军事著作，也是傅禹的最主要的著作，共五卷，从兵诀、旌旗、药方、屯田、马诀、方舆等方面论述其军事思想。

拙盦丛稿（全十六册）

[清]朱一新著

2010 年 12 月 1 版 1 次

线装函套 4500.00 元

6 开　1909 页

　　朱一新是清代义乌重要政治人物和学者，本书为其主要著作的汇编，包括《京师坊巷志》、《无邪堂答问》、《汉书管见》等，通过此书能一览朱一新的思想和学术成就。

王忠文公文集（全十二册）

[明]王祎著

2010 年 12 月 1 版 1 次

线装函套 4200.00 元

6 开　1776 页

　　王祎，义乌来山人。元末归隐青岩山著书，名声日盛。明洪武二年，召修《元史》，与宋濂同为总裁。著有《大事记续编》、《王忠文公集》及《重修革象新书》等，本书为其最主要著作。

傅大士集

[南朝梁]傅大士撰

2010 年 12 月 1 版 1 次

线装函套 480.00 元

6 开　206 页

　　傅翕，佛教著名居士，世称傅大士，字玄风，号善慧。二十四岁得西域沙门嵩头陀指点，躬耕于松山，日常营作，夜归行道，苦修七年，自谓得首楞严定，并能通儒、道典籍。此书为其关于佛学佛理的语录。

毅斋诗集别录

[宋]徐侨撰

2010 年 12 月 1 版 1 次

线装函套 340.00 元

6 开　146 页

　　徐侨师事朱熹，潜心理学。著作有《读易记》、《读诗纪咏》、《杂说》、《文集》十卷，明弘治间毁于火。明正德六年（1511）裔孙徐兴刻有《毅斋诗集别录》一卷，并附录《徐文清公家传》及徐兴序，后收入《四库存目丛书》，此乃徐文清公存世的唯一著作。

宗忠简文钞

[宋]宗泽撰

2010 年 12 月 1 版 1 次

线装函套 320.00 元

6 开　134 页

　　宗泽是中国北宋末、南宋初抗金名臣。有《宗忠简公集》传世。本书为其中最主要的文章和语录摘抄。

青村遗稿

[元]金涓撰

2010 年 12 月 1 版 1 次

线装函套 210.00 元

6 开　92 页

　　金涓，字德原。生卒年均不详，约公元 1341 年前后在世。其著有《湖西》、《青村》二集，共四十卷，遇兵灾不存。至其六世孙魁，始掇拾散亡，编为《青村遗稿》一卷，是其一生文稿的拾遗。

义乌人物记

[明]金江撰

2010 年 12 月 1 版 1 次

线装函套 250.00 元

6 开 78 页

义乌历史上人才辈出，创造了灿烂多姿的地域文化。金江乃明代义乌重要史学家，此书为其所撰有关明代以前义乌著名人士的传略。

吴之器佚作六种（全二册）

[清]吴之器撰 义乌市志编辑部整理

2015 年 3 月 1 版 1 次

线装函套 800.00 元

6 开 160 页

本书包括吴之器诗文集六种，分别为《明月斋稿》《明月槎稿》《明月槎赋》《芷兰集》《雪廊近稿》《玄畅楼大社稿》，均为吴氏所作诗文。吴氏为明清之际义乌著名学者，此六种诗文为其主要的诗文作品。

义乌兵事纪略

[清]黄侗撰 义乌市志编辑部整理

2015 年 6 月 1 版 1 次

线装函套 280.00 元

6 开 126 页

《义乌兵事纪略》为记载金华义乌一带历代重大战事的乡土历史书，义乌人黄侗编著。书中所记战事，始自北宋宣和三年方腊义军攻入婺州（金华），历南宋、元、明、清各朝，至清咸同年间太平军攻入金华各县，直至退出义乌为结束。全书正文分为二十四则，按朝代先后依次编排。

临海集笺注（全四册）

[唐]骆宾王撰 [清]陈熙晋笺注

2012 年 5 月 1 版 1 次

线装函套 1600.00

6 开 658 页

杏溪傅氏禹贡集解（全二册）

[宋]傅寅撰

2012 年 5 月 1 版 1 次

线装函套 800.00

6 开 348 页

香山集（全五册）

[宋]喻良能撰

2012 年 5 月 1 版 1 次

线装函套 1100.00

6 开 474 页

丹溪先生心法（全五册）

[元]朱震亨 撰

2011 年 3 月 1 版 1 次

线装函套 2200.00

6 开 986 页

日损斋笔记

[元]黄溍撰

2012 年 5 月 1 版 1 次

线装函套 150.00

6 开 68 页

金华黄先生文集（全十二册）

[元]黄溍撰

2012 年 5 月 1 版 1 次

线装函套 4200.00

6 开 1840 页

青岩丛录 华川卮辞 续志林

[明]王祎撰

2012 年 5 月 1 版 1 次

线装函套 210.00

6 开 92 页

婺书（全四册）

[明]吴之器撰 义乌市志编辑部整理

2013 年 12 月 1 版 1 次

线装函套 1300.00

6 开 572 页

义邑东江桥志

[清]佚名撰 义乌市志编辑部整理

2013 年 12 月 1 版 1 次

线装函套 400.00

6 开 178 页

春秋左氏传述义拾遗（全四册）

[清]陈熙晋撰 义乌市志编辑部整理

2013 年 12 月 1 版 1 次

线装函套 1100.00

6 开　450 页

春秋规过考信（全三册）

[清]陈熙晋撰　义乌市志编辑部整理

2013 年 12 月 1 版 1 次

线装函套 1400.00

6 开　598 页

征帆集（全二册）

[清]陈熙晋撰　义乌市志编辑部整理

2013 年 12 月 1 版 1 次

线装函套 600.00

6 开　254 页

永康程氏遗书

程文德集

[明]程文德著　程朱昌　程育全编

2012 年 12 月 1 版 1 次

精装 88.00 元

大 32 开　688 页

《程文德集》全三十六卷，其中文二十四卷，诗赋十二卷，保存了明代政治、经济、文化方面的一些珍贵史料，对研究明史以及地方史有一定参考价值。

程正谊集

[明]程正谊著　程朱昌　程育全编

2012 年 12 月 1 版 1 次

精装 42.00 元

大 32 开　328 页

《程正谊集》，共十卷，包括诗二卷，文八卷，保存了明季西南地区政治、经济、赋税、司法、军事、旅游、山川风物诸多方面之史料。今以清代光绪重修本《宸华堂集》为底本，校以旧抄本，又从宗谱文献等资料中辑出轶文三十余篇，予以增补，成为收罗最全的程正谊诗文集。

程子樗言

[明]程明试著　程朱昌　程育全编

2012 年 12 月 1 版 1 次

精装 25.00 元

大 32 开　152 页

程明试（1575—1608），一生未仕，却博览群书，能诗善文。所著《程子樗言》四卷乃一部学术笔记，于天文、地理、乐律、古代典籍、书法、宗教、风俗、文房用品、鸟虫等多有考辨。

程尚濂诗集

[清]程尚濂注　程朱昌　程育全编

2013 年 4 月 1 版 1 次

精装 48.00 元

大 32 开　372 页

程尚濂，字敦夫，号心吾子，浙江永康人，乾隆甲午（1774）举人。历任四川京堂县、青神县、犍为县知县，有善政。世传家学，尤工诗，著有《心吾子诗抄》十二卷。其诗五、七言学唐人，众体皆备，自成一家。其《拟古诗》百余篇学阮籍而变化之，被时人誉为“音节之妙，太白而后，一人而已”。今据清嘉庆七年重刻本标点整理。

战国策集注

[清]程夔初集注　程朱昌　程育全编

2013 年 4 月 1 版 1 次

精装 48.00 元

大 32 开　392 页

程夔初，清永康人，读书广记，诗文赅博高古，尤精于《战国策》研究。《战国策》向有宋鲍彪、元吴师道之注，作者采选其中精当者，又酌采先儒评语合于注疏者，合两家注和诸家评语以为集注，凡有两家注不当或有文无注者，则附以编纂者个人的注解，并在原文上加以眉批，或阐释文意，或分析写作笔法，亦有助于今人阅读和欣赏《战国策》。今据清抄本标点整理。

西湖文献丛书

西湖游览志

[明]田汝成辑撰

1958 年 11 月 1 版 1 次

新版 1998 年 12 月 1 版 1 次

15.00 元

大 32 开　268 页

杭州西湖为全国著名的游览胜地。本书作者田汝成，明代嘉靖年间进士，钱塘人，对故土极为熟悉，收集资料又广，撰成《西湖游览志》，以杭州西湖名胜为纲，记其山川形势、创置沿革及民间传说等,记述详细,内容丰富,既可见名胜山川之沿革,又可作史实文献之参考。

西湖游览志馀

[明]田汝成辑撰

1958 年 11 月 1 版 1 次

新版 1998 年 12 月 1 版 1 次

20.90 元

大 32 开　396 页

本书杂采史实佚闻,介绍风俗物产。与《西湖游览志》为姊妹篇,凡明中叶以前有关杭州的地理人文之事,几尽括其中。两书合观,既可见名胜山川之沿革,又可作史实文献之参考。

湖山便览 附西湖新志

[清]翟灏等辑

1998 年 12 月 1 版 1 次

30.50 元

大 32 开　608 页

《湖山便览》问世于清乾隆时,着重介绍明末至清乾隆年间湖山名胜异迹、园墅堤桥、寺观祠墓等情况,并对明田汝成的《西湖游览志》和清李卫的《西湖志》作了一些订正与补充。《西湖新志》出版于 1921 年,记录了《湖山便览》刊行后特别是民国初期有关西湖风景园林的一些新变化。

四时幽赏录(外十种)

[明]高濂等辑撰

1999 年 7 月 1 版 1 次

23.80 元

大 32 开　456 页

此书收录《钱塘遗事》(选)、《客杭日记》、《七修类稿》(选)、《四时幽赏录》、《西湖记述》、《西湖卧游图跋》、《西湖韵事》、《西子湖拾翠馀谈》、《西湖杂记》、《龙井见闻录》、《吴山伍公庙志》凡 11 种,于有关杭州西湖的历史沿革有极详尽介绍,并多录历代诗文碑铭。

清波小志(外八种)

[清]徐逢吉等辑撰

1999 年 7 月 1 版 1 次

27.00 元

大 32 开　536 页

此册共收书九种:《湖壖杂记》、《不下带编》(选)、《清波小志》、《清波三志》、《吴山遗事诗》、《浪迹丛谈》(选)、《春在堂随笔》(选)、《灵峰志》、《秋雪庵志》,纯系清人著述,于有清一代西湖名胜景物变革、名人传记轶事及游览情趣记述尤为真切生动。其中记叙西湖、清波门、吴山、灵峰、秋雪庵等具体游览景区,尤其可供今日旅游之助。

东明山文化丛书

张炳林主编

东明寺志

[清]湛潜编撰　黄金贵 曾华强点校

2012 年 2 月 1 版 1 次

精装 28.00 元

16 开　416 页

本书为杭州余杭东明山东明寺志,底本为上海图书馆所藏的海内孤本康熙本,极具价值。全书前半部分为点校版,后半部分为原文影印。

孤云禅师语录

[清]孤云行鉴著　[清]超卓等编

曾华强 黄金贵点校

2012 年 9 月 1 版 1 次

精装 138.00 元

16 开　476 页

《孤云禅师语录》为孤云禅师弟子所搜集的禅机语录,共有七卷约七万字。现收藏于湖南图书馆,为清顺治刻本《孤云禅师语录》二册,孤本,极珍贵。此次出版前为点校本,后为全本影印。

山茨禅师语录

[明]山茨通际撰　[明]达尊等编

曾华强 黄金贵点校

2013 年 9 月 1 版 1 次

精装 138.00 元

16 开　416 页

本书为明代东明寺主持南岳山茨通际禅师所撰写的语录四卷。卷首有序。卷一收住锡杭州府东明禅寺、南岳绿萝庵、长沙府浏阳南源禅寺三地语录,卷二收拈古、代古、颂古,卷三收机缘、法语、书,卷四收诗偈、杂著铭。后附《东明遗录》。原书曾收入《明嘉兴大藏经》第二十七册。

古道山房诗钞

张炳林主编
2015 年 11 月 1 版 1 次
精装 128.00 元
16 开　284 页

在整理编撰"东明山文化丛书"过程中,作者方发现了相当数量的诗词,大都散见于各种文选之中。其格调清空,形象生动。为了更好地保存这些珍贵的东明山文化遗产,同时方便人们的阅读,编委会决定从这些古籍文选中选编 400 多首诗歌,单独结集付梓,取名为《古道山房诗钞》。

岭南思想家文献丛书

陈献章年谱

黎业明著
2015 年 11 月 1 版 1 次
48.00 元
32 开　408 页

陈献章(1428—1500),字公甫,号石斋,晚号石翁,广东新会人。因居白沙村,世称白沙先生。明代著名思想家、诗人,"江门心学"学派的开创者。本书是对明代著名思想家陈献章之生平、论述进行编年之作。全书通过较为细心的考证、排比,对陈献章的生平经历和学术活动进行了整理,订正了前人所编陈献章年谱的一些讹误,为今人系统了解和研究陈献章打下了文献基础,是一部较有价值的著作。

张诩集

[明]张诩撰　黄娇凤　黎业明编校
2015 年 11 月 1 版 1 次
39.00 元
32 开　328 页

此次整理张诩文集,以《南海杂咏》和《东所先生文集》为主。其中《杂咏》以明弘治十八年袁宾刻本为底本,《文集》以嘉靖三十年张希举刻本为底本。此外另有集外文七篇、诗一首。

陈建著作二种

2015 年 11 月 1 版 1 次
39.00 元
32 开　288 页

由陈建编著的《陈建著作二种》内容包括《治安要议》六卷及《学蔀通辨》十二卷。前者"言宗藩、赏功、取士、任官、制兵、备边,务于变通以救其弊",是陈建的一部讨论时政的著作。后者则是陈建针对程敏政《道一编》、王阳明《朱子晚年定论》,取朱子年谱、行状、文集、语类及与陆九渊兄弟往来书札,逐年编辑、讨论、修改而成的维护朱学藩篱之作。

东莞历代著作丛书

曼叔诗文存

何冀撰　何太编　杨宝霖整理
2011 年 7 月 1 版 1 次
精装 52.00 元
32 开　320 页

何冀,字曼叔,现代文学家,在近体诗词的创作上造诣很深,并且在诗歌语言和格律上有新的探索,颇得好评,值得古典文学爱好者和研究者重视和研究。本书收存了何冀存世的诗文作品。

胜朝粤东遗民录　宋东莞遗民录

[清]陈伯陶纂　谢创志整理
2011 年 7 月 1 版 1 次
精装 88.00 元
大 32 开　572 页

本书收录了整个广东明末遗民的传记,是一部人物传记类史籍。全书贯穿了"粤人敦尚节义"之思想,流露出其对粤人忠节高风的敬重之情。

邓锡祯诗集　邓蓉镜诗文集　邓寄芳诗集

[清]邓锡祯等撰　邓进滔整理
2011 年 7 月 1 版 1 次
精装 86.00 元
大 32 开　532 页

《邓锡祯诗集》根据 1934 年邓锡祯裔孙邓念慈刻本《蠹余诗稿》标点整理而成。《邓蓉镜诗文集》包括邓蓉镜原来的两种著作,其一为 1934 年家刻本《诵芬堂诗草》,其二为 1929 年家刻本《诵芬堂文存》。《邓寄芳诗集》卷一根据 1947 年邓寄芳自己印行本《归来集》整理而成;卷二以藏于广东中山图书馆的《归来集》手抄本中未入《归来集》印行本的诗整理而成;卷三是杨宝霖先生辑于民国年间各种报章杂志的邓寄芳佚诗。

蔡召华诗集

[清]蔡召华撰　欧贻宏整理

2011 年 7 月 1 版 1 次

精装 80.00 元

大 32 开　500 页

本书收录了蔡召华传世诗集《爱吾庐诗钞》、《细字吟》、《草草草堂草》、《缀玉集》。其中《缀玉集》为集《玉台新咏》之诗句而成者,颇具巧思。

罗亨信集

[明]罗亨信撰　香权根整理

2011 年 7 月 1 版 1 次

精装 76.00 元

大 32 开　472 页

本书是明代东莞名臣罗亨信的著作集,共十卷,卷前有明丘濬、祁顺及清戴锡纶三序,其内容有裨于明代的边防研究以及与东莞地方史研究。

琴轩集(全四册)

[明]陈琏撰　杨宝霖整理

2011 年 7 月 1 版 1 次

精装 308.00 元

大 32 开　2204 页

《琴轩集》包括了陈琏所作赋、辞、乐府、诗、文等,保存了东莞明初以前的大量历史资料,属于比较重要的东莞地方文献。

石屏遗集　壮其遗集

[明]王文希撰　杨宝霖整理　　[明]王献撰
杨宝霖整理

2011 年 7 月 1 版 1 次

精装 98.00 元

大 32 开　648 页

《石屏遗集》是明代学者王希文的著作集,分上下两卷。《壮其遗集》是明代名臣王献的著作集,分上下两卷。两书均以体裁分类。

东莞地域历史文化丛书

袁崇焕集

[明]袁崇焕著　东莞市文化广电新闻出版局编
杨宝霖辑校

2014 年 5 月 1 版 1 次

精装 98.00 元

32 开　568 页

整理者杨宝霖爬梳史料,通过对《明实录》《明史》《名臣奏疏》以及东莞历代方志等史料的辑佚、辨伪、校勘,将现存的袁崇焕的作品搜罗殆尽,得成此书,国学大师饶宗颐先生为之题签。本书是袁崇焕作品的首度整理。

东莞历代碑刻选集

东莞市文化广电新闻出版局编

2014 年 12 月 1 版 1 次

精装 298.00 元

16 开　484 页

本书历时三年编辑而成:一为碑刻取舍,入选者或为东莞名碑、或记重大事件、或铭历史人物、或存名人手迹,且文字可辨、品相尚好,共 200 通。二为拓片处理,对入选碑刻的拓片整理补缺,托底装裱,拍照配图。三为点校付印,对照拓片、照片,点校碑文,反复近十次。本书的出版,为东莞历史文化的研究提供了丰富的素材。

龙眼志:中国新型社区的岭南标本

李秀国著　东莞市文化广电新闻出版局编

2015 年 6 月 1 版 1 次

98.00 元

32 开　500 页

本书围绕从乡村到城镇、从传统到现代、从村民到市民、从"农民工"到"新莞人"的转变这条主线,着眼于龙眼村的集体化农业社区到工业化社区的转变、社区规划与城镇建设、第三产业与经济转型、文化与体育发展、教育医疗与社保、社区人口变迁、民间宗教信仰、生活方式与居民观念等多方面,展开论述,力图展现出龙眼由乡土岭南向现代中国演变转型这样一个生动的在地标本。

东莞城市历史文化特色与价值研究

东莞城市历史文化特色与价值研究课题组编著

2015 年 5 月 1 版 1 次

精装 198.00 元

16 开　484 页

本书内容从两个角度展开,一是彰显东莞历史文化特色,即从文献及文化遗存中梳理和归纳东莞独有的历史文化特质;二是探讨东莞历史文化价值,即分析和研究东莞历史文化特质在全省、全国乃至世界范围内的影响力。东莞城市历史文化的特色与价值可概括为"六个地":岭南文明重要起源地、发展地;中国近代史开篇地;华南抗日根据地;改革开放先行地;岭南非遗交汇地;岭南人文荟萃地。

潮汕历史文献丛编

翁万达集

[明]翁万达撰　吴奎信 朱仲玉整理
1992 年 10 月 1 版 1 次
精装 32.00 元
大 32 开　420 页

翁万达是明代中期著名的政治家、军事家,在抵御北方俺答等部落对中原的侵扰中立有卓著功勋,并通过奏疏书信等文章提出许多切实可行的计划、发表许多独到的见解。本书记录了许多不见于其他史料的事迹。现收集翁万达的全部诗文加以校勘整理。

韩江闻见录

[清]郑昌时撰　吴二持校注
1995 年 12 月 1 版 1 次
精装 40.00 元
大 32 开　380 页

本书是作者闻见所及的粤东地区的人、物、事的记载和杂录,内容广泛,包括近于子部小说家类杂事和异闻,史部地理类杂记,传记类杂录,还有少部分有关文学、诗学、音韵学以及《易》学、天文、历数等,是一部既具史料价值又有可读性的著作。

潮州艺文志

饶锷 饶宗颐著
1994 年 12 月 1 版 1 次
精装 60.00 元
大 32 开　356 页

潮汕地区是广东省历史上文化发展较早的地区之一,素有"海滨邹鲁"之称,汉唐以来,出了不少文人学者,留下很多著述。本书对潮汕历史上的各类著作的名称、内容、作者生平都有所考证。全书依经史子集四部分类。

潮州会馆史话

周昭京著
1995 年 10 月 1 版 1 次
28.00 元
大 32 开　136 页

会馆是过去时代旅居异地经商、求学的同乡人之间的一种民间组织,大约滥觞于汉代,极盛于明清。历史上,它对于联络乡谊、维护乡人权益,促进商业文化、公益事业,曾发挥过作用。潮州人士在国内各地与海外经商的人很多,故其会馆组织也较发达,对经济、文化等等所起的作用也比较明显。本书通过资料收集、历史叙述,回顾了这一段历史。

一九四九前潮州宗族村落社区的研究

陈礼颂著
1995 年 11 月 1 版 1 次
14.90 元
大 32 开　80 页

本书是作者 20 世纪四十年代在潮州斗门乡对当地村落、宗族、家族关系及日常生活、婚丧礼俗、过年过节、祭祖祭神等传统习惯调查研究后所作的系统的论述,是研究地方宗族的形成、社会习俗的由来、宗族谱系的演变的典型资料。

遵义沙滩文化典籍丛书

黎庶昌全集(全八册)

[清]黎庶昌撰　黎铎 龙先绪点校
2015 年 11 月 1 版 1 次
精装 880.00 元
32 开　5572 页

黎庶昌在文化学术史上最大的贡献是辑集编印流落在异邦的古籍。本书是第一部经过今人严格整理而又相对完善的黎庶昌全集,具有极为重要的学术意义和价值。

郑珍全集(全七册)

[清]郑珍撰　黄万机整理
2012 年 12 月 1 版 1 次
精装 780.00 元
32 开　4748 页

全书分为五集,包括《巢经巢经说》、《仪礼私笺》、

《轮舆私笺》、《说文逸字》、《说文新附考》、《汗简笺正》、《遵义府志》、《荔波县志稿》、《巢经巢诗钞》、《巢经巢文集》等众多具有重要学术价值的著作。每种均附有整理者严谨精到的校勘记,对于研究者有重要的参考价值。

榆 阳 文 库

　　《榆阳文库》为榆阳地方上各种文化、文献的集大成之作,主要是邀集当地乡贤对当地的历史文献、历史名人、历史名胜以及有代表性的文化现象进行系统梳理,汇为文库。

榆阳文库·地名卷

《榆阳文库》编纂委员会编
2016 年 5 月 1 版 1 次
精装 198.00 元
16 开　532 页

榆阳文库·民间歌谣卷

《榆阳文库》编纂委员会编
2016 年 5 月 1 版 1 次
精装 178.00 元
16 开　460 页

榆阳文库·图开胜迹卷

《榆阳文库》编纂委员会编
2016 年 5 月 1 版 1 次
精装 288.00 元
16 开　600 页

榆阳文库·延绥镇志卷

《榆阳文库》编纂委员会编　[明]马希龙纂修
2016 年 6 月 1 版 1 次
精装 228.00 元
16 开　592 页

榆阳文库·榆林府志卷

《榆阳文库》编纂委员会编
2016 年 6 月 1 版 1 次
精装 298.00 元
16 开　772 页

榆阳文库·榆林小曲卷

《榆阳文库》编纂委员会编
2016 年 4 月 1 版 1 次
精装 158.00 元
16 开　392 页

地 方 文 献

山右丛书·初编（全十二册）

山右历史文化研究院编
2014 年 11 月 1 版 1 次
精装 1980.00 元
16 开　8836 页

　　《山右丛书》是 1934 年由山西省文献委员会编纂的一部汇集晋人学术著作的大型古籍丛书,收入自唐迄清历代 28 位晋籍学者、作家的重要著作 38 种和附录 5 种。全书收录丰富,学术价值颇高,在一定程度上反映了山西学人唐宋以降的学术成果。新纂《山右丛书·初编》据民国本点校排印。

嘉定抗清作品集

周关东主编　　陶继明 葛秋栋 上海市嘉定区政协文史资料编辑委员 选注
2010 年 12 月 1 版 1 次
45.00
18 开　276 页

　　描写明末清初嘉定仁人志士抗清的故事,共收录《嘉定义民别传》、《嘉定三屠》、《叶池悲秋》、《陶庵留碧》、《多雷之死》、《八大王传奇》、《嘉定民众抗清轶闻》等八部作品。

嘉定抗清史料集

周关栋主编　　陶继明 葛秋栋 上海市嘉定区政协文史资料编辑委员选注
2010 年 12 月 1 版 1 次
45.00
18 开　284 页

　　本书所收为清代以来有关嘉定地区抗清及"嘉定三屠"的史料文章及诗词七十余种,包括朱子素《嘉定乙酉纪事》、《明史》节选、钱海岳《南明史》节选、钱大昕《记侯黄两忠节公事》、侯峒曾《与侄书》、黄淳耀《与龚智渊书信三通》、吴伟业《嘉定之屠》、黄宗羲

《侯黄守城纪略》等。本书是对这段历史史料的首次结集出版,为研究明末清初抗清历史的重要参考资料。编选者对书中的重要地名、人名和史实作了翔实的注释。

嘉定李流芳全集

上海市嘉定区地方志办公室编
陶继明　王光乾校注
2013 年 11 月 1 版 1 次
精装 68.00 元
32 开　536 页

　　本书是嘉定四先生之首李流芳的作品全集,含"檀园集"、"李流芳佚诗文辑录"、"李流芳著述书画序跋辑录"、"诸家评赞"、"交游诗篇"、"李流芳碑传年谱"等部分。

程嘉燧全集(全二册)

上海市嘉定区地方志办公室编　　沈习康校注
2015 年 5 月 1 版 1 次
精装 158.00 元
32 开　1012 页

　　程嘉燧(1565—1643),明代书画家、诗人。晚年皈依佛门,释名海能。休宁(今属安徽)人,应试无所得,侨居嘉定,折节读书,工诗善画,通晓音律。本书收录了程嘉燧的全部传世著作并加以校点。

明清松江稀见文献丛刊(第一辑)

(明清松江稀见文献丛刊)
上海市松江区博物馆
华东师范大学古籍研究所编
2016 年 1 月 1 版 1 次
精装 128.00 元
16 开　484 页

　　《明清松江稀见文献丛刊(第一辑)》所收《谷水旧闻》《西林杂记》《柳汀杂著》《钱谷视成》《听莺仙馆随笔》《融斋精舍日记》《曲园墨戏》《云间闺秀画稿》八种文献,皆为上海市松江区博物馆馆藏的明清时期稀见古籍,且首次披露和整理,内容囊括清初松江各县的人物、风俗、制度、古迹等史料。

宝山咏·风情篇

上海宝山文化艺术促进中心编

2015 年 10 月 1 版 1 次
线装 488.00 元
8 开　240 页

　　"宝山咏"丛书发掘收集整理与"历史的宝山"有渊源的古诗词,包括浦东高桥、虹口江湾、杨浦五角场、闸北彭浦、崇明长兴、横沙等地,也就是历史上的大宝山。分设《御侮篇》、《风情篇》等四个分篇,每个分篇 50 首古诗词,以书法作品的形式呈现读者。《风情篇》则汇集了宋代以来赞美宝山的 50 首古诗词。

嘉禾宋文钞

嘉兴地方志办公室编校
2014 年 12 月 1 版 1 次
精装 128.00 元
16 开　424 页

　　嘉兴有志,始于两宋,据载宋代编有《祥符秀州图经》、《宣和嘉禾郡志》、《淳熙嘉禾志》、《嘉定嘉禾志》等,惜今俱体不传。本书以《至元嘉禾志》为基础,另收入宋代其他二百多位作者的宋文四百余篇。全书计收入宋代三百六十余位作者的文章七百余篇,可谓集嘉兴地区宋代文章之大成。

越谚(全三册)

[清]范寅撰
绍兴市档案馆　绍兴市越文化研究会编
2006 年 12 月 1 版 1 次
线装 680.00 元
8 开　392 页

　　越谚采集自浙江绍兴一带,包含了越地方言的大量俗语谚语。越语以其独特之语音,谐趣之词汇成为越文化的一大特色,清代范寅博采旁搜,集腋成裘,编定本书,使其成为越地方言研究之集大成者。

温州传统戏曲剧目集成·瓯剧(第一辑)

徐宏图校注　温州市艺术研究所编
2016 年 2 月 1 版 1 次
精装 78.00 元
16 开　476 页

　　瓯剧,原称"温州乱弹",是温州近代影响最大的剧种。温州传统剧目极其富赡,有"曲海词山"之称。本集成将分编分辑出版,本辑为瓯剧编的第一辑,共选 10 个剧本,均为"八十四本头"中的优秀传统剧目。

苍南文献丛书（全八册）

陈庆念主编

2005 年 9 月 1 版 1 次

盒装 180.00 元

大 32 开　1832 页

　　苍南县位于温州南部,自南宋以后,地方文献的积累蔚为大观。本书广泛搜集和整理自南宋迄清末的重要苍南历代文献资料,其中既有《苍南诗征》《文征》、《苍南女诗人集》《永嘉集》《逢原斋诗文钞》《愈愚斋诗文集》等历代文人诗文集,亦有如《黄庆澄东游日记》、《东瀛观学记》等近代苍南文人对日本的考察著述。

安吉文献辑存

温菊梅主编

2015 年 11 月 1 版 1 次

精装 78.00 元

大 32 开　464 页

　　本稿辑选历代《安吉县志》《孝丰县志》(今安吉县于 1958 年由安吉、孝丰两县合并)的艺文和各卷中所征引的文献组合而成。主要包括历代文人咏安吉诗文歌赋,旁及相关的金石碑刻、人物传记等,并根据文体的特点归类,是对湖州地区地方文献的一次重要的弥补。

浦江宗谱文献集成（全十册）

浦江县档案局编　陈舒平　吕新昌主编

2012 年 11 月 1 版 1 次

精装 3800.00 元

16 开　7104 页

　　本书收入原浦江县域(包括 1960 年划入兰溪市的通化地区和 1968 年划入诸暨市的马剑地区)民国及以前修纂的各类宗谱一百二十余种,所涉及的作者从南宋名臣到近代名家。上万名传主从政坛风云人物到普通百姓,形成了浦江一个较有影响力的文化块面。宗谱中还保留了大量的诗歌散文。

金华宗谱文献集成（全二十册）

黄灵庚　陶诚华主编

2013 年 11 月 1 版 1 次

精装 8800.00 元

16 开　14228 页

　　此书汇集金华地方宗谱资料,是一部由宗谱组成的金华历史,具有较高的文献价值,对于我们从一个新的角度了解和研究金华丰厚的历史文化,研究地方名人的珍贵事迹资料,具有非常现实和重要的意义。

历代名人咏淮南

淮南矿业集团编

2006 年 12 月 1 版 1 次

线装 880.00 元

6 开　218 页

　　淮南素有“中州咽喉,江南屏障”之称,也是我国楚文化发祥地之一,诞生了《淮南子》这部号称中国古代百科全书的传世之作。淮南更因物华天宝,人杰地灵,吸引历代名人雅士吟咏出了许多优美诗篇。这部诗集让大家跟随名家的脚步,亲身体验淮南深厚的人文历史和旖旎的自然风光。

明清黄山学人诗选

汪世清辑注

2009 年 3 月 1 版 1 次

38.00 元

大 32 开　464 页

　　本书辑录明末清初百余位安徽籍诗人、书画家的七百多首诗作。其中有记述游览山水名胜,特别是黄山诸景的诗作;有题画诗、友朋交往唱和之作;有离家、送别、祝寿、怀友、悼念,以及倾诉战乱期间避难山中困顿生活的作品。内容广泛,涉及社会生活的方方面面。书中每首诗均有出处,对作者及诗中所涉人物及其背景均有较详细的考证。

庐山历代诗词全集（全十二册）

郑翔　胡迎建主编

2010 年 12 月 1 版 1 次

精装 1280.00 元

大 32 开　8036 页

　　本书首次从近万种古代和近代(1949 年之前)的文献中,辑出与庐山关联的诗歌 15000 余首,全方位地反映了庐山这座闻名中外的文化圣山的历史变迁和人文自然景观,以及人与自然的完美融合。全书按朝代编排,每位作者均有简明扼要的介绍,同时还对诗中冷僻的地名、典故等作了必要的注释。

订顽日程（全四册）

[清]杨葆光著　严文儒等校点

2011 年 12 月 1 版 1 次

精装 350.00 元

32 开　3208 页

本书为晚清上海松江文人杨葆光的日记。自清同治六年至光绪二十七年，作者以表格形式逐日详尽记载当时的天时、人事、自修、酬酢、著作、函牍、出纳等七类内容。如天时栏，记载每日的天气变化；人事、酬酢两栏记载杨葆光与人交往之事，如作者与晚清名人李鸿章、翁同龢、俞樾、张文虎、曾纪泽等均有往来，与此可见晚清时期文人之关系；出纳栏记载日常开支情况，从中可以略窥晚清文人之生活状况乃至当时物价水平。因其时间跨度长，记载详尽，数据之丰富不待赘言，可以说《订顽日程》是研究晚清时期松江乃至上海地区社会经济文化的一部不可多得的日记体的宝贵史料。

西津渡史料汇编

镇江市西津渡文化旅游公司

2012 年 2 月 1 版 1 次

线装 220.00 元

6 开　316 页

此书主要汇编了镇江市西津渡各个历史时期的史料，内容涉及历史沿革、地理变迁、政治事件、经济生活等方方面面的材料，是了解和研究镇江市西津渡街区文化深层内涵的重要资料，也是从一个个案研究我国古代独特的文化现象——津渡文化——的重要来源。

九派诗廊诗词选

黄大明主编

2014 年 11 月 1 版 1 次

精装 42.00 元

32 开　320 页

本书按照时代的先后顺序，精选从六朝至近代与九江有关的著名诗、词、文 365 首，并对每一首诗歌的作者作了简要的介绍。让人们在游览九江怡人风景的同时，还可以通过品读历代优美诗词，领略九江悠久的历史文化，体会其"人杰地灵"。

江南文化史研究丛书

清代江南女性文学史论

宋清秀著

2015 年 5 月 1 版 1 次

48.00 元

32 开　396 页

清代是女性文学最为发达时期，无论是作者与作品数量，都是前代无法比拟的。而江南女性文学又是清代女性文学的杰出代表。本书选取清代各时期江南地区最著名的女性作家作品及其文学活动进行详细、深入的研究，对于女性作家的心灵、生活、交友、创作内容、艺术特色以及文学理论等都有细致分析，并揭示了当时女性文学兴盛的社会原因。

江南园林史论

曹林娣编著

2015 年 5 月 1 版 1 次

48.00 元

32 开　396 页

本书将江南园林史分成如下几个发展阶段：先秦两汉诞生期、六朝转型期、隋唐五代发展期、宋元时期园林艺术体系完备期、明代至清嘉道的成熟期、近代的式微及异化期及当代的承传期等八章，挖掘蕴含其中的人文精神内质，还原中国风景园林精华的江南园林艺术风貌。

江南游记文学史

崔小敬著

2015 年 12 月 1 版 1 次

68.00 元

32 开　508 页

本书采用传统文献学、文学研究的方法，并综合借鉴了地理学、文化学、旅游学、民俗学等相关学科理论，在厘清历代江南游记创作实绩的基础上，梳理与归纳了江南游记的生成发展线索与历史演进轨迹，并揭橥江南游记与江南文化精神的内在联系。

齐梁文化研究丛书

南兰陵萧氏家族文化史稿

龚斌著

2015 年 8 月 1 版 1 次

98.00 元

16 开　496 页

是书以历史年代为纵轴，同时代的文化形态为横轴，自远至近，描述和评价南兰陵萧氏家族文化的兴起、发展、隆盛、衰败的历史，是一部起源于上古、止于清末的家族文化史。

南兰陵萧氏著作综录

张敏编著

2015 年 8 月 1 版 1 次

88.00 元

16 开　380 页

　　本书以刘宋萧氏、南齐皇室、南梁皇室和其他萧氏四部分对 103 人进行分类,每一部分以世系为线索来收列人物,不受朝代之限。每一人物简述其生卒年、生平、历史地位、著述情况;著作的排列以拼音为序;每一著作均述其在历史文献中的著录情况、存佚情况,以使读者对其作品大致情况有所了解。

南朝齐梁史

庄辉明著

2015 年 8 月 1 版 1 次

76.00 元

16 开　376 页

　　本书是以南朝齐、梁两个朝代为叙述对象的断代史专著,全书大致从政治、经济、文化与南北关系四个方面对齐梁历史进行了详尽论述,对曾经活跃在其时历史舞台上的政治家、军事家、文学家、史学家、科学家进行多方位、多角度的考察,力图对齐梁历史有一个整体的、不同于以往的认识。

齐梁故里与文化论集

薛锋　储佩成主编

2015 年 7 月 1 版 1 次

98.00 元

16 开　428 页

　　本书原是 2009 年首届"中国常州·齐梁文化研讨会"论文的精选本。此次出版,将原本的 50 篇文章精简为 30 篇,分上下篇,上篇为"齐梁故里与齐梁历史",下篇为"齐梁文化与齐梁文学"。本书所收论文对齐梁二代的历史、地理、文化、文学作了深入探讨。

齐梁萧氏诗文选注

曹旭　陈路　李维立选注

2015 年 6 月 1 版 1 次

128.00 元

16 开　592 页

　　本书从史书、类书、全集、选集等各类文献中,选择齐梁萧氏家族成员的诗文作品约三百篇,加以注释、笺

说,集中反映了齐梁萧氏诸人的文学成就,其在对齐梁萧氏进行整体关注的文学、文献研究方面有着十分重要的意义。

南兰陵萧氏人物评传

薛锋　储佩成主编

2015 年 8 月 1 版 1 次

98.00 元

16 开　516 页

　　为全面展示博大精深的齐梁文化,常州齐梁文化研究课题组选择南兰陵萧氏文坛上一些最有代表性和影响力的人物,邀请省内外专家学者分别撰写评传,分别是王晓卫《萧道成评传》和《萧赜评传》、杨旭辉《萧子良评传》、丁福林《萧子显评传》、胡文波《萧颖胄评传》等。

齐梁萧氏文化概论

刘志伟　史国良　李永祥著

2015 年 8 月 1 版 1 次

88.00 元

16 开　436 页

　　本书主要论述了南朝时期的齐梁王朝皇族萧氏家族的文化成就,及其利用自己的影响力对当时社会文化发展的推动和文化贡献。这些文化成就涵盖教育、宗教、学术、文学、艺术及文化融合诸方面。

常州齐梁文化遗存(修订本)

薛锋　储佩成主编

2015 年 8 月 1 版 1 次

258.00 元

16 开　460 页

　　本书分三大部分与附录,三大部分分别包含寺庙观宇、出土文物、正史方志、民间轶闻等,物质文化遗存与非物质文化遗存尽入眼底,附录收有建康(南京)和京畿地区、台湾省较有代表性的遗存照片,将近三十多年来国内外出版的近 140 部重要的史学、文学著作和辞书,以表的形式简要刊出,以此彰显齐梁文化是中华民族共同的文化。全书还刊登了数百帧珍贵的历史照片,可谓图文并茂。

上海史研究译丛

魔都上海

——日本知识人的"近代"体验

刘建辉著　甘慧杰译
2003年12月1版1次
18.00元
18开　134页

　　在明治维新前后的日本知识人的眼中上海又是什么样的呢？本书作者在作了大量详尽的考察后认为，此前的上海，对于幕末时期的日本既是大量西方信息传入的"中转站"，又是日本朝向欧美、走向近代的距离最近的入口。而明治维新以后的上海，对于日本来说，只是扩张到大陆的"基地"，以及众多梦想"脱离日本"的日本人一个距离最近的冒险乐园。

上海道台研究
——转变社会中之联系人物（1843—1890）
梁元生著　陈同译
2003年12月1版1次
25.00元
18开　206页

　　本书在详尽分析从1730年至1911年共80位上海（苏松太）道台的资料时，考察了上海道台的运行和演变，从而得出两个结论：一、晚清政府在回应急剧变化的环境和局势时，并不是近代化和改革创新的障碍，而是具有一定的灵活性和适应性；二、作为清政府中层官员的上海道台，联系着东方与西方、传统与现代、文化与商业、精神与物质、精英与大众，起着不可或缺的作用。本书不仅填补了清代行政及地方政府研究中的空白，而且还扩展了中国近代史研究的内涵。

上海的外国人（1842—1949）
熊月之　马学强　晏可佳选编
2003年12月1版1次
35.00元
18开　340页

　　本书精选海外学者研究开埠后百年间来沪外侨的论文计15篇，内容涉及英、美、法、日、葡、德、俄、印等各国侨民，关乎他们的政治、经济、文化状况，涵盖了该研究领域的各重要方面。本书不仅具有很高的学术价值，且为上海的文化寻根另辟新境。

上海歹土
——战时恐怖活动与城市犯罪（1937—1941）
［美］魏斐德著　芮传明译
2003年12月1版1次

25.00元
18开　204页

　　在老上海的记忆中，"歹土"是指沪西一带歹徒出没之地。1937年至1941年，日本侵略军、汪伪傀儡政权、外国租界当局、国民党政府等各种势力在上海纠缠在一起，形成复杂而又紧张的关系。沪西歹土便经常发生暗杀等恐怖活动，又整日充斥着赌博等城市犯罪。本书以独特的视角、翔实的材料、深入浅出的语言，生动再现了上海这一段特殊而又艰难的岁月。

移民企业家
——香港的上海工业家
黄绍伦著　张秀莉译　李培德校
2003年12月1版1次
25.00元
18开　212页

　　上海移民只占香港总人口的4%，但正是这4%推动了香港工业化的进程，在工业领域，特别是纺织工业领域，创造了辉煌的业绩。这些上海移民是怎样取得成功的？他们的移民方式，他们带来的技术和资金，他们的商业观念和管理模式，家庭主义、地域观念和竞争策略等等，这一切对他们的成功起到了怎样的作用？本书对于了解近代中国形成的特殊群体——上海人，一定会有启迪。

近代上海的公共性与国家
［日］小浜正子著　葛涛译
2003年12月1版1次
36.00元
18开　322页

　　本书以"社团"为中心，以上海的城市社会为舞台，对中国近代地区社会的结构及其公共性的特点，以及国家与社会的关系作了考察。本书作者在详细占有资料的基础上，通过对上海慈善机构、救火会等团体的深入研究，探究这些团体如何从传统向现代转变，如何在国家与社会的关系中发挥作用，来阐述上海社会公共性与公共领域的特点，读来让人感到实在、可信。

家乡、城市和国家
——上海的地缘网络与认同（1853—1937）
［美］顾德曼著　宋钻友译　周育民校
2004年12月1版1次
38.00元

18 开 280 页

由于资讯和交通原因,同乡关系在社会的人际交往中显得十分重要,因而逐渐产生出一些适于同乡交往和联系的场所和组织,这就是会馆和同乡会等。它们在明清时期十分发达,随着新型教育的推广和工商业的发展,同乡会和会馆的功能进一步扩展,成为所在城市一种不可忽视的民间力量。本书以上海为个案,探讨作为上海民间力量的同乡组织的产生、发展及演变历程。

霓虹灯外
——20 世纪初日常生活中的上海
[美]卢汉超著　段炼 吴敏 子羽译
2004 年 10 月 1 版 1 次
48.00 元
18 开 350 页

五光十色的霓虹灯,可谓上海繁华的象征。然而在耀眼灯光的背后,却是最普通的上海人最普通的日常生活,而为学者所忽视。20 世纪初,人力车、石库门、棚户区、煤球店、烟纸店、裁缝店、小菜场、老虎灶、大饼摊、弄堂叫卖、邻里口角、夏夜乘凉……构成了日常生活中的上海,某种程度上说也构成了最为大家所感知的真实意义的上海。

1927—1937 年的上海
——市政权、地方性和现代化
[法]安克强著　张培德 辛文锋 萧庆璋译
2004 年 8 月 1 版 1 次
25.00 元
18 开 252 页

上海从小渔村发展成为一个国际性大都市,1927 年是一个重要的转折点。这一年,上海正式建立特别市。本书即以 1927—1937 年的上海市政府为对象,探讨市政府创立和运作的政治和社会环境、可采用的人力和财力资源及其市政建设的成败得失,试图将之作为特例了解国民党政权下一个市政府的运作情况。本书在西方中国学界颇有影响,于 1991 年出版了法文本,1993 年出版了英文本,现译成中文出版。

上海警察,1927—1937
[美]魏斐德著　章红 陈雁等译　周育民校
2004 年 8 月 1 版 1 次
40.00 元
18 开 384 页

本书选取上海旧警察为研究对象,完整地再现了上海特别市公安局最初 10 年的历史,既动态地分析了它的来龙去脉,又深入地探讨了国民政府上海警政最终走向失败的深层原因,并从警政的角度揭示了上海城市的复杂性。可以说,这是一部上海警察研究的开创性著作。本书英文本出版后,立即引起西方中国学界的高度重视。

苏北人在上海,1850—1980
[美]韩起澜著　卢明华译
2004 年 8 月 1 版 1 次
18.00 元
18 开 264 页

本书以苏北人作为个案研究,探讨了原籍是如何逐渐成为汉族中界定族群身份的依据的,解释了籍贯怎样构筑社会等级和社会对立,揭示了中国城市居民面临的这一方面的问题。

上海妓女
——19—20 世纪中国的卖淫与性
[法]安克强著　袁燮铭 夏俊霞译
2004 年 7 月 1 版 1 次
45.00 元
18 开 470 页

性病尤其是艾滋病的流行、肆虐,使卖淫和妓女成为严重的社会问题。然而,中国历史上的卖淫和妓女情况如何,迄今仍缺乏有深度的研究。可是,西方学者却以他们非凡的理论勇气和扎实的学识水平,对中国妓女史和性学史展开研究。本书搜罗了大量的中、西文报刊、档案资料和著述,对近代上海的卖淫和妓女现象作了全面系统的探讨。

地 方 研 究

被更乌泾名天下
——黄道婆文化国际研讨会论文集
陈澄泉 宋浩杰主编
2007 年 9 月 1 版 1 次
精装 78.00 元
16 开 488 页

黄道婆是宋末元初时人,其革新改良的手工棉纺织技艺,享誉国内外,现已列入我国非物质文化遗产。本书共收论文 60 余篇,分别论述了黄道婆的行迹、历史地位、对后世的影响,以及当今应当怎样弘扬黄道婆精神,保护其留下的文化遗产。此书是迄今为止第一部全面论述黄道婆的论文集。

松江历史文化概述

张如皋主编
2009 年 9 月 1 版 1 次
2009 年 12 月 1 版 2 次
68.00 元
16 开　300 页

全书分文学篇、书画篇、文物篇、民俗篇、宗教篇、方言篇、望族篇、文献篇、学术篇、人物篇等十章,另附录松江府历史沿革和松江历史文化大事记。本书内容丰富,资料翔实,既可作为松江本地之"乡土教材",也是广大读者了解松江、走近松江之优秀读物。

文化松江

尹军著
2009 年 5 月 1 版 1 次
88.00 元
18 开　354 页

本书从不同角度介绍了上海市松江区文化的方方面面,分为"概述篇"、"人物篇"、"考述篇"、"风采篇"、"谋划篇"、"论说篇"六大部分。内容涉及松江历代文化名人,风土人情,传统特产,琴棋书画,宗教名物,名胜古迹,以及作者对未来松江文化发展的理性思考与规划。资料翔实,以散文的笔调娓娓而谈,读之饶有趣味。

云间深处

尹军著
2010 年 10 月 1 版 1 次
精装 88.00 元
18 开　348 页

本书为《文化松江》的姊妹篇,分《云间故事集锦》、《云间往事考述》、《云间文化纵横》、《云间史海掇拾》、《云间文苑论坛》五部分,并附有《〈汉语大词典简编〉释义举证引用"二陆"言辞摘编》及松江歌曲20首。内容丰富,深入浅出,另配有精美图片若干。

上海外滩旅游资源问题研究

丁季华主编
1992 年 12 月 1 版 1 次
3.40 元
大 32 开　102 页

本书通过追溯历史、调查现状,对进一步开发外滩旅游资源问题作了深入探讨。上编从理论上阐述对外滩旅游业进行综合治理和开发的必要性和可能性,中编重点介绍被誉为"万国建筑博览会"的近代建筑群雄伟瑰丽的风采,下编介绍外滩和黄浦江的历史沿革。

松江人物

本书编委会编
2016 年 6 月 1 版 1 次
580.00 元
16 开　1544 页

本书以《正德松江府志》、《崇祯松江府志》、《嘉庆松江府志》、《光绪松江府续志》所收松江人物为基础,爬梳四志外其他史料、历朝诗纪事、别集及权威辞典,增补至 3688 位人物,涉及历朝名宦、贤达、大家、佳媛、仙释等,每一人物内容,大致为姓名、字号、籍贯、科名、官职及经历(择要)、主要成就、谥号等,或列作品,或叙故事,或录他人评述。

如东民间文化丛书(全七册)

曹华主编
2011 年 11 月 1 版 1 次
盒装 480.00 元
16 开　243 页

无锡艺文志长编

辛幹撰　李广扬点校
2015 年 11 月 1 版 1 次
68.00 元
16 开　280 页

《无锡艺文志长编》是一部地方目录学著作,对于无锡地方文献的研究有重要意义。无锡是华夏文明发源地之一,数千年来,文脉绵延,代有才人。辛幹先生撰写这部书,"意在囊括一邑见存之编,勒成一考,以备史氏之采"。

归有光与昆山

刘晓军著
2012 年 8 月 1 版 1 次
58.00 元

16 开　164 页

　　本书选取归有光人生旅程中与昆山相关的几个片段展开，围绕归有光与昆山之渊源展开论述，兼及归有光的生平与昆山的历史，并配图一百余幅，以求图文并茂。

顾炎武与昆山文化

顾春 沈传凤 黄坤等撰

2010 年 7 月 1 版 1 次

58.00 元

16 开　352 页

　　此书探讨昆山文化，光大昆山文化，阐述了顾炎武的家世生平、富民思想和爱国精神，以及对顾炎武的著述评价，着重介绍了顾炎武的文物遗址和历史发展中的昆山。全书图文并茂，是了解顾炎武、熟悉现代昆山的一本不可多得的上佳读物。

陆游与汉中

中国陆游研究会 汉中市陆游研究学会编

2013 年 1 月 1 版 1 次

76.00 元

32 开　632 页

　　本书包含有关陆游、汉中的学术论文 50 篇，内容丰富，除了对陆游思想、诗文的研究外，对陆游的诗文之外著作、书法艺术、家庭诗教、弈棋饮宴、宦游遗迹及其后人在绍兴的分布生存等都有探讨。这些论文多是围绕陆游在汉中的经历及创作而展开的。

（四）清 史 专 题

国家清史编纂委员会·文献丛刊

中国家谱资料选编（全十八册）

上海图书馆编 陈建华 王鹤鸣主编

2013 年 11 月 1 版 1 次

精装 3800.00 元

16 开　12372 页

　　上海图书馆的家谱整理研究团队首次从海量的家谱中，辑出各种有价值的资料，分门别类，汇成《中国家谱资料选编》。选编分"凡例"、"序跋"、"传记"、"诗文"、"家规族约"、"礼仪风俗"、"经济"、"家族源流"、"教育"、"图录"、"漳州移民"十一卷，基本囊括了家谱中可资利用的各类信息，是学界相关研究和民间文化活

动开展的重要参考资料。

中国家谱资料选编·凡例卷

上海图书馆编 陈建华整理

2013 年 11 月 1 版 1 次

精装 218.00 元

16 开　664 页

中国家谱资料选编·序跋卷（全二册）

上海图书馆编 丁凤麟整理

2013 年 11 月 1 版 1 次

精装 388.00 元

16 开　1166 页

中国家谱资料选编·传记卷

上海图书馆编 王铁整理

2013 年 11 月 1 版 1 次

精装 328.00 元

16 开　980 页

中国家谱资料选编·诗文卷（全三册）

上海图书馆编 梁颖整理

2013 年 11 月 1 版 1 次

精装 668.00 元

16 开　2072 页

中国家谱资料选编·家规族约卷（全二册）

上海图书馆编 周秋芳 王宏整理

2013 年 11 月 1 版 1 次

精装 346.00 元

16 开　1044 页

中国家谱资料选编·礼仪风俗卷（全二册）

上海图书馆编 陈秉仁整理

2013 年 11 月 1 版 1 次

精装 346.00 元

16 开　1040 页

中国家谱资料选编·经济卷

上海图书馆编 陈绛整理

2013 年 11 月 1 版 1 次

精装 298.00 元

16 开　884 页

中国家谱资料选编·家族源流卷（全二册）

上海图书馆编　牟元圭整理

2013 年 11 月 1 版 1 次

精装 558.00 元

16 开　1720 页

中国家谱资料选编·教育卷

上海图书馆编　顾燕整理

2013 年 11 月 1 版 1 次

精装 278.00 元

16 开　828 页

中国家谱资料选编·图录卷

上海图书馆编　王鹤鸣整理

2013 年 11 月 1 版 1 次

精装 285.00 元

16 开　840 页

中国家谱资料选编·漳州移民卷（全二册）

上海图书馆编　林嘉书整理

2013 年 11 月 1 版 1 次

精装 366.00 元

16 开　1116 页

丁日昌集（全二册）

赵春晨编

2010 年 12 月 1 版 1 次

精装 380.00 元

16 开　832 页

赵春晨，男，1966 年北京大学历史系中国近代史专业毕业，现为广州大学历史系教授、中国辛亥革命史研究会理事、广东省历史学会副会长、广州地方史学会会长。主要论著有：《岭南近代史事与文化》《评武昌起义后孙中山的欧洲之行》《孙中山与辛亥革命》等。本书是将清代名臣和洋务运动的中坚人物丁日昌的著作（主要是自撰文字）收集、整理、汇编而成的综合性文集。

夏曾佑集（全二册）

杨琥编

2011 年 12 月 1 版 1 次

精装 298.00 元

16 开　1184 页

夏曾佑，近代诗人、历史学家、学者。本集收入夏曾佑 1881 至 1924 年的论著，共分为文录、诗集、书札、日记、专著、杂著和附录七部分。此次结集出版，除《最新中学教科书中国历史》外，基本为首次面世。

晚清东游日记汇编 1·中日诗文交流集

王宝平主编

2004 年 10 月 1 版 1 次

精装 118.00 元

16 开　538 页

本书收录诗文交流集共 19 种，包括日人所编在日清朝文人诗文集及两国文人唱和集，涉及何如璋、黄遵宪、王韬、黎庶昌、伊藤博文、冈千仞、岩谷修等诸多 19 世纪末期重要人物，为我们了解甲午以前中日两国的诗文交流及其背后的文化外交情状提供了第一手的文献资料。本书并被收入"国家清史编委会文献丛刊"。

晚清东游日记汇编 2·日本军事考察记

[清]黄遵宪撰　王宝平编

2004 年 12 月 1 版 1 次

精装 118.00 元

16 开　465 页

本书作为"晚清东游日记汇编"之一种，收录清末有关人士考察日本军事的日记、报告、撰著等共六种，即姚文栋《日本地理兵要》，丁鸿臣《四川派赴东瀛游历阅操记》《游历日本视察兵制学制日记》，沈翊清《东游日记》，钱德培《重游东瀛阅操记》以及《赴日观操报告书》等。比较全面地反映了当时赴日游历的士人对日本军事情况的认知。

国家清史编纂委员会·档案丛刊

清代军机处满文熬茶档（全二册）

中国第一历史档案馆编

2010 年 10 月 1 版 1 次

精装 980.00 元

16 开　1928 页

满文熬茶档系抄录办理准噶尔蒙古赴藏熬茶事宜过程中形成的各种来往文书而成的簿册，包括皇帝颁发的谕旨，办事大臣呈递的奏折及其相互间所行咨文，准噶尔首领噶尔丹策凌等致达赖喇嘛、班禅额尔德尼、西藏各大寺庙住持的信函,达赖喇嘛、班禅额尔德尼、西藏各大寺庙住持等回复噶尔丹策凌等人的信函,以及准噶尔熬茶使在西藏各大寺庙熬茶布施所用银两和噶尔丹策凌与达赖喇嘛、班禅额尔德尼等互赠礼品清单等。这部分档案不仅反映了清朝统治者对熬茶的操纵和掌控,也反映了蒙藏民族彼此的认识和关系。此书对研究清代民族史、档案史有重要参考价值。

清代四川巴县衙门咸丰朝档案选编(全十六册)

四川省档案局编
2011 年 6 月 1 版 1 次
精装 8800.00 元
16 开　13004 页

　　四川省档案馆藏巴县衙门档案,共约 11 万余件,上溯乾隆十七年(1752 年),下迄宣统三年(1911 年),是中国现存时间跨度最长、数量最多、保存最完整的县级地方历史档案,真实地记载了清代巴县地区 160 年间的政治、经济、文化、军事、司法与社会活动。此选编是从馆藏咸丰朝的 30000 件档案中精选的 5273 件。选编中遵循历史价值、地方特色、品象较好三原则,并按内政、司法两大类编制,内政类下分:职官、军事、政治、财政金融、文教、交通邮电及其他;司法类下分:地权、房屋、借贷、欺诈、家庭、妇女、继承、商贸、凶殴、盗窃、租佃、赌博等。全部档案是第一次对外公布。

国家清史编纂委员会·研究丛刊

清代辑佚研究

喻春龙著
2010 年 6 月 1 版 1 次
72.00 元
大 32 开　576 页

　　该书作者通过钩稽、梳理相关史料,目前考证出清代有辑佚成果者 456 人,辑本种类广涉四部,几近万卷。无论是对清代辑佚者及辑本进行汇考、对《清史稿艺文志拾遗》进行纠缪补阙,还是对四库馆臣以及戴震、周永年等名家辑佚的评述,均为作者首创。此书的面世必将促进学术界对这一课题研究的深入。

清代江南市镇与农村关系的空间透视

　　——以苏州地区为中心

吴滔著

2010 年 10 月 1 版 1 次
32.00 元
32 开　480 页

　　本书从历史和空间两个层面,综合考察了明清苏州地区市镇与农村的关系。全书分上下两编。上编从贡赋体制与市场之间的微妙关系入手,在重视市镇商业机能的基础上,发掘了与市镇起源及市镇区域形成相关的复杂制度变化和贡赋经济下的社会运作机制。下编从信仰、主佃关系和士绅城局等角度,展示了明清江南市镇与农村关系的几个侧面,进而揭示出城乡界线的模糊性和生活于其中人群的多层化关系。

清史纂修研究与评论

国家清史纂修工程出版中心
吉林省社会科学院《社会科学战线》编辑部编
2012 年 3 月 1 版 1 次
68.00 元
32 开　572 页

　　本书内容大致可分为三类:其一是清史编纂主体工程各个部分的纂修内容与编纂方法的研究与探索;其二是对清史编纂基础工程已出版各类图书的学术评价;其三是对清史纂修工程各个阶段工作进程开展的学术活动及编纂计划实施等的纪实概述。

清朝京控制度研究

李典蓉著
2011 年 6 月 1 版 1 次
56.00 元
大 32 开　556 页

　　作者首先回顾了历代“告御状”,即“叩阍”制度的渊源和变化,然后重点梳理了清朝京控制度的形成,它的审理机构、诉讼程序和运作。同时探讨了京控盛行的原因,州县司法的弊端与京控盛行的关系,地方上的生监、讼师与京控者的关系,不同的社会群体在京控中的不同待遇等问题,对京控制度作了全面详细的研究。

国家清史编纂委员会·编译丛刊

中国旅行记(1816—1817 年)

　　——阿美士德使团医官笔下的清代中国

[英]克拉克·阿裨尔著　刘海岩译　刘天路校
2012 年 12 月 1 版 1 次

48.00 元

32 开　432 页

本书是英国阿美士德访华使团医官阿裨尔1816—1817 年间在中国的旅行纪实,记录了使团与清政府打交道过程中的所见所闻,包括清政府官员、清军官兵、围观百姓的穿着打扮、举止言谈、礼仪习惯等等,实为19 世纪初叶的中国社会图景。

（五）历 史 研 究

中古中国知识·信仰·制度研究书系

博望鸣沙:中古写本研究与现代中国学术史之会通

余欣著

2012 年 6 月 1 版 1 次

72.00 元

16 开　456 页

本书通过对敦煌吐鲁番文献和日本古钞本的整合性探讨,来观照现代中国学术史,构建起中古写本研究的"现代镜像",并藉此对写本文化的意义进行反观与省思,期望不仅推进敦煌学史、写本学方法论、中国学术思想史、知识社会史等领域的研究深度和广度,亦有助于促进中古写本研究的理论本土化和自主创新。

晏殊《类要》研究

唐雯著

2012 年 6 月 1 版 1 次

68.00 元

16 开　432 页

本书对晏殊编纂《类要》所引录的文献作进一步的分析与阐述,以期发掘其价值。上编重对《类要》自身的介绍,如其编纂、基本面貌、流传与版本考述方面;下编则注重对《类要》中所引文献分正史与杂史、编年史、传记、地志、类书、总集和乐府等八类分别进行论述。书末四个附录亦具有重要的参考价值。

魏晋之际的政治权力与家族网络

仇鹿鸣著

2012 年 6 月 1 版 1 次

56.00 元

16 开　352 页

单行本 2012 年 6 月 1 版 1 次

2016 年 3 月 1 版 3 次

精装 76.00 元

16 开　348 页

本书将政治史与家族史研究相结合,一方面在政治史的脉络中探讨西晋权力结构从形成到崩溃的过程,另一方面考察魏晋大族之间的政治、婚姻、交往网络,探究这一网络在魏晋政治变局中发挥的作用。

画境中州:金元之际华北行政建置考

温海清著

2012 年 6 月 1 版 1 次

68.00 元

16 开　432 页

本书聚焦于始自蒙古南下徇地中原、迄于忽必烈至元初年大约六十年间(1210—1270)华北地方行政建置激烈改易的现象,对该区域内各层级之建置与区划的历史变迁状况进行考释和分析,力图如实复原此关键演变环节,以究明蒙元地方行政建置之特质及其在唐宋、明清间起承转合之地位。

中古时代的历史书写与皇帝权力起源

徐冲著

2012 年 6 月 1 版 1 次

56.00 元

16 开　402 页

本书在中国中古时代纪传体王朝史的诸多意识形态装置中,择取"起元"、"开国群雄传"、"外戚传/皇后传"与"隐逸列传"四个单元,通过描摹其成立与缺失的历史过程,重建当时的具体语境,发掘出彼时的政治社会在"皇帝权利起源"这一主题上所欲呈现的样态与结构,为深入理解古代王权及人类自身的特质提供一个新视角。

中古时代的礼仪、宗教与制度

余欣主编

2012 年 6 月 1 版 1 次

88.00 元

16 开　592 页

本书是 2010 年在复旦大学召开的"中古时代的礼

仪、宗教与制度"学术研讨的论文结集,主题为中国中古时期(主要指魏晋南北朝隋唐五代)的礼仪、宗教和制度,包括相关文献辑考、宗教史(或宗教社会史)论考、仪式与制度的考证以及综合性研究。

北宋经筵与宋学的兴起

姜鹏著

2013 年 10 月 1 版 1 次

49.00 元

16 开　252 页

　　本书从制度史的角度出发,仔细梳理了宋代经筵制度形成、变化,及其功能转变、人员选任与讲说内容,集中研究士大夫如何通过这样一个制度平台,利用解释经史的机会,喻古讽今,表达自己对时政的看法,并影响最高决策。全书通过揭示经学诠释与史论如何与当时的历史背景挂钩,并与统治学说史同步演进,从发生学的角度,为宋学的产生找出一个制度史的依据。

存思集:中古中国共同研究班论文萃编

余欣主编

2013 年 11 月 1 版 1 次

69.00 元

16 开　444 页

　　本书为复旦大学"中古中国共同研究班"历次专题报告的成果汇集,从中可以见证新生代学者共同学术理想的研究班的"存在"与"思存"。

西汉侯国地理

马孟龙著

2013 年 11 月 1 版 1 次

88.00 元

16 开　576 页

　　本书充分吸收前人研究成果,结合传世文献、出土文献,对西汉近八百个侯国的地理方位进行考证。同时采用"水平横剖面"方法,复原七个具有明确年代断限的西汉侯国地理分布剖面,并对其分布特征进行分析,总结了西汉侯国地域分布特征发展、演变的总体趋势。本书还对有关西汉侯国地理分布、侯国迁徙等一系列专题进行了研究,揭示出西汉政治制度、政治政策的变革。

神文时代:谶纬、术数与中古政治研究

孙英刚著

2014 年 2 月 1 版 1 次

78.00 元

16 开　500 页

单行本 2015 年 6 月 1 版 1 次

2016 年 7 月 1 版 2 次

精装 98.00 元

16 开　496 页

　　本书从宗教信仰的角度出发,来讨论中古时期社会上非常流行的各种谶纬、术数学说与政治史的关系。他用"神文与人文"、"天命与天道"、"预言与灾祥"、"历术与历数"、"乌托邦与救世主"等几个相互对应的概念,选择魏晋到隋唐时期一些典型的事例,做深入剖析,对中古政治史的研究,大力推进了一步。

中国古代地方监察体系运作机制研究

余蔚著

2014 年 11 月 1 版 1 次

38.00 元

16 开　232 页

　　本书对地方监察制度作了通代性质的考察,特别关注不同时代的地方监察制度之间的关联,然后作系统的考察,并建立了一种较新的论述框架,突出了地方监察体系的整体性与内部结构、它与周边各种政治要素的关系以及不同时代制度的连续与变化。

事邦国之神祇:唐至北宋吉礼变迁研究

朱溢著

2014 年 9 月 1 版 1 次

68.00 元

16 开　388 页

　　本书将吉礼制度的变迁置于唐宋变革的时代背景下进行研究,凸显其在中国古代礼制史上的意义。本研究从吉礼制度的内在结构出发,将主体部分分为四个部分来探讨。第一部分讨论唐至北宋时期的大祀、中祀和小祀制度。第二、三、四部分分别探讨唐至北宋时期的郊祀、太庙和释奠礼仪。

中古异相:写本时代的学术、信仰与社会

余欣著

2011 年 3 月 1 版 1 次

68.00 元

16 开　436 页

单行本 2015 年 6 月 1 版 1 次

2016 年 3 月 1 版 2 次

精装 88.00 元

16 开　436 页

本书是以西陲出土写本为基础探讨中国中古时代的"学与术"和信仰、社会之间的关系，选择的切入点为构成中国文化本源的两个互摄的"异相"：方术与博物之学。尤为注重出土文献与传统史志、域外典籍和考古文物的互相印证，并力图沟通文字材料、图像数据和相关学科工具，进行会通式的研究，建立起方术—博物—宗教—礼俗知识社会史—中外关系史相融合的研究范式。

南宋史研究丛书

南宋思想史

何俊　范立舟著

2008 年 10 月 1 版 1 次

70.00 元

16 开　508 页

南宋在中国思想史上具有独特的地位，是理学思想的成熟期，也是三教合流思潮的盛行期，南宋的思想奠定了宋以后中国思想的格局。本书全面探讨了南宋释儒道的发展，特别是对理学思想体系的形成作了细致的梳理。

南宋人口史

吴松弟著

2008 年 10 月 1 版 1 次

55.00 元

16 开　400 页

本书考察研究了我国南宋政权（1127—1279）范围内的人口调查统计制度、人口数量和各时期各区域的人口发展过程。本书以南宋行政区域——路为单位，适当考虑各大自然区域的地理、历史等情况，探讨了各区域人口发展的特点。

南宋军事史

粟品孝等著

2008 年 11 月 1 版 1 次

2009 年 5 月 1 版 2 次

72.00 元

16 开　516 页

本书全面系统地探讨了南宋军事史，不仅梳理了宋金、宋蒙（元）战争的全过程，而且探讨了南宋的军事体制、军事技术、军事著作、战略战术、军事思想的发展演变，突出了火药的使用等军事史上的重大变革。

南宋教育史

苗春德　赵国权著

2008 年 10 月 1 版 1 次

60.00 元

16 开　432 页

本书对南宋的学校教育（官学、私学、书院）、家庭教育、社会教育，以及著名教育家朱熹、张栻、吕祖谦、陆九渊、陈亮、叶适的教育思想与实践，在史料分析的基础上作了深入的考察和研究，探讨总结了南宋教育的发展历程与基本特征。

南宋交通史

张锦鹏著

2008 年 10 月 1 版 1 次

62.00 元

16 开　444 页

本书对南宋的交通事业及相关的问题进行了深入的研究，特别是对南宋时期的海外交通以及交通与经济发展之间相互促进的关系进行了认真的探讨。

南宋手工业史

葛金芳著

2008 年 12 月 1 版 1 次

69.00 元

16 开　438 页

本书分析宋代经济所处的发展阶段和南宋经济的时代特色，探讨了南宋手工业的总体特征及其成就与不足，并以现代眼光加以诠释。

南宋戏曲史

徐宏图著

2008 年 12 月 1 版 1 次

72.00 元

16 开　504 页

南宋时期是中国戏曲的生成期，南戏、宋杂剧、傀儡戏、影戏等各种形式的戏曲争奇斗艳，共同构成了南宋戏曲的繁盛局面。本书对南宋戏曲史进行了系统、准确、细致的描述，可以帮助读者对中国戏曲有一个直观的了解。

南宋书法史

方爱龙著

2008 年 12 月 1 版 1 次

2009 年 4 月 1 版 2 次

65.00 元

16 开　456 页

本书对南宋重要书家的身世、书法创作及其特点作了系统勾勒，并对南宋突出的书法文化和书法理论建树作了专章论述。在论述中穿插了南宋书法名家的传世或摹刻墨迹，颇有助于理论的阐述和名作的鉴赏。

南宋绘画史

陈野著

2008 年 12 月 1 版 1 次

2009 年 5 月 1 版 2 次

67.00 元

16 开　424 页

作者对南宋绘画史有着长期、深入、系统的研究，在本书中对南宋绘画史作了精彩、精准的表述，无疑可增进读者对南宋绘画的了解。

南宋全史：政治、军事和民族关系卷（全二册）

何忠礼著

2011 年 12 月 1 版 1 次

158.00 元

16 开　824 页

本书为《南宋全史》第一、二册，主要研究政治史、军事史和南宋境内的民族关系。第一册研究南宋前期高宗和孝宗两朝的政治军事，第二册研究光宗、宁宗、理宗、度宗四朝的政治军事，南宋灭亡的经过以及南宋的民族关系史。

南宋全史·典章制度卷（全二册）

苗书梅　葛金芳等著

2012 年 6 月 1 版 1 次

168.00 元

16 开　864 页

上册分职官、选举、监察、法律和军事五章，下册分赋役、财政、教育、礼仪和社会救济五章，对南宋制度史研究中的几个重要方面进行了深入研究。本书为其第二卷。

南宋全史·社会经济与对外贸易卷（全二册）

葛金芳著

2012 年 11 月 1 版 1 次

168.00 元

16 开　880 页

《南宋全史》为一部规模较大的全面研究南宋历史的专著，本书为其第三卷，上卷主要研究南宋经济的主体农业的发展，下卷主要研究各种非农经济和手工业的发展。总之，本书全面研究了南宋经济发展的各个方面，确定了南宋对中国经济发展的贡献，具有很高的学术价值。

南宋全史：思想、文化、科技和社会生活卷（全二册）

范立舟　徐吉军著

2015 年 10 月 1 版 1 次

168.00 元

16 开　876 页

本书即为"南宋史研究丛书"的第七、八卷。第七卷为范立舟撰写，主要为南宋的教育与藏书、思想文化、史学、文学、民间信仰等；第八卷为徐吉军撰写，主要为南宋时期的艺术、科学技术、社会生活和风俗等。

南宋及南宋都城临安研究系列丛书

南宋舒州公牍佚简整理与研究

孙继民　魏琳著

2011 年 12 月 1 版 1 次

68.00 元

16 开　384 页

本书是对《宋人佚简》的整理与研究。《宋人佚简》反映了不少南宋时期地方官府机构设置和行政管理制度，补充了许多宋代财政、税收政策的新材料，保留了南宋初年江淮地区战备状况的细节材料，还是宋代文书制度的重要材料。

南宋美学思想研究

周膺　吴晶著

2012 年 6 月 1 版 1 次

62.00 元

16 开　392 页

本书从文化集成、理学基础、词学境界、叙事表述、田园隐喻、世俗意象、宗教镜像等几个方面具体讨论了南宋美学思想，认为南宋学术或美学之所以能够完成，主要是"涵咏"思想和方法的形成，南宋美学是"涵咏"美学。

南宋川陕边防行政运行体制研究

何玉红著

2012 年 4 月 1 版 1 次

58.00 元

16 开　368 页

本文选取南宋时期具有重要战略地位和诸多地域特色的川陕战区为研究对象，力图在中央与地方关系的视野下，将川陕战区置于南宋历史发展的进程中，突破就"川陕"论"川陕"的局限，由对川陕战区政治演进的探讨进而深化对南宋历史的认识。

南宋明州先贤祠研究

郑丞良著

2013 年 3 月 1 版 1 次

46.00 元

16 开　252 页

本书讨论了南宋明州，即南宋两浙东路明州（后改庆元府）地区（约相当于今宁波、舟山群岛）的先贤祠，以及纪念乡里先贤人物现象背后之文化意义。是从历史学、社会学的角度，以区域研究的方式对宋代先贤祠进行的研究。

南宋陶瓷史

邓禾颖　方忆著

2013 年 3 月 1 版 1 次

16 开　400 页

68.00 元

本书从瓷器的釉色特征出发，对南宋陶瓷器进行一个大的分类，然后在大的釉色分类下，按地区及窑口，归纳某一窑口某一釉色产品的特征；对颇受关注的热门话题单独设章节进行了总结和初步的探讨，如南宋陶瓷的外销、南宋宫廷用瓷的思考等。此外，本书还编录了南宋纪年瓷简表及四川地区窖藏出土的南宋瓷器表等。

宋金交聘制度研究（1127—1234）

李辉著

2014 年 12 月 1 版 1 次

68.00 元

16 开　276 页

本书探讨宋辽关系对宋金关系的影响；对南宋聘使制度进行了深入研究，重视不同时期聘使制度的变化；对南宋国信使副的任用情况进行考察，可以了解不同时期宋金交聘之特点；对金国的聘使制度也进行了探讨；对涉及宋金交聘的部分史料进行专题研究。

南宋建筑史

郭黛姮著

2014 年 12 月 1 版 1 次

98.00 元

16 开　504 页

本书是一部有关南宋建筑的集大成式的断代史，全书内容宏富，分绪论、城市、南宋殿与行宫、南宋皇陵、宗教建筑、园林建筑、教育建筑、居住与市井建筑、宋代桥梁、建筑艺术与技术共十章，从南宋建筑发展的历史背景入手，展现南宋建筑的鲜明个案，探讨南宋建筑的艺术特点，解剖南宋建筑的技术特征。

图说宋人服饰

傅伯星著

2014 年 8 月 1 版 1 次

2016 年 6 月 1 版 2 次

68.00 元

16 开　260 页

与以往通史式的服饰著作对宋代服饰点到为止的叙述相比，本书可谓一部"画家演述的服装断代史"（浙江省文艺评论家协会顾问郑朝语）。作者在阅读大量宋人记载后，以近三十余年的形象资料搜集，以画入史，以图说史，别现精微。

南宋社会民间纠纷及其解决途径研究

朱文慧著

2014 年 12 月 1 版 1 次

45.00 元

16 开　244 页

本书从法律社会史的角度借助现代诉讼法和社会学中的概念，从不同社会群体的不同观念入手，探究南宋民间法律社会中各种现象和产生现象背后的动因。研究的侧重点不是南宋民间纠纷及其解决途径本身,而是这些现象与各种观念的互动关系和结果。

金人"中国"观研究

熊鸣琴著

2014 年 12 月 1 版 1 次

68.00 元

16 开　316 页

本书是一部专门探讨金人"中国"观的产生、演变及其特质的著作。大致从女真贵族与帝王、金朝汉人、以郝经和丘处机为个案的金遗民三个方面全面阐释了金人的"中国"观及其特色,并对金朝等北方民族政权的"中国性"问题提出了新见解。

《咸淳临安志》宋版"京城四图"复原研究

姜青青著

2015 年 8 月 1 版 1 次

108.00 元

16 开　552 页

现藏于国家图书馆的宋版"京城四图"是现存杭州最古老的地图,也是《咸淳临安志》在海内外惟一幸存至今的宋刻原版地图。作者姜青青通过对漫漶不堪的宋版原图作高分辨率电脑分析,基本恢复了宋版"京城四图"原有信息的真实性和完整性。按照"整旧如旧"的原则,作者在宋版底图基础上的重新绘图,最大限度地还原了宋版"京城四图"的本来面貌。

《永乐大典》本南宋至明初湖南佚志辑校

周方高著

2015 年 9 月 1 版 1 次

48.00 元

16 开　252 页

据考证,湖南自南宋至明初,有古方志 154 种,虽迄今全佚,但部分内容为《永乐大典》所收录。作者通过对《大典》(残本)所收录的湖南古方志的有关内容,分地区进行辑编,加以整理点校,撰成本书,对研究自宋至明初湖南的乡土地理和乡土历史有一定文献价值。

两宋宗室研究

——以制度考察为中心

何兆泉著

2016 年 3 月 1 版 1 次

58.00 元

16 开　280 页

本书在前人研究基础之上,以制度考察为中心,集中围绕宋代宗室的主要负责机构、谱牒编纂与人口管理、司法管辖与身份特权、宫学与宗学、选举途径、授官任职等专题,分别加以比较深入的分析阐述,并对两宋宗室的人口变化、宗室进士数量、重要任官情况等作出必要的计量统计分析,尝试揭示宋代宗室事务的特殊性以及宗室问题的广泛影响。

近代中国研究专刊

顾维钧与中国外交

金光耀主编

2001 年 6 月 1 版 1 次

28.00 元

大 32 开　560 页

在 20 世纪上半叶,顾维钧堪称"中国第一外交家"。作为中国第一代职业外交官的代表,他自 1912 年开始外交生涯,在巴黎和会上一鸣惊人;他经历了民国时期绝大多数重要的外交事件,数任外长,两被通缉,1956 年从海牙国际法庭退休后还口述完成了 13 册之巨的《顾维钧回忆录》,极具史料价值。本书汇集了海内外专家学者论述,体现了从新的视角更深入全面地审视民国外交。

近代中国的经济与社会

吴景平　陈雁主编

2002 年 6 月 1 版 1 次

20.00 元

大 32 开　352 页

全书共分六部分:近代中国资本主义的发生、发展;商会与社会转型时期的政治与政府;金融制度、同业团体和信用观念;国家政策、企业制度和经济变迁;在华外商和走向世界的外商;近代企业家和金融家。全书共收论文 16 篇,体现了关于近代经济发展和社会转型方面的最新研究成果。

上海金融的现代化与国际化

吴景平　马长林主编

2003 年 10 月 1 版 1 次

40.00 元

大 32 开　634 页

本书对上海金融的近现代化与国际化历程，从多角度作了阐论，利用现存档案资料等，对近代上海金融业的同业组织、华资银行、证券保险业、放款投资，以及金融与政局之关系，作了具体而微的分析。包括中国大陆、台湾与日本、韩国等国家与地区的 20 余位学者的论文。

女界钟

金天翮著　陈雁编校
2003 年 11 月 1 版 1 次
15.00 元
32 开　174 页

　　1903 年，金天翮有感于中国妇女所受压迫之深，愤笔写下了《女界钟》一书，全面控诉妇女苦楚，讨论男女平等、女子参政、妇女教育及婚姻自由问题。作为近代中国鼓吹女权的第一本专书，《女界钟》立意高远，思想新颖，论证严密，且充满激情，极富感染力，它对以后的妇女解放运动产生了广泛而深刻的影响。向警予在湖南周南女校所创办的妇女杂志，就借以为刊名。

民族主义与近代外交

金光耀　栾景河主编
2014 年 1 月 1 版 1 次
98.00 元
16 开　568 页

　　本书为复旦大学历史系举办的"民族主义与近代外交"学术研讨会论文集，分条约与国际法、专题论文、人物研究、学术动态四个板块。大部分课题以远东国际体系变化、中国国内政治变革为背景，以事件、人物、团体、派系、思潮、条约为切入点，多视角探索自晚清至建国初期的中国外交活动，凸显民族主义持续高涨等历史动因。

目击 20 世纪丛书

国门内外

徐福生主编
2004 年 1 月 1 版 1 次
30.00 元
大 32 开　376 页

　　本书记述了 20 世纪中国在国际交往上重要的事件与人物，以及与中国有关的一些国际事件，印证了中国

20 世纪外交由辱及荣、从衰到盛的发展历程。因本书撰述人多为"亲历、亲见、亲闻"者，所写内容真实可信，有不少首见报道的内容颇具史料价值。

民国名流

徐福生主编
2004 年 1 月 1 版 1 次
28.00 元
大 32 开　348 页

　　本书记述了民国政界要人和社会名宿的种种传奇事迹。其中有孙中山等民国元勋的生活史料，蒋氏家族的不传秘闻，李宗仁、张学良等民国要人的精彩行状，也有梁启超、鲁迅、胡适等文化巨匠的珍闻琐记。此外，还叙写汪伪要人的隐秘内幕、海上闻人黄金荣的晚年悔过等。文章的撰写者与被写人大多有直接或间接的交往，所写之事较为真实准确，且有不少独家披露之内容。

无形战线

徐福生主编
2004 年 1 月 1 版 1 次
30.00 元
大 32 开　376 页

　　这是一辑由经历人叙说的发生在 20 世纪地下隐蔽战线的种种传奇故事和传奇人物。这里有共产党在国统区的惊险斗争，有国共两党人士的暗中合作，有地下党分化策反敌军的丰功伟业，也有蒋、汪间的合流和搏杀，以及国际间谍在中国的表演。撰述人力求真实、准确、客观地展现历史之真相，更有大量珍藏的老照片，阅读价值和珍藏价值俱高。

红色英杰

徐福生主编
2004 年 1 月 1 版 1 次
28.00 元
大 32 开　364 页

　　20 世纪的精英，汇聚成中国共产党的第一代领导集体，他们的事迹风范，是 20 世纪最有价值的史料。本书记述他们之中许多感人的革命事迹和精神，有大量的细节描写和照片展示。

共和国风云

徐福生主编
2004 年 1 月 1 版 1 次

28.00 元

大 32 开　348 页

　　本书所收入的记述，都是新中国成立后重大事件和重要人物的见证人对历史所作的忠实的回顾。本书有助文史爱好者们了解有关历史事件的真相，也为文史工作者提供第一手资料。

中国典籍与文化研究丛书

《越绝书》研究

李步嘉著

2003 年 5 月 1 版 1 次

38.00 元

大 32 开　330 页

　　本书从文献学的角度对《越绝书》进行专门研究，主要内容包括"书名研究"、"篇帙研究"、"佚文研究"、"版本研究"以及"成书年代与作者研究"五个部分。

《旧唐书》辩证

武秀成著

2003 年 5 月 1 版 1 次

40.00 元

大 32 开　360 页

　　《旧唐书》至明代嘉靖时已零落不全，后经闻人诠将当时各种《旧唐书》残存本进行补缀重刻。由于种种原因，《旧唐书》中存在较多问题，本书汲取前人研究成果进行校勘辩证。

六朝南方神仙道教与文学

赵益著

2006 年 4 月 1 版 1 次

35.00 元

大 32 开　412 页

　　此书为道教文学研究领域的一项新的成果。全书分为两大部分：一是六朝南方神仙道教的史料、名实及其源流演变的辨析论证，二是论述神仙道教与文学（传记、小说、诗歌）的关系。作者以丰富的文献资料为依据，考辨细密，思理明晰。在很多问题的研究上，能突破前人而作更加深入的研究。

荆公新学研究

刘成国著

2006 年 1 月 1 版 1 次

28.00 元

大 32 开　336 页

　　本书对宋代王安石新学的产生背景、门人与著述、学术建构和理论特色、当时的影响、身后的评价等，作了全面的论述。其中尤其对新学盛衰及其原因，过去较少注意的王安石师承、门人、著述等问题的探讨，富有新意。

石刻刻工研究

程章灿著

2009 年 5 月 1 版 1 次

68.00 元

大 32 开　720 页

　　本书搜集、整理了大量的中国历代石刻刻工资料。上编为理论部分，阐释了刻工研究的意义、方法，梳理了自唐代至民国一千多年间各代刻工的大致情况，并对其中的重要人物作了专门论述。下编"《石刻考工录》补编"所做的实为文献工作，辑录条目数量达四千余条，远超过《石刻考工录》原书所录条目数量。

宋朝方志考

顾宏义著

2010 年 9 月 1 版 1 次

68.00 元

大 32 开　712 页

　　本书收录宋代路、州（府军监）、县以及镇、乡等方志（包括存佚）达 1031 种。对于某一宋朝方志，本书首先列举相关书目文献之记载，并简述其修纂者及预修者的生平简历，若撰者生平不详、或记载有讹者，则为考辨之；次叙成经过及其体例、类目、刻印情况等，再述其传刻流传情况，有传误者考辨之。其修撰者及其修撰经过、类例等皆未详者略之。此外，原书序跋最能反映著者之编撰宗旨、纂修经过以及写刻流传源流，对于佚志内容之考辨尤为重要，故本书于宋朝方志序跋可考者多详加载录；又因宋朝州县方志大都失佚，故本书悉心钩校宋、元以来文献引录其志（图经）者，于相关条目下详列其书目、卷帙，以便阅览。具有较高的学术价值和文献价值。

通鉴胡注论纲

林嵩著

2012 年 3 月 1 版 1 次

38.00 元

32 开　372 页

　　本书从史文的疏解、史事的考订、史义的探求、史法的归纳，以及史料价值、学术价值、思想价值等方面分析和论证了胡三省音注的巨大成就，同时也对胡注的欠缺和不足进行了细致的梳理。

《史记》《汉书》年月考异

郜积意著

2015 年 4 月 1 版 1 次

45.00 元

32 开　352 页

　　本书细检古今诸家历表，重排前汉朔闰表（详见书稿附表），重新考证《史记》与《汉书》两书的日月互歧之处，考证详尽完备，学术价值较高。

当代敦煌学者自选集

郝春文敦煌学论集

郝春文著

2010 年 12 月 1 版 1 次

36.00 元

32 开　392 页

　　本书作者郝春文现为首都师范大学历史学院教授，历史学院院长，历史研究所所长，兼任中国敦煌吐鲁番学会会长。本书收录了他的学术自述、论著目录以及 20 余篇敦煌学的相关论文，内容主要是作者利用敦煌文书对中古社会的相关问题进行的研究，以及对敦煌学的回顾与展望、敦煌学治学方法漫谈等。

方广锠敦煌遗书散论

方广锠著

2010 年 12 月 1 版 1 次

38.00 元

32 开　420 页

　　本书收录了作者关于敦煌学研究的学术论文 20 余篇，介绍了敦煌学的发展演变及特点、日本对敦煌佛教文献之研究现况等。其中，尤其详细介绍了敦煌遗书的流散、回归、保护、时限和形态等情况以及其在佛教研究方面所发挥的作用等，对敦煌宗教文献等内容和价值分别进行了介绍，同时也阐述了敦煌遗书中的佛教文献及价值。另外，作者在书中还提出了关于"敦煌遗书库"的构想。

邓文宽敦煌天文历法考索

邓文宽著

2010 年 12 月 1 版 1 次

48.00 元

32 开　532 页

　　本书是作者 35 年研究成果的精选集，主要研究领域为天文学史、隋唐五代史、敦煌吐鲁番出土文献。在已出版的三种学术作品《敦煌天文历法文献辑校》、《敦煌吐鲁番出土历书》、《敦煌吐鲁番天文历法研究》和数十篇学术论文中，作者曾经揭示出北魏太平真君十二年（451 年）历日有两次准确的月食预报，也曾从俄藏敦煌文献中考出公元 834 年的印本历日小残片，进而将从我国发现的雕版印刷品实物的绝对年代提前了 34 年（原为公元 868 年的《金刚经》），此外从敦煌、吐鲁番、黑水城等地发现的 10 余件残历的年代亦经其他他考证而明晰。本书的另外一项内容是关于敦煌禅宗南宗文献的整理与研究，重点对《敦煌本"邈真赞"校诠》一书进行研究，并正确地解决了《坛经》中的方音替代字问题。

项楚敦煌语言文学论集

项楚著

2011 年 3 月 1 版 1 次

48.00 元

大 32 开　580 页

　　本书收入作者已经发表过的专业性研究论文 27 篇，内容包括了对敦煌变文语词的考校，以及利用敦煌遗书中的相关材料对王梵志诗词进行研究等。

赵和平敦煌书仪研究

赵和平著

2011 年 3 月 1 版 1 次

38.00 元

大 32 开　396 页

　　本书选取了作者 20 余年来有关敦煌书仪研究的文章 20 篇，分为"总论"、"个案研究"、"专题研究"三编。作者不仅在前人研究的基础上对具体的书仪提出自己的见解，而且对于书仪所反映的社会问题亦给予了较多关注。

张涌泉敦煌文献论丛

张涌泉著

2011 年 8 月 1 版 1 次

42.00 元

大 32 开　484 页

　　书稿选取作者过去公开发表过的有关敦煌文字学研究的论文 20 篇,重新加以修订和增补,分为"叙录编"、"断代编"、"校理编"、"文献编"、"语言编"等五类。作者在前人研究的基础上,深入研读敦煌文献,旁征博引,提出个人见解。

郑阿财敦煌佛教文献与文学研究

郑阿财著

2011 年 10 月 1 版 1 次

38.00 元

大 32 开　448 页

　　郑阿财为著名敦煌学家潘重规先生的学生,本书收录了他有关敦煌学的 16 篇论文,内容涉及敦煌吐鲁番文献中佛教经卷与世俗文化、文学等之间密切的关联,反映了当时的社会状态。另附有其本人的学术自述以及论著目录。

朱凤玉敦煌俗文学与俗文化研究

朱凤玉著

2011 年 11 月 1 版 1 次

36.00 元

大 32 开　360 页

　　本书选取作者有关敦煌语言文学与俗文化研究的论文 17 篇,内容中既有对敦煌文献具体文本的研究,也有对某一类文献的研究,还有对敦煌文献编写形式的研究。

林悟殊敦煌文书与夷教研究

林悟殊著

2011 年 12 月 1 版 1 次

48.00 元

大 32 开　540 页

　　本集收入论文 26 篇,附有著译目录。内容之一专门以敦煌夷教写本为考察对象,探讨写本之真伪、内容或其产生之背景原因等;之二则以夷教为研究对象,旨在彰显敦煌文书之发现与当代夷教研究之密切关系。

陈国灿吐鲁番敦煌出土文献史事论集

陈国灿著

2012 年 9 月 1 版 1 次

58.00 元

32 开　708 页

　　本书选取作者有关吐鲁番、敦煌出土文献的研究论文 36 篇,将出土文献与传统史籍相结合,对中国古代历史,特别是吐鲁番、敦煌地区的社会、经济、宗教等问题进行探讨。

朱雷敦煌吐鲁番文书论丛

朱雷著

2012 年 12 月 1 版 1 次

42.00 元

32 开　480 页

　　本书利用敦煌吐鲁番出土的佛教写经、官私公文、户籍账簿、来往书信、买卖契约、石窟题记中的残存内容,挖掘出许多新史料,揭示了汉唐时期政治、经济、典章制度、宗教、文化、科技等方面具体而丰富的内容,并对前贤的观点进行了细致的梳理和论证。

柴剑虹敦煌学人和书丛谈

柴剑虹著

2013 年 10 月 1 版 1 次

48.00 元

32 开　504 页

　　本书选收作者所写与敦煌学密切相关的人和书的文章,另附数篇与敦煌学学术背景有关联的思考文章,附录的"敦煌书简"、"台湾讲学日记摘抄",亦可以为研治敦煌学史的学者提供一些可资参考的材料。

张鸿勋跨文化视野下的敦煌俗文学

张鸿勋著

2014 年 11 月 1 版 1 次

58.00 元

32 开　452 页

　　本书收录张鸿勋自选论文 22 篇,集中反映了其敦煌俗文学作品与日、印、阿拉伯各国作品,以及与传世俗文学作品的比较研究成果。作者挖掘了民间文学母题、海外汉语珍本、佛经故事、阿拉伯及波斯故事和中国民间传说的题材,将其与相关敦煌写本进行同质和异质的比较分析,阐明了各自的文学现象和共同规律。

西夏文献研究丛刊

西夏文献论稿

聂鸿音著

2012 年 9 月 1 版 1 次

精装 68.00 元

16 开　360 页

　　本书以内蒙古黑水城遗址出土的西夏文献为主要研究对象,分中原儒家经典的西夏译本考释等几大方面,对相关文献进行了录文、注释、汉译、解读和研究,揭示了西夏社会政治、经济、典章、宗教、文化等方面的丰富内涵。

中国藏西夏文献研究

杜建录编著

2012 年 9 月 1 版 1 次

精装 78.00 元

16 开　360 页

　　本书全面调查中国藏西夏文献数量、种类、内容、质地、版本、出土地点、收藏单位,并对文献资料进行甄别、分类与考释以及个案与专题研究,在此基础上,首次从全面研究和整体认识的高度阐明了中国藏西夏文献的历史文献价值与版本文物价值。

西夏文《孟子》整理研究

彭向前著

2012 年 11 月 1 版 1 次

精装 68.00 元

16 开　304 页

　　本书以西夏文翻译的《孟子》为研究对象,探讨其在西夏的传播以及其版本、翻译风格、译写年代、颠倒译法、夏汉对音字、所反映的西夏社会等问题,并对其西夏文进行校对、译注等工作。

西夏社会文书研究(增订本)

杜建录　史金波著

2010 年 1 月 1 版 1 次

增订本 2012 年 2 月 1 版 1 次

精装 88.00 元

16 开　352 页

　　本书收录了大量能够展现西夏社会政治经济秩序面貌的社会文书,对其进行分类,在此基础上进行考释、整理研究。此次增订补充了部分珍贵的日本藏西夏文献和英国藏黑水城文献。

《天盛律令》研究

杜建录　波波娃主编

2014 年 12 月 1 版 1 次

精装 118.00 元

16 开　520 页

　　西夏文《天盛律令》是中国历史上第一部用少数民族文字印行的法典,为研究西夏社会和中国法制史的重要资料。本书通过西夏文本对勘、汉译本考证、相关文献考释等方法,对农业、畜牧、内宫待命、司序行文、为僧道修寺庙、催索债利、边防、交通驿站等门类分别进行了深入的研究。

西夏《功德宝集偈》跨语言对勘研究

段玉泉著

2014 年 12 月 1 版 1 次

精装 78.00 元

16 开　336 页

　　本书运用跨语言对勘方法,以西夏文献《圣胜慧到彼岸功德宝集偈》解读为重心,充分利用藏学界、梵文学者已有的研究成果,开展汉、藏、西夏文本对勘研究。全书分为研究篇和对勘篇两大部分。研究篇从四方面展开,对勘篇则以西夏文本解读为中心,以藏、汉文本作逐字逐句对勘。诸本有异者或重点字词、语言现象出校注说明。

党项西夏碑石整理研究

杜建录著

2015 年 11 月 1 版 1 次

精装 78.00 元

16 开　356 页

　　本书从文献的角度,对党项与西夏碑石资料作详细考释。全书结构上分上、下篇,上篇为专题研究,介绍了党项与西夏碑石的种类数量、文献价值等概况,并选取有代表性的墓志铭进行详细考释;下篇为碑石整理,收集了陕西、内蒙古、甘肃、宁夏、北京、河北、河南等地藏党项与西夏碑刻。

西夏佛典探微

胡进杉著

2015 年 7 月 1 版 1 次

精装 128.00 元

16 开　512 页

　　本书译注了西夏文《心经》《大悲心总持功能依经录》《十五佛母赞》和多种《陀罗尼》,并与宋、辽、金、西藏经典进行逐句比定,判定了西夏文本的源流。研究了西夏佛经扉画的内容和形式。并附录了《夏藏词汇对照表》。

实录研究丛书

宋实录研究

谢贵安著

2013 年 10 月 1 版 1 次

118.00 元

16 开　552 页

两宋十八朝，除度宗以后四个短祚王朝外，每朝都修有实录，为后代修纂宋代历史奠定了主要的史料基础。惜乎宋代实录仅有《宋太宗实录》残本留存，实录的很多问题终有些模糊。本书是学界第一部全面研究宋代实录的著作，对其修纂过程、修纂机制与宋实录的主题、体裁、体例、史料来源、修纂过程中存在的曲笔现象以及宋实录的价值和影响等一系列问题进行了深入探讨。

明实录研究

谢贵安著

2013 年 10 月 1 版 1 次

88.00 元

16 开　396 页

《明实录》多达 1600 万字，令古今学者望而生畏，且古今学人多认为它是歌功颂德之作，曲笔诬饰比比皆是，不可尽信，影响了它的史料价值，因而研究成果不多。本书是一部全面、系统研究《明实录》的学术专著，在前人研究的基础上，对明实录进行系统勾勒和全面研究。本书蕴含大量的个案研究及新颖观点，特别是对很多记载逐一进行考订和辨析，从而弄清该书的信实部分和不实之处，准确判断其史料价值和主要缺陷，是一部研究《明实录》的集大成著作。

中国已佚实录研究

谢贵安著

2013 年 10 月 1 版 1 次

98.00 元

16 开　460 页

本书从历史文献学和史学史的角度对南北朝实录、唐实录、五代十国实录、辽夏金元实录进行了探讨，特别是论述为我国少数民族政权所修的后唐、后汉、辽、夏、金、元实录，对清实录的研究有一定的启

发和示范作用。

乐农史料选编与研究

荣德生文集

上海大学江南大学《乐农史料》整理研究小组选编

2002 年 7 月 1 版 1 次

38.00 元

大 32 开　310 页

荣德生（1875—1952），名宗铨，号乐农，是我国近代民族工业发展史上的重要人物。本书首次结集荣德生从 1912 年至 1952 年的 62 篇文稿、题词、诗联、言论及相关报道，并汇辑有关荣德生的传记资料、生平事业年表和家世、家训等史料，其中大多数是鲜为人知的珍贵文献。本书为研究在近代中国具有典型意义的荣家企业和荣氏家族开辟了新的领域。

荣德生与社会公益事业

上海大学江南大学《乐农史料》整理研究小组选编

2004 年 5 月 1 版 1 次

45.00 元

大 32 开　398 页

本书收录近代实业家荣德生热心社会公益和慈善事业，致力家乡及周边地区文化建设的有关史料。他除了创办多所中小学校外，1916 年又在荣巷建成大公图书馆，藏书最多时近 20 万卷。1912 年起他置地构建梅园，逐年扩充，开无锡太湖近代风景园林与植物造园之先河。为方便民众出行或劳作，他曾在六年间出资造桥 88 座，其中宝界桥时称"江南第一大桥"。他筑路多条，并建公共汽车股份公司。经他出资修缮的古迹有北宋的南禅寺妙光塔、明东林书院和宜兴的善卷洞、张公洞等。

荣德生与兴学育才（全二册）

上海大学江南大学《乐农史料》整理研究小组选编

2003 年 9 月 1 版 1 次

78.00 元

大 32 开　998 页

本书选录荣德生自 1906 年至 1952 年间有关办学文稿、史料和当年报刊相关报道等，共计 260 余篇，分四个版块：公益小学和竞化女校（1906—1918 年创办）、公益工商中学和公益中学（1919—1937 年开办）、梅园豁然洞读书处（1927 年开办）、私立江南大学（1947 年创办）。

还收入图片资料 40 余幅。本书比较系统而完整地反映了爱国实业家荣德生对中国近现代教育事业的贡献。

荣德生与企业经营管理（全二册）

上海大学江南大学《乐农史料》整理研究小组选编
2004 年 10 月 1 版 1 次
120.00 元
大 32 开　　1320 页

荣德生是近代中国民族工业的先驱者和开创者之一，荣氏企业也是近代民族工业中规模最大、时间最久的家族企业集团。本书选录荣德生从事企业活动 50 多年间关于企业经营管理的文稿、言论，企业档案和相关资料，较为全面而客观地反映了荣德生创办和发展民族工业企业的艰难历程、经营管理思想理念和实迹。

乐农自订行年纪事

荣德生撰　　陈文源　胡申生标校
2001 年 10 月 1 版 1 次
15.00 元
大 32 开　　320 页

本书是荣德生的一部自订年谱，所记至 1949 年解放为止。他与胞兄荣宗敬从 1900 年起投资创办工业企业，先后建立茂新面粉公司、福新面粉公司、申新纺织公司，成为旧中国民族工业中规模最大的企业集团之一。本书较具体地记述了荣德生的人生道路、创业经过和思想变化。

纪念荣德生诞辰 130 周年国际学术研讨会论文集

上海大学江南大学《乐农史料》整理研究小组选编
2005 年 12 月 1 版 1 次
68.00 元
大 32 开　　720 页

荣德生（1875—1952）是中国近代民族工业的先驱者之一。本书是中外学者站在新时代的高度对荣氏家族历史的回顾和剖析。研究荣氏家族和荣氏企业的创建、传承和发展，对发展和引导民营经济有借鉴作用。

日本中国史研究译丛

六朝贵族制社会研究

[日]川胜义雄著　　徐谷梵等译
2007 年 12 月 1 版 1 次

精装 49.00 元
16 开　　328 页

本书是日本著名中国史研究学者川胜义雄（1922—1984）的代表作。川胜认为中国六朝是个贵族制的社会，这一时代的特征，是有别于皇帝政治的另外一种以人格为媒介的人际结合关系。他的研究结论是，欧洲中世的封建政治是封建领主制的地方分权政治，而中国的中世，却是皇帝专制下的中央集权官僚政治。当时的豪族阶级的势力，具有豪族的领主化倾向，但中国社会以舆论阻止了领主化倾向，从而形成了有别于欧洲的中世社会。本书以不同于中国学者的视角研究中国史，1982 年由日本岩波书店出版后，当即在学术界受到极高的评价。

隋唐帝国形成史论

[日]谷川道雄著　　李济沧译
单行本 2004 年 10 月 1 版 1 次
2011 年 6 月 1 版 1 次
2016 年 3 月 1 版 4 次
精装 58.00 元
16 开　　380 页

本书是日本著名学者谷川道雄揭示隋唐帝国开成的前提、过程与本质的力作，初版于 1971 年，1998 年作者作了重大增补后再版，此次由龙谷大学魏晋南北朝史学博士李济沧全文译出。

中国中世社会与共同体（增订本）

[日]谷川道雄著　　马彪译
2013 年 12 月 1 版 1 次
2016 年 5 月 1 版 2 次
精装 58.00 元
16 开　　364 页

本书是谷川道雄先生代表之一，中译本初由中华书局于 2002 年出版，引起很大关注。此次新增订数万字，对日本中国史研究的理论问题作了检讨与反思，且对六朝具体历史用"共同体"理论作了精彩分析。

中国古代的家族与国家

[日]守屋美都雄著　　钱杭　杨晓芬译
2010 年 3 月 1 版 1 次
精装 90.00 元
16 开　　512 页

本书为已故日本著名历史学家守屋美都雄先生在史学研究方面的重要论著之一,收录了他晚年所撰论文中的主要作品,同时也涉及一部分早年代表作。本书分为三部分:国家篇、家族篇以及附篇,以家族研究为基础,着力探讨家族与中国古代帝国构造之间的关系问题,其中的家族篇更是家族研究发展为家训问题的重要成果,时至今日本书仍是日本东洋史研究学者的必读之书,许多观点可为相关研究提供重要启示。

平城历史地理学研究

[日]前田正名著　李凭　孙耀　孙蕾译

2012年10月1版1次

精装68.00元

16开　448页

正篇研究了北魏桑干河流域的自然地理、居民结构、都市景观的发展情况,以及平城周围的交通路线、商业贸易等问题;另附三篇论文,以表格的形式梳理了北魏建国以前的拓跋部历史及建国后至迁都洛阳为止的北魏历史,并揭示了沿太行山脉东麓的交通路是东亚极为重要的一条南北交通线的历史史实。

中国史学史

[日]内藤湖南著　马彪译

2008年6月1版1次

2016年6月1版4次

精装69.00元

16开　480页

本书作者内藤湖南(1866—1934)是京都大学东洋史学科的第一代教授,亦是日本京都学派的开创者,堪称日本的史学大师。内藤湖南史学特色之一,就是对中国历史发展的全过程进行系统的把握。他关于中国历史最著名的理论是"唐宋变革论",他的理论被之后的日本学者所继承,成为日本人研究中国历史的基本观念。他撰有多部有关中国历史的论著。本书则是根据内藤湖南在京都大学所讲授的"中国史学史"的内容整理而成的。正因为作者对中国的历史和中国的史学著作烂熟于胸,方能这样如数家珍般,对每一本中国的史学著作的优劣、特色一一加以评点。

中国思想史研究

[日]岛田虔次著　邓红译

2009年8月1版1次

精装75.00元

16开　492页

岛田虔次(1917—2000)是日本著名中国思想史学家、二战后日本中国学研究的开创者和奠基者之一。本书是岛田先生毕生研究中国思想史、特别是研究阳明学的结晶,全书由四部共22篇论文构成。岛田研究中国思想史的方法在于:抓住一个概念或者人物,引用大量的甚或是鲜为人知的资料,发掘探索其特定思想的内在和外延,注重其历史性逻辑发展,并从世界史角度,特别是中西文化思想交汇和"西方冲击"的角度加以对照和比较。这样的研究方法在当时的中国思想史研究上是少见的,为后来的学者们所继承发扬,在今天也有着现实的借鉴意义。

中国法制史

[日]仁井田陞著　牟发松译

2011年7月1版1次

精装58.00元

16开　360页

本书以制度框架作为主要内容,通过对东西方法律的比较,对法律和社会进行分析。作者多年来有关中国农村家族及行会的研究报告,在本书的构成上占据重要位置。另外,本书还在整体上展示这一领域今后有待解决的问题,有别于以往中国法制史研究的概述性著作。

日本中青年学者论中国史

上古秦汉卷

刘俊文主编

1995年6月1版1次

精装53.30元

大32开　302页

本书专辑日本颇有成就的中青年学者所撰中国上古、秦、两汉时代论文,有《试论殷王室的构造》、《西周郑(奠)考》、《战国时代的城市和城市统治》、《秦代审判制度的复原》、《汉代的两座刑徒墓》、《汉代的财政运作和国家物流》、《中国古代的水系和地域权力》、《居延汉简月俸考》、《后汉的选举与地方社会》等16篇。

六朝隋唐卷

刘俊文主编

1995年6月1版1次

精装48.70元

大32开　294页

本书选择日本中青年学者的中国史（六朝隋唐部分）研究论文 16 篇。其中有《贵族官僚制度的形成》、《关于北魏前期的尚书省》、《〈大唐创业起居注〉的性格特点》、《关于唐代的制书式》、《唐律令制国家的预算》、《唐代后半期的长安与传奇小说》等，都是影响广泛且具有代表性的论文。

宋元明清卷

刘俊文主编

1995 年 6 月 1 版 1 次

精装 59.10 元

大 32 开　356 页

　　本书专辑日本颇有成就的中青年学者所撰中国宋、元、明、清时代论文，有《王蜀政权小史》、《刘整的叛乱》、《元初法制论考》、《明王朝成立期的轨迹》、《康熙年间的谷贱问题》、《地域与宗族》、《资本主义殖民地体制的形成与亚洲》、《清代福建的海船业》等论文共 18 篇。

西域历史语言研究译丛

蒙古入侵时期的突厥斯坦（全二册）

[俄] 巴托尔德著　张锡彤　张广达译

平装 2007 年 6 月 1 版 1 次

精装 2011 年 7 月 1 版 1 次

平装 78.00 元　精装 98.00 元

大 32 开　912 页

　　本书作者巴托尔德（1869—1930）是世所公认的中亚中世纪史权威。而本书则被视为其一生学术的代表作。著者精通阿拉伯、波斯、突厥语，研读几尽以此三种语言撰写的中亚史抄本，并辅以多次中亚实地考察心得，故本书所述乃蒙古入侵前的突厥史。本书由我国著名的中亚史专家张锡彤、张广达父子据最为信实的俄文1963 年版译出，又据巴托尔德审定的英译本作增补订正。

蒙古史学史

——十三世纪—十七世纪（修订本）

[蒙古] 沙·比拉著　陈弘法译

2015 年 12 月 1 版 1 次

48.00 元

2 开　316 页

　　本书由蒙古国科学院著名学者沙·比拉教授编撰，由于作者广泛引用了蒙古文、汉文、俄文特别是藏文中

有关蒙古史的资料，故本书不但具有较高的史学史价值，而且还具有较高的史料学价值。本书曾于 1988 年由内蒙古教育出版社出版，此次经译者陈弘法先生修订后列为《西域历史语言研究译丛》之一出版。

南京大学民族与边疆研究丛书

早期汉文伊斯兰教典籍研究

杨晓春著

2011 年 9 月 1 版 1 次

29.00 元

大 32 开　272 页

　　本书首先着力于相关基本典籍基本情况的介绍，在就早期汉文伊斯兰教典籍作了仔细调查和辨析的基础上，总结其基本的情况。其次，则是以早期汉文伊斯兰教典籍为主要的史料进行一些中国伊斯兰教史和回族史的个案研究。

华言与蕃音：中古时代后期东西交流的语言桥梁

刘迎胜著

2013 年 11 月 1 版 1 次

96.00 元

16 开　448 页

　　本书是作者近二十年相关研究成果的汇集，涉及唐代以后波斯语等语言在中国的教授与传承、古代中国对外沟通中的语言问题、回回的历史、伊斯兰"小经"问题及对几部古代回回著作如《米诺哈志》等的研究。

蒙元史与中华多元文化论集

陈得芝著

2013 年 9 月 1 版 1 次

98.00 元

16 开　456 页

　　作者是国内蒙元史研究的权威，本次结集出版的是其在 2005 年人民出版社出版的《蒙元史研究丛稿》之后的第二本论文集，包括其专论文章 22 篇、旧作 4 篇、译文 4 篇、序言 10 篇。

暨南史学丛书

明代中晚期江南士人社会交往研究

徐林著

2006 年 6 月 1 版 1 次

24.00 元

大 32 开　232 页

　　本书以明中晚期江南士人为中心,从士人阶层的内部交往,士人与市井之人、佛道中人的交往等角度,对这一特定历史时期江南士人群体与社会的互动进行了分析与研究。通过深层次历史文化因素解读,生动地还原明中晚期这一历史环境中江南士人群体的整体文化风貌与生存状态。

明清广东社会经济研究

李龙潜著

2006 年 6 月 1 版 1 次

38.00 元

大 32 开　400 页

　　李龙潜先生长期从事广东地区社会经济史研究,对明清时期广东的经济作物种植、农田水利事业、租佃关系、土地买卖、墟市、对外贸易,以及广东三十六行、香港南北行等问题都有独到的见解。本书汇集有关论文十多篇,是李先生研究的总结。

广东会馆论稿

刘正刚著

2006 年 6 月 1 版 1 次

38.00 元

大 32 开　404 页

　　广东是明清时期我国商品经济较为发达的地区,粤商的足迹遍及全国甚至世界各地,因而在海内外不少地方建有会馆。广东会馆在经商的同时,也举办祭祀、演戏、办学等各种社会文化活动。本书在全面梳理和罗列海内外各地广东会馆的基础上,论述广东会馆的贡献和作用,内容丰富,资料翔实。

中国古代史论集(第二集)

汤开建　马明达主编

2006 年 6 月 1 版 1 次

39.00 元

大 32 开　416 页

　　本书结集了暨南大学各位专家、学者的研究成果。书中共收各类论文十九篇,时间跨度从先秦至晚清,内容涵盖政治史、经济史、交通史、艺术史、医学史等各个领域。

中国糖业的发展与社会生活研究

　　——16 世纪中叶至 20 世纪 30 年代

周正庆著

2006 年 6 月 1 版 1 次

32.00 元

大 32 开　340 页

　　本书在研究 16 世纪中叶至 20 世纪 30 年代糖的生产物流、民众用糖以及糖对精神文化诸方面所产生影响的基础上,总结出糖的精神文化内涵,即糖在全国被赋予的文化命意,以及在全国形成的特有文化观念,从而多层次地反映这个时期的民众生活。

唐代东都分司官研究

勾利军著

2007 年 6 月 1 版 1 次

28.00 元

大 32 开　284 页

　　本书志在填补空白,从正史、笔记、类书、碑铭乃至诗作中广为搜辑资料,详加考核,对东都分司官的设置、机构、发展以及分司官的生活状况作了详尽的梳理和考述。其中,对唐代分司官人员的统计用功颇深,对进一步研究分司制度有一定的参考价值。

宋金时期安多吐蕃部落史研究

汤开建著

2007 年 2 月 1 版 1 次

46.00 元

大 32 开　588 页

　　安多吐蕃即古代安多地区的藏族,形成于五代时期,其主要民族构成为吐蕃化的汉人、吐谷浑和诸羌。然而,宋金时期安多吐蕃的藏文记载微乎其微,汉文资料也零星散落,不成系统,所以宋金时期安多吐蕃史研究是藏族历史研究中的一道难题。本书作者是国内最早涉足这一领域的学者之一,在 20 多年的时间里,他发表了大量高质量、有影响的论文。本书即为这些论文的精选集。全书内容关涉安多吐蕃部落的政治、经济、文化、宗教、社会组织、人口分布以及主要家族世宗等诸多方面,在揭示古代川藏走廊、河西走廊纵横交汇地区的民族变迁史方面具有重要的学术价值和现实意义。

古代文化史论集

王颋著

2007 年 11 月 1 版 1 次

45.00 元

大 32 开　488 页

本书作者别具只眼,旁搜远绍,从中国文化史的长河中酌取了一些浪花,与读者共同品赏。其中,有关于体育的角抵考,关于名胜的瓦官寺、狮子林考,关于神话的五显神、泥马渡康王考,关于名人的元朝大画家倪瓒(云林)生平考,关于文献的《元史·地理志》资料探源等等。

大食·西域与古代中国

马建春著

2008 年 5 月 1 版 1 次

49.00 元

大 32 开　496 页

本书从"交通使聘"、"文化学术"、"器物技艺"等方面多视角、多侧面地研究了唐代以降各王朝与历史上的西域、伊斯兰地区各民族政权在陆海交通、使聘、语言、音乐、医药、天文、地理、兵器、陶瓷等方面的相互交流和影响,是一部全面揭示七世纪以来中外政治、文化交流历史的论集。作者征引富赡,论证细腻,对相关前沿研究也多有深刻把握。

学 者 论 集

唐代政治史略稿手写本

陈寅恪著

1988 年 11 月 1 版 1 次

2014 年 4 月 1 版 6 次

精装 45.00 元

大 32 开　300 页

本书对唐代历史的研究有重要的参考价值。为了保存陈寅恪先生手迹,提供研究需要,套色影印出版此书。

唐代政治史略稿　外一种(一函三册)

(社庆典藏本)

陈寅恪著　高克勤辑注

2016 年 6 月 1 版 1 次

线装 600.00 元

8 开　364 页

本书分两部分。主体为陈寅恪《唐代政治史略稿手写本》的影印。第二部分为自 1958 年至 1965 年间陈先生致古典文学出版社和中华书局上海编辑所,讨论出版事宜的十余封书信,后附高克勤所作释文及辑注,使读者可以清楚了解相关事件之来龙去脉。此批书信系首次以原貌影印面世,读者从中自可体察学者之用心,亦可见当年出版之不易。本书为上海古籍出版社社庆 60周年纪念特制图书。

陈寅恪读书札记

——旧唐书新唐书之部

陈寅恪著

1989 年 4 月 1 版 1 次

精装 9.95 元

大 32 开　228 页

本书根据陈寅恪先生手批《旧唐书》、《新唐书》整理而成。书中或依据大量古籍、前人论著、诗文和出土文物对唐书正文进行考证;或对唐代将相的出身、民族、氏族提出质疑或论定;或对唐代人物、史事进行评论,或对旧新《唐书》自身的得失加以审定或评议,体现了陈氏一贯的在史中求史识的治学观点,也充分反映出陈氏的治学方法和态度。

陈寅恪史学论文选集

陈寅恪著

1992 年 10 月 1 版 1 次

精装 13.00 元

大 32 开　380 页

陈寅恪先生运用"以文证史"的治史方法,并吸收西方的比较研究法,来进行史学研究。本论文集共选陈先生有关魏晋南北朝史、隋唐史、蒙古史、敦煌学、民族学,以及宗教学的论文 52 篇,是陈先生众多的史学论文中的精品。

吕思勉全集(全二十六册)

吕思勉著

2015 年 10 月 1 版 1 次

典藏本精装 2600.00 元

普通本精装 1980.00 元

16 开　13568 页

本书搜集了目前所能见到的所有吕思勉先生的著作,按照新式标点进行整理出版。包括《白话本国史》《吕著中国通史》《先秦史》《秦汉史》《两晋南北朝史》《隋唐五代史》《吕思勉读史札记》《宋代文学》《先秦学术概论》《中国民族史》《中国社会史》《文字学四种》等70 余种约 1300 万字。

许庼学林

胡玉缙撰　王欣夫辑

1958 年 7 月 1 版 1 次

1.60 元

大 32 开　503 页

本书是论学著述。胡氏治学，继承了清代朴学的传统，其重点在治经，旁及子史、碑版和舆地之学。全书对经籍中的音韵、训诂及名物、典制进行了翔实的考订阐述。

柳诒徵史学论文集

柳曾符　柳定生选编

1991 年 12 月 1 版 1 次

9.30 元

大 32 开　302 页

柳诒徵先生是当代已故的知名学者，毕生从事文史学术研究，著作等身。早年编撰《历代史略》，继著《中国文化史》，晚年撰《国史要义》。本集共收论文23 篇，有叙史学原理者，有考证古史者，有校订古籍者，有讲述读史方法者，凡所著述，抉史学之精微，发前人所未发。

柳诒徵史学论文续集

柳曾符　柳定生 选编

1992 年 1 月 1 版 1 次

10.40 元

大 32 开　344 页

本书共收 1922 年至 1948 年的史学论文 32 篇，涉及政治史、经济史、社会史、思想文化史、中西文化交流史及史料学、谱牒学等广泛的学术领域，对某些研究领域具有发凡起例的指导意义。

饶宗颐史学论著选

饶宗颐著

1993 年 9 月 1 版 1 次

17.95 元

大 32 开　420 页

饶宗颐先生为香港中文大学教授，在香港、台湾及海外汉学界享有盛誉。本书收集了作者史学论文 56篇，所用史料多采自甲骨、碑刻、考古发掘等实物资料，见解亦独到新颖。作者不仅精通英、法等西文，于南亚、东南亚语言文字亦有长期研究，故其对古代中印、中国

东南亚关系之论述，尤为精当独到。

流金集

程应镠著

1995 年 2 月 1 版 1 次

17.70 元

大 32 开　168 页

《流金集》包含内容极为丰富，有关于史论和考证成果的《四世纪初五世纪末中国北方坞壁略论》、《魏晋南北朝民族略论》等 11 篇；有关于历史人物研究的《范仲淹新传自序》、《论林逋》等 5 篇；有关于国学讲授的《国学讲演录》等；有专论宋代历史的《读宋史札记》、《宋代都市发展两证》等 5 篇；和关于中国文化史的论述 3篇等。

古史学论文集

姜亮夫著

1996 年 6 月 1 版 1 次

精装 31.30 元

大 32 开　508 页

本书为《成均楼论文辑》四种之三，前两种《楚辞学论文集》、《敦煌学论文集》已先行出版。本书共收论文25 篇，内容涉及《尚书》、光明崇拜、祖宗崇拜研究及史学杂论。其上古史研究中有关《尧典》、干支、殷夏诸篇，尤为力作。序言叙述作者治学经历与治学方法，颇有指示门径之效。

庚辰存稿

吕绍纲著

2000 年 12 月 1 版 1 次

20.70 元

大 32 开　400 页

作者治学四十多年，在易学、儒学及史学等方面有诸多建树。本书为其学术自选集，收录学术论文近三十篇，集中论述了若干哲学及儒学的命题，对《尚书》、《盘庚》、《汤誓》、《吕刑》等篇颇有新解，显示了作者深厚的学问根底，及谨严缜密的考证精神。

鸿爪集

章开沅著

2003 年 7 月 1 版 1 次

精装 40.00 元

大 32 开　454 页

　　章开沅先生是著名的近代史学术大家,自 1951 年起即任教于华中师范大学,并曾任该校校长。著有《辛亥革命史》(主编)、《开拓者的足迹——张謇传稿》、《中西文化与教会大学》(主编)、《南京大屠杀的历史见证》等。本书是章先生近作的精选集。全书收杂感、序言、演讲稿、访问日记、介绍中外珍稀近代史料和自己的治学经历等。

古史异观

[美]夏含夷著

2005 年 12 月 1 版 1 次

精装 48.00 元

大 32 开　500 页

　　本书是美国汉学界的领军人物、芝加哥大学东亚系的讲座教授夏含夷有关中国早期历史和文明论文的结集。作者利用甲骨文、金文以及新出土文献资料,并结合传世文献,对古史上的诸多问题进行了考辨,尤其是利用“三角法”(即武王克商时间、懿王元年的日食记录和共和行政元年)对西周诸王绝对年代的考定和对《竹书纪年》不同整理本的梳理,对国内学者在此领域的研究具有重要参考价值。

海外夷坚志

——古史异观二集

[美]夏含夷著　张淑一 蒋文 莫福权译

2016 年 4 月 1 版 1 次

68.00 元

16 开　292 页

　　本书上篇收录 4 篇文章,原发表为英文论文;下篇收录 10 篇书评,多半是长篇书评论文。学术范围为中国古代文化史,包括诸如甲骨文、金文和简帛的出土文献学与传统文献,特别是《周易》《诗经》《老子》《竹书纪年》等。文章的形式、讨论的问题和探索的方法与中国学者有所不同。

余英时学术思想文选

何俊编

2010 年 10 月 1 版 1 次

精装 78.00 元

16 开　588 页

　　本书从余英时的全部著作中选出具有代表性的著述,分为“基本的观念”、“中国知识人的传统与使命”、

“开放知识中的中国情怀”、“儒学的困境与中国人文研究的再出发”、“中国知识传统的继承与新辟”诸专题。整个文选既反映了余英时学术思想的基本发展轨迹,又凸显了余英时学术思想所涉及的各个领域,堪称余英时学术思想的一个精选文本。

张以仁先秦史论集

张以仁著

2010 年 1 月 1 版 1 次

精装 78.00 元

大 32 开　696 页

　　本书收集作者《国语》《左传》研究方面的论文十篇,这些论文曾先后发表于《中研院史语所集刊》、《国学研究》等学术刊物上,为作者在先秦史研究上的代表之作。本书论文首先说明所论问题的研究状况及分歧,对不同的观点进行分析探讨,进而得出自己的结论。对问题的论述层层深入,鞭辟入里;对史料的收集、甄别和辩驳也十分严谨,言必有据,不空发议论。本书所收论文在台湾虽已发表多年,但在《国语》《左传》研究方面仍有较大的参考价值。

唐宋史论丛

孙国栋著

2010 年 11 月 1 版 1 次

精装 48.00 元

大 32 开　432 页

　　本书收录孙国栋唐宋史研究方面的代表性论文十一篇,包括《〈唐书·宰相表〉初校》、《唐代三省制之发展研究》、《宋代官制紊乱在唐制的根源》、《唐宋之际社会门第之消融》、《从北宋农政之失败论北宋地方行政之弱点》、《唐代中央重要文官迁转时间与任期的探讨》等。

学史与史学

——杂谈和回忆

周清澍著

2011 年 9 月 1 版 1 次

68.00 元

16 开　400 页

　　本书为半学术半回忆的文集,内容有:一、“史学家”,除 10 篇回忆师友外,另增蒙古史学者传记 4 篇;二、史籍与文献,包括对《元史》、《全元文》、日本藏书、蒙、藏、波斯文史籍的评论;三、杂谈和序跋;四、作者的片断回忆。

范祥雍文史论文集（外二种）

范祥雍著

2014 年 10 月 1 版 1 次

68.00 元

32 开　516 页

　　本书包含有论文十四篇、《东坡志林广证》残稿一卷以及《养勇斋诗钞》三百余首。篇目虽难称宏富，却涉及了版本目录学、文字音韵学、中西交通史、历史地理、艺术史、佛学和古典文学等诸多领域，可以概见范祥雍先生一生的治学规模。

陈绍康中共党史研究文集

陆米强编

2007 年 9 月 1 版 1 次

20.00 元

大 32 开　344 页

　　本书是中共"一大"会址纪念馆研究部主任陈绍康关于中共早期活动及有关成员活动情况的文集。书中论述了上海共产主义小组创建初的条件和影响，中共"一大"的召开及其主要成员的革命事迹，"一大"纪念馆布展的相关知识经验及为展馆事业作出诸多奉献的革命家属和社会热心人士的感人逸事。

新史学与新汉学

王学典著

2013 年 7 月 1 版 1 次

精装 58.00 元

16 开　268 页

　　作者围绕中国现当代史学思想及史学思潮展开，描述了中国现代史学的基本形态及发展脉络，梳理了两大学术谱系的对立与整合，并对当今学术史情境下如何治学有所建议。本书为作者关于 20 世纪史学史、史学理论的相关论文结集，大多发表于《历史研究》等著名学术刊物。

书写历史

朱渊清著

2009 年 7 月 1 版 1 次

精装 108.00 元

16 开　596 页

　　这是一部与众不同的史学概论，同时也堪称历史研究方法的教科书。日本学者高木智见评价其为继刘知

幾《史通》、章学诚《文史通义》之后的名作。作为活跃在当代的一位历史研究学者，作者在使用传统史学研究方法同时，把西方哲学、心理学、社会学等理论运用于其研究中，尝试着理解从新石器时代直至当今中国的社会与文化的底蕴。全书分为三章：第一章《历史的书写》，主要以描述历史为主，阐明了何谓历史学这一最基本的问题。第二章《文本考据》，以考证史书为内容，详细论述了有关论证史实过程的方法论。第三章《文化的理解》，通过对史实的论证来理解中国的文化，同时也论述了理想形态中文化理解的概念。

专 题 研 究

古史辨

（一）

顾颉刚编著

1982 年 3 月 1 版 1 次

1.80 元

大 32 开　220 页

（二）

顾颉刚编著

1982 年 3 月 1 版 1 次

1.90 元

大 32 开　240 页

（三）

顾颉刚编著

1982 年 9 月 1 版 1 次

2.95 元

大 32 开　374 页

（四）

罗根泽编著

1982 年 10 月 1 版 1 次

3.15 元

大 32 开　388 页

（五）

顾颉刚编著

1982 年 11 月 1 版 1 次

3.55 元

大 32 开　404 页

（六）
罗根泽编著
1982 年 12 月 1 版 1 次
3.05 元
大 32 开　372 页

（七）（全三册）
吕思勉　童书业编著
1982 年 12 月 1 版 1 次
5.15 元
大 32 开　646 页

　　《古史辨》是我国史学界 20 世纪 20 年代至 30 年代关于古史的一部讨论文集。全书共 7 册 9 本，由顾颉刚、罗根泽、吕思勉、童书业等著名历史学家编著，对近代史学研究有很大影响。曾由北京朴社出版，今本社重印。

商周青铜器幻想动物纹研究
段勇著
2003 年 12 月 1 版 1 次
2011 年 9 月 1 版 1 次
28.00 元
大 32 开　200 页

　　本书系统回顾了我国青铜器纹饰研究的历史，借助考古类型学方法和考古学文化区系类型理论对青铜器上最流行的饕餮、夔龙、神鸟三种纹饰进行了型式分析和分区，梳理其发展演变规律，并探讨了上述三种"幻想动物纹"的属性及其可能反映的社会意识。

蚩尤猜想
——中华文明创世纪
钱定平著
2011 年 8 月 1 版 1 次
28.00 元
32 开　504 页

　　本书对史前文明，特别是中华史前文明进行了大胆的探索和假设，提出了"相狎"和"相格"的概念，认为人与物、人与人、人与人造物相狎或相格是人类文明诞生的动因，并给民族文化打上深深的烙印，认为蚩尤部族的稻作文明具有最浓郁的"相狎文明"的特征，对中华文

明的发展有极为深远的影响。

神话求原
尹荣方著
2003 年 8 月 1 版 1 次
28.00 元
20 开　208 页

　　脍炙人口而又神秘莫测的上古神话到底反映些什么，是怎样形成的，一直是一个谜，为历来学者们所关注。本书作者通过对上古农业生活及律历建立的详细考察，建立了自己独特的神话研究体系，对我国上古神话的起源作了全新的诠释和分析。

汤祷篇
郑振铎著
1957 年 6 月 1 版 1 次
32 开　98 页
0.30 元

　　本书是郑振铎先生研究古史的 5 篇文章的汇集，用首篇《汤祷篇》为书名。作者运用人类学和民俗学的方法研究我国远古时代人民的生活及思想情况，对个别古史问题提出了合乎实际的新解释，开辟了古史研究的新途径。

尚书综述
蒋善国撰
1988 年 3 月 1 版 1 次
7.75 元
16 开　236 页

　　《尚书》在传授过程中，由于版本、注释及经文本身的歧异而发生所谓今古文真伪之争，成为古代学术史上一个饶有兴味的论题。本书归纳各家学说，对这段历史作了总结性综述，可称一部《尚书》专史。

《春秋》经传研究
赵生群著
2000 年 5 月 1 版 1 次
24.00 元
大 32 开　310 页

　　本书作者在前人的基础上，注意挖掘内证，运用统计、对比的方法，对《左传》的性质及其与《春秋》的关系、无经之传与有经无传的问题、叙事与解经的关系、

《春秋》的作者等一些基本而关键的观点，作出了系统而富创造性的研究。

春秋书法与左传学史

张高评著

2005 年 8 月 1 版 1 次

30.00 元

大 32 开　396 页

本书主要集中五大主题：一、《春秋》书法之考察。二、《春秋》学研究法之示例。三、《春秋》、《左传》之影响，接受与效用之发明。四、回归原典，探讨《左传》文本。五、《左传》学之回顾与前瞻。

《春秋》《左传》礼制研究

许子滨著

2012 年 9 月 1 版 1 次

精装 76.00 元

32 开　695 页

《春秋》、《左传》据事而书，所载春秋时人的言行，绝大部分是春秋时代社会生活的实录。书中包含了非常丰富的典章制度、礼乐文化，如实地记录了各种礼典，包括冠、昏、丧、祭、饗、射、朝、聘，其中聘礼尤备，还有丰富的军礼。自汉迄清，各家注本对《春秋》、《左传》中的礼制文化作出了较深入的探究。本书中的 25 篇论文分别就《春秋》、《左传》中的礼制文化内容进行了深入的探讨和辨析，主旨精要，立论严谨，引证翔实，对研究《春秋》、《左传》的礼制文化具有重要的学术意义和价值。

《诗经》与宗周礼乐文明

江林著

2010 年 3 月 1 版 1 次

28.00 元

大 32 开　320 页

本书以《诗经》为主要视角，结合多种文献对周代吉、嘉、宾、军、凶礼进行考察和还原，以诗证礼，以礼论诗，揭示了《诗经》深厚的文化内涵。作者又在梳理前人成果的基础上，以周代礼乐文化为背景，对《诗经》的一些篇章重新阐释，材料翔实，立论精当，富有新意。本书突破文学框架，深入讨论《诗经》与周代礼制、礼俗、礼典的密切关系，是《诗经》学研究的精彩之作，其开阔的视野对文化史领域的研究者当有较大助益。

东周秦汉社会转型研究

杨师群著

2003 年 4 月 1 版 1 次

32.00 元

大 32 开　368 页

本书作者经过十余年对中西方古代社会的比较研究，终于得出了中西方社会是完全不同类型的人类文明，走的也是不同历史道路的结论，认为中国古代社会从一开始就先天不足，存在着积贫积弱的诱因。全书通过全面比较中西方上古社会制度与文化的优劣点，着重研讨中国上古社会法制与经济方面的不良结构及其运作转型的特点，并对中华传统文化中存在的有关缺陷，作了较为深入的反省和剖析，提出了一系列不同于传统理论的观点。

春秋时期盟誓研究

——神灵崇拜下的社会秩序再构建

吕静著

2007 年 6 月 1 版 1 次

28.00 元

国际 32 开　344 页

中国古代的春秋时期是一个盟誓盛行的时代，这一特点在世界历史上也显得极为特殊，本书对春秋时期盟誓进行系统而深入研究，全面梳理有关春秋时期盟誓的各种文献以及考古材料，渐次研究盟誓中宗教性与政治性的各种复杂关系以及其中所反映的社会变动，对早期盟誓的起源、形态、仪式、载书等有细致的研究。

《战国策》与论辩术

王晶雄　商景龙　管秀著

2002 年 11 月 1 版 1 次

22.00 元

大 32 开　208 页

本书从论辩的角度切入，从纷繁复杂的历史事件中，从波谲云诡的谋士言论里，解析纵横捭阖的论辩艺术和论辩方法；涉及谋略、逻辑、语言、思维等多个领域和范畴。全书分为素质篇、战术篇、方法篇、技巧篇、谬误篇五章。

禅让、世袭及革命

——从春秋战国到西汉中期的君权传承思想研究

许景昭著

2014 年 12 月 1 版 1 次

58.00 元

16 开　328 页

　　作者尝试以诸子百家的视域作切入点,结合政局发展、政治制度、社会变迁及学术传播等不同方面来分析春秋战国至西汉中期的君权传承思想之形成、发展及实践过程,并展现有关思想在社会与政治运作过程中的复杂性,从而探讨汉代以后的君权传承模式是怎样被塑造定型的。

西汉初期津关制度研究　附:《津关令》简释

杨建著

2010 年 3 月 1 版 1 次

58.00 元

16 开　216 页

　　本书以张家山汉简《二年律令》中的《津关令》为基本研究资料和线索,结合其他汉律及相关出土文献材料,将研究重点定位于西汉初期的"津关制度"。通过对《津关令》的内容、制订时间、适用等问题的分析,初步探讨了汉初涉及人员出入、物资出入、马匹出入、通关文书等具体津关制度的建立和演变,并对汉初"内地津关"防范的主要功能、汉初中央政权与地方诸侯的关系以及政治形势等历史问题进行了初步分析。

司马迁民族思想研究

池万兴著

2013 年 10 月 1 版 1 次

32.00 元

32 开　288 页

　　本书全面回顾了司马迁之前的民族、民族关系与民族观,深入探讨了司马迁民族思想形成的主客观条件,全面阐释了司马迁民族大一统思想的丰富内涵,分析了《史记》的体制结构与司马迁民族大一统思想的表述方式。

司马迁的故事

阳湖著

1955 年 8 月 1 版 1 次

0.29 元

32 开　95 页

　　本书对司马迁的生平、创作《史记》的过程以及《史记》的重要成就作了简明扼要的叙述。

汉书注商

吴恂著

1983 年 4 月 1 版 1 次

1.10 元

32 开　184 页

　　作者对王先谦的《汉书补注》作了全面考订,从训诂音韵、史事考证诸方面对旧注提出不少精当的意见。

从崩溃到中兴

——两汉的历史转折

刘修明著

1989 年 12 月 1 版 1 次

5.30 元

大 32 开　192 页

　　本书是一本可读性、知识性都很强的历史著作,以形象、生动的风格陈述历史事件和历史规律。作者在掌握大量史料的基础上,通过"寓论于史"的手法,再现了从西汉自盛至衰、王莽改制、农民暴动、群雄割据,直到汉光武帝中兴的历史过程,生动地描绘了这一历史转折时期的社会各阶层之间错综复杂的斗争。

后汉书考释

宋文民著

1995 年 9 月 1 版 1 次

14.70 元

32 开　361 页

　　本书作者积多年研究心得,在广泛汲取前人成果的基础上,对《后汉书》重新作了一番校雠训诂。全书收有作者考释心得 1869 条,发前人之未发,对人们阅读、研究《后汉书》颇有裨益。

三国人物散论

方诗铭著

2000 年 9 月 1 版 1 次

2002 年 11 月 1 版 2 次

16.70 元

大 32 开　296 页

　　三国时代是一个风云变幻、英雄辈出的时代。董卓、吕布、曹操、孙氏父子、周瑜、刘备、诸葛亮、关羽等众多人物,活跃在《三国演义》中,为大家所熟悉、所喜爱或憎恨。但《三国演义》远非信史,其中的描写与上述人物的真实面目相距甚远。本书即是这些人物的历史还原,读过之后或许会留给您许许多多的惊叹。

方诗铭论三国人物

方诗铭著

2006 年 10 月 1 版 1 次

28.00 元

大 20 开　254 页

　　本书是著名历史学家方诗铭先生生前写定的最后一本著作。作者从上世纪 80 年代中期开始致力于东汉末年政治史研究,90 年代更将全部精力投入其中,取得了一系列的成果,本书即是这些成果的汇集。

朱子彦论三国谋略

朱子彦著

2008 年 7 月 1 版 1 次

28.00 元

20 开　284 页

　　俗话说:少不看《水浒》,老不看《三国》。乃因三国中谋略太多。然而也正是三国争战中将《孙子兵法》中的奇谋妙策发挥到出神入化、淋漓尽致的境界,一部三国历史才具有了它特殊的魅力。当然俗话说的《三国》是指《三国演义》,既是"演义",自然会有作者的想像和杜撰。作者依据《三国志》给读者讲述一个个生动、鲜活的有关三国谋略的真实故事,同样会让你爱不释手。

东汉三国时期的谈论

刘季高著

1999 年 9 月 1 版 1 次

10.10 元

大 32 开　164 页

　　本书对存在于自东汉中期至魏末这一百五六十年间的"谈论"现象,作专题分析和论述。认为它是当时政治、经济和学术发展的产物,又对这一时期经学、史学、政略、兵谋等的发展,产生不同程度的推动作用。对魏晋时期的"清谈",具有直接的引发和借鉴作用。因而理所当然在中国古代的史学、文学和哲学发展史上占有重要地位。本书视角新颖,成一家言。

东晋士族的双重政治性格研究

王心扬著

2010 年 11 月 1 版 1 次

32.00 元

32 开　256 页

　　本书在前人研究的基础上,援引丰富的汉晋资料,论证东晋当权士族既有限制皇权、维护士族统治的倾向,又有加强皇权、削弱士族的倾向。

南北朝经学史

焦桂美著

2009 年 7 月 1 版 1 次

66.00 元

小 16 开　576 页

　　本书作者从爬梳原始材料入手,以文献考据方法,对该时期的经学、经学家及其经学著作进行了较为全面的考察,对诸多经学现象作了较为深入的剖析,对该时期经学家的学术倾向、治经特点及经学贡献作了较为客观的评价,并对南北朝经学的发展轨迹、基本走向和历史影响进行了深刻的探求。在吸收前人成果的同时,作者亦对其错谬、不确或不足之处予以补正。

北魏平城时代

李凭著

修订版 2011 年 8 月 1 版 1 次

第三版 2014 年 12 月 1 版 1 次

精装 55.00 元

大 32 开　432 页

　　本书以北魏首都平城为中心,围绕着拓跋部落本身的社会文化特征和汉族文化对其产生的曲折作用这两个影响平城政权发展的重要方面,依时间顺序分四章纵向探索北魏前期政治史的变迁。

新资料与中古文史论稿

刘安志著

2014 年 7 月 1 版 1 次

精装 99.00 元

16 开　424 页

　　作者以敦煌吐鲁番文献、墓葬出土文书和墓志、日本古抄本等资料为切入点,对照传统的文献史料,对中古中国的社会和文化进行深入而直观的探讨,集结成此书,论述涉及国家礼仪、官制任命、军事边防、宗教、民间信仰以及官修书籍等众多方面的内容。

赋税制度、租佃关系与中国中古经济研究

张雨著
2015 年 11 月 1 版 1 次
48.00 元
16 开　244 页

　　对于时下众多学者对马克思主义政治经济学的疏离，本书正是秉承着历史唯物主义来研究分析前现代中国的赋税制度、租佃关系的，与老一辈学者的研究有不少重合处。然而可贵之处在于，作者对如此成熟的论题饱含热情，并能对这一长时段作出严肃而细致的分析。

唐史馀瀋

岑仲勉著
1960 年 3 月 1 版 1 次
新版 1979 年 9 月 1 版 1 次
1.15 元
大 32 开　146 页

　　岑仲勉是研究唐代历史的专家，本书内容以考证为主，补漏正误，很为精审，足供治史者参考。

郎官石柱题名新考订（外三种）

岑仲勉著
1984 年 9 月 1 版 1 次
2.10 元
大 32 开　264 页

　　本书是我国著名史学家岑仲勉先生的遗著。作者运用长期积累的文献、金石资料和精湛的考证功夫，对"郎官柱"进行了周详的研究，不仅纠正了前人在石柱考证中的错乱，而且根据史实，弄清了错乱的原因，恢复了石柱题名的本来面目。本书附有《翰林学士壁记注补》、《补唐代翰林两记》、《登科记订补》等 3 篇岑仲勉先生的早年著作，都是有关唐代官吏、政事的重要研究专著。

金石论丛

岑仲勉著
1982 年 2 月 1 版 1 次
1.80 元
大 32 开　246 页

　　作者长于隋唐史的研究，对史料和史籍的整理也多有贡献。本书的 21 篇文章，都是通过对金石铭刻内容的考证，来补充和校正史书记载中的衍误之处。

唐代妇女的生命历程

姚平著
2004 年 10 月 1 版 1 次
2006 年 6 月 1 版 2 次
45.00 元
大 32 开　376 页

　　本书通过唐代规范性观念对妇女生活的界定，从妇女生活与唐代政治、经济制度的关系，唐代妇女的自我标识、唐代妇女生活与社会变迁的互动关系出发，运用史籍文献中的有关资料，对唐代妇女生活中的三个主要方面：婚姻组合、夫妇关系及为人之母进行系统研究。

安禄山服散考

沈睿文著
平装 2015 年 2 月 1 版 1 次
精装 2016 年 6 月 1 版 1 次
平装 52.00 元　精装 68.00 元
32 开　428 页

　　《安禄山事迹》是研究安史之乱的重要文献，本书主要围绕此书，结合考古学资料，考察发生在安禄山、唐玄宗以及二人之间的物事，意在表达安禄山种族文化及其服散的状态和陵寝的可能形态、帝王道士唐玄宗的宗教实践及在安史之乱中所起的作用。

唐代中央重要文官迁转途径研究

孙国栋著
2009 年 5 月 1 版 1 次
精装 128.00 元
16 开　668 页

　　孙国栋先生通过对《旧唐书》列传的梳理，制作出唐代中央重要文官个人的官历表，然后以之与《新唐书》、《文苑英华》以及《全唐文》的碑、铭、墓表相比较研究，对唐代文官迁转问题作出了较全面的总结。

唐律研究

杨廷福著
2012 年 8 月 1 版 1 次
28.00 元
大 32 开　244 页

　　本书是作者唐律研究方面主要论文的结集，全面论述了唐律的社会基础、内容、特色、对后代法律以及亚洲

各国法律的影响等。

唐代制度文化研究论集

俞刚著

2013 年 11 月 1 版 1 次

68.00 元

16 开　424 页

　　本书是作者有关隋唐五代制度文化研究的部分论述合集，包括唐代宰相制度、科举制度、文言小说、陈寅恪批注本《白氏长庆集》等的多篇论述，曾引起学术界的广泛关注。

唐代自然灾害及其社会应对

么振华著

2014 年 11 月 1 版 1 次

98.00 元

16 开　504 页

　　唐代的垦荒和经济开发导致自然生态环境的逐渐破坏，而官吏渎职行为及战争则加剧了自然灾害的影响。唐朝廷对自然灾害的赈救，体贴民情的民本思想起了一定作用，主要还是为了实现其控制社会、稳定统治的目的。它在一定程度上促进了经济发展和社会稳定，使灾害并未在实质上危及唐朝统治。

唐宋时期明州区域社会经济研究

陆敏珍著

2007 年 10 月 1 版 1 次

49.00 元

大 32 开　656 页

　　作者全面而深入地剖析了唐宋以来明州地区的社会经济状况。从人口、耕地、交通、水利、商业、城市、技术以及制度等方面，论述明州（约相当于今浙江宁波）为何从越州的边缘地区发展为浙东经济发达地区。本书对了解浙江和宁波地区社会经济的历史渊源，颇具价值。

唐宋变革时期的法律与社会

戴建国著

2010 年 12 月 1 版 1 次

56.00 元

32 开　460 页

　　本书探讨的是唐宋变革背景下的法律与社会诸问

题。法律方面：本书对唐中叶以降法律形式的变化作了系统论述，还对宋代令典的篇目及体例变化作了考述。社会问题方面：本书重点选取了奴婢制度、财产继承制度和契约文书制度这三个具有代表性的问题进行了探讨。作者认为，宋代政权建立后，唐中叶以来的社会重大变化并没有就此结束，因此唐宋变革的下限应该以北宋后期为宜。

《天圣令》与唐宋法制考论

（中国古代法律文献研究丛刊）

赵晶著

2014 年 8 月 1 版 1 次

48.00 元

16 开　240 页

　　本书立足于《天圣令》残卷，尝试从令篇构造、条文源流、法律术语、唐令复原及规范意涵等方面，切入唐宋令及唐宋法制研究，检讨百年来的研究成果，考索现存条文在唐令中的归属，管窥唐宋令篇目之演变及原因，探讨唐代其他法源与宋令之间的源流关系，尝试在法律体系的整体框架内探究其内涵所指，并延伸至律令、令格的关系、影响等问题。

补五代史艺文志辑考

张兴武著

2016 年 6 月 1 版 1 次

精装 98.00 元

32 开　672 页

　　本书在清人顾槱三、宋祖骏两部《补五代史艺文志》的基础上，进一步补充艺文条目，依照经、史、子、集四类编列归置，并对顾、宋两《志》中归属明显失当的艺文条目进行必要调整，使之更加合理。此外，本书全面搜检和辑录五代金石资料，依照五代十国之国别编录，一国之中则按年代先后编次。

宋代财政和文献考论

李伟国著

2007 年 7 月 1 版 1 次

32.00 元

国际 32 开　312 页

　　本书乃作者二十多年学术研究的结晶。十八篇论文分为两大部分：一为"宋代财政诸问题研究"，二为"宋代史籍、类书等考论"。本书对读者了解、研究宋代历史，尤其是宋代经济史颇有助益。

宋代迁徙官僚家族研究

魏峰著

2009 年 12 月 1 版 1 次

36.00 元

16 开　196 页

　　本书以宋代两浙地区的迁徙官僚家族的迁徙活动为切入点,通过考察其迁徙方向及原因,迁徙后的家族维持与婚姻关系,与地方社会关系及地域认同等内容,得出了宋代处于由魏晋至隋唐时期的贵族社会向明清时期的平民社会过渡时期的结论,而在这一过渡过程中,科举制度发挥了关键性的作用。在宋代,一方面,国家通过科举等制度逐步将利权向中央集中,使门阀贵族赖以与国家抗衡的社会基础不复存在。地方精英逐步向中央集中,形成中央化的官僚士大夫。另一方面,由于宋代尚未形成与科举制度相配套的户籍登记、学校制度、官员致仕等制度,使得宋代无法形成明清时期士绅主导下的成熟的平民社会。

宋朝官品令与合班之制复原研究

李昌宪著

2013 年 12 月 1 版 1 次

28.00 元

32 开　216 页

　　本书以唐《永泰官品令》为准绳,比照从宋代史书、文集制诰等大量文献中挖掘出来的宋代官品令与合班之制资料,同时将北宋前期尚存的如《建隆合班之制》、《景祐合班杂座仪》作为复原北宋前期官品令的重要参照系,基本复原了北宋乾德、康定、景祐、嘉祐、元丰、元祐、崇宁、大观年间的合班之制和官品令,也复原了南宋绍兴、淳熙、庆元年间的合班之制和官品令,在这一领域取得了重大突破,为深入研究宋史各个领域提供了便利。

宋代《四书》文献论考

顾宏义著

2014 年 3 月 1 版 1 次

128.00 元

16 开　676 页

　　本书专为考辨两宋时期《四书》著述与相关文献而作。全书分为上下编,上编论及《四书》文献兴盛的社会背景、出版传播及其与程朱理学的发展关系等,下编则具体考订宋代学人有关《四书》的著述,廓清了有关《四书》记载的讹误和缺失。

宋代制诰文书研究

杨芹著

2014 年 6 月 1 版 1 次

58.00 元

16 开　288 页

　　本书是一部以宋代制诰文书为主要研究对象的专著,通过对宋代制诰文书相关概念的辨析以及文本特征的分析,探讨制诰文书的政治功用,并进而论及宋廷日常政治生活及其特殊政治过程。本书对宋代制诰文书的探讨,丰富了文书研究的相关面相。

辽史证误三种

冯家升著

1959 年 3 月 1 版 1 次

1.60 元

大 32 开　402 页

　　本书由作者校正《辽史》的三篇论文组成。以《辽史》古本为底本,以宋金诸朝正史以及时人相关著作互相参证。首篇考证《辽史》修撰及取材,次两篇汇集作者校勘之记录。

辽金史论集

陈述主编

1987 年 6 月 1 版 1 次

4.55 元

大 32 开　240 页

　　辽和金是中国历史上两个重要的朝代,本书是新中国成立以来第一部辽金史研究成果的结集,内容包括政治、经济、军事、文化等许多方面。其中陈述、傅振伦和林荣贵等关于辽代教育史、辽代雕印佛经佛像和房山石经题记的论文等,都是多年研究的成果。附有辽史研究论文专题索引。

察合台汗国史研究

刘迎胜著

平装 2006 年 12 月 1 版 1 次

精装 2011 年 7 月 1 版 1 次

平装 65.00 元　精装 76.00 元

大 32 开　696 页

　　本书是描述元朝四大宗藩国之一察合台汗国和元代西域的通史性著作,兼及中亚社会文明、中外东西交通的各个方面。作者利用了大量的波斯、阿拉伯、畏兀儿、察合台等非汉文资料作整合性的科学研究。

辽西夏金元史十五讲

屈文军著

2008 年 8 月 1 版 1 次

30.00 元

18 开　220 页

　　辽、西夏、金、元四个王朝是由契丹、党项、女真和蒙古四个非汉民族分别建立的或地方性、或全国性的政权,这些政权和汉族政权一样,对中国历史的走向都产生了一定的或正面或负面的影响。中国自古就是一个多民族国家,中国文明是由汉族和少数民族人民共同创造的,我们不仅要了解汉族人和汉族王朝的历史,也要了解少数民族历史和由少数民族建立的各个王朝或政权的历史。本书是继《明史十讲》后的又一本讲座式历史书,通俗易懂,生动有趣,并力图为读者展现真实的辽、西夏、金、元四个少数民族王朝的历史。

明史十讲

陈梧桐　彭勇著

2007 年 11 月 1 版 1 次

2008 年 8 月 1 版 2 次

28.00 元

18 开　204 页

　　本书作者是长期研究明史的专家,认为有明一朝各个领域都取得了突出的成就,特别是在晚明时期,更是呈现出由传统社会向近代社会转型的曙光。本书以讲座的形式,深入浅出地向读者阐述了明代的历史,论述了八个专题,有的是明史上的重大问题,有的则是目前明史研究中的热点。在每讲之后都列有"问题讨论"和"视野拓展",引导读者作进一步的思考,以期读者能在阅读和思考中了解真实的明朝历史。

明代蒙古史丛考

曹永年著

2012 年 10 月 1 版 1 次

68.00 元

16 开　376 页

　　本书收文 30 余篇,或讨论具体问题,联系现实,关注明代的"生态问题"、"沙壅问题";或是就地取材,根据内蒙古新发现的资料(如新出土的铜铳和白塔题记等)进行研究。

明代浙江进士研究

多洛肯著

2004 年 7 月 1 版 1 次

42.00 元

大 32 开　440 页

　　科举制度是古代自隋唐以来选拔优秀人才充实到国家官员队伍的有效制度,也是平民入仕、寻找政治出路的一种非常重要的途径。浙江进士以其人数庞大、跻身前列形成了明代较为著名的区域人文集团。本书在浙江人文历史发展演进的大背景上,从教育、科举等角度深入考察。还对明代浙江籍进士的生平小传作了综合整理。

明清易代史独见（增订本）

陈生玺著

2006 年 8 月 1 版 1 次

32.00 元

大 32 开　376 页

　　陈生玺教授数十年潜心研究,于 1991 年即有《明清易代史独见》一书出版,共收文 11 篇。现陈先生又增入十几年来精心结撰的 5 篇论文,并对原书所收各篇进行了全面的修订。全书涉及明清争战和议、清兵入关、剃发令等重大课题以及陈圆圆、李岩、毛文龙等重要人物的史料发覆,立体地再现了跌宕起伏的明清朝代更迭图景。

晚明东林党议

王天有著

1991 年 10 月 1 版 1 次

2.00 元

32 开　78 页

　　明末东林党人大多数是当时较为开明的知识分子,他们对晚明政治发表了很多议论和见解,但先后受到权臣和魏忠贤为首的阉党的打击和迫害。本书全面而系统地阐述了东林党人的言行,是新中国成立以来第一本关于东林党的研究著作。

增订晚明史籍考

谢国桢编著

1964 年 12 月 1 版 1 次

新版 1982 年 2 月 1 版 1 次

精装 4.90 元

大 32 开　588 页

这是一部介绍晚明史籍的工具书。它收集了从明代万历年间至清军入关以后大量的农民运动、人民抗清斗争的史料以及史实资料的书目，并对这些书籍的内容作了较详细的介绍。此书曾受到鲁迅和郭沫若的好评。

晚明《孝经》学研究

（上海市社会科学博士文库）

刘增光著

2015 年 7 月 1 版 1 次

98.00 元

16 开　436 页

本书独辟蹊径，从经学角度进入，建立了"以经统人"的研究框架，同时兼采诠释学、"内在理路与外缘背景的二重分析"等研究方法，对晚明《孝经》学做了完整和深入的研究。尤为可贵的是作者对晚明乃至整个明代的《孝经》文献做了认真全面的清理工作。

明清江南史研究三十年（1978—2008）

王家范主编

2010 年 6 月 1 版 1 次

48.00 元

大 32 开　520 页

本书是王家范先生主编的一部论文集。收录了 23 篇论文。其作者都是当代史学研究大家，是江南史研究的主力研究人员。论文的主要内容是对 30 年来的明清江南史研究的回顾与展望，以追忆为主，兼收新论，凝结着这些学者的经历、心路以及研究的收获。阅读这本文集，读者会体会到江南人研究江南的特有风格与精神。书中的文字里流淌着对恩师的真挚敬重和对学术的热爱，特别令人感动。有些学者还把最新学术成果放入了本书。

清代前期的政治认同与历史书写

陈永明著

2011 年 12 月 1 版 1 次

32.00 元

大 32 开　340 页

本书旨在探讨清代顺治、康熙、雍正及乾隆四朝，朝野如何通过对南明兴亡的评述及南明历史人物的臧否，互动地建构了当时的社会话语，并因时制宜地塑造了对这段历史的集体回忆。在"忠臣"、"气节"、"贰臣"等话题上的探讨尤为深入而令人兴味盎然。

广东明清海防遗存调查与研究

广东省文物局编

2014 年 11 月 1 版 1 次

精装 198.00 元

16 开　252 页

本书第一部分为研究成果，收入了关于广东省明清海防遗存价值评估与保护、利用方向研究，认定导则与分类导则，保存现状分析，概述等 6 篇理论性研究文章。第二部分对广东全省 14 个市的海防遗存进行了条目式介绍，每个遗存并配有多幅精美图片。

准噶尔蒙古与清朝关系史研究（1672—1697）

黑龙著

2014 年 12 月 1 版 1 次

45.00 元

32 开　280 页

本书首次系统利用《蒙文老档》、《蒙古堂档》、满汉文《康熙起居注册》等重要史料，结合《朔漠方略》、《秦边纪略》等清代官私史籍，在前人研究的基础上比较全面系统和深入地探讨了噶尔丹统治时期（1672—1697）的准噶尔与清朝之间的政治关系、经贸往来及军事冲突，力图展现这 25 年清准关系的真实面貌。

雍正帝及其密折制度研究

杨启樵著

2003 年 8 月 1 版 1 次

30.00 元

大 32 开　470 页

雍正在位 13 年，上承康熙，下启乾隆。雍正建立了密折制度，并写下了大量"朱批"，从中可窥见许多历史事实的线索。本书对雍正的性格气质及私生活，使用密折制度控制驾驭军政大员的手段，及雍正一朝波澜起伏的权力斗争，均有独到的分析揭示。对流传已久的谋父篡位、杀年（羹尧）灭口、遇刺身亡等民间异说亦有辩证发明，兼具学术性、知识性与趣味性。本书原由香港三联书店出版，此次增订出版简体字本。

雍正朝官僚制度研究

王志明著

2007 年 5 月 1 版 1 次

42.00 元

大 32 开　520 页

在清朝前期百余年的官僚制度建设中，为期十三年的雍正朝具有承上启下的关键作用。本书即对清雍正朝官僚体制和组织及其运作进行了细化研究，从选官的角度，着重考述了雍正朝官僚制度中的引见制度，文武官员的保举和题补制度、捐纳制度。

江藩与《汉学师承记》研究

漆永祥著

2006 年 4 月 1 版 1 次

49.00 元

大 32 开　570 页

江藩是清代乾嘉学派时期的著名学者，所著《汉学师承记》为研究清代学术的一大名著。本书围绕《汉学师承记》的史源、成书、版本、得失之研究，以及江藩学行、年谱之考订，皆可信可据。其中论及乾嘉以前清代大部分学者，不仅对读《汉学师承记》有参考价值，对于清代学术史的研究也多有贡献。

章学诚的知识论

——以考证学批判为中心

[日]山口久和著　王标译

2006 年 12 月 1 版 1 次

28.00 元

国际 32 开　360 页

本书以章学诚的经学思想为中心，详细探讨了他的思想与浙东学派、朱陆学之间的关系以及"六经皆史"说的渊源，并以章学诚对乾嘉学的批判为起点，探讨了他对知识的主观性契机的阐发，指出他从传统儒家学者向现代知识分子转化的思想进程。本书既有日本学者治学严谨、重视资料搜集考辨的特点，又具有宏观的视野和敏锐的洞察力，将章学诚的研究置于知识分子现代性的观照下。

太平天国科举考证纪略

商衍鎏著

1961 年 12 月 1 版 1 次

0.40 元

32 开　101 页

本书作者将散见于各处的关于太平天国的科举史料加以搜集整理，对于太平天国科举考试的程序、规则、应试及相关制度都作了详细的考证，书末两章考证了科名人物，对深入研究太平天国的文化制度很有意义。

求索真文明

——晚清学术史论

朱维铮著

1996 年 12 月 1 版 1 次

1997 年 4 月 1 版 2 次

24.20 元

大 32 开　460 页

作者通过对近代中国的深入研究，为人们昭示了这样一个事实：腐朽清王朝的覆灭，并没有使学术走向没落。晚清的学术，属于明末清初中西文化发生近代意义交往以后的过程延续，呈现出一幅前所未有的异彩。

湘军集团与西北回民大起义之善后研究

——以甘宁青地区为中心

赵维玺著

2014 年 3 月 1 版 1 次

88.00 元

16 开　452 页

本书详细阐述了湘军集团在甘宁青地区实施的移民政策，全方位长时段展现了其善后全貌，并探究其成败得失，对了解湘军集团在西北的政治活动及其社会作用和历史意义具有一定的参考价值，特别是对民族与宗教问题处理过程的探析，为处理当代西北民族宗教问题提供了有益的借鉴。

义和团的社会表演

——1887—1902 年间华北地区的戏巫活动

路云亭著

2014 年 6 月 1 版 1 次

98.00 元

16 开　528 页

义和团运动是中国近代史上的大事件，前辈专家学者对此课题多有措意。本书首次采用社会表演理论，分析了义和团的集体性格，全面阐释了义和团和红灯照成员的各种社会表演活动，对义和团戏剧性格的生发原因、义和团和巫术的关系等论题做出了新的论证。本书涉及历史学、民俗学、人类学等学科，对中国戏曲学、人类学、民俗学研究均有启示价值。

戊戌变法的另面

——"张之洞档案"阅读笔记

茅海建著

2014 年 3 月 1 版 1 次

68.00 元

16 开　572 页

　　一直以来，关于戊戌变法的研究主要依据康有为、梁启超留下的史料进行，被认为代表了戊戌变法史的"正面"，本书作者茅海建以史学家的敏感探知到"张之洞档案"对戊戌变法研究的重要价值——它们提供了从康、梁以外的视角观察戊戌变法的可能性。本书是作者阅读中国社会科学院近代史研究所所藏"张之洞档案"的治史心得，主体部分曾发表于《中华文史论丛》。

清末新闻、出版案件研究
——以"苏报案"为中心
徐中煜著

2010 年 5 月 1 版 1 次

42.00 元

大 32 开　448 页

　　本文通过运用史学、法社会学、比较法学等学科研究方法，勾勒出辛亥革命前十年新闻、出版案件的梗概，并通过定量分析与定性研究相结合的方法，对该类案件的发生地域、发生年份、发生案由、参与管辖部门、所受处罚措施等进行了初步探讨。从微观层面，本文以"苏报案"为中心展开研究，对有关史实进行了考证，并对上海公共租界工部局通过不平等条约、惯例攘夺我国司法主权的历史过程及会审公廨制度的形成过程进行了简要描述，还对本案复杂的中外交涉、审理过程以及在国际、国内造成的巨大影响进行了展示。

洋票与绑匪
——外国人眼中的民国社会
徐有威　[英]贝思飞主编

1998 年 12 月 1 版 1 次

25.90 元

大 32 开　668 页

　　20 世纪 20—30 年代，一批在华活动的外国人曾遭中国土匪绑架。这些被称为"洋票"者匪窟余生后，撰文追忆了各自的那段经历。本书编译了来自美、英、德和挪威等国"洋票"的 26 部（篇）回忆录，首次披露了这方面鲜为人知的史料。"洋票"对土匪乃至民国社会的观察和体验独特而细腻，由此我们不但读到了令人毛骨悚然的离奇故事，而且似乎听到了发自民国社会最底层的呻吟。

辛亥革命百年祭
——中国现代化的拓荒运动
朱宗震著

2011 年 12 月 1 版 1 次

48.00 元

16 开　592 页

　　作者通过发掘辛亥革命时期的电报、报刊等第一手史料，真实地再现了辛亥革命的发生过程，着重探讨了民国初年辛亥革命党人对处于历史转变时刻的中国何去何从的探索及其困境，指出辛亥革命党人乃至后人均未厘清传统的王朝更替运动和向西方学习的现代化运动，从而找到了革命遭受挫折和失败的重要原因。作者进而指出，中国自 1978 年开始的改革开放才真正使中国走上现代化发展和转型的道路。

清至民国蓄妾习俗之变迁
程郁著

2006 年 7 月 1 版 1 次

35.00 元

大 32 开　428 页

　　蓄妾习俗在中国由来已久，本书对妾在清代法律中的身份地位、蓄妾家庭的生活实况、士大夫对蓄妾的态度、社会生活中的嫡庶子关系，以及民国时期蓄妾习俗的变迁、近代社会对蓄妾的态度、妻妾地位对比的微妙变化等作了研究，对中国蓄妾习俗的起源和 1949 年以后蓄妾习俗的消灭过程亦作了言简意赅的陈述。书中引用了大量的审判案例，还配有插图。

国民党政权在沪粮政的演变及后果（1945 年 8 月至 1949 年 5 月）
马军著

2006 年 8 月 1 版 1 次

38.00 元

大 32 开　412 页

　　本书抓住典型事例及重要机构，探寻国民党政权自 1945 年 8 月至 1949 年 5 月在上海粮政的规律和实质，及其社会政治后果，以期揭示这一史段的基本特征和内在逻辑。

党史研究文集
任武雄著

2003 年 3 月 1 版 1 次

42.00 元

32 开　644 页

　　作者系中共一大会址纪念馆老领导、党史研究专家,本书是他从事革命纪念馆领导工作和党史研究工作近五十年里所撰写的部分论文和史料文章的汇编。

解冻家谱文化

王鹤鸣主编

2002 年 5 月 1 版 1 次

精装 35.00 元

大 32 开　640 页

　　家谱,是同宗共祖的血亲集团以特殊的形式记载本族世系和事迹的历史图籍。本书作者较早注意到家谱在历史研究中的特殊价值,在其主政国内馆藏家谱最多的上海图书馆期间,致力于推动、开发、研究家谱的独特文化价值。书中还披露了上海图书馆珍藏的一些名人家谱。

中国家谱堂号溯源

顾燕著

2015 年 6 月 1 版 1 次

平装 98.00 元

16 开　420 页

　　本书是一本探究、追溯中国家谱堂号来源与释义的书。它主要通过对存世家谱及相关家族资料中所收集的堂号,按照姓氏进行划分,分别阐述各个家族堂号的来源与典故。

杨氏命脉回溯

杨年建编著

2010 年 8 月 1 版 1 次

精装 188.00 元

16 开　904 页

　　杨姓在中国“百家姓”中属大姓,已有两千多年的历史,至今已发展到好几千万人,遍布世界各地。近几十年来,全国出现了编修史志族谱热,有关杨姓族史的出版著作也有十余部,但因所据的资料不足及受限于研究的方法,均不够理想。本书编著者广泛搜罗各地族史,结合正史,在前人的基础上,编写出一本堪称迄今为止最为全面的杨氏族史。本书有考有论,具有一定的资料价值与学术价值。

古代北方民族史丛考

曹永年著

2012 年 10 月 1 版 1 次

48.00 元

16 开　276 页

　　本书收录作者近年来发表的有关中国古代北方民族史研究的论文,涉及拓跋鲜卑发祥地、早期拓跋鲜卑的社会状况和国家的建立情况、柔然人的民族成分、柔然文化、柔然是否源于杂胡之考订、淝水之战前秦溃败的原因之考订等。

清初理藩院研究

——以顺治朝理藩院满文题本为中心

(蒙古史与多语文献研究丛书)

宋瞳著

2015 年 10 月 1 版 1 次

78.00 元

16 开　328 页

　　理藩院原名蒙古衙门,最早是清朝为了处理满蒙关系而设立的专职机构。本书将其中顺治朝除司法案件之外的所有题本作为研究对象,分门别类并进行文本分析,试图探究清朝初年理藩院机构的政治职能与运行机制。

黄金草原

——古代欧亚草原文化探微

张文玲著

2012 年 4 月 1 版 1 次

258.00 元

16 开　272 页

　　本书分别从民族、考古发掘、生活形态、丧葬习俗、艺术品鉴赏、相关文化交流与影响等诸多方面,探讨了古代欧亚草原的艺术风格以及各民族在宗教、历史文化和艺术方面的广泛交流。

古突厥碑铭研究

芮传明著

1998 年 12 月 1 版 1 次

20.00 元

大 32 开　324 页

　　一百多年前发现古突厥碑铭,古代突厥族的历史有了可信的资料。本书第一部分研究后突厥汗国时期诸首领的 5 种墓志铭,对后突厥时期的历史、地理、民族进行系统的研究,填补了我国研究中亚的空白,也为国际

上的同类研究作了一定的补阙和改善。第二部分载有 5
种碑铭的译文及注释，比韩儒林、岑仲勉的多出 2 种。
译文弥补汉文旧译的缺陷，对碑文所作的每一条注释都
有判断和分析。

西域历史研究

华涛著
2000 年 5 月 1 版 1 次
15.00 元
大 32 开　260 页

　　西域是古代欧亚大陆上东西文化交流的枢纽，是农
耕、草原、沙漠等多种文化交汇之地。本书考订了葛逻
禄西迁的年代，叙述它与大食、回鹘的关系，探讨了回鹘
西迁的若干细节，系统地叙述高昌回鹘的形成和发展。
利用中外史料，订正了前人的某些疏误，对一些重要的
历史问题提出了独立的见解。附《苏拉赫词典补编》等。

西藏历史和佛教的语文学研究

沈卫荣著
2010 年 12 月 1 版 1 次
精装 168.00 元
16 开　736 页

　　作者从《俄藏黑水城文献》发现了藏传佛教的新材
料，由此提出"重构十一至十四世纪的西域佛教史"的
口号，首先对于黑水城藏传佛教内容真正开始了深度
的研究。不久，对于《法藏敦煌藏文文献》揭示的西藏
"前弘期"佛教和社会历史的资料，又揭示了"怎么估
计都不会过高"的卓越评价。因其深厚的藏文文字和
文献学的功底，以及 15 年海外学习研究形成的国际视
野（精通德文、英文等），其治学取向已不同于老一辈王
尧、陈庆英等的考据性的基础工作，而着重于历史学的
阐述。特别可贵的是，作者对于中西方学术的熟悉，使
之左右逢源、思辨清晰、行文流畅，可以说篇篇都是十
分精湛的美文。即使是非专业的读者也会感到可读性
很强。

贤者新宴（藏学研究丛刊 5）

王尧主编
2007 年 8 月 1 版 1 次
68.00 元
16 开　356 页

　　本辑分别从语言、历史、宗教及文化艺术等方面介
绍藏汉社会，所收文章有：藏传佛教神学研究，活佛转

世制度的产生，清雍正、嘉庆帝对西藏地方治理，藏译
本《大唐西域记》，西藏地名释例等等，是汉藏史研究重
要参考资料；"人物评论"栏介绍了著名学者王重民、于
道泉与藏学研究的关系，说明学界对藏文献研究的
重视。

北庭历史文化研究

——伊、西、庭三州及唐属西突厥左厢部落
薛宗正著
2010 年 5 月 1 版 1 次
精装 180.00 元
16 开　800 页

　　本书以唐朝与周边政权的关系为背景，对北庭历史
文化进行了全面研究，涉及北庭建置前的历史渊源、北
庭建置的历史进程和兴废沿革、中央政权对北庭的有效
治理及其周边关系、北庭的多元民族、宗教与文化、艺术
的兴盛等，并附关于北庭历史的七篇考论及北庭各期的
重要人物传略。

大宛遗锦

——乌兹别克斯坦费尔干纳蒙恰特佩出土的
纺织品研究
[乌兹别克]马特巴巴伊夫　赵丰主编
2010 年 8 月 1 版 1 次
118.00 元
16 开　292 页

　　费尔干纳盆地是中亚地区历史文化遗迹中最为庞
大和重要的地区，出土的古代纺织艺术品更是极为罕
见，乌兹别克斯坦科学院考古研究所和上海东华大学服
装学院首次针对费尔干纳盆地早期中古时代纺织服饰
品进行了全面的综合性研究，研究表明，费尔干纳山谷
在粟特时期或更早（3—4 世纪）已成为受中国直接影响
的中亚丝绸生产中心之一。本书即是此次合作的成果
汇编。

晚唐五代敦煌佛教教团戒律清规研究

魏迎春著
2015 年 4 月 1 版 1 次
28.00 元
32 开　176 页

　　敦煌佛教戒律演变和清规制定有其自身的原因和
特色，同时与整个中国佛教的发展有着密切的关系。敦
煌佛教清规戒律的演变研究对揭示佛教中国化、世俗化

过程的轨迹、特点有着重要的价值。本书对敦煌学界十分关注但没有彻底解决的僧尼违戒个案进行了系统的研究,有助于我们了解晚唐五代敦煌佛教教团僧尼饮酒、蓄财状况,探讨僧尼违戒饮酒、蓄财之风形成的历史原因和社会原因。

俄藏敦煌契约文书研究

乜小红著
2009 年 3 月 1 版 1 次
68.00 元
16 开 320 页

　　本书收《俄藏敦煌文献》契约文书 104 种,全书分两部分:一、对俄藏敦煌文献中的契约文书之研究。二、俄藏契约关系文书释文的整理与注释。第一部分作者从社会大层面剖析当时社会经济。第二部分则逐例录出文书、注释和研究阐述,并且将这些文书分作买卖契、借贷便物历、租赁回换契、雇佣契、养子契、家产遗书契、放书婚约、社帖投状等,对研究十六国、唐五代、宋社会经济有一定参考价值。由于俄藏敦煌文书还杂有一些西夏、元时期的文书,亦一并收录。全书每一文献均附原件照片。

敦煌古藏文文献探索集

(西北民族大学敦煌藏学研究丛书)
王尧 陈践译注
2008 年 8 月 1 版 1 次
98.00 元
16 开 472 页

　　本书是研究唐代吐蕃史和汉藏文化交流的重要参考资料。全书分三部分:(1)敦煌吐蕃历史文书,为唐高宗永徽元年(650)至玄宗天宝六年(747),计 98 年大事记。包括赞普会盟、征战、颁赏、联姻等事。(2)社会经济文书。(3)吐蕃法律等其他文书,涉及法律、职官、汉文献、邻国教法、王统、仪礼和佛经、卜辞等。本书以藏汉对译形式刊布了 50 多种重要文献,并进行了勘定研究,修正了以前刊印的错误,是迄今为止最为完备可信的资料。

敦煌古藏文文献论文集(全二册)

金雅声 束锡红等主编
2007 年 8 月 1 版 1 次
150.00 元
16 开 796 页

　　本书汇集国内著名藏学研究者对法藏、英藏敦煌古藏文文献及国内所见吐蕃时期遗存的藏文文献作分类

考订论证,以揭示吐蕃社会和文化的发展,以及汉藏民族长期交往的历史。全书从金石简牍、文书写卷、语言文字、历史社会、法律制度、文学翻译、宗教愿文、医药占卜、丧葬礼仪等方面系统介绍了古藏文文献反映的史实,是研究西藏社会和汉藏民族联系的重要史料。

吴震敦煌吐鲁番文书研究论集

吴震著
2010 年 2 月 1 版 1 次
精装 152.00 元
16 开 696 页

　　吴震先生是吐鲁番学研究领域著名的学者,他以毕生精力致力于吐鲁番阿斯塔那古墓群的发掘、整理和研究,并取得了令世人瞩目的成就。他是国内外从事吐鲁番文物发掘、保护和研究时间最长、贡献最大的学者之一。本书汇集论文 38 篇,是吴震先生研究成果的核心内容,这些论文涉及吐鲁番学的各个领域,包括古代高昌地区的政治制度、农牧业生产、商贸活动、手工业生产状况、赋税制度、宗教与文化、民族构成及其活动等方面,很多论文具有开创性的意义。本论文集的出版是吴震先生吐鲁番学研究的集大成之作,集中展示了其高深的学术造诣,对今后吐鲁番学的发展将会继续发挥引领作用。

二十世纪的敦煌学

郝春文著
2006 年 12 月 1 版 1 次
25.00 元
32 开 228 页

　　本书为郝春文先生的敦煌学论文集。全书按文章内容分为三层次,第一部分收录三篇文章,总体概括敦煌的历史概况、兴衰之因及文化特征。第二部分四篇,回顾与评述二十世纪敦煌学。第三部分为九篇敦煌学论著书评,所评书籍都是具有代表性的著作。

辨伪与存真

——敦煌学论集
荣新江著
2010 年 3 月 1 版 1 次
精装 98.00 元
16 开 226 页

　　本书系北京大学历史系教授荣新江先生的学术论著集,原以"鸣沙集"为名在台湾刊行,业经调整补

充。主要以探讨敦煌学的学术史和方法论为主，涉及敦煌藏经洞的封闭原因、敦煌写本的真伪辨别、藏经洞混入的黑水城文献以及连带相关的唐五代敦煌寺院的藏书状况与藏书制度、唐五代敦煌禅籍的抄写与流行情况，和敦煌研究的学术规范等等。还有有关王国维、狩野直喜、向达、常书鸿等人的敦煌学史论著。在论文和书评中展开了学术批评，藉此希望有回馈的声音。作者还精选了近五十幅图版更给人以清晰明了的观感。

敦煌学与敦煌文化

柴剑虹著

2007 年 4 月 1 版 1 次

33.00 元

32 开　312 页

本书汇集了作者近年的相关论文、演讲和纪念文章，集中于对敦煌学与敦煌历史文化的通俗阐释，并涉及历史、文学、宗教、艺术、文献学等诸多方面，是了解敦煌学及敦煌文学，以及敦煌学学术史的大众读本。

西夏佛经序跋译注

（北方民族大学学术文库）

聂鸿音著

2016 年 5 月 1 版 1 次

42.00 元

32 开　560 页

这里所谓"西夏佛经序跋"指的是西夏时代（1038—1227）帝后臣民在编印或散施佛经时写下的短文，包括"序"、"跋"、"后序"、"愿文"、"题记"等，一般附在相关佛经的卷首或卷尾一并流行。这些作品或者用西夏文写成，或者用汉文写成，共同构成了西夏文学中一个独特的类别。

论吐鲁番学

陈国灿著

2010 年 4 月 1 版 1 次

60.00 元

16 开　268 页

本书作者自 20 世纪 70 年代以来，追随唐长孺先生从事吐鲁番出土文书的整理与研究，对吐鲁番地区的历史发展及其出土文献作过长期的钻研，对吐鲁番地区的东、西、南、北的历史遗迹、地形地貌、山泽泉渠及其生态，也不止一次地作过考察，故而一直关注着吐鲁番学

的发展及其学科的建设，对吐鲁番学的研究对象、内容、性质、价值、意义及其学术史等，也发表了一些见解或议论；对吐鲁番学所涉及的历史及文化，吐鲁番文书学的研究方法及内容的扩展等方面，也作过一些归纳和自我总结。现他将上述这些成果呈现出来，以就教于学术界和爱好者，同时也是作为进入到新世纪以后，对吐鲁番学建设的一份献礼。

中国古代官德研究

杨建祥著

2004 年 5 月 1 版 1 次

30.00 元

32 开　350 页

本书通过大量引用《诗经》、《尚书》、《史记》、《汉书》等中国古代经典文献中的具体事例，来探索德治传统的起源与传承，阐明德治传统对中国古代官德所起的决定性作用，并提出如何看待中国人的"政道"及如何看待中国社会离不开德治等关键性问题。

蚀日者

——中国古代的权臣

江建忠著

1996 年 8 月 1 版 1 次

新版 2007 年 3 月 1 版 1 次

24.00 元

16 开　200 页

本书从历史的高度对历代著名权臣的特征、他们的历史机遇，他们登上高位的阶梯和手段，以及他们的功过和历史作用作了生动的表述和评论，最后从制度上阐明了唐宋以后少有权臣的历史原因。本书语言生动，叙事简明扼要，分析透彻，常有发人深省之处，具有较强的可读性。

皇帝与皇权

周良霄著

1999 年 4 月 1 版 1 次

增订版 2014 年 12 月 1 版 1 次

第三版 2016 年 11 月 1 版 1 次

精装 48.00 元

32 开　416 页

本书上编介绍了皇帝制度的各个方面，如称呼服饰、仪仗禁卫、内宫制度、都城格局、临朝听政、继位分封、丧葬陵寝等等。下编则对中国皇权的形成和发展作

了探讨,在弄清史实的基础上,作者又对一些理论问题作了有益的探讨研究。

中国帝陵

王重光 陈爱娣编著

1996 年 8 月 1 版 1 次

1999 年 11 月 1 版 2 次

24.00 元

大 32 开 432 页

本书全面、系统地介绍从传说时代到清朝的帝后陵墓的有关知识。同时用大量的图片和史事,引导读者神游在神秘的帝王后妃的地下幽宫之中,感受这些陵墓的男女主人生前功过和哀幽不幸的命运。可读性强是本书最大特点,而对各座帝陵的方位、路线和建筑、体制的详细介绍,也给旅游工作者提供了可靠的参考。

中国古代陵寝制度史研究

杨宽著

1985 年 6 月 1 版 1 次

平装 1.70 元 精装 2.50 元

大 32 开 136 页

本书对"中国古代陵寝制度"这个几乎无人问津的课题作了比较系统的论述。书中通过分析"陵"、"寝"、"庙"三者的关系,以及墓葬、陵园、石刻建筑的构造,披露了历代封建统治阶级的礼制情况。书中除运用大量的文献资料、新出土文物的考古资料和调查报告以外,还穿插了在实地考察中获得的新发现和许多建筑物的具体数据。

中国古代都城制度史研究

杨宽著

1993 年 12 月 1 版 1 次

16.95 元

大 32 开 613 页

本书上编《中国都城的起源和发展》论述先秦至唐的都城制度,其底稿曾译成日文,由日本学生社于 1987 年 11 月出版。下编《宋代以后都城制度的变革及其重要设施》则未曾发表。该书对中国古代的都城制度溯源探流,索隐钩沉,廓清了笼罩于其上的迷雾。实为一部初具规模的中国古代都城制度的通史。

中国礼仪之争:历史、文献和意义

李天纲著

1998 年 12 月 1 版 1 次

21.50 元

大 32 开 360 页

发生在 18 世纪初的"中国礼仪之争",虽然在儒家文化与以基督教文化为主的西方文化接触的历史上占有重要的地位,但当时中国方面的记录与历来的研究都处于模糊不清的状态。本书可以说是目前为止国内唯一的一部有关这方面的研究专著,一定程度上理清了该段历史的真实,并对历来被认为是阙失的有关此事件的汉语文献进行考究。

中国礼仪之争西文文献一百篇(1645—1941)

[美]苏尔等编 沈保义等译

2001 年 6 月 1 版 1 次

20.60 元

大 32 开 270 页

从明清之际到民国年间持续三个多世纪的"中国礼仪之争",是在来华西方天主教传教士中间进行的、有关是否允许奉行中国人祭祀祖先及孔子的传统礼仪的争论。这场争论以教廷严禁传教士、中国信徒奉行中国传统礼仪和康熙皇帝禁止传教为结果而告一段落,直到 1939 年罗马方面发布文件承认了奉行中国礼仪的合法性,争论才得以以积极的方式终结。本书所提供的就是"中国礼仪之争"期间罗马方面的 100 篇基本文献,最重要的录全文,其次或节选、或提要,并都提供了出处。

中国古代史籍校读法

张舜徽著

1962 年 7 月 1 版 1 次

新版 1986 年 5 月 1 版 2 次

1.35 元

32 开 164 页

本书是介绍如何校读中国古代史籍的普及读物。内容有文字、版本、校勘、辨伪、辑佚等方面的常识,对阅读和整理中国古代史籍的初学者有参考价值。

灶王爷土地爷城隍爷

——中国民间神研究

郝铁川著

2003 年 7 月 1 版 1 次

30.00 元

18 开　274 页

在光怪陆离的中国诸神世界里，与人们关系最密切的，莫过于灶王爷、土地爷和城隍爷了。传说中，灶王爷记录着每户人家的善恶言行；土地爷管理着一方乡土；城隍爷则守护着城邑。本书不仅详细介绍灶王爷、土地爷、城隍爷的由来及其流传，更着力揭橥其于中国社会的渗透，与其他文化的交融等等。

孟姜女故事研究集

顾颉刚编著

1984 年 8 月 1 版 1 次

1.15 元

大 32 开　160 页

顾颉刚先生是著名的史学家，同时，对民间文学也有深刻的研究。他的《孟姜女故事研究》，根据二千多年来文献记载和遍布全国各地的各种民间传说、文艺材料，整理出历史的和地理的两个系统，开创了民间文学研究的新道路。

东西交流史论稿

黄时鉴著

1998 年 12 月 1 版 1 次

30.40 元

大 32 开　452 页

本集内容包括：古代中外关系史、马可·波罗研究、大航海以来的中欧关系史和中韩关系史，作者挥洒自如地运用语言学的比较研究方法，令人信服地破解了一个又一个学术疑团。

美国中国学史研究

——海外中国学探索的理论与实践

朱政惠著

2004 年 7 月 1 版 1 次

36.00 元

大 32 开　277 页

近年来，随着中国的迅速崛起，中国学研究在海外也成为热点。不少西方国家都设有专门机构，开展中国学研究。美国是海外中国研究重镇，不仅研究机构林立，而且研究成果也十分可观。为了具体深入地了解美国中国学研究的现状，作者专程到美国哈佛大学做了为期两年半的学术访问。本书大部分篇章即为此次学术访问的研究成果。

海外上海学

熊月之　周武主编

2004 年 8 月 1 版 1 次

60.00 元

18 开　449 页

海外上海学研究起步甚早，自上海开埠起就开始了。最近二十多年，上海史研究更成为海外中国学中的显学，世界不少国家和地区都有一批从事上海学研究的学者，发表和出版了大量的研究论著，并涌现出一批享有盛誉的研究名家。全书分"现状和趋势"、"名著解读"和"名家剪影"三编，分别作了介绍和评析，并附有海外上海学著作目录、论文目录、英文博士论文目录。

朝鲜半岛：地缘环境的挑战与应战

邵毅平著

2005 年 10 月 1 版 1 次

2009 年 9 月 1 版 2 次

27.00 元

大 32 开　280 页

本书从朝鲜半岛应对地缘环境之挑战的独特视角，以翔实罕见的文献资料为依据，系统考察和综述二千多年来朝鲜半岛在历史、政治、外交、文化、学术及社会生活等各个方面形成的民族智慧和民族特质。作者是中韩建交前夕大陆赴韩执教第一人，又旅居 5 年之久。本书融学术价值与可读性于一体，是一部研究朝鲜半岛历史文化不可多得的专著。

学者纪念文集

选堂文史论苑

——饶宗颐先生任复旦大学顾问教授纪念文集

复旦大学中文系编

1994 年 12 月 1 版 1 次

精装 22.00 元

大 32 开　220 页

饶宗颐先生是蜚声海内外的著名学者，受聘为复旦大学顾问教授，为此复旦大学中文系特编学术论文集以资纪念。论文集按诗词文学、地理和敦煌学、古代史、宗教文化和艺术六类，除介绍饶先生各方面成就外，还汇集了程千帆、季羡林、缪钺、柳存仁、胡厚宣、周绍良、钱仲联、王运熙、王尧、李学勤等国内外著名专家学者的论文。

论史传经

——程应镠先生纪念论文集

严耀中主编

2004 年 10 月 1 版 1 次

38.00 元

大 32 开　250 页

　　程应镠先生是上海师范大学历史系及古籍所的奠基者之一。在程先生谢世 10 周年之际，卓然成家的众多程门弟子以撰写学术论文结集出版的形式纪念恩师。本书共收史学论文 25 篇，并由程应镠生前好友北大历史系王永兴教授、华东师大中文系徐中玉教授分别作序，追思了他们数十年的友情和坎坷经历，读来令人动容。

史林挥麈

——纪念方诗铭先生学术论文集

本书编辑组编

2015 年 1 月 1 版 1 次

精装 128.00 元

16 开　484 页

　　方诗铭为国际知名的历史学家。值方先生 95 周年诞辰之际，复旦大学和上海社会科学院历史研究所同仁编撰出版本论文集。论文集收有著名学者周振鹤、王子今、芮传明、虞万里、罗义俊、杜恂诚、王维江、谢维扬、李天纲、姚大力、张忠民、曹均伟、曹峰、吕静、李晓杰、马学强、郭静云，以及国外学者平势隆郎、藤田胜久、鹤间和幸等撰写的学术论文，涉及历史学、考古学、宗教学、古典文学诸领域，有关中国古代史、近代史、经济史、城市史、学术史、中外关系史、历史地理等研究。

永远的怀念

——宁可先生追思集

郝春文主编

2015 年 6 月 1 版 1 次

98.00 元

16 开　384 页

　　著名历史学家、首都师范大学历史学科创建者之一、历史学教授宁可先生于 2014 年 2 月在京逝世，享年 86 岁。宁可先生的周年祭，他的同事、学生、女儿们将对宁先生的追思与怀念凝结成文字，向这位著名的学者致敬，也向学界首次全面披露这位一生兢兢业业致力于教育与学术的学者的治学、为人与学术贡献。

敦煌吐鲁番文书与中古史研究

——朱雷先生八秩荣诞祝寿集

本书编委会主编

2016 年 5 月 1 版 1 次

98.00 元

16 开　488 页

　　本书是武汉大学著名历史学家朱雷先生的八秩荣诞祝寿集，各位作者都是朱先生的弟子，基本都是已经成名的历史学者。原稿所收论文都出于名家之手，共有 42 篇文章，内容分为四个部分，包括敦煌吐鲁番文书研究、魏晋南北朝隋唐史研究、其他研究、回忆文章等。

西学与汉学

——中外交流史及澳门史论集

林广志　夏泉　林发钦主编

2009 年 9 月 1 版 1 次

精装 120.00 元

16 开　508 页

　　暨南大学汤开建教授治明清史、港澳史颇有所成。今年适逢汤教授六十华诞，先后在其门下研习的诸学生共同商议后决定编撰文集一本以示纪念，即为本书。本书主要收录汤门弟子有关中外交流史、澳门史、基督教会史等领域的论文三十余篇。这些论文反映了我国中外关系交流史以及澳门史研究的最新成果。

科研院所论文集

笃志集

——复旦大学历史系七十五年论文选

复旦大学历史系上海校友会编

2000 年 6 月 1 版 1 次

精装 31.00 元

大 32 开　530 页

　　为纪念复旦大学历史系建系 75 周年，编者特选编这本纪念论文集。本书辑录了 30 位专家教授的代表性论文，体现了建系以来最高的学术水准，内容涉及中国古代史、近现代史、世界史及中国历史地理等学术领域。

史学文存：1936—2000

——浙江大学中国古代史论文集

包伟民选编

2001 年 12 月 1 版 1 次

精装 36.00 元

大 32 开　591 页

为纪念浙江大学史地系建系 65 周年,该校中国古代史研究所组织选编了这本纪念论文集,书中不仅收录竺可桢、谭其骧等学界泰斗的经典之作,也有众多学养丰厚、至今仍活跃在史林的名家的代表作,更有一批中青年学者的力作。

学思集

严耀中　戴建国编

2002 年 11 月 1 版 1 次

33.00 元

大 32 开　512 页

本书是上海师范大学 20 位史学工作者的 24 篇论文结集。这些论文大都曾发表于国内史学研究一级刊物,如严耀中《北魏"三都大官"考》、朱瑞熙《宋元的时文——八股文的雏形》、程应镠《论北魏实行均田令的对象与地区》等,于此可窥上海师大学者深厚的史学传统和学术功力。

慎思集

——上海大学历史系论文选编

谢维扬等撰

2002 年 12 月 1 版 1 次

精装 66.00 元

大 32 开　400 页

本书收入上海大学历史系教师近 10 年科研成果中较有代表性的学术论文 46 篇。内容除中外史学外,还兼及考古学、宗教学、政治学、历史地理等学科,并根据该系的专业特点和研究方向,文集共分"古代文明"、"思想文化"、"宗教文化"与"政治文化"四个专题。

吉林大学古籍研究所建所三十周年纪念论文集

吉林大学古籍研究所编

2014 年 11 月 1 版 1 次

248.00 元

16 开　688 页

本书为纪念吉林大学古籍研究所成立 30 周年而结的论文集,涉及甲骨、金文、简帛、传世文献、历史地理、书法等方面的研究。

西夏学论集

杜建录主编

2012 年 2 月 1 版 1 次

精装 128.00 元

16 开　616 页

本书是教育部人文社会重点研究基地建设 10 周年纪念文集,共收录国内外西夏学研究论文 68 篇,基本包括了 10 年来西夏学界主要研究人员的代表性成果,同时搜集、整理、翻译了对西夏学做出杰出贡献并具代表性的学者的论文。

会议论文集

周秦汉唐文明研究论集

上海博物馆编

2008 年 8 月 1 版 1 次

100.00 元

16 开　532 页

本书是 2004 年在上海博物馆举行的"周秦汉唐文明大展"的成果之一。其内容从青铜之乡的西周吉金、秦始皇陵的复活军团、汉唐墓葬的皇皇壁画,到各类遗址的稀世珍藏、唐代窖藏的遗宝精粹等等,不一而足。学者们从对文物的艺术特征分析、历史价值评估、无形文化遗产的揭示,到对大展的思路解读、时空领略、美学寻味,形成一部丰富的中华文明结集。

唐代国家与地域社会研究

——中国唐史学会第十届年会论文集

严耀中主编

2008 年 6 月 1 版 1 次

45.00 元

大 32 开　464 页

本书所收录论文从内容上看除唐代政治史、经济史、社会史等外,还涉及历史文献学、历史地理学、宗教艺术史、海外关系史乃至历史图像学、心理史学等诸多领域。所收论文充分展现了近年来唐史研究的新气象、新动向。尤其值得注意的是研究者对法制史与地域社会史等方面的新史料的发掘与整理,以及对于出土文书以及考古实物等新材料的分析运用。

宋史研究论文集（《中华文史论丛》增刊）

邓广铭　程应镠主编

1982 年 2 月 1 版 1 次

2.45 元

大 32 开　344 页

本书编选 1980 年宋史研究会第一次年会论文 32 篇,其中论述宋代经济发展及生产关系、典章制度,评价历史人物,作史事考证和史籍校勘等,反映了我国当时研究宋史的学术水平。

中西文化会通第一人

——徐光启学术研讨会论文集

宋浩杰主编

2006 年 8 月 1 版 1 次

精装 50.00 元

16 开　296 页

本书集中收录了专家学者对徐光启学术研究的最新成果,再现了四百年前中西文化会通的历史画卷,展示了丰富的历史文化遗产,具有重要的思想文化史价值,而且附录徐光启生平著作,以及与徐光启有关的重要历史人物等内容。

长共海涛论延平

——纪念郑成功驱荷复台 340 周年学术研讨会论文集

杨国桢主编

2003 年 7 月 1 版 1 次

30.00 元

大 32 开　412 页

2002 年恰逢郑成功驱荷复台 340 周年,为纪念这一位伟大的爱国者,厦门市郑成功研究会倡议召开了一次国际学术讨论会,本书即是该会议的论文合编。与会学者多角度、多方位地对郑成功进行观察剖析,并披露了诸多新发现的文献资料。

水乡江南:历史与文化论集

刘昶　陆文宝主编

2014 年 1 月 1 版 1 次

78.00 元

16 开　476 页

本书为“全球视野下的江南文化研究国际学术研讨会”论文集,共收入论文 25 篇,涉及区域内外的经济活动、地方行政与基层组织、江南区域的早期历史、区域地理与环境变迁、地方文化与文学传统、地方社会与民间信仰六个方面,既有宏观的思考,又有微观的论证。

人海相依

——中国人的海洋世界

上海中国航海博物馆编

2014 年 12 月 1 版 1 次

精装 98.00 元

16 开　336 页

本书是上海中国航海博物馆学术研究部于 2014 年 8 月举办的“人海相依:中国人的海洋世界”国际学术研讨会的会议论文集,是《航海:文明之迹》、《上海:海与城的交融》的姊妹篇,与会者主要是在上海港口史、上海航运史、上海港口城市史等相关领域有深入研究的专家学者。

中国家谱论丛

上海图书馆编

2010 年 7 月 1 版 1 次

36.00 元

大 32 开　384 页

本书是由上海图书馆 2009 年主持召开的“中国家谱文献价值及开发利用研讨会”与会专家的论文汇总而成。家谱作为与正史、方志并重的历史文献,蕴藏丰富的历史学、社会学、人口学、教育学等有价值的史料。运用谱牒资料,在史料上另辟蹊径,加强诸学科的综合研究,是本书的新亮点;同时,本书部分内容从谱牒的角度揭示了独特的地方文化,体现了家谱作为重要地方文献无可替代的作用。本书共收录了最新的家谱专题研讨会与会专家的关于“中国家谱文献价值及开发利用”方面的优秀研究成果三十余篇。其中针对家谱收藏、整理、研究中出现的新问题、新现象及所提出的许多建设性意见价值颇高。

中国谱牒研究

——全国谱牒开发与利用学术研讨会论文集

上海图书馆编

1999 年 10 月 1 版 1 次

精装 39.10 元

大 32 开　404 页

家谱是记载一姓一族世系及人物活动事迹的谱籍,又叫族谱、家谱、谱牒等。本书集中了国内这方面研究的专家学者的有关论文,其中既有从宏观上阐述家谱研究的意义、价值和特点,又有具体讨论家谱与其他人文学科研究的关联,及对一姓一族个案的研究引申出家谱研究的一般性问题。

汉藏佛教美术研究

——第四届西藏考古与艺术国际学术讨论会
论文集

谢继胜　罗文华　石岩刚主编

2014 年 12 月 1 版 1 次

168.00 元

16 开　688 页

本书收录 38 篇论文,大多是对藏传文物、遗址的实地考察,因而具有实证性、前卫性的特点,结合汉藏文献解读的一些图像则填补或廓清了多年的学术迷雾。

满蒙档案与蒙古史研究

乌云毕力格主编

2014 年 7 月 1 版 1 次

78.00 元

16 开　376 页

2012 年 10 月 13—14 日,在中国人民大学国学院西域历史语言研究所举办了“满蒙档案与蒙古史研究学术讨论会”。本书即此次国际学术讨论会的论文结集。著者包括中、日、德等各国学者,所收论文利用清代满文和蒙古文的珍贵文书和档案资料,在不同的领域,从不同的角度,论述了 17 世纪以来蒙古史研究方方面面的前沿性课题。

古代钱币与丝绸高峰论坛暨第四届吐鲁番学

国际学术研讨会论文集

吐鲁番学研究院编

2015 年 2 月 1 版 1 次

精装 128.00 元

16 开　364 页

本论文集为“第四届吐鲁番学国际学术研讨会”的论文汇编。本次会议的主题是古代钱币与丝绸,同时也涉及了丝绸之路研究以及吐鲁番学的方方面面,涉及钱币,纺织品与纺织,吐鲁番地区出土文书、绘画以及其他相关内容。

吐鲁番学研究：吐鲁番与丝绸之路经济带高峰

论坛暨第五届吐鲁番学国际学术研讨会论文集

吐鲁番学研究院　吐鲁番博物馆编

2015 年 12 月 1 版 1 次

精装 88.00 元

16 开　235 页

本论文集挑选了本次与会的国内外学者提交的研

究论文 28 篇,内容涉及四个方面:一是对丝绸之路经济带作用的理性探讨,二是对丝绸之路沿线文物的发现认识及其在思路上的经济文化价值,三是对作为丝路枢纽之地吐鲁番出土文献的研究,四是对吐鲁番及相邻地区文物遗迹的研究。

转型期的敦煌学

刘进宝　高田时雄主编

2007 年 11 月 1 版 1 次

108.00 元

16 开　680 页

这是一部 2006 年 9 月初在南京师范大学召开的“转型期的敦煌学”国际学术会议的论文集。所收论文均是当今国内外敦煌学界著名学者所著,涉及范围较广,包括敦煌文学、敦煌佛学、敦煌文书、敦煌内各种写本、敦煌与唐五代宋元时期的社会历史关系以及海外敦煌学的相关研究状况,反映敦煌学最新的研究动态。

西域—中亚语文学研究

——2012 年中央民族大学主办西域—中亚语文学国际学术研讨会论文集

阿不都热西提·亚库甫主编

2016 年 3 月 1 版 1 次

98.00 元

16 开　416 页

本论文集按照研究专题,分为吐火罗语研究、伊朗语研究、汉文文献研究、回鹘文研究、考古与宗教研究、近代西域与中亚研究等六个部分。

专　题　史

文　史　中　国

本丛书是由中国南北两家以弘扬中华传统文化为己任的著名出版社——中华书局和上海古籍出版社,联手合作出版的一套为青少年量身度制的高质量的传统文化系列图书。在写法上,《文史中国》丛书有别于以往的传统文化读物,其宗旨可概括为一句话:题材是传统的,眼界是当代的。因此除了科学性与可读性相统一的常规标准外,丛书从选目到撰写,都是以一种世界性的文化视域来透析中华文化的深刻意蕴。而丛书的作者大都是各个领域卓有成就的学者,从而为丛书从内容上提供了重要保证。丛书全彩印刷,图文并茂。本书共 38 种,分为“辉煌时代”、“世界的中国"、"文化简史"、"中华意象"四个系列,各系列互相联系,同时又自成体系,多视角多侧面地展示中华文明。

上海古籍出版社负责其中的"世界的中国"(含《世界眼光中的孔子》、《丝绸之路》、《遣唐使和学问僧》、《四大发明》、《西游与东渡》、《马可波罗眼中的中国》、《郑和宝船扬帆世界》、《徐光启与利玛窦》、《清代宫廷中的外国人》、《近代留学生》)、"文化简史"(含《中国书法篆刻简史》、《中国古代体育简史》、《中国服饰简史》、《中国建筑文化简史》、《中国饮食文化简史》、《中国古代绘画简史》、《中国音乐文化简史》、《中国图书文化简史》、《中国书院文化简史》、《京昆简史》)两个系列20种出版工作。

原列入丛书的《走向世界的明清陶瓷》、《世界的敦煌》两书,因丛书选目的变更,改由上海古籍出版社单独出版。

世界眼光中的孔子

施忠连著

2010 年 4 月 1 版 1 次

2015 年 11 月 1 版 5 次

14.00 元

32 开　112 页

本书通过生动的文字、精美的图片,对孔子及儒家文化在世界上的影响等做了全面阐述,展示了中国文化在世界文化中的重要地位。

丝绸之路

沈济时著

2010 年 4 月 1 版 1 次

2012 年 2 月 1 版 4 次

18.00 元

32 开　144 页

本书通过生动的文字、精美的图片,对历史上丝绸之路的形成、发展等做了详细记述,全面展示了丝绸之路在中外文化交流方面所起的重大作用。

遣唐使和学问僧

韩昇著

2010 年 4 月 1 版 1 次

2011 年 6 月 1 版 3 次

16.00 元

32 开　128 页

本书通过生动的文字、精美的图片,对隋唐时期日本遣唐使的情况等做了详细记述,全面展示了唐代中日文化交流方面所取得的辉煌成就。

四大发明

冯绍霆著

2010 年 4 月 1 版 1 次

2012 年 5 月 1 版 4 次

13.00 元

32 开　100 页

本书通过生动的文字、精美的图片,对中国四大发明指南针、火药、造纸术、雕版印刷术的产生发展以及对世界文明发展的影响等做了详细记述。

西游与东渡

黄坤著

2010 年 4 月 1 版 1 次

2011 年 6 月 1 版 3 次

15.00 元

32 开　120 页

本书通过生动的文字、精美的图片,对玄奘西游和鉴真东渡的情况进行了详细记述,全面展示了中国佛教文化的发展以及在中外文化交流方面的重大贡献。

马可波罗眼中的中国

党宝海著

2010 年 4 月 1 版 1 次

2013 年 6 月 1 版 4 次

15.00 元

32 开　120 页

本书通过生动的文字、精美的图片,对马可波罗笔下元代的历史、社会情况做了详细记述,全面展示了元代在中外文化交流方面所取得的辉煌成就。

郑和宝船扬帆世界

徐作生著

2010 年 4 月 1 版 1 次

2011 年 6 月 1 版 3 次

13.00 元

32 开　104 页

本书通过生动的文字、精美的图片,对郑和七下西洋的情况做了详细记述,全面展示了明代在中外文化交流方面所取得的辉煌成就。

徐光启与利玛窦

余三乐著

2010 年 4 月 1 版 1 次
2013 年 1 月 1 版 3 次
13.00 元
32 开　104 页

　　本书通过生动的文字、精美的图片，对徐光启与利玛窦的交往等做了详细记述，全面展示了明代在中外文化交流方面所取得的辉煌成就。

清代宫廷中的外国人

余三乐著
2010 年 4 月 1 版 1 次
2011 年 6 月 1 版 3 次
14.00 元
32 开　116 页

　　本书通过生动的文字、精美的图片，对清代进入宫廷中的外国人的情况做了详细记述，全面展示了清代在中外文化交流方面的新气象及所取得的辉煌成就。

近代留学生

陈潮著
2010 年 4 月 1 版 1 次
2011 年 6 月 1 版 3 次
15.00 元
32 开　120 页

　　本书通过生动的文字、精美的图片，对清末中国留学生的情况做了详细记述，全面展示了近代中外文化交流方面的新气象及所取得的辉煌成就。

中国书法篆刻简史

沃兴华著
2010 年 4 月 1 版 1 次
2011 年 12 月 1 版 3 次
16.00 元
32 开　128 页

　　本书通过生动的文字、精美的图片，全面展示了中国书法文化形成、发展的历史，及其对中国文化的重大影响。

中国古代体育简史

刘秉果著
2010 年 4 月 1 版 1 次
2013 年 1 月 1 版 3 次

18.00 元
32 开　144 页

　　本书通过生动的文字、精美的图片，全面展示了中国古代各种体育娱乐项目形成、发展的历史，及其对中国文化的重大影响。

中国服饰简史

周天著
2010 年 4 月 1 版 1 次
2011 年 6 月 1 版 3 次
22.00 元
32 开　176 页

　　本书通过生动的文字、精美的图片，全面展示了中国服饰发展的历史，及其对中国文化的重大影响。

中国建筑文化简史

沈福煦著
2010 年 4 月 1 版 1 次
2011 年 12 月 1 版 4 次
22.00 元
32 开　176 页

　　本书通过生动的文字、精美的图片，全面展示了中国书院文化形成、发展的历史，及其对中国文化的重大影响。

中国饮食文化简史

王学泰著
2010 年 4 月 1 版 1 次
2012 年 2 月 1 版 4 次
20.00 元
32 开　160 页

　　本书通过生动的文字、精美的图片，全面展示了中国饮食文化形成、发展的历史，及其对中国文化的重大影响。

中国古代绘画简史

李超　姚笛　张金霞著
2010 年 4 月 1 版 1 次
2013 年 1 月 1 版 5 次
13.00 元
32 开　104 页

　　本书通过生动的文字、精美的图片，全面展示了中国书院文化形成、发展的历史,及其对中国文化的重大影响。

中国音乐文化简史

戴微著

2010 年 4 月 1 版 1 次

2012 年 6 月 1 版 5 次

21.00 元

32 开　168 页

　　本书通过生动的文字、精美的图片,全面展示了中国古代音乐形成、发展的历史,及其对中国文化的重大影响。

中国图书文化简史

徐雁等著

2010 年 4 月 1 版 1 次

2012 年 6 月 1 版 4 次

19.00 元

32 开　152 页

　　本书通过生动的文字、精美的图片,全面展示了中国图书以及图书文化形成、发展的历史,及其对中国文化的重大影响。

中国书院文化简史

朱汉民著

2010 年 4 月 1 版 1 次

2012 年 6 月 1 版 3 次

15.00 元

32 开　120 页

　　本书通过生动的文字、精美的图片,全面展示了中国书院文化形成、发展的历史,及其对中国文化的重大影响。

京昆简史

李晓著

2010 年 4 月 1 版 1 次

2013 年 10 月 1 版 3 次

24.00 元

32 开　192 页

　　本书通过生动的文字、精美的图片,全面展示了中国国粹昆曲、京剧形成、发展的历史,及其突出的艺术魅力。

走向世界的明清陶瓷

袁泉　秦大树著

2015 年 1 月 1 版 1 次

38.00 元

32 开　200 页

　　合中外博物馆藏品与沉船打捞发掘,介绍明清陶瓷的工艺水平及对欧洲社会生活的影响。

世界的敦煌

顾虹著

2011 年 12 月 1 版 1 次

19.00 元

32 开　133 页

　　作者力图从世界的角度为广大读者介绍敦煌的历史和艺术。全书分为三章。第一章主要介绍敦煌从秦汉一直到明清的历史,并相应介绍了敦煌文化的概况。第二章分三个十六国北朝、隋唐、五代至元三个时期,详细介绍了璀璨炫目的敦煌石窟艺术。第三章讲述了敦煌藏经洞发现的始末,并结合文献资料和出土的文物,介绍了百年敦煌研究的历程和成果。

插图本史书系列

中国书法史(插图本)

沃兴华著

2001 年 7 月 1 版 1 次

2002 年 9 月 1 版 3 次

36.00 元

大 32 开　570 页

　　本书完整地描述了书法艺术的发展演变过程,以所录 600 幅历代书法精品为例,详细阐述了甲骨文、金文、篆书、草书、分书、楷书等各种字体因循损革、新旧隆替、不断嬗变的轨迹,对各种风格和学说进行了严谨和认真的评判。

中国绘画史(插图本)

潘公凯　惠蓝　李超　陈永怡编著

2001 年 12 月 1 版 1 次

2002 年 4 月 1 版 2 次

39.00 元

大 32 开　484 页

　　本书从远古至近代,全面客观地展示了中国绘画的产生沿传、嬗变演进的发展过程。精选了近 500 幅历代绘画名作，以图证史、以史说图，极具现代阅读意识。

中国报学史（插图本）

戈公振著

2003 年 8 月 1 版 1 次

30.00 元

18 开　256 页

　　这是一部研究新闻学和我国新闻事业发展史的开山名著，初版于 1927 年。书中叙述五四运动以前中国报纸产生以及发展的情况，时至今日仍不失为报学史研究、新闻工作和报刊收藏者必备读物。此番重印特增配大量的报刊图片。

中国体育史（插图本）

刘秉果著

2003 年 8 月 1 版 1 次

35.00 元

大 32 开　442 页

　　中国在西周已盛行骑射、御车、武术、蹴鞠（足球）、技巧、围棋、龙舟竞渡等体育项目。此书根据中国体育发展的历史，分项叙述，溯其源流，探索和研究体育发展的规律。

中国戏剧史（插图本）

叶长海　张福海著

2004 年 4 月 1 版 1 次

2015 年 9 月 1 版 8 次

40.00 元

大 32 开　580 页

　　本书用大量珍贵的图片展示了中国戏剧发展演变的生动画面，并以简明扼要、通俗易懂的文字概括了中国戏剧产生和发展的历史，有助于人们对中国戏剧发展历史和文化价值的全面了解。

中国古代插图史

徐小蛮　王福康著

2007 年 12 月 1 版 1 次

68.00 元

大 16 开　400 页

　　本书系统地介绍了中国古代插图的历史，从简牍、帛书上的绘画，佛教经书催生出雕版印刷插图的出现，

至宋元明清插图艺术的兴旺时期；从雕版刻印到彩色套印等。作者精选大量珍贵插图，形象地反映了插图文化的演变过程。

中国典当制度史

刘秋根著

1995 年 7 月 1 版 1 次

18.20 元

大 32 开　174 页

　　当铺是怎样出现的？它在古代的兴衰流变又是怎样的？《中国典当制度史》就是专门帮助读者解决这些疑问的。对于研究中国古代经济史的专家学者，这是一本内容翔实的参考书；对于一般的读者，这是一扇了解古代人们生活的窗户。

丰子恺西洋美术史（彩图本）

丰子恺著

2004 年 5 月 1 版 1 次

49.00 元

24 开　278 页

　　这是一本西方美术发展史的普及读本，书中对西洋建筑、雕塑、绘画及流派作了全面的介绍。此次出版，特配以彩图 400 余幅，使读者对西方美术的辉煌成就有感性认识。

中国饮食文化专题史

赵荣光主编

中国饮食典籍史

姚伟钧　刘朴兵　鞠明库著

2011 年 12 月 1 版 1 次

88.00 元

16 开　584 页

　　本书按照年代顺序，对于非文字史料以及散见于经、史、子、集中有关饮食文化的著作分别进行了介绍，内容涉及烹饪技术、烹饪理论、菜点品种、食疗和饮食习惯等方面。

中国饮食娱乐史

瞿明安　秦莹著

2011 年 12 月 1 版 1 次

2013 年 1 月 1 版 2 次

52.00 元

16 开　332 页

　　本书将中国历史上丰富多彩的饮食文化与娱乐文化相结合,运用丰富的史料加以叙述。作者从先秦时期到当代中国纵向展开论述,并通过中外饮食娱乐文化的横向对比,将中国自古至今饮食娱乐文化的发展脉络梳理得十分清晰。

中国食料史

俞为洁著

2011 年 12 月 1 版 1 次

82.00 元

16 开　560 页

　　本书论述了中国自远古至今食品原料开发利用的历史,厘清了食物种类在中国历史上此消彼长的发展脉络以及食物加工利用技术的发展进程,并找出了这种发展脉络背后的社会、政治、经济、技术、习俗等方面的原因。

中国饮食器具发展史

张景明　王雁卿著

2011 年 12 月 1 版 1 次

2013 年 1 月 1 版 2 次

68.00 元

16 开　454 页

　　本文以饮食器具为主题,综合运用考古学、历史学、艺术学、民族学等各学科的研究方法、资料,特别是注重地下考古资料与地上文献资料的结合,论述了中国饮食文化中的饮食器具的发展简史,作者从中国境内的原始人用来夹食的树枝开始讲起,一直讲到当代中国中外结合、灿烂辉煌、充分体现了多元文化特征的精彩纷呈的各类饮食器具。

历 史 聚 焦

中国礼仪之争

　　——文明的张力与权力的较量

吴莉苇著

2007 年 7 月 1 版 1 次

16.00 元

32 开　140 页

　　从十七世纪中叶至十八世纪中叶在来华的西方传教士中发生过一场"中国礼仪之争"。这是中西文明初识时的一个重要回合,也可以说是中国历史上与异域文

化的一次重大冲突,以至罗马教廷与中国皇帝都介入了"礼仪之争"。虽然它以天主教会拒绝中国礼仪,而中国社会亦拒绝天主教会为结局,但它仍是中国思想文化史上的一个亮点和一段值得深思与寻味的历史记忆。

丙午立宪

　　——大清王朝最后的变革

刘伟著

2007 年 7 月 1 版 1 次

16.00 元

32 开　140 页

　　慈禧太后执掌了中国政权达 48 年之久。在这近半个世纪里,统治者为了挽救危机,先后进行了三次新政,这三次新政曾给中国带来了许多新的东西。而三次新政都没有使清王朝摆脱内外危机的局面,反而最终走向灭亡。这一切的原因究竟是什么? 本书对其中的"慈禧新政"作了详尽的剖析,并配有大量的历史图片。

垂帘听政

　　——君临天下的"女皇"

朱子彦著

2007 年 7 月 1 版 1 次

16.00 元

32 开　168 页

　　当你看见、听到"垂帘听政"一词,也许立即就会联想到慈禧太后。然而中国历史上的"垂帘听政"并非始于慈禧,更非慈禧所专有。那么你想知道"垂帘听政"作为一种制度它究竟始于何时吗? 它又是如何嬗变、发展,以至在慈禧太后时达到顶峰的? 本书以通俗易懂的文字,配之难得的历史图片,为你详尽地阐述。

湘军

　　——成就书生勋业的"民兵"

李志茗著

2007 年 7 月 1 版 1 次

16.00 元

32 开　128 页

　　1851 年 1 月 11 日太平军自金田揭竿而起,所向披靡。清军土崩瓦解,统治者一筹莫展。值此危难时刻,满腹经纶的一介书生曾国藩挺身而出,创建了一支新型的军队——湘军。在短短几年的时间里,湘军从一支民兵武装一跃成为清王朝的中流砥柱,镇压了太平军、捻军等反清武装起义,使清王朝得以苟延残喘;同时它还

收复了新疆,维护了祖国的统一……然而"奇迹"是怎样发生的?曾国藩又是怎样打造这支新型军队的?湘军的最后归宿怎样?本书以图文并举的形式一一为你解析。

纳妾

——死而不僵的陋习

程郁撰

2007 年 7 月 1 版 1 次

16.00 元

32 开　148 页

　　纳妾在中国有着非常悠久的历史,它起源于上古社会的多妻制,盛行于漫长的封建时代。近代西学东渐,纳妾习俗受到沉重打击,近乎绝迹。然时至今日,它又以某种形式死灰复燃。本书即以此为切入点,追溯纳妾习俗的历史渊源,展现蓄妾家庭的生活、夫妻妾之间的感情纠葛、庶出和嫡出的冲突、财产的继承和争夺等复杂的关系,并回顾了纳妾习俗在近代式微、消亡和死灰复燃的过程。全书收集了大量的材料,既有生动有趣的案例和故事,又有鞭辟入里的分析。

故事本史书系列

故事本中国文学史

蒋凡主编

2002 年 4 月 1 版 1 次

2003 年 3 月 1 版 2 次

25.00 元

大 32 开　520 页

　　全书撷取自先秦至近代 101 个生动有趣的文学故事、作家行状,或文学社团轶事,连缀起来阐释中国古代文学发展的基本线索和相关知识。

故事本中国通史

华强　张国浩著

2002 年 6 月 1 版 1 次

2003 年 3 月 1 版 2 次

22.00 元

大 32 开　436 页

　　本书以 100 多个典型而又精彩的历史故事贯串祖国"上下五千年"的文明史。全书分为八大板块,从远古的"文明曙光"说起,经过"群雄角逐"的春秋战国,"天下一统"的秦汉、"治乱交替"的三国两晋南北朝,到"强

国盛衰"的隋唐五代、"从对峙到大一统"的宋辽金元、"专制的王朝"明代,以"最后的帝国"清代为终结。

故事本中国哲学史

唐志龙著

2002 年 6 月 1 版 1 次

2003 年 3 月 1 版 2 次

17.00 元

大 32 开　336 页

　　本书从中国哲学史上的故事入手,梳理出中国哲学的发展轨迹和逻辑演变。通过富于通俗性、趣味性的故事,我国历史上几十位著名哲学家的生平、思想以及他们对真理的追求,无不鲜活地展示在我们面前。

故事本中国军事史

周正舒　朱少华主编

2002 年 5 月 1 版 1 次

2003 年 3 月 1 版 2 次

19.00 元

大 32 开　388 页

　　本书以 80 多个精彩而典型的战例、故事贯串成祖国"上下五千年"的军事史。从远古三代以迄辛亥革命,通过有关的故事涉及古代军事的方方面面,如战争起源、军事制度、军事机构、兵家谋略、号令通讯、军种兵种、阵法战法等。

正说古代历史人物丛书

正说顺治

陈捥著

2005 年 8 月 1 版 1 次

19.80 元

24 开　232 页

　　顺治是清朝入主中原第一帝,聪明好学,敢作敢为,是个有为之君。但在人们的印象里,他的一生乏善可陈,没什么作为。为人们所津津乐道的只是生母下嫁小叔子的丑闻、爱妃董鄂氏的身世之谜以及他出家当和尚的怪举等。时下的影视、文学作品也都围绕这些内容大肆渲染,严重违背了历史事实。本书依据史实,从"正说"角度,力求真实地再现顺治帝一生的主要方面,并对有关戏说和野史加以纠正,同时还配有大量精美图片。

正说康熙

王晓辉著

2004 年 12 月 1 版 1 次

2008 年 5 月 1 版 4 次

19.80 元

24 开　206 页

康熙帝是清朝乃至中国古代历史上少有的杰出帝王，除丰功伟绩外，其性情、品德、才情、生活等也值得关注。本书以史实为根据，着重勾勒康熙帝一生的主要事迹，并对影视作品中的戏说之处进行纠正，力求向广大读者还原康熙帝的庐山真面目。

正说雍正

阎爱民著

2004 年 12 月 1 版 1 次

2008 年 5 月 1 版 4 次

19.80 元

24 开　192 页

雍正帝是清朝历史上最富有争议的皇帝。他的辞世和继位一样，都有着一些让人解不开的谜团，至今仍聚讼纷纭，莫衷一是。本书依据史实，从"正说"角度，力求真实地再现雍正帝及雍正王朝的主要方面，并对文学、影视作品中的戏说进行纠正，同时也对学术上部分有争议的问题作了澄清。全书内容丰富，融学术性、通俗性于一体。

正说乾隆

白新良等著

2004 年 12 月 1 版 1 次

2008 年 5 月 1 版 4 次

19.80 元

24 开　225 页

乾隆一生享年 89 岁，皇帝做了 60 年，作为一个有才能、有作为、有个性的统治者，他的文治武功达到了极盛。然而他又是一个矛盾的结合体，既有英明、智慧、仁慈、极富人情味的一面，又有短视、残暴、浅薄虚荣、冷酷无情的一面，也正是这些矛盾面构成了一个活生生的乾隆，留下了无数的故事和传说。有关乾隆的小说、电视剧大多为戏说、演义之类，极易误导人们。《正说乾隆》，将告诉你一个真实的乾隆。

正说光绪

徐彻著

2005 年 8 月 1 版 1 次

15.80 元

24 开　162 页

光绪帝 4 岁登基，在位 34 年，经历了中法战争、洋务运动、甲午战争、戊戌变法、义和团运动、清末新政等晚清重大历史事件。但由于前期他年纪尚小，后期被软禁瀛台，因而他实际参与并主持的只有甲午战争和戊戌变法两大历史事件，可是，均以失败告终。光绪帝生逢清王朝末世，颇想有所作为，但终其一生笼罩在慈禧太后的权力和淫威之下，是个充满悲剧性格的爱国开明皇帝。本书依据史实，从"正说"角度，力求真实地再现光绪帝一生的主要方面，并对有关戏说和野史加以纠正。

正说慈禧

徐彻著

2005 年 8 月 1 版 1 次

16.80 元

24 开　184 页

慈禧太后是中国乃至世界上赫赫有名的历史人物。她经历了咸丰、同治、光绪三朝，立过同治、光绪、宣统三个小皇帝，又三次垂帘听政，统治中国几达半个世纪。正因为此，近代的一些随笔、札记及野史稗乘，对慈禧其人其事有种种耸人听闻、离奇古怪的说法。有的被当成定论，广为流传，遂相沿成习，以至真伪莫辨，成为难以澄清的历史伪案。本书依据史实，从"正说"角度，力求真实地再现慈禧太后一生的主要方面，并对有关戏说和野史加以纠正，同时还配有大量精美图片。

正说纪晓岚

周积明　李忠智著

2005 年 10 月 1 版 1 次

19.80 元

24 开　210 页

人们熟识的纪晓岚是一位博洽多闻的学者，总纂《四库全书》；一位机智诙谐的名士，撰写笔记小说《阅微草堂笔记》。所以，关于他的奇谈趣事，流传颇广。近年来随着电视剧《铁齿铜牙纪晓岚》的热播，更有不少离奇、失实的说法出现。本书依据史实，从"正说"角度，力求真实地再现纪晓岚一生的主要方面，并对有关戏说和野史加以纠正。

历史上的大事件系列

历史上的大预言（插图本）

寰视人著

2008 年 6 月 1 版 1 次

28.00 元

20 开　272 页

　　预言的由来本是和占卜、星象等古老的技术有着密切的关系。历史上的政治家们常将其作为一种打心理战的绝好手段，把自己希望达到的目的用预言包装成不可违抗的天命，一旦形成集体意识，所带来的收益颇为可观。因此，凡有预言情节的历史大事件，其背后肯定聚集了大量值得回味的进退得失，也有不少令人疑惑的是是非非。本书通过十多个历史事件，为读者们揭示预言与历史事件之间的奥秘。

历史上的大阴谋（插图本）

骆玉明著

2008 年 6 月 1 版 1 次

20.00 元

20 开　192 页

　　中国几千年的封建专制统治，权力分配中的阴谋手段始终伴随着这部血腥的历史。本书撷取了其中的 11 个重大阴谋事件，政治斗争中的智谋与成败，人性的残忍与虚伪，在故事中展露无遗。作者以严谨的史料为依托，以非常小说化的语言来为我们演绎这些精彩故事，寓个人对历史的看法于叙述之中，是一本相当好看的通俗历史读物。

历史上的大冤案（插图本）

成云雷著

2008 年 6 月 1 版 1 次

28.00 元

20 开　256 页

　　本书以通俗生动的笔法，讲述了中国历史上发生的八大著名冤案，塑造了伍子胥、韩信、岳飞、袁崇焕、多尔衮等历史人物的鲜活形象，深入浅出地介绍了皇权、君臣关系、文化政策及外族入主中原等各方面的知识。全书行文幽默诙谐，且较深刻地揭示了造成这些人物悲剧性命运的时代背景，以及他们的生荣死哀给予人们的启示。

历史上的大谋杀（插图本）

梦寒生著

2008 年 6 月 1 版 1 次

28.00 元

20 开　268 页

　　从古到今，杀戮在中国历史上从未曾中断过。本书选取了中国历史上的十四个关于谋杀的故事，揭示了历代那些表面光鲜的高官显贵们背后阴暗的杀戮故事的原委。作者以正史为依托，把故事讲述得生动紧张，笔法晓畅诙谐，寓个人褒贬以及对历史的思考于故事的演绎之中。

其　　他

中国史

吕思勉著

2006 年 7 月 1 版 1 次

2007 年 5 月 1 版 3 次

36.00 元

大 20 开　320 页

　　吕思勉长期从事教育事业，本书是他 20 世纪 30 年代精心撰写的高中教材，用简捷流畅的文字叙述从远古到 20 世纪 30 年代中国的历史大势、制度沿革、文化发展，终篇则以中华民族的伟大复兴为依归，处处体现了作者独特的研究方法以及或综合或具体的识见，在今天看来仍不失为一种优秀的中国通史普及读物。

中国政治制度史纲

严耕望撰

2013 年 12 月 1 版 1 次

29.00 元

32 开　292 页

　　严耕望先生一生致力于中国政治制度之研究，著有《秦汉地方行政制度》、《魏晋南北朝地方行政制度》、《中国地方行政制度史略》等多部专著及论文，惟未及著就一部完整的中国政治制度史，实乃学术界之憾事。本书原稿虽为严耕望先生为香港中文大学学生授课撰写的讲义，然已足见先生于中国政治制度的思考与研究，亦是严耕望先生唯一一部完整论述中国从上古至清代政治制度的专著。

中国古代官制

余行迈著

1989 年 9 月 1 版 1 次

2.65 元

32 开　82 页

作为中国封建社会政治制度的主要组成部分的中国古代职官制度,官名与机构十分庞杂。然而要学习理解中国古代历史,就必然要碰到历朝官制的问题。要了解熟悉我国古代某个人物,如果不了解他曾任何官,以及这官职的等级、性质、职掌等,就不可能清楚这人的生平经历、社会政治地位及其事业成败的条件和原因。本书深入浅出地讲述了这方面的内容。

中国家谱通论

王鹤鸣著

平装　2010 年 1 月 1 版 1 次

精装　2011 年 11 月 1 版 1 次

平装 98.00 元　精装 118.00 元

16 开　544 页

本书采取纵、横交错的论述方法,广泛收集古今家谱资料和研究论著,从中吸取精华,按照中国家谱的发展轨迹论述各时期家谱的体例、内容、功能,并将新时期编修的家谱进行总结、评论,对民间编修新家谱具有参考借鉴意义。本书多视角、多学科探索中国家谱史的发展线索,是家谱研究方面的重要论著之一,一定程度上填补了中国家谱研究的空白。另外,本书对海外新修家谱的研究,与当今流行的专门史体例比较,也具有学术开创性意义。

中国祠堂通论

王鹤鸣　王澄著

平装 2013 年 4 月 1 版 1 次

精装 2014 年 9 月 1 版 1 次

平装 88.00 元　精装 108.00 元

本书是对中国五千年来祠堂的发展和变化的分析和总结。全书分经编和纬编两部分,经编从纵的方面论述了祠堂起源、周代诞生、汉代墓祠、唐代家庙、宋代家祠、明清祠堂以及当代祠堂等七个章节,介绍中国祠堂的发展线索,纬编从横的方面论述了祠堂种类、祠堂建筑、祠堂祭祀礼仪、祠堂祭田、祠堂管理、祠堂文化以及祠堂功能等七个专题。

中国寺庙通论

王鹤鸣　王澄　梁红著

2016 年 4 月 1 版 1 次

128.00 元

16 开　624 页

本书作者根据寺庙的不同性质,将寺庙建筑分列为九种,即书中九章予以分别叙述:神灵祠庙、宗族祠堂、皇家宗庙、名人祠庙、儒家文庙、道教宫观、佛教寺院、伊斯兰清真寺和基督教教堂。作者在寺庙进行分类的基础上,对其每个门类的寺庙的历史、建筑形态、表述意义等进行了较为详尽的描述。

中国印花税史稿(图谱典藏本)(全二册)

潘寿民　段志清编著

2007 年 5 月 1 版 1 次

精装 590.00 元

大 16 开　1052 页

印花税是国家税收的一种,人们在经济交往中书立、使用、领受的凭证如各项契约、簿据、发票、证书上必须按照国家税法贴政府发售的印花。中国自清末开征印花税以来,多经周折,已有近百年的历史。但是迄今为止尚无研究印花税的专史出版。本书两位作者在税务部门工作多年,结合本职工作多方收藏印花税票及相关凭证,积累大量的税收资料,历时数年撰成此书。图文并茂,它既是一部印花税史,又是一部印花税票样本,而且从中我们还可以看到中国近现代经济发展的缩影。

中国近代船舶工业史

辛元欧著

1999 年 10 月 1 版 1 次

20.00 元

大 32 开　336 页

船舶修造是近代中国最早引进西方工业技术的行业,是洋务运动的发轫之地,对近代中国的工业化起了极大的开创和推动作用。本书以外商、官办、民营三种不同资本经营的船舶修造业为线索,分别叙述了它们的产生和兴衰,显示了中国船舶修造业发展的独特方式和道路。

香港中文报业发展史

李谷城著

2005 年 10 月 1 版 1 次

36.00 元

大 32 开　380 页

全书参考和征引文献 250 多种,系统介绍了香港古代文化中的报业基因、早期香港中西文化交流与西报东传,以及鸦片战争后香港报刊发展的脉络、作用及影响。

中国卫生检疫发展史

上海出入境检验检疫局编著

2013 年 9 月 1 版 1 次

78.00 元

16 开　280 页

　　本书以发展的眼光,广涉档案,挖掘史料,重新探索中国卫生检疫的发端与其发展的历程,是一部全面系统地介绍中国各口岸出入境卫生检疫的起源、发展、壮大进程的史书。

上海动植物检疫发展史

本书编委会编　徐朝哲主编

2011 年 12 月 1 版 1 次

精装 58.00 元

16 开　240 页

　　本书全面系统地介绍了上海口岸进出境动植物检疫的起源、发展、壮大的进程。它既是对上海口岸动植物检疫发展近百年历史的回顾,又是对建国后上海口岸动植物检疫全面走向法制化、规范化道路的全面总结。

上海商品检验检疫发展史

上海出入境检验检疫局编著

2012 年 2 月 1 版 1 次

精装 58.00 元

16 开　216 页

　　本书详述了上海进出口商品检验检疫工作的发展历史、取得成,及其对上海经济发展的意义。

上海卫生检疫发展史

上海出入境检验检疫局编著

2012 年 3 月 1 版 1 次

精装 78.00 元

16 开　308 页

　　本书跨 1873 年至 1999 年的一百多年历史,记述了西方检疫的传入和上海卫生检疫发展过程中的大事、要事。

（一）哲 学 典 籍

十三经注疏

礼记正义（全三册）

[汉]郑玄注　[唐]孔颖达正义　吕友仁整理

2008 年 9 月 1 版 1 次

2011 年 12 月 1 版 2 次

平装 240.00 元　精装 270.00 元

大 32 开　2420 页

《礼记》是儒家十三经之一，是学习、研究古代文化遗产的重要文献。汉代有郑玄作注，唐代有孔颖达为之正义，都是古人对《礼记》的注释，是今人阅读研究《礼记》的重要版本。今收入上海古籍出版社出版的《十三经注疏》，以宋绍熙刻本《礼记正义》为底本校以众本，并将唐陆德明《经典释文》中《礼记音义》，分别插入经、注各条之下，以方便读者。

仪礼注疏（全三册）

[汉]郑玄注　[唐]贾公彦疏　王辉整理

2008 年 12 月 1 版 1 次

2016 年 3 月 1 版 4 次

平装 160.00 元　精装 190.00 元

大 32 开　1644 页

《仪礼》是儒家经典之一，也是先秦时代有关社会习俗和礼制的资料总汇。历代为之作注解者很多。唐代编《五经正义》，将郑玄注和贾公彦疏作为钦定的《仪礼》注释，编成《仪礼注疏》，成为后世最权威的《仪礼》读本，与其他唐代钦定儒家经典注疏统称为《十三经注疏》。唐以后多次重刻，但质量良莠不齐。王辉先生潜心数载，将此书重新校勘整理，并吸收了历代学者研究《仪礼》的成果。各卷后附有校勘记。

尚书正义

[汉]孔安国传　[唐]孔颖达正义　黄怀信整理

2007 年 12 月 1 版 1 次

2015 年 6 月 1 版 5 次

平装 78.00 元　精装 88.00 元

大 32 开　870 页

《尚书》是中国有史以来最早的一部历史文献汇编，它在传承过程中出现了多种版本，有所谓今古文真伪之辨。孔颖达等的疏解，吸收前代各家旧疏，更对《尚书》经文和孔传作了淋漓尽致的发挥，成为后人学习、研究《尚书》极为有用的重要著作。

孝经注疏

[唐]李隆基注　[宋]邢昺疏　金良年整理

2009 年 4 月 1 版 1 次

平装 18.00 元　2016 年 3 月 1 版 6 次

精装 28.00 元　2016 年 5 月 1 版 6 次

大 32 开　152 页

《孝经》相传是孔子为曾子陈述孝道所著，是《十三经注疏》中篇幅最小的一部经典。汉代有今文、古文两种版本，分别由郑玄作注和孔安国作传。到唐代唐玄宗李隆基融合今古文两家，亲自为《孝经》作注，并命元行冲作疏，颁行天下，郑、孔两家之注逐渐消亡。到宋代邢昺以元行冲之疏为基础，重新作疏，遂成《十三经注疏》中《孝经》之定本。此次整理以明代泰定本为底本，参校吸纳了清阮元本等的整理校勘成果，重新进行了勘误补缺，并加了标点。书后还附有序跋提要。

尔雅注疏

[晋]郭璞注　[宋]邢昺疏　王世伟整理
2010 年 10 月 1 版 1 次
平装 78.00 页　2016 年 5 月 1 版 6 次
精装 88.00 元　2016 年 1 月 1 版 4 次
32 开　680 页

　　《尔雅》是中国历史上第一部词典,具有同义词典和百科词典的性质。作者不详,大约成书于战国至西汉之间。为《尔雅》作注者代不乏人,最著名的为晋代郭璞,流传至今。此后唐代陆德明《尔雅音义》,宋代邢昺《尔雅疏》,亦是阅读研究《尔雅》的重要文献,后被列为《十三经注疏》之一。《尔雅》流传年代久远,版本繁多,错讹亦很多。后世学者研究考订成果丰富,尤以清代学者为著。本书整理者王世伟长期从事《尔雅》研究,有多部专著。此次整理出版以宋刊单注本、单疏本、宋刊《尔雅音义》三本合一,作为底本,校以他本,并吸收了历代学者的研究成果。断句标点在前人的基础上亦有一定改进。

周礼注疏（全三册）

[汉]郑玄注　[唐]贾公彦疏　彭林整理
2010 年 10 月 1 版 1 次
2016 年 5 月 1 版 4 次
平装 198.00 元　精装 228.00 元
32 开　1808 页

　　《周礼》,原名《周官》,据说讲述的是周代的官制,分设天地春夏秋冬六官,每官又设若干下属,掌管国家的治教礼政刑事六典。但一般认为此书是汉代学者将周代制度理想化而撰成。《周礼》问世后,注家蜂起,门派林立,莫衷一是。东汉郑玄会通各家之说,作《周礼注》,一举取代了各家之说。唐代贾公彦又为《周礼》及郑《注》作《周礼疏》,成为《周礼》的又一功臣。后代读《周礼》者离不开这两家。但因流传年代久远,版本繁多,讹误日增,又无标点,今人读之,困难重重。此次整理,以国家图书馆藏宋八行本《周礼疏》为底本,参校《唐石经》、《蜀石经》以及历代善本,并吸收了国内外各家的研究成果,并加以新式标点,极大地方便了读者。

毛诗注疏（全三册）

[汉]郑玄笺　[唐]孔颖达正义　朱杰人整理
2013 年 12 月 1 版 1 次
平装 248.00 元　2015 年 6 月 1 版 3 次
精装 298.00 元　2015 年 2 月 1 版 2 次
32 开　2232 页

　　《毛诗注疏》是由毛诗经文、注文、疏文及《经典释文》四部分组成的《诗经》注本。本书以南宋刘叔刚一经堂刊刻的十行本《毛诗注疏》为底本,校以闽本、明监本、毛本、阮本以及单注本、单疏本,并广泛吸收阮元和孙诒让等名家校勘成果,繁体竖排,施加现代标点和专名线。

春秋公羊传注疏（全二册）

[汉]何休解诂　[唐]徐彦疏　习小龙整理
2014 年 11 月 1 版 1 次
2016 年 5 月 1 版 3 次
平装 138.00 元　精装 168.00 元
32 开　1268 页

　　本次整理弃用阮元刻本而直接使用元刻递修宋十行本,参校本达十二种之多。此外还广泛采用了阮元《十三经注疏校勘记》、蒲镗《十三经注疏正误》等前人成果,以及北大整理本的校勘成果,为目前最完备之整理排印本。

十三经注疏（影印）

十三经注疏（全二册）

1997 年 7 月 1 版 1 次
2016 年 1 月 1 版 7 次
精装 298.00 元
16 开　2784 页

　　《十三经注疏》是汇集唐宋以前“十三经”注、疏的最具权威性的合刊本。本书据世界书局缩印阮元刻本影印出版,并有所校正,极便检索。本书能与中华书局版《十三经索引》配合使用。

周易正义

[魏]王弼　[晋]韩康伯注　[唐]孔颖达疏
黄侃经文句读
1990 年 12 月 1 版 1 次
3.25 元
大 32 开　109 页

　　《易》本卜筮之书,内容包括《经》、《传》两部分。《经》主要有 64 卦和 384 爻,并有卦辞和爻辞,用作卜筮。由于语言简赅,艰涩难懂,后人注疏,各家不一。王弼注本排斥汉儒谶纬之说,自标新说。孔颖达奉诏作疏,其始专崇王说而杂说皆废。《正义》本即作为一定本被继承下来。

尚书正义

[唐]孔颖达等正义　黄侃经文句读
1990 年 12 月 1 版 1 次
4.80 元
大 32 开　164 页

《尚书正义》为唐代颁布的官书《五经正义》之一。《尚书》亦称《书》、《书经》，是今天能见到的传世最早的记载中国上古时代的历史文献，相传为孔子编选而成。《十三经注疏》将今、古文《尚书》兼收，并用伪《孔安国传》。

毛诗正义

[汉]毛公传　郑玄笺　[唐]孔颖达等正义
黄侃经文句读
1990 年 12 月 1 版 1 次
11.70 元
大 32 开　415 页

《毛诗正义》为唐代颁布的官书《五经正义》之一。《诗经》原本称《诗》，由儒家尊为经典后方始得名，是我国最早的诗歌总集。汉代传《诗》有鲁、齐、韩、毛四家，鲁、齐、韩三家为今文诗学，魏晋后逐渐衰亡。《毛诗》为古文诗学，盛行于东汉以后，《正义》主要阐释《毛传》和《郑笺》，汇集了魏晋南北朝各家成果。

周礼注疏

[汉]郑玄注　[唐]贾公颜疏　黄侃经文句读
1990 年 12 月 1 版 1 次
9.75 元
大 32 开　344 页

《周礼》又称《周官》或《周官经》，为儒家搜集周王室官制及战国时代各国制度汇编成册，是研究先秦各国制度及中国古代文化的重要文献。

礼记正义（全二册）

[汉]郑玄注　[唐]孔颖达疏　黄侃经文句读
1990 年 12 月 1 版 1 次
15.10 元
大 32 开　528 页

《礼记》大率为孔子弟子或再传弟子所记有关秦汉以前各种礼仪的论说选集。西汉戴德删去繁复，定 85 篇为《大戴礼记》，戴圣又删大戴之书为 46 篇，称《小戴礼记》。东汉马融又益《月令》、《明堂位》、《乐记》各一篇，即今见 49 篇《礼记》，儒家经典之一，是研究中国古

代社会、儒家学说及文物制度的重要文献。

仪礼注疏

[汉]郑玄注　[唐]贾公颜疏　黄侃经文句读
1990 年 12 月 1 版 1 次
8.85 元
大 32 开　312 页

《仪礼》，又称《礼》、《礼经》或《士礼》，儒家经典之一。由春秋、战国时代一部分礼制汇集而成，是研究古代社会礼制、风俗的重要典籍。

春秋左传正义（全二册）

[春秋]左丘明传　[晋]杜预注
[唐]孔颖达疏　黄侃经文句读
1990 年 12 月 1 版 1 次
15.55 元
大 32 开　544 页

《左传》又称《春秋左氏传》或《左氏春秋》，儒家经典之一。《左传》多用史实解释《春秋》经，与《公羊》、《谷梁》用义理解释完全不同，书中保留的大量古代史料，不仅记事翔实，文笔亦优美。

春秋公羊传注疏

[汉]何休注　[唐]徐彦疏　黄侃经文句读
1990 年 12 月 1 版 1 次
5.40 元
大 32 开　186 页

《公羊传》又称《春秋公羊传》或《公羊春秋》，儒家重要经典之一。最初《公羊传》仅为口传，至汉初景帝时，始著于竹帛而成书。《公羊传》是今文经学的重要典籍，着重阐述《春秋》经义，是研究战国、秦汉间儒家思想的重要资料。

春秋谷梁传注疏

[晋]范宁集解　[唐]杨士勋疏　黄侃经文句读
1990 年 12 月 1 版 1 次
3.25 元
大 32 开　108 页

《谷梁传》又称《春秋谷梁传》或《谷梁春秋》，相传为战国鲁谷梁赤传。其初仅为口传，西汉时方成书。体裁与《公羊》相类似，是研究秦汉间及西汉初年儒家思想的重要资料。

论语注疏　孝经注疏

[魏]何晏等注　[宋]邢昺疏　黄侃经文句读
1990 年 12 月 1 版 1 次
3.80 元
大 32 开　128 页

《论语》为儒家重要经典之一。西汉时有今文经本《鲁论》和《齐论》，还有古文经本《古论》。东汉郑玄合各本成今本《论语》，主要为孔子弟子及再传弟子对孔子言行的记录，是研究孔子思想的重要文献。《孝经》为儒家经典之一，主要论述了封建孝道，宣传宗法思想。

孟子注疏

[东汉]赵岐注　[宋]孙奭疏　黄侃经文句读
1990 年 12 月 1 版 1 次
4.20 元
大 32 开　142 页

《孟子》，战国时孟子及其弟子万章等著，一说为孟子弟子、再传弟子记录而成。书中记录了孟子的政治活动、政治学说及唯心主义哲学伦理教育思想，是研究儒家思想及其发展的重要典籍。

尔雅注疏

[晋]郭璞注　[宋]邢昺疏　黄侃经文句读
1990 年 12 月 1 版 1 次
3.25 元
大 32 开　106 页

《尔雅》是我国最早解释词义的专著，后世经学家常据以训释儒家经义，至唐宋时遂为《十三经》之一。《尔雅》是考证古代词义与古代名物的重要文献，《尔雅注疏》又是现今最通行的本子。

清人十三经注疏(影印)

周易集解纂疏

[清]李道平撰
1994 年 6 月 1 版 1 次
11.50 元
大 32 开　133 页

《周易》亦称《易经》，包含着《经》和《传》两部分。唐代李鼎祚的《周易集解》将唐以前 35 家易注汇集成书，使许多濒临失传的资料得以保存。清代学者李道平在李鼎祚《周易集解》的基础上，写成《周易集解纂疏》，是研究《易经》的重要著作。

春秋左传诂

[清]洪亮吉撰
1994 年 6 月 1 版 1 次
16.50 元
大 32 开　196 页

《春秋》是鲁国官修的历史，《左传》是对《春秋》的补述，相传为鲁国史官左丘明所著。《春秋左传》的晋代杜预注是较有影响的注本，但在文字训诂及地理考释方面有许多疏忽。清代洪亮吉的《春秋左传诂》搜罗许多古注，弥补杜注的不足，是《左传》注本的佼佼者。

论语正义　孝经郑注疏

[清]刘宝楠　皮锡瑞撰
1993 年 11 月 1 版 1 次
10.95 元
大 32 开　174 页

《论语》的注释本非常多，清代学者刘宝楠的《论语正义》以三国魏何晏《论语集解》为主，详采清代各家之说，匡正何解，是《论语》注本中影响较大的一种。《孝经》是一部论述封建孝道和孝治思想的书，清代著名经学家皮锡瑞辑录郑玄注，并吸收当时研究成果，著成《孝经郑注疏》。郑注多存古义，皮氏又为之疏通证明，解疑释滞。

孟子正义

[清]焦循撰
1993 年 11 月 1 版 1 次
14.90 元
大 32 开　238 页

《孟子》是记录孟轲言行的书。清代著名经学家焦循的《孟子正义》，以东汉赵岐注为主，搜集清代学者数十家考订训释的成果，并有所发明，是清代《孟子》注本中疏证详备而有见解的一种。

十三经译注

十三经译注(全十五册)

黄寿祺　程俊英等撰
2004 年 10 月 1 版 1 次
新版 2016 年 6 月 1 版 7 次
盒装 519.00 元

大 32 开　7992 页

"十三经"指中国古代十三部儒家经典,荟萃了中国传统文化的精髓。"十三经"大多艰深晦涩,文辞深奥。为帮助读者读通和理解原著,邀请名家分别对各经进行注释和今译,汇为这套《十三经译注》。

周易译注

黄寿祺　张善文撰

2004 年 8 月 1 版 1 次

2015 年 10 月 1 版 12 次

55.00 元

大 32 开　692 页

冠居"群经"之首的《周易》,是我国古代现存最早的一部奇特的哲学专著。本书将《周易》全文译成易读的现代汉语,并加以详细的注释、解说,对《周易》的历史、读易的方法,每卦、每爻爻辞内在含义等向读者作了深入而又浅近明白的介绍。

尚书译注

李民　王健撰

2004 年 8 月 1 版 1 次

2016 年 6 月 1 版 10 次

31.00 元

大 32 开　476 页

《尚书》是一部历史文献汇编,保存了大量弥足珍贵的先秦政治、思想、历史、文化诸方面的资料,但《尚书》文字却佶屈聱牙。本书博采众家之长,注释时有新意,译文通顺畅达,能帮助读者读通和理解《尚书》。

诗经译注

程俊英撰

2004 年 8 月 1 版 1 次

2016 年 6 月 1 版 13 次

38.00 元

大 32 开　592 页

《诗经》是我国最早的诗歌总集。本书是《诗经》的全译本,解题和注释写得简明而精当。今译在信、达的基础上,以韵文译古代民歌,便于比照对读。

周礼译注

杨天宇撰

2004 年 8 月 1 版 1 次

2014 年 8 月 1 版 9 次

58.00 元

大 32 开　764 页

《周礼》是一部讲建国与设官的著作,保存了大量的先秦史料。本书在汲取前人研究成果的基础上,对一向号称难读的《周礼》加以译注,化艰深为平易,注释翔实,译文畅达。

仪礼译注

杨天宇撰

2004 年 8 月 1 版 1 次

2015 年 1 月 1 版 9 次

35.00 元

大 32 开　540 页

《仪礼》是儒家礼学最早也是最重要的著作,对于研究古人的思想、生活和伦理道德观念等,都有重要意义。本书以阮校《十三经注疏》本为底本,每篇包括原文、注释、译文。

礼记译注(全二册)

杨天宇撰

2004 年 8 月 1 版 1 次

2015 年 12 月 1 版 12 次

60.00 元

大 32 开　908 页

《礼记》是一部先秦至秦汉时期的礼学文献选编,是研究中国古代礼制与研究儒家学术思想史的必读书籍,内容驳杂,殊为难读。本书对之作精心注释和今译,为阅读这部典籍提供了极大的方便。

左传译注(全二册)

李梦生撰

2004 年 8 月 1 版 1 次

2016 年 4 月 1 版 11 次

89.00 元

大 32 开　1424 页

《左传》即《春秋左氏传》,是我国现存最早的一部纪事详明的编年史。本书于《春秋》(经)、《左传》(传)原文之下,加以注释和白话全译。

春秋公羊传译注

王维堤　唐书文撰

2004 年 8 月 1 版 1 次
2016 年 7 月 1 版 10 次
48.00 元
大 32 开　588 页

《公羊传》以阐述《春秋》的义理为主,兼研讨《春秋》的文理和史实,是"春秋三传"中最早得到承认的一部经传。本书经传以《十三经注疏》本为底本,每章冠以题解,注释精当,译文通顺易懂。

春秋榖梁传译注

承载撰
2004 年 8 月 1 版 1 次
2015 年 1 月 1 版 8 次
49.00 元
大 32 开　796 页

《春秋榖梁传》是春秋三传中成书最晚的。注重传扬经义,但在记载史料方面,不及《左传》详尽。本书注释中以《左传》的史实解经,译文信而达。

论语译注

金良年撰
2004 年 8 月 1 版 1 次
2015 年 10 月 1 版 14 次
20.00 元
大 32 开　252 页

本书撰者充分把握《论语》成书的历史背景与前人注疏的流变,按章节以原文、注释、译文、段意四个部分进行综合阐述,帮助读者读懂并理解原著。

孟子译注

金良年撰
2004 年 8 月 1 版 1 次
2014 年 8 月 1 版 7 次
28.00 元
大 32 开　328 页

本书正文按章节分原文、注释、译文、段意四个部分进行综合阐述。注重吸收前人的研究成果,注释翔实,译文准确。

孝经译注

汪受宽撰
2004 年 8 月 1 版 1 次

2014 年 8 月 1 版 10 次
16.00 元
大 32 开　142 页

《孝经》是古代以"忠孝"为核心的伦理道德和社会规范的集中体现。本书通过周详浅近的解说和清新雅致的译文,准确传达出原著的精神。

尔雅译注

胡奇光　方环海撰
2004 年 8 月 1 版 1 次
2014 年 8 月 1 版 12 次
38.00 元
大 32 开　488 页

《尔雅》是我国第一部按义类编排的综合性辞书,是训诂学的始祖,也是唯一的一部由晚唐政府开列为"经书"的上古汉语词典。本书的注释,多抉择先哲时贤的研究成果及权威辞书的解说;译文简明畅达,附有《〈尔雅〉词语笔画索引》。

四 书 五 经 (影印)

四书五经

[宋]朱熹等注
1996 年 10 月 1 版 1 次
精装 60.00 元
大 32 开　1636 页

作为中国儒家思想的经典、元明以来封建社会儒士的必修书,《四书五经》的作用和影响历时千年,其中的精华部分,已成为中华民族世世代代的宝贵精神财富而得到继承发扬。现将其合订一册。

周易

朱熹注
1987 年 3 月 1 版 1 次
1994 年 12 月 1 版 11 次
3.20 元
大 32 开　96 页

我国古代儒家主要典籍之一。内容包括《经》、《传》两部分。《经》主要是 64 卦和 384 爻,作占卜之用,《传》包括解释卦辞、爻辞的 10 篇文字,由朱熹作注,以明晰著称。据世界书局清代武英殿本影印。

书经

蔡沈注

1987 年 3 月 1 版 1 次

1996 年 5 月 1 版 11 次

4.95 元

大 32 开　152 页

《书经》通称《尚书》,是我国上古历史文件和事迹的汇编,书中保存了商、周特别是两周初期的一些重要史料。本书据世界书局清代武英殿本影印,且有断句。

诗经

朱熹注

1987 年 3 月 1 版 1 次

1994 年 12 月 1 版 11 次

5.20 元

大 32 开　178 页

《诗经》是我国最早的一部诗歌总集,分"风"、"雅"、"颂"三大类,共 305 篇。对我国三千多年来的文化发展,产生了深远的影响。本书据世界书局清代武英殿本影印,有断句。

春秋三传

杜预等注

1987 年 3 月 1 版 1 次

1994 年 11 月 1 版 8 次

13.80 元

大 32 开　606 页

《春秋》是我国编年体史书的开山之作,相传是孔子依据鲁国史官所编《春秋》加以整理而成,它文字简短,相传寓有褒贬之意,后世称为"春秋笔法"。解释《春秋》的有《春秋左氏传》、《公羊传》和《穀梁传》三家,合称《春秋三传》,此书在每句《春秋》经文之后,分列《三传》及各家的注文。

礼记

陈澔注

1987 年 3 月 1 版 1 次

1996 年 3 月 1 版 10 次

10.60 元

大 32 开　352 页

《礼记》是秦、汉以前各种礼仪论著的选集,有《曲礼》、《檀弓》、《王制》、《月令》、《礼运》、《学记》等 49

篇,是研究中国古代社会情况、儒家学说和文物制度的重要参考书。据世界书局清代武英殿本影印,有断句。

大学　中庸　论语

朱熹注

1987 年 3 月 1 版 1 次

1994 年 12 月 1 版 11 次

4.30 元

大 32 开　132 页

《论语》是我国古代儒家学派的主要典籍之一,是孔子的弟子及再传弟子关于孔子言论和行为的记录。到宋代,朱熹将其与《孟子》和《礼记》中的《大学》、《中庸》两篇合在一起,称为"四书",并作注释,成为封建社会科举取士的必读课本。

孟子

朱熹注

1987 年 3 月 1 版 1 次

1994 年 12 月 1 版 11 次

4.20 元

大 32 开　128 页

战国时孟轲及其弟子万章等著。孟轲是孔子学说的继承者,有"亚圣"之称。此书记载了孟轲的政治活动、政治学说及哲学思想、教育观点等。本书据世界书局清代武英殿本影印,有断句。

诸子百家丛书(影印)

老子　列子

[春秋]老子著　[晋]王弼注

旧题[战国]列御寇著　[晋]张湛注

1989 年 4 月 1 版 1 次

1995 年 5 月 1 版 5 次

2.95 元

大 32 开　54 页

老子认为"道"是宇宙万物及其演变的根由,强调一切都要顺应自然法则,并且主张"无为而治"。老子是道家学派的创始人,《老子》一书后来又被尊为道教的经典,有著名的晋王弼注。

《列子》的思想倾向接近于老、庄,内容穿插了许多民间故事、寓言和神话传说。有相当高的文学价值。从唐朝开始,被列为道家主要经典之一,称作《冲虚至德真经》。全书八篇,《汤问》、《说符》最为有名,有晋张湛注。

庄子

[战国]庄周著　[晋]郭象注

1989年4月1版1次

1995年1月1版5次

4.60元

大32开　90页

《庄子》是道家的主要典籍，又被称为《南华真经》。庄子强调道的自然无为和人的主观认识能力，主张"达生"、"忘我"，追求绝对的个人自由。其思想对后世的影响十分深远。它那浓厚的浪漫主义色彩，创造性的寓言，辛辣的讽刺笔调，在中国古代散文史上，也是无与伦比的。

道德真经　南华真经

[汉]河上公注　[晋]郭象注　[唐]成玄英疏

1993年4月1版1次

13.75元

大32开　420页

《老子》与《庄子》这两部先秦道家的代表著作，至后世又被道教奉作经典，尊称为《道德真经》与《南华真经》。《道德真经》四卷，旧本题西汉河上公章句。此书版本与其他本子迥异，大旨言治身治国之要，崇尚无为而治，与后汉魏晋惟"思老氏之玄虚"颇多不同。成玄英是唐代著名的道教学者，注释《南华真经》大抵承袭向秀、郭象旧注，而又引申发明，较重文字训诂，除道教理论外，还杂有佛教思想。

墨子

旧题[春秋]墨翟著

1989年4月1版1次

1994年5月1版4次

3.95元

大32开　74页

墨子所奉行的是功利主义哲学，认为凡事物必有所用，言论必可以行，然后为有价值。他主张尚俭节用、兼爱非攻。墨子的文章朴质无华，但逻辑性很强，很有说服力，《非攻》、《非命》等是其名篇。《墨子》由墨翟的学生编集，今存53篇。此本是清毕沅校本。

文子

[春秋]辛妍著　[元]杜道坚注

1989年9月1版1次

1994年5月1版4次

2.95元

大32开　54页

春秋时辛妍字文子，是老子的弟子，范蠡的老师。《文子》一书主要阐述老子思想；但崇尚仁义，强调君臣父子，与儒家同，"轻天下"、"齐生死"，似庄子语。对于祸福利病、治身养生说得特别详细。文中引用了大量当时民间谚语，读来颇解颐。

孙子

[春秋]孙武著　[三国]曹操等注

1989年9月1版1次

1991年5月1版3次

3.20元

大32开　116页

中国乃至世界最早、最杰出、最有影响的军事著作，当推《孙子》。《孙子》被后代推崇为兵经、武经，影响极广。

管子

[唐]房玄龄注　[明]刘绩增注

1989年9月1版1次

1994年5月1版4次

6.15元

大32开　124页

春秋时期，管仲相齐，实行政治经济军事各方面的革新，辅佐桓公，"九合诸侯，一匡天下"，影响巨大。《管子》保存了管仲的政治、经济思想和管仲相齐的历史资料，在诸子百家中占有特别重要的地位。

晏子春秋

[清]孙星衍注　黄以周校

1989年9月1版1次

1994年5月1版4次

4.15元

大32开　80页

晏婴字平仲，是齐国继管仲以后的又一位杰出政治家、外交家，历史上以"管晏"并称。《晏子春秋》表现了晏婴省刑爱民、薄敛节俭、选贤任能和反对谗佞的主张和实践，以及善于辞令、灵活机智的外交风格，内容十分丰富。全书采用短篇故事的形式，夹叙夹议，文字精炼，具有很高的文学价值。

荀子

[战国]荀况著　[唐]杨倞注

1989 年 9 月 1 版 1 次

1994 年 5 月 1 版 4 次

4.90 元

大 32 开　96 页

荀子是继孔孟之后的又一位儒学大师。他扬弃了儒学中的某些消极成分，改造吸收了各家学说的积极因素。荀子的文章以善于说理见长，谨严绵密，议论风生，在中国散文史上占有重要的地位。

吕氏春秋

[战国]吕不韦著　[汉]高诱注

1989 年 9 月 1 版 1 次

1995 年 2 月 1 版 4 次

5.80 元

大 32 开　122 页

《吕氏春秋》以道家为主，儒家为辅，兼收并蓄，保存了先秦各家各派各种不同的学说思想，还有不少科学知识和古代的遗闻逸事，同时又贯彻了吕不韦的政治意图和主张，即兼并六国，统一天下。其特点是语言简明，组织严密，大多篇幅短小，言之有物。

韩非子

[战国]韩非著

1989 年 9 月 1 版 1 次

1994 年 5 月 1 版 4 次

5.25 元

大 32 开　104 页

韩非被公认为先秦法家思想的集大成者，他反对以血统为中心的等级制度，提倡贵族平民平等，提倡法治和集权。《韩非子》文章风格峻峭犀利，论理精细周密，不发空言，又善于运用浅近寓言说明抽象的道理。

商君书　尸子

[战国]商鞅 尸佼著　[清]汪继培辑

1989 年 11 月 1 版 1 次

1991 年 6 月 1 版 3 次

1.30 元

大 32 开　42 页

商鞅又称卫鞅或公孙鞅，法家代表人物之一，在秦国实行变法，大力推行法治，促成了秦国的富强，为统一中国奠定了基础。《商君书》由商鞅后学编成，是商鞅思想言论的汇编。

尸佼到秦国做商鞅的门客，曾同商鞅一起谋事画计，立法理民。后来商鞅被杀，他逃亡入蜀，著《尸子》。全书已亡佚，这里用的是清汪继培的辑本。《尸子》的思想虽然接近于商鞅，但"兼总杂术"，所以被归入杂家。对后来的《淮南子》等很有影响。

握奇经　六韬　司马法　吴子　尉缭子

旧题风后 吕望 田穰苴 吴起 尉缭撰

1990 年 9 月 1 版 1 次

1995 年 2 月 1 版 2 次

2.70 元

大 32 开　42 页

《握奇经》叙述"八阵图记"，为历代谈兵法者所仿效。《六韬》记周文王、武王问太公兵故事，六韬即文武龙虎豹犬，其书影响极大。齐威王遣大夫整理古代司马法，而将穰苴兵法附其中，定名《司马穰苴兵法》，上古军法遗规，书中历历可见。《吴子》为战国吴起与魏文侯、武侯论兵言论辑录。尉缭，战国兵家，所撰《尉缭子》持论平正，不同于盛行战国的兵家权谋术。

阴符经　关尹子　亢仓子

旧题黄帝 尹喜 庚桑楚撰

1990 年 10 月 1 版 1 次

3.45 元

大 32 开　126 页

《阴符经》大旨为虚无之道、修炼之法，"阴阳相胜之术"。《关尹子》又称《文始真经》，多法释氏及神仙方技家，而杂以儒家之言，颇有理致词采。《亢仓子》又名《亢桑子》，唐代称《洞灵真经》，杂采《老子》、《列子》、《商君书》诸书，融以己意，其中不乏独见。基本思想属道家。

鬻子　公孙龙子　鬼谷子　子华子

旧题鬻熊 公孙龙 鬼谷子 程本撰

1990 年 8 月 1 版 1 次

2.20 元

大 32 开　78 页

鬻熊为楚国先祖，周文王师。曾与周王论治国修身之道，后人辑录成《鬻子》。公孙龙是战国名家的代表，《公孙龙子》主要论述名实关系，为研究古代名辩思想的主要材料。鬼谷子是战国纵横家的鼻祖,《鬼谷子》内容多为揣摩捭阖之术及养性持身之法。子华子,战国人,继承和发展杨朱的"为我"思想。《子华子》多采黄老之言,而参以术数之说,议论治国之道,纵横博辩,甚有文理。

邓析子　慎子　尹文子　鹖冠子

[周]邓析　慎到　尹文　鹖冠子撰
1990 年 9 月 1 版 1 次
1.75 元
大 32 开　60 页

《邓析子》,其学说与黄老申韩相近。《慎子》主要内容是"贵势"和"齐万物",其"贵势"之说,为韩非所继承。《尹文子》主张认识事物首先要自处于虚静,破除陈见,并对事物综核名实。大旨与黄老刑名之学近似。战国时有隐者居深山,著书三卷,以《道德经》为本旨,兼杂刑名、阴阳之言,人称"鹖冠子",故亦名其书为《鹖冠子》。有宋代陆佃解。

穆天子传　神异经　十洲记　博物志

旧题东方朔　张华撰　郭璞注
1990 年 10 月 1 版 1 次
1995 年 2 月 1 版 2 次
2.80 元
大 32 开　50 页

《穆天子传》记周穆王西游故事,书中保存有若干古代中西交通史料。文辞质朴,较有小说意味。《神异经》仿《山海经》体例,但略于山川道里而详于记叙神怪异物,间有嘲讽之作。《十洲记》词藻华丽,唐人作诗行文,选字用典,多取材于此。《博物志》记载异境奇物及古代琐闻杂事,其中关于我国西北地区石油和天然气的记载,颇有资料价值,今本由后人搜辑而成。

山海经

[晋]郭璞注　毕沅校
1989 年 4 月 1 版 1 次
1995 年 2 月 1 版 4 次
3.40 元
大 32 开　66 页

《山海经》是富于神话传说的古代地理名著,它不是一时一人的作品,大约为周秦之间的人所记述。内容包括各地山川、道里、民族、物产、祭祀、巫医等,常记异物和神灵鬼怪,保存了不少远古神话传说。本书选用的是晋郭璞注、清毕沅新校正本。

贾谊新书　扬子法言

[西汉]贾谊　扬雄著
1989 年 9 月 1 版 1 次
1991 年 6 月 1 版 3 次
1.95 元
大 32 开　68 页

西汉的政论家和文学家贾谊力主中央集权,强调以民为本,重农抑商。他的散文,气势纵横,说理透辟,笔力锋利,对后世说理性散文的创作有很大影响。

扬雄以文章名世,传世者有《法言》、《太玄》和《方言》等。《法言》指斥神的存在,与当时"天人感应"的神学观点和谶纬迷信不同。其间的文学观点,对后世文学理论影响较大。全书仿《论语》体裁写成,此以晋李轨注本为底本。

周髀算经　九章算术

赵爽　刘徽等注
1990 年 9 月 1 版 1 次
2.60 元
大 32 开　94 页

《周髀算经》是西汉或更早时期的天文历算著作。主要阐明盖天说及四分历法。数学方面使用相当繁复的分数算法与开平方法,为最早引用勾股定理者。《九章算术》系统总结了先秦至东汉初的数学研究成果,其中分数、负数计算,联立一次方程解法,都是具有世界意义的成就。

淮南子

[汉]刘安等编著　[汉]高诱注
1989 年 9 月 1 版 1 次
1994 年 5 月 1 版 4 次
6.05 元
大 32 开　122 页

《淮南子》又名《淮南鸿烈》。是汉代皇室贵族淮南王刘安招致门客,集体编著的一部书。体系接近道家《老子》,主张"淡泊无为,蹈虚守静",其中也夹杂一些孔墨申韩的思想。常以历史传说和神话故事说理,保存了不少古代神话传说如"女娲补天"、"后羿射日"、"大禹治水"等。

春秋繁露

[汉]董仲舒著

1989 年 9 月 1 版 1 次

1995 年 2 月 1 版 4 次

3.00 元

大 32 开　56 页

董仲舒作为汉代著名经学家,正宗神学奠基人,在当时享有群儒之首的声誉。他的"天人感应"、"君权神授"、"天不变道亦不变",以及"三纲"、"五常"等最典型的封建主义思想,统治了中国 2000 年。《春秋繁露》集中反映了董仲舒的思想主张。

盐铁论

[汉]桓宽撰

1990 年 10 月 1 版 1 次

2.75 元

大 32 开　100 页

《盐铁论》是记录昭帝时盐铁会议的文献。贤良、文学们从反对盐铁官营、均输、平准开始,对政府的政策进行全面的批评,和御史大夫桑弘羊等反复辩论。桓宽记录了这次盐铁会议中双方论点,编纂成《盐铁论》。此书为研究当时社会矛盾、思想斗争和桑弘羊的思想保存了丰富的史料。

新序　说苑

[汉]刘向撰

1990 年 12 月 1 版 1 次

1995 年 2 月 1 版 2 次

6.00 元

大 32 开　132 页

《新序》采集舜、禹至汉初史实,分类编纂,所记事实与《左传》、《战国策》、《史记》等颇有出入,可与之互相参证。《说苑》内分君道、臣术、建本、立节等二十门,分类纂辑先秦至汉代史事,杂以议论,借之阐明儒家的政治思想和伦理观念。

列仙传　神仙传

[西汉]刘向　[晋]葛洪撰

1990 年 9 月 1 版 1 次

1995 年 2 月 1 版 2 次

2.80 元

大 32 开　52 页

《列仙传》记赤松子至玄俗共 71 人的神仙故事,晋以后言神仙故事者,皆依据此书。历代文人吟诗作文,

亦多引为典故。《神仙传》叙述古代传说中 84 位神仙的故事,大体为续《列仙传》而作,颇具文学色彩。

太玄经

[西汉]扬雄撰　[晋]范望注

1990 年 11 月 1 版 1 次

1995 年 2 月 1 版 2 次

3.30 元

大 32 开　64 页

《太玄经》体裁模拟《周易》,内容是儒、道、阴阳三家混合,以玄为中心思想,提出"夫作者贵其有循而体自然也"的论点。宋衷、陆绩二人曾注之,晋范望删定二家注,并自注赞文,方定为此本。

太平经

1993 年 4 月 1 版 1 次

9.55 元

大 32 开　294 页

《太平经》是道教最早的经籍。内容庞杂,主要是宣扬宗教和封建伦理观念,也有一些篇章反映了自食其力和救穷周急的思想,对民间宗教活动如张角的太平道、张陵的五斗米道等,均发生过重要影响。本书包括唐人节录的《太平经钞》10 卷、《太平经》残本 57 卷,以及《太平经圣君秘旨》,是现存最完备的本子。

论衡

[东汉]王充撰

1990 年 12 月 1 版 1 次

4.00 元

大 32 开　148 页

《论衡》主要内容是阐述"气"是万物本原的学说,唯物主义地解释人与自然、精神与肉体的关系,深入批判当时流行的谶纬神学和宗教唯心主义思想。

白虎通德论

[东汉]班固撰

1990 年 11 月 1 版 1 次

1.40 元

大 32 开　46 页

汉章帝建初四年,古、今文经两派在白虎观,为考定五经异同而进行辩论,后来诏命班固将会议中各家议奏撰集成书,定名为《白虎通义》,又称《白虎通德论》。此

书主要内容是董仲舒以来今文经学派的唯心主义和神秘主义哲学思想的延伸和扩大，也是今文经学的政治学说提要。

新语　潜夫论

［西汉］陆贾　［东汉］王符撰
1990 年 9 月 1 版 1 次
1995 年 2 月 1 版 2 次
2.80 元
大 32 开　52 页

《新语》主要内容是崇王黜霸，而归于修身用人。东汉末王符身逢乱世，以耿介忤俗，发奋著书，揭露官吏豪强奢侈浪费和迫害黎民的行径。作者隐居著述，不欲彰显姓名，故书名称《潜夫论》。

风俗通义　独断　人物志

［东汉］应劭　蔡邕　［三国魏］刘邵撰
1990 年 10 月 1 版 1 次
1995 年 2 月 1 版 2 次
4.00 元
大 32 开　80 页

《风俗通义》以考释议论名物、时俗为主，对当时的社会风俗和迷信思想颇有批判。《独断》记录汉代制度礼文车服与诸帝世次，兼及前代礼乐，和《白虎通义》、《风俗通义》俱为研究汉制的重要著作。《人物志》内容于人的本性、才具以及志业等，分别加以阐析，对开启魏晋名理玄谈风气有很大影响。

孔子家语

［三国魏］王肃编注
1990 年 9 月 1 版 1 次
1995 年 2 月 1 版 2 次
3.40 元
大 32 开　66 页

《孔子家语》杂取《论语》、《左传》、《国语》、《荀子》、《大戴礼》、《礼记》、《说苑》等书所载孔子遗语逸事缀辑成编，其中有关古代婚姻、丧祭、郊禘、庙祧等制度与郑玄所言不合。书中还保存了一些散佚古书。

孔子集语　文中子　中说

［清］孙星衍辑　［隋］王通著　［宋］阮逸注
1989 年 4 月 1 版 1 次
1994 年 4 月 1 版 4 次
6.00 元
大 32 开　120 页

《孔子集语》是后人从各种早期文献中另行搜辑的孔子言行资料。

隋朝王通，门人私谥"文中子"。仿《论语》和《法言》的体例作《中说》，崇尚儒家，以为"千变万化，吾常守中"，提倡"时异事变"，反对"执古御今"。曾提出儒释道"三教于是乎一矣"的主张。

孔丛子　曾子全书　子思子全书

旧题孔鲋撰　［宋］汪晫编
1990 年 11 月 1 版 1 次
1995 年 2 月 1 版 2 次
3.90 元
大 32 开　78 页

《孔丛子》搜集并臆造了孔子以下子思、子上、子高、子顺等言论，以及孔鲋与孔臧的事迹、文章。《曾子全书》搜集散见于《大戴礼》诸书中之曾参言论重辑而成。子思名孔伋，孔子孙，孟子是他的再传弟子，《子思子全书》乃宋汪晫杂取《礼记》、《中庸》等古经中子思言论汇编成书，从中可见子思思想之概要。

申鉴　中论　傅子

［东汉］荀悦　徐幹　［西晋］傅玄撰
1990 年 9 月 1 版 1 次
1995 年 2 月 1 版 2 次
3.30 元
大 32 开　62 页

《申鉴》以儒术谈政治，主张刑德并用，驳斥谶纬符瑞等迷信思想，并提出"耕而勿有"的社会空想。《中论》大抵原本经训，指陈人事，思想内容属儒家。《傅子》以为大自然由"气"组成，"圣人之治"在于"因物制宜"，肯定商贾的作用，并对玄学空谈进行批判。今本从《永乐大典》等书辑出。

抱朴子

［东晋］葛洪撰
1990 年 10 月 1 版 1 次
1995 年 2 月 1 版 2 次
7.90 元
大 32 开　176 页

葛洪是东晋著名的道教理论家,所著《抱朴子》,外篇论时政得失,人物臧否,议论纵横辨博,饶有名理。内篇记神仙、炼丹、符箓等事,言炼丹多涉及物质构成的奥秘,对于研究古代化学、药物学及道教文化,均极有参考价值。

尚书纬　河图　洛书

[清]黄奭辑

1993 年 4 月 1 版 1 次

2.60 元

大 32 开　73 页

《尚书纬》是"七纬"之一。《河图》、《洛书》出于西汉,均系谶纬之书。隋炀帝时,尽焚与图谶相涉的书籍,秘府所藏,也多散佚。后乃根据清代黄奭所辑残本汇集而成。《尚书纬　河图　洛书》对于研究两汉经学具有重要史料价值。书中记录了若干天文、历法和地理知识,也保存了很多古代的神话传说。

易纬　诗纬　礼纬　乐纬

[清]黄奭辑

1993 年 4 月 1 版 1 次

4.80 元

大 32 开　143 页

纬书相对于"经"而得名,是方士化的儒生用神学观点对儒家经典进行解释和比附的著作。由于纬书中多有"诡为隐语,预决吉凶"的谶语,所以又通称为谶纬。现在所流传的均系后世辑佚,皆非完本。《易纬》、《诗纬》、《礼纬》和《乐纬》,是"七纬"中的四部(其余三部为《尚书纬》、《春秋纬》和《孝经纬》),内容大抵是以《易》、《诗》、《礼》、《乐》的经义,来附会人事的吉凶祸福,预言国家的治乱兴亡。

春秋纬　论语纬　孝经纬

[清]黄奭辑

1993 年 4 月 1 版 1 次

4.75 元

大 32 开　142 页

《春秋纬》是有关《春秋》的纬书。《论语纬》混合神学附会《论语》经义,《孝经纬》是汉人依托《孝经》,讲命瑞应的谶纬书。

颜氏家训　家范

[隋]颜之推　[宋]司马光撰

1992 年 8 月 1 版 1 次

1.95 元

大 32 开　56 页

《颜氏家训》以儒理佛法为治家之道,辩正世俗得失,以戒子孙,是古代最著名的治家箴言。《家范》采辑史事,以说明封建大家庭的伦理关系、道理标准和治家方法,是封建时代士大夫所推崇的家庭教育读本。

荆公论议　张子正蒙

[宋]王安石　张载撰

1992 年 10 月 1 版 1 次

2.50 元

大 32 开　72 页

王安石,北宋政治家、改革家。用重释儒典的方法创立新学,坚持气一元论,并把"新故相除"看作自然界及人类社会发展的规律。《荆公论议》反映了王安石的哲学思想。

张载,北宋哲学家。认为人从童蒙起即应立志做圣贤,故著《正蒙》,书中包含了作者以"气一元论"为中心的哲学思想。王夫之注释此书,继承发展了张载学说。

太极图说　通书　观物篇

[宋]周敦颐　邵雍撰

1992 年 5 月 1 版 1 次

1995 年 2 月 1 版 2 次

3.90 元

大 32 开　68 页

《太极图说》兼采易说与道家思想说明其所绘"太极图",提出以"太极"为中心的世界创成说。"太极图"后来成为程朱理学的理论基础。《通书》是"太极图说"中心论点的发挥,被称为周子传道之书。北宋邵雍继承《易传》和部分道家及道教思想,创立"先天学"。《观物篇》即是其对"先天学"的阐释。

二程遗书　外书

[宋]程颢　程颐撰

1992 年 8 月 1 版 1 次

1995 年 2 月 1 版 2 次

8.20 元

大 32 开　177 页

程颢、程颐同为北宋理学创立者。《二程遗书》为二程讲学语录,由程氏门人所记,经朱熹编次而成。《外书》是朱熹杂采其他书所载二程语录。此二书是研究二程哲学思想的主要资料。

朱子四书语类

[宋]朱熹撰

1991 年 12 月 1 版 1 次

14.00 元

大 32 开　530 页

《朱子四书语类》51 卷，为朱熹讲学语录，讲解《大学》、《论语》、《孟子》、《中庸》四部经书，采辑自《朱子语类》。朱子哲学思想大多通过解说与注释经书而阐发，此书较集中反映了朱熹的哲学观点。

朱子七经语类

[宋]朱熹撰

1991 年 12 月 1 版 1 次

8.15 元

大 32 开　301 页

《朱子七经语类》28 卷，朱熹讲学语录，涉及《周易》、《尚书》、《诗》、《孝经》、《春秋》、《礼》、《乐》等七经，采辑自《朱子语类》，此书对于研究朱熹的经学思想尤为重要。

朱子诸子语类

[宋]朱熹撰

1992 年 12 月 1 版 1 次

11.00 元

大 32 开　415 页

《朱子诸子语类》采辑自《朱子语类》，阐释孔、孟、周、程、老、释诸家，以及个人治学方法等，从中可见朱熹的哲学观和历史观。

朱子性理语类

[宋]朱熹撰

1991 年 5 月 1 版 1 次

1995 年 2 月 1 版 2 次

5.20 元

大 32 开　104 页

朱熹在哲学上发展了二程关于理气关系的学说，集理学之大成，建立一个完整的客观唯心主义的理学体系，也称程朱学派。《朱子性理语类》为朱子讲学语录，包括理气、鬼神、性理、学四门，采辑自黎靖德所编《朱子

语类》，内容涉及哲学、自然科学诸方面，是研究朱熹理学思想的重要资料。

近思录

[宋]朱熹　吕祖谦编撰

1994 年 6 月 1 版 1 次

3.90 元

大 32 开　70 页

南宋思想家朱熹、吕祖谦所撰的哲学名著《近思录》，摘录北宋理学家周敦颐、程颢、程颐和张载的言论共 622 条，为研习理学的入门津梁。本书以清《文渊阁四库全书》为底本，加断句。

象山语录　阳明传习录

[宋]陆九渊　[明]王守仁撰

1992 年 10 月 1 版 1 次

1995 年 10 月 1 版 2 次

4.60 元

大 32 开　88 页

陆九渊，称象山先生，南宋哲学家，与兄九韶、九龄并号"三陆子"。在哲学上提出"宇宙便是吾心，吾心即是宇宙"的主观唯心主义命题，在"太极"、"无极"问题及治学方法上与朱熹进行长期辩论。《象山语录》主要阐述"心即理也"的主观唯心思想。

王守仁，号阳明，明代思想家。其所创心学体系继承了先秦思孟学派"尽心"、"知天"，以至陆九渊的思想。《阳明传习录》主要内容是王守仁教学时的言论。

习学纪言

[宋]叶适撰

1992 年 8 月 1 版 1 次

6.60 元

大 32 开　236 页

《习学纪言》亦称《习学纪言序目》，包括论经、论诸子、论史、论文，其说颇务新奇，从论述经史诸子之学中，表达讲究"功利之学"，提倡对事物作实际考察，反对理性空谈的主张。

续近思录

[清]张伯行撰

1994 年 6 月 1 版 1 次

11.00 元

大 32 开　226 页

清儒张伯行仿效《近思录》体例,撰《续近思录》,收集朱熹"关于身心,切于行习"的言论 639 条,逐条加以诠释,分"道体"、"致知"、"存养"等十四门,是研究朱子哲学思想的重要文献。今以清正谊堂全书本为底本,正文加断句。

诸子译注丛书

老子译注

冯达甫撰

2006 年 6 月 1 版 1 次

2009 年 7 月 1 版 3 次

18.00 元

大 32 开　232 页

《老子》是中国古代一部非常重要的哲学著作。其书仅五千言,但文约义丰,且传世久远,后人多以为难读。本书综汇历代各家旧说,结合帛书《老子》等出土文献资料,对《老子》一书进行了系统的梳理注译。

庄子译注

杨柳桥撰

2006 年 11 月 1 版 1 次

2007 年 5 月 1 版 2 次

39.00 元

大 32 开　608 页

《庄子》是先秦诸子的重要典籍,它不但思想深邃、哲理性强,而且想象丰富、文笔奇瑰。古代学者对它的研究、注释多达数百家。杨柳桥先生研究《庄子》多年,对其所蕴含的哲学思想有精到的见解,译文尽量直译,以忠实于原文。

孙子译注

郭化若撰

2006 年 6 月 1 版 1 次

2006 年 12 月 1 版 2 次

15.00 元

大 32 开　176 页

《孙子兵法》是我国古代著名兵书。本书作者郭化若,是我国著名军事家、一代儒将。他精熟军事理论,长期研究《孙子兵法》,多有独到见解,曾出版《今译新编孙子兵法》、《孙子今译》诸书。此书是他在上述各书基础上,经全面修订而成的。书中有原文、译文,还有题解、

注释及考订、评论文字。

晏子春秋译注

卢守助撰

2006 年 6 月 1 版 1 次

2011 年 12 月 1 版 3 次

25.00 元

大 32 开　308 页

《晏子春秋》在先秦诸子中是一部别具色彩的古书。全书既有子书的内容,又有《战国策》之类史书的风貌;说是像一部早期史籍,却又很重视人物的刻画,是一部生动地反映出春秋战国之际文化思想的空前活跃状态的典籍。本书有简要明晰的注解和流畅的译文。

韩非子译注

张觉等撰

2007 年 5 月 1 版 1 次

2014 年 11 月 1 版 6 次

49.00 元

大 32 开　756 页

法家是我国古代与儒家、道家齐名的重要思想学术流派,而《韩非子》则集法家思想之大成,主要论述君主如何管好臣民、稳坐江山、富国强兵乃至称王称霸,亦即古人所谓的"帝王之学"。书中也论述了一些君主的道德修养、政治策略。同时,书中还有一些韩非对世道人情的剖析与感慨,对《老子》的解说,以及向君主的上书等,内容十分丰富。

尸子译注

朱海雷撰

2006 年 11 月 1 版 1 次

2007 年 5 月 1 版 2 次

15.00 元

大 32 开　136 页

本书为战国时人尸佼所著,原有二十篇,六万余言,《汉书·艺文志》归之于杂家类。其书至汉末已无全本,现存较为精审的是清代汪继培的辑本。比利时籍华人朱海雷先生即以汪本为底本,对此书加以注释和翻译。

列子译注

严北溟　严捷撰

2006 年 11 月 1 版 1 次

20.00 元

大 32 开　264 页

　　《列子》是著名道家经典，被奉为"冲虚至德真经"。它虽被认为属于"伪书"，但寓理深刻独到，文采隽永生动，既代表着魏晋时代哲学思维的高度，又保存着一些先秦的遗说佚文。本书注明难字音义，其译文通俗流畅。

六韬·三略译注

唐书文撰

2006 年 6 月 1 版 1 次

2006 年 12 月 1 版 2 次

15.00

大 32 开　184 页

　　《六韬》、《三略》是我国古代两部著名兵书。前人多将二书同称并举，以至在汉语词汇中形成了"韬略"这个词。宋元丰年间，二书被编入《武经七书》，定为武学必读之书，明清二代继之。二书以朴素唯物主义观点研究了政治和军事韬略，有许多规律性的东西至今仍有可供借鉴的价值。本书注释精当，译文表达原意准确，行文流畅。

颜氏家训译注

庄辉明　章义和撰

2006 年 6 月 1 版 1 次

2006 年 12 月 1 版 2 次

28.00 元

大 32 开　380 页

　　重视家庭教育，是我国自古以来的优良传统。颜之推的《颜氏家训》是同类作品中对后世影响最大的一种，书中所提出的治家教子之方和为人处世之道，至今仍能给我们以有益的启发。书中还反映了南北朝时的社会状况和风土人情。本书译文流畅，注释广泛借鉴了前人研究成果。

人物志译注

伏俊琏撰

2008 年 3 月 1 版 1 次

2014 年 10 月 1 版 6 次

19.00 元

大 32 开　236 页

　　《人物志》是我国最早系统研究人的才能、个性及政治作为的著作。作者刘邵是汉魏时人，历仕四朝，有丰富的用人和从政经验。他总结了汉末清议与魏晋时期人才品评的理论，以及当时统治者选拔使用人才的经验，撰写了此书，在中国学术史上有开创之功。五凉时期敦煌人刘昞为本书作注。伏俊琏先生长期从事《人物志》研究，他吸收了中外学者的研究成果，对《人物志》重新作了校订，纠正了原书传刻过程中产生的讹误。为帮助读者理解原书，作者又作了注释和今译，并在每章的首尾撰有题解和评析，提纲挈领，辨析阐释，大大降低了阅读此书的难度。

中说译注

张沛撰

2011 年 8 月 1 版 1 次

28.00 元

大 32 开　300 页

　　隋代大儒王通是孔孟之后儒学的又一位代表人物，人们习称"文中子"。这部师徒对答的《中说》，主要反映的还是儒家思想，是儒学在隋唐时代的发展和深化。本书由北京大学张沛教授作注并翻译。

天 地 人 丛 书

朱子近思录

[宋]朱熹　吕祖谦撰　严佐之导读

2000 年 12 月 1 版 1 次

2015 年 3 月 1 版 5 次

19.80 元

大 32 开　268 页

　　南宋朱熹发展了二程关于理气关系的学说，集理学之大成。他的著作在明清两代被奉为儒学正宗。《近思录》是朱熹在另一位理学大师吕祖谦的协助下，采撷周敦颐、程颢、程颐、张载语录类编而成。此书借周、程、张的语言构建了朱熹简明精巧的哲学体系，被后世视为"圣学之阶梯"、"性理诸书之祖"。

二程遗书

[宋]程颢　程颐撰　潘富恩导读

2000 年 12 月 1 版 1 次

2011 年 12 月 1 版 3 次

28.00 元

大 32 开　468 页

程颢、程颐兄弟俩同为北宋理学的奠基者,程颢之学以"识仁"为主,程颐之学以"穷理"为要,他们的学说后来为朱熹所继承和发展,形成程朱学派。《二程遗书》是较为集中表现二程理学思想的代表著作,反映了以程颢、程颐为首的洛学学派的思想特征,也反映了二程的历史观点。

象山语录　阳明传习录

[宋]陆九渊　[明]王守仁撰　杨国荣导读

2000 年 12 月 1 版 1 次

2014 年 12 月 1 版 6 次

24.00 元

大 32 开　320 页

南宋陆九渊,世称象山先生。陆九渊提出"心即理"说,认为天理、人理、物理只在吾心之中。《语录》二卷,集中反映了他的思想特征。王阳明发展了陆氏学说,形成"陆王学派"。《传习录》三卷,是王氏心学的主要载体。

周子通书

[宋]周敦颐撰　徐洪兴导读

2000 年 12 月 1 版 1 次

2008 年 3 月 1 版 2 次

10.80 元

大 32 开　152 页

北宋周敦颐继承《易传》和部分道家以及道教思想,提出一个简单而有系统的宇宙构成论,对理学发展有极大影响;他的代表作《通书》蕴涵了丰富的义理,且浑沦简洁,被后世奉为宋明理学首出的经典。

张子正蒙

[宋]张载撰　[清]王夫之注　汤勤福导读

2000 年 12 月 1 版 1 次

2008 年 3 月 1 版 2 次

18.80 元

大 32 开　248 页

北宋张载一生著述颇丰,有《文集》、《易说》、《春秋说》、《经学理窟》等等,《正蒙》是他的哲学思想的最终归结,不仅理学家重视它,其他学者也重视它。

船山思问录

[清]王夫之撰　严寿澂导读

2000 年 12 月 1 版 1 次

2015 年 3 月 1 版 5 次

12.80 元

大 32 开　160 页

清王夫之,称船山先生,对心性之学剖析精微,有极浓厚的宇宙论兴趣,建构了集宋明思想大成的哲学体系。此书分内外两篇,内篇是对自家基本哲学观点的陈述,外篇则是申说对具体问题的看法。《思问录》是船山学说主要观点的浓缩,可与《正蒙注》互相发明。

习斋四存编

[清]颜元撰　陈居渊导读

2000 年 12 月 1 版 1 次

2008 年 3 月 1 版 2 次

16.00 元

大 32 开　236 页

清颜元,号习斋,被后人推崇为"继绝学于三古,开太平以千秋"的《四存编》,反映了颜元一生的思想历程。作者的主要思想表现在"存性"、"存学"两编里,"存人编"则专为反对佛教、道教和伪道门而作。

十大古典哲学名著

周易

[宋]朱熹注　李剑雄标点

1995 年 11 月 1 版 1 次

1996 年 8 月 1 版 2 次

精装 11.00 元

32 开　192 页

本书以清丁宝桢辑校的《周易本义》作底本,参照其他版本,加以标点。

孙子

[三国]曹操等注　袁啸波标校

1995 年 11 月 1 版 1 次

1996 年 8 月 1 版 2 次

精装 11.70 元

32 开　216 页

本书以宋本《十一家注孙子》为底本,参校孙星衍诸校刊本,加以标点整理。

老子　庄子

[晋]王弼等注　章行标校

1995 年 11 月 1 版 1 次

1996 年 8 月 1 版 2 次

精装 18.30 元

32 开　444 页

　　老子为春秋时期著名哲学家,道家的创始人。所著《老子》用"道"来阐述宇宙万物的演变及其变化规律,提出了"道生一,一生二,二生三,三生万物"的观点。并提出了一切事物都是对立的统一。战国时宋人庄周所著《庄子》继承和发展了老子的天道宇宙观,摒弃了老子有关权变的主张,使道家真正成为与儒、墨鼎足而三的哲学派别。

四书

[宋]朱熹集注　顾美华标点

1995 年 11 月 1 版 1 次

1996 年 8 月 1 版 2 次

精装 18.30 元

32 开　452 页

　　《四书》(《大学》、《中庸》、《论语》、《孟子》)是我国封建社会儒学思想的代表作。南宋朱熹编撰的《四书集注》至元代成为科举教科书,并沿用于明清。现据清吴英、吴志忠父子校订本整理出版。

墨子

[清]毕沅校注　吴旭民标点

1995 年 11 月 1 版 1 次

1997 年 4 月 1 版 2 次

精装 13.70 元

32 开　288 页

　　《墨子》一书,为墨翟自著及其门人弟子记述的墨子言论两部分组成。本书以光绪二年浙江书局据毕氏灵岩山馆本校刻的《墨子》为底本。

荀子

[战国]荀况撰　[唐]杨倞注　耿芸标校

1996 年 11 月 1 版 1 次

精装 15.60 元

32 开　340 页

　　《荀子》由荀子学生辑录,杨倞注释,是了解研究荀学和先秦哲学的重要资料。

韩非子

[战国]韩非撰　姜俊俊标校

1996 年 12 月 1 版 1 次

精装 16.60 元

32 开　372 页

　　韩非为法家思想的集大成者。《韩非子》政治思想的核心是法治,这一思想不仅顺应了当时社会从群雄割据走向大一统君主集权制的需要,也对整个封建社会的发展乃至后世产生深远影响。韩非文风严峻峭拔,说理精微。本书以清浙江书局《二十二子》为底本,参校各本加以整理,后附清代顾千里《韩子识误》。

吕氏春秋

[汉]高诱注　[清]毕沅校　余翔标点

1996 年 12 月 1 版 1 次

精装 20.60 元

32 开　532 页

　　《吕氏春秋》亦称《吕览》,是战国末秦相吕不韦主编而由其门下宾客集体撰著的学术总集,为先秦杂家的代表著作。内容以儒、道思想为主,兼及名、法、墨、农及阴阳家言,汇聚、概括先秦诸子百家学说。本书以浙江书局本作底本,加以标点。

新世纪古代哲学经典读本

《周易》选评

张善文撰

2004 年 5 月 1 版 1 次

13.00 元

大 32 开　188 页

　　本书作者是《易》学专家,研究成果斐然。全书深入浅出,通俗易懂,揭示了《易经》所包含的旨趣,堪称欲读《易》者的入门指南。

《庄子》选评

钱宪民撰

2004 年 5 月 1 版 1 次

2006 年 10 月 1 版 2 次

16.00 元

大 32 开　242 页

　　本书从思想渊源、人格魅力、社会批评、游世主张、悲悯情怀、政治理念、言说方式七个方面深入浅出地介绍了庄子的主要思想与《庄子》的精彩选段,加以富有特色的讲评。

《墨子》选评

李妙根撰

2005 年 6 月 1 版 1 次

14.00 元

大 32 开　200 页

　　《墨子》是先秦墨家学派著作的结集,由墨子弟子记述的墨子言论及后期墨家的讲演、论辩两部分组成。本书选取《墨子》中有代表性的篇章,进行注释和讲评。

《孙子兵法》选评

黄朴民撰

2004 年 4 月 1 版 1 次

12.00 元

大 32 开　180 页

　　本书对《孙子兵法》十三篇逐篇加以精选、简注和讲评,深入浅出地介绍了《孙子》的内容梗概和思想精髓,并以古今中外的战争实例加以印证,特色鲜明。

《韩非子》选评

张觉撰

2004 年 5 月 1 版 1 次

15.00 元

大 32 开　234 页

　　本书遴选《韩非子》中的代表性篇章,以独特的视角,对现实有所启迪的内容,按现行观念分门别类的全新编排方式,对之进行评述。还配以提纲挈领的导言、简明扼要的注释以及精美的插图。

《孟子》选评

徐洪兴撰

2005 年 7 月 1 版 1 次

22.00 元

大 32 开　300 页

　　本书对《孟子》中的篇章重新作了分类选编,并加以注释和讲评。全书共分心性篇、伦理篇、学问篇、人格篇、政治篇 5 个专题,基本概括了孟子的主要思想理论。

王阳明著述选评

吴震撰

2004 年 5 月 1 版 1 次

16.00 元

大 32 开　240 页

　　王阳明是宋明理学的重要人物,他所开创的一套思想体系,被后人称为阳明心学或阳明学,对其后的中国社会和思想文化具有很大的影响。本书将阳明的生平事迹与他的思想理论发展线索相结合,对阳明思想予以概括的介绍及高屋建瓴的评析。

《荀子》选评

惠吉兴撰

2006 年 4 月 1 版 1 次

12.00 元

大 32 开　180 页

　　荀子是战国时期著名的思想家。他的思想学说集先秦诸子之大成,内容十分丰富,涉及哲学、政治、经济、文学、伦理、军事、自然等各个方面。本书选取《荀子》中有代表性的篇章,进行注释和讲评。

《论语》选评

汤勤福撰

2006 年 8 月 1 版 1 次

17.00 元

大 32 开　284 页

　　孔子是我国思想文化史上最伟大的人物,而《论语》则是研究孔子最主要、最可靠的典籍。本书将《论语》记录的孔子言行,以类相从,加以注释阐发。

《朱子语类》选评

朱义禄撰

2006 年 10 月 1 版 1 次

14.00 元

大 32 开　208 页

　　《朱子语类》是宋代著名理学家朱熹的一部语录体著作,由其门人记录、黎德靖编纂而成,它是了解朱熹思想的一部珍贵历史文献。本书精选《朱子语类》中的部分内容加以注释与评述。所选语录分八个专题,撰者还对《朱子语类》反映的朱熹哲学思想作了介绍和分析。

经典双向解读丛书

《老子》入门

罗义俊著

2006 年 8 月 1 版 1 次

2007 年 4 月 1 版 2 次

18.00 元

32 开　272 页

　　本书首先以理解老子,认识老子为基点,结合作者长期以来政治、社会和人生问题上的思考,藉《老子》所内蕴的丰富智慧,进行生发、解读。

《庄子》入门

张涅　韩岚著

2006 年 8 月 1 版 1 次

2007 年 4 月 1 版 2 次

16.00 元

32 开　208 页

　　本书中作者既有对庄子思想平实又中性的介绍,又有他多年从事先秦哲学思想研究所积累的独特见解,许多观点既不妄断又富启发性。

《论语》入门

黄坤著

2006 年 8 月 1 版 1 次

2007 年 2 月 1 版 2 次

22.00 元

32 开　324 页

　　本书对《论语》的解说平实而亲切,力求在忠实原貌的前提下,又能结合现实人生加以发挥。

《孟子》入门

徐克谦　曾业桃著

2006 年 8 月 1 版 1 次

2007 年 5 月 1 版 2 次

15.00 元

32 开　200 页

　　本书通过多个层面对《孟子》的解读,使今人能较全面地理解这本具有历史价值与时代意义的经典。

中国经典宝库

周易:玄妙的天书

张善文著

1997 年 8 月 1 版 1 次

1998 年 10 月 1 版 2 次

13.10 元

大长 32 开　296 页

　　本书以选、译、讲评的形式针对《周易》的内容和性质、《易》学的流传和影响、治《易》的方法和要领等问题作浅切易懂而忠于原著的简析,以利读者迈出研治《周易》的第一步。

尚书:原始的史册

章行著

1997 年 8 月 1 版 1 次

1998 年 10 月 1 版 2 次

10.40 元

大长 32 开　208 页

　　《尚书》是儒家经典“十三经”之一,是我国最古老的一部史书。本书从经济、政治、宗教、法律等方面选取《尚书》的有关原文,译成白话文,并略作评述。

诗经:朴素的歌声

杨天宇著

1997 年 8 月 1 版 1 次

1998 年 10 月 1 版 2 次

10.10 元

大长 32 开　196 页

　　《诗经》自西汉被尊为经典,流传至晚清,一直是知识分子必读之书。本书从《诗经》中精选 40 篇诗歌,用白话今译,并一一作了述评,择要介绍历代经学家的研究成果,着重从文学、历史学、社会学的角度,进行新的阐释。

周礼:远古的理想

冯绍霆著

1997 年 8 月 1 版 1 次

1998 年 10 月 1 版 2 次

11.50 元

大长 32 开　248 页

　　《周礼》通过介绍周代的官制,描绘出古代儒家对理想社会的总构思。本书选取《周礼》的主要内容,分别译成白话文,并从理想社会的总蓝图、治国、治民等方面,分析介绍其对后世的影响。

仪礼、礼记:人生的法度

李学颖著

1997 年 8 月 1 版 1 次

1998 年 10 月 1 版 2 次

10.20 元

大长 32 开　208 页

　　《仪礼》、《礼记》是儒家礼制经典。《仪礼》,主要是记载婚丧、祭祀、朝聘、宴射等典礼中的礼仪制度;《礼记》,侧重阐明礼的作用和意义。本书特选择《仪礼》、《礼记》中的重要章节,译成现代汉语,并从伦理学、社会学的角度予以分析。

春秋三传:乱世的青史

李梦生著

1997 年 8 月 1 版 1 次

1998 年 10 月 1 版 2 次

9.70 元

大长 32 开　188 页

　　"十三经"有三部解释《春秋》的经典,分别为《左传》、《公羊传》、《穀梁传》。"三传"对《春秋》的解释,各有特点,都是研究先秦文史的重要资料。本书精选《春秋》三传的有关章节,通过通俗生动的译文和深入浅出的述评,阐发经传的思想。又排比史实,如一部浓缩的春秋史。

论语:仁者的教诲

王兴康著

1997 年 8 月 1 版 1 次

1998 年 10 月 1 版 2 次

12.80 元

大长 32 开　288 页

　　《论语》记载了孔子和他的弟子的言论和行事,是研究孔子思想最基本的材料。本书精选《论语》有代表性的章节进行今译,基本上反映了《论语》全书的面貌。全部述评可说是一部系统研究孔子思想及其影响的专著。

孟子:匡世的真言

赵昌平著

1997 年 8 月 1 版 1 次

1998 年 10 月 1 版 2 次

10.50 元

大长 32 开　204 页

　　《孟子》一书记载了孟轲及其弟子们的谈话。孔子和孟子对近现代中国人的精神、素质影响巨大。本书精选《孟子》的有关章节,通过优美通俗的译文和深入浅出的述评,以现代学者的眼光剖析这部经典著作。

尔雅:文词的渊海

徐莉莉　詹鄞鑫著

1997 年 8 月 1 版 1 次

1998 年 10 月 1 版 2 次

14.90 元

大长 32 开　344 页

　　在"十三经"中,《尔雅》是一部独特的经典。它是我国第一部同义词词典,也是我国第一部百科词典,自汉代成书迄今,一直是解释古籍的权威工具书。本书对《尔雅》原文作了直译,并结合今日的学术研究成果,给予分析介绍。

孝经:人伦的至理

宫晓卫著

1997 年 8 月 1 版 1 次

1998 年 10 月 1 版 2 次

7.90 元

大长 32 开　136 页

　　《孝经》是"十三经"中最短小的一部,是专门阐述"孝道"的书。本书以现代人的眼光,审视、阐发乃至深入剖析这部古代经典。

圣贤语录丛书

圣贤语录(全八册)

鲍民等编

1995 年 2 月 1 版 1 次

1997 年 7 月 1 版 3 次

盒装 59.80 元

大 64 开　1652 页

　　本书采用语录的形式,将先秦时期最具特点,影响最大的孔子、孟子、老子、庄子、孙子、墨子、荀子、管子和韩非子等诸子圣贤思想学说作一番爬梳整理,把对今天仍有启迪意义的内容,译成通晓流畅的白话文,文白对照,注明出处。

老庄语录

高洪兴编译

1994 年 12 月 1 版 1 次

1995 年 12 月 1 版 2 次

精装 6.00 元

大 64 开　204 页

本书选录了老庄思想中最精辟的部分加以分类,并译成白话文,用语录的形式向读者展示了老庄思想的丰富内涵和精神意蕴。

孔子语录

张荣华编译

1994 年 12 月 1 版 1 次

1996 年 1 月 1 版 2 次

精装 5.80 元

大 64 开　184 页

我国最早的语录之一就是孔子的《论语》。本书从 30 多种著作中撷取孔子的有关言论,加以编译。

墨子语录

徐洪兴编译

1994 年 12 月 1 版 1 次

1995 年 12 月 1 版 2 次

精装 5.40 元

大 64 开　156 页

本书精选了墨子有关人生哲理、理想品格等各方面的精辟论述,加以编译。

孙子语录

鲍民　陈莉菲编译

1994 年 12 月 1 版 1 次

1995 年 12 月 1 版 2 次

精装 5.40 元

大 64 开　156 页

孙武和孙膑并称为孙子,都是我国古代著名的军事家。孙武所著《孙子兵法》是我国现存最早而又最完整的一部兵书。孙膑所著《孙膑兵法》东汉末年失传,1972 年山东临沂银雀山汉墓出土竹书 30 篇。本书从两书中择其要者进行重新分类,并辅以通显的白话译文。

管子语录

胡礼忠编译

1994 年 12 月 1 版 1 次

1995 年 12 月 1 版 2 次

精装 7.10 元

大 64 开　280 页

本书将反映管子学派思想精华的格言隽语编成语录 500 余条,译成通晓流畅的白话文,文白对照,极便

阅读。

孟子语录

邹振环编译

1994 年 12 月 1 版 1 次

1995 年 12 月 1 版 2 次

精装 5.80 元

大 64 开　188 页

本书摘选了孟子的主要政治主张和名言警句,并译成白话文。

韩非子语录

江雄编译

1994 年 12 月 1 版 1 次

1996 年 1 月 1 版 2 次

精装 6.40 元

大 64 开　228 页

本书从《韩非子》中精选有代表性的语录,并翻译成流畅的白话文。

荀子语录

吕健编译

1994 年 12 月 1 版 1 次

1995 年 12 月 1 版 2 次

精装 6.70 元

大 64 开　252 页

本书从荀子传世作品中摘出有关社会、人生等问题的论述,分门归纳成天人哲理、人性善恶、理想人格、知识学问、品德修养、处世箴言等 15 类,并译成白话文。

画说经典系列

画说周易

王宝琳撰文　诚美堂图文工作室配图

2005 年 6 月 1 版 1 次

29.00 元

36 开　图 256 幅　260 页

为了向广大青少年普及传统文化经典,本书深入浅出地抉发《周易》要义,配以具有现代意味的动漫插图。

画说老子

戴建业　张筱南撰文　诚美堂图文工作室配图

2005 年 8 月 1 版 1 次

24.00 元

36 开　图 192 幅　208 页

　　本书以图文形式解析老子的深邃思想,使名言警句以彩色动漫画形象,凸显于读者面前。

画说庄子

流沙河撰文　诚美堂图文工作室配图

2005 年 6 月 1 版 1 次

24.00 元

36 开　图 200 幅　208 页

　　本书由流沙河先生将他的《庄子现代版》精简压缩,浓缩成 200 条要旨。每条配以彩色精美动漫画。

画说论语

洪丕谟撰文　诚美堂图文工作室配图

2005 年 6 月 1 版 1 次

2007 年 2 月 1 版 2 次

25.00 元

36 开　图 203 幅　220 页

　　本书选取《论语》中 200 余条文字,分门别类,予以通俗活泼的演绎,并加上现代式的题目。书前还有介绍孔子生平的简短文字。动漫插图琳琅满目,尤其适合当代青少年的阅读口味。

画说孙子

施芝华撰文　诚美堂图文工作室配图

2005 年 6 月 1 版 1 次

22.00 元

36 开　图 199 幅　200 页

　　《孙子》亦称《孙子兵法》、《孙武兵法》,与西方的《君王论》、《智慧书》并称为世界三大智慧奇书。本书阐述《孙子》精华名句名言,参以古今中外著名战例、人生社会经典事例,并配以彩色动漫画。

画说三字经

张葵编　诚美堂图文工作室绘图

2007 年 7 月 1 版 1 次

18.00 元

36 开　图 250 幅　180 页

　　《三字经》是学习中华传统文化不可多得的儿童启蒙读物,内容包括了中国传统的教育、历史、天文、地理、

伦理、道德以及一些民间传说。本书侧重内容的适当扩展,除介绍相关知识,并作一些简评,或补充相应的故事,并配以卡通动漫图,使之更易于今天的少年儿童理解。

画说百家姓

范江萍编　诚美堂图文工作室绘

2008 年 3 月 1 版 1 次

25.00 元

36 开　260 页

　　《百家姓》是著名的中国传统教育读物。为了更适合现代少年的阅读方式,本书省略了原书每个姓氏上标注的郡望,以每 2 个姓氏为 1 组,一详一略地列举一个历史名人,通过一两个小故事,反映出人物的个性或经历,用卡通动漫图,更形象生动地体现出故事的内涵。

画说千字文

胡真编　诚美堂图文工作室绘图

2007 年 7 月 1 版 1 次

18.00 元

36 开　图 175 幅　180 页

　　《千字文》是我国早期的蒙学课本。隋唐以来大为流行,被视为是识字教育的捷径。全文通篇用韵,朗朗上口,内容涉及自然、社会、历史、教育、伦理等多方面知识。本书以小故事的形式对原文加以解释,并配以卡通动漫图。

现代版系列

老子现代版

戴建业著

2002 年 12 月 1 版 1 次

2004 年 3 月 1 版 2 次

18.00 元

大 32 开　330 页

　　本书不是《老子》的直译和拷贝,而是老子思想在现代社会的发展和延伸,是老子智慧的现代转换。“道与德”、“拙与巧”、“自然与造作”、“无为与有为”等十一章,凸显出老子智慧的现代形态。全书语言优美,保持了原著“思”与“诗”统一的文字风格。

周易现代版

王宝琳著

2001 年 7 月 1 版 1 次
2004 年 1 月 1 版 6 次
28.80 元
大 32 开　500 页

本书以通俗浅易、生动活泼的文字，从人类文化学的角度，阐述了《周易》的政治学、哲学、历史学、社会学的文化内涵。全书行文诙谐多趣，与现代社会生活和精神生活声气相通，充满时代气息。

庄子现代版（增订本）

流沙河著
1999 年 6 月 1 版 1 次
2004 年 1 月 1 版 7 次
23.70 元
大 32 开　452 页

著名杂文家、诗人流沙河先生积自己多年研读之体会，以独特的视角，对《庄子》全文加以串讲。在篇首的"庄先生的故事"一文中，娓娓而谈，把庄子的思想和哲学观点，阐释得浅显易懂；且在文中各篇之前加了数千字的"引读"。

尚书现代版

王宝琳著
2003 年 7 月 1 版 1 次
24.00 元
大 32 开　442 页

本书汲取自南宋到明清数代学者研读《尚书》的成就，完成了经典在现代语境下的文本转换，并以"厄言"和"注释"的形式，对上古历史作出现代哲学、史学、文化学的诗性解读。

孙子现代版

施芝华著
2003 年 7 月 1 版 1 次
2004 年 3 月 1 版 2 次
21.00 元
大 32 开　374 页

本书以流畅的笔调，从当代人阐释古代经典的高度，向读者展示出孙子高超的军事谋略、军事艺术，古今中外的战例，人生社会的矛盾冲突以及应对的相应策略，发人深思，启人智慧。

韩非子现代版

徐克谦　周蔚著
2003 年 5 月 1 版 1 次
19.00 元
大 32 开　348 页

本书以通俗生动的语言，完成古籍文本在当代语境下的转换，从而揭示古代政治内幕，探究以法治国规律，传授行政管理秘诀，剖析权势名位实质，使古老的法家经典著作，焕发出与时俱进的思想光芒。每篇新颖的副标题和扼要的引读，兼具拨云见日、统摄全篇之效。

论语现代版

洪丕谟著
2001 年 7 月 1 版 1 次
2003 年 3 月 1 版 3 次
20.20 元
大 32 开　376 页

本书将《论语》原有篇目分散，按其内在概念重新分为《道德修养》、《为人处世》、《世象杂谈》等三篇，每篇后又分若干小类，条分缕析，使《论语》这部古书变得观点突出，条理清晰。每类中，排比语录若干条，在诠译的基础上，说古道今，旁征博引，让读者在学习、修身、处世等方面得到启迪。

孟子现代版

徐克谦著
2001 年 3 月 1 版 1 次
16.80 元
大 32 开　290 页

本书将《孟子》原书依内容归类串联，以现代的形式表述出来。相对集中地表述了孟子的性善论、仁义说、孝悌忠信等思想，以及对历史人物的臧否批判等。并附有原著与现代版相互转换的索引。

列子现代版

胡真著
2001 年 12 月 1 版 1 次
2002 年 3 月 1 版 2 次
15.00 元
大 32 开　268 页

《列子》作为道家的经典，充满了个性与智慧。而"现代版"对它的解读，更使之鲜活，并加上充满情趣的漫画,使更多的读者找回解读所有作品的能力,然后与聪睿的列子一起哭、一起笑、一起思考。

山海经现代版

章行著
1999 年 9 月 1 版 1 次
2002 年 9 月 1 版 5 次
15.50 元
大 32 开　200 页

　　本书以《山海经》为依托,旁搜奇异传说,并加以重新组合、融会贯通和敷演发挥,读来便兴味益然。呈现在读者眼前的是一则则神话故事,光怪陆离的动植物奇观、海内外见闻。

插图本现代版系列

老子现代版(插图本)

戴建业著
2007 年 7 月 1 版 1 次
25.00 元
20 开　268 页

　　《老子》是我国最重要的经典之一,是道家思想的源头,对后世中国文化的影响至为深远。本书以现代汉语忠实地"翻译"出的《老子》,不只是依样画葫芦的原文再现,更有老子思想在现代社会的发展和延伸,是"老子智慧的现代转换"。

庄子现代版(插图本)

流沙河著
2007 年 4 月 1 版 1 次
2007 年 9 月 1 版 2 次
36.00 元
20 开　384 页

　　著名杂文家、诗人流沙河先生以独特的视角,对《庄子》全文加以串讲。把庄子的思想和哲学观点,阐释得浅显易懂;且在文中各篇之前加了数千字的"引读",帮助读者提纲挈领地把握各篇的要义。新版插图本趣味生动的图片,与文字相得益彰。

孙子现代版(插图本)

施芝华著
2007 年 6 月 1 版 1 次

28.00 元
20 开　304 页

　　《孙子》亦称《孙子兵法》、《孙武兵法》,是中国古代最著名的兵书,也是世界上现存最古老的军事理论著作,有"兵经"之誉,亦可适用于社会生活的各个领域,与西方的《君王论》、《智慧书》并称为世界三大智慧奇书。本书以流畅的笔调,向读者展示出孙子高超的军事谋略、军事艺术,古今中外的战例,人生社会的矛盾冲突以及应对的相应策略,发人深思,启人智慧。

列子现代版(插图本)

胡真著
2007 年 7 月 1 版 1 次
19.00 元
20 开　180 页

　　《列子》作为道家的经典,充满了个性与智慧。而"现代版"对它的解读,更使之鲜活,并加上充满情趣的漫画,使更多的读者读懂《列子》。

周易现代版(插图本)

王宝琳著
2007 年 7 月 1 版 1 次
36.00 元
20 开　368 页

　　《周易》居中国传统文化群经之首,是中国古代哲学的源头,但因文字古奥、意旨玄妙,现代人已很难读懂。本书以通俗浅显、生动活泼的文字,完成了深奥艰涩的古籍《周易》向现代文本的转换;并从人类文化学的角度,阐述了《周易》的政治学、哲学、历史学、社会学的文化内涵。

论语现代版(插图本)

洪丕谟著
2007 年 4 月 1 版 1 次
2007 年 9 月 1 版 2 次
26.00 元
20 开　284 页

　　《论语》集中反映了孔子的生平、思想和言论,是中国影响最大的古书之一,有"半部《论语》治天下"的美誉。本书将其原有篇目分散,按其内在概念重新分为《道德修养》、《为人处世》、《世象杂谈》三篇,每篇后又分若干小类,条分缕析,使其观点突出,条理清晰。每类中,比排语录若干条,在诠译的基础上,说古道今,旁征博引,让读者在学习、修身、处世等方面得到启迪。

山海经现代版(插图本)

章行著

2007 年 7 月 1 版 1 次

2009 年 2 月 1 版 2 次

18.00 元

20 开　164 页

　　本书以《山海经》为依托,从神话传说、动植物奇观、海内外见闻、地理位置的判断五章,以简洁流畅的现代叙述方式和图文并茂的版式风格,重新演绎了其中的精彩内容,书中诸多生动逼真的神话人物、灵怪动物图形,给读者了解我国远古文化以广阔的想象空间。

阳明后学文献丛书

薛侃集

[明]薛侃撰　陈椰编校

2014 年 1 月 1 版 1 次

精装 78.00 元

32 开　640 页

　　本书以 1915 年《薛中离先生全书》二十卷为主,补充了《云门录》、《廷鞫实录》,并辑录佚文,附录年谱、传记资料,另外还辑出整理了薛侨、薛宗铠的文集,作为附录,基本上汇集了薛侃的全部思想资料,并可由此对于岭南阳明学有一个概观的了解。

刘元卿集(全二册)

[明]刘元卿撰　彭树欣编校

2014 年 4 月 1 版 1 次

精装 178.00 元

32 开　1664 页

　　本书参校刘氏多种著作的明代刻本或清代重刻本,以刘氏自著为内编,以其编纂的《诸儒学案》、《贤奕编》等为外编,并搜集散见于各处的佚文,后附年谱、传记资料等,是迄今最完整的刘元卿著述集。

黄绾集

[明]黄绾撰　张宏敏编校

2014 年 12 月 1 版 1 次

精装 98.00 元

32 开　812 页

书以明嘉靖刊本《石龙集》二十八卷为主,补充了《久庵先生文选》、《知罪录》、《明道编》,并辑录散见于明人文集、地方志、家乘史料中的佚文,厘定为四十卷。附录黄绾著作的序跋及传记资料,基本上汇集了黄绾的全部思想资料,并可由此了解阳明学在浙南的传播弘扬。

胡直集(全二册)

[明]胡直撰　张昭炜编校

2015 年 5 月 1 版 1 次

精装 128.00 元

32 开　1120 页

　　本书主要收录了胡直的《衡庐精舍藏稿》、《衡庐精舍续稿》、《太虚轩稿》、《困学记》等著作,其中《衡庐精舍藏稿》与《衡庐精舍续稿》以北京大学收藏的万历刻本为底本,参校《四库全书》本与光绪二十九年齐思斋刻本。《太虚轩稿》以国家图书馆收藏的万历刻本为底本。此书是目前最为完整的胡直著作集,且为首次标点整理。

王时槐集

[明]王时槐撰　钱明　程海霞编校

2015 年 11 月 1 版 1 次

精装 108.00 元

32 开　884 页

　　本书为明代阳明后学王时槐的文集,共分三部分,一为友庆堂存稿,二为友庆堂合文及志铭、传记资料等,成为迄今较完整的王时槐著述集。

张元忭集

[明]张元忭撰　钱明编校

2015 年 11 月 1 版 1 次

精装 88.00 元

32 开　712 页

　　此书为"阳明后学文献丛书"的一种。整理者在比较了国内所藏不同版本的张氏诗文集之后选择了底本《不二斋稿》和校本《不二斋文选》,底本取其收罗之全,校本取其校勘之精,并以校本补足了底本的若干残阙。因此本书堪称目前国内所见最完备的张元忭诗文集点校本。

清代春秋学汇刊

春秋公羊经何氏释例　春秋公羊释例后录

[清]刘逢禄撰　曾亦点校

2013 年 9 月 1 版 1 次

精装 58.00 元

32 开 504 页

　　本书为清代著名经学家刘逢禄(1776—1829)春秋学方面的代表作,其中《春秋公羊经何氏释例》十卷,归纳并阐发了汉代何休《春秋公羊经传解诂》之义例,为清代公羊学的经典力作;又《春秋公羊释例后录》六卷,收入刘氏其他七篇春秋学重要著作;书末另附民国杨钟羲撰写的《续修四库全书》相关提要六篇。此次标点整理,以《续修四库全书》影印之清嘉庆本为底本,校以学海堂本、上海书局本。

春秋正辞　春秋公羊经传通义

[清]庄存与　孔广森撰

郭晓东　陆建松　邹辉杰点校

2014 年 12 月 1 版 1 次

精装 84.00 元

32 开 760 页

　　本书此次点校整理,《春秋正辞》以道光七年《味经斋遗书》本的《春秋正辞》为工作底本,《春秋公羊经传通义》以嘉庆二十二年曲阜孔氏仪郑堂初刊本的《公羊春秋经传通义》为工作底本。此两种底本均收入上海古籍出版社《续修四库全书》。同时以学海堂《皇清经解》之咸丰十年补刊本(简称“学海堂本”)为主要校本。本书对其后的常州学派学者及龚自珍、魏源乃至廖平、康有为的思想启蒙都有相当影响,是今文经学发轫时期的开山之作,对当代的哲学人文科学研究者而言也足以提供有益借鉴。

春秋公羊礼疏(外五种)

[清]凌曙等撰　黄铭　杨柳青　徐渊点校

2015 年 8 月 1 版 1 次

精装 88.00 元

32 开 690 页

　　本书包括春秋学著作《春秋公羊礼疏》《春秋传礼徵》《穀梁礼证》《公羊逸礼考徵》等,为清代经学家依据《春秋》三传对“三礼”所作的礼学考辩疏证,对理解春秋礼制社会的特殊性具有重要的社会学和学术意义。

春秋左传补疏　春秋左氏传补注

[清]焦循　沈钦韩撰　郭晓东　郝兆宽　陈岘点校

2016 年 5 月 1 版 1 次

精装 48.00

大 32 开 420 页

　　《春秋左传补疏》一书专辟杜预,以为《左氏春秋集解》,实乃为司马氏之弑君篡位辩护,故而举例揭发杜预作《左氏春秋集解》之“隐衷”,从而“摘其奸而发其伏”。《春秋左氏传补注》则认为《左传》秉承孔子作《春秋》以“返诸礼”的主旨,故“周公、孔子治道之穷通,萃于一书”,故特出于三传者。两书对于《左传》的褒贬不一,而对于杜注的看法则相对一致,辑于一处,便于对照阅读。其对故事、礼制等所进行的考证分析,甚多发人深思之处,具有重要的学术价值。

其　他

黄侃手批白文十三经

黄侃校点

1983 年 3 月 1 版 1 次

2008 年 6 月 2 版 1 次

2014 年 12 月 2 版 3 次

精装 168.00 元

大 32 开 1776 页

　　“十三经”即指《易》、《尚书》、《诗》、《周礼》、《仪礼》、《礼记》、《春秋左传》、《春秋公羊传》、《春秋穀梁传》、《论语》、《孝经》、《尔雅》、《孟子》十三部儒家经典。本书是黄侃手批的断句白文本“十三经”。黄侃是近代著名文字、音韵、训诂学家。他用三十多种符识将白文本“十三经”加以圈点,并勘误补阙;指出《尚书》古今文不同,《诗》郑笺与毛传异义等。

四书五经译注(全九册)

程俊英等撰

2010 年 10 月 1 版 1 次

2016 年 4 月 1 版 7 次

盒装 298.00 元

大 32 开 4724 页

　　本书收录《诗经译注》、《尚书译注》、《春秋左传译注》、《孟子译注》、《大学译注·中庸译注·论语译注》、《尚书译书》、《周易译注》等四书五经的译注本,具有权威性,是研读儒家经典著作的理想读本。

国学经典读本(全十一册)

老子等撰

2010 年 11 月 1 版 1 次

2016 年 1 月 1 版 1 次

168.00 元

32 开 2508 页

本书收录《周易》、《老子》、《庄子》、《论语》、《孟子》、《孝经》、《大学》、《中庸》、《孙子兵法》、《山海经》十种典籍，作为国学爱好者的基本读物。内容除了典籍本身的正文外，有注释，有翻译，有段意，可备读者学习研读和研究之需。

周易浅述（全四册）

[清]陈梦雷撰

1983 年 6 月 1 版 1 次

1994 年 7 月 1 版 5 次

25.60 元

32 开 700 页

《周易浅述》为编纂《古今图书集成》的陈梦雷戍边时所撰的稿本。全书以朱熹《周易本义》为主，参以王弼、孔颖达、苏轼、胡广、来知德诸家的阐说。现断句校勘，并重印个别图解于书后，以供对照。

周易注疏

[魏]王弼 [晋]韩康伯注 [唐]孔颖达疏

陆德明 音义

1989 年 11 月 1 版 1 次

1990 年 11 月 1 版 2 次

3.95 元

32 开 167 页

汉儒释《易》皆主象数，至其末派，渐流于谶纬。三国魏玄学家王弼独标新帜，撰《周易注》，一扫汉经学烦琐之风，首创义理说。晋韩康伯继承义理学派，补注了《系辞》以下三卷，唐代孔颖达奉敕为王弼、韩康伯注作疏，撰《周易注疏》，由陆德明音义。《周易注疏》又名《周易正义》，为现行《十三经注疏》之第一种。

周易参同契古注集成

[后蜀]彭晓等撰

1990 年 6 月 1 版 1 次

精装 7.10 元

32 开 220 页

东汉魏伯阳的《周易参同契》，以《周易》原理讲解炼丹秘法，是中国历史上第一部，也是最重要的一部丹鼎派道教经典。丹有内外之分，外丹指炼药成丹，服之可长生不死；而内丹则是现在流行的气功。《参同契》重

点阐述内丹的修炼过程，其中又涉及古代宗教、哲学、科技、医药等，历来被尊为"万古丹经王"。今特精选古代最著名的《参同契》研究著作 6 种并成一册，以文渊阁《四库全书》作底本，影印出版。

周易集解

[唐]李鼎祚撰

1989 年 11 月 1 版 1 次

1991 年 4 月 1 版 3 次

3.60 元

32 开 151 页

《周易集解》采集子夏、孟喜、京房及伏曼容、孔颖达等 35 家之说，加以训解。主要价值在于保存了汉儒释《易》的材料，如已亡佚的虞翻《易注》等，是考辑唐代以前易说的重要参考书。

周易全解（修订本）

金景芳 吕绍纲著 吕绍纲修订

2005 年 1 月 1 版 1 次

2016 年 3 月 1 版 13 次

38.00 元

大 32 开 630 页

《周易》一书深奥难读，本书用以传解经的原则和发挥义理的方法，同时注意以现代观念沟通《周易》的内在精神，对《周易》进行了详细的解释，深入浅出，通体明白如话，使普通读者也能明白《周易》之堂奥。本书初版畅销，此次根据近年《周易》新出土文献及最新的研究成果进行修订。

南宋初刻本周易注疏

[魏]王弼 [晋]韩康伯注 [唐]孔颖达疏

郭彧汇校

2014 年 7 月 1 版 1 次

精装 256.00 元

16 开 816 页

此次出版影印日本所藏版本，并把其与国内现藏八个版本《周易》注与疏校勘所得的校勘记作为眉批，供读者参考。这是目前为止最完善的《周易注疏》版本。

楚竹书与汉帛书《周易》校注

丁四新撰

2011 年 4 月 1 版 1 次

精装 58.00 元

大 32 开　576 页

　　本书率先对楚竹书《周易》进行校注。凡校楚竹书《周易》，即用帛本、阜本、汉石经、王弼本、陆德明《释文》、《易传》类帛书对勘，辅以《说文》引经、阮元《校勘记》、黄焯《经典释文汇校》、李鼎祚《周易集解》等。校勘帛本《周易》，亦复如此。

尚书考异　尚书谱

（岳麓书院国学文库）

[明]梅鷟撰　姜广辉点校

2014 年 12 月 1 版 1 次

66.00 元

32 开　580 页

　　本书取历代史志、书录中记载及二十五篇之文，一一考辨其出处，挖掘其作伪的痕迹。虽略涉武断，不仅指东晋二十五篇为伪书，连西汉十六篇也一并斥为伪造，然两汉三国西晋学者注《论》《孟》《左》《国》时不见古文之考证，亦颇有发现。

论语读训

程石泉著

2005 年 3 月 1 版 1 次

2006 年 9 月 1 版 2 次

36.00 元

大 32 开　440 页

　　本书系统地对儒家的经典著作《论语》进行了梳理，不仅从文字、章句、训诂、人物、事典、意义等多方面对原文加以解释，而且从金石文字着手，勘正其原文错简，并以《诗》、《书》、《春秋》三传等几十种古文献所言之春秋战国时之情势、人物、典章、制度，与《论语》中所论及者稽考互证。附录《大学改错及新诠》、《中庸改错及新诠》。本书并曾以台湾师范大学教材行世。

白话四书

金良年译解

1994 年 12 月 1 版 1 次

12.00 元

大 32 开　188 页

　　"四书"包括《大学》、《中庸》、《论语》、《孟子》，朱熹编集，为儒家道统的入门书，元、明、清三代把它定为科举取士的必读标准书。本书分译文、名句、段意三部分。

二十二子

1986 年 6 月 1 版 1 次

2016 年 3 月 1 版 11 次

精装 178.00 元

16 开　1416 页

　　先秦两汉魏晋诸子书，是我国学术的一个重要源头。清光绪初，由浙江书局辑刊的《二十二子》，吸收了历代学者考订、注释诸子书的主要成果，选目精要，刻印精善，向为学界所重视，现缩印成 16 开精装一册。

老子注释

复旦大学哲学系注

1977 年 4 月 1 版 1 次

0.25 元

32 开　110 页

　　《老子》又名《道德经》，不仅是道家和道教的经典，也是中国文化的最重要元典之一。本书对《老子》全文作了注释。

老子新译（修订本）

任继愈译著

1978 年 3 月 1 版 1 次

1988 年 2 月 2 版 4 次

1.50 元

32 开　152 页

　　本书是我国古代哲学名著《老子》的全文今译（附有原文对照）。书前冠有"绪论"一篇，介绍学术界对《老子》研究的各种论点，以及作者对老子哲学思想的系统看法。每章前有简短说明，以阐发原著旨意；书后附索引及马王堆汉墓帛书《老子》（释文）甲、乙两本的全文。

老子想尔注校证

饶宗颐著

1991 年 12 月 1 版 1 次

平装 4.80 元　精装 6.70 元

大 32 开　192 页

　　《老子想尔注》残卷出自敦煌，是以前未曾得见的《老子》注本。本书对《想尔注》作了校理、笺识，并以世传《老子》诸本及其他道教典籍与之比较研究，使残卷文字顺贯可读，于道家有关教义亦多所阐述发明。附有《想尔注》原卷全部照片。

老子章句解读

陈永栽 黄炳辉著

2001 年 12 月 1 版 1 次

平装 33.00 元　精装 38.00 元

大 32 开　400 页

《老子》虽只有 5000 字，但文约指远，思想深邃。本书对老子思想的研究，颇有别开生面之处。训诂中还引用了闽南话中存在的古汉语资料。

庄子发微

钟泰著　骆驼标点

1988 年 12 月 1 版 1 次

新版 2002 年 4 月 1 版 1 次

新版 2016 年 5 月 1 版 5 次

精装 78.00 元

大 32 开　820 页

本书对《庄子》全书重加断句，训注词句，考订各篇真伪，不仅对前人注释失误处予以辨正，且比较儒、道、释三家之学与庄子之学的同异，分析透彻，不乏创见。

今译新编孙子兵法

郭化若编译

1962 年 11 月 1 版 1 次

0.40 元

32 开　139 页

《孙子》十三篇是中国古代最早最伟大的兵书。为了便于阅读，作者不仅把古文翻译成白话文，而且根据其思想内容将各篇作了重新编排，因而和《孙子》原书不同。书末附有校本原文。

孙子今译

[春秋]孙武撰　郭化若译

线装 1962 年 11 月 1 版 1 次

平装 0.38 元　1977 年 6 月 1 版 1 次

新版 0.38 元　1978 年 5 月 1 版 1 次

32 开　80 页

郭化若对《孙子兵法》素有研究。他的"今译"曾在 1962 年出版，后来作了全面的、重要的修改。本书除译文外，还作注释。

宋本十一家注孙子

[春秋]孙武撰　[三国]曹操等注

1961 年 8 月 1 版 1 次

2011 年 6 月 1 版 2 次

线装 328.00 元

6 开　392 页

本书内容包括《十一家注孙子》、《孙子本传》、郭化若《孙子今译》、银雀山汉墓竹简《孙子兵法》释文等。其中《十一家注孙子》、《孙子本传》根据上海图书馆所藏宋刻本影印。

十一家注孙子（附今译）

[春秋]孙武撰　[三国]曹操等注　郭化若译

1962 年 4 月 1 版 1 次

新版 1978 年 4 月 1 版 1 次

2.05 元

大 32 开　282 页

上海图书馆所藏南宋刻本《十一家注孙子》三卷，辑录三国曹操等 11 位注家的注释。今整理标点出版，并附郭化若的今译。

尉缭子注释

八六九五五部队理论组

上海师院古籍整理研究室注

1978 年 8 月 1 版 1 次

0.43 元

32 开　84 页

《尉缭子》是一部古代兵书，宋时把它和《孙子》、《吴子》、《司马法》、《李卫公问对》、《三略》、《六韬》定为"武经七书"，称"兵经"之一。它所阐发的战略战术思想在我国古代军事学术史上具有一定价值。

韩非子集释（全二册）

陈奇猷校注

1958 年 9 月 1 版 1 次

增订本 1962 年 1 月 1 版 1 次

5.00 元

32 开　1272 页

《韩非子》是我国先秦时期集法家学说之大成的代表作，在中国哲学和古代散文发展史上，都具有十分重要的地位。本书校注者潜心研究《韩非子》，博取众长，成此《集释》。

韩非子集释补

陈奇猷校注

1961 年 12 月 1 版 1 次

0.24 元

大 32 开　47 页

作者在《韩非子集释》出版后，复得 130 则，汇成此书。书后附有《韩非子集释》第一、第二次印本勘误表。

韩非子选

王焕镳选注

1965 年 9 月 1 版 1 次

1.00 元

大 32 开　294 页

《韩非子》为战国法家代表人物韩非的著作集，不仅是研究韩非法治、哲学、伦理、社会思想的重要资料，而且还反映了战国时期政治、经济、思想文化等各方面。全书 55 篇，作者选出 30 篇，每篇都有"解题"和"注释"。此选本主要以浙江书局翻刻宋明道本为蓝本，同时吸收了诸家校勘成果。

韩非子选译

沈玉成　郭咏志选译

1991 年 8 月 1 版 1 次

1992 年 12 月 1 版 2 次

3.10 元

32 开　190 页

本书选取了《韩非子》中最重要的篇章进行白话翻译。每篇都有总括全篇大旨的说明文字，并附有简单的注释。

墨子选译

谭家健　郑君华选译

1990 年 6 月 1 版 1 次

1992 年 6 月 1 版 2 次

2.55 元

大 32 开　96 页

《墨子》是先秦墨家学派著作的结集。墨家从一开始就是作为儒家的对立面出现的；他们的学说显露出强烈的平民色彩。本书选取《墨子》书中较有代表性的篇章，译为现代汉语，并加简注。

傅山《荀子》《淮南子》评注手稿二种

［明］傅山评注　吴连城释文

1990 年 10 月 1 版 1 次

7.00 元

大 32 开　212 页

傅山是明末著名诗人、书画家及医学家，著述很多。《荀子评注》、《淮南子评注》为其读诸子札记，除音义训释外，更评论了《荀子》、《淮南子》的思想，辩驳了扬雄及高诱的旧注，学术价值很高。傅山书法造诣极高，不但擅篆书，行草也见功力。此两种评注手稿，虽率意而作，亦见其书法之造诣。

淮南子

［西汉］刘安撰　许慎注

2004 年 4 月 1 版 1 次

2010 年 2 月 1 版 2 次

线装一函四册 880.00 元

6 开　674 页

本书是西汉淮南王刘安主持编纂的一部哲学著作，内容丰富，包罗万象。主编者站在道家的立场，荟萃诸子，旁搜异闻，学术思想的来源庞杂而多元，是一部研究秦汉以前思想学术文化的重要文献。

盐铁论校注

［汉］桓宽著　王利器校注

1958 年 4 月 1 版 1 次

1.30 元

大 32 开　400 页

《盐铁论》系西汉桓宽根据汉昭帝召集的两次盐铁会议的记录整理而成。主要记述了对盐铁官营、均输、平准、酒权等政策的赞同或反对意见。该书是研究西汉政治、经济制度和社会现状及公羊学派思想的重要材料。本校注用清张敦仁覆刻涂本为底本。

论衡选

［汉］王充著　蒋祖怡选注

1958 年 9 月 1 版 1 次

0.55 元

32 开　200 页

王充是中国古代一位重要的哲学家，《论衡》是他的一部哲学、科学和文学批评的著作，也是研究王充思想的唯一重要而可靠的资料。本选本从全书 85 篇中选录

12篇,以通津草堂本为底本。

潜夫论

[汉]王符撰　[清]汪继培笺
1978年4月1版1次
2.05元
大32开　288页

　　王符,东汉思想家,他的自然观有朴素的唯物主义倾向,他认为"气"是世界万物的本原;其政论文章大多讥评当时封建统治者的虚伪、贪暴。本书共收王符论文36篇,以《湖海楼丛书》汪继培笺注本为底本,标点出版。

新论

[东汉]桓谭著
1977年6月1版1次
0.18元
32开　71页

　　《新论》全书已佚,清严可均辑本较好。现存部分主要表达了桓谭反谶纬迷信的思想,同时也保存一些其政治思想方面的史料。本书据此为底本,校勘出版。

纬书集成(全二册)

本社编
1994年6月1版1次
精装77.00元
大32开　2400页

　　纬书既是禁书,又遭焚毁,只存佚书。内容庞杂,记录了天文、历法、医学和地理知识,保存了很多神话传说,总括了我国的神秘思想,附会人事吉凶祸福,预言治乱兴废,多有怪诞无稽之谈。本书汇集《说郛》、《四库全书》等书中有关纬书,并收稿本《七纬拾遗》、《纬书》。附录《纬书佚文辑录》、《易纬略义》、《诗纬集证》、《札迻》、《经义考》及台湾陈槃博士的研究成果等。

刘子集校

[梁]刘勰撰　林其锬　陈凤金集校
1985年9月1版1次
2.85元
大32开　224页

　　《刘子》一书,内容涉及哲学、政治、经济、军事、文艺等各个领域,反映了南朝时期知识分子的思想。本书集中了包括敦煌写本在内的30余种本子,吸取前人校勘

成果,反映一批珍贵版本的面貌。

颜氏家训集解

[北齐]颜之推撰　王利器集解
1980年7月1版1次
1986年10月1版3次
3.80元
大32开　324页

　　这是南北朝时期颜之推为教育其子弟而编著的一部家庭教科书,内容涉及封建伦理道德、文学、历史、文字音韵训诂等各方面。本书以清代卢文弨整理的抱经堂本为底本,广辑各家注释,以各种版本、类书等作了校勘。书末附有颜之推本传、各种版本的序跋,颜之推文集的佚文。

邵雍全集(全五册)

[宋]邵雍著　郭彧　于天宝点校
精装2015年7月1版1次
平装2016年3月1版1次
平装298.00元　2016年3月1版1次
精装380.00元　2016年3月1版2次
32开　2672页

　　《邵雍全集》不仅包括邵雍的各种重要著作如《皇极经世》,还汇集如《无名公传》、《太玄准易图》及序、《正玄论》、《劝学说》等多种散佚在他著中而未被收入各种邵雍集子的著作,还将历代研究、议论邵雍的重要著述,列入附录之中,是目前资料搜集罗较完备的邵雍著作集。

人生四书

[宋]朱熹撰　金良年今译
2016年6月1版1次
精装78.00元
32开　620页

　　宋代以朱熹的《四书章句集注》(《大学章句》、《中庸章句》、《论语集注》、《孟子集注》)最为著名。宋以后,《四书章句集注》被列为钦定的教科书,《四书章句集注》则将著名学者金良年先生对"四书"原文所作的翻译,用蓝色字体附在一旁,以帮助读者理解。

《朱子语类》汇校

[宋]黄士毅编　徐时仪　杨艳汇校

精装 2014 年 12 月 1 版 1 次
平装 2016 年 4 月 1 版 1 次
平装十册 498.00 元　2016 年 4 月 1 版 1 次
精装七册 598.00 元　2016 年 3 月 1 版 2 次
32 开　5268 页

　　日本九州大学图书馆藏古写徽州本《朱子语类》，共九函，42 册，140 卷，保留了许多通行本《朱子语类》所没有的内容。徽州本上承《池录》，下启黎编，在语录到语类的形成过程中处于关键的地位。此次整理，以徽州本为底本，汇校成化本诸本，将成化本无而底本有、底本无而成化本有，以及二本皆有而顺序不同者一一校出，供学界研究参考。

朱子语录（全二册）

[宋]李道传编　徐时仪　潘牧天整理
2016 年 1 月 1 版 1 次
2016 年 7 月 1 版 2 次
精装 198.00 元
32 开　1192 页

　　朱熹弟子多有记录师说笔记者，晦庵生前已互相传阅，朱子亦有手定。朱熹殁后，门人弟子和私淑后学搜集传写，于是朱子讲学笔记逐渐流传。嘉定八年，李道传持节池阳，将其所收集的廖明德、辅广等多家笔记委托朱子及门弟子整理刊误，编为《朱子语录》四十三卷，简称"池录"。

东西均

[明]方以智著　侯外庐　李学勤校注
1962 年 11 月 1 版 1 次
0.80 元
大 32 开　188 页

　　方以智是明清之际的思想家，其未刊稿《东西均》，是一部集中的有体系的哲学著作。现据安徽省博物馆所藏抄本注释。

王阳明全集（繁体版）（全三册）

[明]王守仁撰　吴光　钱明　董平　姚延福编校
1992 年 12 月 1 版 1 次
新版精装 2011 年 9 月 1 版 1 次
新版平装 2014 年 1 月 1 版 1 次
平装 176.00 元　2016 年 3 月 1 版 2 次
精装 198.00 元　2016 年 5 月 1 版 10 次
大 32 开　1884 页

　　本书以浙江图书馆藏明隆庆六年谢廷杰刻王文成

公全书三十八卷本为底本标点，以《四库全书》文渊阁本、《四部备要》本、"国学基本丛书"本、中华图书馆铅印本及中国台湾地区、日本出版的《王阳明全集》本为参校本。修订版订正了原书一些疏误和标点、排印错误，同时放大字号，版面更疏朗。

王阳明全集（简体版）（全三册）

[明]王守仁撰　吴光　钱明　董平　姚延福编校
精装 2012 年 12 月 1 版 1 次
平装 2015 年 6 月 1 版 1 次
平装 168.00 元　2015 年 6 月 1 版 1 次
精装 178.00 元　2015 年 4 月 1 版 5 次
32 开　1452 页

　　本书自 1992 年版升级修订版推出后，深受欢迎。今为适应现代普通读者的阅读习惯，决定推出简体横排版。《全集》主编吴光先生撰写 2 万多字导言，详细介绍王阳明的生平事迹，系统阐述阳明学的理论结构、根本精神及其当代意义。

王阳明佚文辑考编年（增订版）

束景南撰
2012 年 12 月 1 版 1 次
增订版 2015 年 5 月 1 版 1 次
精装 138.00 元
32 开　1236 页

　　本书共收录阳明佚文佚诗六百余篇，散失语录两百余，并对佚文佚诗辨其真伪，订其文字，定其著年。原书出版后获 2012 年度全国优秀古籍图书二等奖，日本金泽大学李庆教授誉之为"王阳明研究的坚固基石"。增订版收录作者新辑得的阳明佚诗佚文 70 余篇及语录若干，并对原书误辑失考之处及文字疏漏之处予以修订。

传习录注疏

[明]王阳明撰　邓艾民注
繁体版 2012 年 12 月 1 版 1 次
繁体版 2016 年 1 月 1 版 7 次
36.00 元
32 开　300 页

简体版 2015 年 5 月 1 版 1 次
简体版 2016 年 4 月 1 版 2 次
35.00 元

32 开　304 页

本书将《传习录》与《阳明全书》作了严密的对照比勘,同时将《传习录》上中下三卷打通,对其中互有思想关联的条目作了统一之观察和考辨,这就为从整体上把握阳明思想提供了极大的方便;另一个重要特色在于其视野从阳明学扩展到了阳明后学,即通过对王门各主要弟子的著作及其思想的了解,进而观察王门弟子对《传习录》有何评论或新的阐发,由此向人们"立体"地展示出阳明学的思想展开之进程。

日知录集释外七种(全三册)

[清]顾炎武著　黄汝成集释

1985 年 6 月 1 版 1 次

精装 18.95 元

32 开　1732 页

《日知录》是一部深受学者推崇的读书札记,它包括了顾炎武 30 多年的读书心得,按经义、吏治、史地、兵农、艺术等分类,较全面地反映了顾氏的政治思想和学术水平。黄汝成《日知录集释》集阎若璩、钱大昕等 80 余家对《日知录》的疏说校证,为阅读和研究《日知录》的最精善本子。黄汝成后,又有学者如李遇孙、丁晏、俞樾、黄侃、潘景郑等,都对《日知录》作有整理和研究,现一并影印出版。

陈澧集(全六册)

[清]陈澧著　黄国声主编

2008 年 8 月 1 版 1 次

精装 380.00 元

大 32 开　3952 页

陈澧,字兰甫,生于嘉庆十五年(1810),卒于光绪八年(1882),广东番禺人,世称东塾先生,是清代学术在乾、嘉繁盛后转向衰微的过渡人物。他学问淹通,行为醇挚,身历鸦片战争、太平天国之乱,家计不给,而读书晏如也。《陈澧集》分六册,除《东塾集》、《东塾集外文》、《东塾遗诗》外,还收录其存世的全部著作,如《东塾读书记》、《切韵考》、《说文声表》、《汉书地理志水道图说》、《水经注西南诸水考》、《声律通考》等等。附《东塾先生年谱简编》。

经义考新校(全十册)

[清]朱彝尊撰

林庆彰　蒋秋华　杨晋龙　冯晓庭主编

2010 年 12 月 1 版 1 次

精装 880.00 元

32 开　5940 页

本书以卢见曾刊本为底本,参以文渊阁《四库全书》本、《四部备要》本,详加校勘,并加新式标点。该书的最大亮点是吸收了后人的研究成果,如把翁方纲所作《经义考补正》、罗振玉《经义考校记》和《四库全书总目》中涉及《经义考》之资料,一并附于相关各条目下,以资参证。后附有书名和作者索引。

戴震集

[清]戴震撰　汤志钧校点

1980 年 5 月 1 版 1 次

1.80 元

大 32 开　256 页

戴震是我国清代著名的学者、思想家,具有朴素的唯物主义思想。对经学、历史、地理、天文、数学以及音韵、训诂等均有深刻研究,为有清一代卓越的考据大师。本书搜集了戴震的主要哲学论著,附段玉裁编的《戴东原年谱》。

胡峄阳文集(全五册)

[清]胡峄阳著　青岛峄阳文化传播有限公司编

2011 年 12 月 1 版 1 次

线装 780.00 元

6 开　510 页

本书分为《易象授蒙》《易经征实》《峄阳先生诗选》《柳溪碎语》《竹庐家话》五种。前两种是作者钻研《易经》的心得,后三种是诗歌、语录和家话,形式虽不同,内容大抵是宣扬儒家学说,重视个人修养,鼓励人有所作为。

康有为全集(第一集)

康有为撰　姜义华　吴根梁编校

1987 年 10 月 1 版 1 次

精装 12.30 元

大 32 开　544 页

康有为是我国近代资产阶级改良派领袖,著名哲学家。这套书集康氏著作之大成,为海内外唯一收罗完备的全集。第一集收录了康氏 1881 年至 1891 年间撰写的论著,主要有《新学伪经考》、《广艺舟双楫》等,其中有的系手稿,尚未发表过。这一段时间是康有为思想体系形成的重要时期,这些论著表现了他在危机日重的现实刺激下,如何急切地向西方资产阶级学习,寻求批判旧世界、建设新中华的思想武器。

康有为全集（第二集）

康有为撰　姜义华　吴根梁编校
1990 年 4 月 1 版 1 次
精装 17.90 元
大 32 开　488 页

　　第二集收录康有为的《春秋董氏学》等哲学专著，从未刊行过的他在广东万木草堂讲学的记录稿；还有许多单篇的论文、奏章、书札，其中包括当时影响甚巨的《上清帝第二书》（即《公车上书》）、《上清帝第三书》、《上清帝第四书》等，较全面地记载了康有为在戊戌变法高潮前的政治、学术活动和思想状况。

康有为全集（第三集）

康有为撰　姜义华编校
1992 年 12 月 1 版 1 次
精装 22.50 元
大 32 开　616 页

　　第三集收录了康氏《孔子改制考》和《日本书目志》两部专著。前者是康有为在维新变法时期影响最大的代表作之一，集中体现了作者"托古改制"的政治思想；后者按类罗列日本明治维新后出版的政治、经济、文化各领域的重要书籍目录，反映了作者借鉴西方和日本的经验，在中国推行改良的主张。

仁学

谭嗣同著
1958 年 12 月 1 版 1 次
0.28 元
32 开　85 页

　　谭嗣同，19 世纪末维新运动的政治家、思想家。《仁学》写成于 1986 年，即戊戌政变前二年，是表达其政治、社会观点与哲学思想的代表作，也是维新运动的一篇激烈"宣言"。据 1911 年国民报社出洋学生编辑所署名本标点重印。

黄式三黄以周合集（全十五册）

[清]黄式三　黄以周著　詹亚园　张涅主编
2014 年 11 月 1 版 1 次
精装 1680.00 元
32 开　9568 页

　　此合集收录晚清经学大师黄式三黄以周父子的全部著作，包括黄式三的《易释》、《论语后案》、《音均部略》、《周季编略》、《儆居集》（五集）等 13 种；黄以周的

《十翼后录》、《礼书通故》、《续资治通鉴长编拾补》、《经训比义》及《儆季杂著》（五集）等 21 种。

黄式三全集（全五册）

[清]黄式三撰　詹亚园　程继红等点校
2014 年 11 月 1 版 1 次
精装 518.00 元
32 开　1448 页

　　黄式三为晚清经学大师、浙东学派的殿军人物，《清史稿》、《清儒学案》、《清代七百名人传》等皆有传。其学术成就以经学为主，兼治史学与诸子学，对礼学尤有系统的精深研究。《黄式三全集》收录黄式三的全部著作，包括《论语后案》、《诗丛说》、《诗序通说》、《春秋释》、《儆居集经说》、《史说》、《书启蒙》及《黄氏塾课》等共 110 卷。收罗完备，校点精审，展现了黄式三在诸多领域的造诣与贡献，系国内首次整理出版。

黄以周全集（全十册）

[清]黄以周著　詹亚园　韩伟表主编
2014 年 11 月 1 版 1 次
精装 1180.00 元
32 开　6692 页

　　黄以周乃晚清经学大师，全集既包括《十翼后录》、《礼书通故》这样的易学和礼学巨著，也有《续资治通鉴长编拾补》及《军礼司马法考徵》、《子思子辑解》这样的史学和子学撰著，展现了黄氏在诸多领域的造诣与贡献。此次《黄以周全集》共收现存黄以周著作 21 种，系国内首次全面整理出版。

廖平全集（全十六册）

舒大刚　杨世文主编
2015 年 5 月 1 版 1 次
精装 1980.00 元
32 开　9675 页

巴蜀丛书本 2014 年 12 月 1 版 1 次
精装 3980.00 元
32 开　9696 页

　　晚清民初的廖平是中国近代最著名的经学大师。他的著作曾影响康有为、梁启超等人，他的思想曾是戊戌变法的理论基础。《廖平全集》广搜博采廖平已刻、未刻各类著述，并将散落各种杂志的单篇文章，收编为文集，且附录各类研究资料，力图为学界提供资料完备、校

勘精良的廖平研究文献。

金景芳全集（全十册）

金景芳著　吕文郁　舒大刚主编
2015 年 8 月 1 版 1 次
精装 980.00 元
32 开　5420 页

《金景芳全集》以类为经，以时为纬，收录金景芳著作 12 部（《易通》《周易讲座》《周易全解》《周易系辞传新编详解》《尚书虞夏书新解》《中国奴隶社会的几个问题》《论井田制度》《中国奴隶社会史》《孔子新传》《经学概论》《先秦思想史》《先秦思想史专题讲授提纲》）、论文 100 余篇及未刊稿，末附金景芳传略、学谱、学人回忆、书评文字及相关资料，其毕生的学术成果悉数汇集。

中国古代唯物论无神论名篇解读

本书编写组编
1999 年 10 月 1 版 1 次
8.60 元
大 32 开　184 页

在中国历史上，唯心论和迷信思想都曾以不同的面目出现，从春秋时代开始，进步的思想家们就对这种虚妄的学说和观念从理论的高度进行了批驳，体现了坚持唯物论和无神论的一贯传统。本书中的 42 篇原文，系从春秋战国时期至清代的进步思想家的经典著作中精选出来，作了精心的注释、解读。

国粹菁华（全二册）

韦榘编著　韦兆鹄整理
2011 年 9 月 1 版 1 次
98.00 元
大 32 开　988 页

作者综四库之宝藏，精选历代名著，分类纂辑，汇成此书。全书为经史子集艺五大部分。凡章节之末，附以注解，注解之后，赘以导言，释其文辞，阐其精义。

（二）宗 教 典 籍

佛学名著丛刊

注维摩诘所说经

[晋]僧肇注

1990 年 10 月 1 版 1 次
1994 年 11 月 1 版 4 次.
13.50 元
16 开　104 页

据说维摩诘病了，释迦牟尼派"辩才第一"的文殊菩萨去探望，文殊一到就被维摩诘难住了。维摩诘神通变幻，在斗室里搬来大千世界，广设宝座，演说到精彩时，天上震雷，天女散花。他们平易有趣的问答，表达了高深的道理。后来这部经成了中国佛教的基本经典，被玄学家称为同易、老、庄并列的四书之一。现据民国精刻本影印。

中阿含经

[东晋]僧伽提婆有译
1995 年 3 月 1 版 1 次
28.70 元
16 开　186 页

本书为原始佛教基本经典"四阿含"中的一部。全书收录经典 222 种，主要记叙佛陀对弟子、异学、王者、居士的说法，包括各种修行方式及因果报应、十二因缘等佛教基本理论的论述。佛陀"随机说法"，所用寓言、譬喻和故事给人以很大的启迪。

长阿含经

[后秦]佛陀耶舍　竺法念译
1995 年 3 月 1 版 1 次
14.40 元
16 开　73 页

本书为原始佛教基本经典"四阿含"中的一部，因全书主要记叙诸佛及弟子在过去世的事缘；佛法纲要及修行等事；佛对外道异学的论难；六道众生所居世界的起源、情状和成败劫数等。本书在佛教经典中影响较大，故事性较强。

杂阿含经

[南朝宋]求那跋陀罗译
1995 年 3 月 1 版 1 次
26.90 元
16 开　172 页

本书为原始佛教基本经典"四阿含"中的一部。全书主要叙述"五蕴"、"缘起"等佛学基本原理，记述佛陀对比丘、比丘尼、优婆塞（善男）、优婆夷（信女）、天子、天女等的教说，故事性强，受佛学研究者重视。

增壹阿含经

[前秦]昙摩难提译

1995 年 3 月 1 版 1 次

21.90 元

16 开　133 页

　　本书为原始佛教基本经典"四阿含"中的一部。全书叙述释迦牟尼及其弟子们的事迹，出家僧尼的戒律和对俗人修行的规定，小乘佛教的诸项教义，并收有种种因缘故事。

摩诃般若波罗蜜经

[后秦]鸠摩罗什译

1994 年 5 月 1 版 1 次

1995 年 5 月 1 版 2 次

31.80 元

16 开　173 页

　　佛教有大乘、小乘之分。小乘的修行以自我解脱为目标，而大乘佛教则以自利利他并重，宣扬普度众生。《摩诃般若波罗蜜经》为学习大乘佛教的基本典籍，以"性空幻有"的般若学说为中心，全面反映了大乘佛教的理论特色。所述般若思想奠定了大乘佛教的理论基础，被称为诸佛之智母、菩萨之慧父，被尊为群经之首。

大智度论

[印度]龙树造　　[后秦]鸠摩罗什著

1991 年 12 月 1 版 1 次

1995 年 2 月 1 版 3 次

精装 45.00 元

16 开　330 页

　　佛教大藏经中最大的一部就是 600 卷的《大般若经》；而解释这部大经最权威的论著，就是这 100 卷的《大智度论》，实际上是一部从小乘到大乘佛教的百科词典，对于"十八空"、"三假"、"十二因缘"等等众多术语都有详尽的说明。现据宋碛砂藏本增编目录后影印。

大般涅槃经

　[北凉]昙无谶译

1991 年 10 月 1 版 1 次

1995 年 11 月 1 版 4 次

14.50 元

16 开　113 页

　　中国佛教五大部经典之一。最早传入中国的节译本已有"一切众生皆有佛性"的思想，民间有"生公说法顽石点头"的传说。经中"佛性"说，道生、慧观生发的"顿"、"渐"说，对后来佛教史和思想史的发展有着重大影响。

大方等大集经

[北凉]昙无谶译

1997 年 11 月 1 版 1 次

33.60 元

16 开　203 页

　　《大方等大集经》为大乘五大部中大集部经典的总集，是全面了解大乘佛教的必读经典之一。此经广说大乘法义，大量介绍成佛得道的实践修持方法，并以般若性空思想相贯穿，在大乘佛教经典中堪称别具特色。经中还辑录了大量密部咒语，有浓厚的密教色彩。另外，该经保存了大量古印度医学、天文、历法方面的知识。现据清末刻本影印。

弥勒四经集刊

[南朝宋]沮渠　京声等译

1995 年 3 月 1 版 1 次

12.70 元

16 开　62 页

　　弥勒信仰从南北朝开始逐渐盛行，曾在民间广为流传。袒腹大肚，笑口常开的弥勒塑像，据说是弥勒菩萨的化身。本书收入有关弥勒菩萨的四部主要经典：《弥勒上生经》、《弥勒下生经》、《佛说弥勒成佛经》、《弥勒菩萨所问本愿经》。现据清末刻本影印。

楞伽经集注

[南朝宋]求那跋陀罗译　　[宋]释正受集注

1993 年 11 月 1 版 1 次

1995 年 2 月 1 版 2 次

12.00 元

16 开　62 页

　　《楞伽经》是代表印度后期大乘佛教思想之经典，宣说世界万有皆由心造，人类认识作用之对象不在外界而在内心。对于禅宗的形成影响极大。宋代云门宗禅师正受，注解时参照了另外两个译本，并选择唐宋名师们较中肯的注语，列在经文之下，附以己见。

弘明集　广弘明集

[梁]僧祐撰　　[唐]道宣撰

1991 年 5 月 1 版 1 次

1994 年 5 月 1 版 2 次

12.95 元

16 开　190 页

　　本书是研究中国佛教史和文化史的两部最基本的经典著作。《弘明集》反映了佛教传入中国后在思想界引起的一些大辩论的情况,将争论双方的文章都汇编在一起。《广弘明集》详尽地记载了佛教在中世纪的兴废、最终成为中国传统文化重要部分的历史。现据影印宋碛砂藏本缩印。

高僧传合集

[梁]慧皎等撰

1992 年 12 月 1 版 1 次

1995 年 2 月 1 版 2 次

72.00 元

16 开　600 页

　　记载高僧事迹行状、反映社会状况的《高僧传》之类作品代有编纂,本书所收八种,除通行的梁慧皎、唐道宣、宋赞宁、明如惺"四集"外;增收明明河《补续高僧传》、民国喻谦《新续高僧传》,以及梁宝唱《比丘尼传》和民国震华《续比丘尼传》。后附索引。为最完整、最实用的僧传资料总集。

经律异相

[南朝梁]僧旻 宝唱等撰集

1988 年 12 月 1 版 1 次

1995 年 3 月 1 版 3 次

18.00 元

16 开　148 页

　　本书是印度佛经故事和民间传说的大总汇,是中国现存最早的类书。全书共 50 卷,收故事传说 670 则,对志怪小说和通俗文学的发展很有影响。因为用白话讲述,明白流畅,常常使人在轻松阅读中受到启示。

中论　百论　十二门论

[隋]吉藏疏

1994 年 5 月 1 版 1 次

71.20 元

16 开　354 页

　　印度大乘佛教主要分为中观、瑜伽两大系。中观系也称空宗(又称中观学派),专讲性空幻有,为佛教最具特色的哲学理论之一。《中论》、《百论》、《十二门论》合称《三论》,是印度大乘空宗的三本重要典籍。现存最重要的注疏是隋唐之际三论宗集大成者吉藏的《三论疏》。此疏中国久佚,清末由日本取回。本书《三论》据清末刻本影印,《三论疏》则据《大藏经》本影印。

无量寿经　观无量寿佛经　阿弥陀经

[隋]吉藏 慧远 智顗等撰

1990 年 10 月 1 版 1 次

1995 年 11 月 1 版 3 次

19.70 元

16 开　180 页

　　净土宗是中国佛教中流布最广的宗派,而《无量寿经》、《观无量寿经》和《阿弥陀经》则是反映净土思想的最为著名的"三经",这三部经典的思想内容早已深入到哲学、文学、美术等各个领域。本书为净土宗实际形成前的三个较有代表性而久佚于中土的注解本。

妙法莲华经

[隋]智顗疏　[唐]湛然记

1990 年 10 月 1 版 1 次

1995 年 2 月 1 版 3 次

20.00 元

16 开　240 页

　　《妙法莲华经》在中国曾经是一部流传最广、影响最大的佛经。其作用远远超出了宗教范围,而渗透到文学、艺术和社会生活的各个领域。宋朝道威法师把关于本经的最权威的解释简要地附收在每句经文后面,使人由此顿悟到一切佛法的最根本的道理。

成唯识论　成唯识论述记

[唐]玄奘 窥基译著

1995 年 12 月 1 版 1 次

41.70 元

16 开　254 页

　　《成唯识论》是佛教法相宗所依据的重要论著之一。书中旁征博引,运用因明(佛教逻辑学)方法,内容厚实,论说极其严密,堪称唯识学著作之典范。

　　《成唯识论述记》是诠释《成唯识论》的著作。窥基17 岁随玄奘大师出家,协助玄奘翻译《成唯识论》,亲得师承,故其书详叙论文奥旨,被视为法相宗的代表作,甚至比本论更有影响。

地藏三经集刊

[唐]实叉难陀等译
1995 年 2 月 1 版 1 次
20.30 元
16 开　100 页

地藏为"中国四大菩萨"之一。地藏信仰隋唐以后盛行于我国民间。相传安徽九华山为地藏显化的道场。旧时民间常把地藏菩萨奉为地狱的最高主宰。《地藏菩萨本愿经》、《大乘大集地藏十轮经》、《占察善恶业报经》是地藏经中最重要的三部,今据民国间刊本影印。书内还附有《赞礼地藏菩萨忏愿仪》、《地藏菩萨陀罗尼》等。

华严经

[唐]实叉难陀译
1991 年 10 月 1 版 1 次
1995 年 2 月 1 版 3 次
25.00 元
16 开　290 页

《华严经》曾被不少学者列为中国文化史的最基本必读书之一,其中心内容是以法性本净观念,阐明世界任何存在都有着同一的关系,一即一切,一切即一。由于本经卷帙浩繁,蕴意深厚,向被称为"佛经之王",在天台、华严宗的教判中,归于佛所说教义中居最高阶次的"圆教"、"终教"。本次影印以宋碛砂藏本为底本。

圆觉经

[唐]宗密略疏
1991 年 10 月 1 版 1 次
1995 年 2 月 1 版 3 次
15.00 元
16 开　125 页

《圆觉经》是中国流行甚广的一部佛经,是佛应文殊贤等十二位菩萨请问因地修证之法门,而说的大圆觉妙理,被誉为"一切经之宗"。此经最权威的解释,是唐代"华严五祖"宗密所撰《略疏》、《大疏》、《疏钞》等七种疏记;而各种疏中又以《略疏》最为盛行。今即以明嘉兴藏本影印。

法苑珠林

[唐]道世撰

1991 年 12 月 1 版 1 次
1995 年 2 月 1 版 2 次
51.40 元
16 开　360 页

本书为现存最大规模的佛教类书,其中包括几十种儒家谶纬及道家经典,以及杂史稗史、时人口述等,全面地记载了佛教人物传说、典章名物、报应因缘、神异感通、民间信仰以及三教合一等情况,一向备受推崇。此次据影印宋碛砂藏 100 卷本缩印为一册。

古尊宿语录

[宋]赜藏主编
1991 年 12 月 1 版 1 次
1995 年 2 月 1 版 2 次
46.00 元
16 开　320 页

本书汇集六祖慧能而下三十六家著名禅师的语录,是中国佛教禅宗的重要典籍。书中采用大量的白话、方言、偈语、诗歌、俚谚等形式,与通俗文学以及宋元以来盛行的平话、词话、宝卷、弹词等关系深切。本书常蕴含哲理,发人省悟,且多为其他禅宗书籍所未备。

祖堂集

[南唐]静　筠二禅师编著
1994 年 3 月 1 版 1 次
31.50 元
16 开　200 页

禅宗以"灯"譬佛法,将佛法在师徒间的传递比作"传灯",而记载禅宗历代祖师传承世系以及事迹、语录的著作,便被称作传灯录或灯录。《祖堂集》编于五代南唐保大十年(952),实为现存禅宗最古的灯录。该书收录古代七佛、三十三祖,迄唐末五代 250 余位禅师的事迹和机缘语句。现据高丽覆刻本影印。

楞严经

[元]惟则会解
1991 年 12 月 1 版 1 次
1995 年 2 月 1 版 3 次
平装 12.50 元　精装 24.80 元
16 开　114 页

《楞严经》,佛教秘密部经典。自宋以后,盛行于禅、教各门之间。此经内容,是说"多闻第一"的阿难,经不住淫女诱惑,被用幻术摄入席间,戒体将毁。如来派文殊师利以神咒护佑,阿难泣悔,而请如来宣说一经妙义。元惟则将各名家之注集于一帙,颇便省读。本经的文学性素为学人所重。

金刚经集注

[明]朱棣集注
1984 年 5 月 1 版 1 次
1995 年 2 月 1 版 7 次
12.80 元
16 开　152 页

《金刚经》是中国佛教的主要经典之一,因其义理深致,行文简约,流传甚广。明代永乐帝朱棣的这一集注本收集旧注 70 余家,从各个方面解释阐发了禅宗等佛教派别的思想。本书所据为明初永乐内府刻本。

释迦如来应化事迹

[清]永珊编
1995 年 2 月 1 版 1 次
37.90 元
16 开　237 页

本书从佛教典籍中撷取了有关释迦牟尼佛的动人传说,每则配以精美插图一幅,共 207 幅,形象地展现了他从诞生、出家、修行、成道、说法传教直至涅槃的整个过程。据清嘉庆间康熙帝曾孙永珊刊本影印。

般若心经译注集成

方广锠编纂
1994 年 9 月 1 版 1 次
平装 26.50 元　精装 38.90 元
16 开　150 页

"色即是空,空即是色",这是《般若心经》中的一句名言。《般若心经》是佛教空宗最重要的经典。经文总约 260 余字,却统摄了 600 卷《大般若经》的基本内容。本书汇编现存的译本 18 种和从古到今的注本 18 种,采用了传世藏经本和敦煌写本等,是目前《心经》最完整的结集。

观世音菩萨经咒集刊

郑喜明编
1995 年 2 月 1 版 1 次
12.90 元
16 开　64 页

有关观音菩萨的许多动人传说,也在民间广为流传,成为古典小说、戏曲的重要题材。讲述观音的经典散见于各经卷中,民国初年,郑喜明女士收罗观音经咒 10 种,编为《观世音菩萨经咒集刊》。本社据民国间刊本影印。

禅宗语录辑要

本社编
1992 年 9 月 1 版 1 次
1995 年 2 月 1 版 2 次
精装 60.00 元
16 开　457 页

禅宗是中国佛教宗派之一,影响深广。本书搜集各派最富代表性的对话体语录 22 种。从中既能一探佛教哲理的奥旨,领略禅宗机警、峻拔的语言魅力,亦可扩展和加深对于中国传统文化的认识。

佛学名著选刊

高僧传合集(全二册)

[南朝梁]慧皎等撰
2011 年 12 月 1 版 1 次
188.00 元
16 开　1160 页

本书收入较流行的南朝梁代释慧皎《高僧传》、唐代释道宣《续高僧传》、宋代释赞宁《大宋高僧传》、明代释如惺《大明高僧传》、明代释明河《补续高僧传》、民国喻谦《新续高僧传》,以及梁代释宝唱《比丘尼传》和民国释震华《续比丘尼传》,书后附《人名索引》。

大佛顶首楞严经会解

[唐]般剌密帝译　[元]惟则会解
2011 年 12 月 1 版 1 次
2014 年 12 月 1 版 2 次
48.00 元
16 开　236 页

本经为佛教秘密部经典,讲阿难经不住淫女诱惑,被幻术摄入席间,戒体将毁,如来派文殊师利以神咒护佑,阿难泣悔,而请如来教诲的故事,文学性较强。元人惟则将各名家之注集于一帙,以便省读。

禅宗语录辑要（全二册）

本社编

2011 年 12 月 1 版 1 次

148.00 元

16 开　924 页

　　《禅宗语录辑要》曾收入日本《大正新修大藏经》中，主要辑录的是中国禅宗"五家七宗"的语录。这些语录皆是晚唐至宋禅风大昌时期禅师话语的汇录。其活泼的语言，机智的思辨，很受后人推崇，亦为后来的宋明理学家所沿用。

注维摩诘所说经

[后秦] 僧肇等注

2011 年 12 月 1 版 1 次

2013 年 1 月 1 版 2 次

38.00 元

16 开　208 页

　　本书为佛教经典。一称《不可思议解脱经》，又称《维摩诘经》，3 卷 14 品。叙述毗耶离城居士维摩诘十分富有，深通大乘佛法。通过他与文殊师利等人共论佛法，阐扬大乘般若性空的思想。

般若心经译注集成

方广锠编纂

2011 年 12 月 1 版 1 次

88.00 元

16 开　520 页

　　《般若心经》为佛教空宗经典，经文总约 260 余字，却统摄了 600 卷《大般若经》的基本内容。本书由著名学者方广锠整理，收集了古今十八种译本和十八种注本，为目前《心经》最完整的集结。

楞伽经集注

[宋] 释正受集注

2011 年 12 月 1 版 1 次

2013 年 1 月 1 版 2 次

25.00 元

16 开　124 页

　　本经为唯识宗所依六经之一，历代注疏极多，宣说世界万有皆由心识所造，吾人认识作用的对象不在外界而在内心，结合如来藏思想与唯识阿赖耶识思想，为代表印度后期大乘佛教思想的经典。

金刚般若波罗蜜经集注

[明] 朱棣集注

2011 年 12 月 1 版 1 次

2013 年 8 月 1 版 3 次

58.00 元

16 开　300 页

　　明成祖永乐皇帝所作《金刚经集注》收集旧注 70 余家，从各个方面阐释了禅宗等佛教派别的思想，为注本中较完备者。此次影印出版以明代永乐年间内府刻本为底本。

祖堂集

[南唐] 静　筠二禅师编

2011 年 12 月 1 版 1 次

78.00 元

16 开　400 页

　　《祖堂集》在中国久已失传，20 世纪 20 年代由日本学者于朝鲜发现。全书共二十卷，记述自迦叶至唐末五代共 256 位禅宗祖师的主要事迹及问答语句，而以南宗禅雪峰系为基本线索，为现存禅宗最古的传灯录。

经律异相

[南朝梁] 僧旻　宝唱等撰集

2011 年 12 月 1 版 1 次

58.00 元

16 开　296 页

　　本书属类书体，共五十卷，博采群言，广事搜罗，汇编众多散见于佛教经律中的印度佛经故事和民间传说，酌取精辟之理，条分缕析，分为天、地、佛、诸释、菩萨、僧、诸国王等 22 部，对中国志怪小说和通俗文学的发展很有影响。

中论·百论·十二门论（全二册）

[隋] 吉藏疏

2011 年 12 月 1 版 1 次

2016 年 2 月 1 版 3 次

108.00 元

16 开　684 页

　　《中论》是一部政论性著作，其意旨大都阐发义理，原本经训，而归之于圣贤之道。《百论》的主题是破斥古代印度佛教以外的其他哲学流派，其方式是"唯破不立"，通过"外曰"（代表外论异说）和"内曰"（代表提婆的观点）对论辩难，铺成一品。

佛藏要籍选刊（影印）

佛藏要籍选刊（一）

苏渊雷　高振农选辑

1994 年 3 月 1 版 1 次

精装 47.30 元

16 开　390 页

本书收《法苑珠林》一种，它是我国现存佛籍中篇幅最大、最重要的佛教类书。全书系统介绍了佛教对世界的认识，佛教的思想、伦理、戒律、修持、礼仪、习俗、传记及故事传说等，其除辑录佛教经律论三藏外，尚记载了大量民间流传情况。

佛藏要籍选刊（二）

苏渊雷　高振农选辑

1994 年 3 月 1 版 1 次

精装 66.20 元

16 开　568 页

本册收佛教类书和佛教经录共七种。《经律异相》、《释氏要览》分类介绍了佛教经律故实和佛教词语、寺院仪则、法规、僧官制度等。《出三藏记集》、《历代三宝记》、《开元释教录》、《至元法宝勘同总录》、《阅藏知津》则分类著录佛籍三藏，详录佛经名称、卷数、著译者，并收录僧俗为之所作序记和僧人传记。

佛藏要籍选刊（三）

苏渊雷　高振农选辑

1994 年 3 月 1 版 1 次

精装 68.60 元

16 开　588 页

本册收《一切经音义》、《翻译名义集》、《弘明集》、《广弘明集》、《南海寄归内法传》五种。前两种从众多佛籍中辑出词汇，诠释词义，标注音韵，是读佛典者不可或缺的工具书。后三种辑录东汉至梁及海内外僧人颂扬佛教的论著，对了解佛教义理和日常行仪法式具有很高参考价值。

佛藏要籍选刊（四）

苏渊雷　高振农选辑

1994 年 3 月 1 版 1 次

精装 73.20 元

16 开　626 页

本册均为汉译小乘佛教经典。《阿含经》主要叙述小乘教派的自我解脱，以求证阿罗汉果为其止境，通过个人修行，入于涅槃。《譬喻经》用譬喻方法叙述教义，《四十二章经》相传为中国第一部汉译佛经。《譬喻经》与《四十二章经》译经时使用通俗浅近语言，便于诵读记忆。

佛藏要籍选刊（五）

苏渊雷　高振农选辑

1994 年 3 月 1 版 1 次

精装 76.20 元

16 开　657 页

本册收大乘佛教经典十八种。般若经主述"诸法性空"的道理，其中《心经》为般若经类提要之作。《华严经》、《法华经》分别是华严宗和天台宗立说的主要典籍。《维摩诘所说经》论说"性空"佛法。净土宗三经《无量寿经》、《观无量寿经》、《阿弥陀经》则称诵阿弥陀佛，死后可往净土安乐之国。《大般涅槃经》则主述一切众生皆有佛性的大乘教的根本思想。《解深密经》介绍法相宗要旨。《大毗卢遮那成佛神变加持经》是密宗依据的经典之一。

佛藏要籍选刊（六）

苏渊雷　高振农选辑

1994 年 3 月 1 版 1 次

精装 73.70 元

16 开　638 页

本册收《摩诃僧祇律》等佛教戒律四种。《摩诃僧祇律》分比丘、比丘尼戒法，并附佛本生等故事。《十诵律》将戒律分为十诵。《四分律》是唐代律宗依据的基本典籍，叙说比丘戒律 250 条、比丘尼戒律 348 条。《菩萨戒本》为大乘教律之一，述说十重戒和四十八轻戒。

佛藏要籍选刊（七）

苏渊雷　高振农选辑

1994 年 3 月 1 版 1 次

精装 66.40 元

16 开　573 页

本册收《阿毗达磨发智论》、《阿毗达磨大毗婆娑论》小乘佛教论著两种，是天竺部派、即印度部派佛教理论的根本论籍，论述了一切有部的基本观点，并对四谛、十二因缘进行了阐述。一切有部，为小乘宗之一。

佛藏要籍选刊（八）

苏渊雷 高振农选辑
1994 年 3 月 1 版 1 次
精装 69.20 元
16 开 596 页

　　本册收《杂阿毗昙心论》等小乘佛教论部著作五种。《大智度论》大乘佛教论部著作一种。其中《杂阿毗昙心论》、《阿毗达磨俱舍论》主述小乘佛教教义，《成实论》则论述人法两空的思想，是小乘空宗向大乘空宗过渡性著作。《异部宗轮论》则介绍了小乘十二部派的产生及其主张。《大智度论》为《大品般若经》的论释之作，并对经中性空幻有等思想有所发挥，被称为"论中之王"。

佛藏要籍选刊（九）

苏渊雷 高振农选辑
1994 年 3 月 1 版 1 次
精装 60.70 元
16 开 512 页

　　本册收大乘论十六种。《中论》、《十二门论》、《百论》主要论释大乘中观论的世界万有毕竟空理论。《瑜伽师地论》、《显扬圣教论》、《摄大乘论》、《唯识论》主要介绍了瑜伽派和法相宗所依据的根本理论。《观所缘缘论》、《因明正理门论本》、《因明入正理论》是重要的因明著作，以辨明一切事物的本因，相当于近世逻辑推理学说。

佛藏要籍选刊（十）

苏渊雷 高振农选辑
1994 年 3 月 1 版 1 次
精装 73.50 元
16 开 634 页

　　本书收中国学者撰述的章疏八种。《妙法莲华经玄义》、《大方广佛华严经疏》、《成唯识论述记》、《因明入正理论》出于隋唐高僧智顗、澄观、窥基等之手，对原经进行详细的说解。《四分律删繁补阙行事钞》为南山律宗所依的重要典籍。《三论玄义》阐释三论宗的主要论著《中论》、《百论》、《十二门论》。

佛藏要籍选刊（十一）

苏渊雷 高振农选辑
1994 年 3 月 1 版 1 次

精装 56.50 元
16 开 475 页

　　本册收《肇论》、《摩诃止观》等中国佛教各宗代表人物的著作和禅宗语录、清规、忏仪等共十九种。其中《六祖大师法宝坛经》记慧能一生得法传宗事迹和言教，是中土高僧著作中唯一称"经"的名著。《古尊宿语录》广采四十余家唐宋禅师语录。并多为《景德传灯录》所不载。《北山录》则以佛理调和孔、老、庄、列、荀诸子及扬、班、马的理论。《罗湖野录》为禅门公案及机锋语句。《慈悲道场忏法》、《慈悲水忏法》、《金光明最胜忏仪》则记述了佛家各种忏法仪式和方法。

佛藏要籍选刊（十二）

苏渊雷 高振农选辑
1994 年 3 月 1 版 1 次
精装 56.50 元
16 开 476 页

　　本册收《佛祖统纪》及《高僧传》等四种。《佛祖统纪》以《释门正统》、《宗源录》为基础，仿史书纪传体和编年体增编而成。《高僧传》、《续高僧传》、《宋高僧传》则收汉代至宋代有名望的高僧事迹。

佛藏要籍选刊（十三）

苏渊雷 高振农选辑
1994 年 4 月 1 版 1 次
精装 49.20 元
16 开 404 页

　　本册收有《大明高僧传》、《补续高僧传》、《释名正统》、《禅林僧宝传》等佛教史传及《景德传灯录》共十二种。本书主要收录历代名僧事迹、语录、赞颂诗文，是研究中国佛教史乃至整个中国古代史不可或缺的重要史料。

佛藏要籍选刊（十四）

苏渊雷 高振农选辑
1994 年 3 月 1 版 1 次
精装 23.90 元
16 开 216 页

　　本书所收《双峰山曹侯溪宝林传》记述释迦牟尼及禅宗西土二十八祖、东土二祖事迹。《祖堂集》则记述古代七佛二十七尊至唐代诸法要，共 210 位僧人事迹、语录，为中国禅宗较早的史书。《大唐西域记》为唐玄奘法师赴印求法所见所闻，详细记述了风俗、地理、宗教诸事。《洛阳伽蓝记》则记载了当时洛阳城经济、文化和社会生活。书末附有一至十四册篇目索引。

佛门典要

佛祖统纪校注（全三册）
[宋]志磐撰　释道法校注
2012 年 11 月 1 版 1 次
精装 148.00 元
大 32 开　1360 页

　　《佛祖统纪》是南宋著名佛教史家、天台宗僧人志磐所撰纪传体佛教通史，把纪传体编年体、纪事本末体成功地熔于一炉，将佛教的制度及历代兴废故实逐项详述，借着叙述佛教的历史巧妙地将佛教尤其是天台宗的教理寓于其中，为这部佛教史籍注入活的灵魂，形成至为全面系统的佛教史观。

弘明集校笺
[梁]释僧祐撰　李小荣校笺
2013 年 12 月 1 版 1 次
2015 年 7 月 1 版 2 次
精装 98.00 元
32 开　888 页

　　齐梁时期僧祐所编《弘明集》为佛学重要典籍，保存了东汉末至南朝梁时期的大量佛教资料，具有重要的文献价值。此次整理，以碛砂藏本《弘明集》为底本，校以《永乐北藏》本、《频伽藏》本、金陵刻经处刻本、《四部丛刊》影印明汪道昆刻本《弘明集》，并充分吸收《大正藏》本《弘明集》及《中华大藏经》本《弘明集》所作校勘记，适当参校他书，对所涉及之历史人物、历史事件、重要佛道经典等，广引儒、释、道文献笺注之，是目前最为完善的整理本。

嘉泰普灯录（全二册）
[宋]正受撰　秦瑜点校
2014 年 12 月 1 版 1 次
精装 128.00 元
32 开　980 页

　　《嘉泰普灯录》不仅收录了祖师示众偈语，且专设"圣君贤臣"两卷、"应化圣贤"一卷，将其余灯录未载录的重要人物，诸如帝王、公卿、师尼、道俗全部收入，成为这部灯录的最大特色。成书以来，流传不衰，是研究佛教和禅宗的重要历史、思想资料。本书点校，以四川省

菩提印经院印行的《南藏》本为底本，以《续藏》本、《佛光藏》本为参校本。

天台宗系列

《法华玄义》精读
沈海燕著
2011 年 10 月 1 版 1 次
38.00 元
大 32 开　380 页

　　本书是天台宗创立者智者大师对《妙法莲华经》经义的阐发。本书选录原文加以整理、注释，并在各章节后附有导读，便于普通读者阅读和理解。

《法华文句》精读
朱封鳌著
2010 年 11 月 1 版 1 次
28.00 元
大 32 开　300 页

　　《法华文句》一书是天台宗创立者智者大师对《妙法莲华经》中的字句及意义的详细解说。《法华文句》作为天台三大部之一，一直未有标点整理本。为此本书作者对其进行现代式标点整理，分十二章并加以必要注释，每章后附有导读，对本章内容主旨进行解说，便于普通读者阅读和理解。

《天台四教仪集注》译释
王雷泉　净旻主编　达照译释
2011 年 9 月 1 版 1 次
2011 年 11 月 1 版 2 次
52.00 元
大 32 开　516 页

　　《天台四教仪》是天台宗的重要典籍，元代释蒙润的《天台四教仪集注》则被公认为学习《天台四教仪》必备的参考书。本书对《天台四教仪集注》中涉及的佛教术语和知识再加以详细注释，并翻译成白话文，便于现代佛学研究者和爱好者学习使用。

四明尊者教行录
[宋]宗晓编　王坚点校
2010 年 11 月 1 版 1 次
25.00 元

大 32 开　216 页

四明尊者即天台宗第十七代祖师知礼（965—1028）。天台宗自隋代由智顗创立，至宋代已渐趋衰落，知礼大弘天台教观，声名远播，是中兴天台的主要人物，宋真宗赐号"法智大师"，时称"四明尊者"。此书系天台后裔宗晓于南宋嘉泰二年（1202）汇编而成，搜罗了除知礼注疏类专书以外的全部著作以及相关文字，内容包括知礼撰著的忏仪、讲疏、问答、书启等，还包括弟子等撰著的有关知礼的年谱、碑铭、记赞等，共一百余篇。其中对于天台宗典籍的讲疏、答弟子及日本国师问、与天童凝禅师书信等透彻地阐发了天台教义和知礼的思想。本书还收录了知礼与天台宗的相关史料。

佛祖统纪校注（全三册）

[宋]志磐撰　释道法校注
2012 年 11 月 1 版 1 次
128.00 元
大 32 开　1360 页

《佛祖统纪》是南宋著名佛教史家、天台宗僧人志磐所撰纪传体佛教通史，把纪传体编年体、纪事本末体成功地熔于一炉，将佛教的制度及历代兴废故实逐项详述，借着叙述佛教的历史巧妙地将佛教尤其是天台宗的教理寓于其中，为这部佛教史籍注入活的灵魂，形成至为全面系统的佛教史观。

《增修教苑清规》释读

[元]自庆编撰　心皓释读
2015 年 12 月 1 版 1 次
36.00 元
32 开　340 页

《增修教苑清规》系元代自庆法师据其所藏天台宗清规旧本修订增补而成，初刻于元至正七年（1347），是传世的唯一一部天台宗古清规，历来被学术界视为研究天台宗历史的重要资料。本书对《增修教苑清规》进行标点、注释，书首有长篇导读，介绍了该清规的编撰背景及成书过程，各门前均有题解疏解大意。

云门宗丛书

佛源妙心禅师禅要

冯焕珍编
2014 年 2 月 1 版 1 次

精装 98.00 元
32 开　632 页

作为云门宗第十三代传人，佛源妙心禅师继承了虚云和尚的禅法，农禅并重，将禅法融于日常生活中，在耕田种地、衣食住行中参禅悟道，他以戒为师的精神，影响和成就了不少后学。本书为佛源妙心禅师禅语、开示、书信等内容的辑要。

佛源妙心禅师广录（全三册）

释明向　冯焕珍编
2014 年 2 月 1 版 1 次
精装 298.00 元
32 开　2324 页

佛源妙心禅师继承了虚云和尚的禅法，以农禅为家风，将禅法融于日常生活中，在耕田种地、衣食住行中参禅悟道，尤其是他以戒为师的精神，影响和成就了不少后学。本书收录了佛源妙心禅师诗词、楹联、书画等方面的著作和资料。

嘉泰普灯录（全二册）

[宋]正受撰　秦瑜点校
2014 年 12 月 1 版 1 次
精装 139.00 元
32 开　980 页

本书不仅收录了祖师示众机语，且专设"圣君贤臣"两卷、"应化圣贤"一卷，将其余灯录未载录的重要人物，诸如帝王、公卿、师尼、道俗收入，成为这部灯录的最大特色。成书以来，流传不衰，是研究佛教和禅宗的重要历史、思想资料。本书点校，以四川菩提印经院印行的《南藏》本为底本，以《续藏》本、《佛光藏》本为参校本。

云门山志

岑学吕编　仇江整理
2014 年 12 月 1 版 1 次
精装 38.00 元
32 开　260 页

本书以云门宗的始祖文偃禅师和中兴祖师、近代佛门泰斗虚云长老为重心，详尽记载了云门宗两代祖师的生平事迹及语录、诗文，并辑录云门寺历代住持、护法人物、规约、碑记、文献、艺文等。读者借此不但可以了解云门宗的历史，更能领略云门祖师的境界禅风。

慈受怀深禅师广录

[宋]怀深撰　陈曦点校
2015 年 12 月 1 版 1 次
精装 39.00 元
32 开　312 页

《慈受怀深禅师广录》总共分为四卷,第一卷为住资福、焦山、慧林时期的语录,第二卷为偈赞,第三卷仍是升堂语录,第四卷以颂古为主,但最后也有少量的忌辰拈香、下火之类的开示。附录部分辑录了广录之外的慈受怀深禅师文字,以及传记、后人评唱等。

楞伽经集注

[宋]释正受撰　释普明点校
2015 年 12 月 1 版 1 次
精装 48.00 元
32 开　384 页

《楞伽经》前后共四个译本,现存三种。宋代正受禅师以刘宋译本作主本,为此经撰写集注。《集注》可谓参研《楞伽经》的重要文献。此次整理,以《新续藏》本为底本,以《高丽藏》《碛砂藏》《嘉兴藏》《龙藏》《频伽藏》本及敦煌文献写本残卷等为参校本。

日藏佛教典籍丛刊

天台文类·天台法数校释

林鸣宇笺校
2005 年 5 月 1 版 1 次
36.00 元
大 32 开　390 页

本书收录日本重要汉籍收藏机构之一金泽文库所藏宋本佛教典籍两种,即如吉编《天台文类》和智亲编《天台法数》,皆为宋僧所集,系日本僧人赍自宋地,属天台一宗文献。失传 700 余年,少为人所知。现合刊出版,并加笺校,详勘各条渊源。

新校参天台五台山记

[日]成寻著　王丽萍校点
2009 年 11 月 1 版 1 次
98.00 元
大 32 开　892 页

《参天台五台山记》是日本高僧成寻(1011—1081)撰写的入宋旅行日记,起自日本延久四年(宋熙宁五年,

1072)三月十五日,终至翌年六月十二日,因有一闰月,共历十六个月,计 468 篇。日记记载了自日本至杭州、天台山、北宋都城开封、五台山,再自五台山返至开封、杭州、明州(宁波)的沿途见闻,保存了许多研究宋代政治、经济、文化、宗教、交通、地理、风俗以及中日关系的珍贵史料。校点者以现存最早的日本京都东福寺藏抄本(日本承久二年,1220)复制本为底本,广泛参考,精心校点,多所创获。

肇论集解令模钞校释

[日]伊藤隆寿　林鸣宇撰
2008 年 12 月 1 版 1 次
2009 年 12 月 1 版 2 次
49.00 元
大 32 开　516 页

《肇论》一书,在中国佛教思想史上影响深远,后世注疏颇多。本书所用日本"真福寺本"《肇论中吴集解》与《肇论集解令模钞》为迄今为止最为完整、最可信赖的存世版本,具有很高的文献价值。本书以此为底本,并分别以罗振玉《宸翰楼丛书》所收《肇论中吴集解》和日本东京文化大学东洋文化研究所藏三好鹿雄钞本《令模钞》为校本,对《肇论》、《肇论中吴集解》与《肇论集解令模钞》三部的文本作了大量细致而可靠的考释、集辨和校勘。

法华五百问论校释(全二册)

释真定撰
2012 年 8 月 1 版 1 次
78.00 元
大 32 开　780 页

唐湛然为天台宗九祖,其所著《法华五百问论》是对破慈恩窥基《玄赞》之作,也是解明天台法华学与法相法华学差异的关键要书。日本奈良东大寺藏《问论》为现存唯一的古写本,京都大学藏日僧本纯《五百问论笺注》亦为《问论》唯一的注解刊本,本书以此为底本,在对《法华玄赞》引文加以比对的基础上,对二书的文本进行了进一步的校订与注释。

民国佛学讲记系列

阿弥陀经白话解释

印光法师鉴定　黄智海居士演述
2014 年 1 月 1 版 1 次

2015 年 2 月 1 版 2 次

精装 29.00 元

32 开 232 页

《阿弥陀经》是中国佛教净土宗的基本经典,虽篇幅不大,文字看似也浅显,但内蕴的佛义密意却十分幽邃。民国大居士黄智海(涵之)的这部演述本,曾得到净土宗十三代祖师印光法师的鉴定、首肯,广受同道者推重。本讲记不重义理的阐发,而是通过对境界与事相明确而精准的描述、解释,引领受众对净土世界的起信与愿求。此次据民国本标点整理。

金刚经讲义(全三册)

江味农讲述

2014 年 1 月 1 版 1 次

2015 年 11 月 1 版 3 次

精装 89.00 元

32 开 840 页

《金刚经》为大乘佛教重要经典,凡解经注疏者不下百数。民国江味农居士本讲义深器般若精神,广援诸大乘要典,释经申义,见解卓尔。民国大居士夏古农谓展斯卷"不啻读余经十百部也"。

药师经讲记

太虚法师讲述

2014 年 1 月 1 版 1 次

2015 年 4 月 1 版 2 次

精装 24.00 元

32 开 172 页

中国佛教史上,药师佛信仰与弥陀佛信仰都曾十分盛行,然唐宋以后日趋沉寂。民国高僧太虚法师提倡人间佛教,并以此为核心,契理契机,展开弘法活动。《药师经讲记》重在揭示药师法门的殊胜,即如何以资生事业而趋入佛道。

圆觉经讲义 附亲闻记

谛闲法师讲述 江味农记

2014 年 1 月 1 版 1 次

精装 58.00 元

32 开 488 页

《圆觉经》是大乘佛教的重要经典。讲者谛闲法师为晚清民国著名高僧,学承台教,尤擅讲经,本书依天台家法及台宗佛学理念详解是经,内中思想的精彩处俯拾

即是,早已为教学两界尊为同类著作的典范。

佛典新读

楞严经译解

释智觉撰述

2013 年 10 月 1 版 1 次

2016 年 3 月 1 版 4 次

58.00 元

32 开 744 页

《楞严经》是中国佛教历史上影响最大的几部大经大典之一,义理深圆,彻法源底,自古有"开悟在楞严"的说法。但同时又因体系庞大,包罗万象,语言精简,而号称难读。此书在作者《楞严》讲义基础上整理而成,其特色在于以现代读者易于接受的方式讲解经文,经文、译文每句对应,辅以注释、解说、总结,并以图表的形式演示经文的结构、体系,阐发经义,使读者一目了然。

楞严大义

达照著

2013 年 11 月 1 版 1 次

2016 年 5 月 1 版 3 次

27.00 元

32 开 288 页

古人讲成佛在《法华》,开悟在《楞严》。然而因《楞严》义理深邃,文词古奥,卷帙浩繁,学者往往望而止步。此书在作者授课讲义的基础上整理而成,其特点是将经文内容贯通、浓缩,更将经文与实修方法结合起来,对于佛法的实践修证有指导意义。

法华经新释

[日]庭野日敬著 释真定译

2011 年 7 月 1 版 1 次

2013 年 10 月 1 版 2 次

52.00 元

32 开 520 页

《法华经》被称为佛说的最高教义,但因是用古汉语翻译,且夹杂众多佛学名相,不易为现代人理解,鉴于此,作者撰写了《法华经新释》,此书不像通常的解释《法华经》那样严格遵循原典的原意,而是依据《法华经》精神,对之进行现代解读,使之能为现代人理解,并在日常生活中实践。

胜鬘经　胜鬘宝窟释读

尹邦志释读

2015 年 7 月 1 版 1 次

48.00 元

32 开　512 页

　　本书是《胜鬘宝窟》首次完整地整理出版，并将现存的两种《胜鬘经》译本和《胜鬘宝窟》整合起来，并加以校注和必要的释读，并在增加导读，对于全书背景、内容、价值等作了详尽的介绍。可资研究者参考使用，也适合一般的佛学爱好者阅读。

人天眼目释读

[宋]智昭编撰　尚之煜释读

2015 年 10 月 1 版 1 次

34.00 元

32 开　304 页

　　禅宗语录，因其独特的表达方式和语言文字的阻隔，读者往往不得其门而入，本书作者依据其修证体验对《人天眼目》加以注释、讲解和提示，使其成为真正适宜现代读者使用的学修指南。

寒山书院丛书

《心经》导读

——观世自在

释昌莲著

2011 年 6 月 1 版 1 次

28.00 元

16 开　180 页

　　《心经》被称为《大般若经》之"心"。作者在遍阅旧注的基础上，依天台之科纲以阐明脉络，依古德之旧注以折衷诸义，依名家之点校以考订文字，依正典之条目以释名析句，不仅有对《心经》的主旨思想和历代旧注情况进行了探讨，而且对其每一句经文都从各方面进行解读。

《金刚经》导读

——发菩提心

释昌莲著

2011 年 6 月 1 版 1 次

98.00 元

16 开　552 页

　　作者依天台《金刚般若疏》之科纲为一经之脉络，以嘉祥吉藏之《金刚般若义疏》为决疑证信之主干，以永觉元贤之《金刚般若略疏》而会通文义，以灵峰蕅益之《金刚破空论》而针砭时弊，以俞樾之《〈金刚经〉订义》而楷订衍字，以江味农之《〈金刚经〉校勘记》而校注经文，引诸多禅宗典故为旁通之权便。

道藏要籍选刊

道藏要籍选刊（共十册）

胡道静　陈莲笙　陈耀庭选辑

1989 年 8 月 1 版 1 次

1995 年 2 月 1 版 2 次

（一）云笈七签　精装 46.90 元

（二）道德真经广圣义　南华真经义海纂微等 3 种　精装 48.80 元

（三）清静经　皇经集注　玉皇经　修真十书　西升经等 25 种　精装 41.80 元

（四）古文龙虎经注疏　度人经等 7 种　精装 46.00 元

（五）淮南鸿烈解　抱朴子内外篇　公孙龙子等子书 21 种　精装 51.60 元

（六）历世真仙体道通鉴等 12 种　精装 44.10 元

（七）岱史　西岳华山志等 27 种　精装 39.40 元

（八）道门定制　道门科范大全集等 11 种　精装 46.90 元

（九）养性延命录　周易参同契等 30 余种　精装 35.90 元

（十）无上秘要　道枢等 6 种　精装 42.90 元

16 开　4170 页

　　明正统和万历年间刊行的《道藏》、《续道藏》，是汇集道家哲理、道教经典的重要结集。《道藏要籍选刊》以商务涵芬楼影印明《道藏》本为底本，选《道藏》中的重要典籍一百三十多种，分经典、百科、子书、史传、地志、仪范、摄养等类。约占全部《道藏》卷帙四分之一。影印前据上海图书馆藏明刊补正了涵芬楼本存在的错脱。第十册附录明白云霁《道藏目录》，近人曲继皋《道藏考略》、刘师培《读道藏记》和十册《选刊》的总目。

其　他

敦煌新本六祖坛经

[唐]慧能述　杨曾文校写
1993 年 11 月 1 版 1 次
1995 年 6 月 1 版 2 次
平装 10.50 元　精装 15.20 元
大 32 开　174 页

　　《六祖坛经》是中国佛教,特别是禅宗史上最重要的经典之一,敦煌出土的唐写本坛经是较早、较重要的一种版本。本书为目前发现的敦煌两个写本中的一种,现藏甘肃敦煌市博物馆,从未公开发表。现据原件校写排印,后附有关坛经的文献资料及研究论文。

旅顺博物馆藏敦煌本六祖坛经

郭富纯　王振芬整理
2011 年 4 月 1 版 1 次
精装 398.00 元
8 开　168 页

　　《坛经》为中国佛教禅宗创始者慧能的传法记录,禅宗南宗的基本理论典籍,是中国僧人著述中唯一称为"经"的作品。近年在旅顺博物馆重新发现的敦煌本《坛经》,其文字与传世本有较大差别,可以据之复原慧能《坛经》的原貌,对于禅宗史、慧能及其思想的研究,有着极其重要的价值。

佛学备要

[宋]道诚集
2005 年 7 月 1 版 1 次
函套线装 120.00 元
6 开　82 页

　　《佛学备要》,原名《释氏要览》,三卷,北宋释道诚辑。该书主要介绍有关佛教名物、典章、制度、称谓以及其他生活细节等方面的基本知识。据民国八年的石印本影印出版。

明永乐内府刻本金刚经集注(全二册)

明成祖集注
2002 年 8 月 1 版 1 次
2011 年 6 月 1 版 2 次
线装 258.00 元

6 开　306 页

　　《金刚经》是中国佛教的主要经典之一。明成祖朱棣的这一集注本收集旧注 70 余家,从各个方面解释阐发禅宗等佛教派别的思想,对全面理解《金刚经》及产生的历史影响很有帮助。本书所据为明初永乐内府刻本,写刻精湛,图像飘逸。

禅林四寮规约

高旻来果亲订
2004 年 10 月 1 版 1 次
精装 58.00 元
大 32 开　720 页

　　唐代百丈怀海禅师编《禅门规式》(世称"百丈清规",已佚),禅寺始有法可依。近代禅宗大德、高旻寺来果老和尚参照古规,亲订《四寮规约》,最为详尽而切于实用,是近代禅宗的重要文献,为禅寺、信众和禅宗研究者必备之要籍。

《法华经》新释

[日]庭野日敬著　释真定译
2011 年 7 月 1 版 1 次
简体平装 38.00 元
大 32 开　520 页

2011 年 7 月 1 版 1 次
繁体精装 58.00 元
大 32 开　560 页

　　《法华经》被称为佛说的最高教义,但不易为现代人理解。本书依据《法华经》精神,对之进行现代解读,使之能为现代人理解和共鸣,并在日常生活中得到实践。

菩提道次第师师相承传(全二册)

云增·耶喜绛称著　郭和卿译
2006 年 10 月 1 版 1 次
98.00 元
大 32 开　1300 页

　　格鲁派(俗称黄教)是藏传佛教的重要宗派,以"菩提道"为核心,而尤其注重下士、中士和上士等"次第"即观修的阶次,体现出法义严密、循序渐进的特点。藏密格鲁派弘扬菩提道次第,上承释迦如来正法,至明代宗喀巴大师著广略二论而大成,历代传承,踵事增华。清代乾隆年间,云增·耶喜绛称大师自藏传典籍中用宏取精,著此僧传。近人郭和卿编译为汉文,为第一部汉语藏密僧传。

来果禅师广录

高旻来果著

2006 年 2 月 1 版 1 次

精装 53.00 元

大 32 开　724 页

　　来果禅师是近代著名的禅宗大德,爱国高僧。他学识深湛,戒律精严,兼具事功。长期住持扬州高旻寺,修缮殿堂,并制定《四寮规约》,中兴禅林。本书是来果禅师的全集,包括《解谤扶宗浅说》《参禅普说》《十界因果浅录》《法语》《千字偈》《异行录》《禅七开示录》等九个部分,首次公开出版。

入菩萨行论广解

寂天造论　杰操广解　隆莲汉译

2006 年 6 月 1 版 1 次

28.00 元

大 32 开　344 页

　　本书分为十品,前四品属于"劝发菩提心",后六品为"广修菩萨行"。本论是藏传迦当派的"六论"之一,影响很大。以有韵的颂文写成,号称千颂,实为 915 颂。建国后,由"当代第一比丘尼"隆莲法师会通杰操广解译为汉文,并有科判。赵朴初为本书作序。

莲池大师全集(全三册)

[明]云栖袾宏撰　明学主编

2011 年 9 月 1 版 1 次

精装 650.00 元

16 开　1960 页

　　莲池大师法名袾宏(1535—1615),明代"四大高僧"之一,本法禅宗,但对净土宗、华严宗亦有深厚造诣。本全集依据清代刻本《云栖法汇》重排出版,是大师著作第一次完整的汇编出版。

紫柏大师全集

[明]紫柏真可撰述　明学主编

2013 年 1 月 1 版 1 次

精装 260.00 元

16 开　808 页

　　《紫柏老人全集》分《紫柏老人集》《紫柏老人别集》两部分。《紫柏老人集》三十卷,收录其法语、经释、序跋、铭传、书信和诗歌等;《紫柏老人别集》四卷、《附录》一卷,收杂文、赞偈、诗、书问、语录和附录等。此为紫柏著作第一次完整的汇编出版,具有很高的文献和学术价值。

一切经音义三种校本合刊(全三册)

徐时仪校注

2008 年 12 月 1 版 1 次

精装 580.00 元

16 开　2536 页

　　佛教大藏经卷帙浩繁,由梵本、胡本转译为汉语,新词异义层出不穷。玄应、惠琳和希麟三部《一切经音义》是中古时期佛教音义著作的集大成者,总计 135 卷,广泛收集汉译佛经中的词语(其中普通语词占九成以上),析字、辨音、释义,所引古代文献及字书、韵书甚多,其中不乏佚书及有校勘价值者。本书以高丽藏为底本,广泛参校海内外诸善本及敦煌写经等,并加以标点,成为比较完善的合刊校本。附笔画索引。

一切经音义三种校本合刊 附索引(修订版)(全四册)

徐时仪校注

2012 年 6 月 1 版 1 次

精装 658.00 元

16 开　2892 页

　　玄应、惠琳和希麟三部《一切经音义》是中古时期佛教音义著作的集大成者,总计 135 卷,广泛收集汉译佛经中的词语(其中普通语词占九成以上),析字、辨音、释义,所引古代文献及字书、韵书甚多,其中不乏佚书及有校勘价值者。此次出版编撰了笔画和四角号码索引,以便研究者参考使用。

南屏净慈寺历代祖师禅话选粹

黄崑威　释戒清编

2014 年 11 月 1 版 1 次

39.00 元

32 开　400 页

　　净慈寺历史上高僧辈出,如被誉为"曹溪后第一人"的永明延寿、净土宗第八祖云栖袾宏、"民国四大高僧"之一的太虚法师。日本禅门巨匠无关普门、寒山义尹、南浦绍明等亦先后在此学法。道济禅师(济公)也有很多与净慈寺有关的故事。本书编录净慈寺历代祖师传略和传法精粹,并加以注解,另附有古本《钱塘湖隐济颠禅师语录》。

太虚文选(全二册)

向子平 沈诗醒编

2007年6月1版1次

2012年4月1版2次

精装 168.00元

大32开 1952页

太虚法师(1889—1947),民国时佛教革新运动的倡导者。他一生从事于僧教与僧制改革,曾创设中国佛教协会、觉社、中国佛学会;创办《海潮音》《佛化新青年》等杂志;又创建武昌佛学院、闽南佛学院、汉藏理学院,更在巴黎创办"世界佛学院",为中国僧人走向世界创造条件。他一生著述甚丰,于佛学有精深造诣。现从法师全部著作中撷取有代表性的部分,厘为八编,并附《太虚自传》与《太虚年谱》。

海潮音(全四十二册)

2003年6月1版1次

精装 10000.00元

16开 30600页

《海潮音》是民国时期影响最大、历时最久、学术价值最高的佛教杂志。通过大量的照片和文章,记载了民国期间中国佛教的教制、教产、教理的三大革命,反映了学术研讨、教团组织、古迹保护、佚书抢救等重大事件,以及各界社会名流的事迹行藏。该刊创刊于1920年,到1949年总共发行350多期。兹搜索中国大陆和港台数十藏家,拾零补缺,终成全璧,配以目录索引,影印行世。

威音文库(全二十七册)

香港佛教志莲净苑著 吴立民主编

2005年10月1版1次

论说(全三册) 68.00元

宗乘 22.00元

密乘(全二册) 48.00元

译述(全二册) 48.00元

杂记 25.00元

新闻(全三册) 60.00元

演坛(全五册) 118.00元

释经(全六册) 110.00

专著(全四册) 98.00元

大32开

《威音》杂志是20世纪30年代著名佛教刊物,创刊于1930年1月,于1937年停刊,共出版78期。介绍并反映了中国佛教研究历史和现况,又以研究日本密教而别树一帜。现编者以文库形式,将原各门类文章集中编辑出版。

上海佛教碑刻文献集

柴志光 潘明权编

2004年4月1版1次

32.00元

大32开 324页

本书收集了上海地区自南朝梁代到现代的佛教碑刻文献,或直录于碑石,或辑录于文献,全面反映了上海各区县、各时代、各寺院名胜的佛教史实,对研究、修缮和旅游提供了第一手资料。全书按时代先后排列并加以标点,每篇后加按语说明。附图28幅、佛教寺院名索引。

金粟寺史料五种(全五册)

吴定中整理点校

2008年3月1版1次

135.00元

16开 952页

金粟寺位于浙江海盐县,由西域僧人康僧会创建于吴赤乌年间,是江南最早的佛寺。本书包括《重印金粟寺志》、《金粟山大藏经及藏经纸》、《历代金粟高僧传录》、《密云禅师语录》和《明清高僧住金粟语录》。

中国伊斯兰教典籍选(全六册)

王建平主编 白润生副主编

2007年11月1版1次

精装 800.00元

大32开 3884页

本书收录了晚清至民国期间中国伊斯兰教的汉文典籍52种。其中既有介绍伊斯兰基本教义知识的读物,也有学习伊斯兰文的回文课本,以及研究伊斯兰教理论的学术著作,这些典籍均为中国伊斯兰教学者所编撰,比较全面地反映了中国伊斯兰教在晚清以来的基本状况,以及与世俗社会和其他宗教融合的情况。这些典籍在国内多已散佚,搜求不易,上海师范大学哲学系王建平教授在美国纽约市立图书馆中发现了这一珍贵资料的缩微胶卷，从中遴选出汉文典籍，经修复整理后影印出版。

（三）哲　学　研　究

当代易学研究丛刊

周易郑氏学阐微

林忠军著

2005 年 8 月 1 版 1 次

2015 年 8 月 1 版 2 次

48.00 元

大 32 开　470 页

本书是一部研究郑玄易学的专著，挖掘其完整的易学思想，探讨其天道观和人道思想以及与此相关的象数思想和易学史观。又运用当今哲学诠释学理论，系统地阐述了郑玄的易学方法，揭示了郑氏易学的地位、影响和现代价值。并对郑玄的易注重新整理和解读，对郑注本《周易》中的疑难文字，做了详尽的辨析。

今、帛、竹书《周易》综考

刘大钧著

2005 年 8 月 1 版 1 次

2007 年 5 月 1 版 2 次

22.50 元

大 32 开　280 页

自 20 世纪末长沙马王堆汉墓出土《周易》经文及相关传文后，对帛本《周易》的研究为学术界所重视。本书为研究《周易》及帛本《周易》的成果，以义理、考证、经学史和语音学史相结合，梳理《易》学的源流和演变。

易学三种（过半刃言、蠡爻、衍变通论）

潘雨廷著

2005 年 11 月 1 版 1 次

25.00 元

大 32 开　290 页

本书所收三部书都是易学中的玩辞之作。《过半刃言》玩卦辞，《蠡爻》玩爻辞，此二书以玩辞明理为主，而不管卦爻辞的本义应该是什么。《衍变通论》阐述大衍数之变，穷追玩占的原理，许多见解为历代易学家所未言。

易与佛教　易与老庄

潘雨廷著

2005 年 11 月 1 版 1 次

2009 年 7 月 1 版 2 次

30.00 元

大 32 开　373 页

《易与佛教》介绍了《易》与《华严》、《维摩诘》、《观无量寿》等大乘经论及与原始佛教、佛教的主要流派核心思想的关系。《易与老庄》介绍了易学、道教和老子的关系、《庄子》的主要内容，以及庄子学说的整体思想。

周易阐微

吕绍纲著

2005 年 12 月 1 版 1 次

28.00 元

大 32 开　387 页

本书对易学史上一系列重大问题，如《周易》的性质、作者、筮法及其中蕴涵的哲学、历代象数的评议、《易传》思想归属，根据传世文献，并结合 20 世纪新出土简帛文献作出新的阐释。

宋代易学

王铁著

2005 年 9 月 1 版 1 次

28.00 元

大 32 开　320 页

本书对宋代易学中象数与义理两派的发展及相互融合过程作了全面的叙述，反映理学本体论的发展轨迹，以及宋代学术的某些主要现象和特点。重视对有关文献资料的考订与搜辑，对易学史上历代相陈之谬讹多有纠正。书中另收录宋人易图二十余幅，并从宋元人著作中辑出久已散佚的王安石《易义》，有很高的价值。

读易提要

潘雨廷著

单行本 2003 年 3 月 1 版 1 次

2006 年 7 月 1 版 1 次

42.00 元

大 32 开　612 页

《读易提要》是潘雨廷先生的一部遗著,介绍了西汉至近代二百多种有代表性的易学典籍的要义,尤其重要的是相当部分为《四库全书》所未收。对历史上一些疑难著作的要点,《提要》进行了透彻的解析。

易辞新诠

石泉著

2000 年 9 月 1 版 1 次

18.10 元

大 32 开　428 页

本书以文王因于羑里为线索,诠释六十四卦爻辞,但又不把《易》指为史书,而着力恢复其形上学之面目;并且择易学研究中之关键词,加以专题式的阐论,其意不在于易学枝节,而重在发挥《易》之大旨。本书论易,不计较象数,不理睬图书,不留意训诂,不落先贤时哲论易之窠臼,贯通古今,融会中西,自成体系,至为难得。

《周易禅解》疏论

[明]智旭著　曾其海疏论

2006 年 4 月 1 版 1 次

16.00 元

大 32 开　176 页

在《周易》的义理、象数和古史等研究路径中,以禅解易是较为特殊的研究门类。明代僧人智旭是禅易会通的集大成者,《周易禅解》为其较有代表性的一部著作。而《〈周易禅解〉疏论》则是对智旭著作的一个推进性疏证,该书以《周易》六十四卦顺序排列,对智旭禅解的文字进行先疏后论,并在六十四卦论疏结束后,附以有关《周易禅解》三篇论文。

周易义理学

祁润兴著

2007 年 5 月 1 版 1 次

33.00 元

大 32 开　388 页

作者通过追根溯源,从卜筮文化和巫史传统中发现了科学思维的系统萌芽,并将"和合学"的理论思想和逻辑方法,全面贯彻到义理易学的研究中去,以翔实的史料、严谨的分析、雄辩的逻辑和优美的文笔,在全新的视域揭示了中华义理易学的融突特征与和合精神,对于现代易学的健康发展,无疑具有重要的学术价值。

易学史丛论

潘雨廷著

2007 年 6 月 1 版 1 次

38.00 元

大 32 开　468 页

作者为当代著名易学家,在海内外有相当的影响。《易学史丛论》收入了作者有关从上古至清的易学史论文,和作者的另一著作《易学史发微》合观,勾勒出中华易学史的整体面貌。

大易集释（全二册）

刘大钧主编

2007 年 5 月 1 版 1 次

88.00 元

大 32 开　952 页

2005 年在山东举行了"易学与儒学国际学术研讨会"。本书即为此次研讨会论文集的易学卷,它包括简帛易学、周易经传、易学史、易学哲学、海外易学研究,以及易学的现代价值、易学与儒释道、易学与自然科学、易学与文化名城等九个方面的内容,反映了当今国内和国际上易学研究的水平和现状。

帛书《周易》论集

廖名春著

2008 年 12 月 1 版 1 次

36.00 元

大 32 开　448 页

1973 年底,长沙马王堆三号汉墓出土了 12 万多字的帛书。在这批珍贵的帛书中,有关《周易》方面的共有 2 万余字,既有经,又有传。几十年来对它的研究一直是学界的热点。作者作为帛书《易传》的主要整理者之一,先后在海内外刊物上发表了大量的研究论文,今汇集成《帛书周易论集》出版。书中还有作者最新隶定的帛书《周易》经、传释文,因而本书的出版无论对学界研究《周易》经、传本文、还是易学史,都有着十分重要的参考价值。

周易虞氏易象释　易则

潘雨廷著　张文江整理

2009 年 5 月 1 版 1 次

2009 年 11 月 1 版 2 次

45.00 元

大 32 开　608 页

本书收录著名《易》学研究专家潘雨廷先生的早期著述《周易虞氏易象释》和《易则》两部分内容。《易象释》是潘先生对一向被认为是世所难明的虞氏易所作全面系统的解析，为我们正确认识和研究虞氏易提供了一把可登堂入室的钥匙。此书早年遗佚，张文江先生经多方搜求，终觅得四种抄本，遂截长补短，对遗稿（包括经文、虞注和潘释三部分）加以全面整理、校正和补充。潘释除文字注释外，另有相当的卦象图表，图文对参，更可帮助读者深入领会虞氏易之要言精义。

《易则》是潘雨廷先生解析河图洛书的专著。文章篇幅虽短，但其论述的内容却十分重要，极具研究价值。因其难以独立刊行成书，故特与《虞氏易象释》并为一体，合为一书，两者均对易学研究具有重要的参考价值。

中国近现代哲学研究丛书

中国近现代名辩学研究

晋荣东著
2015 年 8 月 1 版 1 次
108.00 元
16 开　564 页

近代以来中国传统学术在西学话语体系笼罩下所出现的各种问题，也反映了近百年来几代中国学人在西学的压力下种种自觉或不自觉的应对与努力。本书正是将名辩研究置于这样一个大背景下，在哲学的框架内，全面介绍这一时段学界有关于名辩学的各种观点及论说，并折中于作者多年的研究心得，予以学理上的析判。

近现代中国马克思主义哲学研究

方松华　姜佑福　陈祥勤著
2015 年 8 月 1 版 1 次
78.00 元
16 开　384 页

本书以近百年中国多元哲学思潮为背景，全面审视马克思主义哲学在中国的传播、发展及其中国化、大众化的曲折历程；分析马克思主义哲学教科书体系的形成与作用；批判马克思主义哲学的教条化倾向；分析西方哲学思潮对近现代中国马克思主义哲学的影响等近现代中国马克思主义哲学重大前沿的理论与方法问题。

中国审美文化史

中国审美文化史（全四册）

陈炎主编　廖群　仪平策　陈炎　王小舒著
2013 年 9 月 1 版 1 次
精装 380.00 元
16 开　1114 页

全书通过对我国古代大量文明遗产（包括各类工艺品、美术作品、音乐舞蹈作品、文学作品、建筑、器具、各类文献等）严谨详细地审视，揭示了古代各特定时期的生产方式、生活方式、信仰方式、思维方式等多重因素对这些审美对象的渗透和影响，以及这些审美对象自身发展演变的规律（如自由与法则的关系、朴素与繁华的关系、通俗与典雅的关系、写实与写意的关系、壮美与优美的关系等），为我们清晰地展现和勾勒出中国古代审美文化史的演进轨迹。

先秦卷

廖群著
2013 年 9 月 1 版 1 次
74.00 元
16 开　264 页

秦汉魏晋南北朝卷

仪平策著
2013 年 9 月 1 版 1 次
77.00 元
16 开　284 页

唐宋卷

陈炎著
2013 年 9 月 1 版 1 次
79.00 元
16 开　300 页

元明清卷

王小舒著
2013 年 9 月 1 版 1 次
74.00 元
16 开　266 页

国学与现代化研究丛书

马一浮六艺一心论研究

邓新文著

2008 年 12 月 1 版 1 次

45.00 元

16 开　344 页

被梁漱溟先生誉为"千年国粹,一代儒宗"的马一浮先生,在近现代思想界就传统与现代、中学与西学争论最激烈的大潮中,以他独特的"六艺一心"论应之,实有中流砥柱之气概与非凡识见。六艺者,即《诗》、《书》、《礼》、《乐》、《易》、《春秋》六经是也。六艺统摄于一心,六艺统摄一切学术。这一观点之依据所在,其在马先生道德学问中所呈现的面相以及近现代学术界应给出的评价与地位等,本书均作了清晰精辟的论说。

马一浮儒学思想研究

陈锐著

2010 年 6 月 1 版 1 次

38.00 元

16 开　272 页

作为近代新儒家"三圣"之一的马一浮,影响很大,争议也多。马一浮从"早悟如来禅"到归宗儒学,从创办复性书院到倡导六艺之学,并矢志于"为往圣继绝学,为万世开太平"的新儒学理想。本书以广阔的视野,剖析了在时代洪流中的马氏的心路历程。本书着重指出了马一浮偏重于圆融会通的形而上的神秘主义倾向,这种倾向在其大量诗作中表现得尤为明显,正如他本人所云"吾道寓于诗","以诗说法"。本书还以儒家的历史沿革以及与释道等交互影响中,阐述了新儒家在当代世界的作用和前景。

浙江传统与浙江精神论集

朱晓鹏主编

2012 年 10 月 1 版 1 次

55.00 元

16 开　296 页

本书深入研究浙江地域的思想文化与社会经济发展的互动关系、阐明浙江文化与浙学思想传统及浙江精神之间的内在关联,揭示浙学的基本精神对当代浙江乃至中国的经济社会发展、文化建设的重要价值和普遍意义,探讨当代浙学的发展创新等问题。

浙学研究论集

朱晓鹏主编

2012 年 10 月 1 版 1 次

62.00 元

16 开　372 页

"浙学"是浙江传统学术思想的总称,也是杭州师范大学中国哲学与文化研究所所从事的主要学术研究方向之一,并逐渐形成了自己的特色。本书汇聚了研究所和相关合作单位及学界一批浙学的最重要或最新研究成果,集中反映出迄今为止学界对于浙学及浙学传统研究方面的理论水平。

专 题 研 究

经学教科书

刘师培著　陈居渊注

2006 年 7 月 1 版 1 次

2007 年 5 月 1 版 2 次

26.00 元

大 32 开　288 页

在近代研究中国经学史的著作中,刘师培的《经学教科书》与皮锡瑞的《经学历史》享有着同样盛名。由于种种原因,《经学教科书》在出版 1905 年初印本和 1936 年排印本以后,就未见再版。上海古籍出版社重印此书,请陈居渊先生重新整理校点,并加以注释,以飨读者。

十三经概论

蒋伯潜著

1983 年 6 月 1 版 1 次

1986 年 5 月 1 版 2 次

精装 4.60 元

32 开　352 页

《十三经概论》是介绍论述我国古代十三部儒家经典——《周易》、《尚书》、《诗经》、《周礼》、《仪礼》、《礼记》、《孝经》、《尔雅》、《春秋三传》、《论语》、《孟子》的著作,作者认为"十三经"实则是"我国古代之丛书","为古代文学哲理政俗之荟萃"。所以对之作周详而通俗的阐述,作为大学教材刊行。

经学探研录

杨天宇著

2005 年 2 月 1 版 1 次

36.00 元

大 32 开　404 页

　　本书以"三礼"学和"三礼"郑《注》的研究为主，涉及"三礼"的内容、来源和在中国古代流传的情况以及郑玄注"三礼"的原则、方法等。此外还收入《易》、《尚书》、《诗经》等经典以及秦汉礼俗和经学问题的研究。

阜阳汉简《周易》研究（附《儒家者言》章题《春秋事语》章题及相关竹简）

韩自强著

2004 年 7 月 1 版 1 次

精装 98.00 元

大 16 开　216 页

　　阜阳汉简《周易》于 1977 年出土，是现存最早的《周易》本子之一。它的内容丰富，共整理出七百多片破碎的简片，阴爻的表示方式为"八"，与今本不同，更有今本和帛书本中都未见的卜辞。阜阳汉简《周易》的图版是首次出版。书中还收有阜阳汉简整理者的研究文章。书后更附有未经公布的阜阳汉墓二片木牍的照片、释文及考证。

周易参同契考辩

孟乃昌著

1993 年 10 月 1 版 1 次

9.65 元

大 32 开　158 页

　　《周易参同契》是我国一部重要的道教经典，为道家系统地论述炼丹的最早著作，内容涉及古代哲学、宗教、医药、科技等。作者参加《参同契》译注工作，对研究中的疑难问题进行通考、通解、通释，成此一家之言。

大易集义

刘大钧主编

2002 年 12 月 1 版 1 次

34.00 元

大 32 开　600 页

　　本书是"百年易学研究回顾与前瞻国际学术研讨会"论文集，按研究方向分为"百年易学研究"、"周易经传研究"、"易学史研究"、"周易与哲学文化"四个板块，共收海内外诸多名家研究论文 36 篇。

大易集奥（全二册）

刘大钧主编

2004 年 12 月 1 版 1 次

88.00 元

大 32 开　1012 页

　　本书是首届"海峡两岸易学与中国哲学研讨会"会议论文的精选集。内容包括简帛易研究、易学探源、易学方法论、易学体系与符号学研究、《周易》经传研究、易学与中华人文精神、易学人物研究、易与儒道释、易学与自然科学、易经与术数等方面，几乎涵盖了易学研究的各个领域。

易学新探

程石泉著

2003 年 12 月 1 版 1 次

28.00 元

大 32 开　365 页

　　在本书中，作者不仅驳斥了自朱熹以来认为易为卜筮之书的观点，而且还驳斥了现今易学研究中把医道、兵略、乐律等跟易相比附的观点。作者认为易由先民为"通神明之德、类万物之情"而作，虽在夏商周时曾被用之于卜筮，然经孔子赞释后，已成哲学之书。该书的另一大特色是作者别出心裁地从先民的世界观、人生观与文物制作时的心态、造字的六书及作诗的赋、比、兴等角度分析易之"取象"。

《周易》的哲学精神

——吕绍纲易学文选

吕绍纲著

2004 年 12 月 1 版 1 次

36.00 元

大 32 开　476 页

　　本书内容包括"我与周易研究"、"周易之义理"、"历代易学研究"、"周易与史学"等五个方面。该书不但可以了解作者易学的基本思想、演变的历程及最新研究成果，而且由此书可总揽当今中国义理易学的基本研究动态。本书另一大特色是收录了作者研究韩国大思想家退溪、栗谷易学思想的论文，从中能了解《周易》对韩国思想的影响。

易玄虚研究

叶福翔著

2005 年 3 月 1 版 1 次

32.50 元

大 32 开　460 页

　　本书是对《周易》、扬雄《太玄》、司马光《潜虚》三书的首次综合研究。作者采用比较哲学研究方法，考校《周易》、《太玄》的同中之异，异中之同，突出二者的哲学贡献，揭示其对中国古代科学发展的意义。对宋代司马光《潜虚》仿《易》、《玄》的做法，进行了结构解析法，深入阐述了三者在思维模式和人生哲理方面的异同。

周易演说（插图本）

蒋凡著

2007 年 7 月 1 版 1 次

39.00 元

20 开　456 页

　　本书将《周易》六十四卦的卦象、卦辞、爻位、爻辞，用浅近的语言一一予以解释，并以古今人事变化、世代兴衰的显例演说《易》，又用《易》理推衍古今人事更迭、朝代兴亡。本书融学术性、知识性、趣味性于一体，使读者充分理解六十四卦的变动不居，从而领悟"《易》无达占"的深刻道理，以及命、数、相全不可信。

《周易》经传白话解

刘大钧　林忠军译注

2006 年 12 月 1 版 1 次

2014 年 11 月 1 版 5 次

36.00 元

18 开　352 页

　　本书是一部权威性的《周易》入门书。作者本着"信"、"达"、"雅"的原则，数易其稿，终于完成了这部既体现原著风格与学术韵味，又能为现代读者读懂的白话译注。同时这也是目前唯一一部在参考了帛书《周易》和楚竹书《周易》内容的基础上写成的译注。作者还对易学史上一些有争议且一直悬而未决的问题，提出了自己的看法。

易苑漫步

萧汉明著

2010 年 10 月 1 版 1 次

39.00 元

32 开　436 页

　　本文集收录易学论文 23 篇，共分三个单元：一、《周易》经传撷拾九篇。不仅研究了竹书《周易》，而且研究了通行本经传，探讨了《周易》的哲学思想、《易传》的学

派属性以及《易传》学术思想之渊源。二、易学史胪说九篇，探讨汉易基本特征，京房易传，《参同契》易学，濂溪易学，邵雍易学，朱震《汉上易传》，朱熹易学等。三、医易会通散论五篇，讨论易学在传统医学理论体系建构中所起的作用。附录一篇，记述在易学史上具有重要意义的第一次全国周易学术讨论会盛况。

周易导读

王炳中著

2011 年 8 月 1 版 1 次

2015 年 12 月 1 版 2 次

28.00 元

大 32 开　352 页

　　全书"周易探源"、"周易基础概览"、"周易哲学思想概览"、"周易实用方法概论"四章。作者本着科学的精神，还周易本来面目，将周易的哲学和象数融为一体。同时尽量避免以古论经、以古说事的周易理学的传统套路。

周易易读

韩广岳著

2012 年 8 月 1 版 1 次

2013 年 4 月 1 版 2 次

54.00 元

20 开　368 页

　　本书共分三编，第一编为对《易经》的整体介绍，第二、三编为对《易经》六十四卦的逐一讲解。在对各卦的讲解中，除了疏通字句外，作者更多地是加入自己的理解和感悟，并通过古今中外及当今生活中的实例加以深入浅出的说明。

周易义疏

邓秉元撰

2011 年 12 月 1 版 1 次

48.00 元

大 32 开　504 页

　　本书在《易传》的基础上，提出解经的核心诸例，以此贯通 384 爻爻辞，无一例外。同时证明了《周易》经传之一体性，为理解《周易》一书提出了一套全新的解决方案，形成了《周易》的一个新的注本。

易学源流与现代阐释

林忠军著

2012 年 12 月 1 版 1 次

48.00 元

国际 32 开　448 页

　　作者几十年来沿着易学发展轨迹来研读易学,从《周易》原典开始,先经后传,再易学史。本书精选二十七篇论文,分为出土易学文献蠡测、易学史管窥、易学方法论略、易学哲学解读四个部分。

《周易》与中国风水文化

孙景浩　刘昌鸣　李杰著

18 开　300 页

48.00 元

2009 年 11 月 1 版 1 次

　　本书分上下两编。上编从《周易》原典入手,提出"《周易》是中国古建筑文化的框架灵魂"的观点,并深入文化层面,探讨"天人合一"、"中庸和谐"等中国古建筑理念。下编从理论探讨转入实际运用,援引大量实例,分析中国风水理论在古代城市、村落建筑和帝王陵墓中的具体应用和体现。全书论述过程中,时时以现代科学为佐证,充分证明了中国风水理论中所蕴含的科学道理。

周易与创新思维

陈荣著

2009 年 4 月 1 版 1 次

20.00 元

16 开　328 页

　　在创新已成为国家、企业的核心竞争力的今天,右脑潜意识思维能力越来越引起人们的重视。本书就是一本以六十四卦为案例的潜意识思维能力的系统培训教材。

五经源流变迁考　孔子事迹考

江竹虚著　江宏整理

2008 年 8 月 1 版 1 次

38.00 元

大 32 开　108 页

　　本书由《五经源流考》和《孔子事迹考》两部合璧而成。作者以传统的方式表述自己对经学发展的认知,却不失对经学研究的历史感;尊重孔子在中国文化上的地位和作用,但还是保有着一份不苟同于"尊圣卫道"的旧学窠臼的自持。因而,本书也许是现代人重新注视孔子、关切经学的不可忽视的读物。

孔子思想研究

潘富恩等主编

1999 年 9 月 1 版 1 次

19.00 元

大 32 开　336 页

　　本书是有关孔学的一部论文合集,其论题几乎涵盖了孔子思想的各个方面,并深入孔学学理的探究。作为复旦大学孔子研究所成立以来的第一批研究成果,其中凝聚着不少学者的心血之作。

老子解读

刘坤生著

2004 年 1 月 1 版 1 次

2009 年 10 月 1 版 2 次

25.00 元

大 32 开　390 页

　　本书作者长期从事老子及先秦思想文化的教学与研究工作,对《老子》形成了独特的认识,作者跳出了近世学者那种对《老子》思想唯心、唯物简单的划分,完全从中国传统文化特点出发,通过"注"、"疏"、"论"的形式,抉发《老子》的精义及对社会人生的价值。

老子新诠

　　——无为之治及其行上理则

邓立光著

2007 年 6 月 1 版 1 次

25.00 元

大 32 开　264 页

　　《老子》五千言是中国文化最重要的元典之一,今作者特从政治哲学的角度进行解读,认为《老子》一书是中国古代政治哲学的最高成就,它的中心思想是"无为之治"的政治观。作者比勘了三种《老子》版本(王弼本、马王堆帛书本、郭店楚简本),在此基础上形成自己的修订本。阐释主要由三部分组成:章旨、句解及章义。

老子新释

刘兆英著

2009 年 4 月 1 版 1 次

20.00 元

20 开　260 页

　　《老子》虽仅五千余言,但却是我国古代哲学的一部巨著,并因之发展成为与儒家学派分庭抗礼的一大思想流派,对中国传统思想文化产生了深远影响。在两千多年历史进程中,许多注家从不同的角度对《老子》进行注译,本书在总结前人研究成果的基础上,对《老子》作了新的释读,对《老子》的主要思想如"无为而无不为"、"不尚贤"、"小国寡民"等,均提出了独到的见解,能使读者从一个全新的角度来理解老子的思想。本书试图把学术创新和学术普及相结合,可读性较强。

老庄新论

陈鼓应著

1992 年 9 月 1 版 1 次

1997 年 9 月 1 版 2 次

18.00 元

大 32 开　182 页

本书作者的研究方法与学术观点较为新颖,且多有独到之处,如提出道、儒、墨、法互补与文化多元化的观点,在学术界引起很大的回响。本书由老子论述、《庄子》解说、《易传》与老庄、道家主干说四大部分组成。

《庄子》九章

刘坤生著

2009 年 7 月 1 版 1 次

28.00 元

20 开　214 页

庄子文章,汪洋肆恣,变化无穷;庄子思想,曲折隐晦,寓意深邃。这就给后人阅读、理解《庄子》带来了莫大的难度。作者综合对文本的解读与思想的梳理两方面,在充分吸收前人成果的基础上,以清晰的思路,给出合理的判断。书中的许多观点与结论是令人信服的,具有学术价值与启发意义。

管子经济思想研究

赵守正著

1989 年 2 月 1 版 1 次

1.75 元

大 32 开　88 页

《管子》是依托春秋时期著名政治家、军事家、思想家管仲之名而成书。书中反映了管仲相齐的理论与实践,大部分是战国至西汉社会经济、政治、军事、哲学等思想理论发展的记录,以经济思想尤为丰富而深刻。本书从农业、手工业、矿业、商业与物资、财政、货币及消费理论等七个方面分别论述了《管子》书中的经济思想。后附《管子经济思想文选》,并加注释。

兵家管理哲学

李桂生著

2011 年 6 月 1 版 1 次

25.00 元

大 32 开　252 页

本书以丰富的资料,新颖的视角,严谨而细致地论述了兵家管理哲学的源流、内容及在不同阶段所表现的特征,揭示了其发展规律及内在的发展动因,初步构建起兵家管理哲学体系。

孟子逻辑之破译

程群林著

2010 年 12 月 1 版 1 次

42.00 元

20 开　280 页

作者结合了自身对儒学的理解,将《周易》与《孟子》相对比,认为《孟子》一书七篇的创作逻辑遵循了《周易》"既济"一卦的经文。

兵家修炼

三困著

2015 年 11 月 1 版 1 次

36.00 元

16 开　404 页

本书作者从事军用嵌入式系统研发工作,研习兵法典籍多年,从"兵法修炼"之大视角,糅合两书精华,在趣味性的情境中,结合历代史事及当今生活中的真实事例逐章解读兵法原典,帮助读者在领略兵法精华思想的同时,也对现代管理理念、投资哲学以致工作、生活各个方面生发更为思辨的认识和更为智慧的领悟。

荀学源流

马积高著

2000 年 9 月 1 版 1 次

19.20 元

大 32 开　360 页

荀子所倡天人相分说是孟子所倡天人合一说的鲜明对立面。本书着重阐述天人相分说,上篇论述荀子学术思想,重在揭示荀学、孟学之异;下篇论述荀学对当代及后世的影响、在曲折历史潮流中的承传与发展。

晚周辩证法史研究

宫哲兵著

1988 年 2 月 1 版 1 次

1.60 元

大 32 开　68 页

　　本书上篇着重研究"五行"、"阴阳"、"和同"、"一两"等范畴在晚周社会大变动的历史条件下，逐步萌芽、发展，直至老子《道德经》出现而使辩证矛盾观形成的逻辑过程。下篇为"《左传》、《国语》朴素辩证法思想范畴资料注评"。

言境释四章（修订本）

屠友祥著

2004 年 12 月 1 版 1 次

修订版 2011 年 10 月 1 版 1 次

精装 45.00 元

大 32 开　468 页

　　本书是关于先秦诸子所论语言问题的探讨，通过《老子》、《论语》、《庄子》、《公孙龙子》四个境界，来探讨"言"与"意"的结合状态和"言"、"意"一体的完美实现。

元典哲蕴

刘大钧主编

2004 年 12 月 1 版 1 次

55.00 元

大 32 开　560 页

　　通过对以儒佛道为基本的中国传统哲学进行专题性的深入研究，以诠释学的视野重新审视和探讨中国哲学的各种面向，并探索能促进中国哲学再呈辉煌的研究范式，从而在内容与方法上找到中国哲学在现代社会生存与发展的根据与可能性。本书所选论文的作者，既有来自海内外早已卓有成就的知名学者，又有近年来活跃于学界的新秀。

儒学释蕴

刘大钧主编

2007 年 3 月 1 版 1 次

54.00 元

大 32 开　644 页

　　2005 年在山东举行了"易学与儒学国际学术研讨会"。本书即为此次研讨会论文集的儒学卷，包括简帛儒学研究、先秦儒墨思想研究、经学研究、唐代哲学研究、宋明理学研究、清代儒学研究、现代新儒家与儒学现代价值研究、儒家哲学与文化综论、中国哲学综论、中国台湾儒学研究等十个方面的内容，真实地反映了当今国内和国际上儒学研究的水平和现状。

中国前期文化—心理研究

王锺陵著

2006 年 8 月 1 版 1 次

56.00 元

16 开　560 页

　　本书是作者所著《中国中古诗歌史》的拓展和延伸：以人猿揖别为逻辑起点，追溯到原始人类文化心理的萌生、各民族文明的发展及其分流；对中华文明而言，迄至封建社会的鼎盛期盛唐（故曰"中国前期"）。从中西神话思维特点的比较中，从原始意识中发掘中国思想文化的根源，由此下及于文明之分流，从而勾画出中国文化思想的独特路径。

先秦儒家诚信思想研究

王公山著

2006 年 7 月 1 版 1 次

26.00 元

16 开　242 页

　　本书依次以《尚书》、《诗经》、《论语》、《大学》、《中庸》、《孟子》、《荀子》等儒家经典为研究对象，论述了先秦儒家诚信思想的主要内容、思想特色及其对后世的影响，反映了诚信思想发展演变的历史轨迹与规律。

先秦数学与诸子哲学

周瀚光著

1994 年 12 月 1 版 1 次

5.90 元

大 32 开　76 页

　　本书论述先秦数学与诸子哲学的关系，涉及的主要问题是：先秦数学发展的哲学意义；数学的发展对哲学思维的作用和影响；先秦诸子数学的哲学基础；先秦诸子哲学对数学发展的作用；先秦诸子哲学思想和数学思想在人类认识史和科学思想史上的地位和价值。

商鞅及其学派

[马来西亚]郑良树著

1989 年 6 月 1 版 1 次

4.90 元

大 32 开　152 页

商鞅是我国战国时期秦国的重要政治家、思想家，《商君书》是研究商鞅学派最重要和最基本的文献。本书作者认为该书是商鞅及其后学在不同时期分别撰述的结果，解决了书中许多不同观点的矛盾，考察了这个学派产生、成立和发展的全过程。

稷下钩沉

张秉楠辑注
1991 年 6 月 1 版 1 次
4.75 元
大 32 开　168 页

战国时期齐国的稷下学宫，是当时各国学士的荟萃中心，稷下学者的学术观点，对后代也产生了深远的影响，成为我国哲学思想史研究中的重要课题之一。全书分学宫、人物、论议三编，考察学宫地理位置，搜集学者佚言佚事，分类辑录他们的言论，并作简注。文后附"稷下大事简表"和"有关稷下学宫和人物论文资料索引"。

两汉思想史

祝瑞开著
1989 年 6 月 1 版 1 次
平装 6.60 元　精装 9.60 元
大 32 开　220 页

汉代是我国历史上一个很重要的时期，中华民族的主体汉族就在此时期形成。汉代哲学思想，上承先秦，下启魏晋，地位十分重要。但新中国成立以来还没有出过一本研究汉代思想的专著，本书填补了这一空白。作者不为成说所囿，提出了许多新观点、新见解。

论衡举正

孙人和撰
1990 年 6 月 1 版 1 次
2.10 元
32 开　80 页

东汉王充的《论衡》，在我国学术思想史和文化史上占有十分重要的地位。后世通行的有明嘉靖、万历本，但误脱衍漏及后人妄改之处颇多。本书多运用文字、音韵、训诂方法考订，且极精审，为研究《论衡》必读的参考书。

魏晋玄学新论

徐斌著

2000 年 12 月 1 版 1 次
17.10 元
大 32 开　308 页

作者以一种较新的视角与途径，通过思想关怀(本体哲学)、社会关怀(政治哲学)和人格关怀(人生哲学)三条主线来探究魏晋时期学术文化、社会政治与人生理想的特点与内在关联。书中的不少观点不乏创见，文笔优美，表述上富有个性。

陈亮研究

——永康学派与浙江精神
卢敦基　陈承革主编
2005 年 12 月 1 版 1 次
45.00 元
32 开　350 页

陈亮是南宋著名的思想家、文学家。本书是 2004 年为纪念陈亮逝世 810 周年而召开的国际学术研讨会的论文集。其内容涉及六个方面：陈亮精神的现代阐释、陈亮哲学的义理解读、陈亮诗词的文学价值、陈亮思想的纵横比较、陈亮史迹的重新考辨、"浙学"与"浙江精神"等。

理学在浙江的传播

——以《近思录》为中心的历史考察
程水龙著
2010 年 11 月 1 版 1 次
36.00 元
32 开　236 页

作者利用自己便于查阅古籍善本的资源优势，对历史上《近思录》的各种版本、续编本、仿编本进行了梳理和比较，尤其对浙江地区《近思录》和理学的传播情况进行了深入的研究，同时对宋明时期的重要理学家亦有独特的评价。本书资料比较全面翔实，分析比较平实中肯，在地域文化研究方面有一定的参考价值。

王阳明与明末儒学

[日]冈田武彦著　吴光等译
2000 年 5 月 1 版 1 次
22.40 元
大 32 开　440 页

本书是日本著名学者冈田武彦先生的代表作之一，系统论述了王学产生的历史原因及其内容、特点、社会影响、历史作用，而且深刻地论述了王学的分化、演变和明代中后期王门各派的离合同异、学术宗旨,并以阳明学、阳明后学与明代尤其是明末其他儒学派别作了具体而微的比较。

日本阳明学的实践精神

——山田方谷的生涯与改革路径

[日]野岛透著　钱明编译

2014 年 4 月 1 版 1 次

38.00 元

32 开　304 页

　　在日本阳明学派中,生活于幕末维新期的山田方谷是一位"活用王学于实际"的实干家,有"经济实用"型的阳明学者之称。本书所要讲述的,就是山田方谷如何把源自于孔孟到阳明乃至熊泽蕃山的"全体大用"之学和"利用厚生"之道运用于藩政改革实践的梦想与过程,并欲通过可读性极强的叙述,为读者打开了解近代日本的一扇窗户。

王夫之《春秋稗疏》研究

招祥麒著

2010 年 5 月 1 版 1 次

58.00 元

大 32 开　616 页

　　《春秋稗疏》为王夫之考证《春秋》之学的重要著作,所举 122 个条目,内容涉及"书法"、"典制"、"名物"、"天文历法"、"地理"五类。本书就王夫之《春秋稗疏》全书条目,逐条深入研究,溯流求源,辨析驳正。既修正《四库提要》论其内容之说法,又指出《稗疏》有"补苴杜《注》,纠正其失"、"广览博采,渊源有自"、"创立新说,增益经解"三大特点,亦有"好疑高论,未得其当"、"引文不确,影响论断"两大缺失。作者并就王氏春秋学众作,探求其撰述时所涉之书,董理成"王夫之春秋学知见书目",有裨益学界之功。

清末变法与日本

——以宋恕政治思想为中心

杨际开著

2010 年 6 月 1 版 1 次

58.00 元

16 开　492 页

　　本书以浙江人物宋恕的政治思想为中心,结合他与同时代人物如梁启超、章太炎等在变革问题上的思想互动,及对当时知识文化界与地方上层官僚阶层的影响,通过"权原"与"法原"两个重要政治学概念将一系列相关话题串联起来,并从东亚儒家文明的整体视野来考察中国的变法思潮。

西潮又东风

——晚清民初思想、宗教与学术十讲

葛兆光著

2006 年 5 月 1 版 1 次

28.00 元

16 开　268 页

　　作者多年来致力于思想史、学术史和宗教史的研究,近年来又比较关注近代中国与周边互动的历史。在本书中,作者对于中国知识界在晚清民初这个两千年未有之巨变的时代里,面对"东洋风"与"西洋潮"的两面纠缠和夹击的情势下的种种反应,既有高屋建瓴式的评述,也有个案的析解,显豁出其独特的学术个性。

马一浮思想新探

——纪念马一浮先生诞辰 125 周年暨国际学术研讨会论文集

吴光主编

2010 年 6 月 1 版 1 次

78.00 元

16 开　564 页

　　本书集海内外知名专家、学者从多角度对马一浮的生平事迹、思想义理、文章诗词、与同时代人物(如熊十力、梁漱溟等)的交往及思想比较,乃至马一浮在中华学术文化上的价值地位等,予以深入的考察与分析。

论早期现代新儒家的宗教观

祝薇著

2011 年 5 月 1 版 1 次

25.00 元

大 32 开　212 页

　　本书以自五四运动至 1949 年为限,研究在新文化运动和文化保守主义复兴的背景下,新儒家代表人物梁漱溟、冯友兰、熊十力、贺麟等四大思想家的宗教观,对他们的相关论述进行了梳理和辨析,以展现他们的宗教态度和思想主张。

中国的现代性与城市知识分子

高瑞泉　[日]山口久和主编

2004 年 3 月 1 版 1 次

24.00 元

大 32 开　262 页

　　本书为中日学者的专题论文集,在中国的现代性与城市知识分子这一母题下,从多角度加以诠释阐发,包含中国近代学术知识的萌芽、城市的公共领域、被压迫者的教育学及话语权等诸多颇为现代的课题。

城市知识分子的二重世界

　　——中国现代性的历史视域

高瑞泉　[日]山口久和主编

2005 年 10 月 1 版 1 次

30.00 元

大 32 开　310 页

　　本书为"中国城市知识分子诸相"国际学术研讨会的论文集。共包括 8 篇论文,以人物个案和具体的观念为切入点,关注中国近代和前近代知识分子在现代化进程中的生活和思考。

一分为三论

庞朴著

2003 年 3 月 1 版 1 次

2009 年 10 月 1 版 2 次

18.00 元

大 32 开　202 页

　　"一分为三论"看似与熟知的"一分为二论"相异,但事实上,这一命题在我国五千年的文明史上早已有之。战国时名家的著作《公孙龙子》中就提出过著名的"鸡三足"的命题。本书收集了大量的古籍资料,考察了我国古代"一分为三论"的发展历史,结合辩证唯物主义的观点,对"一分为三论"作了详细的、科学的、客观的研究和分析,基本上构建了"一分为三论"这个命题体系。

中国文化的精神价值

　　——中国人文精神之检讨

赵行良著

2003 年 12 月 1 版 1 次

25.00 元

大 32 开　292 页

　　本书主要探讨中国人文精神的独特价值和当代社会如何重建人文精神的问题。作者对中西人文精神、人文精神与宗教精神、人文精神与科学精神作了异同比较。由此提出当代重建人文精神的要素是:以人道为基

本内核;个人为基本前提;自由、平等、合理与公正为基本原则。

中国人的独特智慧

　　——"持盈"话语

杨建祥著

2003 年 10 月 1 版 1 次

30.00 元

大 32 开　450 页

　　本书将散见于《老子》、《尚书》、《周易》、《淮南子》等古代典籍中"持盈"论观点和思想,归纳整理、剖析疏厘,较真实全面地反映出中国人源远流长的"持盈"话语的整体概貌和内在逻辑。

古代中国人的日本观

汪向荣著

2006 年 4 月 1 版 1 次

18.00 元

大 32 开　164 页

　　汪向荣先生研究日本历史多年,本书对于日本历史的起源、中日政治、文化交流都提出很多新的见解,厘清了理解日本历史的一些偏差。

星占学与传统文化

江晓原著

1992 年 10 月 1 版 1 次

2.55 元

32 开　118 页

　　本书从研究古代天文历法角度,阐述我国古代星象学的发展历史,将古代有关天象变化与人世间关系的传说、神话及神秘的星象占卜学说作了通俗的介绍,并分析了星占学在中国古代占据相当地位的原因。

中国古代风水术

洪丕谟　姜玉珍著

2008 年 4 月 1 版 1 次

2009 年 4 月 1 版 3 次

54.00 元

长 20 开　356 页

　　风水术是一种文化现象,它在产生过程中被统治者所利用,其中夹杂着许多迷信的成分,但有些内容还是有一定科学根据的。本书作者力求用科学的观点,探讨

中国古代的风水术问题,不失为一种有益的尝试。

中国人伦学说研究

柴文华　孙超　蔡惠芳著
2004 年 7 月 1 版 1 次
40.00 元
大 32 开　378 页

　　中国人伦学,也即人哲学或道德学。本书系统地对中国人伦学说作了梳理,既有高屋建瓴式的阐述,亦有具体而微的个案分析,立论颇新,对当今中国的道德建设亦具启发意义。

哲学入门

邬昆如主编
2005 年 12 月 1 版 1 次
2007 年 5 月 1 版 4 次
25.00 元
大 32 开　370 页

　　本书力图把西方哲学、中国哲学、印度哲学放在同一框架中叙述,即指出哲学就是教人学习如何"定位宇宙",并在宇宙中"安排人生"的总体学问等论题。本书提供了哲学如何从"知识论"入门,经"形而上学"的体,到"价值哲学"的用,来尝试完成"我是谁"以及"世界是怎么来的"的答案。

伦理学入门

林火旺著
2005 年 12 月 1 版 1 次
25.00 元
大 32 开　340 页

　　伦理学是哲学门中最关心"人间烟火"的一门学问,从哲学的角度研究道德。本书是根据当前西方伦理学教科书的内容撰写而成的,主要介绍各种重要的伦理学理论,一些基本的知识和概要认识。

中国哲学综论

程石泉著　俞懿娴编
2007 年 1 月 1 版 1 次
36.00 元
大 32 开　440 页

　　本书收录作者在中国哲学方面的论文 39 篇,根据文章主题异同分为四编,第一编"中国文化与哲学",第二编"《易经》与中国哲学",第三编"孔孟哲学",第四编"佛学评论"。

中西哲学合论

程石泉著　俞懿娴编
2007 年 4 月 1 版 1 次
36.00 元
大 32 开　448 页

　　本书荟萃了程石泉先生研究西方哲学和中西比较哲学的长短论文近百篇,分为西方古典哲学、西方现代哲学、中西哲学、思想点滴等四编。即为学不分古今中外,"言中国哲学,必以西学之缺失以彰显之,言西方哲学,必以中国哲学之立场以拣择之",最终目的就是恢复中国民族文化的自信与智慧。

中国哲学与文化复兴诠论

邓立光著
2008 年 12 月 1 版 1 次
28.00 元
国际 32 开　256 页

　　这是一本研究中国哲学及传统文化的文章合集。内容既有对儒、道两家学问的梳理和现代诠释,又有对传统文化在当代的复兴所作的深沉思考。作者曾受业于现代新儒家宗师牟宗三先生,除继承牟先生的治学方法和理念外,还特别强调学者的现实关怀和以修身为本,使本书在广泛占有文献资料的基础上将哲学思考与个人修养体验相结合。

杜维明思想学术文选

孔祥来　陈佩钰编
2014 年 8 月 1 版 1 次
精装 98.00 元
16 开　592 页

　　杜维明教授被视为当代新儒学的代表人物。本书大体勾勒出了杜教授的学思理路,对中国传统文化的人文精神与核心价值及其现代意义,对儒家传统士的德性与知性特点的揭示,对现代知识分子慧命所在的阐明,对世界文明秩序的构想,对多元文化与全球伦理之间张力的分析等,无不见解独到,精义迭出。

庞朴学术思想文选

冯建国编选
2013 年 10 月 1 版 1 次

精装 108.00 元

16 开　464 页

庞朴先生是蜚声海内外的中国古代思想史研究的大家,尤其是在儒学研究领域,是当之无愧的领军人物。本书从其学术研究成果中精选而来,主要包括四个方面的内容。其一,有关中国古代思想史、哲学史方面的研究;其二,有关出土文献、简帛、历法等方面的研究;其三,有关文化传统与传统文化的思考与研究;其四,有关一分为三的论述与研究。书末另附《庞朴学行年表简编》。

当代中国哲学史学史（全二册）

乔清举著

2014 年 6 月 1 版 1 次

精装 178.00 元

16 开　864 页

本书是对 1949 年至 1999 年五十年间中国哲学史研究的全面回顾与反思。作者对此间的事件、著述、文章、讨论进行了全面的收集整理,发掘出许多过去不为人知的材料,较为完整地呈现出了 1949 年以来中国大陆哲学研究的历史进程。

浙学研究集萃

万斌主编

2005 年 1 月 1 版 1 次

38.00 元

大 32 开　300 页

浙江古称"越",历史悠久,为中华古老文明发祥地之一,浙学,通常而言即浙江地区的学术文化。本书集当今学者对这一学科的研究成果,分别论述浙学在从汉至近代各个时期不同时代的特点及在整个传统文化中的地位。

思想与文献

李若晖著

2010 年 5 月 1 版 1 次

36.00 元

大 32 开　280 页

本书收录了作者近年来发表的论文、札记 20 余篇,内容涉及思想、文献、语言文字等诸多领域,征引翔实,论证谨严,在前贤时人的研究基础上,亦有创获,足见作者深厚的文献功底和宽广的学术视野。

智慧之境

高瑞泉著

2008 年 8 月 1 版 1 次

38.00 元

16 开　264 页

本书收入作者十多年来撰写的学术随笔 30 余篇,主要涉及中国近代思想史上重要的人物、事件以及哲学问题,对此阐述自己独到的见解。这些随笔语言流畅,一改学院派论文晦涩艰深的文风,在深入浅出地讲述学术史上的人物、事件时,不时有深刻的见解流淌而出,并且显示了作者一贯坚持的哲学研究必须要做社会史还原的观点,反映了作者在学术研究中的独特风格。

心灵治疗与宇宙传统

[法]仁表著　刘美伶译　李辛　徐雅蓉校

16 开　150 页

2012 年 12 月 1 版 1 次

56.00 元

本书指出,数千年来那些伟大的传统所流传下来的普世法则,即生命法则,都经由遗传学密码中 DNA 的功能而得到了权威性的诠释。治疗学不仅可适用于实质上的身体和生理,而且也适用于各种不同的精神性功能与其对应的能量。

（四）宗 教 研 究

觉群佛学译丛

隋唐佛教文化

[日]砺波护著　韩昇　刘建英译

2004 年 12 月 1 版 1 次

2005 年 5 月 1 版 2 次

28.00 元

18 开　226 页

本书以文献学为基础,从历史学角度对隋唐佛教的生存状态与发展方向进行研究,上篇主要考察佛教在东亚世界的传播,及传播过程中同中国儒道两家的矛盾冲突与朝廷在不同的背景下所采取的不同政策。下篇通过对唐代一些重要碑铭的考察研究,为上篇的主题作具体的印证与说明。

中国5—10世纪的寺院经济

[法]谢和耐著　耿昇译
2004年12月1版1次
2005年5月1版2次
55.00元
18开　440页

　　本书是迄今为止法国研究敦煌经济文书的唯一一部重要著作,书中根据汉文典籍、中外佛典和敦煌文书分析了从南北朝到五代期间中国寺院经济,考察佛教在中国的适应过程,解剖了寺院经济在佛教戒律和制度与世俗经济社会双重背景下的状况及特点。

印度和锡兰佛教哲学

——从小乘佛教到大乘佛教
[英]A.B.凯思著　宋立道　舒晓伟译
2004年12月1版1次
2005年5月1版2次
48.00元
18开　384页

　　本书以历史为线索,用哲学的方法考察、研究印度佛教的产生与发展,着重探讨了佛陀创教与当时印度社会宗教思想的关系、佛教哲学的发展与演进过程中部派的分裂及其相互的关联、由小乘到大乘的内在逻辑与各自的特点、龙树的中观哲学与商羯罗哲学的关系等。

修剪菩提树

——"批判佛教"的风暴
[美]吉米·霍巴德　保罗·史万森主编
龚隽　冯焕珍　周贵华　刘景联等译
2004年12月1版1次
2005年5月1版2次
56.00元
18开　458页

　　"批判佛教"是20世纪末日本佛学界出现的带有一定文化背景的学术流派。本文集所收论文,比较全面地反映了该学派的思想与所涉及的理论问题,以及东西方佛教学者的各种回应。

般若思想史

[日]山口益著　肖平　杨金萍译
2006年9月1版1次
2010年9月1版2次
16.00元
18开　96页

　　般若思想为大乘佛教的理论主干,从思想渊源上讲,无论是瑜伽唯识还是如来藏,净土教还是佛教,都可以视为大乘般若思想的展示。本书作者为上世纪日本著名佛教学者,精通梵、藏、汉等语种,精于中观、唯识两派学术思想,在充分把握原典的基础上,揭示中观、唯识两派思想的内涵,试图从学术发展史的角度,通过"般若"理念会通中观、唯识及如来藏思想,并从宗教实践的角度对如来藏思想的产生予以深入探究。

中国佛教的复兴

[美]霍姆斯·维慈著　王雷泉等译
2006年12月1版1次
36.00元
18开　258页

　　中国佛教在经历了上千年的沉寂后,至19世纪末,在诸多因缘之下,再度呈复兴气象。在清末民初特定的时空背景下,如何处理佛教传入中国后与中国固有文化长期相磨相荡中所积淀下来的诸多问题,同时回应西方思潮冲击所生出的新问题,是一个极其复杂且又有研究价值的课题。作为一名西方学者,作者在大量的资料积累、实地考察访谈的基础上,梳理分析,尽可能地做到如实、公正。

善与恶

——天台佛教思想中的遍中整体论、交互主体性与价值吊诡
[美]任博克著　吴忠伟译　周建刚校
2006年12月1版1次
43.00元
18开　406页

　　本书作者以纯粹的"现在主义者"的态度,以人类历史上最大规模的两种不同文化——中国文化与印度文化,即汉语系与印欧语系的交涉及其结晶天台宗为案例,进行纯逻辑、哲学性的分析。通过对天台宗哲学中最富吊诡意义的性具善恶说的诠释,阐述作者本人的哲学理念及对未来文化的理想,同时隐喻了作者对近代以来西方哲学传统主流中善恶二元对立冲突紧张的不满。

中国净土思想的黎明

——净影慧远的《观经义疏》
[美]肯尼斯·K·田中著　冯焕珍　宋婕译

2008 年 11 月 1 版 1 次

36.00 元

18 开　192 页

被尊为隋代"三大师"之一的净影慧远，是中国佛教思想史上一位重要人物。慧远的一部《观经义疏》，对西方净土理论的阐述多有见地，并产生相当的影响，但在中国净土宗的谱系里，慧远却未能配享祖师之位。导致这样的原因，是他的净土思想不为净土宗大师所接受，他的理论被历代净土宗行者所忽视或受到曲解。美国著名佛学教授、国际真宗学会会长肯尼斯·K·田中在本书中，通过极细致的文献梳理与辨析，揭示慧远净土思想的特点，并进而对其在净土宗的地位予以重新评估。

佛教解释学

[美]唐纳德·洛佩兹编　周广荣 常蕾 李建欣译

2009 年 12 月 1 版 1 次

40.00 元

18 开　293 页

解释学，作为一种哲学思潮，当然应该说是西方的，但其藉以成学的研究方法，却没有时空的囿限。尤其是这一学科自身历史的特性，对理解、透入宗教的神圣性与隐秘性具有独特的效果。本书讨论的范围相当广泛，从原始佛教、部派佛教，到大乘佛教的禅、净、密等各宗派；地域上涉及印度、中国、日本、朝鲜等历史上佛教盛行的各个国家。作者大多为西方这个领域的代表人物。内中的论文，不仅有十分谨严、细腻的理论诠解，也有相当充分的文献征引，读后给人以莫大的启发。

天台哲学的基础
　　——二谛论在中国佛教中的成熟

[美]保罗·L·史万森著　史文 罗同兵译

2009 年 2 月 1 版 1 次

38.00 元

18 开　222 页

"真"、"俗"二谛观念，为佛教哲学一对基本概念，也是整个佛教思想史的一组关键词。二谛论随着印度佛教般若中观学在中国的传入，为两晋以来中国佛教学者所重视，在历代高僧的研究、阐发中，逐渐形成一套成熟的观念体系，其中天台宗创始人智顗对此的贡献尤为突出与重要。智顗的三谛论，不仅丰富并发展了二谛论，且对以后的中国佛教思想及整个中国哲学影响深远。本书作者为美国著名佛学专家，尤以研究天台、中观哲学见长。作者通过对智顗的代表作《法华玄义》的

文本解读与哲学分析，揭示了二谛论在中国佛教哲学史上的接受——诠释——发展的过程。作者的研究完全依佛教思想的内在理路予以分析考察，得出十分中肯、贴切、令人信服的结论。此特点，完全不同于大多数西方学者研究东方学的路径，从而使本书具有较高的学术价值。

走进中国佛教
　　——《宝藏论》解读

[美]罗伯特·沙夫著　夏志前 夏少伟译

2009 年 12 月 1 版 1 次

50.00 元

18 开　388 页

《宝藏论》是托名东晋著名佛教哲学家僧肇的佛学著作，收在《大正藏》第45卷，页面仅占数页，篇幅不大，且文体松散，思想庞杂，表面看缺乏学理上的严谨，似无甚哲学价值，然在中国佛教界，本文却经常被唐宋间许多佛学大师所征引。正是这个独特的现象，引起了本书作者的敏感，看到了其在思想文化史上的价值。作者基于深厚的学术功底与对汉文文献的熟稔，通过对文本的深入研究，梳理出内中儒道佛思想的共同来源，并由此证成作者所认为的中国佛教是三家合一的结论。

顿与渐—中国思想中通往觉悟的不同法门

[美]彼得·N·格里高瑞编　冯焕珍等译

2010 年 3 月 1 版 1 次

50.00 元

18 开　414 页

"觉悟—解脱"，是一个次第分明的渐修过程，还是自性的直接证入，一了顿了？佛性为本有，还是始有？成佛被视为本性的回归，还是历经万劫后的功德圆满？是悟后修，还是修后悟？……这些传统中国佛教中纠缠千百年的问题，可归结为佛教的一组重要概念——顿与渐。或许，对于真正的学佛者来说，只有径直修行，不存在这些观念上的困扰。但对学术研究而言，从哲学史、思想史的角度深入考察这些概念的产生与演变，及在不同语境下的意义，对于我们从知识层面上了解中国佛教无疑具有正面价值。

明末清初的思想与佛教

[日]荒木见悟著　廖肇亨译

2010 年 6 月 1 版 1 次

36.00 元

18 开　222 页

　　荒木见悟先生为日本研究中国思想史与佛教的知名专家，为学界尊称的"九州三老"之一。他基于对文献的精熟，并以思想史的理路，对明末清初儒佛思想的特点及两家的交涉，由个案到整体予以深入的考察并给出独到的见解。本书既对思想观念内涵的演变有清晰的勾勒与梳理，又能跳出儒佛优劣的门户之见，对两家思想传统给予同情的理解及恰如其分的评判。而作者对大陆学界教条式的研究套路的批评，也极中肯到位，极富启发性。

正统性的意欲
——北宗禅之批判系谱
[法]伯兰特·佛尔著　蒋海怒译
2010 年 12 月 1 版 1 次
45.00
16 开　330 页

　　本书以神秀为中心，发现了许多被遗忘和改写的北宗禅历史和思想的踪迹，并以之与天台、华严、密宗等关系予以梳理，同时给出新的阐述，其中涉及过去学界未曾留意或研究不够深入的课题很多。尤其值得注意的是，作者以"正统性意欲"这个具有权利学话题的概念来审视禅学内部的学派之争，虽说难免会将宗派、思想间的问题简单化、政治化，但仍不失为一种学术研究的角度。

中国六世纪的心识哲学
——真谛的《转识论》
[美]蒂安娜·保尔著　秦瑜　庞伟译
2011 年 9 月 1 版 1 次
36.00 元
18 开　186 页

　　本书主要研究了真谛的《转识论》。讨论了真谛的生平，分析了真谛身处印度和中国南方时的历史和政治背景，以及他的主要弟子在传播其作品的过程中所起的作用，阐述了真谛对瑜伽行派关于语言和心识流转过程的思想体系的分析，并对《转识论》进行了翻译和注解。

佛教伦理学导论：基础、价值与问题（全二册）
[英]彼得·哈维著　李建欣　周广荣译
2012 年 12 月 1 版 1 次
88.00 元
18 开　552 页

　　本书旨在向对佛教感兴趣的学生、学者、广大读者系统介绍佛教伦理学。作者充分利用佛教经典和有关佛教徒行为的历史记载以及当代记录，描述了现在的佛教伦理学并对其各种观点进行评述，还把佛教伦理学应用到一些新的领域中去。

知识与解脱：促成宗教转依体验的藏传佛教知识论
[美]安妮·克莱因著　刘宇光译注
2012 年 12 月 1 版 1 次
38.00 元
18 开　240 页

　　本书通过探讨藏传佛教格鲁派经量部的"二谛"论、对象的分类、不同对象在知觉认知与概念认知建立起的知识论、修辞中"否定"的运作及其在语言功能中的作用等一系列问题，揭示知识与解脱的逻辑关系。同时，作者又将这类知识论的问题与西方哲学的相关课题结合考察、阐释，从而使本书的论阈更为宽阔。

万法唯识
——唯识论的哲学与教理分析
[美]托马斯·伍德著　晏可佳　罗琤　黄海波译
2015 年 3 月 1 版 1 次
52.00 元
16 开　216 页

　　唯识学这门出于古印度又在中国继续得到传扬的古老学问，素以艰涩深奥著称。本书作者取唯识学两部重要典籍《唯识二十论》与《成唯识论》，并参考其他诸类唯识学重要文献及今人的学术成果，结合西方哲学的理路，诠释概念，解读文本，并进而勾勒出唯识学的结构体系，揭示其在整个瑜伽行派中的性质地位。

北宗禅与早期禅宗的形成
[美]马克瑞著　韩传强译
2015 年 3 月 1 版 1 次
78.00 元
16 开　328 页

　　本书是一部西方学者研究中国禅宗史的名著，作者旨在探寻早期中国禅宗史的真相，重点在恢复禅宗北系（北宗）的历史原貌，及其对惠能之后中国禅宗（南宗）发展的影响，并在此基础上予以以神秀为代表的北宗禅相对的历史地位。书中的许多观点与国内学界多有不同，如对"南顿北渐"的评判、"金刚与楞伽"性质等，甚至还提出了南宗是基于北宗发展起来的，"没有北宗，就不可能有南宗"这样"另类"的观点,具有很高的学术参考价值。

戒幢佛学丛书

真理与谬论
——《辨中边论》探微
济群著
2004 年 4 月 1 版 1 次
2007 年 11 月 1 版 2 次
30.00 元
大 32 开　398 页

本书据济群法师为闽南佛学院讲授唯识学名著《辨中边论》的讲义整理而成。此论由古印度弥勒造,世亲释,玄奘译成汉文,辨析"中道"真理与"边见"谬论之关系。作者以现代人能理解的方式进行通俗而有条理的阐述和讲解。

菩提心与道次第
济群著
2005 年 9 月 1 版 1 次
2007 年 11 月 1 版 2 次
28.00 元
大 32 开　400 页

本书结合藏传佛教"道次第"的内容,具体而细微地抉发"菩提心"的精蕴,标示循序渐进的学修过程,使菩提心与空性见圆融一体,真正体现大乘佛教的精神。并新编《道次第略论目录》。本书还拈出在教界广泛传诵的《华严经·普贤行愿品》,条分缕析其中"十大愿王"的真谛。

入菩萨行论广解
寂天造论　杰操广解　隆莲译述
2005 年 9 月 1 版 1 次
26.00 元
大 32 开　370 页

发菩提心、修菩萨行是大乘佛教的核心思想,而古印度中观学派论师寂天的《入菩萨行论》便是阐发大乘菩萨行的要典。本论以有韵的颂文写成,号称千颂。有梵、汉注家多种,本论取杰操注,名为"广解"。建国后,由"当代第一比丘尼"隆莲法师会通杰操广解译为汉文。

认识与存在
——《唯识三十论》解析
济群著
2006 年 11 月 1 版 1 次
2014 年 7 月 1 版 3 次
32.00 元
大 32 开　408 页

《唯识三十论》是佛教法相唯识宗的核心论著,由唐代著名的玄奘大师译成汉文。法相唯识宗的名相浩繁,读者多望而生畏。济群法师以现代通俗的语言,提出"唯识学九大要义",并对三性三无性、八识、种子等概念条分缕析,并在"三能变"部分,重点探讨了人类认识的奥妙——八识五十一心所。

中国佛教百科全书

中国佛教百科全书(全八册)
赖永海主编
2001 年 3 月 1 版 1 次
盒装 258.60 元
大 32 开　3580 页

本丛书从经典、教义、历史、宗派、人物等十余个方面,全面系统地再现了中国佛教及中国佛教文化的总体面貌及其发展的历史。其中,既有基本知识的介绍,又有主要义理的阐释;既有历史发展的概述,又有个案的深入剖析,等等,是国内第一部门类最全、涵盖最广、篇幅最长、品位最高的佛教百科全书。

中国佛教百科全书·经典卷
陈士强著
2000 年 12 月 1 版 1 次
30.10 元
大 32 开　478 页

本卷对重要佛教经典的结集、分类及撰译者、基本思想及其在佛教史上的地位,作全面扼要的讲评。尤其对密教经轨的成立与发展,汉文大藏经源流与版本皆有深入探研。

中国佛教百科全书·教义卷、人物卷
业露华　董群著
2000 年 12 月 1 版 1 次
30.30 元

大 32 开　486 页

本书"教义"部分探究古代印度社会思想,简明述介佛陀出家修证过程,佛法义理,分类进行阐析与评述。本书"人物"部分深入介绍佛教人物的生平境遇、心路历程、思想特色、时代地位与历史贡献。

中国佛教百科全书·历史卷

潘桂明　董群等著

2000 年 12 月 1 版 1 次

30.50 元

大 32 开　490 页

本书探研佛教传入中国的传说与路线,析述佛教之演变、学派的形成等。对佛教历史发展的社会历史根据、思想文化背景等进行了梳理剖析,以有限的篇幅展现中国佛教的历史衍变和发展大势。

中国佛教百科全书·宗派卷

潘桂明著

2000 年 12 月 1 版 1 次

26.50 元

大 32 开　410 页

本书对中国佛教史上从魏晋南北朝般若学"六家七宗"到隋唐佛教的四大宗派各自的思想渊源、学术传承、基本义理以及各派之间的相互联系及此消彼长等,进行了颇为深入论述与辨析。

中国佛教百科全书·仪轨卷

杨维中等著

2001 年 1 月 1 版 1 次

24.20 元

大 32 开　360 页

中国佛教的制度仪轨,有些承继于印度佛教,有些则颇具中国特色。本书对中国佛教的寺院殿堂、教职教制、节日礼仪乃至罗汉诸天等都有较详尽具体的介绍与述评。

中国佛教百科全书·诗偈卷、书画卷

张宏生　章利国著

2001 年 1 月 1 版 1 次

47.00 元

大 32 开　596 页

本卷"诗偈"部分精选近 200 篇诗词偈句,深刻地剖析了这些诗篇的文学意韵,着重揭示其中所蕴涵的佛学禅趣,通过比较分析的方法,探讨了禅与中国古代诗歌之间相互渗透和相互影响。"书画"部分则采取个案分析与历史叙述相结合的方法,较深入地揭示出禅趣与中国古代书画的相互关系。

中国佛教百科全书·雕塑卷

刘道广著

2001 年 1 月 1 版 1 次

30.00 元

大 32 开　280 页

中国佛教艺术是随着佛教传入路径传播的,本书准此依序介绍佛教雕塑艺术形成中国特色的发展过程,乃至题材、造型、装銮,均以典型作品为例展开论述。书末附有塑像尺寸解说,及《元代画塑记·佛像》注解,可供造像专业人士参考。

中国佛教百科全书·建筑卷、名山名寺卷

鲍家声等著

2001 年 1 月 1 版 1 次

40.00 元

大 32 开　480 页

本书"建筑"部分对中国佛教建筑之历史发展、各派佛教寺院之布局、各种佛教殿堂之结构及其特征乃至典型之佛教建筑如寺塔、经幢等,都进行了介绍和评价。"名山名寺"部分除了对中国佛教四大名山详细介绍外,还收录了全国著名寺院数百个,对其地理位置、人文景观、创寺高僧和宗派特色、历史沿革和现存规模都进行较为具体的介绍与点评。

佛教常识丛书

神州佛境

——佛山·佛寺·佛塔

苏浙生著

2003 年 8 月 1 版 1 次

17.00 元

大 32 开　268 页

本书除介绍"四大名山"外,还重点介绍了中国著名的佛寺、佛塔。在介绍中,不时插入有关佛教的知识传闻和掌故。图文并茂,通俗易懂。

佛门谱系

——佛·菩萨·罗汉·诸天·高僧·人物

罗颢著

2003 年 8 月 1 版 1 次

17.00 元

大 32 开　258 页

　　本书为一本普及性的"佛门列传",分"印度篇"和"中国篇"两部分。上篇主要介绍佛菩萨的来龙去脉和主要特点,包括释迦牟尼、阿弥陀佛、药师佛、弥勒佛和著名的"四大菩萨",还介绍了佛陀的主要弟子以及护法天神和善财、龙女,阿育王、马鸣等;下篇介绍自佛法东渐直至近代中国佛教的代表性人物。

法海慈航

——佛教典籍·法系宗派

止湖著

2003 年 8 月 1 版 1 次

19.00 元

大 32 开　296 页

　　本书第一部分介绍了三十多部流行于华夏的有代表性的佛教典籍和中国历代佛教论述中的名作二十余种,八种著名的佛教类书集传;第二部分介绍印度佛教五大法系,中华佛教八大宗派以及禅宗五家。

晨钟暮鼓

——清规戒律·节日风俗·法器僧服

赵慧珠著

2003 年 8 月 1 版 1 次

14.00 元

大 32 开　220 页

　　本书介绍了佛寺中的清规戒律和制度,包括寺院的来历,出家人的种类、职事选举和佛事活动等;与世俗社会关系较密切的佛教节日和风俗及木鱼、钟鼓等法器和僧人的服饰。

镜花水月

——佛教譬喻、故事和传说

程观林著

2003 年 8 月 1 版 1 次

12.00 元

大 32 开　184 页

　　佛教在弘传的过程中,极善于运用生动的譬喻和通俗的故事,来反映深刻、玄妙的义理。本书共七十余篇,既有来自印度佛典的譬喻、故事,也有中国禅宗等的公案、机锋,还有民间的种种逸闻趣谈。

花雨缤纷

——佛教与文学艺术

罗伟国著

2003 年 8 月 1 版 1 次

大 32 开　240 页

15.00 元

　　本书大量列举具有代表性的作品,从诗偈、歌谣、楹联、变文、小说、戏曲、音乐舞蹈、书法、绘画、雕塑等十个方面介绍佛教与文化艺术的关系。

基督教与中国研究书系

文本实践与身份辨识

——中国基督徒知识分子的中文著述(1583—1949)

李炽昌主编

2005 年 12 月 1 版 1 次

35.00 元

32 开　340 页

　　本书是两岸三地的学者在香港召开的"文本实践与身份辨识"学术会议的论文结集。主要探讨了两个问题:一是那些精通中国经典的中国基督徒知识分子,如何重新阅读和解释中国典籍与基督教《圣经》这两个正典,以及这两个正典之间如何互动、整合。另一是这些身处传统中国社会文化和宗教氛围中的中国基督徒知识分子如何来确定自己身份的问题。

传播学视角中的艾儒略与《口铎日抄》研究

罗群著

2012 年 5 月 1 版 1 次

32.00 元

大 32 开　248 页

　　在利玛窦去世(1610 年)之后,耶稣会的传教方向有一个从上层至下层、从中央到地方的明显转向,这种转向的代表是艾儒略。本书通过细读艾儒略《口铎日抄》,展现艾儒略在闽中传教的情形,分析其特点,从传播学和文献学两方面来梳理这段比较特殊的传教历史。

革命之火的洗礼：美国社会福音和中国基督教青年会,1919—1937

[美]邢军著　赵晓阳译

2006 年 9 月 1 版 1 次

25.00 元

大 32 开　236 页

　　美国社会福音在中国的影响形成了中美文化关系史上复杂而有意义的篇章。本书考察这种充满了美国本土宗教、社会和文化特征的改革思想,在 20 世纪初期被基督教青年会引进到中国,并被运用于中国的政治、社会和文化环境的历史与影响,为跨文化交流,进而为在不同文明的两个国度之间跨文化碰撞历史提供了一幅独一无二的画卷。

基督教与中国文化

吴雷川著

2008 年 7 月 1 版 1 次

24.00 元

大 32 开　232 页

　　吴雷川先生是中国近代著名的教育家和中国基督教激进思想家,中国本色神学的开拓者之一,1925 年担任燕京大学校长。本书通过对基督教基本教义的分析、梳理,提出基督教与中国文化能够互相融合的因子,并进行相互比较,与当时中国社会的具体现实联系起来。作者在中国文化与基督教融合上的远见卓识,对于目前和谐社会的建构,至今仍有积极的借鉴意义。

圣号论衡

——晚清《万国公报》基督教"圣号论争"文献汇编

李炽昌主编

2008 年 8 月 1 版 1 次

32.00 元

大 32 开　332 页

　　《万国公报》是中国近代历史上著名的出版物,在传播西学、启发民智方面发挥了巨大的作用。《万国公报》从 1877 年的第 448 卷开始到翌年的第 495 卷结束,共发表有关圣号翻译的论争文章 60 余篇(包括《公报》编者的评论),这些文章是我们今天了解基督教中国传教士、《圣经》中文翻译史乃至中西方文化交流史的珍贵史料。本书即是这些文章的汇编。

宗教社会学译丛

基督教的兴起

——一个社会学家对历史的再思

[美]罗德尼·斯塔克著　黄剑波 高民贵译

2005 年 9 月 1 版 1 次

24.00 元

大 32 开　320 页

　　对于基督教兴起原因及过程的研究,本书别具一格,作者采用了社会学的分析方法,包括理性选择理论、社会网络、动态人口模型、社会流行病学、宗教经济模式等等。历史材料被更有解释力的理论所运用,呈现出与传统的历史研究所截然不同的状态。

世界的非世俗化

——复兴的宗教及全球政治

[美]彼德·伯格等著　李俊康译

2005 年 9 月 1 版 1 次

16.00 元

大 32 开　180 页

　　本书汇集了七篇专题论文,从复兴的宗教及全球政治入手,论及各主要宗教在世界范围内的世俗化与非世俗化之间的深刻变化趋势,对全球政治所产生的深远影响。

宗教的七种理论

[美]包尔丹著　陶飞亚等译

2005 年 9 月 1 版 1 次

32.00 元

大 32 开　450 页

　　宗教学是 19 世纪中叶开始在欧洲逐渐建立起来的。经过泰勒和弗雷泽、弗洛伊德、马克思、伊利亚德、普里查德、格尔兹等几代学者的努力,其理论不断完善,方法不断更新,形成了一门系统的科学。本书从以上七位思想家的宗教理论出发,在具体论述中,既有一定的背景介绍,更有精当的分析与批评,并详尽罗列了进一步阅读书目和知识点。

世界宗教入门

佛教

阿部正雄著　张志强译

2008 年 2 月 1 版 1 次

12.00 元

大 32 开　140 页

　　阿部正雄生于日本,毕业于京都大学,为佛教禅学在欧美的卓越阐释者。四十多年来他一直任教于西方一流大学,致力于东西方思想的了解和沟通,并试图使禅的精神注入西方理智结构和宗教传统中。代表著作《禅与西方思想》曾获得美国宗教学会颁发的杰出宗教学贡献奖。作为一本佛教导论书,作者不论是对历史发展上的上座佛教、大乘佛教和秘密佛教,还是对结构上的佛、法、僧,以及教义上的四谛与缘起论,都有简洁清楚的论述。在有限的篇幅中,使读者有"教外别传,直指本心"的启发。

儒教

杜维明著　陈静译

2008 年 2 月 1 版 1 次

15.00 元

大 32 开　180 页

　　本书作者现为美国哈佛大学讲座教授。作为国际汉学界和当代新儒家的代表,杜维明的研究以中国儒家传统的现代转化为中心。作者以精简的篇幅展现出他以简驭繁的能力。他以道—圣人—经典—儒者这样的"四象性"穿织起东亚历史的大脉络,以个人—群体—自然—上天这一条连续性的线索作为总纲领,接着论及儒家精神在历史中的开展,清楚生动地勾勒出儒家的形象。

道教

刘笑敢著　陈静译

2008 年 2 月 1 版 1 次

15.00 元

大 32 开　168 页

　　本书是当代中国著名道家道教研究者刘笑敢教授向西方读者介绍东方智慧而用英文撰写的,全书全面而又深入浅出地介绍了中国道家和道教的智慧。英文 Taoism 兼含哲学性道家与宗教性道教,但国内学界习惯于将其区分为哲学和宗教,作者在书中指出道家与道教在生命观上同异的同时,试图打通道家和道教间的关节。作者在书中试图阐释道家思想对于国人的启发:现代人过度强调生产、再生产,因而伴随紧张和冲突,而道家的智慧则提醒放下、放空,让自己有空间也让他人有空间,如此才会激发生活的活力。

基督宗教

哈维·寇克斯著　孙尚扬译

2008 年 2 月 1 版 1 次

14.00 元

大 32 开　148 页

　　本书为美国哈佛大学神学院教授寇克斯所撰写的基督宗教的入门书。作者从耶稣开始,巧妙地列举基督宗教传统中的决定性人物,说明他们不同的个性和表现,以及在何种层面上,为这个世界性的宗教构成一幅多姿多彩的图画。另一方面,作者也为我们说明在当前众多的基督教派之间,仍为大多数基督徒所遵从的节庆和教义,以及这些仪式对教徒生活的引导作用。最后,作者还介绍了基督宗教的最新发展

伊斯兰教

萨义德·侯赛因·纳速尔著　王建平译

2008 年 2 月 1 版 1 次

2010 年 3 月 1 版 2 次

18.00 元

大 32 开　220 页

　　将伊斯兰视为一种宗教,不仅因为它彰显了超过十二三亿穆斯林人口的生活之道,更因为伊斯兰及其文明在欧美文明的起源和发展过程中,其实扮演了比一般认为的更为重要的角色。而且伊斯兰教是亚伯拉罕一神教体系的重要分支,如不对其进行研究,那么犹太教和基督教所属宗教体系的整体知识将会有所欠缺。本书作者为现代伊斯兰思想大家,他以深入浅出的文字勾勒了一千多年伊斯兰文明的全貌。

犹太教

雅各·纽斯纳著　周伟驰译

2008 年 2 月 1 版 1 次

12.00 元

大 32 开　140 页

　　本书介绍了犹太教的形成历史、经典、教义、仪式、节庆、日常生活等重要议题,力图为读者厘清一个可以真正理解犹太教的方向。作者认为,犹太教能够在困厄的环境中生存下来,并且每次在经过死荫幽谷后,能奇迹般地浴火重生,展开新的面貌,秘密在于其内在的逻辑,能够说服信仰者,解答他们在不同时代、不同地区所遇到的各类问题。作者并依此解释了犹太教的性格与犹太人的遭遇,特别是关注第二次世界大战中对犹太人的大屠杀之后,犹太教的现代转折。

印度教

沙尔玛著　张志强译
2008 年 2 月 1 版 1 次
14.00 元
大 32 开　148 页

本书不仅概述了印度教的历史、结构、当代形式和基本文献，以及其运作方式，而且阐述了印度教的政治经验，以及当代研究印度教，可以学习到什么。印度教的多元性特点历来就为人所注意，作者把多元性归结为各式各样的"瑜伽"之道，其中主要是行动瑜伽、虔信瑜伽和智慧瑜伽三种，每种瑜伽均可达到解脱之途。同时作者认为这种多元性特点，对今日世界各大宗教间的对话，具有积极意义。

民族宗教研究丛书

神圣与世俗
——藏传佛教研究论集

才让主编
2011 年 9 月 1 版 1 次
54.00 元
大 32 开　472 页

本书是西北民族大学部分学者关于藏传佛教的学术论文合集，分别从历史传播、思想教义、伦理道德、文献解读、文化影响等角度，对藏传佛教进行了研究和探讨，共收入了才旦夏茸、唐景福、多识、才让、牛宏、唐吉思等研究者的 26 篇论文。

伊斯兰教与中国穆斯林文化论集

丁俊　金云峰主编
2014 年 6 月 1 版 1 次
58.00 元
32 开　456 页

本书共收入西北民族大学的学者关于伊斯兰教与中国穆斯林文化方面的学术论文 24 篇。文章作者既有业已退休的学术前辈，也有目前正在担当科研重任的中青年学术骨干，还有在学界崭露头角的后起之秀。入选论文基本上都是改革开放以来，特别是近年来在重要学术刊物上公开发表的上乘之作，涉及伊斯兰教教义学理以及中国穆斯林历史文化的诸多方面，不少文章颇具原创价值，学术水平较高。本书较为集中地体现和展示了西北民族大学在相关领域研究方面的成绩和特色，不仅内容广泛，资料丰富，而且联系实际，关注前沿，因此具

有较高的学术价值和重要的现实意义。

佛　教　研　究

佛法概要

明旸著
1998 年 8 月 1 版 1 次
2009 年 11 月 1 版 6 次
28.00 元
大 32 开　348 页

本书从佛教的起源、发展，到佛教在中国的流传、演进，以及佛教的基本义理和修习实践方法都有详细的介绍。另外，本书还有在民间流传很广的五大菩萨、十大罗汉的传记，及许多佛教传闻故事。

佛法概论

印顺撰
1998 年 6 月 1 版 1 次
2014 年 9 月 1 版 8 次
16.00 元
大 32 开　180 页

本书是佛教入门书，简明、系统、深入浅出地介绍佛教基础理论。书中对一些佛学基本观念的看法，如大小乘的区别、一法印、三法印的关系等，也多有创见；对有关佛法的一些不确切理解，也有所驳正。

佛陀的智慧

陈兵著
2006 年 1 月 1 版 1 次
2016 年 6 月 1 版 10 次
32.00 元
大 18 开　316 页

本书以南北传佛教界和学术界共认的汉译《阿含经》、《本事经》、律藏，及今译南传《尼柯耶》等为基础，以佛说大乘经为补充，力图对佛陀的众多言传身教做出准确客观的归纳整理，对佛陀的思想做出使一般人容易读懂的现代阐释。并精选 53 种篇幅短小的佛所说经，分别附录于各章之后。书中还附有主要选自《阿含经》的《佛言集粹》，加以注释。

佛学别裁

劳政武著

2009 年 7 月 1 版 1 次

45.00 元

20 开　396 页

　　本书是一部"教"、"学"并重,以佛学基本义理与佛教传播历史为两大叙述主线,适合现代人阅读的佛学(教)概论性著作。本书的特色,一是内容全面,表述准确平实。二是主线明确,以佛教四圣谛为纲目,来贯摄一切佛学,层次了然。本书乃一本对教、学两界均适宜的入门著作。

佛典精解

陈士强撰

1992 年 11 月 1 版 1 次

1993 年 11 月 1 版 2 次

精装 26.70 元

大 32 开　369 页

　　本书是一部系统而又详尽地考释中国佛教文史类典籍的源流及大意的佛学工具书。全书分为经录、教史、传记、宗系、纂集、护法、地志、杂记八大部分,共汇解典籍 226 部。对它们的名称、卷数、作者(包括生平)、撰时、版本、写作经过、序跋题记、品目卷次、内容大旨、前后因革、学术价值、资料来源、体例上的缺陷和记载上的失误等,都作了全面的叙述。

中国禅学思想史

[日]忽滑谷快天有撰　朱谦之译　杨曾文导读

1994 年 5 月 1 版 1 次

新版 2002 年 4 月 1 版 1 次

48.00 元

大 32 开　600 页

　　本书为日本禅学和禅宗研究领域的划时期代表著作,全书根据汉译佛教经典和中国佛教著述资料,考察论述了禅学在中国的传播过程以及从南北朝至清初禅宗的形成、盛行和衰落的演变历史。新版特邀请著名学者杨曾文撰写导读。

禅宗文化纵横谈

毛荣生著

2001 年 12 月 1 版 1 次

10.00 元

大 32 开　292 页

　　禅宗是中国特色的佛教宗派。从 1500 年前传入

起,就与中国固有的老庄等思想交互影响。本书既从"纵"的方面介绍禅宗的历史、本意、境界、顿悟、语言等,又从"横"的方面畅叙禅与诗、茶、武术、书法和小说等的关系。

禅史

顾毓琇著　　陈人哲　郑鹏　谈谷铮译

2009 年 7 月 1 版 1 次

35.00 元

16 开　252 页

　　本书叙述了中日两国禅宗各派历代禅僧详细的传承世系及其主要说教,以及历代中国禅僧东渡日本传教建寺和日本禅僧西来中国学习访问的具体史实。书中还介绍了许多西方学者在禅宗研究方面的著作和见解,对学界也有很大的参考价值。

贾题韬讲《坛经》

贾题韬著

2011 年 11 月 1 版 1 次

2015 年 5 月 1 版 3 次

25.00 元

大 32 开　284 页

　　贾题韬(1909—1995),当代著名佛学家,禅宗导师,山西洪洞人。本书是贾题韬于 1990 年 11 月在四川省佛教协会等单位在成都举办的讲习班上讲解《坛经》的讲稿整理而成。

《金刚经》解疑六讲

顾伟康著

2011 年 5 月 1 版 1 次

28.00 元

16 开　176 页

　　本书以大量的第一手文献资料,对《金刚经》来华的源流、中文译本的真伪、科分的优劣及倡导者的真伪、"偈颂""两周说"的内涵、众多注疏的疑点、论注的历史沿革等问题,进行了深入细致的辨识、考订乃至判定。

禅心密印 2010

达照著

2013 年 3 月 1 版 1 次

30.00 元

32 开　328 页

佛法的核心就是明心见性。禅七就是在七天通过闻思、参禅、悟道,集中精力,功夫成片,从而证得心性的实相。本书为达照法师禅七系列开示之一,适合广大佛教信众居士和所有对佛法感兴趣的读者阅读,尤其适合佛法实修者。

天台宗研究

董平著

2002 年 4 月 1 版 1 次

23.00 元

大 32 开　206 页

　　天台宗是中国佛教宗派中的一个重要流派,自隋唐之间创立之后,不但对中国佛教的发展具有重要的作用,其对整个中国传统文化的影响也十分巨大。本书从宗教史、宗教哲学的角度,结合西方哲学的分析理路,对天台宗的产生、发展及特质等各方面予以系统的研究。

《法华玄义》的哲学

沈海燕著

2010 年 6 月 1 版 1 次

精装 118.00 元

16 开　544 页

　　《法华玄义》为“天台三大部”之一,该书是天台宗创始人智顗对佛教重要经典《法华经》全面而系统的诠释。智顗通过对《法华经》中佛陀“回三归一”,一佛乘实相究竟教说宗旨的揭示,完整表达了自己的佛学思想体系。本书作者长期研究佛学,对《法华玄义》的研究也有十多年之久。现呈现于读者面前的是一部文献搜罗全面、把握到位、观点平实、表达清晰的学术著作。

《摩诃止观》修道次第解读

程群著

2008 年 12 月 1 版 1 次

32.00 元

16 开　292 页

　　智顗是中国佛学史上第一位佛学思想集大成者。他的思想推动并深刻影响了中国佛教的成熟与发展,而《摩诃止观》正是这一成就的最集中体现。本书力求从佛教哲学,及其在实践中的应用双重维度,分别加以剖析。另将天台宗“止观”,与禅宗之“禅”、宁玛派“大圆满”等教学法略加比对,相互发明,以凸显、阐明天台宗止观实践的个性特征。作者在书中还尝试勾提出一套具有可操作性以及实用价值的圆顿止观道次第系统,供

读者参考。

佛教东传中国

贾应逸　祁小山著

2006 年 5 月 1 版 1 次

48.00 元

18 开　188 页

　　佛教文化自东汉末年、魏晋南北朝传入,隋唐达到鼎盛,至今已有一千七百年。本书即从印度佛教艺术、中亚犍陀罗艺术及多样化的佛教艺术方面,重点介绍了佛教艺术东传我国以后,所发生的历史变化和类型变化。本书采用通俗叙述,结合大量珍稀彩色图版,介绍了佛教建筑、雕塑、绘画、音乐、舞蹈、服饰等。

隋唐佛教各宗与美学

王耘著

2010 年 8 月 1 版 1 次

58.00 元

16 开　368 页

　　隋唐时代是中国佛教的全盛时代,中国佛教各派实际上都产生于这个时期。本书从分析隋唐佛教天台、华严、三论、唯识、禅、律、密、净土诸宗的思想及其特点入手,联系隋唐的造像、绘画、音乐等艺术形式以及墓葬、乐仪、律仪等所反映的社会风俗心理,试图建立二者之间的美学联系,以期成立佛教美学的研究视角。

元代白莲教研究

杨讷著

2004 年 6 月 1 版 1 次

24.00 元

大 32 开　250 页

　　本书对白莲教的产生、渊源和教义、传播和演变、被禁和复教,以及与明教的关系,与弥勒净土信仰的关系,与元末农民战争天完红巾军、大宋红巾军的关系,与大明国号的关系等问题作了精辟的分析,并对著名史学家吴晗《朱元璋传》、《读史札记》中的相关观点提出了中肯的批评。

晚清政治与佛学

蒋海怒著

2012 年 12 月 1 版 1 次

48.00 元

16 开　296 页

本书集中探讨了晚清佛学的政治伦理维度,在吸取以往研究的基础上,以人物为线索,探讨了晚清思想家及各类佛学信仰共同体与政治思潮的关涉,对许多晚清思想史问题作出了新颖别致、饶有兴味的"知识史"考察。

觉悟与迷情
——论中国佛教思想

龚隽著

2012 年 10 月 1 版 1 次

28.00 元

大 32 开　328 页

本书从胡适和铃木大拙关于禅的争论讲起,编排上尽管遵循了历史的顺序,但它不是中国佛教哲学史,更不是中国佛教史,而是选择了一些作者认为中国佛教史上颇有哲学意味的专题,参以前贤的论断和自己的体悟,对这些问题进行了诠释。

中国写本大藏经研究

方广锠著

2006 年 12 月 1 版 1 次

65.00 元

国际 32 开　668 页

写本大藏经是佛教大藏经的源头,在佛教研究中占有重要的地位。方广锠先生是当代著名的佛教学者,他对佛教初传时期到会昌灭佛后这一时段内的佛教写本大藏经的酝酿、发展、成熟乃至系统化都做了深入的研究和探讨,并对其功能形态进行分类和考证。

汉文佛典疑伪经研究

熊娟著

2015 年 4 月 1 版 1 次

38.00 元

32 开　352 页

本书选取佛经文献语言研究中的难点——疑伪经为研究对象,从语料角度切入,展开了对已入《开元录·入藏录》的刻本疑伪经、未入《开元录·入藏录》并以写本保存的敦煌写经、日本古写经在内的整个疑伪经"面"的语言学本体研究。

佛教逻辑研究

沈剑英著

2013 年 4 月 1 版 1 次

精装 158.00 元

16 开　728 页

本书是一部系统阐述因明学史及其基本范畴的专著,与同类研究成果比,在材料上引入了敦煌古文献,在体系结构上更趋完美,语言表述上更平实易懂,是为少有的力作佳作,可作为相关专业的教科书。

敦煌因明文献研究

沈剑英著

2008 年 6 月 1 版 1 次

88.00 元

16 开　428 页

佛教因明学是我国古代逻辑思想史的重要来源和组成部分。因明学在汉传佛教中几成绝学,在藏传佛教中仍为"五明"之一,在现代逻辑学领域中亦向来视作畏途。沈剑英先生是因明学的著名专家,历经多年,字斟句酌,爬梳研究,全面整理了藏于法国、英国敦煌遗书中的文轨、净眼的论疏,分考论篇、释文篇、校补篇三部分,进行了完整的录文、校订和研究,并附录敦煌写卷精彩的草书原文。无论对于佛教因明学的研究,还是比定草书书法,都具有很高的成就。

藏汉佛教哲学思想比较研究

乔根锁　魏冬　徐东明著

2012 年 8 月 1 版 1 次

88.00 元

16 开　464 页

全书对宇宙观、因果报应论、缘起论与中观思想、心性论、修行实践论及汉密(唐密)与藏密等问题在汉传佛教与藏传佛教间不同的特点进行比较研究,对于理解藏汉佛教哲学理论体系以及引导藏汉佛教交流互动都具有重要的现实意义。

佛经音义研究
——首届佛经音义研究国际学术研讨会论文集

徐时仪　陈五云　梁晓虹编

2006 年 7 月 1 版 1 次

35.00 元

大 32 开　366 页

佛经音义是解释佛经中字词音义的古代著作,以《一切经音义》为主的五大佛教音义书是中国古代文献中的瑰宝,保存了大量古代文献典籍的原貌。2005

年 9 月,首届佛经音义研究国际学术研讨会在上海师大举行。本书收集了这次会议的 20 多篇论文,涉及音韵、训诂、词源、文字、翻译、文献、考据、校勘以及辞书编纂等。

寒山寺文化论坛论文集(2008)

秋爽　姚炎祥主编

2009 年 7 月 1 版 1 次

精装 198.00 元

小 16 开　968 页

本书为第二届寒山寺文化论坛论文集。内容主要围绕寒山寺历史及其文化、"和合二仙"考证及其文化、寒山子及其诗歌等。由寒山寺现任方丈释秋爽及寒山寺文化研究院院长姚炎祥主编。本书反映了当前寒山寺文化研究的新动态和新方向,为我们进一步了解寒山寺及其文化提供了参考。

大道无言

果光著

2005 年 4 月 1 版 1 次

19.80 元

大 32 开　412 页

这本箴言集是中国佛教协会理事、徐州佛教协会会长果光法师多年在禅房阅读深思所得。内容涉及人生信仰、品德修养、功名事业、励志图强、官德官品、待人接物,等等。每句都来自对生活的感悟,哲理性强,耐人咀嚼,发人深省。

济群法师谈人生(二函十册)

济群著

2006 年 1 月 1 版 1 次

2011 年 4 月 1 版 4 次

70.00 元

32 开　1136 页

"人生佛教"是佛教与社会相适应的重要思想。济群法师在从事僧教育之余,注重关注现实社会和人生的通俗弘法。这套丛书是法师在海内外作弘法演讲的结集,涉及现代人群所关注的许多热点。分上下两辑,共十册:《当代宗教信仰问题的思考》、《佛教与中国传统文化》、《生命的回归》、《佛教的环保思想》、《佛教的财富观》、《心灵环保》、《学佛与做人》、《生命的痛苦及其解脱》、《佛教怎么看世界》和《人生佛教的思考》。

戒幢文集(全四册)

济群主编

2009 年 11 月 1 版 1 次

150.00 元

16 开　1280 页

济群法师多年来在苏州戒幢佛学研究所及厦门闽南佛学院从事佛学研究与佛学教学,硕果累累,并培养出一批具有浓厚佛学素养的青年人材,其中杰出者会成为未来的"法门龙象",荷担如来家业。本书先出四册,分为硕士论文和学员论文。精选的论文内容丰富,涉及教史制度、宗派教义、修持实践、戒律仪轨、人物专著以及文献考辨等。论文持论严谨,引证有据,充分利用海内外现有的研究成果,有质量,见新意,也体现出时代的特色,有些作者,还对当今佛教界存在的问题和未来的发展作了认真而有益的思考。

生态环保与心灵环保

——以佛教为中心

(人间佛教研究丛书)

学愚主编

2014 年 5 月 1 版 1 次

58.00 元

16 开　348 页

本书是香港人间佛教研究中心举办的第六届青年佛教学者学术研讨会的论文集,共计 18 篇。现代佛教学者结合西方生态哲学,通过对佛教教义中"生佛平等"、"缘起"、"净土"、"慈悲"等思想的讨论,从深层次提出了"心灵环保"的要求,展现了他们对现实社会的人文关怀,也为现实环保提供参考借鉴。

道教研究

南宋金元的道教

詹石窗著

1989 年 12 月 1 版 1 次

3.25 元

大 32 开　98 页

南宋、金、元不仅是新道派产生的重要时期,而且是道教教义的改革和向纵深发展的时期。著名道士辈出,解经畅玄成风。本书在前人研究的基础上进行新探索,对其概貌作了较为系统的阐述。在附录中,作者对道教遗迹作了详尽的考察。

道教史资料

中国道教协会研究室编

1991 年 5 月 1 版 1 次

4.85 元

32 开　222 页

　　本书是关于中国道教形成、发展、演变过程的历史资料汇编,从卷帙浩繁的史籍和道教经籍中爬梳整理辑录而成。书后附有《中国道教史提纲》,对道教的教理教义、修持方法、经典、人物、宫观等方面内容进行系统阐述。

道教教义与现代社会

——国际学术研讨会论文集

郭武主编　香港道教学院主办

2003 年 8 月 1 版 1 次

45.00 元

大 32 开　600 页

　　道教对当今社会有哪些意义?香港道教学院为庆祝成立十周年,举办了"道教教义与现代社会国际学术会议研讨会"。其中,不少大陆和港澳地区中青年学者根据时代格局的深刻变化,宗教问题日益突出的新形势,以及道教自身发展规律,发表了不少有见识的评论。

道家道教与中土佛教初期经义发展

萧登福著

2003 年 9 月 1 版 1 次

40.00 元

大 32 开　450 页

　　本书主要论述汉魏六朝佛教传入中国后,佛经受到中国道家、道教的影响而逐渐走向汉化、本土化的情况。内容包括:道家道教的道物本体论,方术对六朝佛典、佛教哲学发展之影响,从安世高禅法看道佛交流及二教对"淫"与"生"的态度,支娄迦谶般若学与中土道家道教之关系,魏晋之际名士与名僧的交往,魏晋玄学与佛教般若学、格义佛教,天台智顗《摩诃止观》与道教养生、时媚说之关系等。

西方道教研究史

[法]安娜·塞德尔著　蒋见元　刘凌译

2000 年 9 月 1 版 1 次

11.10 元

大 32 开　184 页

　　本书系统地介绍了 1950 年至 1990 年期间西方学者(兼及日本、东南亚及港台地区)对中国道教的研究,内容包括道教的历史、道教的原始资料、道教的炼丹术和养生术、道教在中国文化中的表现、道教和佛教、中国之外的道教,以及道教研究之展望,并附文献目录。本书的中译本为首次出版。

陈国符道藏研究论文集

陈国符著

2004 年 4 月 1 版 1 次

35.00 元

大 32 开　408 页

　　本论集主要收集作者 20 世纪 70—80 年代写的论文,内容涉及道藏的研究方法、外丹黄白术石药和草木药及其隐名的考定、道教音乐和道藏中著作出世朝代考定等。附录部分是作者生前未发表的遗稿。

易山道海得涓埃

——道教文化探索

伍伟民撰

2007 年 11 月 1 版 1 次

25.00 元

大 32 开　276 页

　　道与易,广大高深,似海如山。道海者,取《老子》"上善若水","江海所以能为百谷王者,以其善下之"之意;易山者,假借"夏易《连山》"之名。书中内容主要为:对道教早期经典《太平经》和《抱朴子》的研究;对道教史和道教文化的研究;对道教与文学关系和影响的研究。其中不乏独到的见解。

中国道观

罗伟国著

2009 年 7 月 1 版 1 次

56.00 元

18 开　306 页

　　这是一部系统性地介绍道观的专著,作者为知名的道教研究者,曾撰写多部道教方面的著作。在本书中作者试图对纷繁复杂的道教庙宇从文化的层面加以解析,从旅游的角度加以导读,介绍了有关道教的常识、道观的管理组织形式及其供奉的主要神灵、道士的日常生活等等,使读者在旅游参观全国各地的道观时,不仅注意其建筑、塑像等物质层面的精美,而且还能从文化的层面深入了解道观,进而获得有关道教文化的丰富知识。

江南全真道教（修订版）

（上海太清宫道教文化丛书）

吴亚魁著

2011 年 10 月 1 版 1

48.00 元

32 开　388 页

本书研究对象为自全真道教南行之始至 1912 年中华民国肇建凡 640 余年间江南六府一州地区的全真道教，旨在透过道观的兴衰、多寡，概见江南全真道教的盛衰景况。本次修订补充了大量文献资料以及作者近年的最新研究成果。

其　他

近代上海伊斯兰文化存照

——美国哈佛大学所藏相关资料及研究

王建平编著

2008 年 12 月 1 版 1 次

25.00 元

大 32 开　196 页

美国传教士克劳德·毕敬士于上世纪三四十年代在中国各地拍摄了近千张照片。这些照片的大部分内容是有关中国伊斯兰教的，反映了中国穆斯林的生活、清真寺情况和教职人员，伊斯兰教经济和政治、教育、文化、宗教礼仪等方面。本书主要研究涉及上海伊斯兰文化的那些照片，分析其反映的以清真寺为中心的上海伊斯兰教社会、教育、文化、组织、活动和人物以及中国社会中的伊斯兰教与基督教的关系等重要专题，还联系到上海历史上伊斯兰教与基督教之间的宗教对话和文明冲撞这样的重大问题，有一定的借鉴作用。

早期基督教及其东传

林中泽著

2011 年 8 月 1 版 1 次

28.00 元

大 32 开　264 页

本书选取作者有关早期基督教及明清时期基督教传入中国的相关研究论文 16 篇，内容涉及《圣经》和早期基督教、欧洲中世纪习俗和思想、明清之际的西学东渐、早期中西关系及历史方法论等方面。

朝天记

——重走利玛窦之路

董少新　刘晶晶　徐光台　吴莉苇　梅谦立著

2012 年 11 月 1 版 1 次

38.00 元

32 开　136 页

为了纪念利玛窦为沟通中西文化所做出的贡献，复旦大学文史研究院董少新等五人重走利玛窦入华之路，考察了澳门、肇庆、韶关等地各种与利玛窦及基督教有关的历史遗迹，以游记和文化散文的形式，回顾了利玛窦在华传教线路和各种际遇，展现了利玛窦的宗教精神与他在中外文化交流方面的历史地位。

十字莲花

——中国元代叙利亚文景教碑铭文献研究

牛汝极著

2008 年 11 月 1 版 1 次

80.00 元

16 开　340 页

本书收集了几乎所有在中国境内发现的元代叙利亚文景教写本和碑铭文献，首次进行了比较全面的整理和研究。本书依碑铭发现的地点如敦煌、呼和浩特、泉州、扬州等，分为七章，对全部碑铭或写本进行原文模拟、标音、转写、翻译及详细的注释，同时参考和吸收了国内外相关的研究成果，是当前景教叙利亚文文献的最完整的结集。本书记录、释读和研究的内容，对于东西方文化交流、宗教学、语言学研究都有着无可替代的价值。书中 150 幅图版记录了碑铭、写本、出土地点和地域背景等最主要的原始信息。书末附录国外权威论著的中译文提要和英文论文，以及中外文参考文献目录。

十字莲花—中国出土叙利亚文景教碑铭文献研究

（公元 13—14 世纪）（法文版）

（华夏英才基金学术文库）

牛汝极著

2010 年 6 月 1 版 1 次

160.00 元

16 开　364 页

本书系《十字莲花》的法文版，主要描述了叙利亚文景教徒石刻的发现和铭文研究情况，对敦煌发现的叙利亚文景教写本重新进行了研究译释，并分别对阿力麻里、百灵庙、王墓梁、白塔、赤峰、扬州和泉州发现的叙利亚文，包括回鹘文、拉丁文和八思巴文景教徒碑铭在内逐一介绍、标音、转写、翻译、注释，并附图版介绍，具有极高的史料价值和学术意义。

上海宗教通览

张化著

2004 年 10 月 1 版 1 次

42.00 元

大 32 开　320 页

　　本书以专业人士的角度对上海地区的宗教（佛教、道教、伊斯兰教、天主教、基督教、理教、东正教、犹太教、祆教、锡克教等）进行了系统的爬析梳理，如各教沿革、至 1995 年宗教场所开放情况、宗教场所一览表、教派、教职人员、信众、团体、社会事业、交往、办学、办刊、相关慈善活动等。许多相关统计数据在其他研究著作中很难寻觅，是作者长期工作中积累而来的第一手资料。

考古·文博·语言文字

（一）出土文献

甲骨

北京大学珍藏甲骨文字（全二册）

（北京大学震旦古代文明研究中心学术丛书特刊）

李钟淑　葛英会编著

2008 年 11 月 1 版 1 次

精装 1980.00 元

8 开　1068 页

　　此书将北京大学赛克勒考古与艺术博物馆所珍藏的约 3000 片商代甲骨文字按照原骨照相、拓本、摹本三位一体的形式著录传世甲骨的再实践，且以原位释文与摹本相呼应，为更全面、准确地核验、利用甲骨材料提供了方便。书中不囿于胡厚宣所创立的"先分期、再分类"之旧说，主张以古代典籍所载占卜事类作参考，即分出农事、田猎、祭祀、战争、巡守等类，再于各类下分出期别，这无疑为科学著录传世甲骨提供颇具意义的启示。

中国社会科学院历史研究所藏甲骨集（全三册）

宋镇豪　赵鹏　马季凡编著

中国社会科学院历史研究所编

2011 年 8 月 1 版 1 次

精装 2500.00 元

8 开　1392 页

　　本书系中国社科院历史所藏全部甲骨的专集，包括有字甲骨、碎骨、无字甲骨及伪片等，共 2000 余片，分 3 册。上册为甲骨彩版，皆为原大甲骨，分正、反、侧三面，

中册为甲骨拓本，下册为释文和著录表等内容。其中甲骨彩版尤为珍贵，客观真实地反映了甲骨原貌，不仅字迹清楚，侧面及反面的钻凿灼等痕迹亦清晰可见。读者可藉此了解甲骨的外部形态，另外，也为甲骨缀合提供了极大的方便。

俄罗斯国立爱米塔什博物馆藏殷墟甲骨

宋镇豪　玛丽娅主编　俄罗斯国立爱米塔什博物馆　中国社会科学院历史研究所编著

2013 年 12 月 1 版 1 次

精装 1000.00 元

8 开　448 页

　　本书所收甲骨以彩版、拓本、摹本、释文及著录表五位一体的方式来展现，同时，各片甲骨依新编号，将彩版、拓本、摹本均排在一面上，可以相互对照。这批甲骨共 200 片，对于殷代的职官制度、祭祀制度的某些特征、商代的经济史等方面的研究都有实质性的补充。

旅顺博物馆所藏甲骨（全三册）

（中国社会科学院文库·历史考古研究系列）

中国社会科学院甲骨学殷商史研究中心

旅顺博物馆编著　宋镇豪　郭富纯主编

2014 年 10 月 1 版 1 次

精装 3980.00 元

8 开　2200 页

　　旅顺博物馆是国内大宗收藏殷墟甲骨文的单位之一，所收甲骨文达 2200 多片，主体为罗振玉旧藏。其中被《甲骨文合集》著录的也仅仅 587 片（拓本 533、摹本 54），绝大部分未经公布发表。

殷契拾掇

郭若愚编集

2005 年 8 月 1 版 1 次

函套精装 390.00 元

8 开　402 页

郭若愚先生从事甲骨文研究逾半个世纪，是郭沫若先生的学生，我国著名的甲骨文字缀合专家。《殷契拾掇》初、二编分别出版于 1951 年和 1953 年，收录七宗 550 片和廿五宗 495 片甲骨拓片，第三编是作者从海内外各家汇集的甲骨拓片，多数不曾著录，计十三宗 900 片。现将三编合集出版。拓片清晰逼真，不失锲刻神韵，可补传世摹本文字的缺失和讹误。所收拓片颇多精品，是研究商代社会重要的资料。

简　帛

上海博物馆藏战国楚竹书（一）

马承源主编

2001 年 12 月 1 版 1 次

2013 年 4 月 1 版 4 次

精装 800.00 元

大 8 开　320 页

举世瞩目的上海博物馆藏战国楚竹书，是近百年来所发现的战国简牍中数量最大、内容最丰富的文物史料。这批竹简总 80 余种，完残合计约 1200 百余枚，除文物价值外，在中国文化史、书法史上也有举足轻重的地位。每册由竹书彩色全图、文字放大彩色版、释文、诸本校勘和考证部分组成，集中了上海博物馆乃至国内外的有关研究成果。

本册收录《孔子诗论》、《缁衣》和《性情论》等。

上海博物馆藏战国楚竹书（二）

马承源主编

2002 年 12 月 1 版 1 次

精装 600.00 元

大 8 开　300 页

第二册共收文章六篇，简 115 枚，约 4,000 字；共有竹书排序彩色图版及放大 3.65 倍彩色简文图版 140 页，黑白原大简影及释文考释 150 页。第一篇无篇题，今定名为《民之父母》。共 14 简，397 字，基本完整，保存良好。第二篇题曰《子羔》。共 14 简，395 字，无完简。第三篇与《子羔》《孔子诗论》同属一编，唯内容不相隶属，今单独列为一篇，定名曰《鲁邦大旱》。共有长短简 6

枝，残存 208 字。第五篇无篇题，今定名为《昔者君老》。简 4 枝，字 158。第六篇原题《容成氏》。共存完残简 53 枝，约 2,200 字。

上海博物馆藏战国楚竹书（三）

马承源主编

2004 年 4 月 1 版 1 次

2013 年 5 月 1 版 2 次

精装 800.00 元

大 8 开　316 页

本册竹书共收录《周易》、《恒生》、《仲弓》、《彭祖》、四篇文献。其中《周易》系迄今为止所发现的最早一部较完整的《周易》文本；《仲弓》为孔门弟子问学的语录；《恒先》与《鼓祖》为二篇道家著作。

上海博物馆藏战国楚竹书（四）

马承源主编

2004 年 12 月 1 版 1 次

2013 年 5 月 1 版 2 次

精装 800.00 元

大 8 开　292 页

本册收录上博竹书七种，即：《采风曲目》、《逸诗》、《昭王毁室》、《柬大王的旱》、《内丰》、《相邦之道》、《曹沫之陈》等。内容较为丰富，有关先秦的文学、历史、政治、军事，可补文献记载之缺失，具有极高的价值。

上海博物馆藏战国楚竹书（五）

马承源主编

2005 年 12 月 1 版 1 次

精装 600.00 元

大 8 开　336 页

本书收入竹书八篇，《竞内建之》记述隰朋和鲍叔牙与齐桓公的对话。《鲍叔牙与隰朋之谏》为鲍叔牙与隰朋直谏桓公要借鉴夏商周代兴的原因。《季庚子问于孔子》记载季康子以币迎孔子归鲁之事。《姑成家父》内容与春秋中期晋国三郤有关。《君子为礼》与《弟子问》均为孔门弟子与孔子之间的答问。《三德》多言天地与刑德之关系。《鬼神之明·融师有成氏》篇中前半为《墨子》佚文，叙述上古传说人物故事。

上海博物馆藏战国楚竹书（六）

马承源主编

2007 年 7 月 1 版 1 次

精装 600.00 元

大 8 开　344 页

　　本册共收入竹书八篇,《兢公》记述齐景公久病不愈,欲诛祝史,晏子劝诫景公。《孔子见季桓子》记载了孔子与季桓子有关二道、兴鲁的讨论。《庄王既成　申公臣灵王》分别记述楚庄王向大臣咨询楚之后人如何能保住霸主地位以及王子回与申公争夺王位之事。《平王问郑寿》内容为楚平王因国之祸败事问于郑寿。《平王与王子木》内容关于楚平王命王子木至城父事。《慎子曰恭俭》为慎到论述恭俭与修身之关系。《用曰》主要为警世之谚语。《天子建州》为儒家文献,所记主要关乎礼制。

上海博物馆藏战国楚竹书(七)

马承源主编

2008 年 12 月 1 版 1 次

精装 600.00 元

大 8 开　332 页

　　本书共收入竹书五篇,《武王践阼》记述武王问于师尚父,师尚父告之以丹书,武王铸铭器以自戒之事,内容与《大戴礼记·武王践阼》篇相合。《郑子家丧》主要内容为郑子家丧,楚国出兵围郑,晋人救郑,晋楚战于两棠。《君人者何必安哉》记述君王纵恣忘志,范乘遂力谏君王。《凡物流形》全篇有问无答,体裁、性质与《楚辞·天问》相似,主要涉及自然规律与人事的讨论。《吴命》第一章记述吴王率军至陈,晋君遣使前往周旋,终使吴军去陈;第二章记载吴王使臣告劳于周之辞。

上海博物馆藏战国楚竹书(八)

马承源主编

2011 年 5 月 1 版 1 次

精装 600.00 元

8 开　296 页

　　本书共收入楚竹书 10 篇,完残简 80 余枚。全书所涉内容丰富,其中《子道饿》、《颜渊问于孔子》、《成王既邦》三篇为儒家的重要佚文。《命》、《王居》、《志书乃言》三篇记战国楚王事,皆可补史籍之不足;另有赋《有皇将起》、《李颂》、《兰赋》、《鹠鹠》等四篇。

上海博物馆藏战国楚竹书(九)

马承源主编

2012 年 10 月 1 版 1 次

精装 800.00 元

大 8 开　308 页

　　本书共收入完残简 100 余枚,包括《成王为城濮之行》、《灵王遂申》、《陈公治兵》、《举治王天下(五篇)》、《邦人不称》、《史蒥问于夫子》和《卜书》七篇。其中《成王为城濮之行》等四篇有关楚史之佚文,《举治王天下(五篇)》和《史蒥问于夫子》则记述了古公、文王与太公望,齐吏之子史蒥与孔子分别就举贤用才、治国安邦等相关论题进行的问答。诸篇所记历史事件与人物或可与史籍互为参证,或可补史籍之阙,而《卜书》篇更是目前所发现的最早卜书。

北京大学藏西汉竹书〔壹〕

北京大学出土文献研究所编　朱凤瀚主编

2015 年 9 月 1 版 1 次

精装 880.00 元

8 开　192 页

　　北京大学藏西汉竹书共有 3300 多枚竹简,抄写年代大约在西汉中期。竹书内容全都属于古代典籍,包括近二十种文献,基本涵盖了《汉书艺文志》所划分的"六略"中的各大门类。这批西汉竹书是继 20 世纪 70 年代马王堆帛书、银雀山汉简之后问世的又一座汉代典籍宝库,对于中国上古历史、思想、文化、科技、书法艺术等领域的研究均具有重要学术价值。

　　本书收《苍颉篇》(《仓颉篇》)一篇,现存完简五十七枚,残简三十枚,经缀连后,有完简六十二枚,残简二十枚。竹简有契口与上、中、下三道编绳,简背有划痕。保存有完整字一千三百一十七个(其中含有标题字十五个,重见字七个),残字二十个。字体具隶书笔意而又多保留小篆之字形结构。这批竹简,是迄今为止所见到的保存字数最多的《苍颉篇》文本,因而也是最为重要的一次发现。

北京大学藏西汉竹书〔贰〕

北京大学出土文献研究所编　朱凤瀚主编

2012 年 12 月 1 版 1 次

精装 980.00 元

8 开　248 页

　　本册所收"北京大学藏西汉竹书《老子》"是继马王堆汉墓帛书《老子》甲本、乙本以及郭店楚墓竹简《老子》之后,从地下出土的第四个简帛《老子》古本,也是目前传世最完整的《老子》古本,使我们对《老子》一书产生、发展、定型的过程有了更为清晰的认识。

北京大学藏西汉竹书［叁］（全二册）

北京大学出土文献研究所编　朱凤瀚主编

2015 年 9 月 1 版 1 次

精装 1280.00 元

8 开　302 页

　　本册内容为子部文献三种：《周驯》、《赵正书》、《子书丛残》。大部均较完整。

北京大学藏西汉竹书［肆］

北京大学出土文献研究所编　朱凤瀚主编

2015 年 10 月 1 版 1 次

精装 880.00 元

8 开　188 页

　　本册收录的北京大学藏西汉竹书《妄稽》和《反淫》为我国出土较早的文学长赋。

北京大学藏西汉竹书（伍）

北京大学出土文献研究所编　朱凤瀚主编

2014 年 12 月 1 版 1 次

精装 1000.00 元

8 开　352 页

　　本册内容为数术类文献五种：《节》、《雨书》、《揕舆》、《荆决》、《六博》。

二年律令与奏谳书

彭浩　陈伟　［日］工藤元男主编

2007 年 8 月 1 版 1 次

精装 450.00 元

8 开　416 页

　　本书编者利用红外线成像技术，对张家山 247 号汉墓出土的竹简法律文书《二年律令》与《奏谳书》重新释读，使原先一些难以辨认的字迹变得清晰，增补了若干新识之字。这些新见竹简和残片，不仅补全了相关律文，还增加了新的律条。同时，本书还收集了海内外学者对于《二年律令》、《奏谳书》研究的代表性论点，扼要综合，并以"今按"的形式附上编著者心得。

其　　他

商周青铜器铭文暨图像集成（全三十五册）

吴镇烽编著

2012 年 9 月 1 版 1 次

2014 年 8 月 1 版 2 次

精装 12000.00

大 16 开　18172 页

　　全书共收录传世和新出土的商周有铭青铜器 16704 件（下限到 2012 年 2 月），包括食器（鼎、鬲、甗、簋、盨、豆等），酒器（爵、角、觚、觯、杯、尊、卣等），水器（盘、匜、鑑等），乐器（钟、镈、铙、铃等），兵器（戈、戟、矛、殳、剑等），用器（农具、工具、符节等）及其他（金银器等）。此以前的金文著录书，如《三代吉金文存》、《殷周金文集成》、《金文总集》，只收录青铜器铭文拓本，并不收录青铜器的图像。《商周青铜器铭文暨图像集成》汲取《三代吉金文存》和《殷周金文集成》的优点，拓本采用原大付印，又在相同的铭文拓本中选取精拓和字迹清晰者，有的还附录摹本；除此之外，又收录青铜器图像，这是此书之最大特色；同时将释文和相关背景资料编排在一起。这给古文字研究者以及考古、历史学者，提供了一份较为完整的资料，对商周史和古文字研究将有所裨益。

秦汉石刻题跋辑录（全二册）

容媛辑录　胡海帆整理

2009 年 9 月 1 版 1 次

精装 480.00 元

16 开　1744 页

　　本书系已故金石目录学家容媛先生于上世纪三四十年代辑录、本世纪初北京大学图书馆金石学专家胡海帆先生整理而成的。其中收录了历代学者对 359 种秦汉石刻（含附录石刻）的题跋，内容涉及自宋代至民国中期以前的历代金石书籍、方志和文集中有关秦汉石刻及其拓本的著录、研究、考据和论述。全书采用各类书刊达二百四十种以上，不仅反映了古代石刻研究状况和成果，而且是了解历代学者治学的重要资料，且有校勘之助，故极具学术参考价值。题跋部分乃集数人之力以工整小楷抄写而成，计三千余叶，总字数达百万字。

唐代墓志汇编（全二册）

周绍良主编　赵超副主编

1992 年 11 月 1 版 1 次

2014 年 3 月 1 版 4 次

精装 438.00 元

16 开　1384 页

　　本书是唐代墓志铭录文的总汇。本书除收录前人辑集的铭文拓片外，还录入建国后公开发表的新出土墓志和各地收藏多年的拓片。全部新式标点，书后附人名索引。

唐代墓志汇编续集

周绍良等编

2001 年 12 月 1 版 1 次

2015 年 7 月 1 版 4 次

精装 198.00 元

16 开　1384 页

《续集》多采集近来著录及出土品，共辑志文 1576 通，目录以编年为序，可供从年号检索，后附人名索引。

洛阳新见墓志

齐渊编

2011 年 8 月 1 版 1 次

线装 980.00 元

6 开　54 页

本书内含洛阳新出土墓志 40 方，其中有北魏墓志 12 种，隋代墓志 12 种，唐代墓志 16 种，内有墓志拓片原大宣纸影印，兼 1 册线装导读图册。

宁波历代碑碣墓志汇编

章国庆编著

2012 年 3 月 1 版 1 次

98.00 元

16 开　436 页

本书收录宁波一地唐代至元代碑碣墓志拓片共 266 种，基本以时代为序排列。每篇碑文均有"附记"，说明碑刻的尺寸、形制、保存地点及状况等，介绍碑文的行格书体和艺术特点，以及撰文、书丹、篆（题）额者。对残缺碑石的缺失字，则参考相关方志、文集、家谱等加以补出，极具文献价值。

嘉定碑刻集（全三册）

嘉定区地方志办公室　嘉定博物馆编

张建华　陶继明主编

2013 年 7 月 1 版 1 次

精装 780.00 元

16 开　2280 页

《嘉定碑刻集》共搜集、整理自嘉定历代行政区划变更前后、立于或出土于嘉定境内的各类碑刻资料 800 多条，所收录碑文，若碑刻或拓本有现存者，均另页附图片于碑文之后；凡存世碑刻者，以存世碑刻为底本；碑佚

而有拓本存世者，以拓本为底本；无碑、无拓本存世，而仅见之于历代志书或私家撰著者，以所录文字最详者为底本。既无碑刻或拓本，又未见碑文存世，但有碑刻目录可稽者，也收入"佚碑存目"，以备考。碑文中凡涉及嘉定及与碑刻相关的人名、地名皆注释于碑文之后。

浦东碑刻资料选辑（修订本）

浦东新区档案馆　浦东新区党史地方志办公室编

2015 年 6 月 1 版 1 次

精装 198.00 元

16 开　612 页

本书为资料选辑，收录的"浦东碑刻"，系指历史上曾立于或出土于今浦东新区地域、以浦东及浦东人为内容的各类碑刻，包括今碑仍存、今碑无存而拓片有存、今碑无存而文献有记载者。

石上墨韵

——连云港石刻拓片精选

连云港市重点文物保护研究所编著

2013 年 11 月 1 版 1 次

精装 580.00 元

8 开　244 页

本书收录连云港地面石刻拓片 200 余幅，按其历史发展先后顺序分为史前文明、两汉雄风、唐宋胜迹、明清弥珍、民国遗踪、抗日烽火、民俗风情以及功德纪念碑八大部分。所有的石刻拓片均有刻文及必要的考释说明。

天一阁明州碑林集录

章国庆编著

2008 年 4 月 1 版 1 次

65.00 元

大 16 开　332 页

明州碑林由重修天一阁委员会始建于 1935 年。如今藏有历代碑碣 173 种。除部分断残过甚又无文献可征的 9 种外，本书共辑录 161 种碑文和 3 种碑图。全书以碑刻年代为序编排。每种刻石经过细心查考，撰以"简述"，说明碑碣形制、大小、立石年月、补文出处及相关考订内容等。本书是一部极具地方特色的碑碣文献汇编，涉及宁波历代政治、经济、文化、民俗等诸多方面。

西北民族大学图书馆于右任旧藏金石拓片精选

郭郁烈主编

2008 年 4 月 1 版 1 次

精装 298.00 元

8 开　232 页

　　于右任于民国初年，经过二十年搜集，存有碑刻墓志拓片四百余方。其后人将其大部分拓片藏品捐赠西北民族大学，现精选其中的刻石墓志，石经法帖，经幢铭文二百余种，其中许多虽不见经传，然尤为稀缺珍贵。碑帖旧藏包括周秦以降篆隶行楷，书法艺术非常高，多出名家书刻。全书以时代先后排列，周秦多铭文刻石，汉、三国、二晋多碑刻，北朝、隋碑文墓志并重，唐、五代、宋以墓志取胜，金元明清多纪事碑，民国初期又以爱国将士墓志为主。

施蛰存北窗碑帖选萃

潘思源编

2012 年 6 月 1 版 1 次

精装 600.00 元

8 开　348 页

　　施蛰存先生收藏的碑帖藏品大多属于"旧拓本"，时间跨度从汉代到民国时期，可以说再现了石刻史。其中很多经过历代知名收藏家之手，是仅次于国家级图书馆所藏的善本。此次从其收藏的 1000 多件金石拓片中，选取约 250 件精品集为本书。

施蛰存北窗唐志选萃

潘思源编

2014 年 4 月 1 版 1 次

精装 600.00 元

8 开　352 页

　　此次从其藏品中专选未出版之唐代墓志精品集为《施蛰存北窗唐志选萃》。

（二）考 古 报 告

北京文物与考古系列丛书

北京文物保护报告

刘乃涛 董育纲著

2010 年 8 月 1 版 1 次

精装 280.00 元

大 16 开　216 页

　　本书介绍了北京城市建设中的文化遗产保护情况，分析了文化遗产保护面临的挑战以及文化遗产保护的

内容，系统论述了北京地区的文物保护情况，包括海淀区地铁四号线圆明园站正觉寺遗址的保护工程，石景山区奥运飞碟靶场明代石质宦官墓异地迁移保护工程，丰台区云冈辽代贵族壁画墓保护工程，东城区东方广场旧石器古人类遗址保护工程，门头沟区东胡林新石器遗址保护工程以及房山区金陵遗址保护工程。本书对北京地区的文物保护工作做了较为详细的介绍。

密云大唐庄—白河流域古代墓葬发掘报告

北京市文物研究所编著

2010 年 12 月 1 版 1 次

精装 180.00 元

大 16 开　252 页

　　本书为北京市密云县大唐庄遗址的考古发掘报告。该遗址经过考古发掘，揭露面积约 8280 平方米，共清理汉、唐、辽、金、明、清等不同时期、不同类型墓葬 122 座。大唐庄遗址所清理的墓葬，是解决北京地区唐至清代考古学文化编年的重要资料，为研究北京（特别是东北部）乃至长城南线地区的墓葬习俗、文化内涵提供了珍贵的实物资料。大唐庄的唐、辽时期墓葬中的仿木结构，为了解当时的古建形制、家庭生活增添了依据。

京沪高铁北京段与北京新少年宫

　　——考古发掘报告集

北京市文物研究所编

2014 年 11 月 1 版 1 次

150.00 元

16 开　128 页

　　进入新世纪以来，随着北京基建施工的日益增多，配合基建的考古项目也大量增加。本报告汇总了 2007 年以来六次较大发掘项目的工作成果。在这些发掘项目中，发现了一大批遗迹，出土了大量文物，对于北京地区历史的研究具有重要价值。

北京考古工作报告（2000—2009）（全十二册）

宋大川主编

2011 年 6 月 1 版 1 次

精装 2500.00 元

16 开　4672 页

　　本报告分 12 部分，为奥运卷、城区卷、房山卷、密云怀柔昌平卷、南水北调卷、平谷顺义通州卷、延庆卷、亦庄卷、朝阳卷、海淀卷、大兴卷、建筑遗址卷等。主要内容包括若干考古实地勘探和发掘报告，并配以相关的线

图和图版,客观翔实地记录了 2000—2009 年这十年间北京考古工作的总成绩。

北京考古史（全十一册）

北京市文物研究所编著　宋大川主编
2012 年 12 月 1 版 1 次
精装 1080.00 元
大 16 开　2232 页

本书内容分为四大部分:一是总结城址的调查和发掘,如汉代卷对蓟城、良乡城址、广阳城的调查与发掘等;二是总结墓葬的调查和发掘,如汉代卷对大葆台汉墓、老山汉墓的调查与发掘;三是总结北京地区考古研究现状,如对城址、墓葬、窑炉等手工业的研究等;四是初步考察了各时代对应的北京社会。

北京历史文化论丛（第四辑）

北京市文物研究所编
2010 年 12 月 1 版 1 次
精装 148.00 元
大 16 开　460 页

本辑共收录研究论文 25 篇,考古报告或简报 15 篇。这些文章涉及的时代,上起旧石器时代,中经汉唐,下迄明清。其中既有对 60 年来北京地区考古成果的总结和对地下文物保护工作与实践的探讨;又有结合考古发掘材料,从不同侧面对北京地区的历史文化进行了新的审视,也有一部分是对不同历史朝代的政治、经济文化所作的宏观研究。

北京考古志

宋大川主编

北京考古志·房山卷

李伟敏著
2012 年 8 月 1 版 1 次
精装 218.00 元
16 开　316 页

本书主要梳理了自 20 世纪 20 年代以来北京市房山区自史前至明清的考古资料,大部分资料为首次刊布,并总结了房山区史前至明清考古的研究成果,对北京市史前至明清考古学研究具有重要的资料价值。

北京考古志·延庆卷

盛会莲著
2012 年 8 月 1 版 1 次
精装 158.00 元
大 16 开　224 页

本书梳理了自 20 世纪 20 年代以来北京市延庆县自史前至明清的考古资料,并对历年考古工作进行了总结,内容可分为四大部分:一是遗址的调查和发掘;二是墓葬的调查和发掘,如汉代卷对大葆台汉墓、老山汉墓的调查与发掘;三是其他遗存的调查发掘情况;四是北京市延庆县考古研究现状。

北京考古志·平谷卷

张利芳著
2013 年 10 月 1 版 1 次
精装 148.00 元
16 开　204 页

本书梳理了自 20 世纪 20 年代以来北京市平谷区自史前至明清的考古资料,是对北京市平谷区历年考古工作的总结,对于北京市平谷区史前至明清考古学研究具有重要的资料价值。

北京考古志·昌平卷

王燕玲著
2013 年 12 月 1 版 1 次
168.00 元
16 开　264 页

本书梳理了自 20 世纪 20 年代以来北京市昌平区自史前至明清的考古资料,是对北京市昌平区历年考古工作的总结,对于北京市昌平区史前至明清考古学研究具有重要的资料价值。

其　他

忻阜高速公路考古发掘报告

山西省考古研究所　忻州市文物管理处编
2012 年 9 月 1 版 1 次
精装 148.00 元
大 16 开　168 页

为配合忻阜高速公路的建设,山西省考古研究所联合忻州市文物管理处及相关县市文物部门,对所经线路进行了考古调查,并重点选择了五台下西遗址、五台东冶南街汉墓区、五台永安唐墓区和定襄青石遗址四地进行了考古发掘。这四个地点为研究忻州市东部地区相关的考古学文化面貌提供了不可多得的资料。

彭阳海子塬墓地发掘报告

宁夏文物考古研究所 彭阳县文物管理所编著
2013 年 10 月 1 版 1 次
精装 148.00 元
16 开　184 页

　　本书是宁夏彭阳海子塬墓地的考古发掘报告。这批墓葬均未经盗掘,材料丰富,保存完整,尤其是 21 座北魏至隋唐时期的墓葬的发掘,为研究北魏至隋唐时期彭阳地区墓葬的性质提供了新资料。该墓地出土了一些较为重要的文物,尤其是出土的萨珊俾路斯银币,为研究中西经济、文化交流提供了实物资料。

城坝遗址出土文物

四川省文物考古研究院 渠县博物馆编
2014 年 7 月 1 版 1 次
精装 118.00 元
16 开　120 页

　　本书是关于四川省渠县城坝遗址出土文物的考古整理报告,主要对城坝遗址历年征集的文物集中进行了整理和研究,因此资料性比较强。全书分为五部分,第一部分简要介绍了地理概况和历史沿革;第二部分介绍考古发现和整理概况;第三部分主要介绍城坝遗址历年征集的青铜器、陶器、玉石器和砖;第四部分介绍郭家台城址;第五部分为结语。

广富林

　　——考古发掘与学术研究论集
上海博物馆编
2014 年 11 月 1 版 1 次
精装 220.00 元
16 开　384 页

　　1999 年以来,上海博物馆在广富林遗址进行了历时十余年的考古发掘工作,取得了巨大成就。在发掘工作进行中,该馆以及学界发表了大量资料和研究性文章,推动了上海地区乃至整个长三角地区的史前考古研究。本书汇集了自发掘工作开展至今的关于广富林遗址的大量文章,部分文章为首次发表。

两周封国论衡

　　——陕西韩城出土芮国文物暨周代封国考古学研究国际学术研讨会论文集
陕西省考古研究院 上海博物馆编

16 开　580 页
精装 240.00 元
2014 年 10 月 1 版 1 次

　　本论文集反映了芮国墓地及其出土器物的相关问题研究:对芮国墓地的墓葬组合提出不同于现有说法的新观点;分析芮国墓地的埋葬制度和特点;通过出土的青铜器铭文确定墓主人就是史书所载的"芮姜";论述芮国墓地出土的青铜器、玉器及其传世的芮国铜器等。

禹王城瓦当

　　——东周秦汉时期晋西南瓦当研究
张童心 黄永久编著
2010 年 12 月 1 版 1 次
58.00 元
32 开　300 页

　　该书对夏县禹王城考古调查和发掘中所获得的 400 余件战国秦汉时期的瓦当进行了整理,分素面、涡纹、夔纹、文字、云纹五大类,其中云纹类是禹王城瓦当系列中最具特色者,故又细分为兽首式云纹、云龙纹、曲尺云纹、网心云纹等 13 类。400 余件瓦当以拓片为主,不清楚者配以线图,读者可从中了解东周、秦汉时期禹王城瓦当的艺术特点。禹王城曾作为早期魏国之都,秦、汉河东郡治所在地以及东汉末年的临时首都,该地出土的瓦当有相当的代表性,也有助于我们全面认识黄河中下游的瓦当使用情况。

新绛孝陵陶窑址

山西省考古研究所编著
2015 年 12 月 1 版 1 次
精装 248.00 元
16 开　224 页

　　本书介绍了山西新绛发现的四十余座史前陶窑,对于研究新石器时代晚期的陶器制作与文化演变有重要参考价值。

（三）文 博 图 录

中国国家博物馆馆藏
文物研究丛书

　　本丛书是一套由中国国家博物馆编撰的文物著录和

专题研究相结合的大型文物研究图册,基本上涵盖了中国国家博物馆馆藏中国古代文物的重要部分,共分19卷,每卷内容分两部分:图录、图释及论述。图录包括器物的全形照片或细部及纹饰、铭文、款识、题跋等。论述则对该卷涉及的学术问题做专题研究或进行综合性、通论性的阐述。

中国国家博物馆馆藏文物研究丛书·历史图片卷

中国国家博物馆编
2006年12月1版1次
精装280.00元
大16开 312页

本书收国家博物馆馆藏清光绪年间至民国时期的珍贵历史照片近五百张。涉及婚丧寿庆、学校教育、女性与婚姻家庭、邮政与交通运输、工商与金融、社会治安与刑法六大部分,真实地展现了中国近代社会的经济、文化、民族、宗教、风俗等方面的演变过程及变迁风貌。

中国国家博物馆馆藏文物研究丛书·绘画卷

(历史画)
中国国家博物馆编
2006年12月1版1次
精装330.00元
大16开 324页

本书为中国国家博物馆馆藏绘画珍品中的历史人物与事件、文学与书画两部分,精选宋及明清名画三十余幅,包括宋人绘《中兴四将图卷》、《九歌图卷》,明代的《平番得胜图卷》、《抗倭图卷》,清代的《十全敷藻图册》、《乾隆南巡图卷》、《平定准噶尔图卷》、《西游记图册》、《聊斋图册》等。有些作品是首次发表,极其珍贵。

中国国家博物馆馆藏文物研究丛书·绘画卷

(风俗画)
中国国家博物馆编
2007年8月1版1次
精装350.00元
大16开 340页

本书为中国国家博物馆馆藏绘画珍品中的社会经济与民风民俗部分,精选宋至清名画二十余幅,其中宋人绘《职贡图卷》,元代的《大驾卤簿图卷》,明代的《南都繁会图》、《皇都积胜图卷》、《秦淮冶游图册》,清代的《大驾卤簿图卷》、《千叟宴图》等为我们展现了各个历史时期的城市商业经济、文化娱乐等社会状况及皇帝出行时人物、车骑的壮观景象。有些作品是首次发表,不仅有很高的艺术价值,更具历史价值。

中国国家博物馆馆藏文物研究丛书·明清档案卷

(明代)
中国国家博物馆编
2006年12月1版1次
精装380.00元
大16开 376页

本书收录中国国家博物馆所藏明代珍贵史料档案46件,主要有诰敕、实录、题本、题行稿、塘报、科举试卷、河防一览图等。每件档案均附有提要性说明文字。还收录本书档案资料专题论文7篇。

中国国家博物馆馆藏文物研究丛书·明清档案卷

(清代)
中国国家博物馆编
2007年12月1版1次
精装420.00元
大16开 416页

本书收录中国国家博物馆所藏清代珍贵史料档案126件,主要有诏谕、实录、奏折、揭帖、札符、牌照、科举试卷、乾隆南巡详图等。每件档案均附有提要性说明文字。还收录本书档案资料专题论文5篇。

中国国家博物馆馆藏文物研究丛书·瓷器卷

(商—五代)
中国国家博物馆编
2014年11月1版1次精装420.00元
大16开 320页

本书详细介绍了商至五代时期的精品瓷器226件,全面分析了中国瓷器自产生到逐渐成熟的历程,及其与民俗文化和社会生活的关联。后附论文三篇,分别对长沙窑、越窑和定窑展开深入研究。

中国国家博物馆馆藏文物研究丛书·瓷器卷(明代)

中国国家博物馆编
2007年7月1版1次
精装260.00元
大16开 236页

中国国家博物馆收藏中国古代陶瓷数量较多,质量甚高,尤以明清瓷器的珍藏最具特色。本书收录中国国家博物馆所藏的明代瓷器精品,如明洪武青花龙凤纹三足炉,形体高大,纹饰精美,传世极少;明永乐青花海水白龙纹扁壶造型源自十三世纪伊斯兰风格,白色游龙,青花海水,气势雄健,为永乐青花瓷的精品;斗彩葡萄纹高足杯为成化官窑的创新器物,造型秀巧,施彩明艳,展示了明代制瓷业的辉煌。

中国国家博物馆馆藏文物研究丛书·瓷器卷(清代)

中国国家博物馆编

2007 年 7 月 1 版 1 次

精装 280.00 元

大 16 开　256 页

本书收录中国国家博物馆所藏清代瓷器精品 150 件。清代皇室对瓷器十分钟爱,各种颜色釉、五彩瓷、粉彩、珐琅彩瓷器均达到了高峰。本书收录的瓷器精品显示了清代陶瓷业的光辉成就,如康熙五彩花鸟纹盘画法精绝,神态生动;雍正粉彩过枝桃纹盘胎薄体轻,色彩娇艳柔丽,装饰技法新颖;乾隆仿古瓷器松石绿釉雕凤凰牡丹纹梅瓶、仿古铜彩牺耳尊、令人称绝。

中国国家博物馆馆藏文物研究丛书·甲骨卷

中国国家博物馆编

2007 年 7 月 1 版 1 次

精装 298.00 元

大 16 开　324 页

本书为中国国家博物馆馆藏甲骨首次正式整理公开展示,收录商代甲骨 268 片,其中不乏大片、重要之片,如武丁时期的大版战事卜辞牛胛骨、与 127 坑有关的大龟六版、小臣墙卜辞牛肋骨等等。每片甲骨著录馆藏编号、尺寸、字数、分组、释文和考释,并有彩色图版和拓片,对古文字研究将是一部重要的著作。

中国国家博物馆馆藏文物研究丛书·玉器卷

中国国家博物馆编

2007 年 12 月 1 版 1 次

大 16 开　384 页

精装 380.00 元

本书为中国国家博物馆馆藏之玉器卷,收录中国国家博物馆馆藏新石器时代到清代玉器共 290 多件,如新石器时代红山文化玉器,河南安阳殷墟妇好墓出土的部分商代玉器,河南三门峡市上村岭虢国墓出土的春秋时期玉器,河南辉县出土的战国玉器,陕西西安李静训墓

出土的隋代玉器,北京十三陵定陵出土的明万历时期玉器,以及明清时期的宫廷玉器,展示了中国玉文化的灿烂和辉煌。

中国国家博物馆馆藏文物研究丛书·陶器卷

中国国家博物馆编

2015 年 12 月 1 版 1 次

精装 460.00 元

大 16 开　324 页

本书收入中国国家博物馆馆藏陶器 258 件,力求勾勒出我国大陆万年以来古代先民制作与使用陶器的脉络,分为史前时期、夏商时期、周秦汉唐时期几个阶段。在文物说明中对每一件陶器的名称、尺寸、出土地点、时代和文化类型等进行了描述,同时还叙述了出土器物的遗址概况以及器物所属的考古学文化的分布及特征,并对文物的学术和艺术价值作了简要评价。

中国国家博物馆馆藏文物研究丛书·陶俑卷

中国国家博物馆编

2015 年 11 月 1 版 1 次

精装 480.00 元

大 16 开　368 页

本书收录了极具代表性的 198 件(套)陶俑,并分为战国至秦汉,三国两晋南北朝至隋,唐、五代至明,古代陶镇墓兽及古代陶动物六个部分进行展示。同时为使读者更清晰地了解陶俑的丰富内涵,附有四篇高水平的学术论文。

南京博物院珍藏系列

金银器

徐湖平主编

1999 年 9 月 1 版 1 次

50.00 元

16 开　图 50 幅　64 页

金银器是最华美珍贵质料与最精致繁复技艺的结晶。南京博物院藏金银器的数量与质量都堪称一流,如涟水三里墩的战国交龙金带钩、盱眙南窑庄的西汉金兽、六合宋墓银执壶等,都是论述中国金银工艺史不能不提及的。

彩陶

徐湖平主编

1999 年 9 月 1 版 1 次

50.00 元

16 开　图 50 幅　64 页

　　彩陶融实用和艺术于一体,是远古人类文化和智慧的结晶。本书编录的材料主要是南京北阴阳营遗址和邳州大墩子遗址地层和墓葬出土的彩陶器,青莲岗文化出土的彩陶完整器数量极少,现收入了部分有代表性图案的彩陶片,较全面系统地反映了江苏境内新石器时代彩陶的面貌。

六朝青瓷

徐湖平主编

1999 年 9 月 1 版 1 次

50.00 元

16 开　图 50 幅　64 页

　　六朝青瓷盛产于长江中下游一带,逐渐形成以浙江、江苏为中心区域的青瓷专业生产基地。青瓷器的扩大烧造,促进了长江下游广大地区生活用品的改进,在中国陶瓷史上占据重要地位。全书选录的青瓷器均出土于江苏境内,是这类艺术珍品的典型和代表。

清宫瓷器

徐湖平主编

1998 年 12 月 1 版 1 次

50.00 元

16 开图　50 幅　64 页

　　本书收录的 50 件瓷器,均系清代各朝官窑制造的精品,基本反映出清代官窑瓷器盛衰的轨迹,其中清康熙青花万寿瓶、雍正青花釉里红如意尊、乾隆蓝釉描金粉彩开光转心瓶、绿釉粉彩双凤穿花瓶等均为珍品。

紫砂

徐湖平主编

1998 年 12 月 1 版 1 次

50.00 元

16 开　图 50 幅　64 页

　　本书收录的 50 件紫砂壶艺作品,均代表了壶艺发展各阶段中不同风格、流派的较高水准,其中明大彬款提梁壶、明圣思桃形杯、清陈鸣远瓜形壶等均为传世珍品。

玉器

徐湖平主编

1998 年 12 月 1 版 1 次

50.00 元

16 开　图 50 幅　64 页

　　本书收录的 50 件玉器代表了南京博物院的典藏水准,其中良渚文化的玉琮、西汉时期的玉龙凤纹谷璧、东汉时期的银镂玉衣等均为著名的珍品。

青铜器

徐湖平主编

1998 年 12 月 1 版 1 次

50.00 元

16 开　图 50 幅　64 页

　　本书收录的 50 件器物多为江苏省出土的青铜器珍品,反映了南京博物院的典藏特色,其中商代的三羊罍、战国的立鸟壶、牛尊等均较著名。

绘画

徐湖平主编

1998 年 12 月 1 版 1 次

50.00 元

16 开　图 50 幅　64 页

　　本书收录了南京博物院所藏古代绘画精品 50 件,其中北宋无款《江天楼阁图》、元李衎《修竹树石图》、元黄公望《富春大岭图》等均为传世珍品。

书法

徐湖平主编

1999 年 9 月 1 版 1 次

50.00 元

16 开　图 50 幅　64 页

　　中国书法,是融神形于点线的艺术,至今已有三千多年的历史。本书所选的书法作品,上自唐代,下至清朝,多为稀世珍品,从中不难窥见中国书法艺术的别具一格的神韵。

织绣

徐湖平主编

1999 年 9 月 1 版 1 次

50.00 元

16 开　图 50 幅　64 页

　　织绣是中国优秀的工艺美术,有着悠久的历史,早在先秦文献中就多有记载。本书所展示的作品,体裁多样,更与名书画家作品题款相应,集中反映了织绣所达到的艺术成就和魅力。

上海博物馆展览图录

上海博物馆中国古代陶瓷馆

上海博物馆编

1996 年 3 月 1 版 1 次

120.00 元

大 16 开　120 页

本书以精美的图片和简练的文字向读者展示了上海博物馆的中国古代陶瓷珍品,内容包括新石器时代的陶器,商周原始瓷,汉魏(吴)、两晋、南北朝的陶瓷,唐代彩色釉陶器和唐五代瓷器,宋、辽、金、元陶瓷,宋、元、明、清景德镇瓷器,明清景德镇以外的陶瓷器等。上海博物馆收藏和陈列的陶瓷受到海内外学者的重视,其数量之多,品位之高,均可称一流。

上海博物馆中国古代雕塑馆

上海博物馆编

1996 年 5 月 1 版 1 次

72.00 元

大 16 开　72 页

本书展示了上海博物馆中国古代雕塑藏品,分四部分,依次为战国秦汉、魏晋南北朝、唐五代、宋元明时期的雕塑。反映了中国各时代雕塑的特征,有助于增进对中国历代雕塑的认识和研究。

瑞典银器五百年

上海博物馆编

2007 年 9 月 1 版 1 次

180.00 元

8 开　184 页

这是一本由瑞典罗斯卡博物馆于 2007 年秋季在上海博物馆举办的"瑞典银器五百年展"的图录。图录中100 多件银器的艺术风格、造型特点、现藏地址、尺寸大小等均有中英文介绍,每件器物都配有精美的照片。该图录不仅再现了瑞典银器从 16 世纪初到今天近五百年来的艺术风格的发展与变化,而且可以间接了解这五百年来瑞典本国各阶级对于银器的认识和使用情况。

伦勃朗与黄金时代

——荷兰阿姆斯特丹国立博物馆藏珍

上海博物馆编

2007 年 11 月 1 版 1 次

198.00 元

8 开　196 页

这是一本由荷兰阿姆斯特丹国立博物馆于 2007 年11 月在上海博物馆举办的"伦勃朗与黄金时代"展览图录,该图录展示了 17 世纪荷兰绘画和装饰艺术,其中尤以伦勃朗的油画最为突出。其内容分为"艺术家的世界"、"静物画与实用艺术"、"城市"等八个专题。图录中每幅作品除简要的说明外,还附有更为详细的背景知识介绍。

海上锦绣

——顾绣珍品特集

上海博物馆编

2007 年 12 月 1 版 1 次

180.00 元

8 开　248 页

"顾绣"又称"露香园顾绣",起源于上海松江地区的顾氏家族。"顾绣"素有"画绣"之美誉,是中国织绣工艺中的奇葩。本书汇集故宫博物院、辽宁博物馆、南京博物院、南通博物院、苏州博物馆和上海博物馆等所藏当今存世的顾绣代表作,是迄今为止对于顾绣最为集中、最为完整和最具水平的展示,并附有详细的文字说明。

古代奥林匹克运动与艺术

上海博物馆编

2008 年 4 月 1 版 1 次

180.00 元

8 开　184 页

本书是上海博物馆举办的以"古代奥林匹克运动与艺术"为主题的展览图录。图录内的藏品皆为大英博物馆提供。图录内容以展现古代希腊运动与文化为宗旨,从神话、宗教、体育、音乐、生活等各个角度勾画出古代奥运会的方方面面,其中不乏艺术大师杰作。

首阳吉金

——胡盈莹、范季融藏中国古代青铜器

上海博物馆编

2008 年 10 月 1 版 1 次

精装 180.00 元

8 开 208 页

本书系 2008 年 10 月中旬由上海博物馆举办的一次青铜器展览图录。该图录内所选的藏品均来自上海博物馆捐赠人、美国著名华裔收藏家胡盈莹、范季融夫妇所建的首阳斋内的精品铜器。该图录中青铜文物共 70 余件(组),每件青铜器均附详细的中英文介绍及精美的图片。其内容涵盖了我国青铜工艺发展过程中各时期的作品,具有珍贵的学术研究和艺术鉴赏价值。

上海市历史博物馆
历史文物丛刊

老上海的当铺与当票

傅为群撰

2006 年 4 月 1 版 1 次

68.00 元

24 开 180 页

典当是中国古老的行业,已有二千多年的历史。本书不仅从宏观和具象两个方面论述了上海典当业的渊源与变迁,而且首次披露了已发现的上海最早的一批极为珍贵的当票,以及鲜为人见的当铺老照片。书中还收录了历年的典当质押名录及营业章程、条例等。

遗产与记忆

——雷士德、雷士德工学院和她的学生们

房芸芳编著

2007 年 11 月 1 版 1 次

28.00 元

大 32 开 272 页

英国人亨利·雷士德是近代上海滩数一数二的地产大亨,去世后留下了数目惊人的财产,根据他的遗嘱,他捐出了几乎全部遗产,用于在上海兴办教育、医疗和慈善事业。其中尤以雷士德工学院影响最大,培养了一大批优秀的人才。本书以大量翔实的资料和图片,一一细数雷士德留给我们的这笔宝贵遗产,再次揭开了这段尘封已久的历史。

旧城旧影·历史邮品图像集萃

青岛旧影

上海市历史博物馆编

2007 年 3 月 1 版 1 次

78.00 元

16 开 188 页

青岛是一座历史悠久的城市,因其地理位置之便,近代成为较为繁荣的贸易港口,并曾先后被德国、日本占领,在我国邮政史和集邮史上留下了痕迹。书中收录知名邮品收藏家哲夫多年来收集的与青岛相关的邮品,以德国客邮及德国、日本明信片为主,总计约 270 幅,许多图片未曾公开过,也从一个侧面反映了近代青岛的社会历史,展示了青岛的城市建筑、风土人情。

厦门旧影

上海市历史博物馆编

2007 年 3 月 1 版 1 次

75.00 元

16 开 172 页

厦门是我国东南沿海名城,是我国对外开放最早的城市之一,也是早年海外移民出入之地,在我国邮政史和集邮史上也有重要地位。本书收集了哲夫、翁如泉两位知名邮品收藏家多年来倾力收藏的与厦门有关的集邮品,包括旧邮票、明信片、实寄封、信件等,又由香港集邮名家余东方先生提供部分明信片资料,总计约 240 幅左右,介绍了近代厦门的社会历史与风土人情。

武汉旧影

上海市历史博物馆编

2007 年 3 月 1 版 1 次

68.00 元

16 开 160 页

武汉是我国历史名城,地理环境得天独厚,鸦片战争后,英、法、德、日、俄等国相继侵入武汉建立各自的租界。本书收录与武汉相关的邮品及外国画报图片约 240 幅,图文并茂地介绍了近代武汉的社会历史及风土人情。

文化上海·典藏

上海市文化广播影视管理局 上海市文物局编

上海市文化广播影视管理局和上海市文物局自 2014 年起拟整理出版一系列"文化上海·典藏"丛书,以展示上海文化文物系统内具有较高艺术欣赏价值的收藏品。

上海行业博物馆藏品精选

上海市文化广播影视管理局 上海市文物局编

2015 年 3 月 1 版 1 次

精装 488.00 元

8 开　328 页

　　本套丛书以藏品图片为主,附以简略文字介绍,8 开精装彩印。首种为《上海行业博物馆藏品精选》。

上海出土文物精品选

上海市文化广播影视管理局　上海市文物局编

2015 年 6 月 1 版 1 次

精装 488.00 元

8 开　324 页

　　本册为上海出土文物精品选,汇聚有上海地区各博物馆及相关单位的出土文物约二百余件,年代自距今七千年的马家浜文化至明代,涵盖玉器、青铜器、瓷器、金银首饰、佛像等。

海派美术藏品精选

上海市文化广播影视管理局　上海市文化局编

2016 年 1 月 1 版 1 次

精装 488.00 元

8 开　292 页

　　本书收有已故海派代表画家 82 位(自任熊起至陈逸飞止,包括吴昌硕、任伯年、吴湖帆、刘海粟、刘旦宅、程十发、陆俨少等大师)及他们的代表作品近 400 幅,每位画家均附有人物小传,每幅作品均标有尺寸、题跋释文、图章释文、作品品鉴等,对于海派美术及其代表画家进行了全方位的展示。

德川博物馆藏品录系列

日本德川博物馆藏品录 I：朱舜水文献释解

[日] 德川真木监修　徐兴庆主编

2013 年 7 月 1 版 1 次

精装 298.00 元

16 开　220 页

　　日本德川博物馆藏有水户德川家历代藩主、彰考馆馆长、馆员以及明末遗民、僧侣们的文物、文献共计三万余件,三百年来从未对外公布。本书为第一册,是与朱舜水有关的文献。主要分为"朱舜水与长崎"、"朱舜水与德川光圀"、"朱舜水及其弟子遗著"、"朱舜水的书、诗与画"、"朱舜水与礼仪、祭祀"等五大项,涉及文集、遗著、书简、画卷、对屏、印谱等各式各样的内容。

日本德川博物馆藏品录 II：德川光圀文献释解

[日] 德川真木监修　徐兴庆主编

2014 年 7 月 1 版 1 次

精装 298.00 元

16 开　208 页

　　本书为德川光圀相关史料的汇编释解,收集了与其有关的《水户义公行实》、《桃源遗事》、《玄桐笔记》、《义公遗事》、"梅里先生碑"、"楠公碑"等 43 部作品,由台湾大学徐兴庆、浙江历史文化研究中心钱明、东北师范大学韩东育、台湾"清华大学"杨儒宾、日本锅岛亚朱华,以及余姚书画院计文渊等专家学者对其作解释说明。

日本德川博物馆藏品录 III：水户藩内外关系释解

[日] 德川真木　监修　徐兴庆主编

2015 年 7 月 1 版 1 次

精装 298.00 元

16 开　236 页

　　本书主要为水户藩对内对外关系的相关史料,如《大日本帝王略记》、《扶桑隐逸传》、《史馆旧话》、《朱子家训和歌》、《弘道馆记述义》、《和兰宝函抄》等,共计作品约 60 余件。分别由台湾大学徐兴庆、浙江省社科院钱明、东北师范大学韩东育,余姚书画院计文渊等专家学者一一对应作解释说明,并配有相关图片。

铜　镜

中国早期铜镜

王纲怀主编

2015 年 4 月 1 版 1 次

精装 158.00 元

16 开　204 页

　　本书主要为中国早期铜镜的资料性著作,共收录齐家文化、夏商周等绵延 1500 年之古代早期铜镜,共约 125 面;同时,附有数篇研究性论文。本书采用图文混排,一镜一面的方式编排,简明扼要,填补了国内研究早期铜镜之空白。

西汉龙纹镜

陈灿堂编著

2012 年 12 月 1 版 1 次

精装 168.00 元

16 开　176 页

本书收录 81 面珍贵西汉龙纹铜镜照片，并配有龙纹部分的放大图片，详细介绍了龙纹千姿百态的外形、动作和异彩纷呈的表现手法。图文并茂，立意新颖，填补了战国镜向隋唐镜发展进程中西汉镜专题研究的空白。

东汉龙虎铜镜

王纲怀　陈灿堂编著

2016 年 4 月 1 版 1 次

精装 168.00 元

16 开　236 页

本书主要为东汉龙虎铜镜的资料性著作，共收录入东汉时期 200 余面龙虎铜镜，详细展示了东汉龙虎铜镜的面貌。另附有新莽、东汉晚期至南北朝时期的龙虎铜镜，有助于梳理东汉龙虎铜镜的发展脉络。本书所收铜镜中有 8 面具有纪年铭文，有很高的学术价值。本书采用图文混排，对部分有铭铜镜给出释文，并作鉴评。

汉铭斋藏镜

王纲怀著

2013 年 8 月 1 版 1 次

线装 980.00 元

6 开　338 页

此书主要为王纲怀先生自藏"汉铭斋" 132 件藏品之图片（以拓片为主）及说明文字。另外还附有作者精挑细拣的其他公私收藏之 30 幅拓片。本书所列全部为铭文镜，按问世年代排序，共分为九个大类：子类，西汉蟠螭；丑类，西汉蟠虺；寅类，西汉综合；卯类，西汉四乳；辰类，西汉花瓣；巳类，西汉草叶；午类，西汉圈带；未类，新莽博局；申类，东汉三国。由此，不仅可以鉴赏镜铭书法的美学，而且还能从铜镜铭文的角度，大致了解汉字由古文字秦篆演变至今文字汉隶的隶变过程。

中国纪年铜镜：两汉至六朝

王纲怀编著

2015 年 11 月 1 版 1 次

精装 158.00 元

16 开　216 页

本书主要为中国纪年铜镜的资料性著作，共收录入两汉、三国、魏晋、六朝 150 余面纪年铜镜。其中有 20 多面为首次对外披露，具有很高的学术价值。本书采用图文混排，一镜一面的方式编排，简明扼要，填补了国内研究纪年铜镜之空白。

唐代铜镜与唐诗

王纲怀　孙克让编著

2007 年 3 月 1 版 1 次

精装 198.00 元

16 开　304 页

这是一本将唐代铜镜收藏与唐代诗歌赏析巧妙融合一体的图书。根据铜镜正面能映像，背面具纹饰、铭文的特点，有选择地选录对应的唐诗，精心整理和排比，突出了唐镜的时代特征，丰富了唐镜的文化内涵。本书收入唐镜图片资料 180 余幅，选录唐诗 500 余首，分"赏镜读诗"和"吟诗识镜"两部分内容。另附"铭文辑录"、"综合年表"等。

清华铭文镜（全二册）

王纲怀著

2010 年 12 月 1 版 1 次

线装 360.00 元

6 开　240 页

王纲怀，铜镜收藏家、研究家，清华大学 1958 级校友。此书为王纲怀为祝贺清华大学建校一百周年所著。全书从铭文方面对其捐献给母校的铜镜进行了分析。

止水集——王纲怀铜镜研究论集

王纲怀著

2010 年 2 月 1 版 1 次

精装 78.00 元

16 开　280 页

铜镜是我国最具特色的历史文物，其起源早，传流长，分布尤为广袤，而且对周边国家、地区有深远影响，兼有艺术价值与学术意义。建国以后，随着考古事业与工程建设的迅速发展，铜镜大量发现，这方面的研究得到蓬勃发展。作者王纲怀，热爱铜镜文化，自 2003 年起先后发表《西汉草叶纹镜》、《唐镜中的鹦鹉》、《铜禁时期钱监铸镜》、《闰七月铭南唐镜纪年表》等文章；2004 年编著出版《三槐堂藏镜》。

日本蓬莱纹铜镜研究

王纲怀著

2008 年 10 月 1 版 1 次

精装 148.00 元

大 16 开　180 页

本书对日本蓬莱纹铜镜的发展史、分类、工匠名、蓬莱纹的源流作了简要论述，并精心挑选 50 面有代表性的日本蓬莱纹铜镜，附列其相关技术数据和诗词，读者可从中深入了解日本蓬莱纹铜镜的有关知识。书末附表回顾了中日自东汉至南宋末的文化交流史和日本镜铭纪年、工匠名录等。

陶　瓷

中国青花瓷

马希桂著

1999 年 12 月 1 版 1 次

2008 年 3 月 1 版 3 次

精装 148.00 元

16 开　图 580 幅　304 页

青花瓷起源于唐代，以高超的釉下彩工艺和精湛的蓝白瓷画艺术，使中外为之倾倒，被誉为是中国的"国瓷"。曾任首都博物馆馆长之职的马希桂先生集多年研究青花瓷的心得与经验写就本书，配以大量精美的实物照片(355 幅实物彩照)和剖析线条图(155 幅)，对研究、鉴定、欣赏青花瓷具有很高的参考价值。

中国彩瓷

叶佩兰著

2005 年 3 月 1 版 1 次

精装 298.00 元

大 16 开　图 900 幅　340 页

本书详尽地阐述了中国彩瓷发生的渊源，完整清晰地勾勒了中国彩瓷发展的脉络；900 幅照片中多有北京故宫博物院从未展示过的器物。对每朝每代彩瓷的制作方法及其特征作了通俗易懂的叙述，并以对比实物照片的方式论证不同朝代的彩瓷的异同，使读者能较快地掌握鉴别彩瓷的要诀。

中国越窑青瓷

孙海芳编著　孙一　琼英译

2007 年 10 月 1 版 1 次

精装 580.00 元

8 开　372 页

越窑青瓷，是世界公认的"瓷母"，是中华民族极为优秀的文化遗产和艺术瑰宝。孙海芳先生所收藏的越窑青瓷，其数量之多，品种之全，品质之精，等级之高，堪

称集越窑青瓷之大成。本书收录春秋战国时期到宋代的越窑青瓷 300 多件，其中有多件唐秘色瓷和各个时期的陶瓷精品。

汝窑遗珍

林俊著

2007 年 12 月 1 版 1 次

精装 296.00 元

大 16 开　234 页

本书对宋代五大名窑之首的汝窑残瓷进行修复还原，为汝窑的研究提供了新的资料。另外对汝窑的原料、窑具、模具、残片、煅烧工艺、对后来管窑的影响等方面，均有详细介绍，是研究汝窑的最新著作。

中国西北彩陶

朱勇年著

2007 年 9 月 1 版 1 次

精装 298.00 元

大 16 开　272 页

作者以中国西北地区出土的彩陶为契入点，通过对其图案、形制等进行对比研究，结合古代文献资料记载，尝试性地初步解析了其中的寓意；揭示出皇古时代，我们的祖先参照天象观察、大地考察及探究身边事物，来绘制各种图案，并由此而衍生出的各种部落图腾、族徽标志甚至部落姓氏等关联线索。

华夏之花

——庙底沟彩陶选粹

河南省文物考古研究院编著

2013 年 6 月 1 版 1 次

精装 338.00 元

16 开　236 页

此次公布的庙底沟遗址新发现的 200 余件彩陶，是从庙底沟遗址千余件彩陶器物中，根据不同阶段、不同器类、不同图案挑选出的。作者对其进行详细的分期分段，并于每件器物下附有文物编号、尺寸大小、质地、图案等方面的描述。这批彩陶不仅弥补了遗址过去出土彩陶的不足，大大丰富了我们对庙底沟文化彩陶的整体认识，也再次启发人们对于史前艺术的思考。

越窑瓷墓志

厉祖浩编著

2013 年 10 月 1 版 1 次

170.00 元

16 开　214 页

　　本书收录唐宋时期的越窑瓷墓志共 94 件,系作者经过三年多的深入调查所得,大部分为首次公开发表,是研究越窑青瓷发展、古代墓志形态变化和地方历史文化、风俗变迁的基础资料。由于瓷墓志的文字是用尖细的硬质工具直接在瓷坯上划写,再上釉入窑烧成,所以这些墓志又是唐宋时期中国硬笔书法的重要见证物。

青海柳湾彩陶选粹

中国青海柳湾彩陶博物馆
中国社会科学院考古研究所编著
2014 年 11 月 1 版 1 次
380.00 元
16 开　276 页

　　在柳湾出土的彩陶数量之多、艺术价值之高、文化底蕴之厚,在世界文化遗产史中都是屈指可数的。这次出版的图册,包含约 300 件彩陶器物,这 300 件器物从柳湾博物馆馆藏近 2 万件彩陶中精选而来,其中 10% 在其他的图录中零散出现过,其余 90% 均为首次发表。因而这本图录对欣赏彩陶、研究彩陶均具有现实的指导意义。

海 外 遗 珍

十九世纪中国市井风情
　　——三百六十行

黄时鉴　[美]沙进编著
1999 年 12 月 1 版 1 次
2002 年 7 月 1 版 2 次
精装 145.00 元
16 开　300 页

　　本画册以商业发达的 19 世纪广州商埠为背景,并以中国民间画技法和西欧画技法相糅合的"中国贸易画"(亦称"中国外销画",本地人则称之为"西洋画")形式绘制,可从中了解到当时人们对所谓"三百六十行"的认识。本画册全部中英文对照,画面下还配有相应的"竹枝词"或注释。

中国三百六十行

黄时鉴　[美]沙进编著
2006 年 7 月 1 版 1 次
45.00 元

24 开　188 页

　　本画册不仅选定以商业发达的十九世纪广州商埠为背景,并以当时已盛传于世界的用中国民间画技法和西欧画技法相糅合的"中国贸易画"形式绘制。编者把数百幅以"三百六十行"为载体的"中国贸易画"千里迢迢地带回其发源地,让读者一睹当时风行世界的"中国贸易画"的风采。本画册全部采取中英文对照的形式,画面下还配有相应的"竹枝词"或注释。

18—19 世纪羊城风物
　　——英国维多利亚阿伯特博物院藏广州外销画

英国维多利亚阿伯特博物院　广州市文化局等编
2003 年 9 月 1 版 1 次
精装 198.00 元
大 16 开　图 208 幅　300 页

　　英国维多利亚阿伯特博物院,向以其藏品遍及世界各国奇珍瑰宝著称,广州外销画便是其中的精品。本书收录的 208 幅绘画,生动地展示了 18—19 世纪广州社会的风貌。这批绘画,有的反映了广州的制瓷、蚕丝、制茶等行业,有的记录了各种花鸟,有的描绘出当年珠江船只航运的情景,是研究珠江三角洲历史与中西文化交流史不可多得的资料。

海贸遗珍
　　——18—20 世纪初广州外销艺术品

广州博物馆编
2006 年 1 月 1 版 1 次
精装 185.00 元
大 16 开　图 300 幅　296 页

　　从 18 世纪开始,广州就成为中国主要对外通商口岸之一,是中国外销艺术品的主要生产地与流通站。本书收录了包括青花瓷、广彩瓷、广绣、牙雕、外销画等在内的 18—20 世纪初的各类外销艺术品共 300 余件,系广州博物馆多年来从海内外收集。由于其中相当一部分为欧美来样定制,因而从这些艺术品中,不仅可以欣赏当时中国艺术品的精美程度,亦可以寻绎出中西艺术的交流融会。

大清帝国城市印象
　　——19 世纪英国铜版画

上海古籍出版社　上海科学技术文献出版社编
2002 年 12 月 1 版 1 次
精装 68.00 元

12 开　图 120 幅　80 页

阿罗姆是 19 世纪英国画家，也是当今欧美艺术品市场最负盛名的"东方风景"画家。1843 年鸦片战争刚结束，阿罗姆收集了有关中国风土人情的素描速写稿，重新绘制并刻成铜版画印行，内容涉及 1793 年马戛尔尼使团觐见乾隆帝途经的城市，也有鸦片战争期间由英国海军画师记录的战争场面。150 年来，阿罗姆的作品已经成为西方人描绘中国的代表作。李天纲先生从文化比较的角度对这一百二十余幅铜版画作了诠释。

其　他

上海鲁迅纪念馆藏文物珍品集

上海鲁迅纪念馆编

1996 年 9 月 1 版 1 次

精装 210.00 元

大 16 开　116 页

本书提供了 200 余幅珍贵的历史文物图片，配以洗练的说明文字，向读者展示了鲁迅先生光辉的一生。先生的友情、亲情、师情以及先生在日常生活中的真实感情，均在此得到观照。

中国扇

杜秉庄著

1996 年 11 月 1 版 1 次

100.00 元

大 16 开　彩图 192 幅　92 页

中国扇的历史悠久，品种繁多，有羽毛扇、绢宫扇、折扇、檀香扇、象牙扇、藤编扇、麦秆扇、芭蕉扇、绸舞扇等等。而这些不同扇子的制作又综合了诸如造型、刺绣、书画、雕刻、编织、镶嵌等多种艺术技巧。本书分门别类地概述各种扇子的演变及制作特点，以图片形式展示千奇百态扇的世界。书中收彩图近二百幅，可欣赏到慈禧太后用过的纨扇、清宫用扇、名家书画扇面、镂雕象牙扇、拉烫檀香扇、玉雕扇坠等不少传世精品。

20 世纪初的中国印象

——一位美国摄影师的真实记录

上海市历史博物馆编

2001 年 9 月 1 版 1 次

精装 200.00 元

大 12 开　图 535 幅　350 页

本书结集出版了五百多幅 100 年前的珍贵照片，内容分五个部分：辛亥革命前的中国、辛亥革命、上海十里洋场风情图、商务印书馆以及民国初年的社会状况。本书照片的摄影师为当时受聘于上海商务印书馆的技术顾问斯塔福先生，作为一个在华生活多年的外国人，他镜头中记录的中国独特而富历史价值。上海历史博物馆的近代史专家又对照片的内容作了深入的阐释。

中国的租界

上海市历史博物馆等编

2004 年 8 月 1 版 1 次

精装 180.00 元

12 开　366 页

本书集中了上海、天津、武汉等曾有过租界的城市博物馆，根据馆藏珍档联合编撰的全面反映中国租界历史的大型历史图集，反映了近代中国租界发展的全过程。

伟大的欧洲小博物馆

[英]詹姆斯·斯图尔顿著　檀梓栋　申屠妍妍译

2005 年 12 月 1 版 1 次

精装 228.00 元

8 开　288 页

本书作者是全球最大拍卖公司（苏富比）的副总裁詹姆斯·斯图尔顿。他因职业的关系经常访问欧洲各类博物馆，本书就是他的旅行见闻。不过在书中他并没有介绍那些为人熟知的大博物馆，而是介绍了 12 个欧洲国家各具特色的 35 座小博物馆，并配有三百五十多幅精美图片与画作。不仅介绍藏品，而且还讲述了每座博物馆形成的历史、收藏家的轶闻趣事。

申城博物馆巡礼

——上海市博物馆纪念馆导览

上海市文物管理委员会　上海文物博物馆学会编

2008 年 5 月 1 版 1 次

25.00 元

24 开　216 页

这是一本对上海的博物馆、纪念馆较为全面的导览图册，汇集了上海市内 84 家各类博物馆、纪念馆和陈列馆的概况，按照地域分布逐一介绍。除了各家博物馆的基本概况、藏品特色等，还详细列出了具体的开放时间、票价、交通路线等。本书图片精美、内容翔实，且开本较小，便于游客携带查阅。

浦东文博

上海市浦东新区文物保护管理署编

2007 年 10 月 1 版 1 次

精装 158.00 元

16 开　216 页

　　本画册将浦东文物的精华——浦东各类文物保护单位(点)作了全面展示,这些重要史迹、特色古建筑,充分展现了浦东早期的风俗民情,具有重大的文物价值与历史意义。同时,本画册收录浦东地区出土文物、碑刻文物 130 件,以及 9 家浦东新区主要的特色纪念馆、博物馆及其馆藏精品。

松江文物保护单位图文集

上海市松江区文管会

松江区文广局　松江区规划局编

2004 年 7 月 1 版 1 次

增订本 2015 年 5 月 1 版 1 次

精装 298.00 元

16 开　312 页

　　增订版在原《松江文物保护单位图文集》基础上增订而成,为上海市松江区地面各级文物保护单位的图文集,共收文物保护单位、文物保护地点 67 处,全部标明详细地点、保护范围,并附有照片和地图。是一部在松江范围内具有权威性、规范性和可操作性的文物保护工具书。

鉴余留珍

上海市文物管理委员会编

2008 年 1 月 1 版 1 次

精装 200.00 元

8 开　296 页

　　建国五十多年来,上海口岸在文物出境鉴定工作中取得了很大成绩,为珍贵文物免遭流失作出了很大贡献。本书即在这些获得保护的文物中,遴选 130 余件珍品逐一介绍,其中有陶瓷、书画、玉器、竹刻等,充分反映出境鉴定工作的重要意义。同时,也为中国文物的研究提供了十分重要的实物资料。书中图片精美,并附有详细的文字说明。

丝路遗珠

——交河故城、高昌故城申报世界文化遗产文物精品展

吐鲁番博物馆　吐鲁番学研究院编著

2014 年 6 月 1 版 1 次

218.00 元

16 开　160 页

　　交河故城、高昌故城所在的吐鲁番盆地,位于天山山脉南麓,扼守欧亚陆路交通要冲,是丝绸之路中路的重镇。本书记录了高大雄伟的城墙、屹立的马面、宏伟的寺庙殿堂、宽阔的大道、巧夺天工的官署、别致的可汗堡,展现了丝绸之路沿线的社会经济、城市建筑技术、宗教信仰及多民族文化的交流与传播。

锦上胡风

——丝绸之路纺织品上的西方影响(4—8 世纪)

赵丰　齐东方主编

2011 年 12 月 1 版 1 次

268.00 元

16 开　224 页

　　本书为中国丝绸博物馆在北京大学赛克勒考古艺术博物馆主办的"锦上胡风"专题展览的丝织文物精品的图录介绍,并收录了清华大学美术学院尚刚教授和中国社科院文学所扬之水研究员的评论文章。叙录精辟,图片精美,多数丝织物精品为国内初见。

吐鲁番博物馆藏历代钱币图录

吐鲁番博物馆　吐鲁番学研究所编纂

2013 年 12 月 1 版 1 次

精装 328.00 元

16 开　224 页

　　新疆古称西域,自汉代以来,就是中国西北的重要行政区域;新疆又是欧亚大陆桥的中点,丝绸之路商贸繁盛,留下了世界各国交往的重要遗存。由于吐鲁番特有的干旱高温少雨的地理特点,使之比较完整地保存了自汉至民国历代中央政府和地方政府的钱币实物,以及从罗马、伊朗、日本、安南的大量钱币,真实地反映了古代新疆的经济活动和丝绸之路物质交流的状况。

1904 年美国圣路易斯万国博览会中国参展图录

(全三册)

居蜜编著

2010 年 4 月 1 版 1 次

精装 180.00 元

16 开　902 页

　　此书为美国国会图书馆所藏有关 1904 年美国圣刘

易斯万国博览会之图书。共分三大部分：1. 风云诡谲的外交篇——百年前的中美外交文化史；2. 东西文明的交流篇——百年前的中国参展记录史；3. 善本古籍的留洋篇——中外实务通考学。从三个角度图文并茂的充分展示了 1904 年世博会，中国参展前前后后的过程与故事。

（四）收藏鉴赏

文物鉴赏丛书

古瓷器

马希桂著

1997 年 8 月 1 版 1 次

10.00 元

长 32 开　256 页

中国瓷器有 4000 年历史。本书选择了各个时代具有代表性、典型性的瓷器精品 84 件，介绍与每件瓷器有关的考古、典故、纹饰、制作技术及各主要瓷窑和该时期瓷器的基本情况、艺术成就。

古玉器

周南泉著

1993 年 2 月 1 版 1 次

1998 年 2 月 1 版 4 次

7.00 元

长 32 开　168 页

本书从大量的发掘和传世作品中精选能代表各时期风格、成就的近百件古玉器，从文物考古、历史背景、文化意识、故事珍闻、艺术风格、制作经过等各方面进行剖析和鉴赏，并结合实物介绍了各种制作工艺和鉴定方法。

人物画

林虞生著

1996 年 12 月 1 版 1 次

12.20 元

长 32 开　272 页

中国古代人物画在世界美术史上占有极其辉煌的地位。本书精选人物名画 100 幅，对画家生平及绘画特色作了简明的评介。所选名画有：洛神赋图、步辇图、虢国夫人游春图、簪花仕女图、回猎图、韩熙载夜宴图、朝

元仙仗图、兔胄图、清明上河图、采薇图、大士像、纺车图、泼墨仙人图、明妃出塞图、元世祖出猎图、九歌图、修竹仕女图、秋风纨扇图等。

版画

徐小蛮著

1997 年 8 月 1 版 1 次

9.00 元

长 32 开　218 页

版画与我国特有的书画艺术和书刊雕版技术有不解之缘。自唐以后，作品层出不穷。本书选录了历代版画精品八十余件，多视角地介绍了各作品的内涵、绘刻手法以及艺术风格，勾勒出古代版画演化发展的起伏状貌，同时将许多版本知识糅合其中。

古钱

孙仲汇著

1990 年 8 月 1 版 1 次

1997 年 7 月 1 版 7 次

6.30 元

长 32 开　240 页

本书介绍历代各种钱币的不同形制，以及有关该种钱币的逸事趣话，并对钱币的考证、版别和真伪多寡也作了介绍，书中还收集了大量珍贵的稀见钱币的图片，形象地反映了中国货币演变发展的全过程。

印章

刘一闻著

1995 年 12 月 1 版 1 次

1996 年 11 月 1 版 2 次

11.00 元

长 32 开　264 页

印章艺术在我国具有悠久的历史，它发轫于先秦，盛极于秦汉，影响一直延续至当代。本书从大量传世印章实物中撷取代表作品四百余件，按时代顺序阐述印章的渊源流变和各时代、各流派的风格、特征，并从刀法、章法、篆法诸角度探讨、分析历代印章作伪的手段及其辨别方式，集鉴赏性、实用性于一体。

衣装

高汉玉　屠恒贤主编

1996 年 12 月 1 版 1 次

12.00 元

长 32 开　260 页

本书从文物鉴赏的特殊视角,收集了七十余件从上古到明清历代典型的衣冠带履等出土实物,融衣装的生产科技、文化艺术和生活习俗于一炉,并与文献资料互相印证,进行综合的介绍,插图二百余幅,除了实物图,还有纹样特写、衣料组织示意图和衣装裁剪缝制的各种形制示意图。

漆器

朱仲岳著

1995 年 12 月 1 版 1 次

1996 年 11 月 1 版 2 次

8.10 元

长 32 开　196 页

本书以通俗的文字概述了我国漆器发展的历史,选出能代表各个时期风格、成就的八十多件珍品,如河姆渡出土漆碗、战国二十八宿青龙白虎漆箱、西汉漆食奁及漆耳环、明林檎双鹂剔彩大捧盒等,对其形制、器胎、装饰、制作工艺、艺术特色一一给予介绍,并配有实物照片。

古灯

王福康　王葵著

1996 年 12 月 1 版 1 次

8.90 元

长 32 开　168 页

古灯体现了古代人民的美学思想与当时的科技水平。本书精选 69 种古灯,具体介绍各种灯具的结构以及有关逸事趣话。书中收集了大量珍贵的稀见灯具的图片,如战国的银首人俑灯,汉朝的陶豆灯、"长信宫"铜灯,唐三彩人荷灯,清代硬木框大吉葫芦挑杆落地灯等。

古兵器

黄意明　徐铮著

1996 年 12 月 1 版 1 次

8.90 元

长 32 开　168 页

人类是在斗争中发展的,刀光剑影、硝烟弥漫往往不可避免。而古兵器也不断随科技水平、工艺水平的提高而发展、革新,最后被送进历史博物馆。本书收集了从飞石索到火器的古兵器 81 种,配有插图,并作扼要的介绍。

古塔

季承凯　季嘉龙著

1993 年 3 月 1 版 1 次

3.85 元

长 32 开　118 页

我国现存的古塔超过千座,差不多每座古塔都有一段动人的传说。本书向读者介绍其中最具特色的、历史悠远的 97 座古塔,如北京的佛牙舍利塔、应县木塔、开封祐国寺铁塔、嵩山少林寺塔林等,每座塔都附有照片。

珍宝

郎秀华　苑洪琪著

1998 年 12 月 1 版 1 次

8.20 元

长 32 开　184 页

古代珍宝包括金银玉翠、珍珠宝石等。本书精选代表各个时期的罕见珍宝七十多件,如战国的金盏,汉代的错金博山炉、金镂玉衣,唐代的舞伎八棱杯、迎真身十二环金花银锡杖、捧真身菩萨、茶碾子,明孝端皇后凤冠,清金发塔、金编钟、四臂观音像、象牙席等,配有实物照片,分别介绍有关珍宝的知识、制作工艺、艺术特色、历史演变情况以及逸事趣话。

石刻

杨新华　董宁宁著

1998 年 12 月 1 版 1 次

10.00 元

长 32 开　256 页

中国古代石刻是文物中的一枝奇葩。如果你到过洛阳龙门石窟、南京明孝陵、西安碑林、杭州飞来峰、麦积山石窟、十三陵等地,你会惊叹古代石刻的千姿百态、气象万千。本书介绍丰富的石刻知识,包括石窟寺、陵墓神道石刻、碑刻墓志、汉代画像、岩画的分布、演变、发展,历史价值、艺术价值及鉴赏方法。书中有一百多幅石雕、刻字、岩画,图文并茂。

中国古代雕塑艺术

季崇建著

1990 年 4 月 1 版 1 次

1992 年 4 月 1 版 2 次

2.10 元

长 32 开　98 页

闻名中外的云冈、龙门、麦积山、敦煌石窟，各朝寺庙中的佛像，历代陵寝前的石刻，以及考古发掘出土的陶俑，都显示了中国古代雕塑的伟大成就。本书以优美的文字、生动的笔触介绍了中国古代雕塑中的七十余件珍品。

尊古斋金石集拓

尊古斋金石集

黄濬编

1994 年 12 月 1 版 1 次

精装 364.40 元

12 开　拓片 1000 幅　201 页

本书收录青铜彝器、甲骨、钱币、造像、令牌、钥匙、刻石、玺印各种文物拓片近千幅，拓片清晰，其中不乏珍稀之品。

尊古斋古代瓦当文字

黄濬编

1994 年 12 月 1 版 1 次

精装 172.00 元

12 开　拓片 210 幅　108 页

本书收录战国、秦汉各朝瓦当二百一十余幅，均为原拓，且数量多而精，以原大电子分色精印。

尊古斋造像集　拓尊古斋陶佛留真

黄濬编

1993 年 12 月 1 版 1 次

精装 159.80 元

12 开　拓片 220 幅　93 页

《造像集拓》收录北魏、北齐、隋唐各朝七十余尊铜佛造像一百多幅拓片。《陶佛留真》收录北魏、隋唐各朝五十余铺陶佛造像的一百多幅拓片。拓图精美，是研究我国佛教艺术和雕塑史的不可多得的珍贵资料。

尊古斋古兵精拓

黄濬编

1994 年 12 月 1 版 1 次

精装 203.00 元

12 开　拓片 310 幅　131 页

本书收录先秦、秦、汉各朝兵器拓片三百多幅，其中颇多古兵器之精品。本书是第一本中国古兵器图录的专

集，从中可以了解我国军事发展的进程。

尊古斋古玉图录

黄濬编

1993 年 12 月 1 版 1 次

精装 332.80 元

12 开　拓片 610 幅　229 页

本书收录历代古玉器六百多幅拓片，拓图清晰。其中有些古玉器原件已流往海外，这些拓片就显得更为可贵，是研究中国工艺美术史的重要资料。

尊古斋古镜集景

黄濬编

1993 年 12 月 1 版 1 次

精装 216.20 元

12 开　拓片 310 幅　139 页

本书收录先秦、汉、唐各朝铜镜拓片三百余幅，拓片清晰，图案精美，是研究我国铸造史和美术史的重要参考资料，其中名闻遐迩的西汉透光镜就收有十多枚。

民间收藏书系

瓷器收藏实鉴
——罐瓶

高阿申著

2002 年 12 月 1 版 1 次

2003 年 6 月 1 版 2 次

45.00 元

大 32 开　200 页

本书主要收录罐、瓶两种器型的民窑器，为说明问题，同时收录少量官窑器。每器均附有精辟的文字说明，以鉴真辨伪为主要内容，并附有每器市场价格、升值潜力评估。

瓷器收藏实鉴
——香炉、文房用品

高阿申著

2002 年 12 月 1 版 1 次

2003 年 6 月 1 版 2 次

45.00 元

大 32 开　200 页

本书主要收录香炉、笔筒、水盂、水丞等，每器附以精

辟的说明文字,结合精美图片鉴真辨伪。并为每件瓷器提示了市场价格和升值潜力。

瓷器收藏实鉴
——饮食器

高阿申著

2002 年 12 月 1 版 1 次

2003 年 6 月 1 版 2 次

45.00 元

大 32 开　200 页

本书主要收录民窑瓷中的饮食器,包括壶、碗、盘、碟、杯等器型。每器均附有精辟的说明文字,以鉴真辨伪为主要内容。作者为沪上著名收藏家,书中编入了他的个人收藏精品和多年从事收藏的经验。

古玩真赝对比系列

晋唐宋元瓷器真赝对比鉴定

程庸编著

2002 年 6 月 1 版 1 次

2005 年 1 月 1 版 6 次

30.00 元

16 开　120 页

近年来随着唐、宋、金、元时期各大窑址的科学考古发掘和同时期瓷器的不断发现,市场上鱼龙混杂,精芜并存。本书作者精心选择真、赝古瓷五十余组,采取一真一伪两相对照的形式,使用浅显易懂的语言,向广大收藏爱好者传授操作性极强的鉴定秘技。

明清瓷器真赝对比鉴定

程庸编著

2002 年 6 月 1 版 1 次

2006 年 4 月 1 版 7 次

32.00 元

16 开　160 页

由于明清瓷器的年代尚不甚久远,往往有光鲜如新之感。而如今仿冒的手段越来越高超,使一般的收藏爱好者很难分辨真品和赝品。本书精选明清瓷器 60 件,及与之相对应的仿冒精品,以比对介绍的形式,讲解辨别真假明清瓷器的要诀。附明清民国瓷器发展简表和价格行情表。

古玉真赝对比鉴定

张尉编著

2002 年 6 月 1 版 1 次

2006 年 4 月 1 版 7 次

31.00 元

16 开　144 页

古玉器的制假作伪肇始于北宋时期,历代均有,而今制假狂潮更是越演越烈。作者精选中国古代玉器 60 件,及与之相对应的仿品从质料、琢工、沁色等方面逐一加以比对,使读者在赞赏古玉的精湛、认清仿冒品的拙劣的同时,掌握鉴别真假古玉器的方法。

中国书画真赝对比鉴定

徐建融　赵寒成编著

2003 年 12 月 1 版 1 次

2005 年 1 月 1 版 3 次

32.00 元

16 开　128 页

中国书画艺术品的真伪鉴定一直是个难题,曾有许多难断的公案。本书以真赝品一一对比,就书画鉴定上的难点作了详尽的解说,图文并茂,于读者增长书画鉴定的知识颇有助益。

古玩杂件真赝对比鉴定

蔡国声编著

2003 年 1 月 1 版 1 次

2005 年 1 月 1 版 4 次

31.00 元

16 开　136 页

凡归纳不进陶瓷、书画、玉器、青铜等古玩大类的古代工艺品均被俗称为杂件。本书不仅让读者领略了包罗万象的古玩杂件概貌,而且具体、详尽地分析了 56 对真赝古玩杂件的优劣与特征。

古钱真赝对比鉴定

孙仲汇　余榴梁编著

2003 年 7 月 1 版 1 次

2006 年 4 月 1 版 7 次

32.00 元

16 开　136 页

造假、售假已严重地干扰、损害了古钱收藏活动的正常发展。本书精选爱好者喜爱、制假者热衷的真假古钱币 75 对,逐一比对,详述要诀。书中一改过去钱币书籍多用拓片的习惯,而采用了实物照片,使读者对所列钱币有真切的体验。

古玩真赝鉴定自测

陈佩芬等编著
2004 年 5 月 1 版 1 次
2005 年 1 月 1 版 2 次
35.00 元
16 开　188 页

本书由上海八位古玩鉴定专家合力编著而成,全书由七部分组成:青铜器(陈佩芬)、玉器(张尉)、瓷器(程庸)、书画(徐建融、赵寒成)、杂件(蔡国声)、家具(成明义)、古钱(孙仲汇)。每一件器物都列有精美图片,有真有赝,专家评述器物背景、特征,并提出问题,启发读者思考、回答。书后附有专家鉴定意见、揭开谜底。

佛像真赝鉴别

金申著
2004 年 7 月 1 版 1 次
2007 年 7 月 1 版 3 次
80.00 元
18 开　258 页

本书分"总论"和"图解佛像真赝"两部分。"总论"叙述晋以后十六国至元明清及民国初年佛教造像时代艺术特点和工艺概况,并配以近二百幅彩图。"图解佛像真赝"则选取海内外藏家的四百余尊佛像逐一辨别推敲,结合历代佛像塑造雕刻特点,从人物体姿神态、发髻服饰及背光法座等角度分析,指明真伪。

中国钱币文献丛书

古泉汇　续泉汇(全三册)

[清]李佐贤等编
1993 年 4 月 1 版 1 次
精装 174.00 元
16 开　1326 页

李佐贤,道光时著名钱币学家。《古泉汇》收录历代古钱五千多品,为前所未有之巨作,囊括乾嘉以来诸大家珍异之品,并载录各家考释之说,体例谨严,选钱精审,与倪模《今钱略》并称为清代泉学两大支柱。《续泉汇》为李佐贤、鲍康合编。依《古泉汇》体例,续补增收古钱九百多品。

古泉薮

[清]李宝台手拓　杨守敬编
1993 年 4 月 1 版 1 次
精装 88.60 元
16 开　687 页

李宝台精鉴古钱,善拓墨,历道光、咸丰、同治、光绪四朝而名不衰,有"小钱李"之称。本书收先秦各式刀币、布币一千一百多品,为先秦刀、布专题研究的重要汇集。该稿仅有精拓稿本,未曾刊行,现据原拓稿本影印。

古今钱略(全三册)

[清]倪模撰
1993 年 4 月 1 版 1 次
精装 182.35 元
16 开　1381 页

《古今钱略》,是清代著名钱币学专著。倪模,为乾嘉泉坛之名宿。本书收录历代钱币图式四千余枚,载录清初钱制、钱政等事甚详。并辑录纸币源流,历代钱制、钱币著作和钱币收藏家有关资料。其所收钱币图式虽不如《古泉汇》之多,然引据详博则过之,内中不乏首次著录之品,如南汉"飞龙进宝"等钱。为有清一代钱谱刻本之精美者。

泉货汇考

[清]王锡棨撰
1992 年 4 月 1 版 1 次
精装 66.15 元
16 开　499 页

《泉货汇考》收录历代钱币二千五百余品,其中不乏珍贵品,以原钱拓本作插图,拓写俱精。其书稿成于《古泉汇》之前,选钱颇精。考释钱币多从新说,汇考群书择优而从。

钱神志

[明]李世熊编著
1993 年 4 月 1 版 1 次
精装 84.10 元
16 开　660 页

《钱神志》是我国自周秦迄明末钱币资料的重要汇录。全书分灵产、圜法、什一、奢汰、贪冒、冥略等 12 项,分别记述了历代钱币的铸造、出产、历代钱图以及理财、俸饷、课税、邦国经济等和钱币密切相关之事。书中著录南明弘光、隆武、永历三朝铸币,盖为南明铸钱最早记录者。该书至同治始有刻本,今刻本亦罕见。现据同治十年刻本影印。

顾烜钱谱辑佚 货泉沿革 泉志 论币所起 钱币考 钱币谱 钱谱钱通

[南朝·梁]顾烜等撰
1994 年 4 月 1 版 1 次
精装 111.25 元
16 开 713 页

本书收录南朝梁至明代钱币学重要文献。其中《顾烜钱谱辑佚》使中国第一部钱币学著作《钱谱》得以再现于世。宋代洪遵《泉志》为第一部图文兼备的权威性钱币学著作,收录历代钱币、外国钱币和厌胜钱四百余件,其论说为后世钱币学著作多所称引,影响甚大。元马端临《钱币考》综述历代钱法沿革及制度。元费著《钱币谱》和《楮币谱》专记四川铸币和交子的起源和发展情况。明胡我琨《钱通》对明代钱法言之甚详,还对历代钱制进行研究,是明代一部重要的钱法通志。

钱录 货泉备考 古金待问录 古金待问续录 历代钟官图经

[清]张端木等撰
1993 年 4 月 1 版 1 次
精装 60.15 元
16 开 526 页

清张端木所著《钱录》系续宋洪遵《泉志》而作,记述历代钱币之制,尤详于两宋以后钱币。《货泉备考》为清宗室永敬撰,分别记述历代钱币,并述及明代配铜则例和历代钞法沿革。《古金待问录》、《续录》为清朱枫编,图版均以原钱墨拓摹刻上板,较真实地体现了古钱的面貌。《历代钟官图经》清陈莱孝撰,考释历代货币,引述较为翔实。

红藕花轩泉品

[清]马国翰撰
1993 年 4 月 1 版 1 次
精装 47.70 元
16 开 450 页

本书征引文献详博,著录了周代至明历朝货币,考证钱币除引据史志及历代钱币著述外,时有自己的见解。该书传本较少,现据复旦大学图书馆所藏清稿本影印行世,并附以道光残刻本。

观古阁丛刻九种

[清]鲍康编
1993 年 4 月 1 版 1 次
精装 55.15 元
16 开 420 页

本辑收录清鲍康所撰《观古阁泉说》、《观古阁丛稿》、《续丛稿》、《观古阁丛稿三编》、《大泉图录》、刘师陆《虞夏赎金释文》、刘喜海《嘉荫簃论泉绝句》、《海东金石苑》和李佐贤《续泉说》九种钱币学论著,均系钱币学家研究钱币的心得,辨别钱币精严,论述钱币铸造源流明晰。

晴韵馆收藏古钱述记 泉史

[清]金锡鬯 盛大士编著
1993 年 4 月 1 版 1 次
精装 66.40 元
16 开 500 页

金锡鬯,嘉道时著名古钱收藏家,以所藏古钱,著为《晴韵馆收藏古钱述记》,历代年号钱毕备,其中贞祐通宝为其最。盛大士为著名画家,雅好收藏,编著《泉史》,考述先秦以至明代钱币,兼及吉语、厌胜和近代西班牙等国机制币,摹刻逼肖原钱,为嘉道间钱币谱录之善本。

寿泉集拓初集 二集

上海寿泉会编
1993 年 4 月 1 版 1 次
精装 45.30 元
16 开 330 页

上海钱币学家丁福保、张伯、张晏孙、郑家相、陶庭耀、王荫嘉、陈亮声、戴葆庭、蔡季襄和罗伯昭等10人于1940年成立寿泉会,每逢生日各出所藏珍贵钱币3枚,拓印成册,共成10编,总拓钱253品,内中所收多珍稀泉币,为一代泉币珍品集,是为《初集》。1950年冬,上海钱币学家沈子槎、张宗儒、张伯、戴葆庭等9人又编寿泉之拓,共出5编,收钱拓308品,首次著录不少,是为《二集》。

钱 币 丛 书

中国纸币研究

上海市钱币学会编 吴筹中著
1998 年 4 月 1 版 1 次
精装 64.50 元
16 开 图 155 幅 544 页

中国是世界上最早发行纸币的国家。本书系统介绍了从宋代到现代所发行的几千种纸币和代用券的发行背景、发行量及特征,有助于纸币的鉴定,附图一百五十多幅,其中有很多从未发表过的新资料和新内容。

钱币丛谈

郁祥桢著

1995 年 5 月 1 版 1 次

15.00 元

长 16 开　图 141 幅　116 页

本书收入关于钱币收藏、考证的文章凡 40 篇,附图一百四十多幅,材料翔实,论证有据,尤其对作伪钱币,予以辨别指明。

钱币学纲要

上海市钱币学会编　史松霖主编

1995 年 12 月 1 版 1 次

精装 41.80 元

16 开　图 1146 幅　170 页

本书是专为钱币爱好者和收藏者撰写的钱币学普及读物,用简洁的语言和图文互注的方式介绍了历代钱币,包括铁钱、铜钱、银元、铜元、银锭、纸币、厌胜钱、人民币及周边国家钱币等,内容丰富实用。

图说中国钱币

傅为群著

2000 年 11 月 1 版 1 次

23.30 元

大 32 开　图 200 幅　272 页

本书是图文兼备的中国钱币鉴赏性读物。介绍了中国钱币的发生、发展、演变的轨迹。上编主要展示从原始陶币、刀布币、爰金,到铸币、纸币等诸多钱币形态;中编则偏重介绍有关钱币流通的方式和机构;下编讲述当前旨在观赏、收藏、纪念的特种钱币的种种有趣的情况,并有稀有钱币标本的彩色图片。

钱钞辨伪

上海市钱币学会编　史松霖主编

1993 年 11 月 1 版 1 次

9.80 元

长 20 开　图 190 幅　88 页

上海市钱币学会组织了一批钱币学专家,对钱币市

场上的伪钞假钱进行了揭露,对历代古钱币伪品进行了考索辨别。给钱币收藏者提供了辨别假钱的鉴定方法和有力证据。

中国当代币章鉴赏与收藏

上海造币厂钱币协会　上海市钱币学会编

2001 年 12 月 1 版 1 次

49.00 元

大 32 开　图 170 幅　240 页

本书通过铸造、创作、赏析、收藏四部分,向读者详细介绍了我国铸币业的辉煌历史和近百种币章精品的创作心得和鉴赏方法,极具权威性,并配以精美彩图,是广大币章收藏者不可或缺的鉴赏工具书。

郭若愚博物品鉴

智盦品壶录

郭若愚著

2008 年 7 月 1 版 1 次

48.00 元

16 开　160 页

甲骨文、金文都有"壶"字,完全是象形字,其实在文字产生之前的新石器遗址就有陶壶的出现。传说明代金山寺僧首先团紫砂泥制壶,现传世最早的砂壶即其侍童供春制作,世称"供春壶"。以后代代相传,砂壶已成为茗壶中重要的一支,不仅有实用价值,且有观赏艺术价值。作者系上海知名文博专家,本书汇集作者长年来对紫砂壶的收藏和研究考订,述说茗壶小史,其中涉及著名的制壶艺人、壶型壶制及茗壶铭刻,给读者提供许多知识。

智盦品砚录

郭若愚著

2008 年 7 月 1 版 1 次

28.00 元

16 开　116 页

中国的书写工具——笔墨纸砚是世界文化史上重要的创造发明。我国古代石砚自隋唐后多用石质优良、纹理优美的端石、歙石等制作,砚石形式多样。文学之士亦为之制刻砚铭,留下许多精美的书法。更有喜欢镌刻肖像,为后人提供了珍贵的形象资料。本书作者是沪上著名文博专家,数十年来从事古代砚石研究,书中所收三十五件名砚,年代自北宋迄近代,皆为名家名品,拓片精良,资料详尽。

智龛品钱录

郭若愚著

2008 年 7 月 1 版 1 次

48.00 元

16 开　232 页

本书作者为资深钱币收藏者和鉴赏者,书中对古代铸币中流传至今的吉祥钱,亦称厌胜钱的铸文、图案作考订,指明这些吉祥钱厌伏邪道、祈求吉祥掌故。本书收有佛道神仙、神话传说、历代名将、吉祥灵物、花卉百草、天干地支、八卦生肖等吉祥钱。作者引征史料较丰,叙述通俗,故事多家喻户晓。全书均附有拓片,并附有精彩的彩色图版。

钱　　币

中国历代货币大系第三卷(隋唐五代十国卷)

马飞海主编

1990 年 9 月 1 版 1 次

精装 185.00 元

8 开　图 2000 幅　300 页

本书是反映中国历朝货币面貌、沿革过程的大型钱币图录。全书共 12 卷,首卷已由上海人民出版社出版,本社出版这一卷收录隋唐五代十国货币实物拓片二千多幅,其中不少是首次披露的珍稀钱币和最新出土资料。卷中对开元钱的断代、唐代的私铸和钱荒、五代铅铁钱等问题进行了深入探讨,同时对一些久享盛名的珍稀币作了科学鉴定。

明清真钱宝鉴

余榴梁主编

2001 年 8 月 1 版 1 次

精装 360.00 元

大 16 开　50 页

本书主要介绍了明清时代铸造发行的各种铸币的源流、铸造、形制和流通情况等等,并附有明清时代铸造流通的主要铸币真品图片,这些铸币均经专家鉴定,其可靠性毋庸置疑。

宝苏局钱币

邹志谅　殷国清著

1995 年 12 月 1 版 1 次

精装 51.80 元

16 开　图 650 幅　172 页

苏州的宝苏局是清代设立时间较早、铸钱时间最长、铸钱数额大、流通面广的重要钱局之一。本书对宝苏局的铸钱历史等问题进行了深入探讨,还将各个时期宝苏局钱币作了版别分类、定级,其中许多资料、拓片均属首次披露。

中国钱币目录
——机制币部分

沈宏编

1994 年 10 月 1 版 1 次

19.30 元

大 32 开　图 1350 幅　198 页

本书收录近现代中国金、银、铜和镍、铝等材质的机制货币一千三百多种。每种货币都标明品名、铸造单位、铸造年月和面值,并在每一货币下标明 1994 年现行市场交换价,供读者在交换钱币时参考。

中国花钱

余榴梁　徐渊　顾锦芳　张振才编著

1992 年 8 月 1 版 1 次

1993 年 8 月 1 版 3 次

精装 24.00 元

16 开　图 2231 幅　306 页

花钱(又称厌胜钱)是指我国古代不作流通之用的钱币。本书是第一部系统著录历朝花钱和介绍有关知识的工具书,分无字花钱、吉语花钱、钱文花钱、生肖钱、棋钱马钱、神灵仙佛花钱、异形花钱七类,并附录邻国花钱,收录二千余枚精品,每枚下分标三等九级,为读者品评优劣、鉴别真伪之依据。

王荫嘉品泉录

王健舆　邹志谅编

1992 年 11 月 1 版 1 次

精装 27.80 元

16 开　130 页

王荫嘉先生为现代著名钱币学家,为中国泉币学社创始人之一。本书融钱谱、钱论于一体,汇辑王氏珍藏的钱币二百多枚,以原大原样影印,旁附王氏钱论,并注有简短背景说明。王氏钱论常录版别、产地、出土地、流通、珍罕之处等。全书纵贯历朝钱币,多珍罕之品,有的尚属首次披露,如汉代最早的吉语钱,各种母钱和样钱等。

王荫嘉品泉续录

邹志谅辑注　陈浩校

1998 年 12 月 1 版 1 次

精装 51.00 元

16 开　232 页

这部资料性极强的钱币谱系是王荫嘉先生在 1924 年至 1931 年间对所见所集钱币的精选本，所录钱拓俱为珍品新品，所撰评注不乏真知灼见。

王荫嘉钱币论集

王荫嘉著　王健舆编

2008 年 10 月 1 版 1 次

精装 68.00 元

16 开　240 页

本书搜集了王荫嘉发表于报刊上的钱币文章和书信近百篇，分为品泉、考述、泉纬丛谈、序跋、交往与信息五部分。品泉是一钱一议；考述是对钱币进行综合性的考证和论述；泉纬丛谈是《泉币》杂志上特辟的专栏，主要对钱币进行专题性的论述；序跋和书信是对他人的泉币研究的评论和与泉界同好的书信往来。这些文章对当今钱币的集藏、鉴赏和研究仍能发挥较大的指导作用。

罗伯昭钱币学文集

马飞海　周祥　罗炯编

2004 年 10 月 1 版 1 次

90.00 元

16 开　224 页

罗伯昭，20 世纪 30 年代驰名海内外的钱币大收藏家。本书收录了罗伯昭先生有关钱币研究的文章和他所藏部分古钱币珍品的拓片，并选录他捐献钱币珍品的彩色照片。

古钱鉴藏趣话

孙仲汇著

2005 年 3 月 1 版 1 次

35.00 元

16 开　图 250 幅　160 页

本书为沪上钱币鉴定名家孙仲汇先生近年来所作有关钱币收藏鉴赏的随笔汇集，在品鉴历代钱币珍品的同时，对于当时的历史文化背景、政治起伏也作了深入浅出的介绍和画龙点睛的点评，并穿插一些钱币收藏的趣闻逸事。每篇文章后均附有文中所涉及的钱币的鉴定要点，并配以多幅原寸钱币的精美彩图。

世界流通铸币

余榴梁　胡幼文　徐恒皋　徐渊　顾诚编著

1996 年 3 月 1 版 1 次

精装 88.00 元

16 开　图 2400 幅　536 页

本书收录了世界上 211 个国家地区所有货币发行国（地区）及货币集团所发行的全部流通铸币，并著录了各国（地区）和货币集团的简况、货币制度、铸币币材、图案内容及各年发行量，详尽地介绍了与外国铸币有关的各种收藏知识，所收二千余枚图版均来自实物实拓，原寸精印。

外国银币丛谈

朱鉴清著

1998 年 12 月 1 版 1 次

30.50 元

长 20 开　228 页

本书介绍的是从 18 世纪至 20 世纪 50 年代的部分银币，分亚洲、非洲、欧洲、美洲、大洋洲及太平洋岛屿五部分。书中附有许多罕见银币的精品的拓片，既可欣赏到各国铸币的精美工艺，也可了解到各国银币所处的时代背景、宗教信仰、风俗民情、文化经济及一些历史银币的特殊由来。

苏州近代货币录

张崇丰　张和平　邹志谅编著

2006 年 1 月 1 版 1 次

精装 160.00 元

大 16 开　158 页

苏州在中国近代的货币铸造及货币流通中曾起过很重要的作用，本书系统地介绍了清朝至民国期间，在苏州铸造及流通的货币。随着时世的变迁，各个时代的钱币有其时代的特点及成因。本书图文并茂，清晰地展现了苏州在中国造币史上的地位。

中国近代机制币精品鉴赏：银币版

周迈可　古富　史博禄著

2011 年 10 月 1 版 1 次

精装 600.00 元

8 开　180 页

本书着重介绍近代机制银币,刊载六十种银币精美图片,配置简要说明、历史评估、稀有度及近期拍卖会成交价等重要资讯,中英双语,彩色精装,以供广大钱币界鉴赏参考。

贵霜帝国之钱币

杜维善著

2012 年 12 月 1 版 1 次

200.00 元

8 开　196 页

贵霜帝国是古代中、西亚地区建立的大国,与中原文化联系紧密,本书内容涉及塞人的西迁与印塞王朝的建立、大月氏西迁与贵霜帝国、贵霜帝国之王系、贵霜钱币的整理与研究等,对于研究秦汉时期中原与西域的文化交流有重要作用。所附大量贵霜钱币图录,是研究当时社会经济以及钱币铸造工艺的重要资料。

其　他

珠宝首饰价格鉴定（增订本）

冯建森　冯毅著

2009 年 8 月 1 版 1 次

增订本 2015 年 12 月 1 版 1 次

98.00 元

16 开　212 页

本书为珠宝玉石价格鉴定专家、珠宝首饰高级评估师冯建森撰写的一部关于珠宝首饰价格鉴定的力作。正文全彩印刷,附以精美的实物图片,以及冯建森专家精到的点评与评估,以分门别类的形式带领读者深入了解珠宝首饰的价格评估方式。

寻访中华名窑

钱汉东著

2005 年 9 月 1 版 1 次

118.00 元

大 16 开　283 页

这是一部用散文形式撰写的中国陶瓷古窑遗址的田野考察报告。上海知名作家钱汉东怀着对中华陶瓷的热爱,四年来利用业余时间,行程 10 万公里,考察了西藏、云南、河南、河北等 22 个省市的 50 处古窑遗址,撰写了本书。

中国民间银器

周建立著

2005 年 12 月 1 版 1 次

精装 148.00 元

大 16 开　图 740 幅　200 页

周建立先生数十年来保护收藏了二千余件珍贵的银器制品,并对其由来、工艺等进行探索。书中展示了实用及装饰两大类六十余种近八百件银器制品,对中国民间银器文化做了基本概述,填补了这一领域的文字空白。

聚珍轩藏品赏鉴（全二册）

雷鸣著

2007 年 8 月 1 版 1 次

精装 398.00 元

大 16 开　436 页

本书编者二十多年来苦心收藏湖南历史遗存,藏品之富,实为湘省收藏界之佼佼者。本书上册为书画卷,精选自宋、元、明、清及现代书画,特别是湘籍书画家的作品;下册为珍玩卷,精选历代炉具、陶瓷、佛像、铜镜、玉器等。大多数藏品下都附收藏者的鉴藏心得文字,对于一些名贵藏品,不惜花较大篇幅来叙述其特点和价值,充分展示了编者较高的鉴藏能力。

古玉珍赏

陶忠明主编

2010 年 9 月 1 版 1 次

精装 180.00 元

大 16 开　212 页

全书含嘉定区收藏协会会员所藏约 180 件古玉器。全书图文并茂,每面约 1—2 件古玉器图片并附有文字,个别大件玉器跨页加局部放大。

上海相东佛像艺术馆藏品集

朱达人主编

2011 年 5 月 1 版 1 次

精装 280.00 元

大 16 开　180 页

上海相东佛像艺术馆坐落于上海市嘉定区沸城创意产业园区,由王相东先生捐赠成立,藏有 1000 多件中国历代佛像。本书主要从佛像的艺术角度精选介绍了该馆部分佛像工艺藏品约 130 余件。共分两大部分:金属造像和木雕、石雕等造像。

文房典藏：罗氏藏品精选

罗自正编著
2014 年 11 月 1 版 1 次
380.00 元
16 开　280 页

本书为罗自正先生自藏藏品，主要为文房类古玩杂件，共约 400 件。分为：精品回眸、寿山印石、广绿印石、石雕件、旧墨、古砚、古瓷、竹木牙雕、海南黄花梨、紫檀木、老沉香等门类。其中有明代文彭碑帖砚真品一方较为罕见，有韩天衡、蔡国声手书鉴定题跋；另有明寿山石艾叶绿冻覆斗印一方，也极为稀见。

扇有善报

——阿海笑侃私家藏扇
黄沂海著
2009 年 8 月 1 版 1 次
2009 年 10 月 1 版 2 次
58.00 元
18 开　288 页

本书讲述了作者收藏扇面的诸多掌故。其中就每幅扇面的文化内涵、购买收藏扇面的点滴心得、扇面所涉及的书画艺术、人情世故及相关人物故事等，作者都有自己较独到的理解和阐释。共八十多篇文章，八十多个故事，再配以近百幅扇面图，图文并举，相得益彰，行文通畅，可读性强。

扇解人意

——阿海再侃私家藏扇
黄沂海著
2011 年 4 月 1 版 1 次
58.00 元
18 开　280 页

本书系《扇有善报》的姊妹篇，共收录 60 多篇文章，涉及百余幅扇面。作者依次搜其背景，探其脉络，品其画艺，寻其故事。惟在扇面的构思演绎和表述方式上，更下功夫，更见机趣，更有味道。

多多益扇

——阿海三侃私家藏扇
黄沂海著

2016 年 2 月 1 版 1 次
78.00 元
18 开　320 页

本书收录了作者 70 余篇评扇的文章，内容既有文坛、画坛、印坛典故和八卦，也有作者收藏的心得，内容充实，可读性很强。各篇篇幅虽短小，但都有配图。本书经历了几年的积累，是扇书系列的终结之作，也是收藏古玩类难得的佳作。

云裳钗影

吴沁江著
2015 年 8 月 1 版 1 次
55.00 元
16 开　180 页

本书是作者近十年收藏的老衣服、老饰品的集合。在当今快节奏生活的时代，能静下心来，以平民之资，日积月累，点滴积攒，搜寻到这些老物件，实属不易。作者将自己对这些旧物的心境细细记下，形诸文字，为之拍摄成图，可见是"真爱"。希望这本小书，能让所有读到它的人，感受到些许旧日时光的美和情。

（五）考古文博研究

北京大学震旦古代文明研究中心学术丛书

古文字类编（增订本）

高明 涂白奎编著
2008 年 8 月 1 版 1 次
2016 年 4 月 1 版 4 次
精装二册 298.00 元
16 开　1660 页

缩印增订本

2014 年 6 月 1 版 1 次
精装 198.00 元
16 开　1660 页

此次增订本依原本分为单体、合体和未识徽号文字三编。第一编分四栏，所取单字皆按照甲骨、金文、其他文字（含陶文、玺文、简帛文字等）、说文等四栏，读者可从中了解各字在不同时代的字形变化情况，共计 3056字。第二编为合体文字，合体文盛行于商周时期，延续至秦即被淘汰,共收 304 种,连同重文共计 536 种。第三编为徽号文字,多是由一个或几个单字组合而成,字形皆较古老,仅出现在商代和西周。

古陶字录

高明 涂白奎编著
2014 年 9 月 1 版 1 次
精装 148.00 元
16 开 472 页

本书第一编《单字》,录可识字(少量不识而可隶定字)1580 字;第二编《合文》,录合文 34 种;第三编《附录》录未识字 400 余。所录字凡有拓本可据者由电脑扫描后作反色处理,若笔画略有残缺模糊者,在保证字形准确的基础上予以补描。各编所录字下出注 3 种:出土地域、原著录书简称及页数、年代。

古汉字与华夏文明

葛英会著
2010 年 10 月 1 版 1 次
118.00 元
16 开 400 页

该书所收诸篇文章皆是作者多年来已发表的在古汉字领域的研究成果,此次将之汇集成册,内容涉及古汉字起源、古汉字结构、古文字考释,以及理论方面的探讨。读者可从中了解和学习古汉字在华夏文明形成中的作用及意义。

周代用玉制度研究

孙庆伟著
2008 年 8 月 1 版 1 次
16 开 360 页
88.00 元

两周时期的玉器是礼仪活动中最为重要的礼器种类,而用玉制度也就相应成为"周礼"体系之一。通过了解古代玉器的礼制和宗教功能,可以进一步研究周代的思想和文化。本书分上下两篇,上篇是对周代墓葬出土玉器的统计与整理,下篇则结合相关文献的记载从而展开对周代用玉制度如服饰、用玉、瑞玉及墓葬用玉等方面的研究。全书论证严密,逻辑清楚,材料运用得当,将考古出土资料与历史文献相互印证。

先秦卜法研究

朴载福著
2011 年 12 月 1 版 1 次
108.00 元
16 开 384 页

本书运用考古学方法,对新石器时代至商周时期各考古学文化出土卜用甲骨的特征进行了分析与归纳。在此基础上,考察了卜用甲骨的出土背景、类别与时地、整治方式、钻凿形态、起源与衰落以及甲骨刻辞的行款走向等问题。

殷代商王国政治地理结构研究

韦心滢著
2013 年 4 月 1 版 1 次
125.00 元
16 开 452 页

本书从政治地理结构层面来分析商后期王国领土范围,并进一步探讨领土内的政治结构,即政治地理区域之分类与各区域内的人地关系,中央对地方的统治方式以及地方对中央担负的功能;最后,结合商王国地理空间及国土伸缩的过程,研究商王国与周边邻近方国彼此之间的相处方式。

古礼足征:礼制文化的考古学研究

高崇文著
2015 年 12 月 1 版 1 次
158.00 元
16 开 524 页

本书为专题性论集,是高崇文教授对考古学礼制文化研究的主要收获,它分为四个部分:以考古新发现来研究中国古代礼与礼制的产生、形成和发展;中国古代都城礼制文化的形成研究;先秦两汉丧葬礼制研究;礼器类型学及使用制度研究。

殷周金文族徽研究(全二册)

王长丰著
2015 年 8 月 1 版 1 次
168.00 元
16 开 676 页

本书对殷周金文族徽的研究状况进行了历史性的回顾;对殷周时期同一墓葬出土不同族属器物的源由进行了考证;然后再结合殷周金文族徽的类型特点、判别原则与整理方法,对其进行归纳与研究。

亚欧丛书

梵天佛地（全八册）

[意]图齐著　魏正中　萨尔吉主编

2009 年 12 月 1 版 1 次

精装 580.00 元

6 开　2384 页

　　本书原稿由意大利著名东方学者、上世纪国际上最著名的藏学家图齐所著。现由北京大学考古文博学院意大利籍教授魏正中、北京大学外国语学院萨尔吉博士组织专家翻译。全书四卷七册，再加一册索引及译名对照表，共八册。各卷内容为《西北印度和西藏西部的塔与擦擦》、《仁钦桑波与西藏佛教的复兴》、《西藏西部的寺院及其艺术特征》及《江孜及其寺院》。书稿内容庞杂，图表众多，使用了大量藏、梵文献，涉及众多印度和中国西藏宗教学以及古代西藏考古、艺术和建筑学的相关内容。可以说，本书是图齐乃至 20 世纪最重要的藏学著作，而汉译本将是超越英文本乃至意大利文原本的最佳版本。

探寻西藏的心灵

——图齐及其西藏行迹

魏正中　萨尔吉编译

2009 年 12 月 1 版 1 次

精装 48.00 元

16 开　176 页

　　本书所展现的是意大利著名藏学家图齐的生平和学术，以及他求索西藏心灵的藏学研究活动。本书内容首先是图齐最亲近的弟子及其事业的继承者对恩师的真挚回忆；然后是对图齐的历次考察和图齐收藏的实物、文献、图片资料的介绍；最后是图齐完整的生平和著作年谱。其中一些文章已经用意大利文发表在意大利亚非研究院的相关刊物上，而其他的则属首次发表。该书可与同时推出的图齐藏学名著《梵天佛地》配套阅读，由此可以更全面、更深刻地了解这位至今依然站在藏学研究之巅的大师的学术研究理念及其留下的学术遗产。

犍陀罗石刻术语分类汇编

——以意大利亚非研究院巴基斯坦斯瓦特考古项目所出资料为基础

[意]法切那　菲利真齐编著

魏正中　王姝婧　王倩译

2014 年 12 月 1 版 1 次

精装 118.00 元

16 开　320 页

　　本书是意大利考古队在巴基斯坦斯瓦特地区始于 1956 年延续至今的考古工作的结晶，时任领队的多米尼克·法切那编纂了一部对大量的石刻资料进行分类、描述的术语汇编。其中包括雕工工具、建筑、装饰纹样、人像神像、动物纹、植物纹、兵器、乐器、礼器、日常用具、家具、交通工具等十二部分内容。

犍陀罗艺术探源

[意]卡列宁　菲利真齐　奥里威利编著

魏正中　王倩编译

精装 2015 年 11 月 1 版 1 次

平装 2016 年 7 月 1 版 1 次

平装 108.00 元　精装 118.00 元

16 开　268 页

　　本书是意大利考古队在巴基斯坦斯瓦特地区始于 1956 年延续至今的考古工作的结晶。斯瓦特地区是犍陀罗艺术起源的重要地域，多位学者对此有深入研究。此次中文译本，旨在为国内犍陀罗考古与艺术的研究增添一新的资料。

商周文明探索丛书

首阳吉金疏证

罗新慧主编

2016 年 3 月 1 版 1 次

48.00 元

16 开　192 页

　　本书以《首阳吉金：胡盈莹、范季融藏中国古代青铜器》公布的有铭青铜器为研究对象，汇集了目前学界业已发表的相关论述，展示学者们对关键问题的讨论。

商周服制与早期国家管理模式

张利军著

2016 年 3 月 1 版 1 次

78.00 元

16 开　420 页

　　本书基于中国早期国家的结构与管理模式这一视角，将出土材料与传世文献、考古材料相结合，对商周服制展开了极为丰富而深入的研究和分析，提出了一系列新颖而重要的见解。

震旦博雅书系

感悟考古

李伯谦著

精装 2014 年 7 月 1 版 1 次

平装 2015 年 8 月 1 版 1 次

平装 68.00 元　精装 78.00 元

16 开　320 页

　　本书既有站在宏观角度对考古学某个方面的即兴发言,也有通过爬梳考古材料就具体某个案例的解析,青年考古学者甚至考古学的普通爱好者阅读本书,可以了解考古学的基本概念,考古学研究的内容、方法以及发展方向,更能够掌握中国考古学史以及考古学科建设的发展历程。

周易悬解

周大明著

2014 年 11 月 1 版 1 次

64.00 元

16 开　300 页

　　本书综合运用了考古学、文献学、天文学等多方面的材料,对《周易》的成书、释义以及流变作了深入解读。学术功力深厚,见解独到。而且作者将《周易》的研究放入到中西方文化对比的高度上,不仅廓清了围绕在《周易》研究中的迷信疑云,更升华到了民族精神的高度。

追迹三代

孙庆伟著

2015 年 6 月 1 版 1 次

精装 128.00 元

16 开　588 页

　　本书以顾颉刚"古史辨"为开端,对夏、商、周考古学发展历程中的重大问题、代表性学者均有细致入微的分析,同时作者秉持客观原则,"述而不论,点到为止",不对各家观点的优劣进行评骘。

名 家 论 集

唐兰全集(全十二册)

唐兰著

2015 年 12 月 1 版 1 次

精装 2480.00 元

16 开　6136 页

　　《唐兰全集》主要分为三部分,第一部分为已发表的各类学术论文,主要发表于 1923—1979 年;第二部分是已经出版的著作;第三部分,主要是唐兰先生未曾发表过的论文、书信、诗歌,并附录其他学人的纪念性文字。

沈之瑜文博论集

沈之瑜著　陈秋辉编

2003 年 6 月 1 版 1 次

精装 100.00 元

16 开　494 页

　　沈之瑜是著名美术考古及古文字学家、博物馆学家。曾长期担任上海博物馆馆长。本书收录了沈之瑜在博物馆学、考古学、甲骨文、青铜器学、美术等各方面的研究论文七十余篇,不仅集中反映了他的学术成就,更可借此了解上海文博事业的发展轨迹。本书收有一些亲友追忆文章以及大量珍贵的资料、照片,由其夫人亲手编定。

中国青铜器研究

马承源著

2002 年 12 月 1 版 1 次

精装 120.00 元

宽 18 开　290 页

2007 年 12 月 1 版 2 次

精装 120.00 元

16 开　564 页

　　马承源先生是海内外知名的青铜器鉴定、研究专家。本书收录马承源先生 40 余年中撰写的 40 余篇论文,其中既有对青铜器的综合研究,也有对诸多个别器物铭文、纹饰的考释,既有利用铭文、图像结合典籍研究古史的鸿文,也有考古探索的成功记录。

马承源文博论集

马承源著　陈佩芬　陈识吾编

2007 年 12 月 1 版 1 次

精装 120.00 元

16 开　560 页

　　马承源先生除精于青铜器的鉴定研究,对彩陶、玺印、各类工艺品等均有深入的探讨,于博物馆学亦有深广的造诣,晚年则专注于战国楚竹书的整理,均成果斐然。本书汇集了马承源先生以上多方面的学术成果,分为彩陶文化、中国青铜器、玺印玉器工艺品、战国楚竹书、博物馆学、序跋致辞等数编,均为首次集中出版,其中多篇为未刊稿。

夏商周青铜器研究(全六册)

陈佩芬著

2005 年 3 月 1 版 1 次

精装 3800.00 元

小 8 开　图 2500 幅　1530 页

上海博物馆所藏青铜器多为历见著录的传世重器,其中一部分为接受海内外收藏家捐赠,也有从海外重金购得的流失国宝以及 20 世纪 50—60 年代从冶炼厂废铜中抢救而得的,故自夏商至两周各时期的典型器物均有一定数量的收藏。本书精选上海博物馆所藏夏商周青铜器 700 余件,每器均有精美的摄影和完整的铭文、纹饰拓片,著录时代、尺寸、重量,并对器物的形制、纹饰和铭文内容进行研究。

中国青铜器综论(全三册)

朱凤瀚著

2009 年 12 月 1 版 1 次

精装 480.00 元

大 16 开　2464 页

本书系综合考古、收藏、科技、美术众多领域成就,对中国青铜器学科作全面回顾及系统研究的专著。上编通论从青铜器的起源、发现和研究谈起,对历来各家的青铜器分类与定名作了科学的分析,确定了比较科学、合乎用途和器型的型式分类,并对青铜器的纹饰、铭文、铸造与加工、仿造、伪造与鉴别都作了精辟的阐释。下编分论对二里头文化的青铜器、商代青铜器、西周青铜器、春秋青铜器、战国青铜器以及东周时期边远地区的青铜器按时代、地域、礼器制度进行综合研究。

楚竹书《周易》研究

——兼述先秦两汉出土传世易学文献资料

濮茅左著

2006 年 12 月 1 版 1 次

精装 360.00 元

大 16 开　1076 页

本书系对上博藏楚竹书《周易》的一次系统研究。作者濮茅左为楚竹书《周易》的最初整理者。全书分三

篇:上篇是考古材料与先秦传世文献中有关《周易》资料的首次汇编。中篇对楚竹书《周易》进行详细考释。下篇收录楚竹书《周易》放大彩图和全文,竹书、帛书、今本比较表,楚竹书《周易》的名词解释和逐字索引。

中国陶瓷钱币碑帖研究

汪庆正著

2006 年 3 月 1 版 1 次

精装 146.00 元

16 开　656 页

汪庆正先生是海内外知名的陶瓷鉴定、研究专家。本书反映了汪先生几十年来的学术轨迹,其中相当一部分文章已在各种杂志上发表过,这次将之辑录在一起,一方面可以了解汪先生的学术思想,另一方面亦可了解他为钱币、碑帖及文献学等研究作出的贡献。

战国秦汉考古

苏秉琦著

2014 年 9 月 1 版 1 次

58.00 元

16 开　308 页

本书底稿为苏秉琦先生有关战国秦汉考古的讲稿,为北大未刊讲稿之一。它利用当时所见考古材料,构建了战国秦汉史甚至战国秦汉社会的框架,读者可以从考古学角度认识这一时段的经济、军事、艺术、生活及文化等方面的情况。这一框架奠定了此后战国秦汉考古研究的基础。

三鉴斋甲骨文论集

陈炜湛著

2013 年 10 月 1 版 1 次

78.00 元

16 开　424 页

本书为著名甲骨文专家陈炜湛先生的著作论文集,收录有作者对甲骨文进行研究的文章约 50 余篇。原书《甲骨文论集》曾于 2003 年于上海古籍出版社出版,此次又增加了《读契杂记》、《花东卜辞字形说》、《甲骨文与线条》等十多篇论文,并修正了原书的一些讹误,改名为《三鉴斋甲骨文论集》。

中国古舆服论丛(增订本)

孙机著

2013 年 11 月 1 版 1 次

2016 年 3 月 1 版 3 次

精装 128.00 元

16 开　492 页

　　上编通过对车舆各个部位、细节的探讨,提出了中国古代车制发展的三个阶段说,同时通过对各个时代冕冠、服饰的梳理,透彻分析了中国服装史上的若干重大变革。下编是对《旧唐书·舆服志》、《新唐书·舆服志》的校释,所引文献大多为第一手材料和最佳版本,所引实物年代清楚、性质明确,为治舆服史者提供了方便。

汉代物质文化资料图说(增订本)

(中国国家博物馆学术丛书)

孙机著

精装 2008 年 5 月 1 版 1 次

平装 2011 年 9 月 1 版 1 次

精装 148.00 元　2015 年 6 月 1 版 4 次

平装 128.00 元　2015 年 5 月 1 版 4 次

16 开　644 页

　　本书结合出土文物,详细介绍了汉代农业、手工业的成就,内容涉及耕作、渔猎、窑业、冶铸、纺织、钱币、车船、武备、建筑、家具、服饰、文具、医药、饮食器、灯、熏炉、玉器、金银器、乐器、杂技、娱乐、少数民族文物等。书中附有上千幅汉代文物图样。作者在解说这些物质遗存时,大量引用相关的史料和今人的研究成果,对于每件物品的产生、发展及其沿革都作了系统、扼要的阐述,时有独到精辟之见。

高明学术论集

高明著

2013 年 12 月 1 版 1 次

精装 168.00 元

16 开　696 页

　　本书为著名古文献学、古文字学及考古学家高明先生相关领域重要研究论集,涉及文字的考证、文字理论的阐释、新出土文献的研究、用鼎制度的探究,以及一部分评论性文章。

孙维昌文物考古论集

孙维昌著

2014 年 12 月 1 版 1 次

精装 125.00 元

16 开　376 页

　　本文集精选收录了孙维昌先生不同时期的考古类文章,代表了作者在史前考古学、文物鉴定等方面所取得的学术成果。文章的内容涵盖了从新石器时代到明清的上海地区的考古工作成果,因而本文集的出版对于上海地区考古的研究具有重要参考价值。

黄宣佩考古学文集

黄宣佩著

2014 年 12 月 1 版 1 次

精装 150.00 元

16 开　492 页

　　本文集精选收录了黄宣佩先生不同时期的考古类文章,代表了作者在史前考古学、博物馆学、文物鉴定等方面所取得的学术成果。尤其是本文集中对于上海史前各考古文化的研究梳理,对于上海地区考古的研究具有重要参考价值。

专 题 研 究

寻找"北京人"

——考古发现漫笔

曹家骧著

2003 年 7 月 1 版 1 次

35.00 元

18 开　310 页

　　《文汇报》主任记者曹家骧先生,长期从事文物考古报道,对我国历年来重大文物考古发现多有涉及,诸如:寻找"北京人"、秦始皇陵二号坑的发掘、长沙走马楼三国吴简的发掘整理、敦煌文献的流散、法门寺地宫揭秘、西夏王陵的发掘、寻找《永乐大典》以及中国水下考古的现状等,大致再现了 20 世纪后半叶以来中国文物考古史上的"黄金时代"。

长江中游地区初期社会复杂化研究(4300 B.C.——2000 B.C.)

郭立新著

2006 年 1 月 1 版 1 次

38.00 元

大 32 开　374 页

　　本书立足于现有考古材料,系统探讨了长江中游地区新石器时代晚期的自然环境、文化发展谱系、社会分工、社会分化、社会组织与结构,揭示了在初期社会复杂化不同阶段社会关系所发生的调整与变化。

长江中游文明化进程中的人地关系

—— 以新石器时代为例

笪浩波著

2013 年 10 月 1 版 1 次

86.00 元

16 开　372 页

本书重点探讨了长江中游新石器时代考古学文化与生态环境的互动关系，立足于考古学，同时借鉴地质学、地理学、环境学、生态学以及统计学等多学科的成果展开研究。以期复原长江中游新石器时代的生态文化，并进一步探讨生态环境在文化形成与发展中的作用，从而揭示长江中游新石器时代文化的演替与环境变迁之间的关系——即人地互动规律。

古代长江中游社会研究

魏斌主编

2013 年 2 月 1 版 1 次

88.00 元

16 开　428 页

本书汇集近年来国内外青年学者关于古代长江中游社会研究的最新成果，共 18 篇论文，分为史前、楚、秦汉、六朝、唐宋、明清六个段落，涉及考古学、简牍、政治体制、地域文化认同、社会信仰等多方面内容。

天神与天地之道

—— 巫觋信仰与传统思想渊源

郭静云著

2016 年 5 月 1 版 1 次

189.00 元

16 开　956 页

本书以上古信仰和传统思想为主要研究对象，结合考古学、古文字学和历史文献材料，对商代的天神信仰进行了系统的研究。内容涉及上古神龙形象的来源，商代双嘴龙的信仰，"申"字的演变，商代神纹的来源，凤、虎、鸟神的神能及崇拜，天帝的概念，商代礼器上的人面像，甲骨卜辞上下若的意义，先秦"神明"的概念，商代"五色"概念的形成，商周"道"的本义及演化等。

早期中国：中国文化圈的形成和发展

韩建业著

2015 年 4 月 1 版 1 次

68.00 元

16 开　300 页

本书综合梳理了中国商代晚期以前考古学文化的谱系格局和发展演变状况，提出早在公元前 4000 年左右的庙底沟时代就已形成早期中国文化圈或文化意义上的早期中国，其范围涵盖现代中国大部地区。本书认为早期中国是有中心有主体的超稳定的多元一体结构，有着以农为本、稳定内敛、整体思维、祖先崇拜等基本特质，经历了跌宕起伏的连续发展过程，是秦汉以后文化中国和政治中国的基础。

夏商周：从神话到史实

郭静云著

2013 年 11 月 1 版 1 次

2016 年 3 月 1 版 4 次

精装 148.00 元

16 开　572 页

本书着重于中国青铜时代的历史，将出土资料和传世史料相互对照，重新思考早期国家形成的历程。上编"多元文明与集权之滥觞"，由考古史实探求中国集权政体的形成，并分析殷商王族的属性以及他们的生活方式和信仰；中编"政权承前启后：殷周王室的关系"，从考古与传世文献探讨商周王室和两国历史阶段之间的关系；下编"商周文献中历史观念形成脉络考"，着重讨论古代历史观念的形成脉络。

金文释读与文明探索

赵平安著

2011 年 10 月 1 版 1 次

32.00 元

32 开　524 页

本书收入了作者近年来已发表的有关金文方面的论文 30 余篇，内容涉及文字考释、语法词汇、铜器纹饰及铭文所见器物自名、方国姓氏、诉讼制度等相关问题的探索，并利用新出材料多有补充，其中字词的释读考证尤为精到，集中反映了作者多年来在金文方面的研究成果。

新出金文与西周历史

朱凤瀚主编

2011 年 5 月 1 版 1 次

精装 108.00 元

16 开　624 页

此书以近 10 年来新出土、新发现的金文资料为主要研究对象,对其中所反映的西周时期的重要历史问题作出勾勒,内容包括:新出金文的综合考释、鲁国早期历史的勾勒,周代农村基层聚落的考察,周穆王在位年数的论证等等。

时惟礼崇
——东周之前青铜兵器的物质文化研究
徐坚著

2014 年 10 月 1 版 1 次

65.00 元

16 开 260 页

本书运用国外考古学理论,将中国古代东周以前的青铜兵器结合具体出土环境、兵器埋葬位置、与其他随葬品的相对关系,以及自身的型式演化序列等方面,从而考察青铜兵器所具有的社会、精神层面的含义,进而证明青铜兵器不单纯是实用的武器,更多承载着礼器的价值。

成是贝锦
——东周纺织织造技术研究
赵丰 樊昌生 钱小萍 吴顺清主编

2012 年 11 月 1 版 1 次

68.00 元

16 开 148 页

本书是《东周纺织织造技术挖掘与展示——以出土纺织品为例》项目的主要成果汇总。该研究真实客观地复原出两种与出土纺织品织造技术相适应的东周平素织机,并成功复制了四件织锦;首次对东周时期的编织物进行了较为系统的复原研究,并复制成功了中空斜编组带。

秦西汉印章研究
赵平安著

2012 年 12 月 1 版 1 次

精装 48.00 元

32 开 414 页

作者不仅对秦和西汉的印章进行了全面而系统的研究,填补了相关研究领域的空白,而且还收录了秦西汉时期几千枚印谱,是目前为止收集资料最为完备的,为后人的相关研究奠定了坚实基础。

汉墓神画研究
——神话与神话艺术精神的考察与分析
李立著

2004 年 12 月 1 版 1 次

35.00 元

大 32 开 324 页

汉墓神画以图像的形式承载了汉代丰富的神话传说和发达的鬼神崇拜,而作为墓葬文化的组成部分,它又反映了汉代人对于身后世界的想象和企盼。本书运用多学科的研究方法,从艺术、宗教、神话、考古、民俗等各方面对汉墓神画进行了深入详尽的研究。论证严谨,在神话内涵的解读和艺术精神的阐发上有其独到之处。

汉墓壁画宗教思想研究
汪小洋著

2011 年 6 月 1 版 1 次

36.00 元

32 开 348 页

对于汉画像石与汉墓壁画之间存在的区别,学术界并没有进行深入的研究,也缺少从宗教发展角度来思考的意识,甚至还存在着概念上的混淆和模糊。本书无论是资料收集的全面性还是理论研究的系统性方面,在国内都处于领先地位。

中国隋唐至清代玉器学术研讨会论文集
上海博物馆编

2002 年 9 月 1 版 1 次

90.00 元

16 开 490 页

本书是 2002 年上海博物馆举办的“中国隋唐至清代玉器学术研讨会”论文集,汇集了中国大陆、香港和台湾以及美国、英国的学者研究成果,并将会议观摩玉器的彩版图片合璧于论文集中。

实证上海史
——考古学视野下的古代上海
陈杰著

2010 年 8 月 1 版 1 次

48.00 元

18 开 272 页

该书以上海考古发现为主线,用文物资料诠释上海古代文明史,突破了传统的编史程式,弥补了发展之路,再现了上海古代先民社会生活各方面的发展变化。该书既符合上海史研究的需要,也与目前正在发展中的、把考古成果转化为公众可接受的文化知识的"公共考古学"的宗旨相符。另外,这也是一部将传统文献、地下文献与文物遗存相结合的综合性研究,从而填补了上海史的空缺,从深层次"重建上海古史"。

Archaeological View of Ancient Shanghai

（上海国际交流系列丛书）

By Chen Jie 陈杰著

Translated by Chen Zhen 陈振译

2011 年 12 月 1 版 1 次

48.00 元

32 开　136 页

本书是《考古视野下的古代上海》一书的英文本,以上海的考古发现为主线,用文物资料诠释上海古代文明史,突出上海一以贯之的文化脉络,再现了上海古代先民社会生活的各个方面。此外精选 80 余幅插图,将传统文献、地下文献与文物遗存相结合,展示于读者眼前。

连云港石刻调查与研究

连云港市重点文物保护研究所编

2015 年 1 月 1 版 1 次

精装 680.00 元

8 开　280 页

《连云港石刻调查与研究》是江苏省重点文化遗产资源调查的第一部成果,既为连云港地区的石刻资料记录了档案,也为连云港地区"石刻文化"的研究奠定了基础,更为连云港地方历史文化的研究提供了极为珍贵且实用的资料。

萧绍海塘文化专题研讨会论文集

浙江省钱塘江管理局编

2016 年 4 月 1 版 1 次

48.00 元

16 开　176 页

本书内容包含各方专家学者对钱塘江古海塘建造历史和相关文化的综述,对海塘管理、文化景观、经费筹措、物料采运、水闸工程等专项课题的研究。分析了萧绍古海塘蕴藏的科学、文化价值,提出了保护策略,同时就钱塘江古海塘申报世界文化遗产、海塘工程与环境演变的相关性、海塘管理与非物质文化等问题进行了深入探讨。

区段与组合

——龟兹石窟寺院遗址的考古学探索

[意]魏正中著

2013 年 3 月 1 版 1 次

68.00 元

16 开　208 页

本书是作者 2000 年至 2006 年的田野调查以及其后的研究成果的总结。龟兹地区的洞窟通常毗邻而建并形成组合,组合是构成遗址的基本单元。作者通过细致甄别,发现其中克孜尔石窟遗址内存在两类主要的洞窟组合。组合的识别进一步深化了对龟兹石窟遗址的认识,即遗址由包含同类洞窟或洞窟组合的若干区段构成,这些区段根据寺院需求承担着各自不同但又互为补充的功能。

语言背后的历史

——西域古典语言学高峰论坛论文集

新疆吐鲁番学研究院编

2012 年 9 月 1 版 1 次

精装 88.00 元

大 16 开　288 页

自十九世纪以来,西域考古研究领域出土了大量文献资料,成为了解古代东西方社会以及丝绸之路沿线各民族、文化、宗教等秘史的钥匙,也是复原丝绸之路昔日辉煌不可或缺的重要实物资料。本书即收录了中外学术界著名学者对这些人类语言"化石"的最新研究成果。

西夏考古论稿

（宁夏文物考古研究所丛刊）

牛达生著

2013 年 11 月 1 版 1 次

精装 145.00 元

16 开　436 页

近年,随着宁夏考古事业的发展,宁夏的西夏考古工作进入了一个全新的时期,牛先生的论文集既是对西夏考古工作的总结,又提出了一些新的见解,对以后西夏考古工作有参考意义。此书是研究西夏历史尤其是西夏考古的重要著作。

陶瓷手记

——陶瓷史思索和操作的轨迹

谢明良著

2013 年 8 月 1 版 1 次

300.00 元

16 开　420 页

　　本书是谢明良教授的论文汇集,涉及陆地考古遗址出土标本、海底沉船打捞遗物和保存在博物馆与收藏家手中的珍品。作者运用敏锐的观察和胆大心细的推理,由散布世界各地的陶瓷器和残片,追索中国陶瓷在历代演变过程中的陶瓷样式、装饰技法和工艺美学的变化,进而衔接亚欧贸易交流网络的失落环节,以引领读者重返古代世界陶瓷文化的历史现场。

青瓷与越窑

林士民著

1999 年 12 月 1 版 1 次

精装 102.00 元

16 开　图 400 幅　368 页

　　本书以丰富翔实的第一手资料,全面系统科学地反映了早期青瓷发展的历程。上编论述青瓷自汉代以来各地点、各类型窑址、器物演变、制瓷工艺、年代分期、装饰艺术、炉窑结构、窑具创新等问题。下编阐述了早期各窑区的分布、器物、胎釉、窑具、年代、兴衰关系等。还对越窑瓷器鉴定要点及仿品的特征作了提纲挈领的介绍。

越窑·秘色瓷

汪庆正主编

1996 年 11 月 1 版 1 次

140.00 元

大 16 开　图 100 幅　136 页

　　越窑、秘色瓷代表了中国古代青瓷的最高成就。本书是迄今第一部越窑、秘色瓷的画册暨研究专集,荟集了国内外几乎全部可能搜集到的实物和参照系的精品图版一百余幅,以及中国、菲律宾、英国、日本等地专家学者的 23 篇论文和 7 种数据图表。

古陶瓷修复技艺

(上海市长宁区非物质文化遗产保护项目系列丛书)

蒋道银编著

2012 年 12 月 1 版 1 次

精装 158.00 元

16 开　156 页

　　本书是一本以介绍古陶瓷修复的专著,作者凭借三十多年的丰富经验,修复了无数珍贵文物,书中有他对古陶瓷修复技艺的悉心指点,也有他对文物修复过程如数家珍的讲述,同时收录 180 多张珍贵的照片资料,弥足珍贵。

幽蓝神采

——2012 上海元青花国际学术研讨会论文集(第 1 辑)

上海博物馆编

2015 年 11 月 1 版 1 次

精装 198.00 元

16 开　424 页

　　《幽蓝神采——2012 上海元青花国际学术研讨会论文集》,为研究元青花瓷的国内外大家学者,针对历年发现的元青花瓷,围绕元青花起源、发展,元青花瓷的形制、纹样,以及元青花瓷的制作技术等内容,展开的深入研究和剖析,反映了元青花瓷研究的最前沿思想和最新成果。本书为第 1 辑。

幽蓝神采

——2012 上海元青花国际学术研讨会论文集(第 2 辑)

上海博物馆编

2015 年 11 月 1 版 1 次

精装 218.00 元

16 开　472 页

　　本书为《幽蓝神采——2012 上海元青花国际学术研讨会论文集》第 2 辑。

善自约束

——古代带钩与带扣

王仁湘著

2012 年 4 月 1 版 1 次

48.00 元

18 开　334 页

　　本书前半部分是作者对发掘出土的带钩和带扣的考古学研究论文集,后半部分是作者梳理的有关带钩和带扣的历史故事,内容前后呼应,研究和文物普及相结合,适合学术研究者和普通文物收藏爱好者。

古尺考

朱勇年著

2008 年 12 月 1 版 1 次

线装 205.00 元

6 开　86 页

古代尺之制度涉及天文测度、调整音律,乃至宫室营造、土地丈量、民间衣服裁制、布帛交易等各方面,从上古至其后历代,莫不以考正尺制为政事之首要,尤其是用于音乐定调之律尺更受重视。但由于尺非贵重器物,故历代墓葬出土甚少,考古界亦少有专题研究。作者访诸海内外,考得古尺六十余把,系之年代,悉心考证,多有创见。

佛教考古:从印度到中国(全二册)

李崇峰著

精装 2014 年 1 月 1 版 1 次

平装 2015 年 7 月 1 版 1 次

平装 198.00 元　精装 248.00 元

16 开　948 页

本书以天竺佛教史迹开端,从西到东,分别研究了丝绸之路上的天竺、新疆、北方、南方佛教史迹中的有关佛教考古的问题,以佛教石窟寺壁画、塑像等具体考古发现,结合佛典展开研究,考察佛典和石窟之间的内在联系。在此基础上透视中印佛教交流,寻找中印佛教石窟中各因素的发展、演变和流传过程。

日本人的起源与形成

——体质人类学的新视角

周蜜著

2013 年 10 月 1 版 1 次

48.00 元

16 开　156 页

本书广泛收集了日本列岛各时期,及在时间和空间上与之相关的中国、朝鲜半岛、俄罗斯、蒙古等国家和地区古代居民的人类学资料,将考古学和人类学的研究方法与多种多元统计分析方法进行综合考察和系统的研究,深入了探讨了日本列岛各个历史时期中,人种来源与形成的关键性问题。

鸟滨贝冢

——日本绳纹文化寻根

[日]森川昌和著　蔡敦达 邬利明译

2008 年 10 月 1 版 1 次

精装 28.00 元

大 32 开　144 页

鸟滨贝冢是日本一处绳纹时代的低湿地遗址,它的发掘给日本考古学界带来的成果是多方面的,而最为重要的是对思考日本文化的根基给予了重要的启示。本书从考古学角度总结了鸟滨贝冢的发掘成果,揭示了鸟滨贝冢的饮食生活、栽培植物、木工技术、纤维工艺技术和漆工技术的奥秘。读者可藉此较为全面地了解日本远古时代鸟滨人的生活形态和物质文化,并通过与同时期即中国 7000 多年前的河姆渡文化的对比,来更深刻地认识该遗址的文化价值和学术意义。

东南亚古代金属鼓

[奥地利]弗朗茨·黑格尔著　石钟建等译

2004 年 10 月 1 版 1 次

138.00 元

大 16 开　556 页

铜鼓产生于公元前 7 世纪左右,广泛分布于中国及东南亚除菲律宾以外的其他国家。本书于 1902 年在莱比锡以德文出版,是 20 世纪初西方学者铜鼓研究的集大成。书中对 165 面弥足珍贵的铜鼓按形制、纹饰的演化划分类型,并分别对这些鼓的重量、大小及图案作了描述,对各面铜鼓的花纹图饰进行了极其细致并富有开拓性的研究,还探讨了这 165 面铜鼓的分布地区、铸作年代及其所反映的文化内容。

文博研究论集

吴浩坤 陈克伦主编

1992 年 7 月 1 版 1 次

3.90 元

大 32 开　156 页

本书是由复旦大学文博学院主编的文博研究论文集,共收有论文 17 篇,内容涉及甲骨、青铜器、古印玺、瓷器、绘画、钱币、墓葬等文博研究的各个领域。作者有著名学者胡厚宣、裘锡圭、汪庆正、吴浩坤等人。

徐苹芳先生纪念文集(全二册)

《徐苹芳先生纪念文集》编辑委员会编

2012 年 5 月 1 版 1 次

精装 198.00 元

16 开　716 页

本书为徐苹芳先生的友人、学生为纪念徐先生而撰写的论文汇集,包括城址类、手工业类、考古类、佛教类、文献类五个方面,较为全面地反映了历史考古学界的最新动态。

考古与文化遗产保护

——理论与实践

湖南省文物考古研究所编著

2013 年 4 月 1 版 1 次

精装 180.00 元

16 开　364 页

考古与遗产保护是两个独立的事物，两者是一种互为依托又互为制约的关系。如何处理好考古与文化遗产保护的关系，一直是考古文博学界重视的问题。本书从考古与文化遗产保护的关系出发，由各位工作在考古发掘最前线的考古专家从理论角度阐述考古与文化遗产保护之间的关系，并从国内考古与文化遗产保护实际案例出发，分析考古在遗产保护案例中的实际作用。

六十年陈列艺术之路

费钦生著

2012 年 12 月 1 版 1 次

128.00 元

18 开　228 页

本书涵盖中外文物、中外工农业、革命史料、民族工艺、考古遗址、中外货币、地方民俗、宗教石刻、植物盆景、船舶交通、动物标本、雕版印刷、人类知识诸多方面。

文化力量与博物馆的挑战

上海中国航海博物馆编

2013 年 12 月 1 版 1 次

精装 78.00 元

16 开　204 页

大数据时代，博物馆建设将何去何从？本书集中了国内 23 家博物馆馆长的相关论文，从多个角度阐述了大数据时代对博物馆的影响，以及博物馆在大数据时代的应对策略。

上海：海与城的交融

上海中国航海博物馆编

2012 年 12 月 1 版 1 次

精装 88.00 元

16 开　296 页

本书是上海中国航海博物馆学术研究部举办的"上海：海与城的交融"第三届国际学术研讨会的会议论文集，汇集了其中精选的 19 篇学术论文。

航海

——文明之迹

上海中国航海博物馆编

2011 年 9 月 1 版 1 次

精装 88.00 元

16 开　284 页

本书由中国航海博物馆第二届国际学术研讨会论文结集而成，收录了不同领域的文章，体现了多元视角下学人对航海历史、航海科技与航海文化的探讨，是造船、科技、人文、贸易、政治、经济等方方面面的综合。

考古学人访谈录（I）

王巍主编

2014 年 5 月 1 版 1 次

45.00 元

32 开　260 页

本书原为 2007—2011 年中国考古网刊登的对社科院考古所的考古学者的访谈，经过整理，选择了董新林、何努、刘庆柱、刘一曼、仇士华、佟柱臣、王仁湘、王巍、王仲殊、袁靖、张长寿等 11 位学者的访谈录。

追迹

——考古学人访谈录 II

王巍主编

2015 年 12 月 1 版 1 次

58.00 元

32 开　270 页

本书对冯时、郭大顺、李新伟、水涛、徐良高、徐苹芳、许宏、严文明、袁靖、郑振香、朱乃诚等 11 位学者进行了采访。访谈对象不再限于社科院考古所，内容也不仅仅关注被采访学者自身的学业经历、工作经历、心路心得，同时展现了他们眼中的前辈学者如苏秉琦、邹衡的形象。

考古半生缘

赵春青著

2016 年 4 月 1 版 1 次

48.00 元

32 开　232 页

本书是刚届 50 岁的考古学者赵春青，对自己踏入考古行业至今 30 年的往事的回溯。书中，"蹒跚学步"讲述了他在洛阳文物工作队的工作经历；"登堂入室"

"燕园风光"则描述了他的北大生活;"海南之行""情系中原""走出国门""文明之火"总结了他的考古旅程;"师友永恒"则回忆了在他考古生涯中印象最为深刻的四位老师先生。

敦煌

——伟大的文化宝库

姜亮夫著

1956 年 12 月 1 版 1 次

1.20 元

27 开　159 页

本书讲述了敦煌被发现的经过,对现存的造型艺术、佛像、壁画、典籍等历史遗产的文化价值作了介绍。

江苏文物古迹通览(江苏文物丛书)

唐云俊主编　束有春副主编

2000 年 4 月 1 版 1 次

精装 160.00 元

大 16 开　图 850 幅　432 页

截至 1998 年,江苏省已论证、发掘各级文物二千五百余处。本书分为古遗迹、古墓葬、古建筑、刻石铸塑、近现代重要史迹及代表性建筑五大部分,全面、精确、科学地反映出江苏文物古迹的面貌。是一部融知识性、趣味性与科学性为一体的读物。附笔画索引和分布索引。

中华文明遗迹通览

——第五批全国重点文物保护单位 518 处

国家文物局　中国文物报社编

2002 年 12 月 1 版 1 次

精装 58.00 元

大 32 开　734 页

本书共收录了史前至近现代重要的文明遗址 500 余处,于每一遗址皆详述其发展演变与历史价值,尤为可观的是其所附方位示意图与典型器物(建筑)图,不仅能使读者立体地了解中华文明的成就,更可以按图索骥,完成自己的"发现之旅"。

旅顺博物馆概览

王振芬主编

2015 年 6 月 1 版 1 次

128.00 元

16 开　248 页

本书介绍了旅顺博物馆近百年的馆史沿革,展示馆藏青铜器、陶瓷、书画、佛教造像、外国文物等九大类别的历史文物。图录中介绍的每件器物均有具体尺寸及详细描述,再配以清晰的彩色图片,使读者全面了解旅顺博物馆的馆藏精品。

（六）出土文献及古文字研究

出土文献与中国古代文明研究丛书

秦三晋纪年兵器研究

苏辉著

2013 年 10 月 1 版 1 次

58.00 元

16 开　304 页

秦、三晋纪年兵器是战国金文中数量较大的一批材料,铭文包括年数、铸地、督造者、主造者和铸造者的官称与名字,以及置用地点、器物编号等信息,对于考察当时"物勒工名"制度,以及军械铸造、收藏、管理和流通程序具有不可替代的作用。本书首先从器形出发,进行考古类型学分析;其次通过文字释读,对一些聚讼纷纭的意见作出评断,提出新解;再次,根据器形、铭文内容划归国属。由此,从辞铭格式、文字考释、历史地理三个方面展开,修正了前人兵器分国的疏失,使一些器物的国别得以澄清,同时解决了相关器物的归属问题。此外,本书分别探讨了四国兵器铭文中反映的年代、史实和制度等问题,综合各方面的特征因素,推求各器的年代,进而总结出辞铭格式的演变规律。

《释名》新证

李冬鸽著

2014 年 3 月 1 版 1 次

49.00 元

16 开　256 页

本书总结了出土材料在《释名》声训研究中优于传世典籍的重要价值,确定同源词条派生的时代,探论孳乳字在形体上表现出来的特点,讨论词源与字源的关系,从整体上突显将《释名》声训置于出土文献背景下研究的意义。

殷墟村南系列甲骨卜辞整理与研究

刘风华著

2014 年 5 月 1 版 1 次

98.00 元

16 开　536 页

　　本书根据前人对殷墟村南系列甲骨卜辞已有的分组情况,对该系甲骨卜辞进行整理,对各组类卜辞的特征和内容进行多角度考察,并对其中的祭祀、战争、田猎、卜旬、同文卜辞及缀合、常用语辞和各组特征字体等问题作了专项探讨。

简帛文献考释论丛

董珊著

2014 年 1 月 1 版 1 次

52.00 元

16 开　272 页

　　本书收录论文 20 余篇,其中半数是首次正式发表。研究材料涉及历年发表的战国秦汉简帛典籍、图书、遗册文书。作者运用古文字学和古文献学的方法,在诠释简帛文本的基础上,从学术思想史和制度史,历史地理、考古学等多个方面探讨了这些简帛资料的学术价值。

上古汉语语法史

姚振武著

2015 年 1 月 1 版 1 次

98.00 元

16 开　540 页

　　本书是一部较为系统地考察当今一种活的语言在公元前一千多年间语法发展史的专著。国内几本汉语语法史著作,涉及上古部分都比较概略。从国外来看,在活的语言中,只有极少数语言其可考历史长度可能与汉语相近。但这些语言现存的公元前的文献资料有限,远不足以支持构建一部较为系统的语法发展史。本书的出版,是对上古时期汉语语法发展的一次全面总结,对古汉语语法史的研究具有深远的推动意义。

《汗简》《古文四声韵》新证

王丹著

2015 年 12 月 1 版 1 次

39.00 元

16 开　184 页

　　本书主要立足于古文字的角度,将《汗简》和《古文四声韵》所收传抄古文放在出土古文字资料的背景下,从纵向和横向两个方面,与出土古文字进行形体方面的互证。目的在于明确它们的来源、性质和结构,以及书中传抄古文自身存在的一些情况,如异体、通假、同义换读等,恢复它们的本来面貌,为正确理解、充分利用这批宝贵的传抄古文材料作出努力,为古文字的研究提供更加丰富可靠的资料。

出土文献与《曾子》十篇比较研究

刘光胜著

76.00

2016 年 6 月 1 版 1 次

16 开

　　本书分为上下两编,上编以《大戴礼记》"《曾子》十篇"为中心,结合上博简、郭店简及其他出土材料,对《曾子》十篇进行分组、校释,考镜成书源流,下编以《曾子》十篇、郭店儒简作为学术链环,梳理孔孟之间的思想转进。其论证严谨,结论可信,是近年来研究早期儒学史的又一力作。

出土文献与古文字研究丛书

古文字与古文献论集

郭永秉著

2011 年 6 月 1 版 1 次

38.00 元

大 32 开　344 页

　　本书是复旦大学出土文献与古文字研究中心郭永秉先生自 2005 年至 2010 年的有关古文字与古文献方面学术文章的结集。

古文字与古文献论集续编

郭永秉著

2015 年 8 月 1 版 1 次

精装 108.00 元

16 开　464 页

　　全书分成五类:古文字考释与研究、青铜器铭文研究、战国竹书研究、马王堆汉墓文字资料及秦汉文字研究、书评与文评。涵盖了作者自 2011 年至今的研究方向和写作范围。涉及古文字学界歧说较多的若干字,有重要参考价值。

书馨集
——出土文献与古文字论丛
刘钊著

2013 年 12 月 1 版 1 次

精装 108.00 元

16 开　504 页

　　该书是作者近年有关出土文献与古文字研究的文章结集,主要部分是对甲骨、铜器、简帛、兵器、玺印等字词的考释,此外还有一些有关名物的考证,另有个别涉及古代史、考古学、中国古典学重建等问题的论述,也收录了一些书序和书评。

战国竹书论集
陈剑著

2013 年 12 月 1 版 1 次

精装 98.00 元

16 开　472 页

　　本书乃陈剑先生近些年在战国竹书方面研究成果,主要涉及上博简、清华简、郭店简等、竹简拼合、简序调整,字词新释以及用这些出土竹书内容校读古书而纠正长期以来的误解。

专 题 研 究

说文中之古文考
商承祚著

1983 年 4 月 1 版 1 次

0.49 元

大 32 开　66 页

　　本书是商承祚先生早年的重要著作之一,发表于 1940 年前后的各期《金陵大学学报》。本书依照许慎《说文解字》十四篇次序,凡注为"古文"之字逐个录出,并就每个字考订引申,细为辨析。

甲骨文简论
陈炜湛著

1987 年 5 月 1 版 1 次

1999 年 12 月 1 版 2 次

24.50 元

16 开　236 页

　　本书论述了有关甲骨文字的一系列知识,从甲骨文字的发现和发掘,甲骨文字的有关书籍,甲骨的占卜形式和写刻,甲骨文的特点、内容和分类,甲骨文的分期研究,到甲骨文的缀合和辨伪等,其中不乏精到的见解。

甲骨文选注
李圃选注

1989 年 8 月 1 版 1 次

1994 年 7 月 1 版 2 次

9.75 元

大 32 开　188 页

　　甲骨文所记载的是中国最早的文献资料,距今已三千多年,文字古奥艰深。本书选取殷墟出土的有关殷代社会天象、历法、农业、政治、军事、渔猎、教育、生育、疾病、祭祀等甲骨龟片共 60 篇,每一篇均列有摹片、释文、说明、注释和今译,逐字逐句分析,通俗易懂,使读者不仅可了解甲骨文字本身,更可了解殷代社会。

敦煌悬泉汉简释粹
胡平生　张德芳编撰

2001 年 8 月 1 版 1 次

精装 29.80 元

大 32 开　252 页

　　敦煌悬泉遗址汉简的出土,是西北边塞简牍的又一次重大发现。本书作者积多年潜心研究之功力,辑选了悬泉汉简(含帛书)的精粹,分类编排,标点校释,并加以注释考证。

甲骨文论集
陈炜湛著

2003 年 12 月 1 版 1 次

42.00 元

16 开　320 页

　　作者师承容庚、商承祚前辈,潜心治学,几十年孜孜不倦,是甲骨文研究领域中有影响的学者。本书上卷为作者研究甲骨文、金文有创造性见解的论文,下卷介绍国内外学术界甲骨文研究成果及现状。

饶宗颐新出土文献论证
沈建华编

2005 年 9 月 1 版 1 次

精装 35.00 元

大 32 开　270 页

　　本书收录饶宗颐教授近年来撰写的有关简帛与古

史的考证论文 24 篇,涉及五个方面:殷周史地丛考、楚简与诗乐、上博竹书《诗序》综说、里耶秦简以及其他。其中一部分论文曾散见于各类刊物。

古文字趣谈

陈炜湛著

2005 年 12 月 1 版 1 次

2012 年 5 月 1 版 5 次

35.00 元

大 32 开　430 页

陈炜湛先生是古文字研究专家。本书对古今汉字的产生、演变作了深入浅出的叙述,对解构古汉字的来龙去脉,既详列古文字材料,又博综典籍作为佐证,还具有阅读的趣味性。

殷墟卜辞研究(全二册)

[日]岛邦男著　濮茅左 顾伟良译

2006 年 11 月 1 版 1 次

精装 360.00 元

16 开　1368 页

本书为作者 20 余年间根据甲骨分期整理全部卜辞的研究成果,"材料丰富,功力勤谨,钻研精密",与陈梦家先生的《殷墟卜辞综述》成为举世公认的甲骨文重要专著。本书的翻译出版,对于国内甲骨文研究,必将起到极大的推动作用。

甲骨文词义论稿

陈年福著

2007 年 7 月 1 版 1 次

精装 35.00 元

大 32 开　344 页

本书首次对殷墟甲骨文词义进行全面系统整理和研究,分上下两编。上编"甲骨文词义概述",对甲骨文普通词词义详尽类举,考辨词的本义与引申义。下编"甲骨文词义疏证",新考释了 60 多个甲骨文疑难词。

西周金文字词关系研究

田炜著

2016 年 3 月 1 版 1 次

98.00 元

16 开　432 页

本书立足于出土文献的研究,分析西周金文中能够

反映字词关系的各种材料和现象,进而揭示出土文献与传世文献字词关系的联系与区别,并归纳总结其中的特点,剖析其原因,为出土文献和传世文献的对比研究以及释读工作提供了重要的视角和参照。

简帛考论

刘大钧主编

2007 年 5 月 1 版 1 次

28.00 元

大 32 开　304 页

20 世纪后半期,埋藏地下几千年的珍贵文献的大量出土,一方面促使人们重新反思 20 世纪早期的疑古思潮,另一方面也激化对传世文献的研究。本书为 2004 年底在山东大学召开的"出土文献学术研讨会"的论文集。内容主要涉及三个方面:出土文献与易学研究、儒家文化研究、道家文化研究。

出土文献与传世典籍的诠释

——纪念谭朴森先生逝世两周年国际学术研讨会论文集

复旦大学出土文献与古文字研究中心编

2010 年 10 月 1 版 1 次

128.00 元

16 开　616 页

本书是为纪念谭朴森先生逝世两周年召开的国际学术研讨会的论文集,提供论文的诸位作者多系古文字、古文献及先秦史等领域的最活跃的专家学者,他们的文章一定程度上代表了当下最前沿的学术成果。全书内容除了回顾谭先生的学术历程外,大部分文章涉猎文字学、文献学、历史学等领域,既有文字考证,也有史论分析,不乏学术参考价值。

居延敦煌汉简出土遗址实地考察论文集

张德芳 孙家洲主编

2012 年 12 月 1 版 1 次

98.00 元

16 开　292 页

本书共收录研究论文 24 篇,涉及居延敦煌古遗迹、古遗物的考察研究,居延汉简、武威汉简、敦煌悬泉汉简、额济纳汉简等重要简牍文献的文本解读和历史探讨,集中反映了汉代居延和敦煌地区的政治、军事、经济和社会生活。

甘肃省第二届简牍学国际学术研讨会论文集

张德芳主编

2012 年 12 月 1 版 1 次

精装 198.00 元

16 开　704 页

本书为甘肃省第二届简牍学国际学术研讨会论文集,收录论文 60 余篇,涉及西北汉简研究、秦简研究、其他汉简研究、三国吴简及晋简研究、楚简及古文字研究等。

简帛·经典·古史（经学与诗史系列丛书）

陈致主编

2013 年 7 月 1 版 1 次

128.00 元

16 开　472 页

本书为香港浸会大学 2011 年举办的"简帛·经典·古史"研究国际论坛论文集,共收入裘锡圭、李零、池田知久、夏含夷等与会学者论文 35 篇。论文主要围绕郭店简、上博简、清华简、马王堆帛书等出土文献及相关传世典籍,从文本释读、内涵解析、历史研究等诸多角度作了深入探讨。

岳麓秦简复原研究

[德]陶安著

2016 年 2 月 1 版 1 次

98.00 元

16 开　432 页

本书由绪论、表格数据、附录三个部分构成。其中,表格数据的《清理编号订正表》是本书的核心部分。《清理编号订正表》列出清理记录所有记载,并与笔者对相关简的考察记录进行比较和核实,据以订正清理记录所见 2071 枚简的清理编号,相关订正工作为今后的研究提供不可缺少的参考资料。

战国简帛字迹研究

——以上博简为中心

（吉林大学中国古文字研究中心、出土文献与中国古代文明研究协同创新中心学术丛刊）

李松儒著

2015 年 7 月 1 版 1 次

65.00 元

大 32 开　576 页

本书首次对战国简帛字迹尤其是上海博物馆藏战国楚竹书的字迹进行了系统的研究,主要是对古文字字迹研究的历史和发展的总结和对已公布的上博各篇(一至九册)竹简上的字迹特征进行详细分析的个案实例。

（七）语言文字

笺　疏　选　注

尔雅义疏（全二册）

[清]郝懿行撰

1983 年 8 月 1 版 1 次

平装 5.40 元　精装 7.10 元

大 32 开　682 页

《尔雅》是我国第一部训诂书,为儒学经典"十三经"之一,是阅读先秦古书必不可少的词典。它汇集经传中的同义词作为一条,每条用一个通行的词作注解,解释极为简略。《尔雅义疏》是在郭璞注的基础上撰写而成的,用"因声求义、音通义近"的方法对《尔雅》穷原竟委,探求词源,考释名物,订正讹谬,为清代《尔雅》研究的重要著作。

尔雅音训

黄侃笺识　黄焯编次

1983 年 6 月 1 版 1 次

平装 1.40 元　精装 2.25 元

大 32 开　172 页

本书是根据黄侃在《尔雅》书上的批语编辑而成的。黄侃对《尔雅》下过很深的功夫,他的工作,主要在考证文字,辨明声音。本书基本上是运用"声训",也就是"因声求义"的方法,对古代汉语中的同义词、近义词作了分析、研究。

通雅

[明]方以智著

1988 年 9 月 1 版 1 次

11.95 元

大 32 开　862 页

方以智是明末著名的学者和思想家。《通雅》,训诂书,是方氏主要著作之一,全书 52 卷,考证文学、艺术、文字学、名物典章制度,及天文、地理、医学等自然科学方面的知识,按类编写,广征博引,考证精核,实为明代之一部小型百科全书。

广雅疏证（全三册）

[清]王念孙著

1983 年 9 月 1 版 1 次

平装 6.70 元　精装 9.25 元

大 32 开　838 页

　　《广雅疏证》是我国音韵训诂学研究的重要著作，也是阅读汉魏以前古籍必不可少的参考书和工具书。三国魏张揖搜采周秦两汉人笺注，增广《尔雅》所未备，为《广雅》。王念孙作《广雅疏证》，校正《广雅》原文，整理疏解，《广雅》的学术价值有了更大的提高。此次影印以嘉庆本为底本。

方言笺疏（全二册）

[清]钱绎撰集

1984 年 7 月 1 版 1 次

平装 3.65 元　精装 5.35 元

大 32 开　456 页

　　西汉扬雄《方言》是我国第一部方言辞典，是研究古籍和汉语所不可少的工具书。晋郭璞《方言注》是现存最早的《方言》注本，它以晋语释古语，可据以考见晋汉语言的变化。清代《方言》校订本以卢文弨和戴震两家为最精。钱绎《方言笺疏》以戴、卢两家校本为主，参酌他本，于《方言》和郭注下征引群书，加以疏通。今以光绪十六年红蝠山房本为底本影印，附王秉恩宋庆元本《方言》校记、孙诒让《札迻》中有关《方言》校语。

广韵校录

黄侃笺识　黄焯编次

1985 年 2 月 1 版 1 次

平装 2.10 元　精装 3.10 元

大 32 开　200 页

　　本书从音韵学、文字学的不同角度对《广韵》进行了研究，对于《广韵》中所载又音、《广韵》、《唐韵》反切的异同、《广韵》所未收的《说文》字、《广韵》中的后出字和别字等问题都逐条加以考证。同时，书中还对《广韵》中的一些错误作了订正。

释名疏证补

[清]王先谦撰集

1984 年 4 月 1 版 1 次

平装 1.95 元　精装 2.80 元

大 32 开　244 页

　　《释名》，训诂书，东汉刘熙撰。分释天、地、山、水、丘、道、州国、形体、姿容、长幼、亲属、言语、饮食、彩帛、首饰、衣服、宫室、器用、疾病、丧制等。现代辞书学研究称为分科词典或语源学辞典，是《尔雅》、《说文》以后不可少的古汉语工具书。《释名疏证补》是对《释名》一书的校订和诠释。现据光绪二十二年初刻本影印。

尔雅广雅方言释名清疏四种合刊（附索引）

[清]郝懿行等著

1989 年 8 月 1 版 1 次

精装 46.40 元

16 开　730 页

　　《尔雅义疏》、《广雅疏证》、《方言笺疏》、《释名疏证补》为训诂学四大名著。由于编著年代久远，文字古奥，清人郝懿行、王念孙、钱绎、王先谦考合古今，分别从形、音、义进行笺注训释，使字词古义浅显易通。此次印本乃将以上四书拼缩合刊，于《广雅疏证》后附收隋曹宪《博雅音》10 卷及综合索引。

声类疏证

郭晋稀著

1993 年 12 月 1 版 1 次

精装 55.00 元

大 32 开　734 页

　　《声类》是清代著名音韵学家钱大昕所著，专论汉字中声母相同相近的通假现象，填补了汉语音韵学中的一个空白。然而此书却鲜为人知，连许多音韵学家也误以为只论声母。当代著名音韵学家郭晋稀先生对此书作了详尽的疏证。

昭通方言疏证

姜亮夫著　姜昆武校

1988 年 10 月 1 版 1 次

12.00 元

大 32 开　432 页

　　本书是诠释云南昭通地区方言词汇的专著。全书共收词语二千余条，分释词、释天、释地、释人、释衣服、释饮食、释宫室、释器用、释博物、附录 10 卷，后附词目索引。昭通地处滇、黔、蜀三省交通咽喉，其语言以北方话为主，兼涉吴越两广，大量词语典籍中多得佐证。

历代汉语音韵学文选

汪寿明选注

1986 年 7 月 1 版 1 次

1.35 元大 32 开　108 页

　　本书所选文章,上起南北朝颜之推的《颜氏家训》,下讫民初黄季刚的《论学杂著》,其中包括历代韵学大家如陆法言、孙愐、周德清、陈第、顾炎武、江永、戴震、钱大昕等的著名文章 27 篇,较系统地论述汉语音韵学的源流和发展,并介绍了汉字的声、韵、调的变化,指明今音与古音的对应关系。

中国古代语言学文选

周斌武选注

1988 年 8 月 1 版 1 次

5.45 元

大 32 开　184 页

　　本书收录古代语言学有关文字、音韵、训诂方面著名文章三十多篇,多为序文、书札及专论,系统介绍了古代文字、音韵、训诂三者间的历史因缘关系或特殊现象。篇后附有作者简介和说明。附钱玄同《古今字音之变迁》及朱宗莱《转注释例》。

研 究 论 著

探索丛书·语言文字学

反切起源考

傅定淼著

2003 年 7 月 1 版 1 次

24.00 元

大 32 开　216 页

　　本书属古代汉语语音学专著,主要探讨反切的起源。从对先秦著作中的各种合音、声训及两汉的反切材料的梳理分析中,得出了自己的结论,认为反切的形成是古人从对古汉语语音规律的逐步掌握中自然产生的。书中列举了大量材料,尤其是《诗经》音韵情况作为例证,很有启发意义。

汉字的文化解析

董来运著

2002 年 9 月 1 版 1 次

30.00 元

大 32 开　210 页

　　汉字究竟是怎样诞生的? 本书从古人生活文化的背景中去寻找答案,通过对一系列古文字的分析,描绘了一幅幅古人生活的生动画面。其中有许多甲骨文、金文是在学术界颇有争议的,但本书作者的分析却有根有据。插图有助于了解汉字的形体起源和演变。

语言科技文库—古代汉语学研究系列

敦煌佛典语词和俗字研究

于淑健著

2012 年 4 月 1 版 1 次

65.00 元

16 开　440 页

　　本书上编简要回顾了敦煌古佚、疑伪经研究状况,分析了敦煌佛经语料的研究价值;下编主要尝试对敦煌佛经中的 210 个语词、78 个俗字进行考释,研究对象包括口语词、方言词、有一定时代特色的名物词和佛教词汇、未经前人诠释的疑难词语以及前人已释或已被辞书收载但具有敦煌佛教文献特色的词语。

敦煌写本汉字论考

赵红著

2012 年 4 月 1 版 1 次

48.00 元

16 开　284 页

　　本书通过对同时期字形数据的横向排列,分析其讹变过程,并上溯到魏晋、汉代乃至《说文》小篆,纵向考察其演变轨迹,尝试描写敦煌正字、俗字的实际使用情况。

浙藏敦煌文献校录整理(全二册)

黄征　张崇依著

2012 年 5 月 1 版 1 次

128.00 元

16 开　374 页

　　本书所收皆为浙江省境内公家所藏东晋至宋初的敦煌写本,内容门类丰富,除佛教经卷外,还有道经、经济文书、愿文、诗词、小说、书仪、画像等,大部分为汉文写本,也有少量藏文、回鹘文写本。此外,还有零星裱装及包裹写卷的唐代实物。

两汉声母系统研究

刘冠才著

2012 年 12 月 1 版 1 次

48.00 元

16 开　296 页

本书综合两汉时期的声训、《说文解字》读若、音注材料对两汉声母中的一些重要问题进行探讨,主要包括:庄精两组的关系;端知章三组的关系;影晓匣与牙音的关系;声母清浊送气与否的问题;与舌尖流音有关的复声母问题;S—复声母问题;其他复声母问题等。

钩沉录
——语言符号的历史追忆

李葆嘉著

2012 年 5 月 1 版 1 次

精装 98.00 元

24 开　840 页

本书选录了上古声韵、中古《广韵》、明清官话、历史语言、文字训诂以及文化交流方面的论文。作者开拓了上古声纽研究史论、汉语史研究模式论、语言关系类型学、亲缘比较语言学等新领域,并提出了一系列新见。

其　他

黄侃论学杂著
——《说文略说》等十七种

黄侃撰

1964 年 9 月 1 版 1 次

1980 年 4 月新 1 版 1 次

1.85 元

大 32 开　256 页

黄侃是我国著名文字音韵学家,本书共收录黄氏主要论著共 17 种,其中《说文略说》、《声韵略说》、《尔雅略说》三文,颇具学术价值,且便初学入门。

说文笺识四种

黄侃笺识　黄焯编次

1983 年 6 月 1 版 1 次

平装 1.55 元　精装 2.40 元

大 32 开　192 页

黄侃毕生研究《说文解字》,有笺识语数十万字,还有许多讲学的讲稿,今由黄侃之侄黄焯先生编次成文,凡四种:一、《说文同文》,二、《字通》,三、《说文段注

小笺》,四、《说文新附考原》。内容除反映黄侃对《说文》研究成就外,也附有黄焯教授研究之心得。

文字声韵训诂笔记

黄侃述　黄焯编

1983 年 5 月 1 版 1 次

1986 年 8 月 1 版 2 次

2.25 元

大 32 开　156 页

本书分文字、音韵、训诂三部分,讲授传统小学的知识,其中尤注意述及文、音、训三者之间的关系,而以声音为主,既继承了传统小学的精神,又有所发展。因为它是讲稿笔记,用语较浅,多有名词术语解释和指点学习之门径。

钱玄同文字音韵学论集

钱玄同著

2011 年 12 月 1 版 1 次

36.00 元

大 32 开　328 页

本书包括钱玄同文字音韵学方面的主要论文,有其音韵学方面的代表作《文字学音篇》、《〈广韵〉四十六字母标音》、《古音无"邪"纽证》、《古韵二十八部音读之假定》等,文字学方面的代表作《说文部首今读》、《说文部首今语解》和《中国文字略说》等。

古今声类通转表

黄焯撰

1983 年 6 月 1 版 1 次

1.10 元

32 开　160 页

本书以黄侃的声类分类学说为依据,将互相通转的汉字声类用表的形式列出,全书分 12 表。资料收录范围包括《说文》、《经典释文》、《玉篇》、《类篇》及诸古籍中的异文异音材料,对于声音的变转,取得很多证明。

刘赜小学著作二种

刘赜编著

1983 年 10 月 1 版 1 次

精装 9.80 元

16 开　624 页

刘赜系著名文字学家黄侃的学生,曾任武汉大学中

文系主任。本书包括刘赜先生遗著两种:一、《小学札记》,聚集其毕生研究文字学的心得;二、《初文述谊》,将初文、准初文分类辑录,逐字阐述其形体旨趣及其音义的关系。

训诂丛稿

郭在贻著

1985 年 3 月 1 版 1 次

1.55 元

32 开　232 页

　　本书收集作者历年研究训诂学的论文 30 余篇,包括三方面内容:一、有关词义学的,为汉语词汇史、词源学提供了具体感性材料;二、结合大、中学校语文教学,试图解决古文注释中的疑难问题;三、研究中国训诂学史上的名著《说文段注》的专题论文。

怀任斋文集

蒋礼鸿著

1986 年 8 月 1 版 1 次

1.90 元

32 开　176 页

　　本书辑录作者有关训诂学、古书校释和辞书编纂等方面论文凡 21 篇,作者对古籍校释颇具功力,对乾嘉以来的校释能提出确有依据的纠正和补充的意见。

陈炜湛语言文字论集

陈炜湛著

2005 年 10 月 1 版 1 次

36.00 元

16 开　240 页

　　本书内容大致有四方面:一、传统语言学及学术史,二、竹简、石刻文字,三、书法篆刻,四、语言现代化。还有数篇是研读古文字学大师容庚、商承祚论著的心得。

诗经韵读

王力著

1980 年 12 月 1 版 1 次

1.30 元

32 开　212 页

　　本书批判了以朱熹为代表的叶音说,并在顾炎武等研究的基础上,对先秦古韵的分部、古今韵部演变的对

应关系以及《诗经》的韵例,作了比较全面的介绍。韵读部分对《诗经》全部入韵字的音值作了构拟。

楚辞韵读

王力著

1980 年 5 月 1 版 1 次

0.36 元

32 开　58 页

　　全书主要分楚辞韵读和字音表两个部分,韵读部分对楚辞全部入韵字的音值作了构拟,字音表按入韵字的音韵分部收列。

音义阐微

黄坤尧著

1997 年 5 月 1 版 1 次

1998 年 3 月 1 版 2 次

13.70 元

大 32 开　244 页

　　本书为研究《经典释文》的论文集。所收 12 篇文章,对《经典释文》中的古音异读及汉字动词的古音异读的代表性字例作了系统、详尽的论证和考辨。书中的一些新颖观点,可供研究者和爱好者参考借鉴。

汉语词汇史概要

潘允中著

1989 年 9 月 1 版 1 次

2.95 元

32 开　94 页

　　本书从词汇史的角度介绍了汉语上古词汇、中古词汇、近代词汇和现代词汇的源流和发展,注重汉语词汇的源流追溯及古今贯通,并分章叙述汉语词汇的构词法,述说汉语基本词、同义词、假借词、外来词及汉语固定词词汇的形成、变化、发展。

同义词说略

胡和平著

2005 年 9 月 1 版 1 次

13.00 元

大 32 开　156 页

　　本书从同义词的定义入手,理清其基本概念。同时对同义词的类别、形成、发展,以及功能与运用,分别加以详尽阐述。不少辨析,确能纠正前人的谬误。所举实

例,大都采自当今习见的读物,条分缕析,趣味性强,很有启迪性。

语言文字研究专辑(《中华文史论丛》增刊)

吴文祺主编

(上)1982 年 5 月 1 版 1 次

2.00 元

大 32 开　278 页

(下)1986 年 6 月 1 版 1 次

3.15 元

大 32 开　248 页

　　本书论文作者多为对语言文字素有研究的知名学者,既从整体上对中国古现代语言和文字的发展规律作了探讨,又分门别类地对音韵、甲骨文、金文、越语、《说文》、《经传释词》和《楚辞》等进行研究。

古语文例释

王泗原著

1988 年 8 月 1 版 1 次

1988 年 10 月 1 版 2 次

精装 7.45 元

大 32 开　290 页

　　作者在掌握传统语言文字学的基础上,注意从语音、句法、虚词用法及文字源流正变等方面,来探寻古语文的规律,辨析古语文中前人尚未注意或没有解决的疑难问题。

文化语言新论

吴琦幸编

2003 年 1 月 1 版 1 次

24.00 元

大 32 开　300 页

　　本书上篇以人文精神、形体艺术结合传统文字、训诂学和史料,阐述汉字的起源、特点,并涉及词义转换和词典编纂。中篇从语言文字的角度,探讨诗歌格律和文学范畴,还着重讨论了"诗言志"和《文心雕龙》的"声训"问题。下篇概述文字学的新材料——金石学,推介清末金石学大师叶昌炽的生平、著述和贡献。

汉字符号学

黄亚平　孟华著

2001 年 10 月 1 版 1 次

20.00 元

大 32 开　288 页

　　本书上编"史前汉字符号研究"对以文字起源为核心的汉字理论研究作了反思,探讨了史前文字符号表达的多样性;下编"汉字符号的共时研究"介绍了汉字理论的符号学批评,研究了汉字的结构、功能。

古代汉语语法

康瑞琮著

2008 年 1 月 1 版 1 次

2009 年 10 月 1 版 2 次

38.00 元

大 32 开　　476 页

　　本书是作者在多年高校教学经验的基础上积累而成,按照实词、虚词、单句、复句的顺序,对古代汉语的语法现象、语法规则作了详尽而细致的分析。以典型性和通俗性相结合的原则选用例句,配有译文,并注意与现代汉语相比较,既讲解了古今汉语语法的相同之处,又突出了古汉语语法的特殊规律。本书以词类的语法特点为中心,叙述古汉语句法、句式等方面的知识,不支不蔓,脉络清楚。同时兼释古今语法异同。

勉斋小学论丛

单周尧著

2009 年 4 月 1 版 1 次

38.00 元

大 32 开　296 页

　　本书所收的十五篇论文,皆为单周尧教授多年来研治中国语言文字学的重要成果。《读〈小学答问〉札记》、《王筠之〈说文解字〉异部重文研究》二篇,评述昔贤,重在继往;《读甲文记四则》以下十余篇,抒发创见,意在开来。其中涉及学术界近年发现的许多新材料、论议的诸多焦点问题,例如"示"字、"王"字、"皇"字等,作者逐一加以评析,提出新见。作者治学严谨,重视基本的研究探索工作,每所发见,皆言必有据,令人信服。此书对研究语言文字者有重要的参考价值。

历史语文学论丛初编

卓鸿泽著

2012 年 5 月 1 版 1 次

精装 78.00 元

16 开　372 页

本书收录卓鸿泽以英、汉两种语言写成的关于历史、语言方面的研究论文 20 篇,如《汉初方士所录古印度语》、《塞种源流及李唐氏族问题与老子之瓜葛:汉文佛教文献所见中、北亚胡族族姓疑案》、《羯胡、契胡、稽胡之若干基本问题》等,涉及梵汉、汉藏、鲜卑语、契丹文、回鹘语、满文等多种文字的比较研究。

张以仁语文学论集

张以仁著
2012 年 11 月 1 版 1 次
精装 78.00 元
16 开　364 页

本书内容包括语文学和经史札记两部分。语文学部分探讨了训诂学的理论架构问题,并通过讨论《经传释词》、《助字辨略》等系列著作,对清儒的训解工作进行了剖析;经史杂记部分主要涉及《论语》、《国语》、《史记会注考证》、《纬书》等书。

鲁国尧语言学文集
　　——衰年变法丛稿

鲁国尧著
2013 年 12 月 1 版 1 次
64.00 元
32 开　528 页

本书为鲁国尧先生论文精选集,大概分为以下四类:一是学术研讨会上的发言稿;二是论述其他语言学学人的评介文章;三是为其他语言学著作所作的序言类文章;四是作者极富个性的"札记体"文章。

汉语史研究丛稿

董志翘著
2013 年 11 月 1 版 1 次
精装 58.00 元
32 开　508 页

本书汇集了作者近年来在汉语史领域内的重要研究成果,主要包括汉语史分期的讨论、中古汉语词汇研究,以及佛典、敦煌文书、日本僧人汉文作品等文献中的口语词汇的考论,既有汉语史重大理论的探讨,也有具体古代语词的考释,体现了作者开阔的理论视野和深湛的训诂学根基。

尔雅义训研究

郭鹏飞著

2012 年 8 月 1 版 1 次
28.00 元
大 32 开　236 页

本书专力于义素分析法,对《尔雅》的义训方法进行了全面深入的研究,发现义素之下潜藏着一些语义因子,它们与复杂的概念结构有密切关系,能更清晰地揭示字词的深层意义,相信会为训诂学带来新的研究路向。

《篆隶万象名义》研究

吕浩著
2006 年 7 月 1 版 1 次
56.00 元
大 32 开　604 页

《篆隶万象名义》(以下简称《名义》),是日本高僧空海(774—835)在中国南朝梁代顾野王《玉篇》的基础上,综合其他有关字书,添撰简注,编撰而成的一部汉文字书。《名义》现存永久二年(1114)的传写本,在日本被奉为国宝。本书对前人未加注意的《名义》义项系统,以及其作者、编撰年代、版本、体例等相关问题进行了研究考辨,对于借助《名义》校订《说文解字》、《玉篇》,考察中古文字、语音,具有独特的重要作用。

中古汉语同素逆序词演变研究

张巍著
2010 年 4 月 1 版 1 次
38.00 元
大 32 开　372

本书通过对《庄子》、《韩非子》、《三国志》、《世说新语》等十余部代表性专书中所见的同素逆序词作了全面的调查和统计,首次描绘出先秦到中古时期汉语同素逆序词的分布、时代层次、与同期复音词的比例以及发展概貌,多角度多层次地统计了中古汉语同素逆序词的使用频率及系统性。

清代古声纽学

李葆嘉著
2012 年 11 月 1 版 1 次
精装 48.00 元
32 开　440 页

本书按照萌发初探期、立论创说期和系统集成期,逐一阐述了顾炎武、徐用锡、江永、戴震、钱大昕、段玉裁、钱坫、李元、夏燮、邹汉勋、章炳麟、黄侃诸家之说,是首部追溯清代学者上古声纽学术渊源沿革的专著。

裴务齐正字本《刊谬补缺切韵》研究

曹洁著

2013 年 11 月 1 版 1 次

48.00 元

16 开　284 页

　　作者在周祖谟"王三"说的基础上,通过对现存裴务齐正字本《刊谬补缺切韵》的韵目搭配和注释体例的考察,就该书的异质性进行了细致的探讨,展示了裴本兼采众家之长的特色,揭示其较其他《切韵》系韵书在字形、注音、释音等方面的进步,进而揭示了韵书向辞书的转变轨迹。

王念孙古籍校本研究

张锦少著

2014 年 12 月 1 版 1 次

78.00 元

16 开　444 页

　　本书为香港"新见王念孙古籍校本研究计划"的阶段性研究成果。作者将校本中王氏批校与其传世著述中的相关内容进行比较分析,向读者呈现王氏校读古籍的方法和思想以及撰著的初衷。

透视汉语交际技巧

吴为善著

2005 年 12 月 1 版 1 次

15.00 元

大 32 开　120 页

　　本书探讨汉语在交际语言环境中的信息交换,言语编码、解码,词语提取和不同搭配产生的不同效应,句子结构和不同语境产生的不同理解,歧义形式和事实评判,以及汉语的节奏和韵律结构,对留学生学习汉语有很大帮助,在对外汉语教学理论上也有所突破。

轻轻松松学汉语

朱静雯著

2002 年 11 月 1 版 1 次

14.00 元

大 32 开　128 页

　　本书是一本集趣味性、知识性、可读性、实用性于一体的汉语教材。通过一些与汉语学习密切相关的、充满中国特色的幽默感和智慧性的笑话、故事,把汉语置于相关文化现象中,帮助外国留学生克服语言学习的单调性,在感悟中国文化神韵、了解中国风土人情的同时,加深了对汉语及其学习方法的理解和掌握。

书卷字今音歧异研究

范新干著

2014 年 11 月 1 版 1 次

38.00 元

32 开　336 页

　　书卷字指现代汉语普通话口语中没有既成读音的字。该书以《汉语大字典》、《中文大辞典》、《辞源》修订本、《汉语大词典》等四部辞书为例考论书卷字的今音。上篇分类论列书卷字今音歧异状况,下篇论述今音歧异的整理问题。该书的材料和观点,有益于书卷字今音审订,有益于海峡两岸的文化交流。

朝鲜时代汉字学文献研究

黄卓明著

2013 年 9 月 1 版 1 次

36.00 元

32 开　296 页

　　朝鲜时代留下了相当丰富的汉字学研究资料,迄今为止,尚未有人做过全面的研究整理工作,本书从而具有填补学界空缺的意义。作者对朝鲜时代研究"说文"、"六书"、"字书"、"书体"等文献资料、各家成功及不足加以收集爬梳,分析探究,基本勾勒了朝鲜时代汉字学研究的概貌。

文字的魅力

　　——一个日本人眼中的汉字

[日]南鹤溪著　王宝平译

2002 年 10 月 1 版 1 次

20.00 元

32 开　150 页

　　本书是日本著名女书法家南鹤溪多年来结合书法实践对汉字进行研究的结晶。作者"一直为汉字的无穷魅力所折服",认为日本从汉字中汲取了无穷的智慧。融知识性和趣味性于一体,既论文字、书法,又阐述为人之道。该书在日本热销,一年内再版达 7 次。

佛教与汉语史研究

　　——以日本资料为中心(南山大学学术丛书)

梁晓虹著
2008 年 5 月 1 版 1 次
精装 49.00 元
大 32 开　500 页

为数众多的日本古写本佛经，其价值不让于中国敦煌佛经写本，而国人难以寓目。本书即以日本古写本佛经中的大量音义资料为基础，肯定其汉语研究方面的珍贵史料价值，并从《四分律音义》、《新译华严经音义》等古写本中收集资料，研究汉字、俗字、词汇双音化、同义复合词以及外来词汉化等的发展变化。同时，作者竭力推崇以无著道忠为代表的中古、近世日本僧人对汉语研究的贡献，强调"禅林句集"之类禅宗史料的研究价值。本书还分析了疑伪经的情况，并指出疑伪经在汉语研究中的重要作用。

五 艺 术

（一）书 法

翰墨瑰宝·上海图书馆藏珍本碑帖丛刊（第一辑）

翰墨瑰宝·上海图书馆藏珍本碑帖丛刊（第一辑）

本书编委会编

经折装 1600.00 元

2006 年 8 月 1 版 1 次

十周年珍藏版

2015 年 12 月 1 版 1 次

册页装 3280.00 元

8 开 625 页

第一辑（十周年珍藏版）内含《王羲之十七帖》、《崔敬邕墓志》、《水前本瘗鹤铭》、《龙藏寺碑》、《欧阳询虞恭公碑》、《王居士砖塔铭》、《颜真卿争座位帖》、《张从申李玄靖碑》、《米芾章吉老墓志》、《黄庭坚青原山诗刻石》10 种。原版原大彩印，完整收录了珍本碑帖题记题跋，逼真再现了原刻原拓细微神采。此次重制十周年珍藏版，采用全新印刷技术，装帧典雅大气，内页使用高级艺术纸，精彩再现原帖神韵；限量印制 500 套，附有编号及收藏证书，更具收藏价值。

王羲之十七帖

本书编委会编

2006 年 8 月 1 版 1 次

2009 年 3 月 1 版 3 次

经折装 168.00 元

8 开 102 页

此次影印底本为张伯英旧藏本，卷装，宋帘纹纸重墨拓，墨色沉古，字口丰腴，浑朴之气同它本迥异，是传世《十七帖》中公认的早期佳拓。

崔敬邕墓志

本书编委会编

2006 年 8 月 1 版 1 次

经折装 158.00 元

8 开 130 页

此次影印底本为浓淡墨拓拼合本，属初拓，系国家一级文物，拓工之妙，墨色之雅，为传世诸本无法企及。

水前本瘗鹤铭 附水后本瘗鹤铭

本书编委会编

2006 年 8 月 1 版 1 次

2006 年 10 月 1 版 2 次

经折装 198.00 元

8 开 182 页

此次影印底本为李国松旧藏水前拓本及沈均初旧藏水后拓本。

龙藏寺碑

本书编委会编

2006 年 8 月 1 版 1 次

2006 年 10 月 1 版 2 次

经折装 158.00 元

8 开 134 页

此次影印底本为元明间"张公礼未泐本"，乃传世年代最早，存字最多，拓工最精之本。

颜真卿争座位帖 附祭伯文稿 祭侄文稿

本书编委会编

2006 年 8 月 1 版 1 次

2006 年 10 月 1 版 2 次

经折装 138.00 元

8 开 106 页

此次影印底本为宋拓关中本。附以《郁冈斋帖》本《祭伯文稿》及《停云馆帖》本《祭侄文稿》。

欧阳询虞恭公碑

本书编委会编

2006 年 8 月 1 版 1 次

2006 年 10 月 1 版 2 次

经折装 158.00 元

8 开 126 页

此次影印底本为王闻远旧藏宋拓本,堪称海内最善本。

张从申李玄靖碑

本书编委会编

2006 年 8 月 1 版 1 次

2006 年 10 月 1 版 2 次

经折装 128.00 元

8 开 90 页

此次影印底本为宋拓本,极为罕见。

王居士砖塔铭 附程夫人塔铭

本书编委会编

2006 年 8 月 1 版 1 次

2006 年 10 月 1 版 2 次

经折装 118.00 元

8 开 78 页

此次影印底本为原石初拓三断本。《程夫人塔铭》书法深得二王精髓,又具褚书风范,与《王居士砖塔铭》异曲同工,此次影印底本为清康熙拓本。两种唐刻塔铭合装一册,实为难得。

黄庭坚青原山诗刻石（全二册）

本书编委会编

2006 年 8 月 1 版 1 次

2006 年 10 月 1 版 2 次

经折装 288.00 元

8 开 268 页

此次影印底本为残刻旧拓本,极为稀见。

米芾章吉老墓志

本书编委会编

2006 年 8 月 1 版 1 次

2006 年 10 月 1 版 2 次

经折装 118.00 元

8 开 78 页

《章吉老墓志》是北宋大书法家米芾书艺巅峰时期的精心之作,为小字行书,笔法精熟,锋势齐备,流畅自然。因原石久佚,故传世拓本极罕。此次影印底本为明初拓本,为现今可见之最佳拓本。

翰墨瑰宝·上海图书馆藏珍本碑帖丛刊（第二辑）

翰墨瑰宝·上海图书馆藏珍本碑帖丛刊（第二辑）

上海图书馆编

2012 年 6 月 1 版 1 次

套装 1680.00 元

上海图书馆藏有众多碑帖善本。此为上海图书馆藏珍本碑帖丛刊第二辑,内有《晋唐小楷九种》（宋拓）、《司马晌妻孟敬训墓志》（清王昶跋本）、《道因法师碑》（宋拓）、《集王羲之书三藏圣教序》（宋拓）、《鲜于光祖墓志》（明拓）等五种,均为罕见珍本。

道因法师碑

上海图书馆编

2013 年 7 月 1 版 1 次

册页装 488.00 元

8 开 156 页

上海图书馆所藏之宋拓本《道因法师碑》,拓工精湛,墨色黝厚,字口峻朗,诚难得之佳本。经潘宁、陈琦、许增、法嘉荪、李鸿裔、汪令闻、王存善等人递藏。本册据以复制。

集王羲之书三藏圣教序

上海图书馆编

2013 年 7 月 1 版 1 次

册页装 328.00 元

8 开　112 页

《集王羲之书三藏圣教序》，全称《大唐三藏圣教序》，简称《三藏圣教序》、《圣教序》，唐太宗撰。初由褚遂良所书，称为《雁塔圣教序》。后沙门怀仁从王羲之书法中集字，刻制成碑，称《集王羲之书三藏圣教序》或称《唐集右军圣教序并记》、《怀仁集王羲之书圣教序》等。本册据上海图书馆所藏北宋后期拓本复制。

晋唐小楷九种

上海图书馆编

2013 年 7 月 1 版 1 次

册页装 628.00 元

8 开　224 页

此本集二王及虞世南、褚遂良小楷法书九种，旧题"宋拓越州石氏本"，经铁保、张体信、欧阳辅递藏，现藏上海图书馆。翁方纲审定为合越州石氏本与《秘阁续帖》而成，多为文氏《停云馆帖》所祖，《曹娥》、《破邪》尤为妙品。本册据上海图书馆藏宋拓本复制。

司马昞妻孟敬训墓志

上海图书馆编

2013 年 7 月 1 版 1 次

册页装 128.00 元

8 开　52 页

上海图书馆所藏之拓本为沈景熊（嵩门）藏本，或称"王昶跋本"。本册据以复制。

鲜于光祖墓志

上海图书馆编

2013 年 7 月 1 版 1 次

册页装 228.00 元

8 开　80 页

上海图书馆所藏为陆恭藏明拓本，册端有沈树镛、梁同书题签。后有王澍题跋。本册据以复制。

翰墨瑰宝·上海图书馆藏珍本碑帖丛刊（第三辑）

翰墨瑰宝·上海图书馆藏珍本碑帖丛刊（第三辑）

上海图书馆编

2012 年 7 月 1 版 1 次

套装 1680.00

第三辑内含《史晨碑》（明拓）、《孔羡碑》（明拓）、《麓山寺碑并阴》（宋拓）、《大字麻姑山仙坛记》（宋拓）、《许真人井铭》（宋拓孤本）五种。

史晨碑

上海图书馆编

2013 年 8 月 1 版 1 次

册页装 248.00 元

8 开　92 页

上海图书馆所藏之拓本，原为孙多巘（陟甫）小墨妙亭旧藏，系"明中叶前拓本"，为《史晨前碑》传世最全、最早拓本之一。本册据以复制。

大字麻姑山仙坛记

上海图书馆编

2013 年 8 月 1 版 1 次

册页装 398.00 元

8 开　144 页

上海图书馆藏《大字麻姑山仙坛记》为宋拓横刻帖本，略有缺字，为沈树镛旧藏，前有赵之谦题跋。本册据以复制。

孔羡碑

上海图书馆编

2013 年 8 月 1 版 1 次

册页装 238.00 元

8 开　84 页

上海图书馆所藏之《孔羡碑》为周大烈夕红楼旧藏，现据以复制。

麓山寺碑并阴

上海图书馆编

2013 年 8 月 1 版 1 次

册页装 698.00 元

8 开　240 页

上海图书馆所藏《麓山寺碑并阴》之拓本，为何绍基、何庆涵父子旧藏"南宋拓本"，后经姚华、陈敬民递藏。本册据以复制。

许真人井铭

上海图书馆编

2013 年 8 月 1 版 1 次

册页装 218.00 元

8 开　64 页

　　上海图书馆所藏"北宋拓北宋装"为传世孤本。本册据以复制。

翰墨瑰宝·上海图书馆藏珍本碑帖丛刊·特辑

四欧宝笈

[唐]欧阳询书　上海图书馆编

2012 年 12 月 1 版 1 次

经折装 10000.00 元

8 开　440 页

　　"四欧宝笈"乃唐欧阳询所书《化度寺邕禅师舍利塔铭》、《九成宫醴泉铭》、《虞恭公温彦博碑》和《皇甫诞碑》四碑宋拓本之胜称。原为海上著名书画家吴湖帆所藏,后入藏上海图书馆。此次仿真影印,内页采用六色印刷,色彩还原精准;印刷精度达到 300DPI 的"视网膜级别",肉眼几乎无法分辨网点;选择与原件纸质最为接近的进口纯木浆纸;针对原作内页中部分使用金粉书写批注的特点,特意使用了有凹凸感的丝网印刷技术印刷金字;经折装,纯手工装裱;书匣使用金丝楠木仿吴湖帆"四欧宝笈"原楠木书匣制作。

四欧宝笈·宋拓化度寺碑

[唐]欧阳询书

2015 年 12 月 1 版 1 次

函套 2200.00 元

8 开　132 页

　　《宋拓化度寺邕禅师舍利塔铭》为其中最珍贵者。因原拓难觅,翻本迭出,传世以吴县陆恭松下清斋藏本、临川李宗瀚静娱室藏本、南海吴荣光筠清馆藏本、大兴翁方纲苏斋藏本、南海伍崇曜粤雅堂藏本、敦煌石室本最为著名。前五种皆宋代翻本,敦煌本乃唐代翻刻。唯此四欧堂藏本属原石北宋早期拓本,堪称"海内孤本"。

四欧宝笈·宋拓皇甫诞碑

[唐]欧阳询书

2015 年 12 月 1 版 1 次

函套 2000.00 元

8 开　140 页

　　此四欧堂本为宋拓未断本,碑文左上角文字不辨处均遭清代装裱工匠剪弃,民国十五年(1926)吴湖帆以

"清初拓本"逐行补入。

四欧宝笈·宋拓九成宫

[唐]欧阳询书

2015 年 12 月 1 版 1 次

函套 1800.00 元

8 开　136 页

　　此四欧堂本旧藏懋勤殿,民国十三年(1924)吴湖帆以商戈周彝从友人易得。拓自南宋初期,视北宋拓本字口瘦硬健硕,更显精神,盖南宋初期经历洗碑打磨故也。与朱翼庵本相较,唯五行"重译来王"之"重"字上部已损,其他文字点画几无变化。

四欧宝笈·宋拓虞恭公碑

[唐]欧阳询书

2015 年 12 月 1 版 1 次

函套 2000.00 元

8 开　104 页

　　此四欧堂本原为陆恭松下清斋旧藏,后经也庵、费开绶、潘祖荫等递藏。古锦面板上有吴湖帆题签,首叶有眉生和王同愈题签以及叶恭绰观款,二叶有归安朱孝藏署端,三叶有民国十六年(1927)吴氏所绘《四欧堂读碑图》。

翰墨瑰宝·上海图书馆藏珍本碑帖丛刊·鉴赏版

翰墨瑰宝·上海图书馆藏珍本碑帖丛刊·鉴赏版(第一辑)

上海图书馆编

2015 年 3 月 1 版 1 次

函套 488.00 元

8 开　610 页

　　此为《翰墨瑰宝·上海图书馆藏珍本碑帖丛刊:鉴赏版(第一辑)》盒装版,内含《王羲之十七帖》、《崔敬邕墓志》、《水前本瘗鹤铭》、《龙藏寺碑》、《欧阳询虞恭公碑》、《王居士砖塔铭》、《颜真卿争座位帖》、《张从申李玄靖碑》、《米芾章吉老墓志》、《黄庭坚青原山诗刻石》10 种。

欧阳询虞恭公碑

[唐]欧阳询书　上海图书馆编

2014 年 3 月 1 版 1 次

40.00 元
8 开　60 页

米芾章吉老墓志
[宋]周绅撰　[宋]米芾书　上海图书馆编
2014 年 3 月 1 版 1 次
38.00 元
8 开　36 页

王居士砖塔铭 附程夫人塔铭
[唐]上官灵芝撰　敬客书　上海图书馆编
2014 年 3 月 1 版 1 次
28.00 元
8 开　36 页

水前本瘗鹤铭 附水后本瘗鹤铭
上海图书馆编
2014 年 3 月 1 版 1 次
68.00 元
8 开　88 页

颜真卿争座位帖 附祭伯文稿　祭侄文稿
[唐]颜真卿书　上海图书馆编
2014 年 3 月 1 版 1 次
38.00 元
8 开　50 页

黄庭坚青原山诗刻石
[宋]黄庭坚书　上海图书馆编
2014 年 3 月 1 版 1 次
98.00 元
8 开　126 页

张从申李玄靖碑
[唐]张从申书　上海图书馆编
2014 年 3 月 1 版 1 次
42.00 元
8 开　42 页

龙藏寺碑
上海图书馆编

2014 年 3 月 1 版 1 次
58.00 元
8 开　64 页

崔敬邕墓志
上海图书馆编
2014 年 3 月 1 版 1 次
48.00 元
8 开　62 页

王羲之十七帖
[东晋]王羲之书　上海图书馆编
2014 年 3 月 1 版 1 次
30.00 元
8 开　46 页

翰墨瑰宝·上海图书馆藏珍本碑帖丛刊：鉴赏版
（第二辑）
上海图书馆编
2015 年 11 月 1 版 1 次
函套 280.00 元
8 开　304 页
　　本辑收录有《司马晒妻孟敬训墓志》（初拓　王昶跋本）、《道因法师碑》（宋拓　王存善本）、《集王羲之书三藏圣教序》（北宋拓　张应召本）、《晋唐小楷九种》（宋拓铁保藏本）、《鲜于光祖墓志》（明拓　陆恭藏本）等五种，均为罕见珍本。

晋唐小楷九种
上海图书馆编
2015 年 12 月 1 版 1 次
95.00 元
8 开　100 页

道因法师碑
上海图书馆编
2015 年 12 月 1 版 1 次
68.00 元
8 开　80 页

集王羲之书三藏圣教序

上海图书馆编

2015 年 12 月出版

48.00 元

8 开　56 页

司马昞妻孟敬训墓志

上海图书馆编

2015 年 12 月出版

30.00 元

8 开　28 页

鲜于光祖墓志

上海图书馆编

2015 年 11 月出版

39.00 元

8 开　展　40 页

翰墨瑰宝·上海图书馆藏珍本碑帖丛刊：鉴赏版
（第三辑）

上海图书馆编

2015 年 11 月 1 版 1 次

函套 280.00 元

8 开　316 页

　　本辑收录有《史晨碑》（明拓　小墨妙亭藏本）、《孔羡碑》（明拓　周大烈藏本）、《麓山寺碑并阴》（南宋拓何绍基藏本）、《大字麻姑山仙坛记》（宋拓　沈树镛藏本）、《许真人井铭》（北宋拓　北宋装孤本）等五种，均为罕见珍本。

大字麻姑山仙坛记

上海图书馆编

2015 年 12 月 1 版 1 次

60.00 元

8 开　72 页

孔羡碑

上海图书馆编

2015 年 12 月出版

45.00 元

8 开　44 页

麓山寺碑并阴

上海图书馆编

2015 年 12 月出版

98.00 元

8 开　120 页

史晨碑

上海图书馆编

2015 年 12 月出版

45.00 元

8 开　48 页

许真人井铭

上海图书馆编

8 开　32 页

2015 年 12 月出版

32.00 元

西安碑林名碑精粹

赵力光编

　　西安碑林现藏汉代至近代的碑刻四千余方，居中国碑石收藏之冠。本丛书精选碑林所藏各时代具有代表性的篆、隶、真、草、行各种书体之书法名碑 50 余方，编制而成。其特点有三：一、包括历代著名书法家及经典名碑，二、收有从未或少有单独印行的名碑，三、近年新出土的碑志。具有很高的学术研究和书法艺术价值。

西安碑林名碑精粹（套装本）（全三十五册）

赵力光编

2012 年 12 月 1 版 1 次

1076.00 元

12 开　1976 页

峄山刻石

赵力光编

2012 年 8 月 1 版 1 次

2016 年 7 月 1 版 7 次

26.00 元

12 开　48 页

曹全碑

赵力光编

2012 年 8 月 1 版 1 次

2014 年 6 月 1 版 2 次

20.00 元

12 开 40 页

广武将军碑

赵力光编

2012 年 8 月 1 版 1 次

2014 年 5 月 1 版 3 次

26.00 元

12 开 44 页

晖福寺碑

赵力光编

2012 年 8 月 1 版 1 次

21.00 元

12 开 45 页

司马芳残碑

赵力光编

2012 年 8 月 1 版 1 次

18.00 元

12 开 30 页

智永真草千字文

赵力光编

2012 年 8 月 1 版 1 次

2014 年 9 月 1 版 2 次

31.00 元

12 开 59 页

同州圣教序碑

赵力光编

2012 年 8 月 1 版 1 次

38.00 元

12 开 71 页

道因法师碑

赵力光编

2012 年 8 月 1 版 1 次

37.00 元

12 开 70 页

不空和尚碑

赵力光编

2012 年 8 月 1 版 1 次

2015 年 5 月 1 版 2 次

25.00 元

12 开 48 页

慧坚禅师碑

赵力光编

2012 年 8 月 1 版 1 次

31.00 元

12 开 48 页

御史台精舍碑

赵力光编

2012 年 8 月 1 版 1 次

17.00 元

12 开 30 页

大智禅师碑

赵力光编

2012 年 8 月 1 版 1 次

30.00 元

12 开 56 页

隆阐法师碑

赵力光编

2012 年 8 月 1 版 1 次

22.00 元

12 开 56 页

多宝塔碑

赵力光编

2012 年 8 月 1 版 1 次

2014 年 6 月 1 版 2 次

26.00 元

12 开 54 页

大秦景教流行中国碑
　赵力光编
　2012 年 8 月 1 版 1 次
　2015 年 5 月 1 版 2 次
　22.00 元
　12 开　42 页

皇甫诞碑
　赵力光编
　2012 年 8 月 1 版 1 次
　2015 年 5 月 1 版 2 次
　28.00 元
　12 开　55 页

集王羲之圣教序碑
　赵力光编
　2012 年 8 月 1 版 1 次
　2015 年 3 月 1 版 4 次
　28.00 元
　12 开　42 页

颜氏家庙碑
　赵力光编
　2012 年 8 月 1 版 1 次
　80.00 元
　12 开　173 页

三坟记碑·栖先茔记碑
　赵力光编
　2012 年 8 月 1 版 1 次
　2013 年 11 月 1 版 2 次
　42.00 元
　12 开　78 页

颜勤礼碑
　赵力光编
　2012 年 8 月 1 版 1 次
　2014 年 9 月 1 版 2 次
　55.00 元
　12 开　101 页

回元观钟楼铭
　赵力光编
　2012 年 8 月 1 版 1 次
　18.00 元
　12 开　30 页

玄秘塔碑
　赵力光编
　2012 年 8 月 1 版 1 次
　2014 年 9 月 1 版 2 次
　34.00 元
　12 开　60 页

东陵圣母帖·藏真律公帖
　赵力光编
　2012 年 8 月 1 版 1 次
　2015 年 5 月 1 版 2 次
　22.00 元
　12 开　30 页

肚痛帖·断千字文
　赵力光编
　2012 年 8 月 1 版 1 次
　2015 年 5 月 1 版 2 次
　24.00 元
　12 开　42 页

怀素草书千字文
　赵力光编
　2012 年 8 月 1 版 1 次
　2015 年 5 月 1 版 3 次
　28.00 元
　12 开　54 页

篆书目录偏旁字源碑
　赵力光编
　2012 年 8 月 1 版 1 次
　2015 年 5 月 1 版 3 次
　31.00 元
　12 开　54 页

大观圣作之碑

　　赵力光编

　　2012 年 8 月 1 版 1 次

　　27.00 元

　　12 开　52 页

梦英篆书千字文碑

　　赵力光编

　　2012 年 8 月 1 版 1 次

　　2016 年 5 月 1 版 4 次

　　38.00 元

　　12 开　74 页

孔子庙堂碑

　　赵力光编

　　2012 年 8 月 1 版 1 次

　　46.00 元

　　12 开　72 页

吕他墓表·元桢墓志·穆亮墓志·元遥墓志

　　赵力光编

　　2012 年 8 月 1 版 1 次

　　2014 年 9 月 1 版 2 次

　　27.00 元

　　12 开　40 页

元灵曜墓志·于仙姬墓志·杨乾墓志

　　赵力光编

　　2012 年 8 月 1 版 1 次

　　24.00 元

　　12 开　38 页

元崇业墓志·夫人王氏墓志·赫连子悦墓志

　　赵力光编

　　2012 年 8 月 1 版 1 次

　　22.00 元

　　12 开　36 页

王荣夫妻墓志·解方保墓志·范安贵墓志

　　赵力光编

　　2012 年 8 月 1 版 1 次

22.00 元

12 开　36 页

李寿墓志·南川县主墓志·刘中礼墓志

　　赵力光编

　　2012 年 8 月 1 版 1 次

　　33.00 元

　　12 开　54 页

韩涓墓志·长孙璀墓志·李沂墓志·李虔墓志

　　赵力光编

　　2012 年 8 月 1 版 1 次

　　37.00 元

　　12 开　58 页

西安碑林名帖·大字本

曹全碑

　　赵力光编

　　2016 年 5 月 1 版 1 次

　　27.00 元

　　8 开　36 页

　　碑文隶书风格清丽婉畅,章法整肃宁静;用笔刚柔相济,藏多于露,圆多于方,含蓄中时见波磔的逸笔。碑文从曹氏起源开篇,记载曹全家族世系及其征讨疏勒、平定起义、安抚百姓、扩建官舍等事迹,对研究东汉历史亦具有较高的史料价值。

东陵圣母帖　藏真律公帖

　　赵力光编

　　2016 年 4 月 1 版 1 次

　　28.00 元

　　8 开　40 页

　　《东陵圣母帖》分两层刻文,共五十二行,四百一十字。篇首刻"唐释怀素书"楷书一行。《藏真律公帖》分五栏刻文,由上至下第一、二栏刻怀素三帖,第三、四栏刻周越等人题跋,第五栏刻李白《赠怀素草书歌》和刻石人游师雄之《后序》。由《后序》可知,此石刻于北宋元祐八年(1093),所据底本为北宋安师孟藏帖。

肚痛帖　断千字文

　　赵力光编

2016 年 5 月 1 版 1 次

32.00 元

8 开　44 页

　　《肚痛帖》张旭草书,六行,共三十字,书写年月不详。《断千字文》亦张旭草书。刻石现残存六块,每石上所存字数不等,共二百余字。据元人骆天骧《类编长安志》中所记,此帖为张旭于唐乾元二年(759)所书。

多宝塔碑

　　赵力光编

2016 年 5 月 1 版 1 次

33.00 元

8 开　48 页

　　《多宝塔碑》碑题"大唐西京千福寺多宝佛塔感应碑文",三十四行,满行六十六字,楷书;额题"大唐多宝塔感应碑",两行,行四字,隶书。岑勋撰文,颜真卿书,徐浩题额,史华刻。唐天宝十一年(752)刊刻。此碑为颜真卿四十四岁时所书。自刻立以来,椎拓无数,流传甚广,当是颜楷中最为世人所重者。

广武将军碑

　　赵力光编

2016 年 5 月 1 版 1 次

33.00 元

8 开　48 页

　　《广武将军碑》刻于苻秦建元四年(369),字体在隶楷之间。线条细劲,结体宽博,整体上宕逸朴茂,奇态横生,极使转之妙,尽笔意之变化,在古代碑刻中称得上是一朵奇葩,同时恣意百出的书风在碑刻书法史上亦享有隆誉。

怀素草书千字文碑

　　赵力光编

2016 年 4 月 1 版 1 次

36.00 元

8 开　52 页

　　《怀素草书千字文碑》此帖共刻二石。每石两面刻字,每面又分上下两截,刻"千字文"一百三十行,行字不等,草书;又刻余子俊跋文七行,行十四字,楷书。此石刻于明成化六年(1470)。书者怀素以草书享盛名。石刻本仅见两种,除西安碑林所藏"西安本"外,还有存于湖南零陵刻立于清康熙年间的"绿天庵本"。但又以"西

安本"拓本行世更广,影响更大。

集王羲之圣教序碑

　　赵力光编

2016 年 4 月 1 版 1 次

38.00 元

8 开　44 页

　　《集王羲之圣教序碑》的碑文为唐贞观二十二年(648),太宗李世民及太子李治为三藏法师玄奘所译佛经撰写的序和记,即《大唐三藏圣教序》和《大唐皇帝述三藏圣教序记》。后弘福寺僧怀仁耗时二十四年集王羲之书勒于碑。此碑虽为集字,但搭配天然,章法秩理,很好地保留了王羲之书法的风韵。

吕他墓表　元桢墓志　穆亮墓志　元遥墓志

　　赵力光编

2016 年 5 月 1 版 1 次

33.00 元

8 开　48 页

　　《吕他墓表》书法在楷隶之间,宽绰挺劲,稚拙朴质,与清光绪年间西安附近出土的《吕宪墓表》形制相同。为同一人所书。《元桢墓志》该志十七行,满行十八字,楷书,整体布局疏朗严谨,字体茂实刚劲,堪称魏碑中的典范。《穆亮墓志》刻于北魏景明三年(502)。该志文二十行,满行二十二字,楷体。《元遥墓志》刻于熙平二年(517)。志文二十九行,满行二十九字,楷书。志文书法气韵连贯,秀丽而厚重,是北魏长篇墓志中的佼佼者。

梦英篆书千字文碑

　　赵力光编

2016 年 4 月 1 版 1 次

46.00 元

8 开　68 页

　　《梦英篆书千字文碑》碑题仅为《千字文》,刻于宋乾德三年(965)。碑文二十五行,行四十字,梦英篆书,袁正己楷书释文。此碑为西安碑林旧藏。《千字文》是南朝梁武帝在位时命周兴嗣编撰的一篇内容为叙述有关自然、历史、伦理及教育等方面的四言韵文。梦英书法继承了李阳冰篆书的传统,多以瘦硬著称。

三坟记碑　栖先茔记碑

　　赵力光编

2016 年 5 月 1 版 1 次

55.00 元

8 开　80 页

《三坟记碑》、《栖先茔记碑》二碑碑文主要记叙了李季卿三位兄长的生平事迹及由霸陵迁葬凤栖原之原委。《三坟记》着重记述三位兄长的生平,《栖先茔记》侧重记述迁坟始末。自魏晋以来迄至初唐,所写书体以真、行、草为大宗,篆书逐渐销声匿迹,而李阳冰之书如虎如龙,遂成抗衡诸体之势。

玄秘塔碑

赵力光编

2016 年 4 月 1 版 1 次

38.00 元

8 开　60 页

《玄秘塔碑》碑题"唐故左街僧录内供奉三教谈论引驾大德安国寺上座赐紫大达法师玄秘塔碑铭并序",文二十八行,满行五十四字,楷书。额题"唐故左街僧录大达法师碑铭",篆书。裴休撰,柳公权书并篆额,邵建和、邵建初刻。碑文主要叙述了大达法师生平事迹。

颜勤礼碑

赵力光编

2016 年 4 月 1 版 1 次

60.00 元

8 开　100 页

《颜勤礼碑》碑文追述了颜氏家族世系及功业。颜真卿撰并书。此碑端庄伟岸,雍容雄秀,一笔有千钧之力而体全天成。由于埋于地下八百余年,残剥损毁较少,又避免了后人修刻剔刓之害,故锋锷如新,充分展现了颜书宽绰、厚重、挺拔、坚韧之风神。

峄山刻石

赵力光编

2016 年 5 月 1 版 1 次

33.00 元

8 开　48 页

《峄山刻石》又称《峄山碑》、《秦始皇登峄山纪功刻石》等,刻于秦始皇二十八年,传为李斯所书。原石立于山东峄县,久佚。现存西安碑林的《峄山刻石》是北宋淳化四年郑文宝根据五代南唐徐铉摹本翻刻立石而成,世称"长安本"。

智永真草千字文碑

赵力光编

2016 年 4 月 1 版 1 次

38.00 元

8 开　56 页

智永书写的《千字文》用笔上藏头护尾,一波三折,含蓄而有韵律的意趣。它是楷书和草书并举的佳作,在楷书的工稳严谨中强化了自由活泼的成分;又在草书的自由活泼中强化了工稳严谨的气质,实现了两种书体的有机结合。

篆书目录偏旁字源碑

赵力光编

2016 年 4 月 1 版 1 次

38.00 元

8 开　56 页

此碑为北宋初年梦英法师依照东汉许慎所著《说文解字》中的部首顺序,以篆体书写偏旁与额碑,其下由宋代著名古文字学家郭忠恕以楷书写的"反切注音"。碑中的篆字风格古朴而典雅,浑厚而端凝。碑中可见中国文字造字六法——象形、指事、形声、会意、转注、假借的结构范例,对研究汉字的渊源、演变及篆体书法均有所裨益。

走近翰墨·名家书经丛书

"走近翰墨·名家书经丛书"特邀国内著名书法家以自己擅长之书体书写中国传统文化经典,每种经典均有楷、草、隶、篆、行五体,书写形式为小品册页,原大彩印,完美展现书家作品原貌。书后附有书家自撰"书经随想"一篇,细说抄经心得与书写要领,指导读者临摹,可为习书范本。

楷书《大学》

刘小晴书

2014 年 7 月 1 版 1 次

20.00 元

16 开　28 页

草书《大学》

孙敏书

2014 年 7 月 1 版 1 次

28.00 元

16 开　44 页

隶书《大学》

方传鑫书

2014 年 7 月 1 版 1 次

34.00 元

16 开　64 页

篆书《大学》

韩天衡书

2014 年 7 月 1 版 1 次

48.00 元

16 开　72 页

行书《大学》

张伟生书

2014 年 7 月 1 版 1 次

30.00 元

16 开　48 页

楷书《黄庭经》

刘小晴书

2014 年 7 月 1 版 1 次

20.00 元

16 开　28 页

草书《黄庭经》

方传鑫书

2014 年 7 月 1 版 1 次

2.00 元

16 开　56 页

隶书《黄庭经》

孙敏书

2014 年 7 月 1 版 1 次

30.00 元

16 开　48 页

篆书《黄庭经》

韩天衡书

2014 年 7 月 1 版 1 次

48.00 元

行书《黄庭经》

张伟生书

2014 年 7 月 1 版 1 次

30.00 元

16 开　48 页

碑 帖 拓 片

新定急就章及考证

高二适著

1982 年 12 月 1 版 1 次

1.75 元

大 32 开　216 页

高二适为现代书法家,他探讨章草渊源,广搜各种《急就章》注校考异本、古代残简碑帖、字书等,排比章正,详审细察,矫正诸本之失误,写成此新定本。兹据作者手稿影印出版。

急就章还真帖

黄源编

2004 年 7 月 1 版 1 次

30.00 元

16 开　50 页

《急就章》是章草之祖帖,为汉代传下唯一书坛之瑰宝。编者对《急就章》逐一进行梳理,细作是正,刊行以嘉惠艺林。

王羲之传本墨迹精品

陈麦青编撰

2000 年 2 月 1 版 1 次

40.00 元

16 开　50 页

本书择书法界公认的"书圣"王羲之重要传本墨迹精品 10 种,其中有"天下第一行书"之誉的《兰亭叙》,日本宫内厅三四丸尚馆所藏《丧乱帖》,美国普林斯顿大学艺术博物馆所藏《行穰帖》等,对原件一一著明质地、尺寸、现存处所及参考释文。作者广征文献资料,详细考述其递藏原委、流传始末,并就其风格面目、书艺特点、摹拓质量等作了详尽介绍。

王羲之十七帖解析

曹大民 曹之瞻编著
2006 年 1 月 1 版 1 次
2015 年 4 月 1 版 9 次
35.00 元
大 16 开　108 页

　　《十七帖》原件共 107 行,942 字,现仅存拓本,最佳者为上图南宋拓本和日藏三井本。本书将上图本和三井本对照影印,以窥王羲之书法的本来面貌,并加释文、注释,对王羲之信札内容作了分析。

孙过庭书谱笺证

[唐]孙过庭撰　朱建新笺证
1963 年 4 月 1 版 1 次
新版 1982 年 11 月 1 版 1 次
新版 2012 年 5 月 1 版 2 次
58.00 元
12 开　168 页

　　唐代孙过庭的《书谱》,是论书名作之一。米芾说"孙过庭草书书谱,甚有右军法",评价甚高。自宋以后,墨迹拓本见于著录者共有十几种本子。本书是《书谱》的研究著作,作者采辑历代论书著作为之笺证,溯源辨误,明其要旨。

淳化阁帖集释

水赉佑编
2009 年 12 月 1 版 1 次
精装 148.00 元
16 开　680 页

　　作者参考了二百余种资料,汇集历代各家不同释文加以比对校释,遂成此编。书后还附有历代有关《淳化阁帖》的述录、《帖名同异表》、《标题次序同异表》、《帖目索引》等。可谓《淳化阁帖》释文之集大成者,具有较高的学术价值。

淳化阁帖辨正

曹大民著
2010 年 8 月 1 版 1 次
40.00 元
大 16 开　132 页

　　此书针对《淳化阁帖》中存在的大量仿书、伪书问题,进行辨伪正误、还原真相的工作。

书谱序注疏

[唐]孙过庭撰　周士艺注疏
2009 年 12 月 1 版 1 次
32.00 元
16 开　128 页

　　作者参阅二十余个版本的书谱,对其进行了注释。书谱原文旁注明楷字释文,便于对照。书谱原文用的是台北故宫博物院藏真迹,书可为书法艺术爱好者提供临摹和鉴赏研究所用。

书谱注释

[唐]孙过庭撰　沙孟海注释　郑绍昌整理补注
2008 年 2 月 1 版 1 次
2012 年 5 月 1 版 2 次
58.00 元
12 开　168 页

　　沙孟海先生对《书谱》内容加以诠释,以助学人识其文、解其义、通其情、合其志,加深对书法的理解。沙注及专章研讨,多见介绍他人之说;而沙先生本人书学理论之卓识高论,则由郑绍昌先生在整理补注中作了精辟的阐述。

宋拓宝晋斋法帖

上海市文物保管会藏
1961 年 3 月 1 版 1 次
裱本二函十册附释文一册 270.00 元
8 开　220 页

1961 年 3 月 1 版 1 次
精装本五册附释文一册 135.00 元
8 开　220 页

1960 年 12 月 1 版 1 次
简装本五册附释文一册 90.00 元
8 开　220 页

　　宝晋斋法帖十卷,宋咸淳四年(1268)曹之格辑刻。真本流传极稀,明代即有翻刻。此乃传世唯一宋拓全本,曾为元赵孟頫、明顾从义及吴廷收藏,有冯梦祯、吴时宰、许志古及清王澍题识。此次影印,乙正错简,附加释文,有裨于爱好者鉴赏临习。

晴山堂法帖

薛仲良 吕锡生主编

1995 年 12 月 1 版 1 次

精装 89.50 元

大 24 开　230 页

　　《晴山堂法帖》是晴山堂石刻的拓本集。原石已残,现藏于江苏江阴徐霞客故居晴山堂内。内容为明洪武三年至崇祯五年由徐氏友人、当时的书法名家、文人学士八十余人为徐霞客的祖上所写诗文、墓志、碑传,以及为徐母八十寿辰祝寿的诗文、题记等。具有较高的书法碑刻艺术和文献价值。末附诗文作者与书家小传。

碑帖叙录

杨震方编著

1982 年 5 月 1 版 1 次

1988 年 6 月 2 版 1 次

3.30 元

大 32 开　198 页

　　本书对我国古代碑碣法帖作了较系统的著录,始自先秦,迄于明清,约收一千四百种,介绍了历代各种碑帖的书刻年代、出土地点、书刻者、行字数、递藏源流以及书法艺术的特色,并附有代表性的碑帖图片二百余幅。重版时新编《碑帖年表》附于书后。

碑帖鉴定概论

仲威著

2014 年 8 月 1 版 1 次

2016 年 7 月 1 版 3 次

88.00 元

16 开　336 页

　　本书主要包含碑帖鉴定总论、碑帖拓本的形式与内容、碑帖拓本的称谓、碑帖鉴定的参照点、碑帖作伪的手段与防范策略、碑帖名品鉴定案例等内容,图文并茂,深入浅出,是不可多得的碑帖鉴定专业图书。

书 法 手 迹

郭天锡手书日记

[元]郭畀著

1958 年 7 月 1 版 1 次

线装 2.30 元

8 开　68 页

　　本书乃依元刊本影印的元人郭天锡手书日记。文中反映了南宋灭亡、外族入侵以后江浙两省的社会情况及当时士大夫的思想与生活,内容亲切真实,富文学意味。郭氏书法传世甚少,然其遒劲娟秀直逼赵孟頫,此书可供一观。

祝枝山手写正德兴宁志稿

[明]祝允明著

1962 年 10 月 1 版 1 次

线装 3.00 元

16 开　47 页

　　本书为明代祝允明手稿本《正德兴宁志》。原书刻本流传极少,此本为现存兴宁方志的最早本子,又是一代书家的手稿,大有钟王笔意,值得方志研究者及书法爱好者珍视。

徐光启手迹

上海市文物保管委员会编

1962 年 12 月 1 版 1 次

线装 37.00 元

6 开　192 页

　　本书为明代著名科学家徐光启的《农政全书》手札、书简、家信和序跋,具有较重要的文献资料价值。

顾云美卜居集手迹

[明]顾苓著

1958 年 11 月 1 版 1 次

线装 0.80 元

12 开　44 页

　　本书为明末长洲诗人顾苓(云美)《卜居集》的手稿真迹。作品反映了作者在异族侵略下面临国破家亡的沉痛之情以及激越不平的内心世界。

顾云美自书手稿

[明]顾苓著

1959 年 4 月 1 版 1 次

线装锦函 6.00 元

6 开　264 页

　　此书为明末长洲诗人顾苓(云美)亲自书写的作品手稿。

谭嗣同真迹

文操编

1998 年 4 月 1 版 1 次

精装 56.00 元

16 开　218 页

谭嗣同是我国近代史上著名的反封建斗士、启蒙思想家。他在"戊戌变法"失败后遇害，为史称"戊戌六君子"之一。谭氏生平著述颇丰，但留下的手迹不多，且分散各处。本书所收谭氏手迹除诗扇册页外，以信札为多，共四十余通。这些墨迹原件有的已下落不明，影印存真，弥足珍贵。

梁任公诗稿手迹

梁启超著　康有为评

1957 年 10 月 1 版 1 次

线装 2.50 元

8 开　82 页

本书为梁启超的诗稿真迹，大部分是他 1898 年变法失败后流亡日本时的作品，并由其老师康有为批点评定，有收藏价值。

郑观应档案名人手札

上海图书馆　澳门图书馆编

2007 年 12 月 1 版 1 次

精装 300.00 元

16 开　480

郑观应是中国近代著名思想家，主要著作《盛世危言》在中国近代思想史上影响深远，具有重要地位。同时郑观应又是一位成功的买办商人，更是晚清洋务企业的重要人物，在中国近代经济史，尤其是在近代商业史、企业史中占有相当重要的地位。郑观应一生中与亲友往返形成的函札、公文、电稿、便条等各类档案，是了解和研究近代中国历史不可或缺的资料。本书根据上海图书馆所藏有关郑观应的档案资料，由澳门博物馆和上海图书馆合作编纂。

治家格言

朱柏庐文　魏铖　郑孝胥书

2002 年 12 月 1 版 1 次

16.00 元

大 12 开　42 页

魏铖为民初书法家，所书《治家格言》书帖，兼收并

蓄魏碑、楷书、隶书、行书等，融会贯通传统笔墨功夫，立新出奇，创造了前所未有的、独特的魏字书法。其所书《治家格言》脍炙人口。书后还附有清末名家郑孝胥的书法，以资鉴赏。

流翰仰瞻：陈硕甫友朋书札

[清] 陈奂辑　吴格整理

2012 年 2 月 1 版 1 次

精装 400.00 元

16 开　280 页

《流翰仰瞻》二十三家七十九札，是吴县王欣夫先生所藏清代学者陈奂（硕甫）师友函札之残稿。本书对函稿内容整理标点，并据今藏复旦大学图书馆《流翰仰瞻》过录原文及印章，补记年月，加编序号。欣夫先生所录各家小传，迻录于各家函尾。原稿残损及漫漶处，留空待补。

郭绍虞手书毛泽东诗词

郭绍虞书

1993 年 12 月 1 版 1 次

6.30 元

16 开　40 页

本书是著名学者郭绍虞先生所书毛泽东诗词 38 首。郭先生对中国古代文学、文学批评史、文字修辞等研究作出了重要贡献。同时他又是位书法名家，工于楷书行书，字体秀润挺拔。本书出版恰逢毛泽东和郭绍虞诞辰百年纪念，具有双重纪念意义。

赵朴初诗词曲手迹选

赵朴初著

2001 年 5 月 1 版 1 次

2002 年 11 月 1 版 3 次

精装 220.00 元

8 开　184 页

赵朴初先生诗、词、曲等各体韵文的创作均有很高造诣，同时，他的书法秀逸峻拔，自成一格，享誉海内外。其墨宝散在海内外各地，搜集甚为不易。本编精选其手书自作的诗、词、曲墨宝 132 幅，具有双重的鉴赏与珍藏价值。

韬奋手迹

上海韬奋纪念馆编

2005 年 10 月 1 版 1 次

精装 110.00 元

大 16 开　436 页

邹韬奋是我国现代史上杰出的爱国主义者、出版家、新闻记者和政论家。在纪念邹韬奋诞辰 110 周年之际,本书在 1984 年香港三联书店出版的《韬奋手迹》基础上,另增新发现的和原来未收入的手迹及韬奋的遗作《患难馀生记》,是迄今为止最完备的韬奋手迹本。

赵冷月八旬书法

赵冷月书

1994 年 9 月 1 版 1 次

精装 130.00 元

8 开　132 页

赵冷月是当今著名书法家,在书坛独标一格,声名远播海内外。本集收录赵氏亲自遴选的力作近百件,全面反映了他在真草隶篆各种书体、各种形式方面的创作成就。

名家书五体名联

本社编　韩天衡等书法

2003 年 12 月 1 版 1 次

45.00 元

12 开　288 页

本社从历代名家对联中精选出 80 副,每副注明作者,对联中需要说明的文字加上简单的注文,请当今书法名家韩天衡、方传鑫、戴小京、张伟生、孙敏挥毫,编为篆、隶、真、行、草《名家书五体名联》,提供欣赏、选用与临摹。

一闻百联

刘一闻著

2005 年 9 月 1 版 1 次

280.00 元

16 开　106 页

本书是上海著名书法家刘一闻先生书写所撰对联百副的结集。

刘小晴小楷唐宋词一百首

刘小晴书

2005 年 6 月 1 版 1 次

2016 年 3 月 1 版 6 次

20.00 元

大 16 开　96 页

刘小晴先生是沪上著名书法家,擅长楷书、行草,尤精小楷。他以小楷恭书唐宋词一百三十余首,千古佳词与秀丽书法合二为一,既可作为唐宋词名篇诵读之本,也可供书法爱好者欣赏、临摹之用。

朱卓鹏书法作品集

朱卓鹏编著

2004 年 12 月 1 版 1 次

265.00 元

8 开　152 页

本书为朱卓鹏先生的历年书法作品选集,字体多为行、楷、隶,由著名画家陈逸飞先生设计并作序赠言。

邬惕予书法

邬惕予著　邬江弯编

2007 年 12 月 1 版 1 次

68.00 元

8 开　140 页

本书收集邬惕予先生二十年中所作精品,书写内容既有历代名人名作,更多的是今人今作,其中很大一部分是自己的创作。

邬惕予楷书千字文

曹隽平编

2006 年 11 月 1 版 1 次

2007 年 5 月 1 版 2 次

20.00 元

大 16 开　112 页

邬惕予先生独得欧阳询书法谨严中寓端丽、平正中寓奇崛之堂奥。外方内圆,柔中寓刚。其书法以灵秀见长而自成一体。有人以"秀雅醇和"四字概括邬惕予书法的特点,可谓恰到好处。

草书纵横

——草书诗词百首

许思豪撰书

2009 年 2 月 1 版 1 次

精装 150.00 元

16 开　132 页

本书系用草书书写的诗词名篇百首。所收百幅作品都彰显了草书的风格和神韵,从中亦可窥出其娴熟的技法与深邃的意境。更可贵的是,于每幅作品旁都附有作者的"创作手记",反映了作者创作时的心路历程。

金文拾贝

——集金文书诗词百首

许思豪撰书

2007年2月1版1次

精装 150.00 元

16 开　136 页

这本金文书法作品集,以金文书写大家耳熟能详的百首经典诗词名篇,为金文书法创作填补了一个空白。本书的最大特色在于作者对每首诗词中的疑难字,均作了简明而扎实的考释,显示了相当的文字学功力。

孙敏草书册页选

孙敏书

2009年8月1版1次

68.00 元

大 16 开　112 页

此书为著名书法家孙敏先生的三本草书册页精选集,内含毛泽东诗词、唐宋词、唐宋诗三个部分,共48幅草书作品。

魏碑体《谢氏千字文》

谢云生书

2015年2月1版1次

48.00 元

16 开　96 页

此为书法字帖,内容是谢向英撰《谢氏千字文》,体裁创新,内容也颇具时代特点。作者从中华谢氏的家谱、历史、文化和科学典籍,及各地的宗谱里面搜集、整理,创作出《中华谢氏千字文》,后由其父著名书画家谢云生用魏碑书体,写成了字帖。

魏碑体六祖坛经

谢云生书

2015年8月1版1次

148.00 元

16 开　141 页

此为书法字帖,内容是《六祖坛经》,体裁创新,内容也颇具时代特点。此书是当代为数不多的魏碑字帖。

王庆其行书名联两百首

王庆其书　王少墨编

2015年8月1版1次

198.00 元

国际 16 开　208 页

此为著名中医王庆其教授的书法作品集,由王少墨医生编录名家楹联 200 首。

人生的箴言(鲁迅五千言钢笔字帖)

王得后编　钱沛云书

1995年2月1版1次

8.60 元

32 开　85 页

鲁迅先生提出了一套新的生活法。本书精选鲁迅先生这方面语录,反映了鲁迅先生关于人生观的基本思想。本书由硬笔书法家钱沛云先生书写,可供学习、临摹和鉴赏。

艺海扬帆集(全四册)

李燕生著　吴长山主编

2011年6月1版1次

线装 6690.00 元

大 4 开　568 页

《艺海扬帆集》收集李燕生先生所创作的书法作品集"禅悟道心集"、绘画作品"艺海扬帆集"和篆刻作品"金石同寿集"等四种,书法绘画和篆刻水平较高。

绿色生活　美丽上海

——2014年上海中华环保世纪行公益书法作品集

上海市中华环保世纪行宣传活动组委会编

2014年5月1版1次

精装 128.00 元

16 开　200 页

本书为"绿色生活,美丽上海:2014年上海中华环保世纪行公益书法展"配套作品集。

翰墨飘香溢嫘城

——孙敏书法艺术奖五年回顾

上海市嘉定区教育局

孙敏书法艺术奖基金会编

2010年11月1版1次

58.00

大 16 开　108 页

　　此书为孙敏书法基金会成立 5 周年纪念之作,内含该奖历届获得者作品及介绍。"孙敏书法艺术奖"(基金)由孙敏先生 2006 年从个人稿费中投入成立。依托此项艺术专项奖,嘉定区教育局每年在中小学生中开展书法艺术作品评选活动。

澄心十年尽墨硕

——孙敏书法艺术奖十年巡礼

上海市嘉定区教育局 孙敏书法艺术奖基金会编

2015 年 8 月 1 版 1 次

128.00 元

16 开　212 页

　　本书特为孙敏书法基金会成立 10 年回顾纪念而出。内含该奖历届获得者作品及介绍。

篆　　刻

学山堂印谱

[明]张灏编

1992 年 10 月 1 版 1 次

精装 20.80 元

16 开　300 页

　　本书为明代篆刻家作品汇集,收录何震、苏宣、朱简、梁袠、归昌世等五十余家所镌刻的诗词、成语、警句等闲章二千多方。本书为考察明代众多印人风貌的重要印谱,与清《赖古堂印谱》、《飞鸿堂印谱》合称为"三堂",在印坛上影响甚大。该谱传本较少,现据原钤拓本影印。

赖古堂印谱

[清]周亮工编

1992 年 3 月 1 版 1 次

精装 18.35 元

16 开　190 页

　　清初著名学者周亮工嗜藏印,当时篆刻高手多为其刻制印章,周氏汇辑七百多方篆刻佳作成《赖古堂印谱》。因周亮工对印章的艺术要求极高,故是谱辑成,即被奉为印林圭臬。该谱传本较少,现以原钤拓本影印。

飞鸿堂印谱

[清]汪启淑编

1992 年 12 月 1 版 1 次

精装 36.00 元

16 开　500 页

　　本书是明代至清乾隆时期篆刻作品汇录。收录名家篆刻作品四千多方,其中闲章较多,收集面广,辑成后风行一时,可以概见当时篆刻的艺术风格及其源流演变。传本较少,现以原钤拓本影印。

古钵印精品集成

庄新兴编

1998 年 9 月 1 版 1 次

精装 120.00 元

16 开　736 页

　　古代的印章被人们统称为"古钵印"。本书作者经过多年的搜集,将那些印文书法精美,总体布局舒适,刻铸工巧的古印精品四千余方集于一册,从先秦至清断代分类排列。

明清名人刻印精品汇存

葛昌楹 胡洤编

1992 年 3 月 1 版 1 次

新版 2000 年 4 月 1 版 1 次

函套线装 1000.00 元

12 开　370 页

　　本书共收录自明代文徵明以来,包括高凤翰、邓石如、吴昌硕、赵叔孺等 216 位篆刻家的作品一千五百余方。学者能从朱、墨正反印文对比中,窥得刻印之法,也可见自明至清各个时期、各个流派篆刻风格及其演变。本印谱初拓仅 21 部,现特以原拓影印。

西泠八家印选

丁仁编

1992 年 3 月 1 版 1 次

1995 年 2 月 1 版 2 次

精装 43.10 元

16 开　320 页

　　我国传统篆刻艺术,发展到清乾嘉年间,出现了以丁敬为代表的西泠八家,创立了以雄健苍古风格著称的浙派,二百多年来,一直影响着印坛,近代吴昌硕、赵之谦、齐白石等无不受其影响。本书收录八家篆刻精品七百余方,由当时名拓手王秀仁钤拓。该书传世较少,现以初拓本影印。

张寒月金石篆刻选集

张寒月著

1992 年 8 月 1 版 1 次

精装 28.80 元

16 开　130 页

　　张寒月先生为西泠印社社员,治印数十年,刻石逾三万方,西泠印社同侪无出其右,近世艺林亦属罕见。早年张大千先生寓吴门,所用之印章半出其手。张寒月先生晚年除治印外,还擅石刻造像。本书选录了张寒月先生创作的篆刻、造像作品七百多方。

唐诗印谱

刘友石　篆刻

1991 年 9 月 1 版 1 次

8.90 元

20 开　88 页

　　这是一本以唐诗名作为内容的印谱。作者刘友石从瑰丽多姿的唐诗名作中选出 35 首,治成印章 162 方,汇集成谱,堪称以篆刻艺术努力表现唐诗内在魅力的精品。

中国闲章艺术集锦

季崇建　吴旭民　何鸿章编

1992 年 9 月 1 版 1 次

1997 年 4 月 1 版 3 次

精装 60.00 元

16 开　600 页

　　镌刻诗词、成语和警句的印章被称为闲章。明清以来,闲章尤受到文人雅士的重视,成为篆刻创作的重要题材。本书编选历代闲章二千多方,并收录边款,具有欣赏和参考使用价值。书中并有专文介绍中国闲章艺术的发展和有关知识,同时编有闲章印文索引。

京剧戏名印谱

杨建华　治印撰文

2005 年 12 月 1 版 1 次

38.00 元

20 开　98 页

　　杨建华是近年活跃于国内篆刻艺术界的一位青年篆刻家、书法家。本印谱共选出京剧中著名的剧目 43 出,以戏名为印文。每款印另刻有独特边款,其拓片亦一并收入。另每出剧目都配以剧情梗概。

舒文扬书法篆刻选

舒文扬著

2011 年 12 月 1 版 1 次

138.00 元

8 开　76 页

　　作者师从著名书法篆刻吴颐人先生,本书是其历年来潜心书法篆刻艺术创作的总结,共收入其书法作品 40 幅,篆刻作品约 60 方。

雪泥鸿爪:焕文治印选

周焕文著

2015 年 9 月 1 版 1 次

98.00 元

18 开　234 页

　　作者现为成都锦水书画院专业画师,尤擅篆刻。本书精选其创作生涯 50 年中所治印章共计 100 方。其治印风格独特,刚硬中不失儒雅,独成一家。

兰亭序印谱

杨建华著

2010 年 9 月 1 版 1 次

58.00 元

24 开　120 页

　　作者将《兰亭序》全文分刻了 52 枚形制各异的印章,此书为这些印章的印谱。

书　法　研　究

中国书法理论史

王镇远著

2009 年 5 月 1 版 1 次

2011 年 4 月 1 版 2 次

38.00 元

20 开　396 页

　　本书将中国近两千年的书法理论分为四个时期来加以考察,旨在通过对中国传统书法理论的剖析而展示各个时代的艺术思潮、审美趣尚和批评方式。

中国书法史新论

侯开嘉著

2003 年 12 月 1 版 1 次

18.00 元

大 32 开　230 页

本书力图应用新材料,利用新的学术成果以寻求新的发现,阐明新的观点。对书法史上长期有争议的学术问题不回避,而是进行深入的研究、考证和独立的思考,并提出自己的独特见解。

中国文字与书法

陈彬龢著

2009 年 1 月 1 版 1 次

38.00 元

20 开　228 页

本书先从文字源流、书体沿革,细讲汉字之历史与发展;再从书法述评、书法研究两个方面,系统讲解不同时期中国书法及其理论的发展演变,指明执笔、用笔、结构等学书、习字之技法。书后附有历代书家小传及重要碑目,并配有丰富的相关书法图片。

篆刻知识与技法

赵海明编著

2012 年 8 月 1 版 1 次

78.00 元

16 开　320 页

此书上编主要介绍了印章知识,下编为篆刻技法,非常适合篆刻爱好者作为学习参考书使用。

医石斋书法篆刻文论

舒文扬著

2012 年 1 月 1 版 1 次

58.00 元

16 开　276 页

本书收入文章约 40 篇,包括书法篆刻艺术流变研究、名家作品鉴赏、名家生平研究与回忆、上海印坛历史研究、创作心得等内容。

章草概论

许思豪编著

2014 年 8 月 1 版 1 次

精装 88.00 元

16 开　180 页

此书对章草的笔法、结构、章法做出了前所未有的分类和提炼,上升为理论概括,并以大量历代经典的用笔为佐证,配以照片和文字,阐述详尽,从而建立起对章草历史传承脉络的系统理解;这是结合章草的书法实践,深入浅出地阐述章草的书法理论读本。

章草传薪

许思豪撰书

2012 年 1 月 1 版 1 次

精装 160.00 元

16 开　136 页

本书系作者多年来研究章草的集中体现。主要内容分为:一、作者用章草书写的一百首诗词;二、作者在书写章草时的心得体会——"章草手记",其中对章草的笔法、结构进行了提炼和概括,对有关章草的汉简木牍、碑帖墨迹作出了精辟的分析点评。

明清书法史国际学术研讨会论文集

华人德　葛鸿桢　王伟林主编

2008 年 7 月 1 版 1 次

70.00 元

16 开　476 页

本书为 2007 年 8 月在江苏张家港举办的"明清书法史国际研讨会"的会议论文集。共收入傅申、白谦慎、沈培方等资深学者及青年学者的论文 30 篇,内容涉及明清两代著名书法家如董其昌、文徵明、王铎、翁方纲、何绍基等人的作品、风格、题签、事迹的研究,及中国书法艺术对邻国的影响。

书画经典

——国际学术研讨会论文集

上海博物馆编

2008 年 5 月 1 版 1 次

80.00 元

18 开　324 页

本书收录 27 篇文章,绘画涉及文人画、宫廷画、唐代壁画、辽代墓葬画、元代山水画及边疆少数民族绘画及中国绘画对邻国的影响;书法则涉及书家、作品、书体风格及印章;论文还涉及书画鉴定。

书法创作论

沃兴华著

2008 年 11 月 1 版 1 次
2016 年 5 月 1 版 8 次
大 16 开　160 页
48.00 元

本书阐述了沃兴华先生在书法创作实践中的一些独到见解及创作思想，并通过他的作品表达其创作意图。

形势衍：书法创作论之二

沃兴华著
2010 年 9 月 1 版 1 次
2014 年 12 月 1 版 4 次
52.00 元
大 16 开　192 页

此书为沃兴华先生谈论书法形式问题的专著。全书除谈到形式以外，还有作者临摹王铎、董其昌、徐渭等书法名家的心得体会。

论斗方创作：书法创作论之三

沃兴华著
2012 年 9 月 1 版 1 次
2015 年 1 月 1 版 2 次
48.00 元
大 16 开　144 页

本书集其个人学习书法之精要，将书法理论与斗方创作实践相结合，立论新颖，具有一定指导作用。

论书法的形式构成：书法创作论之四

沃兴华著
2014 年 7 月 1 版 1 次
2015 年 5 月 1 版 2 次
48.00 元
16 开　148 页

本书为沃兴华教授数十年来书法创作之经验总结。全书图文合一，不仅有理论思辨，也有实践经验，更有图版说明，对书法爱好者，尤其是"现代书法"创作者有一定指导作用。

论手卷创作：书法创作论之五

沃兴华著
2015 年 9 月 1 版 1 次
48.00 元

16 开　156 页

本书特以书法形式构成为题，共分两大部分：一、手卷书法综述，二、手卷书法的临摹与创作。全书图文并茂，对书法创作具有很强的指导作用。

米芾书法研究

沃兴华著
2006 年 11 月 1 版 1 次
2016 年 4 月 1 版 5 次
38.00 元
大 16 开　120 页

本书从米芾所处时代及身世，分析他性格及书法风格形成的原因，对米芾书法理论进行了研究，分析在不同历史时期的不同发展，以书法家的眼光解读作品，阐述对米芾及作品的理解，探索书法艺术的发展方向。

孙敏艺海泛舟

孙敏编著
2005 年 1 月 1 版 1 次
32.00 元
32 开　192 页

全书包括技法篇、随想篇、论理篇、赏析篇、友谊篇五部分，是书法家孙敏历年来见载于书法杂志的作品汇集和国内书法名家对孙敏书法作品的评议。

艺海漫游

孙敏编著
2008 年 8 月 1 版 1 次
32.00 元
20 开　184 页

全书分畅想篇（艺海观涛）、理论篇（艺海荡桨）、赏析篇（艺海拾贝）、论道篇（艺海扬波）四个部分，其中的理论篇，作者详细分析讲解汉碑的书法艺术以及自己的临碑心得，尤具参考借鉴价值。

品味书法

孙敏著
2015 年 7 月 1 版 1 次
28.00 元
32 开　192 页

本书是首本从艺术品鉴者的角度出发，采用独特视野，探赜索隐，将作者数十年书艺生涯的胸中之"妙"倾囊相授的图书。该书在内容的编排、作品的挑选上都有独特细致的思考,力求知识全面、结构明晰、概念准确、体例规范。

明清徽墨研究

王俪阁 苏强著
2007 年 3 月 1 版 1 次
45.00 元
大 32 开 224 页

本书阐述了明清徽墨业的概况、用途不同的明清徽墨种类及特征,对清墨家、墨品有详细的介绍,对明清墨的鉴定也有所涉及,全书附有珍贵图片近 200 幅,可欣赏到徽墨中之精品。

(二)绘 画

中国古代版画丛刊(线装)

中国古代版画丛刊第一函
天工开物

[明]宋应星著
1959 年 7 月 1 版 1 次
线装 6.10 元
8 开 223 页

本书总结工农业生产技术,内容涉及农植物种植方法、纺织用具和操作方法、谷物加工等方面,并绘制成图。以明崇祯十年刊本为底本影印。

天竺灵签

郑振铎编
1958 年 3 月 1 版 1 次
线装 3.70 元
8 开 91 页

此部《天竺灵签》为不可多见的南宋刻本,刻工娴熟,人物生动,远胜晚出之洪武本,虽因年代久远,有模糊破损之处,仍不失为宋代版画的佳作。以宋嘉定间刊本为底本影印。

历代古人像赞

郑振铎编
1958 年 5 月 1 版 1 次

线装 5.80 元
8 开 175 页

本书是今日所见最早的一部木刻本《历代古人像赞》,也是绘刻最好的一部。不仅表现了中国人物图像的优良传统,也体现了 15 世纪末期中国版画的高超成就。以明弘治十一年刊本为底本影印。

忠义水浒传插图

郑振铎编
1958 年 6 月 1 版 1 次
线装 4.60 元
8 开 70 页

《水浒传》之有插图,始自明万历诸刻本。此次影印的是李氏所藏一百回本《忠义水浒传》,共有插图 100 幅,描摹细致,刊刻精良,是万历晚期徽派刻工的杰作。以明万历间刊本为底本影印。

中国古代版画丛刊第二函
武经总要前集

[宋]曾公亮等著
1959 年 8 月 1 版 1 次
线装 16.00 元
8 开 592 页

本书是北宋官方编辑的一部军事科学著作,对当时使用之各种武器均绘有详图。此书宋刻本今已不见,此次影印为明弘治正德间覆刻南宋绍定本,远较《四库全书》本为胜。

中国古代版画丛刊第三函
便民图纂

[明]邝璠著
1959 年 9 月 1 版 1 次
线装 6.30 元
8 开 252 页

本书乃元、明时期于民间流行最广的日用手册,其主要内容由耕作、园艺、牧养等农业技术知识和医药上的民间验方两大部分组成,此外还包括饮食器用的常识和阴阳占卜等封建迷信的东西。以明万历二十一年刊本为底本影印。

圣迹图

[明]张楷辑
1958 年 12 月 1 版 1 次

线装 4.70 元

8 开　108 页

本书是反映孔子生平事迹的连环图画,也是我国历史上具有完整故事情节的最早一部连环画。明正统本可谓诸木刻本之祖。其内容虽有些推测成分,但对于了解古代封建社会生活仍有很大的价值。另外,它在中国版画史上也是一部珍奇的大作品。以明正统九年刊本为底本影印。

日记故事

[元]虞韶辑

1959 年 12 月 1 版 1 次

线装 6.20 元

8 开　95 页

本书是封建时代小学生用的一种教科书,其课题完全按照封建社会的道德、伦理标准来处理。书内的一些插图在我国古代版画艺术发展的过程中,占有相当重要的位置。以明嘉靖二十一年刊本为底本影印。

中国古代版画丛刊第四函
救荒本草

[明]朱橚著

1959 年 7 月 1 版 1 次

线装 21.00 元

8 开　324 页

本书为传世 4 种明人所编植物图谱之一,编者为明初周定王朱橚。书中根据野生植物形态绘图,并详述其功用,以备荒年疗饥。此本为本书第二次刻本,亦即现今流传最古刻本。以明嘉靖四年刊本为底本影印。

凌烟阁功臣图

[清]刘源绘

1960 年 1 月 1 版 1 次

线装 1.70 元

8 开　45 页

本书为清人刘源效仿陈洪绶《水浒叶子》而另绘的唐凌烟阁功臣等 30 幅图。为清初著名木刻家朱圭所刻,代表了 17—18 世纪中国画像木刻画的独特风格。以清康熙七年刊本为底本影印。

白岳凝烟

[清]吴镕绘

1961 年 1 月 1 版 1 次

线装 1.70 元

8 开　40 页

本书共 40 幅图,绘制安徽著名胜地白岳之景。此书为休宁刘功臣所刻,镌法老练劲拔,从中可一窥清初徽州派木刻画风。以清康熙五十三年刊本为底本影印。

授衣广训

[清]董诰等辑

1960 年 1 月 1 版 1 次

线装 2.70 元

8 开　50 页

本书为清嘉庆十三年(1808)内廷出版的《棉花图》,又名《授衣广训》,是一部植棉学专业用书。该刻本虽不及徽派版画精工富丽,仍堪称当时京派版画一大创作。以清嘉庆十三年刊本为底本影印。

中国古代版画丛刊第五函
太音大全集

[明]正德刊本

1961 年 7 月 1 版 1 次

线装 4.00 元

8 开　126 页

本书内容分述造琴制度、弹琴指法和琴谱。其中群书要语、琴议篇等目都抄自袁均哲的太古遗音,其他若干部分,又录自另外各家琴谱。此书和明代蒋克谦的《琴书大全》同为琴学入门的重要参考用书。以明正德嘉靖间刊本为底本影印。

元明戏曲叶子

[明]万历刊本

1960 年 9 月 1 版 1 次

线装 2.30 元

8 开　34 页

本书编绘和雕刻者的姓名已不可考。上栏文字,下栏图画,仍然保留了古代版画书籍的典型。元明戏曲曲文中许多罕见流传的作品,赖此种"叶子"得以保留一部分佚文,对于研究古典戏曲史大有裨益。以明万历间蓝印本为底本影印。

列仙全传

[明]王世贞辑　江云鹏补

1961 年 5 月 1 版 1 次

线装 5.20 元

8 开　159 页

　　本书 9 卷,收 581 人,附有许多精美的插图和画版。所集仙真起于上古迄于明弘治末,其辑集侧重于搜集历代史籍不见、但在民间广为流传的神仙传说。以明万历二十八年刊本为底本影印。

酣酣斋酒牌

[明]万历刊本

1961 年 7 月 1 版 1 次

线装 2.20 元

8 开　46 页

　　本书所绘大多为旷放多才的著名酒徒,如孔融、嵇康、刘伶等,而以李白冠其首。其安排取择,反映了明代中叶以后士大夫蔑视礼法、追求解放的时代风尚。其题识、刻工、构图都堪称佳品,值得珍视。以明万历末年刊本为底本影印。

无双谱

[清]金古良绘

1961 年 7 月 1 版 1 次

线装 1.50 元

8 开　45 页

　　本书为赏奇轩合编 5 种之一,编选了西汉至南宋一千四百多年间的许多有名人物故事,绘制成图,约四十幅。以清康熙中叶刊本为底本影印。

离骚图

[清]萧云从绘

1961 年 7 月 1 版 1 次

线装 3.80 元

8 开　100 页

　　本书继承了宋元以来图绘、刻印屈原《离骚》、《九歌》等的优秀传统而又加以创造和发展,共 64 图。书中还有清顺治二年的《离骚图》序,并为中国版画史上的徽派名手汤复镂刻。以清顺治二年刊本为底本影印。

中国古代版画丛刊

中国古代版画丛刊初编

郑振铎编

1988 年 8 月 1 版 1 次

精装四册

16 开

一、新定三礼图　天竺灵签　太音大全集　圣迹图　历代古人像赞　武经总要全集

398 页　精装 31.60 元

二、救荒本草　日记故事　忠义水浒传插图　便民图纂

510 页　精装 38.55 元

三、列仙全传　顾氏画谱　酣酣斋酒牌　天工开物

556 页　精装 41.50 元

四、元明戏曲叶子　离骚图　凌烟阁功臣图　无双谱　白岳凝烟　授衣广训

372 页　精装 30.40 元

　　用一块木板,刻出各种图像,再用纸刷印许多页,这就是版画,也叫木刻画。在近代印刷术没有发明之前,版画乃是传播艺术形象和知识的主要形式。我国的木刻艺术有悠久的历史,在唐代已很成熟。郑振铎先生收集整理版画几十年,于 1957 年拟定了《中国古代版画丛刊》初编目录 36 种,仅印行了十几种就中断了。现开始系统印行。

中国古代版画丛刊二编
梅花喜神谱　饮膳正要　山海经图

本社编

1994 年 12 月 1 版 1 次

精装 79.60 元

16 开　499 页

　　《梅花喜神谱》(宋人称画像为“喜神”),宋宋伯仁编绘,景定二年(1261)刊,是一部现存最早、极富艺术价值的专题性画谱。按梅花从“蓓蕾”、“小蕊”、“大蕊”、“欲开”、“大开”、“烂漫”,直至“欲谢”、“就实”八个过程,画出不同姿态。《饮膳正要》,元忽思慧撰,古代食疗养生专著。介绍 238 种精美药膳的配料、烹制方法及其功效,并收载日用食物本草二百余种。据明景泰间内府仿刻本影印。《山海经图》专为《山海经》中异物绘图,共 133 幅。

释氏源流　水陆道场神鬼图像　牧牛图

本社编

1994 年 12 月 1 版 1 次

精装 87.30 元

16 开　550 页

《释氏源流》是佛教传布图，刻绘了从释迦牟尼诞生到其涅槃的一生事迹，还涉及历代祖师、中国佛教源流等等，一图一文。以明成化刻本为底本。《水陆道场神鬼图像》，是举行水陆法会时供奉的图像，对神鬼的刻画很有特色。底本是现存仅有的孤本。《牧牛图》，以明快的图像表现驯服牛的野性，象征皈依佛法之全过程。底本为万历年间传刻本。

孔圣家语图　孔门儒教列传

本社编

1994 年 12 月 1 版 1 次

精装 66.50 元

16 开　400 页

《孔圣家语图》11 卷，明吴嘉谟集校，万历十七年刻本。介绍孔子一生事迹，为徽派名家的佳作。后 10 卷为《孔子家语》，文字经过校勘，正文、注文均有补正。《孔门儒教列传》4 卷，明刊本，上图下文。一百多幅图像介绍上自孔子下至宋代理学家诸人事迹，刻工朴拙可观，文字也颇有参考价值。

古今列女传评林　青楼韵语

本社编

1994 年 12 月 1 版 1 次

精装 73.70 元

16 开　432 页

《古今列女传评林》8 卷，明万历间金陵富春堂刊本。先图后文，以古代贤妃贞妇为绘写的主要对象。阴阳刻互用，画面疏朗明快，刀工木味十足，艺术效果极佳。《青楼韵语》4 卷，共收自晋至明 180 位妓女的诗词曲共五百余首，所配插图系杭人张梦徵绘，徽州高手黄端甫等刻。

闺范

本社编

1994 年 12 月 1 版 1 次

精装 68.80 元

16 开　400 页

《闺范》亦名《闺范图说》，明吕坤撰。是一部古代妇女教科书。每幅图绘画一个故事，有文字说明。全书共有图 151 幅，由明代徽派知名刻工黄伯符等绘刻，具有徽派版画刚柔相济、静动结合的特色。

程氏墨苑

本社编

1994 年 12 月 1 版 1 次

精装 183.60 元

16 开　850 页

《程氏墨苑》，明程大约编撰。本社影印所据版本内含彩图数十幅，世称彩印本，甚为罕见。这是一本墨样集，根据墨模再进行刊刻的墨图是此书的主体，其墨图版画，构图严密精巧，充分发挥了徽派作品的优点，是我国古代书籍中首次出现的彩色图版，故郑振铎誉为中国的"国宝"。末附其他版本所刊数图及《程氏墨苑版画索引》。

唐诗画谱　诗余画谱　元曲选图

本社编

1994 年 12 月 1 版 1 次

精装 73.40 元

16 开　405 页

《唐诗画谱》，明黄凤池编辑。选取唐代脍炙人口的五言、七言及六言绝句，邀焦竑、董其昌、陈继儒等名士书写，明代画家蔡元勋、唐世贞绘画，并由明代徽派名工刘次泉等刻板，为诗、书、画三美合一的版画图谱。《诗余画谱》，明宛陵（今安徽宣城）汪氏辑印。以宋词为主，佳词配以名人法书、绘画，可称"三绝"。《元曲选图》为明臧懋循编订《元曲选》插图，共有图 224 幅。所绘颇能传达剧中角色之风韵神采，代表了明代版画盛期的水平。

海内奇观　名山图　太平山水图　古歙山川图

本社编

1994 年 12 月 1 版 1 次

精装 85.10 元

16 开　523 页

《海内奇观》，明杨尔曾编，陈一贯绘，徽州名工汪忠信刻，为武林早期山水版画中的上乘之作。《名山图》，为明代山水版画中最优秀的作品之一，绘刻的都是世人公认的最著名的山水。《太平山水图》，清张万选编，著名画家萧云从绘，徽州高手刘荣、汤尚等刻。全书绘安

徽太平府所属当涂、芜湖、繁昌三地的名胜古迹,共 43
图。体现了中国古代山水版画的最高水平。《古歙山川
图》,清代画家吴逸绘。皆画安徽徽州地区的山水、城镇
风光。而一些难得的写实画面,如牧马、拉纤、赶驴等,
能使我们目睹先民们劳作的情形。

瑞世良英

本社编
1994 年 12 月 1 版 1 次
精装 64.80 元
16 开　355 页

　　《瑞世良英》由明代太监金忠、车应魁编撰,明
崇祯十一年(1638)车应魁刻本。该书广泛收录历
代忠孝贞廉事迹,每则配以插图,共 300 幅。图画
内容丰富,举凡郊野山川、庭院堂室、战争场面、劳
动场景等等,应有尽有,对研究明代社会风俗等具
有参考价值。

古代书画著作选刊

庚子销夏记　江村销夏录

[清]孙承泽　高士奇撰　余彦焱校点
2011 年 8 月 1 版 1 次
42.00 元
大 32 开　392 页

　　《庚子销夏记》收录孙氏所藏晋唐至明书画真迹
114 件,碑帖 108 件,另记亲见他人所藏历代书画 54 件,
分别加以品鉴评述。《江村销夏录》收录高氏所见法书
名画 200 余件,逐一考其源流,记其绢素长短广狭以及
后人题跋、图记。

清河书画舫

[明]张丑撰　徐德明校点
2011 年 8 月 1 版 1 次
85.00 元
大 32 开　772 页

　　本书收录自三国至明代书画名家 81 人,帖 49 部,
画 115 幅,皆为家藏或耳闻目睹的古书画名迹。该书以
朝代为序,人物为纲,详细著录书画家的生平、前人评
论、真迹题跋、鉴藏印记、递藏经过等,并注明出处。末
附《真迹日录》,为张丑对其他藏家收藏书画所作的鉴定
笔迹。

过云楼书画记　岳雪楼书画录

[清]顾文彬　孔广陶撰　柳向春校点
2011 年 8 月 1 版 1 次
62.00 元
大 32 开　568 页

　　《过云楼书画记》共收书法 58 件,绘画 188 件,中有
隋唐宋元名迹,更多明清书画,而于明四家、清初四王、
董其昌、军寿平等人的作品收藏尤多。于每件作品鉴别
真伪,考订源流,历叙师承流绪、轶事逸闻等,并加以品
评。《岳雪楼书画录》收录唐、五代、宋、元、明书画
138 件。

平生壮观

[清]顾复撰　林虞生校点
2011 年 8 月 1 版 1 次
52.00 元
大 32 开　484 页

　　本书共十卷,前五卷为书法,后五卷为绘画,记录自
魏晋至明末的书画家及其作品,依时代先后编次,每件
作品不仅记录纸素尺寸、各体书法,图画布景、水墨设
色,而且对诸家题跋、钤印图章等记叙甚详。此外,对作
家与作品时有评骘,兼记遗闻逸事。

墨林今话

[清]蒋宝龄撰　程青岳批注　李保民校点
2015 年 7 月 1 版 1 次
58.00 元
32 开　500 页

　　《墨林今话》是清代重要的画史著作。记载了自乾
隆中叶讫嘉庆、道光数朝画苑人物近一千三百人,是富
有诗情画意的画家史传和美术评论,开创了中国美术批
评的一种新形式。这次整理,以咸丰二年计氏有筼堂初
刻本为底本,并参校映雪草庐本。

桐阴论画

[清]秦祖永撰　黄亚卓校点
2015 年 8 月 1 版 1 次
42.00 元
大 32 开　268 页

　　本书是一部品评晚明至清后期 360 余位画家的专
著。作者以神、逸、妙、能四品来评定画家,每位画家各
定一品,系于名下;然其重点不在于给各画家排列等次,

而在于文中对各画家绘画技法、艺术风格、创作成就等的具体分析和评判。所收画家均附小传,据清同治、光绪刻本校点整理。

辛丑销夏记

[清]吴荣光撰　陈飒飒点校
2015 年 8 月 1 版 1 次
42.00 元
32 开　307 页

　　清吴荣光宦游 43 载,所见书画名迹甚多,家富收藏。他晚年致仕归田后,遂取历年所得书画,以及过眼海内鉴赏家藏品,详记款识,一一录出。又仿高士奇《江村销夏录》体例,将所载印章图记用楷书加圈标出,使书画递藏痕迹一一彰显,可供书画玩家和研究工作者鉴赏辨伪参考。

吴越所见书画录

[清]陆时化撰　徐德明校点
2015 年 8 月 1 版 1 次
88.00 元
大 32 开　748 页

　　本书收录作者中年游历吴越诸名邑时所收藏的前人法书名画 628 件,以明人所作为多,下迄清四王、吴、恽六家。记其纸绢,详其行款,汇编而成。书前有《书画说铃》二十九则,后有《书画作伪日奇论》一篇。作者精于书画鉴赏,所论颇有精到之处,被有识之士评为继孙承泽《庚子消夏记》、高士奇《江村销夏录》之后又一部著录书画的权威著作。

刻 画 雅 辑

诗馀画谱

[明]汪氏编　孙雪霄校注
2013 年 7 月 1 版 1 次
28.00 元
16 开　212 页

　　《诗馀画谱》刊行于万历四十年(1612),初名《草堂诗画意》,仿南宋人所编选之《草堂诗馀》而成。其选词虽有得失,但尚不失为一本较好的宋词选本。其版画绘事刻工,精妙流动。编刻者在章法、场景、线纹等艺术处理上,都尽可能保留了名家原画的神韵,同时强调了木刻块面动静、虚实、刚柔的种种对比变化,在刀法上随类赋形,充分体现了徽派版画丰富妍丽的特点。

唐诗画谱

[明]黄凤池编　孙雪霄校注
2013 年 8 月 1 版 1 次
38.00 元
16 开　326 页

　　《唐诗画谱》乃明代万历年间徽派版刻的代表作。该书由集雅斋刻于万历四十八年(1620),编者为集雅斋主人黄凤池。其版画刻线稳健,刃峰不露。尤其对配景山水的皴法,大胆地变阳刻为阴刻,颇饶趣味,在明版中不多见。其字书写者多为苏州、杭州、松江、歙县地区的名家,如董其昌、陈继儒、俞文龙、朱杰等。书体则篆、隶、楷、行、草兼备,风格则既有二王之馀韵,也有颜、柳、苏、黄、赵之风格。

高士传

[晋]皇甫谧著　[清]任渭长　沙英绘　刘晓艺撰文
2014 年 12 月 1 版 1 次
38.00 元
16 开　316 页

　　本书将任渭长的残本《高士传》放在全书之前,沙子春的全本《高士传》随列其后。本书中的每个人物,先有一页画,后列《高士传》中此人的传记,刘晓艺的解读紧随其后,有对画面的分析,传记的解读,撰文者自己的体会。

凌烟阁功臣图

[清]刘源绘　[清]朱圭刻　胡真撰文
2014 年 12 月 1 版 1 次
28.00 元
16 开　200 页

　　本书将清康熙七年刊《凌烟阁功臣图》整理出版,编写者结合相关史料,为每位功臣撰写了文字生动的评传,叙及二十四位功臣的军政功绩、传说逸闻等,并对人物配诗进行解读,可谓图文并茂。

博古叶子

[明]陈洪绶绘　[明]汪南溟题赞
[明]黄子立刻　栾保群撰文
2015 年 11 月 1 版 1 次
28.00 元
16 开　212 页

　　叶子是酒牌的别称,是古人饮酒行令以助兴的工具。《博古叶子》为明末清初著名书画家陈洪绶于去世前一年所作,所涉人物囊括王侯贵戚、权臣佞幸、富商巨贾、文人高士,皆与"金钱"有关。汪南溟为之标目题赞,刻工则为徽派名手黄子立,从文字至图画至刻工,堪称"三绝"。本书钩稽历代典籍,对《博古叶子》提及的人物故事及饮酒法则逐一解说。

列仙酒牌

[清]任渭长绘 [清]蔡照初刻 栾保群撰文
2015 年 11 月 1 版 1 次
28.00 元
16 开 204 页

　　酒牌,又称叶子,在类似今天的纸牌上画上版画、题铭和酒令,是古人饮酒行令以助兴的工具。《列仙酒牌》为清代画家任熊的线描代表作品,并钩稽历代仙家典籍,对《列仙酒牌》提及的神仙故事及饮酒法则逐一解说,同时阐发画幅内容精妙之处。保留曹峋、任淇所作二序及蔡照初跋,附以释文。

岩　画　系　列

大麦地岩画(全四册)

西北第二民族学院编
2005 年 9 月 1 版 1 次
函套精装 4800.00 元
8 开 1634 页

　　本书全面系统地介绍和分析了大麦地岩画及其产生发展的过程,对大麦地的文化遗址、遗存及自然地理作了综述。首次向世人展示了大麦地岩画的整体风貌,力求完美再现大麦地岩画的丰富精彩;突出了大麦地岩画在中国北方乃至世界岩画分布中的重大学术价值。

贺兰山岩画(全三册)

西北第二民族学院编纂
2007 年 8 月 1 版 1 次
函套精装 4200.00 元
8 开 1244 页

　　贺兰山是我国古代先民最早活动的区域之一。贺兰山岩画作为中国北方岩画的代表作,早已蜚声中外。本书收录 750 幅彩色照片、1000 幅拓片和 1000 幅影描图,不仅是贺兰山岩画的最全面的资料总集,也同时是最新的研究成果,是研究上古人类生活和美术的重要资料。

阴山岩画(全四册)

北方民族大学 内蒙古河套人文学院编纂
2011 年 10 月 1 版 1 次
精装 6000.00 元
8 开 1734 页

　　本书包括彩图、线描图、拓片共四册,收入了内蒙古阴山一带几乎全部的岩画精品,内容丰富,图片精彩,为我社岩画系列丛书的又一力作。

文明的印痕

——贺兰口岩画
银川市贺兰山岩画管理处编纂
2011 年 6 月 1 版 1 次
平装 158.00 元 精装 198.00 元
16 开 188 页

　　本书包括彩图、线描图、拓片以及文字部分,共收录贺兰口精美的人面像岩画、符号岩画、动物岩画及风光照片 150 余幅,另有部分岩画线描图,每一幅图片都配以优美的说明文字,力求向读者全面展现贺兰口岩画的精彩与风景的秀丽。

上海图书馆年度大展图录系列

上海图书馆藏善本碑帖(全二册)

上海图书馆编
2005 年 10 月 1 版 1 次
精装 1500.00 元
8 开 600 页

　　上海图书馆是我国历代碑帖典藏的重镇,其中善本碑帖就达二千余种,三千余册。此次从中精选 77 种碑帖编撰图志出版,其中包括数种海内孤本。书中对碑帖的年代、撰书者、出土拓印情况、行字数、递藏、题跋、尺寸等用中英文对照的形式作了简明扼要的介绍,并配以七百余幅精美的彩图。

上海图书馆藏明清名家手稿

上海图书馆编
2006 年 11 月 1 版 1 次
函套精装二册 4200.00 元
8 开 600 页

简编本 150.00 元

大 16 开　192 页

本书为上海图书馆所藏明清两代著名学者的手稿本和书信手迹,汇编收录明代祝允明《艳体诗册》、文徵明《诗文稿》、丰坊《南禺书画目》、陆治《孔子家语考证》、刘宗周《重修绍兴府儒学记》、倪元璐《倪文贞书画合璧卷》,清代姜宸英《苇间诗稿》、王士禛《王文简公说部原稿》、惠栋《明堂大道录》等著名学者稿本 120 多种,书信 200 余通,分专著编和书信编二部分。

上海图书馆藏历史原照(全二册)

上海图书馆编

2007 年 12 月 1 版 1 次

函套精装 800.00 元

8 开　480 页

本书收集上海图书馆藏珍贵历史原照 1000 多幅,分上、下两册。上编为江山锦绣、文化掠影、人物春秋、笔底波澜、世相聚集和影楼沧桑,其中有著名摄影师郎静山、高月秋、卢施福的系列摄影作品,有孙中山、唐绍仪、黄兴等的亲笔签名照片,也有中国早期影楼的各种人物和风光照片,展示了中国照相业的发展和社会的变迁。下编为李鸿章晚年外交、唐绍仪与清末民初政坛、孙中山移灵与奉安大典、黄炎培 1914 年教育考察、宋美龄 1942 年访美等九个专题摄影,照片极其珍贵,多为首次发表,具有极高的收藏价值。

上海图书馆藏盛宣怀档案萃编(全二册)

上海图书馆编

2008 年 11 月 1 版 1 次

精装 980.00 元

8 开　600 页

上海图书馆收藏的盛宣怀档案约 17.5 万件,是盛宣怀家族自 1850 年至 1936 年间的记录,包括日记、文稿、信札、账册、电文等等,内容涉及政治、经济、社会、军事、外交、金融、贸易、教育各方面。中国近代史上重大历史事件如洋务运动、义和团运动、甲午中日战争、辛亥革命等等,都一一涉及;近代史上所有名人、要人,盛宣怀与之都有往来,并留下了大量书信、文札等史料。上海图书馆从大量的"盛档"中精选 300 余件、700 余幅图片,配以简洁明了的中、英文文字说明。本书对于研究中国近代史,尤其是洋务运动史、中国近代资本主义发展史、中国近代实业思想史以及近代上海等将大有裨益。

琅函鸿宝

——上海图书馆藏宋本图录

上海图书馆编

2010 年 9 月 1 版 1 次

精装 480.00 元

8 开　304 页

此书为上海图书馆珍藏的 60 件宋本善本藏书的图录,收集有《长短经九卷》、《诸儒鸣道七十二卷》、《闽川黄壮猷修补本》、《武经龟鉴二十卷》等,尤为珍贵。为近年来国内首次出版的相关宋本图录。

上海图书馆藏中国文化名人手稿

上海图书馆编

2011 年 11 月 1 版 1 次

精装 580.00 元

8 开　248 页

此书为上海图书馆年度大展配套画册,内含大量上海图书馆藏著名中国文化名人手稿,四色全彩印刷。

典册琳琅

——上海图书馆历史文献典藏图录

上海图书馆编

2012 年 7 月 1 版 1 次

160.00 元

大 16 开　152 页

本书为庆祝上海图书馆建馆六十周年而作,全面展现了上图文献中心收藏的具有代表性的古典文献。全书四色彩印,共分古籍、碑帖、尺牍、档案、近代文献、革命文献、舆图、外文文献、近代文化名人手稿、藏书票等十大部分。

中国尺牍文献(全二册)

上海图书馆编

2013 年 12 月 1 版 1 次

精装 880.00 元

8 开　436 页

本书是上海图书馆馆藏文献年度精品展系列图录之一,是尺牍文献研究的学术性图录,收录上海图书馆所藏尺牍和尺牍文献,时间从中国古代直至当代,以若干篇专论的形式对尺牍文献进行论述,以体现文献学研究特色,主要分成以下板块:帖、明清尺牍、近代尺牍、现代作家书信、历代尺牍文献。全书图文并茂,高精度彩色图片超过 800 张。

上海图书馆藏稿本日记

上海图书馆编
2014 年 11 月 1 版 1 次
精装 580.00 元
8 开　228 页

　　本书是上海图书馆馆藏文献年度精品展系列图录之一,以文字和图片的形式展现上海图书馆所藏历代稿本日记。八开精装、函套、彩色印刷,图文并茂。旨在通过遴选六十家日记稿钞本,对日记文献的形式、内容、特点和价值做初步介绍,以引起学界重视并加强对日记文献的整理开发与研究利用。

上海图书馆藏人物文献选刊

上海图书馆编
2015 年 11 月 1 版 1 次
精装 580.00 元
8 开　296 页

　　本书系配合 2015 年上海图书馆大展配套图录,主要收录馆藏年谱、讣闻、墓志、纪念集册等人物文献,共约 200 种(件),专业性较强,很多为从未披露的文献,具有较高的史料价值。其中年谱以稿、抄本为主,具有唯一性;讣闻当年发行量就很少,存世更寡,是人物文献中鲜见的小众品种,但人物史料价值却相对最原始翔实,具有重要学术价值。

丰子恺画作集

丰子恺精品画集

丰子恺画　丰一吟编　丰新枚译
2002 年 6 月 1 版 1 次
45.00 元
24 开　图 236 幅　240 页

　　一代漫画大师丰子恺先生的作品深受读者喜爱。《丰子恺精品画集》是子恺先生"最满意的作品",作于 1938—1946 年,共 236 幅,彩色。在以后的日子里,经济情况无论怎样拮据,这些画都"一律不卖",由子恺先生的公子丰新枚保存至今。

丰子恺古诗新画

丰子恺图　史良昭　丁如明解读
2002 年 12 月 1 版 1 次

2003 年 3 月 1 版 2 次
18.00 元
大长 32 开　图 100 幅　210 页

　　丰子恺的古诗新画,用古诗词来作画上的题句,用西洋画的画理来作中国画的表现,形成独具一格的画风。本书选取丰先生古诗新画 100 幅,解读题句的出处、意义,从分析、欣赏的角度作文学艺术与绘画艺术和古与今的融会贯通。

护生书画集

丰子恺原创　丰一吟临摹敷彩　释一心书法
2001 年 12 月 1 版 1 次
39.00 元
大 32 开　图 100 幅　210 页

　　护生画是一代漫画大师丰子恺先生的名作,共 450 幅,为他的老师弘一大师祝寿所画,又由弘一大师等配上诗文。现由子恺先生的女儿一吟女士选取其中 100 幅摹写敷彩,一心法师仿弘一大师书体挥毫,印行出版。

护生书画二集

丰子恺原创　丰一吟临摹敷彩　释一心书法
2003 年 8 月 1 版 1 次
39.00 元
大 32 开　图 100 幅　206 页

　　护生书画是为弘一法师祝寿而作的传世之作,共 450 幅,由一代漫画大师丰子恺先生作画,弘一大师等配诗作文,描绘出自然界中人与其他生物惜惜相生的融融乐趣与佛家众生平等的博爱之情。《护生书画二集》仍由一吟女士摹写敷彩,一心法师挥毫,收图文各 100 幅。

丰子恺儿童画集

丰子恺绘图
2003 年 4 月 1 版 1 次
18.00 元
大长 32 开　图 196 幅　210 页

　　本书将丰子恺先生在 20 世纪 20—30 年代出版的三本儿童画集集中出版,展示丰子恺先生笔下的儿童百态。

古 代 绘 画

钦定补绘萧云从离骚全图

[清]萧云从原绘　门应兆补绘

2002 年 12 月 1 版 1 次

锦函线装 280.00 元

6 开 220 页

　　明末清初的画家萧云从第一次尝试把《九歌》、《卜居》、《天问》中的故事绘写出来,称之为《离骚图》。清乾隆帝编《四库全书》时,见此刻本,似觉不足,命当时画家门应兆补绘其余各篇,合萧氏 64 图,共 155 图,名为《钦定补绘萧云从离骚全图》,收入《四库全书》,实为第一部完全的插图本《楚辞》。本书据原件影印。

萧云从太平山水诗画

[清]萧云从绘

2009 年 9 月 1 版 1 次

线装一函二册 280.00 元

6 开 132 页

　　《太平山水图》是明末清初著名画家萧云从应太平府推官张万选之约精心绘制,徽人汤尚、汤义、刘荣等雕刻而成,为徽派版画艺术代表作,在中国版画史上占有重要的地位。图中所画为安徽太平府所属当涂、芜湖、繁昌三地的山水名胜,以写生为主,运用关仝、郭熙、夏珪、马远、黄公望、沈周、唐寅等宋元以来诸名家之笔法,参以己意,妙造自然,无一不具幽远之趣。数百年来,画中名胜景物,饱经沧桑,非复旧观,幸赖是图得以窥见当时风貌。

离骚图

[清]萧云从著　芜湖书画院编

2013 年 6 月 1 版 1 次

线装蓝印本 398.00 元　线装 280.00 元

8 开 313 页

　　此《离骚图》为萧云从手稿之影印,包括《九歌》九图,《天问》五十四图,三闾大夫、《卜居》、《渔父》合一图。而目录凡例所称《离骚》、《远游》诸图,现已阙佚,仅有原文及章句小叙。《香草》一图,则自称有志未逮。总共六十四图。每图后面各载原文,并加注解。

萧云从太平山水诗画繁昌卷

[清]萧云从绘

2014 年 2 月 1 版 1 次

线装 160.00 元

6 开 56 页

　　本书从《太平山水图画》中抽取繁昌图十三幅,并保留原小序、目录和全图,末加释文,易名为《繁昌山水图画》。

玉华洞胜景图（全二册）

[明]萧慈绘

2010 年 9 月 1 版 1 次

线装 360.00 元

6 开 186 页

　　福建将乐县玉华洞系中国四大溶洞之一。洞内景色炫巧争奇,闻名遐迩。本书为明代萧慈所绘玉华洞胜景全图,计有 72 幅,自洞口外景至后山观音堂止,一路循序渐进,囊括其间 159 处景点。工摹巧绘,愈进愈奇,既堪称明代版画艺术瑰宝,亦为传世最古老之完整精美的导游图,弥足珍贵。

梦影红楼

——旅顺博物馆藏全本红楼梦

[清]孙温 孙允谟绘　旅顺博物馆编

王振芬主编

2015 年 8 月 1 版 1 次

精装 288.00 元

16 开 236 页

　　孙温绘全本《红楼梦》,在借鉴前人画法的基础上,更加注重人物活动情节和环境的全景式表现。本书根据旅顺博物馆藏国家一级文物、清代孙温所绘《红楼梦》大幅绢本工笔彩绘画册翻拍印制。全书共 230 幅图,展现了 3000 多人物形象及各类场景。

清宫戏画

叶长海 刘政宏主编　刘政宏著　俞建村等译

2015 年 12 月 1 版 1 次

木盒包含线装、经折装、卷轴 9800.00 元

全开 212 页

　　《清宫戏画》收录故宫博物院所藏清代戏剧舞台演出的场面画。全书共收 177 幅演出场面画"戏出画",其中 175 幅正幅绢画,分属于 158 出戏,另附卷轴戏画两轴。"戏出画"长年深藏宫禁,此次首次面世。还原戏画原貌,全彩线装,印制精美。附全彩中英文对照戏画说明一本,除翔实的中文内容介绍外,尚有准确的英文对译。

唐诗画谱

[明]黄凤池辑

1983 年 1 月 1 版 1 次

1988 年 3 月 1 版 4 次

5.20 元

16 开　180 页

　　我国的版画在明代万历以后已发展到鼎盛时期。《唐诗画谱》是徽派代表作之一。全书包括《唐诗五言画谱》、《唐诗六言画谱》、《唐诗七言画谱》3 种。各收诗 50 首左右。本书由我社选择上海图书馆、北京大学图书馆、华东师范大学图书馆所藏善本,择其中清晰的诗图辑集而成。

诗余画谱

[明]汪氏编著

1988 年 3 月 1 版 1 次

3.20 元

16 开　106 页

　　诗余即词。明万历时杰出的徽州版画家汪氏第一次将词作通过画面再现出来。本书近百幅版画,师法高手名家,技法精湛,实为中国版画史上承前启后的名作。此次影印,以原刻初印本为主,汇总了海内仅存各本,择善配补,使成完帙。这部罕见佳作的刊刻先于并优于《唐诗画谱》。

名家绘唐诗画谱三百首

本社编

2001 年 12 月 1 版 1 次

精装 188.00 元

大 16 开　图 300 幅　300 页

　　本书从数以万计的历代绘画作品中,遴选出 300 余幅直接以唐诗为题材的绘画佳作,皆为宋以来卓有成就的画家对唐诗形象化的解读。编者对每首唐诗作扼要注释,并辑集前人评语,书末附诗人画家小传。

唐郑虔书画

郑虔学术研究会编　郑瑛中主编

2001 年 9 月 1 版 1 次

20.00 元

16 开　48 页

　　唐郑虔曾题诗作画进献唐玄宗,玄宗称道其诗书画,题"郑虔三绝",由此名震天下。然郑虔传世作品极少。草书司马相如《大人赋》气势恢宏,苍劲有力,一气呵成。敦煌文献书札残叶,楷书秀丽圆润。团扇绢画和摹作版画,均可见郑虔三绝一斑。

五代郭忠恕避暑宫图（"古画粹编"一）

陈健碧主编

2003 年 7 月 1 版 1 次

98.00 元

大 16 开　62 页

　　郭忠恕是活动于五代北宋初期的宫室画家,在当时的绘画史著述里即对他的艺术成就称为"古今绝艺"。这次刊印的《避暑宫图》,系郭忠恕的传世孤本,并经宋徽宗宣和内府收藏。

唐五代宋元名迹

谢稚柳编

1957 年 10 月 1 版 1 次

16.00 元

8 开　220 页

　　本画册精选唐五代宋元绘画作品 35 件,多属历代流传有绪的名家巨制。编者对于每件作品的作者生平、绘画特色、历史地位、鉴藏经过均详加记叙,一一考证,极具学术价值。

明容与堂刻水浒传图

1965 年 10 月 1 版 1 次

线装 4.60 元

6 开　110 页

　　本书为明万历年间容与堂所刻题为《李卓吾先生批评忠义水浒传》的插图,共 200 幅。刻工精细,人物形象突出,与其他水浒传图着力于背景配置者不同,是不可多得的明代版画精品。

赵之谦书画纨扇选

明申企业编

2004 年 9 月 1 版 1 次

函装 80.00 元

大 12 开　40 页

　　赵之谦是清代著名书画家,本书为赵之谦传世的 12 帧书画纨扇的画册。

赵之谦书画编年图目（全二册）

齐渊编

2005 年 11 月 1 版 1 次

精装 298.00 元

大 16 开　608 页

本书收录了赵之谦传世的书画作品一千多件,详细列出作品的款识、题跋、质地、尺幅、作品藏处、资料来源等,对研究赵之谦书画作品的真伪和流传极有参考价值。

世貌风情
——中国古代人物画精品集

上海博物馆　辽宁省博物馆编

2008 年 1 月 1 版 1 次

精装 1800.00 元

8 开　496 页

中国人物画在经历了一千余年的发展后,唐宋时代进入繁盛时期。至元、明、清,文人画家成为书坛的主导力量,而人物画的技法也有所创新。

传统人物题材绘画

戴敦邦古典文学名著画集

戴敦邦绘

1998 年 12 月 1 版 1 次

特精装 280.00 元

8 开　彩图 165 幅　140 页

这部画集选辑戴敦邦先生 1970—1997 年间绘画作品一百六十余帧,皆取材于中国古典文学名著,上自神话盘古开天辟地,《诗经》《楚辞》,中及唐诗宋词,下逮元明清戏曲小说;有组画、独幅画、长卷、人物造型等形式。堪称神、情、意、韵天作之合,具有很高的艺术审美鉴赏价值。

戴敦邦道教人物画集

戴敦邦绘　仓阳卿撰文

2001 年 12 月 1 版 1 次

精装 145.00 元

大 16 开　彩图 150 幅　185 页

在 160 帧国画彩绘作品中,既绘有道教尊神、道教神仙、道教俗神、历代道教学者名人,还创作了孔子问道、黄帝问素女、麻姑献寿、八仙过海、蟠桃盛会、唐明皇游月宫、钟馗嫁妹等道教故事画。所绘人物形象栩栩如生,画面多姿多彩,随处可见其非凡的艺术功力。

戴敦邦仙道画集

戴敦邦绘画　仓阳卿撰文

2003 年 4 月 1 版 1 次

2004 年 1 月 1 版 3 次

38.00 元

24 开　彩图 160 幅　170 页

160 帧图画彩绘精品。

戴敦邦新绘全本红楼梦

戴敦邦绘画　史良昭编文

2000 年 1 月 1 版 1 次

线装 2000.00 元

8 开

2004 年 11 月 1 版 5 次

精装 160.00 元

大 16 开　彩图 240 幅　376 页

2004 年 8 月 1 版 3 次

48.00 元

24 开　252 页

这部画册是戴敦邦先生近年力作,也是出版史上首部完整的《红楼梦》彩绘大型画册。240 帧美轮美奂的画面,绎展了感人肺腑的宝黛爱情悲剧,刻画了上自皇妃国公、下至贩夫走卒各色人物形象,以及园林建筑、贵族家庭生活细节等,体现出画家对原著深入独到的理解。附原著梗概。

戴敦邦绘红楼梦人物集

戴敦邦绘

2005 年 7 月 1 版 1 次

函套线装 160.00 元

6 开　96 页

典藏本 2005 年 7 月 1 版 1 次

典藏本 2012 年 3 月 1 版 4 次

线装 380.00 元

6 开　96 页

戴敦邦先生为《红楼梦》精心绘制的画稿,人物造型独特,神采飞扬,蕴含着感人至深的艺术神韵。本书所收 70 幅红楼人物彩墨图,是戴先生从所绘各种《红楼梦》人物画中精选而来。为了与原画相映成趣,还增配了人物小传和相关题咏。采用最能体现中国画画意的线装宣纸精印。

戴敦邦新绘水浒传

戴敦邦绘画　秋谷编文

2003 年 12 月 1 版 1 次

精装 135.00 元

大 16 开　彩图 250 幅　240 页

2004 年 7 月 1 版 1 次

线装 2000.00 元

16 开　240 页

2005 年 4 月 1 版 1 次

36.00 元

24 开　144 页

　　这部画集是出版史上第一部以国画艺术语言完整
演绎《水浒传》的大型画集。全书 250 帧作品(含 108 将
人物艺术造型)皆为彩绘。画集中的作品,皆为戴先生
最新创作,众多英雄好汉的鲜明个性,在他笔下无不活
灵活现,曲尽其妙,充分展现了他那炉火纯青的艺术造
诣,高超绝伦的艺术技巧。附原作故事梗概。

戴敦邦新绘一百零八将

戴敦邦绘

2004 年 5 月 1 版 1 次

线装 198.00 元

6 开　彩图 108 幅　126 页

2005 年 4 月 1 版 1 次

32.00 元

24 开　120 页

2005 年 10 月 1 版 2 次

典藏本 280.00 元

2009 年 12 月 1 版 1 次

函套精装 5800.00 元

8 开　241 页

　　本书 108 帧人物丹青,是国画大师戴敦邦近年新
作。所绘水浒梁山英雄好汉,个个性格鲜明,形象生动,
呼之欲出。

汪国新新绘全本三国演义

汪国新绘画　李梦生编文

2004 年 12 月 1 版 1 次

精装 160.00 元

大 16 开　彩图 240 幅　380 页

　　绘画名家汪国新,是国家一级美术师。这部画集乃
其最新力作,书中 240 帧彩墨丹青,展现出非同凡响的
艺术才情。虽然历来三国画并不稀见,然而以国画彩绘
语言完整演绎《三国演义》,本书则是绘画史上第一次。
后附原作故事梗概。

汪观清新绘三国演义

汪观清绘图　史良昭配文

2003 年 10 月 1 版 1 次

线装 198.00 元

6 开　彩图 60 幅　130 页

　　汪观清是我国著名连环画家,其作品享誉海内外。
本书为汪先生以彩笔水墨所新绘《三国演义》中著名的
人物及场景图。其中人物 50 幅,场景图 10 幅,每幅图
均配有像赞、小传及传主逸事。

三国群英谱

汪观清绘画　史良昭配文

2005 年 6 月 1 版 1 次

35.00 元

24 开　150 页

　　本书收录有 50 幅三国人物绣像,10 幅故事场景,生
动地再现了三国诸英雄的风采。每幅图配有像传图赞。

陈惠冠新绘全本西游记

陈惠冠绘画　仓阳卿编文

2001 年 12 月 1 版 1 次

精装 148.00 元

大 16 开　彩图 200 幅　316 页

　　童心不泯的老画家陈惠冠先生,以其传统而有创意
的国画语言,完整演绎了小说《西游记》的谐趣横生故事
和离奇曲折情节;塑造了孙悟空、猪八戒、唐僧等极具个
性的艺术典型。本画集 200 帧国画作品,皆为彩绘。如
此宏大规模个人创作的《西游记》国画集的问世,为出版
史上首次。附原著故事梗概。

程十发精绘丽人集

程十发绘　程助编选

2004 年 7 月 1 版 1 次

线装 198.00 元

16 开　彩图 97 幅　　122 页

2005 年 2 月 1 版 1 次
珍藏本 580.00 元
6 开　122 页

　　著名画家程十发先生的写意人物画以"程家样"之名著称于世,其特点是融民间艺术与文人画为一体,线条流畅,生活气息浓厚,尤其在用色上,大胆泼辣,明快奔放,大红大绿,华而不俗。在取材上,有历史人物、传说故事、文学人物及现代人物等,其中尤以现代少数民族的女性画别具一格。本册乃程十发先生从他历年画作中精选而成。

华三川绘新百美图

华三川绘图　史良昭配文
2002 年 6 月 1 版 1 次
2006 年 10 月 1 版 4 次
线装 180.00 元
6 开　138 页

2002 年 11 月 1 版 1 次
2006 年 10 月 1 版 3 次
函套线装典藏本 258.00 元
6 开　138 页

2003 年 5 月 1 版 1 次
2011 年 12 月 1 版 11 次
40.00 元
大 24 开　132 页

　　华三川先生是著名的工笔人物画家,在画坛上独树一帜。本书汇集华先生新绘百美图 120 幅,既有历史上著名的巾帼英雄、绝代佳人,也有神话传说、文学作品中家喻户晓的女性人物,成功地塑造了千娇百媚、各具姿态的美人形象。

弥勒佛

袁可仪绘
2009 年 9 月 1 版 1 次
精装 140.00 元
12 开　96 页

　　弥勒佛是中国民间普遍信奉的一尊佛,"弥勒"梵文意为"慈氏",意为常怀大慈大悲之心。高级美术师袁可仪,尤擅画佛像、仕女、孩童。《弥勒佛》画册选取袁可仪所绘弥勒画像 43 幅。

舞台挥毫

——郑长符戏曲人物画作品集
郑长符绘
2005 年 10 月 1 版 1 次
精装 138.00 元
12 开　图 130 幅　136 页

　　著名电影美术设计师郑长符发掘中国传统戏曲、绘画艺术之奥妙,使其与西洋画结合。在他的戏曲人物画作品中,奇特地融入电影镜头独有的表现手法。这本画册共收入郑长符一百三十余幅不同题材、风格的戏曲人物画。

当代人物题材绘画

中国出了个毛泽东

《中国出了个毛泽东》编委会编　杨宏富绘图
2003 年 12 月 1 版 1 次
精装 160.00 元
8 开　图 110 幅　120 页

　　在一代伟人毛泽东诞生 110 周年的纪念日前夕,沪上著名画家杨宏富先生怀着对毛泽东的崇敬之情,倾心创作国画 110 幅,并请上海党史办组织编委会撰文,图文并茂地展现了毛泽东伟大的一生。

小平,您好

《小平,您好》编委会编　杨宏富绘图
2004 年 7 月 1 版 1 次
精装 160.00 元
8 开　图 100 幅　110 页

　　本书 100 幅图,画出了邓小平在各个历史时期的形象,包括邓小平的功绩、邓小平的生活与邓小平的外交活动等。

唯实的楷模陈云

《唯实的楷模陈云》编委会编　杨宏富绘图
2005 年 6 月 1 版 1 次
精装 160.00 元
8 开　图 100 幅　112 页

　　为纪念陈云诞辰 100 周年,陈云故居暨青浦革命历史纪念馆和上海市党史办组织编写了这本画册,由著名画家杨宏富绘图100幅,表现陈云的生平事迹。

敦煌题材绘画

敦煌壁画线描百图

敦煌研究院编

2004 年 7 月 1 版 1 次

平装 150.00 元　函装 180.00 元

大 8 开　图 100 幅　136 页

本画集从历年临摹壁画稿中精选出一百幅精品,是敦煌研究院美术工作者 60 年来临摹工作的结晶。敦煌壁画延续一千多年,各时代都有不同线描风格,本集准确再现出不同时代敦煌壁画的线描特征。

李其琼临摹敦煌壁画选集

李其琼著

2004 年 7 月 1 版 1 次

平装 198.00 元　函装 298.00 元

大 8 开　图 126 幅　132 页

李其琼长期从事敦煌壁画临摹及美术研究。本画集是李先生 50 年来临摹和研究敦煌壁画的结晶。这些临摹本还包括现状临摹、旧色整理临摹和复原临摹几种不同方法,是敦煌壁画临摹艺术的典范。

万庚育临摹敦煌壁画选集

敦煌研究院编

2006 年 6 月 1 版 1 次

精装 198.00 元

8 开　152 页

万庚育先生是上世纪五十年代就来到敦煌的老一辈敦煌艺术研究专家和画家。本画集中大多数临摹作品是万庚育先生退休以后所绘,从这些精美绝伦的画幅中可以看出老一辈画家精湛的技巧和深厚的功力,以及对敦煌艺术的深入理解。

史苇湘欧阳琳临摹敦煌壁画选集

敦煌研究院编

2007 年 12 月 1 版 1 次

平装 220.00 元　精装 380.00 元

8 开　172 页

本书是史苇湘、欧阳琳二位先生几十年来对敦煌壁画进行临摹的部分精品选集,主体是由 140 幅临摹作品组成,每幅作品都附有详细的文字说明,作品中的线条、颜色几乎可以真实反映敦煌壁画原貌。另外,史苇湘先生还专门在书的前面讲了临摹的方法及其对敦煌艺术研究的价值。

敦煌研究院美术创作集

敦煌研究院编

2006 年 11 月 1 版 1 次

精装 268.00 元

大 12 开　128 页

本画册收集了自敦煌艺术研究所成立至今曾在研究所工作过和至今仍在敦煌研究院工作的画家、雕塑家数十人的作品一百余幅。反映了艺术家们在汲取敦煌艺术涵养基础上的探索与创新,展现了敦煌的美术工作者们融汇中西古今的创作历程,其中不乏如常书鸿、董希文、段文杰等名家的佳作精品。

连环画系列

朝绘夕赏

赵宏本　王亦秋绘画

2006 年 1 月 1 版 1 次

90.00 元

32 开　438 页

本书为中国连环画大师赵宏本和王亦秋于 20 世纪 60 年代所绘的三种得奖连环画合编,即《杨门女将》、《金错刀》和《小刀会》。《金错刀》表现了南北朝莫愁姑娘凄美的爱情故事,《杨门女将》叙述了宋代佘太君和杨家将一门忠勇为国的故事,《小刀会》描绘了清朝上海地区小刀会起义的事迹。绘画生动精致,体现了中国连环画的顶尖水平。

兴唐传(连环画)(全三十四册)

傅伯星等绘　上海奇景网络有限公司编

2007 年 6 月 1 版 1 次

350.00 元

50 开　4352 页

《兴唐传》是一套大型历史题材连环画,全书共 34 册。故事以隋末农民起义为线索,全面描述了隋亡唐兴的历史过程,生动刻画了秦琼、程咬金、徐茂功、罗成、尉迟恭等众多英雄的形象。全书绘图精致,形象生动,是连环画的代表名著。

卢延光连环画精品集（全九册）

卢延光　绘画

2007 年 10 月 1 版 1 次

150.00 元

40 开　1120 页

　　卢延光先生是当代著名画家,已出版多部画集和连环画作品。本书荟萃其 9 种连环画精品,其中有《桃花扇》、《长生殿》、《棠棣之花》等蜚声画坛的优秀作品,既可供广大读者阅读欣赏,也具有很高的收藏价值。

高适连环画精品集（全九册）

高适绘

2008 年 3 月 1 版 1 次

120.00 元

50 开　1036 页

　　高适是我国连环画界的前辈画家,绘图精致,形象生动,曾多次获得连环画大奖,本书精选他的连环画代表作品 8 部,有《大禹治水》、《李白》、《鹰儿和红花花》、《黄英姑》(上下)、《骑士的故事》、《丫丫兵站》、《绿原红旗》和《沙桂英》。

陈烟帆连环画作品集（全十二册）

陈烟帆绘画

2008 年 2 月 1 版 1 次

100.00 元

50 开　868 页

　　陈烟帆先生是我国当代著名的连环画画家,从 20 世纪 50 年代起创作了许多优秀的连环画作品,蜚声画坛。本书荟萃其创作鼎盛时期的 12 种代表作品。

徐有武连环画作品集（全十六册）

汤式稼等编文　徐有武等绘编

2009 年 1 月 1 版 1 次

250.00 元

50 开　2000 页

　　徐有武先生系著名连环画画家,所创作的连环画脍炙人口,颇有声誉。今收集徐有武所创作的 16 部连环画,汇为一函,其中有中国古代历史故事,如《越王勾践》、《信陵君救赵》、《诸葛亮》;中国古代神话故事,如《嫦娥奔月》;中国古代文学故事,如《貂蝉与吕布》、《三气周瑜》、《郁轮袍》、《西湖主》、《王桂庵》等,以及现代文学故事,绘制精细,人物生动,具有较高的欣赏价值。

任率英彩绘连环画珍迹

任率英绘

2005 年 7 月 1 版 1 次

2012 年 12 月 1 版 2 次

线装 2000.00 元

4 开　128 页

　　任率英先生为我国 20 世纪著名的国画家和连环画家,其工笔重彩连环画,由于喜闻乐见的形式与高超艺术水平在民众中有着极其深远的影响。本画册精选任率英先生连环画作品共 7 部,分为《白蛇传》、《秋江》、《将相和》、《蝴蝶杯》、《王昭君》、《岳云》、《桃花扇》,皆为传神之作。该画册采用线装宣纸彩印。

沪西英魂（连环画）

本书编委会编　杨宏富绘

2005 年 12 月 1 版 1 次

16.00 元

横 32 开　260 页

　　本书以连环画形式,向青少年介绍中国共产党的优秀儿女在祖国解放事业中所做的贡献。

封神演义（第一集）

潘沄　欧昌编文　詹同绘画

1989 年 4 月 1 版 1 次

1.10 元

24 开　图 120 幅　24 页

　　这是根据同名古典小说改编的低幼绘画读物。著名的动画片绘画大师詹同,特意为本书创作了一百几十幅彩色图画,精彩纷呈。每幅图画的说明文字活泼有趣。

封神演义（第二集）

潘沄　欧昌编文　詹同绘画

1989 年 12 月 1 版 1 次

1.45 元

24 开　图 120 幅　30 页

　　本集是关于姜子牙、申公豹、土行孙、哼哈二将等人物的故事。

封神演义（第三集）

潘沄　欧昌编文　詹同绘画

1989 年 12 月 1 版 1 次

1.35 元

24 开　图 120 幅　28 页

　　本集主要是关于黄飞虎、雷震子、杨戬、魔家四将（四大金刚）、赵公明的故事。

谈山海经

徐小蛮编文　谢永康绘画

1989 年 4 月 1 版 1 次

1.50 元

24 开　图 180 幅　31 页

　　本书分六个部分：开天辟地、海外奇谈、天才儿童、勤奋学习、孝敬友爱、勇敢机智，包括 20 个小故事。

大话三国（5—12）

上海漫画堂文化传播有限公司编著

2004 年 9 月—2005 年 3 月 1 版 1 次

每册 6.00 元

64 开

　　本书是借用三国主要人物，叙述发生在现代社会的诸多笑话趣事的四格漫画。1—4 册已由上海人民美术出版社出版。

难忘的战斗（全二册）

孙景瑞原著　竺少华改编　罗希贤绘画

2012 年 6 月 1 版 1 次

精装 92.00 元

32 开　304 页

　　本书根据著名"红色经典"小说改编而成，是罗希贤的代表作，也是连环画界久负盛名的名家力作，其思想性、艺术性和知名度为广大美术爱好者所熟知。

火种（全二册）

艾明之原著　李大发改编　罗希贤绘画

2012 年 11 月 1 版 1 次

精装 85.00 元

32 开　400 页

　　本书根据同名小说改编而成，讲述了 20 世纪 20 年代上海工人阶级在中共领导下从自发斗争转向自觉斗争的历史进程。

大橹的故事·特殊的战场（全二册）

罗希贤绘画

2013 年 12 月 1 版 1 次

精装 88.00 元

32 开　324 页

　　《大橹的故事》、《特殊的战场》都是罗希贤的代表性作品，是"红色经典"中的著名作品，至今仍是收藏界的上佳藏品。

谷城会献·尚炯访金星

罗希贤绘

2013 年 7 月 1 版 1 次

精装 88.00 元

32 开　356 页

　　《谷城会献》《尚炯访金星》两本画册是根据长篇历史小说《李自成》的部分章节编绘的，是上美社新时期著名系列《李自成》中的两种。两书是罗希贤的力作。

李岩起义

罗希贤绘画

2013 年 8 月 1 版 1 次

精装 45.00 元

32 开　176 页

　　本书根据长篇历史小说《李自成》的部分章节编绘，是罗希贤的力作。

慧梅出嫁·慧梅之死（全二册）

崔君沛绘

2014 年 4 月 1 版 1 次

精装 92.00 元

32 开　328 页

　　连环画《李自成》系列 25 种，代表了 80 年代沪版连环画的最高水平，在广大连环画爱好者中具有极大的影响力。本书根据长篇历史小说《李自成》的部分章节编绘。

再攻开封·三雄聚会

崔君沛绘

2014 年 8 月 1 版 1 次

精装 95.00 元

32 开　384 页

　　本书根据长篇历史小说《李自成》的部分章节编绘。

南原激战·强渡汉水

崔君沛著

2014 年 11 月 1 版 1 次

精装 92.00 元

32 开　360 页

　　本书根据长篇历史小说《李自成》的部分章节编绘。

崇祯借饷·巧计擒文富

崔君沛绘

2015 年 7 月 1 版 1 次

精装 92.00 元

32 开　360 页

　　本书根据长篇历史小说《李自成》的部分章节编绘。

辽海崩溃·洪承畴降清（全二册）

崔君沛绘

2015 年 4 月 1 版 1 次

精装 92.00 元

32 开　400 页

　　本书根据长篇历史小说《李自成》的部分章节编绘。

涂色书系列

传统图案任性涂

上海古籍出版社编

2016 年 4 月 1 版 1 次

36.00 元

12 开　48 页

　　本书精选了 24 幅具有代表性的中国历代传统图案，制作成精美的线描图稿供读者涂色。图案内容涉及彩陶、岩画、青铜器、漆器、石窟壁画、瓷器、织绣等多种艺术形式。因艺术形式和内容的差异，线描图稿有的显得古朴简雅，有的则繁复细密，风格多样，在为涂色者提供传统美感的同时，也提供了更多的风格选择和更大的想象及再创作空间。尤其值得一提的是，每幅图案还配有简短的文案，介绍图案的来源含义、提供涂色的参考方案等，以帮助读者理解图案，方便下笔填涂，引领大家进入传统图案的"秘密花园"。

异兽

——《山海经》主题涂色书

朱雪俊绘

12 开　48 页

2015 年 11 月 1 版 2 次

38.00 元

　　本书是以《山海经》中描绘的异兽为绘制对象而制作的涂色书，作者绘制了包括九尾狐、蛊雕、飞鼠、应龙等在内的二十四种奇异的鸟兽，并配以书法体的异兽名及《山海经》中的相关原文，画龙点睛，与图案形成呼应。

敦煌壁画涂色书

吴晓慧绘图

2016 年 6 月 1 版 1 次

36.00 元

12 开　48 页

　　本书由绘图者选取敦煌壁画中比较有代表性的图并加工成线描稿，最终成 24 幅图，分藻井井心、华盖、桌布、花砖、龛楣、边饰、平棋以及人物等几种类型。本书让人走近敦煌，发挥个人想象力描绘每个人心目中独具魅力的敦煌壁画。

绘画研究

中国纹样

[英]欧文·琼斯著　　侯晓莉译

2016 年 4 月 1 版 1 次

2016 年 7 月 1 版 2 次

精装 138.00 元

16 开　216 页

　　《中国纹样》出版于 1867 年，是英国当时先锋建筑家与设计师欧文·琼斯根据历史上的 The South Kensington museum/南肯辛顿博物馆（现为 Victoria and Albert Museum/维多利亚和阿尔伯特博物馆）部分中国收藏品和部分其他中国古董图案绘制而成，共收图版百幅。此次推出中文版《中国纹样》，将分两部分，前半部分将书中的所有图片还原印刷，令读者可以欣赏到欧文最初所选作品的精美样态。后半部分则由上海古籍出版社选择近 30 余幅书中的精美纹样，以素色线描的方式呈现，读者可根据自己的喜好填色，勾勒，形成各色各样的彩色纹样。其中还有一篇欧文·琼斯关于中国纹饰的研究文章，以及有关每幅图版的解说。

中国书画研究

杨仁恺著

2006 年 3 月 1 版 1 次

精装 90.00 元

16 开　340 页

本书分为中国绘画史研究、历代绘画名作鉴定研究、书法史论研究和历代法书名作研究四个部分。所选文章时间跨度从上世纪五十年代初至八十年代末，基本上涵盖了杨仁恺先生在古书画研究方面的重要成果。

国宝沉浮录（彩图典藏本）

（故宫散佚书画见闻考略）

杨仁恺著

2007 年 3 月 1 版 1 次

精装 298.00 元

大 16 开　图 150 幅　436 页

杨仁恺先生是我国当代古书画鉴定大师。自 20 世纪 50 年代始，他亲历了搜求清宫散佚书画国宝的过程。此书按照历史进程、以事件中的人物活动为经，以对作品的分析为纬，见人见物，堪称古代书画研究的经典之作。此书初版后屡经修订，此次出版为最新彩图修订本，补充了一些近年的最新发现。

智龛金石书画论集

郭若愚著

2007 年 7 月 1 版 1 次

精装 76.00 元

大 16 开　268 页

本书是作者学术生涯的重要论文结集，所收文章涉猎范围广，时间跨度大，包括商周金石、汉唐印玺、宋元书法、明清字画，于人物生平亦有考证。

水墨画

谢稚柳著　谢小佩译

2011 年 12 月 1 版 1 次

78.00 元

16 开　240 页

本书介绍了水墨画艺术的发展、艺术技法以及名家名作。此次出版除内容修订外，另有作者之女谢小佩的英文译文。

山水画技法（全二册）

申石伽　申二伽编绘

1999 年 7 月 1 版 1 次

精装 100.00 元

大 16 开　图 336 幅　336 页

本书包括"山水画基础技法"和"山水画技法的运用

和变化"两部分。全书以图解为主，从树、石、峰、水、云等方面循序渐进地将山水画的技法介绍给初学者。

走向多元的素描

江岳平等编著

2005 年 6 月 1 版 1 次

16.00 元

大 16 开　图 208 幅　120 页

本书以传统为起点，立足于当代艺术实践，强调创造力和个性的发展，把素描的学习与实践，引入到了西画、国画和装饰画这一广义领域。

大雄谈艺

——装饰画艺境界

蔡大雄著

2000 年 10 月 1 版 1 次

58.00 元

16 开　112 页

作者长期从事高级宾馆的装饰布置，从上海新锦江的大堂、锦江饭店的总统套房到上海国际会议中心，都留下了他的装饰画。本书是作者对新的装饰画的设计、布置的心得，对于目前宾馆、住房环境的布置颇具参考价值。

大雄所见

——装饰画艺境界

蔡大雄著

2001 年 10 月 1 版 1 次

58.00 元

16 开　100 页

作者在本书中谈了设计金钟会所的金钟楼和海楼的艺术构想，西郊国宾馆大型壁画《白玉兰》的创作甘辛，以及对国外所见到艺术品的布置技巧的畅想，对当前的装饰艺术现状的感悟，都给人以启迪。

大雄创意

——装饰画艺境界

蔡大雄著

2007 年 8 月 1 版 1 次

68.00 元

大 16 开　112 页

这是蔡大雄先生谈论装饰、画艺、境界的第三本书。

他创作的大型布置画曾一度成为装饰界仿照的对象。本书谈论他在考察中的感悟、构思中的心得、创作中的灵感等并配上环境布置及作品的照片。

岭南花鸟画流变（1368—1949）

陈滢著

2004 年 9 月 1 版 1 次

98.00 元

18 开　图 300 幅　642 页

本书对中国岭南地区 1368—1949 年的花鸟画发展史，及其对近现代中国花鸟画艺术所产生的深刻影响进行了详尽的勾勒描述。对研究中国古代花鸟画艺术，岭南地区花鸟画的各种流派、流变以及对整个画派的辐射影响有极高的参考价值。

花到岭南无月令

　　——居巢居廉及其乡土绘画

陈滢著

2010 年 4 月 1 版 1 次

68.00 元

大 20 开　488 页

居巢、居廉是 19 世纪中后期两位具有鲜明地域风格的画家，在他们的乡土绘画中，以纯粹的"岭南风格"自成面貌。本书将二居放在广州—珠江三角洲—岭南的"历史图像"中，将二居的乡土绘画放在中国绘画历史的框架之中，来展开对二居绘画艺术的整体解读。作者特别关注二居乡土绘画中"地域色彩"与"岭南风格"的意义，致力于探讨在不同的地域环境中，所产生的不同的地域艺术的个性特征，对于艺术个案研究具有极大的启发意义。

十九世纪中国外销通草水彩画研究

程存洁著

2008 年 8 月 1 版 1 次

198.00 元

20 开　图 300 幅　400 页

所谓通草画是指直接描绘在通脱木茎髓切割而成的通草片上的水彩画。通草画的创作，盛行于 19 世纪的广州，专门外销欧美。书中作者不仅论述了我国历史上对通草的使用情况、通草片的制作和功用及通草水彩画的绘制和保护、通草水彩画的原产地和画家及其题材和内容，而且从中西交流史、社会史和文化史的角度探讨了外销通草水彩画的兴衰史与艺术风格，以及对西方

世界所产生的影响。所收通草水彩画是十分难得的反映广州口岸社会风情的珍贵图像资料，极大地补充了中国传统的官修史书和文人笔记的文献记载之不足。

金石入画

　　——清代道咸时期金石书画研究

汤剑炜著

2013 年 11 月 1 版 1 次

精装 98.00 元

16 开　460 页

本书通过对金石学的发展主线、书画发展的脉络、主要人物的贡献、文化风尚的变化、金石书画的美学思考、金石书画的个人和群体、区域影响、社会背景的分析以及具体的金石书画的重大影响的分析和文化精神的研究，勾勒出金石入书画兴起的文化生态，帮助人们理解清代学术指向与金石书画兴起的成因及历史发展。

海上画坛（中国画卷）

朱金晨　任耀义著

2001 年 4 月 1 版 1 次

42.00 元

大 32 开　图 120 幅　400 页

本书介绍了活跃于上海画坛的六十多位画家，赞美他们的人品画艺，并叙及大量鲜为人知的趣闻逸事。作者与他所描述的画家们大多是好朋友，故而每篇文字都饱含着浓浓的感情，颇能引起阅读的兴趣。

水浒五说（全二册）

周峰著

2002 年 11 月 1 版 1 次

函套线装 380.00 元

16 开　200 页

本书是《水浒传》邮票设计者周峰创作《水浒》邮票过程中的心得和探索体验。这套邮票以重彩赋色，渲染罩笼，清新明艳，而工稳、沉着的线描又体现了中国传统人物画的线描工夫，荣获"中国最佳邮票评选金质奖"。

冰与火：方世聪艺术人生文献集

方世聪著　车永仁编

2008 年 5 月 1 版 1 次

160.00 元

12 开　156 页

著名油画家方世聪及其所代表的心象派绘画,享誉海内外。在方先生的作品中,人们不仅能够看到来自画家"心灵的形象",而且还能看到来自画面人物"形象的心灵"。这种"观其形而能悟其心"的艺术感染力,是古往今来所有艺术大师的共性。本书以方世聪先生数十年绘画历程中不同时期的代表作为主线,辅之以部分创作草图及格言等资料,充分展现了"心象派"艺术形成的轨迹,对读者了解这位国际级艺术家颇有裨益。

画外音

叶鹏著

2005 年 5 月 1 版 1 次

36.00 元

大 32 开　120 页

本书汇集了作者对现代绘画的品评文章,在评论壁画、国画、油画、石画、漫画的同时,还涉及木刻、剪纸、摄影、书法、印章等造型艺术的诸多领域。作者努力体察艺术家们创作的意向,在欣赏画中景物的同时,寻觅画外的景象,表达了作为观赏者的感受和沉思。

书前语

叶鹏著

2006 年 9 月 1 版 1 次

25.00 元

大 32 开　200 页

本书是叶鹏先生《画外音》的姐妹篇,可谓是多年来书前序之集锦。全书分文艺创作、理论专著和教育研究三部分,涉及领域广泛,作者借书中内容,引出话题,以其亦文亦诗的风格借题发挥,既是对所序诗文的评论,也是对所涉专题的研讨。

吐峪沟石窟壁画与禅观

(吐鲁番学研究丛书丙种本之三)

[日]宫治昭著　贺小萍译

2009 年 10 月 1 版 1 次

45.00 元

16 开　228 页

本书以作者对吐鲁番吐峪沟石窟的调查研究成果为主,附录了关于印度、犍陀罗及中亚佛教美术相关的论文 4 篇。从洞窟壁画内容、表现的禅观思想、禅定僧的系谱等多方面,结合经籍考证和论述了须摩提女因缘故事画与禅观。

岩画与游牧文化

束锡红　李祥石著

2007 年 8 月 1 版 1 次

32.00 元

20 开　208 页

本书是岩画学及民族学研究专著,全面系统地阐述了西北宁夏地区岩画的内容、制作、功用等问题,兼谈西北地区古代游牧文化的发展及当地自然、人文地理环境变迁。最后将二者结合,阐述了岩画与游牧文化之间的关联,高度评价了岩画在古代游牧文化中的地位与作用。书中引用了大量第一手的岩画材料,介绍了岩画断代方面新方法的运用,对宁夏中卫大麦地岩画中大量图画符号的性质提出了自己的看法。

其　他

中国古代军戎服饰

刘永华著

1995 年 11 月 1 版 1 次

精装 350.00 元

8 开

2003 年 9 月 1 版 1 次

2006 年 6 月 1 版 2 次

55.00 元

24 开　220 页

本书是迄今为止我国服饰研究领域中以军戎服饰为研究对象的唯一一部专题论著。此书的特点是在大量收集文献和考古资料的基础上,对我国由先秦至清的历代军戎服饰的制作、形制和发展演变等,作了全面系统的探讨,具有丰富的历史文化信息。

中国历代兵家图卷

李俊琪作

2001 年 12 月 1 版 1 次

精装 268.00 元

8 开　80 页

李俊琪先生是蜚声艺坛的国画大家。本图卷共绘兵家人物 339 位,原作长 188 米,高 1.6 米,自上古黄帝至清末义和团首领,举凡春秋霸主、战国群雄、汉唐豪杰、宋元明清将帅乃至民间精英,延续连绵,构成气势恢宏的战争史画卷。图卷上方配以人物简介。

亚洲古兵器图说

周纬著

1993 年 12 月 1 版 1 次

精装 88.00 元

16 开　图 209 幅　384 页

　　本书是一部系统研究亚洲各国古兵器发展史的著作，共介绍了日本、印度、越南、马来亚等 16 个亚洲古国的兵器数千件的形制、源流和制造。并附有大量精美图版与插图。所介绍的兵器资料大多极为珍贵、稀见。本书由《亚洲古兵器图说》和《亚洲古兵器制造考略》二稿汇集而成。

董开章书画集

董昭仪主编

2008 年 10 月 1 版 1 次

精装 148.00 元

大 16 开　图 250 幅　164 页

　　董开章先生青年时期驰名于沪上，与两江总督陈夔龙、书画家齐璜（白石）、翰林高振霄等诸多巨擘交游甚深。其书法作品在台、港乃至日、韩享有隆誉，至被称为"亚洲之宝"。本书共收录董氏书画作品 100 余幅，包括楷书、行书、行草、草书等各种字体。

横岸墨韵

——承名世书画

承名世著

1998 年 11 月 1 版 1 次

特精装 250.00 元

8 开　图 100 幅　112 页

　　承名世先生不仅是位艺术理论家，更是一位书画家。本集汇入了作者五十余年间书画作品一百余件，各件作品均由作者亲撰创作经历和研探心得，并记叙人际交往和作品传播轶事，故本书既是作品之精粹，又是作者半个多世纪翰墨生涯的追忆。

西泠墨韵

——申二伽国画选集

申小龙编

2004 年 1 月 1 版 1 次

60.00 元

大 16 开　图 100 幅　112 页

　　申二伽是上海著名画家申石伽之子，他的国画在继承家风的同时，又有个人的探索与创新。作品以山水为主，画面构图巧妙，皴染细腻有致，气韵生动，清新脱俗。

林风眠作品集（上海中国画院藏）

上海中国画院　上海林风眠艺术研究协会编

2003 年 8 月 1 版 1 次

平装 238.00 元　精装 268.00 元

12 开　图 117 幅　260 页

　　林风眠是现代中国画坛具有开创成就的一代大师，他首次将中国画的视野扩展到世界，将西方近现代印象派艺术与中国传统的笔墨技法融合起来。林风眠生前捐赠给上海中国画院一批作品，创作年代从 20 世纪 40 年代到 70 年代，许多作品堪称精品，且从未发表，现结集出版。

黄山缘

——中美十四家黄山书画集

谢春彦　杨思胜主编

2002 年 6 月 1 版 1 次

平装 80.00 元　精装 100.00 元

大 16 开　图 140 幅　150 页

　　黄山一直是文人墨客吟诗、绘画的最佳对象。本画集荟萃了中美 14 位著名书画家的作品，充分展示了翰墨黄山的无穷魅力。

陈辉光新绘茶诗百图

恽甫铭主编

2004 年 4 月 1 版 1 次

2012 年 9 月 1 版 2 次

精装 168.00 元

大 16 开　图 100 幅　148 页

　　本书收入的是画家陈辉光的茶诗意境图 100 幅。

孙鸣一画集

孙鸣一著

2003 年 4 月 1 版 1 次

120.00 元

大 16 开　图 108 幅　121 页

　　本书精选花鸟画作品 108 幅。

马骀画问

马骀著

2002 年 12 月 1 版 1 次

18.00 元

大 32 开　图 250 幅　170 页

马骀为民国初年的著名画家,他的画曾风行全国。《马骀画问》是一本优秀的自习画谱,成书于 20 世纪 30 年代。

甘肃省图书馆藏书画作品选

甘肃省图书馆编著

2005 年 6 月 1 版 1 次

2006 年 12 月 1 版 2 次

线装 880.00 元

6 开　170 页

甘肃省图书馆自 1916 年创建,已有 80 年历史,通过征购、搜遗访求的方式,已形成颇具规模的珍品特藏系列,其中历代书画原件约为一千五百多件,本书选收 164 件宋元明清至近现代名家作品汇编成册。

上海中国画院高级研修班专修班作品集(2002—2003)

上海中国画院编

2003 年 11 月 1 版 1 次

58.00 元

大 16 开　100 页

本集为上海中国画院的中国画高级研修班学员的作品集,作品涉及人物、山水、花鸟,题材多样,风格新颖,创作具有一定水准。

上海应用技术学院艺术作品集

《上海应用技术学院艺术作品集》编委会编

2003 年 5 月 1 版 1 次

精装 180.00 元

大 16 开　图 100 幅　116 页

本书为上海应用技术学院第二届师生艺术作品展的优秀作品选集,分为水彩(粉)画、油画、装饰画、特种艺术、中国画、书法、篆刻和摄影等 8 大类,共计一百余幅作品。

还原设计

——梁丽辉美术设计图集

梁丽辉著

2005 年 4 月 1 版 1 次

50.00 元

20 开　84 页

本书收录了作者十余年来在博物馆陈列设计、书籍装帧设计及宣传品设计 3 个门类的精心之作。其设计作品在继承岭南美术风格的基础上大胆创新,将传统艺术与现代观念有机结合,形成自己独特的设计风格。

解语的花树

苏叔阳诗　徐嬿婷画

2005 年 5 月 1 版 1 次

19.00 元

异 32 开　图 50 幅　106 页

本书收入了徐嬿婷五十余幅精彩的绘画作品,配上诗人苏叔阳清新美丽的文字,带您走进五彩缤纷的花的世界。

劳继雄画集

劳继雄绘

2006 年 6 月 1 版 1 次

精装 280.00 元

8 开　194 页

著名中国画家劳继雄擅画青绿山水。本画册收录劳继雄中国画作品 120 多幅。

华夏系情

——海内外十家书画集

谢春彦　杨思胜主编

2006 年 1 月 1 版 1 次

精装 200.00 元

大 18 开　334 页

本书荟萃了海内外十位著名书画家即王君实、欧豪年、周澄、杨思胜、谢春彦、徐湖平、傅益瑶、罗青、陈建坡、林章湖等的作品。

风雅丹青

徐有武绘

2007 年 8 月 1 版 1 次

精装 128.00 元

大 8 开　图 104 幅　104 页

本书为徐有武先生的绘画作品精选集。其作品题材广泛,体现了恬淡清逸、含蓄细腻的绘画风格,对于国画和连环画爱好者都具有一定的鉴赏参考价值。

局部作品 1·2·3

——施大畏

施大畏著

2007 年 10 月 1 版 1 次

256.00 元

16 开　264 页

　　本书是施大畏先生的绘画作品集,整个画集主要由施先生的三幅杰出长卷《长征系列——生》、《不灭的记忆——南京 1937》和《后羿的故事》组成。书中还收录了施先生的几十幅有代表性的作品,完整地呈现了其几十年的艺术历程和成就。

翰墨情缘
——石鸿熙书画集
石鸿熙著

2011 年 1 月 1 版 1 次

60.00 元

16 开　84 页

　　本书收录石鸿熙书法、绘画、扇面、印章作品,皆遒劲有力,充满生活情趣。

半世纪的辉煌
——庆祝中远成立 50 周年诗书画集锦
中国远洋运输(集团)总公司编

2011 年 4 月 1 版 1 次

精装 288.00 元

8 开　164 页

　　本画册为中国远洋运输(集团)成立 50 周年的纪念画册。其中的诗歌作品和书法绘画作品等均为中远集团员工所作。

王仲清吴性清绘《胡笳十八拍》、《木兰诗》、《长恨歌》
王仲清　吴性清绘图

2007 年 8 月 1 版 1 次

28.00 元

24 开　112 页

　　此书为现代著名画家王仲清、吴性清根据《胡笳十八拍》、《木兰诗》、《长恨歌》诗意创作的画集,共 64 幅。

(三) 图史　画像画传
图　像

岁月河山
——图说中国历史

毛佩琦　李泽奉主编

1989 年 11 月 1 版 1 次

精装 120.00 元

大 16 开　图 1500 幅　297 页

　　本书是一部大型历史画册,以 1500 幅精美的图片(含 150 幅彩照),荟萃了上下五千年历史文化的精华;以流畅生动的文字和现代观点,脉络分明地叙述了中国历史发展的进程。

黄帝陵与龙文化
李西兴主编

1994 年 3 月 1 版 1 次

100.00 元

大 16 开　图 179 幅　168 页

　　本书为中英文对照大型画册,前一部分为黄帝陵的名胜古迹和名人题词手迹等,后一部分收录自新石器时代至近代各种有关龙形象的文物图片一百多件,如陶瓶、铜鼎、瓷碗、玉佩、银钗、石镇、瓦当、蟒袍等等。

敦煌图史
敦煌研究院编

2000 年 7 月 1 版 1 次

75.00 元

16 开　照片 301 幅　150 页

　　在纪念敦煌藏经洞发现百年之际,敦煌研究院将系统反映敦煌石窟发展史的珍贵历史照片汇编成册,配以文字说明,使读者形象地了解一个完整的世界著名的敦煌石窟,其中包括石窟的营造历史、石窟艺术、敦煌文献,以及当今的考古发掘、石窟的保护、敦煌学的弘扬等等。

敦煌研究院
敦煌研究院编

2000 年 7 月 1 版 1 次

65.00 元

16 开　180 页

　　敦煌研究院自 20 世纪 40 年代的国立敦煌艺术研究所创业始,五十多年来,经过常书鸿、段文杰等几代艺术家、学者的艰辛工作,在敦煌石窟保护和研究、敦煌艺术和文献的研究、敦煌文化的弘扬等方面取得辉煌的业绩。

追忆

——近代上海图史

上海市档案馆编　史梅定主编

1996 年 7 月 1 版 1 次

精装 200.00 元

大 16 开　图 666 幅　320 页

　　本图册以近 700 幅珍贵罕见的历史图片为基干,辅以抒情而又明晰的解说词;立体地、纵深地、流动地展示了近代上海艰难而又壮美的步踪,揭示了一个东海畔的小渔村如何神话般地一度成为远东经济、贸易、金融中心的奥秘。

老行当

沈寂　张锡昌编撰

2002 年 6 月 1 版 1 次

45.00 元

16 开　200 页

　　从《老行当》这些遗留残存的照片中,我们可以看到旧时的行业风貌和社会生活,看到从古流传下来的旧景和旧物,看到三百六十行的过去,知道中国行业发展、变迁和进化的历史。

老电影(1930—1949)

袁啸波　张磊编撰

2004 年 8 月 1 版 1 次

58.00 元

16 开　图 1000 幅　186 页

　　这本画册分耀眼的明星、旧片回眸、风靡都会的电影插曲、影星与广告、幕后花絮、影院风情、影刊一瞥等部分,展示了 20 世纪 30—40 年代老电影的灿烂景象和辉煌历史。

中国京剧

陈多等主编

1999 年 10 月 1 版 1 次

特精装 550.00 元

8 开　图 1400 幅　342 页

　　全书共精选四百多出剧目的一千四百多幅剧照,从卓有成就的四大名旦、四大须生,到崭露头角的中青年演员,都进入本书的收集范围,展现了京剧底蕴深厚而又后继有人的美好前景。所选剧照,体现了当代京剧舞台艺术摄影的最高水平,部分珍贵照片属首次公开发

表,是一部具有很高美学价值的大型艺术画册。

云缕心衣

——中国古代内衣文化

潘健华著

2005 年 8 月 1 版 1 次

特精装 186.00 元

16 开　196 页

　　本书在对中国古代内衣进行简要的纵向时段性历史梳理之后,着力对中国古代内衣进行了横向多元性点面剖析,其研究视域聚焦于中国古代内衣的文化、形制、赋彩、图腾、技艺和材质,对中国古代内衣的命名与称谓、传承脉象、文化特质、效能、设计、技法、制式、纹饰、色彩、审美、收藏、民俗等门类进行了专题的精当论述。还汇集了大量中国古代内衣文物图片,极其珍贵,基本都为首次面世。

图画日报(全八册)

环球社编辑部编

1999 年 8 月 1 版 1 次

精装 820.00 元

16 开　4848 页

　　中国近代出版史上最早的画报类日刊《图画日报》,面世于 1909 年,共发行了 404 期。记载了百年前的建筑、行业、民俗、时事、戏剧、传记、小说等等。今将其全套结集出版,为社会、历史研究者和美术工作者提供了一座丰富的资料宝库。

中外名人画传系列

孔子画传

顾美华撰文　吴耀明　楼东山绘图

2002 年 4 月 1 版 1 次

17.20 元

大 32 开　250 页

　　本书以画传的形式生动描绘了孔子的一生。

老庄画传

章行撰文　许青天绘图

2002 年 4 月 1 版 1 次

13.00 元

大 32 开　184 页

本书取材于文史经典,选用漫画的形式,介绍古代哲学家老子与庄子的事迹。

秦始皇画传

穆俦撰文 杨宏富绘图

2003 年 6 月 1 版 1 次

18.00 元

大 32 开 240 页

本书以史料为据,介绍了秦始皇的一生。生动的画面使读者得以再睹秦始皇的历史面目。

释迦牟尼佛画传

严宽祜文教基金会编辑组编

严曙东 崔锦全 张炽堂译 戈辛锷绘图

2000 年 5 月 1 版 1 次

20.00 元

大 32 开 370 页

本书以画传形式介绍释迦牟尼的一生和主要思想,一图一文,并配有英译。

鸠摩罗什大师画传

如镜撰文 戈辛锷绘画

2001 年 12 月 1 版 1 次

35.00 元

大 32 开 168 页

鸠摩罗什的父亲与龟兹国王的妹妹耆婆结为夫妻。为了追求佛理,年幼的鸠摩罗什与母亲舍弃王族生活,去国离乡,求访名师,读遍了可以搜集到的所有经书,终于成为名垂千秋的一代译经大师。本书为我们展示了一位伟人的成长轨迹和优秀品质。

鉴真大师画传

戴卫中撰文并绘画

2008 年 12 月 1 版 1 次

28.00 元

18 开 210 页

鉴真和尚是我国佛教史上的著名高僧,应邀赴日本弘扬佛教。青年画家戴卫中先生绘画 100 幅,并配以适当文字,把鉴真和尚一生的事迹生动形象地展现出来。

六祖惠能大师画传

严宽祜文教基金会编辑组编

严曙东 崔锦全 张炽堂译 顾宗贤绘图

2000 年 5 月 1 版 1 次

14.00 元

大 32 开 244 页

本书以画传的形式介绍六祖惠能的一生与主要事迹,一图一文,并配有英语译文。

弘一法师画传

香港福慧慈善基金会编 顾宗贤绘图

2000 年 10 月 1 版 1 次

14.00 元

大 32 开 216 页

1918 年,李叔同舍弃深爱的艺术,出家为僧,号弘一,精研戒律,苦心潜修,在海内外佛教界声誉卓著。从风流倜傥的富家公子到粗衣蔬食的苦修僧人,从名闻遐迩的艺术大家到令人尊崇的佛门宗师,产生这么大的变化,原因何在?看了这本画传,便能找到答案。全书介绍了高风亮节的李叔同的一生事迹,读来令人感动。

其 他 画 像

画像中的孔子

骆承烈 孔祥民选编

2003 年 12 月 1 版 1 次

28.00 元

24 开 284 页

本书精选了各种孔子像 142 幅,分为汉晋、唐宋元、明、清、近现代、海外六个部分。以画像为主,亦有雕塑、剪纸、丝织等各种形式,基本囊括了海内外现存孔子像的精品。

孔门七十二贤像传

上海文庙管理处编 戴敦邦 周一新绘

2009 年 8 月 1 版 1 次

精装 72.00 元

大 16 开 96 页

为纪念孔子诞辰 2560 年,著名人物画大师戴敦邦先生及其弟子周一新倾力合作,精心绘制了《孔门七十二贤像传》。这是中国人物绘画技巧的突破,更是弘扬儒家思想的开拓创新之举。

中国神仙画像集

成寅编

1996 年 4 月 1 版 1 次

精装 65.00 元

16 开　416 页

　　本书所收的五百多尊神仙分四大类：原始神祇，宗教神祇，民间神祇，纪念神。每位神仙均收有精致木刻画像一至数幅。并附有小传，叙其生平行略及仙道传奇，是现今出版的书籍中收集神仙最多的神仙画像集。书后附有人名索引。

明代木刻观音画谱

[明]丁云鹏等绘

1997 年 6 月 1 版 1 次

55.00 元

大 16 开　图 85 幅　158 页

　　本书所收《慈容五十三现》和《观音三十二相》是两种明刻观音画谱，汇集了流传于民间的各式观音形象。这些观音多为女相，典雅高洁，柔慈倩丽，是东方女性美的集中体现，每幅图像绘刻精工，给人以很高的艺术享受。

中国历代人物图像集（全三册）

华人德主编

2005 年 1 月 1 版 1 次

精装 398.00 元

大 32 开　图 3033 幅　3200 页

　　本书收集我国上古至清末的历代人物图像共 3033 幅，人物 3037 人。图像类型有画像、雕塑像、线画木刻、石刻及照相。按人物年代先后顺序排列，图下均有人物简介并标出图像出处。附人名索引。

清代学者像传合集

叶衍兰　叶恭绰编

1989 年 9 月 1 版 1 次

精装 12.00 元

大 32 开　297 页

　　全书收录清代顾炎武、黄宗羲、袁枚等 369 位学者的画像，用中国传统的写真手法摹绘，有较高的学术价值和欣赏价值，对研究清代政治、文化、艺术大有裨益。

中国近现代人物像传

南京图书馆编

2011 年 12 月 1 版 1 次

精装 258.00 元

16 开　1136 页

　　本书具有两大特色：一是信息量大。书稿收录的中国近现代人物达 4300 人之多。二是图文并茂。每位人物都有图像资料，采用一像一传的形式，传达了很多纯文字所不能表达的丰富生动的历史信息。

中国历代文学家画传

李俊琪绘画　高克勤等撰文

2001 年 12 月 1 版 1 次

48.00 元

大 32 开　290 页

　　本书由长卷《中国历代诗家图卷》改编而成，将长卷裁为一百余幅，每幅一二人至六七人不等，以时代为序编排，每一时代前有文学概况介绍，每幅简介人物生平与文学成就、评述代表作品。

中华十圣画传

李俊琪绘画

2000 年 9 月 1 版 1 次

20.00 元

大 32 开　图 604 幅　324 页

　　本书兼融史书记载和民间传说，以画传形式，系统介绍了文圣孔子、兵圣孙子、史圣司马迁、医圣张仲景、武圣关羽、书圣王羲之、画圣吴道子、诗圣杜甫、茶圣陆羽、酒圣杜康的生平事迹和杰出成就。

释迦牟尼佛画传

张德宝　庞先建绘画　张德宝配文

2004 年 7 月 1 版 1 次

25.00 元

大 32 开　220 页

　　释迦牟尼是佛教的创始人，世人尊称佛祖。本书循着释迦牟尼诞生、出家、修行、成道、说法、涅槃、传承的全过程，以二百余幅精美的画与相应的文字说明，全面立体而又形象生动地展示了释迦牟尼的一生。

（四）摄　影　集

艺术的敦煌

吴健摄影

2000 年 7 月 1 版 1 次

精装 198.00 元

8 开　350 页

本书采用摄影艺术的独特语言和手段，再现以敦煌为核心的丝绸之路文化。上编从西安出发，直至帕米尔高原，沿丝绸之路所摄风光、古迹照片覆盖甘肃、新疆；下编着重突现敦煌莫高窟的古迹、文物。

敦煌旧影

——晚清民国老照片

敦煌研究院编

2011 年 10 月 1 版 1 次

78.00 元

16 开　152 页

本书搜集了英国斯坦因、法国伯希和、俄国奥登堡、日本橘瑞超、美国华尔纳、英国李约瑟、中国石璋如等于 1906—1940 年代拍摄的敦煌县城、莫高窟、附近故城和佛塔等照片 171 幅。另有序言、对照表等附件。

银行老照片

（银行博物馆丛书）

孙持平主编

2008 年 11 月 1 版 1 次

68.00 元

16 开　260 页

本书通过近 200 幅从清代末年到 20 世纪 80 年代初期反映银行业历史的珍贵照片，配以知名作家、专家的点睛妙笔，黑白瞬间传递的信息得以充实和细化，口耳相传的金融往事变得真切可感，内容也显得更为丰富多彩。

中国大佛（修订版）

吕立春总摄影　顾美华编撰

1994 年 12 月 1 版 1 次

修订版 2005 年 8 月 1 版 1 次

精装 160.00 元

大 16 开　204 页

本书是迄今第一部汇集大佛庄严宝相并系统介绍中国大佛的摄影集。主摄影者吕立春为著名摄影家，他带领摄制组在三年中徒步于高山峻岭、沙漠旷野，行程六万里，摄得分布于 18 个省市自治区以及香港地区的大佛及其所在胜景的珍贵照片二千五百余幅，展示了约一千五百年间中国大佛的艺术风貌。本书精选照片二百余帧，配有中英文对照的说明文字。

中国雕塑观音

马元浩摄影

1994 年 7 月 1 版 1 次

1996 年 4 月 1 版 2 次

精装 80.00 元

大 16 开　94 页

本书汇集中国摄影家协会会员、英国皇家摄影协会高级会士马元浩先生在全国拍摄的观音雕塑，包括正观音、白衣观音、水月观音、数珠手观音、紫竹观音等等各种观世音菩萨的庄严妙相。所摄雕塑，早起北魏，晚至近年，均为中国雕塑中的上乘之作。

百莲图

马元浩摄影

1994 年 7 月 1 版 1 次

1996 年 4 月 1 版 2 次

精装 80.00 元

大 16 开　96 页

本书从马元浩先生多年拍摄的荷花作品中精选一百余幅，每一图片均配以中国古诗词中的名句隽联，使诗情画意，相得益彰。

百树图

马元浩摄影

1998 年 2 月 1 版 1 次

98.00 元

大 16 开　112 页

百余幅树景、树境、树趣的彩色照片，把我们带往自然，带到树的世界，领略树的兴衰荣枯、千姿百态，感受树与人的交流。全书以诗配图的方式编辑，使诗情与画意完美结合。

百子呈祥

——中华开心宝宝

赵昌平主编

2009 年 9 月 1 版 1 次

精装 50.00 元

12 开　120 页

　　这本图册的主体一百余幅当代中国开心宝宝的写真,是由全国各地百里挑一而来,与作为本书插页的袁可仪、张德宝二先生精心绘制的"百子图"、"吉祥图"相应。

观音与中国佛像巡礼

马元浩著

2008 年 1 月 1 版 1 次

精装 328.00 元

大 12 开　300 页

　　作者积二十年之功,走南闯北,搜罗汇编,辑成以观音菩萨为主体的佛像摄影大观。

花之灵

——王小慧观念摄影系列作品集

王小慧著

2002 年 6 月 1 版 1 次

88.00 元

12 开　130 页

　　本书是旅德艺术家王小慧女士在国内出版的第一部专题摄影画册。她用既平易又独特的拍摄手法展现感人视觉效果。不是将花简单地归属于"美",而是赋予它们生命的斑斓、落寞与原始的冲动。

口述历史:尔冬强和 108 位茶客

尔冬强主编

2010 年 9 月 1 版 1 次

精装 320.00 元

16 开　288 页

　　本书是一本记录朱家角普通民众生存生活的口述历史作品,作者通过对朱家角许多茶客的采访,介绍了古镇从清末到改革开放前普通民众的生活细节和历史人文片段,展现了古镇的人文传统和人文气息。

天一生水:"天一阁"

——江南士子的精神家园

王利勇摄影编撰

2002 年 9 月 1 版 1 次

精装 168.00 元

20 开　104 页

　　这是一本很有特色的精美摄影集。作者通过摄影镜头捕捉宁波旖旎风光的瞬间和天一阁园林、建筑等的巧妙构思,再现了宁波的历史渊源及人文景观,突出天一阁藏书楼的文化内涵和外延影响。摄影图片还配有古诗文品题、作者旁白描述等。

上海 360°

上海市政协文史资料委员会编著

2003 年 12 月 1 版 1 次

2006 年 1 月 1 版 2 次

精装 400.00 元

大 12 开　250 页

　　本书是一部反映上海新面貌的大型摄影作品集。大量采用 360° 全景照和航空拍摄等巨幅照片,角度新颖,气势宏伟,全方位地展示上海近年来的高速发展变化。

浦江儿女雪域情

——上海首批对口支援西藏干部摄影集

本书编委会编

2003 年 7 月 1 版 1 次

精装 150.00 元

大 16 开　168 页

　　本集反映了上海首批援藏干部在为期三年的援藏工作中,克服困难,为西藏日喀则地区各族人民办实事、做好事、打基础、谋发展的动人事迹。集中的每一张照片都是一个有意义的历史镜头。

情系日喀则

——上海第二批对口支援西藏干部摄影集

本书编委会编

2001 年 12 月 1 版 1 次

精装 150.00 元

大 16 开　160 页

　　本集直观地反映了上海第二批对口支援西藏干部在藏三年工作、学习、生活的情况。照片与说明文字均由援藏干部提供。

继往开来的闵行区政协

——第二届闵行区政协工作集锦

上海市闵行区政协编

2003 年 1 月 1 版 1 次

精装 280.00 元

长 12 开　108 页

　　本书全部用彩色图版,按"政治协商"、"民主监督"、"参政议政"、"团结联谊"、"委员风采"、"友好往来"六个块面,再现了第二届闵行区政协工作的风采。

（五）陶瓷　玉石　工艺

紫　　砂

中国紫砂

徐秀棠著

1998 年 11 月 1 版 1 次

2015 年 10 月 1 版 12 次

精装 128.00 元

16 开　256 页

　　本书向读者娓娓道出紫砂陶的起源发展、取材制作、传授师承、印记装饰、鉴赏识别,乃至陶艺的文化、艺术背景。图文并茂,有彩色图片三十余帧,伴文图版一百余幅,极便于对照阅读、欣赏和鉴识。

徐秀棠紫砂陶艺集

徐秀棠著

2000 年 12 月 1 版 1 次

2008 年 3 月 1 版 2 次

精装 98.00 元

大 16 开　图 100 幅　200 页

　　本书汇集了当代紫砂工艺大师徐秀棠先生从艺几十年的代表作。他的作品不泥古、善出新,首辟紫砂雕塑行当,同时以塑入壶,完全突破了传统壶形的窠臼,更兼之其精湛的陶刻,使得无论其雕塑还是茶壶,皆别具风韵。

中国紫砂大师

山谷编著

2003 年 5 月 1 版 1 次

2006 年 8 月 1 版 2 次

特精装 198.00 元

大 16 开　图 300 幅　330 页

　　本书是七位紫砂界中国工艺美术大师——顾景舟、蒋蓉、徐汉棠、徐秀棠、谭泉海、吕尧臣、汪寅仙的首次联袂编集,作品涵盖紫砂茶具、雕塑、陶刻等诸门类,代表了当今中国紫砂艺术的最高成就。书中除收录每位大师各时期代表作共三百余幅外,更详细介绍他们的从艺经历。

紫砂泰斗顾景舟

徐秀棠　山谷著

2004 年 9 月 1 版 1 次

88.00 元

20 开　图 130 幅　190 页

　　本书讲述壶艺大师顾景舟的人生历程。同时辑入顾景舟论紫砂艺术的理论,及后人对其艺术境界的评价,并配以百余幅顾景舟紫砂壶精品图片。

景舟壶艺流别录

——紫砂泰斗顾景舟九十诞辰纪念展作品集珍

徐秀棠主编　潘持平副主编

2004 年 12 月 1 版 1 次

精 168.00 元

大 20 开　图 300 幅　280 页

　　2004 年"顾景舟九十诞辰纪念展",展出 18 件顾景舟各个时期的精品及他的弟子们的紫砂精品共 258 件(套),是对顾景舟壶艺流派的一次很好总结与展示。这本画册完整再现了这次展览的作品。

宜兴紫砂陶

史俊棠主编

2007 年 6 月 1 版 1 次

精装 158.00 元

大 16 开　200 页

　　本书从宜兴紫砂陶的起源及其历史沿革,紫砂泥的分类及采掘工艺,紫砂陶的制作工艺、装饰工艺、烧制技术,紫砂陶的品种门类,以及紫砂艺术的传承流派等多个角度深度切入,内容详尽,与 200 余幅彩色图片交相辉映。

永远的陶都

史俊棠著

2007 年 12 月 1 版 1 次

32.00 元

大 32 开　312 页

　　本书作者为宜兴陶瓷行业会长。本书收录了他历年来所写的一些与紫砂相关的散文、随笔、考察报告等。

宜兴青瓷

史俊棠主编

2010 年 10 月 1 版 1 次

精装 168.00 元

大 16 开　184 页

　　《宜兴青瓷》是第一部详细介绍青瓷这一古老陶瓷工艺的著作。全书分宜兴原始陶瓷、古代宜兴青瓷、现代宜兴青瓷、宜兴青瓷原料釉料、宜兴青瓷生产工艺及装备、宜兴青瓷生产企业、宜兴青瓷艺术成就和宜兴青瓷论文集粹等八个部分，同时配有百余幅青瓷图片，图文并茂，全方位地介绍了宜兴青瓷的过去和现在。

紫砂入门十讲

徐秀棠　山谷著

2006 年 7 月 1 版 1 次

2014 年 6 月 1 版 10 次

49.00 元

大 24 开　272 页

　　本书在略述紫砂的起源、门类之后，对如何选购、使用紫砂壶，如何鉴别、收藏紫砂艺术品，以及紫砂老店号的变迁，艺人印款的沿革等逐一加以分析阐论，并详细介绍了明清迄近现代的名人名作。书中另有 200 余幅彩色图片，多系第一手材料。

紫砂壶铭赏析

陈茆生　丁兴旺著

2006 年 6 月 1 版 1 次

26.00 元

大 32 开　160 页

　　鉴赏宜兴紫砂壶，人们往往把握"泥、形、工、饰"四字，即称赞其独特的材质美、别致的造型美、精湛的工艺美以及高雅脱俗的装饰美。本书选编了明清两代多位艺人和文人的有代表性的壶铭 71 则。结合壶形，对每则壶铭先作字词诠释，后作简单的评价赏析。

风雅紫砂

山谷著

2006 年 6 月 1 版 1 次

28.00 元

16 开　136 页

　　本书选取近 60 种历代名家紫砂精品（包括紫砂壶、紫砂雕塑、紫砂杂件），从历史人文的角度对其造型特色、寓意内涵等进行解读，以此展现紫砂文化的多元性，拓展紫砂文化的内蕴。

砂壶选粹

李明编著

2008 年 6 月 1 版 1 次

精装 608.00 元

8 开　图 200 幅　400 页

　　本书系宜兴紫砂界以收藏历史茗壶而著称的李明先生的紫砂藏品结集，其中精选了时大彬、徐友泉、陈鸣远、杨彭年、邵大亨、黄玉麟、程寿珍、俞国良、陈光明、冯桂林、裴石民、吴云根、朱可心、王寅春、顾景舟等近 20 位紫砂历史上赫赫有名的壶艺大家的紫砂精品力作 200 余件加以介绍，很多作品为首次公开出版。

紫砂典籍·题咏·铭文鉴赏

陈茆生著

2008 年 11 月 1 版 1 次

25.00 元

32 开　212 页

　　本书分"典籍品读"、"题咏品赏"、"壶铭品析"、"壶韵品藻"四个部分，既有对历史上重要的紫砂典籍的分析介绍，也有选取明清两代较有代表性的紫砂题咏、壶铭，特别是曼生壶的题铭、宫廷砂器的题铭、历史文化名人的题铭等进行诠释品鉴。

石民冶陶

——裴石民紫砂艺术

裴峻峰主编

2009 年 1 月 1 版 1 次

精装 298.00 元

大 16 开　260 页

　　著名紫砂艺人裴石民（1892—1976）有"陈鸣远第二"之美誉。其光素茗壶、花货茶具技艺精湛，在紫砂艺苑中独树一帜。尤擅制仿古紫砂器、水丞、杯盘、炉鼎等,造型典雅别致。本书分"生平简介"、"作品荟萃"、"工具纸样"、"艺坛往来"、"回忆思念"、"桃李飘香"六部分。

宜兴均陶

史俊棠主编

2009 年 1 月 1 版 1 次

精装 168.00 元

16 开　188 页

　　宜兴均陶是指宜兴均山一带生产的带釉陶器,它历史悠久,以其特有的"红若胭脂,青若葱翠,紫若墨黑"的"均陶釉色"和全手工"堆花"工艺著称于世。本书分五个部分讲述宜兴均陶的历史沿革、工艺特色、产品门类、艺术成就等,着重书写明清时期"欧窑"和"葛窑"的特色,现代宜兴均陶的神韵,展示"均釉"和"堆花"这两项陶艺绝技的魅力等。

2005 年中国陶都宜兴国际陶艺展作品集

洪雅主编

2006 年 6 月 1 版 1 次

158.00 元

16 开　132 页

　　在 2005 年中国陶都宜兴国际陶艺展上,中西方当代陶艺作品激情碰撞、传统与现代陶艺有机融合,共同组成了当代陶瓷艺术最为生动的画卷,昭示着其未来的发展前景。本画册收入了此次盛会上来自海内外陶艺家近 200 件风格迥异的陶瓷艺术精品,其中既有中西方陶艺大师的创意之作,也有后起之秀的精品力作。

其　　他

巫玉之光

——中国史前玉文化论考

杨伯达著

2005 年 9 月 1 版 1 次

精装 80.00 元

16 开　270 页

　　著名的中国玉器鉴定学家杨伯达先生,多年来坚持中国玉文化学的开拓性研究,并取得了令人瞩目的成果。本书正是杨伯达先生闪烁着真知灼见的思考与研究的结集,而且还提出许多新的课题。本书配了上百张精美的实物图片,给读者带来直观的感受。

中华奇石

本社编

1994 年 11 月 1 版 1 次

1999 年 11 月 1 版 3 次

特精装 238.00 元

大 16 开　图 700 幅　260 页

　　本书收录了七百余幅观赏石精品照片,石种包括灵璧石、太湖石、雨花石等数十类。在"名人藏石"一栏里,有周恩来、沈钧儒、梅兰芳、徐悲鸿、老舍、艾青等知名人士收藏的奇石,大多是首次披露,弥足珍贵。

新世纪中华奇石

本社编

2000 年 12 月 1 版 1 次

2002 年 9 月 1 版 2 次

特精装 168.00 元

大 16 开　240 页

　　本书基本囊括了目前国内著名藏石家收藏的观赏石精品。其中所收石种,更具鲜明的象形特征。全书中英文对照,共分"风景"、"人物"、"植物"、"动物"、"建筑"、"百物"、"文字"、"琼石"、"禅石"九个板块,一百多个小类。每一小类均配有古诗词,奇石与诗词相得益彰。

中华古奇石

主任编委:陈瑞枫　执行主编:俞莹

2001 年 12 月 1 版 1 次

特精装 158.00 元

大 16 开　图 258 幅　210 页

　　人与石结缘于洪荒之世的石器时代,由器用进而至赏玩,势极自然。汉魏以降,帝王公卿别业以奇石点缀风景者,备见于辞赋与典籍。及至唐宋,豪绅士大夫间蓄石之风尤盛。赏石爱石之好,历千年而不衰,却从未见有汇集千古名石之谱。本画册继《中华奇石》及《新世纪中华奇石》之后推出,书中收有海内外所藏古石二百余方,分为"园林古石"和"案几古石"两大类。全书中英文对照,内容包括该石种的来龙去脉、遗闻轶事。

中国神垕李和振炉钧作品集

程伟　梅国建　熊云新编著

2010 年 9 月 1 版 1 次

精装 280.00 元

大 16 开　198 页

本书阐述了炉钧的发展及其历史文化内涵,展示了李和振先生精美炉钧作品180件

黄杨木雕第一家
——徐宝庆黄杨木雕鉴赏
徐才宝 徐右卫编
2003年8月1版1次
精装130.00元
大16开 140页

"海派"黄杨木雕创始人徐宝庆先生善于将西方的素描技法、解剖知识和雕塑技巧与中国传统的雕刻技巧相互结合,作品极具表现力。本书介绍他的艺术风格及优秀作品,作品涉及历史典故、宗教传说、儿童游戏、农村劳作等题材,生动传神。

竹刻留青第一家
——徐氏父女竹刻鉴赏
恽甫铭主编
2002年4月1版1次
精装130.00元
大16开 128页

留青是竹刻艺术中的一种,是利用竹皮与竹肌不同的色差,表现中国书画的笔墨、韵味和刀法,其作品形式多为笔筒、臂搁、折扇、镇纸等。徐秉方父女是常州竹刻艺术家徐素白的后人,他们的留青竹刻作品在海内外有着很高的声誉,中央电视台称之为"海内留青第一家"。本书收集了徐秉方、徐文静、徐春静的留青竹刻六十多件,并加以赏析。

徐秉方刻竹人生
高进勇著
2004年12月1版1次
精装65.00元
24开 图100幅 228页

本书以传记文学的形式介绍留青竹刻家徐秉方。他从一个农村河边顽童成长为享誉海内外的竹刻大师。书中收有作者不同阶段的作品。

(六)建 筑

中国古代建筑文化史
沈福煦著

2001年7月1版1次
2002年10月1版3次
26.20元
大32开 460页

本书着眼于建筑与人类生活的联系,把建筑史视为文明发展的历程。结合有关史料传闻、诗联典故,自上古迄近代,通过城市、宫殿、苑囿、陵墓、住宅、寺庙及公共建筑等建筑语言,发掘其中所含哲学、美学等中国古代观念形态。附插图近300帧,以收直观之效。

明清民居木雕精粹
周君言编著
1998年2月1版1次
精装180.00元
16开 图507幅 260页

中国传统建筑独立于世界建筑之林的特质是木构架。本书是对明、清时期中国民居建筑木雕最繁荣、最精彩的地区——浙中地区,进行长期发掘、研究、资料收集和整理的结果。不仅展示了中华民族丰厚的文化传统和精湛的技艺,也为鉴别明、清时期建筑木雕的特性提供了珍贵的依据。其中多数图片内容已被破坏而不复存在,因此本书尤为珍贵。

京华遗韵
淡欣著
2004年8月1版1次
精装260.00元
大16开 图355幅 240页

本书以独特的视角记录了北京胡同建筑的优美、典雅和精致。随着城市的变迁,有些景致都已成了消逝中的风景。全书分四部分:街门、铺面房、屋宇式街门之内外装修、砖雕建筑精品集粹。不仅介绍建筑上的智慧和成果,也讲述风景里的文化、历史和故事。

透视上海近代建筑
沈福煦 沈燮癸著
2004年5月1版1次
精装30.00元
大32开 386页

上海自19世纪中叶开埠以来,迅速发展为全国首屈一指的大都会。本书通过近300个实例全面介绍了旧上海有代表性的建筑的艺术风貌和特色,而且钩沉探源地介绍了各建筑拥有者的历史变迁,使读者能够透过

"建筑"了解当时的文化背景。

东方的塞纳左岸
——苏州河沿岸的艺术仓库

韩妤齐　张松著

2004 年 4 月 1 版 1 次

180.00 元

大 16 开　140 页

　　本书从艺术仓库的缘起与变迁讲起,突出介绍了苏州河沿岸艺术仓库的历史、发展与现状,既有对苏州河沿岸产业建筑的理性分析(实地调查报告),又有对艺术仓库的保留与抢救的感性设想。并配有大量的历史照片。

建筑的山水之道

南舜熏　南芳著

2007 年 12 月 1 版 1 次

228.00 元

16 开　320 页

　　本书主要从靠山、亲水等角度将中国传统建筑分门别类,其中包含作者近十年亲历其境所拍摄的大量照片以及作者精心绘制的各类建筑的线图,直观和科学地表现中国传统建筑的环境、个性及内涵。书中对每类建筑都从选址和布局方面来探讨其在中国传统文化中的表现形式以及诸多建筑风格中所体现出来的"中和"精神。

（七）艺术研究论集

中国古代民族艺术研究系列

西夏艺术研究

上海艺术研究所　宁夏民族艺术研究所著

2009 年 7 月 1 版 1 次

精装 380.00 元

16 开　344 页

　　本书通过对存世的西夏文化艺术,包括西夏绘画、雕塑、书法篆刻、建筑、服饰、工艺美术、音乐、舞蹈,综合文献史料进行阐述,勾勒出丰富而完整的西夏艺术世界。本书收有实地拍摄的国内外约五百幅西夏艺术品图版,是同类图书中收录最完全、研究最全面的学术成果,更能给人直观的享受。

龟兹艺术研究

上海艺术研究所　新疆艺术研究所

新疆维吾尔自治区博物馆　新疆龟兹研究院著

2014 年 4 月 1 版 1 次

精装 428.00 元

16 开　296 页

　　全书充分挖掘国内外第一手资料,并按照艺术门类编排,分为绘画、雕塑、建筑、音乐、舞蹈、服饰、书法篆刻、工艺美术八大类。每一章包括概述、引文、书证、图示以及图片说明、图版、附录,全方位多角度展示了龟兹这一古代西域大国多元交融的独特艺术魅力。

高昌艺术研究

上海艺术研究所　新疆艺术研究所

新疆维吾尔自治区博物馆　吐鲁番地区文物局著

2014 年 4 月 1 版 1 次

精装 398.00 元

16 开　268 页

　　本书按照绘画、雕塑、建筑、戏剧、音乐、舞蹈、服饰、书法、工艺美术各专题对高昌艺术进行了分类研究。

中西艺术比较丛书

凝固的旋律
——中西建筑艺术比较

刘天华著

2005 年 5 月 1 版 1 次

45.00 元

24 开　图 300 幅　310 页

　　本书作者通过对中国和西方各时期、各类型的典型建筑的详细剖析和全方位的比较,向广大读者展示了中西方建筑艺术的精髓所在及两者之间的异同。书中附有关建筑的彩色插图三百余幅。

不一样的白日梦
——中西电影艺术比较

李舰著

2005 年 8 月 1 版 1 次

36.00 元

24 开　图 300 幅　250 页

　　作者站在电影爱好者的观赏角度,循着电影发展的脉络,总结中西电影艺术的异同。书中既有中西电影流派的比较,也有中西具有代表性的电影作品的比较;既有影响中西电影艺术的著名电影人的比较,也有表彰中西电影艺术成就的电影节的比较。

中西纹饰比较

芮传明 余太山著

1995 年 10 月 1 版 1 次

精装 34.00 元

大 32 开 图 252 幅 204 页

本书将中国古代(汉以前)的各类纹饰(诸如卍字、十字、雷纹、圣树、异兽、足印、花卉、飞禽等)与古代希腊、罗马、埃及、两河流域、印度、中亚、南俄等地发现的类似纹饰进行系统的比较研究,并为上古时代东西方交通状况提供了许多新证据,填补了学术空白。

与大师谈艺丛书

本丛书以交谈问答及夹叙夹议的形式,通过大师的艺术实践、艺术思想及创作的形式,写出大师们各自的艺术个性及其艺术作品的内涵。书中精心配制了大量的艺术作品,生动具体,使全书内容更为丰富。

三釜书屋程十发

郑重著

2004 年 7 月 1 版 1 次

34.00 元

18 开 150 页

本书介绍程十发的艺术经历及主要艺术特色。

大石斋唐云

郑重著

2004 年 5 月 1 版 1 次

32.00 元

18 开 140 页

本书介绍唐云的艺术经历及主要艺术特色。

壮暮堂谢稚柳

郑重著

2004 年 5 月 1 版 1 次

35.00 元

18 开 160 页

本书介绍谢稚柳的艺术经历及主要艺术特点。

高花阁陈佩秋

郑重著

2004 年 5 月 1 版 1 次

33.00 元

18 开 146 页

本书介绍陈佩秋的艺术经历及主要艺术特点。

艺术大家个人词典系列

吴湖帆词典

江宏 邵琦编著

2001 年 12 月 1 版 1 次

26.00 元

超 32 开 124 页

本书收罗史料、轶闻,以全新的形式,通过对吴湖帆生平、书画艺术的全面介绍和品评,并附创作年谱、拍卖记录等资料,介绍了吴氏的艺术创作历程。

陆俨少词典

徐锦江编著

2001 年 12 月 1 版 1 次

26.00 元

超 32 开 140 页

本书通过对陆俨少生平、创作、画论及作品的介绍,并附以年表、拍卖记录,清晰地勾勒了陆俨少一生的创作历程。

吴冠中词典

赵士英编著

2001 年 12 月 1 版 1 次

26.00 元

超 32 开 148 页

本书集合吴冠中 50 幅作品和大量的生活照片,采用图文形式全面叙述艺术大师吴冠中的创作经历,还附录了吴冠中的年表、拍卖记录,对研究和收藏均具有重要参考价值。

詹建俊词典

徐虹编著

2001 年 12 月 1 版 1 次

26.00 元

超 32 开 124 页

本书融人物传记与美术欣赏于一体，将油画家艺术奋斗的曲折经历和不懈创作的过程生动形象地展示出来。大量的珍贵生活照片，立体地展现了画家的人生历程；60幅优秀代表作，完整展示了其油画艺术的魅力。

纪念傅抱石诞辰一百周年系列

傅抱石绘毛泽东诗意画册
本社编
2004年12月1版1次
2012年11月1版2次
锦函线装 3900.00 元
大4开　84页

傅抱石先生是我国现代杰出的中国画大师，他于20世纪50年代初至逝世前十余年间，精心创作毛泽东诗意图达数百幅，在艺术表现上几乎臻于完美的境界。本书精选了其中精粹之作22幅，包括曾创造出1980万元中国画近现代画家拍卖最高价格的8开册页"毛泽东诗意册"，首次用高规格线装本宣纸彩印，并辑集毛泽东诗词手迹。

傅抱石精品画集
傅抱石著
2004年6月1版1次
精装 360.00 元
大8开　图217幅　222页

傅抱石的作品吸收了水彩画和日本画的优点，气势恢宏，潇洒灵秀。其人物画用笔洗练，着重气韵；山水画集水、墨、色于一体，浑茫大气，独创"抱石皴"。本画集共收入200余幅作品，是从分散在国内外的上千幅傅抱石作品中精选出来的，其中有数十幅是未正式发表过的，具有极其珍贵的历史价值与艺术欣赏价值。

傅抱石（其命唯新——纪念傅抱石诞辰一百周年）
江苏省文化厅　江苏省国画院编
2004年7月1版1次
精装 480.00 元
8开　145页

本作品集系纪念国画大师傅抱石先生百年诞辰而编。收录了傅抱石先生80幅精品画作、傅抱石书法作品、傅抱石篆刻艺术、少量傅抱石生活照片等。

傅抱石所造印稿（全二册）
叶宗镐编
2004年10月1版1次
线装 238.00 元
6开　210页

本书为傅抱石先生生前所造印稿集锦，收集抱石先生在各个不同历史时期创作的篆刻六百余方，基本展示了先生的篆刻风貌、演变过程及杰出的成就。

刻印概论
傅抱石著
2003年9月1版1次
线装 198.00 元
16开　93页

本书是傅抱石先生有关篆刻艺术概略的手稿遗著，草成于1926年秋，复加修订。由于种种原因，迄未刊行，尘封箧底已历半个多世纪。今从抱石先生后人处获此秘笈，以宣纸线装影印。全书从篆刻艺术的源流、印材、印式、篆法、章法、刀法、杂识各个层面条分缕析，并附有大量珍贵的篆刻图录。

傅抱石年谱
叶宗镐著
2004年9月1版1次
68.00 元
16开　160页

本书以翔实丰富的内容、严谨细致的考订、完备明了的体例，全面详细地展现了抱石先生的一生，填补了国内外研究的空白。书中还收录了傅抱石先生画作、篆刻、照片等五百余幅，兼具研究与鉴赏的双重价值。

傅抱石美术文集
傅抱石著　叶宗镐编
2003年9月1版1次
98.00 元
18开　564页

本书编集了傅抱石先生20世纪20—60年代的美术论著近80篇，50万字，是从先生大量著作中撷取出来的最具代表性的一部分。内容涉及中国美术史、绘画理论、美术评论及金石篆刻、工艺美术、绘画技法、创作经验、心得体会等方面，为我国美术史研究的奠基之作。

中国京昆艺术家评传丛书

夫子继圣　春泥护花
——程长庚评传

王灵均著

2014 年 6 月 1 版 1 次

40.00 元

18 开　192 页

　　此书记录了程长庚作为京剧艺人的一生,从其艺术经历也可窥见早期京剧的发展面貌。并附大事年表、源流谱系、研究资料索引等。

四海一人　伶界大王
——谭鑫培传

周传家著

2013 年 8 月 1 版 1 次

42.00 元

18 开　264 页

　　本书记录谭鑫培的一生,也可见京剧老生流派的发展脉络和京剧鼎盛时期的梨园风貌。并附有传主大事年表、源流谱系、研究资料索引等。

清风雅韵播千秋
——俞振飞评传

唐葆祥著

2010 年 6 月 1 版 1 次

30.00 元

18 开　248 页

　　此书记述了俞振飞的人生经历、艺术创作、思想性格等,全面展示了他坎坷又充满传奇色彩的一生;并附有"俞振飞生平大事记"、"俞振飞源流谱系"、"俞振飞诗词选"、"俞振飞研究资料索引"等内容,资料翔实。

曲学大成　后世师表
——吴梅评传

王卫民著

2010 年 8 月 1 版 1 次

32.00 元

18 开　266 页

　　本书全面介绍了吴梅的一生及其在曲学研究和教学等方面的卓越成就。附有"吴梅年谱"、"吴梅源流谱

系"、"吴梅研究资料索引"。

仙乐缥缈
——李淑君评传

陈均著

2011 年 4 月 1 版 1 次

36.00 元

18 开　256 页

　　本书讲述了李淑君是如何踏上昆曲道路,如何在时代的变化中学习昆曲艺术,和从事昆曲表演的经历。

春风秋雨马蹄疾
——马连良传

张永和著

2011 年 5 月 1 版 1 次

40.00 元

18 开　268 页

　　本书深入阐述马连良的人生和艺术;对马之代表剧目均能述其源流,点其精要,兼谈京剧历史典故和趣闻轶事。

余叔岩传(修订版)

翁思再著

2011 年 8 月 1 版 1 次

42.00 元

18 开　256 页

　　本书力图展现余叔岩的一生经历和业绩,体现他的文化价值。

寂寞言不尽
——言菊朋评传

张伟品著

2011 年 7 月 1 版 1 次

38.00 元

18 开　220 页

　　言菊朋一生不很得志,故后却声名日隆。本书兼谈菊坛旧闻轶事,有较强的可读性。书后附言菊朋生平大事记、源流谱系、言菊朋的唱片、研究资料索引。

义兼崇雅　终朝采兰
——丛兆桓评传

陈均著

2011 年 12 月 1 版 1 次

42.00 元

18 开　292 页

　　本书叙述了丛兆桓的家世、生平经历及演艺道路，又将丛兆桓关于昆曲的观点融入其中。

傲然秋菊御风霜

　　——程砚秋评传

陈培仲　胡世均著

2011 年 11 月 1 版 1 次

42.00 元

18 开　316 页

　　本书叙述程砚秋传奇而艺术的一生，对其唱腔、表演、剧目的特色，及其程派艺术的形成发展过程够有细致描写和深入分析。书末附有程砚秋大事年表、程派源流谱系、程砚秋研究资料索引等。

梅兰惊艳　国色吐芬芳

　　——梅兰芳评传

李伶伶著

2011 年 12 月 1 版 1 次

40.00 元

18 开　260 页

　　本书在把握梅兰芳一生的基础上，选择其人生经历中的重要片段，从一个后世学者的角度来审视一个艺术大师的成长过程。书后附有梅兰芳生平大事记、梅派源流谱系和研究资料索引。

燕南真好汉　江南活武松

　　——盖叫天评传

龚义江著

2012 年 3 月 1 版 1 次

38.00 元

18 开　240 页

　　本书记述了京剧表演艺术家、武生泰斗盖叫天的一生，并对其表演美学作深入探讨。书后附盖叫天艺术年表，具有较高的资料价值。

清风吹歌　曲绕行云飞

　　——尚小云评传

李伶伶著

2012 年 10 月 1 版 1 次

38.00 元

18 开　220 页

　　本书讲述了京剧大师尚小云先生的一生，尤其强调其凛然之正气以及在培养京剧艺术人才方面的贡献。书后附有尚小云生平大事记、源流谱系和研究资料索引。

雅部正音　官生魁首

　　——蔡正仁传

谢柏梁　钮君怡著

2012 年 5 月 1 版 1 次

42.00 元

18 开　308 页

　　本书叙述蔡正仁起伏跌宕的艺术人生，及其在传承和发展昆剧艺术中的贡献和探索。行文生动，并配以大量珍贵照片，图文并茂。

铁板铜琶大江东

　　——侯少奎传

胡明明著

2012 年 11 月 1 版 1 次

38.00 元

18 开　200 页

　　本书讲述侯少奎学艺、从艺的经过，对其流派传承和艺术表演有深入阐述，从中也可见建国后北方昆曲的发展演变。书后并附侯少奎年表、源流谱系、研究资料索引。

艺融南北第一家

　　——李万春传

周桓著

2012 年 6 月 1 版 1 次

38.00 元

18 开　228 页

　　本书记录了李万春为京剧艺术奋斗、探索的一生，行文朴实，资料翔实。附有传主大事年表、源流谱系、研究资料索引等。

舞古今长袖　演中外剧诗

　　——欧阳予倩评传

陈珂著

2012 年 10 月 1 版 1 次

45.00 元

18 开 282 页

本书记叙著名戏剧、戏曲、电影艺术家欧阳予倩的人生及艺术经历,并对其表演、创作和教育思想有完整深入的总结和评析。书后并附欧阳予倩的生平大事年表及研究资料索引。

剧坛大将
——吴石坚传

顾聆森著

2012 年 5 月 1 版 1 次

38.00 元

18 开 264 页

本书记录了著名戏剧管理者、教育家、评论家吴石坚从戎马生涯到江苏"演艺之父"的传奇一生。

桃李不言 一代宗师
——王瑶卿评传

孙红侠著

2013 年 6 月 1 版 1 次

42.00 元

18 开 256 页

王瑶卿在梨园界被尊奉为"通天教主",梅兰芳、荀慧生、程砚秋、尚小云等旦角名家均都受其教益。此书记录了王瑶卿的生平及艺术经历,全面展示了京剧鼎盛时期旦角艺术的发展和传承状况。书后并附有传主大事年表、源流谱系、研究资料索引等。

月下花神言极丽
——蔡瑶铣传

胡明明著

2013 年 7 月 1 版 1 次

40.00 元

18 开 224 页

此书将蔡瑶铣的人生放到了一个大的历史背景中去描写,如一位当代昆曲发展史的"解说员"。书中对蔡瑶铣的代表剧目,如《牡丹亭》、《西厢记》、《窦娥冤》、《琵琶记》、《女弹》等有详尽介绍和赏析。书后附大事年表、源流谱系表、研究资料索引。

响当当一粒铜豌豆
——田汉传

田本相 吴卫民 宋宝珍著

2013 年 5 月 1 版 1 次

42.00 元

18 开 252 页

本书阐述田汉为戏剧而奋斗的一生,对其《获虎之夜》、《名优之死》、《丽人行》、《关汉卿》、《白蛇传》、《谢瑶环》等代表作有详细阐述,对其戏剧思想亦有深入分析。

天海逍遥游
——厉慧良传

魏子晨著

2013 年 8 月 1 版 1 次

42.00 元

18 开 248 页

本书以"纪实"手法记录厉慧良的一生,从中可见近代京剧武生艺术的发展变迁。书后并附传主大事年表、源流谱系、研究资料索引等。

菊坛大道
——李少春评传

魏子晨著

2014 年 1 月 1 版 1 次

42.00 元

18 开 224 页

本书记录了李少春跌宕人生及其艺术经历,并深入、体统地分析了他的艺术创作和艺术风格。书后并附李少春大事年表、源流谱系、研究资料索引等。

画梁软语 梅谷清音
——梁谷音评传

王悦阳著

2014 年 4 月 1 版 1 次

42.00 元

18 开 212 页

本书详细描述梁谷音丰富而细腻的一生,深入剖析其代表剧目。

银汉三星鼎立唐
——唐韵笙评传

宁殿弼著

2014 年 5 月 1 版 1 次

45.00 元

18 开　280 页

本书在叙述唐韵笙的人生经历后，对其艺术道路、流派风格、表演特色等，有较为深入完整的介绍和分析。书后附有唐韵笙大事年表、剧目表、源流谱系、研究资料索引。

夜奔向黎明
——柯军评传
顾聆森著
2011 年 9 月 1 版 1 次
38.00 元
18 开　230 页

本书叙述了柯军的艺术道路。

皮黄初兴菊芳谱
——同光十三绝合传
张永和著
2014 年 8 月 1 版 1 次
45.00 元
18 开　288 页

"同光十三绝"指同治、光绪时期十三名昆曲、京剧著名演员，分别为老生：程长庚、卢胜奎、张胜奎、杨月楼；旦角：梅巧玲、时小福、余紫云、朱莲芬；武生：谭鑫培；老旦：郝兰田；丑角刘赶三、杨鸣玉；小生：徐小香。此书叙述诸人各自的艺术经历及成就，分析其艺术特色，兼谈逸闻趣事；并讨论京剧形成时期的诸多问题，多有新论。

幽兰雅韵赖传承
——昆剧"传"字辈评传
桑毓喜著
2010 年 8 月 1 版 1 次
2013 年 3 月 1 版 2 次
38.00 元
18 开　340 页

昆剧"传"字辈在昆剧艺术史上，在中国戏剧史上都具有划时代的意义。作者历十余年艰辛，四方搜集资料，寻访"传"字辈演员或知情人，故多为第一手资料，内容翔实，行文严谨，叙述了昆剧传习所的建立，"传"字辈建立"新乐府"、"先霓社"演出等情况，并有 44 位"传"字辈演员的生平经历，以及 700 余折（出）演出剧目的详细介绍。此书对研究近代昆剧，乃至整个戏曲的发展有

极高的文献价值。

昆坛瓯韵
——永嘉昆剧人物评传
沈不沉著
2011 年 11 月 1 版 1 次
2013 年 3 月 1 版 2 次
38.00 元
18 开　262 页

本书细致介绍了在永嘉昆剧发展历史中出现的 30 余位民间艺术家，并在此基础上，勾勒出永嘉昆剧的独特艺术面貌和历史发展过程，展现了当时的文化生态以及观众的爱憎。书后附录《巨轮昆剧团人员花名册》、《永嘉昆曲研究资料索引》。

烟花三月
——扬州昆曲人物评传
林鑫 林喆著
2012 年 1 月 1 版 1 次
2013 年 3 月 1 版 2 次
38.00 元
18 开　270 页

本书以明清时期的扬州府为特定空间，以明清至近现代为时间长链，描述了昆曲在扬州地区的历史演变轨迹，展现了扬州昆曲艺人和理论家在整个明清传奇历史阶段的杰出贡献，揭示了扬州在昆曲发展进程中的历史地位。

其　　他

中国艺海
本社编
1994 年 12 月 1 版 1 次
精装 125.00 元
16 开　1128 页

本书是一部介绍中国各种传统艺术精华的综合性鉴赏类图书，分绘画、书法篆刻、建筑、音乐舞蹈、雕塑、服饰织绣、工艺美术等 7 大编类，共收条目一千二百余，上自原始社会，下迄清代末年（个别编类涉及民国），许多篇章出自名家之手。

中国古代美学艺术论文集
蒋孔阳主编

1981 年 3 月 1 版 1 次

1.20 元

大 32 开　196 页

　　本书收有朱光潜、宗白华、张安治、伍蠡甫、蒋孔阳、李泽厚、徐中玉等 21 篇文章,分别从不同角度,对中国古代美学理论和艺术理论、艺术表现方法等方面的问题作了深入探讨。

童书业美术论集

童教英编校

1989 年 8 月 1 版 1 次

17.90 元

大 32 开　500 页

　　童书业是我国现代卓有成就的史学家,又是山水画家。本书是他于中国绘画史、瓷器史以及美术理论方面研究成果之大成。

琴棋书画

　　——中国古典四大艺术

卢建华著

2000 年 9 月 1 版 1 次

15.00 元

16 开　122 页

　　本书以浅近流畅的文字,对琴、棋、书、画的发生发展历史、基本表现手法、艺术内容、艺术形式及其艺术特征和美学特点等作了叙述。

敦煌艺术叙录

谢稚柳著

1957 年 9 月新 1 版 1 次

新版 1996 年 6 月 1 版 1 次

39.80 元

大 32 开　548 页

　　本书为敦煌学的经典著作,系谢稚柳先生 1942 年至 1943 年实地调查的成果。其中概述部分分析壁画各时代风格特征,考证精详;石窟叙录部分逐项著录断代、洞口、洞内、佛龛、塑像、画记和重要尺寸数据,反映了莫高窟、西千佛洞、榆林窟、水峡口等共约三百六十窟在 20 世纪 40 年代初的实际状况,书中莫高窟以外诸窟的资料至今仍少有发表,尤为重要。附徐自强《新订敦煌莫高窟诸家编号对照表》。

敦煌艺术十讲

赵声良著

2007 年 7 月 1 版 1 次

平装 48.00 元　特装 78.00 元

18 开　266 页

　　本书从中国美术史的角度展开对敦煌艺术的探讨,内容涉及敦煌石窟壁画、彩塑艺术、敦煌写本书法艺术等方面。另外还特别注意到印度及中亚艺术对敦煌的影响。

《诗经》与《楚辞》音乐研究

梁志锵著

2010 年 6 月 1 版 1 次

88.00 元

16 开　284 页

　　书中系统论述了《诗经》和《楚辞》音乐的发展情况、古谱的翻译,及现代音乐如冼星海等对《诗经》和《楚辞》音乐的创造实践。其中许多乐曲都附有五线谱,并录制成 DVD 附于书后。

上海灯彩(教科书)

上海市黄浦区第二文化馆编撰

2013 年 8 月 1 版 1 次

68.00 元

18 开　164 页

　　灯彩是我国普遍流行的民间传统综合性工艺品。近代以来,上海灯彩艺术家们继承了前人的优秀技艺,通过运用不同材质,制作出了形态各异的立体灯彩。本书秉持简单易学的理念,由基础的平面灯入手,通过图文并茂的方式,逐步介绍灯彩的选料、制作工具、详细的制作过程。

《清代学者象传》研究

何奕恺著

2010 年 12 月 1 版 1 次

24.00 元

大 32 开　220 页

　　作者以《清代学者象传》为题,以文献学、史源学、肖像学和传记学等多种视角,对《象传》展开了多维的观照,进行了专题研究。

清代女性服饰文化研究

孙彦贞著

2008 年 6 月 1 版 1 次

48.00 元

16 开 164 页

本书对清代至清末民初女性服饰的演变过程作了全面的研究,阐述了清代汉族和满族女性服饰的源流及演进,侧重分析汉族女性传统服饰和少数民族服饰的冲突与交流,包括对各自文化传统的固守、标新及交融中的潜移默化。通过对满汉服装、身饰的演化历程的回溯,揭示其背后的社会文化内涵,具有丰富的知识性与较高的学术性。

勾阑醉

——戏话·戏画

沐斋著

2014 年 3 月 1 版 1 次

48.00 元

16 开 220 页

本书分为雅、花两部,也就是昆曲和京戏。昆曲的雅与京戏的俗,在作者的笔下,有机融合。

兰花旨

——兰话·兰画

沐斋著

2014 年 3 月 1 版 1 次

68.00 元

16 开 288 页

本书是以文人视角重视审视中国兰文化的实验性经典范本,也是读者了解兰花进而感悟兰心,初识养心方法进而登堂入室的"兰花宝典"。

温文尔雅

沐斋著

2009 年 8 月 1 版 1 次

28.00 元

18 开 216 页

本书从《尔雅》浩瀚的释名中择取与当代读者文化记忆关联密切的一些条目,分别单独成文,内容涉及草、木、虫、鱼、花、鸟等类别。作者对书中所述的字或词,多先从《尔雅》的本意出发,再引用历代诗词、文人笔记,从多个角度对该字或词进行饶有趣味的重新解读与阐释,形成三十一篇篇幅不同的散文。每篇后还配有作者自绘的图画。

(八)艺术鉴定与欣赏

中国书画鉴定与欣赏

承名世 承载著

1996 年 12 月 1 版 1 次

1997 年 1 月 1 版 2 次

精装 78.00 元

16 开 图 240 幅 288 页

本书作者承名世先生,兼擅书画,享誉海内外,经其鉴定的书画品不计其数。本书在林林总总的书画鉴赏类读物中别具一格,更具实用性、操作性与权威性。

中国瓷器鉴定与欣赏

朱裕平著

1993 年 12 月 1 版 1 次

1996 年 2 月 1 版 5 次

精装 60.00 元

16 开 图 500 幅 260 页

本书把中国瓷器精品从艺术鉴赏的角度介绍给读者,综合青花瓷、彩瓷、色釉瓷不同的系统特点纵横比照,并就瓷器的铭文、造型和装饰作专题的艺术分析,是瓷器品鉴和识真的一部必不可少的工具书。

中国玉器鉴定与欣赏

张广文著

1999 年 1 月 1 版 1 次

精装 78.00 元

16 开 图 200 幅 250 页

全书以大量的实物彩照,配合翔实准确的文字,展示了中国玉器艺术的多姿风采和历代玉匠的精湛技艺。阅读此书,可提高对玉质、光泽、器形、工艺等玉器的鉴定和欣赏水平。

中国家具鉴定与欣赏

胡文彦著

1995 年 8 月 1 版 1 次

1997 年 5 月 1 版 3 次

精装 65.00 元

16 开 图 1000 幅 164 页

本书通过大量的实物彩照和形象资料,在介绍历代家具风格差异、工艺特点、文化内涵的同时,提挈了家具鉴定的要素与方法,展示了中国家具艺术的风采和历代匠师的精湛技艺。

中国邮票鉴定与欣赏

郝宪明等编撰

2001 年 6 月 1 版 1 次

68.00 元

16 开　图 150 幅　156 页

本书按照清代、民国、解放区、新中国不同的历史阶段,从我国的第一枚邮票大龙邮票到最新的最佳邮票评选,系统地介绍了我国一百多种珍贵邮票的详细情况。包括这些珍邮的发行时间、背景、图案、版别、刷色、齿孔、肯胶、发行量、真伪鉴定、最新市场价等资料。每种珍邮均附彩色原件照片。

鉴陶品瓷

蔡国声　刘春华著

2004 年 5 月 1 版 1 次

精装 130.00 元

大 16 开　图 156 幅　150 页

作者结合东华陶瓷博物馆的真品,毫无保留地将古陶瓷鉴定的经验和心得传授给广大古陶瓷爱好者。本书从隋唐青瓷与白瓷谈起,一直讲到明、清、近代瓷器,涉猎面广,品种较为齐全,配以图片,易学易懂。

宋代陶瓷纹饰精粹绘录

李雨苍　李兵编绘

2004 年 10 月 1 版 1 次

精装 128.00 元

大 16 开　图 810 幅　360 页

本书收入 569 幅陶瓷纹饰图案,分为"刻划花、印花"、"白地黑花"、"三彩"、"黑色釉"、"褐彩"、"瓷枕"等六类,附有点评,是宋代陶瓷装饰艺术集中而全面的展示。书前《宋代陶瓷装饰艺术概论》从理论上分析和总结了宋代陶瓷装饰艺术的高度成就。

实用宝石鉴定

白洪生　陈学明著

2000 年 12 月 1 版 1 次

2007 年 6 月 1 版 3 次

52.00 元

大 32 开　252 页

如何鉴别宝石的真假? 本书作者总结出一系列简明实用而有效的真假宝石鉴别方法,可以让读者凭自己的眼睛、手感或简单工具,即能迅速准确地判别各类宝石的真伪优劣。本书以深入浅出的语言,详尽分析了钻石、红蓝宝石、祖母绿、海蓝宝石、水晶、翡翠、欧泊、玛瑙、珍珠等各类宝石的产地、特点和珍贵程度,并与类宝石相比较,逐一介绍鉴别步骤、归纳要领,是一部通俗易懂的实用工具书。

新见古玉真赏

张尉主编

2004 年 6 月 1 版 1 次

特精装 258.00 元

16 开　图 500 幅　282 页

本书精心遴选 300 件玉器,配以深入浅出的鉴赏文字,上自 8000 年前的兴隆洼文化,下迄清末民初,覆盖了整个中国大地;材质、器型、工艺上可谓是包罗万象。崭新而独有的内容,为广大的玉器研究家和收藏家提供了权威和最新的资料信息。

明清古玩真赏

朱力主编

2003 年 8 月 1 版 1 次

特精装 238.00 元

大 16 开　图 400 幅　258 页

上海文物商店的店藏文物素有"精品宏富"之誉,本书向读者展示店藏的明清以降古玩杂件精品,共收录了竹木、牙角、铜器、漆器、织绣等五个门类三百余件,每一件器物,详述其工艺特色及时代特征,使读者能仔细辨析、欣赏各个门类的古玩特征,提高鉴别的能力。

古瓷灯话

顾行伟著

2002 年 12 月 1 版 1 次

精装 48.00 元

大 32 开　图 150 幅　156 页

本书收作者收藏的一百五十多件古代油灯、瓷灯的精美照片,配以作者在把玩、欣赏这些有历史感的古灯时对人生的感悟、对艺术的随想。

梅强年珍藏世界古董表鉴赏

梅强年著
2004 年 12 月 1 版 1 次
2014 年 8 月 1 版 2 次
精装 200.00 元
大 16 开　168 页

　　梅强年先生是著名世界古董钟表收藏家及鉴赏家。本书展示的是他几十年来从世界各地收藏的古董钟表的精品，每件都是具有永恒价值的艺术品。书中还介绍了古董钟表的知识。

中外大铜章收藏与鉴赏

上海工艺美术学会大铜章艺术研究专业委员会编
2006 年 8 月 1 版 1 次
精装 100.00 元
大 16 开　128 页

　　大铜章一般是指 60 毫米以上的铜质纪念章，是众多收藏品中一种比较特殊的品种。本书对大铜章的起源、分类、挑选、鉴别、售价、工艺技术、收藏价值等作了详细的介绍。全书图文并茂，挑选了百余枚中外大铜章精品，供广大收藏爱好者欣赏。

古玩随笔

刘鸿伏著
2006 年 1 月 1 版 1 次
2007 年 4 月 1 版 2 次
38.00 元
大 24 开　240 页

　　本书集收藏品鉴、文化研究、散文笔调三者于一体。本书内容分说瓷、说玉、说字画、说杂件、说砚五类，基本上都是作者亲身收藏经验的记录以及文化思考。

鉴画随笔

劳继雄著
2006 年 3 月 1 版 1 次
36.00 元
大 32 开　192 页

　　本书是劳继雄书画鉴定所作的随笔，如董其昌与蓝瑛的关系，石涛《观音图》的年代，高凤翰行草《富春记游卷》辨析等等，都显示了作者深厚的书画鉴定功力，对学习书画鉴定颇有启迪。

盛世风雅颂

——新中国贵金属币章收藏投资鉴赏
黄瑞勇著
2010 年 1 月 1 版 1 次
精装 140.00 元
大 16 开　224 页

　　本书主要介绍新中国成立以来贵金属币章的投资和收藏。全书分为八章，包括新中国贵金属币章介绍、如何收藏新中国贵金属币章、熊猫币章、集币市场和拍卖会、新中国贵金属币章欣赏和如何投资新中国贵金属币章等内容。

紫檀雕塑第一家：屠杰紫檀雕塑鉴赏

屠弋冰　马贵珍编
2012 年 9 月 1 版 1 次
精装 288.00 元
大 16 开　228 页

　　本书为紫檀雕塑大师屠杰先生作品鉴赏集，内含大量屠杰作品鉴赏介绍，并收录部分屠杰及其子屠弋冰的论文。

六 文化

（一）历史文化

文化春秋丛书

原始信仰和中国古神

王小盾著
1989 年 10 月 1 版 1 次
1992 年 10 月 1 版 2 次
1.90 元
32 开　84 页

本书较系统地介绍了人类的原始信仰和中国古神的有关情况，内容包括：人的世界和神的世界、社神和稷神、自然信仰、神秘的姓氏、图腾信仰、伏羲和女娲、祖先信仰、中国古神和中国新神等。

节令风俗故事

韩盈著
1989 年 9 月 1 版 1 次
1.60 元
32 开　48 页

全书分别介绍了有关春联、团年饭和元旦敬神、元宵观灯、清明、浴佛节、端午、六月六、鹊桥会、吃月饼、重阳登高、消寒图与腊八粥等风俗故事。

中国民俗文化

[日]直江广治著　王建朗等译
1991 年 5 月 1 版 1 次
2.85 元
32 开　110 页

本书为海外学者研究中国民俗学的著作，对我国的民间传说、岁时节令、社会传承进行了细致的分析。另有中国民俗学研究史一文，从一个外国学者的角度，对现代中国民俗学研究作了评述。

道教与女性

詹石窗著
1990 年 5 月 1 版 1 次
1992 年 5 月 1 版 2 次
1.95 元
32 开　74 页

道教是中国古代重要的宗教流派，它主张清静、阴柔，因而与女性发生密切关系。本书可说是这方面的第一本著作。全书分"道教与女性崇拜"和"道教与女性修行"两大部分，涉及宗教、神话、民俗学、伦理学、养生学、文学、艺术等诸多领域，是对我国文化传统所进行的一种哲学思考和综合研讨。

古代女性世界

洪丕谟　姜玉珍著
1990 年 11 月 1 版 1 次
1992 年 12 月 1 版 2 次
1.95 元
32 开　76 页

巾帼英雄，才女慧妇，三姑六婆，娼妓鸨母，汇聚成古代女性世界众生相。本书针对妇女的道德规范，被压抑的女性爱情，女性的服装、首饰、技艺，女子的性问题等，展示了一幅幅古代女性生活图卷。

帝王权谋术

金良年著

1989 年 10 月 1 版 1 次

1991 年 4 月 1 版 3 次

2.30 元

32 开　110 页

　　作者剖析了中国历代帝王为了夺取、巩固统治权而施展的种种权术：登位术、太子争宠术、韬晦术、饰贤术、归心术、赏罚术、任用亲信术、忠诚考察术、容忍术、派系平衡术、用女术等等。通过对封建政治隐秘的透视和对专制君主秘计的曝光，有利于读者对过去社会各种弊端的认识，增加有关的历史知识。

古代法官面面观

郭建著

1993 年 12 月 1 版 1 次

4.15 元

32 开　120 页

　　作者用通俗的笔法介绍了中国古代法官的起源和变化、法官的职权与责任、法官的来源及其助手、古代法官的侦破术和裁判术，以及古代法官执法中的难题与著名法官的事迹等，读来饶有趣味。

流氓的变迁

　　——中国古代流氓史话

完颜绍元著

1993 年 12 月 1 版 1 次

4.30 元

32 开　120 页

　　本书通过大量生动的史料，勾勒出中国古代流氓发展史的轮廓。书中对流氓在古代各个历史时期兴衰的缘由，亦从政治、经济、文化诸角度作了剖析，是一部独具一格的通俗学术读物。

封神演义故事

　　周楞伽改编

1991 年 12 月 1 版 1 次

3.90 元

32 开　200 页

　　本书运用现代眼光，在不损害原著前提下去芜存菁，将原百回浓缩改写为 33 章，在展开情节、铺叙故事、抒写幻想、刻画人物性格等诸多方面更比原著鲜明生动。

漫话金瓶梅

孙逊　周楞伽著

1988 年 12 月 1 版 1 次

1992 年 9 月 1 版 5 次

3.95 元

32 开　228 页

　　本书选取古典小说名著《金瓶梅》精华，其中包括西门庆、潘金莲、李瓶儿、春梅四个主要人物的全部故事，诸凡原书对于市井世态人情的绘声绘影的描摹，对于官府黑暗的无情讽刺以及对家庭闺阁的隐情私事的揭露，悉予保存，足供读者欣赏并了解全书梗概。

古代养生术

沈庆法　朱邦贤著

1991 年 12 月 1 版 1 次

1.80 元

32 开　72 页

　　我国古代长期形成的养生健身术，在历代医学典籍和其他著述中有着丰富记载，作者从中选取今天仍有实用价值的部分，按门类介绍，一年四季，膳食营养，心理保健，体育锻炼以及性生活各个环节，都有相应的养生健身措施可供采用。并从现代医学角度作深入浅出的说明。

笑史漫画

伏琛文　王往画

1991 年 5 月 1 版 1 次

1.55 元

32 开　58 页

　　本书是一部由著名漫画家王往、杂文家伏琛合作而成的古代笑话漫画集锦，令人在捧腹大笑之余，获得对古代社会生活的多方面认识和深邃的哲理思索。

幻术奇谈

　　周楞伽著

1993 年 12 月 1 版 1 次

3.15 元

32 开　88 页

　　本书介绍传奇式的幻术人物和精彩的幻术情节，以及中外幻术交流的趣事佚闻，对历史上享有盛名的幻术家壶公、于吉、左慈、张果、叶法善、罗公远等的神技均作详尽描述；对缩地、分身、断头、落钱、上天、顷刻开花、人变兽畜、吐纳人物等奇妙幻术更有绘声绘色、淋漓尽致的介绍。

旅游文化探胜

顾承甫著

1990 年 12 月 1 版 1 次

1.70 元

32 开　62 页

　　本书从旅游文化入手,介绍有关景点、旅游家、旅游著作、旅游工具及娱乐器具的文化背景与意识,既有生动有趣的旅游故事,又有助于对旅游文化的探求。

围棋古谱妙手选

赵之云　陈健选讲

1990 年 7 月 1 版 1 次

2.30 元

32 开　108 页

　　本书选择了中国古代围棋谱中的 62 则死活题加以讲解。每则都冠以富有诗情画意的题名,而依据难易程度,分为初级、中级、高级三部分。各题正解中的妙手,本书都作了详尽的解释。

器物文化纪趣

金维新　丁凤麟　吴少华著

1990 年 12 月 1 版 1 次

1.55 元

32 开　60 页

　　本书介绍的形形色色有关古代文化的器物,四大发明中的火药、指南针、造纸术,文房四宝中的笔、墨、砚,常备自享或奉客的茶、酒,平日手中在握的剪刀、扇子、算盘,用以游乐的风筝、灯彩、毽子,其发明年代、现存最早实物、历代制造名匠、使用的著名人物等等,来龙去脉,无不交代清楚。

发现中国

中国节庆

萧放　张勃著

2010 年 8 月 1 版 1 次

18.00 元

36 开　136 页

英文版

2009 年 10 月 1 版 1 次

2010 年 6 月 1 版 2 次

48.00 元

32 开　144 页

　　本书通过对我国春节、清明、端午、七夕、中秋、重阳 6 个传统节日的来源、发展、演变、节日风俗、饮食、活动等各方面的介绍,向全世界展示中国传统文化的内涵和魅力。

中国婚嫁

完颜绍元著

2010 年 8 月 1 版 1 次

18.00 元

36 开　128 页

英文版

2009 年 9 月 1 版 1 次

2010 年 8 月 1 版 2 次

48.00 元

32 开　122 页

　　本书通过对我国传统婚嫁的发展、演变、风俗、礼仪、禁忌等各方面的介绍,向全世界展示中国传统文化的内涵和魅力。

两个和尚的故事

——玄奘和鉴真

黄坤　杨晓波著

2010 年 8 月 1 版 1 次

18.00 元

36 开　160 页

　　中国唐代出现过两位出类拔萃的僧侣,那就是西行印度取经的玄奘和东渡日本传教的鉴真。他们在取经、传教的同时,亦为中印、中日之间的交往以及文化的传播与交流,作出了巨大的贡献,在文化传播史上,留下了格外绚丽的一章。他们的信念和精神力量,穿透了千年的岁月,到今天依然光彩熠熠。本书作者怀着崇敬的心情,以生动的文笔,通俗易懂地为读者展现了玄奘和鉴真充满了传奇色彩的一生。

回到半坡

郭京宁著

2010 年 8 月 1 版 1 次

18.00 元

36 开　120 页

　　笔者从生活用器、生产用具、埋葬方式、彩陶艺术、粟作农业等方面,对半坡遗址所反映的社会状况进行了生动而形象的描述,大致复原了半坡人的生活场景.

北京猿人的传说

赵静芳著

2010 年 8 月 1 版 1 次

18.00 元

36 开　136 页

　　本书生动地介绍了北京猿人曲折离奇的发现过程,北京猿人的体态特征、所居住洞穴的形成情况及其生存环境,并从人类起源的角度来强调北京猿人的重要性,最后对北京猿人头骨的神秘丢失以及几代人苦苦追寻的情况做了详细描述。

龙树的秘密

——三星堆的发现

尹荣方著

2010 年 8 月 1 版 1 次

18.00 元

36 开　124 页

　　三星堆的发现,出土青铜、金、玉、石、陶、象牙等器物共有八百余件,其中高大的"青铜神树"、奇特的"纵目人"面具等震惊世界。它们不仅造型奇异,工艺精良,而且可以与上古神话相互印证,具有十分丰富的内涵。这些耀人眼目的青铜器究竟产生于何时?它们的主人究竟是谁?它们到底是作何用途的?它们标志的文明又发生了怎样的变迁?本书可带领读者去了解三星堆,去探究它的秘密。

重回河姆渡

张东著

2010 年 8 月 1 版 1 次

18.00 元

36 开　116 页

　　河姆渡遗址是我国长江下游的史前文明的代表,其与黄河流域史前半地穴式房屋相对应的干栏式建筑最具标志性意义,而与北方粟作农业相对的发达的稻作农业则同样让世人瞩目。除此,河姆渡遗址所发现的漆器、独木舟、骨耜、织机、木构水井等等,一个个极富创造

性的文明闪光点,使得河姆渡人的生活更加异彩纷呈。作者以通畅明白、引人入胜的笔法,从河姆渡遗址的发现、发掘,再到出土遗物的种种释读,对河姆渡人的居住环境、生活方式、农业和手工业生产情况,以及精神世界逐一描绘,立体再现了河姆渡人的生活场景。

中国民俗文化丛书

节庆趣谈

盖国梁著

2003 年 8 月 1 版 1 次

36.00 元

20 开　图 200 幅　204 页

　　中华民族有许多具有民族特色的传统节日,其中春节、元宵、清明、端午、七夕、中秋、重阳、腊八这八大节日是我国人民最为熟悉的传统节日。本书从各个不同的角度和侧面,反映着民族的历史风貌和社会生活。通过通俗的语言文字、生动的故事情节和大量精美珍贵的图片,介绍了节日风俗的奇闻趣事。

婚嫁趣谈

完颜绍元著

2003 年 8 月 1 版 1 次

36.00 元

20 开　图 250 幅　198 页

　　本书以中国婚俗为题,在概括性地探讨我国的婚姻制度、婚姻类型及婚姻方式之源起、发展和沿革的历史过程后,即以婚型中最具代表性的聘娶婚作为基本载体,为中华民族的传统婚俗勾画出一幅完整的图像。

避邪趣谈

萧兵著

2003 年 8 月 1 版 1 次

36.00 元

20 开　图 200 幅　192 页

　　本书通过对我国古代避邪活动和物品中的典型事例的探讨,分析了各种避邪的渊源,揭示了人们进行避邪活动的心理根源,并解读了大量相关的神话传说的奥秘。

寿诞趣谈

金文男著

2003 年 8 月 1 版 1 次

36.00 元

20 开　图 200 幅　194 页

在我国 5000 年的传统文化中,对诞生和祝寿一直是十分重视的,并产生了许多与之有关的人文情结,如有关生育和祝寿的神话、神仙,为诞生和祝寿准备的各种礼节和吉祥物等等。本书通过浅近的语言、丰富的资料及大量精美的图片,展示了中国传统文化中有关诞生和祝寿的精彩篇章。

饮食趣谈

陈诏著

2003 年 8 月 1 版 1 次

36.00 元

20 开　图 200 幅　198 页

全书分"主食点心"、"名菜佳肴"、"调料瓜果"、"茶酒饮料"、"卷末余话"五部分,谈古论今、趣味盎然。作者将东西方的饮食生活作了理智的比较,指出中国烹饪应将环保、卫生、健康放在第一位。

生肖趣谈

陈勤建著

2005 年 5 月 1 版 1 次

36.00 元

20 开　图 400 幅　200 页

中国人的十二生肖或十二属相及纪年的习俗,在国内外有广泛的影响。"鼠牛虎兔龙蛇马羊猴鸡狗猪",周而复始,生肖文化广泛地介入了中华文化的各个领域。本书介绍了大量有趣的生肖故事,引人入胜。

福禄趣谈

洪丕谟著

2005 年 5 月 1 版 1 次

36.00 元

20 开　图 300 幅　200 页

该书通过五福临门、节令纳福等章节,介绍了形形色色有关福禄的民俗,对我们平时常常挂在嘴上的口福、耳福、艳福、性福、清福等生活中的各种福分,都作了详尽而精彩的阐述。三百余幅彩色古代珍贵民俗画,真切地再现了我国灿烂的民俗风情。

风水趣谈

完颜绍元著

2005 年 7 月 1 版 1 次

2008 年 1 月 1 版 4 次

36.00 元

20 开　图 300 幅　200 页

本书用科学及人文的方法来探究风水的起源和真相,从而揭示风水与人们的择居(包括择墓)之间的深切而人性化的关系。

占测趣谈

胡真　张葵著

2005 年 7 月 1 版 1 次

36.00 元

20 开　图 250 幅　200 页

本书选取了我国古代民间风俗中占测方面的主要内容,如:周易、星占、式占、相术、降神、预言、测字等,深入浅出地介绍各种占测的产生、基本原理、演变以及其社会影响。

祭拜趣谈

林云　聂达著

2005 年 7 月 1 版 1 次

36.00 元

20 开　图 300 幅　200 页

丰富多彩的祭拜文化是中国传统民俗文化中一个重要的部分。本书通过通俗的文字和大量精美的插图,概览式地介绍了中国祭拜文化,折射出中国民众的信仰与情感世界。

中国节庆文化丛书

话说春节

萧放著

2008 年 12 月 1 版 1 次

2011 年 8 月 1 版 6 次

20.00 元

24 开　132 页

春节是我国最大的传统节日,距今已有两千年的历史,至今仍保持着旺盛的生命力。本书从春节的起源与演变、春节的神话传说、春节的传统习俗、弘扬春节文化和文艺作品中的春节五个方面,用通俗的语言、翔实的文献资料和精美的图片,详细介绍了与春节相关的文化和习俗。

春节诗词

本社编

2008 年 12 月 1 版 1 次

12.00 元

24 开　120 页

　　本书遴选历代歌咏春节的诗词 80 首,从各方面反映了春节的民俗风貌和社会生活。

话说清明

本社编

2008 年 4 月 1 版 1 次

2011 年 8 月 1 版 6 次

20.00 元

24 开　120 页

　　本书从清明节的起源与演变、清明节的传统习俗、弘扬清明节文化和文艺作品中的清明节四个方面,用通俗的语言、翔实的文献资料和精美的图片,详细介绍了与清明节相关的文化和习俗。

清明诗词

本社编

2008 年 4 月 1 版 1 次

2009 年 1 月 1 版 2 次

12.00 元

24 开　114 页

　　本书从历代文学作品中,精选与清明节有关的诗词 80 首,加以简明通俗的注释和鉴赏。

话说端午

陈连山著

2008 年 5 月 1 版 1 次

2011 年 8 月 1 版 6 次

20.00 元

24 开　120 页

　　端午节是我国的传统节日,距今已有两千年的历史,并至今仍保持着旺盛的生命力。本书从端午节的起源与演变、端午节的传统习俗、弘扬端午节文化和文艺作品中的端午节四个方面,用通俗的语言、翔实的文献资料和精美的图片,详细介绍了与端午节相关的文化和习俗。

端午诗词

本社编

2008 年 5 月 1 版 1 次

2009 年 1 月 1 版 2 次

12.00 元

24 开　114 页

　　本书遴选历代吟咏端午节风俗的优秀诗词 80 多首,从各个不同的角度和侧面,反映端午节的节令风貌和社会生活。

话说中秋

萧放等著

2008 年 9 月 1 版 1 次

2011 年 8 月 1 版 6 次

20.00 元

24 开　120 页

　　中秋节是我国的传统节日,距今已有两千年的历史,并至今保持着旺盛的生命力。本书从中秋节的起源与演变、中秋节的传统习俗、弘扬中秋节文化和文艺作品中的中秋节四个方面,用通俗的语言、翔实的文献资料和精美的图片,详细介绍了与中秋节相关的文化和习俗。

中秋诗词

本社编

2008 年 9 月 1 版 1 次

2009 年 1 月 1 版 2 次

12.00 元

24 开　120 页

　　本书遴选历代吟咏中秋最为优美的八十余首诗歌,加以精彩的诠释,讲述了许多优美动人的传说和故事,叙说了无数奇妙风趣的习俗和逸闻,娓娓道来,引人入胜。

十二生肖系列

猴

本社编

1991 年 12 月 1 版 1 次

5.60 元

24 开　66 页

　　本书从自然科学、历史、故事、轶闻、诗文、美术、文物等多种角度,对十二生肖之一——猴及其所蕴含的民俗意识和渊源流变的各种知识,进行了深入浅出的介绍。

鸡

本社编

1992 年 11 月 1 版 1 次

5.95 元

24 开 60 页

  本书设文物鉴赏、百家鸡喻、纵说横谈、吟诗品赋、艺苑丛览、奇闻趣事等多种栏目，内容由传统文化向现代和国际横跨，令读者在了解十二生肖之一——鸡年特有民俗文化背景之外，又帮助他们将其有关知识结构向更深层辐射。

中国人丛书

中国人的名利观

马以鑫著

1997 年 10 月 1 版 1 次

1998 年 2 月 1 版 2 次

9.80 元

大 32 开 200 页

  作者以杂文的形式，古今结合，探索"名利"的性质、关系和渊源，广泛涉及当今社会中的事例和人们的心态，言及"名利"的花色品种、追逐"名利"的手段，"名利心"的利用、丧失"名利"的烦恼，以及摆脱"名利"的轻松等。

中国人的人生观

吴非著

1997 年 10 月 1 版 1 次

1998 年 2 月 1 版 2 次

10.00 元

大 32 开 200 页

  作者以杂文的形式，围绕各时代、各阶层中国人的人生观，展开深入浅出的剖析和议论。涉及的"话题"有尊卑贵贱、理想现实、同情互助、先忧后乐以及生死、苦乐、俭奢、天命、中庸等。作品的立论新颖、文风辛辣、笔调生动幽默。

中国人的境界

杨文镒著

1998 年 5 月 1 版 1 次

8.50 元

大 32 开 162 页

  透过轻松的杂谈、随笔和似乎漫不经心的篇章结构，涉及"书生之谜"、"漫步西北风"、"当街说方便"等一个个最平淡、最不起眼的事，耐人咀嚼，惹人回味。

中国人的心态

杨森著

1998 年 6 月 1 版 1 次

8.70 元

大 32 开 148 页

  本书融会古今，细致地剖析了国人心态的由来、演化和特征，如：对大同、小康社会的憧憬；对英雄、游侠和"青天"的向往；自大或自卑心理的由来，等等。作者出入文史，触及社会热点，深入分析，文笔轻松幽默，发人深省。

中国人的情态

邓高如著

1998 年 8 月 1 版 1 次

9.30 元

大 32 开 180 页

  "古镇赞古"、"吆喝的遐想"、"大土若洋"之类的话题，被幽默的杂文和恬适的随笔簇拥着踩进现实，引入远古。传统文化与现代思想的结合，形成了今天中国人的种种情态。

中国人的幽默

王学泰著

1997 年 10 月 1 版 1 次

1998 年 2 月 1 版 2 次

8.80 元

大 32 开 160 页

  作者多侧面地揭示了中国人幽默的特点，及其体现的传统文化内涵、传统人格、传统人性与针砭时弊的积极意义；并由此切入，古今融会贯通，从多元思维的角度，捕捉当今人们所关心的问题，予以剖析。

中国人的休闲

龚斌著

1998 年 5 月 1 版 1 次

10.00 元

大 32 开　208 页

品茶饮酒、散步闲谈、草木虫鱼、吟诗作画，乃至看闲书、养宠物、嗑瓜子、逛商店等等，这些中国人极普通的休闲方式中，却蕴含着中国传统文化的精髓，也存在着雅与俗的区别。

中国人的梦

黄一龙著

1998 年 5 月 1 版 1 次

8.80 元

大 32 开　170 页

本书以杂文、随笔的形式，用记述、议论、歌颂、嘲笑、怒骂的笔调，揭示古往今来上至帝王将相，下至百姓流氓的真实的理想和愿望，因而是广义的"梦"，真实的"梦"。

中国人的选择

冯士彦　吴洪生著

1998 年 10 月 1 版 1 次

10.00 元

大 32 开　212 页

作者以杂文、随笔的深刻和广涉，在现实和传统之间往复穿梭，将中国人选择行为的利弊揭示于众，供人反省、解析和借鉴。

中国人的用人术

王栋生著

1997 年 11 月 1 版 1 次

1998 年 2 月 1 版 2 次

11.00 元

大 32 开　240 页

本书较有系统地揭示出中国人形形色色的用人之术及其利弊，不乏真知灼见。

历史的启示

《贞观政要》与领导艺术

安立志著

1999 年 7 月 1 版 1 次

13.50 元

大 32 开　316 页

《贞观政要》是一部反映古代"明君贤臣"对话的历史教科书。本书以古为鉴，结合近现代的事例，从正反两方面总结了领导艺术的方方面面，如本书所列举的民本、廉政、兼听、举贤、正身、决策、公平等。观点新颖、文笔犀利，触及了时下的一些"热点"。

孙子兵法与商战

阮其山著

1999 年 7 月 1 版 1 次

11.50 元

大 32 开　260 页

本书阐释了《孙子》的主要战术战略思想，诸如"运筹帷幄"、"因地制宜"、"攻心为上"、"趋利避害"、"兵情主速"、"智信仁勇严"等，使经济决策者们懂得如何运用《孙子》兵法来指导经营，使自己的企业不断兴旺发达。

《管子》与现代管理

郝云著

2001 年 7 月 1 版 1 次

17.20 元

大 32 开　310 页

本书以《管子》思想为出发点，立足于现代管理，从目标、价值、决策、道德、人才、激励、公正、控制和权变等多视角进行分析。对当今的经济改革和管理具有深入甚至超前的思维。

禅话与商机

李鸣著绘

2001 年 7 月 1 版 1 次

12.00 元

大 32 开　188 页

本书选取的 90 条佛言，看似与"商海"没直接关系，而其中的妙思隽语均别开生面，让经商者如行沧海而见灯塔，不失正道。本书言简意赅，每条佛言辅以漫画一幅。

中国古代风云录

中国古代风云录·军事篇

叶秀松著

2012 年 10 月 1 版 1 次

2014 年 7 月 1 版 2 次

28.00 元

16 开　292 页

　　本书以战争为背景,围绕争夺政权、捍卫领土这一主题,选叙一批式微之君国破家亡、忧国之士奔赴国难、骁勇将领浴血沙场的故事。全书依据历代正史记载,行文直叙史实,力图真实可信。

中国古代风云录·朝政篇

叶秀松著

2012 年 10 月 1 版 1 次

2014 年 7 月 1 版 2 次

28.00 元

16 开　304 页

　　本书以朝政为背景,围绕治政纷争这一主题,展现了君和臣、臣和臣之间正与邪、公与私、善与恶、美与丑、忠与奸的种种较量。

中国古代风云录·宫廷篇

叶秀松著

2012 年 10 月 1 版 1 次

2014 年 7 月 1 版 2 次

28.00 元

16 开　312 页

　　本书以宫廷为背景,围绕皇位和后位得失这一主题,从不同的角度再现当时最高权力中心明争暗斗的方方面面。

中国古代风云录·外交篇

叶秀松著

2012 年 10 月 1 版 1 次

2014 年 7 月 1 版 2 次

28.00 元

16 开　296 页

　　本书以邦交为背景,围绕捍卫国家主权这一主题,展示了中国古代各种各样的外交斗争。全书依据历代正史记载,行文直叙史实,力图真实可信。

中国古代风云录·文坛篇

叶秀松著

2012 年 10 月 1 版 1 次

2014 年 7 月 1 版 2 次

28.00 元

16 开　292 页

　　本书以朝政为背景,围绕治政纷争这一主题,着重展现一批进入官场的著名文人所经受的政治风雨。全书选叙的都为历代较有影响的文官,其大多为忠正之士,但仕途坎坷,演绎出一个个富有戏剧性的故事。

其　他

中国文化史（全二册）

柳诒徵撰　蔡尚思导读

2001 年 10 月 1 版 1 次

2010 年 6 月 1 版 3 次

68.00 元

大 32 开　1004 页

　　作为一代国学大师,柳诒徵先生的代表作首推这本《中国文化史》。本书创稿于 20 世纪 20 年代,可谓中国文化史的开山之作。本书资料详赡,举凡典章政治、教育文艺、社会风俗,以至经济生活、物产建筑、图画雕刻之类,皆广搜列举,力求使读者明了中国历史之真相及其文化之得失。

龙凤文化

王维堤著

2000 年 5 月 1 版 1 次

15.60 元

大 32 开　284 页

　　自然界里并不存在龙凤,但在中国人的文化生活中,龙凤却随处可见。龙凤是怎么来的? 为什么它们在中国文化中无所不在? 本书从龙凤的起源和发展、龙凤崇拜的递代和演变、龙凤的文化意蕴等方面深入研究了龙凤这一中国文化的象征。图文并茂、通俗易懂是本书的一大特色。

文化寻根

仲富兰　冯海荣主编

2000 年 5 月 1 版 1 次

24.00 元

大 32 开　548 页

　　读过书的人都经历过考试,可您知道"考试"始于何时吗? 你也许对广告耳熟能详,可你了解中国最早的"广告"产生于何时吗? 对诸如此类的文化现象,本书揭示其源头,而且勾勒出其演变过程。全书分为 16 部分:包括礼俗、节庆、饮食、姓氏、俗称、地名、法律、文教、艺术、游艺、武术、科技、中医、兵器、舟车、器物。

中华文化探秘

山齐著

2005 年 4 月 1 版 1 次

2007 年 2 月 1 版 2 次

29.00 元

20 开　310 页

　　本书遴选了六十多个读者感兴趣的话题,分为图腾崇拜、神秘天地、奇技异术、文教谈片、官场内外、追根觅踪、婚俗妆饰、商海撷趣、宫廷述奇、风月一隅 10 个专题,以通俗易懂的语言娓娓道来。附二百多幅精美插图。

皇冠与凤冠

——中国后妃

赵剑敏著

1995 年 12 月 1 版 1 次

7.90 元

32 开　104 页

　　你知道历朝历代皇帝的后宫,藏着多少秘闻? 在漂亮和福相之间,君主选择什么? 为什么历史上最出名的后妃都是才女? 凤冠怎么样变为皇冠? 为什么有子万事足,无子一场空? 什么是面首? 江山怎样坠入胭脂井? 后妃共同的角色心理是什么? ……请读本书。

绍兴师爷

郭建著

1995 年 11 月 1 版 1 次

7.80 元

32 开　108 页

　　"师爷"佐治是明清以来政治的一大特点,影响到官场士林、社会生活的各个方面,民间的"绍兴师爷"之称即始于此时。本书主要从清代州县衙门入手,叙述了"师爷"这一特殊群体的产生、素质、待遇、职能等诸方面的情况,分析了"师爷"佐治现象的形成原因、对清代政治社会的影响。

中国神族

薛翔骥著

2000 年 12 月 1 版 1 次

11.00 元

大 32 开　248 页

　　本书作者通过几年的艰苦研究,将湮没在各种典籍

中的神话以忠于其本来面目为原则,加以有机的科学的串联,从而成为一部系统的、犹如古希腊神话一样的中国神话,能给读者以丰富的古代神话知识和轻松的阅读感受。

绘图三教源流搜神大全(外二种)

佚名等撰

1990 年 6 月 1 版 1 次

新版 2012 年 11 月 1 版 1 次

新版 2016 年 5 月 1 版 3 次

精装 98.00 元

大 32 开　648 页

　　神灵崇拜不仅是一种宗教现象,同时也是民俗文化的一个不容忽视的方面。郋园刻本《绘图三教源流搜神大全》收辑了数千年来老百姓所崇拜的各种神的姓名、字号、爵里及封谥,并附有动人的木刻图像。附道藏本《搜神记》与元刻本《新编连相搜神广记》。

民间劝善书

袁啸波编

1995 年 10 月 1 版 1 次

13.90 元

大 32 开　130 页

　　民间劝善书以宣传伦理道德、劝人从善戒恶为宗旨,宋代开始流行,明清两代尤为兴盛。编者搜集劝善文、劝善歌、劝善箴铭、功过格、善相、功德例以及劝善图说等各种类型的劝善作品于一书,是了解或研究传统民俗文化、心理的可贵资料,也有助读者认识封建制度下普通百姓的道德意识和精神状况。

中国甲胄

凯风著

2006 年 12 月 1 版 1 次

45.00 元

大 20 开　220 页

　　作者对我国甲胄从史前至清代的发展演变作了系统的梳理和研究。全书论述既注重甲胄在本民族内的沿袭传承,同时又充分挖掘多民族多地域的彼此渗透和影响,能给读者提供有关甲胄的丰富知识。

上海的最后旧梦

树棻著

1999 年 9 月 1 版 1 次

15.50 元

大 32 开　170 页

　　旧上海曾经存在过一片被人们称为"十里洋场"的地块。著名的作家孙树棻先生,以他所见所闻,乃至亲身经历,为读者记叙了在"十里洋场"中所出现过的歌榭舞厅、豪宅黑窟、绅士名媛、歹徒汉奸……无不绘声绘色、活灵活现,读来颇有身临其境之感。本书含有《咖啡馆的旧时温馨》《绅士的包装》《静安寺枪声》等 16 篇,各篇均配有珍贵的旧照片多幅。

上海农谚

上海文物保管委员会编

1961 年 12 月 1 版 1 次

0.65 元

长 36 开　265 页

　　农谚是广大农民在长期生产实践中的经验总结,经过世代相传,反复验证,再加以概括提炼而成。本书所辑的农谚,绝大部分采自上海市各县、社气象站、哨的笔记材料和老农的口授,每条之下注明出处,并略加注释。

晚清上海片影

夏晓虹著

2009 年 1 月 1 版 1 次

25.00 元

大 20 开　156 页

　　本书图文并茂,撷取上海最早的旅游指南读物、晚清上海赛马活动、车利尼马戏班来沪演出、飞龙岛自行车表演等话题,以出入今昔的漫话方式,钩稽出晚清上海的片段影像,颇有阅读价值。

浦东老闲话

《浦东老闲话》编委会编

2004 年 6 月 1 版 1 次

40.00 元

大 32 开　502 页

　　本书是以 20 世纪以前的浦东俗语为采集编撰对象,同时收入谚语、歇后语和歌谣,反映了浦东地区的语言文化特色,极具生活的原汁原味,属于需抢救的口述形式的文化遗产,极为珍贵。

玛雅文字之谜

王霄冰著

2006 年 1 月 1 版 1 次

2010 年 6 月 1 版 3 次

36.00 元

16 开　236 页

　　本书是中国第一部系统介绍玛雅文字的专著,全面介绍了玛雅文字的起源、结构及其社会功能。全书共收入各种玛雅字符近千个,并附有 10 篇带有详细注解的玛雅古文,以及人名、地名和专有名词中西文对照检索表,是专为有志于深入了解玛雅文明与文字的学者和一般读者而准备的一部基础入门书。

解读《清明上河图》

陈诏著

2010 年 6 月 1 版 1 次

2011 年 11 月 1 版 3 次

28.00 元

大 24 开　112 页

　　本书为作者多年来阅读、观赏和研究我国宋代名画《清明上河图》的心得。全书分三个部分:第一部分略述该画的价值和影响,介绍作者张择端,并对该画所描绘的宋代汴京作一回眸式的扫描;第二部分为全书重点,将该画内容细分为自然、人物、建筑、风俗等 70 多个小项,依次详细解读,并配以原图中的局部细节,使得读者一目了然;第三部分简介此画的传奇经历和真赝辨析。全书笔调精炼隽永,并配以原图各放大的局部细节,成功地将《清明上河图》这幅千古名画还原成一座活的城市和一群活的群体。

舌尖上的《红楼梦》

陈诏著

2013 年 7 月 1 版 1 次

35.00 元

24 开　204 页

　　本书通过对古典名著《红楼梦》中各种食品、食具、食俗等与饮食文化相关的小专题的详细介绍和解析,向读者展示了被誉为"古代文化百科全书"的《红楼梦》中所反映出的丰富而精深的中国饮食文化,内容涉及茶文化、酒文化,大观园中的诗酒雅集、满洲食俗、外国食品,贾府的饮食与养身等。

茶史漫话

俞鸣著

2008 年 10 月 1 版 1 次

25.00 元

20 开　230 页

茶在五六千年前起源于中国,不仅经历了"神话"、"嬗变"、"滥觞"、"辉煌"、"精致"、"断层"、"简约"、"时尚"、"传播"等时代变迁,而且在这一切的背后,更深藏着许许多多源自政治、经济、军事、宗教、科技乃至意识形态的导火索和催化剂。

捶丸

——中国古代的高尔夫球

刘秉果　张生平编著

2006 年 1 月 1 版 1 次

20.00 元

24 开　152 页

本书主要介绍中国古代的高尔夫球——捶丸,是中国古代球类运动发展演变的结果,捶丸的游戏方法和规则,捶丸的兴盛与衰亡,以及考证后世学者误解捶丸的原因。为了证明中国的捶丸要早于西方的高尔夫球,作者还将元代的《丸经》进行校释。

赤湾妈祖文化概览

龙辉著

2007 年 11 月 1 版 1 次

30.00 元

大 32 开　192 页

妈祖被称为"海上女神",护佑航海,消灾降福,我国沿海和东南亚一些地区每年都有祭祀妈祖的习俗。妈祖崇拜成为一种文化现象。本书对妈祖由"人"到"神"的演变及深圳南山赤湾天后宫的创建缘起、兴废情况和独有的祭祀习俗等作了介绍。

三十六计(插图本)

余满玖编著

2007 年 7 月 1 版 1 次

2009 年 4 月 1 版 3 次

20.00 元

20 开　216 页

本书通过对古往今来上百个范例的挖掘和探讨,揭示流传迄今"三十六计"的种种精髓,对每一条计都辅之

以三个迥然不同的范例,以引领读者从前人的智慧中汲取才智,指导自己的生活实践。

破三十六计(插图本)

王斌著

2007 年 7 月 1 版 1 次

2008 年 2 月 1 版 2 次

20.00 元

20 开　248 页

世上本无绝对的常胜妙计,有的只是对妙计切合实际的灵活应用。本书通过 108 个中外经典范例,通过不同的真实范例,揭示了同一计谋的多种破法,并以此告诫人们,不要盲目相信用计的成功率。

(二) 生 活 娱 乐

气功养生丛书

古本周易参同契集注

[东汉]魏伯阳撰　[清]仇兆鳌集注

1989 年 12 月 1 版 1 次

1990 年 3 月 1 版 2 次

4.75 元

32 开　206 页

《周易参同契》为气功学经典著作,在炼丹书中,成书年代最早,被视为"万古丹经王",全书将大易、黄老、炉火三者参合,以《周易》作为说理工具,说明内丹功法(即气功)的修炼过程。清仇兆鳌集十六家注文,参以己见,成此《集注》。

素问·摄生类　养生论　养性延命录　备急千金要方·养性　千金翼方·养性

[三国魏]嵇康　[南朝梁]陶弘景　[唐]孙思邈等撰

1990 年 7 月 1 版 1 次

1.70 元

32 开　52 页

《素问》为我国最早的中医经典《黄帝内经》的组成部分。《素问·摄生类》论述人体的发育规律和养生的原则、方法,提出"治"未病的思想。其中的养生观点,为中医养生学奠定了理论基础。嵇康《养生论》主要论述养生思想;陶弘景《养性延命录》包括教诫、食诫、服气疗

病、导引按摩、御女损益等篇,保存了不少早期养生资料。《备急千金要方·养性》、《千金翼方·养性》兼及服食居处,长寿方药,按摩调气等,大多切合实用。

童蒙止观 六妙法门

[隋]智顗撰

1989年12月1版1次

1990年3月1版2次

1.45元

32开 46页

　　《童蒙止观》对气功中调身、调息、调心论述甚详,并对练功过程中的感觉和幻觉都有记述,是求学佛家气功的入门书。《六妙法门》是部气功书。讲述以调心与调息相结合的修炼方法。

钟吕传道集 西山群仙会真记 入药镜

[唐]施肩吾撰 李竦编 [唐]崔希范撰

1990年12月1版1次

1990年3月1版2次

2.00元

32开 72页

　　《钟吕传道集》相传为钟离权、吕洞宾关于气功内丹术的讨论。钟、吕分别为全真道北五祖的二祖、三祖,《传道集》阐述了内丹术的基本理论,是影响深远的气功学专著。《西山群仙会真记》为施肩吾隐居西山时与道友讨论内丹术的资料综述。《入药镜》为气功内丹术者常用的参考文献。

黄庭经

[唐]务成子 梁邱子注

1990年3月1版1次

1.55元

32开 46页

　　“黄庭”指人体及脏腑内的中虚空窍。全书结合固精藏精、行气胎息、漱津咽津等功理功法,阐述存思、吐纳、守一等长生久视之诀。在气功学上被奉为经典。

延陵先生集新旧服气经 天隐子 玉清金笥青华秘文金宝内炼丹诀 丹阳真人语录 大丹直指

[唐]延陵先生集 [唐]司马承祯撰题

[宋]张伯端撰 [元]王颐中集 [元]邱处机述

1990年3月1版1次

2.05元

32开 72页

　　《延陵先生集新旧服气经》,唐及唐以前各种气功服气功法的汇编。《天隐子》8篇,以“修炼形气、养和心灵、长生久视”为纲,其关于存想的理论与功法,为古代存想派气功打下了基础。《玉清金笥青华秘文金宝内炼丹诀》,从心、神、气、精、意、百窍等多方面论述内丹的采取。《丹阳真人语录》为元代马钰有关内丹功理功法的言论。《大丹直指》以图、诀形式阐述内丹理论及引功方法。

道枢

[宋]曾慥编

1990年3月1版1次

5.70元

32开 248页

　　全书包罗宏富,举凡气功经典、气功理论、气功功法等均辑为专篇,并列举气功人物如钟离子、纯阳子、华阳子、海蟾子、赤松子、阴长生等的论述。保存了宋以前大量气功文献。

太平御览·养生 苏沈良方·养生类 保生要录 摄生消息论

[宋]李昉等编 [宋]苏轼撰 [宋]蒲虔贯撰

[元]邱处机撰

1990年7月1版1次

1.65元

32开 50页

　　《太平御览·养生》保存了许多极为珍贵的养生古籍片断。《苏沈良方·养生类》所述养生内容包括气功功法,有些已经苏轼亲自体验,对延年益寿颇有裨益。《保生要录》以简易可行见长,可用于日常保健。《摄生消息论》论述随季节变换而变换养生的理论和方法,指出摄养注意事项和内脏病症及处理办法。

寿亲养老新书

[宋]陈直撰 [元]邹铉续增

1990年7月1版1次

5.65元

32开 238页

　　邹铉的高祖、叔祖等按陈直所著调养,均享年九十余。全书主要依据《内经》理论,结合老年人特点,提出养生原则和各种措施。

悟真篇集注

[宋]张伯端撰　　[清]仇兆鳌集注

1989 年 12 月 1 版 1 次

1990 年 4 月 1 版 2 次

4.45 元

32 开　190 页

　　《悟真篇》阐述气功理论,宣传气功修炼,被历代修炼者奉为圣典。作者张伯端号紫阳真人,为道家气功南派首领,古典气功学的主要奠基人。全书以诗词形式写成,易读易记。

饮膳正要

[元]忽思慧撰

1990 年 7 月 1 版 1 次

4.50 元

32 开　184 页

　　我国第一部营养学专著。作者曾任饮膳太医,主管宫廷饮食、药物补益事项,兼通蒙汉医学。本书集诸家本草、名医方术和宫廷日常所用奇珍异馔、汤膏煎造及谷肉果菜中性味补益者,以食疗、饮食制作和饮食宜忌为主要内容。

规中指南　金丹大要

[元]陈冲素撰　　[元]陈致虚撰

1989 年 12 月 1 版 1 次

1990 年 4 月 1 版 2 次

2.35 元

32 开　90 页

　　《规中指南》前半部分论气功锻炼的各个步骤;后半部分论述内丹功法三要素玄牝、药物、火候。《金丹大要》为元代著名气功家陈致虚的代表作,书中指出内丹由精、气、神调炼而成,并强调了意念的作用。

中和集　金丹大成集

[元]李道纯撰　　[元]萧廷芝撰

1989 年 12 月 1 版 1 次

1990 年 3 月 1 版 2 次

2.95 元

32 开　120 页

　　《中和集》主张性命兼修,提出渐修和顿修两类修炼方法,并对具体功法和术语作了解释。《金丹大成集》论述气功,剖析详尽,并作问答 93 则,指明丹经中的隐晦难晓之处。

三元延寿参赞书　修龄要指　医先　摄生三要　养生肤语

[元]李鹏飞编　　[明]冷谦撰　　[明]王文禄撰

[明]袁黄撰　　[明]陈继儒撰

1990 年 10 月 1 版 1 次

2.10 元

32 开　72 页

　　《三元延寿参赞书》认为人寿应有"三元"共 180 岁,常人不知慎戒日加减损,所以搜集诸书,从理论以至具体摄养,详述延年益寿的方法。《修龄要指》内容兼及养生、气功。《医先》论述了未病先"治"和养德与养生并重等道理。《摄生三要》具体论述聚精、养气、存神之道。《养生肤语》杂录养生轶闻,提出要辨明虚、实、寒、热,区别练功。

玄机直讲　道言浅近说　玄要篇

[明]张三丰撰

1990 年 3 月 1 版 1 次

3.00 元

32 开　118 页

　　明张三丰为隐仙派气功家第五代传人。《玄机直讲》共 8 篇,分论炼丹火候、服食大丹、登天指速,并注九皇丹经龙虎铅汞论、吕祖百字碑等。对气功学中的炼精化气、炼气化神、炼神还虚作了深入浅出的说明,其消除杂念等学说,为气功修炼的指南。《道言浅近说》是张三丰气功学的经验之谈。《玄要篇》以词曲体写就,可在前两书的基础上体会。

性命圭指

[明]尹真人弟子撰

1989 年 12 月 1 版 1 次

1990 年 4 月 1 版 2 次

4.35 元

32 开　186 页

　　全书熔儒释道三家气功学说于一炉,主张精、气、神兼炼,抓住了内丹功法的核心,被视为明以来较有影响的理论与实践相结合的气功著作,系统地应用气功养生法防治疾病的重要文献。

养生类要

[明]吴正伦辑
1990 年 7 月 1 版 1 次
4.85 元
32 开　202 页

前集以养生预防为主,后集以养生保健方药为主,包括春、夏、秋、冬四时诸症宜忌并合用方及济阴类、慈幼类、养老类方药。

赤凤髓

[明]周履靖编集
1989 年 12 月 1 版 1 次
1990 年 4 月 1 版 2 次
2.30 元
32 开　88 页

全书收气功动、静功法 9 套,其中诸仙导引法、华山十二睡功诀并绘图说明,至今仍有较大实用价值。

新刻养生导引法　静坐要诀

[明]胡文焕编　[明]袁黄撰
1990 年 7 月 1 版 1 次
2.40 元
32 开　84 页

《新刻养生导引法》,气功临床功法汇编,列病症 27 门,每门列功法数条。《静坐要诀》系气功静功著作,以佛教天台宗的止观法、六妙法为基础,结合作者的实际经验和心得撰就。

听心斋客问　尹真人寥阳殿问答编　梅华问答编

[明]万尚父撰　[明]尹真人传
[清]闵一得订正　[清]薛阳桂述
1990 年 10 月 1 版 1 次
2.60 元
32 开　96 页

《听心斋客问》对内丹问题作了较好的说明。《寥阳殿问答编》所述涉及内外药、十六字诀、内气运转等,皆"极妙、极玄、极简、极正又极明白"。《梅华问答编》重点论述了内丹术中的性命、精气神、内外三宝、炉鼎、药物等问题。

古本伍柳仙宗全集(全二册)

[明]伍守阳　[清]柳华阳撰

1990 年 3 月 1 版 1 次
8.90 元
32 开　374 页

明伍守阳《天仙正理直论》、《仙佛合宗》与清柳华阳《金仙证论》、《慧命经》的合集,以通俗易懂,少用隐语取胜,是气功学发展至成熟时期的代表作品。

玄肤论　道窍谈　三车秘旨

[明]陆西星　[清]李西月撰
1990 年 3 月 1 版 1 次
2.50 元
32 开　92 页

《玄肤论》20 篇,明道家"东派"之祖陆西星撰,《方壶外史丛编》为其代表作,《玄肤论》乃《方壶外史丛编》的精华部分,为气功修炼者所重视。《道窍谈》、《三车秘旨》,清内丹西派李涵虚撰。《道窍谈》论述了气功学的基本理论,其画龙点睛处尤在"以彼养我"之论述。《三车秘旨》论述气功学中的"周天"运行,所谓"三车"即运气、运精与精气兼运。

修真辩难参证　尹真人东华正脉皇极阖辟证道仙经

[清]刘一明撰　闵一得参证　[明]尹真人传
[清]闵一得　订正
1989 年 12 月 1 版 1 次
1990 年 4 月 1 版 2 次
2.50 元
32 开　98 页

《修真辩难参证》前半部分为刘一明师徒对于气功问题的反复辩难,后半部分专题论述了气功内丹术的基本问题。《尹真人东华正脉皇极阖辟证道仙经》论述气功内丹术北宗的功法。"东华"指东华子王玄甫,为全真道北五祖的第一祖。

乐育堂语录

[清]黄裳讲述
1990 年 3 月 1 版 1 次
3.65 元
32 开　148 页

本书属讲课记录,较一般丹书通俗,对诸如炼心、炼己、进火采药、先天后天精气神等气功学说作了较明白的阐述。并结合门徒提问作答,传授功法诀窍。本书曾流传他国,受到重视。

寿世青编 老老恒言

[清]尤乘撰 [清]曹庭栋撰

1990 年 10 月 1 版 1 次

2.85 元

32 开 106 页

《寿世青编》二卷,上卷《勿药须知》,辑前人养生气功之说;下卷《服药须知》,论服药却病宜忌和病后调理服食法。全书还载有导引却病法等,均为后世医家所重。《老老恒言》为老年人日常生活中的养生事项。第五卷粥谱,列粥方 100 种,调养治疾兼具,有很好的食疗价值。

食宪鸿秘

[清]朱彝尊撰

1990 年 7 月 1 版 1 次

3.55 元

32 开 140 页

朱彝尊为清初著名学者,享寿八十余岁。此书论饮食宜忌,介绍各类食品的加工、调配、烹饪,是古代罕见的饮食书,对丰富饮食种类,提高食品营养有极大参考价值。

性命要旨

[清]汪启濩撰

1990 年 7 月 1 版 1 次

1.75 元

32 开 56 页

本书对性命双修之理剖析详尽,且辞旨浅近,条理井然,颇有益于气功实践。

内外功图说辑要

席裕康纂辑

1990 年 10 月 1 版 1 次

6.30 元

32 开 266 页

全书主要包括陈希夷(即陈抟)二十四气坐功导引治病图说、五禽舞功法图说、男女入手功夫秘诀图说、诸仙导引图说、四季调摄摘录、八段锦内功图说、易筋经外功图说、奇经八脉考等。以功法荟萃、图文并茂、说明简要见长。

静坐法精义 指道真诠

丁福保编 杨践形述

1990 年 12 月 1 版 1 次

3.15 元

32 开 125 页

《静坐法精义》以问答形式论述静坐练功,简明易懂,系择取静坐诀中之最精简者而成。《指道真诠》为杨氏的气功代表作,以丹经内容为主,密切联系中医学术,义例谨严,不偏一家言,在同类书中有重要地位。

严蔚冰养生保健系列

达摩易筋经

严蔚冰编著

2009 年 8 月 1 版 1 次

2015 年 9 月 1 版 10 次

36.00 元

18 开 204 页

本书是一部集古籍整理和理论阐述以及实用指导为一体的养生保健书。全书分为两部分,第一部分是对《达摩易筋经》的一种完善的版本——"衙门藏本"进行整理、注释。第二部分作者根据自己的传承和多年的实践经验,详细讲解达摩易筋经的理论、功法,辅以完整的演练指导图解。随书还附赠教学光盘和挂图。读者在对传统养生学获得一个清晰的认识的同时,可以直接根据本书习练,以达到养生保健的目的。

洗髓经

严蔚冰 整理

2010 年 8 月 1 版 1 次

2015 年 5 月 1 版 7 次

32.00 元

18 开 144 页

《洗髓经》是在《易筋经》的基础上更进一步的高级养生功法,《易筋经》以伸筋拔骨的动功为主,《洗髓经》则是以洗髓养心的静功为主。本书在全面展现古本《洗髓经》原貌的同时,针对现代生活的特点和需要,为读者提供了一套简便易学的养生方法。全书分为两部分,第一部分对于"本衙藏板"《洗髓经》进行整理、注释,旨在保存和还原功法的本来面目。第二部分系作者根据自己的传承和多年的实践经验,详细讲解传统养生理论、方法,辅以完整的洗髓经演练指导图解,并随书附赠教学光盘。

袁了凡静坐要诀

[明]袁黄撰 严蔚冰导读
2013 年 6 月 1 版 1 次
2016 年 5 月 1 版 5 次
9.00 元
18 开 128 页

　　此书的主体部分是标点、注释明代养生著作《静坐要诀》,作者为晚明著名的士人袁了凡,因著有《了凡四训》和推行"功过格"教人行善积德,而为人们所熟知,并有《静坐要诀》、《祈嗣真诠》、《摄生三要》等养生类著作。其中《静坐要诀》为近代提倡静坐养生的蒋维乔等人继承和提倡,得到广泛的传播。书前有严蔚冰撰写的导读,并附有《摄生三要》等相关文献。

中国古代生活文化丛书

中国古代生活文化丛书(第一辑)

1992 年 2 月 1 版 1 次
盒装 33.70 元
长 32 开

　　本丛书包括《礼仪之邦——中国交际文化》、《衣冠古国——中国服饰文化》、《醉乡日月——中国酒文化》、《玉泉清茗——中国茶文化》、《美食寻趣——中国馔食文化》、《文房四宝——中国书具文化》、《草木虫鱼——中国养植文化》、《居室雅趣——中国装饰文化》、《山情水韵——中国游览文化》、《枰声局影——中国博弈文化》,共 10 种,从多种角度介绍中国古代、近代生活的情状及其文化内涵,为读者生活得更美一点、雅一点,提供借鉴。特予散装本外,集结盒装。

礼仪之邦

　　——中国交际文化
李学颖著
1991 年 12 月 1 版 1 次
2.90 元
长 32 开 96 页

　　本书从浩瀚繁富的历史资料中,精心择取剪裁,结合有趣的史实故事、诗歌俗谚,对最能反映中国古代交际文化的礼仪制度作了深入浅出的描述,揭示其文化背景和社会意义。

衣冠古国

　　——中国服饰文化

王维堤著
1991 年 12 月 1 版 1 次
3.30 元
长 32 开 120 页

　　全书论述了服饰的实用、伦理、审美、政治、等级意义,以及服饰的民族性、时代性、流行性、审美观;介绍了龙袍、凤冠、吉服、凶服、朝服、公服、祭服、常服、胡服、戎装、舞服、戏装;深入浅出地阐述了文学作品中的服饰描写,以及服饰与颜色、衣料、打扮的艺术。

醉乡日月

　　——中国酒文化
何满子著
1991 年 12 月 1 版 1 次
3.10 元
长 32 开 110 页

　　本书阐述了酒或受人嗜爱或遭非议的社会缘由;解开了骇人听闻的古人酒量之谜;介绍了饮酒使人长寿和对人体的摄养价值;也列举了无数因纵酒而招灾肇祸的史实……让人品赏寓于酒中的高雅文化乐趣。

玉泉清茗

　　——中国茶文化
王从仁著
1991 年 12 月 1 版 1 次
3.40 元
长 32 开 104 页

　　龙井、碧螺春、大红袍,这些美好的名称如何而来,又有何意义?现在冲茶而饮的习惯,是否从来如此,四方相同?在什么环境下饮用,用什么茶具相配,才能更有雅趣?……各种有关茶文化的问题在本书中都能找到答案。

美食寻趣

　　——中国馔食文化
陈诏著
1991 年 12 月 1 版 1 次
3.40 元
长 32 开 126 页

　　中国饮食文化源远流长,具有深厚的历史积淀,浓郁的民族特色。中国的饮食,讲究色、香、味、形、器、环境、礼仪、风格等全方位的审美,构成一种具有东方特

色的氛围和风韵,是一种高品位的文化艺术享受。本
书以简短的形式,轻松的笔调,多方位地介绍其中的
妙趣。

文房四宝

——中国书具文化

潘德熙著

1991 年 12 月 1 版 1 次

2.95 元

长 32 开　106 页

本书系统介绍了笔、墨、纸、砚这些书具各自的发展
源流,以及琳琅璀璨的特色品种,穿插着有关的文人轶
事与文坛佳话。

草木虫鱼

——中国养植文化

邓云乡著

1991 年 12 月 1 版 1 次

3.40 元

长 32 开　128 页

本书将作者的生活感受,自幼迄长对草木虫鱼的接
触和观赏,娓娓道来,使雅趣的精髓不知不觉地融入
其间。

居室雅趣

——中国装饰文化

展望之著

1991 年 12 月 1 版 1 次

2.85 元

长 32 开　116 页

本书分门别类地介绍中国各类器物的源流、变化,
大自床榻桌椅,小至案头壁间的摆设;同时漫谈中国装
饰美学的精华,往往由内及外,由古及今,由中及洋,为
设计切合个性的居室提供借鉴。

山情水韵

——中国游览文化

商友敬著

1991 年 12 月 1 版 1 次

2.70 元

长 32 开　88 页

本书对山水游览与历史文化的联系,进行了回顾与

鸟瞰。

枰声局影

——中国博弈文化

史良昭著

1991 年 12 月 1 版 1 次

3.15 元

长 32 开　112 页

全书对博(六博)与弈(围棋)的历史记载结合前人
生活进行了归纳总结和分析考究,不仅恢复其历史原
貌,并且展示了其发展变化的历史轨迹,剔抉其文化内
涵,颇具可读性。

中国古代生活文化丛书(第二辑)

1994 年 12 月 1 版 1 次

盒装 78.70 元

长 32 开　1166 页

第二辑内容包括:《赵钱孙李——中国姓名文化》,
《天人之际——中国星占文化》,《神游华胥——中国梦
文化》,《神功奇行——中国特异功能文化》,《阳刚阴
柔——中国养生文化》,《斗草藏钩——中国游戏文化》,
《书香心怡——中国藏书文化》,《人境壶天——中国园
林文化》,《菱花照影——中国镜文化》,《钟鼓管弦——
中国民乐文化》,共 10 种。

赵钱孙李

——中国姓名文化

完颜绍元著

1994 年 12 月 1 版 1 次

7.10 元

长 32 开　108 页

本书详细地介绍了中国姓名文化的方方面面,其中
包括取名、避讳、谱牒、世系、堂号、联宗等一系列知识。

天人之际

——中国星占文化

江晓原　钮卫星著

1994 年 12 月 1 版 1 次

6.50 元

长 32 开　108 页

作者用通俗的笔墨,介绍了古代被奉为至尊的"天
学",讲述了一系列有关天人感应的有趣故事。

神游华胥

——中国梦文化

王维堤著

1994 年 12 月 1 版 1 次

7.70 元

长 32 开　124 页

本书通过梦史料的透视,剖析了占梦术的来龙去脉,探究寻绎梦兆演验的因缘,对中国梦文化进行了全面系统的介绍和评述。

神功奇行

——中国特异功能文化

史良昭著

1994 年 12 月 1 版 1 次

8.00 元

长 32 开　130 页

本书以古籍中的有关事迹为例,系统介绍了历史上与特异功能有关的人物和事件,并结合现代各种特异功能现象,或试图作出科学的解释,或谈谈一己的推定。

阳刚阴柔

——中国养生文化

仓阳卿著

1994 年 12 月 1 版 1 次

7.40 元

长 32 开　116 页

本书从长寿、健美、情欲、饮食、男女房室、气功保健等众多角度,介绍了中国养生文化的精华。

斗草藏钩

——中国游戏文化

顾鸣塘著

1994 年 12 月 1 版 1 次

7.70 元

长 32 开　124 页

本书从"技艺游戏"、"智力游戏"、"赌胜游戏"、"儿童游戏"、"节令游戏"五个方面,全面地介绍了种种古代游戏的内容、源流、演变及影响。

书香心怡

——中国藏书文化

曹正文著

1994 年 12 月 1 版 1 次

7.10 元

长 32 开　104 页

本书包括四章:"访书之趣"、"藏书之乐"、"玩书之境"、"读书之法",有古今史事、掌故逸闻,也有作者亲历心得。

人境壶天

——中国园林文化

曹明纲著

1994 年 12 月 1 版 1 次

7.60 元

长 32 开　126 页

中国园林从始创时的雄浑壮观逐渐趋向精致奇巧,无不体现艺术地完善自然的匠心。伴随园林兴废的轶事奇闻,使本书成为引人入胜的读物。

菱花照影

——中国镜文化

聂世美著

1994 年 12 月 1 版 1 次

7.60 元

长 32 开　120 页

本书全面地叙述了古镜的渊源、发展和品类,推广了铜镜的鉴赏知识,并穿插了与古镜有关的轶事趣闻、诗文和人物介绍,是一部关于中国镜文化的开创性著作。

钟鼓管弦

——中国民乐文化

丁如明著

1994 年 12 月 1 版 1 次

7.00 元

长 32 开　106 页

本书以通俗的语言、翔实的内容分别探讨了古琴、瑟、筝、筑、箜篌、琵琶、筚篥、箫、笛、竽、笙、埙、篪、角、笳、钟、鼓、胡琴等中国古代民族乐器的有关知识和趣闻,同时也介绍了古代音乐的雅、俗,乐署与乐工的有关情况。

中国生活文化丛书(图文本)

中国酒文化(图文本)

何满子著

2001 年 6 月 1 版 1 次
2011 年 4 月 1 版 4 次
28.00 元
长大 32 开　216 页

　　本书作者以其特有的才思,向人们展现了酒在社会生活中的效应。全书故事掌故迭出,配以大量古画图片,引用资料翔实,论述精彩。

中国茶文化(图文本)

王从仁著
2001 年 6 月 1 版 1 次
2009 年 4 月 1 版 4 次
28.00 元
长大 32 开　228 页

　　小小茶叶与中国人的人生、审美观念有何联系? ……丰富的史实,有趣的传说,经作者的综合思考,便见新义。

中国馔食文化(图文本)

陈诏著
2001 年 6 月 1 版 1 次
2009 年 4 月 1 版 3 次
28.00 元
长大 32 开　206 页

　　本书介绍中华美食源流,广涉典章制度、组织机构、礼仪风俗,尤重名厨技艺、菜系流派、各民族饮食特色、历代名菜名点及其在现今世界的崇高地位和广泛影响。

中国养生文化(图文本)

仓阳卿著
2001 年 6 月 1 版 1 次
2009 年 4 月 1 版 3 次
28.00 元
长大 32 开　202 页

　　本书从长寿、健美、情欲、饮食、男女房室、气功保健等众多角度,全面而生动地介绍了中国养生文化的精华。全书并配置精美插图一百余幅,熔医理、哲理、禅理与文趣于一炉。

中国服饰文化(图文本)

王维堤著
2001 年 6 月 1 版 1 次

2009 年 4 月 1 版 2 次
28.00 元
长大 32 开　218 页

　　本书分别论述了服饰的实用、伦理、审美、政治、等级意义,中国人对奇装异服、袒胸露体的看法;形象化地介绍了龙袍、凤冠、吉服、凶服、朝服、公服、祭服、常服、胡服、戎装、舞服、戏装;阐述了服饰与颜色、衣料,打扮的艺术。

中国装饰文化(图文本)

展望之著
2001 年 6 月 1 版 1 次
2009 年 4 月 1 版 3 次
28.00 元

　　本书分门别类地介绍中国各类器物的源流、变化,大自床榻桌椅、小至案头壁间的摆设,漫谈中国装饰美学的精华。

中国园林文化(图文本)

曹明纲著
2001 年 6 月 1 版 1 次
19.90 元
长大 32 开　242 页

　　中国历代名园如珠,造园者的精思,居园者的心态,游园者的情趣,伴随着园林兴废的轶事奇闻,以及 200 幅紧扣内容主题的彩照插图,使本书成为引人入胜的读物。

中国游览文化(图文本)

商友敬著
2001 年 6 月 1 版 1 次
15.00 元
长大 32 开　168 页

　　本书对山水游览与历史文化的这种相互间的联系,进行了回顾与鸟瞰。

中国养植文化(图文本)

邓云乡著
2001 年 6 月 1 版 1 次
18.40 元
长大 32 开　214 页

　　花草树木,飞鸟游鱼昆虫,大多是细微之物,但往往与人们生活密切相关。作者注重写出这些细微之物的来龙去脉，如出产衍生，养植培育，乃至功用利害，引经据典，叙述解说，把无情草木写得情趣盎然，把与人异类的鱼鸟昆虫写得与人息息相通。

中国姓名文化（图文本）

完颜绍元著

2001 年 12 月 1 版 1 次

19.80 元

长大 32 开　230 页

　　本书从姓氏、名字、别号、风俗等几个方面，详细地介绍了中国姓名文化的方方面面，其中包括取名、避讳、谱牒、世系、堂号、联宗等一系列知识。

生活与博物丛书

生活与博物丛书（合订本）

本社编

1992 年 12 月 1 版 1 次

精装 35.70 元

大 32 开　898 页

　　将同类事物的历史、现状、品类、鉴评、经验、掌故等等信息集中汇为一峡，这就是古代的谱录。本书收辑历代谱录 140 种，分为四编：《花卉果木编》、《禽鱼虫兽编》、《器物珍玩编》、《饮食起居编》。

花卉果木编

本社编

1992 年 12 月 1 版 1 次

7.40 元

大 32 开　190 页

　　本书收辑历代花木谱录 42 种，包括梅、兰、竹、菊、海棠、牡丹、荷花、月季、凤仙、橘、枣、荔枝、水蜜桃等。谱中考察它们的品种、源流、演变，介绍栽培的技术和养护的经验，提供观赏审美的方法和标准。

禽鱼虫兽编

本社编

1993 年 6 月 1 版 1 次

7.00 元

大 32 开　176 页

　　本书收辑历代动物谱录 31 种，内容自品类、习性，

至养殖、利用、玩赏、轶闻、掌故，无所不备。其中蚕经、鱼经、蟹谱、相牛经等与民生直接相关，虎苑、蛇谱、水族志等表现了先民对自然界生物活动的求知兴趣，而鸽经、鹌鹑谱、画眉谱、金鱼谱、促织经、猫苑猫乘等则反映出古人在豢养宠物方面的闲情逸致。

器物珍玩编

本社编

1992 年 12 月 1 版 1 次

10.40 元

大 32 开　292 页

　　本书收辑器用方面的谱录 29 种，涉及陶器、瓷器、古玩、鼎彝、香料、文房用具，及杖、扇、刀、剑、奇石、古钱等收藏品。各谱详述了它们的来龙去脉或制作流程，介绍它们的品级、特色及鉴定方法，还搜集掌故传闻和文人吟咏。

饮食起居编

本社编

1992 年 6 月 1 版 1 次

8.90 元

大 32 开　240 页

　　本书收辑《茶经》、《长物志》等谱录 38 种。内容一是关于茶、酒、烟、蔬、食谱等饮食文化的记载，二是提供古人雅化生活的方式和经验。从中既可获得多方面的历史知识和日用知识，又能陶冶情性。

中 国 通 手 册

　　《中国通手册》的编例独创一格，不仅每本书标注拼音，还译成英文、配以彩图，特别注重于实用性和知识性的含金量。

名胜古迹

商友敬编　汪磊译

2002 年 12 月 1 版 1 次

18.00 元

特大 32 开　图 119 幅　126 页

　　本书分为"名山"、"大川"、"古迹"、"名城"4 个板块，分述了中国一流的 60 个名胜古迹，并介绍了相关的风土人情、传说、特产。

名茶名酒

张澂著　李震宇译

2002 年 12 月 1 版 1 次

18.00 元

特大 32 开　图 150 幅　130 页

　　本书列举出最具代表性的中国名茶名酒,通过其品性、源流、技法及相关传说的介绍,令读者领略到中国茶酒文化丰厚的底蕴。全书图文并茂,中文加注拼音并根据外国人阅读习惯作断词处理,中英文对照。

风俗礼仪

仲富兰著　姜晓丽译

2002 年 12 月 1 版 1 次

18.00 元

特大 32 开　图 180 幅　135 页

　　本书介绍中国民俗的风貌,包罗节庆、礼俗、游艺、吉祥物等。

保健养生

吴九伟著　毛昀译

2002 年 12 月 1 版 1 次

18.00 元

特大 32 开　图 150 幅　130 页

　　本书对"方剂"、"针灸"、"推拿"、"气功"、"四季养生"、"食疗"等均作了介绍,图文并茂。

美食佳肴

崔知宇著　徐蓓丽译

2002 年 12 月 1 版 1 次

18.00 元

特大 32 开　图 108 幅　130 页

　　本书从"传统名菜"、"风味面点"、"主要流派"、"历史名宴"四个方面满足了他们的好奇。

其　　他

老电话

张健主编

2002 年 2 月 1 版 1 次

22.00 元

18 开　200 页

　　1876 年,英国人贝尔发明了电话;其后不久,领风气之先的上海便也接通电话线。"德律风"这个译名,在让国人惊异的同时,更沉溺于"顺风耳"的遐想之中。老电话及其背后的故事,是一个时代的历史文化以及大众群体的生活样态。

名家蟋蟀经

黄渊清　顾伟理著

2004 年 7 月 1 版 1 次

35.00 元

24 开　170 页

　　本书收录当今中国蟋蟀界八位玩虫名家高手各自独到的选虫、养虫、斗虫经验技巧的访谈。书中更收录了一百余幅蟋蟀及蟋蟀盆等用具的彩照,读者亦可借此直观地了解秋虫文化。附蟋蟀术语解释。

杨氏太极　两岸一家

瞿世镜著

2011 年 12 月 1 版 1 次

25.00 元

大 32 开　140 页

　　本书记述杨氏太极在近代的师门传承及发展历史,澄清了部分历史"误传",展示出杨氏太极在强身健体之外所坚持的浩然正气。兼谈太极常识及典故,并配图若干。

中华体育故事

刘秉果著

2012 年 11 月 1 版 1 次

28.00 元

16 开　192 页

　　本书通过《越女授剑》、《最后一场鞠赛》、《戏车卫家》等体育故事,生动展示了中华民族先民所创造的竞技体育文化,也透射出不同时代的民俗、科技等诸多信息。

(三) 对联　谜语

素月楼联语

张伯驹编著

1991 年 8 月 1 版 1 次

1.85 元

大 32 开　76 页

著名学者和收藏家张伯驹先生，潜心研究对联艺术，晚年并将其平生所见、所知、所撰的对联及有关掌故，整理成这部《素月楼联语》。全书分类辑录了有关对联的珍贵资料数千余则。

名联谈趣

梁羽生著

1993 年 7 月 1 版 1 次

1999 年 12 月 1 版 3 次

平装 22.40 元　精装 32.00 元

大 32 开　852 页

梁羽生先生以写作新派武侠小说蜚声国内外，他还对我国独有的对联文体，具有精邃的研究。曾多年在香港《大公报》辟有《联趣》专栏，现将历年所作，辑成一书。内容大多涉及近代人物掌故，融注释于谈说。读者于欣赏名联之外，更可得到不少历史知识。

对联纵横谈

余德泉著

1985 年 11 月 1 版 1 次

1.20 元

长 36 开　154 页

本书对我国楹联的发展概况，楹联的欣赏与教育价值，楹联的种类，楹联的特点，楹联的艺术技巧，以及楹联的写作、断句、标点、书写、张贴等等，分门别类作了介绍和评议。融合名联荟萃和联语轶闻于叙述之中，并附有立意和书法皆佳的名联墨迹多幅。

历代灯谜赏析

邵滨军主编

2002 年 9 月 1 版 1 次

精装 50.00 元

大 32 开　446 页

灯谜是中国的国粹，在古代，谓之廋词、隐语，至两宋时，形成大众喜闻乐见的灯谜。而后，样式日趋繁复，体格渐臻严密。本书撷取自宋至民初的优秀灯谜一千六百余首，逐条赏析，既体现学术性、资料性，又体现知识性和趣味性。

谜话

陈振鹏主编

2003 年 7 月 1 版 1 次

20.00 元

大 32 开　282 页

本书广泛涉及灯谜的方方面面，如谜体、谜法、谜格、谜事、谜人、谜材等。既有考据，也有谈足球、股市乃至流行歌曲的谜文；既有谈制谜技巧的，也有分析佳谜和病谜的。每篇都是一个独立的"话"题，统览全书，又立体地反映了灯谜的全貌。

百年谜品

邵滨军　赵首成著

2004 年 6 月 1 版 1 次

精装 54.00 元

大 32 开　994 页

本书收录近现代著名灯谜家 120 位，介绍其生平、谜艺和风格；精选诸家的精品佳作，逐一注析、点评。本书是体现近百年的灯谜艺术的总结性著作。

（四）旅游文化

"文化中国·经典旅程"系列

游访孔庙孔府孔林·东方的文化圣地

杨朝明著

2004 年 5 月 1 版 1 次

26.00 元

大 32 开　图 106 幅　132 页

孔庙、孔府、孔林是国务院首批公布的全国文物保护单位，1994 年又被联合国教科文组织列入世界文化遗产名录。本书以孔子及其后人在"三孔"中的主要活动为经纬，展现"三孔"的自然与人文景观，揭示中国传统文化深沉而富有特色的个性。

游访秦始皇帝陵与兵马俑·梦回大秦帝国

徐卫民著

2004 年 5 月 1 版 1 次

25.00 元

大 32 开　图 120 幅　128 页

秦始皇陵兵马俑是 20 世纪最伟大的考古发现之一。本书带领着读者悠游神秘恢宏的秦始皇陵兵马俑地下世界，从古代军事编制、作战方式、骑步卒装备、军队服饰等多种角度来感受二千多年前的秦帝国军事制度和陵寝制度。

游访故宫·凝固的皇权

杨志刚著

2004 年 5 月 1 版 1 次

26.00 元

大 32 开　图 100 幅　134 页

　　北京故宫是明清两代的皇宫,故宫暨北京城的规划布局、各个宫殿的形制规格、位置朝向,乃至宫中的摆设装饰等等,无不体现出中国古代的政治观念和皇权制度。本书不仅让读者领略到故宫辉煌的建筑成就、独特的造型艺术、精美绝伦的馆藏珍宝,而且揭示了其背后隐藏的深层次的历史文化内涵。

游访敦煌莫高窟·未湮没的宝藏

张艳梅著

2004 年 8 月 1 版 1 次

2005 年 4 月 1 版 3 次

25.00 元

大 32 开　图 120 幅　130 页

2004 年 8 月 1 版 1 次

2009 年 9 月 1 版 5 次

35.00 元

大 24 开　130 页

　　敦煌莫高窟的 492 个石窟和洞穴庙宇,以其雕像和壁画闻名于世,展示了延续千年的佛教艺术。通过莫高窟丰富的自然景观与深厚的文化内涵的交相辉映,本书带您漫步敦煌莫高窟这一荒漠中的艺术殿堂,身临其境地欣赏从魏晋南北朝到元代一千多年间不同时代不同风格的艺术品。

游访苏州园林·城市里的山水情怀

李宗为著

2004 年 4 月 1 版 1 次

28.00 元

大 32 开　图 168 幅　156 页

　　苏州园林是中国园林文化艺术的结晶,体现了中国园林文化的最高成就。本书不仅介绍苏州园林的美,还进一步开掘出其背后隐藏的中国古代文人的哲学观念、处世态度和审美情趣。

古城文化随笔系列

二十四桥明月夜

——扬州

韦明铧著

2000 年 12 月 1 版 1 次

12.80 元

大 32 开　268 页

　　本书介绍了古城扬州的历史掌故、名人遗迹、城市面貌、风俗人情、方言俗语、风景名胜、方物土产等等,融散文、札记、考证、议论、辨伪、写实等于一集。

遥望姑苏台

——苏州

山谷著

2001 年 1 月 1 版 1 次

12.00 元

大 32 开　208 页

　　本书在介绍苏州自然景观的同时,又着力开发其人文内蕴,并附旅游景点示意图。

家住六朝烟水间

——南京

薛冰著

2000 年 12 月 1 版 1 次

12.10 元

大 32 开　256 页

　　本书以地和人为两条主线,展示了南京深厚的历史文化,并以独特的眼光加以剖析。

西湖新梦寻

——杭州

王旭烽著

2001 年 2 月 1 版 1 次

10.60 元

大 32 开　250 页

　　本书以历史文化的大视界,选取那些最能体现杭州文化底蕴与特色的山水人文、史事心情,以雅洁舒展的笔调"与君细话"。

乌篷醉卧镜中行

——绍兴

杜文和著

2000 年 12 月 1 版 1 次

9.60 元

大 32 开　180 页

绍兴是一座越国的古都,数千年的历史文化遗存遍布街肆乡野,几乎每走一步都能触到一个典故。大禹陵、古鉴湖、越王台、轩亭口述说绍兴的悲壮,而小桥、流水、乌篷船则透着绍兴的柔情;越王剑、绍兴酒、放翁诗词洋溢着绍兴的豪气,兰亭的曲水流觞更是荡漾着绍兴的文化底蕴。

九万里旅行书系

高更最后的大溪地

钟文音著

2002 年 12 月 1 版 1 次

2003 年 1 月 1 版 2 次

29.80 元

18 开　174 页

19 世纪印象画派大师高更,在他生命的最后 10 年,厌弃现代文明对人性的侵蚀,逃离欧陆,来到南太平洋的玻利尼西亚群岛。在那里,艺术家创作了大量别具风格的画作。时隔近百年,一位台湾的才女,登上这块已经名传世界的旅游胜地,寻觅、会晤高更的梦迹,以其独具魅力的笔触,还原并彰显艺术家独立于西方文明的精神世界。

美人欧罗巴

冯骥才著

2002 年 12 月 1 版 1 次

2003 年 1 月 1 版 2 次

31.00 元

18 开　220 页

欧洲文明古老而灿烂,一位东方的著名作家,带着异域文化背景的审美情趣游历这块神奇的土地,他的所感所想,更能挖掘出内中的意蕴与情韵。加上作者随处摄下各类生动有趣的实地景致,令人心驰神往。

淘金路上

吴琦幸著

2002 年 12 月 1 版 1 次

2003 年 1 月 1 版 2 次

32.00 元

18 开　230 页

19 世纪中叶,大批华人先民背井离乡,来到美国西部"淘金",以后又加入采矿、修筑铁路的队伍。本书是对华人开发美国西部踪迹所作的历史回溯和真实描述。附有作者实地拍摄的照片近二百帧。

我的环球航海之梦

刘宁生著

2002 年 12 月 1 版 1 次

2003 年 1 月 1 版 2 次

31.00 元

18 开　210 页

被人称为"海洋之子"的刘宁生在 43 岁那年,终于成为中国驾帆船航行世界成功的第一人。本书详细记录了他如何以单桅小帆船福龙号在海上与台风、恶浪搏斗,完成横渡太平洋的壮举……其间并穿插讲述他的种种情感纠合,及丰富的航海经历使他产生的对人类文化的思考等等。

与爱斯基摩人同行

李乐诗著

2002 年 12 月 1 版 1 次

2003 年 1 月 1 版 2 次

30.00 元

18 开　200 页

本书作者以女性的敏感、细腻及特有的笔触,通过三次对北极腹地的实地考察,将北极的自然风貌、生活环境和北极人——爱斯基摩人的生存状况如实地描述出来,并思考人性与人生、文明与原始等一系列深层次问题。

春天去布拉格

余光中等著

2002 年 12 月 1 版 1 次

2003 年 1 月 1 版 2 次

29.80 元

18 开　200 页

20 世纪的布拉格,在几次影响世界文明进程的重大历史事件中,它曾受到过摧残、异化。如今它已回归到原有的本真与宁静之中。当布拉格再次敞开它的怀抱，恭候世人踏上这个被称为具有"欧洲风味、中国价格"的土地，一定会给人们带来别样的况味。

寻找玛雅人的足迹

赵丽宏著

2004年5月1版1次

30.00元

18开　154页

　　隐身于中美洲热带雨林的玛雅文明是人类文明史上的奇迹。金字塔、大神庙是有外星人相助而建吗？玛雅人为何抛弃繁荣的城邦而神秘消失？扑朔迷离的玛雅之谜吸引了世人的目光。本书是著名作家赵丽宏游历墨西哥玛雅故地的文化散记。

恒河畔的谜城

林许文二　陈师兰著

2004年8月1版1次

33.00元

18开　120页

　　瓦拉那西，又名迦尸，这座被称作"谜城"的古城，有人说它是人类学家的金矿山、社会学家的活化石、宗教家的大道场。作者以文化人的眼光、旅行者的身份，借细腻流畅的文笔，配合精致丰赡的图片，向读者展现了印度神秘奇谲的风姿。

其　　他

普陀山揽胜

普陀山管理局编　王连胜主编

2004年12月1版1次

2006年4月1版2次

38.00元

大32开　180页

　　本书集普陀山历史、掌故、诗词楹联，以普陀山景观为主体，再配制大量实景彩图，是既有观赏性，又有实用价值的旅游必备书。

寒山寺

苏州寒山寺编

2003年12月1版1次

2004年6月1版2次

10.00元

大32开　162页

　　本书详尽地介绍了寒山寺的历代盛衰，记述了有关寒山寺的历史典籍和传说中的精彩故事。还配以近二百幅的生动图画，由近到远、从里到外，完整地介绍了寒山寺的全貌，是一本游寒山寺上佳的导游书。

寒山寺赞

苏州寒山寺编

2003年12月1版1次

18.00元

32开　306页

　　本书汇集了众多抒写寒山寺的优秀篇章，分别从"古寺春秋"、"禅林胜迹"、"寒山钟声"等各个侧面，全面而深刻地阐释了寒山寺曲折的历史变迁和丰厚文化意蕴。

不落的文明

——走进钱岗古村

程存洁著

2005年3月1版1次

36.00元

大32开　126页

　　位于广州市区以北七十余里的从化市太平镇钱岗古村，以其保存完好的明清民居风貌，具有鲜明地方宗族特点的祠堂建筑，荣获了"2003年度联合国教科文组织亚太地区文化遗产保护杰出项目奖"第一名。本书对该古村落的历史文化形态进行了推衍还原，清代早中期宗族聚居村落的原始形态借此完整呈现。

江南古镇朱家角

本书编委会编

2003年3月1版1次

80.00元

12开　92页

　　朱家角，是上海保存最完整的千年江南水乡古镇。本书以一百五十余幅精美的照片，多角度多方位地介绍了朱家角的自然景观与人文景观。

松江九峰

上海市松江县政协文史委员会编

1995年9月1版1次

5.50 元

32 开　80 页

　　本书介绍松江县境内以佘山、天马山为主的九座大小不等的山峰,内容包括风景名胜、人文遗迹、名人掌故、九峰特产、古代诗文等等。附有几十幅精美插图和佘山风景区导游示意图。

海上静安(文化丛书)

李关德主编

2003 年 7 月 1 版 1 次

36.00 元

大 32 开　454 页

　　本书较为详细地介绍了坐落在上海静安区的人文景观一百多处,多角度地反映该地区具有深厚的历史文化底蕴和欣欣向荣的现代化城市建设的风貌。书末附有"静安寺周围的传统名店、名品"和"文化娱乐场所遗址"。

千岛湖清韵

中共淳安县委宣传部编

1999 年 9 月 1 版 1 次

精装 40.00 元

大 32 开　500 页

　　本书精选自新安江水电站建造以来 40 年间当代名人名家吟咏千岛湖诗、词、楹联作品千余首(副)。

观潮旅游名城

——海宁市旅游景点导游词

海宁市旅游局编

2001 年 9 月 1 版 1 次

12.00 元

长 32 开　125 页

　　本书作为海宁市旅游景点的导游词,向读者介绍了海宁博物馆、钱君匋艺术研究馆、张宗祥故居、徐志摩故居、惠力寺、广福寺、中国皮革城、海宁观潮胜地公园、陈阁老宅、王国维故居、金庸故居等名胜景点。

神州游记(1925—1937)

芮麟著　芮少麟编纂

2005 年 11 月 1 版 1 次

42.00 元

大 32 开　500 页

　　这是一部尘封半个多世纪的山水游记,萃集当年刊于沪、苏、鲁等地游记 6 种。作者是 20 世纪 30 年代的诗人、作家、文艺理论家。作者以一介书生,跋涉神州大地名山大川,以游记之笔,抒发眷恋神州之情。

旅华抒怀

[日]绪方义勋著

1999 年 1 月 1 版 1 次

21.00 元

大 32 开　300 页

　　作者绪方义勋先生是日本三菱重工上海事务所所长。来华任职的几年间,绪方先生亲眼看到上海乃至全国日新月异的奇妙变化,所作诗文处处洋溢着强烈的时代气息和对中国文化的敬意。

香港三日游

许斐莉　张沛文等著

2005 年 2 月 1 版 1 次

28.00 元

36 开　250 页

　　本书以分众市场(如情侣游、亲子游、母女游、银发游等)为经,以主题游(如购物、美食、建筑游等)为纬,纵横交叉地为旅游者设计了各取所需的三天两夜经典旅游行程。是一本不可多得的香港游实用手册。本书系台湾图书引进出版,为台湾畅销书。

三叶集

李迪群著

2006 年 1 月 1 版 1 次

32.00 元

大 32 开　388 页

　　这是一部融文史掌故于游记随笔之中的散文集。全书分为"越地云锦"、"静夜语丝"、"四海撷英"三辑,笔涉古今中外人情世态、风物掌故,可谓万象纷呈。

七 ▶ 科 技

中国古代科技名著译注丛书

考工记译注

闻人军译注
1993 年 3 月 1 版 1 次
新版 2008 年 4 月 1 版 1 次
新版 2016 年 4 月新 1 版 9 次
精装 20.00 元
大 32 开　204 页

《考工记》是我国第一部手工艺技术汇编,闻名中外的科技名著。相传春秋战国时作,列为《周礼》"冬官",为儒家经典的一部分。《考工记译注》将古朴的原文译成白话,详加注释,将《考工记》中有关"百工之事"及官营、家庭手工业的"三十二工"结合现代科学技术分列细述。附"考工记著作年代新考"等。

九章算术译注

郭书春译注
2009 年 12 月 1 版 1 次
2015 年 7 月 1 版 5 次
精装 58.00 元
大 32 开　536 页

《九章算术》是中国古代数学专著,系统总结了战国、秦、汉时期的数学成就。本书以多种版本汇校,改正了自清代戴震以来各家错校一千八百余处,以求翔实、准确。译注者在对原书进行校勘的基础上,对各种术语、名词作了科学的注释,并配有白话文翻译,以帮助读者理解这部古代科技著作。

金匮要略译注

[东汉] 张仲景著　刘蔼韵译注
2010 年 12 月 1 版 1 次
精装 40.00 元
大 32 开　424 页

东汉著名医学家张仲景著述的《金匮要略》是中医经典古籍之一,为作者原撰《伤寒杂病论》十六卷中的"杂病"部分,经晋王叔和整理后,其古传本之一名《金匮玉函要略方》,共 3 卷。上卷为辨伤寒,中卷则论杂病,下卷记在药方。后北宋校正医书局林艺等人根据当时所存的蠹简文字重予编校,取其中以杂病为主的内容,仍厘订为 3 卷,改名《金匮要略方论》。《金匮要略》是我国现存最早的杂病学专著,它奠定了杂病的理论基础和临床规范,具有很高的指导意义和实用价值。此次整理,除了校勘原文外,将对书中的医学术语等都作详细地注释,也是该书首次全注全译。

齐民要术译注

[北朝] 贾思勰著　缪启愉 缪桂龙译注
单行本 2006 年 12 月 1 版 1 次
2009 年 3 月 1 版 1 次
2016 年 3 月 1 版 6 次
精装 68.00 元
大 32 开　784 页

《齐民要术》是我国现存最早最完整的古代农学名著,共十卷,详细记述了古代农副业生产方面的技术和经验,几乎囊括了古代农家经营活动的全部内容,堪称中国古代农业技术的百科全书。缪启愉先生是国内研究《齐民要术》的权威学者,与其子缪桂龙一起对《齐民要术》作了全面校勘整理,并予以注释和翻译。本书堪称目前国内最佳的《齐民要术》整理本和译注本。

食疗本草译注

[唐]孟诜著　郑金生　张同君译注
1993 年 1 月 1 版 1 次
新版 2008 年 1 月 1 版 1 次
新版 2016 年 5 月 1 版 8 次
精装 25.00 元
大 32 开　264 页

《食疗本草》是我国唐代著名的食物疗法及营养学专著,记载了二百六十余种常见食物的药性功效、主治疾病及各种禁忌,兼收大量的食疗方剂。原本久佚。现据人民卫生出版社辑佚本翻译注释,并与众多残本和其他典籍校核。附"名词术语解释"和"食物药品"两个索引。

茶经译注(外三种)

[唐]陆羽等著　宋一明译注
2009 年 11 月 1 版 1 次
2015 年 6 月 1 版 9 次
精装 20.00 元
大 32 开　176 页

本书译注,以陶氏影宋《百川学海》本《茶经》为底本,并校以多种版本。译注者对各种术语、名词作了注释,并有白话文翻译。本书还收录了宋代蔡襄的《茶录》和宋代《品茶要录》,一并解释、翻译,希望读者能够对中国茶业的发展和饮茶习俗有一个较为全面的了解。

洗冤集录译注

[宋]宋慈著　高随捷　祝林森译注
2008 年 12 月 1 版 1 次
2016 年 6 月 1 版 10 次
精装 18.00 元
大 32 开　176 页

《洗冤集录》六卷,是中国古代第一部比较系统地总结尸体检查经验的法医学名著,也是世界上最早的一部较完整的法医学专著。本书自南宋后成为历代官府尸伤检验的蓝本,曾定为宋、元、明、清各代刑事检验的准则。此次整理,对原书进行了校勘,对各种术语、名词作了科学的注释、客观的评价,而且用白话作了今译。

酒经译注

[宋]朱肱撰　宋一明　李艳译注
2010 年 12 月 1 版 1 次
2016 年 7 月 1 版 5 次
精装 20.00 元
大 32 开　124 页

《酒经》,又名《北山酒经》,宋朱肱撰。《酒经》共三卷。卷上为总论,主要介绍酒的历史、对人生的意义及酿酒的一般理论。卷中论述制作酒麹的理论和方法。卷下记载了整套酿酒工艺流程,与近现代传统黄酒酿造工艺基本相同。本书有注释和白话译文,兼有专业性和可读性。

东鲁王氏农书译注

[元]王祯撰　缪启愉　缪桂龙译注
1994 年 12 月 1 版 1 次
新版 2008 年 6 月 1 版 1 次
新版 2011 年 12 月 1 版 2 次
精装 69.00 元
大 32 开　788 页

本书为我国元代农学集大成者。此书由三部分内容组成:《农桑通诀》是关于农作物的种植收贮、果木栽培、禽畜饲养等论述;《百谷谱》是对五谷杂粮等各种具体作物栽培的介绍;《农器图谱》对我国传统农具、水利器具、养蚕缫丝织造器具等的使用和制作,以图绘加文字予以详尽介绍。此次整理,不仅对原书进行了校勘,对各种术语、名词作了科学的注释、客观的评价,而且用白话作了今译。

饮膳正要译注

[元]忽思慧著　张秉伦　方晓阳译注
2014 年 11 月 1 版 1 次
2016 年 5 月 1 版 3 次
精装 58.00 元
大 32 开　484 页

《饮膳正要》三卷,元忽思慧(又作和斯辉)撰,是我国第一部营养学专著。此书卷一、卷二以食疗、饮食制作、饮食宜忌为主要内容,列养生避忌、聚珍异馔、诸般汤煎、神仙服食、食疗诸病等 15 大类;卷三载食物本草约 200 种,并附插图,一一介绍性味、主治。全书自成体系,图文并茂,有很高的价值。此次译注,以《四部丛刊》影印明景泰本为底本进行整理。

天工开物译注

[明]宋应星著　潘吉星译注
1993 年 1 月 1 版 1 次

新版 2008 年 4 月 1 版 1 次

新版 2016 年 5 月 1 版 9 次

精装 36.00 元

大 32 开　392 页

　　《天工开物》在世界古代科技史上占有十分重要的地位，已被译成日、英、德、法等多种文字。它系统而全面地记述了中国 16—17 世纪农业、工业和手工业 18 个生产部门的生产工艺和经验。书中还附有一百多幅插图。现将全书译成白话，并作简注。

康熙几暇格物编译注

[清]爱新觉罗·玄烨著　李迪译注

1993 年 1 月 1 版 1 次

新版 2008 年 1 月 1 版 1 次

新版 2011 年 12 月 1 版 2 次

精装 18.00 元

大 32 开　176 页

　　本书是清朝康熙皇帝所作的一本笔记的译注本。主要记录康熙在万机之暇，对天文、地理、古生物、动物、植物、医药等学科的一些知识所做的调查、实验，其中不乏真知灼见。此次整理，不仅对原书进行了校勘，对各种术语、名词作了科学的注释、客观的评价，而且用白话作了今译。

农桑辑要译注

[元]大司农司编　马宗申译注

2008 年 12 月 1 版 1 次

2011 年 12 月 1 版 2 次

精装 35.00 元

大 32 开　400 页

　　《农桑辑要》七卷，系元代初年大司农司编纂的综合性农书。内容绝大部分引自《齐民要术》以及《士农必用》、《务本新书》、《四时纂要》、《韩氏直说》等书，虽系摘录，但取其精华，摒弃名称训诂和迷信无稽的说法；其中也有一些文字是出于编纂人之手，都以"新添"标明。本书在继承前代农书的基础上，对北方地区精耕细作和栽桑养蚕技术有所提高和发展；对于经济作物如棉花和苎麻的栽培技术尤为重视，在当时是一本实用性较强的农书。此次整理，以上海图书馆藏孤本元刊大字本为底本，不仅对原书进行了校勘，对各种术语、名词作了科学的注释、客观的评价，而且用白话作了今译。

周髀算经译注

程贞一　闻人军译注

2012 年 12 月 1 版 1 次

2016 年 6 月 1 版 3 次

精装 30.00 元

大 32 开　216 页

　　《周髀算经》是中国历史上最早的算术类经书，记载了周公与商高的谈话，有勾股定理的最早文字记录，并采用最简便可行的方法确定天文历法。此次整理除校勘原文外，对书中的算例等都作详细注释，也是本书首次全注全译。

新仪象法要译注

[宋]苏颂著　陆敬严　钱学英译注

2007 年 12 月 1 版 1 次

2011 年 12 月 1 版 2 次

18.00 元

大 32 开　164 页

　　《新仪象法要》是苏颂对仪象台的制造和使用所作的说明，在我国古代科技史上有很高的地位。译注者是长期研究古代科技史的专家，在为本书所撰写的前言中对我国古代天文学的发展作了介绍，对苏颂的成就进行了恰当的评价。

镜镜詅痴译注

[清]郑复光著　李磊译注

2015 年 11 月 1 版 1 次

精装 65.00 元

32 开　508 页

　　《镜镜詅痴》是清末学者郑复光所著的一部光学原理著作，刊行于 1847 年，是我国最早的物理学专著，其内容既有传统格物学的特点又有很大的独创性。卷末附《火轮船图说》，论述了整个轮船的结构和各个部件制作、组装方法。

救荒本草译注

[明]朱橚著　王锦秀　汤彦承译注

2015 年 11 月 1 版 1 次

精装 65.00 元

32 开　512 页

　　《救荒本草》是我国古代一部重要的区域性经济植物志，它用简单的文字和科学的植物绘图记录了我国中原地区(主要是河南开封、郑州、辉县和密县等地)的可食用植物资源。它代表了明代初期中国古代植物学研究的最高水平,对我国明代以后中国古代植物学的发展产生了巨大影响。

中国古代科技图录丛编

武经总要前集

[宋]曾公亮著
1959年8月1版1次
线装16.00元
8开　592页

　　该书是北宋朝廷组织编写的一部军事科学著作。内容涉及选将、讲武、教习、布阵,各种长短兵器、射远器和防御武器等等,并绘有详图。据明正德间刊本影印。

天工开物

[明]宋应星著
1959年7月1版1次
线装6.10元
8开　223页

　　该书是一部总结工农业生产技术的专业用书,内容涉及农植物种植方法,纺织用具和操作方法,谷物加工,制盐制糖工序,砖瓦缸瓮和陶瓷的制造,榨油、造纸的方法,车、船、武器的制作,矿物开采等等。附图。据明崇祯十年初刻本影印。

救荒本草

[明]朱橚编
1959年7月1版1次
线装21.00元
8开　324页

　　本书收入可食用的野生植物四百余种,详述其功用,且根据野生植物形态绘图,以备荒年疗饥之用。据明嘉靖四年刻本影印。

便民图纂

[明]邝璠著
1959年9月1版1次
线装6.30元
8开　252页

　　本书记述了耕作、园艺、蚕桑、畜牧、农产品加工等

操作技术经验以及民间验方等,是一部古代民间日用工具书。附图。据明万历间刊本影印。

医　学

新修本草

[唐]苏敬等撰
1981年3月1版1次
影印线装22.00元　锦函特装34.00元
毛边纸6开　190页

1985年11月1版1次
4.75元
大32开　188页

　　《新修本草》是我国唐王朝在公元659年颁行的最早药典,为祖国珍贵的古代本草文献。《本草》在宋元祐间已基本亡佚。本书残本收载石、木、兽禽、果、菜、米谷等药品五百多种,并详细述明其形状、性能和药用等。残本10卷为日本森氏影写卷子本,旧为罗振玉氏收藏。今据原藏影印。

本草药名汇考

程超寰　杜汉阳编著
2004年8月1版1次
精装98.00元
大32开　1130页

　　本书是一部关于中药药名的专著,共收载常用中药1046种,药名四万六千余个。每种中药收载的内容包括来源、异名、植(动、矿)物名、商品药材名、释名考订、功能与主治、附注等。作者对书中所收大部分中药进行了命名含义的训释和考证。考释以历代本草的论述为基础,结合药物的特性,探考语源典故,订正讹误附会,往往有新的发现。

千金翼方校注

[唐]孙思邈撰　朱邦贤等校注
1999年5月1版1次
精装52.00元
大32开　940页

　　《千金翼方》广泛收录了唐代以前名医经验及流传于民间的医疗方法和验方效方,是一部淹贯众长、集唐以前医学之大成的医学典籍。目前流传的影印本颇多讹误,今由上海中医学院朱邦贤等重加校注,出校勘注

释三千四百余条,并以简体横排本出版。

杏林述珍
——中医药史概要

傅维康著

1991 年 5 月 1 版 1 次

2.10 元

32 开　86 页

　　本书重点介绍古代中医药成就与发展概况,包括中医药学起源、《黄帝内经》等四大中医名著,以及中医在外科、妇科、肿瘤、育幼与养老方面的成就。作者傅维康系上海中医学院教授,多年来致力中医药史研究,书中18 个专题曾于 1985 年译成英、法文出版,深受国外读者欢迎。

针灸推拿学史

傅维康主编

1991 年 5 月 1 版 1 次

2.90 元

32 开　156 页

　　本书较详细地介绍自上古至 1989 年针灸与推拿疗法的发展概况、历代针灸学家、各时期重要的针灸推拿学著作以及成就等,是第一部内容丰富而系统的针灸推拿学史。

常见病中医食疗

鞠兴荣编

1993 年 2 月 1 版 1 次

3.35 元

32 开　106 页

　　全书分两大部分,食疗原理叙述食疗起源、有关医药原理及其功效;食疗应用分别介绍各种疾病的食疗措施,每题下列有"辩证分型食疗",分述病证、常用食疗食物与药物、例方、食疗配伍加减和"饮食宜忌"。例方均为确有疗效的验方,对配方的使用均有详尽说明。

伤寒如是读

卞嵩京著

2014 年 11 月 1 版 1 次

68.00 元

32 开　484 页

　　上卷内容为病的分类与定义,中卷、下卷为对古代

中医名著《伤寒论》中原条文的逐项解释。本书作者期望借着先辈们"格物致知"的传承及自己近六十年的行医经验,秉着求实的精神来还原《伤寒论》的本来面目。

朱氏妇科药对药组精粹

朱南孙主编

2015 年 5 月 1 版 1 次

线装 280.00 元

6 开　126 页

　　中药配伍乃中医精华,精于方者,必精于药之配伍。药对将中医基础理论、临床病机、中药性味功效有机结合,或相须相使以增效,或相反相逆而见功,常可"游于方之中,超乎方之外",起到画龙点睛、事半功倍之效。朱南孙妇科主任医师从医数十年,学验俱丰,善用药对组方。本书收录朱氏妇科 136 条药对医方,是她临床用药的宝贵经验。

吃素最健康

洪建德著

2005 年 4 月 1 版 1 次

28.00 元

24 开　208 页

　　作者是德国迈因兹大学医学博士,主攻人体新陈代谢和肥胖病的诊治,对人的健康饮食颇有研究。本书除了介绍五谷杂粮、根茎类、豆奶类及果蔬类等八十余种素食的特点、栽培起源和料理方法,更是详细分析和罗列出各种营养成分和适合人群。对高血压、心血管病、肝肾功能不全者、骨质疏松症、防癌抗癌、健康美容者的素食均有利弊分析和一一介绍。本书为台湾图书引进出版。

医药文化随笔

傅维康撰

2001 年 12 月 1 版 1 次

增订版 2006 年 3 月新 1 版 1 次

48.00 元

大 32 开　452 页

　　本书熔现代医学知识与文史掌故于一炉,从文化史的角度娓娓讲述养生防病的常识,中医发展史上的重要事件,中草药的奇特功能,名人与中医药的轶闻趣事,还介绍了多位曾在西医发展史上有卓越贡献的著名科学家。增订本又增补了 40 余篇有关保健食物史话等方面的精彩篇章,共计中西医文化史随笔 160 篇。

西医东渐与文化调适

何小莲著

2006 年 5 月 1 版 1 次

28.00 元

大 32 开　360 页

　　本书对西医传入的历史背景、传入的过程、对中国近代公共卫生事业和教育制度的影响,对中国社会制度、思想文化乃至政治生活的影响等等过程进行研究,这些都是以前的研究著作所忽略的。本书还配有相当数量的历史图片,具有珍贵的史料价值。

长寿饮食世界探寻记

[日]家森幸男著　陈希玉译　高明审定

2006 年 10 月 1 版 1 次

18.00 元

大 24 开　200 页

　　作者历时 15 年进行了关于世界各国饮食习惯的考察研究,及其与预防高血压、心肌梗塞、脑中风等当前人类最关注的疾病之间的密切关系。本书以简洁风趣的语言讲述了作者在各国的经历,各地丰富多彩的饮食文化及风土人情,由此向人们展示并说明了饮食习惯及生活环境的改变对人类健康所造成的深刻影响,提倡科学合理的饮食方式。

科 技 论 著

中国科技史探索

李国豪　张孟闻　曹天钦主编

国际版 1982 年 10 月 1 版 1 次

中文版 1986 年 12 月 1 版 1 次

精装 19.80 元

16 开　376 页

　　本书为祝贺英国研究中国科技史著名学者李约瑟博士八十寿辰而出版,收有论文 31 篇,撰稿者为 11 个国家的 32 位知名学者。论文大部分是关于中国古代科技成就和发展的专题探讨,也有关于李约瑟博士生平和他从事科研经过的介绍。书后附有李约瑟全部著作目录及本书索引。

中国科学技术史

　　英国研究中国科技史著名学者李约瑟主编的多卷本《中国科学技术史》,由科学出版社与上海古籍出版社联合出版。第五卷第一分册系统介绍了中国的造纸术和印

刷术的起源、发展及其传播到世界各地区的历史。论述了促使这两项技术在中国较早发明的各项因素及其对世界文明的贡献。书末附有中、日、西文参考文献书目及索引。

第一卷　导论

李约瑟著

1990 年 7 月 1 版 1 次

精装 19.60 元　特精装 25.80 元

16 开　180 页

第二卷　科学思想史

李约瑟著

1990 年 8 月 1 版 1 次

精装 35.90 元　特精装 47.20 元

16 开　382 页

第五卷　第一册　纸和印刷

钱存训著　刘祖慰译

1990 年 7 月 1 版 1 次

精装 27.00 元　特精装 34.00 元

16 开　248 页

崇祯历书 附西洋新法历书增刊十种(全二册)

徐光启编纂　潘鼐汇编

2009 年 12 月 1 版 1 次

精装 480.00 元

16 开　2104 页

　　《崇祯历书》及其改编后的补刊本《西洋新法历书》被后世引述、应用和研究了三百余年,它在中国自然科学史与中西文化交流史上的价值和影响是众所周知的。它的版本变迁相当复杂,从明末崇祯年间修书到清乾隆年间纳入《四库全书》,多有改纂重印,由此后人终不能得悉其详。而本次出版的《崇祯历书》是由著名天文史学家潘鼐先生积十七年之功整理而成,当可弥补上述缺憾。这是一部几乎完整的明刻明印及顺治二年(1645)补刊初印的珍本,经过整理者的努力,本书基本能够恢复到历书初成时的原貌,对于天文学研究者、爱好者无疑是大有裨益的。

野议　论气　谈天　思怜诗

[明]宋应星著

1976 年 9 月 1 版 1 次

0.47 元

大 32 开　139 页

　　《野议》杂议明末时政，揭露和抨击社会腐败现象。《论气》《谈天》两种则研讨自然物理。《思怜诗》收入诗作 52 首，抒发其愤世忧民之情。

神农本草经新疏

张宗祥撰　郑绍昌标点

2013 年 4 月 1 版 1 次

精装二册 148.00 元

32 开　1212 页

　　本书是张宗祥对《神农本草经》的疏证，取清顾观光《重辑神农本草经》为底本，引用历代中外医学文献疏释辩证并加作者按语。张氏熟知文献，精通医理，掌握中华传统精华，汲取域外先进新知，本书是极具理论意义与实际效用的医学药学专著。

学宫图说译注

[明]朱舜水著　林晓明译注

2015 年 3 月 1 版 1 次

精装 168.00 元

18 开　436 页

　　《学宫图说》是朱舜水七十岁时，对他设计的中国的学宫建筑图的解说，由日本水户藩学生和木工记录。因《学宫图说》以江户时期日语写成，阅读困难，三百年来没有通俗译本，故中日学者在研究中都避开了《学宫图说》的核心内容。《学宫图说译注》是国家文化外交学术团队策划的，作者在福冈大学人文学部研究员期间的课题项目之一。结合研究和译注工作，作者又在日本考察了八座古学校（孔庙），在此基础上撰写了《学宫图说译注余论》《经考察的日本古学校与孔庙》，附于书内。

西洋风

——西洋发明在中国

刘善龄著

1999 年 9 月 1 版 1 次

21.00 元

大 32 开　292 页

　　刘善龄先生长期从事科技史研究，本书记述了从钟表眼镜到电报电话，从火车飞机到肥皂火柴，从水泥橡胶到照相电影，从钢琴扑克到抽水马桶等等发明传入中国的情景，内容应有尽有，文字生动有趣，并配有大量精美的插图照片。

地球历史与生命演化

广州博物馆编

2006 年 10 月 1 版 1 次

精装 185.00 元

大 16 开　220 页

　　本书是陈述地球历史与生命演化的科普性书籍，书中罗列了大量生物及矿物标本和精美图片，从"宇宙起源"、"地球形成"、"生命起源"、"自然历史与生命演化"等几方面，展现了人类一直探寻的宇宙奥秘、生命起源的秘密等若干重大问题的研究成果。

八 ▷ 教 育

（一）大 专 教 材

中国历代文学作品选系列

中国历代文学作品选（六卷本）
朱东润主编
上编（一）1962 年 9 月 1 版 1 次
新版 2016 年 4 月 1 版 33 次
25.00 元
大 32 开　420 页

上编（二）1962 年 10 月 1 版 1 次
新版 2016 年 4 月 1 版 33 次
31.00 元
大 32 开　520 页

中编（一）1963 年 9 月 1 版 1 次
新版 2016 年 4 月 1 版 33 次
27.00 元
大 32 开　452 页

中编（二）1964 年 9 月 1 版 1 次
新版 2016 年 4 月 1 版 33 次
27.00 元
大 32 开　448 页

下编（一）1980 年 7 月 1 版 1 次
新版 2016 年 4 月 1 版 32 次
23.00 元
大 32 开　388 页

下编（二）1980 年 11 月 1 版 1 次
新版 2016 年 4 月 1 版 32 次
22.00 元
大 32 开　372 页

　　本书系高等院校文科教材，全书分上、中、下三编，共六册。上编自先秦至魏晋南北朝；中编自隋唐至宋；下编自元至近代。所选录历代重要作家作品，以思想性和艺术性相统一为标准，同时注意作品题材的广泛性和风格多样化。

中国历代文学作品选（三卷本）
朱东润主编
上编　2008 年 4 月 1 版 1 次
2016 年 1 月 1 版 11 次
56.00 元
16 开　620 页

中编　2008 年 4 月 1 版 1 次
2016 年 1 月 1 版 10 次
54.00 元
16 开　580 页

下编　2008 年 4 月 1 版 1 次
2016 年 1 月 1 版 10 次
45.00 元
16 开　488 页

中国历代文学作品选（简编两卷本）

朱东润主编

1981 年 7 月 1 版 1 次

新版 2007 年 12 月 1 版 11 次

上册 404 页　19.00 元

下册 408 页　19.00 元

大 32 开

　　为了适应大学文理科《中国语文》课程以及大专院校中文系《中国古代文学作品选读》课程的教学需要，选编此简编本，共约 50 万字，上册收录自先秦迄五代重要作家的著名文学作品，下册收录自宋迄近代的著名文学作品，每篇均有详尽的解题和简明的注释。

中国历代文学作品选（简编一卷本）

朱东润主编

2008 年 4 月 1 版 1 次

2016 年 1 月 1 版 13 次

58.00 元

16 开　536 页

中国古代文学史系列

中国古代文学史

郭预衡主编

1998 年 7 月 1 版 1 次

（一）2016 年 1 月 1 版 29 次

312 页　20.00 元

（二）2016 年 1 月 1 版 29 次

496 页　32.00 元

（三）2016 年 1 月 1 版 30 次

468 页　30.00 元

（四）2016 年 1 月 1 版 29 次

416 页　26.00 元

大 32 开

　　本书为高校文科教材。全书注意从史的角度立论，通过总结作家作品在文学史发展长河中新的成就与新的特点，探求文学发展及其变化的客观规律。

中国古代文学史简编

郭预衡主编

2003 年 12 月 1 版 1 次

2016 年 5 月 1 版 13 次

36.00 元

大 32 开　600 页

　　本书为高等院校文科专用教材。全书注意发掘新材料，汲取国内最新研究成果，重视从史的角度及各类文体自身的衍变发展，论述历代作家作品的新成就、新特点。

中国历代文论选系列

中国历代文论选

郭绍虞主编　　王文生副主编

三册本 1962 年 1 月 1 版 1 次

（一）1979 年 8 月 1 版 1 次

新版 2016 年 6 月 1 版 10 次

30.00 元

大 32 开　380 页

（二）1979 年 11 月 1 版 1 次

新版 2014 年 11 月 1 版 8 次

40.00 元

大 32 开　504 页

（三）1980 年 6 月 1 版 1 次

新版 2014 年 11 月 1 版 7 次

48.00 元

大 32 开　620 页

（四）1980 年 11 月 1 版 1 次

新版 2014 年 11 月 1 版 7 次

46.00 元

大 32 开　584 页

　　本书系大学文科教材，第一册选编自先秦至魏、晋、南北朝的代表性文论；第二册选编了隋、唐、五代、宋、金、元时代的文论；第三册选编明、清两代重要的诗论、文论及小说、戏剧等方面的理论；第四册选编我国近代小说、诗歌、戏剧等方面文论。均附有说明、注释和附录。

中国历代文论选（一卷本）

郭绍虞主编　王文生副主编

1979 年 11 月 1 版 1 次

新版 2016 年 6 月 1 版 25 次

38.00 元

大 32 开　524 页

　　本书是在《中国历代文论选》四册本的基础上，精选了历代文艺理论代表作共 66 篇，上起《尚书·尧典》，下迄鲁迅《摩罗诗力说》。对于不同时代文艺理论的特点及相互间的传承关系也给予应有的注意。

中国分体文学史系列

中国分体文学史·诗歌卷（第三版）

赵义山　李修生主编

2001 年 7 月 1 版 1 次

修订本 2007 年 12 月 2 版 1 次

第三版 2014 年 9 月 3 版 1 次

42.00 元

大 32 开　508 页

　　《诗歌卷》包括诗、词、散曲三编，作者分别就这些文体的起源、体式特点和历史发展，作了追本寻源、索微钩玄的探讨。

中国分体文学史·散文卷（第三版）

赵义山　李修生主编

2001 年 7 月 1 版 1 次

修订本 2007 年 12 月 2 版 1 次

第三版 2014 年 9 月 3 版 1 次

38.00 元

大 32 开　476 页

　　《散文卷》包括散文、赋、骈文三编。作者以时代发展为经线，以对具体作家团体和有特色的作家及作品的辨析为纬线，经纬交织，来精心勾勒建筑中国散文的历史文化殿堂。在此基础上，就这些文体的起源发展、体式特点作了追本寻源、索微钩玄的探讨。

中国分体文学史·戏曲卷（第三版）

李修生　赵义山主编

2001 年 7 月 1 版 1 次

修订本 2007 年 12 月 2 版 1 次

第三版 2014 年 9 月 3 版 1 次

第三版 2015 年 9 月 3 版 2 次

34.00 元

大 32 开　400 页

　　《戏曲卷》包括戏曲的产生、形成与发展，各种戏曲剧种、表演形式的传承演变，戏曲理论的评析，名家名剧的介绍等等，条理清晰，文字顺畅，使学生易记易懂，便于把握中国戏曲发展的脉络轨迹。

中国分体文学史·小说卷（第三版）

李修生　赵义山主编

2001 年 7 月 1 版 1 次

修订本 2007 年 12 月 2 版 1 次

第三版 2014 年 9 月 3 版 1 次

第三版 2015 年 7 月 3 版 2 次

38.00 元

大 32 开　466 页

　　《小说卷》包括古代小说的各种体裁，分上（文言小说）、中（话本小说）、下（章回小说）三编。作者对小说源流条分缕析，尤其注重通过史实和文化背景阐释小说的内容，全书力求对小说在各个历史时期的状况作出客观的评价，清晰地揭示了中国小说的形成、发展和演进的历史轨迹。

中国历史文选系列

中国历史文选（全二册）

周予同主编

三册本 1961 年 10 月 1 版 1 次

两卷本上册 1979 年 12 月 1 版 1 次

下册 1980 年 11 月 1 版 1 次

新版 2013 年 3 月 1 版 1 次

新版 2016 年 5 月 1 版 4 次

38.00 元

16 开　1076 页

　　上册选录篇目涉及：甲骨文和金文、书、诗、左传、国语、世本、战国策、楚辞、史记、汉书、后汉书、三国志、晋书、宋书、魏书、世说新语等。下册选录篇目涉及：史通、大唐西域记、三通、明实录、日知录、文史通、中西纪事、新史学等,在解题时夹附评介。此为修订本,周予同先生弟子、著名学者朱维铮先生生前对本书进行了细致的修订。

古典名著精读系列教材

《诗经》精读

严明编著

2012 年 11 月 1 版 1 次

35.00 元

16 开 344 页

本书选录《诗经》173 篇,每篇包括原文、注释、导读、思考题四个部分。对所选《诗经》作了详细的注解、串讲即深入浅出的导读。除此之外,还适当选取毛诗序、朱熹《诗集传》、方玉润《诗经原始》中的评语附于页侧,以供参考。

《左传》精读

翁其斌编著

2012 年 2 月 1 版 1 次

28.00 元

16 开 260 页

本书精选《左传》中具有代表性的篇目,引用竹添光鸿的《左传会笺》加以评析,每篇还包括背景介绍、注释。既可作为高校的精读教材,亦是普通爱好者了解《左传》及战国史的上佳读本。

四大名剧精读

翁敏华 陈劲松编著

2012 年 2 月 1 版 1 次

2015 年 3 月 1 版 2 次

48.00 元

16 开 512 页

本书收录《西厢记》、《牡丹亭》、《桃花扇》、《长生殿》四大名剧,包括前言、原文、精讲三部分。"前言"概述作者生平、思想、传世作品,并对该剧的思想内容和艺术成就进行总体评价;"原文"中为较难理解的字词加注;"精讲"穿插在原文中,采用类似说书的表达手法,串联其剧作的结构线索,并加以赏析。此外,还适当选取金圣叹、王思任、"吴吴山三妇"等人评语附于页侧。

《红楼梦》精读

孙逊 王乙珈编著

2014 年 12 月 1 版 1 次

48.00 元

16 开 452 页

本书由著名红学家孙逊教授编写,节选《红楼梦》部分重要章节,并适当作了删节和拼接,分为三十二章进行精讲,每章包括题解、原文、注释、侧批和人物鉴赏等,章节后附有思考题,深入浅出地引导读者理解《红楼梦》的主题、思想内容及艺术成就,既可作为高校的精读教材,亦是普通读者了解《红楼梦》的上佳读本。

《儒林外史》精读

顾鸣塘 陶哲诚 凌松编著

2012 年 2 月 1 版 1 次

35.00 元

16 开 344 页

本书将《儒林外史》分为十章进行精读,每章包括背景介绍、原文、注释、评注和人物鉴赏。书前导读系统介绍了吴敬梓的家世生平、思想及作品,《儒林外史》的流传、评点与研究,《儒林外史》的主题、思想内容及艺术成就,为读者进入分章精读奠定了基础。

其 他

中国古代文学作品选

郭预衡主编

2004 年 7 月 1 版 1 次

2016 年 6 月 1 版 11 次

(一) 180 页 22.00 元

(二) 286 页 35.00 元

(三) 198 页 25.00 元

(四) 144 页 18.00 元

大 32 开

作者曾参与编写高校文科教材《中国古代文学史》(郭预衡主编,上海古籍版),此作品选与文学史可相互参照,配套使用。

本书第一册包括先秦文学和秦汉文学两部分。书中精选先秦两汉 21 位作家和 18 类著作中的优秀诗文。第二册包括魏晋南北朝文学和隋唐五代文学两部分。收录魏晋至五代一百余位作家的作品,涉及诗、词、文、小说等类。第三册为宋辽金元部分,收录诗、词、文、戏曲的代表作品。第四册精选元明清三代有代表性的诗、词、文及小说、戏曲共 83 篇(则),附以题解,详加注释。

中国古代文学作品选（全国高等教育自学考试教材）

徐中玉　金启华主编

第一册 1987 年 8 月 1 版 1 次

1996 年 5 月 1 版 20 次

2.60 元

32 开　232 页

第二册 1987 年 8 月 1 版 1 次

1996 年 5 月 1 版 20 次

2.25 元

32 开　197 页

第三册 1987 年 8 月 1 版 1 次

1996 年 5 月 1 版 20 次

2.50 元

32 开　225 页

第四册 1987 年 8 月 1 版 1 次

1996 年 5 月 1 版 20 次

2.50 元

32 开　226 页

　　本书根据《全国高等教育自学考试大纲》选编，第一、二册选诗、词、曲，第三、四册系散文。所选作品时代：第一册先秦～唐五代；第二册宋代～近代；第三册先秦～魏晋南北朝；第四册隋唐～近代。每一时代前概述这一时代的文学状况，作品后设"提示与思考"一栏，介绍写作背景，阐述作品主题，详析艺术特色，提出思考问题，并附有参考资料。

《中国古代文学作品选》习题解

（全国高等教育自学考试教材辅导）

朱碧莲等编著

1989 年 12 月 1 版 1 次

1992 年 2 月 1 版 3 次

2.90 元

32 开　174 页

　　由徐中玉、金启华教授主编的《中国古代文学作品选》，自出版后深受广大自学者的欢迎。参加过编选这套教材的教师，编写了这本习题解，对教材中的练习题作了深入浅出、言简意赅的解答，以方便读者自学。

中国文学发展史

刘大杰著

新版 1982 年 7 月 1 版 1 次

（上）184 页　1.15 元

（中）208 页　1.30 元

（下）300 页　1.80 元

大 32 开

　　本书内容起于殷商，迄于清末，结合社会历史背景，综述了 3000 年的文学发展过程，比较清晰地勾勒了文体的流变，历代作家的成就和作品的特色。

中国文学批评史

王运熙　顾易生主编

上册 1964 年 8 月 1 版 1 次　344 页

中册 1982 年 2 月 1 版 1 次　462 页

下册 1985 年 11 月 1 版 1 次　724 页

新版 2004 年 5 月 1 版 2 次

新版 2006 年 10 月 1 版 4 次

上册 14.30 元　中册 18.90 元　下册 29.60 元

大 32 开

　　本书比较系统地说明我国文学批评的发展过程和文学理论斗争的实际情况。上册论述先秦至唐代的文学理论发展过程和重要文学观点，中册包括宋、元、明各代。下册评述清代以及近代文学批评和主要文论家的成就及贡献。

中国文学批评史

郭绍虞著

1955 年 8 月 1 版 1 次

新版 1988 年 4 月 1 版 6 次

2.70 元

大 32 开　354 页

　　本书系统地阐释了自周秦迄清代我国文学批评的产生和发展。作者对文学史上各种流派、思潮，以及一些代表性作家的文学观点，都溯流探源，作了整理阐述，提出了自己的见解。

中国语言学史

濮之珍著

1987 年 10 月 1 版 1 次

新版 2002 年 8 月 1 版 1 次

新版 2014 年 3 月 1 版 11 次

48.00 元

大 32 开　612 页

　　本书为高等院校文科统编教材。书中结合社会发展分章论述中国语言学的演进、变化,研究各个历史时期的语言学家、语言学著作,评述各个历史时期的语言学成果。

古代汉语

上海师大中学教学研究组编写

1976 年 7 月 1 版 1 次

0.47 元

32 开　220 页

　　本书通过古代汉语的词义、语法介绍和常用实词辨析举例,帮助大专院校学生及古籍爱好者掌握古汉语常识,提高阅读文言文的能力。

古代文论名篇详注

霍松林主编

1986 年 9 月 1 版 1 次

新版 2005 年 10 月 1 版 5 次

新版 2016 年 1 月 1 版 15 次

35.00 元

大 32 开　512 页

　　本书选录了我国古代文论著述中的名篇,入选作品自先秦至鸦片战争前,基本包括了我国古代文学批评的精华,并详加注释,每篇后作了扼要说明,可概见我国文论发展的线索。

古代文学作品鉴赏（高等教育自学考试辅导读物）

王从仁等编著

1988 年 3 月 1 版 1 次

精装 5.25 元

大 32 开　366 页

　　本书专为广大自学者而编写,共鉴赏作品 145 篇,包括诗、词、曲、散文、小说,都是文学史上的名篇,作者大多是各大专院校的教授和教师。

中国历代剧论选注

陈多　叶长海选注

2010 年 6 月 1 版 1 次

58.00 元

大 32 开　600 页

　　我国历代戏剧理论遗产十分丰富。本书选取其中具有代表性的文章 138 篇,力图以此概括反映我国戏剧理论史的发展轨迹,彰显其主要成果。本书对入选的篇章均作了通俗化的注释,并且对每篇文章的主要论点或有关问题作了简要的说明或提示。本书适合大专院校相关专业作为教材使用,也能为戏剧工作者及爱好者的艺术实践及理论研究服务。

古文字学

黄德宽著

2015 年 2 月 1 版 1 次

78.00 元

16 开　500 页

　　该书是有关古文字方面的入门教材,是一部通俗实用而又简洁的介绍古文字基础知识的著作。该书涉及古文字的起源发展,古文字学习的理论方法,古文字字形的发展演变,字形结构解析,又将形与韵、义相结合,全面阐释古文字学习的要义。

医古文（全国高等中医药院校教材）

蒋力生　林楠主编

2006 年 1 月 1 版 1 次

28.00 元

16 开　320 页

　　此书为全国高等中医药院校统一教材。分上下两编:上编文选部分,旨在通过讲授和阅读一定数量的古文,熟悉、掌握古代汉语的常用词汇、语言规律和修辞表达方式。下编为基础知识部分,包括工具书、汉字、词汇、语法、注释、标点、语译及古代文化常识。

中国通史自学纲要

丁季华　林丙义　杨立强编著

1986 年 7 月 1 版 1 次

1988 年 7 月 2 版 1 次

2.15 元

32 开　240 页

　　本书按上海市高等教育自学考试委员会的《中国通史自学考试大纲》要求,用"纲目提要体"的形式,分章提示叙述了各段历史时期的主要内容,并附有自学思考题和参考书目,便于自学者逐条自学并掌握考试的要求。

中国古代史史料学（增订本）

何忠礼著

2012 年 8 月 1 版 1 次

68.00 元

16 开　512 页

　　本书上编主要介绍先秦至清代的各类史书,以及各种虽不是史书,但保存了很多历史资料的书籍和文字材料;下编介绍史料致误的情况,以及如何运用版本目录、标点校勘、年代避讳、声韵训诂等知识来检索史书,鉴别和利用史料。

中国历史文献学(修订本)

谢玉杰　王继光主编

2014 年 11 月 1 版 1 次

42.00 元

32 开　388 页

　　全书分十章梳理、分析、概括了中国历史文献学的发展演变过程、成就和当今的历史任务。在原书的基础上,增加了许多新的内容。修订后的版本更为缜密细致、内容更为丰富齐备、表述更为简明得体,比较全面地介绍和表述历史文献学发展过程、基本知识、基本成果,反映学术界近十四年的研究成果。

中国历史要籍介绍

李宗邺著

1982 年 10 月 1 版 1 次

1.30 元

32 开　258 页

　　本书为辽宁大学文科教材之一。书中将一些比较重要的历史典籍,作了概括的评述和介绍。全书分四编,分别介绍了古代经书和子书的史料价值,正史、别史和杂史等方面的典籍,史学的发展以及清代考据学等方面的成就。

中国历代哲学文选(全二册)

冯契主编

1991 年 10 月 1 版 1 次

1993 年 12 月 1 版 2 次

14.80 元

大 32 开　380 页

　　本书将历代最有代表性的哲学论文编选成册,以反映历史上最具代表性的哲学思潮和中国哲学思想发展的脉络。除注释外,又对选文的基本思想、作者生平及其著作流传情况作了简要介绍。

中国古代哲学史(全二册)

复旦大学哲学系中国哲学教研室编著

2006 年 7 月 1 版 1 次

88.00 元

18 开　908 页

新版 2011 年 12 月 1 版 1 次

新版 2016 年 5 月 1 版 4 次

98.00 元

16 开　908 页

　　全书分先秦、秦汉、魏晋、汉唐、唐至南宋、元明、明末至清后期等七编,以时间为线索,以人物为时间中的"节点",同时注重学术思想之间的渊源流变,比较完善地展示了中国古代哲学的历史发展及其逻辑展开的基本过程。

笑话、幽默与逻辑(第六版)

谭大容著

2011 年 12 月 1 版 1 次

2015 年 5 月 1 版 4 次

28.00 元

大 32 开　352 页

　　本书精选数百例古今中外优秀笑话与幽默加以改写或整编,并以之为实例对普通逻辑知识进行全面、系统、通俗、生动的讲述,从而揭示笑话与幽默其所以引人发笑的逻辑基础

(二)文博考古教材

文物博物馆系列教材

中国青铜器(修订本)

马承源主编

1988 年 7 月 1 版 1 次

修订本 2005 年 6 月 1 版 4 次

修订本 2016 年 4 月 1 版 16 次

38.00 元

大 32 开　588 页

　　本书论述中国古代青铜器,共分八章,一、讨论青铜器研究的对象和任务;二、关于青铜器的分类、器形及其变化;三、论述青铜器的纹饰及其演变;四、介绍青铜器铭文及其书体演变;五、论述青铜器的断代分期问题;

六、介绍华夏族以外地区的青铜器概况;七、论述青铜器冶炼和铸造技术;八、青铜伪器的鉴定及鉴定技术。修订本补充了近年的一些重大发现和最新研究成果,并对插图作了较大调整。

中国陶瓷(修订本)

冯先铭主编

1994 年 12 月 1 版 1 次

修订本 2005 年 4 月 1 版 6 次

修订本 2016 年 1 月 1 版 20 次

42.00 元

大 32 开　676 页

本书论述了中国陶瓷的起源与发展,从中国古代陶器与原始瓷、青瓷的烧制叙起,论及隋唐五代与辽宋金和元明清陶瓷的演变,并对各个时期的陶瓷特征、鉴定要诀等作了翔实的论述。近几年来,随着考古事业的发展及古陶瓷研究的深入,作者对本书作了全面的修订,并配上精美的彩图。

中国书画(修订本)

杨仁恺主编

1990 年 5 月 1 版 1 次

修订本 2003 年 1 月 1 版 3 次

修订本 2016 年 4 月 1 版 15 次

48.00 元

大 32 开　660 页

本书详细论述了魏晋以来流传至今的中国古代书画作品,对中国书画的源流、派别及历代书画家的作品、技法均作了详尽的介绍,同时还论及书画家的钤印、押署和题跋,对书画的欣赏和鉴定具有指导意义。

中国古钱币

唐石父主编

2001 年 12 月 1 版 1 次

2016 年 5 月 1 版 13 次

42.00 元

大 32 开　676 页

本书上编介绍我国自先秦至清末的铸币及其发展历史,讲述各个时代主要铸币的铸造和流通情况。下编介绍与古钱币有关的基本知识,如古钱读法、古钱鉴定、古钱铸造、历代主要钱谱著录介绍、易混淆圆钱的鉴别等等。全书配有 1120 幅钱币插图。

中国古代建筑(修订本)

罗哲文主编

1990 年 8 月 1 版 1 次

修订本 2003 年 1 月 1 版 3 次

修订本 2016 年 7 月 1 版 12 次

42.00 元

大 32 开　656 页

本书系统介绍了中国古代建筑的发展史、技术特征、文化内涵以及建筑遗产的管理方法、维修技术等。修订本除作了大量的修改外,还增入了关于世界遗产的介绍,附录了文物保护法规,并对古建筑的名称对照表进行了全面修订。

中国考古

安金槐主编

1992 年 12 月 1 版 1 次

1997 年 11 月 1 版 3 次

29.00 元

大 32 开　800 页

本书对考古学的诞生、发展,考古学的理论与方法,新中国考古的蓬勃发展,以及考古发展的新趋势作了叙述,并对从旧石器时代到明代的中国考古事业的主要成果和研究作了详尽的阐述,是迄今为止较为全面系统介绍中国考古事业的教材。

中国博物馆学基础(修订本)

王宏钧主编

1990 年 4 月 1 版 1 次

修订本 2005 年 4 月 1 版 5 次

修订本 2016 年 4 月 1 版 20 次

40.00 元

大 32 开　612 页

本书系统地介绍了有关博物馆的社会功能、组织管理、工作原则等专业知识。修订本对原书章节作了较大调整,在博物馆信息化等内容上作了较多的增补。

其　他

考古学:理论、方法与实践(第六版)

[英]科林·伦福儒 保罗·巴恩著　陈淳译

2015 年 5 月 1 版 1 次

2015 年 10 月 1 版 2 次

268.00 元

16 开　672 页

　　全书涵盖了考古学的历史、理论、方法、技术和实践等多个方面和多个层次。100 多个专题专栏文字涉及从水下考古到碳 14 测年、从农业起源到文明衰退等诸多领域,并简要总结了三十个有影响的发掘实例,展示了考古学理论方法在实际中的应用。本书是最近三十多年来风靡全球、影响最大的一部教科书,他的内容随着国际上考古的新发现、新问题而不断更新,每一版都紧紧追随全球考古的最前沿。毫不夸张地说,本书是目前了解世界考古学发展最权威、最全面的一本书。

甲骨学基础讲义

沈之瑜著

16 开　272 页

48.00 元

2011 年 8 月 1 版 1 次

　　本书原为沈之瑜先生为复旦大学文博培训班授课之讲义,后屡经修订。本书征引了大量史料,汇集了几十年来国内外学者的研究成果,并有作者个人的一些创见,是一部比较全面反映甲骨学内涵的概说性著作,亦可作为一部甲骨文入门书。

古籍修复技术

(复旦大学古籍整理研究所古文献专业研究生教材)

童芷珍著

2014 年 10 月 1 版 1 次

2015 年 5 月 1 版 2 次

58.00 元

16 开　228 页

　　本书旨在传授古籍修复技术,汇集资深修复师童芷珍 40 年来古籍修复的经验,从概述到线装、折装、蝴蝶装等,对修复所需设备、材料,各种修复技法,各类不同古籍所适用的不同方法等方方面面娓娓道来,深入浅出,并配有大量示意图,既清晰易学,又包含大量切实可行的技术窍门。

(三) 远程教育教材

中国古代文学通论

鲍鹏山主编

2003 年 8 月 1 版 1 次

2015 年 5 月 1 版 12 次

38.00 元

大 32 开　576 页

　　本书综论先秦、两汉、魏晋南北朝、唐宋、元明清文学的内容与特色,对中国历代文学作了全面而系统的概述。

中国古代文学作品选

鲍鹏山主编

2003 年 8 月 1 版 1 次

2014 年 11 月 1 版 15 次

28.00 元

大 32 开　452 页

　　本书是《中国古代文学通论》的配套教材,精选古代文学作品 150 余篇,每篇均加注释和导读。

传统文化导论

骆自强主编

2003 年 8 月 1 版 1 次

2016 年 3 月 1 版 18 次

28.00 元

大 32 开　368 页

　　本书以一百多个知识点,从不同角度对传统文化各个侧面进行介绍。

(四) 教学辅导读物

二千年前的哲言

本社编著

社会版 1997 年 7 月 1 版 1 次

1997 年 11 月 1 版 3 次

10.80 元

大 32 开　232 页

学生版 1998 年 7 月 1 版 1 次

2005 年 6 月 1 版 9 次

5.50 元

大 32 开　240 页

　　本书辑选先秦哲人语录 561 则,编为《修养篇》、《行为篇》、《思维篇》三部分。三篇按内容主题各分成若干专章,每章按内容的内在联系,分若干层次,除在章前作简要题解外,并在每一层次后殿以提纲挈领的小结,题解、小结与卷首绪论构成全书纲领,共同作为导读。

二千年前的哲言(英汉对照)

本社编

1998 年 12 月 1 版 1 次

14.80 元

大 32 开　360 页

本书为英汉对照本,英语翻译由华东师范大学潘文国教授主持,译文以"明白"、"通畅"、"简洁"为标准,将艰涩的古汉语用流畅的现代英语表达出来。

《二千年前的哲言》教学参考资料

本社编著

1998 年 8 月 1 版 1 次

2004 年 6 月 1 版 3 次

4.00 元

大 32 开　165 页

本书以教材为基本框架,通过讲解的形式,对教材中所涉及的先秦人生哲学和思辨哲学的重要观点一一作了详尽的阐述,并辅以大量故事和事例。同时,全书对先秦哲学诞生的文化背景、发展过程以及在现实社会中的作用和前景进行了理论思考,是教材内容的延伸和具体化。

美文精读与写作(中国古代卷)

赵昌平著

1999 年 12 月 1 版 1 次

9.50 元

大 32 开　250 页

本书精选中国古代脍炙人口的美文 25 篇,按内容体裁分为写景记游、写人记事、论说辩难、杂文随笔、抒情言志五辑。每篇美文均有引言、解读要领、谈美初阶、作文启示五个板块。

美文精读与写作(中国现当代卷)

周佩红著

1999 年 12 月 1 版 1 次

9.00 元

大 32 开　200 页

本书精选中国现当代文学名家精短美文 30 篇,以当代女作家独特的审美角度及思维方式,逐篇对其进行品味分析和写作艺术探寻。共分记述(写人和叙事)、论辩(议论和演讲)、抒情(散文和诗歌)三大板块,以便与中学语文教学接轨。

小学生作文实用手册

吴忠豪　徐根荣　曹有信　万永富编写

1990 年 5 月 1 版 1 次

1992 年 4 月 1 版 4 次

3.70 元

32 开　210 页

全书分三部分:一、作文常识。重点介绍记叙文审题、选材、确定中心、列提纲、开头、结尾、过渡等关键技巧,附带介绍应用文写作常识。二、课堂作文指导。选取小学各类教材作文习题 50 个加以指导,并附学生范文加以评析。三、考试作文提示。选取近年各地升学试题近 20 个加以提示,并附考生范文加以评析。书后附有历届各地升学试题和指导篇目与各类教材习题对照表。

千家唐宋诗词吟诵读本(中学版)

赵昌平主编

1999 年 9 月 1 版 1 次

7.50 元

大 32 开　164 页

本书收唐诗 50 首,宋诗 30 首,唐宋词 30 首。篇篇名作,字字珠玑。所收作品以律诗、绝句、小令为多,长篇作品仅二三首,易学易记;讲解与赏析相结合,文字浅显明白;对典故、难词作了简略的注释,生僻字则加注音,并有简要的吟诵提示和作者介绍。

千家唐宋诗词吟诵读本(小学版)

赵昌平主编

1999 年 9 月 1 版 1 次

7.50 元

大 32 开　148 页

全书分童心稚趣、气候天象、春夏秋冬、山川旅行、花卉草木、鸟兽虫鱼、人间真情、乡村田园、生活哲理、心怀天下 10 个门类,每一门类又分初、高两个阶次,配上注音、注释、讲解和吟诵提示,以适合不同年级小学生的需要。

唐宋诗词吟赏

赵昌平等编撰　焦晃吟诵

1999 年 5 月 1 版 1 次

盒装 29.80 元

32 开　428 页

　　本书将赵昌平等编撰的《唐诗一百首》、《唐宋词一百首》这两种优秀的诗词读本，与焦晃先生朗诵的《唐宋诗词吟诵》合为一编，使读者在焦晃先生美妙的吟诵声中，步入诗词赏读的殿堂。

中学版古文观止

本社编

2003 年 11 月 1 版 1 次

2016 年 3 月 1 版 10 次

25.00 元

大 32 开　372 页

　　本书的篇目，全部选自中学语文课本（包括 S 版和 H 版），适合各年级中学生使用。每篇文章除原文外，包括：题解、段意、注释、今译、语法重点五大部分。其中"注释"强调文言文语法知识；"题解"和"段意"着重于作品的背景介绍和艺术分析。

中学版古诗观止

本社编

2005 年 9 月 1 版 1 次

精装 35.00 元

24 开　450 页

　　这本古代诗词通俗选本，具有阅读和教参双重功能。全书共收先秦至近代名篇二百七十余首，其中囊括了入选各级各类学校语文教材的作品，以及学生课外必读必背篇目。在编写体例上，完全根据中学生阅读习惯和考查需求。每首诗详加注释，难懂的句子则作大意串讲。每篇作品设"品赏"栏目，每个作家都有"作者素描"，总叙其生平事迹和创作特色。凡诗词中的名句，均以横线标出，可省去学生寻觅之劳。

中学版四书五经（拼音本）

本社编

2006 年 6 月 1 版 1 次

2006 年 12 月 1 版 2 次

精装 49.00 元

24 开　680 页

　　四书（大学、中庸、论语、孟子）五经（周易、尚书、诗经、礼记、左传）是中华民族传统文化的重要组成部分。本书原文加注拼音，每章（节）均设三个栏目：1."串讲"，即用现代口语将原文逐字逐句全部译出。2."注释"，注重于难解的字、词，及人名、地名、名物等。3."导读"，提纲挈领点出该章的主旨。

中学版唐诗三百首

〔清〕蘅塘退士编　凌枫等注释解析

2008 年 7 月 1 版 1 次

48.00 元

18 开　404 页

　　作为童蒙读本，清代蘅塘退士选的《唐诗三百首》自问世以来，家弦户诵，历时百余年而不衰。因此，自清迄今，注家蜂起，注本众多而又各具特色。本书冠以"中学版"，旨在明确读音定位，在编例上有所创新，使之更适合广大学生阅读。每首诗包括"注释"、"译文"、"品赏"、"作者素描"四大板块，可互相参读。

中学版宋词三百首

本社编　凌枫等注释解析

2009 年 7 月 1 版 1 次

38.00 元

18 开　456 页

　　本书共选宋词三百首，均为脍炙人口的名篇。每首词分四大板块：（一）注释：字、词、语意，以及人名、地名等，略涉语法。凡所引用的典故多注明来源，深奥者则译成白话。对少数易产生歧义的句子，作必要的串讲。（二）品赏：结合作者创作背景，挖掘原作所包蕴的思想感情，并从审美鉴赏角度分析作品的艺术特征。字数通常在二三百字，力求从艺术"亮点"切入，以适合学生的阅读习惯与兴趣。（三）译文：力求做到信、达、雅，并注意疏通词脉，保持词的韵味。（四）作者素描：总叙词人生平事迹与创作特色，提纲挈领，作为理解作品背景、思想、风格的参考。综而观之，还可拓宽词的有关知识。

中国历代名言精编

本社编　戚同仁注释今译释意

2011 年 12 月 1 版 1 次

2016 年 4 月 1 版 4 次

19.00 元

32 开　304 页

　　本书收先秦至清末诸子百家、正史笔记、诗词歌赋、散文小说、戏曲杂著等各类体裁作品中的名言佳句共千余条,按朝代排序。每一词条后依次附有:出处、注释、白话翻译、说明义或比喻义、艺术特色、用法等。

古诗文背诵手册

晓权 杨程编

2001 年 7 月 1 版 1 次

初中 170 页 5.00 元

高中 230 页 6.80 元

64 开

自 2000 年 9 月起,教育部颁中学语文教学大纲明确规定了中学生需要背诵的古诗文基本篇目,即高中、初中各背诵古文 20 篇,诗词曲 50 首。本手册除收录规定背诵的佳作外,还设置了"导诵"、"知识点"、"名句"三个小栏目,起到画龙点睛的作用。

中学古诗词曲解读与练习

吴俊苓编著

2004 年 4 月 1 版 1 次

20.00 元

16 开 194 页

本书收录了目前通行的 4 种高中语文教材中的全部古代诗、词、曲,共 78 篇。每篇都有详细的注释、讲解和阅读分析,以及作者和背景介绍,后面附录一首相应的诗歌作为练习,书末附参考答案。同时又附有 1997—2002 年历届高考语文试卷中古典诗词部分试题解析,以供学生复习使用。

中学文言文常用字辨析手册

金国正编著

2004 年 4 月 1 版 1 次

19.00 元

16 开 182 页

本书以教育部规定的中学生应重点掌握的 168 个常见文言词为基础(其中实词 150 个,虚词 18 个),再结合《古代汉语》一书,作重点选取,共 226 个字,以字典样式编排成文言词辨析手册。每字均由读音、释义、举例、辨析、练习几部分组成,详细讲述了字形的演变、字义的演变,从中学课本中选取例句作字义解释,与其意义相近的字词作比较分析,并附有字的索引。

中学文言文阅读理解与训练

刘明海编著

2004 年 4 月 1 版 1 次

12.00 元

16 开 148 页

本书根据高中新的课程标准,参考相关文言教辅要求和近年高考的趋向,节选了历代名家的 100 篇文言文,并据近年高考的考试大纲和命题思路给出相关练习题。习题涵盖了近年文言文考题的几大类型:加点字的解释、语法现象、今译、理解分析、通假字等;对于学生全面系统地掌握相关文言知识有良好的辅助作用。

中学古文赏析(全三册)

唐文主编

1989 年 12 月 1 版 1 次

上册 266 页 4.55 元

中册 208 页 3.60 元

下册 216 页 3.75 元

32 开

本书按照全国统编中学语文课本中所收古文的顺序,依次进行分析与讲解。每一篇古文均有解题、原文、详注、赏析、译文。上册为初中部分,中、下册为高中部分。

高三学生历史小论文精选与名师点评

聂幼犁等编

2004 年 3 月 1 版 1 次

12.00 元

16 开 150 页

全书由上海名牌大专院校、市教委教研室、教育考试院的专家学者及 30 所重点中学师生共同编写。导论部分集合了专家学者近年的研究与实践成果。论文选评部分注重独特性和典型性,辅以知名教师的评点。

高中历史研究性学习指导与训练

——上海高中历史材料简释题和小论文撷英

聂幼犁 於以传 李惠军 谢延风主编

2005 年 3 月 1 版 1 次

18.00 元

16 开 202 页

本书由上海名牌大学、市教委教研室、教育考试院的专家、教授编写。既有近年高考简释题集萃,又有来自一线教师的简释题精品新作,并回顾了 2004 年高考上海卷历史小论文题,以及从全市近 30 所中学优秀学生的习作中精选 40 篇小论文,附有名师点评。

语文高考(会考)思路与技巧

居志良 鲍志伸等编著
1994 年 3 月 1 版 1 次
5.40 元
32 开 334 页

全书按实用题型分选择、填充、简答、图表、综合、作文六部分,各部分均选择有代表性的命题,作有针对性的指导,并通过实例分析解题得失规律,帮助学生把握解题技巧,防止解题中可能产生的偏差与失误,提高解题的速度和准确性。

语文中考思路与技巧

居志良 周其敏等编著
1994 年 3 月 1 版 1 次
4.20 元
32 开 240 页

本书宗旨为:引导学生按正确的思路审题、解题,掌握解题技巧,使之在应试中有上佳的临场发挥。

高考作文训练

——千字名文选评
周宏达 商友敬选评
2001 年 5 月 1 版 1 次
13.00 元
大 32 开 300 页

作者博览精选,撷取现当代作家千字名文 72 篇,分写人、记事、抒情、写景、状物、议论六个专题,逐篇逐段进行笔法赏析。赏析分"点评"和"总说"两部分,"点评"随文作旁批,画龙点睛;"总说"高屋建瓴,娓娓而谈。

高考语文(上海卷)解密与精练

陈光主编
2004 年 9 月 1 版 1 次
17.00 元
16 开 184 页

本书是一本高考语文复习的重要参考书。上编实录了 2004 年高考语文(上海卷)的全部试题,每道题分别从"考点要求"、"参考答案"及"分类分析"三个方面进行精辟的分析,每题后还设有相应的扩展练习;下编精编了七份综合强化训练习题。

高中总复习优化教程

语文 王昌义主编
2004 年 10 月 1 版 1 次
2005 年 10 月 2 版 1 次
40.00 元
16 开 496 页

数学 吕宝兴主编
2004 年 10 月 1 版 1 次
22.00 元
16 开 2 24 页

英语 尹福昌主编
2004 年 10 月 1 版 1 次
22.00 元
16 开 240 页

物理 庄起黎主编
2004 年 10 月 1 版 1 次
29.80 元
16 开 360 页

化学 吴峥主编
2004 年 10 月 1 版 1 次
29.00 元
16 开 344 页

生物 本书编写组编
2005 年 2 月 1 版 1 次
22.00 元
16 开 280 页

本书为高中总复习系列教程,涉及高中各科学习中的各种知识要点,结合最新高考题型编写而成。全书分"高考题型单项应试技能与训练"、"高考模拟试题"、"训练题答案"三大部分。旨在提高学生综合能力和高考实战能力,并供高中教师作教学参考之用。

高中文言 300 实词例释

秦振良编著
2010 年 8 月 1 版 1 次
2016 年 6 月 1 版 10 次

28.00 元

18 开　396 页

　　秦振良,位育中学资深语文教师。本书以高考考纲为依托,对考纲范围内的 300 个文言文实词进行了注音、字形分析和字义例释,字义例释将该实词的各个义项分别罗列,并列举了诸多课文中作此义项解的例句进行说明。每个词的最后,还附有涉及该词的高考真题、标准答案及简单讲解。

初中文言 150 实词例释

秦振良编著

2011 年 5 月 1 版 1 次

2016 年 6 月 1 版 5 次

18.00 元

18 开　180 页

　　本书对中考考纲范围内的 150 个文言文实词进行了注音、字形分析和字义例释,列举了诸多课文中的例句进行说明。每个词的最后,还附有涉及该词的中考真题、标准答案及简单讲解。

（五）中学生学习丛书

　　本套书收入了上海 H 版、S 版和全国版相关年级教材的所有篇目,具有以下特点:1. 每篇都是按照课文、注释、译文、课文理解与欣赏、知识点归纳、阅读训练和扩展阅读这几大板块编写的。2. 紧扣高考中对文言文知识点考察的要求,注重培养学生的文言文阅读理解能力。3. 参加编写人员中有多位高级、一级教师,具有丰富的教学经验,使本书的编写突出了实用性。

初中古诗词新读本

董梅蓉主编

2002 年 10 月 1 版 1 次

16.00 元

大 32 开　329 页

　　本书将《语文课程标准》中推荐背诵的初中 50 首古诗和上海 S 版、H 版初中语文教材中的古诗篇目合并,并对共 57 首古诗进行了比较阅读。每首诗都引入了一首或两首诗进行比较,这些引入的诗歌也都是古诗名篇。每首古诗都作了注释、翻译和赏析。在每一单元后,还设计了想一想、练一练、背一背等练习。

高中古诗词新读本

董梅蓉主编　吴业钧编写

2003 年 3 月 1 版 1 次

14.00 元

大 32 开　296 页

　　本书精选 120 余首古诗词,分成咏史怀古、边塞风烟、悠悠情思等。

初中文言文新读本

杨先国主编

2003 年 3 月 1 版 1 次

19.80 元

大 32 开　456 页

高中文言文新读本

杨先国主编

2003 年 3 月 1 版 1 次

19.00 元

大 32 开　440 页

初中文言文精读与精练

赵世强　张福民主编

2002 年 10 月 1 版 1 次

16.00 元

大 32 开　331 页

高一文言文精读与精练

喻华　袁万萍主编

2002 年 10 月 1 版 1 次

27.00 元

大 32 开　569 页

高二文言文精读与精练

袁万萍　张福民主编

2002 年 10 月 1 版 1 次

16.00 元

大 32 开　322 页

高三文言文精读与精练

张福民　赵世强主编

2002 年 10 月 1 版 1 次

22.50 元

大 32 开　460 页

（六）教　育　研　究

新教育探索（全六册）
2005 年 8 月 1 版 1 次

108.00 元

大 32 开　768 页

《新教育探索》丛刊共 6 辑。该丛刊全面总结了上海市近几年来中小学教育改革的成绩和经验，发表了一大批上海市中小学教师的教学论文，展现了中小学教育改革的巨大成果。

上海教师（第 2 辑 1—12 卷）
刘国平主编　姚红　陈雪良　周家明副主编

2003 年 10 月 1 版 1 次

60.00 元

16 开　1056 页

本书是上海教育界联合推出的一套中小学教育论文集，以"传播当代信息，交流教学经验、展示教师风采，关注教师生活"为宗旨，以"高品位、多角度、可读性"为原则。每卷突出一个专题。

跳出常规
王震著

2004 年 5 月 1 版 1 次

13.00 元

32 开　198 页

本书讲述了发生在当代青少年身上的各种心理问题，有青春期性迷惘、自我评价失衡、伦理道德与现实的冲突、奋斗目标的失踪、社交活动的抵触、代沟、学习压力等，通过心理专家的深刻分析，解析了导致这些情况的各种因素，并为青少年指出了如何跳出常规、摆脱困扰、寻找到一条重视自我的正确道路。是一本青少年青春期困惑的指导手册。

走出混乱
——"汉斯刺猬"综合症

[德]海因茨彼得·勒尔著　丁伟祥主译

2004 年 5 月 1 版 1 次

11.00 元

32 开　158 页

本书的作者是德国著名的心理卫生医生和研究员，他根据 19 世纪德国语言学家格林的童话——"汉斯刺猬"中的哲理，阐述精神疾病和人格障碍的生成、进程、医疗问题。内容涉及 17 个方面，如瘾癖病（吸毒、酗酒）、忧郁症、自闭症，乃至有的孩子长大为何会有攻击性或总爱离家出走等。全书结合有关病例加以剖析，还给出心理治疗"良方"；并做到童话、论述、实例三者融为一体，通俗易懂，趣味益然。

快乐教育法
[美]鲁道夫·德雷屈尔等著　张荣福等译

2004 年 4 月 1 版 1 次

12.00 元

32 开　169 页

本书通过对各种不同类型的孩子的所作所为进行细致入微的心理分析，为教师和家长如何在民主的氛围下培训孩子提供了切实可行的方法。

名人的母亲
[法]伊莎贝尔·加尔尼埃等著　黄韬译

2004 年 4 月 1 版 1 次

18.00 元

32 开　268 页

本书将众多名人的母亲从被历史遗忘的布满重重偏见的"地层"中发掘出来。她们的孩子曾经创造了历史、改变了世界。从有关这些母亲的浩繁的材料中，择取某些特殊的或典型的片段，展示她们的生存境遇，回答了"名人会有怎样的母亲，或者怎样的母亲会养育出名人"的疑问，对于今天的人们，特别是女性，颇有教益。

蛋白质女孩在美国
——东西方教育合力的成功典范

单子恩著

2004 年 12 月 1 版 1 次

16.80 元

大 32 开　220 页

本书是一个东西方教育珠联璧合之下真正成功的典范。单舒瓯，一个简单的中国女孩，年仅 26 岁就取得了著名的斯坦福大学生化学博士学位，从事尖端的蛋白质基因工程研究，毕业时一共收到了 9 所美国一流大学的工作邀请函,其中如哈佛大学甚至为她打破受聘决定时间限制的惯例,为她长开绿灯,以示惜才。对于在各条教育"战线"上奋斗的父母们、教师们以及学子们而言,本书也许并非是唯一的答案,却是一个无法忽略的重要参照。

纯粹少年(中学生网络文学集)

李锋　刘小莉主编

2002 年 9 月 1 版 1 次

22.00 元

24 开　300 页

　　该书为一部青少年原创的网络文学集。全书以清新活泼的笔触讲述了青少年校园生活的趣闻轶事及少年男女间微妙的情感故事。他们以独特的视角看待人生、剖析自身、揭示内心的起伏及对诸多社会现象的思索评议。

课堂教学方法改革与探索

汪卫平主编　凤光宇副主编

2007 年 3 月 1 版 1 次

35.00 元

大 32 开　300 页

　　本书系嘉定区普教系统实施二期课改后教育方法改革与探索论文集,已包括语文、数学、外语、历史、地理、物理、化学、体育及劳技和智障儿童的教育,是一本全方位的教学教案方法论文集,对广大普教系统的教育有实际参考价值。

探寻适合每位学生的课程

——大同中学课程统整实践研究

上海市大同中学编

2014 年 4 月 1 版 1 次

38.00 元

32 开　424 页

陌上花开又十年

——上海市大同中学学生佳作选辑(2001—2011)

上海市大同中学编

2012 年 10 月 1 版 1 次

38.00 元

32 开　426 页

大道同行

——上海市大同中学新时期教育工作探索与实践(全三册)

上海市大同中学编

2012 年 10 月 1 版 1 次

168.00 元

32 开　1522 页

上海中华职业教育社志

《上海中华职业教育社志》编纂委员会编

2007 年 4 月 1 版 1 次

150.00 元

16 开　520 页

　　本书详细记述了中华职业教育社从成立、发展到壮大的历史过程,主要涉及该社在上海及其周边地区的活动,反映了上海职业教育社的成长历程及期间所取得的业绩。本书分章记录了中华职业教育社的创立与发展、组织建制、成员构成、经费来源、会议活动等等。

(七)教育信息

2004 年华东地区硕士生招生专业目录(全二册)

上海浙江福建江西江苏山东安徽等高校招生办公室编

2003 年 12 月 1 版 1 次

90.00 元

16 开　1548 页

2005 年上海市硕士生招生专业目录

上海市高等学校招生办公室编

2004 年 9 月 1 版 1 次

35.00 元

16 开　396 页

2004 年上海市全国卷考生报考普通高校指南

上海市教育考试院编

2004 年 1 月 1 版 1 次

5.00 元

32 开　36 页

上海市普通高校招生专业目录

上海市教育考试院编

2003—2005 年

每年一本　4 月出版

18.00 元

16 开　296 页

上海市普通高校招生各专业录取人数及考分

上海市教育考试院编

2000—2002 年　2003 年 4 月出版

2001—2003 年　2004 年 4 月出版

12.00 元

16 开　200 页

全国普通高等学校招生统一考试试题及答案要点汇编

上海市教育考试院编

全国卷 2001—2003 年

每年一本　6 月出版

12.00 元

16 开　184 页

上海卷 2001—2005 年

每年一本　6 月出版

10.00 元

16 开　144 页

上海市普通高校春季招生考生报考指南

上海市教育考试院编

2004—2006 年

每年一本　11 月出版

16 开　48 页

8.00 元

2004 年上海市普通高校艺术类专业(系科)招生考生报考指南

上海市教育考试院编

2004 年 3 月 1 版 1 次

10.00 元

16 开　72 页

上海市普通高校体育类专业(系科)招生考生报考指南

上海市教育考试院编

2003—2004 年

每年一本　3 月出版

6.00 元

16 开　56 页

上海市普通本科院校招收应届专科(含高职)毕业生专业目录

上海市教育考试院编

2003—2004 年

每年一本　6 月出版

10.00 元

16 开　104 页

上海市普通高校招收中专、职校、技校应届毕业生考生报考指南

上海市教育考试院编

2003—2004 年

每年一本　4 月出版

8.00 元

16 开　72 页

上海市高考英语口语考试手册

上海市教育考试院编

2003—2006 年

每年一本　11 月出版

4.00 元

32 开　32 页

上海市普通高等学校招生文化考试英语学科听力测试题汇编

上海市教育考试院编

2003—2006 年

每年一本　12 月出版

5.00 元

32 开　64 页

上海市各类成人高校招生专业目录

上海市教育考试院高校招生办公室编

2002—2004 年
每年一本 4月出版
14.00 元
16 开 224 页

2005 年上海市成人高校招生专业目录及报考指南
上海市教育考试院编
2005 年 7 月 1 版 1 次
14.00 元
16 开 323 页

2006 年上海市高等教育自学考试考生报考指南
上海市高等教育自学考试办公室编
2005 年 12 月 1 版 1 次
12.00 元
16 开 162 页

上海市干部政治理论水平任职资格考试大纲
上海市干部教育领导小组办公室编
2005 年 10 月 1 版 1 次
25.00 元
大 32 开 468 页

2006 年上海市普通高等学校招生专业目录
上海市教育考试院编
2006 年 5 月 1 版 1 次
20.00 元
16 开 336 页

2006 年上海市成人高校招生专业目录
上海市教育考试院编
2006 年 8 月 1 版 1 次
17.00 元
16 开 260 页

2007 年上海市普通高校春季招生考生报考指南
上海市教育考试院编
2006 年 11 月 1 版 1 次
8.00 元
16 开 44 页

2007 年上海市高等教育自学考试考生报考指南
上海市高等教育自学考试办公室编
2006 年 6 月 1 版 1 次
14.00 元
16 开 184 页

全国普通高等学校招生统一考试上海卷考试手册
上海市教育考试院编
2006 年 1 月 1 版 1 次
13.00 元
大 32 开 288 页

2007 年版
2006 年 12 月 1 版 1 次
13.00 元
大 32 开 304 页

2006 年全国普通高等学校招生统一考试(上海卷)试题及答案要点汇编
上海市教育考试院编
2006 年 6 月 1 版 1 次
10.00 元
16 开 152 页

2007 年英语学科听力测试题汇编(2004—2006)
上海市教育考试院编
2006 年 11 月 1 版 1 次
5.00 元
32 开 64 页

2007 年上海市高考英语口语考试手册
上海市教育考试院编
2006 年 11 月 1 版 1 次
4.00 元
大 32 开 32 页

2007 年上海市普通高等学校招生专业目录
上海市教育考试院编
2007 年 4 月 1 版 1 次
23.00 元

16 开 336 页

2007 年全国普通高等学校招生统一考试（上海卷）试题及答案要点汇编

上海市教育考试院编

2007 年 6 月 1 版 1 次

12.00 元

16 开 152 页

2007 年上海市成人高校招生专业目录

上海市教育考试院编

2007 年 7 月 1 版 1 次

19.00 元

16 开 248 页

2008 年上海市高等教育自学考试考生报考指南

上海市高等教育自学考试办公室编

2007 年 6 月 1 版 1 次

16.00 元

16 开 218 页

上海市普通高等学校招生文化考试英语学科听力测试题汇编（2005—2007）

上海市教育考试院编

2007 年 12 月 1 版 1 次

5.00 元

32 开 62 页

2008 年上海市高考英语口语考试手册

上海市教育考试院编

2007 年 12 月 1 版 1 次

4.00 元

32 开 30 页

2008 年上海市普通高校春季入学招生考生报考指南

上海市教育考试院编

2007 年 11 月 1 版 1 次

10.00 元

16 开 44 页

2008 年上海市普通高等学校招生专业目录

上海市教育考试院编

2008 年 4 月 1 版 1 次

28.00 元

16 开 360 页

2008 年上海市成人高校招生专业目录

上海市教育考试院编

2008 年 8 月 1 版 1 次

26.00 元

16 开 288 页

2009 年上海市普通高校春季入学招生考生报考指南

上海市教育考试院编

2008 年 11 月 1 版 1 次

10.00 元

16 开 40 页

上海市高中阶段学校招生信息 2008 年升学指导

上海市教育考试院编

2008 年 5 月 1 版 1 次

10.00 元

16 开 96 页

2008 年全国普通高等学校招生统一考试上海卷考试手册

上海市教育考试院编

2007 年 12 月 1 版 1 次

15.00 元

大 32 开 336 页

2008 年全国普通高等学校招生统一考试上海卷试题及答案要点汇编

上海市教育考试院编

2008 年 6 月 1 版 1 次

12.00 元

16 开 152 页

2009 年上海市普通高等学校招生文化考试英语口语考试手册

上海市教育考试院编

2008 年 12 月 1 版 1 次

4.00 元

32 开　30 页

上海市普通高等学校招生文化考试英语学科听力测试题汇编（2006—2008）

上海市教育考试院编

2008 年 11 月 1 版 1 次

5.00 元

32 开　64 页

上海市高中阶段学校招生信息 2009 年升学指导

上海市教育考试院编

2009 年 4 月 1 版 1 次

14.00 元

16 开　96 页

2009 年上海市普通高等学校招生专业目录

上海教育考试院编

2009 年 4 月 1 版 1 次

28.00 元

16 开　360 页

2009 年全国普通高等学校招生统一考试上海卷试题及答案要点汇编

上海市教育考试院编

2009 年 6 月 1 版 1 次

12.00 元

16 开　150 页

上海市普通高等学校招生文化考试英语学科听力测试题汇编（2007—2009）

上海市教育考试院编

2009 年 12 月 1 版 1 次

5.00 元

16 开　64 页

2009 年上海市成人高校招生专业目录

上海市教育考试院编

2009 年 7 月 1 版 1 次

26.00 元

16 开　288 页

2009 年上海市高等教育自学考试考生报考指南

上海市高等教育自学考试办公室编

2009 年 2 月 1 版 1 次

16.00 元

16 开　220 页

2010 年上海市普通高等学校招生文化考试英语口语考试手册

上海市教育考试院编

2009 年 12 月 1 版 1 次

4.00 元

大 32 开　30 页

2010 全国普通高等学校招生统一考试上海卷考试手册

上海教育考试院编

2009 年 12 月 1 版 1 次

15.00 元

16 开　206 页

2010 年上海市普通高校春季招生考生报考指南

上海市教育考试院编

2009 年 11 月 1 版 1 次

10.00 元

16 开　45 页

上海市高中阶段学校招生信息升学指导（2010）

上海市教育考试院编

2010 年 4 月 1 版 1 次

14.00 元

16 开　112 页

上海市普通高等学校招生专业目录（2010）

上海市教育考试院编

2010 年 5 月 1 版 1 次

30.00 元

16 开　372 页

全国普通高等学校招生统一考试上海卷试题及
　答案要点汇编（2010）

　　上海市教育考试院编

　　2010 年 6 月 1 版 1 次

　　12.00 元

　　16 开　152 页

上海市普通高校招生美术类专业统一考试
　试卷评析（2009—2010）

　　上海市教育考试院编

　　2010 年 10 月 1 版 1 次

　　65.00 元

　　12 开　84 页

上海市普通高校春季招生考生报考指南（2011）

　　上海市教育考试院编

　　2010 年 11 月 1 版 1 次

　　12.00 元

　　16 开　44 页

全国普通高等学校招生统一考试上海卷考试手册
　（2011）

　　上海市教育考试院编

　　2010 年 12 月 1 版 1 次

　　18.00 元

　　16 开　218 页

上海市普通高等学校招生文化考试英语学科听力
　测试题汇编（2008—2010）

　　上海市教育考试院编

　　2010 年 12 月 1 版 1 次

　　5.00 元

　　16 开　60 页

上海市普通高等学校招生文化考试英语口语考试
　手册（2011）

　　上海市教育考试院编

　　2010 年 12 月 1 版 1 次

4.00 元

16 开　25 页

2011 年上海市普通高等学校招生专业目录

　　上海市教育考试院编

　　2011 年 5 月 1 版 1 次

　　32.00 元

　　16 开　384 页

2011 年全国普通高等学校招生统一考试上海卷试
　题及答案要点汇编

　　上海市教育考试院编

　　2011 年 7 月 1 版 1 次

　　12.00 元

　　16 开　148 页

上海市初中毕业生统一学业考试试题汇编
　（2001—2010 合订本）数学

　　上海市教育考试院编

　　2011 年 6 月 1 版 1 次

　　12.00 元

　　16 开　88 页

上海市初中毕业生统一学业考试试题汇编
　（2001—2010 合订本）英语

　　上海市教育考试院编

　　2011 年 6 月 1 版 1 次

　　21.00 元

　　16 开　151 页

上海市初中毕业生统一学业考试试题汇编
　（2001—2010 合订本）理化

　　上海市教育考试院编

　　2011 年 6 月 1 版 1 次

　　22.00 元

　　16 开　164 页

上海市初中毕业生统一学业考试试题汇编
　（2001—2010 合订本）语文

　　上海市教育考试院编

　　2011 年 6 月 1 版 1 次

10.00 元

16 开 71 页

2011 年上海市成人高校招生专业目录

上海市教育考试院编

2011 年 8 月 1 版 1 次

26.00 元

16 开 166 页

2012 上海市普通高校春季招生考生报考指南

上海市教育考试院编

2011 年 11 月 1 版 1 次

12.00 元

16 开 48 页

英语学科听力测试题汇编（2009—2011）

上海市教育考试院编

2011 年 11 月 1 版 1 次

5.00 元

32 开 64 页

2012 年上海市普通高等学校招生专业目录

上海市教育考试院编

2012 年 5 月 1 版 1 次

32.00 元

16 开 376 页

2012 上海卷试题及答案要点汇编

上海市教育考试院编

2012 年 6 月 1 版 1 次

12.00 元

16 开 128 页

2012 上海卷考试手册

上海市教育考试院编

2011 年 12 月 1 版 1 次

18.00 元

16 开 212 页

2013 年上海卷试题及答案要点汇编

上海市教育考试院编

2013 年 6 月 1 版 1 次

12.00 元

16 开 128 页

2013 年上海市普通高等学校招生专业目录

上海市教育考试院编

2013 年 5 月 1 版 1 次

12.00 元

16 开 376 页

英语学科听力测试题汇编（2011—2013）

上海市教育考试院编

2013 年 12 月 1 版 1 次

5.00 元

32 开 64 页

全国普通高等学校招生统一考试 2014 上海卷考试手册

上海市教育考试院编

2013 年 12 月 1 版 1 次

18.00 元

16 开 220 页

2014 年上海卷试题及答案要点汇编

上海市教育考试院编

2014 年 6 月 1 版 1 次

12.00 元

16 开 136 页

2014 年上海市普通高等学校招生专业目录

上海市教育考试院编

2014 年 5 月 1 版 1 次

29.00 元

16 开 368 页

2014 年上海中考中招指南

上海市教育考试院编

2014 年 4 月 1 版 1 次

14.00 元

16 开 120 页

2015 年全国普通高等学校招生统一考试上海卷考试手册

上海市教育考试院编

2014 年 12 月 1 版 1 次

18.00 元

16 开　216 页

2015 年全国普通高等学校招生统一考试上海卷试题及答案要点汇编

上海市教育考试院编

2015 年 6 月 1 版 1 次

12.00 元

16 开　144 页

2012—2014 年上海市普通高等学校招生各专业录取人数及考分

上海市教育考试院编

2015 年 1 月 1 版 1 次

12.00 元

16 开　104 页

2014—2015 年上海市普通高中学业水平考试试题及答案要点汇编

上海市教育考试院编

2015 年 7 月 1 版 1 次

22.00 元

16 开　262 页

2013—2015 年上海市普通高等学校招生各专业录取人数及考分

上海市教育考试院编

2016 年 4 月 1 版 1 次

22.00 元

16 开　248 页

2015—2016 年上海市普通高中学业水平考试试题及答案要点汇编

上海市教育考试院编

2016 年 4 月 1 版 1 次

12.00 元

16 开　100 页

普通高等学校招生全国统一考试上海卷考试手册（2016）

上海市教育考试院编

2015 年 12 月 1 版 1 次

18.00 元

16 开　216 页

2016 年全国普通高等学校招生统一考试上海卷试题及答案要点汇编

上海市教育考试院编

2016 年 6 月 1 版 1 次

12.00 元

16 开　144 页

（八）古代启蒙读本

传统文化三字经

儒学三字经

顾静注释讲解

1997 年 11 月 1 版 1 次

9.40 元

长 32 开　196 页

　　本书是以儒家思想为主导的、我国历史上流传最广的《三字经》，明清两代至民国初是就学儿童的必读书。现对原文详加注释，系统讲解。

佛教三字经

[明]吹万老人原著　印光　杨文会修订

罗颢注释讲解

1997 年 11 月 1 版 1 次

9.00 元

长 32 开　196 页

　　本书原是佛教启蒙读物，涉及很多佛教知识，加以注释、讲解后，是一本相当有用的佛教常识入门书。全书对原文段落作了调整，并新加了章节标题。佛教的常见术语，都可在本书中找到解释。

道教三字经

易心莹著　张振国注释讲解

1997 年 12 月 1 版 1 次

8.20 元

长 32 开　152 页

本书内容涉及道教宗派、斋忏、戒律、教理教义等各个方面，堪称一部道教简史。注解对书中大量典故和专用名词详为解说，读来亦饶有兴趣。

图文本三字经系列

中国文化启蒙三字经

顾静注释讲解

2002 年 12 月 1 版 1 次

2003 年 1 月 1 版 2 次

16.00 元

大 32 开　220 页

以"人之初，性本善。性相近，习相远"起头的儒学《三字经》不仅语言简洁，朗朗上口而易记易诵，更以短小的篇幅最大限度地涵盖了中国传统社会的各种常识。顾静先生为之作注释讲解，书中配选一百五十余幅插图，更方便了读者理解文本。

道教源流三字经

易心莹著　张振国注释讲解

2002 年 12 月 1 版 1 次

新版 2010 年 11 月 1 版 1 次

20.00 元

20 开　172 页

本书内容涉及道教宗派、斋忏、戒律、教理教义等各个方面，张振国先生详为解说，加上一百五十多幅插图，包括道教神仙人物、法器用具、洞天观府等等，反映了道教文化的种种实际面貌。

佛教入门三字经

[明]吹万老人原著　印光　杨文会修订

罗颢注释讲解

2002 年 12 月 1 版 1 次

2003 年 1 月 1 版 2 次

16.00 元

大 32 开　214 页

本书原是佛教启蒙读物，涉及佛教起源、流传、佛教宗派史及佛教基本义理与特性等，在教内流传较广。现整理者将原文进行分类，并加以章节标题，配上大量生动的图片，注解详明，成为一部简明佛教小百科。

中医养生诊疗三字经

[清]陈念祖著　张如青注释讲解

2002 年 12 月 1 版 1 次

2003 年 1 月 1 版 2 次

16.00 元

大 32 开　182 页

由清代名医陈念祖编著的《医学三字经》，是一部中医学入门之作，原书内容除以三字一句的歌诀叙述中医源流、经典、名医学术和内、妇、儿、伤寒等数十种常见病症外，还以相当篇幅载录一些中医基本概念和技术。张如青先生为之注释并对每章所论病症作小结，为读者提供中医学、医史的基本知识。

其　　他

三字经　百家姓　千字文

吴蒙标点

繁体竖排 1988 年 11 月 1 版 1 次

1990 年 12 月 1 版 10 次

简体横排 1998 年 4 月 1 版 11 次

32 开　92 页

5.40 元

《三字经》、《百家姓》、《千字文》是我国旧时的蒙学读物。《三字经》言简意赅，内容丰富；《百家姓》常见常用，便于记诵；《千字文》构思巧妙，宛转有致。本社将三种书合为一本，选择较好的底本整理出版，增加了章太炎修订的《重订三字经》，使内容更加充实。

治家格言　增广贤文　女儿经

——治家修养格言十种

朱利注释

1991 年 6 月 1 版 1 次

1995 年 12 月 1 版 6 次

4.50 元

32 开　68 页

本书收入《治家格言》（即《朱子家训》）、《家诫要言》、《增广贤文》、《心相编》、《小儿语》、《续小儿语》、《女儿经》、《女小儿语》、《弟子职》、《弟子规》10 种著名的古代启蒙教育读物，集中了古人立身处世的心血结晶和经验之谈。它们多用格言、箴规、民谚、警句写成，易诵易记，发人深省。

千家诗　神童诗　续神童诗

李宗为校注讲析

1993 年 3 月 1 版 1 次

1995 年 12 月 1 版 4 次

8.20 元

32 开　176 页

　　本书汇集了明清两代最流行的 3 种蒙学诗歌读本，除校注外，还作了精彩的讲析，着重串讲演绎诗歌大意，指明作意作法，评析诗歌在构思、结构、意境、炼字等方面的精到之处，介绍与作诗有关的典故、本事。

千家诗译注

李宗为译注

1999 年 9 月 1 版 1 次

14.00 元

大 32 开　348 页

　　《千家诗》在历史上与《三字经》、《百家姓》、《千字文》同是蒙学中流传最广的读本。这部诗选有其独特之处：一是只选五言、七言律诗、绝句；二是每种诗体按春、夏、秋、冬时序排列；三是所收绝大部分是脍炙人口的名篇。本书对原诗加以注释、解说和白话文翻译。

龙文鞭影

[明]萧良有等编撰　李祚唐校点

1990 年 12 月 1 版 1 次

3.75 元

32 开　214 页

　　旧时代最流行的启蒙读物之一。全书由二千多个故事组成，内容包括重要历史典故，名人逸事，神话传说。全书分正文及注释两部分，正文用四字句出条，按韵编排，便于朗读记忆；注释附在各条下，介绍该条故事内容。既是一部掌故类的工具书，又是一部古代故事精品选读本。

幼学故事琼林

[明]程登吉原编　[清]邹圣脉增补　谷玉校点

1992 年 12 月 1 版 1 次

3.75 元

32 开　158 页

　　古代著名的童蒙读本。作者"错综经传，搜罗子史，辑古今成语"于一书，并以骈俪句式编排，读来朗朗上口，过目难忘。本书经过校勘整理，纠正了原书编写和刊刻中的明显错讹之处。

中国古代蒙书精萃

本社编

1996 年 10 月 1 版 1 次

1997 年 10 月 1 版 2 次

精装 30.90 元

32 开　972 页

　　本书精选历史上最著名、最风行、最具代表性的蒙学作品，汇为一册。这些书是：《三字经》、《百家姓》、《千字文》、《千家诗》、《神童诗》、《增广贤文》、《治家格言》、《女儿经》、《幼学故事琼林》、《小儿语》等。

千家诗赏析

徐有富撰

2012 年 8 月 1 版 1 次

28.00 元

大 32 开　280 页

　　本书对《千家诗》的思想内容与艺术特色作了深入细致的分析。赏析突出各诗的写作背景，词语解释扫清了各诗的文字障碍，文本考辨为准确理解各诗提供了可靠依据，深入浅出，通俗易懂。

（九）学 生 读 物

拼音背诵读本

四书精编

山仁　车员编

2000 年 7 月 1 版 1 次

2001 年 11 月 1 版 5 次

8.30 元

大长 32 开　140 页

　　本书从影响中国文化至巨的经典《四书》（即《大学》、《中庸》、《论语》、《孟子》）中撷取精华，汇为"精编"，原文标注拼音，配有插图，还对原文大意作了串讲。

五经精编

山仁编

2000 年 7 月 1 版 1 次
2001 年 11 月 1 版 5 次
10.00 元
大长 32 开　168 页

《五经》(即《诗经》、《尚书》、《礼记》、《周易》、《春秋》)系对中国文化影响深远的经典。本书撷取《五经》中的精华,原文标注拼音,配有插图,并对原文大意作了串讲。

三字经　千字文　治家格言精编

马欣刚　江建忠编
2000 年 7 月 1 版 1 次
2001 年 10 月 1 版 5 次
8.30 元
大长 32 开　140 页

《三字经》、《千字文》、《治家格言》是唐宋以降家喻户晓的“蒙书”。本书将《三字经》、《千字文》、《治家格言》精选汇为一集。标注拼音,并对原文大意作了串讲。

重订增广贤文精编

林晓峰编
2000 年 7 月 1 版 1 次
2001 年 10 月 1 版 4 次
8.10 元
大长 32 开　136 页

本书有针对性地撷取了《重订增广贤文》中有关传统美德、为人处世准则、行为举止等方面的佳句,标注拼音,配有插图,还对原文大意作了串讲。

诸子百家

贾芸编
2001 年 5 月 1 版 1 次
10.00 元
大长 32 开　160 页

本书从诸子百家的代表作品(包括《老子》、《墨子》、《管子》、《庄子》、《荀子》、《韩非子》、《吕氏春秋》)里,撷取出千年不朽的传世箴言,加注拼音,配以简明的原文解说,以帮助学生及来华留学生直接接触、了解中华民族的文化内涵。

孙子兵法精编　孙膑兵法精编

蓝田编

2001 年 5 月 1 版 1 次
8.30 元
大长 32 开　130 页

本书从《孙子兵法》和《孙膑兵法》中撷取精要,加注拼音,使原本艰深的古籍变得易读、易诵、易解。

唐宋诗词名句

马晓萍编
2001 年 5 月 1 版 1 次
9.30 元
大长 32 开　150 页

唐诗宋词中许多蕴含极深,闪烁着理性光芒的格言警句,对一个人认识世界颇有启迪。倘若能背诵牢记,并运用到今后的写作之中,必将大有好处。

唐宋散文名句

肖燕编
2001 年 5 月 1 版 1 次
8.60 元
大长 32 开　140 页

本书从唐宋散文家的数百篇散文中辑录了大量闪烁着理性光芒的名言名句,并加以释意配图,青少年如能认真咀嚼、吟诵牢记,将对提高语言表达能力和作文水平大有好处。

经典拼音背诵本

四书精编

山仁编
2003 年 6 月 1 版 1 次
9.50 元
大 64 开　120 页

传统经典是民族文化的精髓,让青少年从小能够了解和阅读,对陶冶情操、提高素质、拓展知识面大有裨益。这套《经典拼音背诵本》(共 4 种),将经典浓缩精选,加上拼音,配上插图,再辅以简明的串讲,使艰深化为平易,让道理变得亲切、易读、易记、易解而又令人赏心悦目。《四书精编》包括《大学》、《中庸》、《论语》、《孟子》。

五经精编

山仁编

2003 年 6 月 1 版 1 次

9.50 元

大 64 开　120 页

　　《五经精编》包括《诗经》、《尚书》、《礼记》、《周易》、《春秋》。

三字经千字文治家格言精编

　　马欣刚　江建忠编

2003 年 6 月 1 版 1 次

9.50 元

大 64 开　129 页

　　本书集《三字经》《千字文》《治家格言》三种为一册。

重订增广贤文精编

　　林晓峰编著

2003 年 6 月 1 版 1 次

9.50 元

大 64 开　123 页

　　《重订增广贤文精编》与前三种一起,以新颖的装帧,别致的开本出版。

国学自己背

四书精编

　　山仁编著

2015 年 7 月 1 版 1 次

20.00 元

24 开　120 页

五经精编

　　山仁编著

2015 年 7 月 1 版 1 次

20.00 元

24 开　136 页

孙子兵法精编　孙膑兵法精编

　　蓝田编著

2015 年 7 月 1 版 1 次

20.00 元

24 开　122 页

诸子百家

　　贾蕓编著

2015 年 7 月 1 版 1 次

20.00 元

24 开　136 页

唐宋散文名句

　　肖燕编著

2015 年 7 月 1 版 1 次

20.00 元

24 开　122 页

唐宋诗词名句

　　马晓萍编著

2015 年 7 月 1 版 1 次

20.00 元

24 开　136 页

三字经　千字文　朱子家训精编

　　马欣刚　江建忠编著

2015 年 7 月 1 版 1 次

20.00 元

24 开　128 页

重订增广贤文精编

　　林晓峰编著

2015 年 7 月 1 版 1 次

20.00 元

24 开　136 页

中文经典诵读系列

诗经

　　王财贵主编

2016 年 3 月 1 版 1 次

59.00 元

16 开　340 页

　　该书根据二十年来王财贵教授在台湾地区推广"儿童读经"所编给台湾地区儿童的读本修订而成。除将读音依据普通话标准调整外,本书采用了繁体竖排的形式,以供希望熟悉繁体字的儿童使用。其特点是大字、白文、准确。

易经

王财贵主编

2015 年 6 月 1 版 1 次

48.00 元

16 开　256 页

本书根据王财贵教授二十年来在台湾推广"儿童读经"时所编给台湾儿童的《易经》读本修订而成。全书在各方面都突出了易读易诵性，同时在断句和注音上则参照王弼、朱熹等主流注解，保证了其准确性。

易经（口袋本）

王财贵主编

2015 年 11 月 1 版 1 次

29.00 元

32 开　256 页

全书在各方面都突出了易读易诵性，开本小，极便携带，同时在断句和注音上则参照王弼、朱熹等主流注解，保证了其准确性。

唐诗三百首

王财贵主编

2016 年 3 月 1 版 1 次

47.00 元

16 开　248 页

该书根据二十年来王财贵教授在台湾地区推广"儿童读经"所编给台湾地区儿童的读本修订而成。

孝弟三百千

王财贵主编

2016 年 3 月 1 版 1 次

43.00 元

16 开　220 页

本书收录《孝经》、《弟子规》、《朱子家训》、崔瑗《座右铭》、《女史箴》、《三字经》、《百家姓》、《千字文》、《说文解字五百四十部首》、司空图《诗品》、《声律启蒙》、《药性赋》、《周身经穴赋》、《周身经穴位置图》、张三丰《太极拳拳经》、梁启超《国学入门书要目》。本书采用了繁体竖排的形式，以供希望熟悉繁体字的儿童使用。

佛经选

王财贵主编

2015 年 6 月 1 版 1 次

44.00 元

16 开　228 页

《佛经选》是一本简繁双字体的经典诵读本，根据二十年来王财贵教授在台湾推广"儿童读经"所编给台湾儿童的读本修订而成。本书所选内容不偏于一宗一派，自阿含、唯识、般若，至天台、华严、禅、净、密等经论皆酌选之。

拼音小名著

小《左传》

凌建啸编

2001 年 6 月 1 版 1 次

8.00 元

大长 32 开　128 页

本书从《左传》中精选脍炙人口的部分，改编为 30 个小故事，符合儿童阅读习惯。全文拼音标注，每篇还配有古色古香的插图，是儿童接触我国古代名著，感受古典文化熏陶的良好读物。

小《史记》

吴蒙编

2001 年 6 月 1 版 1 次

8.00 元

大长 32 开　128 页

本书从《史记》中精选了脍炙人口的部分，改编为 30 个小故事。文笔生动活泼，富于童趣。全文拼音标注，附有插图。读来轻松而又兴味盎然。

小《通鉴》

晓楠编

2001 年 6 月 1 版 1 次

8.00 元

大长 32 开　128 页

本书从历史名著《资治通鉴》中精选生动有趣，有积极意义的部分，改编为 30 个小故事。全文拼音标注，配有插图。

小《世说新语》

黄嘉佳编

2002 年 5 月 1 版 1 次

8.00 元

大长 32 开　121 页

　　《世说新语》是南朝宋临川王刘义庆编撰的笔记小说,本书精选适合少年儿童阅读的故事 30 则加以改写,并配有拼音和插图。

小《山海经》

徐晓楚编

2002 年 5 月 1 版 1 次

8.00 元

大长 32 开　121 页

　　《山海经》是我国古代的一部奇书,记录了山川、地理、民族、物产等多方面的内容,尤其是保存了不少远古的神话传说。本书从《山海经》中选取精彩部分,编成 30 则小故事,并配上拼音和插图。

小《三国》

黄嘉程编

2001 年 6 月 1 版 1 次

8.00 元

大长 32 开　128 页

　　本书精选了著名古典小说《三国演义》中脍炙人口的部分,改编为 30 个小故事。既保持了原书的主要线索,又突出了精彩的故事情节。全文拼音标注,每篇还有古色古香的插图。

小《水浒》

滕振国编

2001 年 6 月 1 版 1 次

8.00 元

大长 32 开　128 页

　　本书精选《水浒传》中脍炙人口的部分改编为 30 个小故事。既保持了全书的主要线索,又突出了精彩的情节。全文拼音标注,附有插图。

小《西游》

苏紫编

2001 年 6 月 1 版 1 次

8.00 元

大长 32 开　128 页

　　本书根据我国古典小说《西游记》中脍炙人口的部分改编为 30 个小故事。保留原著的主要线索,突出精彩情节。全文拼音标注,附有插图。

小《封神》

任晓燕编

2001 年 6 月 1 版 1 次

8.00 元

大长 32 开　128 页

　　本书根据《封神演义》中脍炙人口的部分,改编为 30 个小故事。既保持了原书主要线索的完整,又突出了精彩的故事情节。拼音标注,每篇附有插图。

小《镜花缘》

杨帆编

2002 年 5 月 1 版 1 次

8.00 元

大长 32 开　121 页

　　清代作家李汝珍创作的《镜花缘》,展示了一个奇妙缤纷的世界。本书根据《镜花缘》精心剪裁,改写为 30 个小故事,再加上拼音和插图。

小《儒林外史》

任晓燕编

2002 年 5 月 1 版 1 次

8.00 元

大长 32 开　121 页

　　吴敬梓所著的《儒林外史》,不仅是明清小说中的杰作,更是讽刺小说中最好的一部。本书将其改编为 30 则小故事,再配拼音和插图,以适合小朋友的阅读习惯。

小《聊斋》

杨帆编

2001 年 6 月 1 版 1 次

8.00 元

大长 32 开　128 页

　　本书从《聊斋志异》中精选 30 篇改写为小故事。既保留了原书的故事情节,又符合儿童的阅读习惯。拼音标注,配有插图。

小三国　小水浒　小西游　小封神　小聊斋

黄嘉程等编

2001 年 12 月 1 版 1 次

每套 15.00 元　五种共 75.00 元

大长 32 开　每册 125 页附光盘一张

　　从《拼音小名著》中选取小《三国》、小《水浒》、小《西游》、小《封神》、小《聊斋》5 种，为每个故事配上朗读、音乐、动画，制作成 VCD。有文字，有拼音，有插图，有朗读，有音乐，有动画，听说读写一应俱全。孩子们将因此对名著产生活泼的新体验；而老师家长也增添了一种便捷省力又直观的新教具。

拼音小演义

小《说唐》

陈慕莲编

2002 年 4 月 1 版 1 次

8.00 元

大长 32 开　128 页

　　本书从通俗小说《说唐》中选取最精彩的故事 30 则，以适合孩子们阅读的笔调改写，再配以拼音，辅以插图。秦琼、程咬金、罗成，这一个个活灵活现的人物形象，必将激起孩子们的兴趣和联想。

小《杨家将》

滕振国编

2002 年 4 月 1 版 1 次

8.00 元

大长 32 开　128 页

　　本书从《杨家将演义》中选取最精彩的故事 30 则，以适合孩子们阅读的笔调改写，配以插图，辅以拼音。杨令公、杨六郎、穆桂英这些英雄们荡气回肠的故事，至今还能给孩子们积极的启示。

小《说岳》

黄嘉程编

2002 年 4 月 1 版 1 次

8.00 元

大长 32 开　128 页

　　本书从《说岳全传》中选取最精彩的故事 30 则，以适合孩子阅读的笔调改写，突出全书的主要线索，将岳飞、牛皋、岳云等人的形象栩栩如生地展示出来。配以

插图，辅以拼音。

小《英烈传》

樊祥鹏编

2002 年 4 月 1 版 1 次

8.00 元

大长 32 开　128 页

　　明朝开国的历史，在民间留下许多栩栩如生的英雄形象和紧张激烈的战斗故事。本书从演义小说《英烈传》中选取最精彩的篇章 30 则，以适合孩子们阅读的笔调改写，配以插图，辅以拼音。

拼音好词好句读本

天象篇

潘梓编著　乐薇薇插图

2002 年 12 月 1 版 1 次

2003 年 7 月 1 版 2 次

9.50 元

24 开　100 页

　　《拼音好词好句读本》是专为少年儿童积累语文知识、训练表达能力而编纂的启蒙读物。

　　《天象篇》以日、月、星、空、风、雨、云、雪为纲，撷取古代和现当代作家美文中的好词好句，训练小读者驾驭语言描绘天象的能力，提升他们的审美情趣和思想境界。

山水篇

储竞编著　张宏余插图

2002 年 12 月 1 版 1 次

2003 年 7 月 1 版 2 次

8.50 元

24 开　83 页

　　《山水篇》以高山峻岭、江河湖海为描摹、形容对象，通过学习名作家描摹山水的好词好句，增添语文知识，同时还能领略大自然的旖旎风光，增强保护地球的环保意识。

四季篇

潘梓编著　乐薇薇插图

2002 年 12 月 1 版 1 次

2003 年 7 月 1 版 2 次

9.50 元

24 开　99 页

　　《四季篇》以春、夏、秋、冬四季为纲,给小读者构筑语言大厦的基石。

动物篇

储竞编著　张宏余插图

2002 年 12 月 1 版 1 次

2003 年 7 月 1 版 2 次

8.50 元

24 开　79 页

　　《动物篇》以飞禽、走兽、家畜、家禽、鱼虾、昆虫等为描摹、形容对象,让小读者在掌握优美的好词好句的同时,也平添众多的动物学知识。

植物篇

储竞编著　张宏余插图

2002 年 12 月 1 版 1 次

2003 年 7 月 1 版 2 次

8.50 元

24 开　85 页

　　《植物篇》以花卉草木为描摹、形容对象,小读者在欣赏和掌握好词好句的同时,也能"多识草木虫鱼之名",学得植物学知识。

动漫版诗词系列

动漫版唐诗 100 首

石梦伊编撰

2004 年 7 月 1 版 1 次

16.00 元

24 开　108 页

　　本书精选易记易背、短小精悍的优秀作品 100 首。每首诗均加注拼音,并作今译,还据其意境、内涵配以动漫画,激发儿童的阅读兴趣,在阅读过程中培养起对文学艺术的良好的感受能力。

动漫版唐宋词 100 首

肖利编撰

2004 年 7 月 1 版 1 次

16.00 元

24 开　108 页

　　本书精选唐、五代、宋词中易记易背、短小隽永、意境优美的作品 100 首,加注拼音,译成白话,配上动漫画,让小读者既能独立阅读欣赏,又能激发创造性思维,培育对文学艺术良好的感悟能力。

咖 啡 与 茶

超时空探访:庄子与叔本华

马颢编著

2015 年 7 月 1 版 1 次

29.00 元

36 开　144 页

　　庄子是中国道家哲学的宗师,叔本华是德国意志哲学的鼻祖。他们对世界和人生都有深刻独到的见解,都是驾驭语言文字的大师,更有不少声气相通的地方值得比较。本书通过穿越对谈的形式,尝试从世界的本质、人生的问题、解决的办法等方面再现他们的人格魅力和基本精神。

幻境论道:老子与亚里士多德

瑀欣编著

2015 年 7 月 1 版 1 次

29.00 元

36 开　144 页

　　老子是先秦道家的代表人物,被道教奉为神仙;而亚里士多德是古希腊哲学集大成者,其理论统治西方宗教和世俗生活千年之久。本书通过虚拟的手法,在现有文献的基础上,重现两人不同的世界观、认识论、政治学和养生术,使读者尽情领略东西方文明在哲学、宗教、科学以及社会生活中切磋碰撞而迸发的思想火花。

超时空对话:孔子与苏格拉底

郭时羽编著

2015 年 7 月 1 版 1 次

29.00 元

36 开　144 页

　　本书通过时空穿越的假想,将孔子和苏格拉底进行比较。他们一个是中国春秋时期的导师,一个是古希腊的哲人,分别代表了东西方哲学的起源。他们的思维方式不同,然而在生死、道德、教育等方面,却有很多非常一致的认知。

超时空对话：孙子与克劳塞维茨

王斌编著

2015 年 8 月 1 版 1 次

29.00 元

36 开 144 页

通过虚拟人物的时空穿越，使中国古代军事家孙子和西方古代军事理论家克劳塞维茨形成有机对话，以阐释中外两位古代军事家的军事思想，全书分四个篇章，通过叙述军事原理和战例旁证的相互交叉，使读者能够轻松地了解用兵、治军、克敌、务政等军事知识。

超时空走访：管子与亚当·斯密

苑天舒编著

2015 年 8 月 1 版 1 次

29.00 元

36 开 144 页

本书通过超时空访客将管子与亚当·斯密拉到一起实现"直接"对话，对《管子》与《国富论》(包括《道德情操论》)中所蕴含的丰富的经纶济世思想进行比较，以期找到中西方文化中的政治经济学方面的同异点。对话的交汇点将在中西两位政治经济学思想大师对"私与私"、"公与私"的公平正义的追求和论述上展开。

但丁走进了屈原的朋友圈

蕤宾编著

2015 年 7 月 1 版 1 次

29.00 元

36 开 144 页

但丁是意大利最伟大的诗人之一，连接了意大利诗歌的中世纪和新时代。屈原是我国战国著名诗人。本书旨在通过朋友圈这个现在为普遍大众接受的网络交流平台模式，来达成中、西两方大师的交流，来激发人们阅读经典的兴趣，启发人们深入思考中西方文化的碰撞。

济慈走进了纳兰的朋友圈

夷则编著

2015 年 7 月 1 版 1 次

29.00 元

36 开 144 页

纳兰性德是清著名词人，济慈是英国著名诗人。二者诗词作品都以写情著名。本书共分长相守、莫相忘、待君归等 20 个主题，收录两者诗作各 20 首，两两为一组进行比对。济慈诗作亦附有英文原文。旨在激发中西方文化的碰撞火花。

曹雪芹走进了巴尔扎克的朋友圈

闵捷编著

2015 年 8 月 1 版 1 次

29.00 元

36 开 144 页

曹雪芹传世《红楼梦》八十回。巴尔扎克出版《人间喜剧》九十余部。本书旨在通过朋友圈这个现在为普遍大众接受的网络交流平台模式，来达成中、西两方大师的交流，来激发人们阅读经典的兴趣，启发人们深入思考中西方文化的碰撞。

李白和拜伦走进了朋友圈

唐珂编著

2015 年 8 月 1 版 1 次

29.00 元

36 开 144 页

李白是我国唐代的伟大诗人，其诗风雄奇豪放，善于从民歌、神话中汲取营养素材，构成其特有的瑰丽的诗风，是屈原以来积极浪漫主义诗歌的新高峰。拜伦是英国 19 世纪初期伟大的浪漫主义诗人，且是一位为理想战斗的勇士，代表作品有《唐璜》等。本书通过一个虚拟超时空人物的链接，使两位大师有机地形成对比，令读者在轻松的氛围里，透视了解中西方文化的异同。

汤显祖和莎士比亚走进了朋友圈

张激编著

2015 年 8 月 1 版 1 次

29.00 元

36 开 144 页

汤显祖与莎士比亚是同时代的大剧作家，也是东西方戏剧艺术的代表人物。本书主要从两人所处时代的戏剧繁荣状况，他们作品中戏剧人物的形象刻画特点，人情人性表现的异同，以及中西戏剧结构方式，虚实描写，悲喜剧处理等方面的异同等角度，进行多元化的对比，让读者对中西方的历史背景、思想特质、戏剧表现形式及各自的语言艺术有所感悟。

新潮卡通中国童话系列

笛师与虎头人火星上来的孩子 偷红枣的泥塑姑娘海底螺旋舟(全四册)

EVER 绘画 盛巽昌 张锡昌 黄修纪撰文

2003 年 4 月 1 版 1 次

每册 6.00 元

24 开

中国童话,比之丹麦安徒生童话、德国格林童话、阿拉伯童话,绝不逊色。本书以中国历史上古典的优秀童话为素材,配以最时尚的新潮卡通画,以先进的电脑技术加以艺术创意的再制作,使图书从文学到绘画都臻完美。

中国古代禽鸟寓言丛书

小斑鸠找老师(1)

熊扬志著

2002 年 4 月 1 版 1 次

8.00 元

大 32 开 120 页

本书精选自先秦《庄子》至清代笔记小说中的禽鸟类寓言 10 则,写小斑鸠兄弟俩外出找老师、学本领,演绎出一个又一个生动有趣的故事,寓教于乐,教育小读者明辨是非、独立思考。图文并茂,并注有拼音。

小斑鸠找老师(2)

熊扬志著

2002 年 4 月 1 版 1 次

8.00 元

大 32 开 120 页

本书写小斑鸠在外出拜师途中所见所闻,开阔了眼界,增长了知识。故事生动有趣,寓教于乐,配有拼音和插图。

小荷姐姐故事会

小荷姐姐故事会

维嘉等著

2003 年 6 月 1 版 1 次

盒装 80.00 元

24 开 420 页

本书收《笑声里的智慧》、《民间的传说》、《宇宙和英雄》、《动物的启示》4 种,全文标注拼音,还配有东方电视台儿童节目著名主持人小荷姐姐朗诵的 CD 盘。

笑声里的智慧

维嘉著

2003 年 6 月 1 版 1 次

13.50 元

24 开 103 页

从中国古代寓言、笑话中精选 25 则幽默而有寓意的故事,向小朋友们讲述一些简单的哲理、知识。标注拼音,配有插图,又设"小精灵动脑筋"栏目,帮助小朋友们阅读理解。

民间的传说

李欣著

2003 年 6 月 1 版 1 次

13.50 元

24 开 103 页

从中国各族的民间传说中精选 25 则故事,通过优美、感人的民间传说,对小朋友们进行爱与美的教育。标注拼音,设"小精灵动脑筋"栏目。书中采用 3—10 周岁小朋友插图五十余幅。

宇宙和英雄

杨帆著

2003 年 6 月 1 版 1 次

13.50 元

24 开 103 页

从中国古代神话故事中选取 25 则,深入浅出地向小朋友们讲述中国上古时代的传说故事、英雄事迹、发明创造等。标注拼音,设"小精灵动脑筋"栏目,并有 3—10 周岁小朋友插图五十余幅。

动物的启示

何许英 维嘉著

2003 年 6 月 1 版 1 次

13.50 元

24 开 103 页

精选 25 则有关动物的传说、寓言故事,向小朋友们传授知识、讲述为人处世的道理。标注拼音,设"小精灵动脑筋"栏目,帮助小朋友们阅读理解。配 3—10 周岁小朋友插图五十余幅。

文科十万个为什么丛书

文科十万个为什么

魏同贤主编　迟志刚 李国章副主编

1990 年 12 月 1 版 1 次

1992 年 6 月 1 版 2 次

盒装 35.90 元

32 开　1600 页

　　本丛书在散装本外,出版精美盒装套书,内容包括:《文明足迹》、《华夏风范》、《哲人之思》、《想像世界》、《山河远游》、《民俗风情》、《社交艺术》、《说话技巧》、《人神之间》、《英语探胜》。

文科十万个为什么(1)

　　——文明足迹

夏云川 杨向阳主编

1990 年 12 月 1 版 1 次

1992 年 6 月 1 版 2 次

3.40 元

32 开　158 页

　　本书从古今中外人类浩瀚的历史海洋中,采撷了 150 个片断,以平实的文字,丰富的知识,娓娓道来,青少年朋友从中可汲取到课本中较少涉及的内容。

文科十万个为什么(2)

　　——华夏风范

沈敩大主编

1990 年 12 月 1 版 1 次

1992 年 6 月 1 版 2 次

3.35 元

32 开　154 页

　　全书分 22 个门类,以问题群的形式,从各个侧面由浅入深地,带领你通过具体的人和事,畅游在中国人的精神世界里。

文科十万个为什么(3)

　　——哲人之思

展望之主编

1990 年 12 月 1 版 1 次

1992 年 6 月 1 版 2 次

3.00 元

32 开　134 页

　　本书以形象具体的命题和生动有趣的文字,深入浅出地介绍几千年来中外哲人杰出的思维贡献和哲学基本原理。

文科十万个为什么(4)

　　——想像世界

方崇智 王勉主编

1990 年 12 月 1 版 1 次

1992 年 6 月 1 版 2 次

3.30 元

32 开　154 页

　　本书试图从谈美的角度,从众多的作品片断中揭示美之所在。全书收一百四十多篇短文,22 个问题群,每群若干题,各题以一件作品或一种文艺现象为核心。内容包括诗歌、散文、小说、音乐、美术、书法、雕塑、建筑等。

文科十万个为什么(5)

　　——山河远游

齐涤昔 鲁永兴主编

1990 年 12 月 1 版 1 次

1992 年 6 月 1 版 2 次

3.85 元

32 开　170 页

　　该书用问答的方式介绍了有关旅游的知识和趣闻,对祖国的名山大川、奇洞异境、名刹古塔、园林名胜,以及风土民俗、文化考古遗迹、旅游摄影技巧等都作了深入浅出的叙述,有关世界旅游风光的介绍也占了一定篇幅。

文科十万个为什么(6)

　　——民俗风情

仲富兰主编

1990 年 12 月 1 版 1 次

1992 年 6 月 1 版 2 次

3.20 元

32 开　144 页

　　许多民俗现象,有的人知其然不知其所以然,有的人根据传说而存在不准确的认识。阅读本书,可以使读者了解中外古今许多重要的民俗行为的起源以及演变,为自己的日常生活增添情趣。

文科十万个为什么(7)

——社交艺术

吴春荣主编

1990 年 12 月 1 版 1 次

1992 年 6 月 1 版 2 次

3.30 元

32 开　152 页

　　本书介绍了青少年在校学习期间和踏上社会后所需要了解的社交知识。150 篇文章用问答式介绍社交道德、心理、规范、礼仪、语言等,内容生动,大多是一般青少年似曾相识、似懂非懂而不甚了了者。

文科十万个为什么(8)

——说话技巧

过传忠主编

1990 年 12 月 1 版 1 次

1992 年 6 月 1 版 2 次

2.95 元

32 开　130 页

　　本书精选一百二十多个口才问题,摭取古今中外大量生动实例,深入浅出地阐述了有关对话、演讲、论辩等方面丰富内容,熔知识技巧、经验教训于一炉。

文科十万个为什么(9)

——人神之间

赵昌伟　胡知凡主编

1990 年 12 月 1 版 1 次

1992 年 6 月 1 版 2 次

3.50 元

32 开　166 页

　　本书从人类文化的角度介绍了大量有趣的宗教知识,均为平时人们似曾相识、似懂非懂而又不甚了了的事情,是一般青年所特别好奇的,而又比较感兴趣的有关一些宗教现象来龙去脉的掌故和趣闻。

文科十万个为什么(10)

——英语探胜

陈根海　庞德增主编

1990 年 12 月 1 版 1 次

1992 年 6 月 1 版 2 次

3.40 元

32 开　158 页

　　全书用 150 个新奇有趣的题目,阐述英语语音、语法知识,英语词汇的典故、妙用,以及一些常见的误用和混淆,并介绍了一般中等英语材料中不常见的英美语言和生活习惯等。

五十二个星期·文化小博士丛书

我们的祖先

——古代神话历史故事

杨帆编著

2000 年 6 月 1 版 1 次

10.00 元

20 开　110 页

　　本书根据学龄前儿童及小学低年级学生的阅读兴趣,从中国古代神话、历史故事中精选了生动有趣的人物故事 52 篇,并标注拼音,配上形象的漫画。每周读一篇,孩子可认识、了解一位祖先。

我们的追求

——古代名句故事

凌晔编著

2000 年 6 月 1 版 1 次

10.00 元

20 开　110 页

　　本书从学龄前儿童和小学低年级学生的阅读兴趣着眼,编写了脍炙人口又有教育意义的名句 52 则。深入浅出地讲解其来历,并标注拼音,配以生动的漫画。

我们的智慧

——古代寓言故事

钱世德编著

2000 年 6 月 1 版 1 次

10.00 元

20 开　110 页

　　本书针对学龄前及小学低年级儿童的阅读能力和兴趣,从浩如烟海的中国古代寓言故事中精选 52 篇。用浅显易懂的白话文改写,拼音标注,每篇并配以讲解和漫画。

我们的歌声

——古代诗词

吴俊苓　段学俭编著

2000 年 6 月 1 版 1 次

10.00 元

20 开　110 页

　　本书精选 52 篇脍炙人口、充满童趣的古诗,按照春夏秋冬四季排列。每首诗均用拼音标注,再加上深入浅出的讲解和生动形象的漫画。

我们的生活

——古代风俗故事

完颜绍元编著

2000 年 6 月 1 版 1 次

10.00 元

20 开　110 页

　　本书针对学龄前及小学低年级儿童的兴趣爱好,编写了岁时节令、娱乐游艺、礼仪风俗、风味饮食、吉祥图案等方面的故事 52 篇。拼音标注,并加上生动形象的漫画。

学　生　乐　园

学生乐园(全十五册)

吕型伟主编

1995 年 5 月 1 版 1 次

单行本　分册定价

盒装本 59.50 元

32 开

　　“学生乐园”是针对学生“第二课堂”实际而设计的一套新型丛书,盒装 15 本分为三类:属知识性的有《三十六计的典范》、《兵器库》、《古今中外军阶知识》、《流行文化与传统文化》;属具体操作性的有《中学生小发明集锦》、《怎样搞电子小制作》、《怎样集邮》、《怎样集币》、《怎样集石》、《怎样喂养小动物》;属点拨窍门指导性的有《怎样演说》、《中学男女生健美》、《中学生社交 40 例》、《中学生旅游设计》、《棋牌乐》。

三十六计的典范

叶敏著

2001 年 6 月 1 版 1 次

7.20 元

大长 32 开　120 页

　　三十六计是我国古代军事谋略的结晶。三十六计可分为胜战、敌战、攻战、混战、并战和败战等 6 套,每套各有 6 计。本书针对中小学生的兴趣特点,在分析介绍三十六计的谋略特点时,结合大量古今中外的著名战役加以说明。

兵器库

仇言瑾著

2001 年 6 月 1 版 1 次

6.20 元

大长 32 开　104 页

　　本书分门别类地介绍了古今中外的兵器。不仅介绍这些武器的起源、发展概况,也介绍目前最先进的装备。附有大量的实物图,并穿插了许多有关的战例、故事。

交际你我他

沈宝良著

2001 年 6 月 1 版 1 次

7.60 元

大长 32 开　128 页

　　本书针对广大中小学生在人际交往中经常遇到的实际问题,如“男女中学生怎样相处”、“和老师合不来怎么办”、“怎样同陌生人交谈”、“被起了难听的外号怎么办”等等,分为 40 个专题,进行了分析探讨,并介绍了可供实际操作的方法、经验。

实用演讲术

谢承志著

2001 年 6 月 1 版 1 次

6.40 元

大长 32 开　108 页

　　本书结合古今中外关于演讲的侏闻趣事和当前国际大学生辩论赛的实例剖析,介绍了命题演讲、即兴演讲、辩论演讲的基本知识。着重介绍各种实用的演讲方法以及在演讲中需要注意的问题。

学生旅游设计

商友敬著

2001 年 6 月 1 版 1 次

6.70 元

大长 32 开　112 页

　　本书通过游山玩水、探访古迹、欣赏古今建筑、领略民俗风情等专题旅游的介绍,说明旅游可以长见识、增知识。同时,针对中小学生的年龄、经济状况、生活经验等特点,本书还设计了可供读者参考的旅游方式、计划,并介绍了中小学生在旅游中应该注意的经验教训。

棋牌乐

陈健著

2001 年 6 月 1 版 1 次

6.90 元

大长 32 开　116 页

　　本书介绍了当前中小学生在棋牌活动中的一些精彩片断,既有围棋、象棋、国际象棋、五子棋、桥牌等已列入体育比赛项目的正规棋牌的有趣玩法,也有同学们自己创造的新奇玩法,如四国大战、翻天覆地、拱猪捉羊、满天星斗等。

油画入门

邱瑞敏著

2001 年 6 月 1 版 1 次

7.00 元

大长 32 开　108 页

　　本书讲述初学油画创作者必须掌握的基本知识,如素描、色彩的调制原则、透视的运用、人体解剖知识、构图原理、油画与其他画种的区别、特点等。在介绍静物、风景、人物的画法时,作者用分解图的形式,介绍了每一步骤的画法及需要注意的问题。还专门介绍了自制油画材料的方法。

集邮二十讲

王根山著

2001 年 6 月 1 版 1 次

7.60 元

大长 32 开　132 页

　　本书介绍了许多邮史上的“最”:如世界上最早的邮票、最早的邮票齿孔,最早的明信片、最早的生肖邮票,中国最早的邮票、最早的纪念邮票等。也介绍了搜集各种邮票及其他邮品的方法、途径,识别假货的诀窍,抢救污损邮票的方法等集邮的基本知识和宝贵的经验。附有大量的珍贵邮票、邮品的实物图,并穿插了许多有

关的佚闻趣事。

集币八讲

傅为群著

2001 年 6 月 1 版 1 次

6.70 元

大长 32 开　112 页

　　本书从先秦的刀币、布币,到近、现代的银元、熊猫金币,简要地介绍了中国钱币的发展史,并专门介绍了古钱币的真伪鉴定、价值评估和保养收藏的各种知识,以及搜集古钱币的方法和途径。附有数十幅精美的古钱币图片。

小动物喂养

王建华著

2001 年 6 月 1 版 1 次

5.50 元

大长 32 开　92 页

　　本书选择了可供青少年饲养的 21 种小动物,如不见天日的蚯蚓、耀武扬威的淡水龙虾、好勇善斗的蛐蛐、水中仙子金鱼、飘逸潇洒的绿毛龟、和平使者家鸽、傻头傻脑的豚鼠、人类的忠实朋友狗、温顺的小老虎猫等。在介绍它们的生理特点、生活习性,以及科学的饲养方法时,有意识地介绍了一些有趣的科学小实验,如怎样让小狗记住回家的路,怎样让乌龟长出绿毛来等等。

成长之路丛书

你的生活可以很“禅”

葛隽著

2002 年 6 月 1 版 1 次

12.00 元

大 32 开　130 页

　　本书是一部介绍现代生活智慧的著作。书中通过 60 多则古代“禅”学的传说故事,歌颂了机智的抗争、高尚的情操、宽容的胸怀,也鞭挞了权贵的愚蠢、追名逐利者的阴暗心理。作者叙述一则故事,阐述一条哲理,并联系香港现状加以分析。

是思考的时候了

周淑屏著

2002 年 6 月 1 版 1 次

12.00 元

大 32 开　138 页

　　本书针对都市生活中常见的"生命、感情、心灵、人生、文字"等问题,进行反思,提出了许多有趣的问题。

逆境强心针

周淑屏著

2002 年 6 月 1 版 1 次

12.00 元

大 32 开　130 页

　　本书作者采访了 20 位香港市民,其中有成功人士、受人羡慕的幸运儿、伤残人士等,在他们的人生道路上,都遇到过逆境,但他们终于都从逆境中挣扎、奋斗出来,又开始了新的充满希望的生活。通过这些真实感人的事例,作者与被访问者共同总结出一系列与逆境作斗争的经验或教训。

快乐的清贫生活

葛隽　周淑屏著

2002 年 6 月 1 版 1 次

12.00 元

大 32 开　130 页

　　生活中,人们常会遇到不如意的事情,心情会感到郁闷。本书针对男女不同的读者,制定出七十多种方法。书中叙述了许多真实的事例来解释这些方法,从而使读者能在他人的经验中,得到启迪,摆脱郁闷,快乐起来。

想象力大花园丛书

盲文的发明

亚菲编

2003 年 8 月 1 版 1 次

10.00 元

24 开　100 页

　　本书选收三十多则中外古今新发明的故事,内容涉及文字,如盲文的发明等;器物,如石磨、风车、望远镜、体温计、手电筒等;体育运动,如五禽戏(体操)、蹲式起跑等;食品,如肉松、臭豆腐等;服饰,如褶裙等;交通工具,如轮船、热气球、自行车等。

洗澡的发现

杭舟编

2003 年 8 月 1 版 1 次

10.00 元

24 开　100 页

　　本书选收三十多则有关中外古今发现新知识、新事物的故事。内容有:发现新的科学原理,如阿基米德定律;新的疫苗,如种牛痘防天花;新的食品,如咖啡;新的服饰,如领带;新的游戏,如打乒乓球等。

巧施火攻计

周姝编

2003 年 8 月 1 版 1 次

10.00 元

24 开　100 页

　　本书选收三十多则中外古今的军事故事。内容有:以弱克强,如《火牛阵》等;变不利条件为有利条件,如《陆军海战队》等;利用科学知识,战胜强敌,如《神奇的镜子炮》等;在失败中寻找取胜的方法,如《防毒面具的由来》等。

巧取礼物

李蒙彦编

2003 年 8 月 1 版 1 次

10.00 元

24 开　100 页

　　本书选收三十多则中外古今运用智慧的故事。其中的主人公,有聪明的孩子,如:小曹冲割衣救人,小王戎辨别苦李,小徐文长巧取高竹竿上的礼物,日本小孩面对强盗巧妙报警等。也有各种职业的成年人,如:画家把墨渍变成佳作,官员辨别真正的盗贼,商人利用总统做广告等。

趣　味　系　列

趣味语文

师为公著

2001 年 10 月 1 版 1 次

2006 年 7 月 1 版 6 次

14.00 元

大 32 开　312 页

　　全书分语音趣话、语法趣话、词汇趣话、汉字趣话四部分,每部分设若干章节,下辖十余篇生趣盎然的短文。每篇短文深入浅出地剖析和认识一两个语言文化现象,涉及语言学、修辞学、民俗学、天文地理、政治伦理、历史人文等众多领域和范畴。

趣味历史

黄爱梅 于凯著

2001 年 10 月 1 版 1 次

2006 年 7 月 1 版 8 次

14.00 元

大 32 开 316 页

本书从鲜活的历史人物和事件出发,深入浅出地介绍了中国历史上皇权、君臣关系、科举制度、文化政策等各方面的历史现象,并有适当的点评。

趣味考古

叶文宪著

2002 年 6 月 1 版 1 次

2006 年 7 月 1 版 4 次

14.00 元

大 32 开 286 页

考古学是根据古代人类活动遗留下来的实物史料研究人类古代情况的一门学科。它似乎离我们很遥远,但却与我们的日常生活密切相关。现今诸多物质文化的来龙去脉之谜,都可在本书图文并茂的娓娓趣谈中轻松觅得。

趣味地理

王肇和著

2004 年 7 月 1 版 1 次

14.00 元

大 32 开 258 页

本书通过大量生动有趣的实例,向读者介绍自然地理、历史地理、经济地理、气象气候、地质地貌、环境生态、旅游文化等众多科学知识,既有古老历史地理之谜的探索,又有最新科学前沿成果的介绍。

趣味哲学

成云雷著

2001 年 10 月 1 版 1 次

2006 年 7 月 1 版 10 次

13.00 元

大 32 开 300 页

哲学是智慧之学。本书将哲学的基本原理、哲学家的事迹化为生动的寓言、故事、趣闻,娓娓道来。使读者

对世界多一份惊奇,对生活多一份关爱。

趣味逻辑

徐德清著

2002 年 5 月 1 版 1 次

2006 年 7 月 1 版 11 次

17.00 元

大 32 开 320 页

本书从历史故事、神话传说、战争纪事、科学发明、浪漫爱情、奇人逸事、破案推理乃至成语典故中撷取一百余个趣味盎然的逻辑故事,按趣话概念、趣话逻辑规律,趣话演绎推理、趣话论辩艺术等各类来领略逻辑文化的魅力。

趣味社交

卜松林 夏欣欣著

2005 年 7 月 1 版 1 次

18.00 元

大 32 开 306 页

作者钩稽古今中外的有关事例,通过求职、同事、异性、公众、商务、亲友等 10 个方面,生动地解析人际交往的理念、规则、艺术和得失。

插图本趣味系列

趣味语文(插图本)

师为公著

2007 年 4 月 1 版 1 次

24.00 元

大 24 开 280 页

趣味历史(插图本)

黄爱梅 于凯著

2006 年 7 月 1 版 1 次

2007 年 4 月 1 版 4 次

25.00 元

大 24 开 300 页

趣味考古(插图本)

叶文宪编著

2007 年 7 月 1 版 1 次

26.00 元

大 24 开　296 页

趣味哲学（插图本）

成云雷著

2006 年 7 月 1 版 1 次

2009 年 12 月 1 版 4 次

22.00 元

大 24 开　260 页

趣味地理（插图本）

王肇和著

2007 年 7 月 1 版 1 次

21.00 元

大 24 开　252 页

趣味美学（插图本）

徐德清著

2006 年 7 月 1 版 1 次

2009 年 12 月 1 版 3 次

28.00 元

大 24 开　340 页

本书从近百个古今中外的趣闻轶事出发，谈美说理。涉及美与审美、审美对象、审美心理、审美创造等一系列美学的基本理论和规律。没有故作高深之玄论，却具平易近人之实说。

趣味逻辑（插图本）

徐德清著

2007 年 4 月 1 版 1 次

2008 年 2 月 1 版 2 次

26.00 元

大 24 开　312 页

本书从历史故事、神话传说、战争纪事、科学发明、浪漫爱情、奇人逸事、破案推理乃至成语典故中，撷取百余个趣味盎然的逻辑故事，分为趣话概念、命题，趣话逻辑规律，趣话演绎推理、归纳类比，趣话论辩艺术，让你在轻松休闲的阅读中，领略逻辑文化的无穷魅力，提高驾驭逻辑工具的能力，成为一个思维敏捷、条理清晰的聪明人。

趣味修辞（插图本）

康家珑著

2006 年 7 月 1 版 1 次

2007 年 5 月 1 版 3 次

28.00 元

大 24 开　324 页

本书以轻松活泼的文笔、真实生动的范例和极具实用性的理念，将原本高深的"修辞与修辞学"、"修辞语境"、"语形修辞"、"语义修辞"、"语法修辞"、"辞格修辞"等修辞理论介绍给读者。

趣味社交（插图本）

卜松林　夏欣欣著

2007 年 3 月 1 版 1 次

28.00 元

大 24 开　330 页

其　他

青少年传统文化小百科

李国章主编

2000 年 3 月 1 版 1 次

精装 42.80 元

大 32 开　980 页

本书是一部以青少年为主要对象的传统文化百科词典，包括历史、地理、经济、军事、哲学、宗教、文学、艺术、生活、科技等 13 大类，大类下又分 50 多小类。近四千条词目大致涵盖了中华文明的方方面面。

自古英雄出少年

张德明　赵昌平等主编

精装 1996 年 4 月 1 版 1 次

平装 2001 年 7 月 1 版 1 次

平装 16.00 元　精装 20.00 元

大 32 开　380 页

本书是根据同名动画片改编的故事集，从浩瀚的历史文库中，选取古今中外 100 位少年英雄故事，精心编写而成。每则故事后附有评讲，起到导读作用。

传统文化与近代中国

——国情教育读本

本社编

1989 年 9 月 1 版 1 次

3.40 元

32 开　188 页

全书由知名学者和中青年学者执笔,以答问的方式编写,共二百余题,分上下两编:上编分"国风与人格"、"爱国与自强"、"治国与改革"、"创造与文明"四方面,下编分"侵略与屈辱"、"改良与革命"、"沉思与寻求"三部分,对几千年中华民族的历史作了认真的回顾与思考。

第三、四届沪、港、澳与新加坡中学生
获奖作文精编

徐建华　姚惠祺主编

2003 年 12 月 1 版 1 次

2004 年 4 月 1 版 3 次

16.80 元

大 32 开　198 页

本书是两届沪、港、澳与新加坡四地中学生读书征文活动优秀获奖作品的精选集。通过中学生笔端下读书笔记般的感想录,叙述了青少年成长的心路历程,抒发了他们生活中各种情感,反映了青少年对人生观、社会观、哲学观的探讨与认识,对人生价值、社会现象等的深思和启发。

学子吟
——上海市青少年民族文化古诗词创作培训班学生作品集

本书编委会编

2006 年 10 月 1 版 1 次

16.00 元

大 32 开　112 页

上海中学生艺术教育培训中心为弘扬民族文化,于 2005 年举办了首期上海市中学生古典诗词创作培训班,本书即为该培训班学员创作的古典诗词作品集。

学子吟
——上海市青少年民族文化古诗词创作培训学生作品集(第二辑)

本书编委会编

2007 年 12 月 1 版 1 次

16.00 元

大 32 开　112 页

上海中学生艺术教育培训中心为弘扬民族文化,开

办上海市中学生古典诗词创作培训班,本书即为该培训班第二、第三期学员创作的古典诗词作品集。

学子吟
——上海市第二届中小学生古典诗词创作比赛获奖作品选(第三辑)

本书编委会编

2010 年 6 月 1 版 1 次

16.00 元

大 32 开　112 页

上海中学生艺术教育培训中心为弘扬民族文化,开举办上海市中学生古典诗词创作培训班,并结出了丰硕的成果。本书即为该培训班第四、第五期学员创作的古典诗词作品集。

魔法汉字

全丽萍　陆敏编著

2003 年 8 月 1 版 1 次

24.00 元

20 开　142 页

本书是一本指导和帮助低幼龄儿童学习汉字的趣味书。分为《趣味入门篇》、《象形解意篇》和《高手进级篇》三部分,选择了 278 个常用字,讲述了字的读音、相关组词,并附有精美有趣的图片、朗朗上口的歌谣和英语单词,便于孩子们更好地学习和掌握日常生活中最常用的汉字,对于儿童基础会话、看图识字及初步了解英语单词都有一定的辅导作用。

小学生繁体古诗字帖

胡铁军书

2012 年 7 月 1 版 1 次

18.00 元

大 16 开　48 页

胡铁军,浙江萧山人,现为中国书法家协会会员,中国书法教育研究会会员,中国硬笔家协会理事。本书是胡铁军先生书写的繁体字硬笔字帖,选取小学生中的必背古诗约七十篇,简单易学。

幼儿数学优化教程
——新课程标准下 3—6 岁幼儿数学活动设计

陆磊主编

2006 年 8 月 1 版 1 次

75.00 元

16 开　416 页

　　本书重点突出生活数学、实用数学和主题数学的特点,为幼儿园新教材学习提供了完整的、系统的主题背景下数学教育方案,让幼儿在涂涂画画、撕撕贴贴中获得思维的训练。本书分大、中、小班幼儿操作练习,其中有一册为教师用书。

九 ▶ 综 合

（一）典 籍

大型集成性文献

文渊阁四库全书（一千五百册）

[清]永瑢 纪昀等编纂
1990 年 6 月 1 版 1 次
2011 年 10 月新 1 版 1 次
精装 28000.00 元
32 开 1201332 页

2014 年 6 月 1 版 1 次
精装 32000.00 元
国际 32 开 1201332 页

2012 年 10 月新 1 版 1 次
精装 52000.00 元
16 开 1201332 页

《四库全书》是清代乾隆年间调动全国力量，聚集学术精英，历时十年编纂而成的特大丛书。全书分经、史、子、集四部，共收书 3400 余种，79000 余卷，荟萃自上古至清初历代各方面的重要典籍，洵为中华民族的巨大历史文献宝库。《四库全书》编成后，誊录七部，分藏于文渊、文溯、文源、文津、文宗、文汇、文澜七阁。其中文源、文宗、文汇三阁藏书，清末毁于战火，因而现存的四部已成为珍本秘籍。本书以文渊阁本为底本予以影印，化金匮石室之藏，为亿万读者所用。

续修四库全书（全一千八百册）

《续修四库全书》编委会编
2001 年 12 月 1 版 1 次
2014 年 6 月 1 版 2 次
精装 640000.00 元
16 开 1298928 页

《续修四库全书》是继清代乾隆间纂修的《四库全书》之后，又一次在全国范围内对中国古典文献所进行的大规模清理与汇集，收书 5213 种，1800 册，为《四库全书》的 1.5 倍。它既是对《四库全书》的匡谬补遗，又是对乾隆后 200 年间学术文化发展的归纳总结。两者相承配套，构筑起中国古籍的大型书库。

清代诗文集汇编（全八百册）

（国家清史编纂委员会·文献丛刊）
《清代诗文集汇编》编纂委员会编
2010 年 12 月 1 版 1 次
精装 280000.00 元
16 开 592720 页

本丛书为国家清史编纂工程的重要组成部分，收录自清入关迄民国建立 260 余年间重要人物的诗文集约 4000 种，为修撰清史、研究清史、开发利用清代文化资源提供了大量足资参考的原始文献资料，很多善本、稿本、抄本、孤本均为首次面世。

日本宫内厅书陵部藏宋元版汉籍选刊

（全一百七十册）
（国外所藏汉籍善本选刊）
全国高等院校古籍整理研究工作委员会编著
安平秋主编
2012 年 12 月 1 版 1 次

精装 88000.00 元

16 开　100000 页

本书遴选中国宋代元代刊刻后流传日本、今存于宫内厅书陵部的六十六种珍贵典籍，影印出版。所收者或为海内外孤本，未见其他藏书机构收藏者；或在同书诸多版本中宫内厅藏本是初刻本或较早版本者；或中国国内（包括大陆和台港澳）藏本是残本，而宫内厅藏本是足本或较全者；或学术价值甚高，而海内外至今未有影印本或排印本者。影印一仍宫内厅所藏古籍之现状，不做校改、修补和任何加工，包括阅读者所加批校也予保留。每种书前均附有安平秋等学者撰写的影印说明。

盛宣怀档案选编（全一百册）

（国家清史编纂委员会·档案丛刊）

上海图书馆编

2014 年 12 月 1 版 1 次

精装 78000.00 元

16 开　70000 页

上海图书馆所收"盛档"为上海图书馆所藏现当代名人档案中最著名、最珍贵者，深受海内外学术界重视。本项目自 2005 年立项至今，历经近十年努力，终于完成编纂工作并顺利出版。本选从"盛档"15 万多件档案中，按编纂要求遴选出近一万两千件档案，分为慈善编、赈灾编、电报编、典当钱庄编、文化教育编六编，共 100 册。

重修金华丛书（全二百册）

黄灵庚主编

2013 年 10 月 1 版 1 次

精装 180000.00 元

16 开　180868 页

本书汇集历代金华籍文人学者的存世著作约 700 余种，涵盖政治、经济、哲学、文学艺术、科学技术等各个领域所辑录之书皆有提要，对各书的作者里籍、履历、生卒，基本内容，文献价值以及优缺点、版本真伪、版本流传等多所论列。

古本小说集成（全六百九十三册）

《古本小说集成》编委会编

1994 年 11 月 1 版 1 次

精装 21950.00 元

32 开

这部丛书收宋元明清小说 428 种，以白话小说为主，兼及部分文言小说，囊括了历史、言情、侠义、神魔等各类小说的精华，系统、全面地反映了我国小说的发展脉络与时代特色，规模宏大，搜罗完备。其中不少作品是稀世之珍，有相当数量的作品首次公之于世。这次影印对某些品种的缺损残破作了辑补。

古本戏曲丛刊第五集（全一百二十册）

古本戏曲丛刊编委会编

1986 年 11 月 1 版 1 次

函装 744.00 元　线装 648.00 元

12 开　10362 页

由郑振铎先生倡导并主编的《古本戏曲丛刊》是中国历代戏曲作品空前规模的总汇，第五集收录明清传奇作品 85 种，其中五十余种为传世孤本。

古本戏曲丛刊第九集（一百二十四册）

古本戏曲丛编委会编

1961 年—1964 年 1 版 1 次

线装 270.00 元

12 开

戏曲剧本总集。收集清代乾嘉年间的宫廷大戏 10 种：《楚汉春秋》、《鼎峙春秋》、《升平宝筏》、《劝善金科》、《盛世鸿图》、《铁旗阵》、《昭代箫韶》、《如意宝册》、《封神天榜》、《忠义璇图》，为研究内府戏曲及民间传说的重要资料。

敦煌文献合集

上海图书馆藏
敦煌吐鲁番文献（全四册）

上海图书馆藏敦煌吐鲁番文献（一）

上海图书馆　上海古籍出版社编

1999 年 8 月 1 版 1 次

精装 1740.00 元

8 开　410 页

本书依原馆藏号为序，共收入文献第 1—48 号，其中颇多精品。不少文献迭经鉴藏，留有大量名人题跋、印章，本书亦一并收入，以供研究其流传情况。

上海图书馆藏敦煌吐鲁番文献（二）

上海图书馆　上海古籍出版社编

1999 年 8 月 1 版 1 次

精装 1740.00 元

8 开　400 页

　　本书收有上海图书馆藏敦煌吐鲁番文献第 49 号至 104 号，经卷大多保存完好，其中多佛教的经律论，显密兼收，有数种北朝长卷、早期抄经、仅一寸见方册页装、瓷青纸金银字写本和用血书缮抄的《妙法莲华经》等。这些文献在收藏流转中，经名家鉴定考源，留有题记。

上海图书馆藏敦煌吐鲁番文献（三）

　　上海图书馆　上海古籍出版社编

1999 年 8 月 1 版 1 次

精装 1740.00 元

8 开　400 页

　　本册收有上海图书馆藏敦煌吐鲁番文献第 105 号至 155 号。其中除金刚般若经、法华经、涅槃经和部分戒经外，多佛经论疏，学术价值均较高。本册卷子大多完整，对残卷亦都作考订。

上海图书馆藏敦煌吐鲁番文献（四）

　　上海图书馆　上海古籍出版社编

1999 年 8 月 1 版 1 次

精装 1740.00 元

8 开　420 页

　　本书共收入敦煌吐鲁番文献 32 号，附收供对照研究的传世唐宋文献 9 号，颇具研究价值。本书末还附有全书四册所收全部文献的叙录、年表、分类目录、索引，极便研究使用。

上海博物馆藏
敦煌吐鲁番文献（全二册）

上海博物馆藏敦煌吐鲁番文献（一）（二）

　　上海古籍出版社　上海博物馆编

1993 年 12 月 1 版 1 次

精装 1740.00 元/册

8 开　800 页

　　本书所收上海博物馆藏敦煌吐鲁番文献 80 号及附收传世唐宋写经 11 号，均为首次正式发表，具有极高的文献和艺术价值。其中有时代最早的敦煌写卷，历代大藏经失收的孤本，多种失传文献的五代丛抄册，不少写卷还迭经鉴藏，留有大量题跋藏印。末附叙录、年表、索

引等。

北京大学藏敦煌文献（全二册）

北京大学藏敦煌文献（一）

　　北大图书馆　上海古籍出版社编

1995 年 12 月 1 版 1 次

精装 1740.00 元

8 开　400 页特

　　本书收录北大图书馆藏敦煌文献共 85 号，多为首次面世。所收佛藏涉及阿含、般若、宝积、华严、法华、涅槃、密教、律部、经疏以及藏外疑似经等。"初唐圣手"所书《涅槃经》长达 8 米，全卷完整，书法精湛。《贤劫千佛名》长达 12 米，绘像精美。与《阿弥陀经》连写的道教斋法较为罕见，引人注目。此外，本书还收有少量藏文、于阗文、回鹘文文献。书前有关于藏品来源等情况的介绍和精品彩图。

北京大学藏敦煌文献（二）

　　北大图书馆　上海古籍出版社编

1996 年 12 月 1 版 1 次

精装 1740.00 元

8 开　326 页

　　本书收录敦煌文献 161 号，多为首次面世。其中佛藏量多面广，包括唐写足本《四分尼戒本》以及吐蕃译师法成的译经、讲录等。藏外逸书达 10 余种。道藏类有 11 种，中有斋仪文与佛经连写。另有僧尼名录、施物疏、戒牒、祭文、礼忏文、户籍、田赋、账单、历书、占卜书及一些有署名纪年的题跋，都是珍贵研究资料；附录 40 号，包括日本写经、宋人金书及少数民族文献。

天津市艺术博物馆藏
敦煌文献（全七册）

天津市艺术博物馆藏敦煌文献（一）

　　上海古籍出版社　天津市艺术博物馆编

1996 年 12 月 1 版 1 次

精装 1740.00 元

8 开　352 页

　　本书收入天津市艺术博物馆藏品 70 件，有六朝隋唐时期佛经抄件，其中《南朝天嘉六年佛门问答》等至为罕见。本书还收有唐代咸亨、开元时公事、户牒、付麦清

单等种种社会文书,还有若干藏文、回鹘文等少数民族文字经卷,都是首次公开面世。

天津市艺术博物馆藏敦煌文献(二)

上海古籍出版社　天津市艺术博物馆编

1997 年 4 月 1 版 1 次

精装 1740.00 元

8 开　380 页

本书收天津市艺术博物馆珍藏敦煌文献 50 件,其中绝大部分系周叔弢先生捐赠,皆第一次公开面世。不少经名罕见,颇堪发掘研究。本书还收有较多佛经抄本,有的几乎已是全本抄经,这在敦煌藏品中也很稀见。

天津市艺术博物馆藏敦煌文献(三)

上海古籍出版社　天津市艺术博物馆编

1997 年 4 月 1 版 1 次

精装 1740.00 元

8 开　393 页

本书收天津市艺术博物馆珍藏敦煌文献 60 件,大都首次公开面世。其中仍以佛教经典为大宗,因多有异文,极具文献校勘价值,并有不少为稀见文物。

天津市艺术博物馆藏敦煌文献(四)

上海古籍出版社　天津市艺术博物馆编

1997 年 11 月 1 版 1 次

精装 1740.00 元

8 开　359 页

本书收录天津市艺术博物馆所藏敦煌文献共 47 件,大多品相完整,书法优美,其中不乏精品。除般若、法华、涅槃等类居多外,还有《解深密经》、《四分律藏》少见写本。一些密教类和疑似类佛经值得注意,有的系首次发现,弥足珍贵。

天津市艺术博物馆藏敦煌文献(五)

上海古籍出版社　天津市艺术博物馆编

1997 年 11 月 1 版 1 次

精装 1740.00 元

8 开　362 页

本册收藏品 33 件,共 700 余幅真迹照片。另有精美彩照多帧,得窥珍品原貌。本册所收不少为罕见珍本乃至孤本,极具文献价值。有的可补传世本之不足,许多疑文得此可迎刃而解。

天津市艺术博物馆藏敦煌文献(六)

上海古籍出版社　天津市艺术博物馆编

1997 年 11 月 1 版 1 次

精装 1740.00 元

8 开　364 页

本书共收文献 45 号。其中,道教文献《太上妙法本相经东极真人问事品第九》,不仅是存世《道藏》未收的孤本,而且首尾完整。佛典中有罕见的草书长卷《法华经义疏》,长近 14 米,其草书经谢稚柳、刘九庵等名家鉴定,精美绝伦。背面为朱墨双色写《历代法宝记》,形式别具一格,颇值研究探讨。

天津市艺术博物馆藏敦煌文献(七)

上海古籍出版社　天津市艺术博物馆编

1998 年 12 月 1 版 1 次

精装 1740.00 元

8 开　350 页

本书共收敦煌文献 29 号、附收供参考研究的传世文献精品 14 号,极富研究价值。书末附有全书 300 余号文献的叙录,以及年表、分类目录、索引。

俄藏敦煌文献(全十七册)

全书所收敦煌文献为举世罕见的秘籍,共 19000 余号,其中有历代刻本大藏经未收佚籍,有可与英藏敦煌藏品连缀合璧的著名变文,有《诗经》、《论语》、《史记》、《老子》、《庄子》等传统四部书,还有数百件官私文书。唐大历六年抄《王梵志诗》、出六臣注外的《文选》及唐抄本《玉篇》等,均为惊人珍本。全书共 17 册,陆续出版。所有文献均为第一次发表。

俄藏敦煌文献(一)

俄罗斯科学院东方研究所圣彼得堡分所　俄罗斯科学出版社东方文学部　上海古籍出版社编

1992 年 12 月 1 版 1 次

精装 2175.00 元

8 开　412 页　图 860 幅

第一册主要收有弗鲁格编号 1—42 中《大般若波罗蜜多经》,其中第 32 号为"敦煌王曹某与济北郡夫人纪氏捐经题记"。

俄藏敦煌文献（二）

俄罗斯科学院东方研究所圣彼得堡分所 俄罗斯科学出版社东方文学部 上海古籍出版社编

1993 年 8 月 1 版 1 次

精装 1740.00 元

8 开 400 页

本册收有弗鲁格编号 43—85 抄本，佛经部分有《妙法莲华经》、《金刚般若波罗蜜经》、《佛说菩萨藏经》、《大般涅槃经》多卷。经疏部分有《维摩疏卷第三》和《瑜伽师地论》第三、第六、第八卷。其中许多抄本时代较久远，可追溯到晋至北魏。第 68 号《维摩疏卷第三》有"仪凤三年(679)八月十二日令狐思约勘定"题记，是考订该经的重要依据。

俄藏敦煌文献（三）

俄罗斯科学院东方研究所圣彼得堡分所 俄罗斯科学出版社东方文学部 上海古籍出版社编

1993 年 9 月 1 版 1 次

精装 1740.00 元

8 开 386 页

本册收录弗鲁格编号 86—149，内容丰富。除收录常见佛经《无量寿宗要经》、《楞严经》、《维摩诘经》、《金光明经》多卷外，尚收有较稀见的《维摩碎金》、《善住意天子问经》、《善臂菩萨所问六波罗蜜经》等。其中第 96 号为变文《板思经》第三、七、十一卷，均较完整，是研究唐代通俗文学的重要资料。

俄藏敦煌文献（四）

俄罗斯科学院东方研究所圣彼得堡分所 俄罗斯科学出版社东方文学部 上海古籍出版社编

1993 年 12 月 1 版 1 次

精装 1740.00 元

8 开 382 页

本册收录弗鲁格编号 150—250，内容十分宏富。许多佛教经律论多精彩之作，如《政法华方等经》、《观佛三味海经》、《律杂抄》、《金刚般若经赞述》等，另有字书《一切经音义》，藏经目《大乘入藏录》及佛教传记《景德传灯录》等。第 242 号为《文选》，有夹注，篇幅完整，书法亦佳。另多俗文化抄本，有发愿文，祈神偈，十吉祥等。学术价值很高。

俄藏敦煌文献（五）

俄罗斯科学院东方研究所圣彼得堡分所 俄罗斯科学出版社东方文学部 上海古籍出版社编

1994 年 11 月 1 版 1 次

精装 1740.00 元

8 开 430 页

本册收录俄藏敦煌文献是弗鲁格编号部分中最后也是最精彩的一册。其中包括王梵志诗、十二时普劝四众依教修行等通俗白话诗偈，维摩诘经讲经文等重要变文，长达 10 多米的敦煌县寿昌县户口田籍等社会经济文书，一些未入藏和待考的佛教经典、疏释、纪传资料，以及用藏文转写的汉语经典和藏文祈祷文等。在本书编纂过程中，对俄国学者已出版的解题目录作了较多的补订和修正。

俄藏敦煌文献（六）

俄罗斯科学院东方研究所圣彼得堡分所 俄罗斯科学出版社东方文学部 上海古籍出版社编

1996 年 12 月 1 版 1 次

精装 1740.00 元

8 开 396 页

本册除讲经外，含有道经数种、变文、佛典字书《一切经音义》、《左传》、《礼》、《乐》释文，医书、占书契约文书和敦煌县户籍等。其中可能出自黑水城的《摩诃衍义图》几近完整，更有趣的是 503、504 号卷背修补纸片，在透光下清晰可辨为借粮契据，给研究者提供了新鲜材料。

俄藏敦煌文献（七）

俄罗斯科学院东方研究所圣彼得堡分所 俄罗斯科学出版社东方文学部 上海古籍出版社编

1996 年 12 月 1 版 1 次

精装 1740.00 元

8 开 362 页

本册收录俄藏敦煌文献，佛教著作包括《法门名义集》、多种《佛名经》和藏外典籍；道家类有《老子》及两种道经；传经四部书有《孝经》、《论语》和《诗经》及类书、字书、蒙书、变文以及王梵志等的诗歌。此外，还有《妇科医方》、《洗头择吉日法》、《安伞文》和《满月文》等，均为研究敦煌民俗不可多得的文献。全书多为残卷，均首次公布。

俄藏敦煌文献（八）

俄罗斯科学院东方研究所圣彼得堡分所　俄罗斯科学出版社东方文学部　上海古籍出版社编

1997 年 8 月 1 版 1 次

精装 1740.00 元

8 开　440 页

　　本册除了佛教文献外,尚有道家、儒家、文学、医学、法律等文献,尤其是还有大量官、私、寺院文书,极富研究价值。其中《太平广记卷第九》（DX1257）仅见于俄藏敦煌文献,具有较高的版本、校勘价值;DX1454《书仪镜》、背面《具注历日》,可与英藏 S681 号文献缀合。

俄藏敦煌文献（九）

俄罗斯科学院东方研究所圣彼得堡分所　俄罗斯科学出版社东方文学部　上海古籍出版社编

1998 年 12 月 1 版 1 次

精装 1740.00 元

8 开　340 页

　　本册收俄藏敦煌文献 2001 至 2700 号,其中除佛教的经律论外,尚收有道经、通俗文、诗文、蒙书、契约、牒状多种,文史价值较高。其中 2144 为《论语》子罕、乡党篇文,2174 为《论语》摘抄,2145 卷背录有乘法口诀,其排列次序,至今仍可借鉴。

俄藏敦煌文献（十）

俄罗斯科学院东方研究所圣彼得堡分所　俄罗斯科学出版社东方文学部　上海古籍出版社编

1998 年 12 月 1 版 1 次

精装 1740.00 元

8 开　334 页

　　本册共收 900 号,其中除佛经的经律编外,尚有佛教的通俗文献,有供养文、劝善文、说唱偈、文殊师利供养受持像等。另外,还包括史书、礼记、道经、医卜书、星命占书、干支五行以及账册、田契、购物历、施物历、官方牒状、童蒙书册和古代算术口诀"九九歌"等。

俄藏敦煌文献（十一）

俄罗斯科学院东方研究所圣彼得堡分所　俄罗斯科学出版社东方文学部　上海古籍出版社编

1999 年 8 月 1 版 1 次

精装 1740.00 元

8 开　390 页

　　本册共收 1400 号。文献数量巨大,包括大量的佛教经律论,早期写经占相当比重,道经、四部类及世俗文书数量亦很可观,其中第 3861 等号的册页装唐李冶、元淳诗各六首,今《全唐诗》多成残句,而本抄本完整居多,可补《全唐诗》不足。第 3865 号岑参、李季兰、白居易诗,均完整,对唐诗研究颇具价值。

俄藏敦煌文献（十二）

俄罗斯科学院东方研究所圣彼得堡分所　俄罗斯科学出版社东方文学部　上海古籍出版社编

2000 年 12 月 1 版 1 次

精装 1740.00 元

8 开　370 页

　　本册收录共 1100 号。本册虽多碎片,但不乏精彩部分。文献内容除佛经的经律论外,尚有道经、《诗经》、《论语》、《左传》、医书、《切韵》、《江韵》等,世俗文书内容丰富,有变文、牒状、契约、转帖、尺牍等,史料价值极高。文献的装订形式,除卷子外,有梵夹装、册页装、经折装,亦有散页等。

俄藏敦煌文献（十三）

俄罗斯科学院东方研究所圣彼得堡分所　俄罗斯科学出版社东方文学部　上海古籍出版社编

2000 年 12 月 1 版 1 次

精装 1740.00 元

8 开　360 页

　　本册收录共 1799 号,其中包括大量的佛经经律论外,尚有数量不菲的经史子集四部书残片,以及民俗文书变文、押座文、祭祀符箓、医筮文、转帖、契约、公文、牒状等。第 6654 号《瑶池新咏集》列唐朝女诗人李季兰残诗五首,《全唐诗》未收,开元刘长卿称其为"女中诗豪"。许多残片文字可补现今文书之不足。

俄藏敦煌文献（十四）

俄罗斯科学院东方研究所圣彼得堡分所　俄罗斯科学出版社东方文学部　上海古籍出版社编

2000 年 12 月 1 版 1 次

精装 1740.00 元

8 开　384 页

　　本册收录共 2900 号。残片较多,然内容极丰富。

除佛教的经律论以及与佛教相关的佛经变文、押座文、彩绘版刻、寺院契约外，多四部类书和世俗文书，其中更有回鹘文、粟特文、梵文及藏文书写的文书。

俄藏敦煌文献（十五）

俄罗斯科学院东方研究所圣彼得堡分所 俄罗斯科学出版社东方文学部 上海古籍出版社编

2000 年 12 月 1 版 1 次

精装 1740.00 元

8 开 380 页

本册收录共 1200 号。内容极其丰富，除佛经及与佛经相关的讲经文、变文、捺印佛像、佛画和契约外，四部类书亦见收录。虽存残片，可考订这些佚书的原始面貌，价值很高。

俄藏敦煌文献（十六）

俄罗斯科学院东方研究所圣彼得堡分所 俄罗斯科学出版社东方文学部 上海古籍出版社编

2001 年 9 月 1 版 1 次

精装 1740.00 元

8 开 363 页

本册收录共 5200 号。除佛典经律论及相关文献外，尚有当地官方文书及民间世俗文书等，并杂有西夏黑水城文书、回鹘文和藏文等少数民族文献。众多碎片可互相缀合，亦是研究者不可或缺的重要材料。

俄藏敦煌文献（十七）

俄罗斯科学院东方研究所圣彼得堡分所 俄罗斯科学出版社东方文学部 上海古籍出版社编

2001 年 9 月 1 版 1 次

精装 1740.00 元

8 开 375 页

本册为《俄藏敦煌文献》的最后一册，收录共 2392 号，其中 400 余号为克洛特科夫于新疆吐鲁番收集的，以刻本为主，整个文献版式多样，用纸各异，可资学界参考。

法藏敦煌西域文献（全三十四册）

本书收录了伯希和汉文文献 Pelliot chin. 2001 - 6038 号。其中绝大部分为汉文文献，同时包括了部分藏文、于阗文、粟特文、回鹘文文献。其中于阗文、粟特文和部分

回鹘文文献原先编录在汉文文献序列中，并且通常有正反面同时书写两种文字的情况，所以按照汉文文献的顺序随号刊出。伯希和原先拟议将藏文材料单独编入 0001—2000 的预留编号，但是实际情况超出了这个数字。汉文序列中的许多写有藏文的写本被抽出另编入了藏文编号序列，其结果是，一方面造成汉文文献序列的缺号，另外不少抽出的藏文文献名实不符，有些只是在汉文写本上写了几行藏文，不能否认汉文仍然是这些个文献的主体。为保持汉文材料的完整性，我们在编辑的时候，仍然将这些材料抽回汉文编号序列。

法藏敦煌西域文献（一）

上海古籍出版社 法国国家图书馆编

1994 年 12 月 1 版 1 次

精装 1740.00 元

8 开 400 页

在现藏于全世界各地的敦煌西域文献中，法国伯希和收集品向以丰富精彩著称于世。此次出版以搜罗完备、编制精良、出题准确、彩图精美为特色，为学界提供一套法藏敦煌西域文献的定本。第 1 册收录伯希和汉文 2001—2031 号，均为重要的古佚文献和画卷，包括敦煌独有文献。中、法专家序言、前言、导言详尽介绍了伯希和编号文献的收集、收藏、研究和本次大规模结集出版情况。全书共 34 册，陆续出版。

法藏敦煌西域文献（二）

上海古籍出版社 法国国家图书馆编

1994 年 12 月 1 版 1 次

精装 1740.00 元

8 开 400 页

本册收录伯希和敦煌收集品 2032—2039 号，包括各号正反面约 20 种内容。其中《维摩经疏卷第五》为历代藏经未录别本，敦煌名僧昙旷和沟通汉蕃文化交流的法成，向为史学界、佛学界瞩目而资料甚少，此二氏之《金刚经旨赞》及《瑜伽师地论分门记》构成了本册的主体。

法藏敦煌西域文献（三）

上海古籍出版社 法国国家图书馆编

1994 年 12 月 1 版 1 次

精装 1740.00 元

8 开 400 页

本册收录伯希和敦煌收集品 2040—2058 号，共 49

种内容。其中册叶本汉藏对照佛学字书是首次完整发表。《南阳和上坛语》《南宗定是非论》等是禅学研究的最重要史料。《智俨大师十二时歌》则是民间说唱宣讲的重要材料。

法藏敦煌西域文献（四）
上海古籍出版社　法国国家图书馆编
1994 年 12 月 1 版 1 次
精装 1740.00 元
8 开　400 页

本册收录伯希和敦煌收集品 2059—2084 号。其中《三阶佛法卷第三》长卷是研究隋唐时期屡受敕禁的佛教三阶教派的孤本材料，有关因明、戒法、瑜伽论义记、金刚旨赞等则是历代藏经未收文献。长篇章草《因明入正理论略抄》、行草长卷《大乘起倍论略述》均为罕见的书法精品。

法藏敦煌西域文献（五）
上海古籍出版社　法国国家图书馆编
1997 年 12 月 1 版 1 次
精装 1740.00 元
8 开　357 页

本册收录 2085—2113 号文献。包括北魏延昌三年令狐崇哲抄《华严经》、隋开皇十四年抄《十地论法云地》等，其卷尾著录有抄经年代、抄经人姓名以及寺院收藏印等，使这些佛经更具有文献价值。隋大业九年沙门昙皎抄慧远撰的《胜鬘义记卷下》、《大藏经》和《续大藏经》都缺少下卷，敦煌本正好填补这一空缺。

法藏敦煌西域文献（六）
上海古籍出版社　法国国家图书馆编
1998 年 12 月 1 版 1 次
精装 1740.00 元
8 开　376 页

本册收录伯希和汉文 2114—2141 号背面，内容涉及佛经、医书、变文等。其中 2115 号《穷诈辩惑论》为研究三阶教的资料，2135 号《天请问经疏》可补《大正藏》85 册《天请问经疏》之前缺；2122 号背面的《维摩押座文》、2133 号《观音经讲经文》、2133 号背面《金刚般若波罗蜜经讲经文》等为较完整、清晰的变文资料。

法藏敦煌西域文献（七）
上海古籍出版社　法国国家图书馆编

1998 年 12 月 1 版 1 次
精装 1740.00 元
8 开　360 页

本册收录 2142—2172 号文献。其中不少为传世孤本，有多件文献存有题记，极富研究价值。

法藏敦煌西域文献（八）
上海古籍出版社　法国国家图书馆编
1998 年 12 月 1 版 1 次
精装 1740.00 元
8 开　370 页

本册收录 2173—2199 号。其中《戒疏卷第一》、《金刚般若波罗蜜经后序并赞》、《东都发愿文》、《谈广释佛国品手记》、《出家人受菩萨戒法卷第一》等多种密教经典，许多写卷存有当时的题记。

法藏敦煌西域文献（九）
上海古籍出版社　法国国家图书馆编
1999 年 4 月 1 版 1 次
精装 1740.00 元
8 开　370 页

本册收录 2200—2242 号。其中 2204、2212·1 号《佛说楞伽经禅门悉谈章并序》仅存于法藏敦煌文献，2212·2 号《文殊师利菩萨无相十礼》、2213 号《道经》、2226 号背面几种文范、2237 号背面几种文范、2238 号《佛教论释》等似为孤本。

法藏敦煌西域文献（十）
上海古籍出版社　法国国家图书馆编
1999 年 11 月 1 版 1 次
精装 1740.00 元
8 开　361 页

本册收录 2243—2280 号。其中，2249 号背面《雇工契》、2250 号背面《状》、2271 号背面《纳设历》等社会经济文书对研究当时的世俗、僧尼的社会生活极有帮助。2268 号《三阶佛法密记》仅存于法藏敦煌西域文献，和法藏 2412 号文献相照应，为研究三阶教义提供资料。

法藏敦煌西域文献（十一）
上海古籍出版社　法国国家图书馆编
2000 年 4 月 1 版 1 次

精装 1740.00 元

8 开　378 页

　　本册收录 2281—2322 号。其中，第 2283 号《三阶佛法密记》、2286 号《梵网经述记卷第一》、2299 号《太子成道经一卷》、2305 号《妙法莲华经讲经文》、2305 号背面《无常经讲经文》、2313 号背面数种释门文范、2321 号正背二面佛教戒律、2322 号多种密教经咒等，据目前所知似为孤本。

法藏敦煌西域文献（十二）

上海古籍出版社　法国国家图书馆编

2000 年 12 月 1 版 1 次

精装 1740.00 元

8 开　386 页

　　本册收录 2323—2362 号，有《难陀出家缘起》、《大乘百法随听手抄》、《佛经论释》、《维摩手记》、《三洞奉道科诫仪范卷第五》、《天尊为一切众生说三涂五苦存亡往生救苦拔出地狱妙经》、《投金龙玉璧仪》、《本际经疏卷第三》等等，据目前所知似为孤本。

法藏敦煌西域文献（十三）

上海古籍出版社　法国国家图书馆编

2000 年 12 月 1 版 1 次

精装 1740.00 元

8 开　359 页

　　本册收录 2363—2432 号，文献以道经为主，偶有佛经、讲经文、社会文书夹杂其间。有个别文献极少见，个别文献有题记，标注该文献的抄录年代。俗文学有 2385 号背面的《卫元嵩十二因缘六字歌词》。2412 号文献《三阶佛法密记卷上》是盛行于隋唐之前而屡遭禁绝的三阶教的最主要的资料。

法藏敦煌西域文献（十四）

上海古籍出版社　法国国家图书馆编

2001 年 10 月 1 版 1 次

精装 1740.00 元

8 开　379 页

　　本册收录 2433—2506 号，有隋释道骞撰《楚辞音》、《类书》（北堂书钞体）、唐李筌撰《外春秋卷第四、第五》、《天宝合式表》等，据目前所知皆为孤本。2503 号《玉台新咏》在敦煌文献中仅此一件，文字远胜今本。

法藏敦煌西域文献（十五）

上海古籍出版社　法国国家图书馆编

2001 年 6 月 1 版 1 次

精装 1740.00 元

8 开　369 页

　　本册收录 2507—2560 号，内容涉及经史子集诸方面文献。《开元水部式》为唐代四种法典：律、令、格、式中的一种，其内容包括农田水利、灌溉造渠、海运渡口等，可补正《唐六典》的有关记载。《二十五等人图》为人物品评读物，久佚。《唐人选方》，可补充医药典籍。

法藏敦煌西域文献（十六）

上海古籍出版社　法国国家图书馆编

2001 年 9 月 1 版 1 次

精装 1740.00 元

8 开　371 页

　　本册收录 2561—2630 号，其中《南阳张延绶别传》、《慈善孝子报恩成道经道要品第四》、《白雀歌并进表》、《敦煌郡羌戎不杂德政序》、《卢相公咏廿四气诗》、《敦煌名族志》，以及 2583、2591、2623 号三种唐、五代具注历日，据目前所知皆为孤本。2627 号《史记》残卷在敦煌文献中仅此一件，弥足珍贵。

法藏敦煌西域文献（十七）

上海古籍出版社　法国国家图书馆编

2001 年 12 月 1 版 1 次

精装 1740.00 元

8 开　387 页

　　本册收录 2631—2728 号，包括经、史、子、集、佛经、道经、社会文书等多方面内容。其中，《常何墓碑》写本为研究隋末唐初史提供了新资料。《新集吉凶书仪并序》包括"通婚书"、"答婚书"等，详细记载了唐后期的婚礼仪式。其他文献或标注书写日期，或有撰者姓名，可资研究、考证之用。

法藏敦煌西域文献（十八）

上海古籍出版社　法国国家图书馆编

2001 年 12 月 1 版 1 次

精装 1740.00 元

8 开　400 页

　　本册收录 2729—2824 号，其中《入理缘门一卷》、《顿悟真宗金刚般若修行达彼岸法门要诀》据目前所知是孤本。2819 号背面《东皋子集》为唐人王绩文集在敦煌文献中仅存的一件，值得珍视。2824 号《三界九地之图》是全本，而学术界通用的《大正藏》中所收者仅是残本，其价值当可不言而喻。

法藏敦煌西域文献（十九）

上海古籍出版社　法国国家图书馆编

2001 年 12 月 1 版 1 次

精装 1740.00 元

8 开　390 页

本册收录 2825—2907 号，多完整文献。佛经中有绘图本《十王经》、《金刚经》卷首八金刚图及经变图。与佛教相关文献则有礼忏文、愿文、释门文范等。世俗文书数量较多，有转帖、牒状、契约、便历等。四部书有《李荣注老子道德经》、《文选音》、《蔡琰胡笳十八拍》等。于阗文文献则有官方律书、医书药方、诗歌等。

法藏敦煌西域文献（二十）

上海古籍出版社　法国国家图书馆编

2002 年 4 月 1 版 1 次

精装 1740.00 元

8 开　380 页

本册收录 2908—2998 号，其中《王梵志诗卷第三》、《张议潮变文》、《归义军节度使张淮深墓志铭》、《权知归义军节度兵马留后使状》、《瓜沙等州节度使状》、《唐永泰年间河西巡抚使判集》、《丧礼服制度》（附图）等，内容皆极精彩，具有很高的研究价值。此外，还收有相当数量的藏文、于阗文文献。

法藏敦煌西域文献（二十一）

上海古籍出版社　法国国家图书馆编

2002 年 7 月 1 版 1 次

精装 1740.00 元

8 开　379 页

本册收录 2999—3136 号，包括佛经、讲经文、社会文书等诸多内容。3074 号为首尾绘迦陵频伽鸟的《大藏经中观药王药上二菩萨经》，形制特殊。3018 号《唐天宝年间敦煌县差科簿》记载当时丁男、中男的姓名、年龄、身份以及承担的各种职事，是研究唐代差役制度的重要资料。《还冤记》为志怪小说集。《丑女缘起》亦为唐代因缘类作品。

法藏敦煌西域文献（二十二）

上海古籍出版社　法国国家图书馆编

2002 年 7 月 1 版 1 次

精装 1740.00 元

8 开　375 页

本册收录 3137—3276 号，除部分佛经的经律论和道教经典外，多世俗文书。其中 3150 号《癸卯年慈惠乡百姓吴庆顺典身龙兴寺契》是一完整契约，只因家贫负债，典身寺院，生死不保。又如 3257 号《开运二年寡妇阿龙口分地案牍》，于口分地买卖叙述详细，有状、笔录、取证，最后司判，整个案子完整，是研究当时社会重要的实证材料。

法藏敦煌西域文献（二十三）

上海古籍出版社　法国国家图书馆编

2002 年 12 月 1 版 1 次

精装 1740.00 元

8 开　369 页

本册收录 3277—3370 号，除儒、佛、道家著作外，尚有医书、算经等，以及相当多的牒、状、籍、历、疏、契、转帖等官私文书。其中《唐咸通五年甲申岁具注历日》、《月令节义》一卷、《唱道文》一本等，据目前所知皆为孤本。

法藏敦煌西域文献（二十四）

上海古籍出版社　法国国家图书馆编

2002 年 12 月 1 版 1 次

精装 1740.00 元

8 开　382 页

本册收录 3371—3508 号，除佛经、道经以外，收录大量牒、状、具注历日、社条等社会文书，为研究唐宋时期的社会经济生活提供第一手资料。其中 3489 号《戊辰年正月廿四日雇坊巷女人社社条》记载了女人社的活动，女人社由妇女结成，为首的一般为女尼，平时聚集商讨佛事、丧葬、婚嫁、周济等事宜。3403 号《雍熙三年丙戌岁具注历日并序》为北宋时敦煌使用的日历，包括九宫图、年神方位等，可推吉凶，在敦煌历日中具有代表性。

法藏敦煌西域文献（二十五）

上海古籍出版社　法国国家图书馆编

2003 年 1 月 1 版 1 次

精装 1740.00 元

8 开　379 页

　　本册收录 3509—3580 号，其中 17 号为粟特、藏、回鹘文文献，还收有数号于阗文、龟兹语文献。汉文文献中，《慧超往五天竺国传》、《上都进奏院状》、《汉书刑法志第三》、《天宝十载敦煌县差科簿》、《沙州敦煌县行用水细则》、《刘子新论》等皆极具研究价值。

法藏敦煌西域文献（二十六）

上海古籍出版社　法国国家图书馆编
2003 年 1 月 1 版 1 次
精装 1740.00 元
8 开　393 页

　　本册收录 3581—3701 号，内容除佛教、道教经典外，多四部类和世俗文献。有《周易》、《左传》、《孝经》、《庄子》及占卜书、医巫书、相书、葬经等。其中第 3633 号《辛未年七月沙州百姓一万人上回鹘大圣天可汗状》知名度很高。第 3693—3696 号《切韵》，存文字篇幅较大，是音韵学研究不可或缺的实证资料。

法藏敦煌西域文献（二十七）

上海古籍出版社　法国国家图书馆编
2003 年 1 月 1 版 1 次
精装 1740.00 元
8 开　365 页

　　本册收录 3702—3770 号，内容有佛教经论及与佛教相关的愿文、斋文、范文和寺院账册等。四部类则有《论语》、《毛诗》等。社会文书则有牒状判凭、契约、书仪、转帖等。其中较精彩的有《新修本草》、《浣溪沙曲谱》、《毛诗诂训传》、《大唐内典录》，史料价值很高，且卷子篇幅较完整。

法藏敦煌西域文献（二十八）

上海古籍出版社　法国国家图书馆编
2004 年 6 月 1 版 1 次
精装 1740.00 元
8 开　382 页

　　本册收录 3771—3860 号，内容涉及经史子集诸方面。3771 号《珠英学士集》，为元代以来各家书目失载，其所载诗皆为《全唐诗》所无。3813 号《晋书·载记》是具代表性的民间传抄诵习用的唐写略本。3847 号《尊经》为景教经典，简介景教经典的数量及汉译情况，为景教遗存名著。

法藏敦煌西域文献（二十九）

上海古籍出版社　法国国家图书馆编
2003 年 12 月 1 版 1 次
精装 1740.00 元
8 开　367 页

　　本册收录 3861—3916 号。其中，3899 号背面《唐开元十四年沙州勾征悬泉府马社钱案卷》以及《河西都防御招抚押蕃落等使状》、《己卯年军资库司判凭十五通》、《唐元和四年己丑岁具注历日》、《手印图》、《字宝碎金一卷》、《涉道诗》等文献，皆有较高研究价值。

法藏敦煌西域文献（三十）

上海古籍出版社　法国国家图书馆编
2004 年 1 月 1 版 1 次
精装 1740.00 元
8 开　374 页

　　本书收录 3917—4020 号。佛经部分大多完整，部分卷子为《大正藏》所无，具有一定校勘意义。还收有和佛教相关的账历、牒状、文范等，篇幅不小的朱墨捺印菩萨佛像、手绘彩色佛像和白描经变故事画。第 3982 号为《随求即得大自在陀罗尼神咒经曼陀罗》，抄经形式较为特异。

法藏敦煌西域文献（三十一）

上海古籍出版社　法国国家图书馆编
2004 年 11 月 1 版 1 次
精装 1740.00 元
8 开　380 页

　　本册收录 4021—4525 号。除了传统的佛教经典、儒家经典外，收有大量的印本佛、菩萨像，及较多彩绘、白描和剪纸佛画。另有不少诗歌、书仪（文范），以及官私文书如牒、状、契、历（账目）等，具有独特研究价值。

法藏敦煌西域文献（三十二）

上海古籍出版社　法国国家图书馆编
2004 年 12 月 1 版 1 次
精装 1740.00 元
8 开　376 页

　　本册收录 4526—4646 号，包括大量佛教经论及与佛教相关的斋文、赞文、变文等，社会文书广泛涉及书仪、账目、碑文、铭文，四部类则有《太公家教》、

《语对》等，另有少量藏文、回鹘文卷子。第 4562 号《老君一百八十戒叙》为重要的道教早期科戒；4646 号收梵夹装《顿悟大乘正理决》，是著名的《拉萨僧诤记》的基本材料，是研究汉传、藏传佛教交流的珍贵史料。

法藏敦煌西域文献（三十三）

上海古籍出版社　法国国家图书馆编

2004 年 12 月 1 版 1 次

精装 1740.00 元

8 开　364 页

　　本册收录 4647—4999 号，除佛经、道经外，四部类文献占很大篇幅；世俗文书，包括牒、状、帖、历，也占相当比例。所收的白描画，如 4649 号六臂菩萨像、4717 号鞍马、4719 号卧牛、4824 号通光符等各具特色。长卷 4660 号为河西敦煌瓜沙州释门、官衙人物邈真集并序 38 篇，用韵文传记形式详细介绍人物传略，是研究敦煌瓜沙州重要史料。

法藏敦煌西域文献（三十四）

上海古籍出版社　法国国家图书馆编

2005 年 8 月 1 版 1 次

精装 1740.00 元

8 开　371 页

　　本册为《法藏敦煌西域文献》最后一册，收录伯希和 5000—6038 号，其中 5044—5521、5599—6000 号为馆藏空号，实际收录 100 余号。内容除佛教经典外，不乏精品，凡四部类经史子集都有收录，如《尚书·禹贡》《汉书·项羽传》《晋纪》《春秋后语》《文选》《岑参诗集》《搜神记》《孟姜女变文》《大唐刊谬补阙切韵》等。5034 号沙州都督府图经卷第五则是抄录于《春秋后语》卷背，是研究古地理重要史料。

法国国家图书馆藏
敦煌藏文文献

　　法国国家图书馆藏敦煌藏文文献为伯希和于 1908 年从敦煌藏经洞获取。其材料多属吐蕃佛教前弘期。法藏藏文文献计 3358 号，都是未经加工的手稿。

法国国家图书馆藏敦煌藏文文献（一）

法国国家图书馆　西北民族大学

上海古籍出版社编

2006 年 5 月 1 版 1 次

精装 2200.00 元

8 开　412 页

　　本册收录伯希和藏文文献 P.t.1 至 P.t.46，以藏文佛经为主，包括许多未收入《甘珠尔》的佛教经典、论述及赞文、祈愿文等，还有少量信函、药方等世俗文献。另附彩色图版 42 幅，包括相关文化遗址遗存、重要文献等。

法国国家图书馆藏敦煌藏文文献（二）

法国国家图书馆　西北民族大学

上海古籍出版社编

2006 年 9 月 1 版 1 次

精装 2200.00 元

8 开　388 页

　　本册收录伯希和藏文文献 P.t.47 至 P.t.96，均为敦煌莫高窟吐蕃时期文献，内容丰富，佛经除妙法莲华经、宝积经、般若经外，多经咒偈语、供养仪轨、占卜愿文。藏文经卷背面亦存汉文文献，并有本教绘画。P.t.47 卷首为汉文《云谣集》。

法国国家图书馆藏敦煌藏文文献（三）

法国国家图书馆　西北民族大学

上海古籍出版社编

2007 年 10 月 1 版 1 次

精装 2200.00 元

8 开　372 页

　　本册收录伯希和 P.t.97 至 P.t.151 号敦煌藏文献，许多藏译佛经极有参考价值，如《瑜伽师赞无量光佛净土功法》《生老死别论》《显明智论》、医巫书《属相命运占卜辞》《火灸疗法》，世俗文书《国王都札的故事》《恰氏穆氏联姻故事》等，都是藏学研究重要材料。汉文道教文书及《春秋后语》，将军镇纳粮账，亦可作为汉藏文化交流的见证。

法国国家图书馆藏敦煌藏文文献（四）

法国国家图书馆　西北民族大学

上海古籍出版社编

2007 年 12 月 1 版 1 次

精装 2200.00 元

8 开　380 页

　　本书收录伯希和收集品藏文文献 P.t.152 至 P.t.

300,其中佛经及佛教文献有《圣大证悟遍广经》、《圣大解脱方广大乘经》、《圣大树紧那罗王所问大乘经》、《入住胎经》等及祈愿文、四向文、仪轨、密咒陀罗尼多种,另外尚有卜辞等,内容十分丰富。

法国国家图书馆藏敦煌藏文文献（五）

法国国家图书馆　西北民族大学

上海古籍出版社编

2007 年 12 月 1 版 1 次

精装 2200.00 元

8 开　394 页

　　本书收录法藏敦煌藏文文献 P.t.301 至 P.t.443,其中以佛经和密教文献为主。其中有《摩利支天女陀罗尼》、《圣大黑天陀罗尼》、《六门陀罗尼》等陀罗尼、真言、咒语;有修行、超度、供养、坛城、启请、观想等仪轨;P.t.351 为景教卜辞、P.t.352 为占星术等等。内容十分丰富。

法国国家图书馆藏敦煌藏文文献（六）

法国国家图书馆　西北民族大学

上海古籍出版社编

2008 年 11 月 1 版 1 次

精装 2200.00 元

8 开　360 页

　　本册收伯希和藏文文献 P.t.444 至 P.t.589。主要为藏文佛经,有藏文译本《心经》、《金光明最胜王经》,有密咒、陀罗尼、发愿文等。P.t.553 为《佛说稻芊经广释》,P.t.555 为《菩提心咒仪轨》,这些藏文经有较大参考价值。

法国国家图书馆藏敦煌藏文文献（七）

法国国家图书馆　西北民族大学

上海古籍出版社编

2008 年 11 月 1 版 1 次

精装 2200.00 元

8 开　360 页

　　本册收伯希和藏文文献 P.t.590 至 P.t.713。主要为藏文佛经,有《大乘楞伽经》、《大乘顶王经》(又译作《维摩诘经》)、《大乘四法经》、《三昧金刚经》及《金刚经广注》。其中 P.t.635 为"降魔藏禅师安心法"、P.t.699 为"摩诃衍大师《不观论注疏》"等,对研究汉文佛经有较大的参考价值。

法国国家图书馆藏敦煌藏文文献（八）

法国国家图书馆　西北民族大学

上海古籍出版社编

2009 年 9 月 1 版 1 次

精装 2200.00 元

8 开　374 页

　　本书收伯希和藏文经卷 P.t.714 至 P.t.849,有些不见于汉文藏经,譬如《圣无尽慧说大乘经》、《消除伤害幼儿十五大魔陀罗尼》、《说法第一圣富楼那赞》都是较少见的佛经。许多佛经有待考订。佛经释论中《大乘经庄严论释》、《摄真实修》、《空性七十论释》等等,都极具参考价值。另有赞颂、祈愿文、仪轨等,也都是研究藏传佛教的重要资料。

法国国家图书馆藏敦煌藏文文献（九）

法国国家图书馆　西北民族大学

上海古籍出版社编

2009 年 11 月 1 版 1 次

精装 2200.00 元

8 开　370 页

　　本书收伯希和藏文文献 P.t.850 至 P.t.990,其中的佛经戒律文献,如《一切有部戒律》、《根本萨婆多部律摄》、《分别解脱戒经》等,可作藏汉文献的比较研究。《说世间形成史》、《罗摩衍那故事》、《苯教故事》、《苯教王室殡葬礼仪》、《父子礼仪问答》、占卜书等是研究藏传佛教和西藏社会的重要资料。另外《尚书》藏文译本,是藏汉文化交流的重要文献。

法国国家图书馆藏敦煌藏文文献（十）

法国国家图书馆　西北民族大学

上海古籍出版社编

2009 年 10 月 1 版 1 次

精装 2200.00 元

8 开　376 页

　　本册收入法国国家图书馆收藏的敦煌藏文文献 P.t.991—1004 号,定名的文献除寺院名簿、高僧传略、佛教经典如妙法莲华经、般若经等宗教文书外,并有工匠表、麦粟历、什物历等社会文书,诏令、告牒、律令等历史文书,医疗杂方、脉诊法等医药科技文献,具有较高的研究价值。

法国国家图书馆藏敦煌藏文文献（十一）

法国国家图书馆　西北民族大学

上海古籍出版社编

2010 年 12 月 1 版 1 次

精装 2200.00 元

8 开　400 页

　　本册收入法国国家图书馆藏敦煌藏文文献 P.t. 1005—1286 号，大部分文献名称均已考订，除书函、习字等杂写，戒律、佛经等佛典，占卜、医马等文书外，主要有一些社会历史文书，如《军需调拨文书》《达端致论芒息尔等书》《达端上天子书》《肃州长官上天德王禀帖》《致僧统洪辩书》等，是研究吐蕃史的重要参考资料。

法国国家图书馆藏敦煌藏文文献（十二）

法国国家图书馆　西北民族大学

上海古籍出版社编

2011 年 12 月 1 版 1 次

精装 2200.00 元

8 开　408 页

　　本书为法藏敦煌藏文文献第 12 册，收入 P.t. 1287—P.t. 1302 号，内容包括赞普传记、吐蕃大事纪年、《春秋后语》译文、牒状、书仪、《十万颂般若波罗蜜多经》等。

法国国家图书馆藏敦煌藏文文献（十三）

法国国家图书馆　西北民族大学

上海古籍出版社编

2012 年 10 月 1 版 1 次

精装 2200.00 元

8 开　315 页

　　本书收录法藏敦煌藏文文献 P.t. 1303—P.t. 1307，内容以《十万颂般若波罗蜜多经》为主。

法国国家图书馆藏敦煌藏文文献（十四）

法国国家图书馆　西北民族大学

上海古籍出版社编

2013 年 6 月 1 版 1 次

精装 2200.00 元

8 开　332 页

　　本书收录法藏敦煌藏文文献 P.t. 1308—P.t. 1315，内容以《十万颂般若波罗蜜多经》为主。

法国国家图书馆藏敦煌藏文文献（十五）

法国国家图书馆　西北民族大学

上海古籍出版社编

2013 年 6 月 1 版 1 次

精装 2200.00 元

8 开　340 页

　　本书收录法藏敦煌藏文文献 P.t. 1316—P.t. 1321 号，内容以《十万颂般若波罗蜜多经》为主。

法国国家图书馆藏敦煌藏文文献（十六）

法国国家图书馆　西北民族大学

上海古籍出版社编

2014 年 11 月 1 版 1 次

精装 2200.00 元

8 开　324 页

　　本册收藏法藏敦煌藏文文献 P.t. 1322—P.t. 1352，以《十万颂般若波罗蜜多经》为主。

法国国家图书馆藏敦煌藏文文献（十七）

法国国家图书馆　西北民族大学

上海古籍出版社编

2015 年 7 月 1 版 1 次

精装 2200.00 元

8 开　328 页

　　本书为收入 P.t. 1353—P.t. 1374 号，以《十万颂般若波罗蜜多经》为主。

法国国家图书馆藏敦煌藏文文献（十八）

法国国家图书馆　西北民族大学

上海古籍出版社编

2015 年 11 月 1 版 1 次

精装 2200.00 元

8 开　348 页

　　本书收入 P.t. 1375—P.t. 1404 号，以《十万颂般若波罗蜜多经》为主。

英国国家图书馆藏
敦煌西域藏文文献

　　敦煌藏经洞的古藏文文献，大约是被英国斯坦因（1905 年）和法国伯希和（1908 年）分别掠取了一半，其中很多重要文献分藏于两地。本书由西北民族大学、上海古籍出版社和英国国家图书馆合作,包括全部英藏敦煌藏文文献的图版、文献解读、藏汉文定名、叙录等内容。

英国国家图书馆藏敦煌西域藏文文献(一)

西北民族大学　上海古籍出版社

英国国家图书馆编纂

2010 年 12 月 1 版 1 次

精装 2200.00 元

8 开　377 页

　　此次出版为英藏藏文文献之第一册,包括卷一至卷六。

英国国家图书馆藏敦煌西域藏文文献(二)

西北民族大学　上海古籍出版社

英国国家图书馆编纂

2011 年 12 月 1 版 1 次

精装 2200.00 元

8 开　320 页

　　此次出版为英藏藏文文献之第二册,包括卷七至卷十四。

英国国家图书馆藏敦煌西域藏文文献(三)

西北民族大学　上海古籍出版社

英国国家图书馆编纂

2012 年 11 月 1 版 1 次

精装 2200.00 元

8 开　376 页

　　本书为英藏藏文文献之第三册。

英国国家图书馆藏敦煌西域藏文文献(四)

西北民族大学　上海古籍出版社

英国国家图书馆编纂

2012 年 11 月 1 版 1 次

精装 2200.00 元

8 开　328 页

　　此次出版为英藏藏文文献之第四册。

英国国家图书馆藏敦煌西域藏文文献(五)

西北民族大学　上海古籍出版社

英国国家图书馆编纂

2013 年 8 月 1 版 1 次

精装 2200.00 元

8 开　376 页

　　本册收录英藏敦煌藏文文献二十四到二十八卷,图版 700 余张,包括众多有价值的藏文文献。每张图版均由西北民族大学海外文献研究所专家定名,书前加之有中文、藏文对照目录,能使利用者快速检索到有用之材料。

英国国家图书馆藏敦煌西域藏文文献(六)

西北民族大学　上海古籍出版社

英国国家图书馆编纂

2014 年 4 月 1 版 1 次

精装 2200.00 元

8 开　340 页

　　本册收录英藏敦煌西域藏文文献卷二十九到卷三十一,图版 670 余张,每张图版均由西北民族大学海外民族文献研究所专家定名,并附中文、藏文对照目录,方便读者快速检索。

英国国家图书馆藏敦煌西域藏文文献(七)

西北民族大学　上海古籍出版社

英国国家图书馆编纂

2015 年 2 月 1 版 1 次

精装 2200.00 元

8 开　360 页

　　本册为卷三十二到卷三十七,图版 700 余张。每张图版均由西北民族大学海外文献研究所专家定名,书前有中文、藏文对照目录,方便使用者快速检索。

法藏敦煌西夏文文献

法藏敦煌西夏文文献

西北第二民族学院　上海古籍出版社

法国国家图书馆编纂

2007 年 12 月 1 版 1 次

精装 1740.00 元

8 开　226 页

　　《法藏西夏文文献》是世界西夏学文献重要组成部分,是法国著名学者伯希和于 1908 年在敦煌莫高窟第 181、182 两窟中发掘获取,百年来基本无人整理,是学术界一个谜。现对这些文献全部作了释读和考定,并对残片进行缀合。这些文献形式多样,有木刻本、活字本和手写本等,文献内容有《药师琉璃光七佛本愿功德经》、《地藏菩萨本愿经》、《佛说天地八阳神咒经》、《佛说入胎藏会经》及《大智度论》、《无量寿宗要经》等等,还有不见于汉文佛经的《二十一种行》,并附收伯希和收购西夏文《华严经》。

俄藏敦煌艺术品(全六册)

1914 年俄国奥登堡考察队从中国敦煌劫掠大批文物,是继英、法探险家之后敦煌文物的再次外流。本套丛书发表该次考察队所获全部资料。全书共 6 册,陆续出版。

俄藏敦煌艺术品(一)

俄罗斯国立艾尔米塔什博物馆

上海古籍出版社编

1997 年 12 月 1 版 1 次

精装 2350.00 元

8 开　280 页

本册有中俄专家的中、英文长篇序言,全面介绍考察队活动情况和评介文物资料的特点价值,发表包括雕塑、壁画、绢画、麻布画共 170 件文物的彩色图版,其中许多特别的图像均为首次发表。

俄藏敦煌艺术品(二)

俄罗斯国立艾尔米塔什博物馆

上海古籍出版社编

1998 年 12 月 1 版 1 次

精装 2150.00 元

8 开　230 页

本册收录幡画、纺织印染刺绣工艺品和纸本绘画大约 130 件。出于新疆的观音刺绣标识了东西方文化交融的典型成果,纸本绘画女供养人首次占据了胁侍菩萨的位置,宝胜如来再次成为伏虎罗汉,众多佛、菩萨、星宿、金刚、罗汉、供养人足以使人改变佛教绘画程式化的印象。

俄藏敦煌艺术品(三)

俄罗斯国立艾尔米塔什博物馆

上海古籍出版社编

2000 年 12 月 1 版 1 次

精装 1740.00 元

8 开　374 页

俄罗斯奥登堡考察队于 1914 年在敦煌莫高窟拍摄了 2000 余幅照片,仅存 1000 余幅。这些莫高窟内外景照片,真实全面地反映了 80 多年前莫高窟的面貌,和法国伯希和《敦煌石窟图录》可互补有无。由于莫高窟经过修缮加固,外景照片反映的是 20 世纪初的原始面貌,内景照片则更多保留了现今局部已湮灭或失窃毁坏的壁画雕塑,本册可为研究者提供大量实证材料。

俄藏敦煌艺术品(四)

俄罗斯国立艾尔米塔什博物馆

上海古籍出版社编

2000 年 12 月 1 版 1 次

精装 1740.00 元

8 开　393 页

本册收录的照片为伯希和编号 115—182 号窟,共 650 幅。照片反映的大多为十六国之北凉至宋、元各时期洞窟内壁画和雕塑,有局部、有特写,由于它反映的是洞窟 20 世纪初的面貌,更能体现它的史料价值。

俄藏敦煌艺术品(五)

俄罗斯国立艾尔米塔什博物馆

上海古籍出版社编

2002 年 12 月 1 版 1 次

精装 2000.00 元

8 开　328 页

本册收录俄罗斯奥登堡考察队于 1914 年对敦煌莫高窟进行勘测绘制的洞窟立面图、平面图,以及对洞窟壁画所作的彩色、黑白临摹图,反映了近百年前的莫高窟旧貌。从崖面保留的橡眼及原木檐结构,可以推断更早时期的窟貌。全景图规模宏大,高 125cm,长 1163cm;平面图则分三层绘制,是莫高窟维修前最真实详细的科学和艺术相结合的画卷。

俄藏敦煌艺术品(六)

俄罗斯国立艾尔米塔什博物馆

上海古籍出版社编

2005 年 12 月 1 版 1 次

精装 1980.00 元

8 开　544 页

本册为《俄藏敦煌艺术品》的最后一册,主要包括 1914 年俄罗斯奥登堡探险队在敦煌莫高窟所作 200 多个洞窟的考古笔记、洞窟平面测绘图和图形示意图、发掘记录和少量新疆石窟考古资料等,以及在莫高窟摹写的壁画题记、考察队员个人的艺术考古笔记和日记、从新疆进入中国的旅程照片 200 多幅、旅行日记等。附录收录敦煌研究院最新编制的奥登堡洞窟和诸家洞窟编号对照表。

黑 水 城 文 献

俄 藏 黑 水 城 文 献

俄藏黑水城文献是 20 世纪初俄国科兹洛夫探险队在中国西夏王朝黑水古城遗址所获大批宋夏金元时期的珍贵刻本与写本,现藏于俄罗斯科学院东方研究所圣彼得堡分所。近 90 年中,这批文献的绝大部分处于与世隔绝的状态。由于中国古代没有为西夏王朝修史,西夏的政治、军事、经济、文化、外交诸领域内存在大量的难解之谜。这批文献的全面刊布,为勾勒整个西夏社会的历史风貌提供了大量的第一手资料,亦对汉藏佛教交流史、丝绸之路史作出重大补充。全书分汉文文献、西夏文世俗文献、西夏文佛教文献三大部分出版,每一部分皆独立起讫,自成系统。前六册为汉文文献;七至十四册为西夏文世俗部分,按经史子集及夏译汉著内容分册;余皆为西夏文佛教文献。

俄藏黑水城文献(一)

俄罗斯科学院东方文献研究所
中国社会科学院民族学与人类学研究所
上海古籍出版社编纂
1996 年 12 月 1 版 1 次
精装 2175.00 元
8 开　354 页

第一册刊布的《吕观文进庄子义内外篇》是中国久佚的北宋绍圣年间刻本。佛教文献为西夏刻本,多冠释迦牟尼说法图等佛画,末有不同年款的施印题记、发愿文,有的还有刻工姓名与寺院藏印,堪称罕见之宝。

俄藏黑水城文献(二)

俄罗斯科学院东方文献研究所
中国社会科学院民族学与人类学研究所
上海古籍出版社编纂
1996 年 12 月 1 版 1 次
精装 1740.00 元
8 开　404 页

本册共收 50 余号汉文文献,所收佛教文献为夏、

金、元刻本、写本。写本有《龙论》第一、第二,与汉文大藏经龙树本《释摩诃衍论》颇多异文;还有汇集各种偈语的密宗法本、文殊菩萨修行仪轨等。西夏官刻本有《华严经普贤行愿品》、《观弥勒菩萨上生兜率天经》等多种版本,世俗文献有金刻本《南华真经》、社会文书《天庆年间裴松寿处典表契》等。

俄藏黑水城文献(三)

俄罗斯科学院东方文献研究所
中国社会科学院民族学与人类学研究所
上海古籍出版社编纂
1996 年 12 月 1 版 1 次
精装 1740.00 元
8 开　384 页

本册主体是宋夏金刻本,经折、蝴蝶、卷轴、线订等装式皆具。除有带诸天尊版画像的宋刻本《太上洞玄灵宝说救苦经》外,其佛教文献内容尤为丰富精彩,如镇阳洪济禅院《慈觉禅师劝化集》为北宋崇宁刻本,《真州长芦了和尚劫外录》,为北宋宣和刻本等,这些都是学者从未见及的文献。另外,多种佛经前冠有恢弘精细的木刻版画,末附长篇发愿文、题记、自赞文等,有北宋、西夏纪年者即存 10 余篇。

俄藏黑水城文献(四)

俄罗斯科学院东方文献研究所
中国社会科学院民族学与人类学研究所
上海古籍出版社编纂
1997 年 8 月 1 版 1 次
精装 1740.00 元
8 开　410 页

本册除有《注清凉心要》等藏外佛典外,又有附精致版画和长篇御制发愿文的《圣观自在大悲心总持功能依经录》等。世俗文献有《孙真人千金方》、《新雕文酒清话》等宋金刻本。另有《至正年间提控案牍与开除本路官员状》、《甘肃行省宁夏路支酉酒米肉钞文书》等 30 余通元代各种类型的文书,实为仅此一见的稀世秘宝。

俄藏黑水城文献(五)

俄罗斯科学院东方文献研究所
中国社会科学院民族学与人类学研究所
上海古籍出版社编纂
1998 年 12 月 1 版 1 次

精装 1740.00 元

8 开　350 页

　　本册收汉文文献 60 余号,写本居多。其中 9 件为俄孟列夫编纂《黑水城文献汉文部分叙录》时未收入者。文献内容丰富,有术数类写本《六十四卦图》、《端拱二年智坚等三人往西天求菩萨成记》,还有西夏本土所编多种佛教论著《甘露中流中有身要门》、《拙火能照无明》等。刊本则有宋刻《汉书》、《历书》片断,元刻文出众家编年体晋史之外的《晋纪》等,弥足珍贵。

俄藏黑水城文献(六)

俄罗斯科学院东方文献研究所

中国社会科学院民族学与人类学研究所

上海古籍出版社编纂

2001 年 8 月 1 版 1 次

精装 1740.00 元

8 开　390 页

　　本册收 50 余号汉文文献,以宋、夏写本居多。最著名者为《宋西北边境军事文书》,涉及军事部署与宋、夏、金交战史实,足补传统史书记载之阙。另有多道各色文书,如《伪齐阜昌三年秦凤路第柒将冯发遣状》、《元皇庆元年刑divided大赦令》等。刻本则有《佛说竺兰陀心文经》,文出汉藏之外。本册是汉文部分的最后一册,附有全部汉文文献的叙录、年表、分类目录、索引。

俄藏黑水城文献(七)

俄罗斯科学院东方文献研究所

中国社会科学院民族学与人类学研究所

上海古籍出版社编纂

1997 年 3 月 1 版 1 次

精装 1740.00 元

8 开　400 页

　　本册收黑水城所出《音同》、《文海宝韵》、《音同文海宝韵合编》、《五音切韵》等四种西夏文文献的各种刻本和写本。字书《音同》有四种刻本,收全部西夏字六千余个;韵书《文海宝韵》系统反映西夏语语音体系并解释字义,涉及西夏社会和文化心态等内容;《五音切韵》有四种写本,以韵表和韵图的形式表示西夏语音体系。每册前有《内容提要》。

俄藏黑水城文献(八)

俄罗斯科学院东方文献研究所

中国社会科学院民族学与人类学研究所

上海古籍出版社编纂

1998 年 12 月 1 版 1 次

精装 1740.00 元

8 开　380 页

　　本册收《名略》和《天盛律令》刻本文献。《名略》是《天盛律令》的目录。《天盛律令》乃西夏仁宗天盛年间编撰颁行的中国历史上第一部少数民族文字刊行的法典,不仅继承唐宋律刑事诉讼法的严谨细密,并在行政、民事、经济、军事诸法方面更充实丰富,西夏王国特殊的典章制度及社会生活皆得以窥一斑而见全豹。

俄藏黑水城文献(九)

俄罗斯科学院东方文献研究所

中国社会科学院民族学与人类学研究所

上海古籍出版社编纂

1999 年 11 月 1 版 1 次

精装 1740.00 元

8 开　388 页

　　本册收《天盛改旧新定律令》(写本)、《法则》、《亥年新法》、《贞观玉镜统》、《官阶封号表》等五种西夏历史法律著作。其中,《法则》是西夏法典,《亥年新法》是成书于西夏神宗光定乙亥年(1215)的法典,两者对《天盛律令》皆多补充与改订。《贞观玉镜统》则是西夏崇宗贞观年间(1101—1113)编修的军事法典。《官阶封号表》以表格形式列出西夏帝后以下官吏的品级和封号。

俄藏黑水城文献(十)

俄罗斯科学院东方文献研究所

中国社会科学院民族学与人类学研究所

上海古籍出版社编纂

1999 年 9 月 1 版 1 次

精装 1740.00 元

8 开　374 页

　　本册收西夏文童蒙字书、历史、医书、类书、辞曲谣谚及杂著多种。其中《三才杂字》、《新集碎金置掌文》收有许多社会生活词语,并有关于党项族姓与汉姓、番、汉、藏、回鹘、契丹等民族特点的记载。《圣立义海》是西夏自编的类书,记录西夏自然地理与社会风俗状况。《纂要》是夏汉语对照杂字体字书,《义同》是西夏文同义词典。

俄藏黑水城文献（十一）

俄罗斯科学院东方文献研究所

中国社会科学院民族学与人类学研究所

上海古籍出版社编纂

1999 年 10 月 1 版 1 次

精装 1740.00 元

8 开　355 页

　　本册收西夏人所译汉文典籍 16 种，不乏仅此一见的珍本。如西夏文草书《孝经》，译自宋朝吕惠卿注本。汉文吕注本早已失传，今赖西夏文本得窥大概。又如《类林》，乃唐代宰相于志宁与于立政编撰的私家类书，失传已近 700 年，敦煌残卷中仅存零星残页，大部分幸存于黑水城文献中。另有叙述君王治国方略的《德行集》，经鉴定为最早的活字印本。

俄藏黑水城文献（十二）

俄罗斯科学院东方文献研究所

中国社会科学院民族学与人类学研究所

上海古籍出版社编纂

2006 年 12 月 1 版 1 次

精装 1740.00 元

8 开　380 页

　　本书为西夏文世俗部分之一，内容包括户籍、单抄账、账籍、契约、告牒、书信、律条等。由于这些文献大都以西夏文草书书写，有的双面有文字，辨识极为不易。本书对这些文书按一定的规范定题或拟题，对西夏史乃至宋史、辽史的研究极具史料价值。

俄藏黑水城文献（十三）

俄罗斯科学院东方文献研究所

中国社会科学院民族学与人类学研究所

上海古籍出版社编纂

2007 年 12 月 1 版 1 次

精装 1740.00 元

8 开　326 页

　　本书与 12 册、14 册共同收录俄藏西夏文社会文书。这批文献共 1500 余件，内容极为广泛，如本册所收就有军抄人马装备账、地租粮账、粮价钱账、清酒价账、借贷契约、户口手续、有纪年的土地买卖告牒、判案书、律条、信函等等。对西夏史乃至宋史等研究提供了极具史料价值的文献。

俄藏黑水城文献（十四）

俄罗斯科学院东方文献研究所

中国社会科学院民族学与人类学研究所

上海古籍出版社编纂

2007 年 12 月 1 版 1 次

精装 1740.00 元

8 开　326 页

　　本册是西夏文世俗部分最后一册，收录共四百多号贡俗文书，均是反映中古西夏社会政治、经济、民生、风俗的第一手史料。书末有附录两种：一为叙录，对自 7—14 所收的全部西夏文贡俗文献作了介绍；二为年表，对全部有年代记载的上述文献汇编成自西夏崇宗贞观元年（1101）至 1225 年的年表，极便学者纵观西夏一百余年的社会、文化大事。

俄藏黑水城文献（十五）

俄罗斯科学院东方文献研究所

中国社会科学院民族学与人类学研究所

上海古籍出版社编纂

2011 年 12 月 1 版 1 次

精装 2200.00 元

8 开　293 页

　　本书为《俄藏黑水城文献》的西夏文佛教部分，经中俄双方学者精心擘画编辑，约以 15 册的规模，每页刊出上中下三栏清晰的图版，全面反映西夏社会的总体宗教面貌，藉此亦可窥见中古西夏、宋朝、羌藏地区交汇、依存、对峙的社会关系。本册编辑《大般若波罗蜜多经》卷 1—60。

俄藏黑水城文献（十六）

俄罗斯科学院东方文献研究所

中国社会科学院民族学与人类学研究所

上海古籍出版社编纂

2011 年 12 月 1 版 1 次

精装 2200.00 元

8 开　294 页

　　本册编辑《大般若波罗蜜多经》卷 61—130，由 70 余号文献组成。各卷卷帙基本完整，书法精良。部分卷末有写经题记，并留有"天盛癸酉五年（1153）"年号，对于西夏佛教流布史的研究具有重要价值。

俄藏黑水城文献（十七）

俄罗斯科学院东方文献研究所

中国社会科学院民族学与人类学研究所

上海古籍出版社编纂

2012 年 1 月 1 版 1 次

精装 2200.00 元

8 开　296 页

本书为《大般若波罗蜜多经》卷 131—210。《大般若经》是大乘佛教的基础理论,般若类经典的汇编,本册除收写本经文,并附有经图、题记等,有很高的文献价值。

俄藏黑水城文献(十八)

俄罗斯科学院东方文献研究所

中国社会科学院民族学与人类学研究所

上海古籍出版社编纂

2012 年 1 月 1 版 1 次

精装 2200.00 元

8 开　291 页

本书为《大般若波罗蜜多经》卷 211—290。《大般若经》是大乘佛教的基础理论,般若类经典的汇编,本册除收写本经文,并附有经图、题记等,有很高的文献价值。

俄藏黑水城文献(十九)

俄罗斯科学院东方文献研究所

中国社会科学院民族学与人类学研究所

上海古籍出版社编纂

2012 年 1 月 1 版 1 次

精装 2200.00 元

8 开　282 页

本册为《大般若波罗蜜多经》卷 291—364。《大般若经》是大乘佛教的基础理论,般若类经典的汇编,本册除收写本经文,并附有经图、题记等,有很高的文献价值。

俄藏黑水城文献(二十)

俄罗斯科学院东方文献研究所

中国社会科学院民族学与人类学研究所

上海古籍出版社编纂

2013 年 1 月 1 版 1 次

精装 2200.00 元

8 开　280 页

本册内容为《大般若波罗蜜多经卷》365—卷 450。本册除收写本经文,并附有经套、题记等,有很高的文献

价值。

俄藏黑水城文献(二十一)

俄罗斯科学院东方文献研究所

中国社会科学院民族学与人类学研究所

上海古籍出版社编纂

2013 年 9 月 1 版 1 次

精装 2200.00 元

8 开　360 页

本册收录了多帧《大般若经》的卷末题记、书影等,并收录《金刚经》、《大宝积经》(卷一至卷八八),所收刻本、写本兼具,并有精美的彩色佛经版画、写经题记等,有很高的史料价值。

俄藏黑水城文献(二十二)

俄罗斯科学院东方文献研究所

中国社会科学院民族学与人类学研究所

上海古籍出版社编纂

2013 年 12 月 1 版 1 次

精装 2200.00 元

8 开　356 页

本册所收文献有《大宝积经》、《无量寿经》、《阿弥陀经》、《大方等大集经》、《华严经》等,刻本写本皆俱,《华严经》多为正背两面抄写的梵夹装式,因用每面四栏制版,仍清晰可读。有的佛经附有说法图、校经题记,均为珍贵的传世之本。

俄藏黑水城文献(二十三)

俄罗斯科学院东方文献研究所

中国社会科学院民族学与人类学研究所

上海古籍出版社编纂

2014 年 9 月 1 版 1 次

精装 2200.00 元

8 开　316 页

本册收录西夏文佛典三种,计为梵夹装《大方广佛华严经》,卷轴装、梵夹装《大般涅槃经》,经折装《妙法莲华经》(八卷本),另有《观世音菩萨普门品》。以写本居多,兼有刻本。有的佛典前有精美的木刻佛画,后有题记。

俄藏黑水城文献(二十四)

俄罗斯科学院东方文献研究所

中国社会科学院民族学与人类学研究所
上海古籍出版社编纂
2015 年 11 月 1 版 1 次
精装 2200.00 元
8 开　348 页

　　本册收录西夏文佛典《维摩诘经》、《金光明经》、《弥勒经》、《千佛名经》、《大智度论》、《瑜伽师地论》。

英藏黑水城文献

　　本书为英国探险家、考古学家斯坦因第三次中亚探险（1913—1916）从内蒙古额济纳旗黑水城发掘采集的西夏文文献，现藏于大英图书馆印度和东方事务部，约 4000 个编号 7000 件。内有西夏文、藏文、回鹘体蒙文等文献，内容涉及官府文书、军法兵书、典当契约、韵类辞书、日用杂记、诗歌艺文、医学药方、星历占卜、佛经等，为研究西夏学的政治、民族、军事、经济、语言、文学、科技、考古等提供了丰富的资料，很多世俗文献为俄藏黑水城文献所无。对于解析西夏历史文化、语言文字具有重要的价值。并且由于斯坦因严格的考古记录使得这些材料得以和黑水城遗址一一对应，不仅对于西夏考古意义重大，同时补充了俄罗斯藏品未记录具体遗址的缺陷。

英藏黑水城文献（一）

　　西北第二民族学院　上海古籍出版社
　　英国国家图书馆编
　　2005 年 4 月 1 版 1 次
　　精装 1740.00 元
　　8 开　402 页

　　本册收录斯坦因于 1915 年从我国内蒙古黑水城发掘获取的黑水城文献 1001—2145 号，均为 14 世纪西夏文刻本和写本，内容包括大量的西夏文法律、语言学、社会生活文献，以及译自藏、汉佛教典籍。

英藏黑水城文献（二）

　　西北第二民族学院　上海古籍出版社
　　英国国家图书馆编
　　2005 年 12 月 1 版 1 次
　　精装 1740.00 元
　　8 开　352 页

　　本册收录主要是西夏文刻本佛经和手写文献，内容丰富。其中有较常见的《大方广佛华严经》、《妙法莲华经》、《大般若波罗蜜多经》、《金光明最胜王经》外，尚有

其他佛经、佛经论解、陀罗尼。手写文献内容更为广泛，多为草书，研究空间很大，有账册、牒状、医书、篮卜、史书、书信等。

英藏黑水城文献（三）

　　西北第二民族学院　上海古籍出版社
　　英国国家图书馆编
　　2005 年 8 月 1 版 1 次
　　精装 1740.00 元
　　8 开　412 页

　　本册收录多为西夏文刻本和写本。其中刻本多佛经，有《金刚般若经》、《父母恩重经》、《种咒王荫大孔雀经》和佛经经诵、科文和陀罗尼等，还有较为著名的《天盛改旧新定律令》。而写本文献有契约、历书、医书、账册、卜占书等社会文书，文献价值较高。

英藏黑水城文献（四）

　　西北第二民族学院　上海古籍出版社
　　英国国家图书馆编
　　2005 年 8 月 1 版 1 次
　　精装 1740.00 元
　　8 开　426 页

　　本册收录文献内容丰富，有西夏文佛经、佛教文书、世俗社会文书等多种，有版刻、活字本、手抄本各类形式。尤其手写草体文书，内容复杂，许多文字尚在研究之中，研究空间很大，价值亦极大。

英藏黑水城文献（五）

　　北方民族大学编纂
　　2010 年 9 月 1 版 1 次
　　精装 2200.00 元
　　8 开　448 页

　　英国藏品此前已经由西北第二民族学院（今北方民族大学）和上海古籍出版社合作出版了 1—4 册。本书继续完成剩余的全部编号，并编写了包括全套丛书内容的《叙录》20 万字。

俄藏黑水城艺术品

　　1908 年出土的黑水城宋、西夏、元代的将近五千件文献和艺术品，是 20 世纪初最重大的考古发现之一，长期以来流落于俄罗斯艾尔米塔什博物馆。其中精湛的绢画、唐卡、壁画、缂丝和年画等，体现了中国美术史、藏传佛教史在

宋元时期的重大转型。

俄藏黑水城艺术品（一）

俄罗斯国立艾尔米塔什博物馆　西北民族大学
上海古籍出版社编纂
2008 年 12 月 1 版 1 次
精装 2800.00 元
8 开　312 页

　　本书公布的这批珍宝，有许多件是堪称现存文物中"中国第一"、"中国唯一"或者"中国最早"的精美艺术品。如现存最早的泥活字印本，现存最早的金代雕版印刷年画《四美人图》和《关公像》，现存最早的缂丝佛像《绿度母》唐卡，世界唯一保存的彩塑《双头佛像》。以及可以确定早于西藏地区现存元代八思巴创建黄教之前的大批藏传佛教唐卡如《金刚座毗卢遮那佛》、《星曜曼荼罗》和其他密教绘画。

俄藏黑水城艺术品（二）

俄罗斯国立艾尔米塔什博物馆　西北民族大学
上海古籍出版社编纂
2012 年 12 月 1 版 1 次
精装 2800.00 元
8 开　310 页

　　本书收录为 1909 年俄罗斯科兹洛夫探险队从中国内蒙古黑水城遗址掠取的西夏—元代的绢画、壁画、纸本画、版画等艺术品，本册收录约 150 件。本书绘画内容填补了藏传佛教前弘期至后弘期之间密教绘画的空白；并且无可替代地链接了宋—元绘画的传统；

中国国家图书馆藏西夏文献

　　中国国家图书馆是中国收藏西夏文献最多的单位，其馆藏来源主要是 1917 年宁夏灵武出土和前苏联捐赠，总共约有 130 多编号，5000 余拍。其内容包括大量的雕版和活字印刷的佛教和世俗文献，以及各种社会历史文书写本，是重构西夏社会经济宗教军事文化历史的重要史料。

中国国家图书馆藏西夏文献（一）

宁夏社会科学院编　李范文主编
2005 年 8 月 1 版 1 次
精装 1740.00 元

8 开　360 页

　　第一册收录 xix1.01—3.14 文献，其中有《华严经》、《金光明经》、《过去庄严劫千佛名经》、《妙法莲华经》、《大悲经》、真言等，多为刻本和活字本，卷首多佛说法图和经变图。

中国国家图书馆藏西夏文献（二）

宁夏社会科学院编　李范文主编
2005 年 12 月 1 版 1 次
精装 1740.00 元
8 开　321 页

　　本册 xix3.15 收有"西夏译经图"一幅，图中出现"安全国师白智光"主译人，并附有皇太后、明盛皇帝及十六位助译者。从该图可以考订西夏皇朝对佛经的重视及当时佛教的地位。另收有《灭罪礼忏要门》，该经已不见汉文佛经，有较高研究价值。其他佛经，如《佛母大孔雀明王经卷下》、《阿毗达摩顺正理论卷五》、《慈悲道场忏罪法》、《大方广佛华严经》都比较完整，对研究西夏文都很有参考价值。

中国国家图书馆藏西夏文献（三）

宁夏社会科学院编　李范文主编
2005 年 12 月 1 版 1 次
精装 1740.00 元
8 开　301 页

　　本册收录西夏文献 xix5.08—6.19 号。主要收录西夏文《大方广佛华严经》，均为经折装，其中 xix5.13 存题签较为特殊，西夏文标明"大方广佛华严经典卷第一至卷第五"；而在该卷碎片有"大方广佛华严经典卷第三十六"封面，背面有汉文"三十六之四十"，这反映的都是一组经卷，是西夏文译经的特殊编号，值得研究。

中国国家图书馆藏西夏文献（四）

宁夏社会科学院编　李范文主编
2006 年 4 月 1 版 1 次
精装 1740.00 元
8 开　341 页

　　本册收录西夏文献 xix6.20—7.21、xixdi4—9jing、xix7.02x—7.17x，有《华严经》、《大般若经》、《法宝坛经》和《经律异相》等佛经，其中《大般若经》多有前苏联收藏馆藏记录。卷末收录的从诸多佛经揭出的粘贴残叶，多为文书，文献价值极高，有钱缗账、贷粮账及租收账页,多为手写草书,从中可以考订西夏社会经济历史。佛经文献残叶,亦可考订西夏佛经内容、形式的丰富。本册作为本书末册,《叙录》部分详细介绍了馆藏西夏文献,尤其是在整理这些文献时新的发现,譬如"安全国师白智光译经图",从中可考订西夏佛经的出版时间、译经大师等,对研究西夏史至关重要。

四库全书选刊

四库文学总集选刊

六臣注文选 附文选颜鲍谢诗评(全二册)

[梁]萧统等编

1992 年 10 月 1 版 1 次

精装 41.50 元

32 开　750 页

《文选》是部享誉已久的诗文总集名著,唐时李善等六人为之作注,俗称《六臣注文选》。此本比李善单注本所收作品为多,注文亦较详尽。新编目录与索引,以便检索。后附元人方回对《文选》中颜延年、鲍照、谢灵运等六人诗的评论。

文选补遗

[宋]陈仁子编

1993 年 10 月 1 版 1 次

精装 22.55 元

32 开　325 页

宋代一些文章家主张质理,本书编者陈仁子师承此说,依照《文选》体例,精选了上起先秦,下迄萧梁的文风质朴之作,在选文题下撰明去取之意,并注有史实典故。其中还有不少为传统观念指斥的作品。

汉魏六朝百三家集(外三种)(全五册)

[明]张溥等辑

1994 年 8 月 1 版 1 次

精装 171.50 元

32 开　1843 页

本书收录自汉贾谊至隋薛道衡 103 位文学家的诗文作品,每人集前都有编者张溥所撰题解,评述作家生平与创作。书后附晋代至明代僧人诗作《古今禅藻集》、明代毛晋所辑唐王建、蜀花蕊夫人、宋王珪《三家宫词》和宋徽宗、宁宗杨皇后所作《二家宫词》。

玉台新咏　玉台新咏考异

[陈]徐陵编　　[清]纪容舒撰

1993 年 10 月 1 版 1 次

精装 6.60 元

32 开　230 页

《玉台新咏》是继《诗经》与《楚辞》之后存世古代诗歌的总集,收录梁以前五言、歌行、古绝句等 670 多首,它虽以宫体诗为主,但仍有不少优秀之作。清初纪容舒搜罗各本,撰成《考异》,订正了宋、明各本错谬。

乐府诗集

[宋]郭茂倩辑

1994 年 10 月 1 版 1 次

精装 24.60 元

32 开　510 页

本书辑录上起先秦,下迄五代歌辞,兼及先秦至唐末歌谣,成为集大成者。由于它收罗完备,题解中征引的古籍有的失传,因之具有较高的史料价值,被视为乐府诗中第一善本。新编目录与索引。

唐文粹(全二册)

[宋]姚铉编

1994 年 8 月 1 版 1 次

精装 73.80 元

32 开　665 页

本书辑录唐代诗文,以宋初古文运动的标准选取古体,不收律赋、近体诗和四六骈文。全书去取谨严,被视为唐代诗文总集的善本。

高氏三宴诗集 附香山九老诗　箧中集　河岳英灵集　国秀集　御览诗　中兴间气集　极玄集　唐四僧集　薛涛李冶诗集

[唐]高正臣等编

1993 年 8 月 1 版 1 次

精装 11.10 元

32 开　200 页

本书包容九个小诗集,皆为唐人所编。诸书一共收录了唐代二百二十多人一千二百多首诗,而其诗"置之大历十子之中,不复可辨"。有的在体例上有所创新,如《极玄集》附有小传,《河岳英灵集》每人下有评语等。

才调集　搜玉小集　古文苑

[蜀]韦縠编　[唐]不著编者　[宋]章樵注

1993 年 10 月 1 版 1 次

精装 13.20 元

32 开　360 页

　　《才调集》收录唐朝 200 多人诗作 1000 首,多取晚唐,其中颇多诸家遗篇,足资考证。《搜玉小集》收唐 34 人 62 首诗,此本源出唐人。《古文苑》,收录东周至南齐 260 余首诗、赋、杂文,且皆为史传文选所不载。唐以前散佚之文,多赖是书以传。

唐人万首绝句选

[宋]洪迈原本　[清]王士禛选

1993 年 8 月 1 版 1 次

精装 3.40 元

32 开　54 页

　　宋人洪迈辑唐人绝句之作成书,号称万首。清人王士禛删芜汰繁,得 895 首,作者 264 人。精当简练,条理分明,将唐人绝句名作,囊括殆尽。

唐诗品汇

[明]高棅编

1994 年 8 月 1 版 1 次

精装 48.40 元

32 开　546 页

　　在唐诗选本中,本书是较为全面、影响较大的一个选本。凡 90 卷,诗人 620 家,诗 5769 首,其后高棅又搜补 61 人,诗 954 首,凡 10 卷,以《拾遗》附于书后。全书按五七言古今体分类编排。同时又在各体裁中划分初、盛、中、晚唐四阶段与正始、正宗、大家、名家、羽翼、接武、正变、余响、旁流等 9 格,加以归类。这是高氏首创,它有助于对唐诗发展、流变的认识。

全唐诗录（全二册）

[清]徐倬编

1994 年 8 月 1 版 1 次

精装 71.75 元

32 开　800 页

　　唐诗到清初尚存约 2200 人之诗作近五万首。徐倬特精选了四百余人诗作九千余首,成 100 卷,辑为本集。

唐贤三昧集

[清]王士禛编

1993 年 8 月 1 版 1 次

精装 2.85 元

32 开　44 页

　　本书选录了盛唐诗人 44 人五百余首诗作,取佛经自在之意而名为“三昧集”。本书从盛唐诗中精选具有神韵诗作成集,多为写景抒情、含蓄淡远之作。

岁时杂咏

[宋]蒲积中编

1993 年 12 月 1 版 1 次

精装 11.65 元

32 开　168 页

　　岁时节气与人们的生活密不可分,宋人蒲积中将这些咏岁时节气的诗作汇集,共得魏晋至唐宋时诗 2749 首,分元日、立春、清明、除夕等 28 门类。收罗丰博,并且典故众多。

崇古文诀

[宋]楼昉编

1993 年 10 月 1 版 1 次

精装 10.70 元

32 开　150 页

　　本书仿《文选》体例,选录上自先秦,下迄宋代近五十人作品二百余篇,其中多系大家。本书所用之本为内府藏本,尤为珍贵。

瀛奎律髓

[元]方回编

1993 年 10 月 1 版 1 次

精装 22.15 元

32 开　328 页

　　本书精选唐宋两代 385 人律诗三千余首,律诗的精髓大多荟萃于此,因之名为“律髓”;又取十八学士登瀛洲,五星聚奎之义,故名瀛奎。选注者方回推崇杜甫以及“江西派”诗人黄庭坚、陈师道、陈与义,尊为一祖三宗。但不囿于此,尚能从艺术的角度,精选其他不同流派的作品。宋代诗集中失载作品,颇赖本书保存。注释中保留了不少遗闻旧事。方回的圈注、评点,亦受到后人重视。

唐宋八大家文钞（全二册）

[明]茅坤编

1994 年 10 月 1 版 1 次

精装 48.10 元

32 开　938 页

　　在我国散文发展史上，唐宋八大家有着不可磨灭的功绩。从明朝开始就有人精选八家之文，但以茅坤此书，繁简适当，佳作尽在其中。且对每家都写有引言，每篇俱作评语，极便学人。

宋文鉴（全二册）

[宋]吕祖谦编

1994 年 8 月 1 版 1 次

精装 79.30 元

32 开　809 页

　　本书收录北宋初至南宋建炎一百六十多年间的文学作品，按文体分类编次，偏重于政治学术，而文学大家名篇多在其中，是研究宋史与宋代文学的重要读物。

宋诗钞（全二册）

[清]吴之振编

1993 年 8 月 1 版 1 次

精装 81.90 元

32 开　920 页

　　本书辑入近八十家宋人诗，皆采掇英华，删除冗赘。同时撰有小传，冠于每集之首。

宋百家诗存

[清]曹庭栋编

1994 年 8 月 1 版 1 次

精装 26.85 元

32 开　515 页

　　清吴之振《宋诗钞》汇编宋诗已较为完备，然搜罗未全。清曹庭栋续加搜辑，以补吴编之不足。所录百家，均附小传，颇便参考。

梅花百咏 附古赋辩体　忠义集

[元]冯子振　释明本　祝尧　赵景良撰

1993 年 12 月 1 版 1 次

精装 8.90 元

32 开　230 页

　　《梅花百咏》系元人冯子振与僧人明本关于梅花的

咏和诗。《古赋辩体》则收辑了自楚辞至宋各朝诸赋，以及拟骚、操歌等。采撷完备，对于了解赋体流变，颇有助益。《忠义集》专收宋末节义之士以及遗老诸作，颇有史料价值。

全金诗增补中州集

[清]郭元釪编

1994 年 8 月 1 版 1 次

精装 45.70 元

32 开　507 页

　　本书是在元好问《中州集》一书的基础上扩编而成的。《中州集》素有"诗史"之称，惜所录未能详备。清人郭元釪广为搜求，凡金人集之断简残篇有可存者皆附入。比之原书，篇幅扩大一倍。有金一代诗作，网罗无遗。

元文类

[元]苏天爵编

1994 年 8 月 1 版 1 次

精装 24.80 元

32 开　473 页

　　本书汇编了元初至延祐年间文章近八百篇，反映了元代文学极盛时代的面貌。素与姚铉《唐文粹》、吕祖谦《宋文鉴》鼎足而三。

元诗选（全四册）

[清]顾嗣立编

1993 年 8 月 1 版 1 次

精装 130.90 元

32 开　1450 页

　　本书虽名为选本，但由于网罗宏富，把它看成元代诗歌总汇，亦不为过。全书收录元人三百多家诗集。每人之下各存原集之名，顾氏所写传略、品评是研究与了解元诗的重要资料。

明文海（全六册）

[清]黄宗羲编

1994 年 8 月 1 版 1 次

精装 219.60 元

32 开　2375 页

　　本书采集极为繁富，考定甄别亦较详审。明人著述，不少赖此书得以流传，可谓集明代文章之大成。

明诗综（全二册）

[清]朱彝尊编

1993 年 8 月 1 版 1 次

精装 79.45 元

32 开　949 页

本书选辑明代三百多人九千余首诗作。每人都略述始末,备载诸家评论。后附《静志居诗话》。

清文颖（全二册）

[清]陈廷敬　张廷玉等编

1994 年 8 月 1 版 1 次

精装 84.70 元

32 开　932 页

本书为清代初期文学作品总集,收录清初期 100 年间的诗文作品,是研究清初文学的重要著作。

佩文斋咏物诗选（全三册）

[清]张玉书　汪霦等编

1994 年 8 月 1 版 1 次

精装 95.40 元

32 开　1017 页

本书辑录历代咏物诗篇 14690 首,自秦汉迄元明,按日月星辰、时令节气、山川洞谷、江海溪涧、园亭台榭、鸟兽草木等分为 486 类,每类一卷。

历代题画诗类

[清]陈邦彦等编

1993 年 12 月 1 版 1 次

精装 39.95 元

32 开　754 页

我国历来有在画上题诗的传统。将题画诗汇编成册,始于宋之孙绍远。清初陈邦彦等人广收博览,得诗 8962 首,归为 30 个门类,条理清晰。阅读本书,有如画幅就在眼前。

四库唐人文集丛刊

东皋子集　寒山诗集

[唐]王绩　释寒山撰

1992 年 12 月 1 版 1 次

2.15 元

32 开　38 页

《东皋子集》三卷,唐王绩撰。其诗文皆疏野有别致,诗以《野望》最为人传诵。《寒山诗集》,释寒山、释丰干、释拾得撰。寒山、丰干、拾得皆贞观中台州僧,世颇传其异迹。其诗多类偈颂,而时有名理。

王子安集

[唐]王勃撰

1992 年 12 月 1 版 1 次

3.40 元

32 开　75 页

王勃字子安,王勃文章华丽,诗歌清新、质朴,为初唐四杰之首。本书共 16 卷。

卢升之集　骆丞集

[唐]卢照邻　骆宾王撰

1992 年 12 月 1 版 1 次

5.65 元

32 开　132 页

卢照邻和骆宾王都是“初唐四杰”的成员。卢诗常有忧苦愤激之词,流露不平之气。骆诗整炼缜密,长篇最见才力。

盈川集

[唐]杨炯撰

1992 年 12 月 1 版 1 次

2.95 元

32 开　62 页

杨炯以文词和王勃、卢照邻、骆宾王齐名,其诗文词藻较富,但内容较为贫乏,显现陈、隋遗风。

陈拾遗集

[唐]陈子昂撰

1992 年 12 月 1 版 1 次

3.55 元

32 开　79 页

陈子昂的文学创作和主张在唐代极有影响。其文章力矫当时浮艳之弊,大都朴实畅达。五律不屑精雕细琢,气味雄厚。

张燕公集

[唐]张说撰

1992 年 12 月 1 版 1 次

5.80 元

32 开　142 页

　　张说文讲究实用，重视风骨。其碑志大都刚健朗畅，诗不追求华丽，抒情篇往往凄婉，谓"得骚人之绪"。

李北海集　曲江集

[唐]李邕　张九龄撰

1992 年 12 月 1 版 1 次

5.45 元

32 开　134 页

　　《李北海集》，李邕撰。李邕玄宗时官北海太守，人称李北海，天资豪放，文名满天下，后为李林甫所害。《曲江集》，张九龄撰。九龄以忠亮负重望，直言敢谏。其文高雅，为当时所重。

王右丞集笺注

[唐]王维撰　[清]赵殿成笺注

1992 年 11 月 1 版 1 次

7.55 元

32 开　209 页

　　王维是唐代著名山水诗人。一生过着亦官亦隐亦居士的生活。工草隶，善诗画，名盛开元、天宝间，人称其诗中有画，画中有诗。本书是王维集最详尽的注本。

高常侍集　常建诗　孟浩然集

[唐]高适　常建　孟浩然撰

1992 年 12 月 1 版 1 次

3.00 元

32 开　73 页

　　高适，唐代著名边塞诗人。其诗以七言歌行见长，读起来抑扬顿挫，婉转流畅，对后代歌行很有影响。常建，诗多写山水田园，间有边塞之作。孟浩然，是唐代第一位创作山水诗的诗人。其旅游诗描摹逼真，格调浑成，颇为人所传诵。

李太白集注

[唐]李白撰　[清]王琦集注

1992 年 12 月 1 版 1 次

13.45 元

32 开　387 页

　　李白是我国历史上最有名的诗人。其诗高妙清逸，有《李太白集》传世，其中以清王琦的《李太白集注》最

为详备。

杜诗详注

[唐]杜甫撰　[清]仇兆鳌详注

1992 年 12 月 1 版 1 次

18.75 元

32 开　548 页

　　杜甫是我国历史上最著名的诗人，其诗歌浑涵汪洋，千态万状，世号诗史。清代仇兆鳌的《杜诗详注》广征博引，对读者研读杜甫诗，很有帮助。

储光羲诗集　次山集

[唐]储光羲　元结撰

1992 年 12 月 1 版 1 次

3.40 元

32 开　74 页

　　储光羲田园诗源出陶潜，质而不俚，在开元、天宝间卓然自成一家。《次山集》，元结撰，元结诗文皆反映现实，并寄托遥深。

颜鲁公集

[唐]颜真卿撰

1992 年 12 月 1 版 1 次

3.65 元

32 开　80 页

　　颜真卿正色立朝，刚而有礼，天下称为鲁公。善正草书，笔力遒婉，世宝传之。其文章典博庄重，如其为人。

刘随州集

[唐]刘长卿撰

1993 年 3 月 1 版 1 次

3.50 元

32 开　61 页

　　刘长卿诗内容广泛，各体皆备，又多写幽寒孤寂之境，善以白描写荒村水乡，著名的如"柴门闻犬吠，风雪夜归人"句。

张司业集　皇甫持正集

[唐]张籍　皇甫湜撰

1993 年 3 月 1 版 1 次

4.10 元

32 开　71 页

张籍诗取材广泛,善于叙事,尤以乐府诗著名,对民间疾苦,社会矛盾,颇多讽喻。皇甫湜诗已佚,其文奇崛,与李翱、张籍齐名。

韦苏州集

[唐]韦应物撰

1993 年 6 月 1 版 1 次

3.60 元

32 开　65 页

韦应物诗有意学陶,写了许多山水田园诗,又写了一些同情人民疾苦的作品,是唐代艺术成就较高的诗人。

毗陵集

[唐]独孤及撰

1993 年 3 月 1 版 1 次

5.50 元

32 开　95 页

独孤及文力除齐梁以来绮靡繁缛旧习,返于质朴,成为唐宋古文运动的先锋。

萧茂挺文集　李遐叔文集

[唐]萧颖士　李华撰

1993 年 3 月 1 版 1 次

4.45 元

32 开　72 页

《萧茂挺文集》,萧颖士撰。颖士名播天下,其才略志节有过人之处。《李遐叔文集》,李华撰。李华文辞绵丽,但常自伤失节之愆。

钱仲文集　华阳集

[唐]钱起　顾况撰

1993 年 3 月 1 版 1 次

4.85 元

32 开　88 页

《钱仲文集》,钱起撰。钱起与刘长卿齐名,也与郎士元并称。钱诗注重自然景物的描写。《华阳集》,顾况撰。顾况作《海鸥咏》讽刺权贵被贬,后隐居茅山,称"华阳真逸"。其诗着重内容,不以文词华丽求胜,有不少反映社会生活的作品。

翰苑集

[唐]陆贽撰

1993 年 3 月 1 版 1 次

7.30 元

32 开　128 页

陆贽所作奏议,为后世所宗。司马光作《资治通鉴》,尤注重陆贽议论,苏轼亦以陆贽文校正进读。

权文公集

[唐]权德舆撰

1993 年 3 月 1 版 1 次

3.05 元

32 开　52 页

权德舆,宪宗时拜相。他为政尚宽,又好学。其诗精炼不足,而有雍容之气象。

宗玄集　杼山集

[唐]吴筠　释皎然撰

1992 年 12 月 1 版 1 次

4.35 元

32 开　103 页

《宗玄集》,道士吴筠撰。其诗文或遐想古理,以哀世道,或磅礴万象,颇具道家气息。《杼山集》,释皎然撰。在唐代和尚里,皎然的文名最高,其诗清淡自然,多写幽境。

柳河东集

[唐]柳宗元撰　[宋]韩醇诂训

1993 年 6 月 1 版 1 次

14.10 元

32 开　264 页

柳宗元是唐代古文运动的主将,又是杰出的思想家、政论家。其诗刻画山水,反映现实,朴茂奇崛,各有风貌。宋代韩醇的《柳河东集》注释本,详尽而渊博,是其注本中的佼佼者。

东雅堂昌黎集注

[唐]韩愈撰　[宋]廖莹中集注

1993 年 6 月 1 版 1 次

15.80 元

32 开　297 页

韩愈是唐代古文运动的倡导者。其诗气魄雄浑、意境奥衍,但有故作奇语、刻意求工之弊。其集为宋代廖莹中集注,但因廖莹中为贾似道党,被刊行者削其名而改题东雅堂。

刘宾客文集

[唐]刘禹锡撰

1993年6月1版1次

9.35元

32开　177页

刘禹锡有远大的政治抱负,却屡遭贬斥,因而诗歌多桀骜之气,常借虫鸟以讽世。长期的流放生活,使他作品有更多的乡土气息,其竹枝词在艺术上颇具特色。

元氏长庆集

[唐]元稹撰

1994年9月1版1次

19.40元

32开　232页

元稹是与白居易齐名的著名诗人。他的诗有些配成乐曲在宫廷中歌唱,被称为"元才子"。他重视古代采诗以观风俗的传说,是新乐府运动的积极提倡者。

沈下贤集　追昔游集

[唐]沈亚之　李绅撰

1994年9月1版1次

7.20元

32开　74页

《沈下贤集》作者沈亚之,尝游韩愈门下,诗在当时自为一格,杜牧、李商隐都有拟沈下贤体。《追昔游集》,李绅撰。李绅曾为宰相,与元稹、李德裕合称"三俊"。他的古风诗《悯农》,铸为格言,传诵不衰。其诗虽音节迟缓,但雍容恬雅,无雕琢细碎之习。

李文公集　欧阳行周文集

[唐]李翱　欧阳詹撰

1993年3月1版1次

5.70元

32开　97页

《李文公集》,李翱撰。李翱性峭鲠,仕途不通达。学文于韩愈,持论率有根底,且安雅而不迫,见推当时。《欧阳行周文集》,欧阳詹撰。贞元间欧阳詹与韩愈、李观联第,时称龙虎榜。官至四门助教。其文有古格,在

当时颇为称道。

吕衡州集

[唐]吕温撰

1993年3月1版1次

3.25元

32开　53页

吕温较早参加王叔文革新集团,是位很有政治才能的人,《旧唐书》说他"天才俊拔,文采赡逸",其文集中《凌烟阁功臣颂》、《张始兴画赞》、《移博士书》等,传颂甚广。

李元宾文编　孟东野诗集

[唐]李观　孟郊撰

1993年3月1版1次

4.75元

32开　83页

李观属文不沿袭古人,时谓与韩愈相上下。孟郊为人耿介倔强,清寒终身,死后由郑馀庆买棺营葬。其诗多写世态炎凉,民间苦难。

长江集　昌谷集

[唐]贾岛　李贺撰

1993年3月1版1次

4.00元

32开　70页

《长江集》,贾岛撰。贾岛诗以清奇幽峭见称,被称苦吟诗人。《昌谷集》,李贺撰。李贺呕心沥血以从事诗歌创作,死时才27岁。其诗搜奇猎艳,以丰富的想象和诡异的语言,表现出幽奇神秘的意境。

绛守居园池记　王司马集

[唐]樊宗师　王建撰

1993年6月1版1次

3.40元

32开　54页

《绛守居园池记》,樊宗师撰。宗师为文奇涩,不肯剽袭前人,一言一句,多戛戛独造,时号涩体。《王司马集》,王建撰。王建与张籍齐名,其乐府简括爽利,意思含蓄。其宫词百首,也传诵人口。

白氏长庆集

[唐]白居易撰

1993 年 12 月 1 版 1 次

48.40 元

32 开　657 页

　　白居易字乐天,号香山居士。他身经八朝,作诗近三千首,是唐代诗人中少见的。他是新乐府运动的倡导者,《长恨歌》和《琵琶行》至今仍脍炙人口。他的诗浅显平易,传称老妪也懂,连当时的契丹族乃至日本、朝鲜也争相传颂。

姚少监诗集

[唐]姚合撰

1993 年 12 月 1 版 1 次

5.20 元

32 开　66 页

　　姚合和刘禹锡、白居易、令狐楚等人有唱酬之作,和贾岛并称“姚贾”,能自成一格。姚合诗比较平浅,有时在质朴中寓工巧。善于摹写自然景物及萧条官况,时有佳句。

会昌一品集

[唐]李德裕撰

1994 年 9 月 1 版 1 次

14.40 元

32 开　165 页

　　李德裕,武宗时拜相,其集既有武宗时制诰,又有赋诗杂文、迁谪以后及闲居时文,对研究武宗、宣宗时历史、文学很有帮助。

鲍溶诗集　樊川文集

[唐]鲍溶　杜牧撰

1994 年 9 月 1 版 1 次

10.40 元

32 开　115 页

　　鲍溶,元和进士,他的诗清约严谨,并不多见。《樊川文集》,杜牧撰。杜牧是与李商隐齐名的晚唐诗人,人称“小李杜”。其文指陈时政之弊,深忧藩镇骄纵,吐蕃侵扰,强调战备的重要。其古诗豪健跌宕,流丽中蓄含骨气;近体诗文词清俊;绝句尤为后人所称颂。

丁卯诗集　文泉子集

[唐]许浑　刘蜕撰

1993 年 12 月 1 版 1 次

6.60 元

32 开　78 页

　　许浑因抱病退居润州丁卯桥附近,辑录所作,名诗集为《丁卯集》。其近体以五律、七律为最多,句法圆稳工整,当时颇为杜牧、韦庄等所称重,后人熟知的“山雨欲来风满楼”即出其手。《文泉子集》,唐刘蜕撰。其文立论不专主儒家,亦参用道家之说,并多愤懑之词。文风多模仿扬雄。

李义山诗集注　李义山文集笺注

[唐]李商隐撰

1994 年 9 月 1 版 1 次

21.20 元

32 开　237 页

　　李商隐是与杜牧齐名的晚唐诗人,人称“小李杜”。李商隐字义山,号玉溪生,他爱好绣织丽字,镶嵌典故,诗歌意境朦胧,以婉曲见意,其爱情诗都隐晦迷离。李商隐的骈文在当时相当出名,散文也有值得注意之处。

温飞卿诗集笺注

[唐]温庭筠撰　　[明]曾益注

1994 年 9 月 1 版 1 次

7.20 元

32 开　81 页

　　温庭筠才思敏悟,据说能叉手一吟便成一韵,八叉八吟即告完篇,故有“温八叉”之号。他的诗有的受六朝宫体的影响,用脂粉珠宝来装饰,但一些吊古咏史之作,意气苍凉,委婉地表达情感。

四库明人文集丛刊

明太祖文集　文宪集　宋景濂未刻集

[明]明太祖等撰

1991 年 11 月 1 版 1 次

精装 34.55 元

32 开　651 页

　　《明太祖文集》包括明代开国皇帝朱元璋的诏、制、诰、书、论、乐歌、文、杂著、诗等内容,从中可窥见其政治思想及文学修养。《文宪集》等两种,宋濂著。宋濂字景濂,博极群书,自小至老,未尝一日去书卷,于学无所不通,为文醇深演迤,与古作者并。明初礼乐制作,多出濂手,被誉为明开国文臣之首。

诚意伯文集（外三种）

[明]刘基等撰

1991年9月1版1次

精装23.25元

32开　465页

　　本册包括刘基的《诚意伯文集》，汪广洋《凤池吟稿》，陶安《陶学士集》，宋讷《西隐集》。刘基诗沉郁顿挫，自成一家，是明代既树开国勋又兼传世文章的文豪。汪广洋淹通经史，善篆隶，诗格清刚典重，一洗元人纤媚之习。陶安长于易学，其词类平正典实。宋讷学问渊博，文章浑厚典雅，为时所重。

王忠文集（外四种）

[明]王祎等撰

1991年11月1版1次

精装22.65元

32开　454页

　　本册包括王祎《王忠文集》，张以宁《翠屏集》，危素《说学斋稿》、《云林集》，唐桂芳《白云集》。王祎文醇朴阂肆，有宋人轨范。张以宁诗意境清逸，其文神锋隽利。危素与宋濂同修《元史》，其诗风格雄伟，足以陵轹一时。唐桂芳文以气为主，下笔流畅，其诗清谐婉丽，颇合雅音。

林登州集（外四种）

[明]林弼等撰

1991年11月1版1次

精装21.60元

32开　428页

　　本册包括林弼《林登州集》，刘嵩《槎翁诗集》，释妙声《东皋录》，朱同《覆瓿集》，凌云翰《柘轩集》。林弼诗文有"雄伟轶宕清峻"之誉。刘嵩七岁能赋诗，年愈老而诗愈工。释妙声主平江北禅寺，诗文颇有士风。朱同诗爽朗有格，其文议论纯粹。凌云翰才情奔放，工于诗。

白云稿（外三种）

[明]朱右等撰

1991年11月1版1次

精装21.50元

32开　426页

　　本册包括朱右《白云稿》，谢肃《密庵集》，贝琼《清江诗集》、《文集》，苏伯衡《苏平仲集》。朱右为文不矫

语秦汉，惟以唐宋为宗，虽谨守规程，但罕能变化。谢肃自幼强记捷识，敏于学问，经史百家，无不涉猎。贝琼诗爽豁整丽，为时所重。苏伯衡博洽群籍，为古文有声。

胡仲子集（外十种）

[明]胡翰等撰

1991年11月1版1次

精装22.20元

32开　442页

　　本册包括胡翰《胡仲子集》，徐一夔《始丰稿》，王彝《王常宗集》，张丁《白石山房逸稿》，孙作《沧螺集》，徐庸《临安集》，童冀《尚斋集》，赵谦《赵考古文集》，刘炳《刘彦昺集》，蓝仁《蓝山集》，蓝智《蓝涧集》。

大全集（外四种）

[明]高启等撰

1991年11月1版1次

精装16.90元

32开　313页

　　本册包括高启《大全集》、《凫藻集》，杨基《眉庵集》，张羽《静庵集》，徐贲《北郭集》。高启诗才藻富健，工于摹古，为一代巨擘。杨基历官山西按察使。张羽文精洁有法，歌行笔力雄放，音节谐畅，足以一时之豪。徐贲善画工于书，其诗法律谨严，字句熨帖。

鸣盛集（外八种）

[明]林鸿等撰

1991年11月1版1次

精装20.40元

32开　397页

　　本册包括林鸿《鸣盛集》，王恭《白云樵唱集》、《草泽狂歌》，王行《半轩集》、《半轩集补遗》、《方外补遗》，杜琼《王半轩传》，孙蕡《西庵集》，陶宗仪《南村诗集》，郭奎《望云集》，管时敏《蚓窍集》，董纪《西郊笑端集》。林鸿诗专学唐音，但出自肺腑，自成一格。王恭，闽中十子之一。成祖初以儒士荐修《永乐大典》，其诗吐言清拔，不染俗尘。王行诗清刚萧爽。孙蕡诗卓然有古格，神骨隽异。陶宗仪晚年客松江，躬耕稼穑，工诗文。郭奎慷慨有志节，苍凉激楚，一发于诗。管时敏诗清丽优柔，多近唐音。董纪诗平易朴实。

草阁诗集（外七种）

[明]李晔等撰

1991 年 11 月 1 版 1 次

精装 19.30 元

32 开 373 页

  本册包括李晔《草阁诗集》,李辕《筼谷诗集》,郑潜《樗庵类稿》,乌斯道《春草斋集》,袁华《耕学斋诗集》、《可传集》,殷奎《强斋集》,陈谟《海桑集》,梁兰《畦乐诗集》。李晔才力雄赡,古体长篇清刚隽上,矫矫不群,近体亦卓荦无凡。李辕系李晔子。郑潜天资绝异,其诗词意轩爽有玉山朗朗之致。乌斯道诗寄托深远,吐属清华,文亦颇近自然。袁华诗典雅有法。殷奎学行纯正,为时所重。陈谟文体简雅,诗格春容。梁兰与杨士奇为姻家,其《畦乐诗集》即杨士奇所编。

竹斋集(外八种)

[明]王冕等撰 王周编

1991 年 11 月 1 版 1 次

精装 18.25 元

32 开 345 页

  本册包括王冕《竹斋集》,史谨《独醉亭集》,袁凯《海叟集》,吴伯宗《荣进集》,王翰《梁园寓稿》,刘琏《自怡集》,胡奎《斗南老人集》,虞堪《希澹园诗集》,龚敩《鹅湖集》。王冕天才纵逸,其诗高视阔步,落落独行。史谨诗平正通达。袁凯古体多学文选,近体多学杜甫。吴伯宗平生守正不阿,诗文雍容典雅,有开国规模。王翰古体自抒性情,有质直语,七言近体声调亦颇高朗。刘琏诗词旨高雅而运思深挚。胡奎诗功力深,但格调未免落古人窠臼。虞堪古体气格颇高,近体亦音节谐婉,唯七言律诗才力浅薄。龚敩是位穷经笃学之士,诗清婉谐畅,琅琅可诵,文则结构谨严。

荥阳外史集(外二种)

[明]郑真等撰

1991 年 12 月 1 版 1 次

精装 21.60 元

32 开 428 页

  本册包括郑真《荥阳外史集》,王绅《继志斋集》,释宗泐《全室外集》。郑真研究六籍,尤长于春秋,以古文著。王绅文演迤丰蔚,诗亦无元季纤秾之习。宗泐虽托迹沙门,而笃好儒术,其诗风骨甚高,可抗行于明诗人之间。

中丞集(外三种)

[明]练子宁等撰

1991 年 11 月 1 版 1 次

精装 21.30 元

32 开 419 页

  本册包括练子宁《中丞集》附《中丞遗事附录》,方孝孺《逊志斋集》,程通《贞白遗稿》附《显忠录》,王原采《静学文集》。练子宁建文时官左副都御史。成祖时对建文诸臣文字禁锢甚严,故子宁《中丞集》甚为世所宝。方孝孺学术醇正,文章纵横豪放,是明代的一位有影响的文学家、政治家。程通死狱中。所著述虽所存无多,但诗文醇朴有法。王原采文简朴有度。

刍荛集(外六种)

[明]周是修等撰

1991 年 11 月 1 版 1 次

精装 21.45 元

32 开 424 页

  本册包括周是修《刍荛集》,程本立《巽隐集》,刘璟《易斋集》,龚诩《野古集》,张宇初《岘泉集》,唐之淳《唐愚士集》,解缙《文毅集》。周是修,成祖即位,自经尊经阁。程本立文章典雅,诗亦深稳朴健,颇近唐音。刘璟少通诸经,慷慨喜谈兵,其诗气势苍劲,兀傲不群。龚诩性情深挚,诗文能直抒胸臆。张宇初洪武时掌道教。解缙才气放逸,下笔不能自休。成祖修《永乐大典》,缙为总裁。

虚舟集(外五种)

[明]王偁等撰

1992 年 4 月 1 版 1 次

精装 19.80 元

32 开 385 页

  本册包括王偁《虚舟集》,王绂《王舍人诗集》,梁潜《泊庵集》,王洪《毅斋诗文集》,胡俨《颐庵文选》,王燧《青城山人集》。王偁学博才雄,诗恬和安雅。王绂以善画供事文渊阁。梁潜为《永乐大典》编纂官,其诗文格清隽而兼有纵横浩瀚之气,在明初自成一家。王洪为《永乐大典》副总裁官,其杂文朴雅,骈体工整,诗具唐格。胡俨学问该博,于象纬占候律算医卜之术无不通晓,其诗词旨高迈,寄托深远,文气格苍老。王燧诗音节色泽皆力摹古格。

东里集

[明]杨士奇撰

1991 年 11 月 1 版 1 次

精装 35.90 元

32 开　682 页

　　明初三杨(杨士奇、杨荣、杨溥)并称,士奇为台阁体首领,文笔典雅,制诰碑版多出其手。《东里集》是研究明代文学和历史的重要参考书。

文敏集(外三种)

[明]杨荣等撰

1992 年 1 月 1 版 1 次

精装 22.65 元

32 开　452 页

　　本册包括杨荣《文敏集》,黄淮《省愆集》,夏原吉《忠靖集》,金幼孜《金文靖集》。杨荣与杨士奇、杨溥并入内阁,称“三杨”。其诗文雍容平易,为明代台阁体首领之一。黄淮文集为他系狱时所作,故以“省愆”为名。夏原吉诗文平实雅淡,不事华靡。金幼孜,建文进士,与杨士奇诸人相亚。

抑庵文集(外三种)

[明]王直等撰

1992 年 11 月 1 版 1 次

精装 44.90 元

32 开　903 页

　　本册包括王直《抑庵文集》,李昌祺《运甓漫稿》,唐文凤《梧冈集》,李时勉《古廉文集》。王直诗文典雅纯正,有宋元之遗风。李昌祺诗清新华赡,音节自然。唐文凤诗文丰缛深厚,不失家法。李时勉劲直之节为时所重;其文平易通达。

曹月川集　敬轩文集　两溪文集

[明]曹端　薛瑄　刘球撰

1992 年 12 月 1 版 1 次

精装 29.25 元

32 开　359 页

　　本册包括曹端《曹月川集》,薛瑄《敬轩文集》,刘球《两溪文集》。曹端、薛瑄诗文均自然而不加雕刻。刘球文虽和平温雅,但不时显露出他内在的刚毅之气。

忠肃集　兰庭集　古穰集

[明]于谦　谢晋　李贤撰

1992 年 12 月 1 版 1 次

精装 32.15 元

32 开　399 页

　　本册包括于谦《忠肃集》,谢晋《兰庭集》,李贤《古穰集》。于谦在统治者内部的斗争中,被诬陷,以“谋逆罪”被杀。其文明白洞达,切中事机。谢晋善画山水,其诗雅秀俊逸,自成一家。李贤文无矫揉造作之词。

武功集　倪文僖集　襄毅文集

[明]徐有贞　倪谦　韩雍撰

1992 年 12 月 1 版 1 次

精装 32.60 元

32 开　405 页

　　本册包括徐有贞《武功集》,倪谦《倪文僖集》,韩雍《襄毅文集》。徐有贞才思敏捷,见闻广博,文章参以纵横之学,逸气横生。倪谦文沿三杨风格,而无其末流之庸肤。韩雍为人虽袭三杨,然自抒胸臆,风格特高。

陈白沙集(外三种)

[明]陈献章等撰

1992 年 12 月 1 版 1 次

精装 27.80 元

32 开　340 页

　　本册包括陈献章《白沙集》,岳正《类博稿》,柯潜《竹岩集》,郑文康《平桥稿》。陈献章是位理学家,其学以静为主,诗文或高妙不可思议,或粗野不可言喻。岳正博学能文章,又善画,图章也刻得相当出色。柯潜官至詹事府少詹事。郑文康下笔千言,不能自休,诗意旨在劝善惩恶。

彭惠安集　清风亭稿　方洲集

[明]彭韶　童轩　张宁撰

1992 年 12 月 1 版 1 次

精装 27.35 元

32 开　333 页

　　本册包括彭韶《彭惠安集》,童轩《清风亭稿》,张宁《方洲集》。彭韶秉节无私,因得罪皇帝而被关进监狱。童轩诗高雅绝俗。张宁诗文均很有气派。

重编琼台稿　谦斋文录

[明]丘濬　徐溥撰

1992 年 12 月 1 版 1 次

精装 27.50 元

32 开　336 页

本册包括丘濬《重编琼台稿》，徐溥《谦斋文录》。丘濬诗文自然清雅。徐溥集中奏议用词恳切，可见其忧国之心。

椒邱文集　石田诗选　东园文集

[明]何乔新　沈周　郑纪撰

1992 年 12 月 1 版 1 次

精装 34.65 元

32 开　433 页

本册包括何乔新《椒邱文集》，沈周《石田诗选》，郑纪《东园文集》。何乔新学问扎实，文字也很清晰。沈周诗字画俱佳，尤以画最为出色，与唐寅、文徵明、仇英齐名；为人耿直独立，文字自然明白。郑纪奏议均切实详明。

怀麓堂集

[明]李东阳撰

1992 年 12 月 1 版 1 次

精装 42.20 元

32 开　537 页

李东阳，茶陵人。立朝五十年，颇多政绩。他擅长叙事的古乐府，以歌咏明代名将花云的《花将军歌》为著名。其诗歌为大家所竞仿，形成文学史上的"茶陵诗派"。

青溪漫稿（外三种）

[明]倪岳等撰

1992 年 12 月 1 版 1 次

精装 31.85 元

32 开　396 页

本册包括倪岳《青溪漫稿》，吴与弼《康斋集》，朱存理《楼居杂著》附《野航诗稿》、《野航文稿》、《野航附录》，罗伦《一峰文集》。倪岳文浩瀚流畅，很有气魄。吴与弼诗文淳实近理。朱存理文可资考证。罗伦诗文具有刚劲之气。

篁墩文集（全二册）

[明]程敏政撰

1992 年 12 月 1 版 1 次

精装 59.65 元

32 开　740 页

程敏政少以神童召对，学问渊博，作文有根底，且有

才气。

枫山集（外四种）

[明]章懋等撰

1992 年 12 月 1 版 1 次

精装 35.05 元

32 开　440 页

本册包括章懋《枫山集》，庄昶《定山集》，黄仲昭《未轩文集》，贺钦《医闾集》，周瑛《翠渠摘稿》。章懋、庄昶、黄仲昭同以谏谪，文风均自然醇正，含有别趣。贺钦、周瑛诗文平易淡雅，深入浅出。

家藏集

[明]吴宽撰

1992 年 12 月 1 版 1 次

精装 32.15 元

32 开　400 页

吴宽，成化壬辰会试、殿试皆第一，官至掌詹事府事、礼部尚书。作诗文有典则，兼工书法。

归田稿　震泽集　郁洲遗稿

[明]谢迁　王鏊　梁储撰

1992 年 12 月 1 版 1 次

精装 25.30 元

32 开　306 页

本册包括谢迁《归田稿》，王鏊《震泽集》，梁储《郁洲遗稿》。谢迁此集乃其致仕以后、再召以前所作，故题曰"归田"。王鏊博学有识鉴。梁储文中尤以奏疏为长。

见素集　古城集　虚斋集

[明]林俊　张吉　蔡清撰

1992 年 12 月 1 版 1 次

精装 36.50 元

32 开　460 页

本册包括林俊《见素集》，张吉《古城集》，蔡清《虚斋集》。林俊文以奇崛奥衍自喜。张吉才力虽不及李梦阳，而胜以平正通达。蔡清文淳厚质实，无讲学家夸大之言。

容春堂集

[明]邵宝撰

1992 年 12 月 1 版 1 次

精装 32.00 元

32 开 397 页

《容春堂集》包括《前集》、《后集》、《续集》、《别集》。邵宝精于经学,为李东阳所赏识,其诗文出自李东阳一派。

圭峰集(外四种)

[明]罗玘等撰

1992 年 12 月 1 版 1 次

精装 35.20 元

32 开 442 页

本册包括罗玘《圭峰集》,吴俨《吴文肃摘稿》,邹智《立斋遗文》,石珤《熊峰集》,史鉴《西村集》。罗玘文多迂折其词,使人得之于言外。吴俨文往往因题寓意,即事抒怀。邹智奏疏为天下传闻。石珤文以李东阳为宗。史鉴多切于实用之文。

胡文敬集(外三种)

[明]胡居仁等撰

1992 年 12 月 1 版 1 次

精装 31.70 元

32 开 393 页

本册包括胡居仁《胡文敬集》,方良永《方简肃文集》,朱诚泳《小鸣稿》,祝允明《怀星堂集》。胡居仁文中反映了其学问笃实。方良永诗文不刻意求工。朱诚泳诗作虽薄而清新。祝允明因生而枝指,故自号枝山,其书法名动海内,诗文亦洒脱自如,不规规依门傍户。

整庵存稿 东江家藏集

[明]罗钦顺 顾清撰

1992 年 12 月 1 版 1 次

精装 35.05 元

32 开 440 页

本册包括罗钦顺《整庵存稿》,顾清《东江家藏集》附王鏊的《风闻言事论》。罗钦顺潜心格物致知之学。顾清诗文醇炼清新,在茶陵派内,可谓不失典型。

空同集

[明]李梦阳撰

1992 年 12 月 1 版 1 次

精装 25.75 元

32 开 307 页

李梦阳是明代文坛前七子的首领,提倡"文必秦汉,诗必盛唐",主张复古和学古。

山斋文集 顾华玉集

[明]郑岳 顾璘撰

1992 年 12 月 1 版 1 次

精装 30.80 元

32 开 318 页

本册包括郑岳《山斋文集》,顾璘《顾华玉集》。郑岳文落落自得,不随风气,诗亦颇含讽刺之意。顾璘诗学唐人,以风调胜。

华泉集(外三种)

[明]边贡等撰

1993 年 6 月 1 版 1 次

精装 34.90 元

32 开 365 页

本册包括边贡《华泉集》,张羽《东田遗稿》,刘麟《清惠集》,孙绪《沙溪集》。边贡诗文富于才情,是弘治七子之一。张羽诗多不失唐诗规范。刘麟诗文直抒己意,天趣盎然。孙绪文沉着有健气。

王文成全书(外四种)(全二册)

[明]王守仁等撰

1992 年 12 月 1 版 1 次

精装 82.15 元

32 开 863 页

本册包括王守仁《王文成全书》,杭淮《双溪集》,康海《对山集》,何瑭《柏斋集》,潘希曾《竹涧集》。王守仁为明时著名哲学家,其文博大昌明,诗亦秀逸。杭淮官至南京总督粮储右副都御史。康海系一时才士,因救李梦阳于狱中,失身刘瑾,从此一蹶不振。何瑭博于律算之学,其文多切于实用。潘希曾诗文不重视修饰,而刚直之气,毅然直达;奏议皆真挚详明,深中事理。

大复集 洹词 庄渠遗书

[明]何景明 崔铣 魏校撰

1993 年 6 月 1 版 1 次

精装 46.70 元

32 开 497 页

本册包括何景明《大复集》,崔铣《洹词》,魏校《庄渠遗书》。何景明为明"前七子"之一。崔铣文风笃实而明达。魏校见闻较博,学术醇厚,考证亦有根底。

俨山集 迪功集 太白山人漫稿

[明]陆深 徐祯卿 孙一元撰

1993年6月1版1次

精装41.00元

32开 424页

本册包括陆深《俨山集》,徐祯卿《迪功集》,孙一元《太白山人漫稿》。陆深文大抵依据古代典籍,与夸夸其谈者不同。徐祯卿,明文坛上"前七子"之一。他主张复古,谓"文必秦汉,诗必盛唐"。孙一元踪迹奇诡,其诗多激壮之音。

少谷集 苑洛集 东洲初稿

[明]郑善夫 韩邦奇 夏良胜撰

1993年6月1版1次

精装49.75元

32开 532页

本册包括郑善夫《少谷集》,韩邦奇《苑洛集》,夏良胜《东洲初稿》。郑善夫诗学杜甫,多忧时感事之作。韩邦奇通晓经子史及天文、地理、乐律、术数、兵法之书。夏良胜诗文皆有正直之气。

升庵集

[明]杨慎撰

1992年12月1版1次

精装40.10元

32开 422页

杨慎于书无所不览,有明一代,著述之富,推为第一。其注重研究探索唐以前书,故其诗有六朝遗风,于明代别立门户,又能文、词及散曲。

东岩集 文简集 方斋存稿

[明]夏尚朴 孙承恩 林文俊撰

1992年12月1版1次

精装41.00元

32开 434页

本册包括夏尚朴《东岩集》,孙承恩《文简集》,林文俊《方斋存稿》。夏尚朴学问笃贯谨严,文章亦淳朴。孙承恩撰述学问扎实。林文俊文颇醇雅,诗亦从容恬适,平易自然。

考功集(外三种)

[明]薛蕙等撰

1992年12月1版1次

精装35.30元

32开 369页

本册包括薛蕙《考功集》,许相卿《云村集》,张岳《小山类稿》,王廷陈《梦泽集》。薛蕙诗格孤秀,如其为人。许相卿章疏多切中事理,文亦雅洁,诗多近体。张岳所写奏议,词意朴实,多切实用。王廷陈诗多含警句,语言圆熟。

甫田集(外五种)

[明]文徵明等撰

1992年12月1版1次

精装36.50元

32开 384页

本册包括文徵明《甫田集》,黄佐《泰泉集》,朱朴《西村诗集》,朱澜《天马山房遗稿》,高叔嗣《苏门集》,李舜臣《愚谷集》。文徵明诗文书画皆工,而画尤胜,其诗则雅润之中,不失法度,与其书画略同。黄佐见闻颇博,诗文俱工。朱朴近体音节清越,翛然出俗。朱澜此集所载南洋水利之议、海寇之防,皆切中时弊。高叔嗣诗摆落窠臼,自抒心情。李舜臣诗格雅饬,文律谨严。

遵岩集 陆子馀集

[明]王慎中 陆粲撰

1992年12月1版1次

精装34.60元

32开 361页

本册包括王慎中《遵岩集》,陆粲《陆子馀集》。王慎中文学秦汉,后悟模拟之弊,便求之于唐宋人。慎中与唐顺之齐名,在明代诗坛上自成一家。陆粲详于经史训诂,其文秀美平顺,不起波澜。

念庵文集 皇甫司勋集

[明]罗洪先 皇甫汸撰

1993年6月1版1次

精装43.85元

32开 465页

本册包括罗洪先《念庵文集》,皇甫汸《皇甫司勋集》。罗洪先文初效李梦阳,后改从唐顺之,晚乃自行己意。皇甫汸政余不废吟咏,尤工书法。其古体源出三谢,近体源出中唐,虽乏深湛之思,而雅伤雍容,风标自异。

杨忠介集　荆川集　皇甫少玄集

[明]杨爵　唐顺之　皇甫涍撰

1992 年 12 月 1 版 1 次

精装 36.00 元

32 开　378 页

　　本册包括杨爵《杨忠介集》,唐顺之《荆川集》,皇甫涍《皇甫少元集》。杨爵诗文直抒胸臆,皆有本之言。唐顺之于学无所不窥,其古文为明代中叶之大家。皇甫涍诗格调高,皆翛然拔俗。

瑶石山人稿(外四种)

[明]黎民表等撰

1992 年 12 月 1 版 1 次

精装 43.15 元

32 开　457 页

　　本册包括黎民表《瑶石山人稿》,丘云霄《止山集》,张永明《张庄僖文集》,尹台《洞麓堂集》,王立道《具茨集》。黎民表诗错彩镂金,风骨凝重。丘云霄不沿七子拟古之派,故抒情写景,颇露天真。张永明平实质朴,不尚雕华,刚正之气,寓于文章中。尹台诗数百首,力追唐雅;文数百篇,出入汉宋,阐绎名理,不屑绮词。王立道诗微嫌婉弱,而自然流畅,不务奇险,文则纵横自喜,颇近苏东坡父子。

青霞集(外三种)

[明]沈錬等撰

1992 年 12 月 1 版 1 次

精装 34.55 元

32 开　360 页

　　本册包括沈錬《青霞集》,李攀龙《沧溟集》,任环《山海漫谈》,杨继盛《杨忠愍集》。沈錬为刚直之士,因劾严嵩被廷杖谪戍。其文劲健有气,诗亦郁勃磊落,肖其为人。李攀龙明代"后七子"之一。攀龙才力富健,凌轹一时,但模拟之作多,文体诘屈聱牙。任环为文笔力崒崒,高简有法。杨继盛以疏劾严嵩为所构陷,弃西市。其集乃后人重其气节,搜罗成帙。

弇州四部稿(外六种)(全七册)

[明]王世贞等撰

1992 年 12 月 1 版 1 次

精装 276.20 元

32 开　2882 页

　　本册包括王世贞《弇州四部稿》、《续稿》、《读书后》,王樵《方麓集》,杨巍《存家诗稿》,赵完璧《海壑吟稿》,张元凯《伐檀斋集》。王世贞才学富赡,规模广阔,与李攀龙同为明代"后七子"首领。其持论文必西汉,诗必盛唐。王樵喜说经,文有根柢;又好言经世之略,故文多切实用;诗冲和恬澹。杨巍中年始学诗。赵完璧诗多触事起兴,吐属自然。张元凯诗不袭窠臼,能推陈出新。

备忘集　石洞集

[明]海瑞　叶春及撰

1993 年 6 月 1 版 1 次

精装 37.25 元

32 开　392 页

　　本册包括海瑞《备忘集》,叶春及《石洞集》。海瑞是中国历史上有名的清官。他曾上疏批评明世宗迷信道教,不理朝政,又严惩贪污,平反冤狱,兴修水利。其文劲气直达,有凛然不可犯之概。叶春及政书井井有条,诗有杜甫风格,文亦平易明畅。

宗子相集　衡庐精舍藏稿

[明]宗臣　胡直撰

1992 年 12 月 1 版 1 次

精装 38.65 元

32 开　407 页

　　本册包括宗臣《宗子相集》,胡直《衡庐精舍藏稿》。宗臣诗跌宕俊逸,为"后七子"之一。胡直少攻古文词,其文风格雅健。

薛荔园诗集(外三种)

[明]佘翔等撰

1993 年 6 月 1 版 1 次

精装 37.40 元

32 开　393 页

　　本册包括佘翔《薛荔园诗集》,郭谏臣《鲲溟诗集》,沈鲤《亦玉堂稿》,温纯《温恭毅集》。佘翔诗沿七子之派,以雄丽为宗。郭谏臣诗婉约闲雅,有范成大、陆游之风。沈鲤文经术湛深,议论正大。温纯杂文雅伤可诵,尺牍亦多关时政。

震川集　四溟集　蠛蠓集

[明]归有光　谢榛　卢柟撰

1993 年 6 月 1 版 1 次

精装 42.95 元

32 开　455 页

　　本册包括归有光《震川集》,谢榛《四溟集》,卢柟《蠛蠓集》。归有光是明代文学大家,提倡唐宋文,他以平易的文字写家庭、社会间琐事,神态生动,风韵悠远。谢榛早年工词曲,后折节读书,刻意为诗。卢柟文赋为王世贞所称,诗亦豪放,无刻画涂泽之习。

少室山房集

[明]胡应麟撰

1992 年 12 月 1 版 1 次

精装 42.95 元

32 开　456 页

　　胡应麟曾与李攀龙、王世贞辈游,其诗文纵横变化,不为复古风气所囿。

谷城山馆诗集(外三种)

[明]于慎行等撰

1993 年 6 月 1 版 1 次

精装 46.70 元

32 开　496 页

　　本册包括于慎行《谷城山馆诗集》,孙继皋《宗伯集》,杨寅秋《临皋文集》,余继登《淡然轩集》。于慎行明习典制,朝廷诸大礼多所裁定,其诗典雅和平。孙继皋诗文雍容恬雅,有承平台阁之风。杨寅秋为杨士奇裔孙,诗文颇守其家学,奏议尤委曲详尽。余继登奏疏皆剀切深至,切中时弊。

泾皋藏稿　小辨斋偶存　高子遗书

[明]顾宪成　顾允成　高攀龙撰

1992 年 12 月 1 版 1 次

精装 35.45 元

32 开　371 页

　　本册包括顾宪成《泾皋藏稿》,顾允成《小辨斋偶存》、《事定录》,高攀龙《高子遗书》。顾宪成、顾允成兄弟文皆论事讲学之语,对策奏疏;真气流溢,大义凛然。高攀龙其学以格物为宗,文格清道,诗意冲淡。

少墟集　石隐园藏稿　仰节堂集

[明]冯从吾　毕自严　曹于汴撰

1993 年 6 月 1 版 1 次

精装 41.15 元

32 开　436 页

　　本册包括冯从吾《少墟集》,毕自严《石隐园藏稿》,曹于汴《仰节堂集》。冯从吾讲学之作,主于明理,论事之作,主于达意,不复以词采为工。毕自严擅会计之才,而鞅掌簿书,不废典籍,诗文颇具特色。曹于汴笃志力学,诗文可与冯从吾肩随。

愿学集　刘蕺山集

[明]邹元标　刘宗周撰

1993 年 6 月 1 版 1 次

精装 31.50 元

32 开　328 页

　　本册包括邹元标《愿学集》,刘宗周《刘蕺山集》。邹元标立朝以方严见惮,《愿学集》多为其讲学语。刘宗周持躬刚正,忧国如家,其文章皆有物之言,足以千古。

学古绪言(外三种)

[明]娄坚等撰

1993 年 6 月 1 版 1 次

精装 31.50 元

32 开　328 页

　　本册包括娄坚《学古绪言》,李流芳《檀园集》,周顺昌《忠介烬馀集》,范景文《文忠集》。娄坚古文受归有光之影响,沿溯韩愈、欧阳修而不袭其貌,在明末可谓硕果。李流芳文虽不能与归有光等并鸯争先,但在明代亦称晚秀。周顺昌隐忧国事,崇尚名检,忠愤抑郁之气,于集内约略见之。范景文文集中奏议指陈利害,曲折详尽,可以见其经略。

幔亭集(外四种)

[明]徐𤊹等撰

1993 年 6 月 1 版 1 次

精装 30.80 元

32 开　320 页

　　本册包括徐𤊹《幔亭集》,孙传庭《白谷集》,葛昕《集玉山房稿》,宋登春《宋布衣集》,卢象升《忠肃集》。徐𤊹肆力诗章,圭臬唐人。孙传庭奏疏于当日督师情事,曲折详尽,多可与史传相参。葛昕文疏爽俊利,无依违觊觎之态。宋登春少能诗,善画,其文颇简质,诗亦冲澹自然。卢象升家书尺牍,悱恻感人,无意为文而文行于世。

倪文贞集（外四种）

[明]倪元璐等撰

1993 年 6 月 1 版 1 次

精装 42.10 元

32 开　446 页

　　本册包括倪元璐《倪文贞集》，凌义渠《凌忠介公集》，申佳胤《申忠愍诗集》，魏学洢《茅檐集》，黄淳耀《陶庵全集》。倪元璐奏议详明，制诰典雅，诗文言皆有物。凌义渠以制义知名，清新婉约，为世所重。申佳胤诗直抒胸臆，多伤纤仄，颇染公安、竟陵之派。魏学洢文未甚成就，但以人传。黄淳耀乃忠节之士，其文和平温厚，诗亦浑雅有格。

四库笔记小说丛书

西京杂记（外二十一种）

[汉]刘歆撰　[晋]葛洪辑

1992 年 3 月 1 版 1 次

精装 19.55 元

32 开　480 页

　　本册收有 22 种笔记小说。《西京杂记》所记多西汉帝王及西京长安遗闻轶事。《世说新语》为南朝宋时小说集，可窥当时士族的思想、生活和清谈放诞的风气。《朝野佥载》、《次柳氏旧闻》、《唐国史补》、《大唐传载》、《幽闲鼓吹》、《松窗杂录》、《中朝故事》、《开元天宝遗事》等记有唐君臣事迹言论，间及朝野琐事。《鉴诫录》以记后蜀君臣事迹为多。《南唐近事》记南唐旧闻，《教坊记》记述开元时有关教坊的制度、轶闻及乐曲的内容或起源。《唐摭言》详载唐代贡举制度，保存了不少诗歌史料。

白虎通义（外十三种）

[汉]班固等撰

1992 年 7 月 1 版 1 次

精装 27.20 元

32 开　490 页

　　本册收有自汉迄宋笔记小说 14 种：《白虎通义》、《独断》、《古今注》、《中华古今注》、《苏氏演义》、《资暇集》、《兼明书》、《东观徐论》、《近事会元》、《靖康缃素杂记》、《猗觉寮杂记》、《能改斋漫录》、《云谷杂记》和《西溪丛语》，或考定五经、旧制，或记叙当代史事、人物、掌故及考辨艺文之作，颇为后来人所称引。

论衡（外十一种）

[东汉]王充等撰

1992 年 7 月 1 版 1 次

精装 25.05 元

32 开　450 页

　　本册收入笔记 12 种。《论衡》旨在劝善黜邪，订讹砭惑。《风俗通义》论名物典礼、社会风俗。《封氏闻见记》记典章制度和风俗习惯、古迹传说及唐代士大夫轶事。《尚书故实》多唐代佚事遗闻。《灌畦暇语》杂述旧文。《春明退朝录》记宋代掌故、杂说杂事。《宋景文笔记》列"释俗"，"考古"，"杂说"，末附左志、右铭等。《东原录》辨订经史，兼记轶事。宋王钦臣《王氏谈录》述其父平日所论。《麈史》于朝廷掌故、耆旧轶事，多所记载。宋庞元英《文昌杂录》记当时见闻典制。《梦溪笔谈》是了解北宋以前我国古代科技和文化的重要资料。

山海经（外二十六种）

1992 年 11 月 1 版 1 次

1995 年 1 月 1 版 2 次

精装 20.00 元

32 开　490 页

　　本册收有自晋迄宋 27 种笔记小说：《山海经》、《穆天子传》、《神异经》、《海内十洲记》、《洞冥记》、《汉武故事》、《汉武帝内传》、《拾遗记》、《搜神记》、《搜神后记》、《异苑》、《续齐谐记》、《集异记》、《还冤志》、《博异记》、《杜阳杂编》、《前定录》、《续前定录》、《桂苑丛谈》、《剧谈录》、《宣室志》、《唐阙史》、《甘泽谣》、《开天传信记》、《稽神录》、《江淮异人录》、《茅亭客话》，涉及地理山川、民风民俗、艺文掌故、轶事传闻、神鬼灵异等，大都为志怪和传奇小说，为后世小说戏曲提供了丰富的素材，有一定参考研究价值。

长短经（外七种）

[唐]赵蕤等撰

1992 年 7 月 1 版 1 次

精装 24.55 元

32 开　440 页

　　本册收入笔记 8 种。《长短经》源出于纵横家。《两同书》归本于老子、孔子之言。《崇文总目》谓其"以老子修身之说为内，以孔子治世之道为外"。《化书》南唐谭峭撰，旧本作《齐邱子》，大旨多出黄老，附合于儒言。《昭德新编》宋晁回撰，大旨勉人为善。《刍言》宋崔敦礼撰，指切事理大旨在道家与儒家之间。《乐庵语录》阐明理学,间论诗文。《习学记言》宋叶适撰。其书辑录经史百家,所论多一反陈说。《本语》明高拱撰。论史多讽喻时事,论理抑或参先儒,敢言人所不敢言。

唐语林(外十一种)

[宋]王谠等撰

1992 年 3 月 1 版 1 次

精装 17.70 元

32 开　425 页

　　本册收有宋人笔记小说 12 种:《唐语林》、《枫窗小牍》、《南窗记谈》、《过庭录》、《默记》、《萍洲可谈》、《高斋漫录》、《挥麈录》、《玉照新志》、《投辖录》、《张氏可书》、《闻见录》,或记唐宋朝野杂事、朝章国典、土俗民风,或谈论诗文、记述艺林遗闻轶事。

事实类苑

[宋]江少虞编

1993 年 9 月 1 版 1 次

精装 16.60 元

32 开　274 页

　　《事实类苑》又称《宋朝事实类苑》,辑集宋太祖至宋神宗间朝野六十余家著述,按类编次,摘录原文,注明书名,颇便检索。又书中所据者均为当时版本,而今已失传或残缺者越半数以上,赖此以存。

类说

[宋]曾慥撰

1993 年 9 月 1 版 1 次

精装 29.85 元

32 开　530 页

　　《类说》是一部笔记小说总集,由宋人曾慥从汉至宋二百五十余种笔记小说集中辑录而成。内容广泛,诗歌典故、名人逸事、神仙鬼怪、三教九流,无所不包,裨助多闻。尤为珍贵的是不少宋后已散佚的作品,赖是书尚能窥其大略。

学林　容斋随笔

[宋]王观国　洪迈撰

1992 年 7 月 1 版 1 次

精装 24.55 元

32 开　440 页

　　《学林》又名《学林新编》,书中专以辨别字体字义

字音为主,罗列六经史,旁及诸书注疏笺释凡数百条,考求得失,多前人所未发。《容斋随笔》记叙范围广泛,包括经史百家、文学艺术以及宋代掌故、人物评价等方面。

分门古今类事(外八种)

1992 年 11 月 1 版 1 次

精装 20.20 元

32 开　495 页

　　本册收有 9 种笔记小说。《分门古今类事》分帝王运兆、异兆、梦兆、相兆、卜兆、婚兆、墓兆等十二门类。《陶朱新录》宋马纯撰,所载皆宋时杂事。《睽车志》宋郭象撰,记闲事旧闻,以鬼怪神异为多。《夷坚支志》宋洪迈撰,是宋人笔记小说中的巨制,集古代民间传说、神话故事、风俗人情、宗教劝诫事例之大成,对宋元的说话和戏剧都曾产生过很大影响。《博物志》晋张华撰,记载异境奇物及琐闻杂事。《续博物志》宋李石撰,与《博物志》大致相同。《述异记》,志怪小说集。《酉阳杂俎》唐段成式撰,类似《博物志》。《清异志》二卷,宋陶毂撰,采撷唐及五代故事。

清波杂志(外八种)

[宋]周辉等撰

1992 年 3 月 1 版 1 次

精装 16.50 元

32 开　390 页

　　此册收有宋人笔记小说 9 种。《清波杂志》周辉撰,记宋人杂事。《鸡肋编》庄绰撰,颇有《世说新语》韵味,是宋人史料笔记中较为重要的。《闻见后录》邵伯温子邵博撰,是编续其父书《闻见录》。《北窗炙录》施德操撰,其学术思想推重孟子,小说中已有逻辑推理断案的故事。《步里客谈》记嘉祐以来名医言行。《桯史》岳飞孙岳珂撰,记载两宋士大夫轶事及朝政得失。《独醒杂志》曾敏行撰,记朝政典章、名人轶事和山川风物。《耆旧续闻》记汴京故事及南渡后名人言行。《四朝闻见录》杂叙高孝光宁四朝轶事。

仇池笔记(外十八种)

[宋]苏轼等撰

1992 年 7 月 1 版 1 次

精装 24.35 元

32 开　436 页

　　本册收有宋人笔记小说 19 种。《仇池笔记》旧题苏轼撰,实为后人辑集苏轼的杂文、小品、随笔而成。《东

坡志林》、《珩璜新论》、《晁氏客语》、《师友谈记》、《杨公笔录》、《吕氏杂记》、《冷斋夜话》、《曲洧旧闻》、《元城语录》、《嬾真子》、《春渚纪闻》、《石林燕语》、《避暑录话》、《岩下放言》、《却扫编》、《五总志》、《紫微杂说》和《辩言》，所记大抵为朝野见闻、文人轶事、典章制度及诸家之说等。

龙川略志（外十七种）

[宋]苏辙等撰

1992 年 3 月 1 版 1 次

精装 15.60 元

32 开　365 页

　　本册收有宋人笔记小说 18 种：《龙川略志》、《后山谈丛》、《画墁录》、《珍席放谈》、《甲申杂记》、《闻见近录》、《随手杂录》、《湘山野录》、《玉壶野史》、《墨客挥犀》、《侯鲭录》、《铁围山丛谈》、《东轩笔录》、《泊宅编》等，杂记宋代政事、边防、朝野琐闻及文人轶事等。

北梦琐言（外十二种）

[宋]孙光宪等撰

1992 年 11 月 1 版 1 次

精装 14.65 元

32 开　340 页

　　本册收有 13 种宋人笔记小说，其中不乏名著名篇。《北梦琐言》北宋孙光宪撰，多取材于唐五代政治遗闻和士林逸事。《洛阳搢绅旧闻记》述梁、唐及五代间洛阳旧事轶闻。《南部新书》兼记唐五代朝章国典因革损益之故。《王文正笔录》记宋太祖太宗真宗时事，李焘作《通鉴长编》往往全采其文。《儒林公议》记朝廷政事及士大夫行履得失。《涑水纪闻》司马光撰，录历朝军政大事和宫廷逸闻。《渑水燕谈录》记绍圣以前杂事。欧阳修《归田录》记述朝廷遗闻和当日士大夫琐事。

墨庄漫录（外十种）

[宋]张邦基等撰

1992 年 7 月 1 版 1 次

精装 22.75 元

32 开　403 页

　　本册收入宋人笔记 11 种。《墨庄漫录》多记士大夫故事，或评述诗文；其中所载宋代户口和转运的数字，颇有史料价值。《寓简》、《栾城遗言》、《东园丛说》、《常谈》、《云麓漫抄》、《示儿编》、《游宦纪闻》、《密斋笔记》、《梁溪漫志》、《涧泉日记》，于典章掌故、品评人物、

考证经史、评论诗文、山川古迹等各有记述。

坦斋通编（外五种）

[宋]邢凯等撰

1992 年 7 月 1 版 1 次

精装 21.95 元

32 开　380 页

　　本册收入宋人笔记 6 种。《坦斋通编》多论述史传杂事。《考古质疑》以考证史书史实为主。《经外杂考》和《古今考》均为魏了翁撰，前者比较杂；后者注重考两汉礼仪。《颍川语小》体例类似《容斋随笔》。《宾退录》赵与时撰，记生平见闻。

学斋占毕（外六种）

[宋]史绳祖　戴埴等撰

1992 年 7 月 1 版 1 次

精装 20.60 元

32 开　362 页

　　本册收入笔记 7 种。《学斋占毕》宋史绳祖撰，自谓凡读书有疑随即疏而思之，遇有所得质之于师友，积久成编，故名。《鼠璞》宋戴埴撰，多为考证经史典故名物疑义。《朝野类要》宋赵昇撰，征引朝廷故事。《困学纪闻》宋王应麟撰，有说经、天道、地理、诸子、考史评诗文、杂识等，颇具史料价值。附阎若璩、何焯评本。《识遗》宋罗璧撰，可称言有根柢者。《爱日斋丛抄》宋叶寘撰，凡前人说部诸家之书无不博引繁称，证核同异。《日损斋笔记》元黄溍撰，于经史子集，各有辨订，论史尤精。

考古编（外六种）

[宋]程大昌等撰

1992 年 7 月 1 版 1 次

精装 22.95 元

32 开　410 页

　　本册收有宋人笔记 7 种。《考古编》程大昌撰，杂论经义异同及记传谬误。程氏又撰《演繁露》、《续演繁露》，为辨《春秋繁露》真伪而作。《纬略》高似孙撰。考辨旧文，引证经史子集。《瓮牖闲评》袁文撰，引证详博。《芥隐笔记》龚颐正撰。《芦浦笔记》刘昌诗撰，是书后世传本甚少，可补史阙。《野客丛书》王楙撰，考订经史诗文精核详明。《野老纪闻》多记元祐中轶事。

仕学规范　自警编　言行龟鉴

[宋]张镃　赵善璙　[元]张光祖撰

1993 年 9 月 1 版 1 次

精装 16.90 元

32 开　280 页

　　本册收有 3 种读书笔记。《仕学规范》宋张镃撰,辑录宋代名医事状中有供治学为官参考之文。《自警编》宋赵善璙撰,记北宋士大夫嘉言懿行。《言行龟鉴》元张光祖撰,据《自警编》删补,又博采名臣碑志之文。

老学庵笔记(外十一种)

[宋]陆游等撰

1993 年 9 月 1 版 1 次

精装 24.65 元

32 开　430 页

　　本册收有宋人笔记小说 12 种。《老学庵笔记》陆游撰,《齐东野语》周密撰,这两书是宋人笔记中的佼佼者,所记当时名物典章制度和各种逸闻趣事可补史传阙失,并有独到见解。《愧郯录》岳珂撰,记宋代制度。《祛疑说》储泳撰,辨析术数之诈伪。《琴堂谕俗编》郑玉道等撰,以经史故事劝诫百姓处理好日常人际关系。《鹤林玉露》罗大经撰,详于议论。《贵耳集》张端义撰,多记朝廷轶事琐闻。《吹剑录外集》俞文豹撰,记宋代道学、党禁特详。《脚气集》车若水患脚病时的读书札记。《藏一话腴》陈郁撰,记南北宋杂事。《佩韦斋辑闻》俞德邻撰,偏重于经史典籍考论。《书斋夜话》四卷,俞琰撰,对《河图》、《洛书》及《太极图》多有发明。

癸辛杂识(外八种)

[宋]周密等撰

1992 年 3 月 1 版 1 次

精装 16.30 元

32 开　385 页

　　本册收有宋元笔记小说 9 种。《癸辛杂识》、《随隐漫录》、《东南纪闻》、《归潜志》、《山房随笔》、《山居新话》、《遂昌杂录》、《乐郊私语》、《辍耕录》,作者大都为宋元人,多记宋元政事、典章制度和文物建筑,保存了不少关于诗词、小说、戏曲、音乐和绘画等方面的资料。

洞天清录(外五种)

[宋]赵希鹄等撰

1993 年 9 月 1 版 1 次

精装 26.15 元

32 开　407 页

　　本册收有宋元明笔记小说 6 种。《洞天清录》宋赵希鹄撰,《负暄野录》宋陈槱撰,《云烟过眼录》宋周密撰,《格古要论》明曹昭撰,所论皆鉴别古器书画之事,故颇为赏鉴家珍重。《竹屿山房杂部》明宋诩等撰,是书于食疗、田居、农圃诸事,最为详悉,极有实用价值。《遵生八笺》明高濂撰,分为清修妙论笺(养身格言)、四时调摄笺、延年祛病笺、饮馔服食笺、燕闲清赏笺等八笺。

困学斋杂录(外十四种)

[元]鲜于枢等撰

1993 年 9 月 1 版 1 次

精装 23.35 元

32 开　405 页

　　本册收有元人笔记小说 12 种,明人笔记小说 3 种。《困学斋杂录》元鲜于枢撰,《隐居通议》刘壎撰,《湛渊静语》白珽撰,《敬斋古今》、《日闻录》从《永乐大典》中辑出,《勤有堂随录》陈栎撰,《玉堂嘉话》王恽撰,《庶斋老学丛谈》盛如梓撰,《研北杂志》陆友撰,《北轩笔记》陈世隆撰,《闲居录》、《雪履斋笔记》为杂录,《霏雪录》镏绩撰,《蠡海集》王逵撰,《草木子》叶子奇撰。内容或记诗话杂事,评品诗文,记书画古器,或考掌故经史,记当朝故实。

元明事类钞

[清]姚之骃撰

1993 年 9 月 1 版 1 次

精装 19.30 元

32 开　326 页

　　本书摘取元明诸书,分天文、地理、岁时、政术、人品、艺术、释道、文学、衣冠、吉凶、珍宝、身体、宫室、器用、饮食、花草、飞鸟等 30 门,如类书体例,内容广博且注明出典。元代故实载于说部者最少,而此书于元代疆域、宫殿、任官、名臣言行等多据政书、杂史著录,可补《元史》之阙。

俨山外集　古今说海　少室山房笔丛　钝吟杂录

(全二册)

[明]陆深等撰

1993 年 9 月 1 版 1 次

精装 38.45 元

32 开　647 页

　　本册收笔记小说 4 种。《俨山外集》明陆深撰,内含纪闻、闲录、随笔等札记之文。《古今说海》明陆楫撰,采前代至明小说笔记 130 余种,是古代小说笔记精粹汇编。《少室山房笔丛》明胡应麟撰,内容以考据为主,评述经史百家及道书释典,采掇古书中奇闻怪事。《钝吟杂录》清冯班撰,多儒者涉历世故之言和诗文评及论笔法字学等。

清秘藏　长物志　韵石斋笔谈　七颂堂识小录　砚山斋杂记　意林　绀珠集

[明]张应文等撰

1993 年 9 月 1 版 1 次

精装 16.70 元

32 开　276 页

　　本册收有器物赏鉴笔记 5 种,杂录笔记 2 种。《清秘藏》明张应文撰,《长物志》明文震亨撰,《韵石斋笔谈》清姜绍书撰,《七颂堂识小录》清刘体仁撰,《砚山斋杂记》,皆记古器金石书画,或论玩赏鉴别。《意林》唐马总编,包括周秦以来诸家杂记 71 家,世所不存者,惟赖此书以存。《绀珠集》于名物故实多溯本求源。

胡文穆杂著(外十种)

[明]胡广等撰

1993 年 9 月 1 版 1 次

精装 28.10 元

32 开　496 页

　　本册收有明人笔记小说 11 种:《胡文穆杂著》胡广撰,《谰言长语》曹安撰,《蟫精隽》徐伯龄撰,《震泽长语》王鏊撰,《井观琐言》郑瑗撰,《南园漫录》张志淳撰,《雨航杂录》冯时可撰,《采芹录》徐三重撰,《画禅室随笔》董其昌撰,《六研斋笔记》李日华撰,《物理小识》方以智撰。内容包括考订经史的随笔札记,文评诗话,书画品评,见闻杂记和涉及天文、地理、医药、饮食等内容。

艺彀(外四种)

[明]邓伯羔　陈耀文等撰

1992 年 7 月 1 版 1 次

精装 17.60 元

32 开　302 页

　　本册收入明人笔记 5 种。《艺彀》邓伯羔撰,援据经籍考证颇为详赡。《正杨》陈耀文撰,为纠杨慎《丹铅录》之疏漏而作。《疑耀》张萱撰,于人、物、事、书均有论及。《名义考》周祈撰,分天、地、人、物四部,而释训其名义。《徐氏笔精》徐㶿撰,分易通、经臆、诗谈、文字、杂记五门。

丹铅余录　谭菀醍醐

[明]杨慎撰

1992 年 7 月 1 版 1 次

精装 21.75 元

32 开　379 页

　　杨慎喜为杂著,其《丹铅余录》等三种,详于证经、稗史、诗事等。《谭菀醍醐》杨慎晚年著述。“醍醐”者,自序谓如从乳出酪,从酪出酥,从生酥出熟酥,从熟酥出醍醐,取所得愈精之意。其考订辨论,多有新解。

玉芝堂谈荟

[明]徐应秋撰

1993 年 9 月 1 版 1 次

精装 25.40 元

32 开　442 页

　　本书采集小说杂记,与《太平广记》、《说郛》相近,但体例略有不同。每类立一标题为纲,备引诸书以证之。其中轶闻旧事,名物掌故,资料颇为丰富。

水东日记(外四种)

[明]叶盛等撰

1993 年 3 月 1 版 1 次

精装 18.55 元

32 开　455 页

　　本册收有明人著作 5 种。《水东日记》叶盛著,对各项制度及其沿革利弊考究尤详,陆游的佚文《陆放翁家训》赖是书得以流传。《菽园杂记》陆容撰,记明代典制、故事,并载有明中叶手工业生产、民情风俗材料。《先进遗风》耿定向撰,载明代名臣遗闻琐事。《觚不觚录》王世贞撰,记明代典章制度及朝野逸闻。《何氏语林》何良俊撰,采择历代史传及山川地理等著作,辑录自两汉至元代文人的言行。

卮林　拾遗录　义府　日知录

[明]周婴等撰

1992 年 7 月 1 版 1 次

精装 30.90 元

32 开　566 页

　　本册收入明清笔记 4 种。《卮林》明周婴撰,体例近似类书,考订经史辩证颇为该洽。《拾遗录》明胡爌撰,说经、论文、考古,分为六类。《义府》清黄生撰,上卷论经,下卷论子史集,附以金石。《日知录》清初顾炎武撰,系读书札记,自述以“明道”、“救世”为宗旨。

春明梦馀录　居易录

[清]孙承泽　王士禛撰

1993 年 9 月 1 版 1 次

精装二册 47.70 元

32 开　826 页

　　《春明梦馀录》孙承泽撰,是研究北京故实的重要著作。体例介于地志、杂史之间,多辑明人章疏及古代文献。《居易录》王士禛撰。辩证典籍,评品诗文,表彰人物,兼记政事等,略如史体。

池北偶记(外三种)

[清]王士禛撰

1993 年 9 月 1 版 1 次

精装 19.70 元

32 开　332 页

　　本册收有清初文坛盟主王士禛所撰 4 种笔记。《池北偶谈》记叙典章制度及士大夫轶事,神怪传闻,评论诗文。《香祖笔记》或记清初北京胜迹,或记朝章典制、人事黜陟。《分甘馀话》记叙内容广泛。《古夫于亭杂录》采缀见闻而成,多考证之文。

艺林汇考(外四种)

[清]沈自南等撰

1992 年 7 月 1 版 1 次

精装 22.85 元

32 开　406 页

　　本册收入清人笔记 5 种。《艺林汇考》沈自南撰,分栋宇、服饰、饮食、称号和植物五篇,多辑自类书。《潜邱札记》阎若璩撰,于山川地理、经史礼仪、诗词赋均有论述。《湛园札记》姜宸英撰,考证经史之文,论三礼者尤多。《白田杂著》王懋竑撰,于经史多自抒心得。《樵香小记》何琇撰,考证诸书疑义。

义门读书记

[清]何焯撰

1992 年 7 月 1 版 1 次

精装 26.25 元

32 开　473 页

　　《义门读书记》所记皆评校经史及诗文集之题识。何焯殁后由其门人蒋维钧编录成书。

管城硕记(外二种)

[清]徐文靖等撰

1992 年 7 月 1 版 1 次

精装 16.60 元

32 开　283 页

　　本册收入清人笔记 3 种。《管城硕记》徐文靖撰,辨析典籍之疑误,各系以考证。《订伪杂录》胡鸣玉撰,采集诸家说部,参证声音文字之舛,事迹传闻之误。《识小编》董丰垣撰,多为礼仪方面的考说。

四库艺术丛书

古画品录(外二十一种)

[南齐]谢赫等撰

1991 年 8 月 1 版 1 次

精装 30.10 元

32 开　472 页

　　本册收录了南齐至宋代的书画著述 22 种。我国书画研究理论专著以南齐谢赫《古画品录》为首创,谢赫在该书中第一次提出了中国绘画理论"六法论",品评了三国至南齐的著名画家,开创了中国绘画书法史上对作家、作品研究的范例。梁庾肩吾《书品》、陈姚最《续画品》、唐张怀瓘《书断》、朱景玄《唐朝名画录》等均以神、妙、能品等品级以定书画家之高下。唐张彦远《历代名画记》是我国第一部绘画通史。宋郭熙《林泉高致集》是第一部系统完整地探讨山水画创作理论的专著,提出了"山有三远"的看法。宋朱长文《墨池编》专论书法源流。

画史(外十一种)

[宋]米芾等撰

1992 年 3 月 1 版 1 次

精装 19.70 元

32 开　453 页

　　本册收录宋代主要书画著述 12 种。其中《画史》、《书史》、《宝章待访录》和《海岳名言》为宋代大书画家米芾所撰,记其平生所见名画法书,品题真伪。《宣和画谱》、《书谱》记宋徽宗朝内府所藏书画。韩拙《山水纯全集》较全面系统地综合了前人有关山水画的创作经验。董逌《广川书跋》、《画跋》论断考证皆极精审,特别是关于绘画中的人物故事、物象考据,多有可取。

琴史(外十种)

[宋]朱长文等撰

1992 年 3 月 1 版 1 次

精装 26.40 元

32 开　506 页

　　本册收录古代音乐、篆刻、围棋等方面的理论著作 11 种。宋朱长文《琴史》采录历代古琴高手和古琴演奏沿革。明严澂《松弦馆琴谱》等三种琴谱为现存较早的完整琴谱。元吾丘衍《学古编》为篆刻学重要著作，其中"三十五举"详论书体演变和篆刻之法。清朱象贤《印典》采录印玺故实和各家论说篆刻治印之法，颇有便于篆刻初学者。

书苑菁华（外十二种）

[宋]陈思等撰

1992 年 3 月 1 版 1 次

精装 23.40 元

32 开　425 页

　　本册收录宋、元、明有关书画论著 13 种。宋陈思《书苑菁华》辑录古人评论书法的论述。《书小史》收集自上古至五代时书法家 531 人，是我国书法史上的第一部通史。元李衎《竹谱》是画竹的经验总结。元汤垕《画鉴》记述三国至元各代画家 160 多人的擅场、画法特点及真伪。元夏文彦《图绘宝鉴》收录画家 1500 多人，为元代画史中最系统者。

文房四谱（外十二种）

[宋]苏易简等撰

1991 年 8 月 1 版 1 次

精装 16.60 元

32 开　352 页

　　本册收录了宋、元、明关于文房四宝的研究著作 13 种。宋苏易简《文房四谱》记述了古代笔墨纸砚历史和典故。米芾《砚史》论述了晋、唐至宋的各种砚石的石质和形制。清于敏中《西清砚谱》著录了清内府所藏古砚。宋《墨谱法式》等记载了制墨的方法、形制和有关制墨、藏墨的典故。

绛帖平（外七种）

[宋]姜夔等撰

1994 年 12 月 1 版 1 次

精装 37.80 元

32 开　516 页

　　本册收录宋代有关法帖、碑刻方面的著述 8 种。姜夔撰《绛帖平》，评说《绛帖》得失。曾宏父撰《石刻铺

叙》，引石经及秘阁诸本而论其所编的《凤墅帖》。《法帖谱系》撰者曹士冕将其所见诸帖列成谱系并加以考订。桑世昌《兰亭考》、俞松《兰亭续考》均对王羲之的《兰亭序》进行多方面的考证。陈思撰《宝刻丛编》著录古代石刻。王象之《舆地碑记目》以天下碑刻地志之目分郡编次。《宝刻类编》以书碑人为纲，列其所书碑名。

集古录（外六种）

[宋]欧阳修等撰

1995 年 12 月 1 版 1 次

精装 42.10 元

32 开　628 页

　　本册收录宋代石刻方面的著作 7 种。欧阳修的《集古录》收集历代石刻跋尾四百余篇，为我国现存最早研究石刻文字的专书。赵明诚的《金石录》，著录所藏金石拓本共 2000 种。黄伯思撰《法帖刊误》对淳化阁帖米芾所评定之误重为订正。还收有刘次庄撰《法帖释文》、翟耆年撰《籀史》。《隶释》、《隶续》为宋代洪适的考隶之作，是现存最早集录汉魏隶书石刻文字的著作。

考古图（外六种）

[宋]吕大临等撰

1992 年 3 月 1 版 1 次

精装 27.75 元

32 开　534 页

　　本册收录历代有关铜器研究著作 7 种。梁陶弘景《古今刀剑录》记载历代帝王名将所用刀剑，为现存最早的古兵器研究著作。宋王俅《啸堂集古录》著录商周彝器、秦汉玺印、铜镜等古器，下列释文。吕大临《考古图》著录古代铜、玉器，为我国最早而较有系统的古器物图录。王黼《宣和博古图》著录宋宣和殿所藏古代铜器，集宋代所出青铜器大成。明吕震《宣德鼎彝谱》记载了明宣德年所制铜香炉（世称宣炉）之冶铸、材料、款式。

珊瑚网

[明]汪砢玉撰

1991 年 8 月 1 版 1 次

精装 25.10 元

32 开　472 页

　　汪砢玉是明代著名书画鉴藏家，《珊瑚网》著录书画作品的题跋和收藏流传情况，每件书画后加论说。辑评历代书画论著，为其所创。

珊瑚木难　赵氏铁网珊瑚

［明］朱存理　赵琦美撰

1991 年 8 月 1 版 1 次

精装 22.80 元

32 开　416 页

本册收明朱存理《珊瑚木难》和赵琦美《赵氏铁网珊瑚》。《珊瑚木难》著录书画碑帖名迹，诗文题跋，有的注明收藏处所，是明代私人鉴藏家最早的一部记载完备的书画著录。《赵氏铁网珊瑚》著录历代书画名迹，有的还加以考证。

墨池璅录（外八种）

［明］杨慎等撰

1991 年 9 月 1 版 1 次

精装 25.55 元

32 开　482 页

本册收录明代 9 种较重要的书画研究著作，杨慎《墨池璅录》述其书法心得。孙月峰《书画跋跋》系在王世贞《书画跋》的基础上再作考辨，多为书画鉴赏家所取证。唐志契《绘事微言》主要论述中国画的画法、画理。《书法雅言》、《寒山帚谈》等为中国书法艺术专论。郁逢庆《书画题跋记》著录古书画名迹，颇多精品。

清河书画舫（外四种）

［明］张丑撰

1992 年 3 月 1 版 1 次

精装 15.70 元

32 开　314 页

本册收录明代著名书画鉴藏家张丑所著书画论著 5 种。《清代书画舫》为张丑代表作，著录书画名迹，并有书画家简介和前人评述，每件作品录其题跋，并加评论与考证。《真迹目录》是其鉴定所作的书画著录。《清河书画表》等以表格形式著录古书画名迹和收藏情况。

古刻丛钞（外十二种）

［明］陶宗仪等撰

1995 年 12 月 1 版 1 次

精装 43.10 元

32 开　522 页

本册收录明、清金石碑刻等方面的著述 13 种。即明陶宗仪编《古刻丛钞》，朱珪编《名迹录》，陈暐编《吴中金石新编》，都穆撰《金薤琳琅》，顾从义撰《法帖释文

考异》，赵均撰《金石林时地考》，赵崡撰《石墨镌华》，郭宗昌撰《金石史》，清于敏中等校正《重刻淳化阁帖释文》，顾炎武撰《求古录》、《金石文字记》、《石经考》，万斯同撰《万氏石经考》，均为明代至清初重要的碑刻研究著作。

佩文斋书画谱　秘殿珠林

［清］孙岳颁等撰

1991 年 8 月 1 版 1 次

精装五册 94.20 元

32 开　1880 页

《佩文斋书画谱》是收集清代以前书画史资料最完备的一部总结性资料丛辑。引用书籍达 1800 多种，包括历代名家的论书、论画，书画鉴定的评语和书画家传略。《秘殿珠林》收录清内府所藏属于佛典道经的书画 1230 多件。

式古堂书画汇考　南宋院画录

［清］卞永誉　厉鹗撰

1992 年 3 月 1 版 1 次

精装三册 63.85 元

32 开　1290 页

清卞永誉《式古堂书画汇考》将前人著录书画之书汇编成辑，并补入其所目见耳闻之书画作品，分书、画两考，堪称集历代著录大成之巨著。清厉鹗《南宋院画录》收南宋画院画家小传，并考画迹。

石渠宝笈

［清］张照　梁诗正等编

1991 年 8 月 1 版 1 次

精装 30.65 元

32 开　626 页

清乾隆时内府所藏书画分贮乾清宫、养心殿、三希堂、重华宫等处，总数超过万种，蔚为大观。《石渠宝笈》即将清宫所藏书画分别等级，予以甄录，为研究清代皇室藏画的重要参考书。

庚子销夏记（外三种）

［清］孙承泽等撰

1991 年 9 月 1 版 1 次

精装 14.20 元

32 开　280 页

本册收录清代著名书画著述 4 种：包括孙承泽《庚子销夏记》、王毓贤《绘事备考》、冯武《书法正传》、高士奇《江村销夏录》。

来斋金石刻考略（外七种）

［清］林侗等撰

1995 年 12 月 1 版 1 次

精装 38.90 元

32 开　500 页

本册收录清代有关金石碑刻、法帖方面的考证著作 8 种。林侗《来斋金石刻考略》考证周秦至隋唐碑刻。叶封《嵩阳石刻集记》是关于嵩山石刻题记的考订。李光暎《金石文考略》对历代金石文字搜罗繁富。万经《分隶偶存》研究隶书书法。王澍《淳化秘阁法帖考正》考订宋代名帖《淳化阁帖》。由诸峻摹图、牛运震补说的《金石经眼录》则将搜求的金石之文绘摹。杭世骏《石经考异》是对汉唐官刻《五经》的研究。

西清古鉴（外二种）（全二册）

［清］梁诗正等撰

1991 年 12 月 1 版 1 次

精装 31.90 元

32 开　660 页

清乾隆时梁诗正、蒋溥等奉敕将内府所藏的古代铜器加以整理，摹绘铜器形制、款识，编为《西清古鉴》。全书共收古代铜器 1529 件，体例仿《博古图》，释文采宋明以来考辨之说，并注明器物尺寸，代表了清代的青铜器研究水平。《奇器图说》系明瑞士人邓玉函所述西方力学、测量等科学知识和科学仪器，是明代西方传入我国科学技术的重要著作。《诸器图说》明王徵撰。

佩文斋广群芳谱（外二十种）（全三册）

［清］汪灏等编

1992 年 3 月 1 版 1 次

精装 87.45 元

32 开　1186 页

本书收录了宋至清代有关花鸟虫鱼的著作 21 种。清康熙帝因明王象晋《群芳谱》多有疏漏，命汪灏等重编，增广改编为《广群芳谱》。对每一种植物，详叙形态特征，栽培方法，有关植物的诗文典故汇录于后。宋欧阳修《洛阳牡丹记》、王观《扬州芍药谱》等记述单种植物的花品、栽培和花事。宋傅肱《蟹谱》等记述了蟹的分类和蟹的典故。明杨慎《异鱼图赞》系对《南朝异鱼图》

进行订正，为中国鱼类研究的早期重要著作。

钱录（外十五种）

［清］梁诗正等撰

1992 年 3 月 1 版 1 次

精装 18.45 元

32 开　424 页

本册收录古钱币和饮茶、制酒、制糖等饮食文化的著作。清梁诗正《钱录》据内府所藏钱币著录并加考证。宋洪刍《香谱》等著作对中国古代香料的品类、加工和有关典故作了系统论述。唐陆羽所著《茶经》，论述茶的性状、品类、产地、制茶烹饮和茶具等，是我国第一部关于茶的专著。宋朱翼中《北山酒经》论述了中国古代造酒的起源、造酒方法等。

六艺之一录（外二种）（全九册）

［清］倪涛等撰

1991 年 8 月 1 版 1 次

精装 221.10 元

32 开　2970 页

六艺为古代教育中的礼、乐、射、御、书、数。本书专论书法，故称"六艺之一"。清倪涛《六艺之一录》共分六集，一金器款识，二刻石文字，三法帖论述，四古今书体，五历朝书论，六历朝书谱。凡六书异同、八法变化，以及刊刻墨迹之源流得失，无不搜辑。该书仅为"四库全书"收录，别无刻本。本社另有"六艺之一录目录和引得"一书，可配套使用。邹一桂《小山画谱》为现知最早的专论花卉画法的理论著作。蒋骥《传神秘要》是中国人物画法的理论著作。

山川风情丛书

南方草木状（外十二种）

［晋］嵇含等撰

1993 年 12 月 1 版 1 次

精装 18.35 元

32 开　290 页

本册包括晋嵇含《南方草木状》、梁宗懔《荆楚岁时记》、唐段公路《北户录》、唐莫休符《桂林风土记》、唐刘恂《岭表录异》、宋宋祁《益部方物略记》、宋范致明《岳阳风土记》、南宋孟元老《东京梦华录》、宋张敦颐《六朝事迹编类》、宋王十朋《会稽三赋》、宋龚明之《中吴纪闻》、宋范成大《桂海虞衡志》、宋周去非《岭外代答》，记载了各地岁时节令、风物故事、草木虫鱼鸟兽和山川古迹等。

洛阳伽蓝记(外七种)

[后魏]杨衒之等撰

1993 年 12 月 1 版 1 次

精装 28.25 元

32 开　425 页

后魏杨衒之《洛阳伽蓝记》记述北魏洛阳城佛寺的兴隆景象,兼叙轶事。唐陆广微《吴地记》记叙苏州一带的古迹名胜,地理沿革。宋宋敏求《长安志》、元李好文《长安志图》考订长安古迹,绘制城坊、宫殿图。宋李格非《洛阳名园记》记载宋代洛阳名园别墅景点胜迹。宋程大昌《雍录》杂记关中城苑宫殿、山水、郡县的沿革变迁。宋邓牧《洞霄图志》记述余杭的道教福地洞霄宫的沿革、人物、山水、古迹。明李濂《汴京遗迹志》,为研究开封历史地理的重要著作。

南岳小录(外四种)

[唐]李冲昭等撰

1993 年 12 月 1 版 1 次

精装 27.20 元

32 开　417 页

《南岳小录》唐李冲昭撰,记南岳衡山的五峰三涧,宫观祠庙。《庐山记》宋陈舜俞撰,记载庐山南北山水之胜。《赤松山志》宋倪守约撰,记叙赤松山的物产、山水、人物、碑籍等。《西湖游览志》明田汝成撰,记西湖名胜及有关传说人物掌故等,后附《西湖游览志馀》。《桂胜》明张鸣凤撰,记述桂林山水,历代题咏等。

游城南记(外五种)

[宋]张礼等撰

1993 年 12 月 1 版 1 次

精装 31.20 元

32 开　492 页

《游城南记》宋张礼撰,记唐都邑旧迹。《河朔访古记》元纳新撰,记山川古迹及金石遗文。《徐霞客游记》明徐宏祖撰,以日记形式记述旅行观察所得。《佛国记》南朝宋法显撰,记载往天竺求佛经所经历约三十国山川风物。《大唐西域记》唐玄奘撰、辩机译,记五天竺的山川、城邑、物产、习俗等。《宣和奉使高丽图经》宋徐兢撰,记载高丽的山川、风俗、典章制度、接待使者的仪文、海上往来的道路等。

岁时广记　月令辑要

[宋]陈元靓等撰

1993 年 12 月 1 版 1 次

精装 24.00 元

32 开　366 页

《岁时广记》宋陈元靓撰,记载四时月令,异闻风俗。《月令辑要》清李光地等撰,记月令四时,附以五行、生旺、调摄、占候诸说。

诸蕃志(外十三种)

[宋]赵汝适等撰

1993 年 12 月 1 版 1 次

精装 30.55 元

32 开　488 页

《诸蕃志》宋赵汝适撰,《溪蛮丛笑》宋朱辅撰,《真腊风土记》元周达观撰,《岛夷志略》元汪大渊撰,《朝鲜赋》明董越撰,《海语》明黄衷撰,《东西洋考》明张燮撰,《赤雅》明邝露记,《朝鲜志》明不著撰人,《皇清职贡图》清傅恒等撰,《异域录》清觉罗图理琛撰,《海国闻见录》清陈伦炯撰,大多记载了我国少数民族地区和一些邻国的风情、名迹、物产等。《职方外纪》明西洋艾儒略撰,《坤舆图说》清西洋南怀仁撰,介绍了西方对世界地理的知识。

都城纪胜　梦粱录(外八种)

[宋]吴自牧等撰

1993 年 12 月 1 版 1 次

精装 19.40 元

32 开　302 页

《都城纪胜》记载南宋都城杭州的街坊店铺、园林建筑等,尤以杂技和说唱部分为研究者所重视。《梦粱录》宋吴自牧撰,记南宋临安的风俗、物产等。宋周密撰《武林旧事》,明朱廷焕补《增补武林旧事》系追述南宋临安旧事。《岁华纪丽谱》元费著撰,记成都游赏之胜,后附《笺纸谱》、《蜀锦谱》。《吴中旧事》元陆友仁撰,记载吴中轶闻旧迹。《平江记事》元高德基撰,记吴郡古迹兼及谣谚之事。《江汉丛谈》明陈士元撰,记述楚地故事。《闽中海错疏》明屠本畯撰,记载福建所见的海产。

蜀中广记(外六种)(全二册)

[明]曹学佺等撰

1993 年 12 月 1 版 1 次

精装 61.75 元

32 开　1014 页

　　《蜀中广记》明曹学佺撰,搜罗宏富,蜀中掌故大略备具。《益部谈资》明何宇度撰,所纪皆四川山川物产及古今轶事。《颜山杂记》清孙廷铨撰,记山水、风土岁时、物产等。《岭南风物记》清吴绮撰,记岭南气候、物产、草木花竹、鸟兽虫等。《龙沙纪略》清方式济撰,记黑龙江山川、时令、风俗、饮食、物产等。《台海使槎录》清黄叔璥撰,记台湾山川、风土、民俗、物产。《东城杂记》清厉鹗撰,记杭城旧闻遗事。

武林梵志(外五种)

[明]吴之鲸等撰

1993 年 12 月 1 版 1 次

精装 30.80 元

32 开　494 页

　　《武林梵志》明吴之鲸撰,记载杭州城内外寺院创置始末,山川形胜,历代勋迹等。《江城名迹》清陈宏绪撰,对江西南昌、新建二县地,考其名迹。《营平二州地名记》清顾炎武撰,记载古营州、平州古地名。《金退食笔记》清高士奇撰,作者记其所闻兴废事迹。《石柱记笺释》清郑元庆撰,对《石柱记》所载的山川、陵墓、古迹、古器进行注释、考证。《关中胜迹图志》清毕沅撰,记载陕西的地理、名山、大川、古代遗迹。

盘山志　西湖志纂

[清]蒋溥等撰

1993 年 12 月 1 版 1 次

精装 20.85 元

32 开　313 页

　　《盘山志》清蒋溥等撰,此书以图显现盘山的景色,以清朝行宫为主而内外诸景暨峰、岩、寺、观之著名者以次布列。并记载盘山的名胜、物产等。《西湖志纂》清梁诗正、沈德潜等撰,记西湖名胜及有关的艺文,并附图。

四库易学丛书

四库易类丛书(全四十七册)

本社编

1991 年 12 月 1 版 1 次

精装 1740.00 元

32 开　18656 页

　　《易》学在我国源远流长,学派纷呈,著述甚丰。清乾隆中期,四库馆臣将历代有价值的《易》学著作汇编进

《四库全书》经部易类,共 166 部,其中部分是从《永乐大典》中辑出的珍本,是一套较为齐全的《易》学丛书。四库馆臣又为已收或未收书凡 484 部逐一撰写提要,简介作者生平,叙述版本源流,评介群书尤见精粹。本社以文渊阁《四库全书》作底本,将经部易类全部影印出版,按原书分成 47 册,为《周易》研究者提供了丰富的系列资料。

易数钩隐图　大易象数钩深图　易图通变　易筮通变

[宋]刘牧　雷思齐　[元]张理撰

1989 年 11 月 1 版 1 次

1990 年 3 月 1 版 2 次

2.75 元

32 开　110 页

　　刘牧的《易数钩隐图》出于陈抟、种放之学,取河图洛书,参以道家思想,是宋代易学讲述象数较早的一部著作。其中奇偶阴阳之说,为前人所未言。元人张理将陈抟、邵雍之说推广成图,编成《大易象数钩深图》三卷。宋道士雷思齐以为易图之学源于道家,便依据道教理论衍说《易》义。《易图通变》以八卦配河图,说法异于他人。《易筮通变》亦自出新意。

温公易说　横渠易说

[宋]司马光　张载撰

1989 年 11 月 1 版 1 次

1990 年 11 月 1 版 2 次

2.70 元

32 开　108 页

　　“温公”是司马光的封号,他认为用老庄思想解《易》不切合其本旨,遂撰《易说》,其大旨在阐明人事。此书早已亡佚,今本系从《永乐大典》辑出。张载《横渠易说》所言皆真有心得之语,其思想为明末清初王夫之所继承和发展。

东坡易传

[宋]苏轼撰

1989 年 11 月 1 版 1 次

1990 年 4 月 1 版 2 次

2.20 元

32 开　77 页

　　《东坡易传》实为苏氏父子合力创作。苏洵作《易传》,未成而死,嘱其二子述其志。东坡书先成,其弟苏

辙即将自己的研究成果送与兄长。

伊川易传　易翼传

［宋］程颐　郑汝谐撰

1989 年 11 月 1 版 1 次

1990 年 3 月 1 版 2 次

4.35 元

32 开　187 页

　　理学家程颐以儒家学说阐述《易经》义理,撰《伊川易传》。此书尽黜象数而崇义理,自宋以来影响深远。《易翼传》宋郑汝谐撰,即是羽翼程颐《易传》,纠其失,补其缺,对《伊川易传》多有发挥。

汉上易传

［宋］朱震撰

1989 年 11 月 1 版 1 次

1990 年 4 月 1 版 2 次

4.70 元

32 开　204 页

　　本书指摘老庄虚无之失,以象数为宗,阐述陈抟、邵雍河图、洛书、先天之学,并兼采汉以来卦变、互体、伏卦、反卦诸说,推本源流,包括异同,得失互陈。

周易窥馀

［宋］郑刚中撰

1989 年 11 月 1 版 1 次

1990 年 4 月 1 版 2 次

2.70 元

32 开　107 页

　　《伊川易传》主义理,《汉上易传》宗象数,郑氏参酌两家,兼取象义,发其所未尽,窥窃易家馀意缀辑成书,故名《周易窥馀》。大旨兼采汉学而增以新义。原书久佚,今本系从《永乐大典》辑出。

易原　复斋易说

［宋］程大昌　赵彦肃撰

1990 年 1 月 1 版 1 次

2.25 元

32 开　85 页

　　宋程大昌《易原》根据系辞,对《周易》大义深有发明。此书原本已佚,今本是从《永乐大典》辑录的。赵彦肃推寻卦画,从象数求义理,《复斋易说》研搜易爻,取意

深密,治《易》极有心得。

原本周易本义　朱文公易说

［宋］朱熹撰　朱鉴编

1989 年 11 月 1 版 1 次

1990 年 11 月 1 版 2 次

6.50 元

32 开　291 页

　　这部《周易本义》,是朱熹《本义》的原本,对于准确领悟朱熹易学之意旨及考订书籍版本,皆极有价值。朱熹平日与朋友论难及授徒时的论《易》之言,散见于语录和文集中,朱熹长孙朱鉴采集语录,汇辑编成《朱文公易说》。

周易义海撮要

［宋］李衡撰

1989 年 11 月 1 版 1 次

1990 年 4 月 1 版 2 次

4.20 元

32 开　180 页

　　宋人房审权独取专明人事、合于儒道者凡百余家,编成《周易义海》。宋李衡认为其书尚有意义重复、文词冗琐者,乃加以删定,又增益《伊川》、《东坡》、《汉上》等易传,并补缀杂论以抒己见,取名为《周易义海撮要》。

杨氏易传

［宋］杨简撰

1990 年 1 月 1 版 1 次

2.85 元

32 开　114 页

　　杨简是心学大师陆九渊的弟子,所以他解《易》唯以人心为主,而象数事物皆在所略。杨氏谈《易》多入于禅学,可以说是引佛理阐述《易经》的首倡者。

周易玩辞

［宋］项安世撰

1990 年 1 月 1 版 1 次

3.05 元

32 开　123 页

　　项安世之学虽宗程颐《易传》,但立说与程传不同,程氏务求阐明义理,安世则兼采象数而求其意。此书世无传本,今本是采集《永乐大典》所载汇编而成的。

诚斋易传

[宋]杨万里撰

1990 年 12 月 1 版 1 次

3.25 元

32 开 134 页

　　本书大旨依据程氏,而对于卦爻之辞,皆引证史事,是引史讲《易》的主要著作。

童溪易传

[宋]王宗传撰

1990 年 1 月 1 版 1 次

4.50 元

32 开 196 页

　　南宋王宗传学宗王弼,撰《童溪易传》30 卷,力斥象数之弊,而唯凭人心悟力。以禅释《易》一派,实开始于杨简和王宗传。

周易传义附录

[宋]董楷撰

1990 年 1 月 1 版 1 次

7.35 元

32 开 332 页

　　董楷合《周易》程氏传、朱子本义为一书,又博采二家遗说作为附录,使互相发明。

周易集说　读易举要

[宋]俞琰撰

1990 年 1 月 1 版 1 次

5.55 元

32 开 246 页

　　宋人俞琰《周易集说》,历考各派易说,研索经文,浚发新义,为一家之言。俞氏说《易》多主朱熹,而《读易举要》不从朱子卦变之说,更近近自然;其易图多祖邵雍,而此书论元亨利贞,不宗起数于四之言,也言之有理。原书散佚已久,今本是从《永乐大典》辑出的。

易纂言　易纂言外翼

[元]吴澄撰

1990 年 1 月 1 版 1 次

3.75 元

32 开 158 页

　　吴澄以象占演《易》,编纂《易纂言》。此书用吕祖谦古《易》改定经文,注释词简理明,在元代说《易》诸家中,堪称巨擘大家。吴澄另撰《易纂言外翼》,以羽翼《易纂言》。原本久佚,今本是从《永乐大典》辑出的。

大易缉说

[元]王申子撰

1990 年 1 月 1 版 1 次

3.60 元

32 开 150 页

　　元代王申子隐居慈利州天门山达 30 年,纂《大易缉说》,分析纬图以追溯伏羲画卦之缘由,错综河图洛书以排定文王位卦之次序,参照上系下系以审察先圣设卦系辞之意旨,根据成卦之爻以发明前人立象取义之原因。

周易会通

[元]董真卿撰

1990 年 1 月 1 版 1 次

6.25 元

32 开 280 页

　　董真卿采摘各派易学精华,兼取象数、义理两家,以持其平,称为“会通”。

周易爻变易缊

[元]陈应润撰

1990 年 1 月 1 版 1 次

2.60 元

32 开 102 页

　　陈应润论八卦只依据《说卦传》,每爻多证以史事,通过卦象以显示吉凶。此书没有门户之见,兼用《左传》及西汉焦赣、京房的古义旧法,在元代诸易家中别具一格。

周易集注

[明]来知德撰

1990 年 1 月 1 版 1 次

5.05 元

32 开 220 页

　　明来知德空山独处,经 29 年而成《周易集注》,专取系辞错综其数之说,用错卦、综卦论《易》象,其注皆先释象义、字义及错综义,然后训释本卦、本爻本义。参互旁通,自成一说,在当时被推为绝学。后来陈梦雷撰《周易浅述》,有一部分取材于此书。

御纂周易折中

［清］李光地等撰

1990 年 1 月 1 版 1 次

6.45 元

32 开　288 页

　　清康熙皇帝令大学士李光地等搜集群言,编成一书,以为易学准绳。李光地等编纂此书,大旨根据程朱之学,但对于其他诸家训解,只要可以发明经义,皆兼收并蓄;以图说为首,殿以启蒙。

周易稗疏　易图明辨

［清］王夫之　胡渭撰

1990 年 1 月 1 版 1 次

2.95 元

32 开　118 页

　　《周易稗疏》是王夫之读《易》时的随笔札记,引据训诂,考求古义,是释《易》诸家中最有根据的。清胡渭《易图明辨》,专为辨斥宋儒易学之"河图洛书"而作。对于阐明《易经》大旨,深为有功。

推易始末　春秋占筮书　易小帖

［清］毛奇龄撰

1990 年 1 月 1 版 1 次

2.05 元

32 开　76 页

　　清人毛奇龄既记述其兄锡龄《易》说,又取汉唐宋以来诸儒之言卦变者,别加综核,编成《推易始末》。毛奇龄又采摭《春秋》内外传中凡有得于占筮者,汇记成《春秋占筮书》,根据《春秋》诸占以推三代筮法,探究《易》的本旨。《易小帖》是毛奇龄的门人记录的毛氏平时论《易》之言,此书引征古义,以纠近代之失。

仲氏易

［清］毛奇龄撰

1990 年 3 月 1 版 1 次

3.65 元

32 开　154 页

　　清代毛锡龄深入研究《周易》,但未曾著书。他的弟弟毛奇龄记述锡龄遗说,参以己意,编成这部易学专著,而以"仲氏"为名。本书大旨以为《易》兼五义,一曰变易,一曰交易,一曰反易,一曰对易,一曰移易。其言大致有所依据,发前人之所未发。

周易述

［清］惠栋撰

1990 年 1 月 1 版 1 次

3.70 元

32 开　156 页

　　本书主要发挥汉儒的易学,以荀爽、虞翻为主,参以郑玄、宋咸、干宝诸家之说,融合其义,自注自疏,为研究汉代易学的必读书籍。

易汉学　易例

［清］惠栋撰

1990 年 1 月 1 版 1 次

1.90 元

32 开　70 页

　　清惠栋《易汉学》历考汉《易》宗派源流,末卷阐述汉《易》义理,以辨正河图洛书、先天太极等说的谬误。惠栋又采摭各家易学精义,编成《易例》,研究汉儒之传以发明《易经》本例,从中可见先儒作《易》的大纲。

四库术数类丛书

四库术数类丛书(一)

［汉］扬雄等撰

1990 年 10 月 1 版 1 次

1995 年 6 月 1 版 11 次

精装 24.70 元

32 开　550 页

　　本册包括《太玄经》、《太玄本旨》、《元包经传》、《潜虚》、《皇极经世书》5 种,为术数类数学之属。

四库术数类丛书(二)

［宋］张行成撰

1990 年 10 月 1 版 1 次

1995 年 6 月 1 版 11 次

精装 17.90 元

32 开　364 页

　　本册包括《皇极经世索隐》、《皇极经世观物外篇衍义》、《易通变》3 种,为术数类数学之属。

四库术数类丛书(三)

［宋］祝泌等撰

1990 年 10 月 1 版 1 次

1995 年 6 月 1 版 11 次

精装 18.50 元

32 开　382 页

　　本册包括《观物篇解》、《皇极经世书解》、《易学》、《洪范皇极内篇》4 种,为术数类数学之属。

四库术数类丛书(四)

[宋]鲍云龙等撰

1990 年 10 月 1 版 1 次

1995 年 6 月 1 版 11 次

精装 17.30 元

32 开　350 页

　　本册包括《天原发微》、《太衍索隐》、《易象图说》、《三易洞玑》4 种,为术数类数学之属。

四库术数类丛书(五)

[北周]庾季才　[唐]瞿昙悉达撰

1990 年 10 月 1 版 1 次

1995 年 6 月 1 版 11 次

精装 23.90 元

32 开　528 页

　　本册包括《灵台秘苑》、《唐开元占经》2 种,为术数类占候之属。

四库术数类丛书(六)

[汉]京房等撰

1991 年 1 月 1 版 1 次

1995 年 6 月 1 版 11 次

精装 22.70 元

32 开　493 页

　　本册包括《宅经》、《葬书》、《撼龙经》(附《疑龙经》、《葬法倒杖》)、《青囊奥语》、《天玉经》、《灵城精义》、《催官篇》、《发微论》,为术数类相宅相墓之属;《灵棋经》、《焦氏易林》、《京氏易传》、《六壬大全》、《卜法详考》,为术数类占卜之属。

四库术数类丛书(七)

[宋]徐子平等撰

1991 年 1 月 1 版 1 次

1995 年 6 月 1 版 11 次

精装 20.70 元

32 开　437 页

　　本册包括《李虚中命书》、《王照定真经》、《星命溯源》、《珞琭子赋注》、《珞琭子三命消息赋注》、《三命指迷赋》、《星命总括》、《演禽通纂》、《星学大成》9 部书,为术数类命相书之属。

四库术数类丛书(八)

[明]万民英等撰

1991 年 1 月 1 版 1 次

1995 年 6 月 1 版 11 次

精装 23.50 元

32 开　515 页

　　本册包括《三命通会》、《月波洞中记》、《玉管照神局》、《太清神鉴》、《人伦大统赋》、《太乙金镜式经》、《遁甲演义》、《禽星易见》8 种,为术数类命相书之属和阴阳五行之属。

四库术数类丛书(九)

[清]李光地等撰

1991 年 1 月 1 版 1 次

1995 年 6 月 1 版 11 次

精装 23.50 元

32 开　513 页

　　本册包括《御定星历考原》、《钦定协纪辨方书》2 种,为术数类阴阳五行之属。

四库兵家类丛书

四库兵家类丛书(一)

[周]孙武等撰

1990 年 10 月 1 版 1 次

精装 14.90 元

32 开　488 页

　　本册共收兵书 12 部:《握奇经》、《六韬》、《孙子》、《吴子》、《司马法》、《尉缭子》、《黄石公三略》、《三略直解》、《黄石公素书》、《李卫公问对》、《太白阴经》、《武经总要》。

四库兵家类丛书(二)

[宋]许洞等撰

1990 年 10 月 1 版 1 次

精装 11.90 元

32 开　368 页

本册收兵书 5 部：《虎钤经》、《何博士备论》、《守城录》、《武编》、《阵法》。

四库兵家类丛书（三）

[明] 郑若曾　戚继光撰

1990 年 10 月 1 版 1 次

精装 13.90 元

32 开　448 页

本册收兵书 3 部：明郑若曾《江南经略》为江南倭寇之患而作；《纪效新书》、《练兵纪实》两书都是戚继光在长期的战争生涯中，所积累的丰富经验的总结。

四库类书丛书

白孔六帖（外三种）（全二册）

[唐] 白居易　陆龟蒙　李瀚　[宋] 吴淑等撰

1992 年 9 月 1 版 1 次

精装 57.50 元

32 开　1008 页

《白孔六帖》，唐白居易撰，宋孔传续。采集典故诗文汇辑而成。《小名录》，唐陆龟蒙撰，录古今小名，共一百数十条。《蒙求集注》，唐李瀚撰，宋徐子光补注。取古人言行美恶，类为四字韵语。《事类赋》，北宋吴淑撰，分天、岁时、地、宝货、乐、服用、饮食、禽、兽、草木、果、虫等 14 部，每目作赋一首，逐句加注，注中所引文献，今多不传。类书以偶句隶事，早已有之，联而为赋，则自此书始。注赋出于一手，事无舛误，为人推重。

太平御览（全九册）

[宋] 李昉　扈蒙等撰

1994 年 8 月 1 版 1 次

精装 258.60 元

32 开　3732 页

本书是著名的宋初四大书之一。分为天、时序、地、皇王、州郡、职官、礼仪、乐、文、刑、疾病、工艺、珍宝、布帛、百谷、火等 55 部，5363 类（又附 63 类）。引用书达 2579 种，在现存古类书中，保存五代以前文献最夥。对于考索史事名物，辑录校勘古籍，作用极大。四库本系用两种明刻本参校而成，有一定版本价值。

锦绣万花谷

[宋] 不著撰人

1991 年 8 月 1 版 1 次

精装 29.50 元

32 开　538 页

综合型类书。分类编列，每类先列事物，后录诗文。全书摘自"古人文集、佛老异书、百家传记、医技稗官、齐谐小说、荒录怪志"，集"古今之物，天下之可闻可记者"于一体，包罗宏富，不少散佚之书借此以存，全书每类后附录诗篇亦多逸章遗篇，可作为辑佚的珍贵资料。此书成于淳熙中，广为流传。

群书考索（全三册）

[宋] 章如愚撰

1992 年 12 月 1 版 1 次

精装 82.30 元

32 开　1418 页

全书分经、史、子、礼、乐、律、历、刑、地理、图书、经籍等门，门下有类，类下有目。辑集自先秦至宋代文献材料，比类叙事。尤详于宋朝时政，保存了丰富的宋代文史资料。

群书会元截江网

[宋] 不著撰人

1992 年 8 月 1 版 1 次

精装 16.50 元

32 开　280 页

宋代备应试用的一部政事型类书。全书分圣制、法祖、马政等 34 类，各类列"历代事实"、"宋朝事实"、"经传格言"、"名臣奏议"等名目，广征诸书中有关论述，并有排偶成句，以备引用。所引注有出处，所采诗文，多录全篇，于宋代事迹议论，采录详备。

海录碎事

[宋] 叶庭珪撰

1992 年 2 月 1 版 1 次

精 27.90 元

32 开　500 页

类事之书。其特点以搜集新奇字句、编辑简要取胜，保存了不少轶闻琐事。为南宋类书中的佳编。叶氏之诗，老而益工，得此书之力甚多。

玉海 附辞学指南　小学绀珠　姓氏急就篇　小字录　鸡肋　六帖补（全六册）

[宋] 王应麟等撰

1992 年 7 月 1 版 1 次

精装 131.35 元

32 开　2250 页

　　《玉海》分天文、律宪、地理等 21 门，征引广博，多为后来史志所未详。所附王应麟《辞学指南》多讲作文之法。《小学绀珠》以数目字为纲，以所统之词目系于其下。这种编撰法在类书中别创一格，颇便记忆。《姓氏急就篇》以姓氏字排纂成便于记诵的短句，其中包涵不少名物典故，相当于一本百家姓。《小字录》宋陈思撰，专门纂辑历代帝王、名人小名。《鸡肋》宋赵崇绚撰，主要采撷古事中名目相同、相似或同名异实者。《六帖补》宋杨伯嵒撰，专为白居易、孔传所撰《白孔六帖》拾遗补缺。

古今合璧事类备要（全三册）

[宋]谢维新撰

1992 年 9 月 1 版 1 次

精装 66.00 元

32 开　1130 页

　　全书共 366 卷，前集分天文、地理、岁时、师友、科举等 40 门；后集 51 门，多涉职官制度；续集 15 门，多涉姓氏称谓；别集 20 门，有城邑、植物、动物等；外集 37 门，为典礼、音乐等。每类首冠总论，次为事实，后为诗文。足资考证补阙。

事物纪原　实宾录　书叙指南

[宋]高承　马永易　任广等撰

1992 年 8 月 1 版 1 次

精装 20.60 元

32 开　325 页

　　《事物纪原》宋高承撰，以阎敬刊十卷本稍优，此即阎敬本。自天地生植、礼乐刑政，以至博弈嬉戏、鸟兽虫鱼，皆考索古书，辩证异同，详其事实，注明出典。《实宾录》宋马永易撰，文彪续补。采古人殊名别号，以类相从。《书叙指南》宋任广撰，采录经传成语，以备尺牍之用。

古今事文类聚（全五册）

[宋]祝穆　[元]富大用　祝渊撰

1992 年 9 月 1 版 1 次

精装 121.40 元

32 开　3991 页

　　本书前、后、续、别集宋祝穆撰，新、外集元富大用

撰，遗集元祝渊撰，共七集 236 卷。分天道、地道、帝系、人道、仙佛等 49 部，每部又各分"群书要语"、"古今事实"、"古今文集"三项，"古今文集"中所采诗文，多录全篇。四库所采为元刻本。

记纂渊海（全三册）

[宋]潘自牧撰

1992 年 12 月 1 版 1 次

精装 71.80 元

32 开　1193 页

　　全书分论议、性行、识见、人伦、人道、人情、人事及郡县、职官、选举等部，部下分类，标出经、史、子、传记、文集、本朝六段罗列材料。所引诗文，详注出处，其间颇多已佚之书。

职官分纪　历代制度详说　八面锋

[宋]孙逢吉　吕祖谦　陈傅良撰

1992 年 12 月 1 版 1 次

精装 31.70 元

32 开　558 页

　　《职官分纪》宋孙逢吉撰，述历代制度沿革，并记居官者姓名事迹掌故，至宋神宗、哲宗时止。所引书现有的已佚。此书除四库本外，仅有抄本流传。《历代制度详说》宋吕祖谦撰，分学校、赋役、漕运、盐法等 13 门，列举自古至宋制度，详加议论。《八面锋》宋傅良撰，分 88 纲目，隐括史事，约略论述。

古今源流至论

[宋]林駉　黄履翁撰

1992 年 5 月 1 版 1 次

精装 20.60 元

32 开　327 页

　　本书又称《新笺决科源流至论》，内容多关经史子典籍、学派和朝政典章。此书即专为科举考试而著，于经史百家之异同，历代制度之沿革，分类叙述，尚有条理。尤详于宋代掌故。

翰苑新书（全二册）

[宋]不著撰人

1991 年 8 月 1 版 1 次

精装 39.90 元

32 开　710 页

政事文章型类书。汇录古代职官、考试史料及书启表笺之文。每门之中，以历代事实、皇朝事实等为纲，罗列典故熟语，注明出处。此书虽为应制酬对谢恩陈乞应用而编，但征引史料颇丰，而于宋代史实尤为赅备。

全芳备祖集

[宋]陈景沂撰
1992 年 5 月 1 版 1 次
精装 20.00 元
32 开　290 页

我国第一部以花木果蔬等植物为内容的博物型类书。全书分花、果、卉、木、农、桑、蔬、药 8 部。每部分列物名，介绍诸书有关该物的论述；以五、七言诗汇集诸家诗赋。所载多有他书未及与原集已散佚者，以南、北宋最为详备。

名贤氏族言行类稿（附索引）

[宋]章定撰
1994 年 8 月 1 版 1 次
精装 32.20 元
32 开　476 页

宋代的一部人名大辞典，所收为先秦至宋历代名人。每姓先叙源流，再以时代先后编列该姓名人之事迹言行，取材于谱牒传记。列 1189 姓，对宋代名人纪述最详，往往为史传所未备。附新编人名索引。

古今姓氏书辩证　帝王经世图谱（附索引）

[宋]邓名世　唐仲友等撰
1994 年 8 月 1 版 1 次
精装 26.10 元
32 开　356 页

《古今姓氏书辩证》考证姓氏源流，依韵编排，长于论辩，大抵以《左传》、《国语》为主，自《风俗通》以下，择善从之，可补史传之缺。附新编姓氏索引。《帝王经世图谱》以《周礼》为纲，撮取诸经史传，提要勾玄，凡天文地志、礼乐刑政、阴阳度数、郊庙学校等，各为总说，系以图谱。此书四库本据《永乐大典》辑出重编。

万姓统谱附氏族博考（附索引）（全二册）

[明]凌迪知撰
1994 年 8 月 1 版 1 次
精装 80.40 元

32 开　1236 页

本书是集姓氏考证与名人言行事迹为一体的大型类书。作者在古代姓氏考证著述的基础上，博采自上古至明代姓氏资料，按韵排次，将历代名人事迹言行分隶各姓之下，合谱牒史传为一书。末附《氏族博考》。有新编人名索引。

同姓名录附录补　说略

[明]余寅　顾起元撰
1992 年 6 月 1 版 1 次
精装 25.70 元
32 开　451 页

《同姓名录》起自三皇，下迄于元代，凡历史上有名人物而姓名相同者，都汇录在一起，并简要引证，是一本同姓名词典。《说略》杂采小说笔记文，分象纬、方舆、时序、官仪、人纪、史别、书画、服饰、卉笺、虫注等类，对了解中国民俗文化也有一定的参考价值。

韵府群玉

[元]阴到弦　阴复春编
1991 年 8 月 1 版 1 次
精装 22.80 元
32 开　342 页

我国现存较早的辞藻典故型类书，按韵排列。每韵下列天文、地理等事目，各字义及条目，注明典故出处。既是类书，又可当作字典、辞典运用。

骈志

[明]陈禹谟撰
1993 年 12 月 1 版 1 次
精装 20.85 元
32 开　334 页

全书采录大量古代生动活泼的故事遗闻，并将每两条相类的事迹写成对偶句，排列在一起，然后注明其出处。下面便作解释，偶尔还作考证。书中包含历史、文学、天象、动物、植物等丰富知识，有神话传说，也有趣闻奇事。

古俪府

[明]王志庆编
1992 年 9 月 1 版 1 次
精装 19.30 元

32 开　320 页

　　本书采撷汉魏六朝至宋以前各种文体中的精美篇章,分天文、地理、岁时、帝王、职官、礼、乐、道术、文学、物类等18部,仿欧阳询《艺文类聚》体例,或录全篇,或录段落。

喻林（全二册）

[明]徐元太撰

1992 年 8 月 1 版 1 次

精装 47.80 元

32 开　837 页

　　这是一部以设喻、比兴之词汇编而成的类书。全书共分造化、人事、德行、文章、物宜等10门,各门再分子目。设喻、比兴之词录自经史子集及道佛典籍,每条都注明出处。汇集比喻之词成书者,本书为首创。

图书编（全五册）

[明]章潢撰

1992 年 9 月 1 版 1 次

精装 126.30 元

32 开　2105 页

　　大型综合性类书。辑录前代典籍中的图谱释文,间附考证,分类排比成书。包括经义、象纬时历、地理、人道典制、诗学多识等类。汇事兼重议论,叙事兼重文采。全书主旨,重经世致用之学。

山堂肆考（全五册）

[明]彭大翼撰　张幼学增定

1992 年 12 月 1 版 1 次

精装 117.10 元

32 开　1955 页

　　大型综合性类书。辑录群书故实,类编成帙。分宫、商、角、徵、羽 5 集,集下分门,有天文、时令、地理、学校、政事、人品、性行、文学、人事、诞育、释教、道教、神祇、仙教、音乐、技艺、珍宝、币帛、衣服、饮食、果品、树木、昆虫等门。

广博物志（全二册）

[明]董斯张撰

1992 年 9 月 1 版 1 次

精装 35.20 元

32 开　571 页

本书增广晋张华《博物志》,改变其体例,辑录唐以前文献中有关事物起源的资料。分天道、时序、地形、人伦、艺苑、食饮等22门,引征丰富。

天中记（全三册）

[明]陈耀文撰

1991 年 8 月 1 版 1 次

精装 79.50 元

32 开　1415 页

　　综合型类书。本书按天文、地理、人事等分门别类,注明材料来源。对一些古籍或类书中的舛谬之处多能加以抉摘考订,有所发明,为过去类书所未及,使用价值颇高。

经济类编（全四册）

[明]冯琦　冯瑗等编

1991 年 8 月 1 版 1 次

精装 97.25 元

32 开　1600 页

　　政事型大类书。全书分帝王、政治、臣、谏诤、文学、天地、人品等23 大类,再分子目,达八千余目。各条目之下既录历史事迹,又兼引议论精当的名文名篇,援引原书,多翔实有据。

荆川稗编（全三册）

[明]唐顺之撰　　[明]左烝第一相考订

1991 年 8 月 1 版 1 次

精装 69.20 元

32 开　1266 页

　　本书是汇编历代名人各类学术论文和政论文的大型类书。以儒家经典为主,兼采诸子百家和历代史传文集。引书多录全篇,故既为类书,又是大型论文总集,编著者唐顺之是明代著名学者、文学家,所选名篇大都议论精彩,文采富赡。

格致镜原（全二册）

[清]陈元龙撰

1992 年 9 月 1 版 1 次

精装 45.15 元

32 开　775 页

　　全书辑录日用器具、手工机械、农业技术等科技史方面的资料,每物必探其源流。共分乾象、坤舆、身体、饮食、珍宝、文具、日用器物、谷、蔬、木、草、花、鸟等30类,下又分886子目。考订名物,翔实精核,堪称一部古代的小百科知识全书。

渊鉴类函（全十二册）

[清]张英等撰

1993年9月1版1次

精装292.80元

32开 5010页

    大型综合性类书。全书分45部,略仿《艺文类聚》,每部又分若干类。每一类中,首为"释名"、"总类"、"沿革"、"缘起",引录字书及其他典籍,次为典故、对偶、摘句、诗文,按体裁排纂,皆注出处。全书字数倍于《太平御览》,差可为古类书之总汇。

读书纪数略（附索引）

[清]宫梦仁撰

1994年8月1版1次

精装30.20元

32开 440页

    全书专收含有数目字的词条并加以诠释。分天、地、人、物4大纲,54子目。本书在王应麟《小学绀珠》、张九韶《群书拾唾》的基础上,增录宋、元、明事,故内容更为完备。附新编词条索引。如果想了解古书中诸如"六十四卦"、"二十八宿"、"三秦"、"唐六镇"、"大衍历十二议"等带有数目字词条的含义时,查阅此书最为便捷。

四库医学丛书

黄帝内经素问　灵枢经　难经本义　针灸甲乙经

[唐]王冰等编注

1991年4月1版1次

1994年12月1版2次

精装18.00元

32开 362页

    《黄帝内经》包括《素问》与《灵枢》两部书,是我国现存最早,并奠定中医学理论基础的医学经典文献。《难经本义》以设难答疑的形式解答和发挥《内经》的理论问题,开后世命门学之先河,被誉为注释《难经》之范本。《针灸甲乙经》归纳《灵枢》、《素问》、《明堂孔穴针灸治要》之理论精要,是我国医学史上第一部针灸专书。

备急千金要方　银海精微

[唐]孙思邈撰

1991年4月1版1次

1994年4月1版2次

精装25.15元

32开 540页

    孙思邈是唐代著名医学家,长期行医民间,采种中药,研究医药。《备急千金要方》是他结合临床经验,并对唐以前医学资料整理总汇的结晶。他的《银海精微》是一部眼科专著,首倡"五轮八廓"学说(即注重目疾与体内各部位的内在联系),为历代眼科学家所遵循。

外台秘要方（全二册）

[唐]王焘撰

1991年4月1版1次

1994年4月1版2次

精装39.60元

32开 700页

    《外台秘要方》是继孙思邈《千金要方》之后又一部综合性医学巨著。网罗甚广,诸科俱全,论理精丰。收方六千余首,保存了我国唐代以前大量的珍贵医学资料。其编次大致为内科、五官、外科、二阴、中恶、金疮、大风、丸药、幼妇、乳石、灸法、虫兽伤等。

颅囟经（外十种）

[宋]不著撰人

1991年4月1版1次

1994年4月1版2次

精装22.40元

32开 340页

    《颅囟经》是我国现存最早的儿科专著,对小儿生理特点概括精治,对后世儿科医家影响颇深。《铜人针灸经》论述二百九十余个俞穴的部位,并绘有十二人形图。《博济方》系王衮搜集秘方和验方的汇编。《苏沈良方》采沈括的药方和苏轼的医学杂说而成,记有各科简易有效的疗法,所载本草多可资药物研究参考。董汲《旅舍备要方》根据旅途易患病和就医难的特点,集简便易行药方百余首,常能救人危急。《伤寒微旨论》和《伤寒总病论》均是研究《伤寒论》较有影响的著作。

圣济总录纂要

[宋]徽宗敕编

1991 年 4 月 1 版 1 次
1994 年 4 月 1 版 2 次
精装 18.80 元
32 开　276 页

　　原书 200 卷，载方二万多首，每一病证均先论病因、病理，次列方药治疗，是宋代著名医学巨著。其中首列 60 年运气图，强调运气和疾病治疗的关系，曾对金、元、明、清的运气学产生深远影响。清程林收集残帙，辑为《纂要》二十六卷。

证类本草

[宋]唐慎微撰　　[宋]曹孝忠校
1991 年 4 月 1 版 1 次
1994 年 12 月 1 版 2 次
精装 29.60 元
32 开　576 页

　　本书系统集录唐宋以前医药名著中有关药物资料，保存了大量六朝、唐宋亡佚书，对前贤记载的药物产地、炮制、采集等作考订和补充，并绘有清晰精致的药草图，堪称集宋前药物学之大成的著作。

全生指迷方(外五种)

[宋]王贶等撰
1991 年 4 月 1 版 1 次
1994 年 4 月 1 版 2 次
精装 22.90 元
32 开　424 页

　　《全生指迷方》和《传信适用方》主述内科疾病的治疗，《卫济宝书》主述外科痈疽的治疗。《小儿卫生总微论方》集南宋以前儿科大成，记载初生婴儿至成童常见疾病的预防和治疗以及调护和喂养。《类证普济本事方》是对后世医学发展产生重大影响的一部方书。特点是处方简单，选药精当，重视药物炮制质量，讲究临床疗效。《太平惠民和剂局方》是由朝廷组织编撰的一部成方成药著作，比较实用可靠。

医说　针灸资生经　妇人大全良方

[宋]张杲 宋执中 陈自明撰
1991 年 4 月 1 版 1 次
1994 年 4 月 1 版 2 次
精装 22.15 元
32 开　496 页

　　《医说》系第一部医史医治著作，摘录历代名医传记，介绍医学名著简况；广收本草、验方及各种疾病诊法、治则等。《针灸资生经》考证和增补俞穴，于灸法论述尤详。《妇人大全良方》记叙经、孕、产、带等八门所属诸疾的诊断、治疗，及防护卫生措施，是妇产科名著，对后世影响颇深。

太医局诸科程文格(外五种)

[宋]何大任等编
1991 年 4 月 1 版 1 次
1994 年 4 月 1 版 2 次
精装 18.90 元
32 开　271 页

　　《太医局诸科程文格》是专供学子应试之用的医学大纲。《产育宝庆集》和《产宝诸方》述妇女临产及产后诸病症的诊治和医方。《集验背疽方》为外科痈疽专书。《三因极一病证方论》不仅是一部方书，而且是中医病因学专著，其论点在中医史上影响较大。《济生方》比较重视肾在人体中的作用，其中补肾益脾方剂，均为历代医家习用名方。

仁斋直指(外四种)

[宋]杨士瀛等撰
1991 年 4 月 1 版 1 次
1994 年 12 月 1 版 2 次
精装 24.90 元
32 开　470 页

　　《仁斋直指》多载历代诸家有效之方和家传之方。为阅者"直指"捷径。《急救仙方》于背疮、疔疮、眼科、痔症所载证治尤详。刘完素，金代著名医家，《素问玄机原病式》等三书为其结合临床经验，发挥《内经》、《伤寒》之作。《宣明方论》述内科杂病的诊治方药，《伤寒直格方》创"秽气"、"秽毒"致病说，两书对后世温热病学派发展颇有影响。

病机气宜保命集(外七种)

[金]张元素等撰
1991 年 4 月 1 版 1 次
1994 年 12 月 1 版 2 次
精装 26.80 元
32 开　512 页

　　《病机气宜保命集》主要对风、暑、燥、湿、寒等病邪的病机及运气等，作了详细探讨，于证脉多有阐明。《儒门事亲》名目虽碎,总离不开用"攻"的宗旨,对"汗吐下"三法应用,作了详细论述。《内外伤辨惑论》大旨以培补脾胃为主。《脾胃论》是脾胃论代表作。《秘藏》所创方剂治内伤杂病很有效。《此事难知》于伤寒证治尤详。《元戎》以论述伤寒杂证为主。《本草》记述了金元时期药物学理论发展新成就。

瑞竹堂经验方(外八种)

[元]沙园穆苏等编
1991 年 4 月 1 版 1 次
1994 年 12 月 1 版 2 次
精装 26.20 元
32 开　498 页

　　《瑞竹堂经验方》分调补、消导等内外妇幼各科,内如八珍散等,迄今仍应用。《世医得效方》分证详细,载方至多。其中尤其骨伤科诊治内容,最为丰富。《格致馀论》为养阴派代表作。《扁鹊神应针灸玉龙经》编成歌诀,浅近易懂,是切合临床实用针灸书。《外科精义》包括内服外治诸法及 147 首方药,倡导攻补兼施,内外兼治,是一部实用的外科临床书。《脉诀刊误》对每一脉象的体状、诊法和主病均作了较详解释。《医经溯洄集》极论内外伤、中风、中暑之辨,颇多卓见。

普济方(全十五册)

[明]朱橚等编
1991 年 4 月 1 版 1 次
1994 年 4 月 1 版 2 次
精装 392.20 元
32 开　6132 页

　　本书是我国历史上收方最多的一部书。具体内容有总论、脏腑身形、伤寒杂病、外科、妇科、儿科、针灸等,对疾病疗法,搜罗齐全,且于一证之下,备列诸方。

玉机微义　仁瑞录

[明]徐用诚辑　徐谦撰
1991 年 4 月 1 版 1 次
1994 年 12 月 1 版 2 次
精装 28.60 元
32 开　454 页

　　《玉机微义》搜罗广泛,自《内经》以下,诸家医论悉予采入,并善于折衷其要,于论病因诊治,无不疏通其源流。《仁瑞录》专论治痘之法,分别五脏及经络传变,条

列方论。

薛氏医案(全二册)

[明]薛己撰
1991 年 4 月 1 版 1 次
1994 年 12 月 1 版 2 次
精装 45.00 元
32 开　828 页

　　本书裒辑薛己及其父薛铠所撰著和校注的医书 24 种。薛己撰有《内科摘要》、《外科枢要》等 10 种;校注有《明医杂著》、《妇人良方》等 5 种;校有《难经本义》等 6 种。薛铠撰有《保婴撮要》,校有《本草发挥》等 2 种。薛己治病大旨以命门为真阴、真阳,而气血为阴阳所化,用八味丸、六味丸直补真阳真阴。常用古方,随机加减,具有至理。

推求师意(外四种)

[明]戴原礼　汪机等编著
1991 年 4 月 1 版 1 次
1994 年 9 月 1 版 2 次
精装 24.75 元
32 开　466 页

　　明戴原礼为朱震亨弟子,《推求师意》既校补《金匮钩玄》,又阐发其未尽之意。朱氏以补阴为主,后世往往矫枉过正,以致苦寒伐生气,原礼能调剂其偏,俾学者得其意不生流弊。

　　《针灸问对》主要论述针刺诸疾及其方法,以及灸法适应证及经络俞穴。《外科理例》全面叙述外科病的证治,并附个人验案及方 265 首。《石山医案》取汪机临床验案编成。《名医类案》辑录明以前历代名医临床医案,附有按语,提示要点。

赤水玄珠　医旨绪馀

[明]孙一奎撰
1991 年 4 月 1 版 1 次
1994 年 4 月 1 版 2 次
精装 30.40 元
32 开　594 页

　　本书论述内外妇幼各科病证、处方,并附诸家治验,为后世推重。《医旨绪馀》为《赤水玄珠》续编。主要以脏腑、气血、经络、腧穴推明阴阳五行之道,对前代诸家学说作了较公正评述。

证治准绳（全五册）

[明] 王肯堂撰

1991 年 4 月 1 版 1 次

1994 年 4 月 1 版 2 次

精装 96.00 元

32 开　1794 页

《证治准绳》又名《六科证治准绳》，叙述每一病证先综述历代医家治验，然后阐述己见。列证详细，有论有方，对后世医学发展颇有影响。

本草纲目（外二种）（全三册）

[明] 李时珍撰

1991 年 4 月 1 版 1 次

1994 年 4 月 1 版 2 次

精装 52.45 元

32 开　1018 页

全书收载药物 1892 种，附方 11096 首，插图一千余幅。每药标正名为纲，附释名为目，分述各药集解、气味、主治、正讹、附方等。对我国本草学发展起了重大作用，而且对矿物、化学、动植物学都有较大贡献。《奇经八脉考》汇集各书中有关奇经八脉资料，并附九道脉图，以阐发《内经》之旨。《濒湖脉学》主要以歌诀形式论述 27 种脉象，介绍相应病证。

伤寒论条辨　先醒斋广笔记　神农本草经疏

[明] 方有执　缪希雍撰

1991 年 4 月 1 版 1 次

1994 年 4 月 1 版 2 次

精装 23.45 元

32 开　436 页

《伤寒论条辨》以图说叙明六经分治和表里病位关系、各种病症治疗方法，是初学《伤寒论》者较为便易的入门书。《先醒斋医学广笔记》记载了大量临床验案效方，内、外、妇、幼兼备。《神农本草经疏》集录药物一千四百余种，是研究药物学理论的重要参考文献。

类经　类经图翼　类经附翼

[明] 张介宾撰

1991 年 4 月 1 版 1 次

1994 年 4 月 1 版 2 次

精装 31.60 元

32 开　510 页

《类经》是注释《内经》著作。《类经图翼》、《类经附翼》是《类经》辅翼之作，其中对中医理论及针灸学均有阐发。

景岳全书（全二册）

[明] 张介宾撰

1991 年 4 月 1 版 1 次

1994 年 4 月 1 版 2 次

精装 40.65 元

32 开　828 页

本书是张氏学术思想和临床经验的总结。金元以来，刘完素、朱震亨创寒凉说，张氏认为后人偏执其说，一味寒凉攻伐，贻患非浅。倡导人之生气，以阳为主，治以温补，卓然成家。

瘟疫论　疟疾论疏　本草乘雅半偈

[明] 吴有性等撰

1991 年 4 月 1 版 1 次

1994 年 4 月 1 版 2 次

精装 15.85 元

32 开　215 页

《瘟疫论》是温病学名著。内容包括瘟疫病源、传染、治法等。《疟疾论疏》论疟疾诊治，于寒热虚实之辨，极为详尽。《本草乘雅半偈》于历代名家所纂本草中取 365 种。

金匮要略论注（外四种）

[汉] 张机撰　[清] 徐彬注

1991 年 4 月 1 版 1 次

1994 年 4 月 1 版 2 次

精装 22.00 元

32 开　460 页

《金匮要略》是我国最早系统论述杂病的专书，共记载 64 种疾病的辩证治则和方药。徐氏《论注》简明扼要，切合临床，后世多宗其说。《伤寒论》是一部论治外感热病的专著，为历代医家重视。金成无己《注释》为全注《伤寒论》的第一家，堪称以经释论的典范。《肘后备急方》晋葛洪撰，是以治疗危重疾病为主的综合性医著，所记疗法和方药大多具备简、便、廉、验的特点。书中对传染病的预防和寄生虫病的诊治也有独到见解。《巢氏诸病源候总论》是我国第一部专门论述各种疾病的病因、病机和证候的著作。

医宗金鉴（全三册）

[清]吴谦　刘裕铎等纂

1991年4月1版1次

1994年4月1版2次

精装 58.25 元

32 开　1174 页

　　这是一部由清政府组织编写的大型综合性医书，采集了上自春秋战国，下至明清的历代医学名著之精义，既有诊断、方剂学等基础理论，也有各科临床诊治经验。论病皆先歌诀，后注释，便诵易记。此书切于实用，被列为中医学者必读书之一。

尚论篇（外四种）

[清]喻昌撰

1991年4月1版1次

1994年9月1版2次

精装 29.50 元

32 开　468 页

　　喻昌是清初名医，重新编次和注释《伤寒论》，成《尚论篇》；又有《医门法律》专论临床诊治疾病的法则，并提出禁例。《伤寒舌鉴》共载120种舌象。《伤寒兼证析义》以问答形式，从不同侧面阐析伤寒病常见兼证的病因、病机、证候及治疗。《绛雪园古方选注》精选历代名方345方，较切合临床实用。

续名医类案（外四种）（全二册）

[清]魏之琇　徐大椿撰

1991年4月1版1次

1994年12月1版2次

精装 48.60 元

32 开　750 页

　　《续名医类案》辑集明清名医验案，多为一病数例，对临床颇有参考价值。《兰台轨范》强调了疾病产生、症状、治法、主方等，反对滥用补药，可为临证规范。《神农本草经百种录》从《本草经》中选药100种，对各药的主治、功能等详加阐说。《伤寒类方》使读者对各类方的药性、病证、适应范围和加减变化有一全面了解。《医学源流论》探讨医学源流，指摘医家利弊，持论多言之有据。

中 华 大 典

历 史 典

中华大典·历史典·史学理论与史学史分典

（全三册）

龚书铎　瞿林东主编

2007年12月1版1次

精装 1380.00 元

16 开　3164 页

　　《中华大典》是在我国已有类书的基础上用现代科学方法编纂的新的类书，《历史典》是《中华大典》的重要组成部分。《历史典》分为四个分典，《史学理论与史学史分典》是其中之一，分历史理论、史学理论、史学史三个总部，总计约600万字，汇编了中国古代关于史学之理论遗产与历史发展的文献。

中华大典·历史典·编年分典·隋唐五代总部

（全二册）

《中华大典》编纂委员会编纂

2008年11月1版1次

2009年9月1版2次

精装 690.00 元

16 开　1560 页

　　本部所涉及的中国历史，起公元五八一年，迄公元九六〇年，其间历隋、唐、五代时期。本总部是对现存记述这段历史的编年类史籍的选择和排列。

中华大典·历史典·编年分典·宋辽夏金总部

（全二册）

《中华大典》编纂委员会编纂

2008年11月1版1次

精装 850.00 元

16 开　1936 页

　　本部所涉及的中国历史，起公元九六〇年，迄公元一一七六年，其间先有宋、辽、西夏，继有宋、金、西夏、蒙古并立。本总部是对现存记述这段历史的编年类史籍的选择和排列。

教 育 典

中华大典·教育典·教育思想分典（全四册）

《中华大典》编纂委员会编

2012 年 6 月 1 版 1 次

精装 1780.00 元

16 开　3956 页

　　本书是《中华大典·教育典》的两大分典之一，包括教育作用总部、教育目的总部、道德教育总部、课程总部、教学总部、教师总部六大部分，力求全面系统地反映中国历代教育思想发展的基本内容与特点。收录自先秦至清末二千余年有关教育思想的重要史料，各总部一般分题解、论说、综述、传记、纪事、艺文和杂录七个纬目。

中华大典·教育思想分典·教育作用总部　教育目的总部

《中华大典》编纂委员会编纂

2008 年 12 月 1 版 1 次

精装 398.00 元

16 开　904 页

　　《教育作用总部》和《教育目的总部》是《中华大典·教育典·教育思想分典》的两个总部。《教育作用总部》分"题解"、"论说"、"传记"、"艺文"、"杂录"等五个纬目，纂录了中国古代有关教育对人的培养和社会发展两方面作用的代表性观点、论述与事迹。《教育目的总部》则从"题解"、"论说"、"综述"、"传记"、"艺文"、"杂录"等六个纬目，分别纂辑了古代有关教育目的的重要史料。两个总部的资料搜集上自先秦，下至清末，越两千余年，内容宏富。

中华大典·教育典·教育制度分典（全九册）

《中华大典》编纂委员会编

2012 年 11 月 1 版 1 次

精装 3880.00 元

16 开　8568 页

　　本书包括选举考试总部、政令总部、官学教育总部、私人教育总部、社会教育总部等部分。各总部收录相关史料分题解、论说、综述、传记、纪事等纬目，时间上自传说中的五帝时代，迄于清宣统年间。

工 业 典

中华大典·工业典·纺织与服装工业分典（全二册）

《中华大典》编纂委员会编

2016 年 5 月 1 版 1 次

精装 1180.00 元

16 开　2504 页

　　《纺织与服装工业分典》包括纺织和服装两个总部，另附编织、皮革，凡四总部。其中纺织、编织、皮革材料均极零星分散，宋以前多属断简残编，故编纂时，除严格执行《中华大典》和《工业典》有关规定外，对材料的收录以及对某些相关问题的处理也略有调整。

中华大典·工业典·陶瓷与其他烧制品工业分典

《中华大典》编纂委员会编

2016 年 6 月 1 版 1 次

精装 580.00 元

16 开　1220 页

　　《陶瓷工业分典》包括陶器总部、瓷器总部及其他烧制品总部等三个总部，下分生活用陶部、建筑用陶部、文化用陶部、一般陶器部、瓷器制造部、瓷器鉴赏部、一般瓷器部、琉璃部等分部。编纂时，除严格执行《中华大典》和《工业典》有关规定外，对材料的收录以及对某些相关问题的处理也略有调整。

中华大典·工业典·食品工业分典（全二册）

《中华大典》编纂委员会编

2015 年 12 月 1 版 1 次

精装 880.00 元

16 开　1900 页

　　《食品工业分典》包括茶部、糖蜜乳酥酪部、油脂部、曲酒部、饮品部、酱醋豉部、谷食部、肉食部、水产部、蔬食部、花草果木部、综合食品部等分部。编纂时，除严格执行《中华大典》和《工业典》有关规定外，对材料的收录以及对某些相关问题的处理也略有调整。

综 合 性 丛 书

中华要籍集释丛书

逸周书汇校集注（修订本）（全二册）

黄怀信　张懋镕　田旭东撰　黄怀信修订

李学勤审定

单行本 1995 年 8 月 1 版 1 次

修订本 2007 年 3 月 1 版 1 次

修订本 2016 年 4 月 1 版 6 次

精装 118.00 元

大 32 开　1264 页

《逸周书》是周代的史书,是研究先秦时期历史文化的珍贵典籍。本书初版于 1995 年,以明代章檗校刊本为底本,汇校元刊本及程荣等辑本,集注包括卢文弨、潘振、陈道衡、丁宗洛、唐大沛、朱右曾以及前人的有关校注成果,间加辑者的意见,并附有佚文、各家序跋、引用书目等。现由本书原撰者之一黄怀信先生统一修订。

论语汇校集释（全二册）

黄怀信主撰　周海生 孔德立参撰

2008 年 8 月 1 版 1 次

精装 168.00 元

大 32 开　1804 页

本书在前贤广搜博采的基础上抉择精选,共辑集前代《论语》研究者中有代表性的校注成果一百三十余家进行汇校汇释,对勘异文,去芜存菁,断以己见,时有新说,是一本适合于品位与层次相对较高的读者的《论语》读本。

墨子集诂（全二册）

王焕镳撰

2005 年 4 月 1 版 1 次

2011 年 1 月 1 版 2 次

精装 118.00 元

大 32 开　1212 页

本书以清代孙诒让《墨子间诂》为底本,摘录其刊行后近百年间所有重要的校订、训释《墨子》的见解。在订正错简、疏通文句、辨明篇章等方面,提出了许多卓越的见解,成为继《墨子间诂》之后,又一部集大成的《墨子》训释著作。

荀子校释（全二册）

[战国]荀况著　王天海校释

2005 年 12 月 1 版 1 次

2009 年 10 月 1 版 2 次

精装 108.00 元

大 32 开　1320 页

王天海先生在汲取前人与时彦研究成果的基础上,对《荀子》精心整理校释,以《古逸丛书》影刊宋台州本为底本,校以宋、明十多种善本;博采唐杨倞以下至当今学人之著作上百种,其中有日人著作 14 种,集各种异说于一书;附《荀子》佚文及历代研究《荀子》的有关资料、参考书目。

文子校释

[战国]文子著　李定生 徐慧君校释

2004 年 3 月 1 版 1 次

2016 年 6 月 1 版 2 次

精装 68.00 元

大 32 开　564 页

文子是最著名的老子门人,老子"道"学的两大学派的创始人之一。《文子》一书,本属道家,但历来被认为是伪书,然而,在 1973 年河北定县 40 号汉墓出土的竹简中,有《文子》残简,其中与今本《文子》相同的文字有六章。本书即以此校勘注释,详解文子有关论述,在中国哲学史上具有重要意义。

公孙龙子校释

[战国]公孙龙著　吴毓江校释 吴兴宇标点

2001 年 11 月 1 版 1 次

2010 年 3 月 1 版 2 次

精装 18.00 元

大 32 开　88 页

公孙龙是战国时期名家的代表人物,所著《公孙龙子》涉及心物、名实、共相别相、直觉统觉、因果变化等哲学问题,其中"白马非马"、"离坚白"的著名论题,在哲学史上尤有影响。吴毓江先生依据二十余种版本校定《公孙龙子》原文,并全面整理错简,力求恢复其本来面貌,同时集前人之校释,并加以见解独到的按语,揭示古本《公孙龙子》的妙义真谛。附录中的《墨子坚白解》对梁启超《墨经校释》有关坚白论作逐一评析,与正文可相互发明。

韩非子新校注（全二册）

[战国]韩非著　陈奇猷校注

2000 年 10 月 1 版 1 次

2016 年 5 月 1 版 7 次

精装 108.00 元

大 32 开　1292 页

《韩非子》是我国先秦时期集法家学说之大成的代

表作。陈奇猷先生以毕生精力潜心研究《韩非子》,在20世纪50年代出版了《韩非子集释》,受到学术界重视。四十多年后,他以精益求精的精神,对原版作了全面增补和修订,改正原版的某些疏误,又汲取新的研究成果和新出土的文物资料,增补篇幅多达原版的三分之一,堪称到目前为止海内外最完善的定本。

韩非子校疏(全二册)

[战国]韩非著　张觉撰
2010 年 3 月 1 版 1 次
精装 168.00 元
大 32 开　1776 页

作者搜集了现存所有的《韩非子》善本,精心校勘,最大程度恢复了《韩非子》的原貌。在此基础上,作者又参考了古今名家的研究注解,对《韩非子》做了最新最权威的注释疏解。本书纠正了前人的讹误,从而保存了《韩非子》原貌,发掘了古书的真意。

吕氏春秋新校释(全二册)

[战国]吕不韦著　陈奇猷校释
2002 年 4 月 1 版 1 次
2011 年 2 月 1 版 4 次
精装 160.00 元
大 32 开　1920 页

《吕氏春秋》是我国先秦的重要典籍,此书从20世纪30年代以来,一直未有集释校注的新版本。陈奇猷先生积四十余年研究,于 1984 年纂成《吕氏春秋校释》一书,又以近二十年精力进行补正,不仅对以往的校释进行了大量补充,还对古人的论述作了校正。

战国策笺证(全二册)

[西汉]刘向集录　范祥雍笺证
2006 年 12 月 1 版 1 次
2016 年 3 月 1 版 8 次
精装 160.00 元
大 32 开　2056 页

《战国策》是战国时期策士及各类人士纵论国事与时势的言论辑录,是研究战国社会历史的重要史料。范祥雍先生以清嘉庆十九年黄丕烈士礼居覆刊宋剡川姚氏本为底本,间用湖北崇文书局翻刻黄本参校,并广罗高诱、姚宏、鲍彪、吴师道等古代名家及日本学者的笺校,加以甄别考订,指正其缺失、错谬,补充其不足和遗漏,在此基础上提出了自己的创获之见,是迄今为止第

一部最全面系统的《战国策》笺证本。

老子指归校笺

[汉]严遵撰　樊波成校笺
2013 年 8 月 1 版 1 次
2015 年 7 月 1 版 2 次
精装 58.00 元
大 32 开　552 页

整理者认为严遵关于《老子》的著作其实只有《老子章句》一种,今存的《老子注》与《老子指归》其实是章句体在两汉时期传注体式发展过程中被扬弃而产生的被割裂的著作。整理者以《道藏》本所收《老子指归》为底本,利用各类出土文献、秦汉文献流布以及音韵学、训诂学的知识,复《老子章句》之旧,并通过对相关文献的辑佚,为《老子》学史和简帛《老子》的校勘提供了一个有参考价值的文本。

易林汇校集注(全三册)

[旧题汉]焦延寿撰　徐传武 胡真校点集注
2012 年 3 月 1 版 1 次
精装 228.00 元
大 32 开　2444 页

《易林》在易学、语言学、文学等领域具有特殊价值。然而,该书在两千多年的流传过程中歧误百出却又难以辨析是非,直至民国时尚秉和从易象学的角度对其逐条加以分析整理,才使该书的文字校勘多有定论。尚氏全从易学角度对《易林》进行解读、校勘,在方法的选择上可谓精审。宋元以来为之所作注释及相关研究成果也有很重要的参考价值。

论衡校注

[汉]王充著　张宗祥校注　郑绍昌标点
精装 2010 年 3 月 1 版 1 次
平装 2013 年 12 月 1 版 1 次
精装 60.00 元　2015 年 5 月 1 版 3 次
平装 56.00 元　2016 年 6 月 1 版 3 次
大 32 开　644 页

《论衡》也可以说是我国古代的一部"百科全书"。本书以近代著名学者和书法家张宗祥先生校注《论衡》的手抄本为底本排印,并通津草堂本、衍芬草堂十五卷本、三朝本、日本所藏二十五卷残宋本,由张先生弟子郑绍昌先生整理标点。

金匮要略校注集释

[东汉]张仲景著　刘蔼韵校注
2014 年 2 月 1 版 1 次
精装 88.00 元
大 32 开　748 页

　　东汉著名医学家张仲景著述的《金匮要略》是中医经典古籍之一,所述病证以内科杂病为主,兼有部分外科妇产科等病证,是我国现存最早的杂病学专著,被推崇为方书之祖和治疗杂病的典范。此次整理,除了校勘原文外,对书中的医学术语等都作详细地注释,对原文作了详细地讲解,并附历代集注。

世说新语汇校集注

[南朝宋]刘义庆撰　[梁]刘孝标注
朱铸禹汇校集注
2002 年 12 月 1 版 1 次
2008 年 4 月 1 版 2 次
精装 68.00 元
大 32 开　844 页

　　《世说新语》这部笔记小说集,对研究汉末、魏晋间的历史、哲学、语言、文学等方面有着重要的学术价值,但书中所用文字却有不少古体僻字或是当时的口语、方言,不易索解。朱铸禹先生选用了现存最早、最完整的宋绍兴刊本为底本,校注的范围不限于《世说新语》本文,也包括刘孝标的注文,并采用各家的校注,包括国内近现代的专家们的论点及国外研究者的注释、古人的评语,是一部汇集各家成就的著作。

清代学术名著丛刊

禹贡锥指

[清]胡渭著　邹逸麟整理
单行本 1998 年 1 月 1 版 1 次
精装 2006 年 7 月 1 版 1 次
平装 2013 年 11 月 1 版 1 次
平装 92.00 元　精装 98.00 元
32 开　936 页

　　《尚书·禹贡》是我国最早一部科学价值很高的区域地理著作。全书仅 1193 字,千百年来众多的研究者为之进行注释考证,形成一门专门之学。清人胡渭采撷众说,又一扫前人在《禹贡》研究上的附会变乱,撰成集大成的《禹贡锥指》。这次点校中搜集了不少关于胡渭的资料,附录书后以供读者阅读和研究。

日知录集释（全校本）（全三册）

[清]顾炎武著　黄汝成集释　栾保群 吕宗方校点
精装 2009 年 12 月 1 版 1 次
平装 2013 年 11 月 1 版 1 次
精装 180.00 元　2013 年 10 月 1 版 7 次
平装 158.00 元　2015 年 5 月 1 版 2 次
32 开　2124 页

　　顾炎武所著的《日知录》旨在资治,"平生之志与业皆在其中"。道光年间,黄汝成收录道光前九十余家学者对《日知录》的研究成果,成《日知录集释》一书,是为西溪草庐重刊本。此次整理校点即以西溪草庐本为底本,汲取了黄侃《日知录校刊》成果,对《日知录》、《日知录集释》的引文,尽量一一核对原书,纠谬正误。阎若璩之后李遇孙所著之《日知录续补正》、丁晏所著之《日知录校正》、俞樾所著之《日知录小笺》俱为黄汝成所未见者,择其精要,编入《日知录》相应各条之后。附录有《谲觚十事》、《日知录之余》。

史通通释

[唐]刘知幾著　[清]浦起龙通释
王煦华整理
1978 年 4 月 1 版 1 次 3 次
新版 2009 年 12 月 1 版 1 次
新版 2014 年 11 月 1 版 5 次
精装 75.00 元
大 32 开　804 页

　　后世学者注释《史通》者尤多,而以清人浦起龙的《史通通释》较晚出,因而能更好地吸取前人的校释成果。本次出版的由王煦华先生整理的《史通通释》,后附陈汉章的《史通补释》、彭仲铎的《史通增释》,更能让治学者在兼采众家之长中有所获益。

十七史商榷（全三册）

[清]王鸣盛撰　黄曙辉点校
精装 2013 年 7 月 1 版 1 次
平装 2016 年 3 月 1 版 1 次
平装 158.00 元　精装 178.00 元
32 开　1652 页

　　《十七史商榷》是王鸣盛校理毛晋汲古阁所刻十七史所撰,不仅为其匡谬补阙,而且就其中的典章制度、舆地职官皆探赜索隐,有所发明。整理者在校勘、标点之余,又辑录朱彝尊、何焯、钱大昕、洪颐煊、李慈铭、刘咸炘、余嘉锡、陈垣、陈寅恪等人的相关论述,或与《商榷》相发明,或勘误,或与王氏辩难。

汉学师承记笺释(全二册)

[清]江藩纂 漆永祥笺释

精装 2006 年 2 月 1 版 1 次

平装 2013 年 6 月 1 版 1 次

平装 108.00 元　精装 118.00 元

32 开　1236 页

　　江藩是清代著名经学家。《汉学师承记》作为以经师为中心的经学史著作,基本上准确地把握清代汉学的主要特征,全面地探讨清中叶考据学之学术渊源、师承关系、学术宗旨、代表人物及成就得失等,反映了当时考据学研究的最高成就,尤其是凸显经学研究成就,是最早对清代汉学进行全面总结与评价的专著。本书整理者埋首十余年,将《汉学师承记》的版本、源流、人物、史实、典章制度详加考辨、校释、整理。

尚书古文疏证附:古文尚书冤词(全二册)

[清]阎若璩撰 黄怀信 吕翊欣校点

精装 2010 年 12 月 1 版 1 次

平装 2013 年 10 月 1 版 1 次

精装 98.00 元　2013 年 10 月 1 版 2 次

平装 88.00 元　2013 年 10 月 1 版 1 次

32 开　976 页

　　清阎若璩的《尚书古文疏证》被认为是“伪古文《尚书》”的“定案”之作,黄宗羲曾谓其“取材富、折衷当”,“仁人之言,有功于后世大矣”(《尚书古文疏证序》),纪昀等人则谓其“反复厘剔以祛千古之大疑,考证之学则固未之或先矣”(《四库全书提要》)。本书为《尚书古文疏证》之点校本,且有详细的导读,可帮助读者理解。

危言三种

[清]郑观应 汤震 邵作舟撰　邹振环整理

2013 年 12 月 1 版 1 次

精装 68.00 元

32 开　584 页

　　十九世纪四十年代以来,有识之士纷纷寻求对策,试图以古老的传统来诠解西学从而达成改革政制的目的,一些表述改革思想、规划变法措施的专著相继问世。其中,最著名的当推晚清郑观应、汤震、邵作舟所作三部同题著作《危言》。三《危言》的出版,似平地春雷,振聋发聩,受到了上自光绪、下至民间学人的无比推崇,并助

长了改革的呼声。此次邀请明清史研究专家邹振环先生标点整理。

廿二史考异附:三史拾遗　诸史拾遗(全二册)

[清]钱大昕著　方诗铭 周殿杰整理

精装 2004 年 4 月 1 版 1 次

平装 2014 年 3 月 1 版 1 次

精装 138.00 元　2014 年 3 月 1 版 4 次

平装 128.00 元　2015 年 1 月 1 版 2 次

大 32 开　1600 页

　　钱大昕为乾嘉学派名家,精于考订,其所著《廿二史考异》,从考证、校勘入手,对各史记载讹误之处以及历代典章制度、地理沿革等进行了较为精细的考订,用功甚深,对后世影响极大。本书可与《廿二史劄记》、《十七史商榷》等对读,是学史者必备之参考书。

五经异义疏证

[清]陈寿祺撰　曹建墩点校

精装 2012 年 9 月 1 版 1 次

平装 2013 年 10 月 1 版 1 次

精装 32.00 元　2013 年 10 月 1 版 2 次

平装 26.00 元　2013 年 10 月 1 版 1 次

32 开　252 页

　　《五经异义》为东汉著名经学家、文字学家许慎所撰,嗣后郑康成对许慎《五经异义》提出辩难,撰《驳许慎五经异义》一书。然自隋唐以来,许久失传已久,后人虽多有辑佚者,但仅存百余篇。清人陈寿祺取王复本、庄述祖本、钱大昭本、孔广森本参订之,略具梗概。又采诸经义疏、诸史志传、《说文》、《通志》及其他学者著述,与许、郑相互发明者,以资稽核,附以己意,加“蒙案”二字,进行疏通证明,加以解说,成《疏证》三卷,许书几将恢复原状。陈氏此书对两汉经学的研究,尤具重要参考价值。本次点校,以三山陈氏刻本为底本,以《清经解》本为通校本。

经传释词

[清]王引之撰　李花蕾点校

精装 2014 年 1 月 1 版 1 次

平装 2016 年 3 月 1 版 1 次

精装 36.00 元　2016 年 3 月 1 版 2 次

平装 28.00 元　2016 年 3 月 1 版 1 次

32 开　288 页

该书是解释经传古籍中虚词的专著。共收虚字160个，虽以单音虚词为主，但有同义虚词连用的，也偶然随文论及。本书因声求义，不限形体。书分十卷，以喉、牙、舌、齿、唇为序，也暗含有音近义通之意。其论证之法，大致是用古注推衍、互文同训、异文互证、同文比例、据文意以揣摩这样几条。凡可解者解之，其不可解者谓之"语助"。语助有语助之理，或有古注可依，或有旁证可参，或有众多的语言事实为据。

读书杂志（全五册）

[清]王念孙撰
徐炜君　樊波成　虞思徵
张靖伟校点
精装 2014 年 7 月 1 版 1 次
平装 2015 年 7 月 1 版 1 次
精装 398.00 元　2016 年 3 月 1 版 3 次
平装 338.00 元　2015 年 7 月 1 版 2 次
32 开　2928 页

　　该书校勘《逸周书》《战国策》《史记》《汉书》《管子》《晏子春秋》《墨子》《荀子》《淮南内篇》诸书中的文字，考释其中的部分词语，将校勘与训诂相结合，以渊博的历史知识和文献知识，用丰富的材料校正原书中的文字讹误和句读错乱，考辩音训异同，疏通全句，正确反映原意，校释精审，是阅读古籍和研究古代词语的重要参考书。书后另附王念孙研究汉代碑文的《汉隶拾遗》一种。

东塾读书记

[清]陈澧纂　钟旭元 魏达纯点校
精装 2012 年 7 月 1 版 1 次
平装 2013 年 10 月 1 版 1 次
平装 46.00 元　精装 46.00 元
大 32 开　428 页

　　点校者以光绪十八年菊坡精舍十六卷本为底本，参校光绪十二年刻十五卷本、中山大学图书馆藏《东塾遗稿》抄本等，择善而从。书后附录《陈澧集》主编黄国声选录的《东塾读书论学札记》，是研究陈澧学术思想的宝贵资料。

陔余丛考（全二册）

　　[清]赵翼撰　曹光甫校点
2011 年 12 月 1 版 1 次
精装 98.00 元

大 32 开　936 页

　　《陔余丛考》为赵翼自黔西罢官以后的读书札记，因其为循陔（即奉养父母）时所辑，故名《陔余丛考》。前后逾十年方始刊行。全书不分门目，以类相从。作者长于文史，其考订时有精到之见。

廿二史劄记（全二册）

[清]赵翼撰　曹光甫校点
2011 年 12 月 1 版 1 次
精装 88.00 元
大 32 开　824 页

　　《廿二史劄记》撰成于乾隆六十年（1795 年），共 36 卷，补遗 1 卷，系对《史记》、《汉书》直至《明史》等历代正史进行考证之作，至今不乏值得称道的重要史学见解。

清代学者文集丛刊

江藩集

[清]江藩著　漆永祥整理
2006 年 4 月 1 版 1 次
40.00 元
大 32 开　432 页

　　江藩因《汉学师承记》一书而知名于世，其实他的诗文也各具特色。江氏诗文现存于世者有《隶经文》四卷、《续隶经文》一卷、《炳烛室杂文》一卷、《半毡斋题跋》二卷、《乙丙集》二卷、《伴月楼诗钞》三卷、《扁舟载酒词》一卷等。现整理者将上述诸作整理为《江藩集》以行世。另附录《炳烛室杂文续补》一卷及有关江藩之传记资料、序跋、评论、师友往还信札与唱酬诗文等。

经韵楼集 附补编　年谱

[清]段玉裁撰　钟敬华校点
2008 年 4 月 1 版 1 次
2011 年 12 月 1 版 3 次
48.00 元
大 32 开　512 页

　　段玉裁（1735—1815），字若膺，号茂堂，江苏金坛人。清乾嘉学派著名的文字训诂学家和经学家，曾师事戴震，与王念孙齐名，世称"段王之学"。又与桂馥、朱骏声、王筠并称"《说文》四大家"。《经韵楼集》十二卷，是段玉裁研读经史子集笔记和与友人书札的汇编，其间大量引证史料，从文字的形音义训释考订，辨正古籍谬误。

书后附收近人刘盼遂《经韵楼集补编》上下卷及《段玉裁先生年谱》,可供读者参考。

潜研堂集(全二册)

[清]钱大昕撰 吕友仁校点
单行本 1989 年 11 月 1 版 1 次
2009 年 1 月 2 版 1 次
2012 年 5 月 1 版 2 次
精装 98.00 元
大 32 开 1388 页

钱大昕是清代著名的汉学大师,乾嘉学派巨子,吴派学者的卓越代表。他在学术上的贡献是多方面的,主要以史学和音韵学成就最为卓著,对后世霑惠尤巨。《潜研堂集》凡五十卷,是钱大昕生前所手定,也是他一生治学的结晶,和《廿二史考异》、《十驾斋养新录》等共同构成钱氏学术大厦。今以《四部丛刊》本为底本加以校勘标点,以飨读者。

戴震集

[清]戴震撰
2009 年 6 月 1 版 1 次
2015 年 2 月 1 版 3 次
精装 38.00 元
大 32 开 508 页

戴震是清代著名的思想家和学者,一生著述颇丰。本书收录了戴震除一些专门考据作品之外的主要哲学著作和单篇论文。戴震的哲学思想和考据学成就于此可以得到系统了解。本书分上、下两编。上编收录了经韵楼刊本《戴东原集》,下编则收录了《孟子字义疏证》、《原善》、《绪言》、《孟子私淑录》,另附录了戴震所撰若干序跋以及段玉裁所撰《戴东原先生年谱》和《戴东原集序》、卢文弨撰《戴氏遗书序》、彭绍升撰《与戴东原书》。

中华古籍译注丛书

周易译注

黄寿祺 张善文撰
1989 年 5 月 1 版 1 次
修订本 2001 年 9 月新 1 版 1 次
30.00 元
大 32 开 748 页

本书将《周易》全文译成易读的现代汉语,并加以详细的注释、解说,对《周易》的历史,读《周易》的方法,凡例,每卦、每爻爻辞内在含义等等深入而又浅近明白地向读者作了介绍,贯穿了作者多年来研究《周易》的见解。

尚书译注

李民 王健撰
2000 年 10 月 1 版 1 次
25.00 元
大 32 开 472 页

《尚书》是古代典籍中流传至今历史最为久远的一部历史文献汇编,内容博大精深,文字却"诘屈聱牙",一般读者要依靠注释和今译才能理解。本书博采众家之长,注意吸收甲骨学、考古学提供的有关资料,注释时有新意,译文通顺畅达。

礼记译注(全二册)

杨天宇撰
1997 年 3 月 1 版 1 次
44.20 元
大 32 开 1160 页

《礼记》是先秦至秦汉时期的礼学文献选编。其中有许多关于学习、教育、生活、修养身心和为人处世的道理,对今人仍有教益。《礼记》的内容十分驳杂,缺乏逻辑联系,殊为难读,作者精心译注,使之判然明畅。

仪礼译注

杨天宇撰
1994 年 7 月 1 版 1 次
平装 26.40 元 精装 31.00 元
大 32 开 432 页

《仪礼》是儒家礼学最早也是最重要的著作,不仅对于研究儒家的礼学,而且对于研究古人的思想、生活和伦理道德观念等等,都有重要意义。本书以中华书局影印阮校《十三经注疏》本《仪礼》为底本进行全文译注,每篇包括题解、原文、注释、译文、小结五个部分。

左传译注(全二册)

李梦生撰
1998 年 6 月 1 版 1 次
53.00 元

大 32 开　1520 页

《左传》是我国现存最早的一部纪事详明的编年史，也是一部杰出的文学作品，对后世的散文、语言学等影响巨大。本书于原文之下，加以注释和白话全译，精审而流畅。

春秋公羊传译注

王维堤　唐书文撰

1997 年 12 月 1 版 1 次

21.50 元

大 32 开　584 页

编年体《春秋》史是儒家经典之一,《公羊传》以阐述《春秋》的义理为主，兼研讨《春秋》的文理和史实。本书经传以《十三经注疏》本为底本，注释采用何休、孔广森二家之说较多。每章冠以题解，注释间加考辨，译文通顺易懂。

春秋穀梁传译注

承载撰

1999 年 5 月 1 版 1 次

39.80 元

大 32 开　824 页

《穀梁传》是"《春秋》三传"中成书最晚的一部书，其学说大抵出于鲁儒，注重传扬经义。但在记载史料方面，不及《左传》详尽，且间有因不明史实而以臆断来自抒其见的地方。本书针对《穀梁传》的不足，在注释中以《左传》的史实解经，并据以评议传文中某些臆断之说。译文信而达。

国语译注

邬国义　胡果文　李晓路撰

1994 年 12 月 1 版 1 次

1996 年 3 月 1 版 2 次

26.70 元

大 32 开　316 页

《国语》是我国最早的一部内容丰富、文字优美的国别史。本书将原文全部译成现代汉语，并加注释。译文以前人疏注为依据，力求做到信、达、雅。

尔雅译注

胡奇光　方环海撰

1999 年 9 月 1 版 1 次

25.50 元

大 32 开　484 页

《尔雅》是训诂学的始祖，也是唯一的一部由晚唐政府列为"经书"的上古汉语词典，成为《十三经》之一。本书的注释，多抉择先哲时贤的研究成果及权威辞书的解说，译文简明畅达，解决了原书有些训释词简古含混等问题。书末附有《尔雅》词语笔画索引可供读者查检。

孝经译注

汪受宽撰

1998 年 7 月 1 版 1 次

8.20 元

大 32 开　144 页

《孝经》指出"孝"是一切道德的根本，把"孝"置于"天之经，地之义"的高度，是古代以"忠孝"为核心的伦理道德和社会规范的集中体现。本书通过周详浅近的解说和清新雅致的译文，准确传达出原著的精神。

老子译注

冯达甫译注

1991 年 5 月 1 版 1 次

1998 年 12 月 1 版 5 次

11.40 元

大 32 开　204 页

《老子》又称《道德经》，是我国道家学派的经典著作，只有 5000 字，但文约指远，思想深邃，历代研究者不下数十百家。本书校勘精审，特别是借鉴马王堆出土帛书，力求恢复其原来面目。注释忠实表达原著思想真谛，并吸收学术界最新研究成果。

庄子译诂

杨柳桥译注

1991 年 12 月 1 版 1 次

1998 年 12 月 1 版 4 次

30.90 元

大 32 开　744 页

《庄子》是先秦诸子的重要典籍，文字奇瑰而深奥、观点奇诡。本书对它所蕴含的哲学思想有颇精到的见解。并进行注解，译成浅近的白话。

论语译注

金良年译注

1995 年 12 月 1 版 1 次

2003 年 4 月 1 版 5 次

18.00 元

大 32 开　300 页

　　本书按章节以原文、注释、译文、段意四个部分进行综合阐述，帮助读者读懂并理解原著。尤其是段意部分，撰者梳理前人对原著的理解，再加上自己的见解，颇具深度、新意和可读性。

孟子译注

金良年译注

1995 年 12 月 1 版 1 次

1996 年 8 月 1 版 2 次

17.10 元

大 32 开　372 页

　　全书按章节分原文、注释、译文、段意四个部分进行综合阐述，撰者把握《孟子》成书的历史脉络，前人注疏的演变，并注重吸收现代学者的研究成果，在论述中加入自己的见解。书后附有《名句》、《基本概念》两种索引。

荀子译注

张觉译注

1995 年 12 月 1 版 1 次

1996 年 8 月 1 版 2 次

28.60 元

大 32 开　712 页

　　荀子批判和总结了各家各派的学术思想，是孔子之后的又一个集大成者。他虽出自孔门，而思想之博大，非儒家所可包容。本书译注博采前人之长，而又力求超越前人，颇多独立见解。

列子译注

严北溟　严捷译注

1986 年 9 月 1 版 1 次

1997 年 1 月 1 版 6 次

12.60 元

大 32 开　260 页

　　本书前言对著名道家典籍《列子》的成书、撰者、学术源流诸问题进行分析、论证，正文分段注解，全篇翻译。各篇前有简论，对本篇主旨进行阐析。

孙子译注

[春秋]孙武撰　郭化若译注

1984 年 10 月 1 版 1 次

2003 年 8 月 1 版 9 次

14.00 元

大 32 开　204 页

　　《孙子兵法》是我国古代著名兵书。本书译、注并重，并以军事家的眼光研究《孙子》，多有独到之处。

六韬三略译注

唐书文撰

1999 年 12 月 1 版 1 次

11.80 元

大 32 开　188 页

　　《六韬》、《三略》是我国古代的两部著名兵书，前人多将两书同称并举，以至汉语词汇中形成了"韬略"这个词。两书研究政治和军事韬略，有许多规律性的东西至今仍可借鉴。本书注释、译文准确、流畅。

诗经译注

程俊英译注

1985 年 2 月 1 版 1 次

2000 年 2 月 1 版 5 次

26.60 元

大 32 开　718 页

　　本书是我国最早的诗歌总集《诗经》的全译本。本书博采古今诸《诗经》注家之长，解题和注释简明精当。今译用韵文译韵文，用今体民歌译古代民歌，具有独特的风格。

楚辞译注

董楚平撰

1986 年 6 月 1 版 1 次

1998 年 2 月新 1 版 1 次

13.80 元

大 32 开　334 页

　　本书以战国时期楚国作品为范围，收屈原全部作品、宋玉《九辩》和作者有争议的《大招》，在注释和今译上具有特色，并在某些问题上有自己的独到见解。书后附《史记·屈原列传》译注和阐发译注者新颖见解的《〈离骚〉首八句考释》。

世说新语译注

张㧑之译注

1996 年 12 月 1 版 1 次

2001 年 7 月 1 版 2 次

36.00 元

大 32 开　836 页

　　成书于南北朝的《世说新语》采集汉末至东晋间的遗闻轶事,生动地反映了当时的社会政治情况和士大夫阶层的生活习气。本书注释简明精当,白话今译准确流畅,是了解《世说》理想的入门导读之书。

文心雕龙译注

王运熙　周锋撰

1998 年 4 月 1 版 1 次

2000 年 11 月 1 版 2 次

18.70 元

大 32 开　484 页

　　《文心雕龙》是我国古代文学理论批评的巨著。全书共分 50 篇,分别论述文章写作的总原则,及诗歌、辞赋、论说、书信等各种文体的体制规格和写作要求,并对自先秦至南朝宋、齐的重要作家、重要作品作了中肯的评价,在中国文学批评史、文章学、修辞学上都占有重要地位。本书题解观点平实,注释简明,译文流畅。

文赋诗品译注

杨明撰

1999 年 9 月 1 版 1 次

9.50 元

大 32 开　132 页

　　《文赋》以赋的形式描绘了文学创作的全过程;《诗品》是我国第一部诗歌理论和文学批评的专著。二者在中国文学批评史上占有重要地位。本书以注译形式,对这两部魏晋六朝文学理论名著详加注释,并予今译。

颜氏家训译注

庄辉明　章义和撰

1999 年 10 月 1 版 1 次

20.80 元

大 32 开　380 页

　　重视家庭教育,是我国自古以来的优良传统。颜之推的《颜氏家训》,是同类作品中对后世影响最大的一种,被认为可以“家置一编,奉为楷式”。书中所提出的治家教子之方和为人处世之道,至今仍能给我们以有益的启发。本书注释广泛借鉴了前人研究成果,译文流畅。

六朝文絜译注

曹明纲撰

1999 年 6 月 1 版 1 次

16.20 元

大 32 开　268 页

　　《六朝文絜》是六朝时期骈文的著名选本。由清代人编选,选录了 36 位作家的 72 篇作品,六朝骈文精华,已大体备集。本书每篇设题解、正文、注释、译文诸项,题解警策,注释明洁,译文流畅。

唐贤三昧集译注

张明非撰

2000 年 12 月 1 版 1 次

21.00 元

大 32 开　394 页

　　《唐贤三昧集》为清初标举“神韵说”诗歌理论的著名诗人王士禛所选编的唐诗读本,主要选取盛唐人诗作,凡 42 人,诗四百余首。问世后对后世影响很大。本书注释简明准确,今译整饬畅达,《前言》从史的角度对《唐贤三昧集》及王士禛的诗歌创作理论作了介绍,是有关唐代山水田园诗派作品的一个较为理想的注译本。

宋诗精华录译注

蔡义江　李梦生撰

1999 年 12 月 1 版 1 次

32.00 元

大 32 开　624 页

　　近代陈衍选评的《宋诗精华录》,收诗人 129 家,诗 688 首,加上摘句诗,近八百首。陈衍选诗,破除门户之见,比较公允。不少诗作后有扼要评语,评其得失,探其本源,指点初学,是了解宋诗风貌必读选本。本书作了注释今译。

绝妙好词译注

邓乔彬　彭国忠　刘荣平撰

2000 年 12 月 1 版 1 次

25.70 元

大 32 开　480 页

《绝妙好词》是周密编纂的一部南宋词集。专收南宋词人作品 132 家,录词近四百首。是书编选标准甚严,体现了醇雅风流的审美择向,以清词丽句为主体,亦收入了少量抒写亡国之恨、风格苍凉凄楚的作品。本书注释力求详细,除征引典源外,生、僻、难字一律注音。每首词后译文,仍采用韵文形式,尽量忠实于词作原有的韵味。

上古版中华名著袖珍本

周易

黄寿祺 张善文简注
2001 年 12 月 1 版 1 次
精装 5.80 元
128 开　328 页

《周易》,是披着神秘的占筮外衣,闪耀着博大精深思想光华的哲学著作。袖珍本《周易》,完整保留其经传全文,只作简明注解,开本小巧精致,供忙碌的都市人随身携带阅读。

老子　孙子

[春秋]老子 孙武撰　冯达甫 郭化若译
2001 年 7 月 1 版 1 次
精装 5.20 元
128 开　308 页

道家的主要经典《老子》因文约旨远,思想深邃,古往今来,研究者甚多。冯达甫先生在前人研究的基础上,博采众长,考订原文,附以今译。我国现存最古的兵书《孙子》所阐述的战略、战术思想,充满智慧和哲理,本书由著名军事家郭化若今译。

庄子

[战国]庄周撰　梁溪生标校
2001 年 12 月 1 版 1 次
精装 7.50 元
128 开　528 页

《庄子》亦称《南华真经》,洋洋十余万言,汪洋恣肆,自成一家之说,在哲学思想和文学语言方面,达到非常玄远和圆融的境地;道家之能成为与儒家相颉颃的学派,《庄子》一书有极大的贡献。

荀子

[战国]荀子撰　耿芸标点

2001 年 12 月 1 版 1 次
精装 7.50 元
128 开　552 页

《荀子》作者荀况虽承儒学,但其学说中颇有道家、法家影响,是先秦后期博采诸子百家的杰出思想家。

论语

金良年译注
2001 年 7 月 1 版 1 次
精装 6.00 元
128 开　408 页

《论语》集中反映了儒家"先师"孔子的思想言论。本书分段译成明白流畅的现代汉语,对原文中的疑难之处酌加简注。

孟子

[战国]孟子撰　金良年注
2001 年 12 月 1 版 1 次
精装 6.50 元
128 开　420 页

孟子是继孔子以后的儒家思想的集大成者,因此,儒学也被称为"孔孟之道"。《孟子》一书是孟子及其门人所编写,是士人必读的"四书"之一。本书对《孟子》一书加以简要注释。

唐诗三百首

[清]蘅塘退士编选　金性尧注
2001 年 7 月 1 版 1 次
精装 7.70 元
128 开　616 页

本书以广为流行、颇具代表性的清代孙洙唐诗选本为底本,收录了唐代著名的诗人及其作品,每篇诗作都附有简明的注释和精到的诗评。

宋词三百首

[清]上彊村民编选　恒鹤注释
2001 年 7 月 1 版 1 次
精装 7.90 元
128 开　640 页

《宋词三百首》,偏重婉约,旨归浑成,而又兼收并蓄,不弃小家遗珠,深得词坛名流赞誉。此次出版重加注释,并选摘精粹评语。

纳兰性德词

[清]纳兰性德著　张草纫导读

2002 年 6 月 1 版 1 次

精装 5.50 元

128 开　272 页

　　词至明末清初重又崛起,其中最为突出的词人就是纳兰性德。他创作的词,以凄艳为主,豪宕为辅。王国维称纳兰性德是"北宋以来,一人而已"。本书收纳兰性德词 348 首。

三字经　百家姓　千字文　千家诗

[南宋]王应麟等编　姜俊俊 曹光甫注释

2001 年 7 月 1 版 1 次

精装 7.70 元

128 开　612 页

　　在清代,《千家诗》与《三字经》、《百家姓》和《千字文》并称"三百千千",是流传最广的童蒙读本。本书对《三字经》和《千字文》的内容略作串讲,对《百家姓》中所收 504 个姓在历史上名门望族的主要分布地及历史名人略举一二。《千家诗》收五言、七言的绝句、律诗,几乎都是唐宋诗作。每篇都附有简注和精到的诗评。

陶庵梦忆　西湖梦寻

[明]张岱著　夏咸淳导读

2002 年 6 月 1 版 1 次

精装 8.50 元

128 开　620 页

　　《陶庵梦忆》收 120 余篇小品,用回忆录的形式追述往昔的繁华。《西湖梦寻》收文 80 余篇,包罗了西湖山水、园林、名胜古迹、风俗、人物等方面。张岱生活在明末清初,二书都以"梦"命题,寄托作者追怀与眷念的情思,但总基调奔放明快,集中体现了张岱的散文成就。

菜根谈　幽梦影

[明]洪应明等撰　吴光导读

2001 年 7 月 1 版 1 次

精装 5.50 元

128 开　350 页

　　《菜根谈》是明朝洪应明所写的一部论修养、谈哲理的语录体笔记,深刻的哲理常以寻常话语道出,发人深思。《幽梦影》清张潮所著小品文,借对世上事物的种种感慨来反映作者自己隔世苍茫之感。

呻吟语

[明]吕坤著　吴承学 李光摩校点

2001 年 12 月 1 版 1 次

精装 8.50 元

128 开　704 页

　　《呻吟语》为晚明散文代表作之一。所谓"呻吟语,病时疾痛语也",其目的是"以一身示惩于天下",即起着警世的作用。《呻吟语》属于箴言体,推勘人情物理,明体达用。

闲情偶寄

[清]李渔著　江巨荣等导读

2002 年 6 月 1 版 1 次

精装 10.00 元

128 开　764 页

　　《闲情偶寄》是清代文学家李渔的小品文集,涉及戏曲理论、园林建筑、修饰打扮、器物古玩、植物花卉、养身疗病、饮食烹调等诸多方面。

浮生六记(外三种)

[清]沈复等著　金性尧等导读

2002 年 6 月 1 版 1 次

精装 6.50 元

128 开　408 页

　　本书收清人小品四种,即冒襄的《影梅庵忆语》、沈复《浮生六记》、陈裴之《香畹楼忆语》、蒋坦的《秋灯琐忆》,都是中国古代著名的以女性为主人公的抒情文学的代表作品。

古文观止

[清]吴楚材 吴调侯编选　李国章导读

2002 年 6 月 1 版 1 次

精装 9.50 元

128 开　672 页

　　《古文观止》精选文章 222 篇,上起先秦、下讫明代,概括地展示中国古代散文发展的脉络及重要时代和作家的风貌,所收以散文为主,少量骈文,大多为脍炙人口的名篇佳作。

金刚经　坛经

[后秦]鸠摩罗什译　[唐]法海集记 袁啸波导读

2001 年 12 月 1 版 1 次

精装 5.50 元

128 开　300 页

　　《金刚经》是佛教大乘般若经典的精髓,以本书所选后秦鸠摩罗什译本最为通行。《坛经》为禅宗开山宝典,是中国人所撰佛典中唯一被称为"经"的作品,将《金刚经》的般若思想与中国本土的理念相融合,主张人人皆有佛性,开创顿悟一途,反对一味诵经坐禅。

徐志摩诗集

　　——《志摩的诗》《翡冷翠的一夜》《猛虎集》《云游》

徐志摩著

2002 年 4 月 1 版 1 次

精装 7.50 元

128 开　520 页

　　徐志摩是我国现代文学史上著名的诗人,他独特的诗人气质与激情,爱情生活的曲折与浪漫,增添了诗的魅力。本书所收四个诗集基本上是徐志摩诗的全部,读者可对徐志摩的诗及创作轨迹有个全面的了解。

徐志摩散文集

　　——《巴黎的鳞爪》《自剖》

徐志摩著

2002 年 4 月 1 版 1 次

精装 9.00 元

128 开　716 页

　　徐志摩主张把散文当作"只是诗的一种形式"来写,所以他的散文充满了诗的意境,蕴藏着浓郁的感情色彩,真实地袒露自己的内心世界。本书描写了作者游历欧洲、俄罗斯等地的见闻。

戴望舒诗集

　　——《望舒诗稿》《灾难的岁月》《集外》

戴望舒著

2002 年 4 月 1 版 1 次

精装 5.50 元

128 开　260 页

　　著名诗人戴望舒是我国 20 世纪 30 年代现代诗派的代表人物。他的诗多采用自由体形式,早期的诗大多用寂寞、烦忧、伤感的情绪来寄托个人的哀愁。抗日战争后,诗风逐渐转向现实主义,表达出爱国主义情怀。本书所收是戴望舒全部诗稿。

闻一多诗集

　　——《红烛》《死水》

闻一多著

2002 年 4 月 1 版 1 次

精装 6.00 元

128 开　352 页

　　闻一多是我国现代文学史上一位具有民族气节的著名诗人和学者。他的诗讲究语言的锤炼,注重音乐美、绘画美、建筑美,曾开中国新诗史一代诗风。

朱自清散文集

　　——《踪迹》《背影》《你我》

朱自清著

2002 年 4 月 1 版 1 次

精装 8.00 元

128 开　616 页

　　朱自清是我国著名的作家、学者,尤以散文见长。他的作品文风朴实、自然、亲切、细腻,善用真情实感写人、写事、写景。朱自清散文名作本书基本都已收入。

沈从文散文集

　　——《湘行散记》《湘西》

沈从文著

2002 年 4 月 1 版 1 次

精装 9.00 元

128 开　692 页

　　沈从文是我国现代著名的小说家、散文家和文学批评家,创作了大量的小说、散文。前期的作品多抒写小知识分子面对人生坎坷而发自内心的苦闷;后期的作品较贴近社会生活。本书所收代表了沈从文散文的最高成就,是用游记、散文、小说多种文体元素的结合体来反映湘西的社会生活和社会问题。

冰心散文集

　　——《寄小读者》《南归》

冰心著

2002 年 4 月 1 版 1 次

精装 7.50 元

128 开　536 页

　　冰心,原名谢婉莹,现代著名女作家。一生创作了许多优秀的小说、散文和诗歌。《寄小读者》包括通讯 29 篇、《山中杂记》10 篇，均是冰心去美国留学期间漫游的记录，又充满了浓郁的思乡之愁。《南归》描写失去母亲的痛苦，呈现出一颗真诚悲恻的女儿之心。

郁达夫散文集

——《屐痕处处》《自传》

郁达夫著

2002 年 4 月 1 版 1 次

精装 8.00 元

128 开　612 页

郁达夫是我国现代著名的小说家、散文家。一生著作很多，以小说见长，其作品大多具自传色彩，富有浪漫主义情调。散文艺术性较高，尤以描写祖国山川风光见长。

四美堂诗·书·画·评

诗佛王维写意

赵昌平选评　傅益瑶绘画　张伟生书法

2007 年 1 月 1 版 1 次

2009 年 8 月 1 版 2 次

线装 26.00 元

8 开　图 50 幅　58 页

有"诗佛"之称的唐代诗人王维，其诗歌艺术因空灵流动的深邃意境而有"诗中有画、画中有诗"之誉。本书挑选 25 首王维最经典的诗作，分别用绘画、书法的形式，对每首诗歌意境进行艺术再现，加上隽永精当的诗意品析，深入体会诗、书、画三美并俱之美感与内涵。

诗仙李白写意

赵昌平选评　林凡绘画　陆康书法

2007 年 1 月 1 版 1 次

线装 26.00 元

8 开　图 50 幅　64 页

唐代诗人李白因其诗歌风格清新俊逸、豪迈洒脱而有"诗仙"的美誉。本书遴选李白创作于不同时期的最经典的 25 首诗作，通过精当隽永的诗意品析，清丽洒脱的诗意绘画，潇洒峻健的诗意书法，诗、书、画三美并俱。

诗圣杜甫写意

赵昌平选评　高云绘画　阙长山书法

2007 年 1 月 1 版 1 次

线装 26.00 元

8 开　图 50 幅　58 页

本书以"诗圣"杜甫最经典的 25 首诗作为载体，通过诗、书、画三美并俱，为您带来一场融诗味、书情、画意于一体的杜甫诗意饕餮盛宴。

苏轼东坡词写意

史良昭选评　于友善绘画　胡考书法

2007 年 1 月 1 版 1 次

线装 26.00 元

8 开　图 50 幅　58 页

本书精选苏东坡创作于不同时期的经典词作 25 首，集词品、词意画、写意书法于一体，是对苏东坡词作意境淋漓尽致的生动表现。

辛弃疾稼轩词写意

刘斯奋选评　吴声绘画　孙敏书法

2007 年 1 月 1 版 1 次

线装 26.00 元

8 开　图 50 幅　58 页

全书精选辛弃疾创作于不同时期的经典词作 25 首，品析词意，并作生动的绘画表现和书法诠释。本书不仅是一部精当的辛弃疾精华词作选本，也是一部引人入胜的辛弃疾词意书画精品图册。

李清照漱玉词写意

史良昭选评　胡博综绘画　穆棣书法

2007 年 1 月 1 版 1 次

线装 26.00 元

8 开　图 50 幅　56 页

本书精选李清照最经典的 24 首词作，品析词意，并用绘画与书法的形式对词意进行书绘表现，全书融词、书、画于一体，将李清照婉约清丽的词作意境展现得淋漓尽致。

评点·英译珍藏本

绘画世说新语

[南朝宋]刘义庆原著　陈力农绘画

张澂助读　马照谦英译

2004 年 8 月 1 版 1 次

25.00 元

18 开　图 100 幅　216 页

　　《世说新语》是中国文学史上第一部笔记小说集。其所展示的魏晋时代精神和文人性情风采令人拍案叫绝。本书选取了其中 100 则最精彩的故事，并对每则故事加以助读、配画、英译。

绘画菜根谭

[明]洪应明原著　傅益瑶绘画

李兆良书法英译　赵昌平助读

2002 年 6 月 1 版 1 次

2004 年 9 月新 1 版 1 次

2008 年 7 月新 1 版 2 次

28.00 元

18 开　图 110 幅　306 页

　　本书配画著论，皆出于名家。绘图、助读俱牢牢把握住《菜根谭》一书原旨。另附有《菜根谭》原文英译。

绘画笑林

[明]冯梦龙等著　刘二刚绘画

杜文和选评　陈沆恺英译

2003 年 8 月 1 版 1 次

2004 年 7 月 1 版 2 次

25.00 元

18 开　图 100 幅　216 页

　　本书从历史上流传甚广的《笑府》、《笑林广记》等书中精选 100 则，由著名当代画家配上相应的风格独特的水墨画，并请名作家作点睛、提挈式的评语。

海外珍藏善本丛书

日藏宋本庄子音义

[唐]陆德明撰　黄华珍编校

1996 年 9 月 1 版 1 次

精装 65.00 元

16 开　364 页

　　《庄子音义》系《经典释文》的一部分，专门解释《庄子》一书中词语的音和义，多保存古音古义，为世所重。日本奈良天理大学秘藏南宋刻大字本《庄子音义》为稀世珍本，讹误较少，较"古逸丛书"所收宋本《庄子音义》多 15 篇释文，版本精善。今特影印行世，后附校勘记。

唐钞文选集注汇存（全三册）

2000 年 7 月 1 版 1 次

2011 年 8 月 1 版 2 次

精装 598.00 元

16 开　2648 页

　　长期以来，日本学者利用他们拥有许多珍贵钞本的优势，在研究上取得不少成果，唐钞本《文选集注》就是其中最为名贵的一种。此书约成于唐中后期，辑录唐初公孙罗《文选钞》、《文选音诀》、李善注、五臣注及开元间陆善经注文，其中公孙、陆二家三种注，不见他书引录。李善、五臣注也与传世诸本有很大不同。该书被定为日本"国宝"。现在我国影印出版，补入一部分留在国内的存卷。

日藏古抄李峤咏物诗注

[唐]李峤撰　张庭芳注　胡志昂编

1998 年 8 月 1 版 1 次

精装 51.50 元

16 开　236 页

　　初唐著名诗人李峤文采风流，盛极一时。其代表作为 120 首咏物诗，就咏物诗而言，数量之多，题材之广，可谓前无古人，对唐代和后世的咏物诗风影响甚大。李峤咏物诗善于用典隶事，古注本在中国久已散佚，竟使当年《四库》馆臣对某些诗句也叹为"不知何语"。近年日本发现数种李峤咏物诗注古抄本，其中尤以庆应义塾大学所藏唐张庭芳注本为最佳足本，今予影印。末附《敦煌本残卷二种》、《李峤杂咏古注佚文辑存》。

海外孤本晚明戏剧选集三种

[俄]李福清　[中]李平编

1992 年 12 月 1 版 1 次

精装 58.00 元

16 开　360 页

　　本书收有三种晚明戏剧选集《乐府玉树英》、《乐府万象新》（以上两种现藏丹麦哥本哈根皇家图书馆）和《大明天下春》（现藏奥地利维也纳国家图书馆），是明刻孤本，在中国都已失传。序言对本书学术价值作了详尽的评介。

柏克莱加州大学东亚图书馆
稿抄校本丛刊

翁方纲经学手稿五种（全七册）

柏克莱加州大学东亚图书馆编

2006 年 12 月 1 版 1 次

精装 980.00 元

16 开　3360 页

　　翁氏经学手稿五种为《易附记》、《书附记》、《诗附记》、《礼记附记》和《春秋附记》，系翁氏晚年奉差守陵，温研诸经，将数十年所记，加以校核，分卷编次，统名曰《附记》。

柏克莱加州大学东亚图书馆藏稿钞校本丛刊

（全十八册）

周欣平　鲁德修主编

2013 年 8 月 1 版 1 次

精装 12000.00 元

16 开　9968 页

　　本书精选《易经合纂宗要编》、《十三经历代名文抄》、《皇宋十朝纲要》、《瀛壖杂志》、《笺经室题跋》、《东塾存稿》等 23 种影印出版，第一册为彩色书影。

柏克莱加州大学东亚图书馆藏碑帖（全二册）

柏克莱加州大学东亚图书馆编

2008 年 12 月 1 版 1 次

精装 880.00 元

8 开　2090 页

　　本书收录美国柏克莱加州大学东亚图书馆收藏中国古代善本碑帖和金石拓本 2600 多种，本书图录根据碑帖拓本的历史价值、艺术价值和收藏价值精选重要碑帖 290 多件，分善本碑帖图录和总目提要两册；总目提要的撰写和著录包含该拓本的名称、原称、标题、时代、尺寸、作者、书体、源地、藏家、拓本简况、题跋、钤印和著录等，极其规范，并有英文提要，以及石刻年代索引、源地索引和书者刻者索引。

书 韵 楼 丛 刊

书韵楼丛刊（第一函）

本社编

2002 年 12 月 1 版 1 次

2003 年 6 月 1 版 3 次

锦函线装巾箱本 145.00 元

24 开　320 页

　　本函收《周易》、《老子》、《庄子》三种。

周易 附周易略例

[魏] 王弼　[晋] 韩康伯　[唐] 邢璹注

2002 年 12 月 1 版 1 次

2003 年 6 月 1 版 3 次

线装 29.80 元

24 开　93 页

　　《周易》是儒家的重要经典之一。此次取涵芬楼影印宋本为底本，加以断句并校勘错讹。其中卷一至九为王弼、韩康伯注，卷十附录《周易略例》为王弼撰、邢璹注。

老子

[春秋] 老聃著　[汉] 河上公章句

2002 年 12 月 1 版 1 次

2003 年 6 月 1 版 3 次

线装 14.00 元

24 开　37 页

　　《老子》又称《老子道德经》，历代注释甚多。而河上公《老子章句》是现存《老子》注本中成书较早、影响较大的一种。现以四部丛刊影印常熟瞿氏铁琴铜剑楼藏宋刊本排印。

庄子

[战国] 庄周著

2002 年 12 月 1 版 1 次

2003 年 6 月 1 版 3 次

线装 49.80 元

24 开　190 页

　　《庄子》行文恣肆、生动，意蕴丰富、深刻，饱含哲人的智慧和人生的真谛，为古今中外学者所推崇的必读书。现以世德堂本、郭象注《庄子》为底本重新整理，以全新的版式线装出版。

书韵楼丛刊（第二函）

本社编

2002 年 12 月 1 版 1 次

2003 年 6 月 1 版 3 次

锦函线装巾箱本 165.00 元

24 开　405 页

　　本函收《古诗源》、《唐诗三百首》、《宋词三百首》三种。

古诗源

［清］沈德潜选编

2002 年 12 月 1 版 1 次

2003 年 6 月 1 版 3 次

线装 59.00 元

24 开　216 页

　　《古诗源》是清代著名选家沈德潜编选的一部诗歌总集，它收录上古至隋代各种体裁的诗歌民谣，时有简要的注释和精彩的点评。此次以康熙五十八年（1719）竹啸轩本为底本重新整理。

唐诗三百首

蘅塘退士原编

2002 年 12 月 1 版 1 次

2004 年 3 月 1 版 4 次

线装 33.00 元

24 开　110 页

　　《唐诗三百首》是二百多年来最风行的唐诗选本，这是因为它选择精、涵盖面广、选诗数量适中、便于一般人诵习的缘故。现推出线装巾箱本蘅塘退士原编《唐诗三百首》，并在天头上摘录历代名家诗评作为眉批。

宋词三百首

上彊村民编

2002 年 12 月 1 版 1 次

2004 年 3 月 1 版 4 次

线装 22.00 元

24 开　77 页

　　《宋词三百首》录宋词家 87 人，选词 296 首，以婉约词为正宗，兼顾各流派，选材全面，大凡宋词名品佳作，悉为收罗。现据原刻本付梓，并精选评语于天头，线装三色套印。

书韵楼丛刊（第三函）

本社编

2002 年 12 月 1 版 1 次

2003 年 6 月 1 版 3 次

锦函线装巾箱本 98.00 元

24 开　200 页

　　本函收《南唐二主词》、《漱玉词》、《纳兰词》三种。

南唐二主词

［南唐］李璟　李煜著

2002 年 12 月 1 版 1 次

2004 年 3 月 1 版 4 次

线装 15.00 元

24 开　40 页

　　南唐二主李璟、李煜是中国词史上极少数受到社会各阶层民众普遍喜爱的词人。尤其是李煜，后期遭遇亡国之痛，词作纯从血泪中迸出，绝少雕琢，有很高的审美价值。本书以明万历四十八年吕远墨华斋刻本为底本整理，词后新辑各家评语及相关文献。

漱玉词

［宋］李清照著

2002 年 12 月 1 版 1 次

2004 年 3 月 1 版 4 次

线装 16.00 元

24 开　50 页

　　李清照是我国宋代杰出的女词人。现以四印斋重刊《漱玉词》为底本标点整理，同时汇辑前人的有关评语，以及底本以外之词。

纳兰词

［清］纳兰性德著

2002 年 12 月 1 版 1 次

2004 年 3 月 1 版 4 次

线装 30.00 元

24 开　100 页

　　纳兰性德是清代著名词人，他的词以善于抒写愁情绮怨见长。本书以清代收词最全的榆园丛刻本为底本，另加补遗，收录现存所有纳兰性德词作，并附有著名学者评语。

书韵楼丛刊（第四函）

本社编

2002 年 12 月 1 版 1 次

2004 年 7 月 1 版 4 次

锦函线装巾箱本 185.00 元

24 开　430 页

　　本函收《红楼梦图咏》、《聊斋志异图咏》、《水浒人物像赞》、《水浒故事画传》四种。

红楼梦图咏

[清]改琦绘

2002 年 12 月 1 版 1 次

2004 年 7 月 1 版 4 次

线装 29.00 元

24 开　74 页

　　《红楼梦图咏》是清代雕版工艺极为精湛的版刻佳作,书中搜集著名工笔仕女画家改琦生平杰作红楼梦图,每图刻有当年名流题咏,极具风雅韵味。现据原刻以线装巾箱本形式重新梓行。

聊斋志异图咏

[清]佚名绘

2002 年 12 月 1 版 1 次

2004 年 7 月 1 版 4 次

线装 75.00 元

24 开　216 页

　　本书荟萃清末画坛名家所绘全本《聊斋志异》,共收 444 图。每图另题七绝一首,风华古朴。

水浒人物像赞　水浒故事画传

[明]杜堇　佚名绘

2002 年 12 月 1 版 1 次

2004 年 7 月 1 版 4 次

线装 39.00 元

24 开　140 页

　　各种各样有关《水浒》的绘画作品层出不穷,尤以传为明代杜堇所绘水浒人物图和明万历容与堂刻水浒故事画传影响深远。这两种作品分别以洗练传神的线条,生动地再现了原书人物风貌、故事情节。

书韵楼丛刊(第五函)

本社编

2003 年 12 月 1 版 1 次

锦函线装巾箱本 125.00 元

24 开　430 页

　　本函收《大学中庸》、《论语》、《孟子》三种。

大学　中庸

[汉]郑玄注

2003 年 12 月 1 版 1 次

线装 12.00 元

24 开　34 页

　　《大学》,原是《礼记》中的一篇。所谓大学,就是博学的意思。《中庸》也是《礼记》中的一篇。论述了中庸之道和治国之道、道德准则。郑玄注本是目前存世最早的注《礼记》之书。集两汉经学之大成而得其精要。今以四部备要本《礼记郑注》为底本加以校点整理。

论语

[三国魏]何晏集解

2003 年 12 月 1 版 1 次

2005 年 12 月 1 版 2 次

线装 23.00 元

24 开　125 页

　　孔子一生的言行主要见之于《论语》一书。自宋代朱熹将它与《大学》、《中庸》、《孟子》合为一书成《四书集注》后,遂成为后世士子必读之书。今以四部丛刊影印长沙叶氏观古堂藏日本正平刊本为底本校点整理出版。

孟子

[汉]赵岐注

2003 年 12 月 1 版 1 次

线装 40.00 元

24 开　269 页

　　孟子是孔子之后影响最大的儒家代表人物。《孟子》七篇是孟子及其学生万章、公孙丑等人纂辑而成。今以四部丛刊影印之清内府宋刊本赵岐注本《孟子》为底本加以标点整理。

书韵楼丛刊(第六函)

本社编

2003 年 12 月 1 版 1 次

锦函线装巾箱本 135.00 元

24 开　572 页

　　本函收《毛诗》、《楚辞集注》二种。

毛诗

[汉]郑玄笺

2003 年 12 月 1 版 1 次

线装 60.00 元

24 开　394 页

　　《毛诗》是我国第一部诗歌总集，以汉代郑玄笺与宋代朱熹集注尤为有名。此次整理，以宋相台岳民家塾本郑笺毛诗为底本。

楚辞集注

［宋］朱熹撰

2003 年 12 月 1 版 1 次

线装 30.00 元

24 开　178 页

　　《楚辞集注》是南宋著名理学家朱熹对楚辞所作的新注释。其特点是在吸取旧注训诂成果的同时，对屈原等人作品的思想内容和艺术特点多有阐发。现以宋理宗端平乙未合刊本中的《集注》为底本标点整理。

书韵楼丛刊（第七函）

本社编

2003 年 12 月 1 版 1 次

锦函线装巾箱本 100.00 元

24 开　396 页

　　本函收《王摩诘文集》、《孟浩然诗集》二种。

王摩诘文集

［唐］王维著

2003 年 12 月 1 版 1 次

线装 48.00 元

24 开　288 页

　　王维为盛唐山水田园诗派代表诗人，对后世诗坛影响极大。本书选择宋蜀刻本作底本，加以校勘补遗，选录前人精要诗评，套色排印。

孟浩然诗集

［唐］孟浩然著

2003 年 12 月 1 版 1 次

线装 22.00 元

24 开　108 页

　　孟浩然为盛唐山水田园诗派代表诗人。本书选择宋蜀刻本作底本，加以校勘补遗，附前人精要诗评。

书韵楼丛刊（第八函）

本社编

2003 年 12 月 1 版 1 次

锦函线装巾箱本 150.00 元

24 开　602 页

　　本函收《李太白文集》一种。

李太白文集

［唐］李白著

2003 年 12 月 1 版 1 次

线装 106.00 元

24 开　602 页

　　李白是继屈原以后最伟大的浪漫主义诗人。本书为李白诗文作品全集，以康熙五十六年缪氏仿宋本整理，该本搜罗完备，向以校订精审著称于世。此外，新辑数百条相关评语。

书韵楼丛刊（第九函）

本社编

2003 年 12 月 1 版 1 次

锦函线装巾箱本 175.00 元

24 开　736 页

　　本函收《杜工部集》一种。

杜工部集

［唐］杜甫著

2003 年 12 月 1 版 1 次

线装 128.00 元

24 开　736 页

　　杜甫是继屈原之后我国最伟大的现实主义诗人。历来被尊称为"诗圣"。本书据上海图书馆所藏宋王祺嘉祐四年姑苏郡斋刻本标点影印。此本为赵宋孤椠，实乃天下传世杜集之鼻祖。增补辑录有关评语数百条。

书韵楼丛刊（第十函）

本社编

2003 年 12 月 1 版 1 次

锦函线装巾箱本 170.00 元

24 开　576 页

　　本函收《东坡乐府》、《放翁词》、《稼轩长短句》三种。

东坡乐府

［宋］苏轼著

2003 年 12 月 1 版 1 次

线装 33.00 元

24 开　110 页

　　苏东坡以诗人笔法写词,变伶工之词为士大夫之词,遂使宋词别开生面。东坡词版本众多,此次整理以元延祐本为底本,兼采历代相关评论。

放翁词

[宋]陆游著

2003 年 12 月 1 版 1 次

线装 22.00 元

24 开　54 页

　　陆游以大手笔写小词,颇具特色。本书底本出于《仁和吴氏双照楼景刊宋元本词》,并新辑补遗。对全部作品加以句读,部分篇章采录前人评语。

稼轩长短句

[宋]辛弃疾著

2003 年 12 月 1 版 1 次

线装 60.00 元

24 开　376 页

　　辛弃疾是宋代最杰出的爱国词人。辛弃疾词流传的版本中,以元大德本《稼轩长短句》收录最夥,达 573 首。此次刊印即以大德本为底本;另从他本辑得辛词 56 首。搜集历代词评家的评点,缀于词后。

书韵楼丛刊(第十一函)

本社编

2005 年 6 月 1 版 1 次

锦函线装巾箱本 134.00 元

24 开　250 页

　　本函收《玉台新咏》、《花间集》、《西昆酬唱集》三种。

玉台新咏

[梁]徐陵编

2005 年 6 月 1 版 1 次

线装 35.00 元

24 开　123 页

　　《玉台新咏》是继《诗经》之后我国古代又一部诗歌总集,所收作品以写闺情的宫体诗为主,时间则自先秦至南朝梁。成书较早,对校正其他古书的失漏多有参考

作用。此次据四部丛刊影印无锡孙氏藏明代活字本校勘排印,除了断句和辑录有关作品的评论,改正个别错漏外,基本保存了明代活字本的原貌。

花间集

[后蜀]赵崇祚编

2005 年 6 月 1 版 1 次

线装 25.00 元

24 开　73 页

　　全书收录唐开成元年至晋天福五年之词家 18 人的词作 500 首,乃最古的词总集,唐五代名家之词作,大半均赖此得以保存。本书据国家图书馆所藏宋绍兴十八年刻本标点刊行,这是国内现存最早的一个刻本。附有关的评语。

西昆酬唱集

[宋]杨亿编

2005 年 6 月 1 版 1 次

线装 19.00 元

24 开　54 页

　　《西昆酬唱集》为宋 17 人的唱和诗集。收七言律诗 250 首。其诗多崇尚晚唐诗人李商隐,以运用故实、雕章琢句著称,被诗家称为西昆体。集中的诗人也被称为西昆诗派。此次刊行,以清人周桢、王图炜注本为底本,间以他本校正。

书韵楼丛刊(第十二函)

本社编

2005 年 6 月 1 版 1 次

锦函线装巾箱本 173.00 元

24 开　345 页

　　本函收《陶靖节先生诗》、《谢康乐诗集》、《李义山诗集》、《李贺歌诗编》、《樊川诗集》五种。

陶靖节先生诗　谢康乐诗集

[东晋]陶渊明　[南朝宋]谢灵运著

2005 年 6 月 1 版 1 次

线装 23.00 元

24 开　63 页

　　被奉为"古今隐逸诗人之宗"的陶渊明,以五言诗大量描写远离尘嚣的农耕生活,对后世作者沾溉甚深。本书以宋淳祐年间刊刻《陶靖节先生诗》为底本圈点,并辑

录若干古人评语。山水诗之祖谢灵运,其诗歌不仅精心刻画出山水景物的幽媚奇趣,而且欲借山水化解心中的郁结。本书以明万历沈启原刻《谢康乐集》诗歌部分为底本,又补遗若干首。

李义山诗集

[唐]李商隐著

2005 年 6 月 1 版 1 次

线装 45.00 元

24 开　128 页

　　李商隐是晚唐重要的诗人,其诗多伤时忧国之音,有较浓重的感伤情绪。用事婉曲,词采华丽。本书以明嘉靖刻本校刊,并由编者辑集宋以来各家相关评语数百条。

李贺歌诗编

[唐]李贺著

2005 年 6 月 1 版 1 次

线装 21.00 元

24 开　51 页

　　享有"鬼才"之誉的唐中期诗人李贺,以苦吟著称。诗多怀才不遇的忧愤,许多乐府诗,刻意营造冷艳凄丽的意境,想象丰富,措词奇峭。现据金刻本整理,新增有关评语上百条。

樊川诗集

[唐]杜牧著

2005 年 6 月 1 版 1 次

线装 38.00 元

24 开　103 页

　　杜牧是晚唐著名诗人,与李商隐并称"小李杜"。本书首次以巾箱本形式出版杜牧诗集,并辑录名家评语,双色套印。

书韵楼丛刊(第十三函)

本社编

2005 年 6 月 1 版 1 次

锦函线装巾箱本 138.00 元

24 开　288 页

　　本函收《淮海居士长短句》、《珠玉词》、《小山词》、《清真集》、《乐章集》五种。

淮海居士长短句

[宋]秦观著

2005 年 6 月 1 版 1 次

线装 18.00 元

24 开　41 页

　　婉约派词人秦观的词大多情感蕴藉含蓄,意境悠远,具有荡人心魄的艺术感染力。本书以叶恭绰合并影印故宫所藏及吴湖帆藏本为底本,又补遗若干首,并辑录古人评语。

珠玉词

[宋]晏殊著

2005 年 6 月 1 版 1 次

线装 18.00 元

24 开　40 页

　　《珠玉词》是北宋名相晏殊的词集。晏殊所作小词,多是男欢女爱、离情别绪之作,深情婉妙而又雍容闲雅,为北宋词坛领袖。现以汲古阁本为底本,校勘断句,又据《全宋词》等增加词九首。

小山词

[宋]晏幾道著

2005 年 6 月 1 版 1 次

线装 24.00 元

24 开　66 页

　　晏幾道是晏殊幼子,一生落落不得志。他的《小山词》中多抒身世之感和男女离恨相思之情,别有怀抱。现以"彊村丛书"本为底本,校以明吴讷《百家词》本等多种版刻,重要异文列于正文之下。

清真集

[宋]周邦彦著

2005 年 6 月 1 版 1 次

线装 24.00 元

24 开　63 页

　　周邦彦是北宋重要的词家,他的词发展了传统婉约词的艺术风格,所作词最符合"歌唱文学"的特点,从文学性和音乐性两方面看,周邦彦不愧是词界"集大成"性的人物。本书据四印斋所刻词本刊印,并辑录前人评语。

乐章集

[宋]柳永著

2005 年 6 月 1 版 1 次

线装 28.00 元

24 开　78 页

　　柳永是北宋著名词人,其词集名《乐章集》。柳词以写情著称,长于铺叙,语言通俗,声韵谐美,适于清唱。此次刊行,以"彊村丛书"本为底本加以断句,并附以前人评语。

书韵楼丛刊（第十四函）

本社编

2005 年 6 月 1 版 1 次

锦函线装巾箱本 118.00 元

24 开　图 400 幅　200 页

　　本辑收晚清名画家费晓楼、改七芗、王小梅《百美图》三种及近人钱病鹤编《近世一百名家画集》,并由今人精心配诗,套色印行,极具艺术欣赏和收藏价值。

晚清三名家绘百美图

[清]费晓楼 改七芗 王小梅绘　史良昭等配诗

2005 年 6 月 1 版 1 次

线装 52.00 元

24 开　图 300 幅　150 页

　　晚清画坛上的费晓楼、改七芗、王小梅,是近代中国古典仕女画的代表画家,三家各自绘有《百美图》,有很高的观赏价值。今据原印本精心制作,完整保留原作的韵味。新撰图咏,并扼要的点评。

近世一百名家画集

钱病鹤编

2005 年 6 月 1 版 1 次

线装 22.00 元

24 开　图 100 幅　50 页

　　本画集收清初至民初共 100 位画家的作品,分清代墨宝、今人杰作、新派妙品、征求遗珠四类,囊括山水、人物、草虫、花卉、翎毛、走兽等各种题材,既有传统的绘画艺术,亦有参以西洋技法、别开生面的佳作。另编画家小传置于书眉,套色印行。

书韵楼新刊

王摩诘诗集（全三册）

[唐]王维著　[宋]刘辰翁　[明]顾璘评

2015 年 1 月 1 版 1 次

线装 480.00 元

6 开　1860 页

　　本书所据《王摩诘诗集》为明末吴兴凌濛初刊刻,是书将宋刘辰翁评与明顾璘评汇于一书。刘、顾两人之评少则一二字、三五字,多则几十字,均简明扼要,得其要领。因两人均善写诗,有创作经验,知为诗之甘苦难易与奥妙所在,故其评点每每能抓住关键,而非隔靴搔痒者可比。兹据上海图书馆藏明末凌濛初朱墨套印本影印。刊刻精美,可诵可玩。

李长吉集（全二册）

[唐]李贺著　[明]黄淳耀评　[清]黎简批点

2015 年 1 月 1 版 1 次

线装 280.00 元

6 开　156 页

　　此本所据为清光绪十八年叶衍兰朱墨套印本,它将明黄淳耀和清黎简的评点合于一书,二人均为诗人,后者还专门学过李贺,故他们的评点较为精辟,互相参看,对于阅读、理解和欣赏李贺的诗有一定帮助。此书为清代书画家叶衍兰手书上板,书法秀逸,加以镌刻精细,朱墨灿然,读者于讽诗之时兼可赏字、赏版刻,获得多方面的审美愉悦。兹据上海图书馆藏原刊本影印。

返生香（全二册）

[明]叶小鸾著

2015 年 1 月 1 版 1 次

线装 298.00 元

6 开　228 页

　　本书收集叶小鸾诗 113 首,词 90 首,曲 1 首,文 3 篇,其中有不少脍炙人口的佳作流播人间,被收入《众香词》、《笠泽词征》、《词则》、《闺秀词抄》、《清词综》等各种诗词文献里,被后人珍如拱璧。她的作品大都描写出现在身边的四时景物,缘景生情,抒发内心的感受,具有很强的感染力。

艳异编（全六册）

[明]王世贞编撰　[明]汤显祖摘评

2015 年 1 月 1 版 1 次

线装 880.00 元

6 开　3624 页

　　《艳异编》大抵取自唐宋传奇及历代史传笔记,分作星部、神部、水神部、龙神部、仙部、宫掖部、戚里部、幽期部、冥感部、梦游部、义侠部、徂异部、幻术部、妓女部、男宠部、妖怪部、鬼部等十七个门类。它广泛地收集了从汉魏到明代的怪异传说和情爱故事，或以情节离奇怪异引人入胜，或以描写细腻感染读者。

周易（全二册）

[三国]王弼　[东晋]韩康伯注

2015 年 3 月 1 版 1 次

线装 298.00 元

6 开　186 页

　　王弼《周易注》包括《经》的部分，即六十四卦的卦爻辞及《传》的《文言》、《彖辞》、《象辞》等。晋韩康伯继承王弼思想续注《系辞》、《说卦》、《序卦》、《杂卦》等。唐修《五经正义》时，将韩注与王注合在一起，一并刊行。本书据四部丛刊影印上海涵芬楼藏宋刊本排印出版，可供文史研究工作者参考，亦可满足喜好古籍的读者需求。

论语　孟子（全三册）

[三国]何晏集解　[汉]赵岐注

2015 年 3 月 1 版 1 次

线装 420.00 元

6 开　402 页

　　《论语》是一部记录孔子及其弟子言行的书。孔子死后由其弟子或再传弟子辑录整理而成。《孟子》是儒家的主要经典，由孟子及其弟子以散文的形式合作撰写而成。《论语》据四部丛刊影印长沙叶氏观古堂藏日本正平刊本排印，《孟子》据四部丛刊影印内府藏宋刊大字本排印，可供文史研究工作者参考，亦可满足喜好古籍的读者需求。

老子　庄子（全四册）

[春秋]老聃著　[汉]河上公章句　[春秋]庄子著

2015 年 3 月 1 版 1 次

线装 498.00 元

6 开　452 页

　　《老子》又称《道德经》，历代注释甚多，而河上公《老子章句》是现存《老子》注本中成书较早、影响较大的一种。本书以四部丛刊影印常熟瞿氏铁琴铜剑楼藏宋刊本排印。《庄子》又名《南华经》，是道家经典，是战国早期庄子及其后学所著。本书据明世德堂刻本排印。

唐诗三百首（全二册）

[清]蘅塘退士原编

2015 年 3 月 1 版 1 次

线装 320.00 元

6 开　220 页

　　历代有关唐诗的选本层出不穷，难以计数，其中流传最广，影响最大，当属这本蘅塘居士编选的《唐诗三百首》。现以线装本形式推出，三色套印，墨色灿烂，美轮美奂，极便诵读和收藏。

东坡乐府　稼轩长短句（全五册）

[宋]苏轼　辛弃疾著

2016 年 5 月 1 版 1 次

线装 680.00 元

6 开　482 页

　　本书是宋代大词人苏轼与辛弃疾作品的合集。苏词据元延祐七年叶氏南阜草堂刻本校刊；辛词则以元大德本校刊，另从它书辑得辛词 56 首。此外收集历代相关词评，缀于两书词后，有助于读者对苏、辛两家词作的深入理解。

唐诗艳逸品（全四册）

[明]杨肇祉　闵一栻编

2016 年 5 月 1 版 1 次

线装 380.00 元

6 开　296 页

　　本书从唐诗里精心刻意撷取题材。全书原由杨肇祉选定，诗次杂乱不分体，后经乌程闵一栻据原刻重加编排，按绝句、律诗、古风、杂体诸项分编，冠以总凡例，交代在原编圈点基础上新编增广名家评语，改正原本讹谬。每集之前另有凡例，均系杨氏所著，突出表明其选诗的取舍标准。且保留原叙，可见杨氏为何刻印《唐诗艳逸品》的缘起。

线 装 典 藏

水浒传（全三函）（全三十册）

[明]施耐庵　罗贯中著

2011 年 6 月 1 版 1 次

线装 11888.00 元

6 开　7184 页

三国演义（全二函）（全二十册）

　[明]罗贯中著

　2011 年 6 月 1 版 1 次

　线装 3000.00 元

　16 开　5088 页

西游记（全三函）（全二十四册）

　吴承恩著

　2011 年 6 月 1 版 1 次

　线装 3600.00 元

　6 开　2322 页

红楼梦（全三函）（全三十册）

　[清]曹雪芹著

　2011 年 6 月 1 版 1 次

　线装 4500.00 元

　16 开　7184 页

东周列国志（绣像大字本）（盒装）

　[明]冯梦龙改编　[清]蔡元放修订

　陈先行 李梦生校点

　2012 年 12 月 1 版 1 次

　线装 4500.00 元

　16 开　5696 页

聊斋志异（盒装）

　[清]蒲松龄著

　2012 年 12 月 1 版 1 次

　线装 8000.00 元

　6 开　816 页

聊斋志异（绣像大字本）（全十六册）

　[清]蒲松龄著　孟庆江绣像

　2013 年 12 月 1 版 1 次

　线装 3200.00 元

　16 开　2032 页

儒林外史

　[清]吴敬梓著

　2015 年 12 月 1 版 1 次

　线装 2000.00 元

16 开　1338 页

阅微草堂笔记

　[清]纪昀著　沈鸿生书法

　2006 年 9 月 1 版 1 次

　2009 年 3 月 1 版 5 次

　线装 1680.00 元

　8 开　1440 页

御制盛京赋（全二册）

　[清]爱新觉罗·弘历著

　2013 年 4 月 1 版 1 次

　线装 2000.00 元

　6 开　288 页

戴敦邦新绘水浒一百零八将

　戴敦邦绘图

　2011 年 1 月 1 版 1 次

　线装 5800.00 元

　大 4 开　120 页

李太白文集（全四册）

　[唐]李白撰

　2016 年 6 月 1 版 1 次

　线装 698.00 元

　6 开　700 页

　本次影印蜀刻本《李太白文集》三十卷，系以国家图书馆藏海内孤本为底本。该本为现存李白文集最古刻本，半叶十一行，行二十字，白口，左右双边。字体浑朴厚重，刀法稳健不滞，墨色精纯。避玄、朗、敬、贞、征、让、桓、构等讳字。

王摩诘文集（全两册）

　[唐]王维撰

　2016 年 6 月 1 版 1 次

　线装 398.00 元

　6 开　348 页

　本次影印蜀刻本《王摩诘文集》十卷，系以国家图书馆藏海内孤本为底本。该本为现存王维文集最古刻本，半叶十一行，行二十字，白口，左右双边。字体浑朴厚重，刀法稳健不滞，墨色精纯。

类　书

和刻本类书集成

岁华纪丽　书叙指南　事林广记

[日]长泽规矩也编

1990年7月1版1次

精装25.40元

16开　246页

《岁华纪丽》唐韩鄂编,宝永四年(1707)跋江户美浓屋又右卫门刊本。列举与节候风俗有关的骈句,注记有关出典与释文。《书叙指南》宋任广编,庆安二年(1649)三月中野小左卫门刊本。采摭典籍中的成语,附上讲解与出典。《事林广记》宋代陈之靓编,光禄十二年(1699)刊京都今井七郎兵卫、中野五郎左卫门复印本。此书包罗日常生活中必须具有的知识,对研究古代文化十分有用。

事物纪原　小学绀珠

[日]长泽规矩也编

1990年7月1版1次

精装25.30元

16开　245页

《事物纪原》宋代高承撰,明历二年(1656)京都武林市兵卫刊本。包括天地山川、鸟兽草木、阴阳五行、礼乐制度等事物的原始。纪事达一千八百余条。《小学绀珠》宋代王应麟编,文政十年(1817)江户尚友堂冈村庄助等刊本。自"天道"至"儆戒""动植"等分为17门,每篇又以数字为纲,以便记忆。

书言故事大全　君臣故事　日记故事大全　金璧故事　劝惩故事

[日]长泽规矩也编

1990年7月1版1次

精装24.70元

16开　238页

和刻本类书集成第三辑是专门收集有关各种故事来源与用例的类书,大多配有精美的插图。《书言故事大全》,旧题宋胡继宗编,正保三年(1649)九月刊伊吹权兵卫复印本。《君臣故事》,宽文十二年(1673)跋京都上田甚兵卫刊延宝二年(1674)九月印本。《日记故事大全》,宽文九年(1669)正月中尾市郎兵卫覆明万历中

刘龙田刻本。《金璧故事》,明郑以伟编,覆明万历中集义堂黄直斋刻本。《劝征故事》,明代汪延讷编,宽文九年(1669)六月中尾市郎兵卫刊本。

群书拾唾　故事雕龙　故事必读成语考　雅俗故事读本　艺林伐山故事　事物异名

[日]长泽规矩也编

1990年7月1版1次

精装24.20元

16开　232页

《群书拾唾》,明张九韶编,从群书中搜辑名物、制度、语词,时注出典或释义。《故事雕龙》,旧题明丘濬编,以学问、人事为主,下各有叙事与注释。《故事必读成语考》,旧题明丘濬编,分天文、父子、婚姻、宫室等35目,每目以一篇文章叙述故事。《雅俗故事读本》,明程允升编,即《幼学须知便读故事》,内容大体与《故事必读成语考》相同,插入日语译文为头注,末附索引。《艺林伐山故事》,明黄克兴编,分天文、地理、花木等各类,挑出常用词语,解释并注出典。《事物异名》,明余庭璧编,列出各种事物异名,时注出典。

卓氏藻林　古今类书纂要

[日]长泽规矩也编

1990年7月1版1次

精装26.30元

16开　257页

《卓氏藻林》,明卓明卿编,元禄九年(1696)五月京都村上平乐寺刊本。收集适用于诗赋的语辞,加以解释。《古今类书纂要》,明璩昆玉编,叶文懋校,宽文九年(1669)山形屋印本。分三十余部,从类书中辑录语汇,并附有释义。

唐诗金粉　词林合璧　锦字笺

[日]长泽规矩也编

1990年7月1版1次

精装23.90元

16开　227页

《唐诗金粉》,沈炳震编,安永三年(1774)十一月大阪井上勘兵卫等覆清刻本。辑录唐诗词句,旁记平仄,下注出典。《词林合璧》初集,清朱琰编,天宝九年(1838)序越后花木氏刊本。诗文佳词,旁记平仄,下注出典,是为诗作文尤其是作近体诗与骈文的参考书籍。《锦字笺》四卷,清黄濙编,本书将二、三、四字语句,分为

24 部,各词下均有释文。

其　　他

艺文类聚附索引(全二册)

[唐]欧阳询撰　汪绍楹校

线装 1959 年 9 月 1 版 1 次

精装 1965 年 12 月 1 版 1 次

精装 1999 年 5 月新 2 版 1 次

精装 2015 年 10 月新 2 版 5 次

精装 180.00 元

大 32 开　2176 页

　　《艺文类聚》是我国现存最早的百科性质的类书之一,保存了我国唐代以前丰富的文献资料,尤其是许多诗文歌赋等文学作品。此书编于唐武德年间,宋代有刻本,但不多见。本校订本用宋本为底本,参校诸明本,改正不少原刻错误。新增引书人名和书名索引。

宋本艺文类聚(全三册)

[唐]欧阳询撰

2013 年 12 月 1 版 1 次

2015 年 1 月 1 版 2 次

精装 480.00 元

16 开　2580 页

　　《艺文类聚》流传主要是明正德、嘉庆、万历年刻本,错字脱文较多。上海图书馆藏有国内仅有的宋刻本,现据以影印,分三册精装,便于研究、检索和收藏。

渊鉴类函(全十二册)

[清]张英　王士祯等撰

2008 年 4 月 1 版 1 次

精装 680.00 元

32 开　10108 页

　　《渊鉴类函》是清朝张英、王士祯等奉康熙之命编撰的一部大型类书。本书依据《唐类函》体例,增其所无,详其所略,并加"原"、"增"以示区别。全书共 450 卷,分 45 部 2536 类,纲目清晰,便于检阅,本书据文渊阁《四库全书》本影印。

太平御览(全九册)

[宋]李昉等撰

2008 年 4 月 1 版 1 次

精装 480.00 元

32 开　7464 页

　　《太平御览》是我国宋朝一部著名的类书,共 1000 卷,分 55 部。《太平御览》引用书籍浩博,多达 1690 种,而其中保存的大量古籍遗文,十有八九今已亡佚,所以此书就显得尤为珍贵。本书据文渊阁《四库全书》本影印。

新定三礼图(全二册)

[宋]聂崇义集注

1985 年 8 月 1 版 1 次

线装 12.60 元

6 开　143 页

　　《新定三礼图》,分冕服图、后服图、冠冕图、宫室图、投壶图、射侯图、弓矢图、旌旗图、玉瑞图、祭玉图、匏爵图、鼎俎图、尊彝图、丧服图、袭敛图、丧器图 16 门,是对《三礼》中有关冠服、车舆、宫室、器物等礼仪制度的图说和集注。以宋淳熙二年本为最早刊本,已成孤本,兹以此为底本影印。

三才图会(全三册)

[明]王圻　王思义编集

1988 年 8 月 1 版 1 次

2016 年 3 月 1 版 9 次

精装 398.00 元

16 开　2394 页

　　《三才图会》是一部有图有文,图与文互为印证的类书。内容涉及天文、地理、文史、医学、建筑、生物、戏剧等各门学科,还包括一些被称为"琐屑"的门目,如五官之相当图、杂技图等,资料丰富,足供钩稽。此外,本书中图像绘制以精细见称,可供版画研究者参考。此书以王思义校正本为最佳,现据以影印出版,附索引。

昭代丛书(全四册)

[清]张潮等编纂

1990 年 7 月 1 版 1 次

精装 245.60 元

16 开　1728 页

　　本书是清代初期到中期最大的一部杂著性丛书,专收入清以后 150 年间著名文人学者的笔记、考据、小品共 561 种,其内容则经史子集、天文地理、动植历算、海外游踪、金石书画、茶酒清娱等等,具有重要的资料价值。本书以道光刻印足本缩页影印,附有人名、书名索引。

小知录

[清]陆凤藻辑

1991年8月1版1次

4.50元

大32开 184页

　　《小知录》是清代中期以后很有影响的一部类书。作者从正史、野史、诗文集、小说笔记、类书中纂辑出大量鲜为人知的名物典故,一一加以说明。内容涉及天文地理、人神鬼怪、政治军事、职官礼仪、生活起居、花鸟虫兽等各个方面,类似今天的百科辞典。所收多系僻典,常用工具书中查不到,对研究古代社会文化历史、考订古代名物,有很大参考价值。现据淮南书局重刊本标点整理。

笔 记 小 说

历代笔记小说大观

汉魏六朝笔记小说大观

本社编

1999年12月1版1次

2014年12月1版6次

精装 78.00元

大32开 1068页

　　中国笔记小说源远流长,自汉魏至清末,流传不下3000种,遍读所有笔记,常人难以做到,为此,本社特编选这套《历代笔记小说大观》,分汉魏六朝、唐五代、宋、元、明、清五个部分整理出版,力求让读者通过阅读其中的精品,了解中国笔记小说的概况。本书为丛书的第一部分,收书21种,其中神话志怪、奇异陆离、先民与自然斗争精神及丰富想象表露无遗;志人志物、生活情趣、丰富物产无不毕现。

唐五代笔记小说大观（全二册）

本社编

2000年3月1版1次

2015年7月1版6次

精装130.00元

大32开 2010页

　　本书上接汉魏六朝,收录唐五代最具代表性的各类笔记小说39种,其中如《酉阳杂俎》、《唐国史补》、《明

皇杂录》、《开元天宝遗事》、《玄怪录》等,都是当时有名的著作。

宋元笔记小说大观

本社编

（一）精装65.00　2001年12月1版1次

（二）精装65.00　2001年12月1版1次

（三）精装60.00　2001年12月1版1次

（四）精装59.00　2001年12月1版1次

（五）精装59.00　2002年1月1版1次

（六）精装62.00　2002年1月1版1次

（全六册）2001年12月1版1次

2016年1月1版5次

精装498.00

大32开 6708页精

　　本书汇集了宋元两代有重要影响的笔记小说共69种,其中不少品种久已绝版,系首次经过精心整理面世。每种笔记前均由校点者撰写"校点说明",扼要介绍作者生平、作品内容和版本情况。

明代笔记小说大观（全四册）

本社编

2005年4月1版1次

2014年7月1版6次

精装298.00元

大32开 3940页

　　本书收明代笔记小说14种,举凡朝章国典、经济文化、风俗民情,内容应有尽有,而尤偏重于人事与历史事件的记载。所用底本均为早期刻本、善本或抄本。

清代笔记小说大观（全六册）

本社编

2007年10月1版1次

2016年1月1版5次

精装398.00元

大32开 5848页

　　本书收录《筠廊偶笔》、《今世说》、《虞初新志》、《坚瓠集》、《在园杂志》、《履园丛话》、《归田琐记》、《茶余客话》、《浪迹丛谈》等20种有清一代极富文学价值与史料价值的笔记小说。整理过程中,精选底本并加以标点、校勘。

西京杂记（外五种）

[汉]刘歆等撰　王根林校点

2012 年 12 月 1 版 1 次

2016 年 6 月 1 版 5 次

18.00 元

小 16 开　160 页

　　本书收录《西京杂记》、《汉武帝别国洞冥记》、《汉武帝内传》、《汉武故事》、《裴子语林》、《殷芸小说》共六种。

博物志（外七种）

[晋]张华等撰　王根林等校点

2012 年 7 月 1 版 1 次

2016 年 3 月 1 版 5 次

18.00 元

小 16 开者来信　168 页

　　本书收录《博物志》、《穆天子传》、《燕丹子》、《神异经》、《海内十洲记》、《古今注》、《南方草木状》、《荆楚岁时记》共八种。

拾遗记（外三种）

[前秦]王嘉等撰　王根林校点

2012 年 7 月 1 版 1 次

2016 年 3 月 1 版 4 次

22.00 元

小 16 开　212 页

　　本书收录《拾遗记》、《异苑》、《幽明录》、《续齐谐记》共四种。《拾遗记》以《古今逸史》本为底本，参以《汉魏丛书》、《稗海》本。《异苑》以《学津讨原》本为底本，参校《说库》、《古今说部丛书》、《四库全书》诸本。《幽明录》以《古小说钩沉》本为底本，根据类书等加以校点。《续齐谐记》以明嘉靖《顾氏文房小说》本为底本，以其他诸本参校。

搜神记·搜神后记

[晋]干宝　陶潜撰　曹光甫　王根林校点

2012 年 7 月 1 版 1 次

2015 年 4 月 1 版 3 次

22.00 元

小 16 开　212 页

　　《搜神记》以《津逮秘书》本为底本，校以《秘册汇函》、《学津讨原》诸本。《搜神后记》以清嘉庆《学津讨原》本为底本，参校《秘册汇函》、《津逮秘书》、《百子全书》诸本。

世说新语

[南朝宋]刘义庆撰　[梁]刘孝标注王根林校点

2012 年 12 月 1 版 1 次

2016 年 6 月 1 版 6 次

21.00 元

小 16 开　200 页

　　本书为志人小说的名著，计三十六门，一千一百多则，上起秦末，下至南朝，大部分篇幅记载东汉末到刘宋初近三百年的人和事，记言玄远冷峻，记行高简瑰奇。在文学发展史上地位很重要。刘孝标的注，征引繁富，征引书目达四百余种，对正文补益辨正，历来评价很高。本书以清光绪间王先谦传刻之宋本为底本，校以他本。

朝野佥载·云溪友议

[唐]张鷟　范摅撰　恒鹤　阳羡生校点

2012 年 11 月 1 版 1 次

16.00 元

小 16 开　140 页

　　《朝野佥载》记述唐代前期朝野遗事佚闻，以武后一朝事迹为多，暴露了"贿货纵横、赃污狼藉"的现实世相。此次以《宝颜堂秘笈》本为底本，参校《太平广记》、《说郛》、《历代小史》等本。《云溪友议》记载了六十五条唐开元以后文坛的逸事琐闻、诗歌本事，较集中地提供了唐代白话诗的资料。1957 年古典文学出版社根据《四部丛刊》影印明刊三卷本排印，1959 年中华书局上海编辑所以《稗海》本校勘。此次以中华上编本为底本，据《稗海》、《太平广记》等本校改讹误。

教坊记（外七种）

[唐]崔令钦等撰　曹中孚等校点

2012 年 8 月 1 版 1 次

18.00 元

小 16 开　192 页

　　本书收录《教坊记》、《隋唐嘉话》、《唐国史补》、《刘宾客嘉话录》、《尚书故实》、《北里志》、《幽闲鼓吹》、《中朝故事》共八种。

大唐新语（外五种）

[唐]刘肃等撰　恒鹤等校点

2012 年 8 月 1 版 1 次

26.00 元

小 16 开　235 页

　　本书收录《大唐新语》、《龙城录》、《因话录》、《大唐传载》、《三水小牍》、《唐阙史》共六种。《大唐新语》所记上起武德之初，下讫大历之末，由近二百年的朝野要闻搜罗筛选而成，以明《稗海》本为底本，以明潘玄度刻本、《四库全书》本参校，并参考《唐书》以及《太平广记》的相关内容，择善而从。

玄怪录·续玄怪录

[唐]牛僧孺 李复言撰　田松青校点

2012 年 8 月 1 版 1 次

2016 年 6 月 1 版 5 次

12.00 元

小 16 开　104 页

　　《玄怪录》以陈应翔明刻本为底本，参校《太平广记》、《四库全书》等书。《续玄怪录》以南宋尹家书棚刻本为底本，参校《太平广记》、《说郛》等诸书。

次柳氏旧闻（外七种）

[唐]李德裕等撰　丁如明等校点

2012 年 8 月 1 版 1 次

2016 年 3 月 1 版 3 次

22.00 元

小 16 开　220 页

　　本书收录《次柳氏旧闻》、《博异志》、《纂异记》、《玉泉子》、《录异记》、《金华子》、《甘泽谣》、《独异志》共八种。皆为唐五代时人所撰，兼具文学价值及史料价值。

酉阳杂俎

[唐]段成式等撰　曹中孚等校点

2012 年 7 月 1 版 1 次

2016 年 3 月 1 版 7 次

18.00 元

小 16 开　192 页

　　鲁迅先生称《酉阳杂俎》记录秘书、叙述异事，仙佛人鬼，乃至动植物，无所不包，以类分别，犹如类书。此书诸种版本中，以《四部丛刊》本为最早，影印明万历三十五年（1607）李云鹄本，而《学津讨原》本最为完备。今以《学津讨原》本为底本标校，参校他本。

宣室志·裴铏传奇

[唐]张读 裴铏撰　萧逸 田松青校点

2012 年 8 月 1 版 1 次

2016 年 6 月 1 版 3 次

16.00 元

小 16 开　144 页

　　《宣室志》以《稗海》本为底本，以《四库全书》本及《太平广记》、《绀珠集》、《类说》等书参校。《裴铏传奇》以《太平广记》、《岁时广记》为底本，参校《类说》及周楞伽辑本的成果。

唐摭言

[五代]王定保撰　阳羡生校点

2012 年 8 月 1 版 1 次

2016 年 4 月 1 版 3 次

12.00 元

小 16 开　212 页

　　《唐摭言》详细记载了唐代科举制度及与此相关的遗闻琐事、文士风气，并保存了许多诗人别集中失载的断章零句，是后人研究唐代科举与文学的重要参考资料。1957 年古典文学出版社以《雅雨堂丛书》本为底本，对照《学津讨原》本补正文字出版，1960 年中华书局上海编辑所重版。此次以此本为底本，据《太平广记》、周勋初《唐语林校证》有关条目改正讹误。

开元天宝遗事（外七种）

[五代]王仁裕等撰　丁如明等校点

2012 年 8 月 1 版 1 次

2016 年 3 月 1 版 3 次

18.00 元

小 16 开　192 页

　　本书收录《开元天宝遗事》、《明皇杂录》、《松窗杂录》、《开天传信记》、《本事诗》、《杜阳杂编》、《剧谈录》、《桂苑丛谈》共八种。

北梦琐言

[五代]孙光宪撰　林艾园校点

2012 年 12 月 1 版 1 次

21.00 元

小 16 开　188 页

　　本书记述晚唐五代间政治遗闻、士大夫言行、文学家轶事以及社会风俗人情，所载史实，翔实可信。自元代以后已有散佚,近人缪荃孙以流传下来的二十卷本为基础,又从《太平广记》中辑出佚文四卷,收入《云自在龛丛书》中。1959 年中华书局上海编辑所以缪荃孙本为底本,逸文部分用《太平广记》校订。此次以中华上编本为底本,参校《稗海》本、《雅雨堂丛书》本、《四库全书》丁氏补抄本、吴氏拜经楼旧抄本,并校对了《云自在龛丛书》本。

清异录·江淮异人录

[宋]陶榖　吴淑撰　孔一校点
2012 年 11 月 1 版 1 次
2016 年 3 月 1 版 3 次
16.00 元
小 16 开　144 页

　　《清异录》采撷唐至五代流传的掌故词语,分为三十七门,足本(相对而言)有二卷、四卷之分,今取文渊阁《四库全书》二卷本为底本,以《丛书集成》影印《宝颜堂秘笈》四卷本参校。卷首目录与正文标题略有出入,姑仍其旧。《江淮异人录》记载唐代及南唐时道流、侠客、术士凡二十五人的奇事,部分内容堪为史书之补助。传本有一卷、二卷之分,今取文渊阁《四库全书》二卷本为底本,校以《知不足斋丛书》一卷本。

稽神录·睽车志

[宋]徐铉　郭彖撰　傅成　李梦生校点
2012 年 8 月 1 版 1 次
2016 年 6 月 1 版 4 次
16.00 元
小 16 开　235 页

　　《稽神录》记灵异神怪之事,开宋人志怪小说欲人可信和果报迷信的风气。以后吴淑《江淮异人录》,洪迈《夷坚志》,都明显受其影响。本次以涵芬楼本为底本,参校《学津讨原》本、文渊阁《四库全书》本、中华书局版《太平广记》、《类说》以及有关史志。《睽车志》承六朝志怪体,专记耳闻目睹之神鬼异谈,今以《稗海》本为底本,校以文渊阁《四库全书》本。

贾氏谭录·涑水记闻

[宋]张洎　司马光撰　孔一　王根林校点
2012 年 11 月 1 版 1 次
18.00 元
小 16 开　164 页

　　《贾氏谭录》系张洎于庚午岁(开宝三年,970)对宋

左补阙贾黄中的言谈记录,因以名书,得存唐代轶闻,间有足补史书之阙者。今以《守山阁丛书》本为底本,校以文渊阁《四库全书》本,并参校有关史料。《涑水记闻》记载宋太祖至神宗几朝的军政大事、朝典政章,今以商务印书馆夏敬观所校十六卷本为底本进行标点,校以他本及李焘《续资治通鉴长编》和有关类书。

南部新书·茅亭客话

[宋]钱易　黄休复撰　尚成　李梦生校点
2012 年 11 月 1 版 1 次
18.00 元
小 16 开　160 页

　　《南部新书》以干支为序,凡八百余条,多涉及唐代朝野掌故和遗闻轶事,亦兼及五代。今以《学津讨原》本为底本,以《粤雅堂丛书》、文渊阁《四库全书》等版本参校,并断句标点。《茅亭客话》所记皆亲历亲闻的蜀中事,起自蜀王建、孟知祥二氏,终至宋真宗朝事,当唐传奇盛行之时,记志怪之事,文笔简捷,颇多奇趣。此次校点以《琳琅秘室丛书》本为底本,复校以《四库全书》本。

杨文公谈苑·后山谈丛

[宋]杨亿口述　黄鉴笔录　宋庠整理
陈师道撰　李裕民　李伟国校点
2012 年 11 月 1 版 1 次
18.00 元
小 16 开　164 页

　　《杨文公谈苑》以人事、诗文为主,旁及科技、宗教、艺术、典章制度、经济、民俗等,尤其收录大量宋人诗歌,极具参考价值。此书至明末散佚,辑校者据《说郛》、《宋朝事实类苑》、《事物纪原》、《政和本草》等书重辑,共得二百三十四条,七万余字。《后山谈丛》六卷,对北宋史事人物着墨最多,于书法绘画、笔墨纸砚、水利农事、佛徒道流以至奇闻异事等,亦有不少记载。今以《适园丛书》本为底本,校以他本。

归田录(外五种)

[宋]欧阳修等撰　韩谷等校点
2012 年 12 月 1 版 1 次
21.00 元
小 16 开　196 页

　　本书收录《南唐近事》、《江邻幾杂志》、《归田录》、《画墁录》、《泊宅编》、《孔氏谈苑》等六种宋代笔记。

春明退朝录（外四种）

[宋]宋敏求等撰　尚成校点

2012 年 12 月 1 版 1 次

18.00 元

小 16 开　148 页

本书收录《春明退朝录》、《松漠纪闻》、《道山清话》、《北窗炙輠录》、《山房随笔》五种宋元笔记。

青琐高议

[宋]刘斧撰　施林良校点

2012 年 12 月 1 版 1 次

22.00 元

小 16 开　192 页

本书内容比较庞杂，包括神道志怪、传奇小说、诗话异闻、纪传杂事等。对后代影响较大的是传奇作品，多写男女情爱、家庭婚姻故事，善于描写铺叙，诗文相间，语言秀美，颇似唐人传奇。今据上海古籍出版社 1983 年的增补本（原本为 1953 年古典文学出版社以董氏诵芬室刻本为底本的整理本）重印，改正了一些错字和标点。

渑水燕谈录·西塘集耆旧续闻

[宋]王辟之　陈鹄撰　韩谷　郑世刚校点

2012 年 11 月 1 版 1 次

16.00 元

小 16 开　136 页

《渑水燕谈录》十卷，内容涉及政事、官制、文儒等轶闻掌故，凡北宋名臣，均有记述，今以涵芬楼本为底本，校以《四库全书》本，并以《宋朝事实类苑》等有关笔记史料参校。《西塘集耆旧续闻》十卷，近四分之一篇幅论述柳宗元、苏轼等唐宋文贤六十余人的诗词作品，不乏真知灼见。所记典章制度、士林习尚亦较有史料价值。今以《知不足斋丛书》本为底本，与《四库全书》本和明红格残钞本对校，同时参校《丛书集成》、《旧小说》等本及《宋史》等书。

梦溪笔谈

[宋]沈括撰　施适校点

2015 年 12 月 1 版 1 次

25.00 元

16 开　248 页

《梦溪笔谈》包括《笔谈》《补笔谈》《续笔谈》三部分，共计收录记述 609 条，其中自然科学类 189 条，人文科学类 420 条。内容涉及天文、历法、气象、地理、物理、化学、水利、建筑、医药、历史、文学、艺术、军事、法律等诸多领域。《梦溪笔谈》以大篇幅记述自然科学，为其他笔记类著述所少有，北宋的重大科技发明和科技人物，均赖之记载传世。

麈史·侯鲭录

[宋]王得臣　赵令畤撰　俞宗宪　傅成校点

2012 年 11 月 1 版 1 次

16.00 元

小 16 开　128 页

《麈史》记载了大量安陆地区的人物、地理、风俗情况，写作态度严肃，保存了大量的第一手文史资料，对研究宋朝典章制度、安陆地区历史文化以及唐宋文学史，都颇具参考价值。本书以知不足斋本为底本，以涵芬楼本、石研斋秦氏藏抄本及清残抄本作校，并参校了《说郛》本及其他多种笔记、经史等有关书籍。《侯鲭录》偏重诗话诗论，材料精审可信，今以知不足斋本为底本，参校《稗海》本、文渊阁《四库全书》本，以及有关史乘诗集。

湘山野录·续录·玉壶清话

[宋]文莹撰　黄益元校点

2012 年 12 月 1 版 1 次

18.00 元

小 16 开　136 页

《湘山野录》三卷、《续录》一卷，是记载北宋见闻杂事的一部随笔，共一百六十五条，涉及北宋太祖至神宗六朝间政治经济、军国大事、外交活动，以及不少名人轶事。今以《津逮秘书》本为底本，校以《四库全书》、《学津讨原》、《学海类编》、《说库》等本。《玉壶清话》，又名《玉壶野史》。全书十卷，内容体例与《湘山野录》相仿，此外书中谈诗论文之语亦颇有价值。今以《知不足斋丛书》本为底本，校以《笔记小说大观》、《说郛》、《四库全书》等本。

青箱杂记·春渚纪闻

[宋]吴处厚　何薳撰　尚成　钟振振校点

2012 年 12 月 1 版 1 次

18.00 元

小 16 开　160 页

《青箱杂记》多记五代及北宋朝野杂事、官制、诗话、民俗等，于北宋馆阁官制设置、一些政要生卒年月记载颇详。本书以文津阁《四库全书》本为底本,用《稗海》、《笔记小说大观》等本对校。书前诸本均无作者自序,今据国家图书馆所藏抄本补。《春渚纪闻》多涉神怪方术及因果报应,荒诞不经,诚有不足取者。但时亦导人向善,又不可一概斥之。今以《学津讨原》本为底本,并参校他本。

邵氏闻见录·邵氏闻见后录

[宋]邵伯温 邵博撰　王根林校点

2012 年 11 月 1 版 1 次

29.00 元

小 16 开　276 页

《邵氏闻见录》二十卷,作者邵伯温旨在借是书阐述其父邵雍及其密友的为人处世和政治见解,尤其是反对王安石变法的内容,成为本书的重点,具有较高的史料价值。今以涵芬楼夏敬观校本为底本,校以《津逮秘书》、《学津讨原》和现存宋、元、明钞本及有关史志。《邵氏闻见后录》三十卷,为邵博续其父邵伯温《邵氏闻见录》而作。除记朝典政事外,兼及经史子集,保存了不少已失传的史料文献。今以涵芬楼本为底本,校以《津逮秘书》、《学津讨原》等本。

冷斋夜话·梁溪漫志

[宋]惠洪 费衮撰　李保民 金圆校点

2012 年 12 月 1 版 1 次

18.00 元

小 16 开　164 页

《冷斋夜话》十卷,且多引黄庭坚语,并涉及司马光、苏轼、王安石、秦观等人。今以《津逮秘书》本为底本,参校《稗海》本、《学津讨原》本,并参考了《诗话总龟》、《苕溪渔隐丛话》中的相关条目。《梁溪漫志》十卷,一为辨述朝廷典章制度,二为记叙前人遗闻轶事,三为考订史实,四为品评诗画文章,书成刊行即为国史实录院收录,以备编修高、孝、光三朝正史参用。此次以明刻本与影宋钞本比勘而成的《知不足斋丛书》本为底本,校以《四库全书》本、《学海类编》本等其他诸本,参校《永乐大典》《说郛》中所引和《宋史》《宋大诏令集》等。

容斋随笔(全二册)

[宋]洪迈撰　穆公校点

2015 年 12 月 1 版 1 次

68.00 元

16 开　672 页

《容斋随笔》共五集七十四卷,与沈括的《梦溪笔谈》、王应麟的《困学纪闻》被公认为宋代三大最有学术价值的笔记。此书内容繁富,撰述自由,议论精当,所考所记多能放映作者之学术所长,精诣独到之处皆自出心得。对于读者了解和研究我国历史、文学、艺术等,均有较大的参考价值。

萍洲可谈·老学庵笔记

[宋]朱彧 陆游撰　李伟国 高克勤校点

2012 年 12 月 1 版 1 次

18.00 元

小 16 开　156 页

《萍洲可谈》多为朱彧随父朱服游宦所至见闻。对在"蕃坊"居住的外国商人的衣饰、饮食、宗教信仰等多所记载,另外描述宋代朝章国故、制度变更、士人风气等,也十分可贵。此次校点以《四库全书》的《墨海金壶》本为底本,校以各本,并从《永乐大典》和《宋会要辑稿》各得逸文一条,附于书末。《老学庵笔记》是陆游晚年所著的笔记,多为作者耳闻目睹之事,不仅记录了当时大量的史实和掌故,而且反映了陆游的政治思想和文学观点。民国十五年(1926)上海商务印书馆以涵芬楼辑陆氏家刻本钞的穴砚斋钞本为底本,校以清人何焯校本和《津逮秘书》等本,印入《宋人小说》丛书中。此次整理校点即以商务本为底本,并参校他本。

石林燕语·避暑录话

[宋]叶梦得撰　田松青 徐时仪校点

2012 年 12 月 1 版 1 次

19.00 元

小 16 开　184 页

《石林燕语》所记为北宋以来有关典章制度,颇足援据;所录人物逸事也十分广博,向为史家所重。成书后有南宋人汪应辰《石林燕语辨》和宇文绍奕《石林燕语考异》二书为之纠谬补益。此次校点以《四库全书》本为底本,校以明刻本、商濬《稗海》本、《说郛》本、《儒学警悟》本等,并将《四库》本所附宇文绍奕的《考异》一并收入。《避暑录话》四卷,主要记载名胜古迹、前朝及当代人物行止出处,抒发野居逸趣,偶尔杂以经史议论。今以夏敬观校涵芬楼藏版《宋人小说》所收四卷本为底本,校以《稗海》、《津逮秘书》、《四库全书》及叶德辉观古堂重刻梾花盦本,并参检《宋史》加以标点。

东轩笔录·嬾真子录

[宋]魏泰 马永卿撰　田松青校点

2012年12月1版1次

16.00元

小16开　140页

　　《东轩笔录》所记多为北宋太祖至神宗六朝间的朝野遗闻，尤以王安石变法最有史料价值。书中失实之处由《旧闻证误》、《容斋随笔》等驳正。此次校点以《稗海》本为底本，校以他书。《嬾真子录》又名《嬾真子》，多记北宋以来之闻见及读书所得，内容较杂，既有轶闻遗事，亦有小说故事，卷三以后又多考证艺文，诠释诗赋，于作家作品之本事亦有记述。此次以涵芬楼《宋人小说》丛书本（即劳平甫校本）为底本，校以《四库全书》本等。

中吴纪闻·曲洧旧闻

[宋]龚明之 朱弁撰　孙菊园 王根林校点

2012年11月1版1次

18.00元

小16开　168页

　　《中吴纪闻》是一部内容非常广泛的资料笔记，尤其是对于吴中地区遗佚诗文的搜辑不遗余力，一些文人名士的作品赖以保存。此次校点以《知不足斋丛书》本为底本，用《墨海金壶》、《学海类编》、《珠丛别录》、《粤雅堂丛书》等为校本。《曲洧旧闻》当撰于作者留金之时，一是追述北宋轶事，对王安石变法、蔡京绍述言之尤详，"深于史实有补"（《四库全书总目》）；再是对前代及当朝文坛轶闻的记叙和评析。此次校点以《知不足斋丛书》为底本，校以《四库全书》本、《学津讨原》本诸本。

铁围山丛谈·独醒杂志

[宋]蔡絛 曾敏行撰　李梦生 朱杰人校点

2012年12月1版1次

19.00元

小16开　180页

　　《铁围山丛谈》为蔡絛流放至铁围山后追忆往事及记眼前所见而作。是书"上自乾德，下及建炎，中间二百年轶事，无不详志备载，亹亹动听"。此次校点，以鲍氏《知不足斋丛书》本为底本，校以《四库全书》本，并参考中华书局冯惠民、沈锡麟点校本。《独醒杂志》是曾敏行的一本随笔，记录了他在读书、交友、旅游及各种社会活动中的所见所闻。今以《知不足斋丛书》本为底本，以国家图书馆藏明穴研斋钞本及文澜阁《四库全书》丁丙补钞本对校。

挥麈录

[宋]王明清撰　田松青校点

2012年12月1版1次

28.00元

小16开　240页

　　本书分《前录》、《后录》、《三录》、《余话》，历三朝三十余年而成，记叙作者历年来的所见所闻，虽有小说家言，但仍以史料居多，多为当时的史家和史书如李心传的《建炎以来系年要录》、实录院编修的《高宗实录》所采用。《挥麈》四录分别成书，前三录最初各自单行，至《余话》成书方有合刻。此次校点以《四部丛刊续编》所收宋龙山书堂刻四录全本为底本，校以《津逮秘书》本及其他有关资料。

投辖录·玉照新志

[宋]王明清撰　朱菊如 汪新森校点

2012年12月1版1次

14.00元

小16开　108页

　　《投辖录》多记奇闻异事，偶亦涉及历史人物及其活动。作者考其实而笔录之，内容多正史所未见。尤其是南渡以来，简册散佚，尤显其价值。今以涵芬楼本为底本，参校《说郛》、《五朝小说大观》、《四库全书》等本。《玉照新志》记述北宋后期朝野旧闻，涉及政治军事等方面为多，反映了北宋朝廷腐败，权臣误国，百姓苦于战火、流离失所的情景。今以《学津讨原》本为底本，校以明钞本、尚白斋本。

鸡肋编·贵耳集

[宋]庄绰 张端义撰　李保民校点

2012年8月1版1次

2013年9月1版2次

16.00元

小16开　144页

　　《鸡肋编》所收三百余条笔记，均为有价值的宋史研究史料，此次校点以《琳琅秘室丛书》本为底本，校以影元钞本和涵芬楼本，博采众家之长。《贵耳集》乃张端义流放韶州所作，或记朝中见闻和文人诗话，或记朝野杂事，兼及经史考证，此次以《津逮秘书》本为底本，校以《历代小史》本、《宝颜堂秘笈》本及《学津讨原》本。

宾退录·却扫编

[宋]赵与时 徐度撰　傅成 尚成校点

2012 年 8 月 1 版 1 次

2013 年 9 月 1 版 2 次

16.00 元

小 16 开　160 页

　　《宾退录》作者为赵宋皇族后裔，所记为两宋典章制度及遗闻轶事。此次校点以《古书丛刊》本为底本，校以存恕堂仿宋本、《学海类编》本、《四库全书》本及有关史乘。《却扫编》多记北宋国家典章制度、前贤逸事，所据皆来源于其父处仁靖康中曾知政事时的传闻，"深有裨于史学"。此次校点以《学津讨原》本为底本，以《四库全书》等本参校。

桯史·默记

[宋]岳珂 王铚撰　黄益元 孔一校点

2012 年 11 月 1 版 1 次

18.00 元

小 16 开　168 页

　　《桯史》是岳珂日积月累写成的关于两宋朝野见闻的史料笔记，凡一百四十条，"大旨主于寓褒刺，明是非，借物论以明时事"（《四库全书总目提要》）。此次校点以《四部丛刊续编》所收铁琴铜剑楼藏元刊本影印本为底本，校以《四库全书》本、《津逮秘书》本、《学津讨原》本。《默记》所录，大都为五代末及北宋时期朝野杂事，多有据可信，且其中有他书罕及之内容。书中间及神秘怪异。此次校点以《知不足斋丛书》本为底本，校以文渊阁《四库全书》本，并参校有关史籍。

燕翼诒谋录·墨庄漫录

[宋]王栐 张邦基撰　孔一 丁如明校点

2012 年 12 月 1 版 1 次

18.00 元

小 16 开　160 页

　　《燕翼诒谋录》五卷，记述宋朝有关典章制度的创建、沿革、兴废，并论其得失，今以《学津讨原》本为底本，校以《百川学海》、《四库全书》诸本，并以《宋史》及有关史料参校。《墨庄漫录》十卷，多记杂事，尤留意于诗文词的评论和记载。此外还有相当数量的志怪传奇篇章，多为释道仙佛故事，并提供了一些当时小说作者的资料及小说版本情况。今以《稗海》本为底本，校以《四库全书》本。

枫窗小牍·清波杂志

[宋]袁褧 周煇撰　尚成 秦克校点

2012 年 12 月 1 版 1 次

19.00 元

小 16 开　172 页

　　《枫窗小牍》二卷，记事前后相距近百年，内容多及汴京故事，可与史传相参。今以《丛书集成》本为底本，校以《四库全书》等本。《清波杂志》十二卷，为周煇晚年定居杭州清波门时所作，多记前言往行及耳目所接，虽寻常小事，多有益风教，并可补野史所阙疑者，具有较高的史料价值。今以《四部丛刊》影印宋刊本为底本，参校他本。

四朝闻见录·随隐漫录

[宋]叶绍翁 陈世崇撰　尚成 郭明道校点

2012 年 12 月 1 版 1 次

19.00 元

小 16 开　176 页

　　《四朝闻见录》五卷，凡二百零九条，多记宋室南渡后的历朝事迹，对南宋四朝典章制度、名物轶事的记载也多为史家和研究者所重视。今以《四库全书》本底本，校以《知不足斋丛书》等本。《随隐漫录》五卷，多记时人诗话、文人轶事，而对南宋故事言之尤详，所记宫廷掌故、仪制诸条多有史传所未及，具有很高的史料价值。今以夏敬观校本为底本，校以《稗海》、《四库全书》等本。

鹤林玉露

[宋]罗大经撰　孙雪霄校点

2012 年 11 月 1 版 1 次

2016 年 6 月 1 版 3 次

24.00 元

小 16 开　228 页

　　《鹤林玉露》十八卷，或考证经史，或记述时事，议论多能有感而发，所记事实也能补史之未备。书中若干人物逸事亦颇具小说价值，常为后世小说、戏曲所采用。今以涵芬楼《宋人小说》本为底本，校以《稗海》等书。

困学纪闻

[宋]王应麟撰　栾保群 田松青校点

2015 年 12 月 1 版 1 次

46.00 元

16 开　416 页

《困学纪闻》是南宋著名学者王应麟所撰札记考证性质的学术专著,内容涉及传统学术的各个方面,其中以论述经学为重点,展示了其精湛的考据学功力,确立了该书在我国古文献学史上的卓越地位。《困学纪闻》与《容斋随笔》、《梦溪笔谈》并称宋代考据笔记三大家,并为压卷之作。本书以清嘉庆十二年(丁卯,1807)友益斋的《校订困学纪闻三笺》为底本。

齐东野语

[宋]周密撰　黄益元校点

2012 年 11 月 1 版 1 次

2014 年 6 月 1 版 2 次

22.00 元

小 16 开　236 页

本书共二十卷,是周密长期留意积累之作,其中最有价值的是关于南宋的史料,足以补史传之阙。此外考证古史古义,杂记朝章典故,上探天文历法,下及草木虫鱼,都能广征博引,叙述流畅。今以涵芬楼影印《宋元人说部书》本为底本,参校他本。

癸辛杂识

[宋]周密撰　王根林校点

2012 年 12 月 1 版 1 次

22.00 元

小 16 开　200 页

《癸辛杂识》六卷,是一部以记载朝野遗事和社会风俗为主的史料笔记,具有较高的史料价值。今以《学津讨原》本为底本,校以《稗海》、《津逮秘书》、《四库全书》诸本。

归潜志·乐郊私语

[金]刘祁　[元]姚桐寿撰　黄益元 李梦生校点

2012 年 12 月 1 版 1 次

18.00 元

小 16 开　144 页

《归潜志》十四卷,是刘祁于金亡次年(1235)对金朝覆亡的痛定思痛之作,所记多为金末历史的珍贵资料。今以《知不足斋丛书》本为底本,参校《四库全书》、《学海类编》诸本。《乐郊私语》一卷,凡记三十一事,以海盐为主,概括了元末东南大事,颇资考证。今以现存最早的明刊本为底本,校以明清各丛书本。

括异志·倦游杂录

[宋]张师正撰　傅成 李裕民校点

2012 年 11 月 1 版

16.00 元

小 16 开　132 页

《括异志》十卷,记述北宋时期的奇闻异事,篇末多说明故事来源,以示可信,对后代传奇小说产生影响。今以《四部丛刊》续编本为底本,校以明钞本、《类说》、《说郛》等本。《倦游杂录》对于官场黑暗,多所揭露,收录了相当数量的诗词,记录的许多南方各地的风俗特产,大都出于耳闻目睹,比较真实可信。此书明以后散佚,辑校者据《说郛》、《宋朝事实类苑》、《永乐大典》等书重辑,共得一百八十六条,三万余字。

山居新语·至正直记

[元]杨瑀 孔齐撰　李梦生 庄葳 郭群一校点

2012 年 12 月 1 版 1 次

18.00 元

小 16 开　156 页

《山居新语》,一名《山居新话》,于元末朝廷异闻、文人逸事知之甚详,足资谈助。所记杭州事多为后世地方志书采纳。今以《武林往哲遗著》本为底本,校以《四库全书》、《知不足斋丛书》等本。《至正直记》,又名《静斋直记》、《静斋类稿》,全书四卷,提供了不少有关当时政治、经济等方面的资料,还记载了许多文学家和艺术家的逸闻轶事。今以《粤雅堂丛书》本为底本。

南村辍耕录

[元]陶宗仪撰　李梦生校点

2012 年 11 月 1 版 1 次

39.00 元

小 16 开　368 页

《南村辍耕录》三十卷,作于元末,征引广泛,凡朝廷典章、法令制度、文人轶事、风俗趣闻均有涉及。尤其是元末东南一带史事,尤为详赡,足补史传阙失。今以陶湘影元本为底本,校以《四库全书》本。

草木子(外三种)

[明]叶子奇等撰　吴东昆等校点

2012 年 8 月 1 版 1 次

2013 年 7 月 1 版 2 次

20.00 元

小 16 开　168 页

本书收录《草木子》、《寓圃杂记》、《都公谈纂》、《玉堂漫笔》四种。《草木子》内容十分广泛，对元末农民起义史迹，记载最为详尽，多是其他书中不曾述及的，是研究元末明初史实的重要资料。《寓圃杂记》所载皆明代洪武至正统年间朝野人物掌故，对于苏州地方之史事人物，记述尤详。《都公谈纂》记录元明间人物史事、文化逸闻。《玉堂漫笔》多订正经典，综述见闻，杂述事理，足资考证，所涉乡野趣事、野史考证，亦颇有生趣，可谓兼子史稗官之要而寓经世之略。

双槐岁钞

[明]黄瑜撰　王岚校点
2012 年 12 月 1 版 1 次
19.00 元
小 16 开　168 页

本书所记为明代洪武迄成化中事，凡二百二十条，部分内容可与今已残缺之书互补互校，具有辑佚校勘价值。书中"西域历书"、"蒙古瓦剌"、"朵颜三卫"等描述少数民族文化及其与汉族的交往，颇有价值。今以国家图书馆藏明嘉靖三十八年(1559)陆延枝刻本为底本，以清道光十一年(1831)南海伍氏粤雅堂文字欢娱室刊《岭南遗书》本对校。

菽园杂记

[明]陆容撰　李健莉校点
2012 年 12 月 1 版 1 次
16.00 元
小 16 开　136 页

《菽园杂记》有"明代说部第一"之誉，一些记载可与正史相参证，有较高的史料价值。此次以文渊阁《四库全书》本为底本，对校《墨海金壶》本，并参校了明代善本丛书《纪录汇编》本。

庚巳编·今言类编

[明]陆粲 郑晓撰　马镛 杨晓波校点
2012 年 12 月 1 版 1 次
24.00 元
小 16 开　212 页

《庚巳编》内容多为明初奇闻逸事，记载了大量的神狐鬼怪传说，反映了作者及当时人们渴求惩恶扬善、伸张社会正义的愿望。今以《记录汇编》本为底本，以《说库》本为参校本。《今言汇编》是研究明代洪武至嘉靖年间政治、经济、军事等的重要材料。今以《盐邑志林》丛书本为底本，参校了嘉靖本、《纪录汇编》丛书本和郑心材刻本，并参考了其他丛书及《明史》、《明实录》等材料。

四友斋丛说

[明]何良俊撰　李剑雄校点
2012 年 12 月 1 版 1 次
36.00 元
小 16 开　252 页

本书三十八卷，凡经、史、杂纪、子、释道、文、诗、书、画、求志、崇训、尊生、娱老、正俗、考文、词曲、续史十七类，内容博杂，多涉明代故实，于淞沪吴门人物、掌故，及经史、文艺之考证、评论尤丰，多有可资参考者。本书以万历七年张仲颐合刻本为底本，参校其他诸本，择善而从。

客座赘语

[明]顾起元撰　孔一校点
2012 年 12 月 1 版 1 次
28.00 元
小 16 开　252 页

本书内容多为关于明朝南都南京者，遍涉历朝典章制度、地理沿革、艺林轶事、市井风俗，大多为闻见记录，间有以文献、金石材料考订者，为了解、研究明代政治、经济、文化、世俗民情，提供了丰富的珍贵史料。今以《续修四库全书》影印明万历四十六年(1618)刻本为底本，以《金陵丛刻》本参校。

五杂组

[明]谢肇淛撰　傅成校点
2012 年 12 月 1 版 1 次
2013 年 9 月 1 版 2 次
34.00 元
小 16 开　320 页

《五杂组》共十六卷：天部二卷，地部二卷，人部四卷，物部四卷，事部四卷，凡明代社会之政治、经济、军事、文化、艺术、科技、民生、风俗等均有反映，为研究明代社会的重要参考史籍。本次以《续修四库全书》所收明如韦轩刻本为底本加以校点。

万历野获编(全三册)

[明]沈德符撰　杨万里校点

2012 年 11 月 1 版 1 次

88.00 元

小 16 开　844 页

　　本书三十卷、《补遗》一卷,举凡典章制度之沿革、政教礼仪之兴替,以及朝廷政事、后宫秘闻、文人交游、灾异祥瑞、仙释鬼怪、民间风俗、异族大略等无不记之,堪称有明一朝百科大全,向为治史者所倚重。本书以台北傅斯年图书馆所藏钞本之影印件点校。

涌幢小品（全二册）

[明]朱国祯撰　王根林校点

2012 年 11 月 1 版 1 次

79.00 元

小 16 开　696 页

　　本书三十二卷,举凡当时的政治、经济、军事、外交、文化诸领域,蔚为大观,有些内容可补正史之不足,具有很高的史料研究价值。今以天启二年（1622）刻本为底本加以校点。

筠廊偶笔　二笔·在园杂志

[清]宋荦　刘廷玑撰　蒋文仙　吴法源校点

2012 年 12 月 1 版 1 次

19.00 元

小 16 开　180 页

　　《筠廊偶笔　二笔》,清宋荦撰,蒋文仙校点,杂记宋荦耳目见闻之事。其中乡野趣事、野史考证,无不涉及,如回雁峰考之类,亦足资考证。《在园杂志》,刘廷玑撰,内容丰富,包罗万象,知识性很强,考校字句,辨其是非,是少有的佳作。

虞初新志

[清]张潮辑　王根林校点

2012 年 11 月 1 版 1 次

2016 年 3 月 1 版 5 次

32.00 元

小 16 开　304 页

　　本书二十卷所收主要是传记小说,也有少数游记散文。据作者自序,成书于康熙年间,现存最早版本为康熙三十九年（1700）刻本,到乾隆庚辰重刻时又增收五篇作品,咸丰元年娜嬛山馆又将它重行付梓。现存最多的版本是民国时进步书局刻的《笔记小说大观》石印本。今以娜嬛山馆本为底本,校以其他诸刻本。

坚瓠集（全四册）

[清]褚人获辑撰　李梦生校点

2012 年 12 月 1 版 1 次

148.00 元

小 16 开　1416 页

　　本书包括《坚瓠集》甲至癸集、《坚瓠续集》四卷、《坚瓠广集》六卷、《坚瓠补集》六卷、《坚瓠秘集》六卷和《坚瓠余集》四卷,经作者数十年采撷而成,上至经史子集、天文地理,下至里谣杂说、风俗志怪,于明代之事尤多。本书始刊于康熙二十九年（1690）,现存世有康熙年刊巾箱本、道光刊本、《清代笔记丛刊》本、《笔记小说大观》本及民国十五年（1926）柏香书屋校勘本。今以康熙刊本为底本,校以诸本而成。

柳南随笔　续笔

[清]王应奎撰　以柔校点

2012 年 12 月 1 版 1 次

19.00 元

小 16 开　256 页

　　《柳南随笔》六卷、《续笔》四卷,近于语林、诗话。共五百多条目,文字简洁洗练,内容包罗万象,有读书札记,也有月旦人物。本次校点即以《借月山房汇钞》本为底本,校以诸本而成。

茶余客话（全二册）

[清]阮葵生撰　李保民校点

2012 年 12 月 1 版 1 次

2014 年 6 月 1 版 2 次

64.00 元

小 16 开　616 页

　　本书内容丰富,有关清初典章制度和入关前后建置以及淮地名物掌故等记载,有较高的史料价值。除外,本书还记述了大量的人物故事;并注意辑录戏曲、小说等方面的材料,提出了一些有重要参考价值的学术观点,包含了许多进步思想,具有很高的文献价值。1958年中华书局上海编辑所曾据二十二卷本断句印行,此次即以中华上编本为底本,校以诸本,标点而成。

檐曝杂记·秦淮画舫录

[清]赵翼　捧花生撰　曹光甫　赵丽琰校点

2012 年 11 月 1 版 1 次

22.00 元

小 16 开　208 页

《檐曝杂记》共六卷，内容广涉笔记野史、诗文书画、对联箴铭、方言谜语、掌故典章、文字游戏、人物行迹、遗闻琐事、中医偏方，不一而足。《秦淮画舫录》共二卷，成书于嘉庆二十二年，记载了清嘉庆年间秦淮河青楼女子的轶闻及文人的题赠。

履园丛话（全二册）

[清]钱泳撰　孟裴校点
2012 年 11 月 1 版 1 次
49.00 元
小 16 开　476 页

本书共二十四卷，计有旧闻、阅古、考索、水学、景贤、耆旧、臆论、谭诗、碑帖、收藏、书画、艺能、科第、祥异、鬼神、精怪、报应、古迹、陵墓、园林、笑柄、梦幻、杂记等，所记多为作者亲身经历，传闻必指出来源，具有较高的参考价值。因只有道光十八年（1838）述德堂一种刊本，这次整理，除标点分段以外，对一些版刻错字也做了改正。谬误之处径改，不出校记。

归田琐记

[清]梁章钜撰　阳美生校点
2012 年 11 月 1 版 1 次
16.00 元
小 16 开　136 页

本书成于道光二十四年（1844），多记朝野逸事、历史人物、草木虫鱼、医卜星相、读书论学及风俗地理等，第八卷则为作者晚年的日记诗。此书最早的本子是道光二十五年浦城北东园刻本，此次校点即以此为底本，校以诸本而成。

浪迹丛谈　续谈　三谈

[清]梁章钜撰　吴蒙校点
2012 年 12 月 1 版 1 次
39.00 元
小 16 开　200 页

《浪迹丛谈》十一卷，作于 1846 年至 1847 年，杂记清末时事、人物、典章制度和扬州一带的名胜掌故等，还涉及古代名物、史事的考订，古代诗歌、碑铭、书画的评介，甚至傍及方药。《浪迹续谈》八卷，作于 1848 年，多记温州、杭州、苏州等地的名胜、风俗和物产，及明清某些戏曲、小说的旧闻和掌故。《浪迹三谈》六卷，作于 1848 到 1849 年，"记时事，述旧闻"，内容多杂考古代的

名物、年号、饮食等。此次标点《浪迹丛谈》取道光丁未（1846）亦东园刻本，《续谈》取道光戊申亦东园刻本，《三谈》取咸丰七年（1858）郑氏小琳琅馆刻本为底本，校以宣统三年（1911）扫叶山房石印本《梁氏笔记》而成。

啸亭杂录　续录

[清]昭梿撰　冬青校点
2012 年 11 月 1 版 1 次
36.00 元
小 16 开　360 页

《啸亭杂录》十卷、《续录》五卷，对清初至嘉庆大型战争和重要政治事件人物皆有记述，尤其是乾隆朝，更为详细具体。可补《清史列传》与《清史稿》之不足。此次标点以进步书局石印本为底本，校以其余他本。

竹叶亭杂记·今世说

[清]姚元之　王晫撰　曹光甫　陈大康校点
2012 年 12 月 1 版 1 次
25.00 元
小 16 开　228 页

《竹叶亭杂记》八卷三百二十则，大多为朝章国事、前贤遗事、风俗民情及花果虫鱼等，内容博而杂，但对史实和典章制度的记载也足资参考。《今世说》以同时期文人名士之故事为题材而作，可由其知道清初掌故与文风。

冷庐杂识

[清]陆以湉撰　冬青校点
2012 年 12 月 1 版 1 次
38.00 元
小 16 开　356 页

本书记载了清代及清以前文人学者的学行、经历和交游情况；对历代史实和人物，亦有评骘，其中论述兵法的条目较多，间或有精当之处；此外，记载了作者平生对经史著作、诗词典故、金石碑文等方面的研究和考据成果；描写了三吴地区优美的景色，别致的林园。最早的刊本是咸丰六年（1856）八卷本，并附有续编。之后有《清代笔记丛刊》八卷本，光绪十九年（1893）乌程庞氏刊八卷本。此次标点以《清代笔记丛刊》本为底本，校以其余诸本而成。

两般秋雨盦随笔

[清]梁绍壬撰　庄葳校点

2012 年 12 月 1 版 1 次
2015 年 5 月 1 版 3 次
39.00 元
小 16 开　372 页

　　本书大致可分为四类:稽古考辨、诗文评述、文坛逸事、风土名物,提供的许多资料很有价值,对古代名物佚事的考证论述也有不少独到的见解。此书有道光十七年(1837)振绮堂刊本、文德堂本、光绪十年(1884)吉华堂重刊本、宣统元年(1909)上海扫叶山房本等。此次标点以吉华堂重刊本为底本,校以《清代笔记丛刊》本等其余诸本而成。

宋元笔记丛书

北梦琐言

[宋]孙光宪著　林艾园校点
1960 年 1 月 1 版 1 次
新版 1982 年 5 月 1 版 1 次
0.64 元
大 32 开　104 页

　　本书内容极为广泛,记述了唐末至五代之间的政治遗闻、典章制度、士大夫言行和社会风俗等,其中记有很多文学家的轶事,是研究唐、五代政治史和文学史的重要资料。

麈史

[宋]王得臣撰　俞宗宪点校
1986 年 10 月 1 版 1 次
0.68 元
32 开　64 页

　　王得臣在数十年的仕宦生涯中,积累了大量资料。晚年遂加整理,得 280 多条。分睿谟、国政、朝制、礼义、音乐、学术、行义、诗话、碑碣、书画、辨误等 44 门,其中以记述当时的典章制度为主,也有不少涉及文学和艺术。对研究北宋的历史和文化,有一定的参考价值。书末附有关资料。

青琐高议

[宋]刘斧撰
1983 年 9 月 1 版 1 次
0.84 元
大 32 开　140 页

　　本书是一部包含志怪、传奇小说、杂事议论的宋人笔记小说集,内容基本依类编辑。上承唐代传奇而用语趋于通俗,下启明代传奇,为《剪灯新话》之前茅,其中有些篇目,对后世戏曲也有一定影响。文笔风格质实朴素。书中各篇,有刘斧自己撰写的,也有他从前人著作中摘钞、撰辑、改编的。

杨文公谈苑　倦游杂录

[宋]杨億口述　黄鉴笔录　宋庠整理
[宋]张师正撰　李裕民辑校
1993 年 10 月 1 版 1 次
5.85 元
大 32 开　160 页

　　《谈苑》为宋初西昆体诗派领袖杨億的谈话记录,以记当时和前朝人事、诗文为多,旁及科学技术、宗教、艺术、典章制度,内容包罗万象。《倦游杂录》为张师正的一部笔记,所记以朝野见闻居多,兼及诗词掌故、民物风俗,其中有些资料,颇为珍贵。两书已于明清之际散佚,现出版的是辑校本。书末附各家著录及有关资料。

甕牖闲评　考古质疑

[宋]袁文　叶大庆著　李伟国校点
1985 年 12 月 1 版 1 次
0.95 元
大 32 开　120 页

　　本书是两本学术性的笔记著作。《甕牖闲评》内容涉及小学经史、天文地理、宋朝时事、诗词文章等许多方面。辨史实甚为通达,释名物亦有可观。文字音韵训诂部分,尤见功力。《考古质疑》内容涉及历朝史实、典章制度、文字训诂、诗词文章,而以考证史实为多。

梁溪漫志

[宋]费衮撰　金圆校点
1985 年 12 月 1 版 1 次
0.66 元
大 32 开　72 页

　　本书内容较丰富,有记载宋代典章制度,考证历史地理,搜集遗闻轶事,评述诗画文章。作者费衮家学有自,颇具卓识,其考订记述,每能去伪存真,一语破的,故书成后仅十余年,即为宋国史院征集以备编修高、孝、光三朝正史参用;《四库全书总目提要》称其"持论俱有根柢,旧典遗文往往而在"。这次校点整理,取知不足斋本为底本,校以涵芬楼本等,附有关资料。

中吴纪闻

[宋]龚明之撰　孙菊园校点

1986年10月1版1次

0.99元

大32开　98页

　　本书是记述北宋时期中吴地区(今江苏苏州、昆山一带)风土人情、遗闻逸事、人物言行以及社会状况的一部笔记。作者经历了自北宋哲宗至南宋孝宗五朝。为了保存一代的遗闻逸事,他在晚年撰写了这书。用知不足斋本作底本,并用多种善本作了校勘。书末附作者及有关资料。

后山谈丛　萍洲可谈

[宋]陈师道　朱彧撰　李伟国校点

1989年9月1版1次

3.10元

大32开　114页

　　两书均为宋代著名笔记。陈师道为江西派主要诗人,书中对宋代重要史事人物,着墨甚多。朱彧曾随父仕宦广州,对北宋时期对外贸易的发展情况有详细的记载,为我国古代对外经济发展历史的重要资料。两书均编有索引。

容斋随笔(全二册)

[宋]洪迈著

1978年7月1版1次

1995年3月1版3次

25.60元

大32开　996页

　　本书分《随笔》、《续笔》、《三笔》、《四笔》、《五笔》,共五集七十四卷。作者洪迈一生涉猎书籍很多,凡有所得,便随笔记下,内容包括历史、文学、哲学、艺术等方面,前后近四十年,乃成此书,对于读者研究我国历史、文学艺术等方面有较大的参考价值。

涧泉日记　西塘集耆旧续闻

[宋]韩淲　陈鹄撰　孙菊园　郑世刚点校

1993年8月1版1次

3.25元

大32开　88页

　　《涧泉日记》是南宋韩淲所作的杂记,以记录宋代史实、品评当时人物及考证经史为主,《四库全书提要》誉之为"宋人说部中卓然杰出者"。《西塘集耆旧续闻》系南宋陈鹄搜辑见闻撰成,多载宋室南渡前后的掌故轶事。尤其对士林言行、诗文词章,言之娓娓,涉及欧阳修、苏轼、陆游等宋代文人贤达60余人。亦有对名物、典章、制度的介绍和考辨。

野客丛书附野老纪闻

[宋]王楙撰　郑明　王义耀校点

1991年5月1版1次

5.65元

大32开　256页

　　本书是一部著名的宋代文史类笔记,历来受到很高的评价,列于《梦溪笔谈》、《容斋随笔》之间。作者王楙于经史疑义,诗文典故,随事辩证,援据该洽,表现了作者独到的见解。附录《野老纪闻》,则是其父王大成记述元祐遗事的珍贵资料。

宾退录

[宋]赵与时著　齐治平校点

1983年11月1版1次

0.55元

大32开　88页

　　本书是宋人笔记中的上乘之作。前人誉为"宋人杂说之最佳者","可为《梦溪笔谈》及《容斋随笔》之续"。作者为赵宋皇族后裔,熟悉两宋典章制度及遗闻轶事,其所记述,如数家珍,翔实可信。征引他人著作,往往以类相从,罗列众说而有所抉择。

投辖录　玉照新志

[宋]王明清撰　汪新森　朱菊如校点

1991年2月1版1次

1.95元

大32开　82页

　　两部笔记以记奇闻异事为主,近乎小说,为客乐于闻听,得投辖而留。后者虽亦记神异奇事,然主要为当时的朝野旧闻,尤以完整记载前人逸作著称。

独醒杂志

[宋]曾敏行著　朱杰人标校

1986年6月1版1次

0.71元

大32开　68页

本书所记大部分是宋代的遗闻逸事,内容涉及朝廷政事,典章沿革,各类著名人物如苏东坡、黄庭坚、王安石等的遗事,江西的风土人情、山水名胜、历史遗迹等。本书以知不足斋本为底本,校以国家图书馆藏明穴研斋钞本。

靖康缃素杂记

[宋]黄朝英撰　吴企明点校

1986 年 7 月 1 版 1 次

0.70 元

大 32 开　66 页

宋代考据之学盛行,宋人笔记中记录了大量探原、索隐、辨误的研究成果。本书作者广引群书,除对六经子史中的字义和讹误进行考辨外,亦涉及名物、掌故、典章、制度等等。

至正直记

[元]孔齐撰　庄敏　顾新点校

1987 年 4 月 1 版 1 次

0.92 元

大 32 开　90 页

《至正直记》,又称《静斋类稿》,在为数不多的元人笔记中,是比较重要的一种。它主要记述了元代的社会情状,涉及政治、经济、文学、艺术以至人情风俗等各方面。由于作者避乱民间,所记大多为耳闻目睹,故具有相当的资料价值。现据"粤雅堂丛书"本校点印行。

明清笔记丛书

郁离子

[明]刘基撰　魏建猷　萧善芗点校

1982 年 5 月 1 版 1 次

0.42 元

大 32 开　66 页

本书系寓言故事,著者有感而发,往往切中元末弊政。许多寓言都饶有趣味,含义深刻。以清刻学津讨原本为底本,与明成化六年刊《诚意伯刘先生文集》本对校,并参校各本。

焦氏笔乘

[明]焦竑撰　李剑雄点校

1986 年 4 月 1 版 1 次

2.30 元

32 开　232 页

焦竑系明代著名学者,又是明代古文一大家。本书内容涉及经义史传、名物制度、文章诗词、古今人物、师友言论、佛老思想、文字音义、目录版本、古代医方等等,颇受后世重视。这次整理,以"粤雅堂丛书"本为底本,校以明万历刻本及"金陵丛书"本等版本。

留青日札

[明]田艺衡撰　朱碧莲点校

1993 年 3 月 1 版 1 次

9.95 元

32 开　412 页

本书是作者把"留心札牍"的收获,优游山林的逸事和现实生活中所遇"可喜、可愕、可哂、可疑、可怪、可希之事"汇集而成的一部杂记性笔记。全书包罗万象,堪称"朱明一代杂家之冠"。此次刊行以明万历乙酉重刻本为底本,校以万历甲申本。

陶庵梦忆　西湖梦寻

[明]张岱撰　马兴荣点校

1983 年 2 月 1 版 1 次

0.65 元

大 32 开　90 页

本书是两部文字极为优美的笔记。《陶庵梦忆》记录了当时社会生活、风俗人情、山水风光、文物古迹、民间曲艺等资料;《西湖梦寻》记录了许多西湖的掌故,文笔流丽清新,极富诗意。

鸿猷录

[明]高岱撰　孙正容　单锦珩点校

1992 年 12 月 1 版 1 次

5.40 元

32 开　198 页

本书仿纪事本末体,记叙和评价明嘉靖前二百年间的军政大事。保留了许多官书不载或不详的历史事实。每题后发表评论,不少分析中肯透彻,有的则被历史演变所证实。

松窗梦语

[明]张瀚撰　萧国亮点校

1986 年 5 月 1 版 1 次

0.84 元

32 开　82 页

本书对明代社会经济,尤其是对明代中叶商业活动与城市经济的记载,是宝贵的中国古代经济史资料。多为作者一生耳闻目睹之史实。涉及内容广泛,文笔流畅,辞意简达。

书影(十卷本)

[清]周亮工著

1958 年 10 月 1 版 1 次

新版 1982 年 6 月 1 版 1 次

0.94 元

大 32 开　158 页

本书是清初著名学者周亮工在狱中追忆生平所闻所见的一部笔记。作者交游广阔,学识渊博,书中内容涉及小说、剧曲、音乐、绘画、金石、书法等方面,其中评论诗歌、文风,记述艺坛掌故、文人轶事等尤有学术价值。

觚賸

[清]钮琇撰　南炳文　傅贵文点校

1986 年 2 月 1 版 1 次

1.40 元

32 开　140 页

本书作者以笔记的体裁,记述在各地的所见所闻,为研究明清之际的政治变迁、社会状况、文学艺术、风土人情、科学技术等提供了丰富的资料。现以国学扶轮社辛亥本为底本,校以清代最早的足本临野堂本,并参校多种本子。

两般秋雨盦随笔

[清]梁绍壬撰　庄葳点校

1982 年 12 月 1 版 1 次

1.50 元

大 32 开　246 页

本书主要记载文学故事、诗文评述和风土名物等。内容颇为丰富,有些篇章亦饶有趣味。现以清吉华室本为底本,参校清振绮堂本、清文德堂本和清代笔记丛刊本等。

香祖笔记

[清]王士禛撰　湛之点校

1983 年 3 月 1 版 1 次

0.78 元

大 32 开　130 页

本书内容相当广泛,"或辩驳议论得失,或阐发名物源流,或直书时事,或旁及怪异",对朝章典制、人事黜陟、名胜古迹、医药秘方都有所记述,特别是品评诗词,可谓独具卓见。

墨余录

[清]毛祥麟撰　毕万忱点校

1985 年 2 月 1 版 1 次

1.15 元

大 32 开　144 页

本书作者在诗文、绘画、音乐、医学方面都有较深的造诣;对道光、咸丰、同治年间苏松地区的政治经济、文化教育、民俗轶闻、园林建筑等颇为熟悉;作者还亲历鸦片战争、太平天国运动,并目睹当时上海"租界"的扩张情况,以上诸端,在书中都有记述。此外,还记载了当时科举舞弊、苛捐殃民,以及上海小刀会起义的种种详情,尤为可贵。

藤阴杂记

[清]戴璐撰　施绍文点校

1985 年 5 月 1 版 1 次

0.56 元

大 32 开　80 页

本书杂记清代的掌故、琐闻,北京的街市、园林、宅居、寺观、戏馆、祠墓的分布情况及社会风习。全书对康熙、乾隆年间所传名家诗词题咏,录存尤多。现据清嘉庆原刻本整理点校。

梦厂杂著

[清]俞蛟撰　骆宝善校点

1988 年 7 月 1 版 1 次

1.30 元

32 开　114 页

本书为综合性笔记,展示了京都、岭南、会稽等地的风土人情,叙述了广东妓船的体制和妓女的生活,记载了王伦领导的山东清水教起义始末,介绍了十几位画家如罗聘、闵贞、余集等人的绘事。其中描写狐仙鬼怪的部分,曾被誉为"新增聊斋志异",故事和文笔都很精彩。

清嘉录

[清]顾禄撰　来新夏校点

1986 年 5 月 1 版 1 次

1.15 元

32 开　114 页

本书是一部记载苏州地区风俗、节令、掌故的清人笔记。全书按 12 月各为一卷，以时令节序、民间活动、俗谣农谚为题，叙述地方风土人情。援引经籍志史、诗词歌咏等群书数百种，对民俗习尚、岁时节物一一加以溯源和考证。该书初刊于道光十年，次年即传布海外，受到日本学人的重视。

右台仙馆笔记

[清]俞樾撰　徐明霞点校

1986 年 11 月 1 版 1 次

2.25 元

32 开　222 页

作者俞樾（曲园）是清代大学问家，他仿《搜神记》、《述异记》之例，所记多狐鬼怪异，间杂社会新闻，描摹民俗风物，世态人情。其中有的资料还由日本学者提供，反映日本当时的习俗风貌，弥足珍贵。此书据《春在堂全书》进行点校。

名山藏副本

[清]齐周华撰　周采泉　金敏点校

1987 年 7 月 1 版 1 次

2.60 元

32 开　194 页

作者是清代"吕留良案"文字狱受害者之一。本书是一部极有价值的笔记。上卷记述了嵩山、泰山、衡山、华山、武当山、天台山、太白山、金陵（南京）等地的山水风光，写景细腻，堪与《徐霞客游记》媲美。下卷为碑记、游记、杂记、序跋、传赞等各类文章的汇集。

瓜蒂庵藏明清掌故丛刊

钱塘遗事

[元]刘一清撰

1985 年 12 月 1 版 1 次

1.80 元

32 开　126 页

本丛刊为著名史学家谢国桢先生所藏明清笔记资料辑刊。本书虽以钱塘为名，所记却是南宋一代的掌故史料。诸凡政治、军事、田赋、文教以至贤奸进退各方面都有记述。《四库全书》把本书列为史部杂史类。撰者

当为宋之遗民。是书世无刊本，传写极稀。今据嘉庆洞庭扫叶山房席世臣校订本影印，书后有谢国桢先生题识。

缩斋文集　假庵杂著

[明]黄宗会　归昌世撰

1983 年 10 月 1 版 1 次

0.79 元

32 开　110 页

《缩斋文集》系黄宗羲之季弟黄宗会所著。其中记述作者一家遭遇以及抗清人物王家勤、王毓著等事迹。《假庵杂著》作者归昌世，系明代著名文学家归有光之孙，归庄之父。此书流传极少，仅有抄本。其中有些内容反映了明代士大夫逃避租役，嫁祸平民，激起"明季江南奴变事件"的真相。

梅花草堂笔谈（全三册）

[明]张大复撰

1986 年 12 月 1 版 1 次

7.15 元

32 开　498 页

全书收辑逸闻遗事，民风物产以及友朋往还等 900 多则，具一定史料价值。据谢国桢先生所藏马隅卿藏本影印。

见闻杂记（全二册）

[明]李乐撰

1986 年 7 月 1 版 1 次

7.75 元

32 开　544 页

本书作者服官江西，广泛接触了当时的名士，而晚年乡居，尤熟悉归安、乌程、湖州一带的历史风土、人情掌故，因而娓娓写来，也就朴实而又亲切动人。卷六第 74 则记《十五贯》剧中的况钟戢豪狡，抚善良，堪为研究况钟事迹者参考。万历刊本，书品完好。书后有谢国桢先生为此书所撰的评述。

留青日札（全三册）

[明]田艺蘅撰

1985 年 12 月 1 版 1 次

9.25 元

32 开　640 页

本书系仿照《容斋随笔》、《梦溪笔谈》所撰。《日札》涉及书册、文字、音乐、地理、历算、饮馔、宗教、习尚乃至衣饰风俗、花卉竹木等各个方面，故人谓《日札》资料丰富，是明代笔记小说之冠。谢国桢先生所藏明万历己酉刻本，原为清乾隆的四库底本。首尾完足，与一般选本不同。

南阜山人文存稿　使滇日记　使滇杂记

[清]高凤翰　徐炯撰

1983 年 10 月 1 版 1 次

1.30 元

32 开　190 页

《南阜山人文存稿》系清高凤翰撰，记述作者交游及家乘，兼叙亲朋事略，颇具资料价值。《使滇日记》《使滇杂记》徐炯撰，记三藩平定后，作者出使云南时，一路所见的名胜古迹。《杂记》记山川、物产、时俗、旧事等，为继明杨慎《滇程记》后之佼佼者。是集为康熙间精写刻本，字体秀逸，流传极罕。

听雨闲谈　燕程日记　石湖櫂歌百首

[清]桐西漫士　程穆衡　许锷撰

1983 年 10 月 1 版 1 次

1.10 元

32 开　164 页

《听雨闲谈》内容较多记述清初开国以及康、雍、乾三朝宫廷掌故。为一般笔记所罕录。《燕程日记》凡记风俗、人物、古迹，皆能引古证今，发人深思。全书经近人陈乃乾先生朱笔校点之处，均朱色套红，保持原貌。《石湖櫂歌百首》为瓢隐居士许锷的精写手稿，书后有近人顾颉刚、叶圣陶、俞平伯等人的题记。据手稿影印。

救狂砭语　金陵览古　馀生记略

[清]潘耒　余宾硕　陈孚益撰

1983 年 11 月 1 版 1 次

1.35 元

32 开　187 页

潘耒《救狂砭语》乾隆时列为禁毁之书，传本极罕。内容罗列释大汕依傍三藩之一尚之信，私通外国，交通贸易之事。《金陵览古》余宾硕撰，考查金陵名胜古迹，有诗有注，颇具特色。《馀生记略》以日记形式，记载太平军进入苏州后的所见所遇，写下“太平军专索大户、不掳小户、不犯人”等事实。对当时清方污蔑“太平军”是有力反证。

南吴旧话录

[清]李延昰撰

1985 年 12 月 1 版 1 次

2.05 元

32 开　144 页

本书仿《世说》体，杂记有明一代淞南人物的遗闻轶事，从中可见明季的淞南社会生活。每节后又由他的族人为其引证群书，作了注释。旧为吴重熹收藏，并经吴氏据二十四卷本一一校补，极为可贵。影印时，这些批校悉予保留。

西湖渔唱

[清]许承祖撰

1985 年 12 月 1 版 1 次

2.40 元

32 开　168 页

本书记述乾隆年间的西湖胜境。一景一诗，凡诗365 首。诗后则“广索旧文，博搜逸事”，“标陈书目，征引原文”，搜集了大量地志等材料，究其原委，作了考订。原书写刻极精，书前有沈德潜、厉鹗之序。

闽小记

[清]周亮工撰

1985 年 12 月 1 版 1 次

1.70 元

32 开　118 页

本书是作者服官福建时所作。“凡夫全闽之轶事旧闻，方物土产，大而人文之盛，微而工伎之巧”，无不一一写来，清逸隽永，情文并茂。此本赖古堂家刻，刷印清楚，首尾完足，极为难得。书前有谢国桢先生撰记。

畏垒笔记

[清]徐昂发撰

1985 年 12 月 1 版 1 次

1.50 元

32 开　104 页

本书辑政俗、物产、称谓、名物、天候、地理乃至衣饰、乐器170 余则，均有本有源，足资考证。《笔记》四卷曾为罗振玉辑入“殷礼在斯堂丛书”。此本即当年“丛书”之底本，以故版刻清朗，堪称珍贵。

交翠轩笔记

[清]沈涛撰

1985年12月1版1次

1.40元

32开　98页

本书记载地方掌故,而以考订为主。穷源溯流,不乏新见。现据道光年间的家刻本影印,印本精善,书后有谢国桢先生题记。

恩福堂笔记

[清]英和撰

1985年12月1版1次

1.25元

32开　84页

英和,满洲正白旗人,乾隆进士,官至户部尚书。本书是他晚年居西山时所写。上卷作者自叙身世,胪列典章。下卷着重记主礼闱时,和一些著名的士人交往和目见的书画卷轴等。此书"不言神怪,不道鄙琐",而资料宏富。

玉剑尊闻

[清]梁维枢撰

1986年8月1版1次

5.50元

32开　384页

全书分德行、言语、文字、方正等34类,凡记陈眉公、文徵明、沈舟、董其昌、杨椒山、王弇州、宋濂、钱谦益、陆深等数百人,虽断简短帙,小品文字,都可作为文献考证的资料。今据顺治赐麟堂刊本影印,前有吴伟业、钱棻、钱谦益等撰序。书后由谢国桢先生为此书撰跋。

历 代 笔 记

西京杂记校注

[汉]刘歆撰　[晋]葛洪集

向新阳　刘克任校注

1991年9月1版1次

3.90元

32开　166页

《西京杂记》是一部记载西汉故事的笔记小说,涉及面相当广,举凡帝王后妃、公侯将相、功臣学者、方士文

人、宫闱秘闻、礼节习俗、名物典章、高文奇技、各种轶事传闻,皆有记载,可补史书所遗。从文学的角度看,鲁迅评它"在古小说中固亦意绪秀异,文笔可观";从史学的角度看,近年文物考古成果已多次证实它的记述与实测或实物相符。校注本参校多种佳本,注释收采繁富。

金楼子疏证校注(全二册)

[南朝梁]萧绎撰　陈志平　熊清元疏证校注

2014年11月1版1次

128.00元

32开　1252页

本书由梁元帝萧绎所撰,他拣择古代帝王、后妃、名王藩属,抄录编写古代经史子集中这些人物的嘉言懿行或丑事劣迹,分别予以褒奖或鞭笞,以达到警世或醒世的教育励志作用,其中颇多名言警句,对为人立身处世有启迪和裨益。整理者对本书进行仔细梳理,厘清其句段章节的出处源流,对所涉及的人物、史实、典故、职官、典章制度、地理以及神话传说等进行翔实注释,并对各种版本文字进行校勘考证。

隋唐嘉话　大唐新语

[唐]刘餗　刘肃著

1957年9月1版1次

0.55元

32开　198页

《隋唐嘉话》、《大唐新语》都是唐人记载当时人物言行故事的仿《世说新语》体作品。既有关于唐世文学和艺术方面的记载,也有许多琐闻轶事,常为后人采用。前者以顾氏文房小说本、后者以稗海本标点后排印。

松窗杂录　杜阳杂编　桂苑丛谈

[唐]李睿　苏鹗　冯翊子著

1958年9月1版1次

0.24元

32开　80页

此书为三种唐人笔记合集。《松窗杂录》多记唐玄宗一朝的盛衰景象;《杜阳杂编》记载了代宗至懿宗的十朝故事,多为奇闻轶事;《桂苑丛谈》则叙懿宗咸通以后事,有重要的文献价值。

乐府杂录校注

[唐]段安节撰　亓娟莉校注

2015 年 10 月版 1 次

36.00 元

32 开　280 页

　　本书以前人未曾采及的北宋《乐书》、明抄《说郛》等对唐段安节所撰《乐府杂录》进行校勘整理。考索段氏生平事迹，梳理《乐府杂录》版本源流，校正了今传文本中多处讹误，从文本文字考订方面厘清了学界争议的一些问题。

教坊记　北里志　青楼集

[唐]崔令钦　孙棨　[元]夏伯和著

1957 年 2 月 1 版 1 次

0.22 元

32 开　66 页

　　崔令钦的《教坊记》记载了唐开元时的教坊制度、轶事和曲名；孙棨的《北里志》记载的是黄巢起义军进入长安以前都城名妓故事；夏伯和的《青楼集》记述了元代大都会中名妓、名旦和作曲家交往的轶事。

教坊记笺订

[唐]崔令钦撰　任半塘笺订

1962 年 8 月 1 版 1 次

1.40 元

大 32 开　288 页

　　《教坊记》为唐人崔令钦所作，记载了唐开元时教坊制度、轶事和曲名，文献价值极高。任半塘先生对书中的曲目作了详细笺订。

羯鼓录　乐府杂录　碧鸡漫志

[唐]南卓　段安节　[宋]王灼撰

1957 年 4 月 1 版 1 次

1988 年 12 月新 1 版 1 次

0.97 元

32 开　52 页

　　《羯鼓录》记述唐代盛行的乐器羯鼓的源流形制、各种羯鼓曲调和唐玄宗等人善击羯鼓的有趣故事。《乐府杂录》对唐代雅乐、清乐、歌舞、俳优、乐器都有较全面的记载，其中乐师、歌女的故事尤为感人。《碧鸡漫志》详细叙述我国古代曲调、词调的源流沿革。其中记述文学家佚事如王昌龄、高适、王之涣在旗亭观乐妓吟唱论诗的故事，更是脍炙人口，千年流传。

大唐传载　幽闲鼓吹　中朝故事

[唐]佚名著

1958 年 11 月 1 版 1 次

0.17 元

32 开　50 页

　　《大唐传载》、《幽闲鼓吹》和《中朝故事》是三部篇幅较短的唐人笔记。《大唐传载》载录较多唐公卿事迹，并多为史家采用；《幽闲鼓吹》多采唐宣宗朝遗事，可以补史；《中朝故事》追记宣宗朝以后遗闻，多有资料价值。

云溪友议

[唐]范摅著

1957 年 4 月 1 版 1 次

0.26 元

32 开　80 页

　　本书主要记载中晚唐间诗人唱和以及遗闻轶事，比较重要的如载录了诗人王梵志的诗篇，文史价值较高。本书据四部丛刊续编本标点排印。

玉泉子　金华子

[唐]阙名等撰

1958 年 11 月 1 版 1 次

新版 1988 年 12 月 1 版 1 次

0.64 元

32 开　38 页

　　《玉泉子》，唐人所撰，作者姓名已佚。《金华子》，南唐刘崇远撰，曾经宋人著录，但后世不传。清代修《四库全书》时，从《永乐大典》中辑出。这是两部记述中晚唐时期朝野间杂事的笔记，书中多记当时社会的民情风俗与有关制度，具有史料价值。司马光撰《资治通鉴》，有些记载就本之于二书。

剧谈录

[唐]康骈著

1958 年 7 月 1 版 1 次

0.20 元

32 开　66 页

　　本书是唐人所著的传奇类型的作品。所载 40 余则故事有神鬼灵异、武侠故事及真人真事等，其中几篇富有传奇特色的作品的题材屡为后世作家所袭用，有一定的文学价值。

杂纂七种

[唐]李义山等撰　曲彦斌校注

1988 年 10 月 1 版 1 次

1.90 元

32 开　104 页

　　《杂纂七种》包括：唐李义山《义山杂纂》、宋王君玉《杂纂续》、宋苏轼《杂纂二续》、明黄允交《杂纂三续》、清韦光黻《杂纂新续》、清顾禄《广杂纂》、清石成金《纂得确》。本书是笔记小品集，又具有谚语性质，一题数则，以类相从，如《义山杂纂·煞风景》篇中有"松下喝道"、"花下晒裈"、"花架下养鸡鸭"等十三种现象。全书语言简短、通俗、幽默、精警。

唐国史补　因话录

[唐]李肇等撰

1957 年 4 月 1 版 1 次

1979 年 1 月新 1 版 1 次

0.33 元

32 开　64 页

　　《唐国史补》记载了唐朝自开元至长庆一百多年间的若干史实；《因话录》记载一些唐人遗闻轶事，对研究唐代政治、文化和社会风俗者都能提供较有价值的参考资料。

唐摭言

[五代]王定保撰

1957 年 4 月 1 版 1 次

1978 年 5 月新 1 版 1 次

0.49 元

32 开　98 页

　　本书主要记载了唐代科举制度情况，亦兼及文人风习以及诗人墨客的遗闻轶事，所录的零章断句，多有诸别集所失载者。

唐语林

[宋]王谠撰

1957 年 4 月 1 版 1 次

1978 年 6 月新 1 版 1 次

0.88 元

32 开　170 页

　　本书记载了唐代的政治史实、宫廷杂事、民间习俗、士林言行、典故考辨、名物制度等。

开元天宝遗事十种

[五代]王仁裕等撰　丁如明辑校

1985 年 1 月 1 版 1 次

0.62 元

32 开　94 页

　　有关唐玄宗（明皇）与杨贵妃、高力士、李白等人的遗闻轶事，历代广为流传，成为后代诗词、小说、戏剧的素材。本书汇集《开元天宝遗事》、《明皇杂录》、《高力士外传》、《杨太真外传》、《梅妃传》等十种笔记、小说，为读者提供了一套较原始的资料；每种均广采版本，详作比勘，并附说明，简介作者身世，考辨事实真伪。

南部新书

[宋]钱易著

1958 年 12 月 1 版 1 次

0.40 元

32 开　134 页

　　本书所记都是唐五代的故事，内容所涉及的朝野掌故和遗闻轶事反映了唐初以来官职的建置兴废、朝章的因革损益等。本书以学津讨源本为蓝本，校以粤雅堂丛书本标点排印。

云麓漫钞

[宋]赵彦卫著

1957 年 4 月 1 版 1 次

0.65 元

32 开　224 页

　　本书所记为古今天文、地理、制度、故事等，并都加上作者自己的考证与见解，有一定的资料价值。据涉闻梓旧本标点排印。

文昌杂录

[宋]庞元英著

1958 年 9 月 1 版 1 次

0.24 元

32 开　78 页

　　本书记载了宋神宗时作者亲历的朝仪制度变更和人员调动，还有一些当朝的琐闻轶事。以雅雨堂刻本标点排印。

醉翁谈录

[宋]罗烨著

1957 年 4 月 1 版 1 次

0.40 元

32 开 134 页

　　本书为传奇集和杂俎集合集,转述或节录了前代很多传奇作品,以及罗列了宋代的 100 种小说名目,有珍贵的资料价值。以日本发现由朝鲜传入的本子为底本标点排印。

新编醉翁谈录

[宋]金盈之著

1958 年 4 月 1 版 1 次

0.18 元

32 开 54 页

　　本书内容为唐宋以来名公佳制、恩荣遗制、京城风俗、异闻遗事等社会生活,有较高的资料价值。以适园张氏刊本标点排印。

东京梦华录(外四种)

[宋]孟元老等著

1956 年 11 月 1 版 1 次

1.70 元

大 32 开 526 页

　　本书包括宋人记述都市生活和风俗习惯的笔记五种:孟元老的《东京梦华录》、灌圃耐得翁的《都城纪胜》、西湖老人的《西湖老人繁盛录》、吴自牧的《梦粱录》和周密的《武林旧事》,有重要的文史资料价值。

吹剑录全编

[宋]俞文豹著　张宗祥校订

1958 年 6 月 1 版 1 次

0.42 元

32 开 140 页

　　本书所记为宋时时事、科举之弊、士大夫倾轧之风、草野之含冤无告、官吏之狼狈为奸等,都有可贵的史料价值。

容斋随笔

[宋]洪迈著

1996 年 3 月 1 版 1 次

1998 年 3 月新 1 版 2 次

精装 40.00 元

大 32 开 996 页

　　本书分《随笔》、《续笔》、《三笔》、《四笔》、《五笔》,

共五集七十四卷。作者洪迈一生涉猎书籍很多,凡有所得,便随笔记下,内容包括历史、文学、哲学、艺术等方面,前后近 40 年乃成此书,对于读者研究我国历史、文学艺术等方面有较大的参考价值。

梦溪笔谈校证(全二册)

[宋]沈括著　胡道静校证

1957 年 3 月 1 版 1 次

新版 1987 年 9 月 1 版 1 次

11.80 元

大 32 开 646 页

　　《梦溪笔谈》因写于润州(今江苏镇江)梦溪园而得名。内容涉及天文、数学、物理、化学、生物、地质、地理、气象、医学、工程技术、文学、历史、音乐、美术等等,对研究宋代社会、历史、文化等具有重大参考价值。其中自然科学部分,堪称中国科学技术史上的坐标。胡道静先生对《梦溪笔谈》素有研究,作了详细的校证。

梦溪笔谈选注

《梦溪笔谈选注》注释组

1978 年 1 月 1 版 1 次

1.20 元

大 32 开 162 页

　　《梦溪笔谈》是我国北宋政治家和科学家沈括所著笔记体文集,共 30 卷,609 篇。内容广博,其中以大量篇幅论述了我国古代特别是北宋时期自然科学的光辉成就,阐述了自己在自然科学领域里的许多精辟见解。本书采用清光绪三十二年番禺陶氏爱庐所刊《梦溪笔谈》为底本。

云谷杂记

[宋]张淏著　张宗祥校录

1958 年 9 月 1 版 1 次

0.36 元

32 开 114 页

　　本书内容以考据为主,不限于古人古事,也有关于当时史事和人物的记叙,特别是对于北宋王朝豪奢的生活和人民遭外族铁骑蹂躏的描写,对于文史研究较有参考价值,以张宗祥汇校本排印。

挥麈录

[宋]王明清著

1961 年 10 月 1 版 1 次

1.50 元

32 开　402 页

本书内容为两宋间政治、军事和社会等各方面的情况，其史料多为后世史家所采用。

贵耳集

[宋]张端义著

1958 年 11 月 1 版 1 次

0.26 元

32 开　80 页

本书内容主要是关于两宋特别是南渡前后的朝野杂事，也载有一些诗词名句及其本事。以学津本为底本，参校津逮本标点排印。

能改斋漫录（全 2 册）

[宋]吴曾撰

1960 年 12 月 1 版 1 次

1979 年 11 月新 1 版 1 次

1.65 元

32 开　312 页

本书是南宋人笔记中较为重要的一种。内容记载宋时史事、证辨诗文典故、解析名物制度等，特别是有关唐宋两代文学史的资料较多；也引述了不少重要作家的逸诗、逸文、逸词。

帝京景物略

[明]刘侗　于奕正著

1957 年 10 月 1 版 1 次

0.44 元

32 开　142 页

本书详载了作者躬自亲历的北京城郊景物，如园林寺观、陵墓祠宇、名胜古迹以及草木虫鱼等，有一定文学和史料价值。据乾隆河间纪氏的刻本标点排印。

涌幢小品（全二册）

[明]朱国桢著

1959 年 11 月 1 版 1 次

2.20 元

32 开　779 页

本书内容多为明代的朝野掌故，也有一些明代的典章制度、诗文艺术、鸟兽虫鱼、释道二教的资料。以明刻本断句排印。

五杂俎

[明]谢肇淛著

1959 年 3 月 1 版 1 次

1.40 元

32 开　489 页

本书分天、地、人、物、事五部 16 卷，内容涉及明代的政治、经济、社会、文化等方面，还有不少关于草木、虫鱼、鸟兽的记述。以上海图书馆藏明版本校订排印。

少室山房笔丛（全二册）

[明]胡应麟著

1958 年 10 月 1 版 1 次

1.80 元

32 开　653 页

本书为明万历间文人胡应麟所作的以考据为主的一部笔记。全书分十二部共 48 卷，其中"四部证伪"与"庄狱委谈"考证古籍真伪和古典小说的创作历史，有十分重要的材料价值。以清末广雅书局刻本标校排印。

七修类稿（全二册）

[明]郎瑛著

1959 年 3 月 1 版 1 次

2.30 元

32 开　849 页

本书内容分天地、国事、义理、辩证、诗文、事物、奇谑 7 类 51 卷，较有资料价值。本书据乾隆刻本，参校以嘉靖本断句排印。

西湖游览志

[明]田汝成辑撰

1980 年 3 月新 1 版 1 次

0.90 元

32 开　168 页

本书以记录西湖名胜的掌故传说为主要内容，历述其山川形势、创置沿革和民间传说等，广泛搜集历代诗人的题咏，特别是对人物的历史掌故写得非常详细，富于文学趣味。

西湖游览志馀

[明]田汝成辑撰

1980 年 10 月 1 版 1 次

1.20 元

32 开　246 页

本书比《西湖游览志》更富于文学性，所记述的许多掌故轶闻，不少被明末作家改写成小说。还记录了杭州的风俗习惯以及当时许多重要社会现象，为研究古代风俗习惯提供了可贵的资料。

东城杂记

[清]厉鹗著

1959 年 1 月 1 版 1 次

0.26 元

32 开　82 页

本书内容多为对两宋、元、明间的异闻轶事如古杭东城的名胜古迹、文物以至诗文题咏等的翔实考证。以粤雅堂丛书刻本标点排印。

今世说

[清]王晫著

1957 年 4 月 1 版 1 次

0.36 元

32 开　110 页

本书是清初杭州布衣文人王晫仿《世说新语》而作，内容共 450 条，涉及清初江浙两省名流近 400 人，大致反映了当时文坛的状况、士人的风貌及其活动，以及明清易代后江浙士林的心态。据粤雅堂丛书本标点排印。

茶馀客话（全二册）

[清]阮葵生著

1959 年 5 月 1 版 1 次

2.50 元

32 开　336 页

本书内容广泛，所作读书论学与记述见闻，涉及政治、史地、学术思想、科学工艺、文学艺术以及花木鸟兽、饮食起居等，有较大资料价值。

霞外攟屑（全二册）

　[清]平步青著

1959 年 12 月 1 版 1 次

1982 年 10 月新 1 版 1 次

2.20 元

32 开　404 页

本书分掌故、时事、斠书、论文、诗话、说稗等 10 类，

多记时事、掌故与读书、论学的所得。作者是清代后期的一位学者，他致力于经史名物的考订，而且注意收集小说、戏曲与民间谚语等资料。

阅世编

[清]叶梦珠撰　来新夏点校

1981 年 6 月 1 版 1 次

0.74 元

大 32 开　124 页

作者为上海人。书中涉及明清之际以松江为中心的这一地区的自然、政治、经济、文化、风俗、人事等方面情况，记述颇称详备，亦有资料价值。本书据 1934 年《上海掌故丛书》本点校出版。

桐桥倚棹录

[清]顾禄著

1980 年 5 月 1 版 1 次

0.59 元

32 开　98 页

本书记述了苏州虎丘山塘一带的山水、名胜、寺院、第宅、古迹、市场、手工艺等，反映出苏州地区清代的风俗人情和繁荣景象。书后附有顾颉刚、俞平伯、谢国桢、吴世昌诸先生的题记。

檀几丛书

[清]王晫　张潮编著

1992 年 12 月 1 版 1 次

19.80 元

32 开　460 页

本书为笔记丛书，辑录清初兼及明季诸家杂著 157 篇，其中不少为一代大家，如黄宗羲、阎若璩、王士禛、毛奇龄、金圣叹等。内容或议论经史诗文，或写记山水时令，或评说修身处世，或载述花鸟鱼虫、琴棋书画、文房四宝、茶酒衣食等等。

土风录

　[清]顾张思著　曾昭聪　刘玉红点校

2015 年 5 月 1 版 1 次

48.00 元

32 开　476 页

《土风录》是清代顾张思所著以考证民俗与俗语为主的一部笔记体性质辞书。记录清代乾嘉以来江南一

带民众习用的风俗与俗语。内容上,对时令、民俗的记述,类《荆楚岁时记》等风俗记载书籍;对服饰、典章制度的考释,则如《事物纪原》等考证事物起源和沿革的类书;对成语、方言、俗语的诠释,有如《通俗编》、《恒言录》等俗语辞书。

历代笑话集

王利器辑录
1956 年 12 月 1 版 1 次
1981 年 1 月新 1 版 1 次
1.80 元
大 32 开　300 页

本书辑录的我国古代笑话,大多以极精简的笔墨,生动地刻画了社会生活中很多人极端虚伪、迂腐、愚昧、贪吝、欺骗、懒惰等性格和丑行,使我们从中得到启示。

启颜录(古代笑话集)

曹林娣　李泉辑注
1990 年 4 月 1 版 1 次
1.10 元
32 开　54 页

《启颜录》是我国较早的笑话幽默集。原书宋以后散失,现由敦煌残卷等古籍中辑集 120 多条,加以整理,略释源委,既有资料价值,更是种开卷自娱、雅俗共赏的读物。

笔记文选读

吕叔湘选注
1955 年 9 月 1 版 1 次
1979 年 7 月新 1 版 1 次
0.36 元
32 开　66 页

本书从《世说新语》、《国史补》、《梦溪笔谈》、《志林》、《鸡肋编》、《老学庵笔记》、《岭外代答》、《癸辛杂识》、《武林旧事》等著作中选注了近 90 则笔记文。

上海滩与上海人丛书(第一辑)

沪游杂记　淞南梦影录　沪游梦影

葛元煦　黄式权　池志澂著　郑祖安　胡珠生标点
1989 年 5 月 1 版 1 次
3.00 元
32 开　102 页

三部笔记都是杂记上海十里洋场在 19 世纪末和 20 世纪初的风土民情,举凡上海租界的市政建设、市容面貌、商业盛况、舶来事物以及茶楼、戏院、烟寮、妓院、总会、公园等情景,均有详细的描写。尤其是记录上海租界的发展,从中可窥见近代中国社会形态演进的痕迹。

枭林小史　星周纪事　红乱纪事　草觉梦录

黄本铨　王莘元　曹晟撰　施扣柱标点
1989 年 5 月 1 版 1 次
2.00 元
32 开　54 页

旧上海的畸形繁荣,多半寄托在旧中国的内忧外患中,军事行动迫使大量人口流入租界,托庇于洋人荫护之下。本书所收的四篇笔记,便是那个时期上海情况的实录。

瀛壖杂志

[清]王韬著　沈恒春　杨其民标点
1989 年 5 月 1 版 1 次
2.45 元
32 开　74 页

王韬是近代著名启蒙思想家和教育家,是接受西洋文化及建立海派文化的奠基人之一。他于 1849 年寓居上海后,将上海一埠的旧闻新见,一一笔之于书,为当时记载上海滩开辟与发展及人物活动最详尽真实的著述。

上海小志　上海乡土志　夷患备尝记

胡祥翰　李维清　曹晟著　吴健熙　施扣柱标点
1989 年 5 月 1 版 1 次
2.75 元
32 开　84 页

《上海小志》主要记叙上海开埠情况,及开埠后的市政、交通、文化、社会、经济、商业以及梨园、妓寮、酒肆、烟窠、茶馆等,读者可于此窥知旧上海的风貌,《上海乡土志》略同于《上海小志》,它是当时的民族资产阶级用以激发上海市民爱乡爱国的教材。《夷患备尝记》则是上海人民饱受外国军队蹂躏之苦的忠实写照。

上海闲话

姚公鹤著　吴德铎标点
1989 年 5 月 1 版 1 次
2.50 元

32 开　76 页

本书记述上海自开埠以来迄民国初年的社会、经济、政治状况。举凡租界的开辟、商务的发展、市政的设施、人事的代谢、经济的盛衰、社会的风尚、风俗的变迁，均有生动的描写与精要的评论，可称为一部具体而微的上海近代史。

海上墨林　广方言馆全案　粉墨丛谈

杨逸著　梦畹生　陈正青等标点
1989 年 5 月 1 版 1 次
3.10 元
32 开　108 页

本书所收三种笔记，都是有关上海近代文化艺术领域的记述。《海上墨林》是记述这一时期上海书画家们的艺术创作活动。《广方言馆全案》则是上海第一所外语学校从创办到成立经过的详细档案。《粉墨丛谈》记述了近代上海戏剧界艺人的活动及重要戏馆的变迁。

沪城岁事衢歌　上海县竹枝词　淞南乐府

张春华　秦荣光　杨光辅著　许敏　吕素勤标点
1989 年 5 月 1 版 1 次
2.80 元
32 开　90 页

本书所收三种韵文，以传统的竹枝词、乐府、歌谣形式描绘近代上海多方面的情景，凡是上海区域的沿革，地方的物产，民情风俗，形胜古迹，人物遗事，无不寄以吟咏。其于开埠前的史迹，更详于租界开辟后的风貌。寓史于歌，摇曳生姿是其特色。

沪谚

胡祖德著　陈正书　方尔同标点
1989 年 5 月 1 版 1 次
2.60 元
32 开　102 页

本书及另一本姐妹篇《沪谚外编》是别具特色的两本小册子。凡是上海地区的方言、俚语、歇后语等，无不搜罗殆尽，可谓集上海谚语之大成。上海话属于吴语系统，但五湖四海各色人物都荟萃于此，使上海人的言语混杂了不少外来特色；更由于各国人士侨居日多，形成了洋泾浜英语，又吸收外语入上海语中。书中所收谚语，大多仍存留在广大上海市民口语之中。

沪谚外编

胡祖德著　方尔同　陈正书标点
1989 年 5 月 1 版 1 次
3.00 元
32 开　96 页

内容见《沪谚》。

李平书七十自叙　藕初五十自述　王晓籁述录

李平书　穆藕初　王晓籁著　陈正书　方尔同标点
1989 年 5 月 1 版 1 次
2.90 元
32 开　92 页

本书是上海开埠以来三个不同时代的三位对上海有重大影响的人物的自传，李平书是老一辈上海人所熟知的，他的铜像曾矗立在老城隍庙的九曲桥下的湖面上。穆藕初则是上海民族资产阶级的典型人物，他远涉重洋，学来科学的纺织工业知识及工商业新式管理方法，回到上海创办了许多工商企业。王晓籁则解放后犹在世，他是 20 世纪 30 年代的上海闻人。

上海滩与上海人丛书（第二辑）

人间地狱（全三册）

娑婆生　包天笑著　陈正书标点
1991 年 7 月 1 版 1 次
11.00 元
32 开　1100 页

本书反映了 20 世纪一、二十年代上海长三堂子妓女的苦痛生涯，记述她们与几个文人之间悲欢离合的故事。两位作者都是当时的小说名家，小说写他们自己的生活经历，真切动人。

海上繁华梦 附续梦（全四册）

海上漱石生著　奭石　秋谷等标点
1991 年 7 月 1 版 1 次
21.00 元
32 开　1920 页

本书是 20 世纪 20 年代传诵一时的长篇章回小说，包括《海上繁华梦》、《续海上繁华梦》，叙写 19 世纪末迄 20 世纪初 20 年中上海形形色色的人物。此一时期，上海租界畸形繁荣，但事实上则是浑浑噩噩，醉生梦死，不过一觉繁华梦而已。

海上大观园

乌目山人著　吴桂龙标点

1991 年 7 月 1 版 1 次

4.75 元

32 开　496 页

在旧上海,哈同这个洋人是无人不知的。这部小说即描写了今上海展览中心旧址上的哈同花园。书中写一个螺蛳姑娘,嫁给犹太人罕通(哈同),协助不通华语和中国国情的丈夫,白手起家而成为巨富。书中有关描述,取材于历史的真实记载和传闻。

人海潮（全二册）

网蛛生著　王镆标点

1991 年 7 月 1 版 1 次

8.00 元

32 开　616 页

本书为近代著名小说作家平襟亚所著。小说取单线结构,通过主人公沈衣云只身由苏州乡间来到上海十年间的所见、所闻、所历,形象而又生动地反映当时上海滩上的种种人物、色色风情。全书文字典雅,叙事诡谲离奇,言情哀感顽艳,写景历历如绘。

歇浦潮（全三册）

海上说梦人著　颜洽茂　严雪宾　俞忠鑫标点

1991 年 7 月 1 版 1 次

13.80 元

32 开　1360 页

本书是一部 70 年前轰动文坛的奇作,是"五四"前后"黑幕小说"的代表。它以民国初期的上海滩为背景,大至刺杀宋教仁、进攻制造局的历史事件,细至官场、商界、妓院、闺阁,全方位地描摹了十里洋场的世态人情。

新歇浦潮（全二册）

海上说梦人著　钱诚尔等标点

1991 年 7 月 1 版 1 次

7.85 元

32 开　736 页

本书是小说《歇浦潮》的续作,与《歇浦潮》一起曾轰动 20 世纪二、三十年代的上海滩。全书揭示了旧日巨肆林立、霓虹闪烁的夜上海秘幕下无数罪恶的渊薮,读来耐人寻味,更富于资料价值。

沪滨神探录

徐絮庐　绣虎生著　朱金元标点

1991 年 7 月 1 版 1 次

3.55 元

32 开　272 页

以侦破各类案件为主要内容的《沪滨神探录》,仿效英国著名作家柯南道尔的手法,情节离奇曲折,文笔细腻流畅,反映 20 世纪二三十年代旧上海社会风貌,曾在上海滩风行一时。

上海春秋（全二册）

包天笑著　曹庆霖标点

1991 年 7 月 1 版 1 次

7.75 元

32 开　656 页

本书是鸳鸯蝴蝶派作家包天笑的长篇章回小说,以对四个富家子弟私生活和婚姻的描写为经,以一连串故事化了的社会黑幕新闻为纬,反映了 20 世纪 20 年代旧上海种种罪恶,从中可以获得关于旧上海的大量感性材料。

商界现形记

天赘生编　钱扬　钱诚尔标点

1991 年 7 月 1 版 1 次

1.85 元

32 开　68 页

本书描写清朝季年上海商界的种种怪现状,他们以诈骗手段开设空头公司,吸收劳动人民用血汗换来的存款,从而倒闭自肥,其手段卑鄙龌龊令人愤慨,又以造孽钱挥霍于妓院声色犬马之场,更恬不知耻。全书情节曲折有致,人物对话,采用苏白,而行文清浅,虽北方人,也不难看懂。

青红帮史演义

吴虞公著　陈正青标点

1991 年 5 月 1 版 1 次

2.35 元

32 开　184 页

旧上海青红帮势力影响至巨,本书根据流传于帮内的传说写成演义,对了解青红帮的起源和历史有一定的参考价值。书中对其帮规、誓约、开山仪式、分派职司、收徒仪式、切口暗号,乃至"吃讲茶"时茶碗的摆局等,都有详细的介绍。

书信　日记　台历

书　信

宋人佚简（全五册）

上海市文物管理委员会　上海博物馆编
1990年12月1版1次
线装1840.00元
2开　213页

　　本书是宋人书简和公牍，自发现以来首次公世。简牍原属南宋初舒州知州向沟，后被印书者利用其背面刷印《王文公（王安石）集》。宋版《王文公集》，已成稀世之珍，沉埋在书叶内的宋人墨迹，更是宝中之宝。现全国包括台湾省所藏宋人书简，总计不及百通。而这批简牍共有780余页，包括向沟、叶义问、洪适、吕广问等60余人的书简330余通，绍兴、隆兴年间公牍50余件，其间还钤有各色官印。现按原样用珂罗版套色印制，编号发行。

钱镜塘藏明代名人尺牍（全六册）

钱镜塘辑
2002年9月1版1次
函套精装4800.00元
8开　1454页

　　钱镜塘先生是上海著名收藏家，本书为其历年所收藏的明代名人尺牍的精品，共收集明代400多位名人尺牍，著名者如李应祯、张弼、吴宽、沈周、文徵明、董其昌等多有收入，可作为明代书画尺牍鉴定的标准器。本书仿真精印，编号发行。

虚白斋尺牍校释

[清]李煦著　[清]姜煌辑　王伟波校释
2013年8月1版1次
78.00元
16开　428页

　　李煦曾与曹寅长期共事，且有葭莩之谊，是清初政治史、经济史及《红楼梦》与曹雪芹及其家族研究的重要人物。《虚白斋尺牍》主要收录李煦与亲友及官场人士共140余人的通信，内容涉及家族琐事、亲族事务、两淮盐务、官场应酬等。此次出版分校释和影印两部分，另附有李煦参与修纂的《姜氏世谱》、《昌邑姜氏族谱》及

《李煦射猎图》、《李煦春游晚归图》、《李煦四季行乐图》等珍贵文献。

林则徐书札手稿

[清]林则徐撰
1985年6月1版1次
线装30.00元
6开　261页

　　林则徐（1785—1850）是我国近代爱国主义思想家。本书影印林氏后人珍藏的基本上未曾发表过的林则徐书札手稿，较多反映他流放新疆期间，主张加强边垦，改善汉回关系，注重西北防务等进步思想；以及任云贵总督时，对汉回纠纷等采取的一系列措施。林氏书法严整遒劲，信札文采烂然，并可视为艺术珍品。

艺风堂友朋书札（《中华文史论丛》增刊）

顾廷龙校阅
上册1980年10月1版1次
1.90元
大32开　264页

下册1981年2月1版1次
1.90元
大32开　262页

　　艺风堂是清末著名学者缪荃孙的斋名。缪荃孙是近代有名的文史、金石、目录学者和藏书家，本书收辑与他同时的著名学者与他论学的书札，多达157人（并附诗词唱和10人）。书札皆从未发表，作者如陆增祥、张之洞、王先谦、洪钧、李慈铭、沈曾植、王国维等，旁及日本、法国学者，凡当时学术界知名之士，几已网罗俱尽，蔚为大观。

汪康年师友书札（《中华文史论丛》增刊）

上海图书馆编
（一）1986年6月1版1次
精装6.95元
32开　582页

（二）1986年6月1版1次
精装6.00元
32开　488页

（三）1987 年 5 月 1 版 1 次

精装 8.00 元

32 开 540 页

（四）1989 年 12 月 1 版 1 次

精装 18.00 元

32 开 672 页

汪康年是戊戌变法代表人物之一，他主办的《时务报》是当时全国宣传维新最力、影响最广的报刊。本书是各派政治力量的领导人物及上层知名人士致汪信件的总汇，有 600 多家，近 3000 通。其中既有维新派的康有为、梁启超、谭嗣同、章炳麟等，又有帝党的文廷式、孙家鼐，洋务派的张之洞、梁鼎芬等。很多都是注明"阅后付丙丁"的密件，从各方面反映了整个维新变法运动。附各家小传和人名索引。

黄宾虹书信集

上海教育学院古籍整理研究室编

1999 年 6 月 1 版 1 次

精装 80.00 元

16 开 724 页

黄宾虹先生是近代中国最杰出的绘画大师之一，他在中国画的创作与理论研究方面，均有深厚的造诣和卓绝的成就。除了画学专著，大师对艺术的独创性见解还大量留存在致傅雷、黄居素、顾飞等朋友、亲属、弟子的 296 封书信里。本书还能让我们欣赏到大师高妙的书法。

张元济友朋书札

本社编

1987 年 3 月 1 版 1 次

线装 22.00 元

4 开 184 页

张元济（1867—1959）是我国维新运动和近代文化史上有影响的人物。本书收辑张氏友朋丁文江、王云五、李宗仁、汪兆铭、胡适、徐森玉、梁启超、郭沫若、陈叔通、黄炎培、傅斯年、傅增湘、邹韬奋、叶恭绰、郑振铎、蔡元培等 59 人写给张氏的书札 148 函。据手迹原件影印。

章太炎先生家书

汤国梨编

线装 1962 年 11 月 1 版 1 次

平装 1985 年 2 月 1 版 1 次

新版 1986 年 5 月 1 版 1 次

线装 15.00 元

3 开 100 页

本书为章太炎先生 1913—1916 年间写给其夫人汤国梨的亲笔书札。其时袁世凯称帝野心已经暴露，在举国沸腾的史称"二月革命"、"云南起义"的风暴中，章先生为袁氏羁禁北京。家书 84 封，记述了这段时期的细节情况，是研究章氏和研究我国近代史的珍贵资料。

陈垣来往书信集

陈智超编注

1990 年 6 月 1 版 1 次

8.90 元

大 32 开 426 页

本书收集了当代著名史学家、教育家陈垣自 1917 年至 1969 年间来往通信 1261 函。书札大多未发表过，来往通信者达 200 多人，不少是当代著名学者，如蔡元培、章士钊、郭沫若、傅增湘、柯劭忞、顾颉刚、胡适、王国维、容肇祖、孟森、余嘉锡、高步瀛、杨树达、岑仲勉、冯友兰、范文澜、傅斯年等，旁及港、澳学者。本书真实地记录了陈垣的思想与为人，对研究近代史、教育史均有参考价值。

两地书真迹（原信手稿）

鲁迅 许广平著

1996 年 10 月 1 版 1 次

精装 108.00 元

16 开 988 页

鲁迅将他与许广平的通信删订后，命名为《两地书》（收 135 封）。《两地书》原信，现存 160 封。可以说：已出版的《两地书》是当时"不妨给别人知道"的，而删去的"一部分却不然"。为了探索鲁迅的"全般"，了解鲁迅作为一个"叛逆的猛士"跋涉在艰难历史中的真实历程，谨将现存《两地书》全部原信以及鲁迅当年在编定《两地书》以后工笔楷书誊写的手稿影印出版。

爱眉小札（真迹手写本）

徐志摩著

线装编号本 1999 年 8 月 1 版 1 次

线装 120.00 元

6 开　124 页

插图本 2004 年 1 月 1 版 2 次

28.00 元

大长 32 开　270 页

　　20 世纪 20 年代，著名诗人徐志摩与社交艳后陆小曼的倾城之恋轰动了中国文坛。在热恋期间，诗人用优美的笔调，炽热的情感，专门为爱人写下了一组日记，记录下爱情的幸福与怨尤，这就是后来被人称之为情书经典的《爱眉小札》。本书以 60 多年前"限印百部"、今日已成绝版珍本的"真迹手写本"作底本，并附录《志摩日记的一页》、《眉轩琐语》、《致曼书信》。

尺牍丛话

郑逸梅著

2004 年 3 月 1 版 1 次

2010 年 6 月 1 版 2 次

18.00 元

32 开　200 页

　　郑逸梅为民国掌故大家。本书以清纯明白的文言撰写，准确精到地讲解信函的历史掌故、名品范本、写作规范、敬辞忌语等，纵横放笔，情趣盎然。又别收《养晦小识》、《绵渺小记》、《淞云小语》、《叹凤伤麟录》、《微芒梦堕录》等各集，既是鸳鸯蝴蝶派闲雅幽艳之作，也是民国时期文人风情的点睛实录。

郑振铎先生书信集

刘哲民编

1988 年 12 月 1 版 1 次

线装 72.00 元

4 开　325 页

　　郑振铎是我国著名的版本目录家、出版家、作家、文学史家。本书根据近 400 通郑先生写给友朋的信件编成。这些信件不仅真实地反映了他在抗战初期的上海所进行的秘密的、艰难的抢救古籍的工作，还反映了解放后他对当时政治活动的一些感受，到苏联、捷克等处的所见所闻等等。

傅雷书信集

上海教育学院古籍整理研究室编

1992 年 8 月 1 版 1 次

精装 27.50 元

16 开　150 页

　　傅雷（1908—1966），是我国著名的文学艺术翻译家，还是一位卓越的艺术评论家。本书收编傅雷致已故近代美术大师黄宾虹书札 119 通（其中有致黄夫人两通），致汪己文父子书札 11 通。据手迹影印。

闲堂书简（增订本）

程千帆著　陶芸编

初版 2004 年 8 月 1 版 1 次

增订版 2013 年 9 月 1 版 1 次

增订版 2014 年 5 月 1 版 2 次

精装 98.00 元

大 32 开　650 页

　　著名文史学家程千帆教授（1913—2000）不仅以丰硕的学术成果，享誉海内外，而且在学术事业的传承上亦做出了很大的贡献。他生前教学著述之余，也常以书信形式和朋友、学生谈古论今，从中可以更深刻地体会其道德学问的内涵。增订版增加了近 50 人的书信，并给本书所有收信人加小注，做个人简介。

日　　记

坦园日记

[清] 杨恩寿著　陈长明标点

1983 年 10 月 1 版 1 次

1.05 元

32 开　204 页

　　杨恩寿（1835—1891），清代著名的戏曲作家和理论家，平生著述甚富，汇刻为《坦园丛书》十四种。《坦园日记》共分四个部分，记录他 29—37 岁时的思想和见闻。所记地方风俗、时事传闻，颇有资料价值。特别是日记中极多观剧记录，是近代戏剧史的珍贵资料。本书从未刊行，现据杨氏家藏手稿标点出版。

《翁同龢日记》勘误录（附：甲午日记）

仲伟行编著

2010 年 10 月 1 版 1 次

98.00 元

16 开　516 页

　　《翁同龢日记》记录了历史上很多重大事件、重要人物和政权核心事典，是可信性强的第一手资料，有很高的历史价值，为近代史研究者必备的参考工具书。1925 年《翁文恭公日记》手稿影印本问世，1970 年台湾成文出版社出版由赵中孚整理的排印本。自 1989 年至 1998 年陆续由中华书局出版陈义杰整理的《翁同龢日记》排印本 6 册，2006 年重印。可能非一人整理，且由于对常熟一地的方言、地名、人名等不熟悉，又由于对行草书体文字的识别易出差错，导致对翁同龢日记稿本中一些字词的辨认，疏误不少，字句脱漏、衍误亦复多不少。为还这部近代史的"工具书"的本色，更便于学界使用此书，作者费两年多时间，将稿本和排印本对照比较，纠排印本之谬达七千余处。另外，作者还将"甲午日记"即第二部"军机处日记"首次译成专文附于书后。可作为《翁同龢日记》的"补充本"。

忘山庐日记（《中华文史论丛》增刊）

孙宝瑄著
上册 1983 年 7 月 1 版 1 次
2.45 元
32 开　410 页

下册 1983 年 12 月 1 版 1 次
1.80 元
32 开　244 页

作者孙宝瑄，系清末民初人。其父为清户部侍郎孙诒经，兄孙宝琦曾任北洋政府内阁总理，岳父李瀚章乃李鸿章之兄。他深受西方民主思想影响，同情赞助变法维新运动。所交游多为社会知名人士，或讨论时事，或切磋学问，于日记中多有记载。对中日甲午海战、马关条约、戊戌变法等重大事件，也在日记中留下了大量第一手史料。

茗山日记（纪念茗山法师丛书）

茗山著　许钧整理
2002 年 2 月 1 版 1 次
平装 33.70 元　2002 年 2 月 1 版 1 次
精装 44.90 元　2011 年 3 月 1 版 2 次
大 32 开　930 页

茗山法师是中国当代著名的高僧，曾任中国佛协副会长，江苏省佛协会长，镇江焦山定慧寺、无锡祥符寺等方丈，栖霞山佛学院院长等。他深研佛法，修持谨严。本书收录他于 1978 年至 1992 年的日记，具有很高的佛学阐释及佛教史料价值。

茗山日记续集（纪念茗山法师丛书）

茗山著　许钧整理
2003 年 3 月 1 版 1 次
平装 40.00 元　2003 年 3 月 1 版 1 次
精装 48.00 元　2011 年 3 月 1 版 2 次
大 32 开　902 页

这本日记续集，始自 1993 年，直到 2001 年 6 月茗山法师临终前不久。

艺舟日记

本社编
1986 年 2 月 1 版 1 次
塑精 4.20 元
特精 5.40 元
30 开　366 页

这是一本颇富特色的日记本，选收历代优美诗、词、曲计 237 首，配以古代名画，选目大致按春、夏、秋、冬四季编排。既实用又能陶冶性情，丰富生活。

名言日记

1986 年 6 月 1 版 1 次
塑精 3.90 元
特精 5.00 元
30 开　366 页

这是一本格调高雅、很有特色的日记本。每本 366 页，每页录古今中外名人名言一句。既可陶冶情操，又具有实用价值。

晚清东游日记汇编　日本国志

[清]黄遵宪撰
2001 年 2 月 1 版 1 次
精装 95.00 元
16 开　492 页

本书是研究日本历史，尤其是维新史的名作。曾任驻日参赞的黄遵宪有感于中国士大夫大多眼界狭隘、不悉外情，乃发奋撰写了这部"条例精详、纲目备举、寄意深远"的著作。但该书 1887 年刊行后似乎更多的是受到日人的关注，至甲午战败，该书的价值才广为国人所知，从而名满海内。此次影印不仅选用目前最佳刻本为底本，且辅以综述、索引等。

日本政法考察记

王宝平主编　刘雨珍 孙雪梅编
2002 年 6 月 1 版 1 次

精装 98.00 元

16 开　520 页

　　本书收录了 15 种有关政法考察记,其中既有概述性的考述,又有专题性的报告,于日本明治维新后的行政建置、司法制度等等,均有详尽的论述,而考察者夹杂其间的感慨文字,亦颇多启悟,书前编有各书解题,书末附人名索引。

游历日本图经

[清]傅云龙著

2003 年 3 月 1 版 1 次

精装 120.00 元

16 开　656 页

　　傅云龙在光绪十二年中央六部举办的选拔出国游历官员的洋务考试中名列榜首,得以游历日本、美国等国家,并利用日方资料直接进行研究,其所著《游历日本图经》便有了他人未及之处。本书卷帙丰富(30 卷),内容翔实,在日本学界亦引起关注。而在中国刊行后,又得光绪帝嘉许,是当时一大批日本研究著作中,唯一可与黄遵宪《日本国志》相媲美者。

台　　历

古诗台历

1985 年古诗台历

本社编

1984 年 9 月 1 版 1 次

1986 年古诗台历

申君编选　袁真　韶玉注释

1985 年 9 月 1 版 1 次

1987 年古诗台历

葛杰　仓阳卿选注

1986 年 9 月 1 版 1 次

1988 年古诗台历

葛杰　仓阳卿选注

1987 年 9 月 1 版 1 次

1989 年古诗台历

葛杰　仓阳卿选注

1988 年 9 月 1 版 1 次

1990 年古诗台历

申君编选　袁真　韶玉注释

1989 年 9 月 1 版 1 次

精装 4.00 元

大 64 开　366 页

　　《古诗台历》是设计新颖的台历,也是别开生面的诗选。它收诗 365 首,每天选录一首,附简要注释,可支撑于案头,也可插架收藏或随身携带。其特色为:① 诗篇密切配合时令,如在元旦、立春,就配以咏元旦、立春的作品,在早春季节里就全是咏春景物的篇什。② 重视诗歌的思想性和艺术性,也兼顾知识性和趣味性。所选诗歌以语言精练的绝句为主,旁及各种体裁。③ 在编排上以类相从,如在雨水节前后把几首写春雨的诗排在一起,重阳诗写到菊花,就继以一组写菊花的诗。④ 采集了历代写景咏物诗的精华,搜罗了一些不见于一般选本的遗珠。每年所选诗篇有所更换。

文学典故台历(1986 年)

中一　尤师编

1985 年 9 月 1 版 1 次

塑精 3.25 元

特精 4.00 元

大 64 开　384 页

　　本台历从大量的史传、笔记、别集、诗话中遴选出 365 条富有文学性的典故,每日一篇,介绍典故的来龙去脉,说明用法,引证例句,注明出处。配以日期节候,成为一本别致的台历兼案头读物。可支撑于案头,也可随身携带或插架收藏。

词曲台历(1987 年)

申君编选　韩盈　荒溪注释

1986 年 8 月 1 版 1 次

塑精 2.20 元

特精 3.60 元

大 64 开　368 页

　　本台历所选都是历代传诵佳作,词中苏辛、曲坛关白而外,兼及各家各派。配合季节时令,错杂长调小令;读后既可启蒙益智,又能陶冶性情。可支撑于案头,也可随身携带或插架收藏。

历史故事台历

本社编

1987 年台历

1986 年 9 月 1 版 1 次

1988 年台历

1987 年 8 月 1 版 1 次

精装 2.20 元

大 64 开　368 页

这是一本台历形式的历史知识普及读物。入选故事上起远古神话，下迄清王朝覆亡，其中既有反映重大历史事件的故事，也有展现古代社会风貌的名人逸事。可支撑于案头，也可随身携带或插架收藏。

对联台历

申君编选　韩盈评解

1989 年台历

1988 年 9 月 1 版 1 次

1990 年台历

1989 年 9 月 1 版 1 次

精装 3.00 元

大 64 开　368 页

本台历每日选入与时令相应的对联，历史上最早一联、天下广闻的长联、知名人物轶事引发之联，书中均有生动的反映。评解文字除解析对联含义外，还介绍有关对联类型特点，指点作法，评述高下得失。

风俗台历（1991 年）

完颜绍元编著

1990 年 9 月 1 版 1 次

精装 4.10 元

大 64 开　368 页

本台历介绍中外岁时节令、风物人情，融知识性、实用性于一体。共收中国各民族传统节日 170 余条，欧美等 76 国风俗节日 160 余条，其他节日 20 余条。基本上每天都介绍一条当天的节日，对人们安排节日喜庆有较大帮助。

谜语故事台历（1993 年）

完颜绍元编著

1992 年 9 月 1 版 1 次

精装 4.60 元

大 64 开　368 页

本台历介绍了常见的一些谜艺、谜格、谜种以及部分谜语故事，使读者能在日积月累中，掌握猜谜、制谜的法门。台历中还收录了大量谜语供猜射，次日揭晓谜底。

其 他 典 籍

俄藏敦煌汉文写卷叙录（全二册）

［俄］孟列夫主编　袁席箴等译

精装 88.00 元

1999 年 7 月 1 版 1 次

大 32 开　692 页

俄罗斯科学院东方研究所圣彼得堡分所是敦煌文献世界四大藏家之一。20 世纪 60 年代，以孟列夫为首的前苏联汉学家编了这两册叙录，分门别类对近 3000 号精品文献的题目、内容，以及长度、纸质、画行、字体、收藏印鉴、题记文字、首尾行文字等作了详尽记载。该书曾引起国际敦煌学界的震动，今特翻译出版。

敦煌汉文文书

［俄］丘古耶夫斯基编著　王克存译

2000 年 6 月 1 版 1 次

精装 42.00 元

大 32 开　350 页

本书是俄国汉学家丘古耶夫斯基研究和介绍俄藏敦煌汉文文献中最有价值的社会文书专著的中译本，俄文原著出版于 1983 年，分籍账、赋役文书与租佃关系文书、寺院文书、贷粮文书四部分论说。

唐人轶事汇编

周勋初主编

1995 年 12 月 1 版 1 次

2006 年 4 月新 1 版 1 次

新版精装 2015 年 7 月 2 版 1 次

新版平装 2016 年 3 月 2 版 1 次

平装四册 328.00 元　2016 年 3 月 2 版 1 次

精装二册 398.00 元　2016 年 3 月 2 版 2 次

32 开　2384 页

本书从唐、五代、两宋人所著杂史、传记、故事、小说中辑录有关唐、五代人物事迹,汇成一书。以时代先后为序,以人为目。全书收入近2700人,引用书目近300种。是迄今为止包罗最广的唐人轶事汇编,文字均经过校勘。附索引。

宋人轶事汇编(全五册)

周勋初主编 葛渭君 周子来 王华宝编

精装2014年9月1版1次

平装2015年6月1版1次

精装480.00元 2016年1月1版3次

平装398.00元 2015年12月1版2次

32开 2960页

新编《宋人轶事汇编》四十卷,收录人物二千多人,较近人丁传靖所编旧著,网罗更为齐备。全书以人为目,主要事迹依时间先后为序排列,年代不详者则大体按类编排,一事而涉及数人者,悉列于主要人物名下,其它人物处则酌情以参见法提示。本书堪称宋代人物轶事之瀚海。

茶经(全二册)

[唐]陆羽著

中国茶叶博物馆 张迺妙茶师纪念馆编著

2011年4月1版1次

线装180.00元 线装函套280.00元

8开 182页

该书系日本京都书肆于天保十五年甲辰九月补刻。十年前由上海古籍出版社推出时颇受国内外茶文化研究者和爱好者的青睐。此次再版推出的一套一函两册的宣纸绢面精制线装书,是理想的珍藏书籍和馈赠礼品。

困学纪闻(全校本)(全三册)

[宋]王应麟著 [清]翁元圻等注

栾保群 田松青 吕宗力校点

2008年12月1版1次

2015年10月1版6次

精装198.00元

大32开 2260页

此次出版的《困学纪闻》(全校本),当是清人翁元圻注本的首次整理校点,所用底本即清道光五年本,王氏《困学纪闻》原文及前人的笺注则参校元刊本和"全祖望三笺本",所有引文(包括原文和各家笺注中的引文)全部逐字校勘,凡是原书中引文未标明出处的尽量注明出处。

说郛三种(全十册)

[明]陶宗仪编

1988年12月1版1次

新版2012年12月1版1次

精装2980.00元

16开 9360页

《说郛》是一部大型古籍汇刊,分类选辑历代"士林罕见"的经、史、小说、杂记千余种。现将涵芬楼百卷本,明刻一百二十卷本及续编四十六卷本汇集影印,定名《说郛三种》,使之接近于全璧。张宗祥氏后用涵芬楼本以校休宁汪氏明抄残本所得校文,亦整理成校记附入。末附书目索引。

玉函山房辑佚书(全四册)

[清]马国翰辑

1990年12月1版1次

精装198.00元

大32开 1908页

我国古代书籍,由于水、火、虫、兵燹之灾,现存的只是其中的十分之一、二而已。但有些书原本尽管已失传,往往赖某些书的转引而被部分保存下来。清代道光进士马国翰从大量现存古籍中,辑录唐以前亡佚古籍600多种,编成《玉函山房辑佚书》100卷,被公认为辑佚书的名著。书内还附有马氏考订经义的《目耕帖》30卷。现用光绪九年娜嬛仙馆本作底本拼缩影印。

玉函山房辑佚书续编三种

[清]王仁俊辑

1989年9月1版1次

精装22.50元

大32开 306页

本书包括《玉函山房辑佚书续编》、《玉函山房辑佚书补编》、《经籍佚文》等辑佚书三种,搜罗自周秦到元明的重要佚书,达500余种,所辑如《尚书大传》、《别录补遗》、《江表传》、《金楼子藏书考》等,都是久已失传的名著。其中附有王氏按语,颇有独到见解。现据上海图书馆藏稿本影印出版,附书名和作者索引。

徐光启集(全二册)

[明]徐光启撰 王重民辑校

1963 年 12 月 1 版 1 次

1984 年 10 月新 1 版 1 次

2.65 元

大 32 开　352 页

　　徐光启(1562—1633)是我国历史上一位重要的科学家,著作很多,除农业百科全书《农政全书》、译著《几何原本》外,尚有不少奏疏、信札、诗文等文章。本书收徐光启的各类文章 204 篇,诗 14 首。

徐光启著译集

[明]徐光启撰　上海市文物保管委员会主编

1983 年 11 月 1 版 1 次

无函 166.00 元

布函 180.00 元

编号本锦函 360.00 元

线装 6 开　1750 页

　　徐光启生平著述,已知者就有近 60 种。《徐光启著译集》收辑罕见的善本、照片、墨迹,包括《徐氏庖言》、《毛诗六帖讲意》、《诗经传稿》、《考工记解》、《农书草稿(北耕录)》、《甘疏》、《农遗杂疏》、《测量异同》、《勾股义》、《几何原本》、《测量法义》、《简平仪说》、《泰西水法》、《佚文》、《书简》等。其专著《农政全书》本社早已出版,此次未予列入。

西湖梦寻注评

[明]张岱著　林邦钧注评

2013 年 12 月 1 版 1 次

2016 年 1 月 1 版 3 次

29.00 元

16 开　260 页

　　《西湖梦寻》记杭州历史掌故、绘西湖风俗画卷,是晚明小品圣手张岱代表作之一。本书对张岱《西湖梦寻》原文作了较为详细的注释,并在每一篇目后加以亦庄亦谐的"评品",或补充相关资料,或分析文旨技巧,颇具新意,可读性较强,是品读张岱小品文、理解其审美思想的理想读本。

陶庵梦忆注评

[明]张岱著　林邦钧注评

2014 年 10 月 1 版 1 次

2016 年 2 月 1 版 3 次

32.00 元

16 开　276 页

　　《陶庵梦忆》为明朝散文家张岱的传世作品。该书成书于甲申明亡(1644)之后,直至乾隆四十年(1794)才初版行世。其中所记大多是作者亲身经历过的杂事,将种种世相展现在人们面前。同时本书中含有大量关于明代日常生活、娱乐、戏曲、古董等的记录,因此也被研究明代物质文化的学者视为重要文献。

左史比事注译(全二册)

[清]高建章　高麟超撰　高涵注译

2009 年 3 月 1 版 1 次

65.00 元

20 开　476 页

　　《左史比事》是一部晚清知识分子所撰读史杂记。作者运用比较的方法,参照《左传》所载人物和事实,对先秦至明末的重要历史人物和事件,作了评论和分析,其中不乏作者的真知灼见。由于作者身处列强入侵的清末,加之作者长期从事教育工作,在字里行间体现出的忧患意识十分强烈。鉴于该书原刻仅存孤本,晚清以来的目录学家和藏书家均未寓目和著录,今将其点校并注释出版。

盛世危言

[清]观应著　上海图书馆　澳门博物馆编

2008 年 3 月 11 版 1 次

线装八册 980.00 元

6 开　1672 页

精装二册 498.00 元

大 16 开　1360 页

　　郑观应(1842—1921),是中国近代最早具有完整维新思想体系的理论家,揭开民主与科学序幕的启蒙思想家,也是实业家、教育家、文学家、慈善家和爱国者。《盛世危言》是中国思想界中一部较早地认真考虑从传统社会向现代社会转变的著作,在中国近代思想史上具有重要地位。它毫不讳言中国在社会生活的许多方面落后于西方,提出了从政治、经济、教育、舆论、司法等诸方面对中国社会进行改造的方案。现选取上海图书馆所藏的《盛世危言》十四卷本原大影印,十四卷本中没有的《原君》、《自强》等七篇文章则以附录形式辑于书后。

长江日记

[清]郑观应著　上海图书馆　澳门博物馆编

2010 年 9 月 1 版 1 次

精装 230.00 元

16 开　292 页

　　《长江日记》原抄本系用轮船招商局专用九行稿笺誊写,毛装一册,约三万五千字。由何谨堂清缮二册,一册拟寄澳门郑观应阅定转呈盛宣怀鉴核,一册呈局总沈能虎和三董公阅。郑观应档案中收藏的为前者。由于首次溯长江而上考察,记述远较其《西行日记》详尽,内容丰赡,文字雅朴,时发议论,笔带情感,是郑氏日记中最富文学色彩的著作。此次出版,为原书影印加上排印和注释。

张荫桓诗文珍本集刊(全五册)

曹淳亮　林锐选编

2013 年 12 月 1 版 1 次

精装 580.00 元

32 开　3380 页

　　本书蒐集张荫桓珍贵诗文手稿手迹及罕见版本多种,包括《奏稿》十九篇、《三洲日记》八卷、《戊戌日记》三卷和家书十余通,另有《铁画楼诗钞》五卷、《铁画楼骈文》二卷、《铁画楼诗续钞》二卷、《张樵野诗稿》和张氏选编的书稿等。末附张氏藏画、绘画等书影。本书将为学术界研究中国和世界近代史,研究张荫桓诗、书、文、画的成就提供原始资料。

续修四库全书·术数类丛书(全十七册)

《续修四库全书》编委会编

2006 年 7 月 1 版 1 次

精装 1980.00 元

16 开　12952 页

　　《续修四库全书·术数类丛书》收录包括《集注太玄》、《观象玩占》、《素问六气玄珠密语》、《乾象通鉴》、《阳宅大全》、《玉髓真经》、《易林注》、《六壬军帐神机》、《卜筮全书》、《相法》、《造命宗镜》、《类编历法通书大全》、《梦林玄解》、《梦占类考》等有关术数、占候、占卜、命相、阴阳五行之属的著作共 64 种,17 册,其中不乏孤本、善本,影印出版。

鲁迅辑校古籍手稿

北京鲁迅博物馆　上海鲁迅纪念馆合编

1986 年 9 月至 1993 年 12 月 1 版 1 次

线装

第一函 409.00 元

第二函 242.00 元

第三函 621.00 元

第四函 299.00 元

第五函 385.00 元

第六函 387.00 元

6 开

　　鲁迅先生的古籍整理工作,是他早年学术活动的一个重要方面,包括辑佚、校勘、编选、专题研究等,取得了丰硕成果。一批数量可观的鲁迅辑校古籍手稿珍藏在北京、上海等地图书馆、博物馆。现整理出版,向学术界提供研究鲁迅的第一手资料。

四部精要(全二十二册)

上海古籍出版社编

1992 年 12 月 1 版 1 次

精装 795.00 元

16 开　11750 页

　　《四部精要》是一部百科性古籍丛书。全书分经解、小学、正史、编年、纪事本末、史学、目录、诸子、科技、小说、宗教、文学总集、别集、文学批评等 14 个门类,精选了 129 部古典名著,择用基本为学界公认的善本、精刻精校本为底本拼贴缩印,基本囊括了传统文化典籍中最为精彩的要籍。

曾国藩读书录

[清]曾国藩著　陈书良校点

2012 年 5 月 1 版 1 次

35.00 元

20 开　296 页

　　本书又名《求阙斋读书录》,不分卷,以经、史、子、集分类,为曾国藩读经史子集的读书笔记,每条先列原文,其下为札记,或考证,或感言。今以光绪二年(1876)湖南传忠书局刻本《求阙斋读书录》为底本,参校上海世界书局《曾文正公全集·读书录》,并据湖南图书馆藏《求阙斋读书录》残抄本卷三补其校正。

梁启超修身三书

梁启超编著　彭树欣整理

2016 年 6 月 1 版 1 次

精装 79.00 元

16 开　588 页

　　二十世纪初,梁启超(任公)先后编纂了《德育鉴》

《节本明儒学案》《曾文正公嘉言钞》三种关于传统的修身方面的书。此三书既是梁启超本人用以自修的随身札记读本,也是任公用以推行公民德育的指导书。考虑到梁氏编纂这三种书思路的连贯性和紧密性,取名"梁启超修身三书"。

(二)研　究

综合性丛书

蓬莱阁丛书

文心雕龙札记

黄侃撰　周勋初导读
1962 年 9 月 1 版 1 次
导读本 2000 年 5 月 1 版 1 次
2011 年 12 月 1 版 5 次
15.00 元
大 32 开　264 页

黄侃的《文心雕龙札记》问世已有七十多年了,凡研究《文心雕龙》者无不将它作为重要的参考书。此书对《文心雕龙》中的文字典故诠释,固多独到的精辟见解;就是对其中理论的阐发,也是切理恢心,富于启发,直探文心。周勋初先生的《导读》,从学术源流上探讨《文心雕龙札记》的成书过程、原因,及其学术成就。

唐诗杂论

闻一多撰　傅璇琮导读
1998 年 12 月 1 版 1 次
2015 年 3 月 1 版 8 次
12.00 元
大 32 开　184 页

闻一多是著名的诗人和民主斗士,但他同时也是一个严谨的学者,《唐诗杂论》中的文章大都发表在 1920—1930 年间的报章杂志上。他的唐诗研究有独特的视角和方法,这对今天的学者仍然富有启迪。傅璇琮先生的《导读》着重于从历史文化的角度,探讨了闻一多唐诗研究的个性特点与开创作用。

诗论

朱光潜撰　朱立元导读
2001 年 6 月 1 版 1 次
2007 年 4 月 1 版 3 次
18.00 元
大 32 开　284 页

《诗论》初版于 1943 年,是朱光潜先生的得意之作,后又屡经增订再版。本书运用西方的诗学理论和方法,系统地研究了中国诗歌的起源,诗与音乐节奏、诗与画和散文的关系、诗的境界、诗的表现、中国诗的节奏与声韵、律诗的产生等方面的问题,是现代中国第一部体系严密完整,有开拓之功的诗学专著。朱立元先生的《导读》对本书作了全面深刻的分析。

人间词话

王国维撰　黄霖导读
1998 年 12 月 1 版 1 次
2016 年 5 月 1 版 26 次
9.80 元
大 32 开　128 页

本书是中国近代最负盛名的一部词话著作,在中国诗话、词话发展史上具有划时代意义。黄霖先生的《导读》全面论述王国维的人生历程、学术文化观、文体演变观、以"境界"说为核心的词学理论,以及《人间词话》的版本和删改情况等。附《人间词话》所引诗词及辑佚等。

中国小说史略

鲁迅撰　郭豫适导读
1997 年 12 月 1 版 1 次
2016 年 1 月 1 版 16 次
18.00 元
大 32 开　296 页

鲁迅先生率先把小说作为一门专门的学问加以系统研究,开创了中国古代文学研究的新领域,建立了中国小说史的独立体系。他为撰写《中国小说史略》作了大量的史料钩稽、考证工作,并作了许多精当卓越、言简意赅的评论。郭豫适先生的《导读》着重介绍了鲁迅在中国古典小说研究领域的学术成就。附《〈中国小说史略〉引用小说书目简介》。

宋元戏曲史

王国维撰　叶长海导读
1998 年 12 月 1 版 1 次
2011 年 12 月 1 版 5 次
12.00 元

大 32 开　196 页

王国维不仅在古史地、古文字研究上是一代大师，对中国戏曲史研究也卓有贡献。《宋元戏曲史》即是这方面的代表作。本书全面考察，追根溯源，分析了中国戏剧艺术的特征，中国戏剧的起源和形成，中国戏曲文学的成就等问题。叶长海先生的《导读》着重论述本书体制及研究方法上的开创意义。书后附梁启超、郭沫若等人有关王国维的文章。

顾曲麈谈　中国戏曲概论

吴梅撰　江巨荣导读

2000 年 5 月 1 版 1 次

2006 年 10 月 1 版 2 次

10.50 元

大 32 开　216 页

吴梅是我国 20 世纪初著名的曲学家和戏剧史家，对曲律、制曲、度曲的研究与成就超越前人，理清了 800 年来戏剧史发展的脉络，奠定了明清戏剧研究的基础。本书选择其曲学、戏剧史的代表作《顾曲麈谈》与《中国戏曲概论》两书，合并出版。江巨荣先生的《导读》在肯定吴梅先生对中国古代戏曲研究筚路蓝缕之功的同时，指出了他研究中存在的局限性，对读者有很大的帮助与启发。

中国戏剧史

徐慕云撰　躲斋导读

2001 年 2 月 1 版 1 次

2008 年 3 月 1 版 2 次

24.40 元

大 32 开　478 页

徐慕云代表作《中国戏剧史》堪称我国第一部完备的戏剧史，叙述了起自周秦时代的优伶，迄于民国以来的"花部"和话剧。他理顺了"戏剧"与"戏曲"的概念问题，拓宽了戏剧的外延。并从临场表演着眼，专门叙述了角色、场面、后台等，而不限于历史资料和案头文学。他还撰述了秦腔、越剧、话剧等 11 种各地各类的戏剧发展史。

中国中古文学史讲义

刘师培撰　程千帆导读

2000 年 12 月 1 版 1 次

2011 年 12 月 1 版 4 次

12.00 元

大 32 开　198 页

本书系国学大师刘师培的代表作。所谓"中古"也就是自汉末至宋、齐、梁、陈这一时期，这是我国文学发展史上非常活跃的时期，亦是一个承上启下的时期。本书中采用甚见功力与识断的"摘录"的编纂手法，使众多相关资料各聚门类，在按语中作考镜源流、厘清流派、画龙点睛式的揭示。从而使错综复杂的文学变迁史变得一目了然。程千帆先生的《导读》对本书作了深入的评析。

中国近代文学之变迁　最近三十年中国文学史

陈子展撰　徐志啸导读

2000 年 12 月 1 版 1 次

15.00 元

大 32 开　252 页

陈子展先生是本世纪较早重视研究近代文学并撰写著作的少数几位学者之一，他的《中国近代文学之变迁》和《最近三十年中国文学史》两本专著被公认为近代文学研究领域的开山之作。徐志啸先生的《导读》全面评析陈子展先生的近代文学研究的成就。

白话文学史

胡适撰　骆玉明导读

1999 年 12 月 1 版 1 次

2009 年 4 月 1 版 3 次

16.00 元

大 32 开　316 页

胡适是中国现代史上开风气的人物，他的《白话文学史》在中国文学史上同样具有开创性的、里程碑的地位。作者以全新的思路与结构框架，揭示中国文学发展的规律和特质，打破了前人文学史研究的狭隘框限，把视野伸展到了经典作家作品以外的广阔领域，注重纵向的考查与横向的比较，跳出传统的思维偏见，以全新的审美观和价值观评判中国古代文学。骆玉明先生的《导读》对本书进行全面深刻的分析。

中国韵文史

龙榆生撰　钱鸿瑛导读

2002 年 3 月 1 版 1 次

2009 年 10 月 1 版 3 次

12.00 元

大 32 开　200 页

本书以诗词曲为论述对象，以词曲为重点，论述中注重体裁的发展和流变,为读者提供了系统的韵文史知识。全书将宏观的视野与精审的论断相结合,结构严谨,行文流畅。钱鸿瑛女士撰写了《导读》,阐发原著于平实的文字中所蕴蓄的诸多精义。

中国文学批评史大纲

朱东润撰　章培恒导读

单行本 1957 年 12 月 1 版 1 次

2001 年 7 月 1 版 1 次

2007 年 4 月 1 版 3 次

27.00 元

大 32 开　428 页

　　本书出版于 1944 年,集朱先生十数年的教学实践和学术研究的成果,是一本公认的经典著作。书中强调文学批评家的个性,认为伟大的批评家不一定属于任何的时代和宗派。将每一位批评家对诗、文、词的评论放在同一篇章内,从而展现批评家文学观点的完整性。同时还注重近代的批评家,弥补了以往批评史中好古略今的缺憾。章培恒先生的《导读》深刻分析朱东润先生在中国文学批评史研究的学术成就。

春秋史

童书业撰　童教英导读

2003 年 4 月 1 版 1 次

2006 年 10 月 1 版 3 次

19.50 元

大 32 开　316 页

　　童书业先生为 20 世纪初、中期史坛大家,"古史辨"派主将,《春秋史》乃其代表作,著成于 1941 年。"言春秋者,考索之精,去取之慎,未有逾于此书者"(吕思勉语)。童教英教授撰写的《导读》对著者学术成就的评介肯綮信实,对《春秋史》成书过程,及所体现的理论特色、学术精髓,分析论述精辟。

秦汉的方士与儒生(附《中国辨伪史略》)

顾颉刚撰　王煦华导读

单行本 1978 年 2 月新 1 版 1 次

1998 年 6 月 1 版 1 次

2006 年 10 月 1 版 3 次

15.00 元

大 32 开　288 页

　　顾颉刚先生是我国现代著名的历史学家,"古史辨"

派的创始人,他的研究方法在史学界独树一帜。作者抓住当时学术思想的主流,正确反映了汉代学术以至中国古代学术的全部风貌,具有权威性和学术性。王煦华先生的《导读》勾勒出全书的总体概况,论述著者生平和学术成就、疑古辨伪思想的由来和形成、"层累地造成的中国古史"观的划时代意义。所附《中国辨伪史略》,堪称目前最详赡的辨伪学专著。

汉代婚丧礼俗考

杨树达撰　王子今导读

2000 年 12 月 1 版 1 次

10.80 元

大 32 开　224 页

　　杨树达先生敏锐地抓住了"婚丧礼俗"这一社会文化中特别值得重视的现象,进行全面考察,以汉代社会生活的情状理解礼制的存在和影响,并作出深刻的文化分析。本书所征引之史料,以正史为主,兼及四部,特别重视金石考古资料的利用,在研究方法上"为史学辟一新径途",至今仍具有示范意义。王子今先生的《导读》,不仅揭示了本书的内容和价值,且联系到一代学人、学风,颇有参考价值。

魏晋风度及其他

鲁迅撰　吴中杰导读

2000 年 12 月 1 版 1 次

22.00 元

大 32 开　510 页

　　本书不仅收录了鲁迅在"国学"方面的名文,也将那些有深刻的学术、理论见解的杂文、序跋等编选进去。全书分旧文明批判、文化史研究、新文艺概观、翻译文学论、语文改革说五个部分,较全面地反映了鲁迅的学术、理论成就。吴中杰先生对本书的分类、选目别具只眼,《导读》中不仅为鲁迅的学术成就"正名",且对各类文章的要义有精当的提示,颇便于读者理解原文、知人论事。

魏晋思想论

刘大杰撰　林东海导读

1998 年 12 月 1 版 1 次

2000 年 9 月 1 版 2 次

11.00 元

大 32 开　236 页

　　本书为刘大杰先生写于 20 世纪 30 年代末的作品,

是其名著《中国文学发展史》撰写前的精心之作。本书对魏晋思想界的各种现象进行了全方位的考察后，作了细致、透彻的剖析。林东海先生的《导读》对原著的内容和学术观点作了深入的评析。

魏晋玄学论稿

汤用彤撰　汤一介导读

2001 年 6 月 1 版 1 次

2007 年 4 月 1 版 2 次

17.00 元

大 32 开　272 页

　　本书是汤用彤先生的代表作之一。书中对诸如玄学与佛学之关系、言意之辨、本末有无之争等问题的解释，均有创见。作者善于从纷繁复杂的玄学思想中考镜源流，并发掘出其中所蕴的义理，而不是堆砌材料，这就是本书长久以来受学界关注的重要原因。本书另外择取了《贵无之学》、《崇有之学与向郭学说》、《玄学与文学理论》诸篇，作为附录，使之能够基本涵盖魏晋玄学的主要方面；同时，约请作者哲嗣汤一介先生撰写《导读》，亦有珠联璧合之效。

唐代政治史述论稿

陈寅恪撰　唐振常导读

1997 年 12 月 1 版 1 次

2004 年 11 月 1 版 5 次

10.00 元

大 32 开　188 页

　　本书成于 20 世纪 40 年代初期，是陈寅恪先生唐史研究的代表作之一。本书在精心考证的基础上，集中探讨了唐代政治演进过程中的主要问题，具有极高的学术价值与理论意义，为中国中古史研究中的里程碑著作。唐振常先生的《导读》对本书作了深入详尽的分析。

元西域人华化考

陈垣撰　陈智超导读

2000 年 12 月 1 版 1 次

2008 年 3 月 1 版 2 次

9.30 元

大 32 开　180 页

　　本书是我国史学泰斗陈垣先生前期的代表作，从文学、儒学、佛老、美术、礼俗等各个方面考察了元代进入中原的西域人（色目人）逐渐为中原文化所同化的情况，显示出在当时中原文化的先进性和生命力。全书资料丰富，考证精详，在当时即得到了日本学者桑原骘藏，中国学者陈寅恪、王国维等人很高的评价，奠定了陈垣先生作为国际学者的地位，也是现代中国元史研究的开拓性著作之一。陈智超先生撰写了《导读》，书后还附有陈垣先生当年就本书的出版和内容与桑原骘藏、王国维、陈寅恪等人的往来信件，更有利于读者的理解和检索。

明史讲义

孟森撰　商传导读

2002 年 6 月 1 版 1 次

2008 年 3 月 1 版 3 次

22.00 元

大 32 开　404 页

　　孟森先生是近代中国明清史研究的开创者，成就卓著。本书为孟森先生 20 世纪 30 年代在北京大学授课时的讲义。第一次用新体裁系统地讲述明代历史，以《明史》考证明朝史事，并引证明人文集、私修史及野史笔记等，内容充实，对后辈学者影响极大。商传先生撰写《导读》，对本书的情况及孟森先生的学术生平作了介绍和评价。

清史大纲

萧一山撰　杜家骥导读

2005 年 12 月 1 版 1 次

2009 年 4 月 1 版 3 次

19.00 元

大 32 开　308 页

　　《清史大纲》是清史名家萧一山撰成于 1944 年的代表作。作者以广义的"民族革命"之演进为线索叙述考察有清一代的历史大势、人物沉浮，于政治、经济、文化无不措意而多独到精深的见解，最后以反帝爱国为依归，反映了时代精神。杜家骥先生撰写的《导读》，阐发原著旨趣，使之更具参考价值。

中国近代史

蒋廷黻撰　沈渭滨导读

1999 年 12 月 1 版 1 次

2015 年 3 月 1 版 10 次

10.00 元

大 32 开　168 页

　　蒋廷黻可以说是中国近代史研究的开创者，本书出版于 1938 年。书中明确指出：近百年的中华民族根本只有一个问题，那就是：中国人能近代化吗？并且认为中国要实现近代化,不能仅仅停留在物质这一层面上,而要上升到精神和国家制度的层面。从某种程度上来说,我们当今的近代史研究还正致力于蒋廷黻提出近代化研究,甚至重复着他在六十多年前所建构的话语系统和分析框架。沈渭滨先生的《导读》,全面评价原著,使读者能完整地了解中国近代史研究的脉络。

中国史纲

张荫麟撰　王家范导读
1999 年 12 月 1 版 1 次
2015 年 1 月 1 版 7 次
18.00 元
大 32 开　280 页

　　张荫麟先生为民国时期极具才华和思想的学者,曾受到其师辈们如梁启超、陈寅恪、钱穆等诸多大师的器重和期许,惜英年早逝,在世仅 37 年。本书是他短暂的一生留下的唯一著作,但已足见作者深邃敏锐的识见和渊博厚实的学养,通透又睿永的思想。书中的不少观点和思想在今人看来仍极有价值和参考意义。王家范先生撰写的《导读》,见解独到,意味深长,可谓珠联璧合。

当代中国史学

顾颉刚撰　王晴佳导读
2002 年 4 月 1 版 1 次
2007 年 4 月 1 版 3 次
11.00 元
大 32 开　176 页

　　顾颉刚是中国现代史学的代表人物之一,本书初版于抗日战争胜利之年,对此前一百多年间史学潮流的起伏、史学研究的成绩进行了系统的论述和公允的评价。立意高远,信息密集,向来被认为是中国近代史学史领域的一本名著。王晴佳先生的《导读》不仅有对原著的深入阐发,更着力于"知人论世",对阅读原著颇多助益。

中国历史研究法

梁启超撰　汤志钧导读
1987 年 9 月 1 版 1 次
导读本 2004 年 11 月 1 版 4 次
2011 年 12 月 1 版 7 次
18.00 元
大 32 开　352 页

　　本书包括梁启超所著《中国历史研究法》、《对〈历史研究法〉之修补及修正》、《中国历史研究法补编》,集

中体现了梁氏对史学理论的思考与总结。他吸取西方史学理论,结合中国实际,对史料鉴别、史事考订、史迹论次、史书编纂等方面都有详细阐述,建构起中国近代史学理论体系,同时还介绍了许多治学经验与前人成就,有助于指导初学者入门。汤志钧先生的《导读》全面分析梁启超史学研究的成就。

校史随笔

张元济撰　张树年　张人凤导读
1998 年 12 月 1 版 1 次
9.60 元
大 32 开　196 页

　　《校史随笔》是古籍校勘学的一部名著。本书记录了张元济在 20 世纪二、三十年代主持校勘辑印《百衲本二十四史》时取得的主要研究成果。得到蔡元培、傅增湘、胡适等的好评,大量研究成果被学术界引用,是读史者的必备书。本书《导读》在简介作者生平及访书、校勘和探讨史事中,插入珍闻,并重点论述《校史随笔》的内容、特点和价值,以及校勘和研究方法。

简牍检署考校注

王国维著　胡平生　马月华校注
2004 年 7 月 1 版 1 次
2009 年 4 月 1 版 2 次
13.00 元
大 32 开　176 页

　　王国维的《简牍检署考》写定于 1912 年,是中国简牍学的奠基石,为一门新学问的诞生作了理论与文献的准备。王国维对简牍形制规律的探索给后人的启迪是永恒的。本书校注者对王著作了校勘,并作了简释与串讲,还附有简牍等实物图片。

中国文字学

唐兰著　傅根清导读
单行本 1979 年 9 月新 1 版 1 次
2001 年 6 月 1 版 1 次
2004 年 5 月 1 版 3 次
10.00 元
大 32 开　188 页

　　唐兰为我国著名古文字学家。本书对汉字的产生、构成、演变及其变革,进行了深入浅出的论述,并为现代中国汉字学的研究奠定了基础。傅根清先生的《导读》指出,本书既是中国汉字学研究的经典著作,也是一本

攻研汉字学的较好的入门书。

周易古史观

胡朴安撰　吕绍纲导读
1986 年 8 月 1 版 1 次
导读本 2005 年 4 月 1 版 1 次
2007 年 4 月 1 版 2 次
18.00 元
大 32 开　276 页

在 20 世纪众多解读 64 卦的易著中,《周易古史观》是独具特色的。作者把整个《周易》64 卦 384 爻视为一部古代史书,形成了完整的《周易》古史体系。吕绍纲先生撰写的《导读》,虽对《周易》古史说的观点不能赞同,但仍认为本书是"20 世纪《周易》研究领域的一块丰碑"。

大同书

康有为撰　汤志钧导读
2005 年 12 月 1 版 1 次
2006 年 9 月 1 版 2 次
20.00 元
大 32 开　320 页

《大同书》是中国近代思想家康有为的名著。在书中康有为提倡"破九界"的人道主义原则,批判现实世界;设计"升平世"的范式,规划社会改造方案;进而展望"大同"境界,设计理想社会。汤志钧先生的《导读》,分析了康氏大同思想从孕育、发展到定型的历程,梳理了《大同书》从初创、增改到成书出版的经过。

清代学术概论

梁启超撰　朱维铮导读
1997 年 12 月 1 版 1 次
2014 年 5 月 1 版 8 次
11.00 元
大 32 开　180 页

本书自问世七十余年来,价值不断凸显,以至成了清学史研究的必备经典名著。此次重刊,由朱维铮先生对全书作了全面校注,详列了全书的书目提要,并撰写《导读》,从本书产生及流行之历史文化环境与梁氏的政治文化活动入手,发微探隐,于本书的历史地位作了别具只眼的科学分析。

论中国学术思想变迁之大势

梁启超撰　夏晓虹导读
2001 年 9 月 1 版 1 次
2007 年 4 月 1 版 2 次
9.00 元
大 32 开　160 页

作为一本撰写于百年前的学术思想史著作,本书实有其首开风气的示范意义。梁启超总结了中国学术思想的得失,以为"思想言论之自由"及社会控制的松动,乃是中国学术思想致盛的主因,但较诸希腊哲学,中国学术发展的内在驱动力不足。梁启超在以西学为参照阐论中国学术思想变迁的同时,更以与前代学者迥然不同的著述形式,为后人提供了一种崭新的学术史写作模式。夏晓虹教授为本书撰写了《导读》,并细心校订,给读者提供了一个相对完善的读本。

国学概论

章太炎讲演 曹聚仁整理　汤志钧导读
1997 年 12 月 1 版 1 次
2015 年 1 月 1 版 10 次
9.00 元
大 32 开　116 页

本书原系章太炎先生在上海讲演国学的记录整理成书。本书对我国传统学术经学、哲学、文学各方面作广泛而深入的探讨,对各时代学术发展源流、各学派著名学者作系统的梳理与精湛的评价。本书又有浅显的特点,便于初学者入门。汤志钧先生对本书作了深入、全面的《导读》。

国故论衡

章太炎撰　陈平原导读
2003 年 4 月 1 版 1 次
2011 年 12 月 1 版 4 次
12.00 元
大 32 开　148 页

国学大师章太炎著述宏富,如果要挑一本既精且广、能大致体现章氏学术创见者,可能非《国故论衡》莫属。《国故论衡》初刊于 1910 年日本,共分三卷,上卷小学十篇,中卷文学七篇,下卷诸子学九篇。解说简明,学理湛深。陈平原先生的《导读》全面阐述本书的学术价值。

中国哲学史大纲

胡适撰　耿云志等导读
1997 年 12 月 1 版 1 次
2009 年 4 月 1 版 5 次
13.60 元
大 32 开　320 页

　　本书是胡适的成名之作,为我国第一本用现代学术方法系统研究中国哲学史(先秦时代)的著作。突出反映了胡适对中国哲学史研究的理论构想与实践成果,标志着中国哲学史学科体系的建立。它是实证史学的奠基之作,在当时具有思想启蒙的重要作用。耿云志先生的《导读》,对本书作深入的评述。

经典常谈

朱自清撰　钱伯城导读
1999 年 12 月 1 版 1 次
2011 年 12 月 1 版 5 次
12.00 元
大 32 开　164 页

　　针对我国经典读起来特别难的状况,朱自清先生撰写了这本对经典作全面而深入浅出介绍的通俗读物。全书基本上按我国古代经史子集分类法的顺序,概述了《说文解字》、四书五经、《战国策》、《史记》、《汉书》等典籍,还涉及诸子、辞赋、诗、文各类别中的名著。钱伯城先生的《导读》,全面评述了朱自清学术研究的精深造诣。

中国思想小史

常乃惪撰　葛兆光导读
2005 年 7 月 1 版 1 次
2006 年 10 月 1 版 3 次
13.00 元
大 32 开　176 页

　　本书撰成于 1920 年代末,是时中国学界对所谓“学术史”与“思想史”的界定还极为模糊,而本书作者却明确地区分二者的异同,认为思想史不应当像学术史或哲学史那样,以个人为中心,而应当关注思潮、历史背景、地域环境。书中以思潮和问题为章节,同时运用西方文化和思想的解释背景,有许多独到的见解。葛兆光先生的《导读》指出,常乃惪作为近代史学史上的“社会达尔文史观”的代表人物,本书所体现的“理性”立场无疑可以提供给今人很多启示。

近五十年中国思想史

郭湛波撰　高瑞泉导读
2005 年 9 月 1 版 1 次
2006 年 9 月 1 版 2 次
20.00 元
大 32 开　352 页

　　从戊戌变法到五四运动乃至 20 世纪 30 年代的中国社会,经历着有史以来最为严重的民族危机和剧烈的社会动荡。本书展现的就是那个社会思潮的波澜壮阔、群星璀璨的文化狂飙时代,分别叙述了近 50 年中国思想的演变、思想论战、新思想之介绍以及国故整理与批评等内容,其中关于 50 年思想的演变可以说是全书中最重要、最精彩的部分。高瑞泉先生的《导读》指出,本书为我们勾勒出近 50 年中国思想演变的基本行程。

中国佛教史

蒋维乔著　邓子美导读
2004 年 3 月 1 版 1 次
2011 年 12 月 1 版 3 次
20.00 元
大 32 开　360 页

　　本书为 20 世纪上半叶中国近代教育家、佛学家蒋维乔居士在日本学者境野哲先生《支那佛教史纲》基础上撰写的著作,对民国以后的中国佛教研究曾起过积极的作用,堪称经典。邓子美先生的《导读》指出,本书简明而有系统,观点平实公允,是了解中国佛教历史的基本读物。

佛学研究十八篇

梁启超撰　陈士强导读
2001 年 9 月 1 版 1 次
2011 年 12 月 1 版 2 次
29.00 元
大 32 开　230 页

　　本书集中收录了梁启超各类佛学文章,这些论文基本上是梁先生在接受了新的研究方法后的学术成果,它又反映了从传统佛学向现代佛学研究转向的特点。陈士强先生的《导读》对本书作了详尽的分析研究。

道教史

许地山撰　刘仲宇导读
1999 年 12 月 1 版 1 次

2011 年 4 月 1 版 4 次

14.00 元

大 32 开　212 页

　　许地山学术上的代表作首推这本《道教史》。道教是中国土生土长的宗教,本书作为中国人自己写的第一部道教史,在系统梳理道家思想上,有其独到的一面。旁征博引,资料翔实,于厘清"道"之本义以及道家与道教之区别,阐述道家思想之流传等方面用力殊多。此外,在叙述道教的"巫"与"方术"时,重在正本清源。刘仲宇先生的《导读》,除了剔抉本书要义外,更对书中的一些不足作了补正。

中国基督教史纲

王治心著　徐以骅导读

2004 年 3 月 1 版 1 次

2015 年 1 月 1 版 4 次

20.00 元

大 32 开　350 页

　　本书是我国学者所撰第一部、也是影响最大的一部中国基督教通史著作,初版于 1940 年,是基督教会史的开山之作。此次重新出版,由著名学者徐以骅先生对原书作了修订。吸收了前人的研究成果,订正了不少讹误,并撰写《导读》。

中国文献学

张舜徽撰　姚伟钧导读

2005 年 9 月 1 版 1 次

2015 年 5 月 1 版 5 次

20.00 元

大 32 开　360 页

　　本书为著名学者张舜徽先生的代表作,构建了中国文献学这一学科的体系、思想和方法,是中国文献学的奠基之作。全书全面、系统地论述了文献学的范围、任务、古代文献的流传、类别等重要问题,版本、校勘、目录等有关整理文献的基本知识,前人整理文献的具体工作和丰硕成果,初步构建起中国文献学这一学科的理论体系。

中国文献学概要

郑鹤声 郑鹤春撰　郑一奇导读

2001 年 1 月 1 版 1 次

9.90 元

大 32 开　200 页

　　研究、整理历史文献的学者,称为校雠学家,所以校雠学成了文献学的别名。在中国现代第一次使用"文献学"来概括一门学问,是由著名学者郑鹤声、郑鹤春先生在其《中国文献学概要》一书中创立的。这是一部中国文献学的开山之作,本书总结了前人的研究成果,使读者明晰文献学的研究体系,将中外文化交流引入文献学研究的视野。

中国目录学史

姚名达撰　严佐之导读

2002 年 6 月 1 版 1 次

2007 年 4 月 1 版 2 次

22.00 元

大 32 开　392 页

　　本书是近代以来第一部以"中国目录学史"命名,全面、系统研究中国目录学发展历史的学术著作。全书解释目录、目录学的概念和定义,目录学的种类和范围,目录学与其他学科的关系等等。谋篇布局又采用"主题分述法",极富特色。虽问世已六十余年,但同类著作迄今没有一部能够超过它。严佐之先生的《导读》,在剖析该书的写作背景、肯定其理论贡献和写作方法的同时,也指出了其中存在的不足。

书目答问补正

张之洞撰　范希曾补正　徐鹏导读

2001 年 7 月 1 版 1 次

2011 年 12 月 1 版 4 次

20.00 元

大 32 开　300 页

　　晚清洋务运动领袖张之洞编纂的本书,分经史子集四部分,另增"丛书目"一类。每类列出该类最重要的著作及较好的版本,并加适当的比较和评论,颇便初学者。50 年后,因新书和善本不断问世,清末民初学者范希曾又对原书进行了补正。徐鹏先生的《导读》指出,时至今日,本书对学习研究传统文化者仍有指导意义。

中国画学全史

郑午昌撰　陈佩秋导读

2001 年 9 月 1 版 1 次

2011 年 12 月 1 版 2 次

29.00 元

大 32 开　484 页

郑午昌(1894—1952),是我国现代著名书画家、美术史论家、出版家。本书初印于1929年,为现代中国画史研究的开山奠基之作,被著名教育家蔡元培誉为"中国有画史以来集大成之巨著"。陈佩秋先生的《导读》对全书作了全面的评析。

中国绘画变迁史纲 附中国美术年表

傅抱石撰　承名世导读
1998年12月1版1次
2006年10月1版2次
22.00元
大32开　460页

已故画家傅抱石,是我国早期美术史论家、美术教育家。他先后撰写了《中国绘画变迁史纲》(1931年出版)和《中国美术年表》(1935年出版)。其中的《中国美术年表》把政治、经济、社会大事与美术(包括建筑、工艺、雕塑、书法、绘画)史的发展结合起来加以排列著录,说明傅抱石先生在当时已注意到美术在社会中所起的作用,把握到美术史演变轨迹的本质。承名世先生的《导读》,着重论析了两书出版的历史文化背景与治学门径,有助于读者阅读和理解本书。

西洋美术史

丰子恺撰　丰一吟导读
1999年12月1版1次
7.90元
大32开　136页

在现代艺术家中,像丰子恺先生这样一位既有艺术实践经验和艺术理论修养,又有优美畅达的文字功力的大师是十分少见的。这是一本对西洋美术史予以概括性介绍的著作,包括西洋建筑、雕塑、绘画及流派等。

西洋文化史纲要

雷海宗撰　王敦书导读
2001年7月1版1次
2007年7月1版2次
24.00元
大32开　420页

雷海宗是我国著名历史学家。本书梳理西洋文化史,起自罗马帝国之灭亡、"黑暗时代"之开始,迄于19世纪末。其风格类似课堂笔记或备课记录,内容精准,一语中的,无半点赘辞。文中不少名词、术语均为中、外文对照,便于读者了解熟悉西洋文化史上的专业名词。

中国南洋交通史

冯承钧撰　谢方导读
2005年9月1版1次
16.00元
大32开　268页

本书以中国汉代至明代的海上对外交通为经纬,上篇以事件为主,下篇以地区为主展开。所谓"南洋"是地区的总称,不仅包括散在亚洲东南、大西洋西北之无数岛屿,还包括亚洲大陆南部沿海地区。作者在中西各家学说基础之上,辨正史事,详析源流,提出诸如"南海道之开辟,或更在西域道之先"等等见解;同时还将纷繁复杂之南海地名一一厘定,且标注英文对音。

中国近三百年学术史论

章太炎　刘师培等撰　罗志田导读
2006年10月1版1次
2012年2月1版3次
25.00元
大32开　432页

有关中国近代学术史之论题,百年来已有多位史学名家涉足此间。仅以《中国近三百年学术史》为书名的就先有梁启超,后有钱穆的著述,前者着眼于清代的"汉学",而后者着眼于清代的"宋学"。本书研究解读的路径完全迥异于梁启超与钱穆,从容构建出中国近代学术史研究的又一个参照系。

中国传统思想总批判(附补编)

蔡尚思撰　李妙根导读
2006年10月1版1次
2009年4月1版2次
20.00元
大32开　328页

蔡尚思先生是研究中国思想史的著名学者。这部著作名为中国传统思想总批判,实际上即是对儒家及孔学的总批判,其犀利与严厉程度超过同时代其他人,也超过"五四"新文化运动诸健将。李妙根先生的《导读》对读者深入了解蔡尚思其人其书颇有裨益。

伏羲考

闻一多撰　田兆元导读
2006年11月1版1次
2009年4月1版2次

15.00 元

大 32 开　228 页

闻一多先生以其特有的睿智和深厚的学养,既向国外神话学理论学习,又根据中国神话的实际创造性地分析,独创了中国神话研究的意象的系统联想与论证的方法。本书据开明版《闻一多全集·神话与诗》选录了闻一多先生《伏羲考》及《端午考》等八篇有关神话学研究的重要论著。田兆元先生的《导读》高度评价闻一多对中国现代神话学研究作出的杰出贡献。

《诗经》讲义稿

傅斯年撰　王志宏导读

2011 年 12 月 1 版 1 次

2014 年 12 月 1 版 3 次

20.00 元

大 32 开　218 页

本书是傅斯年 1928 年在中山大学讲授《诗经》时的课堂讲义,也是近现代研究《诗经》的重要文献。作者在回顾了从西汉至明代《诗经》学史的基础上,提出了《诗经》研究的新态度:一是欣赏其文学,二是将其作为极有历史价值的材料进行整理,三是将其作为极有价值的语言学材料,并从时代、文辞、文体等角度对《诗经》作细致考察。

史学方法导论

傅斯年撰　朱渊清导读

2011 年 12 月 1 版 1 次

20.00 元

大 32 开　220 页

《史学方法导论》系作者 30 年代初在北京大学任教时的讲义稿。原书七讲,现仅存第四讲,原"拟目"保留供读者参考。编者还从《傅斯年全集》中选录了十篇与其史学理论相关的文章。

名家说——"上古"学术萃编

茅盾说神话

茅盾撰

1999 年 7 月 1 版 1 次

2000 年 4 月 1 版 2 次

10.90 元

大 32 开　204 页

茅盾先生是我国现代文坛上的著名小说家、文艺评

论家。同时,他又是我国近代神话学研究领域里最早的探索者和开拓者之一。本书精选其《中国神话研究ABC》等十篇文章,使广大读者能一睹文学大师对神话学的透彻理解和精辟论断。

朱自清说诗

朱自清撰

1998 年 12 月 1 版 1 次

1999 年 10 月 1 版 2 次

14.00 元

大 32 开　288 页

朱自清(1898—1948),字佩弦,我国著名的作家、学者。本书是他有关古典诗歌研究的论著集,包括《诗言志辨》等名篇。缜密的研究,敏锐的感悟,清切的表述交相为用,是其特色。

朱自清马茂元说古诗十九首

朱自清　马茂元撰

1999 年 12 月 1 版 1 次

11.00 元

大 32 开　220 页

古诗十九首是汉末文人的五言组诗。它是处于当时动乱状态中的下层知识分子的心声,被后人誉为是"一字千金"和"五言冠冕"的不朽之作。朱自清与马茂元是 20 世纪解析古诗十九首最有影响的两位学者,他们既汲取了前人的成果,又融入了新的美学和文艺学的方法。本书为朱自清《古诗十九首释》与马茂元《古诗十九首探索》的合集。

萧涤非说乐府

萧涤非撰

2002 年 6 月 1 版 1 次

18.00 元

大 32 开　250 页

萧涤非系我国现代乐府文学研究领域的领军人物,本书所收文章前半部分选自其《汉魏六朝乐府文学史》中的某些重要篇章、后半部分选自《乐府诗词论丛》和《杜甫研究》,萧先生乐府研究的精华已备集于此。

马茂元说唐诗

马茂元撰

1999 年 7 月 1 版 1 次

2000 年 4 月 1 版 2 次

11.50 元

大 32 开　208 页

马茂元先生是我国已故的著名唐诗研究专家。本书收录了马先生的《说杜甫〈戏为六绝句〉》《思飘云物动,律中鬼神惊》等唐诗论文 9 篇,附录《说〈通变〉》等涉及唐诗的文章 5 篇,篇篇珠玑,是其一生研究唐诗的心得结晶。

汪辟疆说近代诗

汪辟疆著

2001 年 12 月 1 版 1 次

15.00 元

大 32 开　328 页

汪辟疆(1887—1966),当代诗学名家,尤其对近代诗学研究卓有成就。本书收录其有关研究近代诗的著作《近代诗派与地域》、《光宣诗坛点将录》、《近代诗人小传稿》、《光宣以来诗坛旁记》四种及论诗绝句等篇章。

缪钺说词

缪钺撰

1999 年 12 月 1 版 1 次

13.20 元

大 32 开　276 页

缪钺先生是我国著名的文史兼擅的学者,于词的研究及创作多有心得,本书即其一生研究词学的结集。从对词的总体认识,以至对唐宋诸家的作品均有独到新颖的见解。

叶嘉莹说词

叶嘉莹撰

1999 年 12 月 1 版 1 次

12.90 元

大 32 开　268 页

本书系从叶嘉莹先生众多词学专论中辑出,篇目计有《从〈人间词话〉看温韦冯李四家词的风格——兼论晚唐五代时期词在意境方面的拓展》、《迦陵随笔》、《对传统词学与王国维词论在西方理论之观照中的反思》及《论王国维词:从我对王氏境界说的一点新理解谈王词之评赏》四篇,构成以王国维词论为切入点,以传统词学为论述背景的词论专著。

阿英说小说

阿英撰

2000 年 5 月 1 版 1 次

11.50 元

大 32 开　230 页

阿英是明清小说研究的拓荒者之一,本书收录他的论文 20 篇,或论述小说所反映的社会情状,或考订小说的故事源流,或钩稽有关禁毁小说的资料,或论述晚清小说的历史地位和特点,在资料的爬梳和观点的阐发上都颇见功力,而其中有关小说插图和弹词曲艺部分的论述,具有填补空白的意义。

俞平伯说红楼梦

俞平伯撰

1998 年 12 月 1 版 1 次

2000 年 9 月 1 版 3 次

11.50 元

大 32 开　236 页

俞平伯(1900—1990),是我国著名学者、作家,也是《红楼梦》研究专家,他对新红学的创立有重要的贡献。本书收其《红楼梦辨》这一专著,反映了俞平伯红学研究的基本成果。

徐朔方说戏曲

徐朔方撰

2000 年 12 月 1 版 1 次

11.00 元

大 32 开　204 页

徐朔方先生是当今戏曲研究领域著名专家。本书精选其论文十余篇,尤重开拓与发掘,对戏曲上重大问题并不囿于前人的结论,提出与之不同的新见;同时勇于否定自己前期研究结论,于自我解剖中创新求真。

郑振铎说俗文学

郑振铎撰　郑尔康编

2000 年 5 月 1 版 1 次

15.50 元

大 32 开　348 页

郑振铎对于古代俗文学有着两方面的卓越贡献:一是致力于寻觅、发现、收藏、整理俗文学资料,许多珍稀甚至濒于失传的资料因其努力而得以保存、刊布;一是以其深厚学殖,揭示俗文学发展演进的规律。本书精选作者俗文学研究代表作三十余篇,内容涉及小说、戏曲、变文、宝卷、鼓词、弹词、诸宫调、子弟书等俗文学文体,足以展示俗文学概貌及其发展演进规律。

郭绍虞说文论

郭绍虞撰

2000 年 5 月 1 版 1 次

15.00 元

大 32 开　332 页

郭绍虞是我国著名教育家、古典文学家、语言学家、书法家、作家和诗人,尤以在中国古典文学理论研究上的成就和贡献最为可观,为我国古代文学批评理论研究的奠基人,其《中国文学批评史》是该领域的划时代著作。全书荟萃了郭先生历年来文学理论论文的精华。

胡适说文学变迁

胡适撰

1999 年 8 月 1 版 1 次

13.20 元

大 32 开　276 页

胡适是我国著名的学者、思想家,他在文学及文学史研究上的建树是多方面的,本书选取其古典文学研究的总论部分,从中可以看出他文学革命的主张、对传统文学观念的挑战,和对古典文学研究的革新。

吕思勉说史

吕思勉撰

2000 年 5 月 1 版 1 次

11.80 元

大 32 开　228 页

吕思勉系当代著名历史学家,以毕生精力从事中国古代史研究,50 年间曾多次通读《二十四史》,除留下丰富的史学专著外,还写成了大量的读史札记。本书即选取《吕思勉读史札记》中"通代"部分而成。

罗根泽说诸子

罗根泽撰

2001 年 12 月 1 版 1 次

18.00 元

大 32 开　408 页

罗根泽先生是著名的诸子学家、文学史家。收入本书的 17 篇文章是他一生研究诸子的结晶。旁征博引,

通过各种材料的辗转互证,得出新的结论,突破了以往陈陈相因的传统见解。文章中包孕着经过整理的丰富资料,其科学的、精密的实证方法,可给后人治学提供借鉴。

童书业说画

童书业撰　童教英整理

1999 年 7 月 1 版 1 次

16.80 元

32 开　388 页

童书业先生是著名的历史学家,早岁又曾随近代画坛大师学画多载,颇谙画道精奥。本书遴选其自成体系的说画精彩之作 46 篇,或论历代山水、花鸟、人物画之源流嬗变,或揭示南北画派兴衰因缘,或比较画家风格技法之异同,或考证传世画迹之真伪,皆能举述凿凿之据,屏斥误传谬说,细细道明所以然。

童书业说瓷

童书业撰　童教英整理

1998 年 12 月 1 版 1 次

11.90 元

大 32 开　248 页

本书对中国瓷器发展史作了概括描述;对柴、汝、定窑,永乐、宣德、成化窑、康熙御窑、郎窑、年窑、唐窑及广东石湾、潮州窑等有关瓷器史的许多重大问题作严密深入考证,指出以往种种舛谬疑误症结所在;发掘梳理可靠的文献记载,结合考古上的收获,廓清了一系列被古董商作伪、鉴赏家揣测臆想搅得扑朔迷离的问题。

宋伯胤说陶瓷

宋伯胤撰

2003 年 4 月 1 版 1 次

20.00 元

大 32 开　260 页

宋伯胤先生是当代著名的陶瓷专家,长期致力于中国古代陶瓷品评鉴赏,对紫砂陶研究造诣尤深。本书由古陶瓷散论、读瓷一得、紫砂陶解读三部分组成。去伪存真,正本清源,对陶瓷史上许多悬案作出令人信服的评判。注重探寻陶瓷作品的内在生命脉络,揭示其时代文化内涵。对古代高手之传世佳作,一一辨析,鞭辟入里。

顾随说禅

顾随撰

1998 年 12 月 1 版 1 次

8.80 元

大 32 开　148 页

当代文学家顾随虽非佛学家,但却能将禅谈得头头是道,对佛典与禅门公案,信手拈来,于不经意中将禅的境界豁显出来。文字典雅、蕴蓄、又富机智,堪为一本融禅趣、禅味与禅理于一体的"禅书"。

柳诒徵说文化

柳诒徵撰

1999 年 12 月 1 版 1 次

16.30 元

大 32 开　376 页

在中国近现代学术史上,柳诒徵是最早完成对中国文化史全面系统的考察,为国人廓清中国文化大义的学者之一,并因此奠定了其在学术史上的地位。本书所选诸篇,大多辑自柳诒徵的《中国文化史》、《国史要义》等几部代表著作,许多篇目是建国后的初次排印。

王欣夫说文献学

王欣夫撰

2000 年 12 月 1 版 1 次

15.40 元

大 32 开　336 页

本书是著名的古典文献学专家王欣夫先生生前的授课讲义。全书从目录、版本、校雠三个方面,对文献学的流变概况作了论述。尤其是书中注意到新出土的各种资料,注意到日本等海外所存的中国文献在文献学研究中的作用,注意到现代学者如鲁迅、郭沫若、马叙伦、杨树达、闻一多、陈垣等在校雠学方面的成果,这在当时同类的著作中独具慧眼。

余嘉锡说文献学

余嘉锡撰

2001 年 3 月 1 版 1 次

13.20 元

大 32 开　268 页

余嘉锡先生系史学、古籍考订和目录学名家。本书由其两部力作《目录学发微》、《古书通例》合成。《发微》对目录各书体制、目录学源流、目录类例的沿革,都有详细论述;《通例》以案著录、明体例、论编次、辨附益四卷就汉、魏以上古书通例详加诠释。

百年经典学术丛刊

经典常谈

朱自清撰　钱伯城导读

2011 年 12 月 1 版 1 次

2013 年 1 月 1 版 2 次

16.00 元

大 32 开　168 页

国故论衡

章太炎撰　陈平原导读

2011 年 12 月 1 版 1 次

18.00 元

大 32 开　176 页

国学概论

章太炎撰　曹聚仁整理　汤志钧导读

2011 年 12 月 1 版 1 次

16.00 元

大 32 开　120 页

清代学术概论

梁启超撰　朱维铮导读

2011 年 12 月 1 版 1 次

18.00 元

大 32 开　180 页

中国佛教史

蒋维乔撰　邓子美导读

2011 年 12 月 1 版 1 次

30.00 元

大 32 开　364 页

佛学研究十八篇

梁启超撰　陈士强导读

2011 年 12 月 1 版 1 次

38.00 元

大 32 开　464 页

道教史

 许地山撰 刘仲宇导读

2011 年 12 月 1 版 1 次

20.00 元

大 32 开 212 页

中国基督教史纲

 王治心撰 徐以骅导读

2011 年 12 月 1 版 1 次

30.00 元

大 32 开 368 页

中国文献学

 张舜徽撰 姚伟均导读

2011 年 12 月 1 版 1 次

30.00 元

大 32 开 360 页

中国目录学史

 姚名达撰 严佐之导读

2011 年 12 月 1 版 1 次

32.00 元

大 32 开 392 页

书目答问补正

 张之洞撰 范希曾补正 徐鹏导读

2011 年 12 月 1 版 1 次

26.00 元

大 32 开 300 页

中国中古文学史讲义

 刘师培撰 程千帆等导读

2011 年 12 月 1 版 1 次

18.00 元

大 32 开 200 页

唐诗杂论

 闻一多撰 傅璇琮导读

2011 年 12 月 1 版 1 次

18.00 元

大 32 开 360 页

宋元戏曲史

 王国维撰 叶长海导读

2011 年 12 月 1 版 1 次

18.00 元

大 32 开 196 页

人间词话

 王国维撰 黄霖等导读

2011 年 12 月 1 版 1 次

2014 年 7 月 1 版 3 次

15.00 元

大 32 开 128 页

顾曲麈谈 中国戏曲概论

 吴梅撰 江巨荣导读

2011 年 12 月 1 版 1 次

20.00 元

大 32 开 220 页

中国小说史略

 鲁迅撰 郭豫适导读

2011 年 12 月 1 版 1 次

25.00 元

大 32 开 396 页

中国画学全史

 郑午昌撰 陈佩秋导读

2011 年 12 月 1 版 1 次

38.00 元

大 32 开 492 页

中国历史研究法

 梁启超撰 汤志钧导读

2011 年 12 月 1 版 1 次

36.00 元

大 32 开 352 页

中国史纲

 张荫麟撰 王家范导读

2011 年 12 月 1 版 1 次

25.00 元

大 32 开　284 页

明史讲义

孟森撰　商传导读
2011 年 12 月 1 版 1 次
32.00 元
大 32 开　404 页

中国近代史

蒋廷黻撰　沈渭滨导读
2011 年 12 月 1 版 1 次
2013 年 9 月 1 版 2 次
16.00 元
大 32 开　168 页

中国古代哲学史

胡适著
2013 年 4 月 1 版 1 次
26.00 元
16 开　284 页

本书是《中国哲学史大纲》的上卷，作者首先明确什么是哲学和哲学史，接着指出哲学是学科的任务，并提出一整套哲学史史料学的基本规范，详细论述了先秦哲学的基本思想，是第一部借鉴西洋哲学方法写作的中国哲学史，是中国哲学史学科建设的奠基之作。

中国中古思想史长编

胡适著
2013 年 4 月 1 版 1 次
26.00 元
16 开　260 页

本书为胡适编撰的中国思想史专论，上起秦始皇，下迄北宋时期，深入论述儒家思想、佛教、道教等的发展及其相互影响。本书成书于 1930 年，至 1971 年方由台湾胡适研究院影印出版。书后附《中国中古思想小史》一文，为胡适在北大时的讲义。

戴东原的哲学

胡适著
2013 年 4 月 1 版 1 次
19.00 元
16 开　196 页

本书是第一部专门研讨戴震哲学的专著，分三个部分评论戴震哲学及其影响，对戴氏哲学给予了很高评价。胡适在书中分析了戴震的自然观、认识论和人性论，特别指出了戴东原哲学的时代意义。

诸子通考

蒋伯潜著
2013 年 4 月 1 版 1 次
38.00 元
16 开　404 页

本书是作者在其先父遗著的基础上整理补编而成。全书分上、下两编，上编为《诸子人物考》，分别考论诸子人物，附以西汉诸子和历代诸子大事年表。下编为《诸子著述考》，分别考述各家著述，附《汉书·艺文志·诸子略》所录诸子十家之书目及现存诸子重要著述目录。

先秦辩学史

郭湛波著
2015 年 11 月 1 版 1 次
19.00 元
16 开　136 页

本书以"辩学"命名先秦的形名之学，从逻辑的角度梳理辩学发展演变的学术脉络，钩稽传世文献，对邓析、惠施、公孙龙、荀子以及墨辩学派等辩家的思想传承、学说观点进行了系统研究。作者认为，辩学起源于春秋时期郑国的邓析，到惠施时开始盛行，公孙龙为集大成者，墨辩学派、荀子将辩学推向了最高的阶段。

先秦政治思想史

梁启超著
2013 年 4 月 1 版 1 次
25.00 元
16 开　248 页

本书对先秦政治思想史进行了梳理，并对中国文明和西方文明进行比较研究。全书分为三部分：序论部分，分析研究先秦政治思想史的价值、内容和方法；前论部分，介绍先秦的时代背景，分析先秦政治思想之起源；本论部分，主要对儒、墨、道、法四流派思想做详细论述及评价，并论述了统一、寝兵、教育、生计、乡治、民权等具有时代意义的课题。

中国近三百年学术史

梁启超著

2013 年 4 月 1 版 1 次

34.00 元

16 开　356 页

本书以问题、人物和学科三种形式对清代学术进行了全面梳理，论述了清代各主要学者、学派之学术研究，以及清代学者在经学、小学、音韵、校勘、辨伪、辑佚、史学、方志、地理、历算、谱牒、乐曲以及物理学、工艺学等方面的成就。

清代思想史纲

谭丕模著

2013 年 4 月 1 版 1 次

16.00 元

16 开　140 页

本书是作者于 1935 年在北平民国学院教授清代学术思想时所用的讲义，分清初、清中叶、清末三个阶段来论述清代学术思想。本书又从严正的科学观点出发，对清代哲学思想范畴和流派进行重新划分，整理出新的条理。顾颉刚称其不仅是从思想本身上去研究思想，也不仅是从政权表面的形式上去研究思想，而是从社会的——经济的政治的诸关系去探求思想产生的必然性。

清史大纲

萧一山著

2014 年 10 月 1 版 1 次

32.00 元

16 开　240 页

《清史大纲》为萧一山清史研究代表作，主要表达了他的"民族革命"观点，其中第五、七、八、九、十章为关于西方列强入侵中国、清政府受迫签订一系列不平等条约、中国边疆危机、中日关系及甲午战争、列强瓜分中国，以及洋务运动、戊戌维新、辛亥革命等史事叙述，贯穿了国人自强御侮的"民族革命"主旨。

戊戌政变记（外一种）

梁启超著

2014 年 12 月 1 版 1 次

28.00 元

16 开　332 页

《戊戌政变记》是梁启超论述戊戌变法的文章专集，作者以其亲身经历为基础，详叙变法之经过，分析发起及失败之原因。本书第一次对戊戌维新运动从整体上进行了描述，建立了一个以康有为为领袖和主线的戊戌维新运动宏观叙述体系，对后来戊戌变法史的学术研究影响深远。《中国四十年来大事记》为梁启超通过李鸿章一生之事迹，考察晚清时局发展。

大同书

康有为著

2014 年 12 月 1 版 1 次

28.00 元

16 开　248 页

本书充分展示了康有为的社会理想，构造出一个大同世界，融合了中国古代儒家的社会历史思想以及西方政治观念和理论。全书共分为十个部分，以天干之数系之。第一部分总论人世多种苦难，以引发人们正视现实，寻找苦难根源的意愿，并大力批判了现实世界，提倡"破九界"的人道原则。后九部分则分别对"九界"进行详细论述。

中国近三百年哲学史

蒋维乔著

2013 年 4 月 1 版 1 次

12.00 元

16 开　112 页

本书是作者在光华大学时教授中国哲学史所用的讲义，叙述清初顾炎武至现代王国维三百年间哲学思想的变迁，将其划分为复演古代学术之时期、吸收外来思想之时期，又于复演古代学术之时期内按哲学思想的不同划为不同的流派，详列各派各家的学说。本书对于清初至民国近三百年哲学思想的演进，穷原究委，叙述明确。

国粹与国学

许地山著

2013 年 3 月 1 版 1 次

14.00 元

16 开　128 页

本书收录了许地山在逝世前一年于《大公报》连载的 13 篇议论文章，涵盖宗教、文物、语文三个领域。宗教部分主要论述儒、儒学、儒教之间的关系，医学和道教的关系，宗教对妇女的态度等问题。文物部分既有对器物、制度等的考证，对礼俗的议论，也有对香港考古工作的记述。语文部分，《国粹与国学》一文提出了作者对"国粹"的定义，并讨论了国学的价值和路向等问题，其余诸文主要讨论汉字改革。

国防论

蒋百里著

2013 年 4 月 1 版 1 次

14.00 元

16 开　120 页

　　本书是作者 20 世纪 30 年代前后的多种文字的结集,其中有论文、讲演稿、书评、为他人著作所写的序、《孙子兵法》某些篇段的注释以及旅欧游记,是其考察欧洲各国后对第一次世界大战以来欧美列强经济、政治、军事、文化的总结。作者吸取了西方新的军事理论和中国古代军事思想,阐明了其国防建设的主张。

日本论　日本人

戴季陶　蒋百里著

2013 年 4 月 1 版 1 次

2016 年 1 月 1 版 4 次

16.00 元

16 开　144 页

　　《日本论》和《日本人》是戴季陶和蒋百里在长期亲身观察了解日本的基础上,全面深入剖析日本社会、文化的作品,被认为是中国人研究日本的最具代表性的两部著作,研究内容包括了日本的历史、文化渊源、社会习俗、民族精神、政治人物等。

文化人类学

林惠祥著

2013 年 4 月 1 版 1 次

34.00 元

16 开　360 页

　　本书是我国第一部人类学著作,长期被作为大学教材,阐述人类学的定义、对象、分科、目的及与其他学科的关系等理论问题,简介其产生发展的历史过程及不同流派,论述了原始物质文化、社会组织、宗教、艺术、语言文字五个方面内容。本书广泛引证和综合研究当时世界上人类学各个流派的材料,批驳错谬,博采众长,并且对人类学的定义及分科等重大学术问题有自己新的看法,许多观点直到今天仍有指导意义。

史学要论

李大钊著

2013 年 4 月 1 版 1 次

19.00 元

16 开　180 页

　　本书包括李大钊《史学要论》、《史学思想史讲义》、《我的马克思主义观》等,是其史学思想的集中体现,尤其是《史学要论》深刻阐述了唯物主义的历史观和史学观,阐述了历史学与其他学科的关系及现代史学的价值和功能,初步建立起了中国马克思主义历史科学的学科体系。

中国史学通论

朱希祖著

2013 年 4 月 1 版 1 次

16.00 元

16 开　144 页

　　本书乃作者在北京大学教授"中国史学史"课程时所作讲义,原分两卷,分别为《中国史学之起源》、《中国史学之派别》。《起源》部分探讨"史"字之本义、未有文字之前的记载、史官之史、历史之萌芽等;《派别》部分探讨"编年""国别""传记""政治史与文化史""正史""纪事本末"等体之记事规则。后附《太史公解》、《汉十二世著纪考》等 8 篇论文。

词学通论　曲学通论

吴梅著

2013 年 4 月 1 版 1 次

22.00 元

16 开　200 页

　　《词学通论》系统地介绍了词与音乐的关系、词的作法以及历代代表性词人词作,并对唐五代以至清季词学的源流传承和诸大家词作的利病得失做了精当的点评。《曲学通论》则是介绍曲学基本知识并论及曲学发展史的著作。

积微居小学金石论丛

杨树达著

2013 年 4 月 1 版 1 次

36.00 元

16 开　336 页

　　本书为杨树达先生语言文字学方面的代表作之一,分说字之属、音韵之属、方言文法之属、经子考证序跋之属、考史金石之属五大类,集中体现了作者的训诂成就,并体现出其上承乾嘉学派,以文献语言出发、形音义互求的治学特点。

目录学发微　古书通例

余嘉锡著

2013 年 4 月 1 版 1 次

26.00 元

16 开　236 页

《目录学发微》一书在"辨章学术,考镜源流"思想指导下,广泛利用历代学者目录学论著,对目录学的意义、功用和源流,对目录的体例和类例的沿革,作了精辟论述。《古书通例》又名《古书校读法》,就汉魏之前的古书事出一般通例,以助读者阅读古书。

古典新义

闻一多著

2013 年 4 月 1 版 1 次

46.00 元

16 开　420 页

本书收录了闻一多古典研究方面最主要的成果,包括《周易义证类纂》、《诗经新义》、《诗经通义》、《诗新台鸿字说》、《尔雅新义》、《庄子内篇校释》、《离骚解诂》、《天问释天》、《楚辞校补》等,尤其凸显了闻先生在《周易》、《诗经》、《庄子》、《楚辞》方面的重要创获。

国史要义

柳诒徵著

2014 年 12 月 1 版 1 次

32.00 元

16 开　264 页

书中历溯中国两千年史书源流,遍收各家名论,其中既有史学起源与演进方面的史迹梳理,也有经史义理与史书编纂方面的精彩点评。柳诒徵精于礼学,"言史一本于礼",独创以经证史、以史证经的研究方法,以礼释史,并蝶化出各种现代含义,将"礼"升华至哲学境界。本书的主旨是,透过史学要义的阐发,将其归宗于中国人本主义的弘扬。

广校雠略

张舜徽著

2013 年 11 月 1 版 1 次

22.00 元

16 开　156 页

张舜徽,湖南沅江县人,著名历史学家、文献学家,代表作有《广校雠略》、《中国文献学》、《汉书艺文志通释》、《清儒学记》等。本书其代表作之一,也是 20 世纪中国文献学理论发展的重要著作。全书对校雠学定义进行了辨析,叙述了古代著述标题的变迁、著作人署名的原则等,并宏观通论汉、唐、宋、清学术大势,增广并丰富了校雠学的内容。

文献学讲义

王欣夫著

2014 年 11 月 1 版 1 次

35.00 元

16 开　268 页

本书从目录、版本、校勘三个方面论述了文献学的流变概况、主要代表人物和重要著作,从历史发展的角度对文献学做了较为全面的叙述,比较完整地勾勒了目录学、版本学和校勘学的全貌。讲义浓缩了王欣夫毕生从事古籍文献收集整理工作的心得体会,同时注意到出土文献和域外汉籍在文献学研究中的作用。

中国史学史

金毓黻著

2013 年 4 月 1 版 1 次

36.00 元

16 开　376 页

本书是中国史学史学科开创时期的经典性著作,作者从史官、史家、史籍、史学四方面展开,阐述史官、史家、史籍的产生及官史、私史的区别;史学之重点在撰史、论史两个方面;撰史途径中的两个转折;史料在史学发展中的重要性。在此基础上,分古代、汉魏南北朝迄唐初及唐初迄清三期展开论述。

中国俗文学史

郑振铎著

2013 年 4 月 1 版 1 次

56.00 元

16 开　564 页

本书成书于 20 世纪 30 年代,是中国俗文学研究史上具有开创性意义的专著。全书以时代为顺序详述俗文学发展史,对从先秦至清代诸朝民歌、民谣、变文、杂剧词、鼓子词、诸宫调、散曲、宝卷、弹词、鼓词、子弟书等俗文学样式进行了系统的阐释与全面的梳理。每章后详附参考书目,并列出其版本信息。

中国理学史

贾丰臻著

2014 年 12 月 1 版 1 次

26.00 元

16 开　180 页

　　本书共分为四编,除绪言外,按上古、中古和近世的历史更替梳理中国理学的发展脉络,每编分为若干章,每章列有数节,重点介绍了从三代到清代每个朝代理学代表人物的生平思想、哲学观点和学术特色,以及他们在中国理学史上的地位和对后世的影响。篇幅虽不长,但条分缕析,言简意赅,有理有据,清晰地展现出中国理学的发展历史。

近代中国留学史

舒新城著

2014 年 12 月 1 版 1 次

25.00 元

16 开　192 页

　　本书是舒新城依据当时所能收集到的资料,梳理撰写的自同治九年(1870)至民国十五年(1926)期间,中国到欧美、日本等国留学游学的情况,对当时的国情,政府的态度、政策,留学游学成员来源和数量、经费、学科等都有详细记载,反映了中国近代社会的变化与中国近代教育制度的变化。

中国报学史

戈公振著

2014 年 12 月 1 版 1 次

32.00 元

16 开　292 页

　　本书是戈公振长期从事报学史研究之精华荟萃,也是我国第一本研究中国报刊史的专著。本书共分六篇,汇集大量第一手资料,用丰富翔实的材料、严谨的考证,将汉代至"五四"运动前中国报刊之历史进行了全面总结,勾勒出中国新闻事业产生发展的清晰脉络。

中国思想小史

常乃惪著

2014 年 12 月 1 版 1 次

18.00 元

16 开　132 页

　　本书不以"人"或"书"为章节,而以思潮和问题为章节,内容浅近、简明,可称作"中国思想史初探"。作者极力把现代思想和古代思想连接起来,并用两章的篇幅来论述新文化运动,认为章士钊及《甲寅》杂志才是"培植新文化运动的种子的人"。

中国上古中古文化史

陈安仁著

2015 年 5 月 1 版 1 次

58.00 元

16 开　468 页

　　本书是一部断代文化史著作,为作者 20 世纪 30 年代末所撰的《中国近世文化史》之后的又一力作,两书相合实为一部完整的中国文化通史。全书分述从远古至唐代各朝文化,每章涉及政治、风俗、家族制度、商业、交通、币制、官制、军制、法制、宗教、美术、教育、理学、文学等。此书开断代文化史研究之先河,旨在揭示中国文化史的完整发展脉络及其价值。

中国近世文化史

陈安仁著

2014 年 12 月 1 版 1 次

46.00 元

16 开　380 页

　　本书撰于 20 世纪 30 年代,是一部断代文化史著作,全书分述从宋代至清代各朝文化,每章涉及政治、风俗、家族制度、商业、交通、币制、官制、军制、法制、宗教、美术、教育、理学、文学等。此书开断代文化史研究之先河,弥补了以往文化史研究详上古而略中古、近世的不足,旨在揭示中国文化史的完整发展脉络及其价值。

中国美术史(外一种)

郑昶著

2015 年 4 月 1 版 1 次

18.00 元

16 开　124 页

　　本书是郑昶研究中国美术历史的一部著作。作者善于从整体来观照中国美术史,将传统的文献资料融会贯通,整合成为他解释中国美术史发展规律、发展原因的最为重要的依据,并注意吸收同时代学者的观点,萃为一编。全书系统而又简明地阐述了雕塑艺术、建筑艺术、书法艺术、绘画艺术和书法艺术等中国美术各种形态的发展历史和辉煌成就。

插图本大师经典

人间词话（插图本）

王国维著

2004 年 4 月 1 版 1 次

2016 年 1 月 1 版 21

16.00 元

24 开　144 页

2014 年 10 月新 1 版 1 次

2016 年 5 月新 1 版 2 次

24.00 元

16 开　172 页

　　《人间词话》是清末民国初年的国学大师王国维的力作，在中国诗话、词话发展史上堪称划时代的作品。该书观点新颖，特别是书中提出的三重境界说一直受到国内外学者的重视。本书在每条原文下配以文中所引诗词及与诗词内容相关的精美古版画。

中国神话研究初探（插图本）

茅盾著

2005 年 5 月 1 版 1 次

2011 年 12 月 1 版 3 次

20.00 元

24 开　200 页

　　茅盾是我国新文学时期的文学巨匠，同时又是我国神话学研究领域里最早的探索者和开拓者之一。1928 年完成的这部书，以独特的神话观阐述了中国神话的本质、起源及发展，称得上是一部我国近代神话研究的奠基之作。

红楼梦评论　石头记索隐（插图本）

王国维　蔡元培著

2005 年 5 月 1 版 1 次

2011 年 12 月 1 版 4 次

16.00 元

24 开　144 页

　　王国维的《红楼梦评论》堪称中国文学研究史上第一部真正意义上的中西文学比较研究论文。他从故事内容、人物描摹着手，系统探究小说题旨和美学、伦理学价值，具有典型化和形象化的思想，是红学史上的里程碑。蔡元培的《石头记索隐》则是旧红学中的主要流派索隐派的最后一部重要论著。

红楼梦研究（插图本）

俞平伯著

2005 年 5 月 1 版 1 次

新版 2015 年 1 月 1 版 1 次

36.00 元

16 开　252 页

　　俞平伯是现代著名学者、文学家、红学家，他于 1923 年发表的《红楼梦辨》一文，从多个角度和层面分析论证了《红楼梦》后四十回非属曹雪芹原著而系出自高鹗所续，并对后四十回有很严厉的批评。此文与胡适的《红楼梦考证》一样，是新红学的开山之作。1953 年 9 月，《红楼梦辨》稍经修改，易名为《红楼梦研究》再次出版。此次出版，配以精美插图 200 幅。

中国小说史略（插图本）

鲁迅著

2004 年 4 月 1 版 1 次

新版 2014 年 10 月 1 版 1 次

36.00 元

16 开　296 页

　　鲁迅先生是我国将小说作为一门专门的学问加以系统研究的第一人。这本具有里程碑意义的名著，为中国小说史的研究奠定了坚实的基础。本次出版，对该书中所论述的小说及作者作了简单的注释，并配以 240 幅精美的插图。

汉文学史纲要外一种（插图本）

鲁迅著

2005 年 5 月 1 版 1 次

2007 年 2 月 1 版 2 次

16.00 元

24 开　154 页

　　本书原系鲁迅于 1923 年在厦门大学讲授中国文学史课程时编写的讲义，虽然只写到西汉两司马，但在这短短的十节讲义中，无论在选材、体例和观点上，都写出了自己的特色，因此在我国文学史研究领域中具有重要的地位。同时收入的还有鲁迅的《魏晋风度及文章与药及酒之关系》及有关古典文学研究的短文，还配以精美插图近 100 幅。

中国史纲（插图本）

张荫麟著

2004 年 4 月 1 版 1 次

2012 年 3 月 1 版 4 次

28.00 元

24 开　270 页

　　本书系张荫麟先生唯一的著作，是历史教材的一种读本（《中国史纲》第一部），所以在形式上就更为生动活泼，易读易解，无半点枯涩呆板，但同时又富思想内涵和理论深度。本次出版，加配了 220 幅精美的插图。

中国近代史（插图本）

蒋廷黻著

2004 年 7 月 1 版 1 次

2016 年 3 月 1 版 9 次

27.00 元

24 开　254 页

2014 年 10 月 1 版 1 次

2016 年 4 月 1 版 2 次

35.00 元

16 开　268 页

　　蒋廷黻可以说是中国近代史研究的开创者，《中国近代史》出版于 1938 年。书中明确指出：中国只有向西方学习，利用科学和机械，废除旧的观念并组织一个近代的民族国家。同时，中国要实现近代化，不能仅仅停留在物质这一层面上，而要上升到精神和国家制度的层面。此书的出版在史学界产生了极大的影响。本次出版，加配精美插图 200 余幅。

中国伦理学史（插图本）

蔡元培著

2005 年 7 月 1 版 1 次

2006 年 1 月 1 版 2 次

16.00 元

24 开　152 页

　　蔡元培先生是我国辛亥革命的元老、著名教育家和社会活动家、大学者。本书分绪论、先秦创史时代、汉唐继承时代、宋明理学时代四大部分，系统地介绍了我国古代伦理学界重要的流派及主要代表人物，并阐述了各家学说的要点、源流及发展，为我国研究中国伦理学史的第一本专著。此次出版，还根据该书内容配以插图

180 幅。

经典常谈（插图本）

朱自清著

2004 年 4 月 1 版 1 次

2013 年 3 月 1 版 6 次

16.00 元

24 开　164 页

2014 年 11 月 1 版 1 次

24.00 元

16 开　164 页

　　全书概述了《说文解字》、四书五经、《战国策》、《史记》、《汉书》等典籍，还涉及诸子、辞赋、诗、文各类别中的名著。本次出版，加配了 200 多幅精美的插图。

中华学术丛书

敦煌文学丛考

项楚著

1991 年 4 月 1 版 1 次

平装 9.40 元　精装 11.90 元

大 32 开　356 页

　　本论文集内容主要涉及敦煌变文语词的校释析疑，敦煌变文的补校，以及唐代著名白话诗人王梵志的研究。论文考证翔实，思想明晰，纠正了前人研究中的一些讹误，显示出作者严谨的学风和深厚的功力。

唐勾检制研究

王永兴著

1991 年 9 月 1 版 1 次

平装 3.00 元　精装 5.90 元

大 32 开　106 页

　　唐代自中央到地方各级官府都设置勾检官，推行一套严格的勾检制度，唐书官志和敦煌、吐鲁番等文书中，都保存着有关勾检制的记载和实物。王永兴先生长期从事唐史研究，尤以制度史研究为其主要课题，钩沉抉微，创获良多。

和风堂文集（全三册）

柳存仁著

1991 年 12 月 1 版 1 次

平装 28.40 元　精装 35.90 元

大 32 开　922 页

　　柳存仁先生是著名的澳大利亚籍华人汉学家。本书是柳先生多年研究成果的荟萃,内容涉及文学、历史、哲学、宗教、科技、教育、版本目录等众多的学科,其中以对道教和中国古典小说的研究用功最勤。有些研究或者填补了学术界的空白,或者在国内较少有人涉及。书中引用了许多国外汉学研究成果的资料,从某一侧面具体地反映了国外汉学研究的面貌。

满洲开国史

孟森著

1992 年 12 月 1 版 1 次

平装 5.00 元　精装 8.10 元

大 32 开　126 页

　　孟森为现代著名史家,本书原是他 20 世纪 30 年代于北京大学的授课讲义。本书考稽史实,勾勒出努尔哈赤以前建州女真的历史演进,对满洲的名称、女真三部与建州三卫的史事,以及建州各时期诸首领的生平,都有精详的考订,不囿成说,创见迭出。

冷庐文薮

王重民著

1992 年 12 月 1 版 1 次

平装二册 16.00 元　精装 18.80 元

大 32 开　484 页

　　王重民先生是现代著名学者,对图书文献、目录版本、敦煌学、历史、文化史、科学史等方面都有研究,并且在不少领域,达到了同时代的最高水平。本书集其学术文章(除专著外)之大成,全面反映了他在各学术领域的观点与成就。

石雅·宝石说

章鸿钊著

1993 年 8 月 1 版 1 次

平装 13.30 元　精装 16.40 元

大 32 开　288 页

　　《石雅》及其姊妹篇《宝石说》,是我国最早出版的研究金银宝石的专著,作者运用大量古代文献,结合现代科学,对我国的石类进行研究和论述。书中对中西石类(包括翡翠、钻石、宝石、玉类、金银、砚材)的比较和渊源关系的看法,别具特色,不仅是地质工作者的重要参考文献,更是金银宝石饰物加工和鉴赏者的上佳读物。

敦煌石室地志残卷考释

王仲荦著　郑宜秀整理

1993 年 10 月 1 版 1 次

平装 7.80 元　精装 9.95 元

大 32 开　164 页

　　本书是一部对敦煌莫高窟中发现的为数不多的地志、图经残卷进行专门研究的学术著作。这些湮没千年而得以重见天日的残卷,本身就是弥足珍贵的文物,是我国历史地理学上的罕见文献。书中含有十数种敦煌地志残卷的录文和考释。

西汉经学与政治

汤志钧等著

1994 年 12 月 1 版 1 次

13.20 元

大 32 开　186 页

　　全书以西汉王朝初创、强盛、衰亡的政治背景为依托,以"黄老之治和儒家独尊"、"董仲舒和尊儒崇经"、"经学的传授及其特点"、"儒经博士的递嬗及其选拔"、"从罢盐铁到论石渠"、"西汉礼制建设之一——庙议"、"西汉末年的经学与政治——刘向、歆父子"、"西汉的终结和今古文学的消替"诸章为具体论述内容,深入地剖析研讨西汉经学的发展脉络和走向。

西域史地丛稿初编

张广达著

1995 年 5 月 1 版 1 次

平装 18.70 元　精装 24.80 元

大 32 开　246 页

　　本书内容为:一、有关西域史地的考证;二、敦煌吐鲁番文书及其所记史事研究;三、对中西文化交流史的宏观或个案的研究。作者考证文字,多发前人之未发;而其利用敦煌吐鲁番文书所撰诸文,则为补史之作。此外,作者探讨了欧亚内陆交通问题,用比较法分析中西文化交流特点,具有较高的学术价值。

三国志丛考

吴金华著

2001 年 2 月 1 版 1 次

19.00 元

大 32 开　344 页

　　本书对《三国志》的各种版本进行考核比较。融会校雠学、史学、文字学等学术手段,揭示出诸本的文字异同、变化,评判诸本的种种问题,考评精肯,纤微必究,足可为整理新本《三国志》之基础。

乐府诗述论(增补本)

王运熙著

单行本 1996 年 6 月 1 版 1 次

2006 年 7 月 1 版 1 次

45.00 元

大 32 开　580 页

《乐府诗述论》是王运熙先生长期潜心研究汉魏六朝乐府诗的成果汇集。内容涉及探讨乐府诗产生的地域、时代、在当时的作用和对后代的影响,考辨有关作家的生平、作品的本事,以及乐府诗在送和声、谐音双关语等方面所显示的特点。这次增补,加入近十年来有关论文三篇,对六朝清商曲辞的产生地域、时代与历史地位,刘宋王室与吴声西曲的发展,郭茂倩与《乐府诗集》等均有新的探索。

中国古代文论管窥(增补本)

王运熙著

2006 年 7 月 1 版 1 次

增补本 2014 年 4 月 1 版 1 次

42.00 元

大 32 开　528 页

本书是王运熙教授有关古代文学理论批评单篇论文的重要结集,除其研讨《文心雕龙》的文章已有专著出版外,作者半个多世纪来在中国文学批评史领域的研究成果于此得到了全面的反映。书中对中国古代文论中的基本术语、概念作了深入的探讨,并重点对汉魏六朝、隋唐五代的重要批评家及其思想进行了研究。

唐长孺文存

唐长孺著　朱雷　唐刚卯选编

2006 年 12 月 1 版 1 次

精装 68.00 元

大 32 开　788 页

唐长孺是著名历史学家,曾出版《魏晋南北朝史论丛》、《魏晋南北朝史论丛续编》、《三至九世纪江南大土地所有制的发展》、《唐书兵志笺正》、《魏晋南北朝史论拾遗》、《山居存稿》、《魏晋南北朝隋唐史三论》等学术著作。本书是唐先生的论文选集。

朱希祖文存

朱希祖著　周文玖选编

2006 年 12 月 1 版 1 次

精装 39.00 元

大 32 开　472 页

朱希祖先生是中国 20 世纪前期的一位重要史学家,研究领域十分宽广,涵盖了历史学的各个学科门类;研究的时间跨度也很大,上自先秦,下至近世史,都有比较出色的成果。本书收集朱希祖散见于各种报刊及国家图书馆的已刊、未刊著述,编成了此书。全书分为政论、文学、史学、历史学科建设、序跋书信等几部分,是国内第一本朱希祖著述的选集。书末附有朱希祖著述总目。

中国礼教思想史

蔡尚思著

2006 年 12 月 1 版 1 次

精装 28.00 元

大 32 开　292 页

蔡尚思先生在 85 岁高龄时撰写的《中国礼教思想史》是中国思想史上关于礼教思想的填补空白之作。全书取材庞杂,选取了自先秦至民国代表人物一百六十余名,逐一概述其思想特色及其在传统礼教史上的影响。

增订本中国禅思想史

—— 从六世纪到十世纪

葛兆光著

2008 年 12 月 1 版 1 次

2015 年 4 月 1 版 4 次

精装 38.00 元

大 32 开　484 页

本书是一部将历史考据、理路追寻、思想阐释三者融为一体的禅思想史,作者依据各种文献梳理禅学发展脉络,把禅宗的发展分为几个阶段,总结出每一个阶段的特征。这样使读者对于禅宗理解不再是几个宗派的简单认识,而是不同时期的禅宗究竟是怎么发展的,它具有何等的特征与形态。

佛教与中国文学论稿

陈允吉著

2010 年 1 月 1 版 1 次

精装 60.00 元 32 开　640 页

作者着力于在魏晋南北朝与唐代两个时期选择专题作深入研究。其论文涉及佛学对中国文学影响的诸多方面,如佛经的行文结构与文学体制的影响、佛经故事和佛经寓言的影响、佛传文学和佛教叙事诗的影响、佛教人物和古印度神话人物的影响、佛教文化和美学思想的影响、佛经翻译文字的语言风格产生的影响等。其论王维、韩愈、李贺三家诗与佛教的内部关系,尤为学界所瞩目。在治学方法上,作者能兼取传统方法和新方法两者之长,在扩大思维空间的同时又重视实证。

西南文化创世纪:殷代陇蜀部族地理与三星堆、金沙文化

饶宗颐著

2010 年 11 月 1 版 1 次

精装 36.00 元

32 开　280 页

　　本书以三星堆的发现为契机,由三星堆遗址推及整个巴蜀,由商代甲骨文结合传世古籍、地方文献,重新审核了甲骨文中有关商代西南地区各部族的地望,深入探讨了商代西南文化、中外交流等重大问题,为殷商时期西南地区的众多部族集团,构筑起了一个新框架、新体系,对中国古史研究来说,更是开辟了一条新途径,登上了一个新高峰。

儒家哲学研究:问题、方法及未来开展

刘述先著　　东方朔编

2010 年 9 月 1 版 1 次

精装 48.00 元

32 开　516 页

　　刘述先的思想以弘扬儒家传统为基底,是学界公认的第三代新儒家的主要代表,同时又以广博的西学知见和深厚的西哲功底穿梭于中西方思想之间,进行着中国哲学的现代性诠释和系统性转化工作。是书共收录刘述先近期发表及历史上有代表性的论文 21 篇,这些文章基本上反映了刘述先思想的全貌,具有重要的学术价值和理论意义。

北宋的古文运动

何寄澎著

2011 年 6 月 1 版 1 次

精装 45.00 元

大 32 开　388 页

　　本书从古文运动的时代背景、运动的理论基础、运动的发展历史及其与唐代古文运动的比较四个方面入手,对北宋古文运动的内蕴和过程进行深入探讨,条理清晰。此外,附论两章:北宋古文家与佛门弟子的交涉,古文家与理学家的交涉。

经学义理

邓国光著

2011 年 6 月 1 版 1 次

精装 68.00 元

大 32 开　708 页

　　作者对先秦时期经传与诸子以及两汉著作中"理"义的流变、魏晋南北朝文论的经学演绎、南北朝国史所承继的经学传统、清代经学流变等问题作了重点探讨,凸显了中国经学演进的内在理路与发展脉络。同时通过对历代经学著作以及子学、史学与文论著作中经学意蕴的阐发、梳理,总结出各个时代经学流变的特点和精神。

老子新论

郑良树著

2011 年 11 月 1 版 1 次

精装 58.00 元

大 32 开　508 页

　　本书是作者在其 70 年代发表于台湾《大陆杂志》的《老子新校》的基础上,参考 70 年代以来两岸三地各种《老子》新校新注加以审定改写而成,广涉《老子》历代传本、帛书本及今人著作,虽旨在校勘,亦考镜版本源流,力图厘清早期各种传本之复杂关系,另附《老子论集》。

兴与象:中国古代文化史论集

[美]夏含夷著

2012 年 6 月 1 版 1 次

42.00 元

32 开　712 页

　　作者利用出土文献来解决传世文献上的某一老问题,或者利用传世文献来解读出土文献所提出的新问题。本集中的《兴与象:简论占卜和诗歌的关系及其对〈诗经〉和〈周易〉的形成之影响》、《试论乡字在何组卜辞里一种特殊用法、简论阅读习惯:以上博〈周易·萃〉卦为例》到《三论〈竹书纪年〉的错简证据》和《四论〈竹书纪年〉的错简证据》等等都是这种研究方法的体现,同时也展现海外汉学家与众不同的研究视角。

律令法与天下法

高明士著

2013 年 12 月 1 版 1 次

精装 42.00 元

32 开 352 页

此书是研究唐代法制史的专著。战国秦汉到隋唐的法制发展,总的说来,对内实施律令法,对外实施天下法;律令法用来约束每一个人的行为,天下法则用来约束域外君长,但两者终极目标均在德化百姓。两者在汉以后逐渐建立以"礼"作为立法基础,到隋唐而完备,可说是先秦以来儒教初次在礼律方面最具体的实践。本书是作者 1994 年以来,主持以台大为中心的"唐律研读会"的读书研讨心得。

归义军史研究

——唐宋时代敦煌历史考索

荣新江著

2015 年 3 月 1 版 1 次

精装 68.00 元

32 开 440 页

本书是北京大学历史学系教授荣新江的成名作。本书以揭示史实为主要目的,重点探讨归义军的政治史和对外关系史,对九世纪后半期至十一世纪前期将近二百年的晚唐、五代、宋初的西北地区历史作了深入的研究。

中国传统文化研究丛书

殷墟甲骨分期研究

李学勤 彭裕商著

1996 年 12 月 1 版 1 次

28.00 元

大 32 开 436 页

本书系统地论述了甲骨分期的理论方法及分期的进展和现状,对有分歧的问题作了详细的分析研究,尤其是关于殷墟卜辞的两系发展的观点、对武丁以前甲骨文字的探索、非王卜辞的研究、卜辞中所见商代重要史实等,不乏精到的新见解。书中附有甲骨文、出土陶器 100 多幅图。

归义军史研究

——唐宋时代敦煌历史考索

荣新江著

1996 年 11 月 1 版 1 次

22.60 元

大 32 开 444 页

以敦煌为中心的归义军政权经历了从晚唐到宋初的约 200 年的历史。本书以归义军政治史为主线,基本复原了归义军历任节度使的卒立世系及当时主要政治事件,对归义军与东西回鹘的关系,归义军时期的佛教及其与中原文化的交往诸问题,都作了有创见的探索。

谥法研究

汪受宽著

1995 年 6 月 1 版 1 次

16.50 元

大 32 开 238 页

谥法,是中国古代有地位的人死后一种盖棺论定的礼法制度。它根据死者一生的功过是非,评定褒贬,给予称号,被称为国之典礼。自先秦实行至清末,产生过深刻影响。本书系统探讨了谥法产生、演变、衰亡的全过程,分析了帝王、后妃、臣僚及个别平民等各类人物的谥法特点,研究了谥法对民族地区和周边国家的影响,以及在古代社会的作用,填补了古代学术文化史研究的空白。附有"谥字集解"。

中国外丹黄白法考

陈国符著

1997 年 12 月 1 版 1 次

23.80 元

大 32 开 456 页

道教是中国古代传统文化的重要组成部分,炼丹术在道教中也称黄白术。用炉火烧炼药石的,叫做外丹。道教中炼丹的术语、方法、所用金石草木药的名称都极其秘密隐讳。本书考明炼丹术语、词义 319 项,考明 40 余种丹经丹诀的出世朝代,对研究古代炼丹术和道教的思想,都具有重大参考价值。

晚清民国学术书系

乱世潜流:民族主义与民国政治

罗志田著

2001 年 10 月 1 版 1 次

16.00 元

大 32 开 380 页

本书一方面择取过去较少为人注意但却重要的史

实,同时注重从广义的文化视角考察与民族主义相关的历史现象,在历史学科的大范围内尽量跨越子学科的藩篱,拓宽视野。尤其是其中对一些似已遗缺在历史记忆中的研究对象的拾补,颇多价值。

晚清民国的国学研究

桑兵著

2001 年 10 月 1 版 1 次

15.00 元

大 32 开　320 页

本书着力梳理解析晚清民国国学研究中的重要学派、学风、学会、学人,用连贯的线索统摄各个精彩的章节,从而既从整体上阐发中国现代学术建立的过程,也深入剖析了国学与西学、地缘与学派、学科与学风等的关联,剖析了一系列国学大师和学术公案。

汪康年：从民权论到文化保守主义

廖梅著

2001 年 12 月 1 版 1 次

24.00 元

大 32 开　432 页

在中国近代史上,汪康年论思想不及康梁系统,论学问不及章太炎深邃,也没有地位权势,但他凭着理想、勤奋成为晚清维新思潮中的中坚人物。他在上海创办《时务报》,鼓吹民权,呼吁变法,影响及于全国。戊戌政变后,其主张则逐渐从制度解决演变为文化解决,成为20 世纪中国第一代文化保守主义者。本书是海内外第一部研究汪康年的生平、事功、思想及其与晚清思潮、政治文化事件关系的专著。

"胡适派学人群"与现代中国自由主义

章清著

2004 年 5 月 1 版 1 次

32.00 元

大 32 开　480 页

自由主义是现代中国的重要思潮之一,"胡适派学人群"则是其中最重要的一翼。本书把"胡适派学人群"和现代中国自由主义的演变放在近现代中国历史和思想发展中加以考察,既论述了该群体的人物谱系、政治理念及权势网络,也论述了自由主义与社会主义、民族主义等的关系及其在言路和现实世界中的处境。

中国现代精神传统(增补本)

——中国的现代性观念谱系

高瑞泉著

2005 年 9 月 1 版 1 次

32.00 元

大 32 开　460 页

本书运用社会史还原的方法,通过对中国现代哲学与社会思潮的综合,分析了中国现代精神传统的形成,并对超越政治派系和思潮对立的现代价值观念,即进步、创造、竞争、平等、民主、科学、大同社会与平民化的人格理想等作了较为详尽的阐释,做出了价值评估,也指出了观念的误区和局限。

边缘的历史

——基督教与近代中国

陶飞亚著

2005 年 8 月 1 版 1 次

25.00 元

大 32 开　400 页

本书梳理民教关系、宗教政策、教会大学等研究领域内观念和理路的变化脉络;对若干专题进行了专精的论述,如研究非基督教运动、齐鲁大学、耶稣家庭的篇章,充分利用了档案、内部出版物、口述史料,在翔实可靠的资料基础上进行细致考辨,得出了令人耳目一新的结论。

西方传教士与晚清西史东渐

——以 1815 至 1900 年西方历史译著的传播与影响为中心

邹振环著

2007 年 12 月 1 版 1 次

32.00 元

大 32 开　468 页

作者以重点个案为主线,全面梳理了晚清西方历史译著传播的过程,证明其影响涉及了历史信息、历史观念、历史视野、史书体例等各个方面,直接促进了中国传统史学的"范式转换"。书后附有作者知见的晚清历史译著89 种之详细提要,并有人名、书名索引。

文史哲研究丛刊

帛书《老子》词汇研究

张艳著

2015 年 9 月 1 版 1 次

58.00 元

32 开　448 页

　　本书研讨了《老子》中单音词、复音词的切分标准、数量比例;复音词的各种构成方式,从而确定其中新词新义的定义和标准,并探索新词新义产生之因及渐变轨迹。

《鬼谷子》研究

许富宏著

2008 年 6 月 1 版 1 次

48.00 元

16 开　316 页

　　鬼谷子相传是战国时纵横家的创始人,后世道家将他奉为神仙。鬼谷子的思想保留在《鬼谷子》一书中。但因历史记载的残缺,有人怀疑鬼谷子其人其书为后人伪托,学者对此争讼不已。本书不仅对《鬼谷子》的真伪问题作出了有说服力的辩解,而且深入考察了鬼谷子的生平和《鬼谷子》的成书,对《鬼谷子》中丰富的哲学、军事、心理学、社会学、文艺等思想,作了全面深入的发掘和梳理,肯定了《鬼谷子》的价值。

先秦诸子思想论集

张涅著

2005 年 12 月 1 版 1 次

35.00 元

大 32 开　370 页

　　作者在梳理先秦诸子各派思想流变的基础上,对诸子之间的思想分野进行了一种现代意义的重新界别,以图通过对核心概念和基本文献的考辨,使先秦思想史的某些点面有着更为具体深入的彰显。

《逸周书》研究

罗家湘著

2006 年 10 月 1 版 1 次

28.00 元

大 32 开　340 页

　　《逸周书》主要是周王室文件的汇编,可谓周初建国的档案,所涉颇广,极具文献价值。千百年来,《逸周书》隐息于古籍坟典之间,直至近代才为有识之士所关注,群起为之探究,成绩斐然。本书作者在把握先行者的成果的同时,针对一些长期有所争讼的问题、症结,运用多种研究方法,寻求新的突破口,颇有创获。

先秦文学制度研究

罗家湘著

2011 年 3 月 1 版 1 次

28.00 元

大 32 开　288 页

　　先秦文学的发展深受当时各项文学制度的影响,二者密不可分。本书即从先秦文学舞台的搭建与控制、祖先崇拜与时间意识、宗教类职官、乐官集团与士人建团诸角度,探讨、分析了先秦文学发展过程中制度的作用。

先秦儒道身体观与其美学意义考察

张艳艳著

2007 年 6 月 1 版 1 次

20.00 元

大 32 开　224 页

　　在先秦儒道的视域中,生命主体是身心一如的整一体,身体观与心性论是生命主体的一体两面,学界对先秦儒道身体观已有论述,但是迄今尚未从身体观的角度谈儒道审美文化。本文选取这一独特的视角,细致考察先秦儒道身体主体理论、深入领会身体主体的生命意识与存在体验,由此进一步体悟先秦儒道身体理论的美学品质。

先秦儒家圣人与社会秩序建构

成云雷著

2008 年 2 月 1 版 1 次

32.00 元

16 开　232 页

　　圣人观在先秦儒家思想中具有重要地位。本书主要就圣人人格与社会秩序建构之间的理论关联进行了反思,认为儒家圣人不仅是个人修身的道德典范,也是社会秩序建构的主体。作者利用相关典籍文献与出土材料,对先秦儒家圣人和秩序建构的内涵作了界定,并在此基础上探讨了先秦儒家圣人构建社会秩序的途径、条件和依据。

先秦兵书研究

解文超著

2007 年 7 月 1 版 1 次

49.00 元

16 开　308 页

　　先秦兵书的影响所及已远远超出军事领域。作者广泛征引学界成果,对存世最完整的《孙子》、《吴子》、《司马法》、《孙膑兵法》、《六韬》、《尉缭子》等先秦六部兵书存在的问题进行了系统深入的梳理和考证,时有创见。

述古杂俎

蔡先金著

2013 年 7 月 1 版 1 次

58.00 元

32 开　528 页

此书涉及商周巫术宗教、上古神话、先秦制度、孔学研究、《尹文子》研究等。作者充分利用出土文物研究先秦文化问题,在研究方法上适当吸收社会学、神话学等新兴理论,在商周巫术宗教、上古神话、先秦制度等问题的研究上颇有创见。

屈原与司马迁的人格悲剧

曹晋著

2008 年 4 月 1 版 1 次

24.00 元

16 开　180 页

本书选择"人格悲剧"这一关键词,作为对屈原与司马迁两人进行重新审视的切入口。屈原、司马迁的人格悲剧,实质上是楚国与西汉王朝的文化悲剧的缩影。难能可贵的是,屈原与司马迁没有在人生悲剧面前倒下,他们以各自的方式完善了个人的价值:屈原开创了中国浪漫主义文学传统,而司马迁则开创了中国纪传体史学传统。本书对两人的文化背景和独特的个性均有深入研究,比较有说服力地解释了屈原和司马迁"何以成其大"的问题。

班固文学思想研究

吴崇明著

2010 年 12 月 1 版 1 次

54.00 元

大 32 开　576 页

本书详尽全面地分析了班固文学思想的渊源,主要倾向及其对后世文学创作和批评的影响,并探讨了在班固的研究中许多令人迷惑不解的问题。同时又以班固现存的文学作品和《汉书》本书的综合考虑,归纳了其文学思想和观念。

南北朝文学交流研究

王允亮著

2010 年 12 月 1 版 1 次

28.00 元

大 32 开　280 页

本书首先考察了南北文学交流的渠道,包括聘使往来,士人流亡,佛教交流及战争商贸等。南北文学交流中,涌现了许多作用显著的人物。该文主要考察了徐陵、庾信、颜之推、王褒以及其他对交流有较大促进作用的人物。除了重点人物外,还有一些群体也对南北文学交流作出了很大的贡献;该文还主要考察了兰陵萧氏家族,赵郡李氏家族,以及隋炀帝及其周围文人在南北交流中的作用。在南北交流对南北文学发展产生的影响上,该文重点考察了南朝乐府诗、文人诗、骈文、散文等方面对北朝的影响和北朝乐府文学对南朝的影响。

梁武帝萧衍考略

柏俊才著

2008 年 12 月 1 版 1 次

34.00 元

16 开　272 页

梁武帝萧衍,是古代少有的皇帝兼文学家,其作品之丰,在历代文人中也属罕见,因而成为当时"竟陵八友"文学集团的成员之一。但是,历代对梁武帝生平及作品的研究不多。本书作者搜罗大量资料,爬梳剔抉,分别考证了梁武帝的世系、行踪、交游,以及佞佛活动,并对其诗文逐一作了系年、辨伪,对深入研究颇有参考价值。

《文选》评点研究

赵俊玲著

2013 年 1 月 1 版 1 次

32.00 元

32 开　312 页

本书以《文选》评点的文字批评价值为重点,兼及它的"文选学"意义展开系统论述。不仅囊括了明清两代重要《文选》评本十余种,同时揭示不同阶段《文选》评点的特点与主要倾向以及差异。

文选评点述略

王书才著

2012 年 11 月 1 版 1 次

38.00

32 开　400 页

本书对唐至近代的主要《文选》评点专著及各种文

学选本书涉及的《文选》作者作品的评点,加以爬梳归纳,按照时代先后排比,并于比较中揭示评点家各自点评的主旨、准则、特色、优劣,互相因承关系,以及对后世之影响。又发掘社会思潮、政治文化与《文选》评点间的关系。

慧皎《高僧传》研究

纪赟著

2009 年 3 月 1 版 1 次

49.00 元

16 开　384 页

　　本书包括《高僧传》研究综述、作者研究、史学背景的分析、文献学研究、与早期传记类资料之史源学研究、史地类史源研究,以及《高僧传》中的神异及其背后所反映的宗教人类学意义的研究等。

孙吴政治与文化史论

王永平著

2005 年 12 月 1 版 1 次

38.00 元

大 32 开　410 页

　　本书作者重新审视孙吴的历史,破解了不少谜案。全书既有对孙吴政权及其重大事件的综合论述,也有对孙权妻女、宗室和辅政大臣的个案研究;既有孙吴学术文化风尚的考论,也有关于孙吴时侨旧士风差异的探讨。

文中子考论

李小成著

2008 年 5 月 1 版 1 次

45.00 元

16 开　272 页

　　文中子王通生活于隋末,是一个很有个性的儒家学者,开启了唐宋新儒学的先河。但其著作大多散佚,后世对王通其人的有无、其仅存的代表作《中说》的真伪也产生了怀疑。本书作者在前人研究的基础上,搜集梳理考辨了大量有关文中子的历史资料,对其家世出身、生平事迹、师友门人,以及已经散佚的重要著作作了全面系统的考证论述,对一些长期争论不休的问题作了有益的探讨,其结论谨慎而中肯。

李白精神与诗歌艺术新探

张瑞君著

2012 年 12 月 1 版 1 次

30.00 元

32 开　240 页

　　本书共分四章,第一章探讨李白诗歌强烈的生命意识及其个人精神与诗歌艺术的本质特征;第二章分析李白各类题材诗歌的创作特色及其诗歌的历史意识;第三章阐释李白诗歌中的云、水、剑、鹏鸟意象及其心理动因;第四章梳理李白诗歌的渊源、影响以及宋代李白接受史。

唐代文馆制度及其与政治和文学之关系

李德辉著

2006 年 5 月 1 版 1 次

42.00 元

大 32 开　440 页

　　本书对唐代文馆的建制、变迁有深入研究,它与政治的关系,折射出唐代文馆兴废往往与政治变革紧密相连。唐代文馆在初唐时期具有文化机构和政策咨询机构双重身份,初唐后期起,文馆职能转变为文学侍从机构,盛唐时却是学术文化中心。文馆的兴废对创作有极大影响,如文馆唱和对诗坛风尚的指引,文馆兴衰与诗人群体的聚散、诗人心态、诗体发育、诗体风格,均有直接影响。

唐宋诗史论

王友胜著

2006 年 8 月 1 版 1 次

36.00 元

大 32 开　384 页

　　本书分五个专题:李白游仙访道诗研究、李白诗歌接受史研究、唐代诗歌研究、苏轼诗歌接受史研究、宋代诗歌选本研究。作者十余年来专心于唐宋诗文研究,本书所论论文均经发表。作者治学的特点是:广泛收集相关文献,对史料进行比勘审订,然后得出自己结论。

唐代试赋研究

王士祥著

2012 年 8 月 1 版 1 次

58.00 元

大 32 开　528 页

　　本书以唐代试赋作为研究对象,结合历史文献对唐代试赋的制度、文本形式、文体功能以及文化意义作了系统考察,使"史"与"体"、"体"与"用"得到了有机结合,为恢复唐代试赋的历史合法性提供了可能,也为端正学界关于唐代试赋的一些偏激认识提供了理论支持。

唐前博物类小说研究

张乡里著

2016 年 6 月 1 版 1 次

58.00 元

大 32 开　448 页

本书共五章,全书在厘清唐前小说观念的情况下,从具体的文本出发,来考镜源流,梳理博物类小说发展的脉络,尝试着划分其内部类别,并从整理上分析其内容及创作特点。与此同时,通过对博物类小说的研究,来探究古代小说被忽视的一些特性。

唐人小说与民俗意象研究

熊明著

2015 年 5 月 1 版 1 次

48.00 元

大 32 开　424 页

本书撷取唐人小说中呈现出来的民俗意象,并对这些民俗意象进行细致梳理,分析这些民俗意象的社会文化心理背景,揭示这些民俗意象描写在小说人物塑造、情节建构、主题表达方面的功用及其审美价值,开启了一个全新的研究视阈。

唐代的私学与文学

童岳敏著

2014 年 10 月 1 版 1 次

52.00 元

大 32 开　432 页

本书主要从私学发展角度切入,来研究唐代文学发达与私学兴盛之间的因缘。主要涉及对唐代私学概况的梳理、唐代私学兴盛的政治文化背景分析、私人讲学与文学发展的关系、唐代的家学与文学的关系、唐代古文运动的私学性阐释等诸多方面,较全面地探讨了唐代文学兴盛局面的形成和私学繁荣之间的内在联系。附录有相关唐代文学家族稽考。

唐末五代江南西道诗歌研究

段双喜著

2010 年 9 月 1 版 1 次

38.00 元

大 32 开　344 页

本书从地域文化角度对唐末五代江南西道的诗歌及其诗人作综合研究,认为随着南方经济不断发展,南北交流日渐加快,江南西道地区的文化、诗歌发展经历了一系列变化,其深刻背景和复杂的过程,值得深入探讨,著名诗人如许棠、张乔、郑谷、杜荀鹤等,对宋诗起了很大的影响,宋代江南西路的一些大家如庐陵的欧阳修、胡铨、周必大,抚州晏殊、王安石,南丰曾巩,金溪陆九韶、陆九渊等,都曾受到他们的影响,最终形成“国朝文章之士特盛于江西”之局面。

宋四六论稿

施懿超著

2005 年 9 月 1 版 1 次

30.00 元

大 32 开　332 页

四六是骈文发展中出现的重要类型,宋代又是四六文的成熟期。本书是第一部对宋四六作出系统研究的专著。全书对宋四六发展的基本轨迹、特点加以揭示和归纳,清理了宋四六研究的基本文献,对相关的每一种资料的版本源流、馆藏情况、编纂体例等作详细叙录。

北宋词风嬗变与文学思潮

孙虹著

2009 年 11 月 1 版 1 次

42.00 元

16 开　336 页

本书较为详细地介绍和论述了北宋词风从唐五代词转变为“宋调”的整个过程。作者提出了词中“宋调”这一思想内容和艺术形式的外延和内涵,在具体论述中,把北宋词的发展分为前期、中期和后期三个阶段,每个阶段的探讨又分为哲学、文学观(主要是词学观),宋代士大夫意识和个体研究三个板块,并对北宋代表词人柳永、秦观、周邦彦等重点进行了系统论证。

北宋转运使考述

戴扬本著

2007 年 10 月 1 版 1 次

68.00 元

16 开　456 页

宋代转运使上承唐代的巡院,下启元代以降的省级建置,是中国传统社会政治区划发展史上的一个重要环节。本书对北宋时期转运使一职的产生、职司、功能等

方面进行较系统而深入的考察和研究。上编对自南宋
迄今所流传的有关转运使的错误或片面认识作了有力
的驳正,下编的《北宋转运使年表》则以细密严谨的搜罗
和考证为相关深入研究提供了可信的系统资料。

徽宗朝诗歌研究

张明华著

2008 年 3 月 1 版 1 次

45.00 元

16 开　356 页

　　徽宗朝的诗歌成就极具自己的特色,其上接元祐诗
坛,下启高宗朝诗歌,并进而促进了"四大家"的出现,具
有明显的过渡意义。本书以这一时期的诗歌为研究对
象,就其所受政治、文化背景的影响作了较客观的挖掘;
同时对江西诗派的发展、"苏门"影响的衰退、诗僧创作
的世俗化多样化、宫廷诗人创作的纪事性作了细致的探
讨。在集句诗、柏梁体和六言诗方面也给予了足够的
关注。

宋代进士考试与文学考论

许瑶丽著

2015 年 5 月 1 版 1 次

42.00 元

大 32 开　348 页

　　本书从时代背景出发,考察文学、进士考试与国家
文化政策之间的关联;以进士应试教育的内容和科举时
文写作习惯的为视角,分析进士考试与文学之间的深层
次联系。

昭德晁氏家族研究

何新所著

2006 年 8 月 1 版 1 次

28.00 元

大 32 开　324 页

　　本书以两宋时期著名的文化大家族昭德晁氏为研
究对象,通过大量有关资料的梳理,揭示了该家族的世
系、成员、婚姻、交游、著作等基本情况,并探讨了晁氏家
族的家风、家学、学术传统、文学成就,从而对晁氏家族
的贡献作了较为客观的定位,从中也折射出了整个宋代
家族文化的特色。

《近思录》版本与传播研究

程水龙著

2008 年 6 月 1 版 1 次

59.00 元

16 开　368 页

　　《近思录》是理学大师朱熹和吕祖谦共同编纂并承
载和反映宋代理学思想的重要文献,历来注解、改编不
断,刻本、写本亦繁多。本书通过细密的考订梳理,对
《近思录》白文本、注释本、改编本的版刻源流作了全面
而详明的揭示和鉴别。在此基础上,作者还进一步考察
了《近思录》的整理与朱子学研究之间、《近思录》的刻
印与现实政治和学术风气之间的相互影响。对一般读
者难得一见的版本,不仅提供了书影,还辑录了丰富的
题跋文字,颇有助于考索与研究。

刘克庄诗歌研究

景红录著

2007 年 12 月 1 版 1 次

35.00 元

16 开　284 页

　　刘克庄是南宋颇有影响的诗人、理学家。本书详尽
论述了刘克庄"性情说"的产生背景、内涵,以及对后世
的影响;分析刘克庄诗歌的主要内容和艺术特色,并指
出其不足之处与造成的原因。同时还考证刘克庄诗文
集的各种版本源流。

宋金元词籍文献研究

邓子勉著

2008 年 12 月 1 版 1 次

58.00 元

16 开　488 页

　　本书致力于搜集与整理关于宋、金、元三代文人所
作之词集在当时及后代的刻印、传抄、典藏、校勘和接受
等情况的资料,可说是对宋金元人词集进行了一次较为
全面的梳理。

宋元俗文学叙事与佛教

陈开勇著

2008 年 6 月 1 版 1 次

38.00 元

16 开　240 页

　　本书在现有文本的条件下,考察了宋元时代俗文学
作品包括话本小说和杂剧戏文与佛教文学,主要是部派
佛教文学作品在语言词汇、内容母题以及叙事结构上的
异同,以见出两者之间的渊源影响。

宋明理学与古代小说

朱恒夫著

2006 年 1 月 1 版 1 次

35.00 元

大 32 开　374 页

　　本书在概述理学源流的基础上，讨论了古代话本与传奇小说、历史演义与英雄传奇小说、幻想与世情小说以及理学小说对宋明两代理学思想的回应与反思，初步梳理出宋以后各小说类型在理学思想发展嬗变过程中内容与形式逐步转型的运动轨迹。

明代前中期诗学辨体理论研究

邓新跃著

2007 年 3 月 1 版 1 次

大 32 开　392 页

　　明代是我国诗学批评理论发达的时代，在对于复古与格调的整体追求下，明代的诗文大家大都有自觉的"辨体"、"尊体"意识，虽说他们的总体创作成就远不及唐宋两代，但留下了大量关于诗学辨体的文本资料。本书即是对此所作的整体研究，以明代前中期的高、李东阳、杨慎、"前后七子"等人为中心，梳理出了这一时期诗学辨体理论的基本内涵和演进过程。

礼乐与明前中期演剧

李舜华著

2006 年 8 月 1 版 1 次

55.00 元

大 32 开　560 页

　　明代前中期的演剧活动，是现今文学史研究中的一个薄弱环节。本书作者把演剧活动还原为一种在当时具体社会结构中，和不同社会因素交织互动的历史存在，对元明时期戏曲史的内在精神演变给予了透彻的理解。作者还考察了在以教坊司为中心的演剧环境影响下的明代前中期演剧的形式和内容。

明代唐诗学

孙春青著

2006 年 11 月 1 版 1 次

28.00 元

大 32 开　316 页

　　本书全方位地论述了明代唐诗学所涵盖的内容及其特点，包括明代唐诗的编选品评、辑佚笺注；对审美内涵、创作技巧和方法的探讨，以及对唐诗体制的界定，

等等。

明编词总集丛刻述评

凌天松著

2014 年 9 月 1 版 1 次

49.00 元

32 开　416 页

　　该书在广泛阅读、比对一手资料的基础上，首先从宏观的角度，即从社会、文学、词学对明编词总集的背景、明编总集的发生与面貌以及明编词总集的流通与接受，对明编词进行考察。然后再做微观研究，以《草堂》系列和《草堂》外诸本为个案进行深入考察。结论部分对于明编词总集，特别是选本对后世的影响进行总结。

明代唐宋派研究

黄毅著

2008 年 3 月 1 版 1 次

49.00 元

16 开　412 页

　　唐宋派是明代文学中的一个重要流派，代表作家为王慎中、唐顺之、茅坤、归有光。在嘉靖前期以批判前七子的姿态出现在文坛，反对复古，标榜唐宋散文，对明代中后期以至清代文学的发展产生了深远的影响。但一直以来，对唐宋派的整体研究非常薄弱，本书是第一部对唐宋派进行全面、系统研究的专著，由文学理论及创作研究和四人合谱两部分构成。并对其代表作家作了比较深入的个案研究。

明代教化剧群观

司徒秀英著

2009 年 2 月 1 版 1 次

39.00 元

16 开　316 页

　　以道德伦常为主要表现内容的教化剧在明代社会生活中占了很重要的地位，上层官僚文人社会藉以互相标榜，意气相得；底层的贩夫走卒亦从中娱乐耳目，聊受熏陶。作为一种道德教育的宣传体，教化剧在达到了教化作用的同时，也透露了当时社会对忠孝节义的标举和当时人们在忠孝节义旗帜下的生存状态。本书作者在研读了《跃鲤记》、《义烈记》、《玉玦记》、《四美记》等众多教化剧之后，以《伍伦全备》、《断发记》、《酒家佣》为主要探讨对象，说明了当时社会中对道德伦常的要求，并揭示了各种忠义形象以及烈女与商贾的道德形象的

教化意义。

明清文选学述评

王书才著

2008 年 8 月 1 版 1 次

38.00 元

16 开　280 页

　　自南朝梁萧统的《文选》问世以来，历代研究者蜂起，明清时形成了专门的"文选学"。本书在占有大量资料的前提下，对明清时期产生的十余部《文选》研究著作，结合作者的生平事迹、学术观点，进行分析并给予客观、公允的评价，不乏创见。同时，在此基础上整理勾勒出明清二代"文选学"的基本面貌与发展脉络。

明清文学与文献考论

邓骏捷著

2013 年 12 月 1 版 1 次

29.00 元

大 32 开　292 页

　　本书包括"岳飞故事"和"澳门文献"两个专题。"岳飞故事"部分对其形成、传播、流变以及多文体、多文本的故事形态做了认真梳理。"澳门文献"部分既有关于澳门历史（清末地方志、曾寓居澳门的学者的作品）的爬梳，也有对澳门古籍藏书现状的揭示，为读者展示了澳门古典文献的古今概貌，浓郁的地方特色也得以彰显。

八股文与明清文学论稿

黄强著

2005 年 6 月 1 版 1 次

48.00 元

大 32 开　560 页

　　八股文是牢笼中国士人群体达四五百年的考试文体。本书通过全面考察和深入把握八股文形成和发展过程，指出八股取士制度应是宋元以经义取士制度的合乎自然的发展，是兼容了各类文章因素的综合体，揭示了它对明清文学的深刻影响。

梅里词派研究

陈雪军著

2009 年 11 月 1 版 1 次

48.00 元

16 开　384 页

　　本书将明清之际梅里词人群体置于明清易代的特定历史时代背景下加以考察，辑录了《全明词》和《全清词》（及补编）中失收的诸多稀见词人词作，考订了梅里词派主要词人的生平和交游，并选择梅里一地文化世家为切入口，通过对梅里词人家族、师承和交游等关系的深入分析，探讨了明清之际郡邑性词派之文化成因，从而揭示出清词发展的地域性特征。

清代宋诗选本研究

谢海林著

2011 年 5 月 1 版 1 次

42.00 元

大 32 开　452 页

　　本书上篇侧重于宏观研究，探讨了清代宋诗选本的发展历程、形态特征，并通过选本对清代诗学的背景和演进做了较深入的发掘。下篇则为个案研究，涉及清代 5 种宋诗选本。

《清诗别裁集》研究

王炜著

2010 年 4 月 1 版 1 次

38.00 元

大 32 开　300 页

　　本书以《清诗别裁集》为研究对象，在清理相关史实的前提下，致力于考察该书选诗策略、选家思想和审美取向，寻找沈德潜"格调说"成为清代"四大诗说"之一、沈氏成为诗坛盟主的合理内核。上篇侧重于内部分析，以《清诗别裁集》选"江左三大家"等为切入点，着重考察《清诗别裁集》"温柔敦厚"的选诗原则及诗歌传统的审美取向。下篇侧重外部研究，进一步探讨作者选诗原则与"格调说"之间的必然联系，以及沈德潜诗学对于当下古代文学研究的意义和价值。

双辉映照

——《笔生花》与《奇贞传》研究

郑振伟著

2016 年 5 月 1 版 1 次

34.00 元

大 32 开　220 页

　　本书研讨两部清代的弹词作品，运用大量原始文献，以资考证两位女性作者生平，又从文本着力，分析作品内容及其呈现的女性自我意识。以此为切入点，整理

明清以来与弹词相关的一些论述,再说明弹词这种文体的特点,并论证弹词从娱乐的功能到教育功能的转变

阅微草堂笔记研究

吴波著

2005 年 7 月 1 版 1 次

18.00 元

大 32 开　220 页

本书是国内第一部研究《阅微草堂笔记》的学术专著,论述了纪昀的家世、特殊的人生经历对其创作的影响,重点探讨了《阅微草堂笔记》复杂的思想文化意蕴及独特的美学特征,追溯了与魏晋六朝志人、志怪小说的渊源关系,并与同时代的文言小说《聊斋志异》作了比较。

晚出《古文尚书》公案与清代学术

吴通福著

2007 年 6 月 1 版 1 次

58.00 元

16 开　344 页

本书对晚出《古文尚书》公案从由来到余波,进行了较全面系统的考察与清理,揭示了清初经典考辨学风与思想转换的关系及其反理学实质,也在一定程度上为进一步审理该公案奠定了资料基础,有助于而且必将推动该公案问题的解决。

“高邮王氏四种”汉语语义学研究

彭慧著

2014 年 7 月 1 版 1 次

46.00 元

32 开　408 页

作者由现代语言学中语义学一门而入,对“王氏四种”进行了较为全面的分析,将父子二人在字词训诂上的成就,归纳入现代语义学的各个范畴内,系统阐发了王氏父子由于时代局限和著作体例限定而未及表达的汉语语词含义分析的方法和指导思想。

清代经学与戏曲

——以清代经学家的戏曲活动和思想为中心

张晓兰著

2014 年 4 月 1 版 1 次

68.00 元

32 开　556 页

本书主要研究清代经学与清代戏曲之关系,以研究清代经学家的戏曲活动和戏曲思想为中心,从学术思想和学术主体两个角度来全面考察清代经学对清代戏曲之影响。重点探讨清代经学渗入戏曲的途径、影响,从而使清代戏曲产生的新特点。并以综合研究和个案研究相结合的方法重点研究清代经学家的戏曲思想和戏曲活动。

大变局下的晚清政治

李志茗著

2009 年 9 月 1 版 1 次

35.00 元

16 开　248 页

本书作者熔冲击反应、新陈代谢、现代化诸解释体系于一炉,着重从制度变迁的层面来解读晚清政治。既不因袭前说,也不是简单的翻案,而是就事析理,取材精审,述理有据,置评允当。作者主要从不同时段清政府及有关重臣时贤对变局的因应机制、因应方略、因应能力、因应效果等方面入手,予晚清君臣士夫以同情的理解,尽可能化“局外”视角为局内视角,变“事后”眼光为“事中”眼光,不武断,不苛刻,每每发前人所未发。

晚清狭邪文学与京沪文化研究

岳立松著

2013 年 11 月 1 版 1 次

42.00 元

大 32 开　384 页

本书以狭邪文学为线,以京沪两地为例,结合城市文化背景对晚清狭邪文学展开探讨。同有品评之风,京城的品伶菊榜有浓重的科考意味,而沪上的品妓花榜则有市民文化色彩,狭邪书写也体现出京城传统保守及上海开放融合的性别文化观念。

章学诚文论思想及文学批评研究

唐爱明著

2013 年 8 月 1 版 1 次

39.00 元

大 32 开　320 页

本书系统阐释了章学诚《文史通义》、《校雠通义》的文史结合的“辨彰学术、考镜源流”的文学批评体系特色,提出了章学诚文学批评理论的产生根源在于作者对于当时学术之弊端和文风之流弊的针对性反抗,也是章

氏对自己学术地位和文学创作得不到乾嘉学人认同的孤独寂寞的呐喊。

缪荃孙研究

杨洪升著

2008 年 12 月 1 版 1 次

58.00 元

16 开　504 页

　　缪荃孙是晚清民初的重要学者，著述等身，成就极高。他是目录版本学大师，为众多藏书家如刘承幹、盛宣怀等编刻书籍，其金石学集清代之大成。他又顺应时代潮流，创办江南高等学堂、江南、京师学部图书馆等，积极从事近代教育和文化事业；对张元济、傅增湘、柳诒徵等著名学者有极大影响。本书从缪荃孙的生平交游、著述藏书、目录版本学、校勘学、编纂书、金石方志学以及建设公共图书馆等方面进行了全面系统的考察研究。

东南社会与中国近代化

郭太风　廖大伟主编

2005 年 10 月 1 版 1 次

48.00 元

大 32 开　610 页

　　全书从不同角度论述了以上海为中心的东南地区的近代化历程及其在各领域的反映，探讨了东南地区的发展变迁与中国近代化的关系。其中既有章开沅、熊月之、刘平、周武等名家的专论，又有对传染病、防疫、同业公会、红十字会等学界热点问题的研究。

遗业与轨则：百年中国学术论衡

戴登云著

2015 年 4 月 1 版 1 次

34.00 元

大 32 开　212 页

　　本书为作者对当代中国学界的学术史的研究与反思的文章结集。作者通过对"学术"概念的思考，指出现代中国学术典范的内在缺失，并试图指明现代中国诗学建构的理论基点，最终表达了对现代中国学术的价值诉求及其内在困境的关怀。

1948 年：上海舞潮案

　　——对一起民国女性集体暴力抗议事件的研究

马军著

2005 年 12 月 1 版 1 次

28.00 元

大 32 开　308 页

　　本书是对发生于半个多世纪前的上海舞潮案的历史考察。作者在综合分析多种史料信息的基础上，进行了深入的研究和思考，不仅向读者展示了舞潮案的全景，并对当时社会的方方面面，提供了诸多富有启发性的评说。

徐复观艺术诠释体系研究

张晚林著

2007 年 9 月 1 版 1 次

38.00 元

大 32 开　424 页

　　本书力图解析出现代新儒学代表之一徐复观的"艺术诠释体系"之精蕴与价值，并在此基础上，探讨艺术与审美的现实性问题。作者通过大量的文献资料，对徐复观艺术诠释体系的历史背景、哲学基础，以及其所确立的两种艺术人生的范型的分析，深入发掘了徐复观艺术诠释体系在儒家人格修养与文学方面，和道教人格修养与绘画方面的承袭性，并与西方美学观念加以横向比较。

从儒学心性论到道德形上学的嬗变

　　——以唐君毅为中心

段吉福著

2014 年 5 月 1 版 1 次

38.00 元

大 32 开　336 页

　　本书以"轴心时代"中国文化人文性特征形成及其对中国哲学特质的塑造为切入点，在系统梳理儒学心性论的基本主题和历史发展，并揭示其特征的基础上，从道德与生命、道德自我的根源、道德自我之建立、道德生活、道德实践等方面对唐君毅道德形上学进行了深入的研究。

西域南海史地研究

王颋著

2005 年 10 月 1 版 1 次

36.00 元

大 32 开　390 页

　　本书是我国传统意义上的西域（中西亚）、南海（东南亚）的历史地理研究论文集。作者别具只眼，运用古今中外大量资料，对他人容易忽视的历史地理、文化现象、飞禽走兽等诸多方面,作了饶有趣味的考证研究。

客家文化与妇女生活

——12—20 世纪客家妇女研究

谢重光著

2005 年 9 月 1 版 1 次

38.00 元

大 32 开　392 页

　　客家是汉族的一个支系,以闽赣粤交界区域为基本住地,分布遍及长江以南各省份及台港澳、东南亚各地。自 20 世纪 80 年代以来,客家学在海内外已形成热潮。本书以文献资料与田野调查并重,研究南宋以来客家妇女社会生活。

中原文化与中国文化的形成

王保国著

2008 年 7 月 1 版 1 次

38.00 元

16 开　252 页

　　从盘古开天地直至清代,中原文化一直是中华文化圈中先进文化的象征,并且也逐渐成为正统文化的代表。本书以翔实的资料,论述与分析了中原文化的形成、发展、成熟的过程,以及在不同时代政治、哲学、文学、艺术诸方面的突出成就。同时也探索总结了中原文化向中国其他地区传播的特性、方式、路径;它与整个华夏文化逐步交融的特点,及在各类文化的发展态势中所起的主导作用。

中国诗学范畴的现代阐释

李旭著

2009 年 1 月 1 版 1 次

38.00 元

16 开　284 页

　　本书从现代哲学及美学、文学理论与方法诸方面,对“道”、“风骨”、“文气”、“意境”、“格调”、“意象”、“古雅”、“寄托”、“禅意”、“趣”等属于中国诗学、文论范畴的概念,作了详尽研究与探索,不仅注重揭示其体系建构、特征等基本原理,还采用了中西比较、打通古代与现代的方式,提出了不少鞭辟入里的论见。

中国古代文论元范畴论析

——气、象、味的生成与泛化

杨星映　邓心强　肖锋著

2015 年 9 月 1 版 1 次

68.00 元

大 32 开　516 页

　　本书深刻挖掘了中国古代文论的学理结构和内在规律,清晰勾勒出中国文论中“气”“象”“味”诸论的不断演进并最终成熟的发展历程,有益于总结和研究古代文论思维机制,并彰显中国古代文学理论遗产的民族特色与成就。

诗学散论

陈顺智著

2008 年 12 月 1 版 1 次

39.00 元

16 开　310 页

　　作者就中国诗学史上不同时期、不同人物乃至不同文体进行有针对性的研究与挖掘,给人以颇多启示,当亦有其独特的价值所在。诸如作者对“先秦儒家的中和诗学观”、“东晋僧诗”、“四声复议”、“唐太宗的雅正诗学观与贞观诗风”、“刘长卿诗歌美学特征”之议论,足令读者从中受益匪浅。

词学审美范畴研究

周明秀著

2014 年 4 月 1 版 1 次

24.00 元

大 32 开　220 页

　　本书通过对历代词论资料和词作的分析,归纳出词体的主要审美范畴,层层梳理、细致分析,深入阐释各种范畴的内涵及词学意义。通过此书,可对词所特有的文体特征有一全面了解。

教化与惩戒:中国古代戏曲小说禁毁问题研究

赵维国著

2014 年 5 月 1 版 1 次

68.00 元

大 32 开　564 页

　　本书上编主要研讨书籍禁毁的文化特质,对于戏曲小说的文化功能、戏曲小说禁毁的缘由、禁毁的管理形态、禁毁政策下的戏曲小说传播等问题进行深入思考。下编探讨戏曲小说禁毁的历史演变,考辨各个时期戏曲小说的文化管理政策、分析禁毁个案,探讨禁毁历史进程。

汉译佛典文体及其影响研究

李小荣著

2010 年 8 月 1 版 1 次

58.00 元

大 32 开 636 页

　　作者对汉译佛典之十二部经这一自成体系的佛经文体进行比较系统的梳理,对在中国文学史上产生过较大影响的偈颂、本生、譬喻、因缘、论议、未曾有、授记诸经之文体性质、功能做了较为全面的探讨,进而又以个案形式检讨了它们对中国各体文学的具体影响。此外,作者还特别关注佛教仪式中的应用文体,极大地拓展了佛教文学的研究视域。

佛经故事与中国民间故事演变

刘守华著

2012 年 6 月 1 版 1 次

38.00 元

大 32 开 376 页

　　本书运用比较文学的研究方法,就佛经故事随佛教传入中国并对中国民间故事的丰富与发展所起到的作用,进行了颇为翔实的分析与考察,厘清了诸多具体故事的来龙去脉,对了解中国民间故事大演变、乃至印度民间故事和世界民间故事之间的相互影响,均有一定的启迪。

汉字起源与原理

──甲骨金文的六书“五步相生”造字程序及“记史功能”

陈文敏著

2007 年 12 月 1 版 1 次

39.00 元

16 开 324 页

　　本书作者不拘旧说,依据商周时期的甲骨文、金文等出土资料,以及新石器时代的陶器上的书写和刻划符号,比较系统地对汉字产生的特征进行了分析研究,推论出了汉字的“六书”系统来源,至少在商代以前;提出了象形字、转注字和指事之点的汉字“三要素”;揭示出长期困惑文字界的转注内涵,以及“五步相生”的造字程序,为读者认识古汉字造字方法提供了一种最新的理念。

中国画论中的美与丑

丁薇薇著

2013 年 12 月 1 版 1 次

28.00 元

大 32 开 276 页

　　本书从中国古代“美”、“丑”的释义入手,分析中国画论中美丑观形成的哲学基础,揭示了中国画论中的美丑观源于对形神的探讨、包孕着对善恶的认识并体现出和谐辩证思想这一现象。对中国画论中美丑观的思想渊源、形成、内涵、特征及嬗变进行梳理,作出了较为全面的总结。

海外汉学丛书

李白诗歌抒情艺术研究

[日]松浦友久著　刘维治译

1996 年 12 月 1 版 1 次

15.50 元

大 32 开 292 页

　　作者主要从作品论的角度,探讨李白诗歌的特色,从而揭示出李白的独特魅力所在。这与传统的以传记考证为中心来研究李白有很大的不同。本书的价值不限于新见迭出的独到见解,还在于作者所运用的方法论。

杜甫:中国最伟大的诗人

洪业著　曾祥波译

单行本 2011 年 12 月 1 版 1 次

2014 年 2 月 1 版 1 次

2015 年 5 月 1 版 4 次

72.00 元

18 开 460 页

　　洪业钟情于杜甫其人其诗,故于杜甫的相关研究用力颇深。出版于 1952 年的“Tu Fu: China's Greatest Poet”(《杜甫:中国最伟大的诗人》),迄今仍被公认是英语世界关于杜甫的最重要著述。此书可与已故北大教授陈贻焮完成于 1988 年的三卷本《杜甫评传》并称东、西方杜甫研究的杰作。由于洪业平生所著他书在国内均已出版,本书的出版将填补最后一片空白,故具有重要的学术价值和历史意义。

终南山的变容

──中唐文学论集

[日]川合康三著　刘维治　张剑　蒋寅译

2013 年 8 月 1 版 1 次

58.00 元

18 开　400 页

　　此书汇录了作者二十多年中唐文学研究的成果,由"中唐文学"、"韩愈"、"白居易"、"李贺"等专辑组成。作者将中国学者视中唐为古代诗史转折点的看法进一步推广到整个古代精神史和文学史,认为中唐在古代文人精神和自我意识方面的许多表现都有特别意义。

唐诗的魅力

[美]高友工　梅祖麟著　李世跃译　武菲校

1989 年 11 月 1 版 1 次

1990 年 5 月 1 版 2 次

3.50 元

大 32 开　102 页

　　本书是海外汉学研究的名著,由《杜甫的〈秋兴〉——语言学批评的实践》、《唐诗的句法、用字与意象》、《唐诗的语意、隐喻和典故》三篇论文组成。作者运用西方结构主义文论的研究方法,以唐诗为例,从诗语的语意变化、节奏变化、形象繁富及语汇错综等方面作了细致翔实的分析,并与西方诗歌作了具体的比较。

美国学者论唐代文学

[美]倪豪士编选　黄宝华等译

1994 年 12 月 1 版 1 次

11.30 元

大 32 开　178 页

　　本书论文作者皆为美国著名的汉学家,如傅汉思、高友工、麦大维、宇文所安等。所收论文如《律诗的美学》、《李白的道教词汇》、《引喻与唐诗》、《透明度:读唐代抒情诗》、《唐诗中的叙事性》、《新儒家、新法家和唐代知识分子的生活》等文,涉及面广,论述精辟新颖,颇多参考之处。

柳永论稿

——词的源流与创新

[日]宇野直人著　张海鸥　羊昭红译

1998 年 12 月 1 版 1 次

17.80 元

大 32 开　352 页

　　北宋前期的著名词人柳永,改革唐五代词风,自创新声三百余首,促成了词由小令向慢词的转变,在词史上占有极为重要的地位。本书是对一个作家全方位的系统研究,以新颖的视角,扎实的文献检索和统计功夫,

深广的历史、文化视野作比较研究,富于创见。

美的焦虑:北宋士大夫的审美思想与追求

[美]艾朗诺著　杜斐然　刘鹏　潘玉涛译

郭勉愈校

2013 年 4 月 1 版 1 次

2015 年 12 月 1 版 4 次

48.00 元

18 开　324 页

　　北宋时期的士大夫对美的追求空前的热烈,突出表现在代表北宋文化特征的艺术品鉴赏与收藏、诗话、花谱、宋词等领域。这一时期的士大夫在追求美的过程中伴随着焦虑,他们必须面对传统儒家对其追求美的活动的诸种成见,开辟新的视野,摆脱教条的束缚,挣扎出一个自辩说法。

三国演义与民间文学传统

[俄]李福清著　尹锡康　田大畏译　田大畏校订

1997 年 7 月 1 版 1 次

23.00 元

大 32 开　480 页

　　本书作者是俄国著名的汉学家。三国故事由史志发源,演化为平话、演义和评话,其流传形成书面与口头两个系统,在中国民间文学传统中颇具典型性。本书探讨三国故事源流及其两大流传系统的特点和相互关系,其中有史实的考订和由史实向民间文艺衍化的论croft,更着力的是两系统的比较和与域外民间艺术的对照研究。

中国近代白话短篇小说研究

[日]小野四平著　张兵等译

1997 年 10 月 1 版 1 次

14.40 元

大 32 开　282 页

　　作者所称的近代白话短篇小说,特指明代冯梦龙编著的"三言"等小说。作者采用实证方法,从众多的作品中,汇集有关资料,结合当时的中国社会现实,探讨中国话本小说的特色。

中国小说世界

[日]内田道夫编　李庆译

1992 年 7 月 1 版 1 次

5.55 元

大 32 开　188 页

　　本书是日本一批著名的小说研究者对中国小说所作的系统的专题研究。以"南柯一梦"、"环绕着目连地狱"、"梁山泊的招待"、"牡丹灯笼"、"红楼哀乐"、"阿Q之心"为题,勾勒了中国小说的变迁大势,对中国小说史上有影响的作家作品作了评介。由于所处文化背景的不同,作者往往从整个文化氛围的背景上探讨小说在中国文化中的地位和作用。书末附有日本翻译、研究中国小说文献一览表。

中国的宗族与戏剧

[日]田仲一成著　钱杭 任余白译

1992 年 7 月 1 版 1 次

6.45 元

大 32 开　226 页

　　作者系日本著名的中国地方戏和民俗学专家。本书是根据多年的实地调查获得的有关香港新界宗族祭祀实例等的研究成果,从一个全新的角度——宗族祭祀与戏剧的关系,对中国南方地方戏的发展历史和趋势进行了全面细致的考查,分析中国农村社会中的祭祀组织、礼仪、歌谣、戏剧等如何为宗教的支配权力所制约、影响。

中国文学中所表现的自然与自然观:以魏晋南北朝文学为中心

[日]小尾郊一著　邵毅平译

1989 年 11 月 1 版 1 次

新版 2014 年 11 月 1 版 1 次

58.00 元

18 开　384 页

　　作者是日本著名汉学家。本书以中国魏晋南北朝文学为研究中心,广泛探讨了这一时期文学的各个方面和文人生活,肯定了这一时期文学中所表现的人的自我意识与审美意识的觉醒,以及由此带来的内容与技巧的进步。书中探本溯源,对中国文学中所表现的自然与自然观作了系统翔实的论述,并将此与日本文学等作了比较。

追忆

　　——中国古典文学中的往事再现

[美]斯蒂芬·欧文著　郑学勤译

1990 年 10 月 1 版 1 次

2.95 元

大 32 开　88 页

　　作者为美国哈佛大学教授,海外著名的中国文学和比较文学专家。作者运用西方美学理论来分析回忆在审美活动中的地位和作用,并从中西文化背景和文学传统各自的特点着手,比较两者之间的差异以及它们在理解具体文学现象中所起的作用。

中国文章论

[日]佐藤一郎著　赵善嘉译

1996 年 6 月 1 版 1 次

17.00 元

大 32 开　320 页

　　本书探讨了中国文章的各种体裁,尤对传统古文的内容与特性、古文与中国语的特性等方面作了深入的研究,并分析了唐宋古文、明清古文家以及现代梁启超、鲁迅、郭沫若等人的文章,可以说是一部简明的中国文章史。

宋至清代身分法研究

[日]高桥芳郎著　李冰逆译

2015 年 6 月 1 版 1 次

48.00 元

16 开　248 页

　　作者致力于采用身分法的观点来研究中国社会,在着重于"法"的层面进行探讨的同时,还大量使用各个时代的笔记、小说、方志等社会史资料,对于阐明宋元以来中国底层社会的构成及身分法奠定了坚实的基础,为宋元以来社会史、法制史研究者的必读书。

明季党社考

[日]小野和子著　李庆 张荣湄译

2013 年 11 月 1 版 1 次

65.00 元

18 开　426 页

　　本书以明代万历年间到清初晚明政权覆灭的政治史为背景,围绕这期间的一系列重大政治事件,比较具体地考察了被称为东林派或东林党以及其后继者复社的形成过程、主要成员、主要见解、组织和人际关系,可谓一部从党争角度描述的晚明史。

南明史 1644—1662

[美]司徒琳著　李荣庆等译　严寿澂校

1992 年 8 月 1 版 1 次

6.10 元

大 32 开　198 页

　　本书为国外汉学家所著首部英文版综合性《南明史》，1984 年在美国出版。全书主要从南明政府本身固有的内部矛盾来说明南明抗清运动的失败，立意和角度都很新，这与以往南明史著从某种理论模式去演绎历史显然不同，从中可以窥见域外汉学家的研究方法和研究现状。

清廷十三年
——马国贤在华回忆录

[意]马国贤著　李天纲译

2013 年 8 月 1 版 1 次

36.00 元

18 开　220 页

　　意大利传教士马国贤于 18 世纪来到中国。在北京生活的 13 年间，"马国贤在北京宫廷卷入很深，有很长时间陪伴康熙皇帝一起度过，因此是书对清初宫廷描写细致入微，很多地方比清朝官方的'实录'和'起居注'以及民间士大夫的笔记更详细"。其书中所反映的康熙时期的"中国礼仪"比乾隆时期的"觐见礼仪"更典型地反映了西方和中国在十八世纪相遇的历史。尤其是他往返途中所记录的事情，其史料价值更值得引起注意。书后所附《康熙与罗马使节关系文书》十四通亦极其参考价值。

1368—1953 中国人口研究

[美]何炳棣著　葛剑雄译

1989 年 11 月 1 版 1 次

6.50 元

大 32 开　202 页

　　作者从我国自 1368 年至 1953 年为止的官方资料和地方志等素材中，钩稽出足以反映我国当时人口情况的数字、文字资料，加以综合、考订、研讨。摄取诸如生殖死亡、人口迁移、粮食产量、营养构成、战事灾祸、杀婴等对中国人口有很大影响的因素，作为研究的佐证；特别是对方志中有关农作物传播所作的研究，具有很大意义。

中国人的智慧

[法]谢和耐著　何高济译

2013 年 8 月 1 版 1 次

36.00 元

18 开　224 页

　　本书是法国汉学家谢和耐有关中国历史的文集，内容涉及中国的政治、宗教、思想等方面。作者认为中国的传统和文化，自成体系，"由于它的幅员、地区和语言的不同，中国在全亚洲所起到的及受到的影响，和我们欧洲没有什么可比之处"。而东西方文化间的差异，更利于人们去做比较研究。通过选择普遍性和双方都有的领域的比较，他论证出"文化间的差异是不同的历史路线的结果"。

中国总论（全二册）

[美]卫三畏著　陈俱译　陈绛校

2014 年 2 月 1 版 1 次

160.00 元

18 开　1152 页

　　本书从一个在晚清中国生活了四十多年的美国传教士的视角，对清末的政治经济、历史文化、对外交往、地理物产、宗教艺术等方面作了系统论述，堪称关于传统中国的百科全书，被公认为美国人研究中国的最早的权威名著，"成为数代美国人认识中国的英文范本"。

中华帝国的文明

[英]莱芒·道逊著　金星男译　朱宪伦校

1994 年 12 月 1 版 1 次

11.70 元

大 32 开　184 页

　　该书从西方学者的视角，全面宏观地介绍了中国的政治经济、思想文化、社会结构等方面的历史和现状，并与西方社会历史作了某些对比。该书原为帮助西方读者了解中国而写，但亦能帮助中国读者了解西方人怎样看中国，从中得到某些启迪。

早期中国"人"的观念

[美]唐纳德·J·蒙罗著　庄国雄等译

1994 年 6 月 1 版 1 次

7.20 元

大 32 开　102 页

　　本书主要研究中国先秦时期儒家和道家关于人、人性的观念，注意到它们对整个中国传统文化乃至现代社会的影响，并同西方古代哲学特别是柏拉图哲学作了比较，阐明了在人的理论及社会控制思想方面中西两种文化的特点及各自的历史价值。

道教（第一卷）

[日]福井康顺等监修　朱越利译

1990 年 6 月 1 版 1 次

4.30 元

大 32 开　160 页

　　道教是中国土生土长的宗教,从东汉时起,就对中国历史产生了巨大的影响。在中国文学、哲学、民俗、科技、医学等各方面都留下了道教的深刻烙印。本书从道教史、道教经典、道教礼仪、长生术、炼丹术、房中术等入手,完整地介绍了道教历史和各种礼仪。

道教（第二卷）

[日]福井康顺等监修　朱越利等译

1992 年 11 月 1 版 1 次

4.90 元

大 32 开　172 页

　　本书分《道教与老子》、《道教和儒教》、《道教和佛教》、《民众道教》、《社神和道教》、《道教与民众宗教结社》、《道教与中国医学》、《道教和文学》、《道教与岁时节令》等章,全面具体地分析了道教与中国传统文化的关系影响。

道教（第三卷）

[日]福井康顺等监修　朱越利等译

1992 年 12 月 1 版 1 次

5.60 元

大 32 开　142 页

　　本书介绍道教在中国台湾和日本、朝鲜等地的传播、发展、影响,敦煌和道教的关系,以及日本、欧美等地海外学者对道教的研究状况等。

通向神学之路

[日]铃木大拙著　葛兆光译

1989 年 11 月 1 版 1 次

1990 年 5 月 1 版 2 次

2.80 元

大 32 开　80 页

　　铃木大拙是日本著名的禅学大师。禅宗不立文字,提倡直指人心,见性成佛,思维方式独特,与现代西方哲学颇多共同之处。铃木大拙以西方哲学的方法,通过对禅宗语录及公案的分析,阐述禅理和禅宗的深层意蕴,是一本浅显通俗的入门读物。

中国民间宗教教派研究

[加拿大]欧大年著　刘心勇等译

1993 年 8 月 1 版 1 次

6.50 元

大 32 开　152 页

　　本书主要从中国民间宗教的信仰和礼拜仪式来探讨民间教派存在的原因,突破了把民间教派仅仅归因于社会经济等外部条件的藩篱。同时吸收了世界各国宗教研究的成果,进行了大跨度的横向比较,这在目前国内学界尚不多见。

中国和基督教

——中国和欧洲文化之比较

[法]谢和耐著　耿升译

1991 年 1 月 1 版 1 次

5.30 元

大 32 开　192 页

　　本书以西方传教士在中国的境遇为线索,描绘了中西方文化的交流,中西方哲学、宗教思想的碰撞,中西方的生活风俗,基督教与儒、佛、道的冲突,以及上帝和皇帝的异同,科学与宗教的矛盾等等,提供了许多史料,以及西方人士研究汉学的立场、观点和方法

域外汉学名著译丛

中国总论（全二册）

[美]卫三畏著　陈俱译

2005 年 12 月 1 版 1 次

148.00 元

18 开　1160 页

　　本书是美国著名汉学家卫三畏的一部全面介绍晚清时期中国社会文化的名著,卫三畏是新教传教士,1833 年来到中国,曾参与主编《中国丛报》,后任美国驻华公使代办。他写此书的目的之一是要在西方读者中“为中国人民及其文明洗刷掉如此经常地加予他们的那些独特的几乎无可名状的可笑印象”,但他也指出了当时中国社会的种种落后和愚昧,对中国文化的成就和落后之处作出尽可能客观的评价。本书初版于 1848 年,1883 年又出了修订本。

隋唐帝国形成史论

[日]谷川道雄著　李济沧译

2004 年 10 月 1 版 1 次

2009 年 7 月 1 版 3 次

35.00 元

18 开　370 页

　　十六国时期，长期受汉人支配的少数族开始建立政权，汉族与少数族民众都在追求自由民的身份。孝文帝的门阀政策使北族兵士沦落到贱民地位，由此引发"六镇之乱"，导致北魏分裂为北齐、北周对峙政权。本书作者注意研究民众在政治发展过程中的作用以及种族问题、阶级问题，最终揭示隋唐帝国形成、发展的前提、脉络与本质。

清廷十三年（马国贤在华回忆录）

[意]马国贤著　李天纲译

2004 年 3 月 1 版 1 次

2010 年 8 月 1 版 2 次

29.00 元

18 开　220 页

　　本书为意大利神父马国贤对在华 13 年所历清廷诸事及往返始末的回忆录。历来被称为"汉学"奠基之作，对西方人看中国有重大且深刻的影响。不仅为清初天主教等宗教传播及中西方礼仪之争提供了详尽的第一手资料，且对康熙朝一段历史有着独特视角的"语境"描述。所附《康熙与罗马使节关系文书》所收十四通文书皆康熙朱笔亲自删改。

从利玛窦到汤若望

——晚明的耶稣会传教士

[美]邓恩著　余三乐　石蓉译

2003 年 1 月 1 版 1 次

2008 年 5 月 1 版 2 次

48.00 元

18 开　360 页

　　基督教传入中国，晚明是重要的发展阶段，出现了一批杰出的人物，如利玛窦、徐光启、汤若望等，他们对中西文化的交流作出了巨大的贡献。本书通过故事式的叙述，将早期中国基督教的这段历史完整生动地展现在读者面前，所持立场亦较为客观公正。

中国与基督教（增补本）

——中西文化的首次撞击

[法]谢和耐著　耿升译

2003 年 6 月 1 版 1 次

45.00 元

18 开　430 页

　　本书为法国著名汉学家谢和耐先生的代表作。运用大量汉文典籍与西文史料，集中论述 16—18 世纪入华耶稣会士在中国的传教活动，并对由此产生的中西方文化撞击进行了深刻阐述。本书引起了各国学者的高度重视，同时也有西方神学界的批评。谢和耐先生又写了多篇论文作为回应，作为附录收入本书。

中国人的智慧

[法]谢和耐著　何高济译

2004 年 10 月 1 版 1 次

2010 年 8 月 1 版 2 次

29.00 元

18 开　220 页

　　本书为法国著名汉学家谢和耐的代表作之一。作者从中西文化比较的角度出发，对中国古代的政治、社会、宗教、思想方式、文字等作了专题式的论述。既有全景式的论述，如《中国城市篇》、《论国家》等；也有细致入微的考据、分析，如《5 到 10 世纪中国佛教徒的火殉》、《16 和 17 世纪的俱乐部、会社和协会》等。

天人诞生图研究

——东亚佛教美术史论文集

[日]吉村怜著　卞立强译

2009 年 12 月 1 版 1 次

78.00 元

18 开　572 页

　　本书为日本早稻田大学著名学者吉村怜教授多年来对于东亚佛教美术相关研究论文之集合。全书共分四部分。第一部分主要关注佛教美术中十分重要的一个要素——天人诞生图的产生、发展、变化等过程，探讨了这一多年来学界论争不断的问题。第二部分主要讨论了中国南朝的佛教美术对朝鲜半岛和日本的美术样式的输出，认为后二者受南朝的影响十分巨大，反驳了以往日本学界忽略南朝的观点。第三、四部分是个案研究，对云冈石窟、昙曜五窟、日本东大寺佛等个案进行分析研究。此外，书中配有数百幅精美图片，有裨于读者加深理解佛教美术的相关内容。书中所收论文有不少在初发表时即产生较大反响，受到学界的普遍好评。

日本宋学研究六人集

第一辑
距离与想象
——中国诗学的唐宋转型
[日]浅见洋二著　金程宇　[日]冈田千穗译
精装 2005 年 12 月 1 版 1 次
平装 2013 年 10 月 1 版 1 次
56.00 元
大 32 开　524 页

全书涉及"风景与绘画之间的关系"、"诗与绘画的关系"、"诗中有关'形似'功能的问题"、"诗与历史记载、历史学关系的问题"、"诗人的内部世界与诗人所处外部世界、自身与他者间的关系"等诗学重要命题，有力地揭示出了唐宋之间"诗学观念上的断层"现象。作者受日本"中国学"研究的传统熏陶至深，又曾在哈佛大学接受西方学术方法之训练，他的研究特色很可能预示着日本"中国学"的发展动向。

气与士风
——唐宋古文的进程与背景
[日]副岛一郎著　王宜瑗译
精装 2005 年 10 月 1 版 1 次
平装 2013 年 10 月 1 版 1 次
29.00 元
大 32 开　264 页

本书共收论文 10 篇。今人研究唐宋古文复兴运动，多着眼于其与韩愈的关系，副岛一郎先生另辟新境，深入研究宋代古文复兴与柳宗元的关系，令人耳目一新。而《从礼乐到仁义》一文则解答了中唐古文家为何大力提倡仁义这一疑问。《宋初的古文与士风》一文揭示了刚毅尚骨气的人格类型与古文复兴的关系。这些论文反映了日本学者细读文本、深潜多思的学术特点。

复古与创新
——欧阳修散文与古文复兴
[日]东英寿著　王振宇　李莉等译
精装 2005 年 10 月 1 版 1 次
平装 2013 年 10 月 1 版 1 次
38.00 元
大 32 开　320 页

作者东英寿长期从事我国宋代文学家欧阳修的研究，本书从我国宋学研究未曾有过的角度，详尽地阐述了欧阳修时期的科举背景，欧阳修散文的文体特色，《欧阳文忠公集》的各种刻本源流和编纂情况等。

传媒与真相
——苏轼及其周围士大夫的文学
[日]内山精也著　朱刚　益西拉姆等译
精装 2005 年 10 月 1 版 1 次
平装 2013 年 10 月 1 版 1 次
56.00 元
大 32 开　552 页

本书所收论文以苏轼、王安石以及黄庭坚等人的文学作品和文学活动为论题，考察了这些文人及其作品与政治、传媒以及与其他文人之间的微妙关系。展现了海外学人对这些论题的研究所达到的深度。

新兴与传统
——苏轼词论述
[日]保苅佳昭著
精装 2005 年 10 月 1 版 1 次
平装 2013 年 10 月 1 版 1 次
32.00 元
大 32 开　292 页

苏轼的词在其开创性方面，被人评价为"以诗为词"。本书作者通过以诗为对比来考察苏轼词的特点，挖掘苏轼的思想全貌，深入探究苏轼词里所表现的人生观。对苏词的各个阶段创作作了条分缕析，书中有《苏轼词编年考》及《历代苏轼年谱、词集苏词一览表》，可供参考。

科举与诗艺
——宋代文学与士人社会
[日]高津孝著　潘世圣等译
精装 2005 年 8 月 1 版 1 次
平装 2013 年 10 月 1 版 1 次
平装 22.00 元　精装 28.00 元
32 开　232 页

本书共有 12 篇论文，涉及北宋文学与太学体、苏轼的艺术评论与"场"、宋元评点考、明代苏学与科举、中国的历史与故事的距离等等。其中，集中论述了科举制度对宋代文学的影响，其视角是独特而多方位的，充分体现了日本京都学派研究方法的特点。

第二辑

道学之形成

[日]土田健次郎著　朱刚译

2010年4月1版1次

精装48.00元

大32开　496页

　　本书始终把握住自北宋初延绵至南宋的思想动向，从中钩沉出道学形成与发展的历史，具体描述了北宋以二程为主的道学之形成过程，包括通过对道学论敌王安石之新学与苏轼之蜀学的辨析，从反面廓清道学的存在形态与理论要点，又在对二程高足杨时的叙写中展开了道学于南宋开始愈见盛行的情形以及集大成者朱熹出现的社会及理论背景。

宋代开封研究

[日]久保田和男著　郭万平译　董科校译

2010年4月1版1次

精装31.00元

大32开　304页

　　本书搜集大量史料，作者历经实地考察二十年，详尽地论述了北宋开封的城市构造和城市社会的演变，当时的城市景观、军营变迁与人口变化，治安制度与居民生活，皇宫的修筑和皇帝的行幸等等。

宋金元货币史研究

　　——元朝货币政策之形成过程

[日]高桥弘臣著　林松涛译

2010年4月1版1次

精装32.00元

大32开　340页

　　本书探讨重点关注宋元发达、复杂的纸币运作制度。元代货币政策基本方针为专用纸币，从纸币是如何产生发展的，可一窥元朝货币政策的确立过程。作者从唐代始用票据为起点，观照分析了北宋正式发行暂用性质的纸币；南宋及金，由于多战的时代背景，两国都发行了大量纸币，成为全国通用的主要货币，构成元代货币政策、状况的诸要素已具备。至元，则不仅在华北专用中统钞，也力图在旧南宋领地推行统一纸币。通过历朝运作纸币政策中出现的发行—通膨—崩溃这一规律循环，使用纸币与使用铜钱之消长，纸币推行之困难、利弊，其与贵重货币之间的相互影响等一系列问题的分析，展示了古代中国史上纸币的发展衰退过程。

宋代政治结构研究

[日]平田茂树著　林松涛　朱刚等译

2010年8月1版1次

精装38.00元

大32开　384页

　　本书试图阐释宋代专制体制产生的过程和背景，并从宏观和微观多种角度对之进行了探讨。宋代的士大夫是以科举为基础而产生出来的儒士，他们把"经世济民"作为政治信念，实则是想通过科举考试来实现其"升官发财"的梦想，为了在官场能出人头地，他们利用同乡、同宗、同学、同行等各种"关系"构筑起关系网，并利用各种关系策动政治斗争，树立党争派别，尔虞我诈，互相倾轧，加剧了中国"君主独裁政治"的形成。

唐代研究指南

唐代的散文作品

[日]平冈武夫等编

1989年11月1版1次

精装25.00元

大32开　468页

　　编者选择《文苑英华》、《唐文粹》、《唐大诏令集》、《全唐文》、《唐文拾遗》、《唐文续拾》等唐文总集及《东皋子集》、《虞秘监集》、《魏郑公文集》、《褚亮集》等112种唐人别集，将其中包含的作品篇名、作者及其出处综合编成唐代散文作品索引，末附取材于篇目的人名索引。

唐代的散文作家

[日]平冈武夫　今井清编

1990年9月1版1次

精装12.25元

大32开　76页

　　本书辑录《全唐文》、《唐文拾遗》、《唐文续拾》中的作家3516人，按四角号码排列，注明每位作家的别名、原籍、时代、作品数，以及在以上三书中的卷、页数。附录汉语注音、汉字笔画检字两种和唐代年表、唐代世系表，五代十国年表、世系表。

唐代的诗人

[日]平冈武夫　市原亨吉编

1991年9月1版1次

精装10.50元

大 32 开　110 页

　　本书采用《全唐诗》、《全唐诗逸》中所收诗人 2955 人的姓名、别名、原籍、时代、作品数并指明页码（包括卷数）编成索引。末附《别名索引》,《作者索引》,《全唐诗的分卷、分类各本对照表》,《唐代传记资料七种的综合索引》。

唐代的诗篇（全二册）

[日]平冈武夫　市原亨吉　今井清编

1990 年 9 月 1 版 1 次

精装 45.00 元

大 32 开　950 页

　　本书选择《全唐诗》、《全唐诗逸》、《文苑英华》、《唐文粹》、《唐诗纪事》、《乐府诗集》以及《四部丛刊》所收的唐人的别集中的唐诗,编成唐代诗人的诗篇目录和版本的索引及逸句索引。卷末还附《取材于唐代的诗篇的人名索引》和《全五代诗的作者索引》。

李白的作品

[日]平冈武夫编

1989 年 11 月 1 版 1 次

精装 12.90 元

大 32 开　118 页

　　日本静嘉堂文库所藏《李太白文集》是仅存海内外两部宋刻本中的一部,首尾完整,编者在此予以影印,并附大阪市美术馆珍藏李白文集中未收之苏东坡书《李白上清宝鼎诗二首》,另附有李白作品篇目索引及标明宋刊本不清晰处的《附录》,既提供了李白作品的珍稀版本,又为研究和阅读李白作品提供了方便。

李白歌诗索引

[日]花房英树编

1991 年 10 月 1 版 1 次

精装 19.25 元

大 32 开　320 页

　　《李白歌诗索引》分《歌诗索引》与《篇目索引》两部分。《歌诗索引》将李白全部诗篇中的全部单字、连语逐个索出,编成索引,对检索李白的每一句诗以及了解和研究这位语言大师的用词特色等有很大的帮助;《篇目索引》包括首字索引和人名地名索引,依四角号码排,附笔画检字表。

唐代的长安与洛阳（资料篇）

[日]平冈武夫　今井清编

1989 年 11 月 1 版 1 次

精装 15.85 元

大 32 开　130 页

　　本书收录长安与洛阳的主要地理资料——《唐两京城坊考》5 卷,《唐两京城坊考校补记》1 卷、《长安志》6—10 卷、《河南志》4 卷,与仅藏于日本金泽文库的日本早期抄本《两京新志》卷三、曹元忠《两京新志》辑本、平冈武夫《两京新记续拾》等及其他有关资料。

唐代的长安与洛阳（地图篇）

[日]平冈武夫编

1991 年 10 月 1 版 1 次

精装 15.55 元

大 32 开　108 页

　　长安和洛阳这两个都城,是唐代文化画卷在其上展开的最主要、最大的场所。因此,了解这两个都市的宫殿、街道、道路、市场、寺庙乃至园林、住宅等等的状态和位置,或者一个街坊中知名的居住者的情况等等,对于具体地了解唐代的人文事实,十分有用。编者根据文献描绘编制了长安城图、六坡图、长安坊里图等 47 幅和阁本兴庆图、长安南郊图等 5 幅插图。

唐代的长安与洛阳（索引篇）

[日]平冈武夫　今井清编

1991 年 10 月 1 版 1 次

精装 13.45 元

大 32 开　110 页

　　本书将包含有关唐代长安与洛阳的公私建筑物的文献资料中涉及的住宅、店铺、旅铺、宫殿、官衙、祠庙、佛寺、道观、墓地,以及水井、树木及其他设备加以整理、分类、列表,并编成索引。

唐代的行政地理

[日]平冈武夫　市原亨吉编

1989 年 11 月 1 版 1 次

精装 18.50 元

大 32 开　210 页

　　本书选择《新唐书》、《旧唐书》、《唐会要》、《元和郡县志》、《通典》、《太平寰宇记》、《六典》、《贞元十道录》（敦煌写本）等 8 种典籍,将其中所载的府、州、郡、县名编成索引,另附李兆洛《唐地理志韵编今释》索引,可供查找和研究唐代府州郡县的设置、废止、分割、合并、改名、同名异地、异名同地等情况。

唐代的历

[日]平冈武夫编
1990 年 9 月 1 版 1 次
精装 18.20 元
大 32 开 208 页

本书从新旧《唐书》、《资治通鉴》、《册府元龟》及敦煌资料中辑录数万条有具体时间的唐代史实,逐日排比,纠正文献和今人著作的大量舛误而编成。包括唐代帝号、年号,年的干支与年次,日的干次与日次、中午、日入时刻表,长安的气象,年号索引,干支号码表,等等。从此可全面了解唐代的以阴阳历为基础的历的计算方法以及唐代的历在具体计算上出现的复杂情况和结果。

中日文化研究文库

明治儒学与近代日本

刘岳兵主编
2005 年 4 月 1 版 1 次
精装 39.00 元
大 32 开 410 页

本书是海内外日本学研究中第一部以"明治儒学"为主题的专著。它通过对明治时代与儒学相关的文献、史料分析,阐明明治时代儒者的生存状态、思想特征,揭示了"明治儒学"不仅是日本儒学史上一个历史性的表现形态,也是一种具有相对独立意义的理论形态。

日本近世儒学家荻生徂徕研究

王青著
2005 年 4 月 1 版 1 次
精装 20.00 元
大 32 开 208 页

作者通过对徂徕学原典著作的解读,认为徂徕学把"道"定义为历史上的圣人制作的政治经济制度的总称,是试图通过恢复、巩固遭到货币经济侵蚀的封建土地所有制,来消除德川氏政权的危机。他对朱子学的批判并非是为了把人性从道德禁欲主义的束缚下解放出来,而是为了培养人才,巩固幕藩体制的稳定性。作者为徂徕学研究另辟了一条蹊径。

清末浙江与日本

吕顺长著
2001 年 8 月 1 版 1 次
精装 28.00 元
大 32 开 304 页

本书上篇主要研究清末浙江留日学生在日本及归国后的学习工作情况;下篇从浙江官民对日本的考察,及罗振玉等人推动中日文化交流的角度进行论析。作者以相当庞大的资料为基础,归纳总结,对中日文化交流史上的一些重要问题作了更深一层的考述。

晚清传媒视野中的日本

郑翔贵著
2003 年 8 月 1 版 1 次
精装 28.00 元
大 32 开 280 页

本书作者爬梳近代报刊多年,整理、比较其中对日报道的材料,并放在传播学及现代化进程的背景中考察中国近代思想史。

川端康成与东方古典

张石著
2003 年 7 月 1 版 1 次
精装 30.00 元
大 32 开 284 页

川端康成(1899—1972)为日本著名小说家,于 1968 年获诺贝尔文学奖。川端的作品体现了东方人有关生死、有无、阴阳、佛魔等思维方式,又透露着日本民族有关光、影、色的审美特质,兼具西方意识流、精神分析等创作手法。本书着重研究、分析东方古典精神对川端康成创作的影响。

中日古典悲剧的形式

——三个母题与嬗变的研究
张哲俊著
2002 年 8 月 1 版 1 次
精装 24.00 元
大 32 开 276 页

作者以悲剧母题的范畴为主纲,阐述了中国古代戏曲与日本古代戏曲"能"(谣曲)在观念、情节表演等诸方面的关联,进而对"能"(谣曲)的艺术观念与艺术功能进行了相当深入的阐述,并对古代中日戏曲的独特的悲剧体味和悲剧意义作了系统的理论阐述。

东亚教育圈形成史论

高明士著

2003 年 7 月 1 版 1 次

精装 38.00 元

大 32 开　350 页

　　一部中国教育史，是教育逐渐脱离宗教范畴而与政治结合，后又努力建立其自主王国的历史。作者通过对大量的文献史料的梳理考察，论证了他所提出的这个观点，并揭示中国传统教育的基本形态与三个特质：儒学教育、养士教育、成圣教育，指出中国传统社会所具有的稳定性与传统教育的特性有着密切的关联，且整个传统东亚教育也深受中国传统教育的影响。有力地反驳了部分近代西方学者提出的所谓东方传统社会"停滞论"的观点。

日本藏汉籍珍本追踪纪实
——严绍璗海外访书志

严绍璗著

2005 年 5 月 1 版 1 次

精装 49.00 元

大 32 开　510 页

　　中国文献典籍东传日本，有史记载已经有 2000 多年的历史。本书作者从 1980 年代起即留意于藏储于日本的汉文典籍，将藏于日本皇宫书陵部、国会图书馆、国家公文书馆、东京国立博物馆、东洋文库、静嘉堂文库等十几处日本重要藏书机构的汉籍珍本（明及明以前的写本或刊本）一一作了著录，对其中的文献流传情况进行辨析，揭橥了不少不为国人所知的文本藏存状况。

近代日本的中国艺术品流转与鉴赏

[日] 富田升著

2005 年 4 月 1 版 1 次

精装 35.00 元

大 32 开　342 页

　　本书以近代中国的大量文物流失海外为背景，从中国文物流向日本的各种途径及其后的流转方式和流转过程着手，揭示了中国文物在近代日本流转过程中如何成为一种普遍意义上的中国美术鉴赏，并最终对近现代日本的美术创作乃至美术鉴赏产生重要的作用。

日本美术史纲

刘晓路著

2003 年 6 月 1 版 1 次

精装 30.00 元

大 32 开　344 页

　　全书以日本美术的发展历程为线索，全方位、多侧面地展示有史以来日本美术的发生、发展及如何接受和吸收外来影响的历史轨迹，还就每个时期各种流派及其画家的作品作具体的分析和评论，并配备了 50 多幅精美的绘画作品和图片。

中国题材日本文学史

王向远著

2007 年 9 月 1 版 1 次

46.00 元

大 32 开　492 页

　　中国题材的日本文学已经有一千多年的历史，可以说，在世界文学史上，没有一个具有独自历史传统的文化和文学大国，像日本这样持续不断地从一个特定国家（中国）撷取题材。因而研究这个问题，将有助于人们进一步了解日本文学与中国的关系，有助于从一个独特的侧面深化中日文化交流史的研究，有助于进一步揭示中国文学、中国文化对日本文学巨大的、持续不断的影响，有助于中国读者了解日本人眼中的"中国形象"。

德川日本《论语》诠释史论

黄俊杰著

2008 年 11 月 1 版 1 次

36.00 元

大 32 开　344 页

　　作者在书中主要探讨了两个问题：《论语》东传日本之后，在日本儒者手上经历何种诠释的变化？德川《论语》学的变化呈现何种经典诠释学的含义？日本儒者通过对《论语》等中国经典的重新解释，一方面摧毁从 12 世纪以降程朱学派所建立的"理"的形上学世界，另一方面也建构了以强烈的社会政治取向而落实于人伦日用之上的实学为特色的日本儒学。作者所论日本儒者对《论语》之诠释，常置于东亚儒学视野中，与中、韩儒者的《论语》解释作比较，从而深刻揭示了日本《论语》学的特征及其价值。

当代西方汉学研究集萃

当代西方汉学研究集萃·上古史卷

伊沛霞　姚平　陈致主编

平装 2012 年 10 月 1 版 1 次

精装 2016 年 5 月 1 版 1 次

平装 52.00 元　　精装 68.00 元

大 32 开　496 页

　　本书包括西方著名汉学家有关中国上古史研究方面的论文 12 篇，从不同的角度对中国古代社会面貌、经济生活、宗教习俗、政治传统等方面展开全面剖析。

当代西方汉学研究集萃·中古史卷

伊沛霞　姚平　单国钺主编

平装 2012 年 11 月 1 版 1 次

精装 2016 年 5 月 1 版 1 次

平装 52.00 元　精装 68.00 元

大 32 开　480 页

　　本书收录当代西方著名汉学家施坚雅、郝若贝、彭慕兰等有关中国中古史研究论文 12 篇，多角度展现了中国中世纪史的面貌，对国内学界当有借鉴作用。

当代西方汉学研究集萃·思想文化史卷

张聪　姚平主编

平装 2012 年 9 月 1 版 1 次

精装 2016 年 5 月 1 版 1 次

平装 52.00 元　精装 68.00 元

大 32 开　488 页

　　本书为西方著名汉学家有关中国思想文化方面较有影响的论文结集，包括狄百瑞《新儒学一词的使用：回应田浩教授》、包弼德《宋明理学与地方社会：一个 12 至 16 世纪间的个案》、魏伟森《孔子祭祀与儒家的仪式思想》、高万桑《1898 年：中国宗教终结的开始？》、本杰明·艾尔曼《科举考试与帝制中国晚期的政治、社会与文化》等。

当代西方汉学研究集萃·宗教史卷

姚平主编

平装 2012 年 9 月 1 版 1 次

精装 2016 年 5 月 1 版 1 次

平装 42.00 元　精装 58.00 元

大 32 开　400 页

　　本书收录西方著名汉学家比埃尔、寇艾伦、金鹏程、钟鸣旦等有关中国宗教史研究方面的论文 11 篇，这些论文从不同的角度解析中国古代宗教的内涵、发展及其社会意义。

当代西方汉学研究集萃·妇女史卷

姚平主编

平装 2012 年 9 月 1 版 1 次

精装 2016 年 5 月 1 版 1 次

平装 42.00 元　精装 58.00 元

大 32 开　400 页

　　本书收录有关中国妇女史研究方面的论文 13 篇，包括高彦颐、金滋炫、皮歌特《〈古代中国、朝鲜和日本的女性与儒教文化〉前言》、董慕达《中国战国和汉朝时期（公元前 453 年—公元 220 年）的母子关系》、柏文莉《身份变化：中国宋朝艺妓与士人》、柯丽德《明中期江南的祠堂、统治阶层特点及寡妇守节的流行》等。

当代西方汉学研究集萃（全五册）

伊沛霞　姚平主编

2016 年 6 月 1 版 1 次

精装 298.00 元

32 开　2240 页

　　本书收录近三十年来西方汉学界中国历史研究论文 60 篇，分《上古史卷》《中古史卷》《妇女史卷》《宗教史卷》《思想文化史卷》，既是这五大领域最新成果的精萃，又是西方汉学家新思路、新方法的集中展示。

早期中国研究丛书

西周的灭亡

——中国早期国家的地理和政治危机

李峰著　徐峰译　汤惠生校

2007 年 10 月 1 版 1 次

2016 年 4 月 1 版 5 次

38.00 元

大 32 开　476 页

　　本书通过探讨西周国家的衰弱和灭亡这一特定的持续历史，对地理条件及其政治性建构之间的复杂关系，综合运用考古发现、铭文和文献记录，同时联系地表形态的特征，分析和说明了西周的政治体系是如何并且为何不能经受住时间的考验，从而最终导致了西周国家的解体和王畿的崩溃。

追寻一己之福

——中国古代的信仰世界

蒲慕州著

2007 年 3 月 1 版 1 次

28.00 元

大 32 开　320 页

本书对中国古代，尤其是汉代及其以前的中国民间信仰的状况进行细致的分梳和辨析，从人外力量的性质、感应式的宇宙观、死亡与死后世界、人的神化等方面来看中国古代民间信仰的特点。书中并提出从官方、知识分子、民间三方面解读古代宗教现象的方法，为更准确地理解佛教、道教形成之前中国古代宗教信仰状况，提供了新的思路。

《史记》战国史料研究

[日]藤田胜久著　曹峰　[日]广濑薰雄译

2008 年 1 月 1 版 1 次

42.00 元

大 32 开　520 页

本书作者继承王国维所提倡的利用纸上史料（文献）和地下资料（出土资料）研究中国古代史的"二重证据法"，利用传世文献及简牍、帛书，分析《史记》战国史料的结构，阐明其编纂意图和作为历史史料的可信度及其界限。作者还通过利用出土资料，超越史料的限制，了解战国时代各国的动态和其在地域上的共同性和不同性，以及在秦国统一天下的过程中产生的影响，从而为战国史重建提供了基础性的研究。

远方的时习
——《古代中国》精选集

[美]夏含夷主编

2008 年 4 月 1 版 1 次

36.00 元

大 32 开　392 页

《古代中国》创刊于 1975 年，为西方汉学界的权威刊物，迄今已刊出 28 辑。本书编者夏含夷曾长期担任其主编，他为使中国读者对西方的中国古代文化史研究有一个比较全面的印象，从《古代中国》近十几年的文章中选编了八篇论文和四篇书评，内容涉及考古学、人类学、历史学、神话学、古文字学、经学、训诂学、艺术史学、文学诸学科，时间范围是从新石器时代直到魏晋时代。这些文章不仅研究视角新颖，而且分析方法独特，最终得出的结论也和国内的一般共识很不一样。

中国上古史实揭秘
——天文考古学研究

[美]班大为著　徐凤先译

2008 年 4 月 1 版 1 次

35.00 元

大 32 开　384 页

班大为为美国著名汉学家，以研究中国早期星占学而著称。本书收录的 11 篇论文都是其代表性作品，内容涉及夏商周年代学、中国早期的星占学和宇宙观。特别值得指出的是，作者通过现代天文学计算和天文软件的演示，对古文献中的某些天象记录给予了新的解释，同时结合对古文献和青铜器铭文的缜密分析，确立了一套三代年代系统，为"夏商周断代工程"所采用。作者的论文严谨中充溢着灵动，读来令人耳目一新。

从礼仪化到世俗化
——《诗经》的形成

陈致著　吴仰湘　黄梓勇　许景昭译

2009 年 12 月 1 版 1 次

36.00 元

大 32 开　400 页

本书作者从古文字学与语言学入手，进一步引入音乐考古学和民族音乐学，对《诗经》各部分之多元的来源及历史变化赋予了新的解答。全书基于翔实的资料与客观的分析，认为《诗经》之"南"、"风"、"雅"、"颂"起初源于不同的乐器之名，其后发展为具有不同地方特色的音乐体式，因而反映了不同种族、不同地域所代表的不同文化。从而，《诗经》的结集，伴随着商周文明的对抗与融合，经历了一个从礼仪化到世俗化、从标准化到地方化的复杂而漫长的过程。

中国古代诉讼制度研究

[日]籾山明著　李力译

2009 年 12 月 1 版 1 次

36.00 元

大 32 开　352 页

本书作者籾山明秉承了京都学派的学术传统，以考据的方法，整理、解读、运用新出秦汉法制史料著成本书，视野开阔，且多有新见。全书选择了二十多年来未见有专门讨论的秦汉诉讼制度为切入点，以分析大量的出土文字史料为中心，并将程序的变化作为研究的焦点，最大可能地勾画出了秦汉时期诉讼制度的具体历史图像。

睡虎地秦简所见秦代国家与社会

[日]工藤元男著　[日]广濑薰雄　曹峰译

2010 年 11 月 1 版 1 次

38.00 元

大 32 开　452 页

　　本书从"法和习俗"这一社会史研究视角,对睡虎地秦简所见秦律与《日书》作了全新的解读。全书以统一六国过程中秦国与楚地基层社会的关系为焦点,通过对秦简所见秦国官制和日常社会生活中行神信仰等社会面貌的探讨,勾勒了秦国统治制度从最初受到基层社会习俗严重阻碍到逐步走向一元化的复杂转变过程。

先秦社会与思想

　　——试论中国文化的核心

[日]高木智见著　何晓毅译

2011 年 3 月 1 版 1 次

36.00 元

大 32 开　352 页

　　书主要涉及的是中国文化的核心形成期——夏、商、周三代,试图通过对照文献史料和考古资料,描述出了这个时代的特征,并尽可能与当时的人站在一个地平线理解其诸问题。

中国古代宇宙观与政治文化

王爱和著　[美]金蕾译　徐峰译校

2011 年 11 月 1 版 1 次

32.00 元

大 32 开　284 页

　　本书认为宇宙观不能独立存在于由实践、礼仪、物质和话语等多种形式组成的权力关系之外,同时,也没有一个政治体系能优先或脱离于宇宙观。作者不仅吸收了现代西方汉学界的各种研究理论和方法,也吸收了来自中、日学界的研究成果。

殷契释亲：论商代的亲属称谓及亲属组织制度

赵林著

2011 年 12 月 1 版 1 次

78.00 元

16 开　556 页

　　本书是研究商代亲属称谓及亲属组织制度的一部力作。作者凭借扎实的文字训诂功底厘清了商代甲金文中与亲属称谓相关的字、词之语义,辨清了各称谓的类型、相互关系及其衍变历史。在此基础上进一步剖析了商王室在婚姻、宗族、继嗣、社群意识形态与象征性等方面的规律。

重写中国古代文献

[美]夏含夷著　周博群等译

2012 年 12 月 1 版 1 次

36.00 元

大 32 开　244 页

　　本书以颇受争议的《缁衣》和《竹书纪年》为例,详细探讨了中国古代文献如何因不断重写得以流传、再生。全书第一部分从近年郭店简和上博简的发现、整理入手,对《缁衣》的简本和传世本进行了详细比对和考索;第二部分从晋代汲冢竹书的发现和整理入手,讨论了《竹书纪年》不同整理本之间的异同,并试对墓本《竹书纪年》的部分内容进行考证和重构。

郭店楚简先秦儒书宏微观

[美]顾史考著

2012 年 10 月 1 版 1 次

36.00 元

大 32 开　272 页

　　本书将郭店楚简放在整个先秦思想史的脉络中去研究,内容分宏观篇与微观篇两部。前者所论为郭店楚简儒家著作在思想上、学术史上的探索;后者则以郭店楚简的文本为主,重点在诠释上的具体问题,同时亦包括一篇专讲出土简帛如何该与传世文献相互校对的诠释理论。

颜色与祭祀

　　——中国古代文化中颜色含义探幽

[英]汪涛著　郅晓娜译

2013 年 3 月 1 版 1 次

2016 年 3 月 1 版 3 次

38.00 元

32 开　312 页

　　该书探讨殷墟出土的晚商甲骨刻辞中的颜色词,由此重构商代潜在的颜色分类系统;分析颜色在商代祭祀中的使用情况,并探究它们在特定文化体系中的含义;阐释商代颜色象征体系与后世"五行说"之间的关系。该书不仅吸收了文字学的研究方法和成果,而且结合了语言学、人类学和考古学等的研究理论和方法。

展望永恒帝国

　　——战国时代的中国政治思想

[以色列]尤锐著　孙英刚译　王宇校

2013 年 5 月 1 版 1 次
2016 年 6 月 1 版 3 次
38.00 元
大 32 开　340 页

本书全景式地考察展现了战国政治文化中哲学与社会的冲突。作者通过考察传世与出土的先秦文献，从诸子百家的思想中总结出它们的共识，认为在并驾齐驱的各家学说之下，意识形态的共识最终塑造了中国传统的政治文化。这使我们获得了探讨战国时期对中国思想史影响的全新视角。

天、人、性：读郭店楚简与上博竹简

[澳]陈慧　廖名春　李锐著
2014 年 4 月 1 版 1 次
45.00 元
大 32 开　300 页

本书借助湖北荆门郭店楚简、上海博物馆藏战国楚竹书等出土新材料，探讨有关"天"、"人"、"性"等传统哲学命题，分析战国竹简对这些概念的理解，有助于我们重新认识先秦中国传统思想和文化的根源与发展脉络——"天人合一"抑或"天人相分"，性善还是性恶，何以修身，何以治国，何以事天。

秦始皇石刻：早期中国的文本与仪式

[美]柯马丁著　刘倩译　杨治宜　梅丽校
2015 年 4 月 1 版 1 次
2016 年 3 月 1 版 2 次
36.00 元
大 32 开　216 页

秦始皇石刻是中华帝国史上第一个十年间留下来的最为实在的官方文件。本书的研究以译注这七篇石刻文为发端。作者试图将石刻文所使用的表述纳入周代的文学传统之中。这里，关键问题在于需将这种融合解读为一种历史现象：文本的译注谋求石刻文的语境化，对秦代宗教仪式体系的考察则直抵历史本身。

《竹书纪年》解谜

[美]倪德卫著　魏可钦等译　邵东方校
2015 年 6 月 1 版 1 次
68.00 元
大 32 开　420 页

该书系"今本"《竹书纪年》的研究成果。《竹书纪

年》两卷，1.6 万字，以编年为体，记载中国上古北方君王世系，从黄帝到战国时期魏国魏襄王为止。学界一般称此为"今本"，而"古本"则指从古代典籍、古书注释中汇辑原本《竹书纪年》佚文而成的本子。18 世纪以来，一般斥"今本"《竹书纪年》为伪书。本书通过大量证据来分析"今本"之价值，从而得出其并非伪书的结论。

先秦秦汉思想史研究

[日]谷中信一著　孙敏霞译
2015 年 12 月 1 版 1 次
75.00 元
32 开　472 页

本书通过对流传文献与出土文献的分析考证，全面论述了中国先秦秦汉时期的道家、管子、墨家等三大流派，并对一些先秦秦汉思想史中的重大问题提出自己的看法，别具一格，自成流派。

中国的现代性与人文学术丛书

逻辑何为

—— 当代中国逻辑的现代性反思
晋荣东著
2005 年 12 月 1 版 1 次
45.00 元
大 32 开　420 页

本书着眼于充分发挥逻辑的社会文化功能，从如何推进社会的民主化和法制化、提升社会的合理化程度以及培育公民的批判性思维能力诸方面，对当代中国逻辑在传统逻辑与现代逻辑的关系、中国逻辑史、辩证逻辑诸领域存在的问题与不足进行了反思，以期为进一步推进当代中国逻辑自身的现代化扫清某些理论障碍。

现代化过程的人文向度

杨国荣主编
2006 年 1 月 1 版 1 次
48.00 元
大 32 开　582 页

本书考察的是现代化的过程所涉及的文化的变迁，从多个方面研究了文化与现代性的互动关系。对学术热点的关注和对近代以来现代化进程中各方面变迁的梳理，使本书显示出学术前沿的价值。

全球化与人文学术的发展

高瑞泉 颜海平主编

2006 年 3 月 1 版 1 次

18.00 元

大 32 开 180 页

在"全球化"成为关键词的同时,"本土化"以及全球化与本土化的关系被学者所关注。本书所收 8 篇文章从不同的角度探讨了全球化与人文学术之间的关系。

底层叙述:现代性话语的裂隙

刘旭著

2006 年 3 月 1 版 1 次

25.00 元

大 32 开 268 页

本书通过对当代小说中底层形象的分析,力图批判现代性话语对底层的侵害。现代社会或者现代性话语最成功也最可怕的一点,是它制造的生活观念总是与人性的某一方面极其契合。本书的价值在于给人们提供一个崭新的视角,让人们在现代的迷宫中多一条"另类"的道路,多一种生活和想象的空间。

想象个人

——中国个人观的现代转型

顾红亮 刘晓虹著

2006 年 6 月 1 版 1 次

32.00 元

大 32 开 344 页

现代个人观念在中国究竟是如何确立起来的?在当代中国,我们需要塑造什么样的个人形象呢?本书围绕着这些问题,分不同历史阶段完整地描述了中国个人观的现代转型过程,深入地剖析了民族国家意识中的个人观、个性主义话语中的个人观、群己徘徊中的个人观和集体主义语境中的个人观,并从伦理的、政治的和历史的个人图像等三个方面勾画了现代性的个人图像。在详尽的历史考察与缜密的理论阐释的基础上,本书进一步思考当代中国个人观建构的可能性。

经学的蜕变与史学的"转轨"

路新生著

2006 年 1 月 1 版 1 次

25.00 元

大 32 开 276 页

本书以学术本体为视角,将经学看作一个有着内在生命力的、相对独立的、"自足"的学术系统,以之来透视经学"蜕变"这一社会现象,揭示其对于史学现代化转型的文化意蕴。通过探究经学这一中国封建社会一切学术思想之"源头"及衍变轨迹,并因此探求这种衍变与中国近代史学之转型这二者之间的"互动"关系。对于人文学术的现代性反思,提出了很多新的见解。

佛教本觉思想论争的现代性考察

唐忠毛著

2006 年 3 月 1 版 1 次

28.00 元

大 32 开 312 页

本书将 20 世纪的佛教本觉思想批判事件放置于"现代性"的视阈中进行思想史的审视。作者认为,发生在 20 世纪的两次佛教"本觉"思想批判与论争,已不仅仅是传统意义上的佛学义理之辩,而具有明显的现代性背景。

追寻智慧

——冯契哲学思想研究

杨国荣主编

2007 年 10 月 1 版 1 次

38.00 元

大 32 开 380 页

冯契先生是当代著名的哲学家和哲学史家,他提出的"智慧说"拓展了中国哲学新的思路。本书为纪念冯契先生诞辰 90 周年所举办的国际学术研讨会论文集,共收入论文 20 篇,并附有冯契先生的两篇未刊稿。论文从认识论、辩证逻辑、智慧说等多个方面对冯先生的哲学思想进行了深入研究和探讨,从不同角度对冯先生的哲学体系进行解读。

国家文学的想象和实践

——以《人民文学》为中心的考察

吴俊 郭战涛著

2007 年 6 月 1 版 1 次

19.00 元

大 32 开 204 页

本书以《人民文学》为考察对象,经由《人民文学》创刊初期的历史背景,组稿的政治解读,"十七年"期间其封面的意识形态,新农民如何在文学作品中被塑造,20 世纪 50 年代文学中的"身体叙述",《人民文学》的复刊对政治变局的见证,所刊《机电局长的一天》风波始末等个案研究,生动勾勒了国家主流意识形态对文学创作的不同演绎方式和影响。

转折时期的精神转折

——"新时期"以来中国社会思潮及其走向

高瑞泉 杨扬等著

2008 年 9 月 1 版 1 次

58.00 元

大 32 开 584 页

本书以专题的方式集中讨论了 1980 年代至 1990 年代的二十余年间中国社会思潮主流的转折。其中着重分析了哲学思潮、政治思潮、伦理思潮、文学思潮在转折时期的面貌及其走向,并梳理了在这些思潮背后所折射出的中国学术以及知识分子对于全球化背景下"现代性"的不同思考理路。同时也包括对宗教观念变化、"三农"问题的思考等内容。

社会・经济・观念史丛书

在传统的历史学研究中,经济史以厚重朴实见长,社会史以拓展创新饮誉,观念史则讲究精微灵秀,各擅胜场,各有特色。之所以把传统专门史学科中的这三个领域集约为这套丛书的总名,主要是希望沟通所谓专门史领域,重建整体历史的图像。

两头蛇:明末清初的第一代天主教徒

黄一农著

2006 年 8 月 1 版 1 次

2008 年 5 月 1 版 2 次

58.00 元

16 开 568 页

单行本 2015 年 4 月 1 版 1 次

精装 98.00 元

16 开 568 页

本书作者尝试追索明末清初第一代天主教徒奉教的因缘、心态与历程,并研究他们如何运用其人际网络以扩张西学、西教的影响力,及其在面对异文明碰撞所产生的糅合与冲突时究竟如何自处。书名以两头蛇作为譬喻,形容这些夹在中西两大传统之"首鼠两端"的奉教人士。

启蒙时代欧洲的中国观

——一个历史的巡礼与反思

张国刚 吴莉苇著

2006 年 7 月 1 版 1 次

48.00 元

16 开 468 页

公元 17—18 世纪,一个走向启蒙与近代文明的欧洲结识了一个被耶稣会士有意远古化了的中国,于是产生了一系列耐人寻味的文化现象。本书通过深入的分析,确认这一时期的中西交往具有以中学西传为主、中国知识在欧洲引起巨大反响的特点,并力求于欧洲社会和思想发展的脉络中作审视,因此而整合出的欧洲中国观既有整体性,又有概括性的特色。作者占有了大量的中西文第一手资料,论证严密,并配图 160 幅,编制了相关索引。

佛教戒律与中国社会

严耀中著

2007 年 11 月 1 版 1 次

50.00 元

16 开 520 页

本书介绍了佛教戒律传入中土的特点,强调了官方与社会对戒律的约束和僧制的重要性,突出了戒律与儒、道、民俗、礼制、法律等的互动影响。其中有关佛教社团与社会、宗教异端与社会异端、有为与无为、寺院经济与戒律、八关斋戒与中古门阀等章节,尤见其创新意识。

江南农业的发展(1620—1850)

李伯重著 王湘云译

2007 年 6 月 1 版 1 次

45.00 元

16 开 300 页

本书所讨论的问题是近年来学界关注的焦点——在中国历史研究中应当如何对待"西方中心论"。作者从明清江南农业的发展入手,进行细致深入的研究,涉及亩产量、农村副业、集约生产、社会制度、人口与耕地、经营方式,资源的合理利用,甚至像稻麦复种技术等等,运用大量历史、数据资料,对明清农业停滞说的"定论"提出了深刻的挑战。本书在 1998 年先以英文出版发行,被誉为"加州学派"的重要著作之一,此次在国内翻译出版,将对中国经济史的研究起到积极的推动作用。

中古的佛教与社会

刘淑芬著

2008 年 1 月 1 版 1 次

43.00 元

16 开 452 页

本书是台湾著名学者刘淑芬关于佛教与我国中古社会关系的论集,内容涉及中古社会民族、政治、民俗丧葬、养生等诸领域,以多种视角反映出当时佛教与中国社会互相渗透、影响的立体景观。其中有关北方少数民族与灭佛,宦官与佛寺兴建,斋戒与断屠,福田思想与社会公益事业,中国撰述经典与民间佛教,以及露尸葬、塔葬等对中国葬俗的影响、寺院茶汤丸药的普及等内容,尤其具体深入。本书涉及面广,观点新颖,旁征博引,有助于读者全面理解佛教与中国古代社会的关系,是一部颇具参考价值的学术专著。

宋代的家庭和法律

柳立言著

2008 年 7 月 1 版 1 次

59.00 元

16 开 548 页

本书作者毕业于美国普林斯顿大学,获哲学博士学位,现为台湾"中研院"历史语言研究所研究员。本书系作者的论文集,总共收入他的十篇论文,作者从族谱和案例着手,研究宋代的家族、家庭,探讨宋代社会生产发展对宋人的社会生活产生的具体影响。作者重视真人真事的案例,他的研究充分探究了法令变化的深刻社会意义。本书论述透彻,引证材料丰富充实,广泛吸取海内外学术界的研究成果,在此基础上提出自己的独特见解。

明清时代之社会经济巨变与新文化

——李渔时代的社会与文化及其"现代性"

［美］张春树 骆雪伦著 王湘云译

2008 年 12 月 1 版 1 次

38.00 元

16 开 338 页

明清易代之际,中国社会、经济、文化等各方面都发生了重大变化。本书通过翔实的资料考订和缜密的分析,以李渔的生活经历和作品作为研究个案,深入剖析了作为传统文人的李渔所折射出的现代性意识。反映了这个动荡时代对传统文人的影响,以及他们面对变化时,在思想观念上的回应。

灭罪与度亡

——佛顶尊胜陀罗尼经幢之研究

刘淑芬著

2008 年 9 月 1 版 1 次

35.00 元

16 开 260 页

作者将经幢作为社会史的独特资料来研究,通过对各种经幢结构、造型与所刻内容的考察分析,揭示唐代及唐以后社会宗教生活与宗教心理的一个基本特征。全书资料丰富、观点平实,是一本具有较高学术价值的研究著作。

天下秩序与文化圈的探索

——以东亚古代的政治与教育为中心

高明士著

2008 年 7 月 1 版 1 次

49.00 元

16 开 404 页

本书从东亚古代的政治与教育的角度,研究中国古代从汉代初步成型,至隋唐而完备的天下秩序,以及在此秩序影响下形成的东亚文化圈。附录中对好太王碑拓本及碑文(尤其是"傅馆乙本")的整理、研究,有重要的参考价值。

现代城市社会研究丛书

棚户区

——记忆中的生活史

陈映芳主编

2006 年 3 月 1 版 1 次

28.00 元

大 32 开 400 页

在近代以来的上海历史中,"棚户区"一直是规模庞大、形态独特的城市贫民区。本书选取了棚户区保留较完整的两个社区,以随机抽样的方式选取了近百户访问对象,采用口述实录的方式记录了上海棚户区的历史和现状。作为社会底层的代表性社区,棚户区居民用自己的话语构筑了他们自己的生活史。

现代城市更新与社会空间变迁

——住宅、生态、治理

林拓 ［日］水内俊雄等著

2007 年 4 月 1 版 1 次

48.00 元

大 32 开　596 页

　　本书从实践和理论两方面,阐述了城市更新在世界各国,尤其是中国的变迁过程。本书分五编,第一编为内城区开发及其空间重组;第二编为社会构成变动及其空间转换;第三编为城市环境变迁及其空间优化;第四编为大都市治理及其空间演变;第五编为国外城市更新巡礼。

都市大开发

——空间生产的政治社会学

陈映芳等著

2009 年 4 月 1 版 1 次

58.00 元

大 32 开　692 页

　　本书是城市社会学的实证性研究著作,以城市改造的实践进程为研究范围,以国际大都市特别是上海的城市改造和发展为研究对象,基于各方面的翔实的资料数据采集以及通过田野调查的方式,对于城市发展特别是中国现阶段城市改造中出现的实际问题予以客观的分析和理论的思考。对于现代都市发展面临的诸多现实问题的解决和今后发展策略的制定都具有较为重要的意义和相当的参考价值。

直面当代城市:问题及方法

陈映芳　[日]水内俊雄　邓永成　黄丽玲等著

2011 年 12 月 1 版 1 次

2015 年 6 月 1 版 2 次

55.00 元

大 32 开　464 页

　　本书对当今世界各国及各地区城市开发背景下城市公平及城市住宅问题进行了描述和分析,挖掘了城市现实背后的社会性、空间性及历史性,还对中外各国政府住宅政策与市民抵抗运动之间的演变轨迹进行了探讨。

寻找住处

——居住贫困和人的命运

陈映芳　卫伟主编

2015 年 6 月 1 版 1 次

42.00 元

32 开　332 页

　　本书稿由两篇学术性质的序言、多篇调研报告以及一篇综合课题组调研汇总性质的附录文章组成。其主旨在于通过调查上海各类居住困难人群生存、工作、生活的情况,揭示这个城市不为大多数人所知的另一面,具有一定的现实意义。

浙江大学人文学术丛书

《史记》同义词研究

池昌海著

2002 年 4 月 1 版 1 次

精装 23.00 元

大 32 开　288 页

　　本书首次以具秦汉语言代表性的历史文献《史记》为研究文本,作同义词的断代研究,对《史记》同义词的来源、构成、修辞功能、区别性特征等进行全方位、多角度考察,并进而对古汉语同义词研究中理论和实践两方面的一些难点、热点问题作了清理和探讨。

古汉语同义词辨释论

黄金贵著

2002 年 8 月 1 版 1 次

精装 35.00 元

大 32 开　464 页

　　本书以古汉语同义词辨释为对象,展开全面、系统的理论研究。全书从评析古汉语同义词辨释长期存在的种种问题入手,依次对古汉语同义词的概念、功用、同异,以及古汉语同义词辨释的传统、构组、方法诸问题进行详细论述。

唐代西州土地关系述论

卢向前著

2001 年 7 月 1 版 1 次

精装 31.50 元

大 32 开　376 页

　　作者以吐鲁番田制文书为中心,详细论述了唐代西州均田制的实施、内容、败坏及在唐代土地制度中的意义等。全书涉及西州土地关系的方方面面,对现存文书作了合理的分析与解释。

唐代州郡制度研究

陈志坚著

2005 年 9 月 1 版 1 次

精装 28.00 元

大 32 开　272 页

作为中国历史上重要变革时期的唐代州郡制度的演变,理应受到足够的重视。本书从州郡的种类和等级出发,逐步深入地探讨州郡、方镇、中央三者的关系。在前人的研究基础上,作者多有自己的发现创见,填补了唐代州郡制度研究的空白。

唐宋历史文献研究丛稿

梁太济著

2004 年 12 月 1 版 1 次

精装 50.00 元

大 32 开　598 页

唐宋文献距今千年,传抄过程中,产生许多讹误。本书对一些重要的历史文献进行了横向和纵向的比较研究,分清其源流和主次,确定其各自的史料价值,为读者和研究者提供了进一步研究的基础。

宋代地方财政史研究

包伟民著

2001 年 7 月 1 版 1 次

精装 28.80 元

大 32 开　340 页

本书以宋代地方财政为对象,研究了宋代的财政机构、中央与地方财赋分配关系的演变、地方的财政匮乏及其后果、地方财政各区域间的不平衡性和各阶级间的负担的不平等问题,以及地方财政与征榷收入的性质,对学术界一些有争议的问题作出了颇有说服力的回答。

中国古代史史料学

何忠礼著

2004 年 9 月 1 版 1 次

精装 48.00 元

大 32 开　544 页

本书分中国古代史主要史料介绍和史料的考订、检索、利用两编,提纲挈领,突出重点,注重系统性和实用性,尤其着重论述如何鉴别史料和运用史料。

十七世纪中期汉学著作研究

——以曾德昭《大中国志》和安文思《中国新志》为中心

计翔翔著

2002 年 5 月 1 版 1 次

精装 28.00 元

大 32 开　340 页

曾德昭的《大中国志》和安文思的《中国新志》是早期汉学时期的两部代表作,反映了当时西方汉学研究的最高水平。本书通过对这两本著作的全面系统研究,不仅使人们了解了这两本著作的内容及其价值,而且也纠正了长期流行的“法国人创立西方汉学”等失实观点。

金元词通论

陶然著

2001 年 7 月 1 版 1 次

精装 36.80 元

大 32 开　496 页

金词上承北宋词,下启元词,与南宋词并峙百余年;而元词延续了前代词的流风余韵,其词论更是步入词学史之成熟阶段。本书以崭新的观点,多方位的视角,对金、元词作出了实事求是的评价与历史定位,于完善词史的研究有补苴之功。

山东大学文史哲研究院专刊

秦制研究

张金光著

2004 年 12 月 1 版 1 次

2011 年 9 月 1 版 2 次

精装 98.00 元

大 32 开　912 页

本书分别研究秦代的土地制度、为田制度、阡陌封疆制度、租赋徭役制度、官社经济体制、家庭制度、刑徒制度、居赀赎债制度、乡官制度与乡治、学吏制度、爵制、户籍制度。

魏晋南北朝文体学

李士彪著

2004 年 4 月 1 版 1 次

2014 年 1 月 1 版 3 次

精装 38.00 元

大 32 开　400 页

本书论述了魏晋南北朝文体学在汉代文学与唐代文学之间的继往开来的作用,是对魏晋南北朝文学研究的拓展与深入,肯定了魏晋南北朝文学在中国古代文学中的重要性,从而提出自己的学术观点。

杜诗释地

宋开玉撰
2004 年 11 月 1 版 1 次
2011 年 9 月 1 版 2 次
精装 88.00 元
大 32 开　810 页

　　本书是一部考释杜甫诗文地名与胜迹的工具书,考释内容包括杜甫诗文中涉及的地名、胜迹与后人为杜甫建造的名胜。书中除说明具体地志的演变外,也联系杜甫写作的时代特点与个人经历,尽量做到"既明其地,又知其用"。书后附《杜甫行踪简谱》与全书条目索引。

李焘学行诗文辑考

王承略　杨锦先辑考
2004 年 12 月 1 版 1 次
2011 年 9 月 1 版 2 次
精装 28.00 元
大 32 开　214 页

　　李焘《续资治通鉴长编》为宋以来学者所推重。而其诗文,迄无专集。王承略、杨锦先先生自 1989 年以来,致力于李焘研究,辑得李焘诗、句 32 首,文 90 篇,为最完备的李焘诗文辑存。同时编辑李焘事迹编年和李焘著述考辨,为李焘及宋代学术研究提供了宝贵资料。

关中方言古词论稿

朱正义著
2004 年 12 月 1 版 1 次
2011 年 9 月 1 版 2 次
精装 36.00 元
大 32 开　290 页

　　关中即现在的陕西省中部,也即渭河流域自潼关至宝鸡一带的地方,历史上又称"秦中"、"三秦"、"三辅"、"渭川"。关中方言是西周"雅言"(即标准语)的直系后裔。本书论述了关中方言的历史、词汇构成、形成原因、读音、词义、书写形式等;列举关中方言古词 250 余条,每条都引用古籍作了详细的考释。

目录版本校勘学论集

王绍曾著
2004 年 12 月 1 版 1 次

2011 年 9 月 1 版 2 次
精装 108.00 元
大 32 开　1080 页

　　王绍曾先生毕生从事版本目录校勘之学,20 世纪 30 年代时就崭露头角,几十年中,曾主编、编纂了多部著作,并勤于撰著,发表论文 60 余篇,对所从事的古籍整理项目及有关目录、出版学家都有所论述。

秦汉人物散论

孟祥才著
2005 年 12 月 1 版 1 次
2011 年 9 月 1 版 2 次
精装 55.00 元
大 32 开　582 页

　　本书内容涉及近百位对秦汉历史产生过重大影响的历史人物,如秦始皇、李斯、汉高祖、张良、韩信、汉武帝等。作者探索这些人物或喜剧或悲剧命运的背后原因,通过揭示时势与人物的关系,从而证明:所有的人都是在因应时代的过程中打造了自己不同的命运。

两汉文献与两汉文学

董治安著
2005 年 11 月 1 版 1 次
2011 年 9 月 1 版 2 次
精装 45.00 元
大 32 开　420 页

　　本书是作者多年来整理和研究两汉文献、文学的成果汇编。其中有专题论文,如《两汉〈诗〉的承传与〈诗〉学的演化》、《关于由"辞"到"赋"的发展演变》等;有对古书的诂训,如《〈太玄〉(二十八篇)释义》;也有史料的辑录,如《〈史记〉引〈诗〉综录》等。

文心雕龙学分类索引

戚良德编
2005 年 12 月 1 版 1 次
2011 年 9 月 1 版 2 次
精装 66.00 元
大 32 开　680 页

　　本书共收集 1907—2005 年"龙学"论文、专著 6517 条,按照不同的地域(中国内地、台湾、香港、国外)和不同的内容(如刘勰生平和著作、《文心雕龙》综论、《文心雕龙》文体论、《文心雕龙》创作论、《文心雕龙》批评论、标注今译等)分类归并,堪称迄今"龙学"研究论文、专著最全的目录索引。

秦汉之际的政治思想与皇权主义

雷戈著

2006 年 2 月 1 版 1 次

2011 年 9 月 1 版 2 次

精装 49.00 元

大 32 开　550 页

本书对中国历史上的皇权主义与王权主义、君权主义做了政治形态性区别,并对皇权主义在后战国时代的发生过程进行了细致描述和深入分析。

宋代文献学研究

张富祥著

2006 年 3 月 1 版 1 次

2011 年 9 月 1 版 2 次

精装 78.00 元

大 32 开　874 页

本书通过分类归纳和研讨,全面系统地展示了宋代文献学发展的总体状况和成就。以目录学、校勘学、注释学、辨伪学、考证学、金石学、图谱学、辑佚学、版本学和传统小学等十章论述和总结了宋人在这些学科上的成就和经验;每章又上溯该分支学科的发展渊源,下及元、明、清的承袭和流变。

清代《仪礼》文献研究

邓声国著

2006 年 4 月 1 版 1 次

2011 年 9 月 1 版 2 次

精装 49.00 元

大 32 开　552 页

《仪礼》是中国最古老的重要典籍之一,主要记述先民冠、婚、饮、食、燕、射、聘、觐、丧、虞等方面的礼节仪式,繁文缛节,琐细难读。本书除对历代《仪礼》文献进行梳理综述外,重点则是对清代《仪礼》研究文献的发掘和探讨,是一部原创性的断代专题文献学力作。

四库存目标注(附索引)(全八册)

杜泽逊撰　程远芳编索引

2007 年 12 月 1 版 1 次

2014 年 1 月 1 版 2 次

精装 480.00 元

大 32 开　5532 页

这是与邵懿辰《四库简明目录标注》配套的版本目录学工具书,具有填补空白的意义。此书以浙本《总目》的三十二种,于每一书目下逐一注明进呈本所录,知见本版本形式、现状、藏所,并录有关序跋题识、印记、写刻工,间加按语,时有新知卓见。附有书名、人名、写刻工和藏书家藏书印鉴四种四角号码索引,极便检索

山左戏曲集成(全三册)

王绍曾　宫庆山编　王承略协编

2007 年 12 月 1 版 1 次

2011 年 9 月 1 版 2 次

精装 230.00 元

大 32 开　2304 页

本"集成"把山东省元明清三代的戏曲作家和作品汇为一书,分为上下两编。上编收杂剧,下编收传奇。所选作家都作小传介绍,所收作品都依作品真伪、版本源流、剧情内容,分别予以考定、介绍,本"集成"还有"山左戏曲家佚著目录"、"山左戏曲家评论及有关资料"等附录。所收作品基本上囊括了目前学术界发现的所有资料,其中有许多是"手抄本"、"演出本"等首次公开出版的珍贵的古籍资料,是一部极其有价值的戏曲作家作品总集。

东夷文化通考

张富祥著

2008 年 11 月 1 版 1 次

2011 年 9 月 1 版 2 次

精装 68.00 元

大 32 开　712 页

本书从文化角度切入,并运用历史学、文字学、考古人类学等考证方法,研究和探讨了东夷文化的远源和近源,及其文明初兴、分化融合、与夏、商文化的异同,乃至转型期的东夷与文化等问题。

唐诗与民俗关系研究

赵睿才著

2008 年 11 月 1 版 1 次

2011 年 9 月 1 版 2 次

精装 72.00 元

大 32 开　748 页

本书从服饰、饮食、居行、婚姻、丧葬、祭祀、节令七个方面，通过唐诗这面镜子，折射出唐朝多民族融合下的多样而特殊的民俗习惯及其根源、影响，如胡服、胡饼、胡床、葡萄酒的引进，毡帐成亲的演变及撒帐诗的流行，公主和亲与再嫁现象，祖祭和社祭的程式等等，展示出唐代在文学艺术、政治、经济等各方面取得的卓越成就，对邻邦文化产生的深刻影响，论证并阐述了唐诗与唐代民俗密不可分的关系。

郑氏诗谱订考

冯浩菲著

2008 年 12 月 1 版 1 次

2011 年 9 月 1 版 2 次

精装 28.00 元

大 32 开　252 页

郑玄为《毛诗》作《笺》，鉴于《毛诗》所引卜商《诗序》只有大序和篇序，而没有统论各类诗作的中序，故撰《毛诗谱》以补其阙。其十五个分谱都由文字部分和年表部分组成：文字部分主要说明该类诗籍以产生的地域及政治、经济、文化、民俗等社会历史背景等；年表部分主要是列表说明各类诗所包括的所有诗篇分别归于某一公某一王时代。由于郑氏《诗谱》原书久已亡佚，现在流传下来的各种辑本基本上都源于《毛诗正义》本。本书在对历代各种辑本进行校勘整理的基础上，对郑玄《毛诗谱》进行了文字、体例的详细订正和疑难问题的考论。

文心雕龙校注通译

戚良德撰

2008 年 12 月 1 版 1 次

2011 年 9 月 1 版 2 次

精装 58.00 元

大 32 开　594 页

《文心雕龙》的版本很多，但自从清代黄叔琳《文心雕龙辑注》出现以后，黄注本实际上已成为《文心雕龙》的通行本。但各家丰富的校勘成果也说明，黄注本作为底本实际上问题颇多。本书的整理译注者以范注本的原文为基础，参照《文心雕龙集校合编》和《新校白文〈文心雕龙〉》，充分吸收近世诸家的校勘成果，特别是全面吸收唐写本的校勘成果，整理出一个新的《文心雕龙》文本，在此基础上对《文心雕龙》作了详尽的注释，并加以白话翻译。

泰山香社研究

叶涛著

2009 年 5 月 1 版 1 次

2011 年 9 月 1 版 2 次

精装 45.00 元

大 32 开　480 页

作者从民俗学角度介绍了泰山香社的发展沿革历史，详细讨论了泰山香社的兴盛与泰山信仰、碧霞元君信仰之间的内在联系，以及泰山香社的结社原因、组织结构、管理方式、活动形式等内容。

山东大学文史哲研究院专刊(全十九种)
(全二十八册)

王绍曾等著

2011 年 9 月 1 版 1 次

精装 1980.00 元

大 32 开　17892 页

本书由山东大学文史哲研究院的一批优秀的学者立足于文献基础研究而著，内容涵盖中国古典文献学、中国古代文学、汉语言文字学、史学理论与史学史、中国古代史、文艺学、民俗学、中国民间文学等。

易经古歌考释(修订本)

黄玉顺著

2014 年 5 月 1 版 1 次

2015 年 7 月 1 版 2 次

精装 58.00 元

大 32 开　456 页

本书作者从文学的角度研究《周易》，发现《周易》中每卦的爻辞都含有几句歌辞，从中钩稽出 60 多首殷周歌谣，并逐首加以考释，为研究中国诗歌的源头和全面认识《周易》的文学价值提供了重要资料。此书曾于上世纪 90 年代由巴蜀书社出版，此次重新修订，增加了 180 条注释和 6 篇研究性文章。

日名制·昭穆制·姓氏制度研究

张富祥著

2014 年 5 月 1 版 1 次

精装 38.00 元

大 32 开　304 页

本书从中国古代宗法制度的源流入手，分专题探讨上古日名制、昭穆制及姓氏制度的起源和演变，分析其内在机制。作者认为中国古代宗法曾经历母族母宗、父族母宗、父族父宗三个阶段,日名制和昭穆制都根源于上古贵族社会"子从母名"、"子从母姓"的风俗,主要流行于父族母宗的阶段,是早期亲属分类、姓氏制度和辈分划分的特殊形式;先秦"男子称氏,妇人称姓"的习俗,仍然反映出上古母系宗法的遗风。

儒学视野中的《文心雕龙》

戚良德主编
2014 年 5 月 1 版次
精装 98.00 元
大 32 开　820 页

　　本书所收录论文,分成三个专题:"'龙学'三十年回望"主要是对中国《文心雕龙》学会成立过程及主要创始人的回忆和纪念;"《文心雕龙》与儒学"则从不同角度论述了《文心雕龙》与儒学的关联及相互间的影响;"《文心雕龙》之论"阐发《文心雕龙》的深刻内涵乃至专用术语的辨析。

唐代文学隅论

赵睿才著
2014 年 9 月 1 版 1 次
精装 68.00 元
大 32 开　540 页

　　本书集录了论文 26 篇,主要涉及杜甫研究、唐诗与民俗关系研究,以及唐代经典作家如李白、王维、李贺等的专门研究。

清代《文选》学研究

王小婷著
2014 年 9 月 1 版 1 次
精装 38.00 元
大 32 开　308 页

　　本书从清代大量《文选》学研究专著中遴选出 15 位研究者、21 种专著,分为三类:评点笔记类,考据类、综合类;又从多种思维的角度出发,采取知人论世的传统方法,对各书的研究过程、研究状况、研究方法与成果价值及其得失,作了全面梳理和评述,不乏独到之见。

微湖山堂丛稿（全二册）

杜泽逊著
2014 年 12 月 1 版 1 次
精装 148.00 元
大 32 开　1420 页

　　《微湖山堂丛稿》收入杜泽逊教授 1986 年到 2013 年间撰写的论文、札记 140 篇。他长期从事古籍目录学、版本学、校勘学、藏书史、四库学以及山东文献研究,著有《四库存目标注》、《文献学概要》,主编《清人著述总目》、《清史艺文志》,2012 年以来主持《十三经注疏汇校》。本书选收的论文、札记,大都是从事各类重大项目过程中撰写的,富有学术创见和学术史料价值。

宋辽夏金经济史研究（增订版）

乔幼梅著
2015 年 5 月 1 版 1 次
精装 78.00 元
大 32 开　592 页

　　本书除收录原《宋辽夏金经济史研究》(齐鲁书社 1995 年版)一书内容,复收入该书出版后发表的数篇重要论文,以及与漆侠先生合著之"中国古代经济史断代研究之六"《辽夏金经济史》(河北大学出版社 1998 年版)一书中所执笔的金代部分,涉及货币、高利贷等重大问题,当为中国古代经济史研究的重要成果。

古书新辨
——先秦出土文献与传世文献相对照研究

[日]西山尚志著
2015 年 12 月 1 版 1 次
精装 48.00 元
16 开　336 页

　　本书文主要运用中国的新出土文献进行相关研究,涉及中国的思想史、历史、文字学、文献学等各种领域。

里仁居语言跬步集

孙剑艺著
2015 年 12 月 1 版 1 次
精装 69.00 元
大 32 开　564 页

　　本书收录作者历年来发表的语言学相关论文凡 72 篇,涉及文字、语文规范化及书同文;音韵、语音;词汇训诂、辞书编纂及语词文化考据;语法虚词及少数民族语言;对殷师孟非先生的怀念及学术评议等。

诗圣杜甫研究（全二册）

张忠纲著

2015 年 12 月 1 版 1 次

精装 188.00 元

大 32 开　1712 页

　　本书为作者多年潜心研究杜诗的成果结集,上编包括学术论文和作品赏析。中编详述北宋、南宋时期的"杜诗学"概况,并对唐、宋、清三代 228 种杜集进行题解。下编评述了新时期杜甫研究的得失。全篇熔学术性和资料性于一炉。

探寻儒学与科学关系演变的历史轨迹
——中国近现代科技思想史研究
马来平著

2015 年 12 月 1 版 1 次

精装 59.00 元

大 32 开　496 页

　　本书以历史的长焦镜头,一幕幕地还原、回放了"科学"循序渐进、由浅入深地影响中国社会和中国人思想世界的历程。其中,着力阐发了科学与儒学的兼容性,以及在现代条件下,二者协调发展的可能性和路径;同时高度关注了科学与传统文化相互作用中所呈现的科学的性质、功能和发展规律。

经史避名汇考(全二册)
[清]周广业著　徐传武　胡真校点

2015 年 12 月 1 版 1 次

精装 198.00 元

大 32 开　1288 页

　　《经史避名汇考》是有关清代以前避讳的专著,是古代避讳资料的集大成之作。书中不仅有关于避讳规则、历代避讳情况的著录及评论,而且有大量的利用避讳校勘史籍、辨别版本、考证史事和名物制度的内容。此书问世后只有钞本传世,目前所知有四种不同钞本,其中 3 种被影印出版。整理者比较这四种钞本,并查阅其他资料对此书进行了的标点、校勘、注释,有利于进一步深入研究利用这部避讳专著。

被结构的时间:农事节律与传统中国乡村民众年度时间生活
——以江南地区为中心的研究
王加华著

2015 年 10 月 1 版 1 次

精装 58.00 元

大 32 开　396 页

　　传统中国乡村民众年度时间以农事节律为基本轴心展开进行。这种时间生活的结构性安排,不仅深刻影响了传统中国民众之时间观念与时间体系,并对整个中国传统文化产生了深远影响。近代以后,随着现代大工业的发展,这一时间生活模式也在逐步发生改变。本书对此作了深入的研究和探讨。

温柔敦厚与中国诗学
刘文忠著

2016 年 3 月 1 版 1 次

精装 38.00 元

大 32 开　276 页

　　本书以《礼记》和《诗大序》出发,对历代关于诗教的浩繁资料爬梳剔抉,勾勒出温柔敦厚这一重要诗学范畴的产生、发展、演变之轨迹;并从文化背景、诗歌理论、各种思潮及美学思想的变迁中,找出诗教兴衰的动因,于中总结出若干规律。同时,殚尽其力,比勘自先秦迄近代各家诗教的论述,以定是非优劣,匡谬扶正,不乏己见。

会通与嬗变
——明末清初东传数学与中国数学及儒学"理"的观念的演化
宋芝业著

2016 年 7 月 1 版 1 次

精装 58.00 元

大 32 开　460 页

　　本论文通过对明清之际中西文化会通中一些重要原著的考察与梳理,通过对利玛窦及中士一些重要人物的科学实践活动的追踪和考察,认为东传科学通过三条主要途径对儒家天道观产生了影响:(1)利玛窦通过宗教哲学对儒家天道观的调适和改造;(2)西方科学对儒家天道知识内容的更新和转型;(3)有些儒士试图利用西学来重新构建儒家天道观。

复旦文史丛刊

形神之间
——早期西洋医学入华史稿
董少新著

2008 年 6 月 1 版 1 次

58.00 元

小 16 开　512 页

单行本 2012 年 12 月 1 版 1 次
精装 88.00 元
小 16 开　512 页

　　本书从宗教传播史和医疗社会史的角度探讨传教士在华的行医史活动,将医疗史、传教史、社会史和思想观念史的各种问题结合起来讨论,作者使用了大量国内学者很少问津的各种西文包括很多小语种的文献资料,并时时进行中西对比,视野相当开阔。

宋代民众祠神信仰研究

皮庆生著
2008 年 10 月 1 版 1 次
48.00 元
小 16 开　408 页

　　本书以张王、祠赛社会、祈雨、祠神信仰传播、正祀与淫祀五个个案为例,将宋代民众祠神信仰置于唐宋社会变革的背景下,全面考察祠神活动存在、演变的真实状况,及其复杂的社会、政治与文化背景。在史料分析的基础上,本书检讨并纠正了前人的若干观点,将国内外的同类研究向前推进了一步。作者把民众祠神信仰放在国际学界关注的"唐宋变革"背景下讨论,提升了宋代民间宗教信仰研究的学术意义。

礼仪的交织

　　——明末清初中欧文化交流中的丧葬礼
[比利时]钟鸣旦著　张佳译
2009 年 9 月 1 版 1 次
38.00 元
小 16 开　300 页

　　丧葬礼通常被认为处于中国传统礼仪文化的核心地位,本书论述 17 世纪明清之际中西文化交流进程中,在中西礼仪传统相互碰撞后,丧葬礼所发生的复杂变化及其在宗教表达方式、新身份认同中所起的重要作用。以往的研究重点"礼仪之争"在本书中只是边缘问题,作者在借鉴他人研究成果和方法的基础上,创新性地提出"织布"的比喻,倡导从互动和交流的视角来理解文化接触史的复杂性,将理论阐述和对丧葬礼的综合研究、个案研究有机结合,其研究路径和成果可资相关领域的研究者参考。

中国近代科学的文化史

[美]本杰明·艾尔曼著
复旦文史研究院翻译组译
2009 年 11 月 1 版 1 次
36.00 元
小 16 开　280 页

　　本书是美国著名汉学家艾尔曼教授为美国学生撰写的教科书,旨在使他们了解 1600 年至 1900 年中国科学、技术和医学发展的状况。作者避开了通常描述现代科学兴起过程时常有的"欧洲中心论",把明清时期的中国科学发展从知识史的幕后搬到了前台。通过把耶稣会士推动中国科学发展的过程当作新教传教士在西方近代科学传入中国时发挥作用的前奏,从而使 1600 年至 1900 年的中国的近代科学发展史成为一个连贯的整体,并在这一基础上分析了西学进入中国所经历的传入、调和与融合三个阶段,详细记述了由于甲午战争改变了知识阶层的认识而被人们淡忘了的中国现代科学兴起过程中的兴衰变迁。

从万国公法到公法外交

　　——晚清国际法的传入、诠释与应用
林学忠著
2009 年 12 月 1 版 1 次
58.00 元
小 16 开　460 页

　　国际法在晚清传入中国,是历史大事,可以视作西潮东渐引发文化变迁的典型范例,影响深远,反映了西方文明渗透入中国思维的过程,更展示了中国传统"天下观"崩解的具体情况。全书以全球化的视野,探讨了晚清国际法传入中国,引起有识之士思考国际对策,从"师夷之长技以制夷"到"用夷变夏"的具体过程与思维变化,反映了东西方文明碰撞之时,遭受侵略压迫的中国,在被迫纳入西方主导的世界体系之时,是如何重新定位自身的文化秩序,在左冲右突、几乎可说是"困兽犹斗"的艰苦情况下,如何接受了西方国际法的挑战。同时也展示了所谓"国际公法"多面与多层次的复杂性,对于我们思考世界历史中不同文化进程的发展,有一定的启发作用。

禅定与苦修

　　——关于佛传原初梵本的发现和研究
刘震著
2010 年 12 月 1 版 1 次

58.00 元

小 16 开　308 页

　　长期以来,学界普遍认为完整的《长阿含》只存于汉文和巴利文中。然而,上世纪末在巴基斯坦发现了书写在桦树皮上的梵文本《长阿含》残卷,这一固有观念被彻底打破。一时间,这部断代为公元七八世纪的《长阿含》写本研究成了国际印度学和佛学界的最新研究热点。作者用西方文献学的研究方法,将各种语言的佛经一一归类,并作对照,特别是对那些禅定和苦修的专用名称和模式化的描述作了细致的剖析。

朝鲜燕行使与朝鲜通信使
——使节视野中的中国·日本

[日]夫马进著　伍跃译

2010 年 12 月 1 版 1 次

58.00 元

小 16 开　388 页

　　"燕行使"是昔日朝鲜国王向中国派遣的、旨在履行朝贡义务的外交使节,而"通信使"则是朝鲜国王为了维持与日本之间的友好关系向日本派遣的使节。尽管今天国内明清时期各类书籍汗牛充栋,但是当时访问中国的朝鲜人却记下了中国人通常不会记录的内容,保存了中国史料中所没有的重要资料,因而不仅对国内明清史研究具有重要的价值,更成为研究当时东亚社会的国际秩序的基本史料。作为燕行使和通信使研究的开拓者,作者夫马进编纂了《燕行录全集日本所藏编》和日本所藏燕行录的解题。本书中,作者根据所掌握的材料探讨了明清朝鲜使者视野中的中国和日本,更进一步分析近代前夜的东亚三国—中国、朝鲜和日本—士大夫们所讨论的问题,以及他们的精神和学术究竟占有何种位置。

利玛窦:紫禁城里的耶稣会士

[美]夏伯嘉著　向红艳 李春园译　董少新校

2012 年 4 月 1 版 1 次

38.00 元

小 16 开　344 页

　　本书是夏伯嘉在 2010 年由牛津大学出版社推出的新作《紫禁城里的耶稣会士:利玛窦(1552—1610)》的中文译本,讲述了利玛窦的一生,重点将目光投向早期耶稣会士在中西文化交流中所扮演的角色,以天主教在中国的传播为例审查中西文化的碰撞为主题,突出了西方宗教与文化对近代中国知识转型的冲击。

"伊斯兰世界"概念的形成

[日]羽田正著　刘丽娇译　朱莉丽校

2012 年 12 月 1 版 1 次

36.00 元

小 16 开　240 页

　　本书首先归纳了"伊斯兰世界"一词所包含的四种含义,随后通过考查近代以前阿拉伯语和波斯语的地理、历史著作以及近代以来欧洲学术著作中对伊斯兰文明的论述,说明了"伊斯兰世界"的概念和"伊斯兰世界"史的发生、发展过程,还试图对日语中的"伊斯兰世界"一词的历史进行溯源并对其下明确的界定。

动物与中古政治宗教秩序

陈怀宇著

2012 年 6 月 1 版 1 次

64.00 元

小 16 开　452 页

　　本书从几个方面探讨了中古时期动物在政治、宗教秩序建构中所起到的作用,以及其中反映出的人类意识,政治、宗教观念,导论部分介绍相关领域的研究状况以及本书的主要思路和研究手段,之后主要以中国中古时期佛教文献中有关动物的几个具体的问题进行分析研究。

明末江南的出版文化

[日]大木康著　周保雄译

2014 年 11 月 1 版 1 次

2015 年 9 月 1 版 2 次

38.00 元

16 开　200 页

　　本书在日文版《明末江南出版文化的研究》的基础上翻译并加以补充和修改而成。本书分析了晚明俗文学隆盛的精神背景和物质背景,而后者与晚明出版业的发达有着直接关联。本书着力于当时书籍的产生、流通过程本身诸问题的研究,并运用了社会史的研究方法。

日本佛教史
——思想史的探索

[日]末木文美士著　涂玉盏译

2016 年 3 月 1 版 1 次

42.00 元

16 开　224 页

《日本佛教史》在吸取日本近代学术界思想成果的基础上，以思想脉流为中心，来探寻人们在想什么，又向佛教求什么，同时尽可能地涉猎佛教的思想带给当时的人什么样的影响。书中用相当多的篇幅论述"大乘佛典及其受容"、"末法与净土"、"本觉思想"、"佛教本土化""神与佛"等专门篇章。

光华文史文献研究丛书

晚清小说目录

刘永文编
2008 年 11 月 1 版 1 次
2009 年 5 月 1 版 2 次
精装 68.00 元
大 32 开　860 页

本书是对现存晚清日报小说、期刊小说以及单行本小说较全面的搜集与汇编，其中期刊小说 1141 种，日报小说 1239 种，利用各大图书馆原件和缩微胶卷编制，单行本小说 2593 种则多利用前人成果，是对日本学者樽本照雄《新编增补清末民初小说目录》的极好的补充。为整体研究晚清报刊小说作家及其创作情况提供了最为丰富可靠的文献依据。

三国志通俗演义史传（全二册）

罗贯中编次　　[日]井上泰山编
2009 年 10 月 1 版 1 次
精装 138.00 元
大 32 开　1428 页

本书为日本关西大学著名学者井上泰山教授从西班牙埃斯克里亚尔皇家修道院影印回的明代叶逢春本《三国演义》。该版本具有相当高的文献价值，在国内早已失传，此前仅在日本出版，国内学者难见，上海古籍出版社将之影印出版。书中每页上半部为明代刻本的原版影印，下半部为井上泰山教授校订整理后的汉字排印，既保持了明本的原貌，又便于读者阅读和使用。书末附有井上泰山撰写之"解说"，已译成中文，对该本的源流情况、版本价值、流入西班牙的原委、作者调查过程等内容进行了详尽的介绍，颇具研究参考价值。

《三国志演义》版本研究

[日]中川谕著　林妙燕译
2010 年 8 月 1 版 1 次

精装 35.00 元
大 32 开　288 页

作者中川谕是研究《三国演义》的知名学者，此书是其著作的中译本。该书不仅对于《三国志演义》的现存诸多版本条分缕析，进行了有理有据的讨论，而且得出了颇具说服力的结论。该书的出版不仅会对学界关于《三国演义》的版本研究起到极大的推动作用，而且会受到广大古典小说研究者与爱好者的好评与欢迎。

玉台新咏汇校（全二册）

吴冠文 谈蓓芳 章培恒汇校
2011 年 8 月 1 版 1 次
精装 138.00 元
大 32 开　1236 页

本书以明嘉靖十九年郑玄抚刊本为底本影印，校以明五云溪馆铜活字本，明崇祯冯班抄本、赵均刻本，清翁心存影抄冯知十抄本等四《玉台》本，以及《汉书》、《后汉书》、《文选》、《乐府诗集》、《北堂书钞》、《艺文类聚》等史书、总集和类书，尽可能还原《玉台新咏》的本来面目。

玉台新咏新论

谈蓓芳 吴冠文 章培恒著
2012 年 6 月 1 版 1 次
精装 35.00 元
32 开　276 页

本书是《玉台新咏》编者、编纂时间、版本优劣等各方面问题的论文结集，集中对一些多年来因循而成的观点提出纠正，与本社 2011 年出版的《玉台新咏汇校》为姐妹篇，后者提供文献支持，本集为理论探讨和文本分析。

香港浸会大学人文中国学术丛书

跨学科视野下的诗经研究

陈致主编
2010 年 4 月 1 版 1 次
32.00 元
大 32 开　340 页

2009 年 4 月 1 日，香港浸会大学中文系与香港浸会大学传统文化研究中心主办了"杰出学人讲席：跨学科视野下的诗经研究"国际学术研讨会，本书即会议论文的结集。中外知名学者结合考古学、文献学、语言学、社会学、心理学等学科领域的学术发现，从不同角度切入《诗经》研究，各呈亮点，启人深思。相信本书的出版，不仅有利于《诗经》学的发展和深入，亦将为经学与古史研究在方法论上带来新的思考。

剑桥中华文史丛刊

早期中华帝国的贵族家庭：博陵崔氏个案研究

[美]伊佩霞著　范兆飞译

精装 2011 年 7 月 1 版 1 次

平装 2015 年 6 月 1 版 1 次

平装 52.00 元　精装 48.00 元

小 16 开　252 页

　　本书是最早以个案研究的方法探讨中古时期大族的著作之一，为中国学界所知后，很快引进其主要研究方法，涌现了众多以社会学个案研究为方法的中古世族社会史的研究成果。现首次推出全本译注本。

唐代官修史籍考

[英]杜希德著　黄宝华译

精装 2010 年 11 月 1 版 1 次

平装 2015 年 6 月 1 版 1 次

平装 56.00 元　精装 49.00 元

16 开　280 页

　　全书考察了约 620 年至 850 年间官方修史机构的创设变迁，以及该机构择取编辑史料以成正史的过程。共分为三大部分，十四章。第一部分重点详论唐代政府中各种修史机构的分支和官职。第二部分重点分析唐代的史官运用的一整套史料系统，包括起居注、内起居注、时政记、日历、传记、典志、实录、国史等。第三部分为《旧唐书》的个案研究，对《旧唐书》的二十本纪、十一志等部分作了细致梳理。

唐代佛教

[美]斯坦利·威斯坦因著　张煜译

精装 2010 年 8 月 1 版 1 次

平装 2015 年 6 月 1 版 1 次

精装 40.00 元　2010 年 8 月 1 版 1 次

平装 48.00 元　2016 年 6 月 1 版 2 次

16 开　236 页

　　作者威斯坦因教授广泛利用各种世俗与佛教文献，对佛教的兴衰演变进行了编年式的研究。佛教界与唐王朝不断变化的关系是本书关注的焦点。具体讨论的

议题包括为裁抑佛寺权力所进行的各种尝试，对佛教界的行政管理，利用佛教来获得实际的政治利益，以及武宗的灭佛与唐末帝王对佛教的复兴等。

张载的思想(1020—1077)

[美]葛艾儒著　罗立刚译

精装 2010 年 11 月 1 版 1 次

平装 2015 年 6 月 1 版 1 次

平装 46.00 元　精装 38.00 元

16 开　232 页

　　书分五章，分别论述了 11 世纪的学术环境，张载的天、地、人观念，张载的圣贤观念，以及张载与二程哲学的关系等，书后还附录了张载的著作介绍和传记。作者曾于 20 世纪 70 年代末期到过北京，专门用一年时间问学于中哲史家张岱年，每周定期讨论，成果即是这部《张载的思想》。其问世与姜国柱《张载的哲学思想》共同见证了 20 世纪 80 年代初中、美学者关于张载思想研究的一段佳话。

人境庐内
——黄遵宪其人其诗考

[加]施吉瑞著　孙洛丹译

精装 2010 年 3 月 1 版 1 次

平装 2015 年 6 月 1 版 1 次

平装 59.00 元　精装 58.00 元

16 开　312 页

　　作者的学术背景和学术视野，使其对黄遵宪其人其诗的研究呈现出与国内学者不同的叙事格局，如多参用西方研究方法，多比较，多从外围入手，重知世论人，故其立论与结论往往于独创处见妥帖、踏实，在给人启发的同时，也不乏趣味。

汉魏六朝文学与宗教

葛晓音主编

2005 年 10 月 1 版 1 次

48.00 元

大 32 开　580 页

　　本书是香港浸会大学"汉魏六朝文学与宗教"学术研讨会之论文集。所收论文以汉魏六朝文学为主题，探讨了它与这一时期佛教和道教、谶纬以及民间自发宗教之间的多层次的或隐或显的互动关系。

宋元文学与宗教

张宏生主编

2015 年 8 月 1 版 1 次

68.00 元

32 开　544 页

《宋元文学与宗教》为"香港浸会大学人文中国学术丛书"之一种,收录国内外一流学者如周裕锴、陈引驰、朱刚、田仲一成、艾朗诺等诸位先生的力作 18 篇,从不同角度阐述了宋元文学的宗教因缘。

国家哲学社会科学成果文库

新疆史前晚期社会的考古学研究

郭物著

2012 年 3 月 1 版 1 次

精装 108.00 元

16 开　580 页

本书构建出新疆三个主要地区青铜时代晚期到早期铁器时代考古学文化的分期与年代,并进行了地方类型的划分和文化渊源的探讨,同时简要探讨新疆地区史前文化与社会的演进变迁。

殷墟花园庄东地甲骨文例研究

孙亚冰著

2014 年 3 月 1 版 1 次

精装 118.00 元

16 开　456 页

1991 年殷墟花园庄东地发现了一个完整的甲骨坑,出土了刻辞甲骨 689 片(卜甲 684 片,卜骨 5 片)。本书对花园庄东地甲骨文例做了专题研究,系统归纳了上述甲骨文例的特点。

商代青铜器铭文研究

严志斌著

2013 年 3 月 1 版 1 次

精装 148.00 元

16 开　624 页

该书对存世的 5454 件商代青铜器铭文进行了全面的清理,将零散的数据系统化,以断代分期为先导,确立了明确的时空框架,讨论了相应时间段中铭文的字形字体、语法及商代的族氏、职官、诸妇、诸子的金文称谓所反映的商代社会结构、宗法制度、族氏关系、方国地理等问题,是对商代金文综合研究的成功尝试,是第一部全面总结并推进商代青铜器铭文研究的高质量学术专著。

先秦名家四子研究(全二册)

董英哲著

2014 年 3 月 1 版 1 次

精装 198.00 元

16 开　872 页

本书是研究春秋战国时期名家学派的四位代表人物邓析、惠施、尹文、公孙龙及其著作、思想学说的专著,对名家的概念、派别的划分、来龙去脉等都做了界定和叙述,分析了名家学派思想的主要特点以及学派的起源、勃兴、衰落和时代环境的关联,并对其历史地位做出了一个比较全面的评价。

唐后期五代宋初敦煌僧寺研究

陈大为著

2014 年 3 月 1 版 1 次

精装 88.00 元

16 开　384 页

本书将敦煌僧寺纳入到整个中古社会佛教发展的这个大的历史背景当中,以敦煌净土寺和龙兴寺为重点,研究唐后期五代宋初敦煌僧寺的存在形态,通过专题性研究,揭示了龙兴寺的社会功能,推进了敦煌佛教史的研究。

《朱子语类》词汇研究(全二册)

徐时仪著

2013 年 3 月 1 版 1 次

精装 198.00 元

16 开　796 页

本书采用文献学和语言学相结合的方法,以辨章学术、考镜源流为宗旨对《朱子语类》中的词汇进行研究,首先对文献语料进行鉴别、校勘,弄清传承渊源和各本异同,然后在此基础上对《朱子语类》的词汇概貌、构成、同义词和反义词、专类词语、方俗口语、常用词和词义系统等进行考察,是迄今最详备的朱子语言研究专著,对汉语词汇史特别是近代汉语的探究作出了重要贡献,对汉语词典编纂和《汉语大词典》的修订以及理学研究、朱子学研究等也具有很高的价值。

中国古代小说文体文法术语考释

谭帆等著

2013 年 3 月 1 版 1 次

精装 88.00 元

16 开 400 页

　　全书分上下两卷，考释了 27 个在中国古代小说史上影响深远的小说术语。上卷考释了"小说"、"寓言"、"志怪"、"稗官"、"笔记"、"传奇"、"话本"、"词话"、"平话"、"演义"、"按鉴"、"奇书"、"章回"、"说部"、"稗史" 15 个小说文类、文体术语；下卷考释了"草蛇灰线"、"羯鼓解秽"、"狮子滚球"、"白描"、"绝妙好辞"等 12 个小说文法术语。每篇大都提供相关阅读篇目，书末附有《中国古代小说文体文法术语研究论著总目》，可供读者延伸阅读和查询之需。

明清歇家研究

胡铁球著

2015 年 3 月 1 版 1 次

精装 168.00 元

16 开 676 页

　　本书通过宏观与微观、动态与静态、实证与思辨、个案与类型，以及制度史与社会史、经济史相结合的方法，从理清歇家的概念与异名入手，管窥歇家的具体运作方式。歇家作为明清社会中最重要的中间组织，为我们了解明清社会提供了一个极佳的视角。

明清徽州诉讼文书研究

阿风著

2016 年 3 月 1 版 1 次

精装 108.00 元

16 开 436 页

　　本书采用古文书学的研究方法，对徽州诉讼文书的整理既恪守传统学术之考证求真，亦借鉴包容法学、历史学、文献学等现代学术研究方法，不仅为明清诉讼文书研究了提供一部经过规范整理的基本文献，而且全面考察了徽州诉讼文书的保存形态、史料来源、文书性质，提出徽州诉讼文书的新的分类标准，对于其他明清地方文书档案的分类具有借鉴意义。

欧亚草原东部的金属之路

　　——丝绸之路与匈奴联盟的孕育过程

杨建华　邵会秋　潘玲著

2016 年 3 月 1 版 1 次

精装 158.00 元

16 开 608 页

　　本书重点在于研究欧亚草原不同地区与文化之间的文化交往，即传播者与接受者的互动。本书共包括六部分，分别是北方青铜器的萌芽、公元前两千纪草原文化的扩张、中国北方青铜器的兴起与外传、早期游牧时代的开端、早期铁器时代的中国北方与欧亚草原、匈奴时代中国北方与欧亚草原的文化联系。

国家社科基金后期资助项目

有无"之间"

　　——庄子道论释读

高利民著

2013 年 12 月 1 版 1 次

78.00 元

16 开 340 页

　　本书从解释学、存在论的角度出发去阐释庄子，以庄子之道为有无"之间"为立论点，叙述了庄子对于老子的继承和突破，并从心、物、言等多方面展开论证，提出庄子之道是一个存在论的范畴及其居间性。作者还从古希腊政治哲学中吸取养分，引入"逻各斯"、"空间"等概念，辅助论证，颇具新意和突破。

春秋辞令文体研究

董芬芬著

2012 年 12 月 1 版 1 次

68.00 元

16 开 376 页

　　本书对春秋时代的盟书、起誓辞、诅辞、祝嘏辞、谏文、誓师辞、策命、书牍、国书、外交辞令、谏诤文辞、议论文辞等辞令文体进行了系统探讨，对每种文体产生的社会文化背景、文体依据、文体特征以及对后世相关文体的影响等问题展开了相应的论述，力图展现春秋辞令文体的类别、特点及其时代风貌。

夏商西周中原的北方系青铜器研究

韩金秋著

2015 年 5 月 1 版 1 次

48.00 元

16 开 200 页

　　本书以中原的北方系青铜器为切入点，在全面搜集历年来考古出土以及传世的中原北方系青铜器基础上，从使用方式与功能出发,深入分析北方系青铜器在中原的出现、发展与演变,通过典型器物的变化,揭示北方地带与中原的互动关系,而且很多结论可以与先秦史籍的记载相印证。

汉墓壁画的宗教信仰与图像表现

汪小洋著

2012 年 6 月 1 版 1 次

68.00 元

16 开　364 页

本书以汉代主流社会的长生信仰为逻辑起点,提出汉壁画墓是中上贵族阶层选择的墓葬形式,而画像石墓是中下贵族阶层与平民阶层选择的墓葬形式;提出汉墓壁画中存在天界图像体系和汉画像石中存在仙界图像体系;提出汉代主流社会崇拜的是仙化的西王母,民间崇拜的不仅有仙化的西王母而且还有神化的西王母。此外,还探讨了西王母信仰发展的神话时期、神化和仙化时期、道教化时期的信仰特征和艺术表现特征。

魏晋南北朝论说文研究

王京州著

2014 年 6 月 1 版 1 次

68.00 元

16 开　364 页

本书不仅能在前贤论述的基础上有明显推展,而且勇于开拓新的研究方向,其努力有助于重估魏晋南北朝论说文在中国思想史和文学史上的双重价值和地位。书末附录《先唐论说文辑补》、《先唐论说文存目考》、《论说文辨体资料汇编》三种。

王融与永明时代

——南朝贵族及贵族文学的个案研究

林晓光著

2014 年 8 月 1 版 1 次

78.00 元

16 开　420 页

本书以南朝的"贵族社会"性质为理论基点展开论述,从南朝"贵族社会"及"贵族制度"出发,勾勒出王融的人生梗概;从"宫廷文学"、"朝堂文学"、"贵族生活文学"三个方面对王融文学创作做了全面分析,揭示出了南朝文学的某些新特点。

两晋宗室制度研究

张兴成著

2013 年 6 月 1 版 1 次

88.00 元

16 开　424 页

本书以两晋宗室制度为主题,对两晋宗室的管理制度和宗室成员的仕宦制度作了全面深入的考察,提出了新的或独到的看法,并对两晋宗室制度的渊源、变化以及与其他时代的区别以及宗室制度对两晋政治生活的影响进行了分析与考察。

突厥汗国与欧亚文化交流的考古学研究

陈凌著

2013 年 1 月 1 版 1 次

69.00 元

16 开　284 页

本书在考古材料的基础上,有意识地结合文献记载,追溯了突厥金银器、王冠、马镫的来源和表现,比较了突厥文化与斯基泰文化、波斯/粟特文化、中原文化的异同,在中世纪西域诸多族属中辨明了突厥文化的表现,指出了中世纪突厥汗国和突厥人对东西方文化的贡献。

朱熹《诗经》解释学研究

郝永著

2014 年 12 月 1 版 1 次

98.00 元

16 开　444 页

本书以朱熹的《诗经》学为研究对象,从解释学的角度出发,揭示了朱熹的《诗经》学旨归在于理学而非文学,其治学方法不仅是"我注六经",更是"六经注我"。

《近思录》集校集注集评(全二册)

程水龙撰

2012 年 11 月 1 版 1 次

198.00 元

16 开　1240 页

本书选用现存南宋刻本杨伯嵒《泳斋近思录衍注》为底本,以元刻本叶采《近思录集解》、明代吴邦模刻本《近思录》、清代吕留良家刻本《近思录》、张习孔《近思录传》、张伯行《近思录集解》、茅星来《近思录集注》、江永《近思录集注》等为校本,力求完备地汇辑国内外注家的注释及历代述评之语,可称是学习和研究宋明儒学必备的参考书。

袁凯集编年校注

[明]袁凯著　万德敬校注

2015 年 3 月 1 版 1 次

128.00 元

16 开　452 页

　　明初著名诗人袁凯,元末凭借《白燕》诗蜚声文坛。其诗歌具有清新、雄健之风格,因为"宗杜""格调最正"颇受后世好评。整理袁凯集一是为袁凯研究提供完整准确的作品资料;二是可以推进元末明初文学史的研究;三是对于研究杜诗在元末明初的接受与传播有重要意义。

明清江南的州县行政与地方社会研究

冯贤亮著

2015 年 3 月 1 版 1 次

118.00 元

16 开　528 页

　　本书的研究以明清时期江南地区的州县行政与社会关系为切入点,从历史社会学的分析层面,通过一系列有特色的个案和行政官员的大量实践活动的考察分析,说明当时的州县政府作为国家行政权威下延的终点和地方意志表达的起点,在维持地方社会安定、经济运作等方面,是如何进行操作的。

翰林与明代政治

包诗卿著

2015 年 7 月 1 版 1 次

78.00 元

16 开　324 页

　　本书从梳理翰林官员的生平、史事出发,在对翰林的组织职掌、翰林官来源、翰林与内阁、翰林与皇帝以及翰林与宦官关系进行全面考察的基础上,说明翰林在明代政治中所处的地位及所饰演的角色。

清实录研究

谢贵安著

2013 年 7 月 1 版 1 次

138.00 元

16 开　720 页

　　本书对《清实录》的记载逐一进行考订和辨析,从而弄清该书的信实部分和不实之处,准确判断其史料价值,并从《清实录》的具体研究,上升到对整个东西方史学的比较。

乾嘉经学家文学思想研究

刘奕著

2012 年 3 月 1 版 1 次

48.00 元

16 开　400 页

　　本书研究清代学术巅峰时期学术与文学的多重互动关系,其对乾嘉经学家作为文学力量的崛起背景及内因的推究,对经学家向桐城派文论的挑战与影响的分析,以及关于经学家擅长文类的创作意识及审美取向的阐发等,均深思冥会,新见迭出,对前贤时彦的若干误解也作出了令人信服的驳正。

《镜镜詅痴》笺注

[清]郑复光著　李磊笺校

2014 年 12 月 1 版 1 次

58.00 元

16 开　280 页

　　《镜镜詅痴》是清末学者郑复光所著的一部光学原理著作,刊行于 1847 年,是我国最早的物理学专著,其内容既有传统格物学的特点又有很大的独创性。整理者断续历时十余年,力图破译书中数学内容,揭示其独特光学模型的合理性,验算其结果,广泛发掘相关史料,对各类术语、人物、事件等等作出尽量充分而翔实的阐释。

南社词人研究

汪梦川著

2015 年 11 月 1 版 1 次

118.00 元

16 开　584 页

　　本书是迄今第一本以南社词人为对象的学术专著,纠正了长期以来对南社及其文学的忽视和偏见,从文学史和文化史的角度展示了南社乃至民国文人、学人的独特面貌,对清末民初的社会文化有深刻的反思和探讨。

马一浮六艺论新诠

刘乐恒著

2015 年 12 月 1 版 1 次

78.00 元

16 开　364 页

本书集中展示了马一浮六艺论的义理结构,将六艺论诠释为一个本源而本真的"意义机制",并将马一浮以六艺论为核心的文化哲学与其以"简易"为特色的义理名相论融通起来。据此,本书还阐发出六艺论的现代意义。

域外汉学与中国现代史学

李孝迁著

2014 年 5 月 1 版 1 次

88.00 元

16 开　448 页

作者充分利用中外各种图书数据库资源,兼顾"人"与"书"两个层面,详人所略,略人所详,在研究内容上,不追求"大而全",以专题研究为主,真正推进域外汉学与中国现代史学的研究。

新疆古代毛织品研究

贾应逸著

2015 年 6 月 1 版 1 次

198.00 元

16 开　348 页

本书是贾应逸关于新疆出土毛织品的综合研究成果。全书纲举目张,按照毛纺织品的出土地点、成分、种类结构以及类型等进行全方位考察,并且分析了在东西方文化交流中发展的新疆毛织物,在历史的大背景下综合考量了它们的地位。对于丝绸之路的毛纺物研究、西域纺织史研究以及东西方纺织文化交流等多方面意义重大。

汉字结构演变史

张素凤著

2012 年 6 月 1 版 1 次

98.00 元

16 开　508 页

本书选取商周最早字形、小篆和现代楷书三个横断面,对汉字结构变化规律进行了穷尽性的描写与考察,对引起汉字结构变化的原因从书写、记录职能和社会历史文化三个角度进行了系统的分析说明,发现了汉字形体变化在古文字阶段以繁化为主,而今文字阶段则以简化为主的规律。

汉语古音学史

李开　顾涛编著

2015 年 11 月 1 版 1 次

78.00 元

16 开　340 页

本书是一部有关汉语音韵史的专著,以时间为经,自古而今次第论及陈第、顾炎武、江永、段玉裁、戴震、王念孙、钱大昕、章炳麟、王力等,并述及域外高本汉、雅洪托夫、斯塔罗思京等学者的古音学研究成果。包罗宏丰,论述极细,体现了作者数十年研究古音学的心得和思考。

中西文学文化关系研究丛书

近代上海英文出版与中国古典文学的跨文化传播

(1867—1941)

孙轶旻著

2014 年 11 月 1 版 1 次

58.00 元

32 开　448 页

作者遍访国内各大图书馆和博物馆,搜罗资料,爬梳剔抉,并以 1867 年—1941 年为时间截点、以上海为重点,详尽论述了上海英文出版的机构、内容与兴衰,并探讨、评论了与中国古典文学相关的西人著述、工具书,乃至单篇论文的特征和价值,及其译介群体的形成之因。附录为通过上海英文出版参与中国古典文学传播的作品及作者等资料。

依天立义

——清代前中期江南文人应对天主教文化研究

刘耘华著

2014 年 9 月 1 版 1 次

48.00 元

32 开　408 页

本书涉及当时名重一时的文人诸如徐光启、孙元化、许乐善、许三礼、陆世议、陈瑚、谢文洊等十余人,并分别析论了他们各自的情感与信仰世界,及其嬗变、流播与影响,并以宏观入手,阐释了当时东吴文人与天主教文化、西方科技、西方器物之关系。

近代来华传教士与儿童文学的译介

宋莉华著

2015 年 11 月 1 版 1 次

68.00 元

32 开　528 页

　　本书通过对传教士儿童文学翻译进行儿童的、文学的、历史的、翻译的、宗教的多重维度的考察,结合具体社会文化语境,呈现 19 世纪中后期到 20 世纪初期西方来华传教士怀着特定的文化意图参与中国近代儿童文学发展的历史过程,分析中西人士不同的儿童观、文学观、翻译策略,彰显彼时中国儿童文学的时代性和民族性及其逐渐融入世界儿童文学的过程。

传播学丛书

广告学概论

星亮著

2003 年 10 月 1 版 1 次

2006 年 9 月 1 版 2 次

27.00 元

8 开　218 页

　　本书采用系统方法、符号学方法、心理学方法、结构主义方法等多种西方理论方法,从广告整体、广告要素、广告活动三个层面展开对广告学的叙述与研究。全书深入浅出,注重知识性、理论性和实用性的结合,是一部面向大专院校师生颇有特色的广告学教材,亦适合研究者和传媒从业者阅读。

电视剧写作概论

姚扣根著

2003 年 10 月 1 版 1 次

2006 年 9 月 1 版 2 次

27.00 元

18 开　214 页

　　本书在对电视剧进行考察研究的基础上,就电视剧本的写作理论和技巧进行探讨,如怎样通过电视媒介来叙事,怎样结合画面、声音、蒙太奇语言来写作,如何运用悬念、突转等技巧来展开故事等。全书深入浅出,既有理论,又有实例,针对性、实用性、可操作性强。

影视艺术欣赏与批评

陈卫平著

2003 年 10 月 1 版 1 次

2010 年 7 月 1 版 4 次

25.00 元

18 开　194 页

　　本书探讨影视艺术欣赏与批评的原理、基础、方法、内容及基本要求。全书环环相扣,既有理论阐述,又有个案分析,内容全面系统,不仅可供高校教学之用,而且也适合于自学和阅读。

中国电影史纲

王晓玉主编

2003 年 10 月 1 版 1 次

2012 年 3 月 1 版 3 次

30.00 元

18 开　268 页

　　本书以各个历史时期为经,以每一历史时期出现的重要电影现象、流派及电影理论为纬,展现了中国电影的百年发展历程。不仅是一部面向大专院校师生的优秀影视专业教材,也是一部影视爱好者用来全面了解中国电影史的入门读物。

世界电影史纲

黄文达著

2003 年 10 月 1 版 1 次

2006 年 9 月 1 版 2 次

28.00 元

18 开　232 页

　　本书广泛吸收了国内外有关外国电影的最新研究成果,从电影叙事形式发展的角度阐述了外国电影史的萌发、演变和发展。全书分为"叙事形式的形成与确立"、"发展与成熟"、"突破与重建"三个阶段来叙述,史论结合,特别是总结了正在发展、演变中的后现代时期的电影现状,是大胆而有价值的。本书适宜用作广播影视专业的教材。

报刊 · 辑刊

报　刊

中华文史论丛

本社编

　　本刊是创办于 1962 年的学术刊物。主要刊载中国古代和近代的文学、史学、哲学、语言学、考古学等领域以及跨学科研究的论文与古籍整理工作的心得体会,同时也刊发新见史料(含资料钩沉)、国内外相关学术动态综述、读书札记、学术书评等。所刊文章唯学术建树是举,不拘题材与形式,不拘流派、资历与个性,倡导踏实深入与探索创新并重、严肃规范与鲜明生动并重的学风,营造平等讨论、相互尊重的氛围。

总第1—6辑 1962—1965年出版
每年1—2辑
朱东润主编

总第7—8辑 1978年出版
全年2辑
朱东润 李俊民 罗竹风主编

总第9—36辑 1979—1985年出版
每年4辑
钱伯城主编

总第37—57辑 1986—1998年出版
每年1—2辑
钱伯城 李国章主编

总第58—62辑 1999—2000年出版
每年2—3辑
李国章 赵昌平主编

总第63—80辑 2001—2005年出版
李国章 赵昌平主编
每年2—4辑

中华文史论丛 2006年第1辑(总第81辑)

本刊编委会编
2006年3月1版1次
25.00元
大32开　350页

　　《中华文史论丛》自第81辑起恢复刊号出版。本辑组织了文史哲诸领域学术名家的精心之作。如吕思勉、蔡美彪、周勋初、周伟洲、葛兆光、张国刚、莫砺锋、陈平原等人的精彩论文,均以小见大,切中要繁。尤其是本辑还刊发了台湾学者柳立言的《何谓"唐宋变革"?》、陈弱水的《唐代的一夫多妻合葬与夫妻关系》,不仅有构建理论框架之功,而且以扎实的史料,多学科综合比较研究的方法佐证其说,极富启迪性。

中华文史论丛 2006年第2辑(总第82辑)

本刊编委会编
2006年6月1版1次
25.00元
大32开　368页

　　本辑刊载李学勤《齐侯壶的年代与史事》、朱维铮《班昭考》、陈尚君《唐代的亡妻与亡妾墓志》、朱瑞熙《宋代土地价格研究》、陈高华《再论元代河西僧人杨琏真伽》、朱鸿林《传记、文书与宋元明思想研究》、孙克强《况周颐〈餐樱庑词话〉考辨》等文史哲论文共十四篇。

中华文史论丛 2006年第3辑(总第83辑)

本刊编委会编
2006年9月1版1次
25.00元
大32开　358页

　　本辑收文十二篇,涉及文史与训诂诸领域。朱东润先生是中国现代意义的传记文学开拓者,本辑发表其遗著《八代传叙文学述论》两节,于人与事、文与史的关系尤多精辟论述。唐长孺先生是治魏晋隋唐史名家,本辑刊发其遗作《太平道与天师道》札记十一则。此外,美国汉学家夏含夷的《释溓》考辨甚有新意。其余如葛晓音、牟发松、陈国灿、夏晓虹诸先生佳作,均迭有创见。

中华文史论丛 2006年第4辑(总第84辑)

本刊编委会编
2006年12月1版1次
25.00元
大32开　362页

　　本辑共刊论文十三篇。近代学术大师王国维的《丙辰日记》首次发表,并由房鑫亮做了注释与考证,可窥1916年(丙辰年)学界与社会的诸多动态。台湾"中研院"史语所陈鸿森的《〈经传释词〉作者疑义》对王念孙、王引之父子在该书撰述过程中的不同贡献有周密独到的分析。卞孝萱《钱钟书冒效鲁诗案》揭示了钱冒交往的史实,所提供的前辈学者的诸多评语堪可玩味。其余诸文皆足资各科学者参考。

中华文史论丛 2007年第1辑(总第85辑)

本刊编委会编
2007年3月1版1次
25.00元

大 32 开　350 页

本辑共刊文 13 篇,鲁惟一、夏含夷的文章介绍了久未翻译出版的《剑桥中国古代史》的缘由;杨际平、高敏、葛金芳之文探讨了秦汉户籍、魏晋户调、南宋义役问题;罗新之文从语源、用例与名号属性等出发,研究了柔然官制;严耀中文讨论了隋代五行与佛教观念的交融,渐变为主流意识的趋势;方广锠文则介绍了杭州灵隐寺所藏南宋梵文贝叶经的文物与文献价值;杨讷之文批评了全真道研究领域内拔高丘处机建言止杀的倾向。另有平田昌司、张兴武关于古音学与《庆历圣德诗》的文章等。

中华文史论丛 2007 年第 2 辑（总第 86 辑）

本刊编委会编

2007 年 6 月 1 版 1 次

25.00 元

大 32 开　360 页

本辑收文 17 篇,作者有大陆冯其庸、黎虎、晁福林、邓文宽、聂鸿音、孙继民、戴燕等,中国台湾龚鹏程、陈益濂,并有英、美的鲁惟一、夏含夷,所论反映了文学、史学、古文献学及天文历法等各个领域的最新研究成果。其中,尤以龚鹏程的《乾嘉年间的鬼狐怪谈》,戴燕的《文史殊途》最能吸收读者。聂鸿音等四位对《俄藏黑水城文献》作了相关研究。

中华文史论丛 2007 年第 3 辑（总第 87 辑）

本刊编委会编

2007 年 9 月 1 版 1 次

25.00 元

大 32 开　370 页

本辑刊文共 14 篇。哲学方面,陈来对帛书《五行》篇,徐兴无对谶纬文献中的儒家治气养性之术,严寿澂对王船山的人格思想都作了有益的探讨。文学方面,有汪辟疆遗稿李商隐诗笺语刊布。历史方面,有魏晋隋唐史的专题研究。其中川本芳昭对 4—5 世纪"天下"意识在东亚的传播,张国刚对唐代家庭父母子女关系,王德权对柳宗元士人论,刘安志对唐初西州人口迁移等问题的考察均有见地。最后是华涛为巴托尔德的名著《蒙古入侵时期的突厥斯坦》写的书评。

中华文史论丛 2007 年第 4 辑（总第 88 辑）

本刊编委会编

2007 年 12 月 1 版 1 次

25.00 元

大 32 开　370 页

本期刊文 14 篇,首组 5 篇,主题是对新获吐鲁番文献的研究。领衔之作是荣新江对《前秦建元二十年籍》的研究。此籍是迄今发现的最早最长的纸本户籍,造籍年份、地点与人户情况都相对完整,极为宝贵。其余数篇对冥界观念、赀簿、关文等专题作了阐发,集刊布与研究于一身。此外还刊发了陈鸿森的《清代学者疑年考》,沈松勤对元祐学术与叙事的探索,许红霞对《全宋诗》所收僧诗致误原因分析,张宏生对明清女词人与李清照的研究。

中华文史论丛 2008 年第 1 辑（总第 89 辑）

本刊编委会编

2008 年 3 月 1 版 1 次

25.00 元

大 32 开　370 页

本辑刊文 15 篇。田余庆对猗卢残碑及题记、蒋福亚对吴简所见民屯情况、张泽咸对晋令及天圣令、朱瑞熙对宋朝"敕命"的书行与书读、吴震对明季江南七神的思想动向、汤开建对明季澳门日本基督徒的基本情况、李伯重对清代苏松地区的地租与房租,均有独到的分析。柯马丁的文章研究了《诗经》的流转与版本。王小盾之文论证了五行的起源过程。林悟殊等三篇系研究中古三夷教之文。而康正果对清代忆语体散文叙事的述论则是令人读来忘倦的美文。

中华文史论丛 2008 年第 2 辑（总第 90 辑）

本刊编委会编

2008 年 6 月 1 版 1 次

25.00 元

大 32 开　396 页

本期刊文 14 篇。蒙元史一组,蔡美彪对叶尼塞州所出蒙古长牌作了再考释。陈高华对《元典章·户部》多年潜心研究,本文说明其书既具重要价值,又需认真整理。陈得芝对高丽《宾王录》等域外元史史料的研究,有拓展视野的启示作用。杨讷对《刘尚宾文集》的解读,于元末阶级关系的演变的探讨有新的进展。另外,"从周边看中国"一组、《文选》研究一组、三夷教研究一组,以及"南昌教案"研究论文等均有翔实的考论,结论令人信服并给人以各种启迪。

中华文史论丛 2008 年第 3 辑（总第 91 辑）

本刊编委会编

2008 年 9 月 1 版 1 次

25.00 元

大 32 开　388 页

　　本期孙昌武一文阐述十六国时期民族大流动迁徙促进了佛教的传播，而佛教又作为联结各民族的纽带，促进了民族大融合的互动关系。沈乃文一文对存世的北宋"崇宁藏"、"毗卢藏"残卷版刻情况与关系作了考察。徐公持一文认为嵇康的《与山巨源绝交书》非绝交之书，只是表明不愿出仕的心态。辛德勇一文力辩有金刻本《旧五代史》存世传言之非。陈昊一文从四方墓志着手，讨论唐代翰林医官段氏家族的社会生活与知识传递。所刊之文均不乏新见，足资参考。

中华文史论丛 2008 年第 4 辑（总第 92 辑）

本刊编委会编

2008 年 12 月 1 版 1 次

25.00 元

大 32 开　400 页

　　本期刊文十余篇，分为五组。第一组李学勤、汪受宽对商周鄂、豳地望，李零对赵迁中山于肤施之地，黄怀信对孔子名字由来，均作了考证；陈致则对万舞与庸奏关系作了分析。第二组有高敏的读《史记》、《汉书》的札记，又有张玉莲对汉乡亭、王文楚对北宋东西两京驿路的翔实考证。第三组罗志田文对近代中国读书人社会角色与形象的变化有着力的分析；陆胤、严寿澂文则对章太炎、梁启超学派的分合、蒙文通的经学研究作了述评。其他如对左思、鲍照异同的分析，对"历"字字体的演变的考索均具启发意义。

中华文史论丛 2009 年第 1 期（总 93 期）

本书编委会编

2009 年 3 月 1 版 1 次

25.00 元

大 32 开　400 页

　　本期吴简研究一组论文五篇，均利用新出简牍研究以往未能解决的旧问题。如王素探索了邸阁、许迪案、私学身份，陈明光对仓库账簿作了梳理，侯旭东对"吏民人名年纪簿"作了复原。文学类一组，有钱志熙对两汉镜铭的文本整理，朱刚对北宋贤良进卷的考论，沈松勤对两宋党争与江西诗派的新解析。此外，虞云国探索了古代中国的国族观，反思深刻。林悟殊对洛阳景教经幢

系列研究之三，分析精当。本期所刊之文文史兼重，追随学术前沿的步伐，体现了本刊一贯的谨严、多元、创新的特色。

中华文史论丛 2009 年第 2 期（总 94 期）

本书编委会编

2009 年 6 月 1 版 1 次

25.00 元

大 32 开　400 页

　　本期收文约十三篇。中古文学研究一组，葛晓音论西晋五古的结构特征和表现方式，肯定了"俳偶渐开"的积极意义；廖美玉文厘清了杜甫在唐诗学论争中的地位。中西文化交流一组，章文钦文考证了清初江南传教中心上海嘉定堂区账簿，不仅分析会众活动，也探索了相关的社会经济史问题；孟华文对参展 1867 年巴黎世博会中国馆的得失成败作了总结思考。其他如两篇白居易研究、辛德勇以版本作宗教文化分析，皆有研究深度，视角独到，足资启迪。

中华文史论丛 2009 年第 3 期（总 95 期）

本书编委会编

2009 年 9 月 1 版 1 次

25.00 元

大 32 开　400 页

　　本期所刊有佛教研究文章一组：刘淑芬最新长文《玄奘的最后十年》，深入探讨玄奘之困顿晚年与政治势力圈的关系，而发棺改葬事，亦有诸多疑云存在；邓如萍析西夏佛典中的翻译史料和孙伯君对《密咒圆因往生集》八思巴注音文的研究，都利用了《俄藏黑水城文献》提供的新资料。宋史研究一组：有何玉红对南宋抗金时川陕宣抚处置司设置的研究。文献学两篇，分别是巩本栋对清人整理宋集得失的探讨和丁原基以《山东文献集成》论"山左许瀚之学"。另有戏剧研究文章两篇，研讨《云龙会》和《龙沙剑》传奇。

中华文史论丛 2009 年第 4 期（总 96 期）

本书编委会编

2009 年 12 月 1 版 1 次

25.00 元

大 32 开　400 页

　　本期刊有城市社会史文章一组，荣新江以唐诗文材料探讨长安城中的甲第；王振忠以清代琉球人的独特视角来研究福州城市生活；王鸿泰研究明、清的士人交游。

辽、西夏一组,刘浦江考证契丹的开国年代、余蔚考证辽代懿州,虽皆老题,却有新解。聂鸿音考证西夏《天盛律令》中药名,对医学史颇有贡献。文学一组,赵逵夫对《牛郎织女》、王先趣对《木兰诗》都论其起源、证其年代,发前人未发。胡守为对《神仙传》疑误进行校勘,得多条颇有价值。王锷评三种《礼记正义》整理本,有褒扬,也有尖锐的批评。

中华文史论丛 2010 年第 1 期(总 97 期)

本书编委会编

2010 年 3 月 1 版 1 次

25.00 元

大 32 开　400 页

本期所刊有元史研究论文三篇。陈得芝对成吉思汗的出生与墓葬所在地这一老问题作了新探讨,充分利用了考古新成果,并追溯蒙古先世活动的史地方位,极具卓见。萧启庆分析元代科举中的多族师生、同年关系,认为此为形成多族士人社会文化网络的重要一环,分析精当。周良霄整合多方资料作元史北方部族表,大有益于学界。而秦汉研究一组,有祝总斌质疑太学生"三万余人"的记载,陈苏镇对刘秀的论述,王子今、杨振红以汉简证史、论"津卒""正卒"制,皆颇多启发。此外,文学一组,萧驰以新理论分析陶渊明诗学美典,李洲良论六大古典小说中的"春秋笔法",也都富有新意。

中华文史论丛 2010 年第 2 期(总 98 期)

本书编委会编

2010 年 6 月 1 版 1 次

25.00 元

大 32 开　400 页

本期刊文十余篇,分为四组。唐史一组中,张国刚的《唐代农村家庭生计探略》从农家土地占用与粮食产量发端,讨论农家的生产成本、住房消费、婚丧开支,并联系商品市场,测算中等农家的生活指数、赋役负担,又与城市居民、低级官吏收支相比较,勾勒出唐代农家生活的轮廓。吴丽娱从敦煌吐鲁番文书出发,分析唐代地方机构的状牒使用情况。文学一组中,蔡瑜的《陶诗与对话》以现象学分析陶诗中的对话与自然,启人深思。先秦文化一组中,王小盾的《论〈老子〉首章及其"道"的原型》运用人类学胚胎知识作跨学科研究的尝试值得关注。杨英的《战国至汉初儒家对古典礼乐的传承考述》,较富启发意义的是对《乐经》的成书与亡佚情况的分析。此外,蔡美彪《罟罟冠一解》一文不同意白鸟库吉、伯希和等的旧说,对蒙元妇女所戴雉尾冠的形制特征与"罟

罟"一词的来源作出了饶有新意的别解。本期最后是钱杭为新近出版的守屋美都雄《中国古代的家族与国家》撰写的书评。

中华文史论丛 2010 年第 3 期(总 99 期)

本书编委会编

2010 年 9 月 1 版 1 次

25.00 元

大 32 开　400 页

本期刊文十余篇,分为四组。近代史一组,有茅海建新作"'张之洞档案'阅读笔记"系列论文之一,据"档案"中张之洞与其子侄的密函电报作述论,揭示了戊戌变法中许多鲜为人知的机密。夏晓虹一文亦就新近发现的梁启超、胡适书札辅以相关文献分析了梁、胡 1920 年代的学术因缘,考索梁著《国学小史》与胡著《中国哲学史大纲》之成书始末及梁、胡交游,其间提携、向慕有之,间隙、争锋亦有之。文学一组中,尚永亮、钱建状一文探讨了"贬谪文化"在北宋的发展,并由此分析党争严酷的元祐年间贬谪文人生发的心境与意向及对文学层面和审美情趣的影响。宗教史一组,林悟殊、王媛媛之文对泉州草庵明教遗址作了严肃的学术考察,审定了对遗址的明教属性的判别依据;张小贵一文分析米芾的家族源于中亚米国,保留了祆教的一些礼俗痕迹,此外另有宋代制度史研究一组三篇。

中华文史论丛 2010 年第 4 期(总 100 期)

本书编委会编

2010 年 12 月 1 版 1 次

25.00 元

大 32 开　400 页

本期刊文十余篇。道教研究一组四篇,有杨讷论早期全真道与方技关系一文,对陈垣、姚从吾等以全真诸人为"忠义"、"民族救星"的说法作出分析并予批评,揭示了早期全真道用方技以传道的事实。本期继续推出茅海建"张之洞档案"阅读笔记之二,此文以密札、私人电报分析"戊戌变法"前后张之洞与杨锐的关系,认为杨锐 1895 年起即常住北京,为张之洞的"坐京",提供京师情报要闻。变法中,张之洞曾给杨下达大量指令。明清史研究一组六篇中,陈广宏以严羽、杨士弘、高棅诗学为线索,探究了元明之际唐诗系谱在地域文学与馆阁文学的互动中得以构建的过程及其内在理路。本期还有余欣对归义军时期敦煌瑞应的考察,认为符瑞对地方政权的合法性建构有重要作用。

中华文史论丛 2011 年第 1 期（总 101 期）

本书编委会编

2011 年 3 月 1 版 1 次

25.00 元

大 32 开　　400 页

　　本期刊文四组十余篇。吴简及中古史研究一组，王素文综合了走马楼吴简 1—3、甚至吴简 7 的内容，以其中"佃客"、"衣食客"记载联系传世文献相关内容，品评了当下各家研究，认为西晋户调式中有孙吴之制的因素，亦为某种程度上的"南朝化"，所论精到。另有杨振红论两汉三国的"算赋"复杂内涵及赋役簿籍的格式、张淑一论两汉封君封号、孙正军勘比《隋书》《宋书》所载梁制以批判史料等诸文。近代史一组，茅海建"张之洞档案"阅读笔记之三继本刊已发表的二篇之后，描述了张之洞除杨锐等之外的情报网络，包括其在上海、天津安排的情报人员盛宣怀、赵凤昌等；通过张与这些人的密电，本文分析了戊戌变法前后很多政治内情和当时舆论。周健文以大量的清廷奏章档案及清单、账簿等分析嘉道年间江南的漕弊，分析了作为制度的一部分的漕弊对财政的空前侵蚀。文学一组，陈翀文认为日本藏《文选》的文体分类及完整篇目极有可能是《文选》编撰之旧貌，其文体为三十四体。另有徐大军分宋元说话为叙事与嘲调两脉之文和孙萌、孙逊论韩国假传体小说中"酒"的形象演变之文。本期还有两篇书评。

中华文史论丛 2011 年第 2 期（总 102 期）

本书编委会编

2011 年 6 月 1 版 1 次

25.00 元

大 32 开　　400 页

　　本期刊文三组十余篇。近代史研究一组，茅海建文作为系列文章之四，继续根据"张之洞档案"中的大量电报、书信，揭示了康有为与张之洞围绕《时务报》的斗争中之内幕细节，并集中考察了张之洞与黄遵宪的关系。黄开国文分前后期辨析了龚自珍的尊史说，其中对其"宾宾说"作了新颖的分析及评价。陆胤文通过大量明治时期报刊资料探讨了日本"中国文学"升降发展及其与政治的关系。唐史一组，孟宪实文考察唐高宗武则天并称"二圣"的史料，发现"二圣"之称仅用于宫中，不用于政府文书，亦不见民间应用，"二圣"并称之说应属夸大之辞。李碧妍文讨论唐德宗时东南藩镇镇海军的实力及其与朝廷关系，以及韩滉在德宗削藩战争与当时政治中的作用。其他如陈文龙文考唐官制中的"通籍"、孙英刚文论中古时期的"见鬼人"、徐畅文借敦吐文书论丁

中制、王铭文论《魏书》中"太祖"的书写，皆有新颖见解。出土文献研究一组，张涌泉作了敦煌文献定名的总结性研究，提出现有拟题的一些问题，并设定定题原则及缺题残卷定名的具体考定方法。黄征文通过避讳研究重新考定陕西藏经洞新出《金光明经》的年代为唐，并指出时间上限下限。本期还有先秦名物考证《寝戈考》一篇。

中华文史论丛 2011 年第 3 期（总 103 期）

本书编委会编

2011 年 9 月 1 版 1 次

25.00 元

大 32 开　　400 页

　　本期刊文十一篇。今年是辛亥革命一百周年纪念，本期有辛亥革命研究一组，桑兵文谈辛亥革命的再认识，认为辛亥之意义，在于对中国社会的巨大改变，从社会之整体变革来说，堪比周秦、唐宋之变。刘增合文认为宣统三年（1911）武昌首义，势同燎原。清廷度支部财政支绌，大厦将颓之危机已不可逆转。关晓红文对清季仿行宪政改革的司道改制之过程作了探讨。李欣荣文以"无夫奸"的刑律问题入手，论述清末法理、礼教之冲突；张帆文探讨 1904 年后革命者、改良者以及游移者对"科学"之取用态度及"科学"概念应用的变化。孙宏云文则以那特硁《政治学》在日本、中国流传论其对中国现代政治学形成的影响。左松涛文对私塾改良人士沈载仪作了探讨。这些文章皆对清末十年的社会文化层面之认识有所裨益。

　　茅海建的"张之洞档案"研究系列文章之五对张之洞与湖南巡抚陈宝箴的关系作了翔实的考证与细致的分析，征引了丰富的电函，对戊戌时期湖南的变法运动有深入探讨。

　　唐代文学一组三篇，周勋初文认为唐宋人物轶事之风貌不同，唐承志怪余风，所记真真假假；宋以亲身见闻，较少虚假怪诞。唐多不实，宋则求真。林继中文对杜甫《洗兵马》及钱谦益注作了考证辨析，指出钱注不实之处，也肯定其发露杜诗潜在意义之功。胡旭考杜甫所称"饮中八仙"之聚散及政治关系，并涉及天宝文学的走向。

中华文史论丛 2011 年第 4 期（总 104 期）

本书编委会编

2011 年 12 月 1 版 1 次

25.00 元

大 32 开　　400 页

本期刊文十余篇,其中主要为两岸清华学人纪念清华百年一组十二篇。该组中有李学勤、廖名春文,分别考析清华简、上博竹书;陈来、戚学民文分别论宋、汉之学;傅璇琮、刘石等的文献、文艺学研究;以及黄一农、赖瑞和、张国刚、侯旭东、方诚峰等学人的史学研究。黄一农从曹雪芹祖辈入旗考证鼎革之际汉人大族的向背,赖瑞和以李建墓志墓碑再论唐代使职和职事官,张国刚就德国联邦档案所藏资料考辨清末天津物价与外侨在华生活,侯旭东论述秦汉六朝的生日记忆,方诚峰考论北宋祥瑞与徽宗朝政治文化。本期还有茅海建"张之洞档案阅读笔记"之六的上半部,就戊戌前后诸多政治事件作了深入考析;罗彤华论宋代的孤独检校政策及执行,并兼论南宋所谓"女合得男之半"的问题。

中华文史论丛 2012 年第 1 期(总 105 期)

本书编委会编

2012 年 3 月 1 版 1 次

25.00 元

大 32 开   400 页

本期刊文十三篇。日本新近从天理大学图书馆藏南宋刻本《欧阳文忠公集》中发现欧阳修九十六封书信,为传世本所无。本期刊出由东英寿整理的九十六封书信全文及相关研究,以飨读者。本期又有竹简研究一组三篇,分别探讨了最新的北大简、清华简的有关内容及对走马楼吴简隐核波田簿作了复原研究。史学研究一组,金子修一文讨论了汉唐之间的皇帝遗诏与新帝继位问题;张宗品从《史记》一条附益文献论东汉明帝时的史学转向;马孟龙认为汉武帝"广关"后河东地区侯国皆已迁出,以维持关中—关东之形势;王文楚文细致考证了北宋东京与滨海登州之间的驿路要道。本期继续刊出茅海建的张之洞阅读笔记。另有文献学研究一组三篇,分别对宛委别藏本《陆士衡文集》、《唐女郎鱼玄机诗》及叶德辉刻书活动作了细致考析。

中华文史论丛 2012 年第 2 期(总 106 期)

本书编委会编

2012 年 6 月 1 版 1 次

25.00 元

大 32 开   402 页

本期刊文十篇,"张之洞档案阅读笔记"系列文章本期刊出最后一篇,及唐代文化研究一组、三夷教研究一组等。茅海建文集中论述了张之洞的别敬、贡品,尤其是慈禧居西安时张之洞的上贡,对清末官场陋规及张之洞人格等研究皆大有推进。唐代文化一组五篇,分别从家学传承、诗文创作、墓葬等方面作了深入探讨。三夷教研究一组三篇分别对《夷坚志》明教纪事史料、福建霞浦文书、敦煌遗书《佛性经》残片作了新颖考论。

中华文史论丛 2012 年第 3 期(总 107 期)

本书编委会编

2012 年 9 月 1 版 1 次

25.00 元

大 32 开   402 页

本期刊文十余篇。先秦一组,钱杭文对《左传·定公四年》有关成王分封过程的记载细致分析,指出其矛盾及注文植入正文之处并分析其原因,论述精到。刘钊文对几组含黄老思想的战国格言玺进行考释,并结合出土、传世文献阐释其意义。明清宗教一组,吴莉苇文对明末有关天主教言论作了精深考论,指出晚明政治思维对待外来宗教的特点。董少新文从明末天主教历学家邬明著的事迹钩沉论述,以见明末天主教借历学传教之史实隐微。汤开建文以巴黎外方传教会的中文档案释论乾隆十一年福安教案之过程及深远影响,史料丰富,论说超迈。另外,本组还有严寿澂论王夫之与道士闵一得、张培锋论佛典翻译与佛道关系,均着眼于宗教、文化的碰撞、融溶,的有新论。近代学术一组,陈学然文对顾颉刚疑古说与日本类似学说的关系及交流过程作了考察揭示。汤志钧、胡逢祥二文分别以康有为、顾颉刚、傅斯年等的信札论近代学人史事,均有补益推进。

中华文史论丛 2012 年第 4 期(总 108 期)

本书编委会编

2012 年 12 月 1 版 1 次

25.00 元

大 32 开   398 页

本期刊文十余篇,大部分皆为宋辽元文史研究文章,兼有老一辈学者及中青年学者的作品,内容跨越政治、制度、社会、文学、历法等方面。宋代文史有周清澍从方志缺载的牟巘看南宋地方官职守及实践,祝总斌以两条史料反驳余英时论宋孝宗"憎恨"高宗的论点,其他如莫砺锋等文内容广泛,论说翔实。辽史方面有刘浦江论"契丹直"、林鹄论辽世宗朝史事及邱靖嘉论《辽史·历象志》三篇。元代文史,有孙昌武论元诗僧中峰明本、薄音湖论成吉思汗去世地点与祭祀等文。本期主题突出鲜明,包涵极广,对宋辽金元文史研究有一定推进。

中华文史论丛 **2013** 年第 **1** 期（总 109 期）

《中华文史论丛刊》编委会编

2013 年 3 月 1 版 1 次

25.00 元

32 开　402 页

　　本期刊文十余篇，分三组。沈卫荣文分析了宗教和文学两种语境中的"秘密大喜乐禅定"，从文献学角度梳理了元代宫廷所传藏传密法从小说到历史、再从历史到小说的复杂过程，并还原了"秘密大喜乐禅定"的真实面目。史学一组，既有罗志田史学通论的文章，也有户崎哲彦、程苏东对《武冈铭》、日藏《孝经述议》的专论文章，还有罗新、曹永年对高句丽国名、土木之变明兵力的考证文章。文学一组有钱志熙、龚斌及葛晓音等数篇，以及益西拉姆对贾岛诗人形象之形成的精到考察。本期还有金程宇读《宋代禅僧诗辑考》的书评一篇。

中华文史论丛 **2013** 年第 **2** 期（总 110 期）

《中华文史论丛刊》编委会编

2013 年 6 月 1 版 1 次

25.00 元

32 开　402 页

　　本期刊文十篇。近现代史研究一组，杨国强文论述了清末甲午乙未之际由战争促成的清流人士言论激切和人事巨变，并由此影响了世局和朝政的起落。戴海斌文从赵凤昌《庚子拳祸东南互保之纪实》分析东南互保中的上海中外官绅之作用。辛德勇文考述了晚清官派北欧使臣的始末及行记之撰写，以见国人知识结构之转变。其他如吴震论德川时期日本的心学运动、邬国义考证《轩亭冤传奇》及其作者与秋瑾，袁一丹分析陈垣史学的表微机制，角度各异，内容丰富。本期还有文学文化研究论文一组。

中华文史论丛 **2013** 年第 **3** 期（总 111 期）

《中华文史论丛刊》编委会编

2013 年 9 月 1 版 1 次

25.00 元

32 开　402 页

　　本期刊文十余篇。出土文献研究一组，有裘锡圭结合郭店简、北大竹书、马王堆帛书等出土文献和传世文献，认为《老子》"宠辱若惊"为"荣辱若荣"之误读；以及曹峰、赵平安对上博简"天子建州"和宋公鼎的研究。中古史研究一组，有罗新对高丽好太王碑与高丽王号的研究，以及几位青年学者对《断酒肉文》、唐初政权与历史

叙事等的分析。其中又有对新出墓志及旧有墓志的分析。近代文化研究一组，有章清对晚清中国西学书籍之流通的论述、郭鹏飞对章太炎《春秋左传读》的梳理，也有对本刊前发陈学然论顾颉刚文的商榷文章，从更广的视角探讨了古史辨运动的背景。本期还有杨勇军、黄一农对纳兰诸姊妹生平的考述等文。

中华文史论丛 **2013** 年第 **4** 期（总 112 期）

《中华文史论丛刊》编委会编

2013 年 12 月 1 版 1 次

25.00 元

32 开　402 页

　　宋代一组七篇文章，时代上从晚唐至南宋，内容上从文学、政治史、制度史以至经济史皆备，充分表现了宋代文史研究互相借鉴、走向深入细化的倾向。沈松勤文与本刊之前刊发的尚永亮、钱建状文持不同意见，另撰新说，对宋代五朝文坛的士人贬谪与其文学创作作了厚实严密的论述。王曾瑜、贾芳芳一文论陆游与汤思退的亲密关系，张剑一文则论范浚与秦桧、朱熹的关系及其于理学谱系中的位置等，都大大加深了对宋代人物的认识。方诚峰论元祐政坛、丁义珏论覆奏制度，则是严密的政治史、制度史路数。汉唐一组六篇文章，主要皆政治史、制度史的研究。从中可看出秦汉魏晋史对史学书写的注重，以及对政治史的细化、制度史的深入。本组又有书评论文一篇。汉唐一组中，徐冲对《续汉书·百官志》作了深入剖析，仇鹿鸣书评论文就《早期中华帝国的贵族家庭》讨论了当前士族研究的诸问题，皆属青年学者的力作，足以引起广泛之关注。

中华文史论丛 **2014** 年第 **1** 期（总 113 期）

《中华文史论丛刊》编委会编

2014 年 3 月 1 版 1 次

25.00 元

32 开　402 页

　　本期重点组织了中古先秦史、唐宋文学文化、宗教文化研究几组文章，并有文献札记、书评各一篇。中古先秦史一组六篇文章，有综论性文章两篇，及先秦史文章两篇和魏晋史文章两篇。内容上史学综论、史学史讨论和史实论述皆备。张国刚、牟发松两篇综论性文章代表了中古史的较高水平，就重大问题做出了论考。其他先秦、魏晋的几篇文章，有着重要的史源学、文本主义解读的方法论倾向，代表了新一辈史学从业者的关注所在。唐宋文学文化一组三篇文章，或论重要文学史人物的生平，或超出文学研究的界限，探讨文学与理学、学术

的交叉冲突。牟怀川就温庭筠早期经历的老问题作了新探讨,综合了多年来的成果及思考。张兴武、许浩然皆就宋代人物作个案分析,却不局限于文学研究之窠臼,能更宽广地看待历史人物。宗教文化研究一组三篇文章,有摩尼教、印度"汉寺"、天主教与佛教的史学探讨。林悟殊就其长期关注的摩尼教又作新辨析。严耀中讨论十世纪的印度汉寺,从宗教文化传播的方向入手,视角独特。吴莉苇则以个案看晚明的天主教与佛教的互动,亦属见识新颖之作。

中华文史论丛 2014 年第 2 期(总 114 期)

《中华文史论丛刊》编委会编

2014 年 6 月 1 版 1 次

25.00 元

32 开　402 页

　　本期有诗学、宋史研究、佛学研究、近代史研究四组文章,并有葛兆光先生长文一篇及书评一篇。葛兆光先生长文探讨了朝鲜赴日通信使文献所表现的日、朝之间的"文化间的比赛",与其主张的东亚史研究视角吻合,有重要开拓意义。诗学一组,有王小盾先生从罕有人研究的上古图文献看孔子诗学之意义,研究深入而新颖。顾一心文从"风人"、"圣门"、"诗家"等概念之流变看明代的诗论,卓有成果。刘奕文注重生成情境对于诗学意涵的作用与影响,并具体考察了以沈德潜"温柔敦厚"说为核心的清代诗学。宋史研究一组,有王瑞来考述《续宋中兴编年资治通鉴》成书与作者刘时举之生平,属于填补空白的研究考述;林岩则集中笔墨对南宋太学舍选制度与所谓"两优状元"作了细致梳理。佛学研究一组,张涌泉等对敦煌本《八阳经》多种残卷作了细致慎重的缀合与研究;辛岛静志则对"盂兰盆"在佛教文献中的词源了考察,试图颠覆流传已久的"倒悬"的解释。近代史一组,有李志茗对中法战争中的张之洞作了考察,梁心对现代中国的城乡关系之认知与想象作了探讨。本期有书评一篇,评朱刚新著《唐宋古文运动与士大夫文学》。

中华文史论丛 2014 年第 3 期(总 115 期)

《中华文史论丛刊》编委会编

2014 年 9 月 1 版 1 次

25.00 元

32 开　400 页

　　本期有西夏学研究、简牍与汉唐史研究、钱钟书史学探讨和文献学考辨四组文章,计十余篇。史金波、聂鸿音、孙伯君三位的文章,从西夏文史料出发,分析了西

夏的社会经济、生活和宗教的多个层面,反映了西夏学已成显学的学术趋向。汪受宽、姜守诚文则分别从久已出土而新近出版的金关汉简和刚刚面世的北大秦牍探究秦汉史,史料与见解俱新。孙闻博、尤佳以及赖瑞和文则依据传统史料,对相关制度进行了新的总结与考辨,皆有推进。上述有从金关汉简、北大秦牍考史者,有论兵制、绍封、宰相者,可见上述汉唐史学的多种面向。龚刚与黄江军二文皆论钱钟书的史学观,可参照而观,所得亦多。

中华文史论丛 2014 年第 4 期(总 116 期)

《中华文史论丛刊》编委会编

2014 年 12 月 1 版 1 次

25.00 元

32 开　400 页

　　本期有碑志研究、中古史学研究、文献学研究三组文章及一篇有关卢挚生平与诗文系年的长文。周清澍先生长文一篇,重新检讨元代卢挚之生平履历及诗文之系年,条分缕析,细致有序。碑志研究一组五篇文章,有关唐代碑志的三篇,汉魏碑志一篇,辽碑志一篇。其中唐雯以新出葛福顺墓志论唐隆、先天政变的禁军争夺,徐成对《唐重修内侍省碑》所见宦官高品、内养制度的考索,都卓有推进。中古史学研究一组二篇文章,王铿对东汉、六朝时期的三吴地域水利进行考察,常或则论述六朝的稍从战斗到表演的历程。文献学一组三篇,有吕友仁长文,对通行四种整理本《毛诗注疏》进行细致的比对平议,指出各整理本的多处疏误。

中华文史论丛 2015 年第 1 期(总 117 期)

《中华文史论丛刊》编委会编

2015 年 3 月 1 版 1 次

25.00 元

32 开　400 页

　　本期有朱东润先生遗稿两篇,分别论道宣《续高僧传》之传叙、全祖望《鲒埼亭集》碑铭传状。陈高华先生考论元代大都的新建佛寺,陈得芝先生对《西使记》的校注,刘迎胜先生对舍里八的考证,以及杨讷先生对丘处机"一言止杀"的再次辨析,皆精深之作,十分可读。

中华文史论丛 2015 年第 2 期(总 118 期)

《中华文史论丛刊》编委会编

2015 年 6 月 1 版 1 次

25.00 元

32 开　400 页

　　魏晋南北朝史研究有曹永年、胡守为、刘康德等学者，或从新视角对魏晋史的史料作出新分析，或涉及前人较少涉入的领域，皆有创获。隋唐史研究有祝总斌先生论王通《续六经》文，吴丽娱、余欣、朱溢等分别从法律史、文化史、礼制、政治史等角度解读隋唐。还有谭凯先生新著《中古中国贵族的崩溃》的书评一篇。

中华文史论丛 2015 年第 3 期（总 119 期）

《中华文史论丛刊》编委会编

2015 年 9 月 1 版 1 次

25.00 元

32 开　400 页

　　本期包含《宋徽宗时的奸臣群》、《王云靖康使金与"租税赎三镇"考述》、《"圣贤"心态与两宋文化自戕因子的生成》、《进入宋代皇室的乳母与宫廷政治斗争》、《夏竦蒙冤的道学环境与史学背景》、《一幅南宋绍兴年间的秦桧画像》、《黑水城所出西夏榷场使文书中的"头子"》、《黑水城文书所见西夏银牌》、《黑水城所出元代信牌文书考》、《试析金代"治中"出现之原因》、《建筑·空间·书写：唐兴庆宫花萼相辉勤政务本楼研究》、《日本胡人假面形象溯源》、《北京公园的先声》、《身份、文体与地方社会：刘克庄文学活动的多面相》等内容。

中华文史论丛 2015 年第 4 期（总 120 期）

《中华文史论丛刊》编委会编

2015 年 9 月 1 版 1 次

25.00 元

32 开　400 页

　　本期包含《柳洲词派与词坛中兴》、《雍乾词坛"拟乐府补题"创作考述》、《光绪朝引见文官分析》、《仓储与漕务：道咸之际江苏的漕粮海运》、《武状元郑维城与女尼灵源本事》、《刘邦集团侍卫组织的组成结构、战时职能与王朝化历程》、《陈寅恪先生致古典文学出版社书信辑注》等内容。

中华文史论丛 2016 年第 1 期（总 121 期）

《中华文史论丛刊》编委会编

2016 年 3 月 1 版 1 次

25.00 元

32 开　408 页

　　本期包含《杜甫夔州诗作中的"山河"与"山水"》、《高宗、武则天并称"二圣"申论》、《唐代京畿乡村小农

家庭经济生活考索》、《〈全唐诗〉慧宣、法宣诗辨正》、《高氏荆南疆域考述》、《北宋东京与太原间驿路考》、《宋代真迹官告文书的解读与研究——以首次面世的司马伋吕祖谦真迹官告为中心》、《宋代近海航路考述》、《赵彦若非宋宗室人士考》、《再论"大蒙古国"国号的创建年代问题》、《刘秉忠〈万言策〉上书时间再探讨》、《再论蒙古进征大理国之缘起及蒙哥与忽必烈间的争斗问题——以所谓"斡腹"之谋为主线》、《元代逃奴问题与国家权力》、《"传奇"文体名义的因应》、《结古欢：晚清集古笺与石刻文献》等内容。

中华文史论丛 2016 年第 2 期（总 122 期）

《中华文史论丛刊》编委会编

2016 年 6 月 1 版 1 次

25.00 元

32 开　408 页

　　本期包含《汉晋铭刻与荆南家族》、《六朝时期三吴地域非门阀士族人士的政治出路——商人、门生、恩幸之关系》、《晋唐间的晋史编纂——由唐修〈晋书〉的回溯》、《诗谶入史：正史所载南北朝帝王诗谶的文学文献学意义》、《〈周易略例〉的略例——王弼思想再探讨》、《"述毛"与"难郑"——王肃〈诗经〉学的语境还原及历史建构》、《从经录到僧传：〈高僧传〉之编纂成书及学术背景考察》、《〈䍤羌钟〉铭与楚竹书〈系年〉所记战国初年史实考论》、《郭店简〈鲁穆公〉篇"恒称"新证》、《由清华简三篇论〈逸周书〉在后世的改动》、《士人流动与朝鲜乡约颁行》等内容。

微　型　世　界

上海古籍出版社

中国微型小说学会联合主办

　　《微型世界》是以原创微型小说为主的月刊，兼收散文、杂感、童话、寓言、笑话、漫画等精短的有益于大众文化生活的作品。杂志的主要栏目有社会小说、爱情小说、市井小说、传奇故事、散文随笔、童话寓言、笑话谜语、四格漫画等。

2002 年 10 月—2004 年 12 月每月 1 期

每期 3.00 元

大 32 开

古籍新书报

　　作为一份由上海世纪出版股份有限公司主管，全国

古籍出版社联合体联合主办，上海古籍出版社承办，国内唯一的专业古籍图书出版信息类报纸，在广大读者和各参办单位的关心和支持下，《古籍新书报》在出版界和学术界形成了较大影响，成为海内外不少书店、图书馆、专家学者采购古籍图书的必备参考。近年来，报纸先后推出了博客和微信公众号。

全国古籍新书目　第 1 期—第 47 期
1988 年 2 月—至 1993 年 7 月
每月一期　内部发行
4 开　4 版

古籍新书目　第 48 期—156 期
1993 年 8 月—2002 年 8 月
每月一期　公开发行
4 开　4 版

古籍新书报　第 157 期—第 322 期
2002 年 9 月—2016 年 6 月
每月一期　公开发行
每期 1.00 元
4 开　8 版

辑　刊

先秦文学与文化
赵逵夫主编

先秦文学与文化（第四辑）
　赵逵夫主编
　2015 年 12 月 1 版 1 次
　40.00 元
　32 开　348 页

明清诗文研究资料集

明清诗文研究资料（第一辑）
　钱仲联主编
　1986 年 10 月 1 版 1 次
　2.50 元
　大 32 开　168 页
　　本册收录《清诗纪事一勺》、《清人诗文集未刊稿本

抄本知见目》外，还收有杨补《怀古堂诗选》、黄人《石陶梨烟室诗存》（原为钞本）两种小型遗集，《灵岩山人集外诗》、《吴梅村诗辑佚》、《姚梅伯集外诗辑》等重要辑佚，李东阳、黄遵宪、黄节等的少量佚篇。

明清诗文研究资料集（第二辑）
　钱仲联主编
　1986 年 10 月 1 版 1 次
　2.00 元
　大 32 开　138 页
　　本辑继续收录《清诗纪事一勺》、《石陶梨烟室诗存》、《姚梅伯集外诗辑》；另收有吴伟业、朱彝尊生平和解缙佚诗的考辨之文；《大连馆藏清诗稿本三种述录》则对清诗中极有价值的孤本英和《赓扬集》、奎照《使青海草》、海保《守拙轩诗集》作了详细介绍。

中国诗学研究

中国诗学研究（第 2 辑）·李商隐研究专辑
　安徽师范大学中国诗学研究中心编
　2004 年 1 月 1 版 1 次
　26.00 元
　大 32 开　178 页

中国诗学研究（第 3 辑）·辽金文学研究专辑
　安徽师范大学中国诗学研究中心编
　2004 年 12 月 1 版 1 次
　25.00 元
　大 32 开　203 页

中国诗学研究（第 5 辑）
　——中国韵文学研究专辑
　安徽师范大学中国诗学研究中心编
　2006 年 10 月 1 版 1 次
　30.00 元
　大 32 开　464 页

曲　学

曲学（第一卷）
　上海戏剧学院曲学研究中心编　叶长海主编
　2013 年 12 月 1 版 1 次

98.00 元

16 开　552 页

曲学（第二卷）

上海戏剧学院曲学研究中心编　叶长海主编

2014 年 10 月 1 版 1 次

98.00 元

16 开　608 页

曲学（第三卷）

上海戏剧学院曲学研究中心　叶长海主编

2015 年 12 月 1 版 1 次

98.00 元

16 开　620 页

红楼梦研究集刊

中国社会科学院文学研究所

《红楼梦研究集刊》编委会编

　　本集刊为关于《红楼梦》研究的不定期丛刊。内容有理论研究、史料辑录、调查报告、学术情况交流等。开展对《红楼梦》的思想内容和艺术特点等的研究，注意作者资料、版本等的发掘，总结《红楼梦》的创作经验，以作为繁荣社会主义文化的借鉴。

　　第 1—13 辑 1979—1986 年出版

　　第 14 辑 1989 年出版

　　第 14 辑 7.45 元

　　大 32 开

古代文学特色文献研究

伏俊琏　徐正英主编

古代文学特色文献研究（第一辑）

16 开　388 页

2016 年 5 月 1 版 1 次

128.00 元

　　《古代文学特色文献研究》是"四川省古代文学特色文献研究团队"、"中国人民大学古典文献研究中心"、"西华师范大学国学院"联合推出的学术辑刊。

　　第一辑收录论文 26 篇，内容涉及出土文献（敦煌文献、石刻文献）与文学研究，地方志文献与文学研究，艺术文献（音乐、美术文献）与文学研究等。并有西华师范大学学术团队的著作及科研项目的介绍。

中国文学古今演变研究论集

中国文学古今演变研究论集

（教育部人文社科重点研究基地复旦大学中国古代文学研究中心丛刊）

章培恒　梅新林主编

2003 年 5 月 1 版 1 次

精装 68.00 元

大 32 开　940 页

中国文学古今演变研究论集二编

（教育部人文社科重点研究基地复旦大学中国古代文学研究中心丛刊）

章培恒　胡明　梅新林主编

2005 年 12 月 1 版 1 次

精装 58.00 元

大 32 开　798 页

中国文学古今演变研究论集三编

（教育部人文社科重点研究基地复旦大学中国古代文学研究中心丛刊）

梅新林　黄霖　胡明　章培恒主编

2010 年 8 月 1 版 1 次

精装 98.00 元

大 32 开　1080 页

中国文学古今演变研究论集四编（全二册）

（教育部人文社科重点研究基地复旦大学中国古代文学研究中心丛刊）

黄霖　梅新林　胡明主编

2015 年 9 月 1 版 1 次

精装 198.00 元

大 32 开　1080 页

古代文学理论研究

《古代文学理论研究》编委会书编

　　本丛刊是研究论文集。每辑收有著名学者撰写的有关古典文学理论研究的论文若干篇。这些论文涉及古代文学理论的许多方面,有对传统文学理论的探讨,也有对各文学流派的评价,大部分论文都是当前古典文学研究中较重要的课题,可供大学语文专业、古典文学研究者及一般文学工作者参考。

第1—13辑 1979—1988年出版

第14—16辑 1990—1992年出版

第17辑 1995年出版

第18辑 1997年出版

第18辑 18.80元

大32开

中国文论

戚良德主编

中国文论(第一辑)

戚良德主编

2014年9月1版1次

68.00元

16开 256页

《中国文论》为山东大学儒学高等研究院主办的学术辑刊。

中国文论(第二辑)

戚良德主编

2015年12月1版1次

68.00元

16开 256页

古籍整理与研究

全国高校古籍整理研究工作委员会编

本学术刊物宗旨是反映以高等院校为主的古籍整理与研究的成果,总结前人治学经验,提倡科学精神,严谨学风,求实的态度,以推动古籍整理与研究的发展。鼓励不同学派不同见解之间互相讨论、取长补短,推荐中青年学者的研究成果。除刊登各类学术论文外,还进行书刊评介,学术活动介绍等。

第1—3期 1986—1988年出版

每年1期

每期1.50元

16开

中国古籍研究

中国古籍研究(第一卷)

国家古籍整理出版规划小组主办

1996年11月1版1次

68.00元

16开 620页

本卷刊登论文17篇,包括陈寅恪、顾颉刚遗作《〈唐人小说〉(汪辟疆校录)批注》、《春秋研究讲义案语》,老一辈和中青年学者的《〈文心雕龙校注拾遗〉补正》、《〈玉台新咏〉版本研究》、《清代热河木兰围场研究》、《〈红白蜘蛛〉校注》、《司空图〈二十四诗品〉辨伪》等文。

传播学研究集刊

华东师范大学传播学系编

传播学是一门新兴学科,从20世纪80年代起,我国的传播学理论研究开始走向国际。本刊集中了专家学者多年来的研究成果及在传播业从事实践工作的专家的经验总结,有理论有实例,内容丰富,针对性强,所刊论文不但对有关专业人员有很大的学术参考价值,而且对广大的读者而言也值得一读。

传播学研究集刊(1)

王晓玉主编

2003年10月1版1次

28.00元

大32开 376页

传播学研究集刊(2)

王晓玉主编

2004年8月1版1次

42.00元

16开 292页

传播学研究集刊(3)

王晓玉主编

2005年1月1版1次

35.00元

16开 244页

传播学研究集刊（4）

王晓玉主编

2006 年 9 月 1 版 1 次

42.00 元

16 开 300 页

传播学研究集刊（5）

华东师范大学传播学院编

2007 年 12 月 1 版 1 次

38.00 元

16 开 256 页

传播学研究集刊（6）

华东师范大学传播学院编

主编王晓玉副主编仲富兰 赵抗卫

2008 年 7 月 1 版 1 次

38.00 元

16 开 256 页

海派文化与传播

海派文化与传播（第二辑）

谢柏梁 詹仁左主编

2008 年 12 月 1 版 1 次

35.00 元

大 32 开 360 页

本集刊致力于上海本地文化历史与海派文化及其与世界的交流、传播的研究。本辑的文章分四部分：第一部分"交大春秋"，梳理了交通大学从盛宣怀、福开森时代到今天的源远流长的历史传承；第二部分"诺亚方舟"，主要是针对"老中国通"及犹太人在上海的相关专题研究；第三部分"老中国通"是对白求恩、项美丽、赛珍珠等与中国有极深渊源的历史人物的生平的生动讲述；第四部分"粉墨影剧"是一组对当代戏曲、影视、绘画等艺术的研究文章。

紫 砂 研 究

紫砂研究

史俊棠主编

2004 年 12 月 1 版 1 次

25.00 元

大 32 开 400 页

本书从多角度对紫砂的艺术特性、制作技艺、欣赏鉴别、历史源流等等，作了精辟的分析。撰者中既有紫砂工艺大师，也有各大艺术院校陶瓷专业的学者，汇集了近年来主要的紫砂陶瓷研究成果。

紫砂研究（第二辑）

史俊棠主编

2007 年 12 月 1 版 1 次

36.00 元

大 32 开 356 页

紫砂研究（第三辑）

史俊棠主编

2011 年 12 月 1 版 1 次

36.00 元

大 32 开 312 页

中国历史评论

王育济主编

《中国历史评论》是由山东大学主编的面向高端受众的系列历史读物，力求丰富、生动如实地再现历史情境，给读者以深刻历史感，有一定的学术权威性，是一个学术评论百家争鸣的平台。

中国历史评论（第一辑）

王育济主编

2014 年 5 月 1 版 1 次

58.00 元

16 开 320 页

第一辑包括田余庆、洪业、马天瑜、杨向奎、利兰·罗伯特·弗兰克等大家的文章及新著新评推介若干篇。

中国历史评论（第二辑）

王育济主编

2014 年 5 月 1 版 1 次

58.00 元

16 开 232 页

第二辑包括《百年王仲荦：回忆、评价与研究集成》等若干篇论文及新著新评推介。

中国历史评论（第三辑）

王育济主编

2014 年 7 月 1 版 1 次

58.00 元

16 开 288 页

第三辑包括《李文海逝世周年祭》、《20 世纪中国通史编纂评价集成》、《宿白与中国佛教考古》、《口若悬河：郭象的政治与哲学》等若干篇论文，并有新著新评推介。

中国历史评论（第四辑）

王育济主编

2014 年 8 月 1 版 1 次

58.00 元

16 开 324 页

第四辑包括《"劳心"与"劳力"的合离变迁》、《胡适参加苏黎世第 8 届国际历史科学大会日记（节选）》、《春秋战国时代土地所有制的变化和农村公社的解体》、《廉政的价值预设与困境突破：历史学的分析与考量》、《论亨廷顿〈文明的冲突〉：52 位中国学者的观点》等若干篇论文，并有新著新评推介。

历 史 文 献

上海图书馆历史文献研究所编

上海图书馆历史文献研究所依托其丰富的馆藏，将近现代史上的原始文献材料分批整理，并以辑刊的形式予以出版。该辑刊向以独家的第一手资料见称。

历史文献（第六辑）

上海图书馆历史文献研究所编

2004 年 2 月 1 版 1 次

38.00 元

大 32 开 392 页

本书是《历史文献》丛刊的第六辑。所收大都是对上海图书馆藏书札尺牍、善本题跋、盛档史料、民国珍籍等的整理研究，也有一些揭示中国国家图书馆、浙江图书馆、山东省图书馆等馆藏文献的文章等。其中，陈寅恪夫人唐筼女士手抄的陈寅恪诗三首，著名前辈学者童书业自定年谱及诗文集《知非简谱》、《知非集》，清末改革派外交家郭嵩焘致曾国藩书札，以及《长汉规矩也与日本汉籍目录学研究》、《盛宣怀档案所存合会资料选辑》、《民国稀见书刊札记》等，皆极具研究价值和阅读趣味。

历史文献（第七辑）

上海图书馆历史文献研究所编

2004 年 8 月 1 版 1 次

35.00 元

大 32 开 352 页

本书收有著名学者顾廷龙亲笔记录的《合众图书馆董事会议事录》、《上海图书馆善本题跋选辑·子部》、《光绪二十五年九月初二日盛宣怀奏对自记》等，以及曾国藩、丁宝桢、郭嵩焘、李鸿章等众多名人的信札。内容丰富，极具研究价值。

历史文献（第八辑）

上海图书馆历史文献研究所编

2004 年 12 月 1 版 1 次

38.00 元

大 32 开 368 页

本辑内容相当丰富，收有《上海图书馆藏善本题跋·集部》、现代著名书画家吴湖帆撰《梅景书屋题跋记》，以及诸多名人信札等。另收有一组研究论文，其中《民国时期上海侦探小说期刊述略》既富学术价值，亦颇饶阅读趣味。

历史文献（第九辑）

上海图书馆历史文献研究所编

2005 年 11 月 1 版 1 次

45.00 元

大 32 开 436 页

第九辑收有国学大师章太炎先生关于《文心雕龙》的讲演记录，著名书画家、文物鉴赏家吴湖帆《梅景书屋题跋记》（续），郭嵩焘致陆心源、刘坤一致朱学勤、李鸿章致张佩纶、朱希祖致张元济、刘承幹致王季烈等名人信札，以及《辛亥时期的上海报业史料》、《〈十国春秋〉自注为蹈袭之作考》等。

历史文献（第十辑）

上海图书馆历史文献研究所编

2006 年 4 月 1 版 1 次

45.00 元

大 32 开 384 页

本辑收有著名学者钱钟书《陈松茂〈钱子泉先生文史通义讲授记〉批语》，另有标点整理的《林则徐佚稿二篇》、盛宣怀档案中的《回銮来往电报抄存》以及李鸿章等名人多通信札。还收有研究介绍珍贵文献的论文《武进陶氏藏闵凌刻套板书源流考》、《福建师大图书馆藏英文中国基督教史珍善本书目提要》(一)等。

历史文献(第十一辑)

上海图书馆历史文献研究所编

2007 年 4 月 1 版 1 次

38.00 元

大 32 开　344 页

　　本辑所收录整理的文献亦有世所罕见者,其中李鸿章、郭嵩焘、萧穆、吴昌硕、叶恭绰等名家书翰,沈曾植日录等尤可宝贵。

历史文献(第十二辑)

上海图书馆历史文献研究所编

2008 年 5 月 1 版 1 次

55.00 元

大 32 开　532 页

　　本辑内容仍以名人书札、日记、题跋、诗词之类为主,多属罕见者。另外本辑发表的《朝鲜密电抄存》,是有关发生于光绪十年的朝鲜"甲申事变"以及中方对此事的应变举措的第一手文献,同时也是研究李鸿章难得的资料,可补《李鸿章全集》之缺,足见其史料价值之高。本期还选登了几篇介绍上图所藏历史原照的文章,从中可窥见上图珍藏之丰富。

历史文献(第十三辑)

上海图书馆历史文献研究所编

2009 年 6 月 1 版 1 次

57.00 元

大 32 开　552 页

　　本书内容仍以名人书札、日记为主,其中有丁日昌、张佩纶、薛福成、詹天佑、傅增湘等近代知名人士的手札,有王韬、王清穆的日记,均属初次整理刊行,文史资料价值不菲。徐珂的《词讲义》向无刊本,本辑据以整理的是上海图书馆所藏的稿本,弥足珍贵。由波士顿大学教授白谦慎等整理的《南禺书画目》,不仅是研究丰坊与范大澈关系的重要史料,也是了解丰坊作为明代著名的书法家、收藏家与鉴赏家难得的第一手资料,具有重要的文献价值。此外,刘永翔先生的《传顾亭林游庐山词辨伪》一文,考订精审,是一篇高水平的考证力作。

历史文献(第十四辑)

上海图书馆历史文献研究所编

2010 年 6 月 1 版 1 次

42.00 元

大 32 开　408 页

　　本辑整理有张元济九十岁生日纪念题词,朱学勤、崇实、欧阳利见、钱玉兴、杨岐珍、刘秉璋、陈宝琛、费念慈等人的手札以及王清穆日记等资料,都为首次整理刊布,史料价值很高。

历史文献(第十五辑)

上海图书馆历史文献研究所编

2011 年 5 月 1 版 1 次

42.00 元

大 32 开　388 页

　　本辑接上辑续完张元济九十岁生日纪念题词,书札仍为本辑重点,主要有崇厚、卞宝弟、倪文蔚、宗元瀚、郭嵩焘、张佩纶、傅增湘等人书札。

历史文献(第十六辑)

上海图书馆历史文献研究所编

2012 年 4 月 1 版 1 次

62.00 元

大 32 开　572 页

　　本辑包括:法式善、吴煦、严树森、陈宝琛、沈增植、瞿启甲、郑振铎等人的书札,均为首次披露;沈树镛《郑斋金石题跋记》;《四欧秘笈题跋》的辑录;叶景葵辑《罪言之一鳞》等。

历史文献(第十七辑)

上海图书馆历史文献研究所编

2013 年 6 月 1 版 1 次

48.00 元

大 32 开　400 页

　　本辑主要收录了叶景葵、严树森、薛焕、马新贻、叶昌炽、罗振玉、刘承幹、李宣龚、顾燮光、顾文彬、刘师培等名家的藏书记、手札及日记,多数为上海图书馆独家馆藏的手稿,此系首次标点整理公布,史料价值极高。

历史文献(第十八辑)

上海图书馆历史文献研究所编

2014 年 11 月 1 版 1 次

68.00 元

大 32 开 616 页

  本辑主要收录了陈宝箴、金昌熙、周盛波、叶昌炽、罗振玉等名家的藏书记、手札及日记,多数为上海图书馆独家馆藏的手稿,此系首次标点整理公布,史料价值极高;另有一部分有关中国古代尺牍、晚清上海石印业的研究论文。

历史文献(第十九辑)

上海图书馆历史文献研究所编

2015 年 12 月 1 版 1 次

58.00 元

大 32 开 450 页

  本书是上海图书馆辑刊,已出到十九辑。本辑主要收录了罗振玉、杜文澜、瞿鸿禨、张百熙等人的手札,多为上海图书馆馆藏的手稿,此系首次标点整理公布,史料价值极高;另有论文若干篇。

甲骨文与殷商史

(中国社会科学院甲骨学殷商史研究中心集刊)

甲骨文与殷商史

胡厚宣主编

1983 年 4 月 1 版 1 次

2.05 元

16 开 150 页

  本书共收有关甲骨文研究与商代历史的论文 14 篇。论文以丰富的甲骨文资料,结合古文献中关于殷商的记载,论述了商代的典章制度、阶级关系、祭祀宗教、农牧田猎等问题。本书由著名甲骨学专家胡厚宣先生主编,著名学者张政烺、李学勤、裘锡圭等都有论文入选。

甲骨文与殷商史(第二辑)

胡厚宣主编

1986 年 7 月 1 版 1 次

6.20 元

16 开 218 页

  本书是为纪念著名历史学家顾颉刚先生逝世五周年而编的一部甲骨文与商代历史研究论文集,共收入论文 13 篇。

甲骨文与殷商史(第三辑)

王宇信主编

1992 年 9 月 1 版 1 次

16.00 元

16 开 272 页

  本辑为庆祝胡厚宣教授八十寿辰专辑,发表了王宇信的长篇文章《甲骨学研究的发展和胡厚宣教授的贡献》。本辑第一部分是甲骨学,第二部分是商史研究,第三部分为国内外对甲骨学与商史的研究工作介绍。

甲骨文与殷商史(新二辑)

宋镇豪主编 刘源副主编

2011 年 11 月 1 版 1 次

98.00 元

16 开 328 页

  《甲骨文与殷商史》是由中国社会科学院甲骨学殷商史中心组稿、编辑的有关古文字及中国上古史研究领域的系列大型学术论文集。本辑较全面地反映了国际范围内甲骨学、殷商史研究的最新成果和热点,主要分为三大部分:一是殷商史专题研究,二是古文字考释训读,三是甲骨文材料发表与整理。

甲骨文与殷商史(新三辑)

宋镇豪主编

2013 年 3 月 1 版 1 次

148.00 元

16 开 460 页

  本集刊反映了当前甲骨学研究最前沿的学术成果,集中了当前甲骨乃至古文字学研究最活跃的学者的文章若干篇,内容涉及甲骨文字考证、甲骨钻凿形态、新发现甲骨刻辞的论述、甲骨缀合、甲骨传拓技术,以及殷商史的研究等。

甲骨文与殷商史(新四辑)

——庆祝中国社会科学院历史研究所建所六十周年

宋镇豪主编

2014 年 10 月 1 版 1 次

130.00 元

16 开 404 页

  此集刊反映了当前甲骨学研究最前沿的学术成果,涉及甲骨文字考证、甲骨钻凿形态、新发现甲骨刻辞的论述、甲骨缀合、海外汉学家的甲骨学研究成果、甲骨专著的书评、殷商史的研究等。

甲骨文与殷商史（新五辑）

中国社会科学院甲骨学殷商史研究中心集刊
宋镇豪主编
2015 年 12 月 1 版 1 次
108.00 元
16 开　332 页

　　原稿主要以 2014 年在旅顺博物馆举办的《旅顺博物馆所藏甲骨》首发式及学术研讨会上提交的论文为主，其中涵盖了商代甲骨文材料整理与考释、甲骨分期断代、甲骨文例与语法研究、以甲骨文为史料的殷商史研究以及甲骨学史等方面的内容。

甲骨文与殷商史（新六辑）

——罗格斯商代与中国上古文明国际会议论文专辑
陈光宇　宋镇豪主编
2016 年 6 月 1 版 1 次
108.00 元
16 开　320 页

　　本辑论文集，包括了来自美、欧、亚三洲二十多位学者的论文。内容涵盖古文字学、卜辞反映的殷商意识形态与社会、商周历史、古代天文、商周考古及文化、甲骨卜辞与殷商文化等内容。

魏晋南北朝隋唐史资料

武汉大学中国三至九世纪研究所编

　　本刊创刊于 1979 年，以"资料"为名，实际内容以研究论文为主，由中国著名史学家唐长孺先生创办并担任主编，多位武汉大学魏晋隋唐史研究名家撰稿，最初为内部资料，后改为公开发行。以中国古代史从汉魏至隋唐史研究为主体，延续武汉大学唐长孺先生开创的研究风格和优势，研究角度涉及政治史、制度史、地理、社会等以及新出文书和碑刻的整理和研究等多个方面。

魏晋南北朝隋唐史资料（第三十辑）

武汉大学中国三至九世纪研究所编
2014 年 12 月 1 版 1 次
68.00 元
16 开　304 页

魏晋南北朝隋唐史资料（第三十一辑）

武汉大学中国三至九世纪研究所编
2015 年 7 月 1 版 1 次
68.00 元
16 开　328 页

魏晋南北朝隋唐史资料（第三十二辑）

武汉大学中国三至九世纪研究所编
2015 年 12 月 1 版 1 次
68.00 元
16 开　352 页

隋唐辽宋金元史论丛

中国社会科学院历史所隋唐宋辽金元史研究室编　黄正建主编

　　本论丛为中国社会科学院历史所隋唐宋辽金元史研究室室刊，集中展示中国社会科学院历史所隋唐辽宋金元史重点学科研究室研究人员的研究成果，每期并邀约业界知名人士撰写专稿，集隋唐、宋、辽、金元史为一体，举凡政治、经济、宗教、考古、艺术等领域均有专论，以大历史、大视野的角度对中国古代史进行全面考察。

隋唐辽宋金元史论丛（第二辑）

中国社会科学院历史所隋唐宋辽金元史研究室编　黄正建主编
2012 年 5 月 1 版 1 次
84.00 元
16 开　396 页

隋唐辽宋金元史论丛（第三辑）

中国社会科学院历史所隋唐宋辽金元史研究室编　黄正建主编
2013 年 4 月 1 版 1 次
78.00 元
16 开　332 页

隋唐辽宋金元史论丛（第四辑）

中国社会科学院历史所隋唐宋辽金元史研究室编　黄正建主编
2014 年 5 月 1 版 1 次
88.00 元

16 开　376 页

隋唐辽宋金元史论丛（第五辑）

中国社会科学院历史所隋唐宋辽金元史研究室
编　黄正建主编

2015 年 6 月 1 版 1 次

88.00 元

16 开　344 页

隋唐辽宋金元史论丛（第六辑）

中国社会科学院历史所　魏晋南北朝隋唐史研
究室　宋辽金元史研究室编　刘晓　雷闻主编

2016 年 6 月 1 版 1 次

92.00 元

16 开　368 页

元史及民族与边疆研究集刊

南京大学元史研究室民族与边疆
研究中心主办　刘迎胜主编

本集刊由南京大学元史研究室民族与边疆研究中心主
办,创刊于 1977 年,初名《元史及北方民族史研究集刊》,
2000 年改名为《元史及民族史研究集刊》,2006 年改名为
《元史及民族与边疆研究集刊》。以元史、民族宗教史与边
疆史地研究为主要内容,包括元史研究,民族、宗教与边疆
研究,文献整理,研究综述等方面内容,每年一辑。近四十
年来,其学术影响遍及海内外,业已成为蒙元史、民族史、中
外关系史与边疆史地研究的一个重要学术阵地。

元史及民族与边疆研究集刊（第十八辑）

刘迎胜主编

2006 年 11 月 1 版 1 次

42.00 元

16 开　208 页

本辑集刊汇集了 2005 年元史及民族与边疆研究领
域的国内外专家学者的论文 21 篇,反映了学界的最新
研究成果。

元史及民族与边疆研究集刊（第十九辑）

刘迎胜主编

2007 年 12 月 1 版 1 次

42.00 元

16 开　184 页

本辑收录论文十五篇、译稿三篇、索引一篇,汇集了
2006 年元史及民族与边疆研究领域的最新研究成果。

元史及民族与边疆研究集刊（第二十辑）

刘迎胜主编

2008 年 11 月 1 版 1 次

35.00 元

16 开　164 页

本辑共收入论文 14 篇。有关元史研究的主要有党
宝海的《蒙元史上的脱脱禾孙》、周运中的《元末大起义
和南宋两淮民间武装》等。有关民族宗教与边疆研究的
则有刘迎胜的《中古亚洲双语字典编纂传统——从〈双
语辞典学导论〉谈起》,以及何启龙关于“哈只儿只兰
秃”的研究等。文献研究则有《〈析津志·天下站名〉校正
稿》等。书刊评介有《〈清正大典〉编纂略评》。并刊有
《〈元史及民族与边疆研究集刊〉一至二十辑总目录》。

元史及民族与边疆研究集刊（第二十一辑）

刘迎胜主编

2009 年 12 月出版

36.00 元

16 开　196 页

本辑共收入论文十篇。其中有关元史研究如：刘迎
胜《从北平王到北安王——那木罕二三题》、吴志坚《忽
必烈的“世界主义”眼光与高丽国的命运》等;有关民族、
宗教与边疆研究如陈得芝《秦汉时期的北疆》、白玉冬
《回鹘碑文所见八世纪中期的九姓达靼》等。另有杨晓
春读书札记《明朝回族历史六题》一篇和常小军《近三十
年来国内关于赛典赤研究综述》一文。

元史及民族与边疆研究集刊（第二十二辑）

刘迎胜主编

2010 年 9 月 1 版 1 次

42.00 元

16 开　188 页

本书包括元史研究,民族、宗教与边疆研究,文献整
理,研究综述等方面内容,集合了国内这方面的研究专
家,每年出版一辑,在专业领域较有影响力。

元史及民族与边疆研究集刊（第二十三辑）

刘迎胜主编

2011 年 12 月 1 版 1 次

48.00 元

16 开　216 页

本书包括元史研究,民族、宗教与边疆研究,文献整理,研究综述等内容,集合了国内这方面的研究专家,每年出版一辑,在专业领域较有影响力。

元史及民族与边疆研究集刊(第二十四辑)

刘迎胜主编

2012 年 10 月 1 版 1 次

46.00 元

16 开　192 页

本书包括东亚多元文化时代的法律与社会学术研讨会论文专栏、元史研究、民族宗教与边疆研究、古籍整理、书刊评介、会议综述等几部分,其内容涉及古代文书的整理、元代的高丽政策、元代人物研究、元代科举与文化研究、蒙古历法等方面。

元史及民族与边疆研究集刊(第二十五辑)

刘迎胜主编

2013 年 7 月 1 版 1 次

58.00 元

16 开　240 页

本书主要内容包括元史研究、民族宗教与边疆研究、研究综述等几部分,共十八篇文章,包括《元典章·吏部·官制·资品》考、宋元易代之际南方文士心态发微、南宋佚名《昭忠录》疑事辨析、十六方元朝驿站官印集释、宋日两国文书中年号问题探析、明清汉文伊斯兰教典籍札记、现存晚晴民国镇江清真寺刻经辑目详注、1949 年以来中国关于元代江南儒学研究综述、《华夷变态》研究述略、元初的回回人等文章。

元史及民族与边疆研究集刊(第二十六辑)

刘迎胜主编

2014 年 5 月 1 版 1 次

58.00 元

16 开　344 页

本书主要内容包括《丁鹤年及其家族》《元代的科第世家——普氏》《读〈遗山先生文集〉杂识》《〈元史〉疑义举例》《略论中国古代都城制度史上之元上都》《铁木真"乙酉称汗"浅析》等 23 篇文章。

元史及民族与边疆研究集刊(第二十七辑)

刘迎胜主编

2014 年 6 月 1 版 1 次

68.00 元

16 开　268 页

本书为纪念韩儒林先生诞辰 110 周年专刊,主要包括了《元史》会注考证、元史研究,民族、宗教与边疆研究、文献研究、古籍整理、研究综述、译文等板块。

元史及民族与边疆研究集刊(第二十八辑)

刘迎胜主编

2014 年 12 月 1 版 1 次

58.00 元

16 开　220 页

本集刊包括了《元代主流文化南北界限的消失》、《元朝窝阔台系诸王爵邑考》、《拜住西征与蒙古派系斗争》、《元代科举的四等人制和地域差异》、《元末文士杨维桢家世考》等多篇论文。

元史及民族与边疆研究集刊(第二十九辑)

刘迎胜主编

2015 年 9 月 1 版 1 次

68.00 元

16 开　221 页

本辑共含《元史》卷四《世祖本纪》(部分)会注考证、《元朝名臣事略》史源探讨、《元史·高丽传》的史源及编纂。

元史及民族与边疆研究集刊(第三十辑)

刘迎胜主编

2015 年 12 月 1 版 1 次

58.00 元

16 开　224 页

本书包括 20 篇左右的论文,来自国内外相关专业的学者,学术价值较高。

明清研究论丛

香港中文大学中国语言文学系编

本书系明清两代文史哲方面的学术论文集。

明清研究论丛(第一辑)

香港中文大学中国语言文学系编

2015 年 11 月 1 版 1 次

88.00 元

16 开　476 页

明清研究论丛（第二辑）

香港中文大学中文系编

2015 年 11 月 1 版 1 次

88.00 元

16 开　448 页

近代中国研究集刊

近代中国的国家形象与国家认同

（近代中国研究集刊 1）

复旦大学历史学系

复旦大学中外现代化进程研究中心编

2003 年 8 月 1 版 1 次

48.00 元

18 开　432 页

近代中国的乡村社会

（近代中国研究集刊 2）

复旦大学历史学系

复旦大学中外现代化进程研究中心编

2005 年 6 月 1 版 1 次

58.00 元

18 开　460 页

中国现代学科的形成

（近代中国研究集刊 3）

复旦大学历史学系

复旦大学中外现代化进程研究中心编

2007 年 8 月 1 版 1 次

58.00 元

18 开　476 页

新文化史与中国近代史研究

（近代中国研究集刊 4）

复旦大学历史学系

复旦大学中外现代化进程研究中心编

2009 年 8 月 1 版 1 次

小 18 开　522 页

68.00 元

近代中国的物质文化

（近代中国研究集刊 5）

复旦大学历史学系

复旦大学中外现代化进程研究中心编

2015 年 12 月 1 版 1 次

98.00 元

16 开　520 页

敦煌吐鲁番研究

本刊为敦煌、吐鲁番学研究的专业年刊，以刊登研究敦煌吐鲁番及相关地区出土文献的论文为主，内容包括历史、地理、艺术、考古、语言、文学、哲学、宗教、政治、法律、经济、社会等各方面的传统学术问题，兼及学术动态和书评。

敦煌吐鲁番研究（第十卷）

季羡林　饶宗颐主编

2007 年 9 月 1 版 1 次

68.00 元

16 开　480 页

敦煌吐鲁番研究（第十一卷）

中国敦煌吐鲁番学会等合办

2009 年 9 月 1 版 1 次

88.00 元

16 开　616 页

敦煌吐鲁番研究（第十二卷）

中国敦煌吐鲁番学会等主编

2011 年 7 月 1 版 1 次

88.00 元

16 开　556 页

敦煌吐鲁番研究（第十三卷）

饶宗颐主编

2013 年 7 月 1 版 1 次

108.00 元

16 开　620 页

敦煌吐鲁番研究（第十四卷）

中国吐鲁番学会等主编

2014 年 12 月 1 版 1 次

128.00 元

16 开　572 页

敦煌吐鲁番研究（第十五卷）

饶宗颐主编

2015 年 4 月 1 版 1 次

128.00 元

16 开　552 页

敦煌学国际联络委员会通讯

敦煌学国际联络委员会 中国敦煌吐鲁番学会

上海师范大学敦煌吐鲁番学研究所主办

郝春文主编

本刊以刊载各国敦煌学界学术信息、研究动向为主。所收文章内容包括各国敦煌学研究的综合述评和成果、敦煌学最新的学术信息、重要会议的报道和评估、最新的出版信息、专题研究论文和每年敦煌学的主要论著目录等。

敦煌学国际联络委员会通讯集刊（2002—2005）

郝春文主编

2005 年 11 月 1 版 1 次

75.00 元

16 开　392 页

2006 敦煌学国际联络委员会通讯

郝春文主编

2006 年 8 月 1 版 1 次

38.00 元

16 开　192 页

2007 敦煌学国际联络委员会通讯

郝春文主编

2007 年 9 月 1 版 1 次

58.00 元

16 开　328 页

2008 敦煌学国际联络委员会通讯

郝春文主编

2008 年 10 月 1 版 1 次

58.00 元

16 开　324 页

2009 敦煌学国际联络委员会通讯

郝春文主编

2009 年 12 月 1 版 1 次

56.00 元

16 开　292 页

2010 敦煌学国际联络委员会通讯

郝春文主编

2010 年 9 月 1 版 1 次

58.00 元

16 开　308 页

2011 敦煌学国际联络委员会通讯

郝春文主编

2011 年 8 月 1 版 1 次

39.00 元

16 开　200 页

2012 敦煌学国际联络委员会通讯

郝春文主编

2012 年 7 月 1 版 1 次

52.00 元

16 开　248 页

2013 敦煌学国际联络委员会通讯

郝春文主编

2013 年 8 月 1 版 1 次

68.00 元

16 开　288 页

2014 敦煌学国际联络委员会通讯

郝春文主编

2014 年 8 月 1 版 1 次

88.00 元

16 开　424 页

2015 敦煌学国际联络委员会通讯

　郝春文主编

　2015 年 7 月 1 版 1 次

　98.00 元

　16 开　316 页

西　夏　学

　　本辑刊是以刊载国内外研究西夏学论文、西夏学界学术活动为主要内容的学术辑刊,其特色是全面及时反映了西夏学术界尤其是国内西夏学的最新成果。

西夏学(第五辑)

　杜建录主编

　2010 年 10 月 1 版 1 次

　48.00 元

　16 开　260 页

西夏学(第六辑)

　杜建录主编

　2010 年 10 月 1 版 1 次

　48.00 元

　16 开　264 页

西夏学(第七辑)

　杜建录主编

　2011 年 12 月 1 版 1 次

　58.00 元

　16 开　312 页

西夏学(第八辑)

　杜建录主编

　2011 年 12 月 1 版 1 次

　58.00 元

　16 开　332 页

西夏学(第九辑)

　杜建录主编

　2014 年 5 月 1 版 1 次

　88.00 元

　16 开　388 页

西夏学(第十辑)

　杜建录主编

　2014 年 6 月 1 版 1 次

　88.00 元

　16 开　384 页

西夏学(第十一辑)

　杜建录主编

　2015 年 8 月 1 版 1 次

　88.00 元

　16 开　324 页

楚文化研究论集

楚文化研究会编

楚文化研究论集(第九集)

　楚文化研究会编

　2011 年 7 月 1 版 1 次

　45.00 元

　大 32 开　424 页

　　本书系 2009 年 9 月在安徽淮南举办的"楚文化学术研究讨论会"论文集,是近年楚文化研究的最新学术成果,范围涵盖考古学、历史学、地理学、文献学、文字学等。

楚文化研究论集(第十一集)

　楚文化研究会编

　2015 年 7 月 1 版 1 次

　78.00 元

　32 开　596 页

　　本书是湘鄂豫皖楚文化研究会第十三次年会的精选论文集,内容涉及先楚文化研究、楚文化研究与楚文化和其他文化关系研究等诸多方面,运用了考古学、古文字学、古文献学、历史学、科技考古学、天文考古学等多学科的方法。

浙　东　文　化

　　本书为宁波博物馆、宁波市文物考古博物馆学会联合主办的集刊之一,发表当今国内外博物馆领域乃至与浙东文化相关学科的最新研究成果。

浙东文化论丛（第二辑）

董贻安主编

2004 年 11 月 1 版 1 次

38.00 元

大 32 开　580 页

浙东文化集刊（2005 年卷）（全二辑）

史小华　柴英主编

2005 年 11 月 1 版 1 次

78.00 元

16 开　309 页

浙东文化集刊（2006 年卷）（全二辑）

孟建耀主编

2006 年 10 月 1 版 1 次

78.00 元

16 开　232 页

浙东文化集刊（2007 年卷）（全二辑）

孟建耀主编

2007 年 12 月 1 版 1 次

78.00 元

16 开　456 页

浙东文化（2008 年卷）（第一辑）

孟建耀主编

2008 年 12 月 1 版 1 次

35.00 元

16 开　120 页

浙东文化论丛（二〇〇九年卷）（第一辑）

孟建耀主编

2009 年 9 月 1 版 1 次

35.00 元

16 开　120 页

浙东文化论丛（二〇〇九年卷）（第二辑）

孟建耀主编

2009 年 11 月 1 版 1 次

35.00 元

大 16 开　128 页

浙东文化论丛（二〇一〇年卷）（全二辑）

孟建耀主编

2011 年 6 月 1 版 1 次

72.00 元

大 16 开　248 页

浙东文化论丛（二〇一一年卷）（全二辑）

孟建耀主编

2012 年 4 月 1 版 1 次

72.00 元

16 开　248 页

贵州世居民族研究动态

贵州世居民族文献与文化研究（2014 年卷）

卢云辉　杨昌儒主编

2016 年 4 月 1 版 1 次

58.00 元

16 开　292 页

　　《贵州世居民族研究动态》是由贵州民族大学主管，贵州民族大学图书馆和贵州世居民族研究基地联合主办的专业性学术辑刊。内容涉及贵州世居民族的生产生活方式和思想文化的专题论文或研究综述。本期分"海外学者的中国民族文化研究"、"傩文化研究"、"布依族文化与文献研究"、"播州杨氏文化研究"、"民族文献和民族古籍研究"、"民族文化传播研究"等六个板块。

上海革命史资料与研究

中共"一大"会址纪念馆

上海革命历史博物馆筹备处编

上海革命史资料与研究（第 3 辑）

中共"一大"会址纪念馆

上海革命历史博物馆筹备处编

2003 年 10 月 1 版 1 次

28.00 元

大 32 开　596 页

　　本书包括建馆 60 周年暨全国会址类纪念馆联谊会首届馆长论坛、刘仁静与中共创建专题研究以及"革命史一页"、"史海钩沉"、"海外党研"，兼收关于上海中共"一大"会址纪念馆的工作报告。

上海革命史资料与研究（第 4 辑）

中共"一大"会址纪念馆

上海革命历史博物馆筹备处编

2004 年 11 月 1 版 1 次

26.00 元

大 32 开　592 页

　　本书分为八部分：纪念中共"二大"召开 80 周年文章，专题研究、史实考证、人物述评、党史研究动态、中共"二大"有关文献与资料汇集等。

上海革命史资料与研究（第 5 辑）

中共"一大"会址纪念馆

上海革命历史博物馆筹备处编

2005 年 12 月 1 版 1 次

26.00 元

大 32 开　640 页

　　第 5 辑的主要内容为纪念抗日战争胜利 60 周年、纪念陈云诞辰 100 周年和纪念《新青年》杂志创刊 90 周年的有关论文共 34 篇；此外，还包括中共创建史研究及动态、革命史专题研究、博物馆学研究及革命史文献与资料等方面的论文 36 篇。

上海革命史资料与研究（第 6 辑）

中共"一大"会址纪念馆

上海革命历史博物馆筹备处编

2006 年 12 月 1 版 1 次

28.50 元

大 32 开　752 页

　　本辑的主要内容为为纪念中共"一大"召开 85 周年而举行的中国共产党创建史全国学术研讨会的论文集；此外还包括中共创建史研究及动态、革命史专题研究、博物馆学研究及革命文献与资料等方面的论文 41 篇。

上海革命史资料与研究（第 7 辑）

中共"一大"会址纪念馆

上海革命历史博物馆筹备处编

2007 年 12 月 1 版 1 次

45.00 元

大 32 开　848 页

　　本书是一本关于中共"一大"的资料研究文集。载述了中共"一大"前后陈独秀、何叔衡、李汉俊、邓恩铭、

朱德、张炎等人的革命事迹，"一大"召开的背景情况，中共历史上几次重大会议的意义和影响，国共合作形成的前提条件，以及中共创建史有关研究文集目录和"一大"纪念馆布展知识经验。为我们了解中共对中国革命所作的贡献提供了翔实的资料。

上海革命史资料与研究（第 8 辑）

中共"一大"会址纪念馆

上海革命历史博物馆筹备处编

2008 年 12 月 1 版 1 次

45.00 元

大 32 开　716 页

　　本辑包括纪念王尽美诞辰 110 周年专栏、纪念李汉俊烈士牺牲 80 周年专栏、专题研究、史实考证、人物述林、革命史一页、史海钩沉、学术沙龙、研究动态、纪念馆工作和文献与资料 11 个方面内容，展示了上海市研究中国革命史的最新研究成果和资料。

上海革命史资料与研究（第 9 辑）

中共"一大"会址纪念馆

上海革命历史博物馆筹备处编

2009 年 12 月 1 版 1 次

58.00 元

大 32 开　724 页

　　本书包括纪念五四运动 90 周年暨陈独秀诞辰 130 周年专栏、纪念袁振英诞辰 115 周年专栏、"马林与中国"展览暨学术交流会专栏、专题研究、史实考证、人物述林、史海钩沉、学术沙龙、研究动态、纪念馆工作和文献与资料等 10 个方面内容，展示了上海市研究中国革命史的最新研究成果和资料。

上海革命史资料与研究（第 10 辑）

中共"一大"会址纪念馆

上海革命历史博物馆筹备处编

2010 年 12 月 1 版 1 次

58.00 元

大 32 开　704 页

　　本书包括纪念中国共产党上海早期组织成立 90 周年、纪念李达诞辰 120 周年、专题研究、史实考证、人物述林、革命史一页、理论探讨、研究动态、纪念馆工作和文献与资料等 10 个方面内容，展示了上海市研究中国革命史的最新研究成果和资料。

上海革命史资料与研究（第 11 辑）

中共"一大"会址纪念馆

上海革命历史博物馆筹备处编

2011 年 12 月 1 版 1 次

58.00 元

大 32 开　736 页

　　本书主要内容为上海革命史资料与相应研究论文。包括中国共产党成立的资料汇编与研究、纪念中国共产党成立 90 周年的相关学术研究论著，以及"革命史一页"、"史海钩沉"、"海外党研"，兼收上海中共"一大"会址纪念馆的工作报告。

上海革命史资料与研究（第 12 辑）

中共"一大"会址纪念馆

上海革命历史博物馆筹备处编

2012 年 12 月 1 版 1 次

58.00 元

32 开　840 页

　　本书主要内容为上海革命史资料与相应研究论文，包括建馆 60 周年暨全国会址类纪念馆联谊会首届馆长论坛、刘仁静与中共创建专题研究以及"革命史一页"、"史海钩沉"、"海外党研"等。

上海革命史资料与研究（第 13 辑）

中共"一大"会址纪念馆

上海革命历史博物馆筹备处编

2013 年 12 月 1 版 1 次

68.00 元

大 32 开　671 页

　　本书主要内容为上海革命史资料与相应研究论文。包括纪念陈潭秋牺牲 70 周年专栏及"专题研究"、"人物述林"、"革命史一页"、"史实考证"、"史海钩沉"、"海外党研"，兼收关于上海中共"一大"会址纪念馆的工作报告。

上海革命史资料与研究（第 14 辑）

中共"一大"会址纪念馆

上海革命历史博物馆筹备处编

2014 年 12 月 1 版 1 次

58.00 元

32 开　524 页

　　本书主要内容为上海革命史资料与相应研究论文，主题为"中共一大代表包惠僧研究"，该专题共收入纪念

及研究文章 24 篇，体现了最新的有关包惠僧研究的成果。另外，专题研究、革命史一页、史实考证等栏目也有新的研究成果和文献资料发现。

国 家 航 海

国家航海（第一辑）

上海中国航海博物馆主办

2011 年 12 月 1 版 1 次

48.00 元

16 开　218 页

　　本书共收录了 14 篇会议论文，基本围绕我国航海史和航海文化研究中几个热点：一、中外官方档案、民间资料、考古遗存等多种资料的综合运用；二、跨学科进行航海历史与文化研究；三、界定了航海史、航海文化研究中一些相关概念。

国家航海（第二辑）

上海中国航海博物馆主办

2012 年 7 月 1 版 1 次

48.00 元

16 开　196 页

　　本辑收录有关古船调查复原研究、海盗历史、航运贸易、海上航路、海上战争、航海人物（郑和、郑成功）、中西交流等 13 篇文章，传世文献与出土的考古资料相结合，以"船"、"人"、"航路"为切入视角，深入探讨航海历史，传承航海文明。

国家航海（第三辑）

上海中国航海博物馆主办

2012 年 11 月 1 版 1 次

48.00 元

16 开　212 页

　　本辑主要收录上海港口史、上海航运史、上海港口城市史等相关领域有深入研究的国内外专家学者的论文，对明清以来上海的发展历程作了精彩的论述。

国家航海（第四辑）

上海中国航海博物馆主办

2013 年 11 月 1 版 1 次

48.00 元

16 开　192 页

　　本书包括了航海、航运、中国航海地理考证等相关

领域专家学者的论文,并做了精彩论述。对了解中国古代航海历史,以及现今上海乃至中国航运文化的发展均有参考价值。所附的"'厦门号'帆船环球航行日志",图文并茂,展现了中国航海人搏击风浪、敢于探索的精神。

国家航海（第五辑）

上海中国航海博物馆主办

2013 年 11 月 1 版 1 次

48.00 元

16 开 196 页

本书包括了航海、航运、中国航海地理考证等相关领域专家学者的论文,对于了解中国古代航海历史,以及现今上海乃至中国航运文化的发展均有参考价值。所附的"厦门号"帆船环球航行日志,图文并茂,展现了中国航海人搏击风浪、敢于探索的精神。

国家航海（第六辑）

上海中国航海博物馆主办

2014 年 2 月 1 版 1 次

58.00 元

16 开 204 页

文物考古方面,关于南澳一号沉船的有两篇,分别从沉船所藏瓷器与沉船与贸易港口的关系等角度进行研究,类似的还有关于越南海域沉船的研究;海域史方面,如汉武帝与环黄海文化圈的形成;海上交通方面,有的研究中琉航海与钓鱼岛问题,有的研究大陆与台湾间的航海交通问题;中外海上文化交流方面,如南澳岛在西方文献中的记载情况,明清时期西方人在闽台的文化活动;古代造船航海技术方面,如对郑和下西洋前中国古代造船航海技术的介绍。

国家航海（第七辑）

上海中国航海博物馆主办

2014 年 5 月 1 版 1 次

58.00 元

16 开 192 页

本辑收录航海、航运、中国航海地理考证等相关领域专家学者的论文 12 篇,对于了解中国古代航海历史,以及现今上海乃至中国航运文化的发展均有参考价值。

国家航海（第八辑）

上海中国航海博物馆主办

2014 年 8 月 1 版 1 次

58.00 元

16 开 188 页

本辑收录了关于明清海防、古代造船技术与航运、中国古代海外交通与贸易、航海文献考证等方面的学术文章 11 篇。

国家航海（第九辑）

上海中国航海博物馆主办

2014 年 11 月 1 版 1 次

58.00 元

16 开 192 页

本辑收录了有关中国古航海图、近现代中国海洋权益的维护、航海测绘与古地图绘制、妈祖信仰与航海文化等方面的学术文章 16 篇。

国家航海（第十辑）

上海中国航海博物馆主办

2015 年 2 月 1 版 1 次

58.00 元

16 开 196 页

本书收录了关于古代航海、内河航运以及中国航海地理考证等相关领域专家学者的论文 12 篇,对于了解中国古代航海历史,以及现今上海乃至中国航运文化的发展均有参考价值。

国家航海（第十一辑）

上海中国航海博物馆主办

2015 年 4 月 1 版 1 次

58.00 元

16 开 192 页

本辑收录学术论文 11 篇。所选论文涵盖文献考证、造船研究、近代海洋权益研究、海外贸易方面、航海历史与文化、航海地理等方面。

国家航海（第十二辑）

上海中国航海博物馆主办

2015 年 8 月 1 版 1 次

58.00 元

16 开 180 页

本书稿由上海中国航海博物馆提供,澳大利亚昆士兰大学历史与哲学系著名教授黎志刚先生负责组稿,为《国家航海》系列的第十二辑,系中国重要的航运企业民生公司成立九十周年的纪念专辑,收录学术论文 10 篇、书评 2 篇、学术回顾 1 篇等。

国家航海（第十三辑）

上海中国航海博物馆主办

2015 年 11 月 1 版 1 次

58.00 元

16 开　200 页

　　收录学术论文 13 篇。本辑所选论文涵盖内容广泛，研究深入。另外，还有对三藩之乱时，中日朝三国的情报研究。

国家航海（第十四辑）

上海中国航海博物馆主办

16 开　184 页

2016 年 1 月 1 版 1 次

58.00 元

　　本书收录学术论文 11 篇，涉及文献考证、中外关系、海洋经济、航海地理、区域海域史，论文选题较为丰富。

国家航海（第十五辑）

上海中国航海博物馆主办

32 开　188 页

2016 年 4 月 1 版 1 次

58.00 元

　　本书收录学术论文 11 篇，涉及文献考证、海防研究、中外关系，论文选题较为丰富。

国 博 讲 堂

　　"国博讲堂"以历史与艺术并重为宗旨，选题包括历史、艺术、文物考古及文保科技三大系列，或追踪学术前沿，或配合同期展陈，邀请国内外不同学科的专家学者举办讲座。

国博讲堂（2011—2012）

吕章申主编

2015 年 1 月 1 版 1 次

195.00 元

16 开　340 页

国博讲堂（2013—2014）

吕章申主编

2016 年 6 月 1 版 1 次

286.00 元

16 开　508 页

文化遗产研究集刊

文化遗产研究集刊（一）

复旦大学文物与博物馆学系编

2000 年 5 月 1 版 1 次

22.00 元

大 32 开　324 页

文化遗产研究集刊（二）

复旦大学文物与博物馆学系编

2001 年 12 月 1 版 1 次

26.00 元

大 32 开　468 页

文化遗产研究集刊（三）

复旦大学文物与博物馆学系编

2003 年 5 月 1 版 1 次

30.00 元

大 32 开　464 页

　　这里的文化遗产概念，不仅仅是指称狭义上的文物器件，而是在大文化背景下，对历史上各类遗存（包括建筑、风俗习惯、音乐舞蹈等）的概称。这本由复旦大学文博系主编的论文集刊，围绕文化遗产这一核心概念，多层次多角度地集中展现了本学科当前的研究成果。这些文章，很大程度上与传统的文博研究模式有所不同，既对诸如器物成因与鉴定等方面着力殊多，又重在新视角新理念的阐介和引进，宏观与微观并重，思想与实证统一。

上海博物馆集刊

上海博物馆集刊

上海博物馆编

建馆三十周年特辑 1983 年出版

第 3 期 1986 年出版

第 4 期 1987 年出版

第 5 期 1990 年出版

第 6 期

1992 年出版

平装 13.20 元　精装 17.65 元

16 开

　　本集刊旨在向读者介绍珍贵的上博馆藏文物和有关文物的丰富知识,提高读者对文物的鉴赏能力,并集中刊登有关学者对馆藏文物的研究、论述性文章。设有书法、绘画、青铜、陶瓷、工艺、考古发掘等栏目,还刊有大量图片。

三 晋 考 古

三晋考古(第四辑)(全二册)

山西省考古研究所　山西省考古学会编　宋建忠主编

2012 年 8 月 1 版 1 次

精装 218.00 元

大 16 开　1408 页

　　本辑主要是有关山西近年的一些小型遗址或墓葬的发掘报告,内容涉及史前及历史时期各段的考古调查与发掘情况,反映了山西省考古研究所近年的考古发掘和研究成果。对于山西地区各时期的考古研究具有重要的资料价值。

云 间 文 博

上海市松江区文物管理委员会

上海市松江区文化广播电视管理局主办

　　丛刊从社会、历史、地理、文化、艺术、民俗等各个方面研讨上海松江这个具有悠久历史的江南名城的历史风貌、地理沿革、社会发展、文化艺术成就。

《云间文博》(第一卷)(全三册)

上海市松江区文物管理委员会

松江区文化广播电视管理局编

2005 年 7 月 1 版 1 次

84.00 元

16 开　240 页

《云间文博》(第二卷)(全四册)

上海市松江区文物管理委员会

松江区文化广播电视管理局编

2006 年 12 月 1 版 1 次

112.00 元

16 开　320 页

云间文博(第三卷)(全四册)

上海市松江区文物管理委员会

上海市松江区文化广播电视管理局主办

2007 年 11 月 1 版 1 次

112.00 元

16 开　320 页

云间文博(第四卷)

上海市松江区文物管理委员会

上海市松江区文化广播电视管理局主办

2009 年 9 月 1 版 1 次

112.00 元

16 开　320 页

云间文博(第五卷)

上海市松江区文物管理委员会

上海市松江区文化广播电视管理局主办

　　本套期刊分别以"东亚汉学"、"七彩霓裳"、"明代颐园"、"邦彦画像"为主题,收录相关研究文章十余篇,从历史、社会、地理、文化、艺术、民俗等各个方面研讨上海松江这个具有悠久历史的江南名城的历史风貌、地理沿革、社会发展、文化艺术成就等。

东亚汉学

2009 年 6 月 1 版 1 次

48.00 元

16 开　80 页

七彩霓裳

2009 年 12 月 1 版 1 次

48.00 元

16 开　80 页

明代颐园

2009 年 12 月 1 版 1 次

48.00 元

16 开　80 页

邦彦画像

2010 年 9 月 1 版 1 次

48.00 元

16 开　80 页

云间文博（第六卷）

上海市松江区文物管理委员会

上海市松江区文化广播电视管理局主办

　　本套期刊分别以"持荷童子"、"顾绣要素"、"康熙书法"为主题，收录相关研究文章十余篇，从历史、社会、地理、文化、艺术、民俗等各个方面研讨上海松江这个具有悠久历史的江南名城的历史风貌、地理沿革、社会发展、文化艺术成就等。

持荷童子

2011 年 5 月 1 版 1 次

48.00 元

16 开　80 页

顾绣要素

2011 年 5 月 1 版 1 次

48.00 元

16 开　80 页

康熙书法

2011 年 10 月 1 版 1 次

48.00 元

16 开　80 页

云间文博（第七卷）

上海市松江区文物管理委员会

上海市松江区文化广播电视管理局主办

　　本辑包括"舜水东渡"、"诗画如烟"、"宋代官窑"三种。

舜水东渡

2012 年 1 月 1 版 1 次

48.00 元

16 开　80 页

宋代官窑

2012 年 9 月 1 版 1 次

128.00 元

大 16 开　160 页

诗画如烟

2012 年 12 月 1 版 1 次

128.00 元

16 开　160 页

云间文博（第八卷）

上海市松江区文物管理委员会

上海市松江区文化广播电视管理局主办

　　本辑包括"北宋汝窑"等专辑。

北宋汝窑

2013 年 12 月 1 版 1 次

128.00 元

16 开　160 页

云间文博（第九卷）

上海市松江区文物管理委员会

上海市松江区文化广播电视管理局主办

　　本辑包括"舜水研究"、"学宫图说"等专辑。

舜水研究

2014 年 12 月 1 版 1 次

128.00 元

16 开　160 页

学宫图说

2015 年 11 月 1 版 1 次

128.00 元

16 开　160 页

云间文博（第十卷）

上海市松江区文物管理委员会

上海市松江区文化广播电视管理局主办

　　本辑包括"云间书画"、"文化名园醉白池"等专辑。

文化名园醉白池

2016 年 5 月 1 版 1 次

68.00 元

大 16 开　376 页

云间书画

2016 年 8 月 1 版 1 次

128.00 元

16 开　160 页

出土文献研究

出土文献研究（第六辑）

中国文物研究所编

2004 年 12 月 1 版 1 次

70.00 元

16 开　408 页

出土文献研究（第七辑）

中国文物研究所编

2005 年 12 月 1 版 1 次

85.00 元

16 开　396 页

出土文献研究（第八辑）

中国文物研究所编

2007 年 11 月 1 版 1 次

85.00 元

16 开　392 页

出土文献与古文字研究

出土文献与古文字研究（第四辑）

复旦大学出土文献与古文字研究中心编

2011 年 12 月 1 版 1 次

128.00 元

16 开　552 页

　　本书收录出土文献与古文字研究方面的相关论文，内容涉及甲骨、金文、简帛、玺印、敦煌文书以及其他古器物等，反映了该领域的最新研究成果。

出土文献与古文字研究（第五辑）

复旦大学出土文献与古文字研究中心编

刘钊主编

2013 年 9 月 1 版 1 次

148.00 元

16 开　616 页

　　本书延续集刊一贯之体例，涵盖丰富，涉及甲骨文、金文、楚简、帛书、镜铭、敦煌佛经等方面的字词考释与校读札记：有最新出土资料的研究心得，如对北大汉简《周训》的探讨；有对出土帛书的整体考释，如马王堆帛书《五十二病方》《养生方》释文校读；亦有结合传世文献与出土文献对名句的进一步深入辨析，如关于《老子》"道可道""名可名"的解释。

《出土文献与古文字研究》第六辑

——复旦大学出土文献与古文字研究中心成立十周年纪念文集（全二册）

复旦大学出土文献与古文字研究中心编

2015 年 2 月 1 版 1 次

精装 258.00 元

16 开　840 页

　　本书涉及甲骨文、金文、楚简、秦简、汉简、帛书、石鼓文、敦煌佛经等方面的字词考释与校读札记，是出土文献与古文字领域的最新研究成果，便于研究者得以接触学术界的研究前沿，并促使研究的进一步深入。

简　帛

　　《简帛》是由武汉大学简帛研究中心主办的专业学术集刊，包括以简帛资料为主的古文字研究，先秦、秦汉出土文献整理与研究，先秦、秦汉史研究等几个方面，发表论文和动态、评介、资料性文字，以作为简帛研究的一个重要学术阵地。

简帛（第一辑）

武汉大学简帛研究中心主办

2006 年 10 月 1 版 1 次

88.00 元

16 开　520 页

　　本辑共收录五十余篇国内外学者的论文，对包山、郭店、上博、里耶、张家山、马王堆等出土的简帛资料进行探讨。

简帛（第二辑）

武汉大学简帛研究中心主办

2007 年 11 月 1 版 1 次

90.00 元

16 开　548 页

　　本辑《简帛》为 2006 年简帛国际学术论坛论文集，共收录四十余篇国内外学者的论文，从多种维度对包山、郭店、上博、里耶、张家山、马王堆等出土的简帛资料进行探讨，其中既有像李学勤、周凤五、夏含夷等这样的著名学者的重要论文，同时采用匿名评审的方式，刊发中青年学者的学术成果。

简帛（第三辑）

武汉大学简帛研究中心主办

2008 年 10 月 1 版 1 次

88.00 元

16 开　440 页

　　本辑为 2007 年简帛国际学术论坛论文集，共收录四十余篇国内外学者的论文，从多种维度对上博、郭店、包山、里耶、张家山、马王堆、孔家坡、走马楼等出土的简帛资料进行探讨，其中既有像裘锡圭、夏含夷等这样的著名学者的重要论文，同时对于中青年学者的学术成果，采用匿名评审的方式刊发。

简帛（第四辑）

武汉大学简帛研究中心　主办

2009 年 10 月 1 版 1 次

98.00 元

16 开　484 页

　　本辑为"中国简帛学国际论坛 2008"会议论文集，共收录海内外学者的论文 37 篇，涉及出土简牍帛书的文本抄写、篇章结构、简序编排、文字释读与内涵解析等多个方面，对简帛文献整理与研究的方法问题也展开了深入研讨。此外，本辑增设"秦简牍的综合整理与研究"专栏，对国内外秦简的整理和研究现状及研究方法作了回顾与展望。

简帛（第五辑）

武汉大学简帛研究中心主办

2010 年 10 月 1 版 1 次

98.00 元

16 开　544 页

　　本辑为"中国简帛学国际论坛 2009"会议论文集，共收入来自中国大陆和台湾地区以及美国、日本、韩国、德国、以色列的 50 多位与会在读博士研究生论文 23 篇，其他约稿和投稿 16 篇。论文内容广泛，研究角度多样，对包括战国、秦汉以至三国的简牍帛书和甲骨文、金文等其他出土古文字材料以及考古学材料，从文献学、语言学、文字学、历史学、思想史学、考古学等视角作了不同的探讨和分析。

简帛（第六辑）

武汉大学简帛研究中心主办

2011 年 11 月 1 版 1 次

108.00 元

16 开　620 页

　　本辑收录了"中国简帛学国际论坛 2010"部分会议论文及其他约稿、投稿 40 余篇，涉及战国秦汉时期简牍材料的简序编联、文字释读、内涵解析等诸多方面，较为全面地反映了现今简帛学研究的基本面貌。

简帛（第七辑）

武汉大学简帛研究中心主办

2012 年 10 月 1 版 1 次

98.00 元

16 开　303 页

　　本辑共收录楚简帛、秦汉简帛及其他出土文献研究论文 29 篇以及银雀山汉简《天地八风五行客主五音之居》及 2011 年甲骨、金文与战国秦汉魏晋简牍研究的综述四篇，涉及简序编联、文字释读、内涵解析及相关历史问题的诸多研究，较为全面地反映了现今简帛学研究的基本面貌。

简帛（第八辑）

武汉大学简帛研究中心主办

2013 年 10 月 1 版 1 次

118.00 元

16 开　592 页

　　本辑共收录研究论文 39 篇，其中多数为"中国简帛学国际论坛 2012·秦简牍研究"会议论文，内容以北大藏秦简、岳麓书院藏秦简、里耶秦简为核心，旁及放马滩、里耶、岳麓、睡虎地、龙岗等多批秦简牍数据及部分汉简数据的研讨，其中既有对简牍形制、书写、拼合等问题的探讨，更多的则是关于简牍文字释读和文本内容解析，涉及秦汉行政制度、文书制度、经济制度、社会生活、宗教思想、文化习俗等诸多方面。值得一提的是，本辑所收北大秦简的图版和研究资料均为首次公布，具有重要学术价值。

简帛（第九辑）

武汉大学简帛研究中心主办

2014 年 10 月 1 版 1 次

118.00 元

16 开　544 页

　　本辑共收录研究论文 40 余篇，内容涉及上博简、清华简、岳麓秦简、里耶秦简、孔家坡汉简、居延汉简、肩水金关汉简等多批战国秦汉简牍资料，其中既有对简牍形制、书写、拼合等问题的探讨，也有关于简牍文字的释读、文本内容的解析，以及相关历史问题的研究，较为全面地反映了现今简帛学研究的基本面貌，具有重要的学术价值。

简帛（第十辑）

武汉大学简帛研究中心主办

2015 年 5 月 1 版 1 次

68.00 元

16 开　304 页

　　本辑共收录研究论文 27 篇，讨论的材料广泛涉及上博简、清华简、岳麓秦简、里耶秦简、张家山汉简、银雀山汉简等多批战国秦汉简牍资料，内容则涵盖了简帛文献学、古文字学、史学、哲学、文学等诸多方面。

简帛（第十一辑）

武汉大学简帛研究中心主办

2015 年 11 月 1 版 1 次

68.00 元

16 开　292 页

　　本辑共收录研究论文 22 篇，材料涉及上博简、清华简、岳麓简、里耶简、张家山汉简、孔家坡汉简等多批战国秦汉简牍资料，内容涵盖了简帛文献学、古文字学、史学、哲学诸多方面，较为全面地反映了现今简帛学研究的基本面貌。

汉语言文字研究

汉语言文字研究（第一辑）

安徽大学汉字发展与应用研究中心编

2015 年 2 月 1 版 1 次

128.00 元

16 开　464 页

　　本书内容涉及两大板块：一是甲骨文、金文、战国秦汉简帛、货币、玺印、陶文、传抄古文等古文字方面；二是中古汉语、音韵学、词汇学、方言学等语言学方面。代表了全国高校相关研究领域的最新研究成果。

华　学

饶宗颐主编

　　《华学》是由清华大学国际汉学研究所、中山大学中华文化研究中心、香港大学饶宗颐学术馆、泰国华侨崇圣大学中华文化研究院共同主办的以研究中华传统文化为主旨的学术丛书，不定期出版

华学（第九、十辑）（全六册）

饶宗颐主编

2008 年 8 月 1 版 1 次

480.00 元

大 16 开　2440 页

　　此为《华学》第九、十辑，集中收入中外学者 2006 年 12 月在香港举行的庆祝饶宗颐教授九十华诞国际学术研讨会的论文 190 余篇。按内容分为主题演讲、甲骨学与古文字学、简帛与上古文献、考古学与上古史、文化交流史、敦煌学、历史学与潮学、宗教、艺术、古典文学等十部分。

诸子学刊

《诸子学刊》编委会编　方勇主编

华东师范大学先秦诸子研究中心主办

　　本专刊是由华东师范大学先秦诸子研究中心主办的有关我国古代诸子学术、生平研究的论文集刊。

诸子学刊（第一辑）

方勇主编

2007 年 12 月 1 版 1 次

88.00 元

16 开　544 页

诸子学刊（第二辑）

方勇主编

2009 年 6 月 1 版 1 次

90.00 元

16 开　524 页

诸子学刊（第三辑）

　方勇主编

　2009 年 12 月 1 版 1 次

　90.00 元

　16 开　556 页

诸子学刊（第四辑）

　方勇主编

　2010 年 12 月 1 版 1 次

　80.00 元

　16 开　496 页

诸子学刊（第五辑）

　方勇主编

　2011 年 12 月 1 版 1 次

　90.00 元

　16 开　408 页

诸子学刊（第六辑）

　方勇主编

　2012 年 4 月 1 版 1 次

　98.00 元

　16 开　436 页

诸子学刊（第七辑）

　方勇主编

　2012 年 12 月 1 版 1 次

　98.00 元

　16 开　436 页

诸子学刊（第八辑）

　方勇主编

　2013 年 4 月 1 版 1 次

　98.00 元

　16 开　476 页

诸子学刊（第九辑）

　方勇主编

　2013 年 12 月 1 版 1 次

　98.00 元

　16 开　440 页

诸子学刊（第十辑）

　方勇主编

　2014 年 10 月 1 版 1 次

　98.00 元

　16 开　456 页

诸子学刊（第十一辑）

　方勇主编

　2014 年 12 月 1 版 1 次

　98.00 元

　16 开　456 页

诸子学刊（第十二辑）

　方勇主编

　2015 年 10 月 1 版 1 次

　98.00 元

　16 开　440 页

诸子学刊（第十三辑）

　方勇主编

　2016 年 5 月 1 版 1 次

　98.00 元

　16 开　464 页

孔 子 学 刊

孔子研究院　中国孔子基金会主办

杨朝明主编

　　《孔子学刊》系孔子研究院主办刊物，内容涉及对儒家经典、儒家历史人物、儒学历史等方面，分为“名家访谈”、“学术史谭”、“孔学探原”、“简帛考释”、“儒史衡论”、“儒学与现代”、“儒学与圣地”、“《孔子家语》研究”、“阙里文献研究”等板块。

孔子学刊（第一辑）

　杨朝明主编

　2010 年 12 月 1 版 1 次

　36.00 元

　16 开　260 页

孔子学刊（第二辑）

　杨朝明主编

2011 年 8 月 1 版 1 次

48.00 元

16 开　300 页

孔子学刊（第三辑）

杨朝明主编

2012 年 9 月 1 版 1 次

48.00 元

16 开　350 页

孔子学刊（第四辑）

杨朝明主编

2013 年 8 月 1 版 1 次

56.00 元

16 开　310 页

孔子学刊（第五辑）

杨朝明主编

2014 年 8 月 1 版 1 次

68.00 元

16 开　272 页

国际阳明学研究

国际阳明学研究（第二卷）

国际阳明学研究中心主办

2012 年 10 月 1 版 1 次

68.00 元

16 开　392 页

《国际阳明学研究》主要反映了国内、国际阳明学研究的最新动态。本卷分五个栏目：阳明学研究、海外阳明学、阳明学文献、明代思想史研究和名家讲座，收录了海峡两岸及俄国、日本、意大利等学者的 22 篇论文和一篇演讲。

国际阳明学研究（第三卷）

国际阳明学研究中心主办

2013 年 10 月 1 版 1 次

88.00 元

32 开　500 页

国际阳明学研究（第四卷）

国际阳明学研究中心主办

2014 年 10 月 1 版 1 次

68.00 元

16 开　324 页

中国思潮评论

高瑞泉主编

《中国思潮评论》是以推动和展示对于近代以来尤其是 20 世纪中国社会思潮的学术研究为宗旨。

思潮研究百年反思（第一辑）

高瑞泉主编

2009 年 10 月 1 版 1 次

36.00 元

小 16 开　296 页

一百年来政治、经济、军事、国际环境、社会结构、生活方式发生前所未有的变化的同时，20 世纪中国思想也经历了"三千年未有之大变局"。各种思潮频繁产生，其多样性、复杂性和易变性也是空前的。与通常书写思想史时只注意少数最著名思想家的思想不同，本书把一百年来曾经影响中国社会的各种思潮作为考察对象。

现代性视野中的思潮与观念（第二辑）

高瑞泉主编

2010 年 11 月 1 版 1 次

36.00 元

16 开　316 页

本辑主要从现代性视角出发，深入探讨从西方传入的各种思潮与观念——进化论、激进主义、无政府主义、平等、自由、科学——在中国的传播，以及中国的传统文化如何影响了国人对这些观念的理解。各位作者如高瑞泉、顾红亮、许纪霖、许苏民等在各自论题上都对此前的研究有所推进。

民族主义及其他（第三辑）

高瑞泉主编

2011 年 6 月 1 版 1 次

36.00 元

16 开　276 页

本辑的主题为民族主义，探讨了民族主义在中国形成、发展和演变。

自由主义诸问题（第四辑）

高瑞泉主编

2012 年 3 月 1 版 1 次

45.00 元

16 开　316 页

　　本辑分两个专题：一是"自由主义的理论与历史"，二是"儒学与自由主义"，此外还收录了两篇讨论当代儒学的文章。

巨变时代的社会思潮与知识分子（第五辑）

高瑞泉主编

2014 年 1 月 1 版 1 次

52.00 元

16 开　320 页

　　本辑特稿"中心与边缘：20 世纪中国知识分子与社会思潮"占一半篇幅，主要探讨 20 世纪中国不同类型的人文知识分子如何介入中国社会政治活动的历史，上编揭示 20 世纪中国知识分子的话语形成并对其思想演化的逻辑结构与内在理路做出分析，下编则是 20 世纪中国知识分子类型及其思想观念的分析与叙事。另一主要专题是"转型时期的哲学与哲学家"，由九位学者分别讨论 20 世纪各类哲学家如何从"古今中西"不同于传统吸取各种资源来建构现代中国哲学。

激进与保守的复调变奏（第六辑）

高瑞泉主编

2014 年 9 月 1 版 1 次

49.00 元

16 开　288 页

　　本书收入十一篇论文，主要论述当代中国哲学思想中"激进"与"保守"两种力量的发展和发挥。高力克《现代中国激进主义之再思考》一文，从激进与保守之争入手，辩证地看待中国社会转型的情况。李维武《从唯物辩证法论战到马克思主义哲学大众化——对艾思奇〈大众哲学〉的解读》一文，不仅从马克思主义哲学大众化视域来解读《大众哲学》，并且将其置于 20 世纪中国哲学视域中，进而探讨其思想内涵及对中国马克思主义哲学的贡献。胡岩《"儒家自由主义"如何可能?》一文指出，儒家与自由主义的融合，既涉及文明对话，也关系到价值重建，文章为二者的融合，提出了一些新的思路。

中华文化研究集刊

中华人文精神新论（一）

吴光主编

1998 年 12 月 1 版 1 次

19.00 元

大 32 开　300 页

　　近年来，学术界和理论界对中华人文精神的内涵和特征，及它在中国历史上所起的作用，对中国现代化和未来世纪的人类社会发展可能具有的意义和价值，开始予以关注。本书特以此为专题，收录有关论文，从哲学、经济、社会等不同角度、多层面地对这类问题作深入、具体的探究。

阳明学研究（二）

吴光主编

2000 年 10 月 1 版 1 次

17.50 元

大 32 开　292 页

　　王阳明是中国历史上最有影响的思想家之一，为宋明新儒学的代表人物，今年恰逢阳明先生逝世 470 周年，本集汇集国内外研究阳明学的知名学者撰写专论，着重阐发王阳明及其后学的学术思想。这些成果对阳明学、晚明学术思潮乃至整个宋明儒学的研究具有一定的参考价值。

中华佛学精神（三）

吴光主编

2002 年 4 月 1 版 1 次

19.50 元

大 32 开　156 页

　　佛教传入中国，在与中国原有文化的交流过程中，有冲突、有融合，最终在促进了对方的同时，又深化了自己，重新审视佛教中国化的历程，揭示中国佛学在文化行程中的历史内涵及其独特精神，无论是对哲学史、宗教史研究还是探索文化交流与发展的内在规律，都是一个重要而富有意义的研究课题。本集由当今海内外在佛学研究上具有一定成就的专家学者撰写。

当代新儒学探索（四）

吴光主编

2003 年 4 月 1 版 1 次

28.00 元

大 32 开　446 页

当代新儒学,是 20 世纪兴起的,结合传统与现实,思考时代人生问题,富有学术含量与理论价值的学派。一批当代新儒学者与研究者,以多元视角,探讨儒学的发展前景及其可能的理论形态,总结思考作为儒家知识分子所应当扮演的时代角色与必须承担的历史使命,审察时代,反思传统。

中华道学与道教(五)

吴光主编

2004 年 12 月 1 版 1 次

28.00 元

大 32 开　385 页

当今海内外对道学(教)研究卓有成就的专家学者,集中讨论道教本质特征及在新世纪的文化地位与发展方向,具体到道学思想对现代民主制度建设、现代教育等方面的作用,道学(教)在传统文化中与其他文化之间的关联,以及从较新的视角(课题)探究道学(教)中的生死哲学、宇宙论等问题。本书所收反映了有关研究成果。

黄宗羲与明清思想(六)

吴光主编

2006 年 4 月 1 版 1 次

36.00 元

大 32 开　378 页

在中国近、现代化的进程中,明清之际的启蒙思想家黄宗羲始终是个受到关注的人物。本书从政治、哲学、经济、文化等多重角度,剖析黄宗羲思想的学术渊源、时代背景,提挈其学术价值与思想内涵,并回顾总结近二十年来黄宗羲研究的状况。

马一浮研究(七)

吴光主编

2008 年 7 月 1 版 1 次

28.00 元

大 32 开　368 页

本书集中了当今学界马一浮研究与近现代思想学术史的专家,从各个角度对马一浮的学术思想与生平活动予以评介与阐发,其中不乏有发前人所未发者。

比较文学研究(八)

吴光主编

2009 年 12 月 1 版 1 次

32.00 元

32 开　308 页

比较文学是一门跨学科、跨文化的学科,发端于 19 世纪的法国,至 20 世纪在西方学术界影响很大。可以说,不了解比较文学理论,就无法把握现代西方哲学思想史。上世纪末起,中国的比较文学研究也取得了引人瞩目的成绩,并逐渐成为学术界的显学,甚至可以说是世界比较文学的重镇。本集所收录的由该学科代表人物乐黛云等撰写的一组比较文学论文,多角度地反映了比较文学在我国的产生、发展及未来的走向,从不同侧面揭示了该学科的特点、文化功能和价值。

浙江文史新论(第九辑)

吴光主编

2012 年 9 月 1 版 1 次

平装 38.00 元

大 32 开　368 页

浙江乃近代以来中国的一个文化大省、经济大省,它在发展过程中所内具的人文特点具有典型性,对正处于转型期的当今中国社会富有参考意义。本书作者乃长期关注、研究这类问题的学者,他们基于各自专业的背景,从各个角度来探讨、揭示文化与文明间的关联与互动,具有相当的理论意义与现实意义。

中　国　美　学

包兆会主编

《中国美学》是南京大学文艺学学科和南京大学美学研究所主办的专题性学术辑刊。本辑刊以发表中国美学研究(包括中国当代艺术批评)、译文、述评、书评以及有关研究资料为主,现常设六个栏目:专题研究、传统美学研究、现代中国美学研究、当代审美与艺术研究、译介国外美学最新动态和书评。本辑刊一年一辑。

中国美学(第一辑)

包兆会主编

2010 年 7 月 1 版 1 次

48.00 元

16 开　328 页

中国美学(第二辑)

高小康主编　　包兆会执行主编

2011 年 9 月 1 版 1 次

48.00 元

16 开　304 页

哲　学　与　宗　教

《哲学与宗教》由上海师范大学中国传统思想研究所主办,主要有"哲学与哲学史"、"宗教与无神论"、"青年学者论坛"、"海外首译"等栏目,每年出一辑。

哲学与宗教(第一辑)

李申　陈卫平主编

2007 年 1 月 1 版 1 次

55.00 元

大 18 开　450 页

哲学与宗教(第二辑)

李申　陈卫平主编

2008 年 10 月 1 版 1 次

49.00 元

18 开　312 页

汉 语 佛 学 评 论

中山大学人文学院佛学研究中心主办

为了提升汉语佛学研究水平,同时建立汉语佛学研究与国外同行之间的交流平台,中山大学人文学院佛学研究中心会聚两岸三地和海外具有国际学术视野的中青年佛教学者,创办了这份以佛教学研究和评论为主的《汉语佛学评论》。《汉语佛学评论》每年一辑。

汉语佛学评论(第一辑)

中山大学人文学院佛学研究中心主办

2009 年 9 月 1 版 1 次

39.00 元

小 16 开　308 页

本辑两个专题,一是"唯识思想与东亚传统",分别收录了日本学者荒牧典俊、桂绍隆、佐久间秀范和美国学者悦家丹、维勤探讨唯识思想的相关论文;二是近代日本与禅史书写,分别选录了日本学者末木文美士、小川隆都与斋藤智宽讨论近代日本学界禅学书写问题的论文数篇。这些论题都是国内学界以往很少注意和讨论的,因而对国内佛学界具有借鉴意义。

汉语佛学评论(第二辑)

中山大学人文学院佛学研究中心主办

2011 年 5 月 1 版 1 次

56.00 元

16 开　440 页

本辑有两个专题,一是"伯兰特·佛尔与东亚禅学史",收录佛尔的三篇文章;二是"唯识思想与东亚传统",分别收录了倪梁康和日本学者早岛理的论文。此外还收录了几篇有关近代东亚佛教史、日本判教、佛寺志等研究的论文。

汉语佛学评论(第三辑)

中山大学人文学院佛学研究中心主办

2013 年 7 月 1 版 1 次

108.00 元

16 开　620 页

本辑收入海内外佛学研究者的研究论文 11 篇,分民国佛教学档案、阿含经研究、唯识思想研究、碑铭研究、唐宋佛教史、近代东亚佛教等专题。值得一提的是,在"民国佛教学档案"专题中,首次发表了吕澂和柳诒徵就汤用彤《汉魏两晋南北朝佛教史》所写的审查意见。

汉语佛学评论(第四辑)

中山大学人文学院佛学研究中心主办

2014 年 11 月 1 版 1 次

68.00 元

16 开　416 页

本书"民国佛教学档案"专题首次发布了一批存于南京中国第二历史档案馆教育部档的与太虚相关的档案,主要为太虚与民国教育部往来公文、信函,内容涉及太虚向教育部有司请拨汉藏教理院编译处经费,增设"僧师范科"以及"边教行政"之国策、问题与对策等,对于研究民国时期佛学有重要的价值。本书还有池丽梅关于《续高僧传》文本的演变论述,王磊关于涅槃道场与僧传叙事的论文,刘宇光以政教关系和教育社会学为线索的对泰国《僧团法》、僧伽大学与农民子弟僧的研究等,都是在各自领域具有一定学术价值的成果。

唯　识　研　究

唯识研究(第一辑)

杭州佛学院编　周贵华主编

2012 年 5 月 1 版 1 次

58.00 元

32 开　500 页

　　本书由国内唯识学专家及日本有关学者撰稿,集中讨论唯识学一系列核心问题,同时又译介了德国现象学大师胡塞尔一份未刊的讨论苏格拉底与印度哲学比较的文章,作为唯识学与现象学比较研究的示例,为此学科的研究引出一个新的维度。

寒山寺佛学

　　具有 1500 年历史的苏州寒山寺,久负盛名,历代高僧宣布佛理,普度众生,影响遍及海内外。本刊即是寒山寺僧及国内部分佛学研究者治学的心得结集。

寒山寺佛学（第二辑）

　　苏州寒山寺编

　　2003 年 8 月 1 版 1 次

　　40.00 元

　　16 开　296 页

寒山寺佛学（第三辑）

　　秋爽主编

　　2004 年 8 月 1 版 1 次

　　40.00 元

　　16 开　330 页

道家文化研究

　　本刊是研究道家和道教文化的综合性学术辑刊,本刊宗旨是提倡理论探讨,开展学术争鸣,广泛联系海内外专家学者,培植学术新人,推动对道家和道教文化的多角度、多层次研究,并重视与中外文化的比较研究。

道家文化研究（第一辑）

　　陈鼓应主编

　　1992 年 7 月 1 版 1 次

　　6.20 元

　　大 32 开　220 页

　　第一辑荟萃了海内外从事道家文化研究的专家的论文 28 篇。

道家文化研究（第二辑）

　　陈鼓应主编

1992 年 8 月 1 版 1 次

6.70 元

大 32 开　200 页

　　本刊内容包括道家人物、著作、学派和道教流派、仪式、影响等研究。本辑论文作者有萧萐父、朱伯崑、王树人、蔡尚思、熊伟、张岱年、李学勤、裘锡圭等。

道家文化研究（第三辑）

（马王堆帛书专号）

陈鼓应主编

1993 年 12 月 1 版 1 次

11.60 元

大 32 开　216 页

　　本刊特邀海内外著名专家学者张岱年、饶宗颐、陈鼓应、李学勤、裘锡圭等撰文,对马王堆帛书加以讨论;并首次公布古佚易说《二三子问》、《易之义》、《要》等的释文和重新整理的《系辞》释文。

道家文化研究（第四辑）

陈鼓应主编

1994 年 5 月 1 版 1 次

13.40 元

大 32 开　234 页

　　本辑涉及的论题有道家玄旨论、道家文化在中国传统文化中的地位、道家的自然哲学、老庄、荀子、黄老等,道教的思想特征和道教流派,及其同西方哲学的比较。

道家文化研究（第五辑）

陈鼓应主编

1994 年 12 月 1 版 1 次

19.90 元

大 32 开　250 页

　　本辑共收入论文 37 篇,多角度、多层次地从哲学、历史、宗教和养生等方面提出了新颖独特而富于启发性的观点。

道家文化研究（第六辑）

陈鼓应主编

1995 年 6 月 1 版 1 次

18.20 元

大 32 开　230 页

　　本辑共收集了 35 篇有关道家学派研究的论文和文

献资料。内容涉及道家在中国哲学史上的地位,庄子、管子对老子思想的继承,道家思想对儒家、法家的影响,魏晋玄学、宋明理学与道家思想的联系,等等。还集中对马王堆出土的帛书进行了校勘和考释,首次公布了帛书《缪和》篇、《昭力》篇的释文。

道家文化研究(第七辑)

(道教研究专辑)

陈鼓应主编

1995 年 6 月 1 版 1 次

18.00 元

大 32 开　216 页

　　本辑为道教研究专辑,涉及道教的功过格、神仙体系、咒语,道教考古与文献,道教与元代戏剧、明代小说《金瓶梅》等,还有国外道教研究的状况等。

道家文化研究(第八辑)

陈鼓应主编

1995 年 12 月 1 版 1 次

21.60 元

大 32 开　230 页

　　本辑多由海内外著名学者撰稿,内容有涉及道家与儒佛关系的,有专论庄子的,有同《周易》有关的论述,还有西方哲学与道家文化的比较等。

道家文化研究(第九辑)

(道家与道教学术研讨会论文专号)

陈鼓应主编

1996 年 6 月 1 版 1 次

24.80 元

大 32 开　242 页

　　本辑为 1994 年香港青松观道教学院、北京大学中国哲学与中国文化研究所、四川大学宗教学研究所联合举办的首届“道家、道教与中国文化学术研讨会”的精彩论文选专辑。内容包括道教与中国文化的关系,及有关道教的考古发现和考证等。

道家文化研究(第十辑)

陈鼓应主编

1996 年 8 月 1 版 1 次

24.10 元

大 32 开　234 页

本辑内容包括哲学史、宗教史、文化史等的研究及史料考证。

基 督 教 学 术

　　《基督教学术》系复旦大学基督教研究中心主办的基督教学术研究丛刊。

基督教学术(第一辑)

徐以骅　张庆熊主编

2002 年 8 月 1 版 1 次

25.00 元

大 32 开　176 页

基督教学术(第二辑)

徐以骅　张庆熊主编

2004 年 3 月 1 版 1 次

26.00 元

大 32 开　380 页

基督教学术(第三辑)

徐以骅　张庆熊主编

2005 年 8 月 1 版 1 次

29.00 元

大 32 开　420 页

基督教学术(第四辑)

张庆熊　徐以骅主编

2006 年 9 月 1 版 1 次

29.00 元

大 32 开　332 页

基督教学术(第五辑)

张庆熊　徐以骅主编

2007 年 1 月 1 版 1 次

35.00 元

大 32 开　380 页

基督教学术(第六辑)

张庆熊　徐以骅主编

2008 年 8 月 1 版 1 次

25.00 元

大 32 开　280 页

基督教学术（第七辑）

徐以骅　张庆熊主编
2009 年 5 月 1 版 1 次
32.00 元
大 32 开　336 页

人文中国学报

香港浸会大学《人文中国学报》编辑委员会编

　　本刊由香港浸会大学《人文中国学报》编委会负责约稿，所载文章全部经过隐名评审。论文涉及中国古代文学、现代文学、现代汉学等，内容丰富，反映了文史哲等学科，特别是古代文学研究领域新老几代学人最新的学术成果。另外每期刊有书评数篇。

人文中国学报（第十期）

香港浸会大学《人文中国学报》编辑委员会编
2004 年 5 月 1 版 1 次
48.00 元
大 32 开　452 页

　　本辑"学术讲座"部分收文 3 篇，"论文"有 2 篇，作者为项楚、张宏生、文洁华、李仕芬、张健、汪春泓、樊善标、魏泉、大山洁、蔡崇禧、梁万如、曹清华等。另附书评 5 篇。

人文中国学报（第十一期）

香港浸会大学《人文中国学报》编辑委员会编
2005 年 9 月 1 版 1 次
68.00 元
大 32 开　656 页

　　本期收《唐代翰林与文学》、《"文人小说"与"奇书文体"》、《南戏的分化及传播》等学术论文及学术讲座、书评等。

人文中国学报（第十二期）

香港浸会大学《人文中国学报》编辑委员会编
2006 年 9 月 1 版 1 次
49.00 元
大 32 开　460 页

　　本书第一部分"名贤讲席"五篇，收录了李欧梵、陈平原等当代学术大家关于中国近现代文学的学科视野的主题演讲。第二部分"论文"十篇，既有对《广雅》同源词、词人蒋景祁事迹等的考证，也有对毛泽东诗词、余光中散文的艺术评析，所涉领域广泛。第三部分收录了书评四篇。

人文中国学报（第十三期）

香港浸会大学《人文中国学报》编辑委员会编
2007 年 9 月 1 版 1 次
58.00 元
大 32 开　540 页

　　本书所涉论题既有对明洪武朝朱元璋文学思想和清代对苏轼文学的探讨，也有对清代东南书院与文士风气、唐代守选制和干谒风气的关系的阐发，还有对传教士高一志《譬学》所涉中西修辞传统、明清之际逃禅遗民精神的寻绎，涉及文、史、哲及语言学各领域。

人文中国学报（第十四期）

香港浸会大学《人文中国学报》编辑委员会编
2008 年 9 月 1 版 1 次
49.00 元
大 32 开　456 页

　　本书所选中国戏剧与宗教国际学术研讨会论文四篇，集中讨论宗教仪式在中国古代戏剧形成初期所起的发生学意义上的作用。另有论文十篇，以文史哲等方面一些较有意义的兴趣点为基点，视域贯古今，通中西，虽大多为小的话题，但其论证方法之开放、结论之通透都可以给文史研究者以诸多启示。另有书评四篇，选评近年学界较有代表性的专著，评论者在着重评价其学术贡献的同时，也指出了这些著作中的瑕疵。

人文中国学报（第十五期）

香港浸会大学《人文中国学报》编辑委员会编
2009 年 9 月 1 版 1 次
55.00 元
大 32 开　500 页

　　刊登了港台及大陆学者关于考古、文字、历史、文学等各方面的多篇高质量论文。其中如清华大学李学勤教授对于《首阳吉金》应侯簋铭文的考释、南京大学张伯伟教授对于陶渊明文学史地位的新解、北京大学张美兰教授对于清末北京官话的研析等，均可说是相关领域的权威之作，必然会受到学界的关注。本书另有书评版块，选取近年来较有代表性的著作，如《人与人间：萧军回忆录》、《新旧中西之间——五四时期的中国史学》等，在着重评价其贡献的同时,也指出了这些著作中的不足之处。

人文中国学报（第十六期）

香港浸会大学《人文中国学报》编辑委员会编
2010 年 10 月 1 版 1 次
78.00 元
大 32 开　736 页

　　本书刊登了日本、港台及大陆学者文史哲等方面的多篇高质量论文。其中包括已故卞孝萱先生最后的遗稿、日本田仲一成先生对于南戏《荆钗记》的版本考论,均有极高的价值,是相关领域的权威之作,必将会受到学界的关注。本书另有书评版块,选取近年来较有代表性的著作,如《中国乡土小说史》、《立宪派与辛亥革命》等,在着重评价其贡献的同时,也指出了这些著作中的不足之处。

人文中国学报（第十七期）

香港浸会大学《人文中国学报》编辑委员会编
2011 年 9 月 1 版 1 次
78.00 元
大 32 开　724 页

　　本书刊登了港台及大陆学者关于文学、文字、历史、法学等各方面论文 20 篇。其中如赵昌平从《文心雕龙》及《诗式》着手对于中古诗学——文章学的思想形态和理论架构高屋建瓴的阐释、王力坚对于汉末建安的疫灾与文学之间关系详尽的考论及荣耀祥以《冯梦龙民歌集三种注解》为例对吴方言和吴民俗精辟的辨析等。

人文中国学报（第十八期）

香港浸会大学《人文中国学报》编辑委员会编
2012 年 10 月 1 版 1 次
49.00 元
大 32 开　452 页

　　本书收录港台及大陆学者关于文学、文字、历史、法学等方面的论文。其中如岭南大学许子滨《〈左传〉礼制与〈三礼〉有合有不合说》、上海大学朱渊清《傅斯年的史学思想》等文都体现了相当的学术水平。另有书评版块,对许进雄《古文字论集》、解志熙《考文叙事录》等近年来较有代表性的著作作了中肯的评价。

人文中国学报（第十九期）

香港浸会大学《人文中国学报》编辑委员会编

2013 年 9 月 1 版 1 次
58.00 元
32 开　516 页

　　本期包括 15 篇文论、5 篇书评,内容涉及古代文学、史学、哲学、现代文学等,所收论文各有独特的研究视角。田仲一成《元代佛典〈佛说目连救母经〉向〈目连宝卷〉与〈闽北目连戏〉的文学性演变》以对具体文献的细致比对、解读、分析见长;李丰懋《暴力修行:道教谪凡神话与水浒的忠义叙述》观点颇为新颖、论述亦充分;张高评《诗、画、禅与苏轼、黄庭坚咏竹题画研究》文笔流畅、论述翔实。其他文章亦各有优长。

人文中国学报（第二十期）

香港浸会大学《人文中国学报编辑委员会》编
2014 年 9 月 1 版 1 次
62.00 元
32 开　548 页

　　本辑包含论文 17 篇、书评 5 篇,秉承了其一贯风格:文章内容丰富,作者涵盖国内及海外,文章所探讨的多为学界前沿问题。所收录的论文,在观点或论证思路上,都有新颖之处,一定程度上反映了国内外汉学研究的最新进展。

人文中国学报（第二十一期）

香港浸会大学《人文中国学报》编辑委员会编
2015 年 10 月 1 版 1 次
76.00 元
32 开　636 页

　　本期所收文章,除关注当下学界前沿问题外,也对当今社会文化的新动向有所反映。如钱宗武教授《论经学的消解与必然回归》,论述了历史上经学衰弱的各种原因,深切探讨了经学消解对当今社会的负面影响,进而论证了经学回归的必然性,颇多启示。

人文中国学报（第二十二期）

香港浸会大学《人文中国学报》编辑委员会编
张宏生主编
2016 年 5 月 1 版 1 次
88.00 元
16 开　356 页

　　本期主要内容包括杜甫五绝别论,中国诗歌中的儿童与童年——从陶渊明到陆游、杨万里,"不粘不脱"与"不即不离"——乾隆间性灵诗学对咏物诗美学特征之反思,清代的后山诗评与诗史定位,文法、修辞与意义——1920 至 1940 年代关于汉字"多义性"的讨论,抒情主义与现代《楚辞》研究——梁启超、梁宗岱与李长之,《易》象新议,香港有关《春秋》"五情"之研究,琉球的出版文化与琉球汉诗集,东亚文人笔谈研究的回顾与展望,书评,等。

岭南学报
香港岭南大学中文系编

《岭南学报》创刊于 1929 年,为古典文史领域的知名刊物,建国后因种种原因停刊,2015 年复刊后,秉承其"倡导学问,阐扬真理,赏奇析疑"的精神,重塑《岭南学报》的辉煌。

岭南学报复刊号(第一、二辑合刊)

香港岭南大学中文系编

2015 年 3 月 1 版 1 次

128.00 元

16 开 520 页

本期刊载陈尚君、蒋寅、陈引驰、王兆鹏、张少康、胡晓明等权威学者的力作 20 余篇,且均为首次刊发。

经学的传承与开拓

——岭南学报(复刊第三辑)

香港岭南大学中文系编

2015 年 6 月 1 版 1 次

88.00 元

16 开 316 页

本期所刊文章集中于传统经学领域,极具学术分量,开拓了经学的新视野。徐兴无教授《释"诗者天地之心"》、钱宗武《论韩国〈书〉学文献的文本状态及其校勘原则》等,在经学的传承与开拓上颇多新见,体现出很高的学术价值。

岭南学报(复刊第四辑)

蔡宗齐主编

2015 年 12 月 1 版 1 次

88.00 元

16 开 288 页

本期学报刊载夏晓虹、叶国良等学者的力作 11 篇,资料梳理与理论阐发并重,具有学术前沿性,且均为首次刊发。

声音与意义:中国古典诗文新探(岭南学报复刊第五辑)

蔡宗齐主编

2016 年 3 月 1 版 1 次

92.00 元

16 开 348 页

本期学报刊载葛晓音、陈引驰等学者的力作 12 篇,资料梳理与理论阐发并重,具有学术前沿性,且均为首次刊发。本期学报秉承"倡导学问,阐扬真理,赏奇析疑"的精神,从"声音"角度探讨中国传统诗文的演变及特征。

普陀学刊
中国佛学院普陀山学院编

《普陀学刊》是由中国佛学院普陀山学院主办的综合性佛学研究学刊。不定期出版。本刊的宗旨是反映中国当代佛学研究的前沿水平与最新成果,以倡导学术精神,弘扬光大佛教文化,促进教内外佛学交流。本刊注重思想性、学术性及时代性。

普陀学刊(第一辑)

中国佛学院普陀山学院编

2014 年 6 月 1 版 1 次

52.00 元

16 开学 332 页

普陀学刊(第二辑)

中国佛学院普陀山学院编

2015 年 6 月 1 版 1 次

52.00 元

16 开 316 页

普陀学刊(第三辑)

中国佛学院普陀山学院编

2016 年 3 月 1 版 1 次

52.00 元

16 开 320 页

学 灯

学灯(第一辑)

香港浸会大学孙少文伉俪人文中国研究所主办

2016 年 5 月 1 版 1 次

78.00 元

16 开　356 页

　　本辑收论文 11 篇,资料整理 2 篇,书评 3 篇,分为"古音新探""文物研究""旧说新谭""研究反思""西哲探索""佚文丛残""书评"7 个栏目。各篇论文所讨论的内容,从汉语音韵、文字训诂、目录学、出土文献、中国哲学以至于西方哲学。

海外中国学评论

海外中国学评论(第 1 辑)

朱政惠主编

2006 年 1 月 1 版 1 次

49.00 元

18 开　334 页

　　本辑共设有演讲录、访谈录、各国中国学研究、各国中国学译介、海外中国学档案资料选编等 12 个专栏,汇集了不少海内外名家如史华慈、芮沃寿、孔飞力、费侠莉、林同奇、熊月之等的文章,是一部富有特色、内容翔实的海外中国学研究论著。

海外中国学评论(第 2 辑)

朱政惠主编

2007 年 5 月 1 版 1 次

58.00 元

18 开限　378 页

　　本辑内容丰富,既有名家演讲录、访谈录、介绍文字;又有国内外专家的专题研究文章,基本反映了国内近期海外中国学研究的成果和一般状况。

国际中国文学研究丛刊

天津师范大学国际中国文学研究中心主办
王晓平主编

　　本集刊由天津师范大学国际中国文学研究中心创办,每年一卷,关注对中国文学(以古典文学为中心)的跨文化、跨学科研究,设置"国外中国文学文献研究"、"对外传播研究"、"对外翻译研究"、"学术交流史研究"、"国外研究评论"、"世界汉学家研究"、"亚洲汉文学研究"等栏目;关注中国散佚而保存在国外的文学史料;适当提供各国研究的最新理论和动态。

国际中国文学研究丛刊(第一集)

王晓平主编

2011 年 12 月 1 版 1 次

70.00 元

16 开　324 页

国际中国文学研究丛刊(第二集)

王晓平主编

2013 年 10 月 1 版 1 次

70.00 元

16 开　320 页

国际中国文学研究丛刊(第三集)

王晓平主编

2015 年 3 月 1 版 1 次

118.00 元

16 开　548 页

日本中国史研究年刊
《日本中国史研究年刊》刊行会编

　　本书旨在及时反映日本史学界的中国史研究最新成果,促进中日史学界的交流互动。计划每年出版一辑,系统介绍前一年的日本中国史研究动态。

日本中国史研究年刊(二〇〇六年度)

《日本中国史研究年刊》刊行会编

2008 年 5 月 1 版 1 次

38.00 元

大 32 开　456 页

日本中国史研究年刊(二〇〇七年度)

《日本中国史研究年刊》刊行会编

2009 年 9 月 1 版 1 次

45.00 元

大 32 开　516 页

日本中国史研究年刊(二〇〇八年度)

《日本中国史研究年刊》刊行会编

2011 年 5 月 1 版 1 次

54.00 元

大 32 开　592 页

日本中国史研究年刊(二〇〇九年度)
《日本中国史研究年刊》刊行会编
2011 年 12 月 1 版 1 次
52.00 元
大 32 开　266 页

日本中国史研究年刊(二〇一〇年度)
《日本中国史研究年刊》刊行会编
2012 年 12 月 1 版 1 次
52.00 元
大 32 开　464 页

其　他

学者论集　杂著

冰茧庵丛稿
缪钺著
1985 年 9 月 1 版 1 次
1.35 元
大 32 开　144 页

这是文史学者缪钺的论文集。内容分古代思想、历史和文学三大类。有《论荀学》、《论战国秦汉间新儒学》,有评论曹植、颜之推、杜牧、欧阳修、元遗山、黄仲则以及近代王国维等的文章。缪氏文章论证谨严,文字优美典雅。

学不已斋杂著
杨明照著
1985 年 9 月 1 版 1 次
2.90 元
大 32 开　288 页

本书汇集了作者历年所写的论文 32 篇,分别对《左传》、《庄子》、《荀子》、《吕氏春秋》、《史记》、《汉书》、《史通》、《说文》、《文心雕龙》等书的一些问题,以及对葛洪、刘勰的文学主张和造诣,作了论述和探讨。此外,还对九鼎、五霸、夏禹作了专门考证。

文史探微
周勋初著

1987 年 12 月 1 版 1 次
3.00 元
大 32 开　154 页

本书荟集著者历年发表的文史论文 16 篇,涉及诗、文、笔记、小说、文学理论、古籍版本等内容,所论题目如王充、阮籍、刘勰、杜甫、苏轼等,皆寻常习见者,但考察问题的角度多与人不同,由周密的论证所得出的结论,也异乎常人。

汪辟疆文集
汪辟疆著
1989 年 3 月 1 版 1 次
精装 17.90 元
大 32 开　540 页

汪辟疆(1887—1966)为近代著名学者之一,本书包括他的研究论文和创作杂著。作者致力于古典诗歌研究,于近代诗歌造诣尤其深湛。《光宣诗坛点将录》早在 20 世纪 20—30 年代即已蜚声海内,与《近代诗人小传稿》等文保存了大量珍贵近代文学史料。《方湖诗钞》、《方湖日记幸存录》、《读常见书斋小记》等则是作者研治文史的记录。书中一组论《水经注》的文章亦颇有可观。

陈中凡论文集
姚柯夫编
1993 年 8 月 1 版 1 次
精装 31.90 元
大 32 开　694 页

陈中凡先生是我国当代著名的教育家和学者。本书上编选收了作者在新中国成立前研究中国思想史、历史、文学史、艺术史、教育、文字学等方面的八十余篇学术论文;下编收录了作者在解放后研究中国古代文学史的二十多篇学术论文。附"陈中凡年谱"。

清园论学集
王元化著
1994 年 12 月 1 版 1 次
1995 年 4 月 1 版 2 次
精装 43.60 元
大 32 开　380 页

王元化先生是海内外著名学者,其学术视野广阔,涉及文、史、哲诸多领域。本书从作者的著述中精选了 77 篇文章,汇为一集,展示了作者学术研究的轨迹和主要贡献。

后读书杂志

徐复著

1996 年 4 月 1 版 1 次

17.10 元

大 32 开　312 页

作者以深精的文史知识和文字学功夫，对《史记》、《汉书》、《老子》、《荀子》、《楚辞》、《文选》、《诗品》、《嵇书》等 24 种典籍中一些艰深怪涩的文字加以考辨，许多前人无法释解的文句，得到澄清，读者可以触类旁及，把本书看作为深一层的字书来使用。附有条目索引。

斗室文史杂著

刘季高著

2000 年 9 月 1 版 1 次

12.80 元

大 32 开　188 页

本书为刘季高教授的论文选集。他所写论文，常有独到见解。如《周齐晋秦叙论》一反世间通行之说；为唐顺之、全祖望立传，于介绍生平之外，探溯其学术渊源；对方苞、姚鼐的学术评价，凸显桐城派演进发展之脉络。其旧体诗词，极富生活情趣，且间有与著名学者交往赠答的记载。

因巢轩诗文录存

王焕镳著

2005 年 8 月 1 版 1 次

28.00 元

大 32 开　300 页

本书是著名学者王焕镳的个人文集，收录了他关于"尚书"、"五行"方面的学术论文，史传年谱方面的考证，朋友间之来往信札，祭文、序文、诗词选等作品。

管锥编读解

张文江著

2000 年 3 月 1 版 1 次

增订本 2005 年 10 月 1 版 1 次

增订本 2012 年 4 月 1 版 4 次

精装 48.00 元

大 32 开　520 页

《管锥编》是著名学者钱钟书先生的代表作，该书以古代典籍为纲，旁征博引，融通古今中外的学术思想，真

知灼见俯拾皆是。本书致力于对《管锥编》的阐发、研析，并时而加以补充、发挥，提出自己的见解，体现了作者深厚的学养和功力。在增订本中，作者修订近 200 处，使内容更臻完善。

疑古集

王学曾著

1995 年 11 月 1 版 1 次

20.00 元

大 32 开　148 页

本书作者系德籍华人老学者，在研读中国古籍时，对其中已普遍为人接受的观点，或不为人重视的一些问题多有怀疑并一一考证，写成读书小札，汇成《疑古集》。本集中的一些新颖观点和中西文化方面的比较研究值得借鉴。

晚翠园论学杂著

陈奇猷著

2008 年 12 月 1 版 1 次

大 32 开　412 页

38.00 元

陈奇猷先生是我国先秦诸子研究专家，一生专攻先秦诸子典籍的考证和校释。他国学功底深厚，治学严谨。其著作《韩非子新校注》和《吕氏春秋新校释》，已在海内外学术界受到高度赞誉。本书是他六、七十年来发表在报刊上学术论文的结集，其中又加入多篇未发表的著述。全书内容广涉诸子考辨、考古、古典文学、史学、古文字学等诸多方面，观点独特，见解精到，有助于人们全面了解作者的治学途径和取得的成就。附录《晚翠园诗稿》，收录了作者几十篇诗词作品。

古典学术讲要

张文江著

2010 年 6 月 1 版 1 次

2011 年 6 月 1 版 2 次

38.00 元

16 开　308 页

本书由《学记》《史记·货殖列传》《五灯会元》《套数·秋思》《风姿花传》《西游记》讲记组成。作者精通国学和佛教，学贯中西，力图发掘这些典籍的深刻内涵，厘清它们的源流演变，并进行中西文化的比较研究，探讨它们和现实生活的联系。

文史经典解读

[菲]陈永栽 黄炳辉著

2004 年 11 月 1 版 1 次

平装 36.00 元　精装 42.00 元

32 开　628 页

　　本书内容有解读历代易学、评点历史人物功过是非及古代著名战役的成败得失，有阐述历代文人结社情况，有论述唐诗和唐代科举、绘画及音乐的关系，还有介绍中国古代养生等。

国学研究论稿

[菲]陈永栽 黄炳辉著

2007 年 9 月 1 版 1 次

精装 68.00 元

大 32 开　756 页

　　本书是菲律宾著名企业家陈永栽及其高级助理、厦门大学中文系教授黄炳辉关于中国传统文化的一部论文集。

中国原创性美学

诸葛志著

2000 年 5 月 1 版 1 次

17.40 元

大 32 开　316 页

　　本书以全新的角度，通过对《易经》、先秦诸子、五经、《史记》、魏晋风骨、唐代古文及《沧浪诗话》、《人间词话》等古典文学作品及文学现象的考察，讨论了中国美学的若干问题，从而为中国古典美学研究提出了一个现代性的概念。

中国古代审美文化论（全三册）

吴中杰主编

2003 年 8 月 1 版 1 次

160.00 元

大 32 开　图 1000 幅　1672 页

　　本书对中国古代审美意识的形成与发展作追根探源式的梳理和研究，其中既有对中国原始艺术起源与中国古代审美意识形成的挖掘，也有自先秦至近代各个历史时期审美意识演变的断代研究。本书分三卷，史论卷、范畴卷、门类卷。

先秦与古希腊：中西文化之源

刘红星著

1999 年 7 月 1 版 1 次

21.00 元

大 32 开　368 页

　　先秦和古希腊，是中西文化的两座高峰。本书将先秦和古希腊置于当时世界文化的背景下，通过展示其自然环境、人文环境、政治传统、风俗习惯和艺术倾向，领略这两种对比鲜明、截然不同的文化的风采，使读者既了解中西文化来源的基本知识，又深入理解这两种文化之所以呈现鲜明反差的历史根源。

“革命”的现代性

——中国革命话语考论

陈建华著

2000 年 12 月 1 版 1 次

21.20 元

大 32 开　428 页

　　本书从语言角度揭示其历史形态，力图检回“革命”一词在流传中失去的本然，消解其被叠加的虚指，澄清那些有意无意的误读。本书作者多年来游学海外，因此在方法论上，既借鉴了中国的传统考据，又结合当代西方的后结构主义读解策略，令读者有耳目一新之感。

近代中国域外汉学评论萃编

李孝迁编校

2014 年 7 月 1 版 1 次

精装 118.00 元

16 开　584 页

　　该书文献收录完备，大部分为最新发现，相关学者的传记或文集或年谱，均未收录或提及。有些文章直接出自海外汉学家的中国留学生之手，对现今海外汉学史研究具积极的参考价值，同时也是研究近代中国学术史一份不应忽视的宝贵资料。

会议论文集

海峡两岸古典文献学学术研讨会论文集

北京大学中国古文献研究中心 淡江大学中国文学学系 复旦大学中国古代文学研究中心编

2003 年 3 月 1 版 1 次

48.00 元

大 32 开　640 页

　　本书收有 40 位著名学者关于中国古文献学论文 37

篇,既着重对历来类书、丛书等文献编纂得失、盛衰因缘,及相关学术精髓作切实探讨,比较总结;又结合现状,对文献未来编纂、出版的发展趋势作科学展望。文章内涵覆盖面宽广,论证翔实,颇多精切独到见解。

中国社会科学院敦煌学回顾与前瞻学术研讨会论文集

黄正建主编
2012 年 3 月 1 版 1 次
88.00 元
16 开　420 页

　　"中国社会科学院敦煌学研究回顾与前瞻"研讨会主要回顾了中国社科院敦煌学研究的历史,探讨该领域的各类问题,并从敦煌学的角度推进国学研究深入开展。

2004 年石窟研究国际学术会议论文集(全二册)

敦煌研究院编
2006 年 11 月 1 版 1 次
98.00 元
大 32 开　1172 页

　　本书由 2004 年在甘肃敦煌召开的敦煌石窟国际学术会议上学者们提交的论文汇集而成,其内容主要由两部分组成。一是纪念性论文,即纪念敦煌研究院成立 60 周年暨常书鸿诞辰 100 周年。一是以敦煌石窟考古与艺术研究为主的专题性较强的论文。

敦煌学知识库国际学术研讨会论文集

郝春文主编
2006 年 6 月 1 版 1 次
48.00 元
16 开　220 页

　　本书讨论了如何利用新的技术推动敦煌学的发展。论文内容涉及敦煌知识库的框架与技术支持,各种专题敦煌数据库软件的编辑,地区和单位敦煌知识库的建设等诸多方面,反映了国际敦煌学知识库的最前沿和最新的研究成果。

汉藏佛教美术研究

　　——第三届西藏考古与艺术国际学术讨论会论文集
谢继胜　罗文华　景安宁主编

2009 年 12 月 1 版 1 次
120.00 元
16 开　600 页

　　本书是国际西藏考古和艺术研究的最新成果,其研究范围综合了藏、汉、西夏、蒙古、东巴等各民族古代绘画、雕塑、建筑、纺织印染等各个方面。其中包括中国汉藏学者关于"藏式佛像"、11—13 世纪伏虎罗汉类型、元代寺观壁画、"雪堆白"艺术、西藏曼陀罗缘起、大黑天样式等的深度考释研究,以及国际著名美术史家韦陀、立川武藏等十多位专家关于喜马拉雅西部佛教艺术类型、缂丝唐卡、元代萨迦寺"阿尼哥"风格造像、回廊式建筑等宏观和个案的研究。本书收录中外专家 40 篇论文,随文插录六百多幅照片、线描图版,包括许多罕见的公私收藏。

民族传统体育发展论集

　　——21 世纪民族传统体育发展国际学术研讨会论文集
郑旭旭主编
2007 年 4 月 1 版 1 次
25.00 元
大 32 开　264 页

　　本书收集了中国、日本、奥地利、加拿大以及中国台湾地区学者的相关研究论文共 28 篇,内容涉及国际及中国民族体育发展的理论探讨,中国射学、武术的专题研究,台湾地区传统体育及其发展的论述,日本相扑、柔道、刀法的论述等等。

学者纪念文集

文以载道

　　——金性尧先生纪念集
董瑞兴主编
2008 年 5 月 1 版 1 次
45.00 元
16 开　292 页

　　金性尧(1916—2007)先生是资深出版人。上世纪 80 年代后以《唐诗三百首新注》、《宋诗三百首》、《明诗三百首》和一系列文史随笔集蜚声文坛。这本纪念集由金先生家乡舟山市政协领导、上海古籍出版社同仁、社会故交和亲属家人等共同撰文,全面反映了金先生一生的追求、情感和引人注目的成就。其中包括一些鲜为人知的现代文学史资料。

潘富恩教授八十寿辰纪念文集

复旦大学哲学学院中国哲学教研室编

2012 年 11 月 1 版 1 次

精装 138.00 元

16 开 592 页

潘富恩先生是"文革"后复旦大学中哲史学科的核心人物。本书由其师友和弟子辈各选代表之作汇集而成,撰写的跨度近三十年,见证了"文革"以后大陆中哲史研究的发展历程。

国学的传承与创新

——冯其庸先生从事教学与科研六十周年庆贺学术文集(全二册)

中国人民大学国学院主编

2013 年 4 月 1 版 1 次

238.00 元

16 开 1320 页

2012 年中国人民大学国学院为庆祝冯其庸先生米寿,召开了"国学前沿问题暨庆祝冯其庸先生执教六十周年学术研讨会",此为本次学术会议提交的论文结集,全书围绕冯其庸先生的主要学术领域与贡献,共分"红学研究新视野"、"近现代国学的回顾与国学学科建设"、"历代集部辑论与文学建构"、"西域敦煌出土文献研究"四大部分。

科研院所论文集

东西方研究

单周尧主编

2011 年 12 月 1 版 1 次

168.00 元

大 16 开 652 页

本书是香港大学中文学院为庆祝中文系成立八十周年而举办的"东西方研究国际学术研讨会"上发表的学术论文集,共收录论文 47 篇,展示了《圣教入川记》的宗教与文化研究、甲骨文研究、梁启超思想研究、费正清《史学研究》等新成果。

香港大学中文学院八十周年纪念学术论文集

单周尧主编

2009 年 8 月 1 版 1 次

168.00 元

16 开 676 页

本书为庆贺香港大学中文学院建院八十周年而精心编选的一部纪念学术论文集,收集了历年曾在港大中文学院任职的教授学者四十余人所著论文近五十篇,其中有许地山、陈寅恪、罗香林、饶宗颐、牟宗三、罗忼烈等文史大家精彩的专题研究,内容涉及中外关系史、宗教哲学、历史文献、文字训诂、文学探讨等多个层面,时间跨度涵盖先秦至近现代,极便于文史工作者对相关课题的研究参考。

香港大学中文学院八十周年纪念学术论文集

（英文分册）

单周尧主编

2011 年 3 月 1 版 1 次

88.00 元

16 开 360 页

本书为香港大学中文学院八十周年学术论文集之英文分册,共收录论文 16 篇,内容涉及东南亚的中国文学研究、古典诗歌中的三种境界、《世说新语》研究、《西游记平话》的发现与研究等。

香港大学饶宗颐学术馆十周年馆庆同人论文集

——敦煌学卷

郑炜明主编

2014 年 9 月 1 版 1 次

98.00 元

16 开 452 页

本书论文内容丰富、涉猎广泛,既有考古、洞窟及遗址等考察,又有变文、乐名以至中外敦煌学家的评说;既有原创论文,又有翻译作品;既有新知,又有经典,中西并蓄。

香港大学饶宗颐学术馆十周年馆庆同人论文集

——琴学卷

郑炜明主编

2014 年 9 月 1 版 1 次

88.00 元

16 开 376 页

本书收录了香港大学饶宗颐学术馆馆员的古琴研究论文。

香港大学饶宗颐学术馆十周年馆庆同人论文集
　　——饶学卷
饶宗颐 李焯芬顾问　郑炜明主编
2015 年 7 月 1 版 1 次
88.00 元
16 开　360 页
　　本书所收论文皆为学术馆研究人员对于饶宗颐学术、生平、交游及艺术的考察和探寻。还附有《饶宗颐教授学术艺术年表》，为从事饶学的人提供了便利。

（三）大 家 文 集

朱 子 全 书

朱子全书（修订版）（全二十七册）
朱杰人 严佐之 刘永翔主编
2003 年 6 月 1 版 1 次
修订版 2010 年 12 月 1 版 1 次
精装 2800.00 元
大 32 开　23540 页
　　由著名宋代文献专家朱杰人、严佐之、刘永翔先生主编的《朱子全书》于 2002 年出版后，赢得了学界、出版界的广泛好评，并荣获国家图书奖提名奖等奖项。此次再版，邀请原整理者对全书做了适当修订，吸收了近年来朱熹文献研究的新成果。增补了一些新发现的材料，使全书质量进一步提高。增补修订后的《全书》仍为 27 册，各册编次亦保持不变。

四书章句集注
　　[宋]朱熹撰　徐德明校点
2001 年 12 月 1 版 1 次
23.00 元
大 32 开　485 页
　　《四书章句集注》是朱熹最有代表性的著作之一，"四书"在自程颐、程颢开始的宋代理学思想中占有重要地位，朱熹继承二程倡导的"四书学"传统，在其后半生倾注了大量心血撰写"四书"注释。本书是朱熹著作中流行最广的一种，对后世影响极大。

四书或问
　　[宋]朱熹撰　黄坤校点

2001 年 12 月 1 版 1 次
25.00 元
大 32 开　525 页
　　朱熹在完成《四书章句集注》后，又将其取舍之义、疑难之处，以问答的形式，撰成《四书或问》。《四书或问》和《四书章句集注》，一详一略，互有发明，可相互补充和印证，亦为研究理学思想之必读书。

楚辞集注
　　[宋]朱熹撰　蒋立甫校点
2001 年 12 月 1 版 1 次
16.00 元
大 32 开　325 页
　　本书是南宋理学大师朱熹晚年的一部力作，充分体现了朱熹对屈赋及其继作的基本看法。本书是东汉王逸《楚辞章句》、北宋洪兴祖《楚辞补注》之后一部继往开来的楚辞注本，标志着楚辞研究由汉学向宋学的转折。

昌黎先生集考异
　　[宋]朱熹撰　曾抗美校点
2001 年 12 月 1 版 1 次
15.00 元
大 32 开　290 页
　　朱熹晚年在前人整理的基础上，遍考诸本之同异，使韩愈文集得到当时最为精善的校勘考订，对韩愈文集的广为传播起到了很大作用。

徐 光 启 全 集

徐光启全集（全十册）
　　[明]徐光启撰　朱维铮 李天纲主编
精装 2010 年 12 月 1 版 1 次
平装 2011 年 11 月 1 版 1 次
平装 560.00 元　精装 780.00 元
大 32 开　4728 页
　　《徐光启全集》由著名学者、徐光启研究专家朱维铮、李天纲主编，此次整理在原来上海古籍出版社《徐光启集》、《徐光启著译集》、《农政全书》等书的基础上增加了许多海内外新发现的佚文和资料，吸收了学界最新的研究成果。

增补徐光启年谱

梁家勉原编　李天纲增补

单行本1981年4月1版1次

2011年11月1版1次

64.00元

大32开　520页

　　本书系在梁家勉《徐光启年谱》(上海古籍出版社,1981年版)的基础上增补而成,增补了原谱缺少的有关内容,添加了近年发现的新材料,并根据最新的研究成果修订了部分内容,篇幅比原谱增加了约三分之一。

测量法义(外九种)

[明]徐光启撰　李天纲点校

2011年11月1版1次

58.00元

大32开　484页

　　本书集合了徐光启在历算、农业、水利、工程等方面的著作共十种,全面反映了徐氏在科技方面的成就以及当时中国相关领域的历史状况。

几何原本

[意]利玛窦述　[明]徐光启译　王红霞点校

2011年11月1版1次

64.00元

大32开　516页

　　本书是利玛窦和徐光启合译的古希腊数学家欧几里得的名著,是该著作最早的中文译本,在中国科技史和中外文化交流史上均有非常重要的影响。

农政全书(全三册)

[明]徐光启撰　石声汉点校

单行本1979年9月1版1次

2011年11月1版1次

188.00元

大32开　1544页

　　本书是徐光启将自己的农学著作和译述以及前人有关农业的文献和著作进行的系统整理而成,是当时农业科学的集大成之作。本次出版系上海古籍1979年版整理本的再版。

毛诗六帖讲意(全二册)

[明]徐光启撰　邓志峰点校

2011年12月1版1次

88.00元

大32开　768页

　　本书主要从经学和文学的角度对《诗经》进行阐发和品评,广泛辑录了前代和同时代学者的研究成果并加以判断,时有独到的见解。

徐光启诗文集

[明]徐光启撰　李天纲编

2011年11月1版1次

58.00元

大32开　452页

　　本书系在王重民《徐光启集》(上海古籍出版社,1984年版)的基础上增订而成。增加了原书未收的徐光启有关天主教方面的文章以及近年发现的佚文十多篇,包括在国外发现并从葡萄牙语回译的书信和奏章,并根据最新的研究成果修订了部分内容。

徐氏庖言(外四种)

[明]徐光启撰　李天纲　邓志峰点校

2011年11月1版1次

54.00元

大32开　440页

　　本书包括徐光启著译五种:《徐氏庖言》是徐氏论兵政边务的奏疏和信札等的汇编;《兵机要诀》、《选练条格》则是徐氏的军事著作;《诗经传稿》是其备科举应试的文稿;《灵言蠡勺》是由传教士毕方济口述、徐光启翻译的天主教神学著作,系首次整理出版。

顾炎武全集

顾炎武全集(全二十二册)

[清]顾炎武撰　华东师范大学古籍所整理

2011年12月1版1次

2016年3月1版4次

精装1980.00元

　　《顾炎武全集》收录了顾炎武现存可证实的全部著述。每种精选底本,详加校勘。其中《天下郡国利病书》是顾炎武的重要著作,整理难度较大,今属于首次整理。本书全面反映了顾炎武的学术思想及成就,涉及广泛的历史、社会、文化内容。本书通过整理、研究亭林著作,不仅是研究某些学理,某些现象,更是在探讨时代精神,清理学术文化演进的轨迹,从求索学术演变的内在联系及其逻辑发展的规律，进而转向对社会思潮、时代意识的探求。

左传杜解补正　五经同异　九经误字

[清]顾炎武撰　徐德明等校点

2012 年 7 月 1 版 1 次

2013 年 10 月 1 版 2 次

精装 62.00 元

32 开　424 页

　　本书收录顾炎武三种著作。《左传杜解补正》是对杜预的《春秋左传集解》所作的订补和正误，吸收了明代邵宝、陆粲、傅逊的相关研究成果。《五经同异》是采辑宋、元、明以来先儒说经之文，以考证五经中之诸问题。《九经误字》是根据石经及各种旧刻，以勘正诸经监本和各种坊间刻本误字之作。

音学五书　韵补正（全二册）

[清]顾炎武撰　刘永翔校点

2012 年 7 月 1 版 1 次

2013 年 10 月 1 版 2 次

精装 178.00 元

32 开　1220 页

　　本书收录顾炎武两种著作。《音学五书》是研究汉语上古音的著作，分《音论》、《诗本音》、《易音》、《唐韵正》、《古音表》五个部分。其中《音论》论述古音和古音学上的重大问题，集中阐述了作者对古音学的基本看法，是《音学五书》的总纲。《韵补正》为订正宋吴棫《韵补》一书而作，对宋代盛行的叶韵之说大加驳正。

肇域志（全六册）

[清]顾炎武撰　谭其骧　王文楚　朱惠荣等校点

2012 年 7 月 1 版 1 次

2013 年 10 月 1 版 2 次

精装 638.00 元

32 开　4342 页

　　本书是顾炎武"感四国之多，耻经生之寡术"而费二十年心血纂辑的地理总志。全书征引丰富，参阅的明代和清代地理书达一千余部，有很多是孤本或罕见本，为今人保留下了大量可贵的地理资料，为我们了解明末清初的地理书籍提供了极有价值的信息。

天下郡国利病书（全六册）

[清]顾炎武撰　黄坤等校点

2012 年 7 月 1 版 1 次

2016 年 7 月 1 版 5 次

精装 578.00 元

32 开　3950 页

　　本书是记载明代各地区社会、政治、经济状况的历史地理著作。凡史籍、实录、方志及奏疏、文集中有关国计民生的资料，一一予以辑录，并对其中所载山川要塞、风土民情作实地考察，以正得失。约于康熙初年编定成书，后又不断增改，终未定稿。该书先叙舆地山川总论，次叙南北直隶、十三布政使司。除记载舆地沿革外，所载赋役、屯垦、水利、漕运等资料相当丰富，是研究明代社会政治经济的重要史籍。

日知录　日知录之余（全二册）

[清]顾炎武撰　严文儒　戴扬本校点

2012 年 7 月 1 版 1 次

2015 年 10 月 1 版 4 次

精装 198.00 元

32 开　1432 页

　　《日知录》是顾炎武"稽古有得，随时札记，久而类次成书"的杂记体著作。内容宏富，贯通古今。有条目一千余条，其内容大体划为八类，即经义、史学、官方、吏治、财赋、典礼、舆地、艺文。顾炎武去世后，所撰《日知录》三十二卷即由弟子潘耒整理刊刻于闽。而《日知录之余》四卷，溢出于《日知录》之外，流传甚稀，学界罕见，当是潘耒整理顾炎武遗稿，刊刻《日知录》后，没有收录的残存稿件，有好事者不忍其泯灭，遂收拾遗稿，编成四卷，行之于世。内容涉及书法、历代禁止之事、徙民、国史律令等方面，虽大多抄录史传各书编辑而成，然广博该洽，识见高妙，体现了顾炎武经世致用思想，是研究顾炎武不可或缺的重要史料。

顾炎武年谱（外七种）

[清]顾炎武撰　黄坤　徐德明校点

2012 年 7 月 1 版 1 次

2013 年 10 月 1 版 2 次

精装 82.00 元

32 开　542 页

　　本书收录清人撰《顾炎武年谱》两种、《亭林先生同志赠言》、《传记资料》、《著作序跋》、《诗》、《文》、《笔记诗话》，共八种有关顾炎武生平、交游、影响之资料，对了解和研究顾炎武生平、思想、成就以及后世影响,颇有裨益。

菰中随笔(外三种)

[清]顾炎武撰　严文儒等校点
2012 年 7 月 1 版 1 次
2016 年 3 月 1 版 3 次
精装 78.00 元
32 开　560 页

《菰中随笔》有三卷本和一卷本两种,三卷本记载顾炎武读书所得、常言俗谚、师生问答之语四百余条,涉及历史地理、天文历法、风俗占卜、名物训诂、饮食养生、语言文字诸多方面;一卷本主要摘录《汉书》、《晋书》、《宋书》等正史中有关史料,比如历代官员的铨选、士子的选拔、职官的演变、官制的分合等,并作分析评论。《亭林杂录》十四篇,主要是经史类和音韵方面的杂录,内容与《日知录》和《音学五书》有相类之处。《救文格论》一卷,所论皆为史书的"书法",以古史笔削之道为准,纠正后世史书的不合规范之处。《惧谋录》是辑录《资治通鉴》经典"战例",分类编纂而成的兵书,反映了顾炎武的军事思想。

建康古今记(外八种)

[清]顾炎武撰　戴扬本等校点
2012 年 7 月 1 版 1 次
2016 年 3 月 1 版 3 次
精装 88.00 元
32 开　620 页

本书收录顾炎武九种著作。《建康古今记》主要叙述明太祖朱元璋立国定都南京后的史事,所记细密详尽,可补他书之不足。《京东考古录》属于地理杂记,所谓京东指北京以东的通州、三河、香河及河北东部的廊坊、唐山、秦皇岛等,属幽、燕一带。《山东考古录》是顾炎武在山东游历的基础上杂考山东地理掌故的一部地理著作。《滴觚十事》为专门辩驳李焕章所议《日知录》十事而作。《金石文字记》为顾炎武研究金石的专门之书,为清代金石学之滥觞。《石经考》系作者考证历代石经源流得失,博列众说,相互参校之作。《顾氏谱系考》是考察顾姓源流的专著。《求古录》系顾炎武搜集金石之文,手自抄纂而成。《官田始末考》论述历代九种官田的变迁。

熹庙谅阴记事(外五种)

[清]顾炎武撰　严文儒等校点
2012 年 7 月 1 版 1 次
2013 年 10 月 1 版 2 次
精装 98.00 元
32 开　692 页

本书收录顾炎武六种著作。《熹庙谅阴记事》以编年形式记载自明泰昌元年九月光宗驾崩,明熹宗继位,至该年年底这一时期朝廷中发生的争斗。《圣安纪事》以编年形式详细记载明末福王朱由崧在南京监国称帝至芜湖被俘这一事件的全过程。《明季实录》以明亡一年为限,汇辑当时朝廷诏书、政府邸报、大臣奏议及时人对明末动乱的见闻感受,不加剪裁,亦不作考证辨订,汇辑成编。《历代宅京记》是我国第一部辑录历代都城史料之专书,是顾炎武所撰中国古代历史地理名著。《昌平山水记》记述了旧时昌平州的山川河流、地名掌故、府衙建制、关防军备、人物春秋。《营平二州地名记》载营、平二州(在今辽河以东,至朝鲜境)古地名,至五代止,实为未定之稿。

亭林诗文集　诗律蒙告

[清]顾炎武撰　刘永翔校点
2012 年 7 月 1 版 1 次
2016 年 3 月 1 版 3 次
精装 78.00 元
32 开　542 页

《亭林诗文集》包括《亭林诗集》和《亭林文集》。亭林诗文生前未曾付雕,去世后由其弟子潘耒刊印。此次整理所收文集由《亭林文集》六卷、《亭林余集》一卷、《蒋山佣残稿》一卷、《亭林佚文辑补》一卷四部分组成;诗集由《亭林诗集》五卷、《亭林先生轶诗》一卷、《亭林集外诗补》一卷三部分组成。《诗律蒙告》一卷,所谈为律诗之作法,无一语及于古风,与书名不符,盖为未完之作。

罗振玉学术论著集

罗振玉学术论著集(全十六册)

罗振玉著　罗继祖主编　王同策副主编
2010 年 12 月 1 版 1 次
精装 980.00 元
32 开　9000 页

《罗振玉学术论著集》为罗著首次结集标点出版,系由其嫡孙罗继祖教授从其著述中选编而成,内容包括甲骨、金石、汉简、石经、字书、校勘、辑佚、目录、补史等诸多方面,另附传记、行述等数种,可谓其"一生论学之语,考证之文,多在其中"。

殷商贞卜文字考(外五种)

罗振玉著　罗继祖主编　王同策副主编

2013 年 10 月 1 版 1 次

精装 72.00 元

32 开　572 页

此书主要收录罗振玉有关殷契遗文的论著。作者由辨析文字进而考辨殷商历史、风俗、宗教等,由此殷契文字渐渐浮出水面,三代社会的相关信息得以显现。

流沙坠简(外七种)(全二册)

罗振玉著　罗继祖主编　王同策副主编

2013 年 10 月 1 版 1 次

精装 168.00 元

32 开　1324 页

此书主要收录罗振玉有关简牍、石经、碑别字的论著,主要有《莫高窟石室秘录》、《流沙坠简》、《汉熹平石经残字集录》、《干禄字书笺注》、《增订碑别字》、《碑别字拾遗》、《碑别字续拾》。

雪堂所藏古器物图说(外九种)

罗振玉著　罗继祖主编　王同策副主编

2013 年 10 月 1 版 1 次

精装 55.00 元

32 开　428 页

此书主要收录罗振玉读碑札记及有关古器物的论著,有《存拙斋札疏》、《读碑小笺》、《眼学偶得》、《俑庐日札》、《石交录》、《古器物识小录》、《雪堂所藏古器物圆说》、《古器物范图录附说附古器物范图说》、《金泥石屑附说附金泥石屑序》、《蒿里遗珍考释》等九种。

敦煌唐写本周易王注残卷校字记(外十二种)

罗振玉著　罗继祖主编　王同策副主编

2013 年 9 月 1 版 1 次

精装 72.00 元

32 开　568 页

此书主要收录罗振玉整理敦煌古写本及其他珍本古籍的校勘记,主要有《敦煌唐写本周易王注残卷校字记》、《敦煌唐写本隶古定尚书孔传残卷校字记》、《敦煌古写本毛诗校记》、《毛郑诗校议》、《毛诗草木鸟兽虫鱼疏新校正》、《道德经考异附老子考异补遗》、《敦煌姚秦写本僧肇维摩诘经解残卷校记》、《敦煌唐写本南华真经残卷校记》、《敦煌六朝写本抱朴子残卷校记》、《敦煌唐写本刘子残卷校记》、《元和姓纂校勘记附元和姓纂佚文》、《宋本庐山记校勘记》、《宋椠本文苑英华残本校记》等 13 种。

金石萃编校字记(外十五种)(全二册)

罗振玉著　罗继祖主编　王同策副主编

2013 年 10 月 1 版 1 次

精装 198.00 元

32 开　1576 页

此书主要收录罗振玉访碑题录及所辑古书,主要有《金石萃编校字记》、《寰宇访碑录刊谬》、《补寰宇刊碑录刊误》、《增订汉石存目》、《魏晋石存目校补》、《高士传辑本》、《王子安集佚文附校记》、《临川集拾遗》、《隰西草堂集拾遗》、《蒿庵集捃佚》、《鹤涧先生遗诗辑存补遗》、《苇间老人题画集》、《再续寰宇访碑录》、《墓志微存目录》、《经义考目录附校记》、《宋元释藏刊本考》等 16 种。

汉两京以来镜铭集录(外十四种)

罗振玉著　罗继祖主编　王同策副主编

2013 年 10 月 1 版 1 次

精装 88.00 元

32 开　704 页

此书主要收录罗振玉有关玺印、砖录、石刻、海外吉金的著作,计有《汉两京以来镜铭集录》、《镜话》、《玺印姓氏征》、《玺印姓氏征补正》、《四朝钞币图录附考》、《楚州金石录附存目》、《楚州城砖录》、《唐代海东藩阀志存》、《辽帝后哀册文录》、《西陲石刻录》、《西陲石刻后录》、《校订和林金石录》、《高昌砖录》、《海外吉金录》、《海外贞珉录》等 15 种。

松翁近稿(外十种)(全二册)

罗振玉著　罗继祖主编　王同策副主编

2013 年 9 月 1 版 1 次

精装 118.00 元

32 开　916 页

此书收录《松翁近稿附补遗》、《丙寅稿》、《丁戊稿》、《辽居稿》、《辽居遗稿》、《松翁未焚稿》、《车尘稿》、《后丁戊稿》、《陆庵余事》、《辽海吟附辽海续吟》、《贞松老人外集附补遗》等著作 11 种。

集蓼编(外八种)

罗振玉著　罗继祖主编　王同策副主编

2013 年 10 月 1 版 1 次

精装 45.00 元

32 开　356 页

　　此书收录罗振玉《上虞罗氏枝分谱》、《集蓼编附录三种》、《扶桑两月记附张绍文记》、《扶桑再游记》、《五十日梦痕录》、《本朝学术源流概略》、《金州讲习会论语讲义》、《俗说》、《农事私议附垦荒裕国策》等家谱、日记及杂著共 9 种。

补宋书宗室世系表(外十三种)(全二册)

罗振玉著　罗继祖主编　王同策副主编

2013 年 10 月 1 版 1 次

精装 108.00 元

32 开　872 页

　　此书收录罗振玉考史、补史诸论著。计有《补宋书宗室世系表》、《补唐书张义潮传》、《高昌鞠文氏年表》、《瓜沙曹氏年表》、《魏书宗室传注》、《魏宗室世系表》、《魏宗室传注校补》、《五史校议》、《新唐书宰相世系表补正》、《三国志证闻校勘记》、《唐折冲府考补》、《唐折冲府考拾遗》、《万年少先生年谱》、《序俟斋先生年谱》等 14 种。

面城精舍杂文甲乙编(又《永丰乡人》四稿)

罗振玉著　罗继祖主编　王同策副主编

2013 年 10 月 1 版 1 次

精装 75.00 元

32 开　608 页

　　此书收录罗振玉《面城精舍杂文》甲乙编及《永丰乡人》四稿。计有《面城精舍杂文甲编》、《面城精舍杂文乙编》、《云窗漫稿(永丰乡人甲稿)》、《雪堂校勘群书叙录(永丰乡人乙稿)》、《雪堂金石文字跋尾(永丰乡人丙稿)》、《雪堂书画跋尾(永丰乡人丁稿)》等 6 种。

雪堂剩墨(附年谱传略四种)

罗振玉著　罗继祖主编　王同策副主编

2013 年 10 月 1 版 1 次

精装 62.00 元

32 开　496 页

　　此书收录《雪堂剩墨附录三种》、《罗雪堂先生传略》、《吊上虞罗先生》、《先府君行述》、《永丰乡人行年

录》等 5 种著作。

张 宗 祥 文 集

张宗祥文集(全三册)

浙江省文史研究馆编　曹锦炎主编

2013 年 11 月 1 版 1 次

精装 188.00 元

32 开　1552 页

　　张宗祥先生遗著涉及典籍整理、文史笔记、书目题跋、书画心得、医籍医话、戏曲创作、旧体诗词等，造诣精湛。浙江省文史馆与浙江图书馆合作，利用浙图所藏先生遗著稿本，新编《张宗祥文集》，共整理收录先生手稿十六种，其中《铁如意馆随笔》、《铁如意馆碎录》、《铁如意馆手钞目录》、《铁如意馆评画诗》，皆饮誉学林，更有大量文稿首次整理刊布。

铁如意馆随笔　铁如意馆手钞书目

张宗祥著　浙江省文史研究馆编

2015 年 7 月 1 版 1 次

42.00 元

32 开　304 页

　　此册为目录版本卷，是张宗祥文集的重点，是张先生一生主要成绩的结晶，张先生以此名家。收书两种，皆为张宗祥先生毕生掌管图书馆、整理抢救古籍时，所作的记录，涉及版本、目录、校勘等文献学领域。

铁如意馆碎录　铁如意馆读书札记(外四种)

张宗祥著　浙江省文史研究馆编

2015 年 7 月 1 版 1 次

58.00 元

32 开　476 页

　　此册收录《铁如意馆碎录》《铁如意馆札记》《骑狗录》《巴山夜雨录》《芥子录》《疑是录》六种，为张宗祥的学术随笔、读书札记集，涉及古籍解读、版本校雠和民国文史掌故颇多。

清代文学概述　书学源流论(外五种)

张宗祥著　浙江省文史研究馆编

2015 年 7 月 1 版 1 次

46.00 元

32 开　321 页

此册收录《清代文学概述》《书学源流论》《临池一得》《论书绝句》《铁如意馆题画诗》《中国戏曲琐谈》《医药浅说》七种，为文学艺术卷，涉及的领域包括文学、书法、绘画、戏曲、医药等等。

铁如意馆诗钞 附冷僧自编年谱

张宗祥著　浙江省文史研究馆编
2015 年 7 月 1 版 1 次
36.00 元
32 开　430 页

此册为张宗祥先生的旧体诗集，分《不满砚斋稿》《游桂草》《入川草》《还都草》《归杭草》《归杭续草》六集，以时间为序，呈现了抗战军兴，作者游桂、入川、还都、归杭的个人经历，也记录历史场景、时代风貌。并附《冷僧自编年谱》，为张宗祥先生自己编订的简要年谱，里面不少人生经验与感慨。

吕思勉文集

白话本国史（全二册）

吕思勉著
2005 年 6 月 1 版 1 次
2016 年 5 月 1 版 10 次
58.00 元
大 32 开　808 页

吕思勉先生为现代史学大师，以博览著称，一生通读二十四史数遍，所著史学类著作，均获学术界的誉赞。本书是吕先生为实践近代新史学理想的著作，上起远古，下至民国初年，资料丰富，体系完备。由于作者深厚的功底，故全书在平实的叙述中，常能一语破的；许多独发的观点，亦往往是自然而然地随处流出。

中国通史

吕思勉著
2009 年 4 月 1 版 1 次
2016 年 4 月 1 版 9 次
35.00 元
大 32 开　476 页

本书是吕思勉先生史学论著之一，完成于 1939 年，分上、下两册。上册分门别类地叙述社会经济制度、政治制度和文化学术的发展情况，内容包括婚姻、族制、政体、阶级、财产、官制、选举、赋税、兵制、刑法、实业、货币、衣食、住行、教育、语文、学术、宗教等十八类；下册按

历史顺序叙述了政治历史的变革。本书此次列入《吕思勉文集》出版，以上海开明书店的初版为底本，吸收了杨宽、吕翼仁先生的校订成果，将原书的繁体直排夹注改为繁体横排夹注，同时尽量保留了著作的原貌。

先秦史

吕思勉著
1982 年 12 月 1 版 1 次
新版 2005 年 6 月 1 版 1 次
新版 2016 年 5 月 1 版 12 次
32.00 元
大 32 开　456 页

本书是吕思勉先生所著四部断代史的第一部。初版于 1941 年，是研究上古先秦史的最基本参考书之一，已成为学术史上的经典著作。本书前半部为政治史，按历史事件的顺序编排；后半部为社会经济文化史，采用分门别类的办法叙述。

秦汉史

吕思勉著
1983 年 4 月 1 版 1 次
新版 2005 年 6 月 1 版 1 次
新版 2016 年 1 月 1 版 11 次
55.00 元
大 32 开　764 页

本书初版于 1947 年，后多次重版，已成为中国近代学术史上的经典著作。本书前半部为政治史，后半部为社会经济文化史。新一版改为横排繁体，改正了文字标点上的错误，对曾删改过的地方恢复了原貌，并补上了作者先前所作的眉批，是目前为止最好的版本。

两晋南北朝史（全二册）

吕思勉著
1983 年 9 月 1 版 1 次
新版 2005 年 11 月 1 版 1 次
新版 2016 年 5 月 1 版 12 次
98.00 元
大 32 开　1388 页

本书初版于 1948 年，后多次重版，已成为中国近代学术史上的经典著作。本书上下两册，上册为政治史，按历史事件的顺序编排；下册为社会经济文化史，采用分门别类的办法叙述。新一版横排繁体，改正了文字标

点上的错误,对曾删改过的地方恢复了原貌,并补上了作者先前所作的眉批,是目前为止最好的版本。

隋唐五代史(全二册)

吕思勉著

1959 年 9 月 1 版 1 次

新版 2005 年 11 月 1 版 1 次

新版 2016 年 5 月 1 版 11 次

88.00 元

大 32 开 1192 页

本书为近代学术史上的经典著作。前半部为政治史,按历史事件的顺序写;后半部写社会生活、典章制度、经济文化,按不同的类别来写。新一版横排繁体,改正了文字标点上的错误,对曾删改过的地方恢复了原貌,是目前为止最好的版本。

中国近代史八种

吕思勉著

2008 年 8 月 1 版 1 次

2012 年 1 月 1 版 3 次

38.00 元

大 32 开 516 页

本书共收入《中国近代史讲义》、《中国近世史前编》、《中国近百年史概说》、《中国近百年史补编》、《中国近世文化史补编》、《日俄战争》、《国耻小史》、《近代史表解》等八种吕思勉先生有关中国近代史的著作,后两种属 1949 年以后未刊者。

中国社会史

吕思勉著

2007 年 11 月 1 版 1 次

2016 年 1 月 1 版 6 次

45.00 元

大 32 开 632 页

全书以农工商业、财产、钱币、饮食、衣服、宫室、婚姻、宗族、阶级、国体、政体、户籍、赋役、征榷、官制、选举、兵制、刑法等 18 个讲题为经,以时间为纬,对我国历史上重要的社会经济制度和政治制度作了深入而系统概括的论述,历来是学者学习和研究中国古代典章制度的重要参考专著。本书初名《政治经济掌故讲义》,后经作者修订改称今名。从上个世纪二十年代至今,相继有各种单行本和合订本出版,但书名各异,且都未能全貌刊行。新一版将曾经删节文字予以恢复,以存其旧貌。

中国民族史两种

吕思勉著

2008 年 5 月 1 版 1 次

2013 年 3 月 1 版 4 次

28.00 元

大 32 开 372 页

本书由吕思勉先生旧著《中国民族演进史》和《中国民族史》合编而成。前者从宏观上鸟瞰了中国民族的起源和形成、各民族的交流和融合、近代中国民族所受的创痛、面临的问题和复兴之路等等。文字浅显易读,吸收了当时国内外的民族学理论,系供学生阅读的通俗读物。后者系统地叙述中国历史上的汉、匈奴、鲜卑、丁零、貉、肃慎、苗、粤、濮、羌、藏和白种等十二个主要族系,并附有详尽的考证文字,是高质量的学术著作。两书相得益彰,表现出吕思勉先生不仅有精深的史籍根底,广博的知识,而且有敏锐的思辨能力。《中国民族演进史》初版于 20 世纪 40 年代,1949 年后未曾出版。《中国民族史》初版于 20 世纪 30 年代,1987 年虽曾再版,但作了删节更动。本次出版,均恢复原貌。

中国文化思想史九种(全二册)

吕思勉著

2009 年 4 月 1 版 1 次

2015 年 3 月 1 版 5 次

59.00 元

大 32 开 844 页

本书是《吕思勉文集》中的一种。包括《医籍知津》、《群经概要》、《经子解题》、《中国文化史六讲》、《理学纲要》、《先秦学术概论》、《大同释义》、《中国社会变迁史》、《中国政治思想史十讲》,共计九种。《医籍知津》较为专门,《群经概要》为未刊稿,《先秦学术概论》、《大同释义》、《中国社会变迁史》、《中国政治思想史十讲》则系统地阐述了吕先生"大同"的思想。其中以《经子解题》最为著名,黄永年先生说当年正是在南京书摊买到一册《经子解题》才走上文史之路的,可见其影响之大。九种书大多具有思想史、学术史的性质,其中不乏吕先生独具的见解。

吕思勉读史札记(全三册)

吕思勉著

1982 年 12 月 1 版 1 次

增订本 2005 年 12 月 1 版 1 次

增订本 2016 年 6 月 1 版 11 次

98.00 元

大 32 开　1480 页

　　吕思勉先生治史是从有计划地撰写读史札记入手的,其作品或订正文献,或考证史实,更多的是对史事的分析研究,具有多方面的价值。故《吕思勉读史札记》一书于 20 世纪 80 年代出版后即享誉学林,其后又陆续刊布的有 20 余万字。这次出版的增订本不仅汇总了吕先生全部的已刊札记并恢复了当年整理时删改的文字,还搜集了未刊稿约 2 万言。

吕思勉论学丛稿

吕思勉著

2006 年 12 月 1 版 1 次

2011 年 12 月 1 版 3 次

55.00 元

大 32 开　768 页

　　作为公认的国学大师,吕思勉撰写了大量学术性的评论。本书收录专书以外吕先生的论学文章,分为史学、哲学、社会经济文化、文学文献文字、书信序跋自述共五部分约六十万字,除恢复当年整理时删改的文字,还刊布了建国后未整理刊布的文章二十余篇约八万字。

史学与史籍七种

吕思勉著

2009 年 11 月 1 版 1 次

2012 年 1 月 1 版 2 次

54.00 元

大 32 开　632 页

　　本书由七个部分组成,包括《历史研究法》、《史籍与史学》、《中国史籍读法》、《史通评》、《文史通义评》、《古史家传记文选》、《史籍选文》等。其内容大都是吕先生为指导青年学子阅读史籍、开示史学研究门径而作,对于现在年轻一代的史学爱好者与研究者仍然具有指导意义与参考价值。

文学与文选四种

吕思勉著

2010 年 6 月 1 版 1 次

39.00 元

大 32 开　500 页

　　吕思勉为史学大家,但在古典文学研究上亦有所建树。本书收入了吕先生该方面的一些著述。《宋代文学》1931 年由商务印书馆出版。《论诗》、《中国文学史选文》系吕先生 1923 年至 1925 年在江苏省立第一师范学校任教时的讲义。《国文选文》亦为吕先生的授课讲义。这些文字反映了吕先生对中国文学史和文学作品的涵养和造诣,十分珍贵,故亦将其收入《吕思勉文集》。以前出版时删除改动过的地方,现在都一一按原稿校对补正。作为一个史学家,吕先生的文学观点具有独特的视角,其所选的国文范文亦与一般选本大有不同。讲评更是独辟蹊径,发人深省。对习惯于流行观点的文学研究者来说,有醍醐灌顶之功效。

文字学四种

吕思勉著

2009 年 8 月 1 版 1 次

2011 年 4 月 1 版 2 次

18.00 元

大 32 开　256 页

　　提起吕思勉先生,学界都肯定他是 20 世纪最重要的史学家之一。其实,吕思勉先生的成就是多方面的,他在文字学领域也是成就斐然。本书收录的即是吕思勉先生文字学研究的成果,包括《章句论》、《中国文字变迁考》、《字例略说》、《说文解字考》四种。这四种文字学著作曾分别刊行,但均非全本。此次重新出版,则根据吕思勉先生生前修订稿,补上了有关文字。吕思勉先生文字学思想的全貌庶几可以得见。

吕著中小学教科书五种(全二册)

吕思勉著

2011 年 6 月 1 版 1 次

96.00 元

大 32 开　1424 页

　　本书为吕思勉先生在教学过程中编著的五种教科书的汇编,这些教科书虽说是为当时中小学生(主要是高中生)写就的,如今即使用作大学历史专业的教材,恐怕也不嫌其浅。

吕思勉诗文丛稿(全二册)

吕思勉著

2011 年 10 月 1 版 1 次

68.00 元

大 32 开　1424 页

　　本书收录吕先生的部分旧作遗稿,全书分"蒿庐文稿"、"蒿庐诗稿"、"小说三种"、"蒿庐丛稿"四部分。文稿部分收录了吕先生所作的旧体文章,诗稿部分收录了诗、词及联语若干,小说部分收录了《女侠客》、《中国女侦探》,丛稿部分收录的则是吕先生学术类、时论类以及游记类的文章共80余篇。

吕著史地通俗读物四种

吕思勉著

2010 年 3 月 1 版 1 次

2013 年 3 月 1 版 2 次

28.00 元

大 32 开　308 页

　　本书辑录史学大师吕思勉早期的史地通俗读物四种。《三国史话》娓娓叙述三国人物和事件,可谓史话体和细说体的滥觞。《关岳合传》浓墨重彩地讴歌了中国古代的两位大英雄关羽和岳飞,其神勇壮烈跃然纸上。《中国地理大势》分叙中国各地的山脉、河流、气候、物产、交通、民俗、宗教,字里行间处处流露着对祖国山河的眷恋热爱之情。《苏秦张仪》则是中国最早的两位外交家的精彩传略。全书深入浅出,雅俗共赏,其夹叙夹议的评说方式,不仅体现吕先生的史家识见,更令人感受到丰富的感情色彩。

吕思勉文集·史学精品集(全二十一册)

吕思勉著

2009 年 6 月 1 版 1 次

2015 年 8 月 1 版 6 次

盒装　429.00 元

大 32 开　6088 页

　　以《白话本国史》、《先秦史》、《秦汉史》、《西晋南北朝史》、《隋唐五代史》、《吕思勉读史札记》六本史学著作为一套装,名之《吕思勉文集·史学精品集》,供读者学习收藏。

杨树达文集

周易古义　老子古义

杨树达著

1991 年 5 月 1 版 1 次

平装 3.25 元　精装 6.10 元

大 32 开　128 页

新版平装 2006 年 12 月 1 版 1 次

新版精装 2013 年 9 月 1 版 1 次

新版平装 24.00 元　2011 年 12 月 1 版 3 次

新版精装 36.00 元　2013 年 9 月 1 版 1 次

大 32 开　260 页

　　杨树达先生博采诸子及史籍,将各种引证与诠释相应地集于原文每一文句之下。对读者来说,无论是探究《易》、《老》本义,还是研究其思想演变与发展,均有较大的帮助。

论语疏证

杨树达著

1986 年 3 月 1 版 1 次

平装 3.40 元　精装 4.35 元

大 32 开　266 页

新版平装 2006 年 12 月 1 版 1 次

新版精装 2013 年 9 月 1 版 1 次

新版平装 48.00 元　2012 年 4 月 1 版 3 次

新版精装 58.00 元　2016 年 5 月 1 版 2 次

大 32 开　532 页

　　本书广征群书,在疏通解诂《论语》正文时,先取《论语》原书的有关文句为互证,再取儒家其他经典、诸子书和《史记》、《汉书》、《后汉书》、《三国志》等典籍为参证,对《论语》的词义事理,逐条进行“考订是非,解释疑滞”(陈寅恪语),在古今诂释《论语》的著作中,别具一格,实是一部研究《论语》和孔子思想的必读书。

汉书窥管(全二册)

杨树达著

1984 年 12 月 1 版 1 次

平装 3.20 元　精装 4.00 元

大 32 开　432 页

新版平装 2006 年 12 月 1 版 1 次

新版精装 2013 年 9 月 1 版 1 次

新版平装 78.00 元　2007 年 6 月 1 版 2 次

新版精装 98.00 元　2013 年 9 月 1 版 1 次

大 32 开　868 页

　　本书运用精湛的训诂校勘方法,对历代《汉书》注文进行纠谬剔误。作者精于小学,对注文的疑难处,深究形声、明辨通假,俾使《汉书》文义豁然贯通。

淮南子证闻　盐铁论要释

杨树达著

1985 年 11 月 1 版 1 次

平装 2.05 元　精装 3.00 元

大 32 开　166 页

新版平装 2006 年 12 月 1 版 1 次

新版精装 2013 年 9 月 1 版 1 次

新版平装 30.00 元　2007 年 6 月 1 版 2 次

新版精装 40.00 元　2013 年 9 月 1 版 1 次

大 32 开　332 页

　　《淮南子证闻》是杨氏早年著作，以丰富的声韵、文法、修辞方面的学问，逐篇训释《淮南子》的本文，自成一家之说。《盐铁论要释》从文字音韵方面，对《盐铁论》本文进行精审的解释和疏证。订正了历代注家注解《盐铁论》的谬误，阐明了《盐铁论》原文的本义。

春秋大义述

杨树达著

平装 2007 年 4 月 1 版 1 次

精装 2013 年 9 月 1 版 1 次

平装 28.00 元　2009 年 6 月 1 版 2 次

精装 38.00 元　2017 年 7 月 1 版 1 次

32 开　328 页

　　本书为忧时发愤之作。时日本疯狂入侵中国，中华民族处于亡国灭种的紧急关头。杨树达自念一介书生，且年已衰暮，不能执戈保国，遂效先圣述《春秋》之义，撰为此书以授生徒，期使圣学明而民志定，正义立而战祸平。病《春秋》大义散在各篇，初习者不便阅读贯通，乃取大义比近者类聚而群分之，立文为纲，而以经传附其下。

汉代婚丧礼俗考

杨树达著

平装 2007 年 4 月 1 版 1 次

精装 2013 年 9 月 1 版 1 次

平装 22.00 元　2009 年 7 月 1 版 2 次

精装 32.00 元　2013 年 9 月 1 版 1 次

大 32 开　244 页

　　作者从《汉书》、《后汉书》等历史著作中摘引大量汉代婚丧材料，编成此书。可谓集汉代婚丧习俗材料之大成，其资料价值不言而喻。可为民俗学、人类学、社会学、历史学研究工作者提供实用的参考资料。

中国修辞学

杨树达著

1983 年 9 月 1 版 1 次

平装 0.93 元　精装 1.80 元

大 32 开　124 页

新版平装 2006 年 12 月 1 版 1 次

新版精装 2013 年 9 月 1 版 1 次

新版平装 22.00 元　2007 年 6 月 1 版 2 次

新版精装 32.00 元　2013 年 9 月 1 版 1 次

32 开　252 页

　　本书列改易、增益、删削、颠倒、改窜、嫌疑、参互、存真、合叙、错综等项，实为中国特色修辞学的奠基之作。本书虽名为修辞学，实则不局限于文言修辞，而对古人用词造句进行揣摩剖析。书中全用例句来分析阐述古文词中的修辞问题。

马氏文通刊误　古书句读释例　古书疑义举例续补

杨树达著

1991 年 7 月 1 版 1 次

平装 4.20 元　精装 7.00 元

大 32 开　150 页

新版平装 2007 年 4 月 1 版 1 次

新版精装 2013 年 9 月 1 版 1 次

平装 24.00 元　2007 年 8 月 1 版 1 次

精装 36.00 元　2013 年 9 月 1 版 1 次

32 开　276 页

　　《马氏文通刊误》从语法学角度对中国第一部系统的古代汉语语法书《马氏文通》提出质疑和辨误，纠正了马氏套用外国文法来解释古代汉语的弊病。《古书句读释例》分析并归纳了阅读古书容易发生误读的原因、类型，用例句进行分析解释。《古书疑义举例续补》对俞樾《古书疑义举例》一书加以增益补充，进一步论述古人的修辞方法，发现并论证古人遣辞造句的若干原则。

高等国文法

杨树达著

平装 2007 年 4 月 1 版 1 次

精装 2013 年 9 月 1 版 1 次

平装 49.00 元　2007 年 4 月 1 版 1 次

精装 58.00 元　2013 年 9 月 1 版 1 次

32 开　588 页

　　鉴于清末马建忠以西方语法原理编写之《马氏文通》,有照搬西方语法来套中国语法之病,杨树达《高等国文法》即是从研究实绩揭示中国语法之特点,详列各类词汇,加以细密分析。

词诠

杨树达著

1986 年 8 月 1 版 1 次

平装 2.90 元　精装 3.85 元

大 32 开　228 页

新版平装 2006 年 12 月 1 版 1 次

新版精装 2013 年 9 月 1 版 1 次

平装 42.00 元　2008 年 3 月 1 版 2 次

精装 52.00 元　2013 年 9 月 1 版 1 次

32 开　456 页

　　本书取古书中常用的介词、连词、助词、叹词和一部分代名词、内动词、副词的用法加以说明。首先分别其词性,其次说明其意义训释,最后举例。全书共收五百余字,并附有部首目录及汉语拼音索引。

中国文字学概要　文字形义学

杨树达著

1988 年 9 月 1 版 1 次

平装 6.20 元　精装 9.20 元

大 32 开　535 页

新版平装 2006 年 12 月 1 版 1 次

新版精装 2013 年 9 月 1 版 1 次

新版平装 48.00 元　2007 年 6 月 1 版 2 次

新版精装 58.00 元　2013 年 9 月 1 版 1 次

32 开　544 页

　　《中国文字学概要》原是杨先生在湖南大学任教时的讲义,《文字形义学》则是在前书基础上扩写而成,分形篇和义篇,但今只存形篇。书的前半部介绍了汉字的一般知识,后半部详细分析象形、指事、会意、形声、假借等字的结构。

积微居甲文说　耐林庼甲文说　卜辞琐记　卜辞求义

杨树达著

1986 年 12 月 1 版 1 次

平装 1.65 元　精装 2.60 元

大 32 开　124 页

新版平装 2006 年 12 月 1 版 1 次

新版精装 2013 年 9 月 1 版 1 次

新版平装 22.00 元　2007 年 6 月 1 版 2 次

新版精装 32.00 元　2013 年 9 月 1 版 1 次

大 32 开　248 页

　　本书包括杨树达先生研究甲骨文的四种重要著作。他以古书传记所记殷、周史实稽合甲骨文所载史实,考其同异,并参以音韵、训诂之学,所论多极精到,素为学术界推重。《卜辞求义》将甲骨文中已释之字按韵部排列,并加以解释,颇为简要,极便于学者使用。

积微居小学述林全编(全二册)

杨树达著

平装 2007 年 8 月 1 版 1 次

精装 2013 年 9 月 1 版 1 次

平装 75.00 元　2007 年 8 月 1 版 1 次

精装 98.00 元　2013 年 9 月 1 版 1 次

32 开　864 页

　　本书正编七卷,凡文 207 篇,1953 年由作者手定出版。其中《中国修辞学自序》、《淮南子证闻自序》、《淮南子证闻后序》、《积微居金文说自序》、《积微居余文余说自序》五篇已见于各自文集卷首,故删去。补编一卷,凡文 34 篇,由《杨树达文集》编辑委员会编辑,多采自杨树达发表在各类刊物上的文章。

积微居小学金石论丛

杨树达著

平装 2007 年 8 月 1 版 1 次

精装 2013 年 9 月 1 版 1 次

平装 42.00 元　2007 年 8 月 1 版 1 次

精装 52.00 元　2013 年 9 月 1 版 1 次

大 32 开　484 页

　　本书分说字之属、音韵之属、方言文法之属、经子考证序跋之属、考史金石之属,凡五大类。杨树达治语言音韵之学,远绍段、王,近综民国诸人金石之学,成一家之言。其要点有三：形声字声中有义，声母通假，字义同缘于受名之故同。依此三个原则去治训诂之学，提纲挈领，纲举目张。故其治小学之绩能超清儒之上，足为今人法式。

积微居金文说

杨树达著

平装 2007 年 10 月 1 版 1 次

精装 2013 年 9 月 1 版 1 次

平装 45.00 元　2007 年 8 月 1 版 1 次

精装 56.00 元　2013 年 9 月 1 版 1 次

大 32 开　480 页

本书是杨树达考释青铜器铭文的专著，由《积微居金文说》和《积微居金文余说》两部分组成，收文 381 篇，解说了 314 件器物上的铭文，同时，书中也阐述了作者自己治金文的方法与理论。因此，本书既是研究金文的工具书，也是研究金文的理论参考书。

积微翁回忆录　积微居诗文钞

杨树达著

1986 年 11 月 1 版 1 次

平装 3.45 元　精装 4.45 元

大 32 开　270 页

新版平装 2006 年 12 月 1 版 1 次

新版精装 2013 年 9 月 1 版 1 次

平装 48.00 元　2006 年 12 月 1 版 1 次

精装 58.00 元　2013 年 9 月 1 版 1 次

32 开　544 页

本书系杨树达先生（号积微翁）据其日记自撰（1953 年后为其孙女婿孙秉伟据日记补编），记事起自 1885 年，迄于 1956 年，凡杨先生的生平、学习、交游、著述等俱有传述，其中提到近代的学者极多，不少事实尚未见于记载，故史料价值较高。《积微居诗文钞》包括诗钞、联钞和文钞三种，均首次发表。

积微居读书记

杨树达著

平装 2006 年 12 月 1 版 1 次

精装 2013 年 9 月 1 版 1 次

平装 28.00 元　2008 年 3 月 1 版 2 次

精装 38.00 元　2013 年 9 月 1 版 1 次

32 开　320 页

本书共收杨树达 11 种读书笔记，即读《尚书》、读《左传》、读《国语》、读《后汉书》、读《庄子》、读《荀子》、读《商君书》、读《晏子春秋》、读《吕氏春秋》；另外还有两种读《说文解字》笔记——《〈说文〉求是》和《声训杂记》。这些笔记引用了丰富的资料，或对原书提出校订意见，或对诸家说法提出自己的看法，具有较高的学术水平。

钱基博著作集

孙子章句训义

钱基博著

2011 年 11 月 1 版 1 次

36.00 元

大 32 开　416 页

本书作者用大量的中外战争史料，结合两次世界大战的经典战例及中西军事理论，多角度地重新审视军事奇书《孙子兵法》，使读者可以从全新的角度更深入、正确地领悟《孙子兵法》的真谛。

德国兵家克劳山维兹兵法精义

钱基博著

2012 年 4 月 1 版 1 次

10.00 元

大 32 开　96 页

本书编译德国著名军事家克劳山维兹军事思想之精粹，博引中国古代兵家典籍加以印证，发其大义，明其蕴奥，乃钱氏论兵法之精者。

文心雕龙校读记　读庄子天下篇疏记

钱基博著

2011 年 11 月 1 版 1 次

18.00 元

大 32 开　156 页

《读庄子天下篇疏记》系据商务印书馆 1934 年《国学小丛书》版重新校印。本着"以子解子"的原则，对《庄子·天下》篇中所提到的学派进行钩沉追索。《文心雕龙校读记》系据民生印书馆 1935 年版重新标点校印，以明嘉靖本、乾隆辛亥金谿王氏重刊《汉魏丛书》本、乾隆五十六年长洲张松孙校注本与乾隆三年黄叔琳校、纪昀评本《文心雕龙》互校。

经学通志

钱基博著

2011 年 11 月 1 版 1 次

18.00 元

大 32 开　172 页

　　本书据中华书局 1936 年版重新校印而成。全书共分七部,除第一部分和末一部分讲小学之外,其余各部分述诸经之历史,言简意赅。尤其可贵者,乃在于涉及经学在晚清以来之发展。

国学必读(全二册)

钱基博著

2011 年 12 月 1 版 1 次

48.00 元

大 32 开　632 页

　　本书意在说明古今学术思想与源流之变化流衍,而析为二部:一曰《文学通论》,专言古今文章利病;一曰《国故概论》,专讲古今学术源流。两部之前均配有《作者录》,交代作者生平及学术成就,甚便于读者。

国学要籍解题及其读法

钱基博著

2012 年 9 月 1 版 1 次

18.00 元

大 32 开　232 页

　　本书收录了钱基博关于《周易》、《四书》、《老子道德经》、《古文辞类篡》、《文史通义》之解题及其读法,集中了钱氏最主要的解题著作,是了解相关经典的入门之阶。

国学文选类篡

钱基博著

2012 年 4 月 1 版 1 次

16.00 元

大 32 开　204 页

　　本书为钱基博所撰国学启蒙读物,按小学、经学、子学、史学、文学、校雠目录六分法编著,兼顾了国学的横向分类介绍和纵向历史叙述。

古籍举要　版本通义

钱基博著

2011 年 11 月 1 版 1 次

22.00 元

大 32 开　216 页

　　本书分原始、历史、读本、余记四个部分,主要特点有二:一是"会通古今"之"义理";二是"重在校勘"之"义例",乃版本源流学奠基之作。

中国文学史(全三册)

钱基博著

2011 年 11 月 1 版 1 次

2015 年 3 月 1 版 2 次

88.00 元

大 32 开　1052 页

　　本书分上古、中古、近古、近代等几个部分,全面勾画中国文学史,就作家所处时代环境、政治思潮、社会思想等状况,着重考察历代文学的利病得失及其历史根源,揭示其发展规律。

现代中国文学史

钱基博著

2011 年 11 月 1 版 1 次

36.00 元

大 32 开　404 页

　　本书是钱基博的代表作,详细记述民国前 20 年的文学史,并将当时之文学分为古文学和新文学两派,每派之中,又昭其流别,广泛涉及民国以来的学术文化和政治民俗。

近百年湖南学风　骈文通义

钱基博著

2012 年 4 月 1 版 1 次

12.00 元

大 32 开　132 页

　　《近百年湖南学风》通过对十余位十九世纪至二十世纪初湖南学者思想的研究,概要展现近代湖南学术发展的面貌;《骈文通义》分五个部分,简述中国骈文之发展、演变。

韩愈志

钱基博著

2012 年 4 月 1 版 1 次

12.00 元

大 32 开　140 页

本书以贯串群像、烘托主体的方式还原韩愈的形象，辨析韩愈著述及其价值，借此勾勒古文发展之脉络。

冯承钧学术译注集

中国之旅行家　摩尼教流行中国考

[法]沙畹　[法]伯希和撰　冯承钧译

2014 年 3 月 1 版 1 次

12.00 元

32 开　120 页

《中国之旅行家》为冯承钧第一本翻译作品（1925），简介张骞、法显、惠生、玄奘、郑和等人事迹，前附"编译之缘起及旨趣"。《摩尼教流行中国考》前半部分是摩尼教残经的疏释，后半部广搜中国古书中关于摩尼教的记载，考察该教在中国的流行情况。书后附《老子化胡经》。

史地丛考　史地丛考续编

冯承钧编译

2014 年 3 月 1 版 1 次

24.00 元

32 开　256 页

《史地丛考》内收《龟兹语考》（列维）、《王玄策使印度记》（列维）、《新唐书西域羁縻府州考》（冯承钧）、《高昌和卅火州哈喇和卓考》（伯希和）、《沙州都督府图经及蒲昌海之康居聚落》（伯希和）、《吐谷浑为蒙古语系人种说》（伯希和）、《犁轩为埃及亚历山大域说》（伯希和）、《大月氏都域考》（沙畹）、《魏略西戎传笺注》（沙畹）、《罽宾汉》（列维、沙畹）、《中国干漆造像考》（伯希和）等西方汉学家 11 篇西域历史地理论文。《史地丛考续编》内收《扶南极》（伯希和）、《真腊风土记笺注》（伯希和）、《越南历朝世系》（迦节）、《大藏方等部之西域佛教史料》（列维）等 4 篇论文。所收论文，辑译自《巴黎亚洲学报》、《荷兰通报》、《河内远东学校校刊》。

中国史乘中未详诸国考证

[法]希勒格撰　冯承钧译

2014 年 3 月 1 版 1 次

16.00 元

32 开　140 页

本书分扶桑国、文身国、女国、小人国、大人国或长人国、君子国、白民国、青丘国、黑齿国、玄股国、劳民国或教民国、离国、背明国、郁夷国、含明国、吴明国、三神山、古琉球、女人国诸国考证二十卷，均为史书上未有详细记载的史料。

东蒙古辽代旧城探考记　帖木儿帝国

[法]闵宣化　布哇撰　冯承钧译

2014 年 3 月 1 版 1 次

22.00 元

32 开　232 页

《东蒙古辽代旧城探考记》对辽代上京、中京及其他一些城市的地理位置、古迹遗址、河道、山脉进行了考察。文前有伯希和的附注、译者的序。《帖木儿帝国》分两篇对帖木儿及其后裔诸派系的活动情况进行了梳理：上篇始自帖木儿之死迄沙哈鲁之死，下篇始自兀鲁伯之即位迄叔鲁儿之死。并附带言及中国艺术输入西域之事。此书叙述简明，可补《明史》对帖木儿帝国历史记述之缺漏。冯氏翻译过程中，还对原书的讹误进行了校正，提高了本书的史料参考价值。

中国西部考古记　西域考古记举要

[法]色伽兰　郭鲁柏撰　冯承钧译

2014 年 3 月 1 版 1 次

14.00 元

32 开　124 页

《中国西部考古记》收录了民国时法国学者的四部考古笔记：反映四川崖墓及川汉墓等考古成果的《中国西部考古记》，大理南诏时期考古成果的《云南苍洱境考古报告甲编》与《云南苍洱境考古报告乙编》，以及研究四川上古文化的《四川古代文化史》。《西域考古记举要》主要介绍斯坦因三次考察西域的成绩，并可以知晓斯坦因之前考察团在新疆考察的经过。后附有格鲁塞《中亚佛教艺术》一文。

秦代初平南越考　占婆史附：占城史料补遗

[法]鄂卢梭　马伯乐撰　冯承钧译

2014 年 3 月 1 版 1 次

22.00 元

32 开　216 页

《秦代初平南越考》主要对秦末汉初（公元前 221—公元前 111）秦始皇及汉武帝平定据有南海、桂林及象郡等地的南越国的历史史实进行研究、考证。《占婆史》则根据占婆国的占文、梵文石刻，以及中、越等国的史籍等，对占婆的历史、宗教、政治、法律、风俗、艺术等进行了考证，本书也是研究越南历史的一部重要史书。

郑和下西洋考　交广印度两道考

[法]伯希和撰　冯承钧译

2014 年 3 月 1 版 1 次

29.00 元

32 开　308 页

《郑和下西洋考》以《瀛涯胜览》、《星槎胜览》、《西洋番国志》、《西洋朝贡典录》等古籍,对我国明代航海家郑和七次下西洋的史实、路线、所经地区名称、地理、风土人情、参加航海人员、历次航行的功业、所得朝贡品等诸项详加考证。《交广印度两道考》据《新唐书》的《艺文志》、《地理志》、《皇华四达记》、《古今郡国县道四夷述》等考证出入四夷的交通路线有七条,其中六、七两条为安南通天竺道、广州通海夷道。全书分上、下两卷。上卷陆道考,分唐代之地理概述、交广之兴替、安南都护府治、建昌一道、占城等 24 部分。下卷海道考,分为广州满剌加海峡、中国载籍中之佛逝、师子国等 26 部分。

昆仑及南海古代航行考　苏门答剌古国考

[法]费琅撰　冯承钧译

2014 年 3 月 1 版 1 次

18.00 元

32 开　160 页

《昆仑及南海古代航行考》主要对我国史地方面的外国语译名作了研究、考证。《苏门答剌古国考》则根据中国古籍、马来文、梵文、大穆文(南印度语)、大食文、波斯文、柬埔寨文、暹罗文的记载对印度尼西亚苏门答腊古国室利佛逝国及其属国进行了考证。

多桑蒙古史（全二册）

[瑞典]多桑撰　冯承钧译

2014 年 3 月 1 版 1 次

2015 年 9 月 1 版 2 次

78.00 元

32 开　1024 页

本书是 19 世纪初瑞典人多桑写的一部蒙古史,所叙时间为 12 世纪初至 14 世纪 80 年代。全书分上、下两册。上册共 3 卷,从蒙古族起源到忽必烈时代。下册共 4 卷。书后附录 4 项:波斯诸蒙古汗世系表、察合台系诸汗世系表、钦察诸汗世系表、世系表中人名对照表。

马可波罗行纪

[法]沙海昂注　冯承钧译

2014 年 3 月 1 版 1 次

2015 年 3 月 1 版 2 次

46.00 元

32 开　488 页

本书是 1298 年威尼斯著名商人和冒险家马可·波罗撰写的东游沿途见闻,是世界历史上第一个向欧洲人报道中国的著作。在重点介绍中国的同时,是书也记录了中亚、西亚、东南亚等地区一些国家的情况。

明末奉使罗马教廷耶稣会士卜弥格传附卜弥格传补正

[法]沙不烈　伯希和撰　冯承钧译

2014 年 3 月 1 版 1 次

19.00 元

32 开　188 页

卜弥格(Michel Boym, 1612—1659),原籍匈牙利,17 世纪来华传教士。本书包括传记三编,介绍了卜弥格一生的经历与遗著。书前有译者序及撰者"概说十七世纪之中国及耶稣会"一文。书后附伯希和撰《卜弥格传补正》。

冯承钧学术论文集（全二册）

冯承钧撰　邬国义编校

2015 年 6 月 1 版 1 次

98.00 元

32 开　820 页

本书收集整理了冯承钧历年发表的论文和书信以及相关友人文章,重新点校编辑,为国内首次整理的论文集。内容共分论文、书信、早年文章、纪念与著录目录等章节,涉及中西交通、近代世界史等内容。其中书信、作者著录等许多资料为首次刊布,非常珍贵。

冯承钧学术著作集（全三册）

冯承钧撰　邬国义编校

2015 年 6 月 1 版 1 次

148.00 元

32 开　1320 页

本书包括了冯承钧撰写的《本国法制史纲要》、《景教碑考》、《元代白话碑》、《历代求法翻经录》、《成吉思汗传》、《中国南洋交通史》、《西力东渐史》、《续修四库全书总目提要(西学与中外交通部分)》。

姚鹓雏文集

姚鹓雏文集（小说卷）（全二册）

姚鹓雏著

2008 年 4 月 1 版 1 次

168.00 元

16 开　1176 页

　　姚鹓雏（1892—1954）是南社著名的作家,其文学作品在民国初年享有盛誉。这部文集小说卷收入中长篇小说 13 部、短篇小说 73 篇,囊括了姚鹓雏一生创作的全部小说作品。卷中小说代表作有《燕蹴筝弦录》、《恨海孤舟记》、《龙套人语》等。无论是言情小说,还是社会小说,都写得曲折灵动,耐人寻味。

姚鹓雏文集（诗词卷）

姚鹓雏著

2009 年 6 月 1 版 1 次

78.00 元

16 开　412 页

　　姚鹓雏尤工诗词,举凡家国兴亡之感,亲朋聚散之迹,一一形诸诗歌。所作古今体诗,早年步趋散原、石遗,好为硬语,既而从南社诸君子为唐音,境界渐得开朗,颇有豪迈质朴之特色。入蜀后,得山川之助,师法自然,风华婉约中,别饶雅淡深远之致,形成自家的面目。晚年喜填词,以和婉雅正、声律严谨,为士林所重。本书由作者后人据姚先生手订遗稿及已出油印稿精心整理校勘,并从民国初年的报刊上爬梳辑佚,编纂而成,堪称最完备之本。

姚鹓雏文集（杂著卷）

姚鹓雏著

2012 年 5 月 1 版 1 次

188.00 元

16 开　1188 页

　　本书收录姚鹓雏先生小说、诗词以外的其他著作,以类相从,分为政论篇、学术篇、笔记篇、艺文篇、序跋篇、书信篇、游戏文篇、传记篇、戏剧篇、补遗篇十篇,各体文章约六百篇,对于研究姚鹓雏的生平,研究南社以及中国近代革命史,有重要的参考价值。

何炳松著作集

历史研究法　历史教授法

何炳松著

2012 年 12 月 1 版 1 次

12.00 元

大 32 开　100 页

　　本书介绍西方历史研究方法,并指出其与中国传统史法、史评、史论的差异,同时力图沟通中西学问,对传统历史研究方法等作了充分肯定。

历史教学法

[美]亨利·约翰生著　何炳松编译

2012 年 12 月 1 版 1 次

29.00 元

大 32 开　320 页

　　本书译自美国"新史学"流派成员亨利·约翰生（Henry Johnson）的著作《小学中学中的历史教学法》,主要讨论历史教学的目的与价值。作者主张进化的观点,反对以历史为褒贬或作殷鉴的工具,反对专去记忆史实的历史观。

西洋史学史

[美]绍特韦尔著　何炳松　郭斌佳译

2012 年 12 月 1 版 1 次

19.00 元

大 32 开　224 页

　　本书是美国史学家绍特韦尔的主要作品。绍特韦尔是美国"新史学"的倡导者鲁滨孙的弟子,也是"新史学"派的主要史学家,本书概述自神话时代至近代之西方史学发展脉络,犹重犹太史、希腊史、罗马史,并专门论述基督教对西方历史的影响。

新史学

[美]鲁滨孙著　何炳松译

2012 年 12 月 1 版 1 次

18.00 元

大 32 开　184 页

　　本书系美国著名史学家鲁滨孙的代表作,强调历史研究的功用在于通过历史了解现在和推测未来。共分新史学、历史的历史、历史的新同盟、思想史的回顾、普通人应读的历史、罗马人的灭亡、一七八九年的原理、史光下的守旧精神八篇。是书作为第一部系统介绍西方史学理论及方法论的名著,对"五四"以来中国史学现代化建设有着深远影响。

中古欧洲史

何炳松著

2012 年 12 月 1 版 1 次

29.00 元

大 32 开　316 页

本书叙述了罗马帝国从公元五世纪瓦解到十四世纪为止的历史,探讨了中古欧洲制度、思想及文化的覆灭及近世欧洲文化如何产生等问题,尤其重视基督教在其间的影响。

近世欧洲史

何炳松著

2012 年 12 月 1 版 1 次

38.00 元

大 32 开　416 页

本书大体以美国史学名家鲁滨孙与比尔德二人所著之《欧洲史大纲》第二卷为蓝本,并取材于二人所著的《现代欧洲史》,论述了自十七世纪初至二十世纪初三百年间欧洲发展全貌。

通史新义

何炳松著

2012 年 12 月 1 版 1 次

22.00 元

大 32 开　196 页

本书借鉴西方史学的研究方法,总结并发挥司马迁、刘知幾、章学诚等的传统史学理论,对史料研究的方法、通史编纂的原则进行思考,对中国现代新史学的构建有重大贡献。

浙东学派溯源

何炳松著

2012 年 12 月 1 版 1 次

16.00 元

大 32 开　144 页

本书追溯浙东学派的渊源,分析其思想流变,重点考辨浙东学派的开山祖程颐与朱熹学说的异同,打破沿袭千年之成说,并以此为出发点辨析中国思想史变迁的脉络。

何炳松史学论文集

何炳松著

2012 年 12 月 1 版 1 次

38.00 元

大 32 开　368 页

本书收录何炳松主要的史学论文 26 篇,涉及历史本体论、史学方法论,有对史料及历史人物的考察,有对史籍著述方法的辨析,也有中西文化发展的哲学思辨,于中可见何氏学术研究的广度和深度。

陈寅恪文集

元白诗笺证稿

陈寅恪著

1958 年 4 月 1 版 1 次

新版 1978 年 5 月 1 版 1 次

平装 1.20 元　精装 1.60 元

大 32 开　190 页

陈寅恪(1890—1969),我国著名学者,精通历史学、古典文学和宗教学等,通晓多种文字。本书为他研治唐代诗人元稹和白居易的专著,包括《长恨歌》、《琵琶引》、《连昌宫词》、《艳诗及悼亡诗》、《新乐府》及《古题乐府》六章。

寒柳堂集

陈寅恪著

1980 年 9 月 1 版 1 次

平装 0.93 元　精装 1.35 元

大 32 开　120 页

本书收录《论再生缘》、《论唐高祖称臣于突厥事》、《韦庄秦妇吟校笺》、《徐高阮重刊洛阳伽蓝记序》、《赠蒋秉南序》等论文 11 篇。

柳如是别传(全三册)

陈寅恪著

1980 年 8 月 1 版 1 次

4.55 元

大 32 开　614 页

本书是陈寅恪晚年写成的一部有代表性的专著。

使用了训诂、考据、校勘等方法,以翔实的史料,通过对明末名妓柳如是同钱谦益相结合的婚姻唱和诗的笺证,不但探讨了柳如是的个人历史,同时对明末清初的政治、文化状况,尤其是当时江南知识分子的状况均有所辨释。

金明馆丛稿初编

陈寅恪著

1980 年 8 月 1 版 1 次

1.40 元

大 32 开　186 页

　　这是一本考订、阐述我国中古时期(汉朝——隋唐)历史人物、事件、制度,兼及佛道宗教、声韵学等问题的论文集,收有作者论文 20 篇。

金明馆丛稿二编

陈寅恪著

1980 年 10 月 1 版 1 次

1.15 元

大 32 开　160 页

　　这是一本有关文史、哲学、考古、宗教等方面的专门研究著作,共收集论文 57 篇。作者熟悉我国史料,兼通梵文、蒙文、藏文、满文和中亚文字,本书在考证我国史实和少数民族关系,探索佛经演变和佛学传播等方面,都有一定的参考价值。

隋唐制度渊源略论稿

陈寅恪著

1982 年 10 月新 1 版 1 次

0.66 元

大 32 开　82 页

　　本书内容是对隋唐两代典章制度的分析和研究,涉及礼仪、职官、刑律、音乐、兵制、财政等各个方面。

唐代政治史述论稿

陈寅恪著

1982 年 10 月新 1 版 1 次

0.70 元

大 32 开　82 页

　　本书是陈寅恪先生 20 世纪 40 年代初期的著作,内容集中探讨了唐代的政治思想和制度的概况及其演进。

陈寅恪先生编年事辑(陈寅恪文集附录)

蒋天枢著

1982 年 1 月 1 版 1 次

增订本 1997 年 6 月 1 版 1 次

精装 16.00 元

大 32 开　316 页

　　本书著者为著名历史学家陈寅恪先生的高足,作者根据陈先生自述家世题记以及生前友好的有关材料纂辑成生平事迹,书后附有陈寅恪先生论著编年目录。

傅斯年文集

诗经讲义稿

傅斯年撰

2012 年 10 月 1 版 1 次

2016 年 6 月 1 版 4 次

16.00 元

大 32 开　156 页

　　本书系傅斯年 1928 年在中山大学任教期间的讲稿,是近代《诗经》研究史上一部重要并具有典型性的著作,呈现了鲜明时代性的研究方法和理念,内容主要以叙录《诗经》诸篇为主。

东北史纲

傅斯年撰

2012 年 10 月 1 版 1 次

20.00 元

大 32 开　188 页

　　《东北史纲》是傅斯年在“九一八”事变后心焦如焚的情绪下所作,旨在根据史书之记载证东北属于中国,以驳斥日人“满蒙在历史上非支那领土”之谬论。

民族与古代中国史

傅斯年撰

2012 年 10 月 1 版 1 次

2016 年 5 月 1 版 3 次

16.00 元

大 32 开　140 页

　　本书收录傅斯年先生有关中国上古先秦史研究的五篇代表作:《夷夏东西说》、《姜原》、《周东封与殷遗民》、《大东小东说》、《论所谓五等爵》,涉及中华文化的发端、早期发展、正统传承等史学界长期关注的问题。

性命古训辩证

傅斯年撰

2012 年 10 月 1 版 1 次

25.00 元

大 32 开　248 页

　　本书将商周甲骨文、金文到先秦诸子典籍中的"性"、"命"二字逐一统计并分析，以其来源与演变论述先秦诸子的思想，最后推断宋明理学为先秦思想的承继与总结，从训诂学、考据学、语言学方法入手以微观字形、字义建构宏观中国古代思想史，鲜明地体现了傅氏"哲学乃语言学之副产品"的治学思想和严谨的学术风格。

战国子家叙论·史学方法导论·史记研究

傅斯年撰

2012 年 10 月 1 版 1 次

18.00 元

大 32 开　160 页

　　本书收录傅斯年的三部残稿。其中《史学方法导论》只余"史料论略"部分，举例分析了不同类型史料的考证案例。《史记研究》是一部讲义，讨论了几个有关《史记》作者与篇章的专门问题。《战国子家叙论》是对战国时代各思想流派与思想家的考察。

中国古代文学史讲义

傅斯年撰

2012 年 10 月 1 版 1 次

20.00 元

大 32 开　216 页

　　该书系傅斯年 1928 年在中山大学任教期间的讲稿，讲论上起殷周之际，下迄西汉哀平王莽之时，其不以政治时代作为文学分段的标准，对于傅氏身后乃至今日的文学史书写，都有过重要的启发意义。书中提出的"文学史是史"，"文学是时代中一切事物之印迹"，将文体的生命视为有机体，都是今日了解文学和欣赏文学的重要门径。

任半塘文集

敦煌歌辞总编（全三册）

任半塘编著

单行本 1987 年 12 月 1 版 1 次

2006 年 7 月 1 版 1 次

精装 150.00 元

大 32 开　1940 页

　　全书分云谣杂曲子、杂曲隻曲、杂曲普通联章、杂曲重句联章、杂曲定格联章、杂曲长篇定格联章和大曲七卷，另附补遗一卷，共收歌辞 1200 余首。在这本迄今为止收录最完备的敦煌歌辞总集中，著者对所录歌辞的写本、格调、文字、方音、本事、体用、时代和诸家评议等，都逐一进行了详赡的校订和考证，其中颇多超越前人的创见。

唐声诗（全二册）

任半塘著

单行本 1983 年 4 月 1 版 1 次

2006 年 6 月 1 版 1 次

精装 108.00 元

大 32 开　1380 页

　　本书主要从音乐和舞蹈的制作与演奏方面，对唐代近体诗及其少数变体进行了研究，并涉及了同时代的变文和后代南曲"滚唱"、弹词"开篇"等多种吟唱近体诗的曲艺。上编阐述理论，下编备陈唐、五代入乐入舞并有调名和传辞存世的齐言诗共 134 调、155 格。本书填补了学术研究中的一项空白。

唐戏弄（全二册）

任半塘编著

单行本 1984 年 12 月 1 版 1 次

2006 年 6 月 1 版 1 次

精装 118.00 元

大 32 开　1492 页

　　这是一部阐明唐代戏剧发展状况的学术专著。全书分总说、辨体、剧录、脚色、伎艺、设备、演员和杂考八章，另附有唐五代优语和唐戏百问等资料。本书 1958 年由作家出版社出版，这次增订再版，除了充实有关史料外，对周代蜡祭、唐代戏剧文体和钵头戏、参军戏、傀儡戏等，也多有新的阐发。附索引。

谭正璧学术著作集

谭正璧学术著作集（全十三册）

谭正璧著　谭埙　谭篪编

2012 年 5 月 1 版 1 次

精装 580.00 元

32 开　5152 页

本书收有《中国文学进化史》《中国女性文学史》等15种作品。1929年出版的《中国文学进化史》被誉为是里程碑式的著作,是20世纪上半叶文学史创作的标杆。谭正璧早期著作《女性词话》即引起了世人的重视,后来的《中国女性文学史》更可说是其代表作,也代表了迄今为止中国女性文学研究的最高成就。其他如《话本与古剧》、《古本稀见小说汇考》、《三言两拍资料》、《木鱼歌·潮州歌叙录》、《曲海蠡测》等也都是精深、专门的学术著作。

中国文学进化史·诗歌中的性欲描写

谭正璧著　谭堛　谭麓编

2012年12月1版1次

2015年1月1版2次

36.00元

32开　304页

　　《中国文学进化史》是最早的文学史之一,主要注重观点和方法,叙述文学进化的历程、探索其沿革变迁的前因后果,使后来的文学家知道今后文学的趋势,以定建设的方针;《诗歌中的性欲描写》是仿照茅盾的《小说中的性欲描写》而写的一个专题,专论诗歌中的男女之情。

中国女性文学史·女性词话

谭正璧著

2012年12月1版1次

2015年4月1版2次

58.00元

32开　552页

　　《中国女性文学史》最初名为《中国女性的文学生活》,后又多次重版,增补了大量内容,并改现名。此书专门讨论历史上的女性作者的创作,可以说是迄今为止讨论中国女性文学最权威的专著。《女性词话》曾由光明书局于1934年出版,专门讨论女词人及其创作。

中国小说发达史

谭正璧著　谭堛　谭麓编

2012年12月1版1次

36.00元

32开　308页

　　本书是仿照鲁迅《中国小说史略》写成,而在《中国小说史略》的基础上有所发展,特别是在作家的介绍、社会文化背景的分析等方面更为详尽,时有独特的见解,

是研究通俗文学的第一部专著。

话本与古剧

谭正璧著　谭寻补正

2012年12月1版1次

38.00元

32开　316页

　　《话本与古剧》为作品源流考,上卷讨论话本,下卷讨论古剧。通过细密的考证,把相同的作品于不同时代在内容和形式上的表现进行比较,从发展的观点看出其间的影响和相异之处。文中间亦涉及名物考证,读者可增知识,广见闻。

元曲六大家略传

谭正璧著

单行本1957年2月1版1次

2012年12月1版1次

38.00元

32开　252页

　　本书考证、搜集元代杂剧六大作家关汉卿、王实甫、白朴、马致远、郑光祖、乔吉之生平与著作。全书采用纲目体,以略传为纲、各家记述为目。资料来源以历代戏曲论著、笔记小说为主,亦收录近代学人相关论述,是目前元曲六大作家生平、著述资料的最全汇编。

三言两拍源流考（全二册）

谭正璧著

2012年12月1版1次

118.00元

32开　1100页

　　本书是在《三言两拍资料》的基础上增补而成,谭正璧先生以数十年之功,查阅了数百种文献,对"三言两拍"相关故事细加考证、梳理,辑成《三言两拍源流考》,对研究中国文学史、小说史用处良多。

弹词叙录

谭正璧　谭寻编著

单行本1982年1月1版1次

2012年12月1版1次

42.00元

32开　376页

　　本书仿《曲海总目提要》、《中国小说提要》等书体

例编写,以叙录弹词内容为主,兼及作者、版本、成书年代、本事来源以及同题材的其他文学作品,旨在就明清以来的所有弹词作品作一总结,以供中国文学史及中国民间文艺研究者参考之用。

木鱼歌、潮州歌叙录·曲海蠡测

谭正璧 谭寻编著

2012 年 12 月 1 版 1 次

42.00 元

32 开 364 页

　　《木鱼歌、潮州歌叙录》将 342 种木鱼歌和潮州歌依书名笔画多少依次排列,另附有《释木鱼歌》、《释潮州歌》,读者可以借此获得对两种说唱文学作品的全面认识;《曲海蠡测》共收 12 篇讨论戏曲的文章,皆为考订源流或正讹之作。

古本稀见小说汇考

谭正璧 谭寻著

2012 年 12 月 1 版 1 次

49.00 元

32 开 448 页

　　本书是在 1945 年出版的《中国佚本小说述考》的基础上增补而成,《中国佚本小说述考》所收只限于日本所藏佚本,本书又补充了很多英、法等国的藏本及国内的孤本、稀本,共收录稀见小说 163 种,具有非常高的文献资料价值。

评弹通考

谭正璧 谭寻蒐辑

2012 年 12 月 1 版 1 次

59.00 元

32 开 536 页

　　本书以辑录有关评话、弹词的考证材料为主,共分原始、评话、弹词、评论、杂录、外编六门,搜辑颇广,仅书后所附引用书目及篇目所提及之小说种类即达 394 种,具有非常高的文献资料价值。

评弹艺人录

谭正璧著

2012 年 12 月 1 版 1 次

49.00 元

32 开 444 页

　　本书辑录有关隋唐时期"说话"记载及之后历代评弹艺人的事迹。上编收录历代男性评弹艺人相关资料,共 175 条,涉及 200 余位艺人;下编收录历代女性评弹艺人相关资料,共 163 条,涉及 170 余位艺人。这些资料多见于历代野史、笔记、小说及近世期刊等,作者前后历数十年,披沙拣金、分门别类实为不易。

螺斋曲谭

谭正璧著　谭壎 谭箎编

2012 年 12 月 1 版 1 次

32.00 元

32 开 280 页

　　本书共三编,分别对关汉卿、汤显祖和唐人传奇作了全面介绍。除了分析作者生平、作品的思想性与艺术性及版本情况之外,还用白话将所有作品的故事重新钩稽改写,并加本事考证,对读者了解、学习中国古代戏曲有相当大的作用。

詹安泰全集

詹安泰全集(全六册)

詹安泰著

2011 年 10 月 1 版 1 次

精装 380.00 元

大 32 开 2768 页

　　詹安泰是我国 20 世纪著名的词学家、文学史家、诗人、词人和书法家。本书由其子詹伯慧负责,蒐集了詹安泰各方面著作,共分为古典文学专著、古籍整理、诗学词论、诗词创作、文史杂著五卷,书后还附有《我的父亲詹安泰》、《詹安泰年谱》等相关资料。

离骚笺疏　李璟李煜词校注　花外集笺注

詹安泰著

2011 年 12 月 1 版 1 次

2014 年 10 月 1 版 3 次

45.00 元

大 32 开 480 页

　　本书包括《离骚笺疏》、《李璟李煜词校注》和《花外集笺注》三部作品。《离骚笺疏》分《离骚笺疏》和《离骚通论》两编。《李璟李煜词校注》以《晨风阁丛书》刻王国维校补南唐二主词本为底本,博参南宋以来各种版本。《花外集笺注》作为《花外集》的第一个笺注本,博征宋以来的史传及各种诗文别集。

屈原　宋词研究

詹安泰著

2011 年 10 月 1 版 1 次

40.00 元

大 32 开　436 页

《屈原》及《宋词研究》是詹安泰先生治屈原和宋词的重要研究著作。《屈原》是一部体系完整而清晰的屈原研究著作。《宋词研究》则是一部带有概论性质的词史著作。

中国文学史（先秦两汉部分）

詹安泰主编

2011 年 12 月 1 版 1 次

42.00 元

大 32 开　452 页

本书共分《导论》、《中国文学的起源》、《文字的创造与殷周散文》、《诗经》、《春秋战国时代的散文》等十一章，是解放后由高等教育部审订的第一部中国文学史教材，在新中国高校《中国文学史》教材建设史上具有重要的意义，对今天的文学史研究仍具参考价值。

陈槃著作集

不见于春秋大事表之春秋方国稿

陈槃撰

2009 年 11 月 1 版 1 次

精装 68.00 元

16 开　328 页

据陈槃先生统计，清儒顾栋高所作《春秋大事表》表之五《列国爵姓及存灭表》所收春秋列国"凡二百又九"，其中真正"可说是春秋时代方国的"，"应是百五十六事"。但陈槃先生认为"春秋时代方国，必不止于百五十六"，他突破顾氏所据仅《春秋》经、传之限，遍稽古籍，考订出不见于《春秋大事表》之方国达几十国之多，为先秦史研究提供了便利。

春秋大事表列国爵姓及存灭表撰异（三订本）

（全三册）

陈槃撰

2009 年 11 月 1 版 1 次

精装 298.00 元

16 开　1576 页

《春秋大事表列国爵姓及存灭表撰异》与《不见于春秋大事表之春秋方国稿》二书于古史地之甄考发明，贡献至大，因获 1973 年中山学术著作奖。本书发清儒顾栋高《春秋大事表·列国爵姓及存灭表》未发之蕴，突破前人，于后人颇多益助。可谓研究中国先秦史的经典之作。

左氏春秋义例辨（重订本）（全二册）

陈槃撰

2009 年 11 月 1 版 1 次

精装 180.00 元

16 开　880 页

陈槃在本书中断定"刘歆分裂《国语》以成《左传》，殆无可疑者"。考证为精详，从而使"刘歆伪作"说更趋细致，也为后人研究《左传》留下了详尽的可资参考的文字。

汉晋遗简识小七种（全三册）

陈槃撰

2009 年 11 月 1 版 1 次

精装 58.00 元

16 开　292 页

本书以居延汉简为主干，对简牍实物中常用的词语、符号、书体及文书结构条疏举例，对诸如"不害日"、"秋射"、"使女"、"爱书"符传、句读及天田等问题亦作了研究说明，澄清了一些模糊不清的认识。此外，他还对木简上所绘木偶、符作了研究，考证精深，尤为学术界所称道。

旧学旧史说丛（全二册）

陈槃撰

2010 年 7 月 1 版 1 次

精装 198.00 元

16 开　980 页

本书共收入陈槃先生有关先秦史的考订、考证论文等 30 篇，涉猎中国先秦史的政治、经济、教育、交通、风俗、婚丧嫁娶，以及古代典籍的考订等各个方面。

古谶纬研讨及其书录解题（全二册）

陈槃撰

2010 年 7 月 1 版 1 次

精装 148.00 元

16 开　720 页

　　本书是陈槃先生一生"古谶纬"研究成果的结集。书中计收论著四篇(部),书录解题七组,附录三组,以及全佚书存目解题两篇。陈槃先生以他深厚的学术功力,为我们打开了了解、研究"古谶纬"的大门。

涧庄文录(全二册)

陈槃撰

2010 年 7 月 1 版 1 次

精装 198.00 元

16 开　984 页

　　《涧庄文录》即为诗文结集,书中精选各类文章近百篇,并收有《疏桐高馆诗》。此书能使读者更全面地认识陈槃先生的学术成就及文学修养,从而更深入地了解陈槃先生。

五华诗苑

陈槃编撰

2010 年 7 月 1 版 1 次

精装 46.00 元

16 开　220 页

　　陈槃先生为广东五华县人,其情重桑梓,早在抗日战争时期即编撰了《五华诗苑》。他不但精心选辑了大量五华籍人士的诗作,还为各位诗作者撰写了小传。虽然因战争的缘故,此书在十多年后才得以出版。

蔡尚思著作集

蔡尚思全集(全八册)

蔡尚思著

2005 年 8 月 1 版 1 次

精装 580.00 元

大 32 开　5000 页

　　本书收入了蔡尚思全部已经出版的专著、论文集,并且尽力收集未结集出版的论文。

孔子思想体系　孔子哲学之真面目

蔡尚思著

2013 年 5 月 1 版 1 次

46.00 元

32 开　436 页

　　本书是作者集中论述孔子思想的著作。书中对于孔子的生平,政治、经济、哲学、教育等方面的思想进行了论述,同时论及孔子学说的演变以及五四时期对孔子思想体系的批判。

中国古代学术思想史论

蔡尚思著

2013 年 5 月 1 版 1 次

49.00 元

32 开　492 页

　　本书论述范围自先秦至明清,论述对象自孔墨、老庄而李贽、王船山,不仅评论了汉代学术、魏晋玄学,对唐代文艺和佛教、北宋朱子学等也多有评,是作者学术思想的总结性文集之一。

中国历史新研究法

蔡尚思著

2013 年 5 月 1 版 1 次

16.00 元

32 开　128 页

　　本书对中国史书进行了分类,介绍了研究所用的搜集方法,阐述了作者对新史观和中国史期划分的看法,作者还对读史的要诀进行了简介,此书与钱穆、梁启超的同名著作《中国历史研究法》以及严耕望的《治史三书》对读,尤有所获。

中国思想研究法

蔡尚思著

2013 年 5 月 1 版 1 次

26.00 元

32 开　224 页

　　本书为《中国历史新研究法》一书的姊妹作,不仅是最能代表作者生平学术思想研究的一部著作,也是关于哲学社会科学研究方法的一部专著。全书以观点的精华、材料的精华、态度的精华、学说的精华为阐释重点,后两者即中国思想史的选要集成,为全书精髓。

蔡尚思全集集外集补编

蔡尚思著　傅德华编

2015 年 12 月 1 版 1 次

58.00 元

32 开　320 页

　　2005 年上海古籍出版社出版了《蔡尚思全集》,共八大卷,因时间仓促,故资料未能收集齐全。近十年来,学界又发现了不少尚未收录的蔡尚思编著的文章,这本书即是以这些新发现的资料为主汇编而成的。

孙常叙著作集

孙常叙古文字学论集

孙常叙著

2016 年 1 月 1 版 1 次

128.00 元

16 开　540 页

　　收录作者生前选定的论文二十篇,内容主要分为三类:1. 关于殷墟甲骨文的研究;2. 关于周秦金文考释;3. 关于语言文字学的研究。此次重新影印再版,基本保留了初版原貌,仅对序言、目录、编后、书眉作了排印和校订,对个别较为模糊的图片作了处理,同时出于版面需要,对《舀鼎铭文通释》一文中的两幅铭文拓本作了缩印,但另附剔字本放大拓本,以便参阅。

文言语法(外一种)

孙常叙编著　孙屏 张世超校订

2016 年 1 月 1 版 1 次

36.00 元

32 开　288 页

　　本书共收录孙常叙先生首次出版的古汉语语法讲义两种,包括《文言语法》和《文言文法举要》。《文言语法》采用理论知识点和例句相结合的方式,对古汉语中的词法和句法作了全面梳理;《文言文法举要》则对文言语法中诸如名词用作动词、宾语前置、被动句、判断句等重要特点,以及常用文言虚词的具体用法作了提炼和归纳。

古一汉语文学语言词汇概论

孙常叙编著

2016 年 1 月 1 版 1 次

48.00 元

32 开　364 页

　　本书是为一般人掌握阅读古书的能力而作,因此,它入手不是介绍汉语的历史,也不是介绍传统的"小学",而是讲文言词汇和现代汉语词汇的关系。从现代汉语词汇过渡到文言词汇,亲切,自然,使人易于接受,从历史角度去剖析汉语书面语及其词汇的形成与发展的。

牟宗三学术论著集

中国哲学十九讲

牟宗三著

1997 年 12 月 1 版 1 次

2007 年 7 月 1 版 3 次

36.00 元

大 32 开　460 页

　　作者以其卓越的识见和谨严的思辨,在准确把握哲学元典的基础上,对儒、道、佛等中国哲学史上各家学派思想作了系统的诠解。

中西哲学之会通十四讲

牟宗三著

1997 年 11 月 1 版 1 次

新版 2007 年 7 月 1 版 1 次

新版 2008 年 3 月 1 版 2 次

21.00 元

32 开　268 页

　　作者不但十分准确地分判出中西哲学文化的异同并揭示其理性的根据,且能在一个更高的层次上指出两种文化相会通的哲学基础。书中举凡从古希腊哲学到西方近现代哲学都有论及,并与中国哲学儒、佛、道诸家相比观,究明其分际与会通处。

中国哲学的特质

牟宗三著

1997 年 11 月 1 版 1 次

新版 2007 年 7 月 1 版 1 次

新版 2008 年 3 月 1 版 2 次

18.00 元

32 开　220 页

　　本书由作者的讲学稿记录而成,作者从中国哲学源头的一些基本命题入手,揭示了中国哲学的发展路向和特质,并对中国文化在现代社会的生存、发展问题,作了富有启发性的阐述。

"四因说"演讲录

牟宗三著

1998 年 6 月 1 版 1 次

14.10 元

大 32 开　244 页

　　本书由牟宗三先生 20 世纪 90 年代在香港的演讲稿结集而成。作者站在哲学的高度，以亚里士多德"四因说"入门，借以考量中国哲学儒释道三大家，并相应地对人类智慧五大系统作出梳理、判释，从而对时代的问题、生命的问题、发展中国家的现代化问题，乃至发达国家的后现代化问题等，分别给予指导性的解答。

心体与性体（全三册）

牟宗三著

1999 年 12 月 1 版 1 次

2007 年 7 月 1 版 2 次

118.00 元

大 32 开　1560 页

　　宋明理学何以称"新儒学"，其"新"在哪里，其所对应的课题及处理的方法和路径，其在整个传统文化史上的定位，凡此等等，本书皆有一个全面清晰的阐述。道德本心（心体）与道德的创造性（性体）的特质及关系问题，构成了宋明理学的基本架构。作者即以此为中心和重点，从学理上梳理宋明儒学。其中许多观点和论述，发人所未发，独到而贴切。

从陆象山到刘蕺山

牟宗三著

2001 年 12 月 1 版 1 次

新版 2007 年 7 月 1 版 1 次

新版 2008 年 3 月 1 版 2 次

33.00 元

大 32 开　420 页

　　本书进一步疏通宋明诸大儒的学思理路，达于完整而融贯。主要通过对陆王系与程朱系异同的辨析与考察，及刘蕺山慎独学义理的抉发，以对宋明儒学作出恰当的定性与定位，从而达到当代新儒家所致力的维持中华民族生命之源、价值之本，端正文化生命方向，而纳民族生命于正轨的宏愿。

范祥雍古籍整理汇刊

古本竹书纪年辑校订补

范祥雍订补

2011 年 10 月 1 版 1 次

2016 年 4 月 1 版 5 次

20.00 元

大 32 开　144 页

　　本书系从古代典籍中汇辑《竹书纪年》原本佚文编校而成，吸收了清代学者朱右曾《汲冢纪年存真》和近代学者王国维《古本竹书纪年辑校》的学术成果，并加以校订增补。

洛阳伽蓝记校注

［北魏］杨衒之撰　范祥雍校注

单行本 1958 年 2 月 1 版 1 次

单行本新版 1999 年 5 月 1 版 3 次

2011 年 10 月 1 版 1 次

2013 年 5 月 1 版 2 次

40.00 元

大 32 开　484 页

　　本书以洛阳之佛寺为题，实际记述当时的政治、人物、风俗、地理以及种种传闻，揭露了封建统治阶段的穷奢极欲、腐化堕落的面目和生活，与郦道元的《水经注》、贾思勰的《齐民要术》齐名，可与《魏书》、《北史》相证。

战国策笺证（全四册）

［西汉］刘向集录　范祥雍笺证　范邦瑾协校

2011 年 10 月 1 版 1 次

2013 年 5 月 1 版 3 次

156.00 元

大 32 开　2048 页

　　全书以清嘉庆十九年黄丕烈士礼居覆刊宋剡川姚氏本为底本，间用湖北崇文书局翻刻黄本参校，并广罗高诱、姚宏、鲍彪、吴师道等古今中外各家校注，加以甄别考订，指正其缺失、错谬，补充其不足和遗漏，在此基础上提出了自己的创获之见。

释迦方志

［唐］道宣撰　范祥雍点校

2011 年 10 月 1 版 1 次

20.00 元

大 32 开　136 页

　　本书是释迦牟尼所居国（五印度）的地方志，全书共分为八篇，其中《遗迹篇》是《大唐西域记》的节本，堪称历代中印交通和佛教在中国流传状况的重要史料。

大唐西域记汇校

[唐]玄奘　辩机撰　范祥雍汇校

2011 年 12 月 1 版 1 次

68.00 元

大 32 开　464 页

《大唐西域记》是唐代高僧玄奘游学印度归国后撰写的关于中西和南亚历史地理的名著。本书由范祥雍先生进行独立校勘,是较为完善的版本。

广韵三家校勘记补释

范祥雍补释

2011 年 10 月 1 版 1 次

38.00 元

大 32 开　356 页

本书以前人未见引及的清代著名学者惠栋、段玉裁、顾广圻三家校本原稿为主,以曹寅扬州诗刻本、"古逸丛书"覆宋本、覆元本、《四部丛刊》景印宋巾箱本参校,并以敦煌《切韵》残卷等旁证,参以周广谟《广韵校勘记》,凡引古籍 111 种,对《广韵》一书作了较详细的补释校勘考证。其《自序》一篇对《广韵》的流传版本、历代校勘情况、校记的整理方法作了详细说明。

南华真经批校

范祥雍批校

2013 年 7 月 1 版 1 次

精装 218.00 元

16 开　988 页

范祥雍先生以商务印书馆《四部丛刊》涵芬楼影印明世德堂刊本作底本,以敦煌唐写本、宋本、覆宋本、日本高山寺藏古钞卷子等参校,具有很高的版本价值和学术价值。本书双色套印,力求逼真还原作者手迹的真实面貌。

山海经笺疏补校

[清]郝懿行笺疏　范祥雍补校

2013 年 7 月 1 版 1 次

精装 108.00 元

16 开　424 页

本书以《郝氏遗书》本校勘的《四部备要》本为底本,以朱墨蓝三笔誊录,过录王念孙、费念慈、王睿三家校勘,并参照正统本《道藏》和万历本王崇庆《山海经释义》,同时批注各本与王念孙校本之异同,具有很高的版

本价值和学术价值。双色套印,力求逼真还原作者手迹的真实面貌。

管城硕记

[清]徐文靖撰　范祥雍点校

2013 年 9 月 1 版 1 次

72.00 元

32 开　668 页

《管城硕记》乃徐氏为考订古书讹误而作的学术笔记,凡《易》二卷,《书》、《诗》、《春秋》各三卷,《礼》二卷,《楚辞集注》四卷,《史类》三卷,《正字通》四卷,《诗赋》二卷,《天文考异》一卷,《杨升庵集》一卷,《通雅》一卷,《杂述》一卷,约 1280 则。每则以前人之言为客,复加按字以相驳难。

法书要录

[唐]张彦远辑录　范祥雍点校

2013 年 10 月 1 版 1 次

38.00 元

32 开　300 页

《法书要录》为第一部汇集并选录唐以前书法资料的总集,是研究中国古代书画艺术要籍,辑录虞龢《论书表》等历载历代书家 147 人姓名,有些姓名仅见于此目录。此为范祥雍先生整理本。

宋高僧传(全二册)

[宋]赞宁撰　范祥雍点校

2014 年 3 月 1 版 1 次

88.00 元

32 开　856 页

《宋高僧传》继唐《续高僧传》之后,集录由唐太宗贞观年间(627—649)至宋太宗端拱元年(988)间凡 343 年间之高僧传记,正传 531 人,附见 125 人。本书由著名古籍标点整理大家范祥雍先生精心校点而成。

严耕望史学著作集

中国地方行政制度史

——秦汉地方行政制度

严耕望撰

2007 年 3 月 1 版 1 次

精装 38.00 元

大 32 开　476 页

本书对秦汉行政制度进行深入细致的考辨研究,堪称这一领域的巨著。

中国地方行政制度史
——魏晋南北朝地方行政制度(全二册)

严耕望撰

2007 年 6 月 1 版 1 次

精装 78.00 元

大 32 开　956 页

本书对魏晋南北朝地方行政制度进行深入细致的考辨研究,堪称这一领域的巨著。

两汉太守刺史表

严耕望撰

2007 年 3 月 1 版 1 次

精装 30.00 元

大 32 开　376 页

本书对两汉时期各地太守和刺史任职者的姓名、籍贯和任职的大致年代运用图表的形式进行系统排比梳理,并列出各地太守和刺史的具体文字资料和出处,资料翔实,是一部研究两汉政治制度、职官制度的重要著作。

魏晋南北朝佛教地理稿

严耕望撰

2007 年 3 月 1 版 1 次

精装 25.00 元

大 32 开　272 页

本书系严耕望先生所撰之未完成稿。对佛教东传及其早期流布地域,东晋南北朝高僧弘佛地域及其驻锡、游锡分布,以及这一时期产生的佛教城市与山林进行了系统研究,并对南北佛教教风进行探讨。

唐仆尚丞郎表(全二册)

严耕望撰

2007 年 3 月 1 版 1 次

精装 88.00 元

大 32 开　1140 页

本书对唐代任职尚书左右仆射、尚书左右丞,吏部、户部、礼部、兵部、刑部、工部尚书和侍郎官员的籍贯、出身、任职经历进行梳理排比,编为图表,并详加考订,清

晰地反映了唐代重要官员的任职情况,对研究唐代政治制度、政局的变迁,极有参考价值。

唐代交通图考(全六册)

严耕望撰

2007 年 3 月 1 版 1 次

精装 198.00 元

大 32 开　2516 页

本书考订唐代的交通地理沿革,以区域分卷,按京都关内区、河陇碛西区、秦岭仇池区、山剑滇黔区、河东河北区、河南淮南区分为 6 卷,以路线为篇,考论沿途所经州府军镇、馆驿津梁、山川形势、道里远近,并及古迹诗篇。引证史料繁富,考订详核,每篇考论结果,皆绘制地图,颇便读者了解和应用。

严耕望史学论文集(全三册)

严耕望著

2009 年 10 月 1 版 1 次

精装 168.00 元

大 32 开　1560 页

本书分政治制度编、历史地理编和综合编三卷,收录作者五十多年所著史学论文 60 篇,如享誉学界的《北魏尚书考》、《隋代总管府考》、《唐代府州僚佐考》、《唐五代时期的成都》、《元和志户籍与实际户数之比勘》、《隋唐五代人文地理》等,代表了严先生的主要史学观点和史学研究成就。

王运熙文集

王运熙文集(全五册)

王运熙著

2012 年 10 月 1 版 1 次

精装 298.00 元

32 开　2672 页

王运熙先生从事古典文学研究已逾六十年,涉及汉魏六朝文学史、隋唐五代文学史及中国文学批评史等领域,成就斐然,闻名海内外。本文集分五卷,前四卷分别以作者之前出版的四种专著——《乐府诗述论》、《汉魏六朝唐代文学论丛》、《文心雕龙探索》、《中国古代文论管窥》为主体,增加近十年新写论文十余篇,按内容分别归入各卷中。第五卷收入《望海楼笔记》,附作者谈学习、研究、撰述方法的文章及学术自述。

汉魏六朝唐代文学论丛

王运熙著

单行本 1981 年 10 月 1 版 1 次

2014 年 4 月 1 版 1 次

58.00 元

32 开　560 页

本书为作者汉魏六朝唐代文学研究相关学术论文的合集，上编主要为对具体时间段文学面貌和文学特色的学术考察，及对相关作家和具体作品文学性的考论。下编主要为对汉魏六朝唐代文学总体的考察，论述了李白诗歌的特色、李白的思想、唐代诗歌与小说的关系、唐代骈文与古文等。

乐府诗述论

王运熙著

单行本 1996 年 6 月 1 版 1 次

2014 年 4 月 1 版 1 次

58.00 元

32 开　512 页

本书为作者乐府诗歌渊源和发展演进研究相关学术论文的合集。《六朝乐府与民歌》深入探究了六朝时代吴声西曲的产生时代、产生地域、渊源及语言特色。《乐府诗论丛》考察了乐府官署沿革、乐府的设立、清乐、黄门杂吹、汉代鼓吹、杂舞曲辞、汉代的俗乐和民歌、南北朝乐府民歌、乐府诗研究书目提要等重要问题。《乐府诗再论》主要是对六朝清商曲辞的考察。

文心雕龙探索

王运熙著

2014 年 4 月 1 版 1 次

58.00 元

32 开　496 页

本书上编主要为对《文心雕龙》一书全局性重大学术性问题的梳理考察，进而涉及对相关具体篇章的解读和分析。下编主要为涉及《文心雕龙》的相关文学批评，涉及主要的文学理论研究。

中国古代文论管窥

王运熙著

2014 年 4 月 1 版 1 次

58.00 元

32 开　572 页

本书为作者治中国古代文学理论的集大成之作，除探讨古代文论的学习和研究方法，以及对古代文论中"体"、文气说、文质论、风骨论、比兴说等重要概念予以阐释外，还从历史和艺术的角度出发，考察魏晋南北朝和唐代文学批评的核心问题。

望海楼笔记（外二种）

王运熙著

2014 年 4 月 1 版 1 次

68.00 元

32 开　620 页

本书为作者 60 余年治古代文学和古代文论的学术心得及相关学术成果的荟萃。"望海楼笔记"共分五卷，分别谈治学、乐府诗、唐诗、辞赋散文、古代文论。"中古文论要义十讲"为作者对中古文论要义的经典考察，九讲存目。"谈中国古代文学的学习与研究"结合作者治学经历和经验，从六个方面谈了为文为学之道和具体研究方法，极具示范性和学习价值。"附录"部分为作者小传和简要年谱，以及作者著作论文目录。

于豪亮著作二种

于豪亮学术论集

于豪亮著

2015 年 12 月 1 版 1 次

118.00 元

16 开　388 页

本书集中了于豪亮先生生前全部的学术研究论文，所收近 60 篇文章，其中 20 余篇从未发表过。于豪亮先生在古文字及出土文献方面用力最深，故此次整理其文集，先将"秦汉简牍研究"部分的 20 篇文章放在最前面，其次是"青铜器铭文考释"9 篇文章，再次为"考古文物研究"10 篇以及"其他"10 篇等四个部分。

马王堆帛书《周易》释文校注

于豪亮著

2013 年 12 月 1 版 1 次

58.00 元

16 开　216 页

于豪亮先生先后从事了居延汉简、马王堆汉墓帛书、睡虎地秦墓竹简、阜阳汉简、定县汉简等的整理研究工作。本书对马王堆汉墓出土的帛书《周易》的《六十四卦》（即《经》）、《六十四卦》卷后佚书和《系辞》做了释文,并与传世几个《周易》版本(包括汉石经、《周易集解》、唐石经、敦煌写本、宋本、阮本等)进行了校勘与注释。通过于先生的比较,我们可以清楚地了解到《周易》在流传过程中所经历的整理加工、删节编排、改字润色等方面的演变。

智敏上师著述集

摄大乘论世亲释集注

智敏集注
2004 年 7 月 1 版 1 次
2004 年 11 月 1 版 2 次
精装 38.00 元
国际 32 开　672 页

《摄大乘论》为古印度大乘佛教瑜伽行派的经典论著之一。比照小乘,从十大方面统摄大乘佛法之"殊胜"。智敏法师学兼显密,取玄奘译《摄大乘论世亲释》,广征博引,详加注释,使本论的奥义豁然易解。

菩提道次第广论集注(卷一—十三)(修订版)

[明]宗喀巴大师造论　法尊法师译
智敏上师集注
单行本 2003 年 12 月 1 版 1 次
2012 年 12 月 1 版 1 次
精装 68.00 元
国际 32 开　872 页

本书集注《广论》的前十三卷,即三士道和道前基础,为显密共通相对完整的修持次第。书内广征博引,释疑解惑,主要引书达二十余种。其间,还就有关问题征询拉卜楞寺洛桑嘉措、洛桑札巴等老格西,并附有科判表三十二幅,条分缕析,便于读者全面掌握《广论》的脉络结构。卷十四以后的十一卷别述奢摩他、毗钵舍那,即所谓止观章,层次更高,故暂付阙如。在藏文有关讲义、注疏译出前,《集注》诚为沟通藏汉、研究《广论》的上乘读本。

菩提道次第广论讲记(卷一—卷十三)(全五册)

[明]宗喀巴大师造论　法尊法师译
智敏上师集注
2012 年 12 月 1 版 1 次
精装 268.00 元
国际 32 开　3200 页

智敏上师自 2001 年冬至次年秋,于三门多宝讲寺

讲授《广论》,本书为此次系统讲解《广论》的整理文本。全书准确地阐释了《广论》的深广意趣,是深入学习《广论》的上乘读本。

菩提道次第科颂讲记

能海上师辑　智敏上师讲述
2012 年 12 月 1 版 1 次
精装 66.00 元
国际 32 开　792 页

《菩提道次第科颂讲记》是近代高僧能海法师根据宗喀巴所作的《菩提道次第科颂》进行的讲解,智敏法师用现代白话文对科颂讲记进行解释,能很好接引现代学人。

三主要道讲记　三主要道要义　修心七义讲记

智敏上师讲述
2012 年 12 月 1 版 1 次
精装 58.00 元
国际 32 开　732 页

"三主要道",即出离心、菩提心、空性见,是藏传佛教宗喀巴大师对全部佛法所归纳而成的一个捷径窍诀,概括为 14 个偈颂,《三主要道讲记》和《三主要道要义》严格依据密宗格鲁派传承,对此进行深入浅出的讲解。《修心七义讲记》系智敏法师对宗喀巴大师所造、昂旺朗吉堪布讲授的《最胜耳传修心七义论讲记》一书所做的解说,为广大的学佛者提供了非常实用的学修参考与次第引导。

俱舍论颂疏集注(全二册)

[印]世亲菩萨造论　[唐]圆晖法师著疏
智敏上师集注
2014 年 8 月 1 版 1 次
精装 108.00 元
国际 32 开　1120 页

多宝讲寺住持智敏上师根据多年对《俱舍论颂疏》之研究,将颂疏中疑难之名相、含义进行集要注释,所引用者皆是具量经典论典。通过本书,不仅可了解《颂疏》之含义,还可通达俱舍论之要旨,进而了解根本乘有部之精髓,为学习唯识、中观打下坚实的基础。

徐苹芳文集

中国历史考古学论集

徐苹芳著

2012 年 5 月 1 版 1 次

精装 138.00 元

16 开　520 页

　　本书汇集了徐苹芳先生四十篇学术论文,包括了其五十八年考古生涯中的主要研究成果,内容涉及中国文明起源之探讨、中国考古学的建设与发展、中国古代墓葬制度研究、中国简帛文书档案整理、宋元明考古考察、中国城市考古研究等诸多方面。

明清北京城图

中国社会科学院考古研究所编辑　徐苹芳编著

2012 年 5 月 1 版 1 次

精装 108.00 元

16 开　184 页

　　本书由总图(《明北京城复原图》、《清乾隆北京城图》)与附表(《明北京城复原图坊巷胡同地名表》、《明北京城复原图建置资料表》)相配合,考订翔实,绘记准确,是研究明清北京城布局的重要参考资料。

中国城市考古学论集

徐苹芳著

2015 年 12 月 1 版 1 次

精装 118.00 元

16 开　264 页

　　本书收录了徐苹芳先生关于历史时期城市考古的所有论文。先生主要在中国古代城市的起源、发展,古代城市在人类社会历史进程中的作用,以及城市建设如何保护古代城市等方面进行了研究,是历史时期城市考古不可多得的作品。

施议对论学四种

濠上偶语

——施议对学术随笔

施议对著

2015 年 11 月 1 版 1 次

精装 48.00 元

32 开　364 页

　　施议对先生是当代著名的词学研究专家。本书对所精选的文章,按类分辑,全稿条理分明、表述清楚准确,思考深入,对读者有一定的学术启发作用。

濠上纵谭

——施议对讲堂实录

施议对著

2015 年 11 月 1 版 1 次

精装 36.00 元

32 开　232 页

　　本书收录了施议对先生关于中国古典诗歌的讲堂实录数篇,不仅真实地重现其讲学的精彩见解,经过一定的整理加工,较讲学时更为严谨精当,具有较高的学术价值。既可为莘莘学子学习之辅助教材,也可作为文学研究者和教学者之参考。

学苑效芹

——施议对演讲集录

施议对著

2015 年 11 月 1 版 1 次

精装 68.00 元

32 开　524 页

　　施议对教授热心教育和文化推广事业,常于各地讲学。此稿为其讲演底稿,且经过施教授的精心修改,观点更为鲜明、论述更为缜密、表达更为流畅自然,具有较高的学术价值,对广大文学爱好者学习和研究诗词不无裨益。

艺海修真

——施议对诗学论集

施议对著

2015 年 11 月 1 版 1 次

精装 58.00 元

32 开　424 页

　　本书收入现代著名学者施议对先生关于诗学研究的论文十多篇,既有对诗歌学习的探讨,也有对诗歌创作方法的总结,对诗学现状的总结和前景的展望,更有对特定地域澳门的诗歌研究的分析和反思。

冈村繁全集

周汉文学史考(第一卷)

[日]冈村繁著　陆晓光译

2002 年 8 月 1 版 1 次

2009 年 5 月 1 版 2 次

精装 40.00 元

大 32 开　350 页

冈村繁先生是日本著名汉学家。此书论述西周至汉建安年间中国古典文学代表作品、作家及有关文学史现象。作者不仅研究这一时期中国文学史上学界共同关注的重大课题，而且以域外学者特有的眼光，尤重探讨国内学者不甚经意的方面，颇具他山攻玉之效。

文选之研究（第二卷）

[日]冈村繁著　陆晓光译

2002 年 8 月 1 版 1 次

2009 年 5 月 1 版 2 次

精装 46.00 元

大 32 开　440 页

本书对《文选》产生的文化背景、文学理念及编纂过程、版本流传等，进行系统深入的研究，并对以往研究中的一些传统看法及流行观点提出质疑。

汉魏六朝的思想和文学（第三卷）

[日]冈村繁著　陆晓光译

2002 年 8 月 1 版 1 次

2009 年 5 月 1 版 2 次

精装 60.00 元

大 32 开　620 页

本书收录论文 16 篇，对《列女传》、《世说新语》、《文心雕龙》等重要典籍都有论述。书中对东汉以后盛行的人物品评、清谈等现象的探讨十分引人注目，显示出作者对常见材料的独特领悟和善于推陈出新的学术素养。

陶渊明李白新论（第四卷）

[日]冈村繁著　陆晓光 笠征译

2002 年 10 月 1 版 1 次

2009 年 5 月 1 版 2 次

精装 47.00 元

大 32 开　452 页

《陶渊明新论》一反过去对陶渊明高洁的隐者形象的评价。作者认为陶渊明事实上是一位热衷功名、个性逞强、较少责任感和对身后美名十分关注的个人利己主义者。《李白新论》主要论述李白作为侠客与道教徒合于一身的天才诗人的坎坷遭遇。

唐代文艺论（第五卷）

[日]冈村繁著　张寅彭译

2002 年 10 月 1 版 1 次

2009 年 5 月 1 版 2 次

精装 42.00 元

大 32 开　388 页

本书为作者对唐代的经学、文学、艺术等领域中特别感兴趣的一些问题的研究成果。全书共由 5 篇组成：一、《毛诗正义》校勘劄记；二、李白研究；三、白居易研究；四、《历代名画记》研究；五、唐末曲子词文学的成立。书末还附有《白氏文集》卷二十一《诗赋》的原文及译注。

历代名画记译注（第六卷）

[日]冈村繁著　俞慰刚译

2002 年 10 月 1 版 1 次

2009 年 5 月 1 版 2 次

精装 52.00 元

大 32 开　512 页

中国唐代张彦远所著《历代名画记》，是中国古代画史要籍。本书作者以译、注的形式，把它介绍给日本读者。今由俞慰刚将冈村氏的日文译、注，再译为汉语，向中国读者展示日本学者对中国古代典籍的研究成果。

日本汉文学论考（第七卷）

[日]冈村繁著　俞慰慈等译

2009 年 6 月 1 版 1 次

精装 88.00 元

大 32 开　920 页

本书收录冈村繁教授近二十年来关于日本汉文学的研究成果十余篇。作者多年来潜心于钻研中国古典文学，具有较高的造诣，故对日本汉文学与中国文学的异同有深刻的认识，其"原典主义考证学"的学术思想，亦为日本汉文学的研究开辟了新路。全书除见解独到的论文外，还包括《〈春秋左传考义〉校勘》、《〈东游稿抄〉笺注》等汉学原典的校释，不仅梳理了日本文化史的脉络，而且为了解日本汉文学提供了生动的实例。

毛诗正义注疏选笺（外二种）（第八卷）

[日]冈村繁著　俞慰慈等译

2009 年 6 月 1 版 1 次

精装 70.00 元

大 32 开　732 页

本书第一部分《〈毛诗正义〉笺注》，包括对《毛诗正义序》、《诗谱序》、《周南召南谱》以及《周南关雎诂训传第一》、《关雎序》、《关雎》所作的笺注。第二部分《〈说文解字叙〉段注笺释》是对清代段玉裁所注《说文解字叙》之注文进行的笺注。第三部分《江户诗人选注》则是对日本江户时代的两位著名诗人广濑淡窗、广濑旭庄的部分汉诗作品所作的注解。以上三部书稿笺注详密周到，受到日本学界的好评。

梅墩诗钞拾遗（第九卷）

［日］冈村繁著　俞慰慈译
2009 年 6 月 1 版 1 次
精装 80.00 元
大 32 开　804 页

本书收辑十九世纪上半叶日本著名诗人广濑旭庄的两千多首汉诗。这些诗内容广泛，既可从中了解十九世纪日本的风土人情，又可看到中国文化与日本文化之间的联系。

随想篇（第十卷）

［日］冈村繁著　俞慰慈等译
2009 年 6 月 1 版 1 次
精装 75.00 页
大 32 开　772 页

冈村繁先生是当代日本的中国文学研究界的著名学者。本书包括回想篇、书评篇、解说篇、序跋篇、学界动态篇、杂纂篇、哀悼篇和游记篇八个部分。文笔洗练，风格多样，内容丰富多采，读者可由此了解冈村繁先生的治学之路及其学术研究领域各个层面的情况。

文心雕龙索引（别卷）

［日］冈村繁编撰
2010 年 4 月 1 版 1 次
精装 118.00 元
大 16 开　600 页

本书影印冈村繁教授所编《文心雕龙》逐字索引，及索引所依据之道光十三年（1833）两广节署刊行的黄叔琳辑注、纪昀评本《文心雕龙》。

余英时英文论著汉译集

汉代贸易与扩张

——汉胡经济关系结构的研究
余英时著　何俊编　邬文玲等译
平装 2005 年 4 月 1 版 1 次
精装 2014 年 9 月 1 版 1 次
平装 39.00 元　精装 68.00 元
18 开　302 页

余英时先生以汉代的贸易和扩张为中心，全面考察了汉代中国人与其他民族之间的对外关系，在广泛的历史和文化背景中，重新审视了汉朝所面临的经济和军事问题，最终展现了一幅综合的汉代画卷。尤其是对中国纳贡体系在汉代的建立与成长做了极其精彩的阐述，是对这一主题的首次全面研究。

东汉生死观

余英时著　何俊编　侯旭东等译
平装 2005 年 10 月 1 版 1 次
精装 2014 年 9 月 1 版 1 次
平装 25.00 元　精装 48.00 元
18 开　160 页

生死问题成为困扰所有人的具有最普遍意义的问题。作者综合运用了哲学、历史、文学、艺术、考古发现和宗教文献等各种领域的材料，向我们展示了未受佛教影响前中国人对于生死的各种本土观念。本书系首次公开出版。

十字路口的中国史学

余英时著　何俊编　李彤译
平装 2004 年 10 月 1 版 1 次
精装 2014 年 9 月 1 版 1 次
平装 18.00 元　2005 年 7 月 1 版 2 次
精装 32.00 元　2014 年 9 月 1 版 1 次
18 开　104 页

此书是 1978 年余英时先生作为"汉代研究"美国访华代表团团长的总结报告，以及由余先生汇总的代表团每日活动和讨论的分报告。从中我们不仅可以了解余先生对史学性质、方法的基本看法，而且还能知道当时史学界思想解放运动的基本情况。

人文与理性的中国

余英时著　程嫩生　罗群等译
平装 2007 年 1 月 1 版 1 次
精装 2014 年 9 月 1 版 1 次
平装 55.00 元　精装 88.00 元
18 开　432 页

本书由 19 篇论文组成，时间从先秦到当代中国，体载有专论、书评、条目和序跋,讨论的主题集中在中国思想史,如魏晋时期的个人主义和新道家运动,唐宋转型中的思想突破,清代儒家智识主义的兴起初论,戴震与朱熹传统,商业文化与中国传统,民主、人权与儒家文化,二十世纪中国国史概念的变迁等。

余英时英文论著汉译集(全四册)

余英时著　何俊编

2014 年 9 月 1 版 1 次

精装 228.00 元

大 32 开　998 页

本书汇集余英时《东汉生死观》、《汉代贸易与扩张》、《人文与理性的中国》、《十字路口的中国史学》等四种论著。

（四）普及读物

世纪文库

世纪人文

中国文学批评史大纲

朱东润撰

2005 年 4 月 1 版 1 次

2012 年 5 月 1 版 2 次

45.00 元

18 开　384 页

诗论

朱光潜撰

2005 年 4 月 1 版 1 次

2012 年 4 月 1 版 3 次

30.00 元

18 开　241 页

秦汉的方士与儒生

顾颉刚撰

2005 年 4 月 1 版 1 次

2016 年 4 月 1 版 4 次

30.00 元

18 开　252 页

魏晋玄学论稿

汤用彤撰

2005 年 4 月 1 版 1 次

29.00 元

18 开　238 页

中国哲学十九讲

牟宗三撰

2005 年 4 月 1 版 1 次

2006 年 12 月 1 版 3 次

44.00 元

18 开　392 页

清代学术概论

梁启超撰

2005 年 4 月 1 版 1 次

2012 年 4 月 1 版 2 次

17.00 元

18 开　140 页

文献学讲义

王欣夫撰

2005 年 4 月 1 版 1 次

2007 年 4 月 1 版 2 次

35.00 元

18 开　297 页

中国目录学史

姚名达撰

2005 年 4 月 1 版 1 次

40.00 元

18 开　340 页

中国文字学

唐兰撰

2005 年 4 月 1 版 1 次

2016 年 2 月 1 版 11 次

21.00 元

18 开　188 页

唐诗杂论

　闻一多撰

　2006 年 4 月 1 版 1 次

　2013 年 3 月 1 版 3 次

　15.00 元

　16 开　160 页

词学通论

　吴梅著

　2006 年 5 月 1 版 1 次

　18.00 元

　16 开　180 页

文心雕龙札记

　黄侃撰

　2006 年 4 月 1 版 1 次

　23.00 元

　16 开　244 页

中国中古文学史讲义

　刘师培撰

　2006 年 4 月 1 版 1 次

　17.00 元

　16 开　184 页

中国小说史略

　鲁迅撰

　2006 年 4 月 1 版 1 次

　2012 年 4 月 1 版 3 次

　22.00 元

　16 开　236 页

经典常谈

　朱自清撰

　2006 年 4 月 1 版 1 次

　2006 年 12 月 1 版 2 次

　14.00 元

　16 开　152 页

中国史纲

　张荫麟撰

　2006 年 4 月 1 版 1 次

　2007 年 9 月 1 版 2 次

　24.00 元

　16 开　252 页

中国历史研究法

　梁启超撰

　2006 年 4 月 1 版 1 次

　30.00 元

　16 开　316 页

中国近代史

　蒋廷黻撰

　2006 年 4 月 1 版 1 次

　2016 年 3 月 1 版 10 次

　14.00 元

　16 开　148 页

当代中国史学

　顾颉刚撰

　2006 年 4 月 1 版 1 次

　16.00 元

　16 开　172 页

国故论衡

　章太炎撰

　2006 年 7 月 1 版 1 次

　15.00 元

　16 开　160 页

论中国学术思想变迁之大势

　梁启超撰

　2006 年 7 月 1 版 1 次

　2012 年 4 月 1 版 2 次

　13.00 元

　16 开　140 页

周易古史观

　胡朴安撰

　2006 年 7 月 1 版 1 次

　22.00 元

16 开　244 页

印度哲学史略

　汤用彤撰

　2006 年 7 月 1 版 1 次

　2011 年 12 月 1 版 3 次

　18.00 元

　16 开　188 页

国史要义

　柳诒徵撰

　2007 年 3 月 1 版 1 次

　29.30 元

　16 开　312 页

中国基督教史纲

　王治心撰

　2007 年 3 月 1 版 1 次

　2012 年 4 月 1 版 2 次

　31.00 元

　16 开　332 页

中国佛教史

　蒋维乔撰

　2007 年 3 月 1 版 1 次

　31.00 元

　16 开　332 页

人间词话

　王国维撰

　2008 年 5 月 1 版 1 次

　2015 年 5 月 1 版 8 次

　11.30 元

　16 开　120 页

国学概论

　章太炎讲演　曹聚仁整理

　2008 年 5 月 1 版 1 次

　2011 年 12 月 1 版 2 次

　12.00 元

　16 开　112 页

宋元戏曲史

　王国维撰

　2008 年 5 月 1 版 1 次

　17.30 元

　16 开　184 页

中国戏剧史

　徐慕云撰

　2008 年 5 月 1 版 1 次

　33.00 元

　16 开　352 页

元西域人华化考

　陈垣撰

　2008 年 5 月 1 版 1 次

　2014 年 5 月 1 版 3 次

　15.40 元

　16 开　164 页

明史讲义

　孟森撰

　2008 年 5 月 1 版 1 次

　33.80 元

　16 开　360 页

清史大纲

　萧一山撰

　2008 年 5 月 1 版 1 次

　25.20 元

　16 开　268 页

中国画学全史

　郑午昌著

　2008 年 5 月 1 版 1 次

　2012 年 3 月 1 版 2 次

　41.70 元

　16 开　444 页

中国哲学的特质

　牟宗三撰　罗义俊编

　2008 年 5 月 1 版 1 次

20.30 元

16 开　216 页

中西哲学之会通十四讲

　　牟宗三撰　罗义俊编

　　2008 年 5 月 1 版 1 次

　　23.70 元

　　16 开　252 页

中国思想小史

　　常乃惠撰

　　2009 年 7 月 1 版 1 次

　　2012 年 4 月 1 版 2 次

　　15.00 元

　　16 开　156 页

中国文献学

　　张舜徽撰

　　2009 年 7 月 1 版 1 次

　　2014 年 12 月 1 版 3 次

　　32.00 元

　　16 开　332 页

佛学研究十八篇

　　梁启超撰

　　2009 年 7 月 1 版 1 次

　　38.00 元

　　16 开　400 页

道教史

　　许地山撰

　　2009 年 7 月 1 版 1 次

　　2012 年 4 月 1 版 2 次

　　17.00 元

　　16 开　184 页

伏羲考

　　闻一多撰

　　2009 年 7 月 1 版 1 次

　　2011 年 12 月 1 版 2 次

　　18.00 元

16 开　192 页

汉代婚丧礼俗考

　　杨树达撰

　　2009 年 7 月 1 版 1 次

　　22.00 元

　　16 开　236 页

大同书

　　康有为撰

　　2009 年 7 月 1 版 1 次

　　26.00 元

　　16 开　272 页

书目答问补正

　　[清]张之洞撰　范希曾补正

　　2010 年 8 月 1 版 1 次

　　2012 年 4 月 1 版 2 次

　　24.00 元

　　16 开　260 页

顾曲麈谈　中国戏曲概论

　　吴梅著

　　2010 年 8 月 1 版 1 次

　　18.00 元

　　16 开　192 页

中国韵文史

　　龙榆生著

　　2010 年 8 月 1 版 1 次

　　18.00 元

　　16 开　192 页

春秋史

　　童书业著

　　2010 年 8 月 1 版 1 次

　　2016 年 5 月 1 版 5 次

　　26.00 元

　　16 开　276 页

魏晋风度及其他
　　鲁迅著
　　2010 年 8 月 1 版 1 次
　　49.00 元
　　16 开　528 页

近五十年中国思想史
　　郭湛波著
　　2010 年 8 月 1 版 1 次
　　30.00 元
　　16 开　320 页

中国神话研究初探
　　茅盾撰
　　2011 年 8 月 1 版 1 次
　　22.00 元
　　16 开　172 页

汉文学史纲要(外一种)
　　鲁迅撰
　　2011 年 8 月 1 版 1 次
　　19.00 元
　　16 开　152 页

红楼梦评论　石头记索隐
　　王国维　蔡元培撰
　　2011 年 8 月 1 版 1 次
　　22.00 元
　　小 16 开　132 页

红楼梦研究
　　俞平伯撰
　　2011 年 8 月 1 版 1 次
　　28.00 元
　　16 开　220 页

中国伦理学史
　　蔡元培撰
　　2011 年 8 月 1 版 1 次
　　19.00 元
　　小 16 开　144 页

书林清话
　　叶德辉撰
　　2012 年 11 月 1 版 1 次
　　32.00 元
　　16 开　324 页

中国传统思想总批判(附补编)
　　蔡尚思撰
　　2012 年 11 月 1 版 1 次
　　29.00 元
　　16 开　280 页

中国民族史　中国民族演进史
　　吕思勉撰
　　2012 年 11 月 1 版 1 次
　　39.00 元
　　16 开　372 页

中国南洋交通史
　　冯承钧撰
　　2012 年 11 月 1 版 1 次
　　26.00 元
　　16 开　240 页

中国修辞学
　　杨树达撰
　　2012 年 12 月 1 版 1 次
　　28.00 元
　　16 开　224 页

中国近代文学之变迁　最近三十年中国文学史
　　陈子展撰
　　2013 年 3 月 1 版 1 次
　　38.00 元
　　16 开　304 页

戴东原的哲学
　　胡适著
　　2014 年 8 月 1 版 1 次
　　24.00 元
　　16 开　204 页

古典新义

闻一多著

2014 年 8 月 1 版 1 次

49.00 元

16 开　428 页

国粹与国学

许地山著

2014 年 8 月 1 版 1 次

19.00 元

16 开　136 页

积微居小学金石论丛

杨树达著

2014 年 8 月 1 版 1 次

42.00 元

16 开　344 页

目录学发微　古书通例

余嘉锡著

2014 年 8 月 1 版 1 次

32.00 元

16 开　244 页

清代思想史纲

谭丕模著

2014 年 8 月 1 版 1 次

22.00 元

16 开　148 页

日本论　日本人

戴季陶　蒋百里著

2014 年 8 月 1 版 1 次

22.00 元

16 开　152 页

史学要论

李大钊著

2014 年 8 月 1 版 1 次

24.00 元

16 开　188 页

先秦政治思想史

梁启超著

2014 年 8 月 1 版 1 次

29.00 元

16 开　256 页

中国近三百年学术史

梁启超著

2014 年 8 月 1 版 1 次

38.00 元

16 开　364 页

中国古代哲学史

胡适著

2014 年 8 月 1 版 1 次

32.00 元

16 开　292 页

中国近三百年哲学史

蒋维乔著

2014 年 8 月 1 版 1 次

18.00 元

16 开　120 页

中国史学史

金毓黻著

2014 年 8 月 1 版 1 次

42.00 元

16 开　384 页

中国史学通论

朱希祖著

2014 年 8 月 1 版 1 次

22.00 元

16 开　152 页

中国中古思想史长编

胡适著

2014 年 8 月 1 版 1 次

32.00 元

16 开　268 页

国学必读（全二册）

钱基博著

2015 年 8 月 1 版 1 次

68.00 元

小 16 开　644 页

通史新义

何炳松著

2015 年 8 月 1 版 1 次

24.00 元

16 开　192 页

近世欧洲史

何炳松著

2015 年 8 月 1 版 1 次

48.00 元

16 开　388 页

中古欧洲史

何炳松著

2015 年 8 月 1 版 1 次

36.00 元

16 开　296 页

中国文学史（全三册）

钱基博著

2015 年 8 月 1 版 1 次

118.00 元

16 开　1052 页

大 学 经 典

诗经

[宋]朱熹集传　[清]方玉润评　朱杰人导读

2009 年 6 月 1 版 1 次

2015 年 12 月 1 版 6 次

42.00 元

16 开　440 页

　　鉴于目前大学生及广大读者的实际情况，这次整理选择了宋代以后影响巨大、十分通行的朱熹《诗集传》作为点校整理的对象，又选择了清代方玉润《诗经原始》中

许多精辟见解作为评点补充。

大学·中庸

[宋]朱熹 章句　金良年导读　胡真集评

2007 年 9 月 1 版 1 次

2016 年 6 月 1 版 6 次

10.00 元

16 开　88 页

　　《大学》与《中庸》原是《礼记》中的篇章，至宋代时被单独抽出。朱熹对二书加以注释，并作"序"、"序引"。在《四书集注》中，朱熹将《大学》排在首位，《中庸》次之，而后才是《论语》、《孟子》。在朱熹看来，《大学》是"初学入德之门"，初学者应先学《大学》，然后再学其他。而《中庸》是"孔门传授心法"的重要著作，是儒家相传的思想原则。《中庸》所提出的"博学之，审问之，慎思之，明辨之"的学习过程和认识方法亦为朱熹所推重。

论语

[宋]朱熹集注　金良年导读　胡真集评

2007 年 9 月 1 版 1 次

2014 年 12 月 1 版 3 次

21.00 元

16 开　224 页

　　《四书集注》是朱熹的代表著作之一，也是四书上升为儒家经典的地位以后，诸多注解中最有权威和影响最大的一种。《论语集注》是《四书集注》的一部分，既注重探求经文之本义，又注重义理阐发，将训诂学与义理学熔为一炉，成为《论语》学史上最有影响的一部著作。本书除朱熹的原集注外，还加入了其他古人的集注，以帮助读者更好地理解文意。

孟子

[宋]朱熹集注　金良年导读　胡真集评

2007 年 9 月 1 版 1 次

21.00 元

16 开　224 页

　　《孟子集注》是朱熹《四书集注》中的一部分。朱熹推崇孟子，认为孟子大贤，亚圣之次，从此孔孟并称。本书除朱熹原集注外，还加入其他古人集注，以助读者更好理解文意。

老子

奚侗集解　方勇导读　方勇标点整理

2007 年 9 月 1 版 1 次

21.00 元

16 开　224 页

此次校点整理,选用比较浅明的奚侗《老子集解》为底本;同时选用唐代杜光庭等人的一些有价值的见解作为评点。

庄子

[清]王先谦集解　方勇导读　方勇整理

2009 年 6 月 1 版 1 次

2014 年 11 月 1 版 3 次

35.00 元

16 开　372 页

本书以王先谦的《庄子集解》为点校整理的对象,又以刘凤苞等学者的精辟见解作为评点补充。

荀子

[唐]杨倞注　东方朔导读　王鹏整理

2010 年 8 月 1 版 1 次

38.00 元

16 开　396 页

此次整理《荀子》,用唐杨倞的注释,以浙江书局的《二十二子》本中《荀子》为底本,删除注文中之校案语。对于清人特别是卢文弨、谢墉二人之校案语,确系精当处,则采入旁注。同时为了便于读者对文本的理解,旁注中还增加了许多近代及现当代学者的校勘和注释成果,如王先谦《荀子集解》、梁启雄《荀子简释》、李涤生《荀子集释》、杨柳桥《荀子诂译》及王天海《荀子校释》。

孙子兵法

[春秋]孙武撰　[三国]曹操注　郭化若导读今译

2012 年 11 月 1 版 1 次

2016 年 5 月 1 版 4 次

22.00 元

16 开　204 页

现在所能见到的最早为《孙子兵法》作注的是曹操,字里行间不乏曹操的真知灼见。当代著名军事家郭化若更是长期研究《孙子兵法》,不但为其全文作了校勘、注释、今译,还进行考订、评论,既能体现较高的学术水平,文字又浅显易懂。

坛经

丁福保笺注　陈兵导读　哈磊整理

2011 年 12 月 1 版 1 次

2016 年 4 月 1 版 3 次

32.00 元

16 开　288 页

丁福保的《六祖坛经笺注》是内容最为丰富、征引最为广泛、解说相当全面、理解较为可靠的一种《坛经》。作者将《坛经》的思想主旨与全体佛法很好地关联起来,较好地呈现了全体佛法作为禅宗思想背景的意义。

近思录

[宋]朱熹　吕祖谦编　[宋]叶采集解
严佐之导读　程水龙整理

2010 年 8 月 1 版 1 次

2016 年 5 月 1 版 4 次

38.00 元

16 开　400 页

本次整理本的原文,是现存明代嘉靖十七年吴邦模刻本《近思录》十四卷,个别文字有误者依据其他版本校正。注释主要采用南宋叶采的集解,间或取张习孔传、茅星来集注、江永集注、张绍价解义等作补充,对个别字句难理解处,则加按语以助理解。集评则筛选南宋至今《近思录》注家、评述者、研究者对其词、句、篇等进行解说评论的颇具代表性的精要文字。

国语

[吴]韦昭注
明洁辑评 金良年导读　梁谷整理

2008 年 12 月 1 版 1 次

2014 年 5 月 1 版 3 次

32.00 元

16 开　340 页

本书采用三国时代吴国韦昭(204—273)的注本,以明道本《国语》为底本,参校了其他一些版本及历代学者的校勘资料。此次刊印对原文重新加以标点分段,并在每个段落上冠以小标题,同时还辑录了历代对《国语》的一些评论。

战国策

[汉]刘向编订　明洁辑评 明洁导读整理

2008 年 12 月 1 版 1 次

2014 年 12 月 1 版 4 次

58.00 元

16 开　616 页

　　《战国策》系战国时游说之士的策谋和言论的汇编,是我国古典史学名著之一,在文学史上亦有重要地位。自西汉末刘向编订为 33 篇之后,姚宏、鲍彪、吴师道皆有注本。本书以《四部丛刊》影印的元至正十五年鲍注吴校合刊本为底本标校整理,并采择历代对《战国策》的评论文字,为一般读者阅读《战国策》提供一个理想的普及本。

史记详节

[汉]司马迁原著　　[宋]吕祖谦编纂

周天游导读　完颜绍元整理

2007 年 9 月 1 版 1 次

28.00 元

16 开　284 页

　　自唐代起便有各种史著的选本问世,其中影响最大、流传最广的当推宋代大儒吕祖谦编纂的《十七史详节》。《史记详节》即是其中一种,今以明代正德慎独斋刻本为底本,参校元代刻本,予以标点出版。部分版刻错误适当参照中华书局《史记》整理本作了改正。

汉书详节

[汉]班固原著　　[宋]吕祖谦编纂

周天游导读　戴扬本整理

2007 年 9 月 1 版 1 次

66.00 元

16 开　684 页

　　《汉书详节》是宋代大儒吕祖谦编纂的《十七史详节》中一种,今以明代正德慎独斋刻本为底本,参校元代刻本,予以标点出版。部分版刻错误适当参照中华书局《汉书》整理本作了订正。

后汉书详节

[南朝宋]范晔原著　　[宋]吕祖谦编纂

周天游导读　庄辉明整理

2007 年 9 月 1 版 1 次

55.00 元

16 开　492 页

　　宋代大儒吕祖谦编纂的《后汉书详节》是《十七史详节》中的一种,今以明代正德慎独斋刻本为底本,参校元代刻本,予以标点出版。部分版刻错误适当参照中华书局《后汉书》整理本作了改正。

三国志详节

[晋]陈寿原著　　[宋]吕祖谦编纂

周天游导读　陈居渊整理

2007 年 9 月 1 版 1 次

28.00 元

16 开　288 页

　　《三国志详节》是《十七史详节》中的一种,今以明代正德慎独斋刻本为底本,参校元代刻本,予以标点出版。部分版刻错误适当参照中华书局《三国志》整理本作了改正。

贞观政要

[唐]吴兢撰　　[元]戈直集注

裴汝诚导读　紫剑整理

2008 年 12 月 1 版 1 次

24.00 元

16 开　248 页

　　本书选用明代成化刊本为底本加以标点,并以新旧《唐书》、《资治通鉴》等作对校。注释和所集历代名人学者的评议均出于元代著名学者戈直之手。书后附有明宪宗御制《序》和明代大儒吴澄等人为本书所作题词。

史通

[唐]刘知幾撰　　[清]浦起龙通释　吕思勉评

2008 年 12 月 1 版 1 次

2015 年 1 月 1 版 4 次

46.00 元

16 开　484 页

　　《史通》是我国唐代史学家、思想家刘知幾的代表作,也是中国历史上第一部史学理论专著。《史通》一经成书就颇受人们的关注,历代注家连绵不绝,以清代浦起龙的《史通通释》最为流传。本书将浦起龙的"通释"按内容排在相应的每一段本文的后面,以方便阅读。此外书中还收入了当代史学大家吕思勉先生关于《史通》的评论。

文史通义

[清]章学诚撰　　吕思勉评

李永圻　张耕华导读整理

2008 年 12 月 1 版 1 次

2016 年 7 月 1 版 5 次

34.00 元

16 开　364 页

　　《文史通义》是我国清代著名史学家章学诚的代表作。本书以章氏次子章华绂编印的"大梁本"为底本，为了帮助读者更好地阅读，还加入了吕思勉先生对《文史通义》逐章逐节所作的评论。

楚辞

[宋]朱熹集注　徐志啸导读　李庆甲标点

郭时羽集评

2010 年 8 月 1 版 1 次

2015 年 3 月 1 版 3 次

15.00 元

16 开　152 页

　　本书所用的版本为现存《楚辞集注》最早最完备的宋端平本。此书由专家撰写导读，并汇集了后人的评点，为读者理解作品、认识《楚辞》在文学史上的地位提供了极大的方便。

文心雕龙

[南朝梁]刘勰编　黄霖导读　黄霖整理集评

2008 年 12 月 1 版 1 次

2015 年 1 月 1 版 5 次

22.00 元

16 开　208 页

　　刘勰的《文心雕龙》是一部古代文学批评理论的名著，明清两代，评点《文心雕龙》蔚为一时风尚，但流传至今，不少评点已难见到。黄霖先生聚数十年功力，广采梅庆生本、凌云刻本、合刻五家言本、叶绍泰别解本等各本，录杨慎、梅庆生、曹学佺、陈仁锡、钟惺、叶绍泰、清谨轩、李安民、黄叔琳、纪昀等数十评家评语，其中不乏孤本秘籍，罕见评点。

诗品

[南朝梁]钟嵘著　古直笺

曹旭导读　曹旭整理集评

2007 年 9 月 1 版 1 次

2015 年 5 月 1 版 5 次

15.00 元

16 开　136 页

　　本书选用近人古直笺注本为底本，附以导读和集评。古直笺之考订辨别或妙解阐发等有诸多精义，刊行后大受好评，其疏漏失误之处则由整理者在导读或按语中加以辨明。书末附录整理者之《诗品》校正本，这是八十年来几代研究者校勘成果的总汇。

玉台新咏

[南朝陈]徐陵编　[清]吴兆宜注

[清]程琰 删补　曹明纲导读　尚成整理集评

2007 年 9 月 1 版 1 次

2014 年 10 月 1 版 3 次

50.00 元

16 开　528 页

　　《玉台新咏》是六朝流传至今的唯一一部诗歌总集，具有"撰录艳歌"的鲜明特色。这次整理出版，以清代乾隆三十九年刻本为底本，在保留原貌的同时，对明显疏失有所校正，同时选录多家古人的评语。

唐宋八大家文钞

[清]张伯行选编

萧瑞峰导读　萧瑞峰标点　张星集评

2007 年 9 月 1 版 1 次

2011 年 12 月 1 版 2 次

42.00 元

16 开　428 页

　　本书与明茅坤所编之《唐宋八大家文钞》相比，本书规模适中，简明精要，易于传播，对后世影响极大；选文宗旨则主醇正，要求合乎道统，中于理学，道学气息较浓重，故选曾巩文 128 篇，苏洵文仅 2 篇，褒贬之意甚明，读者自可辩证读之。

宋诗精华录

[清]陈衍编　高克勤导读　秦克整理集评

2008 年 12 月 1 版 1 次

25.00 元

16 开　260 页

　　《宋诗精华录》选评者为清末民初著名诗人陈衍。本书是 1958 年钱钟书先生《宋诗选注》出版之前最重要的一个宋诗选本。作者模仿唐诗分期法，将宋诗分为初、盛、中、晚四期，选目得当，评点精要，对于宋诗鉴赏和研究都有较高的价值。

花庵词选

[宋]黄昇选编　蒋哲伦导读　云山整理辑评

2007 年 9 月 1 版 1 次

35.00 元

16 开　368 页

《花庵词选》包括《唐宋诸贤绝妙词选》十卷和《中兴以来绝妙词选》十卷两种。前者选录唐与北宋词人 134 家,凡 515 首;后者选南宋词人 88 家,收词 760 首,后附黄昇自己的词作 38 首。黄氏选词以博观约取见称,不少词人赖此以存,又有小传,多录词人姓名、字号、籍贯、仕履等,或引时人以及自己的评语,颇具文献价值。附后人相关评语。

阳春白雪

[元]杨朝英编　冯裳导读　冯裳整理集评

2007 年 9 月 1 版 1 次

16.00 元

16 开　156 页

《阳春白雪》为现存元散曲最早的选本之一,收散曲小令 400 余首,套数 70 余套。元代散曲质朴、自然、清丽、新巧的种种风貌,当时文人和民间常有离经叛道倾向的审美趣味,都可藉本书而得以领略。

明清八大家文钞

[清]王文濡编　赵伯陶导读

李保民　冷时峻整理集评

2008 年 12 月 1 版 1 次

45.00 元

16 开　480 页

本书所选八大家,皆为桐城一派之代表人物,选者以归有光为桐城远脉所自,以方苞为桐城鼻祖,姚鼐、刘大櫆、曾国藩等为中坚,梅曾亮、张裕钊、吴汝纶等为沿流而起者,故选此八家之文,意在"存先王之典型,树浚学之模范"。虽然其所选局限于一派,但选目尚属精当,能够代表明清散文的较高水平,读者也可以由此了解桐城派之渊源传承。

白香词谱

[清]舒梦兰撰　丁如明注订

2012 年 11 月 1 版 1 次

2015 年 7 月 1 版 3 次

28.00 元

16 开　268 页

《白香词谱》选常见词调 100 种(实为 99 调),每调录词一首。谱以词长短为序编次,字数从少到多。词旁用黑白圈标注平仄,并有表示句逗的符号。每首词调下,加了简明题目。此书最早刊印于乾隆三十一年(1766),此版增加了"注释"、"评析"、"说明"三部分内容。"注释"与"评析"相辅相成,意在疏解词意,便于读者理解;"说明"是关于词的平仄、四声、用韵、句式等方面的补充说明。同词调名下,又补充了少量的常用格式。

古书疑义举例

[清]俞樾著　马叙伦校录　傅杰导读

2007 年 9 月 1 版 1 次

16.00 元

16 开　156 页

本书是一部对古汉语中特殊语文现象进行集中和系统地分析的专著。作者鉴于先秦两汉之书造句用词与后世多异,因而专门阐述其"辞例",指出当时的行文特点。全书共 88 例,以训诂为主,兼及词汇、语法、修辞、校勘等语文学的各个方面。每一例都有题目,各成专题。本书是一部带有总结性而又富于启发性的训诂学名著,在中国语言学史上也占有重要地位。

校雠通义通解

[清]章学诚著　王重民通解

傅杰导读　田映曦补注

2009 年 6 月 1 版 1 次

24.00 元

16 开　248 页

清代著名学者章学诚,是我国近代目录学思想的先驱者。他的《校雠通义》是一部阐述目录学方法、理论的重要论著。他认为图书目录必须同学术流派、图书类别的发展变化相适应,并且能够品评学术思想的得失,从而提出了"辨章学术,考镜源流"的著名原则。当代版本目录学家王重民,以其渊博的学识对该书进行了整理、诠释和串讲,总名之为"通解"。还辑录了章氏五篇重要的有关目录学的论文,并编写了章学诚大事年表,一并附于书后。

版本通义

钱基博著　严佐之导读　严佐之 毛文鳌注

2007 年 9 月 1 版 1 次

12.00 元

16 开　116 页

《版本通义》是我国近现代著名学者钱基博的代表作之一，成书于 1930 年。该书分原始、历史、读本、馀记四部分，是近代最早以"版本"冠名的版本学专著。在不长的篇幅中，作者已经涉及了版本学方面的诸多问题，第一次将版本学列入了学术研究的体系。

十三经概论

蒋伯潜撰　蒋绍愚导读

2010 年 8 月 1 版 1 次

44.00 元

16 开　468 页

《十三经概论》是一部介绍论述我国古代十三部儒家经典的入门书。该书是蒋伯潜先生在上世纪三四十年代"经学通论"课程讲稿的基础上撰写而成的。全书把十三部经书分为八编，每一编均以"解题"开始，对每部经典的基本知识——作了简单介绍，包括书名、编纂及流传过程、时代、编者（或作者）、构成、体例，以及历来有争论的重要问题等等；其后又用大量篇幅对十三经之内容与性质作了周详而通俗的阐述，使读者即使不读原典，亦能提纲挈领，知其梗概，如进而阅读原典，更可按图索骥之效。

白话本国史（全二册）

吕思勉撰

2012 年 11 月 1 版 1 次

2016 年 5 月 1 版 3 次

68.00 元

16 开　712 页

《白话本国史》全名《自修适用白话本国史》，是吕思勉先生所写的第一部通史著作，也是中国历史上第一部用白话文写成的中国通史。本书曾长期被用做大学教材和青年"自修适用"读物，仅 1933 年至 1935 年间就重版了 4 次，对 20 世纪二三十年代的中国史坛产生了极大的影响。

国学经典读本

国 学 典 藏

诗经（朱子集注本）

[宋]朱熹集注

2013 年 6 月 1 版 1 次

2016 年 3 月 1 版 4 次

精装 38.00 元

32 开　492 页

这次整理选择了宋代以后影响巨大、十分通行的朱熹《诗集传》为底本。

尚书

曾运乾注

2015 年 12 月 1 版 1 次

精装 24.00 元

32 开　276 页

西汉初《尚书》尚存二十八篇。曾运乾通解《尚书》今文二十八篇，不欲令其有一言之隔。古文尚书部分，则曾氏亦判定为伪，故未予以注释。其于经文纠结难明之处，则剖肌析理，能道其所以，胜义纷披，卓绝一时。今施以新式标点，疏通文义；于引用旧注以及博采通人之说，悉加校核，标明起止，简体横排，以供广大读者参考。

周易

[明]来知德集注

2013 年 12 月 1 版 1 次

2016 年 6 月 1 版 3 次

精装 32.00 元

32 开　472 页

此次整理，以清康熙宝廉堂刻本为底本。

孝经

[唐]李隆基注　[宋]邢昺疏

2014 年 11 月 1 版 1 次

精装 20.00 元

32 开　132 页

这次整理，以泰定本为底本，参校了其他注本，并附有简单的校记。

尔雅

[晋]郭璞注　王世伟校点

2015 年 2 月 1 版 1 次

精装 24.00 元

32 开　216 页

本次整理，以宋刊十行本为底本，校以其他诸本，并附有简明的校记。

论语·大学·中庸

[宋]朱熹集注
2013 年 6 月 1 版 1 次
2016 年 3 月 1 版 5 次
精装 22.00 元
32 开　296 页

此次整理,以朱熹的《论语集注》、《大学章句集注》、《中庸章句集注》为底本。

孟子(朱子集注本)

[宋]朱熹集注
2013 年 6 月 1 版 1 次
2016 年 5 月 1 版 3 次
精装 20.00 元
32 开　236 页

此次整理,以朱熹的《孟子集注》为底本。

国语

[战国]左丘明著　[三国吴]韦昭注
2015 年 8 月 1 版 1 次
精装 38.00 元
32 开　464 页

韦昭注本成为《国语》通行本,共有明道本和公序本两个版本系统。此次整理,以公序本(《四部丛刊》影印金李本)为底本,校以明道本,系公序本的首次整理出版。

战国策

[汉]刘向辑录　[宋]鲍彪注　[元]吴师道校注
2015 年 8 月 1 版 1 次
精装 58.00 元
32 开　716 页

本书校点所用底本为《四部丛刊》初编本,以文渊阁《四库全书》本《战国策校注》、哈佛大学哈佛燕京图书馆所藏张文燨本等书参校。

老子

[汉]河上公注　[汉]严遵指归　[三国]王弼注
2013 年 12 月 1 版 1 次
2016 年 1 月 1 版 4 次
精装 19.00 元

32 开　248 页

此次整理,收入了汉河上公的《老子河上公章句》、汉严遵的《老子指归》和三国魏王弼的《老子注》。

庄子(集解本)

[清]王先谦集解
2013 年 6 月 1 版 1 次
2015 年 5 月 1 版 2 次
精装 32.00 元
32 开　420 页

此次整理,以王先谦的《庄子集解》为底本。

墨子

[清]毕沅校注
2014 年 6 月 1 版 1 次
2015 年 6 月 5 版 2 次
精装 28.00 元
32 开　364 页

此版《墨子》选用浙江书局《二十二子》本为底本,进行标点,除明显的注文错误径改外,皆依原本。毕沅校注抽出,作为注释置于每段之后,更加便于作者阅读。

孙子

[春秋]孙武著　[汉]曹操等注
2013 年 7 月 1 版 1 次
精装 18.00 元
32 开　232 页

此次整理,以宋本《十一家注孙子》为底本。

荀子

[战国]荀况著　[唐]杨倞注
2014 年 7 月 1 版 1 次
2016 年 5 月 1 版 2 次
精装 36.00 元
32 开　392 页

《荀子》是战国后期儒家学派最重要的著作。荀子是一位儒学大师,在吸收法家学说的同时发展了儒家思想。《荀子》一书今存三十二篇。此为杨倞注本。

列子

[晋]张湛注　[唐]卢重玄解　[唐]殷敬顺
[宋]陈景元释文

2014 年 6 月 1 版 1 次
2015 年 5 月 1 版 2 次
精装 22.00 元
32 开　256 页

　　此次整理，原文、晋张湛注、唐殷敬顺和宋陈景元释文以《湖海楼丛书》本为底本，唐卢重玄解以《宛委别藏》本为底本，每段原文之后，按照注、解、释文的次序比附各家注语。

管子

[唐]房玄龄注　[明]刘绩补注
2015 年 8 月 1 版 1 次
精装 39.00 元
32 开　498 页

　　本书以《湖北先正丛书》中的《管子补注》为底本，以杨忱序本（简称杨本）、浙江书局光绪二年（1876）刻本为校本。另外少数几处也参考了郭沫若、许维通、闻一多合著的《管子集校》和黎翔凤的《管子校注》，为刘绩《管子补注》的首次整理出版。

韩非子

[清]王先慎集解
2015 年 12 月 1 版 1 次
精装 48.00 元
32 开　608 页

　　《韩非子》由五十五篇独立成篇的文章结集而成，除个别篇外，篇名皆表明该篇主旨。全书主要阐述了韩非以君主专制主义为基础的法、术、势相结合的法治思想和主张，以及他的进化历史观和讲求实际的哲学思想。

吕氏春秋

[汉]高诱注　[清]毕沅校
2014 年 8 月 1 版 1 次
2016 年 4 月 1 版 3 次
精装 49.00 元
32 开　648 页

　　《吕氏春秋》亦称《吕览》，是秦国丞相吕不韦集合门客共同编撰的一部杂家名著。全书共十二卷，一百六十篇，二十余万字。《吕氏春秋》包含十二纪、八览、六论，注重博采众家学说，以儒、道思想为主，并融合进墨、法、兵、农、纵横、阴阳家等各家思想。

山海经

[晋]郭璞注　[清]郝懿行笺疏
2015 年 4 月 1 版 1 次
2016 年 1 月 1 版 2 次
精装 38.00 元
32 开　460 页

　　此次标点以还珠楼刻本为底本，以阮氏琅琊仙馆刻本对校，有明显差异或错误之处加以标示。

世说新语

[南朝宋]刘义庆著　[南朝梁]刘孝标注
2013 年 8 月 1 版 1 次
精装 35.00 元
32 开　456 页

　　这次整理，选取光绪十七年王先谦思贤讲舍所刻本为底本，校本则用宋本、唐写本、沈校本等为主，并征引了李慈铭、李详、程炎震、余嘉锡、徐震堮等学者的校语。书后附人名释名和龚斌的《人名索引》，以便读者阅读。

梦溪笔谈

[宋]沈括著
2015 年 10 月 1 版 1 次
2016 年 5 月 1 版 4 次
精装 22.00 元
32 开　252 页

　　《梦溪笔谈》包括《笔谈》、《补笔谈》、《续笔谈》三部分，共计收录记述 609 条。内容涉及天文、历法、气象、地理、物理、化学、水利、建筑、医药、历史、文学、艺术、军事、法律等诸多领域，以大篇幅记述自然科学，为其他笔记类著述所少有，北宋的重大科技发明和科技人物，均赖之记载传世。

容斋随笔

[宋]洪迈著
2015 年 3 月 1 版 1 次
精装 48.00 元
32 开　568 页

　　《容斋随笔》内容丰富，撰述自由，议论精当，所考所记多能反映作者之学术所长，精诣独到之处皆自出心得。

困学纪闻

[宋]王应麟著　[清]阎若璩　何焯　全祖望注
2015 年 4 月 1 版 1 次
精装 48.00 元
32 开　600 页

　　本书以清嘉庆十二年（丁卯，1807）友益斋的《校订困学纪闻三笺》为底本，收阎若璩、何焯、全祖望及方朴山、程易田、方心醇、屠继序，共七家注，置于每条之后，方便读者阅读。

楚辞

[汉]刘向辑　[汉]王逸注　[宋]洪兴祖补注
2015 年 5 月 1 版 1 次
精装 38.00 元
32 开　456 页

　　这次整理，以校勘较优的《惜阴轩丛书》本作为底本，参校以《四部丛刊》初编，以简体横排的形式印行。

陶渊明全集

[晋]陶渊明著　[清]陶澍集注
2015 年 11 月 1 版 1 次
2016 年 6 月 1 版 2 次
精装 24.00 元
32 开　456 页

　　本书除收录了陶渊明的全部传世著作外，还附有诸家评陶并年谱考异，诸本序录等亦列于书末。

文心雕龙

[南朝梁]刘勰著　[清]黄叔琳注　[清]纪昀评
2015 年 11 月 1 版 1 次
精装 32.00 元
32 开　360 页

　　本书集清代黄叔琳对《文心雕龙》的辑注以及纪昀的评语、近代李详对黄注的补正以及著名国学大师刘咸炘对《文心雕龙》的阐说于一炉，并以新校《文心雕龙》原文为底本，为读者和研究者提供一个《文心雕龙》的独特文本。

玉台新咏

[南朝陈]徐陵编　[清]吴兆宜注
[清]程琰　删补
2013 年 7 月 1 版 1 次

2015 年 5 月 1 版 2 次
精装 39.00 元
32 开　556 页

　　此次即以吴兆宜注、程琰删补的《玉台新咏》为底本。

李贺诗集

[唐]李贺著　徐传武校点
2015 年 11 月 1 版 1 次
精装 24.00 元
32 开　212 页

　　本次整理以清摛藻堂本《笺注评点李长吉歌诗》为底本。该本是吴正子笺注和刘辰翁评点的合刻本，其中吴正子笺注是《李贺诗集》现存最早的注本。

杜牧诗集

[唐]杜牧著　[清]冯集梧注
2015 年 11 月 1 版 1 次
精装 34.00 元
32 开　436 页

　　本书以清嘉庆德裕堂刻本冯集梧《樊川诗集注》为底本校勘，书后并附《樊川别集》《外集》、补遗、杜牧诗评述汇编等。

李商隐诗集

[唐]李商隐著　[清]朱鹤龄笺注
2015 年 6 月 1 版 1 次
2016 年 4 月 1 版 2 次
精装 32.00 元
32 开　404 页

　　本次整理以《四库全书》本《李义山诗集注》为底本，参校以《重订李义山诗集注》（程梦星删补，乾隆九年东柯草堂刻本）。朱注以简要为宗，对于义山诗的旨意亦不作深度疏解，以免穿凿附会。

李煜词集（附：李璟词集、冯延巳词集）

[南唐]李煜著
2016 年 6 月 1 版 1 次
精装 20.00 元
32 开　176 页

　　本书备搜李煜词全部作品及后人的评论。书后另附有李璟词集和冯延巳词集。

晏殊词集·晏幾道词集

[宋]晏殊著　　[宋]晏幾道著

2016 年 5 月 1 版 1 次

精装 25.00 元

32 开　268 页

本书备搜晏殊词、晏幾道词及古人的评论，辅以简明的注释。

黄庭坚词集·秦观词集

[宋]黄庭坚著　　[宋]秦观著

2016 年 6 月 1 版 1 次

精装 26.00 元

32 开　316 页

本书将黄庭坚词集及秦观词集合为一书，备搜二人词作及后人评论，辅以简单的注释和导读。

辛弃疾词集

[宋]辛弃疾著

2016 年 6 月 1 版 1 次

精装 30.00 元

32 开　364 页

本书备搜辛弃疾全部词作及古人的精彩评论，辅以简明的注释。

李清照诗词集

[宋]李清照著

2016 年 6 月 1 版 1 次

精装 20.00 元

32 开　164 页

本书备搜李清照词作、诗作、《词论》及古人的精彩评论，辅以简明的注释。

宋词三百首

[清]朱祖谋编选　施适辑评

2016 年 4 月 1 版 1 次

精装 28.00 元

32 开　324 页

宋词选本，以清末民初词学大师朱祖谋（上彊村民）编选的《宋词三百首》影响最著，标举宋词的"体格"、"韵致"，被誉为"学词正途"。

纳兰性德词集

[清]纳兰性德著

2016 年 4 月 1 版 1 次

精装 24.00 元

32 开　208 页

本书备搜纳兰词全部作品及后人的评论，另外加以简单的注释和张草纫先生的系年。

人间词话·王国维词集

王国维著　　陈永正注评

2016 年 5 月 1 版 1 次

精装 24.00 元

32 开　276 页

本书依据陈杏珍、刘烜重订《人间词话》重新排印出版。

词综

[清]朱彝尊　汪森编

2014 年 5 月 1 版 1 次

2015 年 5 月 1 版 2 次

精装 48.00 元

32 开　652 页

《词综》是清初的一部大型词选集，共收唐、五代、宋、金、元作者 600 余家，词作 2200 余首，一些不知名的作者、作品也借此得以汇集留存。其规模之宏大，搜罗之繁富，考订之精审，超过先前任何一种选本。其编选宗旨，一出于清醇雅正，既不收淫亵浮艳的"俚"词，也排斥粗俗直露的"优"音，一扫明季纤艳浮靡的词风。

徐霞客游记

[明]徐弘祖著

2016 年 6 月 1 版 1 次

精装 42.00 元

32 开　604 页

《徐霞客游记》是我国地学重要著作，也是一部富有特色、文笔极佳的游记文学。全书八十万字，生动记述了徐霞客三十多年中对各地名山大川，特别是西南地区地形地貌、人文风俗的实地考察所得。丰富的材料和生动的记述使其成为中国古代地理、民俗、文学等各个领域研究的重要参考书，也适合爱好地理、旅游的普通读者阅读。

古文辞类纂

［清］姚鼐纂集

32 开　856 页

2016 年 6 月 1 版 1 次

精装 68.00 元

　　本书点校以李承渊求要堂本为底本，参校以康绍庸刻本和吴启昌刻本，遇有疑难处，根据通行各篇所出原书订正。

西厢记

［元］王实甫著　　［清］金圣叹评点

2016 年 4 月 1 版 1 次

精装 24.00 元

32 开　244 页

　　此次整理以康熙古吴博雅堂刊刻贯华堂原本《绘像第六才子书》为底本，并附元稹《会真记》《会真诗》。

中国古代名著全本译注丛书

论语译注

金良年译注

2016 年 6 月 1 版 1 次

精装 24.00 元

32 开　328 页

　　《论语译注》是对"四书"之一的《论语》进行的释读，撰者充分把握《论语》成书的历史背景与前人注疏的流变，并广泛吸取现代学者对原著的研究和论述，按章节以原文、注释、译文、段意四个部分进行综合阐述，层层深入，帮助读者最大程度地读懂并理解原著。

孟子译注

金良年译注

2016 年 6 月 1 版 1 次

精装 25.00 元

32 开　348 页

　　《孟子译注》正文按章节分原文、注释、译文、段意四个部分进行综合阐述。注重吸收前人的研究成果，注释翔实，译文准确。

诗经译注

程俊英译注

2016 年 6 月 1 版 1 次

精装 52.00 元

32 开　688 页

　　本书是《诗经》的全译本。本书解题和注释简明而精当，今译在信、达的基础上，以韵文译古代民歌，准确且灵动，便于比照对读，具有独特的风格。

周易译注

黄寿祺　张善文译注

2016 年 7 月 1 版 1 次

精装 59.00 元

32 开　868 页

　　本书作者是现代易学大家，与本社推出的其他《周易》研究或注释著作略有不同，本书以"详细"见长，对卦辞、爻辞、彖传、象传等逐句详加注释，翻译成现代汉语，并且作深入而明白的讲解，每卦还有系统的总论，全书前有长篇导读，后附读易要例，兼具研究性与普及性。

山海经译注

陈成译注

2016 年 6 月 1 版 1 次

精装 32.00 元

32 开　464 页

　　《山海经》是中国流传久远的一部古书，它用简单的语言介绍了许多山川、国度和神经。它的"年龄"是个谜，它的作者也是个谜，它的内容让后世的读者似懂非懂，但又有着很强的可比附性和不确定性。

世说新语译注（全二册）

［南朝宋］刘义庆著　　张㧑之译注

2016 年 4 月 1 版 1 次

精装 65.00 元

32 开　920 页

　　《世说新语》是中国传统的志人小说的名著，主要记述了汉末魏晋人物的言谈风尚和遗闻轶事。全书共 36 篇 1130 则，所记人物故事，上起于秦末，下至南朝宋，但绝大部分篇幅记的是东汉末至刘宋初近三百年间的人和事。它涉及的内容包括政治、经济、社会、文学、思想等方面，是研究这一时期历史的重要资料。

文心雕龙译注

［南朝梁］刘勰著　　王运熙　周锋译注

2016 年 5 月 1 版 1 次

精装 40.00 元

32 开　536 页

　　本书在每篇之前都有一段题解,题解力求简明扼要,不做深入阐释和发挥。原文分段注释和翻译,以免读者来回翻检之劳。注释力求简洁,适当采用串讲的方式。

楚辞译注

董楚平译注

2016 年 4 月 1 版 1 次

精装 22.00 元

32 开　280 页

　　本书以王逸《章句》本为根据,收录《离骚》《九歌》《天问》《九章》《远游》《卜居》《渔父》《九辩》《招魂》《大招》,裁去《惜誓》以下的汉人作品,是较为完整的楚辞读本。各篇除译注外,都有题解。书末附《史记·屈原列传》、《离骚首八句考释》。

天工开物译注

[明] 宋应星著　　潘吉星译注

2016 年 6 月 1 版 1 次

精装 36.00 元

32 开　420 页

　　《天工开物》是世界上第一部关于农业和手工业生产的综合性著作,是中国古代一部综合性的科学技术著作,外国学者称它为"中国 17 世纪的工艺百科全书"。该书收录了农业、手工业、工业——诸如机械、砖瓦、陶瓷、硫磺、烛、纸、兵器、火药、纺织、染色、制盐、采煤、榨油等生产技术。尤其是机械,更是有详细的记述。本书由我国著名的自然科学史专家潘吉星对《天工开物》做了详细的注释及白话翻译,并保留了全部的图版。

茶经译注(外三种)

[唐]陆羽等著　　宋一明译注

2016 年 5 月 1 版 1 次

精装 22.00 元

32 开　200 页

　　本书译注,以陶氏影宋《百川学海》本《茶经》为底本,并校以多种版本,以求翔实、准确。在对原书进行校勘的基础上,对专业术语等作了科学的注释,并有白话文翻译。本书还收录了宋蔡襄《茶录》和黄儒的《品茶要录》,及明许次纾的《茶疏》,一并解释、翻译。

洗冤集录译注

[明] 宋慈著　　高随捷　祝林森译注

2016 年 4 月 1 版 1 次

精装 22.00 元

32 开　200 页

　　《洗冤集录》共六卷,是中国古代第一部系统总结尸体检查经验的法医学名著,也是世界上最早的较为完整的法医学专著。本书以上海图书馆藏孤本元刊大字本为底本进行校勘,对各种术语、名词作了科学注释、客观评价,并有白话翻译。

古文观止译注(全二册)

[清]吴楚材　吴调侯编选　　李梦生　史良昭等译注

2016 年 6 月 1 版 1 次

精装 78.00 元

32 开　1208 页

　　由清初吴楚材、吴调侯编选的《古文观止》,是最受广大读者喜爱的古文读本。它选取了从先秦到明代共222 篇思想性和艺术性都比较高的文章,既有儒家经典、历史散文,也有传记、书信、论辩,乃至游记、寓言小说。本书论述分析精辟中肯,注解简明,译文通俗流畅。

大开本国学经典典藏系列

诗经译注(图文本)(全二册)

程俊英译注

2006 年 9 月 1 版 1 次

2016 年 5 月 1 版 13 次

48.00 元

20 开　532 页

　　《诗经》为我国第一部诗歌总集,现存诗歌305 篇,包括西周初年到春秋中叶的民歌和朝庙乐章,分为风、雅、颂三章。本书由著名学者程俊英教授翻译并注释,配有插图。

周易译注(全二册)

黄寿祺　张善文译注

2007 年 4 月 1 版 1 次

2016 年 3 月 1 版 13 次

49.00 元

20 开　514 页

本书作者是现代易学大家,与本社推出的其他《周易》研究或注释著作略有不同,本书以"详细"见长,对卦辞、爻辞、彖传、象传等逐句详加注释,翻译成现代汉语,并且作深入而明白的讲解,每卦还有系统的总论,全书前有长篇导读,后附读易要例,兼具研究性与普及性。

老子译注

冯达甫译注

2007 年 4 月 1 版 1 次

20.00 元

20 开 180 页

本书综汇历代各家旧说,结合帛书《老子》等出土文献资料,对《老子》一书进行了系统的梳理注译。先从训诂入手,辨厘字义,考订原文,再贯述每章的思想内涵,揭示其前后相应之处。兼之其译文流畅,更可明见原书通义。

庄子译注(全二册)

杨柳桥译注

2007 年 4 月 1 版 1 次

45.00 元

20 开 432 页

由于《庄子》原书文字深奥、观点奇诡,历代注释又用古汉语写成,对现代普通读者有较大困难。本书作者研究《庄子》多年,对其所蕴含的哲学思想有精到的见解。本书译注包括读音、字义、校订、协韵等内容,都用浅近文言写就,译文尽量直译,以忠实于原文。

孝经译注

汪受宽译注

2007 年 4 月 1 版 1 次

15.00 元

20 开 126 页

《孝经》是中国文化史上最重要的典籍之一,是古代以"忠孝"为核心的伦理道德和社会规范的集中体现。本书通过周详浅近的解说和清新雅致的译文,不但准确传达出原著的精神,也为广大读者顺利阅读和理解原著提供了便利。

孙子兵法

[春秋]孙武撰 [三国]曹操注 郭化若今译

2006 年 7 月 1 版 1 次

2016 年 3 月 1 版 23 次

20.00 元

20 开 180 页

《孙子兵法》是我国最古老最杰出的一部兵书,现在能见到的最早为《孙子兵法》作注的是曹操。当代著名军事家郭化若更是长期研究《孙子兵法》,不但为全文作了校勘、注释、今译,还撰有题解及考订、评论文字,既有较高的学术水平,又浅显易懂。本书将孙武、曹操、郭化若的军事思想融为一书,以神读者把握我国两千年来兵学之精华。

楚辞译注(图文本)

董楚平译注

2006 年 10 月 1 版 1 次

2014 年 5 月 1 版 7 次

28.00 元

20 开 280 页

本书注释简明扼要,疏解融会贯通,释文读来朗朗上口,无不透射出译注者对吴越文化研究和对文献、训诂、考古、古文字学的深谙精通,亦为阅读、欣赏和研究《楚辞》提供了可靠的依据。且本书配以精美生动的插图,使读者在阅读的同时,更能形象地领略到文中的意蕴。

山海经译注(图文本)(全二册)

陈成译注

2008 年 7 月 1 版 1 次

2016 年 4 月 1 版 9 次

42.00 元

20 开 408 页

《山海经》是我国古代一本富于神话传说的古代地理名著,它不是一时一人的作品,大约是周秦之间的人所记述。内容包括各地山川、道里、民族、物产、祭祀、巫医等,记录了大量异物和神灵鬼怪,保存了不少远古神话传说。本书对《山海经》作了较为详细通俗的注释和翻译,并配以古图,以便读者阅读和理解这本古代奇书。

世说新语译注(图文本)(全二册)

[南朝宋]刘义庆撰 张㧑之译注

2007 年 3 月 1 版 1 次

2016 年 1 月 1 版 9 次

48.00 元

20 开　476 页

《世说新语》是中国传统的志人小说的名著,主要记述了汉末魏晋人物的言谈风尚和遗闻轶事,内容包括政治、经济、社会、文学、思想等许多方面,因而也是研究这一时期历史的重要资料。作者以鲁迅的论述为指导思想,对《世说新语》作了全面详尽的阐释和译注。

四书章句集注（全二册）

[宋]朱熹撰　金良年今译
2006 年 8 月 1 版 1 次
2016 年 1 月 1 版 11 次
58.00 元
20 开　482 页

"四书"是儒家的四部经典著作,即《大学》、《中庸》、《论语》、《孟子》。宋代理学家纷纷对其进行注释讲解,其中以朱熹的《四书章句集注》(《大学章句》、《中庸章句》、《论语集注》、《孟子集注》)最为著名,宋代以后被列为钦定的教科书。为帮助今天的读者理解原文,特附译文。

贞观政要译注

[唐]吴兢撰
裴汝诚　王义耀　郭子建　顾宏义译注
2007 年 2 月 1 版 1 次
2012 年 4 月 1 版 3 次
38.00 元
20 开　308 页

《贞观政要》十卷四十篇,分类编辑唐太宗在位的 23 年中,与魏徵、房玄龄、杜如晦等大臣在治政时的问答、大臣们的议诤、劝谏奏议等,以规范君臣思想道德和治国军政思想。现将全书译注,便于阅读。

资治通鉴皇家读本（全三册）

陈生玺主编
2007 年 10 月 1 版 5 次
2015 年 1 月 1 版 11 次
68.00 元
20 开　628 页

本书是一代名相张居正为皇太子朱翊钧(即后来的万历皇帝)系统讲解《资治通鉴》的精编讲义,高度浓缩了从上古到宋元数千年间的历史事实,是中国古代政治

艺术、处世经验的集大成之作。本书不仅标点校勘,而且对重要人物、名物制度、生僻语词加以简明的注释、评议。

水浒传（图文本）（全四册）

[明]施耐庵著
2004 年 6 月 1 版 1 次
图文升级版 2011 年 9 月 1 版 1 次
图文升级版 2015 年 10 月 1 版 2 次
64.00 元
20 开　976 页

本书从众多久已绝版或近百年来罕见的《水浒传》画图中,遴选出画技精湛的画面达五百余幅,与原文套色印行。

三国演义（图文本）（全三册）

[明]罗贯中著
2004 年 6 月 1 版 1 次
图文升级版 2011 年 9 月 1 版 1 次
图文升级版 2015 年 10 月 1 版 2 次
66.00 元
20 开　710 页

本书从众多久已绝版或近百年来罕见的绣像中遴选与《三国演义》内容相关的画面达五百余幅,与原文套色印行。

西游记（图文本）（全三册）

[明]吴承恩著
2004 年 6 月 1 版 1 次
图文升级版 2011 年 9 月 1 版 1 次
图文升级版 2015 年 10 月 1 版 2 次
68.00 元
20 开　780 页

本书从众多久已绝版或近百年罕见的小说绣像中遴选与《西游记》内容相关的画面近四百幅,与原文套色印行。

红楼梦（图文本）（全四册）

[清]曹雪芹　高鹗著
2004 年 1 月 1 版 1 次
图文升级版 2011 年 9 月 1 版 1 次
图文升级版 2015 年 10 月 1 版 2 次

82.00 元

20 开　900 页

　　本书以程乙本为底本重加整理,并搜集前人精心制作的《红楼梦》情景人物图五百余幅,又酌情撰写精彩的点评。

封神演义(图文本)(全三册)

[明]许仲琳著

2005 年 6 月 1 版 1 次

2008 年 4 月 1 版 7 次

58.00 元

20 开　670 页

　　本书以图文本形式重加整理出版,配有一百六十余幅插图,使图文互动,更具阅读与赏玩完美结合的特点。

今古奇观(图文本)(全二册)

[明]抱瓮老人编

2005 年 6 月 1 版 1 次

2008 年 4 月 1 版 4 次

39.00 元

20 开　484 页

　　本书是明代拟话本小说之精华荟萃,它以文人的眼光,集中反映了明代丰富多彩的市民生活、社会情状,具有醒世、寄托、呈才、游戏消遣等不同的特点。以图文本形式整理出版,配以近二百幅晚清画家插图,套色印行,其中不少画作精美绝伦,为近世所罕见。

聊斋志异(图文本)(全二册)

[清]蒲松龄著

2004 年 10 月 1 版 1 次

2008 年 4 月 1 版 7 次

58.00 元

20 开　670 页

　　本书在原有内容中巧妙配置了近五百幅珍贵、精美的图片,让视觉印象与文字感受融为一体。

儒林外史(图文本)(全二册)

[清]吴敬梓著

2006 年 7 月 1 版 1 次

2010 年 8 月 1 版 4 次

36.00 元

20 开　336 页

　　本书是一部以讽刺见长的长篇小说。作者用幽默诙谐的语言,把封建社会科举制度的腐朽黑暗、士人名流的庸俗可笑、贪官污吏的卑劣丑恶刻画得入木三分,深刻地揭示了封建末世的精神道德和文化教育的严重危机,成为讽刺小说的典范。现配以近百幅插图,双色套印。

隋唐演义(图文本)(全三册)

[清]褚人获著

2006 年 7 月 1 版 1 次

2013 年 3 月 1 版 4 次

58.00 元

20 开　674 页

　　本书描写了自隋文帝灭陈,到唐玄宗自蜀道归京这一波澜壮阔的历史时期的英雄故事,着重突出"草泽英雄"的侠义精神,通过隋炀帝的淫荡故事、唐玄宗与杨贵妃的爱情纠葛,揭露出封建帝王宫廷秽史、酒色荒政所招致的严重后果。现从各种版本《隋唐演义》及相关的史志中收集插图和人物绣像近 300 幅,双色套印。

东周列国志(图文本)(全三册)

[明]冯梦龙改编　　[清]蔡元放修订

2006 年 7 月 1 版 1 次

2008 年 4 月 1 版 3 次

59.00 元

20 开　724 页

　　本书是一部脍炙人口的长篇章回历史演义小说,它演绎了春秋战国时代五百多年的历史,描绘出春秋五霸、战国七雄的兴衰过程,塑造了如侠士荆轲、说客苏秦、霸主齐桓公、昏君周幽王、贤相管仲等众多个性鲜明的人物形象。现配以近 350 幅插图,双色套印。

镜花缘(图文本)(全二册)

[清]李汝珍著

2006 年 7 月 1 版 1 次

2008 年 4 月 1 版 3 次

40.00 元

20 开　492 页

　　本书是一部充满奇思妙想的章回体小说,由唐敖、林之洋、多九公海外漫游和一百才女应考后放榜欢宴两部分组成。作者通过对幻想中海外国度的浇漓世风的描写,影射批判现实社会中的种种丑恶行径,既有无情冷峻的揭露,也有令人发噱的嘲讽。现配以精美插图近350幅,双色套印。

清宫十三朝演义(全本绘评)(全三册)

许啸天著　施济群评

2007 年 12 月 1 版 1 次

65.00 元

20 开　616 页

本书生动真实地叙写了清代十三位帝王的宫闱历史,细致深刻地揭示了清代宫廷生活及其内部的皇权更替、政治斗争、宫闱秘闻、朝野侠事,再现了一幅充满风云变幻的历史画卷。书中配有民国初年为原书所绘罕见的《清宫艳影图》100 幅,同时新增近百幅相关插图。

古文观止译注(全三册)

[清]吴楚材　吴调侯编选

李梦生　史良昭等译注

2006 年 9 月 1 版 1 次

2016 年 7 月 1 版 13 次

68.00 元

20 开　708 页

《古文观止》是自清代以来最为流行的古代散文选本,由清人吴楚材、吴调侯叔侄于康熙年间编选。二吴是浙江绍兴人,长期设馆授徒,此书是他们为学生所编的教材。《古文观止》选取了从先秦到明代共 222 篇思想性和艺术性都比较高的文章,既有儒家经典、历史散文,也有传记、书信、论辩,乃至游记、寓言小说。入选之文多短小精彩,均是便于记诵的传世佳作。而译注者的论述分析精辟中肯,注解简明,译文通俗流畅,是《古文观止》的上佳读本。

三字经附百家姓　千字文

顾静注解

2007 年 4 月 1 版 1 次

2009 年 9 月 1 版 4 次

20.00 元

20 开　164 页

《三字经》是名副其实的"中华传统文化启蒙第一书",它不仅读来琅琅上口,更以短小的篇幅最大限度地涵盖了中国传统文化的各种常识。本书对原文详加注释讲解,使原文中包含的知识更加系统化,并阐发其中蕴涵的人生道理,使之更易于被当代的家长、教师和儿童所理解。另外本书还把另外两种传统文化启蒙读物《百家姓》和《千字文》作为附录收入,加以简明的串讲。

百家姓

胡真编著

2014 年 8 月 1 版 1 次

25.00 元

20 开　260 页

本书对《百家姓》504 个姓氏起源、郡望作了简明准确的注释,并在每一姓氏下列举相关历史人物趣闻轶事,可供幼儿启蒙,亦可使普通读者博闻广识。末附《百家姓》注音全文。

千字文

[南朝梁]周兴嗣编　胡真注译

2011 年 12 月 1 版 1 次

2014 年 7 月 1 版 2 次

19.00 元

20 开　172 页

《千字文》是我国古代早期的蒙学课本,隋唐以来大为流行,被视为汉字识字教学的必备课本。此次出版,为方便读者的阅读和理解,原文全部加以拼音,按内容将原文分段并予以详细讲解,并配以卡通插图。

千家诗(注评·配图)

[宋]刘克庄　谢枋得编选　杨万里等注评

2012 年 8 月 1 版 1 次

2014 年 10 月 1 版 2 次

22.00 元

20 开　230 页

《千家诗》选诗二百余首,皆佳篇杰构,唐音宋调兼顾。全书按诗体分编,每体再按春、夏、秋、冬四季排列,便于摹效学习。本书在《千家诗》原有文本上加以行间注释,诗后点评。每诗配以精美的古画,画中遴选古人诗评,书后附有诗人小传,使诗歌、导读、画面相得益彰。

弟子规

[清]李毓秀编　张志萍注评

2010 年 5 月 1 版 1 次

2015 年 1 月 1 版 8 次

19.00 元

20 开　166 页

《弟子规》是我国著名的传统蒙学教材之一,以《论语·学而篇》"弟子,入则孝,出则悌,谨而信,泛爱众,而亲仁。行有余力,则以学文"为中心,分为五个部分,具体列述弟子在家、出外、待人、接物与学习上应该恪守的守则规范,是启蒙养正、教育子弟养成良好行为规范和忠厚家风的最佳读物。本书对《弟子规》原文作了精简的注释,并加以详细地评析,加入了更多的现当代元素,使其更适合当今读者阅读,并从中受到新的启发。

大开本国学经典普及书系

诗经译注

程俊英译注
2014 年 6 月 1 版 1 次
2016 年 6 月 1 版 3 次
42.00 元
20 开　524 页

本书由著名学者程俊英教授翻译并注释,将诗三百零五篇完整地介绍给读者,除原诗外,每首诗包括题解、注释和译文三部分。

论语全解

朱振家撰
2014 年 10 月 1 版 1 次
2016 年 5 月 1 版 3 次
29.00 元
20 开　340 页

本书分提要、注释、译文、点评四部分,对《论语》进行了全方面的解读。尤其是注释部分,从古代汉语发展的角度对书中有关文字、词汇、语法、修辞等语言问题,做了详细的疏解:区分古今词义,防止以今律古;对特殊句式加以结构分析;对重点虚词,标注语法功能。译文准确流畅,通俗易懂。点评简要精当。

老子译注

陈剑译注
2016 年 1 月 1 版 1 次
24.00 元
20 开　304 页

《老子》又名《道德经》,其著作者是春秋晚期的老聃,一般称为老子。本书除了对《老子》的原文作了详细的译注以外,还作了详细的述评。每篇均有解题、正文、注释、现代汉语翻译、述评。

孙子详解

钮国平注评
2013 年 8 月 1 版 1 次
18.00 元
20 开　156 页

本书以《武经七书》本《孙子》做底本,内容包括:文句解读(重点是归纳篇旨和讲解文句)、理论引证(引证的范围主要是中国古兵法、古哲理,不引证战史。以引证的形式补充句解)、韵语标示(《孙子》是具有赋化和格言化倾向的散文,行文中常常夹用韵语。今标示出,以便更好地理解原文)、译文,而以文句解读(即详注)为主。

墨子译注

[战国]墨子著　张永祥　肖霞译注
2015 年 11 月 1 版 1 次
44.00 元
20 开　544 页

现存《墨子》一书,由墨子自著和弟子记述墨子言论两部分组成,后世多散佚。张永祥所作的译注,在每篇开头都做解题,讲明大概内容,类似于导读;解题后为正文,正文后为简明的注,释梳理文字,随后为流畅的现代汉语翻译;每篇末尾有详细的评析,以现代人的视角来进行古为今用的阐释。

楚辞译注

董楚平译注
2014 年 6 月 1 版 1 次
2015 年 12 月 1 版 2 次
25.00 元
20 开　240 页

《楚辞译注》以王逸《章句》本为根据,收录《离骚》、《九歌》、《天问》、《九章》、《悲回风》、《远游》、《卜居》、《渔父》、《九辩》、《招魂》、《大招》,裁去《惜誓》以下的汉人作品。每篇有原文、题解、白话翻译和注释。书末附《史记·屈原列传》,适合大众阅读。

文心雕龙译注

[南朝梁]刘勰著　王运熙　周锋译注
2010 年 8 月 1 版 1 次
2016 年 3 月 1 版 5 次
24.00 元

20 开　　260 页

《文心雕龙》是我国古代文学理论批评的巨著。全书共 50 篇，分别论述文章写作的总原则及诗歌、辞赋、论说、书信等各种文体的体制规格和写作要求，并对自先秦至南朝宋、齐的重要作家、重要作品作了中肯的评价，在中国文学批评史、文章学、修辞学上均占有重要地位。译者之一的王运熙先生是古代文论、《文心雕龙》领域的权威专家。

《世说新语》详解

[南朝宋]刘义庆撰　　朱碧莲详解
2013 年 5 月 1 版 1 次
2016 年 3 月 1 版 5 次
46.00 元
20 开　　704 页

南朝宋刘义庆所撰的《世说新语》，是一部专记前代遗闻轶事的笔记小说，极其生动地反映了当时人物的风貌、思想、言行和社会的风俗、习尚，向为研究汉末魏晋间历史、语言和文学的人所重视。本书由华东师范大学教授朱碧莲精心详解，每一则分为原文、全文今译、刘孝标注、字词注释及全文评析五部分，力图帮助读者深入理解《世说新语》的意涵。

茶经译注（外三种）

[唐]陆羽等撰　　宋一明译注
2014 年 5 月 1 版 1 次
2016 年 5 月 1 版 3 次
22.00 元
20 开　　188 页

本书以陶氏影宋《百川学海》本《茶经》为底本，并校以多种版本，并在此基础上，对各种术语、名词作了科学的注释，并有白话文翻译，深入浅出。

洗冤集录译注

[宋]宋慈著　　高随捷　祝林森译注
2014 年 5 月 1 版 1 次
2016 年 5 月 1 版 3 次
22.00 元
20 开　　192 页

本书以上海图书馆藏孤本元刊大字本为底本进行校勘，对各种术语、名词作了科学的注释、客观的评价，并有白话翻译。

梦溪笔谈全译

[宋]沈括著　　金良年　胡小静译
2013 年 6 月 1 版 1 次
2016 年 1 月 1 版 5 次
32.00 元
20 开　　344 页

本书是《梦溪笔谈》原文加上全文白话翻译。

容斋随笔

[宋]洪迈著　　穆公校点
2014 年 6 月 1 版 1 次
45.00 元
20 开　　408 页

《容斋随笔》全书分为《随笔》、《续笔》、《三笔》、《四笔》、《五笔》，共五集七十四卷。作者洪迈一生涉猎书籍众多，凡有所得，便随笔记下，内容包括历史、文学、哲学、艺术等方面，前后近四十年乃成此书，对于读者研究我国历史、文学艺术等方面有较大的参考价值。

徐霞客游记

[明]徐弘祖著　　褚绍唐　吴应寿整理
2011 年 4 月 1 版 3 次
2016 年 4 月 1 版 7 次
35.00 元
大 20 开　　402 页

本书是我国地理学史上的重要著作，也是一部富有特色、文笔极佳的游记文学。

天工开物译注

[明]宋应星著　　潘吉星译注
2013 年 8 月 1 版 1 次
29.00 元
20 开　　292 页

本书由我国著名自然科学史专家潘吉星对《天工开物》做了详细的注释及白话翻译，并保留了全部的图版。

日知录集释（全二册）

[清]顾炎武著　　黄汝成集释
栾保群　吕宗力校点
2014 年 6 月 1 版 1 次
2015 年 12 月 1 版 2 次
88.00 元

20 开　836 页

此次整理校点以西谿草庐本为底本,汲取了黄侃《日知录校刊》成果,对《日知录》、《日知录集释》的引文,尽量一一核对原书,纠谬正误。阎若璩之后李遇孙所著之《日知录续补正》、丁晏所著之《日知录校正》、俞樾所著之《日知录小笺》俱为黄汝成所未见者,择其精要,编入《日知录》相应各条之后。附录《谲觚十事》、《日知录之馀》,供读者参考。

山海经译注

陈成译注
2014 年 6 月 1 版 1 次
2015 年 12 月 1 版 3 次
36.00 元
20 开　404 页

今传《山海经》一书共十八卷,前五卷分别是《南山经》、《西山经》、《北山经》、《东山经》和《中山经》,也合称"五臧(藏)山经"。每经又分若干组,每一组的内容也大致统一,都是介绍各自所属的一组山的相对位置、相关河流和物产。每组的最后一段是该组的小计和有关山神祭礼的简介。

唐诗三百首新注(附辑评)

[清]蘅塘退士编选　金性尧注释　金文男辑评
2014 年 8 月 1 版 1 次
2016 年 1 月 1 版 3 次
32.00 元
20 开　428 页

《唐诗三百首》是我国影响最广的唐诗选本,金性尧先生的新注本有选择地吸取了前人的注解和他们那代学人研究唐诗的成果,参以自己精深而独到的艺术见解,使疏解更为翔实新颖。自 1980 年出版以后,深受海内外读者喜爱。此次的新版更附加了其女金文男为全部诗作和诗人所做的辑评,进一步提高了此书的欣赏和参考价值。

宋词三百首

上海古籍出版社编　凌枫等注释解析
2015 年 6 月 1 版 1 次
32.00 元
20 开　424 页

宋词选本,以清末民初词学大师朱祖谋(上彊村民)编选的《宋词三百首》影响最著,标举宋词的"体格"、

"韵致",被誉为"学词正途"。但该书多体现士大夫的词学观,所选作品内容题材失于偏狭,大量优秀词作如苏轼《念奴娇》(大江东去)、李清照《如梦令》(昨夜雨疏风骤)等均未选入。故本书仅从中择留五分之三左右,新补名篇 130 多首,新增词人 30 余家,以期更全面地反映宋词的风貌与精华。

古文观止译注

[清]吴楚材 吴调侯编选
王水照 张㧑之 顾易生等译注
2010 年 8 月 1 版 1 次
2016 年 3 月 1 版 9 次
29.80 元
20 开　500 页

《古文观止》是自清代以来最为流行的古代散文选本。入选之文多短小精彩,均是便于记诵的传世佳作。而译注者的论述分析精辟中肯,注解简明,译文通俗流畅,是《古文观止》的上佳读本。

国学经典译注

本丛书收录国学典籍 20 种,译文简明畅达,字词注释择善而从,尽可能广泛吸收古今学者的研究成果,图文并茂,并附有题解,无论对于阅读还是收藏都具有较大价值。

诗经译注

程俊英撰
2012 年 8 月 1 版 1 次
2016 年 4 月 1 版 7 次
32.00 元
小 16 开　384 页

尚书译注

李民 王健撰
2012 年 8 月 1 版 1 次
2016 年 7 月 1 版 2 次
32.00 元
小 16 开　368 页

周易译注

黄寿祺 张善文撰

2012 年 8 月 1 版 1 次

2016 年 4 月 1 版 5 次

36.00 元

小 16 开　348 页

论语译注

金良年撰

2012 年 8 月 1 版 1 次

18.00 元

小 16 开　224 页

孟子译注

金良年撰

2012 年 8 月 1 版 1 次

2016 年 5 月 1 版 6 次

20.00 元

小 16 开　240 页

尔雅译注

胡奇光　方环海撰

2012 年 8 月 1 版 1 次

39.00 元

小 16 开　472 页

孝经译注　大学译注　中庸译注

汪受宽　金良年撰

2012 年 8 月 1 版 1 次

2016 年 3 月 1 版 3 次

16.00 元

小 16 开　132 页

老子译注

罗义俊撰

2012 年 8 月 1 版 1 次

2016 年 5 月 1 版 5 次

16.00 元

小 16 开　192 页

庄子译注

杨柳桥撰

2012 年 8 月 1 版 1 次

32.00 元

小 16 开　317 页

荀子译注

张觉撰

2012 年 8 月 1 版 1 次

2016 年 1 月 1 版 4 次

39.00 元

小 16 开　484 页

孙子兵法译注

郭化若撰

2012 年 8 月 1 版 1 次

2016 年 4 月 1 版 4 次

16.00 元

小 16 开　136 页

韩非子译注

张觉等撰

2012 年 8 月 1 版 1 次

2016 年 6 月 1 版 4 次

48.00 元

小 16 开　524 页

列子译注

严北溟　严捷撰

2012 年 8 月 1 版 1 次

18.00 元

小 16 开　200 页

楚辞译注

董楚平撰

2012 年 8 月 1 版 1 次

2016 年 1 月 1 版 3 次

18.00 元

小 16 开　176 页

六韬·三略译注

唐书文撰

2012 年 8 月 1 版 1 次

2016 年 5 月 1 版 5 次

16.00 元

小 16 开　148 页

山海经译注

陈成撰

2012 年 8 月 1 版 1 次

2016 年 6 月 1 版 4 次

28.00 元

小 16 开　332 页

世说新语译注

张㧑之译注

2012 年 8 月 1 版 1 次

2016 年 3 月 1 版 9 次

48.00 元

小 16 开　612 页

颜氏家训译注

庄辉明　章义和撰

2012 年 8 月 1 版 1 次

2016 年 6 月 1 版 2 次

22.00 元

小 16 开　272 页

晏子春秋译注

卢守助撰

2012 年 8 月 1 版 1 次

20.00 元

小 16 开　232 页

文心雕龙译注

王运熙　周锋撰

2012 年 8 月 1 版 1 次

2016 年 3 月 1 版 4 次

32.00 元

小 16 开　356 页

中国古代文史经典读本

　　本丛书系在我社"新世纪文史哲经典读本"中精选了知识性与可读性并重、最受读者欢迎的 15 套名家作品，内

容深入浅出，反俗为雅，于易读易懂之中透现出一种高雅的情韵与标格。

《周易》选评

张善文撰

2011 年 12 月 1 版 1 次

2014 年 12 月 1 版 3 次

19.00 元

小 16 开　180 页

《左传》选评

王维堤撰

2011 年 12 月 1 版 1 次

2013 年 4 月 1 版 3 次

29.00 元

小 16 开　284 页

《论语》选评

汤勤福撰

2011 年 12 月 1 版 1 次

2013 年 4 月 1 版 3 次

29.00 元

小 16 开　288 页

《孟子》选评

徐洪兴撰

2011 年 12 月 1 版 1 次

2013 年 4 月 1 版 3 次

29.00 元

小 16 开　276 页

《庄子》选评

钱宪民撰

2011 年 12 月 1 版 1 次

2015 年 1 月 1 版 3 次

25.00 元

小 16 开　228 页

古诗十九首与乐府诗选评

曹旭撰

2011 年 12 月 1 版 1 次

2016 年 1 月 1 版 6 次

29.00 元

小 16 开　248 页

陶渊明谢灵运鲍照诗文选评

曹明纲撰

2011 年 12 月 1 版 1 次

2014 年 12 月 1 版 4 次

25.00 元

小 16 开　216 页

王维孟浩然诗选评

刘宁撰

2011 年 12 月 1 版 1 次

2016 年 6 月 1 版 5 次

29.00 元

小 16 开　256 页

李白诗选评

赵昌平撰

2011 年 12 月 1 版 1 次

2015 年 9 月 1 版 5 次

29.00 元

小 16 开　260 页

杜甫诗选评

葛晓音撰

2011 年 12 月 1 版 1 次

2014 年 12 月 1 版 4 次

25.00 元

小 16 开　224 页

李贺诗选评

陈允吉　吴海勇撰

2011 年 12 月 1 版 1 次

2014 年 12 月 1 版 4 次

29.00 元

小 16 开　244 页

欧阳修诗词文选评

黄进德撰

2011 年 12 月 1 版 1 次

2014 年 12 月 1 版 4 次

19.00 元

小 16 开　176 页

柳永词选评

谢桃坊撰

2011 年 12 月 1 版 1 次

2013 年 4 月 1 版 3 次

19.00 元

小 16 开　176 页

苏轼诗词文选评

王水照　朱刚撰

2011 年 12 月 1 版 1 次

2016 年 1 月 1 版 5 次

29.00 元

小 16 开　264 页

李清照诗词文选评

陈祖美撰

2011 年 12 月 1 版 1 次

2015 年 1 月 1 版 4 次

19.00 元

小 16 开　180 页

国学基础教程

经　部

诗经：朴素的歌声

杨天宇著

2008 年 7 月 1 版 1 次

16.00 元

20 开　172 页

《诗经》自西汉被尊为经典,流传至晚清,一直是知识分子必读之书。本书从《诗经》中精选 40 篇诗歌,用白话今译,并一一作了述评,择要介绍历代经学家的研究成果,着重从文学、历史学、社会学的角度,进行新的阐释。本书版式新颖,并配精美插图。

尚书：原始的史册

章行著

2008 年 7 月 1 版 1 次

19.00 元

20 开　192 页

　　《尚书》是儒家经典"十三经"之一，是我国最古老的一部史书。本书从经济、政治、宗教、法律等方面选取《尚书》的有关原文，译成白话文，并略作评述。本书版式新颖，插图精美。

周礼：远古的理想

冯绍霆著

2008 年 7 月 1 版 1 次

19.00 元

20 开　204 页

　　《周礼》通过介绍周代的官制，描绘出古代儒家对理想社会的总构思。本书选取《周礼》的主要内容，分别译成白话文，并从理想社会的总蓝图、治国、治民等方面，分析介绍其对后世的影响。本书版式新颖，插图精美。

周易：玄妙的天书

张善文著

2008 年 7 月 1 版 1 次

20.00 元

20 开　228 页

　　本书以选、译、讲评的形式针对《周易》的内容和性质、《易》学的流传和影响、治《易》的方法和要领等问题作浅切易懂而忠于原著的简析，以利读者迈出研治《周易》的第一步。本书版式新颖，插图精美。

仪礼·礼记：人生的法度

李学颖著

2008 年 7 月 1 版 1 次

17.00 元

20 开　180 页

　　《仪礼》、《礼记》是儒家礼制经典。《仪礼》，主要是记载婚丧、祭祀、朝聘、宴射等典礼中的礼仪制度；《礼记》，侧重阐明礼的作用和意义。本书特选择《仪礼》、《礼记》中的重要章节，译成现代汉语，并从伦理学、社会学的角度予以分析。本书版式新颖，插图精美。

春秋三传：乱世的青史

李梦生著

2008 年 7 月 1 版 1 次

16.00 元

20 开　164 页

　　"十三经"有三部解释《春秋》的经典，分别为《左传》、《公羊传》、《穀梁传》。"三传"对《春秋》的解释，各有特点，都是研究先秦文史的重要资料。本书精选《春秋》三传的有关章节，通过通俗生动的译文和深入浅出的述评，阐发经传的思想。又排比史实，如一部浓缩的春秋史。本书版式新颖，插图精美。

论语：仁者的教诲

王兴康著

2008 年 7 月 1 版 1 次

24.00 元

20 开　272 页

　　《论语》记载了孔子和他的弟子的言论和行事，是研究孔子思想最基本的材料。本书精选了《论语》有代表性的章节进行今译，基本上反映了《论语》全书的面貌。全部述评可说是一部系统研究孔子思想及其影响的专著。本书版式新颖，插图精美。

孟子：人性的光辉

赵昌平著

2008 年 7 月 1 版 1 次

19.00 元

20 开　184 页

　　《孟子》一书记载了孟轲及其弟子们的谈话。孔子和孟子对近现代中国人的精神、素质影响巨大。本书精选《孟子》的有关章节，通过优美通俗的译文和深入浅出的述评，以现代学者的眼光剖析这部经典著作。本书版式新颖，插图精美。

孝经：人伦的至理

宫晓卫著

2008 年 7 月 1 版 1 次

12.00 元

20 开　116 页

　　在"十三经"中，《孝经》是最短小的一部，是专门阐述"孝道"的书。本书以现代人的眼光，审视、阐发乃至深入剖析这部古代经典。本书版式新颖，插图精美。

尔雅：文词的渊海

徐莉莉　詹鄞鑫著
2008 年 7 月 1 版 1 次
2009 年 9 月 1 版 2 次
26.00 元
20 开　288 页

　　在"十三经"中,《尔雅》是一部独特的经典。它是我国第一部同义词词典,也是我国第一部百科词典,自汉代成书迄今,一直是解释古籍的权威工具书。本书对《尔雅》原文作了直译,并结合今日的学术研究成果,给予分析介绍。本书版式新颖,插图精美。

子　　部

老子：民族的大智

戴建业　赵目珍著
2009 年 8 月 1 版 1 次
29.00 元
20 开　300 页

　　本书打破《老子》原有章节体系,分"道与德"、"自然与造作"、"无为与有为"、"拙与巧"、"弱与强"、"静与动"、"进与退"等十一个专题展开。每一专题精选原文,配以注释、今译、述评。

庄子：逍遥的寓言

成云雷著
2009 年 11 月 1 版 1 次
20.00 元
20 开　208 页

　　本书撷取了《庄子》一书中最经典和精彩的篇章,在前贤对《庄子》扎实丰富的研究基础上对庄子博大的思想进行了可读性很强的选讲和个性化的解读,是一本全面了解《庄子》的入门读物,也可以作为对初学者教授《庄子》的基础教程。

荀子：治世的理想

徐克谦著
2009 年 12 月 1 版 1 次
20.00 元
20 开　208 页

　　本书以人性篇、劝学篇、君子篇、社会篇、礼法篇、君臣篇、王霸篇、道名篇等专题选讲《荀子》原文,配以今

译、述评,讲评深入浅出。

淮南子：建构的道经

邓俊庆著
2009 年 8 月 1 版 1 次
20.00 元
20 开　220 页

　　《淮南子》是西汉淮南王刘安招致宾客并主持编写的。全书内容庞杂,涉及知识面非常广,主要是以道家思想为指导,吸收了儒、墨、法、阴阳等诸子百家学说融会贯通而成,是战国至汉初黄老之学理论体系的代表作。《淮南子》在阐明哲理时,旁涉奇物异类、鬼神灵怪,保存了大量古代神话、历史及风俗的资料。由于《淮南子》一书难以通读的训诂问题不少,历代关于《淮南子》的著作基本都以注释为主,而本书作者集多年研究《淮南子》之心得,试图从义理、思想上进行发挥,就《淮南子》作一番轻松而有趣的解读,在帮助读者读通该书的经典段落的同时,更引发出颇有意味的独特思考,是《淮南子》上佳的入门选本。

列子：凌风的清谈

陈明　范江萍著
2009 年 8 月 1 版 1 次
22.00 元
20 开　240 页

　　本书从道是何物、淡然生死、自然而然、物我两忘、洞察小慧、清谈玄论、真假难辨七个方面,将《列子》一书的精髓轻松完整地展现于读者眼前,同时启发了读者对人生哲理的深层思考。

韩非子：帝王的法术

张觉著
2009 年 8 月 1 版 1 次
20.00 元
20 开　216 页

　　本书打破原书体制,分"循道行法"、"人性自利"、"因情而治"、"以力服人"、"追求功效"、"言说之道"等六个专题,全面阐述了韩非的治国理论。本书每一专题均精选《韩非子》原文,配以今译、述评等,并结合古今中外的政治人物、政治事件进行阐述。

吕氏春秋：四季的演讲

许富宏著

2009 年 8 月 1 版 1 次

17.00 元

20 开　156 页

　　本书作者集多年研究《吕氏春秋》之心得,以全局的眼光和大量的实例,将《吕氏春秋》一书的精髓轻松完整地展现于读者眼前。因此,本书不失为一本全面了解《吕氏春秋》的入门读物,也可以作为一种为初学者教授《吕氏春秋》的基础教程。

孙子：恒通的智慧

施芝华著

2009 年 8 月 1 版 1 次

19.00 元

20 开　196 页

　　本书作者集十数年研究《孙子》之心得,以全局的眼光和大量的实例,将《孙子》一书的精髓轻松完整地展现于读者眼前。因此,本书不失为一本全面了解《孙子》的入门读物,也可以作为初学者的基础教程。

综 合 性 丛 书

中华文明宝库

寓言智慧

郭丹　黄培坤著

1998 年 12 月 1 版 1 次

8.60 元

32 开　128 页

　　本书对中国寓言文学作了生动详细的介绍,并对其散文艺术的成就作了精到的分析。

诗骚魅力

祝振玉著

1995 年 8 月 1 版 1 次

1998 年 6 月 1 版 3 次

6.70 元

32 开　108 页

　　本书以灵活的篇章结构,流畅的文字语言,开启了作为中国古典文学两大源头的《诗》、《骚》大门。全书分"诗三百彩笺"、"先驱者悲歌"和"永恒的魅力"三部分,让读者在阅读的愉悦中获取知识,得到充实。

汉赋揽胜

程章灿著

1995 年 8 月 1 版 1 次

1998 年 6 月 1 版 3 次

6.70 元

32 开　108 页

　　汉代四百多年是赋这种文体创作的极盛时期,本书对汉赋的缘起、发展、流派、风格、内容、成就等作了较全面的介绍。

唐诗咀华

张明非著

1996 年 8 月 1 版 1 次

8.40 元

32 开　140 页

　　本书介绍唐诗在中国古典诗歌中的崇高地位,唐代各个时期的发展脉络及其特色。对名家名作和具有特色的篇章,一一评析,并指点艺术上的佳妙所在。

宋词掇英

邓杰著

1997 年 9 月 1 版 1 次

8.40 元

32 开　120 页

　　本书于卷首概述词的起源及其在两宋的发展演变,分别对闺怨、爱情、咏物、怀古、爱国等题材名家名篇词作了分析鉴赏,介绍宋词的社会内容、艺术特色及其在文学史上的地位影响。

元曲聚珍

徐扶明著

1996 年 8 月 1 版 1 次

8.40 元

32 开　140 页

　　本书对散曲作概括介绍,而以主要篇幅阐述杂剧的起源、发展、体制格局、题材内容、艺术特色及其流传与影响,作家、作品的评介则穿插其间。本书不仅着眼于静态的文字剧本,而且注重动态的舞台演出,对演员、角色、音乐伴奏、演出场所、演出情况都有具体介绍。

明清小说

齐裕焜著

1998 年 12 月 1 版 1 次

10.00 元

32 开　168 页

　　本书概述明清小说的起源、形成及发展过程,分析它的思想、艺术特点,对明清小说的题材、形式及语言都分别作了介绍。

中国戏曲

翁敏华著

1996 年 8 月 1 版 1 次

11.00 元

32 开　148 页

　　本书介绍了中国戏曲的历史发展概况及戏剧剧本的文学性和戏剧表演的主要形式,并通过中西、中印、中韩、中日戏剧的比较,突出描绘了中国戏曲的艺术特色。

民间文学

涂石著

1996 年 11 月 1 版 1 次

8.90 元

32 开　120 页

　　本书用通俗流畅的文字,生动地介绍了民间文学中的歌谣、民间故事、民间传说(牛郎织女、孟姜女、白蛇传、梁山伯与祝英台等)以及寓言、笑话、谚语、谜语,内容丰富,可读性强。

少数民族文学

梁庭望　潘春见著

1996 年 8 月 1 版 1 次

9.10 元

32 开　164 页

　　本书介绍了我国少数民族浩如烟海的民歌,奥秘无穷的神话,美丽动人的传说、故事,引人入胜的小说,风格迥异的诗歌,使你感受到我国少数民族人民朴实善良、智慧、勇敢。

节令风俗

韩盈　王土然著

1998 年 7 月 1 版 1 次

8.90 元

32 开　136 页

　　本书介绍我国传统的节令风俗,如春联、爆竹、元旦敬神、元宵观灯、清明节、端午节、中秋赏月、重阳登高等等,或简述其来龙去脉,或介绍各地的风土人情,时而谈掌故,时而穿插一些美丽动人的民间传说或神话故事。

神话寻踪

廖群著

1996 年 8 月 1 版 1 次

9.20 元

32 开　168 页

　　本书系统而全面地介绍了中国古代神话的概貌和发展线索、特点和价值,并把中国神话放在世界神话的体系中作纵向和横向的比较,在比较中让读者更深刻地理解中国神话。

青铜时代

汪受宽著

1997 年 9 月 1 版 1 次

8.90 元

32 开　136 页

　　青铜时代是继石器时代之后的一个伟大时代,在中国历史上,从传说中的三皇五帝直到春秋末年,就属于这一时期。本书从青铜时代的科学和生产技术的发展着手,生动扼要地叙述了这一时期的历史和文化。

魏晋风度

傅刚著

1997 年 11 月 1 版 1 次

8.60 元

32 开　120 页

　　魏晋时期儒家的统治地位被打破,糅合老、庄、周易思想的玄学主宰了士大夫文人的精神世界,与之相伴而产生了魏晋门阀士族特有的人生态度和行为规范,后人称之为魏晋风度。本书从魏晋名士的人生态度、行为方式着手,深入浅出地讨论了魏晋风度形成的社会历史背景、发展演变、种种表现等,使读者对魏晋风度有一个大概的了解。

两宋繁华

戴扬本著

1998 年 7 月 1 版 1 次

8.80 元

32 开　132 页

两宋是外患频仍的时代,同时也是物质文明高度发达的时代。那时有辐射四远的水陆交通,有气象宏大的帝国京城,有高度发展的农业技术,有联系中外的远洋贸易,有世界上第一次出现的纸币——交子,有第一次使用了现代钟表擒纵器原理的水运仪象台……这些构成了本书的主要内容。

一代天骄

王晓欣著

1996 年 11 月 1 版 1 次

8.80 元

32 开　116 页

元代大统一规模空前,但文化专制相对薄弱,元代统治者对各种流派的文学、艺术、科学技术采取多样兼容的态度,因而元代文化呈现出丰富多彩的面貌。元代存在的时间虽短,但元代的世界级文化名人并不比其他朝代少。本书介绍元代文化各个方面的灿烂成就。

康乾盛世

仲伟民著

1997 年 9 月 1 版 1 次

8.20 元

32 开　120 页

清朝康熙、雍正、乾隆时期是中国封建社会最后一个被誉为"盛世"的繁荣时期。本书以这一历史时期的核心人物康熙、雍正、乾隆三代皇帝为线索,通过政治、军事、经济、文化诸方面,以平实通俗的笔法进行客观的介绍,并给以恰当的分析和评说。

四大古都

商友敬　朱子锐著

1995 年 8 月 1 版 1 次

1998 年 6 月 1 版 3 次

7.60 元

32 开　156 页

在我国的历史上,曾先后有二十多个地方作为一朝一代的国都,其中以陕西西安、河南洛阳、江苏南京和北京市最为著名。本书展示了这四大古都的历史演变、风土人情、伟人业绩和文物景观。

曲阜三孔

秦建鸿著

1998 年 7 月 1 版 1 次

8.10 元

32 开　112 页

曲阜为孔子的诞生地、儒学的发祥地。曲阜三孔——孔庙、孔府、孔林,不仅是一个旅游景点,也是中华文明宝库的一部分,是中国文化的一个象征。

秦始皇陵兵马俑

王其祎著

1995 年 8 月 1 版 1 次

1998 年 6 月 1 版 3 次

6.80 元

32 开　116 页

被誉为"世界第八大奇迹"的秦始皇陵兵马俑,是中华民族无穷智慧与无限创造力的生动体现。本书从秦国的崛起、秦始皇的陵墓为何在骊山修筑说起,分别就俑坑建筑、各种俑像、陶俑服饰、雕塑技艺、车舆銮驾及所出土的 3 类 9 种青铜兵器等各个方面全面而详细地介绍了秦始皇陵兵马俑的历史文物价值。

长沙马王堆西汉墓

陈松长著

1998 年 7 月 1 版 1 次

8.50 元

32 开　124 页

湖南长沙马王堆西汉墓的发掘是中国当代最重大的考古发现之一,其中有完好无损的古尸,有丰富多彩的随葬品,还有内容珍贵的帛书。它向世人揭示了西汉初年"文景之治"这段时期政治、经济、科学、军事、文化艺术等各方面的发展水平。本书对此作了全面的综合性概述。

敦煌宝藏

王惠民著

1996 年 8 月 1 版 1 次

8.00 元

32 开　128 页

敦煌,曾为丝路咽喉之地,中西交往古老门户。敦煌石窟,是闻名世界的石窟艺术中心。全书介绍石窟文化及其历史沧桑;展示精彩纷呈的敦煌壁画,失传千年的稀世珍宝;阐述各时期敦煌绘画塑像艺术风格审美内涵;叙述藏经洞宝藏的辛酸遭遇故事。

丝绸之路

沈济时著

1999 年 5 月 1 版 1 次

9.20 元

32 开　148 页

　　本书通过文物和文献资料,详细介绍丝绸之路这条古老商路的开辟、发展变化。从丝绸、造纸、指南针、火药、音乐、舞蹈、雕刻、建筑、宗教、文学、哲学等多侧面论述古代中国与亚欧地区,以及中国内地和边疆通过丝绸之路在政治、经济、文化等方面的交往和交流。

玄奘西行

黄坤著

1996 年 11 月 1 版 1 次

9.60 元

32 开　144 页

　　本书以"中外文化交流"、"佛教在中国"、"玄奘西游"、"玄奘在印度"、"玄奘的成就"、"西行求法的意义和影响"六大部分,阐述唐代高僧玄奘为求佛法真谛,孤身万里跋涉,遍历至印度,终于功成名就的壮举。

鉴真东渡

王东　陈鹏鸣著

1996 年 12 月 1 版 1 次

8.60 元

32 开　108 页

　　一千二百多年前,面对茫茫大海,鉴真在 12 年间先后历经 5 次失败,最后第 6 次才以双目失明的 67 岁老人到达日本,传道弘法。鉴真东渡,除了对日本佛教事业作出了贡献外,更对日本文化的许多方面产生过广泛而深刻的影响。

郑和下西洋

周天著

1998 年 12 月 1 版 1 次

7.20 元

32 开　84 页

　　近 600 年前,一支庞大的中国船队,在 28 年的时间里,七下西洋,足迹遍布亚非 30 多个国家和地区,为传播中华民族的灿烂文化立下了汗马功劳,在世界航海史上树起了一座丰碑。船队的首领郑和,也由此成为中外历史上一位传奇式的人物。

海外华侨

朱煜善著

1998 年 7 月 1 版 1 次

8.80 元

32 开　136 页

　　本书从华侨形成的历史、华侨在异邦的奋斗和在各方面取得的成就、华侨的爱国主义热情和他们对中国革命与建设的贡献等方面较系统地介绍了海外几千万华侨的情况,同时对华侨中的重要人物和事件作了重点介绍。

近代留学生

陈潮著

1998 年 12 月 1 版 1 次

9.20 元

32 开　148 页

　　近代一部分国人走出国门,去经受欧风美雨的洗礼,成为近代中国人学习西方的先驱和媒介,中国新文化运动的弄潮儿。本书综述了留学生们留学海外的艰辛和心路历程,及其对中国近代化的贡献和意义。

中国地方志

林衍经著

1996 年 11 月 1 版 1 次

8.00 元

32 开　92 页

　　汉末魏晋南北朝的地记,隋唐的图经,宋元明清的方志,地方志作为记载一地人文历史、文物山川的特有载体,备载一地山川地理、秀丽风光、地貌矿藏、物产特色、杰出人物、风土人情。本书以翔实的资料、生动的事例、流畅的语言把方志的历史源流、种类、历代方志家介绍给读者。

财政制度

顾关林著

1997 年 9 月 1 版 1 次

8.40 元

32 开　120 页

　　本书实为一本中国古代财政制度简史。通过对中国财政制度和运作特点的介绍,使读者能进一步认识封建社会的性质,理解各个王朝盛衰、兴替的原因。书中还有不少关于皇家生活的描述,及中国古代主要钱(币)种的介绍。

北京故宫

杨玉良著

1998 年 7 月 1 版 1 次

9.30 元

32 开　148 页

本书不仅介绍北京故宫的宫殿建筑,并引导读者走进历史,了解当时在宫中举行的政治典礼和军国大事的决策,还将宫中历代收藏的文化艺术珍品择要展现在读者面前。

万里长城

谢鹤林著

1996 年 8 月 1 版 1 次

8.20 元

32 开　132 页

本书系统地介绍了长城的历史作用、建造特点、历史沿革、著名的风景点以及有关的历史典故和传说等。大量照片,形象、生动地展示了长城古老的历史面貌和崭新的雄姿。

黄河长江

李向平著

1996 年 11 月 1 版 1 次

9.40 元

32 开　136 页

本书全面系统地介绍黄河、长江的地形地貌、自然风光,产生在两河流域的历史烟尘和风流人物,以及华夏各族人民对其兴利除害所作的巨大努力。

大运河

庄辉明著

1995 年 8 月 1 版 1 次

1998 年 6 月 1 版 3 次

6.80 元

32 开　116 页

本书从大运河的历史沿革,它从历代经济、政治的巨大影响,修筑中所反映出的中国人民的高度智慧,沿

河一带的风俗人情等方面,对这条世界第一大人工运河作了多角度、全方位的介绍。

泰山

顾承甫著

1998 年 12 月 1 版 1 次

8.40 元

32 开　120 页

位于山东省的东岳泰山,为五岳之首。本书在介绍泰山地理环境、壮丽风光的同时,注重结合历代重大政治、文化事件,如孔子、秦始皇登临,汉武帝、光武帝封禅,文人游览,道教、佛教的进入与发展,生动形象地介绍中华文明在泰山的积淀。

周易探秘

朱渊青著

1995 年 8 月 1 版 1 次

1998 年 6 月 1 版 3 次

7.60 元

32 开　156 页

本书在对《周易》和易学史进行概要性介绍的同时,以《周易》作为范例,粗略说明原始巫术思维和巫术行为对中国传统的伦理、哲学、算命术、星象、历法、医学等思想和技术各个方面所起的巨大影响。

儒家与儒学

钱宪民著

1998 年 12 月 1 版 1 次

8.20 元

32 开　116 页

本书以独特的视角和生动的笔触,介绍了儒家及其学说的形成、发展和核心内容,并以现代人的眼光,从世界文化的背景出发,对儒家及其学说的历史地位、命运和在现代社会中的作用作了全面而客观的评价。

道家与道教

刘仲宇著

1996 年 11 月 1 版 1 次

8.80 元

32 开　116 页

道教是我国土生土长的宗教。本书勾勒了道家与道教形成、发展的历史,并从各个侧面分析、介绍了道教

的基本面貌,读了本书,会恍然认识到:四大发明之一的火药原来是炼丹的道士所发明,实验化学的先驱出自于道士之列,而黄山、泰山等名山大川的出名和开发,也少不了道教的功劳……

佛学与佛教

业露华著
1996 年 11 月 1 版 1 次
9.50 元
32 开　140 页

佛教文化与中国传统文化相互融合,成为中国文化的一个重要组成部分。本书简要介绍了佛学的产生、发展和主要内容,是一本出色的佛学入门书。

宋明理学

王晓兴　李晓春著
1999 年 5 月 1 版 1 次
8.80 元
32 开　128 页

本书力图从新的角度出发,以通晓畅白的论述来阐介宋明理学。个案研究的同时,作者也非常注重在大文化的背景之下全面详尽地考察宋明理学的根本及特征。

神奇的汉字

达世平　田松青著
1998 年 7 月 1 版 1 次
11.00 元
32 开　196 页

本书在介绍汉字传统知识的同时,特别注重将汉字与我国少数民族文字、东南亚各国文字及西洋文字作比较研究,使读者能从中明白汉字的神奇所在。

中国书法

沃兴华著
1995 年 8 月 1 版 1 次
1998 年 6 月 1 版 3 次
7.60 元
32 开　156 页

本书深入浅出地介绍了中国书法的发展历史、艺术流派、文化渊源和国际影响,附图丰富,具有极强的知识性和可读性。

对联艺术

胡奇光　强永华著
1995 年 8 月 1 版 1 次
1998 年 6 月 1 版 3 次
7.40 元
32 开　144 页

本书系统介绍对联的基本知识,包括对联的源流、艺术特点、类别、作法等,并通过大量的实例予以形象的说明。书中还穿插叙述一些典故、轶事、趣闻,读来饶有兴味。

中国绘画

王克文著
1995 年 8 月 1 版 1 次
1998 年 6 月 1 版 3 次
9.10 元
32 开　184 页

本书通过对中国传统绘画中人物、山水、花鸟三大画科分门别类的论述,为读者勾画出中国绘画发展的清晰轮廓。大量图稿,均为历代名作,有助于读者从感性上去理解和把握中国绘画艺术。

雕塑艺术

周细刚著
1997 年 9 月 1 版 1 次
8.40 元
32 开　120 页

本书简介中国古代雕塑的发展历史,分章介绍在陶瓷雕塑、装饰雕塑、陵墓雕塑和佛像雕塑方面取得的辉煌成就。其中,秦始皇兵马俑、霍去病墓石雕群、龙门和云冈石窟佛像雕刻等,都是举世公认的雕塑精品,在世界雕塑史上占有重要地位。

中国陶瓷

刘伟著
1996 年 8 月 1 版 1 次
9.80 元
32 开　148 页

本书介绍彩陶、青瓷、白瓷、三彩、釉瓷、紫砂等著名陶瓷品种和名窑,论述了有关陶瓷的产生、发展、演进,名品的设计、生产和艺术、美学、科技、实用价值,以及我国陶瓷在中华文明史与世界文明史上的地位。

中国玉器

赵桂玲著

1998 年 7 月 1 版 1 次

11.20 元

32 开　172 页

　　中国人早在 7000 年前的新石器时代就已经开始使用和制作玉器了。本书通过对玉的分类、旧玉的发展历史、历代器型、各类纹饰、制作工艺、收藏要点等几个方面的系统介绍，向读者展示了中国玉器的无穷魅力。

中国篆刻

刘一闻　吴友琳著

1997 年 9 月 1 版 1 次

8.40 元

32 开　120 页

　　本书介绍了印章的起源和流变、清代及近现代篆刻艺术的流派，以及印章制作的有关常识等，生动具体地展示了这门古老艺术的风貌。书中一批珍贵的实物资料，为了解、欣赏篆刻艺术提供了可信的依据。

中国舞蹈

吴露生著

1998 年 7 月 1 版 1 次

8.90 元

32 开　136 页

　　本书对中国舞蹈发展史中的精华作了介绍，通过活现于当今舞台及乡村广场的舞蹈的特点、古书的记载和出土文物的印记，描绘出中国舞蹈包括古典舞、民族民间舞、交谊舞、芭蕾舞及现代舞的灿烂画卷。

华夏宫室

王振复著

1998 年 12 月 1 版 1 次

9.30 元

32 开　148 页

　　中国古代建筑作为中华传统文化的有机构成，在满足一系列生活居住功能的同时，映射出美丽的人文精神，具有严肃的道德规范以及以伦理为"准宗教"的对人生的"终极关怀"。本书在介绍中国建筑各种风格的同时，也将读者领进建筑美学的绝妙境界。

华夏园林

刘天华著

1998 年 7 月 1 版 1 次

8.80 元

32 开　132 页

　　本书系统地介绍了园林的起源、分类、艺术特点、景色欣赏、文化蕴涵及对世界文化的影响，从而帮助广大读者在游览欣赏过西湖、颐和园、拙政园等山水园林胜景时，能进一步体会这些园林艺术所含有的历史、文化的深厚底蕴。

中国家具

刘森林著

1998 年 12 月 1 版 1 次

8.50 元

32 开　124 页

　　本书就家具的品种、造型、用料、工艺的发展与演进作了介绍，着重阐述明至清初家具制作鼎盛时期的家具工艺，并结合传世精品作具体评析。少数民族各具特色的家具珍品，近代融合西方技艺的传世杰作，本书亦列专章。

四大发明

冯绍霆著

1995 年 8 月 1 版 1 次

1998 年 6 月 1 版 3 次

7.10 元

32 开　132 页

　　纸、印刷术、火药和指南针，是古代中国对世界文明的四大杰出贡献，享誉世界。本书生动地描述了四大发明从发明、完善、传播域外、回归故土的全过程。作者把原本是科技史层面的内容，放至社会文化大背景下予以观照，贯通古今，类比中外，从而更具说服力和感染力。

数学史话

周瀚光著

1997 年 11 月 1 版 1 次

8.20 元

32 开　120 页

　　本书用史话的形式介绍古代数学的成就，从中国数学的鼻祖到古老的结绳记数，从卓越的十进位制到奇妙的《周易》数论，从独具匠心的勾股定理证明到精思绝巧的"割圆术"，从隋唐时期木土数学到西方数学，作者娓娓道来,如数家珍。

军事艺术

胡果文著

1996 年 11 月 1 版 1 次

9.60 元

32 开　144 页

在火器应用于战争之前的冷兵器时代,古代中国的军事艺术在世界上始终是一流的,它以丰富内容和隽永智慧赢得了世界各国的敬重,在世界军事史上占据着令人瞩目的崇高地位。本书从战略、战术、治军、后勤等方面系统地介绍古代军事艺术。

古代舟车

田久川著

1996 年 8 月 1 版 1 次

8.70 元

32 开　152 页

中国大约在 6000—7000 年前出现了独木舟,大约在 5000 年前出现了原始的"椎轮"车。本书介绍我国古代舟车的发展历史。

中医浅说

胡文豪　沈峥嵘著

1997 年 9 月 1 版 1 次

8.00 元

32 开　120 页

在人们越来越了解化学类制剂的副作用的今天,中医药学这种纯自然的治疗保健方法,越来越受到关注和重视。本书系统地介绍中国医药学的一些基本知识。

中华武术

刘秉果　纪金芳著

1997 年 9 月 1 版 1 次

8.40 元

32 开　120 页

武术旧称国术,是具有浓厚中华民族特色的体育运动项目。本书介绍武术发展史、具体项目、所用器械、训练方法,对武术理论、武术胜地(少林、武当)及著名武林人物、团体也有生动叙述。

中国茶文化

徐德明著

1996 年 12 月 1 版 1 次

1998 年 6 月 1 版 2 次

9.80 元

32 开　152 页

茶是中国人的"国饮"。本书系统而全面地介绍了中国茶文化的历史沿革、文化内涵、基本知识以及对周边国家的影响。揭示出茶与名人的关系、茶与风俗礼仪的关系、茶与水和茶具的关系、茶与宗教和艺术的关系等。

美食源流

陈诏著

1996 年 8 月 1 版 1 次

8.20 元

32 开　132 页

我国幅员广袤,各地气候、物产不同,在历史发展中自然形成了各具特色的地方菜系,使中国菜更加丰富多样。本书介绍了京、沪、粤、川、苏、浙、闽、湘、鲁、秦、皖、豫、鄂 13 种菜系的特色和名菜。

十大系列丛刊

十大诗人

马茂元主编

1989 年 8 月 1 版 1 次

1991 年 8 月 1 版 3 次

2.85 元

长 32 开　118 页

本书在古代众多的诗人中,选出十个开宗立派,成就、艺术贡献和对后世影响最大的大家,对他们的生平、风格特点、艺术成就和影响作精炼并有见解的介绍。他们是屈原、曹植、陶渊明、王维、李白、杜甫、白居易、李商隐、苏轼和陆游。

十大词人

吴熊和主编

1989 年 8 月 1 版 1 次

1991 年 8 月 1 版 3 次

2.80 元

长 32 开　118 页

本书介绍中国词史上最享盛名的十名词人——温庭筠、李煜、柳永、苏轼、周邦彦、辛弃疾、姜夔、吴文英、纳兰性德、陈维崧。在阐述他们生平事迹、个性特征的同时,介绍词人们脍炙人口的力作,并详尽地分析各家作品的艺术特色,评述其成就影响。

十大小说家

何满子主编
1989 年 8 月 1 版 1 次
1991 年 8 月 1 版 3 次
2.80 元
长 32 开　116 页

本书依历史演变,编选自唐代张到清代李汝珍十大小说家,尤其是书中着意论列开中国人情小说之先河的《金瓶梅》,对读者理解小说史的流变必有助益。

十大散文家

顾易生主编
1990 年 8 月 1 版 1 次
1992 年 2 月 1 版 2 次
2.75 元
长 32 开　114 页

中国古代优秀散文家灿若群星。本书从中择选了贾谊、韩愈、柳宗元、欧阳修、王安石、苏轼、归有光、袁宏道、姚鼐和梁启超十位大家作了要言不烦的介绍。读者在了解这些散文大家生平事迹、思想创作特点的同时,对中国历史上最杰出的散文创作成就获得一个比较全面的、有连贯性的认识。

十大戏曲家

章培恒主编
1990 年 8 月 1 版 1 次
1992 年 2 月 1 版 2 次
2.75 元
长 32 开　116 页

本书较系统地介绍了我国古代历史上白朴、关汉卿(附王实甫)、马致远、高明、李开先、徐渭、汤显祖、李渔、洪昇、孔尚任等十位大戏曲家的生平经历和创作成就,对于读者全面了解我国戏曲创作的发展和主要作家的创作特色,提供了翔实可信的资料。

十大文学畸人

陈允吉主编
1989 年 8 月 1 版 1 次

1991 年 8 月 1 版 3 次
2.90 元
长 32 开　120 页

中国文学史上历来存在着一批富于传奇色彩的文人,奇想诞行之士,这就是所谓文学畸人。畸,也就是卓异有棱角的意思,他们的行为往往为正统儒人目为异端。作者选取了最有代表性的十家(阮籍、嵇康、孟郊、李贺、贾岛、唐寅、徐渭、金圣叹、郑板桥、苏曼殊),从他们的心态及其构成因素的角度进行探究分析。

十大语文学家

白冰主编
1990 年 8 月 1 版 1 次
1992 年 2 月 1 版 2 次
2.75 元
长 32 开　114 页

本书介绍了中国古代十位语文学家,包括文字学、音韵学、训诂学、语法学、古文字学史上具有代表性的人物。记述了他们的生平,并对他们的著作及学术成就作了分析与评价,从中窥视古代语文学发展的历史轨迹。

十大史学家

裴汝诚　朱维铮等著
1989 年 8 月 1 版 1 次
1991 年 8 月 1 版 3 次
2.70 元
长 32 开　120 页

本书选取了历史上有代表性的十位史学大家:有撰著第一本纪传体通史《史记》的司马迁、第一部纪传体断代史《汉书》的班固、第一部编年体通史《资治通鉴》的司马光、第一部史论著作《史通》的刘知几、第一部典制体通史《通典》的杜佑、纪事本末体的开山袁枢、首创学案史的黄宗羲,及章学诚、马端临、钱大昕等。

十大思想家

蔡德贵　刘宗贤著
1989 年 8 月 1 版 1 次
1991 年 8 月 1 版 3 次
2.75 元
长 32 开　112 页

本书选取了老子、孔子、庄子、孟子、荀子、董仲舒、朱熹、王守仁、黄宗羲、王夫之等十位最有代表性的思想家进行集中论述,读者不仅可以了解中国古代思想史的发展线索和各个时代的哲学特征,而且可以了解这十位思想家的生平事迹和思想风貌。

十大科学家

胡道静　周瀚光主编
1991 年 12 月 1 版 1 次
2.75 元
长 32 开　114 页

　　本书选编了张衡、祖冲之、葛洪、一行、沈括、黄道婆、郭守敬、李时珍、徐光启、宋应星十位科学家事迹,使读者了解他们成材之路和所创造的丰功伟绩,认识中国古代天文、数学、化学、医学、农学等各领域的辉煌成就。

十大理财家

叶世昌主编
1992 年 12 月 1 版 1 次
2.55 元
长 32 开　101 页

　　中国古代有卓越成就的理财家,数不胜数。本书从中选择了商鞅、桑弘羊、刘晏、杨炎、张方平、耶律楚材、夏原吉、张居正、陶澍、郑观应十位代表人物。前九人是理国家之财,而郑观应则是理企业之财。通过这十位理财家的生平业绩,我们不难获取正、反两方面的经验与教训。

十大画家

邵洛羊主编
1989 年 8 月 1 版 1 次
1991 年 8 月 1 版 3 次
3.40 元
长 32 开　102 页

　　本书选择了顾恺之、吴道子、董源、范宽、李唐、黄公望、徐渭、陈洪绶、石涛、任伯年等十位艺术上造诣极高,在绘画史上有深远影响的伟大画家,用生动畅达的笔墨勾勒了他们的生平事迹,趣闻轶事,评价了他们艺术上的成就得失和创作指导思想,介绍了他们杰出的代表画作。

十大书法家

赵冷月主编
1991 年 12 月 1 版 1 次

3.85 元
长 32 开　104 页

　　本书选取历史上极富成就和影响的钟繇、王羲之、欧阳询、褚遂良、颜真卿、怀素、柳公权、米芾、赵孟頫、董其昌等十位书法家,介绍了他们的生平事迹,学书经历和艺术成就,并就他们的风格和代表作作了深入浅出的剖析。

十大音乐家

钱仁康主编
1991 年 12 月 1 版 1 次
2.30 元
长 32 开　90 页

　　本书介绍伯牙、师旷、李延年、嵇康、苏祗婆、万宝常、李隆基、李龟年、姜夔、朱载堉等十位著名音乐家,他们或擅演奏,或精乐论,或长制曲,或致力于创立机构,制订典章,汇聚人才,是我国历代音乐成就的杰出代表。

十大帝王

本社编
1991 年 12 月 1 版 1 次
2.70 元
长 32 开　114 页

　　本书选择十个具有代表性的我国古代帝王,周武王姬发、秦始皇嬴政、汉武帝刘彻、汉光武帝刘秀、魏孝文帝元宏、唐太宗李世民、宋太祖赵匡胤、元世祖忽必烈、明太祖朱元璋、清圣祖玄烨,用通俗、生动的笔法,记述他们的生平事迹、功勋伟业,所作出的贡献和所犯的过失,以及他们的一些个人特点和生活琐事。

十大后妃

毛佩琦主编
1990 年 8 月 1 版 1 次
1992 年 2 月 1 版 2 次
2.65 元
长 32 开　110 页

　　本书介绍了吕后、王政君、贾南风、胡灵皇后、武则天、杨贵妃、萧太后、马皇后、孝庄文皇后、慈禧太后等十位我国历史上著名的后妃的生平事迹及轶闻趣事。书中既描写了帝宫中的钩心斗角,明争暗斗,也写出了后妃们的喜怒哀乐、悲欢离合。

十大名将

李培栋 施惠康等著

1989 年 8 月 1 版 1 次

1991 年 8 月 1 版 3 次

2.85 元

长 32 开　118 页

　　本书收集田单、廉颇、韩信、李广等十位有代表性的名将的故事,这些名将的事迹曾在民间广泛流传,不同程度地带上了传奇色彩,他们在社会上的影响,已远远超出单纯的军事领域,诸如廉颇的"将相和"、岳飞的"精忠报国"等已成为民族精神的重要组成部分。

十大名相

蒋凡主编

1989 年 8 月 1 版 1 次

1991 年 8 月 1 版 3 次

2.90 元

长 32 开　128 页

　　宰相并不是实际设置的官职,而是一种泛称。在我国封建社会里,宰相对于国家的兴废是有十分重要影响的。本书所选十大名相:李斯、萧何、诸葛亮、王猛、房玄龄、陆贽、王安石、文天祥、耶律楚材、张居正,都曾以巨大的热情和努力,在历史上作出了自己的贡献。

十大清官

本社编

1992 年 12 月 1 版 1 次

2.50 元

长 32 开　98 页

　　在封建社会中,民间对好官称为清官。为了使读者更好地了解历史、了解清官,从古代无数清官、好官中选择了西门豹、赵广汉、包拯、况钟、海瑞等十位较具代表性的清官,详细地介绍他们的身世和政绩。

十大谋士

黄行发主编

1992 年 12 月 1 版 1 次

2.55 元

长 32 开　106 页

　　在中国漫长的古代社会中,曾经涌现过众多的谋士,他们帮助统治者出谋献策,兴国治邦,在历史上扮演过特殊的角色,导演过一幕幕有声有色的精彩活剧。本书选择十位在历史上有较大影响和突出才能,在各个朝代中有一定代表性的智囊人物,以历史事实为依据,介绍他们的生平事迹和谋略。

十大奸臣

本社编

1991 年 12 月 1 版 1 次

2.75 元

长 32 开　116 页

　　全书收集伯嚭、王莽、杨素、李林甫、卢杞、秦桧、贾似道、阿合马、严嵩、和珅等十名奸臣的生平事迹,按时代顺序叙述,揭露了他们的罪恶事实、奸佞手法和对人民的危害,使读者能认清历史上奸佞人物的本质,提高识别奸佞的能力。

十大太监

本社编

1990 年 8 月 1 版 1 次

1992 年 2 月 1 版 2 次

2.65 元

长 32 开　110 页

　　太监(宦官)是我国封建时代的特殊产物,他们往往造成封建王朝的政治风浪,即中国历史上所特有的所谓"宦祸"。本书通过对十个具有典型性的太监的介绍,让读者了解这种独特的历史现象和种种轶闻趣事。他们是:秦朝的赵高,东汉的张让,唐朝的高力士、仇士良和鱼朝恩,宋代的童贯,明朝的郑和、刘瑾和魏忠贤,还有清末的安德海。

十大名医

陈道瑾主编

1990 年 8 月 1 版 1 次

1992 年 2 月 1 版 2 次

2.85 元

长 32 开　122 页

　　本书着重介绍扁鹊、华佗、张仲景、皇甫谧、葛洪、孙思邈、钱乙、朱震亨、李时珍、叶天士十大名医的生平事迹、高超医术、师承交游、著述成就。

十大才女

陈邦炎主编

1991 年 12 月 1 版 1 次

2.50 元

长 32 开　102 页

本书选收了自汉代至清代十位才华出众的女子——班昭、蔡琰、谢道韫、鱼玄机、李清照、朱淑真、叶小鸾、徐灿、陈端生、顾太清，以生动流畅的文笔，介绍了她们的生平事迹、个性特征，以及作品的艺术特色、成就影响。

十大名妓

秦克　鲍民等著

1990 年 8 月 1 版 1 次

1992 年 2 月 1 版 2 次

2.50 元

长 32 开　98 页

妓女是人类社会中的一种特殊现象，娼妓的历史，从一个侧面反映了这个国家的社会经济状况和文化形态。本书介绍了中国古代著名而有代表性的苏小小、薛涛、李师师、梁红玉、陈圆圆、柳如是、董小宛、李香君、赛金花、小凤仙等十个妓女的故事，有很强的可读性。

十大名伶

蒋星煜主编

1992 年 12 月 1 版 1 次

2.70 元

长 32 开　105 页

本书收录我国古代十大名伶，自我国戏剧之祖优孟开始，一直到梅兰芳为止。中间如唐代的黄旛绰，五代的镜新磨，元代的珠帘秀以及清代著名的秦腔艺人魏长生，近代脍炙人口的京剧大师谭鑫培、杨小楼等都有介绍。

十大名僧

洪修平著

1990 年 8 月 1 版 1 次

1992 年 2 月 1 版 2 次

2.75 元

长 32 开　114 页

本书介绍十位具有代表性的名僧：支遁、道安、慧远、僧肇、竺道生、僧祐、智顗、玄奘、惠能、法藏。他们都是知识渊博、精深佛理的名僧，不仅翻译传布佛经，并奠定了我国的佛学理论基础。书中对名僧的艰苦生活、笃信好学、发难答辩都有切实生动叙述。

十大道士

章冠英主编

1992 年 11 月 1 版 1 次

2.60 元

长 32 开　148 页

本书通过对 2000 年道教史中十大道士：道教鼻祖张天师、五代睡仙陈抟、武当内家拳祖师张三丰等人物的论述，勾勒出道教发展兴衰的轮廓和轨迹。将道教的起源、主要的教义、演变的脉络以及历史作用和社会影响等，寓于十大道士的传记之中，尤其对道教修身养性的理论的深刻内涵和哲理，作了较详尽的介绍。

十大考古奇迹

叶保民等著

1989 年 8 月 1 版 1 次

1991 年 8 月 1 版 3 次

2.60 元

长 32 开　104 页

中国现代考古学诞生至今已有 60 多年，其中很多考古成果具有世界意义，如北京人的发现，为"从猿到人"的伟大学说提供了重要的证据；安阳殷墟的发掘，证实这里是商晚期的都城；河姆渡遗址人工栽培稻的发现，经证实为亚洲最古老的稻米实物遗存，证明我国是世界上水稻起源的重要地区之一。本书选择了中国考古学中重要的十项成就介绍给读者。

十大农民起义

王家范主编

1992 年 12 月 1 版 1 次

2.60 元

长 32 开　100 页

两千多年来，中国农民为自身的生存、为社会的正义，曾不惜以自己的血和肉，向一个个庞大的封建帝国发起抗争。本书所展示的中国历史上最著名的十次农民起义，是最富代表性、最能引起读者思索和景仰的。

十大传说

涂石　涂殷康编著

1991 年 12 月 1 版 1 次

2.80 元

长 32 开　118 页

本书介绍嫦娥奔月、牛郎织女、孟姜女、梁山伯与祝英台、白蛇传、董永与七仙女、八仙过海、济公活佛、鲁班的传说、龙的传说等十个著名的传说,故事结构完整,情节曲折生动,可读性很强。

十大名案

辛子牛主编

1991 年 12 月 1 版 1 次

2.50 元

长 32 开　114 页

　　本书从汉代至清末两千多年的史料中,遴选出十件具有代表性的著名案例。从这些案情各异的名案中,可以看出封建社会的腐朽荒唐,昏官酷吏的阴险狠毒和忠良无辜的悲惨命运,尤其是刑讯之酷,株连之广、杀戮之众,读来令人触目惊心。

十大战役

胡果文主编

1992 年 12 月 1 版 1 次

2.85 元

长 32 开　105 页

　　本书选编了从春秋时代至清初发生的晋楚城濮之战、秦赵长平之战、汉匈漠北之战、袁曹官渡之战、西晋灭吴之战、淝水之战、洛阳之战、宋蒙襄樊之战、鄱阳湖之战及郑成功收复台湾之战等十次重大战役,基本上包括了我国古代具有典型性的战役,并对这些战役进行了分析和阐述。

十大古都

赵永复著

1992 年 12 月 1 版 1 次

3.15 元

长 32 开　104 页

　　本书选取了西安、洛阳、北京、南京、开封、杭州、安阳、沈阳、江陵、大同这十个为学界认可的著名古都,分别就其定都原因、历史沿革及作用、城市建筑、名胜古迹、园林风光及今日概貌,一一向读者作了详略得当、生动形象的介绍。

十大名胜

陆谷著

1990 年 8 月 1 版 1 次

1992 年 2 月 1 版 2 次

3.60 元

长 32 开　116 页

　　本书对十大风景名胜作了详尽的介绍,使读者领略长城的雄伟壮观,桂林山水的石美洞奇,西湖的湖光潋滟,故宫的巍峨富丽,苏州园林的巧构妙筑,黄山的松石云水,三峡的急流危峡,日月潭的水光山色,避暑山庄的宫阙园林,兵马俑的鬼斧神工。

十大名山

顾承甫主编

1991 年 12 月 1 版 1 次

3.45 元

长 32 开　108 页

　　本书介绍了我国泰山、华山、嵩山、衡山、恒山以及五台山、峨眉山、武当山、庐山和黄山的地理环境、自然风光,以及有关这些名山的地理、宗教、历史等方面的丰富知识。

十大江湖

庄辉明　李向平　李朝远著

1992 年 12 月 1 版 1 次

3.30 元

长 32 开　104 页

　　本书从历史文化角度介绍了长江、黄河、大运河、黑龙江、淮河、珠江、雅鲁藏布江、鄱阳湖、洞庭湖、太湖等十大江湖的地理概貌、历史沿革、人文荟萃的史迹,阐述了它们的区域文化特色及其在我国政治经济发展过程中所起的重要作用。

十大名桥

潘洪萱著

1991 年 12 月 1 版 1 次

2.95 元

长 32 开　70 页

　　在 13 世纪前,我国的造桥技术一直处在世界的领先地位,据说我国至今尚留存的古桥仍达十万座以上。本书列为全国重点文物的十座名桥——安济桥、永通桥、洛阳桥、安平桥、卢沟桥、泸定桥、永济桥、广济桥、观音桥和纤道桥,以及北宋名画《清明上河图》上的虹桥,从造桥技术及艺术特色等作翔实的介绍。

十大名园

刘天华主编

1990 年 8 月 1 版 1 次

1992 年 2 月 1 版 2 次

3.55 元

长 32 开　114 页

　　本书精选苏州拙政园、网师园、无锡寄畅园、扬州个园、上海豫园、浙江海盐绮园、广东顺德清晖园、河北保定古莲花池、北京颐和园、圆明园等著名园林十座，予以详尽的介绍。既有历史的沿革，又有现状的描绘，还配以精美的插图。

十大名寺

陈鸣主编

1992 年 12 月 1 版 1 次

3.00 元

长 32 开　102 页

　　寺庙不仅是佛教活动的场所，又是集建筑、园林、民俗文化、旅游胜地于一体的自然人文景观。本书从众多的寺庙中选出洛阳白马寺、天台山国清寺、庐山东林寺、嵩山少林寺、杭州灵隐寺、扬州大明寺、南京栖霞寺、厦门南普陀寺、西安法门寺和北京雍和宫十座名寺加以介绍。

与古圣贤对话丛书

与屈原对话

段学俭著

2002 年 10 月 1 版 1 次

18.00 元

大 32 开　200 页

　　本书以对话体的形式，向读者介绍了屈原的生平和作品。在作者与屈原的对话中，楚国的兴衰、屈原一生的坎坷、楚辞的雄奇瑰丽都展现在读者面前。

与孔孟对话

任大钢　唐迅著

2002 年 10 月 1 版 1 次

16.00 元

大 32 开　180 页

　　假如可以与孔孟面对面地晤谈，与孔孟讨论他们的生平、思想，也许更能体会到智慧的交流。在对话和交流中，远逝的先哲复活。抛开时空的限制，神游于精神世界，不亦快哉！

与老庄对话

关健瑛著

2002 年 9 月 1 版 1 次

17.00 元

大 32 开　196 页

　　老庄所开创的道家思想，潜移默化地影响着我们。但是，当我们对老庄做出这样或那样评价的时候，是否真的符合他们的原意呢？也许，只有当我们与老庄对话时，一起讨论他们的生平思想，我们对老庄的理解才有了回应，老庄的智慧才会在我们心中流过。

与孙武对话

王斌著

2002 年 11 月 1 版 1 次

15.00 元

大 32 开　170 页

　　本书以对话的形式，将孙武的生平、事迹，以及《孙子兵法》的战略、战术思想，生动细致地展示给读者。在对话中，我们可以感到思想的交流、撞击；感受到孙武自由挥洒的风采。

与朱熹王阳明对话

郭美华著

2002 年 11 月 1 版 1 次

16.00 元

大 32 开　200 页

　　朱熹、王阳明及其著作，作为宋明理学的双峰，在中国思想史上留下了浓重的一笔。如果能起朱王二先生于地下，我们将如何与他们辩难，二先生又将如何为自己辩护？在今人与古人的对话中，朱王二先生的生平、思想，生动地展示在我们面前。

三百题系列新刊

古典文学三百题

本社编

1986 年 12 月 1 版 1 次

2007 年 4 月 1 版 10 次

精装 49.00 元

大 32 开　880 页

　　本书选择了有关我国古代文学的 300 个问题，分散文、诗、词、小说、戏曲、文论 6 大类，按时代先后编目。

既有一般常识,也有学术性较强的专题。回答深入浅出,简明扼要,具有工具书的性质。

古代艺术三百题

本社编
1989 年 9 月 1 版 1 次
2007 年 4 月 1 版 6 次
精装 46.00 元
大 32 开　736 页

全书分为书法篆刻、绘画雕塑、音乐舞蹈、工艺美术等方面,介绍古代著名艺术家、艺术流派、艺术作品与理论,勾勒出中国艺术发展的基本轮廓。

中国历史三百题

本社编
1989 年 9 月 1 版 1 次
2007 年 9 月 1 版 6 次
精装 49.00 元
大 32 开　804 页

本书将一部浩瀚、绵长的中国历史析成 300 个精要的问题,以中国历史的起源、发展演变为经,以著名人物、重大事件、政治制度为纬,兼及民族文化、宗教思想诸方面内容,以使读者对我国古老文明和悠久历史有个概要的了解。

中国哲学三百题

夏乃儒主编
1988 年 9 月 1 版 1 次
2007 年 9 月 1 版 6 次
精装 46.00 元
大 32 开　732 页

全书分总论、学派事件、人物思想、概念命题、典籍名篇 5 大类,深入浅出地介绍了我国古代哲学方面的各种知识。在确保知识性、准确性前提下,兼顾生动性、趣味性。重点突出,观点稳妥,而又注意汲取学术界最新研究成果。按类单篇索阅,可得到所需要的信息,全书通读,也可了解古代哲学发展的全貌。

中国文化史三百题

本社编
1987 年 9 月 1 版 1 次
2000 年 3 月 1 版 5 次

精装 38.60 元
大 32 开　854 页

本书从政治制度、经济生活、宗教礼俗、学术思想、科学技术、文体艺术、文化交流等八个方面提出三百多个精要问答,较有系统地把中国古代文化的概貌介绍给读者。在写作上以介绍为主,吸收前人及当代研究成果而又保持作者自己的见解,文字浅显生动,可供教学参考,也可作为辞书查检之用。

中国古代军事三百题

空军政治学院编
1989 年 8 月 1 版 1 次
1991 年 4 月 1 版 2 次
精装 9.30 元
大 32 开　360 页

本书是新中国成立以来第一部全面系统介绍我国古代优秀而丰富的军事知识的综合性读物,全书分军事人物、战争战役、兵家典籍、兵器装备、军制五大类,荟萃了我国古代军事各个方面的精华。

中国古代法律三百题

陈鹏生主编
1991 年 12 月 1 版 1 次
精装 9.70 元
大 32 开　366 页

全书内容分为总论、历代法规、行政法、刑法、民法、经济法、诉讼法、法制人物、法制著作、案例等 11 部分,较全面地介绍了我国古代法律从先秦至清末的历史风貌和发展、演变过程。力求遵循科学性、知识性、可读性相结合的原则,使此书既可成为法律学研究者的可靠资料,又可供广大爱好者扩大知识面、提高文化修养之用。

儒学三百题

王健主编
2001 年 5 月 1 版 1 次
精装 29.60 元
大 32 开　586 页

儒学是中国古代传统文化的核心,至孔子时得到了系统的总结和阐释。此后又经历了两汉经学、宋明理学等多个发展阶段。本书用问答的形式,阐释了有关中国儒学各个方面的重大问题,介绍了一系列的基本知识,内容包括儒学的基本概念、定义、思想观点、经典著作、学派人物、研究成果等等。

佛教三百题

黄夏年主编

2001 年 1 月 1 版 1 次

精装 33.30 元

大 32 开　716 页

　　佛教是世界三大宗教之一,本书设三百多个问题,对佛教的历史、教派、教义、典籍、人物、仪轨、名刹、艺术等方方面面,进行了深入浅出、简洁明了的讲述。此书既可视为反映佛教概貌的系统之作,又可当成辞书供查检之用,还可作为该领域的入门书。

禅宗三百题

黄夏年主编

2001 年 1 月 1 版 1 次

精装 31.60 元

大 32 开　664 页

　　禅宗的源头可以上溯到古印度的瑜伽。汉末佛教东渐,已译出了不少弘传禅法的禅经。禅宗在中国化的过程中,与哲学、文学、艺术乃至武术、茶道等,交融影响,渗透到社会生活各领域。本书分门别类,以问答的形式,全面而又深入浅出地介绍了禅宗的历史、宗派、人物、典籍、术语、典故、仪轨、建筑等,不失为一本全面了解禅宗文化的入门书,也可作为工具书查阅。

道教三百题

王卡主编

2000 年 12 月 1 版 1 次

精装 31.20 元

大 32 开　652 页

　　道教是我国的传统宗教之一,本书从历史与宗派、经典教义、修炼与方术、道教科仪、圣迹宫观、道教信仰与传统文化等几个方面,以问答的形式,深入浅出地介绍了道教文化的基本知识。

古代汉语三百题

陈必祥主编

1993 年 5 月 1 版 1 次

精装 13.80 元

大 32 开　342 页

　　本书分绪论、文字、音韵、训诂、语法、修辞、文体、语

文学家和著作等八类,以问答形式深入浅出地介绍古汉语基本常识,对学术界尚有争议的问题,也兼作客观介绍。

社会风俗三百题

胡申生主编

1992 年 7 月 1 版 1 次

精装 9.60 元

大 32 开　258 页

　　本书是一部系统地介绍我国社会风俗知识的综合性读物,包括社会生活、经济贸易、岁时节令、婚姻丧葬、家族人生、游艺体育、信仰禁忌、著述人物等部分。各题独立成篇,又互有联系,形象生动地向读者展示一幅绚丽多彩的中国风俗画卷。

中医学三百题

朱邦贤主编

1989 年 11 月 1 版 1 次

精装 10.30 元

大 32 开　418 页

　　本书通过问答形式介绍中医药学基本理论、诊治方法、养生保健、历代名医名篇、学术成就等内容。每则问题既独立成篇,又互相联系,既注重科学性、知识性和汲取当代研究成果,又突出了实用性和趣味性。

中外关系三百题

石源华主编

1991 年 1 月 1 版 1 次

精装 10.10 元

大 32 开　388 页

　　本书是一本内容详赡,熔工具书、学术著作、知识读物于一炉,系统论述从古代到中华人民共和国成立前中外历史交往的综合性读物。从中外政治关系、军事冲突、经济往来、文化交流、科技传播等各个领域,向读者全面地展示了中外关系的全过程。

世界文学三百题

白庚胜主编

2000 年 12 月 1 版 1 次

精装 31.20 元

大 32 开　652 页

　　本书集学术性与实用性于一体。信息丰富,基本涵盖 20 世纪 70 年代以前世界各大洲、各国(中国除外)文

学的总体情况。采用问答形式,辨疑解惑,能充分满足现代读者阅读需要。

世界艺术三百题

陈朗主编

2000 年 12 月 1 版 1 次

2001 年 12 月 1 版 2 次

精装 31.00 元

大 32 开 636 页

　　本书分为总论、绘画、雕塑、建筑、音乐、戏剧舞蹈六大部分,全面介绍了世界艺术发展史中各个时期各大流派产生、发展的过程及特点,并对一些代表人物、艺术大师作了专门介绍。

百问百答丛书

汉字百问

翰承著

2002 年 4 月 1 版 1 次

11.50 元

大 32 开 200 页

　　本书解答了有关汉字的一百个问题。作者从中西语言文字异同的大视角审察汉字,从古今演变的历史轨迹解析汉字,介绍汉字的起源和初貌、结构形体和新老成员、纵横运用和立法规范,并对电脑输入、网络用字等最新的汉字信息作出预测和展望。

姓氏百问

完颜绍元著

2002 年 4 月 1 版 1 次

14.00 元

大 32 开 248 页

　　这是一本多角度、全方位介绍中国姓氏文化知识的普及读物,用 100 个问答,串联起姓氏的起源和原始状态、得姓的缘由和分类、姓氏的播衍和基本走向、姓氏的源流和相互联系、姓氏的共性和个性、群案与个案、汉族姓氏和少数民族姓氏等等知识内容。

考古百问

陈杰 段炼 郑亚著

2002 年 4 月 1 版 1 次

12.00 元

大 32 开 212 页

　　考古学就是通过古代人类活动遗留下来的实物史料,以研究古代社会历史的一门科学。本书以近百个考古之谜为题,分考古基础、追宗寻祖、万物之始、古墓魅影、史事钩沉、古迹寻踪、证经补史、域外奇珍八辑,回答了读者们感兴趣的问题。

古代典章礼仪百问

华强著

2004 年 7 月 1 版 1 次

14.00 元

大 32 开 240 页

　　什么叫"九鼎"？顶戴花翎是什么东西？什么叫童生试、乡试、会试、殿试？……一系列问题;关涉到中国古代典章、制度、礼仪、风俗等众多文化知识。本书以通俗生动的语言,深入浅出地解答了这些问题。

中国古代科技百问

朱长超著

2002 年 10 月 1 版 1 次

21.00 元

大 32 开 370 页

　　作者以激活思维的独特视角,通过近百个问题,介绍了中国古老的发明、伟大的创造、科学的智慧、科学家的光彩、科学的谜案、中外科技的交流、中国科学的反思等,新解迭出,读来令人警省,使人振奋。

传统文化与人生丛书

《周易》与人生

蒋凡主编

2004 年 4 月 1 版 1 次

20.00 元

大 32 开 356 页

　　全书分自然篇、成长篇、婚恋篇、社交篇、事业篇、为政篇、养生篇、阐释篇、人物篇、占筮篇十大方面,涉及人生的众多领域,将艰深的学术化为一般读者易于接受的人生道理,并在贯通古今中作出现代反思,适合初学者步入深奥的《周易》殿堂。

《世说新语》与人生

申家仁著

2004 年 3 月 1 版 1 次

15.00 元

大 32 开　308 页

　　本书从人情人性、人生意识、生活态度、处世之道、人生智慧、审美追求、个性品位、世风评说等方面，展示魏晋时代丰富多彩的社会生活风貌，个性迥异的人物品行和性格，发掘《世说新语》在社会人生方面对当代人的启示和借鉴意义。

唐诗与人生

洪丕谟著

2001 年 12 月 1 版 1 次

2004 年 4 月 1 版 3 次

15.00 元

大 32 开　332 页

　　作者以唐诗中的名篇警句为契机，结合改革开放的时代和个人经历见闻，渲染人生哀乐、生活风景、世道人心、爱情女性、修养养生、文学艺术乃至禅悦感悟等，别出机杼，令读者恍然有悟，重新审视人生。

宋词与人生

邓乔彬著

2001 年 12 月 1 版 1 次

2002 年 9 月 1 版 2 次

14.00 元

大 32 开　300 页

　　作者从各种流派的宋词中为我们勾勒出爱情、闲情、雅趣、行役、爱国、习俗和咏物等人生画卷，使读者在欣赏宋词的同时，体验当时的人生并有所感悟。

元曲与人生

王星琦著

2004 年 1 月 1 版 1 次

16.00 元

大 32 开　348 页

　　元曲是直面人生的不平之鸣，又是融大俗大雅于一体的大众文化。本书以学术随笔形式，引领读者步入元曲殿堂，品味人生炎凉。既是作者研习元曲数十年的心得，又融入了当今社会转型期的世风评说，更有古今中外哲学家、艺术家的睿智哲语。

佛教与人生

罗伟国著

2001 年 12 月 1 版 1 次

2002 年 9 月 1 版 2 次

12.00 元

大 32 开　244 页

　　佛经中充满了人生哲理，而且佛陀最善于用生动的故事和巧妙的譬喻来说明深刻的道理，让听众恍然大悟。本书通过大量佛教掌故传说，从各个角度联系现实的人生，展开议论，别开生面，多所启迪。

古智今用丛书

调节心态的智慧

夏欣欣著

2004 年 5 月 1 版 1 次

12.00 元

大 32 开　206 页

　　本书通过大量古今中外的有关事例，从宣泄疏导、代偿转移、理性淡忘、反向思维、幽默调节等九个方面，介绍调节心态的方法和途径，使读者以健康的心态去直面人生的挑战。

疑案审断的智慧

徐德清著

2004 年 9 月 1 版 1 次

16.00 元

大 32 开　272 页

　　我国古代有许多破案高手，他们侦破了一个个疑案、难案，为后人留下了大量足可借鉴的破案方式方法。本书选录了古代近百个不同类型的案例，加以综合归类，分为"取证篇"、"审讯篇"、"断案篇"等 8 部分。既有吸引人的故事情节，又有鞭辟入里的分析，同时还能结合当代的同类型案例，比较古今破案方法的异同。

走出误区丛书

哲学的误区

成云雷著

2003 年 1 月 1 版 1 次

11.00 元

36 开　190 页

　　本书分为《本体论的迷雾》、《传统思维方式的局限》等六章，每章下均以人们耳熟能详的若干哲学观点分列小节，加以辨析，并佐以古今中外的生动事例，用活泼的笔调谈严肃话题,不乏盎然趣味。纠偏立正,从而澄清思想,避免陷入误区。

科学的误区

朱长超著

2003 年 1 月 1 版 1 次

10.00 元

36 开　172 页

科学是向未知世界探险,科学家依据有限的条件,背负着特定时期的伦理,在未知王国中跋涉,闯入误区一点也不奇怪。重要的是,后继的科学探索者,应当以古为镜,避开前人曾努力追求却酿成大错的误区,从而打开未知世界中新的门扉。

图说名家格言系列

戴逸如图说

——柏杨格言录

柏杨格言　戴逸如图

2000 年 12 月 1 版 1 次

15.00 元

大长 32 开　图 200 幅　240 页

本书从台湾著名杂文家柏杨先生浩瀚的书卷文字中,撷取了 200 条有关"百姓生活"、"人际交往"、"人格境界"、"男婚女嫁"等人生各方面的格言、警语,由漫画家戴逸如先生配图诠释,让读者在轻松的阅读中,了解柏杨先生深邃的思想。

戴逸如图说

——李敖格言录

李敖格言　戴逸如图

2000 年 12 月 1 版 1 次

15.00 元

大长 32 开　图 200 幅　200 页

本书从台湾著名杂文家李敖文集中,摘录了 200 条格言,由漫画家戴逸如先生精心配图诠释。

陆汝浩图说

——王蒙格言录

王蒙格言　陆汝浩绘图　崔建飞摘编

2001 年 12 月 1 版 1 次

14.00 元

大长 32 开　图 199 幅　216 页

著名作家王蒙先生以敏锐的目光、丰富的阅历以及

深邃的思索,从"天下大事"、"漫漫人生",直谈到"处世社交"、"文学艺术",令读者搜取到打开自己心头之结的钥匙。同时还可对王蒙先生的小说、散文、诗歌等众多文学作品有一个较全面的认识。所配漫画亦幽默隽永,相得益彰。

潘文辉图说

——贾平凹格言录

贾平凹格言　潘文辉绘图

2001 年 12 月 1 版 1 次

13.00 元

大长 32 开　图 176 幅　200 页

本书从蜚声文坛的作家贾平凹先生的大量作品中撷选出有关人生、世态、文化、艺术、休闲乃至自然等方方面面的格言警语,并邀著名漫画家潘文辉先生配以漫画,使读者于轻松阅读之中受到启迪,并了解平凹先生的人格及各阶段作品的概貌。

余熊鹤图说

——魏明伦格言录

魏明伦格言　余熊鹤绘图

2001 年 12 月 1 版 1 次

12.00 元

大长 32 开　图 150 幅　168 页

本书从著名杂文家、剧作家、人称"鬼才"的魏明伦先生历年发表的诸多作品中,收集了一百五十余条有关世事、人生、政经、生活、艺术等方方面面的格言、警语,同时,由漫画家余熊鹤先生配图诠释。

世界十大名人传记丛书

寻梦天涯

——世界十大探险家

张广智主编

1996 年 10 月 1 版 1 次

9.70 元

大长 32 开　212 页

本书记录的是历史上最杰出的十位探险家的寻梦生涯:少小离家以圆其东方梦的马可·波罗,为朝觐而云游天下的伊本·白图泰,发现美洲新大陆的哥伦布,确认新大陆的亚美利哥,印度新航路的发现者达·伽马,首次实现环球航行的麦哲伦,开拓北太平洋航路的白令,指挥三次环球航行的库克,致力于非洲探险事业的利文斯通,实现人类南极梦想的阿蒙森。

通向未来

——世界十大科学家

叶书宗主编

1996 年 10 月 1 版 1 次

8.60 元

大长 32 开　172 页

本书从世界历史上，遴选出十位最具代表性的科学家：古希腊数学家和发明家阿基米德、波兰天文学家哥白尼、英国物理学家和数学家牛顿、英国发明家瓦特、法国化学家拉瓦锡、英国物理化学家法拉第、英国博物学家达尔文、瑞典化学家和实业家诺贝尔、美国发明家爱迪生、物理学家爱因斯坦，着重刻画了他们卓越的才能和非凡的毅力。全书以通俗的文字写就，在予人以科学知识的同时，更多的是启迪。

智慧之光

——世界十大思想家

王德峰 吴晓明著

1996 年 10 月 1 版 1 次

9.90 元

大长 32 开　236 页

本书收入西方十大最具代表性的思想家：柏拉图、亚里士多德、培根、笛卡儿、卢梭、康德、黑格尔、马克思、尼采和罗素。这些思想家都具有里程碑的意义。本书如一部浓缩的西方思想史，有较强的知识性和可读性。

君临天下

——世界十大帝王

沈坚主编

1996 年 10 月 1 版 1 次

9.50 元

大长 32 开　204 页

入选本书的世界十大帝王：亚历山大大帝、奥古斯都、查理大帝、威廉一世、穆罕默德二世、阿克巴大帝、路易十四、彼得大帝、腓特烈大帝、明治天皇，多以其超群的文韬武略、过人的才识决断，叱咤风云，震烁古今；又以其鲜明的个性、出众的魅力，吸引着后人无数次地重温他们的人生经历。

血火苍穹

——世界十大军事统帅

顾云深主编

1996 年 10 月 1 版 1 次

9.70 元

大长 32 开　212 页

本书选择了汉尼拔、恺撒、纳尔逊、拿破仑、加里波第、山本五十六、隆美尔、麦克阿瑟、艾森豪威尔、朱可夫等十大军事统帅，撇开了政治观念和意识形态，从纯职业军人的角度加以描述，对读者了解战争及战争艺术有所裨益。

玉帛干戈

——世界十大外交家

陈潮 胡礼忠主编

1996 年 10 月 1 版 1 次

9.30 元

大长 32 开　200 页

本书所选人物都是真正具有世界意义的国际外交界的顶尖人物：法国的塔列兰，德国的俾斯麦，日本的伊藤博文，美国的塔夫脱、威尔逊，意大利的齐亚诺，前苏联的莫洛托夫等等。读者将通过这些人物在当时的历史条件下所掀起的幻变风云，而感受到近现代史上国际大局势的一个侧面。

工贸奇才

——世界十大企业家

朱煜善主编

1996 年 10 月 1 版 1 次

9.50 元

大长 32 开　204 页

本书遴选了最具代表性的十名世界级大企业家：美国的卡内基、福特、洛克菲勒、摩根，日本的松下幸之助，法国的皮尔·卡丹，英国的塞缪尔，荷兰的菲利浦兄弟，德国的西门子和本茨。本书描述了他们各自独特的出身、经历、奋斗史，他们优良的性格特征和心理素质以及成功的企业管理思想和经验。

文苑英华

——世界十大文豪

侯维瑞主编

1996 年 10 月 1 版 1 次

9.80 元

大长 32 开　216 页

本书从世界文学发展的长河中遴选出十位杰出的

文学大家：意大利但丁、西班牙塞万提斯、英国莎士比亚、法国莫里哀、德国歌德、法国雨果、法国巴尔扎克、英国狄更斯、俄国托尔斯泰、美国马克·吐温，叙述了他们的生平和成就。这些文学家不仅在文学史上占据了最重要的地位，而且在时代、地域和文学形式上有一定的代表性。借助本书，读者可以对世界文学史有一个粗略的了解。

乐神之子
——世界十大音乐家

方立平著

1996 年 10 月 1 版 1 次

9.80 元

大长 32 开　216 页

本书从西方近三百年来的音乐家中选出十位最著名的大师，巴赫、海顿、莫扎特、贝多芬、舒伯特、柏辽兹、舒曼、肖邦、李斯特和柴可夫斯基，介绍了他们的生平和主要作品。揭示他们的性格特征与创作个性之间的联系，为读者提供了欣赏和理解这些大师作品的钥匙。

画坛巨擘
——世界十大美术家

欧阳英主编

1996 年 10 月 1 版 1 次

9.00 元

大长 32 开　188 页

本书介绍的都是文艺复兴时期以来最杰出的风格各异的美术家，他们是达·芬奇、米开朗琪罗、丢勒、鲁本斯、伦勃朗、德拉克洛瓦、罗丹、凡·高、马蒂斯及毕加索等。本书以分析作品为基本线索，勾勒出他们的生活和创作历程以及与之相关的各种轶闻。

二十世纪世界名人丛书

十大美术家

欧阳英编著

2001 年 4 月 1 版 1 次

15.70 元

长 32 开　280 页

马蒂斯、毕加索、康定斯基、达里……这些里程碑式的美术家们，以各自对艺术的领悟和感受，寻求对以往艺术精神的突破与创新，以至整个 20 世纪美术流派纷呈，"主义"泛行。本书在对十位现代美术大师述传的同

时，从他们的创作理念及背景入手，着重厘清其艺术风格的沿变。

十大音乐家

杨燕迪主编

2001 年 1 月 1 版 1 次

12.00 元

长 32 开　260 页

本书所记的马勒、德彪西、斯特拉文斯基、卡拉扬等十位顶尖音乐家是 20 世纪多元化音乐风格的公认代表和具体体现。

十大文豪

张伊兴主编

2000 年 12 月 1 版 1 次

12.80 元

长 32 开　280 页

本书所记的萧伯纳、乔伊斯、劳伦斯、福克纳、罗曼·罗兰、托马斯·曼、海明威、高尔基、泰戈尔、川端康成均为享誉世界的一代文豪，其中的绝大多数都获得了文学殿堂的皇冠诺贝尔奖。本书既有作家生平概述，又有主要作品的重点分析，并阐述其生平对作品风格产生的影响。

十大企业家

胡礼忠主编

2001 年 2 月 1 版 1 次

12.80 元

长 32 开　280 页

本书介绍了 20 世纪世界十大企业家的传奇人生，总结了他们独特的管理思想、管理方法。其中既有杜邦、波音、摩托罗拉、索尼这些国际知名品牌的创立者，也有"希腊船王"、"现代之父"，还有像塔塔这样并不广为人知的业界明星，至于默多克、比尔·盖茨，他们创建的"传媒帝国"、"微软帝国"正以惊人的速度深刻地影响着人类社会，因此也成为本书不可或缺的篇章。

十大思想家

张汝伦主编

2001 年 2 月 1 版 1 次

12.80 元

长 32 开　270 页

20 世纪是思想大家辈出的时代。本书选收的 10 位思想家，从弗洛伊德、马克斯·韦伯到海德格尔、福柯，以其于人类思想史的影响而言，无一不是跨时代的巨人。而他们的思想也已从对形而上学的偏爱转移到了对现实性与经验性的关注。本书记录了他们深邃睿智的思想，相信读者从中能受到启迪。

百　一　丛　书

百世一断
——历史的第二种读法
史良昭撰

2007 年 8 月 1 版 1 次

28.00 元

20 开　208 页

本书精选历代咏史诗 119 首予以简注与评说，内容自上古至南宋。作者未沿袭俗套对这些诗作一般艺术鉴赏，而主要着力于就原诗所涉之历史人物、历史事件及相关背景的评议解析，将纷繁复杂的中国历史，简明清晰地浓缩在寥寥十余万言中。

百地一吟
——与山水名胜互动
曹明纲撰

2007 年 8 月 1 版 1 次

30.00 元

20 开　244 页

中国山河秀美，与山水风光相得益彰的还有辉煌灿烂的人文景观和古迹名胜。山水名胜给历代文人以创作的灵感和激情，历代题咏给山水名胜带来享誉海内的知名度。旅游诗作正是在这种互动中得到发展，成为中国传统文化中令人瞩目的瑰宝。全书遴选一百首历代优秀篇什，通过娓娓动听的解读，引领你去神游九州美景。

百人一诗
——传递生命的感悟
丁如明撰

2007 年 8 月 1 版 1 次

28.00 元

20 开　224 页

此书择古代诗人百家，各选诗一首，不限诗体，皆为各人的代表作。遴选的各家各作均为最令人感悟的作品，其年代上至汉魏，下至清代。作者介绍原作品本事及相关的知识，揭示诗歌的内在意蕴和精妙构思，使读者可以从中获取关于诗人与诗作的丰富信息。

百家一说
——倾听圣贤的声音
朱刚撰

2007 年 8 月 1 版 1 次

28.00 元

20 开　216 页

本书选取传统中国百位圣贤，各录一段精辟的议论，或一个有启发性的小故事，配以注释和评析。内容生动展示圣贤们在各自的生存环境中生发的对人类命运或历史发展的独特思考，以及在面对具体事件、具体现象时作出的富于创造性和机智感的应对。这是一百盏智慧之灯，再现传统思想的灿烂星空，启迪今人的谛视与凝思。

百川一月
——释迦牟尼的前生
陈开勇选译

2007 年 8 月 1 版 1 次

26.00 元

20 开　192 页

这是一本讲述佛教本生故事的书籍。所谓"本生"，主要是指释迦牟尼在今世以前的无数世中以国王、婆罗门、各种动物等不同的身份修行菩萨道的事迹，本书遴选艺术性、趣味性较强，对东西方文化影响深远，兼顾佛教理论的特征的故事，如瞎子摸象、九色鹿、淫女、寻妃记、丑王子与美公主、莲花夫人、舍身饲虎、死亡之音等。以便读者从中了解佛教的源起和本义。

百僧一案
——参悟禅门的玄机
周裕锴撰

2007 年 8 月 1 版 1 次

28.00 元

20 开　216 页

本书精选禅宗史上一百位高僧的一百则著名公案，加以注释及讲评。公案原指官府的案牍，禅宗用以特指祖师具有典范性质并可资判别教理的言行。禅僧们或采取各种反常的言说方式；或是作势棒喝、拈花指月，以怪异的动作颠覆有声的语言。这使得禅门公案无法依据日常经验逻辑来理解,给普通读者造成阅读障碍。本书在每篇的讲评中,能突破禅师奇特荒诞言行排成的迷阵,以精畅的语言,清楚明白地阐释其背后蕴涵的真实禅意。

其　他

千年眼文丛

桑槐谈片

何满子著

2005 年 4 月 1 版 1 次

19.00 元

大 32 开　240 页

　　本书是著名学者、散文家何满子先生的读史随笔。这些文章,上自"天人合一"、"内圣外王"这些中国历史上的大命题,下至名伶裁缝、窃书趣闻等街巷琐事,皆信手拈来,衍成奇文。

草桥谈往

陈四益著

2005 年 4 月 1 版 1 次

20.00 元

大 32 开　260 页

　　本书是著名作家陈四益先生的读史随笔。上下古今,出经入史,断想零思无非妙语,嬉笑怒骂皆成文章。书中《四库四记》、《一本可怕的书》、《娃娃与读经》以及竹林七贤诸篇,皆精彩绝伦,发人所未发,充满了犀利的思想和高超的智慧。

沙滩碎语

牧惠著

2005 年 4 月 1 版 1 次

18.00 元

大 32 开　252 页

　　作者系著名的散文家,他从历史上或当今社会的某种现象出发,引经据典,阐发自己的联想与观点,读来十分有趣。有些文章不仅是历史的启示,更有警世的作用。

人在史中

李乔著

2005 年 4 月 1 版 1 次

20.00 元

大 32 开　256 页

　　本书是著名报人李乔先生的读史随笔,内容上至秦汉,下迄明清,其中不乏警策之作,如《剃头痛史》、《从〈正红旗下〉看晚清旗人的阿 Q 心理》、《中国民众造神史的一个个案》等,皆能发人所未发,有着思想的闪光,给人以智慧和启迪。

今古一线

王春瑜著

2005 年 4 月 1 版 1 次

22.00 元

大 32 开　276 页

　　本书系著名明史专家王春瑜先生的历史随笔精选。书中既有评论古今历史得失,发人深省之作,又有考证名物制度,博雅风趣之篇。拈出的是前朝旧史,落墨却在当下现实,史识、史心、史眼,毕现于笔底行间。

大梦谁觉

伍立杨著

2005 年 4 月 1 版 1 次

18.00 元

大 32 开　230 页

　　本书系著名散文家伍立杨先生的力作汇编。作者于民国史深有研究,本书收入的《报纸和文言》、《性格与命运》、《杨军长的爱情观》、《孙中山的人格内涵》等等,都是具有真知灼见的篇什。其行文汪洋恣肆,不拘常格,表现出作者不愿受束缚的思想个性。

孤山踏雨

熊召政著

2005 年 4 月 1 版 1 次

17.00 元

大 32 开　210 页

　　作者于踏访历史名胜之时、披阅史乘之余,每有所感,遂发之于笔端,如《孤山踏雨》、《游真如禅寺》、《红豆》、《中国士大夫的山林之趣》、《欢喜佛与媚态观音》、《闲话历史真实》、《治疗现代商业社会的药方》等等,皆其中的妙笔。

随 笔 札 记

海日楼札丛(外一种)

沈曾植著　钱仲联编辑

1962 年 7 月 1 版 1 次

2009 年 3 月新 1 版 1 次

38.00 元

大 32 开　500 页

　　沈曾植是清末著名学者,著述甚丰。《海日楼札丛》及所附之《海日楼题跋》是他治学的读书札记和书画碑帖的知见录,反映沈氏的学术倾向和治学方法,并提供这一时期历史地理、文学艺术等方面的一些研究材料。此次重版校订了一些错误,使原书更臻完善。

读人所常见书日札

吴小如著

1958 年 9 月 1 版 1 次

0.48 元

32 开　159 页

　　本书分读《左传》日札、读《论语》日札、读晚清小说日札、零拾几个部分。

思辨短简

王元化著

1989 年 12 月 1 版 1 次

3.60 元

大 32 开　112 页

　　王元化先生是海内外知名度很高的学者、文艺评论家。本书收录了他 50 年文坛生涯中的得意之作,包括文化反思、人物评述、哲学探讨、学术考辨、治学方法、文艺评论等方面。

九十年代反思录

王元化著

2000 年 12 月 1 版 1 次

25.00 元

大 32 开　394 页

　　反思,是对以往思想的哲学批判与扬弃,是"重估一切价值"的过程。本书收录了王元化先生 20 世纪 90 年代以来的各类反思文字,真切地反映了作者的思想历程,其内容广涉思想史研究与人物评述,既有对个人治学轨迹的回顾与再认识,也有对处于转型期中的中国文化的深切思考。

九十年代日记

王元化著

2008 年 8 月 1 版 1 次

精装 68.00 元

16 开　408 页

　　王元化先生是当代著名思想家、学者。在他的一生中,不断进行反思,而 20 世纪九十年代,他的思想真正进入了一个自由成熟的境界。为了把自己的所见所闻所感所思和自己思想的演变过程全都记录下来,王先生坚持记日记,于是就有了这部《九十年代日记》。这部日记与我社出版的《九十年代反思录》是姐妹篇,是王先生晚年最重要的著作之一。

思辨录

王元化著

2004 年 4 月 1 版 1 次

精装 68.00 元

20 开　550 页

　　本书收录王元化先生 1940 年至 2002 年的各类思辨札记。范围广涉人物、思想、历史、哲学、美学、鉴赏、考据、训诂及译文校订等等。从中不仅可窥作者之治学历程,更可见一种贯通中西、融铄古今的真学问、真思想;一种持守如一、特立卓行的真精神、真性情。

榆下杂说

黄裳著

1992 年 8 月 1 版 1 次

1997 年 4 月 1 版 2 次

11.30 元

大 32 开　268 页

　　黄裳先生是著名学者、藏书家,尤其熟悉明清两代的书籍和版本。本书记述书籍版本源流,刻工优劣,书林掌故,以及与书籍和著者有关的史事,对研究明清两代的历史、文学和图书版本均有重要的参考价值,是一部风格鲜明的学术随笔。

识史集

唐振常著

1997 年 4 月 1 版 1 次

11.00 元

大 32 开　260 页

　　本书作者唐振常先生是一位历史学家,同时又是一位老新闻工作者,兼具记者的慧眼和历史学家的卓识,在《识史集》中,他以洒脱、犀利的笔触叙述着历史,点评着历史人物,曾国藩、李鸿章、左宗棠、张之洞、辜鸿铭……一个个有血有肉地站在了读者的面前。作者似乎在不经意间挥洒着他的史识和史才。

问思集

钱伯城著

2001 年 9 月 1 版 1 次

21.00 元

大 32 开　380 页

　　本书系作者 1996—2000 年的杂文、随笔等之合集，共达 54 篇。作者以敏锐的眼光、缜密的思辨、犀利的文笔，企求做到"关乎大体、切乎日用"。文章朴素无华，但每每切中时弊，使人时有"这正是我的心声"之感。

中古文人风采

何满子著

1993 年 2 月 1 版 1 次

1997 年 4 月 1 版 2 次

11.60 元

大 32 开　276 页

　　本书是一组读史随笔，对自汉末至魏晋时期的众多文人名士逐一加以评析，兼及若干重要的中国历史文化现象，总结历史的经验，揭示人生的哲理。

忌讳及其它谈片

何满子著

1998 年 6 月 1 版 1 次

9.00 元

大 32 开　164 页

　　作者为国内著名的杂文家，本书由三部分组成：一、"中国人的忌讳"，对各种忌讳现象，如婚配忌讳、血型忌讳、服饰忌讳等，联系古今，探索其源，并穿插不少有关的遗闻佚事。二、"杂览谈片"，借古喻今，鞭挞和嘲讽了现实生活中的丑恶现象。三、"茶事琐述"，专谈有关茶的掌故、习俗，以及饮茶艺术等。

读鲁迅书

何满子著

2002 年 12 月 1 版 1 次

12.00 元

大 32 开　94 页

　　本书是作者数十年来阅读鲁迅书的体会。作者把鲁迅的作品放在特定的时空语境，针对近来有关鲁迅生

前身后所发生的重大事件，以及作品中所涉及的胡适、顾颉刚、林语堂、徐志摩、周作人等文化人的评论热点，依据史实，作了分析，彰示鲁迅的伟大人格魅力。

清华园感旧录

鲲西著

2002 年 6 月 1 版 1 次

15.00 元

大 32　开　200 页

　　本书分四部分，第一部分为"感旧录"，是作者回忆在 20 世纪 30—40 年代于清华大学读书时的一些名人逸事。第二部分为"人物评论"，主要涉及中国近现代文学史中的一些重要人物。第三部分为"书窗随笔"，主要涉及西方近现代文学、哲学名人及其著作。最后是两则"传记小品"。

闭关录

金性尧著

2004 年 3 月 1 版 1 次

22.00 元

大 32 开　236 页

　　本书共收录文章 75 篇。内容涉及旧籍新谈、史实考辨、著作的前言后记及抒情性文章。作者对历史上的典型人事如"樊哙"、"乐不思蜀"等，皆有细密的解说和客观的评价；对经典疑案如"秦始皇生父案"、"董小宛之死"等，皆收罗丰富史料，经精审辨析后得出深刻独到的见解。抒情类作品是作者回忆往事、感悟生命的结晶，是真性情的流露，蕴含丰厚的人生况味。

黄昏小品

周劭著

1995 年 9 月 1 版 1 次

1997 年 4 月 1 版 2 次

11.90 元

大 32 开　256 页

　　本书收录漫谈文史掌故的小品共 76 篇，大致可分几类：一、谈明清史中的人物和轶事；二、近、现代名人趣闻；三、日常生活中的杂感随笔；四、上海、苏州地区的地方掌故。这些小品能使人在轻松随意的阅读中，获得正规学术著作中得不到的宝贵知识。

向晚漫笔

周劭著

2000 年 11 月 1 版 1 次

12.70 元

大 32 开　220 页

　　周劭先生写下大量的掌故文章,刊于报章杂志,谈今说古,中西兼容,娓娓道来,意趣盎然。本书按内容分为四部分:"Y·2K 人和事(记近二百年来的人事掌故)","职官趣谈","门外谈文","淞滨沧桑",都是很可一看的文章。

缀古集

李学勤著

1998 年 10 月 1 版 1 次

17.20 元

大 32 开　310 页

　　在一般人的眼里,古文字考释、文物考证是一门非常艰涩深奥的学问,但本书却能深入浅出,将我国古代文明的历史娓娓道来,颇能引人入胜。

探古新痕

金克木著

1998 年 12 月 1 版 1 次

13.80 元

大 32 开　304 页

　　金克木先生是著名的中西文化比较研究学者,他凭借其深厚的国学根柢,对中国文学、史学、哲学、美学进行广泛而深入的研讨,见解新颖、精当。本书视角独具,涉及面广,汇聚了作者对中国文化的真知灼见。

灵台叩问录

叶鹏著

2000 年 5 月 1 版 1 次

32.00 元

大 32 开　578 页

　　《红楼梦》对中国人的伦理道德、思维方式和人生态度的剖析切中肯綮,本书即借《红楼梦》中的一段情节、一句对话、一个眼神、一声叹息为因由,借题发挥,对人生哲学、人的心态进行评判分析。所谓"灵台",即"灵府",心也。灵台叩问,即是对人的心灵的探索与审问。

诗境徜徉录

叶鹏著

2002 年 9 月 1 版 1 次

25.00 元

大 32 开　220 页

　　本书作者选录百篇名家诗作,分为写景、状物、叙事、抒情、悟理、讽喻等六部分,带你进入诗的意境之中,徘徊徜徉,享受隽永的审美情趣,领略深刻的人生感悟,获得处世做人的启示。每篇配有精美印章。

丰子恺随笔精粹

丰子恺著　丰陈宝　杨子耘编

2004 年 4 月 1 版 1 次

25.00 元

24 开　232 页

　　本书从丰子恺随笔中精选出 57 篇。丰子恺先生的大女儿丰陈宝在序言中写道:"那一篇篇随笔,比如《渐》、《作客者言》、《作父亲》、《楼板》、《杨柳》等等,就像那寥寥几笔一气呵成的'子恺漫画'一样,无不是以简洁、风趣、隽永、练达的笔触,写出了一个深邃的、让人回味无穷的、带有哲理性的深刻道理。"她还为父亲的文章注出年代,对文中的一些方言和读者可能不理解的地方一一加注说明。

史镜启鉴录

曹正文著

1992 年 9 月 1 版 1 次

2.80 元

长 36 开　104 页

　　本书是作者在长期阅读史书时,写下的近 70 篇随笔。作者在书中博取约出,或一人,或一事,或连类而及,谈古说今,有感而发,时有新意创见。

兼于阁杂著

陈声聪著

2002 年 6 月 1 版 1 次

12.00 元

大 32 开　180 页

　　本书以文史随笔为主,举凡风土人情、梨园旧事、绘画篆刻、诗文品味、故交佚闻、名流趣事等,多有涉及。虽片言只语为多,然可资谈评,足供引征。尤其是书中的诗文序跋及与海上闻人周退密评诗词书画篆刻的唱和之作近百首,可见文坛风气和文艺创作主张。

书城琐记

骆兆平著

2000 年 12 月 1 版 1 次

21.00 元

大 32 开　280 页

　　本书著者曾主政天一阁,积累了丰富翔实的资料,潜心钻研考证,以生花妙笔,将以天一阁为中心的整个浙东地区藏书文化记述得清楚详明,娓娓道来,如数家珍。

早慧的文明

何小颜著

2002 年 12 月 1 版 1 次

2003 年 1 月 1 版 2 次

36.00 元

20 开　284 页

　　该书用文化漫笔和笔记体的形式介绍中国历史文化的角角落落,枝枝叶叶。全书近百则,内容丰富多彩,题材广泛,涉及神话、哲学、饮食、物品、技艺、花卉、动物等诸方面,从中可以看出中国历史上鲜为人知的世态风物与民俗人情,其考辨评议,富有创见。

古今一理

　　——王曾瑜读史杂感

王曾瑜著

2013 年 4 月 1 版 1 次

58.00 元

16 开　384 页

　　本书是作者几十年读史治史心得的总结,有作者对古代一些社会现象的思考,也有对历史上有争议人物事件的考辨;有对古代名物制度的考证发明,也有如何读史治史的经验总结;有对史学界前辈的纪念和回忆,也有从历史角度对一些时弊的剖析批评。作者正是要从古今史事中,找出贯穿其中的道理,揭示于公众。

从剑桥到哈佛

黄嫣梨著

2013 年 5 月 1 版 1 次

22.00 元

24 开　160 页

　　香港著名学者黄嫣梨女士用细腻的笔触、流丽的语言将三十余年游学海内外的不同寻常的经历和悲欢离合,凝成一篇篇言简意赅、富有文采的游记、随感、抒怀短章,从多个角度体现了她难得的学品和人品。这些散发着或淡或浓的学者风流余韵的散文,既记录了她求学历程的艰辛和坚持,也展示了她对生活的热爱和思考,对读者极富教育和启发意义,不失为人生倦旅的驿站和启路明灯。

我的大学生活

曹倩著

2010 年 3 月 1 版 1 次

68.00 元

大 20 开　294 页

　　本书即是通过一个硕士生的自述,从一个侧面,展示了多姿多彩的大学校园生活。其中"我的学研"一章,汇集了作者遴选的论文与读书心得,角度多元,不乏真知灼见。"我的社会大课堂"则真实地记录了作者的"支教"经历,以及由此生发的种种感叹与感想。"我的博客""晒"出自己在紧张学习工作之余,游览祖国大好河山的趣闻轶事。于书中可窥新一代大学生的人生观、价值取向,以及精神风貌。

风过疏竹

卢洪献著

2010 年 7 月 1 版 1 次

精装 42.00 元

16 开　220 页

　　本书系作者多年来所写文章的结集,共分四个部分:一、蓦然回首;二、屐痕处处;三、亦真亦幻;四、言所欲言。文字清新,感情真挚,颇可一读。

见思录

俞富章著

2010 年 12 月 1 版 1 次

2011 年 6 月 1 版 2 次

精装 46.00 元

16 开　304 页

　　本书以近年发生的诸多司空见惯了的社会现象为焦点,围绕生命、世事、修养、自然、情感等诸方面,通过深入浅出地分析,贴近生活地探讨和旁征博引地论证,揭示出种种症结要害,以期点醒大众。

情关西游

　　——从《西游记》到《西游补》

张怡微著

2016 年 6 月 1 版 1 次

精装 38.00 元

32 开　160 页

　　作者写孙悟空好名的性格与未名的命运,超越的渴望与术能的局限,写他的虚无与情难,递迁与狼藉,眼泪与心魔。《西游记》借小说这一"末技"关照"世道"中情义的方方面面,读者也借由"西游"这面镜子反观自身,追随行者一路趱程。情关如浊水,我们与行者共同渡越。

（五）工　具　书
字　典　辞　典

说文解字

[汉]许慎撰　[宋]徐铉等校

2007 年 8 月 1 版 1 次

2015 年 8 月 1 版 7 次

精装 88.00 元

大 32 开　1204 页

　　《说文解字》是我国第一部分析字形、说解字义、辨识声读的字典,也是研究汉民族语言文字系统的专著。本书以清同治十二年陈昌治校刊本为底本标校整理,具有以下特点:(1)编制《说文部首目录》,篆楷对照,并加注汉语拼音。(2)全书标点,并对人名、地名、国名等加标专名线。(3)全书按篇标识部首,篆文字头加相应楷体,并对徐铉标注的反切全部加注汉语拼音。(4)改正原书错漏近 50 处,均加按语。(5)书末附部首检字表、音序检字表。

说文解字注

[汉]许慎撰　[清]段玉裁注

1981 年 10 月 1 版 1 次

2015 年 7 月 2 版 24 次

精装 128.00 元

16 开　1060 页

　　《说文解字》是我国第一部据六书理论编制的字典。清代著名文字音韵训诂学家段玉裁为之作注,他将许书一一加以阐发,进行考辨,被公认为注释《说文》的权威著作。这次影印,用经韵楼原刻为底本,并加圈点断句,书眉加注相应楷字,与篆文相对照;勘误的篆文及避讳字,俱予改正;书末附楷字检字表。

唐写本玉篇校段注本说文

徐前师著

2008 年 1 月 1 版 1 次

28.00 元

大 32 开　308 页

　　上世纪初黎庶昌、罗振玉影印日本所藏唐写本《玉篇》残卷,其间存有许多引自许慎《说文》训释词语,多与现今传本《说文》不一。由于《玉篇》作者顾野王去东汉不远,《玉篇》当更多保留了许慎《说文》之原貌。现作者据以校段玉裁《说文解字注》,依残存部首逐字比勘,订谬校讹,辨明缺衍,力求还东汉许慎时代《说文解字》原貌。

说文解字集注（全三册）

蒋人杰编纂　刘锐审订

1996 年 10 月 1 版 1 次

2009 年 6 月 1 版 2 次

精装 280.00 元

大 32 开　3296 页

　　《说文解字》是我国第一部系统地分析字形、考究字源的古汉语字典名著,以清段玉裁《说文解字注》最为重要。但时至今日,段注的局限性已愈加显明。本书甄录乾嘉以来数百家研究《说文》之精华,吸取今人的全部最新成果,堪称一部集古今之大成的《说文解字》全新注本。

黄侃手批说文解字

黄侃批校

1987 年 7 月 1 版 1 次

精装 95.00 元

16 开　1016 页

　　黄侃(字季刚)先生是章太炎的学生,近代著名的学者和小学大师。这部《黄侃手批说文解字》,原是他批读的稿本,书中写满批语和校读符号。现据武汉大学珍藏的原批稿本影印。卷首有黄焯撰写的序言和符号说明。

说文解字义证

[清]桂馥撰

1987 年 3 月 1 版 1 次

精装 23.00 元

16 开　152 页

　　本书博引群书,以证《说文》,并订正讹误。段玉裁

《说文解字注》以精著称,桂馥《义证》则以博取胜。二书并为文字学研究名著,相辅而行,各有所长。据连筠簃原刻本影印,并附桂馥传记、校例、序跋题记等,书后编有四角号码索引。

实用说文解字

臧克和 刘本才编

2012 年 8 月 1 版 1 次

精装 98.00 元

大 16 开　556 页

　　本书以宋本《说文》为底本,利用华东师范大学中国文字与应用中心多年建造的文字库,采用真实的甲骨文、金文、古币文、古玺文、帛书等照片代替摹写,有助于提高篆文的认知能力和文字演变过程的研究。

康熙字典(王引之校改本)

[清]张玉书等编撰　王引之等校订

1995 年 12 月 1 版 1 次

2015 年 5 月 1 版 17 次

精装 198.00 元

16 开　2216 页

　　《康熙字典》收字多达 47000 余个。但初纂存在引文讹谬等诸多缺陷。清道光间,著名学者王引之等 94 人奉命校订、重刊《康熙字典》,校改引文、字头、释义以及例证与义项等错误共 2588 条。这次使用的道光重刊王引之校改本远较现行诸本正确完善,是《康熙字典》的最佳版本。附王氏家刻本《字典考证》、国内罕见的日本渡部温《康熙字典考异正误》、新编四角号码索引。

经典释文

[唐]陆德明撰　张一弓点校

2012 年 12 月 1 版 1 次

精装 198.00 元

16 开　708 页

　　《经典释文》主要为古代经典注音和释义,同时考辨经籍字句,共收录汉魏六朝二百三十余家的音切与训诂,有些音训原书现已亡佚,赖该书而流传至今。本次以国家图书馆藏宋元递修本之影印本为底本。

经典释文

[唐]陆德明撰

1980 年 11 月 1 版 1 次

新版 2013 年 12 月 1 版 1 次

新版 2016 年 4 月 1 版 3 次

精装 280.00 元

32 开　1812 页

　　《经典释文》三十卷,首列"叙录",综述经学传授源流,继释十三经。所采汉魏六朝音切有 230 余家,又兼载诸儒之训诂,以证诸经各本的异同,集汉魏以下校勘学的大成。后世考诸经古义,除注疏外,赖此书以传。本书据宋刻宋元递修本影印。

玉篇校释(全六册)

胡吉宣著

1989 年 9 月 1 版 1 次

精装 704.00 元

16 开　3111 页

　　南朝梁顾野王(公元 519—581)所著《玉篇》,是继《说文解字》以后又一部重要字典,收字比《说文》多出六千,释文内容丰富,具备了近代词典的雏形。原本在中国已经亡佚,通行的是唐宋人修订的简本。20 世纪初,在日本发现了唐写本《玉篇》残卷,字头下释文字数要比通行本多出十倍甚至几十倍。本书以通行本为基础,加进新发现的原本内容,从中日古辞书中辑出大量《玉篇》原本文字,是最详备的《玉篇》校注本。现用手稿影印,附四角号码索引。

类篇(附索引)

[宋]司马光编

线装 1984 年 8 月 1 版 1 次

1988 年 7 月 1 版 1 次

精装 16.65 元

大 32 开　488 页

　　《类篇》是与《集韵》有密切联系的一部字书。继承了《说文解字》、《玉篇》的体例,着重于探讨字源,讲古音古训,阐明古今文字形体之变。本书收 31319 字,增加的新字,是《玉篇》的二分之一。据上海图书馆所藏汲古阁影宋抄本影印,是目前能看到宋本面目的唯一本子。附四角号码索引。

经籍籑诂附校勘记笔画、四角号码索引

[清]阮元主编

1989 年 10 月 1 版 1 次

精装 55.70 元

16 开　712 页

《经籍籑诂》是我国古代最重要的辞书之一。按诗韵分部，一韵一卷，将唐以前经史子集重要文献及其传注中的训诂材料汇于有关字头之下，其材料之丰富、编纂之精审，为古代同类辞书所不及，是阅读古籍和研究古文献中字、词义的良好工具书。现以阮氏嫏嬛仙馆初刻初印本为底本，加上断句，逐条校勘引文讹误，附校勘记和四角号码、笔画两套索引，是现今通行本中最佳之本。

正续一切经音义 附索引两种（全五册）

[唐]释慧琳　[辽]释希麟撰
1986 年 10 月 1 版 1 次
1988 年 3 月 1 版 2 次
精装 72.00 元
大 32 开　2944 页

本书包含《一切经音义》一百卷，《续一切经音义》十卷。两书引《韵音》、《考声》、《切韵》，以释其音。引《说文》、《字林》、《玉篇》、《字统》、《古今正字》、《文字典说》、《开元文字音义》，以释其义。十书所不备者，则探讨诸经史百家学说，佚文秘籍，引用者凡 740 多种，另兼采各家所撰的《音义》。据日本狮谷本影印。

一切经音义三种校本合刊索引

王华权　刘景云编撰　徐时仪审校
2010 年 8 月 1 版 1 次
精装 78.00 元
16 开　368 页

玄应、慧琳和希麟三部《一切经音义》是中古时期佛教音义著作的集大成者，总计 135 卷，广泛收集汉译佛经中的词语（其中普通语词占九成以上），析字、辨音、释义，所引古代文献及字书、韵书甚多，其中不乏佚书及有校勘价值者。徐时仪《一切经音义三种校本合刊》出版时，因各种原因，原书未附索引，今作者特请人编撰了笔画和四角号码索引，以便研究者参考使用。

辞通（全二册）

朱起凤编纂
1982 年 6 月 1 版 1 次
1994 年 4 月 1 版 5 次
精装 60.00 元
32 开　1640 页

《辞通》是一部辞书，以同音通假、义同通用的训诂学原则来处理古汉语中同词异形的现象，所收词目以双音词为限。编者运用"因声求义"的方法，把一些音义相关的词类聚起来，用例注明书名、篇名、卷次，有些词目下还注明音义。全书按 106 韵的次序排列，书末附有四角号码索引和笔画索引。以原开明书店 1934 年版为底本影印。

辞通续编

吴文祺主编
1991 年 12 月 1 版 1 次
精装 13.10 元
32 开　243 页

《辞通》是一部使用价值非常高的语词工具书，它收的连绵词较一般辞书完备，历来与《辞海》、《辞源》并称"三辞"。《辞通续编》新收词目数千条，并对《辞通》原书中一些遗误有所纠正，为《辞通》配套之书。附四角号码和笔画索引。

明清俗语辞书集成（限国内发行）（全三册）

[日]长泽规矩也编
1989 年 11 月 1 版 1 次
精装 77.00 元
大 32 开　1534 页

本书收有《俚言解》、《世事通考》、《雅俗稽言》、《目前集》、《常谈考误》、《异号类编》、《称谓录》、《通俗常言疏证》、《谈徵》、《俗语考原》等 20 种，大多是稀见的善本及流传不广的明清刻本。附四角号码索引。

清史满语辞典

商鸿逵　刘景宪　季永海　徐凯编著
1990 年 9 月 1 版 1 次
4.90 元
长 32 开　186 页

本书为清代职官方面的工具书，主要解释清代史籍中出现的满名汉字音译的衙署、职官、封爵赐号名，也包括部分地名、部族名及其他用语。

诗词曲语辞汇释

张相著
2009 年 12 月 1 版 1 次
2014 年 12 月 1 版 2 次
精装 68.00 元

大 32 开　820 页

　　诗词曲语辞者,即约当唐宋金元明间流行于诗词曲之特殊语辞,自单字以至短语,其性质泰半通俗,非雅诂旧义所能赅,亦非八家派古文所习见也。本书广泛搜集唐宋金元明以来流行于诗词曲中的特殊语辞,旁征博引,详释辞义、用法,及其流变与演化,有极高的学术参考价值。

敦煌变文字义通释

蒋礼鸿著

1959 年 3 月 1 版 1 次

1989 年 2 月 2 版 1 次

1997 年 10 月 3 版 1 次

精装 23.40 元

32 开　720 页

　　唐代敦煌变文是我国古代民间文学中的重要组成部分,对后世民间文学有很大影响。本书取敦煌变文中疑难字义加以考证和解释,对研究汉语词汇史有参考价值。

包山楚墓文字全编

李守奎　贾连翔　马楠编著

2012 年 12 月 1 版 1 次

精装 198.00 元

大 16 开　640 页

　　本书吸收了包山楚墓简牍二十多年来的研究成果,将所有文字精心处理,依例编排,每字之下附有辞例,起到类似古书引得的作用。既是一部多功能的工具书,也是一部极有价值的学术专著。

小说词语汇释

陆澹安编著

1964 年 2 月 1 版 1 次

1979 年 10 月新 1 版 1 次

精装 4.65 元

大 32 开　556 页

　　本书收录了小说词语 8000 余条,选自我国 64 种主要的古典及近代的语体小说。书中对所选词语作了解释,并列举有关例句作为引证。

戏曲词语汇释

陆澹安编著

1982 年 4 月 1 版 1 次

精装 3.45 元

大 32 开　426 页

　　本书是继《小说词语汇释》后编纂的又一部资料性工具书,也是一部比较完备的戏曲词语词典。全书收集并注释了我国古典戏曲词语近 8000 条,释义精确,例证丰富,查阅方便。

实用佛学辞典

佛学书局编

1994 年 11 月 1 版 1 次

26.70 元

大 32 开　1080 页

新版 2013 年 10 月 1 版 1 次

新版 2014 年 9 月 1 版 2 次

精装 198.00 元

16 开　1076 页

　　本辞典收录佛教典籍中的常用语 20000 条,注解简明扼要,不作冗长引证,所引材料都注出处。本次重印,新编四角号码索引附于书后。

成语用法辞典

梁适主编

1998 年 4 月 1 版 1 次

精装 32.70 元

大 32 开　760 页

　　本书收成语 5000 余例,不同于一般的成语工具书,除解释成语音义、举证古书例外,重点是为读者提供现代名家运用成语的范例,以便读者学习运用。

常用成语一字通

本书编写组编写

2001 年 12 月 1 版 1 次

2002 年 3 月 1 版 2 次

18.80 元

大 32 开　436 页

　　一条成语,隐隐约约只记得其中一两字是常有的事。一般的成语词典只能按第一个字来查找,若是第一字想不起来,便无能为力;所谓"一字通",就是指只要知道某成语中的任何一个字,都能在本书中查到所需要的完整成语及简明扼要的解释。本书收录了常用成语

7000 余条。

名句用法辞典

周宏溟编

1989 年 8 月 1 版 1 次

1992 年 8 月 1 版 4 次

精装 11.25 元

大 32 开　368 页

本辞典收录的名言警句，均从先秦至清末的典籍中采撷而出，它们流传长久而又富有实用意义，内容涉及人情、伦理、教育、哲学、文学、艺术、语言、政治、军事、自然各个方面。本书分类编排，每条辞目下分"译注"、"出处"、"用法例解"三个部分。

百科用语分类大辞典

梁适编

1989 年 12 月 1 版 1 次

1990 年 8 月 1 版 2 次

精装 21.90 元

大 32 开　859 页

本辞典自经、史、子、集中选录嘉言隽语近两万条；所收作品起自上古、下迄清末，包括了文、赋、诗、词等体裁，分政治、经济、军事、教育、文学艺术、哲理等 16 大类。各大类下再分小类与子目。凡诗文中有难解或需阐明的词句，酌加简注，附辞条首句笔画索引。

学生作文分类成语词典

伍适主编

2000 年 9 月 1 版 1 次

10.70 元

大 32 开　256 页

这是一本专为小学生、初中生作文时使用成语而编纂的工具书。本书将常用成语 2000 条划分为写人、叙事、状物、抒情、说理 5 大类，下再划分若干小类。每个成语除注音、释义、举例外，还有"提示"，辨析常见错误。附有音序索引。

双体学生实用字典

《双体学生实用字典》编写组编

2004 年 9 月 1 版 1 次

精装 68.00 元

大 32 开　1238 页

本字典共收 7800 个字，字头并列宋体与楷体，供阅读、书写参照。以汉语拼音字母顺序排列，每一字头下依次注明读音、笔画、笔顺、部首、结构，在"字义"中释义、举例，"知识窗"中解释字形构造并说明书写规范。正文后附录汉语拼音方案和各种实用表格。

小学生启蒙字典

达世平主编

1995 年 8 月 1 版 1 次

1999 年 6 月 1 版 6 次

精装 15.00 元

32 开　320 页

这是专供小学一、二年级学生独立使用的字典，对汉字的读法、写法和用法进行了详细的说明与对比。既能解决家长辅导中的困难，又可起到教学规范的作用，并为学生今后使用其他字典打下良好的基础。

常用繁简字实用指南

孙国梁编著

2014 年 12 月 1 版 1 次

2016 年 5 月 1 版 3 次

28.00 元

32 开　252 页

本书对 150 余个常用的兼容字及其对应的繁体字进行释音、释义，并就其字源、沿革和相互关系逐条分析、解释，复杂的文字用法解释得很严谨但又不艰涩，深入浅出，活泼生动。本书是一本既适合文史学习研究案头之用，亦可供一般有兴趣者披览的著作。

古代汉语字典

杨合鸣主编

2009 年 6 月 1 版 1 次

2015 年 5 月 1 版 3 次

精装 55.00 元

大 32 开　716 页

本字典收入古汉语常用单字五千余个。字头以汉语拼音注音，释义力求简明准确，具有概括性，义项能合并者则尽量合并，并注意吸收一些最新研究成果。本字典按音序排列，有音序索引、部首索引、笔画索引，并附繁体字表、异体字表、通假字表等。篇幅适中，使用简捷，故比较适合中等以上文化程度读者学习古代汉语、阅读一般古籍时检索之用。

周易辞典

张善文编著

1992 年 12 月 1 版 1 次

1995 年 5 月 1 版 3 次

精装 31.30 元

大 32 开　518 页

　　这是一部关于《周易》的专题性辞书，共收词目 4608 条，包括《周易》经传要语、《易》学常识、《易》派、《易》例、《易》辞衍用、治《易》名家、《易》学要籍等内容。书前有《易》图、《易》表 29 幅，书后附《分类词目表》、《词目汉语拼音索引》等。

论语辞典

安作璋主编

2004 年 7 月 1 版 1 次

2007 年 2 月 1 版 2 次

精装 42.00 元

大 32 开　442 页

　　本辞典共立目 3000 余条，对《论语》中所有单字、复词、部分词组、短句以及源出《论语》的词语，都作了详尽的诠释。

红楼梦鉴赏辞典

上海市红楼梦学会　上海师大文研所编

1988 年 8 月 1 版 1 次

1989 年 5 月 1 版 2 次

精装 9.90 元

32 开　428 页

　　《红楼梦》中，有名有姓的人物就有四百多个，各种门类的知识五花八门，故事情节呈网状结构。为方便读者查找《红楼梦》中的有关人物、情节、知识，本书共有条目 3400 多条，分人物形象、情节场面、名句俗谚、诗词韵文、历史典故、风俗游艺、生物医药等 14 大类。另外还附有四大家族人物关系表、人物分类表、红学纪事、曹雪芹传略等等 7 个附录。

金瓶梅鉴赏辞典

上海市红楼梦学会　上海师大文研所编

1990 年 1 月 1 版 1 次

1993 年 1 月 1 版 2 次

精装 16.55 元

32 开　576 页

　　本辞典收词目近一万条，分"故事情节"、"人物形象"、"方言俗语"、"诗词韵文"、"历史典故"、"官制礼仪"、"戏曲曲艺"、"宗教哲学"、"风俗游艺"等 14 个门类，可供随时查找《金瓶梅》中的有关问题，为读者提供有关此书的各种知识。

中国古典名剧鉴赏辞典

徐培均　范民声主编

1990 年 12 月 1 版 1 次

1993 年 12 月 1 版 2 次

精装 16.25 元

大 32 开　470 页

　　本辞典精选 318 个著名剧目，以文学剧本为主，兼及舞台表演、声腔曲调，作深入浅出的介绍和赏析。每一剧目均由作家生平、剧情提要、剧本源流、剧本赏析四部分组成，合资料与鉴赏为一集，既是工具书，又是鉴赏入门书。

中国历代人名大辞典（全二册）

张㧑之　沈起炜　刘德重主编

1999 年 12 月 1 版 1 次

2006 年 4 月 1 版 3 次

精装 360.00 元

16 开　3180 页

　　本辞典收列中国远古至清末名人达五万三千四百多位，时间涵盖整个中国古代史，包括文学、艺术、科技、政治、军事、宗教等领域，并关注妇女、工商医卜、少数民族等群体，人物之众，超过现今同类专业工具书。各条目均注最重要的史料来源，引书达千余种。条目按姓氏笔画排列。

中华民国外交史辞典

石源华主编

1996 年 6 月 1 版 1 次

精装 48.60 元

大 32 开　944 页

　　本辞典收录有关民国时期外交史词目三千余条。对民国的重要外交方针、政策、条约、法规、合同、章程、文告、议案，有关的中外机构、团体、组织，重大的外事活动、会议，有影响的外交人物，涉及外交的书刊等，均有简明客观的介绍。附《民国外交大事记》、《外交部职官年表》、《驻外使馆历任馆长衔名表》与《各国驻华使馆历任馆长衔名表》。

老上海行名词典 1880—1941（英汉对照）

上海市档案馆编　马长林主编

2005 年 12 月 1 版 1 次

精装 60.00 元

大 32 开　660 页

　　本词典以《字林西报》馆 1880—1941 年出版的《行名录》为依据，收录近代中国机构及外国在华机构约一万四千条，具体涉及政治、经济、文化、教育、宗教、医院、银行、学校、报刊等各个方面。每一条目内容包括：工商机构英文名称及汉译名，机构地址，存在时间等。词典篇末附有中文索引及英汉对照路名。

中国旅游文化大辞典

臧维熙主编　赵昌平等副主编

2000 年 12 月 1 版 1 次

精装 108.00 元

16 开　1180 页

　　数十位专家学者合作编撰此书，填补了国内综合性大型旅游文化辞书的空白。书中对全国旅游文化的历史与现实风貌皆有概述，又分省设置景区景点、工艺特产、表演艺术、节庆集会活动、美食品等栏目和数千条目，着力介绍我国 23 处世界自然与文化遗产、99 座国家历史文化名城、120 处国家重点风景名胜区、750 处全国重点文物保护单位等。

实用中医方药辞典

王锦鸿　戴慎　史欣德主编

2003 年 5 月 1 版 1 次

精装 35.00 元

大 32 开　590 页

　　本辞典是中药与方剂（即药方）合二为一的新型中医工具书。上编为方剂，收入方剂名词术语释义 95 条，古今临床常用的药方 899 首。下编为中药，共收中药名词术语释义 41 条，常用中药 739 味。对于所收方剂和中药，除了介绍其传统的功效、主治、用法、用量等义项外，还吸收了部分现代研究成果，治疗范围也由单纯的中医病症扩大到一些西医病症。此书克服了一般方剂辞典不介绍中药，中药辞典又不收药方或仅有附方的不足，十分方便临床运用。

简明钱币辞典

孙仲汇等编著

1991 年 2 月 1 版 1 次

1992 年 11 月 1 版 5 次

精装 22.30 元

16 开　300 页

　　本辞典是一部系统介绍中国历代钱币发展演变和钱币学知识的工具书，收录了上起商周、下至 1949 年前历朝发行的各种币质、形制的大量钱币，配以精美图拓，俾读者丰富集币知识，鉴别钱币真伪、版别，品评钱币优劣、等级，具有很强的实用价值。

集行草字典

宋立文主编

1992 年 3 月 1 版 1 次

1996 年 2 月 1 版 4 次

精装 88.00 元

16 开　1316 页

　　本书搜字广泛（包括简化汉字），字形优美，检索方便。共收字 30732 字（首字为 7700 个，同《新华字典》），并编有汉语拼音、四角号码等检字法，颇便于书法爱好者和中小学生学习书法参考使用。

百家姓八体书法字典

陆康　方传鑫　杨永健　王宜明　孙敏　张伟生

韩天衡书法　章行编

2005 年 10 月 1 版 1 次

2006 年 8 月 1 版 2 次

16.00 元

大 32 开　270 页

　　本书由著名书法家陆康、方传鑫、杨永健、王宜明、孙敏、张伟生、韩天衡书写，用大篆、小篆、隶书、魏碑、章草、草书、楷书、行书八种书体推出中国北宋以来流传最广的启蒙读物《百家姓》，是一部兼具欣赏与摹习功用的书籍。

美术艺人大辞典

钱定一编著

2006 年 1 月 1 版 1 次

精装 58.00 元

16 开　372 页

　　本书编著者于上世纪五十年代开始搜集各方面的资料，共收艺人姓名二千余人。资料来源不仅辑自文献史籍或考古发掘报告，而且不少都是作者亲往各地深入民间调查采访所得。直至耄耋之年,犹孜孜矻矻,再三增益,反复修订,以成此书。书后附有工艺名辞解释。

社区词典

胡申生主编
2006 年 7 月 1 版 1 次
精装 48.00 元
大 32 开　696 页

本词典是一本较为完善又较为实用的社区专科词典,收录常用词目和相关词目 1100 余条。分社会,社区,人物,社区著作,社区理论与流派,社区调查,社区人口,社区教育,社区关系,社区文化,社区工作、社区服务与保障,社区管理与建设等 12 大类,每类按拼音字母顺序编排。本词典附录社区文件选编和编撰了解放后社区工作理论研究和实践 20 年大事记(1985—2005)和拼音索引。

唐诗三百首今用鉴赏辞典

杜常善　李洪程　任杰编撰
2007 年 7 月 1 版 1 次
35.00 元
大 20 开　388 页

本书在对《唐诗三百首》进行解释的基础上,重点收集了今人在文章中对唐诗三百首的各种典型用例,结合对诗歌的鉴赏进行今用用法讲析。今用用例挑选精当,在对诗句的原始诗意作深透串讲的同时,结合用例对今用用法进行归类和讲解。

中华易学大辞典(全二册)

《中华易学大辞典》编委会编
2008 年 12 月 1 版 1 次
精装 298.00 元
16 开　1496 页

大辞典收录 5000 余辞条,是迄今为止收辞条最为齐全、规模最为庞大的易学大辞典。在诸多方面填补了易学辞典编纂上的空白,其最大的几个特点是编有帛书《周易》辞汇卷、楚竹书《周易》辞汇卷、国际易学卷、易学论著卷。

史讳辞典

王建编著
2011 年 11 月 1 版 1 次
精装 118.00 元

16 开　580 页

本书是一部便于检索的避讳学辞典。全书所收之避讳用例,取自古今学者的著述,包括原著及对原著的注解。辞典以讳字为字头,讳词为词条,释义中只指出其本字或本词,并指出避讳原因。

近代中国银行业机构人名大辞典

姜建清主编
2014 年 1 月 1 版 1 次
精装 280.00 元
16 开　948 页

本辞典采用机构卷、人名(物)卷框架体系,其中机构卷收录钱庄、票号、银号、银行等金融机构词条约 9000 条,人名卷收录金融人物词条 1000 余条。收录词条上自清康熙年间,下至改革开放前后。金融机构名称一般使用当时原称;人物卷以常用人名为条目,不限名、字、号。同名词条内容不同者,采用上标 1、2、3 等区分,上标号以设立时间先后为序,不能考证者附后。部分金融机构词条附有资本及董监事人员等一览表。辞典后列有音序、笔画两种检索方式。

韵 书 格 律

钜宋广韵

[宋]陈彭年撰
1982 年 1 月 1 版 1 次
线装 16.00 元
6 开　210 页

1983 年 4 月 1 版 1 次
平装 1.85 元　精装 2.70 元
32 开　464 页

本书是我国现存最古、最完整的韵书。共收二万六千余字,分 206 韵。它保存了魏晋以来的大量反切,研究汉语语音发展史,可以以此为枢纽,上溯古音,下推今音,是我国音韵学入门的重要书籍。本书据上海图书馆藏宋乾道五年(1169)建宁府黄三八郎本影印,可校正历代传本的不少讹误。原书流传稀少,极为珍贵。

集韵附索引(全二册)

[宋]丁度等编
线装 1984 年 3 月 1 版 1 次
1985 年 8 月 1 版 1 次

平装 10.00 元　精装 11.95 元

大 32 开　736 页

　　上海图书馆所藏清初述古堂影宋抄本所据底本是宋本中较佳本子,现已佚。影宋抄本也已成了稀世珍本,可纠正历来通行本不少讹误。《集韵》按韵排列,检索不便,特编四角号码索引附后。

佩文诗韵释要

[清]周兆基辑

1982 年 8 月 1 版 1 次

0.86 元

大 32 开　106 页

　　"诗韵"主要供做诗检韵选字之用。清代周兆基辑《佩文诗韵释要》,简括明通,便于检用,是简化本"诗韵"中最佳本子。它不仅没有改变《佩文韵府》、《佩文诗韵》的体例,而且还补充了一些必要的内容。现择其中最好的陆润庠校本,并附上吴宝恕刻本中陈倬的《辨正》,影印出版。

诗韵全璧

[清]汤祥瑟原辑　[清]华锟重编

1995 年 2 月 1 版 1 次

2006 年 6 月 1 版 2 次

精装 35.40 元

16 开　325 页

　　做旧体诗必遵四声。古代韵书以清代《佩文韵府》最为繁博。但它卷帙繁多,查检不易。清代汤祥瑟的《诗韵合璧》就简约得多了,又将《诗腋》、《词林典腋》刊于《诗韵》正文之上,以便读者探寻典故。但书中韵字,参差不全。华锟校勘重编,又增加《诗赋类联采新》、《月令粹编》、《文选题解》等,取名为《增广诗韵全璧》。今以扫叶山房本影印出版。

诗韵

1983 年 3 月 1 版 1 次

1.45 元

大 32 开　180 页

　　本书系剪辑整理 1916 年上海鸿宝斋石印《增广诗韵全璧》中诗韵和检韵两部分而成。是写作旧体诗必备的工具书。本书查检方便,每韵下有音义注,有词组,随韵附入经史子集典故和东坡诗句等。

诗韵新编

本社编

1965 年 4 月 1 版 1 次

1989 年 11 月 2 版 1 次

2016 年 1 月 2 版 29 次

18.00 元

长 48 开　408 页

　　这是供按照汉语规范化读音做旧体诗用的一部现代韵书。它以普通话为读音标准,分十八个韵部。每部又分平仄两大类。平声类阴平、阳平分列;仄声类上声、去声及旧读入声字分列。每字除注音外,附有韵例。附部首检字和难检字表。

诗典新编

田松青　胡真主编

2001 年 6 月 1 版 1 次

2014 年 12 月 1 版 12 次

20.00 元

长 48 开　522 页

　　用典是作旧体诗的重要修辞手段。典故用得贴切、恰到好处,能振起全篇,有着无法替代的作用。本书将中国古典诗歌中使用频率高的典故分门别类加以寻释典源,解说用法,举出例证。它的优点是少而精(仅二千余条)、准确、实用、易检索。既可帮助读者理解古诗中的典故,亦可供初学作古诗者选择典故词语之用。

诗对新编

田松青　胡真主编

2002 年 6 月 1 版 1 次

2016 年 5 月 1 版 12 次

20.00 元

长 48 开　484 页

　　本书编集了前人诗作中二字、三字、四字的对仗语,以天文、地理等 18 个大类,日、月、山、丘等七百余个细目,分门罗列。从中不仅可揣摩而得对偶的技巧,还能通过典故、类喻增进古典文学知识。书末还附有《笠翁对韵》、《时古对类》、《诗学初范》、《声律启蒙》四种,足为习学写作古体律诗的津梁。

中华韵典

盖国梁主编

2004 年 2 月 1 版 1 次

2014 年 10 月 1 版 6 次

精装 80.00 元

长大 32 开　1160 页

《中华韵典》是供新旧体诗作者和现代歌词曲艺创作者使用，按照汉语规范化读音用韵的一部通用韵书。全书包括今韵 20 部，《佩文诗韵》、《词林正韵》、《中原音韵》等古韵 3 种，诗律 16 式，词谱 400 调，曲牌 50 阕，社会通用的音韵用字和韵文体式已基本囊括在内，是一部完整、系统、集大成、富启迪的实用韵典。

词律（附索引）

[清] 万树编著

精装 1984 年 3 月 1 版 1 次

平装 2013 年 12 月 1 版 1 次

平装 68.00 元　2013 年 12 月 1 版 1 次

精装 58.00 元　2009 年 4 月 1 版 3 次

大 32 开　736 页

《词律》是我国流传至今最完善的词谱之一。全书原收 660 调 1180 体，每调每体注明韵脚、平仄、字数和句读。初刊于康熙二十六年，咸丰时杜文澜作《词律校勘记》，后又有徐本立作《词律拾遗》；光绪二年，杜文澜重刊《词律》，附杜氏校记、徐氏《拾遗》，并作《补遗》，共得八百七十余调，一千七百余体，使《词律》一书更趋完备。此次重版，新增四角号码词名和例词索引。

词林正韵

[清] 戈载撰

1981 年 12 月 1 版 1 次

2009 年 4 月 2 版 1 次

2016 年 7 月 2 版 7 次

25.00 元

大 32 开　272 页

本书为介绍填词用韵的工具书，是作者在参酌考定两宋名家词集后撰写的。依宋代韵书《集韵》的排列次序，把 206 韵分成 19 部，是填词用韵的依据。现以初刊本道光元年翠薇花馆刊本为底本影印出版。

唐宋词格律

龙榆生编撰

1978 年 10 月 1 版 1 次

2009 年 5 月 1 版 21 次

15.00 元

32 开　224 页

这是一本简明词律。共收唐宋词中常见的词调 150 余调，对每一词调的来历和演变情况都加以说明，并附有"定格"和"变格"等词格（即词谱），标明句读、平仄和押韵；每一词格附有一首至数首唐宋词人的作品，书后附有词韵。

古代诗词常识

刘福元　杨新我著

2009 年 5 月 1 版 1 次

2016 年 7 月 1 版 7 次

15.00 元

大 32 开　232 页

本书对古代诗词作扼要、全面的介绍和阐述，除古代诗词的种类、名称及押韵规则、平仄格式、对仗要求、章法句式外，还介绍了古代诗词的语法特点、修辞手段、艺术形式和风格流派，书末附《诗韵例字》及《词谱举例》，比同类书更为全面而有条理，对读者写作、阅读和欣赏古代诗词具有很大的参考价值。

元人小令格律

唐圭璋编撰

1981 年 2 月 1 版 1 次

0.35 元

32 开　56 页

这是一本专讲元人小令格律的书。编者对每个元人小令曲调作了考订，逐字注明平仄四声和韵位，并对每个曲调作了必要的说明。书后附有元周德清的《中原音韵》。

引得　通检　索引

礼记引得

洪业　聂崇岐等编纂

1983 年 12 月 1 版 1 次

1988 年 2 月 1 版 2 次

精装 7.15 元

大 32 开　400 页

"引得"即"索引"，是一种查找古籍原文字句的工具书。前燕京大学引得编纂处所编各种《引得》，检索条目基本以词为单位，对于查找若干种主要的文史古籍的资料，较之以句为单位的《十三经索引》等书，检索更为方便。《礼记引得》是查检《礼记》一书的重要工具书。

引得原采用"中国字庋撷"法索引,繁细难记,今另编有"四角号码"和"汉语拼音"两个检字表。

春秋经传引得(全二册)

洪业　聂崇岐等编纂
1984 年 3 月 1 版 1 次
1988 年 3 月 1 版 2 次
精装 30.80 元
大 32 开　1698 页

本书首列经传全文,其引得部分,将《春秋》经、传(即公羊、穀梁、左传)之全部内容逐字、逐词索出,又立有大量"亦见"、"参见"条目。新编"四角号码"和"汉语拼音"两个检字表。

周易　毛诗　毛诗注疏引书　周礼　仪礼　礼记注疏引书　春秋经传注疏引书　孝经　尔雅尔雅注疏引书引得

洪业等编纂
1986 年 9 月 1 版 1 次
1988 年 2 月 1 版 2 次
精装 12.50 元
大 32 开　616 页

本书为 10 种引得的合订本。前 6 种引得是将经文原文编成索引,可用于检索经文原文,并附有全部标校经文原文;其余 4 种注疏引书引得则将 4 种经书注疏的引用书名编成索引。新编四角号码及汉语拼音检字表另册。

论语引得　孟子引得

洪业　聂崇岐等编纂
1986 年 11 月 1 版 1 次
1988 年 2 月 1 版 2 次
精装 7.75 元
大 32 开　358 页

两种引得几乎对原文的每一个字都做出了索引,除可供查阅《论语》、《孟子》内容以外,还可据以对一些字词的使用作出精确的统计。引得前附有原文,这次重印,又新编了四角号码和拼音检字表另册。

庄子引得

引得编纂处编
1986 年 12 月 1 版 1 次

1988 年 2 月 1 版 2 次
精装 8.25 元
大 32 开　386 页

本引得将《庄子》原文逐字编成索引(部分虚字除外),可用于检索《庄子》原文,附《庄子》全文。新编四角号码及汉语拼音检字表另册。

墨子引得

引得编纂处编
1986 年 11 月 1 版 1 次
1988 年 2 月 1 版 2 次
精装 9.30 元
大 32 开　442 页

本引得将《墨子》原文逐字编成索引(部分虚字除外),可用于检索《墨子》原文,附《墨子》全文。新编四角号码及汉语拼音检字表另册。

荀子引得

引得编纂处编
1986 年 12 月 1 版 1 次
1988 年 2 月 1 版 2 次
精装 9.90 元
大 32 开　474 页

本引得将《荀子》原文逐字编成索引(部分虚字除外),可用于检索《荀子》原文,附《荀子》全文。新编四角号码及汉语拼音检字表另册。

史记及注释综合引得

引得编纂处编
1986 年 11 月 1 版 1 次
1988 年 3 月 1 版 2 次
精装 8.00 元
大 32 开　372 页

本引得将《史记》原文及裴骃《史记集解》、司马贞《史记索隐》、张守节《史记正义》和泷川龟太郎《史记会注考证》等各注释的原文(主要是名词)逐字编成索引。新编四角号码及汉语拼音检字表另册。

汉书及补注综合引得

洪业　聂崇岐等编纂
1986 年 11 月 1 版 1 次
1988 年 3 月 1 版 2 次

精装 9.20 元

大 32 开　438 页

　　本引得将《汉书》原文及补注字词编成索引(主要是名词),用于检索《汉书》及补注的原文。新编四角号码及汉语拼音检字表另册。

后汉书及注释综合引得

燕京大学引得编纂处编

1986 年 9 月 1 版 1 次

1988 年 2 月 1 版 2 次

精装 9.90 元

大 32 开　474 页

　　本引得将《后汉书》原文及注释编成索引(主要是名词),用于检索原文。新编四角号码及汉语拼音检字表另册。

三国志及裴注综合引得

洪业　聂崇岐等编纂

1986 年 10 月 1 版 1 次

1988 年 2 月 1 版 2 次

精装 5.85 页

大 32 开　254 页

　　本引得将《三国志》原文及裴松之所注原文(主要是名词)编成索引,甚便于阅读和研究《三国志》。新编四角号码及汉语拼音检字表另册。

四十七种宋代传记　辽金元传记三十种　八十九种明代传记　三十三种清代传记综合引得

洪业等编纂

1986 年 9 月 1 版 1 次

1988 年 3 月 1 版 2 次

精装 16.25 元

大 32 开　818 页

　　本册为宋辽金元明清 4 种引得的合印本,将这六朝正、野史书中人物传记里的人名及字号等编成索引,以供检索。新编四角号码及汉语拼音检字表另册。

食货志十五种综合引得　艺文志二十种综合引得

洪业　聂崇岐等编

1987 年 9 月 1 版 1 次

1988 年 1 月 1 版 2 次

精装 15.50 元

大 32 开　780 页

　　《食货志》是古代"正史"中记述经济情况与财政制度的篇章,内容包括田制、户口、赋役等的变迁等。《艺文志》则是史书中记载一代图书典籍目录的篇章,反映了历代图书文献的面貌及学术源流的情况。本书将《汉书》等史书中《食货志》、《艺文志》中的主要条目作了索引。新编四角号码和汉语拼音检字表另册。

文选注引书引得

洪业等编纂

1990 年 12 月 1 版 1 次

精装 9.80 元

大 32 开　92 页

　　南朝梁昭明太子萧统,采周秦以降诗文,为《文选》30 卷。唐李善为之旁征博引,成《文选注》。唐玄宗时,吕延祚等五臣又为《文选》诠释,成《文选集注》。李善注、五臣注南宋时合并梓行为《六臣注文选》。本书将商务印书馆影印的宋刊《六臣注文选》注中引书书名,逐次为之引得。新编四角号码及汉语拼音检字。

水经注引得

洪业等编纂

1987 年 3 月 1 版 1 次

1988 年 3 月 1 版 2 次

精装 6.50 元

大 32 开　290 页

　　《水经注》是六世纪前我国最全面而系统的综合性地理著作。它通过记载大小 1000 多条水道,详细描述了所经地区的地理情况和有关历史事件、人物甚至神话传说。但原书卷帙浩繁,查检不易。本引得为此书作了索引。新编四角号码和汉语拼音检字表另册。

杜诗引得

洪业　聂崇岐等编纂

1985 年 3 月 1 版 1 次

1988 年 2 月 1 版 2 次

精装 18.00 元

大 32 开　888 页

　　本引得将《九家集注杜诗》中杜诗原文逐字编成索引(部分虚字除外),而且附印了《九家集注杜诗》全文,如想查出任何一句杜诗,只要知道其中任何一字都可获得,新编四角号码及汉语拼音检字表附后。

太平御览引得　太平广记篇目及引书引得

聂崇岐等编纂

1990 年 12 月 1 版 1 次

精装 14.55 元

大 32 开　298 页

　　《太平御览》为现存卷帙较大的重要类书,初名《太平总类》,宋太宗按日阅览,改称今名。共 1000 卷,引书多至 1690 种。其中汉人传记一百余种,旧地志二百余种,都是现在不传之书。《太平广记》是我国古代的一部小说总集,成书于宋太宗太平兴国年间。其所引用的许多书,不少已亡佚、残缺,人们往往赖此书而得窥原貌。本书分别为二书编制篇目及引书引得。新编四角号码及汉语拼音检字。

琬琰集删存附引得

洪业等编纂

1990 年 12 月 1 版 1 次

精装 19.35 元

大 32 开　256 页

　　《名臣碑传琬琰之集》所录宋人碑传之文二百五十多篇,内有墓志铭、神道碑、行状、随记、碑阴、序跋、谥议等等。此书传本甚少,燕京大学引得编纂处从宋刊本中择录不见于各种文集的传记 80 篇,汇为一书,取名《琬琰集删存》,并编有引得。

道藏子目引得　佛藏子目引得

洪业　聂崇岐等编纂

1986 年 9 月 1 版 1 次

1988 年 2 月 1 版 2 次

精装 14.30 元

大 32 开　714 页

　　本书将有关道教和佛教的书名、经品名等编成索引,是阅读和研究道佛二藏不可缺少的工具书。新编四角号码和汉语拼音检字表另册。

六艺之一录目录附引得

洪业等编纂

1990 年 12 月 1 版 1 次

精装 18.30 元

大 32 开　272 页

　　《六艺之一录》为清代倪涛所撰,共 420 卷,包括金器款识、石刻文字、法帖论述、古今书体、历朝书论、历朝

书谱、金器题跋、石刻题跋、金石题跋、法帖题跋等内容。此书仅有《四库全书》本传世,全书卷帙浩繁而无目录,翻检不便。燕京大学引得编纂处为之编目录及引得。新编四角号码及汉语拼音检字。

清代书画家字号引得　清画传辑佚三种

燕京大学引得编纂处编

1990 年 12 月 1 版 1 次

精装 12.20 元

大 32 开　200 页

　　古代书画家一人字号多至数十个。燕京大学引得编纂处将 8 种关于清代书画家的传记(《清画家诗史》、《国朝书画家笔录》、《国朝画识》、《墨香居画识》、《国朝书人辑略》、《八旗画录》、《清代画史补录》、《清画传辑佚三种》)编制成字号引得,这次重印附《清画传辑佚三种》,新编二书的四角号码及汉语拼音检字。

引得检字表

陈秉仁编

1993 年 10 月 1 版 1 次

精装 8.80 元

大 32 开　90 页

　　原燕京大学引得编纂处编印 40 多种引得,对于检索古书原文颇为便利。我社已选出《史记及注释综合引得》、《论语引得》、《庄子引得》等 30 余种影印,因原引得编码采用“中国字庋撷法”,不易掌握,因此,编印此《引得检字表》(包括四角号码和汉语拼音检字),供查检引得中字头的庋撷法号码之用。本表可与全套引得配合使用。

尚书通检

顾颉刚主编

1990 年 12 月 1 版 1 次

精装 10.85 元

大 32 开　172 页

　　《尚书》亦称《书》、《书经》,是中国上古历史文件和部分追述古代事迹著作的汇编。《尚书通检》是据江南书局翻刻相台本《尚书孔传》所编,内包括《尚书》正文及通检二部分。

吕氏春秋通检　论衡通检

中法汉学研究所编

1986 年 9 月 1 版 1 次

1988 年 2 月 1 版 2 次

精装 5.10 元

大 32 开　216 页

　　两部通检原书采用笔画排列，并用法文拼音、英文拼音检字。此次重印，新编四角号码检字。

淮南子通检　春秋繁露通检

中法汉学研究所编

1986 年 8 月 1 版 1 次

1988 年 2 月 1 版 2 次

精装 6.15 元

大 32 开　272 页

　　原中法汉学研究所为解决检索古籍原文的烦难，曾编辑出版了 8 种通检，本书是其中两种。原书采用笔画排列，并用法文拼音与英文拼音检字。此次重印，新编四角号码检字。

申鉴通检　潜夫论通检

中法汉学研究所编

1987 年 3 月 1 版 1 次

精装 2.95 元

大 32 开　114 页

　　这两种通检原书采用笔画排列，并用法文拼音、英文拼音检字，此次重印，内容一仍其旧，新编四角号码检字。

新序通检　风俗通义通检

中法汉学研究所编

1987 年 3 月 1 版 1 次

精装 4.40 元

大 32 开　202 页

　　这两种通检原书采用笔画排列，并用法文拼音、英文拼音检字。此次重印，新编四角号码检字。

文心雕龙索引

朱迎平编

1987 年 7 月 1 版 1 次

2.90 元

大 32 开　188 页

　　《文心雕龙》是我国文学批评史上的一部巨著。本索引以简明、方便为特色，全书以文句索引为纲，人名索引、书名索引、文论语词索引为纬，书末附《文心雕龙》原文。用此索引检索文句出处，可迅速得到附录《文心雕龙》的篇序、句序或范文澜注本的页数、行数，使用极为方便。

文选索引（全三册）

［日］斯波六郎编　李庆译

1997 年 2 月 1 版 1 次

精装 180.00 元

大 32 开　2500 页

　　《昭明文选》为现存的最古诗文总集之一，本书将《文选》中出现的六千八百余字都编制成索引，只需一翻索引，便可知某字出自何卷何篇何页，出现了几次。本书还收录了斯波六郎的力作《文选诸本研究》和《旧钞本文选集注卷第八校勘记》。

全唐诗索引

史成编

1990 年 3 月 1 版 1 次

1994 年 3 月 1 版 2 次

精装 41.85 元

16 开　992 页

　　《全唐诗》卷帙浩繁，检索极其不易。为此特将该书全部作者二千二百多人，诗作近五万首，编成"作者索引"与"篇名索引"。

杜诗五种索引

钟夫　陶钧编

1992 年 12 月 1 版 1 次

25.60 元

大 32 开　718 页

　　本索引为查检杜甫诗句出处和诗中人名之用。凡上海古籍出版社及中华书局排印出版的《钱注杜诗》、《杜诗镜铨》、《读杜心解》、《杜诗详注》及《全唐诗》、《全唐诗补遗》中杜诗诗题、诗句以及因不同版本有异同的诗句均能一索即得。凡杜甫与酬唱者或诗中所涉人的姓、字、号、小名、别字、封号、谥号、以官职代名、僧道法号等均入索引。凡某一人的不同称谓均集其名下。本索引以四角号码排列，附笔画索引。查检方便，优于燕京《杜诗引得》。

唐五代人交往诗索引（全二册）

吴汝煜主编

1993 年 12 月 1 版 1 次

精装 53.10 元

16 开　764 页

　　本索引集唐五代交往诗的大成，它理清了前人未搞清的唐诗人交往关系，纠正前人讹误达千余处。每个条目下分：诗人赠他人诗，他人赠诗人诗。脉络清晰、一索即得。本索引以中华书局排印本及上海古籍出版社影印本《全唐诗》为底本，兼收他本，用四角号码编排，附笔画索引。

历代人物谥号封爵索引

杨震方　水赉佑编著

1996 年 5 月 1 版 1 次

19.40 元

32 开　432 页

　　本书是查阅古人谥号、封爵的工具书。谥号是指古代帝王、皇族、勋臣、武将死后，据其生前事迹，官方赠予的一种称号。不从官方获得的则称私谥。封爵即爵位，始于周代，有公侯伯子男五等。为了方便读者查阅古代谥号、封爵，排除阅读古籍时遇到的障碍，特出版此书。

二十五史纪传人名索引

上海古籍出版社　上海书店编

1990 年 11 月 1 版 1 次

精装 29.50 元

16 开　621 页

　　本书将《二十五史》中全部有传人物一一辑出，按姓名四角号码编排，详列所在影印本册数、卷数、页码与栏别，并标明中华书局标点本《二十四史》和《清史稿》的册、卷、页码，书末附有笔画检字，检索十分方便。

新旧唐书人名索引

张万起编

1986 年 6 月 1 版 1 次

11.15 元

大 32 开　890 页

　　本索引根据中华书局 1975 年出版的《旧唐书》、《新唐书》点校本编。除收录唐代人名外，唐以前的人名，有参考价值者，也予收录。本索引采用四角号码检字法编排，附笔画索引。

新旧五代史人名索引

张万起编

1980 年 6 月 1 版 1 次

1.50 元

大 32 开　204 页

　　本索引根据中华书局出版的点校本新、旧《五代史》，收录了五代十国人名。包括唐代与五代有关的，五代入宋的，以及关系到五代人物世系的古代人名。编排采用四角号码，末附笔画索引。

宋史人名索引（全四册）

俞如云编

1992 年 10 月 1 版 1 次

37.30 元

大 32 开　1218 页

　　《宋史人名索引》收录了《宋史》中出现的全部宋代人物和其他有关人物约十万个，为充分利用《宋史》提供了一把金钥匙。如岳飞，在《宋史》中除专传外，还有 136 处被提到，有了索引，就可按图索骥，利用这些散见的资料。本书采用四角号码编排法，附笔画检字。

宋元方志传记索引

朱士嘉编

1963 年 7 月 1 版 1 次

1986 年 11 月新 1 版 1 次

1.10 元

32 开　98 页

　　本书共引用乾道临安志、至正金陵新志等 33 种宋元方志的人物传记资料，收录近四千人，按笔画排列，附有四角号码索引。

明遗民传记索引

谢正光编著

1992 年 7 月 1 版 1 次

精装 10.90 元

大 32 开　280 页

　　本索引收入的明遗民有二千三百余人。其中包括生于明而拒仕于清的文人以及僧道、妇女等，凡有一事可取的都在收录之列，征引的资料达二百余种。本索引以姓名笔画顺序排列。附字号笔画索引及四角号码综合索引。

明清进士题名碑录索引（全三册）

朱保炯　谢沛霖编

1980 年 2 月 1 版 1 次

2006 年 6 月 1 版 5 次

精装 180.00 元

32 开 2912 页

　　本书是检索明清两朝人物史料的一种工具书,内容包括两朝考中的进士 51624 人。系用两朝的进士题名碑录,按四角号码检字法排列,借此可以迅速地索得两朝进士的考中年份、名次和他们的籍贯。据其考中年份,可以确定他们开始参与当时上层社会活动的主要年份;据其籍贯,可以向相应的地方志等资料追索传记。

明人室名别称字号索引（全二册）

杨廷福　杨同甫编

2002 年 12 月 1 版 1 次

2008 年 4 月 1 版 3 次

精装 200.00 元

16 开 1600 页

　　古人的称呼,除姓名以外,还喜用字、小字、号、别号、道号、谥号、世称、学者称、爵里、行第、室名等等别称。本书收录明代政治、经济、军事、医药、文学、美术、音乐、戏剧、收藏等各方面的人物二万三千余人,字号、室名、别称共五万余条,既可以由异名而求得本名,也可由本名而查知其籍贯、字号、室名、别称及出处等。

清人室名别称字号索引增补本（全二册）

杨廷福　杨同甫编

1988 年 12 月 1 版 1 次

2011 年 10 月 1 版 4 次

精装 360.00 元

16 开 2120 页

　　本书将有清一代政治、经济、军事、科学技术、医药、文学、美术、音乐、戏剧、收藏等各方面,凡有著述或一技之长的人物的室名、别号、别称等,汇成索引,共收入三万六千多人,十万三千余条。增补本增补了三千多人,一万多条。既可由异名求其本名,亦可由本名得其异名。

古籍宋元刊工姓名索引

王肇文编

1990 年 12 月 1 版 1 次

新版 2012 年 12 月 1 版 1 次

58.00 元

大 32 开 420 页

　　本书从 369 种宋元善本收得刊工 4500 人。本书第一部分刊工及他们经手刊刻的书目按四角号码排列;第二部分书目,依经、史、子、集分类。知道了刊工,可以查到他们刊刻了哪些书;而由书目可查到为何人所刊刻。书后还附有"资料出处简介"与"笔画检字"。

明代刊工姓名全录（全二册）

李国庆编纂

1998 年 12 月 1 版 1 次

修订版 2014 年 11 月 1 版 1 次

精装 880.00 元

大 32 开 628 页

　　本书汇集明代雕版印本、活字印本及影印明本中的刻工姓名编制索引,为研究明版书的鉴定、明代雕版印刷业及考察明代刻工的从业情况提供了翔实的资料。全书除明代刊工姓名索引外,又编制了引用明本书名索引,共录明版书 1132 种,刻工、书工、绘工、印工等五千七百余人。综合别项索引包括各书的编撰校注序跋人名、书坊名等。附录徽州歙邑仇村黄氏世系表,为研究明代徽派雕刻艺术提供了确切材料。十多年来,作者不断吸收最新的研究成果,共收录三千五百条,修订后内容扩充至原版的近三倍,内容更丰富、翔实。

四库全书目录索引

本社编

1989 年 12 月 1 版 1 次

2006 年 10 月 1 版 2 次

精装 80.00 元

32 开 782 页

　　《四库全书》是中华传统文化的总汇,也是世界历史上规模最大的百科性质的丛书。《四库全书目录索引》据本社影印出版的《四库全书》和台湾商务版《影印文渊阁四库全书》编印,分目录、索引和文渊阁四库全书分架图等部分。索引分笔画和四角号码两种,每种又分书名和作者两部分。

续修四库全书总目录索引

《续修四库全书》编委会

复旦大学图书馆古籍部编

2003 年 5 月 1 版 1 次

2015 年 10 月 1 版 2 次

精装 198.00 元

16 开　440 页

《续修四库全书》是一部收书 5213 种,共 1800 册的巨型丛书。本书编有《续修四库全书》总目录,列出每册所收书名及著者,并编有以四角号码排序的书名索引和著者索引。

四库系列丛书目录·索引

复旦大学图书馆古籍部编

2007 年 5 月 1 版 1 次

精装 198.00 元

16 开　984 页

四库系列丛书包括《文渊阁四库全书》、《续修四库全书》、《四库全书存目丛书》、《四库禁毁书丛刊》、《四库未收书辑刊》等 14 种书,可以说是汇集了中国历朝历代的重要著述。本书分目录、索引两部分。目录部分著录了这 14 种书及子目计历代古籍 18000 余种。索引部分有书名及著者索引,分别按照四角号码检字法编为主索引,并附编"笔画检字"、"拼音检字"。

清代诗文集汇编总目录·索引(附光盘)

上海古籍出版社编

2011 年 12 月 1 版 1 次

精装 200.00 元

16 开　304 页

本书著录《清代诗文集汇编》所收全部书目以及卷数、刊本和著者姓名,编有书名索引、著者索引以及书名、著者字头笔画拼音检字,为读者查阅检索《清代诗文集汇编》提供方便。

北京大学图书馆藏历代墓志拓片目录(全二册)

北京大学图书馆金石组　胡海帆　汤燕　陶诚编

2013 年 12 月 1 版 1 次

精装 480.00 元

16 开　1436 页

本书著录北京大学图书馆现藏全部墓志拓片 10194 种。拓片年代从汉代到民国,其中唐代为最大宗,达 6000 余种。出土地以中原为主,江西中部也有一定规模,另有 63 种朝鲜出土墓志。这批墓志拓片品种多,数量大,传世收藏及版本类型尤为全面系统,其中不乏孤本。

戚叔玉捐赠历代石刻文字拓本目录

上海博物馆图书馆编

2006 年 10 月 1 版 1 次

精装 98.00 元

16 开　428 页

本书为上海博物馆藏戚叔玉先生捐赠碑帖拓片目录,计 4800 余种,分墓志、造像、杂刻等九类。戚先生所藏拓本内容丰富、种类齐全,自上古迄清代,主要的石刻均具,且不乏珍善之本。本目录注明每种拓本的前人著录出处,不仅是一部拓本目录汇编,也是一部石刻研究方面的工具书。

目录　版本　书跋

中国古籍总目

中国古籍总目·索引(全四册)

中国古籍总目编纂委员会编

2013 年 7 月 1 版 1 次

精装 1280.00 元

16 开　3508 页

《中国古籍总目》著录中国历代汉文古籍之基本品种、主要版本及主要收藏信息,并部分采录海外公藏之中国古籍罕见品种。本书为其索引分册,含中国古籍书名四角号码索引和著者四角号码索引两部分。

中国古籍总目(史部)(全八册)

中国古籍总目编纂委员会编

2009 年 10 月 1 版 1 次

精装 1400.00 元

16 开　5044 页

《中国古籍总目》是现存中国汉文古籍的综合目录,收录中国及美国、日本、韩国等地现存中国刻印传抄的汉文古籍品种、版本及收藏。全书分经、史、子、集、丛五部,并增附"新学部"。《中国古籍总目》(史部)收录古籍六万五千多种,分总类、纪传类、编年类、纪事本末类、杂史类、史表类、史抄类、史评类、传记类、谱牒类、政书类、诏令奏议类、时令类、地理类、方志类、金石考古类和目录类等十七类,编纂严谨,体例明晰,著录全面,为新时期古籍目录之集大成者,具有重要的学术研究参考价值。

中国古籍总目·子部(全七册)

中国古籍总目编纂委员会编

2010 年 12 月 1 版 1 次

精装 1280.00 元

16 开　3764 页

《中国古籍总目》著录中国各公共学校、科研机构、图书馆及博物馆等所藏历代汉文古籍(含少量汉文与少数民族文字合编、以汉文注释外文者)之基本品种、主要版本及主要收藏信息,并部分采录海外公藏之中国古籍罕见品种。本部分为 17 类,共著录图书 45000 余种。

中国古籍善本书目

中国古籍善本书目·经部

《书目》编委会编
1986 年 7 月 1 版 1 次
线装 95.00 元
8 开　340 页

1989 年 11 月 1 版 1 次
1998 年 4 月 1 版 3 次
精装 43.60 元
大 32 开　340 页

这部反映当代全国收藏古籍善本的大型目录工具书,著录了全国各省市图书馆、博物馆、大专院校图书馆等单位所珍藏的古籍善本约十三万部,款目六万余条,一些稀少名贵的宋元刻本和著名学者的手稿本以及大量的明刻本和清初刻本都收入其中。书后附有古籍善本的藏书单位,本册收经部古籍善本书 5240 种。

中国古籍善本书目·史部

《书目》编委会编
1980 年 1 月 1 版 1 次
线装 295.00 元
8 开　2004 页

1991 年 4 月 1 版 1 次
1998 年 4 月 1 版 2 次
精装二册 117.50 元
大 32 开　984 页

本册收史部善本书目一万五千七百多种,采撷浩博,体例完备,为广大文史工作者不可或缺的工具书。书后附有各善本书的藏书单位检索表。

中国古籍善本书目·子部

《书目》编委会编

1994 年 12 月 1 版 1 次
线装 400.00 元
8 开　1480 页

1996 年 12 月 1 版 1 次
1998 年 4 月 1 版 2 次
精装二册 91.70 元
大 32 开　1452 页

本册收各类子部古籍善本书 12280 种,是迄今为止全面、系统反映我国传世子部善本古籍的大型目录工具书。

中国古籍善本书目·集部

《书目》编委会编
1997 年 7 月 1 版 1 次
线装 1300.00 元
8 开　2996 页

1998 年 3 月 1 版 1 次
精装三册 175.00 元
大 32 开　1464 页

本册分楚辞类、汉魏六朝别集类、唐五代别集类等 11 个类目,共收集部善本 22924 种,是全国所藏集部善本的总汇,是各大图书馆、文史工作者及爱好者所必备的工具书。

中国古籍善本书目·丛部

《书目》编委会编
线装 1989 年 6 月 1 版 1 次

1991 年 2 月 1 版 1 次
1998 年 3 月 1 版 2 次
精装 48.80 元
大 32 开　768 页

本册内容分汇编丛书、地方丛书、家集丛书和自著丛书四类,共收宋元以来善本六百多种。书末附藏书单位检索表。

中国古籍善本书目索引(全二册)

南京图书馆编纂
2009 年 8 月 1 版 1 次
精装 198.00 元

大 32 开　1828 页

《中国古籍善本书目》是一部中国大陆地区所藏古籍善本的总目录，分经、史、子、集、丛五部，著录了 6 万种 13 万部善本古籍。为更好地方便研究者利用这部大型书目，南京图书馆组织人员历时数载，编纂了《书名索引》和《著者索引》。两种索引的编成，无疑是对《中国古籍善本书目》的补充和完善。

续修四库全书总目提要

集部

续修四库全书总目提要编纂委员会编

2014 年 12 月 1 版 1 次

精装 278.00 元

16 开　544 页

本书收录了为《续修四库全书》集部共计 1048 种 22390 卷古籍所撰写的图书提要一千余条，每条提要均包含著者仕履、内容要旨、学术评价、版本情况等方面，涉及著述缘起、成书过程、内容梗概、学术源流、版刻源流等等，充分参考和吸收已有成果，其间亦纠正前人及当代学人之误，"冀为中国传统学术最后二百年之发展理清脉络"。此书提要精当，评价中的，是继《四库全书总目提要》之后，古典文献研究必备之书。

史部

续修四库全书总目提要编纂委员会编

2014 年 12 月 1 版 1 次

精装 298.00 元

16 开　592 页

《续修四库全书》史部收书 1100 余种，分为 15 类。本书按《续修》所收书为提要 1090 条，每条揭示作者生平，概述该书内容、版本源流，辨析其版本价值、学术价值等，便于研究者参证。

子部

续修四库全书总目提要编撰委员会编

2015 年 12 月 1 版 1 次

精装 388.00 元

16 开　736 页

本书收录为《续修四库全书》子部儒家、道家、兵家、法家、农家、医家、天文算法、术数、艺术、谱录、杂家、类书、小说家、宗教、西学译著 15 类共计 1640 种古籍撰写的图书提要。子部的类别划分、各类收书多寡和作者年代分布，一定程度上反映出中国古典子学在明清和晚近的流变与学术史面貌。

经部

续修四库全书总目提要编纂委员会编

2015 年 12 月 1 版 1 次

精装 288.00 元

16 开　506 页

《续修四库全书》经部收书 10 类 1219 种。每则提要大致包括著者生平、内容要旨、学术评价、版本源流四部分，视具体情况有所侧重，不求面面俱到。

中国历代书目题跋丛书

第　一　辑

百川书志　古今书刻

[明] 高儒　周弘祖撰

1957 年 6 月 1 版 1 次

新版 2005 年 11 月 1 版 1 次

新版 2006 年 4 月 1 版 2 次

40.00 元

大 32 开　522 页

《百川书志》，明高儒撰，是其私人藏书目录，按经、史、子、集四部分类，不少书目下写有扼要的内容介绍。收入不少小说、戏曲书目。《古今书刻》，明周弘祖撰，除收录内府刻本、各地官府刻本之外，还收有各地石刻碑文的目录。附两书书名人名综合索引。

晁氏宝文堂书目　徐氏红雨楼书目

[明] 晁瑮　徐𤊹撰

1957 年 12 月 1 版 1 次

新版 2005 年 11 月 1 版 1 次

新版 2006 年 4 月 1 版 2 次

45.00 元

大 32 开　566 页

《晁氏宝文堂书目》，明晁瑮撰，为其私人藏书目录。书名下多注明板刻，可以考见明代版本源流。目内著录了许多小说、戏曲书目。《徐氏红雨楼书目》，明徐𤊹撰，为其私人藏书目录，所收明代集部书较多，也著录了许多小说、戏曲目录。末附两书书名、作者名索引。

赵定宇书目

［明］赵用贤撰
1957 年 12 月 1 版 1 次
新版 2005 年 11 月 1 版 1 次
新版 2006 年 4 月 1 版 2 次
20.00 元
大 32 开　251 页

　　赵用贤，明代常熟人，喜藏书和刻书。该书目是其私人藏书目录，原为明清之间的旧抄本，曾经曹寅（楝亭）等名家收藏。书目中有《稗统》全部 244 册目录等不见于他书。末附书名索引。

汲古阁书跋　重辑渔洋书跋

［明］毛晋　［清］王士禛撰
1958 年 5 月 1 版 1 次
新版 2005 年 11 月 1 版 1 次
新版 2006 年 4 月 1 版 2 次
23.00 元
大 32 开　268 页

　　《汲古阁书跋》收录明代著名藏书家、出版家毛晋所撰古籍题跋。《重辑渔洋书跋》收入清初著名学者王士禛的书跋。这些题跋涉及古书版本、内容评介、考证议论、掌故旧闻等。

绛云楼题跋

［清］钱谦益撰　潘景郑辑校
1958 年 8 月 1 版 1 次
新版 2005 年 11 月 1 版 1 次
新版 2006 年 4 月 1 版 2 次
18.00 元
大 32 开　210 页

　　清初著名学者钱谦益藏书富甲天下，曾于家乡常熟建绛云楼贮之，后失火，所藏书大部分变为灰烬。本书系版本目录学家潘景郑先生辑录钱氏藏书（兼及书画碑刻）题跋 265 条汇编而成，内容涉及古书版本、校勘考订、艺文品评等。

虞山钱遵王藏书目录汇编

［清］钱曾撰　瞿凤起编
1958 年 3 月 1 版 1 次
新版 2005 年 11 月 1 版 1 次
新版 2006 年 4 月 1 版 2 次

30.00 元
大 32 开　402 页

　　钱曾，字遵王，清初著名藏书家，先后为其私人藏书撰有《也是园书目》、《述古堂书目》、《读书敏求记》三种书目。该三书各有特色，但重复较多，应用不便。现以《也是园书目》为纲，并入后二种，收书 4180 种，后附书名、著者名索引。

唅香仙馆书目　旧山楼书目

［清］马瀛　赵宗建撰　潘景郑校订
1958 年 7 月 1 版 1 次
新版 2005 年 11 月 1 版 1 次
新版 2006 年 4 月 1 版 2 次
18.00 元
大 32 开　206 页

　　《唅香仙馆书目》，清马瀛撰。马瀛好藏书，有不少宋元珍本。其书目以经、史、子、集四部分类，多世所未见之书。《旧山楼书目》，清赵宗建撰。书目中著录司马光《资治通鉴》手稿、朱熹《大学章句》手稿、《徐霞客游记》底稿、钱谦益日记书信稿等，异常珍贵。附二书书名作者索引。

鸣野山房书目

［清］沈复粲编　潘景郑校订
1958 年 1 月 1 版 1 次
新版 2005 年 11 月 1 版 1 次
新版 2006 年 4 月 1 版 2 次
20.00 元
大 32 开　242 页

　　沈复粲，清乾嘉时人，藏书之富著称越中。本书目以四部分类，搜罗戏曲尤广，有《传奇》556 种，《名剧汇》72 种，《古今名剧选》56 种等，蔚为大观。所收明人著作亦多今日少见者。末附书名、作者名索引。

铁琴铜剑楼藏书题跋集录

瞿良士辑
1985 年 9 月 1 版 1 次
新版 2005 年 11 月 1 版 1 次
新版 2006 年 4 月 1 版 2 次
30.00 元
大 32 开　384 页

　　常熟瞿氏的铁琴铜剑楼是清晚期中国四大藏书楼

之一,所藏善本极多。本书是瞿氏后人瞿良士辑录家藏三百八十余种善本内名人学者、藏书家留下的题跋手迹,涉及古书版本、流传情况、内容评介、校勘考订以及书林掌故等。

第　二　辑

思适斋书跋

[清]顾广圻著

2007年8月1版1次

22.00元

大32开　276页

　　顾广圻是清代著名版本校勘学家,成就卓著。然而,他的撰作却流传较少。本书辑录《思适斋书跋》(王大隆辑)以及《思适斋集》(清顾瑞清辑)、《思适斋集补遗》(王大隆辑)的序跋部分,基本囊括了顾广圻撰写的绝大部分有关版本目录的文章。末附书名索引。

滂喜斋藏书记　宝礼堂宋本书录

[清]潘祖荫著　潘宗周编

2007年8月1版1次

28.00元

大32开　364页

　　《滂喜斋藏书记》收录清末藏书家潘祖荫滂喜斋所收宋、元、明以及旧刻本、日本、高丽刻本等珍本秘笈130部。《宝礼堂宋本书录》是一部关于民国年间潘宗周宝礼堂所藏宋元善本古籍之解题目录,共收录宋本111种,元本6种。这两部书是我国近代重要的书目题跋著作,对于研治版本目录者和古籍收藏者都极有参考价值。

澹生堂藏书约(外八种)

[明]祁承爜等撰　郑诚整理

1957年12月1版1次

新版2005年11月1版1次

21.00元

大32开　262页

　　《澹生堂藏书约》、《藏书记要》二书主要介绍购书、鉴书、收藏等方面经验。《藏书绝句》、《流通古书约》、《古欢社约》、《藏书十约》四书主要讲古籍版本特征、流通、鉴定、校勘、装潢、收藏方法等。《武林藏书录》、《吴兴藏书录》分别记录杭州、吴兴两地历代藏书家事迹。《皕宋楼藏书源流考》,详叙陆心源皕宋楼藏书渊源。

拜经楼藏书题跋记

[清]吴寿著　郭立暄标点

2007年6月1版1次

20.00元

大32开　256页

　　本书著录拜经楼藏书精品,汇集其父吴骞及众多名人学士的赏鉴题识,及当时最优秀的版本、校勘学者的研究成果。此次整理标点以道光二十七年蒋氏宜年堂刻本为底本,订正少数误字,并补充吴骞《愚谷文存》及其续编等内容。

读书敏求记校证

[清]钱曾著　管庭芬　章珏校证

2007年12月1版1次

49.00元

大32开　648页

　　《读书敏求记》系我国目录学经典之作,对后世版本目录学影响甚大。但由于其稿本最初均系辗转传抄,故错讹层出。近人章珏以管庭芬手校《读书敏求记》为底本,再以二十余种不同版本进行汇校,撰成《读书敏求记校证》四卷,不仅对《读书敏求记》文字作了大量比勘,且补入大量史实,故成为阅读《读书敏求记》的最佳版本。

天禄琳琅书目　天禄琳琅书目后编

[清]于敏中　彭元瑞等著

2007年8月1版1次

68.00元

大32开　880页

　　清乾隆九年,诏令翰林整理宫廷藏书,选择善本,进呈御览,于昭仁殿列架收藏,赐名"天禄琳琅"。乾隆四十年于敏中等人奉命编纂成《天禄琳琅书目》十卷。收录宋、金、元、明各代善本611种。每书均有解题,著明刊刻年月、收藏家题识印记等,并考证作者、藏家之时代、爵里,论述其授受源流。《天禄琳琅书目后编》二十卷,清嘉庆二年彭元瑞等奉敕编,共著录宋、辽、金、元、明版书663部。以上二书集中了中国古代善本书的精华。

艺风藏书记

缪荃孙著

2007年6月1版1次

48.00元

大32开　616页

缪荃孙是近代著名藏书家,所得珍本秘籍多达10余万卷。为使所藏珍贵书籍不致流散,因撰《艺风藏书记》八卷,收书627种,10962卷。详载每种书的卷数、行款、序跋、书牌等,并详加校勘。后又陆续撰成《续记》八卷、《再续记》,共载书861种,15000余卷,现将《藏书记》、《续记》、《再续记》标点整理出版。

著砚楼书跋

潘景郑著

1957年7月1版1次

新版2006年5月1版1次

新版2007年5月1版2次

28.00元

大32开 360页

潘景郑先生是现代著名藏书家、版本目录学家。本书收录他所藏及所见的善本书之题跋403篇。凡宋元精刊、明清佳刻、抄本、校本、稿本等,应有尽有。其中许多题跋对各书的传世版本作了总结性的叙述。

文禄堂访书记

王文进撰

2007年6月1版1次

38.00元

大32开 484页

王文进是民国时期著名书商,自设书肆名为"文禄堂",数十年间,广搜珍本书籍。本书择其中之精要者,考其源流,别其真伪,辑成《文禄堂访书记》。书中收南宋至清代珍本凡七百五十余种,其中尤以南宋和明本为多,是近代版本目录学方面重要资料之一,至可珍贵。

卷庵书跋

叶景葵著

1957年5月1版1次

新版2006年5月1版1次

新版2007年5月1版2次

16.00元

大32开 200页

叶景葵,早年从事实业,主持浙江兴业银行。年逾50,始致力于收集古籍善本。他精于版本鉴别,每得异本,必手自校勘考订。本书收录其古籍善本题跋二百余则。

劫中得书记

郑振铎著

1956年10月1版1次

新版2006年5月1版1次

新版2007年5月1版2次

18.00元

大32开 228页

抗战时期,郑振铎先生为保存民族文献,曾竭尽全力收购古籍善本。每得一佳本,随作题记,叙述得书经过和对该书的评论。《劫中得书记》收录善本题记89则,《续记》收录60则。

第 三 辑

平津馆鉴藏记书籍 廉石居藏书记 孙氏祠堂书目

[清]孙星衍撰

2008年12月1版1次

78.00元

大32开 856页

本书由《平津馆鉴藏记书籍》、《廉石居藏书记》、《孙氏祠堂书目》三种合订刊行。作者孙星衍,是清代乾嘉学派的重要学者之一,也是著名藏书家。《平津馆鉴藏记书籍》是作者所藏善本的书目,依宋版、元版、明版、旧影写本、影写本、外藩本分类,每书之下著录书名、卷数、作者、前后序跋、缺补情况,并明确提出黑口这一概念。《廉石居藏书记》系孙星衍为未收入《平津馆鉴藏记书籍》的善本写的解题,按经学、小学、诸子、天文、地理、医学、史学、类书、词赋、书画、说部十一类编排。在目录分类上有一定创新。《孙氏祠堂书目》著录两千余种古籍,均著录书名、卷数、著者、版本及年代,善本、通行本均收,其中较有特色是收入清人辑本580余种。

藏书题识 华延年室题跋 雁影斋题跋

[清]汪璐辑 [清]傅以礼撰 [清]李希圣撰

2009年4月1版1次

32.00元

大32开 416页

《藏书题识》收汉至清珍本秘籍216种,摘引前人题跋,其中以朱文藻之《振绮堂书录》为主,又有姚咨、吴绰、朱彝尊、丁敬身等人题跋,分五卷,今只存二卷经、史、子三部,收书101种。各家题跋多记版本之优劣,校勘之精粗,间及书籍流传、书林掌故等,据民国间一第一剑馆绿丝栏抄本点校。《华延年室题跋》录题跋凡一百七十余篇,涉及经史子集各部,大多叙述有次,考辨精详。特别是作者熟悉明季掌故,其为明季诸书所做题跋,多有订正其书讹误失考之处。本书同刊者有傅以礼所撰《残明大统历》、《残明宰辅年表》,以及其子傅栻所撰《蕱庐题跋》二十余篇,此次点校一仍其旧,附刊于后,据宣统元年俞人蔚铅印本点校。《雁影斋题跋》所记为方功惠碧琳琅馆藏书。方功惠藏书多珍本精本,多经名人递藏。《雁影斋题跋》记方氏藏书 66 种,其中宋刻本 24 种,元刻本 33 种。每书均记版刻行款,收藏印鉴,于古书源流得失、版本异同考证颇详,间亦指出《四库》收录与否,并对《四库》所收该书之版本和内容进行评价。

文选楼藏书记

[清]阮元撰

2009 年 9 月 1 版 1 次

49.00 元

大 32 开　648 页

　　《文选楼藏书记》六卷,收书约两千六百种。条目依书名、卷数或册数、著作者及籍贯、版本次序记录。除集部外,每书之下均撰有简明提要,多概述本书的内容、背景、价值、序跋、存佚等。阮氏藏书,不以珍秘为准,而是着眼于学术之用,考其藏书四部要籍俱备,颇见系统性,可视为文献资料库,亦因是之故,其藏书中多抄本,时有罕见之书,《文选楼藏书记》仅以抄本流传,这次出版,以国家图书馆藏本为底本,参校中科院图书馆藏本、山东大学图书馆藏本,旁及《中国古籍善本书目》、《浙江采进书目》、《中国丛书综录》等。

曝书亭序跋　潜采堂宋元人集目录　竹垞行笈书目

[清]朱彝尊撰

2010 年 10 月 1 版 1 次

38.00 元

大 32 开　472 页

　　朱彝尊(1629—1709),清代诗人、词人、学者。字锡鬯,号竹垞,晚号小长芦钓鱼师,又号金风亭长。秀水(今浙江嘉兴市)人。其学识渊博,通经史,能诗词古文,为浙西词派的创始者。诗与王士禛齐名,时称"南朱北王"。著述甚丰,有《经义考》、《日下旧闻》、《曝书亭集》等。编有《词综》、《明诗综》。本书是朱彝尊藏书所写之序跋,对其藏书有纲目式的介绍,在众多书目中对很多藏书的来龙去脉又有分别介绍,使我们能对朱氏藏

书有一个较为详尽的了解。其内容十分丰富,是全面研究朱彝尊不可或缺的资料。

潜研堂序跋　竹汀先生日记钞　十驾斋养新录摘钞

[清]钱大昕撰

2010 年 11 月 1 版 1 次

42.00 元

大 32 开　500 页

　　《潜研堂序跋》十卷、《竹汀先生日记钞》三卷、《十驾斋养新录摘钞》六卷等均为清代乾嘉考证学派大师钱大昕所撰,是钱氏关于书籍序跋评论的汇集。钱大昕(1728—1804),字晓徵,一字及之,号辛楣,又号竹汀,晚号潜研老人。上海嘉定人。参与编修《热河志》,又与修《音韵述微》、《续文献通考》、《续通志》、《一统志》及《天球图》诸书。一生著述甚富,后世辑为《潜研堂丛书》刊行。钱大昕的学术成就,除见于其专门著作外,在其序跋中也有突出表现。因此,此书把文集中的书籍序跋、金石跋、《竹汀先生日记钞》以及《十驾斋养新录》中的有关古籍的条目收集成编,加以标点,并校正若干文字讹误。此书对后人研究钱氏之学术极具参考价值。

天一阁书目　天一阁碑目（全二册）

[清]范邦甸等撰

2010 年 12 月 1 版 1 次

78.00 元

大 32 开　940 页

　　作者范邦甸为明代天一阁范钦后人,清嘉庆年间,编有《四明天一阁藏书目录》等。此书为天一阁书目一种,分经、史、子、集四部,每部为一卷,每卷下又分若干子卷,凡十卷。共著录藏书 4914 种,53799 卷。大体反映了天一阁藏书的整体面貌。该目详细著录了书名、卷数、版本、著者、序跋、印章等。体例完备,著录详细。特别是他摘录有序跋等,能便于读者管窥书中之内容主旨,成书过程和版本流传。具有较高的学术研究价值。

浙江采集遗书总录（全二册）

[清]沈初等撰

2010 年 12 月 1 版 1 次

90.00 元

32 开　1064 页

　　此书亦称《浙江采进遗书总录》,清沈初等修纂,共

11 集,12 卷。此书所录书目凡 4523 种,56955 卷,另不分卷者 92 册。参考史志目录、《文献通考·经籍考》、《郡斋读书志》、《直斋书录解题》等目录体例,分经史子集四部 64 类若干子目。以"天干"分十集,甲乙丙三集为经部,丁戊二集为史部,己庚二集为子部,辛壬癸三集为集部。除癸集分上、下二卷,其余各为一卷。另有续补作闰集一卷,凡 11 集 12 卷。浙江一省所藏之珍善本,皆在此编。《四库总目》注为"浙江采进本"者即出于本书,或有为《总目》所未收。凡研究古籍版本、流传者必不弃此书。

持静斋书目

[清]丁日昌撰
2008 年 12 月 1 版 1 次
78.00 元
大 32 开 832 页

《持静斋书目》五卷,共著录藏书 3000 余种,依《四库》分类,每书著录书名、卷数、撰人、版本。一书有不同版本者,小字注明,不另立目。凡宋元版本、精刻精印本、名家钞本,则详载行款、版式、序跋、牌记等,且注明藏家标记、批校、题识等。《四库》已收之书顶格排印,未收之书(包括《存目》之书)则低一格。这次出版,以民国二十三年(1934)广州英华书局本为底本,疑误处参考《四库全书总目》、《中国丛书综录》、《中国古籍善本书目》。全书新编目录和书名、作者索引,颇便读者。

宋元旧本书经眼录 持静斋藏书记要

[清]莫友芝撰
2009 年 4 月 1 版 1 次
28.00 元
大 32 开 368 页

莫友芝是晚清著名学者,治学范围甚广,然最能代表其学术成就者,还是版本目录之学。《宋元旧本书经眼录》是莫友芝于同治四至八年间(1865—1869)客游上海等地所见宋、金、元、明椠本及稿本、钞本的记录,共收书一百三十余种,每书皆撰有解题,详录各书行款版式、评断版本异同优劣、订正前贤讹误、迻录藏家跋语印记等。《持静斋藏书记要》乃莫友芝为丁日昌持静斋藏书所作的编目,收宋、金、元、明及钞本、稿本七十余种,多系丁氏藏书中的精华,其中于宋元本详细著录版式、序跋及内容大要,对《四库提要》的误说及部分书籍的真伪亦进行考辨。

郎园读书志

叶德辉撰
2010 年 10 月 1 版 1 次
68.00 元
大 32 开 864 页

《郎园读书志》是民国时期的版本目录学家叶德辉的代表作之一,全书包括经、史、子、集四部,共分 16 卷。前 11 卷及第 16 卷为叶氏所撰藏书题跋,12 卷至 15 卷是其为所藏清人诗文集所撰写的提要。《郎园读书志》收书以明、清精刻本为主,对版本优劣异同及其源流进行了深入探讨,同时考察作者小传、论述派别源流、记载书林掌故、品评各书得失,并指出《四库全书总目》、《天禄琳琅书目》及诸藏书家书目之误,往往切中要害,有独到见解。本书发前人蕴奥,可为藏书家标识藏书门径,为读书者指示治学法门,是不可或缺的版本目录学著作。

第 四 辑

新辑红雨楼题记 徐氏家藏书目

[明]徐𤊹等撰 马泰来整理
2014 年 12 月 1 版 1 次
68.00 元
32 开 648 页

徐氏藏书题记与徐氏家藏书目密不可分,展现的是以徐𤊹为主,包括其父兄及他的子孙撰写的藏书题记和家族藏书的规模和内容,而此前从未结集出版,今由著名学者马泰来校笺整理,首次面世。

爱日精庐藏书志(全二册)

[清]张金吾撰 柳向春整理
2014 年 8 月 1 版 1 次
98.00 元
32 开 944 页

《爱日精庐藏书志》三十六卷、《续志》四卷,收录宋元旧椠及世人鲜见的版本近 800 种,为有清一代著名的版本解题目录。其每著录一书,先列版本,其次辑录各家书目、历代文集中有关序跋及识语,再就原书加以考证,然后汇辑所得,各为解题。依《四库全书总目》体例,对《四库》未收之书也按类增入。

开有益斋读书志

[清]朱绪曾撰 宋一明整理

2015 年 4 月 1 版 1 次

28.00 元

32 开　248 页

　　本书是清代学者朱绪曾曾仿《郡斋读书志》就其所藏撰写的读书志,在一定程度上代表了清代私家修目的最高水平。本书补《四库全书》之缺,收《四库》未收之秘笈;注重对地方文献的著录,还涉及对朝鲜、越南汉文文献的著述;注重对同时代人物著作的收录,对考察清代后期文献提供了重要参考。

云间韩氏藏书题识汇录

　　邹百耐纂　石菲整理

2013 年 12 月 1 版 1 次

26.00 元

32 开　268 页

　　邹百耐,苏州人,近代著名藏书家兼目录学家。云间韩氏即清末松江府著名藏书家韩应陛,他是清代咸丰年间大藏书家,然由于可征文献少,加之通行的几种韩氏藏书目录颇为简略,人们对其人其事所知无多。《云间韩氏藏书题识汇录》对韩氏藏书做较为完备的著录:书目、著者、版本、行款、印鉴等内容。此次据以整理点校,并对韩氏藏书以及两部尚未公开发表的稿本《读有用书斋藏书志》与《云间韩氏藏书题识汇录》进行分析研究。

二叶书录

　　叶启勋 叶启发撰　李军整理

2014 年 5 月 1 版 1 次

38.00 元

32 开　368 页

　　本书收录《华鄂堂读书小识》和《拾经楼紬书录》两种,作者分别为叶启勋、叶启发昆季,整理者李军。二叶为版本目录大家叶德辉之侄,生于清末民初,见前人所未见,且承家学渊源,所作皆客观记录,多博考版本,多发前人所未发,并具实事求是、情文并茂等特点。

善本书所见录

　　罗振常撰　汪柏江 方俞明整理

2014 年 5 月 1 版 1 次

36.00 元

32 开　344 页

　　此书以绍兴天泉山房所藏《善本书所见录》誊抄稿本为底本,分经、史、子、集、总集五卷,将原末册题"善本书题跋"12 篇,编为"善本书所见录补",置于前五卷之后。又,整理者历年辑存罗氏书跋 26 篇,编为"善本书所见录再补"。是书较 1958 年周子美整理之《善本书所见录》多出一百余篇,使罗氏经眼的善本书记录更臻完备。书末另附新编目录,方便读者检索和阅读。

群碧楼善本书录　寒瘦山房鬻存善本书目

　　邓邦述撰　金晓东整理

2014 年 5 月 1 版 1 次

59.00 元

32 开　608 页

　　《群碧楼善本书录》六卷,为民国十六年(1927)邓邦述向中央研究院历史语言研究所让售藏书时所编。《寒瘦山房鬻存善本书录》七卷,为邓邦述鬻书后,根据寓中遗存之书编成。均详记卷数、册数、作者、行款、藏书印,后缀邓氏题跋。各书原有藏家题跋、标记、小注、藏章及位置等,亦一一记录,可为后人版本调查与鉴定提供依据。

传书堂藏书志(全三册)

　　王国维撰　王亮整理

2014 年 8 月 1 版 1 次

168.00 元

32 开　1528 页

　　传书堂为浙江南浔蒋氏的私家藏书楼,与刘氏嘉业堂、张氏适园及傅氏藏园并称近世藏书楼。王国维为蒋氏传书堂编撰书目,费时五年,用力精勤,《书志》体例精善,裁断谨严,征引富而有当,考镜源流,每有特发之覆,足正前代大家之误。

积学斋藏书记

　　徐乃昌撰　柳向春 南江涛整理

2014 年 10 月 1 版 1 次

58.00 元

32 开　508 页

　　《积学斋藏书记》是著名藏书家徐乃昌对其所藏而撰写的善本书志。此书只有抄本流传,现存国家图书馆藏三册、上海博物馆藏九册。上博藏本是现知最全本,文字及篇目多经徐氏亲笔校改。本次整理出版即以此为底本,收入徐氏著录典籍 823 部,并校核国图藏本,除去两者相重合的 623 部以外,又将其不见于上博本的 28 部书作为附录收入。本书详述藏书行款、递藏、序跋、印记,以及与众多学者、诗人、藏书家、金石家的交往。

澹生堂读书记　澹生堂藏书目（全二册）

[明]祁承爜撰　郑诚整理

2015 年 11 月 1 版 1 次

98.00 元

32 开　944 页

本书为明代藏书家祁承爜《藏书约》《藏书训》及其藏书目的整理本，《藏书约》《藏书训》集中反映了祁承爜的目录学思想，藏书目则是祁氏目录学思想的实践体现，所收明代著作尤夥，由此可查考明代著述情况。

日藏中国古籍书志

古文旧书考

[日]岛田翰撰　杜泽逊　王晓娟点校

2014 年 10 月 1 版 1 次

58.00 元

32 开　484 页

《古文旧书考》为岛田翰为其所见汉文善本古籍解题，原定撰写六辑，仅完成第一辑。是书共介绍日藏汉籍 52 种，分为《旧抄本考》《宋椠本考》《旧刊本考》《元明清韩刊本考》四卷，每卷卷首有序，卷下所列书籍各依经、史、子、集编排。其中，《旧抄本考》附有《书册装潢考》一篇，《宋椠本考》附《雕版源流考》一篇。

经籍访古志

[日]涩江全善　森立之等撰　杜泽逊　班龙门点校

2014 年 10 月 1 版 1 次

48.00 元

32 开　420 页

《经籍访古志》是一部由日本江户时期著名学者涩江全善、森立之等所撰的目录学著作，全面反映了江户时期日本所藏善本汉籍的情况，是日本学者研究善本汉籍的代表性著作。所收日藏汉籍七百余部，多为日本古写本、宋元旧刊本，以及流传稀少的明清刊本。光绪十一年徐承祖铅印本为是书通行版本，本书以是本为底本点校。

大藏经总目提要

大藏经总目提要·文史藏（全二册）

陈士强著

2008 年 4 月 1 版 1 次

精装 120.00 元

大 32 开　1304 页

汉文《大藏经》是汉译佛教经典与中国历代高僧大德撰写的佛教著作总汇，卷帙浩繁，内容赡博，所涉及的领域也极其广泛。作者为国内著名的佛学专家，尤长于佛教经籍的整理、解读，本书即为其积数十年功力的成果。本书系统而又详尽地考释了中国佛教文史类典籍的源流及大略，内容分经录、教史、传记、宗系、纂集、护法、地志、杂记等八大部，共收录佛教文史类典籍 230 部 2458 卷。是当今国内佛教经籍类著作中最全面、最系统的佛学工具书。

大藏经总目提要·经藏（全三册）

陈士强著

2007 年 8 月 1 版 1 次

精装 180.00 元

大 32 开　2264 页

本书是总目解说，对《大藏经·经部》收录的各种典籍，按六级分类法编制，并予以详释。内容包括：经名、卷数、译撰者、译撰时间、著录情况、主要版本、译撰者事迹、序跋题记、篇目结构、内容大意、思想特点、资料来源、研究状况等。此外，还有经典源流的叙述、不同文本的对勘、史实的辨正和补充等，是迄今为止这一研究领域中最新、最全的知识密集型工具书。

大藏经总目提要·律藏（全二册）

陈士强著

2015 年 7 月 1 版 1 次

精装 188.00 元

32 开　1656 页

本书对《大藏经·律部》所收典籍的解说主要包括书名、卷数、译撰者、译撰时间、译撰者事迹、主要版本、著录情况、序跋题记、篇目结构、内容提要、思想特点、资料来源和研究状况等。此外，还有经典源流的叙述、不同文本的对勘以及史实的辨正和补充等，是迄今为止律藏类佛典最全面的一部提要解读性著作。

古籍版本基本知识丛书

书目答问补正（插图本）

[清]张之洞撰　范希曾补正

2008 年 2 月 1 版 1 次

2012 年 3 月 1 版 2 次

33.00 元

20 开　264 页

本书是一本研治国学的入门书目。每条书目都标出各种版本，并指出其优劣，实际上也起到了介绍版本知识的功能。上世纪初，范希曾除对原书目的版本进行了大量增补外，还补收了部分书目，并纠正了原书的一些错讹。本书以 1935 年国学图书馆重印本为底本整理，另加历代版本书影 180 幅。

中国雕板源流考　中国书史（插图本）

孙毓修　陈彬龢　查猛济撰
2008 年 2 月 1 版 1 次
2012 年 3 月 1 版 2 次
28.00 元
20 开　220 页

《中国雕板源流考》是较早系统讲述中国古代印刷史的研究著作，扼要论述了雕版印刷术的发明和发展，内容涉及古籍版本的各种基本知识，便于初学。此次以民国间商务印书馆《国学小丛书》本为底本整理，加配历代古籍书影 60 余幅。《中国书史》讲述古代书籍产生和演变过程中种种与书相关的历史，内容丰富，史料翔实，其中对宋、元、明三朝的版刻优劣、藏书状况，条分缕析，尤有详尽的论述。此次出版新增与内容有关的书影 100 余幅。

书林清话（插图本）

叶德辉撰
2008 年 2 月 1 版 1 次
2012 年 3 月 1 版 2 次
35.00 元
20 开　280 页

叶德辉为清末民初著名藏书家，所著《书林清话》20 卷、《书林余话》2 卷，介绍了古籍版本的基本常识、历代版刻的主要特征，并列举了许多著名版刻的实例，为从事古籍版本研究、收藏、鉴赏所必读的名作。书末附李洣《书林清话校补》。书中配有历代版刻插图 150 余幅，文图对照，有很高的实用价值。

纪念顾廷龙诞辰一百周年系列

古匋文畚录

顾廷龙著
2004 年 10 月 1 版 1 次
锦函线装 120.00 元

6 开　108 页

顾廷龙先生是我国著名的版本目录学专家，在书法方面也有很深的造诣，他年轻时对古文字学也下了不少功夫，曾搜集、研究出土战国陶文，亲手摹录字形，并加以考释，编成《古匋文畚录》，于 1936 年出版。此书不但对古文字研究是一部有价值的工具书，对书法爱好者来说也是一部值得收藏及欣赏的珍品。

顾廷龙书题留影

顾诵芬　沈津　高桥智辑
2004 年 10 月 1 版 1 次
精装 150.00 元
大 16 开　148 页

顾廷龙先生是我国著名图书馆事业家，也是著名书法艺术家。在他几十年的生涯中，曾为数量众多的文史等方面出版物挥毫题签，字体涉及楷、隶、篆、金文等多种。本书收录顾廷龙题签作品六百余种，展示了他深厚的文化底蕴和精湛的书法艺术。

顾廷龙年谱

沈津著
2004 年 10 月 1 版 1 次
精装 90.00 元
大 32 开　980 页

本书较全面地反映了顾廷龙先生在抢救、保护、整理和传承我国古代文化典籍方面作出的卓越贡献，以及他平凡、执着、奋斗而令人敬佩的一生。

其他书目题跋

直斋书录解题（全二册）

［宋］陈振孙撰　徐小蛮　顾美华　点校
精装 1987 年 12 月 1 版 1 次
平装 2015 年 5 月 1 版 1 次
2016 年 4 月 1 版 2 次
98.00 元
大 32 开　856 页

南宋陈振孙撰。著录当时所见典籍五万一千一百八十余卷，三千余种，分经史子集四部 53 类，所录书下均有解题，分别考订其内容得失。所录之书，今日颇多亡佚，赖此目犹可知其大概。这次整理即以辑本为底本，参校元抄残本和其他校本。书末辑有大量资料，附书名、人名索引。

郡斋读书志校证（全二册）

[宋]晁公武撰　孙猛校证

精装1990年10月1版1次

平装2011年6月1版1次

2012年8月1版2次

128.00元

大32开　1704页

本书为我国古代第一部有解题的私人藏书目录，著录了南宋以前各类重要典籍近一千五百部，其中有许多是已失传的著作。全书分经史子集四部，下设易、书等54类，其中新设的史评、文说二类。各书解题涉及作者生平、主要内容、前代著录及有关的典章制度、掌故佚事等。校证者以清汪士钟初刊衢本为底本，用宋袁衰本合校，参校他本，集现存各种版本和前人研究成果的大成。附赵希弁《读书附志》、《晁公武传略》等及书名、著者索引。

千顷堂书目（附索引）

[清]黄虞稷撰　瞿凤起　潘景郑整理

1990年4月1版1次

新版2001年7月1版1次

精装150.00元

16开　1432页

《千顷堂书目》按经、史、子、集排列，广泛搜集明代著作，兼及宋、辽、金、元文献。每一条目后，附有作者爵里、字号、科第等，不少内容为《明史》及其他传记所不载，是研究明史和古籍版本的一部重要工具书。2001年再版印行新增"著者索引"和"书名索引"。

黄丕烈藏书题跋集

黄丕烈撰

精装2013年7月1版1次

平装2015年8月1版1次

精装一册118.00元　2013年7月1版1次

平装二册108.00元　2015年8月1版1次

32开　1096页

本书收集了黄丕烈《荛圃藏书题识》《荛圃藏书题识续集》《百宋一廛赋注》等题跋著作，基本囊括了其题跋作品。这些题跋记录他藏书得书之来龙去脉，鉴考之心得体会，校勘结果及版本源流。这些题跋也是其学术成果的具体体现。

铁琴铜剑楼藏书目录

瞿镛编纂　瞿果行标点　瞿凤起复校

2000年9月1版1次

35.50元

大32开　724页

《目录》共收书1194种，收书下限至元人著述。每书著录卷帙存缺、序跋印记，考证刊刻、传钞、收藏情况，有的还校雠异本文字，记其行幅字数。学者王欣夫在《文献学讲义》中称赞《目录》体例精善"在近世藏书志中，尚没有超过他的"。

藏园群书题记

傅增湘撰

1989年6月1版1次

2008年6月1版2次

精装98.00元

大32开　1208页

傅增湘是近代著名的藏书家与版本目录学家，《藏园群书题记》是他的主要目录学著作，所记录多是他曾收藏或亲自过目的善本古籍，文中对每书作者、版本特点及源流都作了许多介绍考证，是研究古籍和版本目录学的重要文献。

贩书偶记

孙殿起撰

1959年8月1版1次

2000年4月1版2次

精装51.80元

32开　1428页

这是一部近代古籍书目，其作用相当于《四库全书总目》的续编，具有较高的学术参考价值。编者孙殿起经营古书业达数十年之久，勤劳不息地将目睹手经的古书逐一做下了记录，内容翔实而丰富。所收凡九千余条，依《四库》分类编排，书中附有书名及作者索引，便于查检。

访书见闻录

路工著

1985年9月1版1次

2.85元

大32开　272页

本书作者在郑振铎先生指导下，从20世纪50年代起在江、浙、鲁、晋、陕、闽、沪等地访求古籍珍本过程中，陆续写下的一批见闻录。书中介绍了一些罕见的古籍珍本，并附有部分原始材料，如魏良甫的《南词引正》、吕天成的《曲品》等，还评价了一些历史人物和有关著作。

涉园序跋集录

张元济著　顾廷龙编
1957 年 7 月 1 版 1 次
0.80 元
大 32 开　146 页

　　张元济主持商务印书馆期间，整理影印了大量古籍善本。他在校印古籍的过程中，经常撰写序跋，论版刻之源流与优劣如数家珍。本书收录其序跋 200 则，颇具参考价值。

来燕榭书跋

黄裳著
1999 年 5 月 1 版 1 次
21.00 元
32 开　400 页

　　黄裳先生是著名藏书家，所藏古籍珍稀版本颇为可观。本书为其自撰私藏珍本之书跋集成，一书一跋，共得二百二十余篇。每篇书跋对该书成书、存世概况、品相、价值，及相关佚事趣闻，皆有具体描述。本书既可作随笔散文阅览，对于爱好藏书者更具不菲的研究借鉴价值。

蛾术轩箧存善本书录（全二册）

王欣夫撰　鲍正鹄　徐鹏标点整理
2002 年 12 月 1 版 1 次
2008 年 4 月 1 版 2 次
精装 198.00 元
大 32 开　1848 页

　　王欣夫先生是现代著名的版本目录学家，藏书极富。本书为其所藏的善本书提要，共收书约一千余种，其中稿本约为一百多种，大多为清代学者著作；抄本约四百多种；其中最有价值的当推经过名家手校或录有学者校语的批校本，约九百种，十分难得。这些提要对书的传授源流、版本异同、内容得失以及作者、批校者、收藏者的生平事迹作了较为详尽的考索。

藏书纪事诗（附补正）

[清]叶昌炽著　王欣夫补正　徐鹏辑
1958 年 5 月 1 版 1 次
新版 1989 年 9 月 1 版 1 次
精装 11.50 元
32 开　368 页

　　清末叶昌炽所著《藏书纪事诗》，以诗歌形式记载我国古籍的收藏、刻印、校勘、整理故事，收录了自五代至清末一千一百多位藏书家、书商和印刷工事迹，取材广泛，史料丰赡。附索引。

辛亥以来藏书纪事诗

伦明著　雷梦水校补
1990 年 9 月 1 版 1 次
精装 3.90 元
32 开　92 页

　　叶昌炽《藏书纪事诗》对于清末藏书家，尚多缺遗，辛亥以后，不及收录。本书以诗歌形式评介近代藏书家，并概述藏书情况。共收藏书家 183 家，其中辛亥以后占 161 家。收罗人物广泛，资料多为后起诸家所引用。

藏书纪事诗（附补正）　辛亥以来藏书纪事诗（附校补）

[清]叶昌炽等著
2000 年 1 月 1 版 1 次
精装 42.00 元
大 32 开　980 页

　　本书为《藏书纪事诗》和《辛亥以来藏书纪事诗》两书的合订本，以诗歌形式记载了自五代至近代一千二百多位藏书家、书商和印刷工事迹。

中国古佚书辑本目录解题

孙启治　陈建华编撰
2009 年 5 月 1 版 1 次
精装 88.00 元
16 开　476 页

　　本书是我国第一部辑佚书的专题目录著作，专收先秦至南北朝佚书辑本及现存书佚文辑本，凡属 1949 年之前版本都予以著录。它依据经史子集分部，每部佚书又按科目或体裁分类，并以作者年代先后排序。其中经部排次考虑经学学派、师承，史部则兼顾所记史事。本书可以帮助学人了解很多佚书及其作者的相关情况、已有的辑本的优劣等。可以说是很多治学者的良师益友。

七略别录佚文 七略佚文

[汉]刘向 刘歆撰 [清]姚振宗辑录

邓骏捷校补

2008 年 12 月 1 版 1 次

20.00 元

大 32 开 208 页

　　《七略别录》、《七略》两书是我国古文献学的奠基著作,构建了版本学、校勘学、目录学、辨伪学等的基础框架。惜两书于唐末五代失传。鉴于两书的重要学术价值,清代先后出现了十家辑本,其中以姚振宗辑本最佳,所收佚文数量最多,力图恢复其各自的体例。《七略别录》、《七略》辑本向无整理本。这次出版以姚氏稿本为底本,参校诸家辑本、各种类书和古书注,进行标校整理。"补遗"收入诸家辑本中不见于姚辑本的佚文。为当前最新、最完备的定本。

汉书艺文志讲疏

[汉]班固编撰 顾实讲疏

2009 年 12 月 1 版 1 次

28.00 元

大 32 开 308 页

　　历代考证、注解《汉志》者颇众,近人顾实有感于前人之不足,从学术史角度出发,撰成《汉书艺文志讲疏》,不仅考述作者生平、书籍性质,还重点"辨章学术,考镜源流",并及于目录版本之诸问题,在很多方面超越了前人诸作。是一部值得学者案头备查的专著。

七录辑证

任莉莉著

2012 年 1 月 1 版 1 次

48.00 元

32 开 414 页

　　《七录》乃南朝梁阮孝绪所编目录书,著录当时所存于世的图书,但已失传,作者根据断章残句,多方搜集,辑录《七录》之原文,以还其本来面目。

中国丛书综录(全三册)

上海图书馆编

1960 年 2 月 1 版 1 次 16 开

分册版 1993 年 10 月 1 版 1 次

新版 2007 年 3 月 1 版 1 次

新版 2012 年 3 月 1 版 2 次

精装 360.00 元

大 32 开 3836 页

　　大型的目录学工具书。第一册总目,用以查检每种古籍丛书所收书目以及全国各地主要图书馆的收藏情况;第二册子目,用以查检各种古籍收录在哪些丛书中;第三册索引。本书著录丛书约二千八百种,收录子目约七万种,为迄今最完备的全国性丛书综录。此次修订,增加了《丛书编撰者索引》

中国善本书提要

王重民撰

1983 年 12 月 1 版 1 次

1986 年 9 月 1 版 2 次

精装 11.80 元

16 开 438 页

　　全书共收录善本书目四千二百余种,原书大部分藏国家图书馆、北京大学图书馆、美国国会图书馆。《提要》著录有关版本的各项特征:书名、卷数、册数、版框尺寸、行款格式、序跋题识、收藏单位,并有校勘考证的内容。书后附索引,是一部学术价值较高又便于索检的版本目录工具书。

中国家谱总目(全十册)

上海图书馆编 王鹤鸣主编

2008 年 12 月 1 版 1 次

2014 年 3 月 1 版 2 次

精装 2280.00 元

16 开 7296 页

　　家谱是中国特有的文化现象,它以广泛而又微观的历史记录,与正史、方志鼎足为中国史学三大支柱。然而与正史、方志不同的是,家谱从来分散于民间和收藏者手中,其特有的史料价值往往得不到充分的运用。上海图书馆在其号称"中国家谱半壁江山"的馆藏基础上,又广征国内外民间及收藏机构的家谱资料,对现存中国家谱的修纂、年代、版本、各姓氏先祖及后裔迁移与发展、收藏者等情况作了较详尽的著录,为进一步挖掘家谱的史料价值奠定了深厚的基础。

上海图书馆馆藏家谱提要

上海图书馆编 王鹤鸣等主编

2000 年 5 月 1 版 1 次

精装 248.00 元

16 开 1440 页

家谱,是一种以表谱形式记载血缘家族世系繁衍及其重要人物事迹的特殊图书体裁,其起源可上溯到先秦时代。本书包括328个姓氏,家族居地涉及全国十余个省和直辖市。每部家谱均撰有内容提要,以揭示该族的源流、迁徙路线、始祖、始迁祖及繁衍分支情况,家训、族规、契约、年谱传记、碑铭墓志、名人艺文也详赡罗列。以家族姓氏笔画排列,书后附《分省地名索引》、《堂号索引》、《人名索引》、《常见古今地名表》。

甲骨学与商史论著目录

濮茅左编

1991 年 12 月 1 版 1 次

30.90 元

16 开　320 页

本书是一部近九十年来甲骨学和商史研究论文和著作的目录工具书,按类别编排,以发表年月为序,收罗齐备,检索方便。

楚辞书目五种

姜亮夫编著

1961 年 12 月 1 版 1 次

新版 1993 年 4 月 1 版 1 次

精装 12.90 元

大 32 开　276 页

本书是有关楚辞研究的目录学著作,收录自汉以来历代学者辑集、注释、考订、评议、辨论、图绘及介绍楚辞成就的著作目录。附综合索引。

楚辞书目五种续编

崔富章编著

1993 年 4 月 1 版 1 次

精装 13.40 元

大 32 开　292 页

本书依《楚辞书目五种》体例分为“楚辞书目提要”、“楚辞图谱提要”、“绍骚隅录”、“楚辞札记目录”、“楚辞论文目录”五部,计著录书籍三百余种,论文一千五百余目。其中论文目全为新续,书籍新增二百余种。对《五种》已著录的一些书籍增补了版本、序跋、说明文字。附综合索引。

水经注等八种古籍引用书目汇编

马念祖编

1959 年 2 月 1 版 1 次

0.55 元

32 开　133 页

本书将以下八种古籍中所引用的书籍名称,按照笔画顺序排成检索表,即:《水经郦道元注》、《三国志裴松之注》、《世说新语刘孝标注》、《文选李善注》、《艺文类聚》、《一切经音义》、《太平御览》、《太平广记》。共收书名六千多种。此书便于人们了解在北宋初年之前流行的书籍名称,以备校勘、辑佚之用。

杜集书录（全二册）

周采泉著

1986 年 12 月 1 版 1 次

平装 8.50 元　精装 9.50 元

32 开　565 页

这是一部汇集历代研究杜甫著作的书目,汇集历代有关杜集的著作八百多种。内编以存书之书录解题为主,外编以存目及参考资料为主。每书列有书名、作者(附小传)、著录、版本、序跋、编者按等栏目,对重要和稀见书的版本源流、重要序跋、内容得失、作者真伪等加以记载、摘录和考订。附《历代杜学作者选存》、《近人杜学著作》等 4 种。

现存元人杂剧书录

徐调孚编

1957 年 9 月 1 版 1 次

0.50 元

32 开　169 页

本书是现存元人杂剧的详细目录。书中对各剧的名称、作者都有考订,对现存的刊本都详细注明。

水浒书录

马蹄疾著

1986 年 9 月 1 版 1 次

4.05 元

32 开　350 页

家喻户晓的《水浒传》,从古流传到今,究竟有多少种版本?有何评论解说文字?又有哪些艺术表现形式?本书专门解答这些问题,把头绪纷繁的水浒版本划分成五大系统,理清来龙去脉;书中引录了许多有价值的稀有典籍,在引用传闻异说时鉴别史料真伪,指出不少谬误。

红楼梦书录

一粟编著

1958 年 4 月 1 版 1 次

1982 年 6 月新 1 版 1 次

1.60 元

大 32 开　224 页

　　本书搜集《红楼梦》各种版本、译本、续书、评论、图画、谱录、诗词、戏曲电影小说等目录提要共 970 种,材料完备,为《红楼梦》研究者有用的参考资料。附书名和人名索引。

晚清戏曲小说目

阿英编

1957 年 9 月 1 版 1 次

0.55 元

32 开　178 页

　　本书收《晚清戏曲录》和《晚清小说目》2 种。《晚清戏曲录》收录的晚清戏曲以藏家易于忽略的石铅印本为主,兼及木刻本、未刊稿;《晚清小说目》分为“创作”、“翻译”二卷,以单行本为主,旁及杂志所刊,共收千余种。

新订清人诗学书目

张寅彭辑著

2003 年 7 月 1 版 1 次

23.00 元

大 32 开　250 页

　　本书汇辑现存清人有关诗学的著作单行本及诗文别集丛书中之单独成卷者,约八百种。按成书年代先后排列,近三分之二条目加以编者按语,对成书的过程及书中的内容多有阐述。

民国小说目录(1912—1920)

刘永文编著

2011 年 12 月 1 版 1 次

精装 198.00 元

16 开　1032 页

　　本书为 1912 年至 1920 年刊登和出版的小说总目,包括各类期刊小说目录、各类日报小说目录、各类单行本小说目录及报刊广告刊登的小说目录。书后附索引三种:期刊小说索引、日报小说索引和单行本小说索引。

历代妇女著作考(增订本)

胡文楷编著

1985 年 11 月新 1 版 1 次

2008 年 8 月 2 版 1 次

精装 98.00 元

大 32 开　1300 页

　　《历代妇女著作考》是一部目录学工具书。仿古书录编目之例,凡见于正史艺文志、方志、藏书目录题跋、诗文词总集及诗话笔记之妇女著作,均一一采录。自汉魏以迄近代,共得四千余家,依时代、姓氏编次,录其序跋,详其版刻,间附作者小传。书后附有四角号码索引。本书是迄今所通行的唯一的一部妇女著作专目。本书初版于 1957 年,嗣后又加增订,1985 年由上海古籍出版社出版。此次重印,特邀南京大学张宏生教授等再加修订和增补。

弹词宝卷书目

胡士莹编

1957 年 3 月 1 版 1 次

增订本 1984 年 10 月 1 版 1 次

0.64 元

32 开　96 页

　　本书目是作者多年来收藏、整理有关弹词、宝卷作品而编的一本书目综录。1957 年发行后作者多次修订。全书共收弹词书目四百种左右,宝卷书目二百五十余种,多数逐条记载各目作者姓氏、现存版本、卷册数和印书年代以及各家收藏情况。

宝卷综录

李世瑜编

1961 年 12 月 1 版 1 次

0.75 元

18 开　97 页

　　本书是就编者所知、所见的现存宝卷作品汇辑而成的一个总目。每部作品分别记录其名称、卷数、年代、版本、收藏者和著录出处。可作为清理宝卷这一民间文学资料的重要工具书。

子弟书总目

傅惜华编

1957 年 9 月 1 版 1 次

0.55 元

32 开　187 页

　　子弟书为清代曲艺之一。本书从公藏及私藏两方面收录了"子弟书"目录凡四百余种,约计一千数百部之多,每书注明来源。

北京传统曲艺总录

傅惜华编

1962 年 1 月 1 版 1 次

3.70 元

32 开　504 页

本书收录流行于北京的各种传统曲艺,自元、明、清三代以来至新中国成立前的全部曲目约数千余种,包括八角鼓、时调小曲及石派书、鼓词小段、莲花落等。所收各曲除著录名目外,还标明作者姓氏,著录书目、版本及收藏者,并对内容及题材来源略作扼要说明。

中国佛教疑伪经综录

曹凌编著

2011 年 12 月 1 版 1 次

精装 128.00 元

16 开　568 页

疑伪经,相传是非佛所说、没有梵文原本而冠以"经"的名义的佛教著作。中国佛教的民间信仰,在很大程度上依赖于疑伪经的传播。本书顺次叙录了300 余部见载于中国历代佛教经录疑伪录中的经典,对其存佚、内容、文本流传过程等进行考察,并编制索引。

道藏书目提要

潘雨廷著

2003 年 12 月 1 版 1 次

2008 年 4 月 1 版 2 次

精装 36.00 元

大 32 开　380 页

本书择取《道藏》287 种文献写作而成,每篇提要介绍该文献的史实和内容,并阐明其意义。它既是一部实用的工具书,又充分展现了作者对道教文化的认识和研究的成果。

中国教会文献目录

——上海市档案馆珍藏资料

马长林　吴小新主编

2002 年 8 月 1 版 1 次

精装 98.00 元

16 开　428 页

本书是上海市档案馆珍藏的近 3000 卷、3800 册宗教文献的目录,涉及天主教、中华基督教会、中华圣公会等 32 个教会机构的活动。所收文献属 1836—1963 年间出版的各类出版物,包括在华各教会机构的简史、规章、统计表、纪念册、报刊、图片、个人著作等。其中不乏孤本、珍本,更有众多创刊号,是研究在华天主教和基督教历史的重要资料。附中英文书名、人名、出版机构索引。

晚清文艺报刊述略

阿英编

1958 年 3 月 1 版 1 次

0.55 元

32 开　156 页

本书是关于晚清文艺报刊的书录,包括《绣像小说》、《新小说》、《新新小说》等 24 种,可使读者了解当时文艺期刊的发展情况。

中国古旧书报刊收藏交流指南

种福元　刘爱平编

2002 年 12 月 1 版 1 次

精装 60.00 元

大 32 开　820 页

这是一本具有工具书性质,能为古旧书报刊爱好者和收藏者提供多种知识和信息的普及读物。全书分六大部分:常识、方法、行情、实例、中外古旧书业介绍、名录(大陆、港、台古籍出版单位和古旧书销售网点);刊有收藏栏目的各种读物;全国有关收藏组织;全国部分古旧书报刊爱好者等。

上海师范大学图书馆馆藏精品图录

上海师范大学图书馆编

2010 年 10 月 1 版 1 次

38.00 元

16 开　80 页

本书收录了上海师范大学图书馆馆藏珍贵古籍40种、老期刊 24 种、老教材 17 种,采用图录配以文字说明的形式,对上师大图书馆的精品收藏作了充分展示。既可视为该馆珍藏目录,也可看作艺术图册,值得收藏与欣赏。

静海楼藏珍贵古籍图录

陈亮主编

2014 年 10 月 1 版 1 次

精装 298.00 元

16 开　240 页

　　本书从列入《国家珍贵古籍名录》的馆藏 32 部古籍和列入《江苏省珍贵古籍名录》的 114 部古籍中精选出最具价值、最珍贵的图书,附以书影,分经部、史部、子部、集部、丛部,图文并茂地展现最具有馆藏特色的珍贵古籍,简要介绍图书年代、作者、内容、入选名录情况等,以见证静海楼百年来的发展历程。

祁阳陈澄中旧藏善本古籍图录（全十二册）

中国国家图书馆　上海图书馆

中国嘉德国际拍卖有限公司合编

2006 年 7 月 1 版 1 次

函套线装 4200.00 元

6 开　图 650 幅　998 页

　　本书将国家图书馆和上海图书馆所藏陈清华旧藏善本古籍五百多种加以整理,撰写解题,配以彩色图版,宣纸精印。

香港所藏古籍书目

贾晋华主编

2003 年 12 月 1 版 1 次

精装 160.00 元

大 16 开　890 页

　　本书系香港中文古籍藏书的联合目录,收录各类中文古籍二万五千七百余种,包括香港中文大学图书馆、香港大学图书馆、香港浸会大学图书馆、香港岭南大学图书馆、香港科技大学图书馆、香港城市大学图书馆、香港理工大学图书馆、香港中央图书馆、香港新亚研究所图书馆、香港中山图书馆、香港珠海书院图书馆等 11 家图书馆的中文古籍书目。附索引。

香港中国古典文学研究论文目录（1950—2000）

邝健行　吴淑钿编

2005 年 10 月 1 版 1 次

48.00 元

大 32 开　550 页

　　本书是 1950 年至 2000 年香港出版刊物中中国古典文学研究论文资料的第一次全面汇辑,表现了香港社会对中国传统文化的认同与传承。本书记录了 50 年间在香港出版的 140 种刊物中近千位作者的 3500 多篇论文（包括篇名、出版时间、出版刊物、作者等）。

柏克莱加州大学东亚图书馆中文古籍善本书志

柏克莱加州大学东亚图书馆编

2005 年 4 月 1 版 1 次

精装 158.00 元

大 16 开　580 页

　　美国柏克莱加州大学为收藏中文古籍 4000 余种的美国西部"中国研究"之重地,其中清乾隆六十年（1795）以前之善本达八百余种一万一千余册,包括宋元刻本、宋写本、明抄本、清名家稿本与清名家批、校、跋本等。本书收录所藏清乾隆六十年以前所有中文刻本及稿、钞、校本,附书名索引、著者索引和版本索引。

西班牙图书馆中国古籍书志

［西班牙］马德里自治大学东亚研究中心编

2010 年 8 月 1 版 1 次

精装 180.00 元

大 16 开　348 页

　　本书为杜文彬、达西安娜·菲萨克和吴云等合作编纂的有关西班牙九大图书馆所收藏的中国古籍之书目,共收录 200 多种书籍。此次收集之数据均为第一手资料。著录内容包括书名、卷数、著者、版本、册数、行款、版框高广、牌记、刻工、写工、原书序跋、内容提要、版本考订、收藏或经眼者批校题跋、收藏概况、钤印诸项,因所著录书籍之差异略加增损。《书志》之问世,不仅将为西班牙乃至整个欧洲从事中国古籍整理者提供研究指南,也为海外中国古籍之藏品调查提供重要信息。

美国国会图书馆藏中文善本书续录

范邦瑾编著

2011 年 8 月 1 版 1 次

精装 280.00 元

大 16 开　532 页

　　本书对美国国会图书馆二战后新藏中文善本作了著录,著录以所藏原书面貌及特征为主,并考订版本异同,择要介绍各馆收藏情况。本书还重新目验当年王重民所录诸书,将一些可补充、商榷之处附于书后,以真实反映海外珍本原貌。

日本国见在书目录详考（全三册）

孙猛著

2015 年 8 月 1 版 1 次

精装 800.00 元

16 开　2496 页

近年来，孙猛先生利用在日本大学工作之便利，收集了大量资料，对《见在目》的撰者、成书、流传、版本以及有关研究的现状及其学术价值，作了深入的考证、研究，成就这部280万字的《日本国见在书目录详考》。全书由《本文篇》、《考证篇》、《研究篇》、《资料篇》四部分构成，另附有书名、著者(编撰者)索引。

上海古籍出版社五十年图书总目(1956—2006)

上海古籍出版社编

2006 年 11 月 1 版 1 次

精装 200.00 元

大 16 开　616 页

上海古籍出版社是一家具有五十年历史的专业出版社，它的前身是古典文学出版社，成立于 1956 年 11 月，1958 年 6 月改建为中华书局上海编辑所，1978 年 1 月改称今名。五十年来，共出版各类图书 6000 余种，包括古籍整理、学术论著、普及读物及画册、工具书等各个方面。这部图书总目收入了该社自 1956 年至 2006 年的全部出版品种，每书条目包括书名、作者、内容提要、初版年月和最新一次重版年月及开本、页数、装帧、定价等，全面反映了上海古籍出版社五十年来的出版成就。

重修金华丛书提要

黄灵庚　陶诚华主编

2014 年 4 月 1 版 1 次

精装 380.00 元

16 开　876 页

《重修金华丛书》是一套大型丛书，汇集历代金华籍文人学者的存世著作约七百余种，内容涵盖政治、经济、哲学、文学艺术、科学技术等各个领域。丛书所辑录之书皆有提要，对各书的作者、内容结构及版本流传等多所论列。今从《重修金华丛书》中辑出，汇集一册，单行出版。初编为胡凤丹撰《金华丛书》各序，凡 62 篇；二编为胡宗懋撰《续金华丛书》各"跋"，凡 58 篇；三编为各书"提要"，凡 800 余篇。

历代四书序跋题记资料汇编

顾宏义　戴扬本等编

2010 年 9 月 1 版 1 次

精装 120.00 元

16 开　584 页

本书收录汇编了自先秦至元代学者所撰有关各种版本的《大学》、《中庸》、《论语》、《孟子》及它们的各种合编本、注疏阐释本(如《四书章句集注》、《大学中庸集注》等)的序跋题记和历代书目中的著录解题等资料。依其书名，将其分为"四书类""语孟类""论语类""孟子类""学庸类""大学类""中庸类"七大部分。每种书下附有著者小传等资料，并有今存书的版本与图书馆收藏等情况的介绍。全书后附有《著者索引》和《引用书目》，以利检索。

明人谱牒序跋辑略

吴宣德　宗韵辑

2013 年 11 月 1 版 1 次

280.00 元

32 开　1448 页

本书辑录了明代知名文人文集中比较有代表性的序跋作品，现存家谱、族谱中之序跋概不收录，直观地反映了明代家族伦理思想的方方面面。各篇按作者生卒年先后编排，首取生年；其不知生年者，依卒年；其生卒年皆不知者，依其生活时代。作者名标于各篇题下，附注生卒年备检。各篇皆施以标点，并作校勘。各篇末附注文献来源，含书名、卷次、版本、页码。为便于查核谱序所属姓氏，少量原题不明者重新拟了标题，并以脚注说明。

年　　表

中国历史大系简表

本社编

1976 年 4 月 1 版 1 次

0.13 元

长卷一幅

将原始社会至中华人民共和国成立时各历史阶段的更替情况列为一张简表，并有年号与公元对照，便于检阅。

中国历史简表

本社编

1975 年 8 月 1 版 1 次

0.06 元

64 开折页本

本表简要列出原始社会至中华人民共和国成立前各历史阶段的脉络，及各朝代起止年份。

中国历史纪年表

本社编

1976 年 4 月 1 版 1 次

0.48 元

大 32 开　84 页

　　本书收有八种系年图表：（1）中国历史年代简表。（2）中国历史上主要的奴隶、农民起义表。（3）旧石器时代表。（4）新石器时代表。（5）夏世系表。（6）商世系表。（7）周世系表（共和以前）。（8）西周共和以后中国历史纪年表（公元前 841 年—1911 年）。最后部分为历代年号索引。

中国历代纪年手册

顾静编

1995 年 11 月 1 版 1 次

7.80 元

32 开　74 页

　　本书是检索历代纪年的工具书。有历代纪元表，年号索引，甲子纪年录，其中年号索引插入与中国关系较为密切的日本、越南、朝鲜等国历代帝王的年号，并附有公元与干支纪年的换算和我国历史上曾使用过的历法与纪年法简介等。

莫高窟年表

姜亮夫著

1985 年 12 月 1 版 1 次

3.80 元

大 32 开　356 页

　　本书将莫高窟开穴至封闭期间留存的经卷、典籍、田契等文献资料，及佛寺兴废、石像雕塑等事件，编排系年、详加考订，编为《年表》中"正表"部分；又将佛教传入中国至开窟之前和封洞之后直至 20 世纪 40 年代间有关的大事编成"表前"和"表后"部分，并有附录多种。

唐人行第录（外三种）

岑仲勉著

1962 年 4 月 1 版 1 次

1978 年 3 月新 1 版 1 次

1.60 元

32 开　264 页

　　在唐人诗文集中，常以行第相互称呼。岑仲勉先生在治唐代文献时对这一问题作了研究和考证。本书对于研究唐代文学、历史人物是一部必要的工具书。

明清江苏文人年表

张慧剑编著

1986 年 12 月 1 版 1 次

2008 年 1 月 2 版 1 次

精装 118.00 元

大 32 开　1800 页

　　本书著录明清之际江苏地区四千三百多位文人的生卒、交游、创作或著述活动等。由于这一时期江苏地区封建经济繁荣，文化发达，文人辈出，在全国有一定的代表性。附笔画索引。

历代职官表（全二册）

[清]纪昀等撰

1989 年 8 月 1 版 1 次

2006 年 3 月 1 版 3 次

精装 47.50 元

大 32 开　894 页

　　我国古代的官制极其复杂，不仅官名繁多，而且各种官职的废置，职官的变迁、品级和员额的增减，变化多端。本书由清代官修。因其成书较晚，比较清楚地反映了历代相承的一些官职的沿革情况，尤其详细地叙述了清朝各官的员额、品级、职掌等。在古代同类书中，它是最完备的一种。现以武英殿本为底本影印出版，附官名索引。

历代职官表（附二种）

[清]黄本骥编

1965 年 12 月 1 版 1 次

2005 年 5 月新 1 版 1 次

2014 年 10 月新 1 版 7 次

精装 68.00 元

大 32 开　828 页

　　阅读古籍，研究古史，往往不易掌握古代职官的名称、建置、品级、职掌等。本书以清代黄本骥节编本为底本，加以整理，附以瞿蜕园编撰的《历代职官概述》和《历代职官简释》两种。古代职官大部分的主要情况，都可以从此书得到了解。附索引。

世界文明史年表

沈坚主编

2000 年 9 月 1 版 1 次

精装 240.00 元

大 16 开　1538 页

本书以年表形式反映古今中外的人类历史活动,囊括了世界文明史上几乎所有的大事及名人,涉及政治、经济、军事、外交诸领域,另辟有文化科技栏,是国内目前同类书中最为详细者。以空间为经、以时间为纬,表格设计利于直观地进行空间上的横向对比、了解时间上的纵向发展,便于查检。

《四库全书》研究

四库全书简明目录

[清]永瑢等著

1957 年 9 月 1 版 1 次

1985 年 5 月新 1 版 1 次

精装 5.00 元

32 开　528 页

本书是一部全面评介我国古籍的版本目录工具书。它的篇幅仅为《四库总目》的十分之一,却把我国主要的古籍作了简明扼要的介绍和述评。

增订四库简明目录标注

邵懿辰撰　邵章续录

1959 年 12 月 1 版 1 次

2000 年 9 月新 1 版 2 次

精装 65.00 元

大 32 开　1200 页

本书是一部版本目录书。清乾隆时编纂的《四库全书简明目录》,分经史子集四部,共收录三千四百多种古籍,但未著录版本。清末,邵懿辰将诸书历代主要版本,列举分注于每书之下,还补充了一些有关书籍。对各本的存佚、刻本的善否,时有论述。之后孙诒让等人又进行补注,邵章又作续录,增补了不少资料。本书将标注连同补注、续录一并整理出版。

四库全书总目提要补正（全二册）

胡玉缙撰　王欣夫辑

1964 年 1 月 1 版 1 次

精装 8.20 元

32 开　960 页

本书博采群籍,按《四库全书总目提要》的原来次序,分别辑录了各种有关对《提要》匡谬、补阙的资料,汇为一编。对阮元的《四库未收书目提要》也作以同样的处理。作者又于其中发表了自己的观点及考辨成果,补前人所未及。

四库全书总目辨误

杨武泉著

2001 年 7 月 1 版 1 次

20.00 元

大 32 开　340 页

《四库全书总目》著录了中国古代重要著作 10254 种,每种均有作者简介和内容提要,间加考评,是一部较有系统、具有一定价值的书目工具书。由于它卷帙浩繁,撰者众多,难免出现一定的纰缪疏误。前人邵懿辰、胡玉缙、余嘉锡、崔富章、李裕民等均有专著讨论纠正,而犹有未尽。本书作者复得 670 条,次第录出,详加辨证。

四库全书总目汇订（全十一册）

魏小虎编著

2012 年 12 月 1 版 1 次

精装 1280.00 元

32 开　7420 页

《四库全书总目》是我国规模最大的官修提要式书目,浓缩和蕴涵了中国古代文化的发展脉络和精义,自问世以来,备受学者专注,影响巨大。但《总目》提要的疏误也并不鲜见,清代乾隆起,即有学者撰著纠其谬误,余嘉锡《四库提要辩证》更是将这种考正推向了一个高峰,进而形成了四库总目之学。近几百年来,国内外专家公开发表的有关订误文字有数百家。本书费尽六年时间,将这些分散在各种报纸、杂志上的六百余家中外学者的考订专著、文章,一一摘录分注于各篇之下,其间亦时有作者本人的校勘和考证,因此本书堪称集大成之作。

纂修四库全书档案（全二册）

中国第一历史档案馆编

1997 年 7 月 1 版 1 次

精装 160.00 元

32 开　2556 页

本书从各个侧面如实地反映了《四库全书》的纂修全过程。所收 1550 件档案多系首次公布,主要包括:一、乾隆帝为纂修《四库全书》及禁毁书籍所颁发的谕旨、嘉庆帝为办理空函书籍所颁发的谕旨;二、军机大臣、总裁、总纂等官员关于编纂、审阅、复校全书情形及对各级纂校人员考核的奏折、信函、清单;三、各地督抚及学政、盐政等有关征缴、查禁书籍的奏折、咨呈、书目清单;四、办理《四库全书》空函书籍的奏折等。还附录了同治、光绪年间的有关奏折等。

影印文溯阁四库全书四种

甘肃省图书馆编
2003 年 8 月 1 版 1 次
2006 年 12 月 1 版 3 次
函套线装 880.00 元
6 开　260 页

《文溯阁四库全书》是乾隆四十七年完成的第二套《四库全书》，现选印四种：《易图说》二卷、《长安志图》三卷、《墨清集要》一卷、《璇玑图诗读法》一卷。

四库全书纵横谈

华立著
1988 年 2 月 1 版 1 次
0.89 元
32 开　52 页

《四库全书》是我国历史上，也是世界历史上规模最为宏大的一部丛书，其中保存了大量历史文献与珍贵典籍，是中华传统文化的总汇。本书全面介绍了《四库全书》的纂修缘起、经过、内容、功过以及名称由来、七阁藏书的命运直至今日的现状等等。

四库全书堪舆类典籍研究

李定信著
精装 2007 年 10 月 1 版 1 次
平装 2011 年 7 月 1 版 1 次
平装 68.00 元　精装 68.00 元
大 32 开　744 页

本书作者结合自己数年经验，对收入《四库全书·子部》的 11 部堪舆典籍进行考证、研究和诠释，对古代风水术产生、发展的历史进行了分析和评论，并着重对作为风水勘查工具的罗盘进行了详细的解析，希望据此恢复传统风水术的本来面貌。

版本目录研究

校雠通义通解

[清]章学诚著　王重民通解
1987 年 9 月 1 版 1 次
2.95 元
大 32 开　116 页

清代著名学者章学诚，是我国近代目录学思想的先驱者。他的《校雠通义》是一部阐述目录学方法、理论的重要论著。他认为图书目录必须同学术流派、图书类别的发展变化相适应，并且能够品评学术思想的得失，从而提出了"辨章学术，考镜源流"的著名原则。当代版本目录学家王重民，以其渊博的学识对该书进行了整理、诠释和串讲，总名之为"通解"。还辑录了章氏五篇重要的有关目录学的论文，并编写了章学诚大事年表，一并附于书后。

书目答问补正

范希曾编　瞿凤起校点
1983 年 3 月 1 版 1 次
1986 年 8 月 1 版 2 次
2.00 元
32 开　200 页

这是一本指导治学门径的目录版本工具书。分经、史、子、集四大部分。所列每部书名下注明作者姓名、版本出处，卷数异同，择其中较重要的书加以简单按语。所收版本均以当时较善或易得的为主。最后附有清代著述家姓名略，可窥见清代学术的大概。近人范希曾补入图书一千余种，订误近百处。本书以原国学图书馆重印本为底本。

叶景葵杂著

叶景葵撰　顾廷龙编
1986 年 4 月 1 版 1 次
2.55 元
32 开　236 页

叶景葵(1874—1949)，学识广博，喜藏书，为觅珍本不惜重金；每得异本，必亲自排比，详加考证，本书荟集了叶景葵先生撰写的藏书题跋、读书札记以及诗文稿等。叶景葵早年经历在文存诗稿中均有反映，可在一定程度上填补近代史资料方面的空白。

顾千里研究

李庆著
1989 年 7 月 1 版 1 次
7.60 元
大 32 开　248 页

清代乾嘉之际，校勘整理古籍之学成为考据学的重要组成部分。当时的著名版本目录学家顾千里，被誉为"清代校勘第一人"。本书包括新订年谱、题跋书目、著述书目和佚文等。

江南藏书史话

王绍仁主编
2009 年 6 月 1 版 1 次
68.00 元
大 32 开　752 页

　　江南一隅,自古以来就有藏书的传统。本书从不同的侧面,详尽地介绍了历史上江南地区的藏书文化,尤其是对湖州地方藏书史的发掘梳理用力甚勤。书中涉及的两浙藏书文化的述评、湖州藏书家的考证、皕宋楼藏书流失国外的原委、皕宋楼版本与目录研究等,均详赡明晰,颇有心得,可供文史工作者及古籍收藏爱好者参考取证。

中国藏书家考略

杨立诚　金步瀛合编　俞运之校补
1987 年 4 月 1 版 1 次
2.50 元
32 开　236 页

　　本书收历代藏书家 874 人,上起秦汉,下迄清末,真是洋洋大观。这是目前国内最详尽的一部藏书家传记专书,全书按藏书家人名笔画顺序排列,书后附有藏书家人名、书名、室名(书斋名)四角号码索引。

天一阁杂识

骆兆平著
2016 年 6 月 1 版 1 次
48.00 元
32 开　260 页

　　本书是关于天一阁及宁波藏书文化研究的学术著作,内容包括历史研究与文献研究两部分。本书反映作者近十多年间学术研究的新收获,为传承天一阁藏书文化作出新贡献。

铁琴铜剑楼研究文献集

仲伟行　吴雍安　曾康编著
1997 年 7 月 1 版 1 次
28.00 元
大 32 开　664 页

　　铁琴铜剑楼是清末著名四大藏书楼中唯一至今还保存完好的私家藏书楼,楼始建于 1796 年,因收藏有铁琴一张、铜剑一柄而得名。所藏书籍十多万册,多为宋元善本,在近代藏书史上,享有极高的地位,饮誉海内外。建国后,楼主后人将所藏书籍全部捐献给国家。本书是研究有关铁琴铜剑楼的综合性著作。为国内首次编撰之有关铁琴铜剑楼文献专集,同时也是国内第一部研究藏书家的专著。

古书版本常谈

毛春翔著
1962 年 10 月 1 版 1 次
插图增订本 2002 年 8 月 1 版 1 次
插图增订本 2006 年 9 月 1 版 4 次
20.00 元
18 开　170 页

　　本书为学习古籍版本知识的入门书。该书全面系统地介绍了古书版刻的起源和发展,历代版刻的概况和特点,善本的界定,巾箱本、活字本、书帕本、套印本的特点等版本知识。对抄本、稿本、校本等特殊版本作了介绍,对如何鉴别古书版本也作了指导。增订本增加了"清刻本述略"、"常用版本术语"、"版本书目"、"版本避讳举要"等内容,并配有大量插图。

明清稿钞校本鉴定

陈先行　涉石菲著
2009 年 8 月 1 版 1 次
精装 198.00 元
16 开　268 页

　　本书对明清时期的稿本、抄本、批校本进行了深入细致的研究,围绕版本鉴定之学,试图在认识稿抄校本的面貌、价值与如何鉴定方面,提出一己之见。由于本书作者长期从事图书馆古籍版本的鉴定工作,具有较为丰富的实践经验,故与有些版本学著作相比,本书的特点在于:无论讲述揭示稿抄校本的名目、价值抑或鉴定,都有实例予以说明,这些实例又大都为作者经眼的版本,较为可靠。本书还收录了大量明清著名版本收藏校勘家的手迹、印鉴,以彩色印刷原大的方式,力图保真,生动地展现出物件原貌,使读者在了解抄校本知识的同时,又可将此书作为标准实用的工具,对收藏、整理、研究古籍版本者颇具参考价值。

古籍丛书概说

刘尚恒著
1990 年 12 月 1 版 1 次

1.85 元

32 开 74 页

　　本书概略阐述丛书的起源和发展情况,各个时期的丛书特点和类别及价值,并分别介绍有代表性的丛书 75 种。

古书通例

余嘉锡撰

1985 年 11 月 1 版 1 次

0.91 元

大 32 开 72 页

　　本书是作者当年在大学任教时,为指导学生校读古籍所编的讲义,专从古代典籍的体例着眼,帮助读者弄清古人著述的主旨和书籍编定的原委,从而辨明先秦、汉初古籍的真伪,传本的是非,作者的谁属,乃至篇目编次、卷帙多寡存帙和增益删削诸问题。

文献学讲义

王欣夫述

1986 年 4 月 1 版 1 次

2.80 元

32 开 262 页

　　作者毕生从事于古文献学的研究,本书是他于 1957—1960 年间在复旦大学中文系讲授文献学时所用的讲稿。全书对目录、版本、校对三方面的源流演变以及主要代表人物和重要著作,从历史发展的角度作了较为全面的叙述。

中国古代教育文献概要

马镛著

2003 年 12 月 1 版 1 次

20.00 元

大 32 开 250 页

　　中国古代教育文献在古代图书分类法中没有专门的类目,而是分散夹杂在四部书中。作者根据自己积累的经验和资料写成此书,论述中国古代教育发展的基本线索和内容,介绍搜寻有关文献、阅读原著的途径。本书作为第一部全面介绍中国古代教育文献的专著,具有开创性、实用性。

辉煌十年

　　——全国高校古籍整理研究成就

全国高等院校古籍整理工作委员会秘书处编

1994 年 9 月 1 版 1 次

98.00 元

大 16 开 196 页

　　本书展示各高校在 1983—1993 年十年间,古籍整理机构的建设、人才的培养、项目、课题的设置,以及具体研究、整理的成就。

古籍整理出版漫谈

全国古籍整理出版规划领导小组办公室编

2004 年 9 月 1 版 1 次

18.00 元

32 开 174 页

　　本书汇集了第三期全国古籍编辑培训班 10 位专家的讲义稿共 10 篇。内容从出版理论和古籍整理实际状况相结合的角度出发,既对目前我国古籍整理出版面临的形势和任务发表了指导性意见,又对古籍图书的结构调整、市场扩容及宣传推广提出了有益的对策,还针对古籍编辑的专业素养和业务要求作了详尽的说明。

同策丛稿

　　——古籍和古籍整理

王同策著

2016 年 6 月 1 版 1 次

精装 68.00 元

32 开 592 页

　　此书为王同策平生所著单篇文章的结集,内容涉及古籍整理规范和文史鉴赏、点评。由于作者治古籍日久,兼娓娓道来,此书内容多有谈及古籍整理之甘苦,平实亲切,亦足动人。

王子霖古籍版本学文集(全三册)

王雨著　王书燕编纂

2006 年 10 月 1 版 1 次

2007 年 6 月 1 版 2 次

98.00 元

大 20 开 650 页

　　王子霖先生是我国古籍版本学方面的专家,一生从事书业,积累了丰富的鉴别古籍版本的经验。本书共三卷,分别为《古籍版本学》、《古籍善本经眼录》、《日记、信札及其他》。本书可谓王子霖先生一生研究、鉴别古籍版本的经验之谈及经眼实录。

古代文献的考证与诠释

——海峡两岸古典文献学国际学术会议论文集

李浩　贾三强主编

2006 年 12 月 1 版 1 次

精装 98.00 元

大 32 开　1036 页

本书为 2006 年海峡两岸古典文献学国际学术会议论文的结集,内容不仅涉及传统的古典文献学原理的研究、古籍版本的考证、人物研究、作品笺疏,而且还反映出目前新的研究动向,介绍汉文献在海外流传的状况;并介绍电子文献的现状,对网络文献的研究,提出了许多有价值的观点。

中国工具书使用法

吴则虞著　吴受琚整理

1988 年 3 月 1 版 1 次

1.40 元

32 开　74 页

本书系统介绍中国古代和近现代各种工具书(包括字典、辞典、类书、地理书、书目、索引、图谱、年表、年鉴等)的源流、体裁、用途、使用方法等,条理清晰,例证丰富,深入浅出,重在为初学者指点治学门径。

文史工具书应用基础

杨敏　北辰编

2004 年 11 月 1 版 1 次

2010 年 4 月 1 版 6 次

22.00 元

大 32 开　320 页

本书以查考途径为纲,论述工具书的基本知识及对工具书作集中而具体的介绍,将实际应用技能与应掌握的基本知识融为一体,具有实用性与知识性兼强的特点。

中文工具书使用

白冰著

2005 年 8 月 1 版 1 次

2007 年 2 月 1 版 2 次

25.00 元

大 32 开　342 页

本书编入中文工具书 380 种,依次介绍工具书基础知识、古今字典、古今词典、综合专科辞典、古今索引、手册、类书、政书、百科全书、传记、年谱、历史文献网络资源、电子版工具书等。书中着重对工具书的类型及结构进行了论述,列举并分析了工具书的性质,间有评论。

杭州丁氏八千卷楼书事新考

石祥著

2011 年 5 月 1 版 1 次

38.00 元

大 32 开　388 页

本书以在我国藏书史上占有重要地位的杭州丁氏八千卷楼为研究对象,分上、中、下三编,考述丁氏访书、藏书、刻书、校书、编纂书志目录、师友交游等“书事”活动。

书谷隅考

沈乃文著

2011 年 12 月 1 版 1 次

118.00 元

18 开　524 页

本书收录作者关于版本目录学论文 18 篇,包括对清朱彝尊《经义考》一书的研究,对元陈澔《礼记集说》的版本考订,宋《事文类聚》的成书与版本以及对宋雕佛藏“崇宁藏”、“毗卢藏”残卷的考订等。

昌平集

李致忠著

2012 年 10 月 1 版 1 次

精装 148.00 元

小 16 开　796 页

本书是作者 1998 年后关于版本目录及图书馆学方面研究成果的结集,是《肩朴集》的姊妹篇。全书共分十卷,内容涉及版本学、目录学、古代书籍史、古籍整理及图书馆学等,其中卷六到卷九都是国家图书馆藏珍贵善本的版本著录信息,对研究版本目录学者、国学爱好者很有参考价值。

古籍整理出版的宏伟工程

——续修四库全书

本社编

2002 年 4 月 1 版 1 次

平装 68.00 元　精装 80.00 元

16 开　244 页

《续修四库全书》是经国家新闻出版署和国家古籍

整理规划小组批准的国家重点出版项目。从 1994 年开始，历时八年，完成了 1800 册的编纂出版。它沿袭了《四库全书》的体例，按经、史、子、集四部分类。本书收有《续修四库全书》的总目录及有关编纂此书的珍贵资料。

（六）其　他

实用大全系列

实用交际大全

本社编

1991 年 8 月 1 版 1 次

1996 年 1 月 1 版 6 次

精装 44.00 元

大 32 开　1312 页

本书包罗了社会生活中几乎全部的交际文书体例。书信电文、便笺启事、贺婚祝寿、庆生送死、颂赞勖勉、乡规民约，无所不有。每章序文、概况，提挈各类应酬写作之要领。所举大量范文，注重精到规范，均可供摹拟。书后还有交际礼仪、宴会礼仪、省市简称、邮政编码等十种附录。

实用中医大全

沈庆法主编

1992 年 12 月 1 版 1 次

1996 年 4 月 1 版 5 次

精装 53.80 元

大 32 开　1536 页

本书是一部全面、系统、通俗地介绍中医的著作，上篇医理篇，有医事春秋、学医门径、辩证选药、养生康复、胎教优生和名医荟萃等；中篇疗法篇，有精选名方、针刺药灸、推拿按摩、气功精华、食疗药膳等；下篇症治篇，分述内科、外科、皮肤科、妇产科、儿科、骨伤科、神经精神科、眼耳口鼻科和肿瘤科的症治。可作为家居必备的医药顾问，也可作为有志于中医者的入门参考书。

实用收藏大全

本社编

1999 年 6 月 1 版 1 次

精装 30.00 元

大 32 开　528 页

本书分邮品、钱币、纪念章、票券、磁卡、商标、书报、

书画、碑帖、玺印、陶瓷、玉器、青铜器、金银器、宝石、竹木牙骨角雕刻、家具、机械、文房用品、服饰、标本、日用品、娱乐品等 22 类，不仅介绍藏品源流，而且指点收集、保存、鉴定方法，并对价值取向作适当评估。

实用楹联大全

陈图麟主编

1997 年 7 月 1 版 1 次

2002 年 9 月 1 版 4 次

精装 68.00 元

大 32 开　1996 页

本书从十多万副楹联中精选出三万副，远超过已出版的同类书，特别是收录了其他联书中没有的姓氏联（又叫郡望联，俗称堂名对），所收录的姓氏有五百多家。

实用灯谜大全

陈振鹏主编

2000 年 9 月 1 版 1 次

2001 年 3 月 1 版 2 次

精装 33.40 元

大 32 开　724 页

本书上编介绍了谜史、术语、体法、谜格等有关知识，探讨了谜艺和具体谜例，也反映了谜和其他文化现象的关系。下编搜集了各类灯谜近二万条，包括不少新制的佳构。

实用名句大全

梁适主编

2000 年 12 月 1 版 1 次

精装 36.30 元

大 32 开　940 页

本书所选名句以议论为主，兼及描写、抒情，注重实用。为了便于阅读与检索，按所述内容和描写对象分为自然、社会、人三大部分 18 大类。

实用家政大全

冯海荣主编

1997 年 4 月 1 版 1 次

1999 年 5 月 1 版 4 次

精装 41.20 元

大 32 开　1020 页

本书内容涵盖面广，涉及家庭的衣、食、住、行，乃至

教育、法律、礼仪、美容、理财、收藏、休闲、夫妻生活等方方面面；力求新颖，体现时代感。不尚空谈，强调实用性、操作性、针对性、科学性。

实用老年生活大全

冯贵山主编

1998 年 10 月 1 版 1 次

1999 年 7 月 1 版 3 次

精装 39.40 元

大 32 开　896 页

　　本书完全依循老年人的特点，按心理修养、生活起居、饮食营养、体育锻炼、休闲娱乐、服饰美容、医疗保健、学习进修、晚晴婚恋、家庭关系、礼仪交往、理财消费、法律保护等 14 个门类进行撰述。内容选择和撰述方式都适合老年人的需要，易于为老年人理解接受。

围棋古谱大全

盖国梁等编集整理

1994 年 12 月 1 版 1 次

精装 61.60 元

大 32 开　947 页

　　古代围棋理论和古谱凝聚着中国传统文化中的光华和智慧。棋艺的发展从来是历史积累的结果，对古代围棋珍本进行全面系统的整理，不仅可供读者赏鉴研读，从而吸取精华，增长棋力；还能借此认识中国围棋的精神内容，陶冶性情，进入超脱的艺术境界。

中国历史文化名城旅游大全

乔林　丁季华主编

1994 年 10 月 1 版 1 次

精装 48.80 元

大 32 开　788 页

　　国务院颁布的 62 个历史文化名城，是海内外广大旅游爱好者热烈向往的旅游胜地。本书将 62 个城市的介绍汇为一帙，每个城市下分"史地概览"、"名胜古迹"、"风土人情"、"文化设施"、"旅游设施"、"旅游商品"诸大类，并附有 62 个城市的旅游线路图，对各地的观光、游乐、住宿、购物等作了全面而有重点的展示，是一部实用性、知识性兼备的大型综合性旅游工具书。

美之苑

　　——中国女性美大全

邢至康主编

1995 年 2 月 1 版 1 次

精装 26.80 元

大 32 开　564 页

　　本书从东方女性的特点出发，介绍各种女子健身健美、美容美发、饮食生理保健、礼仪、心理修养等知识，为妇女追求符合时代潮流的内在美和外在美提供借鉴和指导。

其　他

出版企业战略与管理发展

陈亮编著

2012 年 1 月 1 版 1 次

58.00 元

16 开　256 页

　　本书从出版企业战略管理概述、出版企业的使命和战略目标、战略管理者、企业环境研究的基本原理、出版企业外部环境研究、出版企业内部环境分析、出版企业的战略选择等方面对出版企业的发展战略和管理方法作了详细的阐述。

放眼人民政协

张培基著

2007 年 8 月 1 版 1 次

42.00 元

16 开　440 页

　　本书以较为轻松活泼的形式，将政协这个政治机构以一种较为平易近人的面貌展现在读者面前。本书文体不拘一格，随笔、散文、杂谈、评论等兼而有之，也有对一些理论问题的看法和对政协工作的思考。

中国改革潮

　　——潮起长三角

中国经济体制改革杂志社编

2005 年 8 月 1 版 1 次

86.00 元

大 16 开　124 页

　　本书展现改革开放以来长三角地区工业、商业、教育、文化等各个行业所发生的巨大变化。

新世纪与妇女发展丛书（全五册）

王禄宁主编

2004 年 3 月 1 版 1 次

盒装 45.00 元

大 32 开　606 页

　　本丛书共分五册:《马克思主义妇女观与妇女发展》、《妇女社会参与与妇女发展》、《妇女权益保障与妇女发展》、《妇女人力资源开发与妇女发展》、《国际妇女运动与妇女发展》。它不仅适宜于各级干部的学习与培训,对广大女性来说也是培养社会参与与维权意识的有益读物。

金秋回响

上海市妇女联合会编

1999 年 10 月 1 版 1 次

23.00 元

大 32 开　360 页

　　1989 年,全国性的农村妇女"学文化、学技术、比成绩、比贡献"竞赛活动在上海市郊大地拉开帷幕。《金秋回响》正是记载 10 年来,上海农村百万妇女大军,创业、奉献的累累硕果和坚实的足迹。

思与行

　　——上海市妇女工作集锦

上海市妇女联合会编

2008 年 4 月 1 版 1 次

38.00 元

大 20 开　230 页

　　自 2003 年上海市第十二次妇女代表大会以来,上海各级妇女组织为实现团结引领广大妇女在更高层次、更广领域参与经济社会发展的目标,进行了许多探索和实践。本书正是将来自基层妇联的独特而新颖的工作理念、工作方法集结成册,是对近年来妇女工作创新思维、创新实践的一次总结。

我与中波

　　——中波轮船股份公司 60 周年征文集

中波轮船股份公司编

2011 年 5 月 1 版 1 次

精装 58.00 元

大 32 开　376 页

　　本书是中波公司成立 60 周年纪念文集,收录了包括领导、员工、友人在内的约 50 篇记载中波各方面工作点滴的文章。

中波轮船股份公司发展史（1951—2011）

中波轮船股份公司编著

2011 年 5 月 1 版 1 次

精装 68.00 元

大 32 开　420 页

　　本书以编年体和记事体相结合的方式真实地记载中波公司从成立至今 60 年的发展历程,叙述中波公司发展轨迹和期间的重大事件和事物变迁,展现历代中波人在不同历史时期、不同时代背景下为中波发展所作的贡献。

东篱铁翁文集

刘锦春著

2006 年 4 月 1 版 1 次

48.00 元

大 32 开　460 页

　　本书收录作者在房地产领域进行科学研究的论文和房改市场的调研报告,记载了上海房地产科学研究院的辉煌历程。

历年获奖书目

（一）国 家 奖

1. 国家图书奖

首届国家图书奖
（1994）

华阳国志校补图注　　　　　　国家图书奖
文心雕龙义证　　　　　　　　提名奖

第二届国家图书奖
（1995）

上海博物馆藏敦煌吐鲁番文献　　提名奖

第三届国家图书奖
（1997）

中国文学批评通史（七卷本）　　国家图书奖
中国古籍善本书目　　　　　　提名奖

第五届国家图书奖
（2001）

全祖望集汇校集注　　　　　　提名奖

第六届国家图书奖
（2003）

续修四库全书　　　　　　　　荣誉奖
朱子全书　　　　　　　　　　提名奖

第九届中国图书奖
（1995）

中华奇石　　　　　　　　　　中国图书奖

第十届中国图书奖
（1996）

中国古代军戎服饰　　　　　　中国图书奖

第十一届中国图书奖
（1998）

二十五史新编　　　　　　　　　优秀普及著作奖

第十二届中国图书奖
（2000）

中国历代人名大辞典　　　　　　中国图书奖

第十三届中国图书奖
（2002）

戴敦邦新绘全本红楼梦　　　　　中国图书奖

2. 中国出版政府奖

首届中国出版政府奖
（2007）

肇域志　　　　　　　　　　　　图书奖
大麦地岩画　　　　　　　　　　图书提名奖
战国策鉴证　　　　　　　　　　图书提名奖

第二届中国出版政府奖
（2011）

中国青铜器综论　　　　　　　　图书奖
中国家谱总目　　　　　　　　　图书奖

第三届中国出版政府奖
（2013）

顾炎武全集　　　　　　　　　　图书奖
中国古籍总目　　　　　　　　　图书奖

商周青铜器铭文暨图像集成　　　图书提名奖

3. "三个一百"原创
图书出版工程

第二届"三个一百"原创
图书出版工程
（2008）

中国古代插图史
佛教戒律与中国社会

第三届"三个一百"原创
图书出版工程
（2011）

敦煌因明文献研究
形神之间：早期西洋医学入华史稿
中国家谱通论

第四届"三个一百"原创
图书出版工程
（2013）

新疆史前晚期社会的考古学研究

4. 中国图书奖

中国优秀图书奖
（1987）

中国古籍善本书目（经部）　　　荣誉奖

5. 全国古籍整理图书奖

首届全国古籍整理图书奖
（1991）

宋人佚简	特别奖
华阳国志校补图注	一等奖
中国善本书提要	一等奖
刘禹锡集笺证	一等奖
文心雕龙义证	一等奖
剑南诗稿校注	二等奖
白居易集笺校	二等奖
颜氏家训集解	二等奖
敦煌变文字义通释	二等奖
中国古籍善本书目（经部、丛部）	三等奖
古文观止新编	三等奖
玉篇校释	三等奖
苏轼选集	三等奖
周易译注	三等奖
顾亭林诗集汇注	三等奖
鲁迅辑校古籍手稿（第二、五函）	三等奖
古本戏曲丛刊（第五集）	丛书奖
中国古典文学作品选读	丛书奖

第二届全国古籍整理图书奖
（2000）

尚书文字合编	一等奖
归义军史研究	一等奖
古本小说集成	一等奖
唐人轶事汇编	一等奖
稼轩词编年笺注	一等奖
韦应物集校注	二等奖
词林纪事词林纪事补正合编	二等奖
禹贡锥指	二等奖
鲁迅辑校古籍手稿	二等奖

第三届全国古籍整理图书奖
（2001）

全祖望集汇校集注	一等奖
上海图书馆馆藏家谱提要	二等奖
宋朝诸臣奏议	二等奖
旭书详注	二等奖
孟浩然诗集笺注	二等奖

第四届全国古籍整理图书奖
（2003）

续修四库全书	荣誉奖
朱子全书	一等奖
吕氏春秋新校释	二等奖
蛾术轩箧存善本书录	二等奖

6. 国家辞书奖

第二届国家辞书奖
（1997）

中国古籍善本书目	二等奖

第五届国家辞书奖
（2003）

明人室名别称字号索引	二等奖

7. 全国古籍优秀图书奖

首届全国古籍优秀图书奖
（1988）

华阳国志校补图注	一等奖

剑南诗稿校注	一等奖	中国书画	三等奖
古典文学三百题	一等奖	水经注	三等奖
古本戏曲丛刊（第五集）	一等奖	老子译注	三等奖
中国古籍善本书目（经部）	二等奖	两汉思想史	三等奖
中国科技史探索（国内版）	二等奖	尚书综述	三等奖
诗经译注	二等奖	郡斋读书志校注	三等奖
灵溪词说	二等奖	彊村丛书	三等奖
唐诗百话	二等奖	藏园群书题记	三等奖
敦煌歌辞总编	二等奖	中国古典名剧鉴赏辞典	三等奖
文选	三等奖	中国青铜器	三等奖
苏轼选集	三等奖	红楼梦鉴赏辞典	三等奖
列子译注	三等奖	说郛三种	三等奖
刘子集校	三等奖	黄庭坚选集	三等奖
明清江苏文人年表	三等奖	中国古代生活文化丛书	三等奖
尚书综述	三等奖	被开拓的诗世界	三等奖
鲁迅辑校古籍手稿	三等奖	三百题系列新刊	三等奖
宋诗三百首	三等奖	庄子发微	三等奖
瀛奎律髓汇评	三等奖		
顾亭林诗集汇注	三等奖		

第三届全国古籍优秀图书奖

（1994）

第二届全国古籍优秀图书奖

（1992）

		上海博物馆藏敦煌吐鲁番文献	一等奖
		稼轩词编年笺注（增订本）	一等奖
中国古籍善本书目（史部）	一等奖	忠雅堂集校笺	一等奖
王梵志诗校注	一等奖	中国古代都城制度史研究	二等奖
中国历代货币大系（卷三）	一等奖	佛典精解	二等奖
两宋文学史	一等奖	梵学集	二等奖
唐音佛教辨思录	一等奖	近代文学批评史	二等奖
谢宣城集校注	一等奖	嘉祐集笺注	二等奖
和风堂文集	一等奖	唐代墓志汇编	二等奖
吴梅村全集	二等奖	中国古籍善本书目	二等奖
陈与义集校笺	二等奖	王阳明全集	二等奖
魏晋南北朝文学批评史	二等奖	世说新语笺疏（修订本）	三等奖
中国科学技术史（第五卷第一分册）	二等奖	读史方舆纪要稿本	三等奖
庄子译诂	二等奖	樊榭山房集	三等奖
李白选集	二等奖	老庄新说	三等奖
敦煌文学丛考	二等奖	文史通义新编	三等奖
十大系列丛刊（第三辑）	二等奖	扬雄集校注	三等奖
杜甫《秋兴八首》集说	二等奖	亚洲古兵器图说	三等奖
童书业美术论集	二等奖	周易参同契考辨	三等奖

全唐诗简编	三等奖	战国策笺证	荣誉奖
周易辞典	三等奖	肇域志	荣誉奖
中古文人风采	三等奖	上海博物馆藏战国楚竹书（一）	一等奖
明诗纪事	三等奖	四库存目标注	一等奖
古诗海	三等奖	尚书正义	二等奖
古诗观止	三等奖	山左戏曲集成	二等奖
实用中医大全	三等奖	安雅堂全集	二等奖
中国古代生活文化丛书（第一辑）	三等奖	中国古代插图史	二等奖

全国优秀古籍图书奖
（2005）

上海图书馆藏善本碑帖	一等奖
大麦地岩画	一等奖
俄藏敦煌艺术品	二等奖
中国近代文学丛书	二等奖
墨子集诂	二等奖
荀子校释	二等奖
柏克莱加州大学东亚图书馆藏中文古籍	
善本书志	二等奖
中国历代人物画像集	普及读物奖
寻访中华名窑	普及读物奖

全国优秀古籍图书奖
（2006）

战国策笺证	一等奖
汉学师承记笺释	一等奖
日知录集释	二等奖
祁阳陈澄中旧藏善本古籍图录	二等奖
齐民要术译注	二等奖
中国国家图书馆藏西夏文献	二等奖
楚竹书《周易》研究	二等奖
经典入门系列	普及读物奖

全国优秀古籍图书奖
（2007）

大麦地岩画	荣誉奖

全国优秀古籍图书奖
（2008）

汉书补注	一等奖
中国家谱总目	一等奖
论语汇校集释	一等奖
回族文献丛刊	二等奖
权德舆诗文集	二等奖
困学纪闻	二等奖
一切经音义三种校本合刊	二等奖
北京大学藏甲骨文字	二等奖
十七史详节	二等奖

全国优秀古籍图书奖
（2009）

中国古籍总目（史部）	一等奖
欧阳修诗文集校笺	一等奖
中国青铜器综论	一等奖
三国志集解	二等奖
秦汉石刻题跋辑录	二等奖
辽会要	二等奖
翁同龢诗集	二等奖
中国古籍善本书目索引	二等奖
崇祯历书	二等奖

全国优秀古籍图书奖
（2010）

清代诗文集汇编	一等奖

徐光启全集 　　　　　　　　　　　　一等奖

罗振玉学术论著集 　　　　　　　　　一等奖

经义考新校 　　　　　　　　　　　　二等奖

陈维崧集 　　　　　　　　　　　　　二等奖

王荆文公诗笺注 　　　　　　　　　　二等奖

周礼注疏 　　　　　　　　　　　　　二等奖

论衡校注 　　　　　　　　　　　　　二等奖

上海图书馆藏宋本图录 　　　　　　　二等奖

解读《清明上河图》 　　　　　　　　普及读物奖

全国优秀古籍图书奖
（2011）

顾炎武全集 　　　　　　　　　　　　一等奖

中国社会科学院历史所藏甲骨集 　　　一等奖

元稹集校注 　　　　　　　　　　　　二等奖

旅顺博物馆藏敦煌本六祖坛经 　　　　二等奖

广韵三家校勘记补释 　　　　　　　　二等奖

玉台新咏汇校 　　　　　　　　　　　二等奖

楚竹简与汉帛书《周易》校注 　　　　二等奖

贾题韬讲《坛经》 　　　　　　　　　普及读物奖

全国优秀古籍图书奖
（2012）

中国古籍总目 　　　　　　　　　　　荣誉奖

商周青铜器铭文暨图像集成 　　　　　一等奖

日本宫内厅书陵部藏宋元版汉籍选刊 　一等奖

包山楚墓文字全编 　　　　　　　　　二等奖

阳明佚文辑考编年 　　　　　　　　　二等奖

四库全书总目汇订 　　　　　　　　　二等奖

沧浪诗话校笺 　　　　　　　　　　　二等奖

浙藏敦煌文献校录整理 　　　　　　　二等奖

全国优秀古籍图书奖
（2013）

中国家谱资料选编 　　　　　　　　　一等奖

毛诗注疏 　　　　　　　　　　　　　一等奖

俄罗斯国立爱米塔什博物馆藏殷墟甲骨 　二等奖

北京大学图书馆藏历代墓志拓片目录 　二等奖

柏克莱加州大学东亚图书馆藏稿钞校本丛刊

　　　　　　　　　　　　　　　　　二等奖

龚自珍诗集编年校注 　　　　　　　　二等奖

全国优秀古籍图书奖
（2014）

宋会要辑稿 　　　　　　　　　　　　一等奖

宋人轶事汇编 　　　　　　　　　　　二等奖

旅顺博物馆所藏甲骨 　　　　　　　　二等奖

清诗话三编 　　　　　　　　　　　　二等奖

《朱子语类》汇校 　　　　　　　　　二等奖

明代刊工姓名全录 　　　　　　　　　二等奖

春秋公羊传注疏 　　　　　　　　　　二等奖

读书杂志 　　　　　　　　　　　　　二等奖

8. 全国图书金钥匙奖

第一届全国图书金钥匙奖
（1987）

古典文学三百题 　　　　金钥匙奖及全国十大畅销书奖

第二届全国图书金钥匙奖
（1988）

中国文化史三百题 　　　　　　　　　纪念奖

第三届全国图书金钥匙奖
（1989）

古文观止新编 　　　　　　　　　　　三等奖

中国哲学三百题 　　　　　　　　　　三等奖

第四届全国图书金钥匙奖
（1990）

十大系列丛刊（第一辑）	一等奖
周易译注	三等奖
百科用语分类大辞典	优胜奖

第五届全国图书金钥匙奖
（1991）

文科十万个为什么	一等奖

第六届全国图书金钥匙奖
（1992）

实用交际大全	二等奖

第七届全国图书金钥匙奖
（1993）

实用中医大全	一等奖

9. 全国优秀畅销书

2001 年	中国古代文学史（1—4）	优秀畅销书
	图文本三百首系列（5 种）	优秀畅销书
2002 年	图文本三百首系列	文艺类优秀畅销书
	拼音背诵读本	少儿类优秀畅销书

（二）专 项 奖

1. 第一届全国优秀戏曲理论著作奖
（1984）

洪昇年谱	优秀奖
论汤显祖及其他	优秀奖

2. 全国高等教育优秀教材奖
（1987）

中国历史文选	一等奖
中国历代文学作品选	二等奖
中国文学批评史	优秀教材奖
中国历代文论选	优秀教材奖

3. 第二届"新星杯"向妇女儿童推荐最佳图书
（1989）

中国历代妇女作品选	最佳图书奖

4. 第三届"日月花"杯向妇女儿童推荐优秀最佳图书
（1991）

道教与女性	最佳图书奖
文科十万个为什么	最佳图书奖
古代女性世界	优秀奖
情诗三百首	优秀奖

5. 首届全国比较文学图书奖
（1990）

七缀集	荣誉奖
文心雕龙创作论	荣誉奖
牧女与蚕娘	二等奖

6. 首届全国优秀医史文献图书及医学工具书评奖
（1991）

中医学三百题	三等奖

7. 全国高等学校首届人文社会科学研究优秀成果奖
（1995）

敦煌变文字义通释	一等奖
隋唐五代文学思想史	一等奖
敦煌文学丛考	一等奖
文心雕龙校注拾遗	一等奖
灵溪词说	一等奖
训诂丛稿	二等奖
声类疏证	二等奖
近代文学批评史	二等奖
赋史	二等奖
杜甫评传	二等奖
李商隐研究	二等奖
文心雕龙义证	二等奖
华阳国志校补图注	二等奖
宋会要辑稿考校	二等奖

8. 韩素音、陆文星中印友谊奖
（1995）

中国载籍中南亚史料汇编	中印友谊奖

9. 全国青年三评一展优秀图书奖
（1996）

古文观止新编	提名奖
古诗观止	提名奖
词林观止	提名奖

10. 首届全国优秀艺术图书奖
（2001）

中国京剧	三等奖
戴敦邦新绘全本红楼梦	三等奖

11. 二十世纪文博考古最佳图书奖
（2001）

中国古籍善本书目	最佳图书奖
文渊阁四库全书	最佳图书奖
续修四库全书	最佳图书奖
敦煌吐鲁番文献集成	最佳图书奖
中国博物馆学基础	最佳图书奖

12. 全国文博考古最佳图书奖
（2002）

中国古代建筑（修订版）	最佳图书奖
（2005）	
寻访中华名窑	最佳普及类图书奖
（2008）	
十九世纪中国外销通草水彩画研究	最佳论著奖

13. 全国输出版优秀图书奖
（2002）

图文本三百首系列	输出版优秀图书奖

（2003）

拼音背诵读本　　　　　输出版优秀图书奖

14. 第四届中华优秀出版物奖
（2013）

徐光启全集　　　　　　图书提名奖

15. 第十届文津图书奖
（2015）

戊戌变法的另面："张之洞档案"阅读笔记 推荐图书

16. 中国书法兰亭奖
（2006）

上海图书馆藏珍本碑帖丛刊（第一辑）
　　　　　　　　　　　编辑出版一等奖

（三）地　区　奖

1. 华东地区古籍优秀图书奖

第一届华东地区古籍优秀图书奖
（1998）

天津市艺术博物馆藏敦煌文献	特等奖
二十五史新编	特等奖
尚书文字合编	特等奖
禹贡锥指	一等奖
求索真文明	一等奖
归义军史研究	一等奖
中国外丹黄白法考	一等奖
殷墟甲骨分期研究	一等奖
二千年前的哲言	一等奖
辛稼轩年谱	二等奖
牧斋有学集	二等奖
陶渊明集校笺	二等奖

瓯北集	二等奖
楚辞今注	二等奖
纂修四库全书档案	二等奖
乐府诗述论	二等奖
小说考信编	二等奖
吴越春秋辑校汇考	二等奖
龙榆生词学论文集	二等奖
追忆——近代上海图史	二等奖

第二届华东地区古籍优秀图书奖
（1999）

中国古代文学史	特等奖
古突厥碑铭研究	一等奖
资治通鉴皇家读本	一等奖
韦应物集校注	一等奖
词林纪事词林纪事补正合编	一等奖
戴敦邦古典文学名著画集	二等奖
文心雕龙译注	二等奖
诗品研究	二等奖
"中国礼仪之争"历史、文献和意义	二等奖

顾太清奕绘诗词全集	二等奖
蓬莱阁丛书	二等奖

第三届华东地区
古籍优秀图书奖
（2000）

中国京剧	特等奖
中国历代人名大辞典	一等奖
宋朝诸臣奏议	一等奖
唐诗选	二等奖
隋唐两京坊里谱	二等奖
渔洋精华录集释	二等奖
西洋风——西洋发明在中国	二等奖
上海图书馆藏敦煌吐鲁番文献	二等奖
图文本三百首系列（5 种）	优秀通俗读物奖
美文精读与写作（中国古代卷）	优秀通俗读物奖

第四届华东地区
古籍优秀图书奖
（2001）

尲书详注	特等奖
全祖望集汇校集注	特等奖
韩非子新校注	二等奖
上海图书馆馆藏家谱提要	一等奖
中国散文史	一等奖
唐钞文选集注汇存	二等奖
敦煌汉文文书	二等奖
世界文明史年表	二等奖
晚清西方地理学在中国	二等奖
戴敦邦新绘全本红楼梦	优秀通俗读物奖
拼音背诵读本	优秀通俗读物奖
五十二个星期丛书	优秀通俗读物奖

第五届华东地区
古籍优秀图书奖
（2002）

上海博物馆藏战国楚竹书（一）	特等奖

唐代墓志汇编续集	一等奖
上海文史资料存稿汇编	一等奖
苏轼诗集合注	二等奖
吕碧城词笺注	二等奖
宋元笔记小说大观	二等奖
日本国志	二等奖
中国古代建筑文化史	二等奖
20 世纪初的中国印象	二等奖
敦煌悬泉汉简释粹	二等奖
插图本中国绘画史	二等奖
浙江大学人文学术丛书（6 种）	二等奖
现代版系列（6 种）	二等奖
晚清民国学术丛书（3 种）	二等奖
绘画菜根谭	通俗读物奖
趣味系列（5 种）	通俗读物奖

第六届华东地区
古籍优秀图书奖
（2003）

续修四库全书	特等奖
钱镜塘藏明代名人尺牍	一等奖
世说新语汇校集注	一等奖
吕氏春秋新校释	一等奖
读易提要	一等奖
蛾术轩箧存善本书录	一等奖
中国青铜器研究	二等奖
李清照集笺注	二等奖
韦庄集笺注	二等奖
明人室名别称字号索引	二等奖
中华文明遗迹通览	二等奖
基督教学术（1）	二等奖
大清帝国城市印象	二等奖
书韵楼丛刊（12 函）	二等奖
绝妙好词丛书（4 种）	通俗读物奖
新世纪古典文学经典读本（20 种）	通俗读物奖
古玩真赝对比系列（4 种）	通俗读物奖

论语辞典	二等奖
唐代妇女的生命历程	二等奖
图文本四大小说	通俗读物奖
正说康熙、雍正、乾隆	通俗读物奖

第七届华东地区
古籍优秀图书奖
（2004）

朱子全书	荣誉奖
中国近代文学丛书	特等奖
钱牧斋全集	一等奖
山谷诗集注	一等奖
中国古代审美文化论	一等奖
越绝书研究	一等奖
旧唐书研究	一等奖
唐大诏令补编	二等奖
香港所藏古籍书目	二等奖
道藏书目提要	二等奖
菩提道次第广论集注	二等奖
商周青铜器幻想动物纹研究	二等奖
道家道教与中土佛教初期经义发展	二等奖
民俗文化丛书	通俗读物奖

第八届华东地区
古籍优秀图书奖
（2005）

肇域志	特等奖
夏商周青铜器研究	一等奖
廿二史考异	一等奖
思辨录	一等奖
文子校释	一等奖
山东大学文史哲研究院专刊	二等奖
利玛窦世界地图研究	二等奖
隋唐帝国形成史论	二等奖
晚清东游日记汇编	二等奖
岑参集校注	二等奖
秦会要	二等奖
李玉戏曲集	二等奖
唐宋人选唐宋词	二等奖
明代浙江进士研究	二等奖
上海佛教碑刻文献集	二等奖

第九届华东地区
古籍优秀图书奖
（2006）

上海道契	特等奖
英藏黑水城文献	特等奖
中国国家图书馆藏西夏文献	一等奖
战国会要	一等奖
廖燕全集	一等奖
词综补遗	二等奖
饶宗颐新出土文献论证	二等奖
古史异观	二等奖
蔡尚思全集	二等奖
文心雕龙汇评	二等奖
春秋书法与左传学史	二等奖
香山明清档案辑录	二等奖
中国总论	二等奖
中国彩瓷	二等奖
插图本大师经典（10 种）	通俗读物奖

第十届华东地区
古籍优秀图书奖
（2007）

翁方纲经学手稿五种	特等奖
察合台汗国史研究	一等奖
东洲草堂诗集	一等奖
江藩集	二等奖
两头蛇	二等奖
杨万里年谱	二等奖
殷墟卜辞研究	二等奖
《资治通鉴》皇家读本	通俗读物奖

第十一届华东地区
古籍优秀图书奖
（2008）

大麦地岩画	荣誉奖
战国策笺证	荣誉奖
肇域志	荣誉奖
二年律令与奏谳书	特等奖
中国历代笔记小说大观	特等奖
太虚文集	一等奖
大藏经总目提要·经藏	一等奖
历代赋话校证	二等奖
北宋转运使考述	二等奖
吕碧城诗文笺注	二等奖
江南农业的发展	二等奖
春秋战国盟誓研究	二等奖
费宏集	二等奖
西周的灭亡	二等奖
敦煌艺术十讲	通俗读物奖

第十二届华东地区
古籍优秀图书奖
（2009）

陈澧集	特等奖
中华易学大辞典	一等奖
大藏经总目提要·文史藏	一等奖
唐写本玉篇校段注本说文	二等奖
周代用玉制度研究	二等奖
经韵楼集	二等奖

第十三届华东地区
古籍优秀图书奖
（2010）

明清稿抄校本鉴定	特等奖
楚辞集校	一等奖
陶弘景集校注	一等奖

陈去病全集	二等奖
西夏艺术研究	二等奖
书写历史	二等奖
淳化阁帖集释	二等奖
南北朝经学史	二等奖
秋蟪吟馆诗钞	二等奖
苍虬阁诗集	二等奖

第十四届华东地区
古籍优秀图书奖
（2011）

尔雅注疏	特等奖
域外汉文小说大系·越南汉文小说集成	一等奖
韩非子校疏	一等奖
尚书古文疏证	一等奖
丁日昌集	一等奖
清代军机处满文熬茶档	一等奖
庐山历代诗词全集	二等奖
北庭历史文化研究——伊、西、庭三州及唐属西突厥左厢部落	二等奖
清乾隆十全武功档案汇辑暨方略汇辑	二等奖
金匮要略译注	二等奖
睡虎地秦简所见秦代国家与社会	二等奖

第十五届华东地区
古籍优秀图书奖
（2012）

世说新语校释	特等奖
宋辽金元方志辑佚	一等奖
古代书画著作选刊	一等奖
美国国会图书馆藏中文善本书续录	二等奖
民国小说目录	二等奖
中国佛教疑伪经综录	二等奖
夏曾佑集	二等奖
江淮神书	二等奖
延绥镇志	二等奖
秋锦山房集 秋锦山房外集	二等奖

九云梦　　　　　　　　　　　　　　通俗读物奖

第十六届华东地区
古籍优秀图书奖
（2013）

郑珍全集	特等奖
易林彙校集注	一等奖
《近思录》集校集注集评	一等奖
山谷诗注续补	二等奖
蒙古纪事本末	二等奖
佛祖统纪校注	二等奖

第十七届华东地区
古籍优秀图书奖
（2014）

神农本草经新疏	特等奖
恽敬集	一等奖
唐寅集	一等奖
弘明集校笺	二等奖
春秋公羊经何氏释例·春秋公羊释例后录	二等奖
老子指归校笺	二等奖
况周颐词集校注	二等奖
嘉定李流芳全集	二等奖

第十八届华东地区
古籍优秀图书奖
（2015）

李开先全集	特等奖
稀见明人诗话十六种	特等奖
金楼子疏证校注	一等奖
原诗笺注	一等奖
朝鲜所刊中国珍本小说丛刊	二等奖
清代方志序跋汇编·通志卷	二等奖
黄以周全集	二等奖
日藏中国古籍书志（二种）：经籍访古志； 古文旧书考	二等奖
图说宋人服饰	通俗读物奖

2. 上海市优秀图书奖

1980 年	农政全书校注	优秀图书奖
	唐宋词格律	优秀图书奖
	中华文史论丛	优秀刊物奖
1981 年	徐霞客游记	一等奖
1984 年	中国善本书提要	优秀图书奖
	唐声诗	优秀图书奖
1989 年	华阳国志校补图注	一等奖
	剑南诗稿校注	一等奖
	中国古籍善本书目（经部）	一等奖
	古文观止新编	二等奖
1991 年	文心雕龙义证	一等奖
	玉篇校释	二等奖
1993 年	王梵志诗校注	一等奖
	和风堂文集	一等奖
	明代文学批评史	二等奖
	嘉祐集校注	二等奖
1995 年	上海博物馆藏敦煌吐鲁番文献	一等奖
	杜诗赵次公先后解辑校	一等奖
	隋唐五代文学批评史	一等奖
	中国禁毁小说百话	二等奖
	中华奇石	二等奖
	宋蜀刻本唐人集丛刊	二等奖
1998 年	二千年前的哲言	特等奖
	中国古代军戎服饰	一等奖
	求索真文明	一等奖
	追忆——近代上海图史	二等奖
2000 年	中国京剧	特等奖
	资治通鉴皇家读本	一等奖
	古突厥碑铭研究	一等奖
	韦应物集校注	二等奖
2002 年	世界文明史年表	特等奖
	中国散文史	一等奖
	尪书详注	二等奖
2004 年	俄藏敦煌吐鲁番文献集成	特等奖
	工部局董事会会议录	一等奖
	钱镜塘藏明代名人尺牍	一等奖

	蛾术轩箧存善本书录	二等奖
2005 年	肇域志	一等奖
	夏商周青铜器研究	一等奖
	上海史研究译丛	二等奖
2008 年	两头蛇——明末清初的第一代天主教徒	一等奖
	战国策笺证	一等奖
	上海图书馆藏明清名家手稿	二等奖
	四库存目标注	二等奖
	蒙古入侵时期的突厥斯坦	入围奖
2010 年	中国家谱总目	特等奖
	中华易学大辞典	一等奖
	陈澧集	二等奖
	南宋史丛书	二等奖
	南北朝经学史	提名奖
2012 年	清代诗文集汇编	特等奖
	徐光启全集	一等奖
	越南汉文小说集成	一等奖
	罗振玉学术论著集	二等奖
	清末时新小说集	二等奖
2014 年	中国古籍总目	荣誉奖
	顾炎武全集	荣誉奖
	中国社会科学院历史研究所藏甲骨集	一等奖
	王运熙文集	一等奖
	商周青铜器铭文暨图像集成	一等奖
	日本宫内厅书陵部藏宋元版汉籍选刊	二等奖
2016 年	宋会要辑稿	特等奖
	宋人轶事汇编	一等奖
	戊戌变法的另面:"张之洞档案"阅读笔记	一等奖
	考古学:理论、方法与实践	二等奖
	盛宣怀档案选编	二等奖
	史记会注考证	二等奖

3. 上海市社会科学著作奖
(1984)

古本竹书纪年辑证	科研奖

4. 上海市哲学社会科学优秀成果奖

1986 年	红楼梦脂评初探	优秀著作奖
	刘子集校	优秀著作奖
	中国文学批评史	优秀著作奖
	陈子龙及其时代	优秀著作奖
	淮海居士长短句	优秀著作奖
	徐霞客游记	优秀著作奖
1996 年	中国文学批评通史(七卷本)	特等奖
	1998 年二十五史新编	二等奖
2008 年	敦煌因明文献研究	一等奖
	滩簧考论	一等奖
	形神之间——早期西洋医学入华史稿	一等奖
	中国家谱总目	二等奖

5. 上海市优秀输出版图书

2003 年	图文本三百首系列	优秀输出版图书
2005 年	中国民俗文化丛书	优秀输出版图书

6. 上海市优秀对外宣传品"银鸽奖"

1998 年	追忆——近代上海图史	银鸽奖
1999 年	二千年前的哲言(英汉本)	二等奖
2006 年	上海 360°	二等奖
2012 年	"发现中国"系列丛书	一等奖
2013 年	实证上海史——考古视野下的古代上海	一等奖

	中华文明宝库（第 1—2 辑）	二等奖
1997 年	中华文明宝库	三等奖
1998 年	历代名家与名作丛书（10 种）	二等奖
1999 年	西洋风——西洋发明在中国	二等奖

7. 上海市中小学生
优秀课外读物奖
（1995）

自古英雄出少年	一等奖
秦始皇陵兵马俑（中华文明宝库）	二等奖
大运河（中华文明宝库）	二等奖
学生乐园（15 种）	三等奖

8. 上海市中小学生
优秀图书奖

1995 年	唐诗三百首新注	优秀课外读物奖
1996 年	世界十大名人传记丛书（10 种）	二等奖

9. 世 纪 图 书 奖
首届世纪图书奖
（2013）

新疆史前晚期社会的考古学研究	图书提名奖

第二届世纪图书奖
（2014）

夏商周：从神话到史实	图书奖

（四）装帧设计　印制奖

1. 首届中国出版政府奖
（2007）

上海图书馆藏明清名家手稿	装帧奖

2. 第三届中国出版政府奖
（2013）

翰墨瑰宝：上海图书馆 藏珍本碑帖（第二辑、第三辑）	印刷复制奖

3. 莱比锡国际书籍
艺术展览
（1959）

梁祝故事说唱集书籍装帧	银质奖
三家评本注李长吉歌诗书籍装帧	铜质奖

4. 全国书籍展览
（1979）

聊斋志异三会本（精装）	装帧三等奖

5. 全国书籍装帧艺术展览奖

（1995）

百莲图	整体设计奖
中国艺海	整体设计奖
七缀集	封面设计奖
中华奇石	整体设计奖
海上花开海上花落	封面设计奖
中国禁毁小说百话	封面设计奖

（1999）

南京博物院珍藏系列（5 种）	设计优秀奖
花非花·历史小说系列	设计优秀奖
两地书真迹	设计优秀奖

6. "中国最美的书"评选

2005 年	中国民俗文化丛书（第一批 5 种）
	2005 年"中国最美的书"
2006 年	上海图书馆藏明清名家手稿
	2006 年"中国最美的书"

7. 华东地区书籍装帧艺术奖

1989 年	中国古代版画丛刊	一等奖
	名句用法词典	一等奖
	诸子百家丛书	二等奖
1991 年	四库易学丛刊	一等奖
	绘图三教源流搜神大全	二等奖
1993 年	中国古代生活文化丛书（10 种）	
		整体设计奖
	张寒月金石篆刻选集	封面设计纪念奖
1997 年	中西纹饰比较	封面设计一等奖
	追忆——近代上海图史	封面设计二等奖
	两地书真迹	封面设计二等奖

1999 年	中国古代军戎服饰	封面设计二等奖
	南京博物院珍藏系列（5 种）	
		整体设计二等奖
	千首唐人绝句	封面设计优秀奖

8. 华东书籍设计双年展

华东第一届书籍设计双年展

（2000）

中国京剧	整体设计金奖
图画日报	封面设计优秀奖

华东第二届书籍设计双年展

（2002）

花之灵	整体设计奖

华东第三届书籍设计双年展

（2004）

上海 360°	整体设计奖
上海史研究译丛	封面设计二等奖
红楼梦（图文本）	版式设计奖
文化中国·经典旅程	优秀奖
钱镜塘藏明代名人尺牍	优秀奖

华东第四届书籍设计双年展

（2006）

利玛窦世界地图研究	封面设计优秀奖
云缕心衣	整体设计奖
上海图书馆藏善本碑帖	整体设计奖

华东第五届书籍设计双年展

（2008）

海上锦绣——顾绣珍品特集	封面设计一等奖

中国古代科技名著译注丛书　　　封面设计二等奖

华东第六届书籍设计双年展
（2010）

温文尔雅　　　　　　　　　整体设计一等奖
梅韵兰芳　　　　　　　　　整体设计二等奖
俄藏黑水城艺术品（1）　　　整体设计优秀奖

华东第七届书籍设计双年展
（2012）

中国社会科学院历史所藏甲骨集　　整体设计奖
翰墨瑰宝·上海图书馆藏珍本碑帖丛刊
（第二、第三辑）　　　　　　整体设计奖
中国古代文史经典读本（15 种）　　优秀奖

9. 上海市优秀书籍
装帧设计奖

1980 年　铸雪斋抄本聊斋志异（精装）
　　　　　　　　　　　　　封面装帧三等奖
1983 年　西湖诗词　　　　整体设计一等奖
　　　　中国科技史探索（国际版）
　　　　　　　　　　　　　整体设计一等奖
1992 年　唐代研究指南　　优秀封面设计奖
1994 年　上海博物馆藏敦煌吐鲁番文献
　　　　　　　　　　　　　最佳整体设计奖
1996 年　两地书真迹优秀　　封面设计奖
　　　　追忆——近代上海图史　　提名奖
　　　　中国古代军戎服饰　　　　提名奖
1999 年　南京博物院珍藏系列（5 种）
　　　　　　　　　　　　　优秀整体设计奖
2001 年　中国京剧　　　　优秀整体设计奖
　　　　古城文化随笔　　　优秀封面设计奖

2005 年　插图本大师经典丛书　优秀封面设计奖
　　　　红楼梦（图文本）　　　　　入围奖
　　　　利玛窦世界地图研究　　　　入围奖

10. 上海书籍设计艺术奖

2007—2008　三字经（附百家姓、千字文）
　　　　　　　　　　　　　　最佳整体设计
2009—2010　上海图书馆藏宋本图录　优秀整体设计
　　　　　温文尔雅　　　　　　入围作品
　　　　　梵天佛地　　　　　　入围作品
2011—2012　徐光启全集　　　　最佳封面
　　　　　中国社会科学院藏甲骨文
　　　　　　　　　　　　　　优秀整体设计
　　　　　清乾隆御览四色抄本戏曲两种
　　　　　　　　　　　　　　入围作品
　　　　　翰墨瑰宝：上海图书馆藏
　　　　　珍本碑帖丛刊（第二、第三辑）
　　　　　　　　　　　　　　入围作品
2013—2014　中国尺牍文献　　优秀整体设计

11. 美国印刷大奖
（2005）

戴敦邦新绘全本红楼梦　　　　　　优异奖

12. 第七届上海印刷大奖
（2013）

翰墨瑰宝：上海图书馆藏珍本碑帖丛刊
（第三辑）　　　　　　　　　　　金奖
商周青铜器铭文暨图像集成　　　　银奖
翰墨瑰宝：上海图书馆藏珍本碑帖丛刊
（第二辑）　　　　　　　　　　　铜奖

书 名 索 引

本索引包括《上海古籍出版社六十年图书总目》中2016年7月前出版的书名和丛书名。按首字笔画数和起笔笔形一丨丿、一顺序排列。首字相同者,第二字以下类推。笔画计数据《辞海》,书名后所列数字为页码。另附书名首字汉语拼音检索。

一 画

一九四九前潮州宗族村落社区
　　的研究　　　　　　　　357
一切经音义三种校本合刊　　469
一切经音义三种校本合刊附索
　　引(修订版)　　　　　469
一切经音义三种校本合刊索引　1031
一分为三论　　　　　　　　482
一代天骄　　　　　　　　　1004
一抹春痕梦里收
　　——吕碧城诗词注评　　59
一闻百联　　　　　　　　　570
一笔勾销　　　　　　　　　280
一捧雪　　　　　　　　　　101
一瓢书两由斋诗词　　　　　269

二 画

二十二子　　　　　　　　　448
二十五史　　　　　　　　　304
二十五史人物传记选注(干部
　　文史读物)　　　　　　326
二十五史纪传人名索引　　　1043
二十五史新编　　　　　　　323
二十世纪昆曲研究　　　　　168
二十世纪的敦煌学　　　　　402
二十四桥明月夜——扬州　　643
二十年目睹之怪现状　132,140,145
二千年前的哲言　　　　　　662
二千年前的哲言(英汉对照)　663
《二千年前的哲言》教学参考
　　资料　　　　　　　　　663
二叶书录　　　　　　　　　1053
二年律令与奏谳书　　　　　504

二刻拍案惊奇　119,135,142,146
二刻拍案惊奇(王古鲁辑校本)　110
二刻拍案惊奇(章培恒整理本)　110
二度梅　　　　　　　　　　130
二晏词笺注　　　　　　　　7
二程遗书　　　　　　　　　435
二程遗书　外书　　　　　　432
十一家注孙子(附今译)　　449
十二楼　　　　　　　　135,150
十七世纪中期汉学著作研究
　　——以曾德昭《大中国志》和
　　安文思《中国新志》为中心　875
十七史详节　　　　　　　　304
十七史商榷　　　　　　　　761
十九世纪中国外销通草水彩画
　　研究　　　　　　　　　595
十九世纪中国市井风情
　　——三百六十行　　　517
十三经译注　　　　　　　　423
十三经注疏　　　　　　　　421
十三经概论　　　　　　474,983
十大才女　　　　　　　　　1012
十大小说家　　　　　　　　1010
十大太监　　　　　　　　　1012
十大文学畸人　　　　　　　1010
十大文豪　　　　　　　　　1022
十大书法家　　　　　　　　1011
十大古典戏曲名著　　　　　98
十大古都　　　　　　　　　1014
十大史学家　　　　　　　　1010
十大考古奇迹　　　　　　　1013
十大传说　　　　　　　　　1013
十大后妃　　　　　　　　　1011
十大企业家　　　　　　　　1022

十大名山　　　　　　　　　1014
十大名寺　　　　　　　　　1015
十大名医　　　　　　　　　1012
十大名园　　　　　　　　　1014
十大名伶　　　　　　　　　1013
十大名妓　　　　　　　　　1013
十大名相　　　　　　　　　1012
十大名胜　　　　　　　　　1014
十大名将　　　　　　　　　1012
十大名桥　　　　　　　　　1014
十大名案　　　　　　　　　1014
十大名僧　　　　　　　　　1013
十大江湖　　　　　　　　　1014
十大农民起义　　　　　　　1013
十大奸臣　　　　　　　　　1012
十大戏曲家　　　　　　　　1010
十大词人　　　　　　　　　1009
十大画家　　　　　　　　　1011
十大诗人　　　　　　　　　1009
十大战役　　　　　　　　　1014
十大思想家　　　　　1010,1022
十大科学家　　　　　　　　1011
十大音乐家　　　　　1011,1022
十大帝王　　　　　　　　　1011
十大美术家　　　　　　　　1022
十大语文学家　　　　　　　1010
十大理财家　　　　　　　　1011
十大清官　　　　　　　　　1012
十大谋士　　　　　　　　　1012
十大散文家　　　　　　　　1010
十大道士　　　　　　　　　1013
十五贯校注　　　　　　　　101
十四家诗钞　　　　　　　　175
十字莲花——中国元代叙利亚

文景教碑铭文献研究　　　　499

十字莲花—中国出土叙利亚文
　景教碑铭文献研究（公元
　13—14世纪）（法文版）
　（华夏英才基金学术文库）　499

十字路口的中国史学　　　971

丁日昌集　　　　　367

丁卯诗集　文泉子集　　725

丁玲小说·梦珂　　　276

七十二家集题辞笺注　　154

七里山塘　　　　347

七国考订补　　　302

七国春秋平话　　　112

七侠五义　　129,139,143,148

七录辑证　　　1058

七修类稿　　　806

七剑十三侠　　　130,148

七绝剑　　　　279

七略别录佚文　七略佚文　1058

七彩霓裳　　　918

七缀集　　　　177

八仙得道传　　　134

八股文与明清文学论稿　852

八家后汉书辑注　　303

人天眼目释读　　467

人文与理性的中国　　971

人文中国学报（第二十一期）931

人文中国学报（第二十二期）931

人文中国学报（第二十期）931

人文中国学报（第十一期）930

人文中国学报（第十二期）930

人文中国学报（第十七期）931

人文中国学报（第十八期）931

人文中国学报（第十九期）931

人文中国学报（第十三期）930

人文中国学报（第十五期）930

人文中国学报（第十六期）931

人文中国学报（第十四期）930

人文中国学报（第十期）930

人生四书　　　451

人生的箴言（鲁迅五千言钢笔
　字帖）　　　　571

人在史中　　　1024

人间地狱　　　809

人间词话　　79,820,833,974

人间词话·王国维词集　987

人间词话（插图本）　839

人物志译注　　　435

人物画　　　　520

人海相依——中国人的
　海洋世界　　　408

人海潮　　　　810

人境庐内——黄遵宪其人其
　诗考　　　　884

人境庐诗草笺注　　18

人境壶天——中国园林文化　638

入唐求法巡礼行记　　306

入菩萨行论广解　　469,488

儿女英雄传　　125,144

几何原本　　　940

九十年代日记　　　1025

九十年代反思录　　1025

九云梦　　　　292

九华集——安徽师范大学中国
　古代文学学科论文集　226

九尾龟　　　　131

九尾狐　　　　133

九命奇冤　　　115

九派诗廊诗词选　　361

九章算术译注　　647

九歌解诂　九章解诂　180

九歌新考　　　180

又玄集　　　　64

三　画

三十六计的典范　　689

三十六计（插图本）　631

三才图会　　　783

三山叶氏家族及其文学研究
　——以叶观国、叶申芗为
　核心　　　　206

三元延寿参赞书　修龄要指
　医先　摄生三要　养生肤语　633

三水小牍　　　108

三叶集　　　　646

三主要道讲记　三主要道要义
　修心七义讲记　　968

三字经附百家姓　千字文　993

三字经　千字文　朱子家训
　精编　　　　680

三字经　千字文　治家格言
　精编　　　679,680

三字经　百家姓　千字文　677

三字经　百家姓　千字文　千
　家诗　　　　769

三坟记碑　栖先茔记碑　562,564

三言两拍资料　　153

三言两拍源流考　　959

三国人物散论　　391

三国大观　　　290

三国会要　　　295

三国志（新编本）　323

三国志及裴注综合引得　1040

三国志平话　　112

三国志丛考　　841

三国志后传　　114

三国志　　　294

三国志注补（外四种）　298

三国志详节　　980

三国志故事选译　　235

《三国志》选评　　322

三国志通俗演义　　114

三国志通俗演义史传　883

三国志集解　　304

《三国志演义》版本研究　883

三国群英谱　　588

三国演义　118,122,124,141,145

三国演义与民间文学传统　857

三国演义（毛宗岗评本）120

三国演义（节选本1—4）291

三国演义（全二函）　781

三国演义（图文本）　991

三国演义版本考　　188

《三国演义》的文化解读　189

三国演义（注评本）　123

三国演义试论　　188

三国演义（绣像批评本）124

三国演义简说　　262

三国演义（新读本）　122

三侠五义　　　113

三宝太监西洋记通俗演义　151

三袁诗文选注　　239

三晋考古（第四辑）　918

三笑新编　　　105

三釜书屋程十发　　610

三 画

三家评注李长吉歌诗 6
三教偶拈 37
三曹诗文选注 235
三曹诗选评 246
三朝北盟会编 308
三朝北盟会编(附索引) 308
三谢诗 43
三鉴斋甲骨文论集 534
于湖词 84
于湖居士文集 11
于豪亮学术论集 967
于溃诗注 31
工交城建 338
工贸奇才——世界十大企业家 1021
工部局董事会会议录 313
土风录 807
士族审美趣味和中古文坛风尚 172
才调集 搜玉小集 古文苑 719
大历诗风 203
大中国志 309
大风遗响(西汉) 281
大方等大集经 456
大石斋唐云 610
大同书 825,835,975
大全集(外四种) 726
大字麻姑山仙坛记 557,560
大观圣作之碑 563
大麦地岩画 582
大运河 1006
大佛顶首楞严经会解 459
大易集义 475
大易集奥 475
大易集释 472
大易绎说 746
大变局 289
大变局下的晚清政治 853
大学·中庸 978
大学 中庸(线装) 775
大学 中庸 论语 426
大宛遗锦——乌兹别克斯坦费
　尔干纳蒙恰特佩出土的纺织
　品研究 401
大话三国(5—12) 592
大树山房诗集 270
大复集 洹词 庄渠遗书 730

大食·西域与古代中国 385
大哀赋注释 71
大秦景教流行中国碑 562
大般涅槃经 456
大唐三藏取经诗话 112
大唐西域记汇校 965
大唐传载 幽闲鼓吹 中朝
　故事 803
大唐创业起居注 305
大唐新语(外五种) 785
大理寺正卿的失踪——蒋星煜
　历史小说选 286
大梦谁觉 1024
大清一统志 299
大清帝国城市印象——19世纪
　英国铜版画 517
大雄创意——装饰画艺境界 594
大雄所见——装饰画艺境界 594
大雄谈艺——装饰画艺境界 594
大智度论 456
大智禅师碑 561
大道无言 497
大道同行——上海市大同中学
　新时期教育工作探索与实践 669
大新县志 331
大漠天骄(元) 282
大橹的故事·特殊的战场 592
大藏经总目提要·文史藏 1054
大藏经总目提要·经藏 1054
大藏经总目提要·律藏 1054
与孔孟对话 1015
与老庄对话 1015
与朱熹王阳明对话 1015
与孙武对话 1015
与屈原对话 1015
与爱斯基摩人同行 644
万历野获编 793
万历嘉兴府志 333
万花楼演义 127
万里长城 1006
万庚育临摹敦煌壁画选集 590
万法唯识——唯识论的哲学与
　教理分析 487
万姓统谱附氏族博考(附索引) 751
上古文学中君臣事象的研究 172

上古汉语语法史 543
上海人民政协志
　(1993.2—2003.2) 340
上海小志 上海乡土志 夷患
　备尝记 808
上海卫生检疫发展史 419
上海歹土——战时恐怖活动与
　城市犯罪(1937—1941) 363
上海中华职业教育社志 669
上海中国画院高级研修班专修
　班作品集(2002—2003) 598
上海文史资料存稿汇编 314
上海古籍出版社五十年图书总
　目(1956—2006) 1063
上海外滩旅游资源问题研究 365
上海市干部政治理论水平任职
　资格考试大纲 671
上海市各类成人高校招生专业
　目录 670
上海市初中毕业生统一学业考
　试试题汇编(2001—2010合
　订本)英语 674
上海市初中毕业生统一学业考
　试试题汇编(2001—2010合
　订本)语文 674
上海市初中毕业生统一学业考
　试试题汇编(2001—2010合
　订本)理化 674
上海市初中毕业生统一学业考
　试试题汇编(2001—2010合
　订本)数学 674
上海市南汇县教育志 339
上海市南汇县教育志·续
　(1991—2001) 339
上海市高中阶段学校招生信息
　升学指导(2010) 673
上海市高中阶段学校招生信息
　2008年升学指导 672
上海市高中阶段学校招生信息
　2009年升学指导 673
上海市高考英语口语考试手册 670
上海市普通本科院校招收应届
　专科(含高职)毕业生专业
　目录 670
上海市普通高校体育类专业

（系科）招生考生报考指南 670
上海市普通高校招生专业目录 670
上海市普通高校招生各专业
　录取人数及考分 670
上海市普通高校招生美术类专
　业统一考试试卷评析
　（2009—2010） 674
上海市普通高校招收中专、职
　校、技校应届毕业生考生报
　考指南 670
上海市普通高校春季招生考生
　报考指南 670
上海市普通高校春季招生考生
　报考指南（2011） 674
上海市普通高等学校招生专业
　目录（2010） 673
上海市普通高等学校招生文化
　考试英语口语考试手册
　（2011） 674
上海市普通高等学校招生文化
　考试英语学科听力测试题
　汇编 670
上海市普通高等学校招生文化
　考试英语学科听力测试题
　汇编（2005—2007） 672
上海市普通高等学校招生文化
　考试英语学科听力测试题汇
　编（2006—2008） 673
上海市普通高等学校招生文化
　考试英语学科听力测试题
　汇编（2007—2009） 673
上海市普通高等学校招生文化
　考试英语学科听力测试题
　汇编（2008—2010） 674
上海出土文物精品选 514
上海动植物检疫发展史 419
上海地方志物产资料汇辑 314
上海师范大学图书馆馆藏精品
　图录 1061
上海行业博物馆藏品精选 513
上海灯彩（教科书） 616
上海农谚 630
上海县卷 329
上海佛教碑刻文献集 470
上海应用技术学院艺术作品集 598

上海闲话 808
上海妓女——19—20世纪中国
　的卖淫与性 364
上海图书馆馆藏家谱提要 1058
上海图书馆藏人物文献选刊 584
上海图书馆藏历史原照 583
上海图书馆藏中国文化名人
　手稿 583
上海图书馆藏明清名家手稿 582
上海图书馆藏盛宣怀档案萃编 583
上海图书馆藏敦煌吐鲁番文献
　（一） 697
上海图书馆藏敦煌吐鲁番文献
　（二） 697
上海图书馆藏敦煌吐鲁番文献
　（三） 698
上海图书馆藏敦煌吐鲁番文献
　（四） 698
上海图书馆藏善本碑帖 582
上海图书馆藏稿本日记 584
上海的外国人（1842—1949） 363
上海的最后旧梦 629
上海金融的现代化与国际化 374
上海宗教通览 500
上海诗词（1988年第1期） 269
上海春秋 810
上海革命史资料与研究（第10
　辑） 914
上海革命史资料与研究（第11
　辑） 915
上海革命史资料与研究（第12
　辑） 915
上海革命史资料与研究（第13
　辑） 915
上海革命史资料与研究（第14
　辑） 915
上海革命史资料与研究（第3
　辑） 913
上海革命史资料与研究（第4
　辑） 914
上海革命史资料与研究（第5
　辑） 914
上海革命史资料与研究（第6
　辑） 914
上海革命史资料与研究（第7

辑） 914
上海革命史资料与研究（第8
　辑） 914
上海革命史资料与研究（第9
　辑） 914
上海相东佛像艺术馆藏品集 529
上海总商会历史图录 314
上海总商会议事录 314
上海总商会组织史资料汇编 313
上海：海与城的交融 541
上海教师（第2辑1—12卷） 668
上海商品检验检疫发展史 419
上海博物馆中国古代陶瓷馆 512
上海博物馆中国古代雕塑馆 512
上海博物馆集刊 917
上海博物馆藏战国楚竹书（一） 502
上海博物馆藏战国楚竹书（二） 502
上海博物馆藏战国楚竹书（七） 503
上海博物馆藏战国楚竹书（八） 503
上海博物馆藏战国楚竹书（九） 503
上海博物馆藏战国楚竹书（三） 502
上海博物馆藏战国楚竹书（五） 502
上海博物馆藏战国楚竹书（六） 502
上海博物馆藏战国楚竹书（四） 502
上海博物馆藏敦煌吐鲁番文献
　（一）（二） 698
上海鲁迅纪念馆藏文物珍品集 518
上海道台研究——转变社会中
　之联系人物（1843—1890） 363
上海道契 313
上海警察，1927—1937 364
上海360° 604
小《三国》 682
小三国　小水浒　小西游　小
　封神　小聊斋 683
小山乐府 92
小山词 83
小山词（线装） 778
小《山海经》 682
小五义 129,139,143,148
小《水浒》 682
小仓山房诗文集 17
小《世说新语》 682
小《左传》 681
小平,您好 589

三画

小《史记》 681
小动物喂养 690
小《西游》 682
小《杨家将》 683
小《英烈传》 683
小知录 784
小学生作文实用手册 663
小学生启蒙字典 1033
小学生繁体古诗字帖 694
小《封神》 682
小说丛考 213
小说考证(修订本) 153
小说考信编 213
小说闲谈四种 213
小说词语汇释 1032
小说枝谈 153
小《说岳》 683
小《说唐》 683
小荷姐姐故事会 686
小《通鉴》 681
小《聊斋》 682
小斑鸠找老师(1) 686
小斑鸠找老师(2) 686
小窗幽记(外二种) 39
小《镜花缘》 682
小《儒林外史》 682
口述历史:尔冬强和108位
　茶客 604
山中白云词 85
山水画技法 594
山水诗词论稿 210
山水篇 683
山左戏曲集成 877
山右丛书·初编 358
山东大学文史哲研究院专刊
　(全十九种) 878
山东通志 330
山谷词(马兴荣等校注) 74
山谷词(严寿澂点校) 83
山谷词校注 9
山谷诗注续补 9
山谷诗集注 9
山居新语·至正直记 792
山带阁注楚辞 23
山茨禅师语录 354

山斋文集　顾华玉集 730
山海经 429,985
山海经(外二十六种) 734
山海经译注 988,996,998
山海经译注(图文本) 990
山海经现代版 444
山海经现代版(插图本) 445
山海经易读(插图本) 341
山海经校译 341
山海经校注 340
山海经笺疏补校 965
山堂肆考 752
山情水韵——中国游览文化 637
山塘古诗词 347
山塘钩沉录 347
山歌 105
千古情缘——《长生殿》国际
　学术研讨会论文集 228
千字文 993
千岛湖清韵 646
千顷堂书目(附索引) 1056
千金翼方校注 650
千首唐人绝句 65
千载佳句 66
千家诗译注 678
千家诗(图文本) 245
千家诗(注评·配图) 993
千家诗赏析 678
千家诗　神童诗　续神童诗 678
千家唐宋诗词吟诵读本
　(小学版) 663
千家唐宋诗词吟诵读本
　(中学版) 663
川沙县卷 328
川端康成与东方古典 865
夕阳残照(清) 282
广东会馆论稿 384
广东近世词坛研究 166
广东明清粤剧遗存调查与研究 397
广东通志 330
广州与上海——近代小说中的
　商业都会 169
广告学概论 890
广武将军碑 561,564
广校雠略 837

广博物志 752
广雅疏证 547
广富林——考古发掘与学术研
　究论集 508
广韵三家校勘记补释 965
广韵校录 547
义门读书记 739
义乌人物记 351
义乌兵事纪略 352
义邑东江桥志 352
义和团的社会表演——
　1887—1902年间华北地区的
　戏巫活动 398
义兼崇雅　终朝采兰
　——丛兆桓评传 612
尸子译注 434
子不语 111,147
子不语全译 137
子弟书丛钞 106
子弟书总目 1060
子部 1047
女大当嫁 287
女仙外史 134
女仙外史 152
女界钟 375
女将穆桂英 286
飞龙全传 127
飞鸿堂印谱 572
习学纪言 433
习斋四存编 436
马一浮六艺一心论研究 474
马一浮六艺论新诠 888
马一浮研究 926
马一浮思想新探——纪念马一
　浮先生诞辰125周年暨国际
　学术研讨会论文集 481
马一浮儒学思想研究 474
马王堆帛书《周易》释文校注 967
马氏文通刊误　古书句读释例
　古书疑义举例续补 949
马可波罗行纪 954
马可波罗眼中的中国 410
马兴荣词学论稿 208
马来亚华人旧体诗演进史 224
马茂元说唐诗 829

马承源文博论集　　533
马骀画问　　597
马戴诗注　　31

四　画

丰子恺儿童画集　　584
丰子恺古诗新画　　584
丰子恺西洋美术史（彩图本）　　413
丰子恺随笔精粹　　1027
丰子恺精品画集　　584
王十朋全集　　46
王士性地理书三种　　342
王士禛　　258
王子安集　　721
王子安集注　　3
王子霖古籍版本学文集　　1068
王夫之《春秋稗疏》研究　　481
王元鹿普通文字学与比较文字
　学论集　　171
王无功文集　　44
王文公文集　　45
王文成全书（外四种）　　730
王右丞集笺注　　4
王右丞集笺注（四库本）　　722
王令集　　8
王西楼乐府　　93
王同愈集　　53
王仲清吴性清绘《胡笳十八
　拍》、《木兰诗》、《长恨歌》　　599
王庆其行书名联两百首　　571
王充的文学理论　　253
王安石　　256
王安石及其作品选　　266
王安石全集　　29
王安石诗文选评　　248
王安石诗文选注　　237
王安石散文选集　　58
王阳明与明末儒学　　480
王阳明全集（简体版）　　452
王阳明全集（繁体版）　　452
王阳明佚文辑考编年（增订版）　　452
王阳明著述选评　　438
王运熙文集　　966
王时槐集　　445
王沂孙词集　　78

王国维与人间词话　　259
王国维词集　　79
王国维诗词笺注　　54
王昌龄诗注　　30
王忠文公文集　　351
王忠文集（外四种）　　726
王欣夫说文献学　　832
王念孙古籍校本研究　　553
王建诗集　　44
王居士砖塔铭　附程夫人
　塔铭　　556,559
王荆公年谱考略　　317
王荆公诗文沈氏注　　46
王荆文公诗李壁注　　46
王荆文公诗笺注　　8
王荆文公诗笺注（宋刻本）　　46
王荣夫妻墓志·解方保墓志·
　范安贵墓志　　563
王荫嘉品泉录　　527
王荫嘉品泉续录　　528
王荫嘉钱币论集　　528
王昭君·出塞曲　　283
王闿运手批唐诗选（附《湘绮楼
　词选》）　　65
王梵志诗研究汇录　　193
王梵志诗校注（增订本）　　3
王逸《楚辞章句》发微　　180
王绩诗注　　29
王维全集　附孟浩然集　　27
王维和孟浩然　　254
王维孟浩然及其作品选　　264
王维孟浩然诗选评　　247,999
王维孟浩然诗选注　　236
王维孟浩然选集　　54
王韬诗集　　20
王摩诘文集（书韵楼丛刊）　　776
王摩诘文集（宋蜀刻本）　　32,779
王摩诘诗集　　779
王融与永明时代——南朝贵族
　及贵族文学的个案研究　　887
王羲之十七帖　　555,559
王羲之十七帖解析　　567
王羲之传本墨迹精品　　566
王鏊集　　346
开天辟地（上古）　　280

开元天宝遗事十种　　804
开元天宝遗事（外七种）　　786
开有益斋读书志　　1052
天一生水："天一阁"——江南
　士子的精神家园　　604
天一阁书目　天一阁碑目　　1051
天一阁杂识　　1067
天一阁明州碑林集录　　505
天一阁蓝格本正续录鬼簿　　103
天人之际——中国星占文化　　637
天、人、性：读郭店楚简与上博
　竹简　　870
天人诞生图研究——东亚佛教
　美术史论文集　　861
天工开物　　650
天工开物译注　　648,989,995
天下郡国利病书　　941
天下秩序与文化圈的探索——
　以东亚古代的政治与教育为
　中心　　873
天马霜衣　　278
天中记　　752
《天圣令》与唐宋法制考论　　394
天台文类·天台法数校释　　465
《天台四教仪集注》译释　　463
天台宗研究　　495
天台哲学的基础——二谛论在
　中国佛教中的成熟　　486
天地会诗歌选　　107
天问疏证　　180
天妃娘妈传　　152
天启崇祯两朝遗诗　　27
天竺灵签　　576
天放楼诗文集　　21
天剑绝刀　　279
天津市艺术博物馆藏敦煌文献
　（一）　　698
天津市艺术博物馆藏敦煌文献
　（二）　　699
天津市艺术博物馆藏敦煌文献
　（七）　　699
天津市艺术博物馆藏敦煌文献
　（三）　　699
天津市艺术博物馆藏敦煌文献
　（五）　　699

四画

天津市艺术博物馆藏敦煌文献
　（六）　　　　　　　　　　　699
天津市艺术博物馆藏敦煌文献
　（四）　　　　　　　　　　　699
天神与天地之道——巫觋信仰
　与传统思想渊源　　　　　　536
天海逍遥游——厉慧良传　　　614
《天盛律令》研究　　　　　　　379
天象篇　　　　　　　　　　　683
天涯侠侣　　　　　　　　　　279
天禄琳琅书目　天禄琳琅书目
　后编　　　　　　　　　　　1049
夫子继圣　春泥护花——程长
　庚评传　　　　　　　　　　612
元人小令格律　　　　　　　1038
元人小令集　　　　　　　　　95
元人杂剧钩沉　　　　　　　　98
元人散曲选　　　　　　　　　95
元氏长庆集　　　　　　　　　724
元文类　　　　　　　　　　　720
元刊本文心雕龙　　　　　　　156
元本琵琶记校注　　　　　　　97
元史　　　　　　　　　　　　324
元史二种　　　　　　　　　　304
元史及民族与边疆研究集刊
　（第二十一辑）　　　　　　908
元史及民族与边疆研究集刊
　（第二十二辑）　　　　　　908
元史及民族与边疆研究集刊
　（第二十七辑）　　　　　　909
元史及民族与边疆研究集刊
　（第二十八辑）　　　　　　909
元史及民族与边疆研究集刊
　（第二十九辑）　　　　　　909
元史及民族与边疆研究集刊
　（第二十三辑）　　　　　　908
元史及民族与边疆研究集刊
　（第二十五辑）　　　　　　909
元史及民族与边疆研究集刊
　（第二十六辑）　　　　　　909
元史及民族与边疆研究集刊
　（第二十四辑）　　　　　　909
元史及民族与边疆研究集刊
　（第二十辑）　　　　　　　908
元史及民族与边疆研究集刊

（第十八辑）　　　　　　　　908
元史及民族与边疆研究集刊
　（第十九辑）　　　　　　　908
元史及民族与边疆研究集刊
　（第三十辑）　　　　　　　909
元代白莲教研究　　　　　　　495
元代杂剧艺术　　　　　　　　168
元代戏曲选注　　　　　　　　232
元白诗选　　　　　　　　　　71
元白诗笺证稿　　　　　　　　956
元西域人华化考　　　　823,974
元曲一百首　　　　　　　　　241
元曲一百首（彩图本）　　　　243
元曲三百首（图文本）　　　　243
元曲三百首（袖珍图文本）　　245
元曲与人生　　　　　　　　1019
元曲六大家略传　　　　　　　959
元曲选　　　　　　　　　　　95
元曲家考略　　　　　　　　　216
元曲聚珍　　　　　　　　　1002
元次山年谱　　　　　　　　　316
元次山集　　　　　　　　　　44
元好问诗文选注　　　　　　　239
元灵曜墓志·于仙姬墓志·杨
　乾墓志　　　　　　　　　　563
元明小说选译　　　　　　　　138
元明小说叙事形态与物欲世态　170
元明杂剧　　　　　　　　　　261
元明戏曲叶子　　　　　　　　577
元明词一百首　　　　　　　　242
元明事类钞　　　　　　　　　737
元明诗一百首　　　　　　　　242
元明清三代禁毁小说戏曲史料　102
元明清词一百首　　　　　　　230
元明清词三百首（图文本）　　244
元明清卷　　　　　　　　　　473
元明清诗一百首　　　　　　　230
元明清诗三百首（图文本）　　244
元明清诗鉴赏　　　　　　　　72
元明散曲　　　　　　　　　　261
元典哲蕴　　　　　　　　　　479
元和诗坛研究　　　　　　　　203
元诗纪事　　　　　　　　　　156
元诗别裁集　　　　　　　　　64
元诗选　　　　　　　　　　　720

元宫十四朝演义　　　　　　　149
元剧斠疑　　　　　　　　　　215
元崇业墓志·夫人王氏墓志·
　赫连子悦墓志　　　　　　　563
元散曲一百首　　　　　　　　230
元散曲通论（修订本）　　　　211
元朝秘史（外四种）　　　　　298
元稹年谱新编　　　　　　　　316
元稹集校注　　　　　　　　　6
无双谱　　　　　　　　　　　578
无名箫　　　　　　　　　　　278
无约的约会　　　　　　　　　268
无形战线　　　　　　　　　　375
无花的春天——《万象》萃编　271
无弦琴谱　　　　　　　　　　86
无量寿经　观无量寿佛经　阿
　弥陀经　　　　　　　　　　457
无锡艺文志长编　　　　　　　365
无锡诗词　　　　　　　　　　59
韦庄集笺注　　　　　　　　　7
韦苏州集　　　　　　　　　　723
韦应物集校注　　　　　　　　5
云门山志　　　　　　　　　　464
云庄乐府　　　　　　　　　　92
云谷杂记　　　　　　　　　　805
云间文学研究　　　　　　　　229
《云间文博》（第一卷）　　　918
《云间文博》（第二卷）　　　918
云间文博（第十卷）　　　　　919
云间文博（第七卷）　　　　　919
云间文博（第八卷）　　　　　919
云间文博（第九卷）　　　　　919
云间文博（第三卷）　　　　　918
云间文博（第五卷）　　　　　918
云间文博（第六卷）　　　　　919
云间文博（第四卷）　　　　　918
云间书画　　　　　　　　　　920
云间深处　　　　　　　　　　365
云间韩氏藏书题识汇录　　　1053
云亭山人评点桃花扇　　　　　102
云亭史絮　　　　　　　　　　337
云谣集研究汇录　　　　　　　187
云缕心衣——中国古代内衣
　文化　　　　　　　　　　　600
云溪友议　　　　　　　　　　803

云裳钗影　　　　　　　　530
云麓漫钞　　　　　　　　804
廿二史考异附：三史拾遗　诸
　　史拾遗　　　　　　　762
廿二史劄记　　　　　　　763
廿载繁华梦　　　　　　　132
艺风堂友朋书札　　　　　811
艺风藏书记　　　　　　　1049
艺文类聚附索引　　　　　783
艺术的敦煌　　　　　　　603
艺舟日记　　　　　　　　814
艺林汇考（外四种）　　　739
艺海扬帆集　　　　　　　571
艺海修真——施议对诗学论集　969
艺海漫游　　　　　　　　575
艺縠（外四种）　　　　　738
艺概　　　　　　　　　　160
艺融南北第一家——李万春传　613
木鱼歌、潮州歌叙录·曲海
　　蠡测　　　　　　　　960
五大小说评述　　　　　　264
五大名剧评述　　　　　　264
五代史　　　　　　　　　324
五代会要　　　　　　　　296
五代诗选　　　　　　　　67
五代郭忠恕避暑宫图　　　586
五华诗苑　　　　　　　　962
五杂组　　　　　　　　　793
五杂俎　　　　　　　　　806
五虎平西演义　　　　　　128
五虎平南演义　　　　　　128
五经异义疏证　　　　　　762
五经源流变迁考　孔子事迹考　477
五经精编　　　　　678－680
五族共和（民国）　　　　283
不一样的白日梦——中西电影
　　艺术比较　　　　　　609
不见于春秋大事表之春秋方
　　国稿　　　　　　　　961
不空和尚碑　　　　　　　561
不落的文明——走进钱岗古村　645
太平广记　　　　　　　　108
太平广记抄　　　　　　　38
太平天国史料专辑　　　　310
太平天国史料丛编简辑　　310

太平天国初期纪事　　　　310
太平天国诗文选　　　　　69
太平天国革命亲历记　　　310
太平天国科举考证纪略　　398
太平军痛打洋枪队　　　　286
太平经　　　　　　　　　430
太平御览引得　太平广记篇目
　　及引书引得　　　　　1041
太平御览　　　　　749,783
太平御览·养生　苏沈良方·
　　养生类　保生要录　摄生消
　　息论　　　　　　　　632
太玄经　　　　　　　　　430
太极图说　通书　观物篇　432
太医局诸科程文格（外五种）　754
太音大全集　　　　　　　577
太虚文选　　　　　　　　470
太霞新奏　　　　　　　　36
区段与组合——龟兹石窟寺院
　　遗址的考古学探索　　538
历史上的大阴谋（插图本）　417
历史上的大冤案（插图本）　417
历史上的大预言（插图本）　417
历史上的大谋杀（插图本）　417
历史文献（第十一辑）　　905
历史文献（第十二辑）　　905
历史文献（第十七辑）　　905
历史文献（第十八辑）　　905
历史文献（第十九辑）　　906
历史文献（第十三辑）　　905
历史文献（第十五辑）　　905
历史文献（第十六辑）　　905
历史文献（第十四辑）　　905
历史文献（第十辑）　　　904
历史文献（第七辑）　　　904
历史文献（第八辑）　　　904
历史文献（第九辑）　　　904
历史文献（第六辑）　　　904
历史故事台历　　　　　　816
历史研究法　历史教授法　955
历史语文学论丛初编　　　551
历史教学法　　　　　　　955
历代人物谥号封爵索引　　1043
历代书信选注　　　　　　233
历代古人像赞　　　　　　576

历代四书序跋题记资料汇编　1063
历代汉语音韵学文选　　　548
历代民歌一百首　　　　　229
历代会要汇编　　　　　　297
历代名人咏淮南　　　　　360
历代名臣奏议　　　　　　309
历代名画记译注（第六卷）　970
历代名篇选读　　　　　　70
历代灯谜赏析　　　　　　642
历代妇女著作考（增订本）　1060
历代抒情小赋选　　　　　69
历代诗话　　　　　　　　159
历代笑话集　　　　　　　808
历代通鉴辑览　　　　　　307
历代职官表　　　　　　　1064
历代职官表（附二种）　　1064
历代赋话校证　附复小斋赋话　161
历代楹联选注　　　　　　233
历代题画诗类　　　　　　721
友鸥堂集　　　　　　　　42
尤侗集　　　　　　　　　346
巨变时代的社会思潮与
　　知识分子　　　　　　925
戈登在中国　　　　　　　311
比较文学与世界文学研究论集　174
比较文学研究　　　　　　926
止水集——王纲怀铜镜研究
　　论集　　　　　　　　515
少谷集　苑洛集　东洲初稿　731
少室山房笔丛　　　　　　806
少室山房集　　　　　　　733
少数民族文学　　　　　　1003
少墟集　石隐园藏稿　仰节
　　堂集　　　　　　　　733
日本人的起源与形成——体质
　　人类学的新视角　　　540
日本中青年学者论中国史·上
　　古秦汉卷　　　　　　382
日本中青年学者论中国史·六
　　朝隋唐卷　　　　　　382
日本中青年学者论中国史·宋
　　元明清卷　　　　　　383
日本中国史研究年刊（二〇一
　　〇年度）　　　　　　934
日本中国史研究年刊（二〇〇

四画

七年度)	933
日本中国史研究年刊(二〇〇八年度)	933
日本中国史研究年刊(二〇〇九年度)	934
日本中国史研究年刊(二〇〇六年度)	933
日本汉文小说研究	293
日本汉文学论考(第七卷)	970
日本论 日本人	836,977
日本阳明学的实践精神——山田方谷的生涯与改革路径	481
日本佛教史——思想史的探索	882
日本近世儒学家荻生徂徕研究	865
日本国见在书目录详考	1062
日本学者中国文章学论著选	199
日本学者中国词学论文集	208
日本政法考察记	814
日本美术史纲	866
日本宫内厅书陵部藏宋元版汉籍选刊	696
日本蓬莱纹铜镜研究	515
日本德川博物馆藏品录Ⅰ:朱舜水文献释解	514
日本德川博物馆藏品录Ⅱ:德川光圀文献释解	514
日本德川博物馆藏品录Ⅲ:水户藩内外关系释解	514
日本藏汉籍珍本追踪纪实——严绍璗海外访书志	866
日记故事	577
日名制·昭穆制·姓氏制度研究	878
日知录集释外七种	453
日知录集释	995
日知录集释(全校本)	761
日知录 日知录之余	941
日损斋笔记	352
日藏古抄李峤咏物诗注	772
日藏宋本庄子音义	772
中日历代名诗选(中华篇)	61
中日历代名诗选(东瀛篇)	61
中日文学关系论集	220
中日古典悲剧的形式——三个母题与嬗变的研究	865

中日韩《诗品》论文选评	187
中文工具书使用	1069
中古文人风采	1026
中古文学史论集	219
中古汉语同素逆序词演变研究	552
中古异相:写本时代的学术、信仰与社会	370
中古时代的历史书写与皇帝权力起源	369
中古时代的礼仪、宗教与制度	369
中古欧洲史	956,978
中古的佛教与社会	873
中外大铜章收藏与鉴赏	619
中外关系三百题	1017
中西文化会通第一人——徐光启学术研讨会论文集	408
中西纹饰比较	610
中西哲学之会通十四讲	963,975
中西哲学合论	483
中华十圣画传	602
中华人文精神新论	925
中华大典·工业典·纺织与服装工业分典	758
中华大典·工业典·食品工业分典	758
中华大典·工业典·陶瓷与其他烧制品工业分典	758
中华大典·历史典·史学理论与史学史分典	757
中华大典·历史典·编年分典·宋辽夏金总部	757
中华大典·历史典·编年分典·隋唐五代总部	757
中华大典·教育典·教育制度分典	758
中华大典·教育典·教育思想分典	758
中华大典·教育思想分典·教育作用总部 教育目的总部	758
中华文化探秘	629
中华文史论丛 2012 年第 1 期(总 105 期)	896
中华文史论丛 2012 年第 2 期(总 106 期)	896
中华文史论丛 2012 年第 3 期	

(总 107 期)	896
中华文史论丛 2012 年第 4 期(总 108 期)	896
中华文史论丛 2013 年第 1 期(总 109 期)	897
中华文史论丛 2013 年第 2 期(总 110 期)	897
中华文史论丛 2013 年第 3 期(总 111 期)	897
中华文史论丛 2013 年第 4 期(总 112 期)	897
中华文史论丛 2014 年第 1 期(总 113 期)	897
中华文史论丛 2014 年第 2 期(总 114 期)	898
中华文史论丛 2014 年第 3 期(总 115 期)	898
中华文史论丛 2014 年第 4 期(总 116 期)	898
中华文史论丛 2015 年第 1 期(总 117 期)	898
中华文史论丛 2015 年第 2 期(总 118 期)	898
中华文史论丛 2015 年第 3 期(总 119 期)	899
中华文史论丛 2015 年第 4 期(总 120 期)	899
中华文史论丛 2016 年第 1 期(总 121 期)	899
中华文史论丛 2016 年第 2 期(总 122 期)	899
中华文史论丛 2010 年第 1 期(总 97 期)	894
中华文史论丛 2010 年第 2 期(总 98 期)	894
中华文史论丛 2010 年第 3 期(总 99 期)	894
中华文史论丛 2010 年第 4 期(总 100 期)	894
中华文史论丛 2011 年第 1 期(总 101 期)	895
中华文史论丛 2011 年第 2 期(总 102 期)	895
中华文史论丛 2011 年第 3 期(总 103 期)	895

中华文史论丛 2011 年第 4 期
　（总 104 期）　895
中华文史论丛 2009 年第 1 期
　（总 93 期）　893
中华文史论丛 2009 年第 2 期
　（总 94 期）　893
中华文史论丛 2009 年第 3 期
　（总 95 期）　893
中华文史论丛 2009 年第 4 期
　（总 96 期）　893
中华文史论丛 2008 年第 1 辑
　（总第 89 辑）　892
中华文史论丛 2008 年第 2 辑
　（总第 90 辑）　892
中华文史论丛 2008 年第 3 辑
　（总第 91 辑）　893
中华文史论丛 2008 年第 4 辑
　（总第 92 辑）　893
中华文史论丛 2006 年第 1 辑
　（总第 81 辑）　891
中华文史论丛 2006 年第 2 辑
　（总第 82 辑）　891
中华文史论丛 2006 年第 3 辑
　（总第 83 辑）　891
中华文史论丛 2006 年第 4 辑
　（总第 84 辑）　891
中华文史论丛 2007 年第 1 辑
　（总第 85 辑）　891
中华文史论丛 2007 年第 2 辑
　（总第 86 辑）　892
中华文史论丛 2007 年第 3 辑
　（总第 87 辑）　892
中华文史论丛 2007 年第 4 辑
　（总第 88 辑）　892
中华文明遗迹通览——第五批
　全国重点文物保护单位
　518 处　542
中华古奇石　607
中华民国外交史辞典　1034
中华体育故事　641
中华佛学精神　925
中华武术　1009
中华奇石　607
中华易学大辞典　1036
中华帝国的文明　859

中华活叶文选（一）　250
中华活叶文选（二）　250
中华活叶文选（十）　251
中华活叶文选（十一）　251
中华活叶文选（十二）　252
中华活叶文选（十三）　252
中华活叶文选（十五）　252
中华活叶文选（十六）　252
中华活叶文选（十四）　252
中华活叶文选（七）　251
中华活叶文选（八）　251
中华活叶文选（九）　251
中华活叶文选（三）　250
中华活叶文选（五）　251
中华活叶文选（六）　251
中华活叶文选（四）　251
中华活叶文选（1—16 辑）　250
中华道学与道教　926
中华韵典　1037
中州集　26
中兴实录 中兴伟略 寿宁待志　36
中论 百论 十二门论　457
中论·百论·十二门论　460
中丞集（外三种）　727
中医浅说　1009
中医学三百题　1017
中医养生诊疗三字经　677
中吴纪闻　797
中吴纪闻·曲洧旧闻　790
中阿含经　455
中国十大古典名剧　99
中国人伦学说研究　483
中国人的人生观　626
中国人的心态　626
中国人的用人术　627
中国人的休闲　626
中国人的名利观　626
中国人的幽默　626
中国人的选择　627
中国人的独特智慧——“持盈”
　话语　482
中国人的梦　627
中国人的情态　626
中国人的智慧　859,861
中国人的境界　626

中国三百六十行　517
中国工具书使用法　1069
中国大佛（修订版）　603
中国与基督教（增补本）
　——中西文化的首次撞击　861
中国上古中古文化史　838
中国上古史实揭秘
　——天文考古学研究　868
中国小说世界　857
中国小说史料　153
中国小说史略　820,833,973
中国小说史略（插图本）　839
中国小说发达史　959
中国小说讲话及其他　212
中国之旅行家 摩尼教流行中
　国考　953
中国已佚实录研究　380
中国卫生检疫发展史　419
中国女性文学史·女性词话　959
中国艺海　615
中国历史三百题　1016
中国历史大系简表　1063
中国历史文化名城旅游大全　1071
中国历史文选　656
中国历史文献学（修订本）　660
中国历史考古学论集　968
中国历史纪年表　1063
中国历史评论（第一辑）　903
中国历史评论（第二辑）　903
中国历史评论（第三辑）　904
中国历史评论（第四辑）　904
中国历史要籍介绍　660
中国历史研究法　824,833,973
中国历史简表　1063
中国历史新研究法　962
中国历代人名大辞典　1034
中国历代人物图像集　602
中国历代文论选　655
中国历代文论选（一卷本）　656
中国历代文学作品选（三卷本）　654
中国历代文学作品选（六卷本）　654
中国历代文学作品选（简编一
　卷本）　655
中国历代文学作品选（简编两
　卷本）　655

四画

中国历代文学家画传　602
中国历代名言精编　664
中国历代妇女作品选　70
中国历代纪年手册　1064
中国历代兵家图卷　596
中国历代货币大系第三卷
　（隋唐五代十国卷）　527
中国历代哲学文选　660
中国历代剧论选注　659
中国中世文学研究论集　228
中国中世文学思想史——以文
　学语言观念的发展为中心　222
中国中世社会与共同体
　（增订本）　381
中国中古文学史讲义　821,833,973
中国中古思想史长编　834,977
中国分体文学史·小说卷
　（第三版）　656
中国分体文学史·戏曲卷
　（第三版）　656
中国分体文学史·诗歌卷
　（第三版）　656
中国分体文学史·散文卷
　（第三版）　656
中国六世纪的心识哲学
　——真谛的《转识论》　487
中国文化史　628
中国文化史三百题　1016
中国文化启蒙三字经　677
中国文化的精神价值
　——中国人文精神之检讨　482
中国文化思想史九种　946
中国文字与书法　574
中国文字学　824,972
中国文字学概要　文字形义学　950
中国文论（第一辑）　902
中国文论（第二辑）　902
中国文学中所表现的自然与自
　然观：以魏晋南北朝文学为
　中心　858
中国文学古今演变论考　219
中国文学古今演变研究论集　901
中国文学古今演变研究论集
　二编　901
中国文学古今演变研究论集

三编　901
中国文学古今演变研究论
　集四编　901
中国文学史讨论集　220
中国文学史（台静农著）　222
中国文学史（先秦两汉部分）　961
中国文学史研究集　220
中国文学史（复旦大学编）　222
中国文学史（前野直彬主编）　222
中国文学史（钱基博著）　952,978
中国文学发展史　222,658
中国文学发展史批判　220
中国文学：传统与现代的对话　227
中国文学进化史·诗歌中的性
　欲描写　959
中国文学批评史大纲　822,972
中国文学批评史
　（王运熙等主编）　658
中国文学批评史（罗根泽著）　224
中国文学批评史（郭绍虞著）　658
中国文学批评通史　221
中国文学评点研究论集　227
中国文学简史（上卷）　222
中国文章论　858
中国文献学　827,833,975
中国文献学概要　827
中国尺牍文献　583
中国书画研究　593
中国书画（修订本）　661
中国书画真赝对比鉴定　523
中国书画鉴定与欣赏　617
中国书法　1007
中国书法史（插图本）　412
中国书法史新论　574
中国书法理论史　573
中国书法篆刻简史　411
中国书院文化简史　412
中国玉器　1008
中国玉器鉴定与欣赏　617
中国5—10世纪的寺院经济　485
中国古方志考　345
中国古旧书报刊收藏交流指南　1061
中国古代小说文体文法术语
　考释　886
中国古代小说书目研究　214

中国古代小说研究
　——台湾香港论文选辑　213
中国古代风云录·文坛篇　628
中国古代风云录·外交篇　628
中国古代风云录·军事篇　627
中国古代风云录·宫廷篇　628
中国古代风云录·朝政篇　628
中国古代风水术　482
中国古代文论与文学经典阐释　172
中国古代文论元范畴论析——
　气、象、味的生成与泛化　855
中国古代文论研究论文集
　（1919—1949）　218
中国古代文论管窥　967
中国古代文论管窥（增补本）　842
中国古代文言小说总集研究　212
中国古代文学史　655
中国古代文学史长编　223
中国古代文学史讲义　958
中国古代文学史简编　655
中国古代文学论丛——湖南科
　技大学中国古代文学学科论
　文选　226
中国古代文学论稿　218
《中国古代文学作品选》习题解
　（全国高等教育自学考试
　教材辅导）　658
中国古代文学作品选（全国
　高等教育自学考试教材）　658
中国古代文学作品选（郭预衡
　主编）　657
中国古代文学作品选（鲍鹏山
　主编）　662
中国古代文学研究论集　173
中国古代文学通论　662
中国古代文学理论论稿　218
中国古代史史料学　875
中国古代史史料学（增订本）　659
中国古代史论集（第二集）　384
中国古代史籍校读法　404
中国古代生活文化丛书
　（第一辑）　636
中国古代生活文化丛书
　（第二辑）　637
中国古代地方监察体系运作机

制研究 370
中国古代地理考证论文集 344
中国古代宇宙观与政治文化 869
中国古代军戎服饰 596
中国古代军事三百题 1016
中国古代戏曲选本研究 216
中国古代体育简史 411
中国古代诉讼制度研究 868
中国古代版画丛刊二编 578
中国古代版画丛刊初编 578
中国古代版画丛刊第一函 576
中国古代版画丛刊第二函 576
中国古代版画丛刊第三函 576
中国古代版画丛刊第五函 577
中国古代版画丛刊第四函 577
中国古代的家族与国家 381
中国古代法律三百题 1016
中国古代学术思想史论 962
中国古代审美文化论 936
中国古代官制 417
中国古代官德研究 403
中国古代诗文讲析 72
中国古代建筑文化史 608
中国古代建筑(修订本) 661
中国古代科技百问 1018
中国古代美学艺术论文集 615
中国古代语言学文选 548
中国古代神话 259
中国古代神话选译 233
中国古代绘画简史 411
中国古代都城制度史研究 404
中国古代哲学史(胡适著) 834,977
中国古代哲学史(复旦大学哲
  学系编) 660
中国古代俳谐词史论 209
中国古代陵寝制度史研究 404
中国古代教育文献概要 1068
中国古代唯物论无神论名篇
  解读 455
中国古代插图史 413
中国古代蒙书精萃 678
中国古代歌谣散论 199
中国古代雕塑艺术 521
中国古佚书辑本目录解题 1057
中国古典小说论集 212

中国古典小说戏曲论集 214
中国古典小说戏曲论集(二) 214
中国古典小说的文学叙事 214
中国古典小说美学资料汇粹 153
中国古典长篇小说四大名著 121
中国古典文学论丛 218
中国古典文学论集 178
中国古典文学作品选读
  (第一函) 240
中国古典文学作品选读
  (第二函) 240
中国古典文学作品选读
  (第三函) 240
中国古典文学作品选读
  (第四函) 240
中国古典文学研究年鉴
  (1984年) 218
中国古典文学基本知识丛书
  (文学常识函) 263
中国古典文学基本知识丛书
  (作家函) 263
中国古典名剧鉴赏辞典 1034
中国古典诗文论集 171
中国古钱币 661
中国古舆服论丛(增订本) 534
中国古籍研究(第一卷) 902
中国古籍总目·子部 1045
中国古籍总目(史部) 1045
中国古籍总目·索引 1045
中国古籍善本书目·子部 1046
中国古籍善本书目·史部 1046
中国古籍善本书目·丛部 1046
中国古籍善本书目·经部 1046
中国古籍善本书目·集部 1046
中国古籍善本书目索引 1046
中国节庆 622
中国节庆(英文版) 622
中国目录学史 827,833,972
中国甲胄 629
中国电影史纲 890
中国史 417
中国史纲 824,833,973
中国史纲(插图本) 840
中国史学史(内藤湖南著) 382
中国史学史(金毓黻著) 837,977

中国史学通论 836,977
中国史乘中未详诸国考证 953
中国丛书综录 1058
中国印花税史稿(图谱典藏本) 418
中国外丹黄白法考 844
中国写本大藏经研究 496
中国礼仪之争:历史、文献和
  意义 404
中国礼仪之争——文明的张力
  与权力的较量 414
中国礼仪之争西文文献一百篇
  (1645—1941) 404
中国礼教思想史 842
中国民间宗教教派研究 860
中国民间银器 529
中国民俗文化 620
中国民族史 中国民族演进史 976
中国民族史两种 946
中国出了个毛泽东 589
中国寺庙通论 418
中国考古 661
中国地方行政制度史——秦汉
  地方行政制度 965
中国地方行政制度史——魏晋
  南北朝地方行政制度 966
中国地方志 1005
中国西北彩陶 516
中国西部考古记 西域考古记
  举要 953
中国当代币章鉴赏与收藏 526
中国早期叙事文研究 199
中国早期铜镜 514
中国传统思想总批判
  (附补编) 828,976
中国伦理学史 976
中国伦理学史(插图本) 840
中国伊斯兰教典籍选 470
中国戏曲 1003
中国戏曲发展史纲要 214
中国戏剧史 821,974
中国戏剧史(插图本) 413
中国纪年铜镜:两汉至六朝 515
中国报学史 838
中国报学史(插图本) 413
中国抒情传统的转变——姜夔

四画

与南宋词　195
中国花钱　527
中国园林文化（图文本）　639
中国邮票鉴定与欣赏　618
中国体育史（插图本）　413
中国佛教史　826,832,974
中国佛教百科全书　488
中国佛教百科全书·历史卷　489
中国佛教百科全书·仪轨卷　489
中国佛教百科全书·宗派卷　489
中国佛教百科全书·诗偈卷、
　书画卷　489
中国佛教百科全书·建筑卷、
　名山名寺卷　489
中国佛教百科全书·经典卷　488
中国佛教百科全书·教义卷、
　人物卷　488
中国佛教百科全书·雕塑卷　489
中国佛教的复兴　485
中国佛教疑伪经综录　1061
中国近三百年学术史　834,977
中国近三百年学术史论　828
中国近三百年哲学史　835,977
中国近世文化史　838
中国近世词学思想研究　210
中国近代文学之变迁　最近三
　十年中国文学史　821,976
中国近代文学史稿　223
中国近代文学论稿　220
中国近代史　823,834,973
中国近代史八种　946
中国近代史（插图本）　840
中国近代白话短篇小说研究　857
中国近代机制币精品鉴赏：银
　币版　528
中国近代戏剧改良运动研究
　（1902—1919）　168
中国近代科学的文化史　881
中国近代船舶工业史　418
中国近现代人物像传　602
中国近现代名辩学研究　473
中国饮食文化简史　411
中国饮食典籍史　413
中国饮食娱乐史　413
中国饮食器具发展史　414

中国闲章艺术集锦　573
中国社会史　946
中国社会科学院历史研究所藏
　甲骨集　501
中国社会科学院敦煌学回顾与
　前瞻学术研讨会论文集　937
中国改革潮——潮起长三角　1071
中国纸币研究　525
中国纹样　593
中国青花瓷　516
中国青铜器研究　533
中国青铜器（修订本）　660
中国青铜器综论　534
中国现代史学评论　301
中国现代学科的形成　910
中国现代精神传统（增补
　本）——中国的现代性观念
　谱系　845
中国现当代文学研究论集　173
中国画论中的美与丑　856
中国画学全史　827,833,974
中国国家图书馆藏西夏文献
　（一）　717
中国国家图书馆藏西夏文献
　（二）　717
中国国家图书馆藏西夏文献
　（三）　717
中国国家图书馆藏西夏文献
　（四）　717
中国国家博物馆馆藏文物研究
　丛书·历史图片卷　509
中国国家博物馆馆藏文物研究
　丛书·玉器卷　510
中国国家博物馆馆藏文物研究
　丛书·甲骨卷　510
中国国家博物馆馆藏文物研究
　丛书·明清档案卷（明代）　509
中国国家博物馆馆藏文物研究
　丛书·明清档案卷（清代）　509
中国国家博物馆馆藏文物研究
　丛书·绘画卷（历史画）　509
中国国家博物馆馆藏文物研究
　丛书·绘画卷（风俗画）　509
中国国家博物馆馆藏文物研究
　丛书·瓷器卷（明代）　509

中国国家博物馆馆藏文物研究
　丛书·瓷器卷（商—五代）　509
中国国家博物馆馆藏文物研究
　丛书·瓷器卷（清代）　510
中国国家博物馆馆藏文物研究
　丛书·陶俑卷　510
中国国家博物馆馆藏文物研究
　丛书·陶器卷　510
中国典当制度史　413
中国图书文化简史　412
中国和基督教——中国和欧洲
　文化之比较　860
中国的现代性与城市知识分子　481
中国的宗族与戏剧　858
中国的租界　518
中国服饰文化（图文本）　639
中国服饰简史　411
中国京剧　600
中国净土思想的黎明——净影
　慧远的《观经义疏》　485
中国法制史　382
中国审美文化史　473
中国审美文化史·元明清卷　473
中国审美文化史·先秦卷　473
中国审美文化史·秦汉魏晋南
　北朝卷　473
中国审美文化史·唐宋卷　473
中国诗学之现代观　224
中国诗学范畴的现代阐释　855
中国诗学研究（第5辑）·中国
　韵文学研究专辑　900
中国诗学研究（第3辑）·辽金
　文学研究专辑　900
中国诗学研究（第2辑）·李商
　隐研究专辑　900
中国建筑文化简史　411
中国姓名文化（图文本）　640
中国城市考古学论集　969
中国政治制度史纲　417
中国茶文化　1009
中国茶文化（图文本）　639
中国南洋交通史　828,976
中国思想小史　826,838,975
中国思想史研究　382
中国思想研究法　962

中国科技史探索　652
中国科学技术史　652
中国科学技术史第一卷　导论　652
中国科学技术史第二卷　科学
　　思想史　652
中国科学技术史第五卷　第一
　　册　纸和印刷　652
中国修辞学　949,976
中国俗文学史　837
中国食料史　414
中国音乐文化简史　412
中国帝陵　404
中国养生文化(图文本)　639
中国养植文化(图文本)　639
中国美术史(外一种)　838
中国美学(第一辑)　926
中国美学(第二辑)　926
中国前期文化—心理研究　479
中国总论　859,860
中国语言学史　658
中国神仙画像集　602
中国神话研究初探　976
中国神话研究初探(插图本)　839
中国神垕李和振炉钧作品集　607
中国神族　629
中国祠堂通论　418
中国绘画　1007
中国绘画史(插图本)　412
中国绘画变迁史纲附中国美术
　　年表　828
中国载籍中南亚史料汇编　314
中国哲学十九讲　963,972
中国哲学三百题　1016
中国哲学与文化复兴诠论　483
中国哲学史大纲　826
中国哲学的特质　963,974
中国哲学综论　483
中国原创性美学　936
中国钱币目录——机制币部分　527
中国瓷器鉴定与欣赏　617
中国旅行记(1816—1817年)——
　　阿美士德使团医官笔下的
　　清代中国　368
中国旅游文化大辞典　1035
中国酒文化(图文本)　638

中国家具　1008
中国家具鉴定与欣赏　617
中国家谱论丛　408
中国家谱总目　1058
中国家谱资料选编　366
中国家谱资料选编·凡例卷　366
中国家谱资料选编·礼仪风
　　俗卷　366
中国家谱资料选编·传记卷　366
中国家谱资料选编·序跋卷　366
中国家谱资料选编·图录卷　367
中国家谱资料选编·诗文卷　366
中国家谱资料选编·经济卷　366
中国家谱资料选编·家规族
　　约卷　366
中国家谱资料选编·家族源
　　流卷　367
中国家谱资料选编·教育卷　367
中国家谱资料选编·漳州移
　　民卷　367
中国家谱通论　418
中国家谱堂号溯源　400
中国扇　518
中国陶瓷　1007
中国陶瓷(修订本)　661
中国陶瓷钱币碑帖研究　534
中国通史　945
中国通史自学纲要　659
中国理学史　838
中国教会文献目录——上海市
　　档案馆珍藏资料　1061
中国基督教史纲　827,833,974
中国彩瓷　516
中国隋唐至清代玉器学术研讨
　　会论文集　537
中国婚嫁　622
中国婚嫁(英文版)　622
中国越窑青瓷　516
中国博物馆学基础(修订本)　661
中国散文史　223
中国悲剧文学史　223
中国悲剧美学史　224
中国紫砂　605
中国紫砂大师　605
中国装饰文化(图文本)　639

中国善本书提要　1058
中国道观　498
中国游览文化(图文本)　639
中国禅学思想史　494
中国禁毁小说百话　213
中国韵文史　821,975
中国舞蹈　1008
中国谱牒研究——全国谱牒开
　　发与利用学术研讨会论文集　408
中国题材日本文学史　866
中国篆刻　1008
中国馔食文化(图文本)　639
中国雕板源流考　中国书史
　　(插图本)　1055
中国雕塑观音　603
中国糖业的发展与社会生活研
　　究——16世纪中叶至20世
　　纪30年代　384
中国藏书家考略　1067
中国藏西夏文献研究　379
中和集　金丹大成集　633
中波轮船股份公司发展史
　　(1951—2011)　1072
中学文言文阅读理解与训练　665
中学文言文常用字辨析手册　665
中学古文赏析　665
中学古诗词曲解读与练习　665
中学版古文观止　664
中学版古诗观止　664
中学版四书五经(拼音本)　664
中学版宋词三百首　664
中学版唐诗三百首　664
中秋诗词　625
中说译注　435
中原文化与中国文化的形成　855
贝青乔集(外一种)　345
内外功图说辑要　635
水乡江南：历史与文化论集　408
水乡聚落：太湖以东家园生态
　　史研究　345
水云楼诗词笺注　18
水东日记(外四种)　738
水经注　341
水经注引得　1040
《水经注》选评　322

四画

水经注等八种古籍引用书目
　　汇编　　　　　　　　　　1059
水前本瘗鹤铭　附水后本瘗
　　鹤铭　　　　　　　555,559
水浒人物像赞　水浒故事画传　775
水浒大观　　　　　　　　　　290
水浒五说　　　　　　　　　　595
水浒书录　　　　　　　　　1059
水浒（节选本 1—5）　　　　291
水浒传　　　122,124,141,145
水浒传（全三函）　　　　　　780
水浒传（李卓吾评本）　　　　119
水浒传（图文本）　　　　　　991
水浒传（注评本）　　　　　　123
水浒传：怎样的强盗书　　　　189
水浒传（容与堂本）　　　　　119
水浒传（剧照插图本）　　　　114
水浒传（绣像批评本）　　　　124
水浒传（新读本）　　　　　　122
水浒后传　　　　　　　　　　125
水浒全传　　　113,118,122
水浒戏曲集　　　　　　　　　98
水浒研究　　　　　　　　　　189
水浒概说　　　　　　　　　　262
水墨画　　　　　　　　　　　594
见星庐赋话校证　　　　　　　161
见思录　　　　　　　　　　1028
见闻杂记　　　　　　　　　　800
见素集　古城集　虚斋集　　　729
午夜高楼——《宇宙风》萃编　270
气与士风——唐宋古文的进程
　　与背景　　　　　　　　　862
毛诗　　　　　　　　　　　　775
毛诗六帖讲意　　　　　　　　940
毛诗正义　　　　　　　　　　422
毛诗正义注疏选笺（外二种）　970
毛诗郑笺平议　　　　　　　　178
毛诗注疏　　　　　　　　　　421
升平署岔曲（外二种）　　　　105
升仙传　　　　　　　　　　　134
升庵诗话笺证　　　　　　　　158
升庵集　　　　　　　　　　　731
长三角之星——无锡　　　　　332
《长生殿》选评　　　　　　　250
长共海涛论延平——纪念郑成

功驱荷复台 340 周年学术
　　研讨会论文集　　　　　　408
长江日记　　　　　　　　　　818
长江中游文明化进程中的人地
　　关系——以新石器时代为例　536
长江中游地区初期社会复杂化
　　研究（4300B. C.—2000B.
　　C.）　　　　　　　　　　535
长江集新校　　　　　　　　　6
长江集　昌谷集　　　　　　　724
长安与洛阳——汉唐文学中的
　　帝都气象　　　　　　　　169
长寿饮食世界探寻记　　　　　652
长沙马王堆西汉墓　　　　　1004
长阿含经　　　　　　　　　　455
长短经（外七种）　　　　　　734
仁学　　　　　　　　　　　　454
仁斋直指（外四种）　　　　　754
片玉词　　　　　　　　　　　84
化为桃林　　　　　　　　　　273
仇池笔记（外十八种）　　　　735
反切起源考　　　　　　　　　548
从万国公法到公法外交——晚
　　清国际法的传入、诠释与
　　应用　　　　　　　　　　881
从礼仪化到世俗化
　　——《诗经》的形成　　　868
从利玛窦到汤若望——晚明的
　　耶稣会传教士　　　　　　861
从陆象山到刘蕺山　　　　　　964
从剑桥到哈佛　　　　　　　1028
从莺莺传到西厢记　　　　　　188
从崩溃到中兴——两汉的历史
　　转折　　　　　　　　　　391
从儒学心性论到道德形上学的
　　嬗变——以唐君毅为中心　854
今世说　　　　　　　　　　　807
今古一线　　　　　　　　　1024
今古奇观　　　　　　　　　　135
今古奇观（图文本）　　　　　992
今体诗抄　　　　　　　　　　67
今译新编孙子兵法　　　　　　449
今、帛、竹书《周易》综考　　471
分门古今类事（外八种）　　　735
公仆的楷模——纪念

周恩来同志百年诞辰诗歌集　268
公孙龙子校释　　　　　　　　759
月下花神言极丽——蔡瑶铣传　614
月痕休到深深处
　　——徐灿词注评　　　　　58
风水趣谈　　　　　　　　　　624
风过疏竹　　　　　　　　　1028
风俗礼仪　　　　　　　　　　641
风俗台历（1991 年）　　　　816
风俗通义　独断　人物志　　　431
风雅丹青　　　　　　　　　　598
风雅逸篇　古今风谣　古今谚　106
风雅紫砂　　　　　　　　　　606
风筝误　　　　　　　　　　　101
丹铅余录　谭菀醍醐　　　　　738
丹溪先生心法　　　　　　　　352
丹溪先生金匮钩玄　　　　　　350
丹溪先生胎产秘书　　　　　　350
乌篷醉卧镜中行——绍兴　　　644
勾阑醉——戏话·戏画　　　　617
凤池园集　　　　　　　　　　42
六一词　　　　　　　　　　　83
六十年陈列艺术之路　　　　　541
六女当铺　　　　　　　　　　284
六艺之一录目录附引得　　　1041
六艺之一录（外二种）　　　　742
六月霜　　　　　　　　　　　115
六臣注文选附文选颜鲍谢诗评　718
六祖惠能大师画传　　　　　　601
六朝文絜译注　　　　　　　　767
六朝文絜笺注　　　　　　　　63
六朝乐府与民歌　　　　　　　200
六朝青瓷　　　　　　　　　　511
六朝事迹编类　　　　　　　　305
六朝南方神仙道教与文学　　　376
六朝贵族制社会研究　　　　　381
六韬·三略译注　　435,766,997
文子　　　　　　　　　　　　427
文子校释　　　　　　　　　　759
文艺学研究论集　　　　　　　173
文木山房集　　　　　　　　　51
文中子考论　　　　　　　　　848
文化人类学　　　　　　　　　836
文化力量与博物馆的挑战　　　541
文化名园醉白池　　　　　　　919

文化寻根	628	中的汉字	553	文科十万个为什么(6)		
文化松江	365	文字学四种	947	——民俗风情	687	
文化语言新论	551	文坛管窥——和我有过往来的		文科十万个为什么(7)		
文化遗产研究集刊(一)	917	文人	273	——社交艺术	688	
文化遗产研究集刊(二)	917	文言语法(外一种)	963	文科十万个为什么(8)		
文化遗产研究集刊(三)	917	文苑英华——世界十大文豪	1021	——说话技巧	688	
文心识隅集	181	文苑英华研究	187	文科十万个为什么(9)		
文心雕龙(至元本)	156	文昌杂录	804	——人神之间	688	
文心雕龙(黄霖整理)	981	文明小史	115,132	文敏集(外三种)	728	
文心雕龙(刘咸炘阐说)	986	文明的印痕——贺兰口岩画	582	文章体统——中国文体学的正		
文心雕龙义证	2	文学与文选四种	947	变与流别	219	
《文心雕龙》文理研究：以孔		文学与商人——传统中国商人		文渊阁四库全书	696	
子、屈原为枢纽轴心的要义	182	的文学呈现	199	文博研究论集	540	
文心雕龙札记	820,973	文学师承与诗歌推演——南宋		文赋诗品译注	767	
文心雕龙汇评	182	中兴诗坛的师门与师法	205	文赋集释	160	
文心雕龙创作论	181	文学典故台历(1986 年)	815	文禄堂访书记	1050	
文心雕龙讲疏	181	文学研究的新经济视角与分析		文献学讲义	837,972,1068	
文心雕龙论丛	181	方法	169	文徵明集	12	
文心雕龙译注	767,988,994,998	文房四宝——中国书具文化	637	方广锠敦煌遗书散论	377	
文心雕龙学分类索引	876	文房四谱(外十二种)	740	方言笺疏	547	
文心雕龙研究	181	文房典藏：罗氏藏品精选	530	方苞集	16	
文心雕龙校证	157	文选	2	方诗铭论三国人物	392	
文心雕龙校注	157	文选之研究(第二卷)	970	火种	592	
文心雕龙校注拾遗	157	文选平点	186	斗草藏钩——中国游戏文化	638	
文心雕龙校注通译	878	文选(白文本)	63	斗室文史杂著	935	
文心雕龙校读记　读庄子天下		文选评点述略	847	订顽日程	360	
篇疏记	951	《文选》评点研究	847	认识与存在——《唯识三十论》		
文心雕龙校释	157	文选补遗	718	解析	488	
文心雕龙索引	1042	文选注引书引得	1040	心之约——情诗三百首(袖珍		
文心雕龙索引(别卷)	971	文选索引	1042	图文本)	246	
文心雕龙探索	967	文选楼藏书记	1051	心中的歌——纪念中国共产党		
文以载道——金性尧先生纪		文选颜鲍谢诗评补	186	建党 80 周年诗歌集	269	
念集	937	文科十万个为什么	687	心体与性体	964	
文本实践与身份辨识——中国		文科十万个为什么(1)		心灵治疗与宇宙传统	484	
基督徒知识分子的中文著述		——文明足迹	687	《心经》导读——观世自在	467	
(1583—1949)	490	文科十万个为什么(10)		尺牍丛话	813	
文史工具书应用基础	1069	——英语探胜	688	引得检字表	1041	
文史经典解读	936	文科十万个为什么(2)		巴黎藏回鹘文诗体般若文献		
文史通义	295	——华夏风范	687	研究	166	
文史通义(吕思勉评)	980	文科十万个为什么(3)		孔门七十二贤像传	601	
文史通义新编	312	——哲人之思	687	孔子画传	600	
文史探微	934	文科十万个为什么(4)		孔子庙堂碑	563	
文成县教育续志(1991—2002)	339	——想像世界	687	孔子学刊(第一辑)	923	
文字声韵训诂笔记	549	文科十万个为什么(5)		孔子学刊(第二辑)	923	
文字的魅力——一个日本人眼		——山河远游	687	孔子学刊(第三辑)	924	

孔子学刊(第五辑)　924
孔子学刊(第四辑)　924
孔子思想体系　孔子哲学之
　真面目　962
孔子思想研究　477
孔子语录　441
孔子家语　431
孔子集语　文中子　中说　431
孔丛子　曾子全书　子思子
　全书　431
孔圣家语图　孔门儒教列传　579
孔尚任和桃花扇　259
孔羡碑　557,560
邓文宽敦煌天文历法考索　377
邓析子　慎子　尹文子　鹖
　冠子　429
邓锡祯诗集　邓蓉镜诗文集
　邓寄芳诗集　355
双体学生实用字典　1033
双辉映照——《笔生花》与
　《奇贞传》研究　852
双槐岁钞　793
书目答问补正　827,833,975,1066
书目答问补正(插图本)　1054
书写历史　388
书谷隅考　1069
书言故事大全　君臣故事　日
　记故事大全　金璧故事　劝
　惩故事　782
书苑菁华(外十二种)　740
书林清话　976
书林清话(插图本)　1055
书画经典——国际学术研讨会
　论文集　574
书卷字今音歧异研究　553
书法　511
书法创作论　574
书经　426
书城琐记　1027
书香心怡——中国藏书文化　638
书前语　596
书韵楼丛刊(第一函)　773
书韵楼丛刊(第二函)　773
书韵楼丛刊(第十一函)　777
书韵楼丛刊(第十二函)　777

书韵楼丛刊(第十三函)　778
书韵楼丛刊(第十四函)　779
书韵楼丛刊(第十函)　776
书韵楼丛刊(第七函)　776
书韵楼丛刊(第八函)　776
书韵楼丛刊(第九函)　776
书韵楼丛刊(第三函)　774
书韵楼丛刊(第五函)　775
书韵楼丛刊(第六函)　775
书韵楼丛刊(第四函)　774
书谱序注疏　567
书谱注释　567
书影(十卷本)　799
书馨集——出土文献与古文字
　论丛　544
幻术奇谈　621
幻境论道：老子与亚里士多德　684

五　画

玉出昆冈——陆机、陆云评传　192
玉台新咏(线装)　777
玉台新咏　981,986
玉台新咏汇校　3,883
玉台新咏新论　883
玉台新咏　玉台新咏考异　718
玉芝堂谈荟　738
玉机微义　仁瑞录　755
玉华洞胜景图　585
玉帛干戈——世界十大外交家　1021
玉函山房辑佚书　817
玉函山房辑佚书续编三种　817
玉泉子　金华子　803
玉泉清茗——中国茶文化　636
玉剑尊闻　802
玉娇梨　130
玉海附辞学指南　小学绀珠
　姓氏急就篇　小字录　鸡肋
　六帖补　749
玉溪生诗集笺注　6
玉篇校释　1030
玉器　511
玉谿生年谱会笺(外一种)　316
玉簪记　99
玉簪记(校注本)　97
未能忘却的忆念——《宇宙

风·自传之一章》《人间世·
　名人志》专栏合集　271
末法时代的声与光——学者张
　晖别传　225
末路贵族　279
末路皇孙　288
巧取礼物　691
巧施火攻计　691
正说光绪　416
正说纪晓岚　416
正说顺治　415
正说乾隆　416
正说康熙　416
正说雍正　416
正说慈禧　416
正统性的意欲——北宗禅之批
　判系谱　487
正续一切经音义附索引两种　1031
甘肃省图书馆藏书画作品选　598
甘肃省第二届简牍学国际学术
　研讨会论文集　546
世纪之交的对话——古典文学
　研究的回顾与展望　219
世界艺术三百题　1018
世界文明史年表　1064
世界文学三百题　1017
世界电影史纲　890
世界的非世俗化——复兴的宗
　教及全球政治　491
世界的敦煌　412
世界流通铸币　528
世界眼光中的孔子　410
世界悲剧通史　224
世界境域志　343
世说学引论　186
世说新语　107,785
世说新语(国学典藏)　985
《世说新语》与人生　1018
世说新语汇校集注　761
世说新语译注　767,988,998
世说新语译注(图文本)　990
《世说新语》详解　995
世说新语选注　232
世说新语校释　2
世说新语笺疏(修订本)　2

世说新语整体研究 186
世貌风情——中国古代人物画
　　精品集 587
古今一理——王曾瑜读史杂感 1028
古今小说 37
古今列女传评林　青楼韵语 579
古今合璧事类备要 750
古今名人书牍选 61
古今声类通转表 549
古今词话 79
古今事文类聚 750
古今姓氏书辩证　帝王经世图
　　谱（附索引） 751
古今钱略 524
古今源流至论 750
古今谭概 38
古文今译 70
古文旧书考 1054
古文字与古文献论集 543
古文字与古文献论集续编 543
古文字学 659
古文字类编（增订本） 530
古文字趣谈 545
古文观止 769
古文观止译注（李梦生等译注）
　　 69,989,993
古文观止译注（王水照等译） 996
古文观止译注（注音版） 69
古文观止译注（袖珍本） 69
古文观止新编 68
古文荟萃 240
古文选读干部文史读物 70
古文辞类纂 67,988
古尺考 539
古书版本常谈 1067
古书通例 1068
古书新辨——先秦出土文献与
　　传世文献相对照研究 879
古书疑义举例 982
古玉珍赏 529
古玉真赝对比鉴定 523
古玉器 520
古本小说集成 697
古本竹书纪年辑证 302
古本竹书纪年辑校订补 964

古本伍柳仙宗全集 634
古本戏曲丛刊第九集 697
古本戏曲丛刊第五集 697
古本周易参同契集注 631
古本董解元西厢记 95
古本稀见小说汇考 960
古史异观 387
古史学论文集 386
古史诗鍼注析 73
古史选译 325
古史辨（一）（二）（三）（四）
　　（五）（六）（七） 388
古代山水诗一百首 231
古代女性世界 620
古代艺术三百题 1016
古代日记选注 233
古代中国人的日本观 482
古代长江中游社会研究 536
古代文化史论集 384
古代文论名篇详注 659
古代文言短篇小说选注（二集） 117
古代文言短篇小说选注（初集） 117
古代文学作品鉴赏（高等教育
　　自学考试辅导读物） 659
古代文学特色文献研究
　　（第一辑） 901
古代文献的考证与诠释——海
　　峡两岸古典文献学国际学术
　　会议论文集 1069
古代北方民族史丛考 400
古代白话小说选 117
古代白话短篇小说选集 117
古代汉语 659
古代汉语三百题 1017
古代汉语字典 1033
古代汉语语法 551
古代民歌一百首 231
古代舟车 1009
古代军旅诗纵横谈 73
古代戏曲选注 229
古代判词三百篇 73
古代典章礼仪百问 1018
古代法官面面观 621
古代诗文总集选介 263
古代诗词常识 1038

古代养生术 621
古代钱币与丝绸高峰论坛暨第
　　四届吐鲁番学国际学术
　　研讨会论文集 409
古代维吾尔语诗体故事、
　　忏悔文及碑铭研究 166
古代维吾尔语赞美诗和描写性
　　韵文的语文学研究 167
古代短篇小说名作评注 117
古代短篇小说荟萃 240
古代奥林匹克运动与艺术 512
古代游记选注 233
古钵印精品集成 572
古汉字与华夏文明 531
古一汉语文学语言词汇概论 963
古汉语同义词辨释论 874
古礼足征：礼制文化的考古学
　　研究 531
古灯 521
古巫医与"六诗"考
　　——中国浪漫文学探源 198
古兵器 521
古玩杂件真赝对比鉴定 523
古玩真赝鉴定自测 524
古玩随笔 619
古画品录（外二十一种） 739
古典与比较 219
古典小说论丛 212
古典小说论集 212
古典小说漫稿 213
古典文学三百题 1015
古典文学作品研究汇刊
　　（第一辑） 218
古典文学作品解析 72
古典戏曲存目汇考 102
古典学术讲要 935
古典诗词的现代观照——李清
　　照辛弃疾暨词学国际学术研
　　讨会论文集 227
古典新义 837,977
古匐文晝录 1055
古刻丛钞（外十二种） 741
古诗一百首 241
古诗一百首（彩图本） 242
古诗十九首与乐府诗选评 246,998

五画

古诗三百首(图文本)	243	节令风俗故事(本社编)	291	龙凤文化	628
古诗三百首(袖珍图文本)	245	节令风俗故事(韩盈著)	620	龙文鞭影	678
古诗今选	62	节庆趣谈	623	龙图耳录	150
古诗文背诵手册	665	本事诗 本事词	157	龙树的秘密——三星堆的发现	623
古诗台历	815	本事诗 续本事诗 本事词	157	龙战九野(五代)	282
古诗考索	199	本草纲目(外二种)	756	龙洲词	84
古诗观止	69	本草药名汇考	650	龙洲集	47
古诗别解	199	丙午立宪——大清王朝最后的		龙眼志:中国新型社区的岭南	
古诗评选	62	变革	414	标本	356
古诗初探	199	左氏春秋义例辨(重订本)	961	龙榆生全集	176
古诗荟萃	240	左史比事注译	818	龙榆生词学论文集	208
古诗选读干部文史读物	70	左传	294	龙藏寺碑	555,559
古诗类苑	24	左传杜解补正 五经同异 九		平山冷燕	130
古诗海	72	经误字	941	平生壮观	580
古诗笺	62	左传译注	424,764	平妖传	133
古诗赏析	73	左传(春秋经传集解)	301	平城历史地理学研究	382
古诗源	774	左传故事选译	229,234	平津馆鉴藏记书籍 廉石居藏	
古诗歌笺释三种	175	左传选	325	书记 孙氏祠堂书目	1050
古柏堂戏曲集	98	《左传》选评	321,998	平寇志	310
古俪府	751	左传选译	325	灭罪与度亡——佛顶尊胜陀罗	
古泉汇 续泉汇	524	《左传》修辞研究	162	尼经幢之研究	873
古泉薮	524	《左传》赋诗研究	186	东山词	75,84
古突厥碑铭研究	400	《左传》精读	657	东方的塞纳左岸——苏州河	
古语文例释	551	石上墨韵——连云港石刻拓片		沿岸的艺术仓库	609
古钱	520	精选	505	东北史纲	957
古钱真赝对比鉴定	523	石门洪觉范天厨禁脔	157	东汉三国时期的谈论	392
古钱鉴藏趣话	528	石民冶陶——裴石民紫砂艺术	606	东汉龙虎铜镜	515
古瓷灯话	618	石评梅小说·只有梅花知此恨	277	东汉生死观	971
古瓷器	520	石林词笺注	10	东汉会要	295
古剧民俗论	216	石林燕语·避暑录话	789	东亚汉学	918
古陶字录	531	石刻	521	东亚戏剧互动史	168
古陶瓷修复技艺	539	石刻刻工研究	376	东亚视域中的汉文学研究	220
古塔	521	石点头	150	东亚教育圈形成史论	865
古尊宿语录	458	石屏遗集 壮其遗集	356	东西方研究	938
古道山房诗钞	355	石匮书后集	300	东西交流史论稿	405
古谶纬研讨及其书录解题	961	石匮书 石匮书后集	299	东西均	452
古籍丛书概说	1067	石渠宝笈	741	东西晋演义	151
古籍宋元刊工姓名索引	1044	石雅·宝石说	841	东夷文化通考	877
古籍修复技术	662	右台仙馆笔记	800	东华录 东华续录	300
古籍举要 版本通义	952	戊戌变法的另面——"张之洞		东江诗钞	41
古籍整理与研究	902	档案"阅读笔记	398	东轩笔录·嬾真子录	790
古籍整理出版的宏伟工程		戊戌政变记(外一种)	835	东里集	727
——续修四库全书	1069	龙川词	84	东张乡志	332
古籍整理出版漫谈	1068	龙川词校笺	86	东坡乐府	83
节令风俗	1003	龙川略志(外十七种)	736	东坡乐府(线装)	86

东坡乐府（书韵楼丛刊）　776
东坡乐府笺　9
东坡乐府　稼轩长短句　86
东坡乐府　稼轩长短句
　（书韵楼新刊）　780
东坡易传　744
东明寺志　354
东岩集　文简集　方斋存稿　731
东周列国大观　290
东周列国志　140,144,146
东周列国志（图文本）　992
东周列国志（绣像大字本）　781
东周秦汉社会转型研究　390
东京梦华（宋）　282
东京梦华录（外四种）　805
东城杂记　807
东南亚古代金属鼓　540
东南社会与中国近代化　854
东度记　133
东洲草堂诗集　19
东晋士族的双重政治性格研究　392
东莞历代碑刻选集　356
东莞城市历史文化特色与价值
　研究　356
东皋子集　寒山诗集　721
东郭记　99
东陵圣母帖·藏真律公帖　562,563
东雅堂昌黎集注　723
东鲁王氏农书译注　648
东蒙古辽代旧城探考记　帖木
　儿帝国　953
东塾读书记　763
东篱乐府　92
东篱铁翁文集　1072
北史演义　151
北宋古文运动的形成　204
北宋史　南宋史　324
北宋汝窑　919
北宋词风嬗变与文学思潮　849
北宋转运使考述　849
北宋的古文运动　843
北宋经筵与宋学的兴起　370
北宋科举考试与文学　173
北宋新学与文学
　——以王安石为中心　205

北京大学图书馆藏历代墓志
　拓片目录　1045
北京大学珍藏甲骨文字　501
北京大学藏西汉竹书（伍）　504
北京大学藏西汉竹书［叁］　504
北京大学藏西汉竹书［贰］　503
北京大学藏西汉竹书［壹］　503
北京大学藏西汉竹书［肆］　504
北京大学藏敦煌文献（一）　698
北京大学藏敦煌文献（二）　698
北京历史文化论丛（第四辑）　507
北京文物保护报告　506
北京考古工作报告
　（2000—2009）　506
北京考古史　507
北京考古志·平谷卷　507
北京考古志·延庆卷　507
北京考古志·昌平卷　507
北京考古志·房山卷　507
北京传统曲艺总录　1061
北京故宫　1006
北京猿人的传说　623
北宗禅与早期禅宗的形成　487
北庭历史文化研究——伊、西、
　庭三州及唐属西突厥左厢
　部落　401
北美学者中国古代诗学研究　220
北梦琐言　786,796
北梦琐言（外十二种）　736
北魏平城时代　392
占测趣谈　624
卢升之集　骆丞集　721
卢延光连环画精品集　591
卢纶诗集校注　44
卢挚姚燧冯子振王恽散曲　92
卢照邻集笺注　3
旧上海的证券交易所　313
旧文四篇　177
旧学旧史说丛　961
《旧唐书》辩证　376
归义军史研究
　——唐宋时代敦煌历史考索　844
归田录（外五种）　787
归田琐记　795
归田稿　震泽集　郁洲遗稿　729

归有光与昆山　365
归有光与嘉定四先生研究　227
归有光散文选注　239
归庄手写诗稿　49
归庄集　15
归潜志·乐郊私语　792
目录版本校勘学论集　876
目录学发微　古书通例　837,977
叶先生诗话　158
叶衍兰集　20
叶景葵杂著　1066
叶嘉莹说词　830
叶燮和原诗　258
甲申纪事　36
甲申纪事　纪事略　恸余杂记
　南忠记　300
甲骨文与殷商史　906
甲骨文与殷商史（第二辑）　906
甲骨文与殷商史（第三辑）　906
甲骨文与殷商史（新二辑）　906
甲骨文与殷商史（新三辑）　906
甲骨文与殷商史（新五辑）　907
甲骨文与殷商史（新六辑）——
　罗格斯商代与中国上古文明
　国际会议论文专辑　907
甲骨文与殷商史（新四辑）——
　庆祝中国社会科学院历史
　研究所建所六十周年　906
甲骨文论集　544
甲骨文词义论稿　545
甲骨文选注　544
甲骨文简论　544
甲骨学与商史论著目录　1059
甲骨学基础讲义　662
申城博物馆巡礼——上海市博
　物馆纪念馆导览　518
申浦画卷　337
申鉴通检　潜夫论通检　1042
申鉴　中论　傅子　431
电视连续剧红楼梦　289
电视系列剧《聊斋》故事　290
电视剧写作概论　890
史书故事荟萃（一）　241
史书故事荟萃（二）　241
史可法集　49

五画

史汉研究 186
史记 294,323
《史记》与小赋论丛 186
史记及注释综合引得 1039
《史记》《汉书》年月考异 377
《史记》同义词研究 874
史记会注考证 303
史记会注考证附校补 303
史记论文 史记评议 303
史记纪传选译 326
史记详节 980
史记故事选译(一) 234
史记故事选译(二) 234
史记故事选译 229
《史记》战国史料研究 868
《史记》选评 322
史记菁华录 326
史记疏证(外一种) 297
史地丛考 史地丛考续编 953
史讳辞典 1036
史苇湘欧阳琳临摹敦煌壁画
　选集 590
史林挥麈——纪念方诗铭先生
　学术论文集 406
史学与史籍七种 947
史学文存：1936—2000——浙
　江大学中国古代史论文集 406
史学方法导论 829
史学要论 836,977
史学研究法未刊讲义四种 301
史通 295,980
史通评释 史通训故 史通训
　故补 299
史通通释 761
史晨碑 557,560
史镜启鉴录 1027
四十七种宋代传记 辽金元传
　记三十种 八十九种明代传
　记 三十三种清代传记综合
　引得 1040
四大古都 1004
四大发明 410,1008
四大名剧精读 657
四友斋丛说 793
四书 437

四书五经 425
四书五经译注 446
四书或问 939
四书指月 36
四书章句集注(徐德明校注) 939
四书章句集注(金良年今译) 991
四书精编 678,679,670
四印斋所刻词 74
"四因说"演讲录 963
四声猿(附《歌代啸》) 100
四时幽赏录(外十种) 354
四库术数类丛书(一) 747
四库术数类丛书(二) 747
四库术数类丛书(七) 748
四库术数类丛书(八) 748
四库术数类丛书(九) 748
四库术数类丛书(三) 747
四库术数类丛书(五) 748
四库术数类丛书(六) 748
四库术数类丛书(四) 748
四库存目标注(附索引) 877
四库全书目录索引 1044
四库全书纵横谈 1066
四库全书总目汇订 1065
四库全书总目提要补正 1065
四库全书总目辨误 1065
四库全书堪舆类典籍研究 1066
四库全书简明目录 1065
四库兵家类丛书(一) 748
四库兵家类丛书(二) 748
四库兵家类丛书(三) 749
四库系列丛书目录·索引 1045
四库易类丛书 744
四欧宝笈 558
四欧宝笈·宋拓九成宫 558
四欧宝笈·宋拓化度寺碑 558
四欧宝笈·宋拓皇甫诞碑 558
四欧宝笈·宋拓虞恭公碑 558
四明尊者教行录 463
四季篇 683
四部精要 819
四海一人　伶界大王
　——谭鑫培传 612
四朝闻见录·随隐漫录 791
四游记 114

生肖趣谈 624
生态环保与心灵环保——以佛
　教为中心 497
生活与博物丛书(合订本) 640
仕学规范　自警编　言行龟鉴 736
仙乐缥缈——李淑君评传 612
仪礼·礼记：人生的法度 439,1000
仪礼译注 424,764
仪礼注疏(整理本) 420
仪礼注疏(影印本) 422
白云稿(外三种) 726
白水英豪(东汉) 281
白氏长庆集 724
白氏讽谏 45
白孔六帖(外三种) 749
白石词 85
白苏斋类集 13
白雨斋词话 79,160
白虎通义(外十三种) 734
白虎通德论 430
白岳凝烟 577
白兔记 99
白话三国志 304
白话文学史 821
白话本国史 945,983
白话四书 448
白话全本子不语 136
白话全本后聊斋志异 137
白话全本夜雨秋灯录 137
白话全本夜谭随录 137
白话全本唐宋传奇集 136
白话全本阅微草堂笔记 136
白话全本聊斋志异 137
白话全本萤窗异草 136
白话全本剪灯新话
　(附剪灯余话) 136
白话全本搜神记 136
白居易 255
白居易及其作品选 265
白居易年谱 316
白居易传论 193
白居易全集 28
白居易诗文选注 236
白居易选集 55
白居易集笺校 5

白香词谱 80,982
白香词谱——学词入门第一书 91
白雪遗音 105
白蛇传集 104
令狐楚年谱 令狐绹年谱 317
印度和锡兰佛教哲学——从小
　乘佛教到大乘佛教 485
印度哲学史略 974
印度教 493
印章 520
尔雅 983
尔雅广雅方言释名清疏四种合
　刊(附索引) 547
尔雅义训研究 552
尔雅义疏 546
尔雅：文词的渊海 440,1001
尔雅译注 425,765,997
尔雅注疏 421,423
尔雅音训 546
乐农自订行年纪事 381
乐府杂录校注 157,802
乐府诗论丛 200
乐府诗述论 967
乐府诗述论(增补本) 842
乐府诗集 25
乐府诗集(四库本) 718
乐育堂语录 634
乐神之子——世界十大音乐家 1022
乐章集 81,83,778
乐章集校笺 8
外台秘要方 753
外国的月亮 273
外国银币丛谈 528
冬心先生集 43
冬青树 101
鸟与文学 267
鸟滨贝冢——日本绳纹文化
　寻根 540
刍荛集(外六种) 727
包山楚墓文字全编 1032
冯沅君小说·春痕 275
冯承钧学术论文集 954
冯承钧学术著作集 954
冯梦龙全集 35
冯梦龙和三言 257

冯梦龙散论 197
邙山秋风 273
玄机直讲　道言浅近说　玄
　要篇 633
玄言诗研究 163
玄肤论　道窍谈　三车秘旨 634
玄怪录·续玄怪录 786
玄怪录　续玄怪录 108
玄秘塔碑 562,565
玄奘西行 1005
玄奘年谱 316
兰花旨——兰话·兰画 617
兰亭序印谱 573
半世纪的辉煌——庆祝中远成
　立50周年诗书画集锦 599
半坡烟雨半坡风 269
汉上易传 745
汉月胡风(北朝) 281
汉文佛典疑伪经研究 496
汉文学史纲要(外一种) 976
汉文学史纲要外一种(插图本) 839
汉书 303
汉书(新编本) 323
汉书及补注综合引得 1039
汉书艺文志讲疏 1058
汉书考正　后汉书考正(外一
　种) 297
汉书纪传选译 326
汉书补注 303
汉书补注(外二种) 297
汉书注商 391
汉书详节 980
汉书选 326
《汉书》选评 322
汉书疏证(外二种) 297
汉书窥管 948
汉代物质文化资料图说
　(增订本) 535
汉代贸易与扩张——汉胡经济
　关系结构的研究 971
汉代婚丧礼俗考 822,949,975
汉字百问 1018
汉字的文化解析 548
汉字结构演变史 889
汉字起源与原理——甲骨金文

的六书"五步相生"造字程序
　及"记史功能" 856
汉字符号学 551
汉两京以来镜铭集录(外十四
　种) 943
汉译佛典文体及其影响研究 856
汉学师承记笺释 762
汉诗选笺 63
汉宫二十八朝演义 148
汉语古音学史 889
汉语史研究丛稿 552
汉语佛学评论(第一辑) 927
汉语佛学评论(第二辑) 927
汉语佛学评论(第三辑) 927
汉语佛学评论(第四辑) 927
汉语言文字研究(第一辑) 922
汉语词汇史概要 550
汉晋遗简识小七种 961
汉唐文学与文献论考 201
汉唐文学研赏集(杨明卷) 171
汉唐文学辨思录 201
汉铭斋藏镜 515
汉赋揽胜 1002
汉墓神画研究——神话与神话
　艺术精神的考察与分析 537
汉墓壁画的宗教信仰与图像
　表现 887
汉墓壁画宗教思想研究 537
汉藏佛教美术研究——第三届
　西藏考古与艺术国际学术讨
　论会 937
汉藏佛教美术研究——第四届
　西藏考古与艺术国际学术讨
　论会论文集 409
汉魏六朝小说选 235
汉魏六朝小说选译(下) 138
汉魏六朝小说选译(上) 138
汉魏六朝文史论衡 201
汉魏六朝文学与宗教 884
汉魏六朝文学考论 200
汉魏六朝乐府诗 260
汉魏六朝百三家集(外三种) 718
汉魏六朝的思想和文学 970
汉魏六朝诗一百首 230
汉魏六朝诗论丛 200

汉魏六朝诗选 　63
汉魏六朝笔记小说大观 　784
汉魏六朝唐代文学论丛 　967
汉魏六朝散文选 　63
汉魏六朝散文选注 　231
汉魏六朝赋选 　63
汉魏六朝赋选注 　231
汉魏六朝辞赋 　260
宁波历代碑碣墓志汇编 　505
礼仪之邦——中国交际文化 　636
礼仪的交织——明末清初中欧
　文化交流中的丧葬礼 　881
礼乐与明前中期演剧 　851
礼记 　426
礼记引得 　1038
礼记正义（影印本） 　422
礼记正义（整理本） 　420
礼记译注 　424,764
训诂丛稿 　550
记忆新桥 　338
记纂渊海 　750
永历实录　所知录 　309
《永乐大典》本南宋至明初湖南
　佚志辑校 　374
永庆升平全传 　129
永远的怀念——宁可先生追
　思集 　406
永远的陶都 　605
司马迁民族思想研究 　391
司马迁和史记 　253
司马迁的故事 　391
司马芳残碑 　561
司马相如集校注 　1
司马昞妻孟敬训墓志 　557,560
司马盛衰（东西晋） 　281
司空表圣文集 　35
司空图的诗歌理论 　255
民间文学 　1003
民间劝善书 　629
民间的传说 　686
民国上海市通志稿（第一、二、
　三编） 　333
民国小说目录（1912—1920） 　1060
民国名流 　375
民俗与文学——古典小说戏曲

中的鬼神 　214
民族与古代中国史 　957
民族主义与近代外交 　375
民族主义及其他 　924
民族传统体育发展论集——21
　世纪民族传统体育发展国际
　学术研讨会论文集 　937
民族戏曲散论 　216
弘一法师画传 　601
弘明集校笺 　463
弘明集　广弘明集 　456
弘治易州志 　327
出土文献与古文字研究（第五
　辑） 　920
出土文献与古文字研究（第六
　辑）——复旦大学出土文献
　与古文字研究中心成立十周
　年纪念文集 　920
出土文献与古文字研究（第四
　辑） 　920
出土文献与传世典籍的诠释
　——纪念谭朴深先生逝世两
　周年国际学术研讨会论文集 　545
出土文献与《曾子》十篇比较
　研究 　543
出土文献研究（第七辑） 　920
出土文献研究（第八辑） 　920
出土文献研究（第六辑） 　920
出版企业战略与管理发展 　1071
辽史纪事本末　金史纪事本末 　307
辽史证误三种 　395
辽史　金史　西夏史 　324
辽西夏金元史十五讲 　396
辽会要 　296
辽金元文学史案 　205
辽金元诗选 　67
辽金史论集 　395
辽海崩溃·洪承畴降清 　593
皮子文薮 　7
皮日休诗文选注 　71
皮黄初兴菊芳谱——同光十三
　绝合传 　615
边缘的历史——基督教与近代
　中国 　845
圣号论衡——晚清《万国公报》

基督教"圣号论争"文献汇编 　491
圣贤语录 　440
圣迹图 　576
圣济总录纂要 　753
对联艺术 　1007
对联台历 　816
对联纵横谈 　642
台州节俗概说 　350
台州丛书乙集 　349
台州丛书甲集 　349
台州府志 　349
台州府志（点校本） 　350
台州理学南湖学派史 　350
台湾外志 　116
幼儿数学优化教程——新课程
　标准下 3—6 岁幼儿数学活
　动设计 　694
幼学故事琼林 　678
丝绸之路 　410,1005
丝路遗珠——交河故城、高昌
　故城申报世界文化遗产 　519

六 画

匡山诗海映千秋——《庐山历
　代诗词全集》研讨会论文集 　229
邦彦画像 　919
式古堂书画汇考　南宋院画录 　741
戎昱诗注 　30
动物与中古政治宗教秩序 　882
动物的启示 　686
动物篇 　684
动漫版唐宋词 100 首 　684
动漫版唐诗 100 首 　684
圭峰集（外四种） 　730
吉林大学古籍研究所建所三十
　周年纪念论文集 　407
考工记译注 　647
考功集（外三种） 　731
考古与文化遗产保护——理论
　与实践 　541
考古半生缘 　541
考古百问 　1018
考古图（外六种） 　740
考古学人访谈录（Ⅰ） 　541
考古学：理论、方法与实践

（第六版） 661
考古编（外六种） 736
老上海行名词典 1880—1941
　（英汉对照） 1035
老上海的当铺与当票 513
老子（书韵楼丛刊） 773
老子（大学经典） 978
老子（国学典藏） 984
《老子》入门 438
老子：民族的大智 1001
老子译注（冯达庸译注） 434,765,990
老子译注（陈剑译注） 994
老子译注（罗义俊译注） 997
老子现代版 442
老子现代版（插图本） 444
老子注释 448
老子指归校笺 760
老子章句解读 449
老子想尔注校证 448
老子解读 477
老子新论 843
老子新译（修订本） 448
老子新诠——无为之治及其行
　上理则 477
老子新释 477
老子　列子 426
老子　庄子 436
老子　庄子（线装） 780
老子　孙子 768
老电话 641
老电影（1930—1949） 600
老行当 600
老庄画传 600
老庄语录 440
老庄新论 478
老学庵笔记（外十一种） 737
老残游记 125,140,143,147
老残游记资料 154
地球历史与生命演化 653
地域·家族·文学——清代
　江南诗文研究 206
地藏三经集刊 458
扬州与苏州——最是红尘中一
　二等富贵风流之地 169
扬州诗词 59

扬雄集校注 1
共和国风云 375
亚洲古兵器图说 597
权文公集 723
权德舆诗文集 5
过云楼书画记　岳雪楼书画录 580
再攻开封·三雄聚会 592
西方传教士与晚清西史东渐
　——以 1815 至 1900 年西方
　历史译著的传播与影响为
　中心 845
西方道教研究史 498
西北民族大学图书馆于右任旧
　藏金石拓片精选 505
西汉文学编年史 223
西汉龙纹镜 514
西汉会要 295
西汉初期津关制度研究　附：
　《津关令》简释 391
西汉经学与政治 841
西汉侯国地理 370
西安诗词 60
西安碑林名碑精粹（套装本） 560
西医东渐与文化调适 652
西昆酬唱集 26
西昆酬唱集（书韵楼丛刊） 777
西周的灭亡——中国早期国家
　的地理和政治危机 867
西周金文字词关系研究 545
西京杂记（外二十一种） 734
西京杂记（外五种） 785
西京杂记校注 802
西泠八家印选 572
西泠墨韵——申二伽国画选集 597
西学与汉学——中外交流史及
　澳门史论集 406
西南文化创世纪：殷代陇蜀部
　族地理与三星堆、金沙文化 843
西洋风——西洋发明在中国 653
西洋文化史纲要 828
西洋史学史 955
西洋美术史 828
西津渡史料汇编 361
西班牙图书馆中国古籍书志 1062
西晋书　东晋书 323

西夏艺术研究 609
西夏文《孟子》整理研究 379
西夏文献论稿 378
西夏《功德宝集偈》跨语言对勘
　研究 379
西夏考古论稿 538
西夏佛典探微 379
西夏佛经序跋译注 403
西夏社会文书研究（增订本） 379
西夏学论集 407
西夏学（第十一辑） 912
西夏学（第十辑） 912
西夏学（第七辑） 912
西夏学（第八辑） 912
西夏学（第九辑） 912
西夏学（第五辑） 912
西夏学（第六辑） 912
西域历史研究 401
西域—中亚语文学研究——
　2012 年中央民族大学主办西
　域—中亚语文学国际学术
　研讨会论文集 409
西域史地丛稿初编 841
西域南海史地研究 854
西厢记 96,988
西厢记分析 188
西厢记考证 188
《西厢记》的文献学研究 188
《西厢记》选评 249
西厢记说唱集 104
西清古鉴（外二种） 742
西湖志 333
西湖佳话 112
西湖诗词 59
西湖梦寻注评 818
西湖渔唱 801
西湖游览志 353,806
西湖游览志馀 354,806
西湖新梦寻——杭州 643
西游与东渡 410
西游记 118,122,124,142,145
西游记及明清小说研究 189
西游记（全三函） 781
西游记（李卓吾评本） 120
西游记（陈评本） 120

六画

西游记(图文本) 991
西游记(注评本) 123
西游记研究资料 189
西游记(绣像批评本) 123
西游记(新读本) 122
西游补 114
西潮又东风——晚清民初
　思想、宗教与学术十讲 481
西藏历史和佛教的语文学研究 401
西藏奏议　川藏奏底 311
百人一诗——传递生命的感悟 1023
百川一月——释迦牟尼的前生 1023
百川书志　古今书刻 1047
百子呈祥——中华开心宝宝 604
百尺梧桐阁遗稿 42
百尺梧桐阁集(附锦瑟词) 42
百世一断——历史的第二种
　读法 1023
百地一吟——与山水名胜互动 1023
百年谜品 642
百树图 603
百科用语分类大辞典 1033
百莲图 603
百家一说——倾听圣贤的声音 1023
《百家公案》研究 187
百家评咏红楼梦(彩图本) 120
百家姓 993
百家姓八体书法字典 1035
百僧一案——参悟禅门的玄机 1023
有无"之间"——庄子道论释读 886
有关曹雪芹十种 185
有关曹雪芹八种 185
存思集：中古中国共同研究班
　论文萃编 370
达摩易筋经 635
列子 984
列子译注 434,766,997
列子现代版 443
列子现代版(插图本) 444
列子：凌风的清谈 1001
列仙传　神仙传 430
列仙全传 577
列仙酒牌 582
列朝诗集小传 160
列藏本石头记管窥 183

成是贝锦——东周纺织织造
　技术研究 537
成语用法辞典 1032
成唯识论　成唯识论述记 457
夹竹桃顶针千家诗山歌 105
夹注名贤十抄诗 64
至元嘉禾志 333
至正直记 798
至德志(外二种) 345
此情无计可消除——李清照词
　注评 82
贞观政要 305,980
《贞观政要》与领导艺术 627
贞观政要译注 305,991
师旷(古小说辑佚) 107
尘封的日子 287
当代中国史学 824,973
当代中国哲学史学史 484
当代西方汉学研究集萃 867
当代西方汉学研究集萃·上古
　史卷 866
当代西方汉学研究集萃·中古
　史卷 867
当代西方汉学研究集萃·妇女
　史卷 867
当代西方汉学研究集萃·宗教
　史卷 867
当代西方汉学研究集萃·思想
　文化史卷 867
当代新儒学探索 925
早期中华帝国的贵族家庭：博
　陵崔氏个案研究 884
早期中国"人"的观念 859
早期中国：中国文化圈的形成
　和发展 536
早期汉文伊斯兰教典籍研究 383
早期基督教及其东传 499
早慧的文明 1028
吐峪沟石窟壁画与禅观 596
吐鲁番学研究：吐鲁番与丝绸
　之路经济带高峰论坛暨第五
　届吐鲁番学国际学术研讨会
　论文集 409
吐鲁番博物馆藏历代钱币图录 519
曲艺论集 217

曲苑观止 95
曲阜三孔 1004
曲学大成　后世师表——吴梅
　评传 612
曲学与戏剧学 167
曲学(第一卷) 900
曲学(第二卷) 901
曲学(第三卷) 901
曲话文体考论 167
曲律注释 154
曲海燃藜 215
吕氏春秋(影印本) 428
吕氏春秋(整理本) 437,985
吕氏春秋：四季的演讲 1001
吕氏春秋通检　论衡通检 1041
吕氏春秋新校释 760
吕他墓表·元桢墓志·穆亮墓
　志·元遥墓志 563,564
吕后·宫廷玩偶 283
吕思勉文集·史学精品集 948
吕思勉先生年谱长编 319
吕思勉全集 385
吕思勉论学丛稿 947
吕思勉诗文丛稿 947
吕思勉说史 831
吕思勉读史札记 946
吕著中小学教科书五种 947
吕著史地通俗读物四种 948
吕碧城词笺注 87
吕碧城诗文笺注 54
吕碧城集 22
吕衡州集 724
同义词说略 550
同州圣教序碑 561
同姓名录附录补　说略 751
同策丛稿——古籍和古籍整理 1068
吃素最健康 651
因巢轩诗文录存 935
岁月河山——图说中国历史 599
岁华纪丽　书叙指南　事林
　广记 782
岁时广记　月令辑要 743
岁时杂咏 719
岁寒居说词 208
回元观钟楼铭 562

回到半坡　　622
回眸华士　　338
回族文献丛刊　　312
回鹘文诗体注疏和新发现敦煌
　　本韵文研究　　166
朱子七经语类　　433
朱子四书语类　　433
朱子全书(修订版)　　939
朱子近思录　　435
朱子性理语类　　433
朱子彦论三国谋略　　392
朱子语录　　452
《朱子语类》汇校　　451
《朱子语类》词汇研究　　885
《朱子语类》选评　　438
朱子诸子语类　　433
朱氏妇科药对药组精粹　　651
朱凤玉敦煌俗文学与俗文化
　　研究　　378
朱东润文存　　170
朱东润先生诞辰一百一十周年
　　纪念文集　　225
朱自清马茂元说古诗十九首　　829
朱自清古典文学论文集　　175
朱自清说诗　　829
朱自清散文集——《踪迹》《背
　　影》《你我》　　770
朱希祖文存　　842
朱卓鹏书法作品集　　570
朱淑真集　　47
朱雷敦煌吐鲁番文书论丛　　378
朱熹《诗经》解释学研究　　887
朱熹《楚辞集注》研究　　181
朱彝尊诗词选注　　239
朱彝尊选集　　57
先秦卜法研究　　531
先秦与古希腊:中西文化之源　　936
先秦文学与文化(第四辑)　　900
先秦文学制度研究　　846
先秦文献与文学考论　　162
先秦史　　945
先秦汉魏六朝诗鉴赏　　72
先秦名家四子研究　　885
先秦两汉文学与文化研究　　200
先秦两汉文学批评史　　220

先秦两汉史传文学史论　　200
先秦兵书研究　　846
先秦社会与思想——试论中国
　　文化的核心　　869
先秦政论文选译　　326
先秦政治思想史　　834,977
先秦秦汉思想史研究　　870
先秦诸子思想论集　　846
先秦诸子散文选译(一)　　234
先秦诸子散文选译(二)　　234
先秦寓言　　260
先秦寓言故事选译　　229
先秦寓言研究　　198
先秦寓言选译　　233
先秦数学与诸子哲学　　479
先秦儒家圣人与社会秩序建构　　846
先秦儒家诚信思想研究　　479
先秦儒道身体观与其美学意义
　　考察　　846
先秦辩学史　　834
先唐文学十九讲　　201
先唐文学与文学思想考论　　201
舌尖上的《红楼梦》　　630
竹山词　　86
《竹书纪年》解谜　　870
竹叶亭杂记·今世说　　795
竹轩琐话　　162,275
竹刻留青第一家——徐氏父女
　　竹刻鉴赏　　608
竹斋集(外八种)　　727
伟大的欧洲小博物馆　　518
传习录注疏　　452
传书堂藏书志　　1053
传统与个性——唐宋六大家与
　　儒释道　　204
传统文化与近代中国——国情
　　教育读本　　693
传统文化导论　　662
传统图案任性涂　　593
传教士汉文小说研究　　293
传媒与真相——苏轼及其周围
　　士大夫的文学　　862
传播学视角中的艾儒略与《口
　　铎日抄》研究　　490
传播学研究集刊(1)　　902

传播学研究集刊(2)　　902
传播学研究集刊(3)　　902
传播学研究集刊(4)　　903
传播学研究集刊(5)　　903
传播学研究集刊(6)　　903
伏敔堂诗录　　19
伏羲考　　828,975
延芬室集　　52
延陵先生集新旧服气经　天隐
　　子　玉清金笥青华秘文金宝
　　内炼丹诀　丹阳真人语录
　　大丹直指　　632
延绥镇志　　334
仲氏易　　747
任昉与南朝士风　　163
任率英彩绘连环画珍迹　　591
伤寒论条辨　先醒斋广笔记
　　神农本草经疏　　756
伤寒如是读　　651
伦勃朗与黄金时代——荷兰阿
　　姆斯特丹国立博物馆藏珍　　512
伦理学入门　　483
华三川绘新百美图　　589
华阳国志校补图注　　341
华严经　　458
华言与蕃音:中古时代后期东
　　西交流的语言桥梁　　383
华学(第九、十辑)　　922
华泉集(外三种)　　730
华夏之花——庙底沟彩陶选粹　　516
华夏园林　　1008
华夏系情——海内外十家书
　　画集　　598
华夏宫室　　1008
仰止集——王运熙先生逝世周
　　年纪念集　　225
自古英雄出少年　　693
自由主义诸问题　　925
自是花中第一流——李清照诗
　　词注评　　58
伊川易传　易翼传　　745
伊甸园絮语——当代名作家
　　家庭人生漫笔　　274
"伊斯兰世界"概念的形成　　882
伊斯兰教　　492

伊斯兰教与中国穆斯林文化
　论集　493
血火苍穹——世界十大军事
　统帅　1021
向晚漫笔　1026
后山居士文集　46
后山谈丛　萍洲可谈　797
后汉书　323
后汉书及注释综合引得　1040
后汉书考释　391
后汉书详节　980
《后汉书》选评　322
后汉书集解（外三种）　298
后汉书疏证　298
后红楼梦　126
后村长短句　85
后村词笺注　11
后读书杂志　935
行书《大学》　566
行书《黄庭经》　566
全上古三代秦汉三国六朝文　26
全元散曲简编　94
全生指迷方（外五种）　754
全芳备祖集　751
全宋词简编　74
全国普通高等学校招生统一考
　试上海卷考试手册　671
全国普通高等学校招生统一考
　试上海卷考试手册（2011）　674
全国普通高等学校招生统一考
　试上海卷试题及答案要点汇
　编（2010）　674
全国普通高等学校招生统一考
　试试题及答案要点汇编　670
全国普通高等学校招生统一考
　试2014上海卷考试手册　675
全明文（一）　27
全明文（二）　27
全明诗（一）　26
全明诗（二）　26
全明诗（三）　27
全金诗增补中州集　720
全祖望集汇校集注　51
全唐五代词　74
全唐文纪事　155

全唐文附《唐文拾遗》、《唐文
　续拾》、《读全唐文札记》　26
全唐诗　25
全唐诗录　719
全唐诗索引　1042
全唐诗简编　25
全球化与人文学术的发展　871
会昌一品集　725
会通与嬗变——明末清初东传
　数学与中国数学及儒学“理”
　的观念的演化　880
杀狗记（标点本）　99
杀狗记（校注本）　100
杂阿含经　455
杂纂七种　804
危言三种　762
负苞堂集　49
负曝闲谈　111
名人的母亲　668
名山藏副本　800
名句用法辞典　1033
名言日记　814
名贤氏族言行类稿（附索引）　751
名茶名酒　640
名胜古迹　640
名家书五体名联　570
名家绘图珍藏全本三言二拍　118
名家绘图珍藏全本四大古典
　小说　118
名家绘唐诗画谱三百首　586
名家蟋蟀经　641
名联谈趣　642
多多益扇——阿海三侃私家
　藏扇　530
多宝塔碑　561,564
多桑蒙古史　954
邬惕予书法　570
邬惕予楷书千字文　570
壮暮堂谢稚柳　610
冰与火：方世聪艺术人生文
　献集　595
冰心小说·相片　275
冰心散文集——《寄小读者》
　《南归》　770
冰茧庵丛稿　934

庄子（书韵楼丛刊）　773
庄子（标点本）　768
庄子（集解本）　979,984
庄子（影印）　427
《庄子》入门　439
《庄子》九章　478
庄子引得　1039
庄子发微　449
庄子译诂　765
庄子译注　434,990,997
庄子现代版（插图本）　444
庄子现代版（增订本）　443
《庄子》选评　437,998
庄子：逍遥的寓言　1001
庆祝王运熙教授八十华诞文集　225
庆祝施蛰存教授百岁华诞文集　225
亦鸣集——湖南科技大学中国
　古代文学学科论文选　226
刘大櫆集　16
刘小晴小楷唐宋词一百首　570
刘子集校　451
刘元卿集　445
刘文房文集　33
刘师培史学论著选集　312
刘孝标集校注　43
刘克庄诗歌研究　850
刘辰翁词校注　11
刘时中薛昂夫散曲　93
刘希夷诗注　29
刘季高文存　170
刘禹锡　255
刘禹锡白居易诗选评　247
刘禹锡年谱　316
刘禹锡全集　28
刘禹锡诗文选注　237
刘禹锡集　44
刘禹锡集笺证　5
刘宾客文集　724
刘梦得文集　34
刘随州集　722
刘熙载和艺概　259
刘颐小学著作二种　549
刘勰和文心雕龙　253
齐东野语　792
齐民要术译注　647

齐梁故里与文化论集	362	
齐梁萧氏文化概论	362	
齐梁萧氏诗文选注	362	
交际你我他	689	
交翠轩笔记	802	
衣冠古国——中国服饰文化	636	
衣装	520	
次柳氏旧闻(外七种)	786	
决胜千里	285	
闭关录	1026	
问思集	1026	
关于中国古典文学问题	218	
关中方言古词论稿	876	
关汉卿	257	
关汉卿白朴郑光祖散曲	92	
关汉卿戏曲选评	249	
关汉卿研究论文集	195	
关汉卿研究资料	195	
关汉卿散曲集	91	
关露小说·仲夏夜之梦	277	
米芾书法研究	575	
米芾章吉老墓志	556,559	
《汗简》《古文四声韵》新证	543	
江上词综	347	
江上诗钞	347	
江山万里楼诗词钞	22	
江东白苎	94	
江阴历史文化丛书	348	
江阴历史文化精华录	348	
江阴文史资料集粹	348	
江阴东兴缪氏家集	348	
江阴市金融志	339	
江阴市建国后"三亲"史料集粹	337	
江阴市粮食志	339	
江阴名人自述	348	
江阴著姓望族	348	
江苏文物古迹通览	542	
江南公子	288	
江南古镇朱家角	645	
江南全真道教(修订版)	499	
江南农业的发展(1620—1850)	872	
江南园林史论	361	
江南游记文学史	361	
江南藏书史话	1067	
江淮神书	107	

江藩与《汉学师承记》研究	398	
江藩集	763	
汲古阁书跋　重辑渔洋书跋	1048	
池北偶记(外三种)	739	
汝窑遗珍	516	
汤显祖与牡丹亭	257	
汤显祖年谱	318	
汤显祖戏曲集	13	
汤显祖和莎士比亚走进了朋友圈	685	
汤显祖诗文集	13	
汤显祖研究资料汇编	196	
汤显祖集	48	
汤显祖集全编	49	
汤海若问棘邮草	48	
汤祷篇	389	
兴与象:中国古代文化史论集	843	
兴唐传(连环画)	590	
宇宙和英雄	686	
安吉文献辑存	360	
安亭志	329	
安雅堂全集	15	
安禄山事迹	320	
安禄山服散考	393	
军事艺术	1009	
祁阳陈澄中旧藏善本古籍图录	1062	
祁彪佳集	49	
许用晦文集	35	
许真人井铭	557,560	
许颙学林	386	
论中国学术思想变迁之大势	825,973	
论手卷创作:书法创作论之五	575	
论斗方创作:书法创作论之三	575	
论书法的形式构成:书法创作论之四	575	
论石头记庚辰本	183	
论史传经——程应镠先生纪念论文集	406	
论早期现代新儒家的宗教观	481	
论吐鲁番学	403	
论汤显祖及其他	196	
论红楼梦及其研究	184	
论诗词曲杂著	210	
论语(书韵楼丛刊)	775	
论语(译注本)	768	

论语(集注本)	978	
《论语》入门	439	
论语·大学·中庸	984	
论语:仁者的教诲	440,1000	
论语引得　孟子引得	1039	
论语正义　孝经郑注疏	423	
论语汇校集释	759	
论语全解	994	
论语译注	425,765,988,997
论语现代版	443	
论语现代版(插图本)	444	
论语注疏　孝经注疏	423	
《论语》选评	438,998	
论语读训	448	
论语疏证	948	
论语辞典	1034	
论语　孟子	780	
论陶渊明的中和	190	
论儒林外史	190	
论衡	430	
论衡(外十一种)	734	
论衡选	450	
论衡举正	480	
论衡校注	760	
农林水利	339	
农政全书	940	
农桑辑要译注	649	
访书见闻录	1056	
寻访中华名窑	529	
寻找"北京人"——考古发现漫笔	535	
寻找玛雅人的足迹	645	
寻找住处——居住贫困和人的命运	874	
寻梦天涯——世界十大探险家	1020	
异兽——《山海经》主题涂色书	593	
阮籍与嵇康	253	
阮籍集	1	
孙子(影印本)	427	
孙子(标点本)	436,984	
孙子今译	449	
孙子兵法	979,990	
孙子兵法与商战	627	
孙子兵法译注	997	
《孙子兵法》选评	438	

孙子兵法精编　孙膑兵法精编 679,680
孙子译注 434,766
孙子现代版 443
孙子现代版（插图本） 444
孙子详解 994
孙子：恒通的智慧 1002
孙子语录 441
孙子章句训义 951
孙可之文集 35
孙过庭书谱笺证 567
孙吴政治与文化史论 848
孙鸣一画集 597
孙常叙古文字学论集 963
孙敏艺海泛舟 575
孙敏草书册页选 571
孙维昌文物考古论集 535
孙觊研究文集 195
阳刚阴柔——中国养生文化 638
阳明学研究 925
阳春白雪 89,982
阳春集 82
阴山岩画 582
阴符经　关尹子　亢仓子 428
如东民间文化丛书 365
如东县政协志 339
好逑传 130
戏文概论 215
戏曲电视研究 167
戏曲杂记 215
戏曲词语汇释 1032
戏曲笔谈 215
戏剧人类学 167
戏剧的发生与本质 167
观世音菩萨经咒集刊 459
观古阁丛刻九种 525
观音与中国佛像巡礼 604
观潮旅游名城——海宁市旅游
　景点导游词 646
红色英杰 375
红豆故里 337
红泉逸草　问棘邮草 48
红梅记 100
红楼复梦 126
红楼独步 184
红楼梦 118,122,124,142,145

红楼梦（三家评本） 120
《红楼梦》与中国古代小说
　再阐释 185
红楼梦与戏曲比较研究 184
红楼梦小考 183
红楼梦之谜 184
红楼梦书录 1059
红楼梦（全三函） 781
红楼梦问题评论集 183
红楼梦论丛 182
红楼梦评论　石头记索隐 976
红楼梦评论　石头记索隐
　（插图本） 839
红楼梦（图文本） 991
红楼梦图咏 775
红楼梦的思想与人物 182
红楼梦（注评本） 123
红楼梦研究 976
红楼梦研究（插图本） 839
红楼梦研究集刊 901
红楼梦脂评初探 183
红楼梦（绣像批评本） 124
红楼梦探源外编 182
红楼梦概说 262
红楼梦鉴赏辞典 1034
红楼梦新论稿 184
红楼梦（新读本） 123
《红楼梦》精读 657
红楼梦魇 184
红楼撷趣 185
红藕花轩泉品 525
纪念荣德生诞辰 130 周年国际
　学术研讨会论文集 381

七 画

寿世青编　老老恒言 635
寿诞趣谈 623
寿泉集拓初集　二集 525
寿亲养老新书 632
玛雅文字之谜 630
形势衍：书法创作论之二 575
形神之间——早期西洋医学
　入华史稿 880
戒幢文集 497
远山堂明曲品剧品校录 103

远方的时习
　——《古代中国》精选集 868
坛经 979
找回蓝天 287
走出迷墙 280
走出混乱
　——“汉斯刺猬”综合症 668
走向世界的明清陶瓷 412
走向多元的素描 594
走进中国佛教
　——《宝藏论》解读 486
走进蒋氏家族——蒋介石
　外甥女竺培英谈蒋家 274
赤水玄珠　医旨绪徐 755
赤凤髓 634
赤湾妈祖文化概览 631
赤裸接触 280
赤壁鏖战 285
折狱龟鉴译注 308
折翅的天使 268
折梅笺　牌经 38
孝弟三百千 681
孝经 983
孝经：人伦的至理 440,1000
孝经译注 425,765,990
孝经译注　大学译注　中庸
　译注 997
孝经注疏 420
抑庵文集（外三种） 728
投辖录　玉照新志 790,797
护生书画二集 584
护生书画集 584
声音与意义：中国古典诗文新
　探（岭南学报复刊第五辑） 932
声类疏证 547
抒情传统与中国思想——王夫
　之诗学发微 197
劫中得书记 1050
邯郸记 99
邯郸梦记校注 97
花与文学 267
花之灵——王小慧观念摄影系
　列作品集 604
花月痕 131
花卉果木编 640

花外集 75,85
花鸟世界——中国花鸟虫鱼故
　事大观 287
花间集 777
花间集(图文本) 245
花雨缤纷——佛教与文学艺术 490
花到岭南无月令——居巢居廉
　及其乡土绘画 595
花庵词选 89,982
花潭集校注 291
苍虬阁诗集 22
苍南文献丛书 360
严羽和沧浪诗话 256
严耕望史学论文集 966
芦川归来集 46
芦川词 75,84
芦川词笺注 10
芦中集 41
劳继雄画集 598
苏门四学士 256
苏北人在上海,1850—1980 364
苏州近代货币录 528
苏州诗词 59
苏兴学术文选 178
苏洵苏辙散文选集 57
苏轼 256
苏轼及其作品选 266
苏轼文选 71
苏轼东坡词写意 771
苏轼全集 29
苏轼词选 88
苏轼词集 77
苏轼诗词艺术论 194
苏轼诗词文选评 248,999
苏轼诗词选注 237
苏轼诗集合注 9
苏轼选集 56
苏轼散文选注 237
苏轼散文选集 57
苏黄尺牍选 61
苏雪林小说·蝉蜕 277
苏舜钦集 8
杜工部集 776
杜甫 254
杜甫及其作品选 265

杜甫:中国最伟大的诗人 856
杜甫全集 28
杜甫评传 191
杜甫诗论 191
杜甫诗论丛 191
杜甫诗选评 247,999
杜甫诗选注 236
杜甫选集 55
杜甫《秋兴八首》集说 191
杜甫亲眷交游行年考(外一种) 192
杜甫集校注 4
杜牧 255
杜牧全集 28
杜牧诗文选评 248
杜牧诗文选注 237
杜牧诗集 986
杜牧选集 55
杜审言诗注 29
杜诗五种索引 1042
杜诗引得 1040
杜诗学论数 192
杜诗详注 722
杜诗赵次公先后解辑校
　(修订本) 4
杜诗释地 876
杜诗解 191
杜诗镜铨 4
杜荀鹤文集 35
杜维明思想学术文选 483
杜集书录 1059
杜臆 191
杏林述珍——中医药史概要 651
杏溪傅氏禹贡集解 352
巫玉之光——中国史前玉文化
　论考 607
李义山诗集 778
李义山诗集注　李义山文集
　笺注 725
李之柔诗选 270
李开先全集(修订本) 48
李开先集 48
李元宾文编　孟东野诗集 724
李太白文集(书韵楼丛刊) 776
李太白文集(宋蜀刻本) 32,781
李太白集注 722

李长吉文集 34
李长吉集 779
李文公集　欧阳行周文集 724
李玉戏曲集 15
李平书七十自叙　藕初五十自
　述　王晓籁述录 809
李北海集　曲江集 722
李白 254
李白及其作品选 264
李白全集 27
李白和他的诗歌 193
李白和拜伦走进了朋友圈 685
李白的作品 864
李白诗选评 247,999
李白诗选注 71
李白诗选注(刘开扬等选注) 236
李白诗歌抒情艺术研究 856
李白选集 54
李白集校注 4
李白歌诗索引 864
李白精神与诗歌艺术新探 848
李白　唐诗　西域 193
李师师传奇 285
李寿墓志·南川县主墓志·刘
　中礼墓志 563
李杜诗选 71
李伯元研究资料 154
李其琼临摹敦煌壁画选集 590
李岩起义 592
李定国纪年 320
李绅诗注 31
李峤诗注　苏味道诗注 29
李俊民文集 176
李贺 255
李贺及其作品选 265
李贺诗选评 248,999
李贺诗选注 237
李贺诗集 986
李贺歌诗编 778
李贽 257
李益诗注 30
李焘学行诗文辑考 876
李商隐 255
李商隐及其作品选 265
李商隐传 194

七画

李商隐全集　附李贺诗集	28	
李商隐的心灵世界	194	
李商隐诗选评	248	
李商隐诗选注	237	
李商隐诗集	986	
李商隐研究	193	
李商隐选集	55	
李清照	256	
李清照及其作品选	266	
李清照词集	77	
李清照诗词文选评	249,999	
李清照诗词选注	238	
李清照诗词集	987	
李清照研究论文选	227	
李清照集	46	
李清照集笺注	10	
李清照新传	194	
李清照漱玉词写意	771	
李鸿章评传——中国近代化的		
起始	321	
李渔传奇创作集	291	
李煜词集（附：李璟词集　冯		
延巳词集）	76	
李煜词集（附：李璟词集、冯延		
巳词集）（国学典藏）	986	
李嘉言古典文学论文集	177	
李璟李煜词校注	7	
杨乃武与小白菜——电视小说	290	
杨万里年谱	315	
杨万里和诚斋体	256	
杨万里诗文选注	238	
杨万里选集	56	
杨亿年谱	317	
杨升庵夫妇散曲	93	
杨氏太极　两岸一家	641	
杨氏易传	745	
杨氏命脉回溯	400	
杨文公谈苑·后山谈丛	787	
杨文公谈苑　倦游杂录	796	
杨刚小说·桓秀外传	278	
杨忠介集　荆川集　皇甫少		
玄集	732	
杨柳岸晓风残月		
——柳永词注评	82	
杨家府演义	151	

杨家将演义	128,139,143,147	
杨慎学谱	318	
求索真文明——晚清学术史论	398	
甫田集（外五种）	731	
豆棚闲话	151	
两个和尚的故事		
——玄奘和鉴真	622	
两头蛇：明末清初的第一代		
天主教徒	872	
两汉太守刺史表	966	
两汉文献与两汉文学	876	
两汉书故事选译（阳舒选译）	230	
两汉书故事选译（傅元恺选译）	234	
两汉声母系统研究	548	
两汉思想史	480	
两地书真迹（原信　手稿）	812	
两当轩集	17	
两宋文学史	223	
两宋宗室研究——以制度考察		
为中心	374	
两宋繁华	1003	
两周封国论衡——陕西韩城出		
土芮国文物暨周代封国考古		
学研究国际学术研讨会		
论文集	508	
两晋宗室制度研究	887	
两晋诗风	163	
两晋南北朝史	945	
两般秋雨盦随笔	795,799	
酉阳杂俎	786	
医古文	659	
医石斋书法篆刻文论	574	
医学发明	350	
医宗金鉴	757	
医药文化随笔	651	
医说　针灸资生经　妇人大全		
良方	754	
还芝斋读楚辞	181	
还原设计——梁丽辉美术设计		
图集	598	
还情剑	279	
来果禅师广录	469	
来斋金石刻考略（外七种）	742	
来燕榭书跋	1057	
连云港石刻调查与研究	538	

连城璧	136	
坚瓠集	794	
时惟礼崇——东周之前青铜兵		
器的物质文化研究	537	
吴人评点长生殿	102	
吴门四家——唐祝文仇的故事	286	
吴门补乘　苏州织造局志	346	
吴之器佚作六种	352	
吴伟业	258	
吴伟业诗选注	239	
吴吴山三妇合评牡丹亭	102	
吴县志	331	
吴承恩和西游记	257	
吴承恩诗文集	48	
吴承恩诗文集笺校	48	
吴冠中词典	610	
吴郡文编	345	
吴梦窗研究	195	
吴梅村全集	15	
吴梅村词笺注	87	
吴梅村诗集笺注	49	
吴趼人研究资料	154	
吴越所见书画录	581	
吴越春秋辑校汇考	302	
吴敬梓和儒林外史	259	
吴敬梓《诗说》研究	197	
吴敬梓研究	197	
吴湖帆词典	610	
吴嘉纪诗笺校	15	
吴震敦煌吐鲁番文书研究论集	402	
里仁居语言跬步集	879	
围棋古谱大全	1071	
围棋古谱妙手选	622	
足本山海经图赞	341	
困学纪闻	791,986	
困学纪闻（全校本）	817	
困学斋杂录（外十四种）	737	
听心斋客问　尹真人寥阳殿问		
答编　梅华问答编	634	
听雨闲谈　燕程日记　石湖櫂		
歌百首	801	
吟风阁杂剧	98	
吹剑录全编	805	
岑参集校注	4	
财政制度	1005	

针灸推拿学史　　651
牡丹亭　　97
牡丹亭研究资料考释　　188
《牡丹亭》选评　　250
我与中波——中波轮船股份公
　司60周年征文集　　1072
我与文坛　　272
我们的生活——古代风俗故事　　689
我们的追求——古代名句故事　　688
我们的祖先——古代神话历史
　故事　　688
我们的智慧——古代寓言故事　　688
我们的歌声——古代诗词　　689
我的大学生活　　1028
我的环球航海之梦　　644
乱世风雨　　279
乱世潜流：民族主义与民国
　政治　　844
利玛窦世界地图研究　　344
利玛窦：紫禁城里的耶稣会士　　882
兵家修炼　　478
兵家管理哲学　　478
兵器库　　689
何炳松史学论文集　　956
但丁走进了屈原的朋友圈　　685
你的生活可以很"禅"　　690
佛门谱系——佛·菩萨·罗
　汉·诸天·高僧·人物　　490
佛陀的智慧　　493
佛典精解　　494
佛法概论　　493
佛法概要　　493
佛学与佛教　　1007
佛学别裁　　493
佛学备要　　468
佛学研究十八篇　　826,832,975
佛经文学故事选　　71
佛经文学粹编　　70
佛经故事与中国民间故事演变　　856
佛经选　　681
佛经音义研究——首届佛经音
　义研究国际学术研讨会
　论文集　　496
佛祖统纪校注　　463,464
佛教　　491

佛教入门三字经　　677
佛教三百题　　1017
佛教三字经　　676
佛教与人生　　1019
佛教与中国文学论稿　　842
佛教与汉语史研究——以日本
　资料为中心　　553
佛教本觉思想论争的现代性
　考察　　871
佛教东传中国　　495
佛教考古：从印度到中国　　540
佛教伦理学导论：基础、价值
　与问题　　487
佛教戒律与中国社会　　872
佛教逻辑研究　　496
佛教解释学　　486
佛像真赝鉴别　　524
佛源妙心禅师广录　　464
佛源妙心禅师禅要　　464
佛藏要籍选刊（一）　　461
佛藏要籍选刊（二）　　461
佛藏要籍选刊（十）　　462
佛藏要籍选刊（十一）　　462
佛藏要籍选刊（十二）　　462
佛藏要籍选刊（十三）　　462
佛藏要籍选刊（十四）　　462
佛藏要籍选刊（七）　　461
佛藏要籍选刊（八）　　462
佛藏要籍选刊（九）　　462
佛藏要籍选刊（三）　　461
佛藏要籍选刊（五）　　461
佛藏要籍选刊（六）　　461
佛藏要籍选刊（四）　　461
近三百年名家词选　　87,91
近五十年中国思想史　　826,976
近世一百名家画集　　779
近世欧洲史　　956,978
近代上海伊斯兰文化存照——
　美国哈佛大学所藏相关资料
　及研究　　499
近代上海英文出版与中国古典
　文学的跨文化传播（1867—
　1941）　　889
近代上海的公共性与国家　　363
近代日本的中国艺术品流转与

鉴赏　　866
近代中国的乡村社会　　910
近代中国的国家形象与国家
　认同　　910
近代中国的物质文化　　910
近代中国的经济与社会　　374
近代中国留学史　　838
近代中国域外汉学评论萃编　　936
近代中国银行业机构人名
　大辞典　　1036
近代文学批评史　　221
近代来华传教士与儿童文学的
　译介　　889
近代诗一百首　　231
近代诗词三百首（图文本）　　244
近代爱国诗词选　　69
近代留学生　　411,1005
近代散文选注　　232
近百年湖南学风　骈文通义　　952
近现代中国马克思主义哲学
　研究　　473
近现代中国文论的转型　　222
近思录　　433,979
《近思录》版本与传播研究　　850
《近思录》集校集注集评　　887
卮林　拾遗录　义府　日知录　　738
返生香　　779
佘赛花　　286
余怀全集　　50
余英时英文论著汉译集　　972
余英时学术思想文选　　387
余叔岩传（修订版）　　612
余嘉锡说文献学　　832
余熊鹤图说——魏明伦格言录　　1020
谷城山馆诗集（外三种）　　733
谷城会献　尚炯访金星　　592
谷音　　67
肚痛帖　断千字文　　562,563
龟兹艺术研究　　609
犹太教　　492
鸠摩罗什大师画传　　601
鸠摩罗什传　　319
饮食起居编　　640
饮食趣谈　　624
饮膳正要　　633

七画

饮膳正要译注	648	沧趣楼诗文集	20	宋书校议	304
言境释四章（修订本）	479	汴京与临安——两宋文学中的		宋书　南齐书　梁书　陈书	324
况周颐先生年谱	319	双城记	169	宋本十一家注孙子	449
况周颐词集校注	87	沪西英魂（连环画）	591	宋本艺文类聚	783
冷风景	268	沪城岁事衢歌　上海县竹枝词		宋本历代地理指掌图	342
冷庐文薮	841	淞南乐府	809	宋本方舆胜览附人名引书地名	
冷庐杂识	795	沪谚	809	索引	342
冷斋夜话·梁溪漫志	789	沪谚外编	809	宋史人名索引	1043
冷斋诗话	161	沪游杂记　淞南梦影录　沪游		宋史纪事本末　元史纪事本末	307
庐山历代诗词全集	360	梦影	808	宋史研究论文集	407
庐山诗词	60	沪滨神探录	810	宋四六论稿	849
庐隐小说·何处是归程	277	沈下贤集　追昔游集	724	宋四家词选	88
辛丑销夏记	581	沈之瑜文博论集	533	宋代小说选译	138
辛亥以来藏书纪事诗	1057	沈从文散文集——《湘行散记》		宋代开封研究	863
辛亥革命百年祭——中国		《湘西》	770	宋代五大文豪	264
现代化的拓荒运动	399	沈周集	346	宋代文献学研究	877
辛亥黄花岗起义	315	沈祖棻小说·马嵬驿	278	宋代《四书》文献论考	395
辛弃疾	256	沈葆桢评传——中国近代化的		宋代民众祠神信仰研究	881
辛弃疾及其作品选	266	尝试	321	宋代地方财政史研究	875
辛弃疾词选评	249	沈璟集	13	宋代迁徙官僚家族研究	395
辛弃疾词选注	238	沉吟楼诗选　附广阳诗集	40	宋代进士考试与文学考论	850
辛弃疾词集	78,987	沉樱小说·爱情的开始	276	宋代李白接受史	193
辛弃疾选集	56	怀任斋文集	550	宋代财政和文献考论	394
辛弃疾稼轩词写意	771	怀素草书千字文	562	宋代易学	471
辛稼轩年谱	317	怀素草书千字文碑	564	宋代制诰文书研究	395
辛稼轩诗文钞存	47	怀麓堂集	729	宋代的家庭和法律	873
辛稼轩诗文笺注	47	忻阜高速公路考古发掘报告	507	宋代刻书产业与文学	170
忘山庐日记	814	快乐的清贫生活	691	宋代官窑	919
闲止书堂集钞	42	快乐教育法	668	宋代诗学通论	204
闲堂书简（增订本）	813	宋人佚简	811	宋代政治结构研究	863
闲情偶寄	39,769	宋人所撰三苏年谱汇刊	317	宋代陶瓷纹饰精粹绘录	618
灶王爷土地爷城隍爷——中国		宋人轶事汇编	817	宋代散文选注	61,229,231
民间神研究	404	宋元文学与宗教	885	宋代集句诗校注	67
弟子规	993	宋元方志传记索引	1043	宋代歌舞剧曲录要	215
汪观清新绘三国演义	588	宋元平话集	150	宋辽金元方志辑佚	344
汪国新新绘全本三国演义	588	宋元旧本书经眼录　持静斋藏		宋辽金诗鉴赏	72
汪康年：从民权论到文化保守		书记要	1052	宋辽夏金经济史研究（增订版）	879
主义	845	宋元戏文辑佚	98	宋百家诗存	720
汪康年师友书札	811	宋元戏曲史	820,833,974	宋至清代身分法研究	858
汪辟疆文集	934	宋元明讲唱文学	217	宋会要辑稿	297
汪辟疆说近代诗	830	宋元俗文学叙事与佛教	850	宋会要辑稿考校（附篇目索引）	297
沙滩碎语	1024	宋元笔记小说大观	784	宋名家词	73
泸东乐府	93	宋五家诗钞	175	宋伯胤说陶瓷	831
沧浪诗话校笺	154	宋六十名家词	73	宋词	261
沧溟先生集	12	宋文鉴	720	宋词三百首（书韵楼丛刊）	774

宋词三百首（施适辑评） 987
宋词三百首（恒鹤注释） 768
宋词三百首（凌枫等注释解析） 996
宋词三百首笺注 90
宋词与人生 1019
宋词纪事 155
宋词研究 209
宋词选 91
宋词掇英 1002
宋词赏析 91
宋词辨 209
宋拓宝晋斋法帖 567
宋明理学 1007
宋明理学与古代小说 851
宋金元文学批评史 221
宋金元词籍文献研究 850
宋金元货币史研究——元朝货
　币政策之形成过程 863
宋金杂剧考 215
宋金交聘制度研究（1127—
　1234） 373
宋金时期安多吐蕃部落史研究 384
宋实录研究 380
宋诗 261
宋诗一百首（本社编） 229,230
宋诗一百首（王水照等注释） 241
宋诗一百首（彩图本） 242
宋诗三百首 66
宋诗三百首（图文本） 243
宋诗三百首（袖珍图文本） 245
宋诗传 161
宋诗纪事 155
宋诗别裁集 64
宋诗钞 720
宋诗选 67
宋诗散论 204
宋诗精华录 981
宋诗精华录译注 767
宋诗：融通与开拓 204
宋宫十八朝演义 149
宋高僧传 965
宋朝方志考 376
宋朝事实类苑 308
宋朝官品令与合班之制
　复原研究 395

宋朝诸臣奏议 308
宋蜀刻本唐人集 32
证治准绳 756
证类本草 754
启蒙时代欧洲的中国观——一
　个历史的巡礼与反思 872
启颜录（古代笑话集） 808
评弹艺人录 960
评弹通考 960
补五代史艺文志辑考 394
补宋书宗室世系表（外十三种） 944
初中文言文新读本 667
初中文言文精读与精练 667
初中文言150实词例释 667
初中古诗词新读本 667
初刻拍案惊奇 109
初唐四杰与陈子昂诗文选注 235
初唐四杰和陈子昂 254
初唐传奇文钩沉 201
社与中国上古神话 198
社区词典 1036
社会风俗三百题 1017
社会综合 338
识史集 1025
词史 80
词曲台历（1987年） 815
词曲荟萃 240
词曲通解 177
词曲概论 210
词则 160
词论 207
词苑丛谈 160
词林正韵 1038
词林观止 90
词林纪事 156
词林纪事　词林纪事补正合编 156
词林集珍（袖珍丛书） 82
词学廿论 210
词学论丛 207
词学审美范畴研究 855
词学研究论文集（1911—1949） 207
词学研究论文集（1949—1979） 208
词学通论 80,973
词学通论　曲学通论 836
词学概论 207

词学新视野——李清照辛弃疾
　暨词学国际学术研讨会
　论文集 227
词诠 950
词品 79
词律（附索引） 1038
词·婉约系 81
词综 89,987
词综补遗 89
君临天下——世界十大帝王 1021
灵之舞——情词三百首（袖珍
　图文本） 246
灵台叩问录 1027
灵溪词说 207
局方发挥 351
局部作品1·2·3——施大畏 598
张之洞诗文集 20
张子正蒙 436
张子野词 83
张王乐府 44
张元忭集 445
张元济友朋书札 812
张元幹词集 78
张太岳集 48
张从申李玄靖碑 556,559
张文昌文集 33
张以仁先秦史论集 387
张以仁语文学论集 552
张司业集　皇甫持正集 722
张先集编年校注 7
张华年谱 315
张兆和小说·湖畔 277
张苍水集 50
张伯驹集 54
张岱诗文集 14
张宗祥文集 944
张翊集 355
张承吉文集 34
张荫桓诗文珍本集刊 819
张载的思想（1020—1077） 884
张爱玲小说·留情 277
张涌泉敦煌文献论丛 377
张继诗注 30
张鸿勋跨文化视野下的
　敦煌俗文学 378

张谓诗注　30
张寒月金石篆刻选集　573
张裕钊诗文集　19
张璁年谱　318
张燕公集　721
张镜人诗集　269
张衡诗文集校注　1
张謇集　21
张籍诗集　44
忌讳及其它谈片　1026
陆平原年谱　315
陆汝浩图说——王蒙格言录　1020
陆侃如古典文学论文集　176
陆俨少词典　610
陆宣公文集　34
陆游　256
陆游与汉中　366
陆游及其作品选　266
陆游年谱　315
陆游传　194
陆游传论　194
陆游词集　78
陆游诗文选注　238
陆游诗词选评　249
陆游研究　195
陆游选集　56
阿英说小说　830
阿弥陀经白话解释　465
陈与义集校笺　10
陈子龙及其时代　196
陈子龙诗集　14
陈子昂论考　192
陈子昂研究　192
陈子昂集（修订本）　3
陈中凡论文集　934
陈去病全集　53
陈白沙集（外三种）　728
陈国灿吐鲁番敦煌出土文献史
　事论集　378
陈国符道藏研究论文集　498
陈炜湛语言文字论集　550
陈建著作二种　355
陈绍康中共党史研究文集　388
陈垣来往书信集　812
陈拾遗集　721

陈亮研究——永康学派与浙江
　精神　480
陈圆圆·红颜恨　283
陈铎散曲　93
陈烟帆连环画作品集　591
陈寅恪史学论文选集　385
陈寅恪先生编年事辑（陈寅恪
　文集附录）　957
陈寅恪读书札记——旧唐书新
　唐书之部　385
陈维崧年谱　318
陈维崧词选注　239
陈维崧选集　56
陈维崧集　15
陈惠冠新绘全本西游记　588
陈辉光新绘茶诗百图　597
陈献章年谱　355
陈衡哲小说·西风　275
陈澧集　453
陈璧诗文残稿笺证　50
妙法莲华经　457
邵氏闻见录·邵氏闻见后录　789
邵雍全集　451
鸡　626
鸡肋编·贵耳集　790
纬书集成　451
纯粹少年（中学生网络文学集）　669
纲鉴统一　36
纳兰词　81
纳兰词（书韵楼丛刊）　774
纳兰词笺注　16
纳兰词集　78
纳兰性德词　769
纳兰性德词选　88
纳兰性德词集　987
纳妾——死而不僵的陋习　415
纸片战争——《红杂志》《红玫
　瑰》萃编　270

八　画

奉贤县卷　327
武王伐纣平话　112
武功集　倪文僖集　襄毅文集　728
武汉旧影　513
武则天·女皇　283

武林梵志（外五种）　744
武备志略　351
武经总要前集　650
青少年传统文化小百科　693
青红帮史演义　810
青村遗稿　351
青岛旧影　513
青青吟草　268
青岩丛录　华川厄辞　续志林　352
青瓷与越窑　539
青浦县卷　328
青海柳湾彩陶选粹　517
青琐高议　108,788,796
青铜自考　312
青铜时代　1003
青铜器　511
青楼梦　131
青溪旧屋仪征刘氏五世小记　321
青溪漫稿（外三种）　729
青箱杂记·春渚纪闻　788
青霞集（外三种）　732
现代中国文学史　952
现代化过程的人文向度　870
现代性视野中的思潮与观念　924
现代城市更新与社会空间变迁
　——住宅、生态、治理　873
现存元人杂剧书录　1059
现存明刊《西厢记》综录　188
规中指南　金丹大要　633
坦园日记　813
坦斋通编（外五种）　736
拍案惊奇　119,135,142,146
拍案惊奇（影印本）　110
拍案惊奇（章培恒整理本）　110
抱朴子　431
拙盦丛稿　351
苦社会　116
若问生涯原是梦——纳兰词
　注评　82
英国国家图书馆藏敦煌西域藏
　文文献（一）　710
英国国家图书馆藏敦煌西域藏
　文文献（二）　710
英国国家图书馆藏敦煌西域藏
　文文献（七）　710

英国国家图书馆藏敦煌西域藏
　文文献（三）　　710
英国国家图书馆藏敦煌西域藏
　文文献（五）　　710
英国国家图书馆藏敦煌西域藏
　文文献（六）　　710
英国国家图书馆藏敦煌西域藏
　文文献（四）　　710
英语学科听力测试题汇编
　（2009—2011）　　675
英语学科听力测试题汇编
　（2011—2013）　　675
英烈传（赵景深等校注）　　113
英烈传（尚成标点）　139,141,144,147
英雄谱与英雄母题　　172
英藏黑水城文献（一）　　716
英藏黑水城文献（二）　　716
英藏黑水城文献（三）　　716
英藏黑水城文献（五）　　716
英藏黑水城文献（四）　　716
范石湖集　　11
范成大年谱　　315
范成大诗选注　　238
范伯子诗文集　　21
范祥雍文史论文集（外二种）　　388
直面当代城市：问题及方法　　874
直斋书录解题　　1055
茅盾古典文学论文集　　175
茅盾诗词集　　267
茅盾说神话　　829
林风眠作品集　　597
林则徐书札手稿　　811
林则徐诗文选注　　72
林昌彝诗文集　　18
林悟殊敦煌文书与夷教研究　　378
林登州集（外四种）　　726
林黛玉笔记　　116
林徽因小说·九十九度中　　277
板桥杂记（外一种）　　39
松江人事志　　336
松江人物　　365
松江九峰　　645
松江工会志　　336
松江历史文化概述　　365
松江气象志　　336

松江文物保护单位图文集　　519
松江电信志　　336
松江民防志　　336
松江民营经济志　　336
松江对外经济贸易志　　335
松江共青团志　　335
松江交通运输志　　335
松江安全生产监督管理志　　335
松江妇女工作志　　336
松江红十字志　　336
松江劳动志　　336
松江县卷　　328
松江财政志　　336
松江环境保护志　　335
松江供销商业志　　335
松江府卷　　328
松江审计志　　336
松江残疾人工作志　　336
松江统计志　　336
松江档案志　　335
松江绿化市容志　　336
松江粮食志　　334
松翁近稿（外十种）　　943
松窗杂录　杜阳杂编　桂苑
　丛谈　　802
松窗梦语　　798
枫山集（外四种）　　729
枫野集　　178
枫窗小牍·清波杂志　　791
杭州丁氏八千卷楼书事新考　　1069
述古杂俎　　847
画史（外十一种）　　739
画外音　　596
画坛巨擘——世界十大美术家　　1022
画说三字经　　442
画说千字文　　442
画说老子　　441
画说百家姓　　442
画说庄子　　442
画说论语　　442
画说孙子　　442
画说周易　　441
画梁软语　梅谷清音——梁谷
　音评传　　614
画像中的孔子　　601

画境中州：金元之际华北行政
　建置考　　369
卧龙春秋　　338
事邦国之神祇：唐至北宋吉礼
　变迁研究　　370
事物纪原　小学绀珠　　782
事物纪原　实宾录　书叙指南　　750
事实类苑　　735
郁达夫诗词笺注　　54
郁达夫散文集——《屐痕处处》
　《自传》　　771
郁离子　　798
瓯北集　　17
欧亚草原东部的金属之路——
　丝绸之路与匈奴联盟的孕育
　过程　　886
欧阳询虞恭公碑　　556,558
欧阳修　　255
欧阳修及其作品选　　265
欧阳修纪年录　　194
欧阳修词校注　　8
欧阳修词集　　77
欧阳修诗文选　　237
欧阳修诗文集校笺　　8
欧阳修诗词文选评　　248,999
欧阳修选集　　55
欧阳修散文选集　　57
转折时期的精神转折——"新
　时期"以来中国社会思潮及
　其走向　　872
转型期的敦煌学　　409
卓氏藻林　古今类书纂要　　782
虎丘英魂　　285
贤者新宴　　401
尚书　　983
尚书文字合编　　301
尚书正义（影印本）　　422
尚书正义（整理本）　　420
尚书古文疏证　　301
尚书古文疏证附：古文尚书
　冤词　　762
尚书考异　尚书谱　　448
尚书译注　　424,764,996
尚书纬　河图　洛书　　432
尚书现代版　　443

八画

尚书: 原始的史册 439,1000
尚书通检 1041
尚书综述 389
尚论篇(外四种) 757
昆仑及南海古代航行考 苏门
　答剌古国考 954
昆曲史考论 168
昆曲百问 217
昆曲百折 103
昆曲·春三二月天——面对世
　界的昆曲与《牡丹亭》 228
昆坛瓯韵——永嘉昆剧人物
　评传 615
昆剧全本《长生殿》创作评论
　集:钗盒情缘与历史兴亡的
　深度呈现 228
国门内外 375
国风选译 23
国史要义 837,974
国史唯疑 309
国民党政权在沪粮政的演变及
　后果(1945年8月至1949年
　5月) 399
国防论 836
国戏文脉——中国戏曲学院戏
　文系师生剧作剧论集 226
国寿录 300
国际中国文学研究丛刊
　(第一集) 933
国际中国文学研究丛刊
　(第二集) 933
国际中国文学研究丛刊
　(第三集) 933
国际阳明学研究(第二卷) 924
国际阳明学研究(第三卷) 924
国际阳明学研究(第四卷) 924
国学文选类纂 952
国学必读 952,978
国学的传承与创新——冯其庸
　先生从事教学与科研六十周
　年庆贺学术文集 938
国学经典读本 446
国学要籍解题及其读法 952
国学研究论稿 936
国学概论 825,832,974

国宝沉浮录(彩图典藏本) 594
国故论衡 825,832,973
国语 294,302,979,984
国语译注 765
国语国策故事选译 229
国语故事选译 234
《国语》选评 322
国家文学的想象和实践——以
　《人民文学》为中心的考察 871
国家航海(第一辑) 915
国家航海(第二辑) 915
国家航海(第十一辑) 916
国家航海(第十二辑) 916
国家航海(第十三辑) 917
国家航海(第十五辑) 917
国家航海(第十四辑) 917
国家航海(第十辑) 916
国家航海(第七辑) 916
国家航海(第八辑) 916
国家航海(第九辑) 916
国家航海(第三辑) 915
国家航海(第五辑) 916
国家航海(第六辑) 916
国家航海(第四辑) 915
国博讲堂(2011—2012) 917
国博讲堂(2013—2014) 917
国榷 299
国粹与国学 835,977
国粹菁华 455
昌平集 1069
昌黎先生文集 33
昌黎先生集考异(影印本) 44
昌黎先生集考异(整理本) 939
明人小品选 68
明人室名别称字号索引 1044
明人谱牒序跋辑略 1063
明太祖文集 文宪集 宋景濂
　未刻集 725
明文海 720
明末江阴守城纪事 348
明末江南的出版文化 882
明末奉使罗马教廷耶稣会士卜
　弥格传附卜弥格传补正 954
明末清初的思想与佛教 486
明史 299

明史(新编本) 325
明史十讲 396
明史讲义 823,834,974
明史纪事本末 307
明史欧洲四国传注释 304
明代木刻观音画谱 602
明代中晚期江南士人社会交往
　研究 383
明代文学批评史 221
明代文学复古运动研究 205
明代心学开篇者——陈献章 320
明代刊工姓名全录 1044
明代戏曲选注 232
明代词学之建构 209
明代驿站考附一统路程图记
　士商类要 343
明代前中期诗学辨体理论研究 851
明代笔记小说大观 784
明代唐宋派研究 851
明代唐诗学 851
明代唐诗接受史 205
明代浙江进士研究 396
明代教化剧群观 851
明代章回小说的兴起 171
明代散文选注 231
明代蒙古史丛考 396
明代颐园 918
明代歌曲选 106
明代徽调戏曲散辑佚 98
明永乐内府刻本金刚经集注 468
明闵齐伋绘刻西厢记彩图 明
　何壁校刻西厢记 96
明词汇刊 74
明季党社考 858
明治儒学与近代日本 865
明实录研究 380
明诗三百首 66
明诗纪事 156
明诗别裁集 65
明诗评选 62
明诗综 721
明宫十六朝演义 149
明珠缘 141
明容与堂刻水浒传 113
明容与堂刻水浒传图 586

明通鉴　307
明清八大家文钞　982
明清士人与男旦　217
明清才子佳人剧研究　168
明清小说　1002
明清小说史　173
明清小说论稿　213
明清广东社会经济研究　384
明清之交文人游幕与文学生态
　——以徐渭、方文、朱彝尊为
　个案　170
明清文法理论研究　206
明清文学与文献考论　852
明清文选学述评　852
明清书法史国际学术研讨会论
　文集　574
明清古玩真赏　618
明清平话小说选(第一集)　117
明清北京城图　969
明清民居木雕精粹　608
明清民歌时调集　105
明清民歌选(乙)　106
明清民歌选(甲)　106
明清曲一百首　242
明清曲谈　216
明清名人刻印精品汇存　572
明清江苏文人年表　1064
明清江南史研究三十年
　(1978—2008)　397
明清江南的州县行政与地方社
　会研究　888
明清戏曲家考略　216
明清戏曲家考略三编　216
明清戏曲家考略全编　216
明清戏曲家考略续编　216
明清戏曲:剧目、文本与演出
　研究　167
明清进士题名碑录索引　1043
明清苏州山塘街河　347
明清时代之社会经济巨变与新
　文化——李渔时代的社会与
　文化及其"现代性"　873
明清词谱史　165
明清松江稀见文献丛刊(第一
　辑)　359

明清易代史独见(增订本)　396
明清诗文研究资料(第一辑)　900
明清诗文研究资料集(第二辑)　900
明清研究论丛(第一辑)　909
明清研究论丛(第二辑)　910
明清俗语辞书集成　1031
明清真钱宝鉴　527
明清笔记故事选译　230,235
明清笔记谈丛　213
明清瓷器真赝对比鉴定　523
明清家乐研究　217
明清黄山学人诗选　360
明清堂会演剧史　218
明清歙家研究　886
明清稿钞校本鉴定　1067
明清徽州诉讼文书研究　886
明清徽墨研究　576
明遗民传记索引　1043
明遗民诗　27
明遗民董说研究　196
明编词总集丛刻述评　851
明嘉靖本董解元西厢记　96
易与佛教　易与老庄　471
易山道海得涓埃——道教文化
　探索　498
易玄虚研究　475
易汉学　易例　747
易纬　诗纬　礼纬　乐纬　432
易苑漫步　476
易林彙校集注　760
易学三种(过半刃言、蠡灸、衍
　变通论)　471
易学史丛论　472
易学新探　475
易学源流与现代阐释　476
易经　681
易经(口袋本)　681
易经古歌考释(修订本)　878
易原　复斋易说　745
易辞新诠　472
易数钩隐图　大易象数钩深图
　易图通变　易筮通变　744
易纂言　易纂言外翼　746
典册琳琅——上海图书馆历史
　文献典藏图录　583

忠义水浒传插图　576
忠肃集　兰庭集　古穰集　728
忠雅堂集校笺　17
呻吟语　769
呻吟语　菜根谈　39
鸣凤记　100
鸣盛集(外八种)　726
鸣野山房书目　1048
岩画与游牧文化　596
罗汉传　152
罗成　286
罗邺诗注　32
罗伯昭钱币学文集　528
罗亨信集　356
罗忼烈杂著集　177
罗洪小说·薄暮的哀愁　276
罗振玉学术论著集　942
罗根泽古典文学论文集　176
罗根泽说诸子　831
罗淑小说·生人妻　276
罗隐年谱　316
岭云海日楼诗钞　18
岭南花鸟画流变(1368—1949)　595
岭南学报复刊号
　(第一、二辑合刊)　932
岭南学报(复刊第三辑)　932
岭南学报(复刊第五辑)　932
岭南学报(复刊第四辑)　932
峄山刻石　560,565
贩书偶记　1056
图文本三百首系列　243
图书编　752
图画日报　600
图说中国钱币　526
图说宋人服饰　373
钓台的春昼——《论语》萃编　270
知识与解脱:促成宗教转依体
　验的藏传佛教知识论　487
知青部落——黄山脚下的
　10000个上海人　274
垂帘听政——君临天下的
　"女皇"　414
牧女与蚕娘——法国汉学家论
　中国古诗　211
牧斋有学集　14

八画

牧斋杂著	14	金圣叹批本西厢记	96	周易	780
牧斋初学集	14	金圣叹评点西厢记	102	周易(寿寿祺等简注)	768
牧斋初学集诗注汇校	14	金圣叹的生平及其文学批评	197	周易(李剑雄标点)	436
和小山词　和珠玉词	268	金刚经讲义	466	周易(来知德集注本)	983
和风堂文集	840	《金刚经》导读——发菩提心	467	周易(影印本)	425
佳作不厌百回读——古典诗文		金刚经集注	459	《周易》与人生	1018
欣赏	73	《金刚经》解疑六讲	494	《周易》与中国风水文化	477
岳飞故事戏曲说唱集	104	金刚经　坛经	769	周易与创新思维	477
岳麓秦简复原研究	546	金刚般若波罗蜜经集注	460	周易义海撮要	745
版本通义	982	金华宗谱文献集成	360	周易义理学	472
版画	520	金华黄先生文集	352	周易义疏	476
佩文诗韵释要	1037	金明馆丛稿二编	957	周易爻变易缊	746
佩文诗韵　词林正韵　中原音		金明馆丛稿初编	957	周易正义	421
韵	80	金诗纪事	155	周易古义　老子古义	948
佩文斋广群芳谱(外二十种)	742	金秋文学选集	275	周易古史观	825,973
佩文斋书画谱　秘殿珠林	741	金秋文集	274	周易：玄妙的天书	439,1000
佩文斋咏物诗选	721	金秋回响	1072	周易传义附录	746
依天立义——清代前中期江南		金莲仙史	133	周易全解(修订本)	447
文人应对天主教文化研究	889	《金瓶梅》中的上海方言研究	190	周易会通	746
郋园读书志	1052	金瓶梅：平凡人的宗教剧	190	周易导读	476
帛书《老子》词汇研究	845	金瓶梅西方论文集	189	周易译注	424,764,988,996
帛书《周易》论集	472	《金瓶梅词话》和明代口语词汇		周易译注	989
阜阳汉简《周易》研究(附《儒		语法研究	189	周易附周易略例	773
家者言》章题《春秋事语》章		金瓶梅概说	262	周易玩辞	745
题及相关竹简)	475	金瓶梅鉴赏辞典	1034	周易现代版	442
阜阳汉简诗经研究	178	金陵长恨(南朝)	281	周易现代版(插图本)	444
征圣立言：《文心雕龙》体道思		金匮要略论注(外四种)	756	周易述	747
想研究	182	金匮要略译注	647	周易易读	476
征帆集	353	金匮要略校注集释	761	《周易》的哲学精神——吕绍纲	
往事如烟	272	金银器	510	易学文选	475
所向无前——蓝氏三杰传	289	金粟寺史料五种	470	周易郑氏学阐微	471
金人"中国"观研究	374	金景芳全集	455	周易浅述	447
金山年鉴(1992)	340	金楼子疏证校注	802	周易注疏	447
金山县卷	328	采菽堂古诗选	62	周易参同契古注集成	447
金元方志考	345	念庵文集　皇甫司勋集	731	周易参同契考辩	475
金元词通论	165,875	周子通书	436	《周易》经传白话解	476
金文拾贝——集金文书诗词百		周代用玉制度研究	531	《周易》选评	437,998
首	571	周汉文学史考(第一卷)	969	周易探秘	1006
金文释读与文明探索	536	周礼：远古的理想	439,1000	周易悬解	533
金石入画——清代道咸时期金		周礼译注	424	周易阐微	471
石书画研究	595	周礼注疏(黄侃句读)	421	周易集注	746
金石论丛	393	周礼注疏(清人十三经注疏)	422	周易集说　读易举要	746
金石萃编校字记(外十五种)	943	周邦彦词选评	249	周易集解	447
金代行政区划史	343	周邦彦词集	77	周易集解纂疏	423
金圣叹文学批评理论研究	197	周庄新萃	338	《周易禅解》疏论	472

周易虞氏易象释　易则　472

周易辞典　1034

周易稗疏　易图明辨　747

周易窥馀　745

周易演说（插图本）　476

周易　毛诗　毛诗注疏引书
　周礼　仪礼　礼记注疏引书
　春秋经传注疏引书　孝经
　尔雅　尔雅注疏引书引得　1039

周秦汉唐文明研究论集　407

周瑜传奇　285

周穆王传奇　285

周髀算经译注　649

周髀算经　九章算术　429

鱼山剩稿　40

备忘集　石洞集　732

备急千金要方　银海精微　753

枭林小史　星周纪事　红乱纪
　事　草觉梦录　808

京本通俗小说　109

京华遗韵　608

京沪高铁北京段与北京新少年
　宫——考古发掘报告集　506

京昆简史　412

京剧戏名印谱　573

庞朴学术思想文选　483

夜雨秋灯录　111

夜奔向黎明——柯军评传　615

夜谈随录　111

府谷县志两种　334

底层叙述：现代性话语的裂隙　871

庚巳编·今言类编　793

庚子销夏记（外三种）　741

庚子销夏记　江村销夏录　580

庚辰存稿　386

盲文的发明　691

放翁词　84

放翁词（书韵楼丛刊）　777

放翁词编年笺注　11

放眼人民政协　1071

刻印概论　611

郑氏诗谱订考　878

郑守愚文集　35

郑观应诗集　53

郑观应档案名人手札　569

郑谷诗集笺注　7

郑阿财敦煌佛教文献与文学
　研究　378

郑板桥集　51

郑和下西洋　1005

郑和下西洋考　交广印度两
　道考　954

郑和宝船扬帆世界　410

郑珍全集　357

郑思肖集　47

郑振铎古典文学论文集　176

郑振铎先生书信集　813

郑振铎说俗文学　830

卷庵书跋　1050

法书要录　965

法华五百问论校释　465

《法华文句》精读　463

《法华玄义》的哲学　495

《法华玄义》精读　463

法华经新释　466

《法华经》新释　468

法苑珠林　458

法国国家图书馆藏敦煌藏文文
　献（一）　707

法国国家图书馆藏敦煌藏文文
　献（二）　707

法国国家图书馆藏敦煌藏文文
　献（十）　708

法国国家图书馆藏敦煌藏文文
　献（十一）　709

法国国家图书馆藏敦煌藏文文
　献（十二）　709

法国国家图书馆藏敦煌藏文文
　献（十七）　709

法国国家图书馆藏敦煌藏文文
　献（十八）　709

法国国家图书馆藏敦煌藏文文
　献（十三）　709

法国国家图书馆藏敦煌藏文文
　献（十五）　709

法国国家图书馆藏敦煌藏文文
　献（十六）　709

法国国家图书馆藏敦煌藏文文
　献（十四）　709

法国国家图书馆藏敦煌藏文文
　献（七）　708

法国国家图书馆藏敦煌藏文文
　献（八）　708

法国国家图书馆藏敦煌藏文文
　献（九）　708

法国国家图书馆藏敦煌藏文文
　献（三）　707

法国国家图书馆藏敦煌藏文文
　献（五）　708

法国国家图书馆藏敦煌藏文文
　献（六）　708

法国国家图书馆藏敦煌藏文文
　献（四）　707

法显传校注　319

法海慈航——佛教典籍·法系
　宗派　490

法藏敦煌西夏文文献　710

法藏敦煌西域文献（一）　702

法藏敦煌西域文献（二）　702

法藏敦煌西域文献（二十）　705

法藏敦煌西域文献（二十一）　705

法藏敦煌西域文献（二十二）　705

法藏敦煌西域文献（二十七）　706

法藏敦煌西域文献（二十八）　706

法藏敦煌西域文献（二十九）　706

法藏敦煌西域文献（二十三）　705

法藏敦煌西域文献（二十五）　705

法藏敦煌西域文献（二十六）　706

法藏敦煌西域文献（二十四）　705

法藏敦煌西域文献（十）　703

法藏敦煌西域文献（十一）　703

法藏敦煌西域文献（十二）　704

法藏敦煌西域文献（十七）　704

法藏敦煌西域文献（十八）　704

法藏敦煌西域文献（十九）　705

法藏敦煌西域文献（十三）　704

法藏敦煌西域文献（十五）　704

法藏敦煌西域文献（十六）　704

法藏敦煌西域文献（十四）　704

法藏敦煌西域文献（七）　703

法藏敦煌西域文献（八）　703

法藏敦煌西域文献（九）　703

法藏敦煌西域文献（三）　702

法藏敦煌西域文献（三十）　706

法藏敦煌西域文献（三十一）　706

法藏敦煌西域文献（三十二）　706
法藏敦煌西域文献（三十三）　707
法藏敦煌西域文献（三十四）　707
法藏敦煌西域文献（五）　703
法藏敦煌西域文献（六）　703
法藏敦煌西域文献（四）　703
河汾诸老诗集　26
油画入门　690
注维摩诘所说经　455,460
泾水往事　337
泾皋藏稿　小辨斋偶存　高子
　遗书　733
治家格言　569
治家格言　增广贤文　女儿经
　——治家修养格言十种　677
性命古训辩证　958
性命圭指　633
性命要旨　635
学山堂印谱　572
学子吟——上海市青少年民族
　文化古诗词创作培训学生作
　品集（第二辑）　694
学子吟——上海市青少年民族
　文化古诗词创作培训班学生
　作品集　694
学子吟——上海市第二届中小
　学生古典诗词创作比赛获奖
　作品选（第三辑）　694
学不已斋杂著　934
学古绪言（外三种）　733
学史与史学——杂谈和回忆　387
学生乐园　689
学生作文分类成语词典　1033
学生旅游设计　689
学灯（第一辑）　932
学苑效芹——施议对演讲集录　969
学林　容斋随笔　735
学思集　407
学宫图说　919
学宫图说译注　653
学贾吟　53
学斋占毕（外六种）　736
学境——二十世纪学术大家名
　家研究（《文学遗产》选集第
　五辑）　219

宝山县卷　328
宝山咏·风情篇　359
宝苏局钱币　527
宝卷综录　1060
宝钢志　339
宗子相集　衡庐精舍藏稿　732
宗玄集　杼山集　723
宗忠简文钞　351
宗教的七种理论　491
定海厅志　333
宜兴均陶　607
宜兴青瓷　606
宜兴紫砂陶　605
官场现形记　131,140,143,147
官场维新记　115
空同集　730
实用中医大全　1070
实用中医方药辞典　1035
实用老年生活大全　1071
实用名句大全　1070
实用交际大全　1070
实用灯谜大全　1070
实用收藏大全　1070
实用佛学辞典　1032
实用宝石鉴定　618
实用说文解字　1030
实用家政大全　1070
实用楹联大全　1070
实用演讲术　689
实证上海史——考古学视野下
　的古代上海　537
郎官石柱题名新考订（外三种）　393
诗人玉屑　158
诗人世界——中国诗歌故事
　大观　287
诗人李白　193
诗人屈原及其作品研究　179
诗三百篇探故　178
诗义会通　22
诗比兴笺　62
诗书薪火（蒋凡卷）　171
诗仙李白写意　771
诗圣杜甫写意　771
诗圣杜甫研究　879
诗对新编　1037

诗论　820,972
诗体类说　212
诗佛王维写意　771
诗余画谱　586
诗词写作概论　212
诗词曲语辞汇释　1031
诗词曲精选系列　241
诗词散论　206
诗词赋散论　211
诗画如烟　919
诗典新编　1037
诗法概述　211
诗学散论　855
诗话和词话　263
诗经（王财贵主编）　680
诗经（朱子集注本）　983
诗经（朱杰人导读）　426,978
诗经（周满江著）　252
《诗经》与宗周礼乐文明　390
《诗经》与《楚辞》音乐研究　616
《诗经》分类辨体　162
诗经今注　1
诗经：朴素的歌声　439,999
《诗经》讲义稿　829,957
诗经译注　424,766,988,994,996
诗经译注（图文本）　989
《诗经》的接受与影响　179
诗经试译　23
诗经要籍解题　179
诗经选译　233
诗经楚辞　23
诗经楚辞选评　246
诗经韵读　550
《诗经》精读　657
诗品　981
诗品研究　187
诗品集注　2
诗馀画谱　581
诗集传　22
诗疏平议　178
诗骚诗学与艺术　179
诗骚魅力　1002
诗韵　1037
诗韵全璧　1037
诗韵新编　1037

诗境徜徉录 1027
诗薮 158
诚斋乐府 93
诚斋易传 746
诚意伯文集（外三种） 726
话本与古剧 959
话本选注 229,232
话说中秋 625
话说春节 624
话说清明 625
话说端午 625
建文帝迷踪 284
建安文学接受史论 201
建炎以来系年要录附索引 308
建康古今记（外八种） 942
建康实录 305
建筑的山水之道 609
录鬼簿（外四种） 103
隶书《大学》 566
隶书《黄庭经》 566
居延敦煌汉简出土遗址实地考
　察论文集 545
居室雅趣——中国装饰文化 637
屈原 253
屈原九章今译 24
屈原九歌今译 24
屈原与司马迁的人格悲剧 847
屈原与楚辞 179
屈原离骚今译 24
屈原赋证辨 24
屈原　宋词研究 961
屈赋音注详解　附屈赋释词 180
弥勒四经集刊 456
弥勒佛 589
孟子（书韵楼丛刊） 775
孟子（朱子集注本） 984
孟子（金良年注） 768
孟子（胡真集评） 978
孟子（影印本） 426
孟子：人性的光辉 1000
《孟子》入门 439
孟子正义 423
孟子：匡世的真言 440
孟子译注 425,766,988,997
孟子现代版 443

孟子注疏 423
《孟子》选评 438,998
孟子语录 441
孟子逻辑之破译 478
孟东野文集 33
孟郊论稿 173
孟姜女万里寻夫集 104
孟姜女故事研究集 405
孟浩然诗集（宋蜀刻本） 32
孟浩然诗集（书韵楼丛刊） 776
孟浩然诗集笺注 3
陌上花开又十年——上海市大
　同中学学生佳作选辑（2001—
　2011） 669
孤山踏雨 1024
孤云禅师语录 354
陕甘地方志中宁夏史料辑校 334
陔余丛考 763
姓氏百问 1018
迦陵论词丛稿 207
织绣 511
终南山的变容——中唐文学
　论集 856
绍兴师爷 629
绎史 302
经义考新校 453
经史避名汇考 880
经传释词 762
经典常谈 826,832,973
经典常谈（插图本） 840
经典释文 1030
经学义理 843
经学的蜕变与史学的"转轨" 871
经学通志 952
经学教科书 474
经学探研录 474
经律异相 457,460
经济类编 752
经韵楼集附补编　年谱 763
经籍访古志 1054
经籍籑诂附校勘记笔画、四角
　号码索引 1030

九　画

契丹国志 309

春天去布拉格 644
春天在雪里 273
春风十里 287
春风秋雨马蹄疾——马连良传 612
春节诗词 625
春江新咏 269
春明退朝录（外四种） 788
春明梦馀录　居易录 739
春柳堂诗稿　高兰墅集 51
春秋三传 426
春秋三传：乱世的青史 440,1000
春秋大义述 949
春秋大事表列国爵姓及存灭表
　撰异（三订本） 961
春秋公羊礼疏（外五种） 446
春秋公羊传译注 424,765
春秋公羊传注疏（影印本） 421
春秋公羊传注疏（整理本） 422
春秋公羊经何氏释例　春秋公
　羊释例后录 445
春秋书法与左传学史 390
春秋正辞　春秋公羊经传通义 446
春秋左氏传述义拾遗 352
春秋左传正义 422
《春秋》《左传》礼制研究 390
春秋左传诂 423
春秋左传补疏　春秋左氏传
　补注 446
春秋左传集解 301
春秋史 822,975
春秋时期盟誓研究——神灵崇
　拜下的社会秩序再构建 390
春秋纬　论语纬　孝经纬 432
春秋规过考信 353
春秋定旨参新 36
春秋经传引得 1039
《春秋》经传研究 389
春秋经传集解 301
春秋辞令文体研究 886
春秋穀梁传译注 425,765
春秋穀梁传注疏 422
春秋衡库 36
春秋繁露 429
珂雪斋集 13
珍宝 521

九画

珊瑚木难　赵氏铁网珊瑚　741
珊瑚网　740
玻璃建筑——《现代》萃编　270
型世言　144
挂枝儿　105
挂枝儿　山歌　38
封神演义　125,140,146
封神演义　143
封神演义（图文本）　992
封神演义故事　621
封神演义（钟惺评本）　120
封神演义（第一集）　591
封神演义（第二集）　591
封神演义（第三集）　591
持荷童子　919
持静斋书目　1052
项楚敦煌语言文学论集　377
城市知识分子的二重世界——
　中国现代性的历史视域　482
城坝遗址出土文物　508
赵之谦书画纨扇选　586
赵之谦书画编年图目　586
赵氏孤儿　97
《赵氏孤儿》与《中国孤儿》　187
赵朴初诗词曲手迹选　569
赵朴初韵文集　267
赵冷月八旬书法　570
赵和平敦煌书仪研究　377
赵定宇书目　1048
赵钱孙李——中国姓名文化　637
赵嘏诗注　31
括异志·倦游杂录　792
郝春文敦煌学论集　377
郝荫柏戏曲剧作集　290
拾遗记（外三种）　785
挥麈录　790,805
荆川稗编　752
荆公论议　张子正蒙　432
荆公新学研究　376
荆钗记　99
革命之火的洗礼：美国社会福
　音和中国基督教青年会，
　1919—1937　491
革命军　312
"革命"的现代性——中国革命

话语考论　936
草木子（外三种）　792
草木虫鱼——中国养植文化　637
草书《大学》　565
草书纵横——草书诗词百首　570
草书《黄庭经》　566
草阁诗集（外七种）　726
草桥谈往　1024
草堂诗馀　89
茶史漫话　275,631
茶余客话　794
茶经　817
茶经译注（外三种）　648,989,995
茶馀客话　807
荀子（王鹏整理）　979
荀子（杨倞注本）　437,984
荀子（耿芸标点）　968
荀子（影印本）　428
荀子引得　1039
荀子译注　766,997
荀子：治世的理想　1001
《荀子》选评　438
荀子语录　441
荀子校释　759
荀学源流　478
茗山日记　814
茗山日记续集　814
茗柯文编　17
荡寇志　126
荣德生与企业经营管理　381
荣德生与兴学育才　380
荣德生与社会公益事业　380
荣德生文集　380
荣德生和他的事业（史料图片
　集）　315
荥阳外史集（外二种）　727
故事本中国文学史　415
故事本中国军事史　415
故事本中国哲学史　415
故事本中国通史　415
胡小石论文集　174
胡小石论文集三编　174
胡小石论文集续编　174
胡文敬集（外三种）　730
胡文穆杂著（外十种）　738

胡仲子集（外十种）　726
胡直集　445
胡峄阳文集　453
胡适古典文学研究论集　175
胡适红楼梦研究论述全编　184
胡适评传　321
"胡适派学人群"与现代中国自
　由主义　845
胡适说文学变迁　831
胡叠戏曲剧作集　290
南方草木状（外十二种）　742
南北宫词纪　95
南北宫词纪校补　95
南北朝文学交流研究　847
南北朝经学史　392
南史演义　151
南兰陵萧氏人物评传　362
南兰陵萧氏家族文化史稿　361
南兰陵萧氏著作综录　362
南汇地情丛书　332
南汇县卷　327
南华真经批校　965
南村辍耕录　792
南吴旧话录　801
南宋人口史　371
南宋川陕边防行政运行体制
　研究　373
南宋手工业史　371
南宋书法史　372
南宋全史·社会经济与对外贸
　易卷　372
南宋全史·典章制度卷　372
南宋全史：政治、军事和民族
　关系卷　372
南宋全史：思想、文化、科技和
　社会生活卷　372
南宋交通史　371
南宋军事史　371
南宋戏曲史　371
南宋初刻本周易注疏　447
南宋社会民间纠纷及其解决途
　径研究　373
南宋明州先贤祠研究　373
南宋金元的道教　497
南宋建筑史　373

南宋思想史	371	
南宋美学思想研究	372	
南宋绘画史	372	
南宋陶瓷史	373	
南宋教育史	371	
南宋舒州公牍佚简整理与研究	372	
南社词人研究	888	
南明史 1644—1662	858	
南岳小录(外四种)	743	
南阜山人文存稿　使滇日记		
使滇杂记	801	
南京诗词	60	
南柯记	99	
南屏净慈寺历代祖师禅话选粹	469	
南原激战·强渡汉水	592	
南唐二主冯延巳词选	88	
南唐二主词	82	
南唐二主词(书韵楼丛刊)	774	
南唐二主词(线装)	81	
南部新书	804	
南部新书·茅亭客话	787	
南冥集校注	291	
南通市图书馆志(1912—2012)	340	
南朝齐会要	296	
南朝齐梁史	362	
南朝宋会要	296	
南朝陈会要	296	
南朝咏物诗研究	163	
南朝宫体诗研究	163	
南朝梁会要	296	
南翔镇志	329	
南疆逸史	300	
药师经讲记	466	
枰声局影——中国博弈文化	637	
查慎行选集	57	
柏克莱加州大学东亚图书馆中		
文古籍善本书志	1062	
柏克莱加州大学东亚图书馆藏		
碑帖	773	
柏克莱加州大学东亚图书馆藏		
稿钞校本丛刊	773	
柏枧山房诗文集	18	
柳永	255	
柳永论稿——词的源流与创新	857	
柳永词选评	248,999	
柳永词集	76	
柳永周邦彦词选注	238	
柳如是别传	956	
柳如是诗文集	50	
柳如是·柳叶悲风	284	
柳诒徵史学论文续集	386	
柳诒徵史学论文集	386	
柳诒徵说文化	832	
柳河东集	6	
柳河东集(四库本)	723	
柳宗元	254	
柳宗元及其作品选	265	
柳宗元全集	28	
柳宗元诗文选评	247	
柳宗元诗文选注	236	
柳宗元诗笺释	6	
柳宗元选集	55	
柳宗元散文选集	57	
柳南随笔　续笔	794	
柳敬亭评传	320	
柿叶楼存稿	178	
《咸淳临安志》宋版"京城四		
图"复原研究	374	
威音文库	470	
砂壶选粹	606	
面城精舍杂文甲乙编(又《永丰		
乡人》四稿)	944	
轻轻松松学汉语	553	
鸦片战争	289	
战国子家叙论·史学方法导		
论·史记研究	958	
战国竹书论集	544	
战国会要	295	
战国秦汉考古	534	
战国策	294,302,979,984	
《战国策》与论辩术	390	
战国策故事选译	234	
《战国策》选评	321	
战国策选译	325	
战国策笺证	760,964	
战国策集注	353	
战国楚简研究	172	
战国简帛字迹研究——以上博		
简为中心	546	
临川先生文集	45	
临川梦	101	
临浦楼论诗词存稿	208	
是思考的时候了	690	
冒鹤亭词曲论文集	210	
星占学与传统文化	482	
昭代丛书	783	
昭代典则	299	
昭通方言疏证	547	
昭德晁氏家族研究	850	
畏垒笔记	801	
毗陵集	723	
贵耳集	806	
贵州世居民族文献与文化研究		
(2014 年卷)	913	
贵霜帝国之钱币	529	
思与行		
——上海市妇女工作集锦	1072	
思伯子堂诗文集	19	
思适斋书跋	1049	
思想与文献	484	
思潮研究百年反思	924	
思辨录	1025	
思辨短简	1025	
品花宝鉴(洪江标点)	131	
品花宝鉴(尚达翔校点)	152	
品味书法	575	
响当当一粒铜豌豆——田汉传	614	
幽兰雅韵赖传承		
——昆剧"传"字辈评传	615	
幽闺记	99	
幽蓝神采——2012 上海元青花		
国际学术研讨会论文集		
(第 1 辑)	539	
幽蓝神采——2012 上海元青花		
国际学术研讨会论文集		
(第 2 辑)	539	
幽默诗话	161	
钜宋广韵	1036	
钟吕传道集　西山群仙会真记		
入药镜	632	
钟嵘和诗品	254	
钟鼓管弦——中国民乐文化	638	
钦定补绘萧云从离骚全图	584	
钩沉录——语言符号的历史		
追忆	549	

九画

拜经楼藏书题跋记　　　　1049
看山阁闲笔　　　　　　　40
怎样阅读古文　　　　　　263
选堂文史论苑——饶宗颐先生
　　任复旦大学顾问教授
　　纪念文集　　　　　　405
香山明清档案辑录　　　　314
香山集　　　　　　　　　352
香祖笔记　　　　　　　　799
香港三日游　　　　　　　646
香港大学中文学院八十周年
　　纪念学术论文集　　　938
香港大学中文学院八十周年
　　纪念学术论文集(英文分册)　938
香港大学饶宗颐学术馆十周年
　　馆庆同人论文集——饶学卷　225
香港大学饶宗颐学术馆十周年
　　馆庆同人论文集——饶学卷　939
香港大学饶宗颐学术馆十周年
　　馆庆同人论文集——琴学卷　938
香港大学饶宗颐学术馆十周年
　　馆庆同人论文集——敦煌
　　学卷　　　　　　　　938
香港中文报业发展史　　　418
香港中国古典文学研究论文
　　目录(1950—2000)　1062
香港所藏古籍书目　　　　1062
秋水庵花影集　　　　　　94
秋帆集　　　　　　　　　52
秋笳集　　　　　　　　　15
秋锦山房集　秋锦山房外集　349
秋瑾史迹　　　　　　　　53
秋瑾集　　　　　　　　　53
秋蟪吟馆诗钞　　　　　　19
科学的误区　　　　　　　1020
科举与诗艺——宋代文学与
　　士人社会　　　　　　862
重订增广贤文精编　　679,680
重写中国古代文献　　　　869
重回河姆渡　　　　　　　623
重修金华丛书　　　　　　697
重修金华丛书提要　　　　1063
重编琼台稿　谦斋文录　　728
复古与创新——欧阳修散文与
　　古文复兴　　　　　　862

复庄诗问　　　　　　　　52
笃志集——复旦大学历史系
　　七十五年论文选　　　406
俨山外集　古今说海　少室山
　　房笔丛　钝吟杂录　　737
俨山集　迪功集　太白山人
　　漫稿　　　　　　　　731
便民图纂　　　　　　　　650
顺康之际广陵词坛研究　　166
顺康词坛群体步韵唱和研究　209
修真辩难参证　尹真人东华正
　　脉皇极阖闢证道仙经　634
修剪菩提树——"批判佛教"的
　　风暴　　　　　　　　485
修辞鉴衡　　　　　　　　158
保健养生　　　　　　　　641
俄罗斯国立爱米塔什博物馆藏
　　殷墟甲骨　　　　　　501
俄藏黑水城艺术品(一)　　717
俄藏黑水城艺术品(二)　　717
俄藏黑水城文献(一)　　　712
俄藏黑水城文献(二)　　　712
俄藏黑水城文献(二十)　　715
俄藏黑水城文献(二十一)　715
俄藏黑水城文献(二十二)　715
俄藏黑水城文献(二十三)　715
俄藏黑水城文献(二十四)　715
俄藏黑水城文献(十)　　　713
俄藏黑水城文献(十一)　　714
俄藏黑水城文献(十二)　　714
俄藏黑水城文献(十七)　　714
俄藏黑水城文献(十八)　　715
俄藏黑水城文献(十九)　　715
俄藏黑水城文献(十三)　　714
俄藏黑水城文献(十五)　　714
俄藏黑水城文献(十六)　　714
俄藏黑水城文献(十四)　　714
俄藏黑水城文献(七)　　　713
俄藏黑水城文献(八)　　　713
俄藏黑水城文献(九)　　　713
俄藏黑水城文献(三)　　　712
俄藏黑水城文献(五)　　　712
俄藏黑水城文献(六)　　　713
俄藏黑水城文献(四)　　　712
俄藏敦煌艺术品(一)　　　711

俄藏敦煌艺术品(二)　　　711
俄藏敦煌艺术品(三)　　　711
俄藏敦煌艺术品(五)　　　711
俄藏敦煌艺术品(六)　　　711
俄藏敦煌艺术品(四)　　　711
俄藏敦煌文献(一)　　　　699
俄藏敦煌文献(二)　　　　700
俄藏敦煌文献(十)　　　　701
俄藏敦煌文献(十一)　　　701
俄藏敦煌文献(十二)　　　701
俄藏敦煌文献(十七)　　　702
俄藏敦煌文献(十三)　　　701
俄藏敦煌文献(十五)　　　702
俄藏敦煌文献(十六)　　　702
俄藏敦煌文献(十四)　　　701
俄藏敦煌文献(七)　　　　700
俄藏敦煌文献(八)　　　　701
俄藏敦煌文献(九)　　　　701
俄藏敦煌文献(三)　　　　700
俄藏敦煌文献(五)　　　　700
俄藏敦煌文献(六)　　　　700
俄藏敦煌文献(四)　　　　700
俄藏敦煌汉文写卷叙录　　816
俄藏敦煌契约文书研究　　402
皇甫诞碑　　　　　　　　562
皇甫持正文集　　　　　　34
皇帝与皇权　　　　　　　403
皇冠与凤冠——中国后妃　629
泉货汇考　　　　　　　　524
《鬼谷子》研究　　　　　846
鬼怪世界——中国志怪故事
　　大观　　　　　　　　288
禹王城瓦当——东周秦汉时期
　　晋西南瓦当研究　　　508
禹贡研究论集　　　　　　343
禹贡锥指　　　　　　　　761
禹迹汤踪(夏商)　　　　　280
追忆——中国古典文学中的
　　往事再现　　　　　　858
追忆——近代上海图史　　600
追寻一己之福——中国古代的
　　信仰世界　　　　　　867
追寻智慧——冯契哲学思想
　　研究　　　　　　　　871
追迹三代　　　　　　　　533

追迹——考古学人访谈录 Ⅱ　541
律令法与天下法　844
律附音义　306
律诗三百首（图文本）　244
须溪词（方智范校点）　85
须溪词（吴企明校注）　76
俞平伯论红楼梦　184
俞平伯说红楼梦　830
俞平伯散文杂论编　176
俞振飞书信选　103
俞粟庐书信集　103
弇州四部稿（外六种）　732
剑南诗稿校注　10
食疗本草译注　648
食货志十五种综合引得　艺文
　志二十种综合引得　1040
食宪鸿秘　635
胜朝粤东遗民录　宋东莞遗
　民录　355
胜鬘经　胜鬘宝窟释读　467
勉斋小学论丛　551
独醒杂志　797
訄书　311
訄书详注　312
訄书原刻手写底本　311
急就章还真帖　566
饶宗颐史学论著选　386
饶宗颐新出土文献论证　544
蚀日者——中国古代的权臣　403
亭林诗文集　诗律蒙告　942
度支奏议　299
音义阐微　550
音学五书　韵补正　941
帝王权谋术　620
帝京景物略　39,806
施公案　129,139,144,148
施济美小说·凤仪园　276
施蛰存北窗唐志选萃　506
施蛰存北窗碑帖选萃　506
施蛰存先生编年事录　319
闺中造物有花仙——顾春诗词
　注评　58
闺范　579
闻一多诗集——《红烛》《死
　水》　770

闽小记　801
闽中人民革命史诗　269
养生类要　634
美人欧罗巴　644
美之苑——中国女性美大全　1071
美文精读与写作（中国古代卷）　663
美文精读与写作（中国现当代
　卷）　663
美术艺人大辞典　1035
美国中国学史研究——海外中
　国学探索的理论与实践　405
美国国会图书馆藏中文善本书
　续录　1062
美国学者论唐代文学　857
美的焦虑：北宋士大夫的审美
　思想与追求　857
美食寻趣——中国馔食文化　636
美食佳肴　641
美食源流　1009
姜白石词编年笺校　11
姜斋诗话笺注　155
姜夔词集　78
姜夔诗词选注　238
类书简说　263
类经　类经图翼　类经附翼　756
类说　735
类聚名贤乐府群玉　95
类篇（附索引）　1030
迷楼梦影（隋）　282
前汉书平话　112
前后七子研究　196
前后蜀文学研究　203
首阳吉金——胡盈莹、范季融
　藏中国古代青铜器　512
首阳吉金疏证　532
逆境强心针　691
洪迈年谱　317
洪秀全演义　116
洪昇年谱　318
洪昇和长生殿　258
洪宪纪事诗三种　311
洞天清录（外五种）　737
测量法义（外九种）　940
洗冤集录译注　648,989,995
洗澡的发现　691

洗髓经　635
活力利港　337
活地狱　115,132
活法机要　怪疴单　350
洛阳伽蓝记（外七种）　743
洛阳伽蓝记校注　964
洛阳新见墓志　505
济公全传　134
济慈走进了纳兰的朋友圈　685
济群法师谈人生（二函十册）　497
洋场浪子　279
洋票与绑匪——外国人眼中的
　民国社会　399
恒河畔的谜城　645
恬致堂集　349
恰似一江春水向东流——李煜
　词注评　81
恽敬集　17
觉悟与迷情——论中国佛教
　思想　496
宣和遗事　113
宣室志·裴铏传奇　786
宦海（外一种）　132
突厥汗国与欧亚文化交流的考
　古学研究　887
客舟听雨　274
客座赘语　793
客家文化与妇女生活——12—
　20世纪客家妇女研究　855
语文中考思路与技巧　666
语文高考（会考）思路与技巧　666
语言文字研究专辑　551
语言学研究论集　173
语言背后的历史——西域古典
　语言学高峰论坛论文集　538
语林　109
祖堂集　458,460
神女之探寻——英美学者论
　中国古典诗歌　211
神文时代：谶纬、术数与中古
　政治研究　370
神功奇行——中国特异功能
　文化　638
神仙世界——中国神仙故事
　大观　287

神圣与世俗——藏传佛教研究
　　论集　493
神州佛境——佛山·佛寺·
　　佛塔　489
神州游记(1925—1937)　646
神农本草经新疏　653
神奇的汉字　1007
神话、仙话、鬼话——古典小说
　　论集　214
神话论文集　198
神话寻踪　1003
神话求原　389
神话选译百题　70
神游华胥——中国梦文化　638
祝枝山手写正德兴宁志稿　568
祝塘纪事　338
说文中之古文考　544
说文笺识四种　549
说文解字　1029
说文解字义证　1029
说文解字注　1029
说文解字集注　1029
说词百篇　208
说苑珍闻　153
说呼全传　128
说岳全传　113,128,139,143,147
说诗百篇　212
说郛三种　817
说唐　112
说唐全传　127,139,143,147
说唐演义后传　127
说梦录　183
郡斋读书志校证　1056
费宏集　309
逊志斋外集　47
娇红记　101
姚少监诗集(四库本)　725
姚少监诗集(宋蜀刻本)　34
姚合诗集校注　44
姚勉集　47
姚鼐文集(小说卷)　955
姚鼐文集(杂著卷)　955
姚鼐文集(诗词卷)　955
贺兰山岩画　582
贺知章　包融　张旭　张若虚

诗注　30
贺铸词集　77
盈川集　721
癸辛杂识　792
癸辛杂识(外八种)　737
绘画　511
绘画世说新语　771
绘画笑林　772
绘画菜根谭　772
绘图三教源流搜神大全
　　(外二种)　629
绘图本王蒙旧体诗集　268
绛云楼题跋　1048
绛守居园池记　王司马集　724
绛帖平(外七种)　740
骆临海集笺注　3,352
骆宾王文集　32
绝句三百首　231
绝句三百首(图文本)　244
绝妙好词译注　767
绝妙好词笺　89
骈志　751
骈体文钞　63

十　画

艳异编　779
泰山　1006
泰山香社研究　878
秦三晋纪年兵器研究　542
秦史　303
秦史求知录　162
秦代初平南越考　占婆史
　　附：占城史料补遗　953
秦汉人物散论　876
秦汉之际的政治思想与
　　皇权主义　877
秦汉石刻题跋辑录　504
秦汉史　945
秦汉的方士与儒生　822,972
秦汉魏晋南北朝卷　473
秦西汉印章研究　537
秦会要　295
秦并六国平话　112
《秦妇吟》研究汇录　187
秦观词集　77

秦观诗词文选评　249
秦制研究　875
秦始皇石刻：早期中国的文本
　　与仪式　870
秦始皇画传　601
秦始皇陵兵马俑　1004
秦香莲　286
秦桧传　320
秦韬玉诗注　李远诗注　32
珠玉词　83
珠玉词(书韵楼丛刊)　778
珠里小志　圆津禅院小志　329
珠宝首饰价格鉴定(增订本)　529
班固文学思想研究　847
素手劫　278
素月楼联语　641
素问·摄生类　养生论　养性
　　延命录　备急千金要方·养
　　性　千金翼方·养性　631
盐铁论　430
盐铁论校注　450
袁了凡静坐要诀　636
袁中郎研究　196
袁宏道诗文系年考订　196
袁宏道集笺校　13
袁枚与随园诗话　259
袁枚年谱新编　318
袁凯集编年校注　888
袁崇焕集　356
都市大开发——空间生产的政
　　治社会学　874
都城纪胜　梦粱录(外八种)　743
哲学入门　483
哲学与宗教(第一辑)　927
哲学与宗教(第二辑)　927
哲学的误区　1019
聂夷中诗　杜荀鹤诗　45
恭王府考——红楼梦背景素材
　　探讨　183
莱茵河畔　268
莲池大师全集　469
莫高窟年表　1064
晋唐小楷九种　557,559
晋唐宋元瓷器真赝对比鉴定　523
莎士比亚戏剧(经典读本)　292

莎剧的古典魅影　292

真理与谬论——《辨中边论》
　探微　488

桂林诗词　60

桐阴论画　580

桐城派　261

桐桥倚棹录　807

《桃花扇》选评　250

桃花港畔　337

桃李不言　一代宗师
　——王瑶卿评传　614

格致余论　350

格致镜原　752

校正三辅黄图　341

校史随笔　824

校辑近代诗话九种　160

校雠通义通解　982,1066

栗褐色的梦——杨端明散文集　273

贾氏谭录·涑水记闻　787

贾谊新书　扬子法言　429

贾题韬讲《坛经》　494

夏完淳集　50

夏完淳集笺校（修订本）　14

夏浦记忆　338

夏商西周中原的北方系青铜器
　研究　886

夏商周：从神话到史实　536

夏商周青铜器研究　534

夏曾佑集　367

破三十六计（插图本）　631

原本周易本义　朱文公易说　745

原诗笺注　155

原始信仰和中国古神　620

顾千里研究　1066

顾云美卜居集手迹　568

顾云美自书手稿　568

顾太清奕绘诗词合集　52

顾曲麈谈　中国戏曲概论
　821,833,975

顾廷龙书题留影　1055

顾廷龙年谱　1055

顾况诗注　30

顾炎武　258

顾炎武与昆山文化　366

顾炎武年谱（外七种）　941

顾炎武全集　940

顾亭林诗集汇注　15

顾烜钱谱辑佚　货泉沿革　泉
　志　论币所起　钱币考　钱
　币谱　钱谱钱通　525

顾绣要素　919

顾随文集　175

顾随说禅　831

顾维钧与中国外交　374

顾鼎臣集　杨循吉集　346

顿与渐—中国思想中通往觉悟
　的不同法门　486

柴世宗传奇　285

柴剑虹敦煌学人和书丛谈　378

党史研究文集　399

党项西夏碑石整理研究　379

党政群团　338

晁氏宝文堂书目　徐氏红雨楼
　书目　1047

晁氏琴趣外篇　晁叔用词　75

晏子春秋　427

晏子春秋译注　434,998

晏殊词集·晏幾道词集　76,987

晏殊《类要》研究　369

晖福寺碑　561

恩福堂笔记　802

圆明园　314

圆觉经　458

圆觉经讲义附亲闻记　466

钱币丛谈　526

钱币学纲要　526

钱玄同文字音韵学论集　549

钱仲文集　华阳集　723

钱牧斋全集　49

钱注杜诗　4

钱录（外十五种）　742

钱录　货泉备考　古金待问录
　古金待问续录　历代钟官
　图经　525

钱钞辨伪　526

钱神志　524

钱载年谱（钱载研究·生平卷）　319

钱谦益文学思想研究　197

钱塘遗事　800

钱镜塘藏明代名人尺牍　811

铁如意馆诗钞附冷僧自编年谱　945

铁如意馆随笔　铁如意馆手钞
　书目　944

铁如意馆碎录　铁如意馆读书
　札记（外四种）　944

铁围山丛谈·独醒杂志　790

铁板铜琶大江东——侯少奎传　613

铁笛神剑　278

铁琴铜剑楼研究文献集　1067

铁琴铜剑楼藏书目录　1056

铁琴铜剑楼藏书题跋集录　1048

积学斋藏书记　1053

积微居小学述林全编　950

积微居小学金石论丛　836,950,977

积微居甲文说　耐林廎甲文说
　卜辞琐记　卜辞求义　950

积微居金文说　951

积微居读书记　951

积微翁回忆录　积微居诗文钞　951

透视上海近代建筑　608

透视汉语交际技巧　553

笔记文选读　808

笔花六照　273

笑史漫画　621

笑声里的智慧　686

笑府　38

笑话、幽默与逻辑（第六版）　660

俱舍论颂疏集注　968

倪文贞集（外四种）　734

射鹰楼诗话　159

徐氏庖言（外四种）　940

徐有武连环画作品集　591

徐光启与利玛窦　410

徐光启手迹　568

徐光启全集　939

徐光启诗文集　940

徐光启著译集　818

徐光启集　817

徐州百年大事记　332

徐志摩诗集——《志摩的诗》
　《翡冷翠的一夜》《猛虎集》
　《云游》　770

徐志摩散文集——《巴黎的鳞
　爪》《自剖》　770

徐秀棠紫砂陶艺集　605

十画

徐苹芳先生纪念文集　540
徐秉方刻竹人生　608
徐复观艺术诠释体系研究　854
徐朔方说戏曲　830
徐铭延文存　177
徐渭散文研究　196
徐霞客论稿　344
徐霞客游记　342,987,995
徐霞客游记(附索引)　342
《徐霞客游记》选评　322
殷代商王国政治地理结构研究　531
殷芸小说　149
殷周金文族徽研究　531
殷契拾掇　502
殷契释亲：论商代的亲属称谓
　及亲属组织制度　869
殷商贞卜文字考(外五种)　943
殷墟卜辞研究　545
殷墟甲骨分期研究　844
殷墟花园庄东地甲骨文例研究　885
殷墟村南系列甲骨卜辞整理与
　研究　543
般若心经译注集成　459,460
般若思想史　485
航海——文明之迹　541
爱日精庐藏书志　1052
爱国办学的范例——立达学社
　与大同大学、大同附中一院
　史料实录　340
爱国诗人陆游　194
爱眉小札(真迹手写本)　812
翁万达集　357
翁方纲经学手稿五种　773
《翁同龢日记》勘误录
　(附：甲午日记)　813
翁同龢诗词集　52
翁同龢诗集　20
脂砚斋甲戌抄阅再评石头记　121
脂砚斋红楼梦辑评　182
脂砚斋重评石头记(己卯本)　121
卿云集——复旦大学中文系
　七十五周年纪念论文集　226
卿云集续编——复旦大学中
　文系八十周年纪念论文集　226
留青日札　798

留青日札(影印本)　800
凌叔华小说·花之寺　276
凌刻套板绘图西厢记　96
凌烟阁功臣图　577,581
凌濛初和两拍　258
凄迷日月(明)　282
栾城集　9
高一文言文精读与精练　667
高二文言文精读与精练　667
高三文言文精读与精练　667
高三学生历史小论文精选与
　名师点评　665
高士传　581
高中历史研究性学习指导与训
　练——上海高中历史材料
　简释题和小论文撷英　665
高中文言文新读本　667
高中文言300实词例释　666
高中古诗词新读本　667
高中总复习优化教程　666
高氏三宴诗集附香山九老诗
　箧中集　河岳英灵集　国秀
　集　御览诗　中兴间气集
　极玄集唐四僧集　薛涛李冶
　诗集　718
高考作文训练
　——千字名文选评　666
高考语文(上海卷)解密与精练　666
高则诚和琵琶记　257
高阳公主·长歌　283
高花阁陈佩秋　610
高更最后的大溪地　644
"高邮王氏四种"汉语语义学
　研究　853
高青丘集　12
高昌艺术研究　609
高明学术论集　535
高适年谱　316
高适连环画精品集　591
高适岑参诗选评　247
高适岑参诗选注　236
高适岑参选集　54
高适和岑参　254
高适集校注　4
高常侍集　常建诗　孟浩然集　722

高等国文法　949
高僧传合集　457,459
郭天锡手书日记　568
郭店楚简先秦儒书宏微观　869
郭沫若古典文学论文集　175
郭绍虞手书毛泽东诗词　569
郭绍虞说文论　831
准噶尔蒙古与清朝关系史研究
　(1672—1697)　397
病机气宜保命集(外七种)　754
效颦集　109
离骚图　578,585
离骚笺疏　李璟李煜词校注
　花外集笺注　960
离骚解诂　179
唐人七绝诗浅释　66
唐人万首绝句选　719
唐人小说　107
唐人小说与民俗意象研究　849
唐人传奇　260
唐人行第录(外三种)　1064
唐人轶事汇编　816
唐人选唐诗十种　63
唐才子传　320
唐大诏令集补编　305
唐女诗人集三种　45
唐五十家诗集　25
唐五代人交往诗索引　1042
唐五代两宋词选释　90
唐五代两宋词简析　90
唐五代宋元名迹　586
唐五代词　260
唐五代词选　90
唐五代词选注　87
唐五代诗鉴赏　72
唐五代笔记小说大观　784
唐长孺文存　842
唐仆尚丞郎表　966
唐勾检制研究　840
唐文粹　718
唐书　324
唐末五代江南西道诗歌研究　849
唐史徵溯　393
唐代小说选译　138
唐代五大文豪　264

唐代中央重要文官迁转途径
　研究　　　　　　　　　　393
唐代文艺论（第五卷）　　　970
唐代文言小说与科举制度　　202
唐代文学隅论　　　　　　　879
唐代文馆制度及其与政治和文
　学之关系　　　　　　　　848
唐代东都分司官研究　　　　384
唐代西州土地关系述论　　　874
唐代传奇选译　　　　　　　235
唐代自然灾害及其社会应对　394
唐代交通图考　　　　　　　966
唐代州郡制度研究　　　　　874
唐代妇女的生命历程　　　　393
唐代进士行卷与文学　　　　202
唐代园林别业考录　　　　　343
唐代佛教　　　　　　　　　884
唐代国家与地域社会研究——
　中国唐史学会第十届年会
　论文集　　　　　　　　　407
唐代制度文化研究论集　　　394
唐代的历　　　　　　　　　865
唐代的长安与洛阳（地图篇）864
唐代的长安与洛阳（索引篇）864
唐代的长安与洛阳（资料篇）864
唐代的行政地理　　　　　　864
唐代的私学与文学　　　　　849
唐代的诗人　　　　　　　　863
唐代的诗篇　　　　　　　　864
唐代的散文作品　　　　　　863
唐代的散文作家　　　　　　863
唐代官修史籍考　　　　　　884
唐代试赋研究　　　　　　　848
唐代政治史述论稿　　823,957
唐代政治史略稿手写本　　　385
唐代政治史略稿　外一种（社
　庆典藏本）　　　　　　　385
唐代铜镜与唐诗　　202,515
唐代散文选注　　61,229,231
唐代墓志汇编　　　　　　　504
唐代墓志汇编续集　　　　　505
唐兰全集　　　　　　　　　533
唐写本玉篇校段注本说文　1029
唐后期五代宋初敦煌僧寺研究885
唐会要　　　　　　　　　　296

唐戏弄　　　　　　　　　　958
唐声诗　　　　　　　　　　958
唐宋八大家文钞　　　720,981
唐宋人选唐宋词　　　　　　88
唐宋历史文献研究丛稿　　　875
唐宋文举要　　　　　　　　65
唐宋古文运动　　　　　　　261
唐宋史论丛　　　　　　　　387
唐宋传奇集全译　　　　　　138
唐宋名家词选　　　　　87,90
唐宋时期明州区域社会经济
　研究　　　　　　　　　　394
唐宋词一百首　60,229,230,241
唐宋词一百首（彩图本）　　242
唐宋词人年谱　　　　　　　317
唐宋词三百首（图文本）　　243
唐宋词三百首（袖珍图文本）245
唐宋词论丛　　　　　　　　206
唐宋词格律　　　　80,88,1038
唐宋词通论　　　　　　　　164
唐宋词简释　　　　　　　　90
唐宋词谱校正　　　　　　　209
唐宋变革时期的法律与社会　394
唐宋诗史论　　　　　　　　848
唐宋诗词名句　　　　679,680
唐宋诗词吟赏　　　　　　　664
唐宋诗词常识　　　　　　　263
唐宋诗举要　　　　　　　　65
唐宋散文　　　　　　　　　260
唐宋散文名句　　　　679,680
唐贤三昧集　　　　　　　　719
唐贤三昧集译注　　　　　　767
唐国史补　因话录　　　　　804
唐郑虔书画　　　　　　　　586
唐诗　　　　　　　　　　　260
唐诗一百首　60,229,230,241
唐诗一百首（彩图本）　　　242
唐诗三百首（王财贵主编）　681
唐诗三百首（书韵楼丛刊）　774
唐诗三百首（书韵楼新刊）　780
唐诗三百首（金性尧注）　　768
唐诗三百首今用鉴赏辞典　1036
唐诗三百首（图文本）　　　243
唐诗三百首（袖珍图文本）　245
唐诗三百首新注　　　　　　66

唐诗三百首新注（附辑评）　996
唐诗与人生　　　　　　　　1019
唐诗与民俗关系研究　　　　877
唐诗小集（第一函）　　　　29
唐诗书目总录（增订本）　　164
唐诗本事研究　　　　　　　202
唐诗史案　　　　　　　　　204
唐诗丛考　　　　　　　　　203
唐诗印谱　　　　　　　　　573
唐诗汇评（增订本）　　　　164
唐诗百话　　　　　　　　　204
唐诗传　　　　　　　　　　161
唐诗杂论　　　820,833,973
唐诗论文集　　　　　　　　203
唐诗论文集续集　　　　　　203
唐诗论评类编（增订本）　　164
唐诗论集　　　　　　　　　172
唐诗纪事　　　　　　　　　155
唐诗别裁集　　　　　　　　64
唐诗评选　　　　　　　　　62
唐诗画谱　　　　　　581,585
唐诗画谱　诗余画谱　元曲
　选图　　　　　　　　　　579
唐诗咀华　　　　　　　　　1002
唐诗的魅力　　　　　　　　857
唐诗金粉　词林合璧　锦字笺782
唐诗学文献集粹　　　　　　164
唐诗学引论（增订本）　　　163
唐诗学史述论　　　　　　　202
唐诗学史稿（增订本）　　　164
唐诗品汇　　　　　　　　　719
唐诗品汇（明汪泥本）　　　64
唐诗选　　　　　　　　　　65
唐诗类苑　　　　　　　　　25
唐诗艳逸品　　　　　　　　780
唐钞文选集注汇存　　　　　772
唐律研究　　　　　　　　　393
唐律疏议　　　　　　　　　305
唐音佛教辨思录　　　　　　204
唐音质疑录　　　　　　　　203
唐音癸签　　　　　　　　　158
唐音统签　　　　　　　　　25
唐前志怪小说辑释　　　　　107
唐前博物类小说研究　　　　849
唐宫二十朝演义　　　　　　149

十画

唐语林	804	二辑)	913	海录碎事	749
唐语林(外十一种)	735	浙东文化集刊(2007年卷)(全		海峡两岸古典文献学学术	
唐寅集	12	二辑)	913	研讨会论文集	936
唐鉴	305	浙东文化(2008年卷)(第一辑)		海贸遗珍——18—20世纪初	
唐摭言	786,804		913	广州外销艺术品	517
瓷器收藏实鉴——饮食器	523	浙东学派溯源	956	海派文化与传播(第二辑)	903
瓷器收藏实鉴——香炉、文房		浙江文史新论	926	海派美术藏品精选	514
用品	522	浙江传统与浙江精神论集	474	海浮山堂词稿(汪贤度点校)	94
瓷器收藏实鉴——罐瓶	522	浙江采集遗书总录	1051	海浮山堂词稿(凌景埏等标校)	12
资治通鉴	306	浙江通志	330	海绡词笺注	87
资治通鉴补	298	浙学研究论集	474	海虞诗苑 海虞诗苑续编	346
资治通鉴附考异	306	浙学研究集萃	484	海潮音	470
《资治通鉴》选评	322	浙藏敦煌文献校录整理	548	海藏楼诗集	21
资治通鉴皇家读本	306,991	浦东文博	519	浮生手记——1886—1954 一个	
旅华抒怀	646	浦东老闲话	630	平民知识分子的纪实	274
旅顺博物馆所藏甲骨	501	浦东碑刻资料选辑(修订本)	505	浮生六记(外三种)	40,769
旅顺博物馆概览	542	浦江儿女雪域情——上海首批		流沙坠简(外七种)	943
旅顺博物馆藏敦煌本六祖坛经	468	对口支援西藏干部摄影集	604	流金集	386
旅游文化探胜	622	浦江宗谱文献集成	360	流氓的变迁——中国古代流氓	
旅游诗三百首(图文本)	245	酒经译注	648	史话	621
阅世编	807	涉园序跋集录	1057	流翰仰瞻:陈硕甫友朋书札	569
阅红楼梦随笔	182	海上大观园	810	涧庄文录	962
阅微草堂笔记	110,140,145	海上花开	117	涧泉日记 西塘集耆旧续闻	797
阅微草堂笔记(沈鸿生书法)	111,802	海上花列传	131,144	浣纱记	100
阅微草堂笔记全译	137	海上花落	117	浪迹丛谈 续谈 三谈	795
阅微草堂笔记研究	853	海上画坛(中国画卷)	595	涌幢小品	794,806
瓶水斋诗集	18	海上锦绣——顾绣珍品特集	512	悟真篇集注	633
粉妆楼	127	海上静安	646	家乡、城市和国家——上海的	
兼于阁杂著	1027	海上墨林 广方言馆全案 粉		地缘网络与认同	
兼于阁诗话	161	墨丛谈	809	(1853—1937)	363
朔方道志	331	海上繁华梦附续梦	809	家住六朝烟水间——南京	643
烟花三月——扬州昆曲人物		海天琴思录 海天琴思续录	159	家藏集	729
评传	615	海日楼札丛(外一种)	1024	宾退录	797
浙东文化论丛(二○一一年卷)		海内奇观 名山图 太平山水		宾退录·却扫编	791
(全二辑)	913	图 古歙山川图	579	容春堂集	729
浙东文化论丛(二○一○年卷)		海公大红袍全传	128	容斋随笔	789,797,805,985,995
(全二辑)	913	海公小红袍全传	129	诸子百家	679,680
浙东文化论丛(二○○九年卷)		海右陈人集	40	诸子学刊(第一辑)	922
(第一辑)	913	海外上海学	405	诸子学刊(第二辑)	922
浙东文化论丛(二○○九年卷)		海外中国学评论(第1辑)	933	诸子学刊(第十一辑)	923
(第二辑)	913	海外中国学评论(第2辑)	933	诸子学刊(第十二辑)	923
浙东文化论丛(第二辑)	913	海外夷坚志——古史异观二集	387	诸子学刊(第十三辑)	923
浙东文化集刊(2005年卷)(全		海外华侨	1005	诸子学刊(第十辑)	923
二辑)	913	海外红学论集	183	诸子学刊(第七辑)	923
浙东文化集刊(2006年卷)(全		海外孤本晚明戏剧选集三种	772	诸子学刊(第八辑)	923

诸子学刊(第九辑)　923
诸子学刊(第三辑)　923
诸子学刊(第五辑)　923
诸子学刊(第六辑)　923
诸子学刊(第四辑)　923
诸子通考　834
诸蕃志(外十三种)　743
读人所常见书日札　1025
读书杂志　763
读书纪数略(附索引)　753
读书敏求记校证　1049
读古文入门　267
读古诗入门　266
读古诗文常识　263
读史方舆纪要稿本　343
读曲小记　215
读曲常识　262
读杜札记　191
读杜诗说　191
读词入门　267
读词常识　262
读易提要　471
读诗常识　262
读鲁迅书　1026
扇有善报——阿海笑侃私家
　藏扇　530
扇解人意——阿海再侃私家
　藏扇　530
被开拓的诗世界　192
被更乌泾名天下——黄道婆文
　化国际研讨会论文集　364
被结构的时间:农事节律与传
　统中国乡村民众年度时间生
　活——以江南地区为中心的
　研究　880
课堂教学方法改革与探索　669
谁是大英雄　288
调节心态的智慧　1019
谈山海经　592
展望永恒帝国——战国时代的
　中国政治思想　869
剧史新说　168
剧坛大将——吴石坚传　614
剧说　214
剧谈录　803

蚩尤猜想——中华文明创世纪　389
陶弘景集校注　43
陶瓷手记——陶瓷史思索和
　操作的轨迹　538
陶庵梦忆注评　818
陶庵梦忆　西湖梦寻(马兴荣
　点校)　798
陶庵梦忆　西湖梦寻(夏咸淳
　等校注)　39,769
陶渊明　253
陶渊明及其作品选　264
陶渊明全集　986
陶渊明全集　附谢灵运集　27
陶渊明李白新论(第四卷)　970
陶渊明的文学世界　190
陶渊明诗文选注　235
陶渊明集校笺　2,43
陶渊明谢灵运鲍照诗文选评　246,999
陶靖节先生诗　谢康乐诗集　777
娱目醒心编　150
通史新义　956,978
通向未来——世界十大科学家　1021
通向神学之路　860
通志堂集　42
通志略　307
通雅　546
通鉴纪事本末　307
通鉴故事选译　230,235
通鉴胡注论纲　376
通鉴选　326
能改斋漫录　806
难忘的战斗　592
桑槐谈片　1024
桑榆忆往　272
绣像批评本四大名著　123
绥寇纪略　310
继往开来的闵行区政协——第
　二届闵行区政协工作集锦　605

十一画

理学在浙江的传播——以《近
　思录》为中心的历史考察　480
琅函鸿宝——上海图书馆藏
　宋本图录　583
域外汉学与中国现代史学　889

捶丸——中国古代的高尔夫球　631
推求师意(外四种)　755
推易始末　春秋占筮书　易
　小帖　747
授衣广训　577
教化与惩戒:中国古代戏曲
　小说禁毁问题研究　855
教坊记(外七种)　785
教坊记笺订　803
教坊记　北里志　青楼集　803
教科文卫　338
探古新痕　1027
探寻西藏的心灵——图齐及其
　西藏行迹　532
探寻适合每位学生的课程——
　大同中学课程统整实践研究　669
探寻儒学与科学关系演变的历
　史轨迹——中国近现代科技
　思想史研究　880
探秘红楼梦　185
职官分纪　历代制度详说　八
　面锋　750
基督宗教　492
基督教与中国文化　491
基督教的兴起——一个社会学
　家对历史的再思　491
基督教学术(第一辑)　929
基督教学术(第二辑)　929
基督教学术(第七辑)　930
基督教学术(第三辑)　929
基督教学术(第五辑)　929
基督教学术(第六辑)　929
基督教学术(第四辑)　929
聊斋志异　142,146
聊斋志异全译　137
聊斋志异会校会注会评本　16
聊斋志异戏曲集　98
聊斋志异(图文本)　992
聊斋志异图咏　775
聊斋志异说唱集　104
聊斋志异(绣像大字本)　781
聊斋志异(盒装)　781
聊斋故事选译　230,235
著砚楼书跋　1050
菱花照影——中国镜文化　638

择石斋诗集　择石斋文集　349
黄山缘
　　——中美十四家黄山书画集　597
黄以周全集　454
黄丕烈藏书题跋集　1056
黄式三全集　454
黄式三黄以周合集　454
黄仲则年谱考略　198
黄仲则研究资料　197
黄杨木雕第一家
　　——徐宝庆黄杨木雕鉴赏　608
黄侃手批白文十三经　446
黄侃手批说文解字　1029
黄侃论学杂著
　　——《说文略说》等十七种　549
黄金草原
　　——古代欧亚草原文化探微　400
黄昏小品　1026
黄河三角洲地方志提要与研究　345
黄河长江　1006
黄宗羲与明清思想　926
黄庭坚词集　77
黄庭坚词集·秦观词集　987
黄庭坚青原山诗刻石　556,559
黄庭坚诗词文选评　248
黄庭坚诗选　71
黄庭坚诗选注　238
黄庭坚选集　56
黄庭经　632
黄帝内经素问　灵枢经　难经
　　本义　针灸甲乙经　753
黄帝陵与龙文化　599
黄宣佩考古学文集　535
黄宾虹书信集　812
黄绾集　445
黄遵宪　259
黄遵宪传　320
黄遵宪诗选注　239
菽园杂记　793
菜根谈　幽梦影　769
菊坛大道——李少春评传　614
菩提心与道次第　488
菩提道次第广论讲记（卷一——
　　卷十三）　968
菩提道次第广论集注（卷一——

十三）（修订版）　968
菩提道次第师师相承传　468
菩提道次第科颂讲记　968
萍洲可谈·老学庵笔记　789
萤窗异草　111
乾净衕笔谈·清脾录（朝鲜人
　　著作两种）　159
乾隆甲戌脂砚斋重评石头记　120
乾隆巡幸江南记　114,141
乾隆抄本百廿回红楼梦稿　121
（乾隆）镇洋县志　333
乾嘉经学家文学思想研究　888
萧云从太平山水诗画　585
萧云从太平山水诗画繁昌卷　585
萧红小说·朦胧的期待　276
萧茂挺文集　李遐叔文集　723
萧绍海塘文化专题研讨会
　　论文集　538
萧涤非说乐府　829
萧爽斋乐府　94
菰中随笔（外三种）　942
梼杌萃编　132
梦厂杂著　799
梦为蝴蝶也寻花——李冶、
　　薛涛、鱼玄机诗注评　58
梦英篆书千字文碑　563,564
梦符散曲　92
梦窗词　85
梦窗词研究　195
梦溪笔谈　788,985
梦溪笔谈全译　995
梦溪笔谈选注　805
梦溪笔谈校证　805
梦影红楼——旅顺博物馆藏
　　全本红楼梦　585
梵天佛地　532
桯史·默记　791
梅兰惊艳　国色吐芬芳——梅
　　兰芳评传　613
梅尧臣集编年校注　8
梅花百咏附古赋辩体　忠义集　720
梅花如雪悟香禅
　　——吴藻词注评　59
梅花草堂笔谈　800
梅花喜神谱　饮膳正要　山海

经图　578
梅里词派研究　852
梅娘小说·黄昏之献　278
梅强年珍藏世界古董表鉴赏　619
梅韵兰芳：梅兰芳八大经典
　　剧目写真　103
梅溪词（方智范点校）　85
梅溪词（雷履平等校注）　75
梅墩诗钞拾遗（第九卷）　971
救狂砭语　金陵览古　徐生记
　　略　801
救荒本草　650
救荒本草译注　649
曹月川集　敬轩文集　两溪
　　文集　728
曹氏父子和建安文学　253
曹全碑　561,563
曹邺诗注　31
曹唐诗注　31
曹雪芹丛考　185
曹雪芹走进了巴尔扎克的
　　朋友圈　685
曹雪芹的故事　185
曹雪芹家世新考　185
戚叔玉捐赠历代石刻文字拓本
　　目录　1045
龚自珍　259
龚自珍全集　18
龚自珍诗文选注　239
龚自珍诗集编年校注　18
盛世风雅颂——新中国贵金属
　　币章收藏投资鉴赏　619
盛世危言　818
盛宣怀档案选编　697
雪月梅　152
雪泥鸿爪：焕文治印选　573
雪涛小说（外四种）　39
雪堂所藏古器物图说（外九种）　943
雪堂剩墨（附年谱传略四种）　944
雪窦寺志二种　332
颅卤经（外十种）　753
虚白斋尺牍校释　811
虚舟集（外五种）　727
常见病中医食疗　651
常用成语一字通　1032

常用繁简字实用指南 1033
常州齐梁文化遗存（修订本） 362
晨钟暮鼓——清规戒律·节日
　风俗·法器僧服 490
野史无文 300
野议　论气　谈天　思怜诗 652
野客丛书附野老纪闻 797
曼叔诗文存 355
晚出《古文尚书》公案与
　清代学术 853
晚明东林党议 396
晚明《孝经》学研究 397
晚周辩证法史研究 479
晚唐士风与诗风 203
晚唐小品文选注 67
晚唐五代敦煌佛教团戒律
　清规研究 401
晚清三名家绘百美图 779
晚清上海片影 630
晚清小说 262
晚清小说目录 883
晚清文艺报刊述略 1061
晚清东游日记汇编 1·中日诗
　文交流集 367
晚清东游日记汇编 2·日本军
　事考察记 367
晚清东游日记汇编　日本国志 814
晚清史 325
晚清民国的国学研究 845
晚清西方地理学在中国——以
　1815 至 1911 年西方地理学
　译著的传播与影响为中心 344
晚清传媒视野中的日本 865
晚清戏曲小说目 1060
晚清经济史事编年 311
晚清政治与佛学 495
晚清狭邪文学与京沪文化研究 853
晚照楼论文集 177
晚翠园论学杂著 935
距离与想象——中国诗学的
　唐宋转型 862
唯识研究（第一辑） 927
唯实的楷模陈云 589
唵香仙馆书目　旧山楼书目 1048
啸亭杂录　续录 795

逻辑何为——当代中国逻辑的
　现代性反思 870
崔东壁遗书 311
崔敬邕墓志 555,559
崔颢诗注　崔国辅诗注 30
崇古文诀 719
崇明年鉴（2011） 340
崇明年鉴（2012） 340
崇明县卷 327
崇祯历书附西洋新法历书增刊
　十种 652
崇祯借饷·巧计擒文富 593
银汉三星鼎立唐
　——唐韵笙评传 614
银行老照片 603
甜斋乐府 91
移民企业家
　——香港的上海工业家 363
笛师与虎头人火星上来的孩子
　偷红枣的泥塑姑娘海底螺
　旋舟 686
第三、四届沪、港、澳与新加坡
　中学生获奖作文精编 694
箫吹弦诵传薪录——闻一多、
　罗庸论中国古典文学 176
偶更堂集 41
偶斋诗草 20
盘山志　西湖志纂 744
船山思问录 436
彩陶 510
彩楼记 97,100
象山语录　阳明传习录 433,436
逸周书汇校集注（修订本） 758
《逸周书》研究 846
祭拜趣谈 624
庾信诗赋选 71
庾信研究 163
康有为全集（第一集） 453
康有为全集（第二集） 454
康有为全集（第三集） 454
康乾盛世 1004
康熙几暇格物编译注 649
康熙书法 919
康熙延绥镇志 334
康熙字典（王引之校改本） 1030

庸盦文别集 52
鹿鼎风云（春秋战国） 281
章太炎先生家书 812
章学诚文论思想及文学批评
　研究 853
章学诚的知识论——以考证学
　批判为中心 398
章草传薪 574
章草概论 574
竟陵派与明代文学批评 205
商代青铜器铭文研究 885
商君书　尸子 428
商周青铜器幻想动物纹研究 389
商周青铜器铭文暨图像集成 504
商周服制与早期国家管理模式 532
商界现形记 810
商贸财经 338
商鞅及其学派 479
旌阳之春 337
望海楼笔记（外二种） 967
剪灯新话（外二种） 109
清人室名别称字号索引增补本 1044
清风吹歌　曲绕行云飞——尚
　小云评传 613
清风雅韵播千秋——俞振飞
　评传 612
清文颖 721
清末时新小说集 116
清末变法与日本——以宋恕
　政治思想为中心 481
清末浙江与日本 865
清末新闻、出版案件研究
　——以"苏报案"为中心 399
清平山堂话本 109,134
清史 325
清史大纲 823,835,974
清史满语辞典 1031
清史纂修研究与评论 368
清代八股文译注 68
清代上海房地契档案汇编 313
清代小说选译 138
清代女性服饰文化研究 616
清代文学批评史 221
清代文学概述　书学源流论
　（外五种） 944

十一画

清代《文选》学研究		879
清代方志序跋汇编·通志卷		344
清代书画家字号引得　清画传		
辑佚三种		1041
清代古声纽学		552
清代四川巴县衙门咸丰朝档案		
选编		368
清代《仪礼》文献研究		877
清代西域诗研究		206
清代江南女性文学史论		361
清代江南市镇与农村关系的空		
间透视——以苏州地区为		
中心		368
清代军机处满文熬茶档		367
清代戏曲选注		232
清代宋诗选本研究		852
清代词学批评史论		209
清代松江府望族与文学研究		206
清代学术概论	825,832,972	
《清代学者象传》研究		616
清代学者像传合集		602
清代诗文集汇编		696
清代诗文集汇编总目录·索引		
（附光盘）		1045
清代经学与戏曲——以清代经		
学家的戏曲活动和思想为		
中心		853
清代临桂词派研究		166
清代思想史纲	835,977	
清代前期的政治认同与		
历史书写		397
清代宫廷中的外国人		411
清代笔记小说大观		784
清代散文选注		232
清代碑传全集（附姓名字号室		
名索引）		310
清代辑佚研究		368
清至民国蓄妾习俗之变迁		399
清廷十三年		
——马国贤在华回忆录	859,861	
清华园感旧录		1026
清华铭文镜		515
清江县志		331
清异录·江淮异人录		787
清园论学集		934

清初理藩院研究——以顺治朝		
理藩院满文题本为中心		400
清初清词选本考论		165
清初遗民词人群体研究		165
清词一百首		242
清词的传承与开拓		165
清词探微		165
清明诗词		625
清忠谱		100
清河书画舫		580
清河书画舫（外四种）		741
清波小志（外八种）		354
清波杂志（外八种）		735
清实录研究		888
清诗一百首		242
清诗纪事初编		156
清诗别裁集		65
《清诗别裁集》研究		852
清诗话		159
清诗话三编		160
清诗话续编		159
清宫十三朝演义		149
清宫十三朝演义（全本绘评）		993
清宫戏画		585
清宫瓷器		511
清真集		778
清真集笺注		10
清秘藏　长物志　韵石斋笔谈		
七颂堂识小录　砚山斋杂记		
意林　绀珠集		738
清乾隆十全武功档案暨方略		
汇辑		313
清乾隆御览四色抄本戏曲两种		103
清乾隆舒元炜序本红楼梦		121
清朝京控制度研究		368
清嘉录		799
鸿爪集		386
鸿獭录		798
渑水燕谈录·西塘集耆旧续闻		788
淮南子（萧容标校）		450
淮南子（影印本）		429
淮南子证闻　盐铁论要释		949
淮南子：建构的道经		1001
淮南子通检　春秋繁露通检		1042
淮海居士长短句（书韵楼丛刊）		778

淮海居士长短句（徐培均校点）	75,83	
淮海居士长短句笺注		10
淮海集笺注		9
渊鉴类函	753,783	
渔洋山人感旧集		68
渔洋精华录集释		16
淘金路上		644
淳化阁帖集释		567
淳化阁帖辨正		567
梁任公诗稿手迹		569
梁辰鱼集		13
梁启超修身三书		819
梁武帝萧衍考略		847
梁祝戏剧辑沉		106
梁祝故事说唱集		104
梁溪漫志		796
情史		38
情关西游——从《西游记》到		
《西游补》		1028
情系日喀则——上海第二批		
对口支援西藏干部摄影集		604
情词三百首（图文本）		244
情诗三百首		66
情诗三百首（图文本）		244
惜抱轩诗文集		17
寂寞言不尽——言菊朋评传		612
宿州市志		331
密云大唐庄—白河流域古代墓		
葬发掘报告		506
谜话		642
谜语故事台历（1993 年）		816
尉缭子注释		449
屠绅年谱		318
弹词宝卷书目		1060
弹词叙录		959
隋宫两朝演义		148
隋唐五代小说研究资料		202
隋唐五代文学批评史		221
隋唐五代文学思想史		224
隋唐五代史		946
隋唐文选学研究		201
隋唐辽宋金元史论丛（第二辑）		907
隋唐辽宋金元史论丛（第三辑）		907
隋唐辽宋金元史论丛（第五辑）		908
隋唐辽宋金元史论丛（第六辑）		908

隋唐辽宋金元史论丛（第四辑）　907
隋唐两京坊里谱　343
隋唐佛教文化　484
隋唐佛教各宗与美学　495
隋唐制度渊源略论稿　957
隋唐帝国形成史论　381,860
隋唐嘉话　大唐新语　802
隋唐演义　113,141
隋唐演义（图文本）　992
随想篇（第十卷）　971
蛋白质女孩在美国——东西方
　　教育合力的成功典范　668
隆阐法师碑　561
隐秀轩集　13
婚嫁趣谈　623
续儿女英雄传　127
续小五义　129
续西游记　126
续名医类案（外四种）　757
续红楼梦　126
续近思录　433
续金瓶梅　126
续修四库全书　696
续修四库全书·术数类丛书　819
续修四库全书总目录索引　1044
续修四库全书总目提要·史部　1047
续修四库全书总目提要·经部　1047
续修四库全书总目提要·集部　1047
续资治通鉴　306
续资治通鉴长编附拾补　307
续资治通鉴长编拾补　298
续镜花缘　127
绮楼重梦　126
绿色生活　美丽上海——2014
　　年上海中华环保世纪行公益
　　书法作品集　571
绿牡丹　101,128
绿牡丹全传　152
绿烟琐窗集　枣窗闲笔　51
绿野仙踪　134
绿窗唐韵：一个生态文学
　　批评者的英译唐诗　202
绿窗新话　149
缀古集　1027
巢经巢诗文集　19

十二画

琵琶记　96
《琵琶记》研讨会论文集　228
琴史（外十种）　739
琴志楼诗集　21
琴轩集　356
琴棋书画
　　——中国古典四大艺术　616
琬琰集删存附引得　1041
越南汉文小说研究　293
越南汉文小说集成　292
越绝书　302
《越绝书》研究　376
越窑·秘色瓷　539
越窑瓷墓志　516
越谚　359
越缦堂诗文集　20
超时空对话：孔子与苏格拉底　684
超时空对话：
　　孙子与克劳塞维茨　685
超时空走访：
　　管子与亚当·斯密　685
超时空探访：庄子与叔本华　684
博古叶子　581
博物志（外七种）　785
博望鸣沙：中古写本研究与
　　现代中国学术史之会通　369
揭傒斯全集　12
彭公案　129,139,144,148
彭阳海子塬墓地发掘报告　508
彭定求诗文集　347
彭惠安集　清风亭稿　方洲集　728
插图中的世界名著　292
插图本昆曲史事编年　224
搜神记全译　137
搜神记·搜神后记　785
搜神记　唐宋传奇集　107
握奇经　六韬　司马法　吴子
　　尉缭子　428
散曲聚珍　92
散原精舍诗文集　21
董开章书画集　597
董永沉香合集　105
董西厢和王西厢　257

敬业堂诗集　16
蒋士铨研究　198
韩世忠传　289
韩江闻见录　357
韩非子（整理本）　437,985
韩非子（影印本）　428
韩非子译注　434,997
韩非子现代版　443
《韩非子》的成书及其文学研究　162
韩非子选　450
《韩非子》选评　438
韩非子选译　450
韩非：帝王的法术　1001
韩非子语录　441
韩非子校疏　760
韩非子集释　449
韩非子集释补　450
韩非子新校注　759
韩国汉文小说研究　293
韩昌黎文集校注　5
韩昌黎诗系年集释　5
韩诗外传研究——汉代经学与
　　文学关系透视　179
韩涓墓志·长孙瓖墓志·李沂
　　墓志·李虔墓志　563
韩偓事迹考略　194
韩湘子全传　152
韩愈　254
韩愈及其作品选　265
韩愈全集　28
韩愈志　952
韩愈诗文选评　247
韩愈诗选注　236
韩愈选集　55
韩愈散文选注　236
韩愈散文选集　57
朝天记——重走利玛窦之路　499
朝绘夕赏　590
朝野金载·云溪友议　785
朝鲜半岛：地缘环境的挑战与
　　应战　405
朝鲜时代汉字学文献研究　553
朝鲜所刊中国珍本小说丛刊　291
朝鲜燕行使与朝鲜通信使——
　　使节视野中的中国·日本　882

十二画

棋牌乐 690
棋魂 288
植物篇 684
椒邱文集　石田诗选　东园
　文集 729
棚户区——记忆中的生活史 873
醉醑斋酒牌 578
厦门旧影 513
雁门集 12
雁丘泪 284
雅颂选译 23
雅部正音　官生魁首
　——蔡正仁传 613
紫金流虹 337
紫柏大师全集 469
紫砂 511
紫砂入门十讲 606
紫砂典籍·题咏·铭文鉴赏 606
紫砂研究 903
紫砂研究（第二辑） 903
紫砂研究（第三辑） 903
紫砂泰斗顾景舟 605
紫砂壶铭赏析 606
紫隈村志 329
紫檀雕塑第一家：
　屠杰紫檀雕塑鉴赏 619
辉煌十年——全国高校古籍
　整理研究成就 1068
晴山堂法帖 568
晴韵馆收藏古钱述记　泉史 525
鼎足三分（三国） 281
景刊宋金元明本词 74
景舟壶艺流别录——紫砂泰斗
　顾景舟九十诞辰纪念展作品
　集珍 605
景岳全书 756
遗山词研究 195
遗业与轨则：百年中国学术
　论衡 854
遗产与记忆——雷士德、雷士
　德工学院和她的学生们 513
喻世明言 119,135,142,145
喻林 752
赋史 223
赋学论稿 211

赋学概论 211
赋税制度、租佃关系与
　中国中古经济研究 393
黑道风云 279
铸雪斋抄本聊斋志异 110
智永真草千字文 561
智永真草千字文碑 565
智龛金石书画论集 594
智龛品砚录 526
智龛品壶录 526
智龛品钱录 527
智慧之光——世界十大思想家 1021
智慧之境 484
智囊补 38
犍陀罗艺术探源 532
犍陀罗石刻术语分类汇编——
　以意大利亚非研究院巴基斯
　坦斯瓦特考古项目所出资料
　为基础 532
程十发精绘丽人集 588
程子樗言 353
程氏墨苑 579
程文德集 353
程正谊集 353
程尚濂诗集 353
程嘉燧全集 359
稀见明人诗话十六种 159
傲然秋菊御风霜
　——程砚秋评传 613
傅大士集 351
傅山《荀子》《淮南子》评注
　手稿二种 450
傅抱石年谱 611
傅抱石（其命唯新——纪念
　傅抱石诞辰一百周年） 611
傅抱石所造印稿 611
傅抱石美术文集 611
傅抱石绘毛泽东诗意画册 611
傅抱石精品画集 611
傅雷书信集 813
集王羲之书三藏圣教序 556,560
集王羲之圣教序碑 562,564
集币八讲 690
集古录（外六种） 740
集行草字典 1035

集邮二十讲 690
集评校注西厢记 96
集韵附索引 1036
集蓼编（外八种） 944
焦氏笔乘 798
储光羲诗集　次山集 722
御史台精舍碑 561
御制盛京赋 781
御纂周易折中 747
舒文扬书法篆刻选 573
舒岳祥年谱 317
释氏源流　水陆道场神鬼图像
　牧牛图 579
释名疏证补 547
《释名》新证 542
释迦方志 964
释迦如来应化事迹 459
释迦牟尼佛画传 601,602
禽鱼虫兽编 640
舜水东渡 919
舜水研究 919
鲁迅辑校古籍手稿 819
鲁国尧语言学文集
　——衰年变法丛稿 552
猴 625
舣庵诗存 21
舣腾 799
敦煌艺术十讲 616
敦煌艺术叙录 616
敦煌文学 261
敦煌文学丛考 840
敦煌古藏文文献论文集 402
敦煌古藏文文献探索集 402
敦煌石室地志残卷考释 841
敦煌旧影——晚清民国老照片 603
敦煌汉文文书 816
敦煌写本汉字论考 548
敦煌吐鲁番文书与中古史研究
　——朱雷先生八秩荣诞
　祝寿集 406
敦煌吐鲁番研究（第十一卷） 910
敦煌吐鲁番研究（第十二卷） 910
敦煌吐鲁番研究（第十三卷） 910
敦煌吐鲁番研究（第十五卷） 911
敦煌吐鲁番研究（第十四卷） 911

敦煌吐鲁番研究（第十卷） 910
敦煌曲子词地域文化研究 210
敦煌因明文献研究 496
敦煌——伟大的文化宝库 542
敦煌佛典语词和俗字研究 548
敦煌图史 599
敦煌变文字义通释 1032
敦煌变文论文录 210
敦煌学与敦煌文化 403
敦煌学国际联络委员会通讯集
　刊（2002—2005） 911
敦煌学知识库国际学术研讨会
　论文集 937
敦煌宝藏 1004
敦煌研究院 599
敦煌研究院美术创作集 590
敦煌唐写本周易王注残卷
　校字记（外十二种） 943
敦煌悬泉汉简释粹 544
敦煌新本六祖坛经 468
敦煌歌辞总编 958
敦煌壁画线描百图 590
敦煌壁画涂色书 593
童书业美术论集 616
童书业说画 831
童书业说瓷 831
童蒙止观　六妙法门 632
童溪易传 746
善与恶——天台佛教思想中的
　遍中整体论、交互主体性与
　价值吊诡 485
善本书所见录 1053
善自约束——古代带钩与带扣 539
普陀山揽胜 645
普陀学刊（第一辑） 932
普陀学刊（第二辑） 932
普陀学刊（第三辑） 932
普陀洛迦山志 332
普济方 755
普通高等学校招生全国统一考
　试上海卷考试手册（2016） 676
尊古斋古玉图录 522
尊古斋古代瓦当文字 522
尊古斋古兵精拓 522
尊古斋古镜集景 522

尊古斋金石集 522
尊古斋造像集　拓尊古斋陶佛
　留真 522
道因法师碑（西安碑林） 561
道因法师碑（翰墨瑰宝） 556,559
道枢 632
道学之形成 863
道咸同光四朝诗史 68
道家与道教 1006
道家文化研究（第一辑） 928
道家文化研究（第二辑） 928
道家文化研究（第十辑） 929
道家文化研究（第七辑） 929
道家文化研究（第八辑） 929
道家文化研究（第九辑） 929
道家文化研究（第三辑） 928
道家文化研究（第五辑） 928
道家文化研究（第六辑） 928
道家文化研究（第四辑） 928
道家道教与中土佛教初期经义
　发展 498
道教 492
道教三百题 1017
道教三字经 676
道教与女性 620
道教史 826,833,975
道教史资料 498
道教教义与现代社会——国际
　学术研讨会论文集 498
道教（第一卷） 860
道教（第二卷） 860
道教（第三卷） 860
道教源流三字经 677
道德真经　南华真经 427
道藏子目引得　佛藏子目引得 1041
道藏书目提要 1061
道藏要籍选刊 467
曾巩散文选集 58
曾朴研究 198
曾国藩诗文集 19
曾国藩家书选 61
曾国藩读书录 819
湛若水年谱 318
湖山便览附西湖新志 354
湖北通志 330

湖南通志 330
湖海文传 68
湖海诗传 68
湖海集 51
湘山野录·续录·玉壶清话 788
湘军之父罗泽南 289
湘军——成就书生勋业的
　"民兵" 414
湘军集团与西北回民大起义之
　善后研究——以甘宁青地区
　为中心 398
温飞卿诗集笺注 6
温飞卿诗集笺注（四库本） 725
温韦冯词新校 86
温韦词 82
温公易说　横渠易说 744
温文尔雅 617
温州传统戏曲剧目集成·瓯剧
　（第一辑） 359
温故集 176
温庭筠韦庄词选 88
温庭筠词集　韦庄词集 76
温柔敦厚与中国诗学 880
游历日本图经 815
游龙戏凤 141
游仙窟 108
游访孔庙孔府孔林·东方的
　文化圣地 642
游访苏州园林·城市里的山水
　情怀 643
游访故宫·凝固的皇权 643
游访秦始皇帝陵与兵马俑·
　梦回大秦帝国 642
游访敦煌莫高窟·未湮没的
　宝藏 643
游城南记（外五种） 743
溉堂集 41
寒山寺 645
寒山寺文化论坛论文集（2008） 497
寒山寺佛学（第二辑） 928
寒山寺佛学（第三辑） 928
寒山寺赞 645
寒柳堂集 956
富贵故都的末世吟唱 170
富源县志 331

寓言智慧 1002
窗外的春光——《人间世》萃编 271
禅心密印 2010 494
禅史 494
禅让、世袭及革命——从春秋
　战国到西汉中期的君权传承
　思想研究 390
禅林四寮规约 468
禅宗三百题 1017
禅宗文化纵横谈 494
禅宗语录辑要 459,460
禅定与苦修——关于佛传原初
　梵本的发现和研究 881
禅话与商机 627
禅真后史 133
禅真逸史 133,151
谢灵运诗选 71
谢柏梁戏曲剧作集 290
谢宣城集校注 2
谢朓庾信等作品选评 246
谥法研究 844
婺书 352
缑城正气集 47

十三画

瑞世良英 580
瑞竹堂经验方（外八种） 755
瑞典银器五百年 512
摄大乘论世亲释集注 968
鼓词选 106
蒲松龄与聊斋志异 258
蒲松龄集 50
蒲溪小志 329
蒙元史与中华多元文化论集 383
蒙古入侵时期的突厥斯坦 383
蒙古史学史——十三世纪一十
　七世纪（修订本） 383
蒙古纪事本末 309
楚文化研究论集（第十一集） 912
楚文化研究论集（第九集） 912
楚竹书与汉帛书《周易》校注 447
楚竹书《周易》研究——兼述先
　秦两汉出土传世易学
　文献资料 534
楚辞 981,986

楚辞今注 1
楚辞书目五种 1059
楚辞书目五种续编 1059
楚辞论文集 180
楚辞补注 22
楚辞译注 766,989,994,997
楚辞译注（图文本） 990
楚辞学论文集 180
楚辞研究与中外比较（徐志啸
　卷） 171
楚辞选 24
楚辞选译 233
楚辞校释 24
楚辞通释 23
楚辞综论 163
楚辞集注（书韵楼丛刊） 776
楚辞集注（李庆甲校点） 23
楚辞集注（黄灵庚点校） 22
楚辞集注（蒋立甫校点） 939
楚辞集校 24
楚辞解故 180
楚辞新注 23
楚辞韵读 550
棟亭集 43
楷书《大学》 565
楷书《黄庭经》 566
想象个人——中国个人观的现
　代转型 871
楞严大义 466
楞严经 458
楞严经译解 466
楞伽经集注（整理本） 465
楞伽经集注（影印本） 456,460
榆下杂说 1025
榆阳文库·民间歌谣卷 358
榆阳文库·地名卷 358
榆阳文库·延绥镇志卷 358
榆阳文库·图开胜迹卷 358
榆阳文库·榆林小曲卷 358
榆阳文库·榆林府志卷 358
榆林府志 334
赖世德史 313
赖古堂印谱 572
赖古堂集 41
蜃楼志 130

感悟考古 533
碑帖叙录 568
碑帖鉴定概论 568
雷峰塔传奇叙录 217
零等星 288
零等星：完全夏日 288
虞山钱遵王藏书目录汇编 1048
虞初新志 794
鉴余留珍 519
鉴画随笔 619
鉴真大师画传 601
鉴真东渡 1005
鉴真和尚东渡记 320
鉴陶品瓷 618
睡虎地秦简所见秦代国家与
　社会 868
愚庵小集 40
歇浦潮 810
照世杯 150
照隅室古典文学论集 174
照隅室杂著 174
照隅室语言文字论集 174
跨学科视野下的诗经研究 883
跳出常规 668
路亭——《太白》萃编 271
遣唐使和学问僧 410
蜗叟杂稿 177
峨术轩箧存善本书录 1057
蜉寄留痕 272
蜀中广记（外六种） 743
锦上胡风——丝绸之路纺织品
　上的西方影响（4—8世纪） 519
锦绣万花谷 749
辞通 1031
辞通续编 1031
稗畦集　稗畦续集 51
筹办夷务始末 300
筠廊偶笔　二笔·在园杂志 794
简明钱币辞典 1035
简帛文献考释论丛 543
简帛考论 545
简帛·经典·古史 546
简帛（第一辑） 920
简帛（第二辑） 920
简帛（第十一辑） 922

简帛(第十辑) 922
简帛(第七辑) 921
简帛(第八辑) 921
简帛(第九辑) 922
简帛(第三辑) 921
简帛(第五辑) 921
简帛(第六辑) 921
简帛(第四辑) 921
简牍检署考校注 824
微睇室说词 207
微湖山堂丛稿 879
盦山集 41
遥望姑苏台——苏州 643
腾笑集 41
詹安泰全集 960
詹建俊词典 610
鲍参军集注 2
鲍照年谱 315
鲍照和庾信 253
鲍溶诗集 樊川文集 725
解冻家谱文化 400
解语的花树 598
解读《清明上河图》 630
靖康缃素杂记 798
新上海 133
新中国 116
新见古玉真赏 618
新见欧阳修九十六篇书简笺注 45
新文化史与中国近代史研究 910
新订清人诗学书目 1060
新刊元微之文集 34
新刊权载之文集 33
新刊经进详注昌黎先生文 33
新刊增广百家详补注唐柳先
　生文 33
新世纪与妇女发展丛书 1071
新世纪中华奇石 607
新世纪曲学研究文存两种 228
新平妖传 37
新旧五代史人名索引 1043
新旧唐书人名索引 1043
新史学 955
新史学与新汉学 388
新仪象法要译注 649
新出金文与西周历史 536

新列国志 110
新列国志(冯梦龙全集) 37
新血滴子传奇 284
新兴与传统——苏轼词论述 862
新论 451
新序通检 风俗通义通检 1042
新序 说苑 430
新评警世通言 109
新刻养生导引法 静坐要诀 634
新定十二律昆腔谱 106
新定三礼图 783
新定急就章及考证 566
新选历史演义丛书(十七种) 280
新修本草 650
新语 潜夫论 431
新绛孝陵陶窑址 508
新桃花扇 114
新校参天台五台山记 465
新资料与中古文史论稿 392
新教育探索 668
新编五代史平话 112
新编醉翁谈录 805
新辑红雨楼题记 徐氏家藏
　书目 1052
新歇浦潮 810
新疆古代毛织品研究 889
新疆史前晚期社会的考古学
　研究 885
新疆图志 330
新疆图志(整理本) 331
韵府群玉 751
韵语阳秋 158
意象艺术与唐诗(增订本) 164
雍正帝及其密折制度研究 397
雍正朝官僚制度研究 397
雍陶诗注 31
数学史话 1008
慈受怀深禅师广录 465
满洲开国史 841
满堤红艳立春风——花蕊夫人
　《宫词》注评 58
满蒙档案与蒙古史研究 409
滇云诗词 60
源氏物语绘本 292
滂喜斋藏书记 宝礼堂

宋本书录 1049
滩簧考论 217
慎思集——上海大学历史系论
　文选编 407
《窊斋集古图》笺注 312
福禄趣谈 624
群书考索 749
群书会元截江网 749
群书拾唾 故事雕龙 故事必
　读成语考 雅俗故事读本
　艺林伐山故事 事物异名 782
群碧楼善本书录 寒瘦山房
　鬻存善本书目 1053

十四画

静坐法精义 指道真诠 635
静海楼藏珍贵古籍图录 1061
碧山乐府 93
瑶石山人稿(外四种) 732
韬奋手迹 569
嘉禾宋文钞 359
(嘉庆)直隶太仓州志 333
嘉定乡土历史(修订版) 332
嘉定文派与明代诗文研究论集 227
嘉定抗清史料集 358
嘉定抗清作品集 358
嘉定李流芳全集 359
嘉定县卷 328
嘉定碑刻集 505
嘉祐集笺注 8
嘉泰普灯录 463,464
嘉靖太仓州志 333
嘉靖龙溪县志 327
嘉靖兰阳县志 327
嘉靖江阴县志 348
嘉靖淳安县志 327
聚沙集 226
聚珍轩藏品赏鉴 529
蔡召华诗集 356
蔡尚思全集 962
蔡尚思全集集外集补编 962
蔡襄集 45
酸甜乐府 93
愿学集 刘蕺山集 733
霁山集 47

裴务齐正字本《刊谬补缺切韵》
　研究　553
裴铡传奇　108
幔亭集（外四种）　733
舞古今长袖　演中外剧诗
　——欧阳予倩评传　613
舞台挥毫——郑长符戏曲
　人物画作品集　589
管子　427,985
《管子》与现代管理　627
管子经济思想研究　478
管子语录　441
管城硕记　965
管城硕记（外二种）　739
管理与禁令：明清戏剧
　演出生态论　168
管锥编读解　935
舆地志辑注　344
槃迈硕人增改定本西厢记　96
鲜于光祖墓志　557,560
鲜虞中山国事表疆域图说补释　341
疑古集　935
疑案审断的智慧　1019
瘟疫论　痎疟论疏　本草乘雅
　半偈　756
廖平全集　454
廖燕全集　50
端午诗词　625
精忠记　100
精忠录　308
漆器　521
漕泾志　332
漱玉词　81
漱玉词（书韵楼丛刊）　774
漱玉词　断肠词　84
漱红阁诗词曲稿　269
漫云女子不英雄
　——秋瑾诗词注评　59
漫话金瓶梅　621
演剧符号学　169
赛金花·凡尘　284
察合台汗国史研究　395
谭元春集　14
谭正璧学术著作集　958
谭嗣同真迹　569

肇论集解令模钞校释　465
肇域志　342,941
熊龙峰四种小说　150
缩斋文集　假庵杂著　800
缪荃孙研究　854
缪钺说词　830

十五画

慧坚禅师碑　561
慧梅出嫁·慧梅之死　592
慧皎《高僧传》研究　848
撒但的工程——《创造》
《洪水》《幻洲》萃编　271
趣味历史　692
趣味历史（插图本）　692
趣味考古　692
趣味考古（插图本）　692
趣味地理　692
趣味地理（插图本）　693
趣味社交　692
趣味社交（插图本）　693
趣味诗三百首
　——中国异体诗格备览　66
趣味诗三百首（图文本）　244
趣味修辞（插图本）　693
趣味美学（插图本）　693
趣味语文　691
趣味语文（插图本）　692
趣味哲学　692
趣味哲学（插图本）　693
趣味逻辑　692
趣味逻辑（插图本）　693
增订本中国禅思想史
　——从六世纪到十世纪　842
增订四库简明目录标注　1065
增订晚明史籍考　396
增补徐光启年谱　940
《增修教苑清规》释读　464
增壹阿含经　456
蕙风词话　79
蕉帕记评注　97
横岸墨韵——承名世书画　597
樊川文集　6
樊川诗集　778
樊川诗集注　6

樊南文集　7
樊榭山房集　16
樊樊山诗集　20
醉乡日月——中国酒文化　636
醉翁谈录　804
醉醒石　135,150
震川先生集　12
震川集　四溟集　蠛蠓集　732
题词集——宝钢建设二十周年
　纪念　274
影印文溯阁四库全书四种　1066
影的告别——《语丝》萃编　271
影视艺术欣赏与批评　890
墨子　427,437,984
墨子引得　1039
墨子译注　994
《墨子》选评　438
墨子选译　450
墨子语录　441
墨子集诂　759
墨庄漫录（外十种）　736
墨池璙录（外八种）　741
墨余录　799
墨林今话　580
墨憨斋定本传奇　37
稽神录·睽车志　787
稷下钩沉　480
黎明的眼睛　273
黎庶昌全集　357
稼轩长短句（书韵楼丛刊）　777
稼轩长短句（影印本）　86
稼轩长短句（整理本）　84
稼轩词编年笺注　11
篁墩文集　729
篆书《大学》　566
篆书目录偏旁字源碑　562,565
篆书《黄庭经》　566
篆刻知识与技法　574
《篆隶万象名义》研究　552
德川日本《论语》诠释史论　866
德安县志　331
德国兵家克劳塞维兹兵法精义　951
《摩诃止观》修道次第解读　495
摩诃般若波罗蜜经　456
颜氏家训译注　435,767,998

颜氏家训集解　　　　　451
颜氏家训　家范　　　　432
颜氏家庙碑　　　　　　562
颜色与祭祀——中国古代
　　文化中颜色含义探幽　869
颜真卿争座位帖　附祭伯文稿
　　祭侄文稿　　　556,559
颜鲁公集　　　　　　　722
颜勤礼碑　　　　562,565
毅斋诗集别录　　　　　351
羯鼓录　乐府杂录　碧鸡漫志　803
糊涂世界　　　　　　　132
遵岩集　陆子馀集　　　731
潜夫论　　　　　　　　451
潜研堂序跋　竹汀先生日记钞
　　十驾斋养新录摘钞　1051
潜研堂集　　　　　　　764
潮州艺文志　　　　　　357
潮州会馆史话　　　　　357
潘文辉图说——贾平凹格言录　1020
潘尼赋研究　　　　　　192
潘岳研究　　　　　　　192
潘树棠文集　　　　　　52
潘富恩教授八十寿辰纪念文集　938
澄心十年尽墨硕——孙敏书法
　　艺术奖十年巡礼　　572
澄江沧桑　　　　　　　337
澄明之境
　　——陶渊明新论（修订本）　190
鹤月瑶笙　　　　　　　94
鹤林玉露　　　　　　　791
履园丛话　　　　　　　795
畿辅通志　　　　　　　330

十六画

蘋洲渔笛谱　　　　　　85
熹庙谅阴记事（外五种）　942
燕子笺　　　　　　　　101
燕乐探微　　　　　　　217
燕南真好汉　江南活武松
　　——盖叫天评传　613
燕翼诒谋录·墨庄漫录　791
薛仁贵征辽事略　　　　113
薛氏医案　　　　　　　755
薛昂夫赵善庆散曲集　　92

薛侃集　　　　　　　　445
翰苑集　　　　　　　　723
翰苑新书　　　　　　　750
翰林与明代政治　　　　888
翰墨情缘——石鸿熙书画集　599
翰墨瑰宝·上海图书馆藏珍本
　　碑帖丛刊（第一辑）　555
翰墨瑰宝·上海图书馆藏珍本
　　碑帖丛刊（第二辑）　556
翰墨瑰宝·上海图书馆藏珍本
　　碑帖丛刊（第三辑）　557
翰墨瑰宝·上海图书馆藏珍本
　　碑帖丛刊·鉴赏版（第一辑）　558
翰墨瑰宝·上海图书馆藏珍本
　　碑帖丛刊：鉴赏版（第二辑）　559
翰墨瑰宝·上海图书馆藏珍本
　　碑帖丛刊：鉴赏版（第三辑）　560
翰墨飘香溢嗷城——孙敏书法
　　艺术奖五年回顾　571
薛荔园诗集（外三种）　732
樵歌　　　　　　　　　75
樵歌校注　　　　　　　10
整庵存稿　东江家藏集　730
醒世恒言　119,135,142,146
醒世恒言（冯梦龙全集）　37
醒世姻缘传　　　　　　151
霓虹灯外——20世纪初
　　日常生活中的上海　364
霓裳羽衣（唐）　　　　282
霓裳续谱　　　　　　　105
器物文化纪趣　　　　　622
器物珍玩编　　　　　　640
镜花水月——佛教譬喻、故事
　　和传说　　490
镜花缘（秦瘦鸥校点）　115
镜花缘（傅成校点）　125,140,144,147
镜花缘（图文本）　　　992
镜镜詅痴译注　　　　　649
《镜镜詅痴》笺注　　　888
穆天子传　神异经　十洲记
　　博物志　429
穆藕初文集（增订本）　53
穆藕初先生年谱（1876—1943）　319
篱樋堂自叙（我的回忆录）　272
儒林外史　125,143,146,781

儒林外史人物本事考略　190
儒林外史汇校汇评　　　16
儒林外史会校会评本　　152
儒林外史（图文本）　　992
儒林外史研究资料　　　153
《儒林外史》精读　　　657
儒学三百题　　　　　　1016
儒学三字经　　　　　　676
儒学视野中的《文心雕龙》　879
儒学释蕴　　　　　　　479
儒家与儒学　　　　　　1006
儒家哲学研究：问题、方法及
　　未来开展　843
儒教　　　　　　　　　492
雕塑艺术　　　　　　　1007
麈史　　　　　　　　　796
麈史·侯鲭录　　　　　788
凝固的旋律——中西建筑艺术
　　比较　609
辨伪与存真——敦煌学论集　402
激进与保守的复调变奏　925
激活传统——寻求中国古代
　　文论的生长点　219
澹生堂读书记　澹生堂藏书目　1054
澹生堂藏书约（外八种）　1049
避邪趣谈　　　　　　　623
彊村丛书　附遗书　　　74

十七画

戴东原的哲学　　834,976
戴叔伦诗集校注　　　　5
戴复古论稿　　　　　　350
戴逸如图说——李敖格言　1020
戴逸如图说——柏杨格言录　1020
戴望舒诗集——《望舒诗稿》
　　《灾难的岁月》《集外》　770
戴敦邦古典文学名著画集　587
戴敦邦仙道画集　　　　587
戴敦邦绘红楼梦人物集　587
戴敦邦道教人物画集　　587
戴敦邦新绘一百零八将　588
戴敦邦新绘水浒一百零八将　781
戴敦邦新绘水浒传　　　587
戴敦邦新绘全本红楼梦　587
戴震集　　　　　453,764

鞠通乐府　　94
藏书纪事诗（附补正）　　1057
藏书纪事诗（附补正）　辛亥以
　　来藏书纪事诗（附校补）　　1057
藏书题识　华延年室题跋　雁
　　影斋题跋　　1050
藏汉佛教哲学思想比较研究　　496
藏园群书题记　　1056
檐曝杂记·秦淮画舫录　　794
檀几丛书　　807
懋斋诗钞　四松堂集　　51
霞外攟屑　　807
霞影斑斓　　338
螺斋曲谭　　960
魏书　北齐书　周书　隋书　　324
魏明伦剧作精品集　　288
魏晋之际的政治权力与家族
　　网络　　369
魏晋风度　　1003
魏晋风度及其他　　822,976
魏晋玄学论稿　　823,972
魏晋玄学新论　　480
魏晋南北朝小说　　260
魏晋南北朝小说选注　　232
魏晋南北朝文体学　　875
魏晋南北朝文学批评史　　221
魏晋南北朝乐府歌辞研究　　200
魏晋南北朝论说文研究　　887
魏晋南北朝佛教地理稿　　966
魏晋南北朝隋唐史资料（第三
　　十一辑）　　907
魏晋南北朝隋唐史资料（第三
　　十二辑）　　907
魏晋南北朝隋唐史资料（第三
　　十辑）　　907
魏晋思想论　　822
魏碑体六祖坛经　　571
魏碑体《谢氏千字文》　　571
徽宗朝诗歌研究　　850
甕牖闲评　考古质疑　　796
濠上纵谭——施议对讲堂实录　　969
濠上偶语——施议对学术随笔　　969
韶蒙楼暮色——《新月》萃编　　271

十八画及以上

藤阴杂记　　799
瞿式耜集　　49
蟠龙春晖　　337
孽海花　　125,140,144,148
孽海花资料　　154
孽海花（增订本）　　115
警世通言　　119,135,142,145
警世通言（冯梦龙全集）　　37
麓山寺碑并阴　　557,560
曝书亭序跋　潜采堂宋元人集
　　目录　竹垞行笈书目　　1051
瀛奎律髓　　719
瀛奎律髓汇评　　64
瀛壖杂志　　808
谶纬与两汉政治及文学之关系
　　研究　　200
纂异记　甘泽谣　　108
纂修四库全书档案　　1065
魔法汉字　　694
魔都上海——日本知识人的
　　"近代"体验　　362
鹖子　公孙龙子　鬼谷子　子
　　华子　　428
麟经指月　　35

Archaeological View of Ancient
　　Shanghai　　538
1368—1953 中国人口研究　　859
18—19 世纪羊城风物——英国
　　维多利亚阿伯特博物院藏广
　　州外销画　　517
1904 年美国圣路易斯万国博览
　　会中国参展图录　　519
1927—1937 年的上海——市政
　　权、地方性和现代化　　364
1948 年：上海舞潮案——对一
　　起民国女性集体暴力抗议事
　　件的研究　　854
20 世纪元散曲研究综论　　211
20 世纪初的中国印象——一位
　　美国摄影师的真实记录　　518
2004 年上海市全国卷考生报考
　　普通高校指南　　669

2004 年上海市普通高校艺术类
　　专业（系科）招生考生报考
　　指南　　670
2004 年石窟研究国际学术会议
　　论文集　　937
2004 年华东地区硕士生招生
　　专业目录　　669
2005 年上海市成人高校招生
　　专业目录及报考指南　　671
2005 年上海市硕士生招生专业
　　目录　　669
2005 年中国陶都宜兴
　　国际陶艺展作品集　　607
2006 年上海市成人高校招生
　　专业目录　　671
2006 年上海市高等教育自学
　　考试考生报考指南　　671
2006 年上海市普通高等学校
　　招生专业目录　　671
2006 年全国普通高等学校招生
　　统一考试（上海卷）试题及
　　答案要点　　671
2006 敦煌学国际联络委员会
　　通讯　　911
2007 年上海市成人高校招生
　　专业目录　　672
2007 年上海市高考英语口语
　　考试手册　　671
2007 年上海市高等教育自学
　　考试考生报考指南　　671
2007 年上海市普通高校春季
　　招生考生报考指南　　671
2007 年上海市普通高等学校
　　招生专业目录　　671
2007 年全国普通高等学校招生
　　统一考试（上海卷）试题及
　　答案要点汇编　　672
2007 年英语学科听力测试题
　　汇编（2004—2006）　　671
2007 敦煌学国际联络委员会
　　通讯　　911
2008 年上海市成人高校招生
　　专业目录　　672
2008 年上海市高考英语口语
　　考试手册　　672

2008 年上海市高等教育自学
考试考生报考指南 672

2008 年上海市普通高校春季
入学招生考生报考指南 672

2008 年上海市普通高等学校
招生专业目录 672

2008 年全国普通高等学校招生
统一考试上海卷考试手册 672

2008 年全国普通高等学校招生
统一考试上海卷试题及
答案要点汇编 672

2008 敦煌学国际联络委员会
通讯 911

2009 年上海市成人高校招生
专业目录 673

2009 年上海市高等教育自学
考试考生报考指南 673

2009 年上海市普通高校春季
入学招生考生报考指南 672

2009 年上海市普通高等学校
招生专业目录 673

2009 年上海市普通高等学校招
生文化考试英语口语考试
手册 673

2009 年全国普通高等学校招生
统一考试上海卷试题及
答案要点汇编 673

2009 敦煌学国际联络委员会
通讯 911

2010 年上海市普通高校春季
招生考生报考指南 673

2010 年上海市普通高等学校招

生文化考试英语口语考试
手册 673

2010 全国普通高等学校招生
统一考试上海卷考试手册 673

2010 敦煌学国际联络委员会
通讯 911

2011 年上海市成人高校招生
专业目录 675

2011 年上海市普通高等学校
招生专业目录 674

2011 年全国普通高等学校招生
统一考试上海卷试题及答案
要点汇编 674

2011 敦煌学国际联络委员会
通讯 911

2012 上海市普通高校春季招生
考生报考指南 675

2012 上海卷考试手册 675

2012 上海卷试题及答案要点
汇编 675

2012 年上海市普通高等学校
招生专业目录 675

2012 敦煌学国际联络委员会
通讯 911

2012—2014 年上海市普通高等
学校招生各专业录取人数及
考分 676

2013 年上海市普通高等学校
招生专业目录 675

2013 年上海卷试题及答案要点
汇编 675

2013 敦煌学国际联络委员会
通讯 911

2013—2015 年上海市普通高等
学校招生各专业录取人数及
考分 676

2014 年上海中考中招指南 675

2014 年上海市普通高等学校
招生专业目录 675

2014 年上海卷试题及答案要点
汇编 675

2014 敦煌学国际联络委员会
通讯 911

2014—2015 年上海市普通高中
学业水平考试试题及答案
要点汇编 676

2006 年全国普通高等学校·招
生统一考试（上海卷）试题及
答案要点汇编 671

2015 年全国普通高等学校招生
统一考试上海卷考试手册 676

2015 年全国普通高等学校招生
统一考试上海卷试题及答案
要点汇编 676

2015 敦煌学国际联络委员会
通讯 912

2015—2016 年上海市普通高中
学业水平考试试题及答案
要点汇编 676

2016 年全国普通高等学校招生
统一考试上海卷试题及答案
要点汇编 676

书名首字汉语拼音检索

A		
阿	1124	
爱	1138	
安	1117	
傲	1146	

B		
八	1091	
巴	1105	
白	1110,1111	
百	1114	
柏	1133	
拜	1134	
稗	1148	
班	1136	
般	1138	
板	1125	
版	1128	
半	1111	
邦	1112	
包	1111	
宝	1130	
保	1134	
抱	1124	
鲍	1149	
碑	1148	
北	1109	
贝	1103	
备	1129	
被	1141	
本	1108	
比	1097	
笔	1137	
闭	1117	
碧	1149	
薛	1151	

避	1151
边	1112
汴	1122
便	1134
辨	1151
宾	1140
冰	1116
兵	1121
丙	1108
病	1138
玻	1132
帛	1128
博	1145
补	1123
不	1097

C	
才	1092
财	1120
采	1128
彩	1143
菜	1142
蔡	1149
苍	1119
沧	1122
藏	1152
曹	1142
漕	1150
草	1132
测	1135
岑	1120
插	1145
茶	1132
查	1133
察	1150
柴	1137
禅	1148

昌	1126
长	1104
常	1142,1143
超	1145
晁	1137
巢	1145
朝	1145
潮	1151
尘	1114
沉	1122
陈	1124
晨	1143
谶	1152
成	1114
诚	1131
城	1132
程	1146
澄	1151
吃	1114
蚩	1141
池	1117
持	1132
尺	1105
赤	1118
崇	1143
仇	1104
筹	1148
出	1112
初	1123
刍	1111
储	1146
楚	1148
川	1094
传	1115
船	1143
窗	1148
吹	1120

垂	1127
捶	1141
春	1131
纯	1124
淳	1144
词	1123
瓷	1140
辞	1148
慈	1149
此	1114
次	1117
从	1104
崔	1143
存	1114

D	
达	1114
大	1092
戴	1151
丹	1104
但	1121
弹	1144
蛋	1145
澹	1151
当	1114
党	1137
荡	1132
道	1147
德	1150
邓	1106
笛	1143
底	1129
地	1113
弟	1122
帝	1135
第	1143
滇	1149

典	1127
电	1109
雕	1151
钓	1127
调	1141
丁	1091
鼎	1146
订	1105
定	1130
东	1108,1109
冬	1111
董	1145
动	1112
洞	1135
都	1136
斗	1105
豆	1120
独	1135
读	1141
笃	1134
杜	1119
肚	1121
度	1135
端	1150
对	1112
敦	1146,1147
顿	1137
多	1116

E	
俄	1134
蛾	1148
恩	1137
儿	1091
尔	1111
二	1090

F	
法	1129,1130
樊	1150
反	1104
返	1121
范	1125
贩	1127
梵	1142
方	1105
访	1117
放	1129
飞	1094
费	1136
分	1104
粉	1140
丰	1095
风	1104
枫	1125
封	1132
冯	1111
凤	1104
奉	1124
佛	1121
夫	1096
伏	1115
浮	1140
蜉	1148
福	1149
甫	1120
府	1129
负	1116
阜	1128
复	1134
赋	1146
傅	1146
富	1147

G

陔	1131			宦	1135	嘉	1149	敬	1145	跨	1148
溉	1147	海	1140	浣	1140	甲	1109	靖	1149	快	1122
甘	1106	醢	1146	皇	1134	贾	1137	静	1149	匡	1112
感	1148	邯	1118	黄	1142	稼	1150	镜	1151	况	1122
纲	1124	韩	1145	篁	1150	坚	1120	鸠	1121	昆	1126
高	1138	寒	1147	挥	1132	兼	1140	九	1091	困	1120
戈	1097	汉	1111,1112	晖	1137	犍	1146	酒	1140	括	1132
革	1132	汗	1117	辉	1146	剪	1143	旧	1109		
格	1137	翰	1151	徽	1152	简	1148,1149	救	1142	**L**	
庚	1129	杭	1125	回	1114,1115	见	1104	居	1131		
工	1092	航	1138	会	1116	建	1131	鞠	1152	来	1120
公	1104	濠	1152	绘	1136	剑	1135	局	1123	莱	1136
恭	1136	好	1118	慧	1150	涧	1140	菊	1142	赖	1148
龚	1142	郝	1132	蕙	1150	鉴	1148	巨	1097	兰	1111
共	1113	何	1121	婚	1145	江	1117	钜	1133	郎	1130
勾	1104	和	1128	豁	1152	姜	1135	俱	1137	琅	1141
钩	1133	河	1130	活	1135	疆	1151	剧	1141	浪	1140
缑	1148	贺	1136	火	1105	蒋	1145	距	1143	劳	1119
孤	1131	鹤	1151			绛	1136	聚	1149	老	1113
菰	1142	黑	1146	**J**		交	1117	瞿	1152	乐	1111
觚	1146	恒	1135	鸡	1124	娇	1136	卷	1129	雷	1148
古	1107,1108	横	1150	积	1137	椒	1146	决	1117	类	1135
谷	1121	弘	1112	基	1141	焦	1146	觉	1135	楞	1148
鼓	1148	红	1118	稽	1150	蕉	1150	绝	1136	冷	1122
故	1132	洪	1135	畿	1151	教	1141	军	1117	离	1138
顾	1137	鸿	1144	激	1151	揭	1145	君	1123	黎	1150
挂	1132	猴	1146	吉	1112	节	1108	笃	1148	篱	1151
关	1117	后	1116	汲	1117	劫	1118	郡	1136	礼	1112
观	1118	胡	1132	急	1135	羯	1151			李	1119,1120
官	1130	湖	1147	集	1146	解	1149	**K**		里	1120
管	1150	糊	1151	几	1091	戒	1118			理	1141
广	1094	虎	1125	记	1112	今	1104	开	1095	历	1097
归	1109	护	1118	纪	1118	金	1128	楷	1148	利	1121
圭	1112	沪	1122	忌	1124	锦	1148	看	1134	隶	1131
龟	1121	花	1118,1119	济	1135	近	1121	康	1143	栗	1137
规	1124	华	1115	继	1141	晋	1136	考	1112,1113	连	1120
闺	1135	化	1104	祭	1143	京	1129	珂	1131	莲	1136
鬼	1134	画	1125	寂	1144	泾	1130	科	1134	栋	1148
癸	1136	话	1131	霁	1149	经	1131	刻	1129	梁	1144
贵	1133	怀	1122	稷	1150	荆	1132	客	1135	两	1120
桂	1137	淮	1144	夹	1114	旌	1143	课	1141	辽	1112
郭	1138	还	1120	佳	1128	精	1150	窸	1149	聊	1141
国	1126	幻	1106	迦	1131	景	1146	空	1130	廖	1150
过	1113			家	1140	警	1152	孔	1105,1106	列	1114
		H		�	1143	竟	1143	口	1094	林	1125
								苦	1124	临	1133

麟	1152	漫	1150	能	1141	破	1137	屈	1131	邵	1124
灵	1123	邙	1111	倪	1137	菩	1142	趣	1150	绍	1131
岭	1127	盲	1129	霓	1151	蒲	1148	权	1113	舌	1115
凌	1138	毛	1104	你	1121	浦	1140	全	1116	佘	1121
菱	1141	茅	1125	逆	1135	普	1147	泉	1134	社	1123
零	1148	冒	1133	廿	1097	曝	1152	群	1149	射	1137
令	1111	懋	1152	念	1128					涉	1140
刘	1116	梅	1142	鸟	1111	**Q**		**R**		摄	1148
留	1138	美	1135	聂	1136					申	1109
流	1140	蒙	1148	孽	1152	七	1091	饶	1135	呻	1127
柳	1133	孟	1131	宁	1112	凄	1138	人	1091	神	1135,1136
六	1104	梦	1142	凝	1151	戚	1142	仁	1104	沈	1122
龙	1108	弥	1131	农	1117	漆	1150	认	1105	蜃	1148
隆	1145	迷	1135	女	1094	齐	1116,1117	任	1115	慎	1149
卢	1109	谜	1144			祁	1117	日	1097,1098	升	1104
芦	1119	米	1117	**O**		棋	1146	戎	1112	生	1110
庐	1122	密	1144			气	1104	荣	1132	声	1118
颅	1142	勉	1135	瓯	1125	启	1123	容	1140	胜	1135
鲁	1146	面	1133	欧	1125	契	1131	如	1118	渑	1144
陆	1124	妙	1124	偶	1143	绮	1145	儒	1151	圣	1112
录	1131	灭	1108			器	1151	汝	1117	盛	1142
鹿	1143	民	1112	**P**		恰	1135	入	1091	尸	1094
路	1148	闽	1135			千	1094	阮	1117	师	1114
麓	1152	名	1116	拍	1124	前	1135	瑞	1148	诗	1130,1131
吕	1114	明	1126,1127	潘	1151	钱	1137	若	1124	施	1135
旅	1140	鸣	1127	盘	1143	乾	1142			十	1090,1091
履	1151	茗	1132	槃	1150	潜	1151	**S**		石	1108
律	1135	缪	1150	蟠	1152	遣	1148			时	1120
绿	1145	摩	1150	沔	1122	樵	1151	撒	1150	识	1123
栾	1138	魔	1152	滂	1149	巧	1106	赛	1150	实	1130
乱	1121	末	1106	庞	1129	钦	1133	三	1091,1092	拾	1132
伦	1115	陌	1131	裴	1150	秦	1136	散	1145	食	1135
论	1117	莫	1136	佩	1128	琴	1145	桑	1141	蚀	1135
罗	1127	墨	1150	彭	1145	禽	1146	杀	1116	史	1109,1110
逻	1143	牡	1121	棚	1146	青	1124	沙	1122	士	1092
螺	1152	木	1097	皮	1112	轻	1133	砂	1133	世	1106,1107
洛	1135	目	1109	毗	1133	卿	1138	莎	1136,1137	仕	1110
骆	1136	牧	1127,1128	琵	1145	清	1143,1144	珊	1132	式	1112
		穆	1151	片	1104	情	1144	陕	1131	事	1125
M				骈	1136	晴	1146	扇	1141	柿	1133
		N		蘋	1151	庆	1116	善	1147	是	1133
马	1094,1095			品	1133	秋	1134	伤	1115	释	1146
玛	1118	纳	1124	平	1108	求	1120	商	1143	谥	1148
满	1149	南	1132,1133	评	1123	馗	1135	上	1092,1093	首	1135
曼	1143	难	1141	枰	1133	区	1097	尚	1125,1126	寿	1118
幔	1150	内	1103	瓶	1140	曲	1114	少	1097		
				萍	1142						

授	1141
书	1106
抒	1118
菽	1142
舒	1146
蜀	1148
述	1125
数	1149
漱	1150
双	1106
谁	1141
水	1103,1104
睡	1148
顺	1134
舜	1146
说	1136
朔	1140
司	1112
丝	1112
思	1133
四	1110
松	1125
宋	1122,1123
搜	1145
苏	1119
素	1136
宿	1144
酸	1149
绥	1141
隋	1144,1145
随	1145
岁	1114
孙	1117,1118
缩	1150
所	1128

T

台	1112
太	1097
泰	1136
滩	1149
坛	1118
谈	1141
谭	1150
檀	1152

坦	1124
探	1141
汤	1117
唐	1138 – 1140
韬	1149
桃	1137
陶	1141
梼	1142
淘	1144
腾	1149
藤	1152
题	1150
天	1095,1096
恬	1135
甜	1143
跳	1148
铁	1137
听	1120
桯	1142
亭	1135
通	1141
同	1114
桐	1137
童	1147
投	1118
透	1137
突	1135
图	1127
屠	1144
盦	1149
土	1092
吐	1114
推	1141
萚	1142

W

外	1111
晚	1143
琬	1145
万	1092
汪	1122
王	1095
往	1128
忘	1122
望	1143

危	1116
威	1133
微	1149
韦	1096
围	1120
唯	1143
未	1106
伟	1115
纬	1124
畏	1133
尉	1144
魏	1152
温	1147
瘟	1150
文	1104,1105
闻	1135
问	1117
翁	1138
甕	1152
蜗	1148
我	1121
卧	1125
握	1145
乌	1116
邬	1119
巫	1096
无	1120
吴	1097
五	1104
午	1124
武	1150
舞	1108
戊	1140
悟	1148
婺	1148

戏	1118
霞	1152
夏	1137
厦	1146
仙	1110
先	1115
鲜	1150
闲	1122
贤	1125
咸	1133
现	1124
香	1134
湘	1147
响	1133
想	1148
向	1116
项	1132
象	1143
枭	1129
萧	1142
小	1093,1094
孝	1118
校	1137
笑	1137
效	1138
啸	1143
歇	1148
谢	1148
心	1105
辛	1122
忻	1122
新	1149
兴	1117
星	1133
行	1116
形	1118
型	1132
醒	1151
杏	1119
性	1130
姓	1131
熊	1150
修	1134
绣	1141
须	1135

X

夕	1094
西	1113,1114
惜	1144
稀	1146
熹	1151
习	1094
郎	1128
洗	1135

虚	1142
徐	1137,1138
许	1117
续	1145
宣	1135
玄	1111
选	1134
薛	1151
学	1130
雪	1142
血	1116
寻	1117
荀	1132
训	1112
逊	1136

Y

鸦	1133
雅	1146
亚	1113
烟	1140
延	1115
严	1119
言	1122
岩	1127
盐	1136
颜	1150,1151
檐	1152
俨	1134
弇	1135
演	1150
艳	1136
晏	1137
雁	1146
燕	1151
扬	1113
阳	1118
杨	1120
洋	1135
仰	1115
养	1135
姚	1136
遥	1149
瑶	1149
药	1133

野	1143
叶	1109
夜	1129
一	1090
伊	1115,1116
衣	1117
医	1120
依	1128
仪	1110
宜	1130
移	1143
遗	1146
疑	1150
义	1094
艺	1097
亦	1116
异	1117
抑	1118
易	1127
峄	1127
绎	1131
逸	1143
意	1149
毅	1151
因	1114
阴	1118
音	1135
殷	1138
吟	1120
喑	1143
银	1143
引	1105
饮	1121,1122
隐	1145
印	1111
英	1124,1125
荥	1132
盈	1136
萤	1142
瀛	1152
影	1150
庸	1143
雍	1149
永	1112
涌	1140

幽	1133	宇	1117	越	1145	赵	1132	植	1146	转	1125
尤	1097	禹	1134	云	1096,1097	照	1148	止	1097	篆	1150
犹	1121	语	1135	恽	1135	肇	1150	纸	1124	庄	1116
油	1130	庚	1143	韵	1149	折	1118	至	1114	壮	1116
游	1147	玉	1106			哲	1136	治	1130	追	1134,1135
友	1097	郁	1125	**Z**		浙	1140	智	1146	缀	1145
有	1114	域	1141			贞	1114	中	1098−1103	准	1138
酉	1120	喻	1146	杂	1116	针	1121	忠	1127	拙	1124
又	1091	御	1146	再	1113	珍	1131	终	1131	卓	1125
右	1108	寓	1148	早	1114	真	1137	钟	1133	资	1140
幼	1112	鬻	1152	灶	1122	震	1150	仲	1115	子	1094
于	1092	渊	1144	怎	1134	征	1128	重	1134	紫	1146
余	1121	元	1096	曾	1147	整	1151	周	1128,1129	自	1115
鱼	1129	袁	1136	增	1150	正	1106	朱	1115	宗	1130
俞	1135	原	1137	詹	1149	证	1123	珠	1136	走	1118
娱	1141	圆	1137	展	1141	郑	1129	诸	1140,1141	足	1120
渔	1144	源	1149	占	1109	卮	1121	竹	1115	祖	1135
榆	1148	远	1118	战	1133	知	1127	麈	1151	纂	1152
虞	1148	愿	1149	湛	1147	织	1131	注	1130	醉	1150
愚	1148	月	1104	张	1123,1124	脂	1138	祝	1136	尊	1147
舆	1150	岳	1128	章	1143	直	1125	著	1141	遵	1151
与	1092	阅	1140	昭	1133	职	1141	铸	1146	左	1108
				找	1118						

丛书名索引

二　画

二十五史新编	323
二十世纪世界名人丛书	1022
十二生肖系列	625
十三经译注	423
十三经注疏	420
十三经注疏(影印)	421
十大文言短篇小说今译丛书	136
十大古典公案侠义小说丛书	128
十大古典白话小说名著续书	125
十大古典白话长篇小说丛书	124
十大古典白话短篇小说丛书	134
十大古典社会人情小说丛书	130
十大古典社会谴责小说丛书	131
十大古典英雄传奇小说丛书	127
十大古典神怪小说丛书	133
十大古典哲学名著	436
十大系列丛刊	1009
人文中国学报	930
九万里旅行书系	644

三　画

三百题系列新刊	1015
三晋考古	918
于北山年谱著作三种	315
于豪亮著作二种	967
工农通俗文库	291
大学经典	978
大藏经总目提要	1054
与大师谈艺丛书	610
与古圣贤对话丛书	1015
上古版中华名著袖珍本	768
上海史研究译丛	362
上海市历史博物馆历史文物丛刊	513
上海市松江区专业志系列丛书	334

上海图书馆藏敦煌吐鲁番文献	697
上海府县旧志丛书	327
上海革命史资料与研究	913
上海档案史料丛编	313
上海博物馆展览图录	512
上海博物馆集刊	917
上海博物馆藏敦煌吐鲁番文献	698
上海滩与上海人丛书(第一辑)	808
上海滩与上海人丛书(第二辑)	809
小荷姐姐故事会	686
山川风情丛书	742
山东大学文史哲研究院专刊	875
千年眼文丛	1024
义乌丛书	350

四　画

丰子恺画作集	584
王运熙文集	966
天一阁藏明方志选刊	327
天台宗系列	463
天地人丛书	435
天津市艺术博物馆藏敦煌文献	698
元史及民族与边疆研究集刊	908
元明散曲集刊	91
云门宗丛书	464
云间文博	918
艺术大家个人词典系列	610
五十二个星期·文化小博士丛书	688
历史上的大事件系列	417
历史文献	904
历史传奇小说	284
历史的启示	627
历史故事新编	285
历史聚焦	414
历代会要丛书	295
历代名家与名作丛书	264

历代词通论	164
历代宫廷演义丛书	148
历代笔记小说大观	784
日本中青年学者论中国史	382
日本中国史研究年刊	933
日本中国史研究译丛	381
日本宋学研究六人集	862
日藏中国古籍书志	1054
日藏佛教典籍丛刊	465
中日历代名诗选	61
中日文化研究文库	865
中文经典诵读系列	680
中古中国知识·信仰·制度研究书系	369
中外名人画传系列	600
中西艺术比较丛书	609
中西文学文化关系研究丛书	889
中华大典·工业典	758
中华大典·历史典	757
中华大典·教育典	758
中华文化研究集刊	925
中华文史论丛	890
中华文明宝库	1002
中华古籍译注丛书	764
中华戏剧史论丛书	167
中华学术丛书	840
中华要籍集释丛书	758
中华活叶文选	250
中国人丛书	626
中国历史评论	903
中国历代书目题跋丛书	1047
中国分体文学史系列	656
中国文论	902
中国文言小说全译丛书	137
中国文学古今演变研究论集	901
中国文学批评通史	220
中国古代风云录	627

中国古代文史经典读本　　　　　998
中国古代文言小说选译丛书　　　138
中国古代文学双城书系　　　　　169
中国古代文学批评要籍丛书　　　154
中国古代生活文化丛书　　　　　636
中国古代民族艺术研究系列　　　609
中国古代名家全集　　　　　　　27
中国古代名著全本译注丛书　　　988
中国古代英雄传奇小说四大
　名著　　　　　　　　　　　139
中国古代侠义公案小说四大
　名著　　　　　　　　　　　139
中国古代版画丛刊　　　　　　　578
中国古代版画丛刊（线装）　　　576
中国古代科技名著译注丛书　　　647
中国古代科技图录丛编　　　　　650
中国古代神怪小说四大名著　　　140
中国古代禽鸟寓言丛书　　　　　686
中国古典小说名著丛书
　（第一辑）　　　　　　　　141
中国古典小说名著丛书
　（第二辑）　　　　　　　　143
中国古典小说名著丛书
　（第三辑）　　　　　　　　144
中国古典小说名著丛书（新版）　145
中国古典小说珍本丛书　　　　　140
中国古典小说研究资料丛书　　　149
中国古典长篇小说四大名著　　　122
中国古典长篇小说四大名著
　普及本　　　　　　　　　　121
中国古典文学丛书　　　　　　　1
中国古典文学名家选集　　　　　54
中国古典文学作品选读　　　　　230
中国古典文学作品选读丛书
　选汇　　　　　　　　　　　240
中国古典文学基本知识丛书　　　252
中国古典文学基本知识丛书
　选汇　　　　　　　　　　　263
中国古籍研究　　　　　　　　　902
中国古籍总目　　　　　　　　　1045
中国古籍善本书目　　　　　　　1046
中国节庆文化丛书　　　　　　　624
中国史学要籍丛刊　　　　　　　294
中国生活文化丛书（图文本）　　638
中国民俗文化丛书　　　　　　　623

中国传统文化研究丛书　　　　　844
中国传统文学与经济生活研究
　丛书　　　　　　　　　　　169
中国名胜古迹诗词丛书　　　　　59
中国戏曲学院戏文系教师
　戏曲剧作丛书　　　　　　　290
中国佛教百科全书　　　　　　　488
中国近代文学丛书　　　　　　　18
中国近代史学文献丛刊　　　　　301
中国近现代哲学研究丛书　　　　473
中国饮食文化专题史　　　　　　413
中国国家图书馆藏西夏文献　　　717
中国国家博物馆馆藏文物研究
　丛书　　　　　　　　　　　508
中国典籍与文化研究丛书　　　　376
中国的现代性与人文学术丛书　　870
中国京昆艺术家评传丛书　　　　612
中国审美文化史　　　　　　　　473
中国诗学研究　　　　　　　　　900
中国经典宝库　　　　　　　　　439
中国思潮评论　　　　　　　　　924
中国美学　　　　　　　　　　　926
中国钱币文献丛书　　　　　　　524
中国通手册　　　　　　　　　　640
中国晚清谴责小说四大名著　　　140
冈村繁全集　　　　　　　　　　969
气功养生丛书　　　　　　　　　631
六朝文学研究丛书　　　　　　　163
文化上海·典藏　　　　　　　　513
"文化中国·经典旅程"系列　　　642
文化春秋丛书　　　　　　　　　620
文化遗产研究集刊　　　　　　　917
文史中国　　　　　　　　　　　409
文史哲研究丛刊　　　　　　　　845
文物鉴赏丛书　　　　　　　　　520
文学面面观丛书　　　　　　　　267
文科十万个为什么丛书　　　　　687
孔子学刊　　　　　　　　　　　923
书韵楼丛刊　　　　　　　　　　773
书韵楼新刊　　　　　　　　　　779

五　画

正说古代历史人物丛书　　　　　415
世纪人文　　　　　　　　　　　972
世界十大名人传记丛书　　　　　1020

世界宗教入门　　　　　　　　　491
古代文学特色文献研究　　　　　901
古代文学理论研究　　　　　　　901
古代书画著作选刊　　　　　　　580
古代戏曲丛书　　　　　　　　　100
古代维吾尔语诗歌集成　　　　　166
古玩真赝对比系列　　　　　　　523
古典文学知识入门丛书　　　　　266
古典名著精读系列教材　　　　　657
古城文化随笔系列　　　　　　　643
古智今用丛书　　　　　　　　　1019
古籍版本基本知识丛书　　　　　1054
古籍新书报　　　　　　　　　　899
古籍整理与研究　　　　　　　　902
龙榆生词学四种　　　　　　　　87
龙榆生选名人尺牍三种　　　　　61
东明山文化丛书　　　　　　　　354
东莞历代著作丛书　　　　　　　355
东莞地域历史文化丛书　　　　　356
北京大学震旦古代文明研究
　中心学术丛书　　　　　　　530
北京大学藏敦煌文献　　　　　　698
北京文物与考古系列丛书　　　　506
北京考古志　　　　　　　　　　507
旧城旧影·历史邮品图像集萃　　513
目击20世纪丛书　　　　　　　　375
甲骨文与殷商史　　　　　　　　906
四大名著新读本　　　　　　　　122
四书五经（影印）　　　　　　　425
四库艺术丛书　　　　　　　　　739
四库文学总集选刊　　　　　　　718
四库术数类丛书　　　　　　　　747
四库医学丛书　　　　　　　　　753
四库兵家类丛书　　　　　　　　748
四库明人文集丛刊　　　　　　　725
四库易学丛书　　　　　　　　　744
四库类书类丛书　　　　　　　　749
四库笔记小说丛书　　　　　　　734
四库唐人文集丛刊　　　　　　　721
四美堂诗·书·画·评　　　　　771
生活与博物丛书　　　　　　　　640
白屋丛书　　　　　　　　　　　272
瓜蒂庵藏明清掌故丛刊　　　　　800
乐农史料选编与研究　　　　　　380
冯承钧学术译注集　　　　　　　953

冯梦龙全集 35
汉语佛学评论 927
汉语言文字研究 922
永康程氏遗书 353
民间收藏书系 522
民国名刊精选 270
民国佛学讲记系列 465
民族宗教研究丛书 493
出土文献与中国古代文明研究
　丛书 542
出土文献与古文字研究 920
出土文献与古文字研究丛书 543
出土文献研究 920
发现中国 622
圣贤语录丛书 440
台州文化研究丛书 350
台州文献丛书 349

六　画

动漫版诗词系列 684
地方文献 358
亚欧丛书 532
西安碑林名帖·大字本 563
西安碑林名碑精粹 560
西夏文献研究丛书 378
西夏学 911
西域历史语言研究译丛 383
西湖文献丛书 353
百一丛书 1023
百年经典学术丛刊 832
百问百答丛书 1018
成长之路丛书 690
光华文史文献研究丛书 883
当代西方汉学研究集萃 866
当代易学研究丛刊 471
当代敦煌学者自选集 377
早期中国研究丛书 867
曲学 900
吕思勉文集 945
朱子全书 939
先秦文学与文化 900
先秦文学与文化研究丛书 162
传奇新编 285
传统文化三字经 676
传统文化与人生丛书 1018

传播学丛书 890
传播学研究集刊 902
任半塘文集 958
华中师范大学文学院系列
　论文集 172
华东师范大学中文系学术丛书 171
华学 922
名家选名篇系列 60
名家说——"上古"学术萃编 829
名家绘图珍藏全本三言二拍 118
名家绘图珍藏全本四大古典
　小说 118
齐梁文化研究丛书 361
江阴文史丛书 347
江阴市建国后"三亲"史料 337
江南文化史研究丛书 361
江南名镇志 329
孙常叙著作集 963
阳明后学文献丛书 445
牟宗三学术论著集 963
红楼梦研究集刊 901
纪念顾廷龙诞辰一百周年系列 1055
纪念傅抱石诞辰一百周年系列 611

七　画

戒幢佛学丛书 488
走出误区丛书 1019
走近翰墨·名家书经丛书 565
花非花·历史小说系列 283
"花非花"名媛诗词系列 58
严耕望史学著作集 965
苏州山塘文化丛书 347
苏州文献丛书 345
杨树达文集 948
何炳松著作集 955
佛门典要 463
佛典新读 466
佛学名著丛刊 455
佛学名著选刊 459
佛教常识丛书 489
佛藏要籍选刊（影印） 461
近代中国研究专刊 374
近代中国研究集刊 910
余英时英文论著汉译集 971
宋元笔记丛书 796

宋词别集丛刊 74
宋蜀刻本唐人集丛刊 32
评点·英译珍藏本 771
社会·经济·观念史丛书 872
词系列丛刊 76
词系列（线装典藏系列） 81
词林集珍 82
词·婉约系 81
张宗祥文集 944
陈寅恪文集 956
陈槃著作集 961

八　画

现代版系列 442
现代城市社会研究丛书 873
其他小说研究资料 153
英国国家图书馆藏敦煌西域藏
　文文献 709
英藏黑水城文献 716
范祥雍古籍整理汇刊 964
画说经典系列 441
卧龙生精品系列 278
国际中国文学研究丛刊 933
国际阳明学研究 924
国学与现代化研究丛书 474
国学自己背 680
国学典藏 983
国学经典译注 996
国学基础教程·子部 1001
国学基础教程·经部 999
国家社科基金后期资助项目 886
国家哲学社会科学成果文库 885
国家航海 915
国家清史编纂委员会·文献
　丛刊 366
国家清史编纂委员会·研究
　丛刊 368
国家清史编纂委员会·档案
　丛刊 367
国家清史编纂委员会·编译
　丛刊 368
国博讲堂 917
明清小品丛刊 39
明清民歌时调丛书 105
明清传奇丛刊 99

明清诗文研究资料集　900
明清研究论丛　909
明清笔记丛书　798
咖啡与茶　684
罗振玉学术论著集　942
岭南学报　932
岭南思想家文献丛书　355
图文本三字经系列　677
图文评点本四大名剧　102
图说名家格言系列　1020
和刻本类书集成　782
刻画雅辑　581
法国国家图书馆藏敦煌藏文
　文献　707
法藏敦煌西夏文文献　710
法藏敦煌西域文献　702
注评本四大名著　123
学生乐园　689
学灯　932
宗教社会学译丛　491
实用大全系列　1070
诗词曲图文本系列　243
诗词曲精选系列　241
经典双向解读丛书　438
经典拼音背诵本　679

九　画

拼音小名著　681
拼音小演义　683
拼音好词好句读本　683
拼音背诵读本　678
故事大观系列　287
故事本史书系列　415
故事新编丛书·醉花阴　287
南宋及南宋都城临安研究系列
　丛书　372
南宋史研究丛书　371
南京大学民族与边疆研究丛书　383
南京博物院珍藏系列　510
柏克莱加州大学东亚图书馆
　稿抄校本丛书　773
树菜洋场小说系列　279
贵州世居民族研究动态　913
虹影丛书·民国女作家小说
　经典　275

香港浸会大学人文中国学术
　丛书　883
香港陶然新概念小说　280
复旦大学中文系先哲遗著丛刊　170
复旦大学中文系教授荣休纪念
　文丛　171
复旦文史丛刊　880
俄藏黑水城艺术品　716
俄藏黑水城文献　712
俄藏敦煌艺术品　711
俄藏敦煌文献　699
剑桥中华文史丛刊　884
施议对论学四种　969
觉群佛学译丛　484
语言科技文库—古代汉语学研
　究系列　548
姚鹓雏文集　955
绝妙好词丛书　88

十　画

哲学与宗教　927
顾炎武全集　940
钱币丛书　525
钱基博著作集　951
徐光启全集　939
徐苹芳文集　968
郭若愚博物品鉴　526
唐代研究指南　863
唐宋八大家散文选集　57
唐诗小集　29
唐诗学书系　163
浙东文化　912
浙江大学人文学术丛书　874
浙江师范大学中国语言文学
　论丛　173
海外中国学评论　933
海外汉学丛书　856
海外珍藏善本丛书　772
海派文化与传播　903
诸子百家丛书(影印)　426
诸子译注丛书　434
诸子学刊　922
袖珍诗词曲图文本系列　245
绣像批评本四大名著　123

十一画

域外汉文小说研究丛书　293
域外汉学名著译丛　860
教育部人文社会科学重点研究
　基地重大项目成果丛书·语
　言文学类　222
探索丛书·语言文字学　548
基督教与中国研究书系　490
基督教学术　929
晚明史料丛书　300
晚清民国学术书系　844
唯识研究　927
彩图本诗词曲一百首系列　242
商周文明探索丛书　532
清人十三经注疏(影印)　423
清人别集丛刊　40
清代学术名著丛刊　761
清代学者文集丛刊　763
清代春秋学汇刊　445
清词研究丛书　165
隋唐辽宋金元史论丛　907
随笔札记　1024
续修四库全书总目提要　1047

十二画

插图本大师经典　839
插图本现代版系列　444
插图本趣味系列　692
散曲聚珍　92
韩国汉文要籍丛刊　291
紫砂研究　903
智敏上师著述集　968
傅斯年文集　957
敦煌吐鲁番研究　910
敦煌学国际联络委员会通讯　911
普陀学刊　932
尊古斋金石集拓　522
道家文化研究　928
道藏要籍选刊　467
寒山书院丛书　467
寒山寺佛学　928

十三画

蓬莱阁丛书　820

楚文化研究论集 912
楚辞要籍丛刊 22
想象力大花园丛书 691
榆阳文库 358
简帛 920
微型世界 899
詹安泰全集 960
新世纪古代历史经典读本 321
新世纪古代哲学经典读本 437
新世纪古典文学经典读本 246
新选历史演义丛书 280
新潮卡通中国童话系列 686

十四画

嘉兴文献丛书 349

蔡尚思著作集 962
谭正璧学术著作集 958
暨南史学丛书 383

十五画

趣味系列 691
震旦博雅书系 533
德川博物馆藏品录系列 514
遵义沙滩文化典籍丛书 357
潮汕历史文献丛编 357

十六画

翰墨瑰宝·上海图书馆藏珍本

碑帖丛刊·特辑 558
翰墨瑰宝·上海图书馆藏珍本
碑帖丛刊(第一辑) 555
翰墨瑰宝·上海图书馆藏珍本
碑帖丛刊(第二辑) 556
翰墨瑰宝·上海图书馆藏珍本
碑帖丛刊(第三辑) 557
翰墨瑰宝·上海图书馆藏珍本
碑帖丛刊·鉴赏版 558

十七画

魏晋南北朝隋唐史资料 907

上海古籍出版社联系方式

一、联系方式

地址：上海市瑞金二路 272 号

邮编：200020

电邮：guji1@guji.com.cn

电话：021－64370011（总机）转

办公室：3304

人事科：3202

出版科：3206

市场经营部：3104

第一编辑室（文学）：3404

第二编辑室（历史）：3401

第三编辑室（艺术、文献）：3604

第四编辑室（大众）：3503

第五编辑室（哲学）：3406

第六编辑室（考古文博）：3506

第七编辑室（数字出版）：3502

《中华文史论丛》编辑部：3510

《古籍新书报》编辑部：3306

二、账户信息

户名：上海世纪出版股份有限公司古籍出版社

地址：上海市瑞金二路 272 号

电话：021－64370011、64370013

Tel：021－64370011、64370013

账号：1001253709004609154

银行名称：工行上海市瑞金二路支行

银行地址：上海市瑞金二路 118 号

银行行号：022537

邮编：200020

三、网址及公众号

网址：http://www.guji.com.cn/

新浪微博：上海古籍出版社官方

微信：shanghaiguji

微信二维码

古籍新书报微信二维码